ACCESO GRATIS *a la Lectura en la Nube*

Para visualizar el libro electrónico en la nube de lectura envíe junto a su nombre y apellidos una fotografía del código de barras situado en la contraportada del libro y otra del ticket de compra a la dirección:

ebooktirant@tirant.com

En un máximo de 72 horas laborables le enviaremos el código de acceso con sus instrucciones.

Proceso Penal

TOMO I

Proceso Penal

TOMO I

IGNACIO FLORES PRADA
Director

AMAYA ARNÁIZ SERRANO
JUAN MANUEL ALCOCEBA GIL
Coordinadores

tirant lo blanch
Valencia, 2026

En caso de erratas y actualizaciones, la Editorial Tirant lo Blanch publicará la pertinente corrección en la página web www.tirant.com.

© TIRANT LO BLANCH
EDITA: TIRANT LO BLANCH
C/ Artes Gráficas, 14 - 46010 - Valencia
TELFS.: 96/361 00 48 - 50
FAX: 96/369 41 51
Email: tlb@tirant.com
www.tirant.com
Librería virtual: www.tirant.es
DEPÓSITO LEGAL: V-4682-2025
ISBN: 979-13-7021-459-3 (Obra completa)
ISBN: 979-13-7021-839-3 (Tomo I)

Si tiene alguna queja o sugerencia, envíenos un mail a: *atencioncliente@tirant.com*. En caso de no ser atendida su sugerencia, por favor, lea en *www.tirant.net/index.php/empresa/politicas-de-empresa* nuestro procedimiento de quejas.

Responsabilidad Social Corporativa: http://www.tirant.net/Docs/RSCTirant.pdf

Autores

Javier Abella López
Magistrado
Profesor de Derecho Procesal
Universidad Carlos III de Madrid

Juan Manuel Alcoceba Gil
Profesor Titular (a) de Derecho Procesal
Universidad Carlos III de Madrid
Letrado del Tribunal Constitucional

Amaya Arnáiz Serrano
Profesora Titular de Derecho Procesal
Universidad Carlos III de Madrid

Pedro Crespo Barquero
Fiscal-Jefe
Fiscalía ante el Tribunal Constitucional

José Miguel de la Rosa Cortina
Fiscal de Sala
Fiscalía del Tribunal Supremo

Emilio de Llera Suárez-Bárcena
Fiscal
Doctor en Derecho

Raquel de Miguel Morante
Fiscal
Fiscalía de la Audiencia Nacional

Luis Fernández Arévalo
Fiscal-Jefe
Audiencia Provincial de Sevilla

Ignacio Flores Prada
Catedrático de Derecho Procesal
Universidad Pablo de Olavide de Sevilla

María Jesús Fraile Martín
Letrada de la Administración de Justicia
Secretaria de Gobierno
Audiencia Nacional

Diego Alberto Gutiérrez Azanza
Fiscal
Letrado del Gabinete Técnico del TS

Juan José López Ortega
Magistrado
Audiencia Provincial de Madrid
Presidente de la Comisión de redacción de los anteproyectos de LECrim de 2011 y 2020
Profesor de Derecho Procesal
Universidad Carlos III de Madrid

Concepción López-Yuste Padial
Fiscal
Fiscalía de la Comunidad de Madrid

María Luzón Cánovas
Fiscal
Inspección Fiscal

Encarnación Molino Barrero
Abogada
Montero-Aramburu & GVA

Víctor Moreno Catena
Catedrático de Derecho Procesal
Abogado
Moreno Catena-Venturi

Sonia Nuez Rivera
Magistrada
Letrada en el CGPJ

José Luis Ramírez Ortiz
Magistrado
Letrado del Tribunal Constitucional

Ignacio Rodríguez Fernández
Fiscal
Doctor en Derecho
Letrado del Tribunal Constitucional

Abreviaturas

ALECRIM	Anteproyecto de Ley de Enjuiciamiento Criminal
AN	Audiencia Nacional
AAN	Auto de la Audiencia Nacional
AAP	Auto Audiencia Provincial
ADN	Ácido desoxirribonucleico
AEAT	Agencia Española de Administración Tributaria
AP	Audiencia Provincial
Art.	Artículo
ATC	Auto del Tribunal Constitucional
ATCu	Auto del Tribunal de Cuentas
ATS	Auto del Tribunal Supremo
ATSJ	Auto del Tribunal Superior de Justicia
BCE	Boletín de las Comunidades Europeas
BIMJ	Boletín de Información del Ministerio de Justicia
BJC	Boletín de Jurisprudencia Constitucional
BOCG	Boletín Oficial de las Cortes Generales
BOE	Boletín Oficial del Estado
BORME	Boletín Oficial del Registro Mercantil
CAAS	Convenio de aplicación de los Acuerdos Schengen
CC	Código Civil
CCAA	Comunidades Autónomas
CCE	Célula de Coordinación de Emergencias
CCom	Código de Comercio
CD	Congreso de los Diputados
CDDHH	Comité de Derechos Humanos de Naciones Unidas
CDTI	Centro para el Desarrollo Tecnológico Industrial
CE	Constitución Española
CEDH	Convenio de Roma para la Protección de los Derechos Humanos y de las Libertades Fundamentales
CEE	Comunidad Económica Europea
CFGE	Circular de la Fiscalía General del Estado
CFVP	Conclusiones de los Encuentros de Fiscales de Vigilancia Penitenciaria
CGPJ	Consejo General del Poder Judicial
CIE/CIEX	Centro de Internamiento de Extranjeros
CJVP	Conclusiones de los Encuentros de Jueces de Vigilancia Penitenciaria
CNMV	Comisión Nacional del Mercado de Valores

CNP	Cuerpo Nacional de Policía
CNUFADN	Comisión Nacional sobre el uso forense del ADN
COE	Consejo de Europa
CP	Código Penal
CPI	Corte Penal Internacional
CPM	Código Penal Militar
CRI	Comisión Rogatoria Internacional
CVDT	Convención de Viena sobre el Derecho de los Tratados
D	Decreto
DA	Disposición adicional
DF	Disposición final
DGRN	Dirección General de los Registros y del Notariado
DM	Decisión Marco
DOCE	Diario Oficial de las Comunidades Europeas
DOUE	Diario Oficial de la Unión Europea
DP	Diligencias Previas
DPEJ	Diccionario panhispánico del español jurídico
DOUE	Diario Oficial de la Unión Europea
DSS	Diario de Sesiones del Senado
DT	Disposición transitoria
DU	Diligencias Urgentes
DUDH	Declaración Universal de Derechos Humanos
EM	Exposición de Motivos
EBEP	Estatuto Básico del Empleado Público
ECI	Equipos Conjuntos de Investigación
ECRIS	Sistema Europeo de Información de Antecedentes Penales
ECRIS-TCN	Sistema Centralizado para la Identificación de los Estados Miembros que poseen Información sobre Condenas de Nacionales de Terceros Países y Apátridas
ELSJ	Espacio de Libertad, Seguridad y Justicia
EEMM	Estados Miembros
EM	Estado Miembro
EOMF	Estatuto Orgánico del Ministerio Fiscal
EPOC	Orden Europea de Producción
EPOC-PR	Ordenes Europeas de Conservación
EPPO	European Public Prosecutor Office
EURATOM	Comunidad Europea de la Energía Atómica
EVD	Estatuto de la Víctima del Delito
FE	Fiscalía Europea
FED	Fiscal Europeo Delegado
FEDs	Fiscales Europeos Delegados

FGE	Fiscalía General del Estado
FJ	Fundamento Jurídico
FNMT	Fábrica Nacional de Moneda y Timbre
GC	Guardia Civil
IberRED	Red Iberoamericana de Cooperación Jurídica Internacional
IMEI	Identidad internacional del equipo móvil
IFGE	Instrucción de la Fiscalía General del Estado
IML	Instituto de Medicina Legal
IMSI	Identidad internacional del abonado móvil
IP	Protocolo de Internet
IRPF	Impuesto sobre la renta de las personas físicas
JAI	Justicia y Asuntos de Interior
JCI	Juez Central de Instrucción
JCM	Juez Central de Menores
JCP	Juez Central de lo Penal
JI	Juez de Instrucción
JM	Juez de Menores
JP	Juez de lo Penal
JPz	Juez de Paz
JVSM	Juez de Violencia sobre la Mujer
JVP	Juez de Vigilancia Penitenciaria
LA	Ley de Arbitraje
LAECSP	Ley de Acceso Electrónico de los Ciudadanos a los Servicios Públicos
LAJ	Letrado de la Administración de Justicia
LAJG	Ley de Asistencia Jurídica Gratuita
LCon	Ley Concursal
LCS	Ley de Contrato de Seguro
LCSP	Ley de Contratos del Sector Público
LDA	Ley Orgánica del Derecho de Asociación
LDC	Ley de Defensa de la Competencia
LDIEC	Ley sobre Disciplina e Intervención de las Entidades de Crédito
LEC	Ley de Enjuiciamiento Civil
LECrim	Ley de Enjuiciamiento Criminal
LEGI	Ley para el Ejercicio de la Gracia de Indulto
LexNET	Sistema de gestión de notificaciones telemáticas en la Administración de Justicia
LEP	Ley de Extradición Pasiva
LF	Ley de Fundaciones
LFCE	Texto Refundido de la Ley de Funcionarios Civiles del Estado
LFTCU	Ley de Funcionamiento del Tribunal de Cuentas

LGDCU	Texto Refundido de la Ley General para la Defensa de los Consumidores y Usuarios y otras leyes complementarias
LGS	Ley General de Sanidad
LGT	Ley General Tributaria
LGTEL	Ley General de Telecomunicaciones
LHC	Ley de Habeas Corpus
LJCA-1956	Ley reguladora de la Jurisdicción Contencioso-Administrativa
LM	Ley de Marcas
LMV	Ley del Mercado de Valores
LO	Ley Orgánica
LOBDP	Ley Orgánica reguladora de la Base de Datos Policial sobre Identificadores obtenidos a partir del ADN
LOCJ	Ley Orgánica de Conflictos Jurisdiccionales
LOCOJM	Ley Orgánica de la Competencia y Organización de la Jurisdicción Militar
LODN	Ley Orgánica de la Defensa Nacional
LODP	Ley Orgánica del Defensor del Pueblo
LOEX	Ley Orgánica sobre Derechos y Libertades de los extranjeros en España y su Integración Social
LOFAGE	Ley de Organización y Funcionamiento de la Administración General del Estado
LOFCS	Ley Orgánica de Fuerzas y Cuerpos de Seguridad
LOGP	Ley Orgánica General Penitenciaria
LOI	Ley Orgánica de Igualdad Efectiva de Mujeres y Hombres
LOPDCP	Ley de Protección de Datos de Carácter Personal
LOPJ	Ley Orgánica del Poder Judicial
LOPSC	Ley Orgánica de Protección de la Seguridad Ciudadana
LORDFA	Ley Orgánica de Régimen Disciplinario de las Fuerzas Armadas
LORPM	Ley Orgánica reguladora de la Responsabilidad Penal de los Menores
LOPSC	Ley Orgánica de Protección de la Seguridad Ciudadana
LOREG	Ley Orgánica del Régimen Electoral General
LOSC	Ley Orgánica de Seguridad Ciudadana
LOTC	Ley Orgánica del Tribunal Constitucional
LOTCU	Ley Orgánica del Tribunal de Cuentas
LOTJ	Ley Orgánica del Tribunal del Jurado
LOVG	Ley Orgánica de Medidas de Protección Integral contra la Violencia de Género
LOVV	Ley Orgánica por la que se regula la Utilización de Videocámaras por las Fuerzas y Cuerpos de Seguridad en Lugares Públicos
LP	Ley de Patentes

LPAC	Ley del Procedimiento Administrativo Común (posterior a 1992)
LPM	Ley Orgánica Procesal Militar
LRC	Ley del Registro Civil
LRCNI	Ley Reguladora del Centro Nacional de Inteligencia
LRCS	Real Decreto Legislativo por el que se aprueba el Texto Refundido de la Ley sobre Responsabilidad Civil y Seguro en la Circulación de Vehículos a Motor
LRJS	Ley reguladora de la Jurisdicción Social
LRM	Ley de Reconocimiento Mutuo de Resoluciones Penales en la Unión Europea
LSP	Ley de Sociedades Profesionales
LSPU	Ley del servicio postal universal, de los derechos de los usuarios y del mercado postal
LSPU-1998	Ley del Servicio Postal Universal y de Liberalización de los Servicios Postales
LSRL	Ley de Sociedades de Responsabilidad Limitada
LSSI	Ley de Servicios de la Sociedad de la Información y de Comercio Electrónico
LTSV	Real Decreto Legislativo Texto Articulado de la Ley sobre Tráfico, Circulación de Vehículos a Motor y Seguridad Vial
LUTIJA	Ley reguladora del Uso de las Tecnologías de la Información y la Comunicación en la Administración de Justicia
MF	Ministerio Fiscal
OED	Orden Europea de Detención
OEDE	Orden Europea de Detención y Entrega
OEI	Orden Europea de Investigación
OEPM	Oficina Española de Patentes y Marcas
OEV	Orden Europea de Vigilancia
OLAF	Oficina Antifraude de la Unión Europea
OM	Orden Ministerial
ONU	Organización de Naciones Unidas
ORGA	Oficina de Recuperación y Gestión de Activos
OTAN	Organización del Tratado del Atlántico Norte
PROA	Procedimiento Abreviado
Párr.	Párrafo
PIDCP	Pacto Internacional de Derechos Civiles y Políticos
PIDESC	Pacto Internacional de Derechos Económicos, Sociales y Culturales,
PJ	Policía Judicial
P.	Página
Pp.	Páginas

RAE	Real Academia Española de la Lengua
RECILAJ	Red Española de Cooperación Jurídica Internacional de Letrados de la Administración de Justicia
RCL	Repertorio Cronológico de Legislación
RCP	Registro Central de Penados
RD	Real Decreto
RDFE	Real Decreto-Ley por el que se regula la Firma Electrónica
RDGRN	Resolución de la Dirección General de los Registros y del Notariado
RDLeg	Real Decreto Legislativo
RDL	Real Decreto-Ley
RDPJ	Real Decreto de Policía Judicial
Red ECI	Red de Expertos Nacionales de Equipos Conjuntos de Investigación
REDUE	Red de Expertos en Derecho de la Unión Europea
RFE	Reglamento de la Fiscalía Europea
RGCir	Real Decreto por el que se aprueba el Reglamento General de Circulación para la aplicación y desarrollo del Texto Articulado de la Ley sobre Tráfico, Circulación de Vehículos a Motor y Seguridad Vial
RJE	Red Judicial Europea
RJUE	Red Judicial Española de Cooperación Judicial
RLORPM	Reglamento de la Ley Orgánica de Responsabilidad Penal de los Menores
RM	Registro Mercantil
REM	Reconocimiento Mutuo
RMF	Reglamento del Ministerio Fiscal
RO	Real Orden
RP	Reglamento Penitenciario
RPSTr	Real Decreto por el que se aprueba el Reglamento de procedimiento sancionador en materia de Tráfico, Circulación de Vehículos a Motor y Seguridad Vial
RTC	Repertorio del Tribunal Constitucional
RTJ	Recomendaciones del Tribunal de Justicia de la Unión Europea a los órganos jurisdiccionales nacionales, relativas al planteamiento de cuestiones prejudiciales
RVV	Reglamento de desarrollo y ejecución de la Ley Orgánica 4/1997, de 4 de agosto, por la que se regula la Utilización de Videocámaras por las Fuerzas y Cuerpos de Seguridad en Lugares Públicos.
SA	Sala de Apelaciones
SAN	Sentencia de la Audiencia Nacional
SAP	Sentencia de la Audiencia Provincial

SCNE	Sistema de Coordinación Nacional
SCIJ	Sentencia de la Corte Internacional de Justicia
SCJ	Sala de Conflictos de Jurisdicción
SCP	Sala de Cuestiones Preliminares
SdP	Sección de lo Penal
SI	Sección de Instrucción
SIRAJ	Sistema de Registros Administrativos de Apoyo a la Administración de Justicia
SIRENE	*Supplementary Information Request at the National Entries* —solicitud de información complementaria a la entrada nacional—
SIS	Sistema de Información de Schengen
SIS II	Sistema de Información de Schengen de segunda generación
SM	Sección de Menores
SPI	Sala de Primera Instancia
Ss.	Siguientes
STC	Sentencia del Tribunal Constitucional
STJCE	Sentencia del Tribunal de Justicia de las Comunidades Europeas (hasta 2009)
STJUE	Sentencia del Tribunal de Justicia de las Comunidades Europeas (posterior a 2009)
STS	Sentencia del Tribunal Supremo
SVIA	Sección de Violencia sobre la Infancia y la Adolescencia
SVP	Sección de Vigilancia Penitenciaria
SVSM	Sección de Violencia sobre la Mujer
TBC	Trabajo en Beneficio de la Comunidad
TC	Tribunal Constitucional
TCECA	Tratado Constitutivo de la Comunidad Europea del Carbón y del Acero, de 18 de abril de 1951
TCEE	Tratado Constitutivo de la Comunidad Económica Europea, de 25 de marzo de 1957
TCEEA, EURATOM	Tratado Constitutivo de la Comunidad Europea de la Energía Atómica, de 25 de marzo de 1957
TCEur	Tratado por el que se establece una Constitución para Europa, firmado en Roma el 29 de octubre de 2004
TCI	Tribunal Central de Instancia
TCU	Tribunal de Cuentas
TEAC	Tribunal Económico Administrativo Central
TEDH	Tribunal Europeo de Derechos Humanos
TFUE	Tratado de Funcionamiento de la Unión Europea
TI	Tribunal de Instancia
TJ	Tribunal del Jurado

TJCE	Tribunal de Justicia de las Comunidades Europeas
TJUE	Tribunal de Justicia de la Unión Europea
TL	Tratado de Lisboa
Tol	Tirant on line (base de datos)
TS	Tribunal Supremo
TSJ	Tribunal Superior de Justicia
TUE	Tratado de la Unión Europea
UNCAC	Convención de las Naciones Unidas contra la Corrupción
UNTOC	Convención de las Naciones Unidas contra la Delincuencia Organizada Transnacional
V.gr.	Por ejemplo
Vid.	Ver
VioGEN	Sistema de Seguimiento Integral en los casos de Violencia de Género

Índice general

PARTE SEGUNDA
LOS PRESUPUESTOS DEL PROCESO PENAL

PARTE TERCERA
ACTOS PROCESALES. COSTAS

PARTE CUARTA
CONTENIDOS TRANSVERSALES

PARTE QUINTA
LA FASE DE INVESTIGACIÓN

SECCIÓN I
LA INVESTIGACIÓN PRELIMINAR

SECCIÓN II
LA INSTRUCCIÓN

SECCIÓN III
ACTOS DE INVESTIGACIÓN NO LIMITATIVOS DE DERECHOS FUNDAMENTALES

SECCIÓN IV
ACTOS DE INVESTIGACIÓN LIMITATIVOS DE DERECHOS FUNDAMENTALES

TOMO II

SECCIÓN V
MEDIDAS CAUTELARES

SECCIÓN VI
COOPERACIÓN JURÍDICA PENAL INTERNACIONAL

PARTE SEXTA
LA FASE INTERMEDIA

PARTE SÉPTIMA
JUICIO ORAL Y SENTENCIA

SECCIÓN I
LA PREPARACIÓN DEL JUICIO ORAL

SECCIÓN II
LA CELEBRACIÓN DEL JUICIO ORAL

SECCIÓN III
SENTENCIA Y COSA JUZGADA

PARTE OCTAVA
RECURSOS Y MEDIOS EXTRAORDINARIOS DE IMPUGNACIÓN

SECCIÓN I
RECURSOS

SECCIÓN II
MEDIOS EXTRAORDINARIOS DE RESCISIÓN DE SENTENCIAS FIRMES

PARTE NOVENA
LA EJECUCIÓN PENAL

PARTE DÉCIMA
LOS PROCEDIMIENTOS PENALES

SECCIÓN I
LOS PROCEDIMIENTOS ORDINARIOS

SECCIÓN II
LOS PROCEDIMIENTOS ESPECIALES

SECCIÓN III
PROCEDIMIENTOS CON ESPECIALIDADES

SECCIÓN IV
EL PROCEDIMIENTO ANTE LA CORTE PENAL INTERNACIONAL

Presentación

Las garantías procesales no están pensadas para favorecer al culpable, sino para evitar que un inocente sea condenado.

El proceso penal es espejo de su tiempo. En él se resuelve, con arreglo a la ideología y valores de cada contexto histórico-político, la tensión entre libertad y seguridad. Y en él quedan además plasmados los límites y las formas jurídicas que, legítimamente, permiten la averiguación de los hechos como base de una eventual sentencia de condena.

Sucede así que a cada tipo de sistema político le corresponde un determinado modelo de proceso penal. Siendo tan estrecha esta vinculación, se comprende con facilidad que, cuando por adelantarse los tiempos a las formas del proceso, el modelo de justicia penal deja de reflejar el sistema político del cual debe ser expresión, surgen de inmediato tensiones destinadas a ponerlos nuevamente en conexión, lo que permite explicar la historia del proceso penal como la dialéctica constante entre modelo de justicia penal y sistema político.

Los desajustes entre el modelo de justicia penal y su "tiempo" generan periodos de crisis, entendiendo por tales los momentos en los que el modelo de justicia penal busca su sintonía, su renovación o su actualización en el contexto de su referente político-ideológico-tecnológico. Se trata de periodos de cambio, de transformación, en los que lo vigente ha dejado de servir, y lo nuevo no termina de llegar. Una de estas etapas de transición, ya muy dilatada, es la que vive el proceso penal español desde la aprobación de la Constitución de 1978, y que se resume en la necesidad de sustituir el modelo legal de justicia penal de raíz decimonónica previsto en la Ley de Enjuiciamiento Criminal de 1882 por el modelo de proceso justo o debido definido en la Constitución y en los Tratados internacionales sobre derechos, garantías y libertades fundamentales.

Para situar en el contexto adecuado el momento que actualmente atraviesa la justicia penal española, conviene recordar que, durante la segunda mitad del siglo XX, Europa ha conocido un periodo importante de crisis y modernización del proceso penal. A partir de la segunda guerra mundial, las transformaciones del Estado de Derecho han ido poniendo de manifiesto la incompatibilidad entre el proceso penal decimonónico del Estado liberal y el nuevo modelo de justicia penal definido en las constituciones del Estado social. Entre las causas que explican esta crisis conviene recordar que el proceso penal napoleónico —acusatorio formal o mixto—, extendido por toda Europa durante el siglo XIX e implantado en España con la LECrim de 1882, no fue el producto de la revolución popular francesa sino más bien de la contrarrevolución burguesa, de corte autoritario, que mantuvo la naturaleza inquisitiva de la fase de instrucción y, con ella, el control gubernamental del inicio —*input*— de la justicia penal (*Code d'instruction criminelle* de 1808). Se trataba pues de un *proceso penal formalmente acusatorio*, diseñado en el marco de un *Estado formal de Derecho*. Por ello, no es de extrañar que cuando el sistema político avanzó, a partir de la segunda mitad del siglo XX, hacia un *Estado material de Derecho*, esto es, hacia la protección efectiva de los derechos y libertades fundamentales sobre la base de los valores superiores del ordenamiento, el proceso penal debió responder también a esta exigencia de justicia material que demandaba un equilibrio adecuado entre eficacia, tutela judicial efectiva y garantías, que hemos dado en llamar "proceso justo o proceso debido".

Mientras que la gran mayoría de los países europeos ha acometido ya la tarea de adaptar sus sistemas procesales penales a los nuevos textos constitucionales y a las exigencias derivadas de los Tratados Internacionales y del Derecho de la Unión Europea, en España, la reforma del proceso penal sigue siendo una asignatura pendiente. Por el momento, lo único que tenemos claro, y tampoco todos, es que lo viejo es el acusatorio formal o mixto; pero lo nuevo es todavía una incógnita.

Entre 2010 y 2020 pareció posible la aprobación de una nueva Ley de Enjuiciamiento Criminal en España. Tres textos articulados, impulsados por gobiernos de distinto signo y publicados en 2011, 2013 y 2020, coincidieron en las líneas maestras en las que había de concretarse el proceso penal que propone la Constitución de 1978. Los ejes fundamentales se centraban en la reforma orgánica —implantación de los tribunales de instancia—, en la sustitución de la fase de instrucción por una fase preliminar, preprocesal y contradictoria de investigación dirigida por el fiscal y controlada por un juez de garantías, en la ampliación de los espacios para el principio de conformidad, la oportunidad reglada y la justicia restaurativa, en la simplificación y agilización procedimental y, en conjunto, en la construcción de un proceso garantista con base en los derechos —materiales y procesales— fundamentales constitucionales. A pesar del aparente consenso técnico y político que suscitaron, los dos primeros ni siquiera llegaron a iniciar la tramitación parlamentaria, mientras que el tercero acaba de convertirse en un Proyecto de Ley sobre el que pesan serias dudas sobre su aprobación final por las Cortes.

La situación vigente, bien conocida por la doctrina, los operadores jurídicos, los acusados y las víctimas de delitos, la jurisprudencia y las instituciones internacionales, es verdaderamente desoladora. Las sucesivas reformas de adaptación, más precipitadas que urgentes, carentes de un modelo común de referencia, obligadas con frecuencia a golpe de sentencia y con una técnica legislativa en muchos casos manifiestamente mejorable, han producido como resultado un proceso penal confuso, irreconocible en un solo modelo, necesitado de constante interpretación, inseguro para los profesionales, poco eficaz, lento y costoso, difícilmente previsible en sus resultados, impreciso en la identificación de responsabilidades funcionales y tolerante con importantes márgenes de discrecionalidad policial, fiscal y judicial. El proceso penal español es, en la actualidad, un instrumento jurídico en constante estado y necesidad de adaptación e interpretación a la luz de los principios y garantías constitucionales.

Tras el fracaso de las propuestas articuladas de reforma y ante un futuro que no permite augurar en el corto o medio plazo un amplio consenso político acerca de una reforma completa del proceso penal, se hace necesario contar con una lectura constitucional actualizada del vigente sistema español de justicia penal. Este tratado pretende responder a esa necesidad, ofreciendo un estudio profundo, riguroso y con vocación práctica que sirva como guía para el conocimiento, la comprensión y la aplicación de las instituciones del proceso penal a la luz de la moderna doctrina científica, de la experiencia profesional de los operadores jurídicos y de la jurisprudencia penal sustantiva, procesal y constitucional.

Para afrontar tal propósito hemos logrado formar un equipo de autores que aportan sólidos conocimientos doctrinales y una experiencia práctica cotidiana en la aplicación de la justicia penal desde los Tribunales, la Fiscalía, los Letrados de la Administración de Justicia, del Tribunal Constitucional y del Gabinete Técnico del Tribunal Supremo, la Abogacía y la Universidad.

La estructura de la obra responde a una ordenación sistemática de los contenidos e instituciones de la justicia penal, comenzando por los derechos fundamentales de trascendencia procesal y concluyendo con el sistema de procedimientos que componen el mapa de vías jurisdiccionales en las que se concreta el vigente proceso penal español. Hemos procurado ofrecer un análisis completo del enjuiciamiento penal, incluyendo aspectos e instituciones que no suelen formar parte de los tratados o estudios doctrinales, pero que son importantes para una comprensión integral de la justicia penal. En este sentido, el lector encontrará, por ejemplo, una exposición de las reglas de jurisdicción penal internacional, un estudio de contenidos transversales como la imputación y el derecho de defensa, un tratamiento específico de la teoría general de la prueba, un examen actualizado de las instituciones y procedimientos que integran la cooperación jurídico-penal internacional, el análisis de procedimientos penales no regulados en la LECrim y un capítulo dedicado al procedimiento ante la Corte Penal Internacional.

El tratado está pensado para que cumpla dos objetivos fundamentales: ha de servir para conocer a fondo las instituciones del proceso penal y para resolver las dudas que surgen de su interpretación y aplicación a partir de la doctrina jurisprudencial. Hemos prescindido de debates doctrinales —útiles casi siempre y a los que se puede acudir a través de las referencias bibliográficas que cierran cada capítulo—, de desarrollos extensos y de referencias accesorias que distraigan la atención del lector. El objetivo ha sido ofrecer un estudio claro, ordenado, concreto y actualizado de la regulación y aplicación del proceso penal español.

A lo largo de la elaboración de los capítulos que componen esta obra hemos vivido algunos sobresaltos procedentes de la actividad prelegislativa y legislativa. Entre los primeros cabe anotar el anuncio de una drástica reducción de la acción popular, la propuesta para que, sin reformar completamente el sistema de justicia penal, se atribuya la instrucción de los procedimientos penales al Ministerio Fiscal, o la iniciativa para modificar el sistema de acceso a las Carreras Judicial y Fiscal. Sin que sobre estas iniciativas quepa hacer en este momento un pronóstico certero de futuro, sí parece razonable pensar que la situación política en nuestro país no favorece, por el momento, los amplios y sosegados consensos que requieren las reformas de calado de la justicia penal.

Sí han visto, en cambio, la luz la Ley Orgánica 5/2024, del Derecho de Defensa, que ordena y sistematiza los contenidos y proyecciones de este derecho fundamental recogiendo la doctrina jurisprudencial nacional e internacional sobre esta garantía procesal clave en el Estado de Derecho, y la Ley Orgánica 1/2025, de medidas en materia de eficiencia de Servicio Público de la Justicia. El primer título de la LO 1/2025 se dedica a la reforma orgánica, que se concreta en tres grandes medidas: la sustitución de los órganos judiciales unipersonales mediante la creación de los tribunales de instancia; la modificación y ampliación de la justicia de paz a través de la creación de las oficinas de justicia en los municipios que no sean capital de partido o de provincia y, finalmente, la adaptación de la actual oficina judicial a la nueva estructura de tribunales. La aplicación de este nuevo esquema orgánico judicial al modelo vigente de justicia penal se explica con detalle en el capítulo 5 de esta obra, actualizándose al tiempo todas las referencias orgánicas que se contienen en los respectivos capítulos del tratado.

Además de la reforma orgánica, la LO 1/2025 introduce en la LECrim modificaciones puntuales de naturaleza procesal que se refieren, respectivamente, a la limitación para presentar denuncias telemáticas en función del tipo de delito o de determinadas circunstancias concurrentes, a la eliminación de los límites penológicos existentes para alcanzar la conformidad, a la creación de un trámite de audiencia previa en el procedimiento abreviado para una adecuada y eficaz preparación del juicio oral y, finalmente, a la más adecuada ordenación de la ejecución penal, estableciendo además la tramitación preferente en los casos en los que la víctima sea un menor de edad. Todas ellas están también recogidas y explicadas en los capítulos correspondientes.

Antes de terminar esta presentación es imprescindible abrir un capítulo de agradecimientos. Empiezo por los autores, que aceptaron participar en un proyecto exigente que habrían de compatibilizar con sus respectivas tareas profesionales, y que supondría sacrificar también parte de su tiempo de descanso. Todos han hecho un esfuerzo importante para garantizar la máxima calidad de los contenidos, para adaptarse al enfoque general del tratado y para que los capítulos estuvieran finalizados en los plazos establecidos.

Los coordinadores han desarrollado una tarea fundamental. Han trabajado en la planificación inicial del índice y del calendario, en la comunicación entre los autores, en el seguimiento del trabajo, en la revisión de los capítulos y en la unificación del estilo.

Además del valioso equipo de autores, hemos tenido la suerte de contar con dos aportaciones extraordinarias. Al inicio del tratado figura un capítulo introductorio escrito por Víctor Moreno Catena, que forma parte de la generación de procesalistas a los que cabe atribuir la transición constitucional del Derecho procesal español y del proceso penal en particular. El tratado se cierra con un epílogo redactado por Juan José López Ortega, magistrado que ha presidido las comisiones de expertos encargadas de elaborar las propuestas de nueva Ley de Enjuiciamiento Criminal de 2011 y 2020. Las reflexiones de Víctor Moreno Catena —sobre el pasado y presente del proceso penal español— y de Juan José López Ortega —sobre el porvenir de la justicia penal en España— introducen y concluyen el tratado, situándolo en su contexto presente y futuro.

Un agradecimiento especial merece, finalmente, la editorial Tirant lo Blanch y su director Salvador Vives. De él partió la idea inicial de este trabajo, para cuya elaboración hemos dispuesto, tanto los coordinadores como el director, de la más absoluta libertad para formar el equipo de autores y para plantear la estructura de contenidos.

Confiamos en que este tratado cumpla con lo que ha sido su propósito: ofrecer una lectura constitucional actualizada y sistemática del proceso penal en España que ayude a su estudio, a su interpretación y a su aplicación ante los tribunales de justicia.

Ignacio Flores Prada
Director

Pasado y presente de la justicia penal en España

Víctor Moreno Catena[1]
Catedrático de Derecho Procesal
Universidad Carlos III de Madrid
Abogado. Moreno Catena-Venturi

SUMARIO: **1. LA JUSTICIA PENAL: UN TERMÓMETRO POLÍTICO. 2. LA INVESTIGACIÓN DE LOS DELITOS Y EL DESPLAZAMIENTO DEL JUEZ DE INSTRUCCIÓN. 3. EL MINISTERIO FISCAL. 4. LA PARTICIPACIÓN POPULAR EN LA JUSTICIA PENAL. 4.1. El jurado. 4.2. La acción popular. 5. LAS PARTES PROCESALES Y EL PRINCIPIO DE IGUALDAD. 6. LOS TRIBUNALES DE JUSTICIA.**

1. LA JUSTICIA PENAL: UN TERMÓMETRO POLÍTICO

En nuestra sociedad se están produciendo en los últimos tiempos alteraciones que afectan a pilares básicos de la convivencia, de modo que muchos valores y principios que la sustentaban se ven modificados a gran velocidad. Los cambios, solo en 2025, con las incertidumbres generadas desde la presidencia de Donald Trump en EE.UU., y las políticas económicas y sociales que se quieren implantar en uno de los países motores del desarrollo mundial, hacen tambalearse no pocos cimientos de las relaciones globales. Puede decirse que estamos en un fin de ciclo y a las puertas de otro modelo de relaciones sociales; parece que debemos asumir la idea de la «modernidad líquida» de BAUMAN[2], y que la solidez de un mundo predecible y controlable está dando paso a otro modelo de sociedad cambiante y maleable.

En este contexto tiene lugar una expansión extraordinaria del derecho penal, con una creciente criminalización de conductas que escapaban hasta ahora del reproche punitivo. El Código Penal se ha ensanchado, aunque las sanciones que se corresponden con cada conducta solo se pueden seguir aplicando a través del proceso penal, es decir, de la intervención de un tribunal que determine con las suficientes garantías que se ha realizado una conducta delictiva y la pena que se debe imponer.

---

1 ORCID 0000-0001-8168-0105.

2 BAUMAN, Zygmunt, *Modernidad líquida*, Fondo de Cultura Económica, México, 2003.

Sin duda alguna, esta actuación de las leyes penales es una tarea pública, que desde el Estado moderno el poder público ha asumido en régimen de monopolio. La imposición de los castigos se convierte en una potestad reservada a las autoridades, con lo que queda prohibida la venganza privada por las afrentas o los daños recibidos, y se persiguen los actos de justicia de propia mano. En consecuencia, se cede al poder político la respuesta por las vulneraciones de los derechos y el uso de la fuerza frente al infractor, y se excluye la justicia impartida por particulares.

El sistema penal viene siendo uno de los termómetros más fiables y precisos del funcionamiento del Estado y, al propio tiempo, nos da la medida del grado de respeto y salvaguarda de los derechos. En el Código Penal se tipifican las conductas que el legislador, como poder que encarna en el Parlamento las sensibilidades e inquietudes de los ciudadanos, considera en cada momento merecedoras de un reproche más grave en la medida en que afectan a bienes jurídicos esenciales, como la vida, la integridad personal, la libertad, la intimidad, la igualdad o la propiedad.

Nuestro actual modelo de proceso penal procede básicamente de la Revolución Francesa y de la codificación napoleónica. Con la desaparición en Francia de los *Parlements* en 1790, y la creación de tribunales con jueces nombrados y pagados por el Estado, se abrió camino un nuevo modo de entender el enjuiciamiento de los delitos, que toma carta de naturaleza con el *Code d'instruction criminelle* de 1808[3], en vigor hasta 1958.

En este nuevo modo de entender la aplicación del Derecho penal se introducen ciertas garantías básicas para el imputado, que pasa de ser el mero objeto del anterior procedimiento inquisitivo a convertirse en un sujeto protagonista del nuevo orden procesal. Con independencia del cambio de estatus, el modelo de enjuiciamiento penal se fundamenta en dos principios capitales: una separación estricta de las funciones de acusación y enjuiciamiento —que en la época anterior eran asumidas por la misma persona, el inquisidor— y una sentencia dictada tras la celebración de un juicio oral y público.

El primero de los principios supuso crear o rediseñar una institución pública, el Ministerio Fiscal, como una organización diferente de la estructura de los tribunales de justicia, que asumiera la responsabilidad de formular la acusación, en tanto los tribunales tenían que actuar como un tercero imparcial, con el deber de dictar la sentencia que condenara o absolviera al acusado tras el juicio.

---

[3] Al que había precedido el *Code des délits et des peines*, de 1795.

Este sistema procesal lo introdujo en España la vieja LECrim de 1882[4], aunque, por más que supusiera un avance notable en cuanto a las garantías procesales, en realidad nunca funcionó tal y como fue ideado; al asumir el modelo francés del juez de instrucción, entonces imperante, la LECrim presentaba carencias en el respeto de los derechos de los imputados, especialmente en cuanto a la publicidad, contradicción e igualdad durante la instrucción. Como confesaba el propio ministro Alonso Martínez, que firmó la Exposición de Motivos, el ideal de la ciencia de extender al sumario estos principios era muy dudoso que se pudiera realizar algún día, porque «es difícil establecer la igualdad absoluta de condiciones jurídicas entre el individuo y el Estado en el comienzo mismo del procedimiento, por la desigualdad real que en momento tan crítico existe entre uno y otro; desigualdad calculadamente introducida por el criminal y de que este solo es responsable».

Pues bien, los papeles que debían desempeñar el juez de instrucción y el fiscal durante esta fase de sumario no estaban correctamente definidos. Por un lado, el del instructor, como director de la investigación, se veía constreñido a culminarla en un plazo muy breve, un mes (de acuerdo con lo dispuesto en el antiguo art. 324), que sin una preparación específica para ello rara vez terminaba su tarea a tiempo. Por otro lado, al fiscal, además del ejercicio de la acción penal formulando la acusación para abrir el juicio, se le atribuía como función esencial durante esta fase inicial de la instrucción la de inspeccionar el curso de los sumarios (art. 306), desvinculándolo de la responsabilidad de dirigir la investigación de delito, aunque tenía que partir de su resultado para poder acusar.

Ambas circunstancias contribuyeron al fracaso del sistema procesal. Los jueces de instrucción desde el principio incumplieron sistemáticamente el plazo máximo legal para instruir los sumarios, con la complicidad de los órganos judiciales superiores y sin ninguna consecuencia jurídica. Por su parte, los fiscales no ejercieron actuaciones de impulso de la investigación, sino que se convirtieron con frecuencia en sujetos procesales poco activos durante esta fase del procedimiento[5].

---

4 Después de la Ley provisional de enjuiciamiento criminal de 1872 y de la Compilación General de las disposiciones vigentes sobre el enjuiciamiento criminal de 1879, que fueron los precedentes inmediatos de la actual LECrim.

5 Un análisis bastante clarificador sobre el modelo tradicional de instrucción y su aplicación práctica, incidiendo en los aspectos problemáticos puede verse en DE LLERA SUÁREZ-BÁRCENA, *El modelo constitucional de investigación penal*, Tirant lo Blanch, Valencia, 2001, pp. 15 a 117.

Seguramente el problema vino también del solapamiento en las funciones, pues el director de la investigación, el instructor, es ajeno al resultado y al éxito de su tarea, porque otro órgano público, el fiscal, es quien debe analizar el contenido del sumario y valorar, a la vista del material instructorio, si hay elementos suficientes para acusar. Así pues, el juez no investiga en su propio interés sino para preparar un juicio en el que no va a intervenir, esto es, desempeña un papel meramente instrumental para que el fiscal pueda sostener la acusación y el acusado su defensa, y finaliza su cometido cuando cierra la investigación; esta situación dio lugar a que uno de ellos diera un inevitable paso atrás.

Más allá de este defecto original, cuyas insatisfactorias consecuencias perduran, los tiempos y, sobre todo, los modos de la delincuencia —la dinámica delictiva, los medios a su disposición y las complejas y poderosas organizaciones criminales— han cambiado, de modo que los instrumentos más que centenarios de nuestra legislación presentan muchas carencias para investigar y sancionar los delitos. Es evidente que si pretendemos que el proceso penal sea eficaz se ha de adaptar a los tiempos y a los casos que se enjuician; la apertura de la actividad delictiva a cualquier lugar del mundo, las comunicaciones y la sofisticación tecnológica que utilizan los delincuentes, exigen respuestas eficaces de los órganos estatales de persecución, especialmente en la investigación de los hechos. El intento de replicar el mismo esquema procesal para todos y cada uno de los asuntos, sin tomar en cuenta la imprescindible adecuación del instrumento a la finalidad perseguida, lleva también al fracaso. En esta fase inicial que sirve para esclarecer los hechos y proporcionar elementos probatorios, los medios de investigación se han de acomodar a cada uno de los concretos delitos que se persiguen.

Con todo, el sistema penal necesariamente ha de respetar las normas y principios establecidos en la Constitución: las previsiones del art. 25, y lo que representa el principio de legalidad penal, el derecho al juicio justo y a las garantías procesales del art. 24, el derecho a la libertad del art. 17 o el derecho a la igualdad del art. 14. Este marco constitucional establece los perfiles básicos de todo el sistema penal, de acuerdo con la doctrina del Tribunal Constitucional, de modo que las leyes y los tribunales tienen que obedecer lo que prevé la Constitución, y no al revés.

2. LA INVESTIGACIÓN DE LOS DELITOS Y EL DESPLAZAMIENTO DEL JUEZ DE INSTRUCCIÓN

Uno de los puntos esenciales de todo sistema penal es el modo de entender y organizar la primera fase de las actuaciones, referida al esclarecimiento de lo sucedido; porque con carácter general los autores de un delito tratan de no ser descubiertos —a salvo cuando se busca la notoriedad por los propios fines del delito, como en los casos de terrorismo— o para impedir o retrasar su persecución, de modo que la justicia penal tiene como tarea preliminar el descubrimiento de los hechos. La investigación criminal forma parte inescindible del sistema de justicia penal, como tarea pública, y el Estado habrá de disponer de los recursos necesarios para que se disipen las dudas, y finalmente se puedan ofrecer en el juicio los elementos de prueba que permitan acreditar los hechos y que el tribunal dicte sentencia.

El reconocimiento de las garantías procesales durante la investigación ha de correr en paralelo a la eficacia de los fines de persecución. Para ello hay que lograr un diseño de las actuaciones que resulte estructuralmente idóneo, empezando por una adecuada y eficaz asignación de papeles en esta fase inicial de preparación del juicio.

En la LECrim la investigación de los delitos se encaja dentro de la organización judicial: es el juez de instrucción quien debe incoar el procedimiento desde que tenga noticia de la comisión de un delito, cualquiera que sea la fuente de su conocimiento. Nada escapa a la actuación de la justicia penal desde que aparezca una conducta típica. Este es el régimen según la ley vigente[6], que diseña una investigación que no es administrativa, ni por ahora se encomienda al Ministerio Fiscal, sino que se mantiene en la responsabilidad de un órgano del Poder Judicial.

La LECrim ha colocado al juez de instrucción como el encargado de realizar u ordenar las actuaciones «encaminadas a preparar el juicio y practicadas para averiguar y hacer constar la perpetración de los delitos con todas las circunstancias que puedan influir en su calificación y la culpabilidad de los delincuentes, asegurando sus personas y las responsabilidades pecuniarias de los mismos», como dispone el art. 299. Junto al instructor se encuentra el Ministerio Fiscal, inspeccionando la instrucción y ejercitando luego la acción penal[7].

Estos son los dos únicos órganos públicos necesarios establecidos legalmente para el funcionamiento de la justicia penal en la instrucción —salvo para la persecución de delitos privados—; el uno, que pertenece al poder judicial in-

---

6 Cfr. MORENO CATENA, «El Ministerio Fiscal, director de la investigación de los delitos», en *Teoría y derecho: revista de pensamiento jurídico*, 2007, pp. 74 y ss.

7 Véase, al respecto, la Instrucción 2/2008, de 1 de julio, de la Fiscalía General del Estado sobre las funciones del Fiscal en la fase de Instrucción.

dependiente, un juez; el otro, un fiscal, integrado en una organización autónoma jerarquizada, encargado de promover la acción de la justicia en defensa de la legalidad, de los derechos de los ciudadanos y del interés público tutelado por la ley (art. 124.1 CE). En ambos casos se considera que se respeta la garantía de la imparcialidad[8], como parte del contenido esencial del derecho a un proceso equitativo en términos del CEDH, y cuando en otros ordenamientos la investigación de los delitos se atribuye al Ministerio Fiscal también se le exige la imparcialidad en el ejercicio de sus funciones[9]. En consecuencia, los únicos responsables de la investigación penal son los jueces de instrucción y los fiscales[10], aunque haya que volver sobre el modelo de la investigación de los delitos, para pasar de la figura del juez instructor a la del fiscal investigador[11].

8 Puede considerarse que ni el juez ni el fiscal tienen interés directo y personal en dirigir la investigación en un sentido determinado, pero es indudable que su intervención inquisitiva, ordenando diligencias, les implica en un determinada dirección y les compromete con el resultado. Por eso se ha sostenido desde hace mucho tiempo que se ha de respetar el principio esencial de que quien investiga no puede juzgar, lo que dio lugar a la STC 145/1988 [*Tol 109346*], que declaró la inconstitucionalidad de los procesos de enjuiciamiento oral de delitos dolosos, menos graves y flagrantes de la LO 10/1980.

9 Sobre las funciones de investigación y de control de la investigación en un hipotético cambio de proceso penal en el ordenamiento español, GUZMÁN FLUJA, «Un nuevo modelo de enjuiciamiento criminal para el Siglo XXI (Nota general y dos apuntes sobre el Anteproyecto de Ley de Enjuiciamiento Criminal de 2011)» y FLORES PRADA, «Modelo de investigación, papel del Ministerio Fiscal y derecho de defensa», ambos en *Justicia penal y derecho de defensa* (Guzmán y Flores, dirs.), Valencia, 2014, pp. 19 a 81 y 107 a 139 respectivamente.

10 Aunque pueda parecer volver sobre lo mismo, un análisis de lo que el actual sistema procesal penal prevé en cuanto a las funciones a desempeñar por el Juez de Instrucción y el Fiscal en la fase de investigación, y las que deberían tener bajo otro modelo procesal (de corte acusatorio), puede verse en la Revista *Teoría y Derecho. Revista de pensamiento jurídico*, nº 1/2007 sobre la responsabilidad en la dirección de la investigación del delito: *¿Ministerio fiscal o juez instructor? La investigación penal a debate*, en el que intervienen ANDRÉS IBÁÑEZ, «El Fiscal en la actual regresión inquisitiva del proceso penal» (pp. 11 a 26), DÍEZ-PICAZO, L. Mª, «Siete tesis sobre la idea de Fiscal investigador» (pp. 29 a 38), MONTERO AROCA, «Investigación e instrucción en el proceso penal. A favor del imperio de la ley y de las garantías de las partes en la preparación y en la evitación del juicio oral» (pp. 41 a 72), MORENO CATENA, «El Ministerio Fiscal, director de la investigación de los delitos» (pp. 75 a 97) y VIVES ANTÓN, «Sobre la imparcialidad del Juez y la dirección de la investigación oficial del delito» (pp. 99 a 121).

11 Por esta solución han optado los tres textos prelegislativos aprobados por los sucesivos gobiernos del Partido Socialista y del Partido Popular, y parece que esta tendencia se va imponiendo entre los diferentes operadores jurídicos. En 1988, en el desarrollo

De todos modos, más de 140 años después, hemos de recordar que, con avances en el reconocimiento de los derechos de todos los que intervienen en el procedimiento, en el texto legal de 1882 la actividad de los servidores públicos que participan en la instrucción se definía con una óptica diferente a la que impone la Constitución de 1978. La LECrim es un texto legal con graves inconsistencias sistemáticas y dificultades para responder a los retos de la justicia penal y no regula tempestivamente los medios de investigación que van apareciendo y deben ser incorporados a las viejas estructuras procesales. Se ha ido acomodando con graves dificultades un modelo procesal del siglo XIX para incorporar los derechos fundamentales que se fueron reconociendo a lo largo del siglo XX, y la entrada en vigor de la Constitución exigió también sustanciales cambios en el procedimiento, compitiendo en esa puesta al día tanto la labor de nuestro legislador como las decisivas aportaciones de los Altos Tribunales, del Tribunal Constitucional y del Tribunal Supremo.

Los medios y la falta de una específica capacitación científica y técnica de los actuales directores legales de la investigación penal, junto con el desarrollo de las nuevas formas de delincuencia, han obligado a ir reconociendo responsabilidades a la policía judicial, formada por cuerpos de funcionarios especializados. La investigación de los delitos, la criminalística, no es, ni ha sido nunca, una materia de los estudios de derecho, ni se ha exigido en la preparación de nuestros jueces o fiscales, que acceden a sus puestos sin bagaje suficiente para ordenar la investigación criminal o para dirigir la tarea de descubrir los elementos esenciales y relevantes de las acciones delictivas[12]. En este planteamiento se enmarca el artículo 126 de la CE, que hace depender de los jueces, de los Tribunales y del Ministerio Fiscal a la policía judicial, en sus funciones de averiguación del delito y descubrimiento y aseguramiento del delincuente.

De la consideración decimonónica de la policía judicial, comprendiendo en este concepto a todo aquel que tuviera directa o indirecta relación con la seguridad pública (art. 282 LECrim), se ha pasado a una verdadera y propia policía

de una mesa redonda en la entonces Escuela Judicial, los profesores VIVES ANTÓN, GIMENO SENDRA y yo mismo, defendimos con rotundidad la desaparición de la figura del juez instructor y la atribución al Ministerio fiscal de la responsabilidad para la investigación de los delitos y mantuvimos en aquella ocasión una viva polémica con los asistentes.

12 Sobre la incorporación de otros conocimientos, aptitudes y habilidades en la preparación de los fiscales (fácilmente trasladable a los jueces), así como la necesidad de especialización, CRESPO BARQUERO, «Hacer bien el Trabajo», en el Curso de Formación Continuada *sobre Deontología profesional y carrera* fiscal (2016; en *fiscal.es*).

judicial, a la que se confía la función de realizar las averiguaciones tendentes al esclarecimiento de los hechos (art. 17.2 CE), inconcebible en 1882, cuando la LECrim exigía poner de inmediato al detenido a disposición judicial.

El enunciado constitucional, que no cierra un modelo específico de policía de investigación criminal[13], permite encomendar una enorme variedad de actuaciones a las Unidades de Policía Judicial de modo autónomo; sin embargo, queda claro que en esas diligencias de averiguación del delito dependen de los jueces y fiscales. Su posición de superioridad sobre la policía judicial, dispuesta en la CE, exige que las iniciativas y las diligencias policiales autónomas cedan en el momento en que se haga cargo de la investigación penal su responsable, de modo que a partir de entonces la dirección pasa a la responsabilidad del juez de instrucción, al que se tienen que someter las fuerzas policiales que hubieran actuado.

Como es obvio, una consideración idéntica han de tener los órganos de auxilio judicial que se han ido creando para proporcionar al instructor un apoyo técnico en investigaciones cada vez más complejas, que necesitan medios que el sistema judicial no tiene. Estos órganos de auxilio, por su propia concepción, intervienen en las actuaciones o aportan elementos instructorios a instancia e iniciativa del juez, en una posición subordinada a los intereses y las directrices de la investigación de los delitos que marca y dirige el instructor.

Con todo, no siempre es cierto que esta fase del procedimiento esté dirigida y ordenada por los jueces de instrucción, porque hemos creado un juego de «sombras chinescas» y repetimos que la instrucción de los delitos se hace dentro del sistema judicial cuando la realidad lo contradice tozudamente si se mira con atención lo que sucede a diario en nuestros Juzgados de Instrucción.

La dependencia de la policía judicial ordenada por la Constitución debe significar dos cosas: en primer lugar, que cuando el juez incoa las diligencias penales se le han de trasladar todos los materiales obtenidos por la policía y todo el conocimiento que esta hubiera adquirido hasta entonces, lo que supone que no podrá legítimamente retener elementos o información referidos a la investigación que se ha «judicializado»; simplemente se ha de «poner a las órdenes» del juez para cumplir lo que este le ordene.

En segundo lugar, la dependencia supone que con la incoación del procedimiento tiene que cesar la autonomía investigadora de la policía. A este respecto es irrelevante que las actuaciones se inicien porque la propia policía trasla-

13 Un análisis de las funciones de investigación de la policía judicial, al hilo del art. 126 CE, en DE LLERA SUÁREZ-BÁRCENA, *cit.*, pp. 199 a 336.

de al juez el resultado de su investigación, mediante un atestado, o porque le hubiera llegado al juez la *notitia criminis* por otro conducto y ordene incoar el procedimiento, requiriendo entonces a la policía que le remita las diligencias practicadas. A partir del momento en que interviene el juez, la fuerza policial pierde todo título tanto para iniciar nuevas líneas de investigación, como para profundizar en las pesquisas ya realizadas, como incluso para proseguir las diligencias en curso, salvo que así lo ordenara el instructor. Así pues, la policía no podrá actuar al margen del juez —«por su cuenta»—, porque la incoación del procedimiento penal le ha sustraído su capacidad de actuación autónoma[14].

La entrada del juez de instrucción en las investigaciones sobre un concreto delito, generalmente con un auto de incoación del procedimiento, le lleva a asumir de acuerdo con la LECrim no solo la última palabra en lo que se refiere a las diligencias a practicar —y por lo tanto se hará o no se hará lo que el instructor considere más adecuado—, sino que el juez debe tener la primera palabra, y desde ese momento desaparecen las facultades de iniciativa del resto de los funcionarios que hubieran intervenido, incluidos los miembros de la policía de investigación criminal.

Como es obvio, eso no puede representar una ruptura del juez con la policía que ha investigado. La «irrupción» del órgano judicial no impide la comunicación del juez —que es el superior— con los funcionarios de policía —que le están subordinados—, que debe mantenerse de manera fluida y continuada. El intercambio de conocimientos y de opiniones debe funcionar en un sentido bidireccional: por un lado, del juez con la policía judicial, llamando a los funcionarios a su presencia para plantear nuevas líneas de investigación o profundizar en las existentes, y para formar su criterio a la hora de ordenar nuevas diligencias. Por otro lado, de los funcionarios policiales hacia el juez, solicitando entrevistas, reuniones o una comparecencia formal, para expresar inquietudes sobre los resultados de la investigación, o sugerir, indicar o re-

[14] Por eso, el RD 769/1987 que regula la policía judicial, dispone en el art. 6 que «la Policía Judicial, con la composición y estructuración que en esta norma se determina, desarrollará, bajo la dependencia funcional directa de los jueces y Tribunales y del Ministerio Fiscal, funciones de averiguación del delito y descubrimiento y aseguramiento del delincuente, con arreglo a lo dispuesto en la Ley»; y de un modo más específico el art. 10 establece que «en la ejecución de sus cometidos referentes a la averiguación del delito y descubrimiento y aseguramiento del delincuente, así como de los previstos en los apartados b) al e) del art. 445 de la Ley Orgánica del Poder Judicial (hoy, art. 549), las Unidades Orgánicas de Policía judicial y los funcionarios a ellas adscritos dependen funcionalmente de los Jueces, Tribunales o miembros del Ministerio Fiscal que estén conociendo del asunto objeto de su investigación».

comendar la práctica de otras diligencias, proporcionando al juez el soporte científico de sus propuestas y los objetivos que persigan.

Estas circunstancias rubrican la completa autoridad del instructor, pues con entera libertad de criterio podrá acoger o rechazar, total o parcialmente, las iniciativas investigadoras propuestas por la policía. Pero no se puede desconocer que cuando los jueces recurren al auxilio policial se colocan en una posición de cierta debilidad, al tenerse que apoyar en otros por falta de estructura y de recursos propios. En tal estado de cosas es preocupante que, tras las reformas de la LO 13/2015, al amparo del art. 588 bis b) LECrim, la Policía Judicial pueda instar directamente —como una parte más— diligencias de investigación —interceptación de comunicaciones telefónicas y telemáticas; captación y grabación de comunicaciones orales mediante dispositivos electrónicos; utilización de dispositivos técnicos de seguimiento, localización y captación de la imagen; registro de dispositivos de almacenamiento masivo de información, o registro remoto sobre equipos informáticos—[15].

En definitiva, el juez de instrucción no se puede convertir en un mero órgano de convalidación de las actuaciones de otros: su función es ordenar la investigación y todas las diligencias que se vayan a practicar desde el momento de incoación del procedimiento, sin perjuicio de las solicitudes que puedan plantear el Ministerio Fiscal o el resto de partes acusadoras, o de las peticiones e iniciativas que pueda tomar el investigado a su costa para lograr elementos de descargo, que la ley no prohíbe. No obstante, las relaciones del juez y la policía están huérfanas de una regulación específica, tanto en las normas procesales como en las policiales, que han de ponerse al día porque existen serias disfuncionalidades y disparidades.

En este estado de cosas, si la policía pretendiera retener la competencia para investigar con autonomía y desconocimiento del instructor, al que solo informara *a posteriori*, al juez se le abre una grave alternativa: o bien declarar la nulidad de lo actuado a sus espaldas, pues la policía había perdido todo

[15] Y no solo incluye la reforma la legitimación policial directa, sino que le autoriza también que practique medidas de investigación limitativas de derechos fundamentales, aunque luego deban ser ratificadas por el juez (v.gr., art. 588 ter d.3 o art. 588 quinquies b), e incluso podrá practicar la detención incomunicada, con privación de la designación de abogado de confianza, no solo en materia de terrorismo, algo que no prevé expresamente la normativa comunitaria que traspone. Sobre las limitaciones del derecho defensa, tras las reformas operadas, vid. COLMENERO GUERRA, «El derecho de defensa en la investigación preliminar de los delitos de terrorismo y otros delitos graves», en *Globalización y lucha contra las nuevas formas de criminalidad transnacional* (Galán y Mendoza, dirs.), Valencia, 2019, pp. 433 a 477.

margen de autonomía para investigar al incoarse las diligencias penales, o bien convalidar las diligencias practicadas.

Esta segunda decisión, convalidar las actuaciones policiales al margen de la ley, especialmente si son de contenido acusatorio, es la más fácil para el juez, la que menos discusiones provoca y la que seguramente contaría con el aplauso generalizado. Encontraría a favor, en primer lugar, a la propia policía o unidad de auxilio, que pretende incorporar a la causa lo que se practicó sin orden judicial; en segundo lugar, a las acusaciones, que encuentran así material de cargo para sostener su posición acusatoria; en tercer lugar, a los medios de comunicación y a buena parte de la ciudadanía que, lejos de alinearse en la tesis de las garantías y de la defensa de los derechos de los sospechosos o investigados, suelen colocarse al lado del populismo represor. Es verdad que frente a esta convalidación de lo que la policía hubiera realizado al margen de la ley se alzaría el investigado, pero a efectos prácticos eso ya se da por descontado, máxime cuando el resultado de las actuaciones policiales sea contrario a su exculpación y abone su responsabilidad.

Por contra, la primera posibilidad —rechazar la aportación de actuaciones de la policía a un procedimiento en curso— es para el juez una decisión extremadamente difícil. Porque excluir de la causa los resultados de la actividad investigadora de la policía, en especial si hubieran logrado avances relevantes, genera el riesgo de que el juez sea tachado de venal o corrupto; el rechazo de estos elementos probatorios se basaría «solamente» en que se han obtenido al margen de las previsiones legales, desconociendo la superior autoridad del juez, y ello daría pie a la denuncia fácil de que el juez estaría favoreciendo así a los criminales, o haciendo fracasar el descubrimiento de los hechos, o interfiriendo en las actuaciones exitosas de la policía, o planteando una simple cuestión de mando o de autoridad, con la trascendencia de amparar la impunidad de los delitos.

Sin embargo, no estamos ante un problema de competencia o de poder, sino ante las garantías del procedimiento y el funcionamiento del modelo de instrucción, que no se puede variar a retazos. Por eso se establecen controles por razón del órgano competente —como el sistema de recursos—, se introducen contrapesos a las potestades legales —como la instancia de parte para ordenar medidas limitativas de derechos—, y se distribuyen las funciones entre quienes intervienen en el procedimiento. En España alrededor de la instrucción judicial se han construido las actuaciones de los demás sujetos. Así pues, no es que la autoridad judicial pueda supervisar lo que hace la policía judicial; es que, de acuerdo con la ley, el instructor es el *dominus* de la investigación, y no se limita a controlar, sino ordenar las diligencias que se deben practicar; no es un fiscalizador de actuaciones ajenas, sino el director al que está subordinada la policía judicial, y con quien ha de colaborar el resto de las Administraciones Públicas. Por tanto, si en la actuación policial se eludiera la efectiva dependencia del juez de instrucción se estaría poniendo «en solfa» todo el sistema procesal penal. La dependencia, dispuesta constitucionalmente en el art. 126, significa que una vez incoado el procedimiento el juez tiene que ordenar y la policía tiene que obedecer.

El problema se agrava cuando el sistema penal se ve interpelado por nuevas formas de delincuencia, y se ha de enfrentar con delitos especialmente graves que exigen respuestas más eficaces, como sucede con la delincuencia organizada —desde el terrorismo a los tráficos ilícitos, incluyendo la delincuencia económica—, o con delitos de violencia sobre la mujer, delitos asociados a las nuevas tecnologías, delitos medioambientales, o contra la Hacienda Pública.

Ante este reto monumental la respuesta española no ha sido potenciar la justicia penal sino reforzar las facultades de los órganos de investigación penal dependientes del poder ejecutivo. Esto ha provocado un fortalecimiento de los poderes administrativos, sin sujeción a garantías procesales, de manera que queda en sus manos instar la apertura del procedimiento, determinar inicialmente los hechos por los que proceder y, con frecuencia, marcar el rumbo de las indagaciones[16].

Hoy en día son los funcionarios policiales quienes en muchos casos dirigen las investigaciones penales, establecen las pautas y, por su propia iniciativa, realizan las diligencias que consideran más adecuadas, adquiriendo el protagonismo de la instrucción, asumiendo una función netamente acusadora, aunque deban pasar por el tamiz del criterio del instructor o del fiscal.

La policía tiene un papel preponderante en la lucha contra la criminalidad, sobre todo cuando se trata de luchar contra la delincuencia más grave; entonces, las unidades policiales especializadas, como la UDEF y la UDYCO en

16 A ello habría que unir, por otro lado, la inercia política instaurada en la segunda mitad del siglo XX, y acelerada en el siglo XXI, de huir del derecho penal y, con ello, del proceso penal con todas sus garantías, para residenciar una buena parte de los problemas sociales en el ámbito del derecho administrativo sancionador, que no se atiene a las garantías del proceso penal, ni las previstas en la Constitución, ni las previstas en los tratados y convenios internacionales sobre derechos humanos.

el Cuerpo Nacional de Policía[17], la UCO en la Guardia Civil[18], han tomado el mando de la actuación pública, con un enorme poder que carece de todos los adecuados controles y contrapesos. Lo propio sucede en la persecución de delitos contra la Hacienda Pública con la intervención de la Agencia Española de Administración Tributaria (AEAT), o de contrabando por el Servicio de Vigilancia Aduanera, de la propia AEAT.

Este complejo entramado administrativo nos da idea de la pujanza de los organismos que tienen que ver con la investigación de los delitos frente a unas estructuras judiciales que no se han modernizado en absoluto y siguen ancladas en los mismos esquemas del siglo XIX. Por tales razones, parece una auténtica quimera la proclamada sumisión de todos los funcionarios que investigan los delitos al sistema judicial (art. 126 de la CE), pues son aquellos quienes disponen de la estructura, los recursos y la capacitación necesarias, pero sin estar integrados en el aparato de la justicia penal.

Es urgente dotar a los jueces de instrucción —mientras existan— y a los fiscales, los superiores de los policías y de los funcionarios de la Agencia Tributaria, de los recursos necesarios para abordar una investigación penal de

[17] En el CNP se integra, junto con otras Jefaturas, la Jefatura Central de Información, Investigación y Ciberdelincuencia, de la que dependen varias Comisarías Generales, entre ellas, la de Policía Judicial y la de Policía Científica. La Comisaría General de Policía Judicial se compone de la Unidad Central de Droga y Crimen Organizado (UDYCO), con una Unidad Adscrita a la Fiscalía General del Estado; la Unidad Central de Delincuencia Especializada y Violenta (UDEV), con una Unidad Adscrita a la Audiencia Nacional; la Unidad Central de Inteligencia Criminal (UCIC); la Unidad Central de Delincuencia Económica y Fiscal (UDEF), con una Unidad Adscrita a la Fiscalía Especial contra la corrupción y la criminalidad organizada; la Unidad de Investigación Tecnológica (UIT) y la Unidad Central de Atención a la Familia y Mujer (UFAM). La Comisaría General de Policía Científica se compone de la Unidad Central de Identificación, la Unidad Central de Criminalística, la Unidad Central de Investigación Científica y Técnica, la Unidad Central de Análisis Científicos y la Unidad Central de Coordinación Operativa.

[18] De la Jefatura de Policía Judicial de la Guardia Civil depende la Unidad Central Operativa (UCO), la Unidad Técnica de Policía Judicial y el Servicio de Criminalística. La UCO se divide en el Departamento de Apoyo Técnico y Operativo; el Departamento de Delincuencia especializada y Drogas; el Departamento de Delincuencia Económica y Tecnológica (con un grupo de Delincuencia Económica, uno de Delitos Telemáticos y uno de Delitos contra la Administración, el GDA), y el Departamento de Delincuencia Organizada, que tiene cierta descentralización. Además, se han creado dos Unidades Adscritas, una a la Fiscalía Antidroga y otra a la Fiscalía contra la Corrupción y la Criminalidad Organizada.

calidad, con estándares acordes con los medios y la tecnología actual, y con garantías suficientes para todos cuantos intervienen en ella.

3. EL MINISTERIO FISCAL

Junto al juez de instrucción, el sistema procesal penal napoleónico mantuvo al Ministerio Público como el encargado de ejercitar la acción penal. En España, durante el siglo XIX, y desde el Reglamento provisional para la Administración de Justicia de 1835, se estructura el Ministerio Fiscal con una organización suficientemente sólida, que se desligó a finales del siglo XIX de la responsabilidad de defender los intereses del Fisco, pues el Real Decreto de 16 de marzo de 1886 atribuyó al Cuerpo de Abogados del Estado la defensa de la Hacienda y de la Administración Pública[19].

Precisamente el proceso penal es el campo en que con más claridad se exige la intervención del Ministerio Fiscal en defensa de la sociedad, del interés público tutelado por la ley, hasta el punto de que hoy está presente en todos los países de la Unión Europea y puede decirse que se trata de un órgano consustancial en la cultura jurídica occidental. Es una institución que han incorporado todos los sistemas jurídicos, también los países del *common law* en los que era desconocida (en el Reino Unido se creó la figura con la aprobación de la *Crown Prosecutor Act* en 1984).

Del Ministerio Fiscal se ignora —o se tiene mal definido, o se discute— casi todo: no se sabe dónde se incardina institucionalmente. Unos sostienen que pertenece al Ejecutivo; para otros debe hacerse depender del Legislativo, y definirse como una suerte de comisionado de las Cortes Generales, guardián de la ley; otros, con el apoyo de una frase de su Estatuto Orgánico, sostienen que se integra en el Poder Judicial; finalmente, no faltan quienes lo sitúan fuera del juego de los tres poderes del Estado.

Pero si no existe consenso acerca de su ubicación institucional, tampoco se sabe cuál debe ser el modelo de organización —para el texto constitucional ejerce sus funciones conforme a los principios de unidad de actuación y dependencia jerárquica—; así hay quien defiende que debe tener un alto grado de autonomía que lo convierta en una especie de magistratura postulante, con

[19] MORENO CATENA, «El Ministerio Fiscal, director de la investigación de los delitos», en *Teoría y Derecho: revista de pensamiento jurídico*, nº 1, 2007, p. 77.

fiscales independientes, mientras otros pretenden mantener una estructura de obediencia pseudomilitar[20].

Por las funciones que el Ministerio Fiscal ha venido desempeñando, y marcan de algún modo su razón de ser, lo que se ha mantenido permanentemente vivo en la institución ha sido, de una parte, su condición de órgano de postulación procesal —agota su intervención profesional en las actuaciones ante los tribunales— y, de otra parte, su carácter de defensor de la sociedad, de los intereses públicos.

Precisamente la Recomendación (2000) 19, del Comité de Ministros del Consejo de Europa, define al Ministerio Fiscal como «la autoridad encargada de vigilar en nombre de la sociedad y en interés general la aplicación de las leyes con sanciones penales, teniendo en cuenta, por una parte, los derechos individuales y, por otra, la necesaria eficacia del sistema de justicia penal». Es un órgano público estatal, de naturaleza administrativa y no judicial, que se encuentra fuera de la organización establecida para el ejercicio de las funciones del Gobierno; por tanto, no depende de este, sino que opera con autonomía. Claro es que la articulación de su autonomía con el Ejecutivo dependerá esencialmente de la solución que se adopte en cada caso sobre su legitimación democrática y, por tanto, su imprescindible control[21].

Pero la autonomía del Ministerio Fiscal no se puede equiparar —«no es de la misma naturaleza», en términos del Informe de la Comisión de Venecia[22]— a la independencia de los jueces. Como se dice en este Informe, «la independencia del poder judicial y su separación del poder ejecutivo es la clave del

---

20 Así MORENO CATENA, «El papel del Ministerio Fiscal en el Estado democrático de Derecho», en *Cuadernos de Derecho Público*, núm. 16 (mayo-agosto), pp. 139-140.

21 Cfr. MORENO CATENA, «El papel del Ministerio Fiscal...», cit., p. 146, donde se sigue diciendo que «El Ministerio Fiscal puede encontrar su legitimación bien por la vía directa de la elección popular, bien por la de segundo grado, mediando la intervención más o menos intensa del Poder Ejecutivo» y que «Pueden concebirse otras formas de legitimación del Ministerio Fiscal, estableciendo una forma indirecta de intervención parlamentaria en la designación de los miembros que lo integran o de quien se halla en la cúspide de la jerarquía, o bien asimilándolo al Poder Judicial, de forma que se logre su legitimación por medio de su sometimiento a la ley. Sin embargo, en ambos casos queda desdibujado su sentido y el papel que debe jugar el Ministerio Fiscal en el Estado democrático de Derecho.»

22 Informe de la Comisión de Venecia sobre «Las normas europeas relativas a la independencia del sistema judicial: Parte II - El Ministerio Público», Venecia 17-18 diciembre 2010, p. 17, en la conclusión de dicho Informe, aunque la diferencia de naturaleza con la judicatura está presente a lo largo de todo el Informe.

Estado de derecho, y no pueden contemplarse excepciones a este respecto»; «sin embargo, la independencia o autonomía del Ministerio Público no es tan categórica, por naturaleza, como la de los tribunales».

Pues bien, en la opinión pública española se ha instalado en los últimos tiempos un acalorado debate y algunos sostienen con vehemencia la idea de cuestionar que el Ministerio Fiscal («este» Fiscal) esté en sintonía con la Constitución y con los estándares europeos. Se incide en dos extremos: por un lado, en el sistema de nombramiento del titular de la institución, el Fiscal General del Estado, al que se le atribuye una suerte de sumisión al Presidente del Gobierno, dado que, de acuerdo con la Constitución, será nombrado por el Rey a propuesta del Gobierno, oído el Consejo General del Poder Judicial (art. 124.1 CE)[23]. Por otro lado, en que la Fiscalía se estructura siguiendo los principios de unidad de actuación y dependencia jerárquica (art. 124.2 CE), con lo que, volviendo al argumento anterior, si el Fiscal General depende del Gobierno y cada uno de los fiscales depende del Fiscal General, todos los fiscales no son más que un instrumento del ejecutivo.

Lo que no se dice es que este sistema de designación del Fiscal General es el establecido en la Constitución, y que esos son los principios estructurales de la Fiscalía según el texto de la Constitución, con lo que la modificación de este modelo exigiría una reforma de la norma fundamental. Y de todos modos hay que recordar que en el sistema de designación del Fiscal General se han introducido modificaciones de un calado importante: desde la primera regulación en el Estatuto Orgánico del Ministerio Fiscal de 1982 a la actualidad —sobre todo después de la reforma por la Ley 24/2007, de 9 de octubre— han aparecido varios límites relevantes: la inicial libertad de designación y cese por el Gobierno se restringe, y la ley establece un plazo de duración de su mandato y elimina la facultad de cese por quien le propuso, salvo por incapacidad, incumplimiento de sus funciones o por incurrir en incompatibilidades o prohibiciones (art. 31 EOMF). Por tanto, puede decirse que con la reforma de 2007 se blinda en cierto modo la figura del Fiscal General frente a indeseables presiones o instrucciones del Gobierno, pues una vez que ha sido nombrado goza de libertad en el ejercicio de sus funciones.

Es verdad que se podría avanzar más en esta dirección, como sería establecer un tiempo determinado del nombramiento del Fiscal General sin vincularlo al tiempo de mandato del Gobierno, con lo que se ganaría en autono-

23 En alguna desafortunada declaración pública el actual presidente del Gobierno se ha referido a que él nombraba al Fiscal General, trasladando una cierta idea de sumisión hacia el ejecutivo, que no se corresponde con la regulación ni constitucional ni legal.

mía, aunque entonces se perdería en la debida coherencia del diseño y de la implementación de la política criminal desde el sistema de justicia, salvo que se articulara una efectiva rendición de cuentas y un control político real del Ministerio Fiscal.

El segundo de los reproches hacia el Ministerio Fiscal, con el que se pretende minar la propia institución, porque termina deslegitimando la función que desempeña, es su dependencia del Gobierno, que ha nombrado al Fiscal General.

A este respecto debemos apuntar tres cosas: la primera, que el Gobierno solo interviene en el nombramiento del Fiscal General, pero no en el de los demás miembros de la Carrera Fiscal (con una plantilla orgánica actual de 2.762 plazas[24]), que ingresan por el mismo sistema de oposición que los miembros de la carrera judicial.

La segunda, que el fiscal, en el ejercicio de su función constitucional de promover la acción de la justicia en defensa de la legalidad, deberá ejercitar las acciones penales que considere procedentes (art. 105 LECrim), lo que no es más que aterrizar y poner en práctica una política criminal cuyas líneas generales vienen configuradas en las leyes, pero que es necesario concretar caso a caso[25]. Es decir: se trata de una actuación política, que exige optar por presentar la acusación o abstenerse de acusar, y por esa razón se deberá establecer algún mecanismo de control en la actuación de la Fiscalía para garantizar su correcto ejercicio. La exención de todo control es algo ajeno y extravagante al sistema democrático, que se fundamenta en los mecanismos de pesos y contrapesos —*checks and balances*—.

Y la tercera cuestión: si queremos obedecer al principio de unidad de actuación del Ministerio Fiscal, de modo que no se imponga el criterio del fiscal de cada caso y se sigan unas líneas generales en la ejecución de la política criminal, se debe mantener también el principio de dependencia jerárquica, de modo que el superior, llegado el caso, pueda imponer su criterio contra el parecer de quien ocupa una posición inferior en la Fiscalía. Porque el Ministerio Fiscal no es constitucionalmente el encargado de diseñar, gestionar y ejecutar

24 Aprobada por el RD 1100/2014, de 29 de octubre.

25 Vale recordar el caso del pastor de Capileira (Granada), denunciado en 1998 por haber recogido 190 gramos de manzanilla en Sierra Nevada. En su escrito de acusación el fiscal pedía dos años y tres meses de prisión por delito contra la flora por ser la manzanilla una especie protegida; y terminó aplicando una atenuante de error y solicitando su condena por el mismo delito y que se le impusiera una pena de multa de 45.000 ptas. Corría el año 2001. El juez de lo penal de Granada lo absolvió.

la política criminal —que es mucho más que el ejercicio de acciones penales—, pero en la medida en que decide impulsar actuaciones procesales que son decisiones de política criminal, ejercitar la acusación en el caso concreto, sus actos han de estar sujetos a responsabilidad política[26], porque la acción política debe tener contrapesos y controles, como los que ejercen las Cámaras legislativas respecto del Gobierno.

Pero lo cierto es que la Fiscalía se halla en un terreno de nadie porque, al limitarse a instar la intervención de los tribunales, parece que no tiene que responder de sus actos ante nadie, ni penal ni políticamente. Lo único que prevé el art. 29 de su Estatuto Orgánico es que el Gobierno comunique al Congreso la persona elegida como Fiscal General para que la Cámara pueda disponer su comparecencia ante la Comisión con el fin de valorar los méritos e idoneidad del candidato; hasta ahí llega el papel del legislativo.

Por último, hay que señalar que el art. 2 del Estatuto Orgánico del Ministerio Fiscal alimentó una imagen que no se corresponde con la realidad constitucional, y ha permitido trasladar la idea de que el Ministerio Fiscal está integrado en el Poder Judicial, cuando en realidad son solo los jueces y magistrados los que integran el poder judicial (art. 117.1 CE), y no todo el aparato funcionarial que desempeña sus funciones en el ámbito de la justicia. Ni los médicos forenses, ni los letrados de la Administración de Justicia, ni los funcionarios de los cuerpos de gestión, tramitación y auxilio, ni los funcionarios de policía judicial, ni tampoco los miembros del Ministerio Fiscal, forman parte del Poder Judicial, ni puede decirse en buena doctrina constitucional que estos últimos se integren con autonomía funcional en el poder judicial, aunque así lo exprese el art. 2 del EOMF. El hecho de que la regulación del Ministerio Fiscal se encuentre en el Título VI de la CE se explica por la simple razón de que, a mi juicio, no resultaría lógico abrir en la arquitectura constitucional un título solamente para el art. 124, como tampoco dedicar otro título a la policía judicial; por eso, y aunque uno y otra ejercen sus funciones en el mismo ámbito que los tribunales de justicia, no se integran en el Poder Judicial, en donde solo están los jueces y magistrados.

[26] No se puede perder de vista que el propio Gobierno está llamado a compartir esta decisión de política criminal pues, de acuerdo con el art. 97 de la CE, el Gobierno es quien dirige la política interior, en la que se comprende obviamente la política criminal y no puede eludir su propia responsabilidad política.

En definitiva, no se pueden introducir ajustes sin modificar la Constitución a fondo, porque sería «hacer trampas al solitario» introducir reformas que se presentan como menores, si el dibujo final se aparta de lo diseñado en 1978 para el Ministerio Fiscal.

Hay además alguna reflexión adicional: cuando se pide una integración política más intensa en la Unión Europea, y ya estamos implantando en nuestro sistema penal normas que vienen impuestas desde la Unión Europea —como la Fiscalía Europea, aunque en este caso por un instrumento de cooperación reforzada—, hay que mirar cómo se configura el Ministerio Fiscal en el resto de los países del viejo continente. Pues bien, es cierto que no hay un modelo uniforme para la designación del Fiscal General, aunque la intervención del ejecutivo suele ser muy notable, y más intensa que la española, y en ningún país se ha puesto en cuestión el quehacer del fiscal y la legitimidad de la institución[27].

Un debate coyuntural de España, motivado por la confrontación crispada entre las formaciones políticas, que han sumido en una profunda crispación nuestro panorama político, no debería erosionar a una institución tan relevante como el Ministerio Fiscal, elevando a categoría lo que pudiera ser un problema concreto que se tendría que solventar, si acaso, con medidas acotadas a su verdadera dimensión.

Una de las banderas que se enarbolan para una futura modificación del Ministerio Fiscal es profundizar en su independencia, de modo que se apartara de la órbita del Gobierno y sus miembros se equiparasen con los jueces y magistrados. Pero no debe olvidarse que una desvinculación del Fiscal General del Poder ejecutivo como la propugnada, manteniendo una estructura jerárquica, exigiría cuando menos crear mecanismos de control político de la actuación de todo el Ministerio Fiscal. De ese modo se le podría exigir responsabilidad por sus actuaciones, con un contrapeso de quien seguiría teniendo en su mano impartir las órdenes necesarias para la actuación de todos los fiscales. Precisamente la exigencia de responsabilidad del Ministerio Público es uno de los puntos clave de esta institución, como se advierte en el Informe de la Comisión de Venecia[28].

---

27 Cfr. el Informe de la Comisión de Venecia de diciembre de 2010, cit., p. 4, donde se hace referencia a la diversidad de modelos de Fiscalías.

28 Informe cit., pp. 9-10.

4. LA PARTICIPACIÓN POPULAR EN LA JUSTICIA PENAL

La Constitución de 1978 rompió con cuatro décadas de dictadura e introdujo en nuestro sistema jurídico lo mejor del reconocimiento de derechos y garantías que se había implantado en las democracias representativas más avanzadas, configurando un Estado social y democrático de derecho que ofrecía un diseño político especialmente atractivo. Entre los puntos más destacados del texto constitucional se debe mencionar el papel esencial del pueblo español, que es donde reside la soberanía nacional y del que emanan todos los poderes (art. 1.2).

Especialmente en materia de justicia, la Constitución vuelve a repetir que «la justicia emana del pueblo» (art. 117.1), de modo que no ofrece duda alguna la clave de la legitimación originaria de la justicia. Por eso, el texto constitucional tiene especial cuidado de reconocer un modo singular de participación del pueblo en la justicia y, en particular, en la justicia penal, disponiendo el art. 125 que «los ciudadanos podrán ejercer la acción popular y participar en la Administración de Justicia mediante la institución del Jurado, en la forma y con respecto a aquellos procesos penales que la ley determine».

4.1 El jurado

La intervención del pueblo en la justicia a través del jurado, tribunal que históricamente ha tenido en España una vigencia solo esporádica, y que fue suspendido en 1936, implica sin duda un compromiso de los ciudadanos con el sistema de justicia penal, en el momento del enjuiciamiento de los delitos, pero requiere también un gran esfuerzo organizativo para la selección y la intervención de los nueve miembros, y los dos suplentes, durante todas las sesiones del juicio, así como un elevado coste de recursos que este tribunal demanda.

Por esta razón, como sucede en todos los países donde está vigente el jurado[29], legalmente su ámbito de aplicación se limita solo a una serie de delitos,

---

[29] En Estados Unidos, donde el juicio por jurados está reconocido en la Sexta Enmienda y se encuentra asentado como principio esencial en la cultura jurídica estadounidense, a este enjuiciamiento se somete solo un porcentaje próximo al 6% de los delitos graves que se procesan. Cfr., FLETCHER, «El jurado en Estados Unidos», en *Jueces para la democracia*, nº 28, 1997, pp. 83 y ss. KAMISAR, LAFAVE, ISRAEL y KING, *Proceso penal y constitución de los Estados Unidos de Norteamérica*, Valencia, 2012, y GÓMEZ COLOMER, *Introducción al proceso penal federal de los Estados Unidos de Norteamérica*, Valencia, 2013.

que puedan gestionar las Audiencias Provinciales y que se viene a calcular en un número aproximado de 350 asuntos por año.

Año	Asuntos elevados a jurado	Sentencias dictadas
2014	297	375
2015	289	320
2016	325	267
2017	272	288
2018	356	298
2019	394	313
2020	376	299
2021	428	408
2022	468	434
2023	450	420

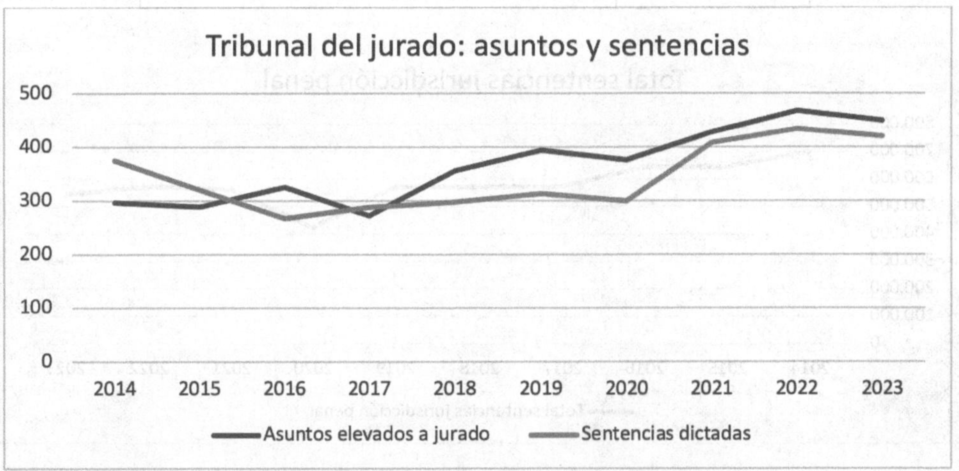

Las propias dificultades en el diseño del jurado, los problemas técnicos para la implantación de estos tribunales, junto con las resistencias por parte de un amplio sector del mundo jurídico y judicial, motivaron el incumplimiento sostenido de la previsión constitucional en España, de modo que la Ley del jurado no se aprobó hasta 17 años después, por la Ley orgánica 5/1995.

Sea como fuere, es evidente que el enjuiciamiento por el tribunal del jurado tiene un carácter enteramente residual en el conjunto de nuestra justicia penal, porque, entre otras cosas, sus resoluciones aproximadamente representan solamente un exiguo 0,050% del total de asuntos penales sentenciados en España en los últimos 10 años.

Año	**Total sentencias jurisdicción penal**
2014	701.066
2015	644.693
2016	644.693
2017	573.918
2018	570.322
2019	572.051
2020	424.548
2021	561.640
2022	572.029
2023	542.148

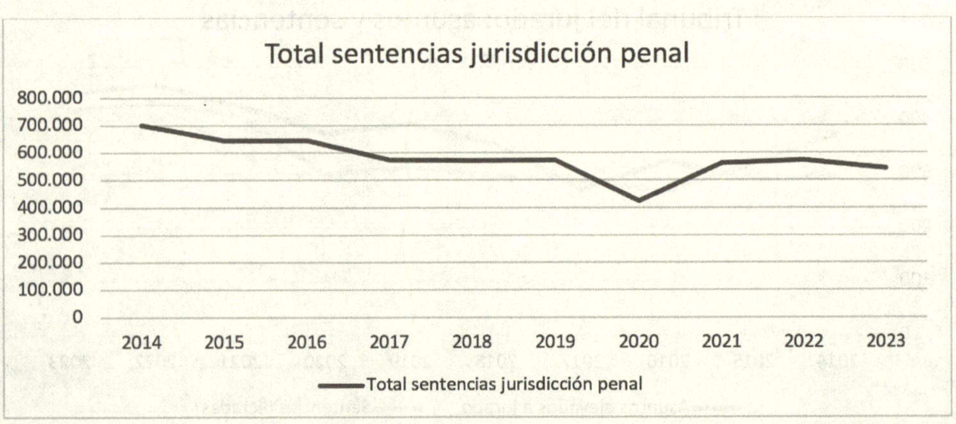

No obstante, debe reconocerse el valor y la importancia cualitativa que este enjuiciamiento puede tener en el fortalecimiento de la confianza ciudadana en su administración de justicia, de modo que los ciudadanos se puedan ver cada vez más implicados y comprometidos con la función judicial y el papel de los tribunales, especialmente en el orden penal. Se trata pues de un valor simbólico y testimonial, que en realidad no se puede entender como mecanismo de control popular de la justicia, porque dista mucho de haberse configurado para una finalidad como esta, ni suple desde luego la necesidad de rendir cuentas al pueblo que la justicia tiene que ofrecer.

4.2 La acción popular

El segundo reconocimiento de la participación popular en la justicia es la acción popular[30].

En España se suele presentar la acción popular, con ciertos aires de satisfacción y orgullo, como una suerte de contrapeso ante el escaso celo o la inactividad acusadora del Ministerio Fiscal, pretendiendo que de este modo se traslada con provecho a la sociedad la voluntad de persecución de los delitos.

Esta misma idea de devolución de la responsabilidad al pueblo supone, de entrada, reconocer el fracaso de la Fiscalía, una institución que se creó precisamente para canalizar el ejercicio de acciones ante los tribunales, sobre todo de las acciones penales, desde el derecho y la ley. Los recelos sobre el Ministerio Fiscal deberían conducir a intentar mejoras en la institución, pero no inventar medios procesales con finalidades poco menos que taumatúrgicas, ni suplir carencias institucionales con nuevos sujetos legitimados para intervenir en el procedimiento poniendo en serio riesgo la eficacia del sistema penal.

Todos los Ministerios Públicos de los Estados democráticos occidentales responden a los mismos criterios y, aunque existen modos muy diferentes de designar al responsable de la institución, en ninguno de ellos se ha planteado introducir la acción popular, incluso cuando la intervención del Ejecutivo es más intensa que la de España.

La acción popular es una anomalía española, que se implantó en la Ley provisional de enjuiciamiento criminal de 1872 (art. 2), siguiendo el criterio estrictamente personal del ministro Montero Ríos, y que luego se consagra en la vigente LECrim de 1882 (arts. 101 y 270). La medida se acogió con recelo y con prudencia en la práctica forense, aunque años después se potenció por la fuerte presión de la prensa que quiso personarse en el procedimiento una vez

---

30 Para GUTIÉRREZ-ALVIZ ARMARIO y MORENO CATENA, en el comentario al art. 125 de la CE, en *Comentarios a la Constitución española de 1978*, (dirigidos por Alzaga), Madrid, 1996, tomo IX, p. 577, «pocas consecuencias se pueden extraer de la norma constitucional, y a poco viene obligado el legislador, pues queda habilitado para regular la acción popular del modo que repute conveniente; se trata de una norma constitucional en blanco que deja al libérrimo criterio del legislador su régimen jurídico». Un estudio completo, en PÉREZ GIL, *La acusación popular*, Granada, 1998.

que había concluido el sumario, para intervenir en el juicio oral por el crimen de la calle Fuencarral de Madrid en el año 1888[31].

La interpretación jurisprudencial venía siendo hasta ese momento que la acción popular solo se reconocía para iniciar un sumario, para promover la incoación de un procedimiento penal, de manera que cuando «el Ministerio fiscal ha ejercitado la acción pública o el directamente lesionado ha producido su querella, entonces la acción pública está agotada», y el actor popular no podría intervenir en las actuaciones[32].

En aquel asunto del crimen de la calle Fuencarral, seis directores de periódicos pretendieron personarse para actuar en el plenario, y se alzaron voces que, defendiendo la posición de la prensa, pedían al tribunal que permitiera la acción popular en aquel tardío momento procesal, cosa que finalmente se admitió con el aplauso, entre otros, de Francisco Silvela. Este, que presidía la Real Academia de Jurisprudencia y Legislación, después de escribir en la prensa en apoyo de la iniciativa, pronunció un conocido y encendido discurso en defensa de la acción popular en la apertura del curso de la Academia[33]. Según sus palabras, el principio de la acción popular «es el derecho del ciudadano á perseguir el fin social de la justicia independientemente de la representación que para ello tiene el Estado»[34], y reconociendo que en realidad representa un principio de desconfianza en la acción pública[35]. Y del interés de la prensa a finales del siglo XIX hemos llegado al día de hoy.

31 PETIT CALVO, C., «La célebre causa del crimen de Fuencarral. Proceso penal y opinión pública bajo la Restauración», en *Anuario de Historia del Derecho Español*, (75), 369-412, hace una exposición brillante sobre los pormenores de este proceso y sobre los avatares de la acción popular en el siglo XIX.

32 Como tenía que reconocer SILVELA, *Discurso leído por el Excmo. Sr. D. Francisco Silvela, presidente de la Real Academia de Jurisprudencia y Legislación, en la sesión inaugural del curso de 1888 a 1889 celebrada en 31 de octubre de 1888*, Imprenta del Ministerio de Gracia y Justicia, Madrid, 1888, 33 páginas, para la cita, p. 27.

33 Cfr. SILVELA, *Discurso...*, cit.

34 SILVELA, cit., p. 29, donde sigue diciendo que «no puede considerarse ese derecho hoy como se estimaba en Roma, como participación de la soberanía; no es tampoco un derecho natural o individual; pero es una función que se confía al ciudadano al igual del derecho de sufragio o de elegibilidad para cargos públicos, y que le coloca en la categoría de perjudicado por el delito, desde el momento en que se presenta ante los Tribunales procurando la persecución de ese delito, la averiguación de sus autores, y la fiscalización de lo que los representantes del Estado hayan hecho o dejado de hacer para cumplir debidamente su misión».

35 Ibid.

Precisamente el extremo que destacaba Silvela, la necesidad de compensar las facultades del Fiscal acudiendo a la intervención de los ciudadanos, pone en entredicho la esencia de la institución pública de la Fiscalía, como se dijo. Con la acción popular, lejos de intentar mejorar el diseño y eliminar las posibles imperfecciones del Ministerio Fiscal, se prefirió introducir este mecanismo singular, contra el criterio de la mayoría de los juristas que en aquel momento se pronunciaron, pero con el aplauso de la prensa.

Si atendemos a lo que sucedía en otros países europeos, lo cierto es que en la segunda mitad del siglo XIX la acción popular no era desconocida en otras latitudes; es más, hubo amplias discusiones tanto entre los pandectistas alemanes como entre juristas italianos sobre la conveniencia de implantarla en ambos ordenamientos; pero en los dos casos se desechó la iniciativa y triunfó la opción de que la acción penal debía ser pública y estar a cargo de la Fiscalía[36].

Seguramente en España tendríamos que reflexionar sobre la bondad de una figura como la acción popular, que es única entre todos los países de nuestra cultura jurídica, porque ninguno de ellos ha considerado razonable ni útil introducirla durante estos 150 años, y hay que preguntarse si esta peculiaridad española no supone una simple extravagancia, una verdadera rareza.

Además, ese carácter netamente singular de la acción popular española se pone en evidencia cuando debemos incorporar a nuestro derecho interno determinadas regulaciones, procedentes de la Unión Europea, también en materia penal. Así, la acción popular se prohíbe directamente en los procesos en que interviene la Fiscalía Europea (art. 36.5 de la LO 9/2021, de 1 de julio[37]), de modo que en esos procesos penales, cuando son incoados y tramitados en España, se excluye sin más el ejercicio de la acción popular, con independencia de lo que se disponga en otros procedimientos penales.

Y no solo en esos casos; también en el procedimiento establecido para exigir responsabilidad penal a menores, la Ley orgánica 5/2000, de 12 de enero, excluye expresamente el ejercicio de la acción popular de los ciudadanos porque, como dice la E. de M., «en estos casos el interés prioritario para la sociedad y para el Estado coincide con el interés del menor»; en consecuencia, se regula en el art. 25 la acusación particular de víctimas y perjudicados, pero

36 Cfr. sobre ello PETIT, cit., pp. 386 y ss.

37 Se dispone exacta y taxativamente que «En el procedimiento previsto en esta ley orgánica no se admitirá la personación como acusación popular».

se omite toda referencia a una posible intervención de cualquier ciudadano ejercitando la acción popular.

Del mismo modo, se excluye la acción popular, como se excluye al Ministerio Fiscal, de la persecución de los llamados «delitos privados», reducidos exclusivamente a los delitos de injuria o calumnia frente a particulares, que solo pueden incoarse y proseguirse a instancias del ofendido por delito.

Finalmente, la persecución de los delitos llamados «semipúblicos», cuyo número se ha incrementado sensiblemente, requiere la instancia del ofendido o perjudicado, es decir, una intervención inicial activa mediante la presentación de una denuncia o la interposición de una querella por su parte, salvo que la persona agraviada «fuere menor de edad, persona con discapacidad necesitada de especial protección o desvalida», en cuyo caso el art. 105.2 LECrim autoriza al Ministerio Fiscal a presentar una denuncia. En consecuencia, el actor popular queda excluido en estos casos de la facultad de iniciativa procesal, y no puede pretender la incoación de un procedimiento por hechos constitutivos de un delito semipúblico. Una vez iniciadas las actuaciones penales por estos delitos, el Ministerio Fiscal podrá intervenir en el procedimiento e instar lo que considere pertinente, pero buena parte de la doctrina considera que el acusador popular queda excluido de la perseguibilidad de estas conductas[38].

Los mejores procesalistas anteriores a la Constitución de 1978 se mostraron contrarios a la acción popular, como fue el caso de ALCALÁ-ZAMORA Y CASTILLO por considerarla sumamente peligrosa debido a la indeterminación del interés de este acusador[39], o de GÓMEZ ORBANEJA, por los inconvenientes que produce, ya que «encierra en sí el peligro de una 'privatización' del proceso penal absolutamente incompatible con su finalidad verdadera y el carácter de la pena estatal»[40]. No obstante, alguno la consideró como un recurso para evitar que el tribunal se quedara sin medios para proseguir la causa penal cuando no actuaba el Ministerio Fiscal[41].

Con posterioridad a la Constitución no han faltado quienes defienden la acción popular como una forma de colaborar con la Administración de Justicia

---

[38] En contra, cfr. LIBANO BERISTAIN, *Los delitos semipúblicos y privados. Aspectos sustantivos y procesales*, Barcelona, 2011, p. 454.

[39] *Estudios de Derecho procesal*, Madrid, 1934, p. 20.

[40] *Comentarios a la Ley de Enjuiciamiento Criminal*, tomo II, Barcelona, 1951, pp. 231 y ss.

[41] AGUILERA DE PAZ, *Comentarios a la Ley de Enjuiciamiento Criminal*, tomo I, Madrid, 1912, pp. 463-464.

y de ejercer una especie de control sobre la actuación del Ministerio Fiscal en los delitos en que no haya una persona claramente ofendida por el delito, bien porque los bienes jurídicos afectados tienen un carácter supraindividual o porque se trate de delitos en que pueden verse implicados funcionarios públicos o políticos, ante posibles recelos sobre su no perseguibilidad por la Fiscalía[42].

Por supuesto que, como decía QUINTERO, pueden darse episodios de comportamiento sectario del Ministerio Fiscal, pero la solución no es la acción popular como «alternativa democrática», sino la previsión legal de una vía de solución del conflicto entre quienes exijan la incoación o continuidad de un proceso penal y el criterio contrario del Ministerio Fiscal, conflicto que solo podría resolverse ante el Tribunal competente para el caso, que decidiría sobre la procedencia del proceso o lo contrario. Pero nada de eso está previsto en nuestro derecho[43].

Además, esa acción popular, que tanto ponderan algunos, se utiliza con cierta frecuencia para fines absolutamente espurios y adulterados, como es bien conocido[44]. Hace unos meses, la STS de 11/03/2024 [*Tol 9949708*], absolvió a los responsables de Ausbanc y del llamado sindicato Manos Limpias de los delitos de estafa y extorsión por los habían sido condenados en la Audiencia Nacional. La sentencia reconoce que existieron presiones de los acusados hacia algunas grandes entidades debido a que iniciaron acciones penales contra determinados directivos de aquellas, buscando ventajas y contraprestaciones económicas en el exclusivo interés de los propios acusados. Sin embargo, el TS ha considerado que estas presiones no alcanzan la entidad suficiente para colmar el concepto de intimidación y para considerar que se habría producido un delito de extorsión; señala la sentencia que aun cuando las acciones puedan ser censurables desde un punto de vista ético, el ejercicio de acciones judiciales es una conducta lícita, máxime cuando las perjudicadas disponían de servicios jurídicos especializados para hacer frente a las acciones penales. No deja de ser llamativo que el TS ponga el acento en los medios

42 Así, BANACLOCHE PALAO, *Aspectos fundamentales de Derecho Procesal Penal* (con ZARZALEJOS), 3ª ed., Madrid, 2015, pp. 93 y ss.

43 QUINTERO OLIVARES, «El doble filo de la acción popular», en *Global, Politics and Law*, septiembre, 2024.

44 En un informe de la Audiencia de Madrid presentado a Montero Ríos cuando estaba perfilando la Ley provisional de enjuiciamiento criminal de 1872, y que el ministro desoyó y frenó la consulta al resto de Audiencias, se decía que «nunca o casi nunca aparece el acusador... impulsado por un resorte legítimo; la saña, el rencor, la especulación, las malas pasiones, son sus móviles naturales». Vid. LASSO GAITE, *Crónica de la Codificación Española, III Procedimiento Penal*, Madrid, 1975, p. 201.

de que disponen los directivos perjudicados por la actuación de los acusados, y se desentienda de todo reproche a quienes pusieron en marcha y se sirvieron de mecanismos jurídicos públicos, como sucedió con la acción popular, que en este caso fueron reconocidamente utilizados para obtener un exclusivo provecho económico personal de los que ejercitaron estas acciones.

Por su parte, HINOJOSA sostiene que, a pesar de los abusos que se cometen con la acción popular en muchas ocasiones, se debe mantener «porque está plenamente vigente y son muchos más los beneficios que con su mantenimiento se consiguen que aquello que con una hipotética supresión se lograrían. Eso sí, deberían los jueces extremar su vigilancia en cuanto al interés que mueve al acusador popular para evitar que se produzcan casos en que los que actúan como acusadores populares no se adecúen a los fines de esta institución típica de nuestro Derecho»[45].

En consecuencia, sin desconocer lo dispuesto en el art. 125 de la CE, que obliga al legislador a abordar una regulación de la acción popular en clave constitucional, algo que no se ha producido hasta el momento, su ejercicio presenta en la actualidad excepciones contempladas en diferentes normas, aunque el acusador popular puede intervenir en España en la mayor parte de los procedimientos penales. La acción popular no se puede suprimir[46] pero se debe regular y limitar, especialmente respecto de ciertos sujetos, como prevé la propia LECrim en relación con los condenados dos veces por denuncia o querella calumniosa, los jueces y magistrados (art. 102.3º), o los cónyuges o parientes (art. 103)[47].

---

45 HINOJOSA SEGOVIA, «El acusador popular: actualidad y vigencia», en *El Notario del siglo XXI*, nº 120, marzo-abril, 2025. A favor de la conservación esencial de la acción popular, DE LA OLIVA, «La acción popular: singularidad y racionalidad (Unas reflexiones de J. Bentham sobre la acusación penal)», en *De la ejecución a la Historia del Derecho Procesal y de sus protagonistas. Libro III. Proceso Penal*, Barcelona, 2025, pp. 165 y ss., esp. pp. 172 y ss. (publicado, con algunas diferencias, en *Halcones y palomas: corrupción y delincuencia económica* (Demetrio y González-Cuéllar, dirs.), 2015, pp. 379 ss.). Asimismo, ARMENTA DEU, «La acción popular: Claves de una reforma que conviene ponderar», en *Justicia*, 2017 (1), pp. 121 y ss.

46 Así GUTIÉRREZ-ALVIZ y MORENO CATENA, cit., sostienen que «el legislador no está facultado para establecer la supresión de la acción popular de nuestro ordenamiento, pues no resulta posible responder al reconocimiento constitucional con el olvido o la desaparición».

47 Por su parte, TOMÉ GARCÍA, «La acción popular en el proceso penal: situación actual y propuestas para una futura reforma», en *Los sujetos protagonistas del proceso penal* (coord. Chozas), pp. 269 y ss., considera que se debe mantener su ejercicio en

Se debiera impedir el ejercicio de la acción popular a las Administraciones Públicas, sin perjuicio de que obviamente puedan intervenir en el proceso si fueran perjudicadas por el delito en calidad de acusación particular, de modo que habría que terminar con el ejercicio de la acusación con fines políticos, humanitarios o populistas, como cuando un Ayuntamiento o una Comunidad Autónoma decide personarse en el proceso penal iniciado por la muerte de una persona que hubiera causado una gran conmoción en la comunidad.

Asimismo, se debería impedir que los diferentes entes de derecho público se constituyeran en acusadores populares, así como los sindicatos, las asociaciones judiciales y los partidos políticos, pues dado su carácter público, la posición procesal que pudieran desempeñar en esa calidad tiene que ser asumida por el Ministerio Fiscal, con la misma o mejor disposición. Todo ello, dejando a salvo la defensa de los derechos e intereses propios, de modo que estas entidades podrán actuar como acusadores particulares, si fuera el caso.

Si confiamos y respetamos lo que la Constitución establece, se podrá y se deberá trabajar en mejorar la estructura o el funcionamiento del Ministerio Fiscal, si se apreciaran defectos o carencias, como se ha dicho, pero la solución no puede ser buscar remedios o sustitutivos que distorsionan y no mejoran la eficacia y la justicia del sistema penal. Es verdad que la acción popular está reconocida en el art. 125 de la CE, pero expresamente dispone el precepto que los ciudadanos podrán ejercitarla, como también participar en el jurado, «en la forma y respecto a aquellos procesos penales que la ley determine». Por lo tanto, queda confiado al criterio del legislador la decisión sobre el ejercicio de la acción popular, sobre los requisitos, el momento procesal y el modo de hacerlo, y para determinar y, en su caso, limitar los sujetos que tengan acceso a la acción popular, esto es, las personas que legalmente se excluyen de su ejercicio y los procedimientos en los que pueda tener cabida, su ámbito subjetivo y objetivo. Y desde luego, se debe acomodar la regulación a los estándares europeos, en donde no existe la acción popular, de modo que podamos justificar debidamente su ejercicio en los casos en que llegue a ser necesario.

5. LAS PARTES PROCESALES Y EL PRINCIPIO DE IGUALDAD

El actor esencial de la justicia penal es el tribunal, que decide si hay o no delito y si se ha de condenar al acusado. Pero el tribunal no puede actuar de

términos similares a los actuales, aunque incrementando el control judicial del interés legítimo de la persona que la ejercite, cuando se trate de personas jurídicas.

oficio. Para el desempeño de la función jurisdiccional necesita unas partes procesales que le soliciten una determinada resolución. Y la posición de las partes y su tratamiento procesal debe respetar el principio de igualdad para sostener que se está ante un proceso justo.

Como bien ha entendido el Tribunal Europeo de Derechos Humanos, en la sentencia del caso *Bulut c. Austria* de 22 de febrero de 1996[48], el llamado principio de igualdad de armas es «uno de los elementos del concepto más extenso de proceso equitativo», y en su aplicación «cada una de las partes debe tener una oportunidad razonable de presentar su causa en condiciones que no la coloquen en una situación de desventaja en relación con su adversario»[49].

En consecuencia, el principio de igualdad de armas, que es el principio de igualdad de las partes en el proceso, atiende a los derechos, facultades o posibilidades procesales que la ley establezca para cada una de ellas, y se inscribe en la esfera de las garantías procesales y, por tanto, en términos de la regulación española, del derecho a un proceso con todas las garantías del art. 24.2 de la CE[50]. Para el TEDH la clave reside esencialmente en la desventaja que se

48 Demanda 17358/90.

49 En el § 47 se dice que: «La Cour rappelle que, selon le principe de l'égalité des armes —l'un des éléments de la notion plus large de procès équitable— chaque partie doit se voir offrir une possibilité raisonnable de présenter sa cause dans des conditions qui ne la placent pas dans une situation de désavantage par rapport à son adversaire (arrêt Dombo Beheer B.V. c. Pays-Bas du 27 octobre 1993, série A n° 274, p. 19, par. 33). Dans ce contexte, la Cour attribue une importance aux apparences autant qu'à la sensibilité accrue aux garanties d'une bonne justice (voir, mutatis mutandis, l'arrêt Borgers c. Belgique du 30 octobre 1991, série A n° 214-B, p. 31, par. 24, avec les références)».

50 No parece que el principio de igualdad de las partes en el proceso, conocido también como igualdad de armas, derive de una aplicación del principio general de igualdad del art. 14 de la CE, que la reconoce «sin que pueda prevalecer discriminación alguna por razón de nacimiento, raza, sexo, religión, opinión o cualquier otra condición o circunstancia personal o social». La igualdad de las partes hace referencia a otras situaciones y realidades jurídicas y, en efecto, el Tribunal Constitucional ha excluido que se incardine en el art. 14 (así expresamente en el ATC 783/1985, de 13 de noviembre), pero no ha logrado vincular con claridad este principio con alguno de los derechos reconocidos en el art. 24 de la CE, y entiende en ocasiones que se encuentra dentro del derecho a la tutela judicial efectiva (SSTC 76/1982 [*Tol 70967*]; 161/1985 [*Tol 79805*]; 47/1987 [*Tol 148410*]; 180/1991 [*Tol 80592*]; 162/1993 [*Tol 82185*]; 51/1996 [*Tol 82985*]; 77/1997 [*Tol 83220*]; 268/2000 [*Tol 81709*]; 221/2003 [*Tol 333815*]; 19/2004 [*Tol 351786*]); otras veces que deriva del derecho a un proceso con todas las garantías (SSTC 27/1985 [*Tol 79442*] y 14/1992 [*Tol 25194*]); o del derecho de defensa (en el ATC 783/1985, citado), o también que es una exigencia del principio de contradicción

pueda producir en la posición de una de las partes en relación con su adversario durante el desarrollo del proceso tanto en lo que se refiere a las alegaciones como a la prueba (SSTEDH, caso *Öcalan c. Turquía*, de 12/03/2003 [*Tol 3953835*]; caso *Foucher c. Francia*, de 25//09/2012 [*Tol 9063234*]; caso *Bulut c. Austria*, de 22/02/1996; caso *Faig Mammadov c. Azerbaiyán*, de 26/01/2017 [*Tol 6441349*]).

En el procedimiento penal se debe asumir que existe una desigualdad en las posiciones y en las facultades y medios que la acusación y la defensa pueden utilizar durante la fase de investigación, que dota a la acusación de un acervo incriminatorio suficiente con que fundar su posición contra del acusado en el juicio, y debiera proporcionar a la defensa elementos de descargo. Pero es un hecho que no son iguales, ni el ordenamiento trata del mismo modo, a quien tiene la responsabilidad de ejercitar la acción penal que a la persona a quien se imputa la comisión de un delito. Y también esa desigualdad puede tener consecuencias indeseables en el momento del plenario.

La obediencia al principio de igualdad exige que la situación jurídica de ambas partes sea paritaria, tanto en la presentación de alegaciones como en la proposición y práctica de la prueba, debiéndose facultar a cada uno para exponer y para responder a la parte contraria, garantizando así que el juez pueda dictar una sentencia justa, que no esté condicionada por el mayor poder o la mejor posición de uno de los contendientes (SSTC 19/2000 [*Tol 22439*] y 125/1995 [*Tol 82864*])[51].

El equilibrio de la acusación y la defensa, que había estado claramente roto durante la investigación del delito, con diligencias realizadas sin conocimiento del imputado, y a las que con frecuencia no pudo replicar, o tuvo dificultades para hacerlo, debe restablecerse sin ninguna fisura en el momento del plenario ante un tribunal imparcial, y para ello se han de respetar varios elementos estructurales básicos:

(ATC 655/1984, de 7 de noviembre). Como veremos, directa o indirectamente, todos estos derechos fundamentales se pueden ver afectados y resultar comprometidos al propio tiempo que se produce una vulneración del principio de igualdad.

51 En este sentido, el TEDH entendió que se había producido una violación del principio de igualdad de armas en la STEDH del caso Zhuk c. Ucrania, de 21/10/2010 [*Tol 8387629*], porque el demandante, que había sido condenado, pidió estar presente en una audiencia ante la Corte Suprema —y se le negó— en la que pudo estar presente el fiscal, y lo propio se entendió porque al abogado del acusado no se le autorizó a asistir a una audiencia en apelación, pero sí al representante de la acusación (STEDH caso Eftimov c. ex República Yugoslava de Macedonia, de 2/07/2015 [*Tol 9054802*]).

* La acusación tiene que proporcionar a la defensa información precisa sobre el contenido de los cargos en los que se sustenta su acusación, tanto respecto de los hechos como de la calificación jurídica.
* Se le tiene que haber dado acceso a todo el material obtenido en la investigación, tanto de contenido incriminatorio como de lo que pueda favorecer a la defensa.
* La acusación le tiene que dar a conocer los elementos probatorios que pretende utilizar en el juicio, evitando actuaciones sorpresivas que impidan o dificulten la reacción procesal de la defensa y la coloquen en una situación de desigualdad.
* La defensa ha de tener acceso a los mecanismos procesales que le habiliten para confrontar eficazmente a la acusación y, desde luego, deberá tener tiempo suficiente y facilidades para establecer su estrategia y preparar su defensa[52].
* La defensa podrá proponer toda la prueba de descargo que considere pertinente, y se deberán habilitar todos los medios públicos necesarios para lograr la efectiva práctica de la prueba propuesta.
* El principio de igualdad en la admisión y práctica de la prueba exige, desde la posición del tribunal, la salvaguarda escrupulosa de su imparcialidad, y cobra sentido rechazar toda apariencia de parcialidad o de favorecimiento de la acusación, por su carácter de órgano público o por la proximidad de sus posiciones en el sistema público de justicia, en contra de la defensa.
* En las conclusiones y en la valoración del resultado del juicio y de la prueba, la defensa deberá tener las mismas facultades que la acusación, sin que el tribunal pueda limitar o restringir su intervención, todo ello sin perjuicio del derecho a la última palabra del acusado, que en absoluto afecta a la igualdad de las partes.
* Finalmente, el principio de igualdad de armas puede esgrimirse en cualquier fase del proceso, incluyendo los recursos de carácter extraordinario, como la casación (STEDH caso *Voisine c. Francia*, de 8/02/ 2000).

52 Respecto del tiempo suficiente, el TEDH ha estimado que se violó el art. 6.1 en relación con el art. 6.3 del Convenio en el caso *Makhfi c. Francia*, de 23/09/2003 [*Tol 9089118*], por haber mantenido al abogado del acusado en un plenario de más de 15 de horas de duración, en el que se le pidió que informara después de las 4:00 de la mañana.

Con el respeto de este conjunto de garantías, que plasman el derecho a la igualdad de armas, podremos entrar en el debate contradictorio, el final de la actuación del Estado en la persecución penal. La especial relación entre el principio de igualdad y el principio de contradicción, como sostiene el TEDH, es de grado o de intensidad, pues mientras el derecho a un juicio contradictorio se refiere a aspectos concretos, como la presentación de alegaciones o de prueba, la paridad de partes «tiene un alcance mucho más amplio y en actuaciones de variada naturaleza»[53], de modo que el principio de igualdad incorpora el derecho a un juicio contradictorio[54].

Pero, como fácilmente cabe advertir, la desigualdad se puede producir tanto por la regulación de la disciplina del proceso, es decir, por defectos en la ley, como por la aplicación por el tribunal de las normas que permiten o propician situaciones de desigualdad o un tratamiento desigual de las partes en el juicio.

Así pues, más allá de su correcta inserción en el engranaje de los derechos fundamentales, el principio de igualdad —y el análisis sobre posibles desigualdades— consiste en reconocer a las partes que comparecen en un juicio —acusación y defensa— las mismas «armas», los mismos medios de ataque y de defensa; esto es, las mismas posibilidades jurídicas para poder definir y defender sus respectivos puntos de vista.

Asumiendo esa realidad estructural de desigualdad, debe llegar un momento en que decaigan las posiciones privilegiadas y se respete de manera estricta el principio de igualdad, y este momento se sitúa normativamente en el acto del juicio. En el plenario hay que excluir radicalmente todo atisbo de privilegios o de posiciones preferentes de la acusación, y las descompensaciones de la fase de investigación se deberán remediar por vías jurídicas diferentes, como la atribución de la carga de la prueba a la parte acusadora o la garantía de la presunción de inocencia, que representa un cierto reequilibrio de las partes; hay que balancear en el juicio las desigualdades que pudieron existir por razones estructurales —los medios extraordinarios de las autoridades frente a los recursos de la defensa— o coyunturales —la escasez de recursos del imputado concreto—.

Ahora bien, la pretensión de exigir la igualdad de posiciones jurídicas sin excepciones durante el juicio no siempre se corresponde con la realidad, al menos en los sistemas de derecho continental, en especial cuando hay paí-

53 Así MORATTO, S., «El principio de igualdad de armas: Un análisis conceptual», en *Revista de Derecho Penal y Criminología*, vol. XLI, núm. 110, 2020, p. 196.

54 *Idem.*, con cita de la STEDH caso *Dima c. Rumanía*, de 11/11/2006 [*Tol 9054751*].

ses en donde jueces y fiscales proceden y se seleccionan del mismo tronco —como sucede en Italia, Francia o España—, de modo que su desempeño en una u otra función es coyuntural, y con mayores o menores trabas pueden pasar de una a la otra. Esto supone que en la práctica se llega a dispensar un tratamiento diferenciado —real o percibido— al representante del Ministerio Fiscal frente al acusado, también durante el juicio, a pesar de que aquél debe ser solamente una de las dos partes en el proceso, y así debiera ser tratado.

El principio de igualdad no atiende únicamente a un reconocimiento formal de las posiciones y actuaciones de las partes, sino que debe tomar como referencia el contenido sustancial de la actividad procesal de acusación y defensa, de modo que solo se cumple el canon de igualdad cuando la ley otorga a ambas partes las mismas facultades para sustentar sus posiciones y el tribunal no introduce discriminaciones o desigualdades, como sucedería respecto del trato de los testigos o peritos en la práctica de la prueba, porque no cabe admitir un tratamiento discriminatorio según la parte que los haya propuesto, independientemente de la valoración de la prueba[55].

El tribunal no puede rechazar la citación de los testigos propuestos por la defensa, o examinar pruebas de descargo, mientras admite los testigos de la acusación y examina las distintas pruebas de cargo (así SSTEDH, caso Borisova c Bulgaria, de 21/12/2006 [*Tol 7509378*] y Topić c. Croacia, de 10/10/2013 [*Tol 9060167*]); y lo propio sucede cuando el tribunal rechaza testigos de la defensa a fin de clarificar una situación incierta que se halla en la base de la acusación (así STEDH, caso *Kasparov y otros c. Rusia*, de 3/10/2013 [*Tol 9060226*])[56].

55 Aunque para decidir si se ha producido una vulneración del principio de igualdad es necesario saber si el testigo o el perito ha ejercido de hecho un papel relevante en el resultado, y de las posibilidades de proponer otro por la parte contraria (así lo entiende el TEDH en el caso Bonisch c. Austria, de 6/05/1985, en el sentido que hubo violación del Convenio; sin embargo, en la sentencia del caso Brandstetter c. Austria, de 28/08/1991, no la estimó).

56 En el tema de la admisión de testigos, el TEDH ha sentado los criterios básicos para determinar la equidad del proceso en la sentencia del Pleno en el caso Murtazaliyeva c. Rusia, de 9/05/2017 [*Tol 6409904*] (que luego ha reiterado en el caso Abdullayev c. Azerbayán, de 7/03/2019 [*Tol 7087864*]); considera el Tribunal que se ha de responder a estas tres cuestiones: 1) si la proposición del testigo está suficientemente motivada y es pertinente desde el punto de vista del objeto de la acusación; 2) si los tribunales han examinado la pertinencia de este testimonio y han justificado por razones suficientes su decisión de no acordarlo; y 3) si la negativa a la práctica de la prueba ha afectado a la equidad del proceso en su conjunto.

En cuanto a los peritos, no parece que su mayor o menor credibilidad afecte a la equidad del proceso; por más que se contemple que la parte designa y paga al perito, eso no impide valorar su pericia, y si alguna circunstancia hiciera dudar de su neutralidad habrá que estar a la relevancia del informe en el resultado del procedimiento[57], así como a la posición que ha ocupado en la causa[58], teniendo en cuenta que, en algunos casos, la negativa judicial a autorizar otro dictamen pericial sobre pruebas materiales puede determinar una vulneración del principio de igualdad (así en SSTEDH, caso Stoimenov c. ex República Yugoslava de Macedonia, de 5/04/20072007 [*Tol 9079979*]; Matytsina c. Rusia, de 27/03/2014 [*Tol 9057295*]), porque será difícil contestar el dictamen de un perito sin la ayuda de otro experto en la misma materia (STEDH caso Khodorkovskiy y Lebedev c. Rusia, de 14/01/2013 [*Tol 7668779*]).

El Ministerio Fiscal tiene también el deber constitucional de velar para que se respeten los derechos fundamentales de los ciudadanos (art. 124 CE), de modo que se presenta en el momento del juicio con una doble alma: de un lado, la que deriva de la posición en que él mismo se ha situado al formular la acusación, y por eso procurará que prospere su pretensión y se dicte una sentencia de condena; de otro lado, su alma de defensor de los derechos, que le interpela para que analice con imparcialidad el resultado de la prueba y llegue a solicitar la absolución si entiende que, del resultado del juicio y por medio de toda la prueba válida, no ha quedado acreditada más allá de toda duda razonable la culpabilidad de quien él ha acusado.

Esta difícil y comprometida posición no le puede llevar, al servicio de su convicción subjetiva, a utilizar los recursos disponibles para inclinar la balanza hacia posiciones de un claro punitivismo, que pueda rozar la deslealtad con los acusados, porque se estaría quebrando el principio de igualdad. Pero, dado que defiende «lo mismo» que el tribunal, es cierto que al fiscal se le permite a veces intervenir en una posición acusadora, con exceso de sus facultades y quebranto de la lealtad procesal, lo que provoca en el juicio un desequilibrio de la acusación y de la defensa, a la que se coloca en una posición de palmaria inferioridad.

En el acceso a las pruebas la acusación propone las que considera que sustentan su posición, y omite las que son de descargo, pues se entiende que al tener defensor no rige ya la norma de que todas las autoridades deberán consignar las circunstancias tanto adversas como favorables al presunto reo

---

57 Cfr. SSTEDH Shulepova c. Rusia, de 11/12/2008 [*Tol 9074420*]; Poletan et Azirovik c. ex-República yugoslava de Macedonia, de 12 /05/2016.

58 STEDH caso J. M. y otros c. Austria, de 1/06/2017 [*Tol 6409704*].

(art. 2 LECrim). Por eso, el manejo de las fuentes de prueba por el Ministerio Fiscal con frecuencia es absoluto, ya que, de un lado, ha conocido en su totalidad el curso de las diligencias, aunque hubieran sido declaradas secretas; y de otro lado, porque la policía judicial depende de los fiscales y están a sus órdenes, y conocen y ordenan los elementos probatorios que se traen al plenario.

Por eso, cuando el fiscal ha podido elaborar su propia hoja de ruta según el resultado de las diligencias de instrucción, en especial en procedimientos complejos y de gran volumen, no puede ofrecerse como un pretendido auxiliar de las defensas y del propio tribunal en el plenario, mostrando sus recursos propios —incluso sus medios informáticos—, que lógicamente están preparados y dirigidos a la acusación, y que resaltan obviamente los extremos de cargo, mientras que las defensas ni siquiera han podido desentrañar el contenido de las diligencias. Cuando se pretenden introducir en el juicio elementos que no han podido ser conocidos y contrastados con antelación suficiente por las defensas, de modo que hayan tenido efectiva oportunidad de obtener y proponer prueba de descargo sobre ellos, se habrá quebrantado el principio de lealtad procesal y la igualdad de las partes[59].

Así sucedería si al inicio de las sesiones del juicio apareciera una documentación que había permanecido ignorada para las partes y para el propio instructor, pero que el fiscal conocía con antelación, porque con el auxilio de la policía judicial, y a espaldas de la defensa, consiguió acceder al contenido de ciertos archivos informáticos, que con los medios al alcance de un ciudadano medio no se hubieran podido dilucidar; si a estos archivos solo se accediera con un programa de terceros y no se hubiera proporcionado una copia del dispositivo a las partes, con lo que no habría modo de acceder a su contenido, sin duda se habría quebrantado la lealtad y el principio de igualdad si el fiscal hubiera dispuesto de toda la información, y hubiera podido preparar su estrategia y su intervención en el juicio tomando en cuenta lo que hasta ese momento desconocían los acusados.

59 En la STEDH, caso Frette c. Francia, de 26/02/2002 [*Tol 9092117*], el Tribunal ha querido diferenciar el principio de contradicción, que requiere que todas las partes cuenten con los mismos elementos documentales a la hora de realizar alegaciones, mientras que la igualdad de armas se sitúa en el momento de la presentación de los argumentos de defensa sin que se produzca ninguna situación de desventaja respecto de la otra parte.

6. LOS TRIBUNALES DE JUSTICIA

Como antes se dijo, el actor esencial de la justicia penal es el tribunal. El poder de sentenciar e imponer los más graves castigos permitidos por el Derecho se atribuye a los jueces y magistrados del orden penal, que son independientes en el ejercicio de su función jurisdiccional y que no pueden estar sujetos a mandatos o presiones de nadie, pero están sometidos al imperio de la ley (art. 117.1 CE). Son estos jueces y magistrados los que integran el poder judicial, y este poder tiene, según la Constitución, una clara fuente de legitimación: el pueblo español, porque de él emanan los poderes del Estado (art. 1.2 CE), y la justicia emana del pueblo (art. 117.1 CE).

La dependencia popular no puede ser desconocida ni infravalorada, porque en el armazón del sistema constitucional representa el elemento básico de la legitimación democrática de los tribunales y la fuente del poder judicial.

Sin embargo, no existen mecanismos para articular la participación del titular de la soberanía ni en el acceso a un puesto judicial ni en el ejercicio de ese poder judicial. Por eso, la fórmula de la «soberanía popular» se ha convertido en una expresión hueca, sin efecto práctico alguno, porque ni los jueces son elegidos, ni existe mecanismo alguno de control popular de sus actuaciones, y la ciudadanía se siente a veces muy lejos de sus tribunales y desde luego no los sienten como algo propio.

Entonces, a falta de instrumentos para la intervención y el control popular en el ejercicio del poder judicial, habrá que acudir a medios indirectos, y el más señalado será la obediencia a la ley, que es la voz del pueblo, la manifestación de la voluntad popular expresada en el Parlamento: «las Cortes Generales representan al pueblo español» (art. 66.1 CE), y «ejercen la potestad legislativa del Estado» (art. 66.2 CE). De ahí que los jueces y magistrados se han de someter al imperio de la ley (art. 117.1 CE), y no pueden desconocer ni desobedecer sus mandatos, ni tampoco retorcer las decisiones del legislador, o descalificar al órgano legislativo elegido por el pueblo.

Los jueces y magistrados son independientes, y la independencia es sin duda un concepto básico en el diseño constitucional del poder judicial. La independencia y la sumisión a la ley están muy estrechamente relacionadas, y no se puede entender la una sin la otra: los jueces son independientes porque están sometidos a la ley, y están sometidos a la ley porque son independientes.

La prohibición de intentar influir en la labor judicial, «dejando trabajar a los jueces» en expresión común, es una garantía de su independencia y del cumplimiento de su labor constitucional de interpretar y aplicar las leyes. Y esta prohibición lleva unida la garantía de la exclusividad, es decir, que su labor se limita exactamente a eso.

Los jueces han de ser respetados en el ejercicio de su poder constitucional, pero al propio tiempo ellos habrán de respetar las funciones que le son ajenas, y no terciar en debates foráneos, ni aun cubriéndolos con un manto de discusión jurídica. No queda en manos de los jueces ofrecer las soluciones para resolver problemas sociales, porque eso son opciones y decisiones netamente políticas; por consiguiente, con el título de juez no se pueden adelantar opiniones y criterios políticos, sin perjuicio de que obviamente cada uno tenga las preferencias que considera oportunas, pero todas ellas han de quedar reservadas a su esfera privada, sin perjuicio del ejercicio de su libertad de expresión.

No es admisible un activismo a cargo de los jueces, propugnando o exigiendo que se implanten soluciones manifiestamente contrarias a la ley, dejando de lado que no solo son servidores públicos y se han de ceñir al ejercicio de su papel constitucional, sino que ocupan una posición de poder. Y este activismo no es un ejercicio responsable ni de su posición como titular de un poder del Estado, ni tampoco de su libertad de expresión, cuando el autor del escrito o de la opinión coloca su condición de magistrado a continuación de su nombre, ni siquiera de una exigible lealtad constitucional en el ejercicio del poder.

En respuesta a una pregunta parlamentaria, el Comisario de Justicia de la UE ha sostenido en marzo de 2025, que «el poder judicial debe gozar de la confianza pública para poder desempeñar su labor correctamente, habida cuenta de su especial papel en la sociedad», y ha añadido que, aunque este no es un problema exclusivo de España, «todos los poderes del Estado deben fomentar y preservar la confianza de la ciudadanía en las instituciones constitucionales». Lo que expresaba Michael McGrath incide en la misma línea del Informe CCJE nº 18 (2015), del Consejo Consultivo de Jueces Europeos del Consejo de Europa, sobre la posición del poder judicial y su relación con los demás poderes del Estado en una democracia moderna, apartado 54, donde se decía que «las valoraciones y las críticas de un poder del Estado hacia los demás poderes deben formularse en un clima de respeto mutuo»[60].

[60] El apartado 54 dice: «La norma según la cual las valoraciones y las críticas de un poder del Estado hacia los demás poderes deben formularse en un clima de respeto mutuo es tan válida para los miembros del poder judicial como para los miembros de los poderes legislativo y ejecutivo. De hecho, es incluso más importante para el poder judicial tomar precauciones adicionales, ya que los jueces deben decidir con frecuencia si el ejecutivo o el legislativo han actuado conforme a derecho. Además, las decisiones del poder judicial no generarán confianza si este permite a sus miem-

Pues bien, para impulsar y salvaguardar la confianza en la justicia se debe abordar además la trascendental cuestión de la responsabilidad y del control de la actividad judicial, porque los medios de la participación popular en la justicia previstos en el art. 126 de la CE, que son el jurado y la acción popular, no están diseñados para responder a esta necesidad y resultan absolutamente ineficientes en orden a sustentar tanto la confianza ciudadana por su sentido netamente residual, como para evaluar su adecuado funcionamiento.

En el momento presente, si bien el pueblo ha confiado a sus jueces la potestad jurisdiccional, ha desatendido los mecanismos para controlar que el ejercicio de ese poder se mantenga siempre en los márgenes de la Constitución. Normalmente se defiende que un adecuado sistema de recursos debe servir para corregir los supuestos —normalmente escasos— en que las decisiones judiciales se aparten de un correcto entendimiento del ordenamiento jurídico, de forma que a través de lo decidido por un tribunal superior se acomoden todas las resoluciones judiciales a lo que previene la ley.

El equilibrio es sin duda difícil, porque hay que proteger el ejercicio de la independencia judicial, de modo que cada tribunal pueda interpretar y aplicar la ley con libertad, pero al propio tiempo hay que preservar el cumplimiento de sus deberes constitucionales, entre los que se encuentra la tutela de los derechos de los ciudadanos de acuerdo con la ley.

Lo que en ningún caso puede suceder es que el ejercicio de un poder del Estado esté exento de control, y el titular del poder no tenga que dar cuenta de lo que hace, por más que se trate de un poder que se ejerce por cada uno de los jueces en el momento de resolver, y no por un órgano o por un cuerpo unitario.

Así pues, el margen de actuación de cada órgano judicial encuentra el límite natural en el propio ordenamiento jurídico porque, al estar los jueces sometidos al imperio de la ley, no es tolerable que con sus actuaciones o con sus resoluciones provoquen una vulneración grosera de las normas. El juez no se puede apartar del estricto desempeño de su potestad jurisdiccional, que ejerce con exclusividad y que consiste juzgar y hacer ejecutar lo juzgado, pero esto

bros realizar comentarios desmedidos o irrespetuosos hacia los demás poderes del Estado. Esos tipos de observaciones provocarían una «guerra verbal» que minaría a su vez la confianza pública en el sistema judicial. En definitiva, un «guerra» de ese tipo podría provocar que el poder judicial fuese incapaz de cumplir su función constitucional de resolver, de modo claramente independiente e imparcial, los pleitos entre ciudadanos y entre los ciudadanos y el Estado. Ello sería negativo para la sociedad y la democracia, a las que el poder judicial debe prestar servicio y protección».

lo ha de hacer aplicando la ley, no su voluntad o su criterio, por muy certera o justa que personalmente pueda considerar su propia decisión.

En definitiva, cuando en la interpretación o aplicación de la ley se produce un resultado de grave desconocimiento o vulneración de las normas por parte del juez, la situación debe ser severa e inmediatamente corregida y para ello se arbitra el sistema de recursos; y en alguna ocasión el tribunal superior ha llegado a recriminar expresamente el pronunciamiento injusto o ilegal que se ha visto obligado a anular o revocar.

El sistema de recursos supone el examen de la decisión que ha adoptado un tribunal por otro tribunal superior, y esa revisión solicitada por la parte a la que perjudica lo decidido, puede aprobar y considerar correcta —ajustada a derecho— la resolución recurrida o entender que se ha producido una infracción de la ley (en sentido amplio) y entonces anularla o modificarla.

En cualquiera de los casos, el tribunal superior impone su criterio y su entendimiento de las normas que se deben aplicar y el resultado de lo que se debe decidir y, correlativamente, el órgano recurrido debe acatar lo decidido por el tribunal *ad quem*. Es el principio de jerarquía de los tribunales, en una organización judicial piramidal normalmente vigente en todos los países de cultura occidental.

La organización judicial jerarquizada viene impuesta por la propia Constitución, cuando dispone que el Tribunal Supremo «es el órgano jurisdiccional superior en todos los órdenes salvo lo dispuesto en materia de garantías constitucionales» (art. 123.1), de modo que sus decisiones, cuando no se trata de garantías constitucionales, no pueden discutirse, o seguir discutiéndose. Cuando el procedimiento verse sobre garantías constitucionales, el superior no es otro que el Tribunal Constitucional, que es el intérprete supremo de la Constitución, de modo que, como dispone el art. 4.2 de la Ley Orgánica del Tribunal Constitucional, sus resoluciones no pueden ser enjuiciadas por ningún órgano jurisdiccional del Estado, y no se puede volver a valorar las cuestiones sobre el intérprete supremo se ha pronunciado, de modo que los tribunales están obligados a cumplir con lo ordenado por quienes ocupan la cúspide de la pirámide jurisdiccional o el TC en materia de garantías constitucionales.

Esto significa que cuando un tribunal estuviera disconforme con la resolución del superior, que ha decidido en vía de recurso y ha modificado o anulado la decisión que inicialmente tomó el primero, necesariamente tiene este que acatar lo resuelto por el superior, y no puede pretender abrir una vía de debate o discusión con este, que estaría totalmente fuera de lugar. Si el inferior entendiera que sus razones son más justas, o sus argumentos más poderosos, podrá exponerlos en un artículo doctrinal, en un debate académico o en una red social o foro de internet, pero eso no le autoriza para incumplir ni para desconocer, bajo ninguna circunstancia, la resolución del tribunal al que está jerárquicamente subordinado. Podrá en futuros procedimientos argumentar de otro modo, o fundar mejor su decisión aun llegando a la misma conclusión que la vez anterior, de modo que intente mover o variar el criterio del tribunal superior, pero en el caso concreto en que su decisión ha sido anulada o modificada, lo decidido en el recurso hay que tomarlo como irrevocable —como es evidente, cuando se trata del último tribunal que pueda pronunciarse sobre el asunto—.

Obviamente que el sistema jurídico no puede impedir resoluciones injustas, ni de los tribunales inferiores ni de los tribunales supremos, pero debe atender a la resolución definitiva de los conflictos jurídicos y esa tutela judicial efectiva no es compatible con mantener indefinidamente abiertos los procedimientos, de modo que se convirtieran en una suerte de discusión o debate sin fin entre tribunales, porque siempre se habría de recurrir a quien pudiera finalmente darle la razón a uno de los dos contendientes. Asumiendo errores e injusticias, el sistema jurídico aspira a que las partes puedan advertir las equivocaciones de las decisiones de los tribunales y que un superior, si así lo considera, pueda revocarlas, pero nada puede garantizar que el primero se haya efectivamente equivocado ni que este último no se haya podido también equivocar.

El sistema de recursos, y la necesaria aceptación de las decisiones contrarias a las sentencias que se impugnan, no pueden provocar escándalo en el tribunal inferior, ni alimentar la crítica hacia la sentencia que anule o revoque su decisión porque se haya rechazado su entendimiento o aplicación de las normas. La decisión del superior debe acatarse sin pretender tener razón por encima de la expresada por el titular de la potestad de decir la última palabra jurídica. El tribunal superior tiene razón porque habla el último. Si hoy se deslegitima a un tribunal, mañana nos encontraremos con una deslegitimación en cadena, en la que seguramente el tribunal rebelde o empecinado se verá también comprometido.

En conclusión, cuando nos asomamos a la encrucijada de la justicia penal en la actualidad, se impone una visión lo más informada posible, que nos permita nutrir con criterios sólidos nuestras visiones y argumentos. Desde la conciencia crítica de la sociedad que debe ser la institución académica, tenemos el deber de mostrar las carencias, que son muchas, como lo son las ineficiencias, de nuestro sistema de justicia penal, pero también sugerir y proponer reformas y pretender mejoras que contribuyan a mejorar la convivencia y a hacer progresar a la sociedad. Las dosis de reflexión y sosiego que convienen a estos tiempos debieran concretarse, en primer lugar y, sobre todo, en el respeto integral a la Constitución, a toda la Constitución, y a las instituciones que diseña, asumiendo cada uno la posición que tiene encomendada.

PARTE PRIMERA

GARANTÍAS CONSTITUCIONALES DEL PROCESO PENAL

Capítulo 1

Los derechos fundamentales sustantivos como garantías del proceso

Ignacio Rodríguez Fernández
Fiscal
Fiscalía de la Audiencia Provincial de Madrid
Letrado del Tribunal Constitucional
Doctor en Derecho

1. INTRODUCCIÓN

1.1 Proceso penal y dignidad de persona

La idea de crimen o delito va referida a las conductas que suscitan el rechazo colectivo más severo, las que merecen una mayor reprobación social. Ese grado máximo de repulsa explica que los sistemas jurídicos *transpersonalistas* —esto es, aquellos en los que los intereses individuales están estrictamente subordinados a los colectivos (RADBRUCH, pp. 70-80)— hayan fundado la organización del sistema penal en un principio según el cual los delitos no pueden quedar impunes. Este tipo de ordenamientos penales, que están orientados de manera unidireccional a mantener la paz pública y para los que todo resultado que no sea una condena constituye un fallo sistémico, fueron durante mucho tiempo los más frecuentes. Institutos como la ordalía y la tortura, en los que las situaciones de incertidumbre sobre la responsabilidad criminal se resolvían dirigiendo la coacción contra el individuo sospechoso, son manifestaciones históricas de ese principio según el cual no puede haber crimen sin castigo.

La ordalía y la tortura fueron mecanismos de indagación excepcionales y subsidiarios, a los que solo cabía acudir cuando la duda sobre la culpabilidad no podía ser despejada por otros medios (VÁZQUEZ SOTELO, pp. 48-50; WHITMAN, pp. 72-73). Ejercer la brutalidad sobre la persona investigada no era la primera opción, pero era, desde luego, la solución preferida cuando la situación de incertidumbre no podía ser resuelta de otro modo. Se optaba por someter al sospechoso —salvo que fuera un individuo de especial calidad en la jerarquía social— a gravísimos padecimientos antes que dejar la convivencia enrarecida por una *fama* que no había sido suficientemente purgada. Ambas instituciones históricas expresan, en suma, pese a sus diferencias, un mismo principio rector: la paz social exige que el delito no quede impune o, al menos, que la incertidumbre sobre la responsabilidad criminal de una persona —a la que la fama pública apunta como posible autor del delito— quede despejada más allá de toda duda, bien por mediación de la intervención divina —asociada a la superación de desafíos grotescos y terribles—, bien por el sometimiento a padecimientos físicos que sirven para extraer la verdad del interior del ser humano. La necesidad de que la responsabilidad criminal sea esclarecida a toda costa hace, en definitiva, que la sociedad dirija su poder de coacción, más o menos formalizado, sobre un sujeto pasivo que, tanto en la ordalía como en la tortura, se convierte en el verdadero objeto del proceso.

La primera y más importante característica diferencial del proceso penal constitucional frente a esos modelos históricos *transpersonalistas* es que la sociedad ha decidido organizarse en su norma jurídica más básica bajo un principio completamente distinto, de raigambre *personalista*. La Constitución asume la posibilidad de que el crimen, por odioso que sea, quede finalmente sin castigo y rechaza que la persona a la que apunta la sospecha sea sometida a coacción con la finalidad de restaurar la tranquilidad pública. La injerencia estatal está altamente organizada y desarrollada —gracias a los avances tecnológicos y científicos que han ido acompañando al proceso de civilización y que se han ido aplicando al ámbito forense— pero también está limitada *a priori*. El interés público en el castigo ya no es el único digno de protección. Ni siquiera es el interés más importante. Por encima de él se encuentra la *dignidad de persona* (art. 10.1 CE). En caso de incertidumbre o duda sobre la responsabilidad criminal, la solución nunca puede consistir, por tanto, en quebrar esa dignidad. La *persona* no puede ser convertida en *objeto* del proceso, por más que eso pueda generar un alto grado de frustración social.

El principio fundamental del proceso penal constitucional es, por ello, la prohibición de que cualquier persona en él concernida —desde el sospechoso al testigo— sea instrumentalizada —esto es, utilizada como mero medio u oportunidad— para satisfacer el interés público en el castigo. Y esa prohibición general de instrumentalización se manifiesta tópicamente a través de distintos derechos fundamentales sustantivos que son comprendidos como zonas de inmunidad de intensidad variable. La libertad, la integridad física o corporal, la intimidad o el domicilio de la persona frente a la que se dirige el poder coactivo del Estado han de quedar debidamente salvaguardados. Si, a consecuencia de ello, el delito no puede ser castigado no estamos ante un fallo del sistema, sino ante un resultado que se considera preferible al mantenimiento a toda costa de la tranquilidad pública.

En cuanto barreras protectoras o zonas de inmunidad frente al poder, los derechos fundamentales sustantivos que están en juego en el proceso penal son, principalmente, los del individuo contra el que se dirige la coacción estatal, no los que puedan haberse visto lesionados con motivo de la comisión del delito. El TC ha expresado con claridad esta idea al afirmar que «no forma parte de derecho fundamental alguno la condena penal de quien lo vulnere con su comportamiento» (SSTC 218/1997 [*Tol 80841*]; 26/2018 [*Tol 8485756*] y 24/2019 [*Tol 7111101*]).

La razón de este aserto es la siguiente: castigar el delito —por más que pueda contribuir de manera importante a la satisfacción moral de la víctima— no sirve, en el plano jurídico, para restablecer al titular de un derecho fundamental en su posición jurídica previa ni para reparar las consecuencias dañosas materializadas en su esfera. La *sanción* es, por su contenido, un *mal adicional*

(REBOLLO PUIG, 2001:151-206), un *plus* de aflicción que, con una finalidad estrictamente pública, el Estado añade a la reintegración del derecho violado y al resarcimiento de los perjuicios sufridos. En palabras de la STC 48/2003 [*Tol 241992*], la sanción es «la irrogación de un mal añadido al que de suyo implica el cumplimiento forzoso de una obligación ya debida».

En el proceso penal no se ventila, en definitiva, el restablecimiento de un derecho subjetivo de la víctima, ni tampoco, como ocurría en los ordenamientos primitivos, un pretendido derecho del ofendido a obtener el castigo, pues la sanción de los delitos —el ejercicio del *ius puniendi*— es una potestad exclusiva del Estado. Así se desprende inequívocamente de la doctrina del TC (por todas, SSTC 232/1998 [*Tol 6594891*] y 34/2008 [*Tol 1265127*]). Recientes resoluciones del TEDH inciden también en esta idea, al destacar que el proceso penal no está directamente orientado a facilitar una reparación efectiva de la violación sufrida en un derecho protegido en el Convenio de Roma (Decisión núm. 26111/15, de 10/11/2022, asunto *Mas Gavarró c. España*; STEDH de 11/01/2024, asunto *Tena Arregui c. España* [*Tol 9823426*]).

Esto no quiere decir, obviamente, que el eficaz ejercicio del *ius puniendi* no sea un interés fundamental de una sociedad democrática ni que el legislador procesal penal pueda desentenderse de una adecuada protección de los intereses de las víctimas de los delitos. Significa, simplemente, que, con carácter general, los derechos fundamentales militan, en los procesos penales, del lado de la persona encausada, a la que otorgan una protección *a priori* que solo puede ser alzada si el poder público respeta escrupulosamente un haz de garantías constitucionales.

1.2 Los derechos sustantivos como primeras garantías del proceso

En cierto sentido, los derechos fundamentales sustantivos son las primeras garantías del sistema de justicia criminal, pues son las que defienden al ciudadano frente a la aflicción que puede suponer el proceso mismo, con independencia de que concluya con una decisión de sobreseimiento, con una absolución o con una condena.

A diferencia de las garantías genuinamente procesales, los derechos sustantivos no tienen, en el proceso penal, una misión estrictamente instrumental. No están configurados con el propósito de asegurar que el resultado final de la actividad procesal sea, en términos constitucionales, justo y equitativo. Su cometido es más perentorio. Son ellos los que impiden que la tramitación del proceso pueda irrogar gravámenes innecesarios e irreversibles —e incluso que pueda llegar a convertirse en un castigo anticipado o encubierto—. En otras palabras: la protección que otorgan los derechos sustantivos es la que evita que el proceso penal suponga, por sí mismo, un menoscabo irreparable de la integridad, la libertad, la privacidad y el honor del individuo afectado. De ahí que el primer paso necesario en la explicación del proceso penal constitucional sea indagar en el estatuto jurídico protector que los derechos fundamentales sustantivos proporcionan, anteponiéndolo incluso al tratamiento de las garantías procesales en sentido estricto.

La complejidad de la materia abarcada exige, sin embargo, que su estudio, separado y preferente, se desdoble en dos vertientes:

* Es imprescindible, en primer lugar, examinar globalmente los derechos sustantivos en sus distintas manifestaciones típicas. Y es que, por más que su misión preeminente siga siendo la de servir de límite a la coacción estatal, su influencia en la configuración del sistema de justicia criminal se ha ido volviendo, con el tiempo, mucho más rica y compleja. Abordaremos, por ello, en un primer apartado, las diversas funciones que los derechos fundamentales sustantivos desempeñan en los procesos criminales.
* Expuesto ese marco general, resulta igualmente pertinente la exposición del contenido constitucional de los derechos sustantivos que, de forma más intensa, despliegan su eficacia en el ámbito del proceso penal. Me refiero a: (i) la garantía constitucional de la *integridad personal*, que se desdobla, en lo que al proceso penal se refiere, en la prohibición de torturas, tratos inhumanos y degradantes, de un lado, y la protección de la incolumidad corporal, de otro; (ii) la garantía constitucional de la *libertad personal*, donde la Constitución establece, como se verá, un verdadero cambio de paradigma frente a los modelos constitucionales precedentes, y (iii) la garantía constitucional de la *privacidad*, que comprende la protección del domicilio, las comunicaciones y la intimidad —así como la garantía instrumental de autodeterminación informativa—. A estos tres pilares, habría que sumar la garantía constitucional del *honor*, pero, tal y como se expondrá en el capítulo 3, esta tiene una particular conexión con la presunción de inocencia —como regla de tratamiento—, por lo que será estudiada en dicho lugar.

El examen de estos pilares del proceso penal constitucional —integridad, libertad, privacidad— se abordará de forma necesariamente sucinta —pues nos interesa ahora su regulación constitucional, no su desarrollo legislativo—, tomando siempre como referencia la obra del máximo intérprete de la Constitución (art. 1 LOTC) y órgano jurisdiccional supremo en materia de garantías constitucionales (arts. 123 y 161.1, b) CE): el TC.

2. LAS FUNCIONES DE LOS DERECHOS FUNDAMENTALES SUSTANTIVOS EN EL PROCESO PENAL

2.1 Como zonas de inmunidad

En el proceso penal de nuestro tiempo, los derechos fundamentales sustantivos conservan su dimensión clásica y genuina de *zonas de inmunidad frente a la coacción pública*. Esta inmunidad puede ser, sin embargo, de dos tipos:

* En algunos supuestos excepcionales la Constitución configura *zonas de inmunidad absoluta*. Es el caso, como se verá, de la prohibición de tortura, materializada en nuestro texto constitucional (art. 15 CE) como norma prohibitiva que no admite modulación alguna, lo que tiene importantes consecuencias, que luego trataremos.
* Lo más frecuente es, sin embargo, que los derechos fundamentales actúen como *zonas de inmunidad relativa*. A través de la enunciación general de un derecho fundamental, la Constitución establece una posición originaria de libertad o inmunidad que el poder público solo puede limitar válidamente cumpliendo una serie de exigencias. Basta con señalar aquí —pues de esta cuestión nos ocuparemos más ampliamente en el capítulo 27— que los requisitos necesarios para restringir los derechos fundamentales son tanto formales como materiales.

A la primera clase pertenecen la *reserva de ley*, que asegura que las restricciones sean el resultado de un debate democrático en el Parlamento, y la llamada *calidad de la ley*, que obliga a que el supuesto de hecho y las consecuencias de la restricción estén suficientemente predeterminadas en la norma legal dictada. Por su parte, los requisitos materiales se sustancian fundamentalmente en el llamado principio de *proporcionalidad*, que, con su triple *test* de adecuación, inexistencia de alternativa menos restrictiva y ponderación, asegura que la injerencia en la esfera constitucionalmente protegida solo se materialice si realmente es imprescindible para alcanzar una necesidad pública imperiosa, procurando, al tiempo, que el sacrificio quede reducido al mínimo indispensable. Como resume la STC 136/2024 [*Tol 10283718*], en las zonas de inmunidad relativa, «lo que la Constitución exige al legislador en cuanto a la restricción de derechos fundamentales no es, en definitiva, que se ciña a un determinado círculo abstracto de injerencia, sino que minimice esta, circunscribiéndola a lo estrictamente necesario según las exigencias del contexto».

A través de la sujeción a reglas de inmunidad absoluta y relativa la Constitución pretende asegurar que la coacción pública en general, y el sistema procesal penal en particular, respeten el *contenido esencial* de los derechos fundamentales (art. 53.1 CE), que no es otra cosa que la salvaguarda, en la aplicación de cada uno de ellos, de su conexión medular con la dignidad de persona (art. 10.1 CE). En el caso de las inmunidades absolutas, la dignidad de persona no admite la utilización de métodos o técnicas que, en sí mismas, degradan o envilecen al ser humano, como ocurre con la tortura. En el caso de las inmunidades relativas, el poder público solo respeta la dignidad de persona —y la capacidad que confiere a todo ser humano para desenvolver su vida libremente— si reduce la injerencia coactiva al mínimo indispensable y preserva, al tiempo, el máximo grado de autonomía individual —que es justamente lo que garantiza el artificio técnico de la proporcionalidad—.

2.2 Como fundamento de las garantías procesales

Los derechos fundamentales sustantivos son, asimismo, el *fundamento de las especiales garantías que rigen en el proceso penal* —y que lo diferencian netamente de los demás procesos—. Se produce aquí el fenómeno que con tanta precisión describía Carl SCHMITT (pp. 209-221): los derechos de libertad van siendo instrumentalmente protegidos a través de ciertas garantías objetivas; estas, con el tiempo, van ganando significación propia en la actividad de los juristas; finalmente, cuando la elaboración técnica alcanza una mayor perfección, la garantía objetiva cobra autonomía plena y, aunque su fundamento último sigue siendo la protección instrumental del derecho sustantivo, adquiere, en su aplicación práctica, un significado jurídico independiente.

Como ejemplo puede aludirse a la más característica de las garantías propias del proceso penal: la presunción de inocencia. Como explica Marina GASCÓN (p. 130), la regla según la cual la duda sobre la veracidad de los hechos debe resolverse en favor de la absolución no es una garantía epistemológica sino un límite al *ius puniendi* que tiene su explicación última en la potencial afectación del derecho fundamental a la libertad. En esta dimensión de la presunción de inocencia puede apreciarse, de hecho, un cierto eco del principio de proporcionalidad que rige la injerencia pública en los derechos fundamentales sustantivos. Dicho principio de minimización de la injerencia se ve, en efecto, trasvasado, *mutatis mutandis*, al ámbito probatorio. La hipótesis fáctica que tiene como consecuencia la restricción de la libertad (la imposición de la pena) solo puede ser aceptada si se descarta previamente la existencia de otras hipótesis alternativas susceptibles de explicar razonablemente los hechos. En otras palabras, solo cuando se han descartado las alternativas fácticas de consecuencias menos restrictivas, se admite que se dé por probada la tesis acusatoria que lleva aparejada la limitación de la libertad individual. Con todo, como se explicará en el capítulo 3, el especial estándar probatorio que rige en el proceso penal solo tiene en la restricción de la libertad una parte de su fundamento.

Los ejemplos pueden ser, en todo caso, muchos. Piénsese en el derecho a la integridad moral (art. 15 CE), que asegura que la persona no sea cosificada o tratada como un objeto. De él se deriva racionalmente la consiguiente prohibición de torturas, tratos inhumanos y degradantes. Para asegurar instrumentalmente la eficacia de esta prohibición se construyen históricamente garantías procesales objetivas como el derecho a permanecer en silencio y no confesarse culpable, que impiden de antemano, mediante «la interdicción de la compulsión del testimonio contra uno mismo» (SSTC 161/1997 [*Tol 80785*] y 142/2009 [*Tol 1561643*]), que el Estado despliegue una actividad tendente a quebrar la voluntad del sospechoso.

Donde esas garantías procesales no están expresamente formalizadas, los derechos fundamentales sustantivos siguen generando, en la actualidad, sus propias *garantías procedimentales*. Así, aunque la Constitución solo dispone una garantía judicial preventiva para la protección de derechos fundamentales concretos —como la inviolabilidad del domicilio o el secreto de las comunicaciones—, el TC viene interpretando que hay injerencias de tal intensidad en otros derechos fundamentales, como las intervenciones corporales en la integridad física, que también requieren una autorización previa del juez. Asimismo, en el caso particular del derecho fundamental a la libertad, el TC deduce del art. 17.2 CE —y de su exigencia de control judicial en el plazo máximo de 72 horas—, ciertos requisitos de procedimiento —forma acusatoria, debate contradictorio, derecho a recurso— que han de regir el incidente cautelar de prisión provisional al estar en juego la libertad individual. En todos estos casos, no hay garantías procesales expresamente enunciadas en la Constitución, pero se entiende que el derecho fundamental sustantivo tiene su propia vertiente procedimental.

2.3 Como fuente de obligaciones positivas

Los derechos fundamentales sustantivos también son, en la actualidad, *fuente de obligaciones positivas o deberes de actuación a cargo del Estado* que afectan directamente al proceso penal. Estas obligaciones positivas son de dos tipos o grados:

* Hay, en primer lugar, unas obligaciones positivas que podemos llamar *generales o de segundo grado*. En este primer supuesto, la norma de derecho fundamental sirve de soporte para deducir la existencia de un bien

jurídico de especial rango —la vida, la libertad, la integridad física, etc.— que el Estado tiene el deber de proteger. Se deducen, acto seguido, una serie de deberes generales de protección —para la concreción de los cuales el legislador dispone de un amplio margen de discrecionalidad, pero no de una libertad absoluta—. Estamos, en este caso, ante obligaciones generales implícitas que no forman parte del derecho fundamental propiamente dicho y no gozan, por ello, de las notas de aplicabilidad directa y consiguiente justiciabilidad (art. 53.1 CE).

Como ha señalado el TC «de la obligación del sometimiento de todos los poderes públicos a la Constitución no solamente se deduce la obligación negativa del Estado de no lesionar la esfera individual o institucional protegida por los derechos fundamentales, sino también *la obligación positiva de contribuir a la eficacia de tales derechos, y de los valores que representan, aun cuando no exista una pretensión subjetiva por parte del ciudadano* (énfasis añadido). Ello obliga especialmente al legislador, quien recibe de los derechos 'los impulsos y líneas directivas', obligación que adquiere especial relevancia allí donde un derecho o valor fundamental quedaría vacío de no establecerse los supuestos para su defensa» (SSTC 53/1985 [*Tol 79468*] y 129/1989 [*Tol 81579*]).

Por ejemplo, tal y como señalan expresamente las SSTC 120/1990 [*Tol 119205*] y 181/2000 [*Tol 119783*], la norma constitucional que enuncia el derecho fundamental a la vida y a la integridad personal (art. 15 CE) no solo contiene un mandato negativo dirigido al Estado, que le prohíbe, con carácter general, utilizar la coacción para atentar contra la vida y la integridad de los ciudadanos —contenido este que es de aplicación inmediata y resulta plenamente justiciable—, sino también un mandato positivo que obliga al legislador a establecer un sistema eficaz de protección de estos bienes jurídicos, que se proyecta incluso sobre el sistema de resarcimiento del daño.

Desde esta óptica, una norma penal que, por ejemplo, castigase los homicidios con penas carentes de efecto disuasorio —y con mayor motivo, obviamente, una norma legal despenalizadora— incumpliría el mandato positivo de protección suficiente de la vida implícito en el art. 15 CE. Sería, por ello, inconstitucional. Esto, en cierto modo, fue lo que ocurrió con la célebre STC 53/1985 [*Tol 79468*], en la que el TC entendió que la despenalización del aborto vulneraba el art. 15 CE en la medida en que el legislador no había previsto garantías que asegurasen una suficiente protección de la vida humana dependiente al margen del castigo penal.

En buena lógica, las consecuencias de esta dimensión objetiva de la norma de derecho fundamental no tienen por qué agotarse en el ámbito de las reglas sustantivas —tipificación y sanción penal de conductas— y pueden trasladarse al ámbito procesal. Podría, por ejemplo, considerarse que la sumisión de los delitos contra la vida a un plazo de investigación demasiado breve resulta inconstitucional en la medida en que no se otorga una protección suficiente a un bien jurídico de máximo rango constitucional. En suma, puede entenderse que el art. 15 CE exige al Estado-legislador el establecimiento de un sistema penal que, en el orden sustantivo, castigue suficientemente las agresiones contra la vida y que, en el orden procesal, asegure que esas agresiones pueden ser eficazmente perseguidas.

* Hay, en segundo lugar, otras obligaciones positivas que podemos considerar *específicas o de primer grado*. En este caso, al contenido tradicional de un derecho de libertad —la ya aludida zona de inmunidad frente a la coacción pública— se suma una dimensión prestacional novedosa. Con ella, el derecho fundamental no solo genera un deber negativo de abstención estatal, derivado de un mandato de no agresión o injerencia, sino también un deber positivo de cooperación que, ahora sí, es de aplicación directa y resulta, por ello, plenamente justiciable.

En lo que al proceso penal se refiere, ese deber positivo del Estado suele consistir en la exigencia de un particular celo en la investigación y persecución de ciertos delitos especialmente odiosos desde el punto de vista de los derechos humanos —como veremos que ocurre con las denuncias de torturas, tratos inhumanos y degradantes—. Se trata, en general, de supuestos en los que el delito implica una fuerte cosificación de la víctima y en los que esta se encuentra, además, en una situación de especial vulnerabilidad y desprotección, que el Estado debe compensar a través de un deber cualificado de investigación exhaustiva.

Estos casos son, sin embargo, excepcionales. La generalización o ampliación indiscriminada de este segundo tipo de obligaciones positivas podría llevar a desnaturalizar los derechos fundamentales, que dejarían de ser barreras de protección del individuo frente a la coacción pública y se convertirían justamente en lo contrario: mecanismos de fortalecimiento y aseguramiento de la coacción pública estatal. Con carácter general, los derechos fundamentales concernidos en el proceso penal son derechos de libertad y defensa —en la terminología clásica— que confieren al sujeto pasivo del proceso, como ya se ha dicho, una zona de inmunidad de intensidad variable. No son derechos prestacionales que puedan ser exigidos por la víctima.

2.4 Como fuente de un especial deber de motivación

En la doctrina del TC, los derechos fundamentales sustantivos también actúan como *fuente de un deber reforzado de motivación* de las resoluciones judiciales (art. 24.1 CE), lo que tiene una especial incidencia en el proceso penal. Hay, en este caso, que distinguir dos planos distintos:

* En primer término, allí donde el contenido de un derecho fundamental sustantivo está realmente en juego, la idea de una *motivación reforzada* no es más que una exigencia formal inherente a la aplicación del principio de proporcionalidad. Puesto que el poder público solo puede entrometerse en la esfera de *inmunidad relativa* constitucionalmente garantizada por el derecho fundamental sustantivo si persigue un fin público legítimo, si no existen otras medidas menos gravosas igualmente eficaces y si de ese modo se obtiene un resultado final netamente positivo atendidas todas las ventajas e inconvenientes que la medida conlleva, resulta imprescindible que todos estos elementos sean debidamente explicitados por el órgano actuante, pues solo así los órganos judiciales y, en última instancia, el TC pueden evaluar la legitimidad de la restricción. En estos casos, es el derecho fundamental sustantivo el que demanda unas especiales exigencias de motivación, de suerte que la ausencia de explicación de la medida implica, por sí misma, la vulneración del derecho fundamental sustantivo concernido.

Como resume la STC 25/2005 [*Tol 776003*], «el órgano jurisdiccional debe plasmar el juicio de ponderación entre el derecho fundamental afectado y el interés constitucionalmente protegido y perseguido, del cual se evidencia la necesidad de la medida, siendo doctrina reiterada de este Tribunal que su ausencia ocasiona, por sí sola, en estos casos, la vulneración del propio derecho fundamental sustantivo».

* En otros casos, el TC también ha exigido que los órganos judiciales cumplan con un *deber reforzado de motivación* con el argumento de que la decisión judicial no se encuentra realmente dentro del ámbito de protección garantizado por el derecho fundamental sustantivo, pero sí tiene una especial incidencia en él —esto es, en la medida en que, por ejemplo, la integridad personal o la libertad pueden verse, en última instancia, afectadas por lo que el juez resuelva—. A esta incidencia se refiere el TC de modo muy diverso —y abierto—, aludiendo al hecho de que el derecho fundamental sustantivo está "implicado", "vinculado", "en juego" o "afectado" por la decisión que el órgano judicial debe adoptar (un compendio de resoluciones que utilizan estas expresiones puede encontrarse en la STC 34/2008 [*Tol 1265127*]).

En este segundo tipo de casos nos encontramos fuera de la zona de inmunidad que el derecho sustantivo confiere, pero el TC considera, pese a ello y asumiendo una perspectiva casi metafísica, que tal derecho *irradia* ciertas exigencias especiales de motivación. No basta entonces con emplear una argumentación que no sea arbitraria, irrazonable o que no incurra en error patente —como exigencias generales derivadas del art. 24.1 CE—. Se requiere una motivación adicional en la que se ha de valorar singularmente el influjo que la decisión tiene, por ejemplo, sobre la libertad o la integridad personal. El derecho a la tutela judicial efectiva, en su vertiente de derecho a una resolución motivada, tiene aquí, por tanto, un contenido más amplio. El control que correspondería ejercer al TC en este caso no podría dirigirse a dilucidar la proporcionalidad de la medida —control *interno* o *material* que es exclusivo de los derechos fundamentales sustantivos y del derecho de acceso a la jurisdicción— sino la suficiencia de la argumentación que la sostiene —control *externo* o *formal* propio del derecho a la tutela judicial efectiva— a efectos de asegurar que es "coherente" (SSTC 11/2004 [*Tol 344936*]; 63/2005 [*Tol 609870*]), "conforme" (STC 24/2005 [*Tol 579122*]) o "compatible" (STC 196/2005 [*Tol 687262*]) con el derecho fundamental que está "en juego" (STC 34/2008 [*Tol 1265127*]).

Esta diferencia conceptual entre unos actos del poder público que suponen una injerencia en el derecho fundamental sustantivo y otros que no implican tal intromisión, pero demandan un especial deber de motivación por su conexión instrumental con aquel, es, quizá, demasiado sutil y puede parecer, hasta cierto punto, arbitraria. El examen del llamado *deber reforzado de motivación* es, de hecho, uno de los cánones de control de constitucionalidad de contornos más difusos y en él se pone de manifiesto, a la hora de la verdad, un cierto fracaso del TC en su misión de deslindar el ámbito de protección propio de los derechos fundamentales sustantivos frente a las cuestiones de legalidad ordinaria. Es evidente que para el TC resulta excesivamente fácil acudir al *comodín* de la motivación reforzada para resolver, de acuerdo con su propio criterio de justicia material, cualquier cuestión de cierta relevancia práctica o política.

En todo caso, en el ámbito del proceso penal, el deber reforzado de motivación suele exigirse en relación con trámites vinculados a la ejecución de penas privativas de libertad —en particular, en la aplicación de formas alternativas de ejecución o de beneficios penitenciarios— en cuanto estos determinan el efectivo sufrimiento del gravamen que la restricción de libertad implica. La idea subyacente es que, en estos casos, la restricción del derecho fundamental propiamente dicha ya ha sido establecida legítimamente en la sentencia condenatoria firme, que constituiría el verdadero título habilitante para la injerencia en los derechos sustantivos afectados. Su mera actualización en fase de ejecución requeriría únicamente, desde esta perspectiva, una motivación especial, pero no podría equipararse a la restricción en sentido estricto, inherente a la sentencia condenatoria.

2.5 Como límite a la cooperación penal internacional

Los derechos fundamentales sustantivos también se erigen, en el orden constitucional, como *límite a la soberanía del Estado en sus relaciones de cooperación con terceros países*. Esto es lo que ocurre en los supuestos de *vulneraciones indirectas* de derechos fundamentales, que tienen su ámbito más genuino justamente en el marco del proceso penal y, muy particularmente, en los procedimientos de extradición pasiva, en cuanto «actos de auxilio judicial internacional» (STC 102/1997 [*Tol 83245*]). En estos procedimientos se ve afectado, por concepto, el derecho fundamental a la libertad, ya que la decisión de entrega tiene efectos «sobre el eventual derecho del reclamado a permanecer en nuestro país y como última consecuencia sobre el cumplimiento de una pena privativa de libertad» (STC 147/1999 [*Tol 81197*]).

De acuerdo con una doctrina consolidada del TC (iniciada con la STC 91/2000 [*Tol 24513*]), las autoridades españolas pueden incurrir en una vulneración indirecta de un derecho fundamental cuando, sin ser ellas mismas las que violan la zona de inmunidad conferida por dicho derecho, colaboran con un estado extranjero que ha cometido o es razonable pensar que puede llegar a cometer un acto contrario a aquel —por ejemplo, cuando proceden a la entrega extradicional de la persona reclamada, a pesar de que hay riesgos ciertos de que será sometida a torturas, tratos inhumanos o degradantes en el estado requirente—. Como señalan las SSTC 13/1994 [*Tol 82741*] y 32/2003 [*Tol 241437*], «si los órganos judiciales españoles, siendo conocedores de la eventual vulneración de los derechos fundamentales del recurrente en el país de destino, no la evitan con los medios de que disponen, a dichos órganos habrá de serles imputable esa eventual vulneración de derechos fundamentales del reclamado».

En estos casos, el Estado no puede exigir a la autoridad extranjera que ajuste la tramitación de su proceso penal al sistema constitucional español de derechos fundamentales, pues eso implicaría colocar la soberanía española en posición prevalente, más allá de lo expresamente pactado en el convenio bilateral o multilateral aplicable. Sin embargo, sí puede y debe exigir al estado extranjero que cumpla con una exigencia de orden público que debe ser común a ambos estados: el respeto a los derechos humanos. Lo exigible es, por tanto, que la resolución extranjera no sea contraria a los derechos humanos, esto es, a aquellas exigencias que no derivan únicamente de la cultura constitucional española sino de la propia idea universal de dignidad humana —más ampliamente, QUADRA-SALCEDO JANINI y RODRÍGUEZ FERNÁNDEZ, pp. 77-79—. Si no se cumple con ese estándar universal, la cooperación con el proceso penal del estado requirente queda constitucionalmente prohibida.

2.6 Como fuente de un deber de indemnización

Los derechos fundamentales sustantivos también son, finalmente, la *fuente de un deber público de indemnizar los daños sacrificiales*. Así ocurre en los casos en los que la restricción legítima de un derecho fundamental, acordada por razones de interés general, genera daños relevantes a personas inocentes.

El caso paradigmático, en el proceso penal, es el de la prisión preventiva seguida de sentencia absolutoria, al que nos referiremos después tangencialmente. Lo importante ahora es advertir que, en este tipo de casos, el deber de indemnización no es una mera obligación positiva general, implícita en la norma que establece un derecho fundamental sustantivo —y que no llega a formar parte de su contenido inmediato—. Estamos aquí ante un contenido garantizado por el derecho fundamental mismo, pues la indemnización del sacrificio impuesto es, en este caso, un requisito más del acto de injerencia. El sacrificio, por razones de interés público, de la libertad de un inocente solo puede ser constitucionalmente aceptable si media la debida indemnización —como ocurre con la expropiación forzosa del derecho de propiedad—; no estamos, en este caso, ante un mero medio de reparación *ex post* de una injerencia ilícita sino ante un requisito constitucional de la propia intervención restrictiva. Esto se explicará con más detalle en relación con el derecho fundamental a la libertad.

3. LA GARANTÍA CONSTITUCIONAL DE LA INTEGRIDAD PERSONAL

3.1 La prohibición de tortura, tratos inhumanos y degradantes

3.1.1 Introducción

El proceso penal constitucional se funda, como ya se ha dicho, en el principio de intangibilidad de la dignidad de persona. El más primario de los derechos fundamentales que deben verse salvaguardados en él es, por ello, el que garantiza —junto al respeto a la vida, como «supuesto ontológico sin el que los restantes derechos no tendrían existencia posible» (STC 53/1985 [*Tol*

79468])— la incolumidad de la *persona* misma, entendida como sustrato físico y moral unitario.

Eso es justamente lo que hace el art. 15 CE, que, en lo que al proceso penal interesa, se manifiesta, fundamentalmente, de dos maneras. Por una parte, como *zona de inmunidad absoluta* a través de la prohibición radical de torturas, tratos inhumanos o degradantes y, por otra, como *zona de inmunidad relativa* frente a las llamadas intervenciones corporales. La importancia, tanto histórica como axial, que la prohibición de tortura tiene en el proceso penal constitucional justifica que sea tratada en primer lugar.

3.1.2 Fuentes normativas de la prohibición

La Constitución española (art. 15), el Convenio Europeo de Derechos Humanos (art. 3) y la Carta Europea de Derechos Fundamentales (art. 4) contienen, en términos prácticamente idénticos, una regla general de prohibición de torturas, tratos inhumanos y degradantes. Esta coincidencia textual tiene importantes consecuencias prácticas tanto en el ordenamiento jurídico español como en el derecho de la Unión Europea:

a) En el orden constitucional interno, acentúa (tal y como señalan expresamente las SSTC 65/1986 [*Tol 79611*] y 34/2008 [*Tol 1265127*]) el valor que la jurisprudencia del TEDH tiene, por efecto del art. 10.2 CE, en la interpretación del alcance de la prohibición formulada en el art. 15 CE.
b) En el ordenamiento de la Unión Europea implica que esa misma jurisprudencia del TEDH en materia de tortura ha de considerarse, conforme al art. 52.3 de la Carta, un estándar de protección plenamente vinculante, que el Derecho de la Unión puede ampliar, pero no reducir —véase al respecto, en relación con la interpretación del sistema de asilo europeo, la STJUE de 24 de abril de 2018, asunto *MP, C-353/16* [*Tol 6576559*]—.

La prohibición también se encuentra recogida en el art. 7 del Pacto Internacional de Derechos Civiles y Políticos de Naciones Unidas, si bien hay que recordar que las resoluciones del Comité de DDHH de la ONU carecen de un valor equivalente a las dictadas por el TEDH, «puesto que el comité no tiene facultades jurisdiccionales (...) y sus dictámenes no pueden constituir la interpretación auténtica del Pacto, dado que, en ningún momento, ni el Pacto ni el Protocolo facultativo le otorgan tal competencia» (por todas, STC 23/2020 [*Tol 7795424*]). De ahí que la principal referencia del TC a la hora de delimitar el alcance de la prohibición contenida en el art. 15 CE haya sido la jurisprudencia del TEDH.

Dos convenios específicos ratificados por España son, asimismo, de gran importancia en esta materia: la Convención de la ONU contra la Tortura y Otros Tratos o Penas Crueles, Inhumanos o Degradantes, aprobada por la Asamblea General en su resolución 39/46, de 10 de diciembre de 1984, y, en el ámbito del Consejo de Europa, el Convenio Europeo para la prevención de la tortura y de las penas o tratos inhumanos o degradantes, hecho en Estrasburgo el 26 de noviembre de 1987.

3.1.3 La prohibición como zona de inmunidad absoluta

En contraste con el sistema del CEDH, en el que la regla prohibitiva del art. 3 no se vincula a un derecho fundamental sustantivo concreto, en nuestro texto constitucional la prohibición de tortura y malos tratos es la manifestación más importante del derecho a la integridad personal. Constituye, en este sentido, una garantía de la *integridad moral*, esto es, del derecho a no ser cosificado o despojado de un modo absoluto de la dignidad de persona. Aunque todos los derechos fundamentales de libertad llevan consigo un mandato de abstención dirigido a los poderes públicos que resulta de inmediato cumplimiento, la enunciación expresa de esta regla prohibitiva significa que, en el caso de la integridad moral, dicho mandato genera una zona de inmunidad total.

Esto supone, antes que nada, que la apreciación de la existencia de torturas, tratos inhumanos o degradantes no está sujeta a un razonamiento de tipo ponderativo, sino a un juicio de subsunción. Aunque esta diferenciación puede parecer sutil, conlleva una consecuencia práctica de suma importancia: en la actividad hermenéutica necesaria para determinar la existencia de torturas o malos tratos no cabe apelar a la importancia de los bienes jurídicos que están en juego, esto es, a la trascendencia del fin público que las autoridades estatales pretenden salvaguardar.

Es indiferente, conforme a esta idea, lo aberrante o reprochable que pueda resultar el comportamiento de la persona que está bajo custodia de las autoridades del Estado —su conducta "pasada" o "temida", en términos de la STC 34/2008 [*Tol 1265127*]—. Tampoco importa que el funcionario público pretenda obtener una información relevante a efectos de evitar un mal grave e inminente. La prohibición «no admite ponderación justificante alguna con otros bienes o derechos» (SSTC 34/2008 [*Tol 1265127*] y 122/2022 [*Tol 9271824*]). Por muy trascendentes que sean los bienes jurídicos que pretenden tutelar las autoridades del Estado, nunca pueden llegar a justificar, en definitiva, la realización de un comportamiento susceptible de ser calificado como constitutivo de tortura o malos tratos —en relación con la persecución penal del terrorismo, vid. las SSTEDH de 27/08/1992, asunto *Tomasi c. Francia (rec. 12850/87)*, y de 18/12/1996, asunto *Ascoy c. Turquía* [*Tol 447959*]—.

3.1.4 Criterios de identificación de los comportamientos prohibidos

Que el juicio determinante de la existencia de torturas, tratos inhumanos o degradantes sea de tipo subsuntivo no quiere decir que nos encontremos ante una actividad jurídica matemática, exenta de todo margen de interpretación. La ponderación y la subsunción no se diferencian por el hecho de que la segunda no requiera ninguna actividad hermenéutica, sino por el tipo de operación interpretativa exigida al aplicador de la norma. Como resume DÍEZ-PICAZO, L. M. (p. 38), la ponderación es un juicio de *más o menos*, mientras que la subsunción es un juicio de *sí o no*. Para realizar tal juicio disyuntivo, han de tenerse en cuenta, en el caso del art. 15 CE, las siguientes pautas generales:

a) El mayor o menor rigor de la subsunción depende de la propia evolución de la percepción social, lo que ha permitido al TEDH, en la consideración de que el Convenio es un "instrumento vivo", ir elevando progresivamente el estándar de protección conferido por la prohibición de torturas y malos tratos, especialmente a raíz de las SSTEDH de 27/11/2003, asunto *Henaf c. Francia* [*Tol 4006805*] y de 11/12/2003, asunto *Yankov c. Bulgaria (rec. 39084/97)* (CANOSA USERA, p. 24). Esto no impide, en todo caso, que la jurisprudencia del TEDH siga teniendo un marcado componente casuístico (PORTILLA CONTRERAS, pp. 190-196).

b) No es posible hacer una diferenciación abstracta y *a priori* entre los tres comportamientos prohibidos. Según señala la STC 120/1990 [*Tol 119205*] —en doctrina reiterada en las SSTC 137/1990 [*Tol 119206*] y 57/1994 [*Tol 82465*]— «"Tortura" y "tratos inhumanos o degradantes" son, en su significado jurídico, nociones graduadas de una misma escala que, en todos sus tramos, denotan la causación, sean cuales fueren los fines, de padecimientos físicos o psíquicos ilícitos e infligidos de modo vejatorio para quien los sufre y con esa propia intención de vejar y doblegar la voluntad del sujeto paciente». Esa *escala de gravedad* deriva de la propia doctrina del TEDH, en la que, sin embargo, no se perfila claramente la diferencia valorativa entre tratos inhumanos y degradantes.

c) Existe, en todo caso, un doble elemento que determina la presencia de alguno de los tres comportamientos prohibidos. Por una parte, se requiere un cierto umbral de padecimiento físico o psíquico —elemento objetivo— y, por otra, una motivación subjetiva —elemento intencional— ligada a cierto propósito de humillación o envilecimiento de la víctima —asociado normalmente al *trato degradante*— o a la pretensión de doblegar la voluntad de esta —lo que se vincula, en general, al *trato inhumano*—.

La doctrina más reciente del TC sobre el concepto de *trato degradante* expresa con claridad la exigencia de este doble elemento, sin excluir la posibilidad de que el comportamiento, en sí mismo, por su carácter inequívocamente aberrante, implique un envilecimiento o degradación de la víctima de tal intensidad que haga innecesaria cualquier indagación en la motivación (STC 56/2019 [*Tol 7265238*]). En todo caso, la valoración del umbral mínimo de gravedad depende, en la doctrina del TEDH, de todas las circunstancias del caso, tales como la duración, efectos físicos y mentales sobre la víctima y, en ciertos supuestos, del sexo, edad y estado de salud de esta (resumiendo esta doctrina del TEDH puede verse la STC 105/2024 [*Tol 10273348*]).

3.1.5 La vertiente procedimental de la prohibición

Los orígenes del proceso penal democrático están estrechamente vinculados al movimiento ilustrado que defendía la prohibición del tormento. Erradicada formalmente la tortura como mecanismo de indagación, el deber fundamental del Estado es, como señalaba TOMÁS Y VALIENTE (p. 836), impedir que este tipo de comportamientos puedan tener lugar de forma clandestina. El eje de atención de la doctrina constitucional se ha desplazado, con ello, hacia el aseguramiento de una persecución eficaz de este tipo de conductas, esto es, al terreno —ya aludido en la introducción— de las llamadas *obligaciones positivas*.

La obligación positiva del Estado de perseguir con particular celo las torturas y malos tratos cometidos por los servidores públicos es coherente con el carácter absoluto de la prohibición del art. 15 CE, pero obedece también, como ha destacado el TC, a la necesidad práctica de compensar las especiales circunstancias en las que tales comportamientos se producen, en particular las siguientes: (i) la «difícil detectabilidad y perseguibilidad de este tipo de conductas», que se suelen materializar en situación de "clandestinidad" o en contextos coactivos completamente dominados por las autoridades públicas que están bajo sospecha; (ii) la existencia de «técnicas de aflicción de sufrimientos que no dejan huella en el cuerpo del maltratado» y (iii) la situación psicológica peculiar que afronta la víctima, caracterizada por un sentimiento de «inferioridad, humillación y desesperanza que dificulta una denuncia por su parte» (STC 34/2008 [*Tol 1265127*]).

La prohibición del art. 15 CE ha adquirido, por estas razones, una importante *dimensión procedimental* que —tras una primera época de relativa reticencia, que dio lugar a la condena de España en las SSTEDH de 8/03/2011, asunto *Beristain Ukar c. España* [*Tol 2053593*], o de 16/10/2012, asunto *Otamendi Egiguren c. España* [*Tol 9062847*]— ha sido ampliamente desarrollada por el TC. Desde las iniciales SSTC 224/2007 [*Tol 1173759*] y, sobre todo, 34/2008 [*Tol 1265127*], dicha doctrina, que sigue muy de cerca la del TEDH, está conformada por un amplísimo catálogo de resoluciones. En síntesis, puede resumirse del siguiente modo:

a) La dimensión procedimental de la prohibición del art. 15 CE genera un deber reforzado de diligencia en la investigación penal de denuncias por hechos constitutivos de torturas, tratos inhumanos y degradantes. Del precepto constitucional se deduce, en particular, el "mandato (positivo) de agotar cuantas posibilidades razonables de indagación resulten útiles para aclarar los hechos" (SSTC 224/2007 [*Tol 1173759*] y 34/2008 [*Tol 1265127*]).

b) La «probable escasez de acervo probatorio existente en este tipo de delitos clandestinos» determina que no pueda exigirse a quien los denuncia más que la aportación de una principio de prueba (STC 34/2008 [*Tol 1265127*]) o una apariencia verosímil (STC 224/2007 [*Tol 1173759*]), elemento que el TEDH denomina «queja demostrable» (STEDH de 11/04/2000, asunto *Sevtap Veznedaroğlu c. Turquía*, § 32, rec. 3257/96), «sospecha razonable» (STEDH de 16/12/2003, asunto *Kmetty c. Hungría*, [*Tol 9088397*]) o «afirmación defendible» (STEDH de 2/11/2004, asunto *Martínez Sala y otros c. España* [*Tol 9086481*]).

   Si esa inicial verosimilitud concurre, el deber cualificado de indagación a cargo de las autoridades del Estado resulta plenamente exigible. En particular, la mera presencia de lesiones ya produce la obligación del Estado de proporcionar una explicación suficiente (por todas, STEDH de 28/07/1999, asunto *Selmouni c. Francia, rec. 25803/94*).

c) La "diligencia reforzada que se exige al órgano judicial" no solo se activa cuando la víctima presenta una denuncia por escrito. También la denuncia verbal de quien comparece ante la autoridad judicial —por ejemplo, al ser puesto a disposición del juez o al prestar declaración ante este— hace surgir la obligación de procurar el inmediato examen médico forense —aunque el afectado no lo haya solicitado en dependencias policiales— y de asegurar la incoación de un procedimiento penal específicamente dirigido a esclarecer los hechos —sin que la iniciación de tal procedimiento pueda quedar a expensas de la presentación de una denuncia por escrito del propio afectado— (STC 122/2022 [*Tol 9271824*]).

d) Una vez efectuada la denuncia, la actividad indagatoria debe compensar de manera efectiva la existencia de un desequilibrio notable entre la situación de las autoridades oficiales sospechosas y la víctima, que tiene el consiguiente reflejo en la disponibilidad de medios de prueba (STC 35/2008 [*Tol 1265128*]).

Como sintetiza la STC 35/2024 [*Tol 10273518*], el TC ha apreciado que la actividad indagatoria requerida no ha cumplido con ese nivel de exigencia cuando se ha decretado el sobreseimiento provisional en las situaciones siguientes: «sin tomar declaración a la persona denunciante; sin oír al letrado de oficio que asistió a la persona detenida en dependencias policiales; sin recibir declaración a los profesionales que le prestaron asistencia sanitaria; sin identificar ni tomar declaración a los funcionarios y agentes de las fuerzas y cuerpos de seguridad del Estado encargado de la custodia; sin oír a las personas identificadas como posibles testigos; o cuando únicamente obra como diligencia de investigación el informe del cuerpo policial al que se le imputan los hechos al cuestionar la independencia de la investigación» (con cita profusa de resoluciones recaídas en cada uno de estos supuestos puede verse la STC 124/2022 [*Tol 9271822*]).

3.1.6 *Evolución del ámbito de aplicación de la vertiente procedimental*

El ámbito de aplicación de la vertiente *procedimental* de la prohibición de tortura y malos tratos del art. 15 CE se ha ido ensanchando con el tiempo, gracias nuevamente a la traslación fiel de la doctrina del TEDH. Comprende, en la actualidad, los siguientes supuestos:

a) Se aplica, en general, a «cualquier tipo de malos tratos proferidos por agentes estatales a los ciudadanos sometidos a su control» (STC 166/2021 [*Tol 8629507*]) o a toda clase de «situación de *superioridad institucional* (énfasis añadido)» que pueda incidir en los derechos reconocidos en el art. 15 CE (STC 124/2022 [*Tol 9271822*]).

b) Obviamente, la privación de libertad constituye la situación de "superioridad institucional" por excelencia a efectos de aplicar el canon de investigación exhaustiva. Comprende: a) "detenciones incomunicadas" (SSTC 130/2016 [*Tol 5864167*] y 144/2016 [*Tol 5910287*]); b) situaciones similares, como la de los internos en módulos penitenciarios de régimen cerrado o aislamiento (STC 12/2022 [*Tol 8815244*]); c) "las detenciones policiales comunicadas" (STC 13/2022 [*Tol 8815243*]), y d) las privaciones de libertad en centros penitenciarios (STC 105/2024 [*Tol 10273348*]).

c) La situación de superioridad institucional también puede concurrir en "actuaciones policiales sin detención" (como se encarga de señalar la STC 166/2021 [*Tol 8629507*]), incluso cuando obedecen a "meras labores de orden público" (como aclara la STC 33/2024 [*Tol 10273520*], recogiendo lo señalado por las SSTEDH de 24/07/2012, asunto *B.S. c. España*, y de 9/03/2021, asunto *López Martínez c. España* [*Tol 9063438*]).

d) Recientemente, recogiendo nuevamente doctrina del TEDH, el TC ha incluido dentro de esta vertiente procedimental —en relación con el derecho a la vida y en conexión, por tanto, con el art. 2 CEDH— los supuestos de suicidios de personas que se encuentran bajo custodia de autoridades estatales (SSTC 1/2024 [*Tol 10275243*] y 35/2024 [*Tol 10273448*]).

e) Finalmente, algunas infracciones ajenas a toda superioridad institucional del poder público, como los delitos de violencia de género, han acabado sujetándose a este estándar cualificado por razón de la especial vulnerabilidad de la víctima, la cosificación de esta que el delito cometido entraña, y las dificultades probatorias que derivan de un contexto comisivo igualmente caracterizado por la clandestinidad (STC 87/2020 [*Tol 8062086*]).

3.1.7 *Vulneración procedimental y material*

La idea de una vulneración *procedimental* de la prohibición de tortura ha sido criticada (LÓPEZ BOFILL) arguyendo que, si tal prohibición es realmente absoluta, cualquier vulneración de su contenido debe considerarse una lesión sustantiva y no meramente formal o procedimental —de modo que tal adjetivación constituiría un "eufemismo" destinado a restarle importancia—.

Sin embargo, es precisamente el carácter absoluto de la prohibición el que determina que existan exigencias procedimentales cualificadas. La afirmación de la existencia de vulneraciones de tipo *procedimental* no solo no relativiza la fuerza vinculante de la prohibición, sino que la confirma al asignarle un ámbito de aplicación que sobrepasa la tutela que generalmente proporcionan los derechos fundamentales sustantivos. Asimismo, la denominación resulta adecuada para poner de relieve que, como ha señalado el TC, estamos ante una obligación "de medios" a cargo de las autoridades estatales y no ante la garantía de un resultado condenatorio. La condena penal nunca constituye, como ya se ha explicado, un derecho subjetivo de la víctima y solo puede llegar a verificarse con pleno respeto a las garantías sustantivas y procesales del acusado y, en particular, de su derecho a la presunción de inocencia (ATC 80/2021 [*Tol 8605865*]).

Lo que, probablemente, carece de sentido es desvincular esta vertiente procedimental del derecho fundamental sustantivo en juego (art. 15 CE) y convertirla, como hace nuestro TC, en una mera lesión del derecho a la tutela judicial efectiva (art. 24.1 CE). En efecto, con poca pericia técnica y sin justificación hermenéutica convincente, el TC español ha convertido esta garantía procedimental del ar. 15 CE en una manifestación especial del derecho a la tutela judicial efectiva ligada al deber de motivación reforzada (art. 24.1 CE). No estamos, en realidad, ante un problema de respuesta motivada frente al ejercicio del derecho de acción sino ante una singular obligación de medios —cuyo cumplimiento, probablemente, debería poder exigirse a las autoridades del Estado sin necesidad siquiera de asumir la condición de parte acusadora en el proceso penal—.

En otras palabras: la vulneración procedimental del art. 15 CE se produce cuando la investigación resulta objetivamente insuficiente, con independencia de lo bien o mal que se motive la resolución de archivo. Lo que está en juego, en definitiva, no es el derecho de acción de la víctima, sino la facultad de esta de exigir a las autoridades competentes del Estado que agoten la investigación con todos los medios a su alcance —lo que explica que esta vulneración se pueda producir, igualmente, en los países sometidos a la jurisdicción del TEDH que no contemplan una acción penal distinta a la pública (verdadera peculiaridad española)—.

3.1.8 Otras manifestaciones de la prohibición

El carácter absoluto de la prohibición de tortura también se manifiesta en el proceso penal en el régimen jurídico de admisión de prueba y en la cooperación con terceros países:

a) En el primer ámbito, la STC 97/2019 [*Tol 7446118*], que establece la doctrina del TC en relación con la llamada *prueba ilícita*, excluye expresamente toda posibilidad de ponderación cuando las fuentes de prueba han sido obtenidas mediante actos constitutivos de tortura. Tales fuentes nunca pueden ser utilizadas en perjuicio de la persona encausada, efecto taxativo que se anuda expresamente en la citada sentencia a la existencia de una "prohibición constitucional singular".

b) La prohibición también constituye un límite constitucional infranqueable a la cooperación con procesos penales tramitados por otros estados, lo que tiene un importante influjo en el ámbito extradicional. En la extradición pasiva existe, en general, una obligación judicial de contrastar las denuncias de vulneraciones de derechos fundamentales realizadas por el reclamado que sean relevantes para resolver sobre la entrega (SSTC 13/1994 [*Tol 82741*]; 141/1998 [*Tol 80996*] y 91/2000 [*Tol 24513*]), deber que se ha de graduar «en función del derecho o derechos fundamentales que pueden resultar afectados, de modo que necesariamente alcanzará una especial intensidad cuando sean los reconocidos en el art. 15 CE los que se encuentren en esa situación» (STC 32/2003 [*Tol 241437*]).

Esto implica, como establece el TC siguiendo la doctrina del TEDH (STEDH de 11/07/2000, asunto *Jabari c. Turquía, rec. 40035/98*, §§ 39 y 40), un examen riguroso de las quejas de riesgo de torturas que sean formuladas, con posibilidad de reclamar de oficio al estado requirente cualquier material adicional que se considere oportuno para esclarecerlas. Al reclamado le basta con aportar «determinados y concretos elementos que sirvan de apoyo razonable a su argumentación» (STC 32/2003 [*Tol 241437*]).

3.2 La protección de la incolumidad corporal

3.2.1 Contenidos incluidos

Como ya se anticipó, el derecho a la integridad personal del art. 15 CE también se manifiesta de forma especialmente intensa en el proceso penal en su dimensión de garantía de "la incolumidad corporal" (SSTC 120/1996 [*Tol 406764*]; 207/1996 [*Tol 83136*]). Esta noción presenta dos vertientes de protección distintas:

* En primer lugar, la incolumidad del cuerpo significa la inalterabilidad del propio sustrato físico. De lo que se trata en este caso es de que el acto del poder público no modifique el estado en que se encuentra el cuerpo del individuo, ni siquiera en su apariencia externa (STC 207/1996 [*Tol 83136*]). Para determinar la existencia de injerencia en el art. 15 CE se sigue aquí un *criterio de foto fija*, de modo que solo hay intromisión en la incolumidad corporal cuando el sustrato o soporte físico de la persona no es, antes y después de verificarse el acto de intervención, exactamente el mismo.

Desde esta primera óptica, una actuación coactiva que produce un cambio en el cuerpo, aunque sea puramente estético o cuantitativo, supone una intromisión en la integridad personal. Por ejemplo, la extracción de cabellos de diversas partes de la cabeza y de la totalidad del pelo de las axilas a efectos de realizar un análisis toxicológico (STC 207/1996 [*Tol 83136*]) implica una alteración del sustrato físico y, aunque no entraña ningún peligro para la salud, supone una injerencia en el derecho del art. 15 CE. Lo mismo ocurre con una extracción de sangre (STC 234/1997 [*Tol 80856*]), con la obtención de una muestra de orina (STC 196/2006 [*Tol 964377*]) o, a la inversa, con la práctica de una transfusión (STC 154/2002 [*Tol 258486*]).

En cambio, un registro corporal externo y superficial —como los previstos en el art. 20 de la Ley Orgánica de Protección de la Seguridad Ciudadana—, aunque se materializa sobre el cuerpo, no supone alteración alguna de este, por lo que no afecta a la integridad personal (STC 172/2020 [*Tol 8227883*]), y lo mismo ocurre con un examen ginecológico que deja inalterada la configuración corporal de la persona afectada (STC 207/1996 [*Tol 83136*]). El TC también ha considerado que una toma de muestra salival deja el cuerpo incólume, en razón de la insignificancia de la modificación, pues se trata de «la obtención de una pequeña cantidad de células de la lengua» (STC 135/2014 [*Tol 4517088*]). En todos estos casos, no se compromete la integridad personal, aunque sí, como se verá, la intimidad.

Desde esta primera vertiente, la sensación de malestar —dolor o sufrimiento— o el riesgo o daño para la salud implica únicamente «un plus de afectación, mas no es una condición *sine qua non* para entender que existe una intromisión en el derecho fundamental a la integridad física» (SSTC 207/1996 [*Tol 83136*]).

* Siguiendo la doctrina establecida por el TEDH —inspirada a su vez en la jurisprudencia del *Bundesverfassungsgericht* sobre el llamado *derecho general de personalidad*— el TC también ha entendido que el sistema de derechos fundamentales debe proteger a la persona frente a «los riesgos que puedan surgir en una sociedad tecnológica avanzada» (por todas, STC 119/2001 [*Tol 2778*]).

En el ámbito de la integridad personal, esto ha llevado al TC a considerar que hay actos y omisiones del poder público que, aunque no lleguen a suponer ningún menoscabo o alteración del cuerpo, entrañan una injerencia en el ámbito protegido por el art. 15 CE porque generan un peligro objetivo y relevante para la salud (SSTC 119/2001 [*Tol 2278*]; 5/2000 [*Tol 12168*], 221/2002 [*Tol 224822*] y 220/2005 [*Tol 709529*]), si bien, como criterio limitador, el Tribunal ha aclarado que no basta cualquier riesgo y ha de tratarse siempre de un peligro "grave y cierto" (SSTC 5/2000 [*Tol 12168*]; 119/2001 [*Tol 2778*] y 220/2005 [*Tol 709529*]).

Este segundo criterio ha sido aplicado por el TC en supuestos normalmente ajenos al proceso penal, como «la exposición continuada a unos niveles de ruido intensos» que «supongan un peligro grave e inmediato» para la salud de la persona y que se materialicen «a consecuencia de una acción u omisión de los poderes públicos» (SSTC 119/2001 [*Tol 2778*] y 150/2011 [*Tol 2254301*]). En todo caso, frente a lo que pudiera parecer en un principio, el criterio no está siempre asociado a la utilización de medios tecnológicos invasivos —como ocurre normalmente con las emisiones de ruidos—, pues el Tribunal también lo ha aplicado a supuestos del ámbito laboral como «la negativa injustificada a conceder una prórroga de baja por incapacidad laboral» (STC 220/2005 [*Tol 709529*]), o la inactividad de los servicios públicos de salud frente a órdenes del empresario que entrañan un riesgo especial para el trabajador afectado (STC 62/2007 [*Tol 1042595*]).

3.2.2 Contenidos excluidos

La protección constitucional de la incolumidad corporal no comprende, en cambio, conforme a la doctrina del TC, estos otros supuestos:

* El TC considera, en primer lugar, que existen decisiones de los órganos judiciales que no inciden en el derecho fundamental a la integridad personal pero que están tan íntimamente ligadas a él que exigen del órgano judicial un —ya aludido— *deber reforzado de motivación*. El juez ha tener en cuenta —y reflejarlo así en su resolución— las consecuencias que la decisión que adopta produce sobre la salud del afectado, por ejemplo, a efectos de conceder la suspensión de la ejecución de la pena privativa de libertad a una persona que padece una enfermedad grave e incurable (SSTC 25/2000 [*Tol 22443*] y 8/2001 [*Tol 81390*]). No obstante, la decisión de no conceder la suspensión no constituye una injerencia en el derecho fundamental a la integridad personal. El único derecho que estaría en juego sería el de tutela judicial efectiva (art. 24.1 CE), cuya lesión no depende de la decisión que se toma —en la que el TC no puede entrar— sino de la suficiencia de la motivación en la que se funda.
* Según ha aclarado el TC, tampoco forma parte de la protección de la incolumidad corporal la determinación del alcance de la reparación de los perjuicios que haya podido sufrir la víctima de un hecho dañoso y, en particular, de un hecho delictivo. Como señala la STC 181/2000 [*Tol 119783*] —que analizó la constitucionalidad del sistema baremado de valoración de los daños derivados de accidentes de circulación— estamos ante una *obligación positiva*, de las que antes hemos llamado *generales* o de *segundo grado*, que no forma parte del derecho fundamental protegido en el art. 15 CE pero que vincula a los poderes públicos y, en particular, al legislador, que ha de fijar un sistema de resarcimiento

que repare suficientemente el daño generado en la integridad personal, sin que del art. 15 CE pueda deducirse, en todo caso, un «principio de total reparación del dañado» (*ex multis*, SSTC 181/2000 [*Tol 119783*]; 267/2000 [*Tol 2763*]; 231/2005 [*Tol 719582*]; 254/2005 [*Tol 736291*]; 255/2005 [*Tol 736292*] y 256/2005 [*Tol 736293*]).

3.2.3 Requisitos legitimadores de la injerencia

La zona de inmunidad establecida por esta vertiente del derecho del art. 15 CE tiene carácter relativo, por lo que la injerencia coactiva del poder público puede llegar a verificarse siempre que se cumplan escrupulosamente los requisitos constitucionalmente establecidos. Como se ha anticipado, a efectos de determinar esos requisitos el riesgo para la salud que el acto del poder público genera resulta esencial como criterio de graduación de la gravedad de la injerencia. Surge, así, en la doctrina constitucional, una distinción fundamental entre aquellas diligencias de investigación penal que, teniendo por objeto el cuerpo humano, son, atendidas sus características objetivas y el contexto, «susceptibles de poner en peligro el derecho a la salud (y) de ocasionar sufrimientos a la persona afectada» —las llamadas *intervenciones corporales graves*— y aquellas que carecen de esa potencialidad lesiva —las *intervenciones corporales leves*— (STC 207/1996 [*Tol 83136*]).

Estas diligencias de intromisión en la integridad corporal serán estudiadas más detenidamente en el capítulo 33. Basta aquí con señalar que la doctrina constitucional ha especificado los criterios generales que sirven para evaluar la legitimidad de una intervención corporal verificada en el proceso penal:

a) Siguiendo la doctrina del TEDH (SSTEDH de 26/03/1985, asunto *X. e Y. c. Países Bajos* (*rec. 8978/80*), y de 25/03/1993, asunto *Costello-Roberts c. Reino Unido* [*Tol 573773*]) el Tribunal entiende que las intervenciones corporales requieren una cobertura legal suficiente, un fin público constitucionalmente legítimo y, en general, la sujeción al principio de proporcionalidad —con la triple comprobación de la idoneidad o adecuación, la necesidad y la proporcionalidad en sentido estricto de la medida— (SSTC 7/1994 [*Tol 82417*]; 207/1996 [*Tol 83136*] y 95/1999 [*Tol 81160*]). Estos son, como se verá en el capítulo 27, los requisitos generalmente establecidos en la Constitución para la intromisión legítima en derecho fundamentales de contenido no patrimonial o económico —ya que estos últimos, como la libertad de empresa y el derecho de propiedad, pueden ser objeto de restricción siguiendo criterios más flexibles de adecuación o razonabilidad—.

b) Como garantía formal no expresamente prevista en la Constitución, la STC 207/1996 [*Tol 83136*] también consideró que las intervenciones corporales requieren autorización judicial previa, si bien admitió la posibilidad de que las intervenciones de carácter leve sean practicadas por razones de urgencia y con la debida habilitación legal por la policía judicial, siempre con sujeción al principio de proporcionalidad. Como también se verá en su momento, el TC distingue, con ello, entre una *garantía judicial preventiva absoluta* —que es la fijada constitucionalmente para determinados derechos fundamentales como el domicilio y el secreto de las comunicaciones— y una *garantía judicial preventiva de carácter relativo* —que se exige interpretativamente en atención a la importancia del derecho fundamental afectado y a la gravedad de la injerencia que pretende consumarse—.

c) La STC 207/1996 [*Tol 83136*] enunció, finalmente, algunas exigencias específicas derivadas del art. 15 CE para las intervenciones corporales practicadas en el proceso penal. Destaca entre ellas la prohibición de las que impliquen un quebranto en la salud, ya que supone un límite absoluto. A este requisito material se suman dos reglas de procedimiento: (i) la exigencia de que las intervenciones se practiquen por personal sanitario, que habrá de ser personal médico especializado en las intervenciones corporales graves que así lo requieran y (ii) la necesidad de que se efectúen de un modo respetuoso con la dignidad de persona, sin que puedan utilizarse, en todo caso, métodos que puedan considerarse tratos inhumanos o degradantes.

4. LA GARANTÍA CONSTITUCIONAL DE LA LIBERTAD

4.1 Ámbito de aplicación

El derecho fundamental que, con mayor intensidad, ha perfilado las características singulares del proceso penal de nuestro tiempo es el derecho fundamental a la libertad, que nuestra Constitución enuncia expresamente en el art. 17 CE. Desde sus primeras sentencias, el TC viene considerando que este precepto tiene por objeto exclusivo la protección de la libertad física o deambulatoria del individuo, esto es, su libertad de movimientos, sin que se ocupe de otras manifestaciones de la libertad natural del ser humano que puedan quedar comprendidas dentro de lo que la STC 89/1987 [*Tol 797998*], denomina la "libertad a secas" —término en el que esa resolución incluye específicamente la libertad sexual—. Por ello, a diferencia de lo que ocurre en otros ordenamientos constitucionales —particularmente en Alemania—, la Constitución española no prevé, con el rango de derecho fundamental, un *derecho general de libertad* que cubra todas las manifestaciones de *libertad de acción* individual.

En nuestro orden constitucional la libertad de movimientos queda protegida, al igual que ocurre en el Convenio Europeo de Derechos Humanos, por dos derechos fundamentales distintos: el de "libertad y seguridad" del art. 17 CE y el de libertad de circulación y residencia del art. 19 CE. En este punto, la reciente situación de pandemia por el virus *SARS-CoV-2*, en la que el poder público se vio obligado a imponer fuertes restricciones a la movilidad de los ciudadanos por razones de salud pública, ha propiciado que tanto el TEDH como el TC delimiten el alcance respectivo de estos dos derechos, lo que tiene influjo en el proceso penal.

De acuerdo con la referida doctrina, los arts. 17 y 19 CE guardan una relación de grado, de modo que el rigor de la afectación de la capacidad deambulatoria determina, en el caso concreto, si nos encontramos en el ámbito protegido por uno u otro derecho. Según sintetiza la STC 148/2021 [*Tol 8518747*], la libertad garantizada por el art. 17 CE «es "la de quien orienta, en el marco de normas generales, la propia acción" (STC 341/1993 [*Tol 82362*])», de modo que esta libertad solo queda comprometida cuando «de cualquier modo, se impida u obstaculice la autodeterminación de la conducta lícita (STC 98/1986 [*Tol 79644*])».

En cambio, como señala la STC 136/2024 [*Tol 10283718*], cuando la restricción impuesta por el poder público únicamente afecta a los desplazamientos que el individuo puede realizar lícitamente, concretando supuestos determinados, es la libertad de circulación del art. 19 CE la que, en principio, queda concernida. En este punto, el TC sigue lo señalado por el TEDH en su decisión de 13/04/2021, asunto *Terheş c. Rumanía*, en la que el tribunal de Estrasburgo considera (§36) que para determinar si estamos ante una afectación de la libertad deambulatoria o de la libertad de circulación es necesario partir de la situación concreta y tener en cuenta un conjunto de criterios como el tipo, la duración, los efectos y las modalidades de ejecución de la medida en cuestión, que deben examinarse de manera «acumulada y combinada».

Esta división tiene una evidente influencia sobre el proceso penal, donde tradicionalmente se ha distinguido entre privaciones y limitaciones de libertad desde la convicción de que todas las medidas establecidas por el legislador concernían, con intensidad distinta, al derecho fundamental comprendido en el art. 17 CE. Lo cierto es, sin embargo, que, con arreglo a esta doctrina, solo la *privación de libertad* —concretada en las medidas de detención preventiva y prisión provisional— afecta con nitidez y sin necesidad de un examen más concreto del contenido y contexto, al derecho fundamental a la libertad contemplado en el citado precepto.

No obstante, puede considerarse que aquellas medidas que se establecen judicialmente como alternativas para evitar la prisión provisional afectan también al derecho fundamental del art. 17 CE, pues, pese a su menor incidencia en la libertad deambulatoria, su incumplimiento puede dar lugar a una decisión de prisión preventiva (STC 169/2001 [*Tol 12996*]).

En todo caso, la privación de libertad determinante de una injerencia en el art. 17 CE es una situación puramente material, en coherencia con la libertad puramente física o deambulatoria que dicho precepto garantiza. Como señala la STC 98/1986 [*Tol 79644*], «no es constitucionalmente tolerable que situaciones efectivas de privación de libertad —en las que, de cualquier modo, se impida u obstaculice la autodeterminación de la conducta lícita— queden sustraídas a la protección que a la libertad dispensa la Constitución por medio de una indebida restricción del ámbito de las categorías que en ella se emplean». De ahí que el concepto constitucional de *detención* sea «una pura situación fáctica, sin que puedan encontrarse zonas intermedias entre detención y libertad».

4.2 El cambio de paradigma constitucional

En lo que a la protección de la libertad se refiere, la CE supone un salto cualitativo en nuestra historia constitucional, no ya solo frente al viejo proceso inquisitivo sino también frente al modelo constitucional de proceso exclusivamente basado en el principio de legalidad procesal.

La privación de libertad se practicaba en el proceso inquisitivo de forma automática tras una sumaria información (VÁZQUEZ SOTELO, p. 21). Era, además, un mecanismo necesario para la práctica del tormento. El Estado constitucional liberal del siglo XIX supuso, frente a ello, un progreso decisivo, pues, con la prohibición del tormento, la privación de libertad dejó de ser un medio de investigación. Pero el automatismo de la privación cautelar de libertad, característico del Antiguo Régimen, se mantuvo intacto: una vez practicadas las primeras diligencias investigadoras, si estas revelaban indicios de culpabilidad, procedía, sin más, la prisión.

La LECrim de 1882 continuó la tradición de detención (art. 492.2º LECrim, todavía formalmente vigente) y prisión (art. 503 LECrim) automáticas para los delitos de cierta gravedad en los que se hubieran aquilatado, durante la instrucción, indicios suficientes contra el procesado. Pero dulcificaba este régimen tradicional al prever (art. 504, párr. segundo LECrim) la posibilidad de evitar la prisión, en los delitos castigados con pena superior a la correccional y mediante prestación de fianza, si concurrían cumulativamente una serie de circunstancias, fundamentalmente buenos antecedentes, inexistencia de riesgo de fuga y falta de alarma social. La privación de libertad, cuando existían indicios de la comisión de un delito de cierta entidad, no tenía que ampararse, por tanto, en ningún fin legítimo. Procedía por disposición de la ley, pero, excepcionalmente, el juez de instrucción podía no aplicarla, atendiendo, a la hora de la verdad, al criterio de la "alarma social". La privación de libertad era la regla general; su alzamiento, la excepción.

Con la CE, esa concepción de la privación de libertad ya no resulta admisible. La libertad es una situación de partida constitucionalmente protegida, que está garantizada frente al propio legislador, y su restricción solo puede operar, antes de la sentencia condenatoria, de modo excepcional para atender fines perentorios y extraordinarios. Como señala la STC 95/2012 [*Tol 2552095*], «la libertad de los ciudadanos es, en un régimen democrático donde rigen derechos fundamentales, la regla general y no la excepción». La excepcionalidad de la restricción es, de hecho, especialmente intensa en el derecho fundamental del art. 17 CE, pues la libertad física o deambulatoria es «el presupuesto de otras libertades y derechos fundamentales» (STC 147/2000 [*Tol 26505*]). Esta sujeción de la restricción de la libertad a un régimen de excepcionalidad regido por el principio de proporcionalidad es, en definitiva, una de las características principales de nuestro proceso penal constitucional.

Esta dinámica constitucional debe proyectarse, por cierto, sobre la regulación vigente de la llamada *libertad provisional* (arts. 528 y siguientes LECrim). Esta obsoleta institución no puede comprenderse, en la actualidad, como un estatus subjetivo de restricción de libertad automáticamente ligado a la formulación de cargos criminales (imputación) contra una persona que ha sido previamente detenida. Toda injerencia en la libertad, por mínima que sea —incluso si se trata de la mera obligación de comparecencia *apud acta* a que se refiere el art. 530 LECrim—, requiere una actividad cautelar *ad hoc* y, con ella, una justificación expresa de acuerdo con las circunstancias del caso. No hay, en realidad, una libertad *provisional* sino una libertad sin adjetivos que solo puede ser legítimamente restringida cumpliendo con los requisitos constitucionales que señalaremos. Sobre la persona encausada pesa, eso sí, una obligación jurídica de comparecer cada vez que sea llamada, pero esta no constituye, en sí misma, una alteración de su *status libertatis*.

Abordaremos, a continuación, los diversos requisitos establecidos en el art. 17 CE para la injerencia en la libertad: la sujeción al principio de legalidad, la aplicación del juicio de proporcionalidad, el llamado principio de limitación temporal y las garantías procedimentales directamente derivadas del art. 17 CE.

4.3 El principio de legalidad

El art. 17.1 CE señala que «nadie puede ser privado de su libertad, sino con la observancia de lo establecido en este artículo y en los casos y en la forma previstos en la ley». El precepto explicita, con ello, un *principio de legalidad* de la restricción de la libertad que tiene las siguientes consecuencias:

* La primera es reforzar, para este concreto derecho fundamental, la exigencia general de cobertura legal expresa y clara de la concreta medida de injerencia, lo que, en todo caso, ya se derivaría del régimen general de restricción de los derechos fundamentales (art. 53.1 CE).

En aplicación de esta vertiente, el TC ha descartado, por ejemplo, que el texto vigente de la LECrim otorgue cobertura legal suficiente para utilizar la prisión preventiva en supuestos de inimputabilidad de la persona encausada —muy particularmente, para prorrogar la prisión provisional una vez que la sentencia de instancia, pendiente de firmeza, ha apreciado la concurrencia una eximente completa y ha impuesto una medida de seguridad privativa de libertad— ni tampoco para acordar un internamiento cautelar en centro psiquiátrico bajo control del juez penal (SSTC 217/2015 [*Tol 5572483*] y 84/2018 [*Tol 6680701*]). Pese a ello —y aun cuando los anteproyectos de LECrim de 2011 y, sobre todo, de 2020 ofrecen modelos de regulación muy detallados—, el legislador sigue, de modo absolutamente incomprensible, sin regular unas medidas cautelares específicas para este tipo de supuestos. Esto obliga, en la práctica, a acudir a una medida de injerencia claramente insuficiente, como es el internamiento civil urgente por razón de trastorno psíquico previsto en el art. 763 LEC, en el que el alta médica determina automáticamente la puesta en libertad.

La necesidad de clara cobertura legal se extiende, asimismo, a cualquier «condición impuesta como garantía» para mantener en libertad a la persona encausada, como, por ejemplo, la entrega o retirada del pasaporte (STC 169/2001 [*Tol 12996*]).

* En segundo lugar, los "casos" en los que procede la restricción de la libertad han de estar previstos en una ley orgánica de acuerdo con el art. 81.1 CE, lo que tiene una especial incidencia en la regulación de la prisión provisional (por todas, SSTC 147/2000 [*Tol 26505*] y 29/2019 [*Tol 7111098*]). Más concretamente, la determinación del supuesto de hecho y su consecuencia limitativa constituye un "desarrollo directo" del

derecho fundamental a la libertad, sujeto a la reserva de ley orgánica, mientras que las normas, por ejemplo procedimentales, que permiten la efectiva ejecución de la injerencia corresponden al legislador ordinario ya que no afectan al ámbito o alcance del derecho (SSTC 129/1999 [*Tol 7862*], 131/2010 [*Tol 2007363*]; 132/2010 [*Tol 2007387*] y 136/2024 [*Tol 10283718*]).

* Otra vertiente del principio de legalidad establecido en el art. 17.1 CE, esta sí específica del derecho a la libertad, consiste en convertir cualquier exigencia formal prevista por el legislador en una *garantía adicional* (en denominación expresamente utilizada por las SSTC 29/2019 [*Tol 7091673*] y 30/2019 [*Tol 7111097*]) que se integra por remisión en el contenido constitucionalmente garantizado por el art. 17 CE. Estaríamos aquí ante una suerte de vulneración *mediata* del derecho fundamental, pues, una vez establecidos ciertos requisitos legales, la infracción de estos equivale formalmente a la infracción de la Constitución misma, en concreto del art. 17.1 CE.

En todo caso, en la interpretación de las normas legales de desarrollo del art. 17.1 CE debe prevalecer el principio *favor libertatis*, por lo que ha de optarse, en los supuestos de duda, por la aplicación de la norma que implica una menor restricción (por todas, STC 29/2019 [*Tol 7091673*]).

4.4 El principio de proporcionalidad

4.4.1 La proporcionalidad de la detención preventiva

En lo que a la detención se refiere, el TC señala que el juicio de proporcionalidad debe someterse al "criterio de la necesidad estricta" (por todas, SSTC 165/2007 [*Tol 1115499*] y 95/2012 [*Tol 2552095*]). Para determinar esa necesidad, la Constitución exige que se tengan en cuenta los siguientes extremos:

* El *presupuesto habilitante* de la medida es la existencia de indicios de delito y su *fin legítimo* es, en general y según contempla expresamente el art. 17.2 CE, facilitar la práctica de las diligencias de investigación necesarias para el esclarecimiento de los hechos y el aseguramiento de la persona sospechosa. Es, por tanto, esa finalidad la que debe regir el *juicio de adecuación*. La detención deja, en consecuencia, de ser legítima cuando se han concluido «todas las investigaciones policiales necesarias» (por todas, SSTC 288/2000 [*Tol 81719*]; 23/2004 [*Tol 351790*] y 165/2007 [*Tol 1115499*]), «pues en tal caso opera una restricción del derecho fundamental a la libertad personal que la norma constitucional

no consiente» (STC 250/2006 [*Tol 971435*]; 165/2007 [*Tol 1115499*] y 95/2012 [*Tol 2552095*]).

* Ninguna infracción, por grave que sea, justifica por sí sola y en abstracto la práctica de la detención preventiva. Pese a que la LECrim sigue utilizando términos imperativos en el —más arriba citado— art. 492.2º, no existe una obligación policial de detener en los supuestos de delitos especialmente graves y siempre debe efectuarse, como señala la importante STC 179/2011 [*Tol 2294978*], un *juicio de necesidad* adaptado a las circunstancias del supuesto concreto. Según aclara esta misma resolución, ese *juicio de necesidad* está fuertemente influido, en la detención preventiva, por el llamado *factor tiempo*, que permite que, en un primer momento —cuando los elementos de juicio son todavía escasos—, predominen las consideraciones relativas a la gravedad del hecho atribuido para deducir la existencia de un riesgo de pérdida de fuentes de prueba o de huida de la persona investigada.
* En cuanto al *juicio de proporcionalidad en sentido estricto*, el legislador ha excluido expresamente que pueda practicarse la detención en los supuestos de delitos leves si se conoce el domicilio de la persona denunciada (art. 495 LECrim, en la redacción dada por la DF 1º de la LO 5/2024), ya que la medida resultaría en tales casos más gravosa que el fin público que pretende salvaguardar.

De cara a evaluar las ventajas e inconvenientes de la medida, es fundamental, en todo caso, que la capacidad restrictiva de la detención esté limitada *a priori* por la propia Constitución a un máximo de 72 horas (art. 17.2 CE) y que, durante ese plazo, esté abierta la posibilidad de acudir a la autoridad judicial, por la vía del *habeas corpus* (art. 17.4 CE), para denunciar cualquier irregularidad, incluida la ausencia de presupuesto habilitante o la manifiesta inexistencia de fin legítimo. Asimismo, la restricción no puede prolongarse más allá de lo estrictamente necesario para cumplir su finalidad, por lo que el llamado *principio de limitación temporal* —al que después nos referiremos— se integra, en realidad, en el juicio de proporcionalidad.

4.4.2 La proporcionalidad de la prisión provisional

En la prisión provisional, el juicio de proporcionalidad constitucionalmente exigido se caracteriza, sintéticamente, por las siguientes notas:

* En primer lugar, el *presupuesto habilitante* es la existencia de indicios racionales de la comisión de un hecho delictivo (SSTC 35/2007 [*Tol 1038*]/*2019*, y 29/2019 [*Tol 7111098*]). El TEDH define, por su parte,

este presupuesto como la "razonabilidad de la sospecha" basada en «hechos o informaciones que convencerían a un observador objetivo de que la persona afectada ha cometido el delito» (por todas, STEDH —Gran Sala— de 22/12/2020, asunto *Selahattin Demirtaş c. Turquia*, [*Tol 8241865*]). Lo importante aquí es, en ambos casos, la exigencia de elementos de juicio que sean objetivos y tengan la envergadura suficiente como para sustentar un juicio provisional de verosimilitud o probabilidad de los cargos criminales.

* El TC ha prestado una especial atención a la determinación de los *fines que no resultan constitucionalmente admisibles*, de modo que la prisión preventiva no puede utilizarse con fines punitivos o de anticipación de la pena —a la vista de la gravedad del hecho o la repulsa que provoca el delito investigado—, para impulsar la investigación sumarial —haciendo de la privación de libertad un instrumento indagatorio—, ni para aplacar la alarma social generada (por todas, STC 29/2019 [*Tol 7111098*]). Particularmente importante es la proscripción constitucional de la prisión por *alarma social*, concepto que constituye un residuo del viejo sistema inquisitivo y de su finalidad principal de purgar la *fama* para restablecer la confianza pública.

* Son, en cambio, *fines legítimos* de la prisión provisional:

    a) La evitación de un *riesgo de fuga* o sustracción de la acción de la justicia (por todas, STC 128/1995 [*Tol 82867*]). Dicho riesgo ha de evaluarse en función de la gravedad del delito, la pena que tiene señalada y las características y circunstancias personales de la persona encausada —arraigo personal, familiar, social, medios económicos, conexiones con el extranjero—. Es, en este punto, esencial el *factor tiempo*: en un primer momento, la gravedad del delito puede ser muy relevante para deducir el riesgo de sustracción de la acción de la justicia, pero, conforme el proceso avanza, se vuelve cada vez más determinante la valoración de las circunstancias personales. No obstante, el propio TC ha reconocido la ambivalencia de este elemento de juicio, pues una vez que el enjuiciamiento del delito está muy próximo, el mantenimiento de la medida cautelar cobra un mayor sentido.

    b) El *riesgo de obstrucción del proceso*. Esta finalidad concurre cuando hay datos objetivos que permiten inferir que la persona encausada puede destruir u ocultar fuentes de prueba relevantes o coaccionar a los testigos (por todas, STC 29/2019 [*Tol 7111098*]). En este caso, sigue siendo el aseguramiento del buen fin del proceso lo que pretende garantizarse a través de la privación de libertad. La invocación de este riesgo no puede convertirse, sin embargo, en un medio tendente a doblegar la voluntad del encausado a efectos de conseguir que coopere en el esclarecimiento del delito, tal y como expresamente señala la ley vigente al precisar que «no procederá acordar la prisión provisional por esta causa cuando pretenda inferirse dicho peligro únicamente del ejercicio del derecho de defensa o de falta de colaboración del investigado o encausado en el curso de la investigación» [art. 503.1, 3º, b) LECrim].

c) El *riesgo de reiteración delictiva*. Esta finalidad, al ser ajena al proceso penal mismo, debe entenderse sometida a importantes limitaciones. Como señala el TC, siguiendo la jurisprudencia del TEDH, solo queda amparada la prevención «de una concreta y específica infracción penal», conforme a un riesgo fundando en «hechos e informaciones concretas basadas en datos objetivos». La medida no pueda utilizarse, en cambio, como mecanismo para neutralizar la peligrosidad abstracta de determinados tipos de delincuentes, pues este motivo de prisión «no da cobertura a decisiones de prevención general dirigidas contra un individuo o categoría de individuos que se estima constituyan un peligro debido a su continua tendencia al crimen» (STC 29/2019 [*Tol 7111098*]).

* En cuanto al *juicio de necesidad*, la prisión provisional solo resulta legítima si el fin perseguido no puede lograrse a través de una medida menos restrictiva. Como sintetiza la STC 29/2019 [*Tol 7111098*], este instituto tiene "naturaleza subsidiaria", pues «su carácter extraordinario impide que pueda ser aplicado en supuestos en los que mediante medidas alternativas menos onerosas puede alcanzarse el propósito perseguido». Por ello, solo puede considerarse necesaria cuando se han descartado «medidas alternativas de menor intensidad coactiva, pero igualmente eficaces» (por todas, STC 45/2009 [*Tol 1449446*]).
* Finalmente, la *proporcionalidad en sentido estricto* es parcialmente concretada por el legislador, que solo admite la prisión provisional —si lo que pretende garantizarse es el buen fin del proceso y no la comisión de nuevos hechos delictivos— cuando el delito investigado tiene una penalidad relevante —evitando con ello la desproporción entre la actividad de aseguramiento y el resultado garantizado—. Adicionalmente, se requiere una especial consideración a los derechos fundamentales que pueden verse especialmente afectados en el caso concreto, como, por ejemplo,

el ejercicio de funciones de representación política (STC 155/2019 [*Tol 7649094*]).

4.5 El principio de limitación temporal

4.5.1 El principio en general

El llamado *principio de limitación temporal*, «caracteriza a todas las privaciones de libertad», si bien lo hace, como dice el TC, con intensidad distinta: (i) en el caso de la prisión provisional, el Constituyente delega en el legislador la concreción de este principio, pero exige taxativamente que se establezca un plazo máximo (art. 17.4 CE); (ii) en el caso de la detención gubernativa, dicho plazo máximo está expresamente contemplado en el art. 17.2 CE (SSTC 288/2000 [*Tol 81719*] y 23/2004 [*Tol 351790*]).

Lo que se persigue, en ambos supuestos, es impedir «que existan privaciones de libertad de duración indefinida, incierta o ilimitada» (SSTC 341/1993 [*Tol 82362*]; 174/1999 [*Tol 81216*]; 179/2000 [*Tol 81343*] y 288/2000 [*Tol 81719*]).

4.5.2 La limitación temporal de la detención preventiva

En relación específica con la detención preventiva, el TC ha precisado que el art. 17.2 CE establece, en realidad, dos plazos: (i) uno *relativo*, que «consiste en el tiempo estrictamente necesario para la realización de las averiguaciones tendentes al esclarecimiento de los hechos, que, como es lógico, puede tener una determinación temporal variable en atención a las circunstancias del caso», y (ii) otro *absoluto*, con «plena concreción temporal y está fijado en las 72 horas computadas desde el inicio de la detención» (por todas, SSTC 288/2000 [*Tol 81719*]; 23/2004 [*Tol 351790*]; 165/2007 [*Tol 1115499*]; 88/2011 [*Tol 2148166*] y 95/2012 [*Tol 2552095*]).

El TC ha sido taxativo al afirmar que se vulnera el derecho fundamental a la libertad cuando la detención, pese a no haber alcanzado el límite máximo de 72 horas, deja de ser necesaria por haberse concluido «las averiguaciones tendentes al esclarecimiento de los hechos» sin que se ponga al detenido en libertad o a disposición de la autoridad judicial (SSTC 224/1998, FJ 4, y 288/2000 [*Tol 81075*]).

Tal vulneración se materializa, muy particularmente, cuando la detención policial se prolonga hasta el día siguiente, pese a estar concluida la actividad investigadora, en atención «a los horarios establecidos para la conducción a los Juzgados de los detenidos» (SSTC 224/2002 [*Tol 224816*] y 165/2007 [*Tol 1115499*]).

4.5.3 El plazo de 72 horas como límite máximo

La vulneración del derecho fundamental a la libertad también se produce, obviamente, cuando se rebasa el plazo máximo de 72 horas expresamente contemplado en el art. 17.2 CE. En relación con el juego de este plazo máximo han de hacerse, sin embargo, varias matizaciones.

La primera de ellas es que, en principio, se trata de un límite temporal que el legislador no puede ampliar, pero sí reducir. La realidad práctica es, no obstante, que el plazo de 72 horas opera directamente *ex Constitutione*, en perjuicio del detenido, a pesar de que la legislación procesal contempla una duración más breve, que no ha sido formalmente derogada.

En nuestro ordenamiento existe, en efecto, una antinomia entre el plazo máximo de detención gubernativa previsto en el art. 17.2 CE y el que está plasmado en el art. 496 LECrim, que es de 24 horas. La LECrim confiere, eso sí, un plazo de 72 horas para la regularización judicial de la privación de libertad una vez producida la puesta a disposición del detenido (art. 497 LECrim).

El régimen de la LECrim probablemente obedece al papel fundamental que el juez ha tenido históricamente en España como director de la investigación oficial del delito. La función de la policía consistía, en ese sistema tradicional, en practicar meras diligencias a prevención, a los solos efectos de evitar la pérdida de fuentes de prueba. De ahí que el plazo de detención policial fuera, en la legislación constitucional histórica, muy breve: o bien se establecía un deber de puesta a disposición inmediata o bien un plazo máximo de 24 horas. De ahí también que el plazo de detención judicial fuera, en cambio, muy amplio —ya que era en este segundo periodo cuando se debía practicar la verdadera investigación—. En suma, en nuestra legislación constitucional histórica había una duración máxima de la detención de 96 horas, que se dividían en 24 horas de detención gubernativa exclusivamente orientada a la práctica de diligencias a prevención y a la puesta del detenido a disposición del juez de instrucción, y otras 72 horas de detención judicial en las que el juez debía practicar la verdadera investigación sumaria que resultase necesaria para elevar la detención a prisión o para acordar la libertad. Ese es el sistema todavía previsto en los arts. 496 y 497 LECrim.

Ese esquema solo se altera en la dictadura franquista. En la España del siglo XX, el peso de la investigación criminal ya se había desplazado definitivamente del juez de instrucción a la policía. El plazo de 24 horas orientado a la mera puesta a disposición judicial había dejado de ser funcional. El llamado Fuero de los Españoles modifica, por ello, la regla clásica de 24 horas de detención policial y la sustituye por un plazo de 72 horas. El art. 496 LECrim se entiende, desde ese momento, como una disposición residual que se aplica solo a la detención a cargo de particulares. Se interpreta entonces que, para la detención policial, hay dos plazos de 72 horas: el expresamente previsto en una "ley fundamental" y el de detención judicial del artículo 497 de la Ley de Enjuiciamiento Criminal de 1882. Ambos plazos comparten la misma finalidad: facilitar la práctica de diligencias tanto a la policía como al juez encargado de la instrucción, en su calidad respectiva de investigadores, como paso previo a la decisión sobre la libertad o la prisión provisional. Se configura, en definitiva, una doble investigación sumaria, policial y judicial, que se desarrolla durante 144 horas —seis días—, transcurridas las cuales ha de regularizarse la situación personal del detenido —en función del resultado de esa doble investigación—.

Con la entrada en vigor de la Constitución de 1978, se mantiene la antinomia entre el art. 496 LECrim y el art. 17.2 CE, pero curiosamente, prevalece la interpretación que había imperado previamente, según la cual el plazo de 24 horas del art. 496 LECrim queda desplazado —salvo en la detención por particulares— por el de 72 horas que el art. 17.2 CE contempla para la detención policial. Con ello, el doble plazo de 72 horas permanece hasta la actualidad. Cristaliza, en definitiva, el régimen introducido por la dictadura: una detención de hasta seis días (144 horas), repartidos a medias entre las dos autoridades encargadas de investigar los hechos, la policía y el juez.

La, siempre procrastinada, implantación del nuevo modelo de proceso penal sería una oportunidad para recuperar el plazo máximo total de detención —policial más judicial— de 96 horas de nuestro Derecho constitucional histórico. Bastaría con: (i) conferir un plazo de 72 horas para las autoridades implicadas en la investigación del delito, la policía y el fiscal, de acuerdo con el art. 17.2 CE, y (ii) arbitrar un plazo de 24 horas para que el juez —configurado ya como juez de la libertad y no como investigador— ejerza el control judicial pertinente y decida sobre la situación personal desde una posición de plena imparcialidad objetiva.

En apariencia, esa solución puede dar la impresión de ser la contraria a la prevista en la legislación constitucional histórica, donde era la policía la que tenía 24 horas y el juez el que disponía de otras 72. Pero, si bien se mira, se recuperaría, en realidad, la esencia de esa legislación —solo alterada por el período dictatorial—, pues las 72 horas se otorgaban, en definitiva, a la autoridad que tenía que practicar la investigación sumaria previa a la decisión sobre la prisión provisional. Puesto que el hipotético juez de la libertad ya no tendía atribuidas funciones investigadoras, su decisión sobre la tutela cautelar personal, una vez que el detenido se encuentra a su disposición, debería ser inmediata. Es razonable otorgarle un máximo de 24 horas —plazo coincidente con la duración real de los servicios de guardia en las grandes capitales españolas—. Pero, obviamente, todo esto es un desiderátum asociado a un cambio de modelo de proceso.

4.5.4 Supuestos constitucionalmente excluidos del plazo máximo de 72 horas

En todo caso, hay que tener en cuenta que el plazo de 72 horas del art. 17.2 CE no es aplicable a todas las privaciones de libertad. Se trata de una garantía genuinamente penal, que se extiende, sin embargo, a otras privaciones cautelares de libertad siempre que estas guarden una relación de analogía suficiente con la detención preventiva. Al respecto, podemos distinguir dos etapas en la doctrina del TC:

* En un primer momento, el TC afirmó categóricamente que el plazo de 72 horas de detención gubernativa prevista en el art. 17.2 CE era aplicable a todo tipo de detención, aunque esta se desarrollase fuera de un contexto estrictamente penal. En la STC 341/1993 [*Tol 82362*], el TC matizó, eso sí, que podían existir detenciones gubernativas para las que ese plazo máximo de 72 horas hubiera de considerarse desproporcionado por excesivo —se analizaba en la referida sentencia la detención policial que se realiza a los meros efectos de identificación, prevista en la Ley Orgánica de Seguridad Ciudadana, que, con toda lógica, no podía quedar sometida a un plazo máximo tan extenso—. Lo que la STC 341/1993 [*Tol 82362*] no decía, ni podía deducirse de su argumentación, es que el plazo de 72 horas del art. 17.2 CE pudiera resultar inaplicable en algún supuesto no ya por excesivo sino por insuficiente, esto es, por ser demasiado breve.

* Pese a ello, en una segunda etapa, la citada STC 341/1993 [*Tol 82362*] es utilizada por el TC, de forma poco ortodoxa, para argumentar que hay detenciones gubernativas que no requieren control judicial más allá del límite de 72 horas. Según sostiene la STC 174/1999 [*Tol 81216*], hay un régimen constitucional aplicable a toda detención gubernativa, compuesto por el art. 17.1 CE —con la estricta sujeción al principio de legalidad— y por el art. 17.2 CE, pero este último solo en su dimensión de principio general de limitación temporal de la privación de libertad a lo estrictamente necesario. El plazo máximo de 72 horas que estable-

ce, en unidad de redacción y sentido, el art. 17.2 CE no se considera, en cambio, generalmente aplicable, pues estaría concebido, en realidad, para el modelo de la detención preventiva del proceso penal. Por ello, su operatividad dependería de la analogía que pueda observarse entre la función y naturaleza de la concreta medida privativa de libertad aplicada y la referida detención preventiva penal.

Este giro doctrinal del TC se produce con ocasión del examen de la constitucionalidad del régimen legal de devolución en frontera de los extranjeros. A raíz de la citada STC 174/1999 [*Tol 81216*], el TC distingue, en materia de extranjería, dos supuestos diversos: el internamiento en CIE y la detención para ejecutar una devolución en frontera. El TC considera que ambas privaciones de libertad tienen una naturaleza y finalidad distinta, que justifica la diversidad de tratamiento jurídico-constitucional. Así:

a) En el internamiento en CIE estaríamos ante una medida de finalidad y naturaleza análoga a la detención preventiva del proceso penal ya que se trata de asegurar cautelarmente la efectividad de una sanción. De ahí que resulte aplicable no solo el principio de limitación temporal sino también el plazo máximo de 72 horas del art. 17.2 CE. La *ratio* penalista del art. 17.2 CE concurriría también en este caso.

b) En el supuesto de la devolución en frontera, el TC considera, en cambio, que no se da la necesaria analogía con la detención preventiva penal. La orden de devolución es la vía de ejecución forzosa de una prohibición de entrada en territorio nacional que se halla vigente y que ha sido impuesta en una resolución administrativa previa y legítima —que acordó la expulsión—. No es, por tanto, una sanción, de modo que la privación de libertad instrumentada a ejecutarla no guarda la analogía necesaria con la detención preventiva penal a efectos de considerar aplicable el plazo máximo de 72 horas, aunque sí le resulta de aplicación el principio de limitación temporal que exige que no se prolongue más de lo indispensable (STC 179/2000 [*Tol 81343*]).

4.5.5 Supuestos especiales

Asimismo, el plazo constitucional máximo de 72 horas para la puesta a disposición judicial está sometido, en casos particulares, a reglas especiales, según ha advertido el TC:

* La propia Constitución admite, en primer lugar, que este plazo de duración máxima sea objeto de suspensión individual, si así lo dispone una ley orgánica, de acuerdo con el art. 55.2 CE. Tal posibilidad está actual-

mente contemplada en el art. 520 *bis* LECrim, que prevé, para los casos de terrorismo —por referencia al art. 384 *bis* LECrim— la posibilidad de prorrogar ese plazo «el tiempo necesario para los fines investigadores, hasta un límite máximo de otras cuarenta y ocho horas, siempre que, solicitada tal prórroga mediante comunicación motivada dentro de las primeras cuarenta y ocho horas desde la detención, sea autorizada por el Juez en las veinticuatro horas siguientes».

* El TC ha aceptado, además, que la regularización judicial dentro del plazo de 72 horas se produzca sin puesta a disposición efectiva del detenido cuando las circunstancias lo hacen objetivamente imposible, por ejemplo, cuando la detención se produce en alta mar (STC 21/1997 [*Tol 83165*]). La LO 13/2015 llevó este supuesto excepcional a la propia LECrim, de modo que, para «los detenidos en espacios marinos [...] la puesta a disposición judicial podrá realizarse por los medios telemáticos de los que disponga el buque o aeronave, cuando por razón de la distancia o su situación de aislamiento no sea posible llevar a los detenidos a presencia física de la autoridad judicial dentro del indicado plazo» (art. 520 *ter* LECrim)
* La Constitución nada dice, en cambio, sobre la detención preventiva directamente ordenada por el juez encargado de la instrucción. En la actualidad, esta queda sujeta a un único plazo de 72 horas, pero no por efecto del art. 17.2 CE —que solo es aplicable a la detención gubernativa— sino del art. 497 LECrim, tal y como aclaró ya la STC 180/2011 [*Tol 2294980*].

Ahora bien, este plazo de detención de 72 horas no se computa —como ocurre con el plazo de regularización judicial de una detención originariamente decidida por la policía— desde la puesta a disposición judicial del detenido, sino desde la práctica de la detención misma por parte de la policía —que ejecuta aquí un mandato judicial—. Como señaló la citada STC 180/2011 [*Tol 2294980*], puesto que «la única finalidad de la detención realizada por parte de la policía en este caso era la de ejecutar la decisión judicial de detención para ponerlo a su disposición, no resulta posible aplicar como inicio del cómputo temporal uno diferente al de la propia ejecución material de la detención».

4.5.6 La limitación temporal de la prisión provisional

También la prisión provisional queda constitucionalmente sujeta a limitación temporal, si bien en este caso se delega al legislador la concreción de esa duración máxima (art. 17.4 CE). Según resulta de la doctrina del TC:

* Estamos aquí ante una vertiente especial del principio de legalidad de la privación de libertad, que se convierte en «fuente de limitación del plazo máximo de la duración de la medida cautelar» en virtud del especial mandato contenido en 17.4 CE (por todas, STC 29/2019 [*Tol 7111098*]).
* El nexo con el principio de legalidad determina que, también en este supuesto, la vulneración del límite legalmente establecido equivalga a la vulneración —mediata— de la Constitución misma, de modo que la superación del plazo máximo previsto por la ley para la prisión provisional implica la lesión del derecho fundamental a la libertad (por todas, STC 29/2019 [*Tol 7111098*]). De ahí que no sea constitucionalmente legítimo acordar la prórroga del plazo de prisión una vez que ha expirado el plazo inicial, pues «la lesión en que consiste el incumplimiento del plazo no se subsana por el extemporáneo acuerdo de prórroga una vez finalizado aquel» (por todas, SSTC 32/2023 [*Tol 9543592*] y 143/2022 [*Tol 9312573*]).
* La exigencia de plazo máximo del art. 17.4 CE rige también para los procesos de extradición y, en general, para «cualquier tipo de proceso en el que se imponga una medida que materialmente constituye una prisión provisional» (STC 32/2023 [*Tol 9543592*]). Si dichos procesos no contemplan plazo máximo específico, quedan sujetos al previsto generalmente en la LECrim.
* El cómputo del plazo legalmente establecido ha de efectuarse cumpliendo "una exigencia de certeza" que implica la exclusión de "elementos inciertos" que pueden llevar a superar materialmente el límite máximo legal (por todas, SSTC 32/2023 [*Tol 9543592*] y 143/2022 [*Tol 9312573*]), lo que afecta también a los procedimientos extradicionales (STC 32/2023 [*Tol 9543592*]).

4.6 Las garantías procedimentales específicas

4.6.1 Garantías procedimentales de la detención

El art. 17.3 CE garantiza específicamente que la persona detenida sea «informada de forma inmediata, y de modo que le sea comprensible, de sus derechos y de las razones de su detención» y que cuente con asistencia letrada.

En cuanto a la asistencia letrada constitucionalmente garantizada al detenido, el TC ha señalado que tiene un contenido más concreto que la garantía general del derecho de defensa del art. 24.2 CE. Tiene la función específica de «asegurar que los derechos constitucionales de quien está en situación de detención sean respetados, que no sufra coacción o trato incompatible con su dignidad y libertad de declaración y que tendrá el debido asesoramiento técnico sobre la conducta a observar en los interrogatorios, incluida la de guardar silencio, así como sobre su derecho a comprobar, una vez realizados y concluidos con la presencia activa del Letrado, la fidelidad de lo transcrito en el acta de declaración que se le presenta a la firma» (por todas, SSTC 196/1987 [*Tol 79935*]; 252/1994 [*Tol 82657*]; 229/1999 [*Tol 81255*]; 199/2003 [*Tol 321840*] y 21/2018 [*Tol 6536342*]).

En cuanto a la información que ha de ser proporcionada al detenido, la doctrina del TC se ha actualizado en los últimos tiempos en este ámbito. Aunque tal adaptación se hizo, en un primer momento, en clave de mera *garantía adicional* (art. 17.1 CE), a remolque de decisiones del legislador de la Unión Europea, el TC ha acabado considerando que estamos ante estándares que derivan de la propia Constitución.

En efecto, la Directiva 2012/13/UE, de 22 de mayo —tardíamente traspuesta en nuestro país, lo que motivó durante un tiempo que fuera susceptible de invocación directa, como apreció la STC 13/2017 [*Tol 5985440*]— estableció deberes de información cualificados, que incluyen una potestad de acceso a las actuaciones que resultan imprescindibles para impugnar la privación de libertad. Esos deberes fueron trasladados por el legislador a la LECrim en la reforma operada por la Ley Orgánica 5/2015 —luego complementada por la LO 13/2015, en relación con la asistencia letrada, esta vez por efecto de la Directiva 2013/48/UE del Parlamento Europeo y del Consejo, de 22 de octubre de 2013—.

No obstante, el TC ha acabado aclarando que estas nuevas garantías legales de información y acceso del detenido a las actuaciones son, en realidad, «proyección de las exigencias procedimentales directamente emanadas del art. 17 CE en su entendimiento conforme al art. 5 CEDH», (STC 180/2020 [*Tol 8441205*]). Esta conclusión del TC resulta plenamente lógica si se piensa que lo pretendido por la norma europea es reflejar el estándar de protección que resulta de la jurisprudencia del TEDH y que, por tal razón, puede ser aplicado a los distintos estados de la Unión.

En el ámbito de la detención preventiva, la STC 21/2018 [*Tol 6536342*], constituye un verdadero compendio de la incidencia que esos cambios normativos tienen en la protección del derecho fundamental a la libertad. La resolución explica (FJ 6) cómo el deber de informar a quien ha sido detenido por la policía por razón de la comisión de un delito queda ahora sujeto a estrictos requisitos de forma —pues ha de darse por escrito, con constancia en el atestado de la fecha y hora en que se ha producido dicha información—, de tiempo —pues la información ha de proporcionarse «de forma inmediata», en todo caso, antes de su primer interrogatorio por parte de la policía— y, sobre todo, de contenido, ya que el deber de información se extiende a los derechos que conforman el estatuto jurídico de la persona privada de libertad, a los hechos atribuidos y a las razones motivadoras de la detención. Como señala esta importante resolución, la información sobre esas "razones" no puede circunscribirse a la mención del hecho delictivo y su calificación jurídica provisional. Ha de incluir los "motivos jurídicos y fácticos de la detención", así como «los datos objetivos que permiten establecer una conexión lógica entre la conducta del sospechoso y el hecho investigado». La policía ha de explicitar, en definitiva, los «indicios de los que se deduce la participación del detenido en el hecho delictivo».

La STC 21/2018 [*Tol 6536342*] proyecta esta visión de los deberes de información sobre el novedoso *derecho a acceder a las actuaciones*. Considera que el fundamento de dicho derecho de acceso es la posibilidad de contrastar objetivamente la veracidad y consistencia de la información recibida. Estima que es además relevante para decidir la estrategia defensiva posterior. Deduce de ello que el acceso ha de materializarse, siempre a petición del detenido, después de que este sea informado sobre las razones fácticas y jurídicas de la detención y antes del primer interrogatorio policial. Le atribuye, finalmente, un contenido amplio: el derecho de acceso comprende aquella «parte de las actuaciones que recoja o documente las razones aducidas». Menciona la resolución, a título de ejemplo, la denuncia, los testimonios incriminatorios, los informes periciales documentados, las fotografías y grabaciones de sonido o vídeo y la inspección ocular.

En todo caso, a diferencia de lo que ocurre con el derecho a la información, esta garantía de acceso exige «la rogación por el interesado» (STC 180/2020 [*Tol 8441205*]).

4.6.2 Garantías procedimentales de la prisión provisional

Aunque el art. 17 CE solo se refiere explícitamente a la prisión provisional para exigir al legislador que establezca un plazo de duración máxima (apartado 4), la regulación contenida en dicho precepto ha dado lugar, en coherencia con los arts. 5.3 y 4 CEDH, a la construcción jurisprudencial de unas *garantías procedimentales* mínimas, directamente emanadas de la Constitución.

En este punto, la doctrina del TEDH sobre los arts. 5.3 y 4 CEDH establece una serie de exigencias de tipo procedimental. Se han de asegurar, fundamentalmente, tres cosas (SSTEDH de 18 de enero de 1978, asunto *Irlanda c. Reino Unido* [*Tol 8753606*]; de 4 de diciembre de 1979, asunto *Schiesser c. Sui-*

za [*Tol 163595*]; de 25/03/1999, asunto *Nikolova c. Bulgaria* (rec. 31195/96); de 13/02/2001 asunto *Schöps c. Alemania (rec. 25116/94)*; de 31/01/2002, asunto *Lanz c. Austria* [*Tol 9092582*]; de 1/06/2006, asunto *Fodale c. Italia* [*Tol 9082283*]; de 18/01/2007, asunto *Estrikh c. Letonia* [*Tol 9080504*]; de 22/052007, asunto *Bülbül c. Turquía* [*Tol 9079666*]; de 29/01/2013, asunto *Süleymanoglu c. Turquía* [*Tol 9062033*] y de 7/09/2017, asunto *Stollenwerk c. Alemania* [*Tol 6409171*]): a) un cierto estatuto de imparcialidad objetiva de la autoridad judicial que acuerda la prisión provisional, b) la revisión posterior (y rápida) de la decisión de prisión por parte de un verdadero tribunal y c) la actividad contradictoria de las partes.

De lo que se trata, en definitiva, en esta doctrina, es de garantizar que el estándar material que permite imponer la prisión provisional tenga un reflejo procedimental. El punto de vista del observador objetivo —que está expresamente contemplado en la formulación del estándar sustantivo del TEDH— debe tener su reflejo en el ámbito procedimental. El presupuesto de la privación cautelar de libertad es, como ya se dijo, la «razonabilidad de la sospecha» basada en «hechos o informaciones que convencerían a un observador objetivo de que la persona afectada ha cometido el delito» (por todas, STEDH —Gran Sala— de 22/12/2020, asunto *Selahattin Demirtaş c. Turquia* [*Tol 8241865*]). Es ese estándar material el que se ha de hacer realidad procedimentalmente: la decisión de prisión provisional ha de ser adoptada por un observador objetivo, una autoridad imparcial que contempla los elementos de juicio con la debida distancia. Y esa decisión ha de poder ser combatida en un recurso frente a un órgano judicial completamente desvinculado de la investigación criminal.

El TC tuvo, sin embargo, una larga época de abstencionismo en esta materia. En la doctrina imperante hasta el año 2019 (contenida en las SSTC 198/1997 [*Tol 252327*]; 22/2004 [*Tol 351789*]; 50/2009 [*Tol 1457336*] y 91/2018 [*Tol 6816211*]), destacan tres elementos característicos: a) la inexistencia de contenidos constitucionales de índole procedimental directamente deducibles de la propia Constitución —ni siquiera la audiencia del investigado y la petición de parte, que fue una conquista puramente legislativa, a la que el TC en nada contribuyó con su doctrina——; b) la reversión del significado garantista de la reserva de ley, que no operaba como restricción de la injerencia en la libertad sino todo lo contrario, pues solo cuando intervenía el legislador quedaba el juez sujeto al cumplimiento de ciertas formalidades —sin que hubiese exigencia formal alguna en defecto de regulación normativa—, y c) la sumisión de interpretación judicial del procedimiento legalmente aplicable a un canon deferente de estricta razonabilidad.

En tiempos recientes, el TC ha acabado reconociendo que el art. 17.2 CE, cuando establece la necesidad de un *control judicial* de la detención más allá del plazo máximo de 72 horas, no se limita a establecer la necesaria intervención de un juez, sino que exige también unas reglas mínimas de procedimiento, esto es, ciertas garantías formales que derivan directamente de la Constitución y que son, por tanto, de aplicación obligatoria a esa actividad judicial. Las SSTC 29/2019 [*Tol 7111098*] y 30/2019 [*Tol 7111097*] y, con más claridad y síntesis en su exposición, las SSTC 5/2020 [*Tol 7711871*] y 180/2020 [*Tol 8441205*], establecen la doctrina vigente sobre esta materia. Según señalan, el art. 17.2 CE no se limita a requerir, sin más, la intervención del juez, sino que incluye implícitamente la exigencia de un "procedimiento" que ha de ser también típicamente judicial.

Al examinar cuáles son estos requisitos constitucionales de procedimiento, el Tribunal aprecia, en la línea del TEDH, que no está constitucionalmente prohibido —aunque no sea lo más adecuado desde el punto de vista de la imparcialidad objetiva, como ya señaló la STC 98/1997 [*Tol 83241*]— que sea el juez de instrucción el que asuma, de acuerdo con la regulación legal en vigor, las funciones de *juez de la libertad* —esto es, que el mismo juez que investiga el delito sea el que realice el control judicial inicial de la situación personal del investigado—. No obstante, al actuar como juez de la libertad, el instructor del procedimiento debe asumir ciertas limitaciones en su capacidad de actuación de oficio. Es necesario que oiga a la persona investigada y a las partes en una audiencia contradictoria. También que alguna parte acusadora le pida la prisión provisional.

No obstante, el TC considera que se requiere algo más para que quede salvaguardada la imparcialidad objetiva del juez de la libertad en el sistema procesal en vigor. Toma aquí como referencia la distinción que la doctrina del TEDH realiza entre funciones de dirección del procedimiento de investigación —compatibles con la actuación como juez de la libertad del art. 5.3 CEDH)— y funciones acusatorias y la conecta con el concepto, esencial en esa doctrina, de *cargos criminales* (sobre el que volveremos en el capítulo 3, al tratar el derecho fundamental a conocer la acusación).

En síntesis, el TC considera que el *juez de la libertad* que va más allá de lo que marcan las acusaciones en relación con los cargos criminales —los hechos atribuidos y sus calificación jurídica provisional—, pierde su estatus de imparcialidad objetiva, pues en el ordenamiento jurídico-procesal español no tiene la función de ejercer la acusación y existe, en todo momento, una acusación potencial personada en el procedimiento —que será normalmente el Ministerio Fiscal, salvo en los delitos de calumnia e injuria contra particulares—. No tendría ningún sentido privar de libertad a un investigado en virtud de hechos o calificaciones jurídicas que ninguna de las partes acusadoras asume como propios, esto es, por hechos o calificaciones jurídicas por las que no se presentará ninguna acusación. El juez de la libertad actuaría, si así procediese, como acusador impropio; haría un juicio pronóstico sobre la posible condena que no se basaría más que en su propia expectativa acusatoria —que las partes con posibilidad de acusar no respaldan—. Puede, en cambio, fundar la prisión provisional en un motivo o fin legítimo distinto al que las acusaciones plantean —siendo necesario, en todo caso, la petición de parte de la propia medida de prisión provisional—. En este caso, el juez no se arroga funciones acusatorias, pues se limita a contemplar su rol como director del procedimiento de investigación, que debe asegurar la debida tramitación de este, evitando que se frustre. Pero, en este caso, debe asegurar la debida contradicción, esto es, un debate específico sobre el posible riesgo de fuga o el peligro de destrucción o alteración de fuentes de prueba.

No obstante, en relación con los fines, parece lógico distinguir entre aquellos que realmente afectan a las funciones del juez-investigador y los que son ajenos a su papel de instructor. Así, el riesgo de fuga y el riesgo de ocultación o destrucción de fuentes de prueba son peligros "procesales" que comprometen el correcto desarrollo del procedimiento. Al fin y al cabo, el instructor tiene la misión de asegurar la tramitación del proceso, recopilando los elementos de prueba necesarios y evitando su frustración. Es lógico que pueda evaluar por sí mismo su concurrencia. No ocurre igual con el riesgo de comisión de nuevos delitos. El peligro de reiteración delictiva es externo al procedimiento. En ese concreto caso, la petición de parte específicamente fundada en esta finalidad debería concurrir siempre, ya que la apreciación de oficio por el juez de ese fin desborda su papel como director del procedimiento de investigación y le hace asumir una posición activa de injerencia en la libertad de la persona investigada que no encuentra explicación suficiente en su rol de instructor. El TC no llega, sin embargo, a incluir esa matización en su doctrina —probablemente, por no venir exigida por las circunstancias del caso resuelto—.

La salvaguarda de la debida contradicción en el incidente cautelar de prisión exige, en todo caso, como se encarga de señalar la STC 180/2020 [*Tol 8441205*], «la previa información sobre los motivos de la privación de libertad y, muy especialmente, el acceso a las actuaciones esenciales para valorar la legalidad de la privación de libertad». La regulación establecida al respecto en nuestra LECrim al amparo de la Directiva 2012/13/UE, de 22 de mayo, tiene, en realidad, rango constitucional y se integra en el contenido procedimental que está directamente asegurado por el art. 17.2 CE, pues, según afirma la citada STC 180/2020 [*Tol 8441205*], «las garantías legales específicas de información y acceso se explican así finalmente como proyección de las exigencias procedimentales directamente emanadas del art. 17 CE en su entendimiento conforme al art. 5 CEDH».

El TC también reconoce en esta reciente doctrina que, frente a la decisión de prisión provisional, ha de existir un recurso devolutivo ante un tribunal en sentido estricto, esto es, con plena garantía de imparcialidad objetiva, lo que implica que, a diferencia del juez de instrucción, dicho órgano judicial no debe tener ninguna responsabilidad en el desarrollo de la investigación criminal. En ese recurso —que en nuestra legalidad vigente sería el de apelación previsto en el actual art. 766 LECrim—, es constitucionalmente necesaria la intervención personal del afectado en una vista, según señala la STC 29/2019 [*Tol 7111098*], en los casos siguientes —que recopilan los supuestos establecidos por el TEDH—: a) si el afectado no fue escuchado en el trámite inicial de control judicial de la privación de libertad que es objeto de revisión; b) si existe una gran distancia temporal entre el momento en que se adopta la decisión inicial de prisión —con comparecencia personal— y el trámite de apelación; c) si las alegaciones del impugnante se refieran estrechamente a su personalidad o carácter; d) si el recurrente discute *ex novo* las condiciones en la que se desarrolla la privación de libertad, condiciones que en el momento de acordarse la medida cautelar aún no había llegado a experimentar y que el letrado defensor no conocía; e) si el órgano judicial que realiza la revisión modifica los motivos o fundamentos en los que esta se basa, por ejemplo si la decisión inicial se fundaba en el riesgo de reiteración delictiva y se altera para fundarla en la posibilidad de destrucción de medios de prueba.

Estas son, por tanto, las garantías que, de forma originaria e imperativa, exige por sí mismo el art. 17.2 CE. Más allá de ellas, la infracción de otras "formas" legalmente establecidas seguirá dando lugar a la violación mediata del art. 17.1 CE, pero estaremos ante la vulneración de "garantías adicionales" de la libertad, que incumben al legislador.

4.7 La indemnización en caso de absolución

La exposición de la garantía constitucional de la libertad no estaría completa sin mencionar que en el ámbito del proceso penal se materializa una hipótesis característica de restricción *sacrificial*: la privación cautelar de libertad seguida de sentencia absolutoria. En este supuesto, como ya se advirtió en la introducción, la indemnización de los daños sufridos adquiere relevancia constitucional y se integra en el propio derecho fundamental de la persona afectada.

El Estado, para garantizar la eficacia del sistema penal —en concreto, para asegurar el buen fin del proceso o para impedir la comisión de nuevos delitos— se ve obligado a anticipar, en ciertos supuestos, la decisión sobre la privación de libertad en un momento en el que la culpabilidad de la persona encausada todavía no puede ser debidamente establecida —pues esto requiere un juicio público con todas las garantías y una actividad probatoria que vaya más allá de toda duda razonable—. El juez penal no tiene más remedio que realizar, en esos casos, un pronóstico de culpabilidad —basado en los ya aludidos "indicios racionales de criminalidad"—. El hecho de que, después de acordada la prisión provisional, el resultado del proceso sea, finalmente, una sentencia absolutoria no implica que la actividad judicial que dio lugar a la privación cautelar de libertad haya sido ilícita o errónea. Si cumplió todos los presupuestos legales, la prisión preventiva fue una restricción completamente legítima.

Ahora bien, al establecer un sistema de prisión preventiva, el legislador sabe que el pronóstico judicial no es infalible y que dará lugar, aunque sea esporádicamente, a este tipo de resultados indeseados. Asume, no obstante, que es imprescindible sacrificar la libertad de unos pocos inocentes para que el sistema penal en su conjunto funcione correctamente, pues solo desde un idealismo irresponsable puede prescindirse de la prisión preventiva. Ante esto, el derecho fundamental a la libertad exige, como corrección a la decisión sacrificial adoptada por el legislador, que la persona inocente que se vio privada cautelarmente de libertad en pro del bien común —la eficacia del sistema penal— sea debidamente indemnizada. La única forma, en este tipo de supuestos, de mantener la conexión medular del derecho fundamental sacrificado —la libertad— con la dignidad de persona —y de respetar, con ello, el contenido esencial del derecho protegido en el art. 17 CE— es, en definitiva, que el Estado indemnice a quien ha resultado ser inocente. Mediante esa indemnización el daño sufrido es redistribuido equitativamente entre los beneficiarios del instituto de la prisión provisional —la sociedad en su conjunto—.

El Anteproyecto de LECrim de 2020 —libro VII, título VIII, arts. 868-872— propuso un nuevo régimen de indemnización de la prisión provisional seguida de absolución en el que fuera la propia jurisdicción penal la que procediese al resarcimiento, ya que son los órganos penales los que están en mejores condiciones para apreciar la concurrencia de las excepciones al deber de indemnización que fueron establecidas en la STC 85/2019 [*Tol 7378888*], ligadas a la culpa de la víctima —cuando, por ejemplo, la prisión se ha acordado a consecuencia de la infracción de deberes de conducta de la persona encausada— o a la *compensatio lucri cum damno* —cuando el tiempo de prisión provisional ha sido descontado de una pena impuesta en otro procedimiento, de acuerdo con el art. 58 CP—. En la actualidad, sin embargo, siguen siendo el Ministerio de Justicia y, en vía de impugnación, los tribunales del orden contencioso-administrativo los que están legalmente encargados de resolver sobre la indemnización de este supuesto de restricción sacrificial (arts. 293.2 y 294 LOPJ), por lo que no será objeto de estudio específico en esta obra (para un estudio detallado del deber de indemnizar y sus excepciones, véase MEDINA ALCOZ y RODRÍGUEZ FERNÁNDEZ, pp. 147-190).

5. LA GARANTÍA CONSTITUCIONAL DE LA PRIVACIDAD

5.1 La intimidad como derecho general de privacidad (art. 18.1 CE)

5.1.1 Los derechos de privacidad y el derecho a la intimidad

La inviolabilidad de domicilio y el secreto de las comunicaciones son derechos fundamentales clásicos, «libertades tradicionales» que, como señala la STC 110/1984 [*Tol 79399*], «tienen como finalidad principal el respeto a un ámbito de vida privada personal y familiar, que debe quedar excluido del conocimiento ajeno y de las intromisiones de los demás, salvo autorización del interesado». Con el tiempo, el acotamiento de la protección de la vida privada a estos dos ámbitos concretos —la garantía del domicilio y la correspondencia— se mostró, sin embargo, insuficiente, sobre todo ante el avance «de la tecnología actual y el desarrollo de los medios de comunicación de masas» (STC 110/1984 [*Tol 79399*]). La interpretación constitucional hubo de alumbrar una suerte de *derecho general de privacidad* que protegiera al individuo de la intromisión ajena en otras esferas de su vida personal que, de acuerdo con pautas culturales compartidas, también pudieran considerarse reservadas o secretas. Nace así, por vía interpretativa, un derecho fundamental a la *vida privada* —hoy expresamente contemplado en el art. 8 CEDH— o a la *intimidad personal y familiar* (art. 18.1 CE), que, como destaca la citada STC 110/1984, es muy reciente y se encuentra en muy pocas Constituciones, entre ellas la española.

La conexión entre los diversos derechos regulados en el art. 18 CE ha sido reconocida expresamente por el TC, que destaca que todos ellos tienen una «estrecha relación entre sí», aunque conservan, individualmente, su carácter de derechos autónomos (STC 92/2003 [*Tol 268280*]). La intimidad, en ese marco normativo, actúa como *regla de cierre* que permite proteger eficazmente ámbitos reservados que desbordan los espacios típicos del domicilio y las comunicaciones a distancia. Hay, por ello, una privacidad que viene constitucionalmente delimitada de un modo *formal*, por razón del lugar —domicilio— o acto de comunicación —correspondencia—, y que goza de una protección reforzada en nuestro texto constitucional a través de una garantía judicial preventiva *absoluta*, y una zona de privacidad más difusa, que viene delimitada de modo *material*, según las pautas dominantes en nuestra cultura, en la que la garantía judicial preventiva solo es, como se verá, *relativa*.

De acuerdo con esta función de regla de cierre, el derecho a la intimidad tiene, en la doctrina del TC, cierta *relación de subsidiariedad* con la protección del domicilio y la correspondencia, de suerte que, en los supuestos en los que estas garantías formales no operan, puede existir, todavía, un espacio de reserva protegido por el art. 18.1 CE. Son ilustrativos de tal relación de subsidiariedad los siguientes ejemplos:

a) El secreto de las comunicaciones solo opera en relación con las interferencias que afectan «al proceso de comunicación mismo, pero finalizado el proceso en que la comunicación consiste», si los contenidos comunicados tienen carácter reservado o privado, «la protección constitucional de lo recibido se realiza en su caso a través de las normas que tutelan la intimidad» (STC 70/2002 [*Tol 258605*]).

b) La garantía formal del art. 18.3 CE excluye la intromisión de los terceros, pero no protege frente a los propios comunicantes (SSTC 114/1984 [*Tol 79403*] y 56/2003 [*Tol 254941*]). Sobre el otro comunicante pesa, sin embargo, la prohibición implícita de desvelar los contenidos comunicados que tengan carácter íntimo —que ya no están protegidos por el secreto de las comunicaciones, pero sí por el derecho a la intimidad—. Lo mismo ocurre con el domicilio: el acceso consentido al domicilio no autoriza para transmitir a otros los datos íntimos o reservados de la vida privada que allí son revelados.

c) Asimismo, el art. 18.3 CE solo opera, como se verá, en relación con las comunicaciones en sentido estricto —correspondencia—, sin que abarque el transporte postal de objetos y mercancías. No obstante, los paquetes postales que, por sus características, están destinados al transporte de enseres personales quedan cubiertos por el derecho a la intimidad personal (art. 18.1 CE) (STC 281/2006 [*Tol 1001088*]).

d) El ciudadano que cumple una pena de prisión está inserto en un régimen de vida caracterizado por un «intenso control público del que resulta la imposibilidad de generar un domicilio en sentido constitucional del término». La celda de un recluso no está, por tanto, amparada por la inviolabilidad de domicilio, pero sí es un ámbito donde rige el derecho a la intimidad personal del art. 18.1 CE (STC 89/2006 [*Tol 870469*]).

5.1.2 Delimitación del ámbito de protección

Para determinar aquello que es íntimo —y se encuentra, en tal condición, protegido por el derecho fundamental del art. 18.1 CE— se sigue en la doctrina del TC un doble criterio:

* En primer lugar, el marco general de protección conferido por el derecho a la intimidad se determina de acuerdo con un *criterio objetivo*, con arreglo al cual todos tenemos un mismo ámbito material de reserva o privacidad constitucionalmente asegurado. Este parámetro objetivo es lógico si se piensa que, tal y como ha declarado el TC, existe un vínculo directo entre la protección de la intimidad y la dignidad de persona (art. 10.1 CE) (por todas, STC 173/2011 [*Tol 2288705*]). Para determinar objetivamente ese espacio de reserva se siguen pautas eminentemente culturales, tal y como revela la propia noción de intimidad que maneja el TC como «ámbito propio y reservado frente a la acción y el conocimiento de los demás, necesario, *según las pautas de nuestra cultura* (énfasis añadido) para mantener una calidad mínima de vida humana» (SSTC 207/1996 [*Tol 83136*]; 186/2000 [*Tol 2136*]; 196/2004 [*Tol 516646*] y 173/2011 [*Tol 2288705*]).

El criterio principal para determinar cuándo opera la protección del derecho a la intimidad es la existencia de una *expectativa razonable de privacidad*, parámetro alumbrado precisamente por la jurisprudencia del Tribunal Supremo Federal de los EE.UU. para expandir interpretativamente el ámbito ordinario —y formal— de la *privacy* configurado por el domicilio y la correspondencia. Este criterio interpretativo ha sido acogido por nuestro TC, que señala, en la STC 12/2012 [*Tol 2433360*], que la intimidad opera allí donde existen «expectativas razonables que la propia persona, o *cualquier otra en su lugar en esa circunstancia* (énfasis añadido), puede tener de encontrarse al resguardo de la observación o del escrutinio ajeno».

El TC ha utilizado esta pauta general para entender, por ejemplo, que el garaje de una comunidad de vecinos es un espacio en el que se mantiene una legítima expectativa de privacidad, en cuanto es un lugar cerrado y una propiedad privada de acceso restringido; se tiene, por tanto, en él «la expectativa razonable de no ser escuchado u observado subrepticiamente por terceras personas» (STC 92/2023 [*Tol 9714096*]). A la noción de expectativa razonable de privacidad responde también el criterio de la *apariencia* o *configuración externa*, que el TC ha utilizado para determinar aquellos envíos postales (STC 281/2006 [*Tol 1001088*]) o efectos personales (STC 70/2002 [*Tol 258605*], respecto de los aprehendidos en poder del detenido) que pueden ser considerados íntimos. Es obvio que, a la inversa, las actuaciones que las personas realizan en espacios públicos carecen, por concepto, de protección *ex* art. 18.1 CE por ausencia de expectativa razonable de privacidad.

* En segundo lugar, ese marco objetivo de protección, que opera como zona general de inmunidad *a priori*, puede verse, no obstante, reducido de acuerdo con un *criterio subjetivo*, esto es, en atención a la voluntad individual de la persona concretamente concernida, que puede alzar la protección conferida por el art. 18.1 CE a través de la prestación de *consentimiento*. Como resume la STC 173/2011 [*Tol 2288705*], «el consentimiento eficaz del sujeto particular permitirá la inmisión en su derecho a la intimidad, pues corresponde a cada persona acotar el ámbito de intimidad personal y familiar que reserva al conocimiento ajeno». La voluntad individual no sirve, por tanto, para expandir el ámbito de protección que el derecho a la intimidad confiere a todos por igual —pues la dignidad de persona no admite aquí diferencias— pero sí para reducir ese espacio, lo que incluso puede efectuarse tácitamente o mediante actos o hechos concluyentes (STC 196/2004 [*Tol 516646*]). Pueden ser relevantes, por ejemplo, para medir un cierto grado de renuncia a la intimidad, los comportamientos previos de un personaje público.

En el derecho a la intimidad opera, por tanto, una delimitación individual del ámbito efectivo de protección a través de la noción de *consentimiento*. Ahora bien, de acuerdo con la doctrina del TC, tal consentimiento «puede ser revocado en cualquier momento» (STC 159/2009 [*Tol 1568061*]) y la vulneración de la intimidad puede producirse cuando se desbordan los márgenes en los que ha sido prestado —esto es, cuando la conducta realizada «subvierta los términos y el alcance para el que se otorgó el consentimiento»—.

De la doctrina constitucional (STC 87/2024 [*Tol 10273363*]) se desprende, a la inversa, que la información obtenida a través de un «engaño diseñado mediante el poder público» supone una intromisión ilícita en la intimidad personal por ausencia de verdadero consentimiento —si bien la STC 87/2024 [*Tol 10273363*] considera que la diligencia de autorización de actuación mediante agente encubierto, con la consiguiente atribución de identidad ficticia a un funcionario de policía para que opere en el tráfico privado, no vulnera por sí misma el derecho a la intimidad, «pues nada desvela de aquellos espacios resguardados de la curiosidad ajena que el derecho invocado protege»—.

5.1.3 Ámbitos íntimos específicos

En la doctrina del TC se han deslindado ámbitos concretos de intimidad constitucionalmente protegida, de suerte que puede hablarse de ciertas *manifestaciones típicas* de este derecho.

* Desde la STC 37/1989 [*Tol 80249*], el TC ha deslindado un ámbito constitucionalmente protegido de *intimidad corporal* que «no es coextenso con el de la realidad física del cuerpo humano, porque no es una entidad física, sino cultural». Como tal, viene determinada «por el criterio dominante en nuestra cultura sobre el recato corporal, de tal modo que no pueden entenderse como intromisiones forzadas en la intimidad aquellas actuaciones que, por las partes del cuerpo sobre las que se operan o por los instrumentos mediante los que se realizan, no constituyen, según un sano criterio, violación del pudor o del recato de la persona». Esta modalidad de intimidad queda concernida, por ejemplo, por la práctica de un examen ginecológico (STC 207/1996 [*Tol 83136*]) o, más generalmente, de un registro corporal externo y superficial —como los previstos en el art. 20 LOPSC— que recaiga sobre una zona íntima (STC 172/2020 [*Tol 8227883*]).

* Distinta de la intimidad corporal es la que podemos llamar *intimidad médica* o *sanitaria*, que es la relativa a «la salud física y psíquica de las personas». Se injiere en ella en los casos en los que «sin consentimiento del paciente se accede a datos relativos a su salud o a informes médicos sobre la misma» (SSTC 70/2009 [*Tol 1476394*]; 159/2009 [*Tol 1568061*] y 173/2011 [*Tol 2288705*]). Esta modalidad es la que queda concernida con la incorporación no consentida al proceso penal de la analítica practicada a la persona encausada, con fines terapéuticos, durante su estancia hospitalaria (STC 25/2005 [*Tol 776003*]).
* En la actualidad es particularmente importante la que podemos llamar *intimidad genética*, que queda comprometida con la obtención y análisis no consentidos de muestras de ADN —incluso cuando se aprehenden de manera subrepticia a través de la recolección de muestras abandonadas (STC 23/2014 [*Tol 4129146*])—, así como con la conservación y almacenamiento por parte del poder público de muestras de perfiles genéticos (STEDH de 4/12/2008, asunto *Marper c. Reino Unido* [*Tol 9074365*]). En este ámbito, el TC ha considerado (citada STC 23/2014 [*Tol 4129146*]) que tiene carácter leve la intromisión de la intimidad que consiste en el análisis de muestras de ADN cuando versa exclusivamente sobre marcadores situados en "partes no codificantes", que solo

sirven para realizar una "identificación neutra", sin revelar más que la identidad de la persona.

* Existe, como ya se anticipó, un ámbito de *intimidad postal*. Como señala la STC 281/2006 [*Tol 1001088*], los paquetes postales pueden quedar protegidos por el derecho a la intimidad si no constituyen correspondencia —en la medida en que no tienen por objeto una *comunicación*— pero tienen una apariencia externa de la que se infiere que pueden contener objetos personales o íntimos. Incluso en los casos en los que el envío constituye verdadera correspondencia, el derecho fundamental concernido es el de intimidad si el proceso de comunicación aún no se ha iniciado —si la carta, por ejemplo, aún no ha sido enviada—.

* Hay, obviamente, un ámbito de *intimidad sexual* constitucionalmente protegido, conformado no solo por las propias preferencias en esta esfera —orientación sexual—, sino también con la llamada autodeterminación de género. El TC ha estimado, en este punto, que es inconstitucional la prohibición de rectificación registral del sexo de una persona transexual menor dc cdad con madurez suficiente, en la consideración de que la manifestación externa, a través de la publicidad registral, de una discordancia entre el sexo biológico y la propia identidad de género afecta a datos íntimos de la persona que han de permanecer reservados (STC 99/2019 [*Tol 446117*]).

* En la doctrina constitucional también se ha reconocido la existencia de un ámbito de *intimidad económica*, pues «los datos relativos a la situación económica de una persona entran dentro de la intimidad constitucionalmente protegida» (STC 233/1999 [*Tol 7446117*]). A esta modalidad de intimidad pertenecen "las declaraciones del IRPF", pues en ellas «se ponen de manifiesto datos que pertenecen a la intimidad constitucionalmente tutelada de los sujetos pasivos» (STC 47/2001 [*Tol 104640*]), así como «la información concerniente al gasto en que incurre un obligado tributario», pues a través de la investigación o indagación de los gastos y cargos que figuran en el pasivo de una cuenta corriente «puede penetrarse en la zona más estricta de la vida privada o, lo que es lo mismo, en "los aspectos más básicos de la autodeterminación personal" del individuo» (STC 233/2005 [*Tol 719584*]).

* Finalmente, puede hablarse también de la existencia de una *intimidad informativa* en relación con aquellos objetos o soportes, como agendas —físicas o electrónicas— u ordenadores, que suelen contener datos los cuales, aisladamente considerados, pueden parecer irrelevantes o livianos, pero que, observados en su conjunto, ofrecen «un perfil alta-

mente descriptivo de la personalidad de su titular» (STC 173/2011 [*Tol 2288705*]). El ordenador personal es, en particular, «un medio idóneo para el ejercicio de la intimidad personal», no solo porque puede contener archivos específicamente íntimos —como fotografías o grabaciones privadas— sino también por la información que, en su conjunto, revela sobre la persona titular (STC 173/2011 [*Tol 2288705*]). Por ello, cualquier injerencia en el contenido de un ordenador personal «ya sea por vía de acceso remoto a través de medios técnicos, ya [...] por vía manual» es una intromisión en la intimidad que ha de ser consentida por el titular o, en defecto de consentimiento, realizada siguiendo los requisitos legitimadores de la restricción de un derecho fundamental (STC 173/2011 [*Tol 2288705*]).

En este mismo ámbito, también están protegidos por el derecho a la intimidad «los correos electrónicos enviados desde el lugar de trabajo» y «la información derivada del seguimiento del uso personal de Internet» —por ejemplo, el historial de búsquedas— (STC 173/2011 [*Tol 2288705*], recogiendo aquí la STEDH de 3 de abril de 2007, asunto *Copland c. Reino Unido* [*Tol 9079978*]).

Hay que advertir que todas estas *manifestaciones típicas* de la intimidad, que han sido individualizadas por la doctrina del TC, no constituyen una enumeración tasada, pues, tal y como se ha explicado, lo propio de este derecho fundamental es dejar abierta la protección constitucional a cualquier ámbito de reserva o secreto que, en la realidad social imperante, sea imprescindible para mantener una "calidad mínima de vida humana" (por todas, STC 207/1996 [*Tol 83136*]). Los concretos casos mencionados por el TC pueden, eso sí, utilizarse para identificar otros supuestos igualmente protegidos. Resulta evidente, por ejemplo, que lo señalado por el TC en relación con un ordenador personal es, hoy día, perfectamente aplicable a un "teléfono inteligente".

5.1.4 Requisitos legitimadores de la injerencia

La intromisión en el derecho a la intimidad queda sometida a los requisitos generales de la restricción de derechos fundamentales, de modo que:

a) Se precisa la concurrencia de un fin constitucionalmente legítimo. Según ha señalado el TC en reiteradas ocasiones, constituye una finalidad legítima a estos efectos «el interés público en la investigación de un delito, y, más en concreto, la determinación de hechos relevantes para el proceso penal» (por todas, SSTC 25/2005 [*Tol 776003*] y 206/2007 [*Tol 1155257*]). También puede ser un fin legítimo para restringir la intimidad, según las circunstancias concurrentes y el interés informativo del hecho criminal objeto de indagación, la necesidad de informar a la opinión pública de los avances de una determinada investigación criminal (STC 14/2003 [*Tol 238526*]).

b) Se requiere una habilitación legal específica, de modo que, como señala la STC 99/2021 [*Tol 8451614*], «la ley ha de expresar todos y cada uno de los presupuestos y condiciones de la intervención». No obstante, como se verá en el capítulo 27, el TC ha sido, en no pocas ocasiones, bastante indulgente al apreciar la existencia de una cobertura legal suficiente para la intervención policial autónoma en ámbitos íntimos.

c) La realización de la injerencia debe someterse al correspondiente juicio de proporcionalidad, con sus tres subprincipios de idoneidad o adecuación, necesidad y proporcionalidad en sentido estricto (STC 207/1996 [*Tol 83136*]). De ellos nos ocuparemos detenidamente en el capítulo 27.

Más allá de estos requisitos generales, lo más característico de la restricción del derecho de la intimidad es que, a diferencia de las garantías formales de la privacidad —inviolabilidad de domicilio y secreto de las comunicaciones—, no está constitucionalmente sometida a reserva de jurisdicción o "garantía judicial absoluta" (STC 207/1996 [*Tol 83136*]).

Ahora bien, tal y como recuerda la STC 99/2021 [*Tol 8451614*], pese a que no existe en la Constitución una «reserva absoluta de resolución judicial» en relación con la intimidad, «rige como regla general la exigencia constitucional de monopolio jurisdiccional en la limitación de derechos fundamentales». La injerencia por parte de la administración, y en particular de la policía, debe ser, por ello, excepcional, ha de contar con habilitación legal específica, circunscrita a supuestos de urgencia, y ha de versar siempre sobre injerencias de carácter leve, sometiéndose, en todo caso, al principio de proporcionalidad (por todas, STC 207/1996 [*Tol 83136*]).

Hay que advertir, no obstante, que esta afirmación general de la existencia de un *monopolio jurisdiccional* en la injerencia en los derechos fundamentales, y en particular para la intromisión en el derecho a la intimidad —monopolio del que solo podrían sustraerse supuestos realmente excepcionales—, ha ido relativizándose con el tiempo. El TC, como se explicará en su momento, otorga un margen cada vez mayor a la injerencia administrativa —especialmente a la policial—, bien relajando la calificación de la restricción consumada —que suele recibir la catalogación de *leve*, como en el ejemplo ya aludido de la obtención y análisis de marcados de ADN no codificante—, bien relativizando las exigencias de urgencia o necesidad —veremos algunos ejemplos de esto en el capítulo 27—.

Existen, en todo caso, ámbitos íntimos donde la realidad práctica ha revelado la inoperancia absoluta de la pretendida regla general de garantía judicial. Así ocurre, por ejemplo, con la intimidad postal, supuesto en el que el TC ha señalado que «la ley puede autorizar a la autoridad administrativa para su apertura —del paquete postal que puede contener enseres o efectos personales— o para proceder a inspeccionar y controlar su contenido por cualquier procedimiento» con sujeción exclusiva al principio de proporcionalidad.

Ese es también el caso de la intimidad económica, donde el TC ha reconocido (por todas, STC 233/2005 [*Tol 719584*]) que «es indiscutible que la lucha contra el fraude fiscal es un fin y un mandato que la Constitución impone a todos los poderes públicos, singularmente al legislador y a los órganos de la Administración tributaria» y que «el deber de comunicación de datos con relevancia tributaria se convierte, entonces, en un instrumento necesario, no sólo para una contribución justa a los gastos generales (art. 31.1 CE), sino también para una gestión tributaria eficaz, modulando el contenido del derecho fundamental a la intimidad personal y familiar del art. 18.1 CE», por lo que pueden ejercerse potestades administrativas tributarias para obtener este tipo de información económica sin necesidad de autorización judicial previa (STC 233/2005 [*Tol 719584*]).

5.2 La inviolabilidad de domicilio (art. 18.2 CE)

5.2.1 Delimitación del ámbito de protección

Desde sus primeras resoluciones relativas al art. 18.2 CE, el TC ha venido destacando que el domicilio constitucionalmente protegido presenta una "estrecha vinculación" con el derecho a la intimidad personal y familiar, de suerte que la garantía de inviolabilidad domiciliaria tiene "carácter instrumental" en relación con la protección constitucional de la vida privada (SSTC 22/1984 [*Tol 79311*]; 10/2002 [*Tol 123266*]). Estaríamos, según ha llegado a decir el TC, ante una singular «manifestación de la norma precedente que garantiza el derecho a la intimidad personal y familiar (art. 18.1 CE)» (SSTC 22/1984 [*Tol 79311*]; 136/2000 [*Tol 26502*]; 10/2002 [*Tol 123266*]).

La Constitución española —en contraste con el art. 8 CEDH— configura, en todo caso, la inviolabilidad del domicilio como un derecho autónomo, caracterizado, como se verá, por la *impenetrabilidad* entendida como garantía de un *secreto formal*. Su función es proteger de forma cualificada —gracias a una garantía judicial preventiva de carácter absoluto— la intimidad personal y familiar en «un ámbito espacial determinado, el 'domicilio' por ser aquél en que los individuos, libres de toda sujeción a los usos y convenciones sociales, ejercen su libertad más íntima, siendo objeto de protección de este derecho tanto el espacio físico en sí mismo considerado como lo que en él hay de emanación de la persona y de su esfera privada» (por todas, SSTC 22/1984 [*Tol 79311*] y 10/2002 [*Tol 123266*]).

El vínculo instrumental de la garantía de inviolabilidad domiciliaria con la intimidad personal y familiar tiene claro reflejo en las dos notas que determinan la definición del *domicilio constitucionalmente protegido*:

* En primer lugar, el "elemento esencial" para la "delimitación" del domicilio en sentido constitucional es su "destino o uso" efectivo, esto es, el ser un lugar realmente destinado o utilizado por una persona como ámbito de desarrollo de su intimidad personal o familiar (SSTC 10/2002 [*Tol 123266*]; 189/2004 [*Tol 508779*] y 209/2007 [*Tol 1155260*]). No pueden, por ello, ser considerados como domicilio del art. 18.2 CE los lugares «en los que se demuestra de forma efectiva que se han destinado a cualquier actividad distinta a la vida privada» (STC 10/2002 [*Tol 123266*]).

Desde esta concepción, el TC ha estimado que una vivienda es domicilio (STC 94/1999 [*Tol 81159*]) y que no lo son, en cambio, "los locales destinados a almacén de mercancías" (STC 283/2000 [*Tol 2768*]), un "bar y un almacén" (STC 283/2000 [*Tol 2768*]), unas oficinas de una empresa (ATC 171/1989, *rec. 1912-1988*), los locales abiertos al público o de negocios (ATC 58/1992 [*Tol 344512*]) o los restantes edificios o lugares de acceso dependiente del consentimiento de sus titulares en los que no hay un uso relacionado con el desarrollo de la intimidad personal o familiar (STC 76/1992 [*Tol 80688*]).

Ha aclarado, en general, el TC que «no todo local sobre cuyo acceso posee poder disposición su titular debe ser considerado como domicilio a los fines de protección que el art. 18.2 CE garantiza», pues «el derecho fundamental aquí considerado no puede confundirse con la protección de la propiedad de los inmuebles ni de otras titularidades reales u obligaciones relativas a dichos bienes que puedan otorgar una facultad de exclusión de los terceros» (por todas, STC 69/1999 [*Tol 13001*]). El destino o uso efectivo como espacio de desarrollo de la intimidad personal o familiar resulta, pues, imprescindible.

* La conexión instrumental con la intimidad también se aprecia en la segunda nota de la noción constitucional del domicilio, relativa a la *configuración física del espacio protegido*, pues solo un lugar apto o idóneo, por sus características formales, para mantener la reserva o el secreto frente a los terceros puede ser un espacio de desarrollo de la vida privada.

La STC 10/2002 [*Tol 123266*] es categórica en este punto al afirmar que no pueden ser catalogados como domicilios aquellos lugares «que por sus propias características nunca podrían ser considerados aptos para desarrollar en ellos una vida privada, esto es, los espacios abiertos». Lo importante, aquí, es que la configuración externa del lugar revele la exclusión de los demás, pues «el propio carácter instrumental de la protección constitucional del domicilio respecto de la intimidad personal y familiar exige que, con independencia de la configuración física del espacio, sus signos externos revelen la clara voluntad de su titular de excluir dicho espacio y la actividad en él desarrollada del conocimiento e intromisiones de terceros» (STC 10/2002 [*Tol 123266*]).

No obstante, no existen unos rasgos físicos tasados que hayan de considerarse inherentes a la noción constitucional de domicilio. Al contrario, siempre que se trate de un lugar en el que la exclusión de los terceros y la conexión con la vida privada sean externamente apreciables, habrá domicilio constitucionalmente protegido y resultará irrelevante «su ubicación, su configuración física, su carácter mueble o inmueble, la existencia o tipo de título jurídico que habilite su uso, o, finalmente, la intensidad y periodicidad con la que se desarrolle la vida privada en el mismo» (STC 10/2002 [*Tol 123266*]).

Especialmente importante es la «irrelevancia a efectos constitucionales de la intensidad, periodicidad o habitualidad del uso privado del espacio» (STC 94/1999 [*Tol 81159*]). El TC ha considerado que constituyen domicilio ámbitos de desarrollo puramente eventual u ocasional de la vida privada, carentes de vocación de permanencia, como las habitaciones de hoteles (STC 10/2002 [*Tol 123266*]), las habitaciones de residencias (STC 189/2004 [*Tol 508779*], respecto de una residencia militar) o incluso la casa de un amigo en la que se pernocta unos días con el consentimiento de este, pues en ella, «siquiera transitoriamente», se tiene un «espacio vital de referencia, un ámbito en el que recogerse, salvaguardar sus objetos más personales y poder desarrollar los aspectos de su vida personal que considera más privados» (STC 209/2007 [*Tol 1155260*]).

El concepto constitucional de domicilio es, por tanto, tal y como ha subrayado el TC, distinto y más amplio que las tradicionales nociones utilizadas en el ámbito jurídico privado (art. 40 CC) y en el campo del derecho público (SSTC 22/1984 [*Tol 79311*]; 160/1991 [*Tol 80572*]; 50/1995 [*Tol 82790*]). En ellas la permanencia o estabilidad es exigida para establecer un centro de imputación de relaciones jurídicas —a efectos, por ejemplo, de determinar la ley personal aplicable, el lugar de tributación personal o la sede en la que pueden realizarse válidamente determinados actos de comunicación—. El domicilio en sentido constitucional busca, en cambio, proteger un ámbito especialmente intenso de desarrollo de la vida privada allí donde este exista, aunque sea de modo puramente eventual.

5.2.2 La protección del domicilio de las personas jurídicas

Aunque el TC ha descartado que las personas jurídicas tengan derecho a la intimidad personal o familiar del art. 18.1 CE, ha admitido, en cambio, que aquellas pueden gozar de la protección de la inviolabilidad domiciliaria del art. 18.2 CE (STC 137/1985 [*Tol 79527*]).

El TC parece ser plenamente consciente de la contradicción latente en esa doctrina, pues, como él mismo reconoce, el elemento esencial de la noción constitucional de domicilio, ligado al desarrollo de la vida privada, «indudablemente no concurre en el caso de las personas jurídicas» (SSTC 69/1999 [*Tol 13001*] y 22/2003 [*Tol 239218*]). Para atenuar esa contradicción, el TC considera que el núcleo esencial de la protección constitucional solo concurre en el domicilio que es «morada de las personas físicas y reducto último de su intimidad personal y familiar» (STC 69/1999 [*Tol 13001*]), por lo que a las personas jurídicas solo les corresponde una protección atenuada tanto en lo que se refiere espacio físico abarcado por la garantía del art. 18.2 CE como en lo que respecta a la aplicación del principio de proporcionalidad.

En cuanto al ámbito protegido, el domicilio de las personas jurídicas solo queda constitucionalmente garantizado respecto de aquellos «espacios físicos que son indispensables para que puedan desarrollar su actividad sin intromisiones ajenas, por constituir el centro de dirección de la sociedad o de un establecimiento dependiente de la misma o servir a la custodia de los documentos u otros soportes de la vida diaria de la sociedad o de su establecimiento que quedan reservados al conocimiento de terceros» (STC 69/1999 [*Tol 13001*]). No quedan, por ello, comprendidos por el art. 18.2 CE «aquellos locales, aun de acceso sujeto a autorización, donde se lleva a cabo una actividad laboral o comercial por cuenta de una sociedad mercantil que no está vinculada con la dirección de la sociedad o de un establecimiento ni sirva a la custodia de su documentación» (STC 69/1999 [*Tol 13001*])

En cuanto a la ponderación exigible, la menor intensidad de la injerencia cuando del domicilio de la persona jurídica se trata —por la desconexión con la intimidad personal y familiar— determina que las exigencias del juicio de proporcionalidad en sentido estricto sean más atenuadas (STC 69/1999 [*Tol 13001*]). Asimismo, la «menor intensidad de la protección constitucional del domicilio de las personas jurídicas» resulta especialmente patente en el caso «de una sociedad mercantil», lo que afecta igualmente a la ponderación exigible a un acto de restricción o injerencia (STC 69/1999 [*Tol 13001*]).

5.2.3 La técnica del secreto formal

Como se ha anticipado, lo que distingue la protección constitucional del domicilio conferida por el art. 18.2 CE frente al derecho a la intimidad es la garantía de un *secreto formal* —característica que, como se verá, también está presente en el art. 18.3 CE—. La "inviolabilidad" del domicilio significa su "impenetrabilidad" (STC 22/1984 [*Tol 79311*]) no solo en el sentido literal del término, como prohibición de entrada o traspaso, sino también como interdicción de toda toma de conocimiento directo de lo que en dicho lugar acontece, cualquiera que sea el artificio o dispositivo técnico empleado e incluso si la tecnología utilizada permite la captación de imágenes o sonidos desde el exterior del recinto. Puesto que es la impenetrabilidad lo que se garantiza, será, además, irrelevante si los sonidos o imágenes captados se corresponden realmente con un aspecto íntimo de la vida, pues todo lo que ocurre en el interior del domicilio queda formalmente protegido por la garantía de inviolabilidad.

Señala el TC, en este sentido, que el art. 18.2 CE dispone que «dicho ámbito espacial de privacidad ha de quedar "exento de" o "inmune a" cualquier tipo de invasión o agresión exterior de otras personas o de la autoridad pública, incluidas las que puedan realizarse sin penetración física en el mismo, sino por medio de aparatos mecánicos, electrónicos u otros análogos» (SSTC 22/1984 [*Tol 79311*]; 10/2002 [*Tol 123266*] y 22/2003 [*Tol 239218*]). La injerencia en el domicilio constitucionalmente protegido también se produce, por tanto, con la monitorización externa de lo que en su interior ocurre.

La técnica del secreto formal implica, asimismo, que la autorización judicial que permite la entrada supone por sí sola el alzamiento del deber de secreto. Es por ello por lo que, si los términos de la resolución judicial son respetados, resultan irrelevantes, desde la óptica de la garantía de *inviolabilidad* del art. 18.2 CE, los demás requisitos que operan en el "plano de la legalidad" (STC 94/1999 [*Tol 81159*]). Por ejemplo, los requisitos legales relativos a la práctica de una entrada y registro domiciliaria tratan, por lo general, de salvaguardar la fiabilidad de las fuentes de prueba obtenidas de cara a su posterior utilización en el correspondiente proceso penal. Son, por ello, irrelevantes desde la óptica del derecho fundamental sustantivo. No hay, por tanto, vulneración del derecho a la inviolabilidad domiciliaria por la falta de intervención, en la realización de la referida diligencia, del LAJ (STC 94/1999 [*Tol 81159*]) o de la persona interesada (STC 219/2006 [*Tol 964400*]).

5.2.4 *Las excepciones a la protección*

El TC ha señalado que los casos en los que puede alzarse la garantía de *impenetrabilidad* que proporciona el art. 18.2 CE están constitucionalmente tasados y son los tres siguientes: el consentimiento de la persona afectada, la comisión de un delito flagrante y la autorización judicial.

* En relación con el *consentimiento*, el problema fundamental al que se ha enfrentado la doctrina constitucional es el de los domicilios compartidos. El TC ha aclarado que, en ausencia de conflicto, la regla general es que cada morador tiene la facultad de autorizar la entrada de terceros, sin necesidad de recabar la autorización expresa del otro conviviente. Y ello porque «la convivencia presupone una relación de confianza recíproca, que implica la aceptación de que aquél con quien se convive puede llevar a cabo actuaciones respecto del domicilio común, del que es cotitular, que deben asumir todos cuantos habitan en él y que en modo alguno determinan la lesión del derecho a la inviolabilidad del domicilio». Por ello, «en ausencia de conflicto, cada uno de los cónyuges o miembros de una parcja de hecho está legitimado para prestar el consentimiento respecto de la entrada de un tercero en el domicilio, sin que sea necesario recabar el del otro, pues la convivencia implica la aceptación de las entradas consentidas por otros convivientes» (STC 22/2023 [*Tol 9495381*]).

Como excepción, la propia STC 22/2023 [*Tol 9495381*], señala que «el consentimiento no puede prestarse válidamente por quien se halla, respecto al titular de la inviolabilidad domiciliaria, en determinadas situaciones de contraposición e intereses». De lo que se infiere que es necesaria una ponderación de las circunstancias concurrentes, en particular del tipo de conflicto de intereses que existe entre los convivientes y del concreto espacio al que se da acceso al tercero. En el caso resuelto, el TC consideró que el consentimiento prestado por la mujer de la persona investigada no había sido válido, pues era la víctima de la infracción penal, estaba separada del investigado —aunque ambos seguían compartiendo domicilio— y el registro policial se realizó en la habitación de este.

La doctrina posterior del TC también apunta en la dirección de la necesidad de un juicio de ponderación *ad hoc*. Así, en el caso de un conviviente que cohabita en el domicilio por "concesión graciosa", el Tribunal ha considerado que el titular de la vivienda —que también tiene en ella su morada— puede imponer la entrada de terceros contra la voluntad de aquel. Pero esta regla tiene, a su vez, excepciones para los casos en los que la entrada del tercero afecta exclusivamente a la esfera de interés del "co-morador en precario". Este puede, por ello, oponerse válidamente a la entrada de la policía en su "ámbito espacial íntimo", pues la «ponderación de intereses que está en la base del derecho a la inviolabilidad del domicilio debe decantarse en este particular supuesto a favor del interés de exclusión del morador a pesar de las peculiaridades de su situación posesoria y de la autorización del titular que había accedido graciosamente a compartir su morada» (STC 209/2007 [*Tol 1155260*]).

Se ha de excluir, también por regla general, la posibilidad de interpretar la falta de oposición a la entrada como un consentimiento tácito. Pero el Tribunal considera que esta regla tiene, a su vez, excepciones, pues hay determinados «contextos propicios a que la falta de oposición pueda ser interpretada como expresión de consentimiento». Entiende el TC que uno de ellos es, precisamente, el del "co-morador en precario" una vez que titular de la vivienda y conviviente ha dado una autorización expresa de entrada a la policía. En tal supuesto, la ponderación de intereses lleva, como ya se ha visto, a admitir que el que convive graciosamente y de forma transitoria en la vivienda pueda oponerse a una entrada policial que solo a él le afecta. Ahora bien, si el otro morador —titular de la vivienda— ha dado su consentimiento expreso a la policía, es necesario que la oposición del precarista se manifieste externamente (STC 209/2007 [*Tol 1155260*]).

* En lo que se refiere al *delito flagrante*, la STC 341/1993 [*Tol 82362*], señaló que el concepto constitucional del art. 18.2 CE tiene un contenido preciso, ligado a las notas de la urgencia y la evidencia. Considera, en particular, que la Constitución no surge de una situación de vacío y utiliza, en ocasiones, conceptos jurídicos que están ya aquilatados en el derecho positivo vigente, con la intención de ajustarse a ellos. Ese sería el caso del concepto de "flagrante delito".

El concepto utilizado por el Constituyente se ajusta, según declara la STC 341/1993 [*Tol 82362*], a la «arraigada imagen de la flagrancia como situación fáctica en la que el delincuente es "sorprendido" —visto directamente o percibido de otro modo— en el momento de delinquir o en circunstancias inmediatas a la perpetración del ilícito». Hay, por tanto, unas "connotaciones" institucionales de la "noción tradicional" de la flagrancia —ligadas a la evidencia de la comisión del delito y a la urgencia de la intervención policial— que «están presentes en el concepto inscrito en el art. 18.2 de la norma fundamental». Sería, justamente, esa noción tradicional de la flagrancia ligada a la "evidencia" y a la "urgencia" la que explicaría que la Constitución la configure como única alternativa posible, en defecto de consentimiento, al requisito general de autorización judicial previa. El conocimiento o percepción "evidente" o inmediato de la comisión del hecho delictivo es, por tal razón, imprescindible para que pueda darse la entrada de la policía sin autorización judicial y el legislador no puede prescindir de él —como indebidamente hizo el art. 21.2 de la derogada LO 1/1992, al permitir que la comisión del delito pudiera ser inferida por los agentes de policía a través de "conjeturas" o "sospechas", por lo que la STC 341/1993 [*Tol 82362*] declaró el referido precepto inconstitucional y nulo—.

Esto no quiere decir que la ley no pueda perfilar el concepto de delito flagrante del art. 18.2 CE, pues esa intervención del legislador puede dotar de mayor seguridad jurídica «a los titulares del derecho y a los agentes de la autoridad», siempre y cuando dicha definición se atenga a los rasgos constitucionales que caracterizan constitucionalmente a la flagrancia. La STC 341/1993 [*Tol 82362*] estimó, en este punto, que no es contraria al art. 18.2 CE una definición de la flagrancia que se ajuste a las características específicas de una determinada infracción penal si se mantiene dentro de los parámetros del concepto constitucional establecido en aquel precepto.

En todo caso, la apreciación de la flagrancia exige que no se rompa la unidad temporal entre la comisión del delito y la actuación policial (STC 22/2003 [*Tol 239218*]).

* Finalmente, la protección formal del art. 18.2 CE puede ser alzada mediante *resolución judicial*. Esta no es una mera autorización en blanco, sino que ha de contener el correspondiente juicio de proporcionalidad, debidamente explicitado. Como dice la STC 136/2000 [*Tol 26502*], la resolución judicial «debe expresar con detalle el juicio de proporcionalidad entre la limitación que se impone al derecho fundamental restringido y su límite, argumentado la idoneidad de la medida, su necesidad y el debido equilibrio entre el sacrificio sufrido por el derecho fundamental limitado y la ventaja que se obtendrá del mismo».

La resolución debe tener, además, unos contenidos característicos que acoten la intromisión y, con ello, aseguren su proporcionalidad en sentido estricto. Se requiere, en particular, que la autorización judicial exprese «con detalle las circunstancias espaciales —ubicación del domicilio— y temporales —momento y plazo— de la entrada y registro, y de ser posible también las personales —titular u ocupantes del domicilio en cuestión—» (STC 136/2000 [*Tol 26502*]).

Cada resolución autoriza, en todo caso, una única entrada —a los fines correspondientes—. Una vez que esa entrada se practica, es imprescindible, para que pueda volver a efectuarse, que se sometan a la autoridad judicial las "nuevas razones y circunstancias" que justifican una segunda restricción de la inviolabilidad domiciliaria, sin que pueda utilizarse, una vez rota la unidad de acto, la autorización originaria para realizar un segundo registro argumentando que este se encuentra dentro del marco temporal fijado por el juez (STC 94/1999 [*Tol 81159*]).

En todo caso, y aunque el TC no lo haya explicitado claramente en relación con la inviolabilidad del domicilio —sí, como se verá, para el secreto de las comunicaciones—, ha de entenderse que la entrada en el domicilio solo puede ser judicialmente acordada si tiene una habilitación legal suficientemente precisa, que cumpla con las exigencias de "calidad de la ley". Han de respetarse, en definitiva, los requisitos generales de la restricción de derechos fundamentales que se examinarán en el capítulo 27.

5.3 El secreto de las comunicaciones (art. 18.3 CE)

5.3.1 Comunicaciones constitucionalmente protegidas

Desde la STC 114/1984 [*Tol 79403*], el TC viene considerando que el derecho fundamental al secreto de las comunicaciones del art. 18.3 CE constituye una protección instrumental de la libertad que a todo ser humano corresponde de comunicarse con otros, como característica inherente a la dignidad de persona (art. 10.1 CE).

Las comunicaciones protegidas por el art. 18.3 CE son, por tal motivo, aquellas que están «indisolublemente unidas por naturaleza a la persona, a la propia condición humana», esto es, las que implican la transmisión de *mensajes*, entendidos como «expresiones de sentido a través de cualquier conjunto de sonidos, señales o signos», cualquiera que sea el lenguaje utilizado —que no tiene que consistir necesariamente en palabras— y el soporte en que se plasmen (STC 281/2006 [*Tol 1001088*]).

El precepto constitucional alude expresamente a la protección de las comunicaciones «postales, telegráficas y telefónicas». Las dos últimas se ajustan, sin dificultad, al concepto de *comunicación* antes expuesto. El caso de las comunicaciones postales es más complejo. Como ha señalado el TC, las comunicaciones postales constitucionalmente protegidas son solo las que encajan en la noción de *correspondencia* —y no las que consisten en el envío de objetos, bienes o mercancías—, ya que solo ellas constituyen *comunicaciones* en sentido constitucional, esto es, mecanismos de transmisión a distancia de mensajes (ATC 395/2003, *rec. 4210-2001*, y STC 281/2006 [*Tol 1001088*]).

A efectos de identificar si un envío postal constituye una *comunicación* el TC ha puesto el énfasis en dos elementos: a) la apariencia externa del soporte físico, de modo que «no gozan de protección constitucional aquellos objetos —continentes— que, por sus propias características, no son usualmente utilizados para contener correspondencia individual sino para servir al transporte de mercancías» —de tal suerte que «la introducción en ellos de mensajes no modificará su régimen de protección constitucional»—, y b) la regulación legal aplicable, de modo que, si esta prohíbe la inclusión de mensajes o establece un régimen de comunicación abierta —en la que está excluido de antemano el secreto—, no opera la protección del art. 18.3 CE ya que «la utilización del servicio comporta la aceptación de las condiciones de su uso» (STC 281/2006 [*Tol 1001088*]).

5.3.2 La protección mediante secreto formal: consecuencias

El ingrediente que el art. 18.3 CE aporta a la libertad de realizar comunicaciones interpersonales es la protección reforzada de su *privacidad* a través de la técnica del *secreto formal*. Sintéticamente, dicha técnica presenta las siguientes características:

* Se garantiza la "impenetrabilidad de la comunicación" (STC 99/2021 [*Tol 8451614*]) con independencia de que el contenido al que se accede tenga o no carácter íntimo (SSTC 114/1984 [*Tol 79403*]; 34/1996 [*Tol 82969*] y 281/2006 [*Tol 1001088*]).

* La vulneración se consuma "cualquiera que sea el procedimiento empleado" (por todas, STC 70/2002 [*Tol 258605*]), por lo que basta que el artificio utilizado sea apto para desvelar «la existencia misma de la comunicación, los elementos externos del proceso de comunicación o el contenido que se comunica» (SSTC 114/1984 [*Tol 79403*]; 123/2002 [*Tol 258655*]). En el caso particular de las comunicaciones postales queda prohibido cualquier artificio que permita revelar el contenido transmitido, aunque no implique la apertura de su continente. Son, en cambio, compatibles con el art. 18.3 CE los procedimientos que permiten determinar si el contenido del soporte enviado es ilícito sin revelar cuál sea el contenido del mensaje, como ocurre con la utilización de escáneres o perros adiestrados (STC 281/2006 [*Tol 1001088*]).

* El secreto *formal* solo opera frente a las interferencias que afectan al proceso de comunicación. En palabras del TC: «la vulneración del derecho al secreto de las comunicaciones requiere la interferencia directa en el proceso de comunicación» (STC 56/2003 [*Tol 254941*]), de modo que, una vez finalizado este, «la protección constitucional de lo recibido se realiza en su caso a través de las normas que tutelan la intimidad u otros derechos» (STC 70/2002 [*Tol 258605*]).

Precisamente por encontrarse fuera del proceso de comunicación mismo, el TC ha considerado que no afectan al art. 18.3 CE las irregularidades consumadas en el "control judicial *a posteriori*" del resultado de una intervención telefónica, en particular todo lo relativo «a la entrega y selección de las cintas grabadas, a la custodia de los originales y a la transcripción de su contenido» (SSTC 126/2000 [*Tol 26497*] y 145/2014 [*Tol 4529675*]). Estamos, en estos casos, ante problemas genuinamente probatorios y no ante supuestos de injerencia en el derecho fundamental sustantivo.

* El secreto formal del art. 18.3 CE, al garantizar la impenetrabilidad por parte de terceros, no opera en relación con el otro partícipe del proceso de comunicación. El destinatario del *mensaje* puede, por ello, registrarlo y transmitirlo a otros —sea en tiempo real, con un artificio técnico idóneo, sea en diferido—. No obstante, aquellos contenidos del mensaje que hayan de reputarse íntimos quedan abarcados por la protección general que confiere el art. 18.1 CE y no pueden ser divulgados a terceros (SSTC 114/1984 [*Tol 79403*] y 56/2003 [*Tol 254941*]).
* La impenetrabilidad o intangibilidad garantizada por la técnica del secreto formal supone que el secreto o reserva comprende todos los contenidos comunicados —con independencia, como ya se ha dicho, de que sean o no íntimos—, así como los datos que solo pueden ser obtenidos interfiriendo en el propio proceso de comunicación en curso. El secreto formal «no cubre solo el contenido de la comunicación, sino también, en su caso, otros aspectos de la misma, como la identidad subjetiva de los interlocutores o de los corresponsales» (STC 114/1984 [*Tol 79403*]) o «las circunstancias o datos externos de la conexión telefónica: su momento, duración y destino» (STC 123/2002 [*Tol 258655*]).

Decisiva en este punto fue la célebre STEDH de 2 de agosto de 1984, asunto *Malone c. Reino Unido* [*Tol 168782*] en la que se apreció la lesión del secreto de las comunicaciones por la utilización del artificio técnico del "recuento" o *compatge*", que registra cuáles son los números de teléfono marcados en un concreto aparato. La sentencia del caso *Malone* aclaró que entre los datos asociados al proceso de comunicación que quedan cubiertos por el secreto de las comunicaciones están los registros de tráfico de llamadas telefónicas, en cuanto contienen datos, como el número de destino de la comunicación, que solo pueden obtenerse accediendo al proceso de comunicación mismo "mientras está teniendo lugar" (STC 123/2002 [*Tol 258655*]), y ello con independencia de que se plasmen en un documento que tiene una utilidad posterior —fundamentalmente, la facturación por parte del prestador del servicio—. El TEDH consideró en dicha resolución que es lícito que las empresas prestadoras de servicios de telefonía utilicen mecanismos que actúan sobre el proceso de comunicación para confeccionar listados de llamadas a efectos de facturar a sus clientes, pero estimó, al tiempo, que en esos listados hay datos que están amparados por el secreto de las comunicaciones, por lo que no pueden ser transmitidos a terceros sin que medie consentimiento o, alternativamente, sin cumplir los requisitos de restricción de este derecho fundamental.

En este punto, la STC 123/2002 [*Tol 258655*] considera que la entrega de «los datos que figuran en los citados listados supone una interferencia en el proceso de comunicación que está comprendida en el derecho al secreto de las comunicaciones telefónicas del art. 18.3 CE». Ahora bien, la citada resolución aclara que se trata de una injerencia de "menor intensidad", en comparación con el acceso a los contenidos de la comunicación, con el consiguiente menor grado de exigencia "en orden a la ponderación de su proporcionalidad". Por su parte, la STC 230/2007 [*Tol 1179100*] incluye dentro de la garantía judicial otorgada por el art. 18.3 CE el acceso al registro de llamadas que figura en el propio terminal de teléfono móvil aprehendido en poder de la persona encausada —a partir del cual, en el caso resuelto, los agentes de policía actuantes habían confeccionado un listado de llamadas recibidas, enviadas y perdidas sin contar con la necesaria autorización judicial—. En la misma línea se encuentra la STC 145/2014 [*Tol 4529675*].

5.3.3 El problema de las conversaciones orales directas o presenciales

Tradicionalmente se ha venido entendiendo, y así lo venía reflejando la doctrina clásica del TC, que la razón de la protección *formal* cualificada que el art. 18.3 CE otorga es la particular vulnerabilidad que caracteriza a las comunicaciones a distancia (por todas, STC 123/2002 [*Tol 258655*]). Las comunicaciones no presenciales necesitan la intermediación técnica de un tercero —el prestador del servicio— y, obviamente, una comunicación que ha de instrumentarse forzosamente con el auxilio de otros solo puede ser realmente libre —y gozar de la necesaria fluidez y espontaneidad— si se asegura su reserva absoluta, esto es, si se impone de forma categórica su impenetrabilidad o intangibilidad. En las conversaciones presenciales, los comunicantes, si quieren mantener su contenido reservado, buscan espacios idóneos al efecto, que proporcionan una expectativa razonable de privacidad.

Esa comprensión tradicional del fundamento del art. 18.3 CE se encuentra, en la actualidad, en entredicho como consecuencia de la extensión, en la doctrina del TC, del secreto de las comunicaciones a las conversaciones orales directas o presenciales, que no se instrumentan a través de un artificio o dispositivo técnico. Tal cambio se materializa por primera vez en la STC 145/2014 [*Tol 4529675*], relativa a la instalación de un micrófono en el interior de un calabozo, con la consiguiente interceptación de conversaciones orales mantenidas por un detenido en dependencias policiales. En esta resolución se considera, sin mayor explicación, que la vigilancia acústica de una conversación presencial es equiparable a la interceptación de una conversación a distancia mantenida a través de un artificio o dispositivo técnico. Y ello en el entendimiento de que el art. 18.3 CE «no dispone una distinta protección de las conversaciones telefónicas que de otras comunicaciones como las verbales, sino solo una garantía común y genérica frente a la impenetrabilidad por terceros ajenos a la comunicación misma». La STC 99/2021 [*Tol 8648058*] parece haber ratificado este criterio extensivo al considerar que es el secreto de las comunicaciones del art. 18.3 CE —y no el derecho a la intimidad del art. 18.1 CE— el que opera frente a la vigilancia acústica policial —con instalación de aparatos de escucha— en el interior de un vehículo.

Sin perjuicio de que esta opción pueda encontrar apoyo en la doctrina del TEDH —como la STC 99/2021 [*Tol 8648058*] parece tratar de argumentar, sin tener en cuenta que la Constitución española opta deliberadamente por una configuración normativa del art. 18 CE distinta a la del art. 8 CEDH—, da la sensación de que el TC justifica exclusivamente esta evolución de su doctrina en la especial potencialidad lesiva —realmente extraordinaria— que caracteriza a las vigilancias acústicas. Parece claro, sin embargo, que al mismo resultado garantista que proporciona esta —discutible— subsunción de la conversación directa o presencial en el secreto de las comunicaciones habría podido llegarse fácilmente desde los cánones y parámetros que caracterizan al derecho a la intimidad, partiendo de la existencia, en los supuestos abordados en las SSTC 145/2014 [*Tol 4529675*] y 99/2021 [*Tol 8648058*], de una expectativa razonable de privacidad y argumentando que las vigilancias acústicas han de ser consideradas siempre —precisamente por su grado de injerencia— intromisiones de carácter grave, con la consiguiente exigencia general de autorización judicial previa, sin margen de excepción posible.

5.3.4 Requisitos de la injerencia

Aunque lo que más caracteriza al secreto de las comunicaciones es la garantía judicial absoluta expresamente contemplada en el art. 18.3 CE, el TC se ha encargado de aclarar que esa específica reserva constitucional de jurisdicción no significa que no sean aplicables las garantías generales sobre restricción de derechos fundamentales, ya aludidas en relación con el derecho a la intimidad, en particular la finalidad legítima, la habilitación legal específica y la sujeción al principio de proporcionalidad.

No está de más recordar que la habilitación expresa de la ley, y en particular la especial *calidad* que esta ha de revestir para otorgar al ciudadano la suficiente certidumbre o certeza, ha tenido una especial importancia en el ámbito del secreto de las comunicaciones. En un primer momento, fue la regulación legal de las comunicaciones telefónicas la que recibió la censura del Tribunal constitucional por su insuficiente calidad (por todas, STC 49/1999 [*Tol 81121*], recogiendo la doctrina de la STEDH de 30/07/1998, asunto *Valenzuela Contreras c. España* [*Tol 216240*]). Más recientemente, ha sido la STC 145/2014 [*Tol 4529675*] la que ha denunciado la falta de cobertura legal de las vigilancias acústicas de conversaciones orales. En la actualidad, tras la LO 13/2015, esos defectos estructurales de nuestra legislación criminal han sido corregidos por el legislador. De ello nos ocuparemos más detenidamente en el capítulo 27.

En relación con el juicio de ponderación —o de proporcionalidad en sentido estricto—, la doctrina constitucional sobre las interceptaciones telefónicas considera que este tipo de medidas restrictiva solo pueda acordarse en relación con "infracciones punibles graves" (por todas, SSTC 49/1999 [*Tol 2092*]; 82/2002 [*Tol 258617*] y 239/2006 [*Tol 971508*]), si bien la valoración de la gravedad de la infracción no depende solo de la pena que tenga señalada sino también de otros factores como el bien jurídico protegido o la relevancia social de los hechos (STC 82/2002 [*Tol 258617*]).

5.4 El derecho instrumental de autodeterminación informativa

El TC ha estimado que «el derecho fundamental a la intimidad (art. 18.1 CE) no agota por sí solo una protección suficiente frente a esta nueva realidad derivada del progreso tecnológico» constituida por el almacenamiento y tratamiento masivo de datos personales a través de las actuales tecnologías de la información (STC 292/2000 [*Tol 2772*]). Ha procedido, por ello, desde la STC 254/1993 [*Tol 82275*], a la creación jurisprudencial de un derecho fundamental a la autodeterminación informativa.

Dicho derecho se ancla normativamente en la cláusula del apartado 4 art. 18 CE según la cual «la ley limitará el uso de la informática para garantizar el honor y la intimidad personal y familiar de los ciudadanos y el pleno ejercicio de sus derechos». Aunque el precepto transcrito únicamente contiene un mandato dirigido al legislador, el TC ha deducido de él la existencia de un «instituto de garantía de otros derechos, fundamentalmente el honor y la intimidad», que es, a la vez, «en sí mismo, un derecho o libertad fundamental».

La misión de este derecho instrumental es proteger «frente a las potenciales agresiones a la dignidad y a la libertad de la persona provenientes de un uso ilegítimo del tratamiento mecanizado de datos, lo que la Constitución llama "la informática"» (STC 254/1993 [*Tol 82275*]).

El instituto previsto en el art. 18.4 CE tiene la naturaleza de derecho de configuración legal, lo que implica, según reconoció la STC 254/1993 [*Tol 82275*], que solo el legislador puede configurarlo en sus concretos perfiles y que no tiene *ex Constitutione* «más que un mínimo contenido, que ha de verse desarrollado y completado por el legislador». De la propia STC 254/1993 [*Tol 82275*] parece desprenderse que ese contenido "mínimo" y "provisional" directamente garantizado por el art. 18.4 CE es una suerte de "dimensión positiva" autónoma del derecho a la intimidad que permite a cualquier ciudadano conocer todos aquellos datos personales que obran en ficheros de las administraciones públicas —o de particulares, dado que tiene eficacia horizontal—, en cuanto ese conocimiento constituye un medio o instrumento imprescindible para determinar si alguno de ellos tiene carácter íntimo o reservado.

Esa es, de hecho, la esencia del art. 18.4 CE como *habeas data*: del mismo modo que el *habeas corpus* constituye una garantía instrumental del derecho fundamental a la libertad física o deambulatoria que consiste en la *puesta de manifiesto* de la persona privada de libertad —a efectos de verificar si se cumplen los requisitos y las garantías constitucionales y legales de la detención—, el llamado *habeas data* permite exigir la exhibición y puesta de manifiesto de los datos personales que obran en poder de las administraciones públicas, a efectos de que el ciudadano afectado pueda verificar si tienen carácter íntimo, si son inexactos —y dañan su honor o reputación— o si resultan, de cualquier otro modo, lesivos de su esfera personal.

Una vez cumplido por el legislador el mandato de desarrollo normativo establecido en el art. 18.4 CE —primero con las ya derogadas Leyes Orgánicas 5/1992 y 15/1999, y actualmente con la LO 3/2018— el TC ha venido subrayando las diferencias estructurales que —sin perjuicio de su relación instrumental— presenta el derecho del art. 18.4 CE, relativo al "control sobre los datos relativos a la propia persona" (STC 292/2000 [*Tol 2772*]), frente al derecho del art. 18.1 CE a la intimidad personal o familiar. Esas diferencias son, en síntesis, las siguientes:

a) La función del art. 18.4 CE no es, como ocurre en el art. 18.1 CE, mantener el secreto o la reserva de ciertas áreas de la vida personal, excluyendo el conocimiento ajeno, sino el control del uso y destino de los datos personales a efectos de impedir "su tráfico ilícito y lesivo" (STC 292/2000 [*Tol 2772*]).

b) El objeto de protección del art. 18.4 CE es, por ello, más amplio que el que caracteriza a la intimidad, pues otorga un poder de disposición sobre todo tipo de datos personales, sean o no de carácter privado. Los "datos personales públicos" entran también dentro del poder de disposición individual garantizado por el art. 18.4 CE, así como, en general, «todos aquellos que identifiquen o permitan la identificación de la persona, pudiendo servir para la confección de su perfil ideológico, racial, sexual, económico o de cualquier otra índole, o que sirvan para cualquier otra utilidad que en determinadas circunstancias constituya una amenaza para el individuo» (STC 292/2000 [*Tol 2772*]). Se configura, con ello, un instrumento de gran eficacia para garantizar la efectiva tutela del honor, la intimidad, la libertad ideológica o, en general, de cualquier derecho individual.

c) El contenido del derecho también tiene una fisonomía distintiva, que trasciende la estructura clásica de los derechos de defensa. El poder de disposición y control de los propios datos personales comprende el derecho «a consentir sobre la recogida y uso de datos personales y a saber de los mismos», «a ser informado de quién posee sus datos personales y con qué fin» y a «poder oponerse a esa posesión y uso requiriendo a quien corresponda que ponga fin a la posesión y empleo de los datos». Cualquier ciudadano puede, en definitiva, exigir al titular del fichero «que le informe de qué datos posee sobre su persona, accediendo a los oportunos registros y asientos, y qué destino han tenido, lo que alcanza también a posibles cesionarios, y, en su caso, requerirle para que los rectifique o los cancele» (STC 292/2000 [*Tol 2772*]).

En cualquier caso, toda limitación del poder de disposición sobre los propios datos requiere la presencia de un fin legítimo, como lo es "la persecución y castigo del delito" (STC 292/2000 [*Tol 2772*]). También exige la correspondiente "habilitación legal" (STC 292/2000 [*Tol 2772*]), con clara definición de los requisitos y el alcance de la restricción. Esta ha de verificarse, además con respeto al principio de proporcionalidad (STC 76/2019 [*Tol 8485977*] y 92/2024 [*Tol 10273303*]). El TC ha exigido, además, que se establezcan en este ámbito «garantías adecuadas de tipo técnico, organizativo y procedimental» (STC 76/2019 [*Tol 8485977*]), especialmente cuando quedan afectadas categorías especiales de datos personales o sensibles, como ocurre, por ejemplo, en los registros de personas objetoras de conciencia (STC 92/2024 [*Tol 10273303*]).

BIBLIOGRAFÍA

- CANOSA USERA, «La prohibición de la tortura y de penas y tratos inhumanos o degradantes en el CEDH», en *Teoría y realidad constitucional*, nº 42, 2018, pp. 247-271.
- DÍEZ-PICAZO GIMÉNEZ, L. M., *Sistema de derechos fundamentales*, Civitas, 2013.
- GASCÓN ABELLÁN, *Los hechos en el Derecho. Bases argumentales de la prueba*, Marcial Pons, 2010.
- LÓPEZ BOFILL, «Prohibición de tortura: violación del artículo 3 del Convenio Europeo de Derechos Humanos desde el punto de vista procedimental», en *Revista Aranzadi Doctrinal*, nº. 10 (febrero 2012), 2012, pp. 85-94.
- MEDINA ALCOZ/RODRÍGUEZ FERNÁNDEZ, «Razones para (no) indemnizar la prisión provisional seguida de absolución: Guía aplicativa del art. 294.1 LOPJ tras la STC 85/2019, de 19 de junio», en *Revista española de derecho administrativo*, Nº 200, 2019, pp. 147-190.
- QUADRA-SALCEDO JANINI/RODRÍGUEZ FERNÁNDEZ, «La relevancia de la doctrina de las vulneraciones indirectas de los derechos fundamentales. ¿Es asumible una pluralidad de contenidos de la dignidad humana?», *Revista española de derecho europeo*, 2020, pp. 73-107.
- PORTILLA CONTRERAS, «La prohibición de la tortura, los tratos inhumanos y degradantes desde la perspectiva del Tribunal Europeo de Derechos Humanos», en LLOBET RODRÍGUEZ/RUIZ RODRÍGUEZ (coord.), *Principios y garantías penales y procesales en la doctrina de la CIDH y el TEDH*, Bosch, 2022.
- RADBRUCH, *Filosofía del derecho*, Revista de Derecho Privado, 1959.
- REBOLLO PUIG, «El contenido de las sanciones», en *Justicia administrativa: Revista de derecho administrativo*, nº. extra 1, 2001.
- RODRÍGUEZ FERNÁNDEZ, «El proceso penal de los derechos: Valor del anteproyecto de Ley de Enjuiciamiento Criminal de 2020 en la implantación de una cultura constitucional de los derechos fundamentales», en *Diario La Ley*, nº 9814, 2021.
- RODRÍGUEZ FERNÁNDEZ, *Las restricciones sacrificiales de los derechos fundamentales*, Marcial Pons, 2022.
- RODRÍGUEZ FERNÁNDEZ, «La delimitación y características de las restricciones sacrificiales de los derechos fundamentales», en *Revista española de derecho constitucional*, año nº 42, nº 126, 2022.
- RODRÍGUEZ FERNÁNDEZ, «Perspectivas de actualización legislativa de las restricciones del derecho fundamental a la libertad en el proceso penal», en *Un nuevo modelo de proceso penal desde la perspectiva de los derechos fundamentales*, CEJ (Repertorio de ponencias), 2022.
- SCHMITT, *Posiciones ante el derecho*, Tecnos, Madrid, 2012.
- TOMÁS y VALIENTE, «La tortura judicial en España», en *Obras Completas*, Centro de Estudios Políticos y Constitucionales, 1997.
- VÁZQUEZ SOTELO, *Presunción de inocencia del imputado e íntima convicción del tribunal (estudio sobre la utilización del imputado como fuente de prueba en el proceso penal español)*, Bosch, 1984.
- WHITMAN, *The origins of reasonable doubt. Theological roots of the Criminal Trial*, Yale University Press, New Haven & London, 2008.

Capítulo 2

Garantías procesales (I). La tutela judicial penal

Pedro Crespo Barquero
Fiscal de Sala
Fiscal-Jefe de la Fiscalía ante el Tribunal Constitucional

SUMARIO: **1. EL ACCESO A LA JUSTICIA PENAL. 1.1 Algunas precisiones sobre la tutela judicial efectiva en el orden penal. 1.2 Tutela judicial efectiva y derecho de acceso a la jurisdicción penal. 2. LA PROHIBICIÓN DE INDEFENSIÓN. 3. LA PARTICIPACIÓN DE LOS CIUDADANOS EN LA JUSTICIA PENAL: EL EJERCICIO DE LA ACCIÓN PENAL POR LA VÍCTIMA, LA ACCIÓN POPULAR Y EL TRIBUNAL DEL JURADO. 3.1 La titularidad del derecho a la tutela judicial efectiva y el ejercicio de la acción penal. Acusación particular y derechos de la víctima. 3.2 La acusación popular. 3.3 El Tribunal del Jurado. 4. EL PRINCIPIO DE OPORTUNIDAD. 5. LA CONFORMIDAD. 6. LOS SISTEMAS ALTERNATIVOS A LA JUSTICIA PENAL: MEDIACIÓN Y JUSTICIA RESTAURATIVA.**

1. EL ACCESO A LA JUSTICIA PENAL

1.1 Algunas precisiones sobre la tutela judicial efectiva en el orden penal

Un proceso penal democrático se articula esencialmente sobre dos principios: la tutela judicial efectiva y la presunción de inocencia. El primero constituye una garantía instrumental básica del Estado de Derecho, transversal a todos los órdenes jurisdiccionales y estrechamente relacionada con los conceptos de separación de poderes e independencia judicial. Su reconocimiento, en términos más o menos preciso, emana de la propia Declaración Universal de Derechos Humanos, que en sus arts. 8 y 11, respectivamente, reconoce «a toda persona el derecho a un recurso efectivo, ante los tribunales nacionales competentes, que la ampare contra actos que violen sus derechos fundamentales reconocidos por la constitución o por la ley», y que «toda persona tiene derecho, en condiciones de plena igualdad, a ser oída públicamente y con justicia por un tribunal independiente e imparcial, para la determinación de sus derechos y obligaciones o para el examen de cualquier acusación contra ella en materia penal».

En el ámbito europeo, el CEDH no contiene una mención literal de la tutela judicial efectiva, aunque existe un amplio consenso sobre su encuadramiento, atendiendo sus diversas vertientes, en la conjunción de al menos dos derechos que el Convenio sí reconoce nítidamente: el derecho del art. 6 a un *proceso equitativo* [poco afortunada traducción del *fair trial* anglosajón que, por la vía del *procès équitable* francés, prescinde del matiz técnico que nuestro ordenamiento asigna al concepto de *equidad* (CRESPO BARQUERO, 2006, p. 7)]; y el derecho a *un recurso efectivo ante una instancia nacional* frente a la violación de los derechos y libertades reconocidos por el Convenio. Desde los albores de su jurisprudencia (SSTC 21/1981 [*Tol 110826*] y 18/1983 [*Tol 79185*]) el Tribunal Constitucional ha asumido invariablemente, a los efectos del art. 10.2 CE, esa interpretación.

La Carta de Derechos Fundamentales de la Unión Europea, como también es notorio, sí reconoce en su art. 47 de forma expresa, con esa denominación, el derecho a la tutela judicial efectiva, y sistemáticamente lo vincula, en efecto, al derecho a ser oído «equitativa y públicamente y dentro de un plazo razonable por un juez independiente e imparcial, establecido previamente por la ley».

En plena coherencia, por tanto, con ese contexto jurídico supranacional de protección y promoción de los derechos fundamentales, la Constitución española reconoce en su art. 24.1 *a todas las personas* el derecho «a obtener la tutela efectiva de los jueces y tribunales en el ejercicio de sus derechos e intereses legítimos, sin que, en ningún caso, pueda producirse indefensión». Y además incluye esa exigencia de tutela efectiva entre los *derechos fundamentales* que proclama la Sección 1ª del Capítulo II, con la consabida triple consecuencia de someter la regulación de su ejercicio a *reserva de ley*, limitar además el margen de actuación del propio Legislador en cuanto afecte al *contenido esencial* del derecho, y habilitar, en garantía de su disfrute, el recurso de amparo ante el Tribunal Constitucional (art. 53.1 y 2 CE).

Pero la proyección del derecho fundamental a la tutela judicial efectiva sobre el proceso penal no puede abordarse sin subrayar la singularidad que aporta el otro principio/derecho mencionado: la presunción de inocencia. Más arriba se ha dicho que el proceso penal democrático se sitúa en la intersección de ambos principios y derechos fundamentales. Sin embargo, no se trata de una simple convergencia de valores comparables, de entidad y fuerza homogéneas. En el marco penal, la regla de presunción de inocencia —como regla general *de tratamiento*, y sobre todo como *regla de juicio*— condiciona, determina y moldea el contenido y el alcance de la tutela judicial, en todas sus vertientes y dimensiones.

De ahí que, aunque la presunción de inocencia es objeto de otro capítulo, resulte indispensable apuntar —aunque sea de forma sucinta— las claves de esa interacción regida por el principio de que toda persona ha de ser presumida inocente mientras no se demuestre lo contrario, o, más precisamente —en su mencionada faceta de *regla de juicio*—, «el derecho del acusado a no sufrir una condena a menos que la culpabilidad haya quedado establecida más allá de toda duda razonable, en virtud de pruebas que puedan considerarse de cargo y obtenidas con todas las garantías» (STC 72/2024-[*Tol 273374*]).

La sentencia que se acaba de citar —de lectura imprescindible— ilumina, al cabo de un largo recorrido doctrinal, el núcleo central de lo que hemos calificado como *proceso penal democrático.* VIVES (2011, p. 879) describe el tránsito de la *inquisitio* al sistema acusatorio observando que «este cambio se produce ya, en buena medida, por la introducción de un sistema de garantías mediante el cual el ciudadano puede oponer sus razones, en términos de igualdad, a las pretensiones de verdad y validez del aparato estatal y por la configuración de una estructura constitucional que pretende mantener a los jueces alejados de ese aparato, independientes de él, pudiendo, pues, decidir imparcialmente entre las pretensiones de verdad y validez del Estado y las del imputado». De este modo, la *verdad material* que supuestamente busca reproducir el proceso penal se reconstruye —prosigue VIVES (*ibidem,* p. 880)— no como algo «independiente del proceso mismo», sino a partir «de una determinada estructura de las posiciones de las partes y de sus diversos discursos en virtud de la cual la dignidad del imputado y el conjunto de derechos fundamentales que a ella se anudan, no quede a merced del aparato estatal». La presunción de inocencia es «la expresión abreviada de ese conjunto de derechos fundamentales que definen el estatuto jurídico del imputado, estatuto cuyo respeto ha de ser el primer criterio rector de contenido y la estructura del proceso penal. En ese sentido cabe hablar de un proceso penal de la presunción de inocencia: como un proceso penal que se inspira en ella como primer postulado».

Estos razonamientos giran alrededor de una premisa (STC 72/2024 [*Tol 10030645*]) que resulta absolutamente esencial para entender cómo funciona la tutela judicial efectiva en el proceso penal: la asimétrica posición de las partes. Todos los conceptos definidores del modelo procesal penal han de ser contemplados a través de la lente de la presunción de inocencia. La igualdad de armas como regla de asignación de derechos, oportunidades y cargas entre acusación y defensa determina que los trámites y tiempos, el acceso a los recursos —y su alcance y objeto según los casos—, el efecto de la vulneración de derechos sustantivos en el ámbito de la *licitud* o la *validez* de la prueba, incluida la *regla de exclusión*, operen de manera necesariamente diferente según afecten a la acusación o al acusado —o *investigado*—. De esa diferencia depende precisamente el resultado globalmente justo —equitativo, *équitable*— del proceso.

Es innegable que las innumerables reformas de la LECrim operadas —no siempre para bien— a lo largo de las últimas décadas, y sobre todo el guadianesco influjo de la jurisprudencia constitucional, han ido abriendo paso de manera paulatina, más por la vía de la mixtificación casuística que por la de la congruencia dogmática, a un modelo progresivamente impregnado de esencia democrática. Pero subsisten chocantes resabios de una forma de ver el proceso —a fin de cuentas, una mentalidad— difícilmente cohonestable con esa comprensión *asimétrica* de la tutela judicial. La vieja imagen *ferroviaria* del proceso penal que circula hacia la sentencia condenatoria, puesto que toda absolución equivale a un error, sea del acusador o del juez (*vid.* CRESPO BARQUERO, 2014, p. 221), subyace en el hondo subconsciente de nuestro sistema y aflora con demasiada frecuencia, cada vez que en una resolución judicial se perciben como *obstáculos* ciertos *tecnicismos* propios del *modelo garantista* o se ofrecen soluciones dirigidas a configurar con menos complicaciones un —improbable— *derecho a ser bien condenado.* Piénsese, por ejemplo —volviendo a la STC 72/2024— que la ardua trayectoria seguida desde la lejana STC 167/2002 [*Tol 205001*] a través del terreno de la doble instancia penal y la subsiguiente definición del ámbito de revisión peyorativa de los fallos absolutorios o más favorables no ha logrado extinguir —y cabría sospechar que esté lejos de hacerlo— un goteo de esporádicas respuestas judiciales «alternativas» basadas en la búsqueda de la *justicia material*, como, por ejemplo, la de habilitar en la segunda instancia una audiencia del acusado que la ley no contempla, resolviendo así el «problema» que impide condenarlo.

La propia LOPJ vigente no deja de ofrecer una visión ciertamente singular de la función de *tutela judicial*, cuando se refiere en el encabezamiento de su Libro VII al «Ministerio Fiscal, la Fiscalía Europea *y demás personas e instituciones que cooperan con la Administración de Justicia*». Teniendo en cuenta que entre esas *personas* se encuentran, entre otras, el fiscal y los abogados, se ofrece la sorprendente imagen de un modelo de resolución de conflictos en el que las partes confrontadas se describen como *cooperadores* del árbitro.

Presunción de inocencia y asimetría de las posiciones de las partes en el proceso se erigen, en definitiva, en presupuestos indispensables para poder entender los elementos claramente singulares que definen el derecho a la tutela judicial defectiva en el proceso penal, frente a su contenido y alcance en los demás órdenes jurisdiccionales.

A partir de esta advertencia, es posible abordar el tratamiento de las distintas *vertientes* o proyecciones del derecho a la tutela judicial efectiva con el enfoque que corresponde a esa singularidad.

En general la doctrina (por todos, BLANCO PEÑALVER, 2011, pp. 761 y ss.) señala como *vertientes* principales de este derecho fundamental, en el ámbito penal, el derecho de acceso al proceso (*v.gr.*, entre las más recientes, SSTC 123/2024 [*Tol 10271500*] y 118/2024 [*Tol 10271505*]) y a la investigación penal eficaz (SSTC 105/2024 [*Tol 10271569*] y 1/2024 [*Tol 9863879*]), el derecho de acceso a los recursos (STC 146/2022 [*Tol 9331456*]), el derecho a una resolución fundada en Derecho congruente con las pretensiones de las partes (STC 115/2024 [*Tol 10271508*]), el derecho a la doble instancia —que incluye la cuestión, ya apuntada y especialmente compleja, de la asimetría en las facultades de revocación de los fallos absolutorios y condenatorios (STC 72/2024 [*Tol 10273374*], repetidamente citada), el derecho a no padecer indefensión (STC 100/2024 [*Tol 10271574*]) y el derecho a la intangibilidad de las resoluciones judiciales firmes (STC 107/2024 [*Tol 10271567*]).

Tal vez convenga en este punto observar y advertir, por su novedad, que la esperada LO 5/2024, del Derecho de Defensa, afirma en su art. 3.2 que «el derecho de defensa incluye, en todo caso, el derecho al libre acceso a los tribunales de justicia, a un proceso sin dilaciones indebidas, a que se dicte una resolución congruente y fundada en Derecho por la jueza o juez ordinario e imparcial predeterminado por la ley, así como a la invariabilidad de las resoluciones firmes y a su ejecución en sus propios términos», así como «las facultades precisas para conocer y oponerse a las pretensiones que se formulen de contrario, para utilizar los medios de prueba pertinentes en apoyo de las propias y al acceso a un proceso público con todas las garantías, sin que, en ningún caso, pueda producirse situación alguna de indefensión».

Como puede comprobarse fácilmente, el legislador ha «incluido» en el derecho de defensa manifestaciones o vertientes del derecho a la tutela judicial efectiva claramente encuadradas en el art. 24.1 CE —y no propiamente en el *derecho a la defensa y a la asistencia de letrado* del art. 24.2— por una jurisprudencia constitucional de larga trayectoria y plenamente consolidada. La explicación de esa inexactitud dogmática parece hallarse en el preámbulo de la ley, cuando afirma que «sin una defensa efectiva es inviable el ejercicio de una real tutela judicial efectiva», de modo que ambos derechos —tutela judicial y defensa— «se configuran, por tanto, [...] como dos caras de la misma moneda y como corolario inherente al funcionamiento de un Estado de Derecho». La innegable vinculación de ambas garantías no evita ni justifica sin embargo una confusión innecesaria: la redacción de la ley no ayudará probablemente a sus merecidos protagonistas y destinatarios más directos, los profesionales de la abogacía, a centrar de forma correcta, por ejemplo, una pretensión de amparo. El derecho de defensa no *incluye* la tutela judicial efectiva en ninguna de las vertientes que la norma menciona; es un derecho distinto y autónomo reconocido justamente para poder hacer valer esas otras garantías cuando se consideran vulneradas en el marco de un proceso judicial o en relación con él.

Las precedentes aclaraciones orientadas a la delimitación del contenido del derecho a la tutela judicial efectiva en el orden penal desembocan en una puntualización añadida: en la organización de la presente obra, este capítulo restringe su objeto a: a) la *vertiente* de derecho de acceso al proceso, mediante —como se dirá— un enfoque singular basado en la idea de *participación de los ciudadanos*, y b) el derecho a no padecer indefensión. A estas cuestiones se agrega el tratamiento específico de otros temas —el principio de oportunidad, la conformidad y los «sistemas alternativos a la justicia penal»— sobre los que el principio de tutela judicial efectiva extiende su manto de garantía, esencialmente, como también se comprobará, mediante el control jurisdiccional de legalidad.

Al asumir la disciplina de esa acotación de materias han de quedar fuera del presente análisis algunas cuestiones de capital importancia y, en algunos casos, de notable complejidad técnica y hasta de notoria actualidad; entre ellas, la ya mencionada —y largamente controvertida— evolución de la doctrina relativa al régimen de recursos que articula el doble grado de jurisdicción, o la no menos sustanciosa definición del *canon* de motivación de la respuesta judicial mediante una resolución *fundada en Derecho*. Tales cuestiones habrán de ser examinadas en otras partes de la obra, al hilo de la lectura de cada de uno de los concretos preceptos de la LECrim en los que se hacen patentes.

1.2 Tutela judicial efectiva y derecho de acceso a la jurisdicción penal

Según ya se ha apuntado, el derecho de acceso a la jurisdicción o al proceso penal constituye la primera manifestación o —en la jerga constitucional— *vertiente* lógica, y cabría decir que *cronológica*, del derecho a la tutela judicial efectiva.

También se ha hecho hincapié en la singularidad que acompaña al contenido y el disfrute de este derecho de *acceso* según las diferentes posiciones que ocupan en el proceso penal cada uno de los posibles sujetos legitimados para intervenir en él. Ya en este primer escalón de acercamiento a la materia surge una observación preliminar: el concepto formal de *parte* no abarca toda la realidad subjetiva del procedimiento penal español. Como habrá ocasión de comprobar, la ley reconoce determinados derechos de inequívoca naturaleza procesal a la víctima del delito aunque opte por no mostrarse parte en el procedimiento (*vid.* arts. 109, 636, 659, 771, 773, 779, 785 LECrim, y, especialmente, Ley 4/2015, del estatuto de la víctima del delito). Ese reforzamiento de la tutela judicial de la víctima constituye, de hecho, una de las claves evolutivas del derecho procesal penal en las últimas décadas.

Pues bien, la incidencia de la citada regla de *asimetría* en el derecho a la tutela judicial de los distintos sujetos a los que afecta el proceso comienza por el *derecho de acceso* al proceso mismo.

A tal efecto, resulta obvio que el investigado/acusado es parte procesal necesaria —pasiva—, y que sobre él se extiende principalmente el manto de derechos y garantías que enuncia el art. 24.2 CE, incluidos el instrumental derecho de defensa, al que ya se ha hecho alusión, y el sustancial derecho a la presunción de inocencia que —como también se ha subrayado— constituye la clave de arco de toda la arquitectura jurídica del sistema penal democrático. Del mismo modo es *parte necesaria,* con escasas excepciones —los denominados *delitos privados*—, el Ministerio Fiscal. Aunque el fundamento de la legitimación procesal del fiscal condicione severamente el contenido de «*su*» derecho a la tutela judicial efectiva, o, al menos, su invocación en sede constitucional (por todas, STC 22/2016 [*Tol 6436791*]).

Más allá de la definición del estatus procesal de esas partes *necesarias*, la mayor peculiaridad del modelo procesal español reside, como es sabido, en que no solo reconoce el derecho de la víctima —e incluso el perjudicado al que no alcanza esa condición— de ser *parte acusadora* —acusación particular—, sino que también contempla una *acción popular* cuyo ejercicio se ofrece a *todos los ciudadanos españoles* (arts. 101 y 270 LECrim), con mínimas excepciones y limitaciones (arts. 102 a 104 y 280 LECrim). Por eso el examen del derecho de *acceso al proceso* se suele concentrar principalmente en el análisis de las condiciones de ejercicio de la acción penal por quienes tienen reconocida su titularidad *como parte acusadora* en la LECrim.

El modo en que el ejercicio de ese derecho se concreta para cada uno de sus diferentes titulares se examinará en el apartado siguiente. Lo que ahora importa subrayar, como marco general de esas diferentes modulaciones, es que el derecho a la tutela judicial efectiva no es «un derecho de libertad, ejercitable sin más y directamente a partir de la Constitución, sino un derecho de prestación, [que] sólo puede ejercerse por los cauces que el legislador establece o, dicho de otro modo, es un derecho de configuración legal» (STC 99/1985 [*Tol 79514*]); en igual sentido, entre otras muchas, STC 118/2024 [*Tol 10271505*].

Esta apreciación inicial y general es la que precisamente permite y facilita la diversidad de manifestaciones y alcances del derecho a la tutela judicial en función de la posición procesal del sujeto que lo ejercita, o lo invoca. Pero la doctrina constitucional ha definido tradicionalmente su *contenido esencial* delimitándolo entre dos postulados convergentes: la configuración del derecho de acceso al proceso como un *ius ut procedatur*, y, no obstante, una vez fijado así su *singular* contenido, la aplicación del mismo principio *pro actione* que opera en todos (los demás) órdenes jurisdiccionales.

La STC 87/2020 [*Tol 8062086*], resumía en su FJ 3 la doctrina —que cabría calificar de *clásica*— sobre «el derecho a la tutela judicial efectiva, en su vertiente del derecho de acceso a la jurisdicción mediante el ejercicio de la acción penal», a través de las siguientes *notas características*:

a) El ejercicio de la acción penal no otorga a sus titulares un derecho incondicionado a la apertura y plena sustanciación del proceso penal; tampoco impone a los órganos judiciales la obligación de realizar una investigación más allá de lo necesario, alargando indebidamente la instrucción o el proceso (SSTC 176/2006 [*Tol 956791*], 34/2008 [*Tol 1265127*], o 26/2018 [*Tol 8485756*]).

b) El querellante o denunciante ostenta, como titular del *ius ut procedatur*, el derecho a poner en marcha un proceso penal, a que el mismo se sustancie de conformidad con las reglas del proceso justo y a obtener en él una respuesta razonable y fundada en derecho (SSTC 120/2000 [*Tol 24714*]), de 10 de mayo, FJ 4, o 12/2006 [*Tol 817429*]), pero no incluye el derecho material a obtener una condena y a la imposición de una pena, pues el *ius puniendi* es de naturaleza exclusivamente pública y su titularidad corresponde al Estado [SSTC 157/1990 [*Tol 81835*]; 232/1998 [*Tol 6594891*]; 34/2008 *Tol 1265127*, y 26/2018 [*Tol 8485756*], entre otras].

c) La tutela judicial efectiva del denunciante o querellante es satisfecha por la resolución judicial que acuerde la terminación anticipada del proceso penal, sin apertura de la fase de plenario, cuando aquella se asiente sobre una razonada y razonable concurrencia de los motivos legalmente previstos para acordar el sobreseimiento, libre o provisional (arts. 637 y 641 LECrim y, dado el caso, art. 779.1.1 LECrim). Por el contrario, habrá vulneración de este derecho si la decisión judicial de no proseguir con la indagación penal afecta, en cualquiera de esos momentos procesales, a diligencias oportunamente solicitadas por el recurrente, parte en el proceso judicial, que incidan en su derecho a la utilización de medios de prueba; o también cuando, realizadas estas de modo bastante, se vea afectada la determinación de lo sucedido a partir de las mismas o bien la calificación jurídica de los hechos que se constatan (STC 26/2018 [*Tol 8485756*]).

d) La efectividad del derecho a la tutela judicial coincidirá en estos casos con la suficiencia de la indagación judicial. Dependerá, pues, no solo de que la decisión de sobreseimiento esté motivada y jurídicamente fundada, sino también de que la investigación de lo denunciado haya sido suficiente y efectiva, ya que la tutela que se solicita consiste inicialmente en que se indague sobre lo acaecido.

e) La suficiencia y efectividad de la investigación solo pueden evaluarse valorando las concretas circunstancias de la denuncia y de lo denunciado, así como la gravedad de lo denunciado y su previa opacidad (SSTC 34/2008 [*Tol 1265127*] y 26/2018 [*Tol 8485756*]), de tal manera que habrá vulneración del derecho a la tutela judicial efectiva cuando no se abra o se clausure la instrucción existiendo sospechas razonables de la posible comisión de un delito y revelándose tales sospechas como susceptibles de ser despejadas mediante la investigación. Esta exigencia no comporta la apertura de la instrucción en todo caso, del mismo modo que no impide su clausura temprana. Tampoco existe un derecho a la práctica ilimitada de la prueba, de manera tal que imponga la realización de cuantas diligencias de investigación se perciban como posibles o imaginables, propuestas por las partes o practicadas de oficio, particularmente si resulta evidente que el despliegue de mayores diligencias deviene innecesario. Semejante obligación conduciría a instrucciones inútiles en perjuicio del interés general en una gestión racional y eficaz de los recursos de la Administración de Justicia (SSTC 34/2008 *Tol 1265127*; 63/2010 [*Tol 1965664*]; 131/2012 [*Tol 9819316*] y 153/2013 [*Tol 3961404*]).

De este modo, el Tribunal Constitucional ha extendido también al ámbito de la jurisdicción penal la advertencia —concerniente no ya al aplicador de las leyes, sino al propio Poder Legislativo— de que el derecho reconocido en el art. 24.1 CE no puede verse conculcado por normas que impongan al justiciable «requisitos impeditivos u obstaculizadores del acceso a la jurisdicción, si tales trabas resultan innecesarias, excesivas y carecen de razonabilidad o proporcionalidad respecto de los fines que lícitamente puede perseguir el legislador» (STC 1/2023 [*Tol 9419704*]). Se hace así compatible, como se ha dicho, el impulso facilitador del principio *pro actione* con el efecto inevitablemente restrictivo que impone la presunción de inocencia, junto a la naturaleza pública —y en régimen de monopolio estatal— del *ius puniendi*.

Por otra parte, como señala BLANCO PEÑALVER (2018, pp. 762 y 763), es precisamente la diferencia entre el *ius ut procedatur* del titular de la acción penal y el *ius puniendi* del Estado «...lo que explica que las partes acusadoras carezcan de un derecho a que el órgano judicial lleve a cabo una actividad investigadora exhaustiva o ilimitada», de modo que «el deber del Juez de Instrucción no sea agotar las posibilidades de investigación para procurar otorgar un pronunciamiento motivado sobre el fondo de la pretensión, sino no alargar innecesariamente el proceso»; sin perjuicio, no obstante, de que «una decisión de sobreseimiento o archivo del proceso penal que impida el acceso a este ha de estar necesaria y suficientemente motivada», a cuyo efecto «basta con que cumpla la doble finalidad de exteriorizar, de un lado, el fundamento de la decisión adoptada, haciendo explícito que esta responde a una determinada interpretación y aplicación del Derecho, y de permitir, de otro, su eventual control jurisdiccional mediante el efectivo ejercicio de los recursos previstos por el ordenamiento jurídico, sin que sea necesario el análisis pormenorizado de los elementos integrantes del tipo o tipos penales por los que se formula una querella».

Ahora bien, esta formulación clásica netamente fiel a la caracterización constitucional del derecho a la tutela judicial efectiva en su vertiente de *derecho a una resolución jurídicamente fundada* —invoca el mencionado autor las SSTC 150/1988 [*Tol 79999*]; 238/1988 [*Tol 80085*]; 191/1989 [*Tol 81762*]; 191/1992 [*Tol 81971*] y 176/2006 [*Tol 956791*]— ha de ser hoy completada o *complementada* en relación con determinados supuestos cuyo ámbito material, por cierto, se ha ido ensanchando en la jurisprudencia constitucional y europea de las últimas décadas.

Se trata, en efecto, de la progresiva consolidación, en el marco del derecho a la tutela judicial efectiva, de un *derecho a la investigación suficiente y eficaz* de ciertos hechos que comportan la lesión grave de un derecho fundamental sustantivo de entidad especialmente relevante, frente a decisiones de los poderes públicos, en particular resoluciones judiciales de archivo o sobreseimiento, que se producen sin que los órganos competentes hayan desplegado con carácter previo un esfuerzo investigador que pueda considerarse razonablemente proporcionado a la naturaleza y gravedad del hecho; incluso pese a haberse puesto de manifiesto, en algunos casos —generalmente, por las partes personadas—, la existencia de posibilidades de indagación de los hechos que no han sido abordadas. Un número creciente de resoluciones del Tribunal Constitucional ha venido alertando, en ese ámbito, sobre la existencia de un deber de «agotar cuantas posibilidades razonables de indagación resulten útiles para aclarar los hechos; por todas, SSTC 224/2007 [*Tol 1173759*]; 34/2008 [*Tol 1265127*]; 52/2008 [*Tol 1295356*]; 107/2008 [*Tol 1372371*] y 63/2010 [*Tol 1965664*])» (STC 166/2021 [*Tol 8629507*]).

Esta doctrina trae causa originariamente de la jurisprudencia del TEDH relativa al art. 3 del Convenio de Roma —prohibición de torturas y tratos inhumanos o degradantes—, incluyendo un buen número de resoluciones atinentes a nuestro país, como, por ejemplo, SSTEDH de 2/11/2004, *Martínez Sala c. España* [*Tol 9086481*]; de 28/09/2010, *San Argimiro Isasa c. España* [*Tol 2646995*]; de 8/03/2011, *Beristain Ukar c. España* [*Tol 9067388*]; de 16/10/2012, *Otamendi Egiguren c. España* [*Tol 9062847*]; y de 19/01/ 2021, *González Etayo c. España* [*Tol 8262018*]. El TEDH define una *dimensión procesal* del citado art. 3 CEDH en pro de una investigación *exhaustiva*, lo que significa que las autoridades deben siempre «de veras esforzarse a (sic) averiguar lo que ha ocurrido y que no deben basarse en conclusiones apresuradas o mal fundadas para cerrar la investigación» (por todas, STEDH de 13/02/2018, *Portu Juanenea y Sarasola Yarzabal c. España*, § 88 [*Tol 6501758*]).

El Tribunal Constitucional ha acogido y reproducido directamente esta doctrina —investigación insuficiente de denuncias de malos tratos policiales o en el ámbito penitenciario— en numerosas sentencias, v.gr., STC 12/2022 [*Tol 8815244*]; 13/2022 [*Tol 8815243*], o 34/2022 [*Tol 8892987*], extendiéndola también, no obstante, a aquellos casos en que, sin una denuncia explícita de torturas o malos tratos, concurre la presencia de un *factor de opacidad* determinado por la situación de privación de libertad bajo la custodia de los poderes públicos, a la que el máximo intérprete de la Constitución asocia «la escasez y dificultad probatoria» (STC 53/2022 [*Tol 8916786*]). Así, ha aplicado por ejemplo el estándar de la *investigación eficaz* frente al archivo de la causa incoada a raíz del supuesto suicidio de una persona cuando se hallaba en los calabozos de una comisaría de policía, a fin de determinar «si los agentes de policía encargados de la custodia del detenido incurrieron en algún tipo de responsabilidad por los hechos investigados» (STC 1/2024 [*Tol 10275243*]).

Pero ha ido aún más allá. Por una parte, incluso reconociendo de modo expreso que «no es plenamente aplicable», ha extendido las consecuencias de ese *principio de investigación eficaz* a supuestos que no se circunscriben a ese escenario de *dificultad probatoria* por *opacidad*, incorporado además la tutela de otros valores: la citada STC 53/2022 [*Tol 8916786*], por ejemplo, declaró vulnerado el derecho a la tutela judicial efectiva por la insuficiente investigación de las lesiones que había sufrido un joven al ser arrollado por un vehículo policial en el marco de un enfrentamiento violento entre la policía y los asistentes a una manifestación —es decir, por una actuación policial en un lugar público—; y la STC 124/2022 [*Tol 9271822*] otorgó el amparo a una periodista agredida en un contexto similar, cuando cubría la información de una manifestación. Su FJ 2 aclara que la especial trascendencia constitucional del recurso «consistiría en determinar la necesidad de agotar los medios de investigación en aquellos casos en los que no solo nos encontraríamos ante una lesión autónoma de los arts. 15 CE o 3 CEDH sino en los que, además, existiría una relación material con una posible obstaculización, o disuasión, del derecho a la libertad de información consagrado en los arts. 20 CE y 10 CEDH», aunque se limitó a declarar la vulneración del derecho a la tutela judicial efectiva sin indefensión.

Por otra parte —esta última indicación de la STC 124/2022 [*Tol 9271822*] ofrece una pista al respecto— la doctrina de la *investigación eficaz* ha desbordado también, hace ya tiempo, su inicial ámbito material de aplicación —torturas o tratos inhumanos o degradantes—. El propio TEDH, en su sentencia de 9/03/2021, *López Martínez c. España* [*Tol 8339946*], aclara que «respecto a la adecuación y suficiencia de los recursos internos frente a la violación del derecho garantizado por el Convenio, el Tribunal considera en general que ello depende del conjunto de circunstancias del asunto, teniendo en cuenta en particular *la naturaleza de la vulneración del Convenio de que se trate*» (la cursiva es nuestra). Y, en efecto, la jurisprudencia de Estrasburgo ofrece muestras de extensión de esa doctrina, por ejemplo, a la *dimensión procesal* —lo que en versión española podemos traducir como *tutela judicial efectiva*— del derecho a la vida proclamado por el art. 2 CEDH. Así, en la STEDH de 7/01/ 2010, *Rantsev c. Chipre y Rusia* [*Tol 2638050*] ya se podía leer que «el art. 2 impone al Estado no sólo abstenerse de la privación de la vida intencional e ilegal de la vida, sino también adoptar las acciones apropiadas para salvaguardarlas de aquellos que se encuentran bajo su jurisdicción», lo que incluye «la obligación de llevar a cabo una investigación oficial también [...] cuando la muerte sucede en circunstancias sospechosas no imputables a los agentes del Estado», debiendo las autoridades «actuar de oficio una vez que el asunto ha llamado su atención», que no ha de depender de la «iniciativa de los parientes, ni la presentación de una queja formal», sin perjuicio de que «en todos los casos, el pariente de la víctima debe verse involucrado en el proceso en la medida necesaria para salvaguardar sus legítimos intereses». Incluso en supuestos de negligencia o conductas imprudentes con resultado de muerte (v.gr., STEDH de 9/04/2009, Šilih c. Eslovenia [*Tol 9079243*]).

Y, en fin, el Tribunal Constitucional español ha llevado la onda expansiva del *derecho a una investigación eficaz* aún más lejos, al terreno de la *violencia contra la mujer*. La ya citada STC 87/2020 [*Tol 8062086*] marcó un hito al combinar, tras la cita de diversas resoluciones del TEDH, a) la naturaleza del bien jurídico lesionado, vida o integridad física y moral con b) la exigencia (art. 9.2 CE) de implicación de los poderes públicos en la erradicación de esta clase de conductas, c) el criterio ya examinado de la *opacidad*, aquí vinculada al marco de la «privacidad o clandestinidad en el que aparecen contextualizados los hechos objeto de una denuncia de esta naturaleza», y d) la necesidad de ponderar en la valoración judicial de los testimonios «en los casos [ciertamente habituales, cabría apostillar] en que las víctimas sean personas especialmente vulnerables». De modo que en estos casos «el canon reforzado constitucionalmente exigible (deber de investigación suficiente y eficaz) [...] obliga al juez instructor a que su investigación no quede constreñida al mero contraste superficial de los testimonios enfrentados entre sí, por compensación o contrapeso entre ambos», e implica además que «la resolución judicial que, en su caso, acuerde el archivo de las actuaciones deberá evidenciar que los testimonios han quedado sometidos a un filtro especialmente minucioso o de detalle, que preste singular atención, tanto a los particulares del caso, como a la diferente posición que, en relación con los hechos, ostentan las partes».

La posible percepción de que esa doctrina evoluciona hacia una mayor extensión —o un mayor contenido— material del *ius ut procedatur*, al mismo tiempo que el propio elenco de casos abarcados por su aplicación también se va ensanchando, responde seguramente a una realidad a la que tanto el TEDH como el TC español no son ajenos. No debería extrañar que en una sociedad democrática avanzada el estándar de *tutela* de los derechos fundamentales —en especial frente al riesgo de ataques más lesivos, ámbito característicamente vinculado al principio de intervención mínima del derecho penal, como *ultima ratio* en orden a la protección de los bienes jurídicos—, vaya ampliándose al ritmo con el que la propia *necesidad de tutela* se intensifica, cubriendo progresivamente un área de aplicación que excede del mero reconocimiento formal de un *derecho de acceso al proceso*.

El desarrollo socioeconómico y el consiguiente incremento de las demandas de seguridad jurídica y seguridad pública —cuya no infrecuente confusión arrastra no obstante preocupantes riesgos para la adecuada valoración y protección de las garantías propias de un Estado democrático—, contribuyen sin duda, en su dimensión más positiva, a una mayor exigencia de tutela frente a los posibles abusos del poder —el que sea— y en orden al más eficiente aseguramiento de determinados valores que, más allá de los referentes primarios —vida, libertad física, integridad física, propiedad— ahondan en aspectos referidos a la igualdad, la dignidad de la persona en sus más diversas proyecciones, la privacidad crecientemente comprometida por la expansión de las nuevas tecnologías, el ejercicio de las libertades públicas, la exclusión de la arbitrariedad, la preservación del medio ambiente, etc., que de forma progresiva se van incorporando a la conciencia de la condición misma de *ciudadano*. La elaboración de conceptos como el de *persona especialmente vulnerable*, o las propuestas —ya aludidas— de reorientación del derecho penal hacia una mayor consideración de la figura de la víctima y la necesidad de reparación *real* del daño que le causa el delito, confluyen necesariamente en una visión tuitiva que, por lógica, no podría dejar de afectar a la idea de *tutela* judicial *efectiva* —esto es, *eficaz*— de todos esos derechos y valores.

La clave —y el límite— de ese positivo desarrollo garantista se halla, en cualquier caso, en que ha de seguir incluyendo, sin merma alguna, la irrenunciable tutela del derecho fundamental a la presunción de inocencia del investigado/acusado, con todas sus consecuencias procesales. En el epicentro de una extendida corriente ideológica —políticamente transversal, por cierto— que —basta con examinar los pronunciamientos políticos y el contenido de las iniciativas legislativas en la materia— tiende a elevar el objetivo de *eficacia procesal* al rango de prioridad programática absoluta, esta advertencia no debería considerarse banal.

2. LA PROHIBICIÓN DE INDEFENSIÓN

El art. 24.1 CE agrega a la proclamación del derecho a la tutela judicial efectiva la garantía de que *«en ningún caso pueda producirse indefensión»*. Esta referencia genérica a la prohibición de indefensión ha sido en general objeto, en la jurisprudencia del TC, de un tratamiento cuyos contornos resultan algo imprecisos, más allá de algunas puntualizaciones que cabrían calificar de *mínimos* acerca de su contenido esencial y su significación procesal.

En este sentido, la doctrina constitucional al uso puede concretarse en dos premisas, canónicamente enunciadas en la STC 237/2001 [*Tol 81623*]: a) que «en el contexto del art. 24.1 CE, la indefensión es una *noción material* que se caracteriza por suponer una privación o minoración sustancial del derecho de defensa, un menoscabo sensible de los principios de contradicción y de igualdad de las partes que impide o dificulta gravemente a una de ellas la posibilidad de alegar y acreditar en el proceso su propio derecho o de replicar dialécticamente la posición contraria en igualdad de condiciones con las demás partes procesales (STC 116/1995, de 17 de julio, FJ 3, por todas)»; y b) que «para que la indefensión alcance la dimensión constitucional que le atribuye el art. 24.2, se requiere que los órganos judiciales hayan impedido u obstaculizado en el proceso el derecho de las partes a ejercitar su facultad de alegar y justificar sus pretensiones, esto es, que sea causada por la incorrecta actuación del órgano jurisdiccional, no la que se debe principalmente a la inactividad de la parte que alega haber sufrido indefensión (SSTC 109/1985, de 8 de octubre, FJ 3; 107/1999, de 14 de junio, FJ 5; 114/2000, de 5 de mayo, FJ 2 entre otras muchas)».

Esta fórmula, anticipada en términos más o menos idénticos en las sentencias que el TC cita, y reproducida en otras posteriores hasta nuestros días (*v.gr.*, STC 41/2022 [*Tol 8909225*]), evidencia la escasa consistencia de sus contornos. Probablemente, como ya señalara hace un cuarto de siglo BORRA-

JO INIESTA (2000, p. 40), porque «el precepto es novedoso, y no permite acogerse a los estudios realizados en otros países, ni sumarse a una corriente bibliográfica anterior». La originalidad de la norma, sin parangón exacto, efectivamente, en el Derecho comparado, parece deberse al propósito de concretar en una manifestación imperativa —en forma de *interdicción*— el *reverso* del principio de tutela judicial efectiva enunciado *en positivo* inmediatamente antes. Quizá por eso mismo se dificulta la apreciación del posible margen de autonomía de esa *interdicción* como principio constitucional, y en cualquier caso su aplicación suscita todo género de dudas acerca de su potencial radio de acción, sus destinatarios y —sobre todo— sus conexiones y diferencias con las garantías procesales enunciadas en el número 2 del mismo art. 24 CE. En especial el *derecho de defensa*, como ya se anticipó al mencionar la reciente Ley Orgánica que lo desarrolla.

En este sentido, la propia doctrina constitucional citada vincula —si no *mezcla*— los objetos de ambos apartados del art. 24 CE, generando incluso la impresión de que pudiera tratarse de dos facetas de un mismo mecanismo de tutela, diferenciadas, en relación de género a especie, por el origen y la naturaleza de la restricción del derecho o garantía que la Carta Magna proclama. De este modo, «en el contexto del art. 24.1 CE» la *indefensión* se identificaría en general con «la privación o minoración sustancial del derecho de defensa» entendiendo por tal la infracción de los principios de contradicción e igualdad de las partes, que en el seno del proceso comporta la quiebra de la *regla de igualdad de armas* (CRESPO BARQUERO, 2014, p. 235 y ss.), mientras que «para que la indefensión alcance la dimensión constitucional que le atribuye el art. 24.2», es decir, para integrar una lesión del derecho a la defensa propiamente dicho, se requiere que sean precisamente *los órganos judiciales* quienes hayan impedido u obstaculizado en el proceso *el derecho de las partes*».

No faltan sin embargo otras propuestas exegéticas dirigidas a articular el juego de los dos párrafos del art. 24 CE, como la que abogaría por reservar el derecho de defensa *propiamente dicho* para la esfera específica del acusado, mientras que la prohibición de *indefensión* constituiría una garantía universal para todas las partes en el proceso. Esa formulación pierde pie, sin embargo, cuando se trata de extender tal garantía —la Constitución no distingue— a los demás órdenes jurisdiccionales en los que, como es obvio, no opera el ya examinado régimen de *asimetría* que serviría de base a esa diferencia de trato.

Sí es cierto, en cualquier caso, que la genérica prohibición de indefensión del art. 24.1 CE *in fine* facilita una aplicación en términos mucho más abiertos, hasta el punto de que una restricción constitucionalmente injustificada de la capacidad de defensa de los ciudadanos se hallaría vetada tanto dentro *como fuera* del proceso, por ejemplo, respecto de quien ni siquiera ha llegado a ser parte a consecuencia a una indebida decisión u omisión que no es imputable al afectado (BORRAJO INIESTA, pp. 42 y ss.). En este caso nos hallaríamos ante el trasunto *en negativo*, precisamente, de la vertiente de *derecho de acceso al proceso* que incluye la tutela judicial efectiva, según se ha examinado en el apartado anterior.

E incluso, en la misma línea de extensión de los posibles *destinatarios* de la norma constitucional, cabe apuntar (BORRAJO INIESTA, p. 41) que dicha prohibición *genérica* de indefensión opera también como un límite para el propio legislador, en la medida en que sea la norma procesal o sustantiva misma la que impide o restringe el pleno disfrute de las garantías del *proceso debido*, empezando precisamente por el acceso al proceso y la igualdad de armas, y siguiendo por todo el resto de derechos que enuncia el art. 24.2 CE. Cabe señalar, por ejemplo, aunque no se trate de una norma penal, el modo en que la reciente STC 19/2023 [*Tol 9493276*], que desestimó un recurso de inconstitucionalidad interpuesto contra la Ley de Eutanasia, ha interpretado el silencio del legislador sobre la posibilidad de que puedan recurrirse en vía judicial las decisiones que reconocen el derecho a obtener la prestación, mientras que contempla explícitamente el recurso contencioso—administrativo contra las que la deniegan. El TC —FJ 7 C) b)— rechaza la lectura *literal* de la norma señalando que «las leyes de carácter sectorial que ordenan la actuación de las administraciones públicas de ninguna manera tienen que hacer mención expresa de las garantías que, en general, se configuran en las leyes procesales —ante todo, por lo que ahora interesa, en la Ley 29/1998, reguladora de la jurisdicción contencioso-administrativa, para asegurar el pleno sometimiento a la ley y al Derecho de tales actuaciones, su control por los tribunales y *la tutela judicial efectiva de derechos e intereses legítimos*».

La misma lógica basada en la garantía general de *no indefensión* había presidido, hace años, en el terreno propiamente procesal penal, la solución dada en la STC 186/1990 [*Tol 81858*] a una cuestión de inconstitucionalidad relativa al supuesto *desequilibrio* generado por la norma —entonces el art. 790.1 LECrim, hoy 780.1— que regulaba la transformación de las diligencias previas en procedimiento abreviado, en cuanto contemplaba el traslado al Ministerio Fiscal y las acusaciones personadas para que solicitasen la apertura del juicio oral formulando escrito de acusación o el sobreseimiento de la causa o, excepcionalmente, la práctica de diligencias complementarias, sin habilitar un trámite similar para que la defensa instase el sobreseimiento o la práctica de actuaciones. Sin perjuicio de explicar las razones por las que la *asimetría* de las posiciones de las partes justifica esa diferencia de facultades entre la acusación y la defensa en ese concreto momento del proceso, la sentencia aclaraba que, en la medida en que la decisión de continuar el proceso rechaza implícitamente la procedencia de las otras resoluciones, en particular el archivo o sobreseimiento, la resolución «habrá de notificarse a los que sean parte en el procedimiento [...] con ilustración expresa de los recursos que pueda ejercitar contra la misma, razón por la cual queda garantizada, a través de la posibilidad de ejercicio de los recursos, la vigencia del principio constitucional de contradicción».

Soluciones similares, igualmente inspiradas en la regla general de interdicción de indefensión y preservación de la contradicción e igualdad de armas se hicieron valer por el TC, como también recuerda BLANCO PEÑALVER (2018, p. 780), en relación con el traslado del recurso de queja a las restantes partes del proceso, que no está expresamente previsto en la LECrim (arts. 234 y 235) (STC 182/2009 [*Tol 1593595*], entre otras muchas); y, en términos análogos, en relación con el traslado a la parte apelada de la apelación adhesiva, a fin de que pueda alegar sobre su contenido (*vid.*, por todas, STC 101/2001 [*Tol 81462*]).

En todo caso, al margen de sus concretas aplicaciones y de la mayor o menor interacción o incluso confusión con los derechos específicos del art. 24.2 CE, lo que es indispensable retener de la doctrina constitucional sobre la interdicción de indefensión es la naturaleza estrictamente *material* de la garantía, y el modo en que se concretan las consecuencias de su lesión. Que esta ha de ser *efectiva* se desprende necesariamente no solo de la apuntada condición de *reverso* del principio de tutela judicial, explícitamente acompañada de ese adjetivo —*efectiva*— en el art. 24.1 CE, sino también de la propia exégesis de la norma llevada a cabo por el TC, que, como se ha visto al citar la STC 237/2001 [*Tol 81623*], conceptúa de modo igualmente expreso la prohibición de indefensión como una *noción material*.

En definitiva, la indefensión a la que se refiere la norma constitucional «no resulta simplemente de la apreciación de la eventual vulneración del derecho por la existencia de un defecto procesal más o menos grave, sino que es necesario acreditar la efectiva concurrencia de un estado de indefensión material o real», es decir que «para que pueda estimarse una indefensión con relevancia constitucional, que sitúa al interesado al margen de toda posibilidad de alegar y defender en el proceso sus derechos, no basta con una vulneración meramente formal, siendo necesario que de esa infracción formal se derive un efecto material de indefensión, un efectivo y real menoscabo del derecho de defensa (STC 149/1998, fundamento jurídico 3), con el consiguiente perjuicio real y efectivo para los intereses afectados (SSTC 155/1988, fundamento jurídico 4; 112/1989, fundamento jurídico 2)» (STC 62/1998 [*Tol 80920*], o mucho más recientemente, STC 123/2024 [*Tol 10273335*]).

En fin, por lo que se refiere a los efectos de la indefensión vulneradora del art. 24.1 CE, «la medida natural o normal consiste en decretar nulidades: se anula la sentencia o las resoluciones judiciales viciadas, y se retrotraen las actuaciones judiciales al momento procesal oportuno para que el Tribunal judicial competente dicte la resolución sobre el fondo que proceda en Derecho, pero sin haber sumido a nadie en indefensión». (BORRAJO INIESTA, 2000, p. 51).

La extensión de espacio disponible impide abordar con el mínimo detalle imprescindible la figura de la nulidad de actuaciones, especialmente en relación con el incidente previsto en el art. 241 LOPJ y su «ampliación» en virtud de la LO 6/2007, que lo convierte «en una suerte de contrapartida a la denominada "objetivación" del amparo constitucional, esto es, a la limitación del amparo a los casos que presenten "especial trascendencia constitucional» (DÍEZ-PICAZO I., 2018, p. 115). Sin que ello obste —observa este autor, seguramente con certera visión práctica— a «la generalizada conciencia de que el incidente de nulidad de actuaciones no sirve para nada», en la medida en que raramente —sería tal vez aventurado en términos estadísticos decir que nunca— resulta útil para excluir la *subsidiaria* decisión de acudir a la jurisdicción constitucional. En realidad para lo que más «sirve», aunque esta observación no contribuya a mejorar la impresión negativa que se acaba de transcribir, es para que el Tribunal Constitucional inadmita más recursos de amparo, bien por no haberse interpuesto el incidente de nulidad cuando procedía para agotar la vía judicial previa [art. 44.1.a) LOTC], bien porque siendo *manifiestamente improcedente*, el tiempo invertido en su indebida interposición acabe redundando en la *extemporaneidad* del propio recurso de amparo [art. 50.1.a) LOTC].

Sí es importante, desde luego, subrayar la diferencia esencial entre la nulidad generada por lesión de un derecho fundamental, entre ellos —pero ya no solo, como antes de la reforma que se acaba de citar— el derecho a no sufrir indefensión, y la mera nulidad de actos procesales por infracción legal a la que se refiere el art. 240 LOPJ. En relación con el efecto anulatorio que aquí interesa, la ya apuntada inocuidad práctica del incidente del art. 241 LOPJ conduce invariablemente al recurso de amparo, y a que si este logra pasar el difícil trámite de admisión y además es estimado, la declaración en sentencia de que se ha vulnerado el art. 24.1 CE vaya efectivamente acompañada de la retroacción de las actuaciones hasta el momento inmediatamente anterior al acto que generó —o no reparó, pudiendo hacerlo— la vulneración.

Es verdad que el TC no admite ya prácticamente ninguna demanda basada de forma exclusiva en el art. 24.1 CE, puesto que su abundante jurisprudencia respecto de esta norma —la más invocada con diferencia, presente por ejemplo en el 84,08% de las demandas de amparo del año 2023, según la Memoria del Tribunal— excluye por definición la *especial trascendencia constitucional*. Pero es muy habitual —de hecho es *lo más* habitual— que las pretensiones de amparo admitidas a trámite se funden en la lesión del derecho a la tutela judicial efectiva sin indefensión *«en relación con»* un derecho fundamental sustantivo que se invocaba en el pleito de origen, o con una garantía procesal específica del art. 24.2 CE. Pues bien, dejando aparte los supuestos en los que la vulneración de *fondo* resulta insubsanable —el caso paradigmático es la del derecho a la presunción de inocencia—, la regla general es, como se ha dicho, la declaración de nulidad y consiguiente retroacción. De donde nace un evidente riesgo de que la jurisdicción constitucional se convierta en una especie de *túnel del tiempo,* con efectos devastadores no solo sobre la duración total de los pleitos, sino también sobre la propia *justicia* del resultado, que deviene inalcanzable como consecuencia de la simple dilación del proceso, costes económicos aparte. Sin embargo (nuevamente BORRAJO INIESTA, 2000, p. 54) el TC, a diferencia del TEDH, nunca ha hallado una alternativa en la vía indemnizatoria que podría hallar cobijo en el art. 55.1.c) LOTC.

3. LA PARTICIPACIÓN DE LOS CIUDADANOS EN LA JUSTICIA PENAL: EL EJERCICIO DE LA ACCIÓN PENAL POR LA VÍCTIMA, LA ACCIÓN POPULAR Y EL TRIBUNAL DEL JURADO

La agregación en el art. 125 CE, apoyada sin duda en su naturaleza *participativa,* de la acción popular y el tribunal de jurado, permite apreciar el elemento común que sirve de nexo al tratamiento de ambas instituciones. Pero en una aproximación concretamente *procesal*, en el contexto de la Ley de Enjuiciamiento Criminal comentada, la idea de abordarlas de manera conjunta puede quizá oscurecer la lógica jurídica inherente —y netamente diferenciada— que subyace a esas distintas intervenciones de la ciudadanía en el proceso penal. Es precisamente la relación del ejercicio de la acción penal —acción popular incluida— con el derecho a la tutela judicial efectiva (art. 24.1 CE) la que aconseja, como se verá, un tratamiento claramente separado de lo que en el citado art. 125 de la Carta Magna aparece junto.

Por otra parte, ese mismo enfoque procesal, sobre todo desde la examinada perspectiva del derecho de acceso al proceso —y en concreto desde el punto de vista de la *legitimación*— exige sentar antes algunas premisas sobre este concepto en el terreno de la acción penal. Por ello se examinará ordenadamente y por separado, en primer lugar, el ejercicio del derecho del ofendido o perjudicado a ser parte —acusadora— en el proceso penal, que, como ya se ha expuesto, hoy ha de llevar inexorablemente aparejada una referencia al derecho de la víctima que no es necesariamente parte procesal personada; en segundo lugar el concepto de acusación popular y su encuadramiento constitucional; y, en fin, una breve mención al tribunal de jurado que, como queda dicho, se *adhiere* a la figura anterior por *conexidad participativa,* pero cuyo examen desde el punto de vista de la tutela judicial efectiva, que enmarca este capítulo, obedece a unas claves completamente diferentes.

3.1 La titularidad del derecho a la tutela judicial efectiva y el ejercicio de la acción penal. Acusación particular y derechos de la víctima

Acusación particular y acusación popular constituyen inequívocamente dos piezas indispensables de la tradición histórica del derecho procesal español, con la diferencia de que, además, la segunda encarna una institución sin parangón en el derecho comparado. Conviene además subrayar que ambas incorporan una posición genuinamente *acusadora* en el proceso penal: no se tratará aquí por tanto la dimensión *civil* de la pretensión de la víctima o el perjudicado, que obedece a parámetros distintos en su configuración legal. Es precisamente —y por eso no es baladí la matización que se acaba de efectuar— en la *configuración legal* del —derecho al— ejercicio de la acusación donde se halla la piedra de toque de su vinculación con el derecho a la tutela judicial efectiva.

La jurisprudencia constitucional ha puesto en efecto de relieve que, a falta de habilitación constitucional explícita, esa, la del *derecho de configuración legal* tutelado por el art. 24.1 CE, es la única vía de encaje posible —entiéndase desde el punto de vista del ejercicio de un derecho fundamental— para la posición acusadora del *particular* perjudicado u *ofendido* por el delito. La STC 1/2023 [*Tol 9419704*], ofrece en su FJ 3 un didáctico resumen de esa doctrina. Empieza precisando que:

> «En cuanto al ejercicio de la acción penal, debemos recordar la doctrina reiterada de este tribunal según la cual "no existe una exigencia constitucional, derivada del art. 24.1 CE, que obligue al establecimiento de una acusación particular, toda vez que la función acusatoria aparece encomendada de manera primordial al Ministerio Fiscal (por todas, STC 9/2008, de 21 de enero, FJ 3), en atención a la exclusiva naturaleza pública y la titularidad estatal del ejercicio del ius puniendi (por todas, STC 163/2001, de 11 de junio, FJ 2). Así, se ha concluido que la posibilidad de participación de la víctima del delito en el proceso penal a través del ejercicio de la acusación particular, al suponer la atribución o reconocimiento de un derecho de configuración legal, solo resulta posible en los términos en que aparezca regulado por

el legislador (por todas, STC 179/2004, de 21 de octubre, FJ 4). Ahora bien, también se ha puesto de manifiesto que en la medida en que el legislador ha optado por reconocer el derecho al ejercicio de la acción penal a los particulares y, más en concreto, al perjudicado por el delito o falta, dicho derecho entra a formar parte del derecho fundamental a la tutela judicial efectiva (art. 24.1 CE), en su concreta dimensión de acceso a la jurisdicción; por todas, STC 9/2008, de 21 de enero, FJ 3)" (STC 190/2011, de 12 de diciembre, FJ 3)».

Y en consecuencia reitera, para su aplicación a esta concreta forma de ejercicio de la acción penal, la doctrina —ya examinada— relativa al *ius ut procedatur*, que «no impide una decisión de inadmisión o meramente procesal que apreciara razonadamente la concurrencia de un óbice fundado en un precepto expreso de la ley». Aunque también insiste en la advertencia de que la norma *configuradora* no puede imponer «requisitos impeditivos u obstaculizadores del acceso a la jurisdicción, si tales trabas resultan innecesarias, excesivas y carecen de razonabilidad o proporcionalidad respecto de los fines que lícitamente puede perseguir el legislador», así como en que el control constitucional de denegación de acceso de la víctima a la jurisdicción por esa vía «ha de verificarse de forma especialmente intensa, a través de los criterios que proporciona el principio *pro actione*, entendido no como la forzosa selección de la interpretación más favorable a la admisión de entre todas las posibles de las normas que la regulan, sino como la interdicción de aquellas decisiones impeditivas de un pronunciamiento sobre el fondo que por su rigorismo, por su formalismo excesivo o por cualquier otra razón revelen una clara desproporción entre los fines que aquellas causas preservan y los intereses que sacrifican».

Esta doctrina conecta por tanto necesariamente con el *estatus* procesal del ofendido o perjudicado por el delito, en cuanto se articula —se *configura legalmente*— mediante una serie de instrumentos de información y facilitación para el ejercicio efectivo de ese derecho.

Así, el TC ha apuntado (STC 140/1997 [*Tol 252316*]) a «la posibilidad de que, en determinados supuestos, la falta de ofrecimiento de acciones al ofendido o al interesado que no conozca la existencia del proceso (SSTC 121/1994 y 278/1994) o la información judicial defectuosa (STC 66/1992), conviertan el incumplimiento del deber de información al que se refiere el art. 109 LECrim en auténtica denegación de tutela, con frustración del derecho del ofendido a erigirse en acusador particular en el proceso», aunque inmediatamente recuerda que «la anterior doctrina; ello no obstante, ha de ser conjugada con la de la indefensión», en el sentido ya expuesto más arriba de que «sólo cabe otorgar relevancia constitucional a la indefensión que tiene un carácter material», que «no nace de la simple infracción por los órganos judiciales de las reglas procesales, sino que es necesario que tenga una significación material o que produzca un efectivo y real menoscabo o limitación del derecho de defensa como consecuencia directa de la acción u omisión de los órganos judiciales». No en vano la existencia de indefensión material es lo que ha dado lugar, simétricamente, a la extensión de ese mismo modo de razonar a aquellos supuestos en los que, cumplido formalmente el trámite legal del ofrecimiento de acciones con respuesta positiva, después se ha «visto privado el demandante [de amparo] de participar en el proceso penal en defensa de sus intereses legítimos en su condición de acusación particular [...] por la falta de diligencia de los órganos judiciales al omitir la notificación de las diferentes actuaciones judiciales» a lo largo del resto del procedimiento (STC 123/2024 [*Tol 10273335*]).

Esta sumaria panorámica del ejercicio de la acusación particular como manifestación procesal de la titularidad del derecho a la tutela judicial efectiva ha de ser completada con la imprescindible referencia —ya anticipada— al impacto que ha tenido, en el ámbito del *derecho de acceso al proceso* y en el de la configuración legal de los derechos y posibilidades de la víctima del delito en el procedimiento penal, la Ley 4/2015 del Estatuto de la víctima del delito, incluyendo las importantes modificaciones operadas por su Disposición final primera en el articulado de la LECrim, a efectos de la transposición de algunas de las disposiciones contenidas en la Directiva 2012/29/UE del Parlamento Europeo y del Consejo, de 25 de octubre de 2012, por la que se establecen normas mínimas sobre los derechos, el apoyo y la protección de las víctimas de delitos.

La norma, cuyos pormenores no es posible detallar aquí, refuerza sustancialmente la posición de la víctima, cuya definición además extiende más allá del sujeto materialmente afectado por el hecho criminal en —o *ante*— el proceso penal, especialmente en la medida en que incide en sus derechos a ser y permanecer informada —o no— de todas aquellas decisiones relevantes que se adopten y de sus posibilidades de actuación al respecto, no vinculando necesariamente el ejercicio de esos derechos y posibilidades a la necesidad de personación como parte formal —acusación particular o actor civil— en el proceso. La STC 102/2022 [*Tol 9239722*] abordó en su FJ 6 ese «derecho de acceso a las actuaciones judiciales de las víctimas no personadas», señalando la «relevancia del estatuto de la víctima del delito». Observa el Tribunal que:

> «...el legislador ha venido a reconocer el derecho de acceso a la información judicial de víctimas y perjudicados —al margen de otras personas con interés legítimo— como un derecho autónomo e independiente de su condición de parte procesal. De modo que, en el estado actual del ordenamiento, toda persona ofendida o perjudicada por el delito, y, obviamente, toda persona susceptible de acogerse al estatuto legal de víctima del delito, ostenta *ope legis* un derecho, que queda incorporado al ámbito de protección del art. 24.1 CE, a ser informado en cualquier momento del estado del proceso penal, y a acceder a las actuaciones judiciales del mismo, que resulta consustancial a su condición de perjudicada o víctima y que determina que la interpretación de las normas orgánicas y procesales que regulen las

distintas formas de acceso a esa información, deba verificarse siempre de la manera más favorable a su efectividad de ese derecho».

No hará falta insistir en que la adscripción explícita al ámbito del derecho fundamental a la tutela judicial efectiva (art. 24.1 CE) de los derechos *autónomos* de la víctima en el proceso penal adquiere, como es evidente, una relevancia interpretativa y aplicativa de dimensión histórica.

3.2 La acusación popular

La tópica —aunque no por ello menos atinada— afirmación de que la acusación popular constituye una *rara avis* del derecho procesal, tan original como sólidamente arraigada en el sistema español, no impide dejar constancia de que su encaje constitucional ha dado ocasión a algunos vaivenes doctrinales relacionados tanto con su naturaleza constitucional como respecto de la atribución de su titularidad. A continuación se intentará reducir a términos muy sucintos la complejidad de ese doble debate:

En relación con la primera cuestión, la STC 62/1983 [*Tol 79227*], se enfrentó al problema de «determinar si el ejercicio de la acción pública en materia penal puede o no incluirse» en el art. 24.1 CE. Partiendo de que esta última norma limita su alcance «al ejercicio por las personas de "sus derechos e intereses legítimos"», el Tribunal Constitucional llegó a la conclusión de que «si el que ejercita la acción es titular de un interés legítimo y personal lo que está ejercitando es un derecho fundamental»; y observando que «dentro de los supuestos en atención a los cuales se establecen por el Derecho las acciones públicas se encuentran los intereses comunes, es decir, aquellos en que la satisfacción del interés común es la forma de satisfacer el de todos y cada uno de los que componen la sociedad», concluyó asimismo que «la idea de interés directo, particular, como requisito de legitimación, queda englobado en el concepto más amplio de interés legítimo y personal, que puede o no ser directo». En definitiva, el *interés legítimo* al que se refiere el art. 24.1 CE.

Ese razonamiento sería sin embargo cuestionado en la STC 147/1985 [*Tol 79537*], que definió la acción popular como «un derecho para el cual el ciudadano puede recabar la "tutela judicial efectiva" que, ahora ya como derecho fundamental, garantiza el art. 24.1 de la CE». De este modo, como apuntaría el voto particular a la STC 154/1997 [*Tol 80777*], la acusación popular prevista en el art. 125 CE dejaría de ser una «manifestación del derecho a acceder a la jurisdicción» para contemplarse como «uno de los derechos e intereses legítimos cuya tutela podría impetrarse de los Tribunales», con la consecuencia de que su protección en amparo quedaría reducida a «la genérica proscripción de las resoluciones puramente arbitrarias o manifiestamente erróneas».

En realidad, esa misma sentencia —la STC 154/1997 [*Tol 80777*]— conectaba la acción popular del art. 125 CE con el derecho de acceso al proceso ínsito en la tutela judicial efectiva (art. 24.1 CE) mediante la identificación de aquel como un *derecho de configuración legal*, en cuanto (FJ 12) «se encuentra dentro de las facultades del legislador prever o no prever la acción popular (...) y diseñar unos determinados requisitos o formas para el ejercicio de unas y otras acciones». Esa libertad de configuración, con los límites ya examinados más arriba, permite por consiguiente la imposición de límites o condiciones de ejercicio como la prestación de fianza prevista en los art. 280 y ss. LECrim. [*vid., v.gr.*, STC 147/1985, ya citada, o la STC 79/1999 [*Tol 81145*])], así como la posibilidad que las distintas acusaciones deban ejercer su derecho *bajo una misma dirección y representación* (art. 113 LECrim), supuesto al que precisamente se refería la STC 154/1997.

Pues bien, según la doctrina posteriormente consolidada, de todo ello se sigue que, conforme a la línea ya analizada sobre la *configuración legal*, «si la ley establece la acción popular en un determinado proceso, como la Ley de enjuiciamiento criminal hace para el proceso penal, la interpretación restrictiva que los órganos judiciales realicen sobre las condiciones de su ejercicio resultará lesiva del derecho a la tutela judicial efectiva sin indefensión si no respeta el principio *pro actione* que rige en el ámbito del derecho de acceso a la jurisdicción "para resolver, precisamente, los problemas del enjuiciamiento que puedan recibir las normas obstaculizadoras o impeditivas del acceso a la jurisdicción" (por todas, STC 280/2000, de 27 de noviembre, FJ 3)» (STC 67/2011 [*Tol 2127225*]). En suma, se aplica el *canon* del art. 24.1 CE.

La segunda cuestión constitucionalmente más relevante —y también históricamente controvertida— en torno a la acusación popular se refiere a la titularidad de su ejercicio. En este aspecto pueden destacarse dos objetos concatenados de debate: la posibilidad de que pueda ejercitar la acción popular una persona jurídica, y que, además, pueda tratarse de una persona jurídica o institución pública.

La primera duda fue despejada por la STC 241/1992 [*Tol 82021*], con ocasión de un recurso de amparo interpuesto por una asociación que había tratado infructuosamente de personarse como acusación popular en un sumario por apología del terrorismo que se seguía ante la AN. El TC argumentó (FJ 4) que «aun cuando el art. 53.2 de la Constitución utiliza, como el art. 125, el término "ciudadanos", este Tribunal ha venido sosteniendo que con él se hace referencia tanto a las personas físicas como a las jurídicas (así, STC 53/1983), no ya porque a ambas se refiere también el art. 162.1 b) de la Constitución, sino, antes aún, porque "si todas las personas tienen derecho a la jurisdicción y al proceso y se reconocen legítimamente las personificaciones que para el logro de un fin común reciben en conjunto el nombre de personas jurídicas, puede afirmarse que el art. 24.1 comprende en la referencia a ´todas las personas´ tanto a las físicas como a las jurídicas" (STC 53/1983, fundamento jurídico 1º)».

La solución al problema de la legitimación de las personas jurídico—públicas tuvo un recorrido más complicado. La primera reacción fue de rechazo (STC 129/2001 [*Tol 12986*]), porque —FJ 4— el art. 125 CE «se refiere explícitamente a "los ciudadanos", que es concepto atinente en exclusiva a personas privadas, sean también las jurídicas». Pero cambiaron radicalmente las tornas a raíz de la STC 311/2006 [*Tol 1003694*]). En ella, invocando la doctrina sentada por la STC 175/2001 [*Tol 12998*]) acerca del «excepcional» disfrute por las personas públicas del derecho fundamental a la tutela judicial efectiva en el orden contencioso—administrativo, el Tribunal extendió al proceso penal la idea de que «además de los casos en los que la posición procesal de los sujetos públicos es equivalente a la de las personas privadas» —es decir, cuando no actúan en el ejercicio de su *potestas*— «en los que el art. 24.1 CE ampara en toda su extensión a las personas jurídico—públicas, éstas son titulares también del derecho de acceso al proceso, así como del derecho a no padecer indefensión en el mismo», recordando que «la acción popular constituye un medio de acceso a la jurisdicción» (FJ 2). Subrayó, no obstante, la diferencia con la STC 129/2001 [*Tol 12986*], porque, a diferencia del supuesto examinado en ella, en el caso de la sentencia de 2006 existían «previsiones específicas [art. 36 de la Ley 9/2003, de 2 de abril, para la igualdad entre hombres y mujeres de la Comunidad Valenciana] sobre el ejercicio de la acción popular por las Administraciones públicas en los procesos penales sustanciados para el enjuiciamiento de hechos que se enmarcan en la denominada violencia de género», sin que, por otra parte, el órgano judicial *a quo* hubiera cuestionado la constitucionalidad de esa norma por invadir competencias estatales «al configurar una forma de acusación no prevista en la legislación común» (cfr. art. 149.1.6ª CE).

La fórmula se reprodujo en las SSTC 8/2008 [*Tol 1244613*] y 18/2008 [*Tol 1258622*], pero el TC no tardó en *ensanchar* aún más la vía de acceso de las entidades públicas a la acusación popular, mediante la relativización de la referencia a las «previsiones específicas». En efecto, la STC 67/2011 [*Tol 2127225*], reconoció la legitimación para el ejercicio de la acción penal a la Delegación del Gobierno para la Violencia de Género en virtud de una mera «habilitación genérica» contenida en el art. 29 de la LO 1/2004, de Medidas de Protección Integral contra la Violencia de Género, en cuya virtud su titular «estará legitimado ante los órganos jurisdiccionales para intervenir en defensa de los derechos y de los intereses tutelados en esta Ley en colaboración y coordinación con las Administraciones con competencias en la materia». Con cita de la STC 311/2006 [*Tol 1003694*] apostilló sin embargo el Tribunal —FJ 3— que «lo razonado no implica un juicio sobre la constitucionalidad abstracta de la ampliación de la acción popular a las personas públicas, juicio que sólo podríamos realizar en caso de que la ley que así lo establezca fuera recurrida ante este Tribunal». Observación que, sorprendentemente —o quizá no tanto— no parece haber calado en la preocupación de los gobiernos centrales de distintos colores políticos que se han sucedido desde 2006, tan celosos en otros ámbitos del juego competencial del art. 149 CE. Esa forma de duplicación del *poder público acusador* —que ya ejerce por definición el Ministerio Fiscal— no solo se halla pendiente de que se valore su fundamento constitucional, sino también de que se compruebe su verdadera eficacia o necesidad más allá de la conveniencia de exhibir un compromiso político, que posiblemente hallaría mejor acomodo fuera de las salas de justicia.

Precisamente es la peor versión de ese fenómeno consistente en la utilización del proceso penal para fines políticos o, lo que es aún —si cabe— más preocupante, con objetivos directamente ilícitos —obtener fraudulentamente información reservada no accesible por otra vía, hacer presión sobre personas injustamente acusadas, etc.—, lo que también ha llevado al Tribunal Constitucional a sugerir (STC 154/1997 [*Tol 80777*] ya repetidamente citada) «la necesaria reforma legislativa que racionalice y prevenga los potenciales abusos en el ejercicio de la acción popular». No falta seguramente razón a quienes opinan que «convertir a cualquier ciudadano en fiscal y garante del interés público, en la práctica, lo único que ha hecho ha sido permitir la derivación al sistema de justicia penal de conflictos de naturaleza política con el consiguiente deterioro par la institución judicial por el desgaste a que se la somete» (GIMÉNEZ GARCÍA, 2010, p. 232). Pero también es probable solo desde la extrema ingenuidad quepa hoy albergar la esperanza de que las fuerzas políticas, ávidas usuarias de esas torcidas herramientas, se pongan de acuerdo en restringir o adecentar su uso, o al menos, como paso previo, en adoptar medidas que permitan reducir la desconfianza —justificada en no pocas ocasiones por imperdonables desaciertos de concepción y de gestión— que pueda generar el Ministerio Fiscal.

En fin, en relación con la concurrencia, junto a la acusación pública, de acusaciones particulares y populares —a veces tan numerosa como difícilmente compatible con una configuración *équitable* del proceso—, no se puede dejar de reseñar, aunque sea telegráficamente, la controvertida *doctrina Botín*, mediante la que la Sala Segunda del Tribunal Supremo (STS de 17/12/2007 [*Tol 1223036*]) reinterpretó al art. 782.2 LECrim, y su revisión en el caso *Atutxa* (STS de 8/04/2008 [*Tol 1292761*]). La primera, partiendo de la inexistencia de un derecho fundamental a la acusación popular y distinguiendo esta de la acusación particular, entendió que, de acuerdo con el tenor literal de la norma procesal citada, una vez solicitado el sobreseimiento por el Ministerio Fiscal y el acusador particular, el juez *debe* necesariamente acordar dicho sobreseimiento —salvo en los casos expresamente señalados en el precepto legal—. La sentencia *Atutxa,* sin embargo, introdujo un trascendental matiz para aquellos supuestos en que no está personada —o no puede existir, atendiendo a la naturaleza del delito— ninguna acusación particular: «en tales casos, el Ministerio Fiscal, cuando interviene como exclusiva parte acusadora en el ejercicio de la acción penal, no agota el interés público que late en la reparación de la ofensa del bien jurídico» (FJ 1, II).

La sentencia *Botín* fue recurrida en amparo por el acusador popular, que sin embargo desistió del recurso (ATC 48/2013 [*Tol 3253597*]). La doctrina *Atutxa* sí fue revisada en sede constitucional (STC 205/2013 [*Tol 4052796*]), pero el enfoque de la demanda de amparo, centrado en el derecho a la igualdad por comparación con el caso *Botín,* impidió abordar el debate de fondo relativo al juego de las acusaciones —y en particular de la acusación popular— en el modelo procesal español.

3.3 El Tribunal del Jurado

Como se dijo, la inclusión de una referencia al tribunal de jurado en este apartado parece obedecer básicamente a la conexión —sistemáticamente concentrada en el art. 125 CE— con la acusación popular desde el punto de vista de la naturaleza *participativa* (*vid.* STC 119/1995 [*Tol 82858*]) de ambas instituciones, que así coinciden en la incorporación del ciudadano al ejercicio de la acusación no necesariamente vinculada a su interés particular, e incluso a la tarea misma de impartir justicia.

El legislador, a diferencia del modelo original del siglo XIX, no quiso incorporar en 1995 el jurado a la Ley de Enjuiciamiento Criminal, optando por su regulación separada en la LO 5/1995, de 22 de mayo, en pro de la coherencia integral del procedimiento, también en lo que concierne a la fase de instrucción y a la fase intermedia. Así se desprende de la exposición de motivos de la propia ley. La aproximación al tribunal de jurado desde el punto de vista de la tutela judicial efectiva, que aquí nos ocupa, ha tenido lugar principalmente en relación con el control de la motivación del veredicto. En particular, respecto de la vertiente de *derecho a una resolución jurídicamente fundada*, y con especial frecuencia en relación con la posibilidad de revisión de veredictos absolutorios.

La reciente STC 72/2024 [*Tol 10273374*], a la que ya se han hecho repetidas alusiones, advierte que «la jurisprudencia constitucional establecida al respecto se desarrolla en un contexto de especial singularidad como es el referido a las bases de la construcción del juicio fáctico y la declaración de culpabilidad por parte de un tribunal de jurado, lo que la condiciona y circunscribe intensamente». Cita diversas resoluciones anteriores cuya doctrina «aparece resumida en la STC 112/2015 [*Tol 5426301*]», en la que efectivamente se concreta el verdadero trasfondo del problema: «cohonestar la doctrina constitucional en materia de Sentencias absolutorias con el respeto debido al juicio emitido por un Jurado popular, lo que a su vez se pone en relación con el ámbito de control del canon de motivación exigible al veredicto, como expresión documentada de la decisión popular», cuestión inevitablemente vinculada a «la dificultad de que un órgano integrado por personas legas en Derecho motive sus decisiones, aun mediante esa mitigada exigencia de que la explicación sea "sucinta"» (FJ 5). El TC concluye, con obstante, que «el control constitucional que, desde el prisma de la tutela judicial efectiva, cabe efectuar en estos casos quedará limitado a los supuestos en los que bien el veredicto, bien la resolución judicial que lo recoge se muestren manifiestamente infundados, arbitrarios, irrazonables o irrazonados, o bien sean fruto de error patente (SSTC 169/2004, de 6 de octubre, FJ 7, y 246/2004, de 20 de diciembre, FJ 5)».

A partir de ese *canon* de control, el tratamiento de los veredictos absolutorios del jurado, respecto de su posible revisión por vía de recurso, no difiere sustancialmente de la doctrina general desarrollada en la propia STC 72/2024, lo que, a fin de cuentas, viene a dotar de congruencia y unidad al sistema, fuertemente lastrado en su evolución histórica por una reticente actitud considerablemente extendida en el *mundo judicial* español frente a esta institución de honda tradición democrática.

4. EL PRINCIPIO DE OPORTUNIDAD

En línea con lo anticipado al comienzo de este capítulo, cabe reiterar que la formulación del derecho a la tutela judicial efectiva ofrece una polifacética diversidad de proyecciones, no solo en cuanto a sus distintas *vertientes* —derecho de acceso al proceso, a una resolución jurídicamente fundada y congruente con las pretensiones deducidas, a la intangibilidad de lo resuelto con carácter firme, etc.—, sino también desde el punto de vista de su incidencia sobre distintos aspectos —e instituciones— del proceso penal. Este apartado, dedicado al *principio de oportunidad*, y los dos siguientes, presentan como punto de conexión, precisamente, su relación con el ejercicio del derecho a la tutela judicial efectiva, entendiendo aquí básicamente dicha *tutela efectiva* como límite o control de legalidad de determinadas decisiones o procedimientos que, a su vez, tienen en común la incorporación de mecanismos de solución del conflicto penal —en especial atentos al derecho de la víctima— basados en su caso en la flexibilización o incluso la exclusión de la respuesta punitiva.

Con frecuencia se relaciona la extensión del principio de oportunidad en el proceso penal con la naturaleza del *sistema acusatorio*, atendiendo además a consideraciones de *eficacia* o *eficiencia* procesal. Objetivos relacionados con la descongestión del aparato judicial, la aceleración de las soluciones o la mejor ponderación de factores de justicia material se hallan en el origen de la progresiva introducción, incluso en modelos de marcada tradición inquisitiva, como el español, de figuras y procedimientos de *oportunidad* —por contraposición a la *estricta legalidad*— que en principio se consideran orientados a estos fines. Esa es, inequívocamente, la filosofía de la LO 1/2025, *de medidas en materia de eficiencia del Servicio Público de Justicia*, a la que se harán puntuales referencias más adelante.

Sin embargo, el desarrollo normativo de estas instituciones más asentadas en el derecho anglosajón se ha venido produciendo con alcance muy limitado y, en general, en el terreno de la denominada *oportunidad reglada*, que en realidad sustituye las decisiones verdaderamente *discrecionales* sobre la acusación pública —cuya práctica viene siendo objeto de una creciente crítica en sectores relevantes de la doctrina norteamericana, *v.gr.* CRESPO, Andrew, 2018—. Nuestro modelo sigue optando por el diseño de márgenes de decisión con arreglo a criterios ponderativos y dentro de límites que el propio legislador fija con precisión, al mismo tiempo que concreta los procedimientos para asegurar esos límites.

En efecto, si se analizan las diversas manifestaciones del principio de oportunidad en el derecho positivo español vigente, puede comprobarse que, por ejemplo, los procedimientos de conformidad del acusado —a los que se hará mención enseguida— constituyen en realidad —en el caso de que efectivamente funcionen bien— soluciones basadas en la negociación que tienen por objeto la concreta individualización de la pena y las demás consecuencias de la condena que contempla y delimita con precisión la propia ley, incluso fijando los términos de la *reducción premial* de la respuesta penal (*vid.* art. 801 LECrim), mientras que otras instituciones, como la previsión de rebaja directa de penas atendiendo al *arrepentimiento* del acusado (así, art. 376.1 CP), que algunos autores catalogan como proyecciones del principio de oportunidad (*v.gr.*

VARGAS, 2019), constituyen más bien —igual que, por ejemplo, la exención de responsabilidad del art. 426 CP para el sobornador denunciante del cohecho— modalidades de valoración de la necesidad de respuesta penal apreciadas por el propio legislador, cuya aplicación, dependiente de la puntual acreditación de los hechos que le sirven de soporte, no aparece en realidad menos *reglada* que cualquier otro supuesto regido por una norma que se base en la adecuación proporcionada, en términos de antijuridicidad y culpabilidad, de la entidad de la sanción a la conducta típica.

Dejando al margen los intentos frustrados del anteproyecto de Ley de Enjuiciamiento Criminal de 2011 y el borrador de Código Procesal penal elaborado en 2013, posiblemente el paso más relevante hacia el terreno de la *oportunidad* propiamente dicha fuera la reforma de la LECrim. llevada a cabo por LO 1/2015, que no solo reestructuró por completo el sistema de suspensión condicional de las penas, introduciendo factores relevantes de valoración de la conducta posterior del penado, sino que sobre todo suprimió las faltas y modificó la LECrim, contemplando —art. 963— el sobreseimiento y archivo de las diligencias a instancia del Ministerio Fiscal cuando a) El delito leve denunciado resulte de muy escasa gravedad a la vista de la naturaleza del hecho, sus circunstancias, y las personales del autor, y b) no exista un interés público relevante en la persecución del hecho. No en vano el *interés público tutelado por la ley* y la persecución del *interés social* constituyen referentes necesarios de la misión constitucional del fiscal (art. 124 CE).

La Circular de la FGE de 19/06/2015 sobre pautas para el ejercicio de la acción penal en relación con los delitos leves tras la reforma penal operada por la LO 1/2015, observó no obstante que «la Ley resulta sumamente restrictiva, pues los delitos leves constituyen por su propia naturaleza la porción de infracciones penales menos relevantes de las comprendidas en la Parte Especial del Código, por lo que exigir del Fiscal que discrimine dentro de la categoría las conductas de menos trascendencia reduce el juego del principio de oportunidad a mínimos». Pese a ello, la Circular señala una serie de criterios para concretar la aplicación práctica de los conceptos de *escasa gravedad* e *interés público relevante* que maneja la norma.

Sin embargo, lo más destacable de la citada reforma es que el art. 963 LECrim no establece ningún mecanismo de control judicial —ni de estricta legalidad ni de ponderación de los factores en presencia— respecto de la decisión del fiscal. Formulada por este la pertinente solicitud, el juez *acordará,* en imperativo, el sobreseimiento y archivo, que deberá ser notificado —art. 964.2.a)— *a los ofendidos por el delito.* La eventualidad de que estos puedan oponerse por vía de recurso a ese archivo no se menciona, pero no se excluye expresamente. El silencio del TC sobre ese punto solo se debe a que, salvo error u omisión, la cuestión no se le ha planteado hasta ahora. Pero desde el punto de vista de la tutela judicial efectiva, esta tímida vía abierta por el legislador hacia una genuina aplicación del principio de oportunidad queda así pendiente de una precisión no irrelevante.

5. LA CONFORMIDAD

La incorporación normativa de la institución de la conformidad, inspirada en el *plea bargaining* del derecho anglosajón, a la LECrim, como algo sustancialmente distinto de la *confesión de los procesados* históricamente regulada en su todavía vigente art. 688, se inició al hilo del *procedimiento abreviado* implantado en 1989, y a partir de entonces ha experimentado diversos retoques y una notable evolución determinante de que, por ejemplo, según la Memoria de la Fiscalía General del Estado, en 2023 nada menos que un 75,6% de las calificaciones en los procedimientos urgentes desembocaran en una conformidad en el Juzgado de Instrucción, lo que supone una cifra de 116.769 sentencias. Pero quizá sea aún más relevante la cifra global de conformidades en los Juzgados de lo Penal, que se elevó a 68.437 sentencias, el 65,4% respecto del total de las dictadas, y en las Audiencias Provinciales, el 58,8% del total.

Las peculiaridades, detalles y condiciones de los distintos supuestos de conformidad que contempla hoy la LECrim, especialmente tras el retoque llevado a cabo por la ya citada LO 1/2025, serán objeto de atención precisa en el capítulo que íntegramente se dedica en esta obra a la materia. Aquí tan solo procede señalar, en relación con lo ya expuesto en el apartado anterior, que desde el ángulo de la tutela judicial efectiva lo que interesa es asegurar que el procedimiento de conformidad sea respetuoso con las garantías del acusado, y también de las víctimas y perjudicados por el delito, mediante el control judicial del cumplimiento de los presupuestos y requisitos de la conformidad.

El ATC 69/2024 [*Tol 10273415*]), anterior obviamente a la mentada reforma legal, describía —a propósito, por cierto, del control de la capacidad para prestar conformidad de una persona con discapacidad— las pautas rectoras del procedimiento de conformidad desde la perspectiva de las garantías constitucionales:

> «El juez debe valorar si la pretensión acusatoria de condena aceptada es jurídicamente correcta, tanto su calificación como la pena que se le anude (art. 787.2 LECrim). El juez o tribunal está obligado, en todo caso, a oír al acusado acerca de si su conformidad ha sido prestada libremente y con conocimiento de sus consecuencias. Si pese a la corrección jurídica de la pretensión acusatoria, el juez o tribunal alberga dudas sobre si el acusado ha

prestado libremente su conformidad, no la aceptará y acordará la continuación del juicio (art. 787.4 LECrim). En todo caso, si el defensor del acusado se opone fundadamente a la conformidad prestada, el juzgador recupera la posibilidad de rechazarla y ordenar la continuación del juicio.»

A tal efecto, la propia ley fija las garantías esenciales en orden al control por el juez de que la conformidad ha sido prestada libremente y con conocimiento de sus consecuencias, e incluso de la correcta calificación jurídica del hecho (*vid.* arts. 655, 785 y 787 *ter* LECrim). La LO 1/2025 ha aportado además una novedad relevante en el aspecto formal, pero dotada sobre todo de una significativa carga simbólica, al introducir con carácter general y preceptivo —era ya una práctica instalada en algunos órganos judiciales— la *audiencia preliminar* (art. 785 LECrim) que no solo ofrece una ocasión explícita para la conformidad pactada, sino que, sin asumir plenamente el concepto de *juicio de acusación* (que sigue instalado en el trámite contradictorio escrito de la *apertura del juicio oral* —art. 780 y ss. LECrim—), abarca también la *depuración de la prueba* característica del proceso anglosajón. Es un paso más en un lenta evolución aparentemente basada en la filosofía de *cambiarlo todo sin que nada cambie*, como alternativa a la sustitución sistemática del modelo, repetidamente frustrada en los últimos quince años.

6. LOS SISTEMAS ALTERNATIVOS A LA JUSTICIA PENAL: MEDIACIÓN Y JUSTICIA RESTAURATIVA

Una singular proyección de la tutela judicial efectiva en el ámbito del proceso penal es la que afecta a los denominados sistemas o procedimientos de justicia restaurativa, cuya manifestación más asentada en nuestro país es la mediación.

Obviamente, dicha singularidad procede de la condición de *derecho necesario* que corresponde a las normas penales, excluidas consiguientemente de la aplicación del principio dispositivo propio del derecho privado, en el que la voluntad de las partes puede desplazar la aplicación de la ley. Ahora bien, aun cuando la terminología puede resultar en alguna medida engañosa, en realidad no se trata de articular una respuesta verdaderamente *alternativa* al ejercicio de la jurisdicción penal —o, si se prefiere, del *ius puniendi* del Estado—, sino de modular dentro de los límites legales la individualización y aplicación de las penas, en combinación con un pacto de reparación que, básicamente, puede canalizarse por la vía de la responsabilidad civil o del cumplimiento de las condiciones previstas en el actual art. 84 del Código Penal, en el que, mediante la reforma operada por Ley Orgánica 1/2015, por primera vez el Código Penal español recogió expresamente una referencia a la *mediación* en el contexto de la normativa penal aplicable a las personas mayores de edad.

Los lineamientos generales, a efectos prácticos, de la —lenta— implantación de la mediación penal en el sistema español traían causa sustancialmente de diversos instrumentos normativos europeos, con especial protagonismo de la Recomendación Nº R (99) 19, de 15 de septiembre de 1999 del Comité de Ministros del Consejo de Europa, relativa a la mediación en materia penal, y tienen un referente importante en la *Guía para la práctica de la mediación intrajudicial* elaborada por el CGPJ y trasladada a la realidad forense a través de una serie de convenios y acuerdos con distintas instituciones, aunque con desigual grado de implantación. La ya citada LO 1/2025 introduce en su disposición adicional novena una regulación genérica de la *justicia restaurativa* —prescinde significativamente del concreto término «*mediación*»— basado en los principios de voluntariedad, gratuidad, oficialidad y confidencialidad, al que incluso puede remitir de oficio el juez o tribunal.

Su estudio en profundidad no corresponde a este apartado, aunque sí cabe señalar que la LO 1/2025 se mueve dentro dc las pautas de control de legalidad propias de un modelo de *oportunidad reglada* como el español, exigiendo la formalización de los acuerdos alcanzados en forma de conformidad *intraprocesal* y regulando sus consecuencias mediante la remisión al marco procesal que en cada caso corresponda —*vid.* el apartado 9 de la citada disposición adicional novena—, lo que, asegurada así la dimensión *oficial*, desde el punto de vista de la tutela judicial efectiva centrará seguramente la novedad en el control de la naturaleza *voluntaria* y *gratuita* de la prestación. Con un sustancial añadido: es obvio que el valor de la *justicia restaurativa* —la reparación real de la víctima asumida voluntariamente por el autor del delito— constituye un valor de evidente trascendencia constitucional.

BIBLIOGRAFÍA

- BLANCO PEÑALVER, Aurelio: «La tutela judicial efectiva en el ámbito penal», *Comentarios a la Constitución Española*, XL Aniversario, Boletín Oficial del Estado, Fundación Wolters Kluwer, 2018.
- BORRAJO INIESTA, «El derecho a la tutela judicial sin indefensión (art. 24.1 CE). Guion de cuestiones», *Cuadernos de derecho público*, nº 10, 2000, Instituto Nacional de la Administración Pública, INAP, 2000.
- CRESPO, Andrew: *The Hidden Law of Plea Bargaining.* Columbia Law Review 1303, 2018.
- CRESPO BARQUERO, *Actualización de la Jurisprudencia del Tribunal Europeo de Derechos Humanos: Derecho de defensa*, Centro de Estudios Jurídicos, 2006.
- CRESPO BARQUERO, «La igualdad de armas y la asimetría acusación-defensa en un proceso penal basado en la presunción de inocencia», *Teoría & Derecho*, nº 16/2014, Tirant lo Blanch, 2014.
- DIEZ-PICAZO GIMÉNEZ, I., «¿Tiene sentido el incidente de nulidad de actuaciones?», *La nueva perspectiva de la tutela procesal de los derechos fundamentales*, XXII Jornadas de la Asociación de Letrados del Tribunal Constitucional, Centro de Estudios Políticos y Constitucionales, 2018.
- GIMÉNEZ GARCÍA, «Reflexiones sobre la acusación popular a la vista de la última jurisprudencia de la Sala II del Tribunal Supremo», *Problemas actuales del proceso penal y derechos fundamentales*, Cuadernos Penales José María Lidón, núm. 7, Deusto Publicaciones, 2010.
- VARGAS GALLEGO, «Principio de Legalidad. Principio de oportunidad», *El Derecho.com. Tribuna*, 2019, (https://elderecho.com/principio-de-legalidad-principio-de-oportunidad).
- VIVES ANTÓN, *Fundamentos del sistema penal*, 2ª Edición, Tirant lo Blanch, 2011.

Capítulo 3

Garantías procesales (II). El proceso justo

Ignacio Rodríguez Fernández
Fiscal
Fiscalía de la Audiencia Provincial de Madrid
Letrado del Tribunal Constitucional
Doctor en Derecho

1. INTRODUCCIÓN

El elenco de garantías del art. 24.2 CE constituye el soporte formal sobre el que la doctrina del TC, siguiendo de cerca los pronunciamientos del TEDH, ha edificado unos cimientos constitucionales del proceso penal justo. Una adecuada explicación de este precepto constitucional no puede consistir, sin embargo, en la exposición compartimentada de cada concreta garantía enunciada. Esto se debe a que el TC se ha preocupado más de la protección integral que el art. 24.2 CE debe dispensar en su conjunto —adaptándola a los diversos estándares internacionales— que de perfilar con precisión cada uno de los derechos que el referido precepto proclama. Conviene, por ello, seguir la sistemática siguiente:

* Algunas de las garantías del art. 24.2 CE tienen un carácter mixto, pues cumplen no solo una función procesal sino también un cierto rol de complemento de la protección de la inmunidad personal proporcionada por los derechos fundamentales sustantivos. Funcionan, en efecto, como inmunidades frente a la coacción pública estatal en tanto el proceso penal se tramita. Así ocurre con la presunción de inocencia —en cuanto incluye no solo una regla procesal relativa a la suficiencia de la prueba sino también una regla de tratamiento de la persona acusada íntimamente vinculada a la protección de su honor personal—, con la garantía frente a la autoincriminación —por su ligamen con la prohibición de torturas—, con las dispensas para declarar por razón de secreto

profesional y parentesco —pues estas generan una zona de inmunidad frente a la coacción estatal tendente a obtener un testimonio de cargo— y con la prohibición de dilaciones indebidas —que tiene un especial significado en el proceso penal, vinculado al gravamen o penalidad que por sí sola implica la pendencia de cargos criminales—. De estas garantías *mixtas* nos ocuparemos en primer lugar, completando, con ello, el estatuto de inmunidad descrito en el capítulo 1.

* Otras garantías del art. 24.2 CE carecen de esa doble dimensión y están orientadas de modo exclusivo a salvaguardar la equidad del resultado del proceso. Algunas de ellas son estrictamente criminales y otras se aplican a todo tipo de procesos, si bien con adaptaciones importantes al ámbito procesal penal. Estudiaremos aquí el derecho al juez ordinario e imparcial, el derecho al proceso público, el derecho a conocer la acusación y a defenderse de ella, el derecho de defensa y a la asistencia letrada, el derecho a utilizar los medios de prueba pertinentes, las garantías probatorias específicas del proceso penal y el derecho de la persona acusada a obtener una revisión de su condena. Nuestra atención se centrará, nuevamente, en la doctrina fijada por el Tribunal Constitucional, si bien hay que advertir que, en el concreto ámbito de las garantías procesales, tal doctrina resulta particularmente tributaria de la jurisprudencia del TEDH, a la que prestaremos, por ello, una atención especial.

2. LA PRESUNCIÓN DE INOCENCIA: DIMENSIÓN SUSTANTIVA Y PROCESAL

2.1 Entre los derechos sustantivos y las garantías procesales: la posición intermedia de la presunción de inocencia

En el capítulo 1 pusimos de manifiesto que los derechos fundamentales sustantivos protegen la esfera de la persona encausada frente a la tramitación del proceso penal mismo —evitando que este irrogue menoscabos innecesarios e irreversibles— mientras que las garantías procesales tratan de asegurar que el resultado del proceso sea justo y equitativo.

La presunción de inocencia constituye, en ese marco general, una garantía peculiar en cuanto ocupa un lugar intermedio entre ambos tipos de protección constitucional. A esa peculiaridad suele referirse la doctrina y la jurisprudencia al distinguir entre una dimensión *extraprocesal* y otra estrictamente *procesal* del derecho fundamental enunciado en el art. 24.2 CE.

Nuestro estudio ha de comenzar con el análisis de la dimensión llamada *extraprocesal* a la que nos referiremos, sin embargo, con la denominación —que entendemos más precisa e ilustrativa— de *dimensión sustantiva*.

2.2 Dimensión sustantiva general: carácter instrumental

La noción de presunción de inocencia designa, con carácter general, la actividad procesal que ha de ser realizada por el Estado para que la persona encausada pueda ser formalmente declarada culpable de un delito. Mientras esa actividad no ha sido debidamente cumplimentada, no puede imponerse la consecuencia aflictiva que la *pena* representa. El estatuto personal del sujeto pasivo del proceso debe ser, hasta ese momento, el propio de cualquier persona inocente.

La Constitución de 1978 materializa, en este punto, un cambio radical frente al proceso penal preconstitucional. Este operaba, de facto, incluso con la LECrim de 1882, como sistema de injerencia progresiva en la libertad, según acreditaban institutos como la prisión provisional automática para quienes fueran procesados por delitos especialmente graves (más ampliamente, RODRÍGUEZ FERNÁNDEZ, 2021, pp. 7-9).

Es, por tanto, gracias a la presunción de inocencia —como exigencia constitucional de una determinada actividad procesal sin la cual la consideración del ciudadano como inocente resulta intangible— que operan plenamente, en tanto el proceso penal se tramita, las garantías de inmunidad personal conferidas por los derechos fundamentales sustantivos.

De ahí que los actos de investigación y las medidas cautelares solo puedan acordarse en detrimento de los derechos fundamentales de la persona encausada como pronunciamientos excepcionales que deben perseguir una finalidad legítima, han de estar debidamente habilitados por la ley y deben ajustarse al principio de proporcionalidad —más ampliamente, véase el capítulo 27—.

Ahora bien, los actos de injerencia indagatoria o cautelar que no cumplen tales presupuestos constitucionales vulneran exclusivamente el derecho fundamental sustantivo concretamente concernido. No lesionan por sí mismos el derecho a la presunción de inocencia, pues el art. 24.2 CE no añade ningún contenido protector adicional a los que ya aportan los arts. 14 a 38 CE.

Puede concluirse, por ello, que la presunción de inocencia tiene, en general, una *dimensión sustantiva* de carácter *instrumental*. Su función es designar el momento a partir del cual pueden producirse consecuencias desfavorables válidas para la esfera personal de la persona sometida al proceso penal, de suerte que hasta tanto no llegue ese momento —el de la sentencia condenatoria firme— opera plenamente el estatuto material que deriva de la condición de inocente, que es el que proporcionan, por sí mismos, los derechos fundamentales sustantivos. A la protección autónoma que estos derechos confieren, el art. 24.2 CE no añade, en realidad, contenido adicional alguno.

2.3 Dimensión sustantiva autónoma: relación con el derecho al honor

La relación de la presunción de inocencia con el derecho al honor constituye una excepción al esquema general que acaba de exponerse. El art. 24.2 CE sí proporciona una protección cualificada en relación con la que generalmente deriva del derecho fundamental del art. 18.1 CE. Esa protección especial se expresa en la vertiente de la presunción de inocencia como *regla de tratamiento*.

El honor personal tiene la particularidad de ser un derecho fundamental de contenido variable, pues depende de los propios actos del sujeto afectado. Lo que lesiona el derecho al honor, cuando de atribuciones fácticas deshonrosas se trata, es la imputación de comportamientos que el individuo aludido no ha realizado realmente. El desmerecimiento en la consideración ajena provocado por los propios actos no lesiona el art. 18.1 CE (DEL MORAL GARCÍA/RODRÍGUEZ FERNÁNDEZ, pp. 83-89).

Frente a esa configuración general del honor, la virtualidad del art. 24.2 CE, al dar a la presunción de inocencia una dimensión específica como *regla de tratamiento*, es *objetivar* el estándar de actuación exigible a todas las autoridades y funcionarios del Estado. Los servidores públicos quedan sujetos a un parámetro de actuación puramente objetivo: ninguno de ellos puede, ni en el desempeño de sus funciones oficiales ni en sus manifestaciones públicas, atribuir la comisión de un hecho delictivo a un ciudadano hasta tanto no se declare formalmente la culpabilidad de este del modo constitucionalmente prescrito. No importa cuán poderosos sean los elementos de convicción que sugieren —anticipadamente— esa culpabilidad: las autoridades y funcionarios quedan sometidos a una regla de comportamiento estricta, directamente dimanante del art. 24.2 CE, que se aparta los cánones ordinarios de protección que aporta el derecho fundamental sustantivo del art. 18.1 CE.

Se trasciende aquí, por tanto, la *dimensión instrumental* que ordinariamente corresponde a la presunción de inocencia en relación con los derechos fundamentales sustantivos —que tiende a garantizar, mientras la culpabilidad no ha sido debidamente establecida, la efectividad de la protección jurídica que estos ya confieren por sí mismos—. Estamos, en este caso, ante una *dimensión sustantiva autónoma* del derecho del art. 24.2 CE que se sustancia en una regla de tratamiento especialmente exigente y exclusivamente dirigida a las autoridades y funcionarios públicos. De dicha regla nos ocupamos a continuación.

2.4 La regla de tratamiento del art. 24.2 CE

2.4.1 Ámbito de aplicación

La delimitación del ámbito respectivo de protección del derecho al honor del art. 18.1 CE y el derecho a la presunción de inocencia del art. 24.2 ha pasado, en la doctrina del Tribunal Constitucional, por dos etapas distintas:

* Hasta las SSTC 8/2017 [*Tol 5968097*] y 10/2017 [*Tol 5983872*], relativas a la indemnización de la prisión provisional seguida de absolución, el TC consideró que la dimensión *extraprocesal* de la presunción de inocencia solo podía ser vulnerada dentro de los propios procesos penales o en los procedimientos administrativos sancionadores. La presunción de inocencia como regla de tratamiento era considerada, por consiguiente, como un mandato especialmente dirigido a las autoridades implicadas en la tramitación de procesos y procedimientos relacionados con el ejercicio del poder sancionador del Estado.

En esta primera etapa, las manifestaciones de autoridades públicas que sugerían la responsabilidad criminal de una persona y que eran realizadas fuera de esos concretos ámbitos —por ejemplo, en un proceso civil (STC 166/1995 [*Tol 82903*]), en una comisión parlamentaria de investigación (STC 133/2018 [*Tol 6977385*]) o en declaraciones vertidas a la prensa (STC 244/2007 [*Tol 1211346*])— se consideraban lesivas del derecho al honor.

* Esta diferenciación empieza a resquebrajarse cuando el TC se ve obligado a abordar el problema de la prisión provisional no indemnizada a raíz de las condenas emitidas en este ámbito contra España por el TEDH al amparo del art. 6 § 2 del Convenio de Roma. Al entablar el consiguiente *diálogo* con el tribunal de Estrasburgo, el TC modifica su doctrina sobre la delimitación del derecho a la presunción de inocencia y el derecho al honor personal.

En efecto, en las SSTC 8/2017 [*Tol 5968097*], 10/2017 [*Tol 5983872*] y 85/2019 [*Tol 7378888*], el TC estimó que vulneran la presunción de inocencia, como *regla de tratamiento*, las decisiones de los órganos administrativos —Ministerio de Justicia— y jurisdiccionales —del orden contencioso-administrativo— que, al pronunciarse sobre las indemnizaciones por prisión provisional seguida de absolución, utilizan argumentos que proyectan una sombra de duda sobre la inocencia de individuos que han sido penalmente absueltos y a los que no se considera acreedores de resarcimiento.

Hasta ese momento, se aplicaba un sistema indemnizatorio en el que se distinguían dos categorías de personas penalmente absueltas. De un lado estaban aquellas cuya inocencia había sido positivamente demostrada en el proceso penal, respecto de las cuales la sala de lo contencioso-administrativo del TS consideraba aplicable la causa de indemnización por «inexistencia del hecho» prevista en el art. 294 LOPJ. Hay que tener en cuenta que la referida "inexistencia" podía ser tanto *objetiva* —por haber quedado acreditado que el hecho criminal mismo no había sido realmente cometido—, como *subjetiva* —por haberse demostrado que la persona encausada no era responsable de un delito que sí había llegado a cometerse—. De otro lado se encontraban aquellas personas cuya inocencia había sido el resultado de la aplicación del especial estándar probatorio que rige en el proceso penal, las cuales no podían ser indemnizadas ya que, en su caso, la «inexistencia del hecho» no había sido acreditada en la sentencia absolutoria o en el auto de sobreseimiento.

El TC, siguiendo al TEDH, estimó que esta diferenciación entre dos categorías de personas absueltas creaba «una sombra duda sobre la inocencia», devaluando la consideración como inocentes de quienes no recibían la correspondiente indemnización (SSTC 8/2017 [*Tol 5968097*] y 10/2017 [*Tol 5983872*]). Esto le llevó incluso a plantear una *cuestión interna de inconstitucionalidad* y a declarar, en la citada STC 85/2019 [*Tol 7378888*], la inconstitucionalidad del inciso del art. 294 LOPJ que aludía a la «inexistencia del hecho imputado» como elemento determinante del derecho de indemnización, en la consideración de que dicho inciso vulneraba el derecho a la presunción de inocencia (art. 24.2 CE) en su dimensión de *regla de tratamiento*.

De ese momento en adelante, especialmente con las SSTC 97/2020 [*Tol 8062076*] —sobre la aplicación del art. 384 *bis* LECrim a un parlamentario— y 77/2023 [*Tol 9637793*] —relativa a una comisión parlamentaria de investigación—, el criterio del TC es que toda manifestación o actuación del poder público que ponga en tela de juicio la inocencia de una persona que no ha sido declarada culpable en sentencia condenatoria firme, sugiriendo de algún modo que es responsable de una infracción penal, constituye una lesión de la presunción de inocencia como *regla de tratamiento*. Esta lesión del art. 24.2 CE trasciende, por tanto, el ámbito estricto de los procesos penales y los procedimientos administrativos sancionadores.

La razón de la proyección sobre todos los servidores públicos de la especial protección que el art. 24.2 CE confiere al honor personal queda claramente reflejada en la STC 77/2023 [*Tol 9637793*], que señala que «las formalidades de las que están revestidas las actuaciones del poder público, así como su *auctoritas*, tienen la suficiente virtualidad para afectar, o incluso quebrar, frente a los demás, la consideración de inocente garantizada por el art. 24.2 CE en ausencia de condena judicial, especialmente en aquellos casos en que dichas actuaciones son objeto de difusión pública».

Hay, por tanto, una vulneración autónoma del art. 24.2 CE, en la que queda «subsumida» la lesión del derecho al honor (SSTC 77/2023 [*Tol 9653326*] y 94/2024 [*Tol 10273359*]).

2.4.2 Elementos característicos

La STC 94/2024 [*Tol 10273359*], define la vertiente de la presunción de inocencia como *regla de tratamiento* como «el derecho a recibir la consideración y el trato de no autor o no partícipe en hechos de carácter delictivo o análogos a estos, sin previa resolución dictada por el poder público u órgano competente que así lo declare, y determina por ende el derecho a que no se apliquen las consecuencias o los efectos jurídicos anudados a hechos de tal naturaleza en las relaciones jurídicas de todo tipo».

Se vulnera, por tanto, la referida regla en toda situación en la que la autoridad tiene por culpable «a quien no ha sido declarado así tras un previo juicio justo» (STC 94/2024 [*Tol 10273359*]), sea en ausencia de proceso penal, durante la tramitación de un proceso penal o cuando dicho proceso ya ha concluido por cualquier resolución distinta a una sentencia condenatoria.

Materialmente, la vulneración se produce cuando las manifestaciones o declaraciones de la autoridad no se limitan a describir «un estado de sospecha» sino que dan lugar a «la sensación de que la persona en cuestión es culpable» (por todas, STC 77/2023 [*Tol 9637793*]). No es preciso, para que esto ocurra, que se exprese «una declaración formal de culpabilidad», pues basta que se utilicen términos, razonamientos o expresiones de las que se desprenda que la autoridad considera que la persona aludida es culpable del delito (por todas, STC 94/2024 [*Tol 10273359*]).

Las manifestaciones proscritas son tanto las realizadas por el propio tribunal penal como por otras autoridades o funcionarios del Estado. En lo que al tribunal penal se refiere, este debe dictar sus resoluciones sin emplear términos o razonamientos que «sugieran que el órgano judicial considera culpable» a la persona encausada. El juez penal queda, además, vinculado por la regla de tratamiento incluso cuando interviene en una fase procesal posterior al dictado de la sentencia condenatoria no firme —apelación o casación—. Debe evitar, en particular, «reflejar la convicción de que la persona es culpable» al realizar cualquier pronunciamiento cautelar (por todas, STC 94/2024 [*Tol 10273359*]).

En todo caso, esta regla de tratamiento no obsta para que las autoridades competentes informen a la opinión pública sobre el curso de los procesos penales siempre que lo hagan «sin acompañar las informaciones con valoraciones, especulaciones o manifestaciones que sugieran la culpabilidad de quien no ha sido aún condenado» (STC 94/2024 [*Tol 10273359*]). El TC ha considerado, en particular, que no vulnera el art. 24.2 CE la difusión pública por parte del tribunal penal, antes de que se produzca la notificación íntegra de la sentencia, «de un comunicado en el que anticipa el fallo» condenatorio (o desestimatorio del recurso interpuesto contra la condena recaída en una instancia anterior) siempre que lo que se anuncie sea un fallo ya acordado (sentencias del llamado *caso ERES*, por todas, STC 94/2024 [*Tol 10273359*]).

2.4.3 El problema de las comisiones parlamentarias de investigación

Fuera del ámbito penal, el TC ha puesto especial énfasis en subrayar que las comisiones parlamentarias de investigación también pueden vulnerar la dimensión sustantiva de la presunción de inocencia como *regla de tratamiento*. Para el TC tanto la actividad indagatoria desarrollada por una comisión parlamentaria de investigación como, sobre todo, las conclusiones que esta alcanza, formaliza y publica, vulneran el derecho del art. 24.2 CE si, al evaluar la actuación de cualquier individuo, trascienden el mero estado de sospecha y sugieren la responsabilidad de un ilícito penal (por todas, STC 77/2023 [*Tol 9637793*]).

Esto no choca, en todo caso, con la norma constitucional, contenida en el art. 76.2 CE, que autoriza que puedan constituirse, en el Congreso de los Diputados o en el Senado, «Comisiones de investigación sobre cualquier asunto de interés público», pues tal regla no significa en modo alguno que las cámaras legislativas españolas tengan poderes judiciales y, mucho menos, que la Constitución les haya conferido la capacidad de atribuir válidamente a un ciudadano, en función del resultado de sus indagaciones, la comisión de un hecho delictivo (GARCÍA MORILLO, pp. 85-87).

Lamentablemente, los políticos españoles suelen empeñarse en imitar —sin ningún fundamento constitucional y, en todo caso, con resultados manifiestamente perjudiciales para la calidad democrática del sistema— la dinámica propia de las comisiones parlamentarias de investigación de los EE.UU. de América, ignorando que ni el Congreso de los Diputados ni el Senado —ni tampoco las Asambleas Legislativas autonómicas— disponen en nuestro país de los especiales poderes jurídicos que caracterizan al legislativo en el sistema constitucional estadounidense. En este, el famoso *impeachment* supone, sin ir más lejos, el ejercicio por parte del Senado de poderes verdaderamente judiciales, pues esta cámara constata, a iniciativa del Congreso, que el presidente ha incumplido gravemente sus funciones, por lo que su consiguiente destitución es la consecuencia jurídica de la comisión de un ilícito constitucional apreciado por el Senado.

El TC ha acertado, por tanto, al no extrapolar las características propias del sistema *parajudicial* estadounidense —ajeno a la arquitectura constitucional de una *monarquía parlamentaria* como la nuestra— a la interpretación del alcance de los poderes investigadores conferidos por el art. 76.2 CE a las cámaras legislativas. Estas *comisiones de investigación* no están previstas para ejercer poderes judiciales y no deben, por ello, hacer aseveraciones o insinuaciones que supongan la atribución —abierta o velada— de la comisión de hechos criminales. Su misión es investigar hechos de «interés público» en cuanto esa indagación puede servir al Parlamento para cumplir las funciones *políticas* que en nuestro sistema constitucional le corresponden: sea para proponer un modelo de regulación o gestión que evite que hechos como el investigado vuelvan a producirse —o que, en todo caso, permita mejorar la respuesta institucional— o sea para depurar responsabilidades estrictamente políticas —lo que puede llevar, por ejemplo, a que el Gobierno pierda la confianza del Parlamento—.

Las funciones investigadoras de las cámaras legislativas españolas quedan, por ello, plenamente sometidas a la eficacia del derecho fundamental a la presunción de inocencia en su dimensión de *regla de tratamiento*.

2.5 Los excesos informativos como vulneraciones del derecho al honor

La regla de tratamiento del art. 24.2 CE no resulta aplicable a los particulares. Los conflictos *horizontales* suscitados entre estos se resuelven mediante un juicio de ponderación entre la libertad de información —del lado del medio que publica el hecho noticioso— y el derecho al honor —de la persona a la que dicho medio atribuye, en descrédito de su consideración pública, la comisión de hechos constitutivos de una infracción punible—. Juega, por tanto, la protección general del art. 18.1 CE, que se somete a los cánones jurisprudenciales establecidos por el TC para esto tipo de supuestos (ver, por todas, STC 58/2018 [*Tol 6657365*]).

Lo mismo ocurre cuando la autoridad que informa legítimamente sobre el curso de un proceso penal, o que practica una diligencia que otorga publicidad a algún extremo de este, no presenta a la persona encausada de un modo que sugiere su culpabilidad, pero sí divulga datos que pueden considerarse innecesarios para alcanzar un fin público legítimo. Así ocurre, por ejemplo, cuando se divulga la fotografía del sospechoso sin que esto sea necesario para lograr la colaboración pública en su localización o detención (STC 14/2003 [*Tol 238526*]) o cuando se ordena la anotación preventiva en el Registro de la Propiedad de la prohibición de disponer de un bien con expresa mención, en la información que resulta accesible a terceros, de los concretos delitos que se imputan a la persona afectada por dicha medida cautelar (STC 28/2020 [*Tol 7868049*]).

En todos estos supuestos, la resolución de la controversia requiere un juicio de ponderación sobre la *necesidad* de la divulgación de los datos controvertidos, lo que indica que no nos hallamos ya ante la regla objetiva de tratamiento del art. 24.2 CE sino ante el juego general del derecho fundamental al honor personal del art. 18.1 CE.

No obstante, en relación con los llamados juicios paralelos, ha de tenerse en cuenta que una campaña de prensa virulenta contra la persona encausada puede afectar al derecho a la presunción de inocencia en la medida en que pueda llegar a influir en la imparcialidad del enjuiciamiento, lo que tiene, obviamente, especial incidencia en los juicios ante el tribunal del jurado (por todas, STEDH de 5/12/2002, asunto *Craxi c. Italia* [*Tol 3917571*]).

2.6 Dimensión procesal: noción estricta

Al tiempo que cumple la función instrumental de proteger los derechos fundamentales sustantivos de la persona encausada —con una dimensión tuitiva autónoma en el caso particular del derecho al honor—, es claro que la presunción de inocencia constituye una de las garantías que aseguran que el resultado del proceso penal pueda considerarse justo y equitativo.

Hay que distinguir, no obstante, entre una *noción amplia o inclusiva* de la presunción de inocencia —que la convierte en una especie de *cajón de sastre* que compendia, sintéticamente, todas las garantías constitucionales que han de ser respetadas para llegar a un resultado condenatorio que pueda considerarse justo— y una *noción estricta o exclusiva*, únicamente atinente al examen de la suficiencia de la prueba. Como señala PÉREZ MANZANO (p. 1506) este último es el «contenido genuino» de la dimensión procesal de la presunción de inocencia, en cuanto es el único «que no puede fundamentarse en otros principios o garantías».

La noción estricta es, en todo caso, la que utiliza el TEDH. Para el tribunal de Estrasburgo, la dimensión procesal del derecho a la presunción de inocencia del art. 6 § 2 CEDH abarca la atribución a la acusación de la carga de probar, así como la exigencia de suficiencia de la prueba para fundar una condena, con inclusión del principio *in dubio pro reo* (por todas, STEDH de 6/12/1988, asunto *Barberà, Messegué y Jabardo c. España*, [*Tol 117828*]). Ambos elementos designan, en realidad, una misma cuestión, pues la llamada *carga de la prueba* —en su sentido estricto, asimilable al concepto anglosajón de *burden of proof*— determina, simplemente, qué parte ha de sufrir las consecuencias desfavorables de una insuficiencia probatoria (FERRER BELTRÁN, 2012, p. 154).

Nos interesa, en suma, la presunción de inocencia en cuanto particular estándar constitucional de prueba, resultante, como se verá a continuación, de un juicio constitucional que distribuye desigualmente el riesgo de error entre las dos partes enfrentadas en el proceso penal.

2.7 La presunción de inocencia como decisión político-constitucional sobre el estándar de prueba

2.7.1 Coste del error y privación de libertad

La filosofía epistemológica ha tratado de reconducir el «juicio al hecho» a parámetros donde puede resultar racionalmente controlable, desvinculándolo de toda significación mística. Esos parámetros son los de la probabilidad. Se considera que la valoración de la prueba es «una actividad racional consistente en la elección de la hipótesis más probable entre las diversas reconstrucciones posibles de los hechos» (GASCÓN ABELLÁN, p. 161).

Cuando los intereses de las partes que se enfrentan en el proceso son de igual valor, el grado de probabilidad que una de ellas ha de alcanzar para obtener la victoria es el mínimo necesario. Basta que esa hipótesis fáctica sea más probable que la contraria, lo que *grosso modo*, puede expresarse diciendo que basta con un grado de probabilidad del 51%.

Este esquema de *probabilidad preponderante* no sirve, sin embargo, cuando no hay equilibrio entre las pretensiones de las partes. Como señala GASCÓN ABELLÁN (p. 176), el grado de probabilidad exigible aumenta en función del coste del error. Cuando una de las partes se juega su libertad, como ocurre en el proceso penal, el coste del error es, obviamente, máximo. La tesis fáctica que puede producir la privación de libertad habría de obtener, por ello, un grado igualmente *máximo* de confirmación.

El *grado de gravamen* representado por la pena es, por tanto, el primer elemento que influye en la determinación del estándar constitucional de prueba del proceso penal, de modo que la presunción de inocencia funciona como «garantía de libertad de los inocentes» (PÉREZ MANZANO, p. 1509). Así lo señala el TC cuando remarca que «al proceso penal se acude postulando la actuación del poder del Estado en su forma más extrema —la pena criminal— que implica una profunda injerencia en la libertad del imputado y en el núcleo más sagrado de sus derechos fundamentales» (STC 80/2024 [*Tol 10273370*]).

Dicho elemento determina, asimismo, que la presunción de inocencia pueda tener una aplicación «matizada» en el ámbito del derecho administrativo sancionador (por todas, STC 161/2016 [*Tol 5911875*]). Esto obedece a la diferencia cualitativa que nuestra Constitución establece entre la sanción penal y la sanción administrativa: la administración civil no puede, de acuerdo con el art. 25.3 CE, imponer sanciones que impliquen la privación de libertad. Incluso la multa que imponen los órganos de la jurisdicción penal es cualitativamente distinta a la multa administrativa, ya que lleva consigo una responsabilidad personal subsidiaria —privación de libertad en caso de impago—.

2.7.2 *Coste del error y finalidad pública de castigo*

El gravamen para la libertad representado por la *pena* no es, con todo, el único elemento que explica el especial estándar probatorio inherente a la garantía de presunción de inocencia, pues es claro que el coste del error también debe medirse del otro lado del proceso.

En nuestro ordenamiento jurídico existen injerencias del poder público en la libertad individual que requieren la prueba de su presupuesto fáctico, pero que no están sometidas al régimen cualificado de suficiencia derivado del art. 24.2 CE o que, en otras palabras, no requieren un grado máximo de confirmación.

Tal grado de confirmación no puede aplicarse, por ejemplo, a una restricción de libertad impuesta por razones de salud pública, como el aislamiento forzoso de una persona que no se sabe con seguridad si padece una enfermedad infectocontagiosa grave pero que ha estado en contacto directo con alguien que sí la sufre. La *finalidad característica* de la medida restrictiva determina, en ese caso, que la apreciación del presupuesto fáctico no pueda someterse a exigencias de confirmación especialmente altas —con el consiguiente riesgo de provocar, con ello, los resultados que, justamente, deben ser evitados—. El grado de gravamen que sufriría la sociedad excede, en este supuesto, del sacrificio representado por la privación de libertad de un individuo —de acuerdo con el correspondiente juicio de proporcionalidad—.

En el proceso penal no ocurre lo mismo. La actuación estatal restrictiva de la libertad individual se materializa a través de un instituto, la *sanción*, que, como también se anticipó en el capítulo 1, supone la imposición de un *mal adicional* al que resulta estrictamente necesario para satisfacer fines públicos perentorios o inmediatos. Concurre, a lo sumo, como señala PÉREZ MANZANO (p. 1510) un «riesgo mediato» de reincidencia.

La pena tampoco sirve, como ya se explicó, para restablecer la situación anterior al delito ni para resarcir los daños generados por este. Es un mal adicional o añadido que tiene la *finalidad característica* de castigar al autor de una infracción. El grado de gravamen que la sociedad sufre si un delito queda sin castigo es, sin duda, relevante, pero es claro que no sobrepasa, en la escala constitucional de valores, el riesgo representado por la posibilidad de castigar erróneamente a un inocente, pues la imposición de un *castigo* solo resulta compatible con la dignidad de persona —y la consideración de todo ser humano como un fin en sí mismo— si se acredita debidamente la *responsabilidad criminal*.

La Constitución toma, por tanto, en consideración la particular fisonomía de la actividad pública sustanciada en el proceso penal —el ejercicio del *ius puniendi* del Estado— para corregir los graves desequilibrios axiológicos a los que conduciría la aplicación automática del sistema de valoración de prueba que rige en el modelo procesal común o civil, según el cual el juez puede decantarse por la tesis fáctica que resulta, a la vista de las pruebas practicadas, más verosímil entre las dos en disputa (*probabilidad preponderante*).

La aplicación de dicho estándar probatorio conllevaría un riesgo excesivamente alto de que personas inocentes pudieran ser penalmente castigadas, cosa que la Constitución considera incompatible con un proceso penal basado en la *dignidad de persona* (art. 10.1 CE), esto es, regido por la prohibición de instrumentalizar al individuo en beneficio del interés colectivo. En otras palabras, estima que hay unos *falsos positivos* —los de condena errónea— que resultan menos tolerables que otros —los de absolución errónea— de acuerdo con la escala constitucional de valores y eleva, por ello, el grado de confirmación requerido para la tesis de la culpabilidad.

El estándar de prueba propio del proceso penal no busca, por tanto, asegurar un mayor grado de acierto en las decisiones judiciales penales —o dicho en otros términos, no persigue una finalidad estrictamente *epistemológica*—. Constituye un régimen asimétrico de distribución del riesgo de error que obedece a razones eminentemente políticas: se prefiere dejar el delito sin castigo, asumiendo el consiguiente grado de frustración social, a la alternativa de instrumentalizar a la persona encausada, convirtiéndola en un mero medio con el que conseguir, a muy bajo coste (una actividad probatoria realmente *mínima*), una mayor seguridad o tranquilidad públicas (*vid. supra* capítulo 1, apartado 1.1).

2.7.3 Exigencia de optimización del grado de probabilidad

La medición del coste del error del lado del ejercicio del *ius puniendi* no es, sin embargo, irrelevante. Es claro que solo un sistema de justicia criminal que, en general, es capaz de castigar los delitos con cierto grado de eficacia puede preservar la paz pública y mantener el orden de convivencia. La exigencia —para acreditar la responsabilidad criminal— de un listón de probabilidad que, a la vista de los medios de indagación disponibles en un momento histórico determinado, resultase excesivamente alto podría dejar al Estado inerme en la lucha contra la delincuencia e imposibilitar el correcto desarrollo de la vida social.

La necesidad de preservar la eficacia general del sistema de justicia criminal puede verse, con particular claridad, en la aceptación, en la doctrina del Tribunal Constitucional, de la declaración de la víctima del delito como medio de prueba formalmente idóneo para acreditar, por sí solo, la culpabilidad del acusado (por todas, SSTC 173/1990 [*Tol 81848*]; 229/1991 [*Tol 81909*]; 64/1994 [*Tol 82472*] y 195/2002 [*Tol 528581*]). Así:

* Un sistema que se preocupase exclusivamente de acreditar con un alto grado de probabilidad —rayano a la certeza— la culpabilidad del acusado excluiría, por concepto, toda posibilidad de condenar en una situación probatoria en la que únicamente se dispone de dos declaraciones contrapuestas —la del acusado y la de la víctima— por más que una pueda considerarse más creíble que la otra. Exigiría siempre algún tipo de confirmación o corroboración externa.
* Esto podría conducir, sin embargo, a una situación de imposibilidad de hecho de acreditar gran parte de las infracciones que son cometidas clandestinamente —por ejemplo, las que se producen en la intimidad del hogar o en condiciones de clandestinidad especialmente buscadas por el autor—, muchas de las cuales —como los delitos sexuales o los de violencia de género— son objeto de especial reprobación social.
* Se considera, por ello, que la ponderación de sacrificios y beneficios no permite aceptar, en la práctica, una exclusión radical del testimonio exclusivo de la víctima como medio idóneo para acreditar la culpabilidad,

aunque el intérprete deba extremar el celo en la valoración de su credibilidad (a cuyo efecto la jurisprudencia ha tratado, incluso, de aportar ciertos parámetros de evaluación; por todas, STS de 21/04/2023 [*Tol 9549207*]).

Puede decirse, por ello, que el derecho a la presunción de inocencia es un estándar de prueba *dinámico*, que exige elevar el listón de probabilidad todo lo que permite el contexto histórico existente, muy en particular el estado de evolución de la ciencia forense y de las herramientas de investigación a disposición del poder público.

Cuanto más avanza la eficacia de la criminalística, más alto ha de ser el listón de suficiencia requerido y mayores, por tanto, las exigencias probatorias dirigidas por los jueces a los efectos, por ejemplo, de que sean corroboradas pruebas que, en otro momento, habían de aceptarse como formalmente suficientes para desvirtuar la presunción de inocencia.

2.8 Concreción del estándar: reglas constitucionales de suficiencia de la prueba

2.8.1 Tres reglas de suficiencia

El estándar constitucional de prueba del proceso penal se concreta técnicamente en tres reglas de suficiencia derivadas del derecho fundamental a la presunción de inocencia del art. 24.2 CE. La Constitución exige: a) que la tesis acusatoria resulte debidamente probada en todos sus extremos relevantes —*suficiencia cuantitativa de la prueba*—; b) que se utilicen pruebas que alcancen un estándar mínimo de calidad —*suficiencia cualitativa de la prueba*— y c) que esas pruebas —completas y fiables— generen un grado de verosimilitud especialmente fuerte, en cuanto permitan despejar cualquier duda que pueda estimarse razonable —*suficiencia material de la prueba*—.

A continuación, realizaremos un somero examen de estas reglas de suficiencia y del estado interpretativo en el que se encuentran en la doctrina del TC.

2.8.2 Suficiencia cuantitativa: alcance de la prueba de cargo

El primer plano formal de la presunción de inocencia es la determinación de la *suficiencia cuantitativa* de la prueba. Se trata de dilucidar si la actividad probatoria *de cargo* abarca *cuantos* elementos resultan necesarios para condenar.

La prueba de cargo que ha de presentar la acusación debe extenderse a todos los elementos objetivos y subjetivos que determinan la responsabilidad criminal, tanto «a la existencia del hecho punible, como en todo lo atinente a la participación que en él tuvo el acusado» (por todas, SSTC 140/1991 [*Tol 80554*]; 82/1992 [*Tol 80694*] y 173/1997 [*Tol 80796*]). Ha de abarcar, en particular, la prueba del elemento subjetivo «por más que esta sea dificultosa y que, en la mayoría de los casos, no quepa contar para ello más que con la existencia de prueba indiciaria» (STC 8/2006 [*Tol 817415*]).

No se trata de aquí de exigir una cantidad determinada de pruebas sino de que las pruebas practicadas —sea una o sean varias— puedan reputarse racionalmente aptas para explicar *todos* los elementos necesarios para condenar. Así, un solo testimonio de cargo directo —por ejemplo, el de la persona que presencia un homicidio— puede ser *cuantitativamente* idóneo para explicar racionalmente todos los elementos necesarios para sustentar una condena —lo cual no determina, sin embargo, que sea *cualitativamente* suficiente, por ejemplo, si ese testimonio lo presta una persona coencausada, ni tampoco que sea *materialmente* suficiente, si hay dudas razonables sobre su veracidad—.

Esta primera regla implica, en todo caso, que es necesaria una adecuada definición *a priori* de los elementos del concreto tipo penal que deben ser acreditados por la acusación. Dicho en palabras del TC, la exigencia de prueba de cargo «ha de ponerse en relación con el delito objeto de la condena» (STC 8/2006 [*Tol 817415*]) o «por el que ha sido condenado el imputado (...) dado que se han de acreditar todos sus elementos, objetivos y subjetivos» (STC 68/2004 [*Tol 397383*]).

El TC ha estimado vulnerada esta primera vertiente de la presunción de inocencia si, por ejemplo: a) se condena por robo, y no por hurto, cuando solo se ha acreditado la sustracción, y no el forzamiento de la cerradura o la utilización de llave falsa (STC 25/1988 [*Tol 80136*]); b) si, en el delito ecológico, se acredita la infracción de la normativa administrativa, pero no el elemento típico del peligro generado para el hábitat correspondiente (STC 127/1990 [*Tol 80398*]); c) si no se acredita, en un delito de quebrantamiento de una medida cautelar de alejamiento, la vigencia de la prohibición de aproximación (STC 16/2012 [*Tol 2472287*]), y d) si se prueba la impregnación alcohólica pero no su efectivo influjo en las capacidades psicofísicas del conductor, cuando el delito contra la seguridad vial no consistía en la mera superación de una tasa de alcohol en sangre sino en la efectiva conducción *bajo los efectos del alcohol* (SSTC 8/2006 [*Tol 817415*] y 319/2006 [*Tol 1010787*]).

2.8.3 *Suficiencia cualitativa: fiabilidad del medio probatorio*

La regla formal de *suficiencia cualitativa* pretende asegurar que la condena solo tenga lugar en virtud de pruebas que cumplan, por sus propias características, cierto grado de fiabilidad. En este punto deben diferenciarse supuestos distintos:

* En el proceso penal constitucional, hay requisitos generales para la práctica de las pruebas —garantías probatorias— que proporcionan un mayor grado de fiabilidad a la decisión judicial. El caso más claro es la exigencia de práctica contradictoria de las pruebas personales en el propio juicio oral —con la consiguiente inmediación ante el juez que debe dictar sentencia—.

No es admisible, por regla general, la lectura o reproducción audiovisual de una diligencia testifical sumarial salvo que sea imposible practicar ese mismo testimonio en el propio plenario (*vid. infra* apartado 9.3). Por la misma razón, el testimonio de referencia solo resulta admisible en los casos de imposibilidad real y efectiva de obtener la declaración del testigo directo y principal (STC 146/2003 [*Tol 295202*], citando a las SSTC 79/1994 [*Tol 82487*]; 68/2002 [*Tol 258603*]; 155/2002 [*Tol 258487*]; 219/2002 [*Tol 224824*] y 161/2016 [*Tol 5911875*] y SSTEDH de 19 de diciembre de 1990, asunto *Delta*, § 36; de 19 de febrero de 1991, asunto *Isgrò*, § 34; y de 26 de abril de 1991, asunto *Asch*, § 27).

Estas reglas de admisibilidad pretenden, sin duda, salvaguardar la fiabilidad de las pruebas —asegurando la contradicción y la inmediación— y resulta claro, por ello, que su exigencia eleva, de facto, el estándar probatorio del proceso penal al reducir el flujo de materiales que pueden resultar idóneos para establecer la culpabilidad. Pero en el plano técnico-constitucional estamos ante reglas relativas a la válida formación de las pruebas y no ante reglas de valoración de su suficiencia.

Esto se aprecia claramente en los efectos característicos de su infracción. La lectura indebida de una diligencia testifical sumarial debe dar lugar a su *exclusión* del acervo probatorio. Tal exclusión solo determina, sin embargo, la vulneración del derecho a la presunción de inocencia si la prueba de cargo restante es insuficiente, por sí misma, para establecer la culpabilidad —esto es, si la exclusión provoca un resultado de déficit probatorio—.

La jurisprudencia constitucional suele, no obstante, confundir ambos planos, arrastrando un error conceptual cometido en su primera etapa de andadura. El TC se enfrentaba en ella a una práctica forense generalizada conforme a la cual la única prueba practicada en el juicio oral era la declaración del acusado mientras que el resto de la actividad probatoria consistía en dar «por reproducidas» todas las diligencias sumariales, incluidas las declaraciones testificales (por todas, STC 49/1998 [*Tol 7066076*]). La inaptitud radical de estos meros actos de investigación para generar verdaderas pruebas provocaba, de forma sistemática, una situación de vacío probatorio absoluto, que llevaba al TC a apreciar, con lógico automatismo, la vulneración del derecho a la presunción de inocencia.

El TC se enfrentaba, en efecto, a situaciones en las que se había producido la condena en la sola consideración del reconocimiento en rueda practicado en el sumario, sin que el testigo hubiera comparecido en el juicio oral para ratificarlo y dar su propia versión de los hechos (por todas, SSTC 10/1992 [*Tol 80626*], 32/1995 [*Tol 82772*] y 148/1996 [*Tol 83080*]) o con un mero reconocimiento fotográfico (SSTC 36/1995 [*Tol 82776*] y 40/1997 [*Tol 83183*]) o únicamente en función de declaraciones de coencausados realizadas en el sumario y, nuevamente, no ratificadas en el plenario (SSTC 82/1992 [*Tol 80694*] y 51/1995 [*Tol 82791*]).

La proliferación de este tipo de situaciones de vacío probatorio absoluto fue probablemente la razón que llevó al TC a solapar los planos de la formación y la valoración del acervo probatorio y a considerar que la infracción de los principios de contradicción e inmediación constituía, por sí misma, una vulneración del derecho a la presunción de inocencia. Lo cierto es, sin embargo, que la infracción de las reglas constitucionales de procedimiento probatorio no tiene por qué dar lugar, en todo caso, a la vulneración de la presunción de inocencia, pues tal cosa depende de la insuficiencia de la prueba de cargo restante —válidamente practicada—.

Lo lógico, en la actualidad, es considerar, por ello, que todos los requisitos constitucionales relativos al procedimiento probatorio forman parte del contenido característico del derecho al proceso con todas las garantías —que incluye las referidas a la prueba—, tal y como revela, por otra parte, que el propio TC haya ubicado la exigencia de inmediación —para valorar prueba personal en segunda instancia— dentro del ámbito protector conferido por este último derecho (*vid. infra* apartado 9.1).

- * En otros casos la Constitución dispone que determinadas pruebas —que han sido válidamente incorporadas al acervo probatorio— nunca puedan ser consideradas suficientes para acreditar la tesis acusatoria por carecer, por concepto, del grado de fiabilidad necesario para conjurar el riesgo de condena errónea. Estas son las auténticas reglas *cualitativas* de suficiencia de la prueba.

La creación de reglas de *suficiencia cualitativa* es —al menos desde la jurisprudencia inglesa de *Old Bailey* del siglo XVIII— un mecanismo clásico de objetivación del estándar probatorio del proceso penal. Consiste en transformar un problema de *suficiencia material de la prueba* —cuando se considera que un medio de prueba es formalmente idóneo para sustentar por sí solo la condena pero plantea dudas razonables de credibilidad que han de resueltas en cada caso concreto— en una cuestión de insuficiencia cualitativa general —cuando pasa a estimarse que las dudas asociadas a ese medio de prueba plantean un problema de fiabilidad de tal magnitud que lo convierte en inidóneo en todo caso para sustentar por sí solo una condena penal—.

Esto fue lo que ocurrió con el testimonio (hetero)incriminatorio del coencausado. En una primera fase de su doctrina, el Tribunal Constitucional consideró que la «circunstancia de la coparticipación» no suponía más que una cuestión atinente a la credibilidad del testimonio en cada caso concreto (por todas STC 51/1995 [*Tol 82791*]) pero, posteriormente, decidió elevar el estándar de exigencia probatoria al requerir, en toda circunstancia, una corroboración periférica de esta clase de testimonio (STC 153/1997 [*Tol 80776*]).

El Anteproyecto de LECrim de 2010 trató de establecer una regla cualitativa de este tipo en relación con la identificación visual, al exigir que también el reconocimiento en rueda —debidamente ratificado en el plenario— fuera objeto de corroboración periférica para que pudiera operar como prueba de cargo decisiva. Esto habría supuesto, igualmente, una elevación del estándar de prueba por el mecanismo de convertir en regla de suficiencia formal —cualitativa— lo que hasta ese momento era un problema de suficiencia material.

Es claro que la enunciación de este tipo de reglas cualitativas eleva el estándar de prueba del proceso penal al reducir la posibilidad de *falsos positivos* —esto es, de condena errónea de inocentes—. Estamos, al tiempo, ante una manera eficaz de dirigir un mandato de mayor diligencia a las autoridades implicadas en la investigación criminal —Policía Judicial, Ministerio Fiscal y juez encargado de la instrucción[1]—, sobre todo si se constata que estas se

[1] En adelante, y para mayor claridad y sencillez en la redacción, salvo que merezca mayor concreción en el texto que se introduzca su referencia, nos referiremos al «*juez instructor o juez encargado de la instrucción*» como a cualquiera de los jueces con competencia funcional en materia de investigación judicial de delitos, en el bien entendido que con esta denominación designamos al juez unipersonal integrado en la Sección que corresponda del Tribunal de Instancia competente (o, en su caso, al juez de la Sección de Instrucción del Tribunal Central de Instancia, cuando de la Audiencia Nacional hablamos) —*v.gr.* Sección de Instrucción o de la Sección Única de Civil y

conforman sistemáticamente con obtener los elementos de pruebas que son formalmente suficientes para condenar —sin buscar medios de corroboración que pueden estar disponibles de acuerdo con el estado de la criminalística—.

* Finalmente, hay supuestos, como el del testimonio anónimo, en los que ambos planos se entremezclan, de suerte que en la doctrina constitucional pueden distinguirse requisitos de válida incorporación al acervo probatorio y requisitos relativos a la valoración de la suficiencia como prueba de cargo.

El llamado testimonio anónimo —normalmente referido a las declaraciones de testigos protegidos— plantea, como el testimonio de referencia, un problema de limitación de la contradicción con consiguiente merma de fiabilidad. Como señala el TEDH, «si la defensa desconoce la identidad de la persona a la que intenta interrogar, puede verse privada de datos que precisamente le permitan probar que es parcial, hostil o indigna de crédito. Un testimonio, o cualquier otra declaración contra un inculpado, pueden muy bien ser falsos o deberse a un mero error; y la defensa difícilmente podrá demostrarlo si no tiene la información que le permita fiscalizar la credibilidad del autor o ponerla en duda. Los peligros inherentes a tal situación son evidentes» (SSTEDH de 20/11/1989, asunto *Kostovski c. Holanda*, [*Tol 164143*] y de 27/09/1990, asunto *Windisch c. Austria*, [*Tol 163348*]).

La STC 75/2023 [*Tol 9637795*], recogiendo la jurisprudencia del TEDH, ha establecido los requisitos constitucionales que ha de cumplir el testimonio anónimo, dos de los cuales se refieren a su válida incorporación al acervo probatorio y otro a la valoración de su suficiencia. Así:

* Para la incorporación al acervo probatorio de un testimonio anónimo de cargo son necesarios dos requisitos; primero, «que el anonimato haya sido acordado por el órgano judicial en una decisión motivada en la que

de Instrucción, Sección de Violencia sobre la Mujer, o Sección de Violencia contra la Infancia y Adolescencia—, o al juez correspondiente del TS o TSJ al que se le atribuya dicha competencia funcional cuando la competencia objetiva venga encomendada a dichos tribunales por razón de aforamiento del investigado. Asimismo, dicha referencia al *«juez instructor o juez encargado de la instrucción»* contempla también la posibilidad de que, en los casos determinados en el art. 84.6 LOPJ, se nombre a dos jueces, conforme a un turno preestablecido y público, para que, junto con el juez a quien le hubiere sido turnado el asunto inicialmente, se encarguen de la instrucción de un determinado proceso penal. En el capítulo 5 de esta obra puede consultarse una explicación completa del nuevo modelo orgánico de los Tribunales de Instancia que introduce la LO 1/2025.

se hayan ponderado razonablemente los intereses en conflicto»; segundo, «que los déficits de defensa que genera el anonimato hayan sido compensados con medidas alternativas que permitan al acusado evaluar y, en su caso, combatir la fiabilidad y credibilidad del testigo y de su testimonio». Estas dos reglas pertenecen al ámbito del procedimiento probatorio, determinan la admisibilidad de la prueba y forman parte, por ello, del derecho a un proceso con todas las garantías.

* Cumplidas esas reglas, «la declaración del testigo anónimo (...) no podrá, por sí sola o con un peso probatorio decisivo, enervar la presunción de inocencia»; será necesario que «concurra acompañado de otros elementos probatorios». Estamos aquí ante una regla de *suficiencia cualitativa*, situada, por tanto, dentro del ámbito del derecho a la presunción de inocencia.

Esta doctrina relativa al testimonio anónimo contrasta significativamente con la referente al testimonio de referencia. El TC no ha establecido nunca, al menos no explícitamente, una regla formal de suficiencia cualitativa en relación con el valor del testimonio de referencia en los casos excepcionales en los que resulta admisible. Esto supone que una prueba que es considerada, por sus déficits de contradicción, en sí misma tan «sospechosa» y «poco recomendable» (STC 146/2003 [*Tol 295202*] ya citada) como para resultar, por regla general, inadmisible, puede, no obstante, servir de prueba de cargo única en los supuestos excepcionales en los que se incorpora válidamente al acervo probatorio. El salto que va de la inadmisibilidad radical a la suficiencia formal para sustentar una condena no resulta razonable y hay que entender, por ello, que el testimonio de referencia también queda sometido a la regla de *suficiencia cualitativa* que requiere corroboración externa suficiente si constituye la prueba de cargo decisiva.

2.8.4 *Suficiencia material de la prueba: obligación de minimizar el riesgo de condena errónea en cada caso concreto*

Las reglas de *suficiencia material* de la prueba exigen, finalmente, determinar si la actividad probatoria que es formalmente idónea para condenar es, asimismo, lo bastante convincente como para excluir, en el caso concretamente enjuiciado, el riesgo de castigo erróneo de un inocente. Nuestro ordenamiento constitucional opera, en este punto, en dos planos distintos:

* En el *plano de la crítica de los medios de prueba* es de aplicación el principio *in dubio pro reo*, que, en su significado clásico, exige resolver en favor del acusado las dudas relevantes que puedan suscitarse en

este ámbito —entendiendo, por ejemplo, que las dudas razonables sobre la credibilidad de un testimonio deben llevar a excluir su virtualidad incriminatoria—. Resulta fundamental, para ello, que el juez penal utilice criterios racionalmente contrastables para valorar las pruebas.

* En el *plano de la valoración conjunta de la prueba practicada*, el TC ha indicado, asimismo —ciertamente, sin mayor concreción técnica—, que la condena penal solo puede dictarse cuando se alcanza una convicción «más allá de toda duda razonable» (por todas, SSTC 101/2024 [*Tol 10273352*] y 108/2024 [*Tol 10273345*]). Invoca, así, la regla de suficiencia material típica del modelo de proceso penal angloamericano, que exige que no concurra ninguna duda que pueda considerarse razonable o verosímil desde la óptica de un observador neutral o imparcial.

Se trata, en cierto modo, de aplicar el *juicio de necesidad* típico de la proporcionalidad —como técnica de minimización de la injerencia en derechos fundamentales— adaptándolo a la finalidad característica de la pena —que es el castigo del individuo criminalmente responsable—, de suerte que solo puede imponerse la pena, como injerencia la libertad, si previamente se descartan las alternativas fácticas verosímiles de consecuencias menos restrictivas.

Es exigible, en suma, que la prueba practicada no admita una explicación fáctica plausible que sea compatible con la inocencia, teniendo en cuenta —según el modelo propuesto por FERRER BELTRÁN, 2007, p. 149— que resultan implausibles —esto es, no verosímiles ni razonables— las hipótesis que no son comprensibles según el estado actual del conocimiento o que no tienen ninguna base en este para sustentarse —como la intervención de extraterrestres—, las hipótesis *ad hoc*, que no son contrastables empíricamente —como la teoría del complot—, y las hipótesis no compatibles con los datos del caso.

2.8.5 Relación singular con la prueba indiciaria

La operatividad de la duda razonable como regla de suficiencia se aprecia con particular claridad en el ámbito de la prueba indirecta o indiciaria, que admite, por su propia fisonomía, un control objetivo de la existencia de hipótesis alternativas plausibles o verosímiles.

El TC estima, sintéticamente, que las pruebas indirectas o indiciarias son suficientes para demostrar la culpabilidad: a) cuando el *hecho-base* (que sustenta la inferencia del hecho realmente necesitado de prueba) está suficientemente probado y b) cuando el tránsito de un hecho a otro se realiza en virtud de un «enlace preciso y directo según las reglas del criterio humano» debidamente consignado en la motivación judicial (por todas, STC 78/1994 [*Tol 82486*]).

La «falta de concordancia» de la inferencia con «las reglas del criterio humano» puede apreciarse, según el TC, cuando el razonamiento empleado por el órgano judicial no resulta lógico y también cuando dicho razonamiento, siendo lógicamente aceptable, tiene un «carácter excesivamente abierto, débil o indeterminado», de modo que admite «una pluralidad de conclusiones alternativas sin que ninguna de ellas pueda considerarse efectivamente probada» (por todas, STC 171/2000 [*Tol 81336*]).

El TC considera, por ejemplo, que la posesión de la droga en el delito del art. 368 CP permite inferir el elemento subjetivo de este tipo penal —que es el destino al consumo ajeno—. Dicho delito consiste en la mera tenencia de la droga con la referida finalidad, por lo que la inferencia de la intención —como hecho interno «que no puede ser objeto de prueba en sentido estricto, sino de deducción lógica» (STC 173/1997 [*Tol 80796*])— no puede considerarse excesivamente abierta. No obstante, si la cantidad aprehendida es tan escasa que resulta compatible con el autoconsumo —no punible—, la inferencia de la intención ilícita resulta demasiado abierta —pues admite tanto la posibilidad de destino a consumo ajeno como fines de autoconsumo— y se requieren, para sostenerla, otros elementos indicativos de la concurrencia de la finalidad requerida en el tipo penal.

La realización de una inferencia excesivamente abierta provoca, en definitiva, una situación objetiva de duda razonable, ya que implica, por concepto, la existencia de hipótesis fácticas alternativas que resultan verosímiles sin necesidad de que la defensa tenga que desarrollar actividad alguna de descargo.

2.8.6 Garantías generales de la suficiencia material

El control de la suficiencia material se sustancia, en todo caso, a través de dos mecanismos de rango constitucional:

* El primero de ellos es *formal* y consiste en la exigencia de un deber cualificado de motivación que abarca tanto las razones por las que la prueba de cargo se considera suficiente como la justificación de la inviabilidad de los argumentos de descargo, incluida la posible explicación fáctica alternativa (por todas, STC 95/2024 [*Tol 10273358*]).
* A ello se suma un *mecanismo institucional*, consistente en un recurso de apelación que incluye (como derecho del acusado) el control de la suficiencia de la prueba (con consiguiente verificación de la existencia

de dudas razonables o verosímiles). En nuestro actual sistema de segunda instancia, puede decirse incluso que la apelación constituye una *garantía institucional* de *doble convencimiento judicial para condenar*. Así se infiere, en efecto, de la doctrina más reciente del TC.

Conforme a dicha doctrina, la duda razonable apreciada en la instancia —tras la celebración de un juicio que pueda considerarse justo, en cuanto respetuoso con las garantías constitucionales puramente formales que asisten a las partes acusadoras— resulta inatacable, de modo que su sustitución por una valoración probatoria alternativa de signo condenatorio vulnera el derecho a la presunción de inocencia (STC 72/2024 [*Tol 10273374*]).

La sentencia absolutoria no puede, en efecto, ser revocada en apelación en virtud de una nueva valoración de la prueba, pues, si la tesis acusatoria no ha sido suficientemente acreditada en la primera instancia, el derecho a la presunción de inocencia aún rige en toda su plenitud en la segunda. Esto quiere decir que la tesis acusatoria debe someterse todavía, para prosperar, a las diversas exigencias probatorias del proceso justo, incluida la necesidad de practicar la prueba personal con la debida inmediación ante el órgano de apelación. Tal cosa no resulta posible en el sistema vigente de segunda instancia (ni, a mi juicio, podría llegar a admitirse, RODRÍGUEZ FERNÁNDEZ, 2011, pp. 6-10).

El acusado tiene, en cambio, un estatuto jurídico-constitucional diverso, que no le exige probar nada para obtener la absolución. Su derecho —de rango constitucional— a que la condena sea revisada en cualquiera de sus extremos —siempre que sea debidamente individualizado en el correspondiente recurso— le otorga la posibilidad de cuestionar en apelación la suficiencia de la prueba cargo, sin que el examen de esa impugnación deba estar supeditado a ninguna exigencia de inmediación (STC 80/2024 [*Tol 10273370*]). La sentencia condenatoria recaída en la instancia puede, por ello, ser revocada si el tribunal de apelación considera, a la vista de la motivación empleada por el juez *a quo*, que la tesis de la culpabilidad no ha alcanzado el grado de confirmación constitucionalmente requerido.

Tal y como ya señaló la STC 245/2007 [*Tol 1211347*], la revisión fáctica en apelación de una sentencia condenatoria no tiene por qué implicar una nueva valoración de las pruebas, pues la absolución no requiere la conformación de enunciados fácticos. La actividad revisora que se realiza en apelación consiste, por ello, «no en volver a valorar las pruebas y en su caso a modificar los hechos que han de calificarse penalmente, sino en adverar la correcta aplicación de las reglas que han permitido la conformación del relato incriminatorio, la declaración de culpabilidad y la imposición de la pena».

La consecuencia práctica de todo ello es la exigencia, para condenar, de un doble convencimiento judicial —en instancia y apelación—. Tal régimen jurídico tiene, por cierto, un significado similar al que corresponde a la regla de unanimidad del jurado en el sistema estadounidense. La regla que exige al jurado deliberar hasta alcanzar una decisión unánime que despeje cualquier duda razonable, es, en dicho sistema —en el que el juez se limita a controlar la suficiencia formal de la prueba—, la auténtica garantía —estrictamente institucional— del estándar de la duda razonable. Ese mismo rol de garantía institucional corresponde, en cierto modo, a nuestro modelo de segunda instancia, que no admite la posibilidad de sentencia penal condenatoria si no hay coincidencia de criterio de los órganos de instancia y apelación sobre la suficiencia material de la prueba —y en el que basta, por tanto, que uno solo de ellos estime razonadamente que existen dudas verosímiles para que el resultado deba ser absolutorio—.

3. GARANTÍA DE NO AUTOINCRIMINACIÓN. EXENCIONES DEL DEBER DECLARAR

3.1 Doble significado de la garantía de no autoincriminación

3.1.1 Relación instrumental con la prohibición de tortura: regla de comportamiento

La doble vertiente tuitiva que caracteriza a la presunción de inocencia —como garantía de inmunidad frente a la coacción pública y como medio de aseguramiento de un resultado procesal que pueda considerarse justo o equitativo— también está presente en el reconocimiento, dentro del art. 24.2 CE, del derecho a no declarar y a no confesarse culpable —derecho que, en relación con la persona detenida, se encuentra especialmente consignado en el art. 17.3 CE—.

Estamos, en este caso, ante una garantía íntimamente ligada a la prohibición absoluta de torturas, tratos inhumanos y degradantes —en cuanto contenido más primario del derecho fundamental a la integridad personal del art. 15 CE—, pues a través del reconocimiento del derecho a no declarar se previene eficazmente cualquier intento del poder público de ejercer la coacción para obtener una confesión de culpabilidad (*vid*. capítulo 1, apartado 2.2).

El propio TC sitúa el origen de esta garantía constitucional en el movimiento ilustrado que propugnaba, en la segunda mitad del siglo XVIII, la superación del proceso inquisitivo y la abolición del tormento, al tiempo que destaca su significado desde el punto de vista del reconocimiento de la *dignidad de persona* del individuo sometido al proceso penal.

Según señala la STC 197/1995 [*Tol 82934*], en la *inquisitio* «el imputado era considerado como objeto del proceso penal, buscándose con su declaración, incluso con el empleo del tormento, la confesión de los cargos que se le imputaban». El reconocimiento del derecho a no declarar y a no confesarse culpable indica, en cambio, que la persona encausada es considerada como un «sujeto de proceso», que decide libremente si presta declaración en función de su propia estrategia de defensa.

En esta primera dimensión, la garantía de no autoincriminación constituye, fundamentalmente, una *regla de comportamiento* dirigida a las autoridades que intervienen en el proceso penal. La Policía Judicial, el fiscal o el juez de instrucción tienen prohibido emplear cualquier tipo de coacción o compulsión encaminada a obtener una declaración de la persona encausada, regla que opera «tan pronto como se otorgue credibilidad a la imputación de un hecho punible» e impide, en particular, someterla, desde ese momento, al régimen de declaración de los testigos (por todas, STC 37/1989 [*Tol 80249*] y 135/1989 [*Tol 81585*]).

3.1.2 *Vínculo con la noción de proceso justo: regla de exclusión*

La garantía de no autoincriminación también constituye, en la actualidad, un ingrediente irrenunciable de la noción de *proceso justo*, que tiende a asegurar que el resultado del enjuiciamiento criminal pueda considerarse equitativo.

La idea subyacente es que no puede considerarse *equitativo* un proceso penal en el que la acusación, que es quien tiene la carga de probar, puede acreditar su tesis sirviéndose de declaraciones autoincriminatorias derivadas del ejercicio de la coacción sobre la persona sospechosa (por todas, STEDH de 17/12/1996, asunto *Saunders c. Reino Unido*, [*Tol 123777*]).

Esa dimensión de *justicia* o *equidad* explica que la garantía funcione como *regla de exclusión* que trasciende la mera infracción de la *regla de comportamiento* dirigida a las autoridades y funcionarios que intervienen en el proceso penal. Ha de excluirse del acervo probatorio toda declaración incriminatoria de la persona encausada obtenida a través de medios coactivos, incluso cuando esos medios han sido legítimamente empleados en un contexto no sancionador, como puede ocurrir, por ejemplo, en un procedimiento de gestión tributaria, de gestión aduanera o en un proceso civil. Sobre ello volveremos después (apartado 3.3.5).

3.2 Dimensión procesal de la garantía: relación con el derecho de defensa y la presunción de inocencia

3.2.1 Relación de complementariedad con el derecho de defensa

En su dimensión genuinamente procesal, la protección constitucional frente a la autoincriminación constituye, en primer lugar, una «garantía instrumental del derecho de defensa al que presta cobertura en su manifestación pasiva» (STC 197/1995 [*Tol 82934*]).

El TC ha interpretado esta *dimensión pasiva* de manera particularmente amplia, al entender que abarca tanto «lo relativo a (la) decisión de proporcionar la misma declaración, como al contenido de sus manifestaciones» (STC 197/1995 [*Tol 82934*]). Esto significa que la persona encausada «puede callar parcial o totalmente o incluso mentir» (por todas, SSTC 17/2004 [*Tol 562295*] y 142/2009 [*Tol 1561643*]).

La garantía de no autoincriminación otorga, por tanto, algo más que la facultad de decidir, con plena libertad, si se declara o no, pues ampara la posibilidad de testificar de modo parcial —esto es, de no responder a determinadas preguntas— y exime incluso de las consecuencias asociadas al falso testimonio —con lo que asume, asimismo, cierta dimensión *positiva* que hay que entender asociada al derecho *a no declararse culpable*—.

En la práctica forense suele considerarse que la posibilidad de declarar de modo parcial incluye la potestad de contestar únicamente a las preguntas que formulan determinados sujetos procesales —por ejemplo, a las del propio abogado defensor, pero no a las del fiscal; o a las del fiscal y el abogado defensor, pero no a las de la acusación no pública...—. Esta interpretación —que tiene pleno sentido durante la fase preparatoria, por su pura finalidad indagatoria— resulta, sin embargo, discutible cuando se refiere a la declaración que la persona acusada puede llegar a prestar en el juicio oral. El interrogatorio de partes es, llegado ese momento, el mecanismo procesal que permite valorar la credibilidad de cualquier prueba personal. Por ello, aunque es claro que el interrogatorio de la persona acusada debe practicarse sin amenaza alguna de sanción por razón de falso testimonio, no lo es tanto que esta pueda declarar *a la carta*, sustrayéndose de antemano a cuantas preguntas pueda dirigirle alguna de las partes.

Si quien declara puede sustraerse a ese régimen de contradicción —respondiendo únicamente a las preguntas del propio abogado—, difícilmente puede considerarse que estemos ante un verdadero medio de prueba y no ante la mera formulación de un alegato defensivo, lo que resulta llamativo en un sistema procesal que ya contempla, incluso con rango constitucional (STC 35/2021 [*Tol 8347239*]), el derecho de la persona acusada *a la última palabra*, esto es, la potestad de efectuar tal alegato defensivo como trámite conclusivo del proceso (*vid. infra* apartado 8.1).

Parece razonable, por ello, entender que si la persona acusada decide libremente declarar en el juicio oral, debe aceptar someterse, en principio, a un interrogatorio de partes completo, y que si, en el curso de este, se niega a responder a alguna pregunta útil y pertinente, no se derivará responsabilidad alguna para ella —pues, en efecto, tiene derecho *a no confesarse culpable*—, pero sí la correspondiente merma de credibilidad de la versión de descargo que ha decidido, libremente, someter a la contradicción propia del plenario.

3.2.2 Relación de complementariedad con el derecho a la presunción de inocencia

La doctrina del TC también subraya la relación de complementariedad que la garantía de no autoincriminación del art. 24.2 CE presenta actualmente con el derecho a la presunción de inocencia.

Es claro, en efecto, que la interdicción constitucional de hacer «recaer en el acusado la obligación de aportar elementos de prueba que supongan una autoincriminación» refuerza la carga de probar que pesa sobre la parte acusadora (SSTC 161/1997 [*Tol 80785*] y 181/2020 [*Tol 8441204*]).

En este sentido, tal y como se ha anticipado, el TEDH considera que la garantía de no autoincriminación —aunque no está expresamente contemplada en el Convenio de Roma— es una exigencia inherente a la noción de proceso penal equitativo que implica que la acusación debe «probar su caso» sin recurrir a pruebas derivadas del ejercicio de la compulsión o la coerción contra la voluntad del sospechoso (por todas, STEDH de 17/12/1996, asunto *Saunders c. Reino Unido* [*Tol 123777*]).

Desde esta perspectiva, la garantía de no autoincriminación tiene cierta proyección sobre la determinación del momento en que ha de practicarse la declaración del acusado en el trámite del juicio oral y sobre la consiguiente valoración de la negativa de este a proporcionar una versión de descargo. Así:

En primer lugar, la persona encausada ha de tener derecho a declarar en el juicio oral una vez que se han practicado las pruebas propuestas por la acusación, esto es, una vez que la parte que sostiene la acción penal ha presentado los elementos de los que dispone para, en la terminología del TEDH, «probar su caso».

La razón es sencilla: es entonces cuando la defensa está en disposición de evaluar si le basta, para obtener la absolución, con permanecer pasiva —en la medida en que no se ha presentado prueba de cargo que pueda considerarse suficiente— o si le conviene aportar una versión alternativa de los hechos.

Así lo dispone actualmente el art. 701, párrafo 2º LECrim, en la redacción dada por LO 1/2025, de medidas en materia de eficiencia del Servicio Público de Justicia. Se pone con ello fin a la práctica forense dominante, que era iniciar, sin base normativa alguna, las sesiones del juicio oral con la declaración del acusado. Tal práctica forense amoldaba indebidamente la estructura del acto de enjuiciamiento al viejo instituto inquisitivo de la *confesión con cargos* y orientaba la dinámica del juicio oral a determinar si el acusado miente.

Además, y en lo que ahora nos interesa, esa práctica contradecía abiertamente la relación de complementariedad de la garantía de no autoincriminación con el derecho a la presunción de inocencia, pues si la persona acusada se ve obligada a decidir, al inicio del juicio oral, si presta declaración puede verse inclinada a declarar a pura prevención de lo que pueda ocurrir después —esto es, en contemplación de la hipótesis de que la acusación logre «probar su caso»—.

En segundo lugar, la negativa de la persona encausada a prestar declaración en el juicio oral no puede ser valorada como indicio acreditativo de la tesis acusatoria —aunque el TC haya empleado, en alguna ocasión, términos que sugieren tal posibilidad (por todas, STC 202/2000 [*Tol 263380*])—.

Desde la relación de complementariedad de la garantía de no autoincriminación con el derecho a la presunción de inocencia han de distinguirse, en este punto, las siguientes situaciones:

* Si la prueba aportada por las acusaciones no es, por sí misma, suficiente para desvirtuar la presunción de inocencia, no resulta legítimo que la decisión de la persona acusada de no prestar declaración sea utilizada como indicio adicional con el que tratar de suplir esa insuficiencia.

En particular, si la inferencia realizada a través de la prueba indiciaria resulta demasiado abierta, hay que entender que existen, objetivamente, hipótesis alternativas razonables que no tienen por qué ser expresamente alegadas por la persona acusada como versión de descargo y que impiden, en todo caso, dictar una sentencia condenatoria (*vid. supra* apartado 2.8.5).

No es posible, por tanto, que la decisión del acusado de no prestar declaración pueda ser utilizada como un elemento más para establecer una inferencia de culpabilidad, pues eso sería tanto como penalizar el ejercicio del derecho a no declarar. Dicha penalización —conversión de la decisión de no declarar en indicio de culpabilidad— constituiría, en realidad, una forma de coacción indirecta que influiría ilegítimamente en la libre decisión de aportar o no el propio testimonio. Tal cosa ha de considerarse inadmisible (en este sentido, SSTC 147/2009 [*Tol 1565841*] y 181/2020 [*Tol 8441204*]).

* En cambio, si la acusación ha cumplido plenamente con la carga de acreditar la tesis de la culpabilidad —lo que incluye despejar las dudas razonables que objetivamente derivan de la propia dinámica de los hechos o que son sugeridas por la prueba ya practicada—, resulta, obviamente, relevante la constatación de que el recurrente no ha dado ninguna versión alternativa. En esa situación, no se trata de que la negativa a declarar sea valorada para fundar la condena, sino que la decisión de no declarar impide apreciar la existencia de una hipótesis fáctica alternativa.

En estos términos ha de comprenderse, a mi juicio, la jurisprudencia del TEDH según la cual, si la tesis acusatoria resulta acreditada de modo suficientemente persuasivo, la situación probatoria generada requiere, para que pueda evitarse la condena, alguna explicación de descargo (STEDH de 8 de febrero de 1996, asunto *John Murray c. Reino Unido*, [*Tol 8567274*]).

* A su vez, como ya se ha dicho, cuando la persona acusada toma la decisión de declarar en el juicio oral, sometiéndose con ello —según se ha expuesto— al régimen de contradicción propio del plenario, la negativa a responder una concreta pregunta puede tener, en función de la utilidad y pertinencia de esta, influjo en la valoración de la credibilidad de la versión de descargo (Decisión del TEDH de 4 de julio de 2000, asunto *Kok c. Países Bajos*).
* Finalmente, cuando la persona encausada decide prestar declaración, la falta de credibilidad de sus manifestaciones puede servir para apreciar «la futilidad del relato alternativo», con el consiguiente efecto sobre la convicción del tribunal sobre la culpabilidad si la acusación ha logrado presentar prueba de cargo suficiente (STC 142/2009 [*Tol 1561643*]).

La doctrina del TC aclara, en este punto, que el hecho de que la garantía de no autoincriminación permita mentir, sin que de ello derive responsabilidad alguna por falso testimonio, no puede confundirse con un pretendido «derecho fundamental a mentir», de suerte que la falta de veracidad de las manifestaciones del acusado no ha de considerarse inocua a la hora de valorar las pruebas (STC 142/2009 [*Tol 1561643*]).

3.3 Requisitos de la garantía de no autoincriminación

3.3.1 Requisitos en general

La delimitación del ámbito de aplicación de la garantía de no autoincriminación ha sido una cuestión particularmente problemática. En la actualidad disponemos de algunos criterios generales —elaborados por la jurisprudencia del TEDH y acogidos por nuestro TC al amparo del art. 10.2 CE— que aportan cierta seguridad en la materia.

Puede decirse, en general, que la garantía frente a la autoincriminación solo opera: a) si se ejerce algún tipo de compulsión o coerción contra la persona sospechosa para que aporte una información; b) si la información requerida no preexiste con independencia de la voluntad de esa persona, de modo que esta se ve compelida a crearla o elaborarla por sí misma; c) si la información requerida puede tener algún tipo de significado incriminatorio y d) si dicha información se aporta a un proceso penal o a un procedimiento administrativo sancionador, aunque la obtención coactiva se haya producido en un procedimiento precedente de cualquier naturaleza. Veremos separadamente cada uno de estos requisitos.

3.3.2 Existencia de compulsión o coerción

La garantía de no autoincriminación únicamente protege, en primer lugar, frente a la obtención de información de la persona encausada a través de una compulsión o coerción que prescinde de la voluntad de esta (por todas, SSTEDH de 17 de diciembre de 1996, asunto *Saunders c. Reino Unido*, [*Tol 123777*] y de 10 de marzo de 2009, asunto *Bykov c. Rusia*, [*Tol 2649351*]; en la misma línea, STC 161/1999 [*Tol 81208*]).

El carácter *coercitivo* ha de estar siempre presente, pues la garantía del art. 24.2 CE es un «medio de protección frente a cualquier tipo de coerción o compulsión ilegítima», no una prohibición de utilizar, en el proceso penal, informaciones *autoincriminatorias* que la persona encausada aporta de manera voluntaria (STC 161/1999 [*Tol 81208*]).

Según el TEDH, el ingrediente de la compulsión o coerción puede concurrir, en general, en tres tipos de situaciones:

* Cuando se obliga al sospechoso a prestar su testimonio *bajo apercibimiento de sanción* (STEDH de 17/12/1996, asunto *Saunders c. Reino Unido* [*Tol 123777*]) o si aquel es sancionado por negarse a testificar (STEDH de 21/12/2000, asunto *Heaney y McGuinness c. Irlanda* [*Tol*

9524647]). Este es el supuesto más común y comprende, como se verá, no solo la sumisión indebida de la persona sospechosa, dentro del proceso penal, a la obligación declarar según el régimen propio de los testigos, sino también aquellas declaraciones —orales o escritas— que son obtenidas bajo apercibimiento de sanción fuera del proceso penal y son después utilizadas en este.

* Cuando se ejerce una *presión psicológica o física indebida* para obtener la declaración del sospechoso. No obstante, este segundo supuesto entra, normalmente, en el ámbito de protección que otorga directamente la prohibición de malos tratos del art. 3 CEDH y del art. 15 CE. En la STEDH de 1/06/2010, asunto *Gäfgen c. Alemania* [*Tol 2649972*] se aplica, por ejemplo, a la realización por parte de la policía de malos tratos físicos sobre el sospechoso para obligarle a revelar el paradero de un menor desaparecido.
* Cuando las autoridades usan un *subterfugio o engaño* para obtener indirectamente una declaración que la persona encausada se niega a prestar. Así ocurre, por ejemplo, cuando se sitúa en la celda del sospechoso a un confidente policial para que obtenga su confesión (STEDH de 5/11/2002, asunto *Allan c. Reino Unido* [*Tol 9090649*]).

3.3.3 *Exclusión de las diligencias investigadoras que recaen sobre la persona encausada o que exigen la aportación de documentos preexistentes*

En segundo lugar, la garantía no comprende cualquier información que pueda ser obtenida de la persona encausada. No abarca, en particular, aquella información que «existe con independencia de la voluntad del sospechoso», esto es, que este no se ve compelido a crear voluntariamente y *ad hoc*, a raíz de la coacción que se dirige contra él. Esta es la llamada «excepción *Saunders*» que se refiere, fundamentalmente, a dos tipos de situaciones, que quedan, por tanto, excluidas de la protección del art. 24.2 CE:

La primera es la realización de diligencias sobre la persona sospechosa, en particular las tomas de muestras de aire, sangre, orina o tejido corporal (SSTEDH de 17/12/1996, asunto *Saunders c. Reino Unido* [*Tol 123777*] y de 29/06/2007, asunto *O'Halloran y Francis c. Reino Unido* [*Tol 9079100*]).

Acogiendo el criterio de Estrasburgo, la STC 21/2021 [*Tol 8347253*] considera que la garantía frente a la autoincriminación no confiere «la facultad de sustraerse a las diligencias de prevención, de indagación o de prueba que proponga la acusación o que puedan disponer las autoridades judiciales o administrativas». Esta fue siempre, por cierto, la posición del TC en relación con la prueba de alcoholemia (SSTC 103/1985 [*Tol 79518*] y 161/1997 [*Tol 80785*]).

La realización de este tipo de pruebas o diligencias dependerá, por tanto, del cumplimiento de los requisitos que sean exigibles para la restricción del derecho fundamental concretamente concernido, normalmente, la integridad personal o la intimidad, —al respecto, véase capítulos 1 y 27—.

La segunda situación excluida es la obtención de documentos preexistentes, que no tienen que ser elaborados por la persona sospechosa a raíz del requerimiento efectuado por el poder público.

En este supuesto se encuentran comprendidos los documentos —por ejemplo, contables— que son requeridos bajo apercibimiento de multa en procedimientos extrapenales —como los tributarios o aduaneros— y que son luego utilizados en un proceso penal. Como aclara la STEDH de 4/10/2022, asunto *De Legé c. Países Bajos* [*Tol 9232369*] el requerimiento bajo sanción de multa de tales documentos queda fuera del ámbito protector de la garantía de no autoincriminación. Pueden, por ello, ser válidamente aportados al proceso penal.

Ahora bien, según matiza esta misma resolución, debe tratarse siempre de documentos *específicos*, cuya existencia sea conocida por la autoridad requirente. Se excluyen, por tanto, de esta excepción los requerimientos de documentación que puedan considerarse puramente prospectivos, tentativos o exploratorios —*fishing expeditions*—.

Este segundo ámbito de exclusión de la garantía —documentos específicos preexistentes— también ha sido acogido en la doctrina del TC (SSTC 181/2020 [*Tol 8441204*] y 21/2021 [*Tol 8347253*]). Es, igualmente, acorde a la doctrina constitucional clásica, pues ya la STC 76/1990 [*Tol 80368*] consideró que la exhibición y aportación de documentación requerida, bajo apercibimiento de sanción, por la administración tributaria no puede equipararse a la autoincriminación proscrita en el art. 24.2 CE, pues el obligado tributario «no está haciendo una manifestación de voluntad ni emite una declaración que exteriorice un contenido admitiendo la culpabilidad».

3.3.4 *Carácter incriminatorio de la información requerida*

La garantía de no autoincriminación solo protege frente al requerimiento de una información que pueda considerarse susceptible de ser utilizada como prueba de cargo, esto es, que pueda tener virtualidad incriminatoria.

Este requisito es, de nuevo, coincidente con una línea *clásica* de la doctrina del TC. La STC 341/1993 [*Tol 82362*] ya señaló, por ejemplo, que la garantía de no autoincriminación no puede operar frente a la potestad policial de seguridad ciudadana que consiste en requerir la identificación de cualquier persona, pues «la norma no permite en modo alguno interrogar o investigar a la persona sobre más extremos que los atinentes, rigurosamente, a su identificación», sin que las preguntas formuladas puedan ir, por ello, «más allá de la obtención de datos personales».

No obstante, el TEDH advierte que hay que ser cuidadoso en la apreciación de este requisito, puesto que, en ciertas ocasiones, el requerimiento de datos aparentemente neutros o indiferentes puede servir como instrumento de corroboración periférica de aspectos relevantes de la tesis de cargo o para subrayar contradicciones fácticas de la versión de descargo, supuestos estos en los que la información también debe considerarse *incriminatoria* y amparada en la garantía (STEDH de 13/09/2016, asunto *Ibrahim y otros c. Reino Unido* [*Tol 6413226*]).

En relación con el régimen constitucional de interrogatorio de la persona encausada, este requisito determina que, aun cuando esta se acoja formalmente a su derecho a no declarar, resulta legítimo recabar la prestación de consentimiento para la injerencia en otros derechos fundamentales —por ejemplo, para la obtención de muestras biológicas o para la entrada en el domicilio, sin inferir nunca, eso sí, que el silencio equivale a un aquiescencia— y tampoco impide dirigir a la persona encausada preguntas puramente formales —por ejemplo, si desea firmar el acta de declaración— (STC 181/2020 [*Tol 8441204*]).

3.3.5 *Inclusión de la información coactivamente obtenida en procedimientos preexistentes de cualquier naturaleza*

Finalmente, puede decirse que, desde el punto de vista procedimental, lo importante para que opere la garantía es el *procedimiento de destino* de la información coactivamente obtenida y *no el de origen*, de modo que:

* Si concurren los requisitos ya mencionados, la garantía de no autoincriminación opera frente a cualquier información coactivamente obtenida que pretenda utilizarse en un proceso penal relativo a cualquier tipo de infracción punible (STEDH *Saunders*, ya citada). Esto es también aplicable al procedimiento administrativo sancionador, pues el TC viene invariablemente señalando, desde la STC 197/1995 [*Tol 82934*], que el derecho a la no autoincriminación también opera en dicho ámbito.

* Es indiferente, en cambio, que la obtención coactiva de la información se haya materializado en un procedimiento preexistente de cualquier naturaleza, sancionadora o no.

De ahí que el testimonio con información *autoincriminatoria* obtenido de una persona bajo apercibimiento de multa en un procedimiento aduanero (STEDH de 25/02/1993, asunto *Funke c. Francia* [*Tol 123775*]), de gestión tributaria (STEDH de 3/05/2001, asunto *J. B. c. Suiza* [*Tol 9524648*]) o relativo a la localización de efectos del delito (STEDH de 4/10/2005, asunto *Shannon c. Reino Unido* [*Tol 9084420*]) no pueda utilizarse en el subsiguiente proceso penal seguido contra aquella. No obstante, como ya se ha visto, por efecto de la «excepción *Saunders*» sí puede incorporarse al acervo probatorio la documentación preexistente que ha sido específicamente requerida, aun con apercibimiento de sanción (ya citada, STEDH de 4/10/2022, asunto *De Legé c. Países Bajos* [*Tol 9232369*]).

El TC, ha aplicado, por su parte, la garantía de no autoincriminación para excluir del proceso penal la declaración testifical autoincriminatoria coactivamente obtenida en un procedimiento de «información reservada» (STC 142/2009 [*Tol 1561643*]) o en un procedimiento civil, pues la declaración del testigo se encuentra sometida, en dicho proceso, al régimen de sanción del falso testimonio (STC 21/2021 [*Tol 8347253*]).

3.4 Otras limitaciones constitucionales de la coacción pública dirigida a obtener un testimonio: la dispensa por razón de parentesco o secreto profesional

La Constitución también contempla otros casos de limitación de la coacción estatal dirigida a obtener un testimonio de cargo, si bien hay que distinguir aquí dos tipos de supuestos:

* En algunas ocasiones, la *zona de inmunidad relativa* conferida por un derecho fundamental sustantivo conlleva la confidencialidad de ciertas informaciones, que quedan protegidas *a priori* frente a toda coacción pública tendente a obtenerlas.

Es el caso, por ejemplo, del secreto periodístico del art. 20.1, d) CE, en cuanto contenido específico del derecho fundamental a la libertad de información del que resulta el deber de las autoridades de respetar la confidencialidad de las fuentes de los profesionales del periodismo (por todas, STC 30/2022 [*Tol 8889775*] y STEDH de 14/09/2010, asunto *Sanoma Uitgevers B.V. c. Países Bajos* [*Tol 2649211*]).

La injerencia en estas zonas de inmunidad queda sujeta a los requisitos generales de la teoría de las restricciones de derechos fundamentales. Debe existir, en particular, una habilitación legal expresa —con la debida calidad de la ley y respetuosa con el principio de proporcionalidad— que, en su concreta aplicación, ha de ser interpretada de manera estricta por los órganos judiciales (*vid*. capítulo 27).

En el caso particular de la revelación de fuentes periodísticas, la posibilidad de restricción está sometida, como dice el TEDH, a un escrutinio particularmente severo por el efecto disuasorio que este tipo de injerencia puede producir en el ejercicio de la libertad de información (por todas, STEDH de 7 de marzo de 1996, asunto *Goodwin c. Reino Unido*, §§ 39-40). De ahí que el TEDH haya establecido garantías procedimentales especiales para este caso, como la actuación preventiva de un órgano imparcial (STEDH de 14/09/2010, asunto *Sanoma Uitgevers B.V. c. Países Bajos* [*Tol 2649211*]).

* Ese tipo de supuestos no puede confundirse con la cláusula del art. 24.2 CE según la cual «la ley regulará los casos en los que, por razón de parentesco o de secreto profesional, no se estará obligado a declarar sobre hechos presuntamente delictivos».

Esta cláusula opera, justamente, donde no existe ningún derecho fundamental que confiera inmunidad frente a la coacción pública. La Constitución otorga al legislador la posibilidad de ponderar qué vínculos familiares y profesionales pueden, de acuerdo con la evolución social, prevalecer sobre el deber constitucional de colaborar con la justicia (art. 118 CE), y ello a los efectos exclusivos de exonerar de la obligación de prestar testimonio en un proceso penal.

Al no estar en juego ningún derecho fundamental sustantivo, ni tampoco el derecho de acceso a la jurisdicción, la tarea del legislador y del juez es completamente distinta en este tipo de supuestos. Basta, por una parte, que la ponderación legislativa no sea arbitraria y, por otra, que los jueces apliquen cada cláusula de exención establecida por el legislador de acuerdo con su «fundamento y finalidad», sin incurrir en interpretaciones que puedan considerarse irrazonables desde la perspectiva del art. 24.1 CE (STC 94/2010 [*Tol 1995104*]).

El TC ha considerado, por ejemplo, que es irrazonable anular una declaración incriminatoria prestada por quien, sin haber sido informado de la dispensa, está ya ejerciendo, en ese mismo proceso, la acción penal contra el pariente (STC 94/2010 [*Tol 1995104*]). La incompatibilidad entre el ejercicio de la acción penal contra el pariente y la aplicabilidad de la dispensa está, en la actualidad, expresamente prevista en el vigente art. 416 LECrim, en la redacción dada por la Ley Orgánica 8/2021.

En todo caso, la posible infracción del art. 416 LECrim no da lugar a una paralela vulneración del derecho de la persona acusada al proceso con todas las garantías (art. 24.2 CE), pues esta no es titular de tal «derecho a la dispensa de la obligación de declarar» (STC 41/2025 [*Tol 431496*]).

4. LA PROHIBICIÓN DE DILACIONES INDEBIDAS

4.1 Significado general y valor especial en el proceso penal

4.1.1 Significado general: relación con el derecho a la tutela judicial efectiva

El derecho a un proceso sin dilaciones indebidas reconocido en el art. 24.2 CE protege a cualquier justiciable, en todo tipo de procesos, frente a la demora excesiva en la prestación de tutela judicial efectiva. Estamos, por tanto, ante un derecho que tiene una indudable conexión con el art. 24.1 CE, pues «una justicia tardíamente concedida equivale a una falta de tutela judicial efectiva» (STC 26/1983 [*Tol 79193*] y 324/1994 [*Tol 82728*]).

Estamos, pese a ello, ante un derecho con significación autónoma, pues no se refiere, como ocurre en el caso del art. 24.1 CE, al deber mismo de resolver las pretensiones legítimamente formuladas por los ciudadanos en defensa de sus derechos e intereses legítimos, sino a la «razonable dimensión temporal del procedimiento necesario para resolver y ejecutar lo resuelto» con consiguiente proscripción de una «tardanza excesiva e irrazonable» (por todas, STC 324/1994 [*Tol 82728*]).

Es, por ello, indiferente cuál sea el resultado final del proceso, pues la interdicción de las dilaciones indebidas también resulta infringida si se obtiene una sentencia favorable en un tiempo que pueda considerarse excesivo y desproporcionado (STC 26/1983 [*Tol 79193*]).

En esta dimensión general, es claro que este derecho del art. 24.2 CE protege a todas las partes no públicas que intervienen en el proceso penal, incluidas las que actúan en calidad de acusadores.

4.1.2 *Significado específico en el proceso penal*

La tramitación del proceso penal supone, por sí misma, un grado relevante de gravamen para la persona encausada, pues conlleva, de una parte, una situación de desasosiego y sufrimiento asociada a la incertidumbre sobre la futura imposición de una pena y, de otra, cierto efecto estigmatizante —que ni siquiera el derecho a ser presumido inocente, en su dimensión de regla objetiva de tratamiento, logra prevenir del todo—.

La protección frente a las dilaciones indebidas tiene, por ello, una especial dimensión tuitiva en los procesos criminales y puede considerarse parte del estatuto de inmunidad del ciudadano frente al ejercicio del *ius puniendi* estatal. Algunos ordenamientos constitucionales prevén expresamente, por esta razón, el derecho a que los cargos criminales formulados contra una persona sean juzgados con celeridad (así en la Sexta Enmienda de la Constitución de los EE.UU. de América).

Esta particular dimensión tuitiva también está presente en la doctrina del TEDH sobre el art. 6 § 1 del Convenio de Roma. El tribunal de Estrasburgo considera (STEDH de 27 de junio de 1968, asunto *Wemhoff c. Alemania*, § 18) que el derecho al «plazo razonable» tiene, en el ámbito de la justicia criminal, una significación especial, asociada a la función de evitar que una persona permanezca demasiado tiempo sometida a cargos criminales (sobre el concepto autónomo de *cargos criminales* en la doctrina del TEDH, *vid. infra* apartado 7.1).

Este especial significado también explica que el Código penal español contemple (art. 21.6ª en la redacción dada por la LO 5/2010) una atenuación de la responsabilidad criminal para la persona que resulta condenada con una dilación indebida e injustificada no achacable a su propio comportamiento. Se trata, en definitiva, de compensar la penalidad que conlleva el sometimiento prolongado a cargos criminales —más allá de lo que puede considerarse razonable— descontándola de la pena legalmente asociada a la infracción punible.

El TC rechaza, sin embargo, que «la exoneración o atenuación de la responsabilidad penal» contenida en el art. 21.6ª CP forme parte del derecho constitucional a no sufrir dilaciones indebidas. De ahí que la alegación, en vía de recurso de amparo, de la falta de apreciación de esta circunstancia —como eximente incompleta o como atenuante en sentido estricto— sea despachada por el TC con un examen puramente formal de la sentencia penal, circunscrito a determinar si se ajusta, en este concreto punto, a los cánones generales del derecho a obtener una resolución motivada (art. 24.1 CE) (SSTC 140/2012 [*Tol 2604613*]; 78/2013 [*Tol 3659961*] y 11/2022 [*Tol 8815245*]).

La realidad es, en todo caso, que la citada atenuante ejerce, en la práctica, un efecto material reparador de la vulneración del derecho a no sufrir dilaciones indebidas, lo que explica, de una parte, que no suela acudirse, en el ámbito de la justicia criminal, al recurso de amparo para instar medidas de aceleración del proceso y, de otra, que tampoco sea necesario recabar el remedio expresamente indicado en la doctrina del TC, que es la indemnización de las dilaciones a través del procedimiento de responsabilidad patrimonial por funcionamiento anormal de la administración de justicia (para el proceso penal, STC 146/2000 [*Tol 81321*]).

En efecto, si la sentencia ha sido condenatoria y la apreciación de la atenuante ha supuesto una compensación penológica adecuada, no cabe ya indemnización pecuniaria alguna, pues ha operado una compensación en especie del gravamen sufrido, de acuerdo con el instituto de la *compensatio lucri cum damno* característico del derecho de daños.

La indemnización puede ser, en cambio, un remedio idóneo cuando la sentencia finalmente recaída es absolutoria y, por tal razón, no puede proporcionar ninguna compensación penológica. En todo caso, esa indemnización puede reclamarse por la vía del art. 292 LOPJ sin necesidad de que el TC declare previamente la violación del derecho (recientemente, por todas, STC 135/2024 [*Tol 10286984*]).

4.2 Criterios de determinación de la dilación constitucionalmente proscrita

4.2.1 Marco general para el proceso penal

La apreciación de la existencia de una dilación indebida lesiva del art. 24.2 CE se determina siguiendo ciertos criterios establecidos por la jurisprudencia del TEDH que cuentan con algunas especificaciones para la persona penalmente encausada. Tales criterios han sido, una vez más, acogidos en la doctrina del TC.

Para determinar si la duración del proceso penal ha sido razonable ha de tenerse en cuenta todo el tiempo que la persona afectada ha sufrido el gravamen de los cargos criminales, lo que abarca desde el momento en que dichos cargos se formulan por primera vez (STEDH de 27 de junio de 1968, asunto *Neusmeister c. Austria*, § 18) —o, en todo caso, desde que la persona afectada adquiere conocimiento de su existencia (STEDH de 28/05/2019, asunto *Liblik y otros c. Estonia*, [*Tol 7243414*])— hasta que el proceso criminal concluye, lo que supone que el cómputo se extiende más allá del dictado de la sentencia de instancia y alcanza, en particular, el tiempo de tramitación de los recursos (STEDH de 16 de diciembre de 1999, asunto *V. c. Reino Unido*, § 109).

Establecido ese marco temporal, la dilación constitucionalmente prohibida no consiste, en todo caso, en la mera superación de los plazos procesales (por todas, STC 54/2014 [*Tol 4236034*] y 135/2024 [*Tol 10286984*]). Esto supone, en particular, que no hay vulneración del art. 24.2 CE por el mero hecho de que una investigación rebase el plazo ordinario marcado por el art. 324 LECrim, pues «la propia naturaleza de la investigación es esencialmente contingente y, por tanto, su duración es variable» (STC 83/2022 [*Tol 9136486*]).

Ha de tratarse de una dilación excesiva —esto es, que supere «la duración normal o acostumbrada de los litigios de la misma naturaleza» (por todas, STC 89/2014 [*Tol 4422362*])— e injustificada, lo que solo puede determinarse en el caso concreto de acuerdo con los siguientes criterios: la complejidad del litigio, los márgenes ordinarios de duración de ese tipo de pleitos, el interés que arriesga el justiciable que sufre la demora, la conducta procesal de este y la conducta de las autoridades (por todas, STC 135/2024 [*Tol 10286984*]).

4.2.2 Particularidades del proceso penal en la apreciación de los criterios determinantes de la vulneración

Los criterios antedichos tienen cierto juego particular en el ámbito del proceso penal. Así, la *complejidad del asunto* depende, según ha señalado el TEDH, de aspectos como el número de cargos criminales que deben ser esclarecidos y resueltos, la cantidad de personas que se ven involucradas, en calidad de acusados o testigos, la dimensión transnacional del litigio y sus ramificaciones en distintos países (STEDH de 17 de junio de 1968, asunto *Neumeister c. Austria*, § 20; para el blanqueo de capitales, STEDH de 9 de marzo de 2021, asunto *Arewa c. Lituania*, § 52) o la especial dificultad que caracteriza la investigación de la delincuencia económica cuando alcanza cierta escala (STEDH de 1/08/2000, asunto *C. P. y otros c. Francia* [*Tol 8339938*]).

En cuanto a la *conducta de la persona encausada*, no puede considerarse indebida la dilación que obedece al período de tiempo que esta ha permanecido voluntariamente en situación de rebeldía (STEDH de 20/06/2006, asunto *Vayiç c. Turquía* [*Tol 9082088*]). Tampoco la que obedece a conductas procesales de la defensa que, en las circunstancias de cada caso, puedan considerarse manifiestamente obstruccionistas, como la impugnación sistemática de resoluciones o la posposición deliberada de la petición de diligencias de descargo al momento final de la fase investigadora (para este último supuesto, STEDH de 23 de septiembre de 1998, asunto *I. A. c. Francia*, § 121)

En lo que se refiere al *interés que se arriesga* en el proceso, el criterio principal que hay que tener en cuenta en el orden penal es el sufrimiento de medidas cautelares —especialmente la privación cautelar de libertad (STEDH de 25 de noviembre de 1992, asunto *Abdoella c. Países Bajos*, § 24)—, pues ese gravamen exige que las autoridades intervinientes extremen su celo para cumplimentar con rapidez los distintos trámites.

Finalmente, la valoración de la *conducta de las autoridades* exige determinar la diligencia desplegada por estas. No obstante, también se vulnera el derecho a no sufrir dilaciones indebidas cuando la excesiva prolongación de las actuaciones obedece a causas estructurales, ajenas al celo que las autoridades puedan poner en el cumplimiento de sus deberes.

El TEDH considera, en este punto, que los países signatarios del Convenio de Roma deben establecer las medidas necesarias para que el sistema de administración de justicia tenga un funcionamiento ajustado a los estándares propios del proceso equitativo, incluida la exigencia del plazo razonable. De ahí que la carga excesiva de trabajo que puedan sufrir los jueces y fiscales no excluya la vulneración de este derecho (STEDH *Abdoella* citada, § 24).

El TC considera, en la misma línea, que hay vulneración cuando las dilaciones pueden considerarse «estructurales», pues, aunque la causa de la demora sea, en tal supuesto, un defecto inherente al propio sistema de administración de justicia, esto «no altera su naturaleza injustificada, en tanto que el ciudadano es ajeno a esa circunstancia» (por todas, STC 125/2022 [*Tol 9271821*]).

No obstante, si las dilaciones son estructurales, la estimación de un recurso de amparo solo puede tener contenido declarativo de la lesión (por todas, STC 135/2024 [*Tol 10286984*]). Este criterio parece lógico, pues si el TC exigiera, en este tipo de supuestos, la adopción de medidas como la anticipación de un señalamiento estaría privilegiando indebidamente a unos justiciables frente a otros, cuando las dilaciones estructurales son sufridas por todos.

5. DERECHO A UN JUEZ IMPARCIAL PREDETERMINADO POR LA LEY

5.1 La predeterminación legal del juez

El texto del art. 24.2 CE solo reconoce expresamente el derecho fundamental del justiciable al juez ordinario legalmente preestablecido, sin mencionar el derecho al juez imparcial. Esto supone que se reconoce formalmente lo instrumental y no lo esencial. Y es que lo realmente imprescindible para que pueda hablarse de la existencia de un *proceso* es que la competencia para resolver esté atribuida a un tercero imparcial, ajeno los intereses contrapuestos de las partes contendientes y atento exclusivamente a las exigencias del derecho vigente. La predeterminación legal del juez no es más que una de las garantías instrumentales de la imparcialidad, de modo que, tal y como dice el TC, es la «independencia e imparcialidad de los tribunales» el «interés directo protegido por el derecho al juez ordinario legalmente predeterminado» (SSTC 34/2021 [*Tol 8347240*] y 91/2021 [*Tol 8420790*]). En este punto, parece acertado el texto del art. 6.1 CEDH, que contempla el derecho de «toda persona a que su causa sea oída (...) por un tribunal independiente e imparcial, establecido por la ley».

El contenido del derecho al *juez ordinario* se descompone en dos exigencias. Una de ellas es material y consiste en la necesidad de *predeterminación* o formulación previa de reglas objetivas y abstractas que excluyan la figura del juez *ad hoc* —que es el especialmente designado para resolver un litigio determinado—. La otra es formal y consiste en que esas reglas sean establecidas por normas con rango *legal*.

Comenzando por el segundo requisito, el hecho de que el tribunal competente deba estar predeterminado *por la ley* tiene un doble fundamento. Estamos, de un lado, ante una condición ligada a la «legitimidad requerida en una sociedad democrática» para ejercer una potestad, como la jurisdiccional, que emana del pueblo (art. 117.1 CE). De otra parte, constituye una protección frente a la injerencia del poder ejecutivo, a cuya «discrecionalidad» no puede confiarse la determinación de los órganos judiciales competentes para resolver los litigios sin comprometer «la separación de poderes» (por todas, SSTC 34/2021 [*Tol 8347240*] y 91/2021 [*Tol 8420790*]).

En cuanto a la exigencia material de *predeterminación*, esta tiene una doble proyección, pues se refiere tanto al órgano judicial como a sus integrantes. En lo atinente al órgano judicial, hay predeterminación si se cumplen tres requisitos: a) el órgano judicial ha de haber sido creado previamente por la norma jurídica; b) dicha norma ha de haberle otorgado jurisdicción y competencia con anterioridad «al hecho motivador de la actuación o proceso judicial»; c) su régimen orgánico y procesal ha de ser tal que no permita calificarlo de «órgano especial o excepcional», lo que exige, principalmente, que los criterios de atribución de competencia sean generales y abstractos y que, una vez determinada la competencia de un órgano concreto, no pueda sustraérsele el conocimiento del asunto por una decisión de un órgano gubernativo (por todas, SSTC 34/2021 [*Tol 8347240*] y 91/2021 [*Tol 8420790*]).

La exigencia de predeterminación alcanza, como se ha anticipado, a los jueces que integran el órgano judicial, de suerte que el derecho «garantiza también que la composición del órgano judicial venga determinada por la ley, y, además, que en cada caso concreto se siga el procedimiento legalmente establecido para la designación de los miembros que han de constituir el órgano correspondiente». Y ello porque la garantía «no sería eficaz si bastase con determinar legalmente el órgano judicial, pero pudieran designarse o alterarse arbitrariamente sus componentes, que son quienes, en definitiva, van a ejercitar sus facultades intelectuales y volitivas en las decisiones que hayan de adoptarse» (por todas, SSTC 34/2021 [*Tol 8347240*] y 91/2021 [*Tol 8420790*]).

En su aplicación práctica, el derecho al juez ordinario también queda vulnerado si, aun existiendo normas legales que predeterminan suficientemente el órgano judicial y sus integrantes, estas son manipuladas para sustraer el conocimiento de un asunto «de aquel al que la ley lo atribuye para su conocimiento». No obstante, la garantía de juez predeterminado no se concreta, en este punto, en un estándar de control constitucional distinto al generalmente aplicable a la motivación de las resoluciones judiciales, que proscribe la arbitrariedad, la irrazonabilidad y el error patente (art. 24.1 CE) (SSTC 34/2021 [*Tol 8347240*] y 91/2021 [*Tol 8420790*]).

5.2 La imparcialidad del juez

La imparcialidad del juez es uno de los requisitos inherentes a la idea misma de proceso, pues solo puede recibir ese nombre el procedimiento que es resuelto por un tercero imparcial. Así lo ha señalado el TC al afirmar que «sin juez imparcial, no hay propiamente proceso jurisdiccional» (por todas, STC 59/2023 [*Tol 9613088*]). Por tal razón, aun cuando la CE no proclama formalmente el derecho del justiciable al juez imparcial, el TC considera que estamos ante uno de los contenidos esenciales del derecho a un proceso con todas las garantías, «con una especial trascendencia en el ámbito penal» (STC 59/2023 [*Tol 9613088*]).

La imparcialidad garantizada por el art. 24.2 CE es de dos clases. Está, primero, la imparcialidad llamada *subjetiva*, referida a las relaciones que el juez mantiene con las partes o con la cuestión litigiosa, que no pueden llegar al punto de generar dudas o sospechas sobre su *ajenidad* al litigio. Tanto en este caso como en el resto de los supuestos en los que la imparcialidad queda comprometida no se trata de negar al juez el grado de virtud personal necesario para sustraerse a esos condicionantes subjetivos, sino de preservar la confianza de la sociedad en la justicia, de modo que ninguna sospecha de parcialidad pueda cernirse sobre la decisión adoptada.

La imparcialidad *objetiva* es, por su parte, la que exige que el juez mantenga, al ejercer sus funciones, la debida distancia en relación con el objeto del proceso. Esta segunda vertiente tiene una especial relevancia en el proceso penal y afecta tanto al comportamiento exigible al juez como a las funciones que puede llegar a desarrollar, pues tanto la conducta del juez como el contenido de sus decisiones han de moverse en el marco de la más estricta neutralidad.

En lo referente al *comportamiento* o conducta exigible al titular de la potestad jurisdiccional, su aproximación al *thema decidendi* a lo largo de todo el proceso ha de ser predominantemente pasiva, dejando que sean las partes las que desarrollen la actividad que estimen oportuna para acreditar sus respectivas tesis (STC 229/2003 [*Tol 334829*]). Tiene proscrito, muy particularmente, desarrollar una «actividad inquisitiva encubierta», lo que afecta especialmente al ámbito de la práctica de la prueba. El órgano judicial puede asumir, aquí, cierta iniciativa a los solos efectos de complementar la actividad de las partes en aquellos puntos que han quedado oscuros o en los que necesita una mayor aclaración para formarse una convicción fundada sobre el asunto. No puede, sin embargo, extralimitarse al ejercer esos poderes de oficio, yendo más allá de la resolución de dudas, ni, sobre todo, exteriorizar —por ejemplo, al formular preguntas a los testigos o peritos— una toma de partido o una posición favorable a una de las dos tesis en disputa (por todas, SSTC 229/2003 [*Tol 334829*]; 143/2006 [*Tol 922665*] y 59/2023 [*Tol 9613088*]).

Ciertamente, es inevitable que el juez se vaya formando gradualmente una convicción personal sobre el objeto del litigio, pero solo ha de exteriorizarla en el momento de dictar la sentencia sobre el fondo. En todo caso, para determinar si la conducta del juez ha sobrepasado el límite marcado por las exigencias de imparcialidad objetiva ha de examinarse el supuesto concreto y sus particulares circunstancias (por todas, SSTC 143/2006 [*Tol 922665*] y 59/2023 [*Tol 9613088*]).

En lo que se refiere a las *funciones* del juez, la imparcialidad objetiva tiene una especial incidencia sobre la fase de enjuiciamiento y sobre las potestades que, en ella, corresponde ejercer al órgano judicial. Rige aquí, como se verá (apartado 7.4), el llamado *principio acusatorio*, que exige que el tribunal de enjuiciamiento se ajuste estrictamente a los cargos criminales que, con carácter definitivo, formulan las partes acusadoras, sin promover de oficio un gravamen mayor para la persona acusada del que aquellas propugnan, pues en tal caso estaría actuando, de facto, como acusador y no como tercero que se limita a resolver sobre las pretensiones que las partes interesan.

La actividad de enjuiciamiento penal es, asimismo, incompatible con cualquier previa actuación en el proceso que conlleve una toma de contacto directo con los materiales investigadores o fuentes de prueba de la que pueda derivarse la formación de un prejuicio sobre la culpabilidad o la inocencia (STEDH

24/05/1989, asunto *Hauschildt c. Dinamarca*, [*Tol 223277*]). Esto implica, muy particularmente, la prohibición de que quien haya instruido el procedimiento investigador pueda formar parte el tribunal sentenciador (STC 145/1988 [*Tol 109346*], siguiendo la STEDH de 26/10/1984, asunto *De Cubber c. Bélgica* [*Tol 168780*]).

No obstante, no toda decisión previa afecta a la imparcialidad. No tiene relevancia, por ejemplo, haber resuelto previos procesos penales contra la misma persona (STEDH de 3/02/2005, asunto *Fehr c. Austria* [*Tol 9086035*]), salvo que el juez hubiera exteriorizado en ellos, antes de dictar sentencia, un prejuicio anticipado sobre la culpabilidad del acusado (STEDH de 6/11/2018, asunto *Otegi Mondragón c. España* [*Tol 6879500*]). Tampoco afecta a la imparcialidad haber participado en un primer enjuiciamiento que resulta, después, anulado (Decisión de 24 de octubre de 2002, asunto *Faugel c. Austria*).

Finalmente, aun cuando el TEDH y el TC consideran que para valorar la imparcialidad judicial «las apariencias importan», ya que está en juego la confianza de la sociedad en los tribunales, dicha imparcialidad ha de ser presumida, de suerte que su ausencia —con consiguiente apartamiento del juez o anulación de la resolución dictada— solo puede apreciarse cuando existen sospechas objetivamente justificadas o exteriorizadas y apoyadas en datos objetivos (SSTC 46/2022 [*Tol 8909220*] y 12/2023 [*Tol 9466559*]). A la par, las causas de recusación han de ser interpretadas restrictivamente para no dejar la composición del tribunal al albur de exégesis subjetivas de las partes (STC 60/2008 [*Tol 1322453*]).

6. DERECHO A UN JUICIO ORAL Y PÚBLICO

6.1 Doble fundamento constitucional

La noción de *publicidad* opera, en el proceso penal, en un doble plano. El primero y más importante es el del acceso de las partes a las actuaciones procesales, que se integra, como se verá, en las facultades dimanantes del derecho de defensa. El segundo se refiere a la publicidad llamada *externa*, esto es, al acceso de terceras personas a ciertas actuaciones procesales particularmente relevantes para la resolución del litigio. Este segundo plano es el que la Constitución contempla específicamente en el art. 24.2 CE al proclamar el derecho al proceso público.

La dimensión constitucional de este tipo de publicidad requiere cierta explicación. En la jurisprudencia del TEDH —a la que la doctrina del TC se ajusta— se le atribuye un doble fundamento o sentido (por todas, SSTEDH de 14 de noviembre de 2000, asunto *Riepan c. Austria*, § 27, y de 28 de octubre de 2010, asunto *Kretovskiy c. Rusia*, § 24):

* La publicidad *ad extra* tiene, en primer lugar, una finalidad genuinamente procesal, vinculada al aseguramiento de la equidad del resultado del proceso. Se considera que la transparencia de las actuaciones procesales —al hacer posible el control de terceros— reduce el riesgo de comportamiento arbitrario de los tribunales. Es obvio, en este sentido, que el escrutinio del público puede contribuir a prevenir cualquier veleidad de los jueces o magistrados de comportarse de forma tendenciosa o irregular. Así lo entendieron, desde luego, los ilustrados y revolucionarios burgueses que combatieron el proceso inquisitivo, para los que no había, obviamente, otro antídoto frente a la arbitrariedad de los tribunales que facilitar el acceso físico del público a las salas de justicia.

La importancia de esta primera dimensión queda, no obstante, algo desdibujada en la actualidad por las posibilidades de control que ofrece la tecnología. Sin negar que la publicidad, entendida como exigencia de *audiencia pública*, siga siendo un instrumento tuitivo de cierta utilidad, la realidad es que la concurrencia de público a las salas de justicia es, en la práctica forense, residual. Resulta, por ello, más útil para prevenir un comportamiento arbitrario de los tribunales la garantía de grabación audiovisual íntegra e inalterable de las actuaciones que estos realizan. Saber que cuanto sucede en una vista, haya entrado o no público a presenciarla, se registra con total exactitud tiene una eficacia disuasoria evidente frente a todo tipo de excesos o irregularidades, ya vengan de las partes o de los jueces.

Esta exigencia de grabación audiovisual quizá debería recibir el correspondiente respaldo constitucional como elemento integrante del proceso justo del siglo XXI. Basta pensar que —a diferencia de la publicidad externa— la grabación audiovisual protege a todos los justiciables y no solo a aquellos que plantean conflictos que suscitan el interés —algunas veces morboso— de terceros. Tiene, además, una utilidad jurídica real, pues permite demostrar la irregularidad de la actuación de los tribunales o de las partes ante las oportunas instancias judiciales o disciplinarias.

* La publicidad externa tiene, asimismo, una finalidad político-institucional —esta sí, irreemplazable— ligada a la confianza de los ciudadanos en la administración de justicia, en cuanto ingrediente esencial del buen funcionamiento de las instituciones de una sociedad democrática. En este segundo sentido, procede recordar que los jueces y magistrados no son meros funcionarios públicos, sino que ejercen la potestad jurisdic-

cional del Estado en nombre del pueblo (art. 117.1 CE), por lo que resulta totalmente lógico que se sometan al escrutinio de este.

En esta concreta dimensión, la publicidad se convierte en un principio constitucional que trasciende el interés de las partes, tal y como revela su enunciación independiente en el art. 120.1 CE, dentro de la regulación del Poder Judicial. Conecta aquí, además, con derechos fundamentales sustantivos que no pertenecen ni a las acusaciones ni a las defensas, en particular con el derecho a comunicar y recibir libremente información veraz —art. 20.1, d) CE—. El TC reconoce, en efecto, que el acceso de la prensa a las actuaciones procesales de naturaleza pública forma parte del contenido garantizado por dicho derecho fundamental, con el consiguiente deber constitucional de dar a los medios de comunicación acceso preferente a los juicios con relevancia pública, pues solo de ese modo puede la prensa ejercer su papel de «intermediario natural» con el conjunto de la sociedad (STC 56/2004 [*Tol 397358*]).

La restricción del acceso de los medios de comunicación social a las actuaciones procesales de carácter público ha de estar, por ello, amparada en la correspondiente ley (art. 120.1 CE) y ha de responder, en cada caso, a un juicio de ponderación ajustado a la importancia, en el supuesto concretamente afrontado, de los derechos o bienes jurídicos que se ven comprometidos (SSTC 96/1987 [*Tol 79836*]; 65/1992 [*Tol 80677*] y 56/2004 [*Tol 397358*]).

El derecho de acceso preferente de la prensa a los actos procesales de carácter público incluye, por regla general, la posibilidad de instalar y utilizar «medios técnicos de captación óptica y difusión visual», pues el art. 20.1, d) CE comprende la comunicación de información «por cualquier medio». No obstante, en la ponderación de las excepciones a la publicidad puede valorarse el especial potencial intromisivo de la captación y difusión de imagen y sonido (STC 56/2004 [*Tol 397358*]).

6.2 Dimensión procesal: la exigencia de una vista probatoria pública y oral

Lo que aporta la garantía de publicidad *ad extra* a la noción de proceso justo es, como acaba de verse, el ingrediente del control externo. Resulta obvio que tal control solo puede efectuarse si el público tiene la posibilidad de acceder a aquellas actuaciones judiciales que están caracterizadas por la plenitud de jurisdicción y resultan decisivas para resolver sobre el fondo del asunto (por todas, STEDH de 21/03/2002, asunto *A. T. c. Austria* [*Tol 9092079*]).

Aplicado al orden penal, esto significa que la garantía de publicidad se refiere a los actos de enjuiciamiento que se llevan a cabo ante el tribunal sentenciador, y, en particular, a la práctica ante este de los diversos actos de prueba. Se exige, por tanto, una vista probatoria en régimen de audiencia pública (STC 176/1988 [*Tol 80024*]), lo que solo puede garantizarse si, como señala el TEDH, se da publicidad previa a la fecha, hora y lugar del señalamiento y si el espacio físico elegido no impone excesivas trabas a la entrada de personas (STEDH de 14 de noviembre de 2000, asunto *Riepan c. Austria*, § 29).

De nada serviría, sin embargo, admitir el acceso de terceros a la vista probatoria si los concretos actos de prueba se realizasen, a continuación, en un formato que resultase incomprensible para ellos. Es obvio que solo hay verdadera fiscalización del público cuando el formato de la de prueba es susceptible de ser comprendido por quienes no tienen acceso directo a las actuaciones escritas. De ahí que la garantía de publicidad esté indeleblemente unida a la oralidad, en cuanto forma de presentación y práctica de las pruebas que permite la comprensión de los meros observadores (por todas, STEDH de 12/11/2002, asunto *Döry c. Suecia* [*Tol 9090638*]).

Esto implica que incluso aquellas pruebas que, por su fisonomía, no requieren la oralidad, deben adaptarse de algún modo a ella —por lo menos en los contenidos que resultan realmente relevantes para resolver el objeto del proceso—, lo que tiene especial importancia en relación con los documentos, que no pueden darse, sin más, por reproducidos en el acto del juicio y han de ser leídos, de forma total o parcial (sobre esa práctica, véase STEDH de 6 de diciembre de 1988, asunto *Barberá, Messegué y Jabardo c. España* [*Tol 117828*]).

Sentado que el derecho al proceso público exige la celebración de una *vista probatoria oral y pública*, sería, sin embargo, un error concluir que es este derecho es el que explica, de manera principal, otras garantías propias del procedimiento probatorio constitucional, en particular las exigencias de contradicción e inmediación.

La contradicción y la inmediación optimizan las facultades de defensa y aportan, asimismo, una mayor fiabilidad a los materiales probatorios susceptibles de determinar la responsabilidad criminal. El hecho de que estos principios contribuyan también a una más completa fiscalización por parte del público es algo secundario. Desde la óptica del proceso justo, pesa más la calidad de la convicción que puede alcanzar el tribunal —que es, al fin y al cabo, quien debe decidir— que la opinión que puedan formarse los terceros a sus propios fines o intereses. En otras palabras, la publicidad es una garantía añadida, que tiene cierta relevancia, pero no es, ni mucho menos, la más relevante desde la óptica del proceso equitativo y no podría justificar, en ningún caso, un formato de juicio oral que sacrificase una mejor formación de la convicción del tribunal.

Examinaremos, por esta razón, ciertos aspectos que, en la doctrina del TEDH, se relacionan intensamente con la garantía de publicidad, como la presencia del acusado en el juicio oral o la sumisión del procedimiento probatorio a los principios de contradicción e inmediación, cuando tratemos los contenidos del derecho de defensa (apartado 8.2) y las reglas constitucionales de válida formación del acervo probatorio (apartado 9.3).

La exigencia de libre acceso de terceros al acto de enjuiciamiento admite, en todo caso, excepciones. El propio art. 6 § 1 CEDH dispone expresamente que «el acceso a la sala de audiencia puede ser prohibido a la prensa y al público durante la totalidad o parte del proceso en interés de la moralidad, del orden público o de la seguridad nacional en una sociedad democrática, cuando los intereses de los menores o la protección de la vida privada de las partes en el proceso así lo exijan o en la medida en que sea considerado estrictamente necesario por el tribunal, cuando en circunstancias especiales la publicidad pudiera ser perjudicial para los intereses de la justicia».

El referido elenco no es tasado, de suerte que la restricción de la publicidad puede operar, por ejemplo, para proteger, en circunstancias cualificadas, la intimidad de los testigos (STEDH de 24 de abril 2001, asunto *B. y P. c. Reino Unido*, § 37). Pero la apreciación de cualquier excepción a la publicidad exige, en la doctrina del TEDH, la sumisión estricta al principio de proporcionalidad (por todas, STEDH de 16/01/2020, asunto *Yam c. Reino Unido* [*Tol 7671864*]). El órgano judicial tiene, en particular, el deber de valorar la existencia de medidas menos restrictivas que sean igualmente idóneas (STEDH de 3/11/2022, asunto *Mamaladze c. Georgia* [*Tol 9271783*]), especialmente cuando la razón alegada para restringir el acceso de personas es la necesidad de garantizar la seguridad del acto procesal mismo (STEDH de 28/10/2010, asunto *Kretovskiy c. Rusia* [*Tol 2644072*]).

Finalmente, la garantía de publicidad quedaría incompleta si los terceros no pudieran conocer la decisión adoptada por el tribunal y su fundamentación, por lo que el derecho al proceso público se extiende también a las sentencias (por todas, STEDH de 22/02/1984, asunto *Sutter c. Suiza* [*Tol 228788*]). Nuestra Constitución contempla expresamente que estas sean dictadas «en audiencia pública» (art. 120.1 CE). No obstante, esta exigencia no ha de interpretarse en sentido literal, como necesidad de «lectura en voz alta», y son admisibles otros medios de publicidad como el depósito de la sentencia en un registro (STEDH *Sutter c. Suiza* ya citada, § 24; ATC 68/1996, de 25 de marzo, FJ 8).

7. EL DERECHO DE DEFENSA (I): DERECHO A CONOCER LA ACUSACIÓN Y A DEFENDERSE DE ELLA

7.1 El concepto de cargos criminales

El ejercicio del derecho de defensa presupone que, desde que se revelan los primeros indicios de responsabilidad criminal frente una persona determinada hasta que se dicta la sentencia sobre el fondo, hay algo de lo que defenderse. Ese *algo* es lo que tradicionalmente se ha conocido en nuestro derecho procesal penal como *imputación* —durante la fase preparatoria del proceso— y *acusación* —ya en la fase de plenario—. En términos constitucionales ese *algo* puede recibir la denominación, más aséptica y omnicomprensiva, de *cargos criminales*.

Emplear la terminología de la imputación —*indictmen*— o de los cargos criminales —*criminal charges*— es, en realidad, una cuestión principalmente semántica. Entre ambos términos hay, a lo sumo, diferencias de matiz. Con la *imputación* se designa el acto de atribución de los hechos punibles —y que reciba, a partir de un determinado momento, el nombre de *acusación* no cambia ese significado incriminatorio—. Con los *cargos* se alude, en cambio, al contenido de ese juicio de atribución o imputación. Esa diferencia se aprecia, sin ir más lejos, en nuestra vigente LECrim, en la que a veces se habla de la atribución o *imputación* del delito (en los arts. 118.5, 119.1, 309 *bis*, 409 *bis*, 544 quáter, 767, 805, 810, 848) y otras veces se alude a los *cargos* por referencia a los hechos punibles que son imputados o atribuidos a la persona investigada (arts. 309, 396, 713 y 755).

La noción de *cargos* no es, desde luego, ajena a nuestra tradición jurídica. El art. 309 LECrim en la redacción de 1882 ya se refería, por ejemplo, a «la persona contra quien resultaren cargos». Y los *cargos* y *reconvenciones* fueron elementos característicos del proceso penal anterior a la propia LECrim (VÁZQUEZ SOTELO, pp. 31-68). La Ley de la fiscalía europea prescinde, por su parte, del lenguaje de la imputación y se refiere, en su art. 27, a la *primera comparecencia para el traslado de cargos* para expresar que es un poder público sin facultades jurisdiccionales —el Ministerio Fiscal— el que realiza una mera atribución provisional de hechos criminales, a los efectos de que la persona investigada pueda defenderse de ellos, sin las viejas connotaciones de la *imputación judicial*.

Asimismo, la noción de *cargos* describe, mejor que la de *imputación*, la posición de igualdad o equilibrio que corresponde a la defensa, pues de lo que se trata es de asegurar que esta pueda desarrollar una actividad eficaz en su *descargo*, que conduzca, bien al archivo o sobreseimiento —cuando los cargos son aún provisionales—, bien a una sentencia absolutoria —cuando se trata de cargos definitivos—.

En la jurisdicción internacional sobre crímenes contra la humanidad también se utiliza indistintamente la terminología de la imputación —*indictment*— y la de los cargos —*charges*—. El Reglamento sobre procedimiento y pruebas del Tribunal Penal Internacional para la ex Yugoslavia se refería, por ejemplo, a la imputación (art. 47 C) mientras que la norma 52 del Reglamento de la Corte Penal Internacional de 26 de mayo de 2004 (ICC-BD-01-01-04) regula el documento en que se formulan «los cargos». Lo importante es que el concepto designa, en ambos casos, un mismo contenido normativo: los hechos que son atribuidos a la persona encausada y su tipificación jurídica.

Cualquiera que sea el *nomen iuris* utilizado, nos encontramos ante un acto de *incriminación*, en cuanto implica un juicio de atribución de los hechos criminales investigados a una persona determinada. Ese contenido incriminatorio o acusatorio va evolucionando desde la simple atribución inicial —cargos *provisionales*— hasta el eventual ejercicio de la acción penal propiamente dicha —los cargos *definitivos* incluidos en un escrito de acusación, como pretensión de condena concreta en la que se interesa la imposición de una pena—.

El concepto de *cargos criminales* es, en todo caso, esencial en la doctrina del TEDH sobre el proceso penal equitativo (por todas, STEDH de 23/03/2016, asunto *Blokhin c. Rusia* [*Tol 9052726*]). En ella destaca su carácter material y no formal, de suerte que cuando una sospecha resulta objetivamente verosímil, puede ya considerarse que existen *cargos criminales*, aunque no hayan sido oficialmente comunicados (STEDH de 27 de febrero de 1980, asunto *Deweer c. Bélgica*, § 44).

En la actualidad, el concepto se emplea con naturalidad en la doctrina de nuestro Tribunal Constitucional (por ejemplo, SSTC 29/2019 [*Tol 7111098*] y 30/2019 [*Tol 7111097*]). Resulta, en todo caso, el más idóneo para explicar el régimen constitucional del derecho a conocer la acusación y a defenderse de ella a lo largo del proceso penal en su conjunto, pues solo entendiendo esta garantía como un derecho a conocer los *cargos criminales* puede explicarse de forma coherente y unitaria la doctrina del TC sobre esta materia, en la que los hechos y la calificación jurídica tienen un régimen jurídico distinto según que los cargos sean formulados con carácter provisional —imputación— o definitivo —acusación—.

7.2 Régimen constitucional de los cargos provisionales

7.2.1 Aspectos constitucionales

Mientras los *cargos criminales* tienen carácter puramente provisional, el estándar constitucional relativo a su comunicación y a la correspondiente actividad defensiva de descargo se ha formulado por el TC en términos que afectan, fundamentalmente, a los siguientes extremos: a) el momento en que los cargos han de ser comunicados a la persona sospechosa, con consiguiente nacimiento de su derecho de defensa; b) las consecuencias del retraso indebido de esa comunicación, y c) la imposibilidad de convertir en definitivos aquellos cargos que no han sido previamente comunicados en la forma constitucionalmente prescrita.

7.2.2 Obligación de comunicar temporáneamente los cargos criminales

En palabras del TC «establecida la verosimilitud de la imputación de un hecho punible contra persona determinada», el director de la investigación oficial debe «considerarla imputada para permitir su defensa y una equilibrada contradicción, sin que la investigación sumarial pueda efectuarse a sus espaldas» (por todas, STC 118/2001 [*Tol 81473*]). La determinación del referido momento requiere «efectuar una provisional ponderación de la *verosimilitud* de la imputación de un hecho punible contra una persona determinada» (por todas, STC 118/2001 [*Tol 81473*]).

Tal canon de *verosimilitud* —plasmado en nuestra LECrim en la noción del «indicio racional de criminalidad» (art. 384 LECrim)— se asemeja al célebre concepto de *probable cause* del modelo de proceso angloamericano, en el que la causa probable —como mínima verosimilitud de la sospecha— siempre ha de concurrir para que puedan adoptarse medidas como la detención (*probable cause to arrest*) o el registro (*probable cause to search*). Para la determinación de la concurrencia de ese presupuesto, el Tribunal Supremo Federal de los EE.UU. ha acudido a un «test objetivo de causa probable» basado en un juicio de razonabilidad (*Beck v. Ohio*, 1964). En él, la atribución del hecho delictivo se ha de fundamentar en un grado de probabilidad superior al de la mera sospecha, en la que predomina la impresión subjetiva (*Brinegar v. United States*, 1949).

Para combatir la mala praxis histórica que llevó a los jueces de instrucción a retrasar el primer traslado de los cargos —del art. 384 LECrim— al momento conclusivo de la investigación, la LECrim vigente (art. 118.5) contempla la comunicación de estos en el momento mismo de la presentación de la querella o denuncia. El TC ha aclarado, sin embargo, que esta cláusula anticipatoria puede ser «modulada y completada por la imprescindible valoración circunstanciada» de la verosimilitud de la atribución del hecho punible (STC 118/2001 [*Tol 81473*]).

El director de la investigación oficial puede, por ello, llevar a cabo una previa indagación «en orden a la determinación de la relevancia penal de los hechos y a la participación en los mismos de las personas [...] contra las que se dirige la querella» (STC 123/2001 [*Tol 12984*]; y124/2001 [*Tol 81476*]). Es decir, puede realizar una investigación *preliminar*, en cuanto anterior a la comunicación de los cargos (sobre la distinción entre investigación *preliminar* y *formal*, RODRÍGUEZ FERNÁNDEZ, 2024, pp. 1403-1405, 1430-1433).

La comunicación de los cargos provisionales puede retrasarse legítimamente si se acredita la necesidad perentoria de decretar el secreto de las actuaciones para garantizar la eficacia de un acto de investigación o de una medida cautelar, siempre que, a la vista de las circunstancias, se cumpla con el correspondiente juicio de proporcionalidad (*vid*. capítulo 27). El secreto de las actuaciones debe emplearse, en todo caso, con la debida cautela, evitando extenderlo más allá de los límites materiales que sean imprescindibles (por todas, SSTC 18/1999 [*Tol 81098*]; 12/2007 [*Tol 1032874*] y 143/2010 [*Tol 10023348*]).

7.2.3 Consecuencias del retraso indebido en la formulación de cargos

La jurisprudencia constitucional recaída en los primeros años de aplicación del procedimiento abreviado dejó entrever que el retraso indebido de la comunicación de los cargos criminales acarreaba la consideración automática de las fuentes de prueba obtenidas sin intervención defensiva como *prueba ilícita* y, por ello, inadmisible en el juicio oral.

En palabras del Tribunal Constitucional (por todas, SSTC 128/1993 [*Tol 82151*]; 149/1997 [*Tol 80772*] y 19/2000 [*Tol 22439*]) «la imputación no ha de retrasarse más allá de lo estrictamente necesario, pues, estando ligado el nacimiento del derecho de defensa a la existencia de la imputación (art. 118 LECrim), se ha de ocasionar la frustración de aquel derecho fundamental si el Juez de Instrucción retrasa arbitrariamente su puesta en conocimiento, razón por la cual dicha actuación procesal habrá de estimarse contraria al art. 24 CE y, por ende, *acreedora de la sanción procesal de la "prueba prohibida" (art. 11. 1º LOPJ)*» (énfasis añadido).

Esa afirmación no pasó, sin embargo, de la declaración de principio. La doctrina constitucional ha aplicado siempre, a la hora de la verdad, el canon general de la indefensión, de modo que el retraso de la formulación de cargos provisionales —a través de la llamada *primera comparecencia*— solo resulta relevante en el régimen de admisión y valoración de las pruebas si la defensa ha sufrido una merma de sus facultades de alegar y probar como consecuencia de la demora (por todas, SSTC 68/2001 [*Tol 2078*] y 118/2001 [*Tol 24713*]), esto es, si se puede acreditar «una relevante y definitiva privación de las facultades de alegación, prueba y contradicción que desequilibre la posición del imputado» (SSTC 87/2001 [*Tol 81453*]) y 126/2011 [*Tol 2210542*]).

Ese estándar está, en la actualidad, expresamente recogido en el art. 29.2 de la Ley de la fiscalía europea, según el cual «en los casos en los que el fiscal europeo delegado retrase injustificadamente el acto de la primera comparecencia, el juez de garantías, previa petición de la defensa, declarará la nulidad de los actos de investigación realizados sin previo traslado de cargos, siempre que, por esa causa, haya podido producirse una situación de indefensión».

El efecto objetivo más evidente de la demora injustificada de la formulación de cargos en el acto de primera comparecencia es, en todo caso, la imposibilidad de utilizar el mecanismo del art. 730 LECrim para dar lectura a una declaración sumarial. Si dicha declaración se ha practicado sin intervención defensiva como consecuencia de la demora injustificada de la comunicación de los cargos, ya no será posible introducirla en el debate del plenario en el supuesto regulado en el art. 730 LECrim, por muy sobrevenida e imprevisible que sea la imposibilidad de practicar la prueba testifical en el juicio oral (véase STS 836/2021 [*Tol 8643164*], recogiendo la doctrina del TC y del TEDH).

7.2.4 *Imposibilidad de convertir en definitivos cargos que no hayan sido debidamente comunicados*

Ningún cargo provisional puede ser elevado a definitivo —con consiguiente formulación de acusación y posibilidad de condena— si no ha sido debidamente comunicado a la persona investigada, sea en la primera comparecencia (actual art. 775 LECrim) o en un acto posterior de ampliación o enmienda (por todas, SSTC 128/1993 [*Tol 82151*]; 149/1997 [*Tol 80772*] y 118/2001 [*Tol 81473*]).

Esta imposibilidad no alcanza, sin embargo, a la calificación jurídica. Mientras los cargos son provisionales, su tipificación penal está sujeta a un régimen caracterizado por una cierta flexibilidad. La subsunción en un determinado precepto del Código Penal puede ir modificándose o perfeccionándose, sin necesidad de ampliación o enmienda paralela de los cargos, siempre que el núcleo esencial de los hechos que le sirven de fundamento no varíe.

Esto no significa, sin embargo, que la tipificación jurídica no forme parte de los cargos criminales que han de comunicarse desde el primer momento. Esa tipificación es imprescindible, también durante la fase investigadora, por obvias razones accesorias —como la necesidad de determinar el procedimiento aplicable o la concurrencia del presupuesto jurídico de determinados actos de investigación o medidas cautelares que dependen de la gravedad de la infracción penal atribuida— pero también por motivos inexcusables de garantía.

La calificación jurídica es, en efecto, necesaria para que la defensa pueda controlar y discutir la relevancia penal de los hechos que se le atribuyen, esto es, para que pueda desplegar una actividad defensiva, durante la propia fase de investigación, tendente a acreditar la concurrencia de las causas de sobreseimiento basadas en la inexistencia de indicios de delito (art. 637.1º LECrim), en no ser los hechos constitutivos de delito (art. 637.2º LECrim) o en la insuficiencia de indicios de delito (art. 641.1º LECrim). La falta de carácter delictivo de los hechos y la inexistencia o insuficiencia de indicios de delito solo pueden acreditarse si se ponen en relación con los concretos elementos que conforman una o varias infracciones penales, pues son esos elementos típicos los necesitados de prueba en el proceso.

Cuestión distinta es, como ha destacado el Tribunal Constitucional, que las acusaciones no se vean vinculadas a la calificación jurídica que el juez de instrucción consigna en el trámite de primera comparecencia o en el auto de transformación en procedimiento abreviado del art. 779.1. 4ª LECrim (STC 25/2022 [*Tol 8871429*]).

7.3 Régimen constitucional de confirmación de los cargos provisionales

7.3.1 Relevancia constitucional del juicio de acusación

Concluida la investigación formal, el llamado *juicio de acusación* es el trámite de control judicial en el que dos tesis en disputa son sometidas a un escrutinio o revisión judicial independiente:

* La *tesis de cargo* defiende, de un lado, que existen elementos suficientes para atribuir definitivamente la comisión del hecho punible a la persona investigada. Quien sostiene esta tesis —el fiscal o los acusadores no públicos— interesa que, una vez finalizada la investigación oficial, se le dé la oportunidad de demostrar, en un juicio oral y público, la culpabilidad de la persona investigada proponiendo la prueba de cargo pertinente.

Esa tesis se materializa en el *escrito de acusación*, en el que se ejerce la acción penal propiamente dicha, como pretensión concreta de condena.

* La *tesis de descargo* sostiene, por el contrario, que procede el sobreseimiento, en la medida en que los materiales que resultan de la investigación no son suficientes, ni siquiera abstractamente considerados, para dar lugar a una condena, situación en la que la Constitución no admite que una persona sea sometida a la penalidad que supone, en sí mismo, el enjuiciamiento criminal.

Este juicio de acusación es un trámite con relevancia constitucional. Como señala la STC 186/1990 [*Tol 81858*], no puede permitirse que las acusaciones sean «enteramente dueñas de dirigir la acusación contra cualquier ciudadano [...], permitiéndose en definitiva que personas inocentes puedan verse innecesariamente sometidas a la "penalidad" del juicio oral». En otros términos: la defensa tiene derecho a un acto judicial de confirmación o sobreseimiento de cargos que verifique la suficiencia de fundamento de la tesis acusatoria (en la misma línea STS de 19/07/2022 [*Tol 9150059*]).

El instituto del *juicio de acusación* tiene una amplia tradición en el modelo de proceso criminal angloamericano. En los EE.UU. de América se instrumenta bien a través del *grand jury* —como evolución del *jurado de presentación*—, bien por medio de una *audiencia preliminar* ante la autoridad judicial. En este segundo caso, la revisión independiente a cargo de un magistrado busca preservar la integridad del proceso frente a acusaciones maliciosas o, simplemente, infundadas, evitando la «humillación» y «ansiedad» que conlleva la celebración del juicio oral y público, así como un gasto innecesario de recursos públicos y privados (LAFAVE, ISRAEL, KING, KERR, p. 745).

En el ordenamiento procesal todavía vigente en España la configuración del juicio de acusación no siempre contiene, sin embargo, este ingrediente de revisión judicial independiente, que parece *a priori* imprescindible para que pueda cumplir su función constitucional (ampliamente, RODRÍGUEZ FERNÁNDEZ, 2024, pp. 1486-1489. 1505-1509).

7.3.2 Estándar constitucional de enjuiciamiento de los cargos

Para el Tribunal Constitucional, el juicio de acusación es «un juicio negativo en el que el juez cumple funciones de garantía jurisdiccional». Se ejerce con él la «facultad de controlar la consistencia o la solidez de la acusación que se formula» (STC 186/1990 [*Tol 81858*]).

Se trata de un juicio *ex ante* sobre la idoneidad potencial de la prueba propuesta por las acusaciones para acreditar los cargos definitivos, lo que puede realizarse con el examen de los propios materiales investigadores, en los que las acusaciones basan sus conclusiones provisionales. Esto es lo que se conoce, en el ámbito de la jurisdicción de la Corte Penal Internacional, como un estándar *prima facie* de confirmación de cargos (STEGMILLER, pp. 896-897). Basta, en suma, que la acusación acredite que tiene prueba "tangible" y "completa" que le permite realizar un juicio razonable de culpabilidad.

Esto supone que el juez de la acusación debe cerciorarse del cumplimiento *a priori* de los dos estándares del derecho a la presunción de inocencia que son puramente *formales* —sobre ellos, más ampliamente *vid. supra* apartados 2.8.2 y 2.8.3—: a) el estándar de *suficiencia cuantitativa* que mide la mínima capacidad de acreditar, con los materiales resultantes de la investigación, todos los elementos de la infracción punible y b) el estándar de *suficiencia cualitativa*, que determina la mínima fiabilidad abstracta, de acuerdo con la doctrina del TC, de los elementos de cargo resultantes de la investigación —que, por ejemplo, no pueden consistir exclusivamente en una declaración de un coinvestigado no corroborada—.

Este fue el estándar de juicio de acusación utilizado por los anteproyectos de LECrim de 2011 y 2020 para el trámite de *audiencia preliminar*. En particular, el texto de 2020 señalaba, en su art. 623, que el «sobreseimiento por insuficiente fundamento de la acusación procederá cuando, atendidos los medios lícitos de prueba que la parte acusadora pretenda utilizar en el acto del juicio oral, la acción penal sea *manifiestamente improsperable*» (énfasis añadido).

No puede, en cambio, anticiparse al juicio de acusación el estándar de *suficiencia material* de la prueba que exige una convicción de culpabilidad más allá de toda duda razonable, pues ese canon es exclusivo de la fase de enjuiciamiento.

7.4 Régimen constitucional de los cargos definitivos: sujeción al principio acusatorio

7.4.1 *Los cargos definitivos*

Una vez que los *cargos criminales* son definitivamente formulados a través del correspondiente escrito de acusación, su régimen constitucional de modificación y comunicación a la persona encausada se vuelve más rígido para asegurar la plenitud del derecho de defensa en el juicio oral y para salvaguardar, al tiempo, la imparcialidad del tribunal de enjuiciamiento. El régimen constitucional de los cargos definitivos se condensa en un instituto característico del proceso constitucional equitativo, el llamado *principio acusatorio*.

Este principio forma parte del derecho a un proceso con todas las garantías (art. 24.2 CE) en cuanto sintetiza varios «elementos estructurales» del proceso penal constitucional (por todas, STC 22/2021 [*Tol 8347252*]):

* Implica, en primer lugar, una exigencia de plena *contradicción* conforme a la cual «se debe posibilitar que el condenado tenga la oportunidad de debatir contradictoriamente los elementos de la acusación» (STC 165/2021 [*Tol 8629508*]). Desde esta primera óptica, nos encontramos ante una garantía inherente al derecho de defensa y al derecho a conocer la acusación (por todas, SSTC 22/2021 [*Tol 8347252*] y 11/2022 [*Tol 8815245*]).
* Determina, asimismo, una exigencia de plena *correlación* o *congruencia* entre las pretensiones punitivas de las partes acusadoras y el fallo de la sentencia condenatoria. En esta segunda vertiente estamos ante una exigencia constitucional derivada del derecho al juez imparcial y vinculada, en particular, a la llamada *imparcialidad objetiva*, que prohíbe que el juez abandone su posición de neutralidad y asuma funciones propias de las partes, cosa que ocurriría si fuera más allá de la pretensión de condena concretamente formulada —pues en tal caso estaría actuando como sostenedor de la acusación—.

7.4.2 *Vinculación fáctica y jurídica de la resolución de fondo a los cargos definitivos*

El principio acusatorio somete al juez penal a un «doble condicionamiento: fáctico y jurídico» en relación con los cargos definitivamente formulados por las acusaciones (por todas, STC 155/2009 [*Tol 1568033*]).

En el plano *fáctico*, el juez no puede separarse de los hechos que han sido objeto de acusación para sustentar el correspondiente juicio de subsunción en los elementos determinantes de la responsabilidad criminal. No puede, en particular, establecer «en el relato de hechos probados elementos fácticos que sustancialmente varíen la acusación, ni realizar, consecuentemente, la subsunción en ellos» (por todas, SSTC 22/2021 [*Tol 8347252*] y 11/2022 [*Tol 8815245*]).

En el plano *jurídico*, el juez queda sometido tanto a la calificación jurídica como a la pena establecida por las acusaciones en los siguientes términos:

* La sentencia condenatoria no puede apartarse de la calificación de los hechos establecida por los acusadores, salvo que concurran estos dos requisitos: a) que el delito por el que el juez condena sea homogéneo con el que ha sido objeto de acusación, de suerte que pueda considerarse que todos sus elementos «han podido ser objeto de debate contradictorio»; b) que dicho delito no implique «una pena de superior gravedad».

A la hora de determinar si concurre la homogeneidad requerida prevalece, en todo caso, un examen material —no meramente formal— en el que «lo decisivo» es «la efectiva constancia de que hubo elementos esenciales de la calificación final que de hecho no fueron ni pudieron ser plena y frontalmente debatidos» (por todas, SSTC 22/2021 [*Tol 8347252*]; 11/2022 [*Tol 8815245*]).

* La sentencia condenatoria también queda vinculada por la pena concretamente interesada por los acusadores. Estamos, según señala el TC, ante «un elemento esencial y nuclear de la pretensión punitiva», de modo que queda vedado al juez «imponer *ex officio* una pena que exceda en su gravedad, naturaleza o cuantía de la solicitada por la acusación», pues ese proceder comprometería su estatuto de imparcialidad objetiva (SSTC 155/2009 [*Tol 1568033*] y 47/2020 [*Tol 8062027*]).

7.4.3 Aplicabilidad del principio acusatorio en todas las instancias

El «haz de garantías» que proporciona el principio acusatorio es aplicable «en cada instancia». No pueden, por ello, agravarse «las consecuencias de la sentencia de instancia sin previa solicitud por alguna de las partes personadas» (por todas, STC 165/2021 [*Tol 8629508*]). Esto supone que el principio acusatorio impone un doble límite:

* El primero es la plena operatividad, para la persona condenada, de la prohibición general de *reformatio in peius* —que ya resulta del propio derecho a la tutela judicial efectiva (art. 24.1 CE)—. La situación jurídica del condenado no puede verse empeorada a raíz de su propio recurso, incluso cuando ese empeoramiento es el resultado de la mera corrección de errores evidentes o palmarios en la aplicación de la ley penal. Se garantiza, con ello, la «inmutabilidad de la sentencia» en perjuicio de la persona acusada «si no media recurso de parte contraria» (por todas, STC 132/2021 [*Tol 8505478*]).

La sentencia de apelación no puede, en particular, aprovechar la impugnación de la persona condenada para subsanar, en perjuicio de esta, un error penológico cometido por la sentencia de instancia —por ejemplo si se impuso una pena inferior a la mínima legal— (STC 132/2021 [*Tol 8505478*]). Por más que esta elevación de pena pueda ser legalmente procedente, no es constitucionalmente admisible, pues «las garantías constitucionales deben prevalecer sobre el principio de estricta sumisión del juez a la ley, incluso para corregir de oficio en la alzada errores evidentes» (STC 132/2021 [*Tol 8505478*]).

* El segundo límite viene constituido por un deber de congruencia estricta del órgano de apelación (y casación) respecto de las concretas pretensiones impugnatorias formuladas en vía de recurso. El ámbito de enjuiciamiento del órgano que debe resolver un recurso queda «limitado por las peticiones de los recurrentes» sin que la pretensión acusatoria interesada en la instancia pueda ser apreciada sorpresivamente en apelación —o en casación— si no es expresamente invocada en el correspondiente recurso (STC 223/2015 [*Tol 5593995*]).

7.4.4 Proscripción de la apreciación de pretensiones acusatorias implícitas

El principio acusatorio exige, finalmente, que no puedan entenderse formuladas pretensiones acusatorias implícitas, ni en la instancia ni al resolver los recursos (por todas, STC 22/2021 [*Tol 8347252*]).

Por ejemplo, si el recurso de apelación tiene un *petitum* estrictamente referido a la responsabilidad civil *ex delicto* no puede entenderse que esa pretensión impugnatoria lleva implícita la petición de condena penal y la consiguiente imposición de una pena determinada (STC 47/2020 [*Tol 8062027*]). Igualmente, no puede interpretarse que el recurso de apelación formulado respecto de concretos acusados lleve implícita la misma pretensión impugnatoria para cualquier otro que se encuentre en la misma situación (STC 165/2021 [*Tol 8629508*]).

8. EL DERECHO DE DEFENSA (II): AUTODEFENSA, ASISTENCIA LETRADA Y UTILIZACIÓN DE MEDIOS DE PRUEBA PERTINENTES

8.1 Exigencias generales del derecho de defensa: la noción de autodefensa

Según señala el TEDH, el derecho de defensa garantiza a la persona acusada tres derechos diferentes: a defenderse por sí misma, a defenderse mediante asistencia letrada de su elección y, en determinadas condiciones, a recibir asistencia letrada gratuita (informe de la Comisión de 12 de diciembre de 1981, asunto *Pakelli c. Alemania*, § 84; recogiendo esta doctrina SSTC 37/1988 [*Tol 80148*] y 29/1995 [*Tol 82768*]).

Sería, sin embargo, un error considerar que estos derechos, en particular la facultad de defenderse por sí mismo o a través de abogado, son mutuamente incompatibles y que la opción por uno implica necesariamente la exclusión del otro. Al contrario, aun cuando la persona acusada esté asistida por un abogado, su derecho de defensa sigue siendo, en su manifestación más primaria e inmediata, un derecho a la *autodefensa*, pues es ella quien se juega su libertad y quien ha de tener, por tanto, el poder de disposición último sobre el modo y la forma de contrarrestar —o eventualmente de aceptar— los cargos criminales que contra ella se formulan.

Cuestión distinta es que la articulación de la «defensa penal» se deba realizar en nuestro ordenamiento —inserto en el «contexto de una cultura jurídica (...) caracterizada por el predominio de la defensa técnica»— a través de una estructura «dual», conformada «normalmente por la concurrencia de dos sujetos procesales, el imputado y su Abogado defensor» (STC 29/1995 [*Tol 82768*]).

Así, salvo en el caso particular del juicio por delito leve (STC 29/1995 [*Tol 82768*]), el proceso penal constitucional exige que la persona acusada cuente necesariamente con la debida asistencia técnico-jurídica. Se estima que la designación de abogado resulta, en todo caso, necesaria para asegurar la igualdad de armas y evitar la indefensión de la persona acusada, por lo que estamos ante una garantía de doble dimensión, no solo subjetiva, sino también objetiva, ligada a la idea de proceso justo (STC 29/1995 [*Tol 82768*]). Hay que entender, por ello, que solo si la persona acusada tiene la cualificación jurídica necesaria puede llegar a autorizarse una autodefensa plena, sin designación de abogado, pues solo en tal caso la asistencia técnica resulta suficientemente garantizada con la intervención exclusiva de aquella.

Esto significa que la autodefensa no desaparece por el mero hecho de contar con una asistencia técnica. Se ejerce en todo momento, pero se instrumenta de forma distinta de acuerdo con lo previsto en la legislación procesal. En algunos casos, se habilita a la propia persona acusada para defenderse directamente por sí misma, por ejemplo, cuando presta declaración ante el juez o tribunal o cuando realiza un alegato defensivo personal al ejercer el derecho a la última palabra (STC 29/1995 [*Tol 82768*]). Y, obviamente, solo la persona acusada puede tomar la decisión defensiva más primaria: afirmar la inocencia o reconocer la culpabilidad ante el tribunal, prestando, eventualmente, la conformidad a una concreta petición de condena.

En otros supuestos, los más habituales, la autodefensa se reconduce, necesariamente, a través de la actuación vicaria del letrado defensor, que es, por su cualificación técnica, el interlocutor ordinario del tribunal y del resto de las partes, así como el que desarrolla, por la misma razón, la práctica de la prueba y realiza, particularmente el interrogatorio de los testigos y peritos —en cuanto contenido imprescindible del derecho de defensa expresamente previsto en el art. 6, d) CEDH (para el interrogatorio de las víctimas menores, véase STC 174/2011 [*Tol 2288703*])—.

Hay que advertir, no obstante, que incluso en los casos en los que es el letrado quien realiza la correspondiente actividad defensiva, la autodefensa no desaparece, pues el abogado debe ser el ejecutor de una estrategia coordinada y consensuada con la persona acusada, de la que ha de poder recibir siempre la información y las instrucciones pertinentes, razón por la cual resulta imprescindible asegurar la comunicación permanente y directa entre ambos.

Piénsese, además, que el objeto del proceso penal no es, al menos no enteramente, una cuestión de técnica jurídica que resulta inasequible al lego, pues versa, antes que nada, sobre un comportamiento individual injusto atribuido a la persona acusada, cuya realidad y circunstancias esta puede conocer y ponderar. Al tiempo, en la elección y articulación de una determinada estrategia de defensa pueden estar en juego las propias convicciones ideológicas de la persona acusada, que ha de poder rechazar una estrategia de defensa *a priori* más prometedora si resulta radicalmente contraria a su ideología o a sus creencias (véase, respecto de la negativa a cumplir, por razones de conciencia, la prestación alternativa al servicio militar, la STC 29/1995 [*Tol 82768*]).

Esta última idea late en la atribución de relevancia constitucional al derecho a la última palabra. Tras cierto vaivén en su doctrina, el TC considera actualmente que, entre las facultades de autodefensa constitucionalmente garantizadas, está el derecho de la persona acusada a la última palabra, entendido como «la oportunidad de contradecir o someter a contraste todo el proceso probatorio, añadiendo todo aquello que estime pertinente para su mejor defensa», esto es, la posibilidad de realizar un alegato defensivo personal —que no debe confundirse con el acto de interrogatorio de partes— como acto conclusivo del proceso (STC 35/2021 [*Tol 8347239*]).

La autodefensa no resulta, obviamente, posible si no se asegura la interpretación y traducción al idioma de la persona acusada. Estamos, para el TC, ante un elemento imprescindible del derecho de defensa, cuyo alcance en relación con la persona acusada ha sido establecido en la STC 41/2022 [*Tol 8909225*], siguiendo la línea marcada por el TEDH (STEDH de 19/12/1989, asunto *Kamasinski c. Austria* [*Tol 157747*]). En la actualidad, el derecho al intérprete y traductor está expresamente contemplado en el art. 11 de la LO 5/2024 del Derecho de Defensa. Las concretas obligaciones positivas que el derecho a la traducción e interpretación impone al Estado en el ámbito criminal se encuentran, a su vez, desarrolladas en los arts. 123 a 127 LECrim —redactados por Ley Orgánica 5/2015 de transposición de la Directiva 2010/64/UE—.

8.2 La autodefensa del acusado en el juicio oral y su posible renuncia

8.2.1 Relevancia de la autodefensa en el juicio oral

La presencia del acusado en el juicio oral es presupuesto imprescindible para que este pueda ejercer las facultades de autodefensa inherentes al proceso justo. En palabras del TC «solo mediante la presencia física en el acto del juicio puede prestarse o negarse la conformidad a la acusación, puede convertirse la declaración del acusado en un acto de defensa, puede interrogarse a los testigos [...], puede coordinarse la defensa que se ejerce a través de la asistencia técnica del letrado, y, en fin, puede ejercerse el derecho a la última palabra que, en nuestro ordenamiento, hemos reconocido como una manifestación del derecho de autodefensa» (STC 91/2000 [*Tol 24513*]).

Estamos, por ello, ante un elemento que se integra en el núcleo esencial del derecho de defensa [STEDH de 1/03/2006, asunto *Sejdovic c. Italia* [*Tol 9082911*])]. Los órganos judiciales deben cumplir, en consecuencia, un especial deber de diligencia en la notificación del juicio oral a la persona acusada, dando, además, tiempo suficiente a esta para prepararse debidamente (STEDH de 28/08/ 2018, asunto *Vyacheslav Korchagin c. Rusia* [*Tol 6736004*]).

Resulta, no obstante, posible la expulsión de la persona acusada del acto de juicio oral como consecuencia de su propio comportamiento perturbador del orden de las sesiones, si bien la jurisprudencia del TEDH exige que la conducta sea realmente merecedora de esa medida y que la persona acusada sea debidamente advertida (STEDH de 22/05/2012, asunto *Idalov c. Rusia* [*Tol 2646677*]).

8.2.2 Requisitos de la renuncia implícita: doctrina del TEDH

El derecho de la persona acusada a participar personalmente en el juicio oral es renunciable, si bien la doctrina del TC diverge parcialmente en este punto de la sostenida por el TEDH y el TJUE.

Para el TEDH el derecho a estar presente en el juicio oral puede ser objeto de renuncia expresa o implícita, siempre que sea «consciente y deliberada».

La renuncia implícita se produce cuando la persona acusada —que ha sido debidamente emplazada— opta por huir de la acción de la justicia para evitar someterse al juicio criminal y a sus consecuencias (por todas, STEDH de 1/03/2006, asunto *Sejdovic c. Italia* [*Tol 9082911*]). La voluntariedad de la falta de comparecencia al juicio ha de estar claramente determinada y la persona acusada ha de disponer, en todo caso, de una defensa técnica efectiva (STEDH de 22/09/1994, asunto *Pelladoah c. Países Bajos* [*Tol 123787*]). Si el juicio se celebra en ausencia sin cumplir estas condiciones, solo se respeta el derecho de defensa si se da a la persona condenada la oportunidad de someter a nuevo examen los elementos fácticos y jurídicos de la condena impuesta (STEDH *Sejdovic* citada [*Tol 9082911*]).

Esta misma doctrina es seguida por el TJUE en la interpretación del 47 CEDF (STJUE de 26/02/2013, C-399/11, asunto *Melloni* [*Tol 3061437*]).

La doctrina expuesta contiene, en general, una ponderación adecuada de los intereses en conflicto, pues no parece razonable que las consecuencias de la decisión consciente y deliberada del acusado de sustraerse a la acción de la justicia —ante la que tiene el deber de comparecer— puedan cargarse enteramente sobre el Estado con el consiguiente riesgo de debilitamiento, por transcurso del tiempo, de las fuentes de prueba o de prescripción de la infracción punible. Esto es particularmente evidente en los supuestos de *macroprocesos*, en los que resulta especialmente desproporcionado —si se cumplen las condiciones descritas— exigir al Estado la reiteración, respecto de la persona coencausada que se encontraba en rebeldía, de la complejísima actividad requerida para celebrar un juicio oral.

8.2.3 La doctrina del TC sobre la renuncia: pluralidad de estándares

La doctrina del TC distingue, por su parte, un estándar aplicable *ad intra* —para los procesos penales tramitados en España— y otro *ad extra* —para los supuestos de procedimientos de cooperación penal internacional—. Esa es, al menos, la conclusión que puede extraerse de una tortuosa doctrina, que arranca con la STC 91/2000 [*Tol 24513*] y que no parece, en la actualidad, completamente perfilada. Puede sintetizarse del siguiente modo:

* En un primer momento, la STC 91/2000 [*Tol 24513*] estableció un único estándar constitucional con eficacia universal —*ad intra* y *ad extra*— según el cual: no puede celebrarse el juicio oral en ausencia de la persona acusada si se interesa la imposición de una pena que pueda considerarse muy grave salvo que, una vez hallada dicha persona, se le dé la oportunidad de obtener un nuevo examen fáctico y jurídico de la con-

dena recaída; es, en cambio, posible el juicio en ausencia en el resto los supuestos —es decir, cuando se interesa una penalidad inferior— siempre que: a) la renuncia a la autodefensa pueda considerarse consciente y voluntaria —con la consiguiente exigencia de correcta notificación— y b) se asegure la asistencia letrada efectiva en el plenario.

Este estándar implicaba la prohibición constitucional de ejecutar en nuestro país las peticiones de extradición (STC 91/2000 [*Tol 24513*]) o de *euroorden* (SSTC 177/2006 [*Tol 956792*] y 199/2009 [*Tol 1599948*]) que derivasen de condenas a penas muy graves recaídas en ausencia salvo que el Estado requirente diera garantías suficientes a España de que la persona condenada tendría, después, la oportunidad de revisar de forma efectiva la condena impuesta tanto en sus aspectos fácticos como jurídicos.

* Posteriormente, el TJUE, en la citada sentencia *Melloni* y respondiendo una cuestión prejudicial planteada por propio el TC español (ATC 86/2011 [*Tol 8882319*]), señaló que no cabía denegar o condicionar una petición de euroorden, cualquiera que fuese la penalidad impuesta, si se cumplían los criterios de renuncia a la autodefensa establecidos por el TEDH. Aclaró que no podía prevalecer, en este punto, la particular identidad constitucional de un Estado miembro sobre el Derecho de la Unión.

Vista la posición del tribunal de Luxemburgo, el TC optó por rectificar su criterio anterior. A partir de la STC 26/2014 [*Tol 4129144*], el TC considera que el estándar de protección que opera *ad extra* es el fijado en la doctrina del TEDH y del TJUE, de suerte que el Estado español puede colaborar con una autoridad de la Unión Europea en la ejecución de una condena dictada en ausencia, cualquiera que sea la penalidad impuesta, siempre que se cumpla la doctrina *Sejdovic* ya descrita.

Con ello, la prohibición de celebrar juicios en ausencia para los supuestos de penalidad muy grave queda implícitamente relegada a la condición de estándar constitucional *ad intra*. Existiría, por ello, una especial concepción constitucional del derecho de defensa que solo operaría para los procesos penales tramitados por la propia jurisdicción española y que carecería de proyección *ad extra*.

* El mismo criterio del caso *Melloni* es, en principio, aplicable a los procesos de extradición pasiva. Hay que reconocer, no obstante, que la última doctrina del TC es algo confusa en este concreto punto. En ella no queda del todo claro si el estándar aplicable *ad extra* es siempre el mismo, tal y como se desprende de la propia STC 26/2014 [*Tol 4129144*] —y como sería, en todo caso, lógico, al tratarse de un problema de derechos humanos que trasciende el ámbito de la UE— o si, como parece insinuar

la STC 132/2020 [*Tol 8120336*], los países que no forman parte de la UE quedan sometidos al estándar de protección interno de la STC 91/2000 [*Tol 24513*]) —en cuyo caso el TC incurriría, probablemente, en un imperialismo jurídico carente de toda justificación (QUADRA-SALCEDO JANINI y RODRÍGUEZ FERNÁNDEZ, pp. 99-104)—.

Cualquiera que sea la respuesta a este último interrogante, la decisión del TC de mantener un doble —e incluso un triple— estándar de derecho de defensa resulta bastante discutible. La ponderación que efectúa la doctrina del TEDH sobre la admisibilidad de la renuncia a la autodefensa en el juicio oral es, como ya se ha explicado, completamente razonable y, en mi opinión, también debería ser adoptada como estándar constitucional interno. Ello sin perjuicio, obviamente, de que siga operando, en la práctica, un régimen legislativo más restrictivo de las posibilidades de enjuiciamiento en ausencia, como ocurre con el actual art. 787 LECrim —en la redacción dada por la Ley Orgánica 1/2025—, pues esto ya pertenece al ámbito de decisión del legislador democrático.

8.3 La defensa técnica: el derecho a la asistencia letrada

Como se ha señalado, salvo en el supuesto del juicio por delito leve, la asistencia letrada resulta preceptiva en nuestro proceso penal como «exigencia estructural» del proceso justo, ligada «a la institución misma del proceso» (STC 29/2023 [*Tol 9543595*]) pues asegura el equilibrio entre una acusación técnica y una defensa que, necesariamente, también ha de ser técnica para que pueda considerarse eficaz (STC 29/1995 [*Tol 82768*]).

El derecho de la persona encausada a la asistencia letrada abarca la totalidad del procedimiento criminal —informe la Comisión de 12 de julio de 1984, asunto *Can c. Austria*, § 54—, de suerte que la obligación de dotarla de asistencia de abogado comienza desde que existen materialmente cargos criminales contra ella, esto es, como ya se explicó, desde que la sospecha se objetiva y adquiere verosimilitud (SSTEDH de 12/05/2017, asunto *Simeonovi c. Bulgaria* [*Tol 6409902*] y de 23/06/2016, asunto *Truten c. Ucrania* [*Tol 6413793*]) y muy particularmente cuando se practica la detención o se pretende tomar declaración a la persona investigada (STEDH *Simeonovi* citada; STC 29/1995 [*Tol 82768*]).

El derecho a la asistencia letrada comprende la facultad de elegir a un abogado de confianza —derecho expresamente enunciado en la actualidad en el art. 5.1 de la LO 5/2024 del Derecho de defensa—. Dicha facultad solo puede ser restringida, como se encarga de señalar el TEDH, cuando existen razones fundadas para ello (STEDH de 26/07/2002, asunto *Meftah y otros c. Francia* [*Tol 9091050*]).

En nuestro orden procesal penal, la restricción del derecho a elegir abogado de confianza está prevista, en la actualidad, para los supuestos de incomunicación del detenido. La legislación actualmente vigente prevé —siguiendo una exigencia del TEDH (por todas, STEDH de 18/01/2022, asunto *Atristain Gorosabel c. España* [*Tol 8753688*])— la necesidad de que esta restricción cuente con una motivación específica que justifique su necesidad en cada caso concreto (arts. 509 y 527 LECrim, en la redacción dada por la LO 13/2015).

Al ser la designación de abogado una exigencia inherente a la idea de proceso justo, la negativa de la persona acusada a nombrar letrado que la defienda debe dar lugar a la designación de oficio de abogado defensor por parte del órgano judicial. Ese abogado *de oficio* solo ha de ser, no obstante, gratuito cuando la persona acusada carece de recursos para costearlo. La insuficiencia de recursos no tiene por qué ser acreditada de modo indubitable y basta que se presenten elementos suficientes como para considerarla verosímil —informe asunto *Pakelli c. Alemania*, ya citado, § 34—. En todo caso, cuando se produce la designación de oficio de abogado —y procurador— el órgano judicial debe velar por que este profesional emplee la debida diligencia en el desarrollo de sus funciones, ya que lo que la Constitución exige es que se asegure la debida «asistencia» profesional y no que se realice el mero «nombramiento» (por todas, STC 179/2014 [*Tol 4563253*]).

Allí donde la asistencia letrada no es preceptiva —en el proceso penal, en el juicio por delito leve salvo que la pena de multa que pueda llegar a imponerse se extienda más allá de los seis meses—, «la garantía de la asistencia letrada no decae como derecho fundamental de la parte procesal» pero se confiere la facultad de «elegir entre la autodefensa o la defensa técnica, dejándose a su libre disposición la opción por una u otra» (STC 29/2023 [*Tol 9543595*]). Esta facultad no es, sin embargo, omnímoda, ya que el órgano judicial debe garantizar, en todo caso, el equilibrio de las partes, lo que, en unas circunstancias concretas, puede exigir la asistencia técnica letrada (STC 47/1987 [*Tol 148410*]), especialmente cuando se da «la circunstancia de que la contraparte cuente con una asistencia técnica de la que pueda deducirse una situación de desigualdad procesal» (SSTC 22/2001 [*Tol 81400*] y 29/2023 [*Tol 9543595*]).

Finalmente, un ingrediente esencial para que el derecho a la asistencia letrada sea verdaderamente efectivo es la confidencialidad de la información que la persona acusada suministra a su abogado defensor. El TEDH admite excepcionalmente la restricción de dicha confidencialidad aplicando un canon estricto de proporcionalidad basado en la concurrencia de razones imperiosas debidamente acreditadas (STEDH de 2/03/2017, asunto *Moroz c. Ucrania* [*Tol 6410430*]). El contenido de este deber de confidencialidad y las consecuencias de su infracción se encuentran regulados, en la actualidad, en el art. 16 de la LO 5/2024, del Derecho de defensa.

8.4 El derecho a utilizar los medios de prueba pertinentes

Llegado el juicio oral, las posibilidades de defensa se maximizan, pues «la vista oral no es una simple secuencia del proceso penal, sino el momento decisivo en el que con publicidad y plena contradicción se debate acerca de la fundamentación de las pretensiones de condena y la fuerza de convicción de las pruebas aportadas por la acusación y la defensa» (STC 91/2000 [*Tol 24513*]).

La defensa es, desde luego, titular del derecho a utilizar, en dicho juicio, los medios de prueba pertinentes, en cuanto «poder jurídico, que se reconoce a quien interviene como litigante en un proceso, de provocar la actividad procesal necesaria para lograr la convicción del órgano judicial sobre la existencia o inexistencia de los hechos relevantes para la decisión del conflicto objeto del proceso» (STC 212/2013 [*Tol 4060063*]).

Estamos, en todo caso, ante un derecho que asiste a todas las partes, en régimen de igualdad de armas. Para que la inadmisión de una prueba vulnere este derecho fundamental se aplica siempre, en consecuencia, un mismo estándar de indefensión material, conforme al cual resulta necesario «demostrar que la actividad probatoria que no fue admitida o practicada era decisiva en términos de defensa, esto es, que hubiera podido tener una influencia decisiva en el pleito, por ser potencialmente trascendente para el sentido de la resolución» (STC 212/2013 [*Tol 4060063*]).

9. GARANTÍAS PROBATORIAS DEL PROCESO JUSTO

9.1 Relación con el derecho al proceso con todas las garantías

Las reglas constitucionales que rigen la válida formación del acervo probatorio se desenvuelven, en la doctrina del TC, en dos planos distintos:

* De un lado están las reglas relativas a la válida obtención de las fuentes de prueba, ámbito en el que opera la célebre *regla de exclusión* por vulneración de derechos fundamentales. Estamos, en este caso, ante normas que se proyectan sobre el modo de practicar los actos de in-

vestigación. La doctrina constitucional se sitúa aquí, como se verá, en el marco formal del derecho al proceso con todas las garantías.

* De otra parte están las reglas relativas a la válida realización de los auténticos actos de prueba, donde opera la regla de exclusión por falta de sujeción a los principios de contradicción e inmediación. En este segundo ámbito, la doctrina constitucional no acude siempre al mismo derecho fundamental e incurre en cierta confusión conceptual.

En su primera jurisprudencia, el TC situó las exigencias de contradicción e inmediación dentro del radio de acción de la presunción de inocencia —*vid. supra* apartado 2.8.3—. En su jurisprudencia posterior, consideró, sin embargo, que la sujeción, en segunda instancia, a esos mismos principios —singularmente al de inmediación— formaba parte del derecho a un proceso con todas las garantías (STC 167/2002 [*Tol 205001*]).

Lo cierto es, sin embargo, que la cuestión constitucional que late tras la exigencia de inmediación es siempre la misma: la prueba personal solo puede incorporarse válidamente al acervo probatorio si se practica ante el mismo juez que ha de dictar —no meramente confirmar— la sentencia condenatoria. La acusación que llega a la segunda instancia —tras una absolución por falta de pruebas recaída en la primera— no ha levantado aún la carga constitucional que le incumbe. Sigue, por ello, sometida a la obligación de probar, con idénticas garantías, su tesis acusatoria y, con ello, ante la obligación de practicar la prueba personal ante el órgano de apelación. El derecho fundamental concernido, en instancia y apelación, no varía, tal y como se desprende de la doctrina del TEDH (STEDH de 26/05/1988, asunto *Ekbatani c. Suecia* [*Tol 163597*]).

En esta situación, lo más razonable, y didáctico, es considerar, como ya se anticipó —*vid. supra* apartados 2.8.3 y 9.1—, que el derecho a un *proceso con todas las garantías* comprende todas las reglas constitucionales relativas a la válida formación del acervo probatorio mientras que el derecho a la *presunción de inocencia* —en su sentido procesal *estricto* o exclusivo— se refiere, por su parte, a las reglas constitucionales que rigen el examen de la suficiencia de ese acervo para sustentar una condena. La presunción de inocencia opera, por tanto, una vez que las pruebas pueden considerarse válidas.

Tal estructura dual permite realizar, como también se anticipó, un *análisis técnico-constitucional* más depurado de los efectos que la infracción de cada tipo de regla constitucional produce. Así: a) la infracción de una regla relativa a la válida formación del acervo probatorio tiene una sola consecuencia jurídica automática: la exclusión de los materiales indebidamente admitidos como prueba; b) la violación de la presunción de inocencia determina, en cambio, la nulidad de la condena y la consiguiente absolución de la persona acusada, al no existir contra ella prueba de cargo suficiente.

Ciertamente, una vulneración puede llevar a la otra. Así ocurre cuando, una vez que han operado las reglas de exclusión, la prueba de cargo restante no puede considerarse suficiente para sustentar un pronunciamiento condenatorio. Pero no siempre tiene por qué ocurrir así.

9.2 Reglas constitucionales relativas a la obtención de fuentes de prueba

9.2.1 *Distinción constitucional entre actos de investigación y actos de prueba*

Los actos de investigación tienen, en el proceso penal constitucional, una naturaleza dual:

* Presentan, desde cierto prisma, una dimensión *preprocesal* en cuanto son actuaciones preparatorias que persiguen, justamente, recabar los elementos de juicio necesarios para que los sujetos legitimados —y particularmente el fiscal en lo relativo a la acción pública— resuelvan si procede o no el ejercicio de la acción penal y con ello la iniciación del proceso en su sentido más estricto, identificado con la fase jurisdiccional o de enjuiciamiento.
* Tienen, al tiempo, una dimensión eminentemente *procesal penal*, pues no son actuaciones sometidas al control de legalidad de los órganos de la jurisdicción contencioso-administrativa, ni siquiera cuando son realizados por la policía judicial o el Ministerio Fiscal. Esto es así porque su destino jurídico potencial es la incorporación de sus resultados al acervo probatorio del proceso criminal, que es, por ello, la sede donde tiene lugar su sometimiento a control jurídico.

La dimensión procesal de esos actos radica, en definitiva, en que están sometidos a ciertas reglas jurídicas que condicionan su válida incorporación al acervo probatorio y, por ello, su utilidad de cara al ejercicio del *ius puniendi*. La más importante de estas reglas es la exigencia constitucional de que las fuentes de prueba se obtengan sin vulneración de derechos fundamentales.

La infracción de dicha regla constitucional conlleva, en las condiciones que a continuación se señalarán, la imposibilidad de incorporar la correspondiente fuente de prueba al acervo probatorio —o, como diría MIRANDA ESTRAMPES (pp. 94-101), importando una noción del código de procedimiento penal italiano, su *inutilizabilidad*, en su doble dimensión de prohibición de admisión y prohibición de valoración—.

9.2.2 Fundamento constitucional de la regla de exclusión de la prueba ilícitamente obtenida

La doctrina del TC sobre la prueba ilícita ha sido particularmente zigzagueante y críptica. Se ha clarificado, sin embargo, en buena medida, con la STC 97/2019 [*Tol 7446118*]).

Esta resolución trata de dar coherencia a los diversos pronunciamientos anteriores sobre la materia. Su presupuesto fundamental es que el problema de la prueba ilícita es estrictamente procesal, de modo que la protección constitucional frente a ella opera como garantía objetiva ligada a la noción de proceso justo (STC 97/2019 [*Tol 7446118*]). Esto supone que la lesión de un derecho fundamental sustantivo no conlleva, por sí misma, la prohibición constitucional de incorporar al acervo probatorio las fuentes de prueba obtenidas. Es necesario evaluar si esa incorporación compromete de alguna forma la equidad del proceso y vulnera, por ello, el derecho a un proceso con todas las garantías (art. 24.2 CE) (STC 114/1984 [*Tol 79403*] y 97/2019 [*Tol 7446118*]).

Según señala la STC 97/2019 [*Tol 7446118*], el «sentido específico de la garantía del proceso debido incluida en el art. 24.2 CE es [...] el de proteger a los ciudadanos de la violación instrumental de sus derechos fundamentales que ha sido verificada, justamente, para obtener pruebas», pues con ello «se protege la integridad del sistema de justicia, la igualdad de las partes y se disuade a los órganos públicos, en particular a la policía, pero también a los propios particulares, de realizar actos contrarios a los derechos fundamentales con fines de obtener una ventaja probatoria en el proceso». Si no concurre ningún nexo jurídico con la protección de la integridad del proceso «las necesidades de tutela» del derecho fundamental vulnerado resultan «ajenas al ámbito procesal y pueden sustanciarse en los procesos penales o civiles directamente tendentes a sancionar, restablecer o resarcir los efectos de la vulneración verificada en aquel».

En otras palabras, no se trata de dejar el derecho fundamental desprotegido sino de determinar si la vulneración consumada debe tener una tutela procesal específica, adicional a la que, con carácter general, opera a través de remedios civiles y penales, pues solo en ese caso puede considerarse justificada la renuncia a disponer de una información que puede ser sumamente relevante para una mejor resolución del objeto del proceso.

Por ello, «la prohibición constitucional de admisión de la prueba ilícita» tiene el carácter de «prohibición instrumental» referida únicamente a «aquellas vulneraciones consumadas justamente para quebrar la integridad del proceso, esto es, encaminadas a obtener ventajas procesales en detrimento de la integridad y el equilibrio exigibles en un proceso justo y equitativo en cuanto genera 'una inaceptable confirmación institucional de la desigualdad entre las partes'» (STC 97/2019 [*Tol 7446118*]).

9.2.3 Elementos que integran la regla de exclusión

Para determinar si existe una ruptura del «equilibrio y la igualdad de las partes» (STC 97/2019 [*Tol 7446118*]) determinante de la necesidad constitucional de excluir una fuente de prueba del acervo probatorio deben concurrir tres elementos:

* La «premisa indispensable» es que la ilegalidad consumada en la obtención de la fuente de prueba haya consistido en la vulneración de un derecho fundamental sustantivo o de libertad. Esto quiere decir dos cosas: a) que la regla constitucional de exclusión no opera frente a las meras infracciones de la legalidad ordinaria y b) que tampoco se aplica a las violaciones de índole procesal, pues estas deben ser analizadas desde la óptica de la prohibición general de indefensión del art. 24.1 CE (STC 97/2019 [*Tol 7446118*]).
* Una vez cumplido el presupuesto de la existencia de violación de un derecho fundamental sustantivo o de libertad, debe determinarse si existe una conexión causal necesaria entre la ilícita obtención de la fuente de prueba y su incorporación al acervo probatorio, pues la regla de exclusión no opera si puede demostrarse que la referida fuente habría sido igualmente obtenida con actos de investigación estrictamente lícitos que las autoridades competentes habrían utilizado de todos modos —hallazgo inevitable—.
* Si estos dos presupuestos se cumplen, debe valorarse aún si la incorporación de la fuente de prueba al acervo probatorio determina la «ruptura del equilibrio procesal entre las partes». Se requiere para ello un juicio de ponderación. Este tuvo su primera plasmación en la doctrina constitucional de la STC 81/1998 [*Tol 80937*]. Los criterios establecidos en esta resolución eran, no obstante, tan sumamente oscuros que han sido, en buena medida, reelaborados por la STC 97/2019 [*Tol 7446118*]. De ellos nos ocupamos a continuación.

9.2.4 *Criterios de ponderación*

La ponderación requerida opera, sintéticamente, del siguiente modo:

* Hay que utilizar, primero, una perspectiva «interna» de análisis, así denominada porque evalúa la conexión de la vulneración acaecida con el concreto proceso en curso. Se trata, en definitiva, de determinar si la vulneración consumada *merece* una tutela procesal para ese supuesto. Debe examinarse en este primer plano:

La «índole y características» de la vulneración, con particular atención a la conexión instrumental que presenta con el proceso. Desde esta primera perspectiva, las vulneraciones que comprometen la integridad del proceso son las que se materializan con la finalidad de incorporar la fuente de prueba al acervo probatorio, pues a través de ellas el Estado usa su especial poder de coacción para lograr una ventaja indebida en la actividad que desarrolla para ejercer su *ius puniendi*.

Como dice PICÓ i JUNOY (pp. 6-7) «ésta será la situación más habitual en la práctica, por lo que (...) quien busque ilícitamente elementos probatorios para ser empleados en un proceso debe saber que tendrá la máxima sanción procesal, esto es, la invalidez probatoria de dichos elementos». Este primer criterio determina, por tanto, una regla general y sirve, por ello, para individualizar posibles excepciones.

Por ejemplo, si un ladrón encuentra un cadáver en un domicilio al que ha entrado ilícitamente con la finalidad de robar y avisa anónimamente a la policía, el acto originario del hallazgo o descubrimiento de la fuente de prueba lesiona el art. 18.1 CE, pero esa lesión carece de toda conexión o relación instrumental con la integridad del proceso. Esta misma *ratio* se aplica a los hallazgos casuales realizados por la policía en el curso de una actividad indagatoria lícita. En ambos casos, el hallazgo inicial deberá dar lugar, desde ese mismo momento, a una actuación investigadora sucesiva plenamente ajustada a las exigencias del derecho fundamental sustantivo concretamente concernido.

Resulta relevante, desde esta primera óptica, el examen de la buena fe y la diligencia desplegada, por ejemplo, si la vulneración del derecho sustantivo no resulta reprochable por obedecer a un cambio jurisprudencial posterior, como ocurrió en el caso de la STC 22/2003 [*Tol 239218*].

Desde la perspectiva interna debe valorarse también la «intensidad» de la vulneración, pues la gravedad de esta puede determinar, por sí misma, que solo pueda salvaguardarse la integridad del proceso con la exclusión de la fuente de prueba obtenida (STC 97/2019 [*Tol 7446118*]). Así ocurre significativamente en los casos de infracción de una prohibición constitucional absoluta, como la de tortura contenida en el art. 15 CE y en el art. 3 CEDH (por todas, STEDH de 11/07/2006, asunto *Jalloh c. Alemania* [*Tol 9081834*]).

* La perspectiva «externa» de análisis recibe, por su parte, esta denominación porque trasciende el examen de la lesión y exige evaluar si la exclusión de la fuente de prueba del acervo probatorio resulta, en todo caso, imprescindible para proporcionar una protección suficiente al derecho fundamental afectado frente al riesgo de vulneraciones futuras.

Como decía la STC 81/1998 [*Tol 80937*], debe evaluarse si la falta de tutela específica de la lesión en el proceso penal supone «incentivar la comisión de infracciones» futuras del derecho fundamental correspondiente. Esto implica evaluar la necesidad disuasoria de la exclusión de la prueba a la vista, por ejemplo, de la eficacia real que pueden tener los medios ordinarios de protección previstos en el ordenamiento jurídico.

* La STC 97/2019 [*Tol 7446118*] aclara, en todo caso, que los criterios de ponderación expuestos son aplicables tanto a las fuentes directamente conseguidas con la vulneración del derecho fundamental como a las obtenidas de forma indirecta o derivada. Aclara, no obstante, en la línea de la doctrina anterior (STC 22/2003 [*Tol 239218*]), que los referidos criterios han de ser aplicados de forma más exigente a la prueba llamada directa, para la cual puede decirse que la exclusión del acervo probatorio opera como regla general. Dichos criterios sirven, asimismo, para afrontar las vulneraciones cometidas por particulares.

Puede resultar ilustrativo, finalmente, referirse telegráficamente a la aplicación que hizo el TC de estos criterios ponderativos en el caso afrontado en la STC 97/2019 [*Tol 7446118*], relativo a la utilización —en un proceso penal español que versaba sobre varios delitos de defraudación tributaria— de datos bancarios obtenidos ilícitamente en Suiza por un empleado de un banco internacional.

El TC observa que: a) la obtención ilícita de esos datos no tuvo ninguna finalidad instrumental de índole procesal —pues se buscaba la venta lucrativa a terceros, no su aportación a proceso alguno—, b) que la afectación del derecho a la intimidad era de intensidad mínima —pues se trataba de datos bancarios puramente periféricos, que ni siquiera abarcaban movimientos de cuentas que pudieran revelar circunstancias de la vida privada (véase capítulo 1, apartado 5.1.4, en relación con la intimidad económica)— y c) que tampoco existía ninguna necesidad de prevenir ese tipo de vulneraciones en España ya que en nuestro país no existe un sistema de opacidad bancaria como el de Suiza, de suerte que las autoridades públicas españolas pueden obtener ese tipo de información bancaria con gran facilidad y no tienen, por ello, incentivo alguno para cometer ese tipo de vulneraciones.

9.3 Reglas constitucionales relativas a la práctica de actos de prueba

9.3.1 La relevancia constitucional de los principios de contradicción e inmediación

Desde su primera jurisprudencia sobre el art. 24.2 CE, el TC viene considerando que «únicamente pueden considerarse auténticas pruebas que vinculen a los órganos de la justicia penal en el momento de dictar sentencia las practicadas en el juicio oral pues el procedimiento probatorio ha de tener lugar necesariamente en el debate contradictorio —principio de contradicción— que, en forma oral, se desarrolla ante el mismo juez o tribunal que ha de dictar sentencia —principio de inmediación—» (por todas, STC 201/1989 [*Tol 81772*]).

Como ya se explicó, estamos ante una constitucionalización de los principios jurídicos característicos de la institución procesal penal del *juicio oral* que persigue dotar a la prueba del proceso criminal de un especial grado de fiabilidad.

No nos encontramos, sin embargo, ante una regla de eficacia absoluta. Siguiendo al TEDH, el TC —desde la STC 80/1986 [*Tol 79626*]— ha venido estableciendo los supuestos en los cuales puede prescindirse de la estricta sujeción a este particular procedimiento probatorio. Tales supuestos pueden compendiarse en dos grandes grupos, caracterizados, en palabras del TC, bien por la «imposibilidad de reproducción en el juicio oral a través del correspondiente medio probatorio», bien por la «fugacidad de las fuentes de prueba» (por todas, STC 140/1991 [*Tol 80554*]).

9.3.2 La incorporación al acervo probatorio de las diligencias de imposible reproducción

Un primer grupo de supuestos está conformado por las diligencias de investigación que pueden dar lugar al hallazgo de fuentes de prueba relevantes pero que, por sus propias características, no pueden ser reiteradas en el juicio oral. En el proceso preconstitucional la incorporación de este tipo de diligencias al acervo probatorio se realizaba mediante la mera lectura, en el juicio oral, del acta levantada en la fase de instrucción. En cambio, en el proceso posterior a la Constitución de 1978 se requiere, como se verá, la sumisión de la correspondiente diligencia a debate contradictorio en el juicio oral a través del testimonio de quienes han participado en su práctica (con lo que se exige, por tanto, una especie de contradicción indirecta)

En efecto, en el sistema originario de la LECrim de 1882 correspondía al juez de instrucción —o, por razones de urgencia, al ya desaparecido juez municipal— la realización personal de las diligencias de «cuerpo del delito» e «inspección ocular». Inmediatamente después de cometido un delito, la autoridad judicial debía presentarse en el lugar de los hechos para recoger *in situ* los instrumentos, efectos y vestigios del hecho punible y para dejar debidamente documentada una descripción detallada del lugar y sus circunstancias (arts. 326 y 327 LECrim, para la inspección ocular, y 334 y 335 LECrim, para el cuerpo del delito, todos ellos en la redacción originaria de 1882).

Esto facilitaba el mantenimiento de ciertas inercias inquisitivas del proceso penal, pues si era el juez el que recogía los efectos y levantaba acta del estado en que se hallaba el lugar de los hechos, bastaba la lectura en el juicio oral de dicha acta judicial, en calidad de documento, para hacer prueba de los extremos en ella reflejados. La actuación investigadora directa del juez de instrucción convertía el juicio oral en el acto de contraste de la versión del acusado —con la que, por mero uso forense, comenzaba la vista— con el contenido de las actas sumariales, que seguían siendo decisivas —conservando esta estructura procesal cierta semejanza con la *confesión con cargos* del proceso inquisitivo—.

En el modelo constitucional de proceso, la constancia documental del resultado de estas diligencias indagatorias —que se incorpora a un atestado policial que solo tiene valor de denuncia— no conlleva la incorporación automática de la fuente de prueba obtenida al acervo probatorio. El Tribunal Constitucional señala que tal cosa requiere inexcusablemente la declaración testifical, en el régimen de inmediación y contracción del juicio oral, de quienes practicaron la diligencia en cuestión (por todas, STC 153/1997 [*Tol 80776*]).

Es, por ejemplo, el caso del hallazgo de *efectos de delito* a través de la diligencia de *inspección ocular* o de la determinación del grado de impregnación alcohólica del conductor a través de la *diligencia de detección de alcohol en aire espirado* y, en general, de cualquier otra diligencia investigadora que exige desplegar una particular diligencia determinada por las reglas de la criminalística —como ocurre, por ejemplo, con la toma de muestras de todo tipo—.

No se trata, en este caso, de que la defensa pueda desafiar o impugnar en el juicio oral los efectos probatorios asignados a este tipo de diligencias de investigación sino, muy al contrario, que estas solo pueden desplegar efectos probatorios si los acusadores demuestran que han sido regularmente realizadas aportando al juicio oral un testimonio directo idóneo, que la defensa pueda contrarrestar con sus propias dudas y preguntas. No basta lo consignado documentalmente: se requiere la declaración testifical, en régimen de contradicción e inmediación, de la persona que practicó la diligencia.

Para que el sometimiento a contradicción de este tipo de diligencias pueda ser realmente efectivo es esencial, en todo caso, que sean respetadas las normas que determinan cierta participación defensiva en la realización del correspondiente acto de investigación. Por ejemplo, puesto que lo verdaderamente relevante en el desarrollo de la diligencia de inspección ocular es que se respeten los protocolos técnicos correspondientes, a efectos de asegurar la fiabilidad e integridad de las fuentes de prueba recogidas, es importante que la policía judicial cumpla la regla general del art. 333 LECrim, de modo que, si hay una persona investigada, le permita presenciar, asistida de su abogado, la práctica de la referida diligencia. El investigado y su defensa han de poder hacer las observaciones que estimen pertinentes, con constancia correspondiente en el acta. Esas observaciones pueden ser, después, la base de su interrogatorio en el juicio oral.

9.3.3 Imposibilidad imprevisible de practicar la prueba personal: juicio de ponderación sobre la admisibilidad de las diligencias sumariales

Un segundo grupo de casos es el compuesto por aquellas diligencias de investigación —fundamentalmente declaraciones de testigos y las exposiciones orales de los peritos— que sí son reproducibles en el juicio oral pero que no pueden llegar a practicarse en este por sobrevenir una causa de imposibilidad.

En este segundo ámbito, el TC ha señalado, también desde sus primeras resoluciones, que «la prueba testifical es, por su naturaleza, perfectamente reproducible en el juicio oral, para su debido contraste y contradicción por las partes de forma oral y sin merma de los derechos de defensa del imputado». Por tal razón, es la prueba personal practicada en el juicio oral la que constituye prueba de cargo, sin perjuicio de que su credibilidad pueda ser examinada acudiendo, en el curso del propio interrogatorio, a lo manifestado en la fase preparatoria (art. 714 LECrim).

El TC ha aceptado, sin embargo, la posibilidad excepcional de que la prueba personal sea sustituida por la lectura o reproducción audiovisual (prevista en el art. 730 LECrim) de la diligencia sumarial de declaración cuando resulta imposible su realización en el juicio oral. Ha de tratarse de supuestos extraordinarios de imposibilidad sobrevenida e imprevisible, en los que se haya dado una oportunidad adecuada y suficiente de contradicción a la defensa, tal y como señalan, para el caso de los testigos, las SSTEDH de 15/12/2011, asunto *Al Khawaja y Tahery c. Reino Unido* [*Tol 2648118*] y de 15/12/2015, asunto *Schatschaschwili c. Alemania* [*Tol 6403452*] y, para el caso del coacusado ausente, la STEDH de 23/01/2018, asunto *Kuchta c. Polonia* [*Tol 6478531*].

Como ponen de manifiesto estas resoluciones, debe realizarse un juicio de ponderación que evalúe las circunstancias del caso concreto, de suerte que cuanto mayor sea el significado de cargo del testimonio y su importancia de cara a la condena, mayores habrán de ser las condiciones de fiabilidad y contradicción exigibles para que la diligencia sumarial pueda ser incorporada al acervo probatorio.

En esa ponderación, el estándar mínimo de diligencia exigible, del lado de la acusación, es haber dado a la defensa una oportunidad efectiva de contradicción en la fase investigadora. Por tal razón, si la declaración testifical se ha practicado sin la válida citación de la defensa, no es admisible la lectura de la diligencia sumarial. Si esa citación ha sido correctamente practicada, será, en principio —una vez determinada la situación de imposibilidad—, admisible la lectura por la vía del actual art. 730 LECrim, aun cuando el abogado defensor no compareciera a la citación efectuada en la fase de instrucción —pues en este caso, la ausencia de contradicción es achacable a la negligencia de la propia defensa—.

No obstante, cuando la potencialidad incriminatoria de la declaración adquiere una especial relevancia —por ejemplo, cuando se trata de la prueba de cargo única o decisiva— ese único requisito no puede considerarse suficiente para salvaguardar la equidad del resultado del proceso.

En todo caso, en una administración de justicia moderna, la admisibilidad de las lecturas del art. 730 LECrim debería supeditarse, con carácter general pero especialmente en estos supuestos en los que tiene especial significado de cargo, a la grabación audiovisual de la declaración que se practica, con la consiguiente transcripción literal y fidedigna de su contenido íntegro. Ese elemento debería ser, en el plano constitucional, tan decisivo, en pleno siglo XXI, como la oportunidad efectiva y real de contradicción. Y esto incluso si la declaración ha sido prestada ante una autoridad judicial, pues es una obviedad que una declaración realizada ante un juez cuyo contenido se redacta de oído y de forma fragmentaria —como solía ocurrir en la práctica forense hasta hace muy poco— tiene un contenido menos fiable que una transcripción literal de una declaración que consta en un soporte de grabación audiovisual, por más que esa declaración pueda haberse producido ante otro tipo de autoridad.

En todo caso, lo expuesto pone de manifiesto que es, nuevamente, un juicio de ponderación sobre la *equidad* del resultado del proceso el que rige la admisibilidad de las diligencias sumariales en los supuestos de imposibilidad sobrevenida e imprevisible.

9.3.4 *Imposibilidad previsible de practicar la prueba personal: el necesario aseguramiento de la prueba*

El esquema que acaba de exponerse varía cuando la imposibilidad de practicar en el juicio oral la prueba personal resulta previsible. En ese supuesto, el estándar constitucional de diligencia —ligado a la equidad del proceso— se eleva, pues es necesaria la práctica de la diligencia sumarial en condiciones de contradicción cualificadas, que han de emular en todo lo posible la contradicción del juicio oral, con intervención imperativa de la defensa de la persona encausada.

Estas exigencias son aplicables a los dos grupos de casos que ha distinguido la jurisprudencia: a) la *prueba anticipada en sentido propio*, que es la realizada por el órgano de enjuiciamiento antes del comienzo de las sesiones del juicio oral a causa del riesgo de pérdida de la fuente de prueba —supuesto en el que el sacrificio de equidad es mínimo, pues se salvaguarda incluso el principio de inmediación, ya que es el mismo tribunal que anticipa la práctica de la prueba el que después resuelve sobre el fondo—; b) la *prueba preconstituida impropia*, que comprende la realización de «pruebas testificales que ya en la fase sumarial se prevén como de reproducción imposible o difícil por razones que, aún ajenas a la propia naturaleza de la prueba, sobrevienen en términos que permiten anticipar la imposibilidad de practicarla en el juicio oral» (por todas, SSTS de 12/05/2022 [*Tol 8976988*] y de 25/01/2023 [*Tol 9389439*]).

A esos dos grupos de casos podemos referirnos conjuntamente, en la terminología de la LO 9/2021, reguladora del procedimiento especial de la Fiscalía Europea (arts. 96 a 106), como *actos de aseguramiento de prueba personal*. Versan, por regla general, sobre testimonios relevantes que se teme, por causa justificada, que no estarán disponibles en el acto del plenario. Los concretos casos de aseguramiento pueden obedecer, sin embargo, a razones distintas, que solo al legislador corresponde ponderar.

Es, en efecto, el legislador el que, dentro del marco constitucional, debe establecer los supuestos y requisitos que exigen el aseguramiento de la prueba personal, que no tienen por qué obedecer siempre a la imposibilidad material de practicar la prueba en el juicio oral. En algunos supuestos —víctimas vulnerables— el fin perseguido por la ley es evitar la victimización secundaria asociada a la duplicación o reiteración del testimonio. En el concreto caso de menores de muy corta edad, la práctica inmediata de la prueba testifical, con auxilio de expertos en psicología infantil, es, al tiempo, la mejor forma de obtener un testimonio íntegro y fiable (STC 174/2011 [*Tol 2288703*]).

Algunos ordenamientos prevén también la práctica de prueba testifical anticipada en los procesos dirigidos contra grandes organizaciones criminales. La atribución de valor probatorio inmediato a la declaración testifical practicada en la fase investigadora persigue, en ese supuesto, proteger la vida o integridad física del testigo, pues si su declaración adquiere valor probatorio, la organización criminal carece de incentivos —más allá de los móviles comunes de represalia o venganza— para coaccionar, amenazar o eliminar a esa persona antes de la celebración del plenario. Este supuesto está expresamente contemplado, en términos generales, en el art. 96.2, c) de la LO 9/2021, de la fiscalía europea, que permite instar el incidente de aseguramiento de prueba para practicar «la declaración de un testigo o perito cuando existan fundados motivos para temer que pueda ser amenazado gravemente o sometido a coacciones con la finalidad de alterar su declaración en el juicio oral».

A través de los *actos de aseguramiento prueba* que se realizan en la fase de investigación se abre, en definitiva, un incidente que trata deliberadamente de reproducir, en la medida de lo posible —pues nunca puede obtenerse una *inmediación plena*—, las condiciones que, en la fase de enjuiciamiento, presiden la práctica de las pruebas, en particular la estructura contradictoria del juicio oral.

La diferencia cualitativa entre el mero acto de investigación y el de aseguramiento de prueba puede verse, por ejemplo, en el régimen legal del art. 449 *bis* LECrim. Este precepto no admite, atinadamente, la práctica de una prueba testifical anticipada sin la debida asistencia letrada de la persona investigada. Para asegurar que así sea, exige incluso, si resulta necesario, el nombramiento de un abogado de oficio, pues no cabe practicar un acto que ya desde un principio pretende tener efecto probatorio sin que se preserve la asistencia letrada en las mismas condiciones que en el juicio oral. La declaración testifical que se verifica como mero acto de investigación no se ve, en cambio, impedida por la incomparecencia del letrado defensor que ha sido debidamente citado.

10. EL DERECHO DEL ACUSADO A LA REVISIÓN DE LA CONDENA

10.1 Contenido constitucional: el derecho a la *revisión* de la condena

El TC considera que el derecho de la persona encausada a obtener la revisión de su condena por un tribunal superior es una exigencia de proceso justo que ha de considerarse implícitamente incluida en el derecho fundamental al proceso con todas las garantías. El art. 24.2 CE queda, con ello, armonizado, al amparo del art. 10.2 CE, con el art. 14.5 PIDCP, según el cual «toda persona declarada culpable de un delito tendrá derecho a que el fallo condenatorio y la pena que se le haya impuesto sean sometidos a un tribunal superior, conforme a lo prescrito por la ley» y con el art. 2 del Protocolo núm. 7 al CEDH, conforme al cual «toda persona declarada culpable de una infracción penal por un tribunal tendrá derecho a hacer que la declaración de culpabilidad o la condena sea examinada por un órgano jurisdiccional superior».

Aunque el TC habla, de forma algo equívoca, de un derecho fundamental a la «doble instancia penal», no estamos ante la facultad de instar un segundo enjuiciamiento del caso, promoviendo genéricamente una repetición del juicio o un segundo pronunciamiento sobre el fondo. Lo que el art. 24.2 CE ampara es el derecho a dirigirse al tribunal superior competente para denunciar que en la instancia ha resultado vulnerada alguna regla jurídica que puede considerarse relevante para la declaración de culpabilidad o para la imposición de la pena, ya sea una regla relativa al juicio al hecho o ya se refiera a la subsunción de este en la norma penal sustantiva (por todas, SSTC 72/2024 [*Tol 10273374*]; 70/2002 [*Tol 258605*]; 105/2003 [*Tol 273394*] y 136/2006 [*Tol 922658*]).

La facultad revisora abarca, en particular, la posibilidad de denunciar la infracción por parte del tribunal sentenciador de las reglas de suficiencia de la prueba que caracterizan al derecho a la presunción de inocencia. Tal revisión no requiere, como ya se anticipó, que vuelvan a practicarse ante el tribunal superior —con sujeción al principio de inmediación— las diversas pruebas personales (por todas, STC 80/2024 [*Tol 10273370*]). La razón es que la persona acusada no necesita acreditar ningún enunciado fáctico para obtener una sentencia absolutoria y le basta con evidenciar, a través de sus alegaciones, que la tesis acusatoria no tiene el grado de confirmación constitucionalmente requerido, cosa que el tribunal superior puede contrastar examinando la actividad probatoria verificada en la propia instancia, sin sustituirla, reproducirla o reiterarla, pues en tal caso ya no estaría limitándose a revisarla (*vid. supra.* apartado 2.8.6).

La exigencia constitucional de un recurso que permita la plena revisión de la condena impuesta ha sido cumplida por el legislador español en un momento relativamente reciente, con la Ley 41/2015, que generaliza el recurso de apelación en el orden penal. Antes de dicha reforma, solo una interpretación flexible, por parte del Tribunal Supremo, de las causas de impugnación del recurso de casación permitía cumplir, de facto, con este estándar constitucional.

En todo caso, el derecho a la revisión de la condena puede verse legítimamente excepcionado «cuando el culpable haya sido juzgado en primera instancia por el más alto Tribunal» (Protocolo núm. 7 al CEDH), tal y como ocurre, en nuestro ordenamiento vigente, con el enjuiciamiento en única instancia ante el Tribunal Supremo por razón de aforamiento (por todas, STC 34/2021 [*Tol 8347240*]).

10.2 Aplicación del principio *pro actione*

Dada la inherencia del recurso de apelación del condenado a la noción constitucional de proceso penal justo, los requisitos legalmente establecidos para acceder a él han de ser interpretados de acuerdo con el «principio *pro actione*, propio del derecho de acceso a la jurisdicción» (por todas, STC 80/2024 [*Tol 10273370*]). Dicho principio exige un escrutinio de proporcionalidad que proscribe un formalismo o rigorismo excesivo —pero no obliga, como a veces se cree erróneamente, a interpretar las normas procesales del modo más favorable posible a los intereses del actor o recurrente—.

También en apelación deben considerarse, por tanto, «constitucionalmente proscritas aquellas decisiones judiciales impeditivas de una efectiva revisión de una declaración de culpabilidad que por su rigorismo, por su formalismo excesivo o por cualquier otra razón revelen una clara desproporción entre los fines que se intentan preservar y los intereses que se sacrifican» o que interpreten las reglas procesales de forma aparentemente acorde con su texto pero claramente alejada de su espíritu y sentido (por todas, STC 80/2024 [*Tol 10273370*]).

La aplicación del principio *pro actione* no significa, en todo caso, que el condenado pueda limitarse a instar, genéricamente, la revisión de su condena, a expensas de que el tribunal superior encuentre por sí mismo algún defecto en ella. Como ya se ha señalado, lo que garantiza el art. 24.2 CE es el derecho a promover una *revisión* de la condena en cualquier punto de esta que pueda considerarse vulnerador de la esfera de derechos de la persona encausada. Sobre esta pesa, por tanto, un deber de diligencia a la hora de identificar qué concretos aspectos de la condena de instancia infringen su estatuto constitucional.

10.3 El recurso de apelación de la acusación como derecho de configuración legal

De la Constitución deriva, según acaba de exponerse, la obligación de configurar un sistema de apelación penal en el que se otorgue a la persona acusada la posibilidad de instar de un tribunal superior la revisión de cualquier elemento determinante de la condena sufrida, incluido el juicio que conduce a dar por probados los enunciados fácticos que la sustentan. La Constitución no exige, en cambio, que las partes acusadoras puedan impugnar la sentencia de instancia, bien por ser absolutoria, bien por haber recaído una condena que no satisface plenamente las pretensiones formuladas por aquellas.

El legislador tiene, en este punto, un amplio margen de configuración, pues es obvio que la Constitución no prohíbe que exista un recurso de apelación a disposición de las acusaciones. La existencia de dicho recurso parece, de hecho, lo más adecuado para evitar que el ejercicio del *ius puniendi* se frustre indebidamente como consecuencia de violaciones flagrantes de las reglas esenciales del proceso —que asisten a todas las partes— o por efecto de errores de subsunción en la norma penal sustantiva.

En todo caso, una vez que ha sido legalmente establecido, el recurso de apelación de las acusaciones se convierte «en su concreta configuración legal» en «una vertiente del derecho constitucional a la tutela judicial efectiva, en cuanto garantiza el derecho de acceso a los recursos establecidos por la ley» (SSTC 176/1990 [*Tol 80407*]; 37/1995 [*Tol 82777*] y 150/2004 [*Tol 500190*]). Esto supone que la interpretación de las reglas que disciplinan el acceso a la apelación de las partes acusadoras debe ajustarse a un canon general de razonabilidad —sin que resulte aplicable, en este caso, el principio *pro actione*—.

10.4 Límites constitucionales a la apelación de la acusación: imposibilidad de *revisar* el juicio al hecho de una sentencia absolutoria

El margen de configuración del que el legislador dispone para articular las facultades impugnatorias de las partes acusadoras no es, en todo caso, absoluto, pues la plena equiparación del recurso de apelación de las defensas y de las acusaciones no es posible en lo que se refiere al «juicio al hecho». No resulta, en particular, constitucionalmente viable configurar una segunda instancia meramente *revisora* de las conclusiones fácticas absolutorias obtenidas en la primera.

Las partes acusadoras están obligadas, en nuestro orden constitucional, a construir enunciados fácticos para obtener una condena. Cualquier situación de insuficiencia probatoria determina la confirmación de la hipótesis fáctica subsidiaria, que es la inocencia. El acusador que impugna una sentencia absolutoria basada en la insuficiencia probatoria se encuentra, por tanto, de cara a la apelación, en la posición de partida que ocupaba antes del juicio oral. Puesto que no ha demostrado su tesis fáctica ante el primer órgano judicial competente, solo puede obtener la condena, en el trámite de apelación, si la ley procesal contempla la posibilidad de reiterar la práctica de las pruebas personales ante el órgano *ad quem*.

Una acusación no puede, por tanto, limitarse a instar la *revisión* de las conclusiones fácticas absolutorias alcanzadas en la instancia, ya que no le basta, para probar su tesis, con una actividad puramente *revisora*. No puede pedir la *revisión* de los hechos porque una sentencia absolutoria, en puridad, no tiene hechos probados sino, antes que nada, hechos *no probados*. Aún necesita, en definitiva, *probar* los enunciados fácticos correspondientes, esto es, practicar verdaderas pruebas cumpliendo con el principio de inmediación.

La rectificación del juicio fáctico de instancia a petición de los acusadores exigiría, por tanto, configurar la apelación como un segundo enjuiciamiento, con reiteración de los diversos actos de prueba y plena capacidad de autodefensa de la persona acusada. En una apelación puramente revisora de la decisión adoptada en la instancia, como la actualmente vigente, la asimetría de la acusación y la defensa en relación con el juicio al hecho resulta un obstáculo constitucionalmente insuperable.

Por ello, lo único que puede hacer valer, en la actualidad, la acusación frente a los razonamientos fácticos de la sentencia absolutoria es la infracción del derecho general a obtener una resolución motivada, que se vulnera si la resolución carece de motivación en este punto o incurre en arbitrariedad, irrazonabilidad o error patente (STC 72/2024 [*Tol 10273374*] ya citada).

10.5 La ilegitimidad constitucional de un hipotético sistema de doble enjuiciamiento

Dejando al margen las evidentes desventajas prácticas que conllevaría un sistema de segunda instancia que consistiese en un segundo enjuiciamiento —de por sí suficientes para descartar su viabilidad (RODRÍGUEZ FERNÁNDEZ, 2011, pp. 9-10)— cabe preguntarse, finalmente, si un sistema de ese tipo sería constitucionalmente legítimo.

Resulta muy discutible, en primer lugar, que un sistema de doble enjuiciamiento cumpla con la exigencia de ofrecer a la persona condenada la oportunidad de que se *revise* el fallo condenatorio y la pena impuesta. Tal sistema priva a la defensa de la posibilidad obtener la *revisión* de la racionalidad del juicio fáctico y jurídico que sustenta la condena. Se arbitran dos actos de enjuiciamiento distintos, ninguno de los cuales es sometido a examen posterior que verifique su corrección constitucional y legal.

No puede descartarse, asimismo, que un sistema de esas características viole el principio *non bis in idem* en su vertiente procesal. Bajo la apariencia de un *recurso*, se atribuye al acusador el derecho a un segundo enjuiciamiento por los mismos hechos. Es lícito preguntarse si esto tiene sentido una vez que el primer juicio celebrado —con resultado absolutorio— puede considerarse justo, en la medida en que ha respetado el haz de garantías formales que asiste a las acusaciones. La doble oportunidad de condena, tras un primer juicio con resultado absolutorio que puede considerarse equitativo para las acusaciones, tiene, en mi opinión, una justificación constitucional muy discutible.

BIBLIOGRAFÍA

- DEL MORAL GARCÍA/RODRÍGUEZ FERNÁNDEZ, *Reparación del honor lesionado*, Comares, 2010.
- FERRER BELTRÁN, *La valoración racional de la prueba*, Marcial Pons, 2007.
- FERRER BELTRÁN, «Una concepción minimalista y garantista de la presunción de inocencia», en MORESO/MARTÍ (Eds.), *Contribuciones a la filosofía del derecho*, Marcial Pons, 2012.
- GARCÍA MORILLO, «Responsabilidad política y responsabilidad penal», *Revista Española de Derecho Constitucional*, N. 52, 1998.
- GASCÓN ABELLÁN, *Los hechos en el derecho. Bases argumentales de la prueba*, Marcial Pons, 2010.
- LAFAVE., ISRAEL, KING, KERR, *Criminal Procedure*, Thompson Reuters, 2009.
- MIRANDA ESTRAMPES, *El concepto de prueba ilícita y su tratamiento en el proceso penal*, Bosch, 2004.
- PÉREZ MANZANO, «Absolución en caso de duda; fundamento y sentido», en CUERDA ARNAU (coord.), *Constitución, Derechos Fundamentales y Sistema Penal*, Tirant, 2009.
- PICÓ i JUNOY, «La prueba ilícita: un concepto todavía por definir», en *La ley Probática*, N. 1, 2020.
- QUADRA-SALCEDO JANINI/RODRÍGUEZ FERNÁNDEZ, «La relevancia de la doctrina de las vulneraciones indirectas de los derechos fundamentales. ¿Es asumible una pluralidad de contenidos de la dignidad humana?», *Revista española de derecho europeo*, 2020, pp. 73-107.
- RODRÍGUEZ FERNÁNDEZ, «La segunda instancia: perspectivas de reforma legislativa», Repertorio de ponencias CEJ, 2011.
- RODRÍGUEZ FERNÁNDEZ, «El proceso penal de los derechos», *Diario La Ley*, N. 9808 (11 marzo 2021).
- RODRÍGUEZ FERNÁNDEZ, «Arts. 769 a 784», en MAGRO SERVET (Coord.), *Todas las preguntas y respuestas a la Ley de Enjuiciamiento Criminal y Ley del Jurado*, La Ley, 2024.
- STEGMILLER, «Confirmation of charges», en *The Law and Practice of the International Criminal Court*, Oxford University Press, 2015.
- VÁZQUEZ SOTELO, *Presunción de inocencia del imputado e íntima convicción del tribunal: estudio sobre la utilización del imputado como fuente de prueba en el proceso penal español*, Bosch, 1984.

PARTE SEGUNDA
LOS PRESUPUESTOS DEL PROCESO PENAL

Capítulo 4

Extensión y límites de la jurisdicción penal. Cuestiones prejudiciales

María Luzón Cánovas
Fiscal
Inspección Fiscal FGE

1. IMPRORROGABILIDAD DE LA JURISDICCIÓN PENAL Y FUNCIÓN JURISDICCIONAL

1.1 Unidad e improrrogabilidad de la jurisdicción

La jurisdicción es la potestad de juzgar y hacer ejecutar lo juzgado que el Estado ejerce a través de los tribunales. Sin perjuicio de las potestades jurisdiccionales reconocidas por la Constitución a otros órganos, la jurisdicción es única (art. 3 LOPJ) aunque se divide en una serie de ramas, denominadas órdenes jurisdiccionales, que se ocupan de los asuntos relacionados con un conjunto de materias jurídicas homogéneas. Existen cuatro órdenes jurisdiccionales: civil, penal, contencioso administrativo y social.

La jurisdicción es previa a la competencia, con la que no debe confundirse. La competencia se determina por la atribución del conocimiento de una cierta clase de asuntos a unos concretos órganos jurisdiccionales de forma preferente a otros, partiendo de que todos ellos tienen previamente reconocida la jurisdicción. Así, cabe distinguir entre los conflictos de jurisdicción, aquellos que se dan entre los tribunales de cualquier orden jurisdiccional de la jurisdicción ordinaria y la Administración (art. 38 LOPJ) o entre tales tribunales y los órganos judiciales militares (art. 39 LOPJ); los conflictos de competencia, que se producen entre tribunales de distinto orden jurisdiccional (art. 42 LOPJ) y las cuestiones de competencia, que surgen entre tribunales de un mismo orden jurisdiccional (art. 51 LOPJ).

La improrrogabilidad implica que las partes no pueden alterar el ámbito jurisdiccional ni competencial previamente fijado en la ley en ninguna de sus variantes: objetiva, funcional o territorial, mediante la sumisión expresa o tácita. A ella se refiere el art. 9.6 LOPJ: «La jurisdicción es improrrogable. Los órganos judiciales apreciarán de oficio la falta de jurisdicción y resolverán sobre la misma con audiencia de las partes y del Ministerio Fiscal. En todo caso, esta resolución será fundada y se efectuará indicando siempre el orden jurisdiccional que se estime competente». Como consecuencia de la improrrogabilidad, la falta de jurisdicción determina la nulidad de pleno derecho de lo actuado (art. 238.1º LOPJ).

1.2 La función jurisdiccional: sus principios rectores

La función jurisdiccional es, ante todo, una potestad emanada del Estado y radica en el Poder Judicial, constituido como uno de los tres poderes de todo Estado democrático y cuyo ejercicio, «juzgando y haciendo ejecutar lo juzgado, corresponde exclusivamente a los jueces, a las juezas y a los Tribunales determinados en las leyes y en los tratados internacionales» (art. 2 LOPJ). Complementariamente, la función jurisdiccional se presenta también como la facultad de tutela y realización del derecho objetivo, que se desarrolla y encauza en el proceso penal. Tanto la jurisdicción como el poder judicial en su conjunto están sujetos por la Constitución y las leyes a una serie de principios rectores:

a) *Principio de exclusividad o de reserva de jurisdicción*, conforme al cual cada Estado determina el alcance de su jurisdicción que se proyecta internamente y también en el marco internacional, estableciendo el ámbito territorial de la jurisdicción española o reconociendo jurisdicción a tribunales de ámbito comunitario, como el TJUE, o internacional, como el TEDH y la Corte Penal Internacional. En su vertiente positiva implica que solo los tribunales pueden ejercer la potestad jurisdiccional, si bien la propia Constitución atribuye funciones jurisdiccionales a órganos que no forman parte del poder judicial como el TC. Este principio no se opone a la posibilidad de que determinados conflictos intersubjetivos puedan solucionarse extramuros de la jurisdicción a través del arbitraje. En su vertiente negativa significa que los órganos jurisdiccionales solo pueden ejercer la función jurisdiccional, esto es, «no ejercerán más funciones que las señaladas en el apartado anterior y las que expresamente les sean atribuidas por ley en garantía de cualquier derecho» (art. 117.4 CE), como, por ejemplo, el control electoral cuando sean miembros de las Juntas Electorales.

b) *Principio de unidad jurisdiccional*. Consagrado en el artículo 117.5 CE, el principio de unidad jurisdiccional, «base de la organización y funcionamiento de los Tribunales» (art. 17.5 LOPJ), se manifiesta en la distribución territorial del poder judicial y en su organización interna. En su vertiente territorial, la unidad jurisdiccional atiende a la articulación entre el Estado de las autonomías y la existencia de un único poder judicial. En la organización interna determina la sumisión de todos los órganos jurisdiccionales a un único régimen jurídico, de manera que queda prohibida la existencia de tribunales integrados por jueces que no formen parte de la jurisdicción ordinaria. Ello no impide la existencia de tribunales especializados —que no «de excepción», expresamente prohibidos en el art. 117.6 CE— siempre y cuando se contemplen en las leyes, como los antes citados TC, TEDH, TJCE o el TCU, los tribunales militares y los tribunales consuetudinarios y tradicionales (art. 19 LOPJ).

c) Cabe añadir a estos principios el del *juez ordinario predeterminado por la ley*, reconocido en el art. 24.2 CE como derecho fundamental de los justiciables y garantía de un proceso justo (así es objeto de estudio en el capítulo III de la Parte Primera de este Tratado), pero que también constituye un mandato sobre cómo ha de conformarse la organización de los tribunales, de manera que quede preestablecido legalmente el juez que conocerá de un asunto determinado, asegurando de este modo la imparcialidad e independencia del órgano jurisdiccional.

2. EXTENSIÓN Y LÍMITES DE LA JURISDICCIÓN PENAL

De conformidad con el art. 4 LOPJ «La jurisdicción se extiende a todas las personas, a todas las materias y a todo el territorio español, en la forma establecida en la Constitución y en las leyes». En el orden penal, este principio general queda sujeto a límites subjetivos o personales, objetivos o materiales y territoriales. Los primeros se refieren a las inmunidades e inviolabilidades; los límites objetivos se recogen en el art. 9.3 LOPJ que deja fuera del orden jurisdiccional penal el conocimiento de las causas y juicios criminales que correspondan a la jurisdicción militar. Debe sin embargo considerarse, como una extensión material del proceso penal, la opción seguida por nuestro legislador de permitir la acumulación de la acción civil al proceso penal, la llamada responsabilidad civil *ex delicto* (arts. 1.092 CC, 109 y ss. CP y 107 y ss. LECrim), objeto de estudio en el Capítulo III de la parte segunda de este Tratado. Finalmente, los límites por razón del territorio resultan de la combinación de los pormenorizados criterios que contiene el art. 23 LOPJ para la determinación de la jurisdicción penal española.

2.1 Límites subjetivos

El Estado renuncia a exigir responsabilidad penal a determinadas personas que ocupan cargos de especial relevancia con el objeto de proteger el normal ejercicio de sus altas funciones públicas. Son, desde la perspectiva del Derecho penal, causas de exclusión de la pena que, por razones de política jurídica general, se atribuyen a ciertas personas. Cabe considerar, entre las establecidas para españoles en el Derecho público interno, la inviolabilidad del Rey como Jefe del Estado, la inviolabilidad e inmunidad parlamentaria de Diputados y Senadores, la inviolabilidad del Defensor del Pueblo y la de los Magistrados del TC. En cuanto a los ciudadanos extranjeros, se reconoce a algunos su inviolabilidad o inmunidad al amparo del art. 21 LOPJ, sobre la base de la legislación española y la normativa de la Unión Europea, los tratados y convenios internacionales y las normas de Derecho Internacional Público.

2.1.1 Inviolabilidades e inmunidades establecidas para españoles

A) El Rey

Establece el artículo 56.3 CE que «La persona de Rey es inviolable y no está sujeta a su responsabilidad. Sus actos estarán siempre refrendados en la forma establecida en el artículo 64, careciendo de validez sin dicho refrendo, salvo lo dispuesto en el artículo 65.2». El alcance de lo dispuesto en el art. 56.3 ha sido objeto de debate en la doctrina dividiéndose entre los que sostienen que la inviolabilidad e irresponsabilidad se refiere solo a los actos sujetos a refrendo, entendiendo que la citada inviolabilidad se predica solamente de esos actos, los actos oficiales, por la razón de que la responsabilidad se traslada al refrendante, y los que la extienden, dada la literalidad del inciso primero del precepto, a todo tipo de actos del Rey, aunque no sean propios del cargo, es decir, tanto los oficiales como los personales y patrimoniales, incluidos los contrarios a Derecho, siendo el segundo inciso, que remite al art. 64, el que se refiere específicamente a los actos propios de las competencias del cargo.

A la luz de la jurisprudencia, tanto del TC como del TS, la previsión del art. 56.3 alcanza a todos los actos del Rey. En efecto, conforme a la STC 98/2019 [*Tol 7433092*]:

> «la "inviolabilidad" preserva al rey de cualquier tipo de censura o control de sus actos; se hallan estos fundamentados en su propia posición constitucional, ajena a toda controversia, a la vista del carácter mayoritariamente debido que tienen. De otro lado, a la "inviolabilidad" se une la no sujeción a responsabilidad, en referencia a que no pueda sufrir la imposición de consecuencias sancionatorias por un acto que, en otro caso, el ordenamiento así lo impondría. Ambos atributos que el art. 56.3 CE reconoce al rey se justifican en cuanto condición de funcionamiento eficaz y libre de la institución que ostenta».

Por ello, sostiene la STC 111/2019 [*Tol 7531265*], con cita de la STC 133/2013 [*Tol 3785941*], la pretensión de imputar actuaciones durante o con ocasión del ejercicio de sus funciones como jefes del Estado es un objetivo:

> «inconciliable con las prerrogativas otorgadas por el art. 56.3 CE a la persona del Rey de España, respecto de cualesquiera actuaciones que directa o indirectamente se le quisieran reprochar, ya se dijeran realizadas, unas u otras, en el ejercicio de las funciones regias, o con ocasión de ese desempeño, ya incluso [...] al margen de tal ejercicio o desempeño».

No es otro el criterio seguido por la Sala Segunda del TS que, en la Causa Especial 3/20623/2014, por Auto de 22/10/2014 [*Tol 4680265*], dictado en las Diligencias incoadas tras una denuncia contra S.M. D. Juan Carlos de Borbón y Borbón por presuntos delitos contra la Hacienda Pública, acordó su archivo bajo la categórica afirmación de que «el artículo 56.3 de la Constitución dispone que la persona del Rey es inviolable y no está sujeta a responsabilidad, por lo cual, no podrá ser perseguido por hechos realizados durante su Magistratura». Este carácter absoluto de la inviolabilidad del Rey fue igualmente apreciado por la Fiscalía del TS en el Decreto de archivo de las Diligencias de Investigación nº 40/2020, de 02/03/2022.

Así pues, la inviolabilidad y consiguiente irresponsabilidad penal del Rey tienen carácter absoluto, hasta el punto de no poder establecerse una distinción entre las actividades públicas (*iure imperii*) y las privadas (*iure gestionis*).

B) Inviolabilidad e inmunidad parlamentarias

Reconocidas en el art. 71 CE, a la primera se refiere el párr. 1: «Los Diputados y Senadores gozarán de inviolabilidad por las opiniones manifestadas en el ejercicio de sus funciones». Esta exención de pena, de la que no se beneficiarían los partícipes, se mantiene tras el cese en el ejercicio de su cargo; por otra parte, la Sala Segunda ha declarado (ATS 15/02/1995, Causa Especial 40/95) que «La función parlamentaria es inseparable de la condición de Diputado y no queda reducida a la utilización de la palabra en la tribuna de oradores o desde el escaño que ocupa en el hemiciclo [...] En definitiva es la función y no el espacio territorial lo que otorga la inviolabilidad por las opiniones».

La inmunidad se establece en el párr. 2: «Durante el período de su mandato los Diputados y Senadores gozarán, asimismo, de inmunidad y sólo podrán ser detenidos en caso de flagrante delito. No podrán ser inculpados ni procesados sin la previa autorización de la Cámara respectiva». La competencia en las Causas contra parlamentarios corresponde, según el párr. 3 del mismo artículo, a la Sala Segunda del TS.

Así pues, sintetiza LUZÓN CUESTA (2023, p. 150), que «la inviolabilidad es una causa de exclusión de la pena, en tanto la inmunidad, pese a ser un mero requisito de perseguibilidad, puede dar lugar a una exclusión de la pena, si el Congreso o Senado no conceden el suplicatorio».

El TC, en Sentencia de Pleno 9/1990 [*Tol 80303*], aclara que:

> «La inviolabilidad e inmunidad parlamentarias son dos prerrogativas, que, teniendo distinto contenido y finalidad específica, encuentran su fundamento en el objetivo común de garantizar la libertad e independencia de la institución parlamentaria, y en tal sentido son complementarias. Al servicio de este objetivo se confieren los privilegios, no como derechos personales, sino como derechos reflejados de los que goza el parlamentario en su condición de miembro de la Cámara legislativa y que sólo se justifican en cuanto son condición de posibilidad del funcionamiento eficaz y libre de la institución —ATC 526/1986— y que, en la medida en que son privilegios obstaculizadores del derecho fundamental citado, sólo consienten una interpretación estricta —STC 51/1985— [...]».

Siguiendo este criterio, la STC 90/1985 [*Tol 80303*], establece, desde la perspectiva del art. 24.1 CE, que la negativa de un suplicatorio solo será correcta en el caso de que sea conforme a la finalidad que la inmunidad parlamentaria persigue y no cuando sea utilizada para fines que no sean propios.

Sobre los miembros de los Parlamentos de las Comunidades Autónomas, nada se dice en la Constitución, pero en buena parte de los diversos Estatutos de Autonomía se les da un tratamiento similar, aunque, según ha declarado el TC (STC 36/1981 [*Tol 110838*]) y reiterado por la Sala Segunda, sin exigencia de suplicatorio, que sería contraria a la CE (STS de 12/06/1995 [*Tol 5135226*]).

C) Defensor del Pueblo

El art. 6 de la LO 3/1981, del Defensor del Pueblo, consagra su inviolabilidad «en razón a las opiniones que formule o a los actos que realice en el ejercicio de las competencias propias de su cargo». En los demás casos, la competencia corresponde a la Sala Segunda del TS. Estas reglas se extienden a «los Adjuntos del Defensor del Pueblo en el cumplimiento de sus funciones». Similar inviolabilidad corresponde a los Defensores del Pueblo de carácter autonómico, según dispone la Ley 36/1985.

D) Magistrados del Tribunal Constitucional

Según el art. 22 de la LO 2/1979, «no podrán ser perseguidos por las opiniones expresadas en el ejercicio de sus funciones» y la responsabilidad criminal «sólo será exigible ante la Sala de lo Penal del Tribunal Supremo» (art. 26).

2.1.2 Inviolabilidades e inmunidades establecidas para extranjeros

La LOPJ, en su art. 21.2, sustrae del conocimiento de los tribunales españoles «las pretensiones formuladas respecto de sujetos o bienes que gocen de inmunidad de jurisdicción y de ejecución de conformidad con la legislación española y las normas de Derecho Internacional Público». A su vez, el art. 21.1 se remite a lo previsto en los «tratados y convenios internacionales en los que España sea parte, en las normas de la Unión Europea y en las leyes españolas». Sin ánimo exhaustivo y sin entrar en el detalle de cada norma en la que así se establece, esta previsión reconoce la inviolabilidad o la inmunidad a los Jefes de Estado extranjeros, diplomáticos, funcionarios y empleados consulares, representantes de los Estados miembros de la OTAN, miembros de las misiones acreditadas ante los distintos organismos de Naciones Unidas, personal militar y civil destacado en las instituciones o misiones de la Unión Europea, representantes de Estados miembros que participen en los trabajos de las instituciones de la Unión Europea, miembros de los órganos y del personal de las agencias de la Unión Europea, miembros y funcionarios del Consejo de Europa, diputados del Parlamento Europeo, miembros del Comité europeo para la prevención de la tortura y de las penas o tratos inhumanos o degradantes, miembros y agentes de Europol, jueces y abogados generales del TJUE, jueces del TEDH y magistrados de la Corte penal Internacional.

Peculiar es el tratamiento de los miembros de las fuerzas de los EE.UU. destacadas en España sometidas, conforme al Tratado de 1953, a los Tribunales norteamericanos, existiendo al respecto una Comisión mixta de competencias, creada en 1964. En la actualidad, el art. 39 del Convenio de Cooperación para la defensa entre España y EE.UU., de 01/12/1988, de acuerdo con el Estatuto de Fuerzas, prevé que «las Autoridades españolas competentes darán rápida y benévola consideración a las peticiones sobre renuncia de jurisdicción criminal formuladas por las Autoridades de los Estados Unidos de América» y, si no renuncian, «el proceso será objeto de tramitación preferente». La competencia está prevista en el art. 65 LOPJ que atribuye a la Sala de lo Penal de la AN el conocimiento «3º De las cuestiones de cesión de jurisdicción en materia penal derivadas del cumplimiento de tratados internacionales en los que España sea parte».

En relación con los privilegios e inmunidades de los órganos del Estado que participan en la acción diplomática y consular existen tres tratados internacionales de carácter universal, plenamente consolidados, incorporados a nuestro Derecho interno y no necesitados de desarrollo normativo. Se trata de los convenios relativos a las relaciones diplomáticas (Convención de Viena, de 18/04/1961), las relaciones consulares (Convención de Viena, de 24/04/1963) y, en menor medida, las misiones especiales (Convenio de Nueva York, de 16/12/1969). Por lo que concierne al régimen jurídico básico de las inmunidades de que gozan los Estados extranjeros en el Estado del foro, existe la Convención de las Naciones Unidas, de 02/12/2004, sobre las inmunidades jurisdiccionales de los Estados y de sus bienes, que representa el principal intento codificador en la materia. Pero esta Convención, abierta a la firma en Nueva York el 17/01/2005 y a la que se adhirió España en 2011, no ha entrado aún en vigor —se precisa para ello el depósito de treinta instrumentos de ratificación o adhesión—. La Convención parte de una concepción restringida de la inmunidad de jurisdicción, previendo una lista de procesos en los que la inmunidad del Estado no puede hacerse valer. La LO 16/2015, sobre privilegios e inmunidades de los Estados extranjeros, las Organizaciones Internacionales con sede u oficina en España y las Conferencias y Reuniones internacionales celebradas en España, pretende ser un adecuado trasunto de la Convención. Su objeto, conforme a su art. 1, es regular las inmunidades ante los órganos jurisdiccionales españoles y, en su caso, los privilegios aplicables a los Estados extranjeros y sus bienes (art. 4); los Jefes de Estado y de Gobierno y Ministros de Asuntos Exteriores extranjeros (arts. 21 y 22); los buques de guerra y buques y aeronaves de Estado (arts. 30 y 31); las Fuerzas Armadas visitantes (art. 33); las organizaciones internacionales con sede u oficina en España y sus bienes (arts. 34 y 35); y las conferencias y reuniones internacionales celebradas en España (art. 42).

El TC ha considerado plenamente conforme con la Constitución el respeto del legislador al «límite negativo que se deriva de la inmunidad jurisdiccional atribuida a los Estados extranjeros [...]», porque caso de que la jurisdicción «se extendiera más allá del ámbito delimitado por el Derecho Internacional y tratara de hacer efectiva en todo caso la tutela jurisdiccional en el orden interno, el Estado podría incurrir, al hacerlo así, en un hecho ilícito por la violación de una obligación internacional, lo que entrañaría su responsabilidad internacional frente a otro Estado» (STC 140/1995 [*Tol 82879*]).

También el TEDH admite la validez de la existencia de inmunidades, particularmente las referidas a las que gozan los miembros de las Cámaras y Asambleas legislativas, distinguiendo BARJA DE QUIROGA (2020, p. 891) los casos en los que la supuesta conducta delictiva del parlamentario resulta del ejercicio de su derecho de libertad de expresión y aquellos otros en los que se le atribuyen otras supuestas conductas delictivas. Con estudio de la jurisprudencia del TEDH, concluye este autor que la protección es máxima en los primeros casos, porque se entiende que es un instrumento que garantiza el adecuado desempeño de la labor parlamentaria y la estricta división de poderes, evitando indeseables intromisiones a su ejercicio, en tanto que la posición del Tribunal en los demás casos es la de aceptar la inmunidad *prima facie* del miembro de la Asamblea, pero siempre que existan adecuados instrumentos para levantar esa inmunidad *preventiva*.

2.2 Límites objetivos: la jurisdicción militar

Como se ha dicho, con amparo en el art. 117.5 CE, el art. 9.3 LOPJ sustrae del conocimiento de la jurisdicción ordinaria los hechos ilícitos constitutivos de delitos correspondientes a la jurisdicción militar, cuyos órganos «basan su organización y funcionamiento en el principio de unidad jurisdiccional y administran Justicia en el ámbito estrictamente castrense y, en su caso, en las materias que establezca la declaración del estado de sitio, de acuerdo con la Constitución y lo dispuesto en las leyes penales, procesales y disciplinarias militares».

La jurisdicción militar se limita, por razón de la materia, a los delitos militares, tipificados en el Libro II de la LO 14/2015, del Código Penal Militar, además de cualesquiera otras acciones u omisiones cometidas por un militar y tipificadas en el CP como delitos de traición y delitos contra las personas y bienes protegidos en caso de conflicto armado bajo determinadas condiciones y como delitos de rebelión, en caso de conflicto armado internacional (art. 9 CPM).

El art. 39 LOPJ atribuye la resolución de los conflictos de jurisdicción «entre los juzgados o tribunales de cualquier orden jurisdiccional de la jurisdicción ordinaria y los órganos judiciales militares», a la Sala de Conflictos de Jurisdicción —en adelante SCJ— compuesta por el Presidente del TS, que la presidirá, dos Magistrados de la Sala del TS del orden jurisdiccional en conflicto y dos Magistrados de la Sala de lo Militar.

Reiterada jurisprudencia de la SCJ establece que para solventar un conflicto entre la jurisdicción ordinaria y la militar ha de estarse a lo que disponen los arts. 117.5 CE y 9.3 LOPJ que, conforme con el principio de unidad jurisdiccional, limitan la jurisdicción militar al ámbito estrictamente castrense respecto de los hechos tipificados como delitos militares en el CPM y a los supuestos establecidos. En el mismo sentido se pronuncia la LO 4/1987, de Competencia y Organización de la jurisdicción militar, donde de acuerdo con su art. 12.1, lo que determina la competencia de dicha jurisdicción es que el presunto delito cometido esté definido en el CPM, es decir, que los hechos que se investiguen puedan ser constitutivos de un delito militar en sentido estricto [Sentencias de la Sala de Conflictos de Jurisdicción (SCJ) de 30/05/2012, nº 2/2012; de 20/02/2015, nº 1/2015; de 12/07/2021, nº 2/2021; y de 14/07/2021, nº 4/2021].

Cuestión clave en la resolución de los conflictos de jurisdicción es la delimitación del concepto jurídico indeterminado de lo «estrictamente castrense», el cual se ha ido perfilando a través de una pluralidad de resoluciones que parten esencialmente de la STC 60/1991 [*Tol 80474*] y que «se ha de hacer a través de tres criterios: el primero, objetivo —determinado por el carácter militar del delito—; el segundo, funcional o instrumental —delimitado por los bienes, principios o valores militares protegidos por la norma—; y el tercero, subjetivo —configurado por la condición de militar del sujeto activo del delito—, criterio, este último, menos esclarecedor que los anteriores, porque no todos los tipos delictivos contemplados en el CPM son tipos penales determinados por la condición militar de su autor. Probablemente, los tres criterios que maneja la doctrina constitucional citada pueden reducirse a uno solo, conforme al cual, el ámbito de lo "estrictamente castrense", en el orden penal, debe identificarse con la protección de los bienes jurídicos militares». (SSSCJ de 5/12/2022, nº 3/2022; de 22/5/2023, nº 1/2023; y de 05/10/2023, nº 3/2023).

Sobre esta base el legislador ha establecido una delimitación de los respectivos ámbitos de competencia de una y otra jurisdicción de tal modo que solo «cuando surgieren dudas interpretativas en el deslinde de ambas jurisdicciones, seguiría operando la vis atractiva de la jurisdicción ordinaria, actuando como criterio interpretativo dirigido a los órganos jurisdiccionales». (SSCJ 16/02/2021, nº 1/2021). Esta Sala ha tenido oportunidad de establecer que determinadas conductas, como la del art. 29 CPM —allanamiento de instalaciones militares—, constituyen delitos militares, aunque sean realizadas por un civil (SS. 3/1997, de 21/10 y 1/2016, de 05/07) y de resolver los casos de conexidad delictiva en favor de la jurisdicción cuyo delito esté castigado con penas más graves (art. 14 LOCOJM), incluso atribuyendo a la jurisdicción militar el conocimiento de un delito no tipificado en el CPM presuntamente cometido, además, por personas que no tenían la condición de militar (SSCJ de 12/07/2021 nº 2/2021).

2.3 Límites territoriales: el art. 23 LOPJ

Los límites por razón del territorio son producto de la combinación de una serie de principios que vertebran el art. 23 LOPJ y establecen los criterios para la determinación de la jurisdicción penal española, a saber: territorialidad, personalidad, defensa o protección y justicia universal, que pasamos a analizar.

2.3.1 Principio de territorialidad

Se trata del principio rector básico de la jurisdicción de cualquier país, como expresión de su soberanía, que se circunscribe precisamente a los límites de su propio territorio, de tal modo que dentro de esos límites debe aplicarse el Derecho penal de cada país. Se apoya también este principio en que allí donde se quebró la ley es donde debe ser restaurada y donde, además, existe una mayor facilidad para la recogida de las pruebas del delito.

El principio de territorialidad aparece reflejado en el art. 23.1 LOPJ, que equipara al conocimiento de los delitos cometidos en territorio español los cometidos a bordo de buques o aeronaves españoles, «sin perjuicio de lo previsto en los tratados internacionales en los que España sea parte».

2.3.2 Principio de personalidad

Este principio entronca con el fin de las normas, que originalmente se dirigían a los miembros de un pueblo o comunidad. Desplazado por el principio de territorialidad, mantiene su primacía en los regímenes autoritarios que buscan asegurar el sometimiento de sus *súbditos*, cualquiera que sea el territorio donde se hallen.

El art. 23.2 LOPJ extiende la competencia de la jurisdicción penal española a los delitos cometidos fuera de territorio nacional siempre que los criminalmente responsables fueren españoles o extranjeros que hubieran adquirido la nacionalidad española con posterioridad a la comisión del hecho y concurrieren los siguientes requisitos:

a) Que el hecho sea punible en el lugar de ejecución, salvo que, en virtud de un Tratado internacional o de un acto normativo de una Organización Internacional de la que España sea parte, no resulte necesario dicho requisito, sin perjuicio de lo dispuesto en los apartados siguientes.
b) Que el agraviado o el Ministerio Fiscal interpongan querella ante los Tribunales españoles. Este requisito se considerará cumplido en relación con los delitos competencia de la Fiscalía Europea cuando esta ejercite efectivamente su competencia.
c) Que el delincuente no haya sido absuelto, indultado o penado en el extranjero o, en este último caso, no haya cumplido la condena. Si solo la hubiere cumplido en parte, se le tendrá en cuenta para rebajar proporcionalmente la que le corresponda.

De entre las dos modalidades a que alude la doctrina «un principio de personalidad activa, que mira preferentemente al sujeto de la acción delictiva y un principio de personalidad pasiva, que se centra en el sujeto ofendido» (STS de 02/04/2019 [*Tol 7178123*]), el art. 23.2 LOPJ se refiere al primero, que actúa «como excepción al criterio de territorialidad» en tanto que la *conditio sine qua non* de la doble incriminación opera como «elemento llamado a contrarrestar cualquier tentación de vigencia ultraterritorial de la ley penal» (STS 23/12/2016 [*Tol 5925066*]). En lo atinente al requisito de la interposición de querella, no se entenderá cumplido si el delito finalmente objeto de acusación no fue incluido en ella (STS 31/03/2016 [*Tol 5677440*]). La referencia a la Fiscalía Europea trae causa de la LO 9/2021, de aplicación del Reglamento (UE) 2017/1939 del Consejo, de 12/10/2017, por el que se establece una cooperación reforzada para la creación de la Fiscalía Europea.

2.3.3 Principio de defensa o protección

El núm. 3 del art. 23 LOPJ todavía extiende más la jurisdicción penal: conocerá la jurisdicción española de los hechos cometidos por españoles o extranjeros fuera del territorio nacional cuando sean susceptibles de tipificarse, según la ley penal española, como alguno de los siguientes delitos y se haya interpuesto previamente querella por el agraviado o por el Ministerio Fiscal (art. 23.6 LOPJ):

a) De traición y contra la paz o la independencia del Estado.
b) Contra el titular de la Corona, su Consorte, su Sucesor o el Regente.
c) Rebelión y sedición.

d) Falsificación de la firma o estampilla reales, del sello del Estado, de las firmas de los Ministros y de los sellos públicos u oficiales.
e) Falsificación de moneda española y su expedición.
f) Cualquier otra falsificación que perjudique directamente al crédito o intereses del Estado, e introducción o expedición de lo falsificado.
g) Atentado contra autoridades o funcionarios públicos españoles.
h) Los perpetrados en el ejercicio de sus funciones por funcionarios públicos españoles residentes en el extranjero y los delitos contra la Administración Pública española.
i) Los relativos al control de cambios.

La jurisprudencia viene entendiendo que «afectan a los intereses del Estado las falsificaciones de documentos que permiten el ejercicio de derechos como el de conducir vehículos a motor» (SSTS de 04/11/2020 [*Tol 8213870*]; 13/02/2009 [*Tol 1564640*]; 08/02/2012 [*Tol 2451867*]), especificando la STS de 16/12/2021 [*Tol 8750999*] que «aunque en el caso no se haya utilizado con esa finalidad, el permiso de conducir es documento hábil para acreditar la identidad de su titular».

2.3.4 Principio de justicia universal

Siguiendo la STS de 06/05/2015 [*Tol 5001812*], podemos decir que el principio de justicia universal, o jurisdicción universal

«consiste en el ejercicio de la jurisdicción penal por los Tribunales de un determinado país en crímenes internacionales de especial gravedad, sobre la base de la naturaleza del delito, sin tomar en consideración ni el lugar donde fue cometido ni la nacionalidad de su autor», para evitar que los responsables de aquellos delitos que conforme a los Tratados Internacionales más preocupan a la comunidad internacional porque afectan a la paz y a la protección de los derechos humanos «puedan encontrar un lugar de refugio donde alcanzar la impunidad».

La legitimación de la justicia universal se encuentra en el Derecho de los Tratados, única base sobre la que puede resultar admisible para la Comunidad internacional una jurisdicción que, trascendiendo la soberanía nacional, pretende aplicarse a hechos ocurridos fuera de las propias fronteras y en los que tampoco opera la nacionalidad del autor, ni la defensa del Estado.

La regulación legal de la jurisdicción universal ha seguido en España una evolución restrictiva. En una primera fase, plasmada en la versión inicial de la LOPJ, se concebía una jurisdicción absoluta o sin limitaciones, que carecía de cualquier condicionante jurídico. La LO 1/2009, reformó el art. 23.4 LOPJ y estableció un modelo de jurisdicción universal que exigía un vínculo de conexión que relacionara a la jurisdicción española con el hecho perseguido. La tercera fase, actualmente vigente, nace con la LO 1/2014, que reforma los aps. 4 y 5 del art. 23. Aunque amplía la lista de delitos susceptibles de ser perseguidos por la jurisdicción española, en cumplimiento de los compromisos derivados de la ratificación por España del Estatuto de la Corte Penal Internacional, limita severamente la jurisdicción universal, primero, mediante una detallada regulación de las condiciones de conexión para la persecución de delitos, frente a la más genérica formulación anterior; segundo, estableciendo una precisa definición del principio de subsidiariedad; tercero, excluyendo expresamente la incoación de oficio o a instancia de la acción popular; finalmente, suprimiendo, como regla general, la investigación *in absentia*.

Ciertamente, la regulación de 2014 fue fruto de una reacción legislativa que pretendió poner coto a «una actividad jurisdiccional expansiva por parte de la Audiencia Nacional, que había situado a nuestro país como polo de atracción para procedimientos en los que los presuntos autores no se encontraban en nuestro territorio y no existían criterios relevantes de conexidad» (STS de 24/09/2015 [*Tol 5503186*]). Pronto objeto de crítica por parte de algunos sectores doctrinales y judiciales, la constitucionalidad de la vigente regulación ha sido avalada por el TC que, en la STC 140/2018 [*Tol 6978681*], establece, sintéticamente, que la restricción del ámbito de la jurisdicción universal es una legítima opción legislativa que en nada se opone al respeto al principio de seguridad jurídica indicando, por lo que se refiere a la exclusión de la acción popular, que no vulnera los arts. 9.3, 24.1 y 125 en relación con el art. 14. Tampoco la exigencia de querella merece la censura constitucional, pues las dos formas de iniciación del procedimiento —denuncia y querella— satisfacen el derecho de acceso al proceso, de tal modo que será la ley procesal la que en cada caso determine la posibilidad de optar por una u otra. Respecto de la disposición transitoria única de la LO 1/2014, se trata de una simple regla de derecho transitorio de los procedimientos en curso que introduce una nueva delimitación del ámbito objetivo de la jurisdicción penal.

También la jurisprudencia ha establecido que de los Tratados que configuran el Derecho Penal Internacional convencional no se deriva con carácter imperativo la necesidad de establecer en cada Estado firmante un modelo de jurisdicción universal absoluto e incondicionado, de tal modo que, aun cuando la LO 1/2014 ha acogido una modalidad muy restrictiva de jurisdicción universal que contrasta con la regulación anterior, no vulnera lo dispuesto en los Tratados ni en la práctica judicial internacional y se acoge a la exclusión de la jurisdicción universal *in absentia* que constituye el modelo más generalizado en los países de nuestro entorno. Respecto de la Convención de Ginebra, aunque reconoce que «a diferencia de otros Tratados, establece un sistema obligatorio de Jurisdicción Universal, en el sentido de imponer a cualquier país firmante la carga de localizar a los criminales de guerra que se oculten en el mismo y llevarlos ante sus Tribunales, asumiendo jurisdicción extraterritorial para juzgarlos», esta jurisdicción imperativa «no se extiende a la obligación de iniciar investigaciones *in absentia*, de buscar a los responsables fuera de su territorio y de reclamarlos en cualquier caso». La Sala Segunda viene reconociendo que las limitaciones introducidas en 2014 encuentran su fundamentación tanto en la referida práctica de los países de nuestro entorno como en la escasa efectividad que la experiencia ha demostrado que alcanzan los procedimientos de jurisdicción universal dirigidos contra personas que ni son españoles ni se encuentran de forma permanente, u ocasional, en nuestro territorio. (STS 06/05/2015 [*Tol 5001812*], doctrina reiterada en SSTS de 08/05/2015 [*Tol 5175684*]; de 25/10/2016 [*Tol 5856615*]; de 18/11/2016 [*Tol 5887586*]; AAN de 27/07/2017 [*Tol 6342162*]).

Finalmente, el TEDH, en sentencia de 25/07/2024 concluye que la restrictiva reforma de la LO 1/2014, al perseguir de forma proporcionada una finalidad legítima, no vulnera el derecho de acceso a la justicia reconocido en el art. 6.1 Convenio (Couso Permuy c. España [*Tol 10115174*]).

De conformidad con lo dispuesto en el art. 23.4 LOPJ «será competente la jurisdicción española para conocer de los hechos cometidos por españoles o extranjeros fuera del territorio nacional susceptibles de tipificarse, según la ley española, como alguno de los siguientes delitos cuando se cumplan las condiciones expresadas». Tales condiciones, que por su extensión no vamos a reproducir, varían en cada caso, según el delito de que se trate, en función de los Tratados internacionales suscritos por España y exigen siempre un vínculo de conexión relevante en España, normalmente la nacionalidad española del autor del delito o de la víctima o la residencia habitual del extranjero autor o víctima del delito en España. En todo caso, el art. 23.5 LOPJ impone el principio de subsidiariedad, conforme al cual la jurisdicción española se hace depender de que en el seno de un Tribunal Internacional [ap. a)] o en el Estado en que se hubieran cometido los hechos o en el de la nacionalidad del investigado [ap. b)] no se haya iniciado un procedimiento que suponga una investigación y una persecución efectiva de los hechos punibles. Corresponde al TS valorar si en tal Estado hay o no disposición a actuar en un asunto determinado, en función de una serie de circunstancias que determinan la ausencia de un proceso con las debidas garantías (ap. 2º. a), b), c) y párr. último del art. 23.5 LOPJ).

Los delitos recogidos en el art. 23.4 LOPJ que, como los del art. 23.3 LOPJ, «solamente serán perseguibles en España previa interposición de querella por el agraviado o por el Ministerio Fiscal» (art. 23.6 LOPJ), son los siguientes:

a) Genocidio, lesa humanidad o contra las personas y bienes protegidos en caso de conflicto armado.
b) Delitos de tortura y contra la integridad moral de los arts. 174 a 177 CP.

c) Delitos de desaparición forzada incluidos en la Convención internacional de Nueva York de 20/12/2006.
d) Delitos de piratería, terrorismo, tráfico ilegal de drogas tóxicas, estupefacientes o sustancias psicotrópicas, trata de seres humanos, contra los derechos de los ciudadanos extranjeros y delitos contra la seguridad de la navegación marítima que se cometan en los espacios marinos, en los supuestos previstos en los tratados ratificados por España o en actos normativos de una Organización Internacional de la que España sea parte.
e) Terrorismo.
f) Los delitos contenidos en el Convenio para la represión del apoderamiento ilícito de aeronaves, hecho en la Haya el 16/12/1970.
g) Los delitos contenidos en el Convenio para la represión de actos ilícitos contra la seguridad de la aviación civil, hecho en Montreal el 23/09/1971, y en su Protocolo complementario hecho en Montreal el 24/02/1988.
h) Los delitos contenidos en el Convenio sobre la protección física de materiales nucleares hecho en Viena y Nueva York el 03/03/1980.
i) Tráfico ilegal de drogas tóxicas, estupefacientes o sustancias psicotrópicas.
j) Delitos de constitución, financiación o integración en grupo u organización criminal o delitos cometidos en el seno de estos.
k) Delitos contra la libertad e indemnidad sexual cometidos sobre víctimas menores de edad.
l) Delitos regulados en el Convenio del Consejo de Europa de 11/05/2011 sobre prevención y lucha contra la violencia contra las mujeres y la violencia doméstica.
m) Trata de seres humanos.
n) Delitos de corrupción entre particulares o en las transacciones económicas internacionales.

o) Delitos regulados en el Convenio del Consejo de Europa de 28/10/2011, sobre falsificación de productos médicos y delitos que supongan una amenaza para la salud pública.
p) Cualquier otro delito cuya persecución se imponga con carácter obligatorio por un Tratado vigente para España o por otros actos normativos de una Organización Internacional de la que España sea miembro, en los supuestos y condiciones que se determine en los mismos.

Asimismo, la jurisdicción española será también competente para conocer de los delitos anteriores cometidos fuera del territorio nacional por ciudadanos extranjeros que se encontraran en España y cuya extradición hubiera sido denegada por las autoridades españolas, siempre que así lo imponga un Tratado vigente para España.

El ap. p) del art. 23.4 LOPJ extiende la jurisdicción universal a «cualquier otro delito cuya persecución se imponga con carácter obligatorio por un tratado vigente», cláusula de cierre que no puede interpretarse como una vía de aplicación a los supuestos ya relacionados en las letras precedentes. La cuestión se planteó en relación con el procedimiento iniciado en virtud de la querella presentada por entidades y ciudadanos contra altos cargos chinos por delitos graves en relación con la ocupación del Tíbet. Después de años de trámite y tras la entrada en vigor de la LO 1/2014, el Pleno de la Sala de lo Penal de la AN, acordó el sobreseimiento de la causa por auto de 02/07/2014, con base en la falta de conexión de los querellados con España. Los recurrentes en casación, al socaire del voto particular al citado auto, entendían que los muy estrictos vínculos de conexión sobre los delitos de genocidio, lesa humanidad y contra las personas y bienes protegidos en caso de conflicto armado relacionados con la personalidad activa, quedaban salvados por el referido ap. p), aplicable a los delitos contra las personas y bienes protegidos en caso de conflicto armado, que es como se tipifican en nuestro ordenamiento las infracciones graves de la Convención de Ginebra. La STS de 06/05/2015 [*Tol 5001812*], cit. descarta este razonamiento sobre la base de una interpretación gramatical, lógico-finalista y sistemática, concluyendo que el discutido ap. p) del art. 23.4 «no es aplicable a los supuestos que ya aparecen específicamente regulados en los apartados anteriores del precepto, pues constituye una cláusula de cierre aplicable exclusivamente a otros supuestos que pudieran ser objeto de un Tratado no contemplado en la regulación anterior».

La jurisprudencia también ha tenido oportunidad de pronunciarse sobre la naturaleza y alcance de la Disposición transitoria única de la LO 1/2014, según la cual «Las causas que en el momento de entrada en vigor de esta Ley se encuentren en tramitación por los delitos a los que se hace referencia en la misma quedarán sobreseídas hasta que no se acredite el cumplimiento de los requisitos establecidos en ella». Para la Sala Segunda, la previsión normativa «constituye una modalidad especial de sobreseimiento establecido en una norma con rango de Ley Orgánica, que no tiene que corresponderse necesariamente con los requisitos prevenidos en la LECrim para las modalidades de sobreseimiento en ella establecidas» (SSTS 06/05/2015 [*Tol 5001812*]; 24/09/2015 [*Tol 5503186*]), al tratarse de un «sobreseimiento ordenado *ex lege*, de manera que opera directamente por ministerio de la ley». No es, pues, «un acto judicial que se produzca desde la fecha en la que éste se dicta, sino que se produce desde la entrada en vigor de la ley». (STS Pleno, de 24/07/2014 [*Tol 4462413*]). Ahora bien, aun siendo una «modalidad autónoma y específica de sobreseimiento», con unas condiciones determinadas y un fundamento concreto, la falta de jurisdicción produce unos «efectos similares al sobreseimiento provisional, pues, una vez archivado el procedimiento, si en algún momento posterior se constata que concurren los requisitos para activar las jurisdicción española en el delito enjuiciado, por ejemplo la presencia de los acusados en territorio español, el sobreseimiento quedará sin efecto, y el procedimiento debe reiniciarse». (SSTS 24/09/2015 [*Tol 5503186*]; y de 18/11/2016 [*Tol 5887586*]).

Sobre la aplicación de la LO 1/2014, el TS recuerda que la norma general en materia de retroactividad de las leyes penales, incluida en el art. 2.2º CP, establece que tendrán efecto retroactivo aquellas leyes penales que favorezcan al reo, de tal modo que la referida ley, de carácter procesal, pero con efectos penales sobre las personas querelladas en un procedimiento, «excluye la jurisdicción de los Tribunales españoles sobre los hechos que pudieran imputarse a dichas personas, por lo que es una norma que favorece al reo y que, en consecuencia, debe producir efectos retroactivos». Advierte el Alto Tribunal que impedir la impunidad en los delitos internacionales de especial gravedad, o en otras materias como el terrorismo o la criminalidad organizada, «no puede conducir, en absoluto, a la vulneración de las garantías esenciales del proceso, entre las que se encuentra, de modo muy destacado, el principio de legalidad». (STS 08/05/2015 [*Tol 5175684*]).

Otra cuestión controvertible que plantea la exégesis del art. 23. 4 LOPJ es la del concepto de víctima. Se aborda en el AAN de 27/07/2017 [*Tol 6342162*], que partiendo del carácter excepcional de la jurisdicción extraterritorial, de la modalidad restrictiva de jurisdicción universal por la que ha optado el legislador y de lo «problemática» que puede resultar su aplicación «por los abusos potenciales de los procedimientos legales y el riesgo de sobrecargar los recursos nacionales de investigación en aquellos casos en que parece muy verosímil que nunca llegará a celebrarse el juicio penal», concluye que «la condición de "víctima" ha de identificarse con el sujeto pasivo del delito, sin extenderlo al más amplio de perjudicado y/o víctima indirecta», solución coherente con lo dispuesto en el art. 4 de la Ley 29/2011, de Reconocimiento y Protección Integral de las Víctimas del Terrorismo y con el art. 75.1 del Estatuto de la Corte Penal Internacional.

Algunos de los delitos relacionados en el ap. 4 del art. 23 LOPJ han merecido especial atención de la Sala Segunda, que se ha ocupado de perfilar el alcance de la jurisdicción universal en su persecución e investigación:

A) Tráfico de drogas

El art. 23.4 LOPJ contempla una doble vía de atribución de jurisdicción universal a los delitos relacionados con el tráfico de drogas: por la letra d) los delitos cometidos en los espacios marítimos cuando un tratado internacional o un acto normativo de una organización internacional permitan atribuir a España su competencia para tal represión punitiva; por la letra i) los delitos cometidos fuera de nuestro espacio territorial de soberanía, pero excluidos también de los espacios marinos. (La STS 25/03/2015, nº 168/2015, se refiere a una «triple vía», al incluir también la disposición de la letra p), a mi juicio equívocamente y, desde luego, de manera contradictoria con lo razonado en STS 06/05/2015 [*Tol 5001812*], según se ha expuesto *ut supra*).

El TS, corrigiendo el criterio de la AN, considera que los apartados. d) e i) del art. 23.4 formulan «dos reglas de atribución de jurisdicción, distintas y autónomas» que ciertamente «coinciden en el objeto delictivo —drogas tóxicas, estupefacientes o sustancias psicotrópicas—, y en su comisión fuera del territorio nacional, pero al establecer el apartado d) una concreción o especificación, constituida por "los espacios marinos", convierten a esta norma en especial, y, por tanto, de aplicación preferente al apartado i) —que carece de especificación—, de modo que, en ningún caso puede exigirse al apartado d) la concurrencia de los requisitos del tal apartado i), que queda circunscrito a espacios extraterritoriales que no constituyan espacios marinos». (STS 24/07/2016 [*Tol 5834969*]).

En los casos de delitos de tráfico ilegal de drogas tóxicas, estupefacientes y sustancias psicotrópicas, cometidos en medios marinos, el ap. d) del art. 23.4 LOPJ confiere jurisdicción a las autoridades españolas para el abordaje, inspección, incautación de sustancias y detención de los tripulantes de cualquier embarcación que enarbole el pabellón de otro Estado, siempre que obtenga la autorización del Estado de abanderamiento del barco (artículo 17.3 y 4 de la Convención de Viena de 1988). Esta competencia supone, lógicamente, la del enjuiciamiento de los imputados en caso de que se trate de buques sin pabellón, o resultando este ficticio. Cuando se trate de naves con pabellón legítimo, la competencia para el enjuiciamiento será la del país de bandera de forma preferente, y solamente de forma subsidiaria la del país que llevó a cabo el abordaje y la inspección. Es decir, la jurisdicción que otorga el art. 23.4 d) LOPJ es subordinada a la preferente del Estado de pabellón; de ahí que, si se carece de abanderamiento, ante la inexistencia de jurisdicción preferente, la subsidiaria de quien ejercita el abordaje deviene principal (SSTS de 24/07/2014 [*Tol 4462413*]; de 24/07/2014 [*Tol 4464087*]; de 11/11/2015 [*Tol 5558454*]; de 14/12/2015 [*Tol 5595812*]; 04/07/2024 [*Tol 10103253*]).

B) Terrorismo

En relación con el delito de terrorismo, el ap. e) 2º del art. 23.4 LOPJ, tras la ampliación operada por la LO 2/2015, permite dirigir el procedimiento no solo contra un extranjero que resida habitualmente o se encuentre en España sino también contra quien «sin reunir esos requisitos, colabore con un español o con un extranjero que resida o se encuentre en España, para la comisión de un delito de terrorismo». Se convierte así el terrorismo en un supuesto especial, por su mayor extensión, de justicia universal. Extensión que ha delimitado la Sala Segunda al aclarar que conforme al art. 23. 4. e) LOPJ «se admite la persecución de las acciones terroristas que hayan producido víctimas españolas, sin necesidad de que los responsables sean españoles o se encuentren en España, pero como manifestación del principio de personalidad pasiva, no como vínculo de conexión para toda una actividad terrorista». En el caso analizado, la jurisdicción española «puede extenderse, por ejemplo, a cualquier acto terrorista de *Al Quaeda* que haya producido víctimas españolas, aunque se haya realizado en el extranjero, pero no alcanza, sin embargo, a todo el conjunto de la actividad de esta organización terrorista, no permitiendo por ello, abrir una causa general contra todos los supuestos crímenes de dicha organización, a lo largo del tiempo y con independencia del lugar o lugares donde se hayan producido». (STS 08/05/2015 [*Tol 5175684*]).

El TS, en S. 28/01/2021 [*Tol 8296285*], abordó el análisis del principio de subsidiariedad regulado en el ap. 5. b) del art. 23 LOPJ, que excluye la jurisdicción española cuando se haya iniciado un procedimiento en el Estado del lugar en que se hubieran cometido los hechos o en el Estado de nacionalidad de la persona investigada. La citada sentencia confirma la condena de la Sala de lo Penal de la AN por el asesinato de carácter terrorista de cinco jesuitas españoles. Los asesinatos fueron urdidos, planeados, acordados y ordenados por los miembros del alto mando de las Fuerzas Armadas de El Salvador, órgano al que pertenecía el condenado como viceministro de Seguridad Pública. La competencia de la jurisdicción española era, por lo tanto, clara en aplicación del principio de personalidad pasiva que otorga la jurisdicción a un Estado para enjuiciar los hechos delictivos cometidos en el extranjero contra un nacional suyo y que recoge el art. 23.4 e) 4º LOPJ. Más discutible era la concurrencia de las circunstancias que el ap. 5 del art. 23 exige valorar a fin de determinar «si hay o no disposición a actuar en un asunto determinado» por parte del país al que inicialmente corresponde la competencia por razón del territorio o la persona, en este caso El Salvador. Tras la verificación de tales circunstancias, el TS descartó la aplicación del principio de subsidiariedad al considerar acreditada la existencia de «indicios serios y razonables de que el proceso penal seguido en El Salvador no pretendió realmente que los responsables de los hechos fueran castigados sino, más bien, su sustracción a la justicia, todo ello acompañado de la ausencia de las garantías necesarias de independencia e imparcialidad».

C) Los delitos de corrupción en los negocios

La letra n) del art. 23.4 LOPJ incluye el delito de corrupción entre particulares o en las transacciones económicas internacionales entre «los hechos cometidos por españoles o extranjeros fuera del territorio nacional» de los que puede conocer la jurisdicción española. Se trata de dos conductas castigadas en los arts. 286 *bis* y 286 *ter* CP respectivamente, ambas agrupadas hoy en la Secc. 4ª, Delitos de corrupción en los negocios, del Capítulo XI, De los delitos relativos a la propiedad intelectual e industrial, al mercado y a los consumidores, dentro del Título XIII CP.

El delito de corrupción entre particulares del art. 286 *bis* fue introducido en el CP por la LO 5/2010, en cumplimiento de la D.M. 2003/568/JAI del Consejo, de 22/07/2003, relativa a la lucha contra la corrupción en el sector privado, cuyo art. 7 contempla la posibilidad de persecución del delito por la jurisdicción española, aunque los hechos se hayan cometido en el extranjero, si bien no fue hasta la entrada en vigor de la LO 1/2014 que esta previsión se incorporó al art. 23 LOPJ. Tanto para este delito del art. 286 *bis* como para el delito de corrupción en las transacciones comerciales internacionales o cohecho internacional, del art. 286 ter, el art. 23.4 n) LOPJ establece los mismos requisitos o elementos de conexión con la jurisdicción española: que el procedimiento se dirija contra un español o extranjero que resida habitualmente en España, o que el delito haya sido cometido por directivos, empleados, colaboradores... de una empresa, sociedad, asociación, fundación u organización que tenga su sede o domicilio social en España, o por una persona jurídica, organización, agrupaciones de personas... que igualmente tengan su sede o domicilio social en España.

El cohecho internacional, ubicado hoy en el art. 286 ter, contempla una conducta que ha sido objeto de sucesivas reformas desde que fue introducida en el hoy derogado art. 445 *bis* CP por la LO 3/2000, en cumplimiento del Convenio OCDE de lucha contra la corrupción de Agentes Públicos extranjeros en las transacciones comerciales internacionales, de 17/12/1997. Constituye el art. 286 *ter* CP un delito especial frente al delito de cohecho activo del art. 424 CP debido a la presencia de un funcionario público extranjero y a la actuación en el ámbito de las actividades comerciales internacionales. Teniendo en cuenta que solo la parte activa del delito de cohecho internacional regulado en el art. 286 *ter* CP ha sido extraída del ámbito de los delitos contra la Administración Pública, donde permanece el cohecho pasivo —el que atañe al funcionario público— y que el art. 427 CP declara que los preceptos que castigan el delito de cohecho son también aplicables a los funcionarios extranjeros en él definidos, se ha planteado la posibilidad del castigo en España del funcionario público extranjero, cuestión esta de solución incierta, ante la que, como analiza PAVÍA CARDELL (2023, pp. 10 y 11), caben dos opciones. La de que el funcionario extranjero sea considerado un partícipe en un delito de corrupción en las transacciones económicas internacionales, posibilidad que este autor califica de forzada, pues parece claro que el legislador ha reservado tal figura para el particular. Esta solución desafía, además, el carácter unilateral del cohecho, que la Sala Segunda viene destacando en cuanto el Código «contempla dos figuras distintas de cohecho —uno el activo y otro el pasivo— ambas de carácter unisubjetivo», de modo que «cada grupo responde de su propio delito —el cohecho activo o el pasivo— sin que le sea aplicable las reglas de la coparticipación criminal, ya que para la consumación de los respectivos tipos basta la unilateral iniciativa o proposición-solicitud, sin que sea exigible un *pactum sceleris* o convenio corruptor» (SSTS de 09/03/1994 [*Tol 5012891*] y de 08/06/2006 [*Tol 961871*]).

Frente a esta opción —el funcionario como partícipe— cabe la del castigo del funcionario extranjero corrompido en una transacción económica internacional realizada fuera de España como autor de un delito de cohecho pasivo común de acuerdo con lo dispuesto en el art. 427 CP, en relación con los arts. 419 a 421 CP. Ahora bien, esta interpretación choca con la imposibilidad de su enjuiciamiento en España pues el art. 23.4 LOPJ no incluye el cohecho pasivo en la letra n) ni en el resto del catálogo de delitos a los que alcanza la jurisdicción española ni cabe el recurso a lo dispuesto en la letra p), puesto que el citado Convenio OCDE de 1997 no impone la persecución extraterritorial del cohecho pasivo. Tampoco tiene encaje en el art. 24.3 h) LOPJ que, con base en el principio de defensa, atribuye competencia extraterritorial a la jurisdicción española para la persecución de los delitos cometidos en el extranjero por funcionarios públicos *españoles* —no extranjeros— o contra la Administración Pública *española*, adjetivo este último que difícilmente podrá atribuirse al ejercicio de una función pública en el extranjero por un funcionario extranjero.

Por lo tanto, España carece de jurisdicción para la persecución del funcionario extranjero responsable del delito de cohecho pasivo en el ámbito de las transacciones económicas internacionales, que quedará en manos del país del que es nacional este funcionario.

D) Blanqueo de capitales

Un supuesto singular de atribución de jurisdicción se encuentra en el art. 301.4 CP, que dispone que «el culpable será igualmente castigado, aunque el delito del que provinieren los bienes, o los actos penados en los apartados anteriores hubiesen sido cometidos, total o parcialmente, en el extranjero».

El precepto genera cierta perplejidad y no pocas dudas interpretativas. En efecto, se trata de una norma impropiamente ubicada en el Código penal, dada su naturaleza procesal y no sustantiva, que presupone una competencia que el art. 23 LOPJ no confiere a los Tribunales españoles para perseguir los delitos de blanqueo. Además, el art. 301.4 CP admite la comisión parcial o total en el extranjero tanto del delito de blanqueo como del delito antecedente, sin establecer ninguno de los vínculos de conexión que se contemplan en dicho art. 23 LOPJ. Respecto de la comisión parcial en el extranjero, el principio de ubicuidad permite salvar cualquier reparo a la competencia de la jurisdicción española y así lo viene confirmando la Sala Segunda para los actos de blanqueo plurales de naturaleza ubicua (SSTS de 04/03/2020 [*Tol 7877779*] —caso Fórum Filatélico—; y de 13/04/2016 [*Tol 5710172*]; ATS de 27/07/2017 [*Tol 6339688*] *y* AAN de 10/02/2014 [*Tol 4535694*]).

El problema se plantea en relación con la persecución del blanqueo enteramente cometido en el extranjero. En principio, puede admitirse que el art. 301.4 CP establece una regla de extraterritorialidad de la jurisdicción española, al margen del art. 23 LOPJ, aun cuando no es fácil determinar cuál es el fundamento de esta competencia extraterritorial, si el principio de defensa o el de justicia universal, cuyos fundamentos y límites, como se ha dicho, son distintos. El principio de defensa exige un interés interno afectado desde fuera de nuestras fronteras de tal modo que, si el bien jurídico directamente protegido por el delito de blanqueo es el orden socioeconómico, en una actividad criminal pluriofensiva, sería necesario justificar que la conducta cometida en el extranjero ataca de alguna forma dicho bien jurídico. Por su parte, el principio de universalidad podría incorporar la persecución del blanqueo con el respaldo de un Tratado que lo impusiera obligatoriamente [art. 23. 4.p) LOPJ] o bien entender que se impone su persecución extraterritorial sobre la base de que el delito antecedente se encuentre en la lista del art. 23. 4, como, por ejemplo, el tráfico de drogas. Sin embargo, la predicada autonomía del delito de blanqueo (SSTS de 21/04/2016 [*Tol 5696134*]; de 09/10/2018 [*Tol 6977337*]; de 05/03/2019 [*Tol 7106294*], entre otras muchas) dificulta avanzar por la senda que abre este segundo razonamiento.

La Sala Segunda ha analizado el alcance del art. 301.4 CP en la STS de 23/12/2016 [*Tol 5925066*], reconociendo que se trata «de una disposición de claro sabor procesal que ha sido incluida en el código penal con notoria descolocación sistemática. La redacción de este precepto sugiere que el delito de blanqueo se sujeta a un incondicionado criterio de persecución extraterritorial, equiparando la tutela penal del equilibrio del sistema financiero a la que reclaman otros bienes jurídicos de incuestionada validez para la comunidad nacional». La STS 27/07/2019 [*Tol 6339688*], confirma la «compatibilidad» entre la regulación prevenida en el ar. 23 LOPJ con el art. 301.4 del CP razonando que «el primero de los preceptos ni recoge una regulación exhaustiva (numerus clausus) como pretenden los recurrentes, ni puede entenderse que deroga de forma tácita el artículo 301.4 del Código Penal, pues, de haberlo querido así el Legislador, lo habría hecho en las reformas del Código Penal llevadas a cabo por las Leyes Orgánicas 1 y 2/2015, de fecha posterior a la LO 1/2014, de reforma de la Ley Orgánica del Poder Judicial relativa a la justicia universal».

3. LAS CUESTIONES PREJUDICIALES

3.1 Concepto, clases y elementos

En principio, el juez debe resolver todas las cuestiones relacionadas con el objeto procesal. Sin embargo, puede suceder que se le presente un tema que se cuestiona y que afecta a una relación jurídica ajena a su orden jurisdiccional. Nacen así las cuestiones prejudiciales que podemos definir, con CONDE-PUMPIDO FERREIRO (2004, p. 73), como «un caso especial de conexión de materias jurídicas heterogéneas que se da cuando la resolución de una cuestión de derecho ejerce influencia sobre la decisión de otra cuestión de derecho de orden distinto, con virtualidad para poder ser objeto de declaración jurisdiccional propia o independiente, por el mismo u otro juez».

Aunque la doctrina ha propuesto otras posibles clasificaciones, la distinción procesalmente relevante se da entre las cuestiones prejudiciales devolutivas y no devolutivas. Desde la perspectiva de la jurisdicción penal, las primeras se producen cuando la cuestión prejudicial debe ser resuelta por un órgano jurisdiccional de otro orden distinto al penal, con la consiguiente suspensión entretanto del procedimiento penal; las no devolutivas, son aquellas cuestiones que pueden ser resueltas por el mismo juez del orden penal que conoce del asunto. A ellas se refieren los arts. 3 a 6 LECrim. En el art. 3 se establece la regla general del carácter no devolutivo de las cuestiones prejudiciales «cuando tales cuestiones aparezcan tan íntimamente ligadas al hecho punible que sea racionalmente imposible su separación»; el art. 4 impone una excepción «si la cuestión prejudicial fuese determinante de la culpabilidad o de la inocencia»; el art. 5 se refiere a las cuestiones devolutivas absolutas y son estas «las cuestiones civiles prejudiciales, referentes a la validez de un matrimonio o a la supresión de estado civil»; finalmente el art. 6 señala las cuestiones prejudiciales no devolutivas, aquellas en las que la cuestión prejudicial «se refiere al derecho de propiedad sobre un inmueble o a otro derecho real». No obstante, esta vetusta y poco clara regulación de la LECrim se encuentra severamente rectificada por lo dispuesto en el art. 10 LOPJ y su interpretación jurisprudencial, que ha establecido la plenitud del juez penal para resolver todas las cuestiones prejudiciales, eliminando en la práctica las llamadas devolutivas. Solo serán devolutivas las cuestiones prejudiciales penales para el resto de órdenes jurisdiccionales (art. 10.2 LOPJ).

Como elementos de las cuestiones prejudiciales podemos señalar:

a) Que se trate de un punto de Derecho, no de hecho. Los tipos penales se integran por elementos descriptivos, apreciables por los sentidos, o por elementos normativos. Estos pueden ser, culturales, sociales o jurídicos. Pues bien, en estos últimos es en los que el juez, para completar el juicio de tipicidad, debe acudir a las normas del ordenamiento jurídico, con frecuencia, extrapenales —cosa mueble, documento mercantil, concurso...—. Lo mismo sucede con las normas penales incompletas o normas penales en blanco en las que la conducta o la consecuencia jurídico-penal no se encuentra agotadoramente prevista en ellas, debiendo acudirse para su integración a otra norma distinta. Son solo estos supuestos los que dan lugar a las verdaderas cuestiones prejudiciales.

b) Que se trate de una materia que por su naturaleza pertenezca a otro orden jurisdiccional. Aunque el art. 3 LECrim cita las cuestiones civiles y administrativas, entre las primeras debemos comprender también cualquiera no atribuida a otro orden jurisdiccional (art. 9.2 LOPJ) y entre las administrativas, deben ser de carácter jurisdiccional, resueltas por la jurisdicción contencioso-administrativa.

c) Que aparezca tan ligada al hecho punible que sea racionalmente imposible su separación, esto es, que sin su previa resolución no puede tomarse una decisión sobre el fondo.

3.2 Tramitación

Las cuestiones prejudiciales han de ser «propuestas», término poco afortunado para ser aplicado a un proceso penal que no se rige por el principio dispositivo y que, por tanto, debe interpretarse como que hayan sido sencillamente *planteadas* en el proceso, bien por las partes, bien de oficio por el órgano judicial. Toda vez que la LECrim no regula su tramitación, la jurisprudencia vino entendiendo (STS de 23/11/1998 [*Tol 5133494*], con cita de otras y de lo ordenado en la Memoria de la Fiscalía de 1888) que han de plantearse como artículos de previo pronunciamiento y sustanciarse por el procedimiento regulado en los arts. 667 y ss. de la LECrim. En el procedimiento abreviado, antes del trámite de calificación, a través del escrito de defensa o al iniciarse el acto del juicio oral, como cuestión previa (STS de 29/03/1999 [*Tol 5151153*]). Entiendo, no obstante, que podrán también proponerse en el trámite de conclusiones, en las calificaciones definitivas, una vez celebrado el juicio oral y fijado definitivamente el objeto del proceso. Obviamente, aunque este no puede resolverlas, también pueden suscitarse ante el juez de instrucción.

Las cuestiones prejudiciales, de naturaleza sustantiva extrapenal, no deben confundirse con otros requisitos procesales o requisitos de perseguibilidad, como la previa licencia del juez o tribunal cuando se trata de calumnias o injurias vertidas en juicio (art. 215.2 CP); la denuncia en ciertos delitos, como los referidos a determinadas lesiones y maltratos (art. 147.4 CP); la sentencia firme o auto, también firme, de sobreseimiento o archivo, en el delito de acusación o denuncia falsa, del art. 456 CP; la autorización del Congreso o Senado, en las causas contra Diputados o Senadores o la querella del agraviado o del Ministerio Fiscal del art. 23.2 b) LOPJ.

3.3 Efectos

El primer efecto que produce la resolución de una cuestión prejudicial no devolutiva es la extensión de la competencia del juez penal, que vacía la competencia tanto territorial como material del juez del otro orden jurisdiccional. Los únicos condicionantes vienen establecidos en los arts. 7 y 3 LECrim. Conforme al primero, el juez penal viene obligado a aplicar «las reglas del Derecho civil o administrativo». La doctrina moderna conviene en que las reglas a las que se refiere el precepto son las sustantivas, las que regulan la cuestión dentro de la rama del ordenamiento a la que pertenece, no las procesales, pues en el proceso penal el juez solo puede aplicar las contenidas en la LECrim (art. 1). Por su parte, el art. 3 limita los efectos de la decisión a la propia del objeto del proceso penal «para sólo el efecto de la represión». Esta última limitación implica que la extensión de la jurisdicción «a los solos efectos prejudiciales», como con una más precisa terminología proclama el art. 10 LOPJ, no va a producir efectos de cosa juzgada fuera del proceso penal, esto es, no vincula a otro juez, ni al civil, contencioso administrativo o mercantil. Tampoco a otro juez penal.

3.3.1 Los efectos en otro orden jurisdiccional

El TC ha considerado que en los asuntos denominados complejos, aquellos en los que se entrelazan instituciones integradas en sectores del ordenamiento cuyo conocimiento ha sido legalmente atribuido a órdenes jurisdiccionales diversos, es legítimo el instituto de la prejudicialidad no devolutiva, cuando el asunto resulte instrumental para resolver la pretensión concretamente ejercitada y a los solos efectos de ese proceso, porque no existe norma legal alguna que establezca la necesidad de diferir a un orden jurisdiccional concreto el conocimiento de una cuestión prejudicial (STC 278/2000 [*Tol 81714*]). Por eso, «a pesar de los inconvenientes que puede tener que dos órganos judiciales distintos puedan llegar a interpretaciones jurídicas diferentes [...] normalmente carece de relevancia constitucional la posibilidad de que puedan producirse resultados contradictorios entre resoluciones de órganos judiciales de distintos órdenes, cuando la contradicción es consecuencia de los distintos criterios informadores del reparto de competencias que ha llevado a cabo el legislador». (STC 278/2000 [*Tol 81714*] con cita de otras). No obstante, en alguna ocasión (SSTC 30/1996 [*Tol 82965*] y 147/2002 [*Tol 258480*]) el TC ha mostrado la necesidad de remitir a otro orden jurisdiccional la cuestión prejudicial cuando lo impone el ordenamiento jurídico y cuando del conocimiento de esta cuestión por el tribunal competente pueda derivarse la limitación del derecho a la libertad, de tal modo que del apartamiento arbitrario de esta previsión legal pueda resultar «una contradicción entre dos resoluciones judiciales, de forma que unos hechos existan y dejen de existir respectivamente en cada una de ellas» incurriendo así en vulneración del derecho a la tutela judicial efectiva. En todo caso, esta preocupación puntual por las contradicciones entre resoluciones judiciales está lejos de constituir una regla absoluta —la misma STC 147/2002 [*Tol 258480*] termina reiterando la consolidada doctrina constitucional— pues, en definitiva, la *verdad procesal* no tiene el mismo valor en cada orden jurisdiccional, por lo que puede llegarse a *verdades* diferentes y aun contradictorias reconocidas como válidas y coexistentes por el ordenamiento jurídico.

Lo expone con claridad la STS de 10/10/2018 [*Tol 6843227*], cuando resuelve que «no cabe en modo alguno aceptar esa pretendida fuerza de cosa juzgada positiva de la sentencia civil en el proceso penal. Ni los principios que inspiran uno y otro procedimiento, ni la diversidad de actividad probatoria en uno y otro procedimiento legitimarían esa vinculación del juez penal por la decisión del civil». La preferencia del orden penal que resulta de los arts. 9 y 19 LOPJ impide que los órganos del orden jurisdiccional penal puedan verse vinculados por los pronunciamientos fácticos contenidos en otra sentencia previa, del orden civil o mercantil (SSTS de 17/07/2013 [*Tol 3888614*]; de 18/02/2009 [*Tol 1459587*]; de 18/07/2006 [*Tol 984846*]; de 09/02/2004 [*Tol 4970609*]) de tal modo que «cada causa criminal tiene un propio objeto y su propia prueba y conforme a su propio contenido ha de resolverse, sin ninguna posible vinculación prejudicial procedente de otro proceso distinto, todo ello sin perjuicio de que la prueba practicada en el primero pueda ser traída del segundo proceso para ser valorada en unión de las demás existentes (SSTS de 13/06/2024 [*Tol 10074007*] y, en el mismo sentido, SSTS de 26/04/2023 [*Tol 9547178*] y de 11/04/2024 [*Tol 9982340*]).

La Sala Segunda ha aplicado esta doctrina en relación con el procedimiento concursal, declarando que cabe el doble enjuiciamiento de unos hechos en los órdenes civil y penal sin que ello constituya cosa juzgada, dada la separación entre los ilícitos civiles y penales, de tal manera que la calificación del concurso como fortuito o como culpable no vincula a los jueces y tribunales del orden jurisdiccional penal que, en su caso, entienden de actuaciones del deudor que pudieran ser constitutivas de delito (STS de 13/05/2016 [*Tol 5737369*]).

También ha establecido la no vinculación del juez penal a lo resuelto por otro tribunal, a los efectos de apreciar error del juzgador con base en los fundamentos facticos de otra sentencia dictada por un tribunal que enjuició la conducta de un menor de edad penal que intervino en los mismos hechos (STS de 17/07/2002 [*Tol 4922361*]). A la misma solución se llegó en STS de 27/03/1995 [*Tol 405390*], que se refiere a un caso de la posible eficacia en el orden penal de una sentencia dictada por un juzgado de lo social, en el que el recurrente critica la postura del tribunal sentenciador por apartarse de los criterios acogidos en dicha resolución. Recuerda la Sala Segunda que «los testimonios o certificaciones de resoluciones, más concretamente sentencias, dictadas por cualesquiera órganos judiciales, acreditan la realidad de su emisión, pero de ninguna manera, y frente a otros órganos judiciales, hacen fe del acierto y corrección jurídica de lo resuelto, ni de la realidad y veracidad de los hechos que les sirvieron de antecedente y determinaron su pronunciamiento». Califica la extrapolación de las apreciaciones que hacen otros jueces en sus resoluciones de «recusable interferencia en la función de apreciación racional y en conciencia de la prueba reservada inexcusablemente al Juez o Tribunal sentenciador».

3.3.2 Los efectos en otro proceso penal

La Sala Segunda del TS viene reiteradamente declarando la inexistencia de prejudicialidad en el proceso penal o cosa juzgada material. Así lo explica la STS de 27/01/2022 [*Tol 8779356*] —y, en similares términos, las SSTS de 22/04/2019 [*Tol 7202198*]; de 10/12/2019 [*Tol 7753757*]; de 10/02/2021 [*Tol 8319084*]; de 21/03/2023 [*Tol 9490775*] y de 29/03/2023 [*Tol 9501208*], entre otras—:

> «A diferencia de otras ramas del Derecho en las que puede existir una eficacia de cosa juzgada material de carácter positivo o prejudicialidad que se produce cuando para resolver lo planteado en un determinado proceso haya de partirse de lo antes sentenciado con resolución de fondo en otro proceso anterior, esta eficacia no tiene aplicación en el ámbito del proceso penal. Cada causa criminal tiene un propio objeto y su propia prueba y conforme a su específico contenido ha de resolverse, sin ninguna posible vinculación prejudicial procedente de otro proceso distinto, a salvo, claro, de los supuestos excepcionales que puedan dar sustento a una cuestión prejudicial de las previstas en el artículo 3 y ss LECRIM. Recordaba la STS 309/2015, de 21 de noviembre, con cita de otros precedentes, que la única eficacia que la cosa juzgada material produce en el proceso penal es la preclusiva o negativa, que

simplemente consiste en que, una vez resuelto por sentencia firme o resolución asimilada una causa criminal, no cabe seguir después otro procedimiento del mismo orden penal sobre el mismo hecho y respecto a la misma persona, pues una de las garantías del acusado es su derecho a no ser enjuiciado penalmente más de una vez por unos mismos hechos, derecho que es manifestación de principio non bis in ídem y una de las formas en que se concreta el derecho a un proceso con todas las garantías reconocido en el artículo 24.2 CE, en relación a su vez con los artículos 10.2 CE y 14.7 PIDCP».

3.4 La desaparición de las cuestiones prejudiciales devolutivas *ex* art. 10 LOPJ

Establece el art. 10 LOPJ que «1. A los solos efectos prejudiciales, cada orden jurisdiccional podrá conocer de asuntos que no le estén atribuidos privativamente. 2. No obstante, la existencia de una cuestión prejudicial penal de la que no pueda prescindirse para la debida decisión o que condicione directamente el contenido de ésta determinará la suspensión del procedimiento mientras aquélla no sea resuelta por los órganos penales a quienes corresponda, salvo las excepciones que la ley establezca».

El impacto de esta norma en la regulación de las cuestiones prejudiciales contenida en la LECrim es innegable, si bien la doctrina discute si el art. 10.1 suprime todas las cuestiones prejudiciales devolutivas o solo las necesarias, dejando subsistentes las facultativas, interpretando algunos el verbo «podrá» no como poder sino como posibilidad, esto es, habilitaría al juez para conocer de todas las cuestiones prejudiciales, pero también podría este diferir su conocimiento al orden a que corresponda, a su libre arbitrio.

La Sala Segunda del TS mantiene, en cambio, una inequívoca posición, de la que es buena muestra la STS 15/03/2021 [*Tol 8369852*]:

> «Una ya pacífica y reiterada jurisprudencia de esta Sala (por todas y como más reciente, STS 598/2018, de 27 de noviembre) viene sosteniendo que a partir de la entrada en vigor del art. 10 LOPJ (1985), como premisa, no son admisibles cuestiones prejudiciales devolutivas en el proceso penal. Se considera que ha perdido plena vigencia el art. 4 LECrim que debe ser reinterpretado a la luz del art. 10 LOPJ. El tema puede ser discutible y dudoso. Pero lo que no es ni discutible ni dudosa es la posición clara y firmemente asentada en esta Sala».

Podemos compendiar los principales razonamientos que maneja la citada sentencia como sigue:

a) Que el art. 10.1 LOPJ, inspirado en el principio de unidad de actuación, que no permite hablar de distintas jurisdicciones sino de distribución de la jurisdicción única entre diversos órdenes jurisdiccionales, deroga las denominadas cuestiones prejudiciales devolutivas, con la excepción de aquellos supuestos en que la cuestión prejudicial tenga una naturaleza penal (SSTS de 24/07/2001 [*Tol 4976418*], de 29/10/2001 [*Tol 103361*]; de 27/09/2002 [*Tol 4920596*] y 28/03/2006 [*Tol 1022896*], entre otras).

b) Que, si bien el mantenimiento exclusivo de las cuestiones prejudiciales devolutivas de naturaleza penal en el sistema establecido por la LOPJ se encuentra limitado por el condicionamiento consignado en el último inciso del art. 10.2, la regla contenida en el art. 10.1 LOPJ no se encuentra limitada por excepción alguna.

c) La concepción es, además, congruente con la naturaleza de los tipos delictivos propios del derecho penal actual, en el que la ampliación de la tutela penal a un espectro más amplio de bienes jurídicos de esencial relevancia social, impone una configuración de los tipos plagada de elementos normativos jurídicos extrapenales: delitos ambientales, delitos urbanísticos, delitos societarios, delitos fiscales, delitos de prevaricación, insolvencias punibles, delitos contra la propiedad intelectual e industrial, etc. Esta tutela penal frente a los más graves atentados contra los bienes jurídicos reconocidos por el resto del Ordenamiento quedaría vacía de contenido efectivo si en el propio proceso penal no se pudiesen resolver, como regla general, las cuestiones jurídicas de otra naturaleza necesarias para la constatación de la concurrencia del delito objeto de enjuiciamiento.

Finalmente, el análisis de la práctica jurisdiccional penal y de la propia jurisprudencia de la Sala Segunda revela el efectivo respeto del principio contenido en el art. 10. 1º de la LOPJ en detrimento de lo anteriormente establecido por el art. 4º de la LECrim, atendiendo a la generalizada inadmisión en la práctica de las cuestiones prejudiciales pretendidamente devolutivas, (vid., entre otras muchas, SSTS de 22/03/2001 [*Tol 4925894*]; de 28/03/2001 [*Tol 4914117*]; de 06/11/2000 [*Tol 4923280*]; de 10/07/2000 [*Tol 4922518*]).

La eliminación de las cuestiones prejudiciales civiles alcanza incluso a las previstas con carácter imperativo en el art. 5 LECrim, de muy escasa aplicabilidad. Así la STS de 01/06/2023 [*Tol 9615759*], en relación con el art. 390.2 CP, establece que el objeto del delito pueden ser los documentos que integran el expediente matrimonial, que la declaración de inexistencia de un matrimonio en función de las pruebas practicadas no contraviene la normativa extrapenal y que para el enjuiciamiento de este delito no procede plantear la cuestión prejudicial civil del art. 5.

3.5 Breve referencia a algunos supuestos de prejudicialidad

3.5.1 La jurisdicción contable

La jurisprudencia ha declarado repetidamente que no puede exigirse una previa declaración del Tribunal de Cuentas (TCU) para una apreciación de responsabilidad penal, pues no constituye un requisito de procedibilidad para la intervención del tribunal penal. (SSTS de 11/03/2015 [*Tol 4777353*]; de 26/03/2019 [*Tol 7141207*]; de 13/06/2024 [*Tol 10074007*], entre otras). Lo propia LOTCU establece que la responsabilidad penal por delito de malversación no depende de la decisión que previamente pueda adoptar la jurisdicción contable, a la que no corresponde el enjuiciamiento de los hechos constitutivos de delito (art. 16.2), decisión que, además, no producirá efectos fuera del ámbito de dicha jurisdicción (art. 17.3).

Por lo tanto, la declaración de responsabilidad penal «no puede declinarse a favor de la jurisdicción del Tribunal de Cuentas al objeto de que este declare previamente a la actuación de la jurisdicción penal la existencia de un hecho punible o de alguno de sus elementos —como lo es la legalidad o ilegalidad de los fondos públicos y la cuantificación de la malversación—, pues ello compete de manera exclusiva a los órganos judiciales del orden penal». (STS de 11/03/2015 [*Tol 4777353*]). En lo que a su competencia respecta, el TCU puede declarar el alcance de las posibles responsabilidades de orden contable, que pueden perfectamente no coincidir con los pronunciamientos del tribunal penal, ya que aquel actúa con otros criterios y finalidades. (STS de 18/10/2004 [*Tol 513574*]).

El hecho de que la jurisdicción penal sea competente para el enjuiciamiento de los delitos de los que pueda derivarse responsabilidad contable, y en consecuencia para pronunciarse autónomamente sobre todos los elementos integradores del tipo delictivo no excluye el respeto a lo establecido en el art. 49 de la LFTCU, que dispone que cuando los hechos fueren constitutivos de delito, con arreglo a lo establecido en el art. 18.2 LOTCU, el juez o tribunal que entendiere de la causa se abstendrá de conocer de la responsabilidad contable nacida de ellos, dando traslado al TCU de los antecedentes necesarios al efecto de que este concrete el importe de los daños y perjuicios causados en los caudales o efectos públicos. Así, en SSTS de 24/04/2007 [*Tol 1073451*] y de 20/02/2020 [*Tol 7792121*], se elimina del fallo de la sentencia recurrida «el pronunciamiento sobre responsabilidades civiles recaído, reservándolo al Tribunal de Cuentas».

Ahora bien, en este punto debe diferenciarse entre la responsabilidad contable (art. 18 LOTCU) y la responsabilidad civil nacida del delito. El TCU solamente examina la responsabilidad contable exigible a los responsables de rendir cuentas respecto del manejo de caudales o efectos públicos (art. 49.1 LFTCU), mientras que la responsabilidad civil dimanante de un delito puede afectar a otras personas que hayan participado en el mismo y a las que no correspondieran aquellas obligaciones, e incluso puede alcanzar a partícipes a título lucrativo (art. 122 CP).

3.5.2 Los delitos contra la Hacienda Pública

La inicial exigencia impuesta por el art. 37 de la Ley 50/1977, de Medidas Urgentes de Reforma Fiscal, que establecía que el delito fiscal era perseguible a instancia de la Administración, la cual, solo una vez firmes las actuaciones administrativas y recaída resolución del Tribunal Económico Administrativo Central (TEAC), debía poner en conocimiento del Ministerio Fiscal los hechos que estimara constitutivos de este delito, fue superada por la LO 2/1985, que suprimió esta verdadera condición objetiva de procedibilidad —así la denomina la STS de 05/11/1991 [*Tol 2431128*]— y configuró el delito contra la Hacienda Pública en el art. 349 como un delito público, situación mantenida en el vigente CP. La solución activó la persecución en España del delito fiscal, hasta entonces testimonial, pero generó la dificultad de que la normativa tributaria para la determinación del delito tuviera que ser sustanciada en una jurisdicción distinta de la especializada para ello, dentro de un proceso penal.

Ante esta situación se planteó la posible existencia de una cuestión prejudicial administrativa, que podía resolverse bien conforme al art. 4 LECrim, con suspensión del procedimiento penal hasta que los tribunales de la jurisdicción contencioso-administrativa fijaran la cuota defraudada, bien como una cuestión prejudicial no devolutiva, reconociendo al juez penal la competencia para aplicar la normativa tributaria conducente a determinar la cuota defraudada, con base en el art. 3 LECrim, solución esta unánimemente admitida por la jurisprudencia (SSTS de 27/12/1990 [*Tol 6519*]; de 09/02/1991 [*Tol 2429732*]; de 23/12/1991 [*Tol 2430881*]; de 25/02/1998 [*Tol 78299*]; de 30/10/2001 [*Tol 158314*]; de 16/05/2002 [*Tol 4921749*], entre otras muchas...).

3.5.3 El delito de prevaricación

La prejudicialidad administrativa, conforme al art. 4 LECrim, cuyo planteamiento ha sido en algún caso considerado necesario por el TC (STC 47/1995 [*Tol 82787*]) y llegó a aplicar la Sala Segunda (STS de 05/07/1994 [*Tol 403817*]) no se da cuando resulta «la ostensible, patente y manifiesta ilegalidad del acuerdo» (STS de 20/01/1996 [*Tol 5140012*]), si bien actualmente se estima que lo prevenido al respecto en tal artículo ha de entenderse derogado por el art. 10.1 LOPJ, como ya hemos analizado (STS 28/03/2006, nº 363/2006, con cita de otras), y que «cuando se trata de examinar la posible ilicitud penal de un acto administrativo la competencia es exclusiva de la jurisdicción penal» (STS 05/06/2013 [*Tol 3846079*]), sin que sea necesario un pronunciamiento previo de la jurisdicción contencioso/administrativa sobre la legalidad del acto administrativo (STS de 03/06/2019 [*Tol 7270082*]).

3.5.4 Las insolvencias punibles

Hasta la reforma del CP operada por la LO 1/2015, el estado de insolvencia era un dato indubitado proporcionado por el juez de lo mercantil (arts. 86 *bis* y *ter* LOPJ) para declarar el concurso de acreedores, por lo que dicho estado no podía ser discutido o revisado en la jurisdicción penal. Tras dicha reforma, la previa declaración del concurso deja de ser un requisito de perseguibilidad en el delito de insolvencia punible, al permitir el art. 259.4 CP su persecución no solo cuando se haya declarado el concurso sino también «cuando el deudor haya dejado de cumplir regularmente sus obligaciones exigibles», admitiéndose la apertura del proceso penal «sin esperar a la conclusión del concurso y sin perjuicio de la continuación de este». (art. 259.5 CP). Al no exigirse ya la previa declaración del concurso —basta el incumplimiento de las obligaciones exigibles— cabe ahora perseguir penalmente la insolvencia de entidades que no pueden ser declaradas en concurso, como determinadas entidades y organismos públicos (art. 1.3 LC). No obstante, resulta llamativo que la declaración de ausencia de prejudicialidad del art. 259.5 CP se refiera a concursos ya iniciados pero no contemple la situación de que el concurso no haya llegado siquiera a declararse, aunque en este punto resulta de interés lo dispuesto en el art. 4 LC, según el cual en los procedimientos penales el Ministerio Fiscal instará del juez que comunique a los acreedores del deudor insolvente los hechos investigados a fin de que puedan solicitar la declaración de concurso ante el juez competente. Se evita así la dificultad de que un juez no especialista venga obligado, no ya a declarar si el deudor ha causado o no su insolvencia, sino algo previo a tal declaración y que puede resultar más complejo, si dicho deudor se encuentra o no en tal situación de insolvencia, lo que puede entrar en contradicción con lo que posteriormente declare el juez del concurso, por más que la calificación de la insolvencia en el proceso concursal no vincule a la jurisdicción penal (art. 259.6 CP).

3.6 Cuestiones prejudiciales ante el Tribunal de Justicia de la Unión Europea

La primacía del Derecho comunitario ha sido declarada por el TJUE y también asumida por el TC cuando proclama que «el principio de primacía del Derecho de la UE forma parte del acervo comunitario incorporado a nuestro ordenamiento» (STC 145/2012 [*Tol 2604713*]). Tal primacía se plasma en que los jueces y tribunales aplicarán el Derecho de la UE de conformidad con la jurisprudencia del TJUE (art. 4 *bis*. 1 LOPJ) y a ellos corresponde dejar sin aplicación, en virtud de su propia autoridad e iniciativa, toda disposición contraria al Derecho comunitario, sin esperar a su derogación o declaración de inconstitucionalidad (STJUE de 09/03/1978, C-106/77 [*Tol 5809947*]). Ahora bien, aunque no corresponde al TJUE pronunciarse sobre la compatibilidad de normas de Derecho interno con el Derecho de la Unión, sí es competente «para proporcionar al órgano jurisdiccional nacional todos los elementos de interpretación del Derecho de la Unión que pueda permitirle apreciar dicha compatibilidad para dirimir el asunto del que esté conociendo» (SSTJUE de 10/11/2011, C-126/10 [*Tol 2517604*] y de 12/12/2013, C-523/12 [*Tol 4033377*]). Esta función la lleva a cabo a través de la resolución de las cuestiones prejudiciales, que constituye un mecanismo fundamental del Derecho de la UE pues tiene por objeto garantizar su interpretación y aplicación uniformes en el seno de la Unión.

Su regulación básica se contiene en los arts. 19.3 b) del TUE y 267 del TFUE, desarrollada en otros textos normativos comunitarios, y de modo especial por el Estatuto del TJUE, de 13/12/2007 y por el Reglamento de Procedimiento del Tribunal de Justicia de 25/09/2012. De especial interés son las Recomendaciones a los órganos jurisdiccionales nacionales, relativas al planteamiento de cuestiones prejudiciales del TJUE (06/11/2012 y 08/11/2019), que sistematizan la jurisprudencia comunitaria al respecto (RTJ).

El art. 19.3 b) TUE establece que el TJUE se pronunciará, de conformidad con los Tratados, con carácter prejudicial, a petición de los órganos jurisdiccionales nacionales, sobre la interpretación del Derecho de la Unión o sobre la validez de los actos adoptados por las instituciones. El art. 267 TFUE declara que el TJUE será competente para pronunciarse, con carácter prejudicial: a) sobre la interpretación de los Tratados; b) sobre la validez e interpretación de los actos adoptados por las instituciones, órganos u organismos de la Unión. Cuando se plantee una cuestión prejudicial ante un órgano jurisdiccional de uno de los Estados miembros, dicho órgano podrá pedir al Tribunal que se pronuncie sobre la misma, si estima necesaria una decisión al respecto para poder emitir su fallo. El sometimiento al TJUE será obligado cuando la cuestión se plantee ante un órgano jurisdiccional nacional, cuyas decisiones no sean susceptibles de ulterior recurso judicial de Derecho interno.

La iniciativa corresponde exclusivamente al órgano jurisdiccional nacional, con independencia de que las partes del litigio principal lo hayan solicitado o no (apartado 10 RTJ 2012) o de lo que pueda interesar al propio TJUE, siempre que entienda aplicable a un caso una norma interna que considera contraria al ordenamiento europeo, o una norma europea de la que no conste interpretación y que podría suscitar dudas de compatibilidad con otras normas internas. La libre apreciación del órgano jurisdiccional nacional sobre la oportunidad de plantear una cuestión prejudicial se extiende incluso a aquellos casos en los que su decisión sobre el fondo del asunto no sea susceptible de ulterior recurso judicial, pues el juez podrá no plantear la cuestión si estima que existe ya una jurisprudencia bien asentada en la materia o, sencillamente, no le cabe ninguna duda razonable sobre el modo correcto de interpretar la norma jurídica. (STJUE de 09/09/2015, C-160/14 [*Tol 5419376*]; STC 99/2015 [*Tol 5204999*]). Esta «amplísima facultad para someter la cuestión al Tribunal de Justicia» (STJUE de 22/06/2010, C-188/10 [*Tol 9917605*] y C-189/10 [*Tol 9917601*]) ha llevado al TC a considerar que no cabe declarar la infracción de la obligación de plantear la cuestión prejudicial (SSTC 111/1992 [*Tol 526751*]; y 201/1996 [*Tol 83130*]), salvo cuando la falta de planteamiento suponga una vulneración de la tutela judicial efectiva y un proceso con todas las garantías (SSTC 58/2004 [*Tol 397360*]; 194/2006 [*Tol 956919*]; y 78/2010 [*Tol 6448676*]).

Todos los órganos jurisdiccionales están facultados para promover una cuestión prejudicial (ap. 9 RTJ 2012), incluido el TC, aunque no esté integrado en el Poder Judicial (ATC 86/2011 [*Tol 9868005*]). El órgano jurisdiccional puede plantear la cuestión al TJUE en cualquier fase procesal y tan pronto como lo estime necesario para poder emitir su fallo (ap. 12 RTJ 2019). La presentación de una cuestión debe ir seguida de la suspensión del proceso *a quo*, a la espera de la decisión del Tribunal de Justicia de la UE, aunque el órgano jurisdiccional nacional sigue siendo competente para adoptar medidas cautelares (ap. 25 RTJ 2019).

La petición de decisión prejudicial «debe referirse a la interpretación o a la validez del Derecho de la Unión, y no a la interpretación de normas jurídicas nacionales o a cuestiones de hecho suscitadas en el litigio principal» (ap. 8 RTJ 2019).

Por lo que se refiere al planteamiento de la cuestión, el Tribunal nacional habrá de exponer concisamente los hechos del caso, la norma que considera aplicable y de la que depende el fallo y las dudas o cuestiones controvertidas que somete a la jurisdicción del TJUE. La petición «puede adoptar cualquiera de las formas admitidas por el Derecho nacional» y se redactará, «de forma sencilla, clara y precisa, sin elementos superfluos» (ap. 14 RTJ 2019). Puede incluso «indicar de modo sucinto su punto de vista sobre la respuesta que deben recibir las cuestiones planteadas» (ap. 24 RTJ 2012). El planteamiento lo hará de conformidad con la jurisprudencia del TJUE y, en todo caso, mediante auto, previa audiencia de las partes (art. 4 bis.2 LOPJ). La Instrucción de la FGE 1/2016 se refiere a la intervención del Fiscal en las cuestiones prejudiciales europeas.

Sin perjuicio de que el TJUE adopte su decisión teniendo en cuenta el contexto jurídico y fáctico del litigio principal, tal como lo haya determinado el órgano jurisdiccional remitente en su petición, no es el propio TJUE el que aplica el Derecho de la Unión al litigio, sino que corresponde al órgano jurisdiccional remitente extraer las consecuencias de dicha respuesta, inaplicando, si fuera preciso, la norma nacional declarada incompatible con el Derecho de la Unión. (ap. 8 RTJ 2012).

En relación con la Fiscalía Europea, el art. 42.2 del Reglamento (UE) 2017/1939 establece que el TJUE será competente, de conformidad con el art. 267 del TFUE para pronunciarse con carácter prejudicial sobre: a) la validez de determinados actos procesales de la Fiscalía Europea cuando se plantee ante algún órgano jurisdiccional nacional sobre la base del Derecho de la Unión; b) la interpretación de las disposiciones del Derecho de la Unión contenidas en el Reglamento; y c) la interpretación de sus arts. 22 y 25 (que regulan la competencia de la Fiscalía Europea) «en relación con cualquier conflicto de competencia entre la Fiscalía Europea y las autoridades nacionales competentes». En España, tales conflictos quedarán limitados a los surgidos con las autoridades judiciales, no con la Fiscalía española en el marco de unas Diligencias de Investigación, pues aun teniendo los fiscales la condición de autoridad judicial, las investigaciones del fiscal no constituyen actividad jurisdiccional sino preprocesal, como se ha encargado de establecer tanto la Fiscalía General —Circular 2/2022, de 20/12, sobre la actividad extraprocesal del Ministerio Fiscal en el ámbito de la investigación penal— como el TS (SSTS de 25/01/2009 [*Tol 1788428*]; de 19/12/2014 [*Tol 4839250*]; de 11/01/2016 [*Tol 5935366*]) y el TC (STC 59/2023 [*Tol 9613088*]).

BIBLIOGRAFÍA

- BARJA DE QUIROGA, *Tratado de Derecho Procesal Penal*, Tomos I y II. 7ª ed., Thomson Reuters, 2020.
- CONDE-PUMPIDO FERREIRO, *Comentarios a la Ley de Enjuiciamiento Criminal y otras leyes del proceso penal*, vol. 1. Tirant lo Blanch, 2004.
- GIMENO SENDRA, *Derecho Procesal Penal*, Thomson Reuters, 3ª edición, 2019.
- LUZÓN CUESTA, *Compendio de Derecho Penal. Parte General*, Dykinson, 28ª edición, Madrid, 2023.
- LUZON CUESTA, *Compendio de Derecho Penal. Parte Especial*, Dykinson, 25ª edición, 2023.
- MARTÍNEZ JIMÉNEZ, *Derecho Procesal Pena*l, Tecnos, 4ª edición, 2021
- PAVÍA CARDELL, «El delito de corrupción en las transacciones económicas internacionales: aspectos esenciales», *CEJ*, 2023.

Capítulo 5

La competencia penal. La conexión

María Luzón Cánovas
Fiscal
Inspección Fiscal FGE

1. LOS TRIBUNALES DEL ORDEN PENAL

El primer artículo de la LECrim establece los tres pilares sobre los que se asienta el procedimiento penal: «No se impondrá pena alguna por consecuencia de actos punibles, cuya represión incumba a la jurisdicción ordinaria, sino de conformidad con las disposiciones del presente Código o de leyes especiales y en virtud de sentencia dictada por Juez competente».

Del mismo modo que el art. 1.1 CP proclama el principio de legalidad penal por el que «No será castigada ninguna acción ni omisión que no esté prevista como delito por ley anterior a su perpetración», el art. 1 LECrim exige que el cauce por el que instruya y enjuicie el delito esté establecido legalmente, quedando así cohesionado el principio de legalidad penal *sustantivo* con el principio de legalidad procesal penal.

La segunda premisa del artículo, al requerir que solo mediante sentencia pueda ser impuesta una pena, resulta indisociable de la formulación negativa que realiza el art. 3.1 CP prohibiendo la ejecución de penas o medidas de seguridad «sino en virtud de sentencia firme».

Finalmente, el art. 1 LECrim impone que la sentencia condenatoria sea dictada por «Juez competente», precepto que, aun anterior a la Constitución, entronca con el derecho al juez ordinario predeterminado por la Ley que, como derecho fundamental, establece el art. 24.2 CE.

Que este primer artículo solo se refiera al *juez competente* para dictar sentencia condenatoria revela la definitiva apuesta del legislador de 1882 por superar, señala su Exposición de Motivos, dos de los vicios capitales del sistema de enjuiciar anterior; a saber, que el juez que instruye el sumario sea el mismo que pronuncia la sentencia, «con todas las preocupaciones y prejuicios que ha hecho nacer en su ánimo la instrucción», y que las pruebas del plenario apenas tengan relevancia frente a las diligencias sumariales haciendo ilusoria la posibilidad de defensa del procesado que llega al plenario «ya vencido o por lo menos desarmado». Para enmendar estos vicios se propugna, entre otras medidas, la separación de funciones del juez de instrucción y del tribunal sentenciador, la separación de lo civil y lo criminal en cuanto al tribunal sentenciador y la creación de Juzgados de Instrucción, independientes de los de Primera Instancia, en «ciudades populosas en donde hay más de un Juez de primera instancia y es mucha la criminalidad», medidas que cristalizaron en el art. 14 LECrim que, en su redacción original, otorgaba como regla general la competencia a tres órganos judiciales: los jueces municipales, para los juicios de faltas, los jueces de instrucción, para la instrucción de las causas y la Audiencia Provincial, para su enjuiciamiento.

La necesidad de dar respuesta especializada a ciertos tipos de delincuencia, de agilizar los pronunciamientos penales en procedimientos de tramitación sencilla, de permitir la participación ciudadana en la Administración de Justicia o de reforzar los campos de colaboración entre los Estados miembros de la Unión Europea, ha traído consigo la creación de nuevos órganos jurisdiccionales así como la ampliación o modificación de su esfera de actuación. De la sencilla configuración inicial del art. 14 LECrim, con solo tres tipos de órganos jurisdiccionales, se ha pasado a un entramado complejo que exige acotar con claridad el ámbito de actuación de cada órgano jurisdiccional garantizando el contenido esencial de la seguridad jurídica (art. 9.3 CE) a la que sirve el principio de legalidad procesal.

1.1 La constitución de los tribunales

El Poder Judicial se configura en la Constitución Española sobre la base de los principios de unidad, exclusividad e independencia judicial, para cuya realización se prevén una serie de garantías como son la inamovilidad de jueces y magistrados (art. 117.2 CE), la exclusividad en el ejercicio de la potestad jurisdiccional (art. 117.3 CE) y la reserva de ley orgánica para determinar la «constitución, funcionamiento y gobierno de los Juzgados y Tribunales» (art. 122.1 CE). La particularidad de este precepto estriba en que la reserva de LO viene referida a la LOPJ de modo que, solo ésta, puede establecer la «configuración definitiva de los Tribunales de Justicia» (STC 213/1996 [*Tol 83142*]).

El Tribunal Constitucional ha resuelto el alcance de esta reserva de LO señalando que la constitución de los juzgados y tribunales, «debe comprender, como mínimo [...] la institución de los diferentes órdenes jurisdiccionales y la definición genérica de su ámbito de conocimiento litigioso», lo que no impide que «el legislador ordinario concrete las materias específicas objeto del conocimiento de tales órdenes», pues así lo prevé el art. 9.1 LOPJ («Los jueces y juezas, así como los Tribunales ejercerán su jurisdicción exclusivamente en aquellos casos en que les venga atribuida por esta u otra Ley»), siempre y cuando no excepcione o contradiga «el diseño que de los distintos órdenes jurisdiccionales haya establecido la Ley Orgánica» (STC 224/1993 [*Tol 82246*]).

Este reconocimiento permite, por ejemplo, que sea la LECrim (art. 14.3º y 4º LECrim) quien diferencie el ámbito competencial para el enjuiciamiento de delitos entre los, recientemente creados, Tribunales de Instancia y las Audiencias Provinciales, o que la LOPJ remita a «la forma que establezca la Ley» la celebración del juicio de Jurado (art. 83.1), o que, al tratar de la competencia para conocer de los recursos en materia penal se derive igualmente a los recursos previstos en la Ley tanto cuando son competencia de la Sala de la Penal del Tribunal Supremo (art. 57.1.1º), de la Sala de Apelación de la Audiencia Nacional (art. 64 *bis*), de la Sala de lo Civil y Penal de los Tribunales Superiores de Justicia (art. 73.3.c) o de las Audiencias Provinciales (art. 82.1 2º, 3º y 5º).

La LOPJ no fija las competencias de los órganos jurisdiccionales con carácter cerrado. Con ello se evita que deba ser reformada cada vez que las funciones de los tribunales penales resulten afectadas por modificaciones de la LECrim (cfr. Ley 41/2015) o por normas específicas en materia de reconocimiento mutuo de resoluciones judiciales en materia penal en la Unión Europea (cfr. Ley 3/2018), siempre y cuando las mismas no afecten al «ámbito de conocimiento litigioso» establecido en la LOPJ. Por el contrario, la incorporación de nuevos procedimientos, como el procedimiento ante el Tribunal del Jurado o el de decomiso autónomo, exige que la LOPJ realice una atribución específica de competencias a los tribunales del orden penal derivadas de la configuración de tales nuevos procedimientos.

Finalmente, conviene precisar que si bien la LOPJ establece los órganos que integran la jurisdicción penal y delimita el marco de sus competencias y funciones, delega la concreción de los mismos en la Ley de Planta y Demarcación Territorial (Ley 38/1988), correspondiendo al Gobierno la «creación de las

Secciones de las Audiencias y Tribunales y de plazas judiciales, siempre que no suponga alteración de la demarcación judicial» (art. 36 LOPJ).

1.2 Los órganos del orden jurisdiccional penal

Cuando el art. 9 LOPJ precisa el ámbito en el que, con exclusividad, los jueces y juezas y tribunales ejercen su jurisdicción, lo refiere, en el orden penal, al «conocimiento de las causas y juicios criminales, con excepción de los que correspondan a la jurisdicción militar». A su vez, el art. 26 establece los tribunales que ejercen la potestad jurisdiccional en todos los órdenes, concretándose a lo largo de su articulado su configuración, funcionamiento y marco general de sus competencias.

La reciente LO 1/2025, de medidas en materia de eficiencia del Servicio Público de Justicia, supone una importante transformación de los órganos jurisdiccionales tanto por el cambio de nomenclatura como por su configuración y modificación competencial. Entre estos cambios destaca la creación de la figura del Tribunal de Instancia (en adelante TI), único en cada partido judicial conformado, como mínimo, por una Sección Única de Civil y de Instrucción, pudiendo integrarse, además, por diversas secciones que en el ámbito penal realizan funciones de instrucción y/o de enjuiciamiento y que desplazan, haciéndolos desaparecer, a los tradicionales juzgados —de instrucción, de lo penal, de violencia sobre la mujer, de menores, etc.— que se transforman en secciones —de instrucción, de lo penal, de violencia sobre la mujer, de menores, etc.— de estos Tribunales de Instancia (art. 84 LOPJ). De esta manera, con la implantación de forma efectiva de los TI, que conforme a la disposición transitoria primera de la LO 1/2025 será escalonada y que, comenzando el 1 de julio de 2025, concluye el 31 de diciembre de 2025, todas las menciones que la LOPJ o cualquier otra ley o disposición realiza a Juzgados y Tribunales se entenderán referidas solo a Tribunales —disposición adicional primera LO 1/2025—. En definitiva, desaparecen los órganos jurisdiccionales unipersonales manteniéndose como colegiados los que, antes de la reforma, ya lo eran. Con la nueva redacción del art. 26 LOPJ, «Los Tribunales a los que se atribuye el ejercicio de la potestad jurisdiccional» son: jueces de paz, Tribunales de Instancia (TI), Audiencias Provinciales (AP), Tribunales Superiores de Justicia (TSJ), Tribunal Central de Instancia (TCI), Audiencia Nacional (AN) y Tribunal Supremo (TS).

En el presente capítulo trataremos de los órganos jurisdiccionales del ámbito penal y de sus competencias, teniendo en cuenta la regulación que la LO

1/2025 realiza y, por tanto, con la nueva redacción que la misma da a los artículos de la LOPJ y de la LECrim.

1.2.1 Órganos con competencia territorial delimitada

Tienen limitada su competencia al ámbito de un territorio los siguientes tribunales:

1. Los *jueces de paz*, quienes no pertenecen a la Carrera Judicial y no precisan tener licenciatura o grado en Derecho, ejercen su función en aquellos municipios en los que no existan TI. El reformado, por LO 1/2025, art. 100.2, establece que «conocerán en primera instancia de los procesos por delito leve que les atribuya la ley» si bien esta competencia no figura en el también reformado art. 14 LECrim, que ni siquiera los menciona.

2. Los *Tribunales de Instancia* integrados por una Sección Única de Civil e Instrucción ejercen sus competencias dentro del partido judicial en cuya cabeza tienen su sede (arts. 84.1 y 85 LOPJ). Cuando son varias las Secciones que los integren, «se podrá establecer que extiendan su jurisdicción a uno o varios partidos judiciales de la misma provincia o de varias provincias limítrofes dentro del ámbito de un mismo Tribunal Superior de Justica» (art. 84.5 LOPJ). En particular:

* La *Sección de Instrucción* (SI) o *Sección Única de Civil y de Instrucción*, extiende su jurisdicción al partido judicial si bien, excepcionalmente y con carácter temporal, podrá acordarse la agrupación de Secciones de Instrucción o Secciones Únicas de varios partidos judiciales limítrofes de la misma provincia «por razón del incremento de las actividades delictivas de organizaciones criminales vinculadas al tráfico de drogas o personas» (art. 88.4 LOPJ).

* La *Sección de Violencia sobre la Mujer* (SVSM), tiene su jurisdicción en el partido judicial del TI en el que se integra, aunque la misma puede ser ampliada a dos o más partidos dentro de la misma provincia (art. 89.3 LOPJ). Su competencia, tradicionalmente vinculada a la existencia de ciertas relaciones familiares o de protección entre agresor y víctima, se extiende tras la LO 1/2025 a la instrucción de determinados delitos mencionados en el art. 89.5 h), y calificados en la propia LO como de «violencia sexual», en que es suficiente que la «persona ofendida por el delito sea mujer» (delitos contra la libertad sexual, mutilación genital femenina, matrimonio forzado, acoso sexual y trata con fines de explotación sexual).

* La *Sección de Violencia contra la Infancia y la Adolescencia* (SVIA), sin precedente en nuestra legislación, despliega su jurisdicción en el partido judicial del TI en el que se integra si bien puede ser ampliada a dos o más partidos dentro de la misma provincia. Su competencia viene determina por el hecho de que los delitos de los que puede conocer sean cometidos contra niños, niñas o adolescentes (art. 89 *bis* LOPJ).

* La *Sección de lo Penal* (SdP). A pesar de la proclamada necesidad de separar las funciones de instruir y juzgar, la LECrim arbitró, primero con la Ley 3/1967 y luego en la LO 10/1980, sendos procedimientos en los que estaban unidas ambas funciones. Fue necesario que el TC (S de Pleno, 12/07/1988), con base a la interpretación del art. 6.1 Convenio para la Protección de los Derechos Humanos y de las Libertades Fundamentales de 1950 (STEDH de 26/10/1984 [*Tol 168780*]; caso De Cubber c. Bélgica), declarara que el derecho a un juicio público con todas las garantías incluye el derecho a un juez imparcial cuya función es incompatible si en el mismo juez se acumulan las funciones instructora y juzgadora. Dicho pronunciamiento con la declaración de inconstitucionalidad del precepto que la sostenía, propició la promulgación de la LO 7/1988, de 28 de diciembre, por la que se crean nuevos órganos jurisdiccionales y, entre ellos, los Juzgados de lo Penal y Centrales de lo Penal, antecedentes de las hoy Secciones de lo Penal de los TI y del Tribunal Central de Instancia. El conocimiento de estas Secciones se extiende a toda la provincia, pero puede estar limitado a uno o varios partidos judiciales dentro de la misma (art. 90).

* La *Sección de Vigilancia Penitenciaria* (SVP), tiene las funciones jurisdiccionales establecidas en la ley estando su esfera de actuación circunscrita a todo o parte de la provincia o a dos o más provincias de una misma comunidad autónoma (art. 92).

* La *Sección de Menores* (SM), cuyo ámbito territorial es similar a la de las SVP, conoce de las causas atribuidas en la legislación reguladora de la responsabilidad penal de los menores, en función de la edad del autor del delito (art. 91).

3. Las *Audiencias Provinciales*, con sede en la capital de la provincia de la que toman su nombre, extienden su jurisdicción al territorio de la misma pudiendo estar integradas por dos o más secciones, separadas o no, por orden jurisdiccional o por especialidad. A su vez, es posible que alguna de estas secciones tenga su sede en otra localidad de la provincia distinta de su capital «a las que quedarán adscritos uno o varios partidos judiciales» (art. 80 LOPJ), como ocurre en Ceuta, Melilla, Gijón, Elche, Mérida o Vigo, entre otras.

En el orden penal sus competencias vienen delimitadas en el art. 82 LOPJ. Por lo que respecta a la función de enjuiciamiento de una causa en primera instancia, el art. 82.1.1° LOPJ lo refiere al conocimiento «De las causas por delito, a excepción de los que la ley atribuye al conocimiento de las Secciones de lo Penal de los Tribunales de Instancia o de otros Tribunales previstos en esta ley», siendo el art. 14.4 LECrim quien, siquiera de forma residual, precisa que su competencia se extiende al conocimiento y fallo «en los demás casos», esto es en los no atribuidos a las Secciones de Instrucción, de Violencia sobre la Mujer, de Violencia contra la Infancia y la Adolescencia o de lo Penal.

4. La *Sala de lo Civil y Penal de los Tribunales Superiores de Justicia*, culmina la organización judicial en cada Comunidad Autónoma de la cual toman su nombre extendiendo su jurisdicción a todo su territorio (arts. 70 y 71). Como singularidad, el art. 2 Ley 38/1988, previene, a efectos de la demarcación judicial, que las ciudades de Ceuta y Melilla queden integradas en la circunscripción territorial del TSJ de Andalucía, en tanto incluidas en las AP de Cádiz y Málaga respectivamente (art. 3.3 Ley). A su vez el art. 73.6 LOPJ contempla la posibilidad de la creación de una o más secciones, «e incluso Sala de lo Penal con su propia circunscripción territorial en aquellas capitales que ya sean sedes de otras Salas del Tribunal Superior», para el conocimiento de los recursos de apelación establecidos en el propio artículo o en otras leyes. Sus competencias aparecen reguladas en el art. 73 LOPJ.

1.2.2 *Órganos con competencia en todo el territorio nacional*

Los únicos órganos con competencia en todo el territorio nacional son el Tribunal Supremo y los integrados en la Audiencia Nacional.

1. «El *Tribunal Supremo*, con jurisdicción en toda España, es el órgano jurisdiccional superior en todos los órdenes, salvo lo dispuesto en materia de garantías constitucionales» (art. 123.1 CE) donde esta supremacía la ostenta el Tribunal Constitucional (arts. 161 y 164 CE). Con sede en la Villa de Madrid, la Sala Segunda está integrada por su presidente y los magistrados que determine la Ley (art. 54 LOPJ), estableciéndose su órbita de conocimiento en los arts. 55 *bis*, 57 y 61 LOPJ, con la previsión de que pueda ser ampliado a «los demás asuntos que le atribuya esta Ley» (art. 55.4).

2. La *Audiencia Nacional*, con igual sede y jurisdicción en toda España (art. 62 LOPJ), está integrada, en el orden penal, por la Sala de lo Penal (arts. 65 y 68) y la Sala de Apelaciones (art. 64 *bis* 1), ubicándose también el Tribunal Central de Instancia que a su vez cuenta con las Secciones de Instrucción, de lo Penal, de Menores y de Vigilancia Penitenciaria (art. 95 a), b), c) y d) LOPJ).

2. LA DETERMINACIÓN DE LA COMPETENCIA: PLANTEAMIENTO

La competencia, considerada como el conjunto de procesos en que un tribunal puede ejercer conforme a la ley su jurisdicción o, desde otra perspectiva, la determinación precisa del tribunal que viene obligado, con exclusión de cualquier otro, a ejercer la potestad jurisdiccional en un concreto asunto (MORENO CATENA, 1992, p. 102) se configura en el sistema procesal penal español como materia de *ius cogens*. Cuando el art. 8 de la LECrim establece que «La jurisdicción criminal es siempre improrrogable», en realidad se está refiriendo a la competencia (STS de 23/03/2021 [*Tol 8377098*]) lo que implica no solo la exclusión del instituto de la sumisión, propia del derecho civil, sino también la obligación del órgano jurisdiccional de examinar, en cualquier estado de la causa, su propia competencia, tanto objetiva, como funcional y territorial. En definitiva, las normas de determinación de la competencia son indisponibles no solo para las partes sino también para el órgano judicial que no puede modificar el criterio legal de modo que, serán nulos de pleno derecho los actos judiciales realizados con falta de competencia objetiva o funcional (art. 238.1º LOPJ).

La competencia objetiva implica la determinación del órgano judicial que ha de conocer de un proceso penal en primera o única instancia, para lo cual el ordenamiento procesal combina tres criterios:

* La gravedad del delito, competencia ordinaria o común.
* La naturaleza del hecho, competencia *ratione materiae,* que atribuye la competencia objetiva, con independencia de su gravedad.
* La competencia *ratione personae,* en que es la condición de la persona imputada el elemento determinante de la asignación de la competencia objetiva. Son los llamados aforamientos.

La competencia funcional supone la atribución del conocimiento del objeto procesal en atención a las distintas fases procesales, que, siguiendo a GIMENO SENDRA (2019, pp. 194 a 197) son tres:

* La fase declarativa, a su vez dividida en la fase instructora, intermedia y de juicio oral.
* La fase de impugnación, que determina la competencia para conocer de los distintos recursos.
* La fase de ejecución, en donde participa el juez o tribunal encargado de su ejecución y también, en cuanto al estatuto jurídico del preso y

sus relaciones con la administración penitenciaria, el juez de vigilancia penitenciaria.

Finalmente, la competencia territorial establece los criterios o fueros para adscribir territorialmente un proceso a un concreto órgano jurisdiccional dentro de los del mismo tipo, estableciendo la LECrim como fuero preferente y exclusivo, el del lugar de la comisión del delito (*forum delicti commissi*).

3. LA COMPETENCIA OBJETIVA

Como resulta del art. 14 de la LECrim, el criterio de la gravedad del hecho es el de aplicación general y, por lo mismo, es el que cede ante la concurrencia de alguno de los otros criterios que tienen carácter especial los cuales, a su vez, pueden concurrir entre sí. Por otra parte, estos criterios sufren modulaciones en los casos de conexidad de varios delitos cuyo conocimiento por separado correspondería a diferentes órganos.

3.1 La gravedad del hecho

La gravedad del delito determina el conocimiento y fallo de las causas seguidas por delitos leves en las SI, SVSM y SVIA de los TI (art. 14.1 LECrim), o en la SI del Tribunal Central de Instancia en el ámbito que le es propio. Esta regla es de aplicación cuando los delitos leves se presentan aisladamente pero, cuando concurren con delitos menos graves, cuya competencia objetiva corresponde a las Secciones de lo Penal, o con delitos graves, objeto del conocimiento de la AP, esta atribución de la competencia queda modificada.

Para el conocimiento de las causas por delitos a los que la ley señala pena privativa de libertad de duración no superior a cinco años o pena de multa cualquiera que sea su cuantía, o cualesquiera otras de distinta naturaleza, bien sean únicas, conjuntas o alternativas, siempre que la duración de estas no exceda de diez años, son competentes las Secciones de lo Penal de los TI o las secciones con competencia de enjuiciamiento en materia de VSM o de VIA o la Sección de lo Penal del TCI en el ámbito que le es propio «sin perjuicio de la competencia de la Sección de Instrucción del Tribunal de Instancia con competencia en materia de guardia del lugar de comisión del delito para dictar sentencia de conformidad, o de las secciones con competencia en la instrucción en materia de violencia sobre la mujer o de violencia contra la infancia y la adolescencia competentes, en su caso, en los términos establecidos en el artículo 801, así como de las Secciones de Instrucción de los Tribunales de

Instancia competentes para dictar sentencia» (art. 14.3 LECrim). En los demás casos será competente la AP (art. 14.4 LECrim).

La gravedad del delito, como criterio de determinación de la competencia, resulta de la pena en abstracto señalada al mismo, sin atender al grado de ejecución, forma de participación o a la eventual concurrencia de eximentes incompletas que podrían determinar una rebaja de penalidad hasta límites inferiores (SSTS de 14/04/2014 [*Tol 4312282*]; de 17/12/2020 [*Tol 8271752*] y de 27/02/2024 [*Tol 9902675*], entre otras muchas). A estos efectos conviene precisar algunas cuestiones:

1. Es indiferente la *pena que en concreto* haya sido pedida por las partes acusadoras (STS de 22/04/1999 [*Tol 5134376*]), debiendo tenerse en cuenta el límite superior de la pena prevista para el delito objeto de la acusación.
2. En los delitos en que se prevé una *pena conjunta*, basta que una de ellas exceda en abstracto del límite establecido en el art. 14.3 LECrim para atribuir la competencia a la AP (o a la Sala de lo Penal de la AN). No obstante, el último inciso del art. 14. 3 LECrim establece una excepción a este criterio cuando se trate de los delitos comprendidos en el Título VIII del Libro II del Código Penal, «Delitos contra la libertad sexual», en donde a «los solos efectos» de determinar la competencia para su enjuiciamiento, «se tendrán en cuenta únicamente las penas de prisión o de multa», prescindiendo, por tanto, de la duración de las penas privativas o restrictivas de derechos, como la pena de inhabilitación especial para cualquier profesión, oficio o actividad que conlleve contacto regular y directo con personas menores de edad que, en algunos delitos con pena privativa de libertad no superior a cinco años, alcanza hasta los 20 años de duración (art. 192.3 CP).
3. En los supuestos de *concurrencia de varias acusaciones*, ha de tenerse en cuenta aquella que contenga una calificación más grave, atendida la pena señalada por la ley en abstracto al delito imputado y, por tanto, teniendo en cuenta los subtipos agravados aplicados (STS de 19/01/2018 [*Tol 6478482*]).
4. En los delitos que permiten una *reducción facultativa de la pena* (cfr. art. 368 CP para los delitos contra la salud pública que causan grave daño a la salud), la competencia vendrá determinada por la pena señalada en abstracto al tipo penal básico, aunque las acusaciones postulen la aplicación de la pena inferior en grado.

5. En los casos de *delito continuado* en que, conforme al art. 74 CP, la penalidad resulta de la «pena señalada para la infracción más grave, que se impondrá en su mitad superior, pudiendo llegar hasta la mitad inferior de la pena superior en grado», habrá que tener en cuenta la pena susceptible de ser impuesta. De esta forma, si hay facultad de imponer penas superiores a las que determinan la competencia objetiva de las SdP, aunque las acusaciones no hayan hecho uso de esa facultad en sus conclusiones provisionales, la competencia ha de reconocerse en favor de la AP (STS de 24/10/2018 [*Tol 6898965*]).
6. La competencia del órgano de enjuiciamiento en función de la pena asignada al delito, no se ve afectada por el hecho de que las acusaciones no soliciten la imposición de pena alguna y si una *medida de seguridad*, como ocurre en los casos de exención de la responsabilidad del art. 20.1, 2 y 3 CP, o soliciten la sustitución de la pena por la expulsión del territorio nacional (art. 89 CP).
7. La competencia para el conocimiento y fallo de la causa viene determinada por «la pena legalmente prevista para la persona física, aun cuando el procedimiento se dirija exclusivamente contra una persona jurídica» (art. 14 *bis* LECrim).
8. A efectos de determinar la pena en abstracto, la conspiración, proposición o provocación para cometer un delito (arts. 17 y 18 CP) deben entenderse como formas imperfectas de comisión, por lo que deberá tomarse en consideración la pena señalada al delito al que vienen referidas (DEL MORAL, 2004, pp. 149 y 150).
9. La competencia la fija el auto de apertura de juicio oral. Conforme a la doctrina de la *perpetuatio iurisdiccionis*, la competencia declarada una vez abierto el juicio oral se mantiene aún en los casos en los que la acusación desista en conclusiones definitivas de la calificación más grave que determinó la atribución de la competencia (STS de 17/03/2016 [*Tol 5653949*]).
10. En tanto que las *cuestiones de competencia*, positivas o negativas, únicamente pueden darse entre órganos jurisdiccionales del mismo nivel jerárquico (art. 52 LOPJ), cuando la SdP entienda que las acusaciones formuladas exceden de su ámbito de competencia, solo puede elevar exposición razonada a la AP para que se pronuncie sobre este extremo. La AP concernida, a la hora de resolver, no puede adelantar consideraciones acerca la calificación jurídica de los tipos o subtipos agravados aplicados cuya penalidad, en abstracto, determina su competencia, pues esta valoración corresponde al Plenario, y ello sin perjui-

cio de que en el mismo se mantengan o no las conclusiones provisionales o que en la sentencia no sean reconocidos. En sentido inverso, si tras la celebración del juicio oral, la competencia objetiva del SdP fuera desbordada por las acusaciones, se debe proceder de la forma prevista en el art. 788.6 LECrim (STS de 27/03/2013 [*Tol 3531889*]).

3.2 El criterio *ratione materiae*

La primera excepción a la regla general de determinación de la competencia objetiva tiene en cuenta criterios cualitativos como la clase o naturaleza del delito, la edad de su autor, la relación entre el autor y la víctima del delito, el hecho de que la víctima sea mujer o sea menor de edad, o algunos tipos de procedimientos incidentales.

Exclusivamente por razón de la materia, la Sala de lo Penal de la AN y la Sección de lo Penal del TCI conocerán de los delitos que expresamente les atribuye el art. 65.1 LOPJ y la disposición transitoria de la LO 4/1988, de 25 de mayo (terrorismo). La distribución de competencia entre ellos responde a las mismas reglas establecidas para la distribución de competencias entre la AP y las SdP de los TI (art. 14.3 y 4 LECrim). Además, esta Sala de lo Penal conocerá de los procesos iniciados en el extranjero, de la ejecución de sentencias extranjeras o de las cuestiones de cesión de jurisdicción (art. 65. 2º y 3º LOPJ).

Teniendo en cuenta la edad del autor del delito, las SM conocerán de los delitos cometidos por quienes fueran mayores de catorce años y menores de dieciocho años en el momento de su comisión (art. 1 LO 5/2000, reguladora de la responsabilidad penal de los menores). La competencia de la SM del TCI (art. 95.c) LOPJ) resultará de la minoría de edad de los responsables por delitos atribuidos a la AN.

A su vez, desde la consideración de la relación entre el autor del delito y la víctima del mismo, si esta fuera alguna de las personas relacionadas en el art. 89.5.a) LOPJ —esposa o mujer que esté o haya estado ligada a él por una análoga relación de afectividad, descendientes propios o de la esposa o conviviente, menores o personas con discapacidad que con él convivan o se hayen sujetos a la potestad, tutela, etc. de su esposa o conviviente— las SVSM conocerán del enjuiciamiento de los delitos leves «que les atribuya la ley», delitos leves que, antes de su reforma por la LO 1/2025, que omite su concreción, el art. 14 LECrim refería a los delitos leves de amenazas (art. 171.7 párr. 2º CP), coacciones (art. 172.3 párr. 2º CP) e injurias o vejaciones injustas (art. 173.4 CP). Teniendo en cuenta exclusivamente que la víctima sea «niño, niña o adolescente» las SVIA ostentan la competencia para «el conocimiento de los delitos leves que les atribuya la ley» (art. 89 *bis* LOPJ y art. 14.6 LECrim).

Estas dos Secciones tienen competencia para instruir algunos tipos específicamente determinados en los arts. 89 y 89 *bis* LOPJ y reproducidos en el art. 14.5 y 6 LECrim teniendo en cuenta la relación entre el autor y la víctima o el hecho de que ésta sea mujer o menor de edad, debiendo precisarse que, en caso de que los hechos objeto de instrucción pudieran ser conocidos por una u otra Sección, la competencia corresponderá a la Sección de Violencia sobre la Mujer (art. 89 *bis* 7) LOPJ) y que esta competencia para instruir no produce una alteración de la competencia objetiva que ostentan las SdP y las AP para el conocimiento y fallo de estas causas en razón de la gravedad del delito, sin perjuicio de la especialización en estas materias de una o varias plazas judiciales en ambos tribunales (arts. 90 y 96 LOPJ).

El control jurisdiccional de la ejecución de las penas privativas de libertad y medidas de seguridad y de la potestad disciplinaria de las autoridades penitenciarias corresponde a las Secciones de Vigilancia Penitenciaria de los TI (art. 92.1 LOPJ). La Sección de Vigilancia Penitenciaria del TCI, asume las competencias propias de este órgano en relación con las condenas impuestas por los tribunales penales de la AN, teniendo una competencia preferente y excluyente cuando el penado cumpla también otras condenas que no hubiesen sido impuestas por la AN (art. 95.d) LOPJ).

En cuanto a la atribución de la competencia por el tipo de ciertos procedimientos, a título meramente ilustrativo, las SI tienen atribuidos los de *habeas corpus* (art. 88.1. d) LOPJ); las SI de los TI, las SVSM y las SVIA, en el ámbito que les es propio, la emisión y ejecución de instrumentos europeos de reconocimiento mutuo de resoluciones penales (arts. 88. 1. g), 89.5. f), y 89 *bis* 5, párr. 2º d) LOPJ); la SI del TCI la tienen para la tramitación de los procedimientos de extradición pasiva y los expedientes de ejecución de las órdenes europeas de detención y entrega (95. a) LOPJ), salvo que afecte a un menor de edad, en que lo será la SM de dicho Tribunal (art. 95. d); a las SdP corresponde el reconocimiento y ejecución de las resoluciones que impongan sanciones pecuniarias transmitidas por las autoridades competentes de otros Estados miembros de la Unión Europea (art. 90 LOPJ). En cuanto a los incidentes de acumulación de condena, será competente el tribunal que hubiera dictado la última sentencia, aunque fuere juez o magistrado de un TI, salvo en el caso del art. 801 LECrim (Acuerdo no Jurisdiccional del TS de 27-06-2018). Por último, de los incidentes de recusación, dependiendo del órgano en el que magistrados y jueces del orden penal ejerzan su jurisdicción y de si ostentan la presidencia del mismo, la LOPJ radica la competencia en la Sala de lo Penal del TS (art. 60) o en la conformada según el art. 61 LOPJ; en la Sala de lo Penal de la AN (art. 68) o en la conformada según el art. 69 LOPJ; en la Sala de lo Penal de los TSJ (art. 76) o en la conformada según el art. 77.1 LOPJ; o en la AP (art. 82.4).

Mención particular merece la atribución de la competencia en dos procedimientos especiales: el procedimiento regulado en la Ley Orgánica del Tribunal del Jurado, LO 5/1995, y el procedimiento para el enjuiciamiento rápido de determinados delitos establecido por Ley 38/2002.

La LOTJ establece en el ap. 2º de su art. 1 los delitos cuyo enjuiciamiento corresponde al *Tribunal del Jurado*, los cuales están incluidos en las rúbricas que, como marco genérico competencial, establece el ap. 1º del mismo artículo, quedando excluidos «en todo caso» de la competencia del Jurado «los delitos cuyo enjuiciamiento venga atribuido a la Audiencia Nacional y aquellos cuya competencia haya sido asumida por la Fiscalía Europea» (ap. 3º). La exclusión de la competencia del Tribunal del Jurado, y por tanto del procedimiento regulado en la LOTJ, es absoluta ya se trate de delitos cuya competencia viene atribuida por la LOPJ a la AN, como aquellos a los que corresponde su enjuiciamiento por haber sido instruidos por la Fiscalía Europea.

Es necesario subrayar que el Tribunal del Jurado no es un órgano judicial autónomo sino «una forma de constitución de otros órganos judiciales» (GARBERÍ, 2000, p. 283), particularmente de la AP en cuyo ámbito se celebrará, sin perjuicio de los «Tribunales que correspondan por razón del aforamiento del acusado» (arts. 1.3 y 2 LOTJ). Dicho con otras palabras, el conocimiento y fallo de los delitos establecidos en el art. 1.2º LOTJ corresponde a la AP constituida en Tribunal del Jurado, con independencia de la gravedad del delito. Sin embargo, tras la reforma que la LO 1/2025 ha realizado del art. 795.1.2 LECrim, esta consideración debe ser matizada por lo que respecta al delito de allanamiento de morada del art. 202 CP, ahora incluido tanto en la relación de delitos que pueden ser objeto de enjuiciamiento rápido, como entre los delitos competencia del Tribunal Jurado (art. 1.2º d) LOTJ).

En el *procedimiento de enjuiciamiento rápido* de determinados delitos, como en el del Tribunal del Jurado, el legislador realiza un listado de delitos (art. 795.1.2ª LECrim) susceptibles de enjuiciamiento rápido y a los que por tanto debe serle aplicado éste procedimiento especial pero, además, junto a esta relación, establece unos presupuestos tanto respecto de la extensión de la pena en abstracto señalada al delito, como respecto al origen de las diligencias que determinan su incoación, o la flagrancia y sencillez en su instrucción. En el caso en que concurran los supuestos establecidos en el art. 801.1 LECrim, se atribuye a la SI, la SVSM o la SVIA a salvo de lo dispuesto en el art. 779.1.5ª LECrim, la competencia para dictar sentencia de conformidad, con los beneficios de reducción en un tercio de la pena solicitada (art. 801.2 LECrim).

En el caso de que los hechos fueran constitutivos de un delito que estuviera castigado con pena incluida dentro de los límites previstos en el art. 801 LECrim pero que también fuera de los relacionados en el citado art. 1.2 LOTJ —*v.gr.* los delitos de amenazas o de omisión del deber de socorro— debe aplicarse el procedimiento de la LOTJ, en tanto que el procedimiento conocido como «juicio rápido» se aplicará *«sin perjuicio de lo establecido para los demás procesos especiales»*, entre los que cabe incluir, pese a regularse de forma autónoma en la mencionada LOTJ, el procedimiento ante el Tribunal del Jurado, máxime cuando la determinación de la competencia para juzgar en estos casos «no sólo afecta al concreto órgano jurisdiccional que deba conocer del enjuiciamiento, sino a la asignación de éste a órganos de tan diferente naturaleza como el Tribunal profesional o el lego» (STS de 26/06/2009 [*Tol 1560682*]).

No obstante, como decíamos, el legislador de 2025 ha incorporado expresamente el delito de allanamiento al elenco de delitos en los que es posible su enjuiciamiento rápido, lo que resulta perturbador al no haber sido modificados ni los arts. 800 y 801 LECrim ni la LOTJ. Silencia el Preámbulo de la LO 1/2025 la razón de esta reforma que bien puede entenderse con la finalidad de que el investigado por este delito, relativamente frecuente, pueda beneficiarse de la conformidad premial prevista en el art. 801.2 LECrim. Ahora bien, al seguir formando parte de los delitos competencia del Tribunal del Jurado, cuando este delito se sigue en el ámbito de diligencias urgentes de juicio rápido, se puede producir un problema tanto en cuanto al procedimiento como en cuanto a la determinación del órgano de enjuiciamiento, no resuelto por el legislador. En efecto, en las diligencias urgentes de juicio rápido el momento en el que el investigado puede mostrar su conformidad es, una vez abierto el juicio oral y tras haber sido formulada la acusación por el Ministerio Fiscal. Si esta esperada conformidad no llegara finalmente a producirse, la única opción que prevé la Ley es que el LAJ de guardia proceda («deberá proceder») «sin más trámites a la citación de las partes para la celebración del juicio oral» a celebrar «en cualquier caso, dentro de los quince días siguientes» (art. 800.2 y 3 LECrim). El dilema que se plantea es a quien remite la causa para enjuiciamiento. De una parte, la Sección de lo Penal no es competente para conocer de un delito reservado al conocimiento del Tribunal del Jurado pues el juez predeterminado por la Ley quedaría en entredicho cuando ese asunto se sustrae del conocimiento del Tribunal del Jurado «indebida e injustificadamente [...] manipulando el texto de las reglas de distribución de competencias con manifiesta arbitrariedad» produciendo, como efecto inducido, la alteración injustificada del sistema de recursos (STC 14/02/2000-*4.923.037*). Pero, por otra parte, tampoco el LAJ puede remitir la causa a la Audiencia Provincial para su enjuiciamiento ante el Tribunal del Jurado prescindiendo de las normas que rigen este procedimiento. En espera de una reforma de la LECrim o de que el legislador suprima del listado del art. 1.2 LOTJ el delito de allanamiento de morada, las SI en funciones de guardia tendrán que ingeniar fórmulas imaginativas para retrotraer las actuaciones al momento anterior a la apertura del juicio oral y derivar el procedimiento a instrucción para que se sigan los trámites establecidos en la LOTJ.

3.3 La competencia *ratione personae*

Como criterio de aplicación preferente a los anteriores se establecen, a lo largo de nuestro ordenamiento jurídico, múltiples casos de aforamiento.

3.3.1 Las personas aforadas

La Constitución atribuye a la Sala de lo Penal del TS el conocimiento de las causas contra diputados y senadores (art. 71. 3 LOPJ) y contra el Presidente y los demás miembros del Gobierno (art. 102.1 LOPJ). La LOPJ amplía el número de aforados ante esta Sala a las principales autoridades del Estado y del Poder Judicial, a aquellos otros que determinen los Estatutos de Autonomía (art. 57.1.2º y 3º), y a las causas seguidas contra la Reina consorte o el consorte de la Reina, la Princesa o Príncipe de Asturias y su consorte, así como contra el Rey o Reina que hubiere abdicado y su consorte (art. 55 *bis*).

Por razón de aforamiento, la Sala especial prevista en el art. 61 LOPJ conocerá de la instrucción y enjuiciamiento de las causas contra los Presidentes de Sala o contra los magistrados de una Sala del Tribunal Supremo.

La Sala de lo Civil y lo Penal de los TSJ, como Sala de lo Penal, conocerá de las causas contra jueces, magistrados y miembros del Ministerio Fiscal por los delitos o faltas cometidos en el ejercicio de su cargo dentro de la Comunidad Autónoma, siempre que esta atribución no corresponda al TS, así como contra otras personas en que así se establezca en los respectivos Estatutos de Autonomía (art. 73.3 LOPJ).

En el caso en que el delito objeto de la investigación sea de los que la LOTJ reserva para su enjuiciamiento por este procedimiento, el Tribunal del Jurado habrá de constituirse en el ámbito del TS o de los TSJ, siendo el Magistrado-Presidente del Tribunal del Jurado un magistrado de la Sala de lo Penal del TS o de la Sala de lo Civil y Penal del TSJ, respectivamente. No obstante, la

Circular 3/1995 FGE entiende excluidos del ámbito del Tribunal del Jurado los aforamientos establecidos directamente por la Constitución, al considerar que la Sala de lo Penal del TS es diferente a un Tribunal compuesto por nueve jurados y un Magistrado Presidente del TS y que, por ello, el rango constitucional de las normas que atribuyen la competencia a la Sala de lo Penal del TS debe prevalecer sobre la competencia establecida en la LOTJ, planteamiento más que discutible —sobre el que no conocemos que se haya pronunciado el Tribunal Supremo— en tanto que, como decíamos, el Tribunal del Jurado no es un órgano jurisdiccional, sino una «una forma de constitución de otros órganos judiciales».

Por último, de conformidad con lo dispuesto en el art. 8.1 LO 2/1986, de las Fuerzas y Cuerpos de Seguridad, las AP conocerán de los delitos que cometan en el ejercicio de sus funciones. Este aforamiento se diferencia de los demás en que tan solo se extiende a la fase de enjuiciamiento, manteniendo sus competencias las SI (STC 55/1990 [*Tol 80347*]) y que, cuando el delito imputado es de los atribuidos a la AN, serán los JCI los que instruyan y la Sala de lo Penal de la AN la competente para su conocimiento y fallo (STS de 22/05/1996 [*Tol 106378*]).

3.3.2 Adquisición y pérdida de la condición de aforado

El aforamiento más que un privilegio es una prerrogativa personal irrenunciable e indisponible que tiene por finalidad salvaguardar la independencia funcional de quien la ostenta. Una vez que las normas jurídicas (CE, LOPJ y, por remisión, los Estatutos de Autonomía) atribuyen la competencia a los mencionados tribunales, estos adquieren la condición de juez ordinario predeterminado por la Ley a que se refiere el art. 24.2 CE, esto es, aquel constituido con arreglo a las normas de competencia preestablecidas.

Estas normas, en cuanto suponen una excepción al régimen general de atribución de la competencia, deben ser objeto de estricta interpretación. De este modo, aunque nada especifique el art. 57.1. 2º y 3º LOPJ, el TS, teniendo en cuenta que el art. 405 LOPJ establece que «La responsabilidad penal de los Jueces y Magistrados por delitos o faltas cometidos en el ejercicio de las funciones de su cargo se exigirá conforme a lo dispuesto en esta Ley», sostiene que las causas por delitos no relacionados con el ejercicio del cargo, quedan sometidas a la instrucción y fallo del juez ordinario que corresponda conforme a las normas generales «en igual forma legal que cuando el delito se cometa por cualquier ciudadano» (ATS de 16/03/2007 [*Tol 3488629*]).

Cuestión distinta es que una causa se siga contra varias personas y solo alguna de ellas ostente la condición de aforada, donde el órgano jurisdiccional competente por razón del aforamiento asume también el conocimiento de las de aquellos otros, no aforados, si se aprecia «que la vinculación y conexión de conductas dificulta de forma sustancial el enjuiciamiento fragmentado» (ATS de 27/12/2018 [*Tol 6964034*]); esto es, si concurre una «conexión material inescindible», lo que no se dará cuando la actuación del aforado pueda ser investigada y juzgada «con autonomía y sustantividad propia» (STS de 14/10/2019 [*Tol 7515425*]).

El fuero especial o personal es indisponible no siendo posible la renuncia al mismo (ATS de 13/04/1999 [*Tol 3469070*]). No obstante puede renunciarse a la condición que lo sustenta, como la de ser diputado o senador, o haber cesado en el ejercicio del cargo por cumplimiento del período por el que fueron nombrados o haber perdido dicha condición por otras causas como puede ser la jubilación.

El TS ha tenido oportunidad de pronunciarse en muchas ocasiones acerca de las prerrogativas procesales y la inmunidad de la que gozan los Diputados y Senadores «durante el periodo de su mandato» (art. 71.2 CE, art. 11 del Reglamento del Congreso y art. 22.1 del Reglamento del Senado), «aun cuando sólo tengan el carácter de electos», las cuales se fundamentan en evitar que por medio de la vía penal pueda perturbarse el funcionamiento de las Cámaras legislativas; de «ahí que pierda su razón de ser cuando las personas aforadas pierdan la condición de Diputados y Senadores» (ATS de 01/06/2022 [*Tol 9001625*]). Ahora bien, «En las causas con aforados la resolución judicial que acuerda la apertura del juicio oral constituye el momento en el que queda definitivamente fijada la competencia del Tribunal de enjuiciamiento aunque con posterioridad a dicha fecha se haya perdido la condición de aforado». (Acuerdo del Pleno no Jurisdiccional de Sala de 2/12/2014, *vid*. STS de 10/12/2014 [*Tol 4410669*]).

Diferente es el tratamiento otorgado a jueces, magistrados o fiscales en tanto que su fuero está limitado exclusivamente a los delitos que se hayan cometido en el ejercicio de sus cargos, en donde «la competencia se perpetua y dura tras la cesación del magistrado en su cargo» porque lo que «justifica el aforamiento es el propósito de alcanzar una especialmente fundada y unificada resolución de casos penales de la más elevada relevancia para los ciudadanos» (STS de 04/04/2001 [*Tol 4925476*]).

4. LA COMPETENCIA FUNCIONAL

Si la competencia objetiva determina el órgano que en primera o única instancia debe resolver un procedimiento, la competencia funcional precisa el órgano jurisdiccional encargado de sustanciar el proceso penal desde su inicio hasta su terminación mediante sentencia firme o, en su caso, hasta la ejecución de la misma.

La atribución de la competencia funcional está subordinada a la competencia objetiva de tal forma que, determinada ésta, la concreción de la competencia funcional es inmediata. Sus normas pueden clasificarse teniendo en cuenta las distintas fases del proceso y los incidentes que surgen durante las mismas.

4.1 Fase de instrucción

De manera general corresponde a las SI, y, por razón de la materia, a las SVSM y a las SVIA (art. 14 LECrim) o a la SI del TCI (art. 95 a) LOPJ). Si la competencia objetiva viniera determinada por la condición de aforado de la persona investigada, la instrucción corresponde al mismo órgano de enjuiciamiento, TS o TSJ, que designará de entre los miembros de la Sala, conforme a un turno preestablecido, un instructor que no formará parte de la misma para enjuiciarlos (arts. 57.2, 61.2 y 73.4 LOPJ).

Como particularidad y excepción al carácter derivado de la competencia funcional, se encuentran las causas en la que la Fiscalía Europea, órgano supranacional, es la competente para investigar y ejercer la acción penal al tratarse de «delitos que perjudiquen los intereses financieros de la Unión Europea de conformidad con los artículos 4, 22, 23 y 25 del Reglamento (UE) 2017/1939 del Consejo, de 12 de octubre de 2017» (art. 4.1 LO 9/2021, de 1 de julio, de aplicación del Reglamento (UE) 2017/1939 del Consejo, de 12 de octubre de 2017, por el que se establece una cooperación reforzada para la creación de la Fiscalía Europea). La singularidad estriba en que es la atribución de la competencia al órgano de instrucción lo que determina la del órgano de enjuiciamiento, y no al revés. Así, si la Fiscalía Europea es competente para la investigación de los delitos enumerados en el art. 4.2 LO 9/2021, con independencia de su gravedad, materia o del lugar de comisión, es la Sala de lo Penal de la AN la competente para su enjuiciamiento (art. 65.1.f LOPJ), competencia que solo cederá en favor del TS o de los TSJ cuando de los delitos investigados aparezca como responsable una persona aforada (arts. 57.3, 61.2 y 73.4 LOPJ).

Convertida la Fiscalía Europea en el órgano de instrucción, los jueces de la Sección de Instrucción del TCI operan como jueces de garantías para resolver las peticiones de la Fiscalía Europea relativas a la adopción de medidas cautelares personales, la autorización de los actos que supongan limitación de los derechos fundamentales cuya adopción esté reservada a la autoridad judicial y demás supuestos que expresamente determine la ley (art. 95 a) LOPJ).

4.2 Fase de impugnación

Los recursos no devolutivos, reforma y súplica, son resueltos por las mismas secciones de los TI o de los tribunales, respectivamente, que han dictado la resolución impugnada. Los recursos devolutivos, apelación y casación, son resueltos por los órganos funcionalmente superiores al que dictó la resolución, conociendo con carácter general, en los términos que establezca la ley: la AP de los recursos de apelación contra las resoluciones dictadas por las distintas secciones de los tribunales de instancia de su ámbito provincial (de instrucción, de lo penal, de violencia sobre la mujer, de violencia contra la infancia y la adolescencia, de menores y de vigilancia penitenciaria); la Sala de lo Civil y Penal del TSJ, como Sala de lo Penal, de los recursos de apelación contra las sentencias dictadas en primera instancia por la AP y por el Tribunal del Jurado y contra autos resolutorios de cuestiones previas y artículos de previo pronunciamiento dictados por la AP y por el Magistrado Presidente del Tribunal del Jurado (arts. 73.3 LOPJ, y 676 y 846 *bis* a LECrim); la Sala de lo Penal de la AN, de las resoluciones dictadas por las secciones de instrucción, de lo penal, de menores y de vigilancia penitenciaria del TCI (art. 65.5º y 6º LOPJ); la Sala de Apelación de la AN, contra la resoluciones dictadas en primera instancia por su Sala de lo Penal (art. 64 *bis* 1 LOPJ); la Sala de lo Penal del Tribunal Supremo de los recursos de casación y revisión (art. 57.1.1º LOPJ).

De los recursos de queja conocerá el tribunal competente para resolver el recurso de apelación o casación (art. 219 LECrim).

En cuanto a las resoluciones de los letrados de la Administración de Justicia (LAJ), podrá interponerse recurso de reposición (art. 238 *bis* LECrim) ante el juez o tribunal con competencia funcional en la fase del proceso en la que haya recaído el decreto que se impugna (art. 238 *ter* LECrim).

4.3 Fase de ejecución

En los juicios por delitos leves, la ejecución corresponde al «órgano que haya conocido del juicio» (art. 984.1 LECrim) con independencia de que la misma haya sido apelada y haya sido recovado o modificado el contenido del fallo.

En el resto de los procedimientos, el art. 985 LECrim establece que «la ejecución de las sentencias en causas por delitos corresponde al Tribunal que haya dictado la Sentencia firme», precepto que en la actualidad, dada la supresión de la instancia única en todo proceso penal, debe ser reinterpretado teniendo en cuenta el art. 984 y el art. 986 LECrim, que excluyen de la competencia para la ejecución de las sentencias dictadas en casación al Tribunal Supremo y la atribuye al «Tribunal cuya sentencia fuera recurrida». Así debe entenderse que es el tribunal que dictó la sentencia en primera instancia el competente para su ejecución con independencia de que haya sido recurrida en apelación y que el tribunal de segunda instancia (AP o TSJ) o de casación haya modificado el fallo de la misma, siendo el contenido de la sentencia firme, el que el tribunal sentenciador en primera instancia debe ejecutar.

Como excepción a esta norma, las sentencias de conformidad dictadas por las secciones de instrucción, de violencia sobre la mujer o de violencia contra la infancia y la adolescencia, en el ámbito del enjuiciamiento rápido de determinados delitos, serán ejecutadas por la Sección de lo Penal que resultaría competente para el enjuiciamiento de la causa si en la misma no se hubiera alcanzado la conformidad (art. 801.4 LECrim).

En relación a la competencia para resolver los recursos frente a las resoluciones de las SVP, la disposición adicional 5ª LOPJ distingue entre aquellas que afectan específicamente a la ejecución de la pena o clasificación, que corresponde al tribunal sentenciador, y cualesquiera otras que afectan al régimen penitenciario (permisos, sanciones, etc.) que podrán ser recurridas en apelación ante la Audiencia Provincial que corresponda por estar situado dentro de su demarcación el establecimiento penitenciario.

4.4 Recusaciones y cuestiones de competencia

Otras incidencias que pueden surgir durante las distintas fases del procedimiento están funcionalmente atribuidas a órganos jurisdiccionales específicos.

El art. 224 LOPJ establece quien debe instruir los incidentes de recusación correspondiendo su designación a un magistrado del órgano competente para su resolución que será designado en virtud de un turno establecido por orden de antigüedad en el escalafón de la Carrera Judicial.

En las cuestiones de competencia, su resolución recae en el órgano superior común a los órganos que se disputan la misma y a falta de éste, en el TS (arts. 20 LECrim y 60.1 LOPJ). Las discrepancias entre la Fiscalía Europea y un juez de instrucción sobre si una conducta es constitutiva de un delito de los atribuidos a su competencia, se tramitarán como cuestiones de competencia cuya resolución incumbe al TS (art. 9.2 LO 9/2021).

5. LA COMPETENCIA TERRITORIAL

La competencia objetiva y funcional determina la categoría del órgano jurisdiccional al que se atribuye el ejercicio de una determinada función jurisdiccional, correspondiendo a las normas de competencia territorial la determinación del órgano que ha de conocer de un asunto dentro de los existentes en el territorio nacional de su misma clase y grado.

La regla general, proclamada en el art. 14 LECrim, vincula la competencia con el lugar donde se ha cometido la infracción penal, donde esta se ha consumado, estableciendo el art. 15 *bis* LECrim, como excepción al criterio del *forum delicti commissi*, aquellos delitos cuya instrucción o conocimiento corresponda a las SVSM, en que «la competencia territorial vendrá determinada por el lugar del domicilio de la víctima, sin perjuicio de la adopción de la orden de protección, o de medidas urgentes del artículo 13 de la presente Ley». Ante la eventualidad de cambios de domicilio de la víctima, la Sala Segunda, en Acuerdo no Jurisdiccional de 31/01/2006, resolvió que a efectos de competencia debe entenderse como domicilio «el que tenía la víctima al ocurrir los hechos».

Cuando no consta, al menos al inicio de la instrucción, el lugar de comisión del delito, el art. 15 LECrim establece unos fueros subsidiarios, ordenando jerárquicamente unos criterios para la atribución de la competencia territorial, siendo preferente el del «término municipal, partido o circunscripción» en que se hayan descubierto pruebas materiales del delito», o, en su defecto, «en que el presunto reo haya sido aprehendido». A falta de estos, «El de la residencia del reo presunto» y como criterio de cierre «Cualquiera que hubiese tenido noticia del delito».

Retomando el fuero principal del *lugar de comisión* del delito, el problema se suscita ante la falta de univocidad del concepto pues cabe considerar que dicho lugar es aquel en el que se exterioriza la voluntad delictiva (teoría de la acción), o en el que se manifiesta el efecto del delito (teoría del resultado) o que tanto uno como otro puede ser considerado como lugar de comisión (teoría de la ubicuidad).

El TS, en Acuerdo no Jurisdiccional de la Sala Segunda de 03/02/2005, se alinea con este último criterio, entendiendo que «El delito se comete en todas las jurisdicciones en las que se haya realizado algún elemento del tipo. En consecuencia, el juez de cualquiera de ellas que primero haya iniciado las actuaciones procesales, será en principio competente para la instrucción de la causa».

No obstante, partiendo del principio de ubicuidad, la variedad de tipos delictivos, de acción o de omisión, de simple actividad o de resultado, simples o complejos, etc., ha determinado en la Sala Segunda pronunciamientos particularizados, como en los siguientes supuestos:

1. Los *delitos de omisión* se consuman en el lugar en que el sujeto deja de realizar la acción a la que estaba obligado.
2. En los *delitos permanentes de consumación instantánea*, como la detención ilegal, que se desarrollan sucesivamente en lugares diferentes, la competencia territorial vendrá determinada por el lugar donde se inició la privación involuntaria de libertad, con independencia de que luego pueda prolongarse en otros lugares (ATS 25/07/2023, nº 20519/2023).
3. Los *delitos de tráfico de drogas* se cometen «en cualquier lugar donde se verifica parte de la acción que implica la operación proyectada» si bien la jurisprudencia es partidaria de atribuir la competencia «por razones funcionales» (ATS 21/04/2022 [*Tol 9662774*]), de modo que, en el envío de paquetes, siendo los actos determinantes de la comisión delictiva el envío y la recepción, «serán estos lugares los preferentes para determinar la competencia frente al lugar por el que transita la droga y en el que se puede haber acordado alguna medida de investigación como la orden de apertura del paquete postal que contiene la droga» (ATS de 30/05/2024 [*Tol 10048644*]).
4. En los *delitos de quebrantamiento de condena* conocerá el juzgado, ahora SI o SVSM del TI, del lugar en el que se encuentra el centro penitenciario del que el reo se evade o no se reincorpora tras un permiso (ATS de 02/07/2020 [*Tol 8037256*]) con independencia del que tramitara la causa que dio lugar a la prisión o pena que se quebranta. En el quebrantamiento de la pena de localización permanente, el criterio es el mismo siendo el lugar designado por el penado para el cumplimiento de la pena el que determina el órgano jurisdiccional competente para su conocimiento.

5. En los *delitos de injurias, calumnias y amenazas vía telefónica o internet*, generalmente se resuelve en favor del TI del domicilio de los ofendidos-perjudicados y lugar donde perciben las ofensas, amenazas o coacciones los mismos, partiendo de que las amenazas son infracciones de mera actividad que se consuman con la llegada del mal a su destinatario (ATS 11/04/2024, nº 20364/2024).
6. En los *delitos de estafa informática* se ha consolidado, como criterio que complementa la teoría de la ubicuidad, el de la eficacia, de forma que la competencia vendrá determinada por el lugar donde la investigación policial pueda tener algún éxito, donde se hayan realizado elementos del delito, donde pueda operarse sobre los ordenadores informáticos y donde la instrucción pueda ser eficaz (ATS 06/06/2024 [*Tol 10218364*], con cita de muchos).

En cualquier caso, tiene declarado la Sala Segunda, las decisiones sobre competencia territorial, cuando se susciten al inicio de la instrucción, tienen un mero carácter provisional y por tanto se acuerdan sin perjuicio de lo que pueda resolverse sobre la misma cuestión en momentos más avanzados de la instrucción (AATS de 07/10/2016 [*Tol 5866120*], de 24/11/2023 [*Tol 9975497*]; y de 30-04-2024 [*Tol 10016877*]).

6. EL REPARTO

«En los Tribunales de Instancia los asuntos se distribuirán entre los jueces y las juezas, por razón de las plazas en que se integren conforme a normas de reparto» propuestas en Junta de Jueces de cada Sección del TI al respectivo TSJ encargado de su aprobación (arts. 167.1 LOPJ). Corresponde a las Salas de Gobierno del TS, AN y TSJ, aprobar las normas de reparto de asuntos entre las Salas de los respectivos tribunales (art. 152.1.1 LOPJ), y a las de los TSJ, además, aprobar las normas de reparto entre las Secciones de las Audiencias Provinciales del mismo orden jurisdiccional y las de jueces, juezas, magistrados y magistradas de la misma Sección de los TI con sede en la Comunidad Autónoma correspondiente (art. 152.2 LOPJ), dándole a estas normas «publicidad suficiente» (art. 159. 2 LOPJ).

Las normas de reparto no tienen por finalidad establecer la competencia de los órganos judiciales, lo que corresponde a la Ley, sino distribuir los distintos asuntos entre órganos judiciales del mismo ámbito. Se trata de normas que rigen entre órganos judiciales con idéntica competencia objetiva, funcional y territorial, por lo que no puede suscitarse cuestión alguna sobre la competencia que todos comparten. Las normas de reparto constituyen «disposiciones internas de ordenación de la carga de trabajo de los diversos jueces predeterminados por la ley que pueden instruir o enjuiciar una causa criminal» (STS de 21/07/2000 [*Tol 4924747*]). Las cuestiones que puedan surgir entre ellos sobre la interpretación de estas reglas no afectan a la distribución de competencia, teniendo su cauce particular de resolución al margen de ella, toda vez que el reparto es una «actividad de naturaleza gubernativa, no jurisdiccional» (STS 23/02/2024 [*Tol 9925182*]). En definitiva, no puede equipararse la atribución de competencia entre los diversos órganos judiciales, «a la que afecta la predeterminación por ley formal», conforme al art. 24 CE, con el reparto del trabajo entre las distintas Salas o Secciones de un mismo tribunal o entre los distintos jueces «dotados "ex lege" de la misma competencia material, que responde a exigencias o conveniencias de orden puramente interno y organizativo», por lo que, por su aplicación o interpretación no puede resultar afectado ni el derecho al juez ordinario predeterminado por la Ley ni el derecho a un proceso con todas las garantías (ATC 16/01/1999 [*Tol 238726*]).

7. EL CONTROL DE LA DETERMINACIÓN JUDICIAL DE LA COMPETENCIA

Es doctrina consolidada de nuestro TC (STC 183/1999 [*Tol 81223*]) que la interpretación de las normas que regulan la competencia y, por consiguiente, la determinación de cuál sea el órgano competente, es cuestión de legalidad ordinaria, salvo que esa interpretación suponga una «manipulación manifiestamente arbitraria de las reglas legales sobre atribución de competencias» (STC 115/2006 [*Tol 6635864*]). Es por ello que no puede confundirse el derecho al juez ordinario predeterminado por la ley «a que las normas sobre distribución de competencias entre los órganos jurisdiccionales se interpreten en un determinado sentido» (STC 126/2011 [*Tol 2210542*]).

Ello no supone una suerte de discrecionalidad por parte de los órganos jurisdiccionales de la jurisdicción ordinaria, pues la naturaleza de derecho necesario de las normas sobre competencia implica su indisponibilidad y exigen, insistimos, que cada órgano judicial examine de oficio, o a instancia de parte, su propia competencia. Además, el control sobre la adecuada determinación de la competencia resulta reforzado cuando es un tribunal superior el que, bien sea a través de los recursos contra las resoluciones que en la materia contempla la ley, bien sea a través de las cuestiones de competencia, resuelve sobre la misma.

En fase de instrucción, cualquiera que sea la naturaleza de la competencia cuestionada, serán las normas establecidas con carácter específico en el art. 759 LECrim para el procedimiento abreviado y las contenidas con carácter general, en los capítulos II y III del Título II del Libro I (arts. 19 a 47) de la LECrim las que han de ser aplicadas, no obstante estar diseñadas, estas últimas, para tratar tan solo de las manifestaciones procesales de la competencia territorial, esto es, las cuestiones entre tribunales que tienen atribuida la misma competencia objetiva y funcional. El contenido de estas normas evidencia la falta de actualización de la Ley procesal en cuanto a la diversidad de órganos judiciales que han ido implantándose en la LOPJ pues solo prevé la posibilidad de que «los jueces de instrucción, durante el sumario» y «las Audiencias de lo Criminal, durante la sustanciación del juicio» puedan promover y sostener competencia (art. 19).

El juez de oficio debe examinar su competencia respecto de las actuaciones que le hayan sido asignadas, inhibiéndose al juez que considere competente (declinatoria) o reclamando, también de oficio, el conocimiento de aquellas que considere que son de su competencia (inhibitoria). En una u otra, si no resultara acuerdo «a la primera comunicación» plantearán la cuestión al inmediato superior jerárquico. A estos efectos es necesario precisar que:

1. La expresión «primera comunicación» (arts. 22 y 759.1ª LECrim) exige que los dos órganos contendientes, conocedores de las razones del contrario, insistan en sus posturas. Por ello, si el juez que recibe la inhibición rechaza la competencia y por ende devuelve las actuaciones a quien se las ha remitido, deberá comunicárselo así mediante resolución motivada para que, si persiste en mantener su incompetencia, plantee la correspondiente cuestión de competencia o, si desiste de la inhibición, continúe la instrucción de las diligencias. En los supuestos de inhibitoria de jurisdicción se seguirá el mismo trámite correspondiendo al juez que requiere de inhibición a otro, cuando éste no comparte su criterio, promover, en su caso, la cuestión de competencia.
2. La cuestión se planteará ante el tribunal superior jerárquico común mediante exposición razonada. En tanto este no resuelva la cuestión, el o los jueces que conozcan del procedimiento seguirán practicando las diligencias necesarias para la instrucción de la causa (arts. 22 y 759.1 LECrim).
3. La competencia funcional para resolver las cuestiones de competencia la ostenta el superior jerárquico *inmediato* común. Si obviando éste, p.ej. siendo la AP el superior común inmediato, la cuestión es planteada ante otro tribunal superior, como el TSJ o el TS, este Tribunal habrá de recha-

zarla por carecer de competencia para resolverla (ATS 13/12/2023 [*Tol 9813763*]).

4. La inhibitoria de jurisdicción solo podrán promoverla quienes sean parte en el procedimiento «ante el Tribunal Superior a quien corresponda» quien resolverá sin ulterior recurso (art. 23). El Ministerio Fiscal podrá también plantearla ante el órgano jurisdiccional que considere competente. El uso de uno de estos dos medios de plantear la competencia, «excluye absolutamente el otro, así durante la sustanciación de la competencia como una vez que esta se halla determinada» (art. 26 LECrim). En cualquier caso, el que la parte promueva la cuestión de competencia exige la misma comunicación entre los jueces que si se plantea de oficio de modo que serán estos, solo si no se ponen de acuerdo, considerando ambos que son competentes o que no lo son, quienes deberán acudir al superior jerárquico común para la resolución del conflicto.

5. Ninguna de las secciones que conforman los tribunales de instancia o el Tribunal Central de Instancia son superiores jerárquicos respecto de las demás, por lo que de plantearse cuestión entre ellas (p.ej. entre una SI y una SVSM), deberá ser resuelta por la correspondiente AP común, o en su defecto por el TSJ al que ambos pertenezcan, y, en último término, a falta de los anteriores (p.ej. entre las SI de un TI y del TCI o entre dos SI de distinta Comunidad Autónoma), por el Tribunal Supremo (art. 60 LOPJ). Esta consideración, en nada se ve alterada por la precisión introducida en el reformado art. 89.8 LOPJ, solo para los jueces de la SVMS, para que puedan inadmitir el conocimiento de «los actos puestos en su conocimiento» remitiéndolos al órgano judicial competente si de forma notoria tales actos no constituyen expresión de «violencia de género o de violencia sexual».

6. Conforme al art. 52 LOPJ «no podrán suscitarse cuestiones de competencia entre Jueces y Tribunales subordinados entre sí. El Juez o Tribunal superior fijará, en todo caso, y sin ulterior recurso su propia competencia...». Por ello, si la persona investigada durante la instrucción de una causa es aforada ante el TSJ o ante el TS, el juez encargado de la instrucción, una vez compruebe que existen «indicios sólidos de responsabilidad» frente al mismo, y no meras sospechas o conjeturas (STS de 03/06/2015 [*Tol 184940*]), elevará ante el que corresponda exposición razonada en justificación de su competencia. En el caso en que el TSJ o el TS se considere competente de un procedimiento del que conoce un juez instructor, le «ordenará» de oficio o a instancia de parte, que se abstenga de todo procedimiento y le remita los antecedentes y actuaciones

practicadas (arts. 21 LECrim y 52 LOPJ). En sentido inverso, si el TSJ o el TS dejaran de ser competentes por perder el investigado su condición de aforado, se inhibirán de su conocimiento remitiendo la causa al juez que corresponda.

7. Pese a que el tenor literal del art. 52 LOPJ parece excluir la posibilidad de recurso ante la resolución del «Juez o Tribunal superior», el TS, haciendo una interpretación sistemática del art. 25 *in fine* LECrim, que autoriza el recurso de casación contra los autos de las Audiencias resolutorios de cuestiones de competencia, considera que esa exclusión se refiere a los recursos ordinarios, admitiendo así el recurso de casación contra los autos de las Audiencias en materia de inhibición o rechazo de su competencia y, por tanto, en los que declinan la competencia para enjuiciamiento en favor de las Secciones de lo Penal de los TI (ATS de 16/07/2024 [*Tol 10124482*], con cita de otros muchos).

8. La exigencia procesal por la que el TS debe solicitar ante la Cámara correspondiente autorización para proseguir una causa contra diputados o sentadores, el llamado suplicatorio, no impide que el juez pueda investigar previamente los hechos imputados con el fin de poder valorar si existen indicios racionales o sospechas fundadas de su participación en los hechos, «pero veda la realización de actos que en sí mismos determinen la sujeción de un parlamentario a un procedimiento penal». Solo cuando el juez formaliza un juicio de inculpación contra el mismo, o pretenda la «práctica de otras diligencias que materialmente entrañen ese mismo significado» habrá de solicitarse la autorización a la Cámara respectiva (STC 123/2001 [*Tol 12984*]). La denegación del suplicatorio no supone la pérdida de la competencia sino la imposibilidad de continuar el procedimiento contra la persona aforada respecto a la que no ha sido concedida la autorización para su inculpación, debiendo dictar la propia Sala auto de sobreseimiento libre respecto de ella conforme a los arts. 754 LECrim y 7 Ley de 9 de febrero de 1912) y solo tras esa decisión, si existen otros imputados no aforados, se producirá la inhibición al órgano judicial competente para juzgar a estos últimos (STC 123/2001 [*Tol 12984*]).

9. Las decisiones sobre competencia, especialmente las de competencia territorial, «cuando se susciten en la fase instructora o preparatoria tienen un mero carácter provisional y por tanto se acuerdan sin perjuicio de lo que pueda resolverse sobre la misma cuestión en momentos posteriores de la tramitación» (ATS 19/11/2014 [*Tol 4680318*]).

Mención particular merecen las cuestiones que pueden plantearse por los delitos en los que la Fiscalía Europea es competente para investigar y ejercer la acusación (art. 4.2 LO 9/2021). Los términos utilizados en el art. 61.5. f) LOPJ al hablar de los delitos en que la Fiscalía Europea «hubiera decidido ejercer su competencia», no deben ser entendidos en el sentido de que esta Fiscalía puede interpretar sus propias competencias y decidir de manera incuestionable si asume un concreto asunto, pues ello sería incompatible con el ordenamiento procesal y constitucional. En este sentido la Sala Segunda ha proclamado que la asunción de la competencia o no por la Fiscalía Europea «en lo que tiene de aspectos reglados, no puede sustraerse a una revisión jurisdiccional en cuanto implica una fijación del órgano competente para el enjuiciamiento» (AATS de 09/06/2022 [*Tol 9049306*]; de 20/02/2023 [*Tol 9422621*]; y de 26/07/2024 [*Tol 10249430*]).

Concluida la instrucción, en el procedimiento ordinario, las partes disponen de tres días «a contar desde el de la entrega de los autos para la calificación» (art. 667 LECrim) para plantear como artículo de previo pronunciamiento la «declinatoria de jurisdicción» (art. 666.1º LECrim), sin que quepa plantearla transcurrido ese plazo ni, en el caso en que planteada hay sido resuelta mediante el correspondiente auto, volver a reproducirla en el juicio oral (art. 678 LECrim y STS de 22/07/1993 [*Tol 399785*]). En el procedimiento de la Ley del Jurado, las partes pueden alegar como cuestión previa al tiempo de personarse ante la Audiencia Provincial, lo que estimen oportuno sobre la competencia (territorial) o inadecuación del procedimiento (art. 36.1.a) LOTJ), no siendo admisible su planteamiento en juicio. Del mismo modo, en el procedimiento abreviado, la audiencia preliminar establecida en el art. 785 LECrim por la LO 1/2025, permite a las partes alegar lo que estimen oportuno acerca de la competencia del órgano judicial, sin que su resolución pueda ser objeto de recurso, al margen del que pueda interponerse contra la sentencia (art. 785.3), ni suscitarse la competencia como cuestión previa al incicio de las sesiones de juicio oral (art. 786.2 LECrim).

En cualquier caso, como hemos indicado y reiteradamente ha señalado el TS (ATS de 20/07/2023 [*Tol 9662530*], con cita de otros muchos), una vez abierto el juicio oral, rige la *perpetuatio jurisdictionis,* que supone el mantenimiento de la declarada en el auto de apertura de juicio oral, no siendo correcto acordar una inhibición una vez concluida la instrucción cuando durante toda ella se ha mantenido la competencia, eran conocidos desde el inicio de la investigación de la causa los hechos que determinaron la asunción de la competencia y no se ha producido una variación de los mismos.

Para concluir conviene recordar que no deben confundirse las cuestiones de competencia, que se producen entre órganos judiciales de la jurisdicción penal, con los conflictos de jurisdicción, positivos o negativos, que puedan surgir «entre (Juzgados o) Tribunales de distinto orden jurisdiccional, integrados en el Poder Judicial» (art. 42 LOPJ), y en donde «El orden jurisdiccional penal es siempre preferente. Ningún Juez o Tribunal podrá plantear conflicto de competencia a los órganos de dicho orden jurisdiccional.» (art. 44 LOPJ).

8. LA CONEXIÓN

No necesariamente el proceso se conforma con un hecho único del que deriva la imputación de un solo delito a una o más personas. Existen delitos, imputables a una o a diversas personas que, por estar ligados por ciertos vínculos, exigen un tratamiento conjunto en un solo proceso. A este tipo de delitos pertenecen los delitos conexos cuya regulación fue ampliamente modificada por Ley 41/2015, de 5 de octubre.

El art. 17.1 LECrim establece que para que proceda la investigación y enjuiciamiento conjunto de varios hechos justiciables no solo es preciso que se trate de delitos conexos, en los términos establecidos en el art. 17.2, sino que se pueda apreciar que «la investigación y la prueba en conjunto de los hechos resulten convenientes para su esclarecimiento y para la determinación de las responsabilidades procedentes» y que, además, ello no suponga una excesiva complejidad o dilación para el proceso. La regulación de 2015 pretende con ello que la sola apreciación de la conexidad entre delitos no conduzca inexorablemente a su resolución en un solo procedimiento si con ello no se consigue una mayor eficacia en la instrucción y enjuiciamiento, idea que, para el procedimiento abreviado, ya venía recogida en el art. 762.6 LECrim al permitir la apertura de piezas separadas para enjuiciar delitos conexos si resulta conveniente para «simplificar y activar el procedimiento». La conexidad puede así definirse «como el vínculo que presentan dos o más delitos que determina que, en virtud de las circunstancias subjetivas u objetivas previstas por la Ley, pueden ser juzgados en la misma causa, siempre que resulte conveniente por razones materiales y procesales» (STS de 31/05/2018 [*Tol 6531363*])

Desde este entendimiento y «a los efectos de atribución de jurisdicción y distribución de la competencia» deben ser considerados los supuestos de conexidad delictiva recogidos en el art. 17.2 LECrim de los cuales, los cuatro primeros recogen vínculos de conexidad subjetiva y objetiva que, con algún matiz diferenciador, ya contemplaba la Ley procesal antes de la reforma de 2015, la cual añadió otros dos de nuevo cuño.

* La conexidad subjetiva agrupa los recogidos en los actuales aps. 1º y 2º que considera conexos los delitos cometidos por dos o más personas «reunidas» o «en distintos lugares o tiempos si hubiera precedido concierto para ello». En el primer caso, es necesario que los delitos se lleven a cabo en el mismo lugar y tiempo por varias personas en grupo, aunque entre ellas no hubiera un acuerdo previo. El segundo, que sí se exige ese concierto previo, resulta de aplicación práctica, especialmente, para la persecución de la delincuencia organizada (cfr. AATS de 20/01/2010 [*Tol 3475891*] y de 02/02/2012 [*Tol 3467417*]).

* Por razón de conexidad objetiva, se consideran delitos conexos los establecidos en los apartados 3º y 4º del precepto, esto es: los cometidos «como medio para perpetrar otros o facilitar su ejecución» o «para procurar la impunidad de otros delitos». Esta conexidad supone la existencia de uno o varios delitos que, de alguna manera, son instrumentales de otros a los que sirven de medio para realizarlos, facilitarlos o intentar su impunidad, siendo ejemplo paradigmático de conexidad objetiva el que produce en el concurso medial de delitos en que uno de ellos es «medio necesario para cometer el otro» (art. 77.1 CP), lo que no significa que con él se agoten todos los posibles supuestos de esta conexidad instrumental pues también puede darse entre delitos que tengan diferentes autores o cuando uno de los delitos tan solo *facilite* la ejecución del otro, sin que sea medio *necesario* para cometerlo.

* Los nuevos nexos de conexión se regulan en los aps. 5º y 6º del art. 17.2 LECrim. El del ap. 5º vincula la conexión de dos tipos de delitos distintos, los «de favorecimiento real y personal» y «el blanqueo de capitales», respecto de sus respectivos delitos antecedentes. Entre los primeros consideramos incluidas todas las modalidades de encubrimiento del art. 451 CP y algunas del delito de receptación del art. 298 CP, ya que sería más que discutible que la mera adquisición por un tercero de un objeto procedente de un delito suponga, por sí sola, el *favorecimiento* requerido. La conexión del delito de blanqueo con el delito que le precede, clara desde el punto de vista teórico, no siempre es posible en la práctica pues, unas veces, se desconoce el delito antecedente y otras, se enmarca en complejas tramas de delincuencia que pondrían en duda la conveniencia de su enjuiciamiento conjunto (CUBILLO, 2017, p. 75). El ap. 6º establece la conexidad entre los delitos «cometidos por diversas personas cuando se ocasionen lesiones o daños recíprocos», supuesto que tiene como antecedente el que TS admitiera, aún con carácter excepcional, que en un mismo proceso una persona pudiera ostentar la doble condición de acusador y acusado sí el enjuiciamiento separado

de cada una de las acciones «produjese la división de la continencia de la causa, con riesgo de sentencias contradictorias y siempre que así lo exija la salvaguarda del derecho de defensa y de la tutela judicial efectiva». (Pleno no Jurisdicción de la Sala Segunda de 27/11/1998, aplicado por primera vez en la STS de 10/12/1998 [*Tol 5150528*]). El art. 17.3, incorporado por la Ley 41/2015, con una redacción muy similar a la establecida en el ap. 1 en cuanto a las cautelas sobre la complejidad o dilación de los procesos, la razón de su vinculación por la instrucción y la prueba de los hechos, y el objetivo de perseguir una mayor eficacia en la instrucción y enjuiciamiento, prevé la posibilidad de que en un único proceso se conozcan delitos que no respondan a las reglas de conexidad recogidas en el art. 17.2, siempre que los delitos «hayan sido cometidos por la misma persona y tengan analogía o relación entre sí», «sean de la competencia del mismo órgano judicial» y así lo inste el Ministerio Fiscal, lo que no impide que lo solicite otra parte personada o lo promueva el juez instructor siempre y cuando, entendemos, el Ministerio Fiscal muestre su conformidad.

9. LA ACUMULACIÓN DE PROCESOS

Cuando por la conexidad o vinculación entre delitos se resuelve la conveniencia de su enjuiciamiento conjunto, el efecto desde un punto de vista procesal es la concentración en un mismo órgano jurisdiccional del conocimiento de varios delitos que por separado darían lugar «a la formación de una única causa» (art. 17.1 LECrim), produciéndose, si ya se hubieran incoado diferentes causas por cada uno de los delitos, la acumulación de procesos. Así, esa conexión material inescindible puede apreciarse desde un primer momento o ser resultado de la investigación (ATS 24/11/2017 [*Tol 6463505*], causa del *procés*).

La acumulación de procesos exige pues una previa valoración sobre la conveniencia de la instrucción y enjuiciamiento conjunto de los diferentes delitos, en los términos expresados en los apartados 1 y 3 del art. 17 LECrim, por lo que aun existiendo los lazos de unión que lo permitieran, esta no se producirá si ello implica una excesiva complejidad o dilación para el proceso. En este sentido, la reforma del art. 17 LECrim eleva a categoría de norma la doctrina apuntada conforme a la cual, la existencia de vínculos de conexidad no conduce necesariamente a su enjuiciamiento conjunto. Así, en los casos de delincuencia económica compleja, cometida a través de elaboradas y artificiosas maniobras realizadas por sociedades utilizadas como instrumentos de encubrimiento o difuminación de actividades delictivas, la concentración de la investigación en un solo proceso dificulta la tarea de apurar todas las posibilidades probatorias y deja fuera a personas que pudieran haber sido incriminadas, siendo necesario «valorar, en cada caso concreto, la posibilidad del tratamiento autónomo y separado de aquellas operaciones que, por su configuración, permiten un enjuiciamiento por separado» (STS 29/07/2002 [*Tol 1551737*], caso Banesto).

Como consecuencia de la acumulación de los procesos, los criterios de atribución de la competencia pueden verse alterados. Al margen de la proclamada preferencia de la jurisdicción ordinaria para conocer de los delitos conexos (art. 16 LECrim), cuyo tratamiento corresponden al Tema anterior, nuestra Ley procesal, vista la ya antes mencionada falta de actualización de las normas sobre distribución de la competencia, establece en su art. 18 las reglas a aplicar atendiendo exclusivamente a la manifestación territorial de la competencia, debiendo acudir a otros preceptos de la propia Ley, a la interpretación jurisprudencial y a las normas generales de distribución de la competencia para determinar qué órgano jurisdiccional ostenta la competencia objetiva para su conocimiento, pudiendo indicar los siguientes criterios:

1. Con carácter general, en los casos en que los delitos conexos sean de distinta gravedad, será competente para su enjuiciamiento aquel que tenga la competencia para el conocimiento del delito más grave que lo sustanciará por el tipo de procedimiento penal que corresponda al mismo.
2. Las Secciones de lo Penal atraen la competencia para el enjuiciamiento de los «delitos leves, sean o no incidentales, imputables a los autores de estos delitos o a otras personas, cuando la comisión del delito leve o su prueba estuviesen relacionadas con aquellos» (art. 14.3 LECrim), debiendo interpretarse el vocablo «autores», no en los estrictos términos del art. 28 CP, sino en sentido amplio y por tanto comprensivo de todos los responsables penales. Esta ampliación de la competencia objetiva de las SdP alcanza no solo a los delitos leves conexos sino a cualquier delito leve cuya comisión o prueba estuviera *relacionada* con el delito menos grave. En el caso de concurrencia entre delitos leves y delitos graves y en tanto que esta regla específica de atribución de la competencia a las SdP no se reproduce en el art. 14.4 LECrim, habrá de aplicarse la regla general que extiende el enjuiciamiento exclusivamente a los delitos leves «incidentales» (art. 142.4ª Quinto LECrim), esto es, conforme a lo establecido en el art. 781.1 LECrim, a los delitos leves imputables «al autor del delito o a otras personas», cuando su comisión

o su prueba «estuviera relacionada con el delito» (DEL MORAL, 2004, pp. 146 y 147), integrándose así el supuesto previsto en el art. 17.3 LECrim

3. En las causas por delitos cometidos por personas aforadas, la extensión de la competencia a hechos cometidos por personas no aforadas solamente será procedente «cuando se aprecie una conexión material inescindible con los imputados a las personas aforadas» no procediendo la acumulación cuando «la actuación del aforado puede ser investigada con autonomía y sustantividad propia» (ATS de 07/07/2017 [*Tol 6339725*]).
4. La Audiencia Nacional extiende su competencia al conocimiento de los hechos justiciables conexos con todos aquellos relacionados en el art. 65.1º LOPJ (ATS de 06/06/2008 [*Tol 4960008*]) o con los delitos cometidos por personas integradas en bandas armadas o relacionadas con elementos terroristas o rebeldes (disposición transitoria única LO 4/1988) (ATS de 17/11/2010 [*Tol 3457581*]).
5. Las Secciones de Violencia sobre la Mujer conocerán de los delitos conexos a aquellos otros para los que tiene atribuida su competencia, siempre que el nexo de unión sea uno de los supuestos de conexidad objetiva o instrumental recogidos en el art. 17.2. 3º y 4º (art. 17 *bis* LECrim). En el caso de agresiones recíprocas entre cónyuges, no contemplado como supuesto de atribución de la competencia a estas SVSM, surge la duda de si procede el enjuiciamiento conjunto y, en este caso, que órgano jurisdiccional debe conocer. Antes de la reforma de 2015, el TS entendió que no podían desglosarse sin romper la continencia de la causa las denuncias cruzadas «cuando se trataba un único episodio o suceso con dos diferentes versiones» (ATS de 17/09/2013 [*Tol 4944408*]), criterio que el Alto Tribunal mantiene en la actualidad abogando por la acumulación de procedimientos en favor del JVSM (hoy SVSM) como jurisdicción especializada «por tratarse un mismo incidente», acaecido en unidad de acto en el que median agresiones recíprocas «que hacen imposible el enjuiciamiento por separado so pena de dividir la continencia de la causa» (ATS 27/11/2019, rec. 20276/2019). Del mismo modo, la jurisprudencia menor se inclina mayoritariamente por realizar una interpretación integradora de las normas de conexidad considerando la competencia de las hoy SVSM al entender que el art. 17 *bis* no excluye la aplicación del art. 17.2.6º en tanto que, cuando el legislador quiere efectuar una exclusión, lo realiza expresamente (AAP de Madrid, de 20/12/2021 [*Tol 8798682*]) o que el legislador, al modificar el art. 17.2 LECrim olvidó reformar el art. 17 *bis*, al no existir razones ob-

jetivas para entenderlo de otra forma, cuando resulta evidente que si en un mismo suceso se producen daños o lesiones recíprocos «la división del objeto del proceso puede dar lugar a resoluciones contradictorias» (AAP Las Palmas, de 14/12/2021 [*Tol 8819857*]).

6. El art. 5.2 LOTJ establece unos supuestos de conexidad que suponen una reproducción, casi literal, de los primeros cuatro apartados del art. 17.2 LECrim, y que determina la extensión de su competencia, a salvo que se trate de un delito de prevaricación que «en ningún caso podrá enjuiciarse por conexión». La competencia para conocer de los delitos conexos no supondrá su acumulación en un único proceso ante el Tribunal del Jurado cuando su «enjuiciamiento pueda efectuarse por separado sin que se rompa la continencia de la causa», no existiendo tal ruptura «si es posible que respecto de alguno o algunos de los delitos pueda recaer sentencia de fallo condenatorio o absolutorio y respecto de otro u otros pueda recaer sentencia de sentido diferente» (Acuerdo de Pleno no jurisdiccional de la Sala Segunda de 09/03/2017).

Para resolver qué órgano jurisdiccional es competente territorialmente cuando los distintos delitos se han cometido en partidos judiciales distintos, el art. 18 LECrim establece unos criterios que, como los del art. 15 LECrim, están ordenados jerárquicamente.

La primera regla atiende a la gravedad de los delitos para asignar la competencia al del territorio en el que se haya cometido el delito más grave, debiendo acudir a las normas establecidas en el art. 15 cuando, al menos al principio de la instrucción, se desconozca el mismo (ATS 10/01/2008 [*Tol 4968966*]).

Si los delitos tienen asignada igual pena, será competente el «primero que comenzara la causa», debiendo entenderse por *comienzo* cualquier actuación procesal que implique afirmación de su propia competencia y no aquellas que puedan considerarse como primeras diligencias conforme al art. 13 LECrim. Este criterio, en relación con el principio de ubicuidad, fue establecido en el ya antes reseñado Acuerdo de Pleno de la Sala Segunda de 03/02/2005, siendo igualmente de aplicación cuando son varios los delitos —*v.gr.* estafas— cometidos en territorios diferentes.

En defecto de estos dos, «cuando las causas hubieren empezado al mismo tiempo o no conste cuál comenzó primero», el art. 18 LECrim asigna a la AP o al TS su designación, criterio al que en la actualidad parece que no será necesario recurrir al resultar altamente improbable que la competencia no pueda concretarse, si quiera inicialmente, con los fueros subsidiarios establecidos en el art. 15 LECrim y dada la generalizada informatización de los procedimientos. En cualquier caso, la designación de la SI competente corresponde al tribunal superior inmediato por lo que, aun no mencionada, habrá de entenderse comprendida en el precepto la Sala de lo Penal de los Tribunales Superiores de Justicia.

No obstante lo anterior, el art. 18 LECrim establece una norma preferente para el solo supuesto de conexidad subjetiva establecida en el art. 17.2.2º, asignando la competencia al «Juez o Tribunal del partido judicial sede de la correspondiente Audiencia Provincial, siempre que los distintos delitos se hubieren cometido en el territorio de una misma provincia y al menos uno de ellos se hubiera perpetrado dentro del partido judicial sede de la correspondiente Audiencia Provincial».

Asignada así la competencia, puede plantearse si el sobreseimiento del delito que ha determinado su atribución, conlleva una nueva modificación de la misma, lo que entendemos que procede si ello ocurre en fase de instrucción y, p.ej. se sobresee la causa respecto del delito imputado al aforado o respecto del delito más grave, pero no en fase de enjuiciamiento en el que el tribunal continuará conociendo de la causa como, para el procedimiento ante el Tribunal del Jurado (art. 48.3 LOTJ), reconoce expresamente el legislador.

BIBLIOGRAFÍA

- CONDE-PUMPIDO FERREIRO y otros, *Comentarios a la Ley de Enjuiciamiento Criminal y otras leyes del proceso penal*, vol. 1, Tirant lo Blanch, 2004.
- BANACLOCHE / ZARZALEJOS, *Aspectos Fundamentales del Derecho Procesal Penal*, La Ley, 2018.
- CUBILLO LÓPEZ «*Las causas de conexión penal y su aplicación tras la reforma operada por la Ley 41/2015*», *Revista de Estudios de Deusto*, vol. 65/2, julio-diciembre 2017.
- GIMENO SENDRA/MORENO CATENA/ALMAGRO NOSETE/CORTÉS DOMÍNGUEZ/ *Derecho Procesal Penal Tomo II, El proceso penal*, Tirant lo Blanch 1992.
- GIMENO SENDRA, *Derecho Procesal Penal*, Thomson Reuters, 2019.
- GIMENO SENDRA/CONDE-PUMPIDO TOURÓN/GARBERÍ, *Los procesos penales*, t. I, Bosch, 2000.
- VALLESPÍN PÉREZ, *Conexión Penal en la Ley de Enjuiciamiento Criminal Española. Análisis tras su reforma por Ley 41/2015*, Juruá, Colección Procesal Penal, 2019.

Capítulo 6

Las partes procesales (I). Partes activas

Ignacio Flores Prada[1]
Catedrático de Derecho Procesal
Universidad Pablo de Olavide de Sevilla

1. LAS PARTES EN EL PROCESO PENAL

1.1 Concepto

La tutela penal ampara intereses y valores esenciales para la comunidad política elevados a la categoría de bienes jurídicos y protegidos por el Estado como garantía de la convivencia social. El *ius puniendi* del Estado expresa, en términos sintéticos, la naturaleza, primero y principalmente pública, del interés lesionado por el delito, y el monopolio estatal en la persecución y castigo de las infracciones penales.

Si lo que se discute en la justicia penal es, esencialmente, la aplicación caso a caso del derecho de castigar del Estado, se advierte fácilmente que en un proceso penal se enfrentan Estado e individuo, o más propiamente, quienes

1 ORCID 0000-0002-4629-0432

promueven el *ius puniendi* y aquel frente al que se solicita el castigo del delito. Este esquema adversarial, condicionado por los especiales intereses que concurren y se cruzan en el proceso penal, se proyecta sobre el concepto y la naturaleza de las partes que en él intervienen.

En la medida en que solo el sujeto pasivo actúa en el proceso penal para defender derechos propios —el derecho a la libertad y a la integridad de todo su patrimonio jurídico—, solo un concepto de parte formal (MORENO CATENA, p. 103) o procesal (MONTERO, p. 75) nos permitirá referirnos a quienes intervienen en el proceso penal promoviendo la aplicación del *ius puniendi* del Estado —partes activas— y a aquellos frente a los que se promueve la persecución y castigo del delito —partes pasivas—.

Cabe completar este planteamiento inicial con dos matices. El primero se refiere a la intervención en el proceso penal —en todos, salvo en los que se sigan para el castigo del delito privado— del Ministerio Fiscal, que es una parte imparcial, defensora en el proceso del interés público tutelado por la ley, lo que explica que no siempre asuma el rol de acusador. El segundo advierte sobre la posible y frecuente acumulación al proceso penal de la acción civil derivada de los daños y perjuicios que ha podido producir el delito, acumulación que hace nacer acciones específicas para exigir esa responsabilidad y, en ocasiones, partes diferenciadas que solo intervienen en el proceso civil acumulado —actor civil, responsable civil directo distinto del acusado, y responsable civil subsidiario—.

1.2 Clasificación

Con un propósito meramente esquemático exponemos las dos clasificaciones más comunes para organizar las partes en el proceso penal. La primera distingue partes *activas* y partes *pasivas*, diferenciando además las que intervienen en el proceso penal con objeto penal, de las que lo hacen con relación al proceso penal con objeto civil acumulado. La segunda clasificación diferencia las partes *necesarias* y las *contingentes*.

*** Partes imparciales, alternativas, activas y pasivas**

A) Partes en el proceso penal con objeto penal

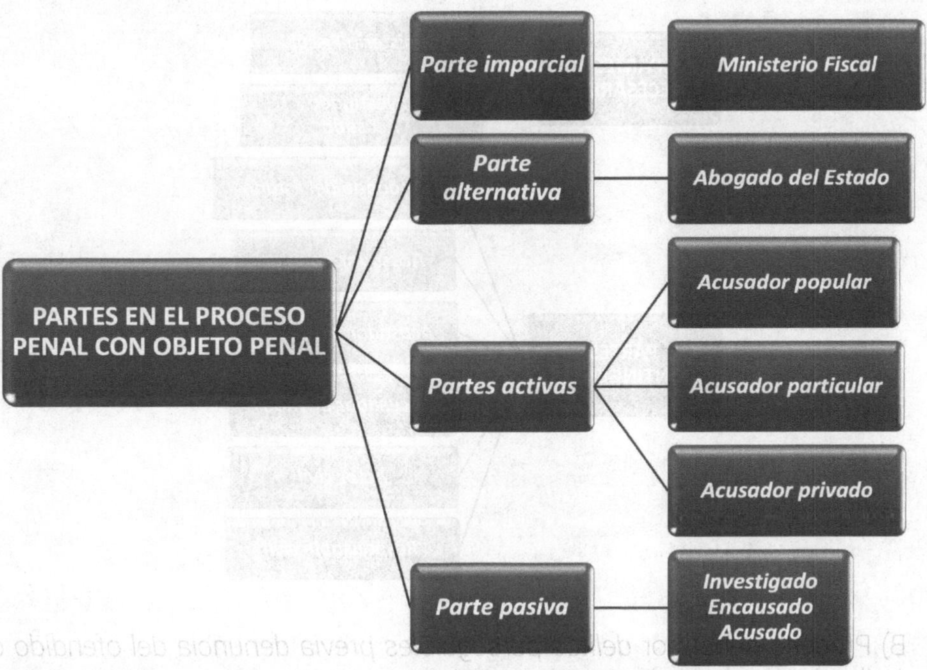

B) Partes con intervención exclusiva en el proceso civil acumulado al penal

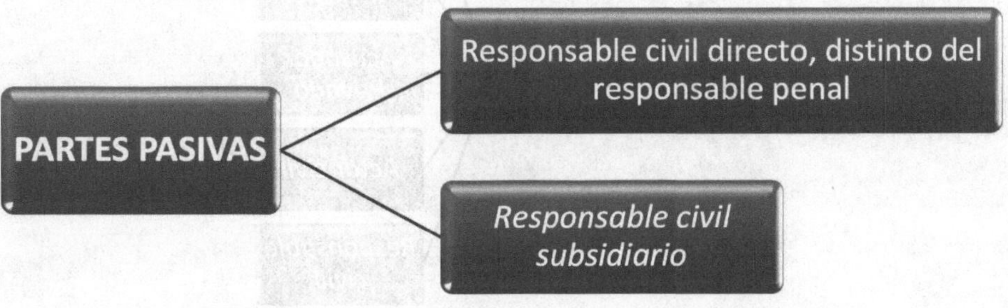

*** *Partes necesarias y contingentes***

A) Proceso penal por *delitos perseguibles de oficio*

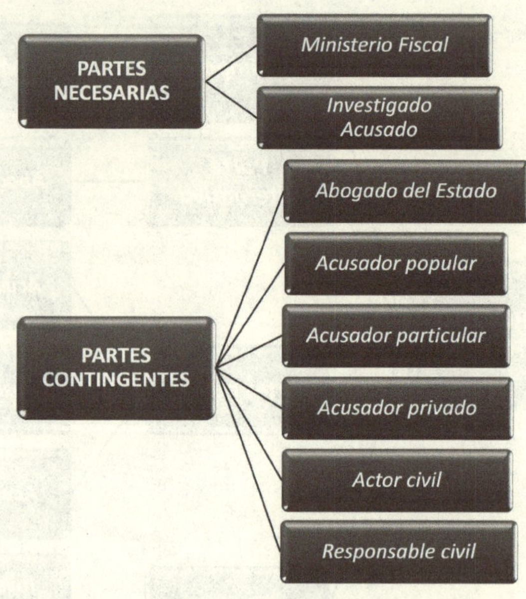

B) Proceso penal por *delitos perseguibles previa denuncia del ofendido o perjudicado*

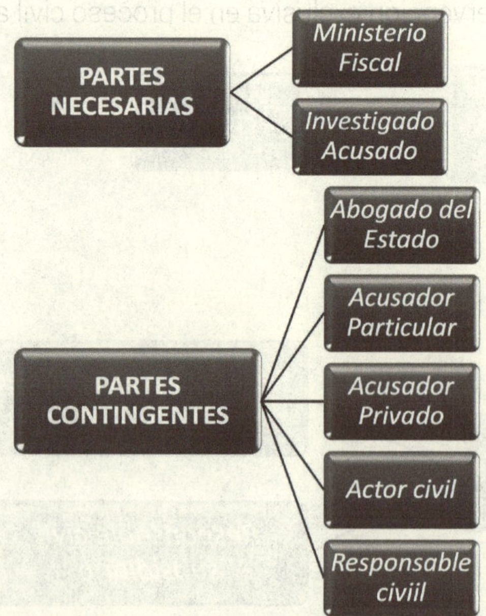

C) Proceso penal por *delito perseguible a instancia de parte*

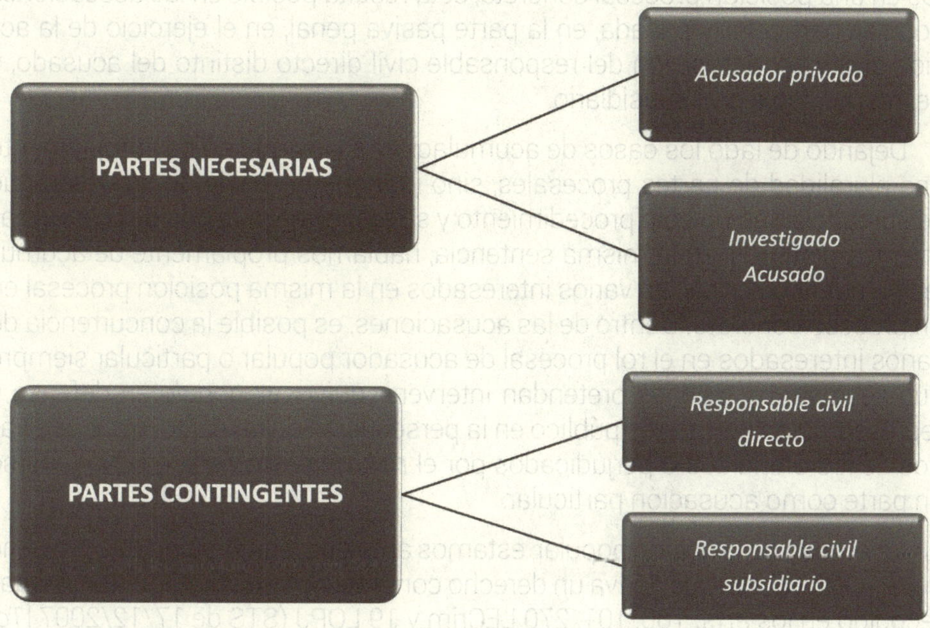

1.3 Pluralidad de partes

Si comenzamos por considerar la pluralidad de partes en las dos posiciones procesales, señaladamente en la acusación, el proceso penal español representa una verdadera singularidad en el panorama del derecho comparado debido la posible intervención autónoma de la acusación popular y de la particular junto al Ministerio Fiscal. En el proceso penal español se dan cita, como si de la escena final del Tenorio se tratara, todos los acusadores de la historia de la justicia penal, que han ido progresivamente desapareciendo a manos de sus sucesores en la práctica totalidad de los ordenamientos jurídicos contemporáneos. Permanece en nuestro proceso penal, con autonomía procesal, el acusador particular, primer acusador de unos delitos, entonces, a caballo entre lo público y lo privado; permanece también el acusador popular, remedio histórico ante la falta de persecución del delito por la víctima; e interviene también el Ministerio Fiscal, cuyo nacimiento está vinculado con la asunción del monopolio del *ius puniendi* por el Estado y con la concurrente necesidad de que la persecución de los delitos no quede en manos de los particulares. Y pervive, por último, el acusador privado como muestra de lo que en España representó en el siglo de oro, y aún representa en cierta medida, la defensa del honor y la honra por el titular afrentado.

Si contemplamos ahora la posible concurrencia de una pluralidad de sujetos en una posición procesal concreta, esta resulta posible en las acusaciones popular, particular y privada, en la parte pasiva penal, en el ejercicio de la acción civil y en la posición del responsable civil directo distinto del acusado, y del responsable civil subsidiario.

Dejando de lado los casos de acumulación, en los que no hay propiamente una pluralidad de partes procesales, sino una concurrencia de procesos que se sustancian en un solo procedimiento y se resuelven, a través de pronunciamientos distintos, en la misma sentencia, hablamos propiamente de acumulación cuando concurren varios interesados en la misma posición procesal en un proceso concreto. Dentro de las acusaciones, es posible la concurrencia de varios interesados en el rol procesal de acusador popular o particular siempre que sean varios quienes pretendan intervenir *quivis ex populo* en defensa y representación del interés público en la persecución de un delito, o cuando varios de los ofendidos o perjudicados por el mismo delito deciden constituirse en parte como acusación particular.

En el caso de la acción popular, estamos ante una legitimación que proviene del art. 125 CE, del que deriva un derecho constitucional de configuración legal, recogido en los arts. 100, 101, 270 LECrim y 19 LOPJ (STS de 17/12/2007 [*Tol 1223036*]). En un concreto proceso, puede el órgano judicial limitar la constitución en parte de nuevas acusaciones populares cuando la personada o personadas permitan satisfacer razonablemente el ejercicio de la acción penal por parte de particulares no directamente ofendidos o perjudicados por el delito, tomando a tal efecto en consideración los derechos fundamentales a un proceso justo con todas las garantías y sin dilaciones indebidas. Al propio tiempo, puede el órgano judicial determinar (art. 113 LECrim) que todas o varias de las acusaciones populares personadas litiguen bajo una misma representación y defensa (STC 154/1997 [*Tol 80777*]) a no ser que se advierta la existencia de intereses y puntos divergentes entre los acusadores, en cuyo caso será posible que cada uno de ellos actúe bajo su propia representación y defensa (ARMENTA, p. 97).

A diferencia de lo que sucede para la acusación popular, cuya personación proviene de una legitimación genérica en la que se reconoce el interés de cualquier ciudadano mayor de edad y capaz para la persecución y castigo de los delitos públicos, la legitimación del acusador particular para constituirse en parte activa del proceso penal deriva de su condición de víctima del delito, lo que permite la personación en un proceso de tantas acusaciones particulares como ofendidos o perjudicados existan por la comisión de un concreto hecho delictivo. Podrán agruparse todas o algunas de las víctimas para personarse en un proceso penal bajo la misma representación y defensa, pero no podrán ser obligadas a ello si sostienen planteamientos o intereses procesales diferentes.

1.4 Capacidad para ser parte y para actuar válidamente como parte en el proceso penal

1.4.1 Principios generales

En el proceso penal, la capacidad para ser parte depende de la posición procesal que se ocupe, y del objeto de la relación procesal al que nos refiramos —penal o civil—. El Ministerio Fiscal tiene, por definición legal, capacidad para ser parte y para actuar válidamente como parte en todos los procesos en los que esté prevista su intervención. No intervendrá como parte en los procesos penales incoados para la persecución del delito privado, ni en el objeto civil potencialmente acumulable al objeto penal cuando aquel haya sido reservado o renunciado por el ofendido o perjudicado. En los procesos por delitos semipúblicos intervendrá previa denuncia del ofendido o perjudicado, salvo cuando tenga él mismo la obligación de denunciar, en cuyo caso será quien promueva la incoación del procedimiento a falta de denuncia de la víctima.

En el caso del acusador popular coinciden los requisitos para ser parte y para actuar válidamente como parte. En este sentido, el acusador popular solo tendrá capacidad para ser parte y para actuar válidamente como tal en los procesos incoados por delitos públicos, y en los procedimientos que acumulen acciones por delitos públicos y semipúblicos, interviniendo en este caso únicamente en las diligencias que se practiquen en relación con los primeros. Además, la acción popular solo podrá ser ejercitada por ciudadanos españoles de la UE, mayores de edad y capaces, o bien por personas jurídicas con domicilio social en España o en la UE.

Para el ejercicio de la acusación particular o de la acusación privada, tendrán capacidad para ser parte todas las personas físicas vivas, españolas o extranjeras, el *nasciturus*, y las personas jurídicas, públicas o privadas, siempre que intervengan alegando ser los ofendidos o perjudicados por el delito. Cuando el ofendido o perjudicado sea el concebido pero no nacido aún, menores o discapacitados, la capacidad para actuar válidamente como parte exigirá que la minoría de edad o la discapacidad sea completada con las correspondientes instituciones de representación o apoyo previstas en la ley. En el caso de las partes que intervengan solo en el objeto civil acumulado, se aplicarán las reglas generales previstas en la LEC.

1.4.2 *La persona de apoyo y el facilitador procesal*

El nuevo régimen de la protección a la discapacidad que introduce la Ley 8/2021 cambia el punto de vista y la finalidad de la intervención normativa, que ahora se centra más en las potencialidades y facultades del discapacitado que en sus limitaciones. Coherentemente con tal planteamiento, se suprimen las declaraciones de incapacidad o de modificación de la capacidad, y se sustituyen por el *apoyo* a la persona con discapacidad —eje central de la nueva regulación— para que, mediante la asistencia, pueda por sí misma realizar los actos y tomar las decisiones necesarias en su vida, personal, profesional y jurídica, reduciendo al máximo los supuestos de representación.

De conformidad con el nuevo art. 250 del CC, las medidas de apoyo se dividen en voluntarias y judiciales. Las voluntarias son innominadas, tan específicas como la situación lo requiera, y se otorgarán mediante poder en escritura pública. En ellas, el discapacitado designa a la persona que habrá de prestarle apoyo y con qué alcance. Las medidas judiciales pueden consistir en la curatela, que se concibe como una medida formal de apoyo que se aplicará a quienes precisen asistencia de modo continuado, quedando determinada su extensión en la correspondiente resolución judicial a la vista de la situación y circunstancias de la persona con discapacidad y con sus necesidades de apoyo. Por su parte, el nombramiento de defensor judicial como medida formal de apoyo procederá cuando la necesidad de asistencia se precise de forma ocasional, aunque sea recurrente. Finalmente, la guarda de hecho es una medida informal de apoyo que puede existir cuando no haya medidas voluntarias o judiciales que se estén aplicando eficazmente.

En espera de una adaptación específica del nuevo régimen procesal de la discapacidad al proceso penal, habrá que aplicar supletoriamente lo previsto en el reformado art. 7 *bis* LEC, conforme al cual:

* Se facilitará a la persona con discapacidad la asistencia o apoyos necesarios para que pueda hacerse entender, lo que incluirá la interpretación en las lenguas de signos reconocidas legalmente y los medios de apoyo a la comunicación oral de personas sordas, con discapacidad auditiva y sordociegas.
* Se permitirá la participación de un profesional experto que a modo de facilitador realice tareas de adaptación y ajuste necesarias para que la persona con discapacidad pueda entender y ser entendida.
* La persona con discapacidad podrá estar acompañada de una persona de su elección desde el primer contacto con las autoridades y funcionarios.

Con relación a las partes acusadoras, cabe distinguir, de entrada, la incidencia de la discapacidad en el ejercicio de la acción popular, por un lado, y en el ejercicio de la acción penal por el sujeto víctima del delito —acusación particular y privada—, por otro. En ambos casos habrá que diferenciar, a su vez, si quien pretende ejercitar la acción penal tiene o no establecidas previamente medidas de apoyo.

Hay que partir, en todo caso, de un presupuesto común a todos los casos, que se concreta en una evaluación judicial inicial de la discapacidad del sujeto, señaladamente del grado de discapacidad que presente y de la incidencia que pueda tener en su actuación procesal. Cuando el sujeto que pretenda constituirse en parte acusadora del proceso alegue un cierto grado de discapacidad, o este se advierta por el juez, de oficio o a instancia de parte, deberá el juez comprobar si cuenta con una persona de apoyo, designada de forma voluntaria o por orden judicial. En tal caso, deberá el juez valorar si el apoyo constituido es o no suficiente para garantizar su intervención activa y autónoma en el proceso penal, completándolo con las disposiciones necesarias en caso de que se considere insuficiente. Cuando la persona discapacitada pretenda ejercer la acción popular, deberá el juez decidir si el grado de discapacidad que presenta le permite o no, aun contando con una persona de apoyo, constituirse como parte para ejercitar la acción penal pública.

Si la discapacidad concurre en la víctima que pretenda constituirse en parte como acusador particular o privado, deberá el juez evaluar su grado de discapacidad, declarando la suficiencia del apoyo ya constituido, u ordenando las disposiciones necesarias para constituirlo o completarlo, a fin de que el sujeto reúna los requisitos mínimos de capacidad para personarse en el proceso como parte acusadora.

Dentro de las medidas de apoyo, el art. 7 *bis* LEC —por momentos confuso y reiterativo— parece distinguir tres funciones básicas: a) la asistencia de un profesional que permita comunicación de las personas que tengan limitada o anulada la vista o el oído; b) la asistencia de un profesional del Derecho —facilitador procesal— que ayude a la persona discapacitada a entender el significado del proceso y a gestionar de manera suficientemente consciente sus derechos y facultades procesales; c) el acompañamiento de la persona con discapacidad durante las distintas fases y trámites del proceso.

De estas tres medidas de apoyo, la que resulta más relevante en este punto es la del llamado *facilitador procesal*. Debe señalarse, ante todo, que no es un asesor jurídico, ni un *alter ego* de la parte. Es una figura singular, llamada a completar la capacidad procesal de la parte —acusadora o pasiva— de tal manera que, con su ayuda, el sujeto pueda ejercer por sí mismo las cargas y posibilidades que conlleva el estatuto de parte en el proceso penal.

Para profundizar en el funcionamiento de esta figura puede consultarse el Decreto 52/2024, del Consejo de Gobierno, por el que se establece el servicio y se regula la figura del personal experto facilitador para prestar apoyo a las personas con discapacidad en las sedes judiciales de la Comunidad de Madrid.

1.5 El *amicus curiae*

Por *amicus curiae* —figura procesal de origen anglosajón— debe entenderse aquella persona física o jurídica que, sin tener la condición de parte, testigo, perito o tercero interesado, interviene en un proceso para colaborar con el tribunal aportando información objetiva y útil para la decisión. En nuestro vigente proceso penal no está regulada, como se sabe, la figura del *amicus curiae*; sí está prevista, sin embargo, en el proceso que se sigue ante la Corte Penal Internacional, regulándose específicamente la posible participación de España en tal condición en el art. 24 de la LO 18/2003, de Cooperación con la Corte Penal Internacional, y que también se incluyó en el ALECRIM de 2020 (art. 653.1). En ocasiones, la doctrina acerca la figura del perito que valora la credibilidad del testimonio de la víctima menor o discapacitada al *amicus curiae*, aunque su naturaleza encaja mejor en un medio de prueba que forma parte de la llamada "prueba sobre la prueba" (SSTS de 30/11/2023 [*Tol 9802968*] y de 28/04/2022 [*Tol 8932575*]).

En definitiva, y en lo que ahora interesa, el *amicus curiae* no tiene, en ningún caso, la condición de parte procesal. Tampoco puede ser considerado como un medio de prueba personal, puesto que, en rigor, no es testigo ni perito (SSTS de 30/11/2023 [*Tol 9802968*] y de 28/04/2022 [*Tol 8932575*]). Ocupa en el proceso una posición *sui generis*, cercana a la del consultor imparcial del tribunal, pero en todo caso lejana al estatuto de la parte en la justicia penal, cuya seña de identidad es la personación para la formalización de pretensiones acusatorias o defensivas con relación al ejercicio del *ius puniendi del Estado*.

2. LA ACCIÓN PENAL

El derecho de acción garantiza a los ciudadanos el acceso a los tribunales para solicitar el amparo de los derechos e intereses en conflicto. En cuanto presupuesto, forma parte del contenido esencial del derecho fundamental a la tutela judicial efectiva previsto en el art. 21.1 CE, que ha de dispensarse a través de un proceso justo, de estructura contradictoria o adversarial, y resuelto por un tribunal imparcial (art. 24.2 CE). De acuerdo con el esquema triangular, el proceso justo enfrenta, en condiciones de igualdad, a quienes pretenden la tutela de los tribunales frente a quienes la tutela se pretende. Unos y otros reciben, formalmente, la denominación de partes procesales en la justicia penal.

En nuestro sistema procesal, la acción penal presenta tres singularidades. La primera consiste en que el derecho de perseguir y castigar los delitos corresponde al Estado, de tal manera que la acción penal no se identifica con el ejercicio procesal de un derecho material propio, sino de un derecho público —*ius puniendi*— del que es titular el conjunto de la sociedad y que monopoliza el Estado. Para el ejercicio del *ius puniendi*, el Estado se divide en una estructura requirente, promotora o postulante, y funcionalmente autónoma —el Ministerio Fiscal— y una estructura decisoria independiente —el Poder Judicial—.

La segunda especialidad deriva del vigente modelo de proceso penal español, basado en un esquema acusatorio formal o mixto en el que la fase de instrucción tiene naturaleza procesal y está dirigida por un juez. Este esquema, artificial en el fondo y contrario a los roles propios del proceso acusatorio, altera la naturaleza de la acción penal y obliga a anticipar su ejercicio al inicio mismo de la instrucción (VIVES, p. 98). La acción penal se identifica con la solicitud de incoación de procedimiento dirigida al juez competente para la instrucción, lo que convierte a la acción penal en un mero *ius ut procedatur*, en el que no hay, porque no puede haberla al inicio de la instrucción, una verdadera formalización de la pretensión acusatoria.

El moderno modelo de proceso penal acusatorio instaurado en la mayor parte de los países europeos —y también fragmentariamente en España a través del procedimiento de menores y del procedimiento para perseguir los delitos contra los intereses financieros de la UE— aporta un esquema lógico y respetuoso con la naturaleza de la acción penal, que se ejercita por las partes en la fase intermedia mediante la formalización de la acusación y la solicitud de apertura de juicio, después de una fase de investigación preprocesal dirigida por el Ministerio Fiscal.

La tercera singularidad relativa a la configuración de la acción penal en España se refiere al reconocimiento plural de legitimación para su ejercicio, distinguiéndose una acción penal pública y una acción penal privada. La acción penal pública se ejerce, bajo el principio de oficialidad, por el Ministerio Fiscal, y bajo el principio de voluntariedad, por el acusador popular. Además, la víctima del delito puede ejercitar también la acción penal, privada en este caso, en todos los delitos públicos, semipúblicos y en el delito privado.

Junto a ello, y como recuerda GIMENO (p. 245), las acciones privadas pueden subdividirse en acciones que dimanan de delitos públicos, en cuyo caso pueden ser *principales* —si determinan el inicio del procedimiento— o *adhesivas* —si el acusador particular se incorpora a un procedimiento ya iniciado aceptando el ofrecimiento de acciones—, y en acciones privadas exclusivas, en las que, por ser el delito semipúblico o privado, solo pueden perseguirse por la voluntad del ofendido o perjudicado.

Finalmente, cabe recordar que en el proceso penal español la acción civil para la restitución de la cosa, la reparación del daño y la indemnización de los perjuicios puede ejercitarse conjuntamente con la penal si el titular de la misma no ha renunciado a la reparación civil o no la ha reservado para ejercerla en el proceso civil correspondiente. La titularidad de la acción civil acumulada corresponde al ofendido o perjudicado, debiendo entender por *ofendido* el titular del bien jurídico protegido por el delito, y por *perjudicado* quien, sin ser ofendido, ha sufrido daños patrimoniales o morales como consecuencia de la comisión del delito.

3. EL MINISTERIO FISCAL

3.1 Concepto y naturaleza

El Ministerio Fiscal es una institución pública, estatal, de rango constitucional, que tiene encomendada la promoción de la justicia en defensa del interés público tutelado por la ley, de los derechos fundamentales de los ciudadanos, de la independencia de los tribunales y de la satisfacción procesal del interés social (art. 124 CE).

Es difícil definir la naturaleza jurídica del Ministerio Fiscal. No lo hace la Constitución, ni tampoco el Estatuto Orgánico del Ministerio Fiscal (Ley 51/1981); pero ambos proporcionan algunas claves para poder dibujar su posición jurídico-política en nuestro vigente Estado constitucional. En cuanto titular de la acción penal pública, tiene como misión la defensa objetiva e imparcial de la legalidad dentro de una política criminal de Estado —estrategias y prioridades en la persecución y castigo de los delitos— que ha de definir el gobierno (art. 97 CE). Ocupa el Ministerio Fiscal, por tanto, una posición de equilibrio en el sistema político, que forma parte del esquema constitucional de contrapoderes —*checks and balances*— propio del moderno Estado complejo. Se reconoce, en este sentido, al Ministerio Fiscal una autonomía funcional (art. 8 EOMF) para la defensa objetiva e imparcial del interés público tutelado por la ley en cada proceso, aplicando las directrices de política criminal en la medida en que éstas se muevan dentro de los márgenes de la legalidad.

En este contexto debe entenderse la atribución al Gobierno de la facultad de proponer al Rey el nombramiento del Fiscal General del Estado, oído el Consejo General del Poder Judicial (art. 124.4 CE). Entendió la Constitución que era necesario garantizar cierta coordinación y colaboración entre el Ejecutivo y el Ministerio Fiscal, dejando en manos del legislador la regulación de los mecanismos que impidieran, por esta vía, una dependencia política externa del Ministerio Fiscal. A este propósito se disponen, reformadas respecto de la redacción original del EOMF, previsiones específicas —quizá insuficientes— en el Estatuto Orgánico del Ministerio Fiscal (art. 31).

3.2 Principios

El art. 124.2 CE establece los cuatro principios que definen el funcionamiento y la organización del Ministerio Fiscal español. Los principios de funcionamiento son la legalidad y la imparcialidad, y los de organización son la unidad de actuación y la dependencia jerárquica.

El principio de legalidad está previsto en el art. 6 del EOMF, conforme al cual «el Ministerio Fiscal actuará con sujeción a la Constitución, a las leyes y demás normas que integran el ordenamiento jurídico vigente, dictaminando, informando y ejercitando, en su caso, las acciones procedentes u oponiéndose a las indebidamente actuadas en la medida y forma en que las leyes lo establezcan».

Para el Ministerio Fiscal, la legalidad tiene un doble significado: es objeto de defensa y, al tiempo, principio rector de su actuación y funcionamiento. En cuanto principio, la legalidad supone sujetar la actuación del Ministerio Fiscal a las disposiciones de la ley, a la vez que delegar en el legislador ordinario la fijación de los criterios que han de regir el ejercicio de la acción pública. En este sentido, el único límite constitucional que se deriva del principio de legalidad es que la actuación del Ministerio Público habrá de ajustarse a los dictados de la ley, una garantía que, sobre la proscripción de la arbitrariedad, puede quedar cumplida tanto desde una rígida observancia del principio de obligatoriedad, como con la introducción de excepciones a la necesidad a través del principio de oportunidad reglada.

El principio de imparcialidad se regula en el art. 7 EOMF: «por el principio de imparcialidad el Ministerio Fiscal actuará con plena objetividad e independencia en defensa de los intereses que le estén encomendados». La paradójica configuración del Ministerio Fiscal como "parte imparcial" se explica distinguiendo la imparcialidad judicial —en la decisión— de la imparcialidad del Ministerio Fiscal —conforme a la cual fija su posición procesal—. El Ministerio Fiscal es parte en cuanto promotor de la acción de la justicia, y parte imparcial además por que no defiende en el proceso intereses particulares, ni siquiera el interés general, sino solo y exclusivamente el interés público tutelado por la ley.

Los principios de organización son dos, estrechamente vinculados entre sí: la unidad de actuación, a la que sirve la dependencia jerárquica. El principio de unidad del Ministerio Fiscal tiene tres proyecciones: la unidad orgánica, la unidad territorial y la unidad de actuación. El principio de unidad de actuación del Ministerio Fiscal asegura un comportamiento homogéneo, uniforme y previsible en el ejercicio de la acción pública, cuyo fundamento ha de encontrarse no solo en la igualdad de los ciudadanos ante la ley, sino también en la necesidad de garantizar coordinadamente la protección del interés público y del interés social en la aplicación de la ley por los tribunales de justicia.

Por último, el principio de dependencia jerárquica organiza piramidalmente el Ministerio Fiscal, de tal manera que cada uno de sus miembros actúa según las instrucciones recibidas del Fiscal Jefe respectivo y éstos, a su vez, cumpliendo las instrucciones que reciban del Fiscal General del Estado. Esta es la traducción del principio de dependencia; la unidad significa, básicamente, unidad de actuación *ad extra* y unidad de criterios *ad intra*; de esta suerte, la unidad resulta consecuencia de la adopción de los criterios unitarios de actuación que, una vez fijados, son aplicados en todo caso por los miembros que forman parte de la institución.

3.3 Criterios para el ejercicio de la acción penal pública: obligatoriedad vs. oportunidad

El principio de legalidad previsto en el art. 124.2 CE significa que la acción pública ha de ejercitarse por el Ministerio Fiscal conforme a las disposiciones establecidas en la ley. El principio de legalidad, como hemos adelantado, permite que el ejercicio de la acción pública se mueva entre la obligatoriedad y la oportunidad reglada, quedando excluida la discrecionalidad libre.

La LECrim recogió en su redacción original el principio de obligatoriedad en el ejercicio de la acción penal (art. 105) bajo una fórmula que, sin embargo, dejaba abierta la posibilidad de introducir, en la propia ley, excepciones a la regla general de la necesidad. Progresivamente, el principio de oportunidad reglada ha ido abriéndose paso en los modernos sistemas continentales de justicia penal ante la imposibilidad de responder eficazmente a todas las noticias delictivas que llegan a conocimiento de los órganos encargados de la investigación oficial. La discrecionalidad implícita y no sujeta a control ejercida por dichos órganos ante la necesidad de seleccionar y priorizar la respuesta penal explica la introducción gradual del principio de oportunidad —reglada en todo caso— también en el sistema español de justicia penal. Bajo la observancia del principio de legalidad, hemos pasado de un proceso penal presidido por el principio de obligatoriedad, a un modelo en el que la obligatoriedad convive con supuestos de oportunidad reglada en el ejercicio de la acción penal.

En la actualidad, el principio de oportunidad reglada está previsto en el procedimiento de responsabilidad penal de los menores y en el enjuiciamiento de delitos leves perseguibles previa denuncia del ofendido, estando emparentado directamente, también, con la institución de la conformidad y la justicia penal negociada. Con una notable amplitud se ha contemplado la oportunidad reglada en los sucesivos textos articulados para la reforma de la LECrim (2011, 2013 y 2020).

En materia de discrecionalidad, parece claro que la observancia del principio de legalidad del art. 124.2 CE depende del carácter "reglado" de la decisión, es decir, de la previsión por el legislador de los supuestos, los requisitos, las condiciones, el momento procesal y los efectos que deben rodear a la decisión del fiscal de no ejercer la acción penal ante unos hechos aparentemente delictivos. Pero para que estemos ante una verdadera oportunidad reglada, no basta con que tales presupuestos estén previstos en la ley; es necesario además que dichos presupuestos sean precisos, concretos, claros y, por todo ello, susceptibles de ser sometidos a control judicial. A mayor concreción normativa, menor discrecionalidad libre del Ministerio Fiscal, y viceversa.

Una diferencia relevante —casi cualitativa— entre los márgenes de discrecionalidad reconocidos al Ministerio Fiscal en el ejercicio del principio de oportunidad reglada puede verse en las facultades de sobreseimiento que reconocen al fiscal, respectivamente, la ley de responsabilidad penal de los menores y el procedimiento para el enjuiciamiento de delitos leves. Mientras que en la primera (arts. 18 y 19) los presupuestos son concretos y objetivos, en el enjuiciamiento por delitos leves, el legislador utiliza conceptos jurídicos indeterminados —escasa gravedad e inexistencia de interés público en la persecución— que prácticamente impiden el control judicial sobre los presupuestos de aplicación, aproximando la pretendida oportunidad reglada a un régimen de discrecionalidad libre en el ejercicio de la acción pública (art. 963.1.1ª LECrim).

3.4 Estructura orgánica

El Ministerio Fiscal es una institución compuesta por una pluralidad de órganos estructurados jerárquicamente bajo la dependencia del Fiscal General del Estado. El esquema orgánico del Ministerio Fiscal no forma, exactamente, una sola pirámide sino varias. La principal se corresponde con el despliegue territorial de la Fiscalía en el ejercicio de sus competencias genéricas, y se compone de los siguientes estratos, dependiendo los inferiores directamente de los superiores respectivos: Secciones territoriales, Fiscalías de área, Fiscalías provinciales, Fiscalías autonómicas y Fiscalía General del Estado. Junto a esta pirámide principal existen pirámides singulares que se corresponden con las distintas Fiscalías de ámbito nacional: Fiscalía ante la AN, Fiscalía ante el TS, Fiscalía ante el TC, Fiscalía ante el Tribunal de Cuentas, Fiscalía jurídico-militar, Fiscalía especial antidroga y Fiscalía especial anticorrupción. También integradas en la Fiscalía General del Estado y dependiendo directamente del Fiscal General figuran las Fiscalías de Sala especializadas, la Secretaría Técnica y la Inspección Fiscal. Por último, como órganos consultivos deben citarse: el Consejo Fiscal, la Junta de Fiscales de Sala del TS y la Junta de Fiscales superiores de las CCAA.

Completan este esquema las áreas especializadas de actuación del Ministerio Fiscal, coordinadas por un Fiscal de Sala que actuará, como hemos indicado, bajo la dependencia directa del Fiscal General del Estado. Las áreas especializadas son: violencia contra la mujer, salud y seguridad en el trabajo, medio ambiente, trata de personas y extranjería, seguridad vial, menores, cooperación internacional, criminalidad informática, protección y tutela de víctimas, vigilancia penitenciaria, delitos económicos, personas con discapacidad y mayores, delitos de odio y discriminación y derechos humanos y memoria democrática.

Al frente de cada órgano del Ministerio Fiscal está un Fiscal Jefe, del que dependen el Teniente Fiscal y los fiscales que determine la plantilla. Internamente, cada Fiscalía territorial puede contar con secciones especializadas, dependientes cada una de ellas de un fiscal decano (art. 18.3 EOMF).

Aunque el Fiscal General del Estado tiene competencias para dictar instrucciones generales y particulares para el ejercicio de la acción pública, y para intervenir en todos los procedimientos que sean competencia del Ministerio Fiscal, incluso removiendo y reasignando a los fiscales que han de intervenir en un caso concreto, se suele mantener la afirmación —cuestionada en algunos casos recientes— de que la unidad de criterio en el Ministerio Fiscal es una unidad colectivamente o colegiadamente reflexionada. En este sentido, el art. 27 del EOMF permite a cada fiscal rechazar una orden recibida de su superior cuando considere que es ilegal o de cualquier forma improcedente, dando lugar a la intervención con ello de los órganos colegiados consultivos que resultaren competentes.

De acuerdo con el art. 27 EOMF, «El fiscal que recibiere una orden o instrucción que considere contraria a las leyes o que, por cualquier otro motivo estime improcedente, se lo hará saber así, mediante informe razonado, a su Fiscal Jefe. De proceder la orden o instrucción de éste, si no considera satisfactorias las razones alegadas, planteará la cuestión a la Junta de fiscalía y, una vez que ésta se manifieste, resolverá definitivamente reconsiderándola o ratificándola. De proceder de un superior, elevará informe a éste, el cual, de no admitir las razones alegadas, resolverá de igual manera oyendo previamente a la Junta de Fiscalía. Si la orden fuere dada por el Fiscal General del Estado, éste resolverá oyendo a la Junta de Fiscales de Sala. Si el superior se ratificase en sus instrucciones lo hará por escrito razonado con la expresa relevación de las responsabilidades que pudieran derivarse de su cumplimiento o bien encomendará a otro Fiscal el despacho del asunto a que se refiera».

Consolida la unidad y dependencia dentro de la institución el hecho de que los ascensos y los nombramientos para los distintos cargos dentro del Ministerio Fiscal correspondan al Gobierno, a propuesta del Ministerio Fiscal oído el Consejo Fiscal.

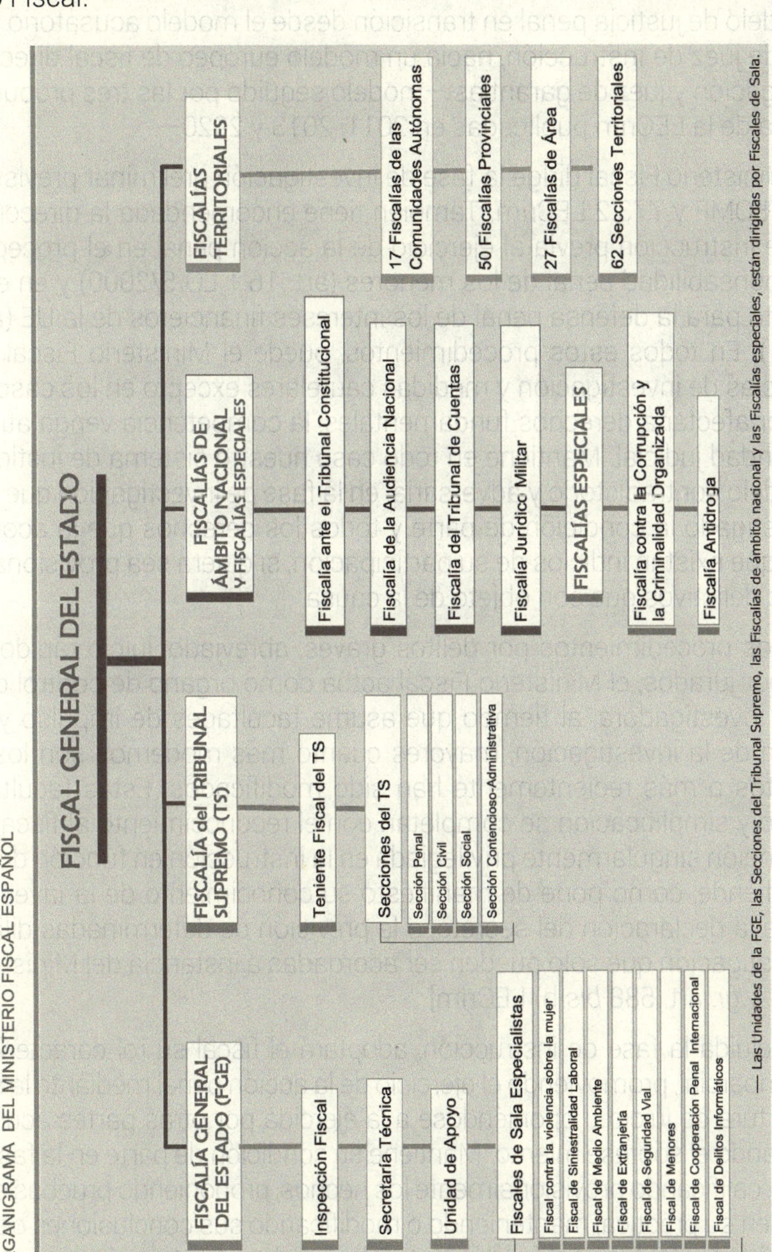

3.5 La intervención del Ministerio Fiscal en el proceso penal

La variedad de roles y matices que, en función del procedimiento, caracterizan la intervención del Ministerio Fiscal en la fase de investigación reflejan un modelo de justicia penal en transición desde el modelo acusatorio formal o mixto de juez de Instrucción, hacia un modelo europeo de fiscal director de la investigación y juez de garantías —modelo seguido por las tres propuestas de reforma de la LECrim publicadas en 2011, 2013 y 2020—.

El Ministerio Fiscal dirige la fase de investigación preliminar prevista en los arts. 5 EOMF y 773.2 LECrim. También tiene encomendada la dirección de la fase de instrucción previa al ejercicio de la acción penal en el procedimiento de responsabilidad penal de los menores (art. 16.1 LO 5/2000) y en el procedimiento para la defensa penal de los intereses financieros de la UE (art. 4 LO 6/2021). En todos estos procedimientos, puede el Ministerio Fiscal acordar diligencias de investigación y medidas cautelares excepto en los casos en los que, por afectar a derechos fundamentales, la competencia venga atribuida a la autoridad judicial. Mantiene en todo caso nuestro sistema de justicia penal un modelo contradictorio y adversarial en la fase de investigación que atribuye al investigado la condición de parte y todos los derechos que la acompañan desde que existan indicios de su participación, si quiera sea provisional, en los hechos delictivos que son objeto de la causa.

En los procedimientos por delitos graves, abreviado, juicio rápido, y en el juicio por jurados, el Ministerio Fiscal actúa como órgano de control de la actividad investigadora, al tiempo que asume facultades de impulso y simplificación de la investigación, mayores cuanto más modernos son los procedimientos o más recientemente han sido modificados. Estas facultades de impulso y simplificación se completan con el reconocimiento al fiscal de una intervención singularmente privilegiada en la instrucción en función del interés que defiende, como pone de manifiesto su conocimiento de la investigación durante la declaración del secreto, o la previsión de determinadas diligencias de investigación que solo pueden ser acordadas a instancia del Ministerio Fiscal [vid. *v.gr.* art. 588 *bis* b) LECrim].

Concluida la fase de instrucción, adoptará el fiscal su rol característico de parte imparcial, promoviendo el ejercicio de la acción penal mediante la solicitud de apertura de juicio u oponiéndose a la ejercida por otras partes acusadoras, interesando el sobreseimiento. Mantiene su condición de parte en la fase de juicio oral, calificando provisionalmente los hechos, proponiendo pruebas e interviniendo en su práctica, manteniendo o modificando sus conclusiones definitivas y exponiendo al tribunal el fundamento y bases de su pretensión procesal. Ya en fase de ejecución, vuelve a adoptar el fiscal una función inspectora del cumplimiento de penas, señaladamente de la privativa de libertad, como garante de la legalidad y de los derechos de los internos. En cualquiera de las fases del proceso penal, tiene el fiscal a su disposición los recursos previstos en la ley para oponerse a las decisiones interlocutorias o definitivas adoptadas por el órgano judicial, pudiendo además intervenir en la admisión o fundamentación de los recursos interpuestos por las demás partes procesales.

El Ministerio Fiscal podrá promover la incoación del proceso penal mediante la interposición de denuncia o querella ante el órgano judicial competente. En los procedimientos incoados por el juez competente para la instrucción por delitos públicos o semipúblicos admitiendo a trámite una denuncia o querella interpuesta por particulares, o mediante atestado policial, será parte el Ministerio Fiscal sin necesidad de cumplir un trámite específico de personación (art. 306 II LECrim).

Finalmente, conviene recordar que, en cuanto promotor de la acción penal pública en defensa de la legalidad, el fiscal representa derechos e intereses legítimos que pueden resultar vulnerados en el proceso, por lo que ha de reconocérsele el derecho fundamental a la tutela judicial efectiva y la posibilidad de su defensa ante la jurisdicción constitucional (STS de 26/01/2017 [*Tol 5944236*]).

4. EL ABOGADO DEL ESTADO Y LOS LETRADOS DE LAS ADMINISTRACIONES PÚBLICAS

Los Abogados del Estado y los Letrados de las Administraciones Públicas —Cortes, Seguridad Social, Comunidades Autónomas y Entidades Locales— intervienen en el proceso penal para la defensa del interés general que representa, encarna y define la Administración Pública y sus organismos autónomos (arts. 551 LOPJ y 1 de la Ley 55/1997).

La intervención del Abogado del Estado o del Letrado de la Administración correspondiente se produce: a) cuando deba personarse la Administración como acusador particular por resultar perjudicada por la comisión de un delito —así sucederá, entre otros, en los delitos contra la hacienda pública—; b) cuando deba ejercer la defensa de un funcionario público que haya sido acusado de un delito cometido en el ejercicio de su cargo y entienda la Administración que ha actuado conforme a la legalidad o cumpliendo órdenes de la autoridad competente; y c) cuando la acción civil acumulada en un proceso penal haya sido dirigida contra la Administración pública como responsable civil subsidiaria (MUERZA, p. 152).

La diferencia entre la defensa del interés público tutelado por la Ley y los intereses generales que representa y define la Administración, explica la posible intervención concurrente en un proceso penal del Ministerio Fiscal y del Abogado del Estado, defendiendo pretensiones distintas, e incluso opuestas. En este sentido, conviene recordar que mientras el Ministerio Fiscal es una institución que actúa con autonomía funcional, la Abogacía del Estado y los Letrados de la Administración dependen orgánica y funcionalmente de quien ostente el poder ejecutivo en cada uno de los niveles de la administración correspondiente.

5. EL ACUSADOR POPULAR

5.1 Concepto y regulación

En España la acción penal es pública. Además de los órganos que tienen encomendado oficialmente su ejercicio según su respectivo Estatuto —el Ministerio Fiscal y los letrados de la Administración—, pueden intervenir como acusadores en el proceso penal las víctimas del delito y también cualquier ciudadano interesado en promover la aplicación del *ius puniendi* del Estado en nombre de la sociedad (STC 40/1994 [*Tol 82448*]). En este último caso hablamos de la acción popular.

El acusador popular es aquel ciudadano español o miembro de la UE, mayor de edad y capaz, que interviene como acusador en un proceso penal sin ser ofendido o perjudicado por el delito. La acción popular está reconocida en los arts. 101 y 270 de la LECrim, en el art. 19 de la LOPJ y, singularmente, en el art. 125 CE, conforme al cual, «los ciudadanos podrán ejercer la acción popular en la forma y con respecto a aquellos procesos penales que la Ley determine». Los ciudadanos extracomunitarios podrán ejercitar la acción particular pero no la popular (ATC 186/2009 [*Tol 2276166*]). Junto ello, debe recordarse que los artículos 23.2 b) y 23.6 LOPJ, en la redacción dada por la LO 1/2014, requieren que el agraviado o el Ministerio Fiscal interpongan querella ante los tribunales españoles, eliminando así la denuncia y la acción popular en la persecución de este tipo de delitos.

La falta de previsión de la acción popular por el legislador en un supuesto concreto «no vulnera ni el artículo 24.1 CE, ni el 125 CE, ni el 9.3 CE en relación con el artículo 14 CE, por exigir a las víctimas, de forma implícita, acudir a la jurisdicción a través de una querella impidiendo su defensa por terceros mediante una acción popular. Y es que, tal y como se expresó el ATC 186/2009, de 16 de junio, la intervención de quienes resultan, siquiera sea mediatamente, afectados por los delitos que se persiguen en el proceso penal no debiera plantearse en términos de ejercicio de la acción popular, sino más bien en el plano de la legitimación para la actuación en el proceso de la acusación particular de los afectados por el ilícito en su esfera de derechos e intereses legítimos» (STC 140/2018 [*Tol 6978681*]).

El ejercicio de la acción popular es un derecho de configuración legal (SSTS de 17/12/2007 [*Tol 1223036*]; de 26/02/2013 [*Tol 3266044*]; y de 24/02/2021 [*Tol 8352384*]). Los requisitos y límites para su ejercicio están previstos en la LECrim, cuyos preceptos en esta materia, como veremos a continuación, han sido objeto de una importante labor de modernización y adecuación constitucional por parte de la jurisprudencia del TS y del TC.

5.2 Fundamento

El fundamento jurídico-político de la acción popular radica en la concepción del delito como un ataque a bienes jurídicos que garantizan la paz y la convivencia social. Salvo en los procesos por delitos perseguibles a instancia del ofendido o perjudicado —delitos semipúblicos y delito privado—, y en el procedimiento para la persecución de los delitos contra intereses financieros de la UE (art. 36.5 LO 9/2021), todo ciudadano mayor de edad y en pleno ejercicio de sus derechos podrá intervenir como parte en el proceso penal promoviendo la aplicación del *ius puniendi* del Estado. Sobre el fundamento constitucional de la acción popular y sobre los límites a su ejercicio en la justicia penal *vid*. ampliamente, la STS de 17/12/2007 [*Tol 1223036*].

El reconocimiento legal y constitucional de la acción popular en el proceso penal español representa, como adelantamos, una singularidad en el panorama del derecho comparado. La desconcentración del poder de acusar en nuestro proceso penal persigue dos finalidades básicas: a) democratizar y legitimar la justicia penal, permitiendo la participación directa de los ciudadanos, hayan sido o no ofendidos o perjudicados por el delito, en el ejercicio de la acusación; y b) romper el monopolio del Ministerio Fiscal, abriendo el ejercicio de la acción penal a criterios e interpretaciones plurales que posibiliten la incoación de procedimiento o la apertura de juicio incluso en contra del criterio de la acusación pública.

La jurisprudencia del TC advierte que en el ejercicio de la acción popular puede concurrir un doble interés. Por un lado, siempre impulsa el ejercicio de la acción popular la defensa del interés común, general y colectivo de la sociedad, lesionado con la comisión del delito. Pero, además, es posible que la acción popular se ejercite por quien, sin ser ofendido o perjudicado por del delito, acredite también un interés legítimo y personal en el ejercicio de la acción penal.

Cuando la acción popular pretende únicamente la protección del interés común y general —la acción popular genuina— su ejercicio en el proceso queda amparado por el art. 125 CE, que concibe la acción popular, no como un derecho fundamental, sino como un derecho constitucional de configuración legal, en la medida en que puede ser ejercido "en la forma y con respecto a aquellos procesos que la ley determine". Quiere ello decir que el legislador procesal viene obligado a reconocerlo y regularlo en la norma procesal. Y que, una vez reconocido y regulado, cualquier decisión judicial relativa a su participación en el proceso, queda sometida al régimen ordinario de tutela material que deriva del art. 24.1 CE. Ha afirmado en este sentido el TC (STC 148/1994 [*Tol 82554*]) que «la acción popular ejercitada solo podrá acogerse a la protección del art. 24.1 CE en su *dimensión material*, cuya protección únicamente abarca la genérica proscripción de las resoluciones puramente arbitrarias, o manifiestamente irrazonables, o incursas en error patente».

Sin embargo, cuando el actor popular acredite que, además de la defensa del interés general, concurre en la acción que ejercita un interés subjetivo legítimo, aun sin ser *stricto sensu* ofendido o perjudicado por el delito, su intervención en el proceso queda amparada por la *tutela constitucional reforzada* que se reconoce al derecho fundamental previsto en el art. 21.1 CE (STC 50/1998 [*Tol 80908*]). Como señala BANACLOCHE (pp. 105 y 106) «si en el sujeto que sostiene una acusación popular existe *un interés legítimo y personal, es decir, un interés subjetivo que pueda incardinarse en el ámbito de protección del art. 24.1 CE en su dimensión procesal que permitiría el examen de las resoluciones impugnadas desde el canon más favorable que protege el acceso al proceso*, se le reconoce el recurso de amparo sin ninguna limitación, pudiendo abordarse el fondo de la reclamación realizada —por ejemplo una Asociación de Víctimas del Terrorismo respecto de un delito de esa naturaleza—; ahora bien, si, por el contrario, solo se sostiene un interés general *únicamente puede acogerse a la protección del art. 24.1 CE en su dimensión material que, según lo anteriormente expuesto, comprende exclusivamente la genérica proscripción de las resoluciones puramente arbitrarias o manifiestamente irrazonables o incursas en error patente*»; en cursiva STC 79/1999 [*Tol 81145*]; (*vid.* también SSTC 62/1993 [*Tol 79227*]; 34/1994 [*Tol 82443*]; y 50/1998 [*Tol 80908*]).

5.3 Capacidad, legitimación y personación

Para el ejercicio de la acción popular, en cuanto actuación procesal en representación y defensa del interés general de la sociedad en el castigo de los delitos, se exige ser mayor de dieciocho años y estar en pleno ejercicio de los derechos. En los supuestos de discapacidad, deberá el juez evaluar el grado de disfunción que presente el actor, pudiendo adoptarse como criterio general la exigencia de plena capacidad psíquica, y la suficiente capacidad física para poder intervenir en el proceso con los apoyos que sean necesarios.

Interpretando en sentido amplio el concepto "ciudadanos" que utiliza el art. 125 CE, la jurisprudencia del TC ha aclarado que podrán ejercer la acción popular tanto las personas físicas como las jurídicas. Tratándose de personas físicas, además de los requisitos de capacidad ya señalados, quedan excluidos los que hayan sido condenados dos o más veces por sentencia firme a causa de denuncia o querella falsa, y los jueces y magistrados (art. 102 LECrim), salvo que se trate de delito o falta cometido contra sus personas o bienes, o contra las personas o bienes de sus cónyuges, ascendientes, descendientes, hermanos consanguíneos, uterinos y afines, así como en los casos de delitos cometidos contra las personas o bienes que estuvieran bajo su guarda legal.

Las personas jurídicas tienen capacidad para ejercer la acción popular si están válidamente constituidas conforme a su regulación específica (SSTC 53/1983 [*Tol 79220*]; y 241/1992 [*Tol 82021*]). No cabe duda de la legitimación de las personas jurídico-privadas para el ejercicio de la acción popular, existiendo en cambio dudas sobre la posibilidad de reconocer esta facultad a las personas jurídico-públicas. Más allá de la expresa previsión específica a favor del Delegado Especial del Gobierno para la Violencia de Género, reconocida por la STC 67/2011 [*Tol 2127225*] y de algunas leyes autonómicas respecto de Administraciones territoriales propias de las CCAA (SSTC 311/2006 [*Tol 1003694*] y 8/2008 [*Tol 1244613*]), no hay habilitación legislativa general para que las personas jurídicas públicas ejerzan la acción popular, por lo que ha de ser un concreto precepto de la ley el que recoja esa opción (SSTS de 26/02/2013 [*Tol 3266044*]; y de 27/07/2015 [*Tol 5417891*]).

Para comparecer en el proceso ejercitando la acusación popular no solo basta, como en el caso de las personas físicas, con acreditar los requisitos de capacidad y alegar el interés general en la persecución de los delitos públicos, sino que son necesarios específicos requisitos de legitimación. En este sentido cabe recordar que las personas jurídicas privadas pueden ejercer la acción popular con las limitaciones que ha venido señalando la jurisprudencia del TC, y que básicamente derivan de su configuración artificial, y de la conformación de su voluntad a través de personas físicas que, por sí mismas, podrían ejercer la acción popular. De ahí que se exija para el ejercicio de la acción popular por la persona jurídica que la persecución y castigo del delito en cuestión tenga vinculación con los fines propios para los que fue constituida. Así sucede, por ejemplo, con las asociaciones constituidas para la protección del derecho a la vida en los casos de delitos de aborto, con las asociaciones de consumidores en los casos de fraudes alimentarios, o con los sindicatos en los delitos contra la seguridad de los trabajadores.

Por lo que se refiere a los requisitos de personación, tanto las personas físicas como las jurídicas deben comparecer en el proceso para el ejercicio de la acción popular con abogado y procurador. Además, la LECrim exige, como requisitos para admitir su constitución en parte, la presentación de la querella y la constitución de fianza (arts. 270 y 280 LECrim; SAP de Sevilla de 2/06/2009 [*Tol 6711571*]). No obstante, la jurisprudencia permite la personación del acusador popular sin presentar querella cuando el proceso haya sido incoado con anterioridad; no pierde con ello la posibilidad de solicitar la ampliación del objeto, la imputación de sujetos no investigados hasta el momento, o la práctica de diligencias, pudiendo interesar todo ello una vez personado (SSTS de 3/06/1995 [*Tol 405064*] y de 3/04/1997 [*Tol 3483361*]). También permite la jurisprudencia la exención de fianza al acusador popular cuando el proceso ya se hubiera incoado antes de la personación del actor popular, salvo que dicha personación suponga la ampliación objetiva o subjetiva de la imputación, en cuyo caso resulta procedente la imposición de fianza (ATS de 22/11/2018 [*Tol 6935071*]; SAP de Zaragoza, de 4/02/2019 [*Tol 7140673*]).

Tampoco escapa a la reinterpretación normativa por vía jurisprudencial el plazo en el que puede ejercitarse la acción popular durante el proceso penal, y que, según la LECrim concluye con el trámite de evacuación de los escritos de calificación provisional (art. 110). Transcurrido este plazo, puede constituirse en parte el acusador popular —si bien únicamente como parte adhesiva— hasta un momento inmediatamente anterior al comienzo de las sesiones del juicio oral; en este caso intervendrá en el trámite de prueba y en el de informes como coadyuvante, apoyando a las acusaciones personadas en los trámites de prueba e informes.

Por último, y como antes avanzamos, podrá el juez de Instrucción rechazar la personación de una o varias acusaciones populares cuando entienda que la promoción del ejercicio del *ius puniendi* del Estado por los particulares está suficientemente garantizada con las acusaciones ya personadas. Especial motivación requerirá el rechazo de la personación de aquella persona jurídica que pretendiera personarse alegando la concurrencia de intereses públicos y también subjetivos en el ejercicio de la acción penal. En todo caso, a la hora de valorar la procedencia de la personación de la acusación popular en un determinado proceso tendrá en cuenta el juez competente para la instrucción si se trata de delitos que, por afectar a intereses supraindividuales o por tratarse de delitos de peligro o de mera actividad, no permiten la personación de la acusación particular, o bien de delitos imputados a políticos o funcionarios públicos en los que convenga la concurrencia de acusaciones sostenidas por actores distintos al Ministerio Fiscal.

Cuando se admita en un proceso la personación de varias acusaciones populares, podrá el juez competente para la instrucción acordar que litiguen bajo la misma dirección letrada, salvo que acrediten la conveniencia de actuar autónomamente en función de las diferentes estrategias procesales que se propongan sostener o de los distintos intereses subjetivos que fundamenten sus respectivas legitimaciones.

5.4 Intervención en el proceso penal

El acusador popular solo puede intervenir en los procesos penales por delitos públicos, y únicamente en los trámites o diligencias relativos al objeto penal del proceso. No obstante, el TS ha venido admitiendo que el actor popular sostenga la acción civil cuando actúe, no propiamente en defensa de un interés general o público, sino que ejerza «una acción colectiva en defensa de intereses difusos que equipara a los colectivos al ofendido que sí está legitimado para instar la responsabilidad civil» (BANACLOCHE, con citas de las SSTS de 1/04/1993 [*Tol 5105856*] y de 26/09/1997 [*Tol 5136824*]).

Durante la fase de instrucción podrá solicitar la imputación de personas, pedir la práctica de diligencias —salvo aquellas que solo pueden acordarse a instancia de la Policía Judicial o del Ministerio Fiscal—, interesar la adopción de medidas cautelares, oponerse a la petición de diligencias o medidas cautelares promovidas por otras partes, recurrir las decisiones adoptadas por el juez competente para la instrucción y pedir la conclusión de la instrucción o la adopción del auto de continuación del procedimiento.

En la fase intermedia, la cuestión más relevante consiste en saber si el juicio oral puede abrirse con la sola petición de la acusación popular. Las SSTS 17/12/2007 [*Tol 1223036*] y 18/04/2008 [*Tol 1292761*] —casos Botín y Atutxa—, modificando una precedente y consolidada doctrina jurisprudencial del TS, entendieron que el art. 782.1 LECrim: a) prohíbe acordar la apertura del juicio oral cuando solo lo pida la acusación popular y se opongan el Ministerio Fiscal y la acusación particular; y b) en los procesos seguidos por delitos que afectan a intereses supraindividuales, en los que no resulta por ello posible la personación de la acusación particular, puede abrirse el juicio oral cuando lo solicite la acusación popular, habiendo instado el sobreseimiento el Ministerio Fiscal. Esta interpretación jurisprudencial, ratificada expresamente por la STC 205/2013, ha venido manteniéndose en sentencias posteriores del TS, entre otras las de 20/01/2010 [*Tol 1776358*] (caso Ibarretxe); de 17/05/2010 [*Tol*

1857343] (caso Camps); y de 8/06/2018 [*Tol 6634012*] (caso Nóos); una recapitulación de la doctrina jurisprudencial en esta materia puede consultarse en las SSTS de 14/06/2018 [*Tol 8643068*], de 11/03/2020 [*Tol 7922117*] y de 4/11/2021 [*Tol 8643068*].

> «Y es que sólo la confluencia entre la ausencia de un interés social y de un interés particular en la persecución del hecho inicialmente investigado, avala el efecto excluyente de la acción popular. Pero ese efecto no se produce en aquellos casos en los que los que, bien por la naturaleza del delito, bien por la falta de personación formal de la acusación particular, el Ministerio Fiscal concurre tan solo con una acción popular que insta la apertura del juicio oral. En tales casos, el Ministerio Fiscal, cuando interviene como exclusiva parte acusadora en el ejercicio de la acción penal, no agota el interés público que late en la reparación de la ofensa del bien jurídico" [...] En consecuencia, es perfectamente entendible que... tratándose de delitos que afectan a bienes de titularidad colectiva, de naturaleza difusa o de carácter metaindividual, (...) el criterio del Ministerio Fiscal pueda no ser compartido por cualquier persona física o jurídica, que esté dispuesta a accionar en nombre de una visión de los intereses sociales que no tiene por qué monopolizar el Ministerio Público» (STS de 4/11/2021 [*Tol 8643068*]).

Por lo demás, la intervención de la acusación popular en la fase de juicio oral se ajustará al régimen ordinario previsto para las partes activas: formulará escrito de calificación, participará en la práctica de la prueba, formulará conclusiones definitivas e informará oralmente ante el tribunal exponiendo y fundamentando la pretensión penal que sostenga. Contra la sentencia que se dicte podrá interponer los recursos previstos en la ley según el tipo de procedimiento de que se trate, sin que la ley prevea para la acusación popular especialidad alguna en materia de impugnación.

6. EL ACUSADOR PARTICULAR

6.1 Concepto y regulación

El acusador particular es la persona física o jurídica, español o extranjero, mayor o menor, capaz o discapacitado, que en cuanto víctima se constituye en parte acusadora para el ejercicio de la acción penal contra el presunto responsable del delito. También puede constituirse en parte como acusador particular el perjudicado por el delito, siempre que el directamente ofendido no pueda hacerlo por haber fallecido o encontrarse desaparecido; otro tanto podrán hacer las personas jurídicas a las que la ley reconoce legitimación para defender los derechos de las víctimas, siempre que ello fuera autorizado por la víctima del delito (art. 109 *bis* LECrim).

El ejercicio de la acción penal por la víctima encuentra apoyo normativo explícito en los arts. 101, 109, 109 *bis*, 110 y 270 LECrim, e implícito en el art. 24.1 CE en cuanto titular de un interés legítimo en el castigo del culpable.

6.2 Fundamento

El sistema español de justicia penal entiende que el interés público de la sociedad en el castigo de los delitos es perfectamente compatible con el interés de la víctima en que el autor del delito cometido contra ella sea debidamente castigado. El interés de la víctima en el castigo del culpable es un interés cualificado y legítimo, que no se identifica con la venganza ni con la retribución, sino más bien con un interés individual justificado para que, en un caso concreto, se aplique el *ius puniendi* del Estado. Cuando es la víctima la que ejercita la acción penal estamos ante la promoción del mismo interés público que representa el Ministerio Fiscal o el acusador popular; el mismo interés, sí, pero ejercitado en el caso de la víctima por quien tiene la legitimación primera, la más natural y originaria entre todos los acusadores para procurar el castigo del culpable. En el ejercicio de la acción penal cabría hablar de iniciativas *oficiales y públicas* —Ministerio Fiscal—, *representativas* —acusador popular— y *privadas* —acusador particular y acusador privado—, todas ellas concurrentes, y por ello eficaces desde sus respectivos fundamentos, en el ejercicio de la acción penal dirigida a procurar el castigo de los delitos y la garantía de la paz y la convivencia social.

De este fundamento primario deriva el fundamento jurídico-constitucional que, en el caso de la acusación particular, debe buscarse directamente en el art. 24.1 CE. En este sentido y como recuerda BANACLOCHE (p. 97), la víctima de un delito tiene un indudable interés legítimo —aunque no un derecho, por lo que estamos ante una realidad de configuración legal— en la persecución del responsable, por lo que puede solicitar de los tribunales la tutela que corresponde a dicho interés (STC 1/2023 [*Tol 9419704*]).

6.3 Capacidad, legitimación, postulación y personación

Podrán ser parte en el proceso penal para ejercer la acusación particular las personas físicas, las jurídicas —hasta su extinción—, los entes sin personalidad —uniones sin personalidad, sociedades irregulares y patrimonios autónomos— y el concebido pero no nacido. En nombre de los menores de edad y del *nasciturus* actuarán quienes legalmente los representen. En el caso de personas con discapacidad actuará el discapacitado por sí mismo, a través del curador, o bien asistido de la persona de apoyo o del facilitador procesal en función del grado de discapacidad que presente. En todo caso, la suficiencia de la capacidad para actuar válidamente como parte deberá ser evaluada por el juez, de oficio o a instancia de parte. Por las personas jurídicas actuarán quienes legalmente las representen. Y por los entes sin personalidad, quienes de hecho o en virtud de pactos entre sus miembros, actúen en su nombre frente a terceros.

No permite nuestro proceso penal que, en un proceso en el que está imputada una persona jurídica, esta dirija la acusación contra los administradores o gestores cuya conducta ha hecho generar la imputación de la entidad (Circular FGE 1/2011).

La legitimación para el ejercicio de la acusación particular deriva de la condición de víctima del delito, condición que se identifica con la producción de un perjuicio directo derivado de la comisión del delito en cuanto titular del bien jurídico protegido (MARTÍNEZ GARCÍA, p. 81). Podrá ejercer la acusación particular quien alegue, y en su caso acredite mediante la aportación de un principio de prueba, que ha sido víctima, o lo que es lo mismo, ofendido por el delito. El perjudicado solo podrá ejercer la acción penal cuando no pueda hacerlo el ofendido por causa de fallecimiento o desaparición (arts. 109 *bis* y 281.2º LECrim). Debe señalarse, además, que la cualidad de ofendido es personal e intransmisible, en tanto que la del perjudicado es susceptible de sucesión procesal (GIMENO, p. 125).

Tal y como adelantamos, el art. 109 *bis* 3 LECrim, introducido por la disposición final primera de la Ley 4/2015, del Estatuto de la Víctima, permite una suerte de *legitimación por sustitución* para el ejercicio de la acción particular por las asociaciones de víctimas y por las personas jurídicas a las que la ley reconoce legitimación para defender los derechos de las víctimas, siempre que ello fuera autorizado por la víctima del delito. Del tenor del precepto se desprende: a) que el juez tendrá que examinar los estatutos de la asociación o de la persona jurídica para comprobar la validez de la posible legitimación por sustitución; b) la asociación o persona jurídica tendrá que recabar directamente de la víctima su autorización; c) que la autorización debe prestarse por escrito, constando el consentimiento informado de la víctima; d) que en el caso de que un mismo hecho haya causado una pluralidad de víctimas, las asociaciones de protección de víctimas o las personas jurídicas interesadas en su representación procesal podrán constituirse como parte para ejercer la acusación particular siempre que recaben, al menos, el consentimiento de alguna de las víctimas; e) en todo caso, las asociaciones de defensa de víctimas de delitos —según su posible especialización: *v.gr.* contra la libertad sexual, contra menores, de delitos de terrorismo, etc.— y las personas jurídicas en cuyos estatutos se contemple la defensa en juicio de determinados bienes jurídicos relacionados con el proceso, podrán solicitar su constitución como parte acusadora ejerciendo la acción popular. En este último caso quedarán sometidas al régimen del actor popular, señaladamente en lo que se refiere a la constitución de fianza, al ejercicio de la acción civil, al régimen no privilegiado de información procesal, y a las posibles limitaciones en la decisión de apertura de juicio cuando sean la única parte acusadora que lo solicite. Por último, podrán también constituirse como acusación particular las Administraciones Locales en los casos de delitos dirigidos a impedir u obstaculizar el ejercicio de las funciones públicas encomendadas por los miembros de las corporaciones locales (art. 109 *bis* 3 LECrim).

La postulación del acusador particular quedará sujeta a las reglas generales previstas para la defensa y representación de las partes en el proceso penal, con la salvedad de que, en su condición de víctima, podrá solicitar la designación de abogado y procurador de oficio en caso de tener derecho a la asistencia jurídica gratuita.

Permite expresamente el art. 109 *bis* 2 LECrim la personación independiente de las víctimas en caso de pluralidad de personas directamente ofendidas por el delito. No obstante, podrá el juez acordar, cuando pueda verse afectada la buena marcha del proceso o el derecho a un proceso sin dilaciones indebidas, que se agrupen en una o varias representaciones y que sean dirigidas por una o varias defensas en razón de sus respectivos intereses.

La personación en el proceso del acusador particular también presenta alguna singularidad, que tiene que ver con la protección reforzada de la víctima en el proceso penal y con el compromiso del Estado para facilitar el ejercicio de sus derechos, señaladamente el que se refiere a su constitución como parte acusadora. En este sentido, puede el acusador particular constituirse como parte interponiendo querella, ya sea para interesar la incoación de procedimiento, ya para personarse en el que ya hubiera sido incoado con anterioridad (art. 270 LECrim). Pero puede también personarse en el procedimiento aceptando el ofrecimiento de acciones previsto en el art. 109 LECrim, que debe ser realizado por la Policía Judicial o por el Ministerio Fiscal durante la práctica de las diligencias preliminares de investigación, o por el LAJ en un momento inmediatamente anterior a su primera comparecencia ante el juez (arts. 109, 761.2, 771.1ª, 773.2 y 776 LECrim).

No aclara el legislador si la exención de presentar querella se circunscribe al procedimiento abreviado y a los procedimientos simplificados o también alcanza al procedimiento por delitos graves, en el que formalmente se sigue exigiendo. Bien mirado, no hay razón para que esta exención no se aplique también en el procedimiento por delitos graves, siempre y cuando el acusador particular cumpla con los demás requisitos establecidos: aceptación expresa del ofrecimiento de acciones y personación con abogado y procurador.

En el trámite de ofrecimiento de acciones también se informará a la víctima sobre las opciones que tiene con relación a la responsabilidad civil que hubiera podido generar el delito. En este sentido, podrá la víctima: a) ejercer la acción civil de forma acumulada con la penal; b) renunciar a su ejercicio; c) reservarla para ejercitarla en el proceso civil correspondiente. El Ministerio Fiscal ejercitará la acción civil siempre que el perjudicado o el ofendido no la haya reservado, ni haya renunciado a ella. Cuando el Ministerio Fiscal concurra con el ofendido o perjudicado en el ejercicio de la acción civil, ambos actuarán en los trámites del objeto civil acumulado y formularán en esta materia sus pretensiones de forma autónoma.

Por lo que se refiere al plazo, la víctima podrá constituirse en parte ejerciendo la acusación particular hasta un momento inmediatamente anterior al traslado de las actuaciones para calificación provisional (art. 110 LECrim). No obstante, el legislador ha permitido expresamente a la acusación particular extender el plazo de personación hasta el inicio del juicio oral, si bien en estos casos la intervención de la acusación particular tendrá el carácter de subordinada, debiendo adherirse a alguno de los escritos de calificación formulado por el fiscal o por alguna de las partes acusadoras personadas; en este sentido, podrá participar en las sesiones del juicio coadyuvando a la acusación a la que se ha adherido, interviniendo en la práctica de la prueba propuesta y admitida, y en el trámite de informes (art. 109 *bis* LECrim).

Finalmente, quedarán exentos de prestar fianza como requisito de admisibilidad de su personación, el ofendido, los perjudicados cuando la víctima hubiera fallecido o se encontrara desaparecida, las asociaciones de víctimas y las personas jurídicas que intervengan en el proceso en nombre y con el consentimiento de la víctima. La exención de fianza no es aplicable a los extranjeros interesados en ejercitar la acusación particular si no les correspondiere en virtud de tratados internacionales o por aplicación del principio de reciprocidad (art. 281 LECrim).

6.4 Intervención en el proceso

Dejando para más adelante el estudio del estatuto de la víctima (EVD), conviene ahora señalar que el régimen que regula la intervención de la acusación particular en el proceso penal es muy similar al previsto para el acusador popular. Difiere, básicamente, en lo siguiente: a) el acusador particular puede poner fin al proceso mediante el perdón en aquellos delitos que expresamente lo prevén; si fueran varios los acusadores particulares, será necesario el consentimiento de todos para lograr la terminación del proceso; b) no existe limitación legal para que el juicio oral pueda abrirse cuando solo lo solicita la acusación particular; c) el acusador particular podrá ejercer acumuladamente en el proceso penal la acción penal y la civil; d) el acusador particular puede constituirse en parte sin necesidad de interponer querella; e) la víctima que carece de capacidad para actuar como parte puede comparecer en el proceso como acusador particular mediante la integración de su falta de capacidad; si tal discapacidad desapareciera a lo largo del proceso —por alcanzar la mayoría de edad o por haber recuperado la capacidad perdida— tendrá plena autonomía para decidir si continúa o no con el ejercicio de la acción penal; f) la desestimación de la solicitud de personación del acusador particular, así como la falta de ofrecimiento de acciones al ofendido o perjudicado que no tuviera por otra vía conocimiento del proceso, pueden ser susceptibles de examen por el TC a través del recurso de amparo; g) aunque no haya sido parte en el proceso, podrá la víctima personarse tras la sentencia de primera instancia a los solos efectos de interponer recurso contra ella; h) la legitimación del acusador particular en vía casacional queda condicionada al cuestionamiento de los aspectos de la sentencia de instancia de afecten al ofendido por el delito.

Por último y en materia de costas, debe tenerse en cuenta el Acuerdo del Pleno no Jurisdiccional de la Sala Segunda del TS, conforme al cual «se alcanza como conclusión que tras la derogación del artículo 802 de la Ley de Enjuiciamiento Criminal habrá que estar a lo que se dispone en el art. 240 del mismo texto procesal. Se plantea igualmente la cuestión de sí el criterio de la temeridad permitiría excluir la imposición de las costas en algunos casos. Se argumenta que deberá ser tenido en cuenta si la intervención de la acusación particular ha sido entorpecedora o con mala fe o temeridad igual que en tales casos se pueden imponer las costas a la parte querellante y se expresa que si la intervención de la acusación particular ha sido perturbadora se deben excluir sus costas. Se concluye afirmándose que debe utilizarse como criterio corrector del vencimiento en la imposición de las costas el de la temeridad y mala fe. Debe regir, pues, el vencimiento corregido por el criterio de la temeridad».

7. EL ACUSADOR PRIVADO

El acusador privado es la persona física o jurídica víctima del delito de injurias y calumnias contra particulares (art. 215 CP), que se constituye como parte única y necesaria en el proceso penal para promover su persecución y castigo (art. 104.1 LECrim). En cuanto delito privado, carecen de legitimación para el ejercicio de la acción penal el Ministerio Fiscal y el acusador popular. El actor deberá, en consecuencia, promover la incoación del proceso, impulsar la fase de instrucción, formalizar la acusación en la fase intermedia y sostener la pretensión penal en el juicio oral.

Para su constitución como parte acusadora, la víctima del delito privado debe acreditar capacidad para ser parte y capacidad para actuar válidamente como parte, lo que exige la representación en el caso de menores y la intervención de la persona de apoyo y, en su caso, del facilitador procesal, si resultaran necesarios a criterio del juez. En nombre de la persona jurídica actuará quien legalmente la represente. El acusador privado debe promover la incoación del proceso mediante la interposición de la querella, que exige como sabemos la representación por procurador y la dirección letrada (art. 277 LECrim). El querellante por delito privado, en cuanto víctima, está exento de prestar fianza.

No aclara el legislador si el heredero no ofendido directamente por el delito puede suceder en el ejercicio de la acción penal al directamente ofendido que hubiera fallecido en el curso del procedimiento. Esta posibilidad, expresamente reconocida en el art. 466 del CP de 1973, ha desaparecido en el art. 215 del vigente CP de 1995. Cierta doctrina jurisprudencial parece admitir la sucesión (SAP de Valencia, de 30/11/2017 [*Tol 6532881*]; precisando que solo debe admitirse cuando el procedimiento fue iniciado por el ofendido, pero no cuando se pretende iniciar por los herederos tras la muerte de la víctima SAP de Orense, de 14/11/2018 [*Tol 7048847*]).

La admisión a trámite de la querella queda condicionada por el cumplimiento de dos requisitos previos de procedibilidad. En primer lugar, el actor debe acreditar, mediante el correspondiente testimonio expedido por el LAJ, haber intentado o celebrado sin éxito acto de conciliación con el sujeto pasivo al propósito de llegar a un acuerdo que evite el proceso penal, o haberlo celebrado sin acuerdo (arts. 278 y 804 LECrim).

Téngase en cuenta que el cumplimiento de este requisito no impide que, a instancia de la acusación, acuerde el juez competente para la instrucción, a prevención, las diligencias necesarias para acreditar la comisión del hecho delictivo cuando, por el transcurso del tiempo, pudieran desaparecer o perder su integridad probatoria (art. 278.2 LECrim).

Junto a ello, cabe recordar que el plazo de prescripción establecido en los supuestos previstos por el art. 215 CP para el ejercicio de la acción penal (un año) no se interrumpe por la solicitud de celebración del acto de conciliación, sino únicamente por la admisión a trámite de la querella interpuesta contra persona determinada: lo esencial de cara a la interrupción de la prescripción es el acto judicial de dirección del procedimiento (STS de 11/07/2024 [*Tol 1013655*]).

En segundo lugar, cuando las injurias o calumnias se hubieran vertido en juicio, será necesaria la autorización previa del tribunal en cuya presencia se profirieron, de manera que la posible interposición de la querella no se convierta en un instrumento de coacción o amedrentamiento sobre la libertad de declaración de testigos, peritos o investigados.

Como afirma el TC, aunque en cierta medida la necesidad de la licencia opere como restricción del derecho a la tutela judicial efectiva, ésta resulta constitucionalmente fundada en la medida en que con ella se trata de proteger a quienes han comparecido en un proceso frente a los perjuicios que una causa penal pudiera originarles como consecuencia de las manifestaciones realizadas o expresiones vertidas en el mismo para la defensa de sus intereses y pretensiones. Responde a la necesidad de asegurar la defensa en términos adecuados, sin el temor de la incoación de un proceso penal indebido (SSTC 11/1987 [*Tol 79840*]; y 36/1998 [*Tol 9736074*]).

Antes de la interposición de la querella, la víctima debe solicitar del juez o tribunal ante el que se habrían vertido las injurias o calumnias la correspondiente licencia, que revestirá la forma de providencia y será remitida por el LAJ.

Aunque los arts. 215.2 CP y 805.I LECrim se refieren explícitamente a las injurias y calumnias vertidas *en juicio*, cabe preguntarse si las declaraciones o las manifestaciones escritas realizadas por las partes o los intervinientes en el proceso en una fase previa al juicio o vista, que hubieran alcanzado publicidad, pueden integrar el tipo del art. 215.2 CP. La jurisprudencia admite esta posibilidad al señalar que «no obstante no haberse celebrado juicio ni vista, la licencia sí era necesaria por cuanto la lesión contra el honor vertida en juicio puede ser escrita. Así parece desprenderse de la propia LECrim si atendemos a la ubicación sistemática del art. 805 situado antes que las normas relativas a las injurias o calumnias inferidas por escrito (arts. 806 y 807 LECrim) y a las que regulan las vertidas oralmente (arts. 808 y 809 LECrim)»; SAP de Barcelona, de 01/10/2019 [*Tol 7628828*]; vid. también AAP de Pontevedra, de 3/02/2017 [*Tol 5992654*]; y STSJ de Valencia, de 30/11/2018 [*Tol 6977430*]).

La naturaleza privada del delito de injurias y calumnias contra particulares —a caballo entre la infracción penal y el ilícito civil—, concede al actor plena disposición de la acción y la pretensión punitiva (GIMENO, p. 108). Quiere ello decir que, en cualquier momento del proceso, podrá el acusador privado renunciar a la acción penal (art. 106 II LECrim), desistir de la pretensión contenida en la querella (art. 276 LECrim), otorgar el perdón al ofendido (art. 215.3 CP) o dejar caducar la acción (art. 275 LECrim), dando lugar en los tres casos mencionados a la terminación anticipada del proceso. Como quiera que el desistimiento del actor le permite volver a interponer la querella en el futuro, cuando el desistimiento tenga lugar una vez trasladada la imputación al sujeto pasivo, podrá este manifestar su desacuerdo (art. 20 LEC), en cuyo caso continuará el proceso, dependiendo su conclusión de la decisión del actor de mantener o no la acusación en el procedimiento.

La intervención del acusador privado en las distintas fases del proceso penal viene condicionada por el procedimiento que resulte aplicable. De acuerdo con lo que sostiene la Consulta 2/1994, de la Fiscalía General del Estado, el procedimiento aplicable al enjuiciamiento del delito de injurias y calumnias contra particulares es el procedimiento abreviado, cuyas normas habrán de combinarse con las específicas del Título IV del Libro IV de la Ley de Enjuiciamiento Criminal (SSTS de 24/01/1994 [*Tol 404349*], de 3/05/1994 [*Tol 402571*] y de 16/07/1994 [*Tol 5122149*]). Los. mismos criterios rigen cuando estos delitos fueren cometidos a través de la imprenta u otro medio mecánico de publicación. Por último, el procedimiento previsto en los arts. 808 y siguientes de la Ley de Enjuiciamiento Criminal para las injurias o calumnias verbales ha de considerarse vigente, debiendo celebrarse el juicio verbal contemplado en tales preceptos en el seno de las diligencias previas como una suerte de audiencia preliminar para que, tras ella, acuerde el juez alguna de las decisiones contempladas en los arts. 779 y 780 LECrim.

Una última intervención del acusador privado se prevé en el art. 80.6 del CP, conforme al cual «en los delitos que sólo pueden ser perseguidos previa denuncia o querella del ofendido, los jueces y tribunales oirán a éste y, en su caso, a quien le represente, antes de conceder los beneficios de la suspensión de la ejecución de la pena».

8. EL ACTOR CIVIL

El actor civil es el ofendido o perjudicado que se constituye en parte del proceso penal, con singularidad propia, para ejercer únicamente la acción civil de reclamación de los daños y perjuicios producidos por el delito. En el caso del *ofendido*, ejercer solo la acción civil significa: a) que deja en manos del fiscal, y acaso del acusador popular, el ejercicio de la acción penal; b) que, sin embargo, está interesado en intervenir en el proceso para ejercer de forma directa y autónoma la acción para la restitución de la cosa, la reparación de los daños y la indemnización de los perjuicios. Cuando se trata del *perjudicado*, el ejercicio de la acción civil supone que: a) deja en manos de la acusación pública, y de la popular en su caso, el ejercicio de la acción penal cuando la víctima hubiera fallecido o estuviera desparecida; b) que quiere intervenir directamente en el proceso para reclamar, defiendo, cualificando y cuantificando por sí, la eventual responsabilidad civil derivada del delito.

Para facilitar la tutela judicial de la eventual responsabilidad civil derivada del delito, el legislador permite que se tramiten acumuladamente, si el ofendido o perjudicado lo quiere así, el proceso penal y el civil. La acción civil queda, pues, sometida al régimen previsto para el demandante en la LEC en cuanto a capacidad y legitimación. Podrán ejercer la acción civil en el proceso penal el *nasciturus*, las personas físicas, las personas jurídicas, las masas patrimoniales y los patrimonios separados, las herencias yacentes y los entes sin personalidad, siempre y cuando aleguen y aporten un principio de prueba de su condición de ofendidos o perjudicados por el delito en su solicitud de personación (arts. 7 a 10 LEC).

* Las personas menores de edad no emancipadas deberán comparecer mediante la representación, asistencia o autorización exigidos por la ley.
* En el caso de las personas con medidas de apoyo para el ejercicio de su capacidad jurídica, se estará al alcance y contenido de estas.
* Por los concebidos y no nacidos comparecerán las personas que legítimamente los representarían si ya hubieren nacido.
* Por las personas jurídicas comparecerán quienes legalmente las representen.
* Las masas patrimoniales o patrimonios separados que carezcan transitoriamente de titular o cuyo titular haya sido privado de sus facultades de disposición y administración, comparecerán por medio de quienes, conforme a la ley, las administren.
* Las entidades sin personalidad a las que la ley reconozca capacidad para ser parte comparecerán en juicio por medio de las personas a quienes la ley, en cada caso, atribuya la representación en juicio de dichas entidades.
* Por los grupos de consumidores o usuarios afectados por un hecho dañoso, cuando los individuos que lo compongan estén determinados o sean fácilmente determinables, comparecerán en juicio las personas que, de hecho, o en virtud de pactos entre sus miembros, actúen en su nombre frente a terceros.

* Cuando pretendan ejercitar la acción civil personas con discapacidad, personas mayores que lo soliciten o, en todo caso, personas con una edad de ochenta años o más, se realizarán las adaptaciones y los ajustes que sean necesarios para garantizar su participación en condiciones de igualdad. Las adaptaciones pueden consistir en: a) facilitar su comprensión y sus facultades de expresión y comunicación para hacerse entender; b) designar a un facilitador procesal; c) permitir que una persona de su elección acompañe en todo momento a la persona con discapacidad o a la persona mayor.
* Cuando la persona mayor o discapacitada careciera de persona que legalmente la represente o asista para comparecer en juicio, el Letrado de la Administración de Justicia le nombrará un defensor judicial, que asumirá su representación y defensa hasta que se designe a quien legalmente deba representarla.

En el caso de compañías aseguradoras, admite el TS la legitimación por subrogación «cuando la entidad aseguradora tenga concertado un contrato de seguro con el perjudicado por el delito y satisfaga cantidades en virtud de tal contrato, puede reclamar frente al responsable penal en el seno del proceso penal que se siga contra el mismo, como actor civil, subrogándose en la posición del perjudicado» (Acuerdo del Pleno no Jurisdiccional de la Sala de lo Penal del TS, de 30 de enero de 2007).

La comparecencia en el proceso penal del actor civil se formalizará mediante escrito, que podrá presentar desde la incoación del procedimiento hasta el inicio del trámite de calificación. La postulación para el actor civil será la exigida para el proceso penal en el que interviene. En el escrito interesando la personación deberá figurar la identidad del solicitante, la concurrencia de los requisitos de capacidad —y su integración si fuera necesario—, la legitimación con la que comparece —aportando el principio de prueba que la acredite, y la propia solicitud de personación como actor civil.

Podrá intervenir en la fase de instrucción —interesando, participando en la práctica de diligencias, oponiéndose a las solicitadas por otros, e impugnando las resoluciones del juez— pero únicamente en lo que concierne a la investigación y aseguramiento de fuentes de prueba y a la adopción de medidas cautelares relativas a la eventual responsabilidad civil del sujeto pasivo. En la fase intermedia evacuará escrito de calificación limitado al objeto civil, esto es, al relato de los hechos de los que se deduzca la responsabilidad patrimonial, a la participación de los sujetos, a la cuantía en la que se estima la responsabilidad, a la adopción, modificación o mantenimiento de las medidas cautelares, y a la proposición de los medios de prueba que acrediten los hechos relatados y la participación de los sujetos responsables. En el juicio, intervendrá en el eventual acuerdo de conformidad, en la práctica de la prueba relativa a la responsabilidad civil, y en los trámites de calificaciones provisionales e informes, pudiendo impugnar la sentencia con relación a los fundamentos y fallo referidos a la responsabilidad civil.

9. EL ESTATUTO DE LA VÍCTIMA

9.1 Introducción

La especial protección de la víctima tiene larga tradición en la justicia penal española. Ya en su redacción original, la LECrim permitió la constitución en parte de la víctima para el ejercicio autónomo de la acción penal así como la tramitación acumulada de la acción civil a la penal. Más modernamente, y en un contexto internacional y europeo de progresivo fortalecimiento de los derechos y garantías de la víctima en la justicia penal —Decisión Marco de 2001, relativa al estatuto de la víctima en el proceso penal; Directiva 2004/80/, sobre indemnización a las víctimas de delitos; Directiva 2011/99/UE sobre la orden europea de protección, y Directiva 2012/29/UE de normas mínimas sobre derechos, apoyo, y protección de las víctimas de delitos— la Ley 25/1995, de atención a las víctimas de delitos violentos inició en el proceso penal español una línea de atención normativa específica a las víctimas, en la que cabe inscribir LO 1/1996, de Protección Jurídica del Menor, la LO de Protección Integral a las Víctimas de Violencia de Género de 2004, la Ley 29/2011, de Reconocimiento y Protección Integral a las Víctimas del Terrorismo y, más recientemente, la Ley 4/2015, del Estatuto de la Víctima del Delito (EVD), la LO 8/2021, de protección integral de la infancia y la adolescencia, y la LO 10/2022, de garantía integral de la libertad sexual.

Tal y como señala la exposición de motivos que precede a la Ley 4/2015, el EVD no se limita a trasponer al ordenamiento jurídico español la Directiva 2012/29/UE, ni a integrar en la normativa española de protección a las víctimas las Directivas 2011/92/UE, sobre la lucha contra los abusos sexuales y la explotación sexual de los menores y la pornografía infantil, y 2011/36/UE, relativa a la prevención y lucha contra la trata de seres humanos y a la protección de las víctimas. El propósito, según el legislador, es más ambicioso: el EVD «tiene la vocación de ser el catálogo general de los derechos, procesales y extraprocesales, de todas las víctimas de delitos», a cuyo propósito se regulan, básicamente, tres grupos de instrumentos: a) derechos extraprocesales; b) derechos procesales, y c) medidas específicas de protección.

9.2 Concepto de víctima: ofendido y perjudicado

El art. 2 del EVD establece con claridad el concepto de víctima, distinguiendo entre víctima directa e indirecta, y diferenciando además la condición de víctima —sinónimo de ofendido por el delito—, de la del perjudicado (PLANCHADELL, p. 112).

Es *víctima directa* toda persona física que haya sufrido un daño o perjuicio sobre su propia persona o patrimonio, en especial lesiones físicas o psíquicas, daños emocionales o perjuicios económicos directamente causados por la comisión de un delito.

En los casos de muerte o desaparición de una persona que haya sido causada directamente por un delito, salvo que se tratare de los responsables de los hechos, son *víctimas indirectas*:
1º El cónyuge no separado legalmente o de hecho y los hijos de la víctima o del cónyuge no separado legalmente o de hecho que en el momento de la muerte o desaparición de la víctima convivieran con ellos; la persona que hasta el momento de la muerte o desaparición hubiera estado unida a ella por una análoga relación de afectividad y los hijos de ésta que en el momento de la muerte o desaparición de la víctima convivieran con ella; sus progenitores y parientes en línea recta o colateral dentro del tercer grado que se encontraren bajo su guarda y las personas sujetas a su tutela o curatela o que se encontraren bajo su acogimiento familiar.
2º En caso de no existir los anteriores, los demás parientes en línea recta y sus hermanos, con preferencia, entre ellos, del que ostentara la representación legal de la víctima; los hermanos tienen la consideración de *víctima indirecta* en defecto de los progenitores. (STS de 01/02/2024 [*Tol 9876976*]).

En el caso del párrafo 1º, la falta de un orden de prelación y exclusión de los posteriores significa que todos los que aparecen mencionados tienen la condición de víctimas directas, y consecuentemente todos pueden ejercitar, de forma concurrente, las acciones penales y civiles que deriven del delito.

Por último, dispone expresamente el art. 2, que las disposiciones de la Ley 4/2015 no son aplicables a los terceros que hubieran sufrido perjuicios derivados del delito, esto es, a quienes, sin tener una relación con la víctima de las mencionadas en el art. 2.1.1º y 2º, resultaran afectados por el delito (*perjudicados*).

La determinación de la condición de ofendido o perjudicado por el delito, como recuerda BANACLOCHE (p. 100), es una cuestión de legalidad ordinaria, que corresponde a los tribunales de instancia, y que solo es revisable por el TC si resulta arbitraria o notoriamente irrazonable (SSTC 113/1984 [*Tol 79402*], 34/1994 [*Tol 82443*] y 129/2001 [*Tol 12986*]). En ocasiones, sigue señalando el autor citado, resulta difícil determinar si la lesión al interés general que todo delito conlleva concurre o no con la lesión de intereses individuales o de colectivos determinados o determinables, lo que tiene importancia a la hora de aclarar si el sujeto ejercita la acción penal como acusador particular o popular.

9.3 Derechos básicos

El Estatuto de la Víctima comienza regulando un conjunto de derechos básicos, centrados en la *acogida y atención inicial* por las autoridades policiales y judiciales, y en el *derecho a la información sencilla y comprensible* sobre el estatuto preprocesal y procesal de la víctima y a la *comunicación* con las autoridades del sistema de justicia penal (arts. 4 a 10 EVD)

Estos derechos básicos los podemos dividir en tres bloques fundamentales:

9.3.1 Acogida y atención preferente; las oficinas de atención a las víctimas

La acogida y atención preferente se garantiza, de manera específica, a través de las oficinas de atención y asistencia a las víctimas de delitos (arts. 27 a 29 EVD), cuya normativa de desarrollo se contiene en el RD 1109/2015. Están encargadas de prestar una asistencia integral, coordinada y especializada a las víctimas, ofreciendo respuestas a las necesidades específicas en el ámbito jurídico, psicológico y social. Desempeñan las oficinas de atención a las víctimas una tarea fundamentalmente orientadora, informativa e intervencionista, de carácter preprocesal, desde la Administración de Justicia. En la actuación de las oficinas de asistencia a las víctimas destaca, a) la elaboración de un plan personalizado de asesoramiento y apoyo; b) la intervención de apoyo en sucesivas fases de acogida-orientación, información, intervención y seguimiento; y c) una asistencia que abarca la información jurídica, la evaluación médico-psicológica, el acceso a medidas de asistencia económica y la derivación a los servicios de asistencia y apoyo social.

9.3.2 Comprensión de los trámites y comunicación con las autoridades

Junto a la acogida y atención preferente, corresponde a los órganos de la justicia penal —policía, fiscalía, jueces y tribunales, funcionarios judiciales y personal al servicio de la Administración de Justicia— garantizar el derecho de la víctima a comprender su situación jurídica y los derechos que de ella derivan, lo que supone el uso de un lenguaje sencillo, claro, y adaptado a los supuestos específicos de discapacidad o dificultad de comprensión —ciegos, sordos, menores, personas con discapacidad intelectual—. Al propio tiempo, tienen las víctimas el derecho a ser entendidas, y a utilizar para tal fin los mecanismos y herramientas de apoyo que resulten necesarios, de manera que puedan intervenir y comunicarse con facilidad con las autoridades relacionadas con la justicia penal (art. 4 EVD). Completa este catálogo de garantías el derecho de la víctima a hacerse acompañar de una persona de su confianza en los trámites preprocesales y procesales en los que tenga que intervenir.

9.3.3 *Derecho a la información*

Del derecho a la información, tanto en fase preprocesal como procesal, se ocupa el art. 7 del EVD, en el que se especifica qué debe ser comunicado a la víctima. Cabe resumir el contenido informativo básico en los siguientes puntos:

* Cómo efectuar la denuncia y procedimiento para su interposición.
* Servicios especializados, recursos psicosociales y asistenciales, y medidas de asistencia y apoyo (médicas, psicológicas o materiales) disponibles.
* Procedimiento para la obtención de asesoramiento y defensa jurídica gratuita y para la solicitar medidas de protección.
* Asesoramiento sobre los derechos económicos relacionados con el proceso, en particular sobre las ayudas e indemnizaciones a las que pueda tener derecho, y supuestos en los que puede obtener el reembolso de los gastos judiciales.
* Información procesal relevante relativa a resoluciones judiciales, celebración de juicios y vistas y medios de impugnación.
* Datos de contacto de la autoridad encargada de la tramitación del procedimiento y cauces para comunicarse con ella.

9.4 Derechos y garantías procesales

Los arts. 11 a 18 del EVD están dedicados a los llamados "derechos procesales" de las víctimas, de entre los que destaca el derecho a ejercitar con carácter autónomo la acción penal para el castigo del culpable, y la acción civil acumulada para exigir la reparación patrimonial por los daños sufridos por el delito. Junto a la legitimación para el ejercicio de la acción penal y civil, el EVD reconoce a las víctimas:

* El derecho a recibir información procesal actualizada, señaladamente la notificación de las resoluciones que supongan el sobreseimiento y archivo, así como el reconocimiento del derecho a impugnarlas dentro de un plazo de tiempo suficiente a partir de la comunicación, con independencia de que se haya constituido anteriormente o no como parte en el proceso (art. 12 EVD).
* Durante la fase de ejecución, tendrán las víctimas derecho: a) a recibir información durante la fase de ejecución que permita impugnar ante los Tribunales las resoluciones que afecten al régimen de cumplimiento de condena de delitos de carácter especialmente grave; b) a facilitar información que pueda ser relevante para que los Jueces y Tribunales resuelvan sobre la ejecución de la pena, responsabilidades civiles o comiso ya acordados, y c) a solicitar la adopción de medidas de control con relación a presos condenados por hechos de los que pueda derivarse razonablemente una situación de peligro para la víctima, a los que se hubiere concedido la libertad condicional (art. 13 EVD).
* La satisfacción de gastos y costas procesales con preferencia a los gastos que se hubieran causado al Estado cuando se hubiera condenado al acusado, a instancia de la víctima, por delitos por los que el Ministerio Fiscal no hubiera formulado acusación o tras haberse revocado la resolución de archivo por recurso interpuesto por la víctima.

* El acceso a la justicia restaurativa, cuando sean regulados y en los términos en los que las leyes de procedimiento determinen (art. 15 EVD).
* Por último, tendrá derecho la víctima la devolución sin demora de los bienes restituibles de su propiedad que hubieran sido incautados en el proceso (art. 18 EVD).

9.5 Medidas específicas de protección

Finalmente, el EVD prevé, de forma algo confusa en el esquema normativo, medidas específicas de protección de las víctimas durante el curso del proceso, que pueden clasificarse en: a) generales; b) específicas para la fase de instrucción; c) específicas para la fase de juicio oral; y c) medidas de protección de víctimas especialmente vulnerables.

Antes de ordenarlas sintéticamente, debe dejarse apuntado algo bien conocido: las medidas específicas de protección no se reconocen con carácter absoluto, sino que, a menudo, concurren con otros derechos fundamentales en juego dentro del proceso penal. Así sucede, por ejemplo, con la difusión de imágenes o de información de la víctima y el derecho a la información; con el principio de contradicción y el derecho a la defensa con relación a la dispensa de la comparecencia de la víctima para prestar declaración en el juicio oral, o con la celebración de juicios a puerta cerrada y el derecho a un proceso público y a la publicidad de las actuaciones judiciales.

9.5.1 Medidas generales de protección

* El uso de espacios separados y protegidos para las víctimas en los edificios judiciales, evitando en las comparecencias y juicios el contacto visual directo entre el investigado o acusado y la víctima (arts. 19 y 20 EVD).
* La protección de la intimidad de las víctimas, señaladamente la posible identificación cuando se trate de víctimas menores de edad o discapacitadas. (art. 22 EVD).
* La evaluación individualizada de las víctimas por parte del fiscal, la Policía Judicial, el juez competente para la instrucción o el tribunal, según la fase del procedimiento, a fin de determinar sus necesidades especiales de protección y tratamiento (art. 23 EVD).
* En el caso de víctimas menores, discapacitadas necesitadas de especial protección o sujetos pasivos de delitos violencia sexual, se adoptarán medidas específicas para evitar una segunda victimización, entre las que procede destacar: a) la grabación de las declaraciones prestadas en

la instrucción; b) la práctica de los interrogatorios a cargo de personas especialmente formadas para ello; c) la designación de un defensor judicial para la víctima en ciertos casos (art. 26 EVD).

9.5.2 *Medidas de protección durante la instrucción (arts. 21 y 25 EVD)*

* La declaración inmediata de la víctima tras la admisión a trámite de la denuncia.
* La reducción al mínimo de las declaraciones de la víctima y de los reconocimientos posteriores. Utilización de expertos en la exploración y eventualmente, traslado de las preguntas que quieran formular las partes al menor o discapacitado a través de los expertos (STS de 26/05/2022 [*Tol 9002565*]). Posible utilización de la Cámara Gesell (SSTS de 02/03/2022 [*Tol 8882676*]; y de 04/07/2024 [*Tol 10097244*]). Sobre los protocolos de la declaración del menor o discapacitado en fase de instrucción vid. STS de 25/01/2023 [*Tol 9389439*])
* Durante las diligencias y trámites, las víctimas podrán estar acompañadas, además de por su abogado y por su representante legal, por una persona de su confianza.
* Los reconocimientos médicos de la víctima se practicarán solo cuando sean imprescindibles.
* Todas las tomas de declaración a una misma víctima le serán realizadas por la misma persona, salvo que ello pueda perjudicar de forma relevante el desarrollo del proceso o deba tomarse la declaración directamente por un juez o un Fiscal.

9.5.3 *Medidas de protección durante el juicio oral*

* La celebración de juicios a puerta cerrada y la restricción de la difusión de imágenes.
* La reproducción en juicio de la prueba anticipada en la que haya intervenido la víctima (SSTS de 08/05/2024 [*Tol 10032268*]; de 29/02/2024 [*Tol 9902860*]; y de 18/07/2024 [*Tol 10191314*])).
* La lectura en juicio de declaraciones sumariales de menores y discapacitados.

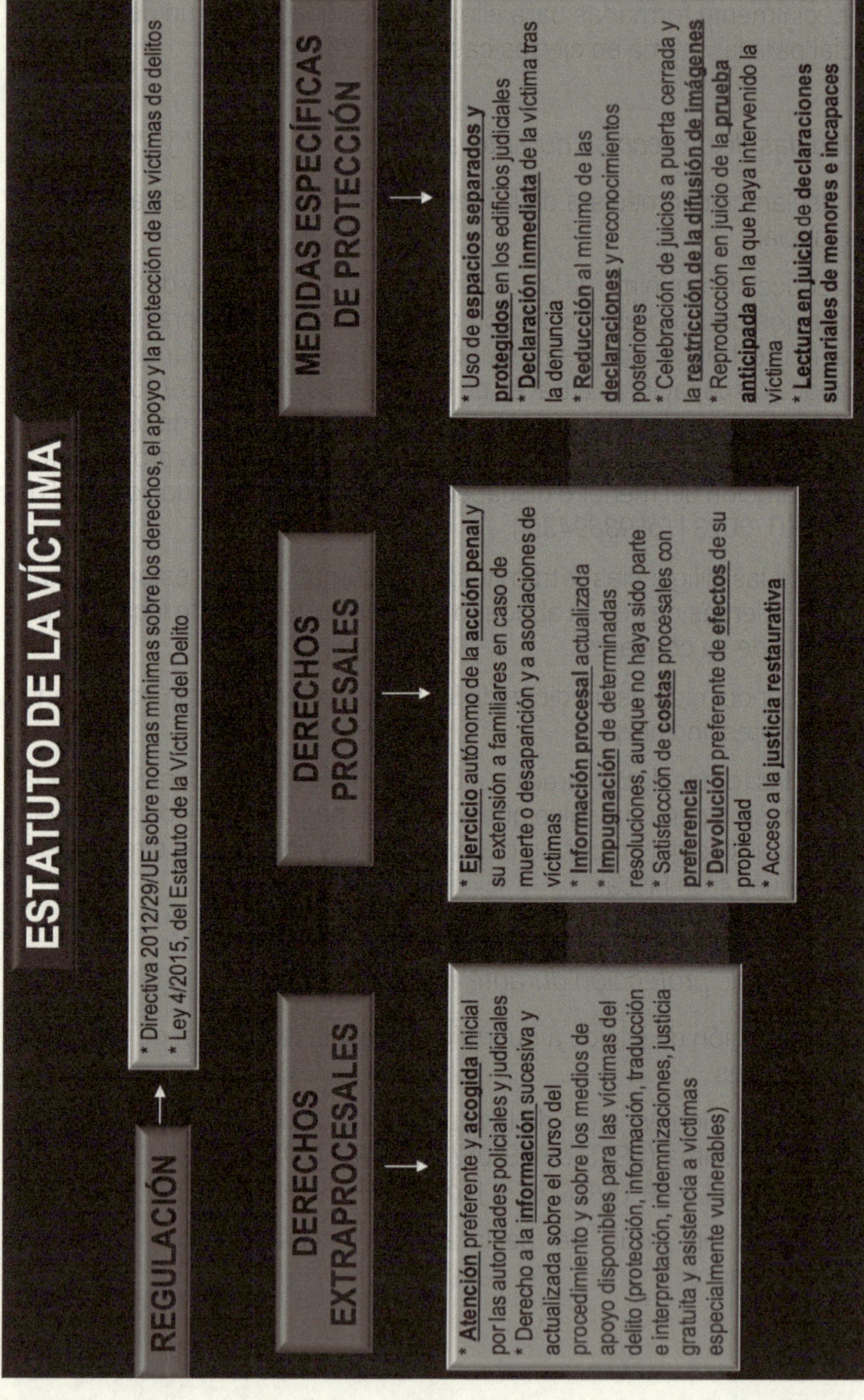
ESTATUTO DE LA VÍCTIMA
REGULACIÓN
* Directiva 2012/29/UE sobre normas mínimas sobre los derechos, el apoyo y la protección de las víctimas de delitos
* Ley 4/2015, del Estatuto de la Víctima del Delito
DERECHOS EXTRAPROCESALES
* Atención preferente y acogida inicial por las autoridades policiales y judiciales
* Derecho a la información sucesiva y actualizada sobre el curso del procedimiento y sobre los medios de apoyo disponibles para las víctimas del delito (protección, información, traducción e interpretación, indemnizaciones, justicia gratuita y asistencia a víctimas especialmente vulnerables)
DERECHOS PROCESALES
* Ejercicio autónomo de la acción penal y su extensión a familiares en caso de muerte o desaparición y a asociaciones de víctimas
* Información procesal actualizada
* Impugnación de determinadas resoluciones, aunque no haya sido parte
* Satisfacción de costas procesales con preferencia
* Devolución preferente de efectos de su propiedad
* Acceso a la justicia restaurativa
MEDIDAS ESPECÍFICAS DE PROTECCIÓN
* Uso de espacios separados y protegidos en los edificios judiciales
* Declaración inmediata de la víctima tras la denuncia
* Reducción al mínimo de las declaraciones y reconocimientos posteriores
* Celebración de juicios a puerta cerrada y la restricción de la difusión de imágenes
* Reproducción en juicio de la prueba anticipada en la que haya intervenido la víctima
* Lectura en juicio de declaraciones sumariales de menores e incapaces

BIBLIOGRAFÍA

- ALAMILLO CANILLAS, *El Ministerio Fiscal Español (su organización y funcionamiento)*, Colex, 1990.
- ÁLVAREZ DE NEYRA/CUBILLO LÓPEZ/CHOZAS ALONSO, *Los sujetos protagonistas del proceso penal*, Dykinson, 2015.
- ÁLVAREZ SUÁREZ, *El modelo de acusación popular en el sistema procesal español*, Aranzadi, 2022.
- ARMENTA, *Lecciones de Derecho procesal penal*, Marcial Pons, 2023.
- BACIGALUPO/GIMENO SENDRA/MORENO CATENA/TORRES DULCE, *La posición del fiscal en la investigación penal: la reforma de la Ley de Enjuiciamiento Criminal*, Aranzadi, 2005.
- BANACLOCHE/ZARZALEJOS, *Aspectos fundamentales de Derecho procesal penal*, La Ley, 2023.
- DÍEZ PICAZO, *El poder de acusar*, Ariel, 2000.
- GIMENO SENDRA, *El Ministerio Fiscal - Director de la instrucción*, Iustel, 2006.
- GÓMEZ COLOMER, *Estatuto Jurídico de la Víctima del Delito*, Aranzadi, 2015.
- FERREIRO BAAMONDE, *La víctima en el proceso penal*, La Ley, 2005.
- FLORES PRADA, *El Ministerio Fiscal en España*, Tirant lo Blanch, 1999.
- HERNÁNDEZ MOURA, *La víctima como elemento esencial de comprensión del Proceso Penal*, Tirant lo Blanch, 2022.
- MARCHENA GÓMEZ, *El Ministerio Fiscal: su pasado y su futuro*, Marcial Pons, 1992.
- MARTÍN RÍOS, *Víctima y justicia penal: reparación, intervención y protección de la víctima en el proceso penal*, Marcial Pons, 2012.
- MONTERO/GÓMEZ COLOMER/BARONA/ESPARZA/ETXEBERRÍA, *Derecho Jurisdiccional III. Proceso Penal*, Tirant lo Blanch, 2016.
- MORENO CATENA/CORTÉS, *Derecho procesal penal*, Tirant lo Blanch, 2024.
- MARTÍNEZ GARCÍA, *Proceso penal. Derecho jurisdiccional III*, (Gómez Colomer/Barona dirs.), Tirant lo Blanch, 2022.
- PÉREZ GIL, *La acusación popular*, Comares, 1998.
- PLANCHADELL GARGALLO, *Proceso penal. Derecho jurisdiccional III*, (Gómez Colomer/Barona dirs.), Tirant lo Blanch, 2022.
- TAMARIT/VILLACAMPA/SERRANO MASIP, *El estatuto de las víctimas de delitos*, Tirant lo Blanch, 2015.
- VIVES ANTÓN, *Comentarios a la Ley de Medidas Urgentes de Reforma Procesal II. La reforma del proceso penal*, Tirant lo Blanch, 1992.
- ZAMARRA ÁLVAREZ, "Artículos 100 a 117", en *Comentarios a la Ley de Enjuiciamiento Criminal* (López Barja de Quiroga dir.), vol. I, Tirant lo Blanch, 2023.

Capítulo 7

Las partes procesales (II). El sujeto pasivo persona física

Encarnación Molino Barrero
Abogada penalista
Montero-Aramburu & GVA

SUMARIO: **1. EL SUJETO PASIVO EN EL PROCESO PENAL. 2. LA CAPACIDAD DEL SUJETO PASIVO. 2.1 La enajenación mental coetánea con el hecho delictivo y persistente durante el proceso penal. 2.2 La demencia sobrevenida después de haber cometido el delito y antes del dictado de la sentencia. 2.3 El trastorno mental grave y duradero después de pronunciada sentencia firme. 2.4 La minoría de edad. 3. LA SUJECIÓN DEL INVESTIGADO A LA JURISDICCIÓN PENAL ESPAÑOLA. 4. LA SUJECIÓN DEL INVESTIGADO AL PROCEDIMIENTO: LA AUSENCIA DEL SUJETO PASIVO. 4.1 La celebración del juicio en ausencia. 4.2 La declaración de rebeldía. 4.3 Orden europea de detención. 4.4 Extradición activa. 5. LA EXISTENCIA DE INDICIOS RACIONALES DE CRIMINALIDAD CONTRA EL INVESTIGADO.**

1. EL SUJETO PASIVO EN EL PROCESO PENAL

El sujeto pasivo del proceso es la parte contra quien se dirigen las actuaciones procesales penales. Las partes activas —MF, acusación particular, acusación popular— solicitan la investigación de un hecho que reviste caracteres de delito y la condena de la otra parte —el sujeto pasivo del proceso penal— que se opone, se defiende e interesa el archivo, la absolución o bien un pronunciamiento distinto y favorable a sus intereses. La parte pasiva es imprescindible en el proceso penal.

Como señala NIEVA FENOL (2024, p. 143) «Desde siempre, todo proceso penal ha girado en torno al reo, bien sea para reprimirle duramente, como sucedió durante la vigencia del sistema inquisitivo, bien sea para sancionarle, pero intentando al tiempo preservarle de la ira social que provoca en cualquier persona el estatus de "sospechoso", subrayando la necesidad de mantener en todo caso la presunción de inocencia».

Todo proceso penal «habrá de estar conformado, al menos, por dos partes: una parte acusadora, que pretende, pide o procura la tutela penal, en el entendimiento de que el *ius puniendi* tan sólo corresponde al Estado; y una parte acusada, que se defiende, resiste o hace frente a esa petición, en pro de su absolución» (CALAZA LÓPEZ, 2021, p. 109)

Con la aséptica denominación «sujeto pasivo» se evitan otros términos como el de «*imputado*» que socialmente presenta ciertas connotaciones negativas y estigmatizantes. Por LO 13/2015, de modificación de la Ley de Enjuiciamiento Criminal para el fortalecimiento de las garantías procesales y la regulación de las medidas de investigación tecnológicas, se eliminó el término «*imputado*» que como dice el Preámbulo era usado de modo indiscriminado en la ley «sin ningún tipo de rigor conceptual», pues con dicha expresión se alude a la persona sobre la que tan solo recaen meras sospechas y por ello resulta investigada, pero respecto de la cual no existen suficientes indicios para que se le atribuya judicial y formalmente la comisión del hecho punible. Se sustituyó el vocablo «imputado» por otros más adecuados como el de «investigado» y «encausado». Con el término «investigado» se alude a la persona sometida a investigación por su relación con el delito y con el de «encausado» se designa a aquél a quien el órgano judicial, concluida la instrucción, imputa formalmente su participación en la comisión de un hecho delictivo. Los artículos que se ven modificados por la reforma son:

a) El término «imputado» se sustituye por «investigado» en los artículos 120, 309 *bis*, 760, 771, 775, 779, 797 y 798 LECrim.

b) El término «imputado» se sustituye por «investigado o encausado» en los artículos 325, 502, 503, 504, 505, 506, 507, 508, 511, 529, 530, 539, 544 ter, 764, 765, 766 y 773 LECrim.

c) La expresión «imputados o procesados» se sustituye por «investigados o encausados» en el artículo 141 LECrim.

d) El sustantivo «imputado» se sustituye por «encausado», en singular o plural según corresponda en los artículos 762, 780 y 784 LECrim.

e) El adjetivo «imputada» se sustituye por «investigada» en los artículos 503 y 797 LECrim.

No obstante, lo cierto es que el sujeto pasivo a lo largo del proceso penal tendrá distintas denominaciones según la fase procesal en la que se encuentre.

En una fase incipiente podría denominársele simplemente el *sospechoso*, aunque este término es más propio de la investigación policial. Durante la fase de instrucción incoada como consecuencia de la presentación de una denuncia o querella —en las que se mencionará al *denunciado* o *querellado*— o de haberse recibido un atestado policial, por hechos que revisten caracteres de delito, en los que pudiera haber tenido intervención determinada persona que es llamada al procedimiento, el sujeto pasivo es el *investigado*, antes denominado imputado. Esto es, la persona contra la que se siguen las actuaciones procesales que es convocada al proceso porque se le atribuye un hecho que reviste los caracteres de delito.

La admisión de una denuncia o querella, o cualquier actuación procesal de la que resulte la imputación de un delito contra una persona determinada, debe ser puesta inmediatamente en conocimiento de los presuntamente responsables con información de sus derechos (art. 118 LECrim). El investigado debe ser informado, sin demora justificada, de los hechos que se le atribuyan, así como de cualquier cambio relevante en el objeto de la investigación y de los hechos imputados. Desde ese momento adquirirá el estatus procesal de investigado que conlleva una serie de garantías y derechos. Así, puede ejercitar el derecho de defensa, ostentando además un elenco de derechos instrumentales que garantizan su pleno desarrollo, entre ellos el de la asistencia de un abogado de libre designación o, en su caso, de un abogado del turno de oficio, con el que podrá entrevistarse reservadamente, incluso antes de que se le reciba declaración, podrá tomar conocimiento de las actuaciones procesales e intervenir en todas las diligencias, salvo que el procedimiento se haya declarado secreto (art. 302 LECrim). Así mismo, podrá prestar declaración o acogerse a su derecho a no declarar en todas sus manifestaciones y por medio de su letrado podrá estar presente en todas las declaraciones que se practiquen, diligencias de careos, reconocimientos, reconstrucción de los hechos. Podrá solicitar diligencias, presentar recursos, etc. En todo caso, no podrá concluir la fase de instrucción sin que el juez haya tomado declaración al investigado en los términos del art. 775 LECrim.

Concluida la instrucción, en el procedimiento ordinario, con el dictado del auto de procesamiento (art. 384 LECrim) —resolución judicial que recoge los indicios racionales de criminalidad que existen contra una persona— que determina que el investigado pudiera ser el responsable penal de los hechos objeto del procedimiento, el sujeto pasivo se convierte en *procesado*. En el procedimiento abreviado no existe formalmente un procesamiento, pero se produce una situación semejante con el auto de transformación e incoación de procedimiento abreviado (art. 779.1. 4º LECrim) y en el procedimiento del Tribunal del Jurado, con la comparecencia de imputación (art. 25.1 LOTJ); en ambos casos estamos ante el *encausado*.

Con la formalización del escrito de conclusiones provisionales en el procedimiento ordinario y de los escritos de acusación en el procedimiento abreviado por las partes acusadoras o alguna de ellas, en los que se narran los hechos, su calificación jurídica, esto es, se realiza la imputación de uno o varios concretos delitos, y se interesa la imposición de una pena, y, en su caso, se solicitan las responsabilidades civiles, el sujeto pasivo de la relación jurídico-procesal es el *acusado*, denominación con la que comparece en el juicio oral.

Dictada la sentencia en la que el tribunal se pronuncia sobre la participación del sujeto en un hecho delictivo, en el caso de que se le imponga una pena, estaríamos ante el *condenado*. El condenado que está cumpliendo la pena impuesta es el *reo*.

Respecto a esta terminología señala NIEVA FENOLL (2024, p. 145) que «podría pensarse, aunque solo a primera vista, que eso habría de ser muy práctico para saber en qué fase del proceso nos hallamos. Pero como decía es pernicioso para la presunción de inocencia [...] bien parece que el "sospechoso" —imputado policial— es "menos sospechoso" que el "imputado" en la instrucción, o el "investigado" menos sospechoso que el "encausado", y este a su vez menos que el "acusado". Y en cambio de lo que se trata, en realidad, es de reflejar que el sujeto activo del delito es igualmente inocente en todas las fases del proceso hasta la sentencia».

No cabe confundir sujeto pasivo del proceso penal con sujeto pasivo del delito. El sujeto pasivo del proceso será el sujeto activo del delito y los sujetos pasivos del delito —la víctima y el perjudicado— al personarse en el procedimiento serán sujetos activos del proceso.

La acción penal debe estar dirigida contra alguien, pero no es necesario que dicha persona sea conocida y esté identificada desde la incoación del procedimiento. El procedimiento puede iniciarse sin que se tenga conocimiento de quien es el autor de los hechos presuntamente delictivos. Precisamente en la instrucción se lleva a cabo una investigación que irá dirigida en muchos casos a la identificación de la persona responsable del delito. La determinación del sujeto pasivo puede variar a lo largo de la investigación, pueden aparecer nuevos sujetos, o bien quedar excluidos otros que fueron investigados en un momento anterior. Tanto la identidad de la persona responsable del delito como su conexión con el hecho objeto de la instrucción deben quedar determinadas de forma inequívoca. Tal identificación se llevará a cabo mediante determinadas diligencias, como las declaraciones testificales, reconocimientos fotográficos, en rueda, la obtención de datos biológicos como el ADN. Si no llegara a determinarse quien o quienes son los autores del delito se dictará auto de sobreseimiento provisional (art. 641.2º LECrim).

A partir de la LO 5/2010, se introdujo en el CP la responsabilidad penal de las personas jurídicas. Esta regulación fue modificada por Ley 1/2015. Supuso un «radical vuelco de nuestra tradición jurídica, basada en el principio de que el delito sólo podía ser cometido por un ser humano» (MORENO CATENA, 2023, p. 122); sin embargo, a partir de esta reforma, las personas jurídicas podrán ser responsables penales, y podrán ser sujetos pasivos del proceso. Se desarrollará esta materia en el capítulo siguiente.

2. LA CAPACIDAD DEL SUJETO PASIVO

El sujeto pasivo del proceso penal ha de tener una mínima pero suficiente capacidad para intervenir válidamente en el mismo, lo cual implica tener capacidad para participar conscientemente en el proceso y comprender el significado del juicio, de la acusación formulada y de la pena, así como para ejercer eficazmente su derecho de defensa y demás derechos procesales pues solo ante personas con capacidad podrán hacerse efectivas las garantías esenciales y los derechos sobre los que se construye el proceso penal español en el que se reconoce el derecho al proceso justo. Esto implica el derecho a conocer la acusación, a la defensa y a la asistencia de letrado, pero también que el investigado pueda colaborar en el diseño de su estrategia defensiva y en la toma de decisiones importantes en el curso del proceso, como el nombramiento o cese de abogado, abogado que podrá ser de libre designación o del turno de oficio, a decidir sobre si prestar declaración o guardar silencio, e incluso, en su caso, llegar a una conformidad con las acusaciones. El sujeto pasivo también debe estar en condiciones de aportar información a su defensa sobre los hechos, sobre los testigos, sobre las diligencias a practicar, sobre los recursos a interponer, en definitiva, a afrontar el juicio en verdadera igualdad con las acusaciones. El proceso penal no puede dirigirse contra una persona que carezca de capacidad para actuar válidamente en el juicio.

Por otro lado, la responsabilidad penal es personal y no es transmisible a los herederos. Se extingue por la muerte del reo (art. 130.1 CP) por lo que solo pueden ser sujetos pasivos del proceso penal las personas vivas.

Carecerán de capacidad procesal quienes no puedan intervenir de modo consciente en el proceso, es decir, las personas que padezcan alguna anomalía o alteración psíquica que impida la actuación del sujeto pasivo. No cabe confundir dos conceptos absolutamente diferentes como son: a) la enfermedad mental relevante en el momento de la comisión del delito y que afectará al juicio de imputabilidad o inimputabilidad y b) la enfermedad mental relevante al tiempo del proceso que determinará si el sujeto tiene capacidad suficiente para afrontar el juicio penal y sus consecuencias. Los efectos de una y otra son diferentes: la incapacidad del sujeto pasivo del proceso impedirá que sea sometido a juicio, mientras que la inimputabilidad excluye la culpabilidad y estará exento de responsabilidad criminal, sin perjuicio de que se puedan adoptar medidas de seguridad.

Como señala FLORES PRADA (2009, p. 4) «En consecuencia, no cabe incoar, ni proseguir en su caso, un proceso penal cuando conste que el imputado presunto autor de los hechos carece de capacidad para actuar válidamente en dicho proceso, esto es, capacidad para comprender el significado del juicio y de sus consecuencias y ejercitar consciente y libremente el derecho de autodefensa».

La LECrim recoge una regulación anacrónica, desfasada, insuficiente y deficiente de este tema. No ha habido una actualización de la misma ni ha sido adaptada a las exigencias y garantías constitucionales que rigen el proceso penal ni a la evolución de la Psiquiatría. Con esta regulación es posible que personas con un déficit de capacidad de obrar puedan ser sujetos pasivos del proceso penal hasta la conclusión del sumario o incluso que se celebre el juicio para que se les imponga una medida de seguridad o se resuelva sobre la responsabilidad civil.

En la LECrim se distingue entre la *enajenación mental coetánea* con el hecho delictivo y persistente durante el proceso, la *demencia sobrevenida* después de haber cometido el delito y antes del dictado de la sentencia y el *trastorno mental grave y duradero* que aparezca en el penado después de que se haya dictado la sentencia firme.

Para FLORES PRADA (2009, pp. 10 y ss.) de la regulación contenida en la Ley procesal «se desprende con claridad la confusión del legislador entre enfermedad mental relevante para la imputabilidad y enfermedad mental relevante para la capacidad procesal. Por decirlo pronto y claro, al proceso le interesa, antes y principalmente, no la imputabilidad o inimputabilidad del sujeto pasivo sino su capacidad procesal, lo que puede llamarse justiciabilidad, y que no es otra cosa que la capacidad mínima para comprender el sentido del proceso, de la acusación y de la pena, así como para ejercitar eficazmente, conforme a tal comprensión, sus derechos y garantías procesales fundamentales, especialmente el pleno ejercicio del derecho de defensa.

Esta es la capacidad que al juez instructor le interesa y que el tribunal sentenciador debe valorar para decidir si el sujeto puede ser sometido a juicio. A estos efectos, es irrelevante que la enfermedad mental fuera o no coetánea con el momento de la comisión del hecho delictivo [...] Inimputabilidad e incapacidad para el proceso penal pueden tener su origen en el mismo trastorno, pero el momento en que dicho trastorno ha de ser apreciado y las consecuencias del mismo son completamente diferentes: mientras que la incapacidad impide el juicio, la inimputabilidad excluye la culpabilidad y, por tanto, la pena [...] Habrá que investigar si el sujeto pasivo padece o no un trastorno que le provoca incapacidad procesal, y habrá también que investigar si padeció o no un trastorno coetáneo al momento de cometer los hechos imputados. Pero una y otra línea de investigación tienen objetivos diferentes. La primera trata de determinar si puede o no abrirse juicio oral contra el sujeto en función de su capacidad mental procesal. La segunda línea va dirigida a aportar datos de cara a la discusión probatoria sobre la imputabilidad del sujeto».

2.1 La enajenación mental coetánea con el hecho delictivo y persistente durante el proceso

Como puede apreciarse se está tomando en consideración la enfermedad mental vinculada con el delito —enajenación mental al tiempo de cometer el hecho delictivo que determinará la inimputabilidad— y que persiste al tiempo del proceso —la enfermedad mental vinculada al proceso que determinará su incapacidad procesal—.

La respuesta ofrecida por la LECrim es diferente según se trate del sumario ordinario o del procedimiento abreviado.

En el caso de procedimiento ordinario, acreditada la incapacidad procesal del sujeto pasivo y la inimputabilidad, la instrucción continuará hasta su conclusión. Con fundamento en el art. 637.3º LECrim, se decretará el sobreseimiento libre que procede cuando aparezcan exentos de responsabilidad criminal los procesados como autores, cómplices o encubridores. Los arts. 3 y 101 CP —sobre las medidas de seguridad en los casos de inimputabilidad— establecen los requisitos para su apreciación entre los que se halla su adopción por medio de sentencia; por lo que si el procedimiento concluye por auto de sobreseimiento libre; acordar tales medidas de seguridad sin el preceptivo juicio, resulta contrario al contenido de tales preceptos.

En relación con esta exclusión del enfermo mental del proceso penal a través del sobreseimiento, señala QUINTERO OLIVARES (1999, pp. 130 y ss.) «lejos de ser una marginación, es el mejor favor que se le puede hacer».

En el caso del procedimiento abreviado, el art. 782 LECrim establece que si el Ministerio Fiscal o la acusación particular solicitaren el sobreseimiento de la causa por cualquiera de los motivos que prevén los arts. 637 y 641 LECrim, lo acordará el juez, si bien en los supuestos de anomalías o alteraciones psíquicas o en la percepción continuará el juicio hasta sentencia, a los efectos de la imposición de una medida de seguridad y del enjuiciamiento de la acción civil en los casos previstos en el CP. Llamamos la atención que en estos casos de anomalías o alteraciones psíquicas o en la percepción, se celebrará el juicio contra una persona que carece de capacidad procesal, aun cuando lo sea a los efectos de resolver sobre la imposición de una medida de seguridad y sobre la responsabilidad civil. Se cuestiona MAZA MARTÍN (1993, p. 155) si de esta forma se estaba obligando a sentarse «en el banquillo a quien realmente carece de capacidad procesal».

Sobre el diferente régimen contemplado para cada procedimiento, señala SANZ MORÁN (2018, p. 611): «discrepancias que cabe atribuir al hecho de que cuando se introdujo el procedimiento abreviado, por la Ley Orgánica 7/1988, era ya ampliamente dominante en la doctrina y jurisprudencia la tesis según la cual sólo mediante sentencia, dictada tras la correspondiente vista oral, cabe la imposición de las medidas previstas en el Código Penal para los inimputables, pues en otro caso, nos encontraríamos ante medidas de carácter "predelictual"».

Como señala FLORES PRADA (2009, pp. 7 y 8): «En la actualidad, los problemas apuntados se solventan del siguiente modo. Mediante una interpretación jurisprudencial digamos de "mal menor", se aplica en todos los procesos la solución aportada por el procedimiento abreviado, lo que supone celebrar juicio y aplicar en su caso medidas de seguridad postdelictuales. El hecho de que, en muchos casos, el imputado carezca de la capacidad suficiente para ser juzgado no parece preocupar en gran medida a nuestros altos tribunales en espera de una imprescindible modernización completa de nuestro sistema de justicia penal».

Se ha sostenido que siempre habrá que considerar como más respetuoso con los derechos del inimputable la aplicación de la medida tras la celebración de un juicio con intervención del letrado defensor y el dictado de una sentencia, que omitir este trámite esencial e imponer la medida de seguridad.

2.2 La demencia sobrevenida después de haber cometido el delito y antes del dictado de la sentencia

En este apartado se aborda la enfermedad mental sobrevenida después de cometido el delito y antes del juicio; es decir, del que, siendo plenamente responsable al tiempo de la comisión del hecho delictivo, deviene inimputable posteriormente.

La LECrim regula esta situación en sus arts. 381 a 383. Establece el primero de estos artículos que si el juez advirtiere en el procesado indicios de enajenación mental le someterá a examen de los médicos forenses y recibirá información sobre su aptitud para apreciar la criminalidad del hecho que hubiere dado motivo a la causa, siendo oídas las personas que puedan deponer con acierto por sus circunstancias personales y por las relaciones que hayan tenido con el procesado antes y después de haber ejecutado el hecho. Estos informes serán decisivos en la resolución que se adopte por el tribunal.

El art. 383 LECrim añade que la instrucción continúa hasta su finalización. Concluso el sumario, se archivará la causa hasta que el procesado recobre la salud. Por tanto, se dictará un auto de sobreseimiento provisional y se archivarán las actuaciones. Este archivo se dejará sin efecto en el caso de que el procesado recobre la salud.

El citado precepto concluye «disponiéndose, además, respecto de éste, lo que el Código Penal prescribe para los que ejecuten el hecho en estado de demencia». Por tanto, se remite a la adopción de medidas de seguridad sin celebración de juicio y sin sentencia que declare la comisión de un delito.

En palabras de GONZÁLEZ-CUÉLLAR (1997, pp. 179 y ss.) «a diferencia de la situación de quien comete el hecho en estado de enajenación [...], en estos supuestos no existe razón alguna para establecer una ficción de capacidad procesal que conduzca al sujeto a intervenir en un juicio en el que se abocaría a discutir, con sus facultades mentales mermadas, una solicitud de pena carente de sentido [...] el archivo de las actuaciones previsto por el artículo 383 de la LECrim, constituye una previsión absolutamente necesaria».

No obstante, si las medidas de seguridad son objeto de una regulación uniforme en nuestro ordenamiento, siendo iguales los requisitos para su imposición cualquiera que sea el procedimiento por el que se sustancia su adopción, resulta interesante lo planteado por SANZ MORÁN (2018, p. 618) «no termina de entenderse por qué es bueno archivar la causa, dada la incapacidad sobrevenida del sujeto para comprender el sentido del proceso conducente a la imposición de una pena, mientras que se finge una capacidad procesal *ab initio*, cuando sólo se ventile la imposición de una medida».

Tempranamente advirtió este problema el TS en sentencia de 18/02/1927, al afirmar que «el espíritu de la ley es conceder a las personas que como responsables presuntos aparezcan en el proceso la máxima garantía de defensa, para que, bien directamente o por medio de sus letrados, con los que tienen que estar en inmediata comunicación, puedan en cada momento del juicio contrarrestar los elementos de acusación que contra ellos se formulen y presentar los descargos que estimen justificativos de su pretendida inocencia, no llegando, por lo tanto, a satisfacer el anhelo del legislador la material presencia en los banquillos de las salas de justicia de los reos aquejados de incapacidad mental que les impida darse cuenta de lo que allí pasa».

En esta línea se pregunta SILVA SÁNCHEZ (2008, p. 683) «por qué los inimputables que ya lo eran en el momento de realizar el hecho histórico no ven afectado su derecho de defensa por el hecho de ser juzgados, mientras que quienes realizaron el hecho histórico en situación de culpabilidad y posteriormente cayeron en situación de demencia sí sufren tal afectación».

Lo cierto es que la remisión que efectúa el art. 383 LECrim en su inciso final supone la imposición de medidas de seguridad sin que sean atendidas las exigencias prescritas por los arts. 95 y 101 CP para su apreciación —la adopción de la medida de seguridad requiere una sentencia en la que se declaren acreditadas las circunstancias previstas en el art. 95 CP, así como la fijación en la sentencia del límite máximo de duración de la medida toda vez que no podrá exceder del tiempo que habría durado la pena privativa de libertad—.

La redacción de esta norma procesal, y con ello el mandato de proceder al archivo de las actuaciones, se encuentra íntimamente vinculada con el derecho a la autodefensa del sujeto pasivo del delito. Este artículo encuentra su fundamento en el ánimo de proteger los derechos fundamentales de quien actúa en el proceso en un estado no apto para ejercitar en plenitud los derechos que tiene reconocidos constitucionalmente —como el derecho a no confesarse culpable o el derecho a la presunción de inocencia, entre otros— y, por ende, desamparado frente al *ius puniendi* del Estado.

Con todo, y pese al esfuerzo del art. 383 LECrim por velar por los derechos fundamentales de quien no puede defenderse en plenitud de condiciones, la solución por la que opta la norma procesal es contraria a la máxima *nulla poena sine iudicio*, que encuentra predicamento en nuestro ordenamiento en los arts. 3.1ª CP y 1 LECrim; que consagrando esta garantía jurisdiccional o de formalismo procesal, directamente derivada del principio de legalidad, establecen que «no podrá ejecutarse pena ni medida seguridad sino en virtud de sentencia firme dictada por el juez o tribunal competente, de acuerdo con las leyes procesales».

Los criterios sostenidos por los tribunales no han sido unánimes. Unos se decantan por la celebración de un juicio oral que concluiría con una sentencia en la que se impondrían las medidas de seguridad; otros sostienen que lo procedente es el archivo de la causa penal, y porque el Ministerio Fiscal ejercite la acción civil de incapacidad en el correspondiente proceso civil en el que, en su caso, se adoptarían las medidas de seguridad correspondientes. No es posible un juicio penal frente a quien no tiene capacidad procesal por su enfermedad mental, toda vez que se vulnerarían sus derechos y garantías constitucionales.

En la STS de 14/06/2006 [*Tol 964505*], se afirma con claridad que:

> «[...] a la vista del estado mental del acusado al momento del inicio de las sesiones del juicio oral constatado por los informes médico-forenses, que le impedía ejercitar de forma consciente la intervención que la Ley le asigna en dicho acto y su derecho constitucional de

defensa tanto en la faceta de su propio interrogatorio afrontado con capacidad y conciencia del derecho a declarar o a guardar silencio, a su comunicación con el letrado a la vista de las vicisitudes del juicio y por último, su derecho a la última palabra en los términos antedichos, que no podrá hacer valer sin la capacidad mental y volitiva imprescindible para ello, más aún en el presente caso en el que al haberse aplicado una eximente incompleta se ha impuesto, conforme al art. 104 CP., una pena privativa de libertad junto a la medida de seguridad [...] Consecuentemente procede con estimación de los recursos interpuestos, acordar la nulidad del juicio oral y sentencia subsiguiente, y asimismo la suspensión provisional y archivo de la causa, bien entendido que el Tribunal deberá supervisar con la periodicidad necesaria el estado de salud del procesado y en caso de que pudiera restablecerse en condiciones de poder afrontar el juicio oral, esto es si desaparecen las causas que han motivado la anulación y suspensión del juicio oral, deberá ser éste celebrado por un Tribunal distinto del que ha conocido de la resolución recurrida. Caso contrario si se acredita que la demencia o incapacidad mental del procesado es de carácter permanente e irreversible en sus efectos, sin posibilidad de episodios lúcidos, deberá cesar toda intervención penal sobre el mismo, dándose traslado de las actuaciones al Ministerio Fiscal para que éste inste en el orden jurisdiccional civil las medidas pertinentes en materia de incapacitación o internamiento del afectado».».

Más adelante, el TS sigue planteando una doble opción, sin decantarse por ninguna de ellas. En este sentido, la STS de 21/12/2017 [*Tol 6464064*] afirma que:

«El problema suscitado sugiere, pues, dos opciones interpretativas. La primera, el dictado por el Juez instructor de una resolución de archivo de la causa penal, con la consiguiente remisión de los antecedentes psiquiátricos del acusado al Ministerio Fiscal para el ejercicio de la acción civil de incapacitación, con la eventual adopción de una medida jurisdiccional tuitiva de ingreso en un centro psiquiátrico. La segunda, la conclusión del sumario conforme a la regla general y la celebración de un juicio oral que tendría como desenlace una sentencia en la que se impusiera, después de un debate contradictorio, la medida de seguridad de internamiento prevista por el CP.»

Ambas posturas son refrendadas por el Alto Tribunal que manifiesta que será de aplicación la que mejor se ajuste a las circunstancias concretas de cada caso.

Como señala TOMÉ GARCÍA (2021, p. 6) «el Tribunal Supremo no se decanta en la citada resolución por ninguna de dichas opciones, y lo cierto es que, entre las resoluciones recientes dictadas tras la citada sentencia, seguimos encontrándonos con manifestaciones de los dos criterios».

FARTO PIAY (2021, pp. 933 y 934), ante dicha dicotomía interpretativa, defiende una nueva regulación procesal capaz de solventar esta problemática reconduciéndola a la vía civil, «en esa situación de indefinición regulatoria ahonda más, si cabe, la existencia de criterios dispares en la doctrina jurisprudencial del TS sobre la solución a otorgar a dicha cuestión, con la evidente quiebra de la seguridad jurídica tanto para nuestros órganos jurisdiccionales y operadores jurídicos como para el justiciable. De este modo, deviene imprescindible dotar al enjuiciamiento penal de personas privadas de capacidad procesal por enfermedad mental de una regulación unívoca que clarifique cuál ha de ser la respuesta que los tribunales deben otorgar a la situación. En tal sentido, de *lege ferenda*, esa normativa debería abogar por el modelo propuesto que determine la imposibilidad de someter a juicio penal al sujeto pasivo con incapacidad procesal y remitir la cuestión a la jurisdicción civil en orden a la adopción de las medidas civiles oportunas previstas en el ordenamiento civil. Y ello por entender que dicha solución es la que se muestra respetuosa con los principios del proceso penal y los derechos fundamentales plasmados en nuestra CE, en los instrumentos internacionales y la normativa comunitaria de aplicación».

Por último, en el caso de que el procedimiento se siga además contra otras personas con capacidad procesal, la causa continuará respecto de ellos.

2.3 El trastorno mental grave y duradero después de pronunciada sentencia firme

El art. 60 del CP regula el supuesto del trastorno mental grave y duradero que se aprecie en el penado después de pronunciada sentencia firme. En estos casos resalta la STS de 27/6/2024 [*Tol 10083974*]):

> «La cuestión controvertida pues no es tanto el diagnóstico del penado por referencia a la constatación de un padecimiento mental grave con carácter de permanencia —esquizofrenia paranoide— sino a la necesaria consecuencia del padecimiento, a modo de obstáculo que le impida conocer el sentido de la pena, y así del conjunto de los informes obrantes en las actuaciones no cabe inferir que el penado desconozca la realidad en la que está inmerso, fuera de los periodos de descompensación. [...] Como conclusión: Cuando el JVP en cumplimiento del art. 60 CP, acuerde la suspensión de la ejecución de la pena de prisión y decrete la imposición de una medida de seguridad privativa de libertad, la audiencia del interno, que es sujeto y no objeto del procedimiento, parece obligada antes de la adopción de la medida. [...] Será necesario, además de la asistencia letrada del interno, que se proceda a la audiencia o examen personal del interno por el JVP».

En este caso, se hace referencia a aquellos supuestos en que el trastorno mental impida al penado conocer el sentido de la pena por lo que se vincula correctamente con la capacidad procesal del sujeto. La competencia recae sobre la Sección de Vigilancia Penitenciaria del Tribunal de Instancia, quien suspenderá la ejecución de la pena privativa de libertad que se le hubiera impuesto, garantizando que reciba la asistencia médica precisa. Se podrá decretar una medida de seguridad privativa de libertad que no podrá ser más gravosa que la pena sustituida.

2.4 La minoría de edad

La vigente LO 5/2000 regula la responsabilidad penal de los menores. Esta norma en su Exposición de Motivos proclama la «naturaleza formalmente penal pero materialmente sancionadora-educativa del procedimiento y de las medidas aplicables a los infractores menores de edad».

El procedimiento establecido es aplicable para exigir responsabilidad a los mayores de 14 años y menores de 18 por los hechos tipificados como delito en el CP o en las leyes especiales (art. 1 LORPM), a los que se impondrán las medidas allí previstas con sujeción a lo dispuesto en su Título II.

Por tanto, las personas mayores de 14 años y menores de 18 ostentan capacidad procesal para ser sujetos pasivos del proceso penal de menores regulado en dicha ley, en el que gozarán de todos los derechos reconocidos en la Constitución y en el ordenamiento jurídico, particularmente en la LO 1/1996, de Protección Jurídica del Menor, así como en la Convención sobre los Derechos del Niño de 20 de noviembre de 1989 y en todas aquellas normas sobre protección de menores contenidas en tratados internacionales.

En consonancia con el ámbito de aplicación de la LORPM, está lo dispuesto en el art. 19 CP. «Los menores de dieciocho años no serán responsables criminalmente con arreglo a este Código. Cuando un menor de dicha edad cometa un hecho delictivo podrá ser responsable con arreglo a lo dispuesto en la Ley que regule la responsabilidad penal del menor».

Los menores de catorce años carecen de capacidad procesal en la jurisdicción penal; es decir, no pueden ser sujetos pasivos en un proceso penal. Tal y como establece la LORPM en su art. 3, les serán de aplicación las normas que sobre la materia recoge el Código Civil y demás disposiciones vigentes; en especial, la LO 1/1996, de Protección Jurídica del Menor. La exposición de motivos de la LORPM establece, en este sentido, que el «límite se ha concretado en los catorce años, con base en la convicción de que las infracciones cometidas por los niños menores de esta edad son en general irrelevantes y que, en los escasos supuestos en que aquéllas pueden producir alarma social, son suficientes para darles una respuesta igualmente adecuada los ámbitos familiar y asistencial civil, sin necesidad de la intervención del aparato judicial sancionador del Estado».

El art. 380 LECrim establece que, si el procesado fuere mayor de nueve años y menor de quince, el juez recibirá información acerca del criterio del mismo y especialmente de su aptitud para apreciar la criminalidad del hecho que hubiese dado motivo a la formación de la causa. Al relacionar este precepto con el art. 19 CP, concluimos que el artículo de la ley procesal es del todo anacrónico.

Las edades deben entenderse siempre referidas al *momento de la comisión de los hechos*, sin que el haberse rebasado las mismas antes del comienzo del procedimiento o durante la tramitación del mismo, tenga incidencia alguna sobre la competencia atribuida a los jueces y fiscales de menores.

Sobre la *acreditación de edad*, establece el artículo 375 LECrim que habrá de atenderse a la certificación de su inscripción de nacimiento en el Registro civil o a su partida de bautismo, si no estuviere inscrito en el Registro. No obstante, añade el precepto, «cuando no fuere posible averiguar el Registro civil o parroquia en que deba constar el nacimiento o el bautismo del procesado, o no existiesen su inscripción y partida; y cuando por manifestar el procesado haber nacido en punto lejano hubiere necesidad de emplear mucho tiempo en traer a la causa la certificación oportuna, no se detendrá el sumario, y se suplirá el documento del artículo anterior por informes que acerca de la edad del procesado, y previo su examen físico, dieren los médicos forenses o los nombrados por el juez».

En el caso de los *extranjeros indocumentados* detenidos por la comisión de un delito, corresponde al juez de la Sección de Instrucción o Sección Única del correspondiente Tribunal de Instancia realizar las diligencias para determinar la edad. En el caso de que se realice mediante la determinación de una horquilla de años, se considerará que el extranjero es menor si la edad más baja de la horquilla es inferior a 18 años.

3. LA SUJECIÓN DEL INVESTIGADO A LA JURISDICCIÓN PENAL ESPAÑOLA

El investigado quedará sujeto a la jurisdicción penal española en los casos que expresamos a continuación.

En el orden penal, como regla general rige el *principio de territorialidad —forum delicti comissi—*, que se recoge en los arts. 23.1 de la LOPJ y 14 y 15 LECrim. La jurisdicción española conocerá de los hechos delictivos que el investigado cometa en territorio español o a bordo de buques o aeronaves españoles —principio de la matrícula o pabellón—, sin perjuicio de lo previsto en los tratados internacionales de que España sea parte, cualquiera que sea la nacionalidad del sujeto activo del delito y el bien jurídico protegido.

También conocerán los órganos judiciales españoles de los delitos cometidos fuera del territorio nacional, cuando el investigado sea español o extranjero nacionalizado español con posterioridad a la comisión del hecho, siempre que concurran los siguientes requisitos: a) que el hecho sea punible en el lugar de ejecución, salvo excepción de tratado internacional o acto normativo de organización internacional; b) que el agraviado o el MF interpongan querella ante los tribunales españoles, o cuando la fiscalía europea ejercite su competencia y c) que el delincuente no haya sido absuelto, indultado o penado en el extranjero, o, en este último caso, no haya cumplido la condena. Si la hubiere cumplido en parte, se tendrá en cuenta para rebajarle proporcionalmente la que le corresponda. Se recoge aquí *el principio de nacionalidad* (art. 23.2 de la LOPJ).

Los órganos judiciales españoles conocerán de los hechos cometidos por investigados españoles o extranjeros fuera del territorio nacional cuando sean susceptibles de tipificarse, según la ley penal española, como alguno de los delitos enumerados en las letras a) a i), del art. 23. 3 de la LOPJ, en cuanto que atentan contra el interés nacional —de traición y contra la paz o independencia del Estado, contra el titular de la Corona, su consorte, su sucesor, etc.—. Se recoge aquí *el principio real o de protección*. Se requiere querella del agraviado o del MF. La jurisdicción española decae si el sujeto ha sido absuelto, indultado o penado en el extranjero —si ha cumplido la condena; si solo la ha cumplido en parte, se le rebajará proporcionalmente—.

En virtud del *principio de justicia universal* también será competente la jurisdicción española para conocer los hechos cometidos por investigados españoles o extranjeros fuera del territorio nacional, susceptibles de ser tipificados conforme a la ley española como alguno de los delitos que se incluyen en el art. 23.4 LOPJ previa querella del agraviado o del MF y dándose cumplimiento a los requisitos establecidos en dicho precepto —genocidio, lesa humanidad o contra las personas y bienes protegidos en caso de conflicto armado; tortura y contra la integridad moral de los arts. 174 a 177 CP, desaparición forzada de personas, piratería, terrorismo, entre otros—.

4. LA SUJECIÓN DEL INVESTIGADO AL PROCEDIMIENTO: LA AUSENCIA DEL SUJETO PASIVO

El sujeto pasivo deberá ser citado para ser oído (art. 486 LECrim); su presencia en el procedimiento es un presupuesto de validez pues el *ius puniendi* del Estado no puede ejercitarse de espaldas al investigado. Si el investigado citado no comparece, la orden de comparecencia puede convertirse en orden de detención (art. 487 LECrim).

Durante la fase de instrucción no es imprescindible la presencia del sujeto pasivo en el procedimiento, aunque sí lo es que se le formule la imputación y se le comunique la existencia del procedimiento y se le instruya de sus derechos. La investigación puede desarrollarse sin el investigado, pues éste es libre de participar o no en la instrucción interesando diligencias de prueba e interviniendo en las que se soliciten por el MF, por otras partes, o se acuerden de oficio por el juez. Por el contrario, salvo excepciones, el acusado sí debe estar presente durante la celebración de las sesiones del juicio oral, juicio que no podrá celebrarse si el acusado está declarado en rebeldía. En este sentido, la STS de 27/01/2022 [*Tol 8791221*]) señala que:

> «Como en síntesis indicaba la STC 77/2014, de 22 de mayo "este Tribunal tiene declarado que (i) el derecho a la tutela judicial efectiva (art. 24.1 CE) exige la presencia del acusado en el juicio oral por la relevancia de las consecuencias que pueden derivarse del procedimiento penal y la circunstancia de que el juicio oral es el momento decisivo en el que con publicidad y plena contradicción se hace efectivo el derecho de defensa debatiendo acerca de la fundamentación de las pretensiones de condena y la fuerza de convicción de las pruebas aportadas por la acusación y la defensa para desvirtuar la presunción de inocencia; (ii) en aquellos supuestos en que esté legalmente establecido, la posibilidad de celebrar un juicio oral en ausencia del acusado queda condicionada, entre otros aspectos, a que se haya garantizado suficientemente su presencia, dándole la oportunidad de comparecer mediante una citación que produzca un conocimiento efectivo y, por tanto, verificando que la ausencia es el resultado de una decisión voluntaria (STC 135/1997, de 21 de julio)».

4.1 La celebración del juicio en ausencia

En el proceso penal español rige el principio de audiencia —nadie puede ser condenado sin ser oído— por lo que la regla general es que el juicio oral no podrá celebrarse sin la presencia del acusado dadas las importantes consecuencias que pueden derivarse del mismo. La celebración del juicio oral requiere preceptivamente la asistencia de la persona acusada y del abogado defensor, dispone el art. 787.1 LECrim.

Sin embargo, existen algunas excepciones en las que puede celebrarse el juicio en ausencia del acusado. Podrá celebrarse la vista oral sin la presencia del acusado si se dan las circunstancias siguientes: a) que el acusado haya sido citado legalmente a la vista oral, personalmente o en el domicilio o en la persona que indicó en su día; b) que el acusado no comparezca a la vista oral y no presente justificación alguna; c) que la pena más grave solicitada no exceda de dos años de privación de libertad, que no exceda de seis años si se trata de pena de distinta naturaleza o que se trate de pena de multa cualquiera que sea su cuantía o duración, d) que, en todo caso, tratándose de penas privativas de libertad, la suma total de las penas solicitadas no exceda de cinco años f) que lo solicite el MF o la parte acusadora y se oiga a la defensa g) que el juez o tribunal entienda que existen elementos suficientes para el enjuiciamiento.

Es imprescindible que exista una citación del acusado a juicio en forma legal. Solo así se respetan sus derechos fundamentales. En la primera comparecencia que el investigado realiza ante el juez competente adscrito a la Sección de Instrucción de los Tribunales de Instancia se le requiere por el letrado de la Administración de Justicia para que designe, a efectos de notificaciones, un domicilio en España o una persona que las reciba en su nombre, con la advertencia de que la citación realizada en dicho domicilio o a la persona designada permitirá la celebración del juicio en su ausencia en el caso de que la pena solicitada no exceda de dos años de privación de libertad o, si fuera de distinta naturaleza, cuando su duración no exceda de seis años (art. 775.1 LECrim). Realizada esta citación con las formalidades indicadas, el acusado conoce la fecha en que ha sido señalada la celebración del juicio, por lo que puede ejercer su derecho de defensa, puede comparecer, ser oído e intervenir en el juicio, a lo que renuncia con su ausencia. La ausencia injustificada del acusado, que ha sido citado con los requisitos exigidos legalmente, no será causa de suspensión del juicio oral si el juez estima que existen elementos suficientes para el enjuiciamiento, siempre que las penas interesadas por el MF o las acusaciones no excedan del límite antes mencionado.

En todo caso, cuando la pena más grave solicitada exceda de dos años de privación de libertad, cuando exceda de seis años si se trata de pena de distinta naturaleza, así como en aquellos casos en que tratándose de penas privativas de libertad la suma total de las penas solicitadas exceda de cinco años, no podrá celebrarse el juicio en ausencia del acusado, así lo establece el art. 787.1 LECrim.

La pena a la que debe entenderse referida el precepto es a la solicitada en el escrito de calificación provisional que es de la que ha sido informado el acusado, sin que sea válido eludir la limitación legal mediante una modificación de la pena solicitada por las acusaciones inmediatamente antes del juicio, pues dicha modificación no sería conocida por el acusado ausente.

En el procedimiento por delito injurias y calumnias contra particulares, si el querellado ha sido citado en forma, su ausencia no suspenderá la celebración ni la resolución del juicio (art. 814 LECrim).

En el caso de los delitos leves, establece el art. 971 LECrim que la ausencia injustificada del acusado no suspenderá la celebración ni la resolución del juicio, siempre que conste habérsele citado con las formalidades prescritas en la Ley, a no ser que el juez, de oficio o a instancia de parte, crea necesaria la declaración de aquél.

Por tanto, es determinante la correcta recepción de la citación por el destinatario, así como que dicha recepción quede acreditada en el procedimiento para que se tenga por válidamente efectuado este trámite y, por ende, garantizados los derechos constitucionales del receptor. La STC 97/2012 [*Tol 2552097*]) señala en esta línea:

> «De esta manera, lo practicado y aportado, por sí solo, no acredita de manera suficiente que realmente se realizase la citación en la persona indicada, ni que tal comunicación cumpliese las exigencias de contenido que determina la Ley procesal aplicable, sobre todo, porque no queda una constancia indubitada en la misma que permita desvirtuar la rotunda negativa de su recepción por la destinataria de la comunicación con el indeseado resultado de que el juicio se celebrase sin su asistencia. En otras palabras, los únicos datos de constancia de la transmisión y recepción que aparecen manuscritos en el testimonio de la cédula de citación no sirven para acreditar de modo fehaciente la recepción de la misma por su destinataria ni el contenido de lo comunicado, lo que determina que la comunicación telefónica realizada no pueda considerarse como un medio idóneo para trasmitir el contenido íntegro de la citación al juicio de faltas. En estas condiciones, la conclusión, por tanto, no puede ser otra que la de que tal forma de proceder, aunque el telefonema fuera recibido efectivamente por la demandante en amparo, como parece en cédula, comportó la vulneración de las garantías del proceso e, inmediatamente derivado de ello, la de la tutela judicial efectiva sin indefensión, pues entre las garantías propias del proceso ocupa un lugar esencial la citación».

En igual sentido, sobre la validez de la citación del acusado llevada a cabo por correo electrónico o por teléfono, la SAP de Barcelona, de 06/04/2021 [*Tol 8461841*] afirma que:

> «El solo hecho de facilitar una dirección de correo electrónico y un número de teléfono es insuficiente para eludir la notificación por otras vías y para dar por buena la comunicación así intentada. Sólo cuando quepa garantizar, y quede constancia fehaciente, de la remisión y la recepción íntegras, y del momento en que se hizo, de lo que ha de comunicarse, se entenderá practicado correctamente el acto de comunicación y desplegará los efectos propios».

4.2 La declaración de rebeldía

En determinados casos la Ley prevé que se expidan requisitorias para el llamamiento y busca del procesado (art. 836 LECrim) y transcurrido el plazo de la requisitoria sin que haya comparecido o sin que se haya presentado, se le declarará rebelde (art. 839 LECrim). La declaración de rebeldía está regulada en los arts. 834 a 846 LECrim, bajo la rúbrica «Del procedimiento contra reos ausentes».

Será declarado rebelde el procesado que en el término fijado en la requisitoria no comparezca, o que no fuere habido y presentado ante el juez o tribunal que conozca de la causa.

La requisitoria se expide cuando concurra alguno de los supuestos señalados en el art. 835 LECrim:

1. Que el procesado, que al ir a notificársele cualquiera resolución judicial no fuere hallado en su domicilio por haberse ausentado si se ignorase su paradero; y el que no tuviese domicilio conocido. El que practique la diligencia interrogará sobre el punto en que se hallare el procesado a la persona con quien dicha diligencia deba entenderse con arreglo a lo dispuesto en el artículo 172 de esta Ley.
2. Que se hubiere fugado del establecimiento en que se hallase detenido o preso.
3. Que, hallándose en libertad provisional, dejare de concurrir a la presencia judicial el día que le esté señalado o cuando sea llamado.

Con las requisitorias se persigue una doble finalidad: a) llamar al investigado para que comparezca ante el tribunal en el plazo que se establezca y b) ordenar a la Policía judicial para que proceda a su busca y presentación. Transcurrido el plazo sin haber comparecido o sin haber sido presentado el ausente, se le declarará rebelde (art. 839 LECrim).

En las requisitorias se recogerá el nombre y apellidos, cargo, profesión u oficio, si constaran del sujeto pasivo, las señas por las que pueda ser identificado, el delito por el que se le procesa, el territorio en el que se presume que se encuentra y la cárcel dónde deba ser conducido (art. 513 LECrim) si se ha decretado prisión o detención, la circunstancia que diera lugar a la expedición de la requisitoria y el término dentro del cual deberá presentarse, bajo apercibimiento de que en otro caso será declarado en rebelde y le parará el perjuicio a que hubiere lugar (art. 837 LECrim).

Los efectos que produce la declaración de rebeldía son los siguientes:

a) Si la causa estuviera en sumario, continuará hasta que se declare terminado por el juez o tribunal competente, suspendiéndose posteriormente su curso y archivándose después los autos y las piezas de convicción que pudieren conservarse y no fueren de un tercero irresponsable (art. 840 LECrim)
b) Si se hallare pendiente el juicio oral, se suspenderá éste y se archivarán los autos (art. 841 LECrim)
c) Si fueren dos o más los procesados y no a todos se les hubieren declarado en rebeldía, se suspenderá el curso de la causa respecto a los rebeldes hasta que sean hallados, y se continuará respecto a los demás (art. 842 LECrim)

En el auto de suspensión se reservará a la parte ofendida por el delito, la acción que le corresponda para la restitución de la cosa, la reparación del daño y la indemnización de perjuicios, a fin de que pueda ejercitarla, independientemente de la causa, por la vía civil contra los que fueren responsables. No se alzarán los embargos hechos ni se cancelarán las fianzas prestadas (art. 843 LECrim).

Cuando el declarado rebelde se presente o sea habido, tanto en un caso como en otro, el juez o tribunal abrirá nuevamente la causa para continuarla según su estado (art. 846 LECrim).

En el caso de que el reo se hubiere fugado después de notificada la sentencia y estando pendiente recurso de casación, éste se sustanciará nombrándosele al rebelde abogado y procurador de oficio. La sentencia que recaiga será firme (art. 845 LECrim).

En el procedimiento abreviado resulta aplicable este régimen que hemos descrito para el procedimiento ordinario, pero con una particularidad importante que es que cabe la celebración del juicio oral en ausencia del acusado, siempre que se den los requisitos y condiciones establecidas en el art. 787.1 LECrim. Igualmente, en el juicio por delitos leves si se dan las circunstancias que recoge el art. 971 LECrim.

En el caso de la persona jurídica imputada, será llamada por requisitoria cuando no haya sido posible su citación por falta de domicilio social conocido. Se harán constar los datos identificativos de la misma, el delito que se le imputa y su obligación de comparecer ante el juez que conoce de la causa con abogado y procurador en el plazo que se haya fijado. Esta requisitoria se publicará en el BOE y, en su caso, en el BORME o en cualquier periódico o diario oficial relacionado con las actividades del ente imputado (art. 839 bis LECrim). Si en el plazo fijado, la persona jurídica no comparece, se le declarará en rebeldía, y el procedimiento continuará hasta su conclusión, por lo que el juicio se celebrará, aunque la persona jurídica no haya sido hallada. Será el abogado designado de oficio el que se encargará de su defensa.

En el caso de que el investigado se hallara en un país extranjero, lo que procede es instar la *extradición activa* o dictar la *orden europea de detención y entrega*.

Por último, el artículo 512 LECrim establece que, si se ignorase el paradero del presunto reo y no fuere habido en su domicilio, el juez o jueza acordará que sea buscado por requisitorias que se enviarán al Sistema de Registros Administrativos de Apoyo a la Administración de Justicia (SIRAJ) y se publicarán en el Tablón Edictal Judicial Único, dando las órdenes oportunas a las Fuerzas y Cuerpos de Seguridad del Estado y a los Cuerpos de Policía Autonómica.

4.3 Orden europea de detención

La Decisión Marco del Consejo, de 13 de junio de 2002, relativa a la orden de detención europea y a los procedimientos de entrega entre Estados miembros (2002/584/JAI), comúnmente conocida como la euroorden, supuso una importante innovación en la cooperación judicial en el marco del derecho de la Unión Europea.

Como señala FONSECA MORILLO (2003, p. 70) «constituye realmente un avance esencial y, en gran medida, un punto de no retorno en la construcción del espacio europeo de Justicia, en la medida en que traduce un cambio de cultura en las relaciones judiciales entre los Estados miembros de la Unión Europea, al pasar del sistema clásico de ayuda judicial mutua y de extradición entre ellos practicado, tanto en el marco del Consejo de Europa, como en el ámbito de Schengen, o, a partir del Tratado de Maastricht, en el marco del Título VI del Tratado de la Unión Europea, a un sistema de reconocimiento mutuo y de confianza mutua entre autoridades judiciales».

En igual sentido, JIMENO BULNES (2024, p. 47) «la orden de detención europea u ODE representa el inicio de un nuevo modelo de cooperación dentro del marco territorial de la Unión Europea dando lugar a la superación de la antigua fórmula de la asistencia judicial penal hasta entonces existente y creando un verdadero "espacio común de justicia europeo"».

España fue el primer Estado que adaptó la resolución europea mediante la Ley 3/2003, sobre la orden europea de detención y entrega, ya derogada. Actualmente, la vigente Ley 23/2014, de reconocimiento mutuo de resoluciones penales en la Unión Europea, en su Título II (arts. 34 a 62) regula la OED, que en su exposición de motivos la define como «procedimiento que permite a cualquier autoridad judicial española solicitar la entrega de una persona a otro Estado miembro para el seguimiento de actuaciones penales o para el cumplimiento de una condena impuesta, así como proceder a la entrega cuando haya recibido una orden europea de detención y entrega procedente de la autoridad judicial de otro Estado miembro».

Resulta relevante, en relación con la presencia del sujeto pasivo en el proceso penal, la emisión de la OED pues según lo previsto en el art. 34 LRMRPUE, en conexión con el art. 37, para que el Estado español pueda emitir una OED se requiere la existencia de una resolución judicial dictada por la autoridad judicial española dirigida a la detención y entrega en otro Estado miembro de una persona a fin de llevar a efecto el ejercicio de acciones penales contra la misma por hechos «para los que la ley penal española señale una pena o una medida de seguridad privativa de libertad cuya duración máxima sea, al menos, de doce meses, o de una medida de internamiento en régimen cerrado de un menor por el mismo plazo». Podrá igualmente emitirse con el fin de dar cumplimiento a la ejecución de una pena, una medida de seguridad o, una medida de internamiento en régimen cerrado en un centro de menores, en todos los casos no inferior a cuatro meses.

4.4 Extradición activa

Señalaba el magistrado CEZÓN GONZÁLEZ (2003, p. 23) que «se conoce por extradición el instituto de cooperación jurídica internacional en virtud del cual un Estado —requerido—, a petición de otro —requirente—, pone físicamente a disposición del último a una persona que se encuentra en el territorio del primero a fin de ser sometida a juicio por un delito cuya persecución compete al Estado requirente o a fin de cumplir una pena o medida de seguridad impuesta por los Tribunales de este mismo Estado».

El régimen jurídico aplicable al procedimiento de extradición activa, aquella en la que el Estado español es el requirente, es el previsto en los arts. 824 a 833 LECrim. La extradición pasiva encuentra su sustento legal en la Ley 4/1985, de Extradición Pasiva.

Centrándonos en la extradición activa, corresponde al juez o tribunal que conoce del procedimiento, de oficio o a instancia de parte, solicitar la extradición al Gobierno de quien ha sido procesado o condenado por sentencia firme; siendo requisito necesario el dictado de auto motivado de prisión o que haya recaído sentencia firme de condena (art. 824 y 825 en relación con los arts. 828 y 829 LECrim). Procederá la petición o proposición de la extradición «(i) de los españoles que habiendo delinquido en España se hayan refugiado en país extranjero, (ii) de los españoles que, habiendo atentado en el extranjero contra la seguridad exterior del Estado, se hubiesen refugiado en país distinto del en que delinquieron y (iii) de los extranjeros que debiendo ser juzgados en España se hubiesen refugiado en un país que no sea el suyo» (art. 826 LECrim).

La petición de extracción se hará en forma de suplicatorio dirigido al Ministro de Justicia, dejando a salvo el supuesto en que el Tratado firmado con el Estado donde se hallare el procesado permitiera la petición directa del juez que conoce la causa (art. 831 LECrim).

5. LA EXISTENCIA DE INDICIOS RACIONALES DE CRIMINALIDAD CONTRA EL INVESTIGADO

El investigado es la persona a la que en la fase de instrucción del proceso penal se le atribuye la realización de unos hechos que presentan caracteres de delito. La presentación de una denuncia o de una querella no conduce de manera ineludible a la incoación del procedimiento penal ni tampoco a atribuir al denunciado o querellado la condición de investigado. Tampoco lo es el mero atestado policial. Es necesario que el juez encargado de la instrucción realice una inicial valoración jurídica, un juicio lógico sobre el contenido y objeto del procedimiento. El resultado de esta valoración puede concluir con la inadmisión a trámite de la denuncia o querella, sin más.

La decisión del instructor de citar a una persona para ser oída en declaración como investigado, o la de mandar detenerle y recibirle declaración en calidad de detenido, o la de admitir a trámite una denuncia o una querella y la de ponerlo inmediatamente en conocimiento de los presuntamente responsables, requiere que existan en la causa más que simples o meras sospechas o conjeturas, requiere que existan unos mínimos indicios racionales de criminalidad sobre la participación de dicha persona en los hechos objeto de la investigación. Para que una persona pueda ser llamada al proceso en calidad de investigado se necesita que exista en el procedimiento algún elemento o principio de prueba que avale la realidad o la verosimilitud de los hechos, pues no son admisibles investigaciones prospectivas, sin aportación de indicios objetivos que las justifiquen, ni tampoco con base en simples sospechas de ilegalidad o meras irregularidades.

En este sentido, el ATS de 15/10/2024 [*Tol 10235467*], afirma que:

> «el juez debe administrar de forma responsable y razonable las reglas de imputación, no sometiendo al proceso penal, por leve que sea el título de imputación, a ninguna persona si no hay causa para ello y no manteniendo dicho efecto de imputación si desaparecen las causas o razones que lo justificaron. De ahí, la necesidad de rechazar imputaciones que contengan trazos de genericidad intolerable, que se basen en juicios normativos de tipicidad inconsistentes o en hechos justiciables implausibles. Doctrina consolidada que se recuerda en los recientes AATS 17 de octubre de 2023, causa especial 20335/23 o 28 de febrero de 2024, causa especial 21162/23, resolviendo recursos de súplica contra Autos de archivo».

Indicios son datos objetivos, reveladores de algún hecho importante para el proceso penal. O en una definición más amplia, todo rastro, vestigio, circunstancia y, en general, todo hecho conocido y comprobado, susceptible de llevarnos por la vía de la inferencia, al conocimiento de otro hecho desconocido. Lo racional debe ser considerado como lo no arbitrario. Y la criminalidad nos remite a la esfera de la tipicidad (AAN de 15/02/2024 [*Tol 9930658*]). Por lo que "indicio racional de criminalidad" no es sino la sospecha fundada con base en un razonamiento lógico acerca de la criminalidad, y, por tanto, que la acción de la que conoce el juez de instrucción sea subsumible en algún tipo delictivo del Código Penal.

Los indicios deberán tener mayor o menor intensidad en función de la fase judicial en la que nos encontremos y de la utilidad procesal que se le otorguen.

En el momento inicial del proceso, se requieren al menos unos datos objetivos que permitan sostener adecuadamente una sospecha razonable y fundada acerca de la comisión del delito y de la participación del sospechoso en el mismo. Aunque no es exigible una justificación exhaustiva, porque se está ante una investigación en marcha, ni tampoco que se alcance el nivel de los indicios racionales de criminalidad propios del procesamiento, sí deben superarse las meras hipótesis subjetivas y las simples suposiciones. En este momento procesal, los indicios son algo más que simples sospechas, pero algo menos que los indicios racionales que se exigen para el procesamiento.

Podemos hablar de tres grados cognoscitivos del proceso: *posibilidad*, *probabilidad* y *certeza*, que responden a cada una de estas etapas, incoación, procesamiento y sentencia.

Así, para dictar el auto de incoación del procedimiento o para convocar a una persona como investigado es suficiente con que de la valoración que se realiza por el juez instructor se concluya que existe *una posibilidad* de que los hechos hayan ocurrido como se sostiene por el denunciante o querellante, que la persona denunciada o querellada pudiera haber participado en los hechos que *ab initio*, presentan caracteres de delito. En esta fase procesal y con este tipo de indicios el juez encargado de la instrucción puede acordar también diligencias de investigación como la intervención de algún medio de comunicación —postal, telefónica, etc.—, un registro domiciliario, un registro corporal.

Sin embargo, para dictar el auto de procesamiento en el sumario ordinario (art. 384 LECrim) o el auto de transformación de las diligencias previas en procedimiento abreviado (art. 779.1. 4ª LECrim), debe exteriorizarse en la resolución un *juicio de probabilidad* a la vista del resultado de la instrucción que supere las sospechas fundadas, señalando indicios inequívocamente incriminatorios. Son algo más que la mera posibilidad, es necesaria la probabilidad de la existencia del delito y de que determinada persona puede ser responsable del mismo. Se exigen también estos indicios para acordar la prisión provisional (art. 503 LECrim) y para adoptar medidas para asegurar las responsabilidades pecuniarias a que pudiera haber lugar (art. 589 LECrim). Sobre la cota exigible a los indicios en este momento procesal, el ATS de 31/07/2013 [*Tol 4943117*]) señaló:

«Son algo más que la mera posibilidad o sospecha más o menos fundada. Es necesaria la probabilidad. Solo ese nivel justifica la apertura del plenario que, indudablemente, encierra también cierto contenido aflictivo para el acusado, aunque sea difuso. La probabilidad de comisión del delito se traduce en negativo, expuesto de forma poco matizada, en la racional posibilidad de que recaiga una condena. No pueden extremarse las exigencias en esta fase anticipando valoraciones que solo procederían tras examinar la prueba practicada en el juicio oral. Pero sí ha de cancelarse el proceso cuando racionalmente quepa hacer un pronóstico fundado de inviabilidad de la condena por insuficiencia del material probatorio con que se cuenta».

Y, por último, la mayor intensidad de los indicios debe existir cuando sirven como medio de prueba de cargo para desvirtuar la presunción de inocencia, y así se recogen en sentencia, por lo que en ese caso el grado cognoscitivo debe ser de *certeza*. Y es que la prueba indiciaria como prueba en el proceso penal apta para condenar exige la sucesión de indicios que por sí solos no sirven para condenar pero que concatenados son admitidos como mecanismo hábil para enervar la presunción de inocencia; si bien esta prueba habrá de partir de hechos perfectamente probados pues, como señala la STS de 4/11/2019 [*Tol 7575400*]) «no cabe evidentemente construir certezas sobre la base de simples probabilidades». Como señalaba la referida Sentencia:

«La prueba indiciaria es la suma enlazada y no desvirtuada de una serie de datos; datos base, que a través de ellos, permiten al Juez arribar el hecho consecuencia por medio de un explícito juicio de inferencia fundada en un razonamiento lógico-inductivo en el que la solidez de los indicios avalan la solidez de la conclusión, siempre en los términos propios de la certeza judicial y que se puede concretar en la fórmula sacramental que emplea el Tribunal Europeo de Derechos Humanos; "certeza más allá de toda duda razonable"».

BIBLIOGRAFÍA

- BARRIENTOS PACHO, «Capacidad de la persona física como "investigado y encausado"», *Práctico Procesal Penal*, agosto 2024.
- CALAZA LOPEZ, *Derecho Procesal Penal*, 3ª edición, Tirant lo Blanch, 2024.
- CEZÓN GONZÁLEZ, *Derecho extradicional*, Dykinson, S.L., 2003.
- DOMINGO MONFORTE, «La finalidad complementaria de la fase de instrucción de evitación de un juicio público innecesario», *Diario La Ley*, 2018.
- FARTO PIAY, «El enjuiciamiento penal de las personas con problemas de salud mental», *Estudios penales y criminológicos*, núm. 41, 2021.
- FLORES PRADA, «Problemas del enjuiciamiento de delitos violentos cometidos por posibles inimputables», *Revista de Derecho y Proceso Penal*, Thomson Reuters Aranzadi, 2009.
- FLORES PRADA, «Garantías constitucionales en el enjuiciamiento de acusados con falta de capacidad procesal por trastorno mental grave», en *Trastornos mentales y justicia penal*, Tirant lo Blanch, 2018.
- FONSECA MORILLO, «La Orden de detención y entrega europea», *Revista de Derecho Comunitario Europeo*, 2003.
- GONZÁLEZ-CUELLAR SERRANO, «Aspectos procesales de la imposición y aplicación de las medidas de seguridad», *Estudios jurídicos del Ministerio Fiscal*, 1997.
- GRIMA LIZANDRA, «El derecho de defensa del imputado con graves anomalías Psíquicas», *Revista jurídica de la Comunidad Valenciana*, 2010.
- JIMENO BULNES, *La orden europea de detención y entrega*, Tirant lo Blanch, 2024.
- MAZA MARTÍN, «Las medidas de seguridad y otras opciones penales aplicables a los supuestos de inimputabilidad plena y semiplena. Problemática judicial», *Cuadernos de Derecho judicial*, 1993.
- MARTÍNEZ JIMÉNEZ, *Derecho Procesal Penal*, 4º edición, Tecnos, 2021.
- MORENO CATENA, *Derecho Procesal Penal*, 11ª edición, Tirant lo Blanch, 2023.
- NIEVA FENOLL, *Derecho Procesal III (Proceso Penal)*, 3ª edición, Tirant lo Blanch, 2024.
- SÁNCHEZ-OSTIZ, *Medio siglo de Derecho Penal en España. Del modelo autoritario al del ciudadano constitucional*, Comares, 2021.
- SANZ MORÁN, *Persuadir y Razonar: Estudios Jurídicos en Homenaje a José Manuel Maza Martín*, Aranzadi, 2018.
- SILVA SÁNCHEZ, *Estudios penales en homenaje a Enrique Gimbernat*, vol. I, Edisofer, 2008.
- TOMÉ GARCÍA, «Particularidades de la instrucción en el proceso penal cuando el investigado presenta indicios de enfermedad o trastorno mental», *La Ley penal: Revista de derecho penal, procesal y penitenciario*, La Ley, 2021.

Capítulo 8

Las partes procesales (III). El sujeto pasivo persona jurídica

Encarnación Molino Barrero
Abogada penalista
Montero-Aramburu & GVA

1. LA RESPONSABILIDAD PENAL DE LAS PERSONAS JURÍDICAS

1.1 Societas *delinquere non potest*

Hasta el año 2010, en el Derecho penal español solo las personas físicas podían ser sujetos activos del delito y, en consecuencia, investigadas, imputadas, acusadas y condenadas penalmente. De ahí el histórico axioma *societas delinquere non potest*, pues solo el individuo tenía capacidad criminal.

El Derecho penal clásico se construye en torno al individuo, al concepto físico y psicológico de acción, al principio de culpabilidad, y con una importante presencia de las penas privativas de libertad. Es un derecho antropocéntrico: solo el ser humano es el sujeto del Derecho penal, la persona física es el sujeto del delito, solo el individuo puede tener responsabilidad penal.

La responsabilidad penal de la persona jurídica no se ajusta a la clásica teoría general del delito, presenta importantes dificultades para asumir los principios tradicionales de nuestro Derecho penal, pues la persona jurídica aparece como una ficción, no puede realizar acciones en sentido físico, natural, psicológico. Igualmente, presenta graves dificultades para definir y encontrar su capacidad de culpabilidad en cuanto reproche ético-jurídico. Si el dolo es conciencia y voluntad ¿cómo puede atribuirse conciencia y voluntad a una ficción? Por otro lado, el ente colectivo no puede sufrir una pena privativa de libertad, la prisión, que es, dicho coloquialmente, la "pena estrella" del Derecho penal, e igualmente es impensable que puedan cumplirse en la persona jurídica los fines de la pena de reinserción y resocialización.

Lo mismo ocurre con el modelo de proceso penal, que está pensado para investigar y enjuiciar a una persona física. Respecto de la persona jurídica surgen muchos interrogantes: ¿cómo podrá prestar declaración un ente ficticio? ¿cómo podrá ir al banquillo de los acusados? ¿cómo podrá hacer uso del derecho a la última palabra? ¿qué sentido tendría acordar la detención y prisión de un ente ficticio?

No obstante, pese a las muchas dificultades que la dogmática penal encuentra en la teoría general de delito y en el modelo de proceso penal para asumir la responsabilidad penal de las personas jurídicas, la concepción del Derecho penal clásico se considera insuficiente para hacer frente a nuevas necesidades de política-criminal en un mundo globalizado, concretamente para afrontar nuevos modelos de delincuencia asociados al funcionamiento de entidades y empresas con sofisticadas relaciones orgánicas y funcionales, para hacer frente a un sujeto estructuralmente distinto, que opera en ámbitos de actividades en los que la persona individual carece de estructura, de organización y de capacidad económica para cometer determinados delitos, nos referimos a la ciberdelincuencia, a delitos de terrorismo, al tráfico de drogas, a la trata de seres humanos, así como a determinados delitos económicos, medioambientales, etc.

El debate en el ámbito de la dogmática penal girará en torno al nuevo sujeto de imputación penal, a si es posible un nuevo concepto de acción y de culpabilidad. Así surge el concepto normativo de acción, lo relevante para el Derecho penal será el comportamiento que exprese la infracción de una norma. Las personas jurídicas, los entes colectivos, son destinatarios de las normas jurídicas y pueden incumplirlas. La culpabilidad se fundaría en el déficit de organización, en no haber adoptado las medidas de cuidado y prevención necesarias para garantizar un desarrollo ordenado y no delictivo de su actividad, pero el debate está servido. Se ha escrito mucho sobre innumerables cuestiones: ¿estamos ante un modelo de responsabilidad por el hecho propio o autorresponsabilidad? ¿se trata de un modelo de heterorresponsabilidad, de responsabilidad vicarial o por el hecho de otro?, ¿la persona jurídica ostenta los mismos derechos y garantías constitucionales que las personas físicas?, ¿cuál es su contenido y límites?

Según ZUGALDÍA ESPINAR (2010, p. 2) «el debate sobre si se debe —desde el punto de vista político-criminal— y se puede —desde el punto de vista dogmático— exigir responsabilidad criminal a las personas jurídicas se encuentra superado desde hace tiempo y resuelto en sentido afirmativo». Y sigue diciendo que los legisladores han hecho caso omiso del «histórico e intenso debate académico» sobre la capacidad de acción y de culpabilidad de las personas jurídicas [...] y, «por razones de necesidad y puramente pragmáticas, han llevado a cabo una ampliación del sujeto de Derecho penal, admitiendo a las personas jurídicas, fundamentalmente para combatir la criminalidad económica organizada».

El debate jurídico, la praxis judicial y el tiempo, harán que las ideas y las teorías vayan madurando y las soluciones se vayan consolidando definitivamente.

1.2 Introducción de la responsabilidad penal corporativa en el CP español

La Recomendación 18/1988, de 20 de octubre, del Comité de ministros del Consejo de Europa, es uno de los primeros instrumentos sobre la responsabilidad de las empresas con personalidad jurídica por las infracciones cometidas en el ejercicio de sus actividades. En el ámbito de la Unión Europea, son numerosos los Protocolos de Convenios, las Directivas y las Decisiones Marco en las que se obliga a los Estados miembros a imponer a las personas jurídicas *sanciones efectivas, proporcionadas y disuasorias*, bien de carácter penal, bien de carácter administrativo, en el ámbito de la protección de los intereses financieros, los fraudes y falsificaciones de los medios de pago, la trata de seres humanos, el medio ambiente, el tráfico de drogas, ataques a los sistemas informáticos, la contaminación, la explotación sexual de niños, el terrorismo, la xenofobia, entre otros muchos. Estos instrumentos internacionales versan sobre la necesidad de exigir a la persona jurídica una responsabilidad directa e independiente de la persona física frente a los comportamientos ilícitos, dejando a la discrecionalidad de los Estados su concreta implementación en el ámbito del derecho interno. No aluden explícitamente a la responsabilidad penal de la persona jurídica, sino que exigen que la declaración de su responsabilidad se vea seguida de sanciones eficaces, proporcionadas y disuasorias, dejando a los Estados la decisión de optar entre la naturaleza penal o administrativa de la responsabilidad y entre sanciones penales o administrativas.

En España se ha optado por las sanciones penales. La responsabilidad penal de la persona jurídica fue introducida en nuestro Código Penal por la Ley Orgánica 5/2010. En el Preámbulo de la misma se alude escuetamente a que «son numerosos los instrumentos jurídicos internacionales que demandan una respuesta penal clara para las personas jurídicas, sobre todo en aquellas figuras delictivas donde la posible intervención de las mismas se hace más evidente» y cita a modo de ejemplo las siguientes: corrupción en el sector privado, en las transacciones comerciales internacionales, pornografía y prostitución infantil, trata de seres humanos, blanqueo de capitales, inmigración ilegal o ataques a sistemas informáticos... No se citan cuáles sean los instrumentos jurídicos internacionales que demandan una respuesta penal, ni se aporta ninguna explicación ni justificación sobre la conveniencia de adoptar el sistema de responsabilidad penal de la persona jurídica, que es el elegido por el legislador, frente al de la sanción administrativa.

A partir de esta reforma, la empresa, el ente colectivo o societario, en definitiva, la persona jurídica, sí puede ser responsable penal de delitos; el axioma *societas delinquere non potest* ha pasado a ser historia. El ente colectivo, la empresa, la persona jurídica podrá ser castigada con verdaderas penas tras sufrir el correspondiente proceso penal en el que podrá ser investigada, imputada, acusada y condenada.

La introducción de este nuevo sujeto de imputación penal, en palabras de MARCHENA GÓMEZ (2018, p. 242), constituye una novedad «cuasi revolucionaria». La responsabilidad criminal de la persona jurídica en un sistema penal tradicionalmente concebido como antropocéntrico, supone «una verdadera conmoción o un giro copernicano», según MORENO CATENA (2019, p. 1009). Para RODRÍGUEZ RAMOS (2016) es una «*nueva y* "revolucionaria" habilitación legal de la persona jurídica como posible sujeto activo del delito».

En la STS de 29/02/2016 [*Tol 5651211*] se califica esta materia como «novedosa y compleja»; la STS de 16/03/2016 [*Tol 5665961*], refiriéndose a la sentencia citada anteriormente, que fue dictada por el Pleno de la Sala Segunda, pone de manifiesto que la existencia de un voto particular que acoge la opinión de siete magistrados que difieren de los núcleos argumentativos del criterio mayoritario —representado por ocho magistrados— es bien expresiva de la complejidad del tema abordado, aceptando la existencia de "puntos controvertidos", lo cual aconseja a no interpretar algunas de las soluciones proclamadas como *respuestas cerradas*, ajenas a un proceso ulterior de matización. Y sigue diciendo «en pocas materias como la que ahora nos ocupa las soluciones dogmáticas son tan variadas. El debate parece inacabable y el hecho que algunos de los autores que han abanderado las propuestas más audaces a la hora de explicar la responsabilidad de las personas jurídicas, hayan rectificado sus planteamientos iniciales, es indicativo de que a un catálogo tan abierto de problemas no se puede responder con un repertorio cerrado y excluyente de soluciones. El cuerpo de doctrina jurisprudencial sobre una novedad tan radical referida a los sujetos de la imputación solamente podrá considerarse plenamente asentado conforme transcurra el tiempo y la realidad práctica vaya sometiendo a nuestra consideración uno u otro problema».

Nos encontramos ante un nuevo sujeto de imputación penal, lo cual nos sitúa ante una materia innovadora y muy compleja, que ha suscitado un intenso debate doctrinal y un interesante cuerpo de doctrina jurisprudencial que va evolucionando, no sin contradicciones, pues existen muchos aspectos controvertidos con distinto tratamiento.

Se han impuesto las razones de política criminal frente a las dificultades de la dogmática clásica para definir los conceptos necesarios y buscar fundamentos que la justifican.

Los argumentos que sostienen la necesidad de esta responsabilidad penal corporativa son variados. La entidad colectiva respondería sin necesidad de la condena de la persona física, en el caso de que fuera imposible identificar o localizar al individuo autor responsable penal; habría una mayor protección de las víctimas y mayor solvencia económica para reparar los perjuicios. Al favorecerse la colaboración activa de la empresa en la investigación contra el crimen a cambio de beneficios penológicos, habría mayores medios coactivos y mayor poder de investigación para el esclarecimiento de delitos complejos, con mayor fuerza para luchar contra ellos. Frente a esto, DEL MORAL en su ponencia "Responsabilidad penal de las personas jurídicas por la comisión de delitos contra la hacienda pública", señala el riesgo de que se relaje la búsqueda de las personas físicas penalmente responsables, «parapetadas tras la persona jurídica, incrementando las tasas de impunidad de las personas individuales».

La dogmática elabora nuevos conceptos de acción y culpabilidad, adaptados a las personas jurídicas, aunque a veces haya que efectuar diseños de ingeniería jurídica. Ya hay quien reclama una teoría general del delito propia de la persona jurídica, distinta de la de la persona física, una parte general del Derecho penal propia de la persona jurídica y parece que no estamos lejos de que ello prospere. En este sentido, GÓMEZ TOMILLO (2015, p. 26) «se trata, pues, de iniciar las bases de una parte general del Derecho penal propia de las personas jurídicas».

Consecuencia de esta reforma fue la necesidad de regular las implicaciones procesales de la persona jurídica como nuevo sujeto de imputación penal y nuevo sujeto pasivo del procedimiento criminal. La ausencia de una reforma procesal correlativa a la reforma penal sustantiva fue objeto de duras críticas. Hasta este momento la persona jurídica podía ser parte en el proceso penal, pero lo era como acusación particular o popular, o bien como responsable civil en aquellos casos en que se ejerciera la acción civil *ex delicto*, pero no como sujeto pasivo. Era necesaria una regulación de los derechos del nuevo justiciable.

La Ley 37/2011, de medidas de agilización procesal, introdujo, como recoge en su Preámbulo «ciertas modificaciones inexcusables, exigidas por la nueva situación derivada de la reforma operada en el Código Penal por LO 5/2010, y relativas a las implicaciones procesales del régimen de responsabilidad penal de las personas jurídicas». Se regulan cuestiones relativas al régimen de la competencia de los tribunales, derecho de defensa de las personas jurídicas, intervención en el juicio oral y conformidad, así como la rebeldía. Por tanto, aborda algunas de las cuestiones que se van a plantear en el proceso penal dadas las peculiaridades que este nuevo escenario y con este nuevo personaje se plantean como analizaremos más adelante. En la LECrim se introducen los siguientes nuevos artículos: art. 14 *bis*, art. 119, art. 120, art. 409 *bis*, art. 544 quater, art. 786 *bis* —actualmente art. 787 bis al haber sido renumerado, sin alterar su contenido, por el art. 20.13 de la Ley Orgánica 1/2025— y art. 839 *bis*. Se añade un apartado cuarto al art. 554 y se añade un párrafo al art. 746.

Posteriormente, la Ley Orgánica 7/2012 incluye a partidos políticos y sindicatos dentro del régimen general de responsabilidad penal, suprimiendo la percepción de impunidad que trasladaba que hubieran sido excepcionados de dicho régimen.

No podemos ignorar la realidad: el nuevo sistema jurídico-penal impuesto por el legislador a partir de la Ley 5/2010, se justifica en su Preámbulo. Pero la regulación contenida en dicha Ley resultó confusa e incompleta. Generó muchas dudas. Su aplicación por los tribunales fue prácticamente nula. Muchos interpretaron que en dicho texto se establecía una responsabilidad objetiva, opuesta al principio de culpabilidad que informa nuestro Derecho penal, una heterorresponsabilidad o responsabilidad por el hecho de otro o de tipo vicarial. A este tipo de responsabilidad aludía expresamente la Fiscalía General del Estado en la Circular 1/2011.

La LO 1/2015 revisa y actualiza el Código Penal aprobado por la LO 10/1995, y, entre otras reformas, lleva a cabo una *mejora técnica* de la regulación de la responsabilidad penal de la persona jurídica. En relación con el tema que nos ocupa, el Preámbulo señala que se trata de delimitar adecuadamente el contenido del *debido control*, cuya infracción permite fundamentar la responsabilidad penal de la persona jurídica. Señala también que con ello se pone fin a las dudas interpretativas que había planteado la anterior regulación, pues desde algunos sectores había sido interpretada como un régimen de responsabilidad vicarial. Ante esta explicación del legislador en el Preámbulo de la Ley, cabe entender que su opción es inequívocamente por el modelo de autorresponsabilidad, lo cual también se deduce y refuerza a través de la nueva redacción del art. 31 *bis* CP.

Ante la situación que vivimos de *vis expansiva* del Derecho penal, pese a las muchas críticas recibidas, el nuevo sujeto de imputación penal y todo lo que ello conlleva ha llegado para quedarse.

2. PERSONAS JURÍDICAS SUJETAS A RESPONSABILIDAD PENAL

2.1 Personas jurídicas sujetas a responsabilidad penal

Ni en el Código Penal ni en la Ley de Enjuiciamiento Criminal encontramos una definición de la persona jurídica penalmente responsable. Según expresa la STC 117/1998 [*Tol 80974*] y se recoge en la Circular 1/2011 de 1 de junio, de la Fiscalía General del Estado, la persona jurídica es «un instrumento más de los que el Derecho pone al servicio de las personas físicas para que puedan actuar en el tráfico jurídico y alcanzar los más diversos fines de interés público y privado reconocidos por el propio ordenamiento». Será en la legislación civil, mercantil y en el Derecho societario donde podemos encontrar el concepto de persona jurídica, con un contenido más amplio que la enumeración contenida en el art. 297 CP referida a los delitos societarios.

Por tanto, los sujetos pasivos del proceso penal de naturaleza corporativa que pueden ser imputados en el mismo son las personas jurídicas privadas de Derecho civil y mercantil y algunas personas jurídico-públicas. Son estas sociedades que operan con normalidad en el tráfico jurídico y económico, y en cuyo seno se pueden cometer delitos, las que pueden ser llamadas al procedimiento penal para ser imputadas, adquiriendo un verdadero estatus procesal con importantes garantías y derechos para su defensa, introducidos en la LECrim por la Ley 37/2011 de medidas de agilización procesal.

Frente a estas personas jurídicas existen otras estructuras societarias que son meros instrumentos para delinquir o pantallas para ocultar tras ellas actividades delictivas; son meras proyecciones de la actividad delictiva de las personas físicas que delinquen a través de ellas u ocultándose detrás de ellas. Su finalidad es la comisión del delito. Se caracterizan por la ausencia de una verdadera organización empresarial, de infraestructura propia, de actividad legal, etc. y son utilizadas para dificultar la investigación o como instrumento del delito. Son «personas jurídicas puramente simuladas, es decir, no reales, y que por ello no resultan imputables [...] respecto de las que procedería únicamente el "levantamiento del velo" para poner al descubierto su verdadero estatus instrumental, como tal no susceptible ni merecedor en principio de ningún sistema de garantías para su disolución y el comiso de sus bienes enteramente afectos a la actividad delictiva» (AAN de 19/05/2014 [*Tol 5682381*]). En estos casos no procederá su imputación por lo que resultan privadas de los derechos y garantías que, a semejanza de la persona física, les han sido atribuidos a las personas jurídicas.

Por otro lado, el Código Penal establece, en su artículo 130.2, que la transformación, fusión, absorción o escisión de una persona jurídica no extingue su responsabilidad penal, que se trasladará a la entidad o entidades en que se transforme, quede fusionada o absorbida y se extenderá a la entidad o entidades que resulten de la escisión. Además, en este supuesto, se prevé que el Juez pueda moderar la pena a la persona jurídica resultante de la transformación, fusión, absorción o escisión, teniendo en cuenta la proporción que la persona jurídica originariamente responsable del delito guarde con ella.

En palabras de la STS 11/03/2020 [*Tol 7988568*], «existe, pues, una directa traslación de la responsabilidad penal a la sociedad en que se transforme quede fusionada o absorbida. Y ello, para evitar el fraude de la transmisión de empresas que están sometidas a un proceso penal con extinción de la investigada y traslación del patrimonio a una nueva, que en base a este art. 130.2 CP asume la "responsabilidad penal de la transmitente", lo que no deja de ser curioso, aunque entra de lleno en la propia especialidad del campo de la responsabilidad penal de las personas jurídicas, y para evitar el referido fraude».

Ese mismo artículo establece que tampoco se extinguirá la responsabilidad penal de la persona jurídica cuando se realice una disolución encubierta o meramente aparente de la persona jurídica. Se considerará, en todo caso, que existe disolución encubierta o meramente aparente de la persona jurídica cuando continúe su actividad económica y se mantenga la identidad sustancial de clientes, proveedores y empleados, o de la parte más relevante de todos ellos.

2.2 Personas jurídicas no sujetas a responsabilidad penal

Otra cuestión a tener en cuenta, tratada en la jurisprudencia, es que no todas las personas jurídicas serán imputables, atendiendo al grado de complejidad de las mismas, pese a que el Código Penal no excluye en ningún caso a ningún tipo de persona jurídica de carácter privado de la posible autoría de delitos.

En el caso de las personas jurídicas unipersonales, no resultaría razonable imponer a la persona física titular de la misma dos penas, una por la comisión del delito y otra por no haber establecido mecanismos de prevención de sus propios delitos. En la STS de 27/07/2022 [*Tol 9213265*] se recurre a la teoría del levantamiento del velo para condenar solo a la persona física, y no a la jurídica, es decir, un único autor —persona física— que se valió de un instrumento —persona jurídica— que no es diferente a él mismo.

No obstante, en aquellas personas jurídicas no unipersonales de escasa complejidad organizativa, podría existir una cierta laguna de impunidad entre lo que establece el Código Penal y la interpretación de la Sala Segunda. Así, el Tribunal Supremo entiende que cabrá hablar de imputabilidad respecto de aquellas personas jurídicas que presenten un cierto grado de complejidad, con la consecuencia de que no todas ellas serán imputables. La STS de 11/11/2022 [*Tol 9296824*], establece que «la responsabilidad penal de la persona jurídica gira en clave de complejidad organizativa, de manera que cabrá hablar de imputabilidad respecto de aquéllas que presenten un cierto grado de complejidad, con la consecuencia de que no todas las personas jurídicas serán imputables».

Para ello, hace referencia a lo establecido en el apartado tercero del art. 31 *bis* CP, que recoge un sistema de control de riesgos más laxo o liviano para aquellas personas jurídicas de pequeñas dimensiones. Como podemos comprobar, ese artículo, lo que establece precisamente es que, estas empresas serán responsables, pero, por su tamaño y organización, podrán realizar una gestión de los riesgos menos formal o estructurada, ello quiere decir que todas las sociedades, con independencia de su dimensión, deben adoptar un sistema de gestión de los riesgos penales si quieren ver eximida su responsabilidad penal.

Mientras que el Código Penal —sin eximirlas de responsabilidad penal en ningún caso— nos indica qué personas jurídicas se considerarán de pequeñas dimensiones —aquellas autorizadas a presentar cuentas de pérdidas y ganancias abreviadas— el TS no establece los criterios para poder considerar si una persona jurídica de pequeñas dimensiones es imputable o no.

La referencia al apartado tercero del art. 31 *bis* CP que realiza el TS puede resultar confusa, puesto que, conforme a lo establecido en el art. 258 del Real Decreto Legislativo 1/2010, por el que se aprueba el texto refundido de la Ley de Sociedades de Capital, podemos llegar a hablar de empresas, por ejemplo, de hasta 250 trabajadores o hasta 11,4 millones de activo.

Por tanto, en ese amplio espectro de empresas, desde las personas jurídicas unipersonales hasta las recientemente mencionadas, debería establecerse un cierto límite puesto que, con independencia de que pueda atenderse a las circunstancias concretas, esto puede generar, sobre todo en instancias inferiores, lagunas de impunidad y, en definitiva, inseguridad jurídica.

Tampoco podrán ser imputados en el procedimiento penal aquellos entes colectivos que carezcan de personalidad jurídica a los que se aplicarán las consecuencias accesorias del delito establecidas en el art. 129 CP.

2.3 Personas jurídicas públicas exentas de responsabilidad penal

El art. 31 *quinquies* CP declara expresamente la exención de responsabilidad penal del Estado, de las Administraciones Públicas, de sus entidades y organismos dependientes.

La LO 5/2010, de 22 de junio, incluía también dentro de las exenciones a los partidos políticos y sindicatos, si bien la LO 7/2012, que reformó el Código Penal en materia de transparencia y lucha contra el fraude fiscal y la Seguridad Social, suprimió la exclusión establecida respecto de ambos. En el Preámbulo de la ley se explicó que de este modo «se supera la percepción de impunidad de estos dos actores de la vida política».

Tras la modificación introducida por LO 3/2015, de control de la actividad económico-financiera de los partidos políticos, cabe también declarar la responsabilidad penal de las fundaciones y entidades con personalidad jurídica propia que pudieran considerarse vinculadas a ellos, conforme a los criterios establecidos en la disposición adicional séptima de la LO 8/2007, sobre financiación de los partidos políticos.

El art. 31 *quinquies* 1 CP establece que «las disposiciones relativas a la responsabilidad de las personas jurídicas no serán aplicables al Estado, a las Administraciones públicas territoriales e institucionales, a los Organismos Reguladores, las Agencias y Entidades Públicas Empresariales, a las organizaciones internacionales de derecho público, ni a aquellas otras que ejerzan potestades públicas de soberanía o administrativas».

El apartado 2 del citado precepto legal se refiere a las Sociedades mercantiles públicas «que ejecuten políticas públicas o presten servicios de interés económico general, estableciendo una limitación en cuanto a las penas que se les puede imponer. Serán las de las letras a) y g) del apartado 7 del art. 33 CP, pero esta limitación no será aplicable cuando el juez o tribunal aprecie que se trata de una forma jurídica creada por sus promotores, fundadores, administradores o representantes con el propósito de eludir una eventual responsabilidad penal».

La Fiscalía General del Estado ha abordado este tema en sus Circulares de 1/2011 y de 1/2016, dedicadas a la responsabilidad penal de las personas jurídicas. Se ha señalado que la exclusión del Estado «es común en la mayor parte de los ordenamientos de los países de nuestro entorno y tiene su justificación en la incongruencia que supone hacer responder al Estado, titular del *ius puniendi*, frente a sí mismo».

En la interpretación y aplicación de este precepto habrá que tener en cuenta la regulación administrativa básica sobre la organización del sector público estatal recogida en la Ley 40/2015, de Régimen Jurídico del Sector Público, aun cuando se mantiene una terminología propia, distinta de la mantenida por el Código Penal que no se acomoda a las clasificaciones administrativas del sector público empresarial.

La Fiscalía General del Estado en su Circular 1/2016 se refiere a los tres sectores siguientes:

a) Al *sector público administrativo*, en el que se encuadran los organismos autónomos, las entidades estatales de derecho público —entre ellas algunos de los llamados *organismos reguladores* y los consorcios, conforme se establece en la Ley 40/2015, de Régimen Jurídico del Sector Público. La referencia legal a «aquellas otras que ejerzan potestades públicas de soberanía o administrativas» permite incluir a todo el sector público administrativo.

b) El *sector público empresarial*, que está constituido por las sociedades mercantiles públicas (apartado 2 del art. 31 *quinquies* CP) limitando las penas que se le pueden imponer a las previstas en las letras a) y g) del art. 33.7 CP, esto es, a la multa y la intervención judicial. Para que sea aplicable esta limitación penológica es preciso que «ejecuten políticas públicas o presten servicios de interés económico general». Se entienden incluidas las sociedades mercantiles estatales y las constituidas por las Comunidades Autónomas. En el último inciso del párrafo segundo del art. 31 *quinquies* CP se establece una limitación a la exclusión de las sociedades mercantiles públicas de la responsabilidad penal, por cuanto no será aplicable cuando el juez o tribunal aprecie que se trata de una forma jurídica creada por sus promotores, fundadores, administradores o representantes con el propósito de eludir una eventual responsabilidad penal.

c) El *sector público fundacional*, sostiene la FGE en la Circular 1/2016, que «aunque no aparecen expresamente mencionadas, deben considerarse igualmente exentas de responsabilidad las fundaciones públicas, integradas en el sector público fundacional, dado su sometimiento al

Derecho administrativo (Ley 40/2015, de Régimen Jurídico del Sector Público, Ley 50/2002, de Fundaciones, y Ley 47/2003, General Presupuestaria). Su actividad está siempre relacionada con el ámbito competencial de las entidades fundadoras del sector público, sin que ello suponga la asunción de competencia propias (art. 128 Ley 40/2015). Sus presupuestos, contabilidad, auditoría de cuentas y selección de personal se rigen por disposiciones administrativas, como su régimen de contratación, que se somete a la Ley 30/2007, de contratos del sector público —norma derogada, siendo la vigente la Ley 9/2017 de Contratos del Sector Público— [art. 4.2 g) Ley 47/2003 y 131 de la Ley 40/2015] y su control encomendado a la Intervención General del Estado [...] su exclusión del régimen del art. 31 *bis* CP no ofrece duda, aunque una vez escogida por el Legislador la técnica del listado, hubiera sido muy oportuna su incorporación al mismo». Así mismo, considera que la exclusión debe extenderse a las fundaciones del sector público autonómico y local.

Dentro de Organismos Reguladores cabe entender que se encuentran por ejemplo la Comisión Nacional del Mercado de Valores, la Comisión Nacional de la Energía, la Comisión Nacional de la Competencia, la Comisión Nacional del Sector Postal. Entre las Entidades Públicas Empresariales puede incluirse ADIF (Administrador de Infraestructuras Ferroviarias), CDTI (Centro para el Desarrollo Tecnológico Industrial) y la FNMT (Fábrica Nacional de Moneda y Timbre).

No cabe hacer extensiva la exclusión del régimen de responsabilidad penal a los entes de naturaleza asociativa privada como son los Colegios profesionales y las Cámaras de comercio.

3. EL TÍTULO DE IMPUTACIÓN DE LA PERSONA JURÍDICA

El art. 31 *bis* CP establece dos títulos de imputación de responsabilidad penal a la persona jurídica:

a) De los delitos cometidos *en nombre o por cuenta* de las mismas, y en su *beneficio directo o indirecto* por sus representantes legales o por aquellos que actuando individualmente o como integrantes de un órgano de la persona jurídica, están autorizados para tomar decisiones en nombre de persona jurídica u ostentan facultades de organización y control dentro de la misma.

b) De los delitos cometidos, en el ejercicio de actividades sociales y *por cuenta y en beneficio directo o indirecto* de las mismas, por quienes, estando sometidos a la autoridad de las personas físicas mencionadas en el párrafo anterior, han podido realizar los hechos por haberse *incumplido gravemente por aquéllos los deberes de supervisión, vigilancia y control* de su actividad atendidas las concretas circunstancias del caso.

Dada la configuración que se hace en el art. 31 *bis* CP, la responsabilidad penal de la persona jurídica exige:

a) Un elemento positivo: la comisión de un delito por la persona física, directivo o empleado del ente, con todos los requisitos establecidos en el art. 31 *bis*. Se incluyen, por un lado, las personas con mayores responsabilidades: representantes legales, administradores de hecho o de derecho, apoderados, en cuanto autorizados para tomar decisiones en nombre de la persona jurídica, y los cargos o mandos intermedios que ostenten facultades de organización y control dentro de la misma. Y por otro, los empleados o trabajadores, indebidamente controlados por los primeros, —hay quien los ha denominado empleados descontrolados— no siendo necesario su vinculación por un contrato laboral o mercantil, considerando que se incluyen los autónomos y los subcontratados, siempre que estén dentro del ámbito de la empresa.

b) Un elemento normativo: el delito cometido por la persona física deberá ser de los incluidos expresamente en el Libro II del Código Penal como uno de delitos de los que puede nacer la responsabilidad criminal corporativa. Y debe cometerse *en nombre o por cuenta* de la entidad y en el *ejercicio de actividades sociales*.

c) Un elemento negativo: que no esté implantado un plan de cumplimiento eficaz, que haya tenido que ser burlado para la comisión del delito. Concurriendo un *grave incumplimiento* por la empresa de los *deberes de supervisión, vigilancia y control* de su actividad. Esto es, deberá acreditarse que los empleados han podido realizar los hechos delictivos por haberse incumplido gravemente por los representantes legales o directivos, los deberes de supervisión, vigilancia y control de su actividad, atendidas las circunstancias del caso.

d) Un elemento accesorio: el delito ha de redundar en beneficio directo o indirecto de la persona jurídica. Este beneficio podrá venir constituido por un beneficio económico, pero también por beneficios intangibles como puede ser un ahorro de costes, unos benéficos estratégicos, de clientela, reputacionales etc. No será necesario que se produzca, basta con que se acredite una conducta tendente a conseguirlo. En este sentido, la STS

8/04/2024 [*Tol 9980988*] señala que «la responsabilidad penal de una persona jurídica además de un elemento nuclear positivo (comisión de un delito por quien actúa como directivo o empleado del ente) (i), otro normativo (que se trate de uno de los delitos en que está prevista esa posible responsabilidad) (ii) y otro negativo (que no esté implantado un plan de cumplimiento eficaz que haya tenido que ser burlado para la actuación delictiva del agente) (iii), reclama un elemento accesorio que es pieza imprescindible: el delito, objetivamente considerado y con independencia del móvil del agente, ha de redundar en beneficio directo o indirecto de la persona jurídica (iv)».

4. NOTIFICACIÓN DE LA IMPUTACIÓN: AUSENCIA DE LA PERSONA JURÍDICA EN EL PROCESO

La persona jurídica puede ser llamada al proceso en calidad de investigada; puede ser acusada y condenada a verdaderas penas, en definitiva, sometida a un procedimiento penal en el que se ejerce el *ius puniendi* del Estado. En cuanto que los entes colectivos pueden ser sujetos pasivos del proceso penal con todas sus consecuencias, deben estar amparados por las garantías y derechos fundamentales recogidos en la Constitución y Convenios Internacionales suscritos por España a fin de evitar que pueda generárseles indefensión, toda vez que la persona jurídica no puede ostentar una situación procesal de peor condición, ni puede recibir un trato diferente al de los demás acusados personas físicas, sin perjuicio de las necesarias adaptaciones a sus peculiaridades.

Así lo reconoce expresamente la Sala Segunda del Tribunal Supremo en su STS de 29/02/2016 [*Tol 5651211*]: «de manera que derechos y garantías constitucionales [...] ampararían también a la persona jurídica de igual forma que lo hacen en el caso de las personas físicas cuyas conductas son objeto del procedimiento penal».

La STS de 16/03/2016 [*Tol 5665961*] lo expresa en los siguientes términos: «La responsabilidad de las personas jurídicas [...] solo puede declararse después de un proceso con todas las garantías. La imposición de cualquiera de las penas —que no medidas— del catálogo previsto en el art. 33.7 del CP solo puede ser el desenlace de una actividad jurisdiccional sometida a los principios y garantías que legitiman la actuación del *ius puniendi*».

También se reconoce en la Circular 1/2011 de la Fiscalía General del Estado, relativa a la responsabilidad penal de las personas jurídicas conforme a la reforma del Código Penal efectuada por la LO 5/2010. En el apartado VI.1 de dicho texto, la Fiscalía recuerda y reproduce la Circular 2/2004, dictada con ocasión del derogado art. 31.2 CP —en este precepto se preveía que, en caso de imposición de una multa al autor del delito, se hiciera responsable de su pago de manera directa y solidaria a la persona jurídica en cuyo nombre o por cuya cuenta hubiera actuado—. Dicha Circular reconocía que «la asimilación de la persona jurídica responsable ex art. 31.2 del CP al imputado, implicará la necesidad de reconocerle el derecho a la tutela judicial efectiva, a utilizar los medios de prueba pertinentes para su defensa y a no sufrir indefensión... habrá de reconocérsele el derecho al proceso debido. Deberá garantizársele su participación en el proceso, habrá que incluir a la persona jurídica en el acta de acusación del fiscal y en el auto de apertura del juicio oral, y habrá de admitírsele su personación por medio de abogado y procurador ya en fase de instrucción, reconociéndole igualmente la posibilidad de recurrir la sentencia». En la Circular 1/2011, la Fiscalía General del Estado expresa que este texto tiene *vigencia renovada* en relación con los preceptos que establecen la responsabilidad penal de las personas jurídicas, y da respuesta genérica a algunos de los problemas que se plantean en la práctica con la reforma.

El proceso penal está configurado para el enjuiciamiento y sanción de la persona física. La persona jurídica, con personalidad jurídica y patrimonio propio, como sujeto de derecho distinto de las personas físicas que la forman, interviene en el tráfico jurídico a través de sus representantes, ostentando derechos y asumiendo obligaciones propias, pero no puede ejecutar materialmente la conducta constitutiva de delito, sino que el delito, presupuesto previo de la responsabilidad criminal corporativa, será cometido por personas vinculadas a ella con las que puede darse un claro y evidente conflicto de intereses, de aquí las obvias dificultades y la necesidad de acomodar un derecho procesal penal antropocéntrico a la realidad de los entes colectivos, necesidad que surge con el paso del histórico principio *societas delinquere non potest* a la responsabilidad penal de las sociedades.

Según DEL MORAL (2016), la persona jurídica sigue sin poder delinquir, dado que carece de capacidad de acción y de culpabilidad, pero puede ser castigada, lo cual se expresaría mejor así: *societas delinquere non potest ... sed puniri potest*.

4.1 La citación y designación de abogado y procurador

Para la imputación de una persona jurídica se le debe convocar al procedimiento. Las particularidades de esta llamada al procedimiento se recogen en el art. 119 de la LECrim.

El juzgado deberá remitir la citación a su domicilio social. Si no se conoce y no ha sido posible su citación, será llamada mediante requisitoria (art. 839 *bis* de la LECrim). En esta citación se le efectuará un requerimiento para que designe un representante, así como un abogado y un procurador de libre elección para el procedimiento de que se trate [art. 119.1.a) LECrim]. Se le hará la advertencia de que, si no lo hace, estos dos últimos serán designados de oficio. En el caso de que no designe al representante especial, el procedimiento seguirá su tramitación, sustanciándose con el abogado y procurador designado.

La asistencia letrada tiene carácter obligatorio desde la primera citación. El abogado, con su personación en el procedimiento, tendrá acceso a todas las actuaciones practicadas por el juez: declaraciones, reconocimientos, careos, reconstrucción de los hechos, etc. pudiendo participar en las mismas, así como puede proponer pruebas, formular alegaciones, presentar recursos, en definitiva, defender los intereses de la entidad cuya dirección jurídica ostenta.

El procurador ostenta la representación procesal. A partir de su designación, todos los actos de comunicación se practicarán con el procurador, incluidos aquellos a los que la Ley atribuye carácter personal. La designación del procurador sustituirá la obligación de indicar un domicilio a efectos de notificaciones. Se facilita la comunicación procesal con la persona jurídica a través del procurador. No obstante, hubiera sido conveniente que se hubieran mantenido también para la persona jurídica las notificaciones personales de determinadas resoluciones judiciales esenciales en el procedimiento, como el auto de apertura de juicio oral con traslado de los escritos de acusación, en el procedimiento abreviado; o traslado de escritos de conclusiones provisionales del Ministerio Fiscal y de las acusaciones, en el caso del procedimiento ordinario o Tribunal del Jurado, así como la notificación de la sentencia, por su relevancia y efectos que se derivan de las mismas.

La Ley 1/1996, de Asistencia Jurídica Gratuita, consagra el principio general de exclusión del beneficio de justicia gratuita a las personas jurídicas. Excepcionalmente se podrá reconocer el derecho a la asistencia jurídica gratuita a) a las asociaciones de utilidad pública, previstas en el artículo 32 de la Ley Orgánica 1/2002 reguladora del Derecho de Asociación y Fundaciones inscritas en el registro público correspondiente cuando acrediten insuficiencia de recursos para litigar (art. 2 y 3 de la Ley 1/1996, de Asistencia Jurídica Gratuita) y b) «a las personas jurídicas, cuando por requerimiento judicial haya de designarse defensa letrada y, en su caso, representación procesal, siempre que la sociedad haya sido declarada judicialmente en situación de insolvencia actual o inminente, se encuentre en concurso de acreedores o no conste actividad económica en el último ejercicio cuando, en este último caso, la sociedad se halle disuelta o en trámite de disolución por las causas y por el procedimiento legalmente previsto para ello» [art. 2. l) Ley 1/1996, de Asistencia Jurídica Gratuita, introducido por la Disposición Final tercera de la Ley Orgánica 5/2024 del Derecho de Defensa].

4.2 La primera comparecencia

La primera comparecencia a practicar es la de la imputación, pues nadie puede ser acusado sin haber sido judicialmente imputado previamente durante la fase de instrucción. Este principio también es de aplicación a la persona jurídica.

A esta comparecencia asistirá el representante especialmente designado de la persona jurídica acompañado del abogado de la misma (art. 119.1.b; art. 409 *bis* y art. 775 LECrim). El juez le informará de la imputación, esto es, de los hechos que se le atribuyen a la entidad. Dado el tenor literal del art. 31 *bis* CP, el contenido de la imputación no se puede limitar a atribuir la comisión de un hecho que reviste los caracteres de delito, sino que debe abarcar los presupuestos fácticos que permitan atribuirle responsabilidad penal.

La información de los hechos que se le imputan normalmente se hace mediante la entrega de una copia de la denuncia o querella presentada, pudiendo examinar las actuaciones con la debida antelación, en todo caso con anterioridad a que se le tome declaración (art. 118.1 b) en relación con el art. 119 LECrim).

La ya citada STS de 16/03/2016 [*Tol 5665961*], consideró que la falta de imputación en forma de la persona jurídica, como exige el art. 409 *bis* del CP, le provocó una palmaria indefensión por lo que declaró haber lugar al recurso y absolvió a la entidad recurrente que había sido condenada.

La persona jurídica, además de su derecho a ser informada de los hechos que se le atribuyan, así como de cualquier cambio relevante en el objeto de la investigación y de los hechos imputados, también debe ser informada de los derechos que ostenta, en particular de los enumerados en el apartado 1 del art. 118 y art. 409 *bis* LECrim. Concretamente tendrá derecho:

a) A examinar las actuaciones con la debida antelación para salvaguardar el derecho de defensa y en todo caso, con anterioridad a que se le tome declaración.

b) A actuar en el proceso para ejercer su derecho de defensa de acuerdo con lo dispuesto en la ley.

c) A designar libremente abogado y procurador.

d) A la traducción e interpretación gratuitas.

e) A guardar silencio y a no prestar declaración si no desea hacerlo, y a no contestar a alguna o algunas de las preguntas que se le formulen.

f) A no declarar contra sí misma y a no confesarse culpable.

g) A utilizar todos los medios de prueba pertinentes para su defensa.

h) A la última palabra.

Son derechos instrumentales del derecho de defensa, que se ejercerán sin más limitaciones que las expresamente previstas en la Ley desde la imputación del hecho punible hasta la extinción de la pena.

La declaración de la persona jurídica se lleva a cabo mediante el interrogatorio del representante especialmente designado que declara no por hechos propios sino por los hechos imputados a la persona jurídica. El art. 409 *bis* LECrim establece que «la declaración irá dirigida a la averiguación de los hechos y a la participación en ellos de la entidad imputada y de las demás personas que hubieran podido intervenir en su realización». Así, el planteamiento de la declaración es el mismo que el establecido para los investigados-personas físicas. No obstante, en el caso de incomparecencia de la persona especialmente designada de la persona jurídica determinará que se tenga por celebrado dicho acto, *entendiéndose que se acoge a su derecho a no declarar*.

Mención especial merece esta equivalencia que se establece entre la incomparecencia y el derecho a no declarar, pues son dos conductas distintas que no deben producir los mismos efectos. El ejercicio del derecho al silencio no puede conllevar una valoración negativa para quien lo ejerce pues como han sostenido el TC y el TS el acusado que mantiene silencio y se niega a dar una explicación alternativa ejercita su derecho constitucional a no declarar del que no puede resultar la prueba de su culpabilidad. Frente a esta posición, existen otras sentencias que consideran que, si bien sería incompatible con el derecho a guardar silencio fundamentar una condena exclusiva o esencialmente en el silencio del inculpado, admiten que ello no impediría tener en cuenta el silencio del interesado, en situaciones que requiriesen una explicación por su parte en virtud de las pruebas de cargo aportadas, de modo que su ausencia equivale a que no hay explicación posible. El silencio es tenido en cuenta como corroboración de lo que ya está probado.

Dada la remisión que se efectúa a los arts. 385 LECrim y siguientes, la persona jurídica podrá declarar cuantas veces quiera, conforme a lo establecido en el art. 400 LECrim.

4.3 Ausencia de la persona jurídica del proceso

Como veremos en el siguiente epígrafe la persona jurídica podrá participar en el proceso penal a través de una persona física que debe designar *ad hoc* para que le represente en el proceso, como representante procesal, con independencia de la actuación que corresponde al abogado y al procurador. Pese a la importante función que la *persona especialmente designada* o representante especial está llamado a cumplir, su designación es potestativa para la sociedad y aquél no asume ninguna responsabilidad personal. Expondremos a continuación qué consecuencias se producen si la persona jurídica no designa a dicho representante o si designado, el representante no comparece, esto es, la persona jurídica se mantiene ausente del proceso.

Si recibida la citación judicial por la persona jurídica para que proceda a la designación de un representante que le permita participar y visibilizarse en el procedimiento, no lo hace (su designación es potestativa para la sociedad) esta falta de designación no dará lugar a la suspensión del procedimiento. El procedimiento se sustancia con el abogado y procurador (art. 119 1 a) LECrim) profesionales que, de no haber sido nombrados por la entidad, serán designados de oficio. Es suficiente con que se dé la oportunidad a la persona jurídica de nombrar un representante, si no lo hace, le será imputable a ella, y lógicamente no puede considerarse indefensión alguna.

Por otro lado, puede ocurrir que el representante sea nombrado, pero que no comparezca en el procedimiento o en la actuación judicial concreta para la que se le cite. ¿Qué consecuencias procesales se siguen? Veamos qué ocurre en cada fase del procedimiento.

a) Si el representante especial no acude a la primera comparecencia en la que haya de procederse a la imputación de la persona jurídica. En este caso, dicha actuación procesal se practicará con el abogado de la entidad, bien sea el que haya nombrado la propia entidad o bien el designado de oficio (art. 119. 1 b) LECrim).

b) Si el representante especial no comparece a la declaración de la sociedad durante la fase de instrucción. Tal incomparecencia del representante que es quien puede declarar en nombre de la persona jurídica determinará que se tenga por celebrada dicha declaración, entendiéndose que se acoge a su derecho a no declarar (art. 409 *bis in fine* LECrim).

c) Si el representante especial no comparece a la práctica de diligencias de investigación o de prueba anticipada. La incomparecencia mencionada no impedirá la práctica de las diligencias o de la prueba anticipada;

las mismas se sustanciarán con el abogado defensor (art. 120. 2 de la LECrim).

d) Si el representante especial no comparece al juicio oral. En este caso, dicha incomparecencia no determinará su suspensión, sino que se celebrará con la asistencia del abogado y el procurador, como establecen el art. 787 *bis* apartado 2 y el párrafo final del art. 746 de la LECrim.

4.4 Declaración de rebeldía

También puede declararse *en rebeldía* a la persona jurídica imputada, que será llamada mediante requisitoria únicamente en el caso de que no haya sido posible su citación para el acto de la primera comparecencia por falta de un domicilio social conocido (art. 839 *bis*. 1 LECrim).

En la requisitoria se harán constar los datos identificativos de la entidad, el delito que se le imputa, y su obligación de comparecer asistida de abogado y representada por procurador ante el juez que conoce la causa, en el plazo que se haya fijado. Se publicará en el BOE y en el BORME o en cualquier otro periódico o diario oficial relacionado con el objeto social o las actividades de la persona jurídica. Si transcurrido el plazo, la entidad no ha comparecido, se la declarará rebelde, continuando el procedimiento hasta su conclusión (art. 839 *bis*).

La rebeldía de la persona jurídica puede declararse desde el momento de su imputación si no es posible su citación, y llamada mediante requisitoria, no comparece. Sin embargo, para la declaración de rebeldía de las personas físicas es necesario en el procedimiento ordinario que se haya dictado auto de procesamiento y en el procedimiento abreviado, que haya recaído el auto de apertura de juicio oral.

Establece el art. 839 *bis* 4 LECrim «transcurrido el plazo fijado sin haber comparecido la persona jurídica, se la declarará rebelde, continuando los trámites procesales hasta su conclusión», entendiéndose que continuará el procedimiento hasta que termine la instrucción, momento en el que el procedimiento se suspenderá respecto de la entidad declarada en rebeldía. No puede celebrarse el juicio respecto de la persona jurídica declarada en rebeldía, puesto que, lo establecido en el párrafo segundo del apartado 6 del art. 746 y en el art. 787 *bis* LECrim hacen referencia a un procedimiento en ausencia, no a un enjuiciamiento en rebeldía. Cualquier otra interpretación vulneraría todos los derechos y garantías de un proceso justo.

5. EL REPRESENTANTE PROCESAL DE LA PERSONA JURÍDICA

5.1 El representante especialmente designado

La intervención de un ente societario en el proceso penal presenta importantes peculiaridades teniendo en cuenta su singularidad, esto es, que es incorporal, que no puede visualizarse, que no tiene voz, que no puede expresarse ni comunicarse ni, por tanto, prestar declaración.

La doctrina ha mantenido distintas posiciones respecto a cómo debía llevarse a cabo la intervención de la persona jurídica en el proceso penal. Un sector de la doctrina consideró que la persona jurídica no es una persona física, por lo que no tienen sentido algunos de los actos procesales regulados para ellas, como su declaración o el derecho a la última palabra. Si el ente colectivo no es persona física, su presencia en el proceso no debía ser física sino jurídica. El derecho de defensa y las garantías procesales podían ser cumplimentadas con el abogado que ejerciera la dirección letrada técnica, y el procurador que asumiera una representación procesal (*vid.* DEL MORAL GARCÍA, 2021 y ESCOBAR JIMÉNEZ, 2018). Otro sector de la doctrina entendió que la persona jurídica imputada o acusada debía visualizarse en el proceso, y esa visualización se conseguiría con la presencia de una persona física, esto es, a través de un sujeto procesal subrogado para el ejercicio de los derechos que a aquella le asisten (entre ellos GONZÁLEZ-CUÉLLAR SERRANO, JUANES PECES Y HERNÁNDEZ GARCÍA, citados por ESCOBAR JIMÉNEZ, 2018). El derecho de defensa no se reduce ni se agota en el derecho a la representación letrada, por lo que no se puede limitar a la persona jurídica su derecho a intervenir en el proceso a llevarlo a cabo a través su defensa técnica.

En el proceso legislativo de la Ley de Medidas de Agilización Procesal que afrontó la regulación de la vertiente procesal de la responsabilidad criminal de los entes corporativos tuvieron reflejo estas distintas posiciones doctrinales. En el texto que llegó el Parlamento se asumía la primera posición doctrinal, pero posteriormente, se introdujo una figura peculiar que no tiene antecedentes en nuestro sistema procesal penal, que es la del representante especial que puede ser designado por la persona jurídica, aunque tal designación no es obligatoria, y en el caso de que designado no comparezca, el procedimiento no se suspende, sino que el mismo se sustancia con el letrado.

Por tanto, aunque se introduce esta peculiar figura, y se le dota de importantes funciones, en realidad resulta minusvalorada en sí misma al no ser obligatoria su designación, y carecer de consecuencias su incomparecencia o inactividad. Todas las funciones que se le otorgan al representante especial, en caso de falta de designación o incomparecencia, son asumidas por el letrado y el procurador, cuya asistencia lógicamente es preceptiva, y será con quienes en realidad se entenderán todas las diligencias y actuaciones que deban realizarse con el representante especial. No obstante, la intervención del procurador y del abogado conlleva una representación procesal y una defensa técnica. Estos profesionales no podrán sustituir al representante especial y declarar por la persona jurídica, salvo que se les haya designado para la función de representante especial. En este último caso, formalmente sí podrían hacerlo, pero este doble papel resultaría muy forzado y sin verdaderos efectos.

Frente a la regulación existente actualmente, el Anteproyecto de Ley de Enjuiciamiento Criminal (ALECRIM), aprobado en Consejo de Ministros el 24/11/2020, que no ha llegado a ver la luz, introducía algunas importantes modificaciones en esta materia. La designación del representante que recaería sobre el que denomina *director del sistema de control interno de la entidad* pasaría a ser obligatoria. Si no lo nombrara la persona jurídica, será el juez de garantías, a instancias del Ministerio Fiscal, quien designaría a quien ostente el máximo poder de decisión en el órgano de gobierno o administración o como administrador de hecho. La intervención del representante pasaría a ser preceptiva en todas las actuaciones en las que se prevé la comparecencia o intervención personal de la persona encausada y en caso de incomparecencia injustificada se podría acordar su detención. Así, en caso de incomparecencia injustificada al acto del juicio oral, el juez o tribunal podría acordar la detención del representante especial, igualmente podría hacerlo en la diligencia de aseguramiento de la fuente de prueba, o en el acto de ejecución de la pena impuesta. Realmente la designación del representante de la persona jurídica por el juez de garantías no parece conveniente toda vez que implica una importante limitación a la libertad de la empresa en el ejercicio de su derecho de defensa, y la detención del representante en el caso de incomparecencia resulta absolutamente desproporcionada. Advertimos que se privaría de libertad a una persona física a resultas de un procedimiento penal en el que ella no es personalmente la encausada sino un mero representante, y en un procedimiento en el que normalmente la pena a imponer sería la de multa. Sin embargo, se han manifestado posiciones favorables que consideran proporcionada la detención del representante no compareciente en referencia a la Ley chilena 20.393, de 2 de diciembre de 2009. En este sentido MAZA MARTÍN (2012, p. 5) que invocó que el fundamento de la detención del representante no compareciente estaría en un claro acto de desobediencia a la autoridad judicial y obstrucción a la acción de la justicia, semejante a cualquier incomparecencia que desatienda de forma injustificada el mandato del juez, siempre por supuesto que se haya formulado el correspondiente apercibimiento previo.

Actualmente, la participación de la persona jurídica en el proceso penal, su intervención procesal, con independencia del letrado y procurador, que asumen la defensa técnica y la representación procesal, la puede llevar a cabo por medio de una persona física que debe designar *ad hoc* para que le represente en el proceso. El representante especialmente designado de la persona jurídica investigada, al que se refiere el art. 119 de la LECrim y otros preceptos de dicho texto legal (arts. 120, 409 *bis*, 787 *bis* y 787 *ter* apartado 8 LECrim, entre otros) es la persona a través de la cual la persona jurídica interviene y participa en el proceso penal ejercitando sus derechos. Es quien la personifica o la humaniza.

5.2 Designación

Ni en la Ley de Enjuiciamiento Criminal ni en el Código Penal se determina quién debe ser este representante, ni qué requisitos debe reunir, ni quién debe nombrarlo o cómo debe nombrarse y documentarse en el proceso. Nada se dice sobre cuál deba ser el régimen para designar a esta persona que ha de actuar en representación de la persona jurídica en el proccdimiento penal en el que es llamada como investigada. Ni siquiera se determina si dicho representante debe formar parte o no de la compañía, si debe tener alguna vinculación con ella o si puede serlo cualquier persona individual completamente ajena a la misma, si debe tener conocimiento de los hechos que son objeto del procedimiento, o del funcionamiento y organización de la persona jurídica.

El Tribunal Supremo ya ha puesto de manifiesto este vacío (STS de 29/02/2016 [*Tol 5651211*]) advirtiendo al legislador para que remedie normativamente esta omisión, —dada la posibilidad de que se produzcan situaciones indeseables, por la existencia de una posible colisión de intereses— estableciendo una regulación adecuada de la materia, al tiempo que señala fórmulas contenidas en otros ordenamientos, tales como la designación de un defensor judicial de la persona jurídica, o un órgano colegiado compuesto por personas independientes junto con otras que representen intereses de terceros afectados por las posibles consecuencias condenatorias, o la atribución de dichas funciones de defensa al *oficial de cumplimiento*. Esta fue la solución recogida en el Borrador de Código Procesal Penal de 2013.

En la actualidad, el representante especialmente designado podrá nombrarse libremente por la entidad. Esta designación debería hacerla el órgano societario competente para ello, según la legislación mercantil o aquella que le resulte de aplicación en la toma de decisiones. Sería conveniente que en los estatutos de las sociedades de capital se incluyera algún precepto que regulara la designación del representante especial de la empresa en el caso de imputación penal de la misma. Si la empresa imputada no tiene establecida una regulación interna concreta, el representante especial podrá ser cualquier persona física, incluso podría designar para tal función al propio letrado o al procurador, o a una persona física también investigada en el mismo procedimiento, pues no existe prohibición alguna al respecto. Destaquemos que la Ley tampoco exige que el designado para declarar en el plenario sea la misma persona que compareció en la instrucción, por lo que cabe que sea elegida otra persona distinta.

La única disposición legal que encontramos al respecto es el segundo párrafo del apartado 1 del art. 787 *bis* de la LECrim en sede de juicio oral que establece que «no se podrá designar a estos efectos a quien haya de declarar en el juicio como testigo». Por tanto, nos preguntamos quién puede ser designado representante especial de la persona jurídica y quién no puede serlo por tener preferencia su condición de testigo.

El art. 409 *bis* LECrim señala que la declaración de la persona jurídica irá dirigida a la averiguación de los hechos, de la participación en ellos de la entidad imputada y de las demás personas que hubieran podido intervenir en su realización. Quiere ello decir que la entidad puede designar como representante especial a una persona que tenga conocimiento de los hechos enjuiciados para poder ejercer su defensa. Pero, por otro lado, podrían ser llamados como testigos, las personas que tengan conocimiento de los hechos y no sean imputadas. Por un lado, ¿pueden ser llamados como testigos personas relevantes dentro de la organización de la empresa, tales como su presidente, miembros del consejo de administración, el consejero delegado, el gerente, el oficial de cumplimiento, el director financiero, etc.? ¿estas personas serían incompatibilizados para intervenir como representantes especialmente designados por la persona jurídica por prevalecer su condición de testigos? Se trata de personas que podrían defender la actuación de la entidad siendo su portavoz en la investigación criminal de que se trate.

Y, por otro lado, ¿puede ser designado como representante especial de la persona jurídica, quien no tenga ninguna capacidad de representación institucional ni responsabilidad en la misma y, por el contrario, sí tenga conocimiento de los hechos objeto del procedimiento penal? ¿podría ser llamado como testigo?

Ni lo uno ni lo otro, aun cuando la solución habrá que buscarla en cada supuesto. En el primer caso, las personas mencionadas podrían ser razonablemente representantes naturales de la empresa, por lo que, si alguna de ellas fuera nombrada representante de la persona jurídica, en el ejercicio de su derecho de defensa, esta designación debería prevalecer sobre la prohibición establecida, pues en otro caso se le causaría indefensión, dadas las esenciales diferencias entre la condición de testigo y la de representante especial de la imputada. En el segundo caso, la designación de dicha persona como representante no estaría justificada ni sería razonable, por lo que puede entenderse que la misma es irregular e incluso fraudulenta si con ella se tratara de silenciar, neutralizar y bloquear a quien debería ser citado como testigo, por lo que debería entrar en juego la prohibición citada y prevalecer su condición de testigo. Así lo entiende DOPICO GÓMEZ-ALLER «...si en la designación de representante no se aprecia fraude (es decir, si el nombramiento puede ser justificado por la posición del sujeto, y no se trata de un mero intento de bloqueo informativo) deberá permitirse que el designado comparezca en tal condición a pesar de que hubiera sido llamado como testigo».

La solución habría que buscarla caso por caso, respetando el derecho de defensa de la persona jurídica y evitando cualquier conducta abusiva o fraudulenta.

La muy interesante STS de 08/03/2019 [*Tol 7119226*], estima el recurso de casación interpuesto por la empresa, casando y anulando la sentencia y el juicio oral respecto de los dos acusados, persona física y persona jurídica, retrotrayendo las actuaciones al momento del señalamiento del plenario, con la finalidad de proceder a la celebración de un nuevo juicio oral ante un tribunal distinto. En el asunto que se resuelve, la Audiencia Provincial de Pontevedra había condenado a la persona física y a la persona jurídica como autores por seis delitos contra la Hacienda Pública. En la fase de instrucción, la empresa había designado como representante a la persona física, también acusada, que era socio mayoritario con un 51%, y presidente del consejo de administración. El juez de instrucción rechazó esta designación, entendiendo que existían intereses contrapuestos con los de la sociedad. Decisión razonable dado que el 49% restante correspondía a otros cuatro socios. Por ello, la persona jurídica designó como representante en la causa a otra persona física no imputada, que prestó declaración en tal concepto en fase de instrucción.

Sin embargo, en el juicio oral, se citó a la persona física no imputada como testigo, y en el acta se hizo constar que la persona física acusada comparecía en nombre de la empresa, por lo que se tuvo erróneamente a dicho acusado, como representante de la sociedad. En el curso de la práctica de la prueba, la persona física no imputada que había sido designada como representante especial de la persona jurídica compareció y prestó declaración como testigo, bajo juramento o promesa de decir verdad. En la sentencia que resuelve el recurso de casación, se consideró que los derechos de la persona jurídica como acusada en el proceso penal no fueron respetados, por cuanto no tuvo un representante designado por la empresa para su comparecencia en el acto del juicio oral, declarando que esto le supuso a la persona jurídica la imposibilidad de prestar declaración con los derechos inherentes a la posición de acusado, así como de hacer uso de la última palabra en ejercicio del derecho de autodefensa.

Hubiera sido interesante que en la sentencia se planteara y analizara la situación que se había producido en este caso, esto es, que en una misma persona física concurran las dos cualidades, la de testigo y la de representante especialmente designado. El TS no analiza ni se pronuncia expresamente sobre esta cuestión. Da por hecho que prevalece la condición de testigo, y en consecuencia la persona jurídica se queda sin representante especial alguno en el juicio oral, de ahí su indefensión. Indefensión aún mayor por la circunstancia de que persona física y persona jurídica comparecían representadas por el mismo procurador y defendidas por el mismo letrado, lo cual es difícilmente compatible con la contraposición de intereses que había sido puesta de manifiesto en instrucción y que había dado lugar a la designación de un representante especial distinto del otro acusado, por ello, la Sala Segunda, aprecia un déficit relevante en las condiciones en las que la persona jurídica compareció y pudo desarrollar su defensa en el plenario.

6. LA INTERVENCIÓN DE LA PERSONA JURÍDICA EN EL PROCESO

Toda persona a quien se atribuya un hecho punible podrá ejercitar el derecho de defensa, interviniendo en las actuaciones, desde que se le comunique su existencia. El legislador reconoce a la persona jurídica el derecho de defensa en toda su extensión, como resulta del art. 119 en relación con el art. 118 LECrim.

La persona jurídica, sometida a un proceso penal en el que puede resultar condenada, no puede recibir un trato procesal distinto ni ostentar peor condición que la persona física que se encuentra en la misma posición procesal. Se trata de garantizar los principios de igualdad y contradicción, de que las partes tengan idénticas posibilidades de alegación y prueba, de evitar desequilibrios entre las partes que puedan generar la indefensión proscrita por la Constitución.

El letrado asume la dirección jurídica y técnica de la defensa de la persona jurídica, diseñará la estrategia defensiva de los intereses de la sociedad. Ya hemos dicho que para que exista una responsabilidad penal corporativa, debe cumplirse un presupuesto previo que es la comisión de un delito por un directivo o un empleado en las condiciones y con los requisitos establecidos por el art. 31 *bis* del CP, con beneficio directo o indirecto para la entidad, y con un incumplimiento grave de los deberes de supervisión, vigilancia y control.

Frente a ello, la persona jurídica en términos generales podrá adoptar una actitud pasiva —no comparecer, no declarar, conductas permitidas por la ley sin sanción alguna— o, por el contrario, podrá llevar a cabo una conducta activa, ejercitando su derecho a ser oída y a contradecir los argumentos de la acusación, o incluso actuando de forma que pueda obtener beneficios procesales. Esto es, podrá: a) negar los hechos, su carácter delictivo o la existencia del delito que se imputa a su directivo o empleado, presupuesto de su responsabilidad penal, b) negar la existencia del beneficio directo o indirecto para la compañía, c) negar la intervención de personas vinculadas a la empresa, o invocar que han actuado más allá de sus poderes o más allá de su competencia o ámbito profesional, d) negar la existencia de incumplimientos graves de los deberes de supervisión, control y vigilancia, e) invocar que concurre la eximente del art. 31 *bis* 2 y 4 CP, (vi) invocar la existencia de hechos constitutivos de las atenuantes, o llevar a cabo conductas de colaboración con el juzgado, posteriores al delito, a fin de ser acreedor de penas más benévolas, f) podrá negociar con las acusaciones y lograr acuerdos de conformidad, g) y lógicamente también podrá invocar vulneraciones de derechos fundamentales, inexistencia de prueba, prueba ilícita, etc.

La intervención de la persona jurídica en el proceso penal tanto en la fase de instrucción como en la de juicio oral, se ha de llevar a cabo por medio del *representante especialmente designado*. Por ello su designación tiene importancia, toda vez que no solo le corresponde la función representativa de la entidad, sino también la de participar con el letrado en la estrategia defensiva a seguir en el procedimiento. La LECrim le menciona en las siguientes actuaciones:

a) En la primera comparecencia en la que será informado por el juez de los derechos que asisten (art. 119 en relación con el art. 775 LECrim) y de los hechos que se imputan a la persona jurídica (art. 119.1.c LECrim) Debe tenerse en cuenta que el citado representante ejercitará los derechos de la persona jurídica —que no los suyos— en instrucción y en el juicio oral.

b) En las diligencias de investigación o prueba anticipada que se acuerden (art. 120 LECrim) en las que el representante puede asistir. Así, por ejemplo: a la inspección ocular (art. 333 LECrim), a la práctica de la prueba anticipada testifical (art. 448 LECrim), a las diligencias de entrada y registro (art. 554.4 en relación con el art. 569 LECrim)

c) En la fase de instrucción podrá declarar por la persona jurídica, asistido de su abogado. En dicha declaración, tendrá derecho a guardar silencio, a no declarar contra sí misma y a no confesarse culpable (art. 409 *bis* LECrim)

d) En el juicio oral podrá declarar por la persona jurídica, siempre que se hubiera propuesto y admitido esa prueba; sin perjuicio del derecho a guardar silencio, a no declarar contra sí mismo y a no confesarse culpable, así como ejercer el derecho a la última palabra al finalizar el acto del juicio (art. 787 *bis* LECrim)

e) Podrá aceptar la conformidad siempre que tenga un poder especial (art. 787 *ter* apartado 8 LECrim)

Es el representante especialmente designado quien únicamente podrá prestar la *conformidad* al escrito de la acusación, siempre que cuente con poder especial (art. 787.8 LECrim). Esta función no se le atribuye al letrado en el caso de que no se hubiere designado representante, lo cual llama la atención, pues la presencia del representante especial no es preceptiva a lo largo de todo el procedimiento, no se le exige requisito ni formalidad alguna para realizar actuaciones a lo largo de la instrucción ni del juicio oral, donde se llevará a cabo su declaración, acto de gran transcendencia para su defensa, pues puede desde acogerse a su derecho a no declarar hasta reconocer los hechos y, sin embargo, es el único que puede llevar a cabo la conformidad.

La aplicación práctica de la exigencia de responsabilidad penal a las personas jurídicas en los órganos judiciales hoy por hoy no es rigurosa. Con frecuencia se confunde el representante especialmente designado para el procedimiento penal de que se trate, con el legal representante de la entidad. En ocasiones, los jueces no requieren a la entidad para que proceda a la designación de este representante especial, sino que directamente se convoca al representante legal de la sociedad para la comparecencia de imputación, e incluso formula la imputación al legal representante a título personal en lugar de a la persona jurídica generando una gran confusión. También suele ocurrir que se designe como representante especial de la persona jurídica al propio procurador, o al propio letrado, lo cual está permitido, pero no debe hacerse de forma casi automática y por simplificar trámites. Todo ello, además, sin requerir un documento que acredite que se trata de una designación realizada por quien tiene capacidad de decisión en el seno de la empresa. Se intentan cumplir las formalidades, pero no siempre se vela por una verdadera y real protección de las garantías y derechos de la persona jurídica.

7. CONFLICTO DE INTERESES ENTRE EL REPRESENTANTE PROCESAL Y LA PERSONA JURÍDICA

En el nombramiento del representante procesal de la persona jurídica será muy importante que la persona física designada no tenga intereses contrapuestos a los de la compañía pues ese conflicto de intereses podría conllevar la conculcación efectiva del derecho de defensa de la entidad. La sociedad debe estar representada por alguien ajeno a cualquier posible conflicto de intereses procesales con los de la entidad, que debería ser designado por los órganos de representación sin intervención en tal decisión de quienes fueran a ser juzgados en las mismas actuaciones. En este sentido, *vid.* las SSTS de 25/02/2016 [*Tol 5651211*] y de 08/03/2019 [*Tol 7119226*].

Puede existir colisión entre los intereses procesales propios de los directivos o administradores de la entidad —que podrían ser los representantes de la compañía— y los propios intereses de la persona jurídica. Son muchas las situaciones generadoras de conflictos de intereses en el ámbito de una sociedad o persona jurídica que podrían darse, por ejemplo: que en el consejo de administración existan posiciones enfrentadas entre los socios o consejeros, o que haya consejeros o socios que no hayan participado en la gestión ni en la administración de esta, o incluso que no hayan participado en la toma de decisiones, o que votaran en contra oponiéndose a una actuación determinada y dicha decisión guarde relación con el hecho investigado en el proceso penal. También podrían darse situaciones en las que la hipotética sentencia que pudiera dictarse afectara a los derechos de algunos de los socios, o a los empleados, o a los acreedores. O incluso que todo lo que esté ocurriendo en el proceso penal trascienda al público por su difusión a través de los medios de comunicación causando graves perjuicios a la reputación de la entidad.

En este sentido, señala el ATS de 30/04/2019 [*Tol 7106003*] que:

> «En ocasiones, la mera posibilidad de verse investigada en el seno de un proceso penal sería suficiente, para que pusiese en marcha los mecanismos que el ordenamiento penal y procesal penal pone a su disposición para evitar ya la acusación, ya la condena (eximentes, atenuantes, conformidad), ya que aquella provocaría daños irreparables en la imagen reputacional de la entidad en el sector en el que opere».

Las situaciones descritas pueden complicarse y agravarse en distintos supuestos. Por ejemplo, si la persona física a la que se nombra representante de la persona jurídica es acusada del delito que da lugar a la responsabilidad criminal de la entidad representada. O si el representante de la compañía, también investigado y acusado utilizara una estrategia defensiva en su propio y exclusivo beneficio, sacrificando, perjudicando o condicionando los intereses de la entidad, ocultando sus responsabilidades individuales si fuera el autor del delito enjuiciado, simulando la defensa de la persona jurídica. Lo que puede resultar beneficioso para un directivo investigado como puede ser el pago de una indemnización a cargo de la empresa, puede resultar perjudicial para los intereses de la persona jurídica.

Esta situación conflictiva también aparecería en el caso de que los mismos profesionales, procurador y abogado, asumieran la representación y defensa conjunta de la persona física y jurídica, ambas acusadas en el mismo procedimiento, cuando las estrategias defensivas sean incompatibles. También por meras razones estéticas puede resultar conveniente que las defensas de la persona jurídica, de los representantes de la sociedad y la de los empleados sea asumida por diferentes letrados, sin perjuicio de la necesaria coordinación entre ellos.

Por tanto, es importante determinar si entre el representante designado y la propia entidad existe conflicto de intereses que pueda condicionar, limitar o perjudicar el derecho de defensa.

De esta vulneración posible se ha ocupado la STS de 29/02/2016 [*Tol 56512*] en los siguientes términos:

> «La cuestión lógicamente se suscita especialmente en aquellos supuestos en los que pudiera existir un conflicto de intereses procesales entre los de quienes, en principio, estarían legalmente llamados a llevar a cabo tales funciones representativas (representantes y administradores) y los propios e independientes de la persona jurídica, que a su vez pudieren incluso afectar a los derechos de terceros, como sus trabajadores, acreedores, accionistas minoritarios, etc. En estos casos, dejar en manos de quien se sabe autor del delito originario, la posibilidad de llevar a cabo actuaciones como las de buscar una rápida conformidad de la persona jurídica, proceder a la indemnización con cargo a ésta de los eventuales perjudicados y, obviamente, no colaborar con las autoridades para el completo esclarecimiento de los hechos, supondría una intolerable limitación del ejercicio de su derecho de defensa para su representada, con el único objetivo de ocultar la propia responsabilidad del representante».

En esta misma sentencia el TS sostiene que podría apreciarse la conculcación efectiva del derecho de defensa de la persona jurídica por el hecho de haber sido representada a lo largo de todo el procedimiento y en el juicio, por una persona física también acusada y con intereses distintos y contrapuestos a los de aquella, pudiendo incluso disponerse la repetición del juicio oral para el nuevo enjuiciamiento de la persona jurídica representada por alguien ajeno a cualquier conflicto de intereses procesales con los de la entidad.

En este mismo sentido, la STS de 08/03/2019 [*Tol 7119226*] señala que es preciso tener en cuenta los posibles conflictos de intereses evitando, en estos casos que la persona jurídica comparezca en el proceso representada por otro de los acusados que pueda tener intereses contrapuestos, no solo por cuestiones de fondo sino también con la orientación que deba darse al derecho de defensa «pues es claro que los intereses del administrador acusado [...] pueden no coincidir con los de ésta, con los de los socios minoritarios, o, incluso, con los de los trabajadores». En esta sentencia se aprecia además un déficit relevante en la defensa «por haber sido representada procesalmente por la misma procuradora y defendida por el mismo letrado que actuaban en representación y defensa del otro acusado con el que se había apreciado la existencia de intereses contrapuestos».

En la STS de 16/03/2016 [*Tol 5665961*], también se llama la atención sobre que la asunción de la representación y defensa de la persona jurídica y de la persona física, investigados ambos en el mismo procedimiento, por el mismo procurador y letrado pueda producir efectos perjudiciales que conducirían a la vulneración del derecho de defensa. Lo recoge en los siguientes términos:

> «La decisión judicial de aceptar para la representación y defensa de ambos sujetos de la imputación a los mismos profesionales, podría haber conducido a una escisión funcional nada beneficiosa para uno u otro imputado. Sin embargo, decisiones de esta naturaleza no deberían ser resueltas con un automatismo incompatible con las circunstancias de cada caso concreto. Sólo la constatación de que esa indeseable identidad ha producido efectos perjudiciales debería conducir a la declaración de vulneración del derecho de defensa».

Las STS de 19/07/2017 [*Tol 6336755*] y STS de 11/10/2017 [*Tol 6388504*] insisten en la necesidad de preservar cualquier conflicto de intereses entre la dirección letrada de la persona jurídica investigada y la persona autora del delito de referencia.

La conformidad de la persona jurídica (art. 787 *ter* apartado 8 LECrim) también puede generar situaciones conflictivas pues se admite que se puedan alcanzar conformidades aisladas, esto es, que se conforme la persona jurídica pero no el resto de los acusados, lo cual puede generar importantes conflictos de intereses entre las defensas, dado que lo que resulta de interés para unos puede resultar muy perjudicial para otros.

Asimismo hemos de tener en cuenta que el testigo llamado a declarar puede tener incluso intereses propios en juego, ya que parte de su patrimonio podría verse afectado (pensemos en accionistas de la sociedad llamados a declarar como testigos). En este caso, no existe dispensa legal, si bien, como indica DEL MORAL (2011), podría ser de ayuda el juego de los artículos 416 y 418 de la LECrim, que podría ser aplicado por analogía, ya que «será lógico que también sea levantada su obligación de declarar cuando el posible perjuicio económico o moral se cierne sobre él mismo, aunque sea de forma indirecta».

BIBLIOGRAFÍA

- ALONSO BUZO, «La responsabilidad penal de las personas jurídicas: injusto y culpabilidad en la doctrina del Tribunal Supremo», *La Ley Penal, nº 152, Sección jurisprudencia aplicada a la práctica*, 2021.
- DE LA CUESTA ARZAMENDI y PÉREZ, «La responsabilidad de las personas jurídicas en el marco europeo: las Directrices Comunitarias y su implementación por los Estados" en *Responsabilidad penal de las personas jurídicas*», Aranzadi, 2013.
- DEL MORAL GARCÍA, «Responsabilidad penal de las personas jurídicas por la comisión de delitos contra la Hacienda Pública», Ministerio de Justicia.
- DEL MORAL GARCÍA, *Peculiaridades del juicio oral con personas jurídicas acusadas en El juicio oral en el proceso penal*, Comares, 2021.
- DOPICO GÓMEZ-ALLER, «Proceso penal contra personas jurídicas: medidas cautelares, representantes y testigos», *Diario La Ley* nº 7796, Sección Doctrina, 2012.
- ESCOBAR JIMÉNEZ, «Una visión general del estatuto procesal de las personas jurídicas responsables penales» en *La responsabilidad penal de las personas jurídicas*, Ministerio de Justicia, 2018.
- GÓMEZ COLOMER *et alii*, *Tratado sobre* compliance *penal*, Tirant lo Blanch, 2019.
- GÓMEZ TOMILLO, *Introducción a la responsabilidad penal de las personas jurídicas*, Thomson Reuters Aranzadi, 2015.
- MARCHENA GÓMEZ, «La contribución del Magistrado José Manuel Maza a la consolidación de un modelo de autorresponsabilidad penal de las personas jurídicas", Fiscalía General del Estado, 2018.

- MAZA MARTÍN, «Derechos de la persona jurídica imputada: defensa, no autoincriminación y privilegio de las comunicaciones entre abogado y cliente» *Observatorio de Derecho Penal Económico 2012, Diario la Ley* nº 7834, Sección Dictamen, 2012.
- MOLINO BARRERO, *La responsabilidad penal corporativa, derecho a la presunción de inocencia y derecho de defensa*, Amarppe, 2022.
- MORENO CATENA, «El derecho de defensa de las personas jurídicas» en *Tratado sobre compliance penal. Responsabilidad Penal de las Personas Jurídicas y Modelos de Organización y Gestión*, Tirant lo Blanch, 2019.
- MORENO VERDEJO, *El Juicio oral en el proceso penal*, Comares, 2021.
- NAVARRO MASSIP, «El estatuto procesal de la persona jurídica. 10 años de pocas luces y muchas sombras», *Revista Aranzadi Doctrinal núm. 8/2020*, 2020.
- RODRÍGUEZ RAMOS, «Sobre la culpabilidad de las personas jurídicas», *Diario La Ley nº 86*, 2016.
- ZUGALDÍA ESPINAR, «*Societas delinquere potest* (análisis de la reforma operada en el Código Penal español por la LO 5/2010, de 22 de junio)», *La Ley Penal*, nº 76 Sección Estudios, 2010.

Capítulo 9

Las partes procesales (IV): partes civiles

Amaya Arnáiz Serrano[1]
Profesora Titular de Derecho Procesal
Universidad Carlos III de Madrid

1. PARTES CIVILES EN EL PROCESO PENAL

La configuración del proceso penal español admite que, junto al ejercicio de la acción penal, pueda ejercitarse acumuladamente la acción civil derivada del delito, orientada a la restitución del bien, la reparación del daño y la indemnización de los perjuicios causados por el hecho punible (arts. 100 y ss. LECrim

1 https://orcid.org/0000-0001-7125-9667

y arts. 109 a 122 CP). Esta acumulación heterogénea de pretensiones —de naturaleza penal y civil— permite la intervención de partes civiles en el proceso penal.

La incorporación de estas partes responde a una opción de política criminal profundamente arraigada en la tradición jurídica española, con claros antecedentes en el modelo francés, que se proyecta en la codificación decimonónica y se mantiene hasta nuestros días. Esta acumulación responde a la idea de evitar que la víctima se vea obligada a litigar en dos procesos distintos para obtener la tutela penal y la reparación civil (FONT SERRA, 1991, p. 15). El legislador ha querido facilitar a la víctima un cauce unitario que simplifique la obtención de la restitución o reparación sin perjuicio de su derecho a reservar la acción civil para la jurisdicción civil (ALASTUEY DOBÓN, 2000, p. 97).

La regla general es que la acción civil se entienda ejercitada conjuntamente con la penal, salvo renuncia o reserva expresa (art. 112 LECrim). Esta unidad de enjuiciamiento persigue, como recuerda la STS de 3/12/1996 [*Tol 1551761*], favorecer la economía procesal y evitar pronunciamientos contradictorios.

Con relación a la renuncia, cabe destacar que el actual art. 112 LECrim contempla expresamente que la misma es revocable por resolución judicial, a petición del perjudicada y oídas las partes, siempre antes del trámite de calificación, si concurre alguna de la siguientes circunstancias: bien, que las consecuencias del delito sean más graves de las que se preveían en el momento de la renuncia —vista la entidad de la consecuencias no conocidas, cuantitativa y cualitativamente, cabría cuestionarse si queda revocada la renuncia sobre el perjuicio que ya se conocía previo a la misma—; bien, que la renuncia haya estado condicionada por la relación con el responsable del delito.

Ahora bien, la intervención de las partes civiles en el proceso penal no reproduce mecánicamente el esquema del proceso civil. Su legitimación, facultades y limitaciones procesales obedecen a una lógica propia, condicionada tanto por el carácter accesorio de la acción civil respecto a la penal como por los principios rectores del proceso penal.

Esta accesoriedad es principalmente procesal, pues en el plano sustantivo la acción civil conserva autonomía: su origen radica en el ilícito civil subyacente, lo que permite su prosperabilidad aun cuando falte responsabilidad criminal.

Según QUINTERO OLIVARES, lo que determina el nacimiento de la obligación *ex delicto* no es la culpabilidad penal, sino "la realización de un acto ilícito y típico que cause un daño" (1991, p. 579), lo que explica que la responsabilidad civil pueda declararse incluso en supuestos de exención penal por anomalía psíquica, miedo insuperable o estado de necesidad (art. 118 CP).

En cuanto a los sujetos, la LECrim y el CP distinguen entre:

* *Actor civil*: perjudicado o tercero con legitimación para reclamar la responsabilidad civil (art. 110 LECrim).

Destaquemos que la víctima u ofendido de delito podría, aunque se antoja poco probable, constituirse simplemente como actor civil, sin ejercitar la acción penal o incluso renunciando a la misma. Opción que limitaría las posibilidades de actuación a la pretensión de naturaleza privada.

* *Responsable civil directo*: por hecho propio (art. 116.1 CP) o ajeno en supuestos tasados (arts. 117, 118 y 212 CP).
* *Responsable civil subsidiario*: personas físicas, jurídicas o Administraciones Públicas obligadas a responder en defecto del responsable criminal (arts. 120 y 121 CP).

1.1 Fundamento histórico y proyección actual

La presencia de partes civiles en el proceso penal español hunde sus raíces en la tradición romano-canónica, donde la *actio poenalis* y la *actio civilis* podían ejercitarse conjuntamente. Esta concepción, asumida en el Antiguo Régimen y consolidada con la influencia del modelo francés, fue incorporada a la LECrim de 1882, que consagró la *vis attractiva* del proceso penal y estableció que la acción civil derivada del delito se entiende ejercitada junto a la penal salvo renuncia o reserva expresa (art. 112 LECrim). El objetivo fue el de evitar la necesidad de dos procesos, reforzando la economía procesal y la coherencia del enjuiciamiento (QUINTERO OLIVARES, 2004, p. 15).

Hoy, esta acumulación no sólo responde a criterios históricos o de economía procesal, sino que constituye un mecanismo para hacer efectiva la reparación integral de la víctima, conforme a las exigencias del Derecho de la Unión Europea, en particular la Directiva 2012/29/UE, que reconoce a las víctimas el derecho a obtener en el proceso penal una resolución sobre la indemnización de los daños sufridos. Esta orientación se integra en el principio de tutela judicial efectiva del art. 24 CE, entendida en su dimensión reparadora (ALASTUEY DOBÓN, 2000, p. 99).

1.2 Carácter accesorio y autonomía relativa

La acción civil derivada del delito presenta en el proceso penal una doble condición: accesoriedad procesal respecto de la acción penal y autonomía sustantiva en cuanto a su fundamento y contenido.

La accesoriedad se deriva de su incorporación al proceso penal conforme a los arts. 100 y ss. de la LECrim y a los arts. 109 a 122 del CP, así como de la regla del art. 112 LECrim, según la cual la acción civil se entiende ejercitada junto a la penal salvo renuncia o reserva expresa. Esto implica que su tramitación queda sujeta a las fases, trámites y principios del proceso penal, incluidos el de oficialidad y el de impulso de oficio en algunos de sus aspectos —impulso de oficio que alcanza, incluso, la ejecución de la condena civil establecida en la eventual sentencia condenatoria—. El actor civil no dirige autónomamente el procedimiento, sino que su intervención queda subordinada al curso del proceso penal principal y a la calificación de los hechos que realice el órgano jurisdiccional.

Ahora bien, esta accesoriedad es procesal y no sustantiva. En el plano material, la acción civil conserva plena autonomía: su fundamento es la antijuridicidad material del hecho y el daño causado, y no la culpabilidad penal del autor. Esto permite explicar que pueda declararse responsabilidad civil incluso en casos en los que no se aprecia responsabilidad criminal por concurrir una eximente completa (art. 118 CP), como sucede con las anomalías psíquicas, el miedo insuperable o el estado de necesidad.

Entre las singularidades de su ejercicio cabe destacar:

* Interdependencia procesal:
  - La acción civil acumulada no puede continuar en el proceso penal si éste concluye por sobreseimiento libre o sentencia absolutoria, aunque en estos casos el actor civil conserva la facultad de ejercitarla ante la jurisdicción civil.
  - La absolución penal no impide una eventual condena civil cuando se aprecien eximentes completas (art. 118.1 y 119 CP) o error sobre el tipo o error de prohibición (art. 118.2 y 119 CP).
* Sometimiento a los principios del proceso penal:
  - El desarrollo de la actividad probatoria de la acción civil se sustancian conforme a las reglas penales, aunque en materia de valoración y cuantificación del daño se aplican los criterios civiles (STS 2190/1992).
  - La prescripción de la acción civil sigue las reglas civiles, pero su ejercicio acumulado en el proceso penal interrumpe dicho plazo.
* Limitaciones derivadas de la accesoriedad:

– El actor civil no puede modificar unilateralmente los términos de la imputación penal ni forzar la continuación del proceso si se dicta sobreseimiento.

– Su legitimación está condicionada a la existencia de un hecho punible que sea objeto del proceso penal, sin que pueda introducir reclamaciones por daños ajenos a dicho hecho.

* Autonomía en la legitimación pasiva:

– La acción civil puede dirigirse no sólo contra el investigado, sino también contra terceros responsables civiles directos o subsidiarios, aunque no hayan sido inicialmente llamados al proceso. La STS de 3/12/1996 [*Tol 1551761*] admite su introducción en fase de calificación, incluso sin auto previo de responsabilidad del art. 615 LECrim, siempre que se respeten las garantías de audiencia.

Más recientemente la STS 19/07/2021 [*Tol 8548360*], también vino a admitir la posibilidad, más allá de que no es lo deseable, de formalizar la condición de responsable civil en el auto de apertura del juicio oral a la vista de los escritos de acusación —asimilables a la demanda a estos efectos—, siendo destacables dos ideas básicas:

* No es igual la condición de acusado y la de tercero responsable civil —las garantías del proceso penal en favor del sujeto pasivo de la acción penal no se trasladan al que exclusivamente es sujeto de la acción civil—; la condición de tercero responsable civil es equiparable a la de un demandado.

* Para el ejercicio de la acción penal es indispensable superar el juicio de acusación, no cuando de acción civil se trata —no existe un filtro de demandas injustificadas—, en tal modo que presentado escrito de acusación —asimilable a escrito de demanda si nos centramos en la acción civil—, el auto de apertura de juicio oral se torna en acto procesal asimilable a la admisión de demanda con relación a la acción civil, frente a la que el escrito de defensa del responsable civil se convierte en un acto equiparable a la contestación de la demanda.

En la mencionada Sentencia puede leerse que: «Respecto de los terceros civiles eventualmente responsables, como se deriva de los arts. 615 y s., lo necesario es que sean *traídos* al proceso antes del juicio oral. No es requisito indispensable para ello ni su declaración (que normalmente no se dará), ni una expresa constitución judicial anterior a la apertura del juicio oral. Siendo, desde luego, más correcto que esa expresa condición hubiese sido atribuida formalmente con anterioridad (art. 615 LECrim), nada impide que sea formalizada en al auto de apertura del juicio oral a la vista de los escritos de acusación (asimilables a la demanda a estos efectos) que incorporan también el ejercicio de la acción civil derivada de delito. Con eso quedan satisfechas las exigencias indeclinables del derecho de defensa de una parte pasiva civil». (STS de 19/07/2021 [*Tol 8548360*]).

En definitiva, la acción civil acumulada en el proceso penal está condicionada por su vinculación procesal a la acción penal, pero mantiene una independencia material que le permite prosperar en supuestos de ausencia de culpabilidad penal y extenderse a terceros responsables. Esta configuración busca un equilibrio entre la unidad de enjuiciamiento, como expresión de economía procesal y tutela efectiva de la víctima, y el respeto a las garantías de todos los intervinientes en el proceso.

2. EL ACTOR CIVIL

2.1 Fundamento y configuración legal

El actor civil es la parte procesal que ejercita, en el seno del proceso penal, la acción civil derivada del delito en nombre propio y en defensa de un interés patrimonial lesionado como consecuencia del hecho punible. Su reconocimiento se encuentra expresamente regulado en los arts. 100 y ss. de la LECrim y en los arts. 109 y ss. del CP.

El art. 100 LECrim establece que «de todo delito o falta nace acción penal para el castigo del culpable, y puede nacer también acción civil para la restitución de la cosa, la reparación del daño y la indemnización de perjuicios». Por su parte, el art. 110 LECrim habilita expresamente a la persona ofendida o perjudicada para mostrarse parte en el proceso penal como actor civil, pudiendo reclamar en este marco la totalidad de la reparación debida.

A diferencia de la acusación particular, el actor civil no persigue la imposición de penas ni ejerce la acción penal, sino que limita su pretensión a obtener la reparación del daño o la restitución del bien. Su legitimación y funciones se construyen sobre un interés estrictamente patrimonial, aunque condicionado procesalmente por la existencia del proceso penal y el objeto de acusación (QUINTERO OLIVARES, 1991, p. 581).

La jurisprudencia constitucional ha reconocido que el actor civil goza de un verdadero derecho de defensa en el proceso penal, si bien limitado por su naturaleza accesoria. Así, la STC 48/2001 [*Tol 81422*] afirma que las partes civiles dentro del proceso penal pueden desplegar actividad probatoria y argumental para sustentar su pretensión indemnizatoria, y que impedirles intervenir en aspectos fácticos estrechamente vinculados con su pretensión podría suponer una vulneración del art. 24 CE.

2.2 Legitimación activa

2.2.1 Marco legal y concepto de perjudicado

La legitimación activa para el ejercicio de la acción civil *ex delicto* en el proceso penal encuentra su base en los arts. 110 y 113 de la LECrim, en relación con los arts. 109 a 122 del CP. El primero de dichos preceptos reconoce el derecho de la persona ofendida por el delito y del perjudicado por éste a mostrarse parte en el proceso penal como actor civil, con el fin de reclamar la restitución del bien, la reparación del daño y la indemnización de los perjuicios ocasionados. El art. 113 de la LECrim amplía este ámbito al establecer que podrán ejercer la acción civil en el proceso penal «todas aquellas personas que por disposición general o particular tengan derecho a reclamar civilmente».

Esta formulación legal, aparentemente sencilla, ha dado lugar a importantes precisiones doctrinales y jurisprudenciales sobre el alcance del concepto de *perjudicado*. Tal y como destaca DEL MORAL GARCÍA, la clave no está tanto en la denominación formal de ofendido o perjudicado, sino en la titularidad del derecho material a la reparación derivado del hecho dañoso (2020, p. 4). Por ello, la legitimación activa no puede ser entendida de forma restrictiva, sino que debe ajustarse a un criterio amplio, inspirado en el principio *pro* víctima y en la tutela judicial efectiva del art. 24 de la CE.

Ahora bien, esta amplitud no significa que el concepto de perjudicado pueda extenderse de manera ilimitada. La STS de 29/97/2002 [*Tol 1551737*] precisó que «*la condición de tercero perjudicado no puede predicarse extensivamente a cualquier persona o entidad que de manera más o menos indirecta haya sido afectada por el hecho delictivo; terceros sólo son los que han sido directamente perjudicados por el hecho delictivo*». De esta forma, el Tribunal Supremo mantiene un criterio que, sin cerrar el acceso a quienes acrediten un interés legítimo, exige que el daño guarde una relación directa con el hecho punible objeto del proceso.

Del mismo modo, la STC 48/2001 [*Tol 81422*] advirtió que impedir a quien ostenta la titularidad de un derecho indemnizatorio personarse como actor civil supone una vulneración del derecho a la tutela judicial efectiva. Se trata, por tanto, de un concepto funcional y material, que atiende a la existencia de un interés legítimo en obtener la reparación.

2.2.2 *Titularidad originaria y derivada del derecho a la reparación*

La amplitud del criterio permite incluir supuestos en los que la titularidad del crédito resarcitorio no corresponde ya al ofendido inicial. Así, los herederos del perjudicado están legitimados para continuar la acción civil ejercitada por éste o incluso para iniciarla, aunque el causante no se hubiera personado en vida. La transmisión del crédito indemnizatorio es plena y no requiere acto procesal previo del causante (DEL MORAL GARCÍA, 2023, p. 8), siempre que se acredite la condición de sucesor.

El derecho a reclamar forma parte del caudal hereditario y se transmite con independencia de la actuación procesal previa del causante, en la STS de 4 de marzo de 1944 ya se afirmaba que: «[...] al ser la muerte un perjuicio de indiscutible estimación por sus efectos directos, totales e irreparables para la víctima, es obvio que el derecho a percibir el importe de esa valoración que dicha víctima no pudo hacer efectivo por sí misma a causa de su propia muerte, ipso facto [...] se transfiere a favor de aquellas personas [...] designadas como herederos»

En el ámbito de las entidades aseguradoras, se les ha reconocido legitimación activa en aquellos casos en que la compañía ha indemnizado previamente al perjudicado y se ha subrogado en su posición conforme al art. 43 de la Ley de Contrato de Seguro. La jurisprudencia del Tribunal Supremo ha aceptado reiteradamente esta posibilidad —y que dio lugar al Acuerdo del Pleno no Jurisdiccional de la Sala Segunda del Tribunal Supremo de 30 de enero de 2007, seguido de manera unánime por la jurisprudencia posterior de la Sala 2ª— sobre la base de que la subrogación transmite no sólo el derecho sustantivo a reclamar, sino también la legitimación procesal para hacerlo en el seno del proceso penal, siempre que el daño abonado esté directamente vinculado al hecho delictivo enjuiciado.

La subrogación, sea legal o convencional, desplaza al titular originario y coloca al nuevo sujeto en idéntica posición procesal, de modo que la aseguradora que paga pasa a ser, a todos los efectos, el verdadero titular del crédito resarcitorio y, por ende, puede asumir el rol de actor civil (DEL MORAL GARCÍA, 2023, p. 8). Esta interpretación no sólo es coherente con la finalidad reparadora del proceso penal, sino que evita la apertura de un procedimiento civil independiente, favoreciendo la economía procesal y la coherencia de pronunciamientos.

Esta misma lógica se extiende a otros terceros que acrediten un interés directo, como los cesionarios del crédito indemnizatorio, siempre que la cesión cumpla los requisitos civiles y el daño esté causalmente vinculado al hecho punible.

2.2.3 *Exigencias procesales y momento de personación*

La legitimación activa, en su vertiente procesal, exige no sólo la titularidad del derecho material, sino también la capacidad para ser parte y capacidad procesal, así como la personación en el momento procesal oportuno. Los arts. 110 y 112 de la LECrim permiten ejercitar la acción civil acumulada desde el inicio de las actuaciones hasta antes de la calificación provisional —es defendible interpretar ese límite temporal concretado hasta el momento que presente su calificación la última de las acusaciones o actores civiles si los hubiere, interpretación más acorde con el principio *pro actione*—.

La Ley Orgánica 8/2021 y el Real Decreto-Ley 6/2023, han reformado el art. 109 bis LECrim, estableciendo que la víctima del delito puede personarse en cualquier momento antes del trámite de calificación. Que si opta por adherirse al escrito de acusación formulado por el Ministerio Fiscal o por las acusaciones personadas, podrá hacerlo hasta el inicio del juicio oral. En los delitos de violencia de género, la víctima podrá personarse en cualquier momento del procedimiento, si bien ello no permitirá retrotraer actuaciones ni reiterar las ya practicadas, ni menoscabar el derecho de defensa del acusado.

Este nuevo régimen armoniza el plazo de personación con el derecho a la participación activa de la víctima (arts. 11 y 12 Ley 4/2015, Estatuto de la Víctima del Delito), evitando que queden excluidas por desconocimiento o por haberse iniciado ya fases procesales avanzadas.

La jurisprudencia ha flexibilizado incluso ciertos requisitos formales. La STS de 03/12/1996 [*Tol 1551761*] afirmó que la falta de auto de responsabilidad civil del art. 615 LECrim no impide la personación del actor civil en fase intermedia, siempre que se garantice el derecho de defensa del demandado. Esta interpretación, responde a la idea de que las normas procesales deben aplicarse con un criterio antiformalista, evitando que el acceso a la justicia se vea frustrado por exigencias que no responden a la finalidad de la institución.

2.3 Forma de personación y contenido de su intervención

El ejercicio de la acción civil *ex delicto* en el proceso penal requiere que el legitimado activo se persone formalmente como actor civil, ajustándose a las previsiones de los arts. 110, 112 y 113 de la LECrim. La personación constituye el acto procesal por el que el perjudicado o quien legítimamente asume su posición manifiesta su voluntad de intervenir en el procedimiento penal con el fin exclusivo de obtener la restitución, la reparación o la indemnización derivada del hecho punible.

El art. 110 LECrim permite al ofendido o perjudicado mostrarse parte «en cualquier estado de la causa anterior al trámite de calificación», lo que implica que la personación puede efectuarse desde el inicio de la instrucción y hasta antes de la apertura del juicio oral. El art. 112 de la LECrim, por su parte, presume el ejercicio conjunto de la acción civil con la penal salvo renuncia o reserva expresa, y esta presunción tiene un efecto práctico importante: el perjudicado no queda desprotegido aunque no se persone inmediatamente, pues el Ministerio Fiscal puede sostener en su nombre la pretensión indemnizatoria (ROIG TORRES, 2000, 37).

La jurisprudencia ha flexibilizado ciertos formalismos para favorecer el acceso del actor civil. Este criterio conecta con lo que DEL MORAL GARCÍA denomina "principio antiformalista" (2020, p. 9), pues la finalidad última de la personación no es la de cumplir un ritual procesal, sino la de abrir un cauce efectivo para que la víctima haga valer su derecho a la reparación.

La personación exige escrito firmado por procurador y letrado (arts. 110 y 118 LECrim) —salvo que se trata de procedimientos en los que no es preceptiva la intervención de estos profesionales, piénsese en los delitos leves cuyas penas máximas no superan los seis meses de multa, conforme dispone el art. 967.1 de la LECrim —en el que se identifique al actor civil, se exponga sucintamente la pretensión indemnizatoria y se solicite su admisión. Aunque no es obligatorio cuantificar de inmediato el importe de la reclamación, es recomendable hacerlo en la fase de instrucción siempre que sea posible, no solo para dar certeza a la pretensión, sino también para facilitar la adopción de medidas cautelares de aseguramiento, especialmente el embargo preventivo (art. 589 LECrim), cuya eficacia depende en gran medida de que la pretensión esté determinada.

En cuanto al contenido de su intervención, el actor civil puede:

* Formular alegaciones y participar en las diligencias de instrucción relacionadas con su pretensión.
* Proponer y practicar prueba, incluida la relativa a los hechos y circunstancias determinantes del daño, su extensión y cuantificación.
* Impugnar resoluciones que afecten a su pretensión civil, como autos de sobreseimiento, en la medida en que cierren el paso a un pronunciamiento indemnizatorio.
* Participar en el juicio oral, interrogando testigos y peritos, y formular conclusiones en el trámite correspondiente.

Sin embargo, sus facultades están limitadas por el carácter accesorio de la acción civil: no puede promover diligencias o recursos orientados exclusivamente a modificar la calificación penal, salvo en la medida en que ello incida directamente en su reclamación resarcitoria. Y es que la acción civil vive en simbiosis con la penal, pero conserva un pulso propio: es decir, se alimenta de la base fáctica y procesal de la causa penal, pero mantiene autonomía para subsistir cuando la acción penal se extingue por causas que no afectan a la existencia del hecho dañoso, como ocurre con las eximentes completas del art. 118 del CP.

El Real Decreto-Ley 6/2023 ha introducido en el art. 109 bis LECrim la posibilidad de que, para lograr la participación eficaz de las víctimas o perjudicados por el delito, el órgano judicial designe un profesional experto. Su función es asistirles durante el procedimiento, facilitando la comprensión de trámites, resoluciones y decisiones relevantes, así como asegurando que puedan ejercitar sus derechos procesales de manera efectiva. Esta asistencia puede ser especialmente útil para víctimas en situación de vulnerabilidad o con dificultades de comprensión del procedimiento, reforzando el derecho a la información y a la tutela judicial efectiva que reconoce el Estatuto de la Víctima del Delito.

2.4 Relación con la acusación y el principio dispositivo

La figura del actor civil se inserta en un proceso penal caracterizado por el principio de oficialidad y por una instrucción dirigida por el juez o tribunal, lo que determina que su intervención se configure de forma distinta a la de la acusación particular. Mientras que ésta persigue la imposición de penas y comparte con el Ministerio Fiscal la titularidad de la acción penal, el actor civil limita su pretensión a la reparación patrimonial derivada del hecho punible.

Aunque la acción civil se acumula a la penal y se sustancia en el mismo proceso, el actor civil no es un mero apéndice de la acusación. La presencia simultánea en un mismo procedimiento de reclamaciones penales y civiles no implica que quienes las ejercitan sean partes procesales equivalentes, ya que cada una de ellas protege intereses diferentes y actúa con un grado propio de autonomía. Sin embargo, ambos comparten una misma base fáctica y dependen de la fijación judicial de los hechos para sustentar sus respectivas pretensiones.

Esta interdependencia explica que, la suerte de la acción civil pueda quedar condicionada por la evolución de la acusación penal: la absolución por inexistencia del hecho o por falta de participación del acusado normalmente arrastra la pretensión resarcitoria, salvo en los supuestos en que subsista un hecho ilícito generador de responsabilidad civil conforme al art. 118 CP.

En el proceso penal, el actor civil goza de un margen de principio dispositivo en relación con su pretensión indemnizatoria: puede cuantificarla, allanarse total o parcialmente, desistir de ella o transigir, siempre que tales actos no comprometan el interés público de la persecución penal ni lesionen derechos de terceros. Este espacio de autonomía no alcanza para condicionar el ejercicio de la acción penal: el actor civil no puede solicitar el archivo de la causa ni impedir que el Ministerio Fiscal prosiga la acusación.

En la práctica, la relación entre actor civil y acusación exige coordinación procesal, sobre todo en lo relativo a la proposición y práctica de prueba. Se ha advertido que la duplicación de pruebas o la introducción de líneas probatorias divergentes puede debilitar ambas pretensiones (TOMÁS PLA, 2021, p. 152). Sin embargo, también es cierto que el actor civil puede aportar pruebas que la acusación no haya considerado, siempre que resulten pertinentes para el esclarecimiento de los hechos y la determinación del daño.

2.5 La subrogación en la posición de perjudicado

En el proceso penal, la figura del actor civil puede ser ejercitada no solo por el ofendido o perjudicado directo, sino también por quien se subroga en su posición como titular del crédito indemnizatorio. Esta subrogación, que puede tener origen legal, convencional o judicial, opera exclusivamente sobre la acción civil acumulada al proceso penal y no implica la transmisión de la condición procesal de acusador particular.

En materia de subrogación legal, la jurisprudencia penal ha consolidado un criterio favorable a la legitimación de las compañías aseguradoras que, en virtud del art. 43 de la Ley 50/1980, han indemnizado al asegurado por daños derivados de un hecho delictivo. Frente a posiciones anteriores que negaban su condición de perjudicadas de forma global, el Tribunal Supremo, de conformidad con el ya mencionado Acuerdo del Pleno no Jurisdiccional de 30 de enero de 2007, ha reconocido sin reservas esta legitimación para reclamar la responsabilidad civil *ex delicto* frente a responsables directos o subsidiarios.

La subrogación no equivale a una "sucesión procesal" en el objeto penal. La transmisión del crédito indemnizatorio nacido del delito no convierte al adquirente en ofendido a efectos penales ni le otorga la condición de acusador particular. Se trata de una diferencia relevante: una cosa es ser el titular originario del bien jurídico lesionado y otra muy distinta es adquirir el crédito resarcitorio generado por el delito. Así, si el ofendido transmite dicho crédito, conserva su condición de ofendido en sentido penal, pero pierde la posibilidad de ejercitar la acción civil en el proceso (STS de 17/11/2015 [*Tol 5572538*]). Por tanto, el adquirente del crédito —ya sea por cesión, pago por tercero o subrogación— solo podrá intervenir como actor civil, y no como parte acusadora (STS de 11/03/2020 [*Tol 7988568*]).

La jurisprudencia también ha precisado que la subrogación exige un ejercicio activo de la pretensión en el proceso penal. Resulta ilustrativa la SAP Salamanca de 23/09/2022 [*Tol 9276697*], en la que se debatía si el Ministerio Fiscal podía ejercer la acción civil en favor de la aseguradora que había indemnizado al perjudicado. El tribunal razonó que, una vez que el perjudicado había renunciado a reclamar por haber cobrado y la aseguradora, pese al ofrecimiento de acciones, no se había personado ni había reclamado, el Fiscal carecía de legitimación para sustituirles, lo que llevó a estimar el recurso y revocar el pronunciamiento sobre responsabilidad civil.

3. EL EJERCICIO DE LA ACCIÓN CIVIL POR EL MINISTERIO FISCAL

3.1 Fundamento legal y alcance

El Ministerio Fiscal, conforme al art. 124 de la CE y a su Estatuto Orgánico (arts. 2 y 3 EOMF), tiene entre sus funciones la de promover la acción de la justicia en defensa de la legalidad, de los derechos de los ciudadanos y del interés público tutelado por la ley, de oficio o a instancia de los interesados. Dentro de esta misión general se inserta la defensa de los intereses de las víctimas del delito, que incluye el ejercicio de la acción civil derivada del ilícito penal cuando éstas no la promuevan por sí mismas.

El art. 108 LECrim dispone que «el Ministerio Fiscal, siempre que no se haya renunciado o reservado expresamente la acción civil, deberá ejercitarla conjuntamente con la penal». De esta forma, el legislador refuerza la unidad de enjuiciamiento y evita que la víctima quede desprotegida por inacción o desconocimiento, especialmente en supuestos de vulnerabilidad. Esta función del Fiscal está en línea con la Directiva 2012/29/UE y con el Estatuto de la Víctima, que imponen a las autoridades el deber de facilitar el acceso de la víctima a la reparación integral (NÚÑEZ CELMA, 2023, p. 90).

Este ejercicio de la acción civil por parte del MF responde también al principio de oficialidad que rige el proceso penal. Al asumir esta función, el Fiscal no actúa como un mero representante del perjudicado, sino como garante de la legalidad y del interés público en la reparación del daño causado por el delito. De ahí que su intervención pueda extenderse a la adopción de medidas cautelares para asegurar el resultado de la reclamación, incluso cuando no se haya cuantificado inicialmente la indemnización (STS de 24/09/2004 [*Tol 514529*]).

3.2 Actuación subsidiaria y límites

La intervención del Ministerio Fiscal en defensa de la acción civil es subsidiaria respecto de la voluntad del perjudicado: si éste decide ejercitarla personalmente como actor civil, el fiscal no puede sustituirle ni actuar en contra de su estrategia procesal. Del mismo modo, si el perjudicado renuncia o reserva la acción civil, el Ministerio Fiscal carece de legitimación para reclamar en su nombre.

Este límite ha sido subrayado por la mencionada SAP Salamanca de 23/09/2022 [*Tol 9276697*], en un caso en que el perjudicado había sido indemnizado por su aseguradora, renunciando a reclamar, y la compañía no se había personado pese al ofrecimiento de acciones. El tribunal concluyó que «la renuncia del perjudicado y la inactividad de la aseguradora impiden que el Fiscal pueda ejercitar la acción civil en su lugar», revocando así el pronunciamiento indemnizatorio.

Cuando el perjudicado no se persona, el Ministerio Fiscal debe reclamar la reparación civil en el escrito de acusación, precisando la cuantía si es posible o solicitando su determinación en ejecución de sentencia. Esta obligación tiene un doble alcance: procesal, porque asegura la inclusión de la pretensión resarcitoria en el fallo, y material, porque evita la necesidad de iniciar un nuevo proceso civil.

En todo caso, esta función protectora no significa que el Ministerio Fiscal deba sostener pretensiones infundadas o desproporcionadas, sino que debe actuar con criterios de prudencia y legalidad, valorando la prueba disponible y el nexo causal entre el hecho punible y el daño (RODRÍGUEZ DEVESA, 1984, p. 511).

3.3 Coordinación con el actor civil

Cuando el perjudicado se persona como actor civil, la intervención del Ministerio Fiscal en materia de responsabilidad civil adopta un papel complementario. En estos casos, ambos persiguen la reparación del daño, pero ello no implica necesariamente una identidad absoluta en el contenido o en la cuantía de sus reclamaciones.

El Ministerio Fiscal puede adherirse a la pretensión del actor civil, formular su propia valoración de los daños o incluso discrepar de la estimación efectuada por la parte actora, siempre que justifique su postura con base en criterios de legalidad, proporcionalidad y prueba disponible. Esta autonomía relativa se apoya en la doctrina jurisprudencial que, aunque reconoce la convergencia en la finalidad de la reparación, subraya que cada interviniente conserva su propio marco de actuación. Así, diversas sentencias del Tribunal Supremo han aceptado que el Ministerio Fiscal pueda proponer una cuantía indemnizatoria distinta a la reclamada por la víctima, siempre que fundamente su criterio y no vulnere el derecho de defensa de las partes (cfr. SSTS de 04/03/1988 [*Tol 2353077*] y de 19/04/1988 [*Tol 2348758*]).

Esta facultad de discrepar es coherente con el principio de imparcialidad que rige la actuación del Ministerio Fiscal, que no se limita a ser un representante procesal de la víctima, sino que actúa como garante de la legalidad y del interés público en la correcta reparación del daño (DEL MORAL GARCÍA, 2020, p. 15).

Ahora bien, esto no puede suponer una quiebra del principio dispositivo que rige en la acción civil, aun ejercitada dentro de un proceso penal; desde este principio el juez tendrá como techo de su pronunciamiento civil lo solicitado por el perjudicado persona en la causa, por más que el Ministerio Fiscal solicite una indemnización mayor.

4. LOS DEMANDADOS CIVILMENTE EN EL PROCESO PENAL

La acumulación de la acción civil a la penal no implica, necesariamente, que los elementos subjetivos de ambas coincidan. Aunque, por regla general, la persona ofendida por el delito suele ser también la directamente perjudicada, y el autor del delito asume la condición de responsable civil directo por los daños ocasionados, esta correspondencia no siempre se produce. En la práctica, es frecuente que el ofendido no sea el único perjudicado y que el autor de los hechos no sea el único obligado a reparar el daño.

Esta circunstancia responde a que la acumulación heterogénea de acciones puede dar lugar a que diversos sujetos, con distinta posición procesal y naturaleza jurídica, se vean compelidos a responder por las consecuencias lesivas de los hechos sometidos a enjuiciamiento penal. El CP, en sus arts. 109 a 122, y la LECrim, especialmente en el Título X del Libro I (arts. 615 y ss.), contemplan los diferentes supuestos de responsabilidad civil derivada de delito, distinguiendo entre quienes responden por hecho propio y quienes lo hacen por hecho ajeno.

Dentro de esta pluralidad de sujetos, encontramos, en primer lugar, al presunto autor de los hechos tipificados penalmente, cuya obligación de resarcir deriva directamente de su propia conducta ilícita. Junto a él, la pretensión civil puede dirigirse contra otros sujetos que, sin haber ejecutado personalmente el acto dañoso, quedan obligados a reparar el perjuicio en virtud de un vínculo o relación con el infractor que la ley considera bastante para generar tal obligación. Entre estos últimos, cabe diferenciar dos categorías:

* Responsables civiles directos o principales: sujetos contra los que la pretensión resarcitoria puede ejercitarse desde un inicio, sin necesidad de agotar la reclamación frente al autor del hecho (arts. 116, 117, 118 y 212 CP).
* Responsables civiles subsidiarios: sujetos cuya obligación de reparar nace solo si la acción contra el responsable originario resulta infructuosa (arts. 120 y 121 CP).

Conviene subrayar que, al igual que sucede con la figura del perjudicado, el responsable civil es una parte contingente en el proceso penal. Ello obedece a que la determinación de la responsabilidad civil no siempre se efectúa dentro del procedimiento penal y, en todo caso, queda subordinada al éxito de la acción punitiva, que constituye el objeto principal y necesario del proceso (art. 100 LECrim).

4.1 Los responsables civiles directos

Se consideran responsables civiles directos aquellos sujetos que deben responder de forma principal por los daños y perjuicios derivados de los hechos enjuiciados en el proceso penal. Su obligación de resarcir puede surgir por dos vías: i) en virtud de hecho propio, cuando han sido autores o partícipes del delito, o ii) por mandato legal, aun sin haber intervenido en la ejecución del ilícito.

- *Responsabilidad por hecho propio*. El supuesto paradigmático es el del autor o partícipe del delito, cuya responsabilidad civil se vincula directamente con la conducta penalmente típica y antijurídica (arts. 109 y 116.1 CP). La jurisprudencia ha precisado que esta responsabilidad nace no de la culpabilidad penal en sentido estricto, sino de la antijuridicidad del hecho dañoso y de la relación de causalidad con el perjuicio (STS 26/06/1993 [*Tol 5121203*]).

- *Responsabilidad por disposición legal expresa*. Existen supuestos en los que el legislador impone la responsabilidad civil directa a personas distintas del autor del delito, incluso en ausencia de participación en el hecho:
  - Aseguradoras: el art. 117 del CP establece que los aseguradores que hayan asumido el riesgo de responsabilidades pecuniarias derivadas del uso o explotación de bienes, empresas, industrias o actividades, responderán como responsables civiles directos hasta el límite legal o contractual.
  - Padres o el curador representativo con facultades plenas: el art. 118.1 puesto en relación con el art. 120.1º, ambos del CP, prevén que, cuando el autor del hecho esté exento de responsabilidad criminal por determinadas causas (arts. 20.1 a 20.3 CP), responderán civilmente quienes lo tengan bajo su potestad o guarda legal o de hecho, siempre que haya mediado culpa o negligencia.

Antes de la reforma del 2021 —Ley 8/2021—, se hablaba de tutor, y el término tutor no se interpretaba en sentido estricto, sino como equivalente a guardador legal, pues la tutela no agotaba las instituciones de guarda legal de los incapacitados (*v.gr.*, la curatela). Actualmente, desterrada la figura del tutor (por vía de tutela o patria potestad prorrogada) para los

mayores de 18 años, nos debemos ceñir a la figura del curador representativo con facultades de representación plena al que hace referencia el art. 120.1º CP.
La curatela debe ser calificada como una medida formal de apoyo que se aplicará a quienes precisen dicho apoyo de manera continuada; extensión de la curatela que vendrá determinada por resolución judicial teniendo cuenta la situación y circunstancias de la persona con discapacidad y con sus necesidades de apoyo, pudiendo incluirse funciones representativas —curatela representativa—, funciones que lo serán con carácter excepcional y solo cuando impliquen facultades de representación plena podría alcanzar a la responsabilidad civil subsidiaria en los casos del art. 120.1 CP, que podríamos entender como aquellos casos en que dicha representación plena entraña, analizada el conjunto de facultades otorgadas con la curatela, la responsabilidad y obligación de un ejercicio de vigilancia adecuada sobre la persona con discapacidad.

- Beneficiarios en supuestos de estado de necesidad o miedo insuperable: Conforme al art. 118.3 y 118.4 CP, serán responsables civiles directos: a) Los beneficiarios del estado de necesidad (art. 20.5 CP), en proporción al perjuicio que se les haya evitado; y b) Los causantes del miedo insuperable (art. 20.6 CP), quedando relegado el autor material a la condición de responsable subsidiario.

La doctrina ha subrayado que la responsabilidad civil directa es principal, autónoma y solidaria respecto de la de otros responsables civiles directos, sin perjuicio de la acción de repetición que pueda corresponder (QUINTERO OLIVARES, 1991, p. 581).

El art. 116.1 del CP establece que *«toda persona criminalmente responsable de un delito lo es también civilmente, si del hecho se derivaren daños y perjuicios»*. Este precepto incorpora al ámbito penal el principio general del Derecho recogido en el aforismo *neminem laedere*, expresado en el art. 1902 del CC, *«el que por acción u omisión causa daño a otro, interviniendo culpa o negligencia, está obligado a reparar el daño causado»*.

Conforme al art. 27 del CP, son penalmente responsables autores y cómplices, de modo que ambos quedan incluidos en la previsión del art. 116.1 del CP. En consecuencia, cuando se les atribuye la comisión de un hecho delictivo, la pretensión resarcitoria puede dirigirse directamente contra ellos, como sujetos originariamente obligados a la reparación del daño derivado de su propia conducta ilícita. Estamos, por tanto, ante el supuesto paradigmático de responsabilidad por hecho propio.

La jurisprudencia ha precisado que esta responsabilidad civil no depende únicamente de la culpabilidad penal, sino de la realización de un hecho antijurídico causante de un daño (STS de 26/06/1993 [*Tol 5121203*]). Luego, lo que activa la obligación de indemnizar no es la concurrencia de todos los elementos del delito en sentido técnico, sino la existencia de un ilícito típico generador de un perjuicio que debe repararse.

Debe tenerse presente que el art. 116.1 del CP se refiere a la responsabilidad civil de quien ha sido declarado "criminalmente responsable". Ello implica que, como regla general, la exigencia de esta responsabilidad requiere una previa declaración de responsabilidad penal. De ahí que, si el acusado es absuelto por no haberse acreditado su participación en los hechos, por concurrir una causa de justificación, o por declararse la inexistencia o atipicidad del hecho, el órgano jurisdiccional quedará exento de pronunciarse sobre la responsabilidad civil acumulada.

Ahora bien, existen excepciones relevantes. En los supuestos previstos en el art. 118 CP —como la inimputabilidad por anomalía psíquica, el estado de necesidad o el miedo insuperable— el tribunal puede imponer la responsabilidad civil aunque no haya condena penal. En tales casos, lo que se mantiene como presupuesto es la constatación de un hecho antijurídico y dañoso, suficiente para fundamentar la condena resarcitoria en sede penal.

4.2 Los "terceros" responsables civiles directos

La responsabilidad civil derivada de delito, aunque nace de un ilícito penal, tiene naturaleza eminentemente privada. Ello permite que se imponga a sujetos ajenos a la comisión del hecho, siempre que exista un vínculo jurídico que justifique la obligación de reparar. Frente a la estricta personalización de la responsabilidad penal, la civil puede proyectarse sobre terceros por razones de garantía patrimonial, riesgo asumido o relación con el infractor (YZQUIERDO TOLSADA, 1997, p. 112). Se trata, por tanto, de una técnica legislativa que desplaza el riesgo económico hacia quienes, por su posición jurídica o económica, pueden afrontarlo.

El CP prevé los supuestos principales en los arts. 117 —compañías aseguradoras—, 118 —guardadores de inimputables y otros casos de responsabilidad vicaria— y 212 —titulares de medios de comunicación en delitos de injuria o calumnia con publicidad—. En todos ellos:

* La responsabilidad no deriva de imputación penal, sino de previsión legal;
* La acción civil puede acumularse en el mismo proceso penal (arts. 650.2 y 652 LECrim) y
* Las medidas cautelares patrimoniales frente a estos terceros —y a diferencia de lo que ocurre con el responsable penal, conforme establece el art. 589 LECrim— requieren instancia de parte (art. 615 LECrim).

En suma, los terceros responsables civiles directos constituyen un mecanismo legal de tutela patrimonial que amplía la esfera pasiva del proceso civil dentro del proceso penal, garantizando el principio de que no hay daño antijurídico sin reparación.

4.2.1 La compañía aseguradora

A) La responsabilidad directa de las compañías aseguradoras

El art. 117 del CP dispone que las aseguradoras que hayan asumido el riesgo de responsabilidades pecuniarias derivadas del uso o explotación de bienes, empresas, industrias o actividades serán responsables civiles directos, hasta el límite legal o pactado en la póliza, cuando un hecho previsto en el Código origine el evento asegurado, sin perjuicio de su derecho de repetición.

La legitimación activa para ejercitar la acción directa no solo corresponde al ofendido, sino también a cualquier perjudicado, incluido el Ministerio Fiscal (STS de 11/12/1989 [*Tol 2362824*]). En consecuencia, tanto la víctima como el Ministerio Público pueden dirigirse directamente contra la aseguradora en el proceso penal.

Doctrinalmente, se considera que la acción directa otorga al perjudicado un derecho propio y autónomo, distinto del que vincula al asegurado con el asegurador (SANTOS BRIZ, 1997, p. 213). No es un caso de legitimación extraordinaria, sino la atribución de un derecho subjetivo material al tercero (SERRANO BUTRAGUEÑO, 2002, p. 1.128). Este carácter autónomo implica que el seguro de responsabilidad civil no solo protege al asegurado, sino principalmente al perjudicado.

En el plano procesal, el Tribunal Supremo ha reiterado que no existe litisconsorcio pasivo necesario: el perjudicado puede demandar conjunta o separadamente al asegurado y asegurador (*vid.* por todas la STS de 13/06/1991 [*Tol 2431446*]).

B) Límites a la responsabilidad

La responsabilidad directa de la compañía aseguradora encuentra un límite en el propio art. 117 del CP, que establece dos topes en función de la naturaleza del seguro concertado. En primer lugar, cuando se trata de un seguro obligatorio, el alcance de la cobertura queda predeterminado por la ley, que fija la cuantía mínima que debe garantizarse frente a terceros.

Así, diversas normas sectoriales determinan expresamente esa cobertura mínima: desde el art. 2.1 de la Ley sobre Responsabilidad Civil y Seguro en la Circulación de Vehículos a Motor, pasando por el art. 33.5 de la Ley de Caza o el art. 3 del Reglamento del Seguro Obligatorio de Viajeros, hasta regulaciones específicas como el art. 56 de la Ley de Energía Nuclear, el art. 3 de la Ley de Seguros Agrarios Combinados o el art. 6 del RD 607/1999 para embarcaciones de recreo.

En segundo lugar, cuando se trata de un seguro voluntario, el límite vendrá determinado por lo pactado en la póliza, fruto de la autonomía de la voluntad de las partes. Ahora bien, las divergencias interpretativas sobre el alcance de la cobertura —frecuentes en este tipo de contratos— no impiden el ejercicio de la acción directa. Tales controversias pueden ser resueltas dentro del propio proceso penal como cuestión prejudicial, de conformidad con la doctrina jurisprudencial que, en aras de la economía procesal, avala su integración en la causa penal (QUINTERO OLIVARES, 2004, p. 13).

Conviene precisar que la referencia a "responsabilidades pecuniarias" contenida en el art. 117 del CP debe entenderse limitada a la responsabilidad civil pura. Por razones de orden público, quedan excluidas las multas, que constituyen sanciones penales de carácter personalísimo y, por tanto, no asegurables, incluso si no se hubiera pactado expresamente su exclusión en la póliza (CALZADA CONDE, 1983, p. 241).

C) Excepciones oponibles

El régimen de defensas que la aseguradora puede esgrimir frente al perjudicado viene delimitado por el art. 76 LCS, que restringe las excepciones oponibles a aquellas que serían admisibles si la acción se ejercitara en sede civil. Dentro de este marco, cabe distinguir dos grandes categorías.

Por un lado, las excepciones impropias, consistentes en la negación de los hechos constitutivos de la pretensión indemnizatoria. Aquí no se introduce un hecho nuevo, sino que se cuestiona la prueba o la existencia de los presupuestos fácticos del daño y su imputación al asegurado.

Por otro, las excepciones propias, que sí aportan hechos nuevos con eficacia impeditiva, extintiva o excluyente, tales como la prescripción de la acción, el pago ya realizado o la compensación de créditos (REVILLA GONZÁLEZ, 1996, p. 13).

La doctrina, sin embargo, no es unánime en la calificación de determinados supuestos. Así, YZQUIERDO TOLSADA entiende que las cláusulas que excluyen ciertos riesgos de la cobertura deben considerarse excepciones impropias, por suponer simplemente la negación del presupuesto fáctico (1990, p.

487). En cambio, FONT SERRA las calificaba como hechos impeditivos, al introducir un elemento nuevo que bloquea la pretensión del perjudicado (1988, pp. 287). Pese a estas divergencias, existe consenso en que la lista de excepciones oponibles frente al tercero perjudicado es más restringida que la que podría hacerse valer frente al asegurado, precisamente para no desnaturalizar la función protectora de la acción directa.

D) Derecho de repetición

El art. 117 del CP reconoce a la aseguradora el derecho de repetición "contra quien corresponda", normalmente el asegurado, aunque leyes especiales permiten dirigirla contra otros responsables. Procede cuando el pago se realiza fuera del ámbito de la póliza o ante dolo del asegurado, excepción inoponible al perjudicado. La acción se ejercitará en el proceso civil ordinario o verbal, según cuantía, nunca dentro del proceso penal —aunque durante su tramitación se haya procedido al pago de la indemnización a la víctima o perjudicado por la aseguradora—. En todo caso, conforme al art. 73 LCS, la acción de repetición prescribe a los dos años en los seguros de daños y a los cinco años en los seguros de personas, contados desde el momento en que la aseguradora realizó el pago, no desde la firmeza de la sentencia penal.

Así puede leerse en la STS 20/03/2013 [*Tol 3782239*], que: «El automático surgimiento del derecho de repetición frente al causante del daño salva el dogma de la inaseguribilidad del dolo»

4.2.2 *El partícipe de los efectos del delito a título lucrativo*

El art. 122 del CP prevé que podrá ser demandado civilmente en el proceso penal quien, por título lucrativo, haya participado de los efectos de un hecho delictivo. Aunque su ubicación tras los arts. 120 y 121 del CP —referidos a supuestos de responsabilidad civil subsidiaria— podría inducir a pensar en una figura de este tipo, doctrina y jurisprudencia mayoritarias consideran que nos hallamos ante una obligación directa de restitución e indemnización (por todos, SANTOS BRIZ, 1997, p. 213 y CHOCLÁN MONTALVO, 2004, p. 156.). Sin embargo, no se trata de una responsabilidad civil *ex delicto* en sentido estricto, pues su fundamento no radica en el daño causado, sino en la prohibición de enriquecimiento injusto o sin causa legítima del art. 1305 del CC (SERRANO BUTRAGUEÑO, 2003, p. 1.154). Ello explica que la responsabilidad se limite a la cuantía del enriquecimiento y no al total de los daños derivados del delito.

Para un sector de la doctrina estas personas no son verdaderos responsables civiles —ni directos ni subsidiarios—, sino sujetos a los que, por previsión legal, se les impone una obligación civil de restitución que, de no existir el precepto, no podría exigirse en el proceso penal (TAMARIT SUMALLA, 2000, p. 593). Otros autores sostienen que el partícipe a título lucrativo puede haber intervenido en el delito antecedente, y que en tal caso se plantea un concurso de normas entre los arts. 116 y 122 del CP (GÓMEZ CALLE, 1991, p. 273). Según esta posición, la regla sería aplicar preferentemente el régimen más severo del art. 116 del CP —propio de los responsables civiles *ex delicto*— y recurrir al art. 122 del CP únicamente de forma subsidiaria, cuando no sea posible declarar la responsabilidad criminal que permite aplicar el art. 116.

La jurisprudencia del TS ha sido constante al afirmar que el partícipe a título lucrativo, por definición, no puede tener conocimiento alguno del hecho típico ejecutado por otro y del que se derivan sus activos patrimoniales. Dicho con otras palabras, el partícipe a título lucrativo participa de los efectos del delito, esto es, participa del delito, pero no en el delito. De ahí que su llamada al proceso no tenga otro objeto que la interdicción del enriquecimiento ilícito (STS de 19/01/2022 [*Tol 1213905*])

A) Ámbito de aplicación: receptación penal y aprovechamiento a título lucrativo

El art. 122 del CP no se aplica al autor del delito de receptación, que responde conforme al art. 116 del CP como responsable civil *ex delicto* (STS de 23/11/1998 [*Tol 238635*]). La misma lógica se ha extendido al encubridor cuando su conducta encaja en el art. 451.2 del CP (ALASTUEY DOBÓN, 2000, p. 505), pues, de existir participación en el delito antecedente, rige el régimen de responsabilidad civil del art. 116 CP. El partícipe a título lucrativo es, por tanto, un tercero ajeno e ignorante de la comisión del delito, que recibe un beneficio patrimonial derivado de los efectos ilícitos.

El límite está entre la ignorancia deliberada —que la doctrina jurisprudencial lo integra en el dolo eventual— y la culpa grave en el no conocer que llevaría a la responsabilidad civil del que a título lucrativo hubiera participado en los efecto del delito, esto es, no se deja de ser partícipe a título lucrativo, aun cuando con grave imprudencia se haya beneficiado patrimonialmente del delito; ahora bien si no ha sabido del delito porque, pudiendo, no ha querido saber del origen ilícito de los bienes —ignorancia deliberada— podría entrar en el ámbito del dolo eventual y ser típico su actuación.

Recordemos que el art. 122 CP no se está refiriendo el precepto a quienes han cometido los delitos de los art. 298, 299 y 301 del CP, pues en este caso la responsabilidad penal como autores o partícipes en un delito de receptación lleva aparejada también por efecto del art. 116.1. CP la correspondiente responsabilidad civil.

Tal y como puede leerse en la STSJ de Madrid, de 30/03/2022 [*Tol 8920740*]: «Tiene establecido la jurisprudencia de la Sala 2ª del Tribunal Supremo en su Sentencia de 14-10-2020, al definir la característica singular que configura esta responsabilidad, que no es otra que no haber tenido ninguna intervención en el hecho delictivo, ni como autor o cómplice, pues en caso contrario sería de aplicación el art. 116 y no el 122 del Código Penal. Se dice que es un partícipe del delito, pero no en el delito (STS de 25-5-2016). Se proyecta así en la esfera civil de la evitación del enriquecimiento injusto por ilicitud de la causa siendo útil para la lucha contra la criminalidad económica proyectándola y revitalizándola en el procedimiento penal. Ya la STS de 23 de noviembre de 1998 hacía hincapié que la diferencia esencial con el receptador criminal radica en la ajenidad al hecho criminal. Esto es, el receptador penal conoce que los efectos proceden de una infracción penal, mientras que el partícipe lucrativo ignora la existencia del ilícito penal. Es decir, falta el elemento subjetivo. Su fundamento, como ya estableció la STS de 21 enero de 1993 radica en que nadie debe enriquecerse indebidamente en virtud de negocios jurídicos que se deriven de causa ilícita, de ahí que se alinee como una especie de receptador civil. El partícipe a título lucrativo lo es de los efectos del delito en cuanto aprovechamiento de los rendimientos materiales, tangibles, valorables y evaluables generados por el ilícito penal, valorable y susceptible de restitución o de resarcimiento. Se fija el límite de su responsabilidad en la cuantía de su beneficio, con independencia de que la eventual responsabilidad civil de los partícipes en el delito de cuyos efectos trae causa sea superior como admite la STS núm. 368/07, de 9-5-2007 al indicar que el art. 122 CP recoge la restitución de la cosa y el resarcimiento del perjuicio o daño patrimonial originado al sujeto pasivo del delito en las adquisiciones a título lucrativo, como consecuencia de que nadie debe enriquecerse indebidamente en virtud de negocios jurídicos que se derivan de causa ilícita y desarrolla la institución jurídica que ha adquirido carta de naturaleza con el nombre de receptación civil". Y como nos enseña la STS núm. 212/2014, de 13 de marzo "No es que el tercero responsable civil tenga que pagar una cantidad adicional a sumar a la correspondiente al responsable penal principal. Sencillamente responde solidariamente y de manera conjunta con el responsable penal del importe de su beneficio».

B) Presupuestos de la responsabilidad civil

La jurisprudencia ha identificado, siguiendo criterios de la Sala Primera (STS de 31/10/1994 [*Tol 1666347*]) relativos al enriquecimiento injusto, los requisitos para la exigencia de esta responsabilidad:

* Existencia de un delito antecedente o matriz, apto para generar efectos patrimoniales de los que pueda lucrarse el tercero, sin necesidad de que se trate de un delito contra el patrimonio (YZQUIERDO TOLSADA, 1996, p. 340).
* Aprovechamiento de los efectos del delito, entendido de forma amplia como cualquier utilidad, disfrute o rendimiento, incluso la mera disponibilidad del objeto (STS de 5/04/1995 [*Tol 5160826*] y de 21/05/2025 [*Tol 10548548*]).

* Título lucrativo, concepto que no se interpreta en sentido técnico civil (art. 1274 CC), sino material o sustancial. Se incluyen no solo las adquisiciones gratuitas, sino también las realizadas por precio ínfimo o con contraprestaciones manifiestamente desproporcionadas, que encubren un *negotium mixtum cum donatione*. Esta concepción flexible atiende a la realidad económica de la operación (GALINDO AYALA, 1997, p. 275) y ha sido respaldada por el TS en múltiples resoluciones (*vid*. por todas STS de 14/10/2020 [*Tol 8147989*]).

El debate doctrinal se centra en si puede existir responsabilidad del partícipe que haya intervenido de algún modo en el delito antecedente. La tesis mayoritaria lo excluye (*vid*. por todos, YZQUIERDO TOLSADA, 1996, p. 340; ALASTUEY DOBÓN, 2000, p. 505), pero a quienes defienden que, en supuestos de concurso de normas, podría aplicarse el art. 122 de forma subsidiaria (GÓMEZ CALLE, 1991, p. 269).

C) Contenido, límites y derecho de repetición

La obligación del partícipe se limita a la restitución de la cosa o, si ésta no es posible, a indemnizar el perjuicio hasta la cuantía de su aprovechamiento. Se da preferencia a la restitución, siguiendo la lógica del art. 110 del CP, y no le son aplicables las protecciones del art. 464 del CC sobre adquisición de bienes muebles de buena fe, pues el fundamento de su obligación es el enriquecimiento injusto. La responsabilidad se circunscribe a los beneficios obtenidos, sin responder por los daños derivados del delito matriz. Sobre el derecho de repetición, la doctrina está dividida:

* Una corriente lo admite cuando el beneficiario actuó de buena fe y efectuó alguna contraprestación, pudiendo reclamar su importe (ALASTUEY DOBÓN, 2000, p. 506).
* Otra lo niega, al considerar que quien se enriquece gratuitamente no es perjudicado y, por tanto, carece de legitimación para repetir (LÓPEZ BELTRÁN DE HEREDIA, 2004, p. 109).

La mayoría de sentencias que aplican el art. 122 CP —como las SSTS de 14/10/2020 [*Tol 8147989*]; de 24/11/2022 [*Tol 9307171*] o de 25/07/2014 [*Tol 4468108*]— no mencionan esta posibilidad, lo que apunta a que el TS no la contempla de manera general. La ausencia de regulación en el precepto y el fundamento de enriquecimiento injusto han llevado a que, en la práctica, el TS se incline por una solución más próxima a la postura doctrinal negativa: quien se ha beneficiado gratuitamente carece de legitimación para reclamar el importe restituido.

Esta matización es relevante en supuestos en que la contraprestación es inferior al valor real de lo recibido: aunque se califique como título lucrativo a efectos del art. 122, podría admitirse la repetición por la cantidad efectivamente pagada.

D) Consideraciones procesales

Desde la perspectiva procesal, el partícipe a título lucrativo ostenta la condición de demandado civil directo y, por tanto, debe ser citado en forma para garantizar su derecho de defensa. La acción contra él puede ejercitarse en el propio proceso penal, sin necesidad de acudir a la vía civil, y corresponde tanto al perjudicado como al Ministerio Fiscal, en virtud de su función de protección de la víctima.

La jurisprudencia ha admitido la adopción de medidas cautelares sobre su patrimonio, tales como embargos preventivos, para asegurar la eventual restitución o indemnización (STS de 25/05/2016 [*Tol 5745814*]). Ello exige la acreditación indiciaria de los presupuestos del art. 122 del CP, especialmente del vínculo entre los bienes o beneficios y el delito antecedente.

En cuanto a la prescripción, la acción civil contra el partícipe se sujeta a los plazos propios de la responsabilidad civil derivada de delito en sede penal, quedando interrumpida por la tramitación del proceso penal principal.

Por último, en fase de ejecución, el alcance de su responsabilidad debe determinarse de forma precisa, evitando que se extienda más allá de su concreta participación lucrativa. Esta precisión es esencial para compatibilizar la eficacia resarcitoria de la institución con el respeto a los límites que impone su fundamento: la prohibición de enriquecimiento injusto.

4.2.3 Los supuestos de exención de la responsabilidad criminal del art. 118.1 y el supuesto de error invencible del art. 118.2 del CP

A) Planteamiento general

El art. 118 del CP establece las reglas para exigir responsabilidad civil en supuestos en los que, pese a concurrir una causa que exime de responsabilidad penal, subsiste el deber de reparar el daño causado. Su fundamento radica en que, cuando el hecho es típico y antijurídico, la obligación resarcitoria se apoya en el injusto y en el perjuicio ocasionado, no en la culpabilidad penal del agente (QUINTERO OLIVARES, 2001, p. 584). De este modo, la absolución penal no comporta necesariamente la exoneración de responsabilidad civil, salvo en los casos de causas de justificación.

Conviene distinguir, por tanto, entre:

* Causas de justificación (arts. 20.4ª y 7ª CP, entre otras), que eliminan la antijuridicidad y excluyen tanto la responsabilidad penal como la civil.
* Causas de inimputabilidad (arts. 20.1ª a 3ª CP), excusas absolutorias (arts. 20.5ª y 6ª CP) y el error invencible (art. 118.2 CP), que no eliminan el injusto y permiten exigir responsabilidad civil.

La ubicación del art. 118 CP en el Título V del Libro I del Código Penal, junto a los preceptos que regulan los responsables civiles directos y subsidiarios, responde a una lógica sistemática: asegurar la reparación del daño cuando el autor del hecho no puede ser sancionado penalmente, desplazando la obligación hacia él mismo u otros sujetos designados por la ley (YZQUIERDO TOLSADA, 1996, p. 335).

El precepto contiene dos apartados diferenciados: a) El art. 118.1 CP, que regula las consecuencias civiles derivadas de determinadas causas de exención penal previstas en el art. 20 CP, designando, según los casos, responsables directos o subsidiarios; y b) El art. 118.2 CP, introducido en 1995, que contempla expresamente el supuesto del error invencible de tipo o de prohibición, atribuyendo responsabilidad civil a los autores del hecho.

En ambos casos, el legislador parte del principio de que la víctima no debe quedar privada de indemnización por razones de política criminal que afectan solo a la punibilidad.

B) Supuestos del art. 118.1 CP

* *Inimputables* (arts. 20.1ª y 3ª CP)

El art. 118.1 CP, regla 1ª, dispone que los inimputables —esto es, quienes actúen bajo anomalía o alteración psíquica grave (art. 20.1ª CP) o bajo alteraciones de la percepción desde el nacimiento o infancia (art. 20.3ª CP)— responden civilmente por los daños causados, aun cuando estén exentos de responsabilidad penal. Esta responsabilidad se entiende directa, sin perjuicio de la que corresponda a los padres, curadores representativos con facultades plenas cuando haya mediado culpa o negligencia en la vigilancia (culpa *in vigilando*) [conforme al art. 61.3 de la LORPM, que prevé responsabilidad solidaria, salvo prueba de ausencia de dolo o negligencia grave, con posible moderación judicial] (GARCÍA-RIPOLL MONTIJANO, 1999, p. 454).

La interpretación mayoritaria fundamenta esta atribución en el propio tenor literal del precepto —el adverbio "también" indica que la responsabilidad civil del inimputable se suma a la de los terceros responsables— y en la idea de que la inimputabilidad no excluye el injusto civil.

En el caso de menores de edad, el régimen se encuentra hoy desplazado por la LORPM. Su art. 61.3 prevé que, si el menor es declarado responsable, responderán solidariamente sus padres, tutores, acogedores y guardadores legales o de hecho, salvo prueba de que no hubo dolo o culpa grave por su parte, en cuyo caso la responsabilidad podrá moderarse judicialmente (DURANY PICH, 2000, p. 3) [conforme al art. 61.3 de la LORPM, que prevé responsabilidad solidaria, salvo prueba de ausencia de dolo o negligencia grave, con posible moderación judicial].

La aplicación práctica de esta regla implica que, cuando el inimputable dispone de patrimonio suficiente, la acción civil debe dirigirse prioritariamente contra él, siendo innecesario acudir de inmediato contra los terceros legalmente responsables. La responsabilidad de estos últimos, que no exige la acreditación de culpa, opera de forma subsidiaria, activándose únicamente en caso de insolvencia total o parcial del inimputable.

Tras la reforma de la Ley 8/2021, la referencia a "tutores" y "guardadores" para mayores de edad queda sustituida por la de curadores representativos con facultades de representación plena. La responsabilidad civil directa del inimputable se mantiene acumulativa a la de los curadores representativos, y la responsabilidad de estos es subsidiaria y requiere convivencia "vivir en su compañía" e imputación por culpa o negligencia "in vigilando". Esta configuración se diferencia de lo previsto en el art. 1903 CC, que establece una responsabilidad solidaria y de carácter objetivo.

Cabe matizar que la exigencia de que "vivan en su compañía" y cuando hablamos de curador representativo persona jurídica, este requisito se vendría a cumplir cuando exista una situación de "residencia bajo control y cuidado de dicho curador"

* *Intoxicación plena* (art. 20.2ª CP)

La regla 1ª del art. 118.1 CP se aplica igualmente a quienes resultan penalmente exentos por intoxicación plena derivada de alcohol, drogas o sustancias con efectos análogos, siempre que ésta haya anulado por completo sus facultades volitivas o cognitivas en el momento de los hechos (art. 20.2ª CP). Al igual que en el caso de los inimputables, la exención penal no impide exigirles responsabilidad civil directa por los daños ocasionados.

El fundamento de esta previsión es doble: por un lado, la intoxicación no elimina el carácter antijurídico del hecho ni el daño causado; por otro, se pretende evitar que el perjudicado vea frustrada la reparación por circunstancias relacionadas con la culpabilidad penal del autor (ALASTUEY DOBÓN, 2000, p. 497).

En la práctica, esta regla despliega sus efectos principalmente cuando el intoxicado dispone de bienes propios con los que afrontar la indemnización, sin perjuicio de que puedan concurrir otros responsables civiles directos o subsidiarios (por ejemplo, una compañía aseguradora).

* *Estado de necesidad* (art. 20.5ª CP)

La regla 3ª del art. 118.1 CP contempla la responsabilidad civil en los supuestos en que el autor del hecho quede exento penalmente por actuar en estado de necesidad. En tales casos, el legislador atribuye la obligación de indemnizar a quienes se han beneficiado del mal evitado, en proporción a la importancia del perjuicio que se les ha evitado, o en la cuantía que prudencialmente fije el tribunal si no fuera posible determinarla.

Esta previsión responde a la idea de que, aunque la conducta sea penalmente excusable, existe un desplazamiento patrimonial injustificado desde el perjudicado al beneficiario, que debe ser compensado para evitar un enriquecimiento injusto (DEL MORAL GARCÍA, 2020, p. 39). La indemnización se mide, por tanto, no por el valor del daño causado, sino por el perjuicio evitado al beneficiario.

La jurisprudencia ha señalado que la obligación recae directamente sobre los beneficiados, incluso aunque no hayan intervenido en la acción, por lo que no cabe exigir responsabilidad subsidiaria a terceros en este supuesto (cfr. STS 06/04/1992 [*Tol 400501*]). Ello refuerza la singularidad de esta figura, que se aparta de la lógica habitual de la responsabilidad civil *ex delicto* para acercarse al ámbito cuasicontractual del enriquecimiento sin causa. En la práctica, el principal reto radica en la cuantificación del perjuicio evitado, que no siempre es susceptible de valoración exacta. En tales supuestos, el art. 118.1 CP habilita al juez para fijar una cantidad prudencial, lo que introduce un componente de equidad en la determinación del *quantum*.

* *Miedo insuperable* (art. 20.6ª CP)

La regla 4ª del art. 118.1 CP contempla la responsabilidad civil cuando el hecho ha sido cometido bajo la influencia de un miedo insuperable. En este caso, la norma atribuye la responsabilidad principal a quien haya causado el miedo y, subsidiariamente, a quien ejecutó el hecho bajo su influencia. Este diseño refleja un criterio de imputación funcional: el verdadero origen del daño es la conducta del causante del miedo, que instrumentaliza a otro para la comisión del hecho (DEL MORAL GARCÍA, 2020, p. 40).

La jurisprudencia temprana interpretó de forma restrictiva este precepto, exigiendo que el causante del miedo hubiese actuado con la intención deliberada de provocar el delito, como en las SSTS de 02/03/1950 [*Tol 4451374*] y de 22/10/1958 [*Tol 4352023*]. Sin embargo, esta limitación fue objeto de crítica doctrinal por carecer de apoyo en el tenor del precepto y restringir injustificadamente la protección de la víctima. La interpretación actual prescinde de ese requisito intencional, de modo que basta con acreditar que el miedo insuperable tuvo su origen en la conducta del responsable principal (STS de 03/05/2018 [*Tol 6594698*]).

En el caso particular de que el causante del miedo sea el propio perjudicado, se produce una situación de confusión de acreedor y deudor que extingue la obligación civil principal y, con ella, la subsidiaria del ejecutor. Este efecto ha sido reconocido por la doctrina y la jurisprudencia como una consecuencia lógica de la estructura obligacional.

La función de esta regla no es solo asegurar la indemnización, sino también distribuir equitativamente la carga económica derivada del daño, situando el peso principal sobre quien generó la situación de coacción y liberando al ejecutor en la medida en que actuó privado de capacidad de autodeterminación.

C) Supuesto del art. 118.2 CP error invencible

El art. 118.2 CP, introducido en 1995, regula por primera vez de forma expresa la responsabilidad civil cuando el autor del hecho resulta penalmente exento por concurrir un error invencible de tipo o de prohibición (art. 14 CP). A diferencia de lo que ocurre con el error vencible o con los errores sobre circunstancias modificativas, que no impiden la condena penal, el error invencible excluye la responsabilidad criminal pero deja subsistente la civil, para evitar que la víctima quede sin reparación. El precepto atribuye la obligación de indemnizar a los autores del hecho, expresión que ha suscitado debate doctrinal:

* Una interpretación restrictiva la limita a los autores en sentido técnico del art. 28 CP, excluyendo a partícipes como inductores o cómplices, en cuyo caso la acción civil debería ejercitarse en la jurisdicción civil.
* Otra interpretación amplia entiende que debe comprender a todos los partícipes causales (incluidos cómplices), para evitar la fragmentación procesal y asegurar la tutela efectiva de la víctima (PASTOR ÁLVAREZ, 1999, p. 528).

La extensión de la responsabilidad en este supuesto difiere de la prevista en el art. 116 CP. al no existir condena penal, no procede la solidaridad típica de la responsabilidad civil *ex delicto*. En su lugar, cuando hay varios responsables, y salvo que el tribunal fije cuotas concretas, la distribución se hará por partes iguales (YZQUIERDO TOLSADA, 1990, p. 255).

En la práctica, la aplicación del art. 118.2 CP exige una especial atención probatoria: debe acreditarse no solo el hecho dañoso y su carácter típico y antijurídico, sino también que el error era objetivamente invencible, lo que desplaza el debate a la esfera de la culpabilidad penal, para luego reconducirlo a sus consecuencias civiles.

D) Consideraciones procesales y límites

En los supuestos previstos en el art. 118 del CP, la responsabilidad civil debe ser objeto de pronunciamiento en la misma sentencia penal que aprecie la exención, salvo que se acuerde la reserva para la vía civil. Esto garantiza que el perjudicado no deba iniciar un nuevo proceso para reclamar la indemnización y se preserve la economía procesal.

El aseguramiento de las responsabilidades pecuniarias —embargo, fianzas, etc.— es posible respecto de los sujetos llamados a responder en virtud del art. 118 CP, siempre que se justifique la concurrencia de los presupuestos materiales (arts. 589 y ss. LECrim).

En cuanto a límites materiales, el propio art. 118 CP excluye las causas de justificación, pues en estos casos no hay injusto ni daño antijurídico que reparar (ALASTUEY DOBÓN, 2000, p. 496). La responsabilidad derivada de inimputabilidad, intoxicación, estado de necesidad o miedo insuperable se apoya en la antijuridicidad de la conducta y en la necesidad de evitar un perjuicio patrimonial no compensado. La regulación también debe interpretarse en relación con los responsables civiles directos o subsidiarios de los arts. 120 y 121 CP.

Así, en el caso de inimputables y menores, puede coexistir la responsabilidad del propio autor con la de padres, el curador representativo con facultades plenas por culpa in vigilando; en el estado de necesidad y el miedo insuperable, la norma individualiza al sujeto responsable (beneficiado o causante del miedo), excluyendo la responsabilidad subsidiaria de terceros.

Por último, el art. 118.2 del CP introduce una regla singular para el error invencible, que debe aplicarse con prudencia para evitar una extensión indebida de la responsabilidad más allá de quienes tengan una participación causal relevante en el hecho. Su correcta aplicación exige una delimitación clara de los sujetos incluidos y una cuantificación precisa del daño reparable, siempre bajo el principio de que la víctima no debe quedar desprotegida por razones estrictamente penales.

4.3 Los responsables civiles subsidiarios

4.3.1 Planteamiento general y fundamento legal

La figura del responsable civil subsidiario se regula en el art. 120 CP, que establece una serie de supuestos tasados en los que determinadas personas físicas o jurídicas asumen, de forma subsidiaria, la obligación de reparar los daños y perjuicios causados por el autor de un delito, cuando éste no satisfaga voluntariamente la indemnización.

Su fundamento radica también en razones de garantía patrimonial y política legislativa de protección a la víctima, buscando ampliar el círculo de personas contra las que puede dirigirse la acción resarcitoria para evitar que la insolvencia del autor frustre el derecho a la reparación.

A diferencia de los responsables civiles directos, cuya obligación nace *ex delicto* o de un vínculo jurídico inmediato con el hecho, la obligación del responsable civil subsidiario depende de la previa declaración de responsabilidad penal del autor —o declaración de que la conducta ha constituido un hecho típico [conducta descrito como delito en la norma] y antijurídico pero no culpable, en los casos de inimputabilidad o de error invencible— y de la constatación de su insolvencia, lo que justifica su carácter accesorio y subsidiario.

La jurisprudencia del Tribunal Supremo ha subrayado que la naturaleza subsidiaria implica que la condena al pago sólo puede ejecutarse una vez constatada la imposibilidad total o parcial de cobro frente al responsable civil directo (SSTS de 17/12/2018 [*Tol 6976791*] y de 20/10/2005 [*Tol 738471*]). Sin embargo, el pronunciamiento condenatorio contra el responsable civil subsidiario puede y debe incluirse en la sentencia penal junto con el del autor, quedando su ejecución condicionada al incumplimiento de éste (STS de 20/06/2007 [*Tol 1116464*]).

El art. 120 CP enumera de forma cerrada los supuestos de responsabilidad subsidiaria, que comprenden desde la culpa *in vigilando* en relación con menores e inimputables hasta la responsabilidad empresarial y de los titulares de vehículos a motor. En todos ellos, la imputación responde a un criterio objetivo de asignación de riesgos, vinculado a la posición de garante o al beneficio derivado de la actividad del autor.

4.3.2 Supuestos de responsabilidad subsidiaria

El art. 120 CP recoge de forma taxativa los supuestos en que cabe declarar la responsabilidad civil subsidiaria. Aunque el fundamento último de todos ellos es garantizar la reparación, cada uno responde a lógicas específicas, vinculadas bien a deberes de vigilancia —*culpa in vigilando*—, bien a la asunción de riesgos por el desarrollo de determinadas actividades.

* *Responsabilidad de padres y curadores representativos con facultades plenas* (art. 120.1 CP). Este precepto establece la responsabilidad civil subsidiaria de los padres, tutores, acogedores o guardadores (art. 61.3 LORPM) cuando se trate de menores, y los curadores representativos con facultades plenas cuando se trate de adultos inimputables que estén bajo su autoridad o guarda, siempre que exista culpa o negligencia en el ejercicio de sus funciones de vigilancia.

La jurisprudencia exige para su aplicación: a) Que el autor del hecho sea inimputable o menor; b) Que el demandado ostente la condición de padre o curador representativo con facultades plenas, en el momento del hecho; y c) Que exista un incumplimiento del deber de vigilancia causalmente vinculado al daño.

La STS de 21/01/2014 [*Tol 4740135*] reitera que se trata de una responsabilidad subsidiaria y no solidaria, condicionada a la insolvencia del autor o responsable civil directo. En el mismo sentido, la STS de 28/04/2009 [*Tol 1956582*], insiste en que la culpa del garante es presupuesto indispensable para su condena.

Para menores de edad infractores, el art. 61.3 de la LORPM establece que los padres responden solidariamente de los daños causados, salvo prueba de que no hubo dolo o negligencia grave, en cuyo caso el juez podrá moderar la responsabilidad. Este régimen difiere sustancialmente del art. 120.1 del CP —adultos inimputables—, donde la responsabilidad es subsidiaria y exige convivencia y culpa/negligencia acreditada.

* *Responsabilidad de titulares de centros docentes* (art. 120.2 CP). Se impone a las personas físicas o jurídicas titulares de centros docentes la responsabilidad civil subsidiaria por los daños causados por sus alumnos menores de edad durante el tiempo que se hallen bajo el control o vigilancia del centro.

Este régimen se inspira en la doctrina del art. 1903 CC, aunque su ámbito de aplicación penal está limitado a supuestos de infracción penal cometida por el menor y a períodos en que esté efectivamente bajo la autoridad del centro.

El TS ha precisado que esta responsabilidad es objetiva en cuanto a la imputación, pero subsidiaria en cuanto a la ejecución (STS d 20/06/2007 [*Tol 1116464*]). La culpa se presume por el mero hecho de la producción del daño durante el tiempo de custodia, salvo prueba en contrario.

* *Responsabilidad de personas naturales o jurídicas titulares de medios de comunicación* (art. 120.3 CP). Este supuesto se refiere a delitos cometidos por medio de imprenta, radiodifusión o cualquier otro medio mecánico de publicidad, atribuyendo responsabilidad subsidiaria a los titulares del medio cuando no pueda exigirse al autor.

Aunque su origen se vincula a los delitos contra el honor, la jurisprudencia ha extendido su aplicación a otros tipos penales cometidos a través de medios de comunicación, siempre que concurra un nexo funcional con la actividad del medio.

* *Responsabilidad de empresas y titulares de vehículos a motor* (art. 120.4 CP). Comprende la responsabilidad de las personas naturales o jurídicas titulares de empresas, establecimientos o talleres por los delitos cometidos en el ejercicio de sus funciones por sus empleados o dependientes, siempre que exista relación funcional y de servicio entre el autor y el titular.

Asimismo, el art. 120.5 CP contempla la responsabilidad de los propietarios de vehículos a motor por los daños causados en su uso por personas autorizadas, salvo prueba de que se emplearon contra su voluntad o sin su conocimiento.

En ambos supuestos, el fundamento se encuentra en la asunción de riesgos derivados de la actividad empresarial o de la puesta en circulación de un vehículo a motor. El TS ha recordado en la STS de 25/10/2005 [*Tol 731542*], que no es necesario acreditar culpa directa del titular, bastando con la existencia de la relación funcional que justifica la imputación.

4.3.3 Naturaleza subsidiaria y presupuestos para su exigencia

La responsabilidad prevista en el art. 120 CP presenta un carácter estrictamente subsidiario, lo que implica que únicamente puede hacerse efectiva cuando el responsable civil directo —normalmente el autor del delito— no satisfaga voluntariamente la indemnización. Esta naturaleza condiciona tanto su configuración sustantiva como su ejecución procesal.

En cuanto a su fundamento jurídico, se trata de una obligación accesoria, vinculada a una posición de garante o a la asunción de riesgos por parte del responsable subsidiario. La doctrina la encuadra en el ámbito de la responsabilidad por hecho ajeno, basada en deberes de vigilancia (culpa in vigilando) o en criterios objetivos de imputación de riesgos (YZQUIERDO TOLSADA, 1995, p. 214).

La jurisprudencia ha señalado que para que proceda la condena como responsable civil subsidiario deben concurrir cumulativamente los siguientes presupuestos:

* Existencia de un ilícito penal del que derive un daño indemnizable.
* Declaración de responsabilidad penal del autor del hecho (responsable civil directo) —o declaración de que la conducta ha constituido un hecho típico y antijurídico, pero no culpable, en los casos del art. 118. CP—.
* Vinculación jurídica entre el autor y el eventual responsable subsidiario, en los términos previstos en alguno de los apartados del art. 120 CP.
* Insolvencia total o parcial del responsable civil directo, que condiciona la ejecución de la condena frente al subsidiario (SSTS de 20/06/2007 [*Tol 1116464*] y de 17/12/2018 [*Tol 6976791*]).

El pronunciamiento condenatorio contra el responsable civil subsidiario debe incluirse en la misma sentencia penal que declara la responsabilidad penal del autor —o existencia de un hecho típico, antijurídico, pero no culpable, en los casos del art. 118 CP—, aunque su ejecución quedará supeditada a la imposibilidad de cobro frente al directo (STS de 20/10/2005 [*Tol 738471*]).

En consecuencia, la subsidiariedad opera exclusivamente en el plano de la efectividad del pago, pero no en el plano declarativo, de manera que la sentencia puede —y debe— fijar desde el inicio la obligación subsidiaria para evitar dilaciones y garantizar la satisfacción del crédito resarcitorio.

5. LA ADMINISTRACIÓN PÚBLICA COMO RESPONSABLE CIVIL

El art. 121 CP establece que «El Estado, la Comunidad Autónoma, la provincia, el municipio y demás entes públicos, responderán subsidiariamente de los daños causados por la autoridad, agente y personal a su servicio en el ejercicio de las funciones propias de sus cargos, siempre que la lesión sea consecuencia directa de la infracción penal cometida».

5.1 Naturaleza y fundamento

Este precepto configura un supuesto de responsabilidad civil subsidiaria de carácter legal y cerrado, que se apoya en un criterio objetivo de imputación derivado de la posición de garante institucional que ostenta la Administración frente a los daños ocasionados por quienes actúan en su nombre y bajo su dependencia. La finalidad esencial de esta previsión es garantizar la reparación del perjudicado en caso de insolvencia del autor o del responsable civil directo, evitando que la víctima deba iniciar un procedimiento administrativo de responsabilidad patrimonial más complejo y prolongado en el tiempo.

La doctrina mayoritaria subraya que este régimen responde a un fundamento distinto del previsto en el art. 106.2 CE y en la Ley 40/2015. Mientras en estos últimos casos la clave es la antijuridicidad del daño y el funcionamiento normal o anormal de los servicios públicos, en el art. 121 CP la imputación civil se basa directamente en la comisión de un ilícito penal por personal al servicio de la Administración, con independencia de la regularidad administrativa de la actuación (QUINTERO OLIVARES, 1991, p. 586; YZQUIERDO TOLSADA, 1997, p. 221; ALASTUEY DOBÓN, 2000, p. 494).

5.2 Presupuestos de aplicación

La jurisprudencia exige la concurrencia cumulativa de tres requisitos para declarar la responsabilidad civil subsidiaria de la Administración:

* Existencia de una infracción penal cometida por autoridad, agente o personal a su servicio.
* Relación de servicio o vínculo funcional entre el autor y la Administración en el momento de los hechos.
* Que el delito se cometa en el ejercicio de funciones propias del cargo o con ocasión de ellas.

Este último elemento ha sido interpretado de forma amplia por el Tribunal Supremo, que ha incluido dentro de su alcance las actuaciones irregulares o abusivas, siempre que exista conexión suficiente con el servicio (SSTS de 16/09/2002 [*Tol 4923839*] y de 04/03/2003 [*Tol 4921028*]).

5.3 Especial referencia a las Fuerzas y Cuerpos de Seguridad

La aplicación de esta figura cobra especial relevancia en el ámbito de las Fuerzas y Cuerpos de Seguridad. El Tribunal Supremo ha reiterado que la responsabilidad subsidiaria de la Administración procede cuando el hecho se produce en acto de servicio o con ocasión del mismo, incluso aunque medie exceso o infracción de protocolos (STS de 18/10/2006 [*Tol 1006873*]). Lo determinante no es la corrección formal de la actuación, sino que ésta se vincule directa o indirectamente a las funciones encomendadas al agente.

5.4 Ejecución y alcance de la responsabilidad

Como ocurre en todo supuesto de responsabilidad subsidiaria, la condena de la Administración se incluye en la sentencia penal junto a la del autor, pero su ejecución queda supeditada a la previa constatación de la insolvencia del responsable civil directo (STS de 20/06/2007 [*Tol 1116464*]). La Administración debe responder por la totalidad del daño causado, sin fraccionamiento de la deuda con el autor, aunque conserva el derecho de repetición frente a éste (art. 1144 CC).

En definitiva, el régimen del art. 121 CP no desplaza la vía de la responsabilidad patrimonial administrativa, pero sí ofrece a la víctima una solución más ágil y eficaz dentro del proceso penal, reforzando así el derecho a la tutela judicial efectiva reconocido en el art. 24 CE.

6. LA INTERVENCIÓN DEL RESPONSABLE CIVIL EN EL PROCESO PENAL

6.1 Doctrina general sobre la actuación limitada

De la literalidad de diversos preceptos de la LECrim —arts. 320, 623, 651, 652, 735 y 854— se desprende que el responsable civil no ostenta legitimación para promover cuestiones propias del orden penal. Así lo ha reiterado el TS, entre otras, en la STS de 15/03/2023 [*Tol 9490949*], que se remite a la STS de 07/07/2021 [*Tol 8511600*] y en la que se señala que la intervención del responsable civil en el proceso penal se circunscribe a la defensa frente a la pretensión indemnizatoria.

Además, debe tenerse presente que la jurisprudencia sostiene que no cabe admitir la defensa de derechos ajenos cuya titularidad corresponde a personas cuya representación no se ostenta (*vid.* las SSTS de 23/11/2022 [*Tol 9338489*]; de 21/10/2020 [*Tol 8191590*]; de 22/06/2020 [*Tol 8080183*] y de 06/07/2017 [*Tol 6206024*]). En consecuencia, se ha negado legitimación al responsable civil para invocar la vulneración del principio de presunción de inocencia, por cuanto este principio no alcanza a los hechos generadores de la responsabilidad civil (*vid.* SSTS de 27/04/2017 [*Tol 6085749*] y de 28/09/2017 [*Tol 6369717*]).

6.2 Modulaciones y excepciones

Este criterio general ha sido matizado en supuestos en los que la limitación podría ocasionar indefensión. Ya la STS de 07/05/1993 [*Tol 23134*], en un caso de responsabilidad civil subsidiaria del Estado por actuación de las Fuerzas y Cuerpos de Seguridad, permitió al responsable civil alegar la inexistencia de responsabilidad penal del autor, al ser esta el presupuesto directo de su obligación de indemnizar.

La doctrina del TS ha ido reconociendo que el responsable civil puede cuestionar la existencia de la infracción penal cuando la discusión verse sobre aspectos que incidan en la antijuridicidad del hecho, como las causas de justificación previstas en el art. 20.7 CP (*vid.* SSTS de 24/09/2012 [*Tol 2651939*]; de 06/07/2017 [*Tol 6206024*]; de 25/10/2016 [*Tol 5857305*]; de 18/12/2019 [*Tol 7764230*] y de 07/07/2021 [*Tol 8511600*]).

En esta línea, la STS de 29/05/2020 [*Tol 7960459*], estimó el recurso del responsable civil subsidiario frente a afirmaciones contenidas en el relato fáctico que le atribuían directamente un fraude fiscal, al considerar que afectaban a su derecho de defensa y a su honor.

6.3 Puesta en conocimiento de la condición de sujeto pasivo

La delimitación del objeto civil en el proceso penal debe garantizar la adecuada defensa del responsable civil. Como ya hemos destacado anteriormente, el TS ha venido a dibujar ciertos paralelismos con el proceso civil: el escrito de acusación equivale a la demanda civil (art. 399 LEC), el auto de apertura de juicio oral al decreto de admisión, y el escrito de defensa a la contestación a la demanda (art. 405 LEC). Esta equiparación permite identificar con claridad el momento procesal en que se formaliza la imputación civil y, por tanto, se habilita plenamente el ejercicio del derecho de defensa.

6.4 Impugnación del procedimiento penal por el responsable civil

Aunque la regla general excluye la impugnación de pronunciamientos penales, el TS ha admitido excepciones. Así, en la STS de 29/03/2023 [*Tol 9501177*], se reconoció la legitimación de una sociedad unipersonal —cuyo único socio era la acusada— para impugnar la declaración de responsabilidad penal de su socia, por considerar que dicha declaración era presupuesto necesario de su responsabilidad civil.

6.5 El tercero responsable y la conformidad del acusado

La conformidad del acusado plantea riesgos específicos para los terceros responsables civiles, al poder vincularlos a una declaración de hechos sobre la que no han tenido capacidad de intervención. La STS de 24/09/2012 [*Tol 2651939*], destacó que el responsable civil tiene derecho a esgrimir todos los argumentos exculpatorios que hubiera podido utilizar el acusado, aunque este se haya conformado.

Esta doctrina se ha consolidado en pronunciamientos como la STS de 13/11/2014 [*Tol 4551992*], que subraya la necesidad de garantizar al responsable civil acceso a los medios de prueba y contradicción, incluso cuando la sentencia de conformidad excluya la celebración del juicio oral. La negativa a reconocer esta intervención puede vulnerar el derecho a la tutela judicial efectiva (art. 24 CE) y facilitar la utilización estratégica de la conformidad en perjuicio del tercero civilmente responsable.

De ello se desprenden algunos principios claros: a) El responsable civil no queda automáticamente vinculado por la conformidad del acusado; b) Puede disputar los presupuestos fácticos y jurídicos de su condena civil; c) La limitación de su intervención debe interpretarse de forma restrictiva para evitar indefensión; y d) El proceso penal no debe ser instrumentalizado mediante conformidades que impidan la contradicción del responsable civil.

7. LA PLURALIDAD DE RESPONSABLES: SOLIDARIDAD, SUBSIDIARIEDAD Y CUOTAS

La coexistencia de varios responsables en el proceso penal plantea la necesidad de distinguir claramente entre la relación externa —entre el perjudicado y los obligados al resarcimiento— y la relación interna —entre los distintos responsables—. Esta distinción resulta esencial para comprender el alcance de las figuras de la solidaridad y la subsidiariedad, así como el régimen del derecho de repetición.

En el plano externo, el principio general establecido en el art. 116 CP es el de solidaridad: todos los responsables civiles directos —autores y partícipes, así como terceros con responsabilidad directa conforme a los arts. 117 y 122 CP— responden frente al perjudicado por la totalidad del daño, sin perjuicio de que posteriormente puedan ejercitar acciones internas de repetición. La jurisprudencia ha señalado que la solidaridad pasiva se configura aquí como un instrumento de protección de la víctima, que puede dirigirse contra cualquiera de los responsables para obtener la reparación íntegra (*vid.* las SSTS de 24/09/2012 [*Tol 2651939*] y STS de 03/12/1996 [*Tol 1551761*]).

En el plano interno, rigen las reglas civiles de distribución de la deuda: cada responsable soporta la carga económica en proporción a su participación en el hecho y a su grado de culpabilidad. Si uno de ellos satisface íntegramente la indemnización, nace su derecho de repetición frente a los demás por la parte que proporcionalmente les corresponda (art. 1144 CC) (*vid.* la STS de 17/12/2018 [*Tol 6976791*]).

La subsidiariedad, por su parte, implica una responsabilidad de segundo grado, condicionada a la insolvencia del responsable principal. Es el caso de los responsables civiles subsidiarios del art. 120 CP, cuya condena se declara en la sentencia pero cuya ejecución queda supeditada a la previa constatación de la insolvencia total o parcial del responsable civil directo (SSTS de 20/06/2007 [*Tol 1116464*] y de 20/10/2005 [*Tol 738471*]).

7.1 Responsabilidad solidaria frente al perjudicado y responsabilidad subsidiaria de los cómplices

La solidaridad entre responsables civiles directos abarca tanto al autor como a los partícipes —cómplices e inductores—, así como a terceros a los que la ley equipara a responsables directos, como las aseguradoras (art. 117 CP y art. 76 LCS) o los partícipes a título lucrativo (art. 122 CP). Esta solidaridad permite al perjudicado accionar contra cualquiera de ellos por la totalidad de la deuda, sin necesidad de litisconsorcio pasivo necesario (STS de 3/12/1996 [*Tol 1551761*]). Frente a la víctima, la regla general es la de responsabilidad solidaria, sin perjuicio de que, en las relaciones internas, la carga económica se reparta conforme a criterios de participación y culpa.

En relación con los cómplices, el art. 116.2 del CP prevé una responsabilidad civil subsidiaria "en defecto de los responsables directos". Esta fórmula ha sido entendida históricamente como una mitigación de la solidaridad ordinaria, asociada a la menor gravedad de su intervención. Sin embargo, la jurisprudencia ha matizado que esta subsidiariedad opera, fundamentalmente, en las relaciones internas entre responsables, y no frente a la víctima. En la práctica, el perjudicado puede reclamar directamente contra el cómplice sin necesidad de agotar la reclamación frente al autor, si bien la prelación se respeta en ejecución: primero autores, después cómplices (STS de 3/11/2005 [*Tol 758399*]).

La doctrina más reciente refuerza además el derecho de defensa del cómplice cuando es llamado como responsable civil, permitiéndole discutir los presupuestos penales que fundamentan su responsabilidad civil (*vid.* SSTS de 29/05/2020 [*Tol 7960459*] y de 29/03/2023 [*Tol 9501177*]). Si el cómplice está asegurado, la aseguradora responderá solidariamente con él (art. 117 CP y art. 76 LCS), siendo inoponible al perjudicado la exclusión de cobertura por dolo del asegurado o por quedar el siniestro fuera del ámbito de la póliza.

7.2 Señalamiento de cuotas y relaciones internas de repetición

En el plano interno, el reparto de la carga económica entre los distintos responsables civiles se rige por el principio de proporcionalidad, que atiende tanto a la gravedad de la conducta como a la participación causal en el resultado dañoso. El tribunal debe fijar en la sentencia las cuotas de responsabilidad correspondientes, con el fin de delimitar el alcance de las acciones de repetición posteriores; si no lo hace, se presume el reparto por partes iguales entre los obligados (arts. 116.1 CP y 1145 CC).

Este denominado sistema de cuotas opera exclusivamente en las relaciones internas entre responsables civiles y no limita la posición del perjudicado. Desde la perspectiva externa, la víctima mantiene intacto su derecho a reclamar la totalidad de la indemnización a cualquiera de los responsables civiles directos, aplicándose un régimen de solidaridad externa que ha sido reiteradamente confirmado por la jurisprudencia (STS de 22/01/2009 [*Tol 1452530*]).

En cambio, en las relaciones internas rige una prelación en el pago. Conforme al art. 116.2 del CP, el cómplice responde de manera subsidiaria respecto de los autores, de modo que solo estará obligado a indemnizar cuando no resulte posible cobrar de estos últimos (STS de 14/06/2018 [*Tol 6648246*]). Esta subsidiariedad se extiende también a los responsables civiles subsidiarios del cómplice: únicamente responderán cuando no sea factible obtener el pago ni de los autores ni de quienes respondan subsidiariamente de ellos (STS de 14/06/2018 [*Tol 6648246*]).

En cuanto a la fijación de las cuotas, aunque el Código Penal no establece un criterio expreso, resulta razonable que se determine atendiendo a la incidencia causal de la conducta de cada interviniente en la producción del daño. Cuando se trata de un único delito y la participación de los acusados es de idéntico grado, la fijación de una cantidad única carece de otra trascendencia que la de entender la responsabilidad civil distribuida por partes iguales (SSTS de 23/05/2007 [*Tol 4255016*] y de 20/03/2018 [*Tol 6562266*]).

El derecho de repetición constituye un instrumento esencial para equilibrar las cargas entre responsables. La STS de 17/12/2018 [*Tol 6976791*] subraya que el pago íntegro por uno de ellos no extingue su derecho a reclamar a los demás la parte proporcional que les corresponda, incluso cuando la obligación frente a la víctima era solidaria. En el caso de responsables civiles subsidiarios, la repetición se dirige contra el responsable directo y solo procede si este resulta posteriormente solvente. La jurisprudencia admite también la repetición parcial en función de la cuota fijada por el tribunal o deducida de la naturaleza de la relación interna (STS de 20/06/2007 [*Tol 1116464*]).

En suma, la regulación de la pluralidad de responsables en el proceso penal persigue un doble objetivo: asegurar a la víctima la reparación íntegra mediante la solidaridad externa, y garantizar un reparto equitativo de la carga económica entre los responsables a través de las acciones internas de repetición. El adecuado equilibrio entre ambos planos —externo e interno— es fundamental para que el principio de protección a la víctima no derive en una distribución injusta de la responsabilidad entre los obligados.

BIBLIOGRAFÍA

- ALASTUEY DOBÓN, *La reparación a la víctima en el marco de las sanciones penales*, Tirant lo Blanch, 2000.
- ALONSO-CORTÉS CONCEJO, *Fundamento de la responsabilidad civil delictual*, vol. 1, Valladolid, 1960.
- CALZADA CONDE, *El seguro voluntario de responsabilidad civil*, Montecorvo, 1983.
- CHOCLÁN MONTALVO, «Autonomía del proceso y cuestiones no penales en la jurisdicción penal», EDJ, núm. 58, 2004.
- DURANY PICH., «Las reglas de responsabilidad civil en el nuevo Derecho penal de menores», *Revista electrónica InDret*, 01/2000.
- DEL MORAL GARCÍA, «Responsabilidad civil en el proceso penal: algunos puntos controvertidos (tratamiento jurisprudencial)», Artículo Monográfico, SEPIN, SP/DOCT/109461, noviembre, 2020.
- DEL MORAL GARCÍA, «Aspectos procesales de la responsabilidad civil asociada a delito: recientes tendencias jurisprudenciales», Artículo Monográfico, SEPIN, SP/DOCT/124718, noviembre 2023.
- FONT SERRA, *La acción civil en el proceso penal. Su tratamiento procesal*, La Ley, 1991.
- FONT SERRA, «Reflexiones sobre la responsabilidad civil en el proceso penal», *RJC*, núm. 4, 1988.
- FONT SERRA, E., «La posición jurídica de la entidad aseguradora del vehículo de motor en el proceso penal», *Revista de Derecho de la Circulación*, núm. 6, 1988, pp. 287-297.
- GALINDO AYALA, «Personas directamente responsables», *Estudios Jurídicos del Ministerio Fiscal*, t. III, Madrid, 1997.
- GARCÍA-RIPOLL MONTIJANO, «Comentario al art. 118.1 reglas 1ª y 2ª del Código penal», en *Comentarios al Código penal*, (dir. Cobo del Rosal), t. IV, Madrid, 1999, pp. 453-489.
- GÓMEZ CALLE, «Responsabilidad civil extracontractual. Reforma de los Códigos Civil y Penal en materia de responsabilidad civil del profesorado. Ley 1/1991, de 7 de enero», *ADC*, t. XLIV, enero-marzo, 1991.
- NÚÑEZ CELMA, «La responsabilidad civil en el proceso penal. La reparación integral del daño causado a víctimas y perjudicados», *Revista española de derecho militar*, Nº. 120, 2023.
- QUINTERO OLIVARES, y TAMARIT SUMALLA, «Comentarios al Título V De la responsabilidad civil derivada de los delitos y faltas y de las costas procesales», en *Comentarios al Nuevo Código Penal*, G. Quintero Olivares (dir.), Aranzadi, 2001.
- QUINTERO OLIVARES, «La responsabilidad civil y la reparación en la política criminal contemporánea», *CDJ*, núm. XVI, 2004.
- QUINTERO OLIVARES, «La responsabilidad civil y la reparación en la política criminal contemporánea», *CDJ*, núm. XVI, 2004.
- QUINTERO OLIVARES, «La llamada privatización del derecho penal», *RDPP*, núm. 6, 2001.
- QUINTERO OLIVARES, «Doctrina y jurisprudencia ante el nuevo Código penal español», *Ac.Jdca.Ar.*, núm. 249, junio, 1996.
- QUINTERO OLIVARES, «La reparación del perjuicio y la renuncia a la pena», en *Estudios en memoria del Profesor A. Fernández Albor*, Santiago de Compostela, 1991.

- RAMÓN LÓPEZ-FANDO, «La responsabilidad de las personas naturales o jurídicas titulares de medios de comunicación social, de establecimientos comerciales o industriales y de vehículos (Art. 120, 3, 4 y 5 del Nuevo Código penal)», en *Estudios jurídicos del Ministerio Fiscal*, t. III, 1997.
- REVILLA GONZÁLEZ, *La acción directa contra el asegurador en el proceso civil*, Trivium, 1996.
- RODRÍGUEZ DEVESA, «Responsabilidad civil derivada del delito o falta y culpa extracontractual», en *Libro homenaje al profesor Jaime Guasp*, Colex, 1984.
- ROIG TORRES, *La reparación del daño causado por el delito (Aspectos civiles y penales)*, Tirant lo Blanch, 2000.
- TOMÁS PLA, "La acumulación de la acción civil al procedimiento penal en curso efecto y posibilidades", en *El proceso en tiempos de cambio. VII Processulus: encuentro de jóvenes investigadores en derecho procesal*, coord. por Jesús Conde Fuentes, Pablo García Molina; Paloma Arrabal Platero (dir.), Olga Fuentes Soriano (pr.), Colex, 2023.
- SANTOS BRIZ, «La responsabilidad civil "ex delicto"», *RRCCS*, 1997.
- SANTOS BRIZ, «La responsabilidad civil por hecho ajeno. Su proyección en la Disposición Octava de la Ley 30/1995, de 8 de noviembre, y en el nuevo Código penal», *RDPv*, núm. 5, 1997.
- SANTOS BRIZ, «El ejercicio de la acción civil ante la jurisdicción civil en el supuesto de accidentes de circulación vial (Perspectiva de la Ley Orgánica 3/1989, de 21 de junio, Disposición Adicional Primera)», *RDPv*, 1991.
- SANTOS BRIZ, *La responsabilidad civil. Derecho sustantivo y derecho procesal*, Madrid, 1991.
- SANTOS BRIZ., «Comentario al artículo 1902 del Código civil», en *Comentarios al Código civil y Compilaciones Forales*, (dir. Albadalejo), Montecorvo, 1984.
- SERRANO BUTRAGUEÑO, «Comentarios al Título V De la responsabilidad civil derivada de los delitos y faltas y de las costas procesales», en *Código penal. Comentarios y Jurisprudencia*, t. I, (Arts. 1 a 137), coors. Del Moral García/Serrano Butragueño, Colex, 2002.
- SERRANO BUTRAGUEÑO, «La responsabilidad civil derivada del delito del cheque en descubierto», *Ac.Jdca.Ar.*, núm. 91, marzo, 1993.
- SERRANO BUTRAGUEÑO, «La responsabilidad civil derivada de delito», en *El nuevo Código penal y su aplicación a empresas y profesionales*, Aranzadi, 1996.
- YZQUIERDO TOLSADA, «La responsabilidad del propietario no conductor en el nuevo Código penal», *RRCCS*, junio, 1997.
- YZQUIERDO TOLSADA, *Aspectos civiles del nuevo Código penal (Responsabilidad civil, tutela del derecho de crédito, aspectos de Derechos de familia y otros extremos)*, Aranzadi, 1997.
- YZQUIERDO TOLSADA, «La responsabilidad civil en los últimos proyectos de Código penal (En especial, el de 1994): Más de lo mismo», *Iniuria*, núm. 6, 1995.
- YZQUIERDO TOLSADA, *Responsabilidad civil contractual y extracontractual*, Dykinson, 1993.
- YZQUIERDO TOLSADA, «El perturbador artículo 1092 del Código civil: Cien años de errores», en *Centenario del Código Civil*, Asociación de profesores de Derecho civil, t. II, Aranzadi, 1990.
- YZQUIERDO TOLSADA, «Comentario a la sentencia de 1 de abril de 1990», *CCJC*, núm. 23, abril-agosto, 1990.

– YZQUIERDO TOLSADA, «Aspectos jurídicos del seguro de responsabilidad civil», *RGLJ*, t. XIX, núm. 187, abril, 1990.

Capítulo 10

El objeto del proceso penal

Amaya Arnáiz Serrano[1]
Titular de Derecho Procesal
Universidad Carlos III de Madrid

1. EL OBJETO DEL PROCESO PENAL Y LA POSIBILIDAD DE ACUMULACIÓN HETEROGÉNEA DE ACCIONES

El proceso penal español admite la acumulación en un solo procedimiento de la acción penal y la acción civil derivada de los hechos delictivos, ello ha permitido afirmar que "el objeto penal no coincide con el objeto del proceso", ya que el objeto del proceso es el conjunto de pretensiones válidamente deducidas por las partes a través de las formas procesales legalmente establecidas (GÓMEZ COLOMER, 2019, p. 135). De ahí que el objeto penal pueda coexistir con otras pretensiones que responden a la función resarcitoria del proceso.

Esta posibilidad, prevista expresamente en el art. 100 de la LECrim, configura lo que doctrinalmente se ha denominado "acumulación heterogénea de acciones", en tanto confluyen pretensiones de distinta naturaleza: una de carácter público, dirigida a obtener la aplicación del *ius puniendi* del Estado,

1 https://orcid.org/0000-0001-7125-9667

y otra de naturaleza privada, orientada a la satisfacción del derecho a la reparación del daño causado por los hechos delictivos.

En términos de estructura procesal, dicha acumulación se produce cuando el ejercicio de la acción penal, orientado a obtener un pronunciamiento condenatorio, va acompañado de la acción civil *ex delicto*, que puede dirigirse a obtener la restitución del bien, la reparación del daño o la indemnización de los perjuicios derivados del hecho punible. El art. 100 de la LECrim establece que "la acción civil ha de ejercitarse conjuntamente con la penal cuando de la infracción derive un daño y no se haya hecho expresa reserva de ejercitarla separadamente o no se haya renunciado a la misma".

Por tanto, nuestro ordenamiento jurídico contempla la posibilidad de que el proceso penal pueda tener un objeto doble y de naturaleza heterogénea, esto es:

* *Un objeto penal*: A través del cual se pretende la correcta aplicación del derecho penal, absolviendo o condenando conforme al principio de legalidad, no siendo posible la disposición sobre el mismo —salvo en los delitos privados y en los delitos semipúblicos, frente a los cuales, y como regla general, el ofendido o víctima controla el inicio del procedimiento, control que alcanza a su continuación, aun interpuesta la denuncia, tanto en los privados como en los semipúblicos en el que el perdón del ofendido extingue la responsabilidad penal (art. 130.1.5º, 201.3, 215.3 y 267, todos del CP)— debiendo incoarse un proceso penal ante la sospecha de la comisión de un delito.
* Un *objeto civil*: a través del cual se da resolución a las pretensiones de esta naturaleza (restitución, reparación, indemnización u otras expresamente previstas en la ley), rigiendo en este caso el principio dispositivo, esto es, el perjudicado tiene disposición sobre la pretensión civil, pudiendo renunciar o disponer a ella en cualquier momento.

La razón de ser de esta acumulación del objeto penal y el objeto civil, más allá de razones históricas, debemos encontrarla esencialmente en cuestiones de economía procesal —se da respuesta en un solo procedimiento a ambas pretensiones— y búsqueda de la protección integral del perjudicado por el hecho delictivo.

Esa firme búsqueda de protección de la víctima dentro del proceso penal, la encontramos en que el Ministerio fiscal está llamado a ejercitar la acción civil aun cuando el propio perjudicado se haya personado en la causa para ejercitarla por sí mismo, y solo dejará de hacerlo si el perjudicado renuncia o se reserva la misma (art. 108 LECrim). Previsión legal que, sin embargo, genera numerosos problemas prácticos cuando el órgano jurisdiccional no queda vinculado exclusivamente por la pretensión deducida por el perjudicado titular único del derecho subjetivo sino también por la pretensión deducida por el Ministerio Fiscal; piénsese, por ejemplo, que el Ministerio Fiscal esté pidiendo responsabilidad civil por conceptos distintos a la de la acusación particular o el actor civil, o, incluso, esté pidiendo una cantidad superior.

Al respecto, el prelegislador ha optado por "apartar" al Ministerio Fiscal del ejercicio de la acción civil cuando la víctima o el perjudicado se han personado en el proceso penal; así, tanto en el Anteproyecto de LECrim. de 2011, como en el Borrador de Código Procesal Penal del 2013, como en el actual Anteproyecto de 2020, se establecía que el Ministerio Fiscal no ejercitará la acción civil cuando el perjudicado se constituya en parte del proceso como parte acusadora o actor civil.

Cabe hacer, en todo caso, la reflexión de que la acción civil no pierde su naturaleza por el hecho de ejercitarse en un proceso penal, rigiendo, con relación a dicha acción, el principio de justicia rogada, de tal manera que no parece posible que por el órgano de enjuiciamiento se pueda fijar una cantidad superior —y por los conceptos por los que se pide— a la solicitada por la propia víctima, por más que el Ministerio Fiscal haya solicitado una indemnización mayor.

En todo caso, el objeto civil, o si se prefiere el ejercicio de la acción civil, está subordinado al objeto penal, de tal modo que de finalizar el proceso penal sin responsabilidad penal no es posible el pronunciamiento civil, el cual quedará imprejuzgado. Así, cuando no haya condena penal, la responsabilidad civil queda imprejuzgada y puede exigirse posteriormente, aunque ya ante un tribunal civil y por el procedimiento civil que corresponda (art. 116 LECrim), pues siempre cabe iniciar un proceso civil posterior y sin que pueda oponerse la cosa juzgada —únicamente, no será posible solicitar la tutela civil posterior si la resolución penal declara la inexistencia del hecho que daría origen a la responsabilidad civil—.

Esta situación parece poco protectora de la víctima, y como se ha señalado por la jurisprudencia tendrá un indeseado peregrinaje jurisdiccional, dado que, tras optar por el ejercicio de su acción civil en el proceso penal, dada la falta de competencia sobrevenida, tendrá que volver a ejercitar —con el coste económico, material y temporal que ello conlleva— ante la jurisdicción civil.

En todo caso, como excepción a la exigencia de un pronunciamiento de condena de la responsabilidad penal para que exista un pronunciamiento sobre la responsabilidad civil dentro del proceso penal, tenemos los casos en que concurren, como causas eximentes de la responsabilidad penal, la anomalía o alteración psíquica, la Intoxicación plena por drogas y alcohol, la alteración de la percepción, el estado de necesidad o el miedo insuperable, así como cuando concurre un error invencible de prohibición o error vencible sobre el hecho que no pueda ser calificado de delito imprudente. En todos estos casos, aun no existiendo un pronunciamiento de condena penal, sí podrá entrarse a resolver sobre la responsabilidad civil, todo ello en aplicación de los arts. 118 y 119 del CP.

En consecuencia, el proceso penal español permite la coexistencia de un objeto penal —de carácter principal, indisponible y orientado a la aplicación del Derecho penal— y un objeto civil —de carácter eventual, disponible y sujeto al principio de oportunidad procesal por parte del perjudicado—, sin que por ello se altere la unicidad del proceso ni se comprometa la integridad de sus garantías procesales.

2. EL OBJETO PENAL: CONTENIDO Y DELIMITACIÓN

2.1 Definición y función

El objeto penal del proceso se configura como la pretensión punitiva ejercitada ante el órgano jurisdiccional por el Ministerio Fiscal, la acusación particular, la acusación popular o, en su caso, la acusación privada. Dicha pretensión consiste en la solicitud formal de imposición de una pena o medida de seguridad, formulada en relación con unos hechos concretos atribuidos a una persona determinada, sobre la base de su tipificación penal.

Esta pretensión constituye el contenido típico y necesario del proceso penal, y su ejercicio se rige por el principio acusatorio, lo que exige una estricta separación entre las funciones de acusar y juzgar. Aunque puede ser promovida por sujetos distintos del Estado, su finalidad última —la aplicación del ius puniendi— corresponde exclusivamente al poder público. Por ello, la pretensión penal es indisponible, aun cuando sea ejercida por la acusación particular.

En todo caso, el objeto penal no se identifica con los hechos o delitos en abstracto, sino con una pretensión jurídica estructurada, que delimita el contenido del proceso y sobre la cual recae el pronunciamiento jurisdiccional.

La delimitación del objeto penal es capital en el proceso penal. En primer lugar, cumple una función garantista, al establecer el marco dentro del cual puede ejercerse el derecho de defensa, consagrado en el art. 24.2 de la CE, que reconoce al investigado el derecho a ser informado "de la acusación formulada contra él". Ello impone la necesidad de una determinación precisa, estable y contradictoria del objeto procesal, desde los primeros actos de imputación formal (arts. 118 y 384 LECrim).

En segundo lugar, el objeto penal condiciona múltiples aspectos estructurales del proceso, entre los que cabe destacar: a) la jurisdicción competente, por razón de la materia o de la persona; b) la competencia objetiva, determinada por la pena atribuida al delito (arts. 14 y 801 LECrim); c) el procedimiento aplicable (sumario, procedimiento ordinario, abreviado, por delito leve, etc.), en función de la pena en abstracto prevista (arts. 757, 779 y 962 LECrim); d) la apreciación de litispendencia y cosa juzgada, y e) el alcance del derecho de defensa, que presupone que el imputado haya podido conocer, comprender y contradecir la imputación formulada.

Señala el AAP de Barcelona, Secc. 10ª, de 9/07/2024 [*Tol 10229530*] que: «No rige en el proceso penal la doctrina de las tres identidades de la cosa juzgada en el proceso civil, sino que, de todas estas identidades (objetiva, subjetiva y causa petendi), las únicas determinantes de la litispendencia penal son las que integran el objeto del proceso penal, esto es, la identidad del acusado y la del hecho punible. En el orden procesal, la litispendencia produce el efecto positivo de la perpetuatio iurisdictionis y el negativo de impedir la apertura de un segundo proceso penal por el mismo hecho y contra el mismo acusado. De conformidad con el efecto negativo, a ningún otro Juez de Instrucción se le autoriza la apertura de una instrucción contra un investigado, con respecto al cual exista ya una instrucción en curso sobre el mismo hecho».

En definitiva, el objeto penal no es solo el punto de partida del proceso penal, sino su eje vertebrador, pues delimita el ámbito de enjuiciamiento, estructura el procedimiento y condiciona la validez de las resoluciones que en él se dicten.

2.2 Elementos estructurales

Aunque la determinación dogmática del objeto del proceso penal ha sido objeto de distintas formulaciones doctrinales, tanto la jurisprudencia del Tribunal Supremo como la doctrina del Tribunal Constitucional coinciden en estructurarlo en torno a tres elementos fundamentales, imprescindibles para la delimitación del ámbito de enjuiciamiento:

a) la identidad subjetiva, referida a la persona concreta contra la que se dirige la acción penal;

b) la identidad objetiva, centrada en el hecho punible que se atribuye al acusado, considerado como acontecimiento histórico unitario y jurídicamente relevante; y

c) la homogeneidad del bien jurídico protegido, exigencia derivada del principio acusatorio, que opera como límite a la modificación de la calificación jurídica que garantiza la congruencia entre acusación y fallo.

2.2.1 *Identidad subjetiva*

La delimitación del objeto penal exige, en primer lugar, la identificación precisa del sujeto al que se le imputa la comisión del hecho punible. Esta individualización no puede formularse en términos abstractos o genéricos, sino que debe recaer sobre una persona concreta, cuya participación en los hechos se investiga formalmente. Se trata de un requisito imprescindible para la validez del procedimiento y para el ejercicio efectivo del derecho de defensa —lo que no significa que el procedimiento penal solo pueda darse inicio con la plena identificado del posible autor, siendo de ordinario que el procedimiento es el instrumento para la identificación plena del o de los partícipes en la comisión del hecho delictivo—.

El art. 384 de la LECrim establece que el auto de procesamiento —o resolución equivalente en el procedimiento abreviado— deberá contener «la designación de la persona o personas contra quienes se dirija el procedimiento», exigencia que da cumplimiento al art. 24.2 de la CE, que garantiza el derecho a ser informado de la acusación.

La jurisprudencia del Tribunal Supremo ha reiterado que el auto de procesamiento cumple una función doble: por un lado, delimita el objeto del proceso en sus aspectos subjetivos y objetivos y, de otro, habilita el ejercicio de la acusación formal contra la persona procesada.

Así lo establece la STS de 10/02/2016 [*Tol 5645467*]: «Conforme al art. 384 de la LECrim, 'desde que resultare del sumario algún indicio racional de criminalidad contra determinada persona, se dictará auto declarándola procesada y mandando que se entiendan con ella las diligencias'. El auto de procesamiento representa, en el ámbito del procedimiento ordinario, la resolución por la que el juez de instrucción formaliza la inculpación y delimita objetiva y subjetivamente el proceso. Y lo hace mediante una resolución motivada que encierra la provisionalidad derivada, tanto de su naturaleza como acto de inculpación susceptible de ser dejado sin efecto en atención al resultado final de la investigación, como de la singular configuración de la fase intermedia en nuestro sistema (art. 627 LECrim). Con su dictado, el juez de instrucción expresa la asunción jurisdiccional de los indicios que justificaron la imputación. Del mismo modo, determina la legitimación pasiva, al convertirse en un requisito previo de la acusación, hasta el punto de que nadie puede ser acusado sin haber sido previamente procesado».

Por tanto, el objeto penal, en su dimensión subjetiva, se constituye respecto de una persona concreta cuya responsabilidad penal se pretende hacer valer en juicio.

2.2.2 *Identidad objetiva*

El segundo elemento estructural del objeto del proceso penal es la identidad objetiva, que hace referencia al hecho punible atribuido al acusado. Este hecho constituye el núcleo del objeto del proceso, entendido como el acontecimiento histórico concreto que ha de ser enjuiciado y que da lugar al ejercicio de la pretensión punitiva.

La LECrim, aunque no define expresamente qué debe entenderse por hecho punible, contiene numerosas referencias que permiten inferir su contenido. Así, el art. 292 de la LECrim ordena a la policía judicial que hagan constar en el atestado las diligencias que practiquen en relación con los hechos y con todas las circunstancias que hubiesen observado. El art. 299 de la LECrim también hace referencia a que las diligencias de instrucción que se dirijan a determinar el hecho punible lo hagan también en relación con todas las circunstancias que puedan influir en su calificación, la culpabilidad del delincuente y las circunstancias personales de este. Por su parte, el art. 650.1.1ª impone que el escrito de calificación contenga los hechos punibles que resulten del sumario, su calificación legal, determinando el delito que constituyen, la participación que en ellos hubieren tenido el procesado o procesados, si fueren varios y los hechos que resulten del sumario y que constituyan circunstancias atenuantes o agravantes del delito o eximentes de responsabilidad criminal.

Puede, por tanto, afirmarse que el hecho punible, en cuanto acontecimiento histórico, debe reunir unas condiciones mínimas de concreción: unidad de acción, delimitación espacio-temporal y circunstanciada y tipicidad. Por ello, la determinación del objeto no puede hacerse a partir de simples indicios o sospechas, sino que exige un mínimo grado de determinación fáctica, susceptible de contradicción procesal.

Según la STS de 7/07/2022 [*Tol 9140669*] «El objeto del proceso penal son los hechos, el auto de Procedimiento Abreviado actúa como filtro de los mismos, hechos que, si bien deben ser típicos, resulta indiferente su calificación jurídica, si la misma no afecta a la competencia del órgano judicial o del procedimiento aplicable, que aquí no es el supuesto».

En igual sentido, la jurisprudencia ha precisado que los hechos deben estar claramente delimitados desde la acusación, y no pueden ser alterados por el tribunal sin vulnerar el principio acusatorio.

Asimismo, el objeto penal además de requerir como elemento básico un hecho punible, individualizado y dotado de unidad natural y típica, precisa que no pueda ser sustituido, ampliado ni reformulado sin observar las garantías procesales.

La delimitación del hecho relevante para el proceso ha sido objeto de distintas teorías doctrinales sobre la identidad del hecho, que pueden sintetizarse en tres corrientes principales (GÓMEZ COLOMER, 2019, p. 137):

* La *teoría naturalista*, que concibe el hecho como un acaecer fáctico unitario, limitado por coordenadas espacio-temporales.

* La *teoría voluntarista*, que pone el acento en la voluntad del autor como elemento unificador del hecho.
* La *teoría normativista*, según la cual el hecho es el conjunto de actos que, conforme a la legislación penal, configuran una unidad de sentido jurídico (el tipo penal).

Este último enfoque, más acorde con el sistema español, es el que mejor se ajusta a los fines del proceso penal. Como señala GIMENO SENDRA, «el hecho penalmente relevante es aquel que puede ser subsumido en un tipo penal, y cuya existencia permite la prosecución del procedimiento, la atribución subjetiva y la formulación de una pretensión de condena» (2015, p. 302).

La jurisprudencia ha abordado esta cuestión de forma reiterada. Así, el Tribunal Constitucional ha exigido una delimitación clara del hecho objeto de acusación para garantizar el derecho de defensa (SSTC 12/1981 [*Tol 79427*], 95/1995 [*Tol 82834*], 35/2004 [*Tol 359889*], entre otras).

Del mismo modo, en el ATS de 18/04/2024-*Tol 10016481*, se ha sostenido, sobre la imposibilidad de introducir en el juicio oral hechos nuevos que transformen sustancialmente el objeto de la acusación, que: «Sobre esta cuestión, hemos manifestado STS 18/2023, de 19 de enero, que "las modificaciones fácticas deben corresponder, en clásica formulación doctrinal italiana, con elementos que forman parte de la "struttura económica della fattispecie" que fue objeto de la acusación inicial. Esto es, datos que por su conexión con la categoría fáctico-normativa de referencia no suponen introducir una nueva realidad factual, significativamente diversa del objeto procesal previamente configurado, que comporte la adición de nuevos delitos, ampliando el alcance objetivo de la acusación [...] no caben mutaciones tan esenciales que supongan una alteración de los elementos básicos identificadores de la pretensión penal tal y como quedó acotada provisionalmente en los previos escritos de acusación evacuados en la fase de preparación del juicio oral". En esta misma resolución, manteníamos que "el límite de la modificación radica, insistimos, en la esencialidad respecto tanto a la concreta figura delictiva por la que finalmente se condena, como con relación al propio objeto fáctico-normativo delimitado en la acusación provisional que determina la apertura del juicio oral. La novación esencial sobrevenida del objeto acusatorio compromete la equidad del proceso al introducirse una significativa alteración de los equilibrios comunicativos y defensivos a los que debe responder en su desarrollo"».

Por ello, aunque el objeto penal va concretándose y delimitándose a lo largo del procedimiento, lo que se conoce como cristalización del objeto del proceso, cualquier mutación relevante en la concreción del objeto debe ser puesta en conocimiento del sometido al proceso, en recta aplicación del derecho a ser informado de la acusación.

En suma, el objeto penal del proceso, en su dimensión objetiva, se configura a partir de hechos penalmente relevantes, atribuidos a una persona concreta, delimitados con claridad, dotados de tipicidad y unidad de sentido, y cuya alteración solo puede producirse con pleno respeto al principio de contradicción y al derecho de defensa.

Además, la delimitación objetiva del objeto penal incide directamente en los efectos de la litispendencia y la cosa juzgada.

Así, la STS de 5/11/2012 [*Tol 2708237*] prevé que: «...para que opere la cosa juzgada, siempre habrán de tenerse en cuenta cuáles son los elementos identificadores de la misma en el ámbito del proceso penal, y frente a la identidad subjetiva, objetiva y de causa de pedir exigida en el ámbito civil, se han restringido los requisitos para apreciar la cosa juzgada en el orden penal, bastando los dos primeros, careciendo de significación, al efecto, tanto la calificación jurídica como el título por el que se acusó, cuando la misma se base en unos mismos hechos».

Esta delimitación también tiene importancia en relación con los efectos de litispendencia y cosa juzgada. A estos efectos, debe verificarse la coincidencia del hecho punible objeto de enjuiciamiento con aquel que fue juzgado o está pendiente de enjuiciamiento en otro proceso.

Según la STS de 19/07/2022 [*Tol 9217436*]: «En las numerosas ocasiones en las que esta Sala ha abordado el entendimiento constitucional de la cosa juzgada, ha proclamado que lo relevante para evaluar su concurrencia, es la identidad de los hechos, objetiva y subjetiva (SSTS 980/2013, 14 de noviembre, 21 de marzo de 2002 o 23 de diciembre de 1992). Sintetizando la doctrina jurisprudencial de esta Sala, la STS 846/2012, 5 de noviembre, recoge que "...para que opere la cosa juzgada, siempre habrán de tenerse en cuenta cuáles son los elementos identificadores de la misma en el ámbito del proceso penal, y frente a la identidad subjetiva, objetiva y de causa de pedir, exigida en el ámbito civil, se han restringido los requisitos para apreciar la cosa juzgada en el orden penal, bastando los dos primeros, careciendo de significación, al efecto, tanto la calificación jurídica como el título por el que se acusó, cuando la misma se base en unos mismos hechos (SSTS de 16 de febrero y 30 de noviembre de 1995, 17 octubre y 12 de diciembre de 1994, 20 junio y 17 noviembre de 1997, y 3 de febrero y 8 de abril de 1998)". Y detallando la identidad subjetiva, hemos proclamado que el análisis debe entenderse proyectado únicamente sobre el sujeto activo del delito, por ser la persona contra la que se dirigió la acusación en la primera causa, quedando definitivamente absuelto o condenado, y ser él quien resulta amparado por la proscripción del *bis in idem* y la imposibilidad de resultar condenado o sometido a un segundo proceso».

Finalmente, en lo que respecta a la congruencia procesal, la jurisprudencia ha reiterado que el tribunal sentenciador no puede dictar una resolución fundada en hechos distintos de los que fueron objeto de acusación.

Así, la SAP de La Coruña, Secc. 6ª, de 30/03/2020 (ROJ: SAP C 966/2020 - ECLI:ES:APC:2020:966), vino a señalar: «[...] ha de existir siempre correlación entre la acusación y el fallo de la sentencia. Ese deber de congruencia, sin embargo, no implica un deber incondicionado para el órgano judicial de estricta vinculación a las pretensiones de la acusación. Lo decisivo a efectos de la lesión del art. 24.2 de la Constitución Española es la efectiva constancia de que hubo elementos esenciales de la calificación final que de hecho no fueron ni pudieron ser plena y frontalmente debatidos, pues lo determinante es verificar que no se introduzca un elemento o dato nuevo al que la parte o partes, por su lógico desconocimiento, no hubieran podido referirse para contradecirlo. En la sentencia no puedan introducirse sorpresivamente valoraciones jurídicas nuevas que, por tal motivo, la defensa no haya tenido ocasión de rebatir. Juega ese derecho absolutamente, también pese a que no haya datos novedosos, cuando se trata de valoraciones jurídicas agravatorias en la medida en que desbordan los límites de la acusación frente a la que se articuló la defensa. No existe infracción constitucional si el Juez valora los hechos y los calibra de modo distinto a como venían siéndolo, siempre que con ello no se introduzca un elemento o dato nuevo al que la parte no hubieran podido referirse para contradecirlo en su caso [...]. En tal sentido, por ejemplo, la sentencia 193/2018 del Sala de lo Civil del Tribunal Supremo, de fecha 24 de abril de 2018: [...] *Proclama la STS 977/2012, de 30 de octubre*: [...] *En definitiva, fijada la pretensión, el Juzgador está vinculado a los términos de la acusación con un doble condicionamiento, fáctico y jurídico* (STC 228/2002, *de 9 de diciembre*). *Desde la primera de las perspectivas la congruencia exige que ningún hecho o acontecimiento que no haya sido delimitado por la acusación como objeto para el ejercicio de la pretensión punitiva, sea utilizado para ser subsumido como elemento constitutivo de la responsabilidad penal, siempre y cuando se trate de una variación sustancial, pues el Juzgador conserva un relativo margen de autonomía para fijar los hechos probados de conformidad con el resultado de los medios de prueba incluyendo aspectos circunstanciales siempre que no muten la esencia de lo que fue objeto de controversia en el debate procesal (SSTC 10/1988, de 1 de febrero; 225/1997, de 15 de diciembre; 302/2000, de 11 de diciembre y la ya citada 228/2002).*»

2.2.3 Homogeneidad del bien jurídico

El tercer elemento estructural del objeto penal es la homogeneidad del bien jurídico protegido, que opera como límite jurídico a las variaciones de la calificación jurídica durante el proceso, especialmente en el trámite de conclusiones definitivas. Este requisito, aunque no previsto de forma expresa en la legislación, ha sido desarrollado por la jurisprudencia constitucional, ordinaria y del TEDH como garantía del principio acusatorio y del derecho de defensa.

A diferencia de la identidad objetiva, que se refiere al hecho histórico, y de la identidad subjetiva, centrada en el investigado, la homogeneidad del bien jurídico cumple una función de control normativo sobre las modificaciones cualitativas de la imputación penal. En consecuencia, impide al tribunal dictar sentencia condenatoria por un delito distinto del inicialmente atribuido si con ello se altera el bien jurídico esencial protegido, pues ello generaría una indefensión material incompatible con el derecho de defensa.

La jurisprudencia constitucional ha establecido que toda modificación relevante del objeto procesal debe preservar el derecho de defensa. Así, en la STC 120/2005 [*Tol 636367*], se afirma que la alteración de la calificación jurídica solo será admisible si no introduce hechos nuevos ni modifica sustancialmente los parámetros fácticos esenciales o el bien jurídico protegido. Por su parte, la STC 228/2002 [*Tol 224811*] reitera que el acusado debe haber tenido una posibilidad real de ejercer su defensa, sin sufrir mutaciones sorpresivas de la imputación.

Por su parte, la jurisprudencia del Tribunal Supremo ha consolidado este principio como manifestación del deber de congruencia entre acusación y sentencia.

Así, la STS de 1/02//2011 [*Tol 2041999*] advierte que: «La congruencia entre acusación y sentencia exige que no se altere la calificación jurídica de forma que se genere indefensión por afectar a un bien jurídico distinto o agravar el marco punitivo sin que el acusado haya podido ejercitar su derecho de defensa».

Se considera que el órgano jurisdiccional puede modificar la calificación jurídica de los hechos, siempre que no se altere el núcleo fáctico ni el contenido esencial del bien jurídico protegido, pero esa modificación sólo será admisible si el acusado ha podido conocerla oportunamente y ha tenido posibilidad efectiva de contradicción (MORENO CATENA, 2024, p. 187).

Aunque el TEDH no utiliza expresiones literales como "homogeneidad del bien jurídico" o "modificación admisible si el núcleo fáctico permanece inalterado", su jurisprudencia consolida inequívocamente el principio según el cual cualquier cambio de calificación jurídica debe ser notificado oportunamente y debe permitir una defensa práctica y efectiva (art. 6.3 del Convenio: SSTEDH de 25 jul 2000, nº 23969/94, Mattoccia c. Italy; Pélissier y Sassi v. France (STEDH de 25/03/1999, Block v. Hungary [*Tol 2649196*], entre otros). Esta doctrina se alinea con el requisito doctrinal de *mutatio nomini*s que respeta el objeto material del juicio y protege el derecho de contradicción.

Luego, la exigencia de homogeneidad del bien jurídico protegido, como límite a la mutación de la calificación jurídica en sentencia, no es un formalismo sino una garantía estructural del derecho de defensa. Solo si el bien jurídico permanece inalterado cabe afirmar que el acusado ha sido efectivamente oído sobre los términos relevantes de la imputación.

Por tanto, la determinación del objeto penal actúa no solo como instrumento de delimitación del proceso, sino como condición de legitimidad del enjuiciamiento mismo, asegurando que el acusado sea juzgado únicamente por hechos previamente formulados como objeto de acusación, y en relación con una calificación jurídica que no le resulte sorpresiva ni imprevisible.

La legislación procesal española recoge esta exigencia a través del artículo 788.3 LECrim, aplicable al procedimiento abreviado, que impone al tribunal el deber de comunicar a las partes su intención de modificar la calificación jurídica, "a fin de que puedan formular nuevas conclusiones y proponer prueba sobre las nuevas circunstancias".

Luego, la homogeneidad del bien jurídico constituye una proyección del principio de contradicción y del derecho de defensa, de manera que sólo puede dictarse sentencia condenatoria por delito distinto del imputado si se mantiene el mismo bien jurídico afectado y se otorga al acusado la posibilidad efectiva de defenderse (GIMENO SENDRA, 2015, p. 305).

En definitiva, la exigencia de homogeneidad del bien jurídico actúa como una garantía sustancial del principio acusatorio. Su finalidad es evitar resoluciones sorpresivas, preservar la congruencia entre acusación y sentencia, y asegurar que el acusado ha podido preparar y ejercer su defensa frente a los concretos términos de la imputación.

Al respecto, resulta ilustrativa la STS de 21/09/2023 [*Tol 9731730*], que vino a razonar: «[...] el principio acusatorio, íntimamente vinculado al derecho constitucional de estar informado de la acusación y por extensión, estrechamente relacionado con el derecho fundamental a la defensa, que se protegen en el art. 24 CE, tiene su regla de oro en la exigencia de identidad fáctica entre los hechos imputados y los que fundamentan la calificación jurídica efectuada por el tribunal y homogeneidad en dicha calificación respecto a la realizada por la acusación. Desarrollando esta máxima, debe señalarse que el principio acusatorio no se vulnera, siempre que concurran los siguientes requisitos: a) que el tribunal respete el apartado fáctico de la calificación acusatoria, que debe ser completo, con inclusión de todos los elementos que integran el tipo delictivo sancionado y las circunstancias que repercutan en la responsabilidad del acusado, y específico, en el sentido de que permita conocer con precisión cuáles son las acciones que se consideran delictivas. Pero estándole radicalmente vedado al tribunal valorar hechos con relevancia jurídico-penal no incluidos en el acta de acusación. b) Que entre el tipo penal objeto de acusación y el calificado por el tribunal existe una relación de homogeneidad en relación con el bien jurídico protegido en uno y otro, en el sentido de que todos los elementos del delito sancionado por el tribunal no exista un componente concreto del que el condenado no haya podido defenderse. [...] A esto es a lo que se refieren los conceptos de identidad fáctica y de homogeneidad en la calificación jurídica: a la existencia de una analogía tal que entre los elementos esenciales de los tipos delictivos que la acusación por un determinado delito, posibilita también per se la defensa en relación con los homogéneos respecto a él».

3. LA DELIMITACIÓN PROGRESIVA DEL OBJETO DEL PROCESO PENAL

El objeto del proceso penal no se define de manera estática ni inmediata, sino que se va configurando y precisando progresivamente a lo largo de las distintas fases del procedimiento. Esta evolución, que la doctrina denomina "cristalización del objeto procesal", responde tanto a las exigencias del principio acusatorio como al respeto del derecho de defensa, consagrado en el art. 24.2 de la CE. De manera que, cualquier mutación relevante en la concreción del objeto debe ser puesto en conocimiento del sometido al proceso, en recta aplicación del derecho a ser informado de la acusación.

Este proceso de configuración progresiva discurre en torno a tres momentos: a) la fase de instrucción, en la que se individualiza el hecho punible y su posible autor; b) la fase intermedia o de acusación, en la que se formaliza la pretensión penal; y c) la fase de enjuiciamiento, donde el objeto se estabiliza a través de las conclusiones definitivas (ASENCIO MELLADO, 1991, p. 43)

En la fase de instrucción, la finalidad es determinar si existen indicios racionales de criminalidad respecto de unos hechos y de una persona determinada. El art. 299 de la LECrim establece que el sumario lo constituyen todas "las actuaciones encaminadas a preparar el juicio y practicadas para averiguar y hacer constar la perpetración de los delitos con todas las circunstancias que puedan influir en su calificación y la culpabilidad de los delincuentes". Esta fase culmina con una resolución formal que delimita provisionalmente el objeto procesal: el auto de procesamiento (en el procedimiento ordinario, art. 384 LECrim) o el auto de incoación del procedimiento abreviado (art. 779.1.4ª LECrim).

Si bien es cierto que el auto de procesamiento no crea por sí mismo el objeto del proceso, sí fija los contornos provisionales de la pretensión que puede ejercitarse en su momento, pues esta resolución permite concretar tanto la imputación personal como los elementos fácticos y jurídicos básicos que configuran el objeto penal (DE LA OLIVA SANTOS, 1972, p. 24).

En la fase intermedia, el objeto del proceso se formaliza a través del escrito de calificación, que constituye el acto procesal central de configuración formal del objeto penal.

Conforme al art. 650 de la LECrim, dicho escrito debe contener:
1º Los hechos punibles que resulten del sumario.
2º La calificación legal de los mismos hechos, determinando el delito que constituyan.
3º La participación que en ellos hubieren tenido el procesado o procesados, si fueren varios.
4º Los hechos que resulten del sumario y que constituyan circunstancias atenuantes o agravantes del delito o eximentes de responsabilidad criminal.
5º Las penas en que hayan incurrido el procesado o procesados, si fueren varios, por razón de su respectiva participación en el delito.

En el procedimiento abreviado, el art. 781.1 de la LECrim establece exigencias similares. Es en este momento cuando la pretensión penal se formula con plenitud, y queda definitivamente acotado el objeto procesal en sus tres dimensiones: subjetiva (persona acusada), objetiva (hecho punible) y jurídica (calificación legal y pena interesada).

Finalmente, en la fase de juicio oral, el objeto puede sufrir ajustes formales a través del trámite de conclusiones definitivas (art. 732 LECrim). Las partes pueden modificar sus escritos iniciales, pero siempre conforme al principio de congruencia y con respeto a la contradicción. Las alteraciones no pueden introducir hechos nuevos esenciales ni modificar sustancialmente el bien jurídico protegido.

Sobre esta progresiva cristalización del objeto del proceso —o, si se prefiere, progresiva delimitación de su contorno— a lo largo de las distintas fases del mismo, resulta ilustrativa la STS de 10/01/2024 [*Tol 9845858*], que vino a señalar: «En la conformación del objeto hemos acudido a lo que en alguna jurisprudencia se ha denominado progresiva cristalización del objeto del proceso que constituye el elemento básico para la conformación del principio acusatorio, se sustenta, de forma acumulativa a lo largo del proceso. Si inicialmente, este se integra por el contenido de la denuncia, conforma avanza su andadura va incorporando nuevos elementos para su confirmación definitiva en el escrito de calificación provisional, las resoluciones de apertura del juicio oral, con en el que se entra el juicio, y de calificaciones, o conclusiones definitivas, al término de la fase probatoria del juicio oral. Es en ese momento cuando queda definitivamente fijado el ámbito del objeto del proceso. A partir de ese momento, el informe oral es un elemento argumentativo en defensa de las conclusiones definitivas y su análisis permite reforzar la argumentación de la acusación y defensa, no conformando el objeto del proceso que quedó definitivamente conformado en las conclusiones definitivas».

La delimitación progresiva del objeto es expresión del principio acusatorio en su vertiente garantista, pues solo puede juzgarse al acusado por los hechos y en los términos que hayan sido objeto de imputación y contradicción, conforme al principio de legalidad procesal (VERGER GRAU, 1994, p. 81).

Al respecto, la STC 1/2020 [*Tol 7709426*], vino a expresar que: "La doctrina de este Tribunal, en relación con el principio acusatorio, ha establecido que si bien este principio no aparece expresamente mencionado entre los derechos constitucionales que disciplinan el proceso penal, hay que reconocer como protegidos en el art. 24.2 CE ciertas garantías que configuran los elementos estructurales de dicho principio, que trasciende el derecho a ser informado de la acusación, ya que quedan vinculados, además, con los derechos constitucionales de defensa y a la imparcialidad judicial (así, STC 113/2018, de 29 de octubre, FJ 3). A ello se ha añadido que entre el haz de garantías protegidas por el art. 24.2 CE conformadoras del principio acusatorio (i) se encuentra la de que nadie puede ser condenado por cosa distinta de la que se le ha acusado y de la que, por lo tanto, haya podido defenderse, habiendo precisado a este respecto que por 'cosa' no puede entenderse únicamente un concreto devenir de acontecimientos, un *factum*, sino también la perspectiva jurídica que delimita de un cierto modo ese devenir y selecciona algunos de sus rasgos, pues el debate contradictorio recae no solo sobre los hechos, sino también sobre su calificación jurídica; (ii) la íntima relación existente entre el principio acusatorio y el derecho a la defensa implica la exigencia de que el imputado tenga posibilidad de rechazar la acusación que contra él ha sido formulada tras la celebración del necesario debate contradictorio en el que haya tenido oportunidad de conocer y rebatir los argumentos de la otra parte y presentar ante el órgano judicial los propios, tanto los de carácter fáctico como los de naturaleza jurídica; (iii) este derecho de defensa contradictoria determina la obligación del órgano judicial de pronunciarse dentro de los términos del debate, tal y como han sido formulados por la acusación y la defensa, lo cual, a su vez, significa que en última instancia ha de existir siempre correlación entre la acusación y el fallo de la sentencia, y (iv) esa sujeción no es tan estricta como para impedir al órgano judicial modificar la calificación de los hechos enjuiciados en el ámbito de los elementos que han sido o han podido ser objeto de debate contradictorio, de manera que no se produce infracción constitucional alguna cuando el juez valora los hechos y los calibra de modo distinto a como venían siéndolo, siempre y cuando ello no suponga la introducción de un elemento o dato nuevo al que, dado su lógico desconocimiento, no hubiera podido referirse la parte para contradecirlo en su caso (así, por ejemplo, STC 172/2016, de 17 de octubre, FJ 10)". (En el mismo sentido, las SSTC 120/2005, de 10 de mayo, FJ 5; 228/2002, de 9 de diciembre, FJ 5; 4/2002, de 14 de enero, FJ 3; 5; 95/1995, de 19 de junio, FJ 3; 12/1981, de 10 de abril, FJ 4).

El Tribunal Supremo, en línea con la doctrina del Tribunal Constitucional, ha reiterado su adhesión a una interpretación amplia del principio acusatorio. Según esta concepción, no basta con que el órgano judicial se limite a los hechos introducidos por las partes acusadoras; también está obligado a respetar los límites jurídicos de la acusación, sin introducir una calificación más gravosa que la postulada. En otras palabras, la jurisprudencia distingue entre una lectura estricta del principio, centrada únicamente en el plano fáctico, y una lectura expansiva, que abarca también los elementos jurídicos del objeto del proceso. Es esta última la que sostiene el Tribunal Supremo, al considerar que cualquier modificación sustancial de la calificación jurídica que suponga un agravamiento de la imputación sin oportunidad de contradicción vulnera el derecho de defensa del acusado (STS de 30/12/2020 [*Tol 8351406*]).

En este contexto, el art. 733 de la LECrim adquiere relevancia como instrumento legal de corrección procesal, ya que permite al tribunal requerir a las partes que aclaren o reformulen sus conclusiones cuando estime que podrían infringirse garantías esenciales. La Exposición de Motivos de la LECrim justifica la existencia de este precepto señalando que, de no preverse esta facultad judicial, el error del fiscal en la calificación "produciría la impunidad del delincuente", dado el efecto del principio non *bis* in ídem. Esta formulación parece identificar el principio acusatorio únicamente con la calificación jurídica, enfoque que en la práctica ha resultado excesivamente restrictivo. Ha servido para establecer una doctrina jurisprudencial que delimita con precisión cuándo resulta obligatorio aplicar la tesis de desvinculación del art. 733 LECrim y cuándo no es necesario su empleo.

En términos generales, el precepto se activa como garantía del derecho de defensa cuando el órgano judicial se aparta de los términos jurídicos de la acusación y dicha desviación puede suponer un perjuicio material para el acusado. Así ocurre, por ejemplo, cuando el tribunal introduce una calificación jurídica más grave que la sostenida por las acusaciones —lo que comporta una elevación del marco punitivo—, o bien cuando se incorpora una circunstancia agravante no invocada previamente. En tales casos, el principio acusatorio impone al tribunal el deber de poner de manifiesto su intención de modificar los términos del debate, a fin de permitir que las partes formulen nuevas conclusiones y propongan prueba sobre los elementos introducidos. Así lo expresó el Tribunal Supremo en su STS de 20/03/2018 [*Tol 6554402*], al señalar que:

> «Al Juez le está vedado calificar los hechos de manera que integren un delito penado más gravemente si este agravamiento no fue sostenido en juicio por la acusación, ni imponer una pena mayor que la que corresponda a la pretensión acusatoria fijada en las conclusiones definitivas, dado que se trata de una pretensión de la que no pudo defenderse el acusado».

Del mismo modo, el Tribunal Constitucional en su STC 205/1989 [*Tol 81776*], declaró que:

> «Vulnera el derecho a la tutela judicial efectiva la apreciación por el Tribunal de instancia de una agravante de responsabilidad criminal —en el caso de autos, la reincidencia—, que no ha sido incluida en la acusación, ni objeto de previo planteamiento conforme a lo establecido en el art. 733 de la Ley de Enjuiciamiento Criminal».

Esta misma doctrina se ha aplicado cuando el tribunal eleva el grado de participación (por ejemplo, de cómplice a cooperador necesario) o el grado de ejecución del delito (de tentativa a consumación: STS de 30/12/2020 [*Tol 8301530*]). En todos estos supuestos, la omisión del trámite previsto en el art. 733 LECrim supone la vulneración del derecho de defensa, al privar al acusado de la posibilidad real de oponerse a una imputación más gravosa que la formulada en su contra.

No obstante, la jurisprudencia también ha delimitado cuándo no es necesario acudir a la tesis de desvinculación sin entender modificado el objeto del proceso y, por tanto, afectado el principio acusatorio. Así ocurre cuando el tribunal dicta sentencia por un delito homogéneo al acusado inicialmente y que conlleva una pena igual o inferior, sin introducir elementos fácticos nuevos. Como ya recordó el Tribunal Constitucional en su Sentencia 12/1981 [*Tol 110820*]:

> «Según la jurisprudencia y la doctrina más autorizada, los hechos posiblemente constitutivos de delito son el objeto del proceso penal. Sobre ellos recae primariamente la acusación y sobre ellos versa el juicio contradictorio en la vista oral. La calificación jurídica de tales hechos corresponde en principio al Tribunal, en virtud del principio iura novit curia. Pero esta caracterización esquemática del proceso penal no debe hacer olvidar que la calificación jurídica no es ajena al debate contradictorio y que el principio iura novit curia tiene importantes limitaciones: los escritos de calificación comprenden, entre otros extremos, la calificación legal de los hechos, determinando el delito que constituyen (art. 650 LECrim); y éste, como los otros puntos de esos, escritos, puede ser modificado después de practicadas las diligencias de prueba en el juicio oral (art. 732 LECrim). Ello supone que el debate contradictorio recae no sólo sobre los hechos, sino también sobre su calificación jurídica. Normalmente, el Tribunal de instancia acoge en su Sentencia una de las califica-

ciones propuestas por las partes. De igual forma, en el recurso de casación por infracción de Ley, el Tribunal Supremo confirma habitualmente la calificación de la Sentencia recurrida o casa ésta dictando nueva Sentencia en que se acoge la petición del recurrente o la de uno de éstos, si son varios.
Pero en virtud del principio iura novit curia, de esta práctica usual cabe apartarse dentro de ciertos límites. El Tribunal Supremo así lo ha entendido al considerar, en relación con el juicio de instancia, que se puede condenar por un delito distinto del apreciado en los escritos de calificación, siempre que la condena sea por un delito de igual o menor gravedad que los señalados en dichos escritos, cuando, sin variar los hechos objetos de la acusación, tengan los delitos considerados la misma naturaleza o sean homogéneos, aunque constituyan distintas, pero cercanas modalidades dentro de la tipicidad penal. Tratándose de delito de mayor gravedad, el Tribunal no puede condenar por él sin pedir a las partes que le ilustren sobre esa posibilidad, haciendo uso de la facultad que le confiere el art. 733 de la LECrim (STS, 15 diciembre 1951, con doctrina confirmada por otras más recientes, como las de 8 de febrero, 16 de abril, 18 de noviembre y 26 de diciembre de 1979).»

Tampoco es necesario recurrir al precepto cuando el tribunal aprecia circunstancias atenuantes no alegadas por las partes, por cuanto no generan indefensión, sino que benefician al reo.

Interesante al respecto, resulta la STS de 23/07/2014 [*Tol 4513565*], que vino a recordar: En otro orden de cosas, es doctrina clara que el Tribunal puede de oficio apreciar una atenuante cuya concurrencia haya quedado acreditada, pese a que no la haya solicitado expresamente la defensa. Bien es cierto que podría hacer uso del art. 733 LECrim, pero ese mecanismo solo es obligado cuando la discrepancia es *in peius*. Ni el principio acusatorio ni el contradictorio exigen inexcusablemente el planteamiento de la tesis para la apreciación de atenuantes o para calificaciones más benignas. Desde la perspectiva de las partes acusadoras también ha de prestarse salvaguarda al principio de contradicción, de forma que tengan ocasión efectiva de combatir jurídicamente cualquier modulación u objeción a su pretensión. No es una inequívoca exigencia legal, pero desde luego el principio de contradicción queda más preservado si en los casos de calificaciones más beneficiosas no alegadas o atenuantes no invocadas que son introducidas por el Tribunal *ex officio*, antes hiciese uso del planteamiento de la tesis que prevé también para esos supuestos el art. 733 LECrim (o el correspondiente precepto paralelo del procedimiento abreviado: art. 788.3º LECrim). El tema, en todo caso, dados los intereses en juego en el proceso penal, se plantea en términos radicalmente distintos que cuando se trata de la defensa. En este segundo caso estaríamos ante la vulneración de un derecho fundamental (derecho a ser informado de la acusación). La violación del principio de contradicción en detrimento de la defensa exige una respuesta contundente y tajante. Las acusaciones, a fin de cuentas, no hacen valer derechos propios en el proceso penal: el *Ius puniendi* está monopolizado por el Estado. En el caso de introducción en la sentencia de calificaciones más beneficiosas no invocadas la previa información es algo que puede ser aconsejable o conveniente pero que no es exigible". No había óbice por tanto para incluir esa atenuante no invocada en la sentencia.

En definitiva, la aplicación del art. 733 LECrim no puede entenderse como una fórmula automática, sino como una exigencia funcional del principio acusatorio, cuya activación está condicionada al potencial impacto de la modificación del objeto del proceso que conlleve afectación del derecho de defensa del acusado (GARCÍA RUIZ, 2023, p. 10). El precepto actúa, por tanto, como garantía de corrección dialéctica del proceso penal, asegurando que toda desviación sustancial del objeto procesal sea previamente puesta en conocimiento de las partes y sometida a contradicción.

4. RELEVANCIA PRÁCTICA DE LA DETERMINACIÓN DEL OBJETO PROCESAL PENAL

La correcta delimitación del objeto del proceso penal reviste una importancia decisiva desde el punto de vista funcional y garantista. Su relevancia no se agota en la estructuración formal del procedimiento, sino que incide de manera directa sobre cuestiones tan esenciales como la jurisdicción y la competencia del órgano judicial, la legitimación para el ejercicio de la acción penal, el procedimiento aplicable, la apreciación de la conexidad procesal, los efectos de la litispendencia y la cosa juzgada, así como el pleno ejercicio del derecho de defensa.

Luego, la fijación del objeto penal condiciona prácticamente la totalidad del proceso, en cuanto determina sus elementos subjetivos, fácticos y normativos, pero también sus efectos procesales y materiales, como la competencia, la procedencia de acumulaciones o la extensión de la cosa juzgada (ASENCIO MELLADO, 2022, p. 4).

4.1 Jurisdicción y competencia

El hecho punible, en tanto que núcleo del objeto penal, determina la jurisdicción competente para conocer del proceso y condiciona la validez de las actuaciones practicadas. Esta relación se articula, por un lado, a través de las reglas de jurisdicción por razón de la materia y del territorio (arts. 14 y ss. LECrim); y, por otro, mediante la determinación del órgano judicial competente por razón de la pena —competencia objetiva—.

En este marco, el objeto del proceso —en su dimensión objetiva y jurídica— permite determinar: a) si el asunto corresponde a la jurisdicción penal ordinaria o a una especial (como la militar); b) si es competente el juzgado de instrucción, el juzgado central de instrucción —en caso de la Audiencia Nacional—, en función de la naturaleza del delito —hoy, conforme a la reforma operada por la LO 1/2025, jueces de la Sección de Instrucción de los Tribunales de Instancia o del Tribunal Central de Instancia, cuando de la Audiencia Nacional hablamos[2]— o un magistrado del tribunal superior de justicia o del tribunal supremo en caso de aforamiento de la persona investigada; y c) si procede tramitar el proceso por sumario, procedimiento abreviado o delito leve, lo cual a su vez repercute en el órgano de enjuiciamiento.

Asimismo, la delimitación del objeto penal comporta también la delimitación de los poderes del órgano judicial, puesto que define el marco dentro del cual puede actuar válidamente el órgano jurisdiccional sin incurrir en extralimitaciones. Todo ello pone de relieve que el objeto no solo estructura el contenido del enjuiciamiento, sino que además fija los límites de la competencia objetiva y funcional, lo que incide directamente en la validez del procedimiento.

Por tanto, la correcta delimitación del objeto penal es presupuesto de validez competencial, pues permite identificar con precisión la jurisdicción llamada a intervenir, y evita que el procedimiento se vea afectado por nulidades derivadas de la falta de competencia. En definitiva, el objeto penal actúa como referente normativo y funcional del marco de actuación del juez penal.

2 En adelante, y para mayor claridad y sencillez en la redacción, salvo que merezca mayor concreción en el texto que se introduzca su referencia, nos referiremos a «*juez instructor*» como a cualquiera de los jueces con competencia funcional en materia de investigación judicial de delitos, integrado en la Sección que corresponda del Tribunal de Instancia competente (o, en su caso, del Tribunal Central de Instancia, cuando de la Audiencia Nacional hablamos) —*v.gr.* sección de instrucción o de la sección única de civil y de instrucción, sección de violencia sobre la mujer, o sección de violencia contra la infancia y adolescencia ...—, o al juez correspondiente del TS o TSJ al que se le atribuya dicha competencia funcional cuando la competencia objetiva venga determinada a dichos tribunales por razón de aforamiento del investigado. Asimismo, dicha referencia al «*juez instructor*» lo es también teniendo en cuenta la posibilidad de que, en los casos determinados en el art. 84.6 LOPJ, se nombre a dos jueces, conforme a un turno preestablecido y público, para que, junto con el juez a quien le hubiere sido turnado el asunto inicialmente, se encarguen de la instrucción de un determinado proceso penal. Por último, la referencia al «*juez penal*», nos referiremos también al «juez de lo penal» o «jueces de lo penal» como a cualquiera de los jueces de la Sección de lo Penal del Tribunal de Instancia competente (o, en su caso, del Tribunal Central de Instancia, cuando de la Audiencia Nacional hablamos), así como a los distintos órganos colegidos del orden jurisdiccional penal (AP, TSJ, AN, TS). En el capítulo 5 de esta obra puede consultarse una explicación completa del nuevo modelo orgánico de los Tribunales de Instancia que introduce la LO 1/2025.

4.2 Legitimación para el ejercicio de la acción penal

La naturaleza del hecho imputado y su calificación legal condicionan la legitimación activa para ejercitar la acción penal. El ordenamiento distingue entre delitos públicos, semipúblicos y privados, según quiénes estén habilitados para promover el proceso penal.

En los delitos públicos, la acción penal puede ser ejercitada por el Ministerio Fiscal, con carácter obligatorio (arts. 124 CE y 105 LECrim); la acusación particular, por el ofendido o perjudicado (arts. 101 y ss. LECrim) y la acusación popular, por cualquier ciudadano, entidad o colectivo que actúe en defensa del interés general, con los límites previstos por la legislación y la jurisprudencia (arts. 125 CE y 270 LECrim).

En los delitos semipúblicos, como las amenazas condicionales no graves o los delitos de acoso, algunos delitos leves, se requiere denuncia previa del ofendido o de su representante legal (arts. 101.2 y 103 LECrim). Solo entonces el Ministerio Fiscal o la acusación particular pueden ejercer la acción penal.

Cabe destacar, no sin cierta discusión doctrinal, que no parece que exista limitación a la intervención de la acusación popular en causas en las que se investiguen delitos semipúblicos, una vez cumplido el requisito del procedibilidad, esto es, denuncia de la víctima u ofendido, pues no debemos confundir la imposibilidad de interponer querella en delitos semipúblicos por persona distinta a la víctima u ofendido con la imposibilidad de, una vez pretendida denuncia o querella por la referida víctima u ofendido, no se pueda constituirse en la causa determinada persona como acusación popular. Al respecto, de manera ilustrativa, el AAN de 5/09/2022 [*Tol 9245269*], vino a razonar: «La *Abogacía del Estado* parte de un lamentable error de considerar que, en los llamados delitos semipúblicos, esto es, aquellos en que el Código Penal establece el ejercicio de la acción penal por el ofendido como presupuesto de procebilidad, está legalmente excluida la acción popular, siendo que el art. 104 de nuestra LECrim limita tal exclusión a los delitos privados, que actualmente son única y exclusivamente los de calumnias e injurias. En los semipúblicos o semiprivados, una vez formulada la denuncia, no existe obstáculo legal para el ejercicio de la acción popular fuera de los supuestos contemplados en los arts. 102 y 103 de la LECrim. Otra interpretación sería limitativa del derecho a la tutela judicial efectiva en los términos antes expuestos».

Finalmente, en los delitos privados, como las injurias y calumnias, únicamente el acusador privado —es decir, el ofendido o su representante legal— puede iniciar y sostener la acción penal (arts. 215 CP y 104 LECrim). Ni el Ministerio Fiscal ni la acusación popular están legitimados para intervenir.

Por tanto, la delimitación del objeto penal incide asimismo en la legitimación para promover la pretensión de condena que variará según la clase de delito: público, semipúblico o privado en que pueda subsumirse el hecho. Esta conexión entre el objeto y la legitimación revela que no puede configurarse válidamente una pretensión penal sin identificar, al mismo tiempo, a quién corresponde su ejercicio.

Como consecuencia, la identificación del objeto penal no solo implica la delimitación de los hechos y del investigado, sino también la determinación de quién está habilitado para ejercer la acción en función del tipo de delito imputado. En este sentido, la legitimación es un requisito estructural de validez del proceso, pues sin parte acusadora legítima no puede constituirse válidamente el objeto penal ni desarrollarse el juicio.

4.3 Procedimiento aplicable

La configuración del objeto penal también condiciona de forma directa el procedimiento penal aplicable, en función de la pena prevista para el delito atribuido, del grado de complejidad que exija la investigación y la tramitación del caso. Se trata de una relación técnica entre la naturaleza del objeto penal y el cauce procedimental que corresponde legalmente para su enjuiciamiento.

La correcta delimitación del objeto penal —en su dimensión subjetiva, objetiva y jurídica— es, por tanto, el presupuesto para aplicar el procedimiento adecuado, ya que la calificación jurídica provisional atribuida al hecho punible determinará no sólo la competencia objetiva sino también el tipo de procedimiento a seguir.

La ley, al establecer una vinculación directa entre la gravedad del hecho punible y el cauce procedimental a seguir, determina que la identificación inicial del objeto penal condicione todo el esquema del proceso (BANACLOCHE, 2019, p. 121).

En consecuencia, el objeto penal no solo determina qué se enjuicia y a quién, sino también cómo se enjuicia, al establecer el marco procesal conforme al cual deben tramitarse las actuaciones, con todas sus implicaciones en términos de plazos, actos procesales y garantías específicas.

4.4 Conexidad procesal

La determinación del objeto penal permite establecer la existencia de conexidad entre distintos procedimientos o hechos, lo que a su vez faculta la acumulación de causas para su enjuiciamiento conjunto. Esta figura se configura como una herramienta de economía procesal y coherencia judicial, evitando la fragmentación de procesos que guardan una relación lógica o fáctica entre sí.

El art. 17 LECrim regula los supuestos de conexidad, entre los que destacan: a) la comisión de varios delitos por una misma persona (conexidad subjetiva); b) la coparticipación en un mismo hecho delictivo por varias personas; y c) la conexión instrumental o finalística, cuando un delito se comete para facilitar, ejecutar u ocultar otro.

La doctrina entiende que, para que pueda hablarse de conexidad y acumular causas penales, es imprescindible que los hechos estén debidamente delimitados y exista un grado suficiente de proximidad fáctica o funcional entre ellos. Tal delimitación exige que el objeto de cada proceso esté previamente determinado en su triple dimensión: subjetiva, objetiva y jurídica.

Por tanto, la aplicación de las reglas de conexidad presupone que el objeto penal esté claramente delimitado, de forma que pueda compararse su compatibilidad con otros procedimientos (GIMENO SENDRA, 2015, p. 306).

Por tanto, la identidad o proximidad del objeto procesal entre causas distintas opera como condición previa para valorar la procedencia de la acumulación, conforme a los criterios legales, sin que sea suficiente una mera coincidencia contextual o temporal. La acumulación solo puede acordarse cuando se garantice que no se vulneran derechos fundamentales ni se altera la igualdad de armas procesales entre las partes implicadas.

4.5 Litispendencia y cosa juzgada

La litispendencia penal se configura cuando un mismo objeto —esto es, el mismo hecho punible atribuido a la misma persona— es objeto de enjuiciamiento en más de un procedimiento, lo que impide la apertura de un nuevo proceso penal por los mismos hechos. La litispendencia penal opera como una causa de inadmisibilidad de nuevos procedimientos cuando existe coincidencia sustancial entre el objeto de dos causas penales en trámite, impidiendo que un mismo hecho sea objeto de persecución penal simultánea. Su fundamento no se halla en una disposición legal específica, sino en el desarrollo jurisprudencial del principio non *bis* in ídem, y exige, para su apreciación, la identidad del hecho punible y del sujeto pasivo del proceso. Como ha señalado el Tribunal Supremo, esta institución responde a la necesidad de evitar duplicidades procesales que puedan derivar en resoluciones contradictorias, afectando a la seguridad jurídica y al derecho de defensa. En este sentido, la STS de 19/07/2022 [*Tol 9217436*] recuerda que:

> «Para que opere la litispendencia penal es necesario que concurra una coincidencia sustancial en el objeto procesal de las causas: identidad del sujeto y del hecho histórico imputado, sin que sea relevante la calificación jurídica propuesta por las partes».

Ciertamente, se puede matizar el alcance de la litispendencia en el orden jurisdiccional penal, pudiendo argumentarse que no se puede hablar de litispendencia en los estrictos términos del proceso civil, donde no rige, entre otros, el principio de oficialidad.

Así, cuando el 17.1 de la LECrim habla de un procedimiento por cada delito no piensa necesariamente que una segunda denuncia sobre los mismos hechos se tenga que archivar necesariamente, sino que el segundo órgano tendrá que inhibirse al primero o requerirle de inhibición a éste.

Piénsese, por ejemplo, en una literal duplicidad de denuncia —donde encajaría a priori la aplicación de las consecuencias de la litispendencia—; pues bien, incluso ahí, tendríamos la incertidumbre sobre si con la segunda denuncia se han aportado elementos probatorios o datos no acompañados en la primera, lo que nos aleja de la idea de que el juez, en todo caso, deba archivar esta segunda denuncia por litispendencia, sino que lo que debiera proceder es acumular ambas causas, en el que se incorporen todos estos elementos probatorios y datos que permita una adecuado esclarecimiento de los hechos, en esa búsqueda de la verdad material que debe presidir el proceso penal y que se desprende de la lectura del referido art. 17.1 LECrim.

Pese a la consolidación doctrinal y jurisprudencial que reconoce la litispendencia penal como una manifestación del principio *non bis in ídem* y como mecanismo de racionalización del proceso penal para evitar duplicidades, existen pronunciamientos que adoptan una interpretación más restrictiva o incluso negadora de su operatividad autónoma. Algunas resoluciones de audiencias provinciales han sostenido que la litispendencia carece de encaje propio en el proceso penal, por no estar expresamente regulada en la LECrim, y rechazan su admisión como excepción procesal, desplazando la solución del eventual conflicto entre procedimientos al ámbito exclusivo de la cosa juzgada. Estas posturas, como las que se recogen en las sentencias que se analizarán a continuación, reflejan una corriente jurisprudencial menor que desestima la aplicación de categorías procesales civiles —como la litispendencia— en el enjuiciamiento penal, a favor de un enfoque formalista del texto legal.

> En este sentido parece posicionarse la SAP de Asturias, Secc. 3ª, de 26/04/2023 [*Tol 9619061*], cuando señala: «La litispendencia penal no es una excepción admisible en el procedimiento penal. No pueden aplicarse al proceso penal normas propias del civil y que no están recogidas en la LECrim. Los arts. 3 a 7 de esta nuestra Ley Rituaria se refieren a la litispendencia civil y administrativa, pero no a la penal, que se resuelve de acuerdo con los principios non *bis* in ídem y de cosa juzgada. Nada impide la condena del recurrente por los hechos objeto de enjuiciamiento entre tanto no lo haya sido previamente, pudiendo aducir en su caso si fuera acusado por ellos en otro procedimiento más moderno o atrasado la excepción de cosa juzgada».

En similar sentido la SAP de Santander, Secc. 3ª, de 17/05/2021 [*Tol 8507921*]: «no es admisible una excepción de "litispendencia penal en un procedimiento penal". No pueden aplicarse al proceso penal normas que son características del proceso civil (artículos 222 y 421 de la Ley de Enjuiciamiento Civil) y que no están recogidas expresamente en la ley rituaria penal. Los artículos 3 a 7 de la Ley de Enjuiciamiento Criminal se refieren a litispendencia civil o administrativa, pero no a litispendencia penal, que se resuelve de acuerdo con los principios *non bis in ídem* y de cosa juzgada formal o material».

En todo caso, reducir el tratamiento de la duplicidad de procedimientos al exclusivo ámbito de la cosa juzgada quizá suponga una respuesta tardía e ineficaz, pues esta última solo puede operar cuando ya existe una resolución firme, mientras que la litispendencia actúa en un momento anterior, como mecanismo de prevención del doble enjuiciamiento. Además, al negar toda operatividad a la litispendencia en fase de instrucción o enjuiciamiento simultáneo, se puede vulnerar el principio de unidad del proceso penal recogido en el art. 17.1 LECrim, así como el mandato de evitar dilaciones indebidas.

Por su parte, la cosa juzgada penal actúa como límite al ejercicio de la jurisdicción penal, al impedir que un mismo hecho ya enjuiciado pueda ser objeto de un nuevo proceso penal con igual fundamento jurídico y respecto del mismo acusado. Cuando sus efectos se proyectan más allá del procedimiento en el que se dictó la resolución, se configura como cosa juzgada material, expresión del principio non *bis* in ídem, cuya raíz constitucional se encuentra en el art. 25.1 de la CE, y que cuenta con reconocimiento en el art. 14.7 del PIDCP y en el art. 4 del Protocolo núm. 7 del CEDH. Su apreciación requiere la concurrencia de una identidad objetiva (hecho punible) y subjetiva (persona procesada) respecto del objeto procesal previamente enjuiciado, y constituye una garantía frente a la reiteración del poder punitivo del Estado. Esta doctrina ha sido reiterada por la jurisprudencia, así en la STS de 5/11//2012 [*Tol 2708237*], puede leerse que:

> «...para que opere la cosa juzgada, siempre habrán de tenerse en cuenta cuáles son los elementos identificadores de la misma en el ámbito del proceso penal, y frente a la identidad subjetiva, objetiva y de causa de pedir exigida en el ámbito civil, se han restringido los requisitos para apreciar la cosa juzgada en el orden penal, bastando los dos primeros, careciendo de significación, al efecto, tanto la calificación jurídica como el título por el que se acusó, cuando la misma se base en unos mismos hechos».

Luego, tanto la litispendencia como la cosa juzgada son consecuencia directa de la delimitación del objeto penal. La claridad con que se identifique el hecho punible y la persona encausada resultan imprescindibles para aplicar estas instituciones sin riesgo de solapamientos o de vulneración del principio *non bis in ídem*.

En suma, la correcta delimitación del objeto penal no solo es condición para un enjuiciamiento válido, sino también requisito funcional para evitar procedimientos paralelos, decisiones contradictorias y lesiones al principio de seguridad jurídica. Así, la litispendencia y la cosa juzgada penal se revelan como expresiones del principio de legalidad y del debido proceso.

En todo caso, la cosa juzgada penal no impide el ejercicio posterior de la acción civil derivada del delito, salvo cuando la sentencia penal declare de forma expresa la inexistencia del hecho o niegue la participación del acusado, pues en tales supuestos la jurisdicción civil queda vinculada por la declaración de inexistencia del ilícito (arts. 222 LEC y 116 LECrim). En los demás casos —como la absolución por insuficiencia probatoria— la acción civil permanece viva y puede ser ejercitada ante la jurisdicción civil conforme a los arts. 109 y 116 LECrim, sin perjuicio de la fuerza probatoria de la sentencia penal en cuanto a los hechos declarados probados.

Esta situación parece poco protectora de la víctima que como se ha señalado por la jurisprudencia tendrá un indeseado peregrinaje jurisdiccional, dado que, tras optar por el ejercicio de su acción civil en el proceso penal, dada la falta de competencia sobrevenida, tendrá que volver a ejercitar —con el coste económico, material y temporal que ello conlleva— ante la jurisdicción civil.

4.6 Derecho de defensa

La determinación del objeto penal constituye una garantía esencial del derecho de defensa, en tanto permite al acusado conocer con precisión los hechos que se le imputan, la calificación jurídica propuesta y las penas solicitadas, asegurando así su capacidad de contradecir la acusación y preparar adecuadamente su defensa. El art. 24.2 de la CE consagra el derecho fundamental a un proceso con todas las garantías y, en particular, el derecho a ser informado de la acusación formulada, lo que exige una configuración precisa, clara y estable del objeto del proceso.

La adecuada delimitación del objeto del proceso penal, respetando el principio acusatorio y las garantías de contradicción y publicidad, constituye un presupuesto imprescindible para el ejercicio efectivo del derecho de defensa. Por ello, la cristalización progresiva del objeto penal solo será válida si el acusado ha podido conocer, comprender y contradecir la imputación en cada fase del procedimiento" (MORENO CATENA, 2024, p. 188). Es preciso recordar que el principio acusatorio se manifiesta en el derecho del acusado a conocer con antelación suficiente la acusación concreta formulada en su contra, así como a defenderse de forma efectiva frente a ella. De manera que, el derecho a ser informado de la acusación incluye tanto la identificación de los hechos como la calificación jurídica atribuida, y cualquier variación sustancial que afecte a uno u otro debe ir acompañada de un traslado efectivo que permita al acusado oponerse y alegar lo que a su derecho convenga.

En suma, el objeto penal actúa como eje estructural del proceso, orientando no solo la actuación del órgano judicial y de las partes, sino también la eficacia de las garantías fundamentales que informan el proceso penal, entre ellas, de forma primordial, el derecho de defensa.

Al respecto, resulta ilustrativa la STS de 28/01/2020 [*Tol 7774714*]: «La esencia del principio acusatorio consiste en asegurar la vigencia del derecho de defensa, propiciando que la defensa del imputado pueda actuar su derecho a defenderse de una previa acusación que le ha sido comunicada y que no pueda verse sorprendido por una subsunción inesperada efectuada por un tribunal que, como hemos señalado, no tiene legitimidad para efectuar un reproche sin una acusación previa. El tribunal se sitúa en el enjuiciamiento como un órgano que recibe una relación fáctica y una subsunción, comunicada a la defensa, y que en el juicio debe proceder a la reconstrucción del hecho con la celebración de la prueba que las partes proponen para su valoración. En su conformación hemos acudido a lo que en alguna jurisprudencia se ha denominado progresiva cristalización del objeto del proceso que constituye el elemento básico para la conformación del principio acusatorio, se sustenta, de forma acumulativa a lo largo del proceso. Si inicialmente, este se integra por el contenido de la denuncia, conforma avanza su andadura va incorporando nuevos elementos para su confirmación definitiva en el escrito de calificación provisional, con en el que se entra el juicio, y de calificaciones, o conclusiones definitivas, al término de la fase probatoria del juicio oral. Es en ese momento cuando queda definitivamente fijado el ámbito del objeto del proceso. A partir de ese momento, el informe oral es un elemento argumentativo en defensa de las conclusiones definitivas y su análisis permite reforzar la argumentación de la acusación y defensa, no conformando el objeto del proceso que quedó definitivamente conformado en las conclusiones definitivas».

5. EL OBJETO CIVIL: PRETENSIÓN RESARCITORIA DERIVADA DE LOS HECHOS DELICTIVOS

5.1 Fundamento y naturaleza

La Ley de Enjuiciamiento Criminal, en su art. 100, prevé la posibilidad de ejercitar conjuntamente en un mismo proceso la acción penal y la acción civil derivada del delito. Esta posibilidad configura lo que la doctrina ha denominado acumulación heterogénea de acciones, ya que se tramitan conjuntamente dos pretensiones de naturaleza diversa: la pública, dirigida a obtener la aplicación del *ius puniendi*, y la privada, orientada a la reparación de los daños causados por el hecho punible.

La acción civil acumulada se deduce en el proceso penal como objeto contingente, que se integra funcionalmente sin alterar su finalidad principal.

Como se ha subrayado doctrinalmente, "la acumulación de estos objetos no se produce en plano de igualdad. La pretensión punitiva constituirá el objeto principal y necesario. La pretensión civil, en cambio, se convierte en accesoria o contingente" (FENECH, 1952, p. 479). Esta accesoriedad tiene consecuencias en el plano procesal, pues la competencia del juez penal para conocer del objeto civil es de carácter adhesivo (*secundum eventum litis*), lo que significa que solo se mantendrá si se dicta una sentencia penal condenatoria. En caso de absolución, la acción civil queda imprejuzgada, reservándose su ejercicio a la vía civil ordinaria (art. 112 LECrim).

Esta facultad de acumulación no se deja en manos exclusivamente del perjudicado pues el art. 108 de la LECrim, impone al Ministerio Fiscal la obligación de ejercitar la acción civil junto con la penal, salvo que el perjudicado haya renunciado a ella o se la haya reservado para ejercitarla ante la jurisdicción civil. Esta previsión, encaminada a dar protección a la parte perjudicada, carece sin embargo de sentido cuando el propio perjudicado se encuentra personado ejercitando la acción, pues a diferencia de lo que sucede con la pretensión penal, la pretensión civil obedece a un derecho subjetivo del perjudicado.

Esta acumulación no supone una alteración de la naturaleza civil de la acción resarcitoria. Su deducción en el proceso penal no convierte el procedimiento en un juicio civil, sino que introduce una pretensión privada en un proceso de naturaleza pública como es el penal. Luego, la deducción de la pretensión civil en el proceso penal supone la inserción de un juicio civil (que no de un procedimiento) en un proceso penal (GÓMEZ ORBANEJA, 1947, p. 287).

Ahora bien, la acumulación heterogénea de acciones no está exenta de críticas pues puede provocar la sobredimensión del objeto civil, especialmente en materias complejas como daños en accidentes de tráfico. También puede suponer un retardo en la respuesta penal, que queda supeditada a la tramitación de la cuestión civil, cuando esta es compleja. Además, en ocasiones, el ejercicio de la acción civil puede condicionar la conformidad premiada en los juicios rápidos si no hay certeza sobre la responsabilidad civil.

Por ello, entre las propuestas *lege ferenda* destacadas se encuentran la posibilidad de apertura de un incidente contradictorio en ejecución de sentencia (hoy previsto en art. 115 CP); o la posibilidad de que el juez instructor acuerde, mediante resolución motivada, remitir la acción civil a la vía civil cuando su enjuiciamiento comprometa gravemente la eficacia del proceso penal. Esta opción aparece reconocida en el Anteproyecto de LECrim de 2020. Se trata de conciliar la posibilidad de obtener a través del proceso penal la reparación integral de los perjuicios ocasionados por los hechos delictivos, pero sin que esta opción pueda desnaturalizar o poner en riesgo las garantías propias del proceso penal.

5.2 Requisitos de la acumulación: conexión objetiva y causa directa

Para que la pretensión civil pueda ejercitarse en el proceso penal, deben concurrir una serie de presupuestos procesales y materiales. En primer lugar, debe existir una conexión objetiva entre la acción penal y la civil, es decir, ambas deben derivar del mismo hecho histórico. Este requisito precisa de: a) la identidad del hecho originador de la responsabilidad penal y civil, y b) que el daño cuya reparación se pretende traiga causa directa del hecho aparentemente delictivo. Por ello, la acción civil deducible en el proceso penal tiene como presupuesto que los daños, además de ser ciertos y determinados, traigan causa directa en unos acontecimientos históricos aparentemente delictivos. Esta exigencia excluye del objeto civil todas aquellas pretensiones que, aunque relacionadas con el hecho, no sean su consecuencia directa —por ejemplo, la acción de repetición entre aseguradoras o los conflictos derivados de relaciones contractuales previas—.

En segundo lugar, la competencia del juez penal para resolver sobre la acción civil acumulada es accesoria, y solo se mantiene si se dicta sentencia penal condenatoria, salvo en los casos expresamente previstos en los arts. 118.2 y 119 del CP. Pero debe tenerse presente que la responsabilidad civil no desaparece por la inexistencia de responsabilidad penal en sentido estricto, salvo que la sentencia penal declare la inexistencia del hecho. Lo que desaparece con el pronunciamiento absolutorio es la competencia adhesiva, la competencia para pronunciarse sobre el objeto civil.

No obstante, respecto a la posibilidad de condena civil sin condena penal, el art. 118.2 del CP establece expresamente que el autor del hecho estará obligado a reparar el daño "cuando la exención de responsabilidad criminal se funde en la concurrencia de alguna de las circunstancias previstas en los apartados 1º, 2º y 3º del art. 20", como son la anomalía psíquica, la intoxicación o el estado de necesidad. La responsabilidad civil puede extenderse a tutores, responsables de la situación o beneficiarios del hecho (arts. 118 y 119 CP); esta previsión de la norma sustantiva, encuentra reflejo en la norma procesal, así, por ejemplo, lo podemos observar expresamente en el art. 782.1 LECrim.

5.3 Contenido de la acción civil

La acción civil acumulada al proceso penal tiene por finalidad el restablecimiento integral de la situación jurídica del perjudicado por el hecho delictivo, a través de una respuesta resarcitoria que incluya todos los efectos derivados del hecho punible. Como establece el art. 109 del Código Penal, "la ejecución de un hecho descrito por la ley como delito obliga a reparar, en los términos previstos en las leyes, los daños y perjuicios por él causados".

Esta responsabilidad civil derivada del hecho delictivo comprende, conforme a los arts. 111 a 113 del CP:

* La *restitución del bien*, mediante la devolución de la cosa obtenida ilícitamente o, en su defecto, el abono de su valor (art. 111 CP).
* La *reparación del daño*, que incluye cualquier medida tendente a restablecer la situación anterior a la comisión del delito, ya sea por restitución material o por actuaciones de compensación funcional (art. 112 CP).
* La *indemnización de perjuicios*, que abarca tanto los daños materiales como los morales, no solo a la víctima directa, sino también a otras personas perjudicadas por el delito (art. 113 CP).

La búsqueda de la reparación en el proceso penal, no constituyendo el objeto principal del proceso penal, no puede ser considerada como una función secundaria del proceso, sino como un componente esencial del resarcimiento integral que busca proteger a la víctima. De hecho, se trata de un objeto autónomo respecto del objeto penal, aunque funcionalmente subordinado a su existencia.

Esa vocación de restaurar el orden quebrantado por el hecho delictivo ha llevado a que el contenido de la acción civil en el proceso penal, descrito en el art. 100 del CP, se haya ido ensanchando vía jurisprudencial y legal. Así podía leerse en la STS de 29/03/2021 [*Tol 8422403*] que:

«Al igual que cabe responsabilidad civil ex delicto, con su régimen sustantivo específico (art. 1092 CCiv), ejercitada al margen del proceso penal, existen supuestos de obligaciones civiles (o de otros órdenes extrapenales, vgr., obligaciones tributarias) que, no constituyendo responsabilidad civil nacida de delito, pueden excepcionalmente ejercitarse en el proceso penal por expresa previsión legal basada en razones de política criminal (evitar el peregrinaje de jurisdicciones). En principio solo son susceptibles de resolverse en el proceso penal aquellos efectos civiles que son consecuencia directa del delito, (no aquellos otros que, pudiendo estar vinculados a la infracción penal, no traen causa de ella); y que, además, pueden integrarse en alguno de los contenidos definidos en el art. 110 CP. En el proceso penal no son ejercitables reclamaciones patrimoniales basadas en legislación extrapenal, salvo que exista una atribución específica. Así se infiere del art. 615 LECrim, pieza legal clave para entender la posición jurisprudencial: en el proceso penal solo cabe decidir la responsabilidad civil de terceros cuando el título de reclamación tome como base la regulación del Código Penal: "Cuando en la instrucción del sumario aparezca indicada la existencia de responsabilidad civil de un tercero con arreglo a los artículos respectivos del Código Penal...". Por eso, v.gr., la responsabilidad patrimonial del Estado construida con arreglo a las normas administrativas no se puede reclamar en un proceso penal (vid SSTS de 12 de mayo de 1999 y 1164/2001, de 18 de junio). Ni tampoco, en rigor, los salarios derivados de un contrato de trabajo que pudiera revestir caracteres delictivos (STS 639/2017, de 28 de septiembre). En el reverso, se presentan casos de obligaciones civiles (o de otro orden) no nacidas directamente de delito que, sin embargo, por declaración legal expresa o por virtud de una interpretación jurisprudencial sí cabe ejercitar en el proceso penal. Un ejemplo son los resarcimientos debidos a daños no típicos, pero causados a raíz de un delito de riesgo (STS Pleno 390/2017, de 30 de mayo). Se pueden reclamar en el proceso penal, pero su régimen sustantivo será el que deriva del Código Civil. Su plazo de prescripción será el previsto en la legislación correspondiente y no el de cinco años (art. 1964 CCivil). Otro caso, puesto de relieve por la jurisprudencia en estos últimos años es la deuda tributaria en los delitos de los arts. 305 y ss. Se ha venido a entender que, aunque no sea una obligación pecuniaria nacida de delito (la deuda es previa) y no se rija por el Código Penal (sino por la normativa tributaria), ha podido exigirse en el proceso penal por expresa voluntad del legislador (STS 277/2018, de 8 de junio y de 704/2018, de 15 de enero de 2019)". El art. 193 CP enriquece ese listado, que podría ampliarse con algún otro caso».

El legislador ha ido ampliando los contornos del objeto civil deducible en el proceso penal, contemplando supuestos específicos en determinados tipo penales. En el delito de impago de pensiones, el art. 227.3 del CP califica como responsabilidad civil el abono de las cuantías impagadas. En delitos sexuales, el art. 193 del CP permite que la sentencia penal contenga pronunciamientos civiles sobre filiación o alimentos, sin necesidad de proceso separado. La publicación de la sentencia condenatoria, como forma de reparación moral en delitos contra el honor se prevé en el art. 214.II del CP. La privación de la patria potestad, en casos de delitos sexuales sobre menores se contempla en el art. 55 del CP.

Por vía jurisprudencial se ha admitido en determinados casos la nulidad de negocios jurídicos celebrados en fraude de acreedores, en el contexto de delitos de alzamiento de bienes (art. 257 CP), siempre que se dé audiencia a los terceros que siendo parte del contrato del que se pide la nulidad son ajenos al delito:

En este sentido, la STS de 25/05/2012 [*Tol 2567194*], establece que «En el presente supuesto no se ha procedido a esas declaraciones de nulidad porque no eran solicitadas por ninguna de las acusaciones: rige el principio de rogación. No hubiese sido posible, además, pues no habían sido llamadas al proceso como partes las entidades que habían intervenido en las operaciones de compraventa, exigencia insoslayable para esa anulación que, por afectarles de manera directa, no puede acordarse sin su previa audiencia para que puedan ejercer su derecho de defensa».

El requerimiento de dar posibilidad de defensa a quien pueda verse afectado por la nulidad de los contratos en el proceso penal ha sido recogido en los anteproyectos de reforma procesal penal, con la figura del tercero afectado. En la actual regulación existe la figura del tercero afectado pero referido al que lo es por el decomiso acordado en la causa (art. 803 ter.a y ss. de la LECrim). No permitir la defensa del tercero perjudicado por la nulidad en un proceso penal del que no es parte supondría la afectación de su derecho de defensa, debiendo permitirse su actuación en un estatus similar al que le corresponde al responsable civil que, como el tercero afectado, el pronunciamiento civil produce un efecto negativo en su esfera patrimonial.

Piénsese en anulación de un negocio jurídico realizado en fraude de acreedores o la demolición de un inmueble que recaen sobre bienes cuya titularidad corresponde a terceras personas, debiendo permitirse a estas hacer valer sus derechos en el proceso penal. Al respecto, el Anteproyecto LECrim 2020, en sus artículos 135 expone que son terceros afectados los que "no teniendo la condición de encausados, responsables civiles o perjudicados, ostenten la titularidad de los bienes que hayan de ser decomisados o destruidos o de un derecho real o de crédito que haya de verse irremediablemente perjudicado", para señalar en su artículo 138 que «La intervención de los terceros afectados en el procedimiento se ajustará a lo dispuesto en el artículo 131 de esta ley para los terceros responsables civiles».

Además, el contenido de la acción civil puede comprender también el resarcimiento de los denominados daños no típicos, es decir, aquellos que no constituyen el núcleo del tipo penal, pero que resultan causalmente derivados del hecho ilícito" (GIMENO SENDRA, 2015, p. 302). Ejemplo paradigmático de esta ampliación es la STS del Pleno de 30/05/2017 [*Tol 6174921*] que admite el resarcimiento de daños en delitos de peligro abstracto como el del art. 379 del CP, aplicando analógicamente la disposición adicional 3ª del Código Penal cuando haya daños efectivos. En dicha sentencia puede leerse que:

«El art. 379 Cpenal, define un delito de riesgo abstracto, que se consuma exclusivamente por el peligro corrido, no exigiendo la realidad de daños o lesiones. Las barreras de protección están adelantadas. No obstante, en el caso de que se produzca un resultado dañoso, ya de daños materiales o corporales, el art. 382 Cpenal, cuyo origen se encuentra en el Cpenal de 1973, en concreto en el art. 340 *bis* c) se establece —y se establecía— el principio de absorción y mayor rango punitivo y en consecuencia solo se sancionaba la infracción más gravemente penada, condenando en todo caso —frase que se mantiene en el actual art. 382 Cpenal— al pago de la indemnización civil que se hubiera originado. Ello es —y era— obligado por aplicación de la normativa existente en relación a tales pronunciamientos civiles.

Estos son los argumentos que abonan la decisión de esta Sala Segunda:

1) El art. 109-1° Cpenal establece como criterio y norma general como se deriva de su ubicación sistemática en el Libro I del CP que "la ejecución de un hecho descrito por la ley como delito, obliga a reparar, en los términos previstos en la ley, los daños y perjuicios por él causados". Se trata, como se ha dicho, de un precepto general que impone tal causa indemnizatoria cuando se acredite el nexo causal entre el hecho constitutivo de delito y el resultado dañoso.

2) En relación con el art. 382 Cpenal, en él se establece una norma concursal cuando junto con el delito de riesgo abstracto, concurra otro delito de resultado. En tal caso, y por el juego de tal norma solo se sanciona el más gravemente penado, pero —y esto es importante— en todo caso deben satisfacerse los perjuicios causados, de suerte que si el delito más grave es el de resultado, se sancionará este último, con los pronunciamientos civiles a que hubiese lugar, pero si el más grave de los delitos siguiera siendo el de riesgo abstracto, solo se sancionará este, pero además se indemnizarán los perjuicio causados. "En todo caso".

Por lo tanto la norma concursal del art. 382 Cpenal no puede interpretarse en el sentido de que vacíe de contenido el deber indemnizatorio ex art. 109-1º Cpenal.

3) El art. 116 Cpenal abunda en la misma idea de que "toda persona criminalmente responsable de un delito, lo es también civilmente si del hecho se derivasen daños o perjuicios". A notar que habla del "hecho" no del delito, [...]

4) Se comparte totalmente la reflexión del Ministerio Fiscal en relación a la Disposición Adicional Tercera del Cpenal de 1995. Por supuesto que la traída al argumentario en favor de la tesis del Ministerio Fiscal de procedencia del pago de los daños causados de tal Disposición Adicional, es una interpretación analógica pero carece de virtualidad la pretendida prohibición de interpretación analógica en contra del reo, por la sencilla razón de que tal prohibición opera exclusivamente en el ámbito penal, en relación a la aplicación de tipos delictivos.

El actual debate se sitúa extramuros del ámbito penal, ya que se trata de una Disposición de naturaleza civil, aunque injertada en el proceso penal, pero no por ello pierde su naturaleza civil y por tanto, le es de plena aplicación el art. 4 del Ccivil según el cual "procederá la aplicación analógica de las normas cuando estas no contemplen un supuesto específico, pero regulen otro semejante entre los que se aprecie identidad de razón".

Como ya recordaba la STS 936/2006 de 10 de octubre de esta Sala: "La llamada responsabilidad civil ex delicto no es diferente de la responsabilidad civil extracontractual ordinaria de los arts. 1902 y ss. del Código Civil. Ello implica afirmar la naturaleza plenamente dispositiva de la responsabilidad civil y sí la responsabilidad civil ex delicto se resuelve en definitiva, un caso de responsabilidad extracontractual, estamos ante una relación jurídica material privada, que podrá dar lugar a una pretensión declarativa de condena. Su regulación en el Código Penal no significa, por tanto, un cambio de naturaleza jurídica, es decir, la acción civil ex delicto no pierde su naturaleza civil por el hecho de ser ejercitada en un proceso penal".

En el presente caso, es patente la analogía existente entre el caso recogido en la Disposición Adicional citada, cuya literalidad en referencia a los arts. 267 y 621 —daños imprudentes y falta de imprudencia grave con resultado de lesiones— que ha quedado descontextualizado por las posteriores reformas del Cpenal, y el actual supuesto analizado.

5) En análogo sentido se pronunció la Circular de la Fiscalía General del Estado 10/2011 sobre criterios para la unidad de actuación especializada en materia de seguridad vial que es claramente proclive que se acuerde la indemnización por los daños y perjuicios causados derivados del delito del art. 379 Cpenal con independencia del alcance de dicho daño.

Retenemos al respecto el siguiente párrafo: "...Más enjundia ofrecen los casos constitutivos de daños imprudentes atípicos. La acción civil ex delicto es difícilmente sostenible al no haber infracción penal. La exclusión del resarcimiento de estos daños llevaría, sin embargo, a consecuencias indeseables desde el punto de vista procesal y desde la óptica de la protección de las víctimas de la delincuencia de tráfico. En efecto, carece de sentido que, tras desarrollarse un proceso en que se han depurado los hechos, quede fuera del pronunciamiento judicial una responsabilidad civil de ellos derivada obligando a los perjudicados al llamado "peregrinaje de jurisdicciones".

No puede olvidarse, en este punto, que el "hecho" es único y en el proceso ha quedado constatada la relación causal entre los daños patrimoniales y la conducta delictiva de peligro que está en su origen. Derivándose la responsabilidad civil, conforme al artículo 109 del Código penal, del "hecho" realizado (que trasciende, en su realidad fáctica, los meros elementos típicos de la infracción punible), la solución correcta es la exigencia dentro del propio proceso penal del resarcimiento de estos daños, conclusión que, por otra parte, se ha generalizado en la praxis judicial.

Por tanto, se ejercitará la acción civil interesando las oportunas indemnizaciones cuando el resultado lesivo sea constitutivo de falta de lesiones, de daños imprudentes del artículo 267 y de daños patrimoniales atípicos...".

6) Las objeciones relativas a los obstáculos a la concesión de la condena condicional ex art. 80-2-3º Cpenal o a la conformidad premial de las sentencias que pudieran existir de acordar los pronunciamientos civiles a que hubiese lugar, carecen de toda consistencia porque en el primer caso en la mayoría de los supuestos el pago efectivo sería efectuado por la aseguradora correspondiente en el marco de la póliza suscrita, y en relación al segundo la conformidad del art. 779-5 de la LECriminal, el debate procesal que pudiera existir derivado de la obligación de acordar los pronunciamientos de esta naturaleza, solo se traduciría en una posible prolongación de la instrucción en los términos de los art. 800 y 801 LECriminal, que en todo caso es una solución más ventajosa que la que se deriva de la no fijación de los conceptos indemnizatorios.

7) En efecto, y con esto terminamos, es claro que salvo que el perjudicado se haya reservado la acción civil para ejercerla en esta jurisdicción —ex art. 109-2, lo que no es el caso de autos—, el ejercicio simultáneo de la acción penal y civil es la norma general de nuestro sistema penal».

Por otro lado, la jurisprudencia ante esa expansión del objeto civil en el proceso penal se ha pronunciado sobre la imposibilidad de ejercicio de determinadas acciones de contenido civil en el seno del proceso penal. Así, por ejemplo, la acción de repetición entre obligados como responsables civiles. Así lo confirma el Acuerdo del Pleno no jurisdiccional del TS de 30/01/2007 [*Tol 2090073*], en el que puede leerse que:

«Cuando la entidad aseguradora tenga concertado un contrato de seguro con el perjudicado por el delito y satisfaga cantidades en virtud de tal contrato, sí puede reclamar frente al responsable penal en el seno del proceso penal que se siga contra el mismo, como actor civil, subrogándose en la posición del perjudicado».

Tampoco se permite la reclamación, como acción civil en el seno del proceso penal, de los salarios derivados de un contrato de trabajo que pudiera revestir caracteres delictivos (STS de 28/09//2017 [*Tol 6369717*]); como tampoco tienen cabida en el proceso penal las reclamaciones de responsabilidad patrimonial de la Administración (STS de 18/06/2001 [*Tol 4925094*]), incluso cuando el daño tenga origen, por ejemplo, en delitos cometidos durante un permiso de salida o concedida la libertad condicional.

6. RÉGIMEN PROCESAL DE LA ACCIÓN CIVIL EN EL PROCESO PENAL

6.1 La configuración del objeto civil en el proceso penal

La acción civil ejercitada en el proceso penal conserva íntegramente su naturaleza de relación jurídica de derecho privado, rigiéndose por los principios del proceso civil y, en particular, por el principio dispositivo. A diferencia de la acción penal, sometida a los principios de legalidad, oficialidad e indisponibilidad, la acción civil responde a la lógica de la autonomía de la voluntad: su ejercicio depende exclusivamente de la decisión del perjudicado.

Así puede leerse en la STS de 10/10/2006 [*Tol 1002332*], que: «[L]a llamada responsabilidad civil ex delicto no es diferente de la responsabilidad civil extracontractual ordinaria de los arts. 1902 y ss. del Código Civil. Ello implica afirmar la naturaleza plenamente dispositiva de la responsabilidad civil y sí la responsabilidad civil ex delicto se resuelve en definitiva, un caso de responsabilidad extracontractual, estamos ante una relación jurídica material privada, que podrá dar lugar a una pretensión declarativa de condena. Su regulación en el Código Penal no significa, por tanto, un cambio de naturaleza jurídica, es decir, la acción civil ex delicto no pierde su naturaleza civil por el hecho de ser ejercitada en un proceso penal (arts. 100, 108, 111, 112 y 117 LECrim.). Esta naturaleza supone:

a) La relación jurídica es un derecho privado y por tanto, en ella ha de partirse de la autonomía de la voluntad y de la existencia de derechos subjetivos de los que sus titulares tienen la plena disposición, con todas las consecuencias que ello implica, empezando por la de que el interés privado puede ser satisfecho de modo extrajudicial.

b) La naturaleza de la acción civil derivada del delito participa del carácter dispositivo de las acciones reguladas en la Ley Enjuiciamiento Civil (STC. 18.3.92).

Por ello el proceso en el que se van a aplicar las normas reguladoras de esta responsabilidad ha de quedar sujeto a los principios propios de la oportunidad y sus derivados, el dispositivo y el de aportación de parte».

Éste puede optar entre acumularla al proceso penal, reservarla para la vía civil o renunciarla expresamente (arts. 100 y 112 LECrim). Cuando no se ejercita por el titular, el Ministerio Fiscal —en virtud del art. 108 LECrim— puede promoverla en su lugar, como manifestación del principio de protección de la víctima. Sin embargo, esta legitimación extraordinaria está condicionada a la ausencia de renuncia o reserva expresa.

La concreción del objeto civil en el proceso penal requiere, por tanto, una formulación expresa de la pretensión, ya sea en el escrito de acusación o en el de personación del actor civil. Dicha pretensión debe consistir en una solicitud de restitución, reparación o indemnización conforme a los arts. 109 a 113 del Código Penal, o en su caso, en otras formas legal o jurisprudencialmente admitidas. Aunque no se exige una calificación jurídica compleja, sí resulta necesaria una exposición clara de los hechos dañosos, su vínculo causal con el ilícito penal, y la identificación de los sujetos civilmente responsables.

Dada su naturaleza, la acción civil en el proceso penal se rige por principios que le son propios:

* El *principio de rogación*, por el cual solo se puede abrir un proceso civil —aunque sea dentro del penal— a instancia de parte legitimada.
* El *principio de aportación de parte*, que impone a las partes procesales la carga de introducir hechos y pruebas que delimiten el objeto del debate civil.

* Y, muy especialmente, el *principio de congruencia*, que obliga al tribunal a resolver de forma coherente con lo pedido: ni más (*ultra petita*), ni menos (*infra petita*), ni algo distinto (*extra petita*). La infracción de este principio constituye una vulneración del derecho a la tutela judicial efectiva.

La jurisprudencia del Tribunal Supremo ha sido clara al afirmar que no cabe pronunciamiento civil sin una imputación concreta y contradictoria. No es posible imponer una indemnización de oficio, ni resolver sobre el fondo sin audiencia previa de la parte afectada (por todas, STS 10/02/2010 [*Tol 1788420*]).

Asimismo, ha sostenido que las normas del Código Penal sobre responsabilidad civil —pese a su ubicación sistemática— deben ser interpretadas desde los principios del Derecho civil (art. 3 CC), como ilustra la STS de 30/05/2017 [*Tol 6174921*], que admite la analogía con la disposición adicional tercera CP para indemnizar daños derivados de delitos de riesgo abstracto.

En coherencia con lo anterior, la imposición de costas en relación con la acción civil requiere petición expresa, salvo en los supuestos legalmente previstos, y no puede acordarse de oficio ni sin contradicción.

6.2 Estándar probatorio, congruencia y efectos de cosa juzgada

La acción civil acumulada al proceso penal, pese a su subordinación funcional, se rige como decimos por los principios propios del proceso civil, especialmente en materia probatoria, congruencia y cosa juzgada.

En lo que respecta al estándar de prueba, existe una diferencia sustancial entre la condena penal y el pronunciamiento civil. Para dictar sentencia condenatoria en el ámbito penal, se exige certeza más allá de toda duda razonable, mientras que para estimar la pretensión civil es suficiente un juicio de probabilidad o convicción razonable, conforme al art. 217 de la LEC. La STS de 5/02/2020 [*Tol 7803701*] subraya claramente esta diferencia:

> «Conviene recordar primeramente que estamos ante cuestiones atinentes a la responsabilidad civil, campo inidóneo para blandir estándares probatorios que solo juegan respecto de los temas penales. Ni la presunción de inocencia ni el in dubio pro reo operan respecto de lo que son las consecuencias civiles del delito El nivel de certeza necesario para una condena penal (más allá de toda duda razonable) no es exigible para abordar los aspectos puramente civiles. La afirmación del delito exige una prueba concluyente y rotunda. Para la asignación de las consecuencias civiles es suficiente, sin embargo, la alta probabilidad: hay que manejar los mismos parámetros que se barajan en la jurisdicción civil (STS 166/2014, de 28 de febrero).
>
> Pese a hallarnos en un proceso penal los criterios de evaluación de la prueba no han de ser idénticos a los manejados para avalar una condena penal. En trance de fijar las conse-

cuencias civiles de un delito rigen otros estándares —lo más probable—. Dicho con otras palabras, simples aunque exigidas de matización, la presunción de inocencia solo rige en orden a los aspectos penales enjuiciados, y no respecto de los civiles. El hecho de ejercitarse la acción civil en el proceso penal no varía esa realidad: los criterios de valoración probatoria penal no pueden ser proyectados a los aspectos civiles.

En la jurisprudencia más reciente encontramos ya esta afirmación de forma no inusual. No pueden impugnarse en virtud de la presunción de inocencia cuestiones de naturaleza estrictamente civil (consideración de terceros como responsables civiles; cuantificación de las indemnizaciones...).

Dirá al respecto la STS 302/2017, de 27 de abril: "La presunción de inocencia no alcanza a los hechos que dan lugar a responsabilidad civil. En ese territorio ha de estarse a otros estándares de prueba: lo más probable. Las dudas —si las hubiera, que no parece haberlas— no han de resolverse necesariamente en favor del supuesto responsable civil" (en idénticos términos, vid. SSTS 639/2017, de 28 de septiembre o 721/2018, de 23 de enero de 2019)"».

Este criterio permite justificar que, incluso cuando no se alcanza el umbral de certeza penal, pueda estimarse la acción civil si el daño ha quedado suficientemente probado. No obstante, ello requiere que la pretensión haya sido formulada de modo expreso y contradictorio, con pleno respeto al derecho de defensa del acusado. Como advierte la jurisprudencia, no cabe condena civil de oficio, ni es posible imponer una reparación sin que el acusado haya tenido ocasión real de oponerse.

La regla de la congruencia procesal también opera respecto del objeto civil. El tribunal debe limitar su pronunciamiento a lo solicitado por las partes civiles o por el Ministerio Fiscal. Cualquier exceso en la determinación del daño, o en la extensión subjetiva del fallo, vulneraría el principio de contradicción y el derecho a un proceso con todas las garantías.

Así nos lo recuerda la STS de 9/02/2023 [*Tol 9415028*]: «Así, la incongruencia extra petitum es un vicio procesal que se produce cuando el órgano judicial, en estas cuestiones de responsabilidad civil, concede algo no pedido o se pronuncia sobre una pretensión que no fue oportunamente deducida por los litigantes e implica un desajuste o inadecuación entre el fallo o parte dispositiva de la resolución judicial y los términos en que las partes formularon sus pretensiones en el proceso. La incongruencia extra petitum constituye, siempre una infracción del principio dispositivo y de aportación de las partes que impide al órgano judicial en los procesos presididos por estos principios, pronunciarse o decidir sobre aquellas pretensiones que no fueron ejercitadas por las partes, al ser éstas las que en calidad de verdaderos "domini litis" conforman el objeto del debate o "thema decidendi" y el alcance del pronunciamiento judicial. Por ello, el principio de congruencia procesal impone una racional adecuación del fallo a las pretensiones de las partes y a los hechos que las fundamentan, siendo doctrina de la Sala primera del Tribunal Supremo la que proclama que para decretar si una sentencia es incongruente o no, ha de atenderse a si concede más de lo pedido ("ultra petita, incongruencia activa y modalidad positiva), ni menos de lo admitido por las partes (incongruencia activa y modalidad negativa) o se pronuncia sobre determinados extremos al margen de lo suplicado por las partes ("extra petita" incongruencia divergente) y también si se dejan incontestadas y sin resolver algunas de las pretensiones sostenidas por las partes ("intra petita", incongruencia omisiva)».

Por último, respecto a los efectos de cosa juzgada, la jurisprudencia ha matizado que el pronunciamiento penal produce efectos de cosa juzgada en el ámbito civil únicamente cuando se haya resuelto sobre el fondo del objeto civil acumulado. Así lo exige la doctrina del Tribunal Supremo, para que exista cosa juzgada material, debe haberse dictado una sentencia firme que contenga una resolución expresa sobre el objeto civil, sin reserva ni remisión. En caso contrario, la acción puede ejercitarse posteriormente en la vía civil, sin que ello vulnere el principio *non bis in ídem*, dado que no se ha producido un pronunciamiento de fondo.

6.3 La prescripción de la responsabilidad civil derivada del delito

La responsabilidad civil *ex delicto* plantea, en el plano temporal, relevantes dificultades interpretativas cuando se trata de delimitar el régimen de prescripción aplicable. Esta cuestión no se encuentra regulada expresamente ni en el Código Penal ni en el Código Civil, lo que ha exigido una construcción doctrinal y jurisprudencial progresiva a partir del marco general sobre la prescripción de las acciones civiles.

6.3.1 Fundamento y diversidad de regímenes

A diferencia de la prescripción penal, que se fundamenta en la necesidad de vincular el castigo a la inmediatez del hecho delictivo, la prescripción civil responde a razones de seguridad jurídica y al principio de inactividad del titular del derecho. Desde esta perspectiva, la jurisprudencia del Tribunal Supremo ha insistido en que la responsabilidad civil derivada del delito, pese a poder ejercitarse en el proceso penal, mantiene plenamente su naturaleza civil (SSTS de 10/10/2006 [*Tol 1002332*] y de 29/04/2021 [*Tol 8422403*]), por lo que su prescripción debe regirse por las normas civiles.

6.3.2 Regla general: el plazo de cinco años para la prescripción de la acción

La doctrina mayoritaria (YZQUIERDO TOLSADA, 2023, p. 567) y la jurisprudencia consolidada (STS de 29/04/2021 [*Tol 8422403*]) consideran aplicable a la acción civil *ex delicto* el plazo general de prescripción de las acciones personales (art. 1964.2 CC), es decir, cinco años desde que pudo ejercitarse. Se trata de una acción personal sin plazo especial y, por tanto, no cabe equipararla a la acción extracontractual del art. 1968.2 CC, salvo en supuestos muy concretos. En este sentido se pronuncia la ya referida STS de 29/04/2021 [*Tol 8422403*]:

> «Al estar emancipado su régimen legal (art. 1092), habría de acudirse al plazo residual de quince años (art. 1964, inciso final), hoy reducido a cinco (reforma de 2015 del Código Civil). Ese criterio está reafirmado por la más moderna jurisprudencia de la Sala Segunda (así como de la Primera), aunque no sin esporádicos pronunciamientos contrarios».

Del mismo modo, puede leerse en la STS de 23/05/2019 [*Tol 7260402*] que:

> «Por tanto, el breve término prescriptivo anual es de aplicación tan solo a las acciones que tienden a la exigencia de las obligaciones nacidas de culpa extracontractual "no penadas por la ley", pero no a las que nazcan de hechos revestidos de tipicidad penal, esto es, a las acciones tendentes a reclamar las responsabilidades civiles nacidas de delitos o faltas, de ilícitos penales a las que se refiere el art. 1.092 CC, por lo que no debe sin más aplicarse el art. 1.968. 2º a cualquier reclamación que no tenga su origen en una previa relación contractual. Y en este sentido es doctrina reiterada de la sala de tiempo atrás (SSTS de 21 de marzo de 1984; 1 de abril de 1990; 10 de mayo de 19903) que cuando la acción ejercitada tiene su origen en un delito o falta declarado por la jurisdicción penal, no es aplicable la prescripción corta del art. 1968. 2 CC, que solo se refiere a los supuestos de culpa extracontractual civil, sino que la acción ex delicto del art. 1902 CC está sometida al plazo de prescripción de 15 años, como supuesto general de prescripción de acciones personales establecido en el art. 1964 CC.».

6.3.3 *La prescripción del pronunciamiento civil contenido en la sentencia penal: La doctrina de la STS 607/2020 (caso Melchor)*

En la STS de 17/11/2020 [*Tol 8232620*], se aborda de forma directa la cuestión de si una sentencia penal firme con pronunciamiento civil puede considerarse título ejecutivo que impide la prescripción mientras no se haya satisfecho la indemnización impuesta. La Sala Segunda del TS concluyó que la acción de ejecución de la responsabilidad civil declarada en sentencia penal firme no prescribe, incluso en ausencia de impulso procesal del perjudicado. Sostuvo que, al tratarse de un proceso penal en el que el pronunciamiento civil se ejecuta de oficio, la responsabilidad de su ejecución recae también en el órgano judicial, por lo que no cabe imputar pasividad al perjudicado ni aplicar los plazos de prescripción de la acción ejecutiva del art. 518 de la LEC. Así, se afirma expresamente:

> «No puede imputarse a la víctima la falta de ejecución de una condena penal que incluye la obligación de indemnizar, cuando la satisfacción de ese derecho civil se articula dentro de un proceso penal iniciado de oficio. La prescripción no puede nacer de la inactividad procesal del perjudicado cuando éste no tiene la carga de impulsarla».

Esta interpretación fue fundamentada, además, en la primacía del principio de protección a la víctima, reconocida por la jurisprudencia constitucional y europea, así como en la especial naturaleza de la ejecución penal, que no se rige enteramente por los principios de disponibilidad del proceso civil.

6.3.4 *El voto particular: apelación al principio de seguridad jurídica*

Frente a esta tesis, el magistrado Sánchez Melgar formuló un voto particular en la referida STS 17/11/2020 [*Tol 8232620*], en el que expresó su disconformidad con la imprescriptibilidad de la ejecución civil derivada de la sentencia penal. A su juicio, dicha doctrina vulnera el principio de seguridad jurídica consagrado en el art. 9.3 de la CE, pues permite la pervivencia indefinida de una obligación sin que exista ninguna actuación ejecutiva por parte del interesado. En palabras del magistrado:

> «No puede mantenerse vigente una condena civil durante años sin impulso del acreedor, porque ello desnaturaliza el régimen de prescripción de la acción ejecutiva regulado en el artículo 518 de la LEC. La responsabilidad civil, aunque declarada en sentencia penal, sigue siendo de naturaleza privada».

El magistrado también advierte del riesgo de indefensión para el responsable civil, especialmente cuando se trata de aseguradoras u otros terceros, a quienes no puede exigirse una responsabilidad potencialmente perpetua.

6.3.5 *Consideraciones finales*

La ausencia de una norma expresa que determine el régimen de prescripción de la ejecución de pronunciamientos civiles en el proceso penal genera una clara inseguridad jurídica. Como han destacado la doctrina y sectores del propio Tribunal Supremo, la aplicación del régimen imprescriptible en estos casos puede derivar en una disfunción del sistema, especialmente cuando se trasladan al perjudicado o a terceros civilmente responsables las consecuencias de la inactividad procesal de los órganos judiciales.

Ante esta situación, diversos autores proponen una reforma normativa que aclare expresamente si las condenas civiles en sentencia penal deben quedar sometidas a los plazos de prescripción de la acción ejecutiva del art. 518 de la LEC, o si por el contrario se articula una solución procesal alternativa basada en el impulso de oficio. La solución actual, derivada de la doctrina de la STS 17/11/2020 [*Tol 8232620*], sigue siendo controvertida.

BIBLIOGRAFÍA

- ALCALÁ-ZAMORA CASTILLO, *Derecho procesal penal*, Civitas, 1972.
- ASENCIO MELLADO, «De cómo el concepto de objeto del proceso, adecuadamente entendido, incide en el diseño de un Estado de Derecho», *Diario La Ley*, nº. 10154, 2022.
- ASENCIO MELLADO, *Principio acusatorio y derecho de defensa en el proceso penal*, Trivium, 1991.
- BANACLOCHE/ZARZALEJOS, *Aspectos fundamentales de Derecho procesal penal*, La Ley, 2016.
- DE LA OLIVA SANTOS/ARAGONESES MARTÍNEZ/HINOJOSA SEGOVIA/MUERZA ESPARZA/TOMÉ GARCÍA, *Derecho procesal penal*, (6ª Ed.), Editorial Universitaria Ramon Areces, 2003.
- DE OLA OLIVA SANTOS, *La conexión del proceso penal*, Universidad de Navarra, 1972.
- FENECH NAVARRO, *Derecho procesal penal*, vol. 1, 2ª ed., 1952
- GARCÍA RUIZ, «La tesis del artículo 733 de la Ley de Enjuiciamiento Criminal. Derogación tácita», *Diario La Ley*, núm. 10199, Sección Doctrina, 2 de enero de 2023.
- GIMENO SENDRA, *Derecho procesal penal* (2ª ed.), Civitas, 2015.
- GÓMEZ COLOMER et. Alii, *Derecho Jurisdiccional III*, Tirant lo Blanch, 2019.
- GÓMEZ ORBANEJA, *Comentarios a la Ley de Enjuiciamiento Criminal*, I, Bosch, 1947.
- MORENO CATENA/COQUILLAT VICENTE/DE DIEGO DÍEZ/JUANES PECES/DE LLERA SUÁREZ, *El proceso penal. Doctrina, jurisprudencia y formularios* (Vol. I), Tirant lo Blanch, 2000.
- MORENO CATENA/CORTÉS, *Derecho Procesal Penal*, Tirant lo Blanch, 2024.
- NIEVA FENOLL, *Derecho procesal III (Proceso Penal)* (3ª Ed.), Tirant lo Blanch, 2024.
- PANTALEÓN PRIETO, ¿Es la responsabilidad civil ex delicto imprescriptible? https://almacendederecho.org/es-la-responsabilidad-civil-ex-delictoimprescriptible, 25/01/2021.
- PANTALEÓN PRIETO, «Perseverare diabolicum» (¿Otra vez la responsabilidad civil en el Código Penal?)", *Jueces para la democracia*, nº 19, Madrid.
- VERGER GRAU, *La defensa del imputado y el principio acusatorio*, Bosch, 1994.
- YZQUIERDO TOLSADA, *Responsabilidad civil extracontractual. Parte general*, Dykinson, 2023.

PARTE TERCERA

ACTOS PROCESALES. COSTAS

Capítulo 11

Actos y términos procesales

María Jesús Fraile Martín

Letrada de la Administración de Justicia

Secretaría de Gobierno de la Audiencia Nacional

1. DISPOSICIONES COMUNES Y REMISIÓN A LA LEC

1.1 Concepto y Requisitos

1.1.1 Regulación y remisión a la LEC

Los actos procesales son actos jurídicos que se producen en el procedimiento o fuera de él, pero encaminados a producir su efecto en el procedimiento. Los actos procesales pueden clasificarse, en atención a su origen, en actos del órgano jurisdiccional y actos de las partes. A su vez, dentro de los primeros, ha de diferenciarse entre los actos del juez o tribunal y los actos del letrado de la Administración de Justicia (en adelante LAJ).

La LOPJ regula los actos procesales en los artículos 179 a 185 y 229 a 278, que contiene una especie de régimen común sobre la materia, el objetivo inicial de esta regulación es que fuera aplicable a todos los procesos. Si bien, posteriormente la LEC establece una regulación detallada sobre las actuaciones judiciales en concreto en el Título V, Libro II.2 bajo el título "De las disposiciones generales a los juicios civiles", y particularmente en el artículo 4 de la LEC recoge el carácter supletorio de la LEC para todo aquello que no esté regulado en otros textos procesales, estableciendo que: «en defecto de disposiciones en las leyes que regulan los procesos penales, contencioso-administrativos, laborales y militares, serán de aplicación, a todos ellos, los preceptos de la presente Ley». La remisión a la LEC es expresa en el caso del artículo 166 de la LECrim, respecto de la forma de llevar a cabo los actos de comunicación, en la forma de documentar las vistas orales la remisión a los arts., 146 y 147 de la LEC también es directa. Para el caso de la nulidad de los actos procesales, la LOPJ los regula, si bien de una manera posterior en el tiempo es regulada por la LEC de una manera prácticamente idéntica a la LOPJ.

La supletoriedad de la LEC en el proceso penal en defecto de disposiciones de la norma procesal penal es cuestión que se refuerza por la jurisprudencia (SAP de Málaga de 5/07/2024 [*Tol 10248177*])

> «[...] habida cuenta de que el primero de estos últimos preceptos (el artículo 4 de la Ley de Enjuiciamiento Civil) viene a establecer que en defecto de disposiciones en las leyes que regulan los procesos penales serán de aplicación los preceptos de la Ley Procesal civil. De la conjunta interpretación de los preceptos antedichos es claro que, con carácter general, las comparecencias en juicio serán por medio de Procurador legalmente habilitado para actuar ante el tribunal o Juzgado que conozca del juicio, sin perjuicio de los supuestos en los que se permite la actuación de los propios interesados».

En la regulación de los actos procesales, debemos hacer especial mención a la publicación y entrada en vigor del RD 6/2023 por el que se aprueban medias urgentes para la ejecución del Plan de Recuperación, Transformación y Resiliencia en materia de servicio público de justicia, función pública, régimen local y mecenazgo, que da respuesta al Plan de medidas financiadas con los fondos *Next Generation*, siendo uno de sus ejes trasversales la transformación digital. La regulación de los actos procesales es impulsada por este proceso a través del uso de los medios telemáticos. Este impulso normativo tiene por finalidad una mayor inmediatez, y facilitar el acceso a la justicia al ciudadano, la celebración de los actos procesales por esta vía frente a la presencialidad ahorrando tiempo en desplazamientos, y en otras ocasiones buscando la protección de la víctima.

1.1.2 Requisitos de los actos procesales

Sin perjuicio de que cada acto procesal deba reunir unos requisitos específicos, podemos hablar de una serie de presupuestos que han de ser cumplidos para que pueda entenderse que los actos procesales puedan producir sus efectos en el procedimiento. Como nos indica GARCÍA MOLINA, de manera general la doctrina clasifica los requisitos de los actos procesales en subjetivos —aptitud y voluntad—, objetivos —posibilidad, idoneidad y causa— y de actividad —lugar, tiempo y forma—.

A) Requisitos subjetivos: aptitud y voluntad

La aptitud, como requisito para la validez de los actos procesales, se refiere a aquella que deben tener los sujetos que pueden llevar a cabo los actos procesales. Los actos procesales, conforme la regulación de la LECrim, y de la LEC, pueden ser llevados a cabo por los órganos judiciales, por las partes del procedimiento y por terceros que no estén personados en el procedimiento pero que tengan interés en el mismo.

En el caso de los órganos judiciales, para que los actos procesales por ellos realizados sean válidos deben tener jurisdicción y competencia sobre el procedimiento. En el caso de actos procesales de las partes, deben ser parte procesal del procedimiento, y en el caso de los terceros, su condición deberá ajustarse a los requisitos específicos para cada acto concreto, ya sea un testigo, un perjudicado o un tercero.

Respecto a la voluntad, el acto procesal debe derivar de una actividad humana y debe concurrir la manifestación de voluntad del órgano jurisdiccional o de las partes que, además, tenga repercusión en el proceso. Destacando la importancia que tiene la voluntad externa, no tanto la interna, ya que lo relevante es la repercusión que tiene el acto en el proceso, no la voluntad de la parte en su fuero interno.

B) Requisitos objetivos: posibilidad, idoneidad y causa

En relación con los requisitos objetivos de los actos procesales, la referencia a la posibilidad de los actos consiste en que el objeto de estos ha de ser posible. La indicación de idoneidad en los actos procesales, en cuanto que para que produzcan sus efectos normales el acto procesal debe ser adecuado al fin que se pretende. En tercer lugar, la causa indica que los actos procesales tienden a un fin, que debe ser jurídicamente relevante y perseguir la tutela efectiva de los jueces (GARCÍA MOLINA).

C) Requisitos de actividad: lugar, tiempo y forma

a) Lugar

La LOPJ regula los requisitos de lugar para la práctica de los actos procesales, estableciendo unas reglas generales, y excepciones al caso que veremos a continuación.

Con carácter general, las actuaciones judiciales deben practicarse en la sede del órgano jurisdiccional (art. 268 de la LOPJ). No obstante, los juzgados y tribunales[1] podrán constituirse en cualquier lugar del territorio de su jurisdicción para su práctica, cuando fuere necesario o conveniente para la buena administración de justicia, art. 268 de la LOPJ y el art. 129 de la LEC.

Exponemos a continuación las principales observaciones a la práctica de las diligencias fuera de la sede por parte del órgano judicial:

* *Cuando las actuaciones del tribunal deban hacerse fuera de la sede del órgano judicial*. En este caso se prevé, en primer lugar por parte de la LECrim, que las diligencias se practiquen por videoconferencia, modificación de la regulación operada por el RD 6/2023, y que podrá darse, como regla general, en el caso de declaraciones de testigos, perjudicados o partes. Nos remitimos al apartado de los actos por medios telemáticos de este capítulo.
* *Cuando las actuaciones deban practicarse fuera de la sede y dentro de la circunscripción, sin el uso de los sistemas de videoconferencia*. En este caso el tribunal podrá llevar a cabo las diligencias fuera de la sede, teniendo estos validez y efecto. Esta validez se limita a casos como son la práctica de las diligencias de entrada y registro, la diligencia de reconocimiento judicial, o la valoración del estado de salud de un testigo o de las partes.
* Cuando las actuaciones deban realizarse fuera del partido judicial donde radique la sede del tribunal que conozca del proceso. En este caso para la práctica de las diligencias el tribunal aplicará como regla general las normas de cooperación jurisdiccional a través del auxilio judicial, que también veremos con más detalle en el apartado 4 de este capítulo.

[1] Como es sabido, la LO 1/2025 ha reformado la LOPJ sustituyendo los órganos judiciales unipersonales (Juzgados) por los nuevos Tribunales de Instancia. En adelante y para mayor claridad y sencillez en la exposición nos referiremos al juez unipersonal (juez de primera instancia, instrucción, de vigilancia penitenciaria, de violencia sobre la mujer, de violencia sobre la infancia o la adolescencia, de menores, de lo contencioso-administrativo, de lo social, y los correspondientes jueces centrales) entendiendo por tal el juez adscrito a la Sección correspondiente del Tribunal de Instancia competente. En el capítulo 5 de esta obra puede consultarse un estudio completo de la reforma orgánica introducida por la LO 1/2025.

b) Tiempo

El tiempo para los actos procesales es tenido en cuenta en un doble sentido. Por un lado, respecto a la realización de los actos procesales en días y horas hábiles, esto es en días determinados por la ley. Por otro lado, los actos procesales deben realizarse en un momento o período de tiempo determinado, es decir, en un término o plazo señalado, dentro del cual tendremos en cuenta el cómputo de los plazos.

Serán validos los actos procesales que se celebren en los días y horas hábiles. La LOPJ, en su art, 179, establece de una manera general el periodo hábil para los actos procesales. Señala en este sentido que «el año judicial, es el período ordinario de actividad de los tribunales, se extiende desde el 1 de septiembre, o el siguiente día hábil, hasta el 31 de julio de cada año natural». No obstante, este periodo hábil establecido de modo general en el art. 179 de la LOPJ tiene varias excepciones que regula el art. 130 de la LEC, y que se aplican con carácter de norma supletoria al proceso penal, se esta manera se dice que son días inhábiles a efectos procesales: los sábados y domingos; los días que median entre el 24 de diciembre y el 6 de enero del año siguiente, ambos inclusive y los días de fiesta nacional y los festivos a efectos laborales en la respectiva Comunidad Autónoma o localidad.

En cuanto a las horas, son hábiles las que van desde las ocho de la mañana a las ocho de la tarde, salvo para la instrucción de las causas criminales, en las que todas las horas son hábiles (art. 184.1 LOPJ). Para los actos de comunicación y ejecución también se considerarán horas hábiles las que transcurren desde las ocho de la mañana hasta las diez de la noche.

En el proceso penal, teniendo en cuenta la especificidad de sus actuaciones, se establece que, en fase de instrucción, todos los días y horas del año serán hábiles para la instrucción de las causas criminales, sin necesidad de habilitación especial (art. 201 LECrim) y en la fase de juicio oral son hábiles los días festivos y los del mes de agosto para las actuaciones que se declaren urgentes en las leyes procesales conforme la regulación del art. 131 LEC.

En cuanto a los términos y plazos es necesario distinguir entre el «concepto de término, entendido como el momento en que ha de realizarse un acto procesal, y plazo, que es el período de tiempo concedido para realizar un acto procesal» (GARCÍA MOLINA).

Por término entendemos la disposición conforme a la cual el acto procesal se ha de realizar un día y a una hora concretas, por ejemplo, la citación; en cambio, plazo es la previsión que establece un periodo de tiempo dentro del que puede realizarse el acto procesal, como es el caso del emplazamiento. Ver, más ampliamente, "términos judiciales" en el apartado 6 de este capítulo.

D) Forma: oralidad o escritura, lengua y publicidad, y secreto

Etimológicamente, la palabra forma es entendida como la apariencia de algo. En relación con los actos procesales, es la manera en que se exterioriza la voluntad, y que de una manera clara distingue entre la exteriorización de los actos de manera o forma oral y la exteriorización de manera o forma escrita. Junto con esta distinción inicial, debemos tener en cuenta la lengua o idioma que se utiliza en los actos procesales orales y escritos y la publicidad de estos.

En cuanto a la forma, las actuaciones judiciales deben ser, en materia penal, predominantemente orales, sin perjuicio de que estas últimas se documenten en el momento de su realización (arts. 120.2 CE y 229.1 LOPJ).

La oralidad no excluye la posible documentación por escrito de los actos de las partes, en concreto y a este respecto el art. 230 de la LOPJ establece que «Los juzgados y tribunales y las fiscalías están obligados a utilizar cualesquiera medios técnicos, electrónicos, informáticos y telemáticos, puestos a su disposición para el desarrollo de su actividad y ejercicio de sus funciones». Asimismo, el art. 743 de la LECrim dispone que el desarrollo de las sesiones del juicio oral y resto de actuaciones orales se documentarán en soporte apto para la grabación y reproducción del sonido y la imagen, conforme a lo dispuesto en los arts. 146 y 147 de la LEC.

Dentro de la forma de los actos procesales, la lengua en la que estos se exteriorizan es regulada con profusión en la LOPJ y LECrim, teniendo en cuenta la realidad lingüística del territorio nacional, la intervención de partes o terceros que no conozcan la lengua española, o ninguna de las CCAA, y la intervención de personas con discapacidad para adecuar el lenguaje para que sea comprendido.

En cuanto al uso de la Lengua oficial del Estado o propia de la Comunidad Autónoma en actuaciones orales y escritas, cabe señalar que si las actuaciones judiciales tienen lugar en un territorio sin lengua propia oficial, la regla general es que, en todas las actuaciones judiciales, los jueces, magistrados, fiscales, LAJ y demás funcionarios de juzgados y tribunales usarán el español, lengua oficial del Estado, aplicando el art. 142.1 LEC.

Si en el territorio donde se va a llevar a cabo la actuación judicial tienen lengua oficial propia, se podrá usar también la lengua oficial propia de la Comunidad Autónoma, si ninguna de las partes se opusiere, alegando desconocimiento de ella que pudiere producir indefensión. Pueden hacer también uso de la lengua cooficial las partes, sus procuradores y abogados, así como los testigos y peritos, tanto en manifestaciones orales como escritas, art. 142.3 de la LEC.

Las actuaciones judiciales realizadas y los documentos presentados en el idioma oficial de una Comunidad Autónoma tendrán, sin necesidad de traducción al castellano, plena validez y eficacia. No obstante, hay algunos casos en que deberá procederse a su traducción; son los siguientes:

* Cuando deban surtir efecto fuera de la jurisdicción de los órganos judiciales sitos en la Comunidad Autónoma. En este caso se acordará la traducción de oficio por el órgano judicial, salvo que las Comunidades tengan lengua oficial propia coincidente.
* Si la parte alega indefensión, se acordará la traducción por parte del órgano judicial (art. 142.4 de la LEC).
* En el caso de documentos redactados en idioma que no es oficial ni del Estado ni de la Comunidad Autónoma debe acompañarse el documento de su traducción, pudiendo ser realizada privadamente a instancia de parte. En el caso de traducción del documento de manera privada, queda abierta la posibilidad de impugnación por la otra parte (art. 144 de la LEC). La jurisprudencia ha abordado la validez y valor probatorio de los documentos que se aportan al proceso y no se han traducido, que en el caso de su falta de traducción deberá llevarse a cabo (SAP Barcelona de 21/06/2024 [*Tol 10203606*])

«En la sentencia, el Juzgador razona que pese a que se mantuvo por el acusado que tenía permiso al tiempo de los hechos no existe prueba que lo corrobore entendiendo que la prueba propuesta y admitida no puede ser valorada al encontrarnos ante documentos que no han sido aportados sin traducción al castellano o catalán, de conformidad con el art. 144.1 LEC. Cierto es que se trata de un documento que no ha sido traducido conforme a la previsión contenida en el art. 144 LEC. Ahora bien, la cuestión ya ha sido abordada por el tribunal Supremo, en su STS 668/2005, de 27 de mayo (ROJ: STS 3406/2005 - ECLI:ES:TS:2005:3406) en que por la Audiencia Provincial respectiva se rechazó la admisión de prueba por no haber sido aportada por la parte la traducción y concluyó que la decisión de la Audiencia había sido errónea pues, en lo que aquí concierne, "el art. 144 LEC. no establece una norma trasladable al procedimiento penal, dado que en éste rige el principio procesal que impone la carga de la prueba a la acusación. De la misma manera que si el acusado no puede hablar o entender el idioma oficial corresponde designarle un intérprete, aunque no lo solicite, si los documentos de su prueba de descargo requieren traducción, ésta debe ser solicitada por la acusación o dispuesta de oficio por el tribunal. En consecuencia, en la medida en la que en proceso penal rigen principios específicos que regulan la cuestión, el art. 4 de la LEC. no permite la aplicación subsidiaria de dicha ley". Sin embargo, a la hora de proceder a su valoración, en cuanto prueba admitida que es, se exime de la misma por no haber sido traducido el documento, de conformidad con el art. 144 LEC, en tanto que afirma que la versión del acusado no se corrobora por ninguna prueba en tanto que la aportada "no puede ser valorada como prueba al encontrarnos ante documentos que están en inglés y que han sido aportados sin traducción al castellano o catalán" [...] Por todo ello, la Sala no puede entrar a valorar una prueba admitida pero no valorada en la instancia, por lo que habiéndose generado con el dictado de la sentencia una situación de indefensión a la parte que no ha visto valorada la prueba admitida con la que pretende corroborar la versión de descargo, procede declarar la nulidad de la sentencia y proceder, en este caso, al dictado de una nueva sentencia por el mismo Juzgador en la cual se valore, entre la prueba practicada, la documental referida debidamente admitida».

Por lo que se refiere al idioma de las actuaciones orales, la principal diferencia respecto las actuaciones escritas consiste en la inmediatez de la actuación, por lo que se regula de manera detallada la intervención de intérprete en este tipo de actos que no tienen otro objetivo que evitar la indefensión del interviniente en el proceso. Dos son los supuestos concretos en los que se prevé la intervención del intérprete:

En primer lugar, cuando alguna persona que no conozca el castellano ni, en su caso, la lengua oficial propia de la Comunidad va a ser interrogada, o va a prestar alguna declaración. Será asistido de intérprete en los casos de notificación personal de una resolución, situación muy frecuente en el caso de la notificación al detenido que no conoce la lengua, la resolución que resuelve su situación personal.

En segundo lugar, en los casos de litigios transfronterizos, si la persona a quien hay que tomar declaración o con la que llevar a cabo algún tipo de diligencia, no conoce el español. La designación de intérprete, en el marco del procedimiento penal es llevada a cabo por el órgano judicial conforme al procedimiento gubernativo establecido a través de los respectivos TSJ, que garantizan su designación entre los profesionales de la lengua que corresponda (AAP de Madrid, de 22/05/2024 [*Tol 10188541*]).

«Cabe indicar además que el derecho a la traducción y a la interpretación que se reconoce en el art. 9 de la Ley 4/2015, de 27 de abril, del Estatuto de la víctima del delito es a "la víctima que no hable o no entienda el castellano o la lengua oficial que se utilice en la actuación de que se trate" no a la víctima extranjera, por este solo hecho, y la recurrente, al ser preguntada al respecto, manifestó entender el castellano, no solicitando la intervención de intérprete».

En el caso de que haya una persona conocedora de la lengua que debe ser utilizada, puede el tribunal por medio de providencia, y el LAJ por medio de decreto, habilitar como intérprete a cualquier persona conocedora de la lengua empleada, previo juramento o promesa de fiel traducción.

La LO 5/2024 del derecho de defensa prevé en su art. 10 que los titulares del derecho de defensa, tendrán derecho «c) A utilizar las lenguas oficiales en el territorio de su comunidad autónoma, de acuerdo con lo previsto en el artículo 231 de la Ley Orgánica 6/1985, de 1 de julio, en los Estatutos de Autonomía y en el resto del ordenamiento jurídico; d) En los procesos ante órganos con jurisdicción en todo el Estado, a utilizar cualquiera de las lenguas oficiales de la comunidad autónoma donde residan o donde se hayan iniciado las actuaciones judiciales, así como a recibir en cualquiera de esas lenguas las comunicaciones producidas».

Cuando se trata de personas con discapacidad, la adaptación de la LECrim a la Ley 6/2022 que modifica la regulación de las personas con discapacidad, dispone expresamente en su art. 109 la necesaria adaptación y ajustes necesarios en los procesos en los que intervengan personas con discapacidad en materia de comunicación, comprensión e interacción con el entorno. En concreto, especifica en la letra a) del citado precepto que «todas las comunicaciones con las personas con discapacidad, orales o escritas, se realicen en un lenguaje claro, sencillo y accesible, de un modo que tenga en cuenta sus características personales y sus necesidades, haciendo uso de medios como la lectura fácil. Si fuera necesario, la comunicación también se hará a la persona que preste apoyo a la persona con discapacidad para el ejercicio de su capacidad jurídica».

Adecua de esta manera la LECrim la regulación sobre la materia, y adapta, entre otros aspectos, la comunicación con la persona con discapacidad en aquellos procedimientos en los que intervenga y en su caso de la persona que le preste apoyo.

El último de los requisitos de los actos procesales es el de la publicidad. Recogido como un derecho fundamental en el art. 20 de la CE, el art. 120 de la CE establece la publicidad de los procesos judiciales como un principio general de nuestro Derecho, que se concibe como una garantía de control sobre el funcionamiento de la Administración de Justicia. En el mismo sentido se pronuncia el art. 232 de la LOPJ, el art. 140 de la LEC y el art. 6.1 del CEDH, que se refiere la publicidad del proceso como uno de los elementos de un proceso equitativo.

En el proceso penal, la regla general será la «publicidad de los actos procesales; estos son públicos para las partes como regla general en la fase de instrucción y para todos los ciudadanos en la fase de juicio oral» (RIFÁ SOLER/ RICHARD GONZÁLEZ).

En la fase de instrucción del proceso penal, la regla general es que las diligencias del sumario serán reservadas para las partes y no tendrán carácter público hasta que se abra el juicio oral, estando castigada y penada la revelación de esta por los funcionarios públicos y por abogados y procuradores (art. 301 de la LECrim).

En cambio, las partes personadas sí pueden tomar conocimiento de las actuaciones e intervenir en todas las diligencias del procedimiento, salvo que se acuerde el secreto del sumario, art. 302 LECrim.

El secreto de las actuaciones es una medida restrictiva de la publicidad de los actos procesales. Puede acordarse solo por resolución judicial en forma de auto. El juez adoptará el secreto de la instrucción de oficio, a propuesta del Ministerio Fiscal, o de las partes, con la finalidad de *evitar un riesgo grave para la vida, libertad o integridad física de otra persona; o prevenir una situación que pueda comprometer de forma grave el resultado de la investigación o del proceso. El secreto debe ser alzado con al menos diez días de antelación a la conclusión del sumario.*

El secreto del sumario tiene su limitación en el Ministerio Fiscal. Es cierto que el art. 302 de la LECrim señala que el secreto será declarado en relación con todas las partes personadas, pero también es cierto que el Ministerio Fiscal no se ve afectado por dicha limitación al conocimiento del contenido de la instrucción. El fundamento de esta excepción lo encontramos en el art. 4.1 del Estatuto Orgánico del Ministerio Fiscal.

El secreto de las actuaciones prevé un supuesto especial: el secreto absoluto que se establece como regla general en la celebración de la comparecencia de prisión que regula el art. 505 de la LECrim. En este caso el abogado del investigado o encausado tendrá, en todo caso, acceso a los elementos de las actuaciones que resulten esenciales para impugnar la privación de libertad del sujeto pasivo, aunque estas sean secretas. Con relación al auto de prisión, dispone la LECrim que «en el auto de prisión se expresarán los particulares del mismo que, para preservar la finalidad del secreto, hayan de ser omitidos de la copia que haya de notificarse. En ningún caso se omitirá en la notificación una sucinta descripción del hecho imputado y de cuál o cuáles de los fines previstos en el art. 503 se pretende conseguir con la prisión. Cuando se alce el secreto del sumario, se notificará de inmediato el auto íntegro al investigado o encausado» (arts. 505.3 y 506 de la LECrim).

Sobre el acceso a los elementos esenciales de las actuaciones para la celebración de la comparecencia del art. 505 resulta de interés la sentencia siguiente que resumen la posición de la jurisprudencia sobre la materia sobre la necesidad del acceso a estos elementos (AAP de Barcelonna de 31/10/2022 [*Tol 9346201*])

> «En el caso que nos ocupa, el auto de prisión y de prohibición de comunicación y aproximación dispuso que, dado el secreto de las actuaciones, solo se notificara la parte dispositiva, como efectivamente se hizo en la diligencia de notificación y requerimiento. El Ministerio Fiscal estima que el secreto de actuaciones debe garantizarse y solo debe proporcionarse

los elementos genéricos, sin concrete o detalle cuales son, y la acusación particular alega que en la comparecencia de prisión no se les facilitó otros datos que los hechos imputados por hallarse la causa bajo secreto. De todo ello se infiere, y tampoco consta, que se le facilitaran datos indispensables de las actuaciones a los efectos de posibilitar la impugnación efectiva de las medidas cautelares, sin que baste la enunciación de los títulos de imputación por los que había sido puesto a disposición judicial o una eventual referencia genérica a los hechos...la STC 94/2019, de 15 de julio, declara: La expresión "en todo caso" incorporada al art. 505.3 LECrim para referirse a esta situación no comporta, en su entendimiento constitucional, una suerte de alzamiento del secreto sumarial que abra ilimitadamente la causa o alguna de sus piezas, declaradas secretas, al conocimiento de las partes en situación, efectiva o potencial, de privación de libertad, a resultas de lo que suceda en la comparecencia del art. 505 LECrim. Muy al contrario, subordina la toma de conocimiento de lo actuado a lo estrictamente necesario en orden a comprobar la regularidad de la medida privativa de libertad, debiendo facilitarse tan solo lo imprescindible para, dado el caso, cuestionar su pertinencia y promover su impugnación. En consecuencia, el secreto sumarial habrá de convivir en estos casos con una accesibilidad al sumario que constriña el nivel de conocimiento por el investigado del resultado de la investigación a aquello que resulte esencial —en el sentido de sustancial, fundamental o elemental— para un adecuado ejercicio de su defensa frente a la privación de libertad, siempre previa solicitud expresa por su parte en tal sentido [...] Apreciada la vulneración de los derechos del demandante previstos en los arts. 17.1 y 24.1 CE, resta determinar cuáles hayan de ser los efectos de la estimación parcial de la demanda [art. 55.1 LOTC], dado que tanto el demandante como el fiscal ante el tribunal Constitucional interesan que se declare la nulidad de las resoluciones judiciales concernidas. [...] Así pues, debemos inferir de la interpretación jurisprudencial elaborada tras la entrada en vigor de la reforma apuntada, trasposición de la indicada Directiva Europea, que respecto del apartado 3 del artículo 505 LECRIM, concretamente al mencionar los "elementos esenciales de las actuaciones", se hace referencia a la parte de las actuaciones o diligencias afectados por el secreto sumarial que permitan impugnar la petición de prisión provisional, debiendo garantizarse el derecho de acceso a las actuaciones al menos en la audiencia previa a la resolución sobre la prisión provisional, sin que colmen la exigencia legal, interpretada conforme a la Directiva Europea, las sucintas informaciones orales o enunciación de los títulos de imputación».

En la fase de juicio oral, a diferencia de la fase de instrucción, rige plenamente el principio de publicidad tanto para las partes como para la sociedad, artículo 680 LECrim.

La excepción a esta regla general es que el juez o tribunal acuerde por auto motivado, de oficio o a instancia de cualquiera de las partes, que alguna o todas las sesiones del juicio se celebren a puerta cerrada, por razones de seguridad u orden público, o para velar por la adecuada protección de los derechos fundamentales de los intervinientes previa audiencia a las mismas, que todos o alguno de los actos o las sesiones del juicio se celebren a puerta cerrada.

El juez también podrá, conforme art. 682 de la LECrim, restringir la presencia de los medios de comunicación audiovisuales en las sesiones del juicio y prohibir que se graben todas o alguna de las audiencias cuando resulte imprescindible para preservar el orden de las sesiones y los derechos fundamentales de las partes y de los demás intervinientes, especialmente el derecho a la intimidad de las víctimas, el respeto debido a la misma o a su familia, o la necesidad de evitar a las víctimas perjuicios relevantes que, de otro modo, podrían derivar del desarrollo ordinario del proceso. A estos efectos, podrá:

* Prohibir que se grabe el sonido o la imagen en la práctica de determinadas pruebas, o determinar qué diligencias o actuaciones pueden ser grabadas y difundidas.
* Prohibir que se tomen y difundan imágenes de alguna o algunas de las personas que en él intervengan.
* Prohibir que se facilite la identidad de las víctimas, de los testigos o peritos o de cualquier otra persona que intervenga en el juicio."
* El tribunal también puede adoptar medidas de restricción de publicidad en los casos de la declaración de testigos protegidos o víctimas de delitos de agresión sexual.

Con relación al ejercicio del derecho a la información por la prensa escrita en los juicios orales, la STC 56/2004 [*Tol 397358*] dispuso que: «Las audiencias públicas judiciales son, pues, una fuente pública de información y, por eso, conforme acaba de exponerse, ha declarado este tribunal, con respecto a los profesionales de la prensa escrita que forma parte del contenido de su derecho a comunicar información la obtención de la noticia en la vista pública en que ésta se produce». La misma sentencia se pronunció admitiendo, como regla general, la presencia en los juicios orales de los medios audiovosuales:

> «Del tenor literal de la parte dispositiva trascrita y de su completa fundamentación jurídica se desprende claramente que la situación en la que había quedado el acceso a los juicios con cámaras fotográficas, de vídeo o televisión era la de una prohibición general que podía ser levantada «en cada caso» por «autorización» de la Sala de Justicia. Así pues, si no existía resolución autorizadora de la Sala, los servicios de seguridad debían prohibir el acceso de esos medios técnicos de captación y difusión de información. Pues bien, ha de entenderse que este régimen de prohibición general con reserva de autorización es incompatible con la normativa reguladora del ejercicio del derecho fundamental a la libertad de información actualmente vigente, que establece, conforme a lo que ya se ha expuesto, precisamente, una habilitación general con reserva de prohibición. A la ley está reservada la regulación de las excepciones a la publicidad del proceso (SSTC 96/1987, de 10 de junio, FJ 2; y 65/1992, de 29 de abril, FJ 2), que son, al mismo tiempo, para las actuaciones que se pueden celebrar en régimen de audiencia pública, límites de la libertad de información (ATC 195/1991, de 26 de junio, FJ 6)».

1.2 Clases de actos procesales

Los actos procesales se clasifican en actos procesales de las partes y de terceros, y los actos procesales del órgano jurisdiccional.

1.2.1 Actos procesales de las partes

Dentro de los actos procesales de las partes, debemos distinguir entre los actos de postulación y los actos dispositivos, como indica GARCÍA MOLINA que dentro de ellos los identifica de la siguiente manera:

* Los *actos de postulación* están destinados a obtener una resolución judicial de contenido determinado, como pueden ser los casos de actos de petición, actos de alegación y actos de prueba.
* Los *actos dispositivos*, a diferencia de los actos de postulación, no están destinados a obtener una resolución judicial de contenido determinado, sino que crean, modifican o extinguen una situación jurídica, e incluso el proceso. Los actos dispositivos producen directamente efectos en el proceso y crean de forma directa una situación jurídica procesal. Ejemplo de actos dispositivos son: el desistimiento, el allanamiento, la renuncia, la transacción judicial y la sumisión expresa.

1.2.2 Actos procesales del órgano judicial

Dentro de los actos procesales del órgano judicial, se distinguen los actos del juez y del LAJ.

A) Actos procesales del juez o tribunal

Los actos de juez o tribunal son los encaminados a producir efectos en el proceso y que conforme el art. 141 LECrim son providencias, autos y sentencias. Todas las resoluciones, providencias, autos y sentencias incluirán la mención del lugar y fecha en que se adopten, y si la resolución es firme, o en su caso las vías de recursos que caben contra ella. En caso de proceda la interposición de recursos, se indicará, el recurso que proceda, el órgano ante el que debe interponerse y del plazo para recurrir.

Las resoluciones adoptarán la forma de *providencias*, cuando resuelvan cuestiones procesales reservadas al juez y que no requieran legalmente la forma de auto.

Se dictará un *auto* cuando la resolución deba decidir puntos esenciales que afecten de una manera directa a los investigados o encausados, responsables civiles, acusadores particulares o actores civiles; cuando decidan la competencia del juzgado o tribunal, la procedencia o improcedencia de la recusación, cuando decidan recursos contra providencias o decretos, la prisión o libertad provisional, la admisión o denegación de prueba o del derecho de justicia gratuita o afecten a un derecho fundamental y, específicamente tendrá la forma de auto cuando la Ley expresamente lo determine para el caso concreto.

Los autos serán siempre fundados y contendrán en párrafos separados y numerados los antecedentes de hecho y los fundamentos de derecho y, finalmente, la parte dispositiva. Los autos serán firmados por el juez, magistrado o magistrados que los dicten, en el caso de tribunales colegiados.

Por último, debemos referirnos a las *sentencias*. La LECrim, explica con detalle en su art. 142 el contenido que debe tener esta resolución, que debe expresar en *resultandos* numerados los hechos. También en párrafos numerados se recogerán en los *considerandos* los fundamentos doctrinales y legales de la calificación de los hechos que se hubiesen estimado probados, de la participación de los procesados en los hechos, la calificación de las circunstancias atenuantes, agravantes o eximentes de responsabilidad criminal en caso de haber concurrido y en relación con la responsabilidad civil y las conclusiones definitivas de la acusación y de la defensa. Por último, la sentencia incluirá el fallo, en el que se condenará o absolverá por el delito principal, por los eventuales delitos conexos y, en su caso, por la responsabilidad civil.

B) Actos procesales del LAJ

Las resoluciones de los LAJ son las diligencias y los decretos (arts. 456 LOPJ y 144 *bis* LECrim). Las diligencias y decretos incluirán la mención de si son firmes o si cabe algún recurso contra ellas, con expresión, en este último caso, del recurso que proceda, del órgano ante el que debe interponerse y del plazo para recurrir. Expresarán el lugar, la fecha y el nombre del LAJ que los dicte, con extensión de su firma.

* Las *diligencias de ordenación* se dictarán cuando la resolución tenga por objeto dar a los autos el curso que la Ley establezca. Las diligencias de ordenación incluirán además una sucinta motivación cuando así lo disponga la Ley.
* Las *diligencias de constancia* podrán ser de comunicación o de ejecución, y se dictarán para reflejar y documentar en los autos hechos o actos con trascendencia procesal.

* Los *decretos*, se dictarán decretos cuando se trate de resoluciones que dicte el LAJ en las que sea preciso o conveniente razonar su decisión. Los decretos serán siempre motivados y contendrán, en párrafos separados y numerados, los antecedentes de hecho y los fundamentos de derecho en los que se base la subsiguiente parte dispositiva.

1.2.3 Actos procesales mediante presencia telemática

Con la publicación y entrada en vigor del RD 6/2023 por el que se aprueban medias surgentes para la ejecución del Plan de Recuperación, Transformación y Resiliencia en materia de servicio público de justicia, función pública, régimen local y mecenazgo, se añade a la LECrim el Título XIV al Libro I, se impulsa la celebración de los actos procesales mediante presencia telemática, que ya tuvieron una primera manifestación con la Ley 18/2011 reguladora del uso de las tecnologías y la información en la Administración de Justicia, norma derogada por el RD 6/2023, pero que hace suya las bases establecidas de modernización de la justicia que promulgaba la ley de 2011.

Una de las principales modificaciones y adecuaciones de la LECrim a este impulso telemático se contiene en el art. 258 *bis* de la LECrim que, como regla general, dispone que todas las actuaciones procesales en la justicia penal se realizarán, preferentemente, mediante presencia telemática.

Esta regla general tiene varias excepciones. Así vemos que, en primer lugar, resulta necesario que las oficinas judiciales o fiscales tengan a su disposición los medios técnicos necesarios, lo cual está regulado en un sentido amplio sin especificar en este punto cuándo la presencia física resulta posible por falta de dichos medios. No obstante, y parece que desde un punto de vista lógico, está previendo como mínimo la dotación de un sistema de videoconferencias que conecte con el destinatario del acto, y que el destinatario esté conectado por el mismo medio.

En caso de que el órgano judicial tenga la dotación técnica necesaria para llevar a cabo los actos procesales por medios telemáticos, hay una serie de supuestos que prevé el art. 258 *bis* de la LECrim en los que es preceptiva la presencia física del acusado en la sede del órgano judicial para la realización de las diligencias o actos acordados:

* En los casos de enjuiciamiento, en los juicios por delito grave y juicios de tribunal de Jurado.
* En los juicios por delito menos grave, cuando la pena exceda de dos años de prisión o, si fuera de distinta naturaleza, cuando su duración no

exceda de seis años, si así lo solicita el acusado, su letrado, o si el órgano judicial lo estima necesario. La decisión deberá adoptarse en auto motivado.

* Si lo solicita el acusado o su letrado, o si el órgano judicial lo estima necesario. En este caso la decisión de celebración del acto de manera presencial deberá adoptarse en auto motivado.
* En todo caso, cuando el acusado resida en la misma demarcación del órgano judicial que conozca o deba conocer de la causa, su comparecencia en juicio deberá realizarse de manera física en la sede del órgano judicial o enjuiciamiento, salvo que concurran causas justificadas o de fuerza mayor.

Hay unos casos en los que la presencia no física —telemática por tanto— tiene por finalidad la protección de la persona. Estos supuestos no están previstos en la ley como excepciones a la regla general del carácter telemático de los actos, sino como una singular forma obligatoria de llevarlo a cabo. A tal efecto, el legislador utiliza la acción verbal de "*garantizar especialmente*", que las declaraciones o interrogatorios de las partes acusadoras, testigos o peritos se realicen de forma telemática en los siguientes supuestos:

* "Cuando sean víctimas de violencia de género, de violencia sexual, de trata de seres humanos o cuando sean víctimas menores de edad o con discapacidad.
* Cuando el testigo o perito comparezca en su condición de autoridad o funcionario público" art. 258.3 *bis* de la LECrim.

La regulación de la realización de los actos procesales por medios telemáticos que establece el art. 258 *bis* de la LECrim era necesaria por la evolución y el desarrollo tecnológico de la administración de justicia. No obstante, esta necesaria regulación ha derivado en una regla general muy ambiciosa, que tiene importantes limitaciones a su cumplimiento con las excepciones que hemos visto en este punto.

2. NOTIFICACIONES

2.1 Cuestiones generales. Concepto y regulación

Las notificaciones, citaciones y emplazamientos son actos de comunicación del juzgado, tribunal o servicio común con las partes o terceros, añadiendo las citaciones y emplazamientos a su naturaleza comunicadora, un contenido claramente coercitivo.

Las notificaciones son el acto de comunicación procesal que tiene por objeto dar noticia de una resolución o actuación. Las resoluciones dictadas por jueces y tribunales, así como las que lo sean por el LAJ en el ejercicio de las funciones que le son propias, deben notificarse a todos los que sean parte en el pleito, causa o expediente, y también a quienes se refieran o puedan parar perjuicios, cuando así se disponga expresamente en aquellas resoluciones, de conformidad con la ley (art. 270 LOPJ). Además, toda víctima o perjudicado del delito tiene derecho a recibir notificación de las resoluciones esenciales del proceso conforme al art. 7 Ley 4/2015 del Estatuto de la Víctima del Delito (EVD).

En el orden jurisdiccional penal, los actos de comunicación se regulan en los arts. 166 a 182 LECrim, bajo la rúbrica "De las notificaciones, citaciones y emplazamientos", remitiéndose de manera expresa a lo regulado en la LEC, en relación a la forma de realizarlas. Especial mención a lo largo de la regulación de la LEC debemos hacer a las modificaciones operadas tras la publicación y entrada en vigor del RD 6/2023 por el que se aprueban medias para la ejecución del Plan de Recuperación, Transformación y Resiliencia en materia de servicio público de justicia, función pública, regimen local y mecenazgo, que obliga al uso de las comunicaciones telemáticas al órgano judicial con las partes, con terceros y con otros órganos judiciales.

2.2 Notificación personal, profesional y en el extranjero

Los actos de comunicación se realizarán bajo la dirección del LAJ. Forman parte de las actuaciones, debiendo unirse a las mismas la cédula de notificación practicada. Todas las resoluciones dictadas por los Tribunales o Letrados de la Administración de Justicia se notificarán en el plazo máximo de tres días desde su fecha o publicación (art. 151 de la LEC).

Los actos de comunicación se efectuarán de manera personal o a través del profesional que lo represente, según los criterios que veremos a continuación.

2.2.1 Notificación personal

La notificación personal se llevará a cabo a la parte del proceso, que no está personada en el procedimiento con abogado o procurador en la fase de juicio oral, y a quien la ley indica que expresamente le debe ser notificada las resoluciones de manera personal, bien por no tener representación profesional o bien porque, teniéndola, así lo exige la LECrim.

La notificación personal se llevará a cabo directamente a la persona interesada (art. 784 LECrim). Algunas de las resoluciones que deberán ser notificadas personalmente, aunque la parte esté representada con abogado y procurador, son los autos de prisión, de procesamiento, los autos de apertura de juicio oral, y las sentencias.

En el caso de la notificación del auto de apertura de juicio oral, si bien la LECrim no establece su notificación personal, sí lo hace la jurisprudencia, entendiendo que se trata de un presupuesto para la posible celebración de juicio en ausencia (STS de 18/10/2023 [*Tol 9763900*])

> «Así nos lo recuerda, y con relación al procedimiento abreviado, la Sentencia del Tribunal Supremo Nº 778/2023, de 18 de octubre, sobre la necesidad de dicha notificación personal, a cuyo respecto vino a razonar: "Partiendo de las precisiones anteriores procedemos a responder a la demanda que ha dado origen a las presentes actuaciones. Es cierto que el artículo 784 de la LECrim no preceptúa como imprescindible la notificación del auto de apertura del juicio oral al acusado ya que solo dispone que "el Secretario Judicial emplazará al encausado, con entrega de copia de los escritos de acusación, para que en el plazo de tres días comparezca en la causa con Abogado que le defienda y Procurador que le represente" De dicho precepto parece desprenderse que al auto de apertura de juicio oral no le sería exigible la notificación personal y bastaría la notificación el Procurador, ya que conforme al artículo 182 de la LECrim dispone como regla general que las citaciones y notificaciones podrán hacerse a los Procuradores de las partes salvo las citaciones que por disposición expresa de la ley deban hacerse personalmente o las que tengan por objeto la comparecencia obligatoria de éstas, que también han de hacerse de forma personal, circunstancias ambas que no se dan en el presente caso. Obsérvese, no obstante, que el artículo 182 utiliza la expresión "podrán" por lo que nada impide que las restantes notificaciones y citaciones puedan hacerse también de forma personal en función de su trascendencia y de las circunstancias concurrentes y sucede con el auto de apertura de juicio oral que al ser una resolución muy relevante, por determinar los hechos objeto de acusación, la calificación jurídica y las pretensiones de la acusación, no faltan quienes consideran que para evitar situaciones de indefensión el citado auto debe ser notificado personalmente al encausado, sobre todo teniendo en cuenta la posibilidad de que el juicio pueda ser celebrado en ausencia. Desde esta posición doctrinal se considera que, aun cuando el investigado haya designado domicilio a efectos de notificaciones conforme a lo previsto en el artículo 775.1 de la LECrim, no cabrá la celebración del juicio en ausencia si no tiene conocimiento de la acusación formulada en su contra, a cuyo fin sería necesaria la notificación personal del auto a que alude el artículo 782 de la LECrim».

En el caso de las sentencias, solo será necesaria la notificación personal de las sentencias dictadas en primera instancia, no las dictadas en apelación, para las que será suficiente la notificación a través del representante procesal (STS de 10/09/2024 [*Tol 10190994*])

«En definitiva, si se tratase de una sentencia dictada en la instancia sería obligatoria la notificación directa al acusado (arts. 160 y 182 LECrim.) y habría que estar a la fecha de esa notificación personal o a la del momento en que se tiene por suficiente la efectuada al procurador al constatarse que no se localiza al acusado Pero esta es una sentencia dictada en apelación que no requiere notificación personal: basta la efectuada al procurador (ver auto de18/07/17, queja 20111/17 y auto de 22/02/18, queja 20919/17)».

La notificación personal se practicará en estrados a través de la lectura de la resolución y con entrega de su copia (art. 166 de la LECrim), o si el LAJ lo considera oportuno, puede realizarse por el funcionario en quien se delegue fuera de la sede, observando lo previsto en los arts. 172 y 173 de la LECrim. En el caso de que el destinatario no fuera hallado, se entregará la cédula al pariente, familiar o criado, mayor de 14 años que estén la dirección prevista, teniendo este obligación de su entrega al destinatario.

Para la práctica de la notificación el LAJ extenderá una cédula, que contendrá el nombre y apellidos de las partes, la copia literal de la resolución que hubiere de notificarse, el nombre de las personas que deben ser notificadas, la fecha y la firma del LAJ (art. 167 LECrim).

En el caso de que el que deba ser notificado no tenga domicilio conocido se acordarán los medios necesarios para su averiguación, reservando la notificación edictal para supuestos claramente excepcionales —*v.gr.* cuando el Ministerio Fiscal haya solicitado el sobreseimiento de las actuaciones, y el querellante o el interesado en el ejercicio de la acción penal no se hubiere personado (arts. 642 y 643 de la LECrim, reformados por el RD 6/2023)—.

2.2.2 Notificación a través de abogado o procurador

Si la parte está personada en las actuaciones a través de profesional que le represente, el art. 182 LECrim regula, con carácter general, los actos de comunicación a través del procurador. En este sentido establece el citado precepto que «las notificaciones, citaciones y emplazamientos podrán hacerse a los procuradores de las partes. Se exceptúan: las citaciones que por disposición expresa de la Ley deban hacerse a los mismos interesados en persona y las citaciones que tengan por objeto la comparecencia obligatoria de éstos».

Las notificaciones a los profesionales se practicarán a través del sistema Lexnet regulado por el RD 1065/2015, o sistema equiparable según la Comunidad Autónoma en el que se practique el acto de notificación. Estas se tendrán por realizadas, a efectos de cómputo de plazos, al día siguiente hábil a la fecha de recepción que conste en el resguardo acreditativo. Cuando el acto de comunicación fuera remitido con posterioridad a las 15:00 horas, se tendrá por recibido al día siguiente hábil. Se añade, además, que en el caso de acreditación del procurador de una causa de fuerza mayor de las previstas en el art. 134.3 de la LEC, se podrá suspender el envío de notificaciones durante un plazo máximo de tres días hábiles «También podrán interrumpirse los plazos y demorarse los términos durante un plazo de tres días hábiles cuando por los Colegios de Abogados o Procuradores o por las partes personadas se comuniquen causas objetivas de fuerza mayor que afecten a la persona profesional de la abogacía o de la procura, tales como nacimiento y cuidado de menor, enfermedad grave y accidente con hospitalización, fallecimiento de parientes hasta segundo grado de consanguinidad o afinidad o baja laboral certificada por la seguridad social o sistema sanitario o de previsión social equivalente».

Para el caso de que se haya llevado a cabo la correcta remisión del acto de comunicación por los medios técnicos, la LEC prevé que habiendo transcurrido tres días sin que el destinatario acceda a su contenido, se entenderá que la comunicación ha sido efectuada legalmente, desplegando esta plenamente sus efectos. En tal caso, los plazos para desarrollar actuaciones procesales comenzarán a computarse desde el día hábil siguiente al tercero.

2.2.3 Notificaciones en el extranjero

Para la práctica de una notificación en el extranjero se tendrá en cuenta lo establecido en los convenios y tratados internacionales y, según el caso, la Ley 23/2014 de reconocimiento mutuo de resoluciones penales en la Unión Europea. Según el acto de comunicación que se pretenda llevar a cabo —notificación, emplazamiento o citación, y el país de destino del acto de notificación, país miembro de la UE o país tercero que no es miembro de la UE— será empleado un medio de auxilio judicial internacional u otro.

3. CITACIONES Y EMPLAZAMIENTOS

3.1 Citaciones

Una citación es una convocatoria o llamamiento que se hace a una parte, o a un tercero para que comparezca ante el juzgado, en un momento determinado. La citación se dirige al denunciado o investigado, pero también al denunciante o querellante, e incluso a peritos y testigos.

La citación se realiza, como regla general, mediante correo postal con acuse de recibo (art. 166 LECrim). Su contenido es similar al de la notificación: incluirá una cédula en la que figurará el tribunal que hubiere dictado la resolución, la fecha y la causa en que haya recaído, los nombres y apellidos de los que debieren ser citados, el objeto de la citación, y la calidad en la que el destinatario de la citación es citado y el lugar, día y hora en que haya de concurrir el citado.

En la práctica de las citaciones debemos distinguir según que el destinatario sea un testigo o perito, perjudicado, o sea un acusado. Si el citado fuera el testigo y perito, tienen la obligación de comparecer al llamamiento judicial en la fecha acordada. En caso de imposibilidad temporal de hacerlo deberán comunicar al tribunal esta circunstancia antes de la fecha prevista para la comparecencia (art. 410 y 463 LECrim). En la citación al testigo y perito se hará constar el apercibimiento de que, de no concurrir al primer llamamiento, podrá imponer una multa de 200 a 5.000 euros; si se tratare del segundo llamamiento sin comparecencia previa podrá ser ordenada su comparecencia coactiva, pudiendo además incurrir en el delito de obstrucción a la justicia.

En el caso de que deba citarse al perjudicado, establece el art. 109 LECrim que en el acto de recibirse declaración por el juez, será instruido del derecho que le asiste para mostrarse parte en el proceso, pudiendo por lo tanto solicitar su personación como acusador particular, debiendo en este caso ser asistido por abogado y procurador.

En el caso de que la citación sea al acusado, en la fase de procedimiento abreviado, ésta se practicará conforme lo previsto en el art. 762. 3 y 4 LECrim, pudiendo acordarse el llamamiento por requisitorias para el caso de que los medios de localización no hubieren sido fructíferos.

En el proceso penal la citación para el acto del juicio oral resulta especialmente trascendente ya que la asistencia del acusado a juicio es un presupuesto para su celebración, de modo que, salvo supuestos concretos y excepcionales, no puede celebrarse el juicio oral en ausencia del acusado. (arts. 775, 786.1 y 971 de la LECrim) (STC 136/2002 [*Tol 258668*]).

«Este tribunal ha venido reiterando que es una garantía contenida en el art. 24.1 CE la necesidad de que los actos de comunicación de los órganos judiciales con las partes se realicen de forma correcta y con la diligencia debida. Exigencia que se ve reforzada en los procedimientos penales por la naturaleza de los derechos fundamentales que en ellos se ventila [...] Por otra parte, también ha sido reiterado por este tribunal que la validez constitucional de un emplazamiento, cuando de ello depende la personación de la parte en el proceso, no se colma con el mero envío de la notificación, si no se tiene constancia fehaciente en las actuaciones de que la citación ha llegado efectivamente a su destinatario en la fecha requerida, ya que, de lo contrario, la exigencia de citación se convertiría en un mero formalismo, ignorándose su verdadera esencia de medio de comunicación que posibilita el ejercicio del derecho a la defensa (por todas, STC 155/1994, de 23 de mayo, FJ 2). De ese modo, un emplazamiento erróneo o no practicado en legal forma, que impida al denunciado conocer la convocatoria de la vista oral, le imposibilita hacer efectivo el ejercicio de derechos fundamentales en el proceso y conduce a una condena en su ausencia, no imputable a su voluntad o actuar negligente, constituye sin duda alguna una vulneración de la tutela judicial efectiva, que causa indefensión».

3.2 Emplazamientos

El emplazamiento es, «la convocatoria que se hace a una parte o a un tercero para que comparezca ante el órgano judicial dentro de un plazo determinado, para personarse y para actuar dentro de un plazo determinado» GARCÍA MOLINA.

Los emplazamientos se practican en la forma prevista en los arts. 166 y 175 de la LECrim, personalmente o mediante correo con acuse de recibo y en los casos que corresponda a través de los medios telemáticos habilitados al efecto. El acto de comunicación emitido por el LAJ, y su resultado, son parte del procedimiento, debiendo incorporarse documentalmente al mismo a través de la correspondiente diligencia de constancia.

El emplazamiento puede ser personal, en cuyo caso se realizará en la forma indicada para la notificación y la citación, a través de una cédula que contiene los datos del juzgado que lo emite, la resolución que lo acuerda, el destinatario, y el término o plazo que tiene el destinatario para comparecer. La diferencia con la citación y la notificación es que la cédula de emplazamiento contiene:

* El término dentro del cual ha de comparecer el emplazado.
* El lugar en que haya de comparecer y el juez o tribunal ante quien deba hacerlo.
* Y la prevención de que, si no compareciere, le pararán los perjuicios a que hubiere lugar en derecho.

En la práctica, el emplazamiento se practica tras la notificación de la resolución que lo acuerda, acordándose para supuestos como la notificación a los procesados del auto de conclusión del sumario, el emplazamiento ante el órgano de enjuiciamiento, o el emplazamiento para que el acusado comparezca con abogado y procurador en el procedimiento abreviado.

4. AUXILIO JUDICIAL

La propia LECrim identifica los supuestos en que procede el auxilio judicial y que nos sirven para una definición de este acto procesal. Así, el art. 183 de la LECrim establece que, «los jueces y tribunales se auxiliarán mutuamente para la práctica de todas las diligencias que fueren necesarias en la sustanciación de las causas criminales», procediendo el auxilio o cooperación siempre que una diligencia judicial deba ejecutarse por un juez o tribunal distinto del que la haya ordenado (art. 184 LECrim).

La petición de auxilio o cooperación judicial está regulada en los arts. 273 a 278 LOPJ y 183 a 196 LECrim, y prevé que la cooperación tenga un ámbito nacional o internacional.

Respecto al auxilio judicial nacional, procederá cuando una diligencia judicial deba ejecutarse por un juez o tribunal distinto del que la haya ordenado (art. 184 LECrim). Esto no significa que siempre que la actuación judicial se desarrolle fuera de la circunscripción del juzgado que la hubiera acordado sea necesario recabar el auxilio judicial. En este sentido, podrán los jueces realizar diligencias de instrucción fuera de su circunscripción cuando se hallare próximo y ello resultare conveniente, dando inmediata noticia al juez competente. También cuando no se perjudique la competencia del juez correspondiente y venga justificado por razones de economía procesal (art. 275 LOPJ). Los actos de comunicación, notificaciones, citaciones, emplazamientos y requerimientos pueden efectuarse mediante auxilio judicial (art. 165 LEC).

5. RÉGIMEN JURÍDICO DE LA EXPEDICIÓN Y CUMPLIMIENTO DE AUXILIO JUDICIAL

5.1 Comunicación con otros juzgados nacionales

Respecto la forma que adopta el auxilio judicial, el art. 183 LECrim se refiere a los exhortos, suplicatorios, y mandamientos como formas para proceder a la solicitud de auxilio en función del grado del tribunal al que se dirija, si bien en la LOPJ, y de manera supletoria en la LEC, sólo se prevé la regulación del exhorto.

Respecto a la petición o expedición del auxilio judicial a través del exhorto, establece el art. 274 de la LOPJ que «la petición de cooperación, cualquiera que sea el juzgado o tribunal a quien se dirija, se efectuará siempre directamente, sin dar lugar a traslados ni reproducciones a través de órganos intermedios». El órgano que recibe el exhorto (art. 191 de la LECrim) «acordará su cumplimiento [...] disponiendo lo conducente para que se practiquen las diligencias dentro del plazo, si se hubiere fijado en el exhorto, o lo más pronto posible en otro caso. Una vez cumplimentado, lo devolverá sin demora en la misma forma en que lo hubiere recibido o en que se le hubiese presentado».

La expedición del exhorto, que deberá ser acordada en el proceso penal por resolución del órgano judicial, adoptará la forma de petición, indicando el tribunal que realiza la solicitud, el tribunal a quien se dirige la solicitud, y el objeto de la petición, especificando la diligencia que se interesa y, en su caso, el plazo para su realización. Al exhorto se acompañará la documentación necesaria para su cumplimentación por parte del tribunal exhortado.

La remisión del exhorto al tribunal exhortado (art. 165 de la LEC) se remitirá por medio del sistema informático judicial, salvo los supuestos en los que deba realizarse en soporte papel, por ir el acto acompañado de elementos que no sean susceptibles de conversión en formato electrónico. Así pues, y como regla general, se remitirá por Lexnet en aquellos casos en que los sistemas sean compatibles o, a través del sistema seguro de comunicaciones del Punto Neutro Judicial, red de servicios a disposición de los órganos judiciales desarrollado por el Consejo General del Poder Judicial.

5.2 Comunicación con juzgados internacionales

El auxilio judicial internacional está regulado en los arts. 276 a 278 LOPJ y en los arts. 193 y 194 LECrim, además de la regulación supletoria prevista en la LEC. En virtud de esta regulación, los juzgados y tribunales españoles también deberán prestar y solicitar a las autoridades judiciales extranjeras la cooperación que les soliciten para el desempeño de su función jurisdiccional, de conformidad con lo establecido en los tratados y convenios internacionales en los que España sea parte, especialmente la Ley 23/2014 de reconocimiento mutuo de resoluciones penales en el ámbito de la Unión Europea y las leyes españolas sobre esta materia conforme el art. 277 LOPJ.

Las peticiones de cooperación internacional se tramitarán de conformidad con lo previsto en los tratados internacionales, las normas de la Unión Europea y las leyes españolas que resulten de aplicación (art. 276 LOPJ). La petición de auxilio en el ámbito de la UE está configurada como una comunicación especialmente ágil al mantenerse de forma directa entre las autoridades judiciales nacionales. El art. 278 LOPJ establece los supuestos en los que será denegada la petición de auxilio de otros juzgados internacionales:

* Cuando el objeto o finalidad de la cooperación solicitada sea manifiestamente contraria al orden público.
* Cuando el proceso de que dimane la solicitud de cooperación sea de la exclusiva competencia de la jurisdicción española.

* Cuando el contenido del acto a realizar no corresponda a las atribuciones propias de la autoridad judicial española requerida. En tal caso, ésta remitirá la solicitud a la autoridad judicial competente, informando de ello a la autoridad judicial requirente.
* Cuando la solicitud de cooperación internacional no reúna el contenido y requisitos mínimos exigidos por las leyes para su tramitación.

5.3 Comunicación con otros órganos públicos

Los mandamientos y los oficios son los nombres que reciben los actos de comunicación de los órganos judiciales con otros organismos de la administración. El uso de uno u otro medio, vendrá determinado por los siguientes criterios:

* Se utilizará por el tribunal la forma de *mandamiento* para ordenar el libramiento de certificaciones o testimonios, y la práctica de cualquier actuación cuya ejecución corresponda a los Registradores de la Propiedad, Mercantiles, de buques, de ventas a plazos de bienes muebles, notarios, o funcionarios al servicio de la Administración de Justicia (art. 186 LECrim).
* Se usarán los *oficios* para las comunicaciones con las autoridades, funcionarios, agentes y jefes de fuerza armada que no estuvieren a las órdenes inmediatas de los jueces y tribunales, a no ser que la urgencia del caso exija verificarlo verbalmente, haciéndolo constar en la causa (art. 195 LECrim).
* Se usarán las *exposiciones* para las comunicaciones con los cuerpos legisladores, es decir, con el Congreso de los Diputados y con el Senado, y con los ministros, tanto para la petición de auxilio como para la obtención de datos (art. 196 de la LECrim). Esta forma de auxilio es más solemne y se usa para las comunicaciones con altas personalidades del Estado

6. LOS TÉRMINOS JUDICIALES

6.1 Cuestiones generales

Los actos procesales deben realizarse en los días y horas hábiles, y en un momento o tiempo determinado. Es necesario distinguir entre el «concepto de término, entendido como el momento en que ha de realizarse un acto procesal, y plazo, que es el período de tiempo concedido para realizar un acto procesal» (GARCÍA MOLINA).

A esta misma distinción aluden RIFÁ SOLER/RICHARD GONZÁLEZ, indicando, «que los actos procesales deben realizarse en el tiempo señalado sea en un tiempo determinado o un plazo procesal. Términos son momentos exactos en que deben efectuarse unos determinados actos procesales. Los plazos suponen un periodo de tiempo durante el cual puede realizarse válidamente un acto procesal». No obstante esta distinción teórica, la LECrim y la LEC los confunden en muchos casos.

Sobre la distinción de términos y plazos procesales, es la jurisprudencia la que otorga un valor distinto a las diligencias que se practiquen fuera de uno u otro tiempo (STS de 6/11/2024 [*Tol 10276010*])

> «En la STS 48/2022, de 20 de enero, declaramos que la invalidez de las diligencias extemporáneas es coincidente con lo dispuesto en el artículo 197 de la LECrim en el que se dispone que "las resoluciones de Jueces, tribunales y Letrados de la Administración de Justicia, y las diligencias judiciales, se dictarán y practicarán dentro de los términos señalados para cada una de ellas" y con el artículo 202 del mismo texto legal en el que se preceptúa que "serán improrrogables los términos judiciales cuando la ley no disponga expresamente lo contrario". Sin embargo, la clase de invalidez de las diligencias practicadas fuera de plazo no es la nulidad radical o absoluta sino una invalidez limitada al momento procesal de su aportación, ya que nada impide que la información probatoria derivada de las diligencias practicadas fuera de plazo pueda aportarse a juicio. Es decir, se trata de diligencias irregulares (STS 455/2021, de 27 de mayo)».

Lo que sí que se regula con claridad en el art. 201 LECrim es que, «todos los días y horas del año serán hábiles para la instrucción de las causas criminales, sin necesidad de habilitación especial». En la fase de juicio oral, son hábiles los días festivos y los del mes de agosto para las actuaciones que se declaren urgentes en las leyes procesales (art. 131 LEC).

Además, el art. 214 LECrim atribuye a los LAJ la función de asegurar la observación y cumplimiento de los términos y plazos para evitar dilaciones inútiles. La jurisprudencia aclara los supuestos en los que nos encontramos ante posibles dilaciones indebidas (STS de 30/10/2024 [*Tol 10263404*])

> «Como apunta la mejor doctrina "Dilación extraordinaria e indebida" constituye un elemento normativo o valorativo del tipo. Dicha dilación no es el mero incumplimiento de los plazos procesales. Los criterios a los que atiende la jurisprudencia para determinar la existencia de dilaciones indebidas son: "a) la complejidad del litigio; los márgenes ordinarios de duración de esa clase de litigios; b) la propia conducta procesal del litigante; c) el propio comportamiento del órgano judicial; d) la exigencia de previa invocación de la quiebra de este derecho por parte del interesado ante el tribunal correspondiente para remediar el quebranto, entendiendo esta exigencia como una manifestación del deber de colaboración y lealtad que se

impone a las partes" (sentencia de 27 de diciembre de 2004) —en el mismo sentido las de 8 de febrero de 2007 y 30 de marzo de 2010, entre otras muchas-».

Dos cuestiones relevantes debemos referir respecto a los términos y plazos, su práctica sin dilación y la improrrogabilidad de los plazos. En primer lugar, cuando no se establece ni plazo ni término para la realización del acto procesal, el acto procesal debe *practicarse sin dilación* (art. 198 LECrim). La definición etimológica de dilación es retraso o demora de algo por algún tiempo, por lo que, aplicando este sentido a la expresión sin dilación, será de llevar a cabo el acto sin retraso o demora. Sobre la debida practica de los actos procesales en plazo razonable y la evitación de las dilaciones indebidas, se han pronunciado entre otros es la SAP de Barcelona, de 30/07/2024 [*Tol 10248857*].

«Dicho esto, cabe recordar que el artículo 21.6 del Código Penal considera como circunstancia que atenúa la responsabilidad criminal "la dilación extraordinaria e indebida en la tramitación del procedimiento, siempre que no sea atribuible al propio inculpado y que no guarde proporción con la complejidad de la causa". Circunstancia que se introduce por el artículo 1 de la Ley Orgánica 5/2010, de 22 de junio recogiendo así en el Código Penal una jurisprudencia ya consolidada del tribunal Constitucional, del tribunal Supremo y del tribunal Europeo de Derechos Humanos sobre los efectos del transcurso del tiempo en el proceso penal y el derecho a un proceso sin dilaciones indebidas recogido en el artículo 24.2 de la Constitución Española y en el artículo 6.1 del Convenio Europeo de Derechos Humanos ("toda persona tiene derecho a que su causa sea oída dentro de un plazo razonable") que imponen a los órganos jurisdiccionales la obligación de resolver las cuestiones que les sean sometidas y ejecutar sus decisiones en un plazo razonable —lo que no debe equipararse con un derecho al cumplimiento de los plazos— lo que en todo caso debe concretarse en cada supuesto por el tribunal que deberá valorar si la dilación es extraordinaria, indebida y no atribuible ni al imputado ni a la complejidad de la causa».

En segundo lugar, cabe recordar que, como regla general, *los plazos procesales son improrrogables* (art. 202 LECrim). Se prevén por la ley supuestos de prórroga, como la prevista en el propio art. 202. 2: «podrán suspenderse o abrirse de nuevo, si fuere posible sin retroceder el juicio del estado en que se halle cuando hubiere causa justa y probada», y el supuesto previsto en el art. 386 de la LECrim, que permite prorrogar por 48 horas la declaración del procesado que estuviera detenido.

La prórroga de la instrucción está regulada en el artículo 324 de la LECrim, modificada por la redacción introducida por la Ley 2/2020, cuyo párrafo 1º dispone que, «La investigación judicial se desarrollará en un plazo máximo de doce meses desde la incoación de la causa. Si, con anterioridad a la finalización del plazo, se constatare que no será posible finalizar la investigación, el juez, de oficio o a instancia de parte, oídas las partes podrá acordar prórrogas sucesivas por periodos iguales o inferiores a seis meses». Este precepto es aplicable a las causas que están en trámite en el momento de su entrada en vigor; las diligencias practicadas con posterioridad al vencimiento de la instrucción serán declaradas nulas (AAN 8/07/2024 [*Tol 10097292*])

> «Es aplicable al plazo de instrucción de la presente causa la redacción dada al art. 324 de la LECrim. por la Ley 2/2020, de 27 de julio, publicada en el BOE de 28 de julio de 2020. por lo que, conforme a lo dispuesto en su disposición final segunda. entró en vigor el 29 de julio de 2020, día inicial, según la disposición transitoria segunda. del cómputo del plazo máximo de doce meses de instrucción previsto en el art. 324.1 de la LECrim, para los procesos que, como este, estaban en tramitación cuando se produjo la entrada en vigor de dicha Ley 2/2020, Por lo tanto, hasta el 29 de julio de 2021, o antes de esa fecha, el juzgado podía prorrogar la instrucción. Sin embargo, el juzgado prorrogó después, mediante auto de 30 de julio de 2021 que fue firmado el 2 de agosto de 2021, fecha esta última en la que ha de entenderse acordada la prórroga, pues, conforme al art. 204.3 de la Ley de Enjuiciamiento Civil, las resoluciones judiciales deberán ser autorizadas o publicadas mediante firma por el LAJ, bajo pena de nulidad. La prórroga efectuada por auto de 30 de julio de 2021 es ilegal, porque se efectuó cuando la fase de instrucción ya habla finalizado o, mejor dicho, caducado. Los derechos fundamentales a un proceso con las debidas garantías y sin dilaciones indebidas resultan vulnerados por la prórroga extemporánea de la instrucción. El art. 242 de la Ley Orgánica del Poder Judicial dispone que las actuaciones judiciales realizadas fuera de plazo solo podrán anularse si lo impusiere la naturaleza del término o plazo. El plazo que nos ocupa es de caducidad. Por lo tanto, todo lo actuado con posterioridad al 29 de julio de 2021 es nulo de pleno derecho. Las prórrogas sucesivas no convalidan la nulidad de la acordada dicho día 2 de agosto de 2021 Habiendo concluido la instrucción el 29 de julio de 2021 sin haber tomado declaración como investigado al Sr. Demetrio, debe dictarse auto de sobreseimiento con respecto a él».

6.2 Cómputo de plazos

La regla general es que los plazos comienzan a computarse desde el día siguiente a aquel en que se hubiere efectuado el acto de comunicación y se contará en ellos el día del vencimiento, que expirará a las veinticuatro horas.

En el proceso penal debemos diferenciar la fase de instrucción de las fases posteriores del procedimiento a efectos de cómputo de plazos. Así, el art. 184 LOPJ, establece que, «Sin perjuicio de lo dispuesto en los artículos anteriores, todos los días del año y todas las horas serán hábiles para la instrucción de las causas criminales, sin necesidad de habilitación especial». Para la fase de juicio oral y fase de ejecución deberán ser excluidos del cómputo de los plazos lo días inhábiles, aplicando lo establecido en el art. 182.1 LOPJ, conforme al cual «son inhábiles a efectos procesales los sábados y domingos, los días de fiesta nacional y los festivos a efectos laborales en la respectiva Comunidad Autónoma o localidad».

En estos casos, la forma de computar el plazo es conforme al art. 5 CC al que se remite el art. 185 LOPJ: «siempre que no se establezca otra cosa, en los plazos señalados por días, a contar de uno determinado, quedará éste excluido del cómputo, el cual deberá empezar en el día siguiente; y si los plazos estuviesen fijados por meses o años, se computarán de fecha a fecha. Cuando en el mes del vencimiento no hubiera día equivalente a la inicial del cómputo, se entenderá que el plazo expira el último del mes». Si el último día de plazo fuere inhábil, se entenderá prorrogado al primer día hábil siguiente.

Debemos además tener en cuenta que cuando por los Colegios de Abogados o Procuradores o por las partes personadas se comuniquen causas objetivas de fuerza mayor que afecten a abogados o procuradores, los términos y plazos se podrán interrumpir o demorarse por un plazo de tres días (134.3 LEC).

6.3 Presentación de escritos

Debido a la especial relevancia que tiene la presentación de escritos en los procedimientos, en particular la forma de presentación y el cómputo de plazos, nos referiremos a continuación a estos dos aspectos desde un punto eminentemente práctico.

6.3.1 Presentación de escritos por medios telemáticos

Como consecuencia de la publicación del RD 6/2023, se ha mantenido la línea que ya se promovió con la Ley 18/2011, en cuanto a la obligatoriedad en el uso de los medios telemáticos para las comunicaciones con la Administración de Justicia. Resultado de ello, se modifica el artículo 273 LEC, que establece que están obligados al uso de los medios telemáticos: las personas jurídicas, entidades sin personalidad jurídica, quienes ejerzan una actividad profesional para la que se requiera colegiación obligatoria para los trámites y actuaciones que realicen con la Administración de Justicia en ejercicio de dicha actividad profesional, notarios y registradores de la propiedad, quienes representen a un interesado que esté obligado a relacionarse electrónicamente con la Administración de Justicia, los funcionarios de las Administraciones Públicas para los trámites y actuaciones que realicen por razón de su cargo.

Los escritos y documentos se podrán presentar en formato electrónico todos los días del año durante las veinticuatro horas. Presentados los escritos y documentos, se emite automáticamente acuse de recibo para el remitente por el mismo medio, con expresión del número de entrada de registro y de la fecha y la hora de presentación, en la que se tendrán por presentados a todos los efectos.

La cuestión que puede plantearse es relativa al cómputo de los plazos, derivado de la posibilidad de presentar escritos todos los días del año durante las 24 horas del día. Para este caso, o más bien para el caso de que la presentación tenga lugar en día u hora inhábil a efectos procesales conforme a la ley, se entenderá el escrito presentado el primer día y hora hábil siguiente.

Si bien el uso de los medios telemáticos son una garantía de seguridad y de trazabilidad, la ley prevé una serie de supuestos, que pueden suceder en la práctica diaria en la presentación de escritos:

* Interrupción no planificada del servicio de comunicaciones telemáticas o electrónicas derivada de incidencia del sistema. En este caso, el remitente podrá proceder a la presentación del escrito en la oficina judicial u oficina de registro y reparto del órgano judicial el primer día hábil siguiente, acompañando el justificante de dicha interrupción que será proporcionado automáticamente en el caso de que el sistema de comunicación incidentado sea LexNET.
* Documentación que excede la capacidad del sistema. Si el servicio de comunicaciones telemáticas o electrónicas resulta insuficiente debido a la capacidad de los documentos a presentar, los escritos y documentos se deberán presentar en soporte electrónico en la oficina judicial ese día o el día siguiente hábil, junto con el justificante expedido por el servidor de haber intentado la presentación sin éxito. Para el caso concreto de que el sistema de envío de escritos sea a través de LexNET, el art. 18 del RD 1065/2015 dispone que, cuando por el exceso del volumen de los archivos adjuntos, por el formato de éstos o por la insuficiencia de capacidad del sistema, no permita su inclusión en el sistema para proceder al envío, en este caso, se remitirá únicamente el escrito a través de LexNET y el resto de documentación, se presentará en soporte digital o en cualquier otro tipo de medio electrónico, ese día o el día hábil inmediatamente posterior a la fecha del envío por LexNET, en el órgano judicial u oficina de registro y reparto correspondiente.

6.3.2 Presentación de escritos en formato papel

Los escritos y documentos se podrán presentar en formato papel por las partes o personas físicas y jurídicas que no estén obligadas a la presentación de escritos por vía telemática, y que hemos indicado en el punto anterior. En el caso de presentación de escritos y documentos en soporte papel, el funcionario encargado de su recepción en el órgano judicial o en la oficina de registro y reparto, sellará los escritos presentados, haciendo constar la oficina judicial ante la que se presenta, y el día y hora de la presentación (art. 135.4 LEC), y que servirá de acuse de presentación de la parte y de la fecha y hora a efectos del cómputo de los plazos.

La publicación del RD 6/2023 regula un supuesto no tan infrecuente en los órganos judiciales: que un acto de comunicación se practique, voluntaria o involuntariamente, por vías distintas. En este caso prevé el art. 156 LEC que «si se practicase un mismo acto de comunicación dos o más veces, tendrá eficacia a efectos procesales la primera fecha en que se hubiese verificado, con independencia del medio que se hubiere empleado, a salvo los casos en los que las leyes procesales prevean expresamente la posibilidad de que una resolución se comunique más de una vez, en cuyo caso tendrá los efectos que dichas leyes determinen».

6.3.3 Plazo final para la presentación de escritos

Si la presentación de escritos y documentos, ya sea en formato telemático ya sea en formato papel, estuviere sujeta a plazo, procesal o sustantivo, podrá efectuarse hasta las quince horas del día hábil siguiente al del vencimiento del plazo (art. 135.5 LEC).

Las cuestiones planteadas sobre la aplicabilidad de este plazo para los procesos penales han sido ratificadas por el Tribunal Supremo, estimando los recursos de queja contra autos de la Audiencia Provincial, que deniegan la preparación de recursos de casación fuera de plazo (ATS de 12/02/2003 [*Tol 368133*])

> «Es evidente que no concurren diferencias de fondo que puedan dar razón de la diversidad de trato a que lleva la argumentación de la Audiencia. Pues no es imaginable algún motivo específico «ratione materiae» que impida extender la regla del art. 135.1 de la LECrim al área de aplicación del art. 856 LECrim. En efecto, éste establece un plazo, pero no dice cómo se computa, por lo que no existe ninguna razón legal de especialidad que impida la aplicación complementaria de la LEC en este punto».

BIBLIOGRAFÍA

- BARRIENTOS PACHO/MELERO/GENE, *Práctico Procesal Penal* VLEX, octubre de 2024.
- CORTÉS DOMÍNGUEZ et alii, *Derecho Procesal Civil*, Parte General, 3ª, Colex, 2000.
- GARCÍA MOLINA, *Abogacía y Proceso Penal*, Tirant lo Blanch, 2021.
- RIFÁ SOLER/RICHARD GONZÁLEZ, *El Proceso Penal Práctico*, Wolters Kluwer, 2017.

Capítulo 12

Irregularidad, nulidad e ineficacia de los actos procesales en la justicia penal

Juan Manuel Alcoceba Gil[1]
Letrado del Tribunal Constitucional
Profesor Titular (a) de Derecho Procesal
Universidad Carlos III de Madrid

SUMARIO: **1. LA VALIDEZ DE LOS ACTOS PROCESALES. 1.1 Irregularidad de los actos procesales.** *1.1.1 La subsanación del acto irregular. 1.1.2 La convalidación del acto irregular.* **1.2 Nulidad de los actos procesales. 2. CAUSAS DE LA NULIDAD. 3. EFECTOS DE LA NULIDAD. 3.1 Aplicación de la ineficacia. 3.2 Extensión de la ineficacia. 3.3 Interrupción de la prescripción. 4. TRATAMIENTO PROCESAL. 4.1 Control y denuncia de la nulidad durante la tramitación del proceso. 4.2 El incidente de nulidad de actuaciones.**

1. LA VALIDEZ DE LOS ACTOS PROCESALES

Con carácter general, los actos procesales deben llevarse a cabo en los estrictos términos que se establecen en las normas de procedimiento, ya que la desatención de los requisitos previstos en las mismas puede afectar a su validez (art. 1 LEC). No obstante, el efecto derivado de las infracciones procesales sobre las actuaciones viciadas varía según la naturaleza de las mismas y el concreto requisito que sea el incumplido, pues el ordenamiento jurídico recoge diferentes previsiones al respecto.

Tales previsiones, a grandes rasgos, se fundan en los esquemas formulados desde la Teoría General del Derecho sobre los conceptos de nulidad e ineficacia (MARTÍNEZ GARCÍA, p. 300); así como en los parámetros aplicables a los actos administrativos, que tienden a diferenciar entre nulos y anulables (LÓPEZ YAGÜES, p. 218). A partir de estas categorías, pueden distinguirse, *a priori*, dos tipos diferentes de vicios procesales: en primer lugar, aquellos declarables de oficio, imprescriptibles e insubsanables; en segundo lugar, los que resultan enmendables, solo pueden ser apreciados por el órgano judicial a instancia de parte y sobre ellos opera la prescripción, de forma que el trans-

1 https://orcid.org/0000-0003-2225-0177

curso del tiempo sin que sean denunciados por los perjudicados implica su sanación.

No obstante, el régimen aplicable a los actos emanados —en el marco— del ejercicio de la jurisdicción, presenta ciertas diferencias respecto al del resto de actos jurídicos, pues responde, además, a la vigencia y contenido de los principios rectores del proceso judicial, dando lugar a la conformación de un estatuto poliédrico —por su casuismo— que se mueve entre la primacía de los derechos fundamentales de las partes y el principio de conservación de lo actuado. Ello ha llevado a la doctrina más autorizada a considerar que es «preciso analizar la nulidad de los actos procesales prescindiendo de viejos dogmas heredados, explicándola desde conceptos que permitan adaptarse a las singularidades del régimen de ineficiencia de los actos procesales» (BARONA VILAR, p. 300).

Consecuentemente con este planteamiento, parece adecuado relegar a un segundo plano las categorías doctrinales clásicas y abordar el estudio de la validez o eficacia de las actuaciones procesales desde la óptica de las garantías afectadas por sus posibles vicios; pues estas garantías son, en última instancia, el principal factor de legitimación del proceso penal en su conjunto. En el Estado social y democrático de Derecho, el proceso penal se plantea, ante todo, como un sistema de garantías para quienes participan de él (LÓPEZ ORTEGA, p. 2), razón por la que la salvaguarda de los derechos y libertades de las partes resulta una prioridad impostergable. No sería lógico, entonces, que el incumplimiento de un requisito de carácter procedimental, susceptible de subsanación o convalidación, fuera sancionado con los mismos efectos que se predican de aquellos quebrantamientos lesivos para con los derechos fundamentales en juego durante el proceso; principal centro de gravedad en torno al que debe orbitar todo juicio o ponderación sobre la eficacia de lo actuado. A partir de esta diferencia axiológica, puede distinguirse entre nulidad y mera irregularidad de los actos procesales.

1.1 Irregularidad de los actos procesales

Cuando un acto procesal se separa o diverge de la regulación aplicable al mismo, debe considerarse irregular. La irregularidad consiste, por tanto, en aquello que distancia a un determinado acto de lo dispuesto en la ley, dando lugar a la imperfección del mismo.

Como resulta obvio, en un plano ideal, todo quebrantamiento de los estándares legalmente establecido, ya sean estos de carácter sustantivo o adjetivo, resulta indeseable. No obstante, también ha de tenerse en cuenta que la seguridad y la certeza jurídicas son valores constitucionalmente reconocidos (art. 9.3 CE), para cuya consecución requieren conservar la validez de los actos procesales siempre que la ineficacia de los mismos acarre o pueda acarrear más perjuicios que beneficios (MORENO CATENA/CORTÉS p. 249). Por esta razón, como regla general, nuestro ordenamiento jurídico permite remediar, corregir, reparar o enmendar los defectos e imperfecciones de los actos de parte y convalidar los del órgano judicial cuando ello sea posible; posibilitando así que estos puedan acomodarse al marco normativo con posterioridad a su origen.

1.1.1 La subsanación del acto irregular

De acuerdo con lo previamente expuesto, en el art. 243.3 LOPJ se establece que «el juzgado o tribunal cuidará de que puedan ser subsanados los defectos en que incurran los actos procesales de las partes, siempre que en dichos actos se hubiese manifestado la voluntad de cumplir los requisitos exigidos por la ley». Tal previsión es complementada por lo dispuesto en el último apartado del mismo artículo, donde se prevé expresamente que, con carácter general, «los actos de las partes que carezcan de los requisitos exigidos por la ley serán subsanables en los casos, condiciones y plazos previstos en las leyes procesales». Lo preceptuado en el citado numeral conecta a su vez con el mandato que se dirige a jueces y Tribunales, a través del art. 11.3 LOPJ, de no desatender las pretensiones de las partes por motivos formales, a no ser que el defecto fuese insubsanable o no se subsanare por el procedimiento establecido en las leyes.

La interpretación conjunta de la citada regulación por parte del Tribunal Constitucional ha dado lugar a una doctrina basada en el rechazo del denominado "formalismo enervante". Según reiterada jurisprudencia del máximo intérprete de la Constitución, esta figura, consistente en la aplicación excesivamente rigorista de los requisitos formales establecidos en la ley, con el fin de privar de validez a los actos procesales de parte, puede vulnerar el derecho a la tutela judicial efectiva en su vertiente de acceso a la jurisdicción o a los recursos legalmente establecidos (entre otras STC 231/2012 [*Tol 2719633*]). Para evitar tal situación de carácter lesivo, debe procurarse, en todos los casos que sea posible, un plazo para que pueda subsanarse la falta o defecto que pongan en cuestión la eficacia del acto (STC 41/1992 [*Tol 80655*]). Y, siempre que existan los presupuestos mínimos para ello, ofrecer un pronunciamiento sobre el fondo que vaya más allá de la mera inadmisión basada en la concurrencia de defectos formales (SSTC 7/2015 [*Tol 4741312*] y 118/2024 [*Tol 10273337*]).

1.1.2 La convalidación del acto irregular

En un sentido similar a lo dicho, pero respecto de los actos emanados del órgano judicial, la doctrina constitucional viene sosteniendo, como se verá más adelante, que un defecto formal solo provocará la nulidad —y con ello su ineficacia radical— en caso de haber incurrido en alguno de los supuestos expresamente previstos en el art. 238 LOPJ o haber producido indefensión a alguna de las partes. Y, sobre este último supuesto, el Tribunal Constitucional ha establecido que la irregularidad de un acto judicial solo acarreará la vulneración del derecho a la tutela judicial efectiva, a un proceso con todas las garantías o a la interdicción de la indefensión, si comporta una quiebra real y material de las garantías procesales consagradas en los preceptos constitucionales, no siendo suficiente al efecto la constatación de meros defectos procesales que impliquen su imperfección (entre otras muchas: SSTC 155/1988 [*Tol 80004*]; 112/1989 [*Tol 81563*]; 121/1995 [*Tol 82860*]; 62/1998 [*Tol 80920*]).

Esta línea jurisprudencial resulta a su vez coherente con los planteamientos doctrinales basados en que un acto invalido queda convalidado cuando alcanza su finalidad, pese al vicio formal que acusa. Tales planteamientos, basados en la idea de que el cumplimiento del fin demuestra la utilidad del acto, haciendo indeseable la declaración de ineficacia, encuentran respaldo en la dicción del art. 240.1 LOPJ, pero resultan inaplicables a aquellos casos en que la infracción constituye una causa de nulidad radical o de pleno derecho.

Debe concluirse, por tanto, que la mera irregularidad de un acto procesal no implica necesariamente su ineficacia, ya que podrá seguir desprendiendo efectos siempre que ello sea posible sin desvirtuar los fines del proceso o afectar de forma determinante a los derechos fundamentales de las partes (art. 240.1 LOPJ). Por esta misma razón, con carácter general, la irregularidad no se extiende a todos aquellos actos que deriven del originalmente viciado, ni puede ser apreciada de oficio si las partes no lo ponen de manifiesto en tiempo y forma. El estatuto aplicable a todo acto irregular, en resumidas cuentas, tiende a presumirlo anulable y no necesariamente nulo, lo que implica que quedará convalidado si es subsanado, la parte interesada no insta su anulación en el plazo establecido o consiente expresamente el vicio.

1.2 Nulidad de los actos procesales

La nulidad es un tipo de irregularidad cualificado, cuya sanción, tendente a garantizar los derechos fundamentales —muy especialmente los del art. 24

CE—, consiste en la atribución de ineficacia *ipso iure* a aquellos actos realizados con infracción de ciertos requisitos procesales legalmente tasados, o bien, generadores de indefensión.

La nulidad se regula, con carácter general, en la Ley Orgánica del Poder Judicial y en la Ley de Enjuiciamiento Civil, por lo que carece de un régimen legal específico para el ámbito penal; la Ley de Enjuiciamiento Criminal únicamente recoge previsiones sobre el tiempo y forma en que las causas de nulidad deben ser alegadas por las partes. Concretamente, tanto estas causas, como sus efectos y tratamiento procesal se prevén, para todos los órdenes jurisdiccionales, en los arts. 238 a 243 LOPJ y, con carácter subsidiario, en los arts. 225 a 231 LEC. Sobre el proceso penal en concreto, en el art. 785 LECrim se regula la posibilidad de que la nulidad sea invocada por el fiscal o las partes durante la audiencia preliminar que tendrá lugar antes del juicio oral en sede de procedimiento abreviado.

Es importante destacar que tal regulación no abarca la anulación, rescisión o revocación de las resoluciones judiciales, cuando se declara su inadecuación al ordenamiento jurídico o desacierto en vía de recurso. La institución de la nulidad, contenida en los referidos artículos, es predicable única y exclusivamente de aquellos actos procesales que adolecen de los vicios formales expresamente recogidos en la ley, de entre los que destaca, a modo de "cajón de sastre", la infracción de garantías procesales generadora de indefensión; pues en dichos casos solo es posible declarar la falta absoluta de validez de lo actuado.

Debe partirse, por tanto, de que la nulidad constituye una determinada calificación jurídica predicable de ciertos actos procesales irregulares, donde la infracción procesal que se les imputa resulta especialmente grave por afectar de forma determinante a los derechos fundamentales de las partes, lo que cualifica la sanción imponible a dichos actos, impidiendo su subsanación y determinando su ineficacia con carácter general y permanente.

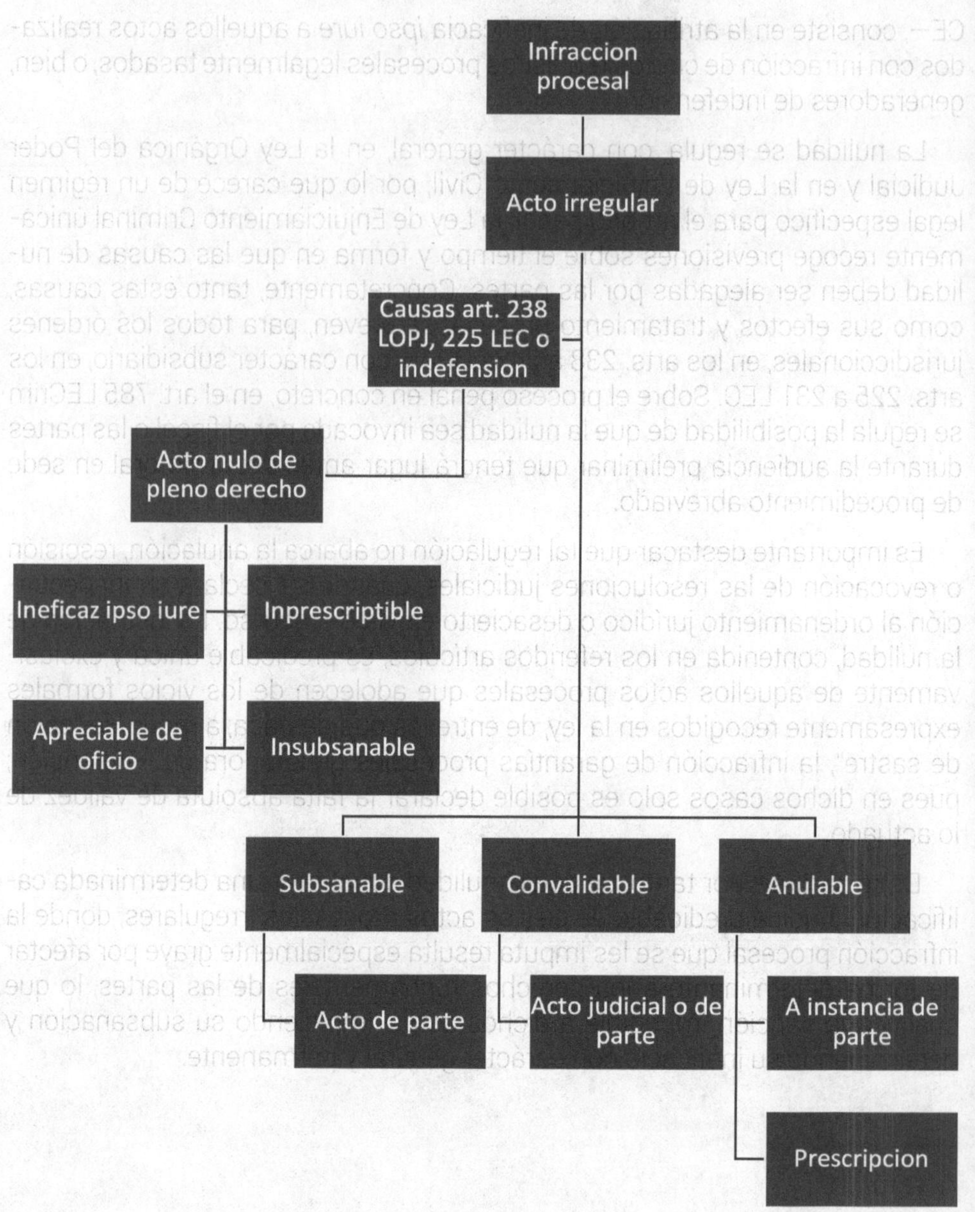

2. CAUSAS DE NULIDAD

En el art. 238 LOPJ y 225 LEC se establecen de forma expresa las causas y consecuencias jurídicas de la nulidad de pleno derecho en atención al concreto vicio del que adolezcan las actuaciones procesales. Así, pueden identificarse los siguientes supuestos:

1. Cuando el acto se produzca por o ante tribunal con falta de jurisdicción o de competencia objetiva o funcional (arts. 238.1 LOPJ y 225.1 LEC).

Según se indica en la STS de 09/05/2006 [*Tol 934983*], la causa de nulidad contenida en el art. 238.1 LOPJ y 225.1 LEC hace referencia a la facultad para conocer del órgano judicial dentro de su respectivo orden jurisdiccional. Se incurre en falta de jurisdicción, por tanto, cuando el juez civil conozca de un asunto penal o laboral. Del mismo modo, serán nulos de pleno derecho los actos judiciales emanados de un órgano territorialmente incompetente o producidos ante ese órgano.

2. Cuando el acto se realice bajo violencia o intimidación (art. 238.2 LOPJ y 225. 2 LEC).

Esta causa conecta con lo previsto en el art. 239.1 y 2 LOPJ, donde se establece que los tribunales cuya actuación se hubiere producido con intimidación o violencia, tan luego como se vean libres de ella, declararán nulo todo lo practicado y promoverán la formación de causa contra los culpables, poniendo los hechos en conocimiento del Ministerio Fiscal. También dispone que se declararán nulos los actos de las partes o de personas que intervengan en el proceso si se acredita que se produjeron bajo intimidación o violencia. En tales supuestos habrá de entenderse que la nulidad extiende sus efectos a los actos sucesivos a aquellos donde se dio la violencia o intimidación.

3. Cuando, para la realización del acto, se prescinda de normas esenciales del procedimiento, siempre que, por esa causa, haya podido producirse indefensión (art. 328.3 LOPJ y 225.3 LEC).

Como ya se ha mencionado, sobre esta causa existe una amplia doctrina constitucional que, en consonancia con la doctrina del Tribunal Europeo de Derechos Humanos, ha señalado como, desde la perspectiva constitucional, la concurrencia de una infracción procesal no comporta en todo caso una vulneración del art. 24.1 CE. Para que esto suceda es necesario que, de tal quebrantamiento, en atención a las circunstancias concurrentes en cada caso, se derive una real y efectiva situación de indefensión material, entendida esta como la clara afectación a sus derechos e intereses legítimos dentro del proceso (entre otras muchas: SSTC 155/1988 [*Tol 80004*]; 112/1989 [*Tol 81563*]; 121/1995 [*Tol 82860*]; 62/1998 [*Tol 80920*]).

En la misma línea, el Tribunal Supremo ha establecido como «[la] indefensión, concebida como la denegación de la tutela judicial en su conjunto y para cuya prevención se configuran los demás derechos instrumentales contenidos en el art. 24.2 de la Constitución Española, ha de ser algo real, efectivo y actual, nunca potencial o abstracto, por colocar a su víctima en una situación concreta que le produzca un perjuicio, sin que sea equiparable cualquier expectativa de un peligro o riesgo. Por eso, en materia de derecho fundamentales, ha de hablarse siempre de indefensión material y no formal, para la cual resulta necesaria pero no suficiente la mera transgresión de los requisitos configurados como garantía, no bastando la existencia de un defecto procesal si no conlleva la privación o limitación, menoscabo o negación, del derecho a la defensa en un proceso público con todas las garantías, en relación con algún interés de quien lo invoca (SSTC 181/1994, de 20 de junio, 316/1994, de

28 de noviembre, 137/1996, de 16 de septiembre y 105/1999, de 14 de junio, y STS núm. 243/2001 de 21 de febrero, entre otras)» (STS de 14/11/2001 [*Tol 2657644*]).

4. Cuando el acto se realice sin intervención de abogado, en los casos en que la ley la establezca como preceptiva (art. 238.4 LOPJ y 225.4 LEC).

Así, los actos procesales de parte llevados a cabo sin poder de postulación son considerados nulos indistintamente de si ello provocó o no indefensión. El hecho de si la ausencia de letrado cuando resulte preceptivo es en todo caso motivo de indefensión ha sido objeto de numerosos pronunciamientos, tanto por parte del Tribunal Europeo de Derechos Humanos, (Sentencias de 9 de octubre de 1979, caso Airey; de 25 de abril de 1983, caso Pakelli y de 13 de mayo de 1990, caso Ártico) como del Tribunal Constitucional (SSTC 101/2002, de 6 de mayo, FJ 2; 262/2005, de 24 de octubre, FJ 2; 20/2006, de 30 de enero, FJ 3). En síntesis, ambos concluyen que para determinar si existió o no indefensión, se habrá de prestar especial atención a la mayor o menor complejidad del debate procesal y a la cultura y conocimientos jurídicos del solicitante (SSTC 47/1987, de 22 de abril, FJ 2; 233/1998, de 1 de diciembre, FJ 3), deducidos de la forma y nivel técnico con que haya realizado su defensa (STC 216/1988, de 14 de noviembre, FJ 3), y a si la contraparte cuenta con una asistencia técnica de la que pueda deducirse una situación de desigualdad procesal (SSTC 22/2001, de 29 de enero, FJ 4; 67/2007, de 27 de marzo, FJ 4)».

5. Cuando se celebren vistas sin la preceptiva intervención del Letrado de la Administración de Justicia (art. 238.5 LOPJ y 225.5 LEC).

Tal previsión debe ponerse en conexión con lo establecido en el art. 147 LEC sobre documentación de las actuaciones mediante sistemas de grabación y reproducción de la imagen y el sonido, pues en el citado artículo se dispone que «[l]as actuaciones orales en vistas, audiencias y comparecencias celebradas ante los jueces o magistrados o, en su caso, ante los letrados de la Administración de Justicia, se registrarán en soporte apto para la grabación y reproducción del sonido y la imagen. Siempre que se cuente con los medios tecnológicos necesarios, estos garantizarán la autenticidad e integridad de lo grabado o reproducido. A tal efecto, el letrado o letrada de la Administración de Justicia hará uso de la firma electrónica u otro sistema de seguridad que conforme a la ley ofrezca tales garantías. En este caso, la celebración del acto no requerirá la presencia en la sala del letrado o letrada de la Administración de Justicia salvo que lo hubieran solicitado las partes, al menos dos días antes de la celebración de la vista, o que excepcionalmente lo considere necesario el letrado letrada de la Administración de Justicia atendiendo a la complejidad del asunto, al número y naturaleza de las pruebas a practicar, al número de intervinientes, a la posibilidad de que se produzcan incidencias que no pudieran registrarse, o a la concurrencia de otras circunstancias igualmente excepcionales que lo justifiquen».

6. Cuando se resolvieran mediante diligencias de ordenación o decreto cuestiones que, conforme a la ley, hayan de ser resueltas por medio de providencia, auto o sentencia (art. 225.6 LEC).

Esta causa de nulidad es introducida a raíz de las facultades atribuidas al LAJ a través de la reforma operada por la Ley 13/2009, de 3 de noviembre, de reforma de la legislación procesal para la implantación de la nueva Oficina judicial, sobre las que posteriormente ha profundizado la Ley Orgánica 1/2025, de 2 de enero, de medidas en materia de eficiencia del

Servicio Público de Justicia. Debe destacarse que la nulidad no opera en sentido inverso, es decir, cuando es el órgano judicial el que resuelve aquello que le corresponde al LAJ.

7. En los demás casos en que las leyes procesales lo establezcan (art. 238.6 LOPJ y 225.7 LEC).

Dentro de tales casos se encuentra el contenido en el art. 137.4 LEC, donde se establece la nulidad de los actos llevados a cabo en ausencia de los jueces o magistrados miembros del tribunal, cuando estos consisten en las declaraciones de las partes y de testigos, los careos, las exposiciones, explicaciones y respuestas que hayan de ofrecer los peritos, así como la crítica oral de su dictamen y cualquier otro acto de prueba que, conforme a lo dispuesto en esta Ley, deba llevarse a cabo contradictoria y públicamente. Lo mismo ocurrirá cuando la ausencia se produzca durante las vistas y las comparecencias que tengan por objeto oír a las partes antes de dictar una resolución.

Por otro lado, también entrará dentro de esta categoría lo dispuesto en el art. 166.1 LEC sobre la nulidad de los actos de comunicación que no se practicaren con arreglo a lo dispuesto en la ley y pudieren causar indefensión.

De la misma manera habrán de reputarse nulos los actos con defectos de forma que impliquen falta de requisitos indispensables para alcanzar su fin (arts. 240.1 LOPJ y 227.1 LEC).

Por último, se constituye como otro supuesto de nulidad genérico, reflejado en el art. 242 LOPJ, aquel en que las actuaciones judiciales realizadas fuera del tiempo establecido, cuando así lo impusiere la naturaleza del término o plazo, de lo que es ejemplo lo dispuesto en el art. 324 LECrim sobre el plazo de la instrucción.

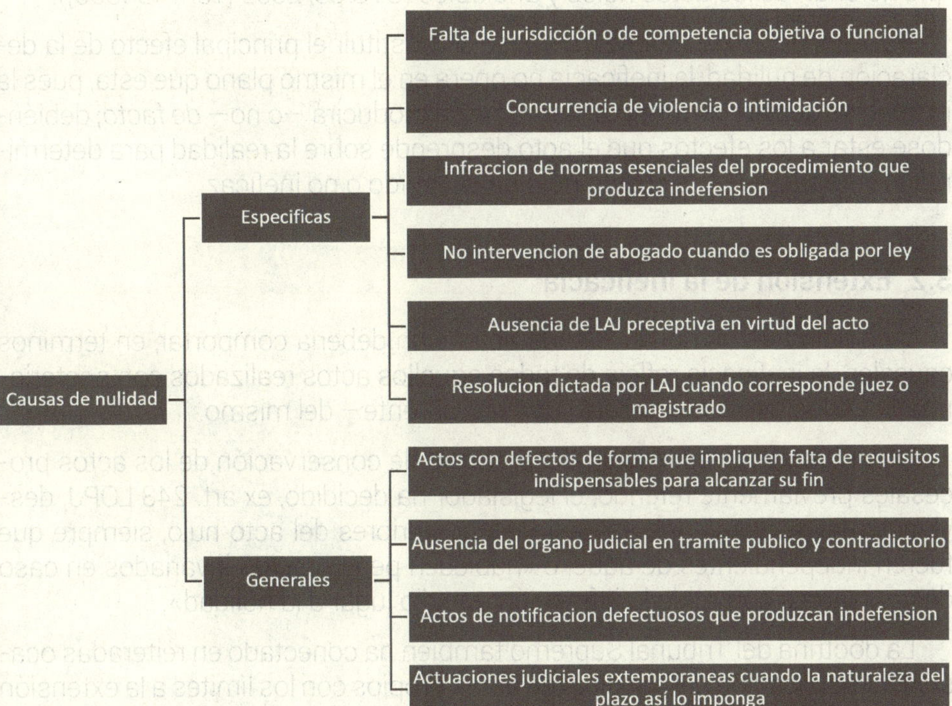

3. EFECTOS DE LA NULIDAD

3.1 Aplicación de la ineficacia

Con carácter general, el principal efecto vinculado a la declaración de nulidad de un acto es el de su ineficacia radical, lo que implica la extinción *ex tunc* de sus efectos. No obstante, desde el plano teórico, la ineficacia no supone una consecuencia automática de la declaración de nulidad. Tal y como ha señalado la más autorizada doctrina (BARONA VILAR, p. 301) «la nulidad es una sanción que precisa ser actuada para dar lugar a la ineficacia», pues consiste en un ejercicio de imputación que un determinado operador jurídico realiza sobre un acto procesal concreto. Para que se produzca la ineficacia de dicho acto, además de ser declarado nulo, es necesario que se dé la situación de hecho que supone su incapacidad real para producir efectos.

De esta manera, la nulidad comporta la ineficacia solo en la medida que se aplique la sanción contenida en la norma que invalida el acto. Mientras no se haga patente esta consecuencia, la mera declaración formal de nulidad resulta insuficiente para acreditar la extinción de efectos del acto en cuestión, lo que ha llevado a la doctrina y jurisprudencia a hablar de eficacia "claudicante" o "provisional" de los actos nulos y anulables (STC 89/2009 [*Tol 1494805*]).

Por ello, ha de concluirse que, pese a constituir el principal efecto de la declaración de nulidad, la ineficacia no opera en el mismo plano que esta, pues la nulidad se declara *de iure* y la ineficacia se producirá —o no— *de facto*; debiéndose estar a los efectos que el acto desprende sobre la realidad para determinar si verdaderamente el acto nulo ha devenido o no ineficaz.

3.2 Extensión de la ineficacia

La nulidad de una determinada actuación debería comportar, en términos causales, la ineficacia refleja de todos aquellos actos realizados con posterioridad cuando derivan —directa o indirectamente— del mismo.

No obstante, en aplicación del principio de conservación de los actos procesales previamente referido, el legislador ha decidido, *ex* art. 243 LOPJ, desvincular la validez de las actuaciones posteriores del acto nulo, siempre que fueren independientes de aquel o «hubiesen permanecido invariados en caso de no haberse cometido la infracción que dio lugar a la nulidad».

La doctrina del Tribunal Supremo también ha conectado en reiteradas ocasiones la aplicación del principio de actos propios con los límites a la extensión de los efectos de la nulidad, manteniendo un criterio restrictivo al respecto desde su Sentencia de 10/03/1995 [*Tol 405309*], donde se recoge lo siguiente:

> «El principio de "conservación del acto" que se establece normativamente en el artículo 242 de la Ley Orgánica del Poder Judicial y que permite que las actuaciones irregulares y que hayan producido indefensión en la fase instructoria del proceso no tengan de ordinario más alcance que el de su nulidad autónoma y que no debe alcanzar a la de otras actuaciones procesales (sentencias de 8 de octubre y 4 de diciembre de 1992). Tal es así en este caso en el que el contenido de la declaración del acusado viciada de nulidad por la indefensión en que al hacerla se encontraba al estar privado de la asistencia del letrado que había designado, no tenía reflejo ni relación con el tema básico de dilucidar si había cometido o no el delito cuya comisión le era atribuida, procediendo, en consecuencia, la desestimación del motivo».

Por lo tanto, a la hora de determinar la extensión de los efectos de la nulidad, se debe omitir la relación causal existente entre actos procesales cuando no guarden relación directa con aquel que fue declarado nulo; o, aun guardándola, sea de suponer que habrían tenido lugar igualmente de no incurrir en el vicio.

3.3 Interrupción de la prescripción

Por último, cabe plantearse si la nulidad de un determinado acto interrumpe la prescripción sobre lo decidido o pedido mediante el mismo o no. A este respecto en la STS de 05/11/2010 [*Tol 1994504*], se establece que las resoluciones judiciales con valor interruptivo serán las practicadas con fines de investigación procesal y las que tienen el valor de ordenar el procedimiento, entrando dentro de esta categoría las relativas a la admisión o rechazo de pruebas, o señalamiento del juicio oral. No tendrán, por el contrario, valor interruptivo las resoluciones judiciales referentes a expedición de testimonios o certificaciones, personaciones, solicitudes de pobreza, reposición de actuaciones o recordatorios de diligencias, entre otros.

En aplicación del referido criterio, debe estimarse que, en caso de nulidad de actuaciones, aquellas resoluciones de contenido sustancial que caen dentro del ámbito temporal de la nulidad acordada mantienen su vigencia cuando la causa de la nulidad no les afecta (en este sentido: SSTS de 18/06/1997 [*Tol 5135640*]; de 27/03/2003 [*Tol 4928600*] y de 01/03/2005 [*Tol 603608*]. No obstante, también es posible encontrar resoluciones, como la STS de 28/09/2002 [*Tol 4923086*], donde se aprecia que todas las actuaciones practicadas dentro del periodo de la nulidad decretada carecen de virtualidad a los efectos de interrumpir la prescripción.

El debate parece cerrado a partir de lo acordado en el Pleno no Jurisdiccional de 27 de abril de 2011 de la Sala Segunda del Alto Tribunal, donde se consolida la tesis mayoritaria de la jurisprudencia de la Sala al acordar «que las actuaciones declaradas nulas en el proceso penal no pierden por ello la eficacia interruptiva que tuvieron en su momento». Este acuerdo se ha venido aplicando desde entonces en pronunciamientos como la STS de 03/06/2011 [*Tol 2258957*], donde se interpreta y aplica el referido acuerdo de la siguiente manera:

> «La aplicación de lo acordado por el Pleno no jurisdiccional implica que las actuaciones nulas, aunque no produzcan el efecto de dejar subsistente lo que en ellos se ordena, en cuanto han existido producen la irrevocable consecuencia de interrumpir el transcurso de tiempo con consecuencias extintivas de responsabilidad por prescripción.
> Anular una resolución puede implicar el decaimiento de los efectos establecidos por lo decidido, pero no implica privarle de todos los efectos derivados de su existencia. La nulidad, valga como ejemplo, de una resolución de prisión provisional no hace desaparecer las consecuencias de la privación de libertad que se haya sufrido por consecuencia de ella. Ni tal nulidad impide el devengo de derecho al pago de las costas ocasionadas por actos afectados por dicha nulidad.
> La consecuencia interruptora de la prescripción, inherente a la existencia de un acto del procedimiento, es ajena a su validez y, por ello, aquella consecuencia subsiste si se declara su nulidad. En los sistemas que conciben la prescripción como causa de extinción de responsabilidad criminal de naturaleza material, y no meramente procesal, no recogen la norma que priva de trascendencia interruptora a los actos no válidos. Lo que sí hace el Código de Procedimiento francés, precisamente porque considera la prescripción como un instituto procesal».

Por último, en relación con los efectos de la nulidad, cabe decir que las dilaciones causadas por las actuaciones declaradas nulas no pueden motivar una disminución de los intereses de la responsabilidad civil nacida del delito a los que tiene derecho el perjudicado por ministerio de la ley, según se indica en la STS de 14/12/2009 [*Tol 1762135*]).

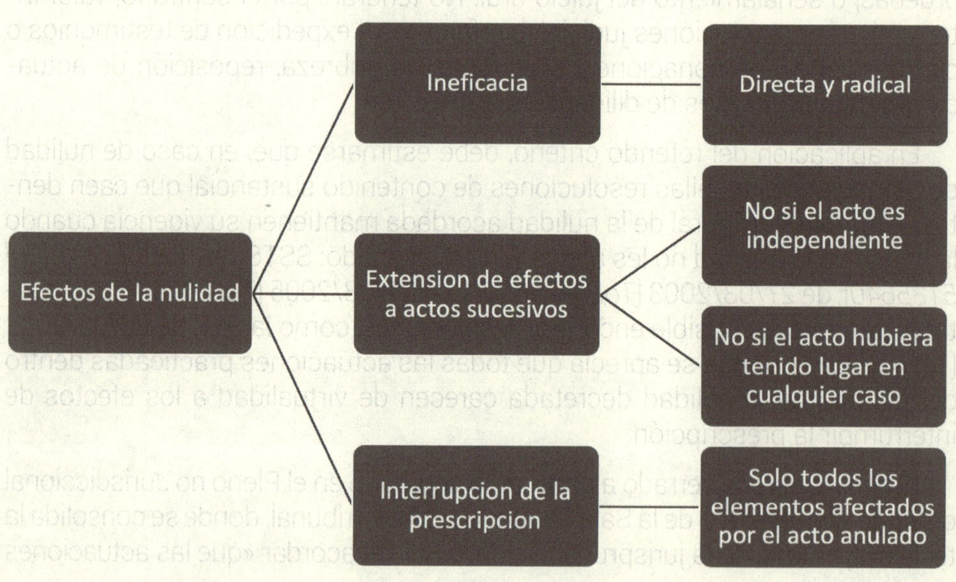

4. TRATAMIENTO PROCESAL

La nulidad de los actos procesales puede ser controlada tanto de oficio como a instancia de parte. Además, su declaración por el órgano judicial y denuncia por la parte, se podrá realizar durante la tramitación del procedimiento a través de diversos medios o vías, pudiendo incluso plantearse respecto de resoluciones que han adquirido firmeza a través del incidente de nulidad de actuaciones. Conviene, no obstante, identificar el contenido y límites de las facultades otorgadas al órgano y a las partes para declarar o denunciar la nulidad.

4.1 Control y denuncia de la nulidad durante la tramitación del proceso

En las leyes procesales se dispone, con carácter general, que la nulidad de los actos judiciales se hará valer por las partes del proceso a través de los medios normales de impugnación y se conocerá en los recursos establecidos en la Ley contra la resolución de que se trate (art. 240.1 LOPJ y 227.1 LEC). A ello habrá de sumarse la posibilidad expresamente prevista en el art. 785 LECrim de invocarla respecto a los actos que se considere nulos durante la audiencia preliminar que tendrá lugar antes del juicio oral en sede de procedimiento abreviado.

También podrá ser declarada de oficio, previa audiencia a las partes, siempre que aún no se haya dictado sentencia en la instancia correspondiente (art. 240.2 LOPJ). Se excluye, no obstante, la posibilidad de que el órgano judicial que conoce en vía de recurso decrete la nulidad de la resolución impugnada sin que hubiera sido previamente pedido por alguno de los legitimados para ello. A salvo de esta restricción quedan, no obstante, las nulidades causadas por falta de jurisdicción o competencia objetiva o funcional del órgano que lo dictó (art. 238.1 LOPJ), o por el hecho de que se hubiera ejercido violencia o intimidación contra el propio órgano (art. 238.2 LOPJ). En estos dos casos, el órgano judicial sí podrá declarar nulas las actuaciones de oficio en vía de recurso aun cuando ninguna de las partes lo hubiera instado expresamente.

En conclusión, debe inferirse que el régimen ordinario aplicable a la declaración de nulidad otorga amplias facultades a las partes y al órgano judicial durante la tramitación del proceso penal para poder controlar o denunciar la invalidez de un determinado acto por dicha causa. Concurren únicamente dos límites: uno temporal, que impone a órgano y partes la exigencia de realizar el control o denuncia antes de la sentencia; y otro material, basado en la necesidad de que en vía de recurso la nulidad sea invocada por alguna de las partes para poder apreciarse por el Tribunal.

Adicionalmente, cuando la sentencia ya se ha dictado y adquirido firmeza, cabría acudir al incidente de nulidad de actuaciones (art. 241 LOPJ), al «recurso de anulación penal» (art. 793 LECrim) o al recurso de amparo (art. 44 LOTC), siendo el incidente —como se verá a continuación— un requisito de admisibilidad exigido por el Tribunal Constitucional para poder acceder a la vía de amparo.

4.2 El incidente de nulidad de actuaciones

El incidente de nulidad de actuaciones es un instrumento procesal de carácter extraordinario que permite, a quien sea parte legitima o hubiera podido serlo en un determinado proceso, pedir por escrito que se declare la nulidad de actuaciones fundada en cualquier vulneración de un derecho fundamental de los referidos en el art. 53.2 CE. Ello, siempre que no haya podido denunciarse antes de recaer resolución que ponga fin al proceso y siempre que dicha resolución no sea susceptible de recurso ordinario ni extraordinario; es decir, cuando la resolución sea firme (art. 241 LOPJ). Se podrá, por tanto, pedir también la nulidad de la sentencia que no haya sido ni pueda ser impugnada por otro medio (STS de 13/01/2005 [*Tol 603705*]).

El carácter extraordinario de este instrumento queda patente en el hecho de que su régimen jurídico comienza estableciendo, como regla general, su inadmisión, para situar en el ámbito de la excepcionalidad su mismo planteamiento.

La competencia para conocer de este incidente corresponde al mismo juzgado o tribunal que dictó la resolución que hubiere adquirido firmeza, lo que ha sido duramente criticado por la doctrina, que tiende a considerarlo una «malísima solución legislativa» que «rompe los esquemas procesales e incide en una tesis del Tribunal Constitucional dictada con desconocimiento de la técnica y teoría procesal» (MORENO CATENA/CORTÉS, p. 294).

En cuanto a los aspectos procedimentales: el plazo para pedir la nulidad es de 20 días, desde la notificación de la resolución o, en todo caso, desde que se tuvo conocimiento del defecto causante de indefensión, sin que, en este último caso, pueda solicitarse la nulidad de actuaciones después de transcurridos cinco años desde la notificación de la resolución.

El juez o tribunal inadmitirá a trámite, mediante providencia sucintamente motivada, cualquier incidente en el que se pretenda suscitar otras cuestiones. Contra la resolución por la que se inadmita a trámite el incidente no cabrá recurso alguno. No obstante, nada impediría plantear un nuevo incidente contra la resolución que inadmitió el primero si esta incurriera de nuevo en vulneración de derechos fundamentales (En este sentido: SAP de Murcia, de 10/05/2005 [*Tol 6352109*]; el AAP de Sevilla, de 25/11/2009 [*Tol 6713870*] y el AAP de Murcia, de 13/01/2010 [*Tol 5274893*]).

En caso de ser admitido a trámite, el incidente no desprenderá efectos suspensivos de la resolución atacada, salvo que se acuerde de forma expresa por resolución judicial con el objeto de evitar que el incidente pudiera perder su finalidad. Se dará traslado del escrito a quienes deban ser parte, junto con copia de los documentos que se acompañasen, en su caso, para acreditar el vicio o defecto en que la petición se funde. Y, en el plazo común de cinco días, podrán formular por escrito sus alegaciones, a las que acompañarán los documentos que se estimen pertinentes. No está legalmente contemplada la posibilidad de adhesión al incidente planteado por el actor (AAP de Barcelona, de 09/03/2004 [*Tol 422319*]).

Si se estima la nulidad, se repondrán las actuaciones al estado inmediatamente anterior al defecto que la haya originado y se seguirá el procedimiento legalmente establecido. Si se desestimara la solicitud de nulidad, se condenará, por medio de auto, al solicitante en todas las costas del incidente y, en caso de que el juez o tribunal entienda que se promovió con temeridad, le impondrá, además, una multa de 90 a 600 euros.

Al margen de la función que el incidente cumple como mecanismo para la denuncia y reparación de derechos fundamentales en sede de jurisdicción ordinaria, su planteamiento es exigido por el Tribunal Constitucional para poder recurrir en amparo las vulneraciones provocadas por resoluciones judiciales no impugnadas previamente por ningún otro medio (STC 216/2013 [*Tol 4061228*], entre otras muchas). Así, el máximo intérprete de la Constitución ha encuadrado la necesidad de plantear el incidente del siguiente modo:

> «la exigencia de agotar la vía judicial antes de acudir en amparo ante este Tribunal no reviste carácter formal, sino que sirve al fin de preservar la subsidiariedad del recurso de amparo, enfoque que necesariamente tiñe el enjuiciamiento de todo supuesto concreto. Así, el agotamiento de la vía judicial previa exige la utilización de todos los remedios procesales que reúnan la condición de pertinentes a fin de obtener ante los órganos judiciales la protección de los derechos fundamentales pretendidamente vulnerados» (STC 176/2013 [*Tol 4003248*]).

Consecuentemente con ello, el incidente de nulidad resulta exigible para interponer recurso amparo «en la medida en que en el caso concretamente contemplado pudiese lograrse con su utilización la reparación de los derechos fundamentales pretendidamente vulnerados».

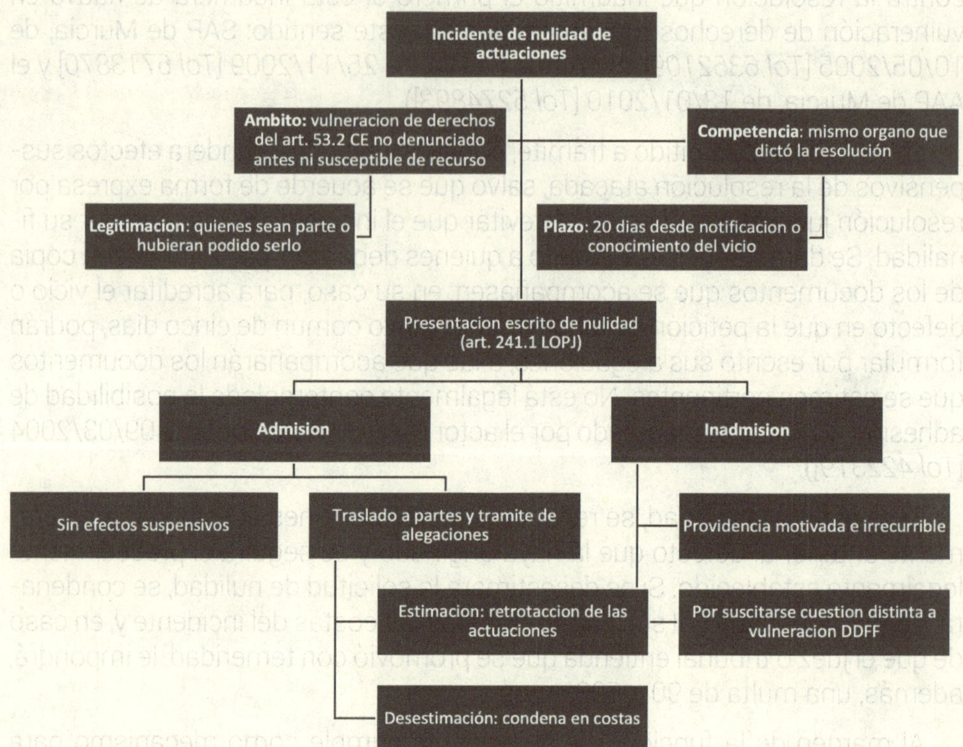

BIBLIOGRAFÍA

- ARNÁIZ SERRANO/LÓPEZ JIMÉNEZ, *Esquemas de Derecho Procesal Penal*, Tirant lo Blanch, 2019.
- BANACLOCHE/ZARZALEJOS, *Aspectos fundamentales de Derecho procesal penal*, La Ley, 2016.
- DE LA OLIVA SANTOS, *Derecho procesal penal*, Ed. Universitaria Ramon Areces, 2004.
- GARCÍA MOLINA, *Abogacía y Proceso Penal*, Tirant lo Blanch, 2021.
- GIMENO/MORENO CATENA/CORTÉS, *Derecho Procesal Penal*, Colex, 1999.
- GÓMEZ COLOMER, *Derecho Jurisdiccional III*, Tirant lo Blanch, 2019.
- MARTÍNEZ GARCÍA/BARONA VILAR/PLANCHADELL GARGALLO/ETXEBERRIA GURIDI, /ESPARZA LEIBAR/GÓMEZ COLOMER, *Introducción al Derecho Procesal. Derecho Procesal I*, Tirant lo Blanch, 2021.
- MIR PUIG, *Derecho Penal Parte General*, Reppertor, 2016.
- MORENO CATENA/CORTÉS DOMÍNGUEZ, *Derecho Procesal Penal*, Tirant lo Blanch, 2024.
- MORENO CATENA/CORTES DOMÍGUEZ, *Introducción al Derecho Procesal*, Tirant lo Blanch, 2024.
- LOPEZ ORTEGA/RODRÍGUEZ FERNÁNDEZ, «El proceso penal como sistema de garantías (I)», *Diario La Ley*, Nº 8077, 2013.
- LÓPEZ YAGÜES, et alii, *Introducción al Derecho Procesal*. Tirant lo Blanch, 2019.

Capítulo 13

Las costas en el proceso penal

Amaya Arnáiz Serrano[1]
Profesora Titular de Derecho Procesal
Universidad Carlos III de Madrid

1. INTRODUCCIÓN

1.1 Aproximación conceptual y terminológica

La distinción entre costes y costas procesales no constituye una cuestión meramente terminológica o académica, sino que responde a razones de notable trascendencia práctica. Aunque en el lenguaje común ambos términos se emplean con frecuencia de forma indistinta, en el ámbito jurídico-procesal

1 https://orcid.org/0000-0001-7125-9667

poseen significados claramente diferenciados, que inciden directamente en el régimen de imputación y repercusión patrimonial.

Así, las costas procesales configuran una categoría estrictamente jurídica, delimitada de forma tasada por el legislador, que comprende exclusivamente aquellos gastos expresamente contemplados en la ley como susceptibles de ser impuestos a la parte contraria mediante resolución judicial. Son, en definitiva, los únicos conceptos que pueden ser objeto de tasación procesal y ser repercutidos a través del mecanismo de la condena en costas. Así, las costas son el conjunto de gastos procesales que pueden reclamarse al vencido mediante resolución judicial, en atención al principio de causalidad (ARIZA COLMENAREJO, 1998, p. 20) y su imposición responde a una finalidad estrictamente resarcitoria, orientada a indemnizar a la parte que ha visto reconocida su pretensión procesal.

Por el contrario, el concepto de costes —o gastos— del proceso posee un alcance económico más amplio, que incluye toda clase de desembolsos, cargas materiales o personales asumidas por las partes en el ejercicio o la defensa de sus derechos, incluso más allá del proceso estrictamente entendido. Comprende, por ejemplo, los gastos de desplazamiento, el tiempo invertido o los estudios previos al litigio, los cuales, salvo excepciones expresas, cada parte debe soportar sin posibilidad de exigir su reembolso a través del proceso. La Ley de Enjuiciamiento Civil únicamente admite incluir como costas el asesoramiento previo directamente vinculado con la viabilidad de la acción, recogido en el art. 241 de la LEC.

En todo caso, las costas procesales no pueden convertirse en un obstáculo que prive de efectividad al derecho de acción. Por ello, la ley limita expresamente la repercusión de los costes estrictamente al ámbito de las costas procesales —si bien en el ámbito del Estatuto de la Víctima, y en concreto en el art. 14 del EVD, se habla de un derecho al reembolso tanto de los gastos necesarios para el ejercicio de sus derechos, como de las costas procesales—, lo que se justifica tanto por exigencias del principio de seguridad jurídica (art. 9.3 CE), que impone certeza sobre los conceptos reclamables, como del principio de igualdad (art. 14 CE), que garantiza que el acceso a los tribunales no dependa de la capacidad económica de las partes.

Al respecto resulta ilustrativa, aun en el orden jurisdiccional civil, la SAP de Valencia, de 13/10/2020 [*Tol 8216928*], que vino a exponer, como justificación de nulidad de una cláusula contractual entre consumidor y profesional que establecía la obligación de asumir, no solo las "costas", sino todos los "costes" de la reclamación judicial: «Asiste razón a la parte recurrente y debe ser declarada la nulidad de tal cláusula, en cuanto genérica y por ello desproporcionada y que genera un desequilibrio al consumidor, ya que no solo no discrimina en forma adecuada, sino que impone, la totalidad de gastos por tal concepto, superando, además, la regulación legal, al imponer un pago de gastos del procedimiento ajeno a la regulación sobre costas procesales, e, incluso, los gastos de procedimientos judiciales o extrajudiciales en que la intervención de profesionales no sea obligatoria. Consideramos, por tanto, que tal párrafo ha de ser declarado nulo e inaplicable, lo que, obviamente, no implica que no proceda, si así se declara en un procedimiento judicial, la condena en costas, siempre en el estricto ámbito de aplicación de la Ley procesal. Se estima, con ello, tal motivo de recurso».

Por último, recordar que aunque el art. 119 de la CE y el art. 20.1 de la LOPJ proclaman que «la justicia será gratuita en los casos que establezca la ley y, en todo caso, respecto de quienes acrediten insuficiencia de recursos para litigar», la Administración de Justicia no es realmente gratuita, salvo en los supuestos específicamente previstos en la Ley 1/1996, de Asistencia Jurídica Gratuita, lo cual, según parte de la doctrina, responde a la necesidad de evitar un incentivo desmesurado a la litigiosidad (MUERZA ESPARZA, 2003, p. 825). Con todo, debe recordarse que nunca pueden trasladarse a los litigantes los costes derivados del funcionamiento del propio órgano judicial, preservándose así el núcleo esencial del derecho a la tutela judicial efectiva. Los gastos procesales no debieran suponer una «victimización económica directa» del justiciable absuelto, que erosione de facto la efectividad de su derecho fundamental (YÁÑEZ VELASCO, 2015, p. 278).

1.2 Fundamento y naturaleza jurídica de las costas procesales

Las costas procesales en el proceso penal encuentran fundamento en su carácter resarcitorio, pues constituyen un instrumento para posibilitar el reintegro de los gastos procesales indebidamente soportados por la parte perjudicada por el proceso.

Así lo ha afirmado el Tribunal Constitucional en múltiples pronunciamientos. En el ATC 171/1986, de 19 de febrero, Recurso: 1223/1985 Rec. (ROJ: ATC 171/1986—ECLI:ES:TC:1986:171A), ya se advertía que «La condena en costas no sólo no constituye una sanción penal o administrativa, a las que se refiere aquel precepto constitucional, sino que tampoco puede calificarse, en sentido estricto, como una sanción; la condena en costas es, por el contrario, una contraprestación por los gastos originados por el proceso, contraprestación que se dirige, por un lado, a cubrir parcialmente los gastos de funcionamiento del servicio público de la justicia específicamente ocasionados, lo que es perfectamente lícito, puesto que la Constitución (art. 119) no ha impuesto en todo caso la gratuidad del mismo, y, por otro, a compensar a la contraparte del desembolso que le produce el ejercicio de sus derechos a la tutela judicial, desembolso que menoscaba o reduce el efecto de la satisfacción de sus pretensiones cuando resulta vencedora».

Debe tenerse en cuenta que las costas están reguladas dentro del título denominado "De la responsabilidad civil derivada de los delitos y faltas y de las costas procesales", lo que coloca ambos conceptos en un mismo plano normativo, justificado por su similar naturaleza resarcitoria o compensatoria. Las costas han dejado de concebirse como una sanción o penalización para asumir un carácter indemnizatorio, destinado a compensar a la parte que, con respaldo en el derecho, se ha visto obligada a afrontar determinados gastos procesales (STS de 3/05/2018 [*Tol 6594643*]).

Su carácter resarcitorio ha permitido afirmar que la razón de ser de las costas procesales en el ámbito penal no se encuentra en el principio de culpabilidad propio del derecho penal sustantivo, sino en el principio de causalidad procesal, que impone a quien genera el proceso la obligación de soportar sus efectos patrimoniales. Por ello, el régimen de costas no puede convertirse en un instrumento encubierto de sanción. De manera que la imposición de las costas debe interpretarse conforme al principio de proporcionalidad y a la proscripción de la indefensión, preservando el carácter garantista del proceso penal. Por ello, la excepcionalidad de la condena en costas a las partes acusadoras —cuando actúan con temeridad manifiesta o mala fe— no solo responde a una opción legislativa, sino que constituye una exigencia constitucional derivada del derecho de defensa (art. 24.2 CE).

> A este respecto, la STC 107/2006 [*Tol 870487*] advierte que: «[...] siendo la imposición de costas una de las consecuencias o condiciones que pueden incidir en el derecho de acceso a la jurisdicción o que pueden actuar en desfavor de quien actúa jurisdiccionalmente, existen también una serie de exigencias que el respeto a dicho acceso —integrante del derecho de tutela judicial consagrado en el art. 24.1 CE— impone, tanto al legislador como a los órganos judiciales. (...) No pueden, en el caso que enjuicien, imponer requisitos o consecuencias impeditivos, obstaculizadores, limitativos o disuasorios del ejercicio de las acciones si no existe previsión legal de los mismos ni, caso de tener fundamento legal, olvidando las exigencias de motivación».

Así, el régimen de las costas debe concebirse estrictamente vinculado a su función indemnizatoria, evitando cualquier desviación que lo transforme en un mecanismo punitivo que menoscabe el derecho fundamental a un proceso justo.

En lo que respecta a su naturaleza jurídica, las costas procesales han sido calificadas de forma reiterada tanto por el Tribunal Supremo como por el Tribunal Constitucional como un instituto estrictamente procesal, carente de naturaleza sancionadora. Se trata de una consecuencia puramente procesal derivada de la actividad jurisdiccional, fundada en el principio de causalidad, que impone a quien provoca el proceso la obligación de asumir parte de los costes patrimoniales que ello implica (MORENO CATENA, 2024, p. 518).

En cuanto a sus consecuencias procesales, la regulación y el pronunciamiento sobre las costas forman parte del fallo judicial y admiten control en sede casacional, en tanto pueden incidir directamente en derechos fundamentales como el derecho a la tutela judicial efectiva (art. 24.1 CE) y al principio de motivación (art. 120.3 CE). La doctrina ha apuntado, en este sentido, la conveniencia de reconocer a las normas sobre costas el carácter de "ley aplicable al caso" a los efectos del art. 849.1 de la LECrim, permitiendo así su impugnación en casación por infracción de ley cuando se aprecien vulneraciones de derechos fundamentales. Según GÓMEZ COLOMER "las normas que regulan la condena en costas constituyen verdaderas leyes en el sentido del art. 849.1 LECrim, por lo que su infracción debe abrir la vía casacional, si bien este control se complica al tratarse de conceptos jurídicos indeterminados que exigen valorar los hechos" (2019, p. 371).

En definitiva, el régimen de las costas procesales en el proceso penal debe entenderse como un instituto netamente procesal, con un claro fundamento resarcitorio, orientado a restablecer el equilibrio patrimonial derivado de la necesidad de acudir al proceso, sin constituir en ningún caso una sanción. Ello exige que cualquier imposición de costas sea adoptada con respeto al principio de proporcionalidad, motivación y tutela judicial efectiva, garantizando que el ejercicio legítimo de los derechos procesales no se convierta en una carga económica desproporcionada que menoscabe el derecho fundamental a un proceso justo en un Estado de Derecho.

2. RÉGIMEN LEGAL DE LAS COSTAS PROCESALES EN EL PROCESO PENAL

Como primera aproximación, conviene recordar —y así se desarrollará a lo largo del presente capítulo— que, en materia de costas, rigen con carácter general las normas propias del proceso penal (arts. 123 y 124 CP, y 240 y ss. LECrim), cuyo criterio difiere del sistema de vencimiento objetivo que inspira la jurisdicción civil. No obstante, cuando la imposición de costas se vincula a la estimación o desestimación de la pretensión civil ejercitada conjuntamente con la acción penal, el Tribunal Supremo ha precisado que pueden aplicarse los criterios de vencimiento propios del proceso civil, atendiendo al resultado de dicha acción. Así lo declara la STS de 4/02/2020 [*Tol 7747081*], que admite un tratamiento diferenciado de las costas cuando la decisión afecta exclusivamente a la responsabilidad civil derivada del delito.

2.1 Diferencias con el proceso civil. Inaplicabilidad del principio de vencimiento

Una de las notas distintivas más relevantes del proceso penal frente al civil es la inaplicabilidad del principio de vencimiento automático, expresamente consagrado para este último en el art. 394 de la LEC. En el ámbito civil, la regla general es que la parte cuyas pretensiones resultan desestimadas sea condenada en costas, quedando la declaración de oficio reservada a supuestos excepcionales. Por el contrario, el proceso penal se rige por un modelo sustancialmente diferente: en caso de absolución, la regla general es la declaración de oficio de las costas, cuya imposición, en este caso a las acusaciones, solo procede cuando concurra temeridad o mala fe.

Esta diferencia responde a la propia naturaleza y finalidad del proceso penal, así como a las garantías que lo sustentan, lo que impide trasladar automáticamente a este ámbito el principio de vencimiento ni la doctrina jurisprudencial que lo desarrolla. En consecuencia, los arts. 239 y 240 de la LECrim establecen un régimen específico para la imposición de costas en el proceso penal, caracterizado por un acentuado sesgo garantista que lo aleja del sistema civil.

Así, toda resolución que ponga fin al proceso o a cualquiera de sus incidentes debe pronunciarse expresamente sobre las costas procesales, pudiendo: a) declararlas de oficio; b) imponerlas a los procesados, determinando en su caso la cuota que corresponda a cada uno, con la garantía de que no se impondrán nunca a quienes resulten absueltos; o c) condenar a su pago al querellante particular o al actor civil cuando, a la vista de las actuaciones, se aprecie temeridad o mala fe.

Este diseño legal, en coherencia con los arts. 123 y 124 del CP, garantiza la protección del principio acusatorio y del derecho a la presunción de inocencia, evitando que el riesgo económico derivado de una condena en costas pueda desincentivar el ejercicio legítimo de la acción penal o transformar el proceso en un instrumento de represalia contra quien actúa fundadamente como acusador. En este sentido, la STS de 26/07/2016 [*Tol 5789480*] subraya que no cabe una traslación automática del principio de vencimiento al proceso penal sin menoscabar las garantías que lo informan.

Al respecto la precitada sentencia vino a señalar «La jurisprudencia civil, sin embargo, señala que en materia de costas no rige el principio dispositivo. No es necesaria la solicitud de una parte para que se impongan a la contraria que pierde el pleito. El pronunciamiento sobre costas es obligado en las sentencias: art. 209.4 LEC. La locución así como de esa norma desvincula las costas de la pretensión de la parte que sí exige rogación para respetar la congruencia. El vencimiento objetivo conlleva la imposición de costas a la parte que ve rechazadas todas sus pretensiones salvo que se motive que se apreciaban serias dudas de hecho o de derecho (art. 394 LEC). Pero no es trasplantable automáticamente esa previsión, así como la jurisprudencia civil que la interpreta, al proceso penal. En ese escenario los términos se invierten. En el proceso civil la regla general es la condena al pago de las costas; lo excepcional es lo contrario. En el proceso penal es otro el régimen: la regla general en caso de absolución es la declaración de oficio de las costas. La excepción viene marcada por la apreciación de temeridad o mala fe».

En la misma línea, el TEDH ha sostenido que las consecuencias económicas derivadas de la intervención de la víctima no pueden disuadirla de participar activamente en defensa de sus derechos (STEDH, 12 de febrero de 2004, asunto Pérez vs. Francia).

2.2 Régimen legal

El régimen jurídico de las costas procesales en el proceso penal se encuentra regulado en los arts. 239 a 246 de la LECrim y complementado por lo dispuesto en los arts. 123 y 124 del CP. Este marco normativo configura un sistema propio, de marcado carácter garantista, que responde a la especial naturaleza del proceso penal y a los principios constitucionales que lo informan.

Al respecto, la STS de 4/02/2020 [*Tol 7747081*], recordando que en materia de costas rigen las normas del proceso penal también con relación a la estimación desestimación de la pretensión civil, vino a señalar «Si en el proceso civil la regla rectora es la imposición de costas bajo el criterio del vencimiento objetivo y sin necesidad de petición de ninguna de las partes, en el proceso penal la regla prevista por el legislador para los casos de absolución es la declaración de oficio de las costas, identificándose como única excepción la apreciación de temeridad o mala fe. Una regulación específica en materia de costas penales excluye la previsión supletoria de las normas civiles, tal y como literalmente expresa el propio artículo 4 de la LECivil».

El art. 123 del CP establece que «las costas procesales se entienden impuestas por la ley a los criminalmente responsables de todo delito», mientras que el art. 124 delimita su contenido, disponiendo que comprenden «los derechos e indemnizaciones ocasionados en las actuaciones judiciales e incluirán siempre los honorarios de la acusación particular en los delitos sólo perseguibles a instancia de parte».

La LECrim desarrolla esta materia entre los arts. 239 y 246, regulando tanto el pronunciamiento sobre las costas en las resoluciones que pongan fin al proceso o a cualquiera de sus incidentes como el procedimiento para su tasación y ejecución. A este régimen legal debe añadirse la aplicación supletoria del art. 241 de la LEC, en virtud de lo dispuesto en el art. 4 de la LEC, para determinar los conceptos indemnizables y criterios técnicos de liquidación.

Por otro lado, la jurisprudencia constitucional ha subrayado que el régimen de imposición de costas en el proceso penal debe interpretarse conforme a los principios del art. 24 de la CE, asegurando la tutela judicial efectiva, la igualdad de armas y el derecho de defensa, sin que pueda convertirse en una sanción encubierta que disuada el ejercicio legítimo de los derechos procesales. Como subraya la doctrina, ello se traduce un equilibrio entre el principio de causalidad procesal y las garantías propias del proceso penal.

Al respecto, la STC 107/2006 [*Tol 870487*] vino a exponer «Este Tribunal se ha pronunciado en diversas ocasiones sobre la trascendencia constitucional de las decisiones de los órganos judiciales en materia de costas. Como criterio general, se ha señalado al respecto que ninguno de los dos sistemas en que se estructura la imposición de costas en nuestro ordenamiento jurídico procesal, esto es, el objetivo o del vencimiento y el subjetivo o de la temeridad, afectan a la tutela judicial efectiva, [...]. La simple disconformidad con la corrección o acierto de la imposición de las costas procesales, o el hecho de que la decisión a que conduzca el razonamiento judicial sea contraria a las pretensiones del recurrente, no implica lesión del derecho fundamental que protege el art. 24.1 CE [...]. Ahora bien, también se ha señalado anteriormente que, siendo la imposición de costas una de las consecuencias o condiciones que pueden incidir en el derecho de acceso a la jurisdicción o que pueden actuar en desfavor de quien actúa jurisdiccionalmente, existen también una serie de exigencias que el respeto a dicho acceso integrante del derecho de tutela judicial consagrado en el art. 24.1 CE impone, tanto al legislador como a los órganos judiciales. En relación con estos últimos, se ha afirmado que están obligados a aplicar esas condiciones o consecuencias cuando éstas se funden en norma legal, de forma razonada y con la correspondiente motivación; de forma que no pueden, en el caso que enjuicien, imponer requisitos o consecuencias impeditivos, obstaculizadores, limitativos o disuasorios del ejercicio de las acciones si no existe previsión legal de los mismos ni, caso de tener fundamento legal, olvidando las exigencias de motivación. Por esta razón, esa competencia de los órganos de la jurisdicción ordinaria para decidir sobre la imposición de las costas en el proceso no priva a este Tribunal Constitucional de la competencia para enjuiciar, a través del proceso de amparo, si la decisión judicial ha podido suponer la lesión del derecho a la tutela judicial efectiva (art. 24.1 CE) cuando la resolución judicial incurra en error patente, arbitrariedad manifiesta, irrazonabilidad o, en su caso, si resulta inmotivada (STC 25/2006, de 30 de enero, FJ 2)».

2.3 Principio dispositivo y sometimiento al principio de rogación en la imposición de costas procesales

Salvo la imposición de las "costas causadas en juicio" al condenado, que lo es por imperativo legal —art. 123 CP—, y las de la acusación particular en los delitos sólo perseguibles a instancia de parte, por igual razón —art. 124 CP—, la imposición de costas procesales se encuentra íntimamente ligada al principio dispositivo, que rige con plenitud el proceso civil y se proyecta, con matices, en el proceso penal, especialmente en lo que atañe a la distribución de las cargas derivadas del litigio.

Al respecto la STS de 3/05/2018 [*Tol 6594643*], señala que «No sería preciso interesar la condena en costas para que el Tribunal las concediera, en supuestos del condenado (costas causadas en juicio) porque las impone la Ley (art. 123 CP.), ni tampoco las de la acusación particular en los delitos sólo perseguibles a instancia de parte, por igual razón (art. 124 CP). Sin embargo, sí debería imperativamente mediar previa petición cuando se trate de incluir dentro de las costas del acusado o acusados las de la acusación particular en los demás delitos y también las que pudieran imponerse a los querellantes por haber sostenido pretensiones temerarias frente al acusado, pues de lo contrario el Tribunal incurriría en un exceso sobre lo solicitado o extra petita (SSTS. 1784/2000 de 20.1, 1845/2000 de 5.12, 560/2002 de 28.3, entre otras)».

Este principio dispositivo —aun con sus matices— explica que, por regla general, no pueda condenarse al pago de costas —incluyendo tanto las costas en sentido técnico procesal como otros desembolsos relacionados con el proceso, tales como indemnizaciones a testigos o gastos de justicia gratuita— sin una expresa solicitud de parte legitimada y una motivación suficiente por parte del órgano judicial. En consecuencia, el órgano jurisdiccional sentenciador no debe pronunciarse sobre aspectos que no hayan sido objeto de una petición expresa o formulada en tiempo oportuno. Lo contrario supondría una vulneración del principio acusatorio, íntimamente ligado al derecho a un proceso con todas las garantías (art. 24.2 CE), así como una quiebra del principio de congruencia respecto de las pretensiones de las partes, con el riesgo añadido de ocasionar indefensión.

Así pues, en el ámbito penal, pese a su carácter público e inquisitivo en fases iniciales, la imposición de costas procesales se modula conforme a un principio de rogación, que exige que sea la parte interesada quien solicite la condena, salvo en los casos expresamente previstos por la ley.

Tal es el supuesto, como señalábamos, de los delitos exclusivamente perseguibles a instancia de parte, donde el art. 124 del CP establece que las costas incluirán siempre los honorarios de la acusación particular sin necesidad de petición específica. En tales casos, la inclusión de estas costas deriva directamente del mandato legal, al margen de una solicitud autónoma.

No obstante, fuera de estos supuestos tasados, el Tribunal Supremo ha insistido en que la imposición de costas procesales a favor de una parte requiere, en términos generales, una petición expresa formulada en los escritos de conclusiones provisionales o definitivas, conforme a la doctrina clásica.

Así la STS de 21/01/2021 [*Tol 8280526*], con apoyo en las SSTS de 22/02/2016 [*Tol 5655251*] y de 11/04/2018 [*Tol 6574089*], precisó que no bastaba una adhesión genérica a las pretensiones del Ministerio Fiscal, añadiendo la STS 28/01/2021 [*Tol 8317795*] que no cabe solicitar la condena en costas por primera vez en los informes orales.

Al respecto de la STS de 26/07/2016 [*Tol 5789480*] se desprende que el trámite de conclusiones definitivas es la último oportunidad para dicha petición de condena en costas y que no es extemporánea solicitar dicho pronunciamiento por primera vez en dicho referido trámite; así esta resolución señala: «La petición en el trámite de conclusiones finales en el acto del juicio oral no puede reputarse extemporánea como argumenta el recurso basándose en una asimilación a las normas del proceso civil (art. 400 LEC) improcedente en este punto. El trámite de conclusiones definitivas es apto para introducir esa petición, aunque no se hubiese anunciado antes. Por tanto, existía también una petición regular y tempestiva de esa tercera defensa (Felipe), a aquellas que solo en sus informes volcaron tal petición. [...] Como se ve, no solo se recalca la necesidad de previa petición expresa, sino que además se entiende que el informe oral es ya un momento tardío para volcar esa reclamación».

Sin embargo, esto no significa que la interpretación deba estar presidida por exigencias excesivamente formalista, sino que esta exigencia de petición expresa debe, a su vez, tener en cuenta el carácter resarcitorio de las costas, con el fin de no imponer a la víctima o al perjudicado cargas procesales que comprometan su derecho a la tutela judicial efectiva, entendiendo que dicha petición expresa, se cumple, por ejemplo, con una petición genérica de condena en costas, sin necesidad de mayor precisión formal, como pudiera ser exigir que expresamente se solicitara la condena en costas de la acusación particular.

Al respecto la STS de 9/07/2021 —*Tol 8547142*, señala que «Al margen de la petición expresa por parte de la Abogada del Estado, es doctrina reiterada de esta Sala (ya pacífica, pese a precedentes en contra) plasmada entre otras en las SSTS 398/2019 de 24 de julio, 605/2017 de 5 de septiembre ó S 757/2013, de 9 de octubre, que para que en las costas se incluyan las de la acusación particular basta la petición genérica de condena en costas, sin otras formalidades: "el hecho de que no se hiciese una mención específica a las ocasionadas por la acusación particular no tiene ninguna trascendencia: ni se la dio la Audiencia, ni había que dársela. La petición de una condena en costas en boca de una acusación particular no puede significar otra cosa: que solicita que se impongan todas las costas y entre ellas las causadas por esa acusación. Es absurdo pensar que quedaban excluidas las propias; como lo es imaginar que si el acusado no se opuso a ello fue por no deducirlo de la fórmula genérica del escrito de conclusiones; y como lo sería exigir para articular esa petición una fórmula ritual ("incluidas las causadas por esta acusación particular") como si fuesen unas palabras sacramentales sin las cuales no podría considerar hecha una petición que, con naturalidad, si no se retuercen las cosas, está implícita naturalmente en la petición global e inespecífica de la condena en costas"».

Este razonamiento se asienta en precedentes como la STS de 19/07/2002 [*Tol 213404*], que afirmó: «si las acusaciones solicitan que se condene al acusado al pago de las costas, es legítimo entender que la solicitud abarca todas las costas, incluidas las de la acusación particular, aunque estas, contra lo que suele ser un uso ampliamente extendido, no hayan sido expresamente demandadas».

En el mismo sentido, la STS de 4/07/2005 [*Tol 685632*] y ante la petición genérica de condena en costas por parte de la acusación particular, sin solicitar que lo fuera también de las costas de dicha acusación, razonó que «Sin embargo, la falta de solicitud explícita de inclusión de las costas de la acusación particular por tal parte, no debe ser obstáculo para que se condene a su pago al acusado o acusados, no pudiéndose deducir de la deficiente o incompleta fórmula empleada que su voluntad fuera renunciar o prescindir de este importante aspecto del contenido total resarcitorio», criterio reiterado por la STS de 6/10/2006 [*Tol 1002348*].

Por consiguiente, el sometimiento del pronunciamiento sobre costas al principio de rogación se interpreta hoy desde una perspectiva funcional, con flexibilización de los requisitos formales, dirigida a garantizar el equilibrio procesal y la efectividad del derecho de la víctima o parte perjudicada a ser indemnizada por los gastos en que ha debido incurrir para el reconocimiento de su derecho, siempre dentro de los límites que impone el principio dispositivo y con el necesario soporte de una motivación suficiente por parte del órgano judicial.

3. CONTENIDO Y ALCANCE DE LAS COSTAS PROCESALES EN EL PROCESO PENAL

El contenido de las costas procesales en el proceso penal constituye un pronunciamiento materialmente autónomo respecto del fallo principal, cuya finalidad es trasladar al sujeto condenado los gastos estrictamente derivados del juicio. Así lo establece el art. 241 de la LECrim, que, aunque con un lenguaje algo arcaico, contempla expresamente los honorarios de peritos y abogados, los aranceles de procuradores, las indemnizaciones a testigos que las hubieran reclamado y los gastos ocasionados durante la instrucción. Este régimen se complementa supletoriamente con el art. 241 de la LEC, que precisa los conceptos indemnizables y ofrece criterios técnicos para su liquidación.

Por otra parte, el art. 124 del CP establece que las costas comprenden los derechos e indemnizaciones ocasionados en las actuaciones judiciales, incluyendo siempre los honorarios de la acusación particular en los delitos solo perseguibles a instancia de parte. NIEVA FENOLL advierte que su tenor literal circunscribiría esta inclusión obligatoria a dichos delitos, si bien la jurisprudencia ha extendido mayoritariamente esta regla a los delitos públicos, aplicando el principio de causalidad procesal (2024, p. 469). Así, se incluyen los honorarios de la acusación particular salvo cuando su actuación haya resultado notoriamente inútil, superflua o se hayan formulado pretensiones absolutamente heterogéneas respecto del fallo.

Al respecto la STS de 14/02/2024 [*Tol 9897724*], señala que «En segundo lugar, la doctrina de esta Sala en relación a la imposición de las costas de la acusación particular recogida, entre otras, en SSTS 1510/2004, de 21-11; 335/2006, de 24-3; 833/2009, de 28-7; 246/2011, de 14-4; 774/2012, de 25-10; 96/2014, de 12-2; 712/2021, de 22-6, recuerda que las costas del acusador particular han de incluirse entre las impuestas al condenado, salvo que las pretensiones de aquél fueran manifiestamente desproporcionadas, erróneas o heterogéneas en relación a las deducidas por el Ministerio Fiscal o a las recogidas en sentencia, relegándose a un segundo plano el antiguo criterio de la relevancia. En el mismo sentido la STS. 430/99 de 23.3 destaca que "el art. 124 CP. que impone la obligatoriedad de la inclusión de los honorarios de la acusación particular en los delitos solamente perseguibles a instancia de parte, no se pronuncia en lo que se refiere a los demás hechos delictivos, dejando subsistentes los criterios jurisprudenciales en esta materia. Conforme a éstos (SSTS. 27 de noviembre de 1992, 27 de diciembre de 1993, 26 de septiembre de 1994, 8 de febrero, 27 de marzo, 3 y 25 de abril de 1995, 16 de marzo y 7 de diciembre de 1996), la exclusión de las costas de la representación de la parte perjudicada por el delito, (que constituyen perjuicios para la víctima, derivados directamente de la voluntaria ejecución del delito por el condenado), únicamente procederá cuando su actuación haya resultado notoriamente inútil o superflua, o bien gravemente perturbadora por mantener posiciones absolutamente heterogéneas con las de la acusación pública y con las aceptadas en la sentencia o pretensiones manifiestamente inviables».

Esta interpretación encuentra respaldo en el art. 14 del Estatuto de la Víctima del Delito, que dispone: «La víctima que haya participado en el proceso tendrá derecho a obtener el reembolso de los gastos necesarios para el ejercicio de sus derechos y las costas procesales que se le hubieren causado, con preferencia respecto del pago de los gastos que se hubieran causado al Estado, cuando se imponga en la sentencia de condena su pago y se hubiera condenado al acusado, a instancia de la víctima, por delitos por los que el Ministerio Fiscal no hubiera formulado acusación o tras haberse revocado la resolución de archivo por recurso interpuesto por la víctima».

El contenido concreto de las costas procesales en el proceso penal comprende sistemáticamente:

* *Honorarios de abogados, procuradores y peritos*, justificados mediante minutas firmadas y ajustadas a los criterios orientadores de los colegios profesionales.
* *Indemnizaciones a testigos*, fijadas judicialmente o, en su defecto, acreditadas documentalmente.
* *Gastos documentados de prueba, edictos, publicaciones y transporte*, siempre que hayan sido necesarios y autorizados en el proceso.
* *Depósitos y fianzas para recursos*, incluidos los específicos para el ejercicio de la acción popular (Disposición Adicional 15ª LOPJ).
* *Copias, certificaciones, testimonios y diligencias notariales imprescindibles*, conforme al art. 130 del Reglamento Notarial.
* *Derechos arancelarios necesarios para el proceso y tasas judiciales*, con sus correspondientes exenciones.

La tasación de costas, tras una condena firme que las imponga, constituye un acto procesal debido, cuya competencia corresponde al Letrado de la Administración de Justicia del órgano encargado de ejecutar la sentencia, según el art. 242 de la LECrim. Esta operación tiene como objeto valorar económicamente las partidas indemnizables, garantizando su adecuación a los criterios legales y colegiales.

Resulta especialmente relevante, cuando se discute la tasación de costas por excesivos los honorarios del abogado, el informe emitido por el colegio profesional sobre la minuta de honorarios, que, aunque no vinculante, sirve de orientación. La doctrina ha señalado el riesgo de corporativismo que puede derivarse de este sistema, dado que el control recae en los colegios de los propios beneficiarios, lo que exige que el LAJ motive con rigor su resolución, justificando la aceptación o apartamiento del dictamen colegial para asegurar el principio de proporcionalidad (VILLEGAS, 2023, p. 370). En este sentido, la tasación debe adecuarse estrictamente a los módulos tarifarios y a la naturaleza del procedimiento, sin admitir interpretaciones expansivas que desborden el principio de proporcionalidad, por ello precisan una análisis crítico que evite abusos y refuerce su transparencia.

Asimismo, es preciso advertir que el pronunciamiento judicial sobre costas no puede consistir en una simple alusión genérica, sino que debe concretar claramente los conceptos tasables y asegurar que corresponden a gastos efectivamente causados en el proceso.

4. CRITERIOS DE IMPOSICIÓN DE LAS COSTAS PROCESALES

4.1 Criterios generales en la imposición de las costas a las partes

El art. 240 de la LECrim establece el marco esencial en materia de imposición de costas en el proceso penal, disponiendo en su apartado primero que «toda sentencia condenatoria impondrá las costas al condenado, salvo que el juez o tribunal disponga otra cosa». Esta regla general, conectada directamente con el art. 123 del CP —según el cual «las costas procesales se entienden impuestas por la ley a los criminalmente responsables de todo delito»—, configura un principio de imposición *ex lege* fundado en la idea de que quien da lugar al proceso debe soportar las consecuencias patrimoniales derivadas del mismo.

Al respecto la STS de 12/11/2021 [*Tol 8649762*], señala que «La inclusión en la condena en costas de las originadas a la víctima o perjudicado por el delito, que se persona en las actuaciones en defensa de sus intereses y en ejercicio de los derechos constitucionales a la tutela judicial efectiva (art. 24.1 CE) y a la asistencia letrada (art. 24.2 CE), constituye, en consecuencia, la aplicación última al proceso penal del principio de la causalidad, como destaca la doctrina procesal. El efecto de este principio es el resarcimiento por el condenado, declarado culpable del acto delictivo que causó el perjuicio, del gasto procesal hecho por la víctima en defensa de sus intereses».

No obstante esta previsión, el régimen penal descansa sobre el principio de causalidad procesal, siempre tratando de evitar traslados mecánicos que podrían vulnerar el principio acusatorio o la presunción de inocencia.

La aplicación de este principio de causalidad procesal atiende a la conducta procesal desplegada y a la necesidad de evitar que quien legítimamente ha ejercido su derecho a la defensa o a la acusación vea comprometida su posición patrimonial sin justificación. Su aplicación resulta coherente con «el fundamento de las costas procesales penales que no es el principio de culpabilidad, sino el resarcimiento de los gastos indebidamente soportados, excluyendo un significado punitivo» (VILLEGAS, 2023, p. 369).

Además, la jurisprudencia ha insistido en la necesidad de que la imposición de costas no sea una consecuencia automática del pronunciamiento condenatorio, sino el resultado de una valoración razonada del caso.

Por ello, el órgano jurisdiccional cuenta con un margen de apreciación que le permite, incluso en caso de condena penal, exonerar total o parcialmente de las costas al penado, siempre que exista una motivación suficiente que justifique el apartamiento de la regla general, en atención a circunstancias como la concurrencia de atenuantes relevantes o dilaciones indebidas no imputables al condenado. Este deber de motivación reforzada se erige en una garantía esencial para evitar arbitrariedades y asegurar el respeto a los derechos fundamentales implicados, en particular la tutela judicial efectiva consagrada en el art. 24 de la CE.

Así ocurre con las costas de la acusación particular, cuando su actuación ha sido inútil o superflua, tal y como nos recuerda, entre otras, la ya referida anteriormente STS de 12/11/2021 [*Tol 8649762*] que vino a razonar como causa justificativa a dicha exclusión «cuando su actuación haya resultado notoriamente inútil o superflua o bien haya formulado peticiones absolutamente heterogéneas respecto de las conclusiones aceptadas en la sentencia».

4.2 Imposición de las costas de la acusación particular: criterio general, límites y especial deber de motivación

Con carácter general, las costas procesales impuestas al condenado comprenden también las generadas por la acusación particular, en tanto parte que actúa en defensa de los intereses de la víctima o del perjudicado por el delito.

Este principio encuentra su fundamento inmediato en el art. 124 del CP, que expresamente contempla la inclusión de los honorarios de la acusación particular —si bien limitado a los delitos perseguibles a instancia de parte, la doctrina jurisprudencial, como ya señalaba la STS de 23/03/1999 [*Tol 4479443*], ha extendido esta regla de la inclusión al resto de supuestos— y en el principio de causalidad procesal —según el cual quien provoca el proceso debe resarcir los gastos directamente ocasionados por él—. A ello viene a sumarse lo previsto en el ya referido art. 14 del EVD, que refuerza la posición de la víctima en el proceso—ciertamente concretado en la víctima persona física—.

En este sentido, la STS de 18/11/2021 [*Tol 8661778*], recuerda que: "[...] el art. 124 CP, que impone la obligatoriedad de la inclusión de los honorarios de la acusación particular en los delitos solamente perseguibles a instancia de parte, no se pronuncia en lo que se refiere a los demás hechos delictivos, dejando subsistentes los criterios jurisprudenciales en esta materia. Conforme a éstos (SSTS 27 de noviembre de 1992, 27 de diciembre de 1993, 26 de septiembre de 1994, 8 de febrero, 27 de marzo, 3 y 25 de abril de 1995, 16 de marzo y 7 de diciembre de 1996), la exclusión de las costas de la representación de la parte perjudicada por el delito (...) únicamente procederá cuando su actuación haya resultado notoriamente inútil o superflua, o bien gravemente perturbadora por mantener posiciones absolutamente heterogéneas con las de la acusación pública y con las aceptadas en la sentencia o pretensiones manifiestamente inviables".

La jurisprudencia ha reiterado y consolidado esta regla en múltiples pronunciamientos, entre ellos la STS de 24/03/2006 [*Tol 883164*], la STS de 28/07/2009 [*Tol 1723136*] y la STS de 15/03/2011 [*Tol 2067697*], subrayando que las costas derivadas de la acusación particular deben ser soportadas por el condenado, conforme a una lógica procesal que persigue resarcir al perjudicado de los gastos necesarios para la defensa de sus derechos (STS de 2/11/2022 [*Tol 9294473*]).

Así lo reitera expresamente la STS de 28/09/2023 [*Tol 9731321*], al señalar: «Hemos señalado en la sentencia del Tribunal Supremo, Sala Segunda, de lo Penal, Sentencia 476/2022, de 18 de mayo, Rec. 2438/2020, que: "La doctrina jurisprudencial existente en relación al pago de las costas de la Acusación Particular, es que la regla general es la de imponer su pago al condenado, de acuerdo con el general principio recogido en el art. citado en el motivo, 123 del Código Penal, y que sólo de forma excepcional, y por tanto motivada, podrá excluirse del pago de las costas de la Acusación Particular al condenado cuando la actuación de éste haya sido manifiestamente superflua o haya formulado peticiones claramente heterogéneas--entre otras, STS 1429/2000, de 22 de septiembre, y las en ella citadas—."».

Ahora bien, este esquema no ha estado exento de críticas doctrinales, centradas principalmente en el impacto económico que representa para el procesado absuelto. Aunque el principio de causalidad justifica que el condenado asuma los costes derivados del proceso, se ha puesto de relieve que el régimen actual presenta un déficit estructural en la protección del absuelto, al obligarle a soportar sus propios gastos de defensa sin reconocerle un verdadero derecho de reembolso. Ello convierte la absolución en un pronunciamiento que, si bien le exime penalmente, le resulta materialmente oneroso (YÁÑEZ VELASCO, 2015, p. 278). De hecho, ya se defendió que el condenado no debe cargar necesariamente con los gastos originados por una acusación particular superpuesta, salvo que esta intervención haya resultado realmente necesaria y eficaz, evitando así trasladarle el coste de una duplicación procesal injustificada (ALCALÁ-ZAMORA CASTILLO, 1972, p. 29).

Al respecto, resulta interesante la reflexión que nos ofrece la STS de 24/05/2023 [*Tol 9594707*], que vino a recordar «La regla que inspira la regulación del proceso penal no es el vencimiento en caso de absolución. No es éste lugar apto para elucubrar sobre la bondad de ese sistema cuya modificación se propugnaba en algún texto prelegislativo (Borrador de Código Procesal Penal de 2013). Algunos de los argumentos de oposición de los recurridos y de la sentencia (no es justo que el absuelto tenga que acarrear con los gastos que ha supuesto su defensa) se adentran en esa esfera más de lege ferenda que de lege lata. El ATS de 20 de mayo de 2010 ciertamente vierte algún argumento de esa naturaleza, pero sin renunciar-no podía ser de otra forma—, a fundar su respuesta en la ordenación legal concreta con la que contamos en la actualidad que viene representada por el art. 240.3 LECrim».

4.2.1 Fundamento constitucional y principio de causalidad

Este actual régimen encuentra, además, un claro sustento constitucional. La inclusión de las costas originadas a la víctima o perjudicado que se persona en el proceso penal constituye una manifestación directa del principio de causalidad procesal, aplicada a la luz de los derechos fundamentales a la tutela judicial efectiva (art. 24.1 CE) y a la asistencia letrada (art. 24.2 CE). La doctrina ha subrayado que se trata de un mecanismo de resarcimiento por los gastos procesales que la víctima se ha visto obligada a soportar para hacer valer sus derechos frente a una conducta antijurídica, derivándose así directamente de la responsabilidad penal del condenado.

El Tribunal Constitucional ha avalado este fundamento resarcitorio de las costas procesales, subrayando que no constituyen una sanción, sino una compensación patrimonial por los gastos originados por el proceso (STC 107/2006 [*Tol 870487*], FJ 3), advirtiendo además que un régimen que obligase a la víctima a soportar siempre sus costes, incluso obteniendo el reconocimiento pleno de su derecho, sería irrazonable y discriminatorio respecto del tratamiento que la acción civil recibe cuando se ejercita en sede civil.

Expresamente señala la STC 107/2006 [*Tol 870487*]: «[...] siendo la imposición de costas una de las consecuencias o condiciones que pueden incidir en el derecho de acceso a la jurisdicción o que pueden actuar en desfavor de quien actúa jurisdiccionalmente, existen también una serie de exigencias que el respeto a dicho acceso integrante del derecho de tutela judicial consagrado en el art. 24.1 CE impone, tanto al legislador como a los órganos judiciales. En relación con estos últimos, se ha afirmado que están obligados a aplicar esas condiciones o consecuencias cuando éstas se funden en norma legal, de forma razonada y con la correspondiente motivación; de forma que no pueden, en el caso que enjuicien, imponer requisitos o consecuencias impeditivos, obstaculizadores, limitativos o disuasorios del ejercicio de las acciones si no existe previsión legal de los mismos ni, caso de tener fundamento legal, olvidando las exigencias de motivación. Por esta razón, esa competencia de los órganos de la jurisdicción ordinaria para decidir sobre la imposición de las costas en el proceso no priva a este Tribunal Constitucional de la competencia para enjuiciar, a través del proceso de amparo, si la decisión judicial ha podido suponer la lesión del derecho a la tutela judicial efectiva (art. 24.1 CE) cuando la resolución judicial incurra en error patente, arbitrariedad manifiesta, irrazonabilidad o, en su caso, si resulta inmotivada (STC 25/2006, de 30 de enero, FJ 2)».

4.2.2 Excepciones: actuación inútil, superflua o manifiestamente heterogénea

La jurisprudencia ha delimitado con precisión los supuestos excepcionales en los que procede excluir de la condena en costas al acusado los gastos generados por la intervención de la acusación particular, apartándose así de la regla general que impone dichas costas al condenado y dando respuesta a ese apartamiento de indeseables automatismos. Esta exclusión no obedece a un juicio de temeridad o mala fe de la acusación particular, ni constituye una sanción procesal, sino que responde estrictamente al principio de causalidad, conforme al cual quien origina la necesidad del proceso debe resarcir los gastos que de él se derivan, siempre que guarden una relación necesaria y proporcionada con el objeto del procedimiento.

De este modo, la Sala Segunda del Tribunal Supremo ha sostenido reiteradamente que la exclusión de las costas de la acusación particular solo resulta procedente cuando su actuación procesal se revela notoriamente inútil o superflua, o bien cuando sostiene pretensiones absolutamente heterogéneas respecto de las formuladas por el Ministerio Fiscal o de las finalmente acogidas en la sentencia, o cuando sus peticiones resultan manifiestamente inviables. Así lo pone de relieve una consolidada línea jurisprudencial, subrayando que únicamente en tales circunstancias puede el tribunal apartarse del principio general que impone al condenado el abono de las costas derivadas de la acusación particular.

Este planteamiento ha sido sintetizado recientemente por la STS de 28/09/2023 [*Tol 9731321*], que, con cita de resoluciones anteriores, recoge los criterios fundamentales en la materia:

«En la sentencia del Tribunal Supremo, Sala Segunda, de lo Penal, Sentencia 53/2002 de 21 Ene. 2002, Rec. 2934/2000 señalamos que [...] las sentencias de esta Sala de 13 Feb. 1996, 13 Feb., 9 Jul. y 26 Nov. 1997, entre otras, establecen que las costas del acusador particular han de incluirse entre las impuestas al condenado, salvo que las pretensiones del mismo sean manifiestamente desproporcionadas, erróneas y heterogéneas en relación con las deducidas por el Ministerio Fiscal, habiéndose abandonado el antiguo criterio de la relevancia... Excepciones tradicionales y notorias son que la actuación procesal del acusador particular nada aporte a la causa (como v.gr. limitarse a reproducir cuanto obra el Fiscal) o la perturba con peticiones jurídicamente inadmisibles. [...]. Por lo demás, este pronunciamiento desestimatorio se robustece con el apoyo de la más reciente jurisprudencia de esta Sala, como la de fecha 12 Feb. 2001, según la cual, en materia de imposición de las costas de la acusación particular, con excepción de algunas resoluciones aisladas que se apartan del criterio jurisprudencial consolidado, puede resumirse en los siguientes criterios, conforme a las resoluciones anteriormente citadas:

1) La condena en costas por delitos solo perseguibles a instancia de parte incluyen siempre las de la acusación particular (art. 124 CP 1995).

2) La condena en costas por el resto de los delitos incluyen como regla general las costas devengadas por la acusación particular o acción civil (STS 26 Nov. 1997, 16 Jul. 1998, 23 Mar. 1999 y 15 Sep. 1999, entre otras muchas).

3) La exclusión de las costas de la acusación particular únicamente procederá cuando su actuación haya resultado notoriamente inútil o superflua o bien haya formulado peticiones absolutamente heterogéneas respecto de las conclusiones aceptadas en la sentencia (doctrina jurisprudencial citada).

4) Es el apartamiento de la regla general citada el que debe ser especialmente motivado, en cuanto que hace recaer las costas del proceso sobre el perjudicado y no sobre el condenado (STS 16 Jul. 1998, entre otras).

5) La condena en costas no incluye las de la acción popular (STS 21 Feb. 1995 y 2 Feb. 1996, entre otras)».

En definitiva, se trata de garantizar que el condenado no cargue con gastos procesales que, por su naturaleza o desproporción, no guardan la debida conexión con la defensa legítima del interés protegido por el proceso penal. Tal exclusión no implica reproche por temeridad o mala fe a la acusación particular, sino que obedece a la estricta aplicación del principio de causalidad procesal, conforme a la interpretación mantenida de forma constante tanto por la doctrina como por la jurisprudencia (TOMÉ GARCÍA, 2009, p. 66).

4.2.3 Deber reforzado de motivación para la no imposición al condenado de las costas de la acusación particular

Precisamente por apartarse de la regla general que impone al condenado las costas de la acusación particular, el pronunciamiento judicial que acuerde su exclusión debe estar especialmente motivado. Así lo exige el art. 120.3 de la CE, en conexión con el art. 9.3 de la CE (prohibición de arbitrariedad) y con el principio de tutela judicial efectiva reconocido en el art. 24 de la CE. En consecuencia, cualquier apartamiento de la inclusión de las costas derivadas de la intervención de la acusación particular debe contener una exposición clara y razonada de los motivos que justifican tal decisión, identificando en qué medida la actuación procesal fue inútil, excesiva o manifiestamente discordante.

Así nos lo recuerda la STS de 30/05/2024 [*Tol 10053671*], que tras insistir que la regla general es la condena al condenado de las costas devengadas por la acusación particular o acción civil, y que su exclusión únicamente procede cuando su actuación haya resultado notoriamente inútil o superflua o bien haya formulado peticiones absolutamente heterogéneas respecto de las conclusiones aceptadas en la sentencia, vino a señalar que «el apartamiento de la regla general citada el que debe ser especialmente motivado, en cuanto que hace recaer las costas del proceso sobre el perjudicado y no sobre el condenado».

4.3 Costas de la acción popular: exclusión como regla general y supuestos excepcionales

A diferencia de lo que ocurre con la acusación particular, las costas procesales derivadas de la intervención de la acción popular no se incluyen, con carácter general, entre las impuestas al condenado. Esta exclusión encuentra su fundamento en la propia naturaleza de la acción popular, que carece de un interés patrimonial directo en el proceso penal y actúa en defensa del interés general, asumiendo por tanto el riesgo económico derivado de su intervención (TOMÉ GARCÍA, 2009, p. 64). Así lo ha afirmado reiteradamente el Tribunal Supremo, al destacar que la acción popular litiga a su propio riesgo, sin que sus costas deban trasladarse automáticamente al penado, salvo en supuestos excepcionales (STS de 31/10/2007 [*Tol 1213956*]). Además, debe tenerse presente que no cabe efectuar una interpretación extensiva de los preceptos procesales que reglan las costas para perjudicar al reo, en garantía del principio de legalidad y del derecho de defensa (GIMENO SENDRA, 2015, p. 814)

No obstante, la jurisprudencia ha admitido, con carácter excepcional, que las costas originadas por la acción popular puedan ser incluidas entre las que el condenado debe satisfacer, siempre que concurran circunstancias que justifiquen apartarse de la regla general. El Tribunal Supremo ha identificado principalmente dos supuestos que permiten esta inclusión extraordinaria:

* Cuando la actuación de la acusación popular ha resultado determinante para descubrir o desmantelar el delito, sosteniendo la viabilidad del procedimiento y posibilitando el restablecimiento del orden jurídico perturbado. En tales situaciones, se considera legítimo que el condenado soporte los gastos procesales derivados de la intervención de quien hizo posible el ejercicio eficaz de la acción penal (STS de 4/11/2008 [*Tol 1417784*]).
* Cuando la acción popular se ejerce en defensa de intereses difusos o colectivos, especialmente por asociaciones o entidades de carácter al-

truista, sin un beneficio económico directo, en procesos en los que no existen víctimas individualizadas que pudieran constituirse como acusación particular. La Sala Segunda ha aceptado la procedencia de incluir estas costas en la condena impuesta al responsable penal, para garantizar la tutela efectiva de bienes jurídicos colectivos (SSTS de 11/01/20188 [*Tol 6478056*] y de 24/11/2021 [*Tol 8674720*]).

Por otra parte, el art. 20.3 de la LOPJ dispone que «el ejercicio de la acción popular será siempre gratuito». Este precepto, sin embargo, debe entenderse limitado a la exención del pago de tasas o depósitos estatales, sin extenderse a la posible repercusión de los gastos procesales derivados de su intervención, cuando así lo establece el ordenamiento jurídico en favor del condenado. Esta gratuidad formal no transforma a la acción popular en un sujeto ajeno a los riesgos patrimoniales derivados de su propia actividad procesal, especialmente cuando se trata de cubrir costes generados de forma legítima durante el proceso.

En definitiva, la regla general de exclusión de las costas derivadas de la intervención de la acción popular responde al carácter eminentemente público y altruista que informa esta figura. No obstante, ello no impide, conforme a la doctrina consolidada del Tribunal Supremo, que puedan imponerse excepcionalmente al condenado en aquellos casos en los que la intervención de la acción popular resulte decisiva para la efectiva persecución del delito o para la defensa de intereses colectivos, siempre con una motivación adecuada que garantice el respeto a los principios de proporcionalidad y tutela judicial efectiva.

Por último, debe precisarse que, en caso de acordarse la condena en costas a la acusación popular, ésta se circunscribe exclusivamente a los gastos procesales que su actuación haya irrogado al acusado en el ejercicio de la acción penal, sin alcanzar a las costas vinculadas a la acción civil o a eventuales reclamaciones resarcitorias. Esta limitación responde a que el acusador popular carece de legitimación para intervenir en el ámbito de la responsabilidad civil derivada del delito, por lo que no puede ser responsable de las cargas económicas que se originen en ese plano (MORENO CATENA, 2000, p. 745).

4.4 Condena en costas a la acusación particular o popular por temeridad o mala fe

4.4.1 *Fundamento excepcional y exigencia de motivación*

Además del régimen general que impone al condenado las costas del proceso penal —incluidas, como regla, las originadas por la intervención de la acusación particular o del actor civil—, el art. 240.3º de la LECrim contempla expresamente la posibilidad inversa, esto es, la condena en costas al querellante particular, actor civil o incluso al acusador popular, cuando de las actuaciones resulte que han obrado con temeridad o mala fe.

Este supuesto reviste un carácter estrictamente excepcional, pues responde a la necesidad de preservar el equilibrio procesal y evitar que el proceso penal se utilice como instrumento de presión o de hostigamiento infundado. En ningún caso la mera desestimación de las pretensiones de la acusación particular o del actor civil basta por sí sola para justificar la apreciación de temeridad o mala fe.

Así ya lo subrayaba el Tribunal Supremo en su sentencia de 25/10/2006 [*Tol 1006859*], al insistir en que solo cuando dichos conceptos resulten notorios y evidentes procede imponerles las costas, correspondiendo su prueba a quien lo solicita. Este rigor obedece a una exigencia constitucional de tutela judicial efectiva, que impone al órgano judicial la obligación de motivar de forma suficiente cualquier condena de este tipo, explicando las razones por las que aprecia esa conducta procesal indebida.

No obstante, el actual sistema reserva la restitución de los gastos sufridos por el absuelto únicamente para los supuestos de temeridad o mala fe de la acusación, instituyendo así un cauce extraordinariamente restrictivo que en la práctica deja sin compensación la legítima defensa procesal. Se trata, por tanto, de un mecanismo que, lejos de reparar el sacrificio económico impuesto al absuelto, termina consolidando una situación que ha sido calificada como de auténtica victimización patrimonial (YÁÑEZ VELASCO, 2015, p. 307).

> Al respecto la STS de 30/05/2019 [*Tol 7271616*] señala «De este modo, en el procedimiento penal las costas serán de oficio si el acusado es absuelto, salvo que alguna de las partes pretenda una resolución divergente y someta a contradicción en el proceso si concurren los elementos de temeridad o mala fe que fija la ley como elemento modificador de la regla rectora. Se configura así la petición de parte como el presupuesto procesal que posibilita el pronunciamiento en sentencia en los términos establecidos en el artículo 742 de la LECRIM, y la concurrencia de temeridad o mala fe como los elementos que ha de evaluar el órgano jurisdiccional para derogar inicial previsión de que las costas sean declaradas de oficio cuando el acusado resulta absuelto».

4.4.2 Concepto restrictivo de temeridad o mala fe y carga de la prueba

Desde un plano sustantivo, la jurisprudencia ha precisado que debe mantenerse una interpretación estricta y restrictiva de los conceptos de temeridad y mala fe, dados los efectos potencialmente disuasorios que una condena en costas puede tener sobre el ejercicio legítimo de la acción penal. La STS de 7/07/2009 [*Tol 1577817*], advierte que, ante la ausencia de una definición legal, corresponde al tribunal sentenciador valorar la consistencia de la pretensión ejercitada, ponderando si existían razones objetivas que pudieran llevar a la acusación particular, al actor civil o al acusador popular a creer en la legitimidad de su reclamación. No puede deducirse la temeridad o mala fe de simples errores de valoración o de discrepancias jurídicas razonables, pues ello comprometería el derecho fundamental de acceso a la jurisdicción penal.

Como apuntan tanto la STS de 17/05/2004 [*Tol 443451*] como la doctrina (TOMÉ GARCÍA, 2009, p. 82), corresponde a la parte interesada en la imposición de las costas la carga de demostrar la existencia de una conducta procesal claramente abusiva o carente de toda base, quedando vedadas las valoraciones meramente automáticas o genéricas. En este sentido, la exigencia de motivación reforzada por parte del tribunal constituye una garantía indispensable frente a posibles arbitrariedades.

El concepto de temeridad o mala fe procesal implica la existencia de una intencionalidad final de instrumentalizar el proceso penal con fines espurios, lo que debe probarse indirectamente mediante indicios tales como la afirmación de hechos falsos, la ocultación de datos relevantes o el empleo de pruebas obtenidas vulnerando derechos fundamentales. En este sentido, la STS de 29/09/2021 [*Tol 8609195*] y la STS de 20/05/2021 [*Tol 8464060*], subrayan que no basta la mera existencia de resoluciones interlocutorias favorables dictadas durante el proceso (como la admisión a trámite o la apertura de juicio oral), pues el análisis definitivo debe atender a la conducta global del acusador y su adecuación al principio de lealtad procesal. Por su parte, la STS de 24/01/2022 [*Tol 8779110*], recuerda que la apreciación de temeridad requiere algo más que un error valorativo o una discrepancia jurídica razonable, pues exige una actuación manifiestamente infundada y con conciencia de ello.

Si quisiéramos hacer una aproximación casuística al concepto de temeridad o mala fe, la STS 12/05/2016 [*Tol 5730077*], nos ofrece pautas realmente eficaces para tratar de delimitar el contorno de la temeridad o mala fe, que, de modo esquemático, pasamos a desgranar:

* Es un parámetro valorativo que se constate que la actuación de las acusaciones esté al servicio de fines distintos a aquellos que justifican su

existencia del proceso penal, si bien, si existe justificación para su existencia, dichas motivaciones no pueden colmar por sí mismas la existencia de mala fe o temeridad a los efectos de la condena en costas.

* La conciencia de la fundamento o inconsistencia de la acusación, lo que es algo más que la constatación objetiva durante el proceso de su falta de fundamento o consistencia, sino que implica que la acusación era consciente de dicha circunstancia. Es decir, la acusación sabía, o estaba en condiciones de saber pero no quería —lo que podríamos definir como ignorancia deliberada—, que no le asistía el derecho, para lo cual no es necesario que supiera sin género de dudas que el acusado no había llevado a cabo ilícito alguno.

* Que el acusador conociera datos —desde el momento inicial o a lo largo del procedimiento— que permitiera constatar que la inexistencia de delito y los ocultó o no los aportó, permitiendo que la posibilidad del delito y su autoría se mantuviese "viva".

Interesante resulta traer a colación la STS de 2/11/2022 [*Tol 9294473*] cuando incluye dentro del concepto de temeridad la «ausencia de prudencia»; así señala: «A modo de resumen explicativo de las razones que nos llevan a mantener la condena en costas a las acusaciones populares, trasladamos las consideraciones que sobre este particular hacía, una vez más, la STS 277/2018, que concluía su razonamiento de esta manera: "La Audiencia contaba, así pues, con base suficiente para realizar ese pronunciamiento sobre costas: se aprecia en el comportamiento procesal de esta acusación, al menos en las últimas fases del proceso, una ausencia de prudencia (lo contrario de la temeridad) y de ponderación y una absoluta y aparentemente deliberada y preconcebida impermeabilidad a cualquier elemento que pudiera favorecer a quien acusaba en solitario. Su soledad acusadora exigía mayor responsabilidad y mesura. Resulta ajustado hacerla responder de las costas causadas a esa parte"». También resulta ilustrativas la STS 30/04/2019 [*Tol 7235651*] que señala que debe existir "una conducta procesal claramente irrazonable o fraudulenta" y la STS 22/10/2007 [*Tol 1174780*] que señala que «el principio de temeridad es incompatible con una mínima verosimilitud del hecho imputado».

El concepto de temeridad procesal exige por tanto una actuación manifiestamente infundada y con conciencia de ello por parte del acusador, lo que excluye supuestos de simple error de valoración o de razonable discrepancia jurídica. Por ello, la jurisprudencia ha sido coherente en exigir una motivación reforzada, incluso cuando se aprecia la improcedencia del recurso, a fin de proteger el derecho a la acción penal y la participación activa de la víctima en el proceso.

4.4.3 *Concepto de temeridad o mala fe en el ámbito del recurso de apelación*

En el ámbito del recurso de apelación, el criterio determinante para la imposición de costas a la parte recurrente —especialmente cuando esta es la acusación particular o popular— ha sido el de la temeridad o la mala fe procesal. Este estándar, recogido expresamente en el art. 240.2 de la LECrim, como ya decíamos al hablar de la condena en costas a las acusaciones particular, popular y al actor civil, ha sido interpretado de forma restrictiva tanto por la jurisprudencia como por la doctrina, en atención al efecto potencialmente disuasorio que una condena en costas puede tener sobre el ejercicio legítimo de la acción penal.

La STC 48/1994 [*Tol 82456*] establece que «la imposición de costas a la acusación no pública requiere no solo la desestimación del recurso, sino también la constatación de una actuación claramente abusiva o carente de toda base jurídica, lo cual debe ser expresamente motivado por el órgano judicial». Este principio ha sido reiterado por el Tribunal Supremo en diversas resoluciones, entre ellas la STS 728/2021 [*Tol 8609195*], que insiste en que la acusación particular actúa, en muchos casos, en defensa de intereses legítimos, y que la mera absolución del acusado no basta para declarar la temeridad de su actuación.

4.4.4 *Necesidad de petición expresa y protección del derecho de defensa*

En relación con la condena en costas a la acusación particular o al acusador popular, resulta imprescindible que la misma sea solicitada de forma expresa en los escritos de calificación definitiva, ya sea por el Ministerio Fiscal o por los acusados. Así se desprende de la regulación del procedimiento abreviado, cuya estructura procesal —conforme al principio de unidad del ordenamiento jurídico y a la interpretación sistemática del artículo 781.1 de la LECrim— debe considerarse aplicable también al procedimiento ordinario. No basta, por tanto, con una petición genérica formulada en el trámite de informe oral. Este requisito no solo garantiza la correcta articulación del principio de contradicción y de defensa, sino que también preserva el derecho del acusador popular a conocer con antelación la eventual pretensión de condena en costas, permitiéndole oponerse de forma efectiva.

La necesidad de petición expresa obedece además a la aplicación estricta del principio dispositivo en materia de costas procesales, que impide al tribunal acordar de oficio la imposición de costas a las partes acusadoras, ya que, de lo contrario, se vulneraría su derecho fundamental de defensa al verse privadas de la oportunidad de oponerse o formular alegaciones frente a esa eventual condena patrimonial.

Así lo ha recordado el Tribunal Supremo en reiterada jurisprudencia, insistiendo en que el pronunciamiento sobre costas debe ajustarse a las concretas solicitudes procesales planteadas, subrayando que la imposición de costas requiere siempre una petición expresa en los términos procesales oportunos.

Al respecto resulta ilustrativa la STS de 24/05/2023 [*Tol 9594707*], que vino a exponer: «La sentencia incurre en incongruencia al incluir pronunciamientos no pedidos por las partes legitimadas en exclusiva para hacerlo y que no pueden considerarse consecuencia legal inevitablemente anudada a alguna de sus pretensiones como sucede, por ejemplo, con las costas del condenado. La sentencia ha de resolver las cuestiones que hayan sido objeto de juicio (art. *742 LECrim)*. No puede extender sus pronunciamientos a cuestiones ni alegadas, ni debatidas, aunque pudieran haberlo sido. El diferente régimen material de costas en los procesos civil y penal arrastra también asimetrías en el tratamiento procesal. Esta es una de ellas. Esta solución-solo puede condenarse en costas a la acusación particular cuando exista una petición expresa en tal sentido— es, como se ha dicho, la que predomina en la doctrina de esta Sala. Un breve recorrido jurisprudencial lo demuestra. Las *SSTS 160/2006, de 25 de enero, 1571/2003 de 25 de noviembre* y *410/2016, de 12 de mayo* y el *ATS de 30 de junio de 2011 (7469/2011, recurso 482/2011)* constituyen una buena representación de esa línea". En igual sentido nos hemos pronunciado posteriormente en las *sentencias núm. 442/2018, de 9 de octubre* y *680/2020, de 11 de diciembre*, entre otras muchas. 2. En nuestro caso, como señala la Audiencia, no hubo petición alguna de condena a ninguna de las acusaciones particulares en materia de costas procesales. Efectivamente, ni la Defensa del recurrente ni el Ministerio Fiscal interesaron en sus escritos de conclusiones la imposición de costas a la Acusación Particular. En consecuencia, como señala el Ministerio Fiscal, acceder a la imposición de las costas a la acusación particular supone no sólo el incumplimiento del requisito de pretensión de parte, procesalmente básico para el pronunciamiento del Juzgador en un régimen, como queda dicho, propio de la Justicia rogada, sino también, y ello es aún más importante, la imposibilidad de defensa de la parte, que no ha tenido oportunidad de conocer esa pretensión y, por ende, de alegar contra ella lo que a su derecho conviniera».

No obstante, cabe no olvidar que la condena en costas debe ser solicitada por la parte legitimada para ello, en tal modo que la petición de condena en costas hecha por uno de los acusados absuelto, no se extiende al resto de acusados también absueltos, en tal modo que cada acusado deberá solicitar "en su favor" la condena en costas de las acusación particular, popular o actor civil.

Así, la STS de 26/07/2016 [*Tol 5789480*] vino a razonar: «Aquí solo tres defensas solicitaron que se impusiesen a la acusación las costas (las causadas por ellas lógicamente; carecían de legitimación para reclamar las de otras partes). Las otras se limitaron a pedir la absolución. La sentencia incurre en incongruencia al incluir pronunciamientos no pedidos por las partes legitimadas en exclusiva para hacerlo y que no pueden considerarse consecuencia legal inevitablemente anudada a alguna de sus pretensiones como sucede, por ejemplo, con las costas del condenado. La sentencia ha de resolver las cuestiones que hayan sido objeto de juicio (art. 742 LECrim). No puede extender sus pronunciamientos a cuestiones ni alegadas, ni debatidas, aunque pudieran haberlo sido. El diferente régimen material de costas en los procesos civil y penal arrastra también asimetrías en el tratamiento procesal. Esta es una de ellas».

Sea como fuere, no debemos olvidar que la condena en costas a la acusación particular, al actor civil o al acusador popular por temeridad o mala fe no constituye un castigo ni una sanción procesal en sentido propio, sino un mecanismo excepcional de reequilibrio patrimonial, orientado a impedir que quien ha provocado indebidamente la intervención procesal de otro quede exento de asumir el coste que en justicia le corresponde. Como advierte el Tribunal Constitucional en la ya nombraba Sentencia 107/2006 [*Tol 870487*], el régimen de costas procesales en el proceso penal debe interpretarse siempre de forma acorde con el derecho a la tutela judicial efectiva (art. 24 CE), garantizando el respeto al principio de proporcionalidad y evitando que se convierta en un obstáculo injustificado para el ejercicio legítimo de la acción penal.

4.5 Imposición de costas en recursos. El principio de vencimiento en el recurso de casación: acogida limitada

En el ámbito de los recursos penales, el riesgo de imposición de costas funciona muchas veces como un freno indirecto al ejercicio del derecho de defensa, especialmente cuando se introduce el criterio objetivo de vencimiento sin atender a la razonabilidad del recurso interpuesto. Desde una perspectiva de justicia material, se ha advertido que la amenaza de soportar las costas del recurso desestimado puede disuadir al acusado de ejercitar un medio legítimo de revisión jurisdiccional, debilitando así la efectividad del derecho fundamental a un proceso con todas las garantías (YÁÑEZ VELASCO, 2015, p. 279).

A diferencia de lo que sucede en el proceso civil —donde el principio de vencimiento previsto en el art. 394 de la LEC impone con carácter general las costas a la parte cuyas pretensiones resultan desestimadas—, en el proceso penal este criterio tiene una recepción restringida, precisamente por las peculiaridades del procedimiento penal, su naturaleza pública y su estructura acusatoria, que se proyectan también sobre la materia de costas. Como ha recordado la STS de 12/11/2021 [*Tol 8649762*], no resulta posible trasladar sin matices al proceso penal el régimen del vencimiento civil, sin comprometer garantías esenciales como el principio acusatorio y la presunción de inocencia.

No obstante, en el ámbito del recurso de casación el Tribunal Supremo ha admitido de forma matizada la aplicación de un criterio próximo al vencimiento, especialmente respecto de recursos promovidos por acusaciones particulares o actores civiles, donde existe una lógica bilateral más cercana a la del proceso civil. Así lo ha recogido, entre otras, la STS de 26/07/2016 [*Tol 5789480*], al señalar que la mera desestimación del recurso no basta por sí sola para imponer las costas, sino que es necesario valorar la razonabilidad del recurso, su fundamentación jurídica y la buena fe procesal del recurrente.

En palabras del propio Tribunal: «La desestimación de un recurso de casación no justifica por sí sola la imposición de costas, debiendo atenderse a la razonabilidad del recurso, su fundamentación jurídica y la buena fe procesal del recurrente».

La doctrina procesalista mayoritaria coincide en destacar que este criterio debe aplicarse con especial cautela cuando se trata de recursos interpuestos por la defensa del condenado, para evitar que el riesgo económico desincentive el ejercicio de recursos legítimos en un ámbito caracterizado por notorias asimetrías procesales.

El principio de vencimiento no puede incorporarse al proceso penal en sede de casación sin las debidas cautelas, pues hacerlo podría inhibir la presentación de recursos plenamente legítimos, especialmente en contextos donde persistan desigualdades procesales que afecten la equidad del procedimiento. En esta misma línea garantista, el Tribunal Constitucional ha recordado que toda imposición de costas debe atender al principio de proporcionalidad y quedar suficientemente motivada, pues de lo contrario podría vulnerar el derecho a la tutela judicial efectiva (STC 107/2006 [*Tol 870487*]).

5. CRITERIOS DE DISTRIBUCIÓN Y EXCLUSIÓN DE LAS COSTAS PROCESALES

5.1 Condena personalísima y exigencia de reparto individualizado

La responsabilidad derivada de las costas tiene naturaleza estrictamente personal, de modo que únicamente puede imponerse a quien haya sido formalmente condenado. Este principio, sustentado en el fundamento de la culpabilidad patrimonial, impide trasladar esta carga a terceros sin cobertura legal expresa. Por ello, cuando concurren varios condenados, el órgano jurisdiccional debe determinar las cuotas que corresponden a cada uno, evitando la solidaridad salvo que exista una declaración motivada que así lo disponga.

La doctrina ha subrayado que esta técnica de distribución individualizada asegura el respeto al principio de responsabilidad personalísima y garantiza que no se impongan cargas colectivas sin identificar su verdadero sustento jurídico (ARIZA COLMENAREJO, 1998, p. 101). En línea con ello, el Tribunal Supremo ha reiterado que no puede trasladarse a un solo condenado la totalidad de los gastos generados por actuaciones comunes o por la concurrencia de varios delitos, insistiendo en la necesidad de fijar cuotas específicas cuando existen absoluciones parciales o pluralidad de imputaciones, con la consiguiente declaración de oficio respecto de las costas derivadas de los delitos o acusados absueltos (STS de 3/05/2018 [*Tol 6594643*]).

5.2 Reglas de distribución en pluralidad de delitos o partícipes

Cuando el proceso versa sobre varios delitos o concurren distintos acusados, la condena en costas no puede operar de forma global o indiferenciada. El deber de motivación reforzada exige que el tribunal precise con claridad qué parte de los gastos corresponde a cada objeto procesal y a cada persona afectada, evitando así que se impongan cargas patrimoniales a quienes han resultado absueltos de todos o algunos de los delitos o condenados frente a los que solo se dirigía la acusación por alguno o algunos de los hechos objeto de enjuiciamiento. Esta técnica de fragmentación protege el principio de culpabilidad también en el plano económico del proceso penal.

Al respecto, si en una misma sentencia existen pronunciamientos absolutorios y condenatorios, y teniendo en cuenta lo establecido en los artículos 123 del Código Penal y 240 de la LECrim, la regla general es que parte de las costas deberán ser de oficio —con relación a los pronunciamientos absolutorios— o impuesta a las acusaciones cuando medie temeridad o mala fe, y parte deberá ser impuesta a los condenados.

En aplicación de dicha reglas, procede establecer porcentajes, tomando, en primer lugar, el número de delitos objeto de enjuiciamiento, siendo de oficio las costas en proporción a los delitos sobre los que se dicta pronunciamiento absolutorio —o imposición a las acusaciones de dicho porcentaje si se apreció mala fe o temeridad—; en segundo lugar, y con relación a los delitos que si procede condena, y sobre el porcentaje restante, se distribuirá entre los condenados y se declarará de oficio—o imposición de dicho porcentaje si se apreció mala fe o temeridad en dicha acusación—, a partir de una regla de tres, el porcentaje correspondiente con relación al acusado absuelto por ese concreto o concretos delitos por los que alguno o algunos han sido condenados.

Así, por ejemplo, procediendo un pronunciamiento absolutorio con relación a uno de los dos delitos por los que se está acusando a los tres acusados, y condenado por un solo delito y a dos de los tres acusados, procedería, de no mediar temeridad o mala fe de alguna de las acusaciones, declarando de oficio la mitad de las costas —por el delito que no se condena a nadie—; de la mitad restante, un tercio será de oficio por el acusado absuelto y dos tercios de dicha mitad será impuesta a los dos condenados por dicho delito, que de no mediar individualización concreta —por ejemplo, teniendo grado de participación de cada uno de los condenados en el delito— sería un tercio de dicha mitad impuesto a cada uno.

Ilustrativa, por didáctica, resulta la STS de 28/01/2021 [*Tol 8317795*], que vino a exponer: «La regla general sobre distribución de las costas-si bien referidas a la imposición a los acusados— es que cuando hay varios delitos imputados y existe condena por unos y no por otros, se han de hacer las partes correspondientes para imponer las costas respecto de aquellas infracciones por las que se condena y declararlas de oficio en relación a las que fueron objeto de absolución, y lo mismo cuando hay varias personas acusadas y unas son absueltas y otras no (STS 168/2017, de 15-3). Con tales criterios, y sin más que unas operaciones aritméticas elementales, podemos establecer la parte de costas por la que se condena y aquella otra que hay que declarar de oficio, así como la que de corresponder a cada uno de los condenados cuando son varios, partiendo primero una distribución conforme al número de delitos enjuiciados, dividiendo luego la parte correspondiente entre los distintos condenados, sin comunicación de responsabilidades de unos con otros en caso de insolvencia de alguno, y declarando de oficio la porción de costas relativa a los delitos o acusados que resultaron absueltos».

Pero además de esto, debe subrayarse que este reparto individualizado constituye una exigencia derivada del respeto a la responsabilidad personalísima, de modo que «no cabe una condena solidaria a todos los procesados cuando los delitos son independientes o sus situaciones jurídicas distintas» (ARIZA COLMENAREJO, 1998, p. 101). El tribunal debe tener en cuenta criterios como el número y la entidad de los delitos, la duración de la tramitación vinculada a cada uno y el grado de participación individual de cada condenado.

En este sentido, la STS de 09/07/2021 [*Tol 8547142*], reafirma expresamente este modelo de distribución, partiendo de una separación inicial según los hechos punibles, para luego repartir los gastos procesales entre los distintos partícipes condenados, declarando de oficio la parte correspondiente a los absueltos. Esta construcción responde directamente a las garantías derivadas del derecho fundamental a la tutela judicial efectiva consagrado en el art. 24 de la CE, al impedir que el proceso penal se convierta en una fuente de responsabilidad patrimonial injustificada para quienes no han sido hallados culpables.

5.3 Procesos acumulados o conexos

Cuando se sustancian procedimientos acumulados, el reparto de las costas procesales debe realizarse atendiendo al grado de intervención de cada uno de los condenados y a su concreta participación en los hechos objeto de enjuiciamiento. Así lo exige el art. 240.1º de la LECrim, que prevé que, en caso de condena, el tribunal podrá determinar "la cuota proporcional que a cada uno corresponda", evitando imponer una solidaridad que no haya sido debidamente motivada. El principio de causalidad impone que la atribución de las costas respete el grado de intervención personal, evitando solidaridades no motivadas que transformen la carga patrimonial en un efecto desproporcionado y ajeno a la estricta participación en el hecho punible.

La jurisprudencia del Tribunal Supremo ha reiterado la necesidad de individualizar la carga económica derivada de la condena en costas, ajustándola al número de delitos objeto del proceso y al papel desempeñado por cada acusado, en atención a los principios de proporcionalidad y responsabilidad personal. Así lo subraya la STS 223/2003 [*Tol 4928840*], que recuerda que la solidaridad solo puede acordarse cuando exista un fundamento jurídico expreso y razonado. Por su parte, la STS de 9/07/2021 [*Tol 8547142*], ha consolidado el criterio técnico de fragmentar inicialmente las costas según los hechos punibles efectivamente enjuiciados, distribuyendo luego la carga entre los partícipes condenados y declarando de oficio la parte correspondiente a los absueltos. Solo después opera el reparto "por cabezas", una vez excluidas las responsabilidades sin sanción, evitando así solidaridades inmotivadas.

5.4 Absolución parcial y costas: división técnica

En sintonía con lo hasta aquí expuesto, cuando un acusado es absuelto de parte de los delitos imputados, la jurisprudencia exige declarar de oficio las costas referidas a los hechos no probados, evitando imputar al absuelto gastos que no le son atribuibles. Se trata de una aplicación rigurosa del principio de legalidad en el ámbito patrimonial, tal como estableció la STS de 30/05/2007 [*Tol 1092891*], garantizando que las costas respondan estrictamente a la causalidad procesal. Esta línea jurisprudencial traduce el mandato de proporcionalidad en materia patrimonial, evitando que el condenado asuma gastos ajenos a su efectiva responsabilidad y reforzando el principio de causalidad procesal como criterio rector en la distribución de las costas.

No obstante, no podemos confundir absolución parcial con la condena por un delito de menor gravedad, aun sustentado en los hechos objeto de acusación; condenado por un delito menos grave, no entra en juego ni la declaración de oficio de las costas que como regla general se aplica a los acusados absuelto, ni abre la puerta al análisis de temeridad o mala fe para imponer en su caso a las acusaciones las costas procesales como si de un acusado absuelto se tratara, sino que se sigue aplicando, en materia de costas, la reglas correspondientes al condenado.

> Al respecto, resulta ilustrativa la STS de 3/05/2018 [*Tol 6594643*], que razonó: «No siendo ocioso destacar en relación al artículo 240.3 LECrim, que prevé la eventual imposición de las costas al acusador no oficial o actor civil si hubiese actuado con mala fe o temeridad, que de una parte tal previsión, se refiere propiamente a los supuestos en que el acusado resulta absuelto y no en casos como el presente en que ha sido condenado por delito de lesiones-aunque de menor gravedad que el solicitado por la acusación particular—; y de otra que dicha fuente normativa exige una interpretación que jurisprudencialmente-vid SSTS 410/2016 de 12 mayo y 682/2016 de 26 julio, se ha ido configurando en las siguientes pautas que se extraen de las sentencias dictadas por esta Sala».

En suma, el régimen de las costas procesales en el proceso penal debe entenderse desde una lógica estrictamente procesal, vinculada al principio de causalidad, con prevalencia del carácter resarcitorio sobre cualquier connotación punitiva, garantizando la tutela judicial efectiva y la proporcionalidad en la distribución de los gastos derivados del proceso.

6. LA TASACIÓN

6.1 La condena en costas como presupuesto de la tasación

La tasación de costas es el acto que da efectividad económica a la condena procesal, convirtiéndola en una obligación patrimonial exigible. No se trata de un trámite accesorio, sino de una fase necesaria dentro de la ejecución penal que traduce la declaración abstracta de responsabilidad en una deuda concreta. Conforme al art. 242 de la LECrim, corresponde al Letrado de la Administración de Justicia del órgano sentenciador la práctica de la tasación, una vez firme la resolución que impone las costas.

La tasación no puede concebirse como una simple traslación automática e indiscriminada de los gastos procesales, sino que se configura como un acto de concreción sometido a un escrutinio jurídico que exige valorar la necesidad, razonabilidad y proporcionalidad de cada partida, en salvaguarda del derecho fundamental a la tutela judicial efectiva y para evitar cargas onerosas que puedan comprometer el acceso efectivo a la justicia.

La función resarcitoria del instituto exige que solo se incluyan aquellas partidas estrictamente vinculadas al desarrollo legítimo del proceso, y que hayan sido reconocidas por el tribunal como necesarias. En este sentido, se ha destacado que la tasación constituye un verdadero acto de control jurídico, orientado a mantener el equilibrio económico entre las partes y a excluir partidas indebidas o ajenas al litigio (ARIZA COLMENAREJO, 1998, pp. 92-93; GÓMEZ COLOMER, 2019, p. 234).

6.2 Obligación de pronunciarse sobre las costas: art. 240.3 LECrim

El art. 240.3 de la LECrim impone al tribunal la obligación de pronunciarse expresamente sobre las costas procesales, incluso aunque ninguna de las partes lo haya solicitado —cuestión distinta es que no sea posible determinada condena en costas sin petición expresa, por ejemplo, la condena en costas a la acusación particular o popular en sentencias absolutorias—.

Este mandato se vincula con el principio de exhaustividad de las resoluciones judiciales, recogido en el art. 248.3 de la LOPJ, y con el derecho fundamental a la tutela judicial efectiva, que exige un fallo que contemple todas las consecuencias jurídicas del proceso.

Además debe recordarse que el pronunciamiento sobre costas responde a un presupuesto de orden público procesal, de modo que no puede quedar al arbitrio de las partes su solicitud o renuncia, correspondiendo al órgano jurisdiccional acordarlo de oficio en virtud de su deber de resolver todos los aspectos esenciales del litigio (ARIZA COLMENAREJO, 1998, p. 76).

Por su parte, el Tribunal Constitucional, en la STC 261/2006 [*Tol 994505*], ha recordado que la omisión del pronunciamiento sobre costas puede llegar a constituir una vulneración del derecho a la motivación judicial, en tanto priva a las partes de una resolución fundada sobre un aspecto decisivo del fallo.

6.3 Fijación de la minuta del abogado: criterios y límites

La cuantía de los honorarios profesionales —partida esencial en toda tasación— debe atender a criterios objetivos y verificables. El art. 241 de la LEC, de aplicación supletoria en el proceso penal, establece que únicamente podrán incluirse aquellos honorarios derivados de actuaciones necesarias y efectivamente realizadas, quedando excluidos los conceptos superfluos, reiterativos o manifiestamente excesivos.

La normativa ha sido actualizada por el Real Decreto 141/2021, de 9 de marzo, que derogó el anterior Real Decreto 1373/2003, instaurando un sistema de criterios orientadores para fijar los honorarios profesionales. Este nuevo marco dota a los órganos jurisdiccionales de herramientas técnicas flexibles, compatibles con el principio de libre competencia —que impide la imposición de baremos vinculantes—, y con las exigencias de proporcionalidad y control jurisdiccional en la ejecución de las costas.

La exigencia del carácter no vinculante de estos criterios conecta con la reiterada doctrina del Tribunal Supremo, que ha declarado la ilicitud de tarifas obligatorias, especialmente tras la consolidación de la jurisprudencia europea en materia de libre mercado y defensa de la competencia.

Se ha advertido que el control técnico mediante informe del colegio profesional presenta un riesgo inherente de corporativismo, dado que recae en el mismo ente que agrupa a los beneficiarios, lo que obliga al Letrado de la Administración de Justicia a extremar la motivación y el examen crítico (VILLEGAS, 2023, p. 370). De ahí que, se afirme que el informe del colegio de abogados «carece de carácter vinculante para el Secretario Judicial», quien debe apreciar con autonomía la razonabilidad y proporcionalidad de las partidas incluidas en la minuta, con el fin de evitar que la tasación se convierta en un mero acto de homologación corporativa (ARIZA COLMENAREJO, 1998, p. 112).

7. LA IMPUGNACIÓN DE LA TASACIÓN

La impugnación de la tasación de costas —regulada en los arts. 244 a 246 de la LECrim— configura un mecanismo de control técnico y proporcional de los gastos incluidos tras la condena, recordando que conforme expresamente dispone el art. 244 de la LECrim, "tachadas de indebidas o excesivas alguna de las partidas de honorarios, se procederá con arreglo a lo dispuesto en la Ley de Enjuiciamiento Civil".

7.1 Naturaleza del incidente y límites: no reabrir condena

Finalmente, debe subrayarse que el incidente de impugnación de la tasación de costas, regulado en los arts. 244 a 246 de la LECrim, no constituye un cauce para reabrir el debate sobre la procedencia de la condena en costas, sino que se circunscribe estrictamente a controlar su cuantificación y adecuación técnica. Así lo ha recordado el Tribunal Constitucional en su STC 261/2006 [*Tol 994505*], destacando que dicho incidente solo permite revisar la forma y el alcance económico del pronunciamiento, sin cuestionar la validez del fallo penal firme.

No cabe revisar la sentencia principal en este incidente, solo sus reflejos económicos. En este sentido, es preciso recalcar que el incidente de oposición a la tasación debe interpretarse de forma estricta, como un cauce exclusivamente patrimonial de control de proporcionalidad y necesidad de los gastos, sin incidir en la sustancia de la condena penal ni en el pronunciamiento firme sobre costas.

Todo ello sin perjuicio de la discusión sobre la condena en costas que se haya podido llevar a efecto en los distintos recursos contra el fallo de la sentencia —incluido el pronunciamiento sobre las costas procesales—. Así, cabe recoger la interesante posición doctrinal que sostiene la posibilidad de recurrir en casación por infracción de ley la condena en costas, tanto cuando se fundamenta en el criterio objetivo del vencimiento (art. 240.2 LECrim), como cuando se apoya en la temeridad o mala fe procesal (art. 240.3 LECrim). Así lo propone GÓMEZ COLOMER, para quien "las normas que regulan la condena en costas constituyen verdaderas leyes en el sentido del art. 849.1 LECrim, por lo que su infracción debería abrir la vía casacional, aun cuando su revisión se complique por tratarse en parte de conceptos jurídicos indeterminados que exigen revalorar los hechos" (*ibíd.*, p. 371). Este planteamiento abre un interesante debate en torno a la naturaleza revisable del pronunciamiento sobre costas y su encaje en el actual modelo de casación penal.

7.2 Impugnación por excesividad: procedimiento y alcance

Cuando la tasación incluye partidas que se presumen excesivas —especialmente las honorarias—, la parte interesada debe formular oposición motivada, en un plazo breve, y que esquemáticamente se concreta en los siguientes pasos:

1. Se presenta escrito indicando las partidas cuestionadas.
2. El Letrado de la Administración de Justicia (LAJ) notificará al profesional correspondiente para que justifique sus minutas. Si llega a un acuerdo, el decreto reflejará la corrección.
3. Si persiste la discrepancia, se solicitará un informe facultativo al Colegio de Abogados —no vinculante—.
4. Tras el trámite anterior, el LAJ dictará decreto motivado con ajuste o estimación, susceptible de recurso de revisión ante el tribunal correspondiente (art. 245 LECrim).

Se trata de un procedimiento ágil, técnico y respetuoso de los principios de proporcionalidad y motivación judicial, tiene naturaleza puramente patrimonial, limitado a la adecuación técnica y cuantitativa de las partidas.

7.3 Informe colegial: carácter facultativo y función técnica

La intervención de los Colegios de Abogados en el incidente de impugnación de la tasación —prevista en el art. 246.1 de la LEC, de aplicación por remisión del art. 244 LECrim—, si bien tiene carácter estrictamente técnico y consultivo, ha sido objeto de crítica doctrinal por el riesgo de corporativismo que puede derivarse de un sistema en el que los propios colegios profesionales dictaminan sobre la corrección de las minutas de sus miembros. GÓ-

MEZ COLOMER advierte que «la perversión del sistema radica en que debería ser un órgano público objetivo quien determinara la adecuación de la cuantía, alejando así el control de un contexto corporativo que puede comprometer la apariencia de imparcialidad» (ibíd., p. 370).

Además, se ha advertido que la intervención de los colegios profesionales presenta un riesgo estructural de corporativismo, al recaer el control técnico de las minutas sobre los mismos entes que agrupan a los profesionales beneficiarios, lo que refuerza la exigencia de que el LAJ motive cuidadosamente la aceptación o el apartamiento del dictamen colegial (VILLEGAS, 2023, p. 370).

El LAJ no está vinculado, pero su omisión o decisión de prescindir del informe debe explicarse en el decreto. Se trata de una garantía añadida para la transparencia y el rigor material, sin convertir el procedimiento en un recurso encubierto.

8. EJECUCIÓN PATRIMONIAL DE LAS COSTAS PROCESALES Y CRITERIOS JURISPRUDENCIALES DE REPARTO

La condena en costas procesales, una vez firme y debidamente tasada, abre la vía a su ejecución patrimonial. Esta fase procesal, de naturaleza estrictamente patrimonial y no sancionadora, tiene por objeto garantizar la efectividad de la condena en costas, salvaguardando al mismo tiempo el respeto a los derechos fundamentales del condenado en costas, conforme a los arts. 24 y 120.3 de la CE. Aunque constituye una obligación accesoria respecto del pronunciamiento penal principal, su ejecución responde a una lógica autónoma, guiada por los principios de responsabilidad patrimonial del condenado en costas y de subsidiariedad en el cumplimiento forzoso, conforme al régimen general de ejecución de títulos judiciales. Esta fase reviste un carácter puramente procesal y resarcitorio, sin connotación punitiva, orientado a restablecer el equilibrio patrimonial alterado por el proceso.

Junto a su tratamiento ejecutivo, conviene abordar determinadas construcciones jurisprudenciales que han contribuido a perfilar la distribución equitativa de las costas en el proceso penal, ajustando el peso económico derivado del proceso a la concreta participación y responsabilidad de cada sujeto.

La ejecución de la tasación firme se realiza mediante decreto del Letrado de la Administración de Justicia, conforme al art. 245 de la LECrim, y se lleva a cabo por la vía de apremio sobre los bienes del condenado. La normativa no distingue entre las costas impuestas por sentencia y las acordadas en resolución firme en incidentes o recursos, integrándose todas ellas en un único procedimiento patrimonial. Se ha subrayado que la fase de ejecución patrimonial se limita al estricto ámbito económico, sin posibilidad de afectar ni alterar el contenido del fallo penal ni la declaración de responsabilidad que se contiene en la sentencia (MORENO CATENA, 2024, p. 520).

Resulta esencial destacar la regla de prelación prevista en el art. 126 del Código Penal, que regula el orden en que deben satisfacerse las distintas obligaciones pecuniarias derivadas del proceso penal. Según este precepto, el importe obtenido en la ejecución patrimonial se destinará, en primer lugar, a la reparación del daño e indemnización a la víctima; en segundo término, a resarcir al Estado por los gastos procesales asumidos; en tercer lugar, a cubrir las costas del acusador particular o privado; posteriormente, a sufragar las demás costas procesales —incluidas las de defensa del condenado— sin preferencia entre interesados; y finalmente, a satisfacer la multa. Cuando se trate de delitos solo perseguibles a instancia de parte, el mismo artículo otorga preferencia a las costas del acusador privado sobre la indemnización al Estado. Esta regla responde a una lógica de protección preferente de la víctima y a la necesidad de priorizar la reparación del daño frente a otras cargas patrimoniales.

Por otra parte, el art. 14 del EVD refuerza la protección patrimonial de la víctima, al reconocer que tendrá derecho a obtener el reembolso de los gastos necesarios para el ejercicio de sus derechos y de las costas procesales causadas, con preferencia respecto de las obligaciones económicas del condenado hacia el Estado, siempre que concurran los supuestos previstos legalmente. Esto traduce el principio de prioridad en la reparación de la víctima, consolidado también en la jurisprudencia constitucional y ordinaria.

Expresamente el referido artículo 14 del EVD, dispone dicho "derecho de reembolso" con preferencia respecto de los gastos causado al Estado, "cuando se hubiera condenado al acusado, a instancia de la víctima, por delitos por los que el Ministerio Fiscal no hubiera formulado acusación o tras haberse revocado la resolución de archivo por recurso interpuesto por la víctima"

BIBLIOGRAFÍA

- ALCALÁ-ZAMORA CASTILLO, *Derecho procesal penal*, Civitas, 1972.
- ARIZA COLMENAREJO, *Las costas en el proceso penal*, Comares, 1998.
- BANACLOCHE/ZARZALEJOS, *Aspectos fundamentales de Derecho procesal penal*, La Ley, 2016.
- CORDERO LOZANO, *Intereses, costas y reclamación de honorarios en el proceso penal*, J. M. Bosch, 2011.
- DE LA OLIVA SANTOS/ARAGONESES MARTÍNEZ/HINOJOSA SEGOVIA/MUERZA ESPARZA/TOMÉ GARCÍA, *Derecho procesal penal*, (6ª Ed.), Editorial Universitaria Ramon Areces, 2003.
- GIMENO SENDRA, *Derecho procesal penal* (2ª ed.), Civitas, 2015.
- GÓMEZ COLOMER et. Alii, *Derecho Jurisdiccional III*, Tirant lo Blanch, 2019.
- MARTÍN CONTRERAS, *Las costas procesales: tasación de costas en todas las órdenes jurisdiccionales, provisión de fondos y jura de cuentas: con las últimas novedades procesales* (2ª Ed.), Bosch, 2025.
- MORENO CATENA/COQUILLAT VICENTE/DE DIEGO DÍEZ/JUANES PECES/DE LLERA SUÁREZ, *El proceso penal. Doctrina, jurisprudencia y formularios* (Vol. I), Tirant lo Blanch, 2000.
- MORENO CATENA/CORTÉS, *Derecho Procesal Penal*, Tirant lo Blanch, 2024.
- NIEVA FENOLL, *Derecho procesal III (Proceso Penal)* (3ª Ed.), Tirant lo Blanch, 2024.
- TOMÉ GARCÍA, «La acción popular en el proceso penal: situación actual y propuestas para una futura reforma», en Los sujetos *protagonistas del proceso penal*, coord. José Manuel Chozas Alonso, Dykinson, 2015.
- TOMÉ GARCÍA, *La condena en costas en el proceso penal*, Aranzadi, 2009.
- VILLEGAS GARCÍA, «De las costas procesales», en *Comentarios a la Ley de Enjuiciamiento Criminal*, López Barja de Quiroga dir., Tirant lo Blanch, 2023.
- YÁÑEZ VELASCO, «La injusticia de las costas en el proceso penal». *Anuario de Derecho Penal y Ciencias Penales*, 68 (1), 2015.

SUMARIO:

PARTE CUARTA

CONTENIDOS TRANSVERSALES

Capítulo 14

La imputación

Emilio de Llera Suárez-Bárcena
Fiscal
Doctor en Derecho

1. LA IMPUTACIÓN: CONCEPTO Y NATURALEZA

En principio puede decirse que la imputación es la atribución de la comisión, aún como posible, de un hecho delictivo a una persona determinada. Dicha imputación ha de realizarse dentro de un procedimiento o de un proceso abierto precisamente por la comisión del hecho imputado y ha de regirse por las normas procesales aplicables; tanto las que determinan qué órganos son competentes para decidirla, como las que establecen qué tipo de actos procesales son idóneos para producir ese resultado.

1.1 Los sujetos activos posibles de la imputación: órganos competentes para acordarla

La imputación debe emanar del órgano competente para la investigación en cada caso concreto. Consistiendo la imputación o inculpación en un acto trascedente para la investigación —y para el proceso—, sólo el órgano que tenga el dominio de la misma puede adoptarla.

El problema se cifra entonces en determinar qué órganos pueden asumir la investigación oficial de los hechos punibles, como requisito previo para acordar la imputación. Esta es una cuestión que ha sufrido una larga evolución legislativa desde la promulgación de nuestra vieja LECrim hasta nuestros días.

En el esquema de la LECrim el órgano competente para la investigación era por antonomasia el juez instructor, pues las facultades investigadoras del fiscal quedaban reducidas al mínimo posible y las de la Policía Judicial eran en teoría inexistentes (art. 286 LECrim). El Ministerio Fiscal únicamente podía dirigir una brevísima investigación, en la que cesaba en cuanto el juez instructor o el municipal se presentasen a formar el sumario (art. 286 LECrim) y con un ámbito, contenido y extensión ciertamente limitados.

En cuanto a la Policía Judicial, la LECrim se limitaba (en su Título 3º del Libro II) a definir de forma descriptiva las funciones de la Policía Judicial (art. 282 LECrim), haciendo un extenso elenco de sus componentes (art. 283 LECrim), para luego someterlos a las órdenes e instrucciones de jueces, magistrados y fiscales (arts. 286 a 291 y 298 LECrim).

Mas cuando se refiere a la actividad investigadora autónoma de la Policía Judicial lo hace precisamente para reducirla al mínimo, si no para casi excluirla. Así el artículo 284 LECrim ordena a la Policía Judicial que «inmediatamente que tengan conocimiento de un hecho que revista caracteres de infracción penal, lo participen al Juez o al Fiscal, con el fin de que éstos asuman la dirección de la investigación, realizando al propio tiempo únicamente las mínimas diligencias urgentes e imprescindibles para evitar que desaparezcan las pruebas y vestigios de la infracción y en su caso deteniendo a los responsables de la misma».

Sin embargo, la CE de 1978, atendiendo a la realidad actual y en consonancia con los restantes ordenamientos europeos —Alemania, Francia, Italia—, prevé la existencia de una investigación oficial de los delitos con cargo a la Policía Judicial. Así, el art. 17, 2 CE contempla la existencia de una actividad policial consistente en «la realización de las averiguaciones tendentes al esclarecimiento de los hechos» y el art. 18 CE, al regular las injerencias posibles en la intimidad domiciliaria y en las comunicaciones personales, derivadas de la investigación criminal, lo hace aludiendo a la «autorización» o «resolución» otorgada por el juez, obviamente a la Policía Judicial, para que sea ella quien lleve a cabo la investigación.

A la vista de lo expuesto debe concluirse que, en la actualidad, órganos competentes para acordar la imputación son el juez instructor[1] —tras la refor-

[1] En adelante, y para mayor claridad y sencillez en la redacción, salvo que merezca mayor concreción en el texto que se introduzca su referencia, nos referiremos a «*juez instructor*» como a cualquiera de los jueces con competencia funcional en materia de investigación judicial de delitos, en el bien entendido de que con esta denomina-

ma orgánica introducida por la LO 1/2025, la instrucción está encomendada al juez competente adscrito a la Sección Única o de Instrucción, a la Sección de Violencia sobre la Mujer o a la Sección de Violencia sobre la Infancia y la Adolescencia del correspondiente Tribunal de Instancia—, el fiscal y la Policía Judicial, como órganos oficiales encargados de la investigación, si bien conviene recordar que no tiene los mismos efectos la inculpación cuando la acuerda uno u otro de tales órganos.

1.2 Adquisición de la condición de imputado: los actos productores de la inculpación o imputación

La atribución de la condición de imputado no puede derivar simplemente del contenido o de los propios términos de la denuncia, la querella o, en general, de la *notitia criminis*, sino que debe ser acordada por el órgano oficial investigador —Policía Judicial, fiscal o juez instructor—, precisamente como consecuencia del resultado de su propia convicción o de su investigación.

Se trata de un acto de autoridad que crea un estatuto jurídico procesal en la persona imputada o inculpada, generándole ciertas cargas procesales, al tiempo que le confiere la condición de parte —parte penal pasiva— en el procedimiento investigador.

La imputación no presenta duda cuando resulta de un acto formal del juez instructor que así lo afirme, como el auto de procesamiento dictado en la fase de instrucción del llamado procedimiento ordinario por delito, o cuando se adoptan por el órgano oficial investigador medidas cautelares personales contra un sujeto determinado.

---

ción nos referimos al juez unipersonal integrado en la Sección que corresponda del Tribunal de Instancia competente (o, en su caso, al juez de la Sección de Instrucción del Tribunal Central de Instancia, cuando de la Audiencia Nacional hablamos) —*v.gr.* Sección de Instrucción o de la Sección Única de Civil y de Instrucción, Sección de Violencia sobre la Mujer, o Sección de Violencia contra la Infancia y Adolescencia ...—, o al juez correspondiente del TS o TSJ al que se le atribuya dicha competencia funcional cuando la competencia objetiva venga determinada a dichos tribunales por razón de aforamiento del investigado. Asimismo, dicha referencia al «*juez instructor*» lo es también teniendo en cuenta la posibilidad de que, en los casos determinados en el art. 84.6 LOPJ, se nombre a dos jueces, conforme a un turno preestablecido y público, para que, junto con el juez a quien le hubiere sido turnado el asunto inicialmente, se encarguen de la instrucción de un determinado proceso penal. En el capítulo 5 de esta obra puede consultarse una explicación completa del nuevo modelo orgánico de los Tribunales de Instancia que introduce la LO 1/2025.

Tal y como hemos adelantado, la inculpación no deriva, sin más, de la presentación de la denuncia o querella, pues la presentación o interposición de aquellos actos de transmisión de la *notitia criminis* no producen por sí mismos sino la carga para el órgano destinatario de decidir sobre su admisión y en su caso proceder a la comprobación del delito (art. 269 de la LECrim). Lo mismo puede decirse cuando el procedimiento investigador se abre por excitación especial del Gobierno. Otro tratamiento exige el supuesto en que la investigación se inicia *ex oficio* por propio conocimiento del hecho delictivo.

Tampoco la admisión a trámite de la denuncia o querella mediante la apertura de una investigación oficial implica, por sí misma, la existencia, como necesaria, de una imputación, ya que la investigación puede abrirse en un principio para la comprobación de los hechos denunciados, cuando estos *ab initio* no revelan un sujeto responsable, ni éste aparece indicado por el soporte o vehículo de la *notitia criminis*, tal como es adquirida por el órgano investigador. En efecto, los términos de la *notitia criminis* pueden no vincular o relacionar los hechos delictivos comunicados con ninguna persona determinada o, en su caso, tal persona puede no estar suficientemente determinada o identificada.

Solo cuando los hechos que motivan la investigación oficial, sea desde el principio o como consecuencia de la actividad investigadora, se revelan o aparecen relacionados *para la convicción del órgano investigador* con un sujeto determinado e identificado, considerado como responsable, aún solo posible, de los mismos, puede hablarse de inculpación.

Dicho de otra forma, el nacimiento de la imputación procesalmente hablando, exige necesariamente la *decisión*" del órgano investigador de seguir el procedimiento, precisamente, contra la persona a la que pueden atribuirse los hechos investigados, como consecuencia de la aceptación aun como simple posibilidad de que pueda serlo, siquiera por aparecer así ya de los términos o el contenido de la *notitia criminis*, ya por el resultado de la actividad investigadora realizada hasta el momento.

Como dice el art. 118.5 de la LECrim: «La admisión de denuncia o querella y cualquier actuación procesal de la que resulte la imputación de un delito contra persona o personas determinadas, será puesta inmediatamente en conocimiento de los presuntamente responsables», sin que el desafortunado calificativo «presuntamente» empleado por la ley, desvirtúe el efecto de adquirir la condición de parte penal pasiva en el proceso como prueba el mandato legal de comunicarles el procedimiento inmediatamente por ser «personas interesadas» en el mismo.

Desde luego que tal actuación, dado el calificativo procesal que la LECrim le atribuye, parece presuponer necesariamente la existencia de un proceso penal abierto en fase de investigación, sea un sumario o unas diligencias previas. Sin embargo, un estudio detallado de la investigación que legalmente pueden llevar a cabo tanto el Ministerio Fiscal como la Policía Judicial, pone en seguida de manifiesto que, aun no teniendo tal actividad la naturaleza de un verdadero proceso penal, sí constituyen unos procedimientos de investigación criminal integrados por verdaderos actos procesales, tanto por producir efectos de forma directa en el proceso penal, como por estar sujetos al régimen jurídico de los actos procesales regulados en la LECrim y en otras normas procesales. Por tanto, pueden darse en el curso de un procedimiento de investigación policial o fiscal verdaderos actos de inculpación en cuanto el requisito exigido por la LECrim es que se trate de una actuación procesal producida en el curso de la investigación, con independencia de que se trate de un proceso abierto por el juez o de un procedimiento de investigación seguido por la Policía Judicial o por el Ministerio Fiscal. Lo dicho resulta además avalado por la referencia al procedimiento contenida en el artículo 118.1 LECrim a «cualquiera que éste sea».

Por otra parte, si tal actuación procesal confiere la condición de parte penal pasiva en el procedimiento a la persona inculpada, legitimándola de esta suerte para intervenir en el mismo, lo es sobre la base de que la adquisición de tal condición deriva precisamente de la atribución a la misma, aún como posibilidad, de la perpetración de los hechos con caracteres de infracción penal que sirven de objeto a la investigación, hecha por el órgano investigador oficial —juez instructor, fiscal o Policía Judicial—. Ya sea de forma expresa o implícita, tal actuación necesariamente ha de entrañar la atribución de la responsabilidad penal, con independencia de cuál sea ésta, por los hechos objeto del proceso.

En efecto el artículo 118.1° de la LECrim prevé la existencia de actuaciones procesales que constituyen actos expresos de inculpación como el auto de procesamiento, «se haya acordado su procesamiento», así como de otros que implícitamente la suponen como la adopción de medidas cautelares, «haya sido objeto de detención o de cualquier otra medida cautelar», lo que resulta corroborado por el artículo 767 LECrim, «desde la detención o desde que de las actuaciones resultare la imputación de un delito contra persona determinada...».

El TC ha declarado respecto de la prisión provisional que esta decisión «exige del juez, por regla general, una valoración, por lo menos indiciaria, de la culpabilidad, consecuencia de la investigación, pues para decretar la prisión provisional es necesario entre otros requisitos "que aparezcan en la causa motivos bastantes para creer responsable criminalmente del delito a la persona contra quien se haya de dictar el auto de prisión" (art. 503, 3 de la LECrim)» (STC 145/1988 [*Tol 109346*]).

Debe igualmente notarse que la citación coercitiva para sólo ser oído que contemplan los artículos 486 a 488 y 773 de la LECrim constituyen igualmente actos de imputación, con idéntica virtualidad a este efecto que las medidas cautelares personales, según resulta del propio texto del artículo 486 LECrim: «La persona a quien se impute un acto punible deberá ser citada sólo para ser oída, a no ser que la ley disponga lo contrario, o que desde luego proceda su detención» o de la referencia a «resultar contra ellas algunas indicaciones fundadas de culpabilidad» del artículo 488 LECrim.

2. LA IMPUTACIÓN COMO ACTO DE DELIMITACIÓN DEL OBJETO DEL PROCESO

De todas formas, la cuestión no se agota con lo dicho pues la inculpación, aparte conferir la condición de parte penal al inculpado, produce otros efectos añadidos que deben tenerse en cuenta. Así en cuanto atribución de los hechos históricos investigados, deviene necesariamente un acto de delimitación, aun no siempre formal, del objeto del proceso en fase de investigación. Incluso tal delimitación ha de revelarse expresamente al inculpado por exigencias del derecho de defensa y especialmente del derecho a conocer los hechos imputados como presupuesto del derecho a intervenir en el procedimiento investigador cualquiera que éste sea.

En efecto, el inculpado en cuanto lo sea, es decir, desde que el procedimiento investigador se dirija contra el mismo, tiene derecho no ya sólo a conocer sino a ser informado: a) de la existencia misma del procedimiento [art. 118, 1. y 2.) y b) LECrim] de los hechos que se le imputan [arts. 17.3 y 24, 2.", de la CE] y 520, 2º, de la LECrim).

2.1 El derecho a conocer y a ser informado de la existencia del procedimiento investigador

El derecho a ser informado de la existencia del procedimiento investigador viene garantizado por el artículo 118, párrafos 1 y 5 de la LECrim: «Toda persona a quien se impute un acto punible podrá ejercitar el derecho de defensa, actuando en el procedimiento, cualquiera que sea éste, desde que se le comunique su existencia...» [...] La admisión de denuncia o querella y cualquier actuación procesal de la que resulte la imputación de un delito contra persona o personas determinadas será puesta inmediatamente en conocimiento de los presuntamente inculpados».

Se trata de un presupuesto posibilitador del ejercicio del derecho de defensa. Evidentemente el inculpado sólo tendrá consciencia de la utilidad o necesidad de defenderse si conoce la apertura de una investigación dirigida contra él, con lo que quedan garantizadas la posibilidad de intervenir en el procedimiento y de proveerse de los medios adecuados al efecto, así como la contradicción desde los primeros momentos.

La reforma de 1978, en consonancia con los principios introducidos en el proceso penal por la Constitución que se aprobaba días después, pretendió desterrar todo atisbo inquisitivo, garantizando la publicidad del procedimiento investigador para el inculpado y el principio de contradicción durante todo el proceso, incluso desde los primeros momentos de la fase de investigación. Así el artículo 302 de la LECrim —también reformado por la Ley 53/1978— establece en su párrafo 1º que «las partes personadas podrán tomar conocimiento de las actuaciones e intervenir en todas las diligencias del procedimiento», con la sola excepción de que, si se trata de la investigación judicial de un delito público, pueda el juez instructor, cuando fuere estrictamente necesario para los fines instructorios, declarar secretas las actuaciones para el imputado, mediante auto, «por tiempo no superior a un mes y debiendo alzarse necesariamente el secreto con diez días de antelación a la conclusión del sumario» (art. 302 LECrim).

La consagración de este derecho constituye, pues, la ruptura definitiva con el sistema inquisitivo, haciendo realidad el desiderátum de la Exposición de Motivos de la LECrim: «Hay que restablecer la igualdad de condiciones en esta contienda jurídica, hasta donde lo consientan los fines esenciales de la sociedad humana».

2.2 El derecho a conocer y a ser informado de los hechos imputados

En consonancia con estos presupuestos, la Constitución Española establece en su artículo 24.2 como derechos de todo inculpado, con independencia de que se halle privado o no de libertad, el derecho a un proceso público con todas las garantías y el derecho a ser informado de la acusación formulada, pero no consagra de forma expresa y concreta el derecho del simplemente inculpado a conocer los hechos que se le imputan en la fase de investigación, aun cuando necesariamente deba inferirse de la consagración del derecho de defensa.

Aun cuando formalmente el derecho a conocer los hechos imputados se construya en el esquema constitucional como una manifestación del derecho a un proceso con todas las garantías, en definitiva, participa de una naturaleza y contenido equivalentes a los del derecho a ser informado de la acusación (art. 24.2 de la CE), si bien referido a la fase de investigación mientras que este último despliega su eficacia en las fases intermedia y de juicio.

Debe distinguirse este derecho de aquel otro distinto que corresponde al inculpado detenido o preso —privado de libertad— *ex* artículo 17.3 de la CE de conocer «las razones motivadoras de su privación de libertad», pues éstas aun pudiendo coincidir virtualmente con los hechos imputados, son en realidad cosa distinta. Lo que ocurre es que la LECrim ha hecho una regulación conjunta (en el art. 520) del estatuto del inculpado y del privado de libertad, desarrollando así conjunta y desordenadamente los artículos 17 y 24 de la Constitución.

Como resulta de la lectura del artículo 520 de la LECrim, algunos de los derechos relacionados en el mismo —derecho a ser informado de los hechos que se le imputan y de la existencia de la investigación; derecho a la asistencia letrada; derecho a no declarar contra sí mismo y a no confesarse culpable e incluso a no declarar— corresponden al detenido o preso por su condición de inculpado y por ello asisten igualmente al inculpado no privado de libertad. Los demás derechos le corresponden, sin embargo, por su concreta situación de privación de libertad y no los comparte el detenido con el inculpado que se encuentra en libertad, salvo el derecho a la asistencia de abogado que, en el caso de haberse llevado a cabo la detención o prisión del inculpado, aparece también reforzado al no ser obstativo, sino forzoso e irrenunciable, al menos como regla general.

La información al investigado de los hechos que se le imputan se traduce en la obligación por parte del órgano encargado de la investigación oficial de comunicar a éste los hechos objeto de la investigación y que como resultan del estado de la misma se le puedan atribuir. Se trata de poner en su conocimiento los hechos históricos objeto del procedimiento investigador, sin que baste —como con acierto afirma MORENO CATENA— con la comunicación del «mero dato técnico de la designación de un tipo delictivo» (robo, hurto, lesiones, etc.).

A este respecto ha declarado el Tribunal Constitucional que el derecho a ser informado de la acusación requiere que se precisen los hechos imputados, pues el objeto del proceso no se identifica con una calificación jurídica, no es un crimen, sino un hecho individualizado como delictivo (STC 134/1986 [*Tol 79680*]).

3. LA IMPUTACIÓN JUDICIAL COMO PRESUPUESTO PARA ADQUIRIR LA CONDICIÓN DE PARTE PENAL PASIVA EN LAS FASES INTERMEDIA Y DE JUICIO ORAL

La adquisición de la condición de parte penal pasiva con efectos en la fase de instrucción, adquirida mediante un acto inculpatorio de la Policía Judicial o del Ministerio Fiscal, no supone por sí sola la atribución de tal posición en las siguientes fases del proceso penal.

El Tribunal Constitucional ha sentado con carácter general la doctrina jurisprudencial de que la acusación no puede dirigirse contra persona que no haya adquirido previamente la condición *judicial* de imputada, puesto que de otro modo podrían producirse en la práctica *acusaciones sorpresivas* de ciudadanos, con la consiguiente apertura contra ellos del juicio oral, aunque no hubieran gozado de la más mínima posibilidad de ejercitar su derecho de defensa a lo largo de la fase instructora. Para adquirir la condición de parte penal pasiva en la fase intermedia —o de preparación del juicio— y en la de juicio oral, es además necesario que el acto inculpatorio se haya acordado por el juez instructor, bien por propia iniciativa o bien ratificando la inculpación llevada a cabo por la Policía Judicial o el Ministerio Fiscal tras valorarla y considerarla pertinente. De esta suerte, la inculpación judicial funciona como una garantía para el imputado de su derecho a no sufrir acusaciones sorpresivas. El derecho a no sufrir acusaciones sorpresivas queda, pues, garantizado comunicando al inculpado su condición de parte penal pasiva en la fase de investigación judicial, instruyéndolo de sus derechos o incluso, si no se hizo esto antes, notificándole la resolución que acuerde abrir la fase intermedia (STC 66/1989 [*Tol 80277*]).

Pero no es la imputación judicial la única garantía del ciudadano frente a las acusaciones sorpresivas en juicio, sino que existen otras más. En primer lugar, el tránsito de una fase procesal a otra, cabalmente de la fase de instrucción a la de preparación del juicio, se instrumenta legalmente mediante una nueva resolución judicial motivada —ya sea el auto de conclusión del sumario o el auto acordando continuar el proceso conforme al procedimiento abreviado— que además debe ser notificada al investigado.

Por último, nuestra LECrim prevé la existencia en la fase intermedia del denominado "juicio de acusación", con cargo ya al propio juez instructor o al tribunal sentenciador, que supone una nueva valoración de la acusación o acusaciones formuladas a fin de abrir o no el juicio oral con base a las mismas. El juicio de acusación viene, pues, a satisfacer el *derecho a no sufrir acusaciones maliciosas*, que es distinto del derecho a no sufrir acusaciones sorpresivas.

Como se ve, han de distinguirse así dos tipos o clases de imputación: la *imputación inicial o provisional*, que otorga al investigado la condición de parte penal pasiva en la fase de investigación y una segunda *imputación revisoria* de la anterior, que la confirma o la deja sin efecto, impidiendo en este segundo caso la continuación del proceso penal hasta la sentencia. Examinaremos estas cuestiones en el llamado proceso ordinario por delito —procedimiento por delito grave— y, a continuación, en el procedimiento abreviado.

3.1 La imputación judicial en el procedimiento por delito grave

La imputación judicial en el procedimiento por delito grave sufrió una transformación como consecuencia de la incorporación a la LECrim de los postulados de la Constitución de 1978, sobre todo a raíz de la reforma operada por la Ley 53/1978.

En efecto, en el procedimiento por delito grave, tal como aparecía regulado en la redacción original de la LECrim, la cuestión no ofrecía duda ya que el auto de procesamiento, como acto de inculpación formal a cargo del juez instructor, cumplía la misión de conferir al procesado la condición de parte penal pasiva en todas las fases de proceso, haciendo nacer en el mismo el derecho de defensa. Pero, al propio tiempo, cumplía otros fines:

a) Delimitar el objeto del proceso mediante la expresión de los hechos objeto de imputación e indagación con relación al sujeto considerado como posible responsable de los mismos.
b) Su notificación al procesado instrumentaba la eficacia del derecho de éste a ser instruido de los hechos objeto de imputación, cuyo conocimiento hasta entonces le estaba vedado. Así, conforme al art. 302 LECrim en su redacción original: «El juez de instrucción podrá autorizar al procesado —por tanto, sólo desde que lo sea— o procesados para que tomen conocimiento de las actuaciones y diligencias sumariales cuando se relacionen con cualquier derecho que intenten ejercitar, siempre que dicha autorización no perjudique a los fines del sumario». Decía el art. 384.2 LECrim que «El procesado podrá, desde el momento de serlo, aconsejarse de Letrado, mientras no estuviese incomunicado, y valerse de él, bien para instar la pronta terminación del sumario, bien para solicitar la práctica de diligencias que le interesen y para formular pretensiones que afecten a su situación». Hasta ese momento procesal toda la fase anterior se encontraba regida por los principios inquisitivos en casi toda su puridad. La STS de 25/06/1990 [*Tol 2417032*] declaró que mediante la notificación al procesado del auto de. procesamiento «se le

comunica la existencia de una determinada imputación para que pueda defenderse de ella con plenitud de medios y de efectos».

c) Además mediante la declaración indagatoria —distinta ya de la confesión con cargos del derecho anterior— se le ofrecía la oportunidad de autodefenderse frente a tales hechos objeto de inculpación formal.

d) Pero, al propio tiempo, desde la vigencia de la LECrim, el auto de procesamiento entraña necesariamente un juicio de razonabilidad de los indicios que fundan la imputación, con vistas a la decisión sobre la apertura o no del juicio oral, y que se traduce en un efectivo control del juez instructor sobre el ejercicio de la acción penal por los acusadores, impidiendo la apertura del juicio oral y luego la calificación acusatoria mediante la denegación del procesamiento. Así el TS tiene sentado desde antiguo que «la declaración de procesamiento de persona determinada constituye premisa inexcusable para la apertura del juicio oral y tramitación consiguiente del mismo hasta que se pronuncie el oportuno fallo» (STS de 10/05/1955 [*Tol 4382007*]), que «controla judicialmente la apertura del juicio oral impidiéndose que la sola voluntad de un acusador, incluso el Ministerio Fiscal que es parte oficial e imparcial, conduzca a ella» (STS de 27/05/1988 [*Tol 2351685*]) o que «representa, al ser un requisito previo e indispensable de la acusación, una medida protectora del imputado, evitando así que la voluntad de quien acusa sea requisito suficiente para abrir el juicio oral, que en sí mismo, es ya un importante gravamen para la persona afectada» (STS de 25/06/1990 [*Tol 38565*]).

Tras la reforma de la LECrim por la Ley 53/1978, operada en función de las exigencias de la Constitución que se aprobaba coetáneamente, la totalidad de los indicados efectos ya no son exclusivos del auto de procesamiento, sino que quedan desconectados del mismo, en cuanto su producción también se vincula a otros actos diferentes del procesamiento.

En primer lugar, la atribución al procesado de la condición de parte penal pasiva, haciendo nacer en el mismo el derecho de defensa, por lo general se ha producido en un momento anterior, ya por actos del propio juez instructor que suponen la imputación, o ya de los otros órganos oficiales de investigación, pero en cualquier caso desde un momento anterior al auto de procesamiento, como la simple citación coercitiva del inculpado para ser oído (del art. 486 de la LECrim) o su detención por ejemplo.

Igualmente el efecto de ofrecer al inculpado la oportunidad de conocer los hechos imputados y autodefenderse frente a los mismos han de entenderse referidos a los hechos relatados en el auto de procesamiento —imputación formal—, pues respecto de los hechos objeto de la investigación y por ende de la imputación aún no formal que antes hubiera podido tener lugar, de ordinario, deben ser conocidos por el investigado ya desde los primeros momentos en que la investigación se dirija contra el mismo (arts. 118 y 302 LECrim en su nueva redacción) y por tanto ya habrá tenido ocasión de autodefenderse de ellos (art. 486 LECrim).

Lo mismo puede predicarse del efecto de delimitar el objeto del proceso de investigación ya que a través de la instrumentalización del derecho del investigado a ser informado de los hechos que se le imputan, tal delimitación también habrá tenido lugar, por lo general, en un momento anterior al procesamiento, pudiendo únicamente atribuirse a éste la virtud de clarificar o facilitar la comprensión de tales hechos por el imputado a la vista del relato fáctico incluido en el Auto. No obstante, como la delimitación del objeto del proceso penal se produce de forma sucesiva, el auto de procesamiento opera la delimitación formal del objeto del proceso de investigación, si bien tampoco de forma definitiva, toda vez que el procesamiento no sólo puede ampliarse, para incluir hechos nuevos o nuevos sujetos imputados, sino que además puede dejarse sin efecto por iniciativa del mismo juez instructor cuando el estado del sumario así lo exige.

Señalaba la Memoria del Fiscal del Tribunal Supremo de 1899 que, siendo los indicios de criminalidad contra persona determinada el motivo que da lugar al procesamiento, puede el juez que lo acordó alzarlo, si aquellos indicios han quedado luego desvirtuados.

Sin embargo, el auto de procesamiento, vaciado ya de la exclusividad de sus anteriores efectos, ha sufrido una transformación en la práctica, adquiriendo otra función exclusiva y nueva, tal es la de revisar los fundamentos de la imputación ya acordada con anterioridad, sobre la base de valorar el resultado final de la actividad instructora llevada a cabo, finalidad que en puridad no le fue atribuida por la LECrim en su redacción original, sino que es consecuencia de la extensión por inercia al procedimiento por delito grave de las facultades que correspondían a los jueces de instrucción en los procedimientos acelerados cuyo fallo les estaba encomendada y producto de una corruptela judicial. En efecto, en el procedimiento por delito grave, la valoración del resultado arrojado por la actividad instructora —el llamado "juicio de acusación"— no corresponde al juez instructor sino al tribunal sentenciador, mientras que en los denominados procedimientos acelerados cuyo fallo se encomendaba a los jueces de instrucción era también éste el encargado del mismo. Por otra parte, ya ha sido antes denunciada la costumbre judicial de dictar el auto de procesamiento, no desde que se patenticen los indicios racionales de criminalidad mencionados en el art. 384 de la LECrim contra el sujeto imputado, sino mucho después, cuando la instrucción ya se ha agotado y está a punto de dictarse el auto de conclusión del sumario.

De esta suerte, la confluencia de las dos apuntadas cuestiones fue convirtiendo con el tiempo el *auto de procesamiento en una resolución encaminada a declarar la persistencia de la racionalidad de los indicios que motivaron la inculpación judicial anterior*, valorando la intensidad actual de los motivos que la determinaron, sobre la base del resultado final de la instrucción. Con esta nueva función del auto de procesamiento, los jueces de instrucción han venido de hecho filtrando parcialmente al tribunal sentenciador su competencia para resolver sobre el "juicio de acusación" y tal finalidad ha adquirido carta de naturaleza en nuestra filosofía procesal, configurando el procesamiento, no como acto de imputación judicial sino de ulterior ratificación o revisión de la misma, o sea, como un presupuesto más para la atribución al procesado de la condición de parte penal pasiva en la siguiente fase del proceso.

En conclusión, la reforma de la LECrim operada por la Ley 53/1978, al incorporar a la misma las garantías contenidas en el art. 24 CE, ha trastocado las piezas del sistema en el procedimiento por delito grave, pues la imputación judicial —ya sea mediante la asunción por el juez de la imputación de otros órganos tras un juicio de valor de su intensidad, o acordada por dicho juez de propia iniciativa a la vista del resultado que arroje el estado de la actividad instructora llevada a cabo por el mismo—, puede y suele tener lugar en los primeros momentos y mediante actos desconectados del auto de procesamiento —normalmente con la citación coercitiva del art. 486 o la adopción de medidas cautelares personales—, mientras que éste funciona como una garantía añadida —aun no exigida expresamente por la LECrim— del imputado frente a las facultades de los acusadores, y con independencia del "juicio de acusación" que luego corresponde al tribunal sentenciador.

El Tribunal Constitucional ha declarado que el art. 24 CE contiene un «sistema complejo de garantías vinculadas entre sí» en relación con el proceso penal (SSTC 161/1994 [*Tol 82567*] y 205/1989 [*Tol 238677*]). Pues bien, entre ellos, los derechos a no sufrir acusaciones sorpresivas ni acusaciones maliciosas, como muchas otras garantías procesales contenidas en el art. 24 y en otros de la CE —entre las que también se encuentra el *habeas corpus*— son propios de los sistemas acusatorios en los que la investigación oficial se encomienda ya a la Policía Judicial o al Ministerio Fiscal, y en consecuencia, pugnan con la estructura aún inquisitiva de la instrucción judicial perviviente en nuestro proceso penal.

3.2 La imputación judicial en el procedimiento abreviado

En el procedimiento abreviado la cuestión se presenta de forma aún menos diáfana. Tal falta de claridad se debe a las siguientes razones:

a) De un lado a la ausencia en el procedimiento abreviado de un acto formal de inculpación como el procesamiento.

b) De otro, al arrastre histórico de los procedimientos acelerados que precedieron al actual procedimiento abreviado.

c) A las dificultades derivadas del intento —en mi opinión no logrado— de incorporar la totalidad de las garantías procesales consagradas en la CE y en los Convenios y Tratados Internacionales de Derechos del Hombre y del Ciudadano, en muchas ocasiones de difícil encaje en un sistema como el nuestro que conserva la figura del juez instructor.

En primer lugar, en el procedimiento de urgencia creado por la Ley de 8 de abril de 1967, en su modalidad encomendada por entero a los jueces de instrucción, el Ministerio Fiscal, al menos, podía dirigir la acusación contra cualquier persona, hubiere sido o no inculpada por el juez instructor (art. 790, regla 3ª, de la LECrim, redactado conforme a la Ley de 8 de abril de 1967).

Luego en el procedimiento creado por la Ley Orgánica 10/1980, las facultades acusatorias que en el procedimiento de urgencia correspondían al Ministerio Fiscal se extendieron a las demás partes acusadoras sin necesidad de inculpación judicial.

En el procedimiento abreviado no se regula ningún acto de inculpación formal con cargo al juez instructor, pero ello no implica que en este procedimiento no existan actos de imputación judicial, aún no formales, ya que éstos vienen exigidos por el artículo 24 de la CE que consagra el derecho a un proceso con todas las garantías entre las que se hallan *los derechos a no sufrir acusaciones sorpresivas ni maliciosas.*

El Tribunal Constitucional ha declarado que el artículo 24 de la CE contiene un «sistema complejo de garantías vinculadas entre sí» en relación con el proceso penal (STC 161/1994 [*Tol 82567*] y STC 205/1989 [*Tol 81776*]). Pues bien, entre ellos, los derechos a no sufrir acusaciones sorpresivas ni acusaciones maliciosas, como muchas otras garantías procesales contenidas en el artículo 24 y en otros de la CE —entre las que también se encuentra el *habeas corpus*— son propios de los sistemas acusatorios en los que la investigación oficial se encomienda ya a la Policía Judicial o al Ministerio Fiscal, y en consecuencia pugnan con la estructura aún inquisitiva de la instrucción judicial perviviente en nuestro proceso penal.

Con relación al *derecho a no sufrir acusaciones sorpresivas*, es doctrina consolidada del Tribunal Constitucional que «a fin de evitar acusaciones sorpresivas de ciudadanos en el juicio oral, sin que se les haya otorgado posibilidad de participación alguna en la fase instructora, la de que nadie puede ser acusado sin haber sido, con anterioridad, declarado judicialmente imputado, de tal suerte que la instrucción judicial ha de seguir asumiendo su clásica función de determinar la legitimación pasiva en el proceso penal...» (SSTC 128/1993 [*Tol 82151*], 129/1993 [*Tol 82152*], 152/1993 [*Tol 82175*], 135/1989 [*Tol 81585*] y 186/1990 [*Tol 81858*]).

La STC 277/1994 [*Tol 82682*], señaló que «desde la STC 9/1982, la doctrina de este Tribunal ha afirmado la íntima correlación que se produce en el proceso penal de los derechos consagrados por el artículo 24 de la CE, entre ellos el derecho a la tutela judicial efectiva sin resultado de indefensión, el derecho a un proceso con todas las garantías, que incluye el derecho a ser informado de la acusación y el derecho a la defensa. Instaurándose así, en virtud de dicho precepto constitucional un "sistema complejo de garantías vinculadas entre sí" en relación con el proceso penal (STC 161/1994, con referencia a la STC 205/1989)». Añadía la resolución citada que «ha de recordarse que el principio acusatorio "forma parte de las garantías sustanciales del proceso penal incluidas en el artículo 24 de la CE" (STC 83/1982 [*Tol 78973*]). Principio que ha sido consagrado por el artículo 24 de la CE "en todos los procesos penales" (STC 11/1992 [*Tol 80627*]) y; además, que "debe mantenerse en cada una de las instancias" (STC 83/1983 [*Tol 78973*]). Y en su virtud, "nadie puede ser condenado si no se ha formulado contra él una acusación de la que haya tenido oportunidad de defenderse de manera contradictoria" (STC 11/1992 [*Tol 80627*], con cita de las SSTC 17/1988 [*Tol 80128*], 168/1990 [*Tol 81844*] y 47/1991 [*Tol 80461*]). Pues el derecho a ser informado de la acusación "es indispensable para poder ejercer el derecho de defensa" en el proceso penal (STC 141/1986 [*Tol 79687*]) y su vulneración puede entrañar un resultado material de indefensión prohibido por el artículo 24.1 de la CE (SSTC 9/1982 [*Tol 78985*] y 11/1992 [*Tol 80627*])».

Esta doctrina jurisprudencial fue desarrollada sistemáticamente en la STC 277/1994 [*Tol 82682*], según la cual, la tutela del derecho constitucional de defensa en el ámbito del procedimiento penal abreviado conlleva una triple exigencia:

* En primer lugar, y a fin de evitar acusaciones sorpresivas de ciudadanos en el juicio oral sin que se les haya otorgado posibilidad de participación alguna en la fase instructora, la de que nadie puede ser acusado sin haber sido con anterioridad declarado judicialmente imputado, de tal

suerte que la instrucción judicial ha de seguir asumiendo su clásica función de determinar la legitimación pasiva en el proceso penal (art. 299 de la LECrim), para lo cual ha de regir también en este proceso ordinario una correlación exclusivamente subjetiva entre la imputación judicial y el acto de acusación.

* En segundo lugar y, como consecuencia de lo anterior, nadie puede ser acusado sin haber sido oído por el juez instructor con anterioridad a la conclusión de las diligencias previas, garantía que ha de reclamarse en este proceso penal como consecuencia de la supresión del auto de procesamiento y que se plasma en la necesidad de que no pueda clausurarse una instrucción —a salvo, claro está, que el juez adopte una resolución de archivo o de sobreseimiento— al menos sin haber puesto el juez en conocimiento del imputado el hecho punible objeto de las diligencias previas, haberle ilustrado de sus derechos y, de modo especial, de la designación de abogado defensor y, frente a la imputación contra el existente, haberle permitido su exculpación en la "primera comparecencia" contemplada en el artículo 789.4 de la LECrim.

Como se ve, el Tribunal Constitucional exige, a fin de garantizar que no se produzcan acusaciones sorpresivas de ciudadanos, la necesidad de que a la acusación preceda en todo caso la imputación judicial. A este respecto el Informe del CGPJ al Anteproyecto de la Ley Orgánica de Medidas Urgentes de Reforma Procesal puso de relieve lo siguiente: «El procedimiento abreviado ha producido, en la práctica, un desconcierto en torno al problema de la imputación que ha llevado a decisiones discutibles y cambiantes de los "Tribunales y que no ha sido beneficioso ni para la celeridad ni para la corrección en el funcionamiento de la Justicia Penal. En efecto —seguía el Informe— *a menudo se confunde la condición procesal de imputado, generadora de los derechos de audiencia, defensa,* etc. (arts. 118, 788.1.2 y 4º LECrim), con la imputación judicial, que no es sino *un juicio sobre la seriedad de la imputación***.** La primera puede derivarse de una actuación policial, o de la querella o denuncia de un particular y hace nacer una determinada condición jurídico-procesal, la de imputado, a la que acompañan una serie de derechos inalienables. La segunda —la imputación judicial— es una garantía del imputado frente a las denuncias o querellas infundadas: si un juez no verifica la seriedad de la imputación no puede abrirse el juicio oral (sic)».

* En tercer lugar, no se debe someter al imputado al régimen de las declaraciones testificales cuando, de las diligencias practicadas, pueda fácilmente inferirse que contra él existe la sospecha de haber participado en

> la comisión de un hecho punible, bien por figurar así en cualquier medio de iniciación del proceso penal, por deducirse del estado de las actuaciones o por haber sido sometido a cualquier tipo de medida cautelar o acto de imputación formal (arts. 118.1 y 5 de la LECrim), ya que la imputación no ha de retrasarse más allá de lo estrictamente necesario, pues, estando ligado el nacimiento del derecho de defensa a la existencia de la imputación (art. 118 de la LECrim), se ha de ocasionar la frustración de aquel derecho fundamental si el juez instructor retrasa arbitrariamente su puesta en conocimiento, razón por la cual dicha actuación procesal habrá de estimarse contraria al artículo 24 de la CE, y, por ende, acreedora de la sanción procesal de la "prueba prohibida" (art. 11.1 de la LOPJ) (SSTC 128/1993 [*Tol 82151*], 129/1993 [*Tol 82152*] y 273/1993 [*Tol 82294*]).

Para el citado Informe del CGPJ parece, pues, que la imputación judicial, además de conferir al sujeto investigado la condición de parte penal pasiva en la instrucción, garantiza por sí sola los restantes derechos del mismo en dicha fase de instrucción —e incluso después en la fase intermedia— y especialmente constituye de modo directo la garantía frente a las acusaciones sorpresivas, cifrando en la naturaleza del órgano del que emana la imputación judicial: un juez —con lo que implica de independiente, inamovible y sólo responsable ante la Ley—. Sin embargo, ello no me parece del todo exacto o, al menos, resulta incompleto y confuso, pues la propia doctrina sentada por el Tribunal Constitucional permite extraer otras consecuencias añadidas.

Dejando de lado otras consideraciones, las condiciones de imparcialidad de los órganos jurisdiccionales constituyen, sin duda, una garantía para el ciudadano en cuanto imputado, siempre que, claro está, dicha imparcialidad respecto de la investigación sea real y quede garantizada, lo que, como luego se dirá, no sucede en el estado actual de nuestro sistema procesal. Pero además no debe olvidarse que para el Tribunal Constitucional la imputación judicial, como garantía frente a las acusaciones sorpresivas de los ciudadanos en el juicio oral —nótese el momento procesal de la sorpresa— radica en que con ella se evita que a dichos ciudadanos no «se les haya otorgado posibilidad de participación alguna en la fase instructora» (STC 128/1993 [*Tol 82151*]). Es decir, la imputación judicial no sólo implica una «verificación de la seriedad de la imputación» llevada a cabo por un órgano con las garantías de independencia propias de la Jurisdicción, sino que sobre todo mediante ella ha de asegurarse la contradicción en la fase instructora, que constituye otra garantía constitucional distinta, y, por ende, el que tal valoración de la intensidad de la imputación se funde en una actividad contradictoria en la que haya podido intervenir el sujeto afectado por la imputación, aunque al menos sea a través de la autodefensa en la primera declaración que el inculpado preste al efecto ante el juez instructor. En este sentido escribe acertadamente VIVES ANTÓN que: «así la imputación judicial surgirá —si no siempre de una confrontación inmediata de las partes— sí, al menos, de una base contradictoria».

Por tanto, la imputación judicial constituye una garantía frente a las acusaciones sorpresivas precisamente en cuanto asegura al inculpado la posibilidad de intervenir en la fase de instrucción judicial, que de esta suerte se desarrollará con garantías de contradicción.

Ahora bien, de esta suerte, la contradicción que se asegura con la imputación judicial ha de tener lugar necesariamente después de producirse ésta, pues la contradicción deriva de la posibilidad de intervención del imputado y éste sólo tras adquirir la condición de parte, precisamente mediante su imputación, puede intervenir válidamente en la instrucción, con lo que su actividad contradictoria, tendente a su exculpación, únicamente podrá tener eficacia de cara a otra resolución, posterior a la que acordó su imputación judicial que precisamente revise tal imputación judicial anterior, es decir, ya habrá de ir dirigida al logro de una resolución que acuerde el sobreseimiento o el archivo, como alternativas a la que resuelva mantener o confirmar tal inculpación por persistir los motivos que la fundaron anteriormente. Así, la garantía que para el investigado comporta la necesidad de su oportunidad de intervenir en la fase de instrucción radica en la posibilidad que se le ofrece de procurar con ella que el juez instructor en un acto siempre posterior al que le atribuyó la condición de investigado no ratifique la persistencia de los motivos que fundaron su imputación y deje ésta sin efecto.

En tal caso *habrán de distinguirse dos momentos de decisión judicial y en consecuencia dos resoluciones distintas*. La primera resolución que podríamos denominar de *simple imputación* judicial que genera en el inculpado la condición de parte procesal y posibilita su intervención en la fase de instrucción. Y segundo, otra posterior que confirme o no la persistencia de los motivos de la anterior y que podría llamarse de *revisión de la imputación inicial*. Una y otra constituyen dos aspectos inseparables y complementarios de la misma garantía para el investigado, tal y como hoy se presenta en nuestro proceso penal; la primera porque permite su intervención en la instrucción, la segunda porque ha de fundarse en el resultado de la instrucción que habrá de incorporar el reflejo de la intervención del imputado. De otra forma, ningún sentido tendría posibilitar la intervención del investigado en la instrucción, si tal intervención no puede producir ningún efecto favorable para el mismo.

Así entendida la garantía de la imputación judicial comprendería en realidad, dos cosas: a) la simple imputación judicial inicial, que sería un simple juicio sobre la verosimilitud de la imputación, y b) su ulterior revisión, confirmatoria o no, llevada a cabo por el juez también en la misma fase de instrucción, es decir, un juicio sobre la intensidad y seriedad de esa misma imputación.

Desde luego es claro que la intervención del investigado puede también ir dirigida a producir efectos durante la fase intermedia, en el llamado «juicio de acusación», que constituye otra garantía también estatuida en evitación de las acusaciones maliciosas o infundadas. Pero, aparte de que en el procedimiento abreviado el juicio de acusación se encomienda también al juez instructor (art. 779 de la LECrim), es evidente que el Tribunal Constitucional no ha entendido que la intervención del investigado así declarado judicialmente vaya únicamente dirigida a provocar una de las resoluciones impeditivas del juicio del artículo 779 LECrim, pues éstas sólo pueden tener lugar en la fase intermedia precisamente tras los escritos de acusación. Esto obliga a concluir que la resolución judicial aludida sobre la seriedad de la imputación, aún basada en una actividad contradictoria derivada de la posible intervención del investigado, ha de tener lugar antes de los escritos de acusación y en la misma fase de instrucción judicial. En este sentido, ORTELLS RAMOS (1992, p. 130) señala que «la ampliación de los supuestos en los que el sobreseimiento puede acordarse de oficio —es decir, no obstante, la existencia de acusación— (art. 779.1 LECrim), conducía a pensar, razonablemente, que el examen jurisdiccional de la fundabilidad de la acusación —condicionante de su admisibilidad— había pasado, en toda su extensión, a la resolución de apertura del juicio oral o sobreseimiento».

Lo dicho resulta además necesariamente así de otros pronunciamientos del Tribunal Constitucional. En efecto la STC 186/1990 [*Tol 81858*] afirma que «tan pronto como el juez de instrucción, tras efectuar una provisional ponderación de la verosimilitud de la imputación de un hecho punible contra persona determinada, cualquiera que sea la procedencia de ésta, deberá considerarla imputada con ilustración expresa del hecho punible cuya participación se le atribuye, para permitir su autodefensa, ya que el conocimiento de la imputación forma parte del contenido esencial del derecho fundamental a la defensa en la fase de instrucción». Con la expresión provisional ponderación de la verosimilitud de la imputación alude a la que antes se ha denominado *imputación provisional*. Más adelante, la resolución citada añade que «es indudable, al respecto, que la resolución prevista en la regla 4ª del artículo 789, 5, de la LECrim [actual 779.1 4ª LECrim], en virtud de la cual se ordena seguir el procedimiento previsto en el capítulo segundo —esto es, la fase de preparación del juicio del procedimiento abreviado— contiene un doble pronunciamiento: de una parte, la conclusión de la instrucción, y de otra, la prosecución del proceso abreviado en otra fase por no concurrir ninguno de los presupuestos que hacen imposible su continuación —los previstos en las reglas primera, segunda y tercera del mismo art. 789, 5 LECrim [actual art. 779 LECrim]—. En consecuencia, cuando el instructor adopta la decisión de seguir el proceso como procedimiento abreviado [...] realiza una valoración jurídica tanto de los hechos como sobre la imputación subjetiva de los mismos. Dicho de otro modo, cuando el juez adopta la decisión de continuar el proceso (art. 779.1.4ª LECrim) también rechaza —implícitamente— la procedencia de las otras resoluciones del artículo 779 LECrim y, de modo especial, el archivo o sobreseimiento de las actuaciones».

A mi entender, uno y otro de los párrafos transcritos —correspondientes a los actuales arts. 775.1 y 779 LECrim— aluden a las dos resoluciones o momentos antes indicados de la simple imputación judicial y de su revisión judicial al final de la fase de instrucción. Esta interpretación viene además avalada por los propios términos de la LECrim Así el artículo 767 LECrim, se refiere a la simple imputación judicial, «desde que de las actuaciones la imputación de un delito contra persona determinada...», e igualmente el 775.1 LECrim, «en la primera comparecencia se informará al imputado...». El momento de esta simple imputación judicial es desde luego, como ha señalado VIVES ANTÓN, (1992, p. 184) aquel mismo, en el que se haga patente algún indicio racional de criminalidad. A la revisión judicial de la imputación anterior alude sin duda el artículo 779.1 4ª LECrim «si el hecho constituyera delito previsto en el artículo 779 LECrim, seguirá —el juez instructor— el procedimiento ordenado en el capítulo II», lo que corrobora el tenor del artículo 780.1 LECrim, sin que la interpretación expuesta parezca necesaria, como se ha pretendido, para no tener que declarar la inconstitucionalidad del artículo 780 de la LECrim.

Lo que en verdad ocurre con la inculpación judicial en el procedimiento abreviado es que en el mismo se reproduce el esquema real que en la actualidad vertebra la imputación en el procedimiento por delito grave. Es decir, si hoy en el procedimiento por delito grave la imputación judicial generadora del derecho de defensa tiene lugar normalmente con independencia del auto de procesamiento y en un momento anterior al mismo, mientras que éste en la práctica —según se dijo— cumple la misión de revisar la persistencia de los fundamentos de aquella imputación inicial, en el procedimiento abreviado viene a suceder lo mismo, articulándose legalmente en éste *las mismas dos decisiones de imputación inicial y de ulterior revisión de la misma* que en el procedimiento ordinario se producen sólo de hecho.

Por lo demás, en el procedimiento abreviado tiene lugar la formalización de la imputación, aunque no exista un acto de inculpación a cargo del juez instructor tan completo y delimitador de personas y hechos como el auto de procesamiento del procedimiento por delito grave, lo que ocurre es que los distintos efectos que de forma conjunta producía originalmente aquél —el auto de procesamiento—, en el procedimiento abreviado han derivado siempre de distintos actos de imputación que aquí se presentan desconcentrados y que hoy también se presentan así en el procedimiento por delito grave.

El efecto de conferir la condición de parte penal pasiva al sujeto imputado tiene lugar mediante cualquiera de los actos procesales inculpatorios aún no formales antes indicados y con independencia del órgano oficial de investigación que lo realice y el tipo de procedimiento que se siga. Pues, tras la reforma operada en la LECrim por la Ley 53/1978, tanto en el procedimiento por delito grave como en el procedimiento abreviado, la condición de parte penal pasiva la adquiere el investigado desde la atribución, si quiera sea provisional, de la imputación, y con independencia de que se haya o no formalizado la inculpación (art. 118 LECrim), desde que lo sea realmente, y cualquiera que sea la naturaleza del procedimiento.

Otro tanto sucede con la delimitación subjetivo-objetiva del objeto de la investigación. Pues, a la vista de las anteriores consideraciones, ha de concluirse que la imputación, con independencia del acto procesal que la produzca y de que se formalice o no mediante una declaración concreta al efecto —como el auto de procesamiento—, siempre ha de tener un reflejo o plasmación en el acto procesal consistente en la información hecha al inculpado por el órgano investigador de los hechos que se le imputan. Por tanto, de tal acto habrá de resultar delimitado el objeto de la investigación mediante la expresión o concreción de los hechos investigados y la designación de la persona contra quien se dirige, ya que los postulados del derecho de defensa exigen, para la validez de la investigación que todo hecho objeto de la misma sea comunicado al inculpado desde que la inculpación se produzca, quedando por tanto vedado al órgano encargado de la investigación oficial incluir en la misma hecho alguno a espaldas del investigado, es decir, sin comunicárselo simultáneamente.

Conviene además tener presente que, si en el curso de la investigación de unos hechos determinados, aparecen hechos nuevos cuya responsabilidad pueda atribuirse al investigado, deben serle inmediatamente comunicados, pues la omisión de tal requisito, en cuanto vulnere el derecho de defensa puede provocar la ilicitud de las pruebas que se obtengan sobre tales hechos conforme a lo prevenido en el artículo 11, 1°, de la Ley Orgánica del Poder Judicial, si el inculpado no conoce de otra forma el objeto de la investigación.

Habida cuenta de que por el cauce casacional del art. 5.4 LOPJ y la invocación —al amparo del art. 852 LECr, de la vulneración del derecho fundamental de defensa y a un proceso con todas las garantías regulado en el art. 24 CE, el mencionado Auto de incoación de Procedimiento Abreviado ha sido objeto frecuente de análisis por parte del Tribunal Supremo, cuando provoca y se denuncian tales imputaciones sorpresivas, se ha venido consolidando una importante doctrina que exige que «la imputación no ha de retrasarse más allá de lo estrictamente necesario, pues, estando ligado el nacimiento del derecho de defensa a la existencia de la imputación (art. 118 LECrim), se ha de ocasionar la frustración de aquel derecho fundamental si el Juez de Instrucción retrasa arbitrariamente su puesta en conocimiento, razón por la cual dicha actuación procesal habrá de estimarse contraria al art. 24 Const, y por ende acreedora de la sanción procesal de la «prueba prohibida» (art. 11.1 LOPJ).

Pero esa «prontitud» en la imputación, que demanda el más Alto Tribunal en aras a salvaguardar la tutela judicial de los investigados y el ejercicio de su respectivo derecho de defensa, puede diluirse hasta incluso desaparecer, en el curso de la tramitación de las denominadas «macro-causas», ante la realidad de unos hechos de compleja instrucción que suelen afectan además a un elevado número de implicados. Factores que dificultan la concreción que le es exigible al Auto de transformación de las diligencias Previas, de cuya importancia ya advirtió la Circular 1/2003 de 7 abril de la FGE exigiendo a los Fiscales «una especial vigilancia por parte del Ministerio Público, cuando se le notifique la resolución prevista en el art. 779.1.4ª LECrim a la que de ninguna manera cabe considerar como de mero trámite (...) de manera que si el Fiscal observa que no incluye determinados hechos o determinadas personas respecto de las cuales considera que debe formular acusación, deberá recurrir el auto» (vid. elderecho.com de 10/03/2017).

Por último, el efecto de propiciar la autodefensa del inculpado tiene lugar desde que se produce la adquisición de la condición de parte penal pasiva, conforme a los artículos 118 y 779.1 4ª, de la LECrim y por tanto no plantea problema alguno.

4. EL ESTATUTO DE GARANTÍAS DEL INVESTIGADO

El estatuto del imputado o investigado se centra en el acto de su propia declaración y el ejercicio de su derecho de defensa. Se halla previsto por el art. 118 LECrim, en el que desarrolla la LECrim los derechos contenidos por el art. 24 CE.

El derecho fundamental de defensa se traduce en una serie de derechos instrumentales, también de rango constitucional: derecho a la asistencia de abogado, a la utilización de los medios de prueba pertinentes, a no declarar contra sí mismo y a no confesarse culpable (art. 24.2). Por consiguiente, el ejercicio del derecho de defensa se concreta en las actuaciones de la persona investigada.

También la Directiva 2012/13/UE del Parlamento Europeo y del Consejo, de 22 de mayo de 2012, relativa al derecho a la información en los procesos penales, que ha sido transpuesta por medio de la LO 5/2015, que modifica, entre otros preceptos, los artículos 118, 302, 520 y 775 LECrim, e introduce los arts.

123 a 127 del mismo texto legal, formando un capítulo sobre el derecho a la traducción e interpretación.

De acuerdo con lo previsto en el art. 118 LECrim, «toda persona a quien se atribuya un hecho punible podrá ejercitar el derecho de defensa, interviniendo en las actuaciones, desde que se le comunique su existencia, haya sido objeto de detención o de cualquier otra medida cautelar o se haya acordado su procesamiento, a cuyo efecto se le instruirá, sin demora injustificada, de los siguientes derechos:

a) Derecho a ser informado de los hechos que se le atribuyan, así como de cualquier cambio relevante en el objeto de la investigación y de los hechos imputados. Esta información será facilitada con el grado de detalle suficiente para permitir el ejercicio efectivo del derecho de defensa.

b) Derecho a examinar las actuaciones con la debida antelación para salvaguardar el derecho de defensa y en todo caso, con anterioridad a que se le tome declaración.

c) Derecho a actuar en el proceso penal para ejercer su derecho de defensa de acuerdo con lo dispuesto en la ley.

d) Derecho a designar libremente abogado, sin perjuicio de lo dispuesto en el apartado 1 a) del artículo 527.

e) Derecho a solicitar asistencia jurídica gratuita, procedimiento para hacerlo y condiciones para obtenerla.

f) Derecho a la traducción e interpretación gratuitas de conformidad con lo dispuesto en los artículos 123 y 127.

g) Derecho a guardar silencio y a no prestar declaración si no desea hacerlo, y a no contestar a alguna o algunas de las preguntas que se le formulen.

h) Derecho a no declarar contra sí mismo y a no confesarse culpable.

La información a que se refiere este apartado se facilitará en un lenguaje comprensible y que resulte accesible. A estos efectos se adaptará la información a la edad del destinatario, su grado de madurez, discapacidad y cualquier otra circunstancia personal de la que pueda derivar una modificación de la capacidad para entender el alcance de la información que se le facilita.

Analizaremos seguidamente estos derechos de forma individualizada

* *Derecho a ser informado de los hechos que se le atribuyan, así como de cualquier cambio relevante en el objeto de la investigación y de los he-*

chos imputados. Esta información será facilitada con el grado de detalle suficiente para permitir el ejercicio efectivo del derecho de defensa

La información al investigado de los hechos que se le imputan significa la obligación por parte del órgano investigador —la Policía Judicial, el fiscal o el juzgado de instrucción— de expresar a aquel, los hechos resultantes de la investigación que le incriminan, sin que baste —como dice MORENO CATENA— con el «mero dato técnico de la designación de un tipo delictivo», sino que habrá que explicarle los concretos hechos que se le atribuyen de forma sencilla y comprensible.

Igualmente deberá informarse al investigado de «*cualquier cambio relevante* —desde el punto de vista jurídico penal material— en el objeto de la investigación y de los hechos imputados». Esto es, si la investigación se extiende a nuevos hechos habrá que señalarse los mismos y explicarse al investigado.

La explicación habrá de darse al investigado «*con el grado de detalle suficiente* para permitir el ejercicio efectivo del derecho de defensa», es decir debe transmitirse al investigado una explicación suficiente de tales hechos que le permita defenderse de ellos.

* *Derecho a examinar las actuaciones con la debida antelación para salvaguardar el derecho de defensa y en todo caso, con anterioridad a que se le tome declaración*

En el modelo de instruir e investigar más próximo al sistema inquisitivo el inculpado prestaba declaración sin conocer todo lo que constaba en el procedimiento, viéndose no pocas veces sorprendido cuando sus declaraciones se contrastaban con lo que constaba ya en la investigación y podía verse sorprendido por las preguntas que se le formularan.

Esta situación es la que pretende eliminar la norma comentada. Nótese que el examen de lo actuado debe producirse «en todo caso, con anterioridad a que se le tome declaración».

* *Derecho a actuar en el proceso penal para ejercer su derecho de defensa de acuerdo con lo dispuesto en la ley*

El derecho a intervenir en el procedimiento ha de ajustarse al respeto de todas las garantías existentes para el investigado que resulten de nuestro derecho objetivo. Y ello, tanto en su modalidad de *autodefensa* como de *defensa técnica*.

* *Derecho a designar libremente abogado, sin perjuicio de lo dispuesto en el apartado 1 a) del artículo 527 LECrim*

El derecho a la defensa técnica parte de la designación de un abogado en absoluta libertad, y así lo consagra el precepto comentado, con la sola limitación de que el investigado se halle detenido o preso en situación de incomunicación. Cuando el inculpado se halla privado de libertad e incomunicado establece el art. 527 LECrim que el abogado habrá de nombrársele *de oficio* y el investigado no podrá elegirlo. Así dispone el citado art. 527.1, a) LECrim que «en los supuestos del artículo 509 LECrim, el detenido o preso —que se halle incomunicado— podrá ser privado de los siguientes derechos si así lo justifican las circunstancias del caso: a) Designar un abogado de su confianza».

* *Derecho a solicitar asistencia jurídica gratuita, procedimiento para hacerlo y condiciones para obtenerla*

Conforme al precepto citado, se ha de informar al investigado del derecho que le asiste, al menos con carácter general, a solicitar la asistencia jurídica gratuita, supuesto en que el abogado ha de ser sufragado por la Administración, si lo insta el investigado a través del procedimiento establecido en la ley que regula estas cuestiones —Ley 1/1996, de asistencia jurídica gratuita—.

* *Derecho a la traducción e interpretación gratuitas de conformidad con lo dispuesto en los artículos 123 y 127 LECrim.*

Conforme a los preceptos citados, el investigado o acusado que no hable o entienda el castellano o la lengua oficial en la que se desarrolle la actuación, tendrá derecho a la asistencia de un intérprete para comunicarse con el órgano investigador o el tribunal, así como con su abogado, a la interpretación de todas las actuaciones del juicio oral. Los gastos del intérprete serán sufragados por la Administración. Los mismos derechos tendrán las personas con discapacidad sensorial, que podrán contar con medios de apoyo a la comunicación oral.

* *Derecho a guardar silencio y a no prestar declaración si no desea hacerlo, y a no contestar a alguna o algunas de las preguntas que se le formulen*

Ya se dijo anteriormente que en nuestro Derecho procesal constituye un derecho del inculpado prestar declaración o no. Ello es consecuencia de que la declaración formal del inculpado, aparte un medio de investigación, es considerada fundamentalmente como una posibilidad que se le confiere a fin de que pueda dar las explicaciones conducentes a su *exculpación* y no a su inculpación (art. 24.2 CE).

Por su parte la LECrim, en la misma línea, prohíbe que el interrogatorio del inculpado se produzca de forma coactiva o engañosa para el mismo. Así el art. 387 establece que al inculpado *no se le podrá exigir juramento*. El art. 389

LECrim, por su parte, establece que las preguntas que se dirijan al investigado para la averiguación de los hechos y su participación en los mismos o la de otras personas, serán *directas*, sin que bajo ningún concepto puedan hacérsele de un modo *capcioso* o *sugestivo*, y al tiempo, prohíbe el empleo de género alguno de coacción o amenaza.

Una pregunta es *capciosa*, cuando se formula confundiendo al interrogado con propósito de lograr una respuesta que daría en otro sentido si la pregunta hubiese sido formulada de forma directa y sin subterfugios. Por pregunta *sugestiva* debe entenderse la que se formula de tal manera que induce al interrogado a dar una respuesta en un sentido determinado.

* *Derecho a no declarar contra sí mismo y a no confesarse culpable*

Siendo la declaración del investigado un derecho integrado en el derecho de defensa que, por tanto, le permite decir todo aquello que le pueda beneficiar, frente a los hechos que se le imputan, y negativamente, no está obligado a decir nada que le perjudique, es decir, a no declarar contra sí mismo. Esta concepción lo distingue de la antigua *confesión con cargos* del Derecho anterior a la LECrim.

Aunque, si estima que le conviene, puede confesar los hechos imputados a fin de lograr una *sentencia de conformidad*, lo que equivale a una verdadera confesión de culpabilidad que, a veces, constituye una forma de defensa, en cuanto obtiene la imposición de una pena más leve y beneficiosa que si resulta condenado sin la conformidad, como se prevé en el art. 801 LECrim para el procedimiento abreviado. Pero, como regla, nunca está obligado a realizar una declaración que le perjudique.

BIBLIOGRAFÍA

- ARMENGOT VILAPLANA, *El imputado en el proceso penal*, Aranzadi, 2013.
- DE LLERA SUÁREZ-BÁRCENA, *Derecho procesal penal. Manual para criminólogos y policías*, Tirant lo Blanch, 2024.
- MORENO CATENA (dir.), *El proceso penal*, 5 tomos, Tirant lo Blanch, 2000.
- MORENO CATENA/CORTÉS, *Derecho procesal penal*, Tirant lo Blanch, 2024.
- VIVES ANTÓN, *La reforma del proceso penal. Comentarios a la ley de medidas urgentes de reforma procesal II*, Tirant lo Blanch, 1992.

Capítulo 15

El derecho de defensa

Encarnación Molino Barrero
Abogada penalista
Montero-Aramburu & GVA

SUMARIO: **1. CONCEPTO. 2. LA DEFENSA COMO GARANTÍA ESENCIAL DE LA JUSTICIA PENAL: CONTENIDO Y ALCANCE. 3. LAS GARANTÍAS QUE POSIBILITAN UN ADECUADO EJERCICIO DEL DERECHO DE DEFENSA. 3.1 Derecho a ser informado de los hechos que se le atribuyan, así como de cualquier cambio relevante en el objeto de la investigación y de los hechos imputados. 3.2 Derecho a examinar las actuaciones con la debida antelación para salvaguardar el derecho de defensa y en todo caso, con anterioridad a que se le tome declaración, salvo que se hayan declarado secretas (art. 302 LECrim). 3.3 Derecho a actuar en el proceso de acuerdo con lo dispuesto en la ley. 3.4 Derecho a guardar silencio, a no prestar declaración y a no contestar a alguna o algunas de las preguntas que se le formulen. 3.5 Derecho a no declarar contra sí mismo y a no confesarse culpable. 4. MOMENTO INICIAL PARA EL EJERCICIO DEL DERECHO A LA ASISTENCIA DE ABOGADO. 5. LA AUTODEFENSA. 5.1 Ubicación del acusado en la sala de vistas. 5.2 Declaración del acusado en último lugar. 6. EL DERECHO A LA INTERPRETACIÓN Y TRADUCCIÓN. 7. LA GARANTÍA DEL DERECHO A LA DEFENSA EN PERSONAS CON DISCAPACIDAD. 8. LA DEFENSA TÉCNICA. 9. LA ASISTENCIA LETRADA A TRAVÉS DE ABOGADO DE OFICIO. 10. EL CAMBIO DE ABOGADO.**

1. CONCEPTO

El derecho de defensa constituye un pilar esencial del proceso penal junto con el derecho a la presunción de inocencia. Es un derecho fundamental, de carácter irrenunciable, reconocido constitucionalmente, el art. 24.1 CE, prohíbe la indefensión y el art. 24.2 CE, consagra el derecho a la defensa. Este derecho va más allá del mero interés de las partes, para convertirse en una condición esencial para la validez del proceso, en una garantía de su correcto desenvolvimiento que otorga legitimidad al *ius puniendi* del Estado, al proceso penal, a la acusación y a la pena. Sin derecho de defensa no hay juicio justo y equitativo y sin juicio justo y equitativo no hay Estado de Derecho.

El derecho de defensa y otros derechos instrumentales que forman parte de éste están ampliamente reconocidos en convenios internacionales ratificados por España. Así, en los arts. 10 y 11.1 de la Declaración Universal de los Derechos Humanos; en el art. 6.3 c) del Convenio Europeo para la Protección de los Derechos Humanos y de las Libertades Fundamentales; en el art. 14.3 b) y d) del Pacto Internacional de Derechos Civiles y Políticos; en los arts. 47 y

48 de la Carta de los Derechos Fundamentales de la Unión Europea. Y lo hacen en los términos que a continuación señalaremos.

La *Declaración Universal de los Derechos Humanos*, adoptada y proclamada por la Asamblea General de la ONU el 10 de diciembre de 1948, reconoce el derecho de defensa, en su artículo 10 «toda persona tiene derecho, en condiciones de plena igualdad, a ser oída públicamente y con justicia por un tribunal independiente e imparcial, para la determinación de sus derechos y obligaciones o para el examen de cualquier acusación contra ella en materia penal». Y en su artículo 11: «toda persona acusada de delito tiene derecho a que se presuma su inocencia mientras no se pruebe su culpabilidad, conforme a la ley y en juicio público en el que se le hayan asegurado todas las garantías necesarias para su defensa».

El *Convenio Europeo para la Protección de los Derechos Humanos y de las Libertades Fundamentales*, firmado en Roma el 4 de noviembre de 1950, en vigor en España desde el 4 de octubre de 1950, establece en el artículo 6.3 b) que todo acusado tiene derecho a disponer del tiempo y de las facilidades necesarias para la preparación de su defensa, y en el apartado c) de ese mismo precepto señala que todo acusado tiene, como mínimo, el derecho a defenderse por sí mismo o a ser asistido por un defensor de su elección y, si carece de medios para pagarlo, a poder ser asistido gratuitamente por un abogado de oficio, cuando los intereses de la justicia así lo exijan.

El *Pacto Internacional de Derechos Civiles y Políticos*, suscrito en Nueva York, el 19 de diciembre de 1966, ratificado por instrumento de 27 de abril de 1977, dispone en su art. 14.3 b) que toda persona acusada de un delito tendrá derecho en plena igualdad a «disponer del tiempo y de los medios adecuados para la preparación de su defensa y a comunicarse con un defensor de su elección» y en el apartado c), «a hallarse presente en el proceso y a defenderse personalmente o a ser asistida por un defensor de su elección, a ser informada, si no tuviera defensor, del derecho que le asiste a tenerlo y, siempre que el interés de la justicia lo exija, a que se le nombre defensor de oficio, gratuitamente, si carece de medios para pagarlo».

La *Carta de los Derechos Fundamentales de la Unión Europea*, proclamada en Niza el 7 de diciembre de 2000, en su art. 48. 2º «garantiza a todo acusado el respeto de los derechos de la defensa» y el párrafo tercero del artículo 47 recoge que se prestará asistencia jurídica gratuita a quienes no dispongan de recursos suficientes siempre y cuando dicha asistencia sea necesaria para garantizar la efectividad del acceso a la justicia.

El art. 3 de la *Directiva 2013/48/UE del Parlamento Europeo y del Consejo*, de 22 de octubre de 2013, sobre el derecho a la asistencia de letrado en los procesos penales, establece expresamente que «los Estados miembros velarán porque los sospechosos y acusados tengan derecho a ser asistidos en el momento y del modo que les permita ejercer sus derechos de defensa en la práctica y de manera efectiva», por lo que los órganos jurisdiccionales no solo deben velar por el cumplimiento formal sino también están obligados a garantizar la efectividad práctica del derecho.

La Instrucción 8/2004 de la Fiscalía General del Estado recuerda que la Constitución Española reconoce el derecho fundamental a la defensa y a la asistencia de letrado sin que en ningún caso pueda producirse indefensión, anotando también la citada Instrucción que «el derecho de defensa es un derecho sagrado, quizás el más sagrado de todos los derechos en la justicia penal "SSTS 2320/1993 y 851/1993"».

El derecho de defensa se ha visto reforzado normativamente con la entrada en vigor de la LO 5/2024, del Derecho de Defensa; en su art. 2 señala que este derecho comprende «el conjunto de facultades y garantías, reconocidas en el ordenamiento jurídico, que permiten a todas las personas, físicas y jurídicas, proteger y hacer valer, con arreglo a un procedimiento previamente establecido, sus derechos, libertades e intereses legitimos en cualquier tipo de controversia ante los tribunales y administraciones públicas, incluidas las diligencias de investigación del Ministerio Fiscal, o en los medios adecuados de solución de controversias regulados en la normativa de aplicación».

Este derecho se extiende al conjunto de facultades defensivas como el derecho a acceder y conocer el contenido de las diligencias procesales, a intervenir en el procedimiento, a alegar, argumentar, impugnar las pruebas de cargo, proponer pruebas de descargo, contradecir y recurrir. En definitiva, es el derecho a ser oído en el proceso, que se ejerce en virtud de otros derechos instrumentales, tales como el derecho a la asistencia letrada, derecho a ser informado de la acusación, derecho a participar en las diligencias de investigación, derecho a utilizar los medios de prueba pertinentes para su defensa, derecho a guardar silencio, a no declarar contra sí mismo y a no confesarse culpable, derecho a la última palabra, derechos todos ellos que deben ser garantizados por los jueces y tribunales.

2. LA DEFENSA COMO GARANTÍA ESENCIAL DE LA JUSTICIA PENAL: CONTENIDO Y ALCANCE

En el Estado de Derecho, el proceso penal se sustenta en tres pilares básicos que constituyen un completo marco de garantías: a) el proceso debido debe tener como vértice un juez o tribunal imparcial b) debe existir una acusación a quien corresponde aportar las pruebas de cargo y c) debe existir un derecho de defensa, que conozca y pueda contradecir la prueba de cargo y, en su caso, presentar la de descargo; derecho de defensa que exige y tiene como presupuesto la confidencialidad entre acusado y su letrado defensor.

En nuestro sistema procesal, el derecho a la tutela judicial efectiva, el principio de igualdad de armas, la interdicción de la indefensión y el principio acusatorio, conllevan que el derecho de defensa en sentido amplio sea atribuido a todas las partes del proceso penal, incluido el MF. Las partes acusadoras también tienen derecho a la defensa de sus legítimos intereses, y al MF le incumbe la defensa del interés público. En este capítulo vamos a abordar el derecho de defensa del sujeto pasivo del proceso.

El art. 24 CE recoge los derechos fundamentales que constituyen las garantías básicas y esenciales de la justicia penal. Son derechos vinculados a la dignidad humana, que a su vez vienen a legitimar el poder jurisdiccional, el proceso penal, el ejercicio de las pretensiones punitivas y la condena. La pretensión legítima del Estado en cuanto a la persecución y sanción de los delitos solo debe ser satisfecha dentro de los límites impuestos al ejercicio del poder por los derechos de los ciudadanos en un Estado de Derecho. El derecho de defensa no sólo ha de ser entendido como un derecho sino también como una garantía tanto para el sujeto pasivo como para el correcto desenvolvimiento del proceso. El derecho de defensa es garantía de un juicio justo y equitativo, solo con un juicio justo y equitativo se legitima el *ius puniendi* del Estado.

El art. 24.1 CE recoge la interdicción de la indefensión y el art. 24.2 CE reconoce el derecho a la asistencia letrada como garantía del derecho al proceso debido en relación con el acusado o imputado. El art. 17.3 CE, por su parte, reconoce el derecho a la asistencia letrada al detenido en las diligencias policiales y judiciales para garantizar el derecho a la libertad que es el derecho fundamental protegido en el núm. 1 de dicho precepto. Al estar recogidos en la Constitución tienen una protección reforzada en relación con el control de constitucionalidad de las leyes y el recurso de amparo ante el Tribunal Constitucional.

En este sentido, la STS de 19/06/2002 [*Tol 4922400*] señala que:

> «El derecho a la asistencia letrada, reconocido en los arts. 17.3 y 24.2 de la Constitución, no puede ser interpretado unitariamente por la diversa función que la garantía cumple en atención al bien jurídico protegido. El art. 17.3 reconoce este derecho al detenido en las diligencias policiales y judiciales como una de las garantías del derecho a la libertad, mientas que el art. 24.2 lo hace en el marco de la tutela judicial efectiva como garantía del proceso debido a todo acusado o imputado. Esta doble protección constitucional del derecho a la asistencia letrada guarda esencial paralelismo con los textos internacionales suscritos por España».

La exigencia constitucional de este derecho viene determinada por la finalidad que cumple en relación con la legitimación del propio proceso penal, así como para garantizar la igualdad de las partes y la efectiva contradicción para el correcto desarrollo del debate procesal. Señala la STC 06/02/1995 [*Tol 82768*] que:

> «El mandato legal de defensa por medio de Abogado encuentra una propia y específica legitimidad, ante todo en beneficio del propio defendido, pero también como garantía de un correcto desenvolvimiento del proceso penal, asegurando, en particular, la ausencia de coacciones durante el interrogatorio policial y, en general la igualdad de las partes en el juicio oral, y evitando la posibilidad de que se produzca la indefensión del imputado de tal modo que frente a una acusación técnica aparezca también una defensa técnica».

En palabras de NIEVA FENOLL (2024, p. 165) «los derechos fundamentales existen como un escudo de la ciudadanía frente al inmenso poder del Estado. [...] Representan una auténtica barrera de seguridad que nos permite tener la tranquilidad de que el Estado no va a inmiscuirse en nuestra vida privada ni va a limitar ilegítimamente nuestra libertad. [...] Esos derechos, reconocidos por la Constitución como fundamentales, se hacen especialmente importantes cuando el Estado, precisamente, sitúa a un ciudadano en la posición de reo. [...] La protección se intensifica, ya que en esa situación la persona puede verse privada de libertad, desposeída de su patrimonio y violentada gravemente en su intimidad».

MORENO CATENA (2023, p. 165) anota que «frente al derecho a la acusación, al ejercicio de la acción en el proceso penal —derecho a obtener la tutela judicial efectiva— cuyos titulares son las partes acusadoras, el ordenamiento jurídico, inevitablemente ha de reconocer un derecho de signo contrario: el derecho del sujeto pasivo del proceso, del acusado o investigado, a obtener también la tutela efectiva por medio de una adecuada defensa, derecho a repeler esta agresión que pone en cuestión sus bienes jurídicos más importantes, entre ellos, su libertad».

3. LAS GARANTÍAS QUE POSIBILITAN UN ADECUADO EJERCICIO DEL DERECHO DE DEFENSA

El arts. 118 de la LECrim establece que toda persona a la que se atribuya un hecho punible podrá intervenir en las actuaciones ejercitando el derecho de defensa, desde que se le comunique su existencia, haya sido objeto de detención, de cualquier medida cautelar o se haya acordado su procesamiento, a cuyo efecto se le instruirá, sin demora justificada, de los siguientes derechos que son derechos instrumentales y que posibilitan un adecuado ejercicio del derecho de defensa:

a) A ser informado de los hechos que se le atribuyan, así como de cualquier cambio en el objeto de la investigación y de los hechos imputados.

b) A examinar las actuaciones con la debida antelación para salvaguardar el derecho de defensa y en todo caso, con anterioridad a que se le tome declaración. Salvo que se hayan declarado secretas (art. 302 LECrim)

c) A actuar en el proceso para ejercer su derecho de defensa de acuerdo con lo dispuesto en la ley.

d) A designar libremente abogado, sin perjuicio de lo establecido en el art. 527.1. a) LECrim.

e) A solicitar asistencia jurídica gratuita, procedimiento para hacerlo y condiciones para obtenerla.

f) A la traducción e interpretación gratuitas de conformidad con lo dispuesto en los arts. 123 a 127 LECrim.

g) A guardar silencio y a no prestar declaración si no desea hacerlo, y a no contestar a alguna o algunas de las preguntas que se le formulen.

h) A no declarar contra sí mismo y a no confesarse culpable.

El art. 3. 3 de la Ley Orgánica 5/2024, del Derecho de Defensa establece, en la misma línea, que el derecho de defensa comprende, en causas penales el derecho de defensa íntegra, el derecho a ser informado de la acusación, a no declarar contra uno mismo, a no confesarse culpable, a la presunción de inocencia y a la doble instancia.

En el caso de que la persona se encuentre detenida, ostentará además los derechos recogidos en el art. 520 LECrim que desarrollaremos en el capítulo relativo a la declaración del investigado.

La importancia de estos derechos ha llevado a la Unión Europea a dictar la Directiva 2010/64/UE, relativa al derecho a interpretación y traducción en los procesos penales; la Directiva 2012/13/UE, relativa al derecho a la información en los procesos penales, con singular protección a los derechos a la libertad personal, a un juicio justo y derecho de defensa; y la Directiva 2013/48/UE, sobre el derecho a la asistencia de letrado en los procesos penales. Las Leyes Orgánicas 5/2015 y 13/2015 de modificación de la LECrim han transpuesto a nuestro ordenamiento jurídico las citadas Directivas. También relevante en este marco, la Directiva 2016/343 del Parlamento Europeo y del Consejo sobre el proceso penal, presunción de inocencia y derecho a estar presente en el juicio.

Los derechos recogidos en los arts. 119 y 520 LECrim se ejercerán «sin más limitaciones que las expresamente previstas en la ley» desde la atribución del hecho punible hasta la extinción de la pena.

Profundizamos a continuación en estos derechos. En este mismo capítulo, se abordará en el epígrafe 6, el derecho a la traducción e interpretación gratuita; en el epígrafe 8, el derecho a designar libremente abogado; y en el epígrafe 9, el derecho a solicitar asistencia jurídica gratuita.

3.1 Derecho a ser informado de los hechos que se le atribuyan, así como de cualquier cambio relevante en el objeto de la investigación y de los hechos imputados

El investigado debe ser informado de los hechos que se le atribuyen, e igualmente de los cambios relevantes en los hechos imputados y en el objeto de la investigación. Esta información debe llevarse a cabo con el grado de detalle suficiente para permitir el ejercicio efectivo del derecho de defensa [art. 118.1 a) LECrim].

Al detenido debe informársele de forma inmediata y de modo que le sea comprensible no solo de los hechos que se le atribuyen sino también de las razones que motivan su detención.

La misma protección aparece reconocida en el art. 5.2 del CEDH que establece que toda persona detenida debe saber por qué fue privada de libertad, lo que impone a los agentes del poder público la obligación de informarle en el plazo más breve posible, en un lenguaje sencillo y que le sea accesible, de los motivos jurídicos y fácticos de la privación de libertad. El art. 5.4 CEDH establece la posibilidad de discutir la legalidad de la detención.

La información debe facilitarse en un lenguaje sencillo, comprensible y accesible en todo caso, y especialmente teniendo en cuenta la edad, el grado de madurez, la discapacidad o cualquier otra circunstancia personal de la que pueda derivar una modificación de la capacidad para entender el alcance de la información que se le facilita. Si el sujeto no conoce esta información no podrá defenderse adecuadamente. La información es esencial para poder ejercer de forma efectiva y eficazmente el derecho a defenderse. La información se facilitará por escrito o mediante la entrega de una copia de la denuncia o querella presentada.

En la fase de instrucción, el traslado judicial de la imputación antes de recibirle declaración deberá estar integrada por los hechos concretos que se le atribuyen a la persona investigada o detenida. En algunos casos, al comienzo de las investigaciones será complicado precisar, concretar e individualizar la información, pero se comunicarán los hechos presuntamente delictivos que se investigan y los delitos que se tratan de esclarecer. Realmente este derecho se hace efectivo mediante el examen de la totalidad de las actuaciones procesales existentes en el órgano judicial con la debida antelación para la salvaguarda del derecho de defensa y en todo caso con anterioridad a que se le tome declaración. Una vez el investigado se persona en el procedimiento con letrado y procurador, queda facultado para intervenir en el mismo, se le notificarán todas las actuaciones judiciales que se lleven a cabo durante la instrucción, así como el resultado de las diligencias y las resoluciones judiciales que recaigan. Así el investigado tendrá conocimiento de los hechos que configuran la imputación desde los inicios del procedimiento para que pueda ejercer su defensa durante la instrucción.

Finalizada la instrucción, en la fase intermedia, el investigado conocerá la acusación que, en su caso, el Ministerio Fiscal y las partes acusadoras, si las hubiera, formulen contra él, con el traslado del escrito o los escritos de acusación, información que le faculta para ejercitar el derecho de defensa formulando su calificación alternativa y proponiendo los medios de prueba que a su derecho convenga. Por tanto, tendrá conocimiento de los hechos que constituyen la acusación, que no podrá dirigirse contra persona que no haya adquirido previamente la condición de investigada ni referirse a hechos diferentes de los que hayan sido objeto de contradicción durante la instrucción, que deben ser perfectamente conocidos por el sujeto pasivo. En este sentido, la STS de 09/10/2000 [*Tol 4920355*]:

> «Lo relevante, a los efectos de constatar que en el procedimiento se ha respetado adecuadamente el derecho constitucional de defensa es comprobar si al acusado se le recibió previamente declaración, en calidad de imputado y con las garantías de defensa letrada que ello conlleva, acerca de los hechos que constituyen la base fáctica de la acusación, ya que en tal caso ha tenido posibilidad de participación en la fase instructora pudiendo proponer, en relación con los referidos hechos que son los que constituyen el objeto del proceso penal, las diligencias de instrucción que estimase pertinentes».

3.2 Derecho a examinar las actuaciones con la debida antelación para salvaguardar el derecho de defensa y en todo caso, con anterioridad a que se le tome declaración, salvo que se hayan declarado secretas (art. 302 LECrim)

Es esta una garantía complementaria de la anterior. El derecho a acceder a las actuaciones judiciales para poderlas examinar y tomar conocimiento de las mismas es esencial para el correcto ejercicio del derecho de defensa, toda vez que si el letrado no conoce íntegramente el contenido de las diligencias no podrá establecer una estrategia de defensa eficaz. Este conocimiento se refiere a su contenido íntegro. Por lo que, en su caso, se tendrá acceso al atestado, a la denuncia o querella, así como a la documentación que se haya unido, las declaraciones recibidas a otros investigados o testigos, los informes periciales, bien del médico forense u otros peritos. En definitiva, a toda la información que justifica el procedimiento, siendo elemental y básico que el letrado la conozca para poder decidir sobre la estrategia de defensa.

En este sentido la STS de 15/02/2023 [*Tol 9437612*] recoge que «la persona acusada debe tener acceso sin restricciones al expediente para preparar eficazmente su defensa» (STEDH de 04/04/2017, caso Matanovic c. Croacia [*Tol 6410105*]).

En un primer momento, se accederá al procedimiento con la debida antelación a la toma de declaración del investigado para disponer de tiempo suficiente para preparar la estrategia de su defensa. No solo debe disponer de ellas en la oficina judicial sino también debe disponer de una copia de la totalidad de las mismas para un estudio detenido.

Este derecho de acceso y examen se mantiene durante la vigencia del procedimiento y se refiere a todas las actuaciones judiciales que se vayan produciendo en el mismo pues el derecho de defensa se ha de ejercer hasta que el sujeto pasivo quede desvinculado completamente del proceso penal, bien porque se decrete el sobreseimiento libre, bien porque se dicte sentencia absolutoria, o, en su caso cuando concluya la ejecución de la pena impuesta.

En el art. 520 2.d) LECrim se reconoce al detenido el derecho a acceder a los elementos de las actuaciones que sean esenciales para impugnar la legalidad de la detención o privación de libertad.

El derecho podrá ser limitado excepcionalmente por el juez, de forma temporal, declarando secretas las actuaciones cuando exista un riesgo grave para la vida, libertad o la integridad física de otra persona, o para prevenir una situación que pueda comprometer el resultado de la investigación o del proceso (art. 302 LECrim).

3.3 Derecho a actuar en el proceso de acuerdo con lo dispuesto en la ley

A través del abogado que asume la defensa técnica, el investigado podrá desplegar toda la actividad procesal necesaria para la defensa de sus derechos e intereses. Podrá personarse en el procedimiento y a partir de este momento recibirá las notificaciones de toda la actividad procesal que se produzca en el mismo. Podrá asistir e intervenir en todas las declaraciones que se celebren, ya sean de los investigados o de los testigos, tanto de los acordados de oficio como a instancia de las partes, sean de las defensas o de las acusaciones, podrá interesar todo tipo de diligencias de investigación, así como intervenir, contradecir e impugnar las que se propongan de contrario, podrá presentar escritos de alegaciones, y recurrir aquellas resoluciones judiciales que sean contrarias a los intereses que defiende, así como impugnar los recursos de las demás partes.

En definitiva, la defensa tiene acceso a las actuaciones judiciales y puede intervenir en las mismas desde su inicio en condiciones de igualdad y con igualdad de armas respecto de las acusaciones, articulando debidamente su defensa e impidiendo que la investigación se realice de espaldas al sujeto pasivo del proceso.

3.4 Derecho a guardar silencio, a no prestar declaración y a no contestar a alguna o algunas de las preguntas que se le formulen

El derecho a guardar silencio es reconocido expresamente al investigado. En virtud del derecho al silencio —*ius tacendi*— el investigado puede negarse a prestar declaración o bien puede prestar declaración de forma selectiva, contestando solo al instructor y/o a todas o a alguna de las partes o no contestando a alguna o algunas de las preguntas que se le formulen, o bien contestando solo a las preguntas de su letrado. Puede declarar solo lo que le sea favorable y omitir lo que le perjudique e incluso faltar a la verdad. Este derecho forma parte del núcleo del derecho de defensa, y entronca con una de las manifestaciones del derecho a la presunción de inocencia en cuya virtud la carga de la prueba en el proceso penal recae sobre la acusación sin que pueda hacerse recaer sobre el acusado la obligación de elementos de prueba que supongan una autoincriminación.

El derecho al silencio se ha ido concretando por la jurisprudencia del TEDH, así como por la Directiva (UE) 2016/343 de 9 de marzo de 2016 por la que se refuerzan en el proceso penal determinados aspectos de la presunción de inocencia y del derecho a estar presente en el juicio. Se reconoce en nuestro ordenamiento por medio de la LO 5/2024, del Derecho de Defensa que en su art. 10.1 p) recoge el derecho a guardar silencio como parte de la presunción de inocencia, en los términos establecidos por el ordenamiento jurídico.

Este derecho, así como los derechos a no declarar y a no declarar contra sí mismo, surgen frente al viejo proceso penal inquisitivo, que se regía por el sistema de prueba tasada, el imputado era el objeto del proceso penal, y se buscaba con su declaración, obtenida incluso mediante la tortura, la confesión del delito. En el proceso penal acusatorio, el imputado es el sujeto de éste y se le reconoce libertad tanto para declarar o no, como respecto de su contenido.

El Tribunal Europeo de Derechos Humanos, el Tribunal Constitucional y la Sala Segunda del Tribunal Supremo se refieren en multitud de resoluciones a este derecho. Son citas elementales en esta materia las SSTEDH de 17/12/1996, caso Saunders contra Reino Unido [*Tol 123777*]; de 25/02/1993, caso Funke contra Francia [*Tol 123774*] y de 08/02/1996, caso John Murray contra Reino Unido [*Tol 8567274*].

La jurisprudencia del TEDH, del TC y del TS establece que no pueden extraerse consecuencias negativas para el acusado derivadas exclusivamente del ejercicio de su derecho a guardar silencio. Esto es, el silencio no puede sustituir la ausencia de pruebas de cargo suficientes. Si no hay pruebas de cargo suficientes, el mismo vacío probatorio existirá con el silencio del acusado, que no puede considerarse prueba ni indicio de ningún pronunciamiento condenatorio.

Siguiendo la STS de 07/07/2005 [*Tol 4920878*], podemos decir que el derecho al silencio tiene dos vertientes: a) un mandato dirigido a los tribunales y a la policía: favorecer su ejercicio y respetarlo cuando se produce; y b) respecto del acusado: la facultad de acogerse al mismo con la seguridad de que ello no le supone perjuicio alguno. En este sentido, la STS de 15/11/2000 [*Tol 4923172*] recoge que «el acusado que mantiene silencio y se niega a dar una explicación alternativa [...] ejercita un derecho constitucional a no declarar del que no puede resultar por tanto la prueba de su culpabilidad».

El derecho al silencio implica la prohibición de su valoración como prueba de la culpabilidad de quien decide callar (STC 13/03/2005 [*Tol 609868*]). El silencio no puede sustituir la ausencia de pruebas de cargo (STC 27/04/2010 [*Tol 1841558*]). Sin embargo, esta teoría se matiza en otras sentencias, entre otras, la STS 29/01/2008 [*Tol 1292773*]):

> «Cuestión distinta es el alcance que en determinados supuestos pueda el Tribunal conceder al silencio del acusado que se enfrenta a una serie de indicios acreditados en su contra, en tanto en cuanto omite la posibilidad de ofrecer otra explicación diferente al razonamiento deductivo llevado a cabo por el órgano sentenciador».

Se recogen los supuestos muy conocidos, contemplados por la STEDH de 08/02/1996, caso John Murray contra Reino Unido [*Tol 8567274*], en la que se reconoce que:

> «[...] los Tribunales internos deberán mostrarse especialmente prudentes antes de utilizar el silencio del acusado en su contra» toda vez que «sería incompatible con el derecho a guardar silencio fundamentar una condena exclusiva o esencialmente en el silencio del inculpado o en su negativa a responder preguntas o a declarar» pero esto no impediría «tener en cuenta el silencio del interesado, en situaciones que requiriesen una explicación por su parte, para apreciar la fuerza persuasiva de las pruebas de cargo».

Esta doctrina recogida en multitud de sentencias del TC y TS admite las consecuencias negativas del silencio cuando existan pruebas objetivas incriminatorias y quepa esperar razonablemente del imputado una explicación. El silencio viene a considerarse como una corroboración de lo que ya está probado, esto es, cuando se está ante una situación que reclama una explicación a la vista de las pruebas de cargo aportadas, la ausencia de esa explicación, el silencio, se entiende como que no hay explicación posible.

NIEVA FENOLL (2024, p. 180), considera que «quien calla, no otorga, sino que no dice nada. En todo caso mal puede decirse que tenga derecho al silencio quien pueda verse perjudicado por guardarlo. Por consiguiente, esa jurisprudencia debe ser corregida en algún momento, restaurando su plenitud el derecho al silencio. Por desgracia no van las cosas por ese camino. La Directiva de 2016 antes citada, avala el que desde entonces se ha llamado "estándar Murray", que es el que se ha descrito».

3.5 Derecho a no declarar contra sí mismo y a no confesarse culpable

Son los derechos recogidos en los conocidos brocardos *nemo tenetur se ipsum accusare*, nadie está obligado a acusarse a sí mismo y *nemo tenetur se ipsum laedere*, nadie está obligado a perjudicarse a sí mismo. El acusado puede declarar solo lo que le sea favorable y omitir lo que le perjudique, e incluso faltar a la verdad.

El derecho de defensa incluye los derechos a no declarar contra sí mismo y a no confesarse culpable, así como a la no autoincriminación, que a su vez incluye el derecho a no aportar documentos que supongan la autoinculpación, aun cuando le sean requeridos con apercibimiento de cualquier sanción. La prueba no puede obtenerse de forma coactiva o bajo amenaza, la consecuencia de ello es su ilicitud y nulidad. Exigir coactivamente que el encausado colabore en su propia condena es una aberración en un estado de derecho donde la CE proclama en el art. 24.2 el derecho a no declarar contra sí mismo, a no confesarse culpable y a la presunción de inocencia.

Los derechos a no declarar contra sí mismo y a no confesarse culpable, en palabras de nuestro TC, son garantías o derechos instrumentales del genérico derecho de defensa, al que prestan cobertura en su manifestación pasiva, esto es, la que se ejerce precisamente con la inactividad del sujeto sobre el que recae o puede recaer una imputación. Debemos recordar que la carga de la prueba en el proceso penal corresponde a la acusación, sin que pueda hacerse recaer en el acusado la obligación de aportar elementos de prueba que supongan una autoincriminación. En este sentido, las SSTC 197/1995 [*Tol 82934*], 161/1997 [*Tol 80785*], 18/2005 [*Tol 570203*], 142/2009 [*Tol 1561643*] y con términos análogos en la STC 54/2015 [*Tol 4945892*] y en la STC 21/2021 [*Tol 8347253*], entre otras muchas.

El TEDH ha establecido que el derecho a guardar silencio y el privilegio contra la autoincriminación son normas internacionales generalmente reconocidas que descansan en el núcleo de la noción de proceso justo por afectar a los derechos de defensa y a la presunción de inocencia, garantizados en el art. 6.1 del Convenio. El derecho a no auto incriminarse, en particular, presupone que las autoridades logren probar su caso sin recurrir a pruebas obtenidas mediante métodos coercitivos o de presión en contra de la voluntad de la «persona acusada». En este sentido cabe citar las SSTEDH de 03/05/2001, caso J. B. contra Suiza [*Tol 9524648*], de 08/02/1996, caso John Murray contra Reino Unido [*Tol 8567274*], de 17/12/1996, caso Saunders c. Reino Unido [*Tol 123777*], de 21/12/2000, caso Heaney y McGuinness contra Irlanda [*Tol 9524647*], de 08/04/2004, caso Weh contra Austria [*Tol 4022441*] y de 04/10/2005, caso Shannon contra Reino Unido [*Tol 9084420*] (citadas en las SSTC 18/2015 [*Tol 4784494*], 142/2009 [*Tol 1561643*], 54/2015 [*Tol 4945892*] y 21/2021 [*Tol 8347253*]).

Respecto al contenido y alcance de la garantía de no autoincriminación, el TEDH afirma, de modo constante que no protege frente a las aportaciones auto inculpatorias *per se*, sino contra la obtención de estas pruebas con métodos coercitivos o de presión. Es la existencia de compulsión lo que hace surgir la preocupación acerca de si la garantía de no autoincriminación ha sido convenientemente respetada. Por esta razón, el tribunal debe examinar en primer término la naturaleza y el grado de coerción usada para obtener la prueba (vid. SSTEDH de 21/12/2000, caso Heaney y McGuinness contra Irlanda [*Tol 9524647*], de 29/06/2007, caso O'Halloran y Francis contra Reino Unido [*Tol 9079101*], de 10/03/2003, caso Bykov contra Rusia [*Tol 2649351*] y de 13/09/2016, caso Ibrahim y otros contra Reino Unido [*Tol 6413226*], citadas en STC 21/2021 [*Tol 8347253*]).

Si «la declaración ha sido obtenida bajo medios coactivos, esta información no puede ser alegada como prueba en el posterior juicio de la persona interesada, aunque tales declaraciones se hayan realizado antes de ser acusado». Así se recoge en la STC 54/2015 [*Tol 4945892*], que examina la garantía de no autoincriminación en el ámbito tributario, y recoge que el TEDH se ha pronunciado, entre otras, en las sentencias de 17/12/1996, caso Saunders contra Reino Unido [*Tol 123777*] y de 19/09/2000, caso I. J. L. y otros contra Reino Unido [*Tol 573840*].

En cuanto al elemento subjetivo se exige que quien realice la declaración coactiva sea el imputado o quien pueda serlo en el futuro. La garantía de no autoincriminación solo despliega su protección cuando la compulsión o coacción para aportar elementos incriminatorios se proyecta sobre la misma persona del imputado o de quien pueda llegar a serlo en el futuro. La STC 31/01/2015 [*Tol 570203*] desestimó la demanda de amparo porque no apreció la existencia del requisito subjetivo de que la coacción hubiera sido ejercida por el poder público sobre la persona que facilitó la información incriminatoria y que finalmente fuera la destinataria de las medidas punitivas.

En relación al elemento objetivo de esta garantía cabe decir que es, en principio, indiferente que la declaración coactiva se produzca en un procedimiento previo o distinto al propiamente penal, si la declaración ha sido obtenida bajo medios coactivos, esta información no puede ser alegada como prueba en el posterior juicio penal de la persona interesada, aunque tales declaraciones se hayan realizado antes de ser acusado, pues lo relevante es que produzca efectos incriminatorios en este último. Así se pronunció la STC 54/2015 [*Tol 4945892*], aun cuando se refiere a un procedimiento administrativo sancionador:

> «La conclusión alcanzada por el órgano judicial sobre la ruptura del nexo causal entre la prueba ilícita y el reconocimiento de los hechos se asienta en una extensión de la conformidad prestada en otro expediente con la finalidad de evitar la tramitación de un proceso penal. Entendemos que ello vulnera la garantía del expedientado a no declarar contra sí mismo, puesto que se otorga valor de confesión a un reconocimiento de hechos que fue realizado en otro expediente, con la finalidad de regularizar la situación en relación a unas liquidaciones y sanciones concretas, sin consideración a que las actas a que se refiere el recurso contencioso-administrativo fueron firmadas en disconformidad precisamente por su conexión con los datos obtenidos de las diligencias practicadas con vulneración del art. 18.2 CE. Esta conformidad prestada para evitar un proceso penal, no se puede extender al consentimiento prestado en un procedimiento distinto de carácter administrativo sancionador, lo que suponía rebasar los límites de la declaración de voluntad en los concretos términos y a los fines que fue formulada».

De la jurisprudencia del TEDH se desprende que para que se aprecie la quiebra de la garantía de no autoincriminación no es imprescindible que la declaración coactiva se haya obtenido en el seno del proceso de naturaleza penal, siendo en principio admisible que la obtención de información mediante coacción se haya producido en un procedimiento previo en el que no se ejerce el *ius puniendi* estatal y solo sea posteriormente cuando se incorpore con efectos incriminatorios a un proceso penal. Lo relevante en la garantía de no autoincriminación sería el carácter coactivo de la aportación de la información, independientemente del contexto procedimental en que se obtuviera, y el efecto incriminatorio que produjese o pudiese producir en un proceso de naturaleza penal o sancionadora (STC 21/2021 [*Tol 8347253*]).

Se excluyen del ámbito de protección de estos derechos aquellas situaciones en las que no se obliga a la persona a emitir una declaración admitiendo su culpabilidad, sino a tolerar que se le haga objeto de una especial modalidad de pericia, así un test de alcoholemia, o pruebas de aliento, sangre, orina, pelo o tejido corporal para pruebas de ADN. Se distingue entre la aportación coactiva de información incriminatoria, que resulta amparada por esta garantía, y la obligación de soportar diligencias de prueba, considerando que estas últimas no son verdaderas declaraciones o testimonios por lo que no se extiende la protección dispensada por este derecho ni puede suponer vulneración alguna de los derechos a no declarar, a no declarar contra uno mismo y a no confesarse culpable. Así, la STC 04/10/1985 [*Tol 79518*] señala:

> «El deber de someterse al control de alcoholemia no puede considerarse contrario al derecho a no declarar, y no declarar contra sí mismo y a no confesarse culpable, pues no se obliga al detectado a emitir una declaración que exteriorice un contenido, admitiendo su culpabilidad, sino a tolerar que se le haga objeto de una especial modalidad de pericia, exigiéndole una colaboración no equiparable a la declaración comprendida en el ámbito de los derechos proclamados en los arts. 17.3 y 24.2 de la Constitución».

Igualmente, el TEDH ha considerado que la garantía de no autoincriminación no alcanza a proteger contra el uso en un procedimiento de naturaleza penal de cualquier material que, aun habiendo sido obtenido coactivamente del acusado o de quien pueda llegar a serlo, tenga una existencia independiente de su voluntad, como documentos recabados en virtud de autorización judicial en este sentido, la STC 21/2021 [*Tol 8347253*]; SSTEDH de 17/12/1996, caso Saunders c. Reino Unido [*Tol 123777*] y de 29/06/2007, caso O'Halloran y Francis c. Reino Unido [*Tol 9079100*].

El TEDH ha identificado diferentes tipos de situaciones en las que cabe pensar que hay una compulsión lesiva del art. 6 CEDH. Así, cuando quien es sospechoso es obligado a declarar bajo amenaza de sanciones o bien declara para evitarlas (STEDH de 17/12/1996 [*Tol 123777*], caso Saunders c. Reino Unido) o es sancionado por negarse a declarar (SSTEDH de 03/05/2001 [*Tol 9524648*], caso J. B. c. Suiza y de 08/04/2004 [*Tol 4022441*], caso Weh c. Austria).

Esta jurisprudencia es recogida por los tribunales españoles, señalando que los aspectos objetivos que según el TEDH han de tenerse presentes al examinar la garantía de no autoincriminación son: a) la naturaleza y el grado de coacción con que el poder público recaba la información del acusado o de quien puede llegar a serlo; b) el uso de esa información en un procedimiento de naturaleza penal y la eficacia incriminatoria que en él haya tenido; y c) si el material incriminatorio tiene existencia independiente de la voluntad del acusado de quien se recaba (SSTS de 17/03/2021 [*Tol 8384810*] y de 17/06/2021 [*Tol 8496131*]).

El TEDH ha declarado la vulneración de la garantía de no incriminación en dos tipos de asuntos. De un lado, en aquellos casos en que la información obtenida coactivamente en un proceso de naturaleza meramente indagatoria es utilizada para fundar en el seno de un posterior proceso de naturaleza penal o sancionadora la incriminación de quien la aportó (STEDH de 17/12/1996, caso Saunders c. Reino Unido [*Tol 123777*]). De otro lado, en aquellas otras situaciones en que el poder público asocia formas de coacción —multas, privación de libertad etc.— a quienes en un proceso de naturaleza no penal, como procedimientos de indagación en materia aduanera (STEDH de 25/02/1993, caso Funke c. Francia [*Tol 123775*]) o de gestión tributaria (STEDH de 03/05/2001, caso J. B. contra Suiza [*Tol 9524648*]) o de investigación para localizar el producto de un delito (STEDH de 04/10/2005, caso Shannon c. Reino Unido [*Tol 9084420*]) rehúsan aportar información que podría ser usada posteriormente contra ellos en un procedimiento de carácter penal.

4. MOMENTO INICIAL PARA EL EJERCICIO DEL DERECHO A LA ASISTENCIA DE ABOGADO

El derecho de defensa y el derecho a la asistencia letrada son dos derechos distintos e independientes. La asistencia letrada es preceptiva en la mayoría de los procedimientos y actuaciones procesales penales, lo cual es una garantía para la efectividad del derecho de defensa.

Desde el momento que se comunique a una persona la existencia del procedimiento penal en el que tiene la condición de investigado, se admita una denuncia o querella, y se le dé traslado de la misma o se adopte alguna medida en su contra, como la detención, el sujeto pasivo tendrá el derecho al nombramiento de un abogado. Esto es, el derecho a la asistencia letrada nace desde el primer momento en que el sujeto pasivo entra en contacto con el procedimiento, ya sea en diligencias judiciales o policiales, bien desde la primera comparecencia en la que se realiza la imputación judicial, bien desde la detención policial (arts. 118 y 520 LECrim). La asistencia letrada abarca todas las fases del procedimiento, incluida la ejecución de la sentencia.

El investigado o detenido podrá designar libremente a un letrado de su confianza. Pero en el caso de no hacerlo, se procederá al nombramiento de abogado de oficio. Así mismo, si el letrado designado no aceptara el encargo, no fuera localizado o renunciara a la dirección jurídica, el sujeto pasivo será requerido para que proceda al nombramiento de nuevo abogado, y si no lo hace, el Colegio de Abogados procederá de inmediato al nombramiento de un abogado del turno de oficio.

El letrado designado para la defensa podrá asumir también la representación de su defendido no siendo necesaria la intervención de procurador hasta el dictado del auto de apertura de juicio oral (art. 768 LECrim)

El derecho a designar abogado y a ser asistido por él deberá llevarse a cabo *sin demora injustificada*. En los casos de que por la lejanía geográfica no sea posible la inmediata asistencia del letrado se facilitará al detenido la comunicación telefónica o por videoconferencia salvo que dicha comunicación sea imposible [art. 520.2 c) LECrim] y en este sentido la Directiva 2013/48/UE sobre el derecho a la asistencia de letrado en los procesos penales —cuya transposición al ordenamiento jurídico español se completó por medio de la Ley 3/2018, por la que se modifica la Ley 23/2014, de reconocimiento mutuo de resoluciones penales en la Unión Europea, para regular la Orden Europea de Investigación— señala que los sospechosos y acusados deberán estar asistidos por un letrado que le permita ejercer sus derechos de defensa de manera efectiva. Este derecho comprenderá entrevistas en privado con el letrado que le asista —incluso antes de ser interrogado por la policía—, que éste se encuentre presente y pueda participar en el interrogatorio o la asistencia del letrado defensor a las ruedas de reconocimiento, careos o reconstrucciones de hechos. Derechos estos que sólo podrán ser limitados de forma excepcional.

No obstante, no deviene preceptiva la asistencia letrada en una serie de actos como serían las diligencias previas a la imputación del investigado, el reconocimiento de efectos o la exploración radiológica llevada a cabo de forma voluntaria. Sobre la validez de los registros llevados a cabo sin presencia letrada la STS de 22/07/2024 [*Tol 10124144*] afirma que:

> «No es preceptiva la presencia de Letrado en las diligencias de entrada y registro, sin que se produzca indefensión alguna cuando se ha practicado dándose cumplimiento a los requisitos que de orden constitucional y de legislación ordinaria vienen establecidos. La intervención de letrado en los registros domiciliarios no es exigida ni por el artículo 17.3 de la Constitución ni por los Pactos Internacionales suscritos por España, estando circunscrita como obligatoria tan sólo para las declaraciones prestadas por el imputado y en los reconocimientos de identidad de que él mismo sea objeto (STS 23-11-06)».

Por último, el detenido por hechos que pudieran ser tipificados exclusivamente como *delitos contra la seguridad del tráfico*, podrá renunciar a la preceptiva asistencia de letrado siempre que se le haya facilitado información clara, suficiente y comprensible sobre dicho derecho y las consecuencias de dicha renuncia, que podrá revocar en cualquier momento (art. 520.8 LECrim).

5. LA AUTODEFENSA

La autodefensa, o el derecho a defenderse por sí mismo, está reconocido en el art. 14.3 del Pacto Internacional de Derechos Civiles y Políticos y en el art. 6.3. c) del Convenio Europeo de Derechos Humanos y Libertades Fundamentales. La autodefensa, o el derecho a defenderse por sí mismo, forma parte del derecho más genérico a la defensa. El art. 24.2 CE reconoce «el derecho a la defensa y a la asistencia de letrado». El TC ha declarado que este precepto garantiza tres derechos al acusado: a defenderse por sí mismo, a defenderse mediante asistencia letrada de su elección y, en determinadas condiciones, a recibir asistencia letrada gratuita, sin que la opción por la asistencia jurídica gratuita o por la de un letrado de elección pueda entenderse como renuncia o impedimento para ejercer la defensa por sí mismo. Ambas son compatibles, de forma que la defensa técnica no es sino un complemento de la autodefensa (SSTC 06/02/1995 [*Tol 82768*] y 30/03/2000 [*Tol 24513*]).

En este sentido, afirma la STC 9/06/1994 [*Tol 82586*] que:

> «El derecho a la defensa comprende, en este aspecto, no solo la asistencia de Letrado libremente elegido o nombrado de oficio, en otro caso, sino también a defenderse personalmente [arts. 6.3 c) y 14.3 d) del Convenio y Pacto más arriba reseñados] en la medida en que lo regulen las leyes procesales de cada país configuradoras del Derecho».

Por su parte, la STC 29/03/2000 [*Tol 24513*] señala que:

> «Especialmente significativo resulta al respecto el tenor literal del art. 6.3 c) CEDH, en el que se reconoce el derecho "a defenderse por sí mismo o a ser asistido por un defensor". Se pone así de manifiesto que el que ha de ejercer el derecho de defensa es el acusado: el Letrado se limita a "asistirle" técnicamente en el ejercicio de su derecho...».

La LO 5/2024, del Derecho de Defensa en su art. 4.3 señala el derecho a que «toda persona puede defenderse por sí misma y renunciar a la asistencia jurídica profesional en los casos en que la ley lo prevea expresamente».

En nuestra Ley de Enjuiciamiento Criminal existen manifestaciones de esta autodefensa o actos de defensa que el acusado puede realizar por sí mismo, así, por ejemplo, se le concede el derecho a la última palabra (art. 739 LECrim) y en algunos juicios por delitos leves puede asumir su propia defensa personalmente sin letrado (art. 967 LECrim).

Otras actuaciones procesales que puede llevar a cabo el sujeto pasivo son las siguientes: el procesado incomunicado puede proponer verbalmente la recusación del juez instructor (art. 58 LECrim); puede estar presente y hacer las observaciones que considere pertinentes en las diligencias de inspección ocular, sobre el cuerpo del delito (arts. 333 y 336.2 LECrim); puede solicitar que se practique diligencia para su identificación (art. 368 LECrim); proponer diligencias en su declaración (art. 396 LECrim); puede prestar declaración cuántas veces quiera (art. 400 LECrim); puede oponerse de palabra o por escrito al auto elevando la detención a prisión provisional (art. 501 LECrim); puede manifestar su conformidad con la calificación más grave y con la pena que se le pida.

Con independencia de estas actuaciones procesales concretas también se considera como ejercicio del derecho a su autodefensa la participación del acusado junto con su letrado en su defensa.

La STS de 23/02/2021 [*Tol 8352384*] recoge lo siguiente:

> «Si bien es cierto que nuestro proceso penal transfiere a la defensa técnica una parte del contenido del derecho de defensa de la persona acusada, dicha "cesión" no puede significar que esta pierda la centralidad que la Constitución le reconoce en el proceso y, en especial, también, en el desarrollo de la vista oral. La persona acusada no debe convertirse en un convidado de piedra en el plenario cuyo desenlace puede suponerle, nada más y nada menos, que la pérdida de su libertad. No ha de ser tratada como un espectador impasible recluido en una zona rigurosamente acotada de intervención, limitada a la última palabra».

El Tribunal Europeo de Derechos Humanos ha afirmado que el derecho del acusado a defenderse comporta el de poder dirigir realmente su defensa, dar instrucciones a sus abogados, sugerir determinadas preguntas en el interrogatorio de los testigos y ejercer las demás facultades que le son inherentes (*vid.* en particular, sobre el contenido del derecho a la autodefensa, STEDH de 4/4/2018, caso Correia de Matos c. Portugal [*Tol 6556595*]). Otras resoluciones del TEDH ponen el acento y resaltan la importancia que ha de darse a las condiciones en las que debe comparecer la persona acusada en el juicio para garantizarle un marco de relación fluida, confidencial e inmediata con su abogado defensor (STEDH de 27/11/2007, caso Zagaria c. Italia [*Tol 9078032*]).

Para que el acusado pueda contribuir mejor a su propia defensa dos cuestiones fundamentales: que el acusado pueda permanecer junto a su letrado durante la celebración del juicio y que pueda declarar en último lugar tras la práctica de las pruebas testificales, periciales y documentales, derecho que está reconocido en el párrafo segundo del art. 701 LECrim. Nos ocuparemos de estos temas a continuación.

5.1 Ubicación del acusado en la sala de vistas

Como es sabido, en el juicio oral el acusado permanece en la soledad del banquillo, como un pasivo espectador de una puesta en escena que trata sobre él, de sus acciones y omisiones, pero en la que solo podrá participar respondiendo, si así lo desea, a las concretas preguntas que se le formulen. Su aportación queda limitada a intervenir cuando la vista oral ya casi ha finalizado, haciendo uso del derecho a la última palabra. Sin embargo, el acusado es el más interesado en el juicio, es el que más se juega —su libertad, su patrimonio— el que mejor conoce los hechos y el que mejor puede ayudar a su letrado a que lo defienda. Sin embargo, se le sitúa fuera de estrados, enfrente del tribunal, lejos de su abogado, con quien no puede mantener un diálogo fluido, inmediato y con la necesaria confidencialidad, ni darle información sobre las cuestiones o datos que aparezcan en los interrogatorios del plenario, sin que, por su ubicación, pueda ver las caras ni las expresiones de testigos y peritos durante sus declaraciones y, en ocasiones, sin acceso a los documentos cuya aportación pudiera proponerse al comienzo del juicio. Todo ello supone una grave limitación en el derecho de defensa del acusado.

Por otro lado, es evidente que el banquillo de los acusados trasmite una imagen estigmatizante, poco compatible con la de un presunto inocente, que puede verse agravada si además entran en escena los grilletes o esposas.

Las condiciones en las que el acusado se sitúa en el juicio no son indiferentes. La puesta en escena del juicio oral es importante. La LECrim guarda silencio sobre el lugar donde debe estar el acusado. La LO 5/1995, del Tribunal del Jurado, establece en el art. 42.2 que «el acusado o acusados se encontrarán situados de forma que sea posible su inmediata comunicación con los defensores». Sin embargo, el art. 787 *bis* LECrim, introducido por la LO 37/2011, dispone que el representante de la persona jurídica inculpada ocupe en la Sala el lugar reservado a los acusados, lugar que no es otro que el banquillo.

Señala la STS de 24/02/2021 [*Tol 8352384*] que «del modo en que se desarrolle el juicio oral depende en buena medida que se alcance el nivel de efectiva garantía de los derechos fundamentales que conforman la idea de proceso justo y equitativo». Añadiendo esta sentencia la necesidad de romper con «viejas inercias rituales de dudoso anclaje constitucional». Así, «debe ponerse de manifiesto, y hacer un recordatorio de ello, de que es un derecho la cercanía del letrado y acusado en las sesiones del juicio al objeto de consultar alguna cuestión, o estrategia» (SSTS de 30/05/2019 [*Tol 7271637*], de 24/02/2021 [*Tol 8352384*] y de 18/10/2023 [*Tol 9750678*]).

Con respecto a la cuestión que analizamos, la STS de 18/10/2023 [*Tol 9750678*] recoge lo siguiente:

> «La posición de la persona acusada en la sala de Justicia debería ser aquella que, por un lado, le permita, el contacto defensivo con su letrado en los términos reclamados por el sistema convencional y, por otro, le posibilite reconocer y ser reconocido como una persona que goza con plenitud del derecho a la presunción de inocencia, que comporta a ser tratado como inocente. En definitiva, debe procurarse, si así se interesa, la cercanía del letrado y acusado en las sesiones del juicio al objeto de consultar alguna cuestión, o estrategia a llevar a cabo».

En aquellos casos en los que no se da cumplimiento a este derecho, esto es, cuando se ha denegado la petición de la defensa de que el acusado se sitúe junto a su letrado, la jurisprudencia exige que esa denegación haya provocado una indefensión material, y por ello se exige acreditar en qué medida ese aspecto formal causó una indefensión material. Esto es, que se acredite en qué medida se perjudicó, en el caso concreto, el ejercicio del derecho de defensa, en qué medida se comprometió el derecho del acusado a disfrutar de una defensa eficaz, y en qué medida esa opción de la proximidad del letrado y acusado hubiera sido relevante para un adecuado ejercicio del derecho de defensa. Debe incidirse en cuál fue la indefensión, en qué momento se produjo, ante qué medio probatorio, y en qué medida la acción de la defensa hubiera permitido alterar el proceso valorativo llevado a cabo por el tribunal (STS de 18/10/2023 [*Tol 9750678*]).

Por tanto, no solo habrá solicitar al tribunal que el acusado se siente al lado de su abogado, sino especificar porqué resulta útil en el caso concreto para la defensa efectiva de dicho acusado que se sitúe físicamente junto a su defensor y pueda interactuar con él durante el juicio (STS de 23/02/2021 [*Tol 8337462*]). Y en el caso de ser denegado habrá que formular respetuosa protesta a los efectos del correspondiente recurso.

Cuando se constate que el modo en que se ha desarrollado la vista ha comprometido en términos irreductibles y graves la equidad constitucionalmente exigible se podrá declarar la nulidad del juicio.

5.2 Declaración del acusado en último lugar

El acusado puede declarar en último lugar en el juicio oral, tras la práctica del resto de las pruebas —testificales, periciales y documentales— a fin de garantizar mejor el derecho de defensa. Se justifica este planteamiento por el reforzamiento de las posibilidades defensivas del acusado una vez que conoce el resultado de los demás medios probatorios. Por las ventajas que le supone declarar tras finalizar la práctica de la prueba con conocimiento de lo que han declarado los testigos, de los documentos elevados al plenario, o de los informes periciales ratificados. No puede compararse la declaración del acusado con el derecho a la última palabra, dado que en este último trámite no hay interrogatorio practicado por las partes sino una explicación libre del acusado.

En relación con la práctica de la prueba y el examen de los testigos, el art. 701 LECrim señala que se empezará por la que hubiere ofrecido el Ministerio Fiscal, continuando con la propuesta por los demás actores y, por último, con la de los procesados.

Las pruebas se practicarán según el orden con que hayan sido propuestas en el escrito correspondiente. Los testigos serán examinados por el orden en que figuren sus nombres en las listas, pudiendo el presidente del tribunal alterar este orden a instancia de parte, y aún de oficio, cuando así lo considere conveniente para el mayor esclarecimiento de los hechos o para el más seguro descubrimiento de la verdad.

La LECrim no obliga a que el acusado declare en primer lugar, antes, al contrario, como expresamente señala el párrafo segundo del art. 701 LECrim "si a propuesta de su defensa el acusado solicitara declarar en último lugar, el presidente así lo acordará expresamente". Se reconoce, por tanto, expresamente el derecho del acusado a declarar en último lugar.

Este derecho del acusado ha sido introducido por la reciente LO 1/2025, de 2 de enero, de medidas en materia de eficiencia del Servicio Público de Justicia, si bien el anteproyecto de nueva ley orgánica procesal penal de noviembre de 2020 señalaba ya, en su memoria de análisis de impacto normativo, lo siguiente:

> «Por tanto, en el nuevo modelo de proceso la declaración del acusado podrá producirse una vez abierto el turno de la defensa, en el momento que esta decida y exclusivamente a su propia instancia. En definitiva, el sistema actual de declaración inicial del acusado distorsiona el juego efectivo del principio de presunción de inocencia y genera una práctica procesal puramente dialéctica en la que el juez parece encaminado a elegir la tesis más verosímil entre dos opciones de igual valor, cuando en realidad quien ha de demostrar plenamente sus tesis es la parte acusadora. La defensa ha de poder limitarse a generar una duda razonable sobre esta. A esta idea responde la variación de la posición de la declaración del acusado en la estructura del juicio oral».

La Sala Segunda del Tribunal Supremo en su jurisprudencia, en línea con las propuestas doctrinales más relevantes, venía admitiendo desde años atrás la posibilidad de que el acusado pudiera declarar en el juicio oral en último lugar. En este sentido las SSTS de 06/10/2021 [*Tol 8615019*], de 28/06/2023 [*Tol*

9635930], de 27/09/2023 [*Tol 9731321*]) y de 18/10/2023 [*Tol 9750678*], abordaban esta cuestión y admitían la declaración del acusado en último lugar.

La STS de 28/09/2023 [*Tol 9731321*] recoge:

«Esta Sala del Tribunal Supremo en Sentencia 750/2021 de 6 octubre de 2021 ya ha admitido que el acusado declare en último lugar tras la práctica del resto de la prueba al solicitarlo en juicio oral de aforado la letrada, lo que fue admitido por el Presidente del tribunal al suponer un mejor ejercicio del derecho de defensa».

Por su parte, la STS de 18/10/2023 [*Tol 9750678*] anota:

«Como hemos dicho en la reciente sentencia 514/2023, de 28 de junio, varias son las resoluciones judiciales en las que este mismo Tribunal Supremo ha sugerido "la inexistencia de impedimento alguno para acordar, con carácter general o cuando así lo solicitara la defensa, reservar la declaración del acusado al momento posterior a la práctica del resto de la prueba"».

De esta forma, con el nuevo marco legislativo, se recoge normativamente un derecho que la jurisprudencia ya había reconocido y ello a fin de garantizar y reforzar el efectivo ejercicio del derecho de defensa del acusado.

6. EL DERECHO A LA INTERPRETACIÓN Y TRADUCCIÓN

En aquellos casos en los que el investigado o acusado no comprenda el castellano o la lengua oficial de las actuaciones procesales tendrá derecho a la traducción e interpretación. El detenido o preso extranjero que se halle en esta situación de desconocimiento de la lengua oficial también tendrá derecho a ser asistido gratuitamente por un intérprete.

El art. 6 CEDH, siguiendo la interpretación del Tribunal Europeo de Derechos Humanos, dentro del derecho a un proceso equitativo, establece el derecho del acusado a ser informado de manera detallada en una lengua que comprenda, de la naturaleza y de la causa de la acusación formulada contra él (art. 6.3.a), así como del derecho a ser asistido gratuitamente de un intérprete si no comprende o no habla la lengua empleada en la audiencia (art. 6.3.e)

Estos derechos, recogidos en los arts. 118.1. f) y 520.2 h) LECrim, se regulan en los arts. 123 a 127 de dicho texto legal. Han sido introducidos por la LO 5/2015, por la que se modifica la LECrim y la LOPJ para trasponer la Directiva 2010/64/UE, de 20 de octubre de 2010, relativa al derecho a la interpretación y a la traducción en los procesos penales y la Directiva 2012/13/UE, relativa al derecho a la información en los procesos penales. También se recogen estos derechos en el art. 11 de la LO 5/2024, del Derecho de Defensa.

En el caso de los detenidos o presos extranjeros, el derecho de defensa impone que sean informados de los hechos que se le atribuyan, las razones que motivan su privación de libertad y los derechos que le asisten, información que debe darse en *una lengua que comprendan.* Por ello, será imprescindible que en el caso de que el detenido o preso no comprenda o no hable el castellano o la lengua oficial de la actuación procesal sea asistido por un intérprete, así mismo se establece que se le entregue por escrito la información de derechos en una lengua que comprenda [el art. 520.2.h) y penúltimo párrafo de la LECrim].

El derecho a la interpretación y traducción comprende:

a) El derecho a ser asistido por un intérprete, durante todas las actuaciones en que sea necesaria su presencia, incluso en el interrogatorio por la Policía o el MF, y en todas las vistas judiciales. Igualmente tendrá este derecho en las conversaciones que mantenga con su abogado que tengan relación directa con su declaración, con la vista judicial, con la presentación de recursos, en definitiva, con la preparación de su defensa.

b) A la interpretación de todas las actuaciones del juicio oral, que podrá ser simultánea o consecutiva, pero siempre garantizando suficientemente el derecho de defensa del investigado o acusado.

c) A la traducción escrita de documentos esenciales para garantizar el derecho de defensa. En todo caso, de manera obligatoria, deberán ser traducidos el auto de prisión, los escritos de acusación y la sentencia. En el caso de considerar esenciales otros documentos, el investigado podrá presentar una solicitud motivada interesando su traducción.

La traducción escrita de documentos podrá sustituirse, excepcionalmente, por un resumen oral de su contenido en una lengua que conozca. Así mismo se establece que pueda prescindirse de la traducción de algunos pasajes de los documentos que se considere que no resultan necesarios para que el imputado o acusado conozca los hechos que se le imputan, a criterio del juez, tribunal o funcionario competente, siempre que quede garantizado el derecho de defensa

La traducción deberá llevarse a cabo en un plazo razonable, y dará lugar a la suspensión de los plazos procesales. La asistencia del intérprete podrá prestarse por videoconferencia o cualquier otro medio de telecomunicación, salvo que para salvaguardar los derechos del investigado o acusado, se acuerde por el órgano competente, de oficio o a instancias del interesado o de su defensa, la presencia física del intérprete

Los gastos derivados de la interpretación y traducción serán a cargo de la Administración, aun cuando la sentencia sea condenatoria.

Los intérpretes o traductores serán designados entre aquellos incluidos en los listados elaborados por la Administración, estableciéndose que en casos de urgencia se podrá habilitar a otra persona conocedora del idioma empleado que esté capacitada para el desempeño de dicha tarea como intérprete o traductor eventual. Si se aprecia que la traducción o interpretación no ofrecen garantías suficientes de exactitud el tribunal, el juez o el fiscal, de oficio o a instancia de parte, podrá ordenar las comprobaciones necesarias y, en su caso, la designación de un nuevo profesional (art. 124 LECrim). No es suficiente con el nombramiento de un intérprete, sino que es necesario que la traducción o interpretación sea de calidad de tal manera que el acusado sea entendido y también que él comprenda el proceso al que es sometido. En este sentido, la STS de 26/01/2016 [*Tol 5639549*] recuerda que:

> «La Jurisprudencia del TEDH (asunto Kamasinski c. Austria, STEDH 19 de diciembre de 1989, asunto Cuscani c. Reino Unido, STEDH de 24 de septiembre de 2002, asunto Hermi c. Italia, STEDH de 18 de octubre de 2006, entre otras) ha declarado que la obligación de los Estados no se limita al nombramiento de un intérprete, sino que se extiende a un cierto grado de control sobre la adecuación o la calidad de la interpretación, es decir a procurar que los intérpretes o traductores sean suficientemente cualificados. A esta finalidad obedece, precisamente, lo dispuesto en el nuevo art. 124 Lecrim. Es decir que el derecho a un proceso con todas las garantías incluye el derecho a una interpretación fidedigna y de calidad, no solo para que el acusado pueda ser entendido, sino también para que él pueda comprender el proceso».

La denegación del nombramiento de un intérprete o de la traducción de algún documento o pasaje del mismo, o el rechazo de las quejas de la defensa respecto de la falta de calidad, deben ser documentadas. Contra tales decisiones judiciales podrá interponerse el recurso que proceda, que será de reforma si la decisión la ha adoptado el juez de instrucción. Si la denegación se produce durante el juicio oral, deberá hacerse constar la protesta en el acta a los efectos del correspondiente recurso. Para que pueda estimarse un recurso por vulneración del derecho a un proceso con todas las garantías, derivada de una defectuosa traducción o interpretación, tendrá que resultar acreditado que ese defecto o error en la traducción o interpretación pudo ser relevante para el fallo.

Los investigados o acusados que no hablen o no entiendan la lengua en la que se desarrolla el procedimiento no podrán renunciar al derecho a ser asistido por un intérprete durante todas las actuaciones en que sea necesaria su presencia ni del derecho a la interpretación de todas las actuaciones del juicio oral. Podrán hacerlo al resto de los derechos que comprende, pero dicha renuncia será de forma expresa y libre tras haber recibido asesoramiento jurídico suficiente y accesible de forma que puedan conocer las consecuencias que se pueden derivar de su renuncia (art. 126 LECrim).

7. LA GARANTÍA DEL DERECHO A LA DEFENSA EN PERSONAS CON DISCAPACIDAD

El investigado o acusado con discapacidad tiene los mismos derechos fundamentales y procesales que otra persona que no lo es, por tanto, debe disfrutar del derecho de defensa en toda su amplitud. Para su pleno ejercicio deberán adoptarse las medidas que fueran necesarias para salvar las limitaciones de su discapacidad.

El art. 118.1 de la LECrim tras enumerar los derechos instrumentales que se contienen en el derecho de defensa, introduce en el último párrafo de este apartado primero, una importante y exigente llamada a garantizar la efectividad de los mismos: que todos estos derechos esenciales para el ejercicio de la defensa sean informados a la persona con discapacidad de forma que le sean comprensibles y le resulten accesibles, y para ello la información debe adaptarse a su discapacidad, de tal forma que la persona debe entender el alcance de la información que se le facilita.

La LO 5/2024 del Derecho de Defensa recoge, en su art. 4.1, que el derecho a la asistencia jurídica adecuada, para el ejercicio del derecho de defensa, incluye la procedencia de efectuar, así como solicitar las adaptaciones que fueren necesarias para garantizar el derecho de accesibilidad cognitiva al proceso legal en que participen personas con discapacidad intelectual y de desarrollo, por medio de la utilización de medios técnicos, humanos o profesionales. El apartado 4º de este artículo establece, en relación con el derecho a la asistencia jurídica gratuita, que se tendrá en especial consideración la accesibilidad de las personas con discapacidad, en especial, las necesidades específicas de las mujeres y menores con discapacidad.

En los casos de detención de personas con discapacidad, la información de los hechos que se le atribuyen, las razones que motivan su detención y los derechos que le asisten, debe facilitarse en un *lenguaje que le sea comprensible y accesible*, adaptando la información a su discapacidad y a cualquier circunstancia personal que pueda limitar su capacidad de comprensión de esta información. Se establece la asistencia gratuita de un intérprete para el caso de personas sordas o con discapacidad auditiva, o con dificultades del lenguaje [art. 520.2.h) y 2 *bis* LECrim].

En el caso del derecho a ser asistido por un intérprete y el derecho a la traducción, a los que nos hemos referido en el apartado anterior, las personas con discapacidad sensorial podrán contar con medios de apoyo a la comunicación oral (art. 127 LECrim).

El derecho a un proceso con todas las garantías incluye el derecho a una interpretación fidedigna y de calidad, tanto para que el acusado pueda ser entendido como para que él mismo pueda entender el proceso. En el caso de las personas sordas o con discapacidad auditiva que aprecien que la interpretación no ofrece garantías suficientes de exactitud, podrán solicitar la designación de un nuevo intérprete (art. 124.3 LECrim).

8. LA DEFENSA TÉCNICA

Toda persona a la que se atribuya un hecho delictivo puede ejercer el derecho de defensa. Una de las manifestaciones más relevantes de este derecho es el derecho a la asistencia de letrado.

El derecho a la asistencia letrada tiene una doble proyección constitucional, guardando paralelismo con los convenios internacionales reguladores de los derechos humanos suscritos por España. Así, los arts. 5 y 6 del CEDH y arts. 9 y 14 del PIDCP, contemplan separadamente, de forma individualizada y autónoma, el derecho a la asistencia letrada al detenido y el derecho a la asistencia letrada del acusado (en este sentido, la STS de 20/06/2005 [*Tol 648732*])

En nuestro ordenamiento jurídico, el art. 17.3 CE reconoce el derecho a la asistencia letrada al *detenido* en las diligencias policiales y sumariales, como una de las garantías del derecho a la libertad personal, protegido en el apartado 1 de ese mismo precepto y el art. 24.2 CE contempla la asistencia letrada al *investigado o acusado* dentro del marco de la tutela judicial efectiva y del derecho al proceso debido. Los citados derechos a la asistencia letrada no son idénticos (STC 10/12/1984 [*Tol 79935*]). La asistencia letrada al detenido se circunscribe a la finalidad de asegurar «que los derechos constitucionales del detenido sean respetados, que no sufra coacción o trato incompatible con su dignidad y libertad de declaración y que tendrá el debido asesoramiento técnico sobre la conducta a observar en los interrogatorios, incluida la de guardar silencio, así como sobre su derecho a comprobar, una vez realizados y concluidos con la presencia activa del Letrado, la fidelidad de lo transcrito en el acta de declaración que se le presenta a la firma». La asistencia letrada al investigado o acusado tiene una finalidad más amplia y abarca el conjunto de la defensa a lo largo de todo el proceso penal.

Forma parte del contenido esencial del derecho a la asistencia de letrado la facultad de *designar libremente abogado* para su defensa. Así se establece en el art. 118.1.d) LECrim para toda persona a quien se atribuya un hecho punible y en el caso del detenido o preso en el art. 520. 2 c) del mismo texto legal. Esta facultad se suprime excepcionalmente en los casos en que el detenido o preso se encuentre incomunicado mediante resolución judicial motivada, situación en la que el art. 527.1 a) LECrim impone la designación de un abogado de oficio al detenido o preso mientras dure la incomunicación, finalizada esta, recupera su derecho a elegir abogado de confianza.

Si el detenido o el investigado no designa un abogado de su confianza se le nombrará de oficio [arts. 118.1 d) y 520.2 c) y j) LECrim], pues el derecho a la asistencia de abogado en el proceso penal es una garantía constitucional que se convierte en una exigencia estructural que asegura el correcto desenvolvimiento del proceso para lo cual es necesaria la asistencia de letrado, por lo que la designación del profesional es una obligación jurídico-constitucional que incumbe a los órganos judiciales, por lo que si el titular del derecho no lo nombra, debe ser suplido por el tribunal.

En este sentido la STC 17/04/2023 [*Tol 9543595*] establece:

«A. En el supuesto en que la intervención de letrado sea preceptiva, esta garantía constitucional, además de un derecho, se convierte en una exigencia estructural del proceso tendente a asegurar su correcto desenvolvimiento, cuyo sentido es satisfacer el fin común a toda asistencia letrada, así como lograr el adecuado desarrollo del proceso, como mecanismo instrumental introducido por el legislador con miras a una dialéctica procesal efectiva, que facilite al órgano judicial la búsqueda de una sentencia ajustada a Derecho. La conexión existente entre el derecho a la asistencia letrada y la institución misma del proceso, determina que la pasividad del titular del derecho deba ser suplida en todo caso por el órgano judicial para cuya propia actuación, y no solo para el mejor servicio de los derechos e intereses del defendido, es necesaria la asistencia del letrado [SSTC 199/2003, de 10 de noviembre, FJ 5; 225/2007, de 22 de octubre, FJ 3; 174/2009, de 16 de julio, FJ 2; 31/2017, de 27 de febrero, FJ 2 a), y 10/2022, de 7 de febrero, FJ 3)].».

Corresponde a los abogados materializar el ejercicio del derecho de defensa. La abogacía es una profesión libre e independiente, que asegura la efectividad del derecho fundamental de defensa y asistencia letrada y se constituye en garantía de los derechos y libertades de las personas. Los profesionales de la Abogacía deben velar siempre por los intereses de aquellos cuyos derechos y libertades defienden con respeto a los principios del Estado Social y Democrático de Derecho constitucionalmente establecido. Así lo establece el art. 1 del Estatuto General de la Abogacía Española, aprobado por Real Decreto 135/2021. En su preámbulo se define la Abogacía como una profesión multisecular, dedicada a la defensa de los derechos e intereses de los ciudadanos, cuya evolución discurre en paralelo a la del reforzamiento de los derechos y libertades, con el enorme salto cualitativo que supuso la Constitución de 1978. Su íntima conexión con la libertad y el derecho de defensa en nuestra Constitución así lo atestiguan. En este sentido señala la STS de 03/02/2003 [*Tol 4921000*] que:

> «El proceso penal español, como ha dicho esta Sala en Sentencias de 14 de julio de 2000 y 3 de mayo de 2001, está configurado en su líneas maestras en nuestra Constitución (arts. 1, 9, 24, 25 y 120 CE), en la que se reconoce a los acusados el derecho a un proceso con todas las garantías, entre las que se incluye, como fundamental, el derecho de defensa, íntimamente relacionado con el derecho a asistencia de Letrado, dado que nuestro ordenamiento garantiza el derecho a la defensa técnica a través de un profesional de la abogacía (STC 216/1998), con la finalidad de asegurar la efectiva realización de los principios de igualdad y de contradicción (SSTC 178/1991, 132/1992 y 252/94). Es indudable el carácter subsidiario que la asistencia letrada de oficio tiene respecto a la de libre designación. El derecho a la defensa y asistencia letrada comporta que el interesado pueda encomendar su representación y asesoramiento técnico a quien merezca su confianza y considere más adecuado para instrumentar su propia defensa (STS 11 de julio de 1997).»

Con el derecho a la asistencia de letrado se trata de asegurar la efectiva realización de los principios de igualdad y de contradicción entre las partes, y en los supuestos en que la ley exige su preceptiva intervención persigue garantizar a la parte una defensa técnica. Frente a una acusación técnica una defensa técnica.

El derecho a la asistencia letrada nace con la atribución inicial de un hecho punible a una determinada persona, permanece durante todo el proceso y se extiende también a la ejecución de la sentencia. La intervención del letrado tendrá lugar durante todas las fases del proceso, incluidas las diligencias policiales y las que se practiquen ante el Ministerio Fiscal. Esto es, desde la atribución del hecho punible o la detención hasta la extinción de la pena.

La asistencia letrada tiene que ser real y efectiva. Una adecuada defensa requiere una comunicación entre investigado y letrado «el abogado que asume la defensa es un "alter ego" procesal, algo así como el oído y la boca jurídica de la persona a la que asiste» (MORENO CATENA, 2023, p. 173). Las conversaciones y comunicaciones entre el investigado o encausado y su letrado son esenciales y confidenciales. En el caso de que las mismas hubieran sido captadas o intervenidas, se procederá a la eliminación de la grabación o la entrega a su destinatario de la correspondencia detenida, dejando constancia de esta circunstancia en las actuaciones, salvo en el caso de que se constate la participación del letrado en el hecho delictivo investigado o su implicación junto con el investigado o encausado en otra infracción penal (art. 118.4 LECrim), circunstancia que debe ser constatada por el juez, dada la grave restricción que conlleva del derecho de defensa al afectar a la confidencialidad entre el abogado y su defendido. En relación con las personas que se encuentren internas en centros penitenciarios, establece el artículo 51 de la LGP que la comunicación entre abogado e interno se llevará a cabo en departamentos apropiados y no podrán ser intervenidas ni suspendidas salvo que así lo acordase la autoridad judicial y en los supuestos de terrorismo. Permite igualmente este precepto las comunicaciones telefónicas, pero en los casos y con las garantías reglamentariamente determinados.

Para poder ejercer una defensa técnica, eficaz y efectiva y no meramente formal, se dispone de un conjunto de facultades defensivas La *estrategia defensiva* del sujeto pasivo del proceso puede llevarse a cabo por el abogado defensor de muy distintas formas. Puede consistir en una actitud pasiva, en cuanto que la carga de la prueba de los hechos presuntamente delictivos recae sobre las acusaciones, o bien puede mantener una actitud proactiva. Y en este caso, la defensa también puede tener distintas perspectivas. Por un lado, puede exponer su versión de los hechos, formular sus alegaciones, y proponer diligencias de prueba de descargo, y por otro puede contradecir la tesis acusatoria, intervenir en las diligencias de prueba que planteen las acusaciones e impugnar sus resultados, e incluso seguir ambos caminos a la vez.

Durante la instrucción, la defensa podrá interesar que se practiquen diligencias de investigación que sean favorables a los intereses de su defendido, que persigan un sobreseimiento y archivo, o bien destinadas a preparar el material probatorio del que intentará valerse en un hipotético juicio oral. También podrá impugnar los resultados de las diligencias de prueba propuestas por las acusaciones. En el escrito de defensa se propondrán las pruebas que se interesan para que sean practicadas en el juicio oral, sin perjuicio de que también puedan pedirse nuevas pruebas en el trámite de audiencia preliminar y al comienzo de la celebración del juicio. La defensa podrá presentar escritos de alegaciones, así como contradecir, contra alegar a los de las acusaciones. Así mismo, podrá interponer recurso contra todas aquellas decisiones que sean desfavorables a los intereses de su defendido, y oponerse e impugnar los recursos de la parte contraria respecto de aquellas resoluciones judiciales que le sean favorables.

En el caso del detenido (art. 17.3 CE y art. 520 LECrim) el abogado que le asiste deberá cuidar de que los derechos constitucionales del detenido sean respetados. Para un adecuado ejercicio del derecho de defensa el letrado podrá comunicarse y entrevistarse reservadamente con su defendido, incluso antes de que se le reciba declaración por la policía, el fiscal o el juez. Estas comunicaciones tendrán carácter reservado, y si hubieran sido captadas o intervenidas, durante alguna diligencia judicial, las comunicaciones deberán ser eliminadas de la grabación, y la correspondencia detenida entregada a su destinatario. El letrado deberá ofrecerle el debido asesoramiento técnico sobre sus derechos en el interrogatorio policial para que comprenda su significado —muy especialmente de los derechos a guardar silencio y a no declarar, a no contestar a alguna o algunas de las preguntas que se le formulen, a manifestar que solo declarará ante el juez, a no declarar contra sí mismo y a no confesarse culpable—; podrá intervenir en la declaración del detenido, en las diligencias de reconocimiento, de reconstrucción de los hechos en las que participe el detenido, pidiendo la declaración o ampliación que estime pertinente, o que se hagan constar las incidencias que hubieren tenido lugar durante su práctica, así como interesar que, en su caso, se efectúe reconocimiento médico al detenido. Le informará sobre las consecuencias de la prestación o no de su consentimiento a la práctica de las diligencias que se le soliciten. Comprobará la veracidad o exactitud de lo transcrito en el acta de la declaración que se le presenta para su firmar.

La situación de incomunicación del detenido conlleva una limitación del derecho a la asistencia letrada recogida en el art. 17.3 CE toda vez que el detenido es privado de su derecho a designar un abogado de su confianza y se le designa uno de oficio mientras se encuentre incomunicado. Igualmente, se le priva del derecho a entrevistarse reservadamente con el letrado nombrado de oficio, conforme a lo dispuesto en el art. 527 en relación con el art. 520 LECrim. Las resoluciones que acuerdan la incomunicación del detenido deben estar debidamente motivadas y deben realizar la necesaria ponderación de los bienes, valores y derechos en juego que la proporcionalidad de toda medida restrictiva de derechos fundamentales exige (SSTC 16/05/2000 [*Tol 26498*] y 10/12/1987 [*Tol 79935*]).

En la mayoría de los procedimientos penales la asistencia de abogado es preceptiva. No obstante, también se disfruta del derecho a la asistencia letrada en aquellos procesos en los que la intervención de letrado es potestativa, como ocurre en algunos juicios por delitos leves.

En *estos procedimientos por delitos leves*, la asistencia letrada es preceptiva para el enjuiciamiento de aquellas infracciones que lleven aparejada una pena de multa cuyo límite máximo sea de al menos seis meses (art. 967.1, párrafo segundo LECrim). No es preceptiva la asistencia de letrado en los demás delitos leves que son aquéllos que con anterioridad a la reforma introducida en el Código Penal por LO 13/2015 constituían faltas. Esto no implica que se impida realizar una defensa técnica mediante abogado. El art. 967 LECrim establece que en las citaciones que se efectúen se les informará de que *pueden ser asistidos por abogado si lo desean*. Por lo que el sujeto pasivo podrá elegir entre defenderse a sí mismo o hacerlo mediante letrado. En el caso de que el interesado solicite que se le designe un abogado de oficio corresponderá al órgano judicial valorar las concretas circunstancias del caso —la complejidad del debate procesal, la cultura y conocimientos jurídicos del acusado, si la parte contraria cuenta con abogado, etc.— a fin de evitar desigualdades entre las partes y que se produzca una efectiva indefensión.

En este sentido, la STC 17/04/2023 [*Tol 9543595*] establece que:

> «... en los supuestos en que la intervención de letrado no sea legalmente preceptiva la garantía de la asistencia letrada no decae como derecho fundamental de la parte procesal. A este respecto ha de tenerse en cuenta que, como derecho de la parte, el hecho de poder comparecer personalmente ante el juez o tribunal no obliga a las partes a actuar personalmente, sino que les faculta para elegir entre la autodefensa o la defensa técnica, dejándose a su libre disposición la opción por una u otra (SSTC 199/2003, FJ 5, y 65/2007, FJ 4). [...] [SSTC 233/1998, de 1 de diciembre, FJ 3 B), y 225/2007, FJ 4]. Esto es, asentada la premisa de naturaleza constitucional, que sobre el órgano jurisdiccional recae el deber de garantizar la igualdad de las partes y la efectiva contradicción para el correcto desarrollo del debate procesal, será constitucionalmente obligada la asistencia letrada allí donde la capacidad del interesado, el objeto del proceso, su dificultad técnica, la mayor o menor complejidad del debate procesal y la cultura y conocimientos jurídicos del comparecido personalmente, deducidos de la forma y nivel técnico con que haya realizado su defensa, hagan estéril la autodefensa que el mismo puede ejercer mediante su comparecencia personal (por todas, STC 47/1987, de 22 de abril, FJ 3), por más que la asistencia técnica carezca del preceptivo carácter legal. No debe desconocerse, por una parte, que este tribunal ha reconocido la especial proyección que tiene la exigencia de asistencia letrada en el proceso penal por la complejidad técnica de las cuestiones jurídicas que en él se debaten y por la relevancia de los bienes jurídicos que pueden verse afectados [SSTC 18/1995, de 24 de enero, FJ 2 b); 233/1998, de 1 de diciembre, FJ 3, y 162/1999, de 27 de septiembre, FJ 3]. (STC 199/2003, FJ 4, y ATC 255/2007, de 23 de mayo; FJ 2)».

Hemos de recordar que, en los casos de detención por *delitos contra la seguridad del tráfico*, el detenido puede renunciar a la preceptiva asistencia de letrado en los términos recogidos en el art. 520.8 LECrim.

Los actos que se realicen sin la intervención de letrado, cuando la ley la establezca como preceptiva serán nulos de pleno derecho (art. 238.4º LOPJ). En este sentido, la STS 07/05/2018 [*Tol 6594415*] en relación con la declaración practicada sin asistencia letrada:

> «Y tal derecho de defensa sería perjudicado si se excluyera la asistencia de letrado durante la declaración. Por eso también resulta lesiva la decisión del Tribunal de privar de tal asistencia a la acusada ante el reiterado intento de aquella en contestar a las preguntas que se le formularan.
>
> Finalmente, la decisión del Tribunal tuvo un indudable efecto colateral de privación del derecho a la utilización de medios de prueba. Por un lado, de la acusada, ya que se llevó a cabo el interrogatorio de otro coacusado cuando el letrado de la recurrente aún no había sido suce-

dido por otro en el ejercicio de la defensa. Y por otro lado, del recurrente D. Adriano Eleuterio quien también formuló como motivo de su recurso, haber sido privado de la posibilidad de interrogar a Dª Irene Herminia que legítimamente se negó a responder por no ser asistida de su defensa letrada.

Así pues, el tan contumaz como injustificado rechazo por el Tribunal de la instancia a aceptar con las debidas consecuencias la sustitución de letrado que asistiera a Dª Irene Herminia supone una causa de nulidad de actuaciones tipificada en el artículo 238. 3 º y 4º de la Ley Orgánica del Poder Judicial. Y, más allá de la mera ilegalidad ordinaria, supone también la vulneración del derecho fundamental a la tutela judicial, tanto en su manifestación de derecho a la asistencia de letrado como a la de utilizar los medios de prueba (artículo 24.2 de la Constitución), todo ello evitando la indefensión proscrita en el artículo 24.1 de la Constitución».

9. LA ASISTENCIA LETRADA A TRAVÉS DE ABOGADO DE OFICIO

Como ya se ha dicho, para preservar el derecho de defensa en el proceso penal es necesario que el sujeto pasivo proceda a la designación de abogado. Si el sujeto pasivo no designa letrado que le defienda se procederá desde el momento en que su intervención sea preceptiva a su designación de oficio por el juez o tribunal a través de los respectivos Colegios de Abogados y Procuradores.

A fin de asegurar el derecho a la tutela judicial efectiva consagrado en el artículo 24 CE, el artículo 119 CE establece la gratuidad de la justicia cuando así lo disponga la ley y, en todo caso, cuando se acreditare insuficiencia de recursos para litigar. Por su parte, el art. 4.4 de la LO 5/2024, del Derecho de Defensa señala que tendrán derecho a la asistencia jurídica gratuita aquellas personas que acreditaren insuficiencia de recursos, en los términos establecidos en la Constitución Española y las leyes; que determinarán otros supuestos a que deba ampliarse esta gratuidad, como es el caso de situaciones de especial vulnerabilidad. Por último, señala el artículo que la ley regulará las funciones de los profesionales del turno de oficio.

Así, la Ley 1/1996 de Asistencia Jurídica Gratuita da cumplimiento al referido mandado constitucional garantizando la defensa de sus derechos e intereses legítimos.

El nombramiento de letrado de oficio no conlleva automáticamente el derecho a la justicia gratuita, pues la gratuidad de la justicia se garantiza a quienes acrediten insuficiencia de medios para litigar, así como a aquellos —con independencia de sus recursos— que sean víctimas de violencia de género, terrorismo o trata de seres humanos, en procedimientos relacionados con su condición de víctima, y a los menores de edad y personas con discapacidad necesitadas de especial protección cuando sean víctimas de los delitos de homicidio, lesiones, maltrato habitual, contra la libertad, contra la libertad e indemnidad sexual y trata de seres humanos.

Si bien, la consecuencia más significativa de este derecho es la exención en el pago de honorarios de abogado, y en su caso de procurador; también se les exime a los beneficiarios del pago de otros gastos como son: gastos técnico-periciales, tasas judiciales, pago de depósitos para la formulación de recursos, etc.

La asistencia jurídica gratuita comprende todas las fases del proceso, incluidos los recursos y la ejecución de la sentencia. Si se solicita en la segunda instancia o en incidentes posteriores en los que han intervenido profesionales designados, deberá acreditarse que la insuficiencia de medios ha sobrevenido con posterioridad.

Es decir, el reconocimiento del derecho a la asistencia jurídica gratuita conlleva la designación de letrado de oficio, y en su caso, también de procurador; mientras que el nombramiento de letrado de oficio no implica per se la gratuidad de los mismos; pues deberán abonarse por el interesado estos honorarios en los siguientes supuestos:

- Cuando no haya sido tramitada la asistencia jurídica gratuita conforme a los cauces previstos legalmente.
- Cuando al finalizar el proceso el beneficiario hubiese sido condenado en costas, si dentro de los tres años siguientes viniere a mejor fortuna, quedará obligado a abonar las causadas en su defensa y las de la parte contraria (art. 36.2 LAJG).
- Si la sentencia que pusiera fin al proceso no contuviera expreso pronunciamiento en costas, cuando el beneficiario venciere en juicio *deberá éste pagar las costas causadas en su defensa, siempre que no excedan de la tercera parte de lo que en él haya obtenido* (art. 36.3 LAJG).

Por otro lado, si en la resolución que pusiera fin al proceso hubiera pronunciamiento sobre costas a favor de quien obtuvo el reconocimiento del derecho a la asistencia jurídica gratuita o de quien lo tuviera legalmente reconocido, deberá la parte contraria abonar las costas causadas en la defensa y representación de aquélla (art. 36.1 LAJG).

Como señalábamos, el derecho a la asistencia jurídica gratuita comprende entre sus prestaciones el nombramiento de abogado y procurador para la defensa y representación en el procedimiento judicial en aquellos casos en que fuese preceptiva su asistencia o en aquellos supuestos en que (i) se requiera su intervención por medio de auto del juez o tribunal a fin de garantizar la *igualdad de las partes en el proceso* o (ii) en los casos de delitos leves, si la persona contra la que se dirige el proceso penal ha ejercitado su derecho *a estar asistido de abogado y así se acuerde por el juzgado o tribunal, en atención a la entidad de la infracción de que se trate y las circunstancias personales del solicitante de asistencia jurídica* (art. 6 LAJG).

Así pues, reconocido el derecho a la asistencia jurídica gratuita se nombrará abogado y procurador de oficio, en aquellos casos en que sea preciso; no pudiendo, en ningún caso, actuar de forma simultánea un abogado de oficio y un procurador libremente elegido, o viceversa; a excepción del supuesto en que bien sea el procurador o el letrado, de libre elección, renunciara a sus honorarios ante el titular del derecho a la asistencia jurídica gratuita (art. 27 LAJG). Prevé la norma, no obstante, la posibilidad de renuncia de ambos profesionales, debiendo hacerse constar este extremo de forma expresa; permitiéndose la renuncia posterior a la designación, si bien en este caso, habrá de ser comunicada a la Comisión de Asistencia Jurídica Gratuita y a los correspondientes Colegios Profesionales (art. 28 LAJG). En igual sentido, el art. 121 de la LECrim prevé que los que tuvieran reconocido el derecho a la asistencia jurídica gratuita, pueden valerse de abogado y procurador de su elección, pero en este caso estarán obligados a abonarles sus honorarios y derechos como si no tuvieran reconocido este derecho, salvo que los profesionales de libre elección renunciaran a la percepción de honorarios o derechos.

En relación con el orden penal, el art. 29 LAJG se remite a la LECrim en aras a la aplicación de las garantías previstas en dicha norma procesal, a fin de asegurar el derecho a la defensa desde el mismo momento de la detención. En este sentido, el artículo 118 LECrim establece que el derecho a la defensa abarcará la asistencia letrada, en su caso, a través de abogado de oficio, con el cual podrán establecerse comunicaciones y entrevistas de forma reservada, *incluso antes de que se le reciba declaración por la policía, el fiscal o la autoridad judicial, sin perjuicio de lo dispuesto en el artículo 527 y que estará presente en todas sus declaraciones, así como en las diligencias de reconocimiento, careos y reconstrucción de hechos.* Y el artículo 520 LECrim añade que, si el detenido no designara libremente letrado, se le nombrará un abogado de oficio.

Por su parte, en el marco del procedimiento abreviado, el artículo 767 LECrim, en la misma línea, señala que desde la detención o desde que de las actuaciones resultare la imputación de un delito contra persona determinada, si no se nombrase letrado de confianza; la Policía Judicial, el Ministerio Fiscal o la autoridad judicial ordenarán al Colegio de Abogados correspondiente la designación de uno de oficio.

El orden penal es la única jurisdicción en la que el abogado de oficio designado puede excusarse de la defensa, siendo preciso un motivo personal y justo que habrá de ser apreciado por los decanos de los Colegios (art. 31 LAJG).

Por último, el artículo 22 LAJG establece que serán los Consejos Generales de la Abogacía Española y de los Colegios de Procuradores de los Tribunales de España y sus respectivos Colegios los que se encargarán, por medio de sus Juntas de Gobierno, de organizar y regular los servicios obligatorios de asistencia letrada y representación gratuitos, garantizando la prestación continuada y con sujeción a los criterios de funcionalidad y eficiencia. Los abogados y procuradores que presten este servicio desarrollarán su actividad *con libertad e independencia de criterio, con sujeción a las normas deontológicas y a las normas que disciplinan el funcionamiento de los servicios colegiales de justicia gratuita (art. 23 LAJG).* Servicio que estará organizado por los colegios profesionales, que establecerán sistemas de distribución objetiva y equitativa, que serán públicos para todos los colegiados. Así mismo, cada Colegio contará con un turno de guardia permanente para la asistencia letrada al detenido y para las víctimas de violencia de género, terrorismo, trata de seres humanos y menores de edad y personas con discapacidad intelectual o enfermedad mental que sean víctimas de situaciones de abuso o maltrato (art. 24 LAJG).

En relación con las personas jurídicas, la Ley 1/1996, de 10 de enero de Asistencia Jurídica Gratuita, consagra el principio general de exclusión del beneficio de justicia gratuita. Excepcionalmente se podrá reconocer el derecho a la asistencia jurídica gratuita a las asociaciones de utilidad pública, previstas en el artículo 32 de la Ley Orgánica 1/2002, reguladora del Derecho de Asociación y Fundaciones inscritas en el registro público correspondiente cuando acrediten insuficiencia de recursos para litigar (art. 2 y 3 de la Ley 1/1996, de Asistencia Jurídica Gratuita). Además la Ley Orgánica 5/2024 del Derecho de Defensa en su Disposición Final tercera ha introducido una nueva letra l) en el art. 2 de la Ley 1/1996, de Asistencia Jurídica Gratuita que establece que tendrán derecho a la asistencia jurídica gratuita, en el orden penal, las personas jurídicas cuando hubiere de designarse defensa letrada —y en su caso, representación procesal— por requerimiento judicial, cuando la sociedad hubiese sido declarada judicialmente en situación de insolvencia actual o inminente, se encuentre en concurso de acreedores o no constase actividad económica en el último ejercicio, en este caso, cuando la sociedad se halle disuelta o en trámite de disolución por las causas y por el procedimiento legalmente previsto para ello.

10. EL CAMBIO DE ABOGADO

El Estatuto General de la Abogacía Española reconoce que el abogado tiene plena libertad para aceptar o rechazar la dirección de cualquier asunto que le sea encomendado. Igualmente puede cesar en su intervención profesional si surgen discrepancias con su cliente o concurren circunstancias que afecten a su independencia y libertad en la defensa o al deber de secreto profesional. El letrado puede renunciar a la defensa procesal en cualquier fase del procedimiento, siempre que no se cause indefensión al cliente, si bien está obligado a despachar los trámites procesales urgentes. En el caso de producirse la renuncia deberá comunicarlo por escrito al cliente y, en su caso, al órgano judicial ante el que hubiere comparecido, debiendo proporcionar al nuevo letrado que se haga cargo del asunto todos los datos e informaciones que sean necesarios para la adecuada defensa si así se lo requiere (art. 50 del Estatuto General de la Abogacía Española).

En el caso de los letrados de oficio, la Ley 1/1996, de Asistencia Jurídica Gratuita, regula la sustitución del profesional designado, estableciendo que la persona beneficiaria de la asistencia jurídica gratuita tiene derecho a instar la designación de nuevos profesionales mediante solicitud debidamente justificada ante el Colegio profesional que hubiera realizado la designación (art. 21 *bis* LAJG). Así mismo, se contempla que los beneficiarios puedan renunciar expresamente a la designación de abogado y procurador de oficio nombrando libremente a profesionales de su confianza (art. 28 del mismo texto legal). En el orden penal se permite que los abogados designados puedan excusarse de la defensa, debiendo concurrir un motivo personal y justo, que deberá ser apreciado por los decanos de los Colegios (párrafos segundo y tercero del art. 31 de la citada ley).

Nos planteamos si toda petición de cambio de letrado efectuada por el acusado debe ser aceptada por el tribunal, cualquiera que sea la justificación y el momento en que se produzca, toda vez que el sujeto tiene derecho a la defensa y al nombramiento de abogado, y si la negativa del tribunal a admitirlo puede lesionar el derecho de defensa. La confianza que inspire el letrado al asistido tiene mucha importancia en el ejercicio del derecho de asistencia letrada en un proceso penal. Es una cuestión que ha sido abordada jurisprudencialmente y existe ya una consolidada doctrina que pasamos a desarrollar.

En primer lugar, hemos de decir que el cambio de letrado forma parte del contenido material del derecho de defensa, en el cual se incluye el derecho a ser defendido por un abogado de confianza, y por tanto, faculta, como regla general, al cambio de letrado cuando se ha perdido dicha confianza o cuando el acusado desea renunciar al abogado de oficio y designar uno de libre elección, o incluso quiere que sea sustituido por otro letrado de oficio por estimarse insuficientemente defendido. La facultad de libre designación implica la de cambiar de letrado cuando lo estime oportuno el interesado en defensa de sus intereses. Señala FERNÁNDEZ-GALLARDO (2014, pp. 107 y ss.) que «en definitiva, la autoridad judicial no puede permanecer impasible ante un supuesto evidente de defensa ineficaz, aun cuando la fuente principal sea la desidia del abogado designado o, en una primera secuencia, el comportamiento descuidado del propio imputado. El juez debe asumir una posición activa de garantía de los umbrales mínimos exigibles de eficacia del derecho defensivo, pues en nuestro derecho procesal penal, en determinados momentos del proceso, es un derecho de la parte que se convierte al tiempo en un requisito de validez de las actuaciones procesales».

No obstante, este derecho no es ilimitado, está modulado, entre otros supuestos, por la obligación legal del tribunal de rechazar aquellas solicitudes que entrañen abuso de derecho, o fraude de ley procesal según el art. 11.2 de la LOPJ (en este sentido las SSTS de 19/07/2021 [*Tol 8540284*]; de 30/05/2019 [*Tol 7271629*], entre otras). Asimismo, se ha indicado que en el proceso penal convergen intereses jurídicos de muy distinto signo, que es necesario lograr un equilibrio entre todos ellos, por lo que el tribunal debe ponderar en cada caso concreto «qué grado de sacrifico es aceptable imponer al resto de las partes cuando alguna de ellas introduce una incidencia sorpresiva que puede perturbar el desarrollo ordinario del proceso» (STS de 11/07/2008 [*Tol 1353142*]).

Sostiene la jurisprudencia que la capacidad de todo investigado de designar abogado de confianza no permite a éste disponer a su antojo del desarrollo del proceso ni elegir, sin restricción alguna, cuándo se retira o se mantiene la confianza del letrado (STS de 07/05/2018 [*Tol 6594415*] y de 24/02/2015 [*Tol 4799209*]), tampoco ampara estrategias dilatorias ni actuaciones que sean expresivas de una calculada desidia a la hora de hacer valer el propio derecho a la defensa (STS de 03/03/2020 [*Tol 7935547*]; de 01/11/2016 [*Tol 5871297*] y de 14/03/2005 [*Tol 619638*], entre otras) «...de ahí la improcedencia, por ejemplo, del cambio de letrado cuando suponga la necesidad de suspender la celebración del juicio y no conste una mínima base razonable que explique los motivos por los que el interesado ha demorado hasta ese momento su decisión de cambio de letrado (STS 3-5-01)» —ATS 22/05/2002 [*Tol 3470566*])—. Por tanto, se rechaza el cambio de letrado en los casos en que se aprecie un ejercicio abusivo del derecho que afecte a otros derechos como el de un proceso sin dilaciones indebidas, sin una justificación razonable basada en la proscripción de una efectiva material indefensión.

En este sentido la STS 11/07/08 [*Tol 1353142*] abordó un caso en el que el tribunal de la instancia había denegado el cambio de letrado solicitado por el acusado que manifestó pérdida de confianza en el abogado porque le había propuesto un acuerdo con la acusación que no aceptó. Dice la Sala Segunda que «el proceder del letrado en modo alguno comprometió su posterior intervención en el juicio y fue una estrategia defensiva de todo punto admisible para una mejor protección de los intereses de su cliente ante una eventual condena a penas más graves, como finalmente ocurrió [...] la causa invocada para la pérdida de confianza no resulta razonable y no apreciamos lesión alguna del derecho de defensa».

La STS 03/02/2023 [*Tol 4921000*] anota que el cambio de letrado no puede reabrir trámites esenciales ya cumplimentados en tiempo y forma con el anterior letrado. Así:

> «La facultad de libre designación implica desde luego, como se mantiene en el recurso, la de cambiar de Letrado cuando lo estime oportuno el interesado en defensa de sus intereses, [...] En la sentencia recurrida se da absoluta prioridad, en todo momento, a la voluntaria y libre decisión de la recurrente sobre el Abogado que eligió para que la defendiera. Fue el Abogado "de su libre elección" (art. 6.3 c) del Convenio de Roma y 14.3 d) del Pacto de Nueva York) el que hizo la calificación provisional y propuso la prueba que estimó pertinente. Un nuevo cambio de criterio, en favor precisamente del defensor de oficio, no puede reabrir, duplicándolo, un trámite esencial, que cumplió en tiempo y forma el abogado elegido por ella, sin que la interesada diera explicación alguna de circunstancias extraordinarias que pudiera justificar retroceder en la sustanciación del proceso porque le podrían causar, si no se hacía, indefensión material constitucionalmente relevante».

Si el tribunal del enjuiciamiento rechaza el cambio de letrado en el juicio oral, debe explicitar los motivos de la denegación en la sentencia. En todo caso, para que se considere vulnerado el derecho de defensa por la denegación del cambio de letrado, no basta con una infracción meramente formal, sino que es necesario que se produzca un menoscabo real en la defensa de forma que produzca la indefensión prohibida con perjuicio efectivo para los intereses del afectado. El canon de valoración para determinar si se ha producido o no la vulneración del derecho constitucional de defensa es la de valoración si el acusado ha dispuesto de una "defensa efectiva".

La STS 02/11/2016 [*Tol 5871297*] recoge la jurisprudencia europea en el sentido siguiente:

> «Tal modulación, en aras de asegurar otros intereses de la justicia, es igualmente explicitada por el TEDH, que si bien reconoce a todo acusado, de conformidad con el art. 6.3.c) del CEDH, el derecho a la asistencia de un defensor de su elección (asunto Pakelli c. Alemania, de 25 de abril de 1983) y pese a la importancia de las relaciones entre abogado y cliente, precisa que tal derecho no es absoluto y está forzosamente sujeto a ciertas limitaciones, pues corresponde a los Tribunales decidir si los intereses de la justicia exigen dotar al acusado

de un defensor de oficio (asunto Croissant c. Alemania de 25 de septiembre de 1992, § 29); criterio que reitera en Meftah y otros c. Francia [GC], § 45, de 26 de julio de 2002; Mayzit c. Rusia, § 66, de 20 de enero de 2005; Klimentïev c. Rusia, § 116, de 16 noviembre de 2006; Vitan c. Rumania, § 59, de 25 marzo de 2008; Pavlenko c. Rusia, § 98, de 1 de abril de 2010; Zagorodniy c. Ucrania, § 52, de 24 de noviembre de 2011; y Martin c. Estonia, § 90, de 30 de mayo de 2013).

Asimismo en Kamasinski c. Austria, de 19 de diciembre de 1989, el TEDH, entiende que no supone quebranto del art. 6 CEDH, la denegación del cambio del abogado designado de oficio, si desarrollaba su labor de asistencia; si su defensa, con independencia del criterio con que la llevase, no suponía dejar sin ayuda letrada; en definitiva, si resultaba efectiva, criterio que corresponde determinar al Tribunal, y explicitar en sentencia la concurrencia de esa efectividad.

Los supuestos en que el cambio del abogado designado puede ser denegado por el Tribunal sobre la base del abuso de derecho son aquellos en que la petición es arbitraria, es decir inmotivada o motivada de forma irrazonable, bien porque la defensa de oficio en autos no manifiesta ninguna carencia en su tarea ante el Tribunal, bien porque las carencias manifestadas por el propio acusado aparecen como irrelevantes o injustificadas (cfr. STDH Janyr c. República Checa, § 68, de 31 de octubre de 2013; Czekalla c. Portugal, § 66, de 10 de enero de 2003; o Pavlenko c. Rusia, § 99, 1 de abril de 2010)».

Y la citada STS 02/11/2016 [*Tol 5871297*], reitera, como resumen de la doctrina del TEDH, TC y TS que:

«1.– El derecho constitucional de defensa, que incluye el derecho a ser defendido por un abogado de confianza, faculta como regla general al cambio de letrado cuando se ha perdido dicha confianza o cuando el acusado desea renunciar al abogado de oficio y designar uno de confianza por estimarse insuficientemente defendido, dado que la facultad de libre designación implica la de cambiar de Letrado cuando lo estime oportuno el interesado en defensa de sus intereses.

2.– Este derecho no es ilimitado pues está modulado, entre otros supuestos, por la obligación legal del Tribunal de rechazar aquellas solicitudes que entrañen abuso de derecho, o fraude de ley procesal según el artículo 11.2 de la LOPJ.

3.– La invocación del abuso de derecho no puede transformarse en un criterio general rutinario para denegar la solicitud de cambio de letrado, pues constituye un límite en el ejercicio de un derecho fundamental, cuyo contenido esencial debe ser respetado.

4.– Los supuestos en que la solicitud de cambio del abogado designado puede ser desatendida por el Tribunal sobre la base del abuso de derecho son aquellos en que la petición es arbitraria, es decir inmotivada o motivada de forma irrazonable: a) bien porque la defensa de oficio en autos no manifiesta ninguna carencia en su tarea ante el Tribunal, b) bien porque las carencias o desacuerdos alegados por el propio acusado respecto de la defensa realizada por su abogado aparecen como irrelevantes o manifiestamente injustificadas, c) bien porque se ponga de manifiesto una estrategia dilatoria al demorar injustificadamente la solicitud hasta el propio momento del juicio o d) bien porque se aprecie una calculada desidia a la hora de hacer valer el propio derecho de defensa.

5.– En todo caso al Tribunal le corresponde explicitar en sentencia la motivación de esa denegación, si se ha realizado en el juicio oral.

6.– En definitiva, el canon de valoración relevante para determinar si se ha producido o no, vulneración del derecho constitucional de defensa, es la valoración de si el acusado ha dispuesto o no de una "defensa efectiva"».

BIBLIOGRAFÍA

- DE LUIS GARCÍA, «*El derecho de defensa en el proceso penal: significado y manifestaciones en la jurisprudencia constitucional*», Diario La Ley, Nº 9215, Sección Doctrina, Editorial Wolters Kluwer, 2018.
- DÍEZ-PICAZO GIMÉNEZ, *Comentarios a la Constitución Española. Tomo III - Artículos 24 a 38 de la Constitución Española de 1978*, Edersa, 2006.
- FERNÁNDEZ-GALLARDO FERNÁNDEZ GALLARDO, «La renuncia de procuradores y abogados a su representación y defensa técnica», Revista Jurídica Universidad Autónoma de Madrid, núm. 29, 2014.
- MAGRO SERVET, «*El derecho de entrega del atestado policial y el derecho de defensa*», Diario La Ley, nº 9457, Sección Doctrina, 2020.
- MORENO CATENA, *Derecho Procesal Penal*, 11ª edición, Tirant lo Blanch, Valencia, 2023.
- MORENO CATENA, *La defensa en el proceso penal*, Civitas, 1982.
- NIEVA FENOLL, *Derecho Procesal III (Proceso Penal)*, 3ª edición, Tirant lo Blanch, 2024.
- PÁRAMO DE SANTIAGO, «*Vulneración del derecho de defensa. Renuncia al letrado*», Revista Ceflegal. CEF, núm. 141, 2012.
- PORTAL MANRUBIA, «*El derecho a la interpretación y traducción en el proceso penal*», Revista Aranzadi Doctrinal, Nº 5, Sección Estudios, 2016.

Capítulo 16

Teoría general de la prueba en el proceso penal (I). Investigación y prueba

José Luis Ramírez Ortiz
Magistrado
Letrado del Tribunal Constitucional

SUMARIO: **1. LA TEORÍA GENERAL DE LA PRUEBA PENAL. 1.1 La teoría clásica. 1.2 La teorización moderna. 2. APROXIMACIÓN AL CONCEPTO DE PRUEBA EN EL PROCESO PENAL. 2.1 Esquematización inicial. 2.2 Hechos y enunciados sobre los hechos o hipótesis. 2.3 Prueba como medio, actividad y resultado. 2.4 Clasificación de las pruebas. 3. INVESTIGACIÓN Y PRUEBA EN EL PROCESO PENAL. 3.1 Ideas preliminares. 3.2 La distinción entre prueba e investigación. 3.3 El método de la hipótesis. 3.4 Investigación, prueba y verdad.** *3.4.1 Verdad absoluta y verdad relativa. 3.4.2 El abandono de la verdad. 3.4.3 Verdad material y verdad formal. 3.4.4 Conclusiones.* **4. FUENTES Y MEDIOS DE PRUEBA. 5. EL OBJETO Y EL TEMA DE PRUEBA. 5.1 Precisiones introductorias. 5.2 Hecho genérico y hecho individual. 5.3 Hecho a probar y hecho probatorio. 5.4 Hecho empírico y hecho normativo. 5.5 Hecho externo, percibido e interpretado. 5.6 Hecho admitido. 5.7 Hecho notorio. 6. PRUEBA ANTICIPADA Y PRUEBA PRECONSTITUIDA. 6.1 La regla y las excepciones. 6.2 La prueba anticipada. 6.3 La prueba preconstituida.** *6.3.1 Concepción estricta de prueba preconstituida. 6.3.2 Concepción amplia de prueba preconstituida.* **7. INICIATIVA PROBATORIA. 7.1 Consideraciones generales. 7.2 La prueba acordada de oficio. 7.3 La intervención del tribunal en las pruebas de las partes. 8. LA CARGA DE LA PRUEBA EN EL PROCESO PENAL. 8.1 Planteamiento general. 8.2 La doctrina tradicional del TS. 8.3 La incompatibilidad entre la doctrina clásica y el art. 24.2 CE. 8.4 La nueva orientación de la Sala Segunda del TS. 8.5 Cargas probatorias, silencio y cargas impugnatorias. 9. LAS LAGUNAS PROBATORIAS O LA PRUEBA AUSENTE. 9.1 Planteamiento. 9.2 La incompletud de la prueba de descargo. 9.3 La incompletud de la prueba de cargo. 9.4 Consecuencias. 9.5 Doctrina jurisprudencial. 10. DEPURACIÓN, INTERPRETACIÓN Y VALORACIÓN DE LA PRUEBA. 10.1 Los momentos de la actividad probatoria. 10.2 Modelos subjetivos y objetivos de valoración. 11.3 La valoración racional de la prueba. 10.4 Criterios de corrección de la valoración. 10.5 El estándar de prueba. 11. PRESUNCIÓN DE INOCENCIA E *IN DUBIO PRO REO*. 11.1 Facetas de la presunción de inocencia. 11.2 Fundamentación. 11.3 *In dubio pro reo*.**

1. LA TEORÍA GENERAL DE LA PRUEBA PENAL

1.1 La teoría clásica

La teoría general de la prueba nace en la Europa continental de la mano de una teoría general del proceso de corte positivista que se sustenta en dos pilares. En primer lugar, su neutralidad ideológica, pues el proceso, en el que se inserta la prueba, se concibe como instrumento aséptico y avalorativo de realización del derecho sustantivo. Toma como referente el proceso civil, del que el proceso penal es considerado como una simple derivación. El segundo pilar es su estricta juridicidad, pues la teoría se compone fundamentalmente de enunciados provenientes de normas y teorías jurídicas. Pese a las limitaciones del enfoque, supuso un gran avance en la conformación de un conjunto de conceptos y tópicos necesarios para construir un lenguaje común en el marco del cual debatir y clarificar los problemas probatorios.

1.2 La teorización moderna

El paso del Estado legislativo de Derecho al Estado constitucional puso de manifiesto las insuficiencias de este enfoque. Por un lado, dada la constitucionalización de los derechos fundamentales, concebidos como límites frente al poder, el proceso dejó de entenderse como espacio libre de valores para incorporar los principios y derechos constitucionales. Además, dado que la ley penal sustantiva y la procesal penal definen, conjuntamente, la esfera de libertad de los ciudadanos, al acotar el ámbito —espacial, temporal y material— en el que es admisible su persecución y castigo, se estimó que conformaban una unidad axiológica (HASSEMER, p. 204), por lo que el proceso civil dejó de ser el referente y el proceso penal adquirió una sustantividad propia que, en el ámbito probatorio, permitió afirmar la existencia de una epistemología específicamente penal.

El modelo garantista (FERRAJOLI) y el modelo del proceso penal de la presunción de inocencia (VIVES ANTÓN) son paradigmáticos del nuevo enfoque. Pese a ciertas diferencias teóricas entre ambos modelos, en la práctica coinciden en la defensa de ciertos presupuestos nucleares: las garantías penales y procesales constituyen la médula del sistema penal y se orientan a limitar el poder punitivo para la tutela de las libertades individuales. Si la ley penal sustantiva se establece para aplicarse a casos concretos, para ello es necesario reconstruir históricamente los hechos del caso. Ahora bien, esa reconstrucción no es libre, sino que sólo puede tener lugar en el marco de un proceso que refleje los rasgos del Estado constitucional en el que se inserta. La promulgación de la CE reconoció derechos fundamentales procesales y sustantivos, pero, además, atribuyó a los derechos sustantivos una dimensión procedimental, al convertirlos en reglas básicas de todos los procedimientos de la democracia. Por ello, ningún proceso puede considerarse legítimo si no respeta tales derechos. Por tanto, la decisión reconstructiva sobre los hechos en el proceso penal presupone el respeto a un método que haya garantizado efectivamente dichos derechos, entre los que adquieren una especial significación la presunción de inocencia y el principio de contradicción.

Además, el principio constitucional de interdicción de la arbitrariedad (art. 9.3 CE) exige un modelo racional de razonamiento probatorio, en el que el aspecto central no sea tanto la convicción subjetiva del juzgador acerca de los hechos del caso, como las razones objetivas que sustentan esa convicción. Ello implica el abandono de concepciones subjetivistas de la prueba y la reivindicación de una concepción racionalista basada en la corrección intersubjetiva de las razones que apoyan la decisión probatoria.

Por otra parte, a partir de la década de los años 90 del pasado siglo, se destacó la necesidad de incorporar elementos conceptuales provenientes del terreno de la epistemología y de las ciencias empíricas, pues la prueba procesal no deja de ser una manifestación del fenómeno más amplio de la prueba, a través del cual se pretende conocer los hechos del mundo en distintos ámbitos. Desde esa perspectiva, el conocimiento de los hechos con relevancia jurídica daría lugar a un modelo específico de epistemología judicial integrado por las categorías, criterios e instrumentos usados por el juez para adquirir y evaluar el material fáctico necesario para resolver el caso (UBERTIS, p. 32).

En definitiva, la teoría general de la prueba pasa a nutrirse de elementos provenientes del Derecho constitucional, la epistemología de la ciencia y las ciencias empíricas.

Algunos procesalistas han centrado sus aportaciones en los aspectos iusfundamentales (*v.gr.* MORENO CATENA, GIMENO SENDRA, MONTERO AROCA, SERRA DOMÍNGUEZ, GÓMEZ COLOMER y ORTELLS RAMOS, entre otros). Otros académicos, mayoritariamente provenientes de la filosofía del derecho, se han centrado en los aspectos epistémicos, aun sin descuidar los primeros (*v.gr.* IGARTUA SALAVERRÍA, MARINA GASCÓN, FERRER BELTRÁN, GONZÁLEZ LAGIER, NIEVA FENOLL y MUÑOZ SABATÉ). En el ámbito jurisdiccional también se ha producido una modernización de la teorización y praxis de la mano de jueces y fiscales como ANDRÉS IBÁÑEZ, VARELA CASTRO, HERNÁNDEZ GARCÍA, SÁNCHEZ YLLERA, LÓPEZ ORTEGA y MIRANDA ESTRAMPES, entre otros.

2. APROXIMACIÓN AL CONCEPTO DE PRUEBA EN EL PROCESO PENAL

2.1 Esquematización inicial

La prueba procesal se integra por el conjunto de actividades y medios que se emplean en el marco del proceso para determinar si los hechos descritos en el supuesto de hecho de la ley penal han tenido o no lugar a efectos de aplicar o excluir la aplicación de la consecuencia jurídica.

A tenor de la anterior caracterización, es evidente la fuerte polisemia del término prueba, pues con él se alude a realidades distintas: la actividad de probar algo, los medios a través de los que se prueba algo y el resultado derivado de la práctica de los medios de prueba.

2.2 Hechos y enunciados sobre los hechos o hipótesis

Suele considerarse que objeto de prueba son los hechos. Sin embargo, los hechos no se introducen en el proceso como tales, sino a través de afirmaciones o enunciados sobre su existencia. Un hecho no puede ser verdadero ni falso. Como afirmó CARNELUTTI (p. 40), la verdad o falsedad se predica de las proposiciones o enunciados sobre la existencia de los hechos, por lo que el objeto de la prueba no lo constituyen los hechos sino las afirmaciones que se realizan sobre ellos. Mediante la prueba, se trata de verificar la exactitud de tales afirmaciones. No obstante, en la práctica se habla indistintamente de prueba de los hechos y prueba de los enunciados sobre los hechos, como formulaciones equivalentes, lo que es correcto siempre que seamos conscientes de que la primera fórmula es un modo abreviado de expresar la segunda. El enunciado fáctico opera como hipótesis que permite explicar o no el resultado de las pruebas.

2.3 Prueba como medio, actividad y resultado

La prueba como medio se refiere, en general, a todo aquello que sirve para confirmar o refutar una afirmación sobre los hechos (TARUFFO, p. 448). En un sentido más concreto, apela a los tipos o clases de pruebas que contempla la ley —*v.gr.* testifical, documental, pericial, inspección ocular—.

La prueba entendida como actividad, comprende tanto los actos, generalmente de las partes, de aportación al proceso de medios de prueba específicos —*v.gr.* testificales, periciales, documentales etc.—, como los que realizan los juzgadores para realizar inferencias para probar enunciados fácticos (TARUFFO, 2009, p. 450).

La prueba como resultado tiene una caracterización subjetiva para la teoría clásica: es la convicción personal del juzgador acerca de la realidad de los hechos afirmados por las partes. Sin embargo, para una concepción moderna, de corte racionalista, la prueba implica la efectiva acreditación de la realidad de los hechos afirmados o, en otros términos, la comprobación de dichos hechos sobre la base de los medios de prueba practicados en juicio (TARUFFO, p. 449). Y ello, por cuanto para el modelo constitucional de proceso penal lo relevante no es si el juez del caso quedó personalmente convencido —concepción retórica o persuasiva de la prueba— sino si las pruebas practicadas son suficientes para convencer a cualquier sujeto dotado de racionalidad sobre la realidad de los hechos del caso (concepción racionalista de la prueba, FERRER BELTRÁN, 2007).

2.4 Clasificación de las pruebas

La doctrina ha propuesto distintas clasificaciones. Así, en función de la fuente, se distingue entre pruebas reales —aquéllas en las que la fuente de información es un objeto— y personales —donde la fuente es una persona física—. En función del hecho a probar se distingue entre pruebas positivas —que tiene por objeto la demostración de la verdad de un enunciado sobre los hechos— y negativas —cuya finalidad es la demostración de la falsedad del enunciado—.

Una distinción asentada es la que diferencia entre prueba directa y prueba indirecta. Así, la primera sería aquélla cuyo objeto es el hecho principal del caso —*v.gr.* el hecho acusatorio—. En la prueba indirecta el objeto es un hecho secundario del que cabe inferir, conforme a criterios racionales, el hecho principal. La distinción es polémica, pues se ha afirmado que, en realidad, toda prueba sería indirecta, en la medida en que es necesario un razonamiento inferencial que lleve del hecho probatorio —la información que suministra el medio de prueba— al hecho a probar. Nos remitimos a lo que indicaremos en el capítulo 48 al tratar de la prueba indiciaria.

UBERTIS (pp. 85 y ss.), ha puesto de relieve la inutilidad de tales clasificaciones desde un punto de vista práctico, pues lo relevante no es el tipo de prueba en que pretende fundarse el hecho afirmado, sino que tenga un fundamento idóneo para ser intersubjetivamente comunicable y sostenible en términos racionales. No obstante, introduce una distinción entre prueba representativa y prueba crítica, que recuerda a la distinción entre prueba directa e indirecta. La primera es aquélla en la que la información que suministra la prueba representa en sí el hecho afirmado, sin necesidad de mediación intelectual. En el caso de la prueba crítica, el paso de la información probatoria al hecho a probar exigiría de una serie de pasos inferenciales más o menos complejos.

3. INVESTIGACIÓN Y PRUEBA EN EL PROCESO PENAL

3.1 Ideas preliminares

En el proceso penal hay tres espacios. Uno, de investigación, cuya meta es formular una hipótesis provisional que explique ciertos hallazgos —*v.gr.* un cadáver con signos de violencia— a partir de otros —*v.gr.* el resultado de las diligencias de investigación—. Una hipótesis que permita sostener que ha podido existir un hecho con caracteres de delito —*v.gr.* un homicidio— y que un sujeto es posiblemente responsable de él. El espacio de juicio oral tiene como objetivo verificar si la hipótesis provisional que resulta de la investigación acerca del hecho y de su autor queda acreditada más allá de toda duda razonable (art. 24.2 CE). Por tanto, la investigación tiene como meta construir una hipótesis inculpatoria provisional, y el juicio oral verificar si tal hipótesis queda o no acreditada con arreglo al grado de suficiencia acreditativa requerido —estándar probatorio—.

Entre uno y otro espacio, se inserta lo que la doctrina denomina «período intermedio», que cumple, básicamente, dos funciones: declarar o no suficiente la investigación y realizar el llamado «juicio de acusación», en el que el órgano judicial examina el fundamento de la acción penal, y acuerda, bien sobreseer la causa, archivándola, bien abrir el juicio oral, permitiendo el paso al juicio oral. A tal efecto, en la etapa intermedia, el órgano judicial ha de comprobar la razonable probabilidad de la acusación, con la finalidad de decidir si la causa ha de continuar o cerrarse anticipadamente.

En el espacio investigativo se identifican distintas fuentes de información (*v.gr.* las personas que presenciaron el hecho, los médicos que realizaron la autopsia, las videograbaciones de los hechos, etc), que se incorporan al expediente procesal preliminar convirtiéndose en diligencias de investigación —*v.gr.* declaraciones de testigos, peritos, etc.— y aportan elementos investigativos —*v.gr.* la infomación relevante que resulta de cada diligencia de investigación practicado—. En el juicio oral, las fuentes de información se introducen como medios de prueba aportando elementos probatorios.

3.2 La distinción entre prueba e investigación

La prueba es una actividad de verificación mediante comparación: para determinar si un enunciado fáctico está probado hay que comparar las afirmaciones iniciales de las partes realizadas en sus escritos de alegaciones y las afirmaciones instrumentales resultantes de los medios de prueba practicados en juicio (SERRA DOMÍNGUEZ, pp. 332 y ss.). Si el resultado de ese juicio de contraste es positivo, el hecho afirmado quedará probado. La actividad alegatoria y la probatoria son inseparables, pues objeto de prueba son los hechos alegados por las partes en los escritos de acusación y defensa.

La actividad de verificación es sustancialmente distinta de la actividad de averiguación o investigación. SENTÍS MELENDO (1973, p. 283) señala a tal efecto que la actividad de averiguación no es probatoria, sino previa a la etapa probatoria. «La prueba no consiste en averiguar, en saber, sino en acreditar aquello que se sabe y, por tanto, se afirma que corresponde exactamente a la realidad... sólo cuando hemos averiguado podemos afirmar; y sólo lo que afirmamos puede constituir materia de prueba».

En la misma línea, MORENO CATENA (p. 415) destaca que investigar y probar son actividades distintas, pues «en la instrucción no hay conclusiones que probar, ni afirmaciones fácticas que exijan una corroboración, ni siquiera se sabe si se va a pedir el enjuiciamiento de una persona, por lo que hablar de actividad probatoria resulta... improcedente, cuando lo que con la instrucción se persigue es... preparar el juicio (art. 299 LECrim)».

La tesis de la distinción tiene la virtualidad de resaltar que sólo los actos de prueba tienen idoneidad para desvirtuar la presunción de inocencia y fundar un pronunciamiento de condena. Del mismo modo, al poner de relieve que el enjuiciamiento es un espacio de verificación, no de indagación, es útil para realizar el juicio de relevancia sobre la prueba propuesta a efectos de admisión, vedando aquéllas pruebas que tengan finalidad investigativa. La tesis también nos permite visualizar que, aun cuando distingamos convencionalmente entre fase de instrucción y de enjuiciamiento, la investigación no es proceso, pues no se ha deducido aún pretensión acusatoria respecto de un sujeto concreto, sino un procedimiento en el que debe contemplarse en ciertos momentos la intervención judicial para la garantía de los derechos.

Sería, no obstante, incorrecto derivar de esta tesis la conclusión de que en la investigación no rige el método de la hipótesis. También sería incorrecto derivar la conclusión de que la verdad no es relevante para el juicio oral. Veamos ambas cuestiones por separado.

3.3 El método de la hipótesis

Hemos visto anteriormente cómo la prueba no recae directamente sobre los hechos sino sobre enunciados fácticos o hipótesis. Los hechos ingresan en el proceso en forma de hipótesis, propuestas de reconstrucción histórica a corroborar a través de los medios de prueba que pueden verse como propuestas explicativas de la presencia de las informaciones que proporcionan esos medios de prueba. Hablamos, así, del método de la hipótesis (IACOVELLO)

Pues bien, durante la investigación también se sigue el método de la hipótesis. Identificados los primeros vestigios, el investigador formula una hipótesis preliminar para orientar las investigaciones seleccionando las informaciones relevantes y llevando a cabo actos investigativos para buscar confirmaciones provisionales de esa hipótesis. En función de los resultados de los actos investigativos, puede mantener, reajustar, o modificar la hipótesis preliminar, y someterla a un primer control judicial: el juicio de imputación. En el marco de la investigación, la hipótesis puede ser mantenida o abandonada, dando lugar al archivo de la investigación.

Esa hipótesis provisional, formalizada como hipótesis acusatoria, se somete a un segundo control judicial inicial en el juicio de acusación —fase intermedia— con la finalidad de determinar si los actos investigativos prestan respaldo suficiente para permitir la activación del poder de acusar. Finalmente, en juicio oral, la hipótesis acusatoria se sujeta a verificación y falsación a través de la práctica de los medios de prueba propuestos por las partes.

Como puede advertirse, el método es, sustancialmente, hipotético-deductivo en todos los momentos: se presume que la hipótesis es verdadera y se deducen los efectos reales que tendrían que haberse producido en tal caso. A continuación, se comprueba a través de actos investigativos o medios de prueba si tales efectos han tenido existencia empírica. En caso positivo, la hipótesis estaría confirmada. En caso contrario, quedaría refutada. En suma, la hipótesis, una vez formulada, se somete a verificación provisional también durante la investigación y en la fase intermedia.

Las diferencias, sustanciales, que impiden dotar de valor probatorio como prueba de cargo al material investigativo, no radican en el método de la hipótesis, sino en otro lado:

a) En primer lugar, quien formula la hipótesis en la investigación es el propio investigador, y lo hace unilateralmente. En el proceso, son las partes quienes formalizan sus respectivas hipótesis.

b) La verificación, provisional, durante la investigación, suele tener lugar ante el propio investigador —como ocurre en nuestro modelo procesal de Juez instructor—, inevitablemente parcial al resultar afectado por un sesgo que le lleva a sobrevalorar las informaciones que confirman la hipótesis con la que se ha involucrado y a minusvalorar las que la excluyen. En juicio, la verificación sólo tiene lugar ante un juez que actúa como tercero, imparcial, y no ha tenido contacto con el material investigativo.

c) El control, por otra parte, es mucho más exigente y riguroso en el proceso que en la investigación, dada la vigencia de los principios que estructuran el juicio oral, que no rigen, o no rigen con la misma intensidad, en la investigación. Efectivamente, una misma fuente informativa —*v.gr.* el mismo testigo— puede haber servido para verificar provisionalmente la hipótesis y para confirmarla definitivamente en juicio, pero la diligencia investigativa —la declaración sumarial— tiene valores epistémicos y axiológicos mucho más reducidos el medio probatorio —la declaración en juicio—, por lo que, en sentido estricto, no se trata de la misma prueba.

d) Por último, el grado de respaldo acreditativo exigible a la hipótesis —ocurrencia más allá de toda duda razonable— es muy superior en juicio que en la investigación —que pueden contentarse con la simple probabilidad de la ocurrencia de la hipótesis—.

En suma, la hipótesis fáctica se construye progresiva o gradualmente. Además, sirve en cada momento para finalidades distintas —v. gr, las distintas decisiones de avance en las etapas del proceso, o las incidentales, como las que afectan a medidas cautelares o ingerentes en derechos—, por lo que el apoyo, cuantitativo y cualitativo, que precisa en cada momento es variable. Así, la hipótesis preliminar suele tener un respaldo escaso de fuentes informativas no contradictorias, mientras que la que se somete al juicio de acusación recibe un apoyo de más fuentes, algunas de las cuales pueden ser parcialmente contradictorias. Por último, la hipótesis acusatoria sometida a verificación en juicio recibe la confirmación de fuentes contradictorias y tendencialmente completas.

3.4 Investigación, prueba y verdad

Una interpretación incompleta de la tesis de la distinción entre investigación y prueba, en el sentido de que sólo pueden ser objeto de prueba las afirmaciones de hecho de las partes, podría dar a entender que se ha producido el abandono de la idea de verdad en el proceso. También puede ser entendida en el sentido de que no interesa o es irrelevante la verdad material —esto es, la acontecida en la realidad empírica— pues lo único relevante para el proceso es la verdad formal —es decir, la que resulta de la prueba practicada en él—.

El debate sobre verdad y proceso es complejo, y la literatura muy extensa e inabarcable en unas líneas. Consciente de los reduccionismos en que podemos incurrir, cabe hacer algunas observaciones.

3.4.1 Verdad absoluta y verdad relativa

La tradición inquisitiva ha sostenido la idea de que el inquisidor puede alcanzar un conocimiento de la verdad absolutamente cierto y objetivo. Sin embargo, tal afirmación ha sido cuestionada por la epistemología señalando que el conocimiento de la verdad es siempre contextual, en el sentido de que toda indagación sobre los hechos se realiza dentro de un contexto, integrado por los medios de conocimiento disponibles y estructuras de referencia utilizables, que condiciona la indagación, por lo que el resultado de esa indagación siempre es relativo. Debe, pues, descartarse, la pretensión de que es posible alcanzar una verdad absoluta.

3.4.2 El abandono de la verdad

También se ha defendido que, como no puede conocerse la verdad absoluta, debe abandonarse la idea de verdad en el proceso. En apoyo de tal afirmación cabría sostener que el objeto de prueba son las afirmaciones de las partes, y éstas pueden estar desconectadas de la realidad.

Sin embargo, las hipótesis, esto es, las afirmaciones fácticas, se apoyan en el material investigativo, y éste ha procurado, al menos tendencialmente, realizar una reconstrucción histórica de los hechos que refleje su realidad, con todos los matices que puedan hacerse a tal posibilidad. No hay, en consecuencia, tal desconexión.

3.4.3 Verdad material y verdad formal

También se ha señalado que, al no poder alcanzarse la verdad absoluta, debe buscarse otro tipo de verdad, distinta de la material: una verdad de menor valor conocida como verdad procesal.

En este punto, es útil distinguir entre concepto y criterios de verdad (GONZÁLEZ LAGIER, 2013, pp. 65 y ss.). Si hemos dicho con anterioridad que la verdad es una propiedad de los enunciados sobre los hechos, el concepto de verdad que interesa al proceso es el concepto semántico, intuitivo y de sentido común, de verdad como correspondencia, conforme al cual un enunciado verdadero es aquél que refleja la realidad. En cuanto a los criterios de verdad, concebidos como items que nos permiten discriminar cuándo un enunciado se corresponde con la realidad, la doctrina moderna sostiene que en el proceso los criterios verdad son los criterios de valoración probatoria, y éstos, a su vez, son similares a los de confirmación de hipótesis propuestos por la filosofía de la ciencia (en particular, HEMPEL). Desde tal punto de vista, también se desvanece la distinción entre verdad formal y verdad material: tanto el concepto como los criterios de verdad coinciden en un caso y en otro.

Ciertamente, en el proceso puede producirse una limitación de los medios de averiguación de la verdad, debido a la existencia de reglas procesales sobre admisibilidad o ilicitud de las pruebas. Ahora bien, en todos los ámbitos del conocimiento humano se producen esas limitaciones por causas diversas, limitaciones que, en cualquier caso pueden tener una consecuencia cuantitativa —pueden influir en el grado de certeza sobre la hipótesis— pero no cualitativa.

Desde un punto de vista práctico, la distinción entre verdad material y verdad formal es útil si con ella se quiere significar que la reconstrucción del hecho sólo es válida si se ajusta al método y, por tanto, tiene lugar dentro del proceso y sometida a sus reglas. Ahora bien, la distinción pierde utilidad en el modelo constitucional de proceso penal si se afirma que en el proceso penal rige el principio de verdad material mientras que en el proceso civil rige el principio de verdad formal, y que, por ello, en el primero puede prescindirse de las reglas. Sólo siguiendo las reglas podemos aceptar los resultados.

3.4.4 *Conclusiones*

No hay, en consecuencia, ni abandono de la verdad en el proceso, ni una dualidad de verdades procesales. La verdad sobre los hechos punibles, como toda verdad, resulta del ajuste a un método, en nuestro caso, el método en que consiste el proceso, ajuste que no tiene por meta exclusiva la salvaguarda de la posición jurídica del ciudadano sometido al proceso y, por extensión de toda la ciudadanía; también es garantía de la fiabilidad de la información que se obtiene y de la fidelidad de la reconstrucción histórica que tiene lugar en el proceso. Dicho ajuste es garantía de verdad, pues si se admiten informaciones probatorias obtenidas violando derechos fundamentales no podremos estar seguros de la fiabilidad de la reconstrucción histórica llevada a cabo por funcionarios públicos que operan al margen de las reglas constitucionales.

Cuestión distinta es que no quepa obtener certezas absolutas sobre los enunciados fácticos: tales enunciados sólo son susceptibles de ser confirmados en cierto grado en términos de probabilidad lógica, entendida como grado de apoyo que reciben de las pruebas practicadas, como veremos. La probabilidad recibe el adjetivo de lógica por el hecho de que las inferencias que vinculan los medios de prueba con las hipótesis no se realizan conforme a cálculos estadísticos de probabilidad, sino conforme a patrones lógicos de razonamiento. En definitiva, el método propuesto de adquisición de conocimiento en el proceso se basa en dos elementos: la hipótesis y el carácter probabilístico del conocimiento.

4. FUENTES Y MEDIOS DE PRUEBA

Es clásica la distinción doctrinal entre fuentes y medios de prueba, cuya formulación más difundida se encuentra SENTÍS MELENDO (1978), quien toma de CARNELUTTI la terminología. La fuente de prueba es el objeto o persona que puede proporcionar información relevante para apreciar o acreditar los hechos afirmados por las partes. Como tal, preexiste al proceso y es extrajurídico. El medio de prueba es el mecanismo a través del cual la fuente de prueba se incorpora al proceso, por lo que es estrictamente procesal y jurídico. La fuente es sustantiva o material. El medio es actividad o forma.

La labor de búsqueda y localización de fuentes de prueba es investigativa, no probatoria. Para realizar alegaciones es necesario contar con la fuente que permite conocer la realidad de lo que se va a afirmar. Lo probatorio es la producción del medio en el proceso, mediante la actividad acreditativa incorporando la fuente como medio (MORENO CATENA, p. 416). SENTÍS MELENDO afirma que buscamos las fuentes y, cuando las tenemos, proponemos los medios para incorporarlos al proceso.

En las pruebas declarativas, la fuente es la persona que emite la información, y el medio la declaración en el proceso practicada en los términos que contempla la LECrim. En la prueba documental, el documento es la fuente, que se incorpora al proceso mediante la propuesta y admisión judicial para su práctica en el plenario. Plantea controversia doctrinal la prueba pericial. Según MONTERO AROCA (p. 110), en la prueba pericial la fuente no es el perito, sino la materia o persona que se somete a la pericia, mientras que el medio es la actividad pericial y el dictamen. Ahora bien, también podemos considerar que la fuente de información es la persona que tiene el conocimiento experto, quien suministra las generalizaciones empíricas, leyes científicas o máximas técnicas para que el juez o tribunal pueda realizar inferencias, o también aporta tales inferencias. Desde tal perspectiva, la prueba pericial es una prueba personal, por lo que la fuente es el propio perito, y el medio, la actividad de introducción de esos conocimientos expertos en el proceso mediante la práctica de las actividades periciales y la declaración del experto en juicio.

Por otra parte, en la práctica de un mismo medio de prueba puede haber involucradas varias fuentes de prueba —*v.gr.* inspección ocular—, y una misma fuente de prueba puede dar lugar a varios medios de prueba. Así, un mismo testigo realiza la diligencia de identificación visual en fase investigativa (arts. 369 y ss. LECrim) y declara en el acto de la vista permitiendo someter a contradicción las circunstancias de la identificación (SAP de Sevilla de 27/10/2023-*Tol-9.846.729*):

> «en las identificaciones visuales, la fuente de prueba, el origen de la información, es la persona del testigo. Ahora bien, el medio de prueba, entendido como la actividad a través de la cual la fuente ingresa en el proceso no es único, sino doble. No consiste exclusivamente en la declaración testifical de la persona en juicio oral, sino también en la sujeción de la identificación a ciertas reglas que permiten la preconstitución del acto identificativo. Tales reglas tienen por objeto minimizar el riesgo de error, siempre presente en las identificaciones. Que ello es así lo evidencia jurídicamente el hecho de que las actas y videograbaciones que documentan las identificaciones tienen acceso al juicio oral con independencia de la disponibilidad del testigo.»

La distinción se introdujo con la finalidad de promover cierta uniformidad y precisión terminológica en el razonamiento probatorio, ante el uso indistinto y confuso de conceptos tales como materia, elementos, motivos, objetos y temas de prueba en una época histórica en la que los estudios probatorios en el ámbito continental aún no se habían nutrido de elementos provenientes de la epistemología de la ciencia. También facilita la garantía de la contradicción defensiva, pues, en principio, cada fuente de prueba debe introducirse en el proceso a través de ciertos medios. Así, *v.gr.*, la persona debe declarar como testigo en juicio, sin que baste la lectura de su declaración sumarial, con las salvedades que veremos. De otro modo, se menoscabaría la contradicción en la formación de la prueba declarativa. Por otra parte, proponer como prueba documental la lectura de todos los folios del expediente procesal debería dar lugar a su inadmisión por el tribunal, pues no se trata de un documento, sino de un soporte documental que puede incorporar fuentes documentales, pero también identificar fuentes de otra naturaleza, que deben ser correctamente propuestas para ser admitidas como pruebas.

UBERTIS (p. 73) ha actualizado la distinción, ampliándola para incluir todos los elementos que integran lo que denomina la secuencia probatoria. Para este autor, la fuente de prueba es el sujeto o la cosa que suministra la información relevante. Medio de prueba es la actividad a través de la cual se introduce en el procedimiento la fuente de prueba. Elemento de prueba es la información emitida por la fuente a través del medio de prueba, y que puede ser utilizado como fundamento de una posterior actividad inferencial. Fruto de tal actividad, obtendremos el resultado de prueba. Finalmente, la conclusión probatoria se alcanza al término de la valoración probatoria, momento en el que el juez identifica, entre el material adquirido durante la práctica de la prueba el que considera adecuado para tomar la decisión. Así, si la información —elemento de prueba— que da el testigo la consideramos fiable en el caso concreto, la consideraremos resultado de prueba y, como tal, puede ser tomado en cuenta para la conclusión probatoria.

Por último, en la medida en que en la fase investigativa también se formulan hipótesis interinas que se someten a control provisional —juicio de imputación—, cabe entender que, para ello, es preciso disponer de fuentes de información —fuentes de prueba— que suministrarán datos investigativos en apoyo de tales hipótesis, para lo que deberán introducirse en el expediente investigativo como diligencias de investigación o simplemente identificarse. Tales fuentes podrán, posteriormente, ser utilizadas o no en juicio oral si se proponen como medios de prueba. GUZMÁN FLUJA (pp. 58 y ss.), en esta línea, ha propuesto oponer a la tríada fuente de prueba-medio de prueba-dato probatorio, la de fuente investigativa-medio investigativo-dato investigativo, con la finalidad de dar cuenta de las distintas situaciones, señalando que las fuentes investigativas adquiridas para la instrucción son potenciales fuentes de prueba para el juicio oral.

5. EL OBJETO Y EL TEMA DE PRUEBA

5.1 Precisiones introductorias

Para la teoría general de la prueba, objeto de prueba son todas las afirmaciones de hecho de las partes. Aquello que se pretende conocer mediante un medio de prueba. MUÑOZ SABATÉ señala que pueden ser también objeto de prueba otros elementos tales como el derecho extranjero, la costumbre y hasta hechos notorios no generalizados.

El tema de prueba tiene una extensión menor. Se entiende por tal las afirmaciones de hecho subsumibles directa o indirectamente en la norma jurídica cuya aplicación se pretende. El tema de prueba se conforma por todos los enunciados descriptivos de un hecho jurídicamente relevante para la decisión, sea principal o secundario.

Aquí conviene tener presente que el objeto del proceso penal, en su vertiente fáctica, lo conforma la hipótesis acusatoria sobre el hecho y la participación de la persona en él. La culpabilidad del acusado, que incluye todos los elementos objetivos y subjetivos del delito, debe quedar acreditada más allá de toda duda razonable. Por el contrario, la hipótesis de la inocencia no precisa de prueba, pues se presume constitucionalmente (art. 24.2 CE). La hipótesis de la culpabilidad y la hipótesis de inocencia no están en pie de igualdad. Como ha dicho IGARTUA SALAVERRÍA (2021, pp. 105 y ss.), acusación y defensa no juegan al mismo juego. Una persigue la condena y otra la absolución, pero mientras la primera debe probar la culpabilidad del acusado, a la segunda le basta con mostrar la debilidad de la acusación. Esta asimetría, constitucionalmente consagrada tiene evidentes repercusiones probatorias, como tendremos ocasión de ver más adelante. En esta línea, también se ha dicho (GUZMÁN, p. 194) que «el nexo verdad/justicia de la decisión debe ser interpretado en el sentido verdad de la hipótesis acusatoria/justicia de la decisión condenatoria, pues solo en presencia de la verdad de la hipótesis acusatoria puede justificarse una sentencia desfavorable para el acusado, mientras que cuando la sentencia es favorable, puede justificarse en valores diversos».

Seguidamente, distinguiremos diferentes tipos de hechos con relevancia para el razonamiento probatorio, siguiendo a TARUFFO, GONZÁLEZ LAGIER, y UBERTIS. Utilizamos el término hecho como expresión abreviada de enunciado de hecho.

5.2 Hecho genérico y hecho individual

El supuesto de hecho de la norma es un hecho genérico —una clase de hechos—, y se configura como condición de aplicación de la consecuencia jurídica. A través de la prueba se aportan los elementos de juicio que permiten al juzgador resolver sobre si resultan acreditados o no hechos individuales —ocurridos en un momento y lugar concretos— subsumibles en el hecho genérico de la norma, y si tales hechos han sido cometidos por una persona, como paso previo a imponer o no la pena correspondiente al sujeto.

El hecho individual, por otro lado, puede ser principal, esto es, el que integra directamente el conjunto de circunstancias que permiten la subsunción en la premisa fáctica de la norma. Pero también son objeto de prueba hechos individuales secundarios cuya finalidad es, bien sentar las bases para inferir hechos individuales principales, bien excluir los hechos principales.

5.3 Hecho a probar y hecho probatorio

Probar un hecho consiste en inferir ese hecho de otros hechos resultantes de las pruebas practicadas. Podemos inferir la proposición X mató a Y, de la afirmación del testigo que dijo haber visto a X matar a Y. Ello permite distinguir el hecho a probar del hecho probatorio. En este sentido, como pone de relieve ANDRÉS IBÁÑEZ (pp. 25 y ss.) BENTHAM diferenció entre el hecho principal —cuya existencia o inexistencia se trata de probar— y el hecho probatorio —el empleado para acreditar la existencia o inexistencia de aquél—. UBERTIS, por su parte, distingue entre el hecho jurídico-sustancial —hecho a probar— y el hecho jurídico-procesal probatorio, o hecho con aptitud para probar operando como premisa menor de un razonamiento inferencial.

5.4 Hecho empírico y hecho normativo

Se entiende por hecho empírico el hecho bruto, constatable en el mundo externo a través de la observación. Hecho normativo o valorativo es aquél cuya concurrencia depende del conjunto de conceptos con los que los clasificamos y comprendemos. Hay hechos a probar netamente empíricos —*v.gr.* acceso carnal por vía vaginal— y hechos predominantemente valorativos —*v.gr.* realizar actos de exhibición obscena—. Qué sea o no obsceno no depende de la pura percepción sensorial. Las conductas omisivas son otro ejemplo de hechos valorativos: la afirmación de la existencia de un deber de actuar no depende de la percepción, sino del conocimiento de reglas y de la argumentación.

La distinción, en todo caso, no es categórica o dicotómica, sino de grado: todo hecho combina elementos observacionales y normativos, y presenta un componente interpretativo (GONZÁLEZ LAGIER). Por eso la actividad probatoria no se reduce a la simple reconstrucción de un hecho bruto preexistente a través de medios de prueba que permitan tal reconstrucción aséptica: es consustancial a la valoración la emisión de juicios de valor. A tal efecto, es relevante distinguir entre hechos externos, percibidos e interpretados.

5.5 Hecho externo, percibido e interpretado

Hecho externo es el evento ocurrido cuya existencia es independiente del observador. La existencia de hechos externos, filosóficamente discutida, constituye una creencia generalizada, un presupuesto de la vida social y jurídica. El hecho percibido es el hecho externo captado a través de los sentidos. Un mismo hecho puede ser percibido de formas distintas por diferentes sujetos si sus capacidades sensoriales divergen. No obstante, como la mayor parte de tales capacidades son compartidas, existe un fondo común que permite afirmar la intersubjetividad de la categoría. Finalmente, el hecho interpretado es la descripción o interpretación que hacemos de los hechos percibidos, y que dependen del trasfondo o «red de conceptos, categorías, teorías, vivencia, precomprensiones del mundo, etc, que dirigen nuestras percepciones y actúan como criterio de selección de los datos sensoriales que percibimos» (GONZÁLEZ LAGIER, 2013).

La distinción es relevante para descartar tanto un objetivismo ingenuo que defiende la existencia de un mundo objetivo de cosas íntegramente asequible a través del conocimiento, como un subjetivismo radical que sostenga la imposibilidad de ese conocimiento. Es posible conocer con cierta aproximación si ocurrieron y cómo ocurrieron los hechos del caso con un abordaje crítico, consciente de la conexión entre el hecho externo, como ideal regulativo, el hecho percibido y el hecho interpretado. La distinción nos permite evaluar correctamente los hechos probatorios.

5.6 Hecho admitido

En el proceso civil es reconocida la diferencia entre el hecho controvertido, o aquél que es negado por la contraparte, expresa o tácitamente, y, por ello, debe ser probado, y el hecho admitido o reconocido, que se encuentra exento de prueba, salvo que la materia del proceso esté fuera del poder de disposición de las partes (art. 281.3 LEC).

Dada la indisponibilidad del objeto del proceso penal, en principio, no cabe hablar de hechos admitidos o reconocidos, salvo en lo que atañe al instituto de la conformidad, objeto de análisis en otro capítulo de este libro. No obstante, conviene dejar apuntada una cuestión conexa.

El objeto del proceso penal lo constituye la pretensión acusatoria, por lo que queda configurado por la hipótesis de la acusación, que no se encuentra en pie de igualdad con la defensiva expresamente alegada o con otras defensivas posibles no alegadas. Al ser así, como señala el TS (por todas, STS de 14/06/2018 [*Tol 6646074*]): «...el Tribunal sentenciador tiene limitado su poder jurisdiccional a los términos de la acusación, que no pueden ser superados en perjuicio del reo, pues se desbordaría ese límite infranqueable si se desatendiese la apreciación de una circunstancia atenuante o una eximente incompleta solicitada por la única parte acusadora. No es suficiente que la pena no supere la pedida por la acusación, pues resulta obligado, igualmente, en esos casos la apreciación de la circunstancia atenuante o eximente correspondiente. Esta misma doctrina jurisprudencial había sido ya establecida en las sentencias de este Tribunal de 4 de noviembre [*Tol 406087*] y de 30 de septiembre de 2008 [*Tol 1389525*]. En estas resoluciones se consideró que la inaplicación en sentencia de circunstancias atenuantes y eximentes incompletas postuladas por las acusaciones vulnera el principio acusatorio y también el derecho de defensa». En consecuencia, los términos del escrito acusatorio delimitan el objeto de debate eximiendo de prueba aquéllos extremos contenidos en la hipótesis acusatoria que sean beneficiosos para el acusado.

5.7 Hecho notorio

Hecho notorio es aquél no controvertido por formar parte de la cultura normal propia de un determinado grupo social en el tiempo en que se produce la decisión judicial, incluyendo al juez y que, por tanto, está exento de prueba por no resultar controvertido (MUÑOZ SABATÉ p. 239). Las *Federal Rules of Evidence* estadounidenses define los hechos notorios en su artículo 201 como los hechos que no son susceptibles de una disputa razonable debido a que son ampliamente conocidos dentro del ámbito territorial del tribunal del juicio o pueden ser determinados de forma acertada y fácilmente de fuentes cuya fiabilidad no puede ser razonablemente cuestionada. En todo caso, la consideración de un hecho como notorio o no, dependerá finalmente del conocimiento o cultura del juez (TARUFFO, p. 144). Que en 2020 hubo una pandemia derivada de la enfermedad causada por el virus SARS-CoV-2, y que ello provocó restricciones a la libertad de movimientos en los Estados afectados, constituye un hecho notorio. Y de él cabe extraer consecuencias probatorias —*v.gr.* si en tal contexto una persona hizo acopio de una cantidad de droga superior a las que la jurisprudencia estima que pueden entenderse ordenadas al consumo propio, podría considerarse que las adquirió para el propio consumo por la necesidad de abastecerse de más cantidad de la ordinaria—.

6. PRUEBA ANTICIPADA Y PRUEBA PRECONSTITUIDA

6.1 La regla y las excepciones

Como hemos visto, sólo tienen valor probatorio para desvirtuar la presunción de inocencia las pruebas practicadas en juicio oral. Así lo indica el TC desde la STC 31/1981. La STC 32/1994 [*Tol 82441*] dice: «únicamente pueden considerarse auténticas pruebas que vinculen a los órganos de la justicia penal aquéllas...practicadas en el juicio oral...ningún valor probatorio cabría atribuir a la documentación de las diligencias de investigación judiciales, puesto que...son...actos de investigación encaminados a la averiguación del delito e identificación del delincuente pero no constituyen en sí mismas pruebas de cargo...ya que su finalidad específica no es la fijación definitiva de los hechos... sino permitir la apertura de juicio oral...». La STC 145/1985 [*Tol 79535*] aclara que ello es así no sólo por establecerlo el art. 741 Lecrim, sino también como consecuencia de los principios de oralidad, inmediación y contradicción, que rigen el juicio oral, y que se vinculan con el derecho del acusado a la defensa y a un proceso público con todas las garantías, de modo que únicamente cuando las pruebas se practican en juicio oral, se respetan plenamente tales principios.

Dicha regla, no obstante, tiene algunas excepciones. En concreto, como señala la STC 82/1992, se trata de los supuestos de prueba preconstituida y anticipada y un grupo heterogéneo de casos de diligencias sumariales que se reproducen en el acto de la vista al amparo del art. 730 LECRIM. Nos referiremos a la prueba preconstituida y a la anticipada y abordaremos en el capítulo 48 la cuestión, más amplia, de la lectura de las actuaciones practicadas durante la instrucción. Antes de continuar, conviene dejar aquí apuntado que en la jurisprudencia del TC las categorías no son claras, pues, en ocasiones, se utilizan indistintamente los términos de prueba preconstituida, y prueba anticipada en conjunción con las prescripciones del artículo 730 Lecrim, lo que dificulta la identificación del supuesto de hecho. Por último, MIRANDA ESTRAMPES (pp. 317 y ss.) ha señalado que las excepciones a la regla tienen un carácter restrictivo y deben, a su vez, ser interpretadas restrictivamente.

6.2 La prueba anticipada

La prueba anticipada es aquélla que tiene lugar una vez concluida la investigación, en fase de juicio oral y antes del inicio de las sesiones del juicio, ante el tribunal de enjuiciamiento, debido a la imposibilidad material de que se practique en la vista oral.

Se acude al anticipo probatorio cuando, por razones sobrevenidas, pueda preverse que la fuente de prueba no estará disponible para el día del juicio oral, de modo que no pueda practicarse en él o pueda motivar su suspensión. Se regula en los arts. 657.3, 781.13 y 784.2 LECrim. Dos son los requisitos para acudir a esta figura: a) La imposibilidad de practicar la prueba en juicio y, b) La previsibilidad de tal imposibilidad.

En cuanto a la práctica de la prueba, ésta tiene lugar en presencia del juzgador, con plena vigencia de todos los principios propios del juicio oral. Sobre el modo en que la fuente de prueba accede al juicio oral, MIRANDA ESTRAMPES (p. 331) señala que se produce mediante la lectura del acta levantada con ocasión de la práctica de la prueba o, en su caso, reproducción de la videograbación. No obstante, también cabe entender que, en sentido estricto, no hay un procedimiento específico de acceso de la fuente de prueba al juicio oral, pues se ha verificado una verdadera actividad probatoria ante el órgano de enjuiciamiento, si bien anticipadamente. En consecuencia, la información proporcionada por la fuente de prueba tendría en principio el mismo valor probatorio si se hubiera anticipado que si se hubiera obtenido en juicio oral. En cualquier caso, si en el momento de iniciarse las sesiones de juicio hubiera desaparecido el motivo que justificó acudir al anticipo probatorio, éste pierde su eficacia.

6.3 La prueba preconstituida

6.3.1 Concepción estricta de prueba preconstituida

El concepto de prueba preconstituida nace en el proceso civil. Mientras que la prueba simple u ordinaria es la que se forma en el propio proceso —*v.gr.* el testimonio de una persona para acreditar la existencia de un contrato—, la prueba preconstituida es la que se forma antes del proceso, con el propósito de acreditar en el futuro la existencia de un hecho o acto con relevancia jurídica —*v.gr.* el escrito que documenta el contrato—. Se crea, así, intencionada y expresamente, para poder acreditar el hecho o acto con posterioridad.

La traslación del concepto de prueba preconstituida al proceso penal plantea muchas dificultades conceptuales, pese a lo cual tanto la doctrina como la jurisprudencia del TC y el TS, la han incorporado, si bien a costa de graves dificultades prácticas para identificar su ámbito aplicativo. MIRANDA ESTRAMPES (pp. 323 y ss.) ha puesto de relieve la conveniencia de eliminar esta categoría pues puede actuar como pretexto para justificar la indebida eficacia probatoria de una diligencia sumarial. En opinión de este autor, los supuestos en los que la doctrina y la jurisprudencia acuden al concepto de prueba preconstituida, si no son reconducibles al art. 730 LECrim —diligencias irreproducibles, esto es, las practicadas en el sumario, que, por causas independientes de la voluntad de las partes, no puedan ser reproducidas en el juicio oral—, deben ser desterrados.

Así, la inspección ocular judicial accede al plenario por la vía del art. 730 LECrim mediante la lectura del acta que la documenta, pues se trata de una diligencia que no puede volver a practicarse en juicio. Sin embargo, la información obtenida a través de la inspección ocular policial accede al juicio a través de las declaraciones testificales de los funcionarios policiales que en ellas intervinieron. En cuanto a las pruebas periciales, si bien las operaciones periciales y el dictamen suelen elaborarse en la instrucción, los redactores del informe deben acudir a juicio, de modo que, en sentido estricto, nos encontramos ante una prueba personal que se practica en el plenario. Hay diligencias investigativas a través de las cuales se obtienen fuentes de prueba —*v.gr.* registros domiciliarios o interceptación de comunicaciones—. En tal caso, el acceso de las informaciones a juicio exige que las diligencias se hayan ajustado a las exigencias constitucionales y legales, por lo que la actividad probatoria en juicio consistirá en el examen del soporte que documente la diligencia investigativa y de los objetos incautados que se incorporan como piezas de convicción y que constituyen la fuente de información.

En cuanto a los testigos, si la fuente de prueba, por causas sobrevenidas, no está disponible para el juicio oral —*v.gr.* por fallecimiento, enfermedad, etc.—, y la diligencia investigativa se llevó a efecto posibilitando la contradicción defensiva, puede activarse el mecanismo contemplado en el art. 730 LECrim. Ahora bien, si era previsible en la propia instrucción la imposibilidad posterior, debe acudirse al mecanismo contemplado en los siguientes artículos, que pueden concebirse como supuestos de preconstitución probatoria en sentido estricto:

a) Por un lado, los supuestos que contemplan los arts. 448, 449 y 449 *bis* LECrim, esto es, los casos en los que sea previsible que el testigo vaya a fallecer o a sufrir incapacidad física o intelectual antes del juicio o vaya a ausentarse del territorio nacional y no sea factible acudir a los mecanismos de cooperación internacional para obtener su declaración en juicio. En tales supuestos, el Juez Instructor debe convocar inmediatamente al testigo para recibirle declaración, garantizando la contradicción defensiva a través de la citación de la persona investigada y de su letrado, y de las acusaciones, de haberlas, cuyas ausencias injustificadas no impiden la práctica de la preconstitución. En dicho acto, el instructor debe asumir un papel secundario, permitiendo que protagonicen el interrogatorio las partes. La diligencia se documentará en soporte audiovisual, que se reproducirá, a propuesta de las partes, en el acto de la vista y que podrá ser valorada como prueba de cargo (art. 730.2 LECrim). De existir inmediato peligro de muerte para el testigo, el instructor practicará también de forma inmediata la declaración, aun cuando el investigado no tenga designado letrado.

b) Además, en los supuestos contemplados en el art. 449 *ter* LECrim, tratándose de menores de 14 años o personas con discapacidad necesitadas de especial protección en determinados delitos, el instructor acordará preceptivamente preconstituir la fuente de prueba. En tales casos podrá recabar la intervención de expertos en psicología del testimonio para la adecuada obtención de la información de los testigos y utilizar mecanismos que eviten la confrontación visual con la persona encausada.

En cuanto al valor probatorio de la prueba preconstituida es apta para desvirtuar la presunción de inocencia. Con todo, no debe olvidarse que, por más que se garantice la contradicción defensiva en la preconstitución de la fuente, tal contradicción será necesariamente limitada y no equivalente a la del juicio oral, pues el interrogatorio se habrá producido en un espacio investigativo, antes de haberse formalizado la hipótesis acusatorio y de conocer el contenido, actual o potencial, de otras fuentes de prueba.

6.3.2 Concepción amplia de prueba preconstituida

Otros autores defienden una concepción amplia de la prueba preconstituida. Así, estiman que toda fuente de prueba, por definición, preexiste al proceso. Las fuentes preexistentes pueden ser casuales o preconstituidas. Pues bien, lo que caracteriza al proceso penal es que la propia instrucción transforma las pruebas casuales en preconstituidas, ya que las fuentes preexistentes se orientarán a un objetivo concreto: la decisión sobre el sobreseimiento o apertura de juicio oral. GUZMÁN FLUJA, p. 301). Por tanto, conceptualmente, bajo este ángulo, todas las fuentes obtenidas durante la fase investigativa se preconstituyen.

Ahora bien, el acceso de la fuente de prueba preconstituida al juicio oral puede producirse a través del procedimiento ordinario —esto es, propuesta y practicada a través del correspondiente medio de prueba: el documento se incorpora al cuadro de prueba como prueba documental, o el testigo como prueba testifical— o mediante un procedimiento extraodinario —la lectura o reproducción del soporte que documenta la diligencia de investigación practicada en fase instructora—. En este segundo caso, hablamos de prueba preconstituida.

La activación de uno u otro procedimiento depende de la disponibilidad de la fuente de prueba (GUZMÁN FLUJA, pp. 210 y ss.). Si se encuentra disponible para ser aportada como medio probatorio, será propuesta y practicada de este modo. En otro caso, y siempre y cuando concurran otras circunstancias adicionales que veremos más adelante, ello tendrá lugar a través del procedimiento extraordinario.

Hay, no obstante, supuestos en los que la fuente no está disponible —*v.gr.* el testigo falleció antes del juicio—. En tales casos, deben distinguirse los supuestos en los que dicha falta de disponibilidad era previsible, de aquéllos otros en los que resulta imprevisible.

En los casos de previsibilidad de la indisponibilidad de la fuente de prueba, la ley exige la observancia de una serie de garantías en la obtención, conservación y aportación a juicio de la fuente de prueba (MORENO CATENA, pp. 424 y ss.). Las garantías en la obtención se refieren, en síntesis, al ajuste a la legalidad de las diligencias investigativas de que se trate y a la intervención judicial. Las garantías en la conservación se refieren, en caso de que se trate de pruebas materiales, a la cadena de custodia, que debe garantizar que la fuente originaria no sufrió alteraciones o manipulaciones. Finalmente, las garantías en la aportación a juicio implican la propuesta de parte y la lectura del soporte o su reproducción en juicio.

Por último, si la indisponibilidad es sobrevenida, la utilización de la prueba preconstituida como prueba de cargo dependerá de la mayor o menor observancia de las garantías antes señaladas, de modo que todo déficit relevante de contradicción en la formación de la prueba impide fundar en ella una sentencia de condena, pues, en otro caso, se vulneraría el art. 6.3.d) CEDH.

7. INICIATIVA PROBATORIA

7.1 Consideraciones generales

El proceso penal del Estado constitucional es un proceso de estructura triangular. En él, la parte acusadora debe probar su hipótesis, mientras que a la defensa le basta con refutar dicha hipótesis introduciendo una duda razonable. Por su parte, el juez debe decidir sobre la hipótesis acusatoria a la luz de los elementos de juicio resultantes de la prueba. En síntesis: quien afirma debe probar su afirmación; la parte frente a la que se afirma tiene derecho a defenderse frente a la afirmación; y quien decide sobre la realidad de la afirmación debe ser un tercero neutral. Es evidente, así, que el elemento más característico del estatuto judicial es la imparcialidad: el juez debe ser un ajeno al conflicto. Así, conforme a la jurisprudencia constitucional, el derecho al juez imparcial forma parte del derecho a un proceso con todas las garantías, que consagra el art. 24.2 CE.

El estatuto de imparcialidad se salvaguarda mediante el establecimiento de determinadas garantías orgánicas, pero también procesales, entre las que tiene especial relevancia el método de reconstrucción de los hechos. Por lo que atañe a la prueba, la imparcialidad se preserva limitando la iniciativa probatoria del juzgador. De esta forma se evita el riesgo de suplencia de la inactividad probatoria acusatoria, riesgo siempre presente en la práctica dada la estrecha vinculación entre las carreras judicial y fiscal y el trato tradicionalmente deferente hacia la fiscalía por parte de los tribunales. Además, lo que debe quedar probado, como hemos visto, es la hipótesis acusatoria, quedando excluida, en todo o en parte, por la duda razonable, con lo que tales dudas no debieran ser disipadas por el tribunal mediante el acuerdo de pruebas de oficio, sino resueltas aplicando el art. 24.2 CE.

En cualquier caso, no se excluye la iniciativa, sino que se limita, pues se produce una colisión entre el interés en la obtención de la mayor información posible para la reconstrucción del relato histórico y la preservación de la imparcialidad objetiva del tribunal, colisión que debe resolverse respetando siempre el principio acusatorio y los derechos de defensa y contradicción, tal y como tiene declarado reiteradamente el TC.

Así, la STC 229/2003 [*Tol 334829*] señala que «teniendo en cuenta que la justicia constituye un valor superior del ordenamiento jurídico (art. 1.1 CE) y la tutela judicial efectiva un derecho fundamental de toda persona (art. 24.1 CE), para cuya protección el juez necesita lógicamente conocer, con la mayor certeza posible, la realidad fáctica sobre la que ha de aplicar el derecho, no parece jurídicamente admisible privar al órgano jurisdiccional de esta cuestionada iniciativa probatoria...».

Ahora bien, la misma resolución, en línea con la STC 188/2000 [*Tol 81350*] destaca también que «en la iniciativa probatoria de oficio, la garantía de imparcialidad objetiva exige, en todo caso, que con su iniciativa el juzgador no emprenda una actividad inquisitiva encubierta». En definitiva, se trata de evitar que se confundan los espacios de investigación y prueba.

Dos son las cuestiones a abordar: la facultad del juez de acordar la incorporación de pruebas no solicitadas por las partes, y la facultad de intervenir en la práctica de la prueba, en particular, de las declarativas, formulando preguntas y pidiendo aclaraciones. En cuanto a la facultad del juez de ordenar de oficio la instrucción suplementaria a que se refiere el art. 746.6 LECrim, la trataremos en el capítulo relativo al juicio oral.

7.2 La prueba acordada de oficio

El art. 728 LECrim establece la regla general: no pueden practicarse otras pruebas que las propuestas por las partes. El art. 729 LECrim contiene dos excepciones, a los efectos que nos interesan: los careos de los testigos entre sí o con los procesados o entre éstos, que el presidente del tribunal puede acordar de oficio, y las diligencias de prueba no propuestas por ninguna de las partes, que el tribunal considere necesarias para la comprobación de cualquiera de los hechos que hayan sido objeto de los escritos de calificación.

La jurisprudencia del TS (por todas, STS de 28/01/2016 [*Tol 5632713*]), ha señalado que la iniciativa que dicho precepto atribuye al tribunal debe ser considerada como prueba sobre la prueba o metaprueba. Por tanto, no tiene por objeto probar hechos favorables o desfavorables, sino contrastar o verificar otras pruebas aportadas por las partes, en particular para determinar si esas otras pruebas son o no fiables.

La dificultad radica en determinar, en casos concretos, el alcance de esa facultad de contraste, como evidencia la existencia de resoluciones contradictorias del TS. Así, el recurso de oficio al mecanismo previsto en el art. 714 LECrim para depurar las contradicciones entre la declaración sumarial y la prestada por el testigo en juicio oral ha sido validado por la STS de 4/11/1996-*Tol-405.973* pese a que dicho precepto establece que la lectura se producirá a petición de las partes. Por el contrario, la STS de 7/4/1999 [*Tol 5151123*] entendió que el rescate de la declaración sumarial del acusado acordada de oficio lesionaba el derecho al juez imparcial. En cualquier caso, la doctrina de la Sala remarca que el art. 729.2 no puede ser interpretado de forma que autorice una toma de posición del tribunal que pudiera suponer el abandono de su imprescindible imparcialidad para subsanar la inacción o los posibles errores de las partes, especialmente de la acusación.

7.3 La intervención del tribunal en las pruebas de las partes

El artículo 708.2 LECrim establece que «El presidente, por sí o a excitación de cualquiera de los miembros del tribunal, podrá dirigir a los testigos las preguntas que estime conducentes para depurar los hechos sobre los que declaren».

La propia redacción del precepto pone de relieve el hecho de que el tribunal no está facultado para proceder a un nuevo interrogatorio del testigo cuando han finalizado los interrogatorios de las partes, sino que lo que se contempla es una intervención de carácter puntual para una mejor aclaración y concreción de los hechos sobre los que está declarando el testigo, no sobre otros hechos distintos. No cabe, en consecuencia, la formulación de preguntas sobre extremos que, aun constando recogidos en los escritos de acusación, no hayan sido introducidos en el debate del juicio oral por las propias partes.

Dicha intervención puede tener lugar una vez que las partes hayan concluido sus interrogatorios, en cuyo caso debe concederse nuevo turno de palabra tras la intervención del tribunal, o en el momento en el que surge la duda.

La jurisprudencia tiene afirmado que esta facultad comprende también la de pedir aclaraciones a la persona acusada, si bien, dado el particular estatuto de ésta, el ejercicio de tal facultad deba ajustarse a las singularidades que caracterizan su posición en el proceso, pues la persona acusada tiene los derechos constitucionales a no declarar y a no declarar contra sí mismo, por lo que cuando las preguntas provengan del tribunal, ha de informarse al acusado de que puede no responder a ellas.

También cabe extender tal facultad al interrogatorio en juicio de los peritos, si bien en este caso, cabe estimar que las facultades del tribunal son más amplias. El perito proporciona al tribunal conocimientos expertos de los que carece para que pueda evaluar adecuadamente otros medios de prueba o ciertos hechos del caso. En consecuencia, si el tribunal no entiende extremos del peritaje tales como la validez de los fundamentos de la técnica usada, el modo en que se ha aplicado esa técnica en el caso, la cualificación del experto, o la forma en la que expresa sus conclusiones, estimamos que ha de poder pedir las aclaraciones que considere convenientes para comprender el dictamen que ha de valorar, pues sería un contrasentido institucional recurrir a un experto para que proporcione información que el tribunal no llega a entender.

8. LA CARGA DE LA PRUEBA EN EL PROCESO PENAL

8.1 Planteamiento general

La doctrina introdujo a principios del siglo XIX la teoría de la carga de la prueba partiendo del principio que hace recaer la prueba de los hechos sobre la parte que los alega o sobre aquélla que está en mejores condiciones de demostrarlos. Según esa teoría, ha de distinguirse entre carga subjetiva o formal, regla que se dirige a las partes indicándoles qué hechos ha de acreditar cada una, y carga objetiva o material o regla de juicio dirigida al juzgador, imponiéndole el modo de solventar las dudas cuando algún hecho alegado sea incierto en función de a qué parte correspondía acreditarlo. Con arreglo a tal concepción, correspondía al demandante probar los hechos constitutivos de la pretensión que ejercita y al demandado los hechos impeditivos, extintivos, excluyentes o modificativos. Trasladando tal teoría al proceso penal, se sostuvo que correspondía a la acusación acreditar la hipótesis de cargo —hecho punible y participación del acusado en él— y a la defensa, la de descargo —fundamentalmente, la actuación en una situación de error o la concurrencia de las circunstancias que excluyen o atenúan la responsabilidad—. Correlativamente, las situaciones de incertidumbre sobre la existencia del hecho alegado se resolverían en perjuicio de la parte a la que incumbía acreditarlo.

8.2 La doctrina tradicional del TS

Como buen exponente de la teoría expuesta, la STS de 13/2/2018 [*Tol 6958224*], enuncia la doctrina que siempre ha vertebrado la posición del TS. En suma: a) La carga probatoria acerca de la concurrencia de las circunstancias eximentes y atenuantes, como circunstancias obstativas u obstaculizadoras de la pretensión penal acusatoria, compete a la parte que las alega. Se alude así a la carga formal o subjetiva; b) Dichas circunstancias han de estar tan acreditadas como el hecho delictivo mismo. Se introduce un estándar probatorio muy exigente, pues tal formulación, tomada literalmente, implica que deben encontrarse justificadas más allá de toda duda razonable; c) En lógica consecuencia, para tales circunstancias no rige la presunción de inocencia. La deficiencia de datos para valorar si concurrió o no el supuesto de hecho de la eximente o atenuante pretendidas no determina su apreciación. Los déficits probatorios no deben resolverse a favor del reo, sino de la plena responsabilidad penal. Es el aspecto material u objetivo de la carga.

Dicho planteamiento fue objetado por la Sala Segunda en la STS de 14/07/2016 [*Tol 5781808*]. La misma señala que la tesis tradicional es incompatible con la presunción de inocencia. A tal efecto, aclara que la institución de la carga de la prueba cobra sentido en un modelo procesal regido por los principios dispositivo y de aportación de parte, en el que se establecen criterios de resolución de la situación de duda cuyas consecuencias se hacen recaer sobre la parte cuya pretensión se ampara en el hecho que no puede ser afirmado como probado por el resultado dudoso de la actividad probatoria. Sin embargo, en el proceso penal, el derecho fundamental que consagra el artículo 24.2 CE garantiza al acusado que no sufrirá ninguna consecuencia gravosa en caso de duda razonable sobre la veracidad de la afirmación de un hecho, con independencia de que se trata de un hecho constitutivo, extintivo o modificativo de la responsabilidad penal. En consecuencia, «...no ha de ser diverso el alcance de la garantía si de lo que se duda es de la participación causa de responsabilidad que si de lo que se duda es de la existencia de la enajenación de la que depende la inocencia del acusado».

Sin embargo, la STS de 11/05/2017 [*Tol 6100430*] y posteriores, vinieron a reiterar la idea de que la presunción de inocencia no alcanza a las causas excluyentes de la imputabilidad. Ahora bien, la citada resolución añadió algo novedoso: reconoció que la doctrina clásica —las eximentes y atenuantes han de estar tan probadas como el hecho mismo—, «*merece probablemente una revisión ya anunciada en algún aislado precedente*».

8.3 La incompatibilidad entre la doctrina clásica y el art. 24.2 CE

La doctrina tradicional no resiste el test de compatibilidad con el artículo 24.2 CE. La afirmación de que las causas de exención o atenuación han de estar tan probadas como el hecho mismo, vinculada con la de que la carga de acreditarlas compete a quien pretende beneficiarse de ellas tiene por objeto facilitar la labor de la acusación. Su punto de partida es la premisa de que el hecho típico —que debe demostrar— es normalmente antijurídico y culpable, salvo prueba en contra, y parece conforme con la tesis de que al que afirma no puede obligársele a probar los hechos negativos. Ahora bien, la conclusión es objetable.

a) En primer lugar, la presunción de inocencia implica que la inocencia nunca es objeto de prueba: lo que ha de probarse es la culpabilidad. Es irrelevante preguntarse quién ha de suministrar la prueba. Lo importante es identificar qué cosa ha de ser probada. Y tal cosa sólo puede ser la hipótesis acusatoria.

b) Sigue siendo conceptualmente útil la noción de carga material, pues la pregunta acerca de quién pierde si no hay prueba suficiente mantiene su sentido. Ahora bien, la respuesta al interrogante se encuentra en el art. 24.2 CE (FERNÁNDEZ LÓPEZ). En consecuencia, si se genera una duda razonable sobre la concurrencia de la causa de atenuación o exención, ha de apreciarse, pues si no se puede descartar su presencia no cabría constitucionalmente afirmar que el hecho es típico, antijurídico, culpable y punible más allá de toda duda razonable. Esa duda, por otra parte, puede proyectarse tanto sobre la existencia o no de la circunstancia como sobre su grado o intensidad.

c) La noción de carga formal ha de ser reconceptuada. Por un lado, su virtualidad se atenúa dada la vigencia del principio de adquisición procesal, conforme al cual la prueba no favorece exclusivamente a quien las aporta, sino que, practicadas, despliegan efectos que pueden favorecer a cualquiera de ellas. Por otra parte, es habitual considerar la dimensión formal de la carga de la prueba como derivada de la material. Sin embargo, entre una y otra no existe una conexión lógica, pues del deber del juez de resolver en un cierto sentido en caso de falta de prueba suficiente no se infiere nada respecto de la existencia de un deber alguno de las partes. Lo máximo que cabe afirmar es que la carga de prueba formal incentiva de algún modo a la parte cuyas pretensiones pueden ser rechazadas en caso de insuficiencia de pruebas para que las aporte.

Bajo tal ángulo, la expresión carga acusatoria ha de entenderse como el deber institucional de quien promueve el ejercicio del *ius puniendi* de aportar elementos suficientes, de diversa intensidad acreditativa, para justificar tanto el arranque, como la prosecución del proceso como la condena, pues, frente al proceso penal de la sospecha, en el proceso penal de la presunción de inocencia ésta es siempre la hipótesis de partida.

Es evidente que un inadecuado entendimiento de lo que se acaba de exponer, con arreglo al cual correspondería a la acusación acreditar, siempre y en todo caso, no sólo la existencia del hecho típico sino también la ausencia de causas de justificación, de inimputabilidad, de exculpación y de exclusión de la punibilidad, haría prácticamente imposible la labor acusatoria. Sin embargo, un abordaje adecuado pasa por prestar atención a las circunstancias concurrentes en el caso concreto. Y así, si de las mismas resultara que el hecho típico puede considerarse prima facie como antijurídico, culpable y punible, surge en la defensa la necesidad de alegar y acreditar mínimamente los hechos que eximan o atenúen la responsabilidad penal. Por el contrario, si en atención a tales circunstancias existen razones para sospechar que el hecho típico pudiera no ser antijurídico, imputable o culpable sería carga acusatoria descartar la presencia de las correspondientes eximentes o atenuantes. Ello lleva a resaltar el carácter singular del proceso penal, caracterizado por la presencia de una fase instructora.

El juez instructor debe hacer acopio del material que servirá para construir la hipótesis inculpatoria y, en su caso, la defensiva, pues el artículo 2 LECrim obliga también a consignar y apreciar las circunstancias favorables para el encausado. Ello explica que, llegado el momento, las partes suelan recurrir para la proposición de prueba al material recopilado durante la instrucción. MIRANDA ESTRAMPES ya advirtió, a tal efecto, la incompatibilidad entre la vertiente subjetiva de la carga material y el proceso penal aludiendo a las facultades instructoras autónomas del juez.

Así las cosas, si de ese material resultara un principio, aun mínimo, de justificación de la presencia de una causa de exención o atenuación, no podría afirmarse que el hecho típico pudiera considerarse prima facie sin más como antijurídico, culpable y punible. Por tanto, la acusación habría de articular los correspondientes medios de prueba para descartar la existencia de las posibles eximentes o atenuantes advertidas, con independencia de la posición que pudiera adoptar la defensa. Ello habrá de ocurrir, con mayor razón, en virtud del principio de adquisición procesal, si la propia acusación introduce en el plenario, al proponerlos como medios de prueba, fuentes probatorias que provienen del sumario que generen dudas razonables sobre la presencia de esas causas modificativas de la responsabilidad penal.

En consecuencia, si durante la fase de instrucción no surgen razones para sospechar que pudiera estar presente una causa de exención o atenuación, no puede pretenderse de la acusación que articule su propuesta de medios de prueba anticipándose a la eventual concurrencia de alguna eximente o atenuante. Ahora bien, si en la fase investigativa aflora algún dato del que se infiera la posible concurrencia de tales circunstancias, corresponderá a la acusación proponer los correspondientes medios de prueba para desecharlas. En suma, existe un interés institucional indiscutible en clarificar, en casos dudosos, el sustrato fáctico para determinar si resulta procedente apreciar la causa de exención o de atenuación, de modo que el principio de investigación oficial de los hechos hace preciso un reajuste del concepto de carga formal de la prueba sobre la base del juego combinado de los artículos 24.2 CE, 2 y 299 LECrim.

8.4 La nueva orientación de la Sala Segunda del TS

La STS de 21/03/2024 [*Tol 9981363*], en línea con la STS de 14/07/2016 [*Tol 5781808*], ha supuesto un giro radical en la doctrina clásica. Esta resolución pone de relieve la incompatibilidad entre dicha doctrina y el derecho a la presunción de inocencia pues, lo relevante no es quién deber probar qué sino qué cosa ha de ser probada, así como que la duda razonable sobre la concurrencia de la eximente o la atenuante exige su apreciación. En resumen, la sentencia señala lo siguiente:

a) La existencia de cargas formales no se traduce en que las partes acusadoras y acusadas asuman la misma carga material de prueba. Aquí es donde entra en juego la regla de juicio de la mano de la presunción de inocencia. Esta se encarga de determinar cuál debe ser el resultado probatorio exigible a cada una de las partes en atención a sus respectivas cargas formales para considerar acreditadas las respectivas hipótesis.

   Así, mientras que la carga material de prueba que pesa sobre la acusación implica que esta logre acreditar la realidad de los hechos en los que se sustenta su hipótesis más allá de toda duda razonable, a la defensa le basta con generar una duda razonable acerca de la atendibilidad de dicha hipótesis o con acreditar, en términos de suficiente plausibilidad fáctica, la propia hipótesis defensiva.

b) No se puede imponer una pena cuando el tribunal, a la luz de los resultados de la prueba practicada, tenga dudas razonables de que la persona no merece ser castigada porque resulta plausible, por razonable, que concurra una causa de inimputabilidad

c) Con igual razón, no se puede castigar con la pena prevista en el tipo cuando es plausible que la persona acusada merece, por ser parcialmente inimputable, menos pena.

d) Implícitamente, se viene a sostener que no puede dejar de apreciarse una atenuante cuando existan dudas razonables sobre la concurrencia del sustrato fáctico que permitiría su apreciación.
e) Ante un resultado probatorio de clara incertidumbre sobre si la persona acusada es inimputable o semiinimputable, o sobre la concurrencia de una atenuante, no es asumible que la duda pueda despejarse metodológicamente «in malam partem», declarando probada la mayor imputabilidad posible porque no se haya probado plenamente la inimputabilidad. En este supuesto, la duda sobre que la persona acusada carece de capacidad de culpabilidad seguiría subsistiendo, afectando, nada más y nada menos, a uno de los elementos constitutivos del delito.

El objeto de debate, a partir de ahora, se desplaza: cuándo puede considerarse que existe una duda razonable sobre el sustrato fáctico que permite apreciar la eximente o atenuante.

8.5 Cargas probatorias, silencio y cargas impugnatorias

Estrechamente relacionado con la institución de la carga de la prueba se encuentra el posible aprovechamiento probatorio del silencio de la persona acusada o de la estrategia pasiva de la defensa, cuestión que examinamos en el capítulo 48, 4.3.3.

Igualmente, cabe referirse aquí a la carga defensiva de impugnar déficits probatorios de la prueba acusatoria. A esta cuestión nos referimos en el capítulo 17, 4.2.

9. LAS LAGUNAS PROBATORIAS O LA PRUEBA AUSENTE

9.1 Planteamiento

La completud o comprehensividad de la prueba sobre el caso es un factor que incide sobre la corrección de la reconstrucción histórica. En principio, cuanto más completo sea el cuadro de pruebas relevantes —esto es, relacionadas con el hecho a probar—, mayor probabilidad de acierto en la decisión. En esta línea, FERRER BELTRÁN (2021), distingue entre valor y peso probatorio. El valor probatorio, para este autor, es el grado de confirmación que un conjunto de elementos de juicio aporta a una hipótesis. Por su parte, el peso probatorio mide el grado de completud o riqueza del conjunto de elementos de juicio con el que se adopta la decisión. El peso probatorio sería así el conjunto de elementos de juicio relevantes, favorables o desfavorables, que permiten atribuir valor probatorio a cada una de las hipótesis en conflicto

Pues bien, en el momento de dictar sentencia puede constatarse que había varias fuentes de prueba identificadas o identificables sobre un determinado hecho que podrían haber sido aportadas y no lo fueron. Tal constatación se produce generalmente a través del acceso del expediente investigativo al juicio oral, lo que permite comprobar que hubo fuentes de prueba, o pudo haber fuentes de prueba, relevantes que no se aportaron al juicio. Así, nos encontramos ante el hecho de que el conjunto de medios de prueba relevantes está incompleto. Se produce así una laguna probatoria —desde la perspectiva del hecho— o una prueba ausente —desde la perspectiva de la fuente o medio—.

9.2 La incompletud de la prueba de descargo

Es preciso distinguir entre las posiciones de la acusación y la defensa. La incompletud de la prueba de la defensa es, en principio, irrelevante, en tanto en que no debe generar problemas prácticos, atendida la posición asimétrica que las partes ostentan en el juicio, y el hecho de que el objeto de éste es la hipótesis acusatoria, por lo que las dudas razonables sobre cualquiera de sus extremos deben resolverse en favor de la persona acusada. A la defensa le basta con generar una duda razonable sobre cualquier aspecto de la hipótesis acusatoria. Y esa duda razonable la puede inducir, según los casos, mediante una simple alegación, o aportando un simple principio de prueba, o incluso sin hacer nada.

No obstante, lo cierto es que en la praxis judicial apenas aparece el problema de las lagunas probatorias desde el punto de vista de la acusación mientras que es habitual que surja desde el punto de vista de la defensa. Así, cuando el acusado alega una coartada, explicando que cuando sucedieron los hechos estaba con un tercero suele exigírsele que presente a ese tercero para que declare como testigo, concluyendo que la coartada es falsa o no está probada si no lo hace. No es habitual, por el contrario, que cuando la acusación disponiendo de elementos corroboradores que puedan prestar respaldo potencial a la declaración del testigo único no los aporta, se extraigan consecuencias probatorias de tal falta de aportación, lo que puede deberse a la persistencia de la cultura de la sospecha de raíz inquisitiva.

9.3 La incompletud de la prueba de cargo

En cuanto a la acusación parece claro que cuanto mayor sea el respaldo probatorio positivo que recibe la hipótesis acusatoria, mayor será su nivel de acreditación. Si todas las pruebas son positivas para la hipótesis postulada, podrán descartarse hipótesis alternativas. Ahora bien, si no se han practicado y, por tanto, valorado, todas las que estaban disponibles, entonces podrá afirmarse que el grado de apoyo que recibe la hipótesis será inferior al que habría recibido en el caso contrario, pues se abre paso la duda acerca de qué habría ocurrido de haberse practicado dichas pruebas y haber surtido un efecto negativo para la hipótesis defendida.

Es más, del principio de que nadie suele obrar en contra de sus propios intereses cabe obtener una generalización empírica: de la ausencia de aportación de las pruebas disponibles o, incluso de su ocultación, cabe razonablemente inferir que probablemente su resultado sería contraproducente para la tesis defendida.

Pero, además, tratándose de la acusación pública, debido a su posición institucional, le compete generar un escenario de debate probatorio que permita alcanzar una situación ideal de habla, en la que el decisor conozca todas las informaciones oportunas, a los efectos del éxito de la acción penal, y pueda ponderar todas las razones relevantes tras haberse agotado el potencial de posibles objeciones contra la hipótesis de la acusación. Esta exigencia encuentra, además, reflejo positivo explícito en el art. 2 LECrim, conforme al cual «Todas las Autoridades y funcionarios que intervengan en el procedimiento penal cuidarán, dentro de los límites de su respectiva competencia, de consignar y apreciar las circunstancias así adversas como favorables al presunto reo».

Por otro lado, admitir la condena en tales casos supone establecer incentivos para llevar a cabo investigaciones incompletas en las que la acusación puede decidir selectivamente qué tipo de pruebas utilizar y cuáles ocultar, con lo que la reconstrucción del suceso histórico acabaría siendo unilateral al quedar, en realidad, en manos de los representantes del poder estatal de persecución. El papel de la jurisdicción, como poder decisor imparcial, como tercero ajeno, quedaría seriamente comprometido si aceptara declarar probadas hipótesis sustentadas en cuadros probatorios incompletos cuando la incompletud carece de justificación.

9.4 Consecuencias

No obstante, fuera de los casos sencillos, no es fácil fijar reglas cerradas acerca del impacto que la laguna probatoria o prueba ausente puede tener sobre la valoración. La regla del caso fácil, sujeta a excepciones, sería la siguiente: si existiendo prueba disponible relevante, identificada o identificable, la acusación aboca a un escenario probatorio de prueba única sobre el particular controvertido, no puede estimarse acreditado. La razón de ello radica en que en el juicio de suficiencia se introduce no sólo la prueba practicada sino también la ausente por exigencias del proceso justo. Esto es, el juicio de suficiencia no es epistémico, sino jurídico constitucional.

Más allá del supuesto examinado, si existiendo pruebas disponibles relevantes, identificadas o identificables, la acusación no las aporta, para determinar si la ausencia tiene efectos sobre la acreditación de la hipótesis acusatoria habrá que ponderar distintos ítems:

a) El grado de acreditación que la hipótesis ya alcanzó con la prueba disponible. Cabe afirmar que el grado de confirmación de la hipótesis será mayor o menor en función de las pruebas disponibles, de modo que, cuantas más pruebas disponibles presten respaldo a la hipótesis mejor confirmada estará. Pero también inciden otros factores. En concreto, la calidad del elemento probatorio, la fiabilidad del elemento probatorio, la fundamentación de la máxima de la experiencia, la coherencia, etc. Por tanto, es posible que la laguna probatoria no genere efectos.

b) La naturaleza de la hipótesis acusatoria —su gravedad, trascendencia o pena asociada—, de modo que fuera razonable esperar que la acusación aportara pruebas sobre aspectos fácilmente comprobables porque el delito necesariamente dejó esas pruebas.

c) El número y calidad de pruebas omitidas. Así, *v.gr.* si se omite la videograbación de los hechos y se utiliza un testigo de referencia para acreditarlo —test de la "mejor prueba disponible"—, tal reemplazo no producirá efectos probatorios de cargo. En esta línea, BENTHAM (pp 322 y ss.), distinguió entre pruebas regulares y pruebas inferiores. Las inferiores, en definitiva, son las pruebas que menores garantías de fiabilidad presentan, pues están más expuestas al fraude y a ser interpretadas incorrectamente. Son pruebas que, en todo caso, denotan la existencia de una prueba regular que puede o podría haberse obtenido, por lo que es necesario excluirla siempre que sea posible llegar a las pruebas superiores —*v.gr.* relato documentado frente a testifical—. En nuestro caso, más que de exclusión probatoria cabría hablar de imposibilidad de fundar en la prueba inferior la hipótesis acusatoria.

d) La potencialidad de la prueba omitida para generar duda razonable. Así, si declaran cinco testigos de los seis presenciales, la ausencia del sexto, en principio, puede ser irrelevante

e) La posición procesal que adopte la defensa, pues puede optar no sólo por negar toda la hipótesis, sino solo en parte.

9.5 Doctrina jurisprudencial

La jurisprudencia no ha abordado sistemáticamente el rendimiento de este concepto, salvo como argumento *a fortiori* para absolver en casos en los que hay insuficiencia probatoria o pruebas únicas, o para practicar en apelación pruebas indebidamente denegadas en la instancia o para anular el juicio si hubo denegación masiva e injustificada de pruebas en la instancia.

El TEDH recurre a la laguna probatoria o prueba ausente en la STEDH 9/05/2017, caso Poporat c. Eslovenia [*Tol 6409906*], en la que concluye que la condena por amenazas del tribunal nacional vulneró el derecho a un proceso equitativo al basarse en exclusiva en la declaración de la víctima, que tenía malas relaciones con el acusado, y de un testigo de referencia, pese a que había numerosas videograbaciones disponibles, pues en el lugar de los hechos había instaladas cerca de 14 cámaras de videovigilancia, y no se aportaron. El tribunal señala que la acusación debería haber asegurado la fuente de prueba y haber obtenido las grabaciones, dato del que la sentencia de condena debería haber extraído consecuencias exculpatorias.

La STS de 28/04/2022 [*Tol 8932407*], que casa la condena del recurrente como autor de un delito de agresión sexual, afirma que el hecho de que las informaciones probatorias provenientes de la víctima como testigo carecían de fiabilidad por sí solas debe vincularse con el dato de que había numerosos elementos potenciales de corroboración que no se aportaron, lo que debe desplegar consecuencias, pues las exigencias probatorias no pueden aislarse de las razonables posibilidades acreditativas de que disponen las partes acusadoras. En la jurisprudencia menor también cabe encontrar algunas resoluciones en esta línea. Entre otras, SAP de Tarragona de 18/02/2019 [*Tol 7186062*]; SAP de Barcelona de 3/06/2021 [*Tol 8592813*] o SAP de Sevilla, de 17/02/2023 [*Tol 9617578*].

10. DEPURACIÓN, INTERPRETACIÓN Y VALORACIÓN DE LA PRUEBA

10.1 Los momentos de la actividad probatoria

MIRANDA ESTRAMPES (pp. 70 y ss.) distingue dos grandes momentos en la actividad probatoria: el período de incorporación y el período de comparación. El primero comprende todas las actuaciones procesales dirigidas a introducir en el proceso los hechos de la realidad convirtiendo los hechos en enunciados fácticos —afirmaciones instrumentales— obtenidas de los medios de prueba practicados. Dicha fase incluye los momentos de proposición, admisión y práctica de pruebas. El segundo tiene por objeto comparar las afirmaciones instrumentales, una vez depuradas, con las afirmaciones formuladas por las partes en sus escritos de conclusiones con la finalidad de comprobar la exactitud de éstas.

En esta línea, la STS de 27/02/2014 [*Tol 4120*] señala que:

> «Para mejor comprensión de la justificación de las conclusiones relativas a la actividad probatoria conviene recordar las que constituyen sus fases. Una primera fase viene constituida por la actividad de práctica de los medios de prueba que concluye con la producción de lo que algún sector de la doctrina procesalista denomina afirmaciones instrumentales. La misma no requiere de mayor aportación que la constatación y descripción de aquellas, reflejándolas en la forma que exige la fe pública, de modo más o menos extenso o sucinto, y sin otro esfuerzo valorativo que el que pueda venir a prestar contribución como mera interpretación de lo afirmado. La segunda fase es la de esencial responsabilidad del órgano jurisdiccional que enjuicia. Consiste en una labor de valoración crítica que depura aquellas afirmaciones instrumentales. Resultado de ello es la asunción como propias de las afirmaciones que el Tribunal considera verdaderas y, además, relevantes para la fase siguientes. Finalmente, en una última fase, el Tribunal juzgador compara esas afirmaciones por él asumidas, con aquellas formuladas por las partes, que son trascendentes para poder considerar concurrentes los presupuestos de las consecuencias jurídicas, que aquéllas pretenden que sean declaradas. Si de esa comparación resulta coincidencia, el Tribunal declarará probadas las afirmaciones o imputaciones propuestas por las partes. Si discrepan, se declarará que las imputaciones no resultan probadas».

Por su parte, FERRER BELTRÁN (pp. 67 y ss.) distingue tres momentos. En primer lugar, el momento de conformación del conjunto de elementos de juicio o pruebas, integrado por las informaciones disponibles y relevantes para el caso incorporadas al expediente judicial. En segundo lugar, el momento de valoración de los elementos de juicio o pruebas, en el que se determina el grado de apoyo que las pruebas practicadas prestan a las hipótesis en disputa y, en concreto, a la acusatoria. Finalmente, el momento de decisión sobre los hechos probados o de aplicación del estándar de prueba, en el que se determina si ese grado de apoyo alcanza el umbral suficiente para justificar la hipótesis de que se trate.

En lo sucesivo, nos centraremos en los dos últimos momentos de la actividad probatoria.

10.2 Modelos subjetivos y objetivos de valoración

Podemos distinguir dos modelos ideales de valoración probatoria: uno, de corte subjetivo, y el otro, objetivo (DE PAULA RAMOS, pp. 25 y ss.). Para el modelo subjetivo, la prueba tiene como meta convencer al juzgador de la realidad de los hechos objeto de enjuiciamiento. En este modelo, el convencimiento personal del juez se convierte en el aspecto central de la actividad probatoria y, por ende, del proceso. Para el modelo objetivo, la prueba tiene como finalidad la acreditación de la verdad de un enunciado fáctico. El enunciado sería verdadero, en el sentido de que estaría probado, de existir elementos de juicio suficientes en su favor. El convencimiento subjetivo del juez pasaría a segundo plano, pues lo esencial sería el establecimiento de la verdad entendida como correspondencia entre el enunciado y la realidad.

Para el segundo modelo, la calidad de las pruebas y la fiabilidad de las informaciones probatorias adquieren una gran trascendencia. Del mismo modo, los controles jurídicos se refuerzan, pues el juicio sobre la suficiencia del conjunto de pruebas se independiza de la opinión personal del juez. Por el contrario, en el modelo subjetivo, ni la calidad ni la fiabilidad de las pruebas y datos probatorios son relevantes, ni los controles jurídicos son efectivos, pues el criterio de determinación de la suficiencia de las pruebas es estrictamente individual.

El artículo 741 LECrim suele invocarse, positivamente, como paradigma de la introducción del modelo de libre valoración, un modelo que no imponía criterios de valoración probatoria al juzgador, frente al, teóricamente opuesto, de prueba tasada. Ahora bien, la ausencia de imposiciones nada indicaba acerca del modo en que había de realizarse tal valoración. Y así, pese a que la literalidad del precepto amparaba, en principio, tanto una versión objetiva de la libre valoración, intersubjetivamente controlable, como una versión subjetiva, se acabó imponiendo la segunda, prolongando su vigencia durante algo más de un siglo. En su versión extrema, el modelo subjetivo permitía que si el juzgador, tras oír al testigo y al acusado, quedaba íntimamente persuadido de la culpabilidad del segundo, podía dar por acreditados los hechos objeto de acusación sin mayores explicaciones.

La aprobación de la CE supuso la introducción del derecho a la presunción de inocencia (artículo 24.2 CE), lo que implicó una verdadera revolución, pues tal concepto es, en realidad, la expresión abreviada de un conjunto de derechos fundamentales que definen el estatuto jurídico del imputado, estatuto «cuyo respeto ha de ser el primer criterio rector del contenido y estructura del proceso penal» (VIVES ANTÓN). En consecuencia, se hizo imprescindible una modificación del entendimiento de ciertos tópicos probatorios que debían ser profundamente actualizados.

En el nuevo modelo, las exigencias motivadoras que impuso el artículo 120.3 CE se han incorporado al contenido constitucional de la presunción de inocencia, de la que han acabado formando parte inseparable. Así lo afirmó la STC 145/05, de la que se sigue que para desvirtuar aquélla no sólo se precisa la existencia de prueba de cargo, sino que dicha prueba ha de aparecer suficientemente razonada en sentencia, exigiendo del juzgador una explícita exposición de los elementos de convicción que sustentan la declaración de hechos probados. La desubjetivización del fenómeno probatorio constituye, además, una exigencia del principio de prohibición de la arbitrariedad de los poderes públicos (art. 9.3 CE), pues solo así se hace posible el control de la corrección del razonamiento probatorio por el tribunal superior o por la comunidad. En la nueva epistemología de la racionalidad impuesta por la CE el foco de atención ha dejado de ser el estado mental del juez y se ha desplazado a la presencia de criterios normativos de justificación adecuadamente explicitados, lo que permite evaluar la racionalidad de la convicción de aquél. Y tales criterios normativos no pueden ser meras intuiciones o impresiones provenientes del cuadro probatorio, ni supuestas racionalizaciones de creencias lógicamente erróneas o empíricamente falsas —v. gr: la gestualidad del testigo siempre nos indica la verdad del testimonio—.

11.3 La valoración racional de la prueba

Los argumentos sirven para justificar las decisiones. A la hora de determinar si una decisión judicial en materia de hechos está justificada son irrelevantes las explicaciones de las razones empíricas que causaron la decisión —*v.gr.* el juez tuvo un pálpito al advertir cierto gesto en el testigo o una intuición basada en su experiencia acumulada, experiencia que puede ser errónea por lo que estaría replicando errores—. Lo importante es determinar si las razones aducidas en favor de la decisión son correctas e intersubjetivamente compartibles, esto es, racionales. Es lo que se conoce como modelo de valoración racional de la prueba.

Por lo que nos interesa, en el proceso penal el razonamiento probatorio consiste en correlacionar dos tipos de hechos: los hechos acusatorios —la hipótesis formulada por la acusación— y los hechos probatorios —los elementos de juicio resultantes de la prueba— (GONZÁLEZ LAGIER). En lo sucesivo, nos referiremos a la hipótesis acusatoria (HA), al ser la que, venimos reiterando la única que interesa en el proceso penal.

El argumento probatorio se compone de las premisas —los elementos de juicio o pruebas—, la conclusión —la HA está o no probada— y una conexión o enlace entre las premisas y la HA, conexión que se conoce como máximas de la experiencia o generalizaciones empíricas.

Valorar la prueba consiste en evaluar el grado de apoyo que las pruebas prestan a la hipótesis acusatoria. Dado que no es posible acceder directamente al conocimiento del pasado, sino tan solo realizar reconstrucciones del mismo conforme a reglas, tal evaluación se realiza sobre la base de una inducción probabilística que no puede demostrar la verdad de la hipótesis sino sólo el grado de probabilidad de su ocurrencia. Para ello hay un momento de valoración individual, otro de valoración conjunta, y un tercero, consistente propiamente en la toma de decisión, que implica la aplicación del estándar.

La valoración individual consiste en evaluar la fiabilidad de la información que proviene de todos y cada uno de los medios de prueba practicados —*v.gr.* si, en principio, es aceptable lo que dijo el testigo o el perito—.

La valoración conjunta consiste en determinar si las informaciones consideradas en principio fiables son incompatibles entre sí —porque conducen a datos que se excluyen recíprocamente—, simplemente compatibles —con lo que conservan su fuerza probatoria inicial— o recíprocamente implicadas —con lo que incrementarían su fuerza probatoria inicial—. Y, acto seguido, comparar el resultado de esa operación con la hipótesis acusatoria para determinar el grado de probabilidad de la HA

Valorar, en suma, significa construir un razonamiento que nos conduzca desde el elemento de prueba al resultado. Para ello es esencial la elección de la inferencia correcta que lleve de un sitio a otro. Tales inferencias sirven tanto para determinar la relevancia del medio de prueba —*v.gr.* si las huellas dactilares del acusado se encuentran en el lugar de los hechos, eso significa que en algún momento estuvo en ese lugar— como para determinar su fiabilidad —v. gr: si la madre del acusado declara haberlo visto apuñalar a su propio hijo, la atendibilidad del dato resulta de la atendibilidad del testimonio, que resulta, a su vez, de la inferencia de que no se miente al declarar en contra del interés propio—, como para conectar los elementos probatorios entre sí y con la hipótesis a probar (IGARTUA SALAVERRIA, 2018).

A este modelo valorativo se refiere el voto particular del magistrado Sáez Valcárcel en la STC 8/2024 [*Tol 10275237*]:

> «Un modelo constitucional de racionalidad de la prueba en el proceso penal respetuoso con el derecho fundamental a la presunción de inocencia debe reunir unos mínimos requerimientos, y nuestro parámetro de control debería ser más exigente en este punto. Porque el juez penal escoge entre hipótesis alternativas, debe operar de manera racional, con base en buenas razones y entregando una suficiente motivación de este ejercicio intelectual. Para ello es necesario justificar el grado de apoyo que la hipótesis acusatoria recibe del conjunto de elementos probatorios que resultan de las distintas fuentes de conocimiento. La valoración debe consistir, en primer lugar, en un juicio analítico del rendimiento de cada fuente de prueba (los testigos, los informes médicos, las grabaciones audiovisuales del evento, el

interrogatorio del acusado), exponiendo los datos o elementos informativos que cada uno de ellos permite obtener sobre la producción del hecho y la intervención del acusado. A continuación, se ha de acometer una valoración sintética, de perspectiva conjunta, de los elementos de prueba que se han obtenido de cada una de ellas»

10.4 Criterios de corrección de la valoración

La corrección de la valoración exige, en primer lugar, que se hayan respetado las reglas legales de producción y práctica de la prueba, que integran lo que podemos denominar criterios normativos. En particular, la contradicción defensiva, el principio de práctica de la prueba en juicio oral, y la licitud constitucional en la obtención de las fuentes de prueba. De ahí se sigue que la reconstrucción fáctica será siempre incorrecta cuando no se respete el método reconstructivo que el proceso penal del Estado constitucional impone.

En cuanto a los criterios epistémicos, GASCÓN ABELLÁN señala que la aceptación de la hipótesis como probable exige de la concurrencia de varios requisitos:

a) *No refutación*. La HA no debe haber sido refutada por las pruebas disponibles, esto es, tales pruebas no deben contradecir aquélla.

b) *Confirmación*. La HA debe estar confirmada por las pruebas disponibles, lo que depende de varios elementos. En primer lugar, la calidad epistemológica de las pruebas que la confirman. A mayor calidad de la prueba, mayor será el grado de confirmación de la hipótesis. En este ámbito, suele destacarse la mayor calidad de ciertas pruebas científicas sobre las pruebas declarativas —*v.gr.* el hallazgo de material genético correspondiente al agresor en las muestras recogidas del cuerpo de la víctima de una violación proporciona mayor grado de confirmación de la hipótesis a efectos de establecer la autoría que la mera identificación visual realizada por el testigo—. En segundo lugar, la cantidad y variedad de pruebas o confirmaciones. Así, cuanto mayor será el número de confirmaciones de la hipótesis, mayor será su grado de probabilidad. Del mismo modo, cuanto más variadas sean las pruebas que la confirman mayor será dicho grado de confirmación, pues la variedad de las pruebas reduce la posibilidad de errores debidos a los sesgos en que puede incurrirse en la valoración de ciertos medios probatorios. En tercer lugar, el fundamento cognoscitivo y el grado de probabilidad expresado por las reglas y máximas de la experiencia usadas. Esto es, la calidad y fiabilidad de las inferencias realizadas para pasar del medio de prueba al dato de prueba, así como entre todos los datos probatorios relevantes y la hipótesis acusatoria. Por último, la mayor probabilidad de la hipótesis acusatoria que cualquier otra hipótesis sobre los mismos hechos. En definitiva, para confirmar la hipótesis, ésta ha de resultar más probable que cualquier otra hipótesis explicativa de los datos probatorios disponibles. Con ello ingresaríamos en el momento de aplicación del estándar.

10.5 El estándar de prueba

Aplicar el estándar implica decidir si el grado de corroboración que las pruebas dan a la HA es suficiente para tenerla por probada. Si la valoración consiste en evaluar el grado de probabilidad, la decisión supone aplicar al resultado de la valoración el estándar establecido. El estándar de prueba vendría integrado por los criterios que indicarían cuándo se habría conseguido la prueba de un hecho. A este respecto, está pacíficamente aceptado que tal estándar, para las sentencias de condena, se encuentra formulado en el art. 24.2 CE, del que se deriva que la prueba se produce cuando la HA se considere acreditada «más allá de toda duda razonable».

No cabe duda dc quc la fórmula de la duda razonable no es excesivamente taxativa, pero lo cierto es que los intentos de acotarla o precisarla corren el riesgo de desfigurarla o, en el mejor de los casos, de resultar tautológicos. Hay propuestas precisas como las de FERRER BELTRÁN (2007), que señala que la fórmula puede implicar, al menos, que dicha la HA sea capaz de explicar todos los datos disponibles integrándolos de forma coherente, y que no sean posibles hipótesis más favorables compatibles con los datos disponibles. En opinión de IGARTUA SALAVERRIA (2024) la superación del estándar implica que la culpabilidad del acusado haya recibido plena confirmación por parte de las pruebas acusatorias, ninguna refutación sobre la base de las contrapruebas de la defensa y no se atisbe ninguna reconstrucción alternativa verosímil, explicativa de los datos conocidos y respetuosa con el cuadro de prueba existente

En todo caso, en lo que existe acuerdo es en el fundamento de la necesidad de optar por un estándar más exigente que el de otros procesos con la finalidad de evitar los falsos positivos —la posibilidad de declarar probada una proposición falsa: el acusado cometió el hecho—, aun a costa de elevar el riesgo de falsos negativos —declarar no probada una proposición verdadera: no ha quedado probado que el acusado cometiera el hecho—, lo que encuentra explicación en los costes que las condenas penales erróneas producen en la vida de las personas.

El estándar «más allá de toda duda razonable», por último, es de aplicación a las sentencias de condena, pero no a otras resoluciones que se dictan en el curso del proceso, cuyas exigencias acreditativas son menos rigurosas. Así, suele decirse que para el dictado del auto de acomodación procedimental o el de procesamiento es suficiente con el estándar de la probabilidad prevalente —esto es, que sea más probable la hipótesis inculpatoria que cualquier otra—. A este respecto, es ilustrativa la lectura de FERRER BELTRÁN (2021), en la que propone diversos estándares para distintos tipos de procesos, fases procesales y resoluciones judiciales. Con todo, algunos autores han advertido de la dificultad que supone intentar expresar en fórmulas lingüísticas pretendidamente precisas la enorme variedad de supuestos de hecho que la práctica presenta.

11. PRESUNCIÓN DE INOCENCIA E *IN DUBIO PRO REO*

11.1 Facetas de la presunción de inocencia

El derecho a la presunción de inocencia se encuentra reconocido en tres Tratados internacionales fundamentales: el art. 11.1 de la Declaración Universal de Derechos de la ONU, de 10 de febrero de 1984; el art. 14.2 del Pacto Internacional de Derechos Civiles y Políticos, de 19 de diciembre de 1966; y el art. 6.2 del Convenio Europeo de Derechos Humanos, de 4 de noviembre de 1950. La CE reconoce dicho derecho en el art. 24.2.

VIVES ANTÓN (2011), destaca su carácter de derecho complejo y principio estructural del proceso penal, señalando que constituye la expresión abreviada de un complejo de derechos fundamentales que definen el estatuto jurídico de la persona actual o potencialmente sujeta al proceso, por lo que cabe hablar de un modelo de proceso penal de la presunción de inocencia.

La presunción de inocencia se descompone en una regla de tratamiento y en una regla de juicio. La regla de tratamiento tiene una vertiente intraprocesal, que impone a las autoridades encargadas de la persecución y enjuiciamiento la obligación de tratar a la persona encausada como inocente hasta que un juez imparcial haya declarado su culpabilidad en un proceso público desarrollado con todas las garantías. Proscribe el dictado de resoluciones que impongan una anticipación de la pena y exige que la adopción de medidas cautelares y restrictivas de derechos fundamentales se funde en la existencia de indicios de criminalidad y sea necesaria, proporcional y excepcional. En la vertiente extraprocesal, prohíbe tratamientos informativos o sociales que impliquen un prejuicio sobre la culpabilidad. Sobre estos aspectos, reviste especial interés la

Directiva (UE) 2016/343 del Parlamento Europeo y del Consejo, de 9 de marzo de 2016, por la que se refuerzan en el proceso penal determinados aspectos de la presunción de inocencia y el derecho a estar presente en el juicio.

Como regla de juicio, el derecho se integra por un conjunto de garantías que deben tenerse en cuenta a la hora de fijar los hechos. Según PÉREZ MANZANO (pp. 51 y ss.) a quien seguimos, constituye una regla específica del proceso justo, aplicable al proceso penal, que excepciona otra regla del proceso justo, el principio de igualdad de armas procesales, pues sólo se aplica a la persona encausada, lo que encuentra justificación en los distintos intereses que acusación y defensa arriesgan en el proceso, como ha declarado reiteradamente el Tribunal Constitucional (entre las resoluciones más recientes, STC 72/2024 [*Tol 10273324*] y 80/2024 [*Tol 10273370*]).

Conforme a la STC 81/1998, la presunción de inocencia, en su vertiente de regla de juicio opera, en el ámbito de la jurisdicción ordinaria, «como el derecho del acusado a no sufrir una condena a menos que la culpabilidad haya quedado establecida más allá de toda duda razonable, en virtud de pruebas que puedan considerarse de cargo y obtenidas con todas las garantías». De dicho enunciado resultan varias reglas:

a) En primer lugar, una *regla sobre carga de prueba*, con arreglo a la cual corresponde a la acusación acreditar la culpabilidad.

b) A continuación, una *regla sobre condiciones de licitud de las pruebas*, que impide que la condena se base en pruebas obtenidas o practicadas violando derechos fundamentales, directamente o en conexión de antijuridicidad.

c) Seguidamente, una *regla sobre condiciones de validez tanto de las pruebas como del debate sobre las mismas*, que implica que tales pruebas deben haberse sometido a las exigencias de inmediación, contradicción, publicidad y oralidad.

d) Finalmente, una *regla sobre la suficiencia de la prueba*, o de fijación de un estándar, conforme vimos en el apartado anterior del presente capítulo, que excluye la posibilidad de condena en el caso de que exista una duda razonable sobre los hechos acusatorios. Esta regla constituiría el contenido nuclear y específico del derecho.

A todo ello puede añadirse la necesidad de una adecuada motivación de la condena, pues «la idoneidad incriminatoria debe ser no sólo apreciada por el juez sino también plasmada en la sentencia, de forma que la carencia o insuficiencia de la motivación, en cuanto a la valoración de la prueba y la fijación de los hechos probados, entraña la lesión del derecho a la presunción de inocencia [...] lo que impone [...] una mínima explicación de los fundamentos probatorios del relato fáctico» (STC 8/2024 [*Tol 10275237*]).

Hay otro aspecto que suele pasar inadvertido y que resulta polémico: la operatividad de la presunción de inocencia en el momento de la valoración individual del medio de prueba, esto es de qué modo las dudas sobre la fiabilidad de un medio probatorio acusatorio operan sobre su apreciación.

Por último, hay otra vertiente, controvertida en la doctrina y la jurisprudencia, de la presunción de inocencia: la regla de que en caso de diversidad hermenéutica sobre el alcance de la disposición penal desfavorable ha de optarse por el entendimiento de la misma más favorable para el encausado. Dejamos aquí apuntado que dicha regla parece encontrar respaldo en la STC 109/1986 [*Tol 79655*] y en el argumento de que es contrario al derecho que consagra el artículo 24.2 CE castigar el delito cuando no se tiene la seguridad de que lo que el sujeto hizo es justamente lo que la ley define como delito (VIVES ANTÓN).

11.2 Fundamentación

En línea con el pensamiento de RAWLS, el modelo de proceso penal articulado sobre la presunción de inocencia se basa en la premisa de que sería el que todos elegiríamos si nos encontráramos con las demás personas que conforman la sociedad en una posición original de igualdad en la que ignorásemos si en algún momento fuéramos a ser enjuiciados penalmente, y se corresponde con una determinada concepción del ser humano como persona moral, libre e igual, y en la idea de sociedad como sistema de cooperación entre ciudadanos basado en el principio de libertad.

Como en este sistema, la libertad es la regla y su restricción la excepción, tiene preeminencia el deber del Estado de no injerencia en los derechos de los ciudadanos sobre el deber de protección, por lo que en el conflicto entre la probabilidad de condena de un inocente y dejar sin castigo al culpable, debe primar la libertad del inocente. Es esta libertad la que exige garantizar la absolución en caso de duda (PÉREZ MANZANO, pp. 51 y ss.).

Por otra parte, el derecho tiene también una vertiente epistemológica pues, como la única hipótesis que importa es la acusatoria, constituye una garantía de calidad de la verdad que sólo quede acreditada cuando no haya dudas razonables sobre su ocurrencia.

11.3 *In dubio pro reo*

Sobre la base de la regla del derecho histórico de que en los casos dudosos se ha de preferir siempre lo más benigno (Digesto 50, 17, 56), se estimó aplicable en el proceso penal la de que, en caso de duda, debe absolverse a la persona acusada. Ahora bien, como señala TOMÁS Y VALIENTE (1993), el principio *in dubio pro reo* no dejó de ser una norma no vinculante de prudencia dirigida al juzgador.

Tras la entrada en vigor del art. 24.2 CE, y a partir de la STC 44/1989 [*Tol 80255*], se consolidó la tesis de que, aunque *in dubio pro reo* y presunción de inocencia constituían manifestaciones del genérico *favor rei*, entre ellos cabía trazar una diferencia sustancial. Así, mientras que la presunción de inocencia desenvuelve su eficacia cuando existe una falta absoluta de pruebas o cuando las practicadas no reúnen las garantías procesales, el principio *in dubio pro reo* pertenece al momento de valoración o apreciación probatoria, y entra en juego cuando, concurriendo aquella actividad probatoria indispensable, subsista una duda racional sobre la real presencia de los elementos objetivos y subjetivos que integran el tipo penal de que se trate.

Sin embargo, tal distinción aboca a resultados incompatibles con el modelo constitucional de proceso penal, pues habría que diferenciar dos tipos de absoluciones: una, por aplicación de la presunción de inocencia y otra por aplicación del principio *in dubio pro reo*, lo que no es sostenible en un sistema que no admite categorías intermedias entre la culpabilidad y la inculpabilidad. En el modelo constitucional, la ausencia de pruebas es equivalente a su insuficiencia. Por otra parte, la distinción abriría la posibilidad de que en casos concretos se afirmara que la presunción de inocencia quedó desvirtuada —pues hubo la mínima actividad probatoria de cargo— y al mismo tiempo se absolviera por aplicación del *in dubio pro reo*. Todo ello evidencia que tal principio forma parte del contenido esencial del derecho fundamental.

La distinción conceptual —inexistencia de prueba frente a insuficiencia de prueba— obedeció en su momento a la conveniencia pragmática de reducir el impacto que tendría el reconocimiento de la relevancia constitucional del principio *in dubio pro reo* sobre la carga de trabajo del TC y, del mismo modo, sobre la del TS, con fundamento en el art. 5.4 LOPJ. Sin embargo, la incorporación del principio al núcleo de la presunción de inocencia no significa que competa a dichos tribunales revisar los hechos o valorar nuevamente las pruebas, sino tan solo controlar la racionalidad del juicio de hecho llevado a cabo por el órgano judicial. Racionalidad que no se produciría cuando el razonamiento probatorio del órgano exteriorizara una duda razonable a partir de las pruebas sobre el grado de confirmación de la hipótesis acusatoria y, no obstante, condenara, así como cuando el órgano judicial se limitara a razonar la suficiencia de la actividad probatoria pero no justificara en la sentencia el grado de confirmación de la hipótesis acusatoria y de qué manera la prueba permite descartar la viabilidad de hipótesis exculpatorias plausibles.

BIBLIOGRAFÍA

- ANDRÉS IBÁÑEZ, «La argumentación probatoria y su expresión en sentencia», en *Jueces, ponderación y argumentación*, Universidad Nacional Autónoma de México, Instituto de Investigaciones jurídicas, 2006.
- BENTHAM, *Tratado de las pruebas judiciales*, Comares, 2001.
- CARNELUTTI, *La prueba civil*, Ediciones Depalma, 1915.
- CORDERO, *Procedimiento penal*. Bogotá, Temis, 2000.
- DE PAULA RAMOS, *La prueba testifical*, Marcial Pons, 2019
- FERNÁNDEZ LÓPEZ, *Prueba y presunción de inocencia*, Iustel, 2005.
- FERRAJOLI, *Derecho y razón*. Trotta, 1995.
- FERRER BELTRÁN, *La valoración racional de la prueba*, Marcial Pons, 2007.
- FERRER BELTRÁN, *Prueba y racionalidad de las decisiones judiciales*, Editorial CEJI, Hidalgo, 2019
- FERRER BELTRÁN, *Prueba sin convicción*, Marcial Pons, 2021.
- GONZÁLEZ LAGIER, «Hechos y argumentos: la inferencia probatoria», en *Quaestio facti. Ensayos sobre prueba, causalidad y acción*, México DF, 2013.
- GONZÁLEZ LAGIER, *Argumentación jurídica y prueba de los hechos*, Palestra Editores, 2023.
- GUZMÁN, *La verdad en el proceso penal*, Ediciones Didot, Arévalo, 2018.
- GUZMÁN FLUJA, *Anticipación y preconstitución de la prueba en el proceso penal*, Tirant lo Blanch, 2006.
- HASSEMER, «¿Por qué y con qué fin se aplican las penas?», en *Persona, mundo y responsabilidad*, Tirant lo Blanch, 1999.
- IACOVELLO, *La motivación de la sentencia penal y su control en Casación*, Palestra, 2022.
- IGARTUA SALAVERRIA, *Cuestiones sobre prueba penal y argumentación judicial*, Ediciones Olejnik, 2018.
- IGARTUA SALAVERRIA, «Precisiones sobre el estándar de la duda razonable» en *Jueces para la Democracia, Información y debate*, nº 102, Madrid, 2021.
- IGARTUA SALAVERRIA, «Sobre presunción de inocencia y amparo constitucional», *Diario la Ley*, nº 10521, Madrid, 2024.
- MIRANDA ESTRAMPES, *La mínima actividad probatoria en el proceso penal*, Bosch, 1997.
- MONTERO AROCA, *La prueba en el proceso civil*, Civitas, 2002.
- MORENO CATENA/CORTÉS, *Derecho procesal penal*. Tirant lo Blanch, 2017.
- MUÑOZ SABATÉ, *Curso superior de probática judicial*, La Ley, Wolters Kluver, 2012
- MUÑOZ SABATÉ, *Diccionario enciclopédico de probática y derecho probatorio*, La ley, Wolters Kluver, 2014
- PÉREZ MANZANO, «Fundamento y sentido del deber de absolver en caso de duda». *Jueces para la democracia*, nº 67. Madrid, 2010.
- RAWLS, *Teoría de la justicia*, Fondo de Cultura Económica, 1995.
- SENTÍS MELENDO, «¿Qué es la prueba? (naturaleza de la prueba)», en *Revista de Derecho Procesal Iberoamericana*, nº 2-3, 1963.
- SENTÍS MELENDO, «Fuentes y medios de prueba», en *La prueba*, Ejea, 1978.
- SERRA DOMÍNGUEZ, «Contribución al estudio de la prueba», en *Revista Jurídica de Cataluña*, Barcelona, 1962.

- TARUFFO, *La prueba de los hechos*. Trotta, 2009.
- TOMÁS Y VALIENTE, «In dubio pro reo, libre apreciación de la prueba y presunción de inocencia», en *Escritos sobre y desde el Tribunal Constitucional*, Centro de Estudios Constitucionales, Madrid, 1993.
- TONINI/CONTI, *La prueba en el proceso acusatorio contemporáneo*, Tirant lo Blanch, 2024.
- UBERTIS, *Elementos de epistemología judicial*, Trotta, 2017.
- VIVES ANTÓN, *Fundamentos del sistema penal*, 2ª Edición, Tirant lo Blanch, 2011.

Capítulo 17

Teoría general de la prueba en el proceso penal (II). La prueba ilícita

José Luis Ramírez Ortiz
Magistrado
Letrado del Tribunal Constitucional

1. CONCEPTO DE PRUEBA ILÍCITA

1.1 Precisiones terminológicas y conceptuales

En un sentido muy amplio, una prueba ilícita es aquélla que se ha obtenido —fuente— o practicado —medio— infringiendo alguna norma jurídica. La admisibilidad de la prueba atípica o no regulada, al amparo del principio de libertad de prueba (ver capítulo 47, 3.7) no puede hacernos perder de vista el hecho de que la práctica de la prueba ha de ajustarse a las exigencias que disciplinan el proceso —principio de legalidad procesal reconocido en el art. 1 LECrim—. En definitiva, la fuente ha de ingresar en el juicio a través de alguno de los medios previstos legalmente, lo que no suele resultar problemático dada la amplitud con la que se regulan, lo que permite incluir supuestos muy diversos. Por otra parte, si la obtención de la fuente o la práctica del medio probatorio afectaran a algún derecho fundamental, sería inexcusable la regulación a través de Ley Orgánica (art. 53.1 CE).

MIRANDA ESTRAMPES (pp. 17 y ss.) ha puesto de relieve la diversidad terminológica, doctrinal y jurisprudencial, sobre esta cuestión. Así, suele recurrirse indistintamente a nociones tales como prueba ilegal, prueba prohibida, prueba ilícita, prueba inconstitucional, prueba nula, prueba irregular, etc. También señala que las diferencias terminológicas denotan diferencias conceptuales y, muy especialmente, a los efectos o consecuencias derivadas de la obtención o práctica de la prueba vulneradora de la norma, esto es, a si la infracción permite activar o no la regla de exclusión probatoria, entendida como la que impide practicar la prueba o valorar la información probatoria que de ella se deriva.

1.2 Clases de ilicitud probatoria

Partiendo de un concepto amplio de prueba ilícita, cabe introducir diversas distinciones (ARMENTA, pp. 67 y ss.):

a) En primer lugar, atendiendo al momento en el que se produce la lesión de la norma, puede distinguirse entre *prueba ilícitamente obtenida* y *prueba ilícitamente practicada*. La primera suele darse en el espacio policial preprocesal o en la fase investigativa. La segunda, en juicio oral.

b) También cabe diferenciar, por razón del lugar de la lesión de la norma, entre *prueba obtenida o practicada en el extranjero y prueba obtenida o practicada en territorio nacional*. Como regla, se parte del principio de confianza, de modo que los tribunales españoles presumen la legalidad de la prueba extranjera, obtenida y practicada conforme a las disposiciones aplicables en el Estado de que se trate. Y ello, salvo que se aporten indicios que evidencien lo contrario o que la ley extranjera viole normas de orden público procesal interno. En esta línea, la STS de 4/03/2021 [*Tol 8352319*] recuerda el principio de no indagación e indica que no está legitimado un Estado para exigir que las actuaciones de otros países se atengan a su específica legislación, cuando las soluciones son respetuosas en lo esencial con la tutela del derecho fundamental.

c) Por razón del sujeto que comete la ilicitud puede distinguirse entre *prueba ilícita obtenida o practicada por las autoridades encargadas de la persecución penal y prueba ilícita proveniente de un particular*, al ser distinto, como veremos, su régimen jurídico en la jurisprudencia, pues la distinción no está legalmente reconocida.

Desde el punto de vista subjetivo, también se distingue en función de la persona favorecida por la ilicitud. Es decir, si la prohibición de admisión o valoración de la prueba ilícita es aplicable sólo cuando perjudica al acusado, o también cuando perjudica a un tercero; así como qué ocurre si la prueba ilícita beneficia a la persona acusada.

d) Por razón de la naturaleza de la norma vulnerada, puede distinguirse entre *prueba que lesiona* una norma constitucional reconocedora de un *derecho fundamental* o de una libertad pública, para la que está extendida la denominación de prueba ilícita en sentido estricto, y *prueba que infringe otro tipo de norma*, en cuyo caso puede hablarse de prueba ilegal o irregular.

e) A esta clasificación cabe añadir la que distingue, por razón de la prueba afectada, entre *prueba primaria y prueba derivada o refleja*. Así, la ilicitud puede recaer tanto sobre la prueba obtenida o practicada con violación de derecho fundamental —*v.gr.* droga intervenida en registro domiciliario practicado sin consentimiento del morador, resolución judicial o flagrante delito— como sobre la prueba derivada de la prueba obtenida o practicada con violación del derecho fundamental —*v.gr.* droga intervenida en registro lícito derivado de informaciones policiales obtenidas como consecuencia de una intervención telefónica no autorizada judicialmente—.

1.3 Las prohibiciones probatorias

La doctrina ha llamado la atención sobre el hecho de que, aun cuando nuestro modelo procesal no establece una relación taxativa de pruebas prohibidas, existen algunos supuestos en los que la propia ley introduce prohibiciones expresas en materia probatoria. Con fundamento en la clásica obra de BELING (pp. 9 y ss.), se distinguen distintos supuestos:

a) En primer lugar, prohibiciones de métodos de investigación o prueba. Así, la LECrim prohíbe emplear coacciones o amenazas en los interrogatorios de personas encausadas (art. 389.3), interrogatorios largos que puedan afectar a la serenidad (art. 393) o hacer cargos o reconvenciones al interrogado (art. 396.2). MIRANDA ESTRAMPES (pp. 36 y ss.) señala que, en cualquier caso, aun si tales preceptos no existieran, el respeto a la dignidad de la persona (art. 10.1 CE), la constitucionalización del derecho a la integridad física y la prohibición de la tortura y los tratos inhumanos o degradantes (art. 15 CE) determinan la exclusión de medios investigativos o probatorios que supongan la utilización de violencia física o psíquica. Es más, de tales derechos deriva la prohibición de recurrir a medios investigativos o métodos probatorios que anulen, limiten o disminuyan la libertad y capacidad de autodeterminación de la persona que emite una declaración, aun en el caso de que se disponga con su consentimiento, por lo que técnicas como el narcoanálisis o el detector de mentiras deben entenderse prohibidos. Esta aproximación es relevante respecto de las nuevas técnicas y métodos de investigación (véase capítulo 47, 3.7).

b) La ley también veda determinados objetos de investigación o prueba —*v.gr.* secretos oficiales, art. 417.2 LECrim; o informaciones obtenidas en la relación abogado-cliente, art. 542 LOPJ y art. 16 LO 5/2024, del Derecho de defensa—.

c) Por último, también se establecen prohibiciones de determinados medios probatorios, en particular, testificales. Así, las personas de la Casa Real y diplomáticos a que se refiere el art. 411 LECrim, los abogados y traductores en los casos que contempla el art. 416 LECrim, o los jueces en los casos previstos en el art. 396 LOPJ.

MIRANDA ESTRAMPES (pp. 42 y ss.) se refiere en particular al caso de la dispensa que contemplan los arts. 416 y 707 LECrim, señalando que la información proporcionada por un pariente no informado previamente de la facultad de exención daría lugar a la ilicitud del testimonio. También apunta la prohibición contenida en el art. 813 LECRIM respecto del testimonio de referencia en las causas por injurias o calumnias.

2. EL FUNDAMENTO DE LA REGLA DE EXCLUSIÓN PROBATORIA

2.1 Introducción

Uno de los principales problemas que plantea la prueba ilícita son sus efectos. Aun restringiendo la extensión del concepto a los supuestos de prueba que lesiona derechos fundamentales y libertades públicas, esto es, partiendo de un concepto estricto de prueba ilícita, los supuestos de hecho son tan amplios y heterogéneos que no resulta sencillo establecer reglas generales. Si afirmamos que siempre y en todo caso la prueba obtenida o practicada lesionando un derecho fundamental activa la regla de exclusión probatoria, hay que tomar en consideración que no todos los casos de lesión del derecho son equivalentes, pues el grado de afectación, intensidad o la naturaleza del derecho vulnerado son variables. Cabe también desplazar el análisis, de modo que en buena parte de los casos lo que debe clarificarse es cuándo se ha producido una lesión de un derecho fundamental. Pero siempre habrá supuestos problemáticos, pues si aplicamos la regla estrictamente, una prueba no formada contradictoriamente podría reputarse ilícita al lesionar la contradicción defensiva que garantiza el art. 24.2 CE, lo que debería abocar siempre y en todo caso a su inadmisión o prohibición de valoración. La complejidad del debate exige detenerse en el análisis de los fundamentos de la regla.

2.2 La cultura del *common law* y la cultura continental

Varios autores han dedicado excelentes monografías al estudio de los orígenes de la regla de exclusión probatoria y a su diferente fundamentación en los sistemas del *common law* y del *civil law* (MIRANDA ESTRAMPES, FIDALGO GALLARDO y SALAS CALERO, entre otros).

Estos autores sostienen que, en síntesis y prescindiendo de múltiples matices, en la tradición anglosajona la fundamentación de la regla es eminentemente utilitarista, en cuanto que vinculada a la satisfacción o logro de determinados objetivos empíricos. Dichos objetivos son fundamentalmente la protección de la integridad judicial y la disuasión de conductas policiales ilegales. Desde esa perspectiva, la admisión y valoración de la prueba ilícita puede comprometer la justicia de la decisión judicial, pues cuando dicha decisión se basa en una prueba obtenida con violación de un derecho fundamental, se nutre de un material espurio. Del mismo modo, permitir la obtención de fuentes de prueba lesionando derechos fundamentales constituye un incentivo para las autoridades encargadas de la persecución penal para cometer conductas ilícitas que facilitan la tarea de acopio de esos materiales probatorios. En consecuencia, lo que ha de ser objeto de examen en el caso concreto es si la obtención o práctica de la prueba ilícita afectaría a la integridad del proceso o al objetivo disuasorio. Por tanto, si se alcanzara la conclusión de que, pese a la obtención y práctica de la prueba ilícita, el proceso sigue siendo equitativo y la exclusión de la prueba no sirve para prevenir conductas policiales abusivas, ha de ser admitida.

Por el contrario, en el modelo continental la fundamentación de la regla es axiológica y no vinculada a la obtención de objetivos concretos. Se entiende que la posición preferente que tienen los derechos fundamentales en la estructura del sistema constitucional impide que puedan aprovecharse probatoriamente las consecuencias de su vulneración, pues ello supondría consolidar y perpetuar esa vulneración.

Los citados autores advierten, en todo caso, de la debilitación de la regla en los modelos continentales, pues, gradualmente, han venido incorporando excepciones a la regla provenientes de la cultura anglosajona, lo que genera un problema de coherencia sistémica.

Cabe apuntar otra aproximación. Prescindiendo de la cuestión relativa a la fundamentación, la regla de exclusión lleva siempre implícitos un efecto de disuasión sobre la conducta policial abusiva en términos abstractos, al margen del caso concreto, y un efecto general de garantía de la integridad judicial. La historia demuestra que siempre que se minimiza la relevancia de una garantía y se la convierte en opcional, acaba siendo erradicada en la práctica, lo que contribuye a debilitar el derecho para cuya salvaguarda se instaura. La necesidad de autorización judicial habilitante para interceptar las telecomunicaciones es una regla de garantía del derecho al secreto de las comunicaciones. Si los cuerpos policiales tuvieran la convicción de que la ausencia de tal autorización no generaría, en múltiples casos, la invalidez de la información probatoria obtenida de este modo, muy probablemente dejarían de recabar dicha autorización. Por tanto, la disuasión es también un efecto reflejo del modelo axiológico.

El verdadero riesgo no radica, en consecuencia, tanto en los problemas de identificación del fundamento como en la ausencia de un régimen normativo adecuado sustantivo y procesal, lo que abre el portillo, como veremos, a la introducción de estándares judiciales que permiten realizar juicios de ponderación que, con frecuencia, son fuente de inseguridad jurídica.

2.3 Verdad y garantías

Retomamos aquí el debate esbozado en el capítulo 16, 3.4. desde otra perspectiva. Es habitual contraponer dos intereses en lid: el descubrimiento de la verdad material y la protección del derecho fundamental que reconoce la norma que puede ser vulnerada. Uno de los principales problemas radica en que la activación de la regla de exclusión tiene lugar una vez producida la lesión del derecho fundamental y conocido el dato probatorio de que se trate. Por tanto, el juicio de ponderación es siempre retrospectivo y muy condicionado por el contenido de la información descubierta, lo que da suele dar lugar a que siempre que dicha información evidencie la existencia de un delito grave y sirva para acreditar su autoría, se entienda utilizable en esa ponderación ya sesgada de base.

Por otra parte, si en el pasado la amenaza al estatuto jurídico de la persona actual o potencialmente encausada provino de la cultura inquisitiva, hoy día se advierte otro foco de peligro en una descontextualizada y acrítica recepción de las aportaciones de la epistemología en el proceso penal.

Resulta de particular interés analizar las razones de uno de los más cualificados defensores, desde dicho ámbito, de la abolición de la institución de la prueba ilícita. LAUDAN defiende un modelo cuya virtualidad radicaría en potenciar al máximo la averiguación de la verdad y, en consecuencia, la reducción del error. El autor cuestiona el modelo de proceso penal como sistema de garantías, arrinconando como contraintuitivas la mayoría de las reglas en que cristaliza aquél, al poner sobre la mesa aparentes contradicciones y aporías y, sobre todo, al resaltar la figura del delincuente que se beneficia de un incomprensible sistema de reglas orientado a obstruir el acceso a la verdad.

En opinión del autor, en el sistema de justicia penal confluyen tres grupos de valores, intereses, fines u objetivos básicos. En primer lugar, el objetivo de la reducción del error que se produce en los supuestos de falsas condenas y falsas absoluciones. En segundo lugar, el fin de la distribución del error; esto es, siendo inevitable que, en ocasiones, tengan lugar errores, se trata de resolver qué clase de error, una condena falsa o una absolución falsa, es más relevante y, por tanto, más prioritario que se reduzca. Por último, concurre una heterogeneidad de valores de política pública, no epistémicos, cuya meta es la salvaguarda de otro tipo de intereses —*v.gr.* la protección de los derechos de los acusados—.

Por lo que nos atañe, LAUDAN considera prevalente el primer objetivo, que coincide con el de averiguación de la verdad, pues sólo una determinación acertada de los hechos permite la subsunción en el supuesto de hecho de la norma y, consecuentemente, su justa aplicación. A tal fin, competería a la epistemología jurídica analizar si los procedimientos y reglas que estructuran el proceso penal cuentan con un diseño apropiado, proponiendo el cambio de las reglas existentes que obstaculicen el acceso a la verdad. Igualmente, le corresponde establecer criterios de solución de los conflictos en los casos de colisión de valores epistémicos y no epistémicos. Destaca, en todo caso, la necesidad de distinguir unos y otros pues estima que la tendencia predominante en la doctrina es fusionarlos, lo que dificulta el análisis.

Partiendo de lo anterior, estima que la satisfacción del objetivo de la reducción de la frecuencia de los errores pasa por instaurar un diseño sustentado en la regla de que todas, y únicamente, las pruebas relevantes sean admitidas. Propone, por ello, suprimir la regla que prohíbe a la acusación usar pruebas obtenidas ilícitamente, sean las directas o las reflejas, pues esta regla confiere al acusado un beneficio de duda adicional e indeterminable al ya incorporado en el estándar de prueba del más allá de toda duda razonable, por lo que muchos acusados reciben más concesiones probatorias de las aprobadas en la Constitución. En esta línea, tras realizar un análisis de los valores no epistémicos que pueden entrar en colisión con los epistémicos —fundamentalmente, la salvaguarda de los derechos del acusado, la disuasión a la policía de conductas inaceptables y el mantenimiento de la integridad moral de los tribunales, que se enturbiaría de admitir la recepción de material probatorio de origen ilícito—, concluye que la protección de los primeros no justifica el desplazamiento de los segundos, ya que, en la medida en que existen otras soluciones jurídicas de tutela, resulta desproporcionado el altísimo costo en términos de verdad que se paga.

Sin embargo, esa aparente contraposición entre averiguación de la verdad material y protección del derecho se disuelve si se concibe la verdad como la que resulta de un procedimiento legítimo, la que se obtiene respetando las reglas básicas constituidas por los derechos fundamentales. El proceso penal, desde esta perspectiva, es uno más de los procedimientos utilizados en los sistemas democráticos para alcanzar resoluciones correctas, en el que lo relevante no es tanto conocer la, inasequible, verdad absoluta como reconstruir el hecho histórico sobre la base de un método fiable, lo que supone eliminar el monopolio estatal en la tarea reconstructiva abriéndola a la ciudadanía a través de los derechos fundamentales (VIVES ANTÓN, pp. 874 y ss.). Por recurrir a otra analogía, si nos ubicamos en el ámbito de la ciencia, no existe una verdad científica asequible al margen del método científico. Bajo este punto de vista, la verdad es indisociable de su método de averiguación.

Como ha señalado ANDRÉZ IBÁÑEZ, las garantías no sólo presentan una dimensión política, sino también una vertiente marcadamente epistemológica que se evidencia en dos prescripciones de método: el tratamiento de la acusación como hipótesis y la vigencia, por regla general, del principio de contradicción, sin las cuales no podría alcanzarse una verdad de calidad.

Hay aún otro enfoque: del de la legitimidad del castigo. El proceso penal no es un instrumento al servicio de la investigación desinteresada de la verdad. La verdad interesa a los solos efectos de ejercitar el *ius puniendi*, potestad estatal que se encuentra sujeta a precisos límites que la CE y las leyes establecen, entre los que destacan los que representan los derechos fundamentales. Una hipotética verdad adquirida fuera de esos límites nunca podría legitimar el ejercicio de esa potestad. El dilema no debería plantearse en los ambiguos términos de verdad material/formal sino de legitimidad/ilegitimidad de la intervención penal. Es clásica, en esta línea, la cita de la sentencia de 14/06/1960 del Tribunal Supremo Federal alemán (BGHS 14, 358, 365) al establecer que «no hay principio alguno del ordenamiento procesal penal que imponga la investigación de la verdad a cualquier precio».

Pero, además, la oposición entre reglas epistémicas y reglas no epistémicas no es nítida. El hecho de que las reglas, supuestamente no epistémicas, tengan un fundamento político no excluye su vertiente cognoscitiva, como ocurre con la prohibición de valorar confesiones obtenidas bajo tortura. Desde otro ángulo, cabe apuntar que un sujeto institucional que obtiene y practica pruebas que lesionan derechos fundamentales es, *prima facie*, un sujeto poco fiable, lo que puede generar una duda sobre la fiabilidad tanto de la prueba respecto de la que existe evidencia de que se obtuvo con violación del derecho, como respecto del resto del conjunto de fuentes y medios de prueba.

Por último, puede apuntarse que las reglas probatorias se dictan y aprueban con pretensión de generalidad para ser aplicadas a un elevado volumen de asuntos en el que intervendrán un no menos elevado número de jueces, fiscales y policías. Una visión no idealizada de la realidad pasa por aceptar que no puede partirse *a priori* de que todos los partícipes vayan a estar en posesión de óptimas capacidades sintéticas y valorativas y a actuar guiados por las mejores intenciones. Por ello, es epistemológicamente correcto excluir de antemano determinadas vías de conocimiento, pese a su eventual vinculación con el objeto procesal, si es posible sostener que por su naturaleza y características pueden propiciar abusos y multiplicar los errores valorativos (RAMÍREZ ORTIZ, pp. 18 y ss.).

2.4 La necesidad regulativa

Las consideraciones precedentes no implican necesariamente que deba entenderse que, siempre y en todo caso, una prueba ilícita no sea probatoriamente aprovechable. Lo que se postula es una determinada concepción del proceso penal como sistema de garantías, y la necesidad de dotar de un régimen jurídico preciso a la institución de la prueba ilícita, tanto en el aspecto sustantivo como en el procesal. Un régimen jurídico que tome en consideración la relevancia de los derechos fundamentales y, por tanto, no los ignore, pero que, al mismo tiempo, no hipertrofie su significado impidiendo la toma en consideración de informaciones probatorias por infracciones menores de derechos secundarios, atendidas las circunstancias del caso.

Por lo que atañe al aspecto sustantivo, nuestro ordenamiento sólo contiene, como veremos, una norma jurídica (art. 11.1 LOPJ) y construcciones jurisprudenciales que exigen una evaluación de cada caso concreto con arreglo a determinados criterios. Todo régimen jurídico sobre la materia basado en exclusiva en principios puede ser fuente de inseguridad jurídica, pues, *a priori*, no es posible conocer cómo va a resolverse el juicio de ponderación. De esta forma puede ampliarse el poder de los tribunales, lo que implica relajar los límites al poder penal y fomentar el decisionismo. Por ello, podría parecer que una regulación basada en reglas sería más adecuada. Ahora bien, la regulación a través de principios permite que algunas características del hecho ignoradas por la regla, que pueden ser relevantes para la decisión, sean tomadas en consideración. Por otra parte, por las propias características del objeto regulativo, acaba resultando inevitable cierto nivel de casuismo, lo que aconseja acudir a una regulación híbrida. En cualquier caso, la regulación de rango legal se hace imprescindible, pues no es acorde con el principio de división de poderes que los elementos centrales de la decisión sobre la exclusión de la prueba ilícita sean judicialmente construidos en cada caso.

Pero, además, como también se verá, es crucial el momento procesal en el que se decide sobre la exclusión de la prueba ilícita, lo que hace imprescindible otra reforma legal para insertar un incidente específico previo al juicio sustanciado ante un órgano judicial distinto al del enjuiciamiento.

3. EL RÉGIMEN JURÍDICO SUSTANTIVO

3.1 La STC 114/1984

Tradicionalmente, la jurisprudencia consideró que, a falta de norma expresa, la ilicitud de la prueba no tenía sanción intraprocesal, por lo que podía ser admitida, practicada y valorada, sin perjuicio de las responsabilidades, penales o de otro orden, en que pudiera haber podido incurrir la persona causante de la ilicitud.

La STC 114/1984 [*Tol 79403*], abordó por primera vez el problema de la prohibición de las pruebas adquiridas con vulneración de los derechos fundamentales y libertades públicas. La resolución señala, en síntesis, lo siguiente:

a) «No existe un derecho fundamental autónomo a la no recepción jurisdiccional de las pruebas de posible origen antijurídico».

b) «Aun careciendo de regla legal expresa que establezca la interdicción procesal de la prueba ilícitamente adquirida, hay que reconocer que deriva de la posición preferente de los derechos fundamentales en el ordenamiento y de su afirmada condición de «inviolables» (art. 10.1 CE) la imposibilidad de admitir en el proceso una prueba obtenida violentando un derecho fundamental o una libertad fundamental». Se trata, en consecuencia, de una garantía objetiva del orden de libertad, articulado en los derechos fundamentales, pero no de un derecho fundamental específico. La prohibición no opera, necesariamente, por el contrario, cuando el derecho tenga origen infraconstitucional.

c) La relevancia constitucional de la prueba ilícita deriva del hecho de que su recepción procesal implica una ignorancia de las garantías del proceso justo (art. 24.2 CE), y del principio de igualdad de las partes en el juicio (art. 14 CE), pues quien violentando los derechos fundamentales de la contraparte se procura medios probatorios en su provecho obtiene de forma ilícita una posición ventajosa.

d) De este modo, el concepto de medios de prueba pertinentes, a que se refiere el art. 24.2 CE, se ve enriquecido incluyendo un contenido no sólo técnico procesal, sino también sustantivo, por lo que nunca será pertinente una prueba obtenida con violación de derechos fundamentales.

3.2 El art. 11.1 LOPJ

Dicha resolución encontró eco en la LOPJ aprobada en 1985, cuyo art. 11.1 dispone: «No surtirán efecto las pruebas obtenidas, directa o indirectamente, violentando los derechos o libertades fundamentales». La interpretación de la norma plantea diversas cuestiones.

a) En primer lugar, el alcance de los derechos cuya lesión tiene trascendencia probatoria. De la dicción del precepto y de la jurisprudencia constitucional sobre la cuestión se sigue que se restringe a los derechos contenidos en la Sección Primera del Capítulo Segundo del Título Primero de la CE (arts. 15 a 29), con inclusión del principio de igualdad (art. 14) y del derecho a la objeción de conciencia (art. 30). Algunos autores, no obstante, objetan que nada impide que puedan entenderse incluidos todos los derechos del Capítulo Segundo (arts. 14 a 38 CE), al ser todos ellos fundamentales.

b) Se suscita, a continuación, la cuestión acerca de la eficacia probatoria de las pruebas ilegales, aunque no ilícitas en sentido estricto. MIRANDA ESTRAMPES (pp. 34 y ss.) da cuenta del debate doctrinal y señala que hay autores que estiman que la recepción de prueba ilegal siempre da lugar a la violación del derecho a un proceso con todas las garantías, o al principio de legalidad procesal (art. 1 LECrim), mientras que otros, defendiendo una tesis intermedia, proponen atender en cada caso a la trascendencia de la norma infringida y a los intereses en conflicto, mediante el correspondiente juicio de ponderación, posición por la que parece decantarse la jurisprudencia de la Sala II TS. Así, la STS de 30/12/2009 [*Tol 1781394*]), habla, en este caso de prueba irregular y recuerda que su régimen jurídico se encuentra en los arts. 238 y ss. LOPJ. En concreto, el art. 238.3º LOPJ indica que los actos procesales serán nulos de pleno derecho cuando se prescinda de las normas esenciales del procedimiento, siempre que, por tal causa, se haya podido causar indefensión. En consecuencia, la prosperabilidad de la pretensión anulatoria exige justificar la indefensión material. Pero, además, en el caso de la prueba irregular sólo resulta afectada la prueba primaria, no la derivada o refleja, que es perfectamente válida. Posición que parece contradictoria tanto con la doctrina tradicional sobre la nulidad absoluta o de pleno derecho como con el art. 243.1 LOPJ, que permitiría dar cobertura a la nulidad de la prueba derivada o refleja.

c) En tercer lugar, es problemática la utilización del verbo «obtener». Algunos autores, con fundamento en la STC 64/1986 [*Tol 79610*], han defendido restringir la operatividad de la regla a los supuestos de obtención de fuentes de prueba, fundamentalmente en sede sumarial, y no a los de admisión y práctica de prueba. Para estos últimos, cabría, en su caso, articular el mecanismo anulatorio que hemos visto antes, al amparo de los arts. 238 y ss. LOPJ siempre que se justifique la efectiva indefensión padecida como consecuencia de esa admisión y valoración.

d) Por último, el art. 11.1 LOPJ se refiere a la prueba directa y a la derivada, sin introducir excepción alguna. VIVES (pp. 905 y ss.) recuerda, a este respecto, que la problemática de la prueba ilícita suele plantearse fundamentalmente respecto de la prueba derivada, pues mientras que la primaria es intrínsecamente ilícita, la refleja es intrínsecamente lícita, por lo que extender, siempre y en todo caso, los efectos de la ilicitud de la prueba originaria a la prueba derivada pueden dar lugar a resultados injustos.

3.3 La STC 81/1998: la conexión de antijuridicidad

La STC 81/1998 [*Tol 80937*] analiza esta cuestión. Para la debida comprensión del caso, resulta conveniente conocer el supuesto de hecho. El recurrente en amparo fue condenado por la jurisdicción ordinaria como autor de un delito contra la salud pública al ser detenido a la salida de la vivienda del coacusado, a la que había acudido instantes antes, en posesión de unos 25 gramos de cocaína destinados a la venta a terceros. La prueba en que se fundó la condena se conformó por las declaraciones testificales de cuatro agentes de la guardia civil que le intervinieron la droga. El recurso se fundó en el hecho de que la detención se produjo gracias a una intervención telefónica autorizada mediante una resolución judicial inmotivada, pues no incorporaba datos objetivos reveladores de la presencia de indicios de criminalidad y de la posible participación del sujeto en ellos. A juicio del recurrente, la ineficacia del auto autorizante debía transmitirse a las declaraciones testificales de los agentes, pues de no haberse dictado el auto no habrían llegado a saber que el condenado iba a acudir al inmueble en el que fue detenido. La prueba así valorada habría dado lugar a una lesión conjunta del derecho al secreto de las comunicaciones, al proceso justo y a la presunción de inocencia, que debió determinar su absolución.

La STC desestimó el amparo sobre la base de los siguientes argumentos:

a) Los derechos fundamentales sustantivos —en el caso examinado, el reconocido en el art. 18.3 CE— y los procesales —los que derivan del art. 24 CE— tienen una doble vertiente: son derechos subjetivos, al tiempo que elementos esenciales del ordenamiento objetivo de la comunidad nacional.

b) Como consecuencia de esa doble vertiente, los derechos sustantivos tienen una dimensión procedimental: «son reglas básicas de todos los procedimientos de la democracia, de modo que ninguno de ellos puede calificarse de constitucionalmente legítimo si no los respeta en su desarrollo o si los menoscaba o vulnera en sus conclusiones».

c) Pese a que la regla de exclusión probatoria no deriva de un derecho fundamental específico, ni tampoco del derecho sustantivo afectado, expresa una garantía objetiva implícita en el sistema de derechos fundamentales. Además, la valoración de tales pruebas supone ignorar las garantías propias del proceso (art. 24.2 CE) y violentar la idea de proceso justo (STEDH, Caso Schenk contra Suiza, 12 de julio de 1988).

d) Para determinar si la valoración de la prueba ilícita vulnera el derecho al proceso con todas las garantías, hay que considerar conjuntamente el derecho sustantivo afectado y sus límites constitucionales, pues tanto las normas de libertad como las limitadoras son fundamento del orden político y de la paz social (art. 10.1 CE). A tal efecto, hay que considerar el interés constitucionalmente legítimo en la averiguación y castigo de los delitos graves.

e) Para determinar si la valoración de la prueba ilícita puede vulnerar el derecho a la presunción de inocencia, ha de analizarse si existen otras pruebas de cargo válidas e independientes, pues si existieran, podría haberse vulnerado el derecho a un proceso con todas las garantías, pero no la presunción de inocencia. Por tanto, metodológicamente debe analizarse, en primer lugar, si se vulneró el derecho a un proceso con todas las garantías para, acto seguido, determinar si, además, ello dio lugar a la vulneración de la presunción de inocencia.

f) La regla general impone que todo elemento probatorio que pretenda deducirse de la vulneración de un derecho sustantivo activa la prohibición de valoración al amparo del art. 24.2 CE. Ahora bien, ningún derecho fundamental es absoluto, por lo que es preciso examinar las posibles excepciones.

g) Las pruebas originarias son intrínsecamente ilegítimas desde un punto de vista constitucional. Por el contrario, las derivadas son intrínsecamente legítimas. En consecuencia, para entender que la prohibición de valoración se extiende a ellas debe existir un nexo entre unas y otras que permita afirmar que la ilegitimidad constitucional de las primeras se transmite a las segundas. Es lo que el TC viene a denominar la conexión de antijuridicidad.

h) Tal conexión debe evaluarse en primer lugar desde un punto de vista interno. A tal efecto, hay que atender a la índole y características de la vulneración del derecho sustantivo en la prueba originaria, así como la voluntariedad de la vulneración y la relevancia de los datos obtenidos como consecuencia de ello. A continuación, desde una perspectiva externa, han de examinarse las necesidades de tutela que la efectividad del derecho sustantivo exige. Ambas perspectivas son complementarias. Por tanto, si la lesión del derecho sustantivo fue menor, los datos obtenidos como consecuencia de ello poco relevantes y la prohibición de valorar la información no viene exigida por las necesidades de tutela del derecho, la valoración de la prueba derivada será legítima, al no darse la conexión de antijuridicidad.

i) En el caso examinado, la actuación de las autoridades encargadas de la persecución penal no perseguía violentar el derecho sustantivo. La violación derivó del dictado de una resolución insuficientemente motivada, en consecuencia, hubo control judicial, aun siendo insuficiente, por lo que la lesión del derecho fue menor y se debió al error judicial sobre el alcance de la obligación de motivación. El dato probatorio obtenido —la fecha y la hora de una reunión— también fue secundario. En consecuencia, y dado que, además, del oficio policial se desprendían algunos de los elementos que constituyen presupuestos de intervención de las comunicaciones, la necesidad de tutela del derecho reconocido en el art. 18.3 CE quedó satisfecha con la prohibición de valoración de la prueba directamente constitutiva de la lesión.

Esta resolución, doctrinalmente cuestionada, por introducir excepciones donde el art. 11.1 LOPJ no las contempla, al menos tuvo la virtualidad de introducir un método estable de análisis acudiendo a una estructura que recuerda a la de la imputación objetiva. Los problemas se han planteado en la aplicación práctica y han derivado de la dificultad de consolidar una doctrina jurisprudencial estable sobre los juicios valorativos que deben realizarse, de modo que, finalmente, y puesto que, como dijimos, los análisis siempre son retrospectivos, en delitos graves de cierta tipología el resultado de la ponderación suele activar la excepción a la ilicitud de la prueba derivada.

3.4 Otras excepciones a la regla de exclusión

A partir de esta resolución se ha acelerado la recepción de diversas excepciones a la regla de exclusión probatoria provenientes de la tradición cultural anglosajona (MUÑOZ ARANGUREN, pp. 309 y ss.), excepciones que habían ido incorporándose puntualmente a nuestra jurisprudencia. Veamos las principales.

3.4.1 La excepción de la buena fe

En primer lugar, la excepción de la buena fe. Según ésta, si el funcionario policial actuó de buena fe en la convicción de que lo que hacía era lícito, la exclusión de la prueba no desempeña la finalidad preventiva de la actuación policial contraria a la CE, por lo que no debe desplegar efectos. La buena fe puede operar, bien por déficits en la regulación, bien en la doctrina jurisprudencial. Se trata de una excepción que puede afectar tanto a la prueba originaria como a la derivada.

Ejemplo de ello, es la STC 22/2003 [*Tol 239218*]. Según indica esta resolución, las excepciones a la regla de exclusión se aplican fundamentalmente a las pruebas derivadas, ya que hay que partir de la presunción de ilicitud de las originarias, por lo que, en tales casos, la necesidad de tutela es mayor, como indican las SSTC 49/1999 [*Tol 81121*] y 94/1999 [*Tol 81159*] En el caso examinado la prueba originaria se obtuvo en un registro domiciliario efectuado sin consentimiento del morador legitimado para dar la autorización —en la vivienda residían dos moradores, la esposa denunciante y el cónyuge denunciado, y el consentimiento fue dado sólo por la primera, pese a que había un conflicto de intereses evidente—. Sin embargo, el Alto Tribunal estimó que el origen de la vulneración radicó en un déficit en la legislación y en la interpretación del ordenamiento, que, en supuestos de comoradores con intereses contrapuestos, nada indicaba expresamente. En consecuencia, en la medida en que se actuó por la policía en la creencia fundada de estar respetando la CE y que, además, el respeto a la legislación vigente habría conducido al mismo resultado, concluyó que la exclusión de la prueba no debía operar, por ser un remedio impertinente y excesivo.

La decisión dio lugar a un voto particular, que puso de relieve que hasta este momento nunca se había cuestionado la ilegitimidad constitucional de las pruebas ilícitas, ni establecido a su respecto excepción alguna, y los riesgos que conllevaba la introducción de excepciones a la regla. En sentido crítico, uno de los principales problemas de la excepción es que puede facilitar la obtención de pruebas a través de medios ilícitos en las zonas grises, pues los funcionarios policiales actuarán, sin informarse previamente del modo de proceder correcto, en la confianza de que, en el peor de los casos, les amparará la excepción.

3.4.2 La fuente independiente

Las siguientes excepciones operan respecto de la prueba refleja. La primera de ellas es la excepción de la fuente independiente. Opera cuando entre la prueba originaria y la supuestamente derivada no existe ninguna conexión causal, por lo que la segunda puede ser perfectamente valorada. MIRANDA ESTRAMPES (pp. 122 y ss.) ha señalado que, en sentido estricto, no se trata de excepción alguna, sino de la aplicación de la regla, pues si la prueba derivada no lo es, no se cumple el presupuesto que justifica el reconocimiento de la eficacia refleja. El riesgo radica, a su parecer, en la posibilidad de ampliar las posibilidades aplicativas denominando prueba independiente a la que no tiene tal condición, al aparecer vinculada con una actividad probatoria inicial ilícita. Esta supuesta excepción ha sido reconocida, entre otras, en STS de 20/07/2022 [*Tol 9152592*].

3.4.3 El descubrimiento inevitable

La segunda, es la excepción del descubrimiento inevitable. La idea que subyace a esta excepción es que la prueba obtenida como consecuencia de la violación del derecho fundamental habría sido obtenida, en todo caso, por otros medios lícitos, por lo que carece de sentido la exclusión. Esta excepción, que se acoge en la STS de 20/07/2022 [*Tol 9152592*], plantea diversos problemas, como pone de relieve el voto particular a la STEDH de 22 de mayo de 2018, Svetina c. Eslovenia.

Dicho voto destaca la incidencia del sesgo retrospectivo, pues una vez que se ha descubierto algo es muy difícil resituarse en el momento anterior a dicho descubrimiento, por lo que es complejo evaluar si habríamos llegado a saber algo si realmente no lo supiéramos. Además, indica que la excepción puede incentivar lo que en psicología se conoce como razonamiento motivado, esto es, la tendencia a que las personas alcancen las conclusiones a las que quieren llegar. Esta doctrina, por otro lado, genera un incentivo para la vulneración del derecho protegido, pues si la policía tiene cierta seguridad de que acabaré encontrando lo que busca, mayor será la probabilidad de que opte por la vía más rápida, aun siendo ilícita. En suma, este criterio contiene una alta dosis de indefinición, pues se basa en simples conjeturas o hipótesis, esto es, en lo que pudo haber pasado pero que no pasó en la realidad, en cursos causales hipotéticos, con el consiguiente peligro de deflación de la regla de garantía.

3.4.4 El nexo causal atenuado

También se recurre en ocasiones a la excepción del nexo causal atenuado. Conforme a la misma, determinados factores, tales como el transcurso del tiempo entre la obtención de la prueba originaria y la derivada, el mayor o menor impacto de la conducta ilícita, o la concurrencia de actuaciones intermedias voluntarias (v.gr. la confesión de la persona acusada), mitigan el vicio de ilicitud de la prueba derivada hasta el punto de hacer innecesaria la exclusión. Esta excepción se recoge en la STS de 5/12/2018 [*Tol 6958074*].

Por la frecuencia con que se presenta en la práctica judicial, es preciso detenerse en una de las principales causas que, jurisprudencialmente, permiten atenuar el nexo o, incluso, romperlo, afirmando la independencia de la prueba: la declaración de la persona encausada.

La cuestión fue abordada por la STC 161/1999-*Tol 81-208*. El recurrente, condenado por un delito contra la salud pública, alegó que, de no haberse registrado ilícitamente la vivienda, no se habría encontrado la droga, ni se le habría detenido, ni habría declarado, ni, en consecuencia, habría reconocido la pertenencia de la droga. El Alto Tribunal estimó que la declaración del encausado admitiendo parcialmente los hechos constituía prueba jurídicamente independiente del acto lesivo de la inviolabilidad domiciliaria, pues el estatuto jurídico de la persona encausada (derechos a la asistencia letrada, a no declarar contra sí mismo y a no confesarse culpable) constituye un eficaz medio de protección frente a cualquier tipo de coerción, por lo que las declaraciones de la persona encausada, en particular las prestadas en juicio oral, pueden ser valoradas como pruebas válidas, reputándose espontáneas y voluntarias, pues rompen la conexión causal con el inicial acto ilícito y atenúan las necesidades de tutela del derecho sustantivo que justificarían la exclusión de tales declaraciones, quedando satisfechas con la exclusión del registro domiciliario. La STC destaca que la validez de la confesión no depende de los motivos internos del confesante, sino de las condiciones externas de la confesión, y matiza que deberá evaluarse en cada caso concreto si dicha confesión ha sido libre y espontánea, atendiendo a diversos parámetros —*v.gr.* si declaró con letrado, si estaba privado de libertad, si la causa había sido declarada secreta, etc.—.

Esta doctrina ha sido posteriormente reiterada en muchas otras sentencias. Entre ellas, la STC 128/2011 [*Tol 2216186*], que destaca que la desconexión de antijuridicidad puede operar en supuestos de declaración autoincriminatoria no sólo del acusado en el juicio oral, sino también del imputado en la instrucción siempre que las circunstancias del caso evidencien que, por las garantías constitucionales concurrentes, la confesión fue libre e informada. Ello, sin embargo, nos conduce a otra cuestión problemática: el valor probatorio de la declaración de la persona investigada cuando en juicio oral guarda silencio o cambia de versión (véase capítulo 48, 4.3).

La jurisprudencia de la Sala II TS mantiene un criterio similar. La STS de 20/05/2014 [*Tol 4387515*], sintetiza el estado de la doctrina de la Sala a tal efecto, y señala lo siguiente: a) La eficacia de la prueba ilícita por la desconexión de antijuridicidad tiene carácter excepcional; b) La declaración debe practicarse ante el juez, asistido de letrado y previa información al inculpado de sus derechos constitucionales; c) Cuando se presta la declaración en que se admiten los hechos no debe estar acordado el secreto de las actuaciones, ya que ello limitaría notablemente el derecho de defensa; e) Debe tratarse de una declaración voluntaria y espontánea, sin vicios ni situaciones sugestivas que puedan alterar dicha voluntariedad; f) No han de ser declaraciones sumariales temporalmente próximas al hecho descubierto a través de la diligencia luego declarada ilícita. Ha de concurrir distanciamiento en el tiempo entre la fecha de la acción delictiva —y, en su caso, detención— y la admisión por el imputado de la ejecución del hecho delictivo. Y ello, para garantizar la espontaneidad y voluntariedad de la declaración. Así se mantiene el criterio de que en cada caso debe clarificarse si la confesión fue informada y voluntaria —válida— o estuvo eminentemente condicionada por el hallazgo cuya nulidad se declara —inválida por efecto reflejo—; y, g) Los efectos de una confesión así prestada no se extienden a los de otras personas coimputadas no confesantes.

La STS de 15/02/2011 [*Tol 2055749*] aborda un supuesto extremo: la sentencia de instancia, dictada por la AN, puso de relieve que había una sólida sospecha de que los acusados, detenidos y trasladados a dependencias policiales en Madrid, encerrados e incomunicados, habían sido objeto de maltrato físico y psicológico con la finalidad de que hicieran sus declaraciones ante el juez de instrucción en determinado sentido. A la vista de tal circunstancia, entendió que tales confesiones no habían sido libres y voluntarias y que, en consecuencia, no eran aptas para desconectar el nexo de antijuridicidad con otras pruebas ilícitas. No obstante, en este caso, cabría apuntar que las propias confesiones estaban viciadas de ilicitud.

Para cerrar este punto, ha de señalarse que la cuestión no se encuentra exenta de polémica, como revela el voto particular de la STS de 9/01/2006 [*Tol 862741*]). Dicho voto particular parte de la premisa de que toda la construcción de la doctrina de la conexión de antijuridicidad supone una reformulación del art. 11.1 LOPJ ajena a su literalidad. Y señala que la idea de que la confesión autoinculpatoria puede carecer de relación jurídica con la información obtenida a través de la diligencia ilícita por el solo hecho de haberse realizado conforme a las exigencias legales, es falaz. Y ello, porque la legalidad de la confesión carece de efectos retroactivos sobre los antecedentes de la declaración y porque no depende del declarante convertir lo institucionalmente ilegítimo en legítimo. Además, en un plano puramente empírico, quien confiesa provocando con ello su condena, pese a que pretende la absolución, si confesó necesariamente debió hacerlo por ignorancia del régimen jurídico, lo que sugiere un déficit de la asistencia letrada frente a una pregunta que debió reputarse capciosa.

GASCÓN ABELLÁN (pp. 47 y ss.), señala, por su parte, que técnicamente no sería posible dictar sentencia de condena con exclusivo fundamento en la declaración inculpatoria, pues al no poder valorarse junto a las evidencias ilícitas, no sería posible estimarla suficiente a efectos de condena.

Por otro lado, la praxis judicial de deferir la decisión sobre la posible ilicitud de la prueba originaria a la sentencia, en lugar de resolver la cuestión con carácter previo, da lugar a muchas declaraciones suicidas. En esta línea, ASENCIO MELLADO (pp. 85 a 100) señala que una prueba como la declaración inculpatoria solo sería verdaderamente independiente, y por tanto voluntaria, cuando se realice tras la declaración de nulidad y con pleno conocimiento de ella.

3.5 La STC 97/2019: la doctrina «Falciani»

La STC 97/2019 [*Tol 7446118*] parece haber dado un paso más en el proceso de *excepcionalización* de la regla de exclusión, hasta el punto de que, según se denuncia doctrinalmente, la regla parece que viene a convertirse en la excepción. El supuesto de hecho que abordó la sentencia es el que se expone. El recurrente fue condenado como autor de dos delitos tributarios por no declarar ciertas cuentas bancarias abiertas en la entidad HSBC en Suiza. La fuente de prueba originaria fue la denominada «Lista Falciani», un documento elaborado por un ex empleado de la entidad que antes de abandonarla se había apoderado de ficheros de la empresa en los que constaba la identidad de personas que tenían cuentas abiertas ocultas para el fisco. El documento fue aportado por la Agencia Tributaria que, a su vez, lo obtuvo de la Administración francesa, que había conseguido el archivo en un registro domiciliario realizado en Francia en el marco de una solicitud de cooperación internacional cursada por las autoridades suizas, que investigaban a Falciani por un delito contra el secreto bancario.

Recurrida la sentencia dictada en primera instancia, el TS consideró que la regla de exclusión y sus excepciones son elementos de prevención frente a los excesos del Estado en la investigación del delito. En consecuencia, el art. 11.1 LOPJ sólo prohíbe las vulneraciones que se hubieran producido en el desarrollo de la actividad probatoria en el proceso, no las que tengan un origen ajeno, en la conducta de un particular, como era el caso. El recurrente alegó que la regla de exclusión debía operar con independencia de la fuente de la que procediera la ilicitud y de la finalidad perseguida para su obtención

El TC desestimó el recurso de amparo sobre la base de los siguientes argumentos:

a) No toda violación de un derecho fundamental sustantivo activa la regla de exclusión probatoria que enuncia el art. 11.1 LOPJ. Para ello, debe resultar también lesionado el art. 24.2 CE, que garantiza el derecho a un proceso con todas las garantías, entre las que se encuentra la preservación de la integridad del proceso, prohibiendo que se obtengan pruebas vulnerando instrumentalmente derechos fundamentales. Por tanto, la violación del derecho sustantivo debe ser instrumental para la obtención de la prueba. La sentencia señala: «El sentido específico de la garantía del proceso debido incluida en el art. 24.2 CE es, así, el de proteger a los ciudadanos de la violación instrumental de sus derechos fundamentales que ha sido verificada, justamente, para obtener pruebas. Con ello, se protege la integridad del sistema de justicia, la igualdad de las partes y se disuade a los órganos públicos, en particular, a la policía, pero también a los propios particulares, de realizar actos contrarios a los derechos fundamentales con fines de obtener una ventaja probatoria en el proceso. Fuera de tales supuestos, esto es, cuando no existe una conexión o ligamen entre el acto determinante de la injerencia en el derecho fundamental sustantivo y la obtención de fuentes de prueba, las necesidades de tutela de dicho derecho son ajenas al ámbito procesal y pueden sustanciarse en los procesos penales o civiles directamente tendentes a sancionar, restablecer o resarcir los efectos de la vulneración verificada en aquel.» En definitiva, la inadmisión procesal de una prueba obtenida con vulneración de un derecho fundamental sustantivo no constituye una exigencia que derive del contenido del derecho fundamental afectado. Tiene naturaleza estrictamente procesal y ha de ser abordada desde el punto de vista de las garantías del proceso justo.

b) En consecuencia, la violación de las garantías procesales del art. 24.2 CE ha de determinarse, en relación con la prueba ilícitamente obtenida, a través de un juicio ponderativo tendente a asegurar el equilibrio y la igualdad de las partes, esto es, la integridad del proceso en cuestión como proceso justo y equitativo.

c) En cuanto a los elementos del juicio de ponderación, en primer lugar, ha de determinarse la índole de la ilicitud verificada en el acto de obtención de los elementos probatorios. Debe tratarse de una vulneración de derechos fundamentales que se comete al obtener tales pruebas, y no de simples violaciones de procedimiento que se producen en el momento de su admisión en el proceso o de su práctica en él.

d) En segundo lugar, debe examinarse su conexión con los derechos procesales de las partes desde el prisma del proceso justo y equitativo, Tal nexo existe si la decisión de incorporación al acervo probatorio evidencia una ruptura del equilibrio procesal entre las partes. Los dos parámetros fundamentales para evaluar el nexo determinante de una necesidad específica de tutela dentro del ámbito procesal son los que introduce la doctrina de la conexión de antijuridicidad, antes vistos al analizar la STC 81/1998 [*Tol 80937*], con el matiz de que el dato crucial es si la vulneración del derecho fundamental ha estado instrumentalmente orientada a obtener pruebas al margen de los cauces constitucionalmente exigibles. El Tribunal entiende que tales criterios de ponderación son aplicables tanto a la prueba ilícita derivada, como a la originaria, pese a que, en principio ha de entenderse que la necesidad de tutela es mayor cuando el medio probatorio utilizado vulnera directamente el derecho fundamental.

f) En aplicación de tal doctrina, el TC estimó que la prueba era admisible y valorable. Así, atendidas la índole y características de la violación, consideró que la intromisión en el derecho a la intimidad carecía de conexión instrumental con actuaciones investigadoras llevadas a cabo por las autoridades españolas o por alguna parte procesal no pública. Por tanto, la tutela de la intimidad de los clientes de la entidad bancaria quedaba satisfecha con los procedimientos penales o civiles que pudieran activarse en Suiza. En cuanto a los datos adquiridos, afectaban a aspectos periféricos de la intimidad económica: en exclusiva, la existencia de la cuenta y su importe. No otros, como los movimientos de cuentas, que pudieran aportar patrones de conducta o modos de vida. En cuanto a la perspectiva externa, advirtió que no existía aun riesgo de incentivar actuaciones lesivas del derecho a la intimidad, pues en España no existen prácticas de opacidad bancaria amparadas por los poderes públicos. Por ello, concluyó que el resultado de la intromisión no era de tal intensidad que exigiera extender las necesidades de tutela del derecho sustantivo al proceso penal.

La sentencia ha generado polémica, al haber consolidado el principio de la validez de la prueba obtenida de forma ilícita por particulares, siempre que la injerencia no tuviera como finalidad recabar pruebas para aportarlas a un proceso penal. Esta última salvedad puede ser complementada añadiendo el caso de que el particular fuera instrumentalizado por las autoridades investigadoras para la obtención de información, tal y como señaló la STEDH de 10/03/2009, caso Bykov c. Rusia [*Tol 2649351*].

En este sentido, la STS de 17/09/2020 [*Tol 8091877*] analiza la posible ilicitud de la grabación efectuada por la pareja sentimental del acusado de una conversación que éste mantuvo con su hija en el interior de la vivienda en la que todos residían. La sentencia consideró que, en la obtención de dicha prueba, se había vulnerado el derecho a la intimidad y el secreto de las comunicaciones. Sin embargo, entendió que la regla de exclusión de la prueba ilícita no opera cuando el particular actúa por propia iniciativa y desvinculado de la actuación del Estado. En la misma línea, la STS de 25/09/2020 [*Tol 8115327*] descarta la nulidad de dicha prueba porque la actuación del denunciante no estuvo orientada a obtener pruebas al margen de la ley, sino simplemente a obtener información, y porque su actuación no tuvo ningún tipo de conexión instrumental, objetiva o subjetiva, con las actuaciones investigadoras. Por el contrario, la STS de 15/11/2021 [*Tol 8649975*] revocó la sentencia condenatoria de instancia, declarando la ilicitud de la prueba consistente en la grabación de la conversación mantenida por uno de los acusados con los recurrentes, al destacar que los hechos probados reflejaban que los investigadores obraron con intención de evitar la garantía constitucional del derecho a no confesarse culpable. Suministraron una grabadora al acusado, que se ofreció a grabar y entregar la grabación con el contenido de la conversación que iba a mantenerse en una reunión. A juicio de esta resolución, era irrelevante de quién partía la iniciativa: lo relevante era la existencia de una investigación policial.

En cualquier caso, el riesgo de difuminación de la regla de garantía por la proliferación y alcance de las excepciones es evidente, pues cada excepción es, a su vez, flexibilizada y ampliada en función de las circunstancias del caso en cada resolución judicial posterior. Paradigmática es la STS de 11/11/2022 [*Tol 9339458*], en la que, reutilizando la argumentación de la STC 97/2019 [*Tol 7446118*] y la excepción de la buena fe, la Sala acaba concluyendo que el acceso policial sin autorización judicial a un dispositivo de almacenamiento masivo hallado en la calle no vicia la adquisición probatoria al no estar instrumentalmente dirigida a la investigación de un hecho delictivo.

3.6 La jurisprudencia del TEDH

En ocasiones, los tribunales españoles recurren a la cita de resoluciones del TEDH, tanto en materia de ilicitud probatoria como en otras. SÁNCHEZ YLLERA (pp. 230 y ss.) ha alertado sobre los riesgos de la cita acrítica y descontextualizada de autoridad, pues la jurisprudencia del TEDH es una jurisprudencia de mínimos, por lo que no pueden dejar de tomarse en consideración las exigencias añadidas que el ordenamiento español pueda imponer. Añade el autor que, en particular en el ámbito de la prueba ilícita, las exigencias del TC superan las del TEDH, por lo que, al menos, debemos estar a la doctrina del TC.

El TEDH ha afirmado reiteradamente que carece de competencia para pronunciarse sobre la admisibilidad en juicio de las pruebas ilícitas, al no tratarse de una cuestión contemplada en el CEDH. Su función se limita a analizar si el proceso, considerado en su conjunto, fue un proceso justo (STEDH caso Schenk c. Suiza, 12 julio 1988), lo que ha de verse en cada caso. A tal efecto, el TEDH ha ido fijando algunos criterios, que SÁNCHEZ YLLERA ha sistematizado.

En concreto, y ante una demanda basada en la condena fundada en la utilización de una prueba calificada de ilícita, el TEDH considera, en primer lugar, si se ha vulnerado el derecho interno o el CEDH, o ambos. En el primer caso, analiza si el proceso, en su conjunto, se ajustó a los requerimientos del proceso equitativo (art. 6.1 CEDH), para lo que atiende a tres perspectivas: a) El derecho de defensa, esto es, si el acusado pudo conocer la ilicitud y alegarla y cuestionarla ante los Tribunales nacionales; b) La fiabilidad de la prueba, esto es, si atendida la naturaleza de la ilicitud, la prueba es o no fiable; y, c) La decisividad de la prueba, si es la prueba única y crucial o existen otras pruebas.

De tener origen la prueba ilícita en una violación del CEDH, el Tribunal atiende a la naturaleza del derecho afectado y al tipo de vulneración. Un análisis de la jurisprudencia del Tribunal evidencia que las vulneraciones más denunciadas y apreciadas por esta vía son las que se refieren al derecho a no padecer torturas o tratos inhumanos o degradantes, las garantías frente a la autoincriminación y al derecho a la vida privada. De hecho, el TEDH, tras afirmar el carácter absoluto de algunos derechos reconocidos en el CEDH, ha concluido que el proceso no puede considerarse en ningún caso equitativo cuando tales derechos se han violado. Esto ocurre, especialmente, en los casos de torturas (STEDH de 11/07/2006, caso Jalloh c. Alemania [*Tol 9081834*], aun cuando, como advierte el autor, a partir de la STEDH de 30/06/2008, caso Gäfgen c. Alemania, [*Tol 9076022*], pese a admitirse la existencia de trato degradante en la confesión del acusado, se apreció que no había vulneración del art. 6.1 CEDH, sobre la base de la excepción de la fuente independiente de prueba. Ello pone de relieve el peso del diálogo transnacional entre Altos Tribunales y de qué modo excepciones provenientes de la cultura anglosajona acaban impregnando las praxis de órganos judiciales de otros sistemas, operación no exenta de peligros.

4. LA PRUEBA ILÍCITA Y LA PRESUNCIÓN DE INOCENCIA

4.1 La licitud como elemento de la prueba de cargo

La relación entre el derecho a la presunción de inocencia y la prueba ilícita puede ser contemplada desde dos perspectivas. Desde la perspectiva de la prueba de cargo, la STC 81/1998 [*Tol 80937*] resalta la idea de que «La presunción de inocencia, en su vertiente de regla de juicio opera, en el ámbito de la jurisdicción ordinaria, como el derecho del acusado a no sufrir una condena a menos que la culpabilidad haya quedado establecida, más allá de toda duda razonable, en virtud de pruebas que puedan considerarse de cargo y obtenidas con todas las garantías». Dicha resolución señala que, si la condena se ha basado fundamental o exclusivamente en pruebas ilícitas, se produciría, además de la lesión del derecho a un proceso con todas las garantías, la lesión de la presunción de inocencia. En la misma línea, la STC 166/1999 [*Tol 81212*] En suma, para el Alto Tribunal, la vulneración de un derecho fundamental sustantivo no determina la lesión del derecho a la presunción de inocencia, pues si, prescindiendo de la prueba ilícita, hubiera otras pruebas de cargo suficientes para destruir la presunción de inocencia, ésta no resultaría comprometida (STC 149/2001 [*Tol 81491*]).

MIRANDA ESTRAMPES (pp. 89 y ss.) señala que tanto el juicio de licitud de las pruebas como el de suficiencia forman parte del contenido del derecho a la presunción de inocencia, precediendo el primero al segundo.

Pero, como veremos a continuación, la relación entre la prueba ilícita y la presunción de inocencia puede analizarse desde otra perspectiva complementaria.

4.2 Las dudas sobre la licitud: el estándar probatorio

Se plantea aquí el problema en el que se suscitan dudas razonables sobre la posible ilicitud de una fuente de prueba. DEL MORAL GARCÍA (pp. 38 y ss.) sostiene que la presunción de inocencia da lugar a que deba presumirse la inocencia de la persona acusada en tanto no existan pruebas que acrediten su culpabilidad, pero no obliga a presumir que las pruebas acusatorias son ilegítimas mientras no conste su licitud, de modo que la carga de la prueba sobre la ilegitimidad de un medio probatorio corresponde a quien la alega. En consecuencia, las dudas habrán de ser resueltas a favor del aprovechamiento del medio de prueba.

La cuestión ha surgido, como señala el autor, en supuestos de procedimientos penales incoados como consecuencia de la deducción de testimonios de particulares dimanantes de otros procesos. En ocasiones ocurre que los testimonios se remiten incompletos, de modo que puede suceder que no se haya enviado el auto autorizante de una medida injerente en un derecho fundamental —*v.gr.* la resolución que autoriza el registro domiciliario o la interceptación de las telecomunicaciones—. En tal contexto si, llegado el momento de dictar sentencia, no se subsanó el déficit, surge la duda acerca de si la prueba obtenida como consecuencia de ese registro o interceptación puede o no ser valorada.

El TS había venido sosteniendo, con oscilaciones, que en tales casos era preciso que constara en la causa el testimonio completo que incluyera la cadena de solicitudes y autorizaciones, al ser el único modo de verificar si hubo o no un control judicial efectivo sobre la medida (STS de 24/04/2003 [*Tol 4928683*]). No obstante, a partir de la STS de 22/01/2009 [*Tol 1452531*]) comienza a decantarse una postura contraria a la ilicitud probatoria en caso de duda.

La sentencia de la mayoría señala, en este sentido, que no puede presumirse que las actuaciones judiciales y policiales son ilegítimas e irregulares, vulneradoras de derechos fundamentales, a menos que conste lo contrario. En el caso examinado se constató la existencia de indicios que podrían haber justificado la autorización judicial y se concluyó que la nueva causa penal no era el cauce idóneo para examinar la regularidad de las injerencias ordenadas en el otro proceso. Por todo ello, concluyó que debía presumirse la licitud de la medida, añadiendo que la parte que pudiera tener una razón fundada sobre la irregularidad de la misma tenía la carga de instar en la segunda causa, la clarificación de la situación y la unión a las actuaciones de la resolución judicial habilitante.

Dicha resolución cuenta con dos votos particulares. En ellos, se viene a indicar que no se trata de presumir la ilegalidad o legalidad de la actuación policial o judicial. La perspectiva de análisis debe ser otra. En los Estados democráticos de derecho, la libertad es la regla y su restricción, la excepción. La legitimidad constitucional de la excepción exige que se ajuste a determinados requisitos, como el control judicial previo explicitado en una resolución motivada. No corresponde al titular del derecho demostrar la ilicitud de la restricción, sino al poder público acreditar la licitud de la restricción. La restricción sólo es lícita si está justificada, y tal justificación no pueda ser sustituida por una presunción de legitimidad. Ni el acusado debe demostrar la ilicitud de la restricción, ni le corresponde aportar pruebas a tal efecto, ni compete al tribunal sustituir a las acusaciones en la propuesta y práctica de pruebas de contenido acusatorio. En otros términos, la carga acusatoria de hacer evidente la legitimidad de la prueba no significa presumir su ilicitud.

La postura mayoritaria encontró eco en el acuerdo de Pleno no jurisdiccional de la Sala Segunda del TS de 26/05/2009. En dicho pleno se acordó que, en los procesos incoados a raíz de la deducción de testimonios de una causa principal, la alegación defensiva de que la prueba debía anularse por no constar la resolución judicial limitativa del derecho al secreto de las comunicaciones no debía implicar sin más la nulidad. Es carga de la defensa promover un debate sobre la cuestión cuando constate la ausencia. Si lo hace, compete a la acusación justificar la existencia de la resolución, pero si la defensa calla en su momento, no puede suscitar posteriormente la cuestión. No existen nulidades presuntas.

Dicho acuerdo se incorporó a la argumentación de la STS de 3/05/2013 [*Tol 3844353*], en la que se precisa que el momento preclusivo para cuestionar la ausencia del testimonio es el trámite del art. 786.2 LECrim. Dicha resolución cuenta con un voto particular concurrente que sostiene que tal momento es tardío, pues impide a la acusación reaccionar, por lo que la impugnación debe producirse en un momento procesal que permita a la acusación subsanar el defecto procesal.

La posición dominante puede cuestionarse, añadiendo a los certeros argumentos que contienen los votos particulares de la STS de 22/01/2009 [*Tol 1452531*] en el entendido de que los vicios de la prueba de cargo no pueden entenderse subsanados por la falta de impugnación. Son las características intrínsecas del medio probatorio las que permiten evaluar su licitud y suficiencia. La LECrim exige para la validez de la diligencia de identificación visual que se satisfagan las condiciones de realización que contempla el art. 369. Ello no prejuzga el valor probatorio de la diligencia, pero el cumplimiento de esos requisitos constituye la condición de posibilidad de la valoración, de modo que, si no concurren, cualquiera que sea la causa, no puede ser valorada. Del mismo modo, el juego conjunto de la LECrim y la CE exigen para la validez del registro domiciliario la existencia de resolución judicial autorizante debidamente motivada, de modo que su ausencia, cualquiera que sea la causa, debe impedir igualmente su valoración.

Por último, conviene introducir un interrogante. El autor de estas líneas ha sido Juez Instructor, y ha tenido la ocasión de ocupar destino en plazas en las que se ha encontrado causas en tramitación en las que se habían acordado intervenciones telefónicas sin resolución judicial alguna, pese a lo que se habían emitido los oficios correspondientes para la ejecución de la medida, posiblemente en espera de que, en el futuro, antes del alzamiento del secreto, se dictara la resolución, lo que nunca llegó a producirse. Por otro lado, las dinámicas de trabajo en los Juzgados Centrales de Instrucción de la Audiencia Nacional, en las que es frecuente que de una causa matriz se desgajen numerosas piezas, puede dar lugar a que, efectivamente, se mantengan intervenciones carentes de autorización judicial, cuando se pierde el control de lo que se investiga. Frente a esa posibilidad no cabe oponer acríticamente una presunción de corrección de toda actuación jurisdiccional.

Hay otra cuestión que puede abordarse aquí: el estándar o grado de suficiencia exigible para resolver sobre una alegación de ilicitud probatoria. Cuando, *v.gr.*, la persona acusada objeta que el registro domiciliario se practicó sin su consentimiento, el tribunal debe resolver, a la luz de los elementos de juicio disponibles, si el registro es ilícito. Para ello, normalmente dispondrá de la declaración de la persona acusada y, tal vez, de algunos moradores de la vivienda y de las declaraciones testificales de los funcionarios policiales. La cuestión a resolver es si la ilicitud ha de ser acreditada más allá de toda duda razonable. Parece, en consonancia con el significado de la presunción de inocencia como regla probatoria, que la duda razonable sobre la licitud ha de desplegar efectos excluyentes, en línea con la más reciente doctrina jurisprudencial sobre la prueba de las eximentes y atenuantes, como vimos en el capítulo 16, 9.

4.3 La prueba ilícita favorable

Otra cuestión que suscita la prueba ilícita es el régimen de la que resulta favorable para la persona acusada. En una primera aproximación cabría sostener que, comoquiera que el art. 11.1 LOPJ no introduce distinción alguna, prima facie, la prueba ilícita favorable para la persona acusada activa la regla de exclusión probatoria, por lo que no podría ser ni admitida ni valorada.

Sin embargo, cabe otra interpretación. FERNÁNDEZ ENTRALGO (pp. 158 y ss.), señala que es preciso realizar una ponderación, en la que se tome en consideración el interés en que ninguna persona inocente resulte condenada. A partir de ahí, cabría reconocer una eficacia limitada a la prueba favorable siempre que sea apta para acreditar la inocencia de la persona acusada o para desvirtuar el resultado de la prueba de cargo.

MIRANDA ESTRAMPES (pp. 108 y ss.) señala que, en el caso de que la prueba ilícita aportara datos tanto favorables como desfavorables, sería posible utilizar los claramente exculpatorios para acreditar la inocencia al no ser admisible la condena de una persona probablemente inocente. También apunta el problema de la prueba ilícita favorable para un acusado, pero desfavorable para otros. Añade que, en cualquier caso, nunca se justifican métodos probatorios que atenten a la dignidad de las personas.

La jurisprudencia penal no ha tratado la cuestión, salvo en un *obiter dicta* contenido en la STS de 9/07/1994 [*Tol 404847*]), en la que se afirma que de la prueba ilícita no cabe obtener rendimientos desfavorables para la persona acusada, pero sí favorables «por la naturaleza misma del Derecho Penal sustantivo y procesal que, en muchas ocasiones, no sólo permite, sino que obliga a asumir criterios de desigualdad frente a situaciones desiguales para obtener, al fin, una fórmula igualitaria y justa».

Un posible abordaje de la cuestión pasa por partir de la premisa de que el proceso penal es un sistema de garantías establecido para la tutela de los derechos de las personas actual o potencialmente encausadas y que persigue, primordialmente, prevenir el riesgo de error de condena de la persona inocente, dada la patente ilegitimidad del castigo de ésta, de ahí el reconocimiento de la presunción de inocencia como expresión abreviada del complejo de derechos que definen el estatuto jurídico del encausado. Se impone, así, en ausencia de una regulación legal más precisa, una ponderación que tome en consideración: a) La titularidad del derecho fundamental afectado, esto es, si se trata del derecho de la persona acusada que se beneficia de la prueba ilícita, de otro coacusado o de un tercero; b) La naturaleza del derecho afectado y la intensidad de la afectación; c) Los datos probatorios que la prueba suministra; esto es, si acreditan la inocencia, introducen una duda razonable sobre ella, o simplemente facilitan la estrategia defensiva en puntos secundarios.

5. EL RÉGIMEN JURÍDICO PROCESAL

5.1 El efecto psicológico

Uno de los principales problemas que plantea la prueba ilícita es la incidencia que puede tener en la conciencia del juzgador. (MIRANDA ESTRAMPES pp. 109 y ss.). Si éste ha tenido contacto con dicha prueba, por más que pueda excluirla por apreciar la ilicitud, es evidente que habrá conocido las informaciones probatorias resultantes de tal prueba, por lo que siempre existe el riesgo de que las acabe tomando en consideración y enmascare, consciente o inconscientemente, su rendimiento probatorio en la motivación. Si el juzgador ha visto una videograbación, que luego reputa ilícita, que documenta la secuencia del hecho en la que observa al acusado asestar una puñalada a la víctima, difícilmente podrá erradicar ese dato de su mente. Es posible, en consecuencia, que, jugando sobre seguro, tienda a sobrevalorar otras pruebas de cargo, y a infravalorar las de descargo. De hecho, lo consecuente sería que el juzgador se abstuviese, pues se ha formado un prejuicio sobre el fondo del asunto sobre la base de una prueba que no puede valorar. Por ello, tiene una gran trascendencia el régimen procesal, aspecto apenas tratado en la jurisprudencia.

5.2 La regulación vigente

La legislación procesal no contiene reglas preclusivas sobre los momentos de alegación y prueba en relación con la ilicitud, ni impide su apreciación de oficio, salvaguardando la contradicción. Por ello, en principio, las posibilidades serían las siguientes:

En la fase instructora, de oficio o a instancia de parte. Esta opción plantea diversos problemas. Por un lado, dejando a un lado los supuestos absolutamente claros, pueden faltar elementos de juicio para tomar la decisión cuando se plantea la cuestión. Por otra parte, el instructor suele carecer de la imparcialidad exigible para decidir sobre la licitud de diligencias que puede haber ordenado y cuyo resultado puede prestar respaldo a la hipótesis por la que se ha decantado. Además, no parece que la decisión surta efectos de cosa juzgada, por lo que tanto la posible exclusión como su denegación no impedirían una revisión ulterior en otras fases del proceso. Por ello, parece aconsejable diferir la cuestión a un momento ulterior.

Lo anterior no supone óbice alguno para que, si el instructor pudiera realizar un pronóstico razonable de ilicitud futura, por ser patente su fundamento, pueda tener en cuenta tal circunstancia para tomar decisiones en el marco del procedimiento investigativo. Especialmente, por su gravedad, las que se refieren a la adopción de medidas cautelares tales como la prisión preventiva, que no debe acordar o que debe dejar sin efecto, cuando, justificadamente detecte un cierto grado de probabilidad de que posteriormente sea declarada la ilicitud. En este sentido, cabe referirse aquí a la doctrina de la inutilizabilidad de la prueba ilícita, con base en la regulación procesal italiana, con arreglo a la cual no se trata tanto de declarar nulidades como de afirmar que las informaciones probatorias provenientes de fuentes o medios de prueba ilícitos no son utilizables, no pueden aprovecharse probatoriamente.

Un momento adecuado podría ser *la fase intermedia*, si se configurase como juicio de acusación, concluida la investigación y a la vista del contenido de los escritos acusatorios. Sin embargo, la fase intermedia de nuestro proceso penal no está bien diseñada, y no sirve para la depuración de la prueba ilícita, pues en el procedimiento abreviado es el propio instructor quien habría de declarar la ilicitud de las fuentes de prueba que él mismo ha utilizado en la investigación que dirigió para afirmar la hipótesis inculpatoria, y en el sumario debe decidir el órgano del enjuiciamiento, con lo que el riesgo de prevención psicológica posterior es evidente. Por otro lado, en ambos casos, la LECrim no contempla un trámite específico.

El *momento de admisión de pruebas* puede ser utilizable también a tal efecto, declarando impertinente la ilícita, en los términos a que se refiere la STC 114/1984 [*Tol 79403*], pero para ello debe preceder un debate contradictorio, y, en ocasiones, la práctica de prueba para resolver, lo que dificulta la decisión en este momento.

Con anterioridad a la reforma introducida por la LO 1/2025, según HERNÁNDEZ GARCÍA el momento alegatorio oportuno, sin ser preclusivo, era el de la *audiencia previa prevista en el artículo 786 LECrim*, para el procedimiento abreviado, analógicamente aplicable al procedimiento ordinario, tal y como tiene declarado la jurisprudencia del TS. El autor recordaba que el TC tiene reiteradamente afirmado que no cabe reconocer un derecho a la reparación inmediata de los derechos fundamentales lesionados en el curso de un proceso excepto en aquellos supuestos en los que la infracción genere un indeseable efecto de indefensión que prive a la parte de posibilidades reales de alegación y de interferencia razonable en los procesos de toma de decisiones que le afecten. Por ello, las sentencias SSTC 153/97 [*Tol 80776*] y 247/1994 [*Tol 82652*], afirman «cuando se establece un trámite en una cierta fase del procedimiento no cabe practicarlo en otro momento y así ocurre en el abreviado, donde al comienzo del juicio oral aparece configurada una audiencia preliminar en la que cualquiera de las partes tendrá la oportunidad de exponer cuanto estime oportuno acerca de una serie de cuestiones y, entre ellas, la eventual "vulneración de un derecho fundamental". Allí y entonces, no antes ni después, pueden y deben proponerse tales cuestiones y la decisión del Juez que recaiga sobre ellas sí puede ser objeto de un proceso de amparo, una vez agotado el recurso de apelación, uno de cuyos motivos puede ser la sedicente indefensión».

A juicio de HERNÁNDEZ GARCÍA, la conveniencia de analizar la cuestión en el trámite de cuestiones previas residía, por un lado, en que el objeto procesal había quedado ya sustancialmente delimitado mediante la presentación de los escritos de conclusiones provisionales y, por otro, en que las partes habían podido delimitar, igualmente, el cuadro probatorio del que intentarán hacerse valer para la defensa de sus respectivas pretensiones. Ello permitía que el tribunal tuviera una óptima perspectiva de análisis del conjunto de las actuaciones de modo que pudiera, por tanto, valorar con más rigor los efectos y los mecanismos de interacción entre los diferentes medios que integran el cuadro probatorio. De hecho, la posible aplicación de los efectos propios de la doctrina de la conexión de antijuridicidad, valorando la existencia de tal nexo entre la fuente de prueba declarada nula y otras pruebas presuntamente válidas es conveniente que sea realizada por el tribunal de juicio.

Ahora bien, ello no resolvía todos los problemas, pues solía afirmarse que, con independencia de que la alegación se produjera en dicho trámite, la regla general era que se resolviera en sentencia y no con carácter previo mediante auto, que no sería directamente recurrible, sin perjuicio del recurso que cupiera contra la sentencia de fondo. En esta línea, se sostenía que la clarificación de la cuestión solía requerir la práctica de medios probatorios, lo que aconsejaba la resolución en sentencia.

Sin embargo, tal práctica comportaba diversos riesgos. Uno de ellos era el de contaminación psicológica, antes referido. De hecho, para evitarlo, en el procedimiento ante el Tribunal del Jurado la ilicitud probatoria se resuelve con carácter previo en el trámite del art. 37 LOTJ sólo con la intervención del magistrado-presidente. Por otro lado, la práctica dificulta el ejercicio del derecho de defensa, pues si el acusado ignora si el tribunal declarará la ilicitud del registro domiciliario, no sabrá si es preferible declarar y proporcionar una explicación acerca de los hallazgos producidos en dicho registro o guardar silencio. Y ello, por cuanto si declara, sus manifestaciones pueden servir para desconectar la conexión de antijuridicidad en caso de que la prueba sea declarada ilícita en sentencia, y si guarda silencio y no se declara la ilicitud, el tribunal puede extraer consecuencias de ese silencio entendiendo que el acusado no ha proporcionado la explicación razonable que las circunstancias del caso requerían.

Una buena alternativa pasaba porque en el trámite del art. 786 LECrim no sólo se produjeran alegaciones, sino que también pudiera proponerse y practicarse prueba a los solos efectos de resolver la posible ilicitud, lo que permitiría que el tribunal resolviera anticipadamente disponiendo de todos los elementos de juicio relevantes.

El apoyo normativo, por otro lado, puede encontrarse en el art. 287 LEC, de aplicación supletoria en el proceso penal, que regula un incidente para resolver sobre la ilicitud, que puede iniciarse, bien de oficio, bien a instancia de parte, en el que hay trámite de alegación y prueba. Pero, además, dicho incidente puede insertarse en cualquier fase del procedimiento, por lo que podría incluso plantearse su promoción con anterioridad.

La reforma operada por la LO 1/2025, ha ubicado el momento procesal para analizar las alegaciones relativas a la ilicitud probatoria en el ámbito del procedimiento abreviado en la *audiencia preliminar* que contempla el art. 785. Con todo, los problemas que plantea esta opción son idénticos a los que se suscitan cuando la pretensión de exclusión probatoria se abordaba en el trámite de las cuestiones previas. Por otra parte, se suscita nuevamente la duda acerca de si dicho trámite es trasladable al proceso ordinario para delitos graves.

Por último, la ilicitud puede alegarse en *fase de recurso* contra la sentencia de fondo o contra el auto resolutorio. De recurrirse la sentencia de fondo, si se trata de sentencia absolutoria, el art. 790.2 LECrim permite fundar el recurso en la decisión de excluir pruebas relevantes del acervo probatorio por considerarlas inválidas —contrarias a los principios de igualdad de armas y contradicción— o ilegítimas —por haberse declarado que fueron obtenidas como consecuencia de la vulneración directa o indirecta de derechos fundamentales sustantivos—. De prosperar el recurso, la sentencia de apelación anularía la de instancia, que debería dictarse tras practicar y valorar la prueba excluida. Si la sentencia apelada hubiera sido condenatoria, el art. 790.2 LECrim da cobertura al recurso fundado, bien en la vulneración del derecho a un proceso con todas las garantías, bien en la violación del derecho a la presunción de inocencia, bien en ambos motivos.

5.3 Propuestas regulativas

El borrador de Código Procesal de 2013 reguló en el art. 13 la posibilidad de denuncia y saneamiento de la ilicitud probatoria en cualquier momento del proceso.

El ALECRIM 2020, por su parte, en sintonía con el ALECRIM 2011, contempla una audiencia de depuración de la prueba ilícita ante el juez de la audiencia preliminar (art. 619 LECRIM). Tras la práctica de los medios de prueba que procedan, si el juez decide expulsar la prueba ilícita, los materiales probatorios afectados no podrán ser utilizados en el juicio oral, ni tampoco podrán ser tenidos en cuenta para decidir sobre la apertura del juicio oral, siendo su resolución recurrible, con efecto suspensivo. El auto desestimatorio de la exclusión es irecurrible, sin que quepa reproducir la cuestión ante el tribunal de enjuiciamiento, y sin perjuicio del recurso que pueda interponerse contra la sentencia. Como cabe apreciar, el modelo proyectado, al atribuir a un juez ajeno a la investigación y al enjuiciamiento la decisión sobre la cuestión en un momento previo al juicio conjura los riesgos que para la debida equidad del proceso y de la decisión se han expuesto antes.

BIBLIOGRAFÍA

- ANDRÉS IBÁÑEZ, «La función de las garantías en la actividad probatoria», en *Cultura constitucional de la jurisdicción*, Siglo del Hombre Editores, 2011.
- ARMENTA, *La prueba ilícita (un estudio comparado)*, Marcial Pons, 2011.
- BELING, *Las prohibiciones probatorias*, Temis, 2009.
- ASENCIO MELLADO, «La teoría de la conexión de antijuridicidad como instrumento de limitación de los derechos fundamentales», *Revista Jueces para la Democracia*, nº 66, Madrid, 2009.
- DEL MORAL GARCÍA, «Últimas tendencias en materia de prueba ilícita», Cuadernos digitales de formación 25, Consejo General del Poder Judicial, Madrid, 2013.
- FERNÁNDEZ ENTRALGO, «Las reglas del juego, Prohibido hacer trampas: la prueba ilegítimamente obtenida», en *La prueba en el proceso penal II*, Cuadernos de derecho judicial, Nº, 9, Madrid, 1996.
- FIDALGO GALLARDO, «*Las "pruebas ilegales": de la exclusionary rule estadounidense al artículo 11.1 LOPJ*», Centro de Estudios Políticos y Constitucionales, Madrid, 2003.
- GASCÓN ABELLÁN, «¿Freedom of proof? El cuestionable debilitamiento de la regla de exclusión probatoria», *Revista Jueces para la Democracia*, nº 52, Madrid, 2005.
- HERNÁNDEZ GARCÍA en POZA CISNEROS, CAMARENA GRAU, ORTEGA LORENTE, MORENO VERDEJO, MIRANDA ESTRAMPES, LOPEZ ORTEGA, y HERNANDEZ GARCÍA, «*113 cuestiones básicas sobre la prueba en el proceso penal*», Colección: Cuadernos Digitales de Formación nº volumen: 31, 2013.
- LAUDAN, *Verdad, error y proceso penal, Un ensayo sobre epistemología jurídica*, Marcial Pons, 2013.
- MIRANDA ESTRAMPES, *El concepto de prueba ilícita y su tratamiento en el proceso penal*, JM Bosch editor, 2004.
- MIRANDA ESTRAMPES, *Prueba ilícita y regla de exclusión en el sistema estadounidense, Crónica de una muerte anunciada*, Marcial Pons, 2019.
- MUÑOZ ARANGUREN, «La agonía de la regla de exclusión de la prueba ilícita, Variaciones sobre un caso trágico, Comentario de la STS Sala 2ª, nº 891/2022, de 11 de noviembre», *Quaestio facti, Revista internacional sobre razonamiento probatorio*, pp. 301-351.
- RAMÍREZ ORTIZ, «Verdad, proceso y derecho penal, (Interrogatorios en la habitación 110)», *Jueces para la democracia*, Nº 79, Madrid, 2014.
- SALAS CALERO, «Problemas modernos y complejos de la prueba en el proceso penal, Últimas tendencias en Estados Unidos sobre las reglas de exclusión probatorias», en *Prueba y proceso penal: (análisis especial de la prueba prohibida en el sistema español y en el derecho comparado)*, Madrid, 2008.
- SÁNCHEZ YLLERA, «La aparente irrelevancia de la prueba ilícita en la jurisprudencia del Tribunal Europeo de Derechos Humanos», en *Teoría y derecho: revista de pensamiento jurídico*, Nº, 14, Madrid, 2013.
- TONINI/CONTI, *La prueba penal en el proceso acusatorio contemporáneo*, Tirant lo Blanch, 2024.
- VIVES ANTÓN, *Fundamentos del sistema penal*, Tirant lo Blanch, 2011.

PARTE QUINTA

LA FASE DE INVESTIGACIÓN

Sección I

La investigación preliminar

Capítulo 18

La investigación preliminar autónoma de la Policía Judicial

Emilio de Llera Suárez-Bárcena
Fiscal
Doctor en Derecho

1. PLANTEAMIENTO: LA FUNCIÓN DE POLICÍA JUDICIAL

La idea de Policía Judicial supone, en principio, la existencia de un cuerpo o cuerpos de policía dedicados a auxiliar a los Jueces, Tribunales y al Ministerio Fiscal, en sus funciones relacionadas con el ejercicio del *ius puniendi* del que es titular el Estado.

Por tanto, la existencia de una Policía Judicial es, en primer lugar, consecuencia de la necesidad social de garantizar la eficaz persecución de los delitos, ya que el éxito de la justicia penal, como mecanismo para la defensa de la sociedad frente al delito, depende en gran medida de la actividad policial. En expresión de HELIE «la policía es el ojo de la justicia» y es que, normalmente, es el primer elemento de control social que entra en contacto con el delito. Pero además la Policía Judicial es el «brazo armado de la justicia penal».

En segundo lugar, el establecimiento de la Policía Judicial es una exigencia del Estado Democrático de Derecho consagrado por la Constitución, la cual pone a la policía no sólo a disposición del Poder Ejecutivo (art. 104 CE) sino del Poder Judicial (art. 126 CE), como consecuencia del sistema de separación de poderes (MORENO CATENA, 2021, p.).

Pero actualmente la Policía Judicial no se presenta en nuestro sistema como un cuerpo de policía, diferenciado de los demás Cuerpos y Fuerzas de Seguridad, y llamado a desempeñar esa función con carácter exclusivo y, menos aún, excluyente; sino que constituye en esencia una función policial encomendada por el ordenamiento a la generalidad de los distintos Cuerpos y Fuerzas de Seguridad existentes, aun cuando se atribuya de modo preferente a ciertos organismos policiales por razones de especialización.

Lo ordinario es que el Derecho objetivo defina determinadas funciones y luego las atribuya a ciertos órganos —por ejemplo, la función jurisdiccional consistente en «juzgar y hacer ejecutar lo juzgado» es atribuida a los «Jueces y Tribunales» —art. 117 CE—. Lo mismo sucede también en materia de Policía Judicial. Pero la función de Policía Judicial no es más que una de las posibles manifestaciones de la función general de policía.

La Constitución define una y otra función en los arts. 104 y 126 respectivamente. El art. 104.1 se refiere a la función general de policía: «Las Fuerzas y Cuerpos de seguridad, bajo la dependencia del Gobierno, tendrán como misión proteger el libre ejercicio de los derechos y libertades y garantizar la seguridad ciudadana. Una ley orgánica determinará las funciones, principios básicos de actuación y estatutos de las Fuerzas y Cuerpos de seguridad».

El art. 126 por su parte consagra constitucionalmente la función de Policía Judicial: «La Policía Judicial depende de los Jueces, de los Tribunales y del Ministerio Fiscal en sus funciones de averiguación del delito y descubrimiento y aseguramiento del delincuente, en los términos que la ley establezca».

1.1 La función general de policía

El art. 104.1 CE cifra, pues, la función general de policía en la «misión de proteger el libre ejercicio de los derechos y libertades y garantizar la seguridad ciudadana». Lo primero que merece destacarse del art. 104.1º de la Constitución es la denominación de Fuerzas y Cuerpos *de Seguridad* empleada en el mismo para aludir a la policía. Con ella se distinguen claramente de las Fuerzas Armadas —denominación con la que el art. 8 de la Constitución designa al Ejército—, a fin de diferenciar definitivamente las funciones de policía y las de defensa nacional, que tradicionalmente han aparecido confundidas y desempeñadas conjuntamente por instituciones militares.

Desde la Edad Media, las funciones policiales se han venido encomendando al Ejército. Incluso en 1812, la Constitución de Cádiz establecía que «Habrá una *fuerza militar* nacional permanente, de tierra y de mar, para la defensa exterior del Estado y la conservación del orden interior» (art. 356). Así los cuerpos y fuerzas policiales han tenido históricamente estructura, organización y disciplina militares, hasta que recientemente se han configurado como institutos armados de carácter civil, con la sola excepción de la Guardia Civil, que conserva carácter militar y, aun así, con especialidades propias que la distinguen de las Fuerzas Armadas.

Por otro lado, la referencia a la "seguridad", frente a la anterior denominación "fuerzas de orden público", implica la acentuación de la configuración constitucional de la policía como una institución democrática encaminada al servicio de los ciudadanos más que al del propio Estado o del Gobierno.

1.1.1 Los fines constitucionales de la función de policía

La Constitución centra la función policial en la protección y garantía de los dos siguientes valores: a) el libre ejercicio de los derechos y libertades, y b) la seguridad ciudadana.

La actividad policial de *protección del libre ejercicio de los derechos y libertades* se centra en mantener las necesarias condiciones de paz ciudadana para que los derechos y libertades se puedan ejercitar por sus titulares en libertad, es decir, libres de todo ataque a los mismos que proceda de otros sujetos. Así, compete a la policía proteger a quienes ejercitan su derecho constitucional a manifestarse pacíficamente y sin armas (art. 21 CE) frente a quienes perturben el normal desarrollo de la manifestación; o proteger el derecho del dueño de un vehículo a disfrutar y disponer del mismo frente a quienes pretendan utilizarlo ilegítimamente y, por tanto, sin autorización de aquel.

En cuanto a la *seguridad ciudadana*, se trata de un concepto distinto del de orden público tal y como se venía entendiendo antes de la Constitución de 1978. La seguridad ciudadana forma parte de otro concepto más amplio: el de *seguridad pública*. Ésta comprende todos los mecanismos encaminados a la protección de personas y cosas frente a cualquier peligro que pueda amenazarlos, ya proceda de actos humanos o de hechos o sucesos naturales —como terremotos, inundaciones, incendios, epidemias, situaciones de desabastecimiento de artículos de primera necesidad, etc.—. Como se ve, aunque las Fuerzas y Cuerpos de Seguridad tengan determinadas atribuciones en estas situaciones, desde luego éstas no son de su competencia exclusiva, sino que se atribuyen a otros servicios públicos como los de extinción de incendios, los de salud pública y, en general, a los de protección civil.

La seguridad ciudadana constituye únicamente la «seguridad material de personas y bienes de los ciudadanos frente a los ataques —violentos o fraudulentos— procedentes de actos humanos, ya sean delitos o infracciones del ordenamiento jurídico público que lesionen o pongan en peligro tales bienes». En realidad, podría decirse que la garantía de la seguridad ciudadana y la protección del libre ejercicio de los derechos y libertades no son más que dos perspectivas o aspectos del mismo objeto.

1.1.2 Modalidades de la actividad de policía: policía preventiva y reactiva

En cualquier caso, la protección del libre ejercicio de los derechos y libertades y la garantía de la seguridad ciudadana exigen una doble tarea de las Fuerzas y Cuerpos de Seguridad: evitar la realización de conductas que atenten contra los mencionados valores y reaccionar contra tales conductas cuando ya se han producido, aún de forma imperfecta.

Tradicionalmente las dos actividades enunciadas suelen recibir las denominaciones de *prevención* y *represión*. Al campo de la *prevención* corresponde toda una gama de acciones de muy diversa índole —campañas de información, el solo alumbrado de las calles, patrullas, controles, labores de vigilancia especialmente a personas que se reputen en situación predelictual, e incluso la sola presencia policial en las vías públicas— concebidas como medios disuasorios para el contraventor potencial.

La *represión* supone una actividad encaminada a la sanción de las contravenciones ya cometidas, mediante el descubrimiento de sus responsables y el aseguramiento de sus personas y de las pruebas de la infracción, a fin de ponerlas a disposición de las autoridades competentes para reprimir tales conductas, según se trate de infracciones administrativas o criminales.

A su vez, las conductas atentatorias al libre ejercicio de los derechos y libertades y a la seguridad ciudadana pueden constituir bien infracciones administrativas o bien infracciones criminales —delitos—, pero en todo caso conductas contrarias al Derecho público, ya al Derecho penal o ya al Derecho administrativo, con lo que la actividad policial preventiva o reactiva constituye en esencia una actividad tendente a lograr la eficacia de las Leyes y disposiciones generales.

Lo expuesto permite distinguir una doble *clasificación* de la actividad de las Fuerzas y Cuerpos de Seguridad:

* Atendiendo al objetivo inmediato de la actividad policial, puede hablarse de una actividad de policía *preventiva* y de otra *reactiva o represiva*.
* Atendiendo a la clase de normas cuya eficacia se pretende garantizar, puede hablarse de una actividad de policía *administrativa* y de otra de policía *criminal*.

Pero además, a las Fuerzas y Cuerpos de Seguridad suelen encomendarse por la Ley otras actividades de asistencia a personas necesitadas de un inmediato auxilio por cualquier causa, siquiera sea con carácter provisional y urgente, hasta tanto los servicios públicos o privados de que se trate se hagan cargo de la situación de peligro que genera la necesidad de asistencia —por ejemplo la producción de una lesión accidental de una persona en la vía pública o la producción de un incendio en un edificio puede requerir la intervención urgente de cualquier agente o funcionario que se encuentre en el lugar, aunque tal intervención sea mínima y consista en trasladar al lesionado a un centro sanitario o auxiliar a las víctimas del incendio y comunicar su producción a los servicios de bomberos—. Esta actividad policial es más una actividad de cooperación con otros servicios e instituciones y suele denominarse *actividad asistencial*.

Las funciones constitucionales de la policía antes expuestas y las clases de actividad policial enunciadas encuentran su plasmación en la enumeración de las misiones o funciones policiales contenida en la Ley Orgánica 2/1986 de Fuerzas y Cuerpos de Seguridad, cuyo art. 11, 1º dispone que

> «Las Fuerzas y Cuerpos de Seguridad del Estado tienen como misión proteger el libre ejercicio de los derechos y libertades y garantizar la seguridad ciudadana mediante el desempeño de las siguientes funciones:
> a) Velar por el cumplimiento de las Leyes y disposiciones generales ejecutando las órdenes que reciban de las Autoridades, en el ámbito de sus respectivas competencias.
> b) Auxiliar y proteger a las personas y asegurar la conservación y custodia de los bienes que se encuentren en situación de peligro por cualquier causa.
> c) Vigilar y proteger los edificios e instalaciones públicos que lo requieran.
> d) Velar por la protección y seguridad de altas personalidades.
> e) Mantener y restablecer, en su caso, el orden y la seguridad ciudadana.
> f) Prevenir la comisión de actos delictivos.
> g) Investigar los delitos para descubrir y detener a los presuntos culpables, asegurar los instrumentos, efectos y pruebas del delito, poniéndolos a disposición del Juez o Tribunal competente y elaborar los informes técnicos y periciales procedentes.
> h) Captar, recibir y analizar cuantos datos tengan interés para el orden y la seguridad pública, y estudiar, planificar y ejecutar los métodos y técnicas de prevención de la delincuencia.
> i) Colaborar con los Servicios de Protección Civil en los casos de grave riesgo, catástrofe, o calamidad pública, en los términos que se establezcan en la Legislación de Protección Civil».

1.2 La función de Policía Judicial: definición

En una primera aproximación, la función de Policía Judicial aparece definida por la idea de una policía que desarrolla su actividad en aras de la Administración de Justicia, propiciando que ésta cumpla las misiones que el ordenamiento le encomienda y auxiliando a los órganos jurisdiccionales y del

Ministerio Fiscal en el desarrollo de sus distintos cometidos. Dicho de otro modo, una policía que actúe en función del llamado Poder Judicial, como la policía gubernativa actúa en función del Gobierno o Poder Ejecutivo. Pero, el análisis del art. 126 CE pone enseguida de manifiesto que la función de Policía Judicial se contrae al ámbito criminal, auxiliando a los Juzgados y Tribunales y al Ministerio Fiscal únicamente en sus funciones procesales de carácter penal.

En efecto, conforme al art. 126 de la Constitución, la función de la Policía Judicial se contrae a «la averiguación del delito y al descubrimiento y aseguramiento del delincuente, en los términos que la ley establezca». La expresión constitucional «*en los términos que la ley establezca*» supone una remisión a las Leyes procesales —Ley de Enjuiciamiento Criminal y Ley Orgánica 6/1985 de 1 de julio del Poder Judicial— y a la legislación policial —Ley Orgánica 2/1986 de Fuerzas y Cuerpos de Seguridad y el Real Decreto 769/1987, sobre regulación de la Policía Judicial—, normas que vienen a desarrollar tal precepto, detallando la función de Policía Judicial.

El art. 282 LECrim establece que «La Policía Judicial tiene por objeto y será obligación de todos los que la componen, averiguar los delitos públicos —o privados cuando fueren requeridos para ello— que se cometan en su territorio o demarcación, practicar, según sus atribuciones, las diligencias necesarias para comprobarlos y descubrir a los delincuentes, y recoger todos los efectos, instrumentos o pruebas del delito de cuya desaparición hubiere peligro, poniéndolos a disposición de la autoridad judicial».

Y el art. 547 LOPJ, casi reproduciendo el contenido del art. 126 CE, sienta que «La función de Policía Judicial comprende el auxilio a los Juzgados y Tribunales y al Ministerio Fiscal en la averiguación de los delitos y en el descubrimiento y aseguramiento de los delincuentes». Luego el art. 549 LOPJ, por su parte, enumera detalladamente tales misiones:

> «a) La averiguación acerca de los responsables y circunstancias de los hechos delictivos y la detención de los primeros dando cuenta seguidamente a la autoridad judicial y fiscal, conforme a lo dispuesto en las leyes.
> b) El auxilio a la autoridad judicial y fiscal en cuantas actuaciones deba realizar fuera de su sede y requieran la presencia policial.
> c) La realización material de las actuaciones que exijan el ejercicio de la coerción y ordenare la autoridad judicial o fiscal.
> d) La garantía del cumplimiento de las órdenes y resoluciones de la autoridad judicial o fiscal.
> e) Cualesquiera otras de la misma naturaleza en que sea necesaria su cooperación o auxilio y lo ordenare la autoridad judicial o fiscal».

El RDPJ, por último, reproduce prácticamente las fórmulas anteriores: «actuaciones encaminadas a la averiguación de delitos o descubrimiento y aseguramiento de delincuentes» (art. 1).

En conclusión, podemos *definir la función de Policía Judicial* como aquella actividad policial dirigida a la averiguación de los delitos y el descubrimiento y aseguramiento de los delincuentes, así como a garantizar el cumplimiento y, en su caso, la ejecución coactiva de las resoluciones de las autoridades judiciales y fiscales, auxiliándolas en sus funciones procesales de carácter criminal.

Sintéticamente, la función de Policía Judicial no es sino la *función de policía criminal represiva* o encaminada a la represión de las infracciones criminales. Y en términos de la LOFCS la función de «Investigación de los delitos para descubrir y detener a los presuntos culpables, asegurar los instrumentos, efectos y pruebas del delito, poniéndolos a disposición del Juez o Tribunal competente y elaborar los informes técnicos y periciales procedentes» [art. 11, 1, *g)* LOFCS].

Sentado lo anterior, debe tenerse en cuenta que la función policial de investigación criminal supone desde antiguo la aplicación de técnicas específicas o conocimientos científicos de diversa índole —documentoscopia, lofoscopia, balística, etc.—, lo que ha permitido a veces equiparar la Policía Judicial con la locución «policía científica». En este sentido se distingue, desde el punto de vista dogmático, entre el desempeño de la función de policía criminal represiva mediante el empleo de las técnicas comunes de las Fuerzas y Cuerpos de Seguridad y el desempeño de esa misma función aplicando las modernas técnicas policiales y criminalísticas y, sobre la base de dicha distinción, se habla de la *función general de Policía Judicial* y en un sentido más estricto de la *función de Policía Judicial especializada*.

Esta idea ha transcendido al terreno legislativo; así para la Exposición de Motivos de la LOFCS «Los avances de la criminalidad moderna exigen que deba lucharse contra la misma con grandes medios y efectivos, utilizando las técnicas de la policía científica [...] configurándose la Policía Judicial, en el terreno doctrinal y docente, como una especialidad policial, y, considerándose el diploma correspondiente como requisito necesario para desempeñar puestos en las unidades que se constituyan». Igualmente, el art. 32 de dicha ley sienta el principio de que «La Policía Judicial constituye una función cuya especialización se cursará en los Centros de Formación y Perfeccionamiento de los miembros de las Fuerzas y Cuerpos de Seguridad del Estado, con participación de miembros de la Judicatura y del Ministerio Fiscal, o, complementariamente, en el Centro de Estudios Judiciales».

2. LA ATRIBUCIÓN DE LAS FUNCIONES DE POLICÍA JUDICIAL EN LA LEGISLACIÓN ESPAÑOLA

La atribución de la función de Policía Judicial, como en general de todas las funciones policiales, en cuanto confieren a un sujeto o sujetos concretos potestades y responsabilidades legales, ha de estar determinada por el ordenamiento jurídico y, más específicamente, por una norma con rango de Ley, según resulta del art. 126 CE. Ello no impide, sin embargo, que normas de inferior rango, como el Real Decreto 769/1987 de 19 de junio, sobre regulación de la Policía Judicial, puedan desarrollar aquella Ley.

En cualquier caso, la cuestión de los sujetos que tienen atribuida la función de Policía Judicial ha sufrido una *evolución* desde la promulgación de la LECrim hasta nuestros días. Con anterioridad a la Constitución de 1978 y sobre todo a la LOPJ, la composición de la Policía Judicial se encontraba en el art. 283 de la LECrim, que confería la condición de Policía Judicial, no sólo a los miembros de las Fuerzas y Cuerpos de Seguridad, sino además a cuantas autoridades y funcionarios tenían competencias relacionadas con la seguridad pública e incluso a ciertos particulares que tenían, en ocasiones, la considera-

ción de agentes de la autoridad. Concretamente atribuía la función de Policía Judicial a los siguientes sujetos:

> «1º. Las autoridades administrativas encargadas de la seguridad pública y de la persecución de todos los delitos o de algunos especiales.
> 2º. Los empleados o subalternos de la policía de seguridad, cualquiera que sea su denominación.
> 3º. Los Alcaldes, Tenientes Alcaldes y Alcaldes de Barrio.
> 4º. Los Jefes, Oficiales e individuos de la Guardia Civil o de cualquiera otra fuerza destinada a la persecución de malhechores.
> 5º. Los Serenos, Celadores y cualesquiera otros Agentes municipales de la policía urbana o rural.
> 6º. Los Guardas de montes, campos y sembrados, jurados o confirmados por la Administración.
> 7º. Los funcionarios del Cuerpo especial de Prisiones.
> 8º. Los Agentes Judiciales y los subalternos de los Tribunales y Juzgados.
> *9º. El personal dependiente de la Jefatura Central de Tráfico, encargado de la investigación técnica de los accidentes*».

Esta regulación, aparte de adecuarse con grandes dificultades a las exigencias de la realidad, casaba mal con los nuevos esquemas que tanto en materia de seguridad ciudadana como de seguridad privada configuraba la Constitución. En consonancia con tales principios la LOPJ establece una nueva composición de la Policía Judicial en sustitución de la del art. 283 LECrim.

El art. 547.1, 2º LOPJ, tras definir en su párrafo 1º la función de la Policía Judicial, establece en su apartado 2º que «Esta función competerá, cuando fueren requeridos para prestarla, a todos los miembros de las Fuerzas y Cuerpos de Seguridad, tanto si dependen del Gobierno Central como de las Comunidades Autónomas o de los Entes Locales, dentro del ámbito de sus respectivas competencias».

Así, en la actualidad, la función de Policía Judicial queda atribuida con carácter general a *todos los miembros de las Fuerzas y Cuerpos de Seguridad*, cualquiera que sea su dependencia, pero *únicamente* a éstos, quedando excluidas por tanto las autoridades administrativas, funcionarios no policiales y particulares a que se refería el art. 283 LECrim.

No obstante, a veces se ha afirmado la existencia de una excepción, la relativa a los *Agentes del Servicio de Vigilancia Aduanera*, en cuanto el Real Decreto 319/82 les atribuía tal carácter en sus arts. 2.1º y 9, norma que, a todas luces, carecía de rango suficiente para atribuir una función pública como la de Policía Judicial a los mencionados funcionarios. En la actualidad la LO 12/1995, de Represión del Contrabando, establece en su Disposición Adicional Primera que: «Las autoridades, los funcionarios y fuerzas a quienes está encomendada la persecución y el descubrimiento del contrabando continuarán desempeñando sus cometidos, con los derechos y facultades que, para la investigación, persecución y represión de estas conductas, han venido ostentando desde su creación. Y añade: El Servicio de Vigilancia Aduanera, en la investigación, persecución y represión de los delitos de contrabando, actuará en coordinación con las Fuerzas y Cuerpos de Seguridad del Estado y tendrá, a todos los efectos legales, carácter colaborador de los mismos». Por lo tanto, y pese a la desafortunada técnica legislativa que emplea el precepto, ha de entenderse sin ninguna duda que los Agentes del Servicio de Vigilancia Aduanera, si bien ostentan plenas atribuciones en orden a la persecución de infracciones administrativas de contrabando, cuando se trata de delitos deberán abstenerse de intervenir más allá de la práctica de las diligencias indispensables por su urgencia, trasladando la actuación inmediatamente a los miembros de las Fuerzas y Cuerpos de seguridad, que precisamente tienen la condición de funcionarios de Policía Judicial que a ellos les falta.

Debe tenerse en cuenta la alusión de la Ley a las «*fuerzas* a quienes está encomendada la persecución y el descubrimiento del contrabando» ha de entenderse hecha exclusivamente a la Guardia Civil, única *fuerza de seguridad* que prevé el art. 2 LOFCS. Por otro lado, cuando menciona a los funcionarios del Servicio de Vigilancia Aduanera, además de no atribuirles la condición policial —de miembros de ningún cuerpo de seguridad— indispensable para ostentar la condición de Policía Judicial, se limita a imponerles el deber de *colaborar* con los miembros de la Policía Judicial, precisamente como funcionarios no policiales que son, en términos semejantes a los demás funcionarios y particulares aludidos en el art. 4.2 LOFCS. Precisamente en tal sentido establece la Disposición Adicional Primera nº 2 y 3 de la ley que: «2. Los órganos de la Administración aduanera de la Agencia Estatal de Administración Tributaria, a requerimiento de los organismos y servicios encargados de la persecución del contrabando, podrán autorizar, sin interferencias obstativas, la salida de mercancías de los recintos o lugares habilitados por la Administración aduanera, a fin de facilitar las investigaciones encaminadas al descubrimiento del contrabando. 3. Con idéntico fin los organismos y servicios encargados de la persecución del contrabando podrán establecer contactos e intercambiar información con otros servicios homólogos nacionales o internacionales».

Además el art. 548.1 de la Ley Orgánica del Poder Judicial previó la creación de Unidades de Policía Judicial, encomendando a una ley futura que regulase: «La organización de estas unidades y los medios de selección y régimen jurídico de sus miembros» (art. 548.2). Tal previsión legislativa se cumplió con la promulgación de la Ley Orgánica 2/1986, de 13 de marzo, de Fuerzas y Cuerpos de Seguridad.

A la vista pues, de las normas examinadas, podemos concluir que son componentes de la Policía Judicial todos los miembros de los Cuerpos y Fuerzas de Seguridad, de cualquier dependencia, distinguiendo a la vez dos tipos de Policía Judicial:

a) La que llamamos *Policía Judicial genérica*, integrada por todos los miembros de las policías Autonómicas y Locales, así como por los miembros de los Cuerpos y Fuerzas de Seguridad dependientes del Gobierno Central que no se integran en las Unidades Especiales de Policía Judicial. Todos estos funcionarios tienen encomendadas: Funciones generales de Policía Judicial y funciones específicas de Policía Judicial, en colaboración con las Unidades de Policía Judicial.
b) La denominada *Policía Judicial especializada*, compuesta por los miembros de las Unidades Orgánicas de Policía Judicial.

3. LAS FORMAS DE ACTUACIÓN DE LA POLICÍA JUDICIAL

La actividad de la Policía Judicial en general y, por supuesto, la actividad investigadora, puede producirse: *de motu propio*, cuando los agentes de la Policía Judicial presencian la comisión de una infracción criminal o tienen noticia de su perpetración en virtud de denuncia de particulares. O bien por *orden o mandato* de las autoridades judiciales y fiscales, en el caso de que alguna de ellas esté ya conociendo el hecho, o haya asumido la responsabilidad de su investigación.

Ambas formas de actuación aparecen aludidas en el art. 2º del Real Decreto 796/1987 sobre regulación de la Policía Judicial: «Los miembros de las Fuerzas y Cuerpos de Seguridad, en sus funciones de Policía Judicial, desarrollarán los cometidos expresados en el art. 1º, *a requerimiento* de la autoridad judicial, del Ministerio Fiscal o de sus superiores policiales o *por propia iniciativa* a través de estos últimos, en los términos previstos en los arts. siguientes».

A la vista de la citada disposición puede denominarse actividad investigadora autónoma de la Policía Judicial a la primera forma de producirse dicha actuación policial y actividad ordenada a la segunda.

3.1 La actividad investigadora autónoma de la Policía Judicial

3.1.1 Evolución histórica y contenido actual

La actividad investigadora autónoma de la Policía Judicial se produce como consecuencia del cumplimiento del deber que pesa sobre todos los miembros de las Fuerzas y Cuerpos de Seguridad de realizar *por propia iniciativa* las actuaciones pertinentes ordenadas a comprobar los delitos y descubrir a las personas presuntamente responsables de los mismos, asegurando sus personas y las pruebas y vestigios del hecho para dar cuenta de todo ello a la autoridad judicial y fiscal. Conforme el art. 4 RDPJ «Todos los componentes de las Fuerzas y Cuerpos de Seguridad, cualquiera que sean su naturaleza y dependencia, *practicarán por su propia iniciativa* y según sus respectivas atribuciones, las primeras diligencias de prevención y aseguramiento así que tengan noticia de la perpetración del hecho presuntamente delictivo, y la ocupación y custodia de los objetos que provinieren del delito o estuvieren relacionados con su ejecución, dando cuenta de todo ello en los términos legales a la Autoridad Judicial o Fiscal, directamente o a través de las Unidades Orgánicas de Policía Judicial».

La actividad investigadora autónoma se desarrolla, por tanto, desde que los funcionarios de Policía Judicial tienen conocimiento del hecho presuntamente delictivo, hasta que dan cuenta del mismo y de las gestiones que hayan realizado a las autoridades judiciales y fiscales, momento en que ya habrán de actuar siguiendo las órdenes o instrucciones que reciban de los mismos y cesa su autonomía decisoria. Mas, hasta ese instante, la responsabilidad de la investigación pesa sobre la Policía Judicial, lo que hace necesario examinar las normas que han de regir su actuación.

La actividad investigadora autónoma de la Policía Judicial se encuentra regulada de forma amplia en la mayoría de los Derechos de los países europeos; así el nuevo Código Procesal Penal Italiano de 1988 (arts. 347 y ss.), Ley Procesal Penal Alemana de 7 de enero de 1975 (parágrafos 158 y ss.), o el Código Procesal Penal Francés (arts. 12 y ss y 78 y ss).

En nuestras Leyes procesales, sin embargo, se encuentra muy deficientemente regulada y además lo está fundamentalmente en un cuerpo legal tan antiguo como nuestra vieja LECrim, pensada para una sociedad agrícola y rural como la española del s. XIX, y no para la realidad social actual, urbana y postindustrial; lo que determina que las escasas disposiciones que la LECrim destina a la Policía Judicial resulten hoy no sólo insuficientes sino prácticamente inútiles.

En efecto, nuestra vieja LECrim se limita en sus arts. 282 a 298, Título III del Libro II, a definir de forma descriptiva las funciones de la Policía Judicial (art. 282), haciendo un extenso elenco de sus componentes (art. 283), para luego someterlos a las órdenes e instrucciones de jueces, magistrados y fiscales (arts. 286 a 291 y 298). Mas cuando se refiere a la actividad investigadora autónoma de la Policía Judicial lo hace precisamente para reducirla al mínimo, si no para casi excluirla.

Así el art. 284 ordena a la Policía Judicial que *inmediatamente* que tengan conocimiento de un hecho que revista caracteres de infracción penal, lo participen al juez o al fiscal, precisamente con el fin de que éstos asuman la dirección de la investigación, realizando la Policía Judicial únicamente las mínimas diligencias urgentes e imprescindibles para evitar que desaparezcan las pruebas y vestigios de la infracción y en su caso deteniendo a los responsables de la misma. El art. 295 por su parte, establece que «En ningún caso, salvo el de fuerza mayor, los funcionarios de Policía Judicial podrán dejar transcurrir más de 24 horas sin dar conocimiento a la Autoridad Judicial o al Ministerio Fiscal de las diligencias que hubieren practicado», cuando la práctica de las mismas no pueda interrumpirse para tal comunicación a aquellas Autoridades (art. 284, 2º, in fine). En esencia la LECrim encomendó a la Policía Judicial únicamente la práctica de las que denominó primeras diligencias: «las de dar protección a los perjudicados, consignar las pruebas del delito que puedan desaparecer, recoger y poner en custodia cuanto conduzca a su comprobación y a la identificación del delincuente y detener en su caso a los reos presuntos» (art. 13 LECrim).

En definitiva, la LECrim en su redacción original excluía a la Policía Judicial de entre los órganos titulares de la investigación oficial, que quedaban así reducidos al fiscal y sobre todo al juez de instrucción y, en consecuencia, no reguló la actividad investigadora autónoma de la policía, precisamente por excluir la posibilidad de su existencia.

Sin embargo, la Constitución de 1978, atendiendo a la realidad actual y en consonancia con los restantes ordenamientos europeos, prevé la existencia de una investigación oficial de los delitos con cargo a la Policía Judicial. Así el art. 17, 2º CE contempla la existencia de una actividad con cargo a la Policía Judicial consistente en «la realización de las averiguaciones tendentes al esclarecimiento de los hechos» y el art. 18 CE, al regular las injerencias posibles en la intimidad domiciliaria y en las comunicaciones personales derivadas de la investigación criminal, lo hace aludiendo a la "autorización" o "resolución" otorgada por el juez, obviamente a la Policía Judicial para que precisamente la Policía Judicial pueda llevar a cabo la investigación.

Tales expresiones «resolución» y «autorización» contrastan notablemente con las empleadas por la LECrim «El Juez o Tribunal que conociere de la causa podrá decretar la entrada y registro...» (art. 546), «ordenar en los casos indicados» (art. 550).

La LECrim fue modificada por Ley de 8 de abril de 1967 ampliando las facultades investigadoras de la Policía Judicial al dar nueva redacción al art. 786. Con posterioridad la Ley Orgánica 7/1988, que modificó la LECrim y reguló el Procedimiento Abreviado para delitos menos graves, ha seguido el precedente de la reforma de 8 de abril de 1967 que dio nueva redacción al art. 786, (hoy arts. 769 a 771) reconociendo unas más amplias facultades investigadoras de la Policía Judicial: «... en la investigación de los hechos comprendidos en este Título (los del Procedimiento Abreviado), los miembros de la Policía Judicial observarán las reglas generales y las especiales siguientes:

Primera: Ordenarán que les acompañe cualquier facultativo que fuere habido para prestar en su caso los debidos auxilios al ofendido. El facultativo requerido, aunque sólo lo fuera verbalmente, que no atiende al requerimiento será sancionado con multa de 500 a 5.000 euros, sin perjuicio de la responsabilidad criminal en que pudiera haber incurrido.

Segunda: Los miembros de la Policía Judicial, además de identificar y tomar los datos personales y dirección a las personas que se encuentren en el lugar en que se cometió el delito podrán:

a) Secuestrar los efectos que en él hubiere hasta tanto llegue la Autoridad judicial, siempre que exista peligro de que no haciéndolo pudieran desaparecer algunas pruebas de los hechos ocurridos.

b) Si se hubiere producido la muerte de alguna persona y el cadáver se hallare en la vía pública o en otro lugar inadecuado, trasladarlo al más próximo que aconsejen la piedad y las circunstancias hasta que la Autoridad judicial adopte las medidas oportunas. En las situaciones excepcionales en que haya de adoptarse tal medida de urgencia, se reseñará previamente la posición del interfecto, obteniéndose fotografías y señalando sobre el lugar la situación exacta que ocupaba.

c) Proceder a la intervención del vehículo y de los documentos que se mencionan en el apartado c) de la regla octava del art. 785 en los supuestos a que el mismo se refiere. (es decir, del permiso de circulación del vehículo y el permiso de conducir).

d) Citar para que comparezcan inmediatamente, o en las veinticuatro horas siguientes, ante la Autoridad judicial competente, a las personas indicadas en el párrafo primero de esta regla o en la anterior.

(Este elenco de funciones de la Policía Judicial ha sido trasladado al art. 770 LECrim por la Ley Orgánica 13/2015, de 5 de octubre.)

Tercera: Los miembros de la Policía Judicial requerirán el auxilio de otros miembros de Cuerpos y Fuerzas de Seguridad cuando fuere necesario para el desempeño de las funciones que por esta Ley se les encomiendan (art. 772.1 LECrim). Esta ampliación del contenido de la actividad investigadora autónoma de la Policía Judicial se pone aún más claramente de manifiesto en el art. 772.2 LECrim «La Policía Judicial hará entrega de los atestados al Juez competente, poniendo a su disposición a los detenidos si los hubiere, y remitiendo copia del atestado al Ministerio Fiscal».

De esta suerte, la legislación procesal española se suma a los ordenamientos europeos de nuestro entorno que han seguido la Recomendación número R (87) 18 del Comité de Ministros del Consejo de Europa, según la cual la instrucción o investigación judicial solamente debe tener lugar cuando sea necesaria y por tanto sólo cuando la investigación policial no sea suficiente.

3.1.2 Régimen jurídico, ámbito, contenido y extensión de la investigación policial

A) Régimen jurídico

Ante las escasas normas que la LECrim dedica a la actividad investigadora autónoma de la Policía Judicial, su régimen legal habrá de completarse aplicando analógicamente a la misma las normas que la propia LECrim dedica a la investigación judicial, en cuanto no vayan dirigidas de forma exclusiva al juez instructor[1], estableciendo poderes exclusivos del mismo.

Desde luego, la actividad investigadora de la Policía Judicial ha de ajustarse a los principios de *legalidad* y de *objetividad* (art. 5.1.a y b LOFCS). Por ello el art. 297.3º LECrim establece que: «En todo caso, los funcionarios de Policía Judicial están obligados a observar estrictamente las formalidades legales en cuantas diligencias practiquen, y se abstendrán bajo su responsabilidad de usar medios de averiguación que la ley no autorice». Por su parte el art. 2 LECrim dispone que «Todas las Autoridades y funcionarios que intervengan en el procedimiento penal cuidarán, dentro de sus respectivas competencias, de consignar y apreciar las circunstancias tanto adversas como favorables al presunto reo; y estarán obligados, a falta de disposición expresa, a instruir a éste de sus derechos y de los recursos que pueda ejercitar, mientras no se halle asistido de defensor».

B) Ámbito, contenido y extensión

* *Ámbito.* La Policía Judicial puede abrir la investigación oficial por toda clase de delitos públicos y semipúblicos, pudiendo igualmente practicar las primeras diligencias cuando se trate de delitos privados a requerimiento del ofendido por la infracción (art. 273 LECrim).

[1] En adelante, y para mayor claridad y sencillez en la redacción, salvo que merezca mayor concreción en el texto que se introduzca su referencia, nos referiremos al «*juez instructor*» como a cualquiera de los jueces con competencia funcional en materia de investigación judicial de delitos, en el bien entendido que con esta denominación nos referimos al juez unipersonal integrado en la Sección que corresponda del Tribunal de Instancia competente (o, en su caso, al juez de la Sección de Instrucción del Tribunal Central de Instancia, cuando de la Audiencia Nacional hablamos) —v.gr. Sección de Instrucción o de la Sección Única de Civil y de Instrucción, Sección de Violencia sobre la Mujer, o Sección de Violencia contra la Infancia y Adolescencia ...—, o al juez correspondiente del TS o TSJ al que se le atribuya dicha competencia funcional cuando la competencia objetiva venga determinada a dichos tribunales por razón de aforamiento del investigado. Asimismo, dicha referencia al «*juez instructor*» lo es también teniendo en cuenta la posibilidad de que, en los casos determinados en el art. 84.6 LOPJ, se nombre a dos jueces, conforme a un turno preestablecido y público, para que, junto con el juez a quien le hubiere sido turnado el asunto inicialmente, se encarguen de la instrucción de un determinado proceso penal. En el capítulo 5 de esta obra puede consultarse una explicación completa del nuevo modelo orgánico de los Tribunales de Instancia que introduce la LO 1/2025.

* *Contenido.* El contenido de la actividad investigadora autónoma de la Policía Judicial se encuentra, por tanto, limitado por el respeto a los derechos fundamentales, cuya afectación exija una específica y previa autorización judicial como, por ejemplo, los consagrados en el art. 18.2 y 3 CE —que pueden afectarse mediante la entrada y registro de un domicilio o la observación de las comunicaciones postales, telegráficas o telefónicas—. Mas dentro de dichos límites, la Policía Judicial podrá realizar cuantas actuaciones no le prohíban las Leyes procesales.
* *Extensión.* La extensión de la investigación de la Policía Judicial está en función de la gravedad del delito investigado. Tratándose de *delitos muy graves* —castigados con penas de privación de libertad superiores a nueve años, como un asesinato— que deben enjuiciarse conforme al denominado «Procedimiento Ordinario por Delito», la actividad policial debe limitarse a las actuaciones imprescindibles para impedir la desaparición de las huellas del delito y la fuga del presunto culpable, ya que su investigación *in extenso* corresponde casi en exclusiva al Juez de Instrucción. Pero si se trata de *delitos menos graves* —castigados con penas de hasta nueve años de cárcel—, enjuiciados conforme al «Procedimiento Abreviado» la Policía Judicial puede llevar a cabo una investigación tan extensa que incluso haga innecesaria la posterior investigación judicial.

3.1.3 Dirección de la investigación policial

En cuanto a la dirección de la actividad investigadora autónoma de la Policía Judicial los arts. 285 y 286 LECrim establecen una cadena de mando ordenando la conducta a seguir por parte del agente investigador en el caso de que concurra otro funcionario de mayor jerarquía o el juez instructor. Tal regulación es conforme a los principios que establece la LOFCS para las relaciones entre los miembros de un determinado Cuerpo o Fuerza de Seguridad: el de subordinación y jerarquía dentro de cada cuerpo (art. 5.1.*d*)) y el de cooperación recíproca (art. 3).

Ordena el art. 285 que «si concurriere algún funcionario de Policía Judicial de categoría superior a la del que estuviere actuando, deberá éste darle conocimiento de cuanto hubiese practicado, poniéndose desde luego a su disposición», y el art. 286 por su parte establece que «cuando el Juez de Instrucción o el municipal se presentaren a formar el sumario, cesarán las diligencias de prevención que estuviere practicando cualquier autoridad o agente de policía; debiendo éstos entregarlas en el acto a dicho juez, Así como los efectos relativos al delito que se hubiese recogido, y poniendo a su disposición a los detenidos, si los hubiese».

Lo propio ocurrirá si concurre el Ministerio Fiscal dadas las facultades investigadoras que le encomiendan los arts. 3.5º, 4.4º y 5º del Estatuto Orgánico del Ministerio Fiscal y el art. 773 LECrim.

Todo ello aparece corroborado por el art. 5º del Real Decreto 769/1987: «Cualquiera que sea el funcionario policial que haya iniciado la investigación habrá de cesar en la misma al comparecer para hacerse cargo de ella la Autoridad Judicial o el fiscal encargado de las actuaciones, directamente o a través de la correspondiente Unidad Orgánica de Policía Judicial, a quienes hará entrega de las diligencias practicadas y de los efectos intervenidos, así como de las personas cuya detención se hubiese acordado».

3.2 Actividad investigadora ordenada

Se produce cuando los agentes de la Policía Judicial actúan siguiendo órdenes o instrucciones del fiscal o del juez, autoridades a las que aquellos están subordinados jerárquicamente, como expresa el art. 126 de la Constitución Española. En el mismo sentido establece el art. 287 LECrim que «Los funcionarios que constituyen la Policía Judicial practicarán sin dilación, según sus atribuciones respectivas, las diligencias que los funcionarios del Ministerio Fiscal les encomienden para la comprobación del delito y averiguación de los delincuentes y todas las demás que durante el curso de la causa les encargaren los Jueces de instrucción y municipales».

En este caso, la *extensión y límites* de la actuación policial derivan de los términos de la orden o instrucción recibida (arts. 3, 10 y 11 RDPJ), sin que se exija al agente, como cuando actúa por propia iniciativa, una valoración jurídica de la legalidad de la actuación a que se refiera la orden judicial o fiscal, pues tal responsabilidad pesa sobre la autoridad que emitió la orden, salvo, claro está, lo dispuesto en el art. 5 de la Ley Orgánica de Cuerpos y Fuerzas de Seguridad, sobre la obediencia debida.

No obstante la Policía Judicial deberá observar las normas procesales propias de la diligencia de que se trate y que ordene el juez o el fiscal. Así, si se trata de la detención de una persona, los agentes que la practiquen deberán instruir a la misma de sus derechos, como ordena el art. 520 LECrim, dando cuenta del resultado de la gestión encomendada en los plazos establecidos en la propia orden (art. 296 LECrim).

3.3 El atestado

La actividad investigadora de la Policía Judicial debe tener un reflejo documental, en cuanto su resultado debe comunicarse a la autoridad judicial o fiscal y, generalmente a ambos (art. 772.2 LECrim). La LECrim llama atestado al «documento escrito que refleja el desarrollo y resultado de la actividad investigadora de la Policía Judicial».

Dispone el art. 292 LECrim que «Los funcionarios de la Policía Judicial extenderán un atestado de las diligencias que practiquen, en el cual especificarán, con la mayor exactitud los hechos por ellos averiguados, insertando las declaraciones e informes recibidos y anotando todas las circunstancias que hubieren observado y pudieran ser prueba o indicio de delito».

El contenido del atestado incluye por tanto no sólo una referencia o relato histórico de las diligencias de investigación practicadas por la Policía Judicial, sino que al mismo se incorporan las actas de tales diligencias —inspecciones oculares, declaraciones realizadas tanto por investigados como testigos, informes periciales que se hubieren practicado, etc.—, actas que deberán firmar, siendo posible, los intervinientes. A tal respecto dispone la LECrim que «el atestado será firmado por el que lo haya extendido, y si usare sello lo estampará con su rúbrica en todas las hojas. Las personas presentes, peritos y testigos que hubieren intervenido en las diligencias relacionadas en el atestado serán invitadas a firmarlo en la parte a ellos referente. Si no lo hicieren, se expresará la razón» (art. 293 LECrim).

Excepcionalmente, en lugar de la redacción de atestado, la Policía Judicial podrá sustituirlo por una relación verbal, como prevé el art. 294 LECrim: «si no pudiere redactar el atestado el funcionario a quien correspondiese hacerlo, se sustituirá por una relación verbal circunstanciada, que reducirá a escrito de un modo fehaciente el funcionario del Ministerio Fiscal, el Juez de Instrucción o el municipal a quien debe presentarse el atestado, manifestándose el motivo de no haberse redactado en la forma ordinaria».

El atestado no tiene sin embargo valor probatorio como documento, sino que legalmente ostenta el valor de mero acto de transmisión de la *notitia criminis* y de la investigación realizada. Por eso el art. 297 LECrim dispone que «Los atestados que redactaren y las manifestaciones que hicieren —en el mismo— los funcionarios de la Policía Judicial, a consecuencia de las averiguaciones que hubiesen practicado, se considerarán *denuncias* para los efectos legales. Las demás declaraciones que prestaren deberán ser firmadas o tendrán el valor de declaraciones testificales en cuanto se refieran a los hechos de conocimiento propio».

Ya se dijo que la LECrim en su redacción original excluía a la Policía Judicial de entre los órganos titulares de la investigación oficial, que quedaban así reducidos al Ministerio Fiscal y sobre todo al juez instructor y, en consecuencia, no reguló la actividad investigadora autónoma de la policía, precisamente por excluir la posibilidad de su existencia.

En esencia la LECrim encomendó a la Policía Judicial únicamente la práctica de las que denominó primeras diligencias: «las de dar protección a los perjudicados, consignar las pruebas del delito que puedan desaparecer, recoger y poner en custodia cuanto conduzca a su comprobación y a la identificación del delincuente y detener en su caso a los reos presuntos» (art. 13 LECrim).

De aquí que el atestado presentado ante el juez instructor o ante el Ministerio Fiscal sólo podía tener la virtud de poner en conocimiento de estos órganos de investigación los hechos que motivaban la práctica de las primeras diligencias y el desarrollo de las mismas.

BIBLIOGRAFÍA

- DE LLERA SUÁREZ-BÁRCENA, *Derecho procesal penal. Manual para criminólogos y policías*, Tirant lo Blanch, 2024.
- MORENO CATENA (dir.), *El proceso penal*, 5 tomos, Tirant lo Blanch, 2000.
- MORENO CATENA/CORTÉS, *Derecho procesal penal*, Tirant lo Blanch, 2024.
- VIVES ANTÓN, *La reforma del proceso penal. Comentarios a la ley de medidas urgentes de reforma procesal II*, Tirant lo Blanch, 1992.

Capítulo 19

La investigación de los delitos por el Ministerio Fiscal

Emilio de Llera Suárez-Bárcena
Fiscal
Doctor en Derecho

1. INTRODUCCIÓN

Son cada vez más los países europeos de nuestro entorno que han optado por encomendar la investigación oficial de los delitos, con mayor o menor amplitud y contenido, al Ministerio Fiscal —Francia, Italia, Alemania, Bélgica, etc—. No obstante, en nuestro sistema, como se ha dicho repetidamente, el órgano encargado de la más amplia investigación oficial tradicionalmente ha sido y sigue aún siendo el juez instructor[1], aunque el Ministerio Fiscal también se halla habilitado para llevar a cabo una extensa investigación oficial.

---

1 En adelante, y para mayor claridad y sencillez en la redacción, salvo que merezca mayor concreción en el texto que se introduzca su referencia, nos referiremos al *«juez instructor»* como a cualquiera de los jueces con competencia funcional en materia de investigación judicial de delitos, en el bien entendido que con esta denominación nos referimos al juez unipersonal integrado en la Sección que corresponda del Tribunal de Instancia competente (o, en su caso, al juez de la Sección de Instrucción del Tribunal Central de Instancia, cuando de la Audiencia Nacional hablamos) —*v.gr.* Sección de Instrucción o de la Sección Única de Civil y de Instrucción, Sección de Violencia sobre la Mujer, o Sección de Violencia contra la Infancia y Adolescencia ...—, o al juez correspondiente del TS o TSJ al que se le atribuya dicha competencia funcional cuando la competencia objetiva venga determinada a dichos tribunales por razón

La regulación de la investigación oficial del Ministerio Fiscal se encuentra en el EOMF (arts. 3.5º, 4.4º), en la legislación policial (arts. art. 35 LOFCS y 20 RD 769/1987, de 19 de junio, sobre regulación de la Policía Judicial), y en la propia LECrim (arts. 284, 287 y sobre todo el 773.2).

Aunque como señalaba la Fiscalía General del Estado (Circular núm. 1/1989, de 8 de marzo, sobre cuestiones relacionadas con el procedimiento abreviado introducido por la Ley 7/1988): «Ciertamente esa facultad de investigación que se concede el fiscal carece en la práctica de las condiciones necesarias para ser ejercida con toda efectividad y hasta sus últimas consecuencias. En estos momentos el Ministerio Fiscal está en crisis de desarrollo, carece de las dotaciones personales y materiales suficientes... carece de un presupuesto para atender a los gastos que una investigación ágil y en profundidad exige (horarios de peritos, indemnizaciones a testigos, desplazamientos, obtención de reproducciones gráficas del lugar de los hechos, etc.), y no se le han adscrito todavía unidades de policía judicial de dependencia directa de las Fiscalías, como exigiría un desarrollo congruente del art. 126 de la Constitución y la máxima operatividad de aquella función investigadora. [...] En todo caso es aconsejable que en tanto las disponibilidades de las Fiscalías no permitan una

actividad de investigación más intensa, las diligencias que conforme al art. 5 del Estatuto o al 785 *bis* (hoy 773) de la LECrim inicien, se centren en determinar sucintamente si se dan en los hechos conocidos, denunciados u objeto del atestado policial, los mínimos elementos para presumir la existencia de un delito, complementando la investigación en fase policial. Otra cosa debe ser cuando se trate de casos excepcionales en que entren en juego intereses públicos y sociales, que al Ministerio Fiscal cumple promover, en cuyo caso las energías del fiscal deben centrarse en una investigación lo más agotadora posible del asunto».

Conforme a esta regulación, el Ministerio Fiscal tiene atribuciones legales para llevar a cabo una amplia investigación oficial, si bien más limitada en su ámbito y contenido que la instrucción judicial.

---

de aforamiento del investigado. Asimismo, dicha referencia al «*juez instructor*» lo es también teniendo en cuenta la posibilidad de que, en los casos determinados en el art. 84.6 LOPJ, se nombre a dos jueces, conforme a un turno preestablecido y público, para que, junto con el juez a quien le hubiere sido turnado el asunto inicialmente, se encarguen de la instrucción de un determinado proceso penal. En el capítulo 5 de esta obra puede consultarse una explicación completa del nuevo modelo orgánico de los Tribunales de Instancia que introduce la LO 1/2025.

Además, la investigación del Ministerio Fiscal, aunque con los matices que posteriormente se indicarán, sólo tiene ocasión de producirse *con anterioridad* a la del juez instructor; pues cuando el juez haya incoado un procedimiento investigador —diligencias previas o sumario—, el fiscal debe cesar en su investigación y hacer entrega al juez de todo lo que hubiere actuado (art. 773.3 LECrim). Por la misma razón, cuando la noticia del hecho llega en primer lugar al juez instructor, el Ministerio Fiscal no puede ya abrir una investigación propia.

2. EVOLUCIÓN

2.1 El esquema original de la LECrim

Lo primero que debe ponerse de manifiesto es la ausencia absoluta de normas que regulen, ni siquiera prevean, la posibilidad de una investigación llevada a cabo o dirigida por el Ministerio Fiscal en el Libro II ni en toda la LECrim. Como se ha visto, regula ampliamente la investigación oficial del juez, e incluso una breve investigación a cargo de la Policía Judicial; sin embargo para nada se refiere a una investigación del Ministerio Fiscal.

Y ello es lógico si se piensa que desde que se descubre la comisión de un delito, aun como posible, hasta que el juez instructor se hace cargo de la investigación trascurren sólo unas horas en las que apenas tiene oportunidad de desarrollarse una brevísima e interina investigación policial, de modo que el fiscal carece de espacio para la investigación.

El papel asignado por la LECrim al Ministerio Fiscal era el de un obligado querellante cuando se trata de perseguir delitos públicos o semipúblicos (art. 105), por lo que le otorgó atribuciones para reclamar de la policía judicial más que para llevar a cabo una investigación reducida a la mera *comprobación* de tales delitos —públicos y semipúblicos—, y, a lo sumo, la posible identificación de su autor, a fin de permitirle pedir al juez que abriese la verdadera investigación oficial de los mismos, es decir, de que pudiera entablar la querella. Sin embargo, carecía de competencia para asumir una más extensa investigación oficial de los delitos.

A la vista de lo dicho, la vinculación de la Policía Judicial con el Ministerio Fiscal se reducía a la posibilidad de que aquélla le comunicara la *notitia criminis* para que entablara querella y, además, como una mera posibilidad alternativa frente a la denuncia al juez, que tenía su única oportunidad sólo cuando el hecho no era claramente delictivo y, desde luego, no había ninguna persona detenida. Así la LECrim se limita a disponer en el art. 287 que: «Los funcionarios que constituyen la policía judicial practicarán sin dilación, según sus atribuciones respectivas, las diligencias que los funcionarios del Ministerio fiscal les encomienden para la comprobación del delito y averiguación de los delincuentes y todas las demás que durante el curso de la causa les encargaren los Jueces de Instrucción y municipales».

2.2 La ampliación de las atribuciones del Ministerio Fiscal para la investigación

En los últimos años la influencia de los sistemas procesales penales europeos ha motivado en España una viva polémica (FAIRÉN, pp. 799 y ss.) sobre la conveniencia de entregar la investigación de los delitos al Ministerio Fiscal en sustitución del modelo tradicional de investigación a cargo del juez instructor, discusión que ha cristalizado en el Derecho positivo simplemente con la ampliación de las atribuciones legales del Ministerio Fiscal para llevar a cabo una investigación, aunque sin abandonar el sistema de la instrucción judicial, que sigue siendo emblemático. Además, tales atribuciones investigadoras del fiscal se incrementan cuando se trata de delitos considerados no muy graves (art. 757 LECrim).

Esta ampliación de las atribuciones investigadoras del Ministerio Fiscal se ha producido de forma sucesiva a partir de los años 80, en primer lugar con la promulgación del Estatuto Orgánico del Ministerio Fiscal, aprobado por Ley 50/1981, y luego más decididamente por la Ley orgánica 7/1988, que modificó la LECrim introduciendo el denominado procedimiento abreviado.

2.2.1 El Estatuto Orgánico del Ministerio Fiscal de 1981

El Estatuto Orgánico del Ministerio Fiscal apenas amplió las potestades investigadoras del fiscal, pese a la idea inicial que resultaba del Proyecto de Ley sometido a las Cámaras.

En efecto, el art. 3.4º del Proyecto proclamaba que corresponde al Ministerio Fiscal «actuar como *órgano de investigación en el proceso penal*, a cuyo fin instará de la autoridad judicial la adopción de las medidas cautelares que procedan y dirigirá la actividad de la policía judicial».

Luego, el alcance y contenido de la investigación atribuida al Ministerio Fiscal resultaba del art. 5 del Proyecto que se describía en la Memoria sobre el Proyecto de Ley, la cual decía que el precepto proyectado «confiere al Ministerio Fiscal facultades de investigación de los hechos delictivos, pudiendo recibir declaraciones a testigos, practicar reconocimientos e inspecciones, ordenar la emisión de informes y dictámenes periciales, practicar careos y ordenar en general, cuantas diligencias prevean las leyes que no supongan inculpación de persona alguna o adopción de medidas cautelares o limitativas de derechos respecto de la misma, facultades que quedan lógicamente reservadas a los jueces y tribunales. También puede ordenar la detención preventiva y podrá recibir denuncias y atestados, cursándolos a la autoridad judicial o acordando su archivo definitivo o provisional cuando los hechos no fueran constitutivos de delito o careciesen de autor conocido».

El fundamento de tales disposiciones se explicaba igualmente en la Memoria del Proyecto: «se trata, en definitiva, de dar agilidad al proceso penal y de ajustar las normas legales a la propia lógica procesal. Si el fiscal es quien titulariza la acción penal es lógico que sea él quien dirija la preparación de los elementos que necesite para su ejercicio».

Pero las vicisitudes derivadas de las distintas enmiendas parlamentarias a tales preceptos determinaron que el texto definitivo que saliera aprobado, más que autorizar al Ministerio Fiscal a investigar o a dirigir la investigación, lo habilitase precisamente para no hacerlo, y, eso sí, a archivar denuncias.

Dispone el art. 5.1 del Estatuto Orgánico del Ministerio Fiscal que: «El Fiscal podrá recibir denuncias, enviándolas a la autoridad judicial o decretando su archivo cuando no encuentre fundamentos para ejercitar acción alguna, notificando en este último caso la decisión al denunciante». Agrega el art. 5.2 que «Igualmente, y para el esclarecimiento de los hechos denunciados o que aparezcan en los atestados de los que conozca, puede llevar a cabo u ordenar aquellas diligencias para las que esté legitimado según la Ley de Enjuiciamiento Criminal, las cuales no podrán suponer adopción de medidas cautelares o limitativas de derechos. No obstante, podrá ordenar el fiscal la detención preventiva. Todas las diligencias que el Ministerio Fiscal practique o que se lleven a cabo bajo su dirección, gozarán de presunción de autenticidad». Solo tras las reformas del EOMF introducidas por las Leyes 14/2003, de 26 de mayo y 24/2007, de 9 de octubre, se agregó «Los principios de contradicción, proporcionalidad y defensa inspirarán la práctica de esas diligencias. A tal fin, el Fiscal recibirá declaración al sospechoso, quien habrá de estar asistido de letrado y podrá tomar conocimiento del contenido de las diligencias practicadas. La duración de esas diligencias habrá de ser proporcionada a la naturaleza del hecho investigado, sin que pueda exceder de seis meses, salvo prórroga acordada mediante decreto motivado del Fiscal General del Estado. No obstante, las diligencias de investigación en relación con los delitos a que se hace referencia en el apartado Cuatro del artículo Diecinueve del presente Estatuto, tendrán una duración máxima de doce meses salvo prórroga acordada mediante Decreto motivado del Fiscal General del Estado».

El sistema queda completado por el art. 4 que habilita al Ministerio Fiscal para requerir el auxilio de las autoridades de cualquier clase y de sus agentes y dar a cuantos funcionarios constituyen la policía judicial las órdenes e instrucciones procedentes en cada caso.

En efecto, la remisión a las *diligencias para las que esté legitimado* (el Ministerio Fiscal) *según la Ley de Enjuiciamiento Criminal*, en cuanto remisión al Derecho ya vigente, nada nuevo aportaba a la investigación del Ministerio Fiscal, a no ser la autorización expresa a ordenar la detención, que desde luego ya tenía atribuida al menos implícitamente por el art. 492 LECrim.

Así el Ministerio Fiscal es evidente que podía recibir denuncias (art. 259 LECrim) y atestados (art. 284 LECrim). También estaba habilitado para ejercitar la acción penal o no, según lo estimare procedente (art. 105 LECrim) y, en consecuencia, para trasladar los hechos al juez instructor o dejar de hacerlo y, de ahí, archivar el asunto, pues no cabe pensar que en tal caso pudiera hacer otra cosa el fiscal, con independencia de que dictase o no una resolución formal acordando el archivo.

La posibilidad de que el Ministerio Fiscal no ejercite la querella resulta incluso aconsejada a los Fiscales por la Circular del Fiscal del Tribunal Supremo de 28 de diciembre de 1915 siempre tras un detenido estudio del hecho y su trascendencia penal; así ordenaba que «antes de interponer una querella, los fiscales deben meditar con detenimiento si el hecho es constitutivo de delito; pero a veces hay hechos que revisten este carácter y las diligencias sucesivas le despojan de él: en este caso está justificada la variación de criterio del Ministerio Fiscal, que primero promueve la querella y pide luego el sobreseimiento libre. Pero lo que no puede hacerse, por la propia respetabilidad del Ministerio Fiscal, es proceder sin un estudio detenido del hecho presuntamente punible».

Incluso el art. 5 del Estatuto Orgánico parece autorizar a que el fiscal remita la denuncia *recibida* al juez, en lugar de plantear una querella cuando estime procedente ejercitar la acción penal, lo cual en no pocas ocasiones exigirá una previa investigación —por breve que ésta sea—, pero que en definitiva propicia que el fiscal no investigue sino que remita la denuncia al juez para que lo haga éste.

Por último, la atribución de una teórica «presunción de autenticidad» a las «diligencias que el Ministerio Fiscal practique o que se lleven a cabo bajo su dirección» resulta a todas luces incompatible con los principios constitucionales sobre apreciación de la prueba en el proceso penal; especialmente lo es con el principio de presunción de inocencia del art. 24.2 de la Constitución, y por tanto no llega más allá de ser una proposición de simple estética.

2.2.2 La Ley Orgánica 7/1988 creadora del procedimiento abreviado

La Ley Orgánica 7/1988, de reforma de la LECrim, que introdujo el denominado procedimiento abreviado para delitos menos graves, previó una investigación más amplia a cargo del Ministerio Fiscal, como también —según se ha dicho— de la Policía Judicial, sin prescindir de la clásica instrucción judicial que sigue siendo el modelo de nuestro sistema procesal penal.

El nuevo art. 785 *bis* (hoy 773) LECrim, redactado conforme a la Ley Orgánica 7/1988, decía así:

> «1. Cuando el Ministerio Fiscal tenga noticia de un hecho aparentemente delictivo, bien directamente o por serle presentada una denuncia o atestado practicará el mismo u ordenará a la policía judicial que practique las diligencias que estime pertinentes para la comprobación del hecho o de la responsabilidad de los partícipes en el mismo. El Fiscal decretará el archivo de las actuaciones cuando el hecho no revista los caracteres de delito, comunicándolo con expresión de esta circunstancia a quien hubiere alegado ser perjudicado u ofendido, a fin de que pueda reiterar su denuncia ante el juez de instrucción. En otro caso instará del juez de instrucción la incoación de las correspondientes diligencias previas con remisión de lo actuado, poniendo a su disposición al detenido, si lo hubiere, y los efectos del delito.
> 2. El Ministerio Fiscal podrá hacer comparecer ante si a cualquier persona en los términos establecidos en esta Ley para la citación judicial a fin de recibirle declaración, en la cual se observarán las mismas garantías señaladas en esta Ley para la prestada ante el juez o tribunal.
> 3. Cesará el fiscal en sus diligencias tan pronto como tenga conocimiento de la existencia de un procedimiento judicial sobre los mismos hechos».

Desde luego el nuevo art. 785 *bis* (hoy 773) LECrim vino a ampliar las potestades del Ministerio Fiscal para dirigir una investigación. Pero debe hacerse notar que las nuevas potestades conferidas al Ministerio Fiscal se condicionaban a que se tratase de un delito de los comprendidos en el art. 779 LECrim, es decir, menos graves, pues la incardinación del art. 785 *bis* en el Título III del Libro IV de la LECrim «*Del procedimiento abreviado para determinados delitos*» no permitiría extender una investigación tal del Ministerio Fiscal cuando se trate de delitos cuyo enjuiciamiento deba llevarse a cabo conforme al procedimiento ordinario para delitos muy graves. En este sentido afirma —con indudable acierto— la Circular 1/1989 de la Fiscalía General del Estado sobre el procedimiento abreviado que «mientras el art. 785 *bis* tiene su ámbito en el terreno del proceso abreviado y los delitos a él sometidos, como lo demuestra el que en el último inciso de su punto 1 se dice que «instará del juez de instrucción la incoación de las diligencias previas»; el art. 5 extiende su ámbito a todo el ordenamiento penal, incluidos los delitos que deben someterse al procedimiento ordinario y las faltas».

Lo primero que debe resaltarse es que de todos los posibles actos que integran la actividad instructora del juez, el art. 785 *bis* únicamente atribuyó al Ministerio Fiscal los *actos de la investigación propiamente dicha*, esencialmente coincidentes con los asignados a la policía judicial, pero no los demás. Por tanto, los actos o medidas que impliquen limitación de derechos, ya sean medidas instrumentales o cautelares, en los que tendrá idénticas atribuciones que la policía judicial, y los actos de anticipación de prueba le siguen siendo ajenos y corresponden en todo caso al juez instructor.

Por lo demás no existen diferencias esenciales entre la naturaleza de la investigación que pueda llevar a cabo o dirigir el Ministerio Fiscal conforme al art. 5 del Estatuto Orgánico y de acuerdo con el art. 785 *bis* (hoy 773) LECrim.

Así también ha venido a reconocerlo la citada Circular 1/1989 de la Fiscalía General del Estado que: «aceptada la compatibilidad y coexistencia de esos dos preceptos, aquellas diferencias plantean la cuestión de si estamos ante dos clases de investigación distintas, cada una con ámbito propio y condiciones específicas; o si se trata de una misma investigación, contemplada en dos textos legales que se complementan. De aceptarse esta última posición como más correcta, resultaría que el art. 785 *bis* completa el art. 5 en los puntos que éste hasta ahora silenciaba y aquél contempla, y viceversa. Esta solución parece la más congruente, pues siendo el fiscal único, único debe ser su modo de actuación y a nada conduciría el tratar de considerar las investigaciones del art. 5 y las del art. 785 *bis* como de distinta naturaleza, cuando ante la ausencia de una norma que imponga al Fiscal elegir una concreta de ambas en cada caso, podría optar por la más conveniente y hasta transformar una en otra si lo estimara oportuno».

La investigación se pondrá en marcha en cuanto el Ministerio Fiscal «tenga noticia de un hecho aparentemente delictivo, bien directamente o por serle presentada una denuncia o atestado», con lo que las dudas que pudieran plantearse sobre la posibilidad de que el Ministerio Fiscal iniciara una investigación tras adquirir la *notitia criminis* de oficio quedan así resultas definitivamente (GARCÍA CALVO, p. 1090).

En realidad lo más relevante del art. 785 *bis* es la disposición contenida en su párrafo segundo que habilita al fiscal para «hacer comparecer ante sí a cualquier persona en los términos establecidos en esta Ley para la citación judicial a fin de recibirle declaración», con lo que se le atribuye la facultad de citar coercitivamente a quienes resulten inculpados en el curso de su investigación en los términos establecidos por los arts. 486 a 488 LECrim, así como para conferir la condición de testigo mediante una citación también equivalente a la judicial en los términos de los arts. 410 y ss. LECrim.

Nada dice la ley en cambio sobre los peritos, pero no cabe la menor duda de que en general podrá recabar informes técnicos de peritos cuando sean pertinentes a los fines de la investigación.

El fiscal, a la vista del resultado que arroje su investigación, deberá adoptar alguna de las siguientes decisiones:

a) *Decretar el archivo* de las actuaciones cuando el hecho no revista los caracteres de delito, comunicándolo con expresión de esta circunstancia a quien hubiere alegado ser perjudicado u ofendido, a fin de que pueda reiterar su denuncia ante el juez de instrucción.
b) En otro caso *instar del juez de instrucción la incoación de las correspondientes diligencias previas* con remisión de lo actuado, poniendo a su disposición al detenido, si lo hubiere, y los efectos del delito.

La primera opción parece limitarse al supuesto de atipicidad de los hechos resultantes de la investigación, dados los términos del precepto «*cuando el hecho no revista los caracteres de delito*», que contrasta con los más amplios del art. 5 del Estatuto Orgánico «*cuando no encuentre fundamentos para ejercitar acción alguna*», debiendo instar del juez la incoación de diligencias previas en los demás casos.

No obstante, parece más razonable una interpretación conforme con las características de la investigación que permita al Ministerio Fiscal acordar el archivo en otros supuestos como los previstos para el sobreseimiento provisional en el art. 641 LECrim y en los números 1º y 2º del art. 637 para el libre, pues de otra manera tendría que pedir al juez la incoación de diligencias previas para acto seguido interesar que acordase tales sobreseimientos, virtualmente coincidentes con los del art. 789.5 (hoy 779) LECrim. Sin embargo, la Circular de la Fiscalía General del Estado 2/2022, sobre la actividad extraprocesal del Ministerio Fiscal en el ámbito de la investigación penal, dispone justamente lo contrario, al indicar que (apartado 4.7.2) que «La mera falta de identificación de los sujetos criminalmente responsables tampoco justificará el archivo de las actuaciones. La regulación del art. 773.2 LECrim impone en este caso que los fiscales remitan las actuaciones al órgano judicial competente con simultánea petición de incoación de diligencias y sobreseimiento provisional (art. 641.2 LECrim)». Por la misma razón parece también razonable que el fiscal, al remitir lo actuado al juez, pueda pedirle que incoe directamente un juicio por delito leve en lugar de unas diligencias previas, cuando los hechos revistan, a su juicio, tal carácter, con lo que impedirá toda actividad instructora del juez en detrimento de su imparcialidad para juzgar sobre los hechos.

La segunda opción se refiere a los supuestos en que los hechos resultantes de la investigación dirigida por el Ministerio Fiscal revistan los caracteres de un delito de los previstos en el art. 757 LECrim, es decir de los que deben enjuiciarse conforme a las normas del procedimiento abreviado.

Con relación a esta segunda opción es evidente que en el supuesto de que los hechos investigados por el fiscal presenten aun como posible una calificación como delito muy grave —castigado con penas superiores a las previstas en el art. 757 LECrim y por tanto no enjuiciables conforme al procedimiento abreviado sino al ordinario— el fiscal parecería que debe abstenerse de toda investigación y trasladarla al juez instructor a fin de que incoe un sumario, dado que, como antes se dijo, las atribuciones investigadoras asignadas al Ministerio Fiscal por el art. 773 se contraen únicamente a los delitos menos graves. No obstante, la Circular de la Fiscalía General del Estado 2/2022, de 20 de diciembre concluye lo contrario, al indicar que «de la lectura de los arts. 5 EOMF y 773.2 LECrim se infiere que las diligencias de investigación del Ministerio Fiscal tienen por objeto la averiguación de todos los delitos de los que tuviera noticia, con la excepción de los delitos privados, hallándose facultado el/la fiscal para practicar cuantas diligencias considere necesarias, salvo aquellas que limiten derechos fundamentales, excepción hecha de la detención preventiva».

El párrafo 3 del art. 773.2 obliga al Ministerio Fiscal a cesar toda actividad investigadora cuando sobre los mismos hechos exista una investigación judicial, lo que concuerda con la disposición contenida en el art. 287 LECrim, que somete a la policía judicial a las órdenes del Ministerio Fiscal en los primeros momentos, y una vez abierta la instrucción a las del juez exclusivamente.

La interpretación que tradicionalmente se ha hecho del art. 287 LECrim podría hacer pensar que el Ministerio Fiscal tiene mayores atribuciones investigadoras en la instrucción de manera que, aun habiéndose hecho cargo de ella el juez instructor, puede el fiscal seguir ordenando a la policía judicial la práctica de diligencias de investigación, además de que el juez naturalmente pueda hacerlo (así AGUILERA DE PAZ, p. 187).

Sin embargo, tales afirmaciones parecerían carecer absolutamente de base, primero porque el derecho positivo, no sólo no autoriza tales actos de investigación del Ministerio Fiscal, sino que se opone abiertamente a ellos, como muestra el texto del art. 773.2, 3º LECrim; segundo, porque aceptar la existencia de una investigación distinta del sumario y coetánea a ella, o sea, *paralela al sumario*, supone imponer, sin base legal alguna, una doble carga procesal al inculpado, a no ser que la investigación se haga de espaldas al mismo —*en secreto*— y entonces se *burlen* sus garantías de defensa. Por último, porque entender que las partes —también las privadas— pueden llevar a cabo una investigación penal supone la negación del carácter *oficial* de la investigación criminal en nuestro Derecho. No obstante, la Circular de la Fiscalía General del Estado 2/2022, de 20 de diciembre concluye lo contrario, al contemplar como modalidad de las diligencias de investigación las denominadas auxiliares, estableciendo en su Conclusión 40ª que Las/los fiscales podrán incoar «diligencias de investigación auxiliar» en aquellos casos en los que estimen necesario practicar diligencias concretas referidas a aspectos puntuales al objeto de completar la investigación judicial en curso, cualquiera que sea la fase procesal en que esta se encuentre —instrucción, intermedia o juicio oral—. Deberá hacerse un uso ponderado de esta facultad, priorizando —particularmente durante la fase de instrucción— la práctica de las diligencias por el órgano judicial», que condena su desarrollo, examinado en su apartado 8. Pero además la Circular 2/2022 ha contemplado la posibilidad de las llamadas diligencias de investigación posprocesales, que tienen por finalidad la de obtener nuevas fuentes de prueba que permitan la reapertura del procedimiento judicial, tras el sobreseimiento provisional de las actuaciones conforme al art. 641 LECrim Conclusiones 45 a 48 de la Circular 2/2022).

3. EL ESTADO ACTUAL DE NUESTRO DERECHO

A partir de la entrada en vigor de la Constitución, el modo en que el legislador ha afrontado la intervención del Ministerio Fiscal en la investigación penal produce, cuando menos, perplejidad. Sin suprimir definitivamente el modelo de juez instructor ha potenciado en cambio las facultades investigadoras del Ministerio Público, atribuyéndole la dirección de una fase preprocesal, introducida con perfiles sumamente imprecisos, y que ha venido a llamarse *investigación preliminar*. El resultado ha conducido a una situación intermedia de difícil convivencia entre dos modelos que responden a concepciones opuestas o, cuando menos distintas, del modelo de enjuiciamiento penal (FLORES PRADA, pp. 484 y ss.).

El primer episodio en esta trayectoria legislativa se produce poco tiempo después de la entrada en vigor de la Constitución y fuera, además, del ámbito propiamente procesal: el Estatuto Orgánico del Ministerio Fiscal. En efecto, el Proyecto de Estatuto Orgánico presentado a las Cortes en 1980 incorporaba, en su art. 5 y dentro de las facultades reconocidas al Ministerio Fiscal, la siguiente disposición: «Específicamente, y para la investigación de los hechos delictivos, el Ministerio Fiscal podrá recibir declaraciones a testigos, practicar reconocimientos e inspecciones, ordenar la emisión de informes y dictámenes periciales, practicar careos y, en general, cuantas diligencias prevean las leyes, que no supongan adopción de medidas cautelares o limitativas de derechos. No obstante, podrá ordenar la detención preventiva. Igualmente, podrá recibir denuncias y atestados, cursándolos a la Autoridad Judicial o acordando su archivo definitivo o provisional cuando los hechos no fueran constitutivos de delito o carecieran de autor conocido».

El alcance de la propuesta era, como puede verse, realmente considerable; básicamente se dotaba al Ministerio Fiscal de las facultades necesarias y de las habilitaciones legales precisas para asumir la dirección de la fase de investigación penal en espera de las necesarias reformas procesales que, habrían de caminar en este sentido.

Sin embargo, el legislador estatutario dio marcha atrás; se quedó en una posición intermedia no fácil de justificar desde el estudio de la tramitación parlamentaria del Proyecto de ley. En efecto, al art. 5 se presentaron un total de cinco enmiendas que propugnaban desde la supresión de las facultades instructoras —enmienda núm. 3 del Grupo Coalición Democrática— hasta la decidida apuesta por un fiscal instructor —enmienda núm. 26 del Grupo Comunista—. A pesar de lo que sostiene en su informe, la ponencia daría al art. 5 una nueva redacción que poco tenía que ver con el espíritu de las distintas enmiendas; no contentó pues a ninguno lo que, en un nuevo homenaje al consenso, terminó por contentar a todos, pasando el art. al texto definitivo sin discusión en el Pleno: «El Fiscal podrá recibir denuncias, enviándolas a la autoridad judicial o decretando su archivo cuando no encuentre fundamentos para ejercitar acción alguna, notificando en este último caso la decisión al denunciante. Igualmente, y para el esclarecimiento de los hechos denunciados o que aparezcan en los atestados de los que conozca, puede llevar a cabo u ordenar aquellas diligencias para las que esté legitimado según la Ley de Enjuiciamiento Criminal, las cuales no podrán suponer adopción de medidas cautelares o limitativas de derechos. No obstante, podrá ordenar el fiscal la detención preventiva. Todas las diligencias que el Ministerio Fiscal practique o que se lleven a cabo bajo su dirección, gozarán de la presunción de autenticidad».

Actualmente en el apartado 2 se añade como hemos visto tras las reformas de 2003 y 2007 que «Los principios de contradicción, proporcionalidad y defensa inspirarán la práctica de esas diligencias. A tal fin, el fiscal recibirá declaración al sospechoso, quien habrá de estar asistido de letrado y podrá tomar conocimiento del contenido de las diligencias practicadas. La duración de esas diligencias habrá de ser proporcionada a la naturaleza del hecho investigado, sin que pueda exceder de seis meses, salvo prórroga acordada mediante decreto motivado del Fiscal General del Estado. No obstante, las diligencias de investigación en relación con los delitos a que se hace referencia en el apartado Cuatro del artículo Diecinueve del presente Estatuto, tendrán una duración máxima de doce meses salvo prórroga acordada mediante Decreto motivado del Fiscal General del Estado».

Aunque a primera vista pueda parecer que estamos ante una mera corrección de estilo, la limitación de las facultades investigadoras del Ministerio Fiscal que representa la redacción definitiva del Estatuto sobre lo anunciado en el Proyecto no puede pasar desapercibida. La apertura de la investigación de oficio, reconocida en el Proyecto sin ambages, queda ahora limitada a las denuncias que el Ministerio Fiscal reciba o a los atestados de que conozca a través de la policía judicial. En consecuencia parecería que cuando el Ministerio Fiscal tenga conocimiento directo de la comisión de un presunto hecho delictivo —una noticia publicada en la prensa, por ejemplo—, debería instar la apertura del procedimiento penal correspondiente ante la autoridad judicial, sin que le estuviera dado, en este caso, iniciar la nueva vía de la investigación preliminar (FLORES PRADA, 1999, p. 454). No obstante, el art. 785 *bis* (hoy 773.2) LECrim permite las incoaciones de oficio.

Por lo demás, notar que la introducción del párrafo del art. 5.2, referido a la presunción de autenticidad de las diligencias practicadas por el Ministerio Fiscal en el marco de esta fase, no dejó de provocar cierta polémica, sin duda influida por la perniciosa práctica de convertir las diligencias sumariales en pruebas anticipadas con el consiguiente detrimento de la fase de juicio oral. Actualmente no podría tener otra significación, como ya se ha indicado, que la de otorgar el carácter de *medio de investigación efectivamente practicado* a dichas diligencias, habida cuenta de que la prueba, salvo las excepciones previstas en la propia ley (art. 730 LECrim), debe practicarse en el plenario.

La situación, como decíamos al inicio, no deja de sorprender si reparamos en que nuestra legislación procesal tarda siete años en reaccionar ante esta previsión estatutaria del Ministerio Fiscal; una reacción por demás obligada (la STC 145/1988 había hecho insostenible por más tiempo la unión de facultades instructoras y decisoras en el mismo órgano (y que se cierra, en cuanto a la investigación del Ministerio Fiscal se refiere, con un nuevo paso en falso. Cierto es que se advierte en la LO 7/88 un claro impulso en las funciones investigadoras del Ministerio Fiscal, pero claro es también que las expectativas despertadas por el Proyecto de ley en esta cuestión, mucho más ambiciosas, quedaron, según se mire, feliz o desafortunadamente frustradas.

El procedimiento abreviado nos coloca, de nuevo, ante la paradoja; de una parte, se mantienen, en una instrucción simplificada, los tradicionales roles del juez director y del Ministerio Fiscal inspector; de otra, se prevé una fase de investigación a cargo del Ministerio Fiscal, de naturaleza preliminar, eventual y supeditada en todo caso al inicio de la instrucción judicial. Los antecedentes de tan pintoresca solución merecen un breve comentario.

Como señala GIMENO, a partir de la primera advertencia que la STC 113/1987 dirige al legislador a propósito de la dudosa garantía que la ley 10/1980 dispensaba al derecho al juez imparcial, en el Ministerio de Justicia comienza a prepararse un borrador de medidas de reforma procesal basado en la atribución al Ministerio Fiscal de la investigación en el ámbito de la delincuencia menor, quedando la intervención del juez limitada a la adopción de las medidas cautelares que las partes solicitaran, así como a los supuestos de prueba anticipada.

Poco más tarde, el 12 de julio de 1988, se publicó la sentencia del TC que declaraba la inconstitucionalidad de las diligencias preparatorias y del procedimiento de la ley 10/1980, y en la que se contenía un detallado análisis de los actos instructorios que podían ocasionar la parcialidad del juez instructor-decisor. Ello motivó el abandono del Anteproyecto citado, en cuanto se mantenían en él ciertas competencias instructoras a cargo del juez sentenciador.

El nuevo borrador de Anteproyecto de reforma procesal penal, elaborado bajo el mandato del ministro MÚGICA HERZOG, preveía un sistema gradual de atribución de la instrucción al Ministerio Fiscal que se vino a llamar de doble ventanilla en cuanto confería a las partes privadas el derecho a instar la clásica vía de la instrucción judicial y que fue duramente contestado por el CGPJ en su informe de 13 de octubre.

Ante las críticas recibidas desde diferentes sectores, incluidos los colectivos asociativos de jueces y fiscales, fue necesario remozar el Anteproyecto retrocediendo respecto a la atribución de las funciones investigadoras plenas al Ministerio Fiscal, que quedaron tímidamente reguladas en el art. 785 *bis* (hoy 773.2) de la LECrim:

> «1. Cuando el Ministerio Fiscal tenga noticia de un hecho aparentemente delictivo, bien directamente o por serle presentada una denuncia o atestado, practicará él mismo u ordenará a la policía judicial que practique las diligencias que estime pertinentes para la comprobación del hecho o de la responsabilidad de los partícipes en el mismo. El Fiscal decretará el archivo de las actuaciones cuando el hecho no revista los caracteres de delito, comunicándolo con expresión de esta circunstancia a quien hubiere alegado ser perjudicado u ofendido, a fin de que pueda reiterar su denuncia ante el juez de instrucción. En otro caso, instará del juez de instrucción la incoación de las correspondientes diligencias previas con remisión de lo actuado, poniendo a su disposición al detenido, si lo hubiere, y los efectos del delito.

2. El Ministerio Fiscal podrá hacer comparecer ante sí a cualquier persona en los términos establecidos en esta Ley para la citación judicial, a fin de recibirle declaración, en la cual se observarán las mismas garantías señaladas en esta Ley para la prestada ante el juez o tribunal.
3. Cesará el fiscal en sus diligencias tan pronto como tenga conocimiento de la existencia de un procedimiento judicial sobre los mismos hechos».

No es necesario poner mucho énfasis para subrayar las tensiones que esconde el precepto transcrito al intentar dar entrada, en el viejo modelo acusatorio formal, a la figura de un fiscal investigador, claramente vinculada a los postulados de un sistema acusatorio. El mantenimiento de la figura del juez instructor hace imposible un paralelismo en las funciones investigadoras que acaba resolviéndose en detrimento de la investigación del Ministerio Fiscal, cuya vida depende del inicio de la actividad jurisdiccional sobre el mismo asunto. Sin embargo, y dejando por ahora a un lado las perjudiciales consecuencias que de dicha regulación se derivan, principalmente en el terreno de la duplicidad de actuaciones que repercuten curiosamente en un procedimiento que se denomina abreviado, conviene destacar el importante paso que el art. 785 *bis* representó como plasmación procesal de la facultad investigadora del Ministerio Fiscal en un ámbito que abarca también el procedimiento por delitos graves.

Contrariamente a lo que sostiene MARCHENA, (1992, p. 184), pensamos que el art. 785 *bis* supuso un importante avance con respecto a lo dispuesto en el art. 5 del Estatuto Orgánico del Ministerio Fiscal. El retroceso al que alude el autor, no es, en rigor, un retroceso en el reconocimiento de las facultades instructorias del Ministerio Fiscal, sino la consecuencia de incrustar sus atribuciones de investigación en el sistema acusatorio mixto. El art. 5 del Estatuto Orgánico del Ministerio Fiscal se diseña en el vacío procesal o, por mejor decir, en la confianza de una futura y global reforma de la justicia penal. Teniendo en cuenta que el sistema se ha mantenido en su estructura, la inclusión del art. 785 *bis* (hoy art. 773) debe recibirse, a pesar de las contradicciones, como un signo positivo de los nuevos tiempos (FLORES PRADA, 1999, p. 490).

Pero no es éste el único rasgo positivo del nuevo precepto. Quizá la novedad más notable consistió en la posibilidad de actuar de oficio cuando la *notitia criminis* sea conocida directamente por el Ministerio Fiscal, una posibilidad que, como se recordará, no recogía el art. 5 del Estatuto Orgánico del Ministerio Fiscal. No puede ocultarse, en este sentido, el importante factor de control social que supone la iniciación de oficio de la investigación por el Ministerio Fiscal, e incluso el mismo modelo flexible de investigación preliminar, principalmente como respuesta inmediata ante las llamadas noticias delictivas difusas (*vid.* Instrucción de FGE de 16 de marzo de 1993), tan en boga en el marco del actual periodismo de investigación. En tal sentido, recuerda la Circular de la FGE 1/1989 que, ante la evidente preocupación ciudadana por este tipo de informaciones, el fiscal «no debe precipitarse a provocar la iniciación de un proceso penal sin suficientes elementos de juicio y sólo por noticias y referencias cuya exactitud no ha contrastado. Pero por lo mismo tiene en la investigación pre-procesal un instrumento útil para depurar la realidad y auténtica trascendencia delictiva de tales hechos, instrumento que no debe vacilar en utilizar, pues a la opinión pública tanto tranquiliza el desmentido, tras una investigación imparcial, de sus temores o sospechas, como el conocimiento de que, como consecuencia de tal investigación, se ha ejercitado una acción penal, iniciándose un procedimiento judicial».

Al margen de estas consideraciones, puede convenirse con la posición mantenida por la Fiscalía General del Estado (Circular 1/1989) que, rechazando que se trate de dos modelos diferentes de investigación y que la entrada en vigor del art. 785 *bis* suponga la derogación tácita del art. 5 Estatuto Orgánico del Ministerio Fiscal, se muestra partidaria de considerar la compatibilidad y coexistencia de dos preceptos que no se excluyen sino que se complementan, en la medida en que el posterior art. 785 *bis* vendría a completar el art. 5 Estatuto Orgánico del Ministerio Fiscal en los puntos que éste hasta ahora silenciaba y aquél contempla, y viceversa.

En términos generales debe decirse que la tendencia de fortalecer las funciones de investigación del Ministerio Fiscal en el marco de un progresivo abandono del modelo de instrucción judicial constituye básicamente la línea seguida por las últimas reformas de la justicia penal a partir de 1988. Así, la investigación autónoma del Ministerio Público experimenta una clara concreción en las reformas orgánicas del Estatuto del Ministerio Fiscal que crean las Fiscalías especiales antidroga y anticorrupción (arts. 18 *bis* y 18 *ter* EOMF). Desde el punto de vista procesal, el legislador opta por desterrar definitivamente el sistema acusatorio formal en la nueva ley de protección de menores, atribuyendo plenamente la investigación al Ministerio Público. Una línea, sin embargo, que no fue seguida por la ley del tribunal del jurado, manteniendo la figura del juez instructor aun cuando la investigación se construye sobre un esquema claramente acusatorio.

En suma, hay que notar que el mantenimiento a toda costa de la instrucción en manos del Poder Judicial, fue —es preciso decirlo sin ambages— la razón que justificó y sigue hoy justificando una situación anómala en nuestro modelo procesal penal. Los intentos de reforma chocan, de forma sistemática, con la oposición de determinados sectores de dentro y de fuera de la judicatura y del Ministerio Fiscal, que enarbolan el fantasma de la injerencia política en el fiscal —reforzada por acontecimientos más recientes— para sostener un sistema procesal penal que cada día que pasa se revela como más insostenible. Ello, sin embargo y como se ha visto, no puede ocultar una línea consolidada y progresiva de potenciación de las funciones investigadoras del Ministerio Público.

Un paso más ha dado la aprobación de la LO 9/2021, de 1 de julio, de aplicación del Reglamento (UE) 2017/1939 del Consejo, por el que se establece una cooperación reforzada para la creación de la Fiscalía Europea. En este modelo de proceso penal europeo toda la investigación corresponde al Fiscal Europeo y cuando es necesaria la limitación de derechos fundamentales, se exige la autorización del juez de garantías. Pero es cierto que este procedimiento sólo se aplica a los delitos contra los intereses financieros de la UE. Para un estudio detallado del nuevo procedimiento penal instaurado para la protección de los intereses financieros de la UE nos remitimos al epígrafe 8 del presente capítulo y al capítulo 74 de esta obra.

4. INICIACIÓN DE LA INVESTIGACIÓN

La iniciación de la investigación oficial por el Ministerio Fiscal puede originarse «de oficio» o como consecuencia de la presentación de una denuncia por un particular u organismo o de un atestado por la policía judicial.

El fiscal puede adquirir el conocimiento de la posible comisión del delito por sí mismo, por ejemplo, a través de los medios de comunicación social o de cualquier otro contacto con su entorno, e igualmente puede recibir una denuncia o un atestado de la policía judicial, que tiene, a estos efectos, el valor legal de una denuncia (art. 297.1 LECrim).

En todos estos casos el fiscal practicará por sí mismo u ordenará a la policía judicial que practique las diligencias que estime pertinentes para la comprobación del hecho o de la responsabilidad de los partícipes en el mismo (art. 773.2 LECrim).

La Circular de la Fiscalía General del Estado 2/2022 la reconoce explícitamente advirtiendo que «La incoación de las diligencias de investigación preprocesal puede traer causa de una denuncia, de la remisión de un atestado policial, de la información obrante en una orden europea de investigación o en una comisión rogatoria, de las deducciones de testimonio acordadas por los órganos judiciales o administrativos o por el propio Ministerio Fiscal, o, en definitiva, de la transmisión por cualquier vía de informaciones que permitan tomar conocimiento de la presunta ejecución de un hecho delictivo. Incluso, puede producirse de oficio como consecuencia del conocimiento directo de los hechos por el/la fiscal». Y así, son frecuentes las actuaciones de oficio por ejemplo en los delitos de absentismo escolar, incardinables en el art. 226.1 CP, dimanantes de expedientes de protección de menores, que determinan incoación de diligencias de investigación con formulación de denuncia.

5. ÁMBITO, CONTENIDO Y EXTENSIÓN

5.1 Ámbito

El ámbito de la investigación oficial del Ministerio Fiscal parece hallarse limitado en un doble sentido.

a) La investigación del fiscal únicamente puede tener por *objeto* un delito público o semipúblico, no pudiendo abrirse por delitos privados (perseguibles a instancia de parte), ya que en éstos el Ministerio Fiscal carece de toda legitimación para perseguirlos (art. 105 LECrim).

b) Por otro lado, el Ministerio Fiscal no puede llevar a cabo una investigación oficial que tenga por objeto un delito de los denominados muy graves, pues la investigación de estos delitos, corresponde en exclusiva al juez de instrucción, pudiendo el fiscal únicamente dirigir o asumir las actuaciones más necesarias y urgentes encaminadas a impedir la fuga del presunto culpable y la desaparición de los efectos y huellas de la infracción.

Lo primero aparece explícitamente reconocido en la Circular de la Fiscalía General del Estado 2/2022, que expresamente advierte que «En los delitos semiprivados o semipúblicos, es decir, aquellos en los que la denuncia o querella de la persona ofendida o perjudicada opere a modo de condición objetiva de procedibilidad, nada impedirá que los fiscales puedan incoar diligencias de investigación preprocesal a pesar de no mediar su interposición por alguno de los sujetos legitimados». Por exclusión, los delitos privados, es decir, los delitos de calumnias e injurias contra particulares, no podrán ser objeto de investigación extraprocesal por el Ministerio Fiscal en tanto en cuanto no es parte legitimada para intervenir en estos procedimientos.

Sin embargo lo segundo no es respaldado por la Circular 2/2022, como ya hemos visto anteriormente, posibilitando la incoación de diligencias de investigación respecto de delitos graves.

5.2 Competencia

La Circular 2/2022 parte de la premisa inicial de que aunque todos los fiscales son competentes para incoar y tramitar diligencias de investigación, cuestiones organizativas determinan la necesidad de atribuir la competencia para decretar su incoación a las jefaturas de cada órgano fiscal, si bien por excepción cuando la *notitia criminis* tenga por objeto hechos cuyo conocimiento corresponda a una sección especializada, la incoación y tramitación de diligencias de investigación incumbirá a su fiscal delegado, quien deberá someter los proyectos de incoación al visado de su respectivo fiscal jefe. La Circular añade que cuando el asunto no corresponda a una sección especializada, la jefatura turnará las correspondientes diligencias de investigación conforme al sistema de reparto preestablecido; caso de no existir normas de reparto, la jefatura podrá asumir su despacho o, en su caso, atribuírselo mediante decreto motivado al fiscal de la plantilla que considere adecuado.

La Circular 2/2022 recuerda que el art. 21 EOMF regula la competencia territorial de las distintas fiscalías, sin perjuicio de las excepciones por razón de la competencia objetiva de la Fiscalía Especial contra la Corrupción y la Criminalidad Organizada, de la Fiscalía Especial Antidroga y de la Fiscalía de la Audiencia Nacional (art. 19 EOMF), así como de los fiscales de sala especialistas (arts. 20 y 22 EOMF). En el caso de que la jefatura concluya que ninguno de los órganos judiciales de su territorio es competente para conocer de los hechos denunciados o que constituyan objeto de la investigación, remitirá las actuaciones a la fiscalía que estime legitimada para actuar ante el órgano judicial considerado competente. En tal caso, de no haberlo hecho ya, se abstendrá de incoar diligencias de investigación y, en su lugar, incoará expediente gubernativo mediante decreto motivado en el que acordará su inhibición en favor de la fiscalía que considere competente.

Los fiscales de sala especialistas serán competentes para incoar y tramitar diligencias de investigación por hechos acaecidos en cualquier lugar del territorio nacional siempre que el Fiscal General del Estado les hubiera facultado expresa y previamente para ello por apreciar que se trata de asuntos de especial trascendencia. Y la Circular examina igualmente la competencia de las Fiscalías Especiales y de la Audiencia Nacional en su apartado 4.3.2, y de los Fiscales superiores en su apartado 4.3.3.

Se examina igualmente la competencia en caso de personas aforadas, distinguiéndose dos supuestos: a) aquellos en los que la única persona investigada o todas las investigadas ostenten un fuero especial, en que la competencia será atribuida a la fiscalía a la que corresponda conocer de los procedimientos seguidos ante el tribunal competente por razón del aforamiento; y b) aquellos otros en los que la investigación afecte a un grupo de personas de las que solo una o algunas de ellas ostenten un fuero especial. En este segundo caso la competencia para realizar la investigación corresponderá a la Fiscalía del lugar en el que se hayan cometido los hechos investigados, que practicará las diligencias pertinentes hasta el momento en el que la conducta delictiva de la persona aforada haya quedado individualizada; y de no concurrir presupuesto de imputación en la persona aforada, podrá acordar el archivo de las actuaciones respecto de la misma, sin perjuicio de proseguir la investigación frente a las personas no aforadas. Caso de existir algún indicio que pueda constituir una base razonable para la imputación de aforado, la fiscalía que realiza la investigación se abstendrá de citarla a declarar y se limitará a poner en su conocimiento la investigación, remitiendo las actuaciones al órgano fiscal competente a tenor del aforamiento.

5.3 Contenido

El fiscal podrá practicar cualquier medio de investigación, ya se trate de inspecciones oculares, informes periciales o declaraciones de inculpados y testigos, a cuyo fin podrá hacer comparecer ante sí —o sea, citar coercitivamente— a cualquier persona en los términos establecidos en la Ley para la citación judicial, a fin de recibirle declaración, en la cual se observarán las mismas garantías señaladas en la Ley para la declaración judicial (art. 773.2 LECrim). Igualmente podrá acordar la detención (art. 5.2 EOMF) en los mismos supuestos en que puede practicarla la policía judicial.

A modo de cita casuística, la Circular de la Fiscalía General del Estado 2/2022 examina en su apartado 5 con detalle la práctica de diligencias de investigación, evaluando la declaración de la persona sospechosa —precisándose que aunque del tenor literal del art. 5 EOMF parece desprenderse que esta diligencia es de inexcusable práctica, una análisis análisis sistemático y teleológico del precepto permite afirmar que solo deberá practicarse cuando se estime indispensable para decidir acerca del ejercicio de la acción penal—, los reconocimientos fotográficos y en rueda, las inspecciones oculares, las vigilancias y seguimientos policiales, el requerimiento de documentación e información, el acceso a los portales de transparencia, así como a fuentes digitales abiertas, las fuentes de prueba obtenidas por particulares, las informaciones periodísticas, las declaraciones testificales, las diligencias periciales, las actuaciones del agente encubierto y entrega vigilada, y la exhumación de cadáveres. Es interesante el caso de las medidas de aseguramiento de datos o informaciones incluidas en sistemas informáticos de almacenamiento, respecto de los que la Circular 2/2022 recuerda que el art. 588 octies LECrim autoriza al Ministerio Fiscal para requerir a cualquier persona física o jurídica la conservación y protección de datos o informaciones digitales incluidas en un sistema informático de almacenamiento; medida cuya duración máxima será de noventa días, prorrogables una única vez por idéntico período de tiempo.

Debe tenerse presente además que en su actividad investigadora el Ministerio Fiscal cuenta con la intervención de la policía judicial, a la que puede dar las instrucciones necesarias en cada caso (arts. 287 LECrim y art. 4.4º EOMF).

Por supuesto el fiscal deberá observar las normas reguladoras de todos los actos de investigación que lleve a cabo y las garantías procesales establecidas legalmente para los mismos.

Sin embargo el contenido de la investigación del Ministerio Fiscal está legalmente limitado, desde un punto de vista negativo: el fiscal podrá practicar todos los actos que constituyen el contenido típico de la investigación oficial que la CE o la ley no reserve expresamente a la autoridad judicial. En consecuencia, no podrá llevar a cabo los siguientes actos o diligencias:

1. La adopción de la detención judicial confirmatoria (art. 497 LECrim) o la prisión provisional (art. 17.2. CE y 502 LECrim).
2. La adopción de medidas cautelares reales (como embargos, fianzas).
3. Las medidas instrumentales limitativas de derechos fundamentales, como la entrada y registro en lugar cerrado (art. 18.2. CE) y la «intervención de comunicaciones personales» (art. 18.3 CE) que se reservan constitucionalmente al juez.
4. Actos de prueba anticipada o preconstituida (arts. 448 LECrim).

En definitiva, con la única salvedad de la detención preventiva, los fiscales no podrán adoptar medidas cautelares o limitativas de derechos durante el curso de sus diligencias de investigación, seas estas de naturaleza personal o real. La medida cautelar de detención preventiva solo podrá ser acordada mientras no exista un procedimiento judicial en curso, resultando improcedente en el marco de unas diligencias de investigación auxiliar (Conclusión 39ª de la Circular 2/2022).

5.4 Duración

La investigación del fiscal será tan extensa como requieran las circunstancias del delito investigado en cada caso. Sin embargo, el art. 5.2-IV EOMF señala que la duración de esas diligencias habrá de ser proporcionada a la naturaleza del hecho investigado, sin que pueda exceder de seis meses, salvo prórroga acordada mediante decreto motivado del Fiscal General del Estado. No obstante, las diligencias de investigación en relación con los delitos a que se hace referencia en el apartado cuatro del artículo diecinueve del presente Estatuto, tendrán una duración máxima de doce meses salvo prórroga acordada mediante decreto motivado del Fiscal General del Estado.

Así pues, el plazo máximo ordinario de duración de las diligencias de investigación es de seis meses; y de doce meses para las diligencias de investigación de la Fiscalía Especial contra la Corrupción y la Criminalidad Organizada. El cómputo del plazo toma como *dies a quo* la fecha en la que fuera dictado el decreto de incoación de las respectivas diligencias de investigación. En cuanto al *dies ad quem* se estará a lo dispuesto en el art. 5.1 CC: los plazos fijados por meses o años se computarán de fecha a fecha; cuando en el mes de vencimiento no hubiera día equivalente al inicial del cómputo, se entenderá que el plazo expira el último del mes. La Circular 2/20222 examina los problemas en los supuestos de inhibiciones, indicando que regirá como *dies a quo* el de incoación del órgano que se inhibe; y en los de acumulaciones en los que el plazo se inicia desde la fecha del decreto de incoación del expediente que se acumula.

Respecto de la posibilidad de prórroga, la Circular 2/2022 advierte que la solicitud de prórroga se articulará elevando un oficio, a través del Fiscal jefe correspondiente, a la Fiscal General del Estado por conducto de la Secretaría Técnica con una antelación mínima de quince días naturales previos al vencimiento del plazo. Y agrega que una vez otorgada la prórroga por el Fiscal General del Estado, el nuevo plazo se computará desde la finalización del período cuya prórroga se solicitó, aun cuando el decreto del Fiscal General concediendo la ampliación del plazo de investigación fuera de fecha anterior o posterior a su agotamiento.

En cuanto a las consecuencias del transcurso del plazo sin prórroga acordada en virtud de Decreto motivado del Fiscal General del Estado, el art. 5.3-I EOMF dispone que «Transcurrido el oportuno plazo, si la investigación hubiera evidenciado hechos de significación penal y sea cual fuese el estado de las diligencias, el Fiscal procederá a su judicialización, formulando al efecto la oportuna denuncia o querella, a menos que resultara procedente su archivo». Por otra parte la vulneración de los plazos regulados por el art. 5 EOMF no acarrea automáticamente la nulidad de la diligencia practicada, cuya validez viene vinculada al concepto de indefensión material, lo que la Circular hace depender del modo en el que la diligencia haya sido practicada y no del tiempo en el que lo fuera.

Como el art. 5 EOMF no regula supuestos de interrupción del cómputo del plazo de las diligencias de investigación, la Circular 2/2022 concluye que su suspensión únicamente tendrá lugar cuando el procedimiento se encuentre archivado; y en caso de reapertura de unas diligencias de investigación previamente archivadas el plazo no se reinicia.

6. CONCLUSIÓN DE LAS DILIGENCIAS DE INVESTIGACIÓN DIRIGIDAS POR EL MINISTERIO FISCAL

Las diligencias de investigación del fiscal concluirán por cualquiera de las siguientes causas:

1. *Cuando de la investigación resulte que el hecho no reviste los caracteres de delito*. En este caso el fiscal decretará el archivo de las actuaciones, comunicándolo con expresión de esta circunstancia a quien hubiere alegado ser perjudicado u ofendido, a fin de que pueda reiterar su denuncia ante el juez de instrucción (art. 5, párrafo 1º EOMF y art. 773.2 LECrim). El archivo debe ser acordado mediante una resolución que revestirá la forma de «decreto» y que, aunque la Ley no lo diga, debe ser razonada (Conclusión 26ª de la Circular 2/2022). Ha de tenerse presente que los fiscales podrán acordar el archivo de plano de las diligencias de investigación mediante decreto motivado en aquellos supuestos en los que los hechos relatados en la denuncia o atestado policial resulten objetiva e indudablemente atípicos o manifiestamente inverosímiles (Conclusión 27ª de la Circular 2/2022). Y que además la conclusión y archivo de las actuaciones, sin remisión al órgano judicial, en los siguientes casos: i) cuando entiendan que los hechos investigados no resultan penalmente típicos; ii) cuando aprecien la concurrencia de una excusa absolutoria; iii) cuando consideren que no ha resultado mínimamente corroborada la realidad de los hechos denunciados; iv) cuando aprecien la concurrencia de una causa de extinción de la responsabilidad criminal (art. 130 CP); v) cuando concurran los supuestos de exención de responsabilidad de las personas jurídicas previstos en los apartados segundo y cuarto del art. 31 *bis* CP. El decreto de conclusión y archivo será notificado al denunciante, al ofendido, al perjudicado y a la persona sospechosa, si la hubiera. Por tanto, solo procederá la notificación a esta última cuando hubiera llegado a tener conocimiento de la investigación. (Conclusión 30ª de la Circular 2/2022).

2. *Cuando el fiscal acuerde remitir las diligencias de investigación al juez de instrucción* a fin de continuar la investigación judicialmente, ya por ser necesaria para el éxito de la investigación la adopción de una medida que esté reservada por Ley exclusivamente al juez —la entrada y registro de un do-

micilio, por ejemplo— pidiéndole que la adopte cuando se aprecien indicios de criminalidad que justifiquen el ejercicio de la acción penal, promoviendo la incoación de un procedimiento judicial mediante la interposición de denuncia, querella o, en su caso, la remisión de un decreto de propuesta de imposición de pena con arreglo al art. 803 *bis* d) LECrim (Conclusión 29ª de la Circular 2/2022).

3. *Cuando el juez de instructor abra una investigación sobre los mismos hechos*. Tan pronto como el fiscal tenga conocimiento de la existencia de un procedimiento judicial sobre los mismos hechos deberá poner término a su investigación y remitir todo lo actuado al juez, poniendo a su disposición al detenido, si lo hubiere, y los efectos del delito (art. 773.2 LECrim).

7. LAS GARANTÍAS PROCESALES DE LA INVESTIGACIÓN DEL MINISTERIO FISCAL Y LA EFICACIA O VALOR PROBATORIO DE SUS ACTOS

7.1 Garantías de los actos

En cuanto a la forma de los actos, deberán observarse en ellos las garantías legales, en especial en el interrogatorio del investigado, al que habrá de informársele de los derechos que le concede el art. 24 de la Constitución y que deberá hacerse en presencia de un letrado [art. 118.1, *b*)].

Dispone el art. 118.3 que «Para actuar en el proceso, las personas investigadas deberán ser representadas por procurador y defendidas por abogado, designándoseles de oficio cuando no los hubiesen nombrado por sí mismos y lo solicitaren, y en todo caso, cuando no tuvieran aptitud legal para hacerlo.

Si no hubiesen designado procurador o abogado, se les requerirá para que lo hagan o se les nombrará de oficio si, requeridos, no los nombrasen, cuando la causa llegue a estado en que se necesite el consejo de aquéllos o haya de intentar algún recurso que hiciese indispensable su actuación.»

Los testigos que hayan de declarar serán exhortados a decir verdad, pero no se les exigirá juramento o promesa de ello. Su deposición no constituye un testimonio o prueba testifical, sino una simple vía de información, por lo que su obligación de decir verdad deriva de su condición de ciudadano que ha de colaborar con la Justicia, pero no de su condición de testigo. Por ello, si faltan a aquella obligación, no incurren en delito de falso testimonio.

Las resoluciones dictadas por el/la fiscal durante la tramitación de sus diligencias de investigación son irrecurribles. Este carácter no genera indefensión, pues quien considere lesionados sus derechos podrá reproducir sus pretensiones ante los órganos judiciales (Conclusión 60ª de la Circular 2/2022).

7.2 Valor probatorio

En las diligencias no intervendrá ningún funcionario actuando como fedatario que dé fe de ellas. Ni las fiscalías disponen de LAJ, depositario de la fe pública, ni las diligencias de la investigación del fiscal precisan de ese aval, pues no han de hacer prueba, pero sí hay que recordar que conforme al art. 5 del Estatuto, que, como más arriba se razonó, complementa el art. 773 de la LECrim, las diligencias que el Ministerio Fiscal practique o se lleven a cabo bajo su dirección gozarán de presunción de autenticidad. Presunción de autenticidad que se funda en el hecho de que el fiscal obra bajo los principios de legalidad e imparcialidad, por lo que su actuación se presume ajustada a la Ley y realizada objetivamente. Pero ello exige que la diligencia para gozar de tal presunción sea practicada bien por el propio fiscal, bien bajo su dirección y en su presencia. Este último extremo, aunque no se exige expresamente en el texto legal, se infiere del propio fundamento de la presunción antes expuesto.

La presunción de autenticidad del art. 5 del EOMF habrá de ser interpretada en sus propios términos. De un lado se tratará siempre de una presunción *iuris tantum*. De otro lo que quiere decir tal presunción es que la diligencia goza del beneficio de la verdad formal, esto es, de hacer fe de que la diligencia efectivamente se realizó y que su resultado es el que consta reflejado documentalmente, pero no hace fe de la verdad material, esto es, no obliga a que se tenga que tomar necesariamente como cierto su contenido, haciendo prueba plena. El valor del contenido material de la diligencia, como pueden ser los términos en que se expresaron los testigos o las conclusiones de un dictamen pericial, queda siempre sometido a la apreciación judicial.

Para lo que sirve además esa presunción de autenticidad es para hacer innecesaria la ratificación de las diligencias ante el juez instructor. Este debe tenerlas en cuenta para valorar los fundamentos que el fiscal posee para formular su acusación, sin necesidad de una reiteración más bien burocrática y dilatoria de las mismas. Es evidente que si el juez debe practicar por sí diligencias sólo en el caso de que las practicadas en el atestado no fueren suficientes para formular acusación, con mayor razón deberá abstenerse de duplicar tales diligencias si a tal fin son suficientes las de la investigación del fiscal. Todo ello sin perjuicio de que para probar la acusación ante el juez adscrito a la Sección de lo Penal del correspondiente Tribunal de Instancia, o ante la Audiencia, el fiscal no pueda invocarlas como prueba, sino que ha de practicar enteramente éste en el juicio oral, salvo aquellas irrepetibles —reconocimientos oculares, test de alcoholemia, etc.— en las que la práctica probatoria deberá consistir en que la persona que ha recogido la prueba o practicado la pericia se ratifique en juicio de las apreciaciones obtenidas, la veracidad de los documentos gráficos obtenidos o las conclusiones de su dictamen.

Las diligencias investigadoras se encuentran, por ello, en una posición intermedia entre el simple atestado policial y la propia investigación judicial. Trascienden el carácter de mera denuncia y aún de declaración testifical, que el art. 297 concede a los atestados; participan del valor informativo para la fundamentación de la acusación, a efectos de acordarse el paso al enjuiciamiento que es propio de la instrucción judicial; pero carecen del valor probatorio de las diligencias practicadas de forma contradictoria ante el juez instructor. Excepcionalmente, las diligencias de investigación del Ministerio Fiscal, al igual que las practicadas por la Policía Judicial de manera extraprocesal, podrán acceder al plenario y tener valor probatorio cuando resulten de imposible repetición en el juicio oral por razón de su intrínseca naturaleza, siendo su práctica forzosamente única e irrepetible (Conclusión 59ª de la Circular 2/2022), pero sin olvidar como advirtió la STS 980/2016, de 17 de enero de 2017 que. "la ausencia de Letrado durante el desarrollo de todas y cada una de esas diligencias (las practicadas en las diligencias de investigación preprocesales) —singularmente, las de carácter personal— y, sobre todo, su naturaleza ajena al genuino concepto de acto procesal, impiden ver en un dictamen de expertos una fuente de prueba susceptible de integrarse en el material valorable por el órgano decisorio", ya que en ese caso la fuerza probatoria del acto pericial ha de enlazarse, pues, no con el cuerpo de escritura y el dictamen provisional suscrito por los peritos durante las diligencias tramitadas por el Fiscal, sino con el desarrollo de la prueba pericial propiamente dicha durante las sesiones del juicio oral.

8. LA INVESTIGACIÓN PENAL DEL FISCAL EUROPEO

El Fiscal Europeo, que integran varios órganos centrales, que van desde el Colegio, las Salas Permanentes, el fiscal General Europeo, los fiscales adjuntos al Fiscal General Europeo y los Fiscales Europeos hasta el Director Administrativo, y desde luego en el nivel descentralizado, integrado por los Fiscales Europeos Delegados, establecidos en los Estados miembros (art. 8 Reglamento 2017/1939).

El Fiscal Europeo descentralizado y vigente en España goza de total independencia y por tanto no puede recibir órdenes o instrucciones ni de instituciones, órganos u organismos de la UE ni de los Estados miembros (art. 6.1 Reglamento 2017/1939).

El Fiscal Europeo asume la competencia exclusiva para incoar, tramitar y cerrar la investigación criminal de los delitos que tiene encomendados, en lugar del juez instructor que existe en el resto de delitos en los que se aplican las reglas generales y que en este procedimiento no hay otro juez que el Juez de garantías.

La competencia para desempeñar las funciones de juez de garantías, así como para decidir, como tribunal de enjuiciamiento, se atribuyen a la Audiencia Nacional; intervendrán como jueces de garantías los jueces adscritos a la Sección de Instrucción del Tribunal Central de Instancia y como órgano de enjuiciamiento bien el juez adscrito a la Sección de lo Penal del Tribunal Central de Instancia, o bien una de las Salas de lo Penal de la Audiencia Nacional.

La incoación del procedimiento puede requerir que el fiscal considere necesario comenzar las actuaciones amparadas en el secreto, de modo que las partes, especialmente el investigado, no sepa que se ha abierto la investigación contra él. La declaración de secreto debe ser autorizada por el juez de garantías (arts. 64 y 65 LO 9/2021).

Puede el fiscal europeo de propia autoridad acordar la práctica de todas las diligencias de investigación que no afecten a derechos fundamentales, así como ordenar medidas cautelares patrimoniales. Sin embargo, las medidas cautelares personales quedan reservadas siempre al criterio del juez de garantías, de modo que el fiscal europeo se limitará a interesar del juez que las acuerde (art. 77 LO 9/2021).

Cuando el fiscal europeo entienda que el procedimiento de investigación ha cumplido su finalidad y se han realizado todas las diligencias necesarias, dictará un decreto de conclusión del procedimiento, en el que puede resolver bien el archivo o bien la solicitud de apertura del juicio oral (art. 109 LO 9/2021).

La apertura del juicio oral implica la necesidad de presentar un escrito de acusación (art. 115 de la LO 9/2021) y se abre entonces una fase intermedia que consiste en una audiencia preliminar si se hubiera impugnado la acusación, pero no se establece un examen judicial de la sostenibilidad de la acusación, es decir, no contiene el conocido como *juicio de acusación*.

En el caso de que no se impugne la acusación, y el juez de garantías no acuerde el sobreseimiento tras la audiencia preliminar, el juez de garantías deberá dictar un auto de apertura del juicio oral.

Por último, el decreto de conclusión también podrá solicitar que se dicte sentencia de conformidad, en cuyo caso se presentará un escrito de acusación, suscrito conjuntamente con la defensa, en términos parecidos a lo que establece el art. 784.3 de la LECrim para el procedimiento abreviado.

BIBLIOGRAFÍA.

- AGUILERA DE PAZ, *Comentarios a la Ley de Enjuiciamiento Criminal*, Madrid, 1923.
- FAIRÉN, «La situación actual del Ministerio Fiscal», en *Revista de Derecho Procesal Iberoamericana*, nº 4.
- FLORES PRADA, *El Ministerio Fiscal en España*, Valencia, 1999.
- GARCÍA CALVO: «La fase de investigación en el nuevo proceso penal abreviado regulado por la Ley Orgánica 7/1988, de 28 de diciembre», en *Revista La Ley*, XI, nº 2.491
- LLERA SUÁREZ-BÁRCENA, *Derecho Procesal Penal (Manual para criminólogos y policías)*, 3ª edic., Valencia, 2024.
- MARCHENA, *El Ministerio Fiscal. Su pasado y su futuro*, Madrid, 1992.
- MORENO CATENA/CORTÉS, *Derecho procesal penal*, Tirant lo Blanch, Valencia, 2024.

Sección II

La instrucción

Capítulo 20
La instrucción (I). Aspectos generales

Javier Abella López
Magistrado
Profesor de Derecho Procesal
Universidad Carlos III de Madrid

1. CONCEPTO Y NATURALEZA DE LA FASE DE INSTRUCCIÓN

El proceso penal tiene una estructura absolutamente distinta al resto de los procesos judiciales en los demás órdenes jurisdiccionales —civil, contencioso-administrativo y laboral—. La coexistencia de dos derechos, el de penar y el de acusar, y la distinta titularidad de ellos —la del Estado y la de las partes acusadoras, respectivamente—, dibuja un proceso judicial con una estructura típica y exclusiva de este orden jurisdiccional, que depende directamente de la vigencia del principio acusatorio.

El principio acusatorio impide, no solo no poder condenar a nadie sin previa acusación, sino llegar a la fase de juicio oral sin acusación previa, en tal modo que aun cuando el órgano encargado de la instrucción entienda la existencia de la debida justificación del delito y la autoría, si ninguna de las partes legitimadas ejerce la acción penal, no podrá abrir juicio oral.

Por eso, dentro del proceso penal encontramos una primera fase que llamamos instrucción, diferenciada conceptual y funcionalmente de la fase que llamamos enjuiciamiento o juicio oral.

En la instrucción se investiga si los hechos conocidos a través de la noticia criminal merecen ser juzgados en la fase del juicio oral, y lo merecen si, en principio, se puede establecer la probabilidad —juicio de probabilidad o debida justificación— de que se ha llevado a cabo un hecho con apariencia de delito y puede ser imputado a una persona o personas concretas e individualizadas.

Siendo lo más gráficos posible, podemos decir que la incoación de un procedimiento penal se produce con la mera *posibilidad* de la existencia de un delito, pudiendo llegar a la fase de enjuiciamiento si constata la *probabilidad* de la existencia del delito y su autoría, y solo produciéndose una eventual condena cuando se alcanza la *certeza* de la existencia del delito y la autoría.

Sobre esta primera fase del proceso penal se discute su naturaleza, bien *administrativa*, bien *jurisdiccional*, lo que determina qué tipo de órgano puede ser responsable de la instrucción, recordando que, si se sostiene que la naturaleza es jurisdiccional, y atendiendo a la *exclusividad jurisdiccional* que consagra el art. 117.3 CE, la fase de instrucción solo podría ser asumida por jueces y magistrados.

Sin ahondar en profundos e interesantes debates doctrinales, y en una mera aproximación, que incluso pudiera calificarse de excesivamente utilitarista, podríamos establecer que los *actos instructorios* relativos a reconstruir hechos que determinen la naturaleza de los mismos y posibles partícipes, pueden ser calificados de naturaleza administrativa, mientras que los que inciden plenamente en derechos fundamentales —piénsese en las diligencias de investigación restrictivas de los derechos del art. 18.2, 3 y 4 CE o medidas cautelares limitativas de la libertad más allá de la mera detención, como la prisión provisional o la privación de acudir a determinados lugares, por ejemplo— pueden ser calificados de naturaleza jurisdiccional, teniendo, de estos últimos, el monopolio de su tutela los jueces y magistrados, conforme establece el art. 53.2 CE, naturaleza jurisdiccional que también debe otorgarse a actuaciones que afectan a derechos recogidos en la CE, en cuyos preceptos, y con relación a los mismos, se establece la exigencia de "resolución judicial" para su limitación.

Es desde esta interpretación de naturaleza mixta de la instrucción penal desde la que se instaura, por ejemplo, la actual regulación sobre responsabilidad penal de menores, en la que el fiscal es el responsable de los actos de instrucción como *actos de aportación de hechos*, postulándolos como actos de naturaleza administrativa, si bien debe acudir ante el juez para llevar a cabo actos que deben ser calificados de naturaleza jurisdiccional dada su especial e intensa afectación a derechos fundamentales recogidos en nuestra Constitución. Así, el fiscal de menores debe acudir a la "autorización judicial" para llevar a cabo intervención de las comunicaciones, entradas y registros, o medidas cautelares personales, como sería la adopción de prohibición de aproximarse o comunicarse con la presunta víctima o, por ejemplo, el internamiento cautelar en determinado centro.

Sobre la estructura apriorísticamente expuesta en el párrafo anterior, y sobre la teoría de la naturaleza mixta de la instrucción penal, pivotan las distintas iniciativas legislativas de una nueva ley procesal penal en la que se deja en manos del Ministerio Fiscal la responsabilidad de la instrucción penal.

2. CONTENIDO Y FINALIDAD DE LA INSTRUCCIÓN

El art. 299 de la LECrim establece como contenido de investigación judicial aquellas actuaciones encaminadas a preparar el juicio y practicadas para averiguar y hacer constar la perpetración de los delitos con todas las circunstancias que puedan influir en su calificación, y la culpabilidad de los delincuentes, asegurando sus personas y las responsabilidades pecuniarias de los mismos.

La finalidad de la fase de instrucción no varía de un procedimiento penal a otro; es decir, da igual que se llame sumario, como ocurre en el procedimiento ordinario o común; que se llame diligencias previas, como ocurre en el abreviado, o diligencias urgentes como ocurre en los juicios rápidos. La esencia de esta fase no cambia; a veces, lo que hay son particularidades, pero nada más.

De ello se infiere que la instrucción sirve para llevar a cabo la investigación, pero también para asegurar a las personas y las responsabilidades pecuniarias de los que aparecen racionalmente como responsables de los hechos. Por eso, el contenido de la fase de instrucción son actos de investigación y medidas cautelares, o, si se prefiere, y respectivamente, actos instructorios y actos aseguratorios —más allá de que las medidas cautelares pueden ser adoptadas en cualquier fase del proceso, previo al dictado de la resolución definitiva que ponga fin al procedimiento, en el caso de que no se determine la existencia de responsabilidad penal, y previo a su firmeza, en el caso de que recaiga sentencia condenatoria—.

El que la instrucción signifique investigación de las circunstancias de los hechos, y de las personas que puedan resultar criminalmente responsables, impone como lógica consecuencia que el órgano judicial lleve a cabo, bien de oficio o bien a instancia de parte, únicamente aquellas diligencias de investigación que sean necesarias y pertinentes a dicho fin. Ello quiere decir que al juez no le está permitido la realización de cualquier tipo de diligencia, y que no tiene obligación de aceptar la práctica de toda diligencia que sea pedida por las partes personadas en el proceso. Las limitaciones establecidas en los arts. 311 y 312 de la LECrim son, pues, importantes e imprescindibles de cumplir.

Los actos instructorios, o de investigación, serán acordados de oficio o a instancia de parte. En razón de la existencia de acusación y de la de presunción de inocencia, la LECrim permite que las partes acusadoras soliciten la práctica de las diligencias —actos instructorios— que sean necesarias para la investigación de los hechos; y de otra, que el investigado, como sujeto pasivo de la acción penal, pida, por su lado, la práctica de todas aquellas diligencias que coadyuven a la defensa de sus intereses.

Al mismo tiempo, como lógica consecuencia de los derechos constitucionales que quedan afectados, la LECrim impone a los órganos responsables de la investigación penal —ya sea, por ejemplo, el juez de la Sección de Instrucción o de la Sección Única o, en su caso, de la Sección de Violencia sobre la Mujer o de la Sección de Violencia contra la Infancia y Adolescencia, del Tribunal de Instancia competente (LO 1/2025[1]), el Ministerio Fiscal o la Policía Judicial en cada una de sus respectivas investigaciones— que lleven a cabo no sólo las actuaciones tendentes a fijar la culpabilidad del investigado, sino también a determinar la inocencia del mismo.

[1] En adelante, y para mayor claridad y sencillez en la redacción, salvo que merezca mayor concreción en el texto que se introduzca su referencia, nos referiremos al «*juez instructor*» como a cualquiera de los jueces con competencia funcional en materia de investigación judicial de delitos, en el bien entendido que con esta denominación nos referimos al juez unipersonal integrado en la Sección que corresponda del Tribunal de Instancia competente (o, en su caso, al juez de la Sección de Instrucción del Tribunal Central de Instancia, cuando de la Audiencia Nacional hablamos) —*v.gr.* Sección de Instrucción o de la Sección Única de Civil y de Instrucción, Sección de Violencia sobre la Mujer, o Sección de Violencia contra la Infancia y Adolescencia—, o al juez correspondiente del TS o TSJ al que se le atribuya dicha competencia funcional cuando la competencia objetiva venga encomendada a dichos tribunales por razón de aforamiento del investigado. Asimismo, dicha referencia al «*juez instructor*» contempla también la posibilidad de que, en los casos determinados en el art. 84.6 LOPJ, se nombre a dos jueces, conforme a un turno preestablecido y público, para que, junto con el juez a quien le hubiere sido turnado el asunto inicialmente, se encarguen de la instrucción de un determinado proceso penal. En el capítulo 5 de esta obra puede consultarse una explicación completa del nuevo modelo orgánico de los Tribunales de Instancia que introduce la LO 1/2025.

Los medios a través de los cuales se lleva a cabo la investigación son muy variados: el reconocimiento de las personas en rueda (art. 369 y ss. LECrim); las declaraciones indagatorias y el interrogatorio judicial (arts. 385 y ss. LECrim); la declaración de terceras personas o testigos (art. 410 y ss. LECrim); la inspección de las cosas y de los lugares por el órgano judicial (arts. 326 y ss. y 778 LECrim); la entrada y registro de los lugares (arts. 545, 574,... LECrim), intervención de técnicos o peritos (art. 335 y concordantes LECrim), investigación de determinadas conductas, por ejemplo, mediante la utilización de métodos alcoholimétricos y la videovigilancia, identificación y conservación del cuerpo del delito (art. 334 y concordantes LECrim), etc.

Junto a todos estos medios de investigación la Ley permite, asimismo, que se investigue mediante la intervención de las comunicaciones personales, sean éstas de la clase que sean (art. 579 LECrim), la circulación y entrega vigilada de drogas, en los delitos de narcotráfico (art. 263 *bis* LECrim), la intervención de los agentes de la autoridad encubiertos (art. 282 *bis* LECrim).

Todos estos medios son, en principio, diligencias o métodos de investigación que tienden a posibilitar la apertura del juicio oral, mediante la fijación de unos hechos que, con apariencia de delito y atribuibles a una determinada persona, sean susceptibles de enjuiciamiento, para, en su momento, ser objeto de imposición de sanción penal. Pero también tienden a posibilitar el sobreseimiento, porque la instrucción tiene también como finalidad asentar la presunción de inocencia que asiste a todas las personas.

En cuanto a los actos aseguratorios, el referido art. 299 de la LECrim establece que constituyen la instrucción, junto con los actos instructorios, o de averiguación, aquellos otros actos que tienden a asegurar las personas y las responsabilidades pecuniarias de los acusados.

La adopción de estas medidas cautelares es competencia exclusiva del órgano judicial, pues con ellas se afectan derechos constitucionales —alguno de ellos, fundamentales— de la persona y se modifica el régimen de administración, o incluso de disposición, de determinados bienes del deudor, o, en último término, se producen embargos y fianzas que determinan una variación en el régimen del patrimonio del acusado.

Las medidas cautelares pueden ser personales o reales. Medidas cautelares de carácter personal son: la detención (arts. 489 y ss. LECrim), la prisión provisional (arts. 502 y ss. LECrim), la libertad provisional (arts. 528 y ss. LECrim), la privación del permiso de conducir vehículo a motor (art. 529 *bis* LECrim), la prohibición de residir en determinados lugares o de aproximarse a ellos (art. 544 *bis* LECrim), la suspensión de cargos públicos (arts. 384 *bis* LECrim y 383 y 384 LOPJ) y, además de otras, medidas que suponen la suspensión de actividades para empresas o establecimientos (art. 129.2 CP).

Las medidas cautelares patrimoniales son aquellas tendentes a la conservación de las cosas relacionadas con el delito (art. 334 y concordantes LECrim); y aquellas otras que están destinadas a asegurar las responsabilidades pecuniarias que puedan declararse en el procedimiento. Así: la fianza, el embargo, la ocupación de bienes o cosas o, incluso, la dación de pensión provisional en determinados supuestos (véanse arts. 589 y ss. y normas concordantes LECrim).

3. DERECHO A UN PROCESO PÚBLICO

Como señala de antiguo y de manera reiterada el TEDH, el derecho a un proceso público tiene un doble sentido: en primer término, proteger a las partes de una justicia sustraída al control público, y, en segundo término, mantener la confianza de la comunidad en los tribunales.

Así, ya señalaba la STEDH de 13/11/2007, caso Bocellari y Rizza contra Italia [*Tol 9078238*]: «34. El Tribunal recuerda que la publicidad del proceso de los órganos judiciales prevista por el artículo 6.1 protege a los justiciables contra una justicia secreta que ajena al control del público (ver, Riepan contra Austria, núm. 35115/1997, ap. 27, CEDH 2000-XII); constituye igualmente uno de los medios para preservar la confianza en los jueces y tribunales. Por la transparencia que otorga a la administración de la justicia, ayuda a conseguir la finalidad del artículo 6.1: el proceso equitativo, cuya garantía figura entre los principios de toda sociedad democrática en el sentido del Convenio (ver entre muchas otras, Tierce y otros contra San Marino, núms. 24954/1994, 24971/1994 y 24972/1994, ap. 92, CEDH 2000-IX)».

Ahora bien, este derecho a un juicio público en evitación de una justicia sustraída del control público y el mantenimiento de la confianza de la comunidad en los Tribunales, encuentra el medio natural de su razón de ser en el acto del juicio oral, llegando a señalar nuestro Tribunal Constitucional que el derecho a un proceso público es predicable tan sólo en la fase de juicio oral, teniéndose en cuenta que ese secreto externo de la fase de investigación penal, como diremos, también protege el derecho al honor del sujeto pasivo de la acción penal y el derecho a la intimidad y a la propia imagen de la víctima, derechos que si bien han de ceder, en términos generales, frente al derecho a un juicio público una vez llegada la fase de enjuiciamiento, no así, cuando menos necesariamente, cuando a la fase de investigación nos referimos, tal y como iremos razonando en los siguientes epígrafes.

Así, la STC 83/2019 [*Tol 7378881*]: «El derecho a un proceso público en materia penal (art. 24.2 CE, en consonancia con los arts. 11 de la Declaración universal de derechos humanos; art. 14 del Pacto internacional de derechos civiles y políticos, y art. 6 del Convenio europeo de derechos humanos: CEDH) es garantía del justiciable frente a una justicia secreta que escape a la fiscalización del público. Constituye también un medio para preservar la confianza de los ciudadanos en los tribunales, de forma que, al dotar a la administración de justicia de transparencia, contribuye a realizar los fines del derecho al proceso justo (STEDH de 8/12/1983, asunto Axen y otros contra Alemania, § 25). Este Tribunal tiene dicho, no obstante, que el principio de publicidad respecto de terceros, no es aplicable a todas las fases del proceso penal, sino tan solo al acto oral que lo culmina y al pronunciamiento de la subsiguiente sentencia (SSTC 176/1988, y 174/2001, que acogen lo expuesto en la STEDH de 22 de febrero de 1984, asunto Sutter contra Suiza, y las SSTEDH de 8 de diciembre de 1983, asuntos Pretto y otros contra Italia, y Axen y otros contra Alemania)».

3.1 El carácter reservado de la instrucción. Secreto externo o publicidad relativa

Nos recuerda el artículo 301 LECrim que «Las diligencias del sumario serán reservadas y no tendrán carácter público hasta que se abra el juicio oral, con las excepciones determinadas en la presente Ley», en tal modo que se establece el secreto de la causa para los terceros ajenos al proceso, encontrándonos ante lo que podemos definir como secreto externo del proceso o de publicidad relativa, en el sentido que solo tienen acceso a las actuaciones quienes son partes en la instrucción penal.

Si tuviéramos que esbozar la razón *justificativa* del carácter reservado o secreto externo de la instrucción penal, serían tres ideas que como fin de dicho carácter reservado justifican el mismo; una primera, evitar una erosión reputacional de quien es titular del derecho fundamental a la presunción de inocencia, lo que entrelaza, como segundo de los fines que podemos encontrar, con el intento de atemperar la influencia social en el concreto procedimiento penal. Finalmente, como último de los fines, sería evitar el conocimiento de detalles de la investigación que frustrara o entorpeciera la misma.

Entrando en la primera de la ideas que apuntábamos, tenemos que el secreto permite y garantiza —o debería hacerlo— que las personas que están sometidas a esa investigación no sufran con su publicidad más perjuicios de los necesarios; y es que no podemos perder de vista que tras la investigación de la *notitia criminis* puede llegarse a la conclusión de que los hechos investigados no revisten el carácter de delito, o bien, revistiendo carácter delictivo, no puedan ser imputados racionalmente a la persona investigada.

Por tanto, el secreto externo de las actuaciones instructoras ayuda a conservar el honor y el buen nombre del acusado y lo aleja del daño que puede producir la publicidad, por lo que así entendido es un bien para el acusado. No podemos ser ajenos a la situación de pena de banquillo que sufren hoy día gran cantidad de personas sometidas a un proceso penal, que llegan a ser "condenados" por los medios de comunicación antes de que lo sean por sentencia una vez concluida la fase de enjuiciamiento; todo ello, si es que se produce finalmente la condena, porque ese escenario no es el único.

Al hilo de esta cuestión cabe preguntarse ¿es posible la protección del derecho a la presunción de inocencia en su vertiente extraprocesal? Más allá de los interesantes debates doctrinales sobre si el derecho a la presunción de inocencia solo existe dentro del proceso (DEL MORAL GARCÍA, 2021), tenemos que las iniciativas legislativas caminan hacia ese deseo de protección del derecho a la presunción de inocencia fuera del proceso.

Así, en el Anteproyecto de 2020 de la LECrim, se establece un cauce de "información oficial" con relación a la instrucción penal —en dicho caso bajo la dirección del Ministerio Fiscal— cuando existe un interés informativo relevante, siendo el responsable de la información el Ministerio Fiscal —le está vetada dicha posibilidad a la Policía Judicial—, al que se le exige máxima objetividad y con especiales cautelas cuando el enjuiciamiento corresponda finalmente al Tribunal del Jurado.

Esta línea del prelegislador viene marcada por las distintas iniciativas en el ámbito de la Unión Europea en protección de la presunción de inocencia fuera del proceso. Así, la Directiva (UE) 2016/343 del Parlamento Europeo y del Consejo, de 9 de marzo de 2016, por la que se refuerzan en el proceso penal determinados aspectos de la presunción de inocencia y el derecho a estar presente en el juicio, viene a exigir, en concreto en su artículo 4, la existencia de un interés público —o por motivos relacionados con la investigación penal— para facilitar información a los medios de comunicación de determinados datos de la investigación, siempre, eso sí, debiendo tener en cuenta la presunción de inocencia cuando faciliten o divulguen esta información.

Se trata de ponderar las razones por las que se establece dicho secreto externo y garantizar la existencia de una sociedad debidamente informada como pilar básico del estado democrático. Siempre que exista interés informativo relevante, podrá facilitarse a los medios de comunicación, en la forma y con los límites que establece la norma, la información imprescindible sobre el curso del procedimiento de investigación.

Junto a este fin, es evidente que el secreto en la instrucción tiende a garantizar el éxito de la propia investigación. La Ley (art. 301 LECrim) impone el secreto, primordialmente, frente a todas aquellas personas que no participan en el propio proceso.

En resumen, con el secreto externo del proceso se trata de evitar, por un lado, que el conocimiento de detalles de la investigación por personas ajenas al proceso puedan interferir en la investigación y, por otro, atenuar la exposición pública del investigado ya en fase de investigación, con un adelanto de la pena de banquillo, en un momento del proceso que justifica su incoación con la mera posibilidad de la existencia de un hecho delictivo —recordemos, por ejemplo, que las únicas causas de inadmisión de una denuncia son que el hecho denunciado no sea delito o que sea manifiestamente falso—.

3.2 El secreto de las actuaciones instructoras. Secreto interno

Al margen del secreto externo del proceso, también es posible —y que no lo es para el acto del juicio en el que se desarrollan los actos probatorios—, bien a instancia de parte, bien de oficio (art. 302.II LECrim), acordar el secreto para todas y cada una de las partes personadas, a salvo del Ministerio Fiscal, al que el secreto no le afecta. Esta decisión del órgano judicial, que limita severamente el derecho de defensa —no al derecho a un proceso público, solo aplicable, y como ya hemos expuesto en epígrafe anterior, a la fase de enjuiciamiento que conduce a la posterior sentencia, tal y como viene reiterando el TC, (por todas, STC 174/2001 [*Tol 81504*])—, tiene que estar motivada y basada en razones tasadas expresamente establecidas por la norma y que, por ser una excepción, este secreto absoluto de sumario —esto es, al secreto externo se le une el secreto interno— debe estar limitado en el tiempo —un mes prorrogable por iguales plazos— y habrá de alzarse necesariamente con diez días de antelación a la conclusión del sumario (art. 302.II LECrim).

Como hemos apuntado, el secreto interno de las actuaciones solo puede basarse, y conforme dispone el art. 302 LECrim, en algunas de las siguientes razones, y no otras:

* Bien, evitar un riesgo grave para la vida, libertad o integridad de una persona.
* Bien, evitar que el resultado del proceso se vea perjudicado de forma grave.

Sobre la protección, ante un riesgo grave, de la vida, la libertad o integridad física de una persona como fin del secreto, debemos tomar como punto de partida el artículo 7.4 de la Directiva 2012/13/UE, relativa al derecho a la información en los procesos penales que habla de «[...] amenaza grave para la vida o los derechos fundamentales de otra persona».

En cuanto al aseguramiento del buen fin de la instrucción como justificación del secreto, deben constar, de manera motivada, las posibles interferencias o manipulaciones esencialmente por parte de los posibles responsables que pudieran perjudicar la investigación, alterando o modificando fuentes de prueba.

Por tanto, el secreto interno del proceso debe adoptarse de manera excepcional por resolución judicial motivada basada en las causas tasadas por la ley, secreto que afectará a todas las partes del proceso menos al fiscal, que seguirá teniendo acceso al expediente sin restricción alguna.

Así, el juez instructor debe llevar a cabo un juicio de ponderación sobre la decisión del secreto, tanto en su alcance, pues el secreto no tiene por qué alcanzar a toda la causa, solo a la parte estrictamente necesaria, como en su duración, pues a medida que avance el periodo de investigación los intereses del investigado irán sobreponiéndose al interés en el mantenimiento del secreto.

Con relación al último inciso, resulta ilustrativa al respecto la STC 83/2019 [*Tol 7378881*] que vino a señalar que «si la virtualidad del secreto puede operar como valor preponderante en los comienzos de la investigación en la que se decreta, bien por ponderación de los intereses en presencia (art. 301 y 302 LECrim), bien por mandato legal y sin necesidad de expresa declaración en el caso de adoptarse medidas de investigación tecnológica [art. 588 *bis* d) LECrim], pudiendo provocar incluso que el derecho de defensa del investigado sobre el que se ejecuta una medida cautelar personal privativa de libertad tropiece con parcelas de investigación desconocidas, no es menos cierto que el paso del tiempo debilita aquel interés, que puede predominar en un principio».

Este secreto interno solo puede ser acordado por el juez, de tal modo que si el Ministerio Fiscal hubiera incoado unas diligencias preliminares como actuación preprocesal de investigación penal y entendiera necesario que las actuaciones fueran secretas para el investigado, no tendrá otra opción que *judicializar* la investigación, presentando denuncia o querella ante el juez competente y solicitar al mismo que acuerda el secreto de las actuaciones.

Cuando hablamos de procedimiento penal de menores, nuevamente si el Ministerio Fiscal, y conforme al art. 24 LRPM, aun siendo el órgano competente para la instrucción del expediente, entiende que debe declararse el secreto del expediente, deberá solicitarlo al juez de menores como juez de garantías, único competente para declarar el secreto, si bien, en este caso, y una vez acordado el secreto por el juez, el Ministerio Fiscal podrá seguir instruyendo dicho expediente al paraguas del secreto acordado *judicialmente*.

La declaración de secreto puede acordarse de oficio o a instancia de parte, por el ya señalado plazo de un mes, con la posibilidad de prorrogarse por meses sucesivos —debe justificarse la necesidad de la medida como sus prórrogas—, debiendo alzarse el secreto al menos con 10 días de antelación a la finalización de la instrucción —lo que, entre otras razones, hace incompatible con el juicio rápido el secreto (art. 795.3 LECrim)—, necesidad del alzamiento del secreto antes de finalizar la fase de instrucción con el fin de permitir a las partes —esencialmente, a la defensa del investigado— participar de la instrucción con pleno conocimiento de su contenido antes de que finalice, permitiendo instar lo que a su derecho convenga, por ejemplo, determinadas diligencias de investigación no practicadas o ya practicadas que lo han sido mientras la causa estaba secreta con la limitación de conocimiento de la misma durante su práctica.

Al respecto la STS de 8/10/2015 [*Tol 5521544*], vino a razonar: «El Tribunal Constitucional —por todas SSTC 174/2001 y 176/1988— declara la constitucionalidad de esta medida y su compatibilidad con los derechos fundamentales, añadiendo que el tiempo de duración del secreto del sumario no es dato relevante en orden a apreciar si se ha producido o no indefensión. Así, ésta se producirá con independencia del tiempo más o menos prolongado de duración de la medida si su adopción no fue razonable o si no aparece debidamente justificada y, en todo caso, si no se concede la oportunidad posterior para defenderse frente a las pruebas —sic— que en el sumario y bajo la vigencia del secreto hayan sido practicadas (en el mismo sentido la SSTS de 26 de diciembre de 2005, 11 de julio de 2003 y otras muchas). Lo esencial no es si el secreto se prolongó más o menos tiempo sino si estaba justificado y si se produjo o no indefensión, lo que dependerá de que pudieran o no pedir diligencias de investigación, diligencias que son admitidas o denegadas por el instructor mediante auto susceptible de recurso ante la Sala, de modo que si denegadas por el instructor no se recurre la resolución correspondiente tampoco habrá indefensión. Por lo tanto, habrá de examinarse si teniendo en cuenta la fecha de alzamiento del secreto pudieron o no las partes interesar nuevas diligencias [...].».

Desde este planteamiento, parece este plazo de diez días como plazo mínimo de antelación para levantar el secreto de las actuaciones, especialmente corto para el adecuado y efectivo ejercicio del derecho de defensa dentro de la instrucción que neutralice una instrucción a espaldas del investigado, y así parece haberlo entendido el prelegislador, que en el Anteproyecto 2020 LECrim establecía al menos 20 días, lo que parece un plazo más ajustado con la efectividad del ejercicio del derecho de defensa.

Por otro lado, resulta criticable la posibilidad de prorrogar el secreto sin límite de tiempo, sin perjuicio de que deba hacerse "mes a mes", cuya práctica viene convalidando de antiguo el Tribunal Constitucional (por todas STC 176/1988 [*Tol 80024*]), pues esto nos puede llevar a situaciones de perpetuación del secreto que lleve de facto a prolongar una investigación penal a espaldas del sujeto pasivo de dicha investigación, siendo exigible unos plazos máximos en los que una causa pueda estar secreta, tras lo cual sea inadmisible una prórroga, lo que sí viene ocurriendo en la práctica forense, insistimos, admitida por nuestro Tribunal Constitucional.

Así, por ejemplo, el prelegislador, en el borrador del CPP de 2013 fijaba un plazo máximo improrrogable de 6 meses como plazo general y de 12 meses para delitos cometidos por organizaciones o grupos criminales, lo que parece más respetuoso con el derecho de defensa de las partes en el proceso.

3.2.1 Momento de declaración del secreto

Con carácter general, el momento inicial, y sin puesta en conocimiento de la incoación de la causa, es el idóneo para declarar el secreto de las actuaciones, especialmente relevante cuando la razón de dicho secreto lo es para asegurar el buen fin de la instrucción, siendo razonable que dicho secreto alcance a la existencia misma de la causa que no debe ser conocida por las partes, pues su conocimiento podría perjudicar gravemente la investigación en curso; por ello, de conformidad con lo dispuesto en el art. 302 II LECrim, procede decretar el secreto de las actuaciones desde el momento mismo de la incoación del procedimiento, pues conocer la existencia de un procedimiento penal podría hacer aumentar las cautelas de los investigados y cesar, al menos temporalmente, en su actividad delictiva e, incluso, eliminar los "rastros" de la misma.

De no ser así —nos referimos a la declaración de secreto de la existencia misma de la causa—, tendríamos que estar a lo dispuesto en el art. 118.5 LECrim, que establece que la admisión de cualquier actuación procesal de la que resulte la imputación de un delito contra una persona o personas determinadas, deberá ser puesta en conocimiento de los presuntamente inculpados.

En definitiva, esta declaración de secreto inicial puede alcanzar, incluso, al secreto de la existencia misma del procedimiento y todo ello para asegurar el buen fin de la investigación, si se entiende y justifica que, de ponerse en conocimiento de los investigados su incoación, podría frustrarse la investigación, alertados de la existencia de la misma contra ellos.

> Piénsese, como suele pasar en la práctica forense, que el procedimiento se inicia con una petición de intervención de las comunicaciones —intervención que, como diremos, se llevará a cabo en pieza separada y secreta, pero cuyo secreto no alcanza al procedimiento principal—; de poner en conocimiento de los implicados que existe un procedimiento contra ellos, podrían restringir sus comunicaciones telefónicas o telemáticas e, incluso, cesar en las mismas o acudir a otros medios de comunicación, lo que frustraría gravemente la diligencia de investigación de intervención de las comunicaciones.

Ahora bien, no necesariamente debe significar que la declaración de secreto lleve consigo la no puesta en conocimiento de la existencia del procedimiento a los posibles responsables penales, recordando que el alcance material de la declaración del secreto debe estar limitado a lo estrictamente necesario para asegurar el fin por el que se acordó, en tal modo que puede existir una declaración de secreto parcial o, declarado el secreto, no resulte necesario que alcance a la existencia misma del procedimiento, de tal forma que, declarado dicho secreto, y salvo que resulte justificado —lo que deberá ser expresamente motivado en la resolución que acuerde el secreto con la incoación de la causa—, deberá darse cumplimiento a lo dispuesto en el art. 118.5 LECrim, y sin perjuicio de que el derecho a ser informado de la acusación —también integrado por el conocimiento de los elementos incriminatorios existentes en la causa— esté limitado, que no cercenado, por la declaración del secreto total o parcial de la causa.

Sin perjuicio de todo lo anterior, también es posible la declaración de secreto en un momento posterior a la iniciación del procedimiento que desde el primer momento tiene identificado al posible autor y resto de partícipes, los cuales, conforme al retirado art. 118.5 LECrim, deben conocer, desde ese primer momento, la existencia del procedimiento.

En este caso, conforme a lo anterior, resultará procedente notificar al investigado o investigados el auto de secreto, si bien "excluyendo" la parte del auto que justifica el mismo.

Interesante al respecto resulta la STS de 3/12/2018 [*Tol 6956951*], que vino a razonar: «El artículo 118 de la LECrim dispone que el investigado podrá ejercitar su derecho de defensa, interviniendo en las actuaciones, desde el mismo momento en que se le comunique la existencia del procedimiento, y que tal comunicación se realizará de modo inmediato tras la admisión de denuncia o querella, o desde que, de cualquier actuación procesal, resulte su imputación. Se reconoce así una mayor amplitud a la vigencia del principio de contradicción en la fase sumarial, rechazando la licitud de una investigación judicial que se lleve a cabo totalmente a espaldas del investigado. Como excepción a este principio, el artículo 302 de la LECrim, luego de establecer como regla general que las partes personadas podrán tomar conocimiento de las actuaciones e intervenir en todas las diligencias del procedimiento, reconoce, cuando se trate de delitos públicos, la posibilidad de declarar secretas las actuaciones, en todo o en parte, para todas las partes personadas. [...] En los casos en los que el investigado ya está personado en las actuaciones, la notificación al mismo de la adopción del secreto puede plantear algunos inconvenientes, en la medida en que pueda afectar a la misma razón de la medida. Podría ser conveniente entonces reconocer la posibilidad de incluir la fundamentación del Auto en las actuaciones comprendidas en el secreto, notificando solamente la parte cuyo conocimiento sea posible desde aquella perspectiva, permitiendo de esta forma el control posterior sobre la racionalidad de la resolución».

Por último, cabe reflexionar sobre qué consecuencias debe tener un retraso en la inicial declaración de secreto —piénsese que tras el dictado del auto de incoación de diligencias penales con ocasión de una petición de intervención de las comunicaciones, se abre pieza separada para resolver dicha cuestión pero no se declara inicialmente el secreto de los autos principales— que solo ocurre transcurridos aun siquiera unos días, o el retardo en la prórroga transcurrido el mes de declaración de secreto.

Apriorísticamente, en ese lapso de tiempo, aun siquiera de unos días, surge la plena aplicación de lo dispuesto en el art. 118.5 LECrim, en tal modo que durante ese tiempo debió ponerse en conocimiento la existencia del procedimiento en la persona del investigado. No obstante, este retraso, cuando de espacios breves de tiempos se trata, dentro de los cuales la puesta en conocimiento de la causa, mediante, por ejemplo, la citación como investigado, no resulta materialmente posible, no deben cerrar la puerta a la declaración de secreto, si ello está debidamente justificado, sin que pueda entenderse un efecto preclusivo por no haberlo hecho en el momento inicial o antes de la finalización de cada prórroga, siendo que la posible nulidad del auto *tardío* de secreto o prórroga del mismo solo podría sostenerse si con dicho retraso se ha podido producir una efectiva indefensión, y si en este tiempo en tribunal estuvo en condiciones de poner en conocimiento del sujeto pasivo de la acción penal; o bien cuando en este lapso de tiempo de declaración de secreto de la causa se han practicado diligencias de investigación a espaldas del investigado, diligencias que por su naturaleza debían llevarse a cabo bajo el principio de contradicción —no ocurre así, por ejemplo, con la diligencia de intervención de las comunicaciones cuya práctica no se lleva a cabo por dicho principio, sin perjuicio de que tras finalizar la misma, el resultado se someta a los principios de contradicción y defensa; cfr. artículo 588 ter.i LECrim sobre acceso de las partes a las grabaciones—.

Así lo ha explicado el Tribunal Supremo en su Sentencia de 14/10/2017 [*Tol 7531438*]: «En todo caso, la demora en la prórroga del secreto que se denuncia carecería de los efectos anulatorios que el recurrente pretende atribuirle, pues el recurso no identifica en qué términos dicho retraso le habría generado indefensión, habiendo recogido la doctrina constitucional, con ocasión del análisis de una decisión judicial de prórroga del secreto de las actuaciones, que "Lo verdaderamente relevante a efectos constitucionales es que no se haya producido una verdadera y efectiva indefensión" (STC 19 de octubre de 1995, FJ 3.2). A mayor abundamiento, esta Sala, de la que es exponente la STS nº 58/2010, ha precisado que: "La jurisprudencia de esta Sala en los supuestos de descuidos o inadvertencias en la adopción de la medida del secreto, ha considerado en supuestos de intervenciones telefónicas, —que pueden asimilarse a las entradas y registros domiciliarios—, que, como elemento esencial implícito a la misma y presupuesto de su efectividad y utilidad, debe entenderse comprendido el secreto de la diligencia, y no sólo —como dice la STS. 704/2009 de 29.6— por la necesidad inmanente de la propia diligencia, sino porque su notificación le privaría de practicidad a la misma, y uno de los condicionamientos de la medida injerencial es su utilidad. La sentencia nº 889/2000 de 8-6-2001 claramente expresa que no obstante, cuando judicialmente se autoriza la observación de las comunicaciones telefónicas —o en nuestro caso una entrada y registro domiciliario— de una persona en virtud de las sospechas —que tienen que ser necesariamente sólidas— acerca de su conducta delictiva, el buen sentido impone que la notificación de que se le imputa un acto punible sea demorada hasta que la observación conforme las sospechas, puesto que, de otra forma, la finalidad de la misma quedaría seguramente frustrada".».

3.2.2 El secreto de las actuaciones y el derecho a conocer los motivos de la detención

Un esencial límite a la declaración de secreto de las actuaciones lo encontramos en la ineludible necesidad, pues está en juego ya no sólo el derecho de defensa, sino el derecho a la libertad consagrado en el art. 17 CE, de permitir el acceso de la defensa letrada del investigado a los elementos de las actuaciones que resulten esenciales para impugnar la situación cautelar de privación de libertad (art. 505.3, párrafo tercero, LECrim, redactado conforme a la Directiva 2012/13/UE), más allá de la necesidad de que la resolución por la que se acuerda en auto de prisión provisional, aun con la causa declarada secreta, deba contener en la copia que se notifica al sometido a dicha medida cautelar, al menos una sucinta descripción de los hechos y los fines del art. 503 LECrim que se pretende con la prisión provisional.

Al respecto de este derecho al acceso a los elementos esenciales para discutir la situación de privación de libertad, resulta especialmente clarificadora la STC 83/2019 [*Tol 7378881*], que explica el modo y forma del acceso a dicha información y contenido de la misma:

* Debe partirse de que el detenido o privado de libertad tiene derecho a acceder a los elementos de las actuaciones que sean esenciales para impugnar la legalidad de la detención o privación de libertad.
* Establecida la premisa anterior, tenemos que debe darse adecuada respuesta a la petición del interesado de acceso a los materiales del expediente relacionados con su privación de libertad que resulten esenciales para impugnar la legalidad de la detención o privación de libertad, y aun cuando la causa esté declarada secreta.
* Desde el momento en que el órgano judicial haya informado de que se va a celebrar *comparecencia de prisión*, el investigado estará habilitado, por sí o a través de su abogado, para acceder al expediente con la finalidad de tomar conocimiento de lo necesario para rebatir la procedencia de las medidas cautelares privativas de libertad que puedan interesar las acusaciones.
* El contenido al que debe tener acceso es aquello que resulte esencial —en el sentido de sustancial, fundamental o elemental— para un adecuado ejercicio de su defensa frente a la privación de libertad.
* Corresponde al órgano judicial determinar los elementos fundamentales del caso en clave de privación de libertad, bien mediante extracto de materiales que obren en las actuaciones, exhibición de documentos u otras fuentes de prueba, entrega de copias o de cualquier otro soporte o formato.

Más recientemente la STC 68/2023 [*Tol 9637802*], reiterando su doctrina, vino a exponer: «Como en el supuesto recientemente analizado en la STC 30/2023, de 17 de abril, la vulneración del derecho dimana aquí del hecho mismo de que la comparecencia continuara hasta su finalización, sin suspenderse para atender aquella petición y permitirle con ello adquirir conocimiento de lo necesario para cuestionar las razones que habrían de justificar, en su caso, la adopción por el juez instructor de la medida cautelar. La audiencia provincial no reparó la vulneración, como tuvo ocasión de hacerlo al resolver el recurso de apelación interpuesto contra el auto que acordó la prisión provisional, habida cuenta de que el recurrente alegó la lesión de su derecho a tener acceso a los elementos esenciales de las actuaciones para impugnar la legalidad de su privación de libertad, con apoyo en la previsión legal y en la Directiva 2012/13/UE antes citada. No puede compartirse el argumento del tribunal de apelación que apoya la prevalencia temporal del secreto sumarial (cuya legitimidad no cuestiona el recurrente), que solo retrasaría, pero no impediría, el ejercicio del derecho de defensa. Conforme a lo antes expuesto, es doctrina constitucional reiterada que la garantía de información y acceso a las actuaciones consagrada en los arts. 520.2 d) y 505.3 LE-

Crim, en relación con el art. 302 LECrim, constituye un derecho no susceptible de restricción temporal por la declaración de secreto sumarial, como sí pueden serlo otros aspectos del derecho de defensa. Lo es también que el acceso al núcleo esencial de las actuaciones constituye una exigencia constitucional de los incidentes relativos a la privación cautelar de libertad, en tanto que condición de la necesaria igualdad de armas y protección frente a su eventual carácter injustificado. El carácter incondicionado de este derecho obliga al juez instructor a seleccionar los materiales esenciales para impugnar eficazmente la legitimidad de la privación de libertad, aunque se haya acordado el secreto sumarial (STC 13/2017, FJ 7), tratando de garantizar sin merma el debido acceso a las actuaciones para defender su libertad personal y, al mismo tiempo, preservar la eficacia de la instrucción y de los fines que justificaron la declaración temporal de secreto (STC 4/2023, FJ 4)».

A modo de recapitulación tratemos de dar respuesta a la pregunta ¿cuál debe ser el alcance del acceso y modo en que debe llevarse a cabo? Como tantas veces, este alcance debe ser delimitado desde el juicio de ponderación y el principio de equidad, lo que nos permite establecer que no es suficiente con la información verbal, debiendo permitirse el acceso, al menos, a los siguientes documentos:

* En el que conste los indicios de delito y autoría.
* Los que justifiquen el fin de la prisión provisional sobre la que se sostiene la petición de las acusaciones.

Recordemos que la información a recibir por el investigado podemos analizarla desde tres vertientes:

* Derecho a la información de contenido procesal: el órgano judicial *de oficio* informará sobre garantías procesales (art. 17.3 CE; arts. 118 y 520 LECrim).
* Derecho a la información de contenido material: el órgano judicial *de oficio* informará al detenido sobre los hechos investigados y la razones de haber sido conducido a presencia judicial.
* "Derecho de acceso" a la información sobre los elementos esenciales para discutir la medida cautelar, cuyo ejercicio será a instancia de parte.

Por último, si acudimos a la regulación dada por el prelegislador en materia de petición de prisión provisional en causas declaradas secretas, el Anteproyecto de LECrim de 2020, disponía que el fiscal, junto con la petición de prisión provisional, debía aportar la denuncia y documentación esencial para resolver sobre la privación de libertad y para impugnar, en su caso, la misma, aunque se encontrase bajo declaración de secreto, surgiendo el "derecho de acceso" a las actuaciones desde el momento en que el investigado hubiese sido convocado a comparecencia.

Continúa el Anteproyecto de LECrim de 2020 regulando que, como excepción a dicho derecho de acceso, y a petición del fiscal, el juez podrá acordar que determinadas diligencias no se pongan en conocimiento del investigado si ello implica grave riesgo para la investigación. De acordarse la prisión se omitirán estas diligencias de la copia al investigado del auto en que se acuerda, concediendo 20 días máximo al fiscal para que realice aquellas actuaciones que impiden la comunicación de las diligencias secretas a la defensa. Transcurrido este plazo, deberá notificarse a la defensa de la persona investigada el auto de prisión íntegro, junto con las diligencias que permanecieron secretas, a efectos de que pueda ser impugnado, salvo que, a instancia del fiscal, se mantenga el secreto de las diligencias, en cuyo caso se dispondrá la libertad provisional de la persona investigada.

3.2.3 *Secreto sin necesidad de declaración judicial*

Como excepción a la necesidad de dictar auto motivado para establecer el secreto interno del procedimiento, el legislador ha establecido —opera materialmente sin necesidad de declaración formal—, el secreto de las diligencias de investigación tecnológicas recogidas en el Capítulo IV del Título VIII del Libro II de la LECrim, conforme establece el art. 588 *bis* d) LECrim, que dispone que con la solicitud de diligencia de investigación tecnológica se abrirá pieza separada y secreta, y en el que se tramitará dicha investigación hasta que la misma finalice, bien por agotarse los plazos máximos, con sus prórrogas, bien porque finalice la misma con antelación.

Recordemos, lo que no podemos perder de vista, que el secreto de esta pieza no alcanza a la causa principal, que solo será secreta si así se establece por resolución judicial motivadamente justificada.

Especial mención merece el tratamiento que hace la LECrim del alcance del secreto, cuando el hallazgo casual se produce dentro de la pieza separada que da lugar a un nuevo procedimiento. Así, tras establecer el art. 579 *bis* LECrim, la remisión de testimonio —en el que, al menos, incluya la solicitud inicial para la adopción, la resolución judicial que la acuerda y todas las peticiones y resoluciones judiciales de prórroga recaídas en el procedimiento de origen—, determina, a su vez, con relación al nuevo procedimiento, que se informará si las diligencias continúan declaradas secretas, a los efectos de que tal declaración sea respetada en esta nueva causa, a la que se comunicará el momento en el que dicho secreto se alce (último inciso del art. 579 *bis*.3 LECrim).

Ciertamente, esta regulación parece tener difícil encaje con el contenido del art. 302 LECrim, desde el momento en que parece apuntar hacia la justificación del secreto en el "nuevo procedimiento" en la búsqueda de evitar que resulte comprometida la investigación en los procedimientos vinculados o interconectados por el hallazgo casual.

3.2.4 *Secreto de las actuaciones y el derecho de defensa. Causas de nulidad de actuaciones*

Tal y como hemos ido dibujando, desconectado el secreto de las actuaciones del derecho a un proceso público, y sí configurado como un límite del derecho de defensa, las posibles irregularidades en la adopción de dicho secreto interno no necesariamente deben ser causa de nulidad, sino que dicha infracción procesal debe ir acompañada de efectiva indefensión.

Al respecto, resulta ilustrativa la STS de 29/11/2012 [*Tol 3008339*], la cual vino a razonar, denegando causa de nulidad: «La indefensión que habría provocado la medida de secreto interno [...] Hay que convenir con el recurrente en que el secreto interno del sumario ha de ser una medida excepcional. [...] La operatividad del derecho de defensa no puede quedar arrinconada al acto del juicio oral. [...] La prolongación excesiva del secreto más allá de su estricta necesidad; o la inobservancia, como sucede en este caso, de esa prescripción legal (levantamiento con una antelación de diez días al auto de conclusión de las diligencias previas del art. 779) pueden vulnerar el derecho de defensa. Aquí ambas resoluciones —levantamiento del secreto y auto de conclusión de las diligencias— llevan la misma fecha: 9 de mayo de dos mil once (folios 1019 y 1022). No se ajusta esa práctica a la legalidad pues supone en contra de la voluntad del legislador haber expulsado totalmente de la fase de investigación la publicidad interna y toda dosis de contradicción. Sin embargo, siendo ello cierto, no puede derivarse de ahí sin más un efecto anulatorio. Vinculada la garantía al derecho de defensa, será necesario un plus: constatar que en efecto se han disminuido de manera relevante las posibilidades de defensa, no en abstracto y por vía de principios, sino en concreto. Hay que preguntarse si se ha privado a las partes de algún medio relevante de defensa que pudiese ser ahora recuperado mediante la nulidad y consiguiente retroacción. En esa dirección nada razona el recurrente porque ciertamente no cabe imaginar ninguna línea de defensa apta. Ni al hacer tal alegación en la instancia, ni al formalizar el recurso, ni al contestar a la impugnación del Fiscal apunta el recurrente ninguna prueba o diligencia que hubiese planteado en la instrucción y que no propuso precisamente por esa declaración de secreto. En efecto: si se decretó el secreto de la investigación fue, no para profundizar en los hechos imputados a este recurrente y los coimputados detenidos cuya prisión estaba decretada, sino para indagar sobre la identidad de otros posibles responsables, [...] de hecho, las pruebas blandidas contra ellos en el acto del juicio oral fueron las que se conocían desde el principio, desde la intervención de la policía aduanera. Eso es así hasta el punto que podrían suprimirse de la causa todas esas diligencias de investigación practicadas bajo secreto sin que se viese afectado el resultado final. [...]. El abuso del secreto del sumario o su prolongación más allá de lo permitido legalmente solo puede ocasionar una nulidad cuando efectivamente se haya causado indefensión (vid. STC 174/2001, de 26 de julio o STS 1179/2001, de 20 de julio). Sucedería eso si, por ejemplo, no se ha podido preguntar contradictoriamente a un testigo (deficiencia soslayable si posteriormente ya alzado el secreto hay posibilidad de un nuevo interrogatorio: STC 174/2001 o STS 1179/2001, de 20 de julio en decisión que luego ha considerado conforme con el Convenio Europeo de Derechos Humanos la STEDH— caso Vaquero Hernández y otros contra España de 2 de noviembre de 2010); o si se ha impedido proponer una prueba cuya práctica luego deviene imposible».

Por el contrario, la STS de 3/12/2018 [*Tol 6956951*] y estimando, aquí sí, la petición de nulidad por excesos en la declaración de secreto y sus prórrogas, vino a razonar «Generalmente, es necesario identificar diligencias o actuaciones que pudieron ser posibles y que, tras alzarse el secreto, ya no lo son a causa del transcurso del tiempo en situación de secreto, y, por lo tanto, de imposibilidad de intervenir en las actuaciones. Pero en casos como el presente, en el que se investiga un posible delito de blanqueo de capitales utilizando como base para acreditar su comisión documentación e información relativa a la adquisición de propiedades y a los movimientos de dinero en relación con distintas sociedades, es fácil entender que las dificultades para que el investigado aporte documentos relativos a la justificación de tales movimientos se incrementa con el paso del tiempo, por lo que puede apreciarse que sus posibilidades de defensa se ven reducidas como consecuencia de una duración excesiva del secreto de las actuaciones».

4. LOS PLAZOS DE LA INSTRUCCIÓN

Antes de analizar la regulación del art. 324 LECrim, que viene a limitar el plazo de la instrucción penal, debemos hacer algunas consideraciones que habrán de darnos una adecuada perspectiva en el análisis de la cuestión, y referidas al efecto negativo que tiene el paso del tiempo dentro de un procedimiento penal, y todo ello desde tres perspectivas:

a) *Efecto negativo del proceso sobre el investigado*, lo que pudiera definirse como una *victimización terciaria*, en una doble vertiente, esto es, el *efecto negativo externo* o daño reputacional y el *efecto negativo interno* sobre el individuo, tanto sobre su sosiego, al verse sometido a un proceso penal con la expectativa de la posibilidad de consecuencias negativas sobre su persona y patrimonio, como sobre su capacidad de autodeterminación en el ejercicio del derecho de defensa, pues el paso del tiempo condiciona la decisión entre negar la acusación o mostrar conformidad a cambio de poner fin al proceso y cesar en dicha victimización terciaria vinculada también a lo que viene definiéndose como pena de banquillo, sin que, y en palabras de la STS de 3/04/2025 [*Tol 10491686*], la investigación judicial pueda tensionar la presunción de inocencia del investigado y extender su inquietud ante la eventual respuesta penal hasta límites intolerables para una sociedad democrática.

b) *Efecto negativo del proceso sobre la víctima*, abierto sin una *solución final*, efecto calificado como *victimización secundaria* de quien habiendo sido sujeto pasivo de un delito —victimización primaria— además debe sufrir la victimización de verse sometida a un proceso penal, aun en la condición de víctima, victimización frente al proceso que se intensifica cuanto más se prolonga su tramitación.

c) *Efecto negativo sobre el procedimiento*, tanto en su *perspectiva procesal*, en cuanto a que el retraso en la práctica de la prueba en el acto del juicio tras una instrucción prolongada en el tiempo es indudable —no es difícil, por ejemplo, imaginar el efecto negativo que en la memoria de un testigo produce el paso del tiempo—, como en su *perspectiva material*, pues sin duda el retardo en la respuesta penal frustra el cumplimiento de los fines del derecho penal.

Finalmente, cabe una última reflexión, y pidiendo disculpas anticipadas por la cita, que pudiera ser tildada, no sin motivos, de pretenciosa y pedante, pero que creo que resulta ciertamente ilustrativa: no está de más recordar que ya en el siglo XIII, en tiempo de Alfonso X el Sabio, tiempos donde los procesos para la investigación y enjuiciamiento de delitos estaban teñidos de puros principios inquisitivos, se llegó a establecer —no toca ahora debatir sobre si llegó a aplicarse— esa idea de que si no se averigua la verdad sobre unos hechos en determinado plazo, la conclusión es que ya no se ha de averiguar.

Así se establecía en las partidas: «Otrosi mandamos qlie ningunt pleyto criminal non pueda durar mas de dos años: et si en este comedio non podiere seer sabida la verdad del acusado, tenernos por bien que sea sacado de la cárcel en que estaba preso et dado por quito», esto es, si en este tiempo no se averigüe la verdad, será el reo absuelto y libre de la prisión..." (Ley 7, Tít. 29. Partida VII, en la que ya se regulaba un plazo para la instrucción de las causas criminales —dos años—).

En este sentido parece apuntar la STS de 21/01/2022 [*Tol 8793925*], que vino a razonar que «los plazos de duración máxima de la instrucción fijados en el artículo 324 de la LECRIM, particularmente estrictos en su regulación anterior a la Ley 2/2020, de 27 de julio, se establecieron [...] también en lo referente al periodo habilitado para obtener fuentes de prueba con las que decidir si concurren los elementos que permitan construir un eventual juicio provisorio de responsabilidad que preste sustento a una pretensión acusatoria».

4.1 Doctrina general. Naturaleza de los plazos de investigación

Partamos, en primer lugar, de la idea de que la fijación de unos plazos máximos de instrucción no integra —ni es una expresión del mismo— el derecho fundamental a un proceso sin dilaciones indebidas consagrado en el art. 24.2 CE, por más que el establecimiento de dicho plazo buscando una instrucción lo más ágil posible puede facilitar el *cumplimento* de dicho derecho fundamental.

Dicho de otra forma, el derecho fundamental a un proceso sin dilaciones indebidas no integra un derecho a la tramitación de las causas penales en un plazo concreto, sino en un plazo razonable, razonabilidad que habrá de ser analizada en cada caso concreto, en tal modo que, aun superado el plazo máximo de instrucción, podría no haberse infringido el derecho fundamental y, al contrario, aun respetándose los plazos de instrucción y sus prórrogas podría haber una infracción de dicho derecho fundamental.

Así nos lo recuerda, acertadamente, la Circular 1/2021 de la FGE, de 8 de abril, sobre los plazos de la investigación judicial del artículo 324 de la Ley de Enjuiciamiento Criminal, que vino a señalar que: «La jurisprudencia emanada del Tribunal Constitucional y del Tribunal Europeo de Derechos Humanos diferencia entre proceso sin dilaciones y proceso sin dilaciones indebidas, así como entre proceso en plazo y proceso en plazo razonable. La fijación de un plazo máximo para la investigación judicial no contribuye necesariamente a determinar cuándo una dilación debe ser reputada indebida o un plazo calificado como irrazonable».

Expuesto lo anterior debe concluirse que los plazos establecidos en el art. 324 LECrim son plazos de naturaleza procesal y que no representan ni exteriorizan, ni concretan el derecho fundamental a un proceso sin dilaciones indebidas, más allá de convertir su adecuada aplicación en un mecanismo *propiciador* de que el procedimiento sea respetuoso con dicho derecho fundamental.

Por otro lado, y como destaca la Circular 1/2021 de la FGE «el cómputo del sistema de plazos de la investigación judicial se inicia y desarrolla al margen de la atribución de la condición de investigado/a, en tanto en cuanto nace desde el momento en que se incoa el procedimiento penal, aun cuando no existan elementos que permitan atribuir la comisión del hecho a persona alguna», por lo que difícilmente puede erigirse el sistema de plazos del art. 324 LECrim como una exteriorización del derecho a un proceso sin dilaciones indebidas —derecho a un proceso sin dilaciones indebidas que, conforme expresamente dispone el art. 3.2 de la LO 5/2024 del Derecho de Defensa, se incluye en el derecho de defensa—, cuando dicho cómputo se puede iniciar sin que exista un investigado, el cual es el titular del derecho a un proceso sin dilaciones indebidas, derecho que solo surge cuando se le coloca en la condición de sujeto pasivo de la acción penal.

Así la STS de 29/10/2020 [*Tol 8209585*], vino a razonar al respecto: «[...] el derecho se refiere al proceso sin dilaciones, no a un hipotético y exótico derecho del autor de un delito a un descubrimiento rápido tanto de la infracción penal como de su implicación en ella (STS 250/2014, de 14 de marzo). Desde la comisión del hecho hasta la incoación del proceso penal no hay afectación de derecho fundamental alguno. El cómputo comenzará cuando se adquiere la condición de imputado. Solo en ese momento se produce el padecimiento que supone estar sometido a un proceso (posibles medidas cautelares, obligación apud acta, zozobra derivada de la incertidumbre del seguimiento del proceso...) y que enlaza con la idea de pena natural, latente en la construcción dogmática de la atenuante de dilaciones indebidas».

Establecido que estamos antes plazos procesales, sin conexión directa a ningún derecho fundamental, cabe determinar si nos encontramos ante plazos propios —o legales— o impropios —o judiciales—, siendo su distinción que los primeros tienen efecto preclusivo y los segundos carecen de dicho efecto.

De ordinario los plazos propios están destinados a las partes, que deben acomodarse al plazo convenido, y de no cumplir con dicho plazo, precluye el ejercicio del acto procesal sometido a plazo —piénsese en el recurso interpuesto fuera de plazo—. Por el contrario, los plazos impropios o judiciales suelen estar destinados a jueces y magistrados y su incumplimiento no tiene efecto preclusivo (piénsese en el plazo para dictar sentencia, transcurrido el cual, el juez sigue necesariamente obligado a dictar sentencia, más allá de las responsabilidades disciplinarias en las que pudiera incurrir por dicho retraso). También puede anudarse dicha distinción cuando el plazo está concedido para el ejercicio de un derecho (por ejemplo, el derecho de defensa mediante la presentación del escrito de defensa en el plazo de 10 días al que hace referencia el art. 784.1 LECrim), siendo un plazo propio, y el ejercicio de una obligación (como pudiera ser el escrito de acusación por parte del Ministerio Fiscal obligado a ejercitar la acción penal de estar debidamente justificada la perpetración del delito y su autoría, todo ello desde el principio de legalidad, como se denota en la regulación establecida en el art. 781.3 LECrim).

Sin entrar en un exhaustivo análisis del debate doctrinal que suscita el tratamiento del plazo de instrucción, existiendo argumentos para calificar tanto como plazo propio o impropio —tal y como venía a reconocer el ATC 100/2017 [*Tol 6436789*], inadmitiendo la cuestión de inconstitucionalidad en relación con el artículo 324 LECrim—, podemos establecer el carácter de plazo impropio en cuanto que, trascurrido el plazo de instrucción establecido por la norma el procedimiento, no se archiva sin más, sino que el juez deberá en todo caso, aun fuera de plazo, dictar algunas de las resolución a las que hace referencia en el apartado cuarto de dicho precepto, sin que dicho transcurso del plazo determine ningún efecto preclusivo con respecto al dictado de alguna de dichas resoluciones, siendo cuestión distinta que dicho transcurso del plazo tenga como consecuencia procesal la imposibilidad de acordar nuevas diligencias de investigación so pena de que las mismas resulten "no válidas", consecuencias procesales cuya existencia ya se afirma en la Exposición de Motivos de la Ley 41/2015, al señalar que «se sustituye el exiguo e inoperante plazo de un mes del artículo 324 de la Ley de Enjuiciamiento Criminal por plazos máximos realistas cuyo transcurso sí provoca consecuencias procesales».

Así las cosas, sea como fuere, se hable de plazo propio o impropio, es ineludible que, trascurrido el plazo, el juez deberá dictar, en todo caso, algunas de las resoluciones a las que se refiere el art. 324.4 LECrim y que lo deberá hacer, como consecuencia procesal del transcurso del plazo, sin acordar nuevas diligencias de investigación.

Interesante resulta la STS de 27/05/2021 [*Tol 8473509*], que si bien vino a señalar de manera taxativa que «Los plazos del art. 324 LECRIM no son impropios, sino de obligado cumplimiento y solo prorrogables a instancia del Fiscal en su momento, y con la reforma de la LECRIM también de oficio por el juez, pero posterior a esta causa", razonaba que el transcurso del plazo no daba lugar "al archivo automático de las actuaciones fuera de los supuestos en que proceda el sobreseimiento libre o provisional de la causa [...]. El art. 324 LECRIM no crea una nueva causa de extinción de la responsabilidad penal. Su infracción solo delimita que se remite al art. 324.6 LECRIM que señala que Transcurrido el plazo máximo o sus prórrogas, el instructor dictará auto de conclusión del sumario o, en el procedimiento abreviado, la resolución que proceda conforme al artículo 779", lo que debe ser puesto en relación con lo que también se razona en dicha resolución, y esta es la consecuencia procesal (lejos de efecto preclusivo alguno que acompaña cuando se trata de un plazo procesal propio), esto es, "la decisión acerca de seguir o no adelante la instrucción se debió adoptar "con lo que había" cuando venció el plazo de seis meses, no "con lo que hubo después" vencido un plazo...». En similar sentido, la STS de 23/02/2024 [*Tol 9925182*], transcribiendo la STS 52/2022, de 21 de enero, vino a referir: «...el simple transcurso del plazo no produce el archivo de las actuaciones, en los términos utilizados por la norma originaria —vid. artículo 324.8 LECrim—, como una suerte de caducidad automática de la acción penal. Pero, precisamente por ello, y como prevenían los numerales 6 y 8 del artículo 324 LECrim, texto de 2015, y el hoy vigente artículo 324.4 LECrim, la terminación de la fase previa por expiración del plazo lo que impone al juez es la obligación de dictar la resolución que proceda al amparo del artículo 779 LECrim, a partir de la valoración del material instructor incorporado hasta ese momento a las actuaciones. Por lo que, de estimarse insuficiente para dotar de suficiente sostén indiciario a la imputación, procederá el sobreseimiento que ex artículo 641 LECrim corresponda "por no quedar debidamente justificada la perpetración del delito que haya dado motivo a la formación de la causa" o "[...] para a acusar a determinada o a determinadas personas como autores, cómplices o encubridores».

4.2 Plazo general de un año y las prórrogas

Actualmente, y con la lectura del art. 324 LECrim, conforme redacción dada por la Ley 2/2020, el plazo máximo para la instrucción queda fijado en doce meses, si bien, si con anterioridad a la finalización del plazo, se constatare que no será posible finalizar la investigación, el juez, de oficio o a instancia de parte, oídas las partes podrá acordar prórrogas sucesivas por periodos iguales o inferiores a seis meses, lo que deberá adoptarse mediante auto motivado que razone el porqué de no poder finalizar la investigación en el plazo o dentro de sus prórrogas, así como diligencias a practicar y su relevancia.

Así las cosas, para poder prorrogar la instrucción más allá del plazo general de doce meses, se exige:

* Audiencia previa a las partes, ya se pretenda acordar de oficio o a instancia de parte. Dicha audiencia lo será antes de finalizar el plazo de instrucción.
* Justificación de por qué no se ha podido finalizar la investigación dentro del plazo.
* Diligencias pendientes de acordar, las razones de por qué no se pueden acordar en el plazo, y la relevancia de dichas diligencias.
* Dictado de auto antes de finalización del plazo que se pretende prorrogar.

Sobre esta necesidad de acordar la prórroga antes de finalizar el plazo —no siendo suficiente que se haya solicitado con anterioridad o iniciado el trámite de audiencia si se pretende acordar de oficio, pues lo que exige el precepto es que se acuerde antes—, resulta interesante lo resuelto por AAN de 8/07/2024 [*Tol 10097292*]: «Asiste, por lo tanto, la razón a las apelantes cuando señalan que la prórroga que dispone el auto de 30 de julio de 2021 es extemporánea. El apartado 1 del art. 324 de la LECrim., después de fijar en doce meses, en su primer párrafo, el plazo máximo de investigación judicial, establece en su párrafo segundo, que con anterioridad a la finalización de ese plazo, el juez, de oficio o a instancia de parte, oídas las partes, podrá acordar prórrogas sucesivas por periodos iguales o inferiores a seis meses. Siendo en este caso el 29 de julio de 2020 el último del plazo máximo de doce meses, la prórroga se acordó el día 30 de julio de 2020, esto es, después de finalizar ese plazo y no antes, como requiere el mencionado párrafo segundo del art. 324.1. [...] No discutiéndose la aplicación a la presente instrucción de los plazos establecidos en la redacción dada al art. 324 de la LECrim, por la Ley 2/2020, que es la actualmente vigente, ni que el plazo máximo ordinario previsto en el apartado 1 de ese art. 324 finalizaba en este caso el 29 de julio de 2021, y siendo indiscutible que la prórroga acordada en el auto de 30 de julio de 2021 es extemporánea,...».

Mas recientemente la STS de 3/04/2025 [*Tol 10491686*] nos ha recordado que «la decisión de ampliar los plazos de investigación debe adoptarse antes de agotarse el plazo en vigor y hemos confirmado la invalidez de aquellas diligencias de investigación que se hubieran abordado en periodos de instrucción tardíamente prorrogados, tal y como actualmente se recoge en el artículo 324.3 de la LECRIM al indicar que "si antes de la finalización del plazo o de alguna de sus prórrogas, el instructor no hubiere dictado la resolución a la que hace referencia el apartado 1, o bien esta fuera revocada por vía de recurso, no serán válidas las diligencias acordadas a partir de dicha fecha"».

902 Cabe aclarar que, no obstante, dictado el auto antes de finalización del plazo, el inicio del cómputo del plazo de la prorroga, no lo es desde el dictado de dicha prórroga, sino desde la finalización del plazo inicial, es decir, acordada la prórroga, su cómputo se iniciará desde la fecha de expiración del plazo de instrucción que se prorroga; así lo expone la referida STS de 3/04/2025 [*Tol 10491686*], señalando que: «la prórroga en plazo, esto es, la que se adopta constante el periodo de investigación, no comporta un achatamiento o aplastamiento del término inicialmente dispuesto.[...]. Dicho de otro modo, el cómputo de la prórroga no se realiza desde la fecha en la que se dictó el Auto en el que se concedió, sino a partir del agotamiento del término inicialmente establecido, que se decidió ampliar».

4.2.1 Determinación del dies a quo

Tomemos como punto de partida la literalidad del art. 324.1 LECrim para determinar el acto que da inicio al cómputo de plazo; así el precepto dispone que «La investigación judicial se desarrollará en un plazo máximo de doce meses desde la incoación de la causa».

De dicho análisis no cabe dudas de que el cómputo del plazo lo es desde el inicio de la *investigación judicial* y no otro «sustituyendo la expresión dada en la anterior redacción que se refería a las "*diligencias de instrucción*", quedando fuera del mismo las investigaciones preprocesales tanto del Ministerio Fiscal, como de la Policía Judicial»; es decir, el 324 LECrim solo es de aplicación para las diligencias de investigación *judicializadas*.

Así lo ha entendido la Circular 1/2021 de la FGE, que ha venido a señalar que «Puede afirmarse, por tanto, que el inicio del plazo tendrá lugar desde el momento de la incoación del procedimiento judicial, quedando excluidas del cómputo cualesquiera diligencias que la Policía Judicial o el Ministerio Fiscal hubiesen desarrollado con anterioridad a aquel momento».

A) Acumulación de procedimientos

Concretado lo anterior, cabe preguntarse ¿cómo se computa cuando se van acumulando sucesivos procedimientos al inicialmente incoado? Pues bien, la acumulación de sucesivas diligencias previas —o sumarios, si se trata de autos en fase de investigación de procedimiento ordinario o común— sobre los mismos hechos, no parece que modifique el cómputo inicial del plazo con la incoación del procedimiento inicial; cuestión distinta sería que las posteriores acumulaciones los sean por hechos distintos, que son acumulados por razón de conexidad material a la que se refiere el art. 17.2 LECrim, o por razón de posible continuidad delictiva al amparo del art. 74 CP, o por la vía del concurso ideal o medial del art. 77 CP, o nuevos hechos en delitos que se integran, por su configuración, en una unidad típica de acción —que, a diferencia de la unidad jurídica de acción que configura el delito continuado, engarza o ensambla varios actos en un único tipo penal; por ejemplo, el delito de tráfico de drogas o contra la salud pública—; en todos estos casos se amplían los hechos objeto de investigación, en íntima conexión material unos con otros —bien por tratarse de delitos conexos, bien por ser un delito continuado, bien por concurrir concurso medial o ideal, bien por tratarse de delitos de estructura conductual claramente fraccionada que configura lo que se define como una unidad típica de acción—, teniendo que, en estos caso para establecer el cómputo de la investigación judicial, debe tomarse la fecha de la incoación del último de los procedimiento acumulados.

Ilustrativa resulta la ya referida STS de 23/02/2024 [*Tol 9925182*], que expone: «Pero es que, además, a la inicial denuncia del perjudicado siguieron otras que sucesivamente se fueron acumulando a aquella, no siendo cierto, como se afirma en el recurso, que en todas ellas se denunciara lo mismo, pues en cada una de ellas se iban poniendo en conocimiento del juzgado nuevas situaciones de exceso de ruidos, lo que hizo que el objeto de la Investigación se fuera ampliando, debiendo computarse el plazo de instrucción desde que se formuló la última de dichas denuncias».

Alguna duda puede suscitar la acumulación meramente procesal que encontramos en el art. 17.3 LECrim, donde no parece que hechos sin conexión material o sustantiva —y más allá de un mejor esclarecimiento de los hechos a través la investigación de todos ellos conjuntamente, incluso para una mejor aplicación de los límites penológicos del art. 76 CP— puedan con cada acumulación de un nuevo hecho materialmente desconectado ampliar la investigación del hecho objeto de investigación judicial con la *primera incoación*.

A esta conclusión puede llegarse partiendo de la interpretación de la aplicación del instituto de la prescripción donde finalmente se investigan varios hechos delictivos, distinguiendo entre conexidad sustantiva y la meramente procesal, siendo la primera donde el plazo de prescripción se aplica con relación al más grave de los delitos, y en el caso de la segunda, tratándose de una conexidad meramente procesal, donde los plazos de prescripción operan autónomamente para cada uno de los hechos delictivos.

Ilustrativa resulta, al respecto, la STS de 11/10/2018 [*Tol 6955630*] que vino a exponer «El Acuerdo [se refiere al Acuerdo No Jurisdiccional de la Sala de lo Penal del Tribunal Supremo de 26 de octubre de 2010] en concreto dice lo siguiente: «Para la aplicación del instituto de la prescripción, [...] "En los delitos conexos o en el concurso de infracciones, se tomará en consideración el delito más grave declarado cometido por el Tribunal sentenciador para fijar el plazo de prescripción del conjunto punitivo enjuiciado." [...]. Así se recordaba en la STS 1100/2011, con cita de la 912/2010, que "... que no cabe operar la prescripción, en supuestos en los que se condena por varios delitos conexos, ya que hay que considerarlo como una unidad, al tratarse de un proyecto único en varias direcciones y, por consiguiente, no puede aplicarse la prescripción por separado cuando hay conexión natural entre ellos, y mientras el delito más grave no prescriba tampoco puede prescribir el delito con el que está conectado, no cupiendo apreciar la prescripción autónoma de las infracciones enjuiciadas...». [...] En la sentencia 1006/2013 se recuerda que en los supuestos de enjuiciamiento de un comportamiento delictivo complejo que constituye una unidad delictiva íntimamente cohesionada de modo material, como sucede en aquellos supuestos de delitos instrumentales en que uno de los delitos constituye un instrumento para la consumación o la ocultación de otro, se plantea el problema de la prescripción separada, que puede conducir al resultado absurdo del enjuiciamiento aislado de una parcela de la realidad delictiva prescindiendo de aquella que se estimase previamente prescrita y que resulta imprescindible para la comprensión, enjuiciamiento y sanción de un comportamiento delictivo unitario. [...]. La jurisprudencia de esta Sala que operaba con la conexidad sustantiva y no meramente procesal para fijar la prescripción conjunta de los delitos que concurrían en concurso, solía y suele referirse a los concursos mediales (en la práctica generalmente falsedades instrumentales con respecto a delitos patrimoniales). Y, además, se parte de que el concurso medial se le imputa a un mismo acusado, de modo que si a un acusado sólo se le atribuye uno de los delitos del concurso se le computa el tiempo de prescripción con respecto al delito que se le atribuye y no al correspondiente al concurso. [...]. Sin embargo, la conexidad procesal no ha sido considerada por la jurisprudencia de esta Sala, en general, como suficiente para hablar de una unidad de acción, máxime cuando se trata de dos delitos atribuidos a diferentes imputados. Y en cuanto al alcance que deba dársele a la nueva norma del último apartado del art. 131, lo cierto es que no estaba vigente cuando se cometieron los hechos ahora enjuiciados».

Piénsese, por ejemplo, en la existencia de varios delitos de robo con violencia contra distintas víctimas, cometidos en semanas y lugares distintos por uno o unos mismos autores, incoándose un primer procedimiento por uno de los hechos y terminado por acumular, al amparo del art. 17.3 LECrim, los sucesivos procedimientos abiertos por cada uno de los hechos constitutivos, autónomamente contemplados, por un delito de robo con violencia, descartada la continuidad delictiva, el concurso ideal o medial o la conexidad sustantiva;

pues bien, el primero de los hechos objeto de investigación no alcanza una suerte de nuevo plazo para investigar el mismo por el hecho de que, al amparo del art. 17.3 LECrim, se haya acumulado procedimiento en el que se investigan otros de los delitos de robo con violencia que se intuían al o a los investigados.

No obstante, esta tesis no parece acogerse por el Tribunal Supremo, manteniendo el criterio de que, ante acumulación de procedimientos, habrá de estarse al cómputo del plazo a contar desde la incoación del último acumulado, tal y como podemos concluir de la lectura de la ya renombrada STS de 23/02/2024 [*Tol 9925182*].

No obstante, la reciente STS de 3/04/2025 [*Tol 10491686*] sí parece reconocer que en el mismo proceso pueden existir varios plazos máximos de instrucción, uno con relación al primer hecho investigado y, otro u otros, con relación a posteriores hechos fruto de ampliación de la investigación; así, esta sentencia señala: «En los casos en los que este procedimiento global resulte de la acumulación de diversas causas llevadas separadamente, es evidente que la investigación de ninguno de los hechos delictivos puede contar con menos tiempo del que se le asignó inicialmente, esto es, del que hubiera contado de haberse seguido la tramitación independiente. Y, de igual modo, no resulta asumible que si se incorporan nuevos hechos presuntamente típicos desvelados durante una investigación en marcha, para la indagación del nuevo objeto incorporado, la causa no se pueda contar con el mínimo plazo previsto por el legislador para esclarecerlos. [...] Así lo expresamos en nuestra STS 872/2023, de 23 de noviembre, [...]. Decíamos en aquella resolución: "[...] Consecuentemente, pese a que se abordó la investigación simultánea de todos los hechos denunciados, podría haberse presentado cualquiera de las querellas en otro Juzgado de instrucción y haber dado lugar a la incoación de un procedimiento distinto. En tal coyuntura, cada uno de ellos hubiera contado con un plazo de investigación íntegro y, antes de su enjuiciamiento, podrían haber sido acumulados conforme a las reglas de conexidad y en aras al enjuiciamiento de un solo delito continuado de apropiación indebida y de deslealtad profesional"».

B) Apertura de piezas separadas incoando un nuevo procedimiento

Otra cuestión controvertida es el caso de apertura de piezas separadas para investigar determinados hechos que se desglosan en un nuevo procedimiento autónomo. Sin duda, de encontrarnos con el hallazgo de un hecho nuevo no investigado expresamente en la inicial investigación, desconectado con el mismo, el plazo para su investigación deberá computarse desde la incoación del nuevo procedimiento; mayor dificultad plantea que dicho investigado ya lo estuviera siendo en el procedimiento origen y que, por razones de una adecuada y eficaz investigación, se decida abrir una pieza separada; en este caso resulta más discutible que el *contador* del cómputo del plazo se ponga a cero con la nueva incoación.

Interesante resulta la STS de 20/01/2022 [*Tol 8779361*], que razonaba: «Por lo tanto, la clave, a los efectos de precisar el *dies a quo*, es determinar qué fecha es la que ha de considerarse como de incoación de la causa, o si se prefiere, por ceñirnos a la literalidad del art. 324

vigente en la época de los hechos, "la fecha de la incoación del sumario o de las diligencias previas", si aquélla de 13 de junio de 2017, como mantiene el recurrente, o ésta de 4 de abril de 2018, cuando se incoan las nuevas diligencias previas en pieza separada abierta ad hoc, para lo cual podemos comenzar recordando que la formación de pieza separada, con cobertura en lo dispuesto en el art. 762.6ª LECrim, no deja de ser una causa penal propia, susceptible de un tratamiento procesal autónomo, que tiene opción de abrir el juez de instrucción para la práctica de diligencias respecto de distintos encausados, cuando existan elementos para enjuiciarlos con independencia de otros, a los efectos de simplificar y activar el procedimiento principal, proporcionando un mejor control de las actuaciones y no entorpeciendo el curso de la principal, lo que no obsta para que, en función del curso y resultado de las mismas, se puedan luego reincorporar a la causa principal, como así acordó el instructor mediante auto de acumulación, de 27 de julio de 2018 (folio 3348, tomo VIII). [...]; por ello, como hemos visto, es problemática que se planteó ante el TC, y en la que el MF, en línea con la Circular, entendía que el momento inicial del cómputo no debía ser el de incoación de las iniciales Diligencias Previas, sino el de incoación de las que se desglosaron de ellas, [...]. La anterior línea argumental guarda coherencia con los principios que rigen en el proceso penal, en el que sabido es que, como resulta de artículos, como el 299 LECrim., sin hecho y/o sin autor no pude haber proceso penal, de manera que, abierta una causa penal habrá de serlo para la investigación de un hecho aparentemente delictivo, que apunte a la presumible participación en el mismo de un determinado sujeto, que es lo sucedido en el caso que nos ocupa, en el que hasta la ampliación del atestado policial no se tiene constancia de la implicación en los hechos ni de éste ni del otro recurrente, por lo que, en nada, se veían afectados por instrucción judicial alguna. [...]. Dicho cuanto antecede, nos lleva a descartar la tesis del recurrente, porque la realidad es que, de las iniciales Diligencias Previas 204/2017, se desglosaron las 63/2018, para sustanciar en éstas una investigación a parte sobre distintos encausados, lo que en nada les resta de autonomía propia, y el hecho de que materialmente acabasen cosidas en una misma causa, como cuestión formal, no puede primar sobre aquella realidad, más cuando el curso de la investigación aconsejaba que se reagruparan debido a la conexidad existente entre lo investigado en ambas causas, a los efectos de ser enjuiciado todo ello en un mismo juicio; y la circunstancia de que, por razones de eficacia, determinara en un anterior momento la formación de pieza separada para la investigación de los dos recurrentes, nada impedía que, a la vista del éxito de lo investigado en cada uno de los procedimientos, se reagruparan para ese enjuiciamiento conjunto de cuantos individuos habían tenido participación en unos mismos hechos, como hemos visto que se acordó mediante auto de acumulación de 27 de julio de 2018. En resumen, coincidimos con el MF, cuando mantiene que fueron diligencias distintas, a las iniciales, en las que se investiga a los recurrentes"».

C) El cómputo del plazo con ocasión de la inhibición de la causa

Finalmente, debemos hacer alusión a las incoaciones de procedimientos que se reciben en virtud de auto de inhibición previo de la causa por otro órgano. Pues bien, en este caso, no parece discutible que el inicio del cómputo del plazo de instrucción se inició con la incoación inicial por la que se acuerda la inhibición, corriendo el contador, que no cesa, con planteamientos de cuestiones de competencia entre, por ejemplo, el órgano que acuerda la inhibición y quien decide rechazarla. No se modifica, ni se muta, ni se amplía, el hecho objeto de investigación, siendo que se inicia con la incoación del proceso inhibido, más allá de aceptar o no la competencia el órgano receptor del procedimiento, sin suspender —no existe previsión legal sobre ello— el cómputo del plazo el planteamiento de cuestión de competencia, planteamiento que en nada impide, al contrario, a ambos órganos en conflicto practicar diligencias de investigación, tal y como impone los art. 22 y 25, ambos de la LECrim —en sintonía con lo dispuesto en el art. 759 del mismo texto legal—, preceptos, estos, que deben ser interpretados a la luz del art. 324 LECrim, pudiendo, cualquiera de dichos órganos, acordar la prórroga de la instrucción, que tendrá pleno efecto, incluso aunque la competencia para el conocimiento de la causa le sea atribuida al órgano que no acordó dicha prórroga.

Ahora bien, procede hacer una puntualización final con relación al inicio del cómputo con primer auto de incoación y posterior inhibición, puntualización que gira sobre la idea de que no toda incoación de unas diligencias previas o sumario pueden ser el inicio del plazo, sino que debe tratase de una incoación de una efectiva investigación judicial; así, es habitual, dando cumplimiento a normas de reparto, y con dudoso rigor procesal, que los órganos judiciales dicten autos de incoación de diligencias penales tras recibir una denuncia o un atestado y lo hagan a los meros efectos de dar cumplimiento a las normas de reparto que rigen dentro del partido judicial y que determinan a qué concreto órgano que integra dicho partido debe remitirse el referido atestado o denuncia; esta incoación no puede ser tomada como fecha de inicio del cómputo, teniendo en cuenta, incluso, que dicho reparto podría ser llevado a cabo por el letrado de la Administración de Justicia, al amparo de los art. 68 y siguientes de la LEC —de aplicación supletoria en virtud del art. 4 del mismo texto legal—.

Al respecto resulta nuevamente ilustrativa la referida STS de 23/02/2024 [*Tol 9925182*], que vino a recordar: «Por un lado, el cómputo del plazo no se puede realizar partiendo de los autos en los que se acordó la remisión a reparto de la denuncia presentada por el perjudicado, y del atestado instruido por la Guardia Civil, pues si bien formalmente se decía en ellos que se incoaban Diligencias Previas, en realidad, desde el punto de vista material, no era ese su cometido, sino exclusivamente dar cumplimiento a las normas de reparto aprobadas en Junta de Jueces. De hecho, para acordar la remisión de una denuncia al Juzgado que sea competente no es necesario la incoación de Diligencias Previas, pues bastaría con que se abrieran unas diligencias indeterminadas o que el Letrado de la Administración de Justicia dictase un decreto, al tratarse más bien de una decisión de carácter gubernativo. [...]. Ciertamente, resulta razonable no establecer como dies a quo a los efectos del cómputo de los plazos establecidos en el art. 324 LECrim, las incoaciones formales de diligencias previas, que no corresponden materialmente a ese contenido, sino que se utiliza ese vehículo formal, sin función ni finalidad investigadora, a los meros fines de remisión a reparto, actividad de naturaleza gubernativa, no jurisdiccional; del mismo modo que, en sentido inverso, no puede utilizarse de forma artificiosa una resolución de sobreseimiento para evitar que siga computando el transcurso del pazo establecido en el art. 324 (cfr. STS 836/2021, de 3 de noviembre)».

D) La transformación del procedimiento

Aclaremos, en primer término, que de la lectura del art. 324.4 LECrim, el plazo de investigación judicial que regula dicho precepto solo está destinado al procedimiento abreviado y al procedimiento ordinario. Planteamiento que excluye, entendemos que con razonable justificación, la aplicación del referido precepto, a los juicios rápidos y al procedimiento ante el Tribunal del Jurado.

En uno y otro caso parece justificado; así, en el procedimiento por juicio rápido, su propia regulación excluye el establecimiento de plazo general alguno, debiendo estarse a lo dispuesto en el art. 799 LECrim. En el caso del procedimiento ante el Tribunal del Jurado, su singular tramitación justifica su exclusión del art. 324, al tratarse de un procedimiento en el que la duración de la fase de investigación ya se encuentra limitada por su propia regulación.

Aclarado lo anterior, y partiendo de lo razonado, podemos establecer que si bien la transformación de diligencias previas a sumario, o viceversa, no afectaría al cómputo del plazo, debiendo estarse a la primera de las incoaciones, no ocurriría así con la trasformación del procedimiento ante el Tribunal de Jurado o de las diligencias urgentes o, incluso de delito leve, a diligencias previas o sumario, siendo que el cómputo del plazo deberá serlo desde que se incoó bien el sumario, bien las diligencias previas.

Así lo entendió la Fiscalía General del Estado que en la Circular 5/2015, y en relación a la primera redacción del precepto vino a indicar que «También plantea problemas la fijación del *dies a quo* en aquellos casos en los que inicialmente se incoan unas diligencias previas que luego son transformadas en sumario o a la inversa. En este caso la literalidad del artículo, que contiene la conjunción disyuntiva, obliga a computar el plazo desde el primer auto de incoación, sea de diligencias previas o de sumario, sin que la transformación genere un nuevo plazo (...) En el caso (...) que el procedimiento ante el Tribunal del Jurado se transformase en diligencias previas, el auto de incoación de las mismas marcará el inicio del cómputo de los plazos del art. 324 LECrim».
Por su lado, la Circular 1/2021, de 8 de abril, insiste en que en caso de conversión de un procedimiento ante el Tribunal del Jurado en procedimiento ordinario o de diligencias previas, el dies a quo deberá computarse desde la fecha de incoación de estos últimos.

4.2.2 *Interrupción*

En la redacción dada en el art. 324 LECrim con anterioridad a la establecida por la Ley 2/2020, de 27 de julio, por la que se modifica el artículo 324 de la Ley de Enjuiciamiento Criminal, se decía expresamente en su apartado tercero que «Los plazos previstos en este artículo quedarán interrumpidos: a) en caso de acordarse el secreto de las actuaciones, durante la duración del mismo, o b) en caso de acordarse el sobreseimiento provisional de la causa».

La falta de dicha previsión nos deja, como punto de partida, sin causas de interrupción del plazo de instrucción.

No cabe duda que, con relación al secreto de las actuaciones, y al no existir previsión legal, dicha declaración de secreto no interrumpe los plazos de instrucción, debiendo acordarse las oportunas prórrogas, en su caso, durante la instrucción, cuyo cómputo sigue corriendo aunque la causa esté declarada secreta. Esta conclusión debe, no obstante, ser respetuosa con la previsión del art. 302 LECrim, en cuanto a que «El secreto del sumario deberá alzarse necesariamente con al menos diez días de antelación a la conclusión del sumario», en tal modo que no podrá agotarse el plazo de investigación judicial, manteniendo durante el mismo la causa secreta.

En cuanto al sobreseimiento provisional de las actuaciones como causa de interrupción del cómputo del plazo de la investigación judicial, y aun suprimido como tal en el art. 324 LECrim, se sigue entendiendo así por la doctrina, siempre que dicho sobreseimiento lo sea por las razones legalmente establecidas, entendiendo que estando sobreseído el procedimiento, no nos encontramos ante una "investigación judicial", que no se está llevando a cabo por razón del sobreseimiento de la misma.

En este sentido la Circular 1/2021 de la Fiscalía General del Estado viene a razonar: «A la vista de que el actual artículo 324 LECrim no regula supuesto alguno de interrupción, debe concluirse que la suspensión del cómputo de los plazos de la investigación judicial únicamente tendrá lugar mientras el procedimiento se encuentre en estado de sobreseimiento provisional, pues en tal caso no existe investigación alguna en marcha ni, por lo tanto, procedimiento en fase de instrucción cuyos plazos puedan ser computados».

Cuestión distinta es pretender el sobreseimiento por motivos no contemplados en el art. 641 de la LECrim, sino con la finalidad de evitar la expiración del plazo de instrucción previsto en el art. 324 de la LECrim; por ejemplo, el sobreseimiento de la causa hasta que se reciba determinada diligencia acordada previamente, pues dicho sobreseimiento no supone más que un artificio cuyo único fin es suspender el cómputo del plazo de instrucción.

Ilustrativa al respecto resulta la STS de 3/11/2021 [*Tol 8643164*], que vino a razonar: «En efecto, tal como revelan las acusaciones, se dictó un auto ordenando el sobreseimiento provisional de la causa en fecha 30 de mayo de 2016, pero analizado su contenido se aprecia con toda claridad su absoluta falta de fundamento procesal para justificar una decisión de crisis como la ordenada. [...] Como anticipábamos, el auto de 30 de mayo de 2016 no solo no contiene ninguna justificación de las razones por las que ordena el sobreseimiento, sino que, además, se presenta irreductiblemente contradictorio con otras decisiones también adoptadas en la misma resolución por las que se ordena la práctica de determinadas investigaciones de comprobación de la previa y precisa imputación dirigida contra la hoy recurrente, de la mano de la denuncia formulada por la Sra. Serafina. Imputación que, no lo olvidemos, había justificado la propia incoación del procedimiento de diligencias previas. Debe recordarse que el sobreseimiento por falta de autor conocido solo puede ordenarse si, después de desarrollada una razonable y proporcional actividad de investigación, los protoindicios o sospechas sobre los que se asentaba la primigenia imputación formulada no se han visto mínimamente fortalecidos por datos o elementos confirmatorios, debilitando, por ello, la necesaria base de probabilidad prevalente que justifica el mantenimiento de la imputación en el proceso penal. En modo alguno puede decidirse el sobreseimiento y, al tiempo, ordenar que se sigan investigando los hechos y las personas que ya en ese momento aparecen, con toda claridad, como imputadas». En el mismo sentido la STS de 3/04/2025 [*Tol 10491686*].

4.3 Consecuencias de la superación del plazo

El agotamiento del plazo conduce el proceso penal a la fase intermedia, o si se prefiere, a decidir si se abre la fase intermedia o de acusación o se sobresee la causa, todo ello sin posibilidad de práctica de nuevas diligencias de investigación, que podríamos calificar de *diligencias extemporáneas*.

Antes de continuar debemos distinguir entre diligencias extemporáneas —las acordadas una vez agotado el plazo de instrucción o sus prórrogas—, de las que podemos denominar "diligencias rezagadas", esto es, las acordadas dentro del plazo de instrucción, pero recibidas o practicadas agotado el plazo —piénsese en la declaración de un testigo que se acuerda su práctica dentro del plazo, pero es oído finalmente fuera de dicho plazo—.

Pues bien, estas "diligencias rezagadas" son plenamente válidas, como así lo establece el art. 324.2 LECrim cuando dispone que «Las diligencias de investigación acordadas con anterioridad al transcurso del plazo o de sus prórrogas serán válidas, aunque se reciban tras la expiración del mismo», aclarando que debe entenderse la expresión "aunque se reciban" también en el sentido de "aunque se practiquen" —piénsese, nuevamente, en la declaración del testigo o del propio investigado, acordada en plazo pero practicada fuera de él—.

Concretado lo anterior, debemos preguntarnos ¿qué ocurre con las diligencias acordadas fuera del plazo de instrucción o de sus prórrogas? Pues bien, la respuesta que nos ofrece el art. 324.3 LECrim es que «no serán válidas», falta de validez que lo será a los efectos de valorar el resultado de la instrucción; no se trata de diligencias nulas, sino de diligencias "inválidas" para resolver sobre, si del procedimiento abreviado se trata, la debida justificación del delito y su autoría —y, por tanto, la procedencia de abrir la fase intermedia del proceso dictando auto del art. 779.1.4ª LECrim— o decidir sobre la apertura de juicio oral, al amparo del art. 632 LECrim, si del procedimiento ordinario se trata, y tras el dictado del auto de conclusión de sumario.

Insistimos, para dicha decisión no se podrán tener en cuenta, por no ser válidas a dicho fin, las diligencias acordadas finalizado el plazo de instrucción, en tal modo que, con independencia del resultado de dichas diligencias —aun cuando pudieran justificar el delito y su autoría—, las únicas diligencias a tener en cuenta para llegar a la conclusión de la debida justificación del delito y su autoría son las acordadas en plazo.

Cuestión distinta es si con las diligencias acordadas en plazo, se entendiera debidamente justificado el delito y su autoría, y se llega a la fase de enjuiciamiento; en este caso sí se pueden tener en cuenta las diligencias acordadas fuera de plazo, introduciéndolas en el acto del juicio como acervo probatorio en el modo y forma que permite la norma procesal penal introducir diligencias de investigación practicadas en fase de instrucción. Dicho de otro modo, las diligencias practicadas fuera de plazo no pueden ser tenidas en cuenta para decidir sobre la pertinencia de conducir el procedimiento a la fase de juicio oral, pero llegada dicha fase, las diligencias de investigación —tanto las acordadas en plazo, como las acordadas fuera de él— tendrán idéntico tratamiento para, en su caso, y de cumplirse las exigencias procesales, introducirlas en el acto de juicio como material probatorio.

A modo de ejemplo, y como señalaba la STS de 19/01/2023 [*Tol 9379352*], sería posible valorar en el acto del juicio la diligencia de reconocimiento en rueda acordada fuera de plazo, aunque dicha diligencia no se tuviera en cuenta para determinar la debida justificación del delito y su autoría, y que fuera, a partir de otras diligencias de investigación, lo que permitió conducir el procedimiento hasta el acto del juicio, momento en el que, ahí sí, sí se puede valorar el referido reconocimiento en rueda.

Esta es la línea interpretativa que nos ofrece nuestro Tribunal Supremo. Así, la STS de 3/11/2021 [*Tol 8643164*] vino a señalar: «Consecuencias generales de la práctica intempestiva de diligencias instructoras 11. Como apuntábamos, la temporalidad constituye, por un lado, una condición de validez de la actuación indagatoria y, por otro, una regla de prohibición de adquisición de información sumarial. Regla de cuyo incumplimiento se deriva, como lógica consecuencia, la prohibición de utilización para los fines pretendidos con su irregular adquisición. De tal modo, la inutilizabilidad se proyecta, en términos de medio a fin, y en principio, en la toma de alguna de las decisiones de clausura de la fase previa previstas en los artículos 779 y 622 —este segundo relacionado con el artículo 384—, todos ellos, LECrim. Muy en particular, el Juez de Instrucción no podrá tomar en cuenta los datos irregularmente incorporados al proceso para fundar la decisión inculpatoria. [...] 12. Ahora bien, en el caso de que se decida la prosecución del proceso por disponerse de otros datos indiciarios utilizables, resulta imprescindible destacar que la infracción del principio de adquisición por transcurso del término esencial no es un supuesto de ilicitud constitucional por vulneración de derechos fundamentales sustantivos. Por lo que no procede anudarle el efecto de inutilizabilidad absoluta tanto objetiva —con relación a cualquier decisión a adoptar en el proceso— como subjetiva —respecto a cualquier persona concernida por la violación de derechos— de la información así obtenida, previsto en el artículo 11 LOPJ. Lejos de este escenario de nulidad absoluta por ilicitud constitucional, la intempestividad convierte a la diligencia, como genuina fuente de prueba, en irregular, debiéndose entender como tal la obtenida, propuesta o practicada con infracción de la normativa procesal que regula el procedimiento probatorio, pero sin afectación nuclear de derechos fundamentales —vid. SSTS 1328/2009, de 30 de diciembre, 115/2015, de 5 de marzo—. La consecuencia más destacada es que la prohibición de utilización se convierte en relativa, circunscrita, por tanto, al momento y a los efectos fijados por la norma y sin efectos reflejos. La intempestividad de las diligencias no contamina de ilicitud constitucional a las informaciones sumariales reportadas irregularmente al proceso. Reiteramos: el vicio tempo-procesal de producción no reclama en este caso que dicha información quede definitivamente excluida de todo aprovechamiento posible, como acontece con la prueba constitucionalmente ilícita cuya exclusión resulta una exigencia para la protección de la integridad del proceso —vid. STC 97/2019—. 13. El incumplimiento de la regla de prohibición de adquisición de información sumarial más allá del término establecido en la ley, además de neutralizar su aprovechamiento para fundar la inculpación, afectará al potencial valor probatorio anticipado o preconstituido de la diligencia intempestiva. Pero no impide, insistimos, que su contenido informativo, en el caso de que se considere que hay razones indiciarias suficientes, obtenidas de diligencias regularmente practicadas, para proseguir el proceso inculpatorio, pueda ser introducido en el acto del juicio como dato probatorio de la mano de otros medios de prueba propuestos por las partes [...]».

En similar estudio señala la STS de 22/06/2022 [*Tol 9111698*]: «La cuestión ha sido abordada por esta Sala en una jurisprudencia que ha ido interpretando el referido artículo, en el que, si bien es cierto que se declara que no son válidas las diligencias acordadas a partir del plazo de instrucción, lo son a los efectos de la instrucción, lo que no significa que, porque no sean válidas a tales efectos, sean inexistentes, y pueda hacerse uso de ellas».

Más recientemente, la STS de 21/02/2024 [*Tol 9902819*], señaló: «La condición normativa de adquisición en tiempo de las fuentes de prueba fijada en el artículo 324 de la LECRIM, supone una preclusión procesal cuya desatención no determina la nulidad de la prueba, sino la irregularidad en la obtención para la investigación y, con ello, su invalidez a los efectos del artículo 779 de la LECRIM. Una privación de validez que no impide que se pueda acordar proseguir el procedimiento hacia la fase intermedia, e incluso abrirse el juicio oral, cuando la información sumarial correctamente recogida en la causa preste suficiente apoyo a las pretensiones acusatorias. Y esta invalidez no supone tampoco inconveniente para que las fuentes de prueba indebidamente incorporadas a la investigación puedan ser aportadas al juicio oral, siempre que su apertura se sostuviera adecuadamente con otro material con la suficiente fuerza incriminatoria». (Cfr. también SSTS de 18/07/2024 [*Tol 10124349*] y de 3/04/2025 [*Tol 10491686*]).

4.3.1 A vueltas con la declaración del investigado

Tomemos como punto de partida la consideración de que integrada dentro del derecho a un proceso justo y equitativo está la exigencia de *prohibición* de tramitación de un procedimiento penal, también su fase de investigación, a espaldas del sometido al mismo, lo que se cristaliza en la exigencia de no poder cerrar la instrucción o investigación de la causa y abrir la fase de acusación o fase intermedia del proceso sin haber dado la oportunidad al investigado de intervenir *personalmente* en ella, con su declaración, en evitación de acusaciones sorpresivas tras una investigación en la que no haya podido intervenir.

La exigencia de puesta en conocimiento de la existencia de una investigación penal surge desde el mismo momento de su apertura, incluso aunque hablemos de actuaciones preprocesales; así expresamente dispone el art. 771.2ª LECrim que la policía judicial «Informará en la forma más comprensible al investigado no detenido de cuáles son los hechos que se le atribuyen y de los derechos que le asisten. En particular, le instruirá de los derechos reconocidos en los apartados a), b), c) y e) del artículo 520.2».

Ya en el ámbito de la investigación judicial, el art. 118.5 LECrim resulta definitivo al respecto, cuando expone que "La admisión de denuncia o querella, y cualquier actuación procesal de la que resulte la imputación de un delito contra persona o personas determinadas, serán puestas inmediatamente en conocimiento de los presuntamente responsables».

Esta regulación, su alcance e interpretación, se cierra con lo que establece, si nos ceñimos al procedimiento abreviado, el art. 779.1.4, puesto en relación con el art. 775, ambos de la LECrim, de cuya regulación tenemos que no es posible abrir la fase de acusación y dar por concluida la instrucción penal sin haber practicado la toma de declaración del investigado, esto es, sin que haya tenido la oportunidad de ser oído en dicha fase de investigación.

En resumen, tenemos que la puesta en conocimiento de la investigación judicial debe ser inmediata, sin que pueda cerrarse la fase de investigación judicial sin haber sido oído como investigado el sujeto pasivo de la acción penal. Estas exigencias tienen su razón en permitir el efectivo ejercicio del derecho fundamental de defensa, tanto en su vertiente de defensa técnica —conocida la existencia de un procedimiento penal desde el primer momento, el investigado podrá designar un abogado que participe de las diligencias de investigación que se acuerden, además de poder instar las que tenga por oportuno—, como en su vertiente de autodefensa, teniendo el investigado la posibilidad de ser oído y ofrecer, si a su derecho conviniere, su versión de los hechos.

Aquí es donde podemos establecer que la declaración del investigado participa de una naturaleza mixta, pues sin dejar de ser una diligencia de investigación, también es una expresión del derecho fundamental de defensa, en este caso, en su vertiente de derecho de autodefensa.

Al respecto resulta ilustrativo el ATC 5/2019 [*Tol 7065590*], que, con ocasión de una cuestión de inconstitucionalidad, precisamente planteada con relación al art. 324 LECrim y la declaración del investigado fuera de plazo, razonaba: «La duda de constitucionalidad verdaderamente determinante es, por tanto, la que generan los efectos de la superación del plazo máximo de instrucción que el Auto de planteamiento extrae de los apartados 6 y 7 del artículo 324, segunda duda del órgano promotor identificada con la letra b) en el fundamento jurídico 2. Pero esta duda parte de considerar la declaración del investigado como una diligencia de investigación [...]. No es esta, sin embargo, la naturaleza, o la única naturaleza de la declaración del investigado que resulta de la jurisprudencia de este Tribunal. Así, en la STC 146/2012, de 5 de julio, al resolver la cuestión de inconstitucionalidad sobre la ausencia de una norma análoga al artículo 779.1.4 LECrim en la Ley Orgánica 5/2000, de 12 de enero, reguladora de la responsabilidad penal de los menores, dijimos (FJ 7): "[C]omo afirma el órgano judicial proponente este Tribunal ha venido reiterando que una de las garantías contenidas en el derecho al proceso justo consiste en ser citado para adquirir la condición de imputado, conocer el hecho punible que se le atribuye, ser ilustrado de los derechos que en tal condición le asisten, especialmente el de ser asistido de letrado, declarar ante el Juez y exponer su versión exculpatoria [...]. En este sentido, hemos dicho que 'lo que prohíbe el artículo 24 CE es que el inculpado no tenga participación en la tramitación de las diligencias de investigación judiciales o que la acusación se fragüe a sus espaldas, sin haber tenido conocimiento alguno de ella' (SSTC 70/2002, de 3 de abril, FJ 4; y 18/2005, de 1 de febrero, FJ 5). Más concretamente, hemos afirmado también que la garantía de audiencia previa 'implica que el Juez ponga en conocimiento del imputado el hecho objeto de las diligencias previas y la propia existencia de una imputación, que le ilustre de sus derechos, especialmente el de designar abogado, y que permita su exculpación en la primera comparecencia prevista en el artículo 789.4 [de la Ley de enjuiciamiento criminal]'; [...]. Esta condición de la declaración de investigado como "garantía de audiencia previa" es coherente con los principios inspiradores del derecho y del proceso penal en un Estado democrático de Derecho, y así lo hemos recordado igualmente en las SSTC 197/1995, de 21 de diciembre, FJ 6, y 161/1997, de 2 de octubre, FJ 5. Dice en concreto esta última, evocando la anterior: "Como explicábamos in extenso en la STC 197/1995, mientras que en el viejo proceso penal inquisitivo regido por el sistema de prueba tasada, el imputado era considerado como objeto del proceso penal, buscándose con su declaración, incluso mediante el empleo del tormento, la confesión de los cargos que se le imputaban, en el proceso penal acusatorio el imputado ya no es objeto del proceso penal, sino sujeto del mismo, esto es, parte procesal y de tal modo que [su] declaración, a la vez que medio de prueba o acto de investigación, es y ha de ser asumida esencialmente como una manifestación o un medio idóneo de defensa"».

La consideración, como expresión del derecho de defensa, de la declaración del sometido al proceso penal como un acto de defensa la encontramos en los derechos que le asisten en dicha declaración en cualquiera de sus fases, en las que el mismo puede decir lo que le parezca oportuno sin ceñirse a la verdad y con posibilidad de guardar silencio, siendo que el preslegislador, incluso, en el Anteproyecto de LECrim de 2020 (cfr. art. 674.1) «Cuando la persona acusada sea llamada a declarar por así haberlo solicitado su defensa», deja en manos de la defensa la decisión de proponer la declaración del acusado en el acto del juicio, en tal modo que solo dicha defensa está legitimada para proponer dicha declaración, y sin que, en la actual norma procesal, esté regulado expresamente como medio de prueba la declaración del acusado, y estableciéndose, por otro lado, que en fase de instrucción, tras una primera declaración como investigado, el mismo puede declarar cuantas veces quiera en dicha fase, conforme establece el art. 400 LECrim, lo que refuerza esa idea de acto de defensa más que de un acto de prueba, todo ello sin perjuicio de mantener dicha declaración también como una diligencia de investigación, pero ya muy lejos de la idea clásica de ser tratada como una esencial diligencia de investigación.

Es desde este prisma desde el que se puede defender que, al no tratarse exclusivamente de una diligencia de investigación, la declaración de investigado no se ve sometida a la exigencia del plazo del art. 324 LECrim.

Al respecto, así parece apuntarlo el AAN de 8/07/2024 [*Tol 10097292*], al destacar que «Es cierto que en el artículo 324 de la LECrim no se dispone expresamente que la declaración del investigado deba practicarse durante la instrucción, aunque de su literalidad se deduce que todas las diligencias de investigación deben realizarse dentro de ese plazo, bajo sanción de invalidez. También es cierto que el artículo 779.1.4 sólo prescribe que esa declaración debe llevarse a cabo necesariamente antes de que se dicte el auto previsto en el artículo 779.1.4 LECrim, por lo que es posible que se reciba la declaración del investigado después del plazo de instrucción pero antes de que se dicte el auto referido».

En similar sentido, la Circular 1/2021, de 8 de abril, tras recordar que la «Doctrina y jurisprudencia convienen en afirmar que la declaración del investigado participa de una doble naturaleza, pues además de ser un acto de investigación judicial de naturaleza procesal, constituye una garantía de defensa de aquel», vino a señalar que «La particular naturaleza de esta diligencia ha hecho que nuestra jurisprudencia admita su práctica extemporánea de modo mayoritario, también en aquellos casos en que hubiera sido decretada tras expirar los plazos previstos en el art. 324 LECrim», en cuya virtud sostuvo que «La especial naturaleza de esta diligencia, el carácter netamente procesal del plazo previsto en el art. 324 LECrim —del que no cabe predicar efecto sustantivo alguno— y el hecho de que su omisión no constituya causa que determine el sobreseimiento libre o provisional de las actuaciones, parecen justificar la posibilidad de que la declaración de la persona investigada pueda ser decretada y practicada una vez expirados los plazos de la investigación judicial».

No parece esta la tesis aceptada por el Tribunal Supremo, que en su Sentencia de 27/05/2021 [*Tol 8473509*] expuso: «La sentencia absolutoria es consecuencia de la nulidad de actuaciones acordada por la Audiencia Provincial y confirmada por el Tribunal Superior de Justicia de Murcia, que alcanza a la propia formulación de la acusación y la apertura de juicio oral, toda vez que no era posible legalmente continuar las diligencias previas por los trámites del Procedimiento abreviado al no existir declaración válida del investigado en el periodo de instrucción, antes de su expiración. Por ello, conforme a lo establecido en el art. 779.4º en relación con el art. 775 de la Ley de Enjuiciamiento Criminal debió dictarse el archivo de la causa».

No obstante, algunas matizaciones podemos intentar hacer, pudiendo distinguir cuando, no habiéndose acordado la declaración del investigado dentro del plazo, se ha respetado lo dispuesto en el art. 118.5 LECrim, esto es, haber conocido su imputación desde el primer momento, de cuando, con infracción del art. 118.5 LECrim, esto es, sin puesta en conocimiento de la imputación desde el primer momento, se termina acordando la declaración del investigado fuera del plazo de instrucción; así las cosas, no parece inadmisible sostener la posibilidad de acordar, en el caso de la puesta en conocimiento de la imputación desde el primer momento, la declaración fuera del plazo del art. 324 LECrim, si bien su declaración solo puede ser valorada como un acto de autodefensa, cumpliendo la exigencia del art. 779.1.4º, en relación con el art. 775, ambos de la LECrim, pero sin que pueda ser valorada como diligencia de investigación a tener en cuenta para justificar debidamente el delito y su autoría.

Es decir, acordada la declaración del investigado fuera de plazo, sin infracción del art. 118.5 LECrim, la misma lo será con el único fin de dar la oportunidad al investigado de ejercer el derecho de autodefensa dentro de la fase de instrucción, pero nunca como diligencia de investigación sobre la que sostener la debida justificación del delito y la autoría que permita abrir la fase intermedia o de acusación del proceso penal.

Mayor dificultad plantea cuando los datos incriminatorios surgen fuera del plazo; piénsese en una diligencia acordada dentro del plazo, pero practicada finalizada el mismo, siendo esta de la que nace la necesidad de imputar el delito a determinada persona. En este caso, esta actuación causará efectiva indefensión, pues aun no habiendo contravenido lo dispuesto en el art. 118.5 LECrim no solo se acordaría la diligencia de toma de declaración fuera de plazo, sino que la puesta en conocimiento de la imputación también lo sería una vez agotada la instrucción que se habría llevado a cabo sin la posibilidad de participar en la misma el investigado.

Esta interpretación parece apuntarse en STS de 18/07/2024 [*Tol 10124349*], que vino a razonar: «Sin embargo, sí hemos reconocido la nulidad de la incorporación de nuevos investigados una vez vencido el plazo de investigación. Así lo expresamos por primera vez en nuestra Sentencia 455/2021, de 27 de mayo, y lo recordamos en la muy reciente Sentencia 150/2024, de 21 de febrero. Resumíamos en esta resolución que cualquier ampliación del espacio subjetivo de investigación más allá de las exigencias temporales normativamente impuestas en el artículo 324 de la LECRIM, no sólo se aborda en tiempo procesalmente irregular, sino que genera efectiva indefensión para el encausado, pues el nuevo investigado se enfrentaría a un proceso de instrucción ya terminado, sin posibilidad procesal de participar en la indagación y de proponer la contraprueba que a su derecho convenga, lo que vetaría su posibilidad de encarar con eficacia un eventual enjuiciamiento. [...] 3.7.1. La representación de la acusada invoca la Sentencia de esta Sala 455/2021, de 27 de mayo, en la que confirmamos la absolución de los acusados por haber sido encausados de forma extemporánea, expresando que: "La fijación de un plazo ex lege (...) para practicar diligencias en fase de instrucción es un límite que debe ser observado en el ejercicio de la función jurisdiccional, y no hay cabida a la subsanación de ese límite infranqueable. El exceso y superación del plazo sin prórroga acordada dentro de él determina la nulidad de las diligencias llevadas a cabo, y todo lo que de ello se deriva, hasta la apertura de un juicio oral, incluso, como aquí ha ocurrido". 3.7.2. Sin embargo, las consideraciones que efectuó la Sala en aquella ocasión no son directamente trasladables al presente supuesto. Entonces, la inculpación de los acusados se había peticionado y abordado con posterioridad a haber concluido el plazo de investigación, practicándose a partir de ese momento todas las diligencias de instrucción que determinaron la apertura de juicio oral contra ellos. Por el contrario, en este supuesto, la inculpación de la recurrente se hizo en tiempo procesalmente hábil (aún por un juzgado que no asumió finalmente la investigación) y lo que resultó intempestiva fue la declaración.

La doctrina constitucional ha identificado que la relevancia de la declaración sumarial del investigado no sólo reside en los datos o información que aporte para la instrucción, sino en la garantía de audiencia previa y la dimensión que esta adquiere para otorgar plena efectividad a las garantías contenidas en el derecho a un proceso justo, concretamente a conocer la condición de imputado, el hecho punible que se le atribuye y los derechos que en tal condición le asisten, especialmente el de ser asistido de letrado, declarar ante el Juez y exponer su versión exculpatoria [...]. Es este el elemento esencial de la declaración del investigado que expresamente recoge el artículo 775 de la LECRIM y que también se refleja en el artículo 118 de la LECRIM para aquellos sospechosos que soportan una investigación judicial y a los que no se recibe inmediata declaración. En el presente supuesto, una contemplación global del procedimiento permite rechazar que se produjera un llamamiento sorpresivo de la encausada o que careciera de la posibilidad de participar defensivamente en la instrucción». En el mismo sentido la STS de 21/02/2024 [*Tol 9902819*], que dispone que: «En lo que hace referencia a la práctica de diligencias de instrucción más allá de los criterios temporales entonces fijados en el artículo 324 de la LECRIM, nuestra jurisprudencia ha reconocido la nulidad de la inculpación que se realice sobrepasados los tiempos de duración de la instrucción. Cualquier ampliación del espacio subjetivo de investigación más allá de las exigencias temporales normativamente impuestas en el artículo 324 de la LECRIM, no sólo se aborda en tiempo procesalmente irregular, sino que genera efectiva indefensión para el así encausado, pues se enfrentaría a un proceso de instrucción ya terminado, sin posibilidad procesal de participar en la investigación y de proponer la contraprueba que a su derecho convenga, lo que vetaría su posibilidad de encarar con eficacia un eventual enjuiciamiento».

Sea como fuere, además, podemos añadir que cuando dicha declaración acordada fuera de plazo está funcionalmente conectada con una diligencia ya acordada dentro del plazo del art. 324 LECrim, por ejemplo, el dictado de una orden de busca y detención, aun no acordada expresamente su declaración, debe entenderse acordada dicha diligencia en plazo una vez que la misma está funcionalmente anudada a una actuación procesal previa.

Así lo ha entendido el Tribunal Supremo en STS de 11/07/2024 [*Tol 10138659*]: «Pero, es más, aun prescindiendo de ello, en este caso, la declaración practicada fuera del plazo de investigación, es una diligencia funcionalmente conectada con el auto de 12 de marzo de 2020, en el que se acuerda la prisión provisional del Sr. Baldomero, su busca y captura, tramitándose las correspondientes órdenes internacionales y europea de detención y entrega, así como, con el auto 20 de abril de 2021, se acuerda proponer al Gobierno de España, que solicite de la Autoridad Judicial competente de Colombia, la extradición del investigado Baldomero para ser juzgado en España como consecuencia de los indicios de criminalidad existentes contra el mismo, el cual, si bien, formalmente, no estaba rebelde, ello no es óbice para la aplicación de las normas del art. 840 y ss. de la LECrim, porque lo cierto es que el procesado estuvo detenido en Colombia desde el 11 de abril de 2021 hasta el 19 de enero de 2023, sin ser puesto a disposición de los tribunales españoles hasta el 20 de enero de 2023, fecha en que prestó declaración el Sr. Baldomero. Por tanto, conforme a la jurisprudencia expuesta, no hay vulneración del derecho a la tutela judicial, ni del proceso con todas las garantías, ya que, aunque consideremos que la declaración prestada es una diligencia de instrucción, como invoca el recurrente, la misma derivada necesaria y secuencialmente de los citados autos, dictados dentro del plazo de investigación. Además, el recurrente fue procesado por auto de fecha 3 de febrero de 2022 y la declaración que prestó Baldomero, el

20 de enero de 2023, es la indagatoria, posterior a su procesamiento, la cual resulta estrictamente necesaria para la conclusión del Sumario del art. 622 de la LECrim».

Por su parte la STS de 3/04/2025 [*Tol 10491686*] señala: «La ausencia de relevancia constitucional dispensa de que tengan que interpretarse de manera restrictiva las cuestiones que no repercuten de forma sustantiva en el fundamento de los plazos de investigación, más cuando el propio legislador ha previsto que las diligencias de investigación que se hayan acordado en tiempo, son válidas aunque su resultado se incorpore después de la finalización del término. Consecuentemente, hemos proclamado aprovechables para la instrucción las diligencias intempestivas encadenadas, esto es, aquellas que pese a ser acordadas una vez agotado el término de la investigación, no lo fueron antes por ausencia de una información o por falta de una actuación ya reclamadas, siempre que estas nuevas actuaciones resultaran inconfundiblemente pronosticables para las partes. Son aquellas diligencias que resultan inescindibles del resultado probatorio de otra diligencia ya peticionada o que son inseparables de una actuación procesal que la instrucción abordó en tiempo, cuando entre ellas existe una vinculación que hace impensable la una sin la otra».

4.3.2 Imposibilidad de reapertura tras el sobreseimiento una vez acabado el plazo de instrucción

Otra cuestión controvertida que surge al analizar el art. 324 LECrim la encontramos en la búsqueda de la respuesta a la siguiente pregunta ¿acordado el sobreseimiento provisional de la causa una vez agotado el plazo de investigación judicial, es posible reaperturarla si aparecen nuevos datos que justifican debidamente la autoría y el delito?

Pues bien, partamos de que sobreseída provisionalmente la causa al amparo del art. 641 LECrim, su reapertura no es posible por una mera suerte de capricho del órgano judicial, sino que la misma solo es posible si aparecen nuevos indicios que no se conocían, ni se podían conocer, en tal modo que dichos nuevos elementos permitan continuar con la investigación penal.

Así razonado, la única conclusión a la que se puede llegar es la imposibilidad de reapertura de las actuaciones tras el agotamiento del plazo de instrucción, pues ninguna nueva diligencia de investigación se puede practicar, ni siquiera la incorporación de documentos o elementos incriminatorios obtenidos por las partes o a través de la intervención de la policía judicial.

Así se pronuncia la STS de 13/03/2023 [*Tol 9549206*] cuando señala: «En general, un auto de archivo de Diligencias Previas (artículo 779.1.5 LECrim) produce el efecto del cierre provisional de la investigación y a esto se limita su eficacia. No es un auto de sobreseimiento libre, sino provisional y, no produce efectos de cosa juzgada material. El archivo provisional no impide formalmente la reapertura del procedimiento (SSTS 2507/2001, de 29 de diciembre, 16-12-95, 3-2-98, 15-10-98, 18-11-98 y 25-10-01, entre otras) pero, si se adopta por haber transcurrido el plazo de instrucción sin la práctica de diligencias suficientes para realizar el juicio de acusación, no cabe la reapertura».

No se trata, en palabras de la STS de 19/07/2022 [*Tol 9150059*], de entender el art. 324 «como una especie de prescripción abreviadísima», como si, al transcurrir el plazo regulado en dicho precepto se produzca una caducidad equivalente a un sobreseimiento, sino de *asumir* que, transcurrido el plazo, el juez deberá decidir, sin acordar nuevas diligencias, sobre la apertura de la fase intermedia o el sobreseimiento de la causa, y acordada esta última, y a falta de la imposibilidad de "incorporar" nuevas diligencias, que siempre estarían fuera de plazo, ya no sería materialmente posible la reapertura.

En contra de esta postura se posiciona la Fiscalía General del Estado que en su Circular 1/2021 vino a razonar al respecto de su actividad extraprocesal, cuando la causa judicial esté sobreseída provisionalmente, que «una vez reabierto un procedimiento sobreseído en el que se hubiesen agotado los plazos de instrucción, si bien el órgano judicial no podrá practicar diligencia de investigación alguna derivada de los nuevos elementos de prueba recabados, no se aprecia obstáculo para dictar, cuando así proceda, el oportuno auto de acomodación a los trámites del procedimiento abreviado o, en su caso, un nuevo auto de conclusión de sumario».

Dicha Circular justifica su tesis señalando que el «argumento contrario equivaldría a declarar que quien es investigado sin éxito adquiere un derecho intemporal de sobreseimiento libre e indefinido que le confiere inmunidad frente a cualesquiera investigaciones posteriores (vid. STS 795/2016, de 25 de octubre) [...] la fijación de unos plazos para la investigación judicial en el modelo procesal vigente no puede operar a modo de prescripción encubierta que impida a las partes desarrollar diligencias de manera extraprocesal. Negar la admisibilidad de la actividad extraprocesal de todas las partes y de la Policía Judicial una vez expirado el plazo del art. 324 LECrim atenta contra la propia naturaleza del sobreseimiento provisional, lo equipara injustificadamente a la figura del sobreseimiento libre y conduce de facto a la anulación encubierta del art. 641 LECrim, identificando, en claro fraude de ley, el agotamiento de los plazos procesales del art. 324 LECrim con el transcurso de los plazos de prescripción. En consecuencia, comoquiera que el/la juez/a de instrucción no puede continuar desarrollando su función una vez agotados los plazos del art. 324 LECrim, resulta evidente que la única investigación posible será la que se practique extra processum».

5. LOS TIPOS DE INSTRUCCIÓN SEGÚN EL PROCEDIMIENTO. PRINCIPIO DE UNIDAD DEL ORDENAMIENTO JURÍDICO Y ESTÁNDAR DE GARANTÍAS ENTRE LOS DISTINTOS PROCESOS

Nuestra LECrim regula una fase instructora para el proceso común (arts. 299 a 648); otra distinta para el llamado proceso abreviado (arts. 774 y ss.) y una última para el enjuiciamiento rápido de determinados delitos (art. 797) —a lo que debemos añadir la concreta regulación que de la fase instructora establece la LOTJ para el proceso ante el Tribunal del Jurado (arts. 24 y ss.)—.

En realidad, lo que establece la Ley es una serie de normas generales reguladoras de la fase de instrucción que están, en principio, dedicadas a la fase instructora del proceso común, y una serie de especialidades para los otros procedimientos citados —a salvo de la indicada regulación específica de la LOTJ—.

Sin perjuicio de las distintas denominaciones que recibe la fase de investigación —sumario en el proceso común, diligencias previas en el procedimiento abreviado, diligencias urgentes en el procedimiento para el enjuiciamiento rápido, instrucción en el procedimiento ante el Tribunal del Jurado—, no debemos olvidar el *principio de unidad del ordenamiento jurídico*, que nos recuerda de manera reiterada la doctrina jurisprudencial, por el que se justifica la aplicación homogénea de los estándares de garantías procesales en todos los procesos penales, sin perjuicio del tipo de procedimiento de que se trate.

Desde esta perspectiva, y siendo que la presente obra dedica capítulos concretos a los distintos procedimientos penales, analizando las distintas especialidades de sus respectivas fases de investigación penal, dedicaremos este apartado a apuntar el principio de unidad del ordenamiento jurídico aplicado al orden jurisdiccional penal, y cómo la doctrina jurisprudencial ha ido homogenizando los distintos procedimientos penales entre sí, produciéndose un trasvase de la regulación de un procedimiento a otro, sobre la base del respeto a los estándares de garantías procesales en igual modo para todos y cada uno de éstos, tratando que dichos estándares se mantengan de manera homogénea sin importar el procedimiento de que se trate.

Cierto es que ya en la regulación de alguno de los distintos procedimientos, se hace referencia al carácter supletorio de otros con respecto a su regulación; así, por ejemplo, se hacen remisiones al procedimiento ordinario en el procedimiento abreviado, conforme a la estricta aplicación de la LECrim, siendo el ordinario de aplicación *supletoria* del abreviado (conforme establece el art. 758 LECrim); a su vez, el procedimiento abreviado lo es para el procedimiento de enjuiciamiento rápido de delito, por mor del art. 795.4 LECrim, y que la LECrim es de aplicación supletoria para la tramitación del procedimiento ante el Tribunal el Jurado, conforme establece 24.2 LOTJ.

Ahora bien, el referido principio de unidad del ordenamiento jurídico nos ofrece un paso más, bajo la justificación de que no puede aceptarse que el actuar procesal en determinado procedimiento, por ejemplo, en el procedimiento abreviado, sea contrario a derecho en otros, por ejemplo, en el procedimiento ordinario, siempre analizado bajo los referidos estándares de garantías procesales que se deben exigir a todo procedimiento, en tal modo que es difícil de justificar que un informe pericial que pueda ser prueba válida en un procedimiento cuando sea elaborado por un solo perito, no lo sea en otro —en el que se exige expresamente que sean dos, como así se establece en el procedimiento ordinario—, sin perjuicio de que la emisión del informe por más de un perito pueda afectar a la valoración, pero no parece admisible que afecte a su validez.

Al respecto, resulta ilustrativa la STS de 15/02/2024 [*Tol 9900752*], sobre la pericial con un solo perito llevada a cabo en el procedimiento ordinario: «Frente a las consideraciones que realiza la recurrente, reiterada doctrina de esta Sala señala, con carácter general, que la práctica de la pericia en el sumario por un solo perito, cuando el art. 459 LECrim exige dos, no es causa de nulidad, y ello porque la exigencia de dos peritos solo constituye un refuerzo garantista que no impide valorar con las cautelas precisas el informe hecho por uno solo (sentencias 935/2006, 2 de octubre, 151/2007, de 28 de febrero, 364/2007, de 25 de abril, 704/2009, de 29 de junio, etc). La propia Ley de Enjuiciamiento Criminal permite el informe por un solo perito en el art. 788.2 y, por el principio de unidad del ordenamiento jurídico y de estándar de garantías entre los distintos procesos, no puede aceptarse que, siendo posible este actuar en el procedimiento abreviado, sea contrario a derecho en el sumario».

Lo mismo ocurría con el planteamiento de determinadas cuestiones previas —declinatoria de jurisdicción, cosa juzgada, prescripción,...—, cuestiones previas que en el ámbito del procedimiento ordinario debían y deben ser planteadas por escrito por la vía de los artículos de previo pronunciamiento, al amparo del art. 666 LECrim, pudiendo celebrarse una vistilla previa, y resolviendo, en todo caso, previamente al acto del juicio, sin poder hacerlo al inicio del mismo cuando del procedimiento ordinario hablamos. En este caso, quebraba ese principio de unidad de ordenamiento jurídico con homogenización de los estándares de garantías procesales cuando en un procedimiento se podía alegar oralmente al inicio del juicio, por ejemplo, la quiebra de derechos fundamentales o existencia de artículos de previo pronunciamiento —como así se establecía en el art. 786.2 LECrim, en su redacción anterior a la dada por la LO 1/2025, hoy ya, ciertamente, y en virtud de dicha norma, reconducidas estas alegaciones, aun manteniendo el carácter oral de las mismas, a la llamada audiencia preliminar previa, ya sí, al juicio del actual art. 785 LECrim— y en otro —en el ordinario— se establecía y se establece que en dicho momento procesal habría precluido dicha posibilidad.

Así la STS de 2/12/2021 [*Tol 8705274*], con relación a esta posibilidad de planteamiento de cuestiones previas orales al inicio del juicio oral también en el procedimiento ordinario, razonó: «a) Por el principio de unidad del ordenamiento jurídico; sería un contrasentido que lo que la Ley permite en un tipo de procesos en aras de potenciar la concentración, oralidad y en definitiva un incremento de las garantías no puede extenderse al procedimiento por sumario. b) Porque precisamente, el mandato constitucional contenido en el art. 120-3º de que el procedimiento —sobre todo en material criminal— sea predominante oral tiene una mayor realización y amplitud, precisamente en la audiencia preliminar que se comenta. c) Porque, en fin, esta línea proclive a extender la audiencia preliminar al procedimiento ordinario, que la práctica judicial lo ha aceptado, está expresamente admitido por la jurisprudencia de esta

Sala (SSTS de 10 de octubre de 2001, o la 2/1998 de 29 de julio), en las que se estimó como correcta la actuación del Tribunal de instancia que en procedimientos de Sumario abrió un debate sobre la nulidad de determinadas pruebas suscitadas, en este trámite, por las defensas».

En el mismo sentido podemos concluir en el caso del momento procesal en el que precluye la posibilidad de proponer prueba para el acto del juicio. Así, en el procedimiento abreviado era posible, antes de la reforma operada por la LO 1/2025, proponer todo tipo de prueba hasta el momento previo al inicio de acto del juicio —hoy limitado a la incorporación de informes, certificaciones y otros documentos o «*pruebas desconocidas*» por la parte proponente al momento de formular sus escritos de conclusiones provisionales, debiendo proponerse estas pruebas inicialmente no conocidas, bien en la audiencia preliminar, bien en el acto del juicio si el *desconocimiento* de la existencia de las mismas persistía en el momento de la celebración de la referida audiencia preliminar—; pues bien, la doctrina jurisprudencial, y siguiendo el mismo hilo argumental, ha venido a permitir, también en el resto de procedimientos donde no estaba previsto, la posibilidad de proponer prueba con posterioridad al trámite de conclusiones provisionales del art. 650 LECrim —o escritos de acusación y defensa, si hablamos de procedimiento abreviado—.

Así, la STS de 21/03/2023 [*Tol 9490775*], sobre esta posibilidad de proponer prueba al inicio del juicio también en el procedimiento ordinario señaló: «En los que se refiere a la proposición de pruebas, es claro que el momento previsto en lo que se refiere al sumario ordinario, está constituido por el escrito de conclusiones provisionales —arts. 650 y (22). y especialmente el art. 728 LECrim— pero ello no ha sido entendido como tal interdicción de presentar prueba extramuros del escrito de calificación provisional. [...] en el Procedimiento Abreviado no sigue el principio de preclusión en cuanto a la proposición de prueba, cuyo periodo se inicia con el escrito de calificación provisional y llega hasta el mismo momento del inicio del Plenario con la única limitación respecto de esta última, que puedan practicarse en el acto del Plenario. Sobre si ésta posibilidad es aplicable al sumario ordinario, la STS. 94/2007 de 14.2, insiste en dar una respuesta positiva, y ello por las siguientes razones: a) Por el principio de unidad del ordenamiento jurídico; sería un contrasentido que lo que la Ley permite en un tipo de procesos en aras de potenciar la concentración, oralidad y en definitiva un incremento de las garantías no puede extenderse al Procedimiento por sumario, cuya regulación se mantiene en este aspecto desde *la* promulgación de la LECriminal en la Ley con fecha de 14 de septiembre de 1882».

Nuevamente por la vía del reiterado principio de unidad del ordenamiento jurídico se da solución a la posible incompatibilidad de la vía del 714 LECrim con relación a lo dispuesto en el art. 46.5 LOTJ.

Así la STS de 15/02/2006 [*Tol 867023*] vino a razonar: «En efecto, el principio de unidad del ordenamiento jurídico, también del orden penal, exige que las normas vertebradoras del proceso, sean comunes para todo tipo de procesos, porque la circunstancia de que el Tribunal esté compuesto por jueces técnicos o por ciudadanos jurados no debe afectar a las reglas de validez y valoración de la actividad probatoria en un proceso penal. Carecería de justificación que una prueba obtenida legalmente fuese válida ante un Tribunal de jueces técnicos y no lo fuese ante el Tribunal de Jurados. Este criterio ha sido determinante, por ejemplo, para resolver la antinomia existente entre los arts. 34 y 46-5º de la Ley sobre el acceso por los miembros del jurado de las diligencias de instrucción, a través de los testimonios unidos al acta —SSTS 204/98 de 7 de junio, 649/2000 de 19 de abril, 1357/2002 de 17 de julio, entre otras—».

En similar sentido a la anterior la STS 1/07/2021 [*Tol 8513606*] señaló: «En esta dirección la STS. 672/2012 de 5.7, es clara al respecto al recordar que: "Desde esta realidad, esta Sala de Casación ni puede en su condición de garante del control de legalidad, apreciar unos supuestos de ilegalidad que se atiene escrupulosamente a las previsiones de la Ley del Jurado, ni debe superar la contradicción apreciable entre las previsiones legales contenidas en el art. 46-5º apartado primero en relación con el art. 53-3º y el art. 46-5º apartado segundo mediante la inaplicación de toda la regulación legal correspondiente a la incorporación al acta de los testimonios cuando en definitiva, por ese conocimiento de las actuaciones sumariales no se produce sic et simpliciter la quiebra del principio de que "nada llega juzgado al Plenario" y por otro lado, el conocimiento de la diversidad de declaraciones ofrecidas en el sumario puede ser conocida por el Colegio de Jurados a través del interrogatorio contradictorio en el que, aún sin leer tales declaraciones, de acuerdo con el art. 46-5, aquellas quedan evidentes y documentadas en el acta, habiéndose aceptado por reiterada doctrina del TC y de esta Sala [...], la legalidad de tal prueba que no puede cuestionarse en relación al juicio por Jurados salvo que se acepte el riesgo de romper la unidad del sistema de justicia penal de suerte que las normas de admisión de las pruebas sean diferentes, según se esté ante un Tribunal de Jueces o un Colegio de Jurados. En tal sentido, STS 162/2006 de 15 de febrero."».

6. COMPETENCIA E INTERVENCIÓN DE LAS PARTES

En la fase de instrucción el órgano encargado de la misma actúa de oficio, es decir, sin necesidad de que su actuación sea pedida por las partes; así, acuerda las diligencias instructoras que estime convenientes para la realización de la función de la instrucción y consecución del fin de la misma, y si bien las partes procesales pueden pedir diligencias de investigación al juez responsable de la investigación —ya sea el juez de la Sección de Instrucción o de la Sección Única o, en su caso, de la Sección de Violencia sobre la Mujer o de la Sección de Violencia contra la Infancia y Adolescencia—, éste, como director de la investigación, es su responsable.

Recordemos que, en los casos determinados en el art. 84.6 LOPJ, se puede nombrar a dos jueces, conforme a un turno preestablecido y público, para que, junto con el juez a quien le hubiere sido turnado el asunto inicialmente, se encarguen de la instrucción de un determinado proceso penal.

Ahora bien, desde el momento de la incoación del procedimiento, éste se "abre" a la incorporación al mismo, tanto a los investigados, que deben conocer desde entonces de su existencia (art. 118.5 LECrim), como a quienes estén legitimados para el ejercicio de la acción penal y civil, pudiendo todos ellos instar diligencias de investigación y participar en las que se acuerden de oficio o a instancia de parte, así como solicitar medidas cautelares —alguna de ellas solo adoptables a instancia de parte—.

Las partes acusadoras son las que ocupan la posición activa del proceso penal, instando durante la instrucción la práctica de las diligencias necesarias y formulando acusación contra una persona determinada una vez abierto el juicio oral. De hecho, la vigencia del principio acusatorio determina que no solo no puede haber condena sin que nadie ejercite la acción penal, sino que el procedimiento no puede llegar a juicio si nadie pide "entrar en la fase de enjuiciamiento" ejercitando la referida acción penal.

Al Ministerio Fiscal, en la fase de investigación judicial, le corresponde la inspección directa de los sumarios por delito público, debiendo darles el órgano judicial las noticias que les pidan los fiscales (arts. 306, 324 y 4.1 EOMF), sin que para el Ministerio Fiscal pueda declararse secreta la causa (art. 302.II LECrim), pudiendo el mismo instar la práctica de diligencias de investigación que considere oportunas, así como medidas cautelares que resulten necesarias para asegurar el buen fin de la investigación.

A diferencia de otros ordenamientos jurídicos, el Ministerio Fiscal no ostenta el monopolio de la acción penal, en tal modo que los ciudadanos pueden participar activamente en el proceso penal constituyéndose como acusadores (acusador particular, popular o privado), que, una vez constituidos como parte, podrán instar, al igual que el Ministerio Fiscal, diligencias de investigación e intervenir en su práctica (arts. 311.I, 312; 771.1ª, 776.3, de la LECrim), diligencias que solo podrán ser denegadas de estimarse innecesarias, impertinentes, o irrelevantes, si bien su intervención se verá limitada, al contrario de lo que ocurre con el Ministerio Fiscal, si la causa es declarada secreta (art. 302.2 LECrim).

Especial significación tiene la participación de la persona física víctima del delito, a la que se le aplica el Estatuto de la Víctima del delito, conforme a la Ley 4/2015, la cual permite, como clara exteriorización del derecho de la víctima a participar en el proceso penal, y aun no estando personada como acusador particular, el derecho a comparecer ante las autoridades que están llevando a cabo la investigación para aportarles fuentes de prueba y la información que sea relevante de cara al esclarecimiento de los hechos [art. 11.b) EVD].

El actor civil es el perjudicado por el ilícito penal, que ejercita exclusivamente la acción civil en el proceso penal, siendo una parte acusadora contingente y subsidiaria al lado de quienes ejerciten la acción penal, y cuya actividad en el proceso queda limitada al objeto civil (art. 320 LECrim).

Así, por ejemplo, en fase de instrucción intervienen en pieza separada de responsabilidad civil, debiendo limitarse su acusación a los extremos referidos a la reclamación civil, pudiendo, llegado el acto del juicio, proponer y participar en la práctica pruebas sobre la determinación de la responsabilidad civil.

En cuanto al investigado, con la apertura de la investigación (cfr., entre otros, art. 118, 520 y 767 LECrim) surgen los derechos inherentes a tal condición de sujeto pasivo de la acción penal, debiendo tenerse en cuenta que dicho derecho ya surge en las actuaciones preprocesales, tanto las llevadas a cabo por el Ministerio Fiscal como por la Policía Judicial; así expresamente lo dispone el art. 771.2ª LECrim.

Con la imputación surge, entre otros, el derecho a examinar las actuaciones (a salvo de la declaración de secreto y aun así permitiendo el acceso a los elementos esenciales para "discutir" su situación de privación de libertad) y derecho a utilizar los medios de prueba pertinentes para su defensa, y a participar en la práctica de las diligencias que se acuerden de oficio o a instancia de parte.

Por otro lado, en cuanto a sus obligaciones, el investigado está obligado a comparecer ante la citación judicial, aunque no a declarar, en tal modo que, si no comparece, podrá acordarse su detención (art. 487 LECrim).

Por último, vamos a referirnos a la Policía Judicial que, en cuanto a la posible instrucción preliminar, se concreta en los términos del art. 282 de la LECrim. La Policía Judicial tiene la obligación de averiguar la comisión de delitos públicos en su territorio, para lo cual podrá realizar las diligencias que sean necesarias y que tiendan no sólo a descubrir a los delincuentes, sino a recoger todos los efectos, instrumentos o pruebas del delito que pudiesen estar en peligro de desaparecer. En ese sentido, la Policía Judicial puede detener al sospechoso de haber cometido un delito; puede interrogar a las personas que tengan relación con la comisión de los hechos; puede intervenir objetos, cosas o bienes; en definitiva, puede realizar cuantas actuaciones sean necesarias para comprobar el delito y la identidad de sus autores y que estén admitidas por la LECrim, pero siempre dentro de los límites objetivos y temporales determinados en la Ley. Toda la actividad policial se refleja en un documento que se llama "atestado" que debe entregarse al órgano judicial en el momento en que éste inicie la instrucción judicial o en el momento en que sea requerido para ello por el órgano judicial. El atestado, en cuanto tal, cumple las funciones y tiene la naturaleza de denuncia y en casos excepcionales puede incluso ser medio probatorio en el plenario si declaran como testigos o peritos quienes participaron el atestado (véanse arts. 286, 292 y ss., 297, 770 y 797.1, todos de la LECrim).

Ciertamente, sí es posible conceder valor probatorio al atestado en cuanto a los datos objetivos, y no otros, contenidos en el mismo, pudiendo introducirse en el proceso como prueba documental sometida a contradicción. Ejemplo de dicho valor probatorio de las partes del atestado en el que consten datos objetivos, lo hallamos en los planos, croquis, mediciones, fotografías que obren en los atestados (cfr. STS de 28/11/2018 [*Tol 6935098*]).

7. LA IMPUTACIÓN JUDICIAL

Cuando dé inicio una investigación judicial frente a determinada persona, la misma, como sujeto pasivo del proceso penal, tiene, como primer derecho procesal, el derecho a ser informada de la acusación, expresamente recogido en el art. 24.2 de la CE, e implícitamente en el apartado primero de dicho artículo. Pues dicho derecho es el instrumento sobre el que se sostiene la posibilidad de defenderse de la imputación de un hecho delictivo. Dicho derecho —a ser informado de la acusación— se sitúa dentro de los entendidos como "requisitos mínimos" para el cumplimiento de la exigencia de un proceso con todas las garantías.

926

De antiguo, ya exponía la Observación General 13, de fecha 13 de abril de 1984, emitida por el Comité de Derechos Humanos de la ONU, que: "En la segunda frase del párrafo 1 del artículo 14 se dispone que "Toda persona tendrá derecho a ser oída públicamente y con las debidas garantías". En el párrafo 3 se detallan esas garantías en relación con los procesos penales. Ahora bien, las exigencias formuladas en el párrafo 3 son requisitos mínimos, cuya observancia no es siempre suficiente para asegurar un proceso que llene los requisitos previstos en el párrafo 1".

Definido el carácter de *garantía mínima* del derecho a ser informado de la acusación, el mismo se convierte, asimismo, en instrumento esencial para el cumplimiento de otros derechos fundamentales también englobados dentro de dichas garantías mínimas. Así, resulta trascendente el respeto del derecho a ser informado de la acusación para posibilitar el efectivo ejercicio del fundamental derecho de defensa. Tal y como reitera nuestro Tribunal Constitucional, y que por obvia no deja de ser fundamental, el derecho a ser informado de la acusación es el primer y esencial elemento del derecho de defensa, pues mal puede defenderse de algo quien desconoce de que está siendo acusado, o aun conociendo la existencia de acusación, en sentido abstracto, desconoce los hechos concretos de los que se le acusa.

Por otro lado, también el derecho a ser informado de la acusación es instrumento llamado a garantizar el principio de contradicción, o principio de audiencia bilateral, que debe entenderse incluido en el art. 24.1 de la CE cuando prohíbe la indefensión, y en el 24.2 CE, con relación al derecho a un proceso con todas las garantías. La contradicción es esencialmente la manifestación técnica en el proceso de la garantía constitucional de defensa, es decir, la garantía de contradicción deriva de la consagración del derecho fundamental de defensa. Pero no la simple posibilidad de audiencia, es decir, la posibilidad de ser oído en el proceso da cumplimiento al derecho de defensa, sino que esa posibilidad de *contradecir* debe ser realizada en posición de igualdad.

Esta idea de establecer el derecho a ser informado de la acusación como instrumento del principio de igualdad de armas y de contradicción, y como esencial reflejo del proceso justo ya ha venido siendo puesto de manifiesto por el Tribunal Europeo de Derechos Humanos.

Así resulta destacable la STEDH de 12/03/2003, caso Öcalan contra Turquía [*Tol 3953835*], en la que la demandante venía alegar que "un proceso justo implica un derecho de defensa a la participación plena, sin restricciones en todas las fases del procedimiento desde el principio" para terminar por exponer que "no había gozado de igualdad de armas con la fiscalía en la preparación de su defensa, en particular debido a las dificultades que habían impedido a él ya sus abogados tengan tiempo suficiente para conferenciar en privado, de conseguir un acceso efectivo al caso de archivo y de la presentación de su defensa en un entorno seguro".

A este respecto, señalaba el Tribunal Europeo de Derechos Humanos que las exigencias del apartado 3 del art. 6 (y entre ellos el derecho a ser informado de la acusación (art. 6.3.a) se consideran aspectos concretos del derecho a un proceso equitativo, garantizado por el apartado 1, de forma que se han de examinar dichos derechos desde el ángulo de estos dos textos relacionados. Expresamente ya la Sentencia del TEDH de 25/03/1999, *Pélissier y Sassi contra Francia*, exponía con relación al derecho a ser informado de la acusación que el mismo «debe apreciarse sobre todo a la luz del derecho más general a un proceso justo que garantiza el apartado 1 del art. 6 del Convenio».

En este estado de cosas, no parece posible el adecuado respeto al derecho a ser informado de la acusación *—instrumento esencial* del derecho de defensa, derecho a un juicio justo y garantía de los principios de igualdad y contradicción y garante del principio acusatorio—, cuando se tramita un procedimiento a "espaldas" de la persona sometida al mismo como sujeto pasivo, circunstancia que concurre en todos los casos en que, iniciado el procedimiento, no se da cumplimiento a la puesta en conocimiento de la existencia de la causa de manera inmediata, tal y como exige el art. 118.5 LECrim, puesta en conocimiento que lo suele ser con la atribución, por parte del órgano judicial, de la condición de investigado, lo que se puede concretar con la citación judicial para ser oído en tal posición procesal.

7.1 La imputación inicial

Concretado lo anterior, debemos preguntarnos en qué momento debe ponerse en conocimiento la existencia de una imputación de un presunto delito a determinada persona.

Así nos lo recuerda la Directiva 2012/13/UE, de 22 de mayo de 2012, relativa al derecho a la información en los procesos penales, que vino a establecer las normas mínimas respecto a la información sobre los derechos de las personas sospechosas o acusadas, señalando en su Considerando 28 que: «Debe facilitarse con prontitud a la persona sospechosa o acusada la información acerca de la infracción penal que se sospecha ha cometido o de cuya comisión se le acusa, a más tardar antes de su primer interrogatorio oficial por parte de la policía o de otra autoridad competente, y sin perjuicio del desarrollo de las investigaciones en curso. Debe facilitarse una descripción de los hechos constitutivos de infracción penal incluyendo, si se conocen, el lugar y la hora, así como la posible tipificación jurídica, de forma suficientemente detallada, teniendo en cuenta la fase del proceso penal en la que se facilite esa descripción, a fin de salvaguardar la equidad del procedimiento y permitir el ejercicio efectivo de los derechos de la defensa».

Normativa comunitaria que ha tenido su efectivo traslado a nuestro derecho interno, con especial reflejo en los arts. 118 y 520 de la LECrim, recogiendo el primero expresamente, y tras reconocer a toda persona a la que se le atribuya un hecho punible, la posibilidad de ejercitar el derecho de defensa, y con dicho fin, el derecho a ser informado de los hechos que se le imputan y sus modificaciones. Así como el derecho a examinar las actuaciones, ejercicio del derecho de defensa, y por ende el derecho a la información que, conforme dispone el apartado segundo del art. 118, se extiende «desde la atribución del hecho punible investigado hasta la extinción de la pena». Pues, como reiteradamente ha señalado nuestro Tribunal Constitucional, ha de ser de forma inmediata, una vez queda determinada la persona a la que se le atribuye el hecho punible, sin que pueda ser investigada a sus espaldas. Se trata «de impedir la situación del hombre que se sabe sometido a un proceso, pero ignora de qué se le acusa» (STC 141/1986 [*Tol 79687*]). Pues no cabe duda que una sentencia dictada en esas condiciones, no podría ser considerada nunca una sentencia justa.

Pero aún más, esa información debe ser *permanente*, en tal modo que, si se modifica de manera significativa el objeto de imputación penal, dicha modificación debe ser puesta de manera inmediata en conocimiento del investigado, permitiendo estar plenamente informado de los hechos punibles objeto de imputación, permitiéndole defenderse de los mismos desde el primer momento en que surge la "nueva imputación" o ampliación de la inicialmente puesta en su conocimiento.

Así, el Considerando 29 de la Directiva 2012/13/UE, de 22 de mayo de 2012, relativa al derecho a la información en los procesos penales, nos recuerda que: «Si, durante el proceso penal, los detalles de la acusación cambian hasta el punto de afectar sustancialmente a la posición de la persona sospechosa o acusada, esta debe ser informada de ello cuando sea necesario para salvaguardar la equidad del proceso y en el momento oportuno para permitir el ejercicio efectivo de los derechos de la defensa", lo que ha encontrado reflejo en el art. 118.1.a) de la LECrim, cuando dispone que "Derecho a ser informado de los hechos que se le atribuyan, así como de cualquier cambio relevante en el objeto de la investigación y de los hechos imputados. Esta información será facilitada con el grado de detalle suficiente para permitir el ejercicio efectivo del derecho de defensa».

7.2 La formalización de la imputación: el auto de procesamiento

Debemos entender dicho acto, propio de la fase de instrucción (sumario) del procedimiento ordinario, como una resolución por parte del órgano judicial con una acotación circunstanciada de los hechos, aunque de manera provisional y a partir de ciertos indicios, que permita al procesado-inculpado conocer con cierta exactitud de qué acusación inicialmente debe defenderse. 929

Se define este acto judicial como una declaración formal por la que un órgano jurisdiccional atribuye *provisionalmente* a una persona determinada unos hechos presuntamente delictivos. El procesamiento no implica la culpabilidad del procesado, pudiendo, dado su carácter provisional, el propio instructor dejar sin efecto dicho procesamiento si desaparecen los indicios que determinaron el mismo.

Ciertamente, en el resto de procedimientos penales no existe estrictamente un auto de procesamiento en el modo del referido. Ahora bien, y como hemos venido apuntando, lo esencial es la puesta en conocimiento de la existencia del procedimiento de manera inmediata al sometido al mismo como sujeto pasivo de la acción penal, sin perjuicio de que, a lo largo de la instrucción, como hemos ido apuntando se vaya cristalizando el objeto penal, con puntual puesta en conocimiento del investigado de cualquier variación de dicho objeto.

No obstante, si analizamos los distintos procedimientos penales, tanto el procedimiento abreviado, como el procedimiento ante el Tribunal del Jurado, encontramos actos formales de puesta en conocimiento de la imputación al sujeto pasivo de la acción penal, como se desprende de la lectura del art. 26 LOTJ, cuando el instructor decide continuar por los trámites de procedimiento ante el Tribunal del Jurado, dictando resolución que lo será partiendo del resultado de la comparecencia del art. 25 LOTJ —y tras diligencias de investigación que se puedan acordar en la misma y posteriormente— comparecencia donde se menciona en su apartado primero y tercero, como objeto de la misma, "*concretar*" la imputación, decidiendo posteriormente el juez instructor continuar valorando los indicios con relación a la imputación ya concretada.

Al respecto, resulta ilustrativo el AAP de Gerona, 18/11/2019 [*Tol 7866221*], que vino a razonar al respecto: «El recurso de apelación se interpone contra el Auto del Instructor que acordó el sobreseimiento provisional para dos de los investigados al amparo de lo previsto en el Nº 1 del art. 641 de la LECrim, una vez practicada la comparecencia prevista en el art. 25 de la LOTJ y resolviendo ex art. 26 de la citada norma. De conformidad con lo dispuesto en el artículo 26. 1 de la Ley Orgánica del Tribunal del Jurado, el Juez, oídas las partes en el acto de la comparecencia, decidirá lo procedente sobre la continuación del procedimiento o el sobreseimiento de la causa. La decisión sobre la continuación del procedimiento, a evacuar por la vía del art. 26 LOTJ, contando con un cuerpo expresivo de algún indicio de criminalidad es, como se predica respecto del Auto de procesamiento en el proceso ordinario o sumario, una resolución de imputación formal y provisional susceptible de ulterior decisión que, en el marco de la LOTJ puede estar en la vía que ofrece el art. 32 y concordantes, y de la misma forma que el TC en su sentencia 70/90 de 5 de abril, lo dijo en cuanto al Auto de procesamiento, la decisión amparada en el art. 26 de la Ley Orgánica 5/90, por su carácter provisional, no tiene por qué vulnerar derecho constitucional alguno, como sería el aludido de presunción de inocencia, y como ahora no se puede decir que esa decisión de continuar el procedimiento por sus trámites, art. 26 y siguientes, se evacue sin un mínimo fundamento en algún indicio de criminalidad».

Mayor claridad presenta la regulación del procedimiento abreviado, en cuanto a la existencia, cierto que al final de la instrucción, de una resolución que «contendrá la determinación de los hechos punibles y la identificación de la persona a la que se le imputan» (art. 779.1.4ª LECrim), lo que nos permite establecer, en cuanto a su contenido material, una similitud con el auto de procesamiento, por más que en su aspecto formal cumpla los fines del auto de conclusión de sumario, pues ambas resoluciones ponen fin a la fase de instrucción.

Al respecto, resulta ilustrativo el ATS de 15/07/2024 [*Tol 10117415*], que con ocasión de analizar la existencia de una resolución que suponga una imputación fundada, dentro del procedimiento abreviado, vino a reflexionar «¿Cabría, pues, entender que la fase de procedimiento abreviado es la equiparable al auto de procesamiento en el procedimiento abreviado, o cabe entender que en la de diligencias previas existe imputación formal que habilita la casación en estos casos? [...] Y, así, se señala que en el Procedimiento Abreviado (PA), ese auto de imputación formal es el que prevé el art. 779.1.4º LECrim. y que recibe distintas denominaciones: auto de transformación o de continuación del PA; auto de clasificación, auto de acomodación, o simplemente, auto de PA. En este caso, al estar en fase de diligencias previas y de inadmisión de querella por falta de competencia territorial no cabe recurso de casación. No hay imputación formal. El auto de continuación del PA es la resolución en la que queda formalizada la imputación».

8. LA DOCUMENTACIÓN DE LA INSTRUCCIÓN: LAS PIEZAS SEPARADAS

Partamos de que la investigación judicial con relación a la comisión de un presunto delito se tramita dentro de lo que podemos calificar de un procedimiento o pieza principal, recordando que conforme al art. 17.1 LECrim, y como regla general, cada delito dará lugar a la formación de una única causa, sin perjuicio de la aplicación de las reglas de conexidad material del apartado segundo y de conexidad procesal del apartado tercero, así como la concurrencia de concursos ideales o mediales de delitos en los que podrá llevase en un solo procedimiento la investigación de varios delitos.

Este procedimiento principal, su fase de instrucción, comenzará con el auto de incoación, tras lo cual se practicarán las oportunas diligencias de averiguación del delito y la participación, finalizando con el auto de conclusión de la instrucción.

Ahora bien, junto con este procedimiento principal, se regula en nuestra Ley de Enjuiciamiento Criminal la formación de piezas separadas para diversas actividades procedimentales, que, con carácter general, podríamos definir como actuaciones periféricas concretas en el proceso penal, que para su más adecuada tramitación se llevan en pieza separada, en la mayor parte relativas a medidas cautelares o limitativas de derechos del encausado y en otros casos referentes a actuaciones accesorias e independientes de la investigación principal.

Cierto es que, junto con estas *actuaciones periféricas*, también se prevé abrir pieza separada para investigar y enjuiciar delitos conexos cuando existan elementos para hacerlo con independencia, y para juzgar a cada uno de los encausados, todo ello para simplificar y activar el procedimiento, habiendo tantas piezas separadas como resulten convenientes, todo ello conforme establece el 762.6ª LECrim.

Pues bien, al margen de la referida previsión del art. 762.6ª LECrim, del que surge un nuevo procedimiento independiente del que se ha separado en una nueva pieza, el resto de previsiones establecidas en la LECrim de apertura de piezas separadas, lo son para actuaciones periféricas vinculadas con el procedimiento principal y que, aun como pieza separada, lo integran.

Dicha apertura de piezas separadas para actuaciones periféricas son las siguientes:

* De la sustanciación de las recusaciones de los jueces y magistrados (art. 60 LECrim).
* Medida cautelar de prisión provisional, prisión y libertad provisionales y fianzas se sustanciarán en pieza separada (art. 519, 544 y 763 LECrim).

* Pieza de responsabilidades pecuniarias del responsable (590 y 764 LECrim).
* Pieza de responsabilidad civil de un tercero (619 LECrim).
* De la detención y apertura de la correspondencia escrita y telegráfica (579.5 LECrim).
* Interceptación de las comunicaciones telefónicas y telemáticas, la captación y grabación de comunicaciones orales mediante la utilización de dispositivos electrónicos, la utilización de dispositivos técnicos de seguimiento, localización y captación de la imagen, el registro de dispositivos de almacenamiento masivo de información y los registros remotos sobre equipos informáticos. (art. 588 *bis*.d) LECrim).
* En los procesos relativos a hechos derivados del uso y circulación de vehículos de motor el Juez o Tribunal podrá señalar y ordenar el pago de la pensión provisional que, según las circunstancias, considere necesaria en cuantía y duración para atender a la víctima y a las personas que estuvieren a su cargo (765.1 LECrim).

Cabe destacar que, tanto el supuesto contemplado en el art. 579 como en el del art. 588 *bis*.d), ambos de la LECrim, la pieza separada será secreta, sin necesidad de resolución que así lo acuerde expresamente, sin bien no debemos olvidar que dicho secreto no se extiende al procedimiento o pieza principal, en tal modo que de no ser declarado secreto expresamente, por resolución motivada, el procedimiento principal, y como ya hemos tenido ocasión de razonar, el mismo deberá ser puesto en conocimiento de las partes y las mismas tendrán acceso *pleno* al mismo, por más que exista una pieza de investigación secreta.

9. BREVE REFLEXIÓN SOBRE LA ATRIBUCIÓN AL JUEZ DE LA DIRECCIÓN DE LA INSTRUCCIÓN Y LA ADECUADA PROTECCIÓN DE LAS GARANTÍAS PROCESALES

No se pretende en este epígrafe un análisis pormenorizado sobre la atribución al juez de la dirección de la instrucción frente las iniciativas legislativas de las últimas décadas que atribuyen dicha función al Ministerio Fiscal —siendo sus exponentes más relevantes el anteproyecto de LECrim de 2011, el Borrador de Código Procesal Penal de 2013 y el actual Anteproyecto de LECRIM de 2020—, solo se pretende, siendo fiel al título del mismo, una breve reflexión.

Cierto es que, con carácter general, se viene razonando que a través de la atribución al Ministerio Fiscal de la instrucción penal —como ya ocurre en materia de responsabilidad penal de menores— se superaría definitivamente el sistema mixto que rige el proceso penal español, donde se sostiene que la fase de instrucción, atribuida su tramitación al juez, se basa en principios inquisitivos y solo es con la llegada de la fase de juicio oral donde el sistema acusatorio alcanza todo su *esplendor*.

Dicho planteamiento sostenido durante décadas, y acompañado por las distintas legislaciones en los países de nuestro entorno, así como los sistemas anglosajones, a los que se ha unido muchas de la reformas del proceso penal llevadas a cabo en Iberoamérica, no parece que se pueda sostener a la luz de nuestro sistema actual, de cuyo análisis podemos extraer que el sistema inquisitivo en la fase de instrucción no se supera necesariamente con un *cambio* en el órgano responsable de la instrucción penal, sino con teñir adecuadamente dicha fase de principios acusatorios y esencialmente en garantizar la intervención de las partes en legítimo derecho de defensa, de cuyo pilar básico son los principios de contradicción y audiencia.

No parece discutible que la figura del juez instructor omnipotente está en nuestro sistema plenamente superada, dotando a la fase de instrucción de un sólido sistema de garantías procesales, respetuoso con los derechos fundamentales de carácter procesal que encontramos en el art. 24 CE.

Son muchas expresiones que encontramos en la fase de instrucción reflejo de los principios que rigen en el sistema acusatorio; así, desde el primer momento, y aun acudiendo el juez instructor —nada habitual en nuestra práctica forense— a la incoación de un procedimiento penal de oficio al amparo del art. 308 LECrim por conocimiento directo de la perpetración de un presunto delito, el mismo debe dar entrada al procedimiento al Ministerio Fiscal, dar cuenta de su incoación —salvo la excepcional circunstancia de declaración de secreto interno de la causa al amparo del art. 302 LECrim— de manera inmediata al investigado, al amparo del art. 118.5 LECrim, y permitir a las víctimas u ofendidos del delito personarse en la causa, al amparo de los arts. 109, 109 *bis* y 110, todos ellos de la LECrim, siendo que todos estos, investigado, Ministerio Fiscal, acusaciones particulares y actores civiles —este último, con las limitaciones propias de la acción que ejercita, esto es, la civil— pueden instar en su derecho de defensa, las diligencias de investigación que tengan por oportuno, así como participar en las que se puedan acordar de oficio o a instancia del resto de partes procesales.

La actuación del juez instructor no tiene como fin, más allá de la literalidad del art. 299 LECrim, el de preparar el juicio, sino de investigar los hechos y si los mismos puedan tener carácter de delito, con determinación de sus posibles autores, acordando el sobreseimiento de la causa, no solo por determinar que los hechos no son delito o no han ocurrido, sino por la falta de debida justificación de delito o de su autoría. Se busca en la instrucción penal el esclarecimiento de los hechos —cuyo fin se deduce en el tratamiento de los delitos conexos, cuya razón esencial de ser tramitados en un solo procedimiento es el mejor esclarecimiento de los hechos— y averiguar la verdad, en tal modo que, como nos recuerda el art. 406 LECrim, la confesión del investigado no exime al juez de la búsqueda de la verdad y de determinar si hubo delito o no.

Y esta búsqueda no lo es en cualquier forma, sino con la intervención de las partes, durante la práctica de las diligencias de investigación, en tal modo que, si todas ellas llegaran a solicitar el sobreseimiento de la causa, el juez, agotadas las posibilidades que le ofrecen los arts. 642, 644 y 782.2, todos ellos de la LECrim, estará abocado a dicho sobreseimiento, por más que entienda debidamente justificado el delito y su autoría, estándole vetado la apertura de juicio oral.

Asimismo, con la actual regulación, y aun pudiendo adoptar diligencias de investigación de oficio, algunas de ellas, de especialmente intensa incidencia en derechos fundamentales —como sería, la diligencia de intervención de las comunicaciones—, requieren previo informe —aun no vinculante— del Ministerio Fiscal. Por último, determinadas medidas cautelares de carácter personal —la prisión provisional o la libertad provisional con fianza, o cualesquiera medidas cautelares personales sobre la persona jurídica— no pueden ser adoptadas si no es solicitada por alguna de las partes, en tal modo que, incluso, una vez adoptada a instancia de parte, deberá cesar inmediatamente si todos los legitimados para instarlas solicitan su cese.

Desde este análisis, ciertamente esquemático, es desde el que parece razonable sostener, y sin dejar de entender la bondades de otorgar la instrucción penal al Ministerio Fiscal, que el sistema de garantías, la existencia de un proceso teñido en todas sus fases de los principios esenciales de un sistema acusatorio, no radica en a quién se atribuya la instrucción penal, sino en que el procedimiento establecido para la tramitación de dicha instrucción responda a los principios de un sistema acusatorio, con adecuado respeto a las garantías procesales, que no parece que deban tener mayor eficacia en función de quién es el responsable de la instrucción.

Incluso cabe una pequeña reflexión sobre atribuir la instrucción penal a quien está llamado a, en su caso, ejercitar la acusación pública —lo que no ocurre con el juez instructor—, recayendo sobre el mismo órgano, y más allá de desarrollar su actuación desde principios de independencia, imparcialidad y de legalidad, la responsabilidad de investigar y, en su caso, de acusar, como sería la figura del fiscal instructor y, a su vez, acusador. No olvidemos que, con el actual sistema, el juez, aun llegado el caso, tras su investigación en la que considere que está debidamente justificado el delito y su autoría, no está en su mano acusar y solo trasladar lo actuado a quienes están legitimados para ejercitar la acción penal para que *decidan* ejercitarla, siendo solo posible llegar al acto del juicio si, por un lado, el juez instructor entiende debidamente justificado el delito y su autoría, y, por otro lado, el Ministerio Fiscal y el resto de partes acusadoras deciden que procede ejercitar la acción penal.

Al respecto, invita a la reflexión traer a colación la respuesta que dio la Sentencia del TJUE de 2/03/2021 [*Tol 8333868*] (asunto C-746/18-Prokuratuur), sobre si la autorización por un órgano jurisdiccional o una autoridad administrativa independiente para el acceso a datos sobre comunicaciones electrónicas disponibles al público en las redes públicas de comunicaciones, con afectación al derecho fundamental a la intimidad, puede ser llevado a cabo por el Ministerio Fiscal, cuando es quien dirige procedimiento de instrucción —aun obligado a actuar con independencia y solo sometido a la ley, con obligación de esclarecer tanto las circunstancias de cargo como las de descargo del investigado—, pero que, posteriormente, ejerce, en su caso, la acusación pública en el procedimiento judicial, puede tener la consideración de autoridad administrativa independiente.

Pues bien, dicha sentencia, tras resaltar que la función del Ministerio Fiscal no es resolver con total independencia un litigio, sino someterlo, en su caso, al órgano jurisdiccional competente, como parte en el proceso que ejerce la acusación penal, dio como respuesta que el «artículo 15, apartado 1, de la Directiva 2002/58, en su versión modificada por la Directiva 2009/136, en relación con los artículos 7, 8, 11 y 52, apartado 1, de la Carta de los Derechos Fundamentales, debe interpretarse en el sentido de que se opone a una normativa nacional que atribuye competencia al Ministerio Fiscal —cuya función es dirigir el procedimiento de instrucción penal y ejercer, en su caso, la acusación pública en un procedimiento posterior— para autorizar el acceso de una autoridad pública a los datos de tráfico y de localización a efectos de la instrucción penal».

BIBLIOGRAFÍA

- ARMENTA DEU, *Lecciones de Derecho procesal penal*, Marcial Pons, 2023.
- AZAÚSTRE, *El plazo de investigación penal ex art. 324 LECRIM*, Aranzadi, 2023.
- BANACLOCHE / ZARZALEJOS, *Aspectos fundamentales de Derecho procesal penal*, La Ley, 2023.
- DEL MORAL GARCÍA, *El secreto de las actuaciones en el proceso penal*, Estudios Jurídicos, Ministerio Fiscal I, 2002.
- DEL MORAL GARCÍA, *Responsabilidad penal de personas jurídicas y presunción de inocencia*, en "Compliance" y responsabilidad de las personas jurídicas, coord. por RODRÍGUEZ GARCÍA / RODRÍGUEZ LÓPEZ, 2021, ISBN 978-84-1378-795-4, pp. 31-72.
- GASCÓN INCHAUSTI, *Derecho procesal penal materiales para el estudio*, Edición digital, ISBN 978-84-09-14502-7, 2025.
- GIMENRO SENDRA / CONDE-PUMPIDO / GARBERÍ LLOBREGAT, *Los procesos penales. Comentarios a la Ley de Enjuiciamiento Criminal con formularios y jurisprudencia*, Editorial Bosch, 2000.
- MONTIEL OLMO, *El procedimiento para el enjuiciamiento rápido de determinados delitos. Sentencia de conformidad y ejecución*, CGPJ, Cuadernos Digitales de Formación CGPJ, volumen 6/2012. 2012.
- MORENO CATENA / CORTÉS DOMÍNGUEZ, *Derecho procesal penal*, Tirant lo Blanch, 2024.
- PIQUÉ VIDAL / RIFÁ SOLER / VALLS GOMBAU / SAURA LLUVIÁ, El proceso penal práctico, La Ley-Actualidad. 3ª Ed., 1997.
- REVILLA GONZÁLEZ, *Juicios mediáticos: de las salas de audiencia a las redes sociales (prevenir y remediar sus efectos)* Foro, Nueva época, vol. 26, núm. 2 (2023).

Capítulo 21

La instrucción (II). Inicio

Javier Abella López
Magistrado
Profesor de Derecho procesal
Universidad Carlos III de Madrid

Amaya Arnáiz Serrano[1]
Profesora Titular de Derecho procesal
Universidad Carlos III de Madrid

1. LA NOTICIA CRIMINAL Y LA POSICIÓN REACTIVA DEL ÓRGANO JUDICIAL

La noticia criminal —o *notitia criminis*— constituye el presupuesto fáctico que activa el mecanismo de persecución penal. Se entiende por tal cualquier conocimiento, directo o indirecto, que recibe la autoridad competente acerca de la posible comisión de un hecho con apariencia delictiva, con independencia de la forma en que llegue a su conocimiento (denuncia, querella, atestado policial, parte administrativo, comunicación de medios de comunicación, hallazgo casual, etc.) (art. 308 LECrim).

1 https://orcid.org/0000-0001-7125-9667

Este concepto, de raíz doctrinal y jurisprudencial, no requiere la certeza de que el hecho sea delictivo, sino la existencia de indicios que justifiquen el inicio de las diligencias preliminares de investigación. En todo caso la *notitia criminis* no exige prueba plena, sino únicamente una base indiciaria que motive la apertura del proceso penal.

1.1 Fuentes de la noticia criminal

La noticia criminal puede originarse por vías diversas:

* Denuncia (arts. 259 y ss. LECrim), ya sea de carácter obligatorio o facultativo.
* Querella (arts. 270 y ss. LECrim), como acto procesal de parte con contenido acusatorio.
* Actuaciones policiales (atestado, intervenciones de urgencia).
* Comunicación de autoridades o funcionarios públicos que tengan conocimiento del hecho en el ejercicio de sus funciones (arts. 262 y 264 LECrim).
* Hallazgos casuales durante otras investigaciones.
* Informaciones de terceros (incluso anónimas, con las cautelas que exige la jurisprudencia).

La doctrina distingue, además, entre *notitia criminis directa* (cuando proviene de la víctima o de testigos presenciales) e *indirecta* (cuando el conocimiento deriva de fuentes mediatas o de indicios objetivos) (INCHAUSTI RUIZ, 2020, p. 145).

1.2 Posición reactiva del órgano judicial

En el actual modelo procesal español, el órgano judicial responsable de la investigación penal —ya sea, por ejemplo, el juez de la sección de instrucción o de la sección única o, en su caso, de la sección de Violencia sobre la Mujer o de la sección de Violencia contra la Infancia y Adolescencia, del tribunal de instancia competente (LO 1/2025[2])— no actúa de oficio en sentido material,

[2] En adelante, y para mayor claridad y sencillez en la redacción, salvo que merezca mayor concreción en el texto que se introduzca su referencia, nos referiremos a «*juez instructor*» como a cualquiera de los jueces con competencia funcional en materia

sino en respuesta a la recepción de una noticia criminal por alguna de las vías legalmente previstas. Esta posición reactiva responde al principio acusatorio y al carácter rogado de la jurisdicción penal, que impiden la apertura de diligencias sin una base previa externa.

El art. 308 de la LECrim establece que el juez o tribunal practicará las diligencias iniciales "inmediatamente" que tenga conocimiento de la perpetración de un delito, reflejando la obligación de reaccionar procesalmente una vez recibida la noticia criminal. No obstante, la jurisprudencia advierte que esta activación debe venir precedida de un "juicio de posibilidad" que descarte de plano hechos manifiestamente atípicos o inverosímiles.

En este sentido, el órgano judicial debe:

* Verificar la competencia objetiva y territorial para conocer del asunto.
* Comprobar la suficiencia indiciaria de la información recibida y
* Evitar actuaciones prospectivas sin base fáctica concreta, en respeto a los derechos fundamentales.

1.3 Relevancia de la posición reactiva en el sistema de garantías

La configuración reactiva del juez instructor o investigador actúa como un filtro procesal y de garantías, evitando:

* Injerencias arbitrarias en la esfera de los ciudadanos.
* Investigaciones sin control jurisdiccional previo.

---

de investigación judicial de delitos, en el bien entendido de que con esta denominación nos referimos al juez unipersonal integrado en la Sección que corresponda del Tribunal de Instancia competente (o, en su caso, al juez de la sección de instrucción del Tribunal Central de Instancia, cuando de la Audiencia Nacional hablamos) —*v.gr.* Sección de Instrucción o de la Sección Única de Civil y de Instrucción, Sección de Violencia sobre la Mujer, o Sección de Violencia contra la Infancia y Adolescencia ...—, o al juez correspondiente del TS o TSJ al que se le atribuya dicha competencia funcional cuando la competencia objetiva venga determinada a dichos tribunales por razón de aforamiento del investigado. Asimismo, dicha referencia al «*juez instructor*» lo es también teniendo en cuenta la posibilidad de que, en los casos determinados en el art. 84.6 LOPJ, se nombre a dos jueces, conforme a un turno preestablecido y público, para que, junto con el juez a quien le hubiere sido turnado el asunto inicialmente, se encarguen de la instrucción de un determinado proceso penal. En el capítulo 5 de esta obra puede consultarse una explicación completa del nuevo modelo orgánico de los Tribunales de Instancia que introduce la LO 1/2025.

* Riesgo de solapamiento entre las funciones de impulso y sostenimiento de la acusación —atribuidas al Ministerio Fiscal y a las partes— y el papel de garante de los derechos fundamentales y director imparcial de la investigación que corresponde al juez.

Como destaca MORENO CATENA, este diseño responde al modelo constitucional de "juez imparcial" (art. 117 CE), que preserva la independencia judicial y el principio de separación de poderes, limitando la función instructora a supuestos donde exista una activación externa legítima (2019, p. 256).

2. LA DENUNCIA

Dedicaremos el presente epígrafe a aproximarnos a la denuncia como obligación, la denuncia como derecho, los requisitos formales y las obligaciones del «denunciador»; cuándo la misma es una mera declaración de conocimiento, y cuándo debe ser algo más, convirtiéndose en una declaración voluntad de que el delito se persiga.

2.1 Concepto

En una primera aproximación, y como definición básica, tenemos que la denuncia debe definirse como aquel acto de información mediante el cual una persona pone en conocimiento de la policía judicial, el Ministerio Fiscal, o la autoridad judicial, la existencia de unos hechos con apariencia delictiva. Se trata, por tanto, del cauce ordinario de exteriorización de la *notitia criminis*, sin que comporte en sí misma el ejercicio de la acción penal (MORENO CATENA, 2024, p. 203). Se trata, por tanto, de una «declaración de conocimiento» porque el denunciante únicamente informa sobre los hechos, sin obligación de aportar prueba que los acredite —más allá de su testimonio en caso de ser testigo, directo o de referencia—, ni de asumir la posición de parte acusadora en el proceso que pueda incoarse con motivo de esa denuncia —como sí ocurre con la querella una vez que es admitida a trámite—.

A diferencia de la querella, como veremos, que siempre debe interponerse ante un juez —y que lo deberá ser ante el inicialmente competente para conocer de dicha investigación judicial—, la denuncia puede formularse ante cualquier autoridad, bien sea policial, fiscal o judicial —arts. 259 y 264 LECrim—. Esta flexibilidad orgánica responde al principio de oficialidad, permitiendo que cualquier autoridad pública pueda actuar como primer receptor de la *notitia criminis*.

Quien la reciba será el encargado de realizar las diligencias iniciales para la comprobación de los hechos denunciados, sin perjuicio de su ulterior remisión al órgano judicial competente. No obstante, parte de la doctrina ha advertido del riesgo de equiparar sin matices toda información recibida a una denuncia formal, especialmente en contextos como la denuncia anónima o la proveniente de fuentes indirectas. Así, se ha advertido que «la ausencia de un marco mínimo de identificación y formalización puede abrir la puerta a filtraciones interesadas que erosionen garantías fundamentales» (ABELLA LÓPEZ, 2014, p. 73).

2.2 La denuncia como obligación

La presentación de la denuncia se constituye en un deber para quien haya presenciado un delito público —art. 259 LECrim— o tenga conocimiento del mismo por cualquier otra vía —art. 264 LECrim—. Este deber legal responde al principio de colaboración ciudadana en la persecución de delitos, si bien no convierte al ciudadano en un agente investigador, limitándose a trasladar una información primaria a la autoridad competente.

Este deber no implica que el denunciante deba aportar prueba de lo que manifiesta, sino simplemente trasladar la *notitia criminis* a la autoridad competente, activando su deber de investigar. La denuncia carece, por tanto, de carácter probatorio y su función es únicamente poner en marcha la actividad investigadora (CADENA SERRANO, 2019, p. 2).

Queda excluida de esta obligación de denunciar, la víctima del delito, para la cual dicha obligación cesa, se transforma en un derecho. Esta exclusión se vincula con la dispensa de declarar contra parientes, evitando conflictos de lealtad y preservando la intimidad familiar (BARRIENTOS PACHO, 2010, p. 1).

Están especialmente obligados a denunciar quienes tengan conocimiento del delito "por razón de sus cargos, profesiones u oficios", tales como policías o médicos —art. 262 LECrim—.

El art. 263 LECrim exceptúa de esta obligación a abogados y procuradores respecto de las "instrucciones o explicaciones" recibidas de sus defendidos o representados, así como a los sacerdotes por los hechos conocidos en el ejercicio de su ministerio. Esta excepción encuentra justificación constitucional en la preservación del secreto profesional como garantía del derecho de defensa y en la protección de la libertad religiosa.

La exención también alcanza a los impúberes y los privados de razón —art. 260 LECrim—, así como el cónyuge —no separado legalmente o de hecho— y asimilados, ascendientes, descendientes y hermanos del sospechoso —art. 261 LECrim—. No obstante, en el caso del art. 261, la exención cede ante determinados delitos graves y en los que pueden ser persona especialmente vulnerables, como son víctimas menores de edad o personas con discapacidad necesitadas de especial protección; así, no cesará la obligación de denunciar, aun cuando tenga alguna de las relaciones descritas con el presunto responsable, cuando se trate de un delito contra la vida, de un delito de homicidio, de un delito de lesiones de los arts. 149 y 150 del CP, de un delito de maltrato habitual previsto en el art. 173.2 del CP, de un delito contra la libertad o contra la libertad e indemnidad sexual o de un delito de trata de seres humanos y la víctima del delito sea una persona menor de edad o una persona con discapacidad necesitada de especial protección.

Con relación a la definición de persona con discapacidad necesitada de especial protección, podemos acudir a lo dispuesto en el art. 25 CP, esencialmente en su segundo párrafo; así, dicho precepto define en su párrafo primero la discapacidad como «aquella situación en que se encuentra una persona con deficiencias físicas, mentales, intelectuales o sensoriales de carácter permanente que, al interactuar con diversas barreras, puedan limitar o impedir su participación plena y efectiva en la sociedad, en igualdad de condiciones con las demás», para señalar en su párrafo segundo que, si bien a los efectos del CP, «se entenderá por persona con discapacidad necesitada de especial protección a aquella persona con discapacidad que, tenga o no judicialmente modificada su capacidad de obrar, requiera de asistencia o apoyo para el ejercicio de su capacidad jurídica y para la toma de decisiones respecto de su persona, de sus derechos o intereses a causa de sus deficiencias intelectuales o mentales de carácter permanente».

2.3 La denuncia como derecho

Para la víctima y ofendido la interposición de la denuncia es un derecho, derecho que en los delitos semipúblicos —los perseguibles de oficio previa denuncia del agraviado, su representante legal, o querella o denuncia del Ministerio Fiscal— se convierte además en un requisito de procedibilidad.

La condición de víctima del delito comprende a aquella persona física o jurídica —persona jurídica que puede ser víctima del delito, por más que no se le aplique el Estatuto de la Víctima conforme a la Ley 4/2015, solo destinado a personas físicas— titular del bien jurídico lesionado por la comisión del delito, siendo que el perjudicado es quien, sin ser titular del bien, resulta afectado negativamente en su posición jurídica subjetiva por dicha comisión. Así la STS de 24/11/2015 [*Tol 5593493*], señala que: «El ofendido por el delito, agraviado o sujeto pasivo del mismo, es el titular del bien jurídico protegido por la norma penal, que ha sido lesionado o puesto en peligro por el hecho delictivo. El perjudicado es quien ha sufrido un perjuicio o daño, patrimonial o moral por la comisión del hecho delictivo, e incluye tanto a la víctima directa como a los terceros».

De ahí que la doctrina haya afirmado que la posición del ofendido, como titular del bien jurídico protegido por la norma penal, le otorga una potestad de impulso procesal que no es trasladable o equiparable a la del mero perjudicado, siendo que solo aquel pueda condicionar la apertura del procedimiento en delitos semipúblicos (MUÑOZ MARÍN, 2001, p. 200).

En cuanto al elenco de delitos del vigente Código Penal que pueden ser calificados como delitos semipúblicos, esto es, que requieren la denuncia de la víctima u ofendido para la perseguibilidad de los mismos, son los siguientes:

* Delitos de homicidio o lesiones de los arts. 147.1, 149 y 150, todos del CP, cuando medie imprudencia menos grave —art. 142.2 y 152.2, del CP—.
* Delitos dolosos de lesiones del art. 147.2 y de maltrato de obra del art. 147.3, ambos del CP.
* Delitos de reproducción asistida sin consentimiento, del art. 161 CP.
* Delitos de amenazas leves del art. 171.7 CP.
* Delitos de coacciones leves del art. 172.3 CP.
* Delitos de acoso del art. 172 ter.4 CP.
* Delitos contra la integridad moral del 173.4 CP.
* Delitos de agresiones sexuales y acoso sexual, conforme art. 191 CP.
* Delitos sobre descubrimiento y revelación de secreto, conforme art. 201.1 CP.
* Delitos de abandono de familiar, conforme art. 228 CP.
* Delitos de daños por imprudencia grave, conforme art. 267 CP.
* Delitos relativos al mercado y a los consumidores, conforme art. 287 CP.
* Delitos societarios, conforme art. 296 CP.

No cabe duda de que para la víctima u ofendido del delito la denuncia constituye un derecho; de no ser así entendido, no sería posible establecer la categoría de delitos semipúblicos, pues si fuera obligatoria la interposición de la denuncia, también para la víctima del delito, la interposición de la misma no podría, a su vez, constituirse en un requisito de procedibilidad.

Conforme al art. 6 de la Ley 4/2015, de 27 de abril, del Estatuto de la Víctima del Delito, la víctima, al presentar su denuncia, tiene derecho a: i) Obtener una copia de la denuncia, debidamente certificada; y ii) Recibir asistencia lingüística gratuita y la traducción escrita de la copia presentada, cuando no entienda o no hable ninguna de las lenguas oficiales en el lugar donde se presente la denuncia.

En todo caso, esta configuración legal ha generado un intenso debate doctrinal. Para algunos autores, el carácter de requisito de procedibilidad de la denuncia en estos delitos actúa como salvaguarda de la autonomía de la víctima, defienden que este régimen evita la apertura de procesos penales contra la voluntad del ofendido, preservando su derecho a no activar la persecución en casos en los que razones personales, familiares o de conveniencia así lo aconsejen (GARCÍA ORTIZ, 2023, p. 6). En cambio, otro sector doctrinal ha advertido que esta exigencia puede generar zonas de impunidad, especialmente cuando la víctima está sometida a presiones o dependencias respecto del autor. En contextos de violencia de género o intrafamiliar, condicionar la persecución a la denuncia del ofendido puede dejar sin respuesta penal hechos graves si la víctima no se siente segura para denunciar (ÁLVAREZ DE NEYRA, 2023, p. 3).

El requisito de procedibilidad mediante denuncia encarna una tensión de la política criminal: por un lado, un enfoque menos intervencionista parece respetar más la voluntad de la víctima; de otro, un Estado más intervencionista o proteccionista podría actuar de forma más amplia para garantizar la eficacia en la prevención, control y persecución del delito, especialmente en entornos de vulnerabilidad donde la denuncia es inviable, y es en este espacio en el que cabe preguntarse ¿hasta qué punto el Estado debe retraerse por respeto a la voluntad de la víctima, y cuándo debe intervenir activamente para protegerla, incluso sin denuncia? La respuesta no resulta sencilla en ese difícil equilibrio entre el deseo de la sociedad de prevenir el delito y castigar su comisión, y el respeto a la víctima, por razones legítimamente atendibles, a que no se persiga el delito del que ha sido sujeto pasivo.

2.4 La denuncia como requisito de procedibilidad

2.4.1 Fundamentación legislativa y principios aplicables

Son variadas las razones por las que, frente a determinados delitos, se establece la necesidad de denuncia previa de la víctima como requisito de perseguibilidad. En algún caso se trata de una clara exteriorización del principio legislativo de intervención mínima —como pudiera ser en el caso de los delitos societarios o los relativos al mercado y a los consumidores—, en los que se deja en manos de la víctima buscar la solución civil del ilícito o acudir a la vía penal. En el ámbito societario, por ejemplo, la denuncia previa actúa claramente como filtro, evitando una intervención penal innecesaria en conflictos internos que pueden encontrar un cauce más adecuado para la solución del conflicto en el derecho mercantil o civil.

Ese mismo principio legislativo de intervención mínima se exterioriza en delitos que pueden ser calificados de "bagatela", como ocurre en determinados delitos leves, en los que —todos ellos, nos referimos a los que requieren denuncia previa para poder ser perseguidos—, además, el perdón del ofendido extingue la responsabilidad, de modo que el ofendido controla el uso de la vía penal como mecanismo de solución del conflicto. Este diseño legislativo refleja la voluntad de reservar la maquinaria penal para supuestos de relevancia social suficiente, reforzando la disponibilidad del conflicto por parte de la víctima (CADENA SERRANO, 2019, p. 3).

En otros casos, no es más que la exteriorización del reconocimiento del limitado interés social que existe por inmiscuirse en determinados conflictos de ámbito familiar —como puede entenderse del delito sobre impago de pensiones—.

Sin embargo, en otros supuestos, no se trata ni de una exteriorización del principio legislativo de intervención mínima, ni de un limitado interés de la sociedad en castigar penalmente el ilícito, sino de una cuestión de preservación de la intimidad de la víctima frente al interés del Estado de perseguir el delito —este es el caso de los delitos de agresión o acoso sexual—. En estos casos, la sociedad tiene interés en perseguir y castigar el delito, pero pondera, por encima de dicho interés, la decisión de la víctima de preservar su intimidad y evitar la revictimización —o victimización secundaria— que pueda sufrir al someterse a un proceso judicial en persecución del delito. Esta opción supone situar a la víctima en el centro del proceso decisorio, permitiéndole controlar la activación de la acción penal cuando su ejercicio pueda redundar en un daño adicional a su esfera personal (ÁLVAREZ DE NEYRA, 2023, p. 2).

2.4.2 La función garantista del requisito

La STS de 2/12/2016 [*Tol 5911477*] recuerda que la denuncia previa como requisito de procedibilidad o de perseguibilidad es establecida por el legislador que «sopesa los derechos e intereses de la persona ofendida o agraviada por el delito y los fines preventivos de la pena y del derecho penal, y permite que la iniciativa corresponda al individuo ofendido». Este planteamiento se alinea con la doctrina que considera que este requisito actúa como una salvaguarda procesal destinada a proteger la autonomía y la dignidad de la víctima, impidiendo que el Estado active un proceso penal que pueda producirle un daño mayor al sufrido con el hecho delictivo (GARCÍA ORTIZ; 2025, p. 6). El protagonismo de la víctima se refuerza al otorgarle la "llave" del proceso, un mecanismo que traslada a su esfera personal la decisión de iniciar o no la persecución.

Centrado en los delitos de agresión sexual, la STS de 20/11/2019 [*Tol 7615638*] razona que «Las condiciones de procedibilidad son requisitos que el legislador ha exigido, en ocasiones, para actuar procesalmente contra un posible autor de un delito. Se trata de exigencias procesales dispuestas por el legislador para asegurar el respeto a la víctima, a su dignidad, y posibilidad que el sistema penal no agrave la condición de la víctima por la tramitación de un proceso en el cual se va a reconstruir el hecho, de una gravedad inusitada, y que con la reconstrucción del hecho puede verse agravada la condición de la víctima, pues puede ser considerada, en determinados ámbitos, como la causante de un mayor dolor. Son requisitos a partir de los cuales se establece un filtro que permite condicionar el inicio del proceso a la voluntad de la víctima, constatando la existencia de intereses que pueden ser contrapuestos, la necesaria retribución al hecho delictivo y el conglomerado de intereses diversos que pueden concurrir y que correspondiera a la víctima gestionar. No afectan al delito cometido sino a su persecución y es manifestación del protagonismo de la víctima y de su dignidad en la medida en que se antepone su espacio de dignidad frente a la actuación del *ius puniendi*. La víctima es colocada como llave del proceso penal para evitar que su incoación produzca mayores males a sumar a los derivados del hecho delictivo».

Para muchos se trata de una "opción legislativa de empoderamiento procesal" que reconoce el papel de la víctima no solo como sujeto pasivo del delito, sino como agente con capacidad de control sobre el ejercicio del *ius puniendi* (ÁLVAREZ DE NEYRA, 2023, p. 3). Además, se ha advertido que este diseño procesal también busca evitar instrumentalizaciones del sistema penal en conflictos privados, lo que explica su uso en materias como el derecho penal económico o los delitos familiares. En estos supuestos, el requisito de procedibilidad operaría como un filtro para evitar que el proceso penal sea un mero instrumento de presión o venganza (GOSÁLBEZ, 2018, p. 214).

Ahora bien, esta función garantista no está exenta de críticas. Parte de la doctrina alerta de que este requisito puede convertirse en un obstáculo para la protección penal en contextos de vulnerabilidad, como la violencia de género o intrafamiliar, donde las relaciones de dependencia o miedo pueden impedir que la víctima active el procedimiento, generando espacios de impunidad (ÁLVAREZ DE NEYRA, 2023, p. 4). Este mismo dilema se plantea en el derecho comparado, mientras que en países como Alemania, la exigencia de denuncia previa en ciertos delitos sexuales fue eliminada para garantizar la persecución de oficio cuando existen indicios suficientes; en Italia se mantiene en parte como manifestación de la disponibilidad de la acción penal en delitos de carácter íntimo.

Por último, señalar que, aunque formalmente la denuncia en estos casos sigue siendo una "declaración de conocimiento", su valor real se transforma en una manifestación de voluntad que condiciona la activación del proceso penal, de ahí que su régimen jurídico y sus exigencias probatorias deban ser interpretados a la luz de su función protectora (CADENA SERRANO, 2019, p. 2).

2.4.3 *Interpretación flexible y evolución jurisprudencial*

La determinación de cuál es la razón por la que se establece la denuncia previa como requisito de perseguibilidad o procedibilidad fijará los contornos de la exigencia de su cumplimiento. Frente a los delitos de agresión sexual, dicha exigencia debe estar dotada de menos formalismos; sin embargo, cuando la razón del requisito reposa en principios de intervención mínima, debe ser más exigente con los elementos que han de colmar dicha exigencia de perseguibilidad.

Incluso en estos delitos —los de ataques a la libertad sexual— donde el interés del Estado por perseguirlos es indudable, existen fuertes corrientes doctrinales que abogan por eliminar esta exigencia. Iniciativas legislativas en el ámbito europeo apuntan hacia esta idea, como la Directiva 2024/1385 del Parlamento Europeo y del Consejo, de 14/05/2024, sobre la lucha contra la violencia contra las mujeres y la violencia doméstica, cuyo artículo 15.5, en correlación con su considerando 37, dispone:

> «Los Estados miembros velarán por que la investigación o el enjuiciamiento de los actos de violación no dependan de la denuncia por parte de la víctima o su representante, ni de la querella de la víctima o de su representante, y por que la causa penal no sea sobreseída por el mero hecho de que se haya retirado la denuncia o la querella».

Esta tendencia de supresión del requisito en materia de violencia sexual se justifica en la necesidad de garantizar la protección de las víctimas frente a presiones externas y de evitar que la falta de denuncia se traduzca en espacios de impunidad (ÁLVAREZ DE NEYRA, 2023, p. 4).

Al respecto, el ATS de 26/09/2024 [*Tol 10236994*], así nos lo recuerda: «La exigencia de este requisito de procedibilidad no refleja una posición pacífica de la doctrina ya que hay opiniones muy fundadas que consideran que debería desaparecer, despojando a estos delitos de su naturaleza semiprivada. En cualquier caso desde antiguo la jurisprudencia de esta Sala viene flexibilizando su exigencia. Así, se ha declarado que no es necesaria una denuncia escrita y formal, bastando con una comunicación verbal (STS 272/2001, de 19 de febrero). En esa misma dirección y según recuerda la STS 340/2018, de 6 de julio, haciéndose eco de pronunciamientos anteriores (SSTS 96/2009, de 10 de marzo o 705/2016, de 14 de septiembre), debe tenerse por cumplido este requisito cuando el perjudicado se persona en las actuaciones para ejercer la acusación o cuando, conociendo la existencia del proceso, no se opone al mismo. También se ha dicho que la mera anuencia pasiva a la prosecución del proceso, convalida la inexistencia de denuncia inicial (STS 1341/2000 de 20 de noviembre) e incluso que la renuncia a las acciones civiles por el representante legal del menor no erosiona la legitimidad de la condena (STS 131/2013, de 20 de febrero). En efecto, la esencia del requisito de procedibilidad en estos delitos denominados semipúblicos radica en la concurrencia convergente del derecho con la intimidad y los derechos de la persona, que el Derecho Penal también ha de respetar y que entraña que, en atención a la naturaleza y características de estos delitos, se deje en manos del titular de los bienes jurídicos afectados la oportunidad de su persecución exigiendo que sea la persona perjudicada quien actúe la reprensión del hecho delictivo. Obviamente, cuando se trata de menores o personas con discapacidad necesitada de especial protección, que, por sus propias circunstancias, no se encuentran en condiciones de formular denuncia, por la imposibilidad de realizar por ellos mismos la ponderación de los bienes en conflicto, el inicio de la reprensión debe ser realizado por el representante legal o el Ministerio Fiscal. [...]. Consecuentemente, el requisito de procedibilidad no puede interpretarse de forma rigurosa y formal».

Esta flexibilidad responde a la necesidad de compatibilizar la eficacia en la persecución con el respeto a la autonomía de la víctima, permitiendo que su voluntad se manifieste de forma expresa o tácita (CADENA SERRANO, 2019, p. 3). En este sentido debe recordarse que la jurisprudencia ha ampliado el concepto de denuncia a manifestaciones no formales que evidencian el consentimiento de la víctima, lo que se traduce en un criterio sustancial más que formalista para entender cumplido el requisito (ABELLA LÓPEZ, 2014, p. 76).

2.4.4 *Naturaleza y manifestaciones de la voluntad de denunciar*

Cuando hablamos de la denuncia como requisito de procedibilidad, debe verse como algo más que una «declaración de conocimiento» propia de toda denuncia: se trata de una «declaración de voluntad» inequívoca de que se persiga el delito.

Así la STS de 27/03/2017 [*Tol 6026724*], vino a señalar que «la denuncia cuando es concebida por el legislador como requisito de procedibilidad para la persecución de determinados delitos (semipúblicos en la terminología clásica), ve transmutada en cierta medida su naturaleza. Ya no constituye en exclusiva la forma de vehicular la notitia criminis. Encierra algo más: una manifestación de voluntad. En verdad externamente la denuncia en esos delitos sigue siendo una declaración de conocimiento, pero solo mediante la activación por parte del ofendido o perjudicado quedan abiertas las puertas del proceso penal. Si la notitia criminis llegó por otra vía, eso no cancela la posibilidad de persecución cuando el perjudicado, toma conocimiento de la apertura del proceso penal y comparece en el mismo aflorando su anuencia con la sanción de esos hechos. La vertiente de puesta en conocimiento del órgano judicial de la notitia criminis se desvanece: es innecesaria esa información pues ya se cuenta con ella. Pero se subsana el otro componente de la denuncia en estos delitos semipúblicos o semiprivados: la constancia de que el perjudicado muestra su consentimiento con el seguimiento del proceso penal, exteriorizando su voluntad de que se tenga por cumplimentado tal requisito que depende de él. En esos casos no es necesaria una denuncia formal».

Este requisito puede ser convalidado o subsanado con posterioridad al inicio de la investigación judicial, de tal modo que, aun no habiendo denunciado la víctima u ofendido, si sus actos dentro del proceso exteriorizan su voluntad de que se persiga el delito, deberá entenderse subsanada esa falta de denuncia previa; ejemplo de dicha exteriorización de la voluntad de que se persiga el delito lo podemos encontrar en el acto de personarse como acusación particular o, incluso, mostrando, de manera indubitada, su consentimiento con que se persiga el delito del que sería víctima u ofendido. Esta concepción flexible «prioriza la sustancia de la voluntad de persecución sobre los formalismos», evitando nulidades que perjudiquen la tutela judicial efectiva (CADENA SERRANO, 2019, p. 4).

Al respecto, resulta ilustrativo el ATS de 26/09/2024 [*Tol 10236994*], cuando señala lo siguiente: «El entendimiento del término "denuncia" a los efectos del art. 191 Código Penal ha experimentado una evolución hacia un concepto carente de formalismos y equiparables a lo que sería una "manifestación de voluntad" de que prosiga el procedimiento hasta su conclusión depurando las responsabilidades penales a que hubiere lugar o consintiendo su tramitación sin expresar su oposición a ello. Y esto se puede manifestar en el inicio del procedimiento dando lugar a su incoación cuando los hechos eran desconocidos, pero también con posterioridad durante su tramitación cuando este ya se ha iniciado. Y se puede apreciar tal voluntad no solo en los supuestos de personación en la causa como acusación particular. Se puede apreciar en base a su comportamiento en el proceso, el contenido de sus comparecencias o a lo manifestado en sus declaraciones. En el presente supuesto, comprobadas las actuaciones, se advierte que la víctima ejercitó la acusación particular por sí misma y no a través de su representante legal, por lo que se no se aprecia ninguna infracción del requisito de procedibilidad».

Esta ampliación conceptual, como destaca ABELLA LÓPEZ, se ha consolidado en la jurisprudencia para reconocer como válidas formas no estrictamente formales de manifestar la voluntad de persecución, siempre que de ellas se desprenda de forma clara e inequívoca la intención de la víctima (2014, p. 76).

En sentido contrario, no se colma esa exigencia cuando, por ejemplo, la víctima, al ser interrogada en sede judicial, se limita a reconocer unos hechos sin manifestar su voluntad de que se persigan, lo que no supera la mera declaración de conocimiento. En palabras de ÁLVAREZ DE NEYRA «la constatación de hechos sin una declaración expresa o tácita de voluntad procesal no satisface la ratio garantista del requisito, pues la clave no está en el relato, sino en la autorización para que el Estado intervenga» (2023, p. 5).

2.5 Forma

La forma de la denuncia puede ser escrita o verbal, aunque en este segundo caso deberá extenderse un acta con los hechos denunciados. El denunciante siempre debe estar identificado (art. 264-268 LECrim). La denuncia puede presentarse en nombre propio o en nombre de un tercero, siempre que tenga poder especial para ello (art. 265 LECrim).

Esta exigencia de identificación del *denunciador* vendría a impedir que denuncias anónimas puedan servir para incoar "directamente" un proceso penal, sin perjuicio de la posibilidad, (ABELLA LÓPEZ, 2014, p. 73), de que las mismas puedan servir para iniciar actos de investigación o comprobación por parte de la policía o del Ministerio Fiscal, formulando, en el caso del Ministerio Fiscal, si entendiere que los hechos son constitutivos de delito y tras la práctica de diligencias de investigación preprocesales a las que se refiere el art. 773.2 de la LECrim, la oportuna denuncia o querella, o bien, en el caso de los funcionarios de policía, iniciando una investigación instruyendo el oportuno atestado para recabar los datos suficientes a los efectos de comprobar la posible perpetración del hecho delictivo denunciado anónimamente.

En la Instrucción 3/1993, de 16 de marzo, de la Fiscalía General de Estado, en los casos de que los Fiscales tengan noticias, a través de una denuncia anónima, de un hecho aparentemente delictivo, se razonaba «Una vez practicadas, en su caso, las diligencias de averiguación que se estimen oportunas podrá el Fiscal instar del Juzgado de Instrucción la incoación de las correspondientes Diligencias Previas y, con ellas, de la primera fase del proceso penal».

La posibilidad de investigación del Ministerio Fiscal a partir de una denuncia anónima que entendemos también quedaría vedada si el Ministerio Fiscal fuera el responsable de la investigación penal, como ocurre en materia de menores, siendo que, en ese caso, no sería posible iniciar dicha investigación a partir de dicha noticia anónima, sin perjuicio de que el Ministerio Fiscal, como responsable de la investigación penal —como lo es ahora el juez instructor— remitiera la causa a la policía judicial para que practiquen su investigación policial a partir de una información anónima.

Así, si el juez instructor recibe una denuncia anónima, deberá abstenerse de incoar un procedimiento, remitiendo a la policía judicial o, en su caso, al Ministerio Fiscal; siendo en el caso de este último, y si entendiere que los hechos son constitutivos de delito, debería practicar las diligencias de investigación *preprocesales* a las que se refiere el art. 773.2 LECrim, tras las cuales, y con elementos, más allá de un relato anónimo, interponer la oportuna querella.

En el caso de remitir la denuncia anónima a los funcionarios de policía judicial, los mismos deberán iniciar la oportuna investigación policial, como ocurriría con la figura del confidente, instruyendo el oportuno atestado para recabar los datos suficientes a los efectos de comprobar la posible perpetración del hecho delictivo denunciado anónimamente.

Esta línea argumental parece sostener la STS de 24/02/2000 [*Tol 4922856*], cuando expone que «Se evidencia así la necesidad de evitar la precipitada comunicación de las denuncias recibidas, cuando por el anonimato o por su vaguedad, lo comunicado aún siendo suficiente

para iniciar una investigación en sede policial dirigida a comprobar la información recibida, no lo sea para proceder sin más a trasladar su recepción a la Autoridad Judicial".
En similar sentido, la STS de 12/11/2007 [*Tol 1221162*], vino a señalar «Estas denuncias anónimas sólo pueden servir para iniciar unas diligencias policiales en averiguación de la verdad de lo denunciado».

No obstante, la posterior evolución jurisprudencial, y de manera consolidada, viene contemplando, contrariamente a lo expuesto, la denuncia anónima como medio válido mediante el que se transmita la noticia de la comisión de un hecho punible y que puede dar lugar al inicio de la investigación judicial, tomando como base legal el deber de investigar establecido en el art. 308 de la LECrim, si bien, ante denuncias anónimas, vendría a exigir al juez instructor un juicio de ponderación reforzado de la verosimilitud, credibilidad y suficiencia para dar lugar a la incoación de un procesal penal.

Ilustrativa de esta corriente, y del espíritu que subyace, encontramos la SAN de 13/11/2024 [*Tol 10293*], que, no obstante, no deja de apuntar los riesgos de la misma —titula el fundamento donde lo analiza como LA DENUNCIA ANÓNIMA E INVESTIGACIONES PROSPECTIVAS—; dicha resolución dispone: «69.– "La LECrim vigente exige como requisito formal la identificación del denunciante. Así, establece el Art. 266 que "la denuncia que se hiciere por escrito deberá estar firmada por el denunciador". La denuncia verbal exige la misma formalidad en el Art. 267, lo que da pie a pensar en el propósito legislativo de evitar el anonimato del denunciante. Conforme a esa concepción, la Real Orden Circular de 27 de enero de 1924 señalaba que "las denuncias anónimas no deben ser atendidas por las Autoridades, y menos dar lugar a actuación alguna respecto del denunciado sin previa comprobación de hechos cuando parezcan muy fundados". 70.– "Sin embargo, la lógica prevención frente a la denuncia anónima no puede llevarnos a conclusiones contrarias al significado mismo de la fase de investigación. Se olvidaría con ello que el Art. 308 de la LECrim referido al sumario ordinario, obliga a la práctica de las primeras diligencias "inmediatamente que los Jueces de instrucción (...) tuvieren conocimiento de la perpetración de un delito". Es indudable que ese conocimiento puede serle proporcionado por una denuncia en la que no consta la identidad del denunciante. Cuestión distinta es que ese carácter anónimo de la denuncia refuerce el deber del Juez instructor de realizar un examen anticipado, provisional y, por tanto, en el plano puramente indiciario, de la verosimilitud de los hechos delictivos puestos en su conocimiento. Ante cualquier denuncia —sea anónima o no— el Juez instructor puede acordar su archivo inmediato si el hecho denunciado "... no revistiere carácter de delito" o cuando la denuncia "... fuera manifiestamente falsa" (Art. 269 LECrim)". 71.– "Nuestro sistema no conoce, por tanto, un mecanismo jurídico que habilite formalmente la denuncia anónima como vehículo de incoación del proceso penal, pero sí permite, reforzadas todas las cautelas jurisdiccionales, convertir ese documento en la fuente de conocimiento que, conforme al Art. 308 de la LECrim, hace posible el inicio de la fase de investigación". 72.– "Todo indica, por tanto, que la información confidencial, aquella cuyo transmitente no está necesariamente identificado, debe ser objeto de un juicio de ponderación reforzado, en el que su destinatario valore su verosimilitud, credibilidad y suficiencia para la incoación del proceso penal. Un sistema que rindiera culto a la delación y que asociara cualquier denuncia anónima a la obligación de incoar un proceso penal, estaría alentando la negativa erosión, no sólo de los valores de la convivencia, sino el círculo de los derechos fundamentales de cualquier ciudadano frente a la capacidad de los poderes públicos para investigarle". 73.– "Pero nada de ello impide que esa información, una vez valorada su integridad y analizada de forma reforzada su congruencia argumental y la verosimilitud de los datos que se suministran, pueda hacer surgir en el Juez, el Fiscal o en las Fuerzas y Cuerpos de Seguridad del Estado, el deber de investigar aquellos hechos con apariencia delictiva de los que tengan conocimiento por razón de su cargo". La sentencia que comentamos señala otros precedentes como la STS 11/2011, de 1 de febrero, 1047/2007, de 17 de diciembre, 834/2009, de 16 de julio y 1183/2008, de 1 de febrero y de su lectura se puede concluir que una denuncia anónima no impide una investigación penal, sino que exige únicamente un análisis reforzado para su toma en consideración que pondere la coherencia y la verosimilitud de los datos (STS 679/2019, de 5 de diciembre)"».

En este contexto, conviene destacar la incidencia del nuevo marco normativo derivado de la Ley 2/2023, reguladora de la protección de las personas que informen sobre infracciones normativas y de lucha contra la corrupción. En esta ley se incorpora al ordenamiento español la Directiva (UE) 2019/1937, estableciendo un régimen de protección reforzada para quienes comuniquen infracciones, ya sea a través de canales internos, externos o por revelación pública. El legislador español ha optado por un modelo que ampara no solo al whistleblower en sentido estricto, sino a cualquier persona que, de buena fe, aporte información sobre infracciones, garantizando su anonimato y prohibiendo represalias (MAGRO SERVET, 2023, p. 4).

Esta normativa introduce un elemento novedoso en la valoración de las denuncias anónimas: aunque la LECrim mantiene la exigencia de identificación para la incoación directa de procesos penales, la Ley 2/2023 reconoce canales seguros de comunicación que pueden preservar la identidad del informante sin que ello impida la activación de diligencias de comprobación. Hay quien considera que esta interacción normativa obliga a repensar el tratamiento procesal de la denuncia anónima, especialmente cuando proviene de canales regulados y supervisados, en los que la credibilidad y trazabilidad de la información pueden ser objetivamente evaluadas (GOSÁLBEZ, 2018, p. 214).

Pese al valor que el régimen del *whistleblower* puede aportar en la detección de infracciones y delitos, es preciso extremar las cautelas. La confidencialidad y el anonimato, sin filtros iniciales adecuados, pueden ser instrumentalizados para formular denuncias espurias o venganzas personales, especialmente en entornos laborales o empresariales. El diseño del sistema debe equilibrarse con la protección de la presunción de inocencia y el derecho al honor del denunciado, evitando daños reputacionales irreparables antes de una mínima comprobación de los hechos. Además, la existencia de una denuncia en canal protegido no debe interpretarse como obligación automática de incoar procedimiento penal, sino que debe someterse a un juicio de verosimilitud que permita evitar lo que la jurisprudencia ha denominado el "culto a la delación" y así preservar los valores de la convivencia y las garantías del proceso penal.

2.6 Efectos y causas de inadmisión

Siguiendo lo dispuesto en el art. 269 LECrim, el efecto principal de la denuncia de un hecho que pudiera ser delictivo es la necesidad de investigar, y lo es ante la mera posibilidad de que se haya cometido un delito, teniendo en cuenta, entre otros, el principio de oficialidad, en tal modo que la denuncia habrá de provocar, como norma, la incoación del proceso y el inicio de la investigación de lo denunciado.

Solo no procederá el inicio de la investigación, y como expresamente dispone el art. 269 LECrim, cuando la denuncia sea manifiestamente falsa o el hecho denunciado no sea delito, es decir, no cabe duda de que para dar inicio a un proceso penal basta con la mera *posibilidad* de la existencia del delito, en tal modo que cuando no se supera ese juicio de posibilidad porque no hay dudas de que el relato es falso o que no es delito, no se iniciará una investigación judicial.

Iniciada la investigación judicial, al superarse el juicio de posibilidad, y tras las pertinentes diligencias de investigación, se podrá abrir la fase de acusación o fase intermedia del proceso si se supera el juicio de probabilidad —o debida justificación— de la existencia del delito y autoría, permitiendo desembocar en la fase de enjuiciamiento —siempre que alguien legitimado para ello sostenga la acusación—, llegando a un pronunciamiento condenatorio si se supera el juicio de certeza —más allá de la duda razonable—. Esta secuencia de juicios de suficiencia responde a una lógica de garantías progresivas: en cada fase del procedimiento el estándar probatorio se eleva, evitando que imputaciones carentes de base avancen innecesariamente en el proceso (ENCINAR DEL POZO, 2021, p. 8).

Por otro lado, el denunciante no asume la condición de parte, más allá de su participación en el proceso como fuente de prueba, pudiendo declarar en el mismo, en su caso como testigo; de ser denunciante, víctima u ofendido del delito, el mismo podrá, en su caso, constituirse en acusación particular —arts. 109 y 109 *bis* LECrim—. Esta distinción es esencial para preservar la neutralidad de la denuncia, pues su finalidad es poner en marcha el mecanismo procesal, pero no implica que el denunciante deba sostener la acusación ni cargar con las consecuencias jurídicas de la acción penal (ABELLA LÓPEZ, 2014, p. 75).

3. LA QUERELLA

3.1 Concepto

La querella no sólo supone una declaración de conocimiento —a lo que se circunscribe la denuncia, salvo en las denuncias que se configuran como un requisito de procedibilidad, que exteriorizan una declaración de voluntad de que se persiga el delito—, sino que supone una declaración de voluntad, no solo de que se persiga el delito, sino que además exterioriza la voluntad de ejercer la acción penal y, en su caso, la civil, dentro del proceso penal cuya apertura se solicita con su interposición.

Insistimos que, como acto de acusación, y a diferencia de la denuncia, se trata de un acto de voluntad, aunque también encierra una declaración de conocimiento —como en la denuncia—; con la querella se pone en conocimiento del juez instructor unos hechos delictivos no solo para que los conozca y compruebe, sino para pedir que se inicie el procedimiento penal contra una persona a la que formalmente se acusa de su comisión.

Es la querella un instrumento formal y escrito de ejercitar el poder de acusar, un acto formal de acusación, un acto procesal de parte mediante el cual se trata de dar inicio al proceso penal —que así será en caso de ser admitido a trámite—, y todo ello si es que el proceso penal no ha comenzado todavía.

Si ya se ha hubiese iniciado el proceso penal (p.ej. antes a través de denuncia o atestado), no será necesaria presentación de querella para ser parte procesal como acusación, sino que bastará la personación en forma para constituirse como tal; así, nos lo recuerda la STS de 30/5/2003 [*Tol 4926539*], cuando con relación al acusador popular, en el caso de que su personación se pretenda con la causa ya iniciada, señalando que, en ese caso, no es preciso presentar querella, basta con su personación en forma.

Además, la querella, a diferencia de la denuncia, activa directamente la condición de parte procesal para el querellante, asumiendo desde ese momento las cargas y responsabilidades propias de la acusación, incluida la eventual obligación de prestar fianza (art. 280 LECrim) —a salvo de las personas del art. 281 LECrim— o la responsabilidad por acusación y denuncia falsa si la imputación se demuestra infundada (arts. 456 y 457 CP). En definitiva, la querella es, en el sistema procesal español, la forma paradigmática de ejercicio de la acción penal por particulares, representando un cauce formalizado y sometido a control judicial previo, lo que constituye una garantía tanto para el querellado como para la correcta utilización del proceso penal (MORENO CATENA, 2019, p. 221).

3.2 Legitimación activa

En adecuada correlación con las personas legitimadas para el ejercicio de la acción penal, esto es, adquirir la condición de sujeto activo de la acción penal, tienen legitimación para ser querellante:

* El Ministerio Fiscal, como titular del ejercicio de la acción pública.
* La víctima o el ofendido por el delito, sea español o extranjero (arts. 270 y 271 LECrim).
* Cualquier ciudadano español siempre que se trate de un delito público, en ejercicio de la acción popular reconocida en el art. 125 CE y desarrollada en los arts. 101, 270 y ss. LECrim.

En los **delitos privados**, la querella del ofendido constituye un requisito imprescindible para la incoación del proceso y el enjuiciamiento del delito, como ocurre en las injurias y calumnias contra particulares (arts. 278 LECrim y 215.1 CP).

La legitimación activa para la interposición de la querella no solo responde a un criterio de interés en la persecución del delito, sino que constituye un mecanismo de control para evitar el abuso del proceso penal como herramienta de hostigamiento. De ahí que, en determinados supuestos, se exija caución económica como garantía frente a imputaciones temerarias o maliciosas.

En este sentido, el querellante popular —no así la víctima directa o indirecta del delito (querellante particular o, en su caso, privado) o determinadas asociaciones, todo ello conforme a los arts. 109 bis 3 y 281 de la LECrim, y art. 2.b del Estatuto de la Víctima de Delito— deberá ofrecer la constitución de fianza (art. 280 LECrim). Esta exigencia responde a dos objetivos: a) garantizar el resarcimiento de costas procesales por querellas temerarias y b) disuadir usos malintencionados de la acción penal como herramienta de presión o provocación.

En todo caso, la fianza no debe fijarse en una cuantía que limite o impida el ejercicio de las acciones penales, de conformidad con lo dispuesto en los arts. 24 CE y 20.3 LOPJ, así como con la doctrina constitucional que proscribe toda restricción desproporcionada del derecho de acceso a la jurisdicción (por todas, las SSTC 62/1983 [*Tol 79227*] y 113/1984 [*Tol 79402*]).

Por su parte, el querellante extranjero —en su condición de querellante particular— también deberá ofrecer la constitución de fianza, salvo que disponga lo contrario un tratado internacional o que proceda aplicar el principio de reciprocidad (art. 281, *in fine*, LECrim). Su posible exención mediante tratados internacionales muestra una apertura al marco de cooperación judicial global.

3.3 Presupuestos y requisitos

La querella ha de interponerse exclusivamente ante el juez instructor competente —que en materia de aforamiento lo será un magistrado del TSJ o del TS al que se le atribuya dicha competencia funcional cuando la competencia objetiva venga determinada a dichos tribunales—, siendo causa de desestimación de la misma cuando se interponga ante órgano judicial incompetente —art. 313 LECrim—; si bien, por razones de urgencia podrá el querellante acudir a otro juez para que practique las primeras diligencias instructoras —art. 273 LECrim—, que solo se practicarán si es previamente admitida —art. 312 LECrim—.

La querella debe ser siempre escrita e ir firmada por abogado y procurador con poder bastante —no hará falta que el querellante firme la querella cuando el poder otorgado al Procurador sea especial, es decir "ad hoc"—, y tendrá que consignar:

* El tribunal ante quien se presente.
* El nombre, apellidos y vecindad del querellante.
* El nombre, apellidos y vecindad del querellado. Si se ignoran estas circunstancias, se deberá hacer por las señas que mejor puedan dar a conocerle.
* La relación circunstanciada del hecho, con expresión del año, mes, día y hora en que se ejecutó, si se supieren.
* Se ha de tratar de un hecho con apariencia de delito, con independencia de su comprobación posterior, porque el art. 313 LECrim permite al juez inadmitir a trámite la querella cuando los hechos en que se funde no constituyan delito.
* Las diligencias que deban practicarse para la comprobación del hecho o incluso las medidas cautelares que se solicitan.
* La petición de que se admita la querella.
* La firma del querellante o de otra persona a su ruego —si no puede firmar o no sabe—, cuando el procurador no tenga poder especial para formular la querella.

Estos requisitos no son meros formalismos, sino garantías procesales que cumplen una doble función: a) permitir al órgano judicial un control inicial sobre la seriedad de la imputación; y b) evitar que se inicien procesos penales sin base mínima fáctica o jurídica, en coherencia con la función depuradora del art. 313 de la LECrim. El juez deberá comprobar que los hechos denunciados presentan, al menos de forma indiciaria, caracteres de delito antes de admitir la querella, sin que ello suponga un juicio anticipado sobre el fondo.

3.4 Admisión

La admisión a trámite de la querella depende de que los hechos que se describan puedan constituir delito —y de que se haya presentado ante el órgano judicial competente—, todo ello conforme dispone el art. 313 LECrim, en tal modo que, cumplidos los requisitos formales, salvo que el hecho que se ha descrito no sea delito, procederá su admisión, en tal modo que ante la posibilidad de que estemos ante la comisión de un delito, debe darse trámite a la querella y llevar a cabo la investigación judicial oportuna.

Una vez admitida, el querellante adquiere la condición de parte acusadora en el proceso, con facultad para proponer diligencias instructoras y participar en las que se practiquen. Conforme al art. 274 LECrim, salvo el Ministerio Fiscal, el querellante puede apartarse del procedimiento en cualquier momento, quedando, no obstante, sujeto a las responsabilidades derivadas de sus actos anteriores.

Para el caso de no cumplirse los requisitos formales —y que se recogen, como ya señalábamos, en el art. 277 LECrim—, será tratada como denuncia, la cual, ya en dicha condición, será objeto de análisis para su admisión. Por tanto, cuando no se cumplan los requisitos formales, la querella se tramitará como denuncia, la cual será evaluada para decidir su admisión bajo ese régimen. Esta conversión no implica desatender los hechos relatados, subsiste el deber de investigar si concurren indicios, aunque el escrito pierda las facultades procesales propias de la querella (LUZÓN CÁNOVAS, 2014, p. 5).

Piénsese, por ejemplo, en el caso de interposición de querella con relación a hechos que pudieran constituir un delito semipúblico —y, por tanto, con necesidad de denuncia previa como requisito de procedibilidad—, y que la causa de no dar trámite a la querella es la falta de acreditación de representación por el procurador que encabeza la misma; pues bien, tratada la inicial querella como denuncia, no podrá dar lugar, sin más, a la apertura de una investigación judicial hasta que no se verifique el requisito de procedibilidad de denuncia previa de la víctima u ofendido, teniendo en cuenta que el procurador no estaría acreditando la representación; en este caso, el procedimiento deberá quedar sobreseído provisionalmente por falta de requisito de procedibilidad.

El control de admisión constituye, por tanto, un filtro procesal con doble finalidad: a) garantizar que no se inicien procesos carentes de base; y b) evitar un uso espurio del proceso penal como instrumento de presión o descrédito, especialmente en el caso de la querella popular. De ahí que se suela vincular la inadmisión temprana con la protección de derechos fundamentales del querellado frente a imputaciones manifiestamente infundadas. Pues el principio *pro actione* tiene límites y no puede amparar la admisión de querellas que carezcan de un soporte indiciario mínimo, pues ello supondría un sacrificio innecesario de los derechos del querellado.

Por tanto, la fase de admisión de la querella no es un mero formalismo, sino un auténtico control de legalidad procesal y material, que debe conjugar la garantía de acceso a la justicia con la necesidad de evitar procesos sin viabilidad o con finalidad abusiva.

3.5 Clases de querella

En función de quién pretenda constituirse como querellante, pueden distinguirse las siguientes modalidades:

* *Públicas*: interpuestas por el Ministerio Fiscal, en ejercicio de la acción pública, para la persecución de delitos perseguibles de oficio. Su fundamento se encuentra en los arts. 124 CE y 105 LECrim, que atribuyen al Fiscal la defensa de la legalidad, los derechos de los ciudadanos y el interés público.
* *Particulares*: presentadas por las personas directamente ofendidas por el delito, ya se trate de delitos públicos o semipúblicos. La víctima u ofendido, en ejercicio de la acción particular, actúa como parte acusadora con la finalidad de promover la persecución penal de los hechos que le afectan de forma directa.
* *Populares*: presentadas por cualquier ciudadano, en ejercicio del derecho reconocido en el art. 125 CE y desarrollado en el art. 270 LECrim, con la exigencia de constituir fianza en el momento de interposición (art. 280 LECrim).

Aclaremos al respecto de la obligación de prestar fianza, que la jurisprudencia del Tribunal Supremo ha flexibilizado dicha exigencia cuando el procedimiento ya está iniciado, entendiendo que tal requisito, y sin excepción, es exigible cuando la querella se constituye en el acto por el que se inicia el procedimiento judicial, siendo posible no exigir fianza si dicha personación, aun presentando querella, se produce cuando el proceso ya está iniciado y en una fase avanzada del proceso, próxima la conclusión de la investigación o, incluso, ya finalizada. Recordando que la finalidad de la fianza es garantizar las eventuales responsabilidades del acusador por acusaciones infundadas, finalidad que se diluye en una causa ya iniciada, y que no lo ha sido por el acusador popular, y la misma, su instrucción, está próxima a su conclusión.

Desde la perspectiva constitucional, el Tribunal Constitucional ha reconocido que el derecho a la acción popular no es ilimitado, y que las exigencias legales, incluida la fianza, son compatibles con la Constitución siempre que no se vacíe de contenido esencial el derecho reconocido en el art. 125 CE (entre otras, STC 62/1983 [*Tol 79227*] y STC 147/1985 [*Tol 79537*]).

* *Privadas*: formuladas por las personas ofendidas en los llamados delitos privados, en los que la acción penal solo puede iniciarse por querella del ofendido o su representante legal. Además de los requisitos generales, deben cumplirse condiciones específicas de procedibilidad:
  - En los delitos calificados como privados, debe acompañarse acta judicial acreditativa de haber intentado la conciliación previa, como medio de reparación jurídica y económica (arts. 278, 191 y 251 LECrim).
  - En los delitos de injurias y calumnias vertidas en juicio (art. 279 LECrim), el querellante debe presentar licencia del juez o tribunal que conoció de las actuaciones en que se produjeron las expresiones.

Esta clasificación refleja la pluralidad de modelos de acusación previstos por nuestro ordenamiento, todos ellos con un denominador común: la sujeción a garantías procesales destinadas a impedir abusos, ya sea mediante el filtro judicial de admisión o a través de requisitos como la fianza o la conciliación previa.

4. EL ATESTADO POLICIAL

4.1 Concepto, contenido y funciones

La policía tiene la obligación de averiguar la comisión de delitos en su territorio, para lo cual podrá realizar las diligencias que sean necesarias y que tiendan no sólo a descubrir a los delincuentes, sino a recoger todos los efectos, instrumentos o pruebas del delito que pudiesen estar en peligro de desaparecer. Esta función se integra en el concepto constitucional de "Policía Judicial" recogido en el art. 126 de la CE y desarrollado en los arts. 282 y ss. de la LECrim, así como en la LO 2/1986, de Fuerzas y Cuerpos de Seguridad.

Así, cuando la policía recibe una denuncia o tiene conocimiento de un hecho delictivo, debe realizar unas primeras diligencias de averiguación de lo sucedido cuyas circunstancias y resultados se recogen en un atestado (arts. 282, 770 y 771 LECrim).

Estos actos de instrucción de la policía judicial, en cuanto a la instrucción preliminar, se concretan en los términos amplios del art. 282 de la LECrim. En ese sentido, la Policía Judicial puede: a) detener al sospechoso de haber cometido un delito; b) puede interrogar a las personas que tengan relación con la comisión de los hechos; c) puede intervenir objetos, cosas o bienes; y d) puede en casos excepcionales practicar entradas y registros en domicilios particulares. En definitiva, puede realizar cuantas actuaciones sean necesarias para comprobar el delito y la identidad de sus autores y que estén admitidas por la LECrim, pero siempre dentro de los límites objetivos y temporales determinados en la Ley. En esta línea, el TEDH ha recordado que las actuaciones policiales de investigación deben estar sometidas a control judicial efectivo para garantizar el respeto de los derechos fundamentales (caso *Khan c. Reino Unido*, 2000, STEDH de 12/01/2010 [*Tol 9071040*]).

En el atestado deben incluirse los hechos averiguados, las declaraciones e informes recibidos y todo cuanto fuera relevante para la causa (art. 292 LECrim). El atestado irá firmado por los funcionarios que lo redacten y se ofrecerá para que lo firmen a los testigos y peritos que hayan declarado ante la policía (art. 293 LECrim).

Como apuntabamos al hablar de la denuncia anónima, los "confidentes" no son admisibles como prueba de cargo, ni suficientes como indicio único sin gestiones policiales adicionales, para practicar diligencias restrictivas de derechos fundamentales.

La policía entregará el atestado policial al juez instructor y remitirá copia al Ministerio Fiscal (art. 772.2 LECrim). En todo caso, y conforme a la literalidad de la norma, en el plazo de 24 horas deberá dar cuenta a uno u otro de la comisión del delito, sin cesar en las diligencias que estuviera practicando (arts. 284 y 295 LECrim).

No obstante, cuando el hecho delictivo no tuviera autor conocido y las diligencias practicadas en las setenta y dos horas posteriores a la apertura del atestado no hubieran producido resultado alguno, la policía no enviará el atestado al Ministerio Fiscal ni a la autoridad judicial, conservándolo en su poder, salvo que uno u otra se lo reclamen, o que verse sobre delitos contra la vida, integridad física, indemnidad y libertad sexuales o de corrupción (art. 284.1 y 2 LECrim). Esta previsión responde a criterios de eficiencia procesal, pero su aplicación debe ser restrictiva, dada la obligación de comunicación inmediata en los supuestos tasados por la ley.

Toda la actividad policial se refleja en un expediente que se llama atestado que debe entregarse al órgano judicial en el momento en que éste inicie la instrucción judicial o en el momento en que sea requerido para ello por el órgano judicial. En definitiva, el atestado es el vehículo documental que plasma la primera actuación investigadora y, aunque carece de valor probatorio directo salvo reproducción con garantías, constituye un elemento fundamental para la activación del proceso penal y para la adopción de medidas cautelares iniciales.

4.2 Naturaleza y valor jurídico del atestado

El atestado cumple las funciones y tiene la naturaleza de denuncia —cfr., entre otras, STS de 13/05/2014 [*Tol 4366158*]—, en tal modo que para que pueda ser medio probatorio las manifestaciones recogidas en el atestado —ya sean del investigado, testigos o peritos— deberán ser introducidas en el acto del juicio mediante la declaración de los mismos en el plenario (véanse los arts. 286, 292 y ss., 297, 770 y 797.1, todos de la LECrim). Esta concepción coincide con la doctrina constitucional que considera el atestado como un acto de naturaleza administrativa y no jurisdiccional, carente de valor probatorio pleno, salvo que su contenido se incorpore al juicio oral con todas las garantías (*vid.* por todas, STC 341/1993 [*Tol 82362*]).

Tomemos como referencia —no de forma literal, pero sí con una aproximación esquemática— lo razonado por la STS de 21/03/2023 [*Tol 9490775*] para precisar la consideración del atestado como mera denuncia, el modo y la forma en que su contenido puede incorporarse al acervo probatorio, así como aquellos elementos que, de manera excepcional, pueden revestir por sí mismos valor probatorio. De dicha resolución cabe extraer las siguientes reflexiones:

* El atestado tiene, como regla general, valor de mera denuncia, conforme expresamente señala el art. 297.I de la LECrim, cuyo contenido para tener valor probatorio deberá ser reiterado en el juicio oral, que lo será mediante la declaración testifical de los agentes de policía que confeccionaron el mismo.

Recordemos que la regla general es que únicamente pueden considerarse auténticas pruebas las practicadas en el acto del juicio oral, con posibilidad de debate contradictorio y en presencia del órgano enjuiciador, en adecuado respeto al principio de inmediación.
Aclaremos, en todo caso, que no se cumple la introducción de lo expuesto en el atestado con la formula estereotipada de ratificación del atestado, mecanismo que no colma la exigencia de introducción del atestado como medio de prueba en el proceso mediante la declaración de los agentes que lo confeccionaron pues ello limita el sometimiento de su declaración a las garantías de contradicción e inmediación, esto es, la simple y genérica ratificación del atestado en el juicio oral no solo impide que el juzgador valore con inmediación la prueba testifical, sino que la misma sea susceptible de garantizar la necesaria contradicción de las partes, pues las declaraciones de los agentes de policía que se limitan a ratificar sus atestados pero sin recordar nada de lo ocurrido limita de manera grave la posibilidad contradecir qué fue lo que vio y cómo lo vio.

* Sin perjuicio de lo anterior, el atestado puede tener valor probatorio, sin necesidad de ser reiterado en el acto del juicio, y como prueba documental, en todas aquellas partes que contengan datos objetivos y verificables, tales como planos, croquis, huellas, fotografías, etc., que, no siendo pruebas preconstituidas o anticipadas, pueden ser introducidas

en el juicio oral como prueba documental, a someter a contradicción por las partes, no siendo dichos elementos de carácter objetivo practicables directamente en el juicio oral, siendo de imposible reproducción en idénticas circunstancias (*vid*., entre otras, la STC 1/2010 [*Tol 1782851*] y la STS de 28/11/2018 [*Tol 6935098*]).

* Siguiendo lo razonado en el párrafo anterior, las pericias técnicas que se adjuntan al atestado —por ejemplo, el test de alcoholemia—, teniendo carácter de irreproducible, y no perdiendo su propio carácter de pericial técnica, se constituyen en pruebas preconstituidas documentadas que despliegan toda su validez probatoria si son incorporadas debidamente al proceso.

* Sin perjuicio de las excepciones relativas a los datos objetivos que obran en el atestado, el mismo no podrá tener carácter de prueba documental. Al respecto no debemos confundir prueba documental con prueba documentada, en tal modo que lo declarado en el atestado, deberá ser introducido en el acto del juicio mediante declaración de los agentes policiales —o personas a las que se les tomó declaración durante las diligencias policiales y documentadas en el atestado—, declaraciones que, y nos referimos a las prestadas en el acto del juicio, tienen la consideración de prueba testifical.

Insistimos, solo en los casos indicados —planos, croquis, fotografías, etc...— el atestado policial puede tener la consideración de prueba documental, siempre y cuando se incorpore al proceso respetando los principios de inmediatez oralidad y contradicción, también aplicable, y en el modo y forma que le es aplicable, a la prueba documental.

Por otro lado, y como nos recuerda la STS de 25/10/2018 [*Tol 6861865*] y sobre la base de la consideración del atestado como mera denuncia, no es posible construir los hechos probados de la sentencia basándose en una declaración autoincriminatoria o heteroincriminatoria prestada en sede policial, imposibilidad que veta que dichas declaraciones sean introducidas ni por vía del art. 714, ni del 730 de la LECrim, ni por la vía de la declaración testifical de los agentes que recogieron dicha declaración.

No obstante, el Tribunal Supremo, tras reiterar la falta de valor probatorio de la declaración del investigado prestada en sede policial y recogida en el atestado (cfr. Acuerdo del Pleno no jurisdiccional de la Sala 2ª del TS, de 3 de junio de 2015), y subrayar que no puede operar como corroboración de otros medios de prueba, ni ser contrastada por la vía del art. 714 LECrim, ni utilizada como prueba preconstituida conforme al art. 730 LECrim, establece una excepción: se admite carga probatoria a la confesión del presunto autor cuando la autoinculpación contenga datos objetivos que, verificados como ciertos mediante auténticos medios de prueba, puedan servir de hecho base para legítimas y lógicas inferencias. En tal caso, la validez y el contenido de la declaración policial se acreditarán mediante la declaración testifical de los agentes policiales que estuvieron presentes en su realización. Este matiz jurisprudencial constituye una excepción de carácter restrictivo, vinculada al principio de búsqueda de la verdad material, pero no autoriza a generalizar el uso probatorio de declaraciones policiales no reproducidas en juicio. Por ejemplo, que el investigado policial, tras confesarse autor de un homicidio, describe con qué tipo de arma y dónde la ha escondido —dato que, a salvo de otras circunstancias, es solo conocido por el autor del hecho delictivo—, siendo que la policía halla el arma descrita en el lugar indicado por el declarante auto inculpado.

Finalmente, no podemos dejar de preguntarnos si las declaraciones de descargo o exculpatorias que obran en el atestado pueden ser tenidas en cuenta incluso sin ser reiteradas en el acto del juicio. Pues bien, alguna duda se puede plantear cuando las declaraciones contenidas en el atestado son diligencias de "descargo", esto es, lejos de ser declaraciones incriminatorias, se constituyen en declaraciones que exoneran de responsabilidad al investigado; en estos casos, cabe preguntarse si, aun no traídos ni a la fase de instrucción, ni al acto del juicio, como testigos a los autores de dichas declaraciones, las mismas pueden ser tenidas en cuenta en favor del reo, al menos, como elemento corroborador.

Cuesta pensar que el juez permanezca indiferente ante estos elementos de descargo, aun cuando no hayan sido ratificados en juicio. Conviene recordar que la exigencia de que las declaraciones prestadas en sede policial sean reproducidas en el acto del juicio para poder ser valoradas como prueba responde a una garantía a favor del sometido al proceso penal, en cuanto le permite participar en la práctica de la prueba conforme al principio de contradicción, expresión esencial del derecho fundamental de defensa. Esta exigencia resulta imprescindible para que dichas declaraciones puedan ser consideradas como prueba válida capaz de desvirtuar la presunción de inocencia que ampara al acusado como sujeto pasivo del proceso. No obstante, cabe entender posible —siempre con las debidas cautelas y no como regla general— tomar en consideración las declaraciones de descargo recogidas en el atestado y no ratificadas en juicio, recordando que el derecho de defensa, aunque con distinta intensidad que en el caso del acusado, también protege a quienes ejercitan la acción penal y la acción civil. En esta línea, la doctrina ha apuntado que, tratándose de manifestaciones favorables al acusado, su valoración no vulnera el derecho de defensa aunque se hayan obtenido sin todas las garantías formales (GÓMEZ COLOMER, 2019, p. 521).

En este sentido resulta trasladable el razonamiento ofrecido por REVILLA GONZÁLEZ, cuando al hablar de la declaración "a favor" del investigado, aun cuando lo sea con infracción del derecho de defensa, puede ser tenida en cuenta —el autor habla de declaraciones *in bonam partem*—, señalando que: «En este sentido, si consideramos que la razón que justifica tal consideración es la violación del derecho de defensa, no parece que, pese a ser interrogado sin las garantías del imputado, entre en contradicción con tal derecho las manifestaciones que puedan ser favorables a quienes las realiza y a terceros. Con lo que podría afirmarse que en estos casos, aun habiéndose obtenido las declaraciones de manera irregular, no se ha producido efectivamente una indefensión, lo que permitiría su valoración por el órgano judicial» (2010, p. 74).

4.3 Procedimiento de remisión del atestado

Por último, la LECrim establece que la policía entregará el atestado al juez instructor, con copia al Ministerio Fiscal (art. 772.2 LECrim) y que dicha entrega deberá llevarse a cabo en el plazo de veinticuatro horas, dando cuenta al juez instructor de la comisión del delito, sin cesar en las diligencias que estuviera practicando (art. 284 y 295 LECrim). Este mandato legal responde a la exigencia de control judicial inmediato sobre la actividad investigadora de la policía judicial, como garantía derivada de los arts. 24 y 126 de la CE.

El plazo de remisión debe interpretarse en función de las investigaciones realizadas, su naturaleza y la adopción de medidas cautelares que se adopten, siendo que debe computarse el plazo de 24 horas al que se refiere el art. 295 de la LECrim desde la finalización del atestado

Al respecto la STS de 3/03/2021 [*Tol 8420671*], vino a señalar que: «Pues bien, es cierto que la sentencia recurrida reconoce que los plazos del art. 295 LECrim no se han cumplido, pero añade argumentos que deben asumirse en esta sede casacional, en cuanto no es posible pasar por alto que, de entrada, no todas las irregularidades en el procedimiento determinan la ineficacia de las actuaciones practicadas, y que necesariamente ha de estarse al caso concreto para poder explicar e interpretar lo sucedido. Es más que obvio que nos encontramos ante una investigación en la que, desde un primer momento, aparecían como presuntamente implicadas un número importante de personas, referida además a cuestiones de indudable complejidad, lo que, partiendo de una serie de datos que requerían una mínima actividad de comprobación (tarea que como decíamos realizaron los agentes que intervinieron como auxiliares del instructor), contribuía a dificultar esa pronta puesta en conocimiento de la autoridad judicial o del Ministerio Fiscal, en los términos a que se reconducen los plazos previstos en la ley procesal, debiendo apelarse igualmente a criterios de proporcionalidad consustanciales con el contenido de las mentadas investigaciones. En este orden de cosas, la Sentencia 44/2004 de 21 de enero, del Tribunal Supremo, a propósito de la cuestión, señala: "Se invocan los arts. 284 y 295 de la Ley de Enjuiciamiento Criminal como normas que obligan a comunicar al Juzgado de forma inmediata el resultado de las investigaciones. Estos preceptos han de ser interpretados en un contexto normativo distinto al del tiempo en el que fueron redactados los preceptos. Al tiempo de la promulgación de la Ley procesal el único órgano de investigación de los hechos delictivos era el Juez de instrucción y lo que la Ley denomina policía judicial no era sino un órgano de ejecución de la actuación investigadora que realizaba el Juez. Tras la promulgación de la Constitución, la policía judicial, art. 126, realiza unas funciones propias de investigación de hechos delictivos por lo que los términos "inmediatamente", o los plazos de veinticuatro horas, han de interpretarse en función de las investigaciones realizadas, su naturaleza y la adopción de medidas cautelares que se adopten. En todo caso, hemos declarado que el art. 295 de la Ley procesal establece un plazo de entrega de las diligencias policiales que ha de entenderse referenciado al día de la terminación del atestado policial (STS 2.11.93)».

Ahora bien, esta interpretación no puede llevar a una instrucción policial con "aroma de clandestinidad", sin control judicial, en tal modo que la policía con su actuación lleve a cabo un retardo injustificado en la entrega del atestado. El propio Tribunal Constitucional ha recordado que la demora injustificada en la puesta en conocimiento de la autoridad judicial compromete el principio de tutela judicial efectiva (STC 341/1993 [*Tol 82362*]).

Ilustrativa resulta la STS de 16/01/2018 [*Tol 6477994*]: «La primera, que esa actividad no se realiza de un modo errático e incontrolado por los agentes de policía. Se opone a ello, no ya la profesionalidad acreditada en la investigación de hechos de la gravedad del que ahora nos ocupa, sino el propio significado constitucional de la policía judicial (art. 126 CE). Su dependencia funcional respecto del Juez de instrucción añade una garantía que descarta la objeción de la defensa. Y es que la labor de los agentes sólo adquiere sentido a partir de una concepción del trabajo investigativo en estrecho contacto con la autoridad jurisdiccional que lo dirige. Nuestro sistema no admite una instrucción policial con aroma de clandestinidad, que justifique la ocultación de líneas de investigación y que degrade la figura del Juez instructor a la condición de un distante espectador no interesado en el conocimiento de todo aquello que en la investigación va aflorando, unas veces con estrecha vinculación con los hechos, otras sin relación con ellos».

En todo caso, y en cuanto a la obligación de entregar el atestado al juez instructor, tenemos como excepción aquellos casos en los que no hubiera autor conocido y así permaneciera tras las diligencias policiales practicadas en las setenta y dos horas posteriores a la iniciación del atestado; en cuyo caso la policía no remitiría el atestado al juez instructor, conservándolo en sus archivos, salvo que dicha autoridad se lo reclame, o que verse sobre delitos contra la vida, integridad física, indemnidad y libertad sexuales o de corrupción (art. 284.1 y 2 de la LECrim). En estos supuestos, la policía debe informar a quien hizo la denuncia de que no se ha identificado al autor dentro de ese plazo y de que tiene la posibilidad de reiterar la denuncia ante el Ministerio Fiscal o ante el juez instructor, si así lo desea. Esta previsión legal busca evitar la sobrecarga innecesaria de los órganos judiciales, pero debe aplicarse restrictivamente para no generar zonas opacas en la investigación penal.

Cuando los atestados permanecen archivados en dependencias policiales, y surjan nuevos datos que motiven la tramitación de un atestado ampliatorio en el que se identifique al posible autor, este se remitirá al juez de guardia, adjuntándose el atestado inicial previamente archivado. De este modo, se asegura la continuidad y trazabilidad de la investigación, evitando duplicidades o pérdida de información relevante.

5. LA LLAMADA INCOACIÓN DE OFICIO DE LA INSTRUCCIÓN

La coexistencia de dos derechos diferenciados en el proceso penal —el *ius puniendi*, de titularidad exclusiva del Estado, y el *ius accusationis*, atribuido a las partes acusadoras— dibuja una estructura procesal típica y característica de este orden jurisdiccional, marcada por la vigencia del principio acusatorio.

En este contexto, el juez instructor puede, conforme a los arts. 303.1 y 308 LECrim, acordar de oficio la apertura de una investigación judicial a partir de la recepción de una notitia criminis. No obstante, la vigencia del principio acusatorio exige que, de inmediato, se ponga en conocimiento del Ministerio Fiscal y, en su caso, de la víctima el inicio del procedimiento, evitando que la actividad jurisdiccional se desarrolle al margen de quienes ostentan la función de promover la acusación.

En la práctica, esta actuación de oficio es poco frecuente, pues plantea problemas de imparcialidad derivados de la "autoasignación" del caso por parte del juez instructor. Lo habitual es que el procedimiento se inicie a partir de la información aportada por un tercero mediante denuncia, querella o atestado policial.

La autoasignación podría comprometer la imparcialidad del juez instructor; con todo, la jurisprudencia constitucional ha precisado que este derecho únicamente se ve comprometido si el juez instructor asume también funciones de enjuiciamiento (STC 170/1993 [*Tol 82193*]).

Distinto es el supuesto, más común, en que durante la investigación de una causa ya abierta surjan indicios de un hecho delictivo distinto del que motivó su incoación. En tales casos, el juez podrá:

* Acumular la investigación del nuevo hecho a la causa ya existente, por razones de conexión procesal o de eficacia investigadora.
* O bien abrir un procedimiento independiente, si los hechos carecen de conexión con los inicialmente investigados.

Ahora bien, como se señaló en el epígrafe 2.5, al hablar de la forma de la denuncia y la exigencia de identificación del *denunciador*, no debería ser la vía del art. 308 LECrim la puerta de entrada de las denuncias anónimas, permitiendo que el juez instructor incoe de oficio un procedimiento judicial a partir de una denuncia anónima, puesto que el auto dictado por el juez instructor abriendo una investigación a partir de *notitia criminis* de incierta procedencia colocaría al investigado en una situación próxima a la indefensión, más alla de producir una burla a la ley, dando, finalmente, a la denuncia anónima las misma consecuencias que una denuncia de autor conocido (ABELLA LÓPEZ, 2014, p. 73).

Sin embargo, la jurisprudencia del Tribunal Supremo ha perfilado una interpretación más flexible, como ya se ha expuesto. Aunque nuestro sistema no reconoce la denuncia anónima como mecanismo formal de incoación del proceso penal, admite que, bajo determinadas garantías, pueda servir como fuente de conocimiento que justifique la apertura de la investigación conforme al art. 308 LECrim. Para ello, el juez instructor debe realizar un juicio de ponderación reforzado sobre la verosimilitud, credibilidad y suficiencia de la información recibida, pudiendo acordar el archivo inmediato si el hecho denunciado no reviste carácter delictivo o la denuncia es manifiestamente falsa (art. 269 LECrim).

Así ya la STS 1825/2013, de 4 de abril, vino a exponer: «...la lógica prevención frente a la denuncia anónima no puede llevarnos a conclusiones contrarias al significado mismo de la fase de investigación. Se olvidaría con ello que el art. 308 de la LECrim referido al sumario ordinario, obliga a la práctica de las primeras diligencias «inmediatamente que los Jueces de instrucción (...) tuvieren conocimiento de la perpetración de un delito». Es indudable que ese conocimiento puede serle proporcionado por una denuncia en la que no consta la identidad del denunciante. Cuestión distinta es que ese carácter anónimo de la denuncia refuerce el deber del Juez instructor de realizar un examen anticipado, provisional y, por tanto, en el plano puramente indiciario, de la verosimilitud de los hechos delictivos puestos en su conocimiento. Ante cualquier denuncia —sea anónima o no— el Juez instructor puede acordar su archivo inmediato si el hecho denunciado "...no revistiere carácter de delito" o cuando la denuncia "...fuera manifiestamente falsa"(art. 269 LECrim). Nuestro sistema no conoce, por tanto, un mecanismo jurídico que habilite formalmente la denuncia anónima como vehículo de incoación del proceso penal, pero sí permite, reforzadas todas las cautelas jurisdiccionales, convertir ese documento en la fuente de conocimiento que, conforme al art. 308 de la LECrim, hace posible el inicio de la fase de investigación».

Desde una perspectiva crítica, esta interpretación expansiva del art. 308 de la LECrim plantea un doble reto. Por un lado, tensiona la exigencia de imparcialidad objetiva del juez, al permitirle iniciar un procedimiento por iniciativa propia sin el impulso previo del Ministerio Fiscal o de una parte acusadora identificada. Por otro, diluye la función de filtro atribuida al Ministerio Fiscal, especialmente relevante en un sistema acusatorio que busca evitar investigaciones prospectivas o basadas en datos de origen incierto. En este sentido, la doctrina advierte que la apertura de oficio debe concebirse como un mecanismo excepcional, reservado a supuestos en los que la pasividad institucional ponga en riesgo grave la persecución del delito o la preservación de la prueba, y siempre bajo un escrutinio reforzado que minimice los riesgos para los derechos fundamentales del investigado (REVIRIEGO PICÓN, 2012, p. 211).

6. FORMAS SINGULARES DE INCOACIÓN DEL PROCESO PENAL

6.1 Actuaciones de prevención y urgencia

Determinadas circunstancias permiten la incoación del proceso penal a partir de actuaciones de prevención y urgencia practicadas por la Policía Judicial o, en su caso, por el juez de guardia. Este supuesto se produce, con especial frecuencia, en situaciones de delito flagrante o cuando exista riesgo de pérdida de fuentes de prueba, exigiendo la adopción inmediata de diligencias.

El art. 492 de la LECrim faculta a la Policía Judicial a detener a quien sea sorprendido en flagrante delito y a practicar las diligencias indispensables para esclarecer los hechos y la identidad de los presuntos responsables. A su vez, el art. 284 de la LECrim impone la obligación de comunicar de forma inmediata al juez o al Ministerio Fiscal la comisión del delito, remitiendo el atestado correspondiente. Estas actuaciones preliminares pueden incluir inspecciones oculares, recogida de vestigios, declaraciones testificales iniciales, intervenciones de objetos o efectos relacionados con el delito e, incluso, registros domiciliarios en los casos de flagrancia previstos en el art. 553 de la LECrim.

Por su parte, el juez de guardia puede asumir la dirección de diligencias urgentes antes incluso de la interposición de denuncia o querella, cuando reciba la comunicación directa de la Policía Judicial o del Ministerio Fiscal sobre la comisión de un delito grave que requiera su intervención inmediata, en aplicación de los arts. 13 y 505 LECrim. Este supuesto se da, por ejemplo, en la autorización de registros, intervenciones de comunicaciones o adopción de medidas cautelares personales.

Otro caso singular lo podemos encontrar, por ejemplo, en la decisión del juez, con ocasión de la interposición de una querella en la que se solicita medidas cautelares a adoptar al amparo del art. 823 *bis* LECrim, en relación con el art. 13 del mismo texto, visto como medidas que obedecen a la necesidad de protección de los perjudicados; esta situación procesal debería desglosarse en dos actos procesales diferenciados, aun vinculados entre sí, el primero, la admisión a trámite de una querella, examinando, por ejemplo, y de forma independiente, si ha sido interpuesta ante el juez competente, y el segundo, sobre la adopción de la medida cautelar, en tal modo que el juez deberá resolver sobre la medida cautelar, sin necesidad de admitir la querella, en fiel reflejo del art. 278.I LECrim, en tal modo que la iniciación del procedimiento traería causa de la petición de medida cautelar, debiendo resolverse en primer término y sin perjuicio de lo que se pudiera acordar sobre la admisión de la querella.

Ilustrativo al respecto resulta el AAP de Madrid, Secc. 2ª, de 4/02/2010 [*Tol 3641837*], que razonó ante la inadmisión de querella con petición de medida cautelar del art. 823 *bis* LECrim, por falta del preceptivo acto de conciliación, y sin resolver sobre la medida cautelar: «Esta Sala, sin embargo discrepa de la conclusión del juzgador "a quo" pues efectivamente se ha de tener en cuenta que tanto el art. 278.1 de la Ley de Enjuiciamiento Criminal, como el art. 804 del mismo texto legal, condicionan la admisión a trámite de las querellas por delitos de calumnias e injurias entre particulares a la previa celebración de un acto de conciliación, y no celebrado éste, ni siquiera intentado, el juez de instrucción ha de inadmitir la querella por los delitos de injurias y calumnias. [...], pero entiende esta Sala que: la querella que se presenta es por un supuesto delito de injurias cometido a través de Televisión, y tiene su regulación específica no el Título IV de la LECrim, sino en el Título V del citado texto legal, por lo que, evidentemente, el legislador le hubiera querido dar el mismo tratamiento que al delito de injurias contenido en el Titulo IV se hubiera limitado, sin mas, a incluir dicha especialidad delictiva en el mismo título. [...]. La citada LO 8/2002 de 24 de octubre, con entrada en vigor el 28-4-2003, cuya disposición derogatoria única deroga expresamente entre otros el art. 4 de la Ley de Protección Jurisdiccional de los Derechos Fundamentales de la Persona, introduce en la LECrim. el art. 823 bis que establece que "las normas del presente título serán aplicables al enjuiciamiento de los delitos cometidos a través de medios sonoros, o fotográficos, o difundidos por escrito, radio, televisión, cinematógrafo u otros similares. Los Jueces al iniciar el procedimiento, podrán acordar, según los casos, el secuestro de la publicación o la prohibición de difundir o proyectar el medio a través del cual se produjo la actividad delictiva.". [...]. TERCERO.– Expuesto lo anterior, entiende esta Sala, que siendo el delito perseguido de los regulados en el Título V, no debió inadmitirse de plano la querella, sino resolverse si existían actuaciones a practicar de carácter urgente, sin perjuicio de que, una vez realizadas, debiera suspenderse el procedimiento hasta la celebración de la previa conciliación pues el citado art. 278.2º de la LECrim reiteramos autoriza sin necesidad de haberse celebrado el intento de conciliación, la práctica de diligencias urgentes, que en definitiva se concretan en la decisión o no de estimar las medidas cautelares que para estos delitos se establecen en los art. 816 y siguientes de la LECrim, y en concreto caso en el art. 823 bis del mismo cuerpo legal, si bien a continuación se procedería, como decimos, a la suspensión del procedimiento hasta que se acreditare haber cumplimentado el anterior requisito de procedibilidad. De no ser, carecerían de sentido las medidas que, con carácter de urgencia o prioridad, se pretende por el Legislador se decidan cuando el delito presuntamente cometido, como es el caso, lo sea a través de medios sonoros, fotográficos, o difundidos por radio, televisión etc. (art. 823 bis LECrim). Por tanto no procede la inadmisión de la querella en tanto no se decidan sobre si se han de aplicar medidas cautelares o no, y una vez tomada dicha decisión podrá el instructor suspender el procedimiento hasta se subsane el defecto de perseguibilidad exigido para este tipo de delitos, y si no se subsanare el mismo, si procederá, en todo caso inadmitir la querella».

Doctrinalmente se ha subrayado que estas actuaciones de prevención y urgencia, aunque pueden constituir el detonante de un proceso penal, no sustituyen las formas ordinarias de inicio —denuncia, querella o atestado—, sino que las complementan, asegurando que la investigación judicial posterior pueda desarrollarse con plenas garantías y sin pérdida de elementos probatorios relevantes (MORENO CATENA, 2024, p. 174).

6.2 Inicio por remisión de actuaciones de otros órdenes jurisdiccionales o autoridades

El proceso penal puede iniciarse también a partir de la remisión de actuaciones o testimonios de particulares provenientes de otros órdenes jurisdiccionales —civil, contencioso-administrativo o social—, cuando en el curso de dichos procedimientos se aprecien indicios de la comisión de un delito.

El art. 262 LECrim impone a las autoridades y funcionarios que por razón de su cargo tengan conocimiento de un hecho delictivo perseguible de oficio, la obligación de ponerlo inmediatamente en conocimiento del Ministerio Fiscal o del juez competente, remitiendo las actuaciones o antecedentes que obren en su poder. Este deber alcanza a jueces y magistrados de otros órdenes jurisdiccionales, que deben remitir testimonio de particulares si, durante la tramitación del procedimiento de su competencia, detectan indicios de delito.

La jurisprudencia ha confirmado la validez de este mecanismo como forma de incoación de un procedimiento penal, pues la comunicación de indicios delictivos por un órgano jurisdiccional, aunque no se formule en forma de denuncia o querella, tiene la consideración de "notitia criminis" suficiente para que el juez instructor inicie una investigación.

Este cauce cumple una doble función:

* Garantiza la colaboración interjurisdiccional, evitando que hechos con relevancia penal queden fuera del control de la jurisdicción penal.
* Refuerza el principio de oficialidad, asegurando que la persecución de los delitos no dependa exclusivamente de la iniciativa de las partes.

Doctrinalmente se ha resaltado que esta forma de inicio del proceso penal contribuye a una tutela judicial efectiva más amplia, al permitir que la jurisdicción penal actúe de oficio ante la detección de indicios delictivos por cualquier autoridad pública (MORENO CATENA, 2024, p. 179). No obstante, también se advierte la necesidad de evitar automatismos, siendo imprescindible que la remisión vaya acompañada de un mínimo análisis de tipicidad que justifique la intervención penal (REVIRIEGO PICÓN, 2022, p. 213).

6.3 Cooperación judicial internacional

El proceso penal en España también puede iniciarse como consecuencia de solicitudes o mandatos derivados de mecanismos de cooperación judicial internacional, especialmente en el marco de la Unión Europea y de tratados multilaterales o bilaterales ratificados por España.

Entre estos mecanismos destaca la Orden Europea de Detención y Entrega (OEDE) regulada por la Ley 23/2014, de 20 de noviembre, de reconocimiento mutuo de resoluciones penales en la UE. Su ejecución puede dar lugar a la incoación de diligencias penales cuando los hechos objeto de la solicitud presenten conexión con la jurisdicción española o requieran actuaciones procesales complementarias, conforme a los arts. 44 y ss. de dicha Ley.

Asimismo, las comisiones rogatorias internacionales (arts. 276 y ss. LECrim) pueden ser origen de un proceso penal en España cuando las autoridades judiciales extranjeras solicitan la práctica de diligencias que revelan la posible comisión de un delito sometido a la jurisdicción española. La jurisprudencia ha reconocido que la cooperación internacional puede ser fuente legítima de la *notitia criminis*.

En materia de jurisdicción extraterritorial, el art. 23 de la LOPJ establece los supuestos en los que los tribunales españoles son competentes para conocer de delitos cometidos fuera del territorio nacional. En tales casos, la cooperación judicial internacional no solo facilita el acceso a la prueba, sino que puede ser el detonante mismo del proceso penal, como ocurre con la remisión de expedientes por organismos judiciales o policiales extranjeros.

En todo caso, la cooperación internacional como forma de inicio del proceso penal exige un equilibrio entre la eficacia en la persecución del delito y el respeto a las garantías procesales, evitando que la importación de pruebas o antecedentes desde otro Estado se traduzca en una vulneración de derechos fundamentales (REVIRIEGO PICÓN, 2022, p. 218).

6.4 Remisión de expedientes por órganos no judiciales

Otra forma de inicio del proceso penal se produce cuando órganos no judiciales —administrativos, de control o supervisión— remiten expedientes, informes o actuaciones al Ministerio Fiscal o al juez instructor por apreciar indicios de delito en el marco de sus competencias.

Este supuesto encuentra su fundamento en el art. 262 de la LECrim, que impone a todas las autoridades y funcionarios públicos que por razón de su cargo tengan conocimiento de un hecho delictivo perseguible de oficio, la obligación de ponerlo inmediatamente en conocimiento del Ministerio Fiscal o del juez competente, remitiendo cuantos antecedentes dispongan.

Son ejemplos habituales:

* Administración Tributaria: remisión al Ministerio Fiscal de expedientes por indicios de delito contra la Hacienda Pública o de fraude de subvenciones (arts. 305 y ss. CP).
* Inspección de Trabajo y Seguridad Social: comunicación de hechos que pudieran constituir delitos contra los derechos de los trabajadores o fraude a la Seguridad Social (arts. 311 y ss., 307 y ss. CP).
* Tribunal de Cuentas o Sindicaturas autonómicas: remisión de informes en los que se detecten posibles delitos de malversación o prevaricación en la gestión de fondos públicos.
* Autoridades administrativas independientes como la CNMV o la CNMC, en materia de delitos económicos o de mercado (arts. 282 *bis* y 284 CP).

Esta remisión de actuaciones no requiere la forma de denuncia formal, siendo suficiente la comunicación acompañada de la documentación pertinente para constituir una notitia criminis que habilite al juez para incoar diligencias previas.

Este cauce refuerza el principio de oficialidad y la eficacia de la persecución penal, pero exige que la información remitida cumpla un mínimo estándar de concreción y verosimilitud, para evitar que la jurisdicción penal se utilice como mecanismo de presión en conflictos administrativos o civiles (MORENO CATENA, 2021, p. 179).

BIBLIOGRAFÍA

- ABELLA LÓPEZ, «El derecho a conocer la identidad del acusador en el proceso penal», *Revista la Ley Penal*, nº 108, 2014.
- ÁLAMO GONZÁLEZ, «Los jueces instructores y la garantía del Estado de Derecho en el proceso penal español: el nuevo proyecto de reforma de la instrucción penal», *Diario La Ley*, Nº 10753, Sección Tribuna, 27 de junio de 2025.
- ALIAGA RODRÍGUEZ, «La "denuncia anónima" en la lucha contra la corrupción. Especial referencia a la Ley 2/2021, de 18 de junio, de lucha contra el fraude y la corrupción en Andalucía y protección de la persona denunciante», *Diario La Ley*, Nº 9895, Sección Tribuna, 20 de julio de 2021.
- ÁLVAREZ DE NEYRA KAPPLER, «La admisibilidad de las denuncias anónimas y la relevancia procesal del denunciante-testigo: ¿Un impulso en la persecución de los delitos o un retroceso en los derechos de los denunciados?», *Revista Auctoritas Prudentium*, Año XVI, No. 31, 2024.
- BANACLOCHE/ZARZALEJOS, *Aspectos fundamentales de Derecho procesal penal*, La Ley, 2016.
- BARRIENTOS PACHO, «Denuncia y testimonio entre cónyuges o parientes sin advertencia previa de la dispensa legal. Validez y eficacia en juicio», *Diario La Ley*, Nº 7430, Sección Tribuna, 23 de junio de 2010.
- CADENA SERRANO, «Denuncias *versus* pruebas. Exigencias constitucionales y legales de las denuncias y de las pruebas», *Diario La Ley*, Nº 9472, Sección Comentarios de jurisprudencia, 6 de septiembre de 2019.
- DE LA OLIVA SANTOS/ARAGONESES MARTÍNEZ/HINOJOSA SEGOVIA/MUERZA ESPARZA/TOMÉ GARCÍA, *Derecho procesal penal*, (6ª Ed.), Editorial Universitaria Ramon Areces, 2003.
- ENCINAR DEL POZO, «La incidencia de la Ley 2/2023, de 20 de febrero, en la responsabilidad penal de las personas jurídicas», *Cuadernos Digitales de Formación, CF2402502*, 2023.
- ENCINAR DEL POZO, «Protección del informante. Impacto de la Directiva (UE) 2019/1937», *Cuadernos Digitales de Formación*, núm. 16, 2021.
- GARCÍA ORTIZ, «¿El delito de violación debe perseguirse de oficio? Consideraciones sobre la posible reforma del artículo 191.1 CP», *Diario La Ley*, Nº 10735, Sección Tribuna, 3 de junio de 2025.
- GIMENO SENDRA, *Derecho procesal penal* (2ª ed.), Civitas, 2015.
- GÓMEZ COLOMER et. alii, *Derecho Jurisdiccional III*, Tirant lo Blanch, 2019.
- GOSÁLBEZ PEQUEÑO, «Los denunciantes como instrumento de lucha contra la corrupción: a propósito de la denuncia administrativa en las leyes "anticorrupción"», *Actualidad Administrativa*, nº I, abril de 2019.
- LUZÓN CÁNOVAS, «Instrumentos para la investigación de la corrupción», *Cuadernos Digitales de Formación*, Nº 32, 2014.
- MAGRO SERVET, «Denuncia anónima, el confidente, el canal de denuncias y la Ley 2/2023 de 20 de febrero de protección del "alertador" ante la corrupción», *Diario La Ley*, Nº 10235, Sección Doctrina, 23 de febrero de 2023.
- MORENO CATENA/COQUILLAT VICENTE/DE DIEGO DÍEZ/JUANES PECES/DE LLERA SUÁREZ, *El proceso penal. Doctrina, jurisprudencia y formularios* (Vol. I), Tirant lo Blanch, 2000.

- MORENO CATENA/CORTÉS, *Derecho Procesal Penal*, Tirant lo Blanch, 2024.
- NIEVA FENOLL, *Derecho procesal III (Proceso Penal)* (3ª Ed.), Tirant lo Blanch, 2024.
- REVILLA GONZÁLEZ, *El interrogatorio del imputado*, Tirant lo Blanch, 2000.
- REVIRIEGO PICÓN, «Las garantías del proceso penal», en *La tutela judicial de los derechos fundamentales*, XI Congreso de la Asociación de Constitucionalistas de España, Escuela Judicial. Barcelona. Febrero de 2012, https://laadministracionaldia.inap.es/noticia.asp?id=1107384.

Sección III

Actos de investigación no limitativos de derechos fundamentales

Capítulo 22

La identificación del investigado

Juan Manuel Alcoceba Gil[1]

Letrado del Tribunal Constitucional

Profesor Titular (a) de Derecho Procesal

Universidad Carlos III de Madrid

1. LA NECESARIA IDENTIFICACIÓN DEL PRESUNTO RESPONSABLE DURANTE LA INSTRUCCIÓN

En ocasiones, el proceso penal se dirige desde su inicio contra una o varias personas de identidad conocida; así ocurre, por ejemplo, cuando se incoa a partir de la detención en flagrancia del encausado o se inicia a instancia de parte y la querella recoge todos los datos personales del querellado.

No obstante, tales casos son menos comunes que aquellos en los que la identidad del autor material de los hechos resulta inicialmente controvertida. Tanto es así que, hasta dos terceras partes de los procesos incoados en España, llegan a archivarse sin que pueda formularse la imputación de los hechos contra una persona concreta (*vid*. Memoria Anual del CGPJ 2024). A ello ha de sumarse el elevado número de denuncias archivadas directamente por la policía cuando no existe autor conocido, según lo previsto en el art. 284.2 LECrim, sin tan siquiera dar lugar a investigación judicial alguna (*vid*. Memoria de la Fiscalía General del Estado 2024). En todos estos casos, pese a tenerse

[1] https://orcid.org/0000-0003-2225-0177

constancia de la comisión de un delito, el sistema penal se muestra incapaz de depurar la responsabilidad del mismo (MORENO CATENA/CORTÉS, p. 219).

Por eso, uno de los principales fines, tanto de la investigación preliminar, como de la instrucción, es la determinación de la identidad de aquellas personas a quienes atribuir la responsabilidad de los hechos (SOLETO MUÑOZ, p. 19). Con tal objeto se practicarán las denominadas diligencias "identificativas" o "de identificación", cuya regulación se encuentra en el Capítulo III del Título V del Libro II de la LECrim, bajo la rúbrica: "De la identidad del delincuente y de sus circunstancias personales". La ubicación sistemática de estas diligencias bajo dicha denominación responde al hecho de que no solo resultarán tendentes a proporcionar información sobre la identidad del responsable de la infracción penal, sino también de su grado de participación y del resto de circunstancias subjetivas atenientes a la determinación de su responsabilidad criminal sobre los hechos.

Así, la ley procesal, fiel a su espíritu decimonónico, comienza estableciendo el régimen aplicable a los medios de identificación basados en la percepción sensorial —menos fiables—, como son la rueda de reconocimiento y fotográfica; para, posteriormente, regular la utilización de medios técnicos, biomédicos o tecnológicos para la identificación de personas —más fiables—, como son la dactiloscopia, el análisis genético o biológico, etc.

Atendiendo a la relación de medios enunciada en la norma, cuyo régimen jurídico es desarrollado a continuación, cabe adelantar ya que la identificación del investigado y sus circunstancias subjetivas dependerá esencialmente de la percepción sensorial de quienes presenciaron los hechos, o bien, del análisis de restos o vestigios biológicos obtenidos en la escena del crimen o en los objetos utilizados para su comisión.

1.1 Necesidad de las diligencias de identificación

La práctica de las diligencias de identificación recogidas en los arts. 368 a 383 LECrim resultará necesaria, según lo expuesto, siempre que dentro de la información trasladada al juez como *notitia criminis* no aparezca suficientemente determinada la identidad del autor o autores del delito. La identificación constituye, en estos casos, el primer paso de la investigación, que debe forzosamente comenzar por la averiguación de quien ha podido cometer el delito para, en un momento posterior, establecer si puede ser enjuiciado y bajo qué calificación —entendida esta en sentido amplio— (GÓMEZ COLOMER, p. 183).

Ello es así puesto que, si pese a realizarse las diligencias de identificación o por ausencia de estas, no fuera posible dirigir contra una persona conocida la imputación de los hechos delictivos, nunca podrá considerarse concluida la investigación. Tampoco, por lo tanto, pasar a fase intermedia ni, como es obvio, abrir juicio oral. Numerosas son las previsiones legales que obligan, directa e indirectamente, a determinar la identidad del acusado antes de dar por finalizada la fase de investigación, impidiendo con ello su conclusión en ausencia de este.

De un lado, se encuentra el previamente referido art. 284.2 LECrim, que impone, por razones de economía procesal, detener las indagaciones antes incluso de que el órgano judicial tenga conocimiento del hecho, siempre que la policía judicial carezca de información al respecto o vías para obtenerla y el delito no afecte a determinados bienes jurídicos —vida, integridad física, libertad sexual o corrupción—. Por otro lado, desde la perspectiva de los derechos y garantías del encausado, existen numerosos preceptos que imponen la realización de ciertos trámites para los que conocer su identidad es imperativo, como son el ser informado de la acusación (art. 118 LECrim); ser citado tan pronto aparezcan indicios contra su persona (art. 775 LECrim) y, de forma aún más categórica, declarar ante la autoridad judicial previamente a concluir con la práctica de diligencias de investigación (art. 779.1.4º LECrim).

En sentido contrario, ha de señalarse que, cuando no existen dudas sobre la identidad del presunto responsable de los hechos, por ser, por ejemplo, un familiar o persona cercana a la víctima; nada justificaría la práctica de diligencias identificativas. Tampoco parecen necesarias en caso de haberse incoado el procedimiento tras la realización de una investigación preliminar a cargo del Ministerio Fiscal o la Policía Judicial que hubieran culminado en la presentación de querella o confección de atestado policial —respectivamente—, donde se recogieran los datos necesarios para identificarle.

Surge la duda, sin embargo, de si debiera practicarse el reconocimiento por alguno de los medios establecidos en la ley cuando sea instado por el investigado en el entendimiento de que es beneficioso o necesario para su defensa. En tales supuestos, habrá de estarse a lo previsto, con carácter general, sobre las facultades del sujeto pasivo del delito durante la fase de instrucción reguladas en los arts. 118 y 520 LECrim. En sentido más restrictivo, no obstante, se pronuncia el Tribunal Supremo en su Sentencia de 03/10/2003 [*Tol 322269*], donde plantea, en relación con los medios de reconocimiento concretamente, que «en principio el acusado no tiene derecho a que se practiquen unas determinadas diligencias probatorias. Su derecho a la presunción de inocencia solo exige que haya pruebas de cargo, lícitamente obtenidas y aportadas al proceso, y razonablemente suficientes».

En nuestra opinión, esta interpretación debe rechazarse ya que, además de suponer una restricción aparentemente injustificada de las garantías que integran el derecho fundamental a una defensa efectiva, colisiona con el estándar constitucional establecido en relación con el derecho a utilizar todos los medios de prueba pertinentes (STC 43/2023 [*Tol 9582106*]).

1.2 Valor de las diligencias de identificación

Con carácter general, las diligencias de identificación practicadas al inicio de la investigación judicial o preliminar resultan inidóneas para constituir material probatorio en que basar la sentencia. Para conformar su convicción sobre los hechos, el órgano sentenciador habrá de atenerse únicamente las pruebas practicadas en juicio oral, pues solo estas satisfacen plenamente las exigencias de inmediación y contradicción, inherentes al proceso con todas las garantías (STC 201/1989 [*Tol 81·772*]).

No obstante, tal y como ha señalado reiteradamente la doctrina (por todos SOLETO MUÑOZ, p. 22), esta regla presenta numerosas e importantes excepciones en relación con la identificación: la primera consiste en la posibilidad, cada vez más habitual, de preconstituir prueba a partir de las diligencias de reconocimiento realizadas en la investigación (STC 140/1991 [*Tol 80554*]); la segunda, de carácter práctico, reside en el hecho de que una vez practicada la identificación en sede policial —ya sea a través de rueda ordinaria o fotográfica—, será suficiente con que el testigo se ratifique en las sucesivas declaraciones para que el contenido de la identificación original acabe adquiriendo valor probatorio (STS de 30/12/2009 [*Tol 1781393*]); la tercera, única excepción plenamente respetuosa con los principios procesales que presiden nuestro modelo de justicia penal, sería aquella que permite introducir los métodos de identificación técnicos o biomédicos en juicio oral a través del medio de prueba pericial.

En cualquier caso, la identificación del investigado debe estar sometida, como todos los actos del proceso penal, al principio de contradicción; ello, tanto cuando opera como mera diligencia, como —y sobre todo— en los casos en que puede adquirir valor probatorio. En este mismo sentido se ha pronunciado reiteradamente el TEDH en casos como Al-Khawaja y Tahery c. Reino Unido (2011); Lucà c. Italia (2001); Seton v. Reino Unido (2016) o Asch c. Austria (1991).

Dado que, en numerosas ocasiones, el contenido de la identificación realizada en instrucción acabará permeando de una u otra forma al juicio oral, resulta imprescindible extremar las garantías obrantes durante su práctica.

Consciente de ello, el legislador ha establecido en el art. 520.6.b LECrim la obligatoriedad de que el abogado defensor intervenga, además de en las diligencias de declaración del detenido, en las de reconocimiento de identidad. Se incorpora así a nuestra legislación positiva el estándar establecido por el Tribunal de Estrasburgo en la STEDH de 20 de abril de 2010, caso Laska y Lika c. Albania, derogándose el criterio mantenido por nuestro Tribunal Supremo con anterioridad (STS de 19/02/2001 [*Tol 4925818*]).

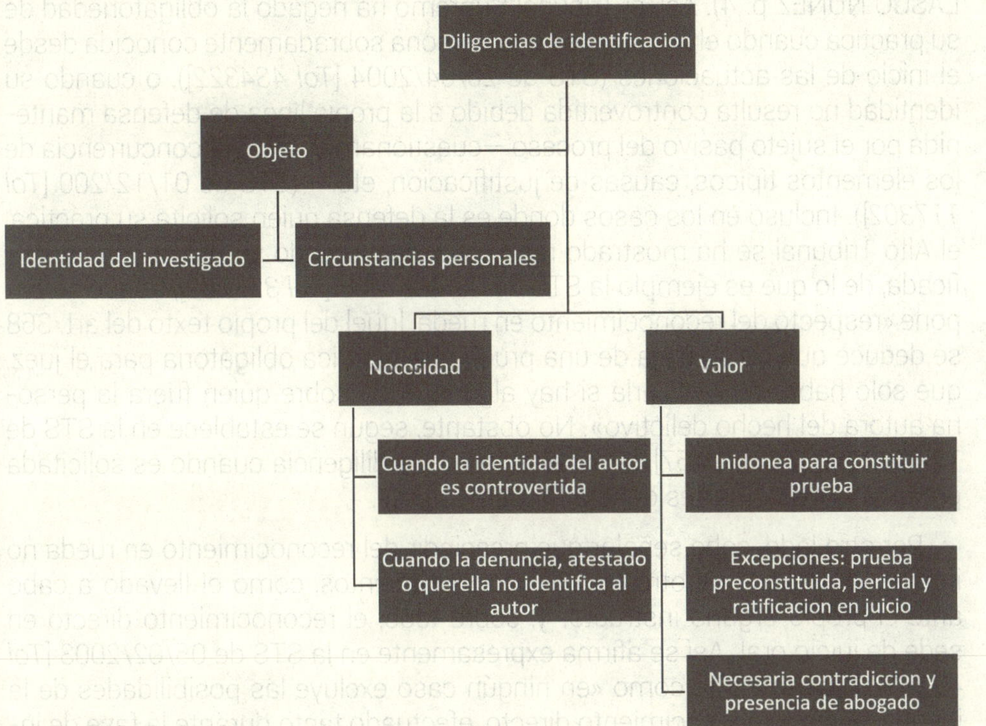

2. EL RECONOCIMIENTO EN RUEDA

2.1 Concepto y procedencia

El reconocimiento en rueda es la primera diligencia de identificación de cuantas se regulan en la LECrim (art. 368 y ss.), la más antigua y una de las más practicadas. Tiene carácter sumarial y suele realizarse tras la detención del investigado, pues para su práctica resulta necesario conducirle a dependencias policiales. Consiste, esencialmente, en someter al encausado a un examen visual por parte de uno o varios testigos del delito; junto a él se dispondrán otras personas de similares características físicas, presentándose conjuntamente ante quienes presenciaron los hechos. Estos últimos, utilizando su memoria, deberán señalar clara y determinadamente aquel al que vieron cometer el ilícito para que la diligencia arroje un resultado positivo.

Como ya se ha indicado, el reconocimiento del investigado por testigos —ya sea en rueda o a través de fotografías—, es una diligencia contingente, pues no habrá necesidad de realizarla si nadie duda de la identidad del autor (VELASCO NÚÑEZ p. 4). Así, el Tribunal Supremo ha negado la obligatoriedad de su práctica cuando el acusado es una persona sobradamente conocida desde el inicio de las actuaciones (STS de 26/04/2004 [*Tol 434322*]), o cuando su identidad no resulta controvertida debido a la propia línea de defensa mantenida por el sujeto pasivo del proceso —cuestionamiento de la concurrencia de los elementos típicos, causas de justificación, etc.— (STS de 01/12/200 [*Tol 117302*]). Incluso en los casos donde es la defensa quien solicita su práctica, el Alto Tribunal se ha mostrado restrictivo, censurando su utilización injustificada, de lo que es ejemplo la STS de 03/10/2003 [*Tol 322269*], donde se expone «respecto del reconocimiento en rueda, [que] del propio texto del art. 368 se deduce que no se trata de una prueba de practica obligatoria para el juez, que solo habrá de realizarla si hay alguna duda sobre quien fuera la persona autora del hecho delictivo». No obstante, según se establece en la STS de 15/12/2000 [*Tol 117467*], la denegación de la diligencia cuando es solicitada por alguna de las partes deberá fundamentarse.

Por otro lado, cabe señalar que prescindir del reconocimiento en rueda no impide la práctica de otro tipo de reconocimientos, como el llevado a cabo ante el propio órgano instructor y, sobre todo, el reconocimiento directo en sede de juicio oral. Así se afirma expresamente en la STS de 05/02/2003 [*Tol 4927979*], que recoge como «en ningún caso excluye las posibilidades de la identificación y reconocimiento directo, efectuado tanto durante la fase de investigación como en el momento del juicio oral».

2.2 Requisitos

El régimen aplicable al reconocimiento en rueda se encuentra recogido en el art. 369 LECrim, donde se prevé que «la diligencia de reconocimiento se practicará poniendo a la vista del que hubiere de verificarlo la persona que haya de ser reconocida, haciéndola comparecer en unión con otras de circunstancias exteriores semejantes. A presencia de todas ellas, o desde un punto en que no pudiere ser visto, según al juez pareciere más conveniente, el que deba practicar el reconocimiento manifestará si se encuentra en la rueda o grupo la persona a quien hubiese hecho referencia en sus declaraciones, designándola, en caso afirmativo, clara y determinadamente».

Nada se dice en la ley procesal, en cambio, sobre el número de distractores que deben situarse junto al investigado. Únicamente se hace referencia a una pluralidad de personas, requisito que quedaría colmado con que fueran al menos dos (ALONSO PÉREZ p. 143). Así lo ha confirmado la jurisprudencia en las SSTS de 28/03/1998 [*Tol 228706*]; de 05/02/1992 [*Tol 399346*] y de 31/12/2001 [*Tol 129126*], donde se afirma que «no cabe considerar inválida la diligencia de reconocimiento porque solo integrasen la rueda cuatro personas, ya que, según reconoce la sentencia de esta Sala de 28.3.98, el art. 369 de la LECrim, no exige número determinado de componentes de la rueda, y el único requisito que establece es que tengan circunstancias exteriores semejantes todos ellos». En idéntico sentido, las SSTS de 18/09/2002 [*Tol 222621*] y de 02/04/2004 [*Tol 392864*], han dado validez expresa a la rueda integrada por cuatro personas. Conviene señalar, sobre este aspecto, que curiosamente en sede de jurisdicción militar, el art. 155 de la vigente Ley Orgánica 2/1989 sí prevé un número mínimo de 5 distractores para que la rueda sea válida.

Lo que sí se recoge en la LECrim, no obstante, es la necesidad de que se proceda separadamente cuando fueren varios los que hubieren de reconocer a una persona, sin que puedan comunicarse entre sí hasta que se haya efectuado el último reconocimiento. Si, por el contrario, fuesen varios los que hubieren de ser reconocidos por una misma persona, podrá hacerse el reconocimiento de todos en un solo acto (art. 370 LECrim).

Esta regulación ha sido complementada a su vez por la jurisprudencia, tanto del Tribunal Constitucional como del Tribunal Supremo, que han puesto el énfasis en la semejanza entre distractores e investigado como una de las principales garantías de la identificación. Esta semejanza no habrá de ser absoluta, pero si suficiente, por lo que, tal y como se refleja en la STS de 07/12/2000 [*Tol 117353*], la rueda resultará invalida cuando las diferencias sean "extremas", como pueden ser las del sexo, el color de piel, la estatura o el peso. En el mismo sentido la STS de 13/12/2004 [*Tol 550553*] «incide otra vez en la ilegalidad de la diligencia de reconocimiento en rueda debido, sobre todo, a que las personas que participaron en ella no presentaban características semejantes».

No obstante, tal exigencia ha tendido a rebajarse desde la STS de 30/04/2008 [*Tol 1324461*], donde se establece que «el tema de las parecidas circunstancias con la persona a reconocer es de lo más subjetivo, y de atender a las exigencias del recurrente, pondría en manos de la defensa este medio, que nunca se realizaría, al no encontrar, a su juicio, el parecido o semejanza suficiente entre las personas conformadoras de la rueda». Por eso, la falta de semejanza entre las personas que acompañan al investigado debe ser significativa para entender que no satisface el estándar del art. 369 LECrim (STS de 20/01/2017 [*Tol 5949891*]).

Por último, cabe señalar que la asistencia letrada constituye, *ex* arts. 767, 118.2 y 520.5.b LECrim, un requisito inexcusable para la realización de la rueda de reconocimiento. Aunque inicialmente el Tribunal Supremo mantuvo una posición titubeante al respecto (STS de 19/02/2001 [*Tol 31449*]), ha sido reconocido sin ambages desde la citada STS de 30/04/2008 [*Tol 1324461*], de lo que es ejemplo la STS de 11/10/2017 [*Tol 6398424*].

2.3 Valor probatorio

El reconocimiento en rueda constituye una diligencia estrictamente sumarial que tiene por objeto encaminar la investigación hacia una o varias personas concretas cuando, al inicio de esta, se desconoce la identidad del autor de los hechos. Por eso, en virtud de su finalidad y también de su naturaleza, ha de considerarse inidónea a efectos probatorios; es irreproducible en el acto del juicio y no satisface el principio de inmediación (entre otras, *vid.* SSTS de 06/06/1999 y 14/02/1995), de forma que, en caso de ser propuesta como medio de prueba por alguna de las partes, deberá ser inadmitida por impertinente (SSTS de 22/02/1991 y 26/04/2004).

Tampoco puede ser considerada prueba preconstituida ni anticipada, ya que, tal y como se señala en la STS de 16/02/2023 [*Tol 9424879*], «tal diligencia, aun a pesar de ser hecha con todas las garantías, no puede considerarse que sea configurada como una prueba anticipada y preconstituida de imposible reproducción en el juicio oral en virtud de su supuesto carácter irrepetible».

En el mismo sentido se viene pronunciando el Tribunal Constitucional desde que, en su STC 148/1996 [*Tol 83080*], estableciera lo siguiente:

> «la constancia en el sumario de haberse practicado una identificación de la actora por una diligencia de reconocimiento en rueda, si bien constituye medio de prueba idóneo para precisar con exactitud la persona frente a la que se realizan determinadas imputaciones, no es, sin embargo, suficiente para desvirtuar la presunción de inocencia de que goza la identificada de este modo, sino que, para que así fuere, "será necesario que aparte de la identificación y determinación del inculpado, se aporten medios de prueba que, referentes a los hechos y actividades que se le imputan, se produzcan con las necesarias garantías de inmediación y contradicción en la vista oral».

Esta exclusión, no obstante, ha sido desarrollada por el Tribunal Supremo, existiendo pronunciamientos, como la STS de 22/09/2003 [*Tol 4916318*], donde se acepta parcialmente su valor probatorio siempre que satisfaga unas garantías mínimas de contradicción e inmediación a través de la ratificación en juicio. Así, se dice:

> "[...] os reconocimientos efectuados en sede policial, o en sede judicial en fase sumarial, bien a través del examen de fotografías o bien mediante ruedas de reconocimiento, son en realidad medios de investigación que permiten, cuando es necesario, determinar la identidad de la persona a la que los testigos imputan la realización del hecho denunciado, y avanzar en el esclarecimiento de los hechos. Solamente alcanzan el nivel de prueba, como regla general, cuando el reconocimiento se ha realizado en sede judicial, con todas las garantías, entre ellas la presencia del Juez, y quien ha realizado el reconocimiento comparece en el juicio oral y ratifica lo antes manifestado o reconoce en el plenario al autor de los hechos, pudiendo ser sometida a interrogatorio cruzado de las partes sobre los hechos que dice haber presenciado y sobre el reconocimiento realizado".

Con posterioridad, puede apreciarse también el surgimiento de una cuestionable línea jurisprudencial tendente a otorgar virtualidad probatoria a esta diligencia sumarial independientemente de su ratificación, dando por sentado su relevancia como elemento a considerar en el juicio de autoría requerido para la condena. Buena muestra de ello es la STS de 09/10/2019 [*Tol 7531451*], donde se quita peso a las irregularidades acaecidas en el reconocimiento fotográfico realizado con anterioridad, con base en la idea de que, a efectos probatorios, lo verdaderamente relevante es la rueda posterior.

No obstante, debe señalarse que, por fortuna, esta posición resulta minoritaria y desfasada, existiendo un gran número de pronunciamientos del propio órgano, tanto anteriores como más recientes, que subrayan la insuficiencia de la diligencia, *per se*, para constituir prueba, poniendo el foco en su ratificación ante el órgano de enjuiciamiento. En este sentido pueden encontrar resoluciones como la STS 503/2008, de 17/07/2008 [*Tol 1371325*] y, más recientemente, la STS 289/2020, de 05/06/2020 [*Tol 7980042*], donde se recoge lo siguiente:

> «El reconocimiento en rueda practicado ante el juez de instrucción para ser entendido como prueba válida y suficiente para desvirtuar la presunción de inocencia debe ser reproducido en el juicio oral mediante ratificación, a fin de poder ser sometida quien lo haya realizado a las garantías de contradicción, oralidad e inmediación. Es esencial que, siendo posible, la víctima o testigo acudan al plenario para ratificar dicha diligencia ya que, como prueba testifical, es, por su naturaleza, perfectamente reproducible en el acto del juicio oral y debe ser, por tanto, sometida a contraste y contradicción por las partes de forma oral y sin mengua de los derechos de defensa del imputado. Todo ello de conformidad con lo dispuesto en el art. 6.3 d) del Convenio Europeo de Derechos Humanos, que manifiesta que todo acusado tiene, entre sus mínimos derechos, el de "interrogar o hacer interrogar a los testigos que declaren contra él", así como con el art. 14.3 e) del Pacto Internacional de Derechos Civiles y Políticos, del mismo tenor».

Queda patente entonces que aquello que, verdaderamente, constituye prueba suficiente para enervar la presunción de inocencia, es el reconocimiento claro y directo efectuado en el juicio oral por parte del testigo; ello, incluso cuando se hayan producido irregularidades en los reconocimientos fotográficos o en rueda anteriores. Esta posición es compartida por el Tribunal Constitucional (SSTC 323/1993 [*Tol 82344*] y 172/1997 [*Tol 252323*]) y por el Tribunal Supremo, que ha declarado en numerosas ocasiones que «cuando el testigo señala inequívocamente a una persona durante el plenario, su fuerza probatoria radica en la credibilidad o fiabilidad del testimonio de quien realiza la identificación», desvinculando así el mayor o menor rigor de la diligencia del valor atribuido al medio de prueba testifical por el que se ratifica (SSTS de 05/02/2003 [*Tol 4927979*]; de 22/09/2003 [*Tol 4916318*]; y de 30/12/2009 [*Tol 1781393*]).

Debe inferirse, por tanto, que la identificación en juicio no viene supeditada a la práctica anterior del reconocimiento en rueda; así que, los vicios que la diligencia sumarial pueda presentar quedarán "sanados" mediante el reconocimiento realizado en el plenario (STS de 01/12/2000 [*Tol 117302*]). Tal es así que, en la referida STS de 05/06/2020 [*Tol 7980042*], llega a plantearse lo siguiente:

> «Un reconocimiento dudoso en fase sumarial puede ser subsanado mediante uno inequívoco en el Plenario o viceversa, cuando en la fase de instrucción se ha producido una rueda de reconocimiento con todas las formalidades legales y quien realiza el reconocimiento no ha admitido dudas sobre la identidad del reconocido y en el Plenario las suscita; el Tribunal, entonces previa introducción de dicha diligencia en el juicio oral, puede acoger la que le ofrezca mayor verosimilitud (STS 1278/2011, de 29 de noviembre)».

Coincidimos con la mejor doctrina (LÓPEZ ORTEGA, p. 125; SOLETO MUÑOZ, p. 31), al señalar el desacierto de la postura mantenida por nuestra jurisprudencia en este aspecto, ya que parece clara la existencia de un nexo de antijuridicidad entre la rueda viciada y el reconocimiento realizado en juicio dirigido a su ratificación. Si el reconocimiento sumarial presenta deficiencias como herramienta epistemológica, lo más sensato es pensar que su ratificación en el acto del juicio, en tanto mero ejercicio de reiteración, en nada impedirá que tales deficiencias se repitan.

Esta idea parece recogerse tácitamente en la STC de 09/09/2024 [*Tol 10273345*], donde el TC estimó un recurso de amparo por vulneración de la tutela judicial efectiva y el derecho a la presunción de inocencia interpuesto contra una sentencia condenatoria, dictada en apelación, que había considerado suficiente la rueda de reconocimiento para acreditar la identidad del acusado en contraposición del criterio mantenido por el órgano de instancia, que daba por nula la diligencia y declaraba además su falta de idoneidad como prueba.

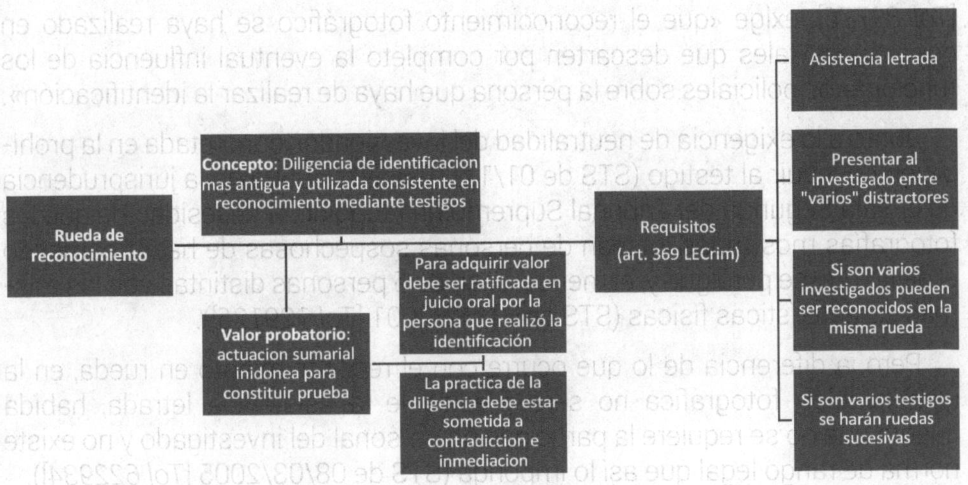

3. LA IDENTIFICACIÓN A TRAVÉS DE ARCHIVOS FOTOGRÁFICOS POLICIALES

3.1 Concepto y procedencia

El reconocimiento fotográfico es un medio de identificación no regulado en la LECrim, pero frecuentemente utilizado por la Policía Judicial en el marco de la investigación preliminar que tiene autorizado realizar. Consiste, esencialmente, en exhibir ante la víctima o testigo de un delito un álbum de fotografías de personas que presentan características físicas similares a las descritas por aquel para que, en su caso, identifique al presunto autor.

Por su propia naturaleza, se trata de una técnica policial propia de los primeros estadios de la investigación, pues tiene como principal finalidad focalizar las pesquisas sobre una o varias personas concretas (STS de 20/12/2018 [*Tol 6988630*]). Presenta, por tanto, un carácter eminentemente exploratorio y se realiza a partir de las fotografías de personas previamente "reseñadas" por la propia Policía. Los resultados de la identificación suelen incorporarse al atestado, presentando —en conjunto con dicho documento— valor de denuncia.

3.2 Requisitos

Pese a que se trata de una diligencia carente de base legal y, por lo tanto, su régimen resulta en buena medida indeterminado, la jurisprudencia ha perfilado algunos estándares dirigidos a garantizar su fiabilidad. Así, la STC 36/1995

[*Tol 82776*], exige «que el reconocimiento fotográfico se haya realizado en condiciones tales que descarten por completo la eventual influencia de los funcionarios policiales sobre la persona que haya de realizar la identificación».

Junto a la exigencia de neutralidad del investigador, concretada en la prohibición de influir al testigo (STS de 01/12/1995 [*Tol 405037*]), la jurisprudencia de la Sala Segunda del Tribunal Supremo ha recogido la necesidad de que las fotografías mostradas lo sean de personas sospechosas de haber cometido el delito que se persigue y, al menos, sean de 5 personas distintas con las mismas características físicas (STS de 31/12/2001 [*Tol 129126*]).

Pero, a diferencia de lo que ocurre con el reconocimiento en rueda, en la identificación fotográfica no será predicable la asistencia letrada, habida cuenta que no se requiere la participación personal del investigado y no existe norma de rango legal que así lo imponga (STS de 08/03/2005 [*Tol 622934*]).

3.3 Valor probatorio

El reconocimiento fotográfico es una diligencia accesoria que no podrá producir efecto probatorio alguno por sí misma, pues presenta una escasa fiabilidad y se realiza sin atender a las garantías de contradicción y defensa predicables de toda actividad probatoria (STC 40/1997 [*Tol 83183*]).

No obstante, la STC 340/2005 [*Tol 792050*], admite «la posibilidad de que el resultado de la identificación fotográfica sea llevado a juicio a través de otros medios de prueba (en el caso, la declaración testifical de la víctima del delito) que sean sometidos a los principios de inmediación y contradicción. Sin embargo [continua diciendo] esta posibilidad la hemos calificado de "excepcional" y, como tal, no es ni puede ser incondicionada; desde el momento en que la prueba practicada en el juicio oral no tiene un contenido incriminatorio propio, sino por razón al reconocimiento fotográfico, se hace imprescindible que éste se haya realizado en condiciones tales que descarten por completo la eventual influencia de los funcionarios policiales sobre la persona que ha de realizar la identificación».

En el mismo sentido se había pronunciado ya con anterioridad mediante sus SSTC 36/1995 [*Tol 82776*]) y 40/1997 [*Tol 83183*]), donde se dice que:

> «para desvirtuar la presunción de inocencia será necesario que, aparte de la identificación y determinación del inculpado, se aporten medios de prueba, que referentes a los hechos y actividades que se le imputan, se produzcan con las necesarias garantías de inmediación y contradicción en la vista oral, pues el juicio lógicamente no versa sobre la identificación del inculpado como objeto de la acusación, sino sobre su culpabilidad o inocencia».

Entre esos actos de prueba es particularmente relevante la declaración testifical de la persona que realizó el reconocimiento. El resultado de la identificación fotográfica puede ser llevado al juicio. No obstante, como señala la STC 172/1997 [*Tol 252323*]):

> «*es posible que se produzcan situaciones tales que hagan que la prueba realizada en el juicio oral pueda estar condicionada por la regularidad del reconocimiento fotográfico en su día practicado*". Por ello, las condiciones en las que se haya practicado el reconocimiento fotográfico deben permitir descartar el riesgo de sugestión. Así, "*desde el momento en que la prueba practicada en el juicio oral no tiene un contenido incriminatorio propio, sino por remisión al reconocimiento fotográfico, se hace imprescindible que éste se haya realizado en condiciones tales que descarten por completo la eventual influencia de los funcionarios policiales sobre la persona que ha de realizar la identificación. La neutralidad del investigador en este punto se erige, pues, en una condición inexcusable para que la posibilidad excepcional que ahora nos ocupa pueda ser fuente de prueba válidamente utilizable a través de otros medios de prueba para desvirtuar la presunción de inocencia*».

Por otro lado, la abundante jurisprudencia del Tribunal Supremo sobre la materia ha dado lugar a una doctrina general (por todas STS de 30/12/2009 [*Tol 1781393*] con referencia a las SSTS 1500/1992, 1162/97. 140/2000, 1638/2001, 683/2002, 486/2003, 875/2004, 1353/2005 y 994/2007), que puede sintetizarse en los siguientes apartados:

1. Los reconocimientos fotográficos por sí solos no constituyen prueba apta para destruir la presunción de inocencia. Puede tener tal eficacia cuando el testigo o los funcionarios actuantes acuden al juicio oral y allí declaran sobre ese reconocimiento que se hizo en su día.
2. Son meras actuaciones policiales que constituyen la apertura de una línea de investigación, a veces imprescindible porque no hay otro medio de obtener una pista que pueda conducir a la identificación el criminal.
3. La Policía procurará no acudir al reconocimiento fotográfico cuando ya ha sido identificado el sospechoso y, por tanto, se puede realizar directamente a la identificación mediante el procedimiento de la rueda judicial regulado en los arts. 368 y ss. LECrim.
4. No obstante, aunque se hubiera practicado el reconocimiento fotográfico antes de tal rueda judicial, incluso en aquellos casos en que existiera una previa identificación del sospechoso, tal reconocimiento fotográfico no priva de validez a las demás diligencias sumariales o pruebas del juicio oral que pudieran practicarse sobre el mismo dato de esa identificación.

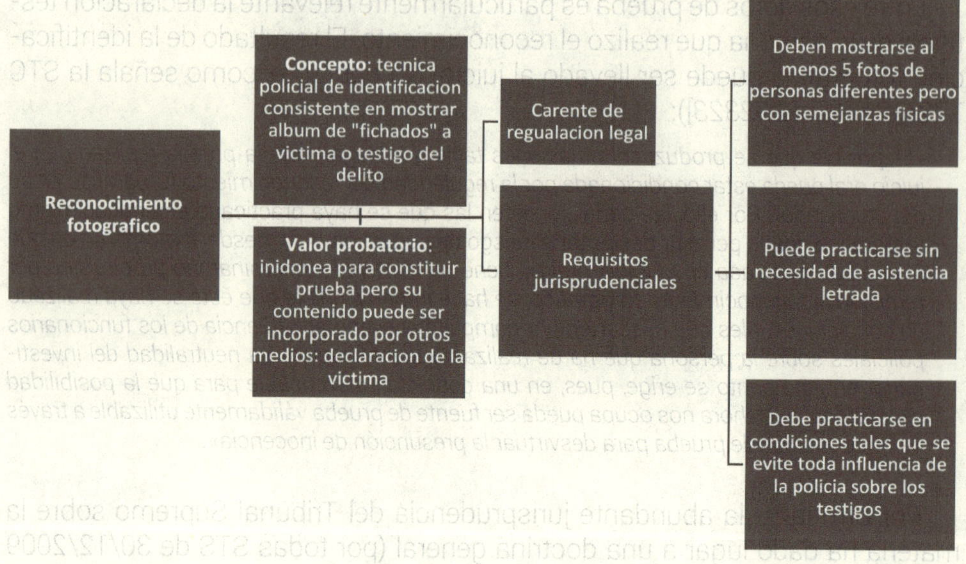

4. LA IDENTIFICACIÓN A TRAVÉS DE IMÁGENES O GRABACIONES DE LOS HECHOS

Otro medio de identificación carente de regulación legal, pero ampliamente utilizado en la práctica —sobre todo en la investigación y enjuiciamiento de delitos de robo con fuerza en las cosas—, es el del análisis de las grabaciones de los hechos realizadas por cámaras de vigilancia o seguridad.

Esta diligencia, cada vez más habitual dada la creciente tendencia social a monitorizar el espacio público y privado, fue prontamente admitida por la jurisprudencia (STS de 05/05/1997 [*Tol 407174*]), dando lugar en poco tiempo a un amplio catálogo de cuestiones jurídicas de trascendencia procesal: por una parte, este medio de identificación implica identificar los límites que los derechos a la intimidad (art. 18 CE) y a la vida privada y familiar (art. 8 CEDH) imponen a la captación de imágenes; por otra parte, existen muy diversas formas de realizar un reconocimiento a través de grabaciones, por lo que en la práctica este medio de identificación resulta heterogéneo en lo que a los medios de prueba utilizados para su incorporación al acto del juicio respecta.

Sobre la primera de las cuestiones aludidas, ateniente a la ponderación que habrá de realizarse entre el uso de videograbaciones con fines penales y los derechos fundamentales que se ven afectados por ello, el Tribunal Supremo ha conformado un vasto cuerpo jurisprudencial (con origen en las SSTS de 14/01/1993; 10/05/1994; 19/04/1996, todas ellas citadas en la STS de 05/05/1997 [*Tol 407174*]), que integra los siguientes parámetros:

1. El trucaje, la manipulación o la distorsión de las cintas de video grabadas se evitará si la prueba se practica, a través de lo que las partes hayan solicitado, en el juicio oral con publicidad e inmediación; incluso con la visualización de las mismas y la intervención pericial oportuna en los casos en que sea necesario. Cualquier medio, en tanto que en el proceso penal no rige el sistema de prueba tasada, será válido si se respetan los derechos de las partes y sirve para la identificación y el reconocimiento de las personas presuntamente culpables.

2. La validez de la prueba practicada con la filmación o grabación de cintas de video supone que no se vulneren derechos esenciales, tales la intimidad o la dignidad de la persona o personas afectadas por la filmación llevada a cabo previa autorización judicial en los casos en que sea esta necesaria, o por los particulares, Policía Judicial, cuerpos de seguridad privada, etc., cuando la misma no sea precisa.

3. En consecuencia es válida y correcta la captación en general de imágenes de personas sospechosas recogidas en la vía pública de manera velada o subrepticia, en los momentos en los que se supone fundadamente que se está cometiendo un hecho delictivo, pues ningún derecho queda vulnerado en estos casos.

4. La filmación sólo cabe en los espacios, lugares o locales libres y públicos, también en establecimientos oficiales, bancarios o empresariales, nunca en los domicilios o en los lugares privados o considerados como tales como, por ejemplo, los reservados de los aseos públicos, en estos casos salvo autorización judicial mediante resolución motivadamente razonada.

5. La distinción entre lo permitido y lo prohibido ha de obtenerse en base a lo que señale la Constitución y, muy especialmente, la Ley Orgánica 1/1982 sobre protección civil del derecho al honor, a la intimidad personal y familiar y a la propia imagen.

En cuanto a las diferentes maneras en que la identificación basada en videograbaciones es introducida en el acto del juicio oral; la primera en ser abordada por la jurisprudencia y más común en la práctica, consiste en valorar el testimonio de agentes policiales que han confeccionado el atestado y tenido acceso a esa grabación. En este sentido, la STS de 27/02/1996 [*Tol 406139*], en referencia a la de 14/05/1994, señala lo siguiente:

> «los vídeos no suponen una prueba distinta de una percepción visual, en tanto que la grabación no hace otra cosa que perpetuar la de una o varias personas. Si la declaración en Juicio Oral de quienes obtuvieron las grabaciones videográficas —en este caso, Policias locales— resulta coincidente a efectos identificatorios de las personas intervinientes en la acción delictiva y con relación al propio desarrollo de los hechos que conforman dicha acción —visualizada en el Plenario— no parece reprobable tener por válido el contenido de tales manifestaciones en tanto que dichos agentes tuvieron una percepción directa de los hechos en el mismo momento en que ocurrían y sus afirmaciones y explicaciones descriptivas estuvieron sometidos en dicho Acto los Principios de Publicidad, Contradicción, Oralidad e Inmediación asegurándose así la viabilidad procesal y la virtualidad incriminadora de su testimonio sin merma de Derechos constitucionales o garantías de los justiciables».

El Tribunal Supremo también ha admitido que la convicción sobre la autoría se funde en el reconocimiento realizado por agentes policiales ajenos a la investigación de los hechos, que en calidad de peritos son llamados a pronunciarse, a través de criterios técnicos, única y exclusivamente sobre la identidad de las personas obrantes en las grabaciones. Ello, siempre y cuando sus conclusiones sean ratificadas en el acto del juicio oral. En este sentido la STS de 28/09/2001 [*Tol 4976452*]), señala que «las identificaciones realizadas por especialistas de la policía que no han intervenido en las diligencias que dan lugar al atestado, podrían ser consideradas como una especial forma de pericia que se debe reproducir, como se ha hecho en el caso presente, en el acto del juicio oral, por lo que, en principio, no hay obstáculos para su validez».

El Tribunal Supremo ha validado incluso la posibilidad de que el reconocimiento se lleve a cabo en el acto del juicio por el perjudicado, cuando este no ha visto nunca personalmente al acusado, pero si ha podido identificarle a través de la grabación, siempre que esta estuviera a disposición de ambas partes (STS de 17/06/2010 [*Tol 1952842*])

Por último, se reconoce la posibilidad de que la identificación pueda ser realizada por el propio órgano sentenciador comparando la imagen de la filmación con la del acusado que comparece al acto del juicio oral por "percepción inmediata y directa" del juez o tribunal (SSTS de 08/04/2002 [*Tol 4914166*]; y de 02/07/2004 [*Tol 483687*]).

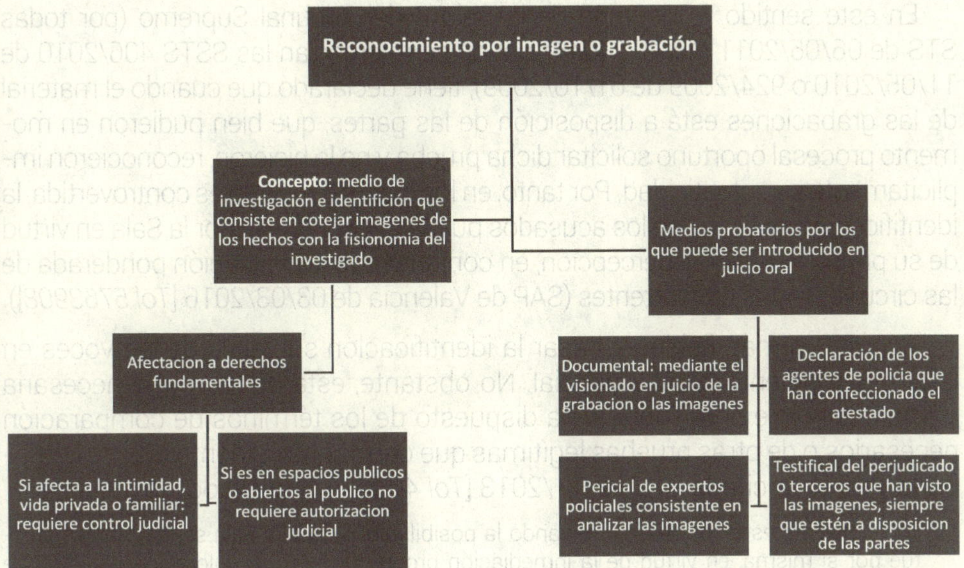

5. LA IDENTIFICACIÓN A TRAVÉS DE LA VOZ

La voz también puede ser tenida en cuenta como elemento determinante para la identificación del investigado. Concretamente, podrá ser apreciada a través de la percepción sensorial de los testigos, al igual que lo son las imágenes; podrá ser objeto de pericia si ha sido grabada en algún soporte que permita su reproducción y, en dichos casos; también cabrá la posibilidad de valorarse como prueba documental.

En cuando al reconocimiento por voz del testigo que escuchó los hechos, regirá el principio de libre valoración de la prueba, *ex* art. 741 LECrim. No obstante, doctrina y jurisprudencia han atribuido poca fiabilidad a este tipo de declaraciones, con la excepción de aquellos casos en que los testigos resulten ser invidentes, dada su especial sensibilidad auditiva (MORENO CATENA/ CORTÉS p. 226).

Si, por el contrario, la voz ha sido grabada, podrá ser apreciada como documental, pues las grabaciones y su transcripción han sido categorizadas por la doctrina como documento en sentido amplio (STC 114/1984 [*Tol 79403*] y STS de 11/10/1993 [*Tol 5102844*]). Y, si tienen la consideración de documentos, también podrán ser examinadas directamente por el órgano enjuiciador (STS de 12/11/2013 [*Tol 4030137*]), siempre que se hallen a disposición de las partes (STS de 22/07/1998 [*Tol 5133740*]).

En este sentido, la doctrina de la Sala II del Tribunal Supremo (por todas STS de 06/05/2011 [*Tol 2124044*], donde se referencian las SSTS 406/2010 de 11/05/2010 o 924/2009 de 01/10/2009), tiene declarado que cuando el material de las grabaciones está a disposición de las partes, que bien pudieron en momento procesal oportuno solicitar dicha prueba y no lo hicieron, reconocieron implícitamente su autenticidad. Por tanto, en los casos donde no es controvertida, la identificación de la voz de los acusados puede ser apreciada por la Sala en virtud de su propia y personal percepción, en conjunto con la evaluación ponderada de las circunstancias concurrentes (SAP de Valencia de 03/03/2016 [*Tol 5763908*]).

Aun así, lo más fiable es basar la identificación subjetiva de las voces en la correspondiente prueba pericial. No obstante, esta no se revela necesaria o imprescindible si el Tribunal ha dispuesto de los términos de comparación necesarios o de otras pruebas legítimas que corroboren el contenido de lo grabado. Así, en la citada STS 12/11/2013 [*Tol 4030137*], se recoge lo siguiente:

> «el recurrente está criticando y negando la posibilidad de que la Sala sentenciadora efectúe por sí misma, en virtud de la inmediación propia del Plenario valoraciones y alcance conclusiones relevantes para la resolución del caso. Es evidente que la inmediación no es solo estar presente, sino entender, percibir, asimilar, verificar en definitiva formar opinión en conciencia y en el conjunto sobre todo lo dicho, notando las reacciones y gestos de todos, singularmente de los inculpados, por ello, lo que se critica supone precisamente la manifestación más propia de la inmediación judicial como es verificar que la voz escuchada en una cinta, coincide con lo escuchado directamente de una persona en el Plenario, y concluir con la afirmación de pertenecer a la misma persona. Ello sin perjuicio de que pudiera haberse propuesto la pericial de reconocimiento de voz, lo que no se efectuó por ninguna de las partes ni en concreto por la defensa de la recurrente" (SSTS. 492/2012 de 14.6, 440/2011 de 25.5, 385/2011 de 5.5, 901/2009 de 24.9, entre otras)».

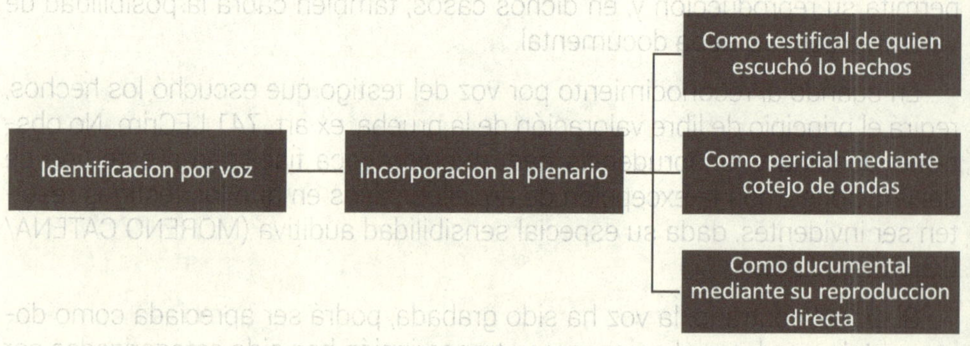

6. LA IDENTIFICACIÓN DACTILOSCÓPICA

La identificación dactiloscópica se produce a través del cotejo de las huellas dactilares dejadas involuntariamente en el lugar de los hechos por su autor y las impresiones digitales provenientes del investigado. Para ello, se toman como referencia una serie de puntos o características, denominados en ciencia forense "marcadores", que dada su alta variabilidad presentan un alto potencial identificativo.

Concretamente, la jurisprudencia exige de 8 a 10 puntos comunes sin ninguna desemejanza natural entre la huella vinculada a los hechos y la procedente del investigado, con idéntico emplazamiento morfológico y topográfico (STS de 21/12/1990 [*Tol 3496356*]).

La gran fiabilidad atribuida por la jurisprudencia a esta diligencia en cuestión está basada en las "dos leyes fisiológicas, corroboradas por la opinión científica y por una amplía casuística", que otorgan a la huella dactilar una absoluta singularidad e invariabilidad a lo largo de la vida del individuo (por todas STS de 08/02/1988 [*Tol 2356592*]).

Con base en dicho planteamiento, reiterado en innumerables resoluciones, se ha considerado que, una vez la diligencia de investigación es incorporada al debate procesal como prueba pericial, resulta suficiente para enervar la presunción de inocencia y sostener la culpabilidad del acusado, pues la existencia de huellas en un lugar constituye prueba directa de que una persona determinada estuvo en él (por todas SAP de Madrid de 27/03/2015 [*Tol 4989118*], donde se referencian las SSTS de 21 y 26 de enero, 10 de abril, 9 de mayo, 19 de junio, 10 de julio, 21 de septiembre y 20 de diciembre de 2000, 2 de abril, 1 y 8 de octubre de 2001, 15 de marzo, 11 de abril, 16 y 22 de mayo de 2002, 23 de enero y 26 de septiembre de 2003, 6 de febrero y 24 de marzo de 2004, 25 de enero y 23 de marzo de 2005, 30 de mayo de 2007 y 15 de octubre de 2014).

7. LA IDENTIFICACIÓN A TRAVÉS DE MARCADORES DE ADN

7.1 Concepto y procedencia

En el ámbito de la investigación penal, la prueba de ADN es generalmente concebida como un método especialmente útil para identificar al autor de un determinado delito, o bien para incriminar o exculpar al sospechoso del mismo cuando su identidad ya se conoce. Tal objetivo se consigue mediante el cotejo de la información genética obtenida de los vestigios biológicos hallados en la escena del delito —es decir *dubitados*—, con la extraída de la muestra celular tomada directamente del cuerpo del sospechoso o imputado, a la que se denomina *indubitada* (ALCOCEBA GIL, p. 163).

La obtención y posterior análisis de muestras indubitadas, ya sea practicada directamente sobre el cuerpo de su titular u obtenida a partir de la recogida de vestigios abandonados por este, supone la afectación de ciertos derechos fundamentales (ZAFRA ESPINOSA DE LOS MONTEROS).

Si la muestra procede directamente del cuerpo del afectado nos encontraremos ante la práctica de una inspección o intervención corporal —dependiendo del grado de invasión que la toma suponga—, con la consiguiente restricción potencial del derecho fundamental a la libertad reconocido en el art. 17 CE; a la intimidad corporal, consagrado en el art. 18 CE y a la integridad física, protegida por el art. 15 CE (SSTC 182/2009 [*Tol 1593595*]; 207/1996 [*Tol 83136*]).

A este respecto, cabe matizar que la injerencia que supone la toma de la muestra en la esfera constitucionalmente protegida de su titular es mínima siempre que se cuente con su colaboración y se practique mediante un frotis bucal. Por el contrario, la limitación de los citados derechos se verá considerablemente agravada cuando, no contándose con el consentimiento del afectado, se haga uso de la coacción física para extraer dicha muestra, posibilidad expresamente contemplada por el art. 520 LECrim y 129 *bis* CP respecto al detenido y al condenado respectivamente.

Pero, independientemente de dónde o cómo se obtenga la muestra —ya sea del cuerpo de su titular o el lugar donde este la abandone—, habrá derechos distintos a los ya mencionados que siempre se verán restringidos cuando la muestra indubitada es analizada. Se trata de aquellos que protegen el contenido informativo de la intimidad (art. 18.1 CE), indefectiblemente afectado cuando se accede al patrimonio genético de su titular sin su autorización (MURILLO DE LA CUEVA p. 72).

Por lo tanto, siempre que se proceda a la obtención de muestras biológicas con fines identificativos, debe tenerse en cuenta que la injerencia en los derechos fundamentales a la intimidad y autodeterminación informativa del afectado se produce en todo caso e independientemente de cómo se obtengan dichas muestras. Ello es así dado que dicha injerencia no deriva únicamente del sometimiento físico que la propia actuación comporta —si es que se realiza sobre el cuerpo del afectado—, sino de la información personal que se recopila sobre el mismo, lo cual ocurre se realice la toma directamente de la persona o no (STS de 11/11/2014 [*Tol 4224777*]).

7.2 Afectación a derechos

La legislación española, en atención a lo dispuesto en la LECrim (arts. 363. II y 778.2), el CP (art. 129 *bis*) y la LO 10/2007 (DA 3ª), contempla expresamente la posibilidad de tomar muestras biológicas para su análisis genético al sujeto pasivo del proceso en sus diferentes estatus; por lo que, si tal y como se viene diciendo, la toma de muestras destinadas a su análisis genético constituye una diligencia restrictiva del derecho a la intimidad que en la mayor parte de ocasiones recae sobre el cuerpo del afectado, para proceder a su práctica deberán satisfacerse todas aquellas garantías desarrolladas por la extensísima doctrina constitucional sobre intervenciones restrictivas del art. 18 CE (SSTC 34/1981 [*Tol 110836*]; 3/1983 [*Tol 79171*]; 120/1990 [*Tol 119205*]; 99/1985 [*Tol 79514*]; 37/1989 [*Tol 80249*]; 76/1990 [*Tol 80368*]; 6/1991 [*Tol 526747*]; 60/1991 [*Tol 80474*]; 158/1993 [*Tol 82181*], 7/1994 [*Tol 82417*]; 48/1995 [*Tol 82788*]; 66/1995 [*Tol 82806*]; 55/1996 [*Tol 82989*]; 76/1996 [*Tol 83010*]; 207/1996 [*Tol 83136*]; 161/1997 [*Tol 80785*] y 136/1999 [*Tol 81189*]). Tales exigencias pueden ser sintetizadas en:

1. Existencia de un fin constitucionalmente legítimo. La intimidad y la integridad física no son derechos absolutos, pues pueden ceder ante razones justificadas de interés general, siempre que las mismas se encuentre convenientemente reconocidas como tales por la Constitución. En el caso del ADN, la causa legítima en virtud de la que puede quedar justificada la realización de una intervención corporal como es la toma de la muestra, resulta ser el interés público vinculado a la investigación de un concreto delito para cuya resolución pueda servir la práctica del análisis genético.

2. Concurrencia de un presupuesto habilitante como es el consentimiento del afectado u orden judicial que lo supla. Según ha indicado la jurisprudencia, a diferencia de lo que ocurre con otras medidas restrictivas de derechos fundamentales que pueden ser adoptadas en el curso del proceso penal, como son la entrada y registro en domicilio del art. 18.2 CE o la intervención de comunicaciones del art. 18.3 CE, respecto de las restricciones del derecho a la intimidad personal consagrado en el art. 18.1 CE no existe en la Constitución reserva absoluta de jurisdiccionalidad, por lo que no será necesario recabar resolución judicial que lo autorice cuando concurre el consentimiento del titular del derecho.

3. Satisfacción del principio de proporcionalidad en virtud del cual se hace necesario constatar si la medida cumple los tres siguientes requisitos o condiciones: a) idoneidad, en relación a si es susceptible de conseguir el objetivo propuesto; b) necesidad, en el sentido de que no exista

otra medida más moderada para la consecución de tal propósito con igual eficacia y finalmente; c) proporcionalidad en sentido estricto, que se cumplirá si la misma es ponderada o equilibrada, por derivarse de ella más beneficios o ventajas para el interés general que perjuicios sobre otros bienes o valores en conflicto.

En cualquier caso, tal y como señala LÓPEZ ORTEGA, p. 94, «bien sea porque se entienda que la actuación encaminada a obtener la muestra del cuerpo del sospechoso constituye una injerencia en el derecho a la integridad física (art. 15 CE), o bien porque también se considere afectado el derecho a la intimidad corporal (art. 18.1 CE), lo cierto es que el consentimiento y, en su defecto, la autorización judicial son los únicos elementos que legitiman la ejecución de esta actuación investigadora».

En la misma línea se posiciona el Tribunal Constitucional en sus SSTC 199/2013 [*Tol 4052710*]; 13/2014 [*Tol 4114487*]; 14/2014 [*Tol 4114488*], 15/2014 y 16/2014 [*Tol 4114485*]; 23/2014 [*Tol 4129146*] y 43/2014 [*Tol 4182199*], donde pese a validar la toma de muestras subrepticia sin necesidad de orden judicial, recoge los argumentos expuestos por el TEDH en la sentencia S. y Marper c. Reino Unido, acerca de la injerencia que supone la conservación tanto de muestras celulares como de perfiles de ADN respeto de su vida privada en el sentido del art. 8.1 de la CEDH.

Parece claro entonces que, ya sea por el acceso que requiere a cavidades corporales regularmente ocultas frente a terceros como es la boca —protegidas por el derecho a la intimidad corporal—, o como consecuencia de las informaciones que la misma puede proporcionar —amparadas por el derecho a la intimidad informativa en sus diferentes formulaciones—, la toma y análisis de muestras es una diligencia que afecta a la intimidad de la persona que se ve sometida a ella.

7.3 Valor probatorio

El rasgo más característico e importante de la identificación por marcadores de ADN es la extraordinaria fiabilidad que se le atribuye (MORENO CATENA/CORTÉS, p. 227). Esta fiabilidad viene dada por los términos probabilísticos en los que sus resultados se expresan. En primer lugar, el hecho de que la pericia dé como resultado un valor numérico y este sea calculado mediante un procedimiento altamente automatizado, otorga a la prueba de ADN un aura de objetividad que pocas pruebas científicas poseen. En segundo lugar, los valores numéricos de carácter probabilístico que expresa son, en la mayoría de los casos, muy altos, pudiendo llegar a tratarse de probabilidades de uno entre billones.

Sin embargo, debe tenerse en cuenta que la identificación mediante marcadores genéticos, aun cuando es introducido en el acto del juicio a través del medio pericial, únicamente permite vincular un determinado vestigio biológico, del que se extrae la denominada muestra dubitada, con la persona de quien proviene la muestra indubitada. Y en este sentido, independientemente de dónde fuera extraída la muestra indubitada (ya sea de la escena del delito, de alguna de las piezas de convicción obrantes en la causa, o del interior del cuerpo de la víctima), su pertenencia al acusado no permite inferir de forma directa la participación del mismo en el hecho delictivo. Tal cuestión que no resta utilidad a la prueba de ADN pero sí indica su naturaleza indiciaria. Por eso, le resulta de aplicación la reiterada jurisprudencia del Tribunal Supremo sobre la materia (por todas STS de 06/11/2019 [*Tol 7604665*]), donde se establece para esta modalidad probatoria un estándar de valoración reforzado basado en:

1. Que los hechos base o indicios estén acreditados y no se trate de meras sospechas.
2. Que el órgano jurisdiccional explicite el razonamiento a través del cual, partiendo de los indicios llega a la convicción sobre la existencia del hecho delictivo y participación del acusado.
3. Deben ser plurales y concomitantes al hecho que se trata de probar, además de estar interrelacionados de modo que se refuercen entre sí.

Por lo tanto, el informe pericial sobre identificación basada en ADN, al igual que la mayor parte de las pruebas científicas, versa sobre un indicio, más o menos relevante para el caso, pero del cual no puede inferirse la absoluta identificación entre la persona sometida a la prueba y el autor del delito.

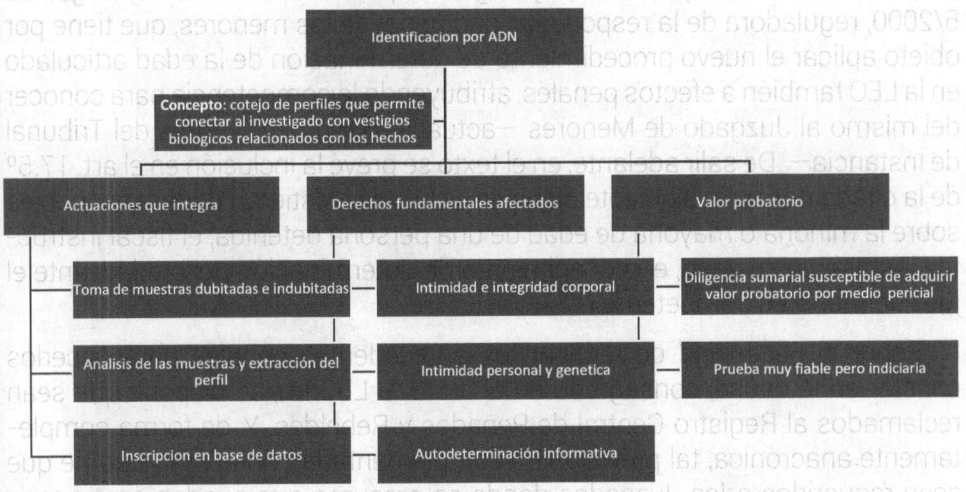

8. LA CONSTANCIA DE LAS CIRCUNSTANCIAS PERSONALES DEL INVESTIGADO: DOCUMENTOS DE IDENTIFICACIÓN, EDAD O ANTECEDENTES PENALES

En lo que respecta a la filiación y nacionalidad del investigado, habrá de acreditarse preferentemente a través del DNI cuando se trate de personas de nacionalidad española. Según se dispone en el art. 8 de la Ley Orgánica 4/2015, de protección de la seguridad ciudadana, es el único documento con suficiente valor por sí solo para la acreditación, a todos los efectos, de la identidad y los datos personales de su titular.

En los supuestos de personas extranjeras, habrá de estarse a lo dispuesto en pasaportes o cedulas de identidad, entendiéndose que la forma y contenido de tales documentos, al igual que en el caso del DNI, colma el estándar establecido en el art. 374 LECrim, en virtud del cual el juez hará constar, con la minuciosidad posible, las señas personales del procesado, a fin de que la diligencia pueda servir de prueba de su identidad.

En cuanto a la determinación de la edad, la ley procesal dispone que el LAJ traiga al sumario certificación de su inscripción de nacimiento en el Registro civil o de su partida de bautismo, si no estuviere inscrito en el Registro (art. 375 LECrim). No obstante, cuando la identidad del investigado fuera conocida y no hubiera duda de que tiene la edad que el Código Penal requiere para poderle exigir la responsabilidad criminal en toda su extensión, podrá prescindirse de la certificación (art. 376 LECrim).

A ello ha de añadirse que, en la actualidad, se encuentra en tramitación parlamentaria un Proyecto de Ley Orgánica para modificar la Ley Orgánica 5/2000, reguladora de la responsabilidad penal de los menores, que tiene por objeto aplicar el nuevo procedimiento de determinación de la edad articulado en la LEC también a efectos penales, atribuyendo la competencia para conocer del mismo al Juzgado de Menores —actual sección de menores del Tribunal de Instancia—. De salir adelante, en el texto se prevé la inclusión en el art. 17.5º de la citada norma la siguiente cláusula: «cuando existieran dudas razonables sobre la minoría o mayoría de edad de una persona detenida, el fiscal instructor, instará, en su caso, el procedimiento de determinación de la edad, ante el juez de menores competente».

Sobre la necesidad de recabar los antecedentes penales para hacerlos constar en la causa, consagrado en el art. 379 LECrim, se dispone que sean reclamados al Registro Central de Penados y Rebeldes. Y, de forma completamente anacrónica, tal previsión es complementada con el mandato de que sean requeridos a los Juzgados donde se presuma que puedan en su caso constar o al Ministerio de Gracia y Justicia. Sigue el texto estableciendo consecuencias disciplinarias derivadas de la negativa de dar los antecedentes que se le reclamen, o certificación negativa, en su caso, en el improrrogable término de tres días.

Por último, debe hacerse alusión a la identificación de las personas jurídicas, igualmente necesaria para proceder a su imputación. Habrá de llevarse a cabo, obviamente, a través de medios distintos a los previstos para la persona física; pues resulta imposible someterlas a rueda de reconocimiento, fotográfica, identificación por voz o análisis genético. En su lugar, será la prueba documental aquella que prime a la hora de concretar la identidad. Sobre este aspecto, coincidimos con cuando considera «necesario traer a los autos, al menos, una certificación del Registro Mercantil donde figure inscrita la sociedad, o del Registro de Asociaciones o Fundaciones donde se haya inscrito, en la que se incluyan sus estatutos» (MORENO CATENA/CORTÉS, p. 228).

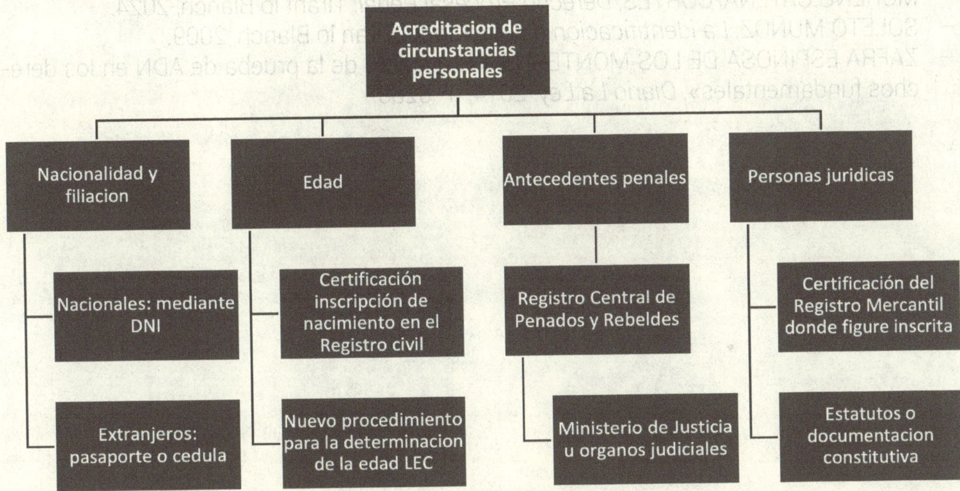

BIBLIOGRAFÍA

- ALCOCEBA GIL, *El análisis genético forense en el proceso penal español*, Tirant lo Blanch, 2018.
- ALONSO PÉREZ, *Medios de investigación en el proceso penal*, Dykinson, 2003.
- BANACLOCHE/ZARZALEJOS, *Aspectos fundamentales de Derecho procesal penal*, La Ley, 2025.
- ROMEO CASABONA, «Bases de datos de identificadores a partir del ADN con fines de investigación criminal», en *RMPD.* 2011, nº 6, pp. 12-18.
- DE LA OLIVA SANTOS, *Derecho procesal penal*, Ed. Universitaria Ramon Areces, 2004.
- GIMENO SENDRA/MORENO CATENA/CORTÉS, *Derecho Procesal Penal*, Colex, 1999.
- GÓMEZ COLOMER, *Derecho Jurisdiccional III*, Tirant lo Blanch, 2019.
- GOMEZ ORBANEJA, E., *Derecho y proceso*, Civitas, Pamplona, 2009.
- LOPEZ ORTEGA, «Contradicción y defensa. Cinco cuestiones sobre la prueba penal, precedidas de una introducción sobre la eficiencia del proceso penal», *Estudios de Derecho Judicial*, Nº. 128, 2007, pp. 123-156.
- MIR PUIG, *Derecho Penal Parte General*, Reppertor, 2016.
- MORENO CATENA/CORTÉS, *Derecho Procesal Penal*, Tirant lo Blanch, 2024.
- SOLETO MUÑOZ, *La identificación del imputado*, Tiran lo Blanch, 2009.
- ZAFRA ESPINOSA DE LOS MONTEROS, «El impacto de la prueba de ADN en los derechos fundamentales», *Diario La Ley.* 2014, nº 8283.

Capítulo 23
La declaración del investigado

Encarnación Molino Barrero
Abogada penalista
Montero-Aramburu & GVA

SUMARIO: **1. NATURALEZA Y FINALIDAD DE LA DECLARACIÓN DEL INVESTIGADO EN LA FASE DE INSTRUCCIÓN. 1.1 El investigado. 1.2 La declaración del investigado, naturaleza y finalidad. 1.3 La declaración en sede policial. 1.4 Manifestaciones espontáneas en presencia policial. 1.5 Declaración prestada en instrucción no ratificada en juicio oral. 1.6 Declaración del investigado que previamente declaró como testigo. 1.7 Declaraciones contradictorias, sin credibilidad o no convincentes del investigado. 2. LOS REQUISITOS QUE DEBE REUNIR LA PRIMERA CITACIÓN JUDICIAL. 3. LA COMUNICACIÓN DE LA IMPUTACIÓN: MOMENTO Y CONTENIDO. 4. GARANTÍAS DURANTE LA DECLARACIÓN DEL INVESTIGADO. 5. LA DECLARACIÓN DEL INVESTIGADO A PETICIÓN PROPIA. 6. EL RÉGIMEN DE LA DECLARACIÓN DE LOS COINVESTIGADOS. 7. EL RECONOCIMIENTO DE LOS HECHOS POR EL INVESTIGADO: EFECTOS. 7.1 Reconocimiento de los hechos y conformidad. 7.2 La confesión de los hechos. 7.3 La confesión como atenuante. 7.4 La confesión y la prueba prohibida.**

1. NATURALEZA Y FINALIDAD DE LA DECLARACIÓN DEL INVESTIGADO EN LA FASE DE INSTRUCCIÓN

1.1 El investigado

El investigado es la persona —física o jurídica— que está siendo sometida a una instrucción judicial por su posible relación con la comisión de un hecho punible. «El investigado es la parte pasiva necesaria del proceso penal, que se ve sometida al proceso y se encuentra amenazado en su derecho a la libertad, o en el ejercicio o disfrute de otros derechos cuando la pena pueda ser de naturaleza diferente, al atribuírsele la comisión de hechos delictivos por la posible imposición de una sanción penal en el momento de la sentencia» señala MORENO CATENA (2023, p. 121).

El investigado es parte, normalmente desde el inicio del procedimiento, pero puede ser identificado en un momento posterior; precisamente la instrucción se destina a la averiguación del responsable del delito. Es parte pasiva porque ocupa la posición contraria a quienes ejercitan la acción penal que son la parte activa del proceso. Es parte necesaria pues el proceso no podrá avanzar si no se concreta e identifica a la persona o personas a las que se atribuye el hecho delictivo y respecto de las que podría recaer la sentencia condenatoria.

Como señala MORENO CATENA (2023, p. 122) «El investigado ha sido en el modelo procesal nacido de la Revolución francesa el gran protagonista, pues en torno a su papel en el proceso, a sus derechos, se ha ido construyendo el actual modelo punitivo que permite imponer sanciones penales con la menor injerencia en la esfera de los derechos fundamentales del investigado y, cuando resulte imprescindible, rodeando la intromisión de todas las garantías. Así pues, pasó de ser un mero objeto del proceso penal, relegado a soportarlo y a prestar confesión, incluido el tormento, a convertirse en el sujeto fundamental del mismo, ocupando una posición inexpugnable para el ejercicio de su derecho fundamental a la defensa».

La condición y el estatus de investigado se adquiere desde el momento en que el órgano judicial pone en conocimiento de una persona la admisión de una denuncia o querella, y cualquier actuación procesal de la que resulte la imputación de un delito, atribuyéndole participación en el mismo. En este sentido, la STS de 09/04/2021 [*Tol 7189889*]) recoge que:

> «De esta forma, la condición de investigado procesal se gana cuando las autoridades judiciales, después de haber hecho el oportuno análisis muy preliminar sobre la posible atribución a una persona de una infracción delictiva, admiten a trámite una denuncia o querella, o bien desde que se lleve a cabo contra ella cualquier actuación procesal que le implique en un hecho delictivo, y por supuesto desde que haya sido objeto de detención o cualquier medida cautelar (Sentencia del Tribunal Constitucional 44/1985).
> Así pues, la condición de investigado —como atribución de un hecho punible— surge con la efectiva actividad de un organismo oficial con obligación de averiguar la veracidad de posibles hechos con caracteres de infracción penal por cualquiera de las vías que señala la ley, y excepto que se declare el secreto sumarial. Ello hace surgir, como principal consecuencia, el derecho de defensa».

1.2 La declaración del investigado, naturaleza y finalidad

En el proceso penal, inspirado en el respeto a la dignidad de la persona humana y en los derechos fundamentales, el investigado no es el objeto del proceso, ni puede ser el objeto de la investigación. No puede ser considerado «un medio del que extraer datos tendentes a investigar los hechos que le afectan negativamente» (ASENCIO MELLADO, 2024, p. 80) como lo fue en el afortunadamente ya superado proceso inquisitivo. El investigado se convierte en el protagonista del proceso penal, con igualdad de armas respecto de las partes acusadoras. Es titular del derecho de defensa y su declaración es un medio de defensa.

Las declaraciones del investigado tienen «esencialmente naturaleza de acto de defensa y, como tal han de ser consideradas» (MORENO CATENA, 2023, p. 250). En igual sentido señala LOZANO EIROA (2013, p. 37) que «la declaración del imputado debe ser entendida como un medio de defensa a través de la cual pueda, asistido de toda una serie de garantías tendentes a salvaguardar la libertad y espontaneidad de lo manifestado, tratar de demostrar su inocencia y manifestar todo aquello que considere conveniente para refutar la imputación contra él formulada o bien, si así lo estima, declarar reconociendo los hechos».

Es por ello por lo que tales declaraciones se desarrollan con un haz de garantías orientadas a impedir cualquier clase de coacción externa. Como apuntaba ARAGONESES MARTÍNEZ (2004, p. 339) «la diligencia de declaración ha de ser concebida como un medio mixto de información y defensa, en ningún caso como una obligación».

No obstante, la ley procesal en alguno de sus preceptos regula estas declaraciones como actos o diligencias de investigación. Así, aparecen como diligencias de investigación al establecer que el órgano judicial podrá acordar que los investigados presten cuantas declaraciones considere conveniente para la averiguación de los hechos, su participación en los mismos, así como la de las demás personas que hubieren contribuido a ejecutarlos o encubrirlos (arts. 385 y 389 LECrim). También podrá ser interrogado sobre los objetos que constituyan el cuerpo del delito o los que considere conveniente y sobre cualquier circunstancia que conduzca al esclarecimiento de la verdad (art. 391 LECrim).

Claramente se regula la declaración del investigado como acto de defensa en el art. 396 LECrim que recoge que el investigado podrá manifestar «cuanto tenga por conveniente para su exculpación o para la explicación de los hechos». Por tanto, se contempla que, en su declaración, el investigado pueda manifestar todo lo que tenga por conveniente para la explicación o aclaración de los hechos, así como para exponer las circunstancias que considere pueden llevar a rebatir la imputación, contradecir los hechos que se le atribuyen o su participación en los mismos, llevando a su exculpación o a mejorar su posición procesal. Dicha declaración no es obligatoria para el investigado dado que, si así lo considera como estrategia defensiva, también tiene derecho a guardar silencio y a no prestar declaración si no desea hacerlo, a no contestar a alguna o algunas de las preguntas que se le formulen, a no declarar contra sí mismo y a no declararse culpable, sin que de esta posición puedan extraerse consecuencias negativas para el investigado, más allá de lo que diremos al abordar la cuestión relativa a la valoración del silencio.

Se abandona el antiguo modelo inquisitivo; sistema que según CRESPO BARQUERO (2014, p. 225) «reserva al Estado —al juez, ayudado por el fiscal— la condición exclusiva y excluyente de depositario y oráculo de "toda la verdad", confiando a su autoridad la facultad de fijar unilateralmente una hipótesis que se acepta como la imagen especular de lo sucedido».

En relación con el derecho a no declarar y los derechos a no declarar contra sí mismo y a no declararse culpables, la STS de 15/06/2009 [*Tol 1561643*] recoge que:

> «En cuanto al origen y contenido de ambos derechos, hemos explicado que frente al viejo proceso penal inquisitivo (regido por el sistema de prueba tasada en el que el imputado era considerado como objeto del proceso penal, buscándose con su declaración, incluso mediante el empleo de la tortura, la confesión de los cargos que se le imputaban), en el proceso penal acusatorio el imputado ya no es objeto del proceso, sino sujeto del mismo y, en cuanto tal, "ha de reconocérsele la necesaria libertad en las declaraciones que ofrezca y emita, tanto en lo relativo a su decisión de proporcionar la misma declaración, como en lo referido al contenido de sus manifestaciones. Así pues, los derechos a no declarar contra sí mismo y a no confesarse culpable... son garantías o derechos instrumentales del genérico derecho de defensa, al que prestan cobertura en su manifestación pasiva, esto es, la que se ejerce precisamente con la inactividad del sujeto sobre el que recae o puede recaer una imputación, quien, en consecuencia, puede optar por defenderse en el proceso en la forma que estime más conveniente para sus intereses, sin que en ningún caso pueda ser forzado o inducido, bajo constricción o compulsión alguna, a declarar contra sí mismo o a confesarse culpable».

En el caso de que se haya procedido a la imputación de *una persona jurídica*, la declaración se tomará al representante especialmente designado por ella, también asistido de letrado. En esta declaración deben existir las mismas garantías que para las personas físicas, en lo que sea compatible con su especial naturaleza, pues las personas jurídicas no pueden recibir peor trato. La incomparecencia de su representante determinará que se tenga por celebrado este acto, y se entiende que se ha acogido a su derecho a no declarar.

Vamos a referirnos a continuación a distintos supuestos y circunstancias en los que el investigado puede prestar declaración.

1.3 La declaración en sede policial

La declaración del investigado en sede policial no tiene valor probatorio. Pese a esta contundente afirmación, la respuesta no ha sido ni es unánime, puesto que se introducen algunos matices que complican esta conclusión.

Ha habido variaciones jurisprudenciales. El Acuerdo de Pleno no jurisdiccional de fecha 3 de junio de 2015 abordó la cuestión, y se concretaron las siguientes conclusiones: las declaraciones ante los funcionarios policiales no tienen valor probatorio. No pueden operar como corroboración de los medios de prueba. Ni ser contrastadas por la vía del art. 714 LECrim. No cabe su utilización como prueba preconstituida en los términos del art. 730 LECrim. Tampoco pueden ser incorporados al acervo probatorio mediante la llamada como testigos de los agentes policiales que las recogieron.

Sin embargo, cuando los datos objetivos contenidos en la autoinculpación son acreditados como veraces por verdaderos medios de prueba, el conocimiento de aquellos datos por el declarante evidenciados en la autoinculpación puede constituir un hecho base para legítimas y lógicas inferencias. Para constatar, a estos exclusivos efectos, la validez y el contenido de la declaración policial deberán prestar testimonio en el juicio los agentes policiales que la presenciaron. Este Acuerdo ha sido seguido y desarrollado en multitud de sentencias de la Sala Segunda del TS (entre otras muchas SSTS de 28/03/2017 [*Tol 6026747*], de 29/03/2017 [*Tol 6026912*], de 22/03/2017 [*Tol 6010003*] y de 20/02/2017 [*Tol 5979884*]).

1.4 Manifestaciones espontáneas en presencia policial

Las manifestaciones espontáneas son aquellas en las que se produce una declaración o la aportación de un dato fáctico esencial por el detenido de forma verdaderamente libre y voluntaria y no provocada mediante un interrogatorio más o menos formal de las fuerzas policiales.

Estas manifestaciones, efectivamente espontáneas y no provocadas por la policía —que se producen en dependencias policiales, en los traslados o incluso en el propio lugar en el que sucedieron los hechos— pueden ser valoradas como prueba o como un indicio más, siempre que se constate que fueron efectuadas respetando todas las formalidades y garantías que el ordenamiento constitucional y procesal establece, esto es, que se produjeron de forma absolutamente voluntaria y espontánea, sin coacción alguna, y que fueron introducidas en el juicio oral mediante la declaración, sometida a contradicción, de los agentes que la presenciaron pero en ningún caso la provocaron.

Recoge GUTIÉRREZ SANZ (2019, pp. 119 y ss.), a la luz de la doctrina jurisprudencial, los parámetros que han de concurrir para afirmar su valor probatorio «1. Que se trate de manifestaciones prestadas de manera espontánea, libre y directa. [...] 2. Que fueran efectuadas respetando todas las formalidades y garantías previstas en el ordenamiento procesal y en la Constitución, estando el deponente informado de todos sus derechos, aun cuando no estuviera presente un abogado. [...] 3. Que sean introducidas en el debate contradictorio que supone el juicio oral a través de la declaración de los agentes que directamente lo percibieron".

En este sentido, la STS de 25/3/2014 [*Tol 4178203*] entiende que ha de atribuirse valor probatorio a la manifestación espontánea cuando se trate de:

> «Declaración no provocada seguida de la aportación de un dato fáctico esencial desconocido por la fuerza, que se comprueba seguidamente como válido, como por ejemplo cuando

> el sospechoso manifiesta espontáneamente que ha cometido un crimen y que ha arrojado el arma en un lugar próximo, donde el arma es efectivamente encontrada. Este tipo de manifestaciones, efectivamente espontáneas y no provocadas mediante un interrogatorio más o menos formal de las fuerzas policiales, son las que acepta esta Sala que se valoren probatoriamente si se constata que fueron efectuadas respetando todas las formalidades y garantías que el ordenamiento procesal y la Constitución establecen, de forma absolutamente voluntaria y espontánea, sin coacción alguna, y que se introducen debidamente en el juicio oral mediante declaración, sometida a contradicción, de los agentes que la presenciaron (pero en ningún caso la provocaron)».

Estas manifestaciones deben ser diferenciadas de otras declaraciones que realmente son interrogatorios sin abogado. Cuando en las dependencias policiales se inicia una especie de interrogatorio policial preliminar, sin abogado, y se realizan preguntas concretas al detenido sobre los hechos objeto de la investigación. Las manifestaciones producidas en respuesta a las preguntas de los agentes policiales, tras haber sido detenido y conducido como sospechoso a las dependencias policiales no pueden valorarse como una comparecencia voluntaria ante los agentes, ni tampoco es una manifestación espontánea. Las SSTS de 25/03/2014 [*Tol 4178203*] y de 21/07/2020 [*Tol 8021073*] recogen la doctrina vigente sobre esta cuestión:

> «No es espontáneo lo que se manifiesta en respuesta a unas preguntas específicas sobre los hechos objeto de investigación, realizadas por los agentes policiales responsables de la misma, en las propias dependencias policiales y después de haber sido conducido el sospechoso a dichas dependencias por los agentes actuantes. No se trata en este supuesto de una comparecencia voluntaria ante los agentes, ni de una manifestación que se produce espontáneamente, sin interrogatorio alguno, cuando los agentes se dirigen a un sospechoso en el lugar donde es sorprendido, inmediato al lugar del delito, o de una declaración no provocada...».

Por tanto, solo las manifestaciones efectivamente espontáneas y no provocadas mediante un interrogatorio, son las que se admiten que se valoren como prueba si se constata que fueron efectuadas respetando todas las formalidades y garantías que el ordenamiento procesal y la Constitución establecen, de forma absolutamente voluntaria y espontánea, sin coacción alguna, y que se introducen en el juicio oral mediante declaración, sometida a contradicción, de los agentes que las presenciaron pero que en ningún caso las provocaron. Lo que no ocurre cuando las declaraciones se producen como consecuencia de un interrogatorio policial preliminar, en sede policial y en respuesta a preguntas referidas al hecho investigado. Sería un fraude procesal, dice la citada sentencia, que no constituya prueba de cargo la autoincriminación policial con asistencia de abogado, no ratificada en sede judicial, y se admitiese como prueba de cargo válida, la misma incriminación en un interrogatorio preliminar, sin abogado y sin previa información de derechos.

Para su valoración en los términos expuestos se requiere *espontaneidad*. Nos preguntamos si cabe sostener que existe una declaración espontánea cuando es efectuada por la persona que ha sido detenida y llevada a las dependencias policiales, que no sabe qué le puede pasar, que no ha sido informada de sus derechos, y no ha sido asistida de letrado, que está en los calabozos con el consiguiente temor e incertidumbre sobre su situación y destino, situación que puede debilitar la resistencia psíquica del detenido, de manera que transmita informaciones que jamás hubiera ofrecido de otro modo. En esa situación de vulnerabilidad, incertidumbre y aislamiento los policías pueden influirle para que declare en determinado sentido, y que el detenido declare lo que entiende que los policías quieren oír para que le dejen en libertad. Sostiene NIEVA FENOLL (2024, p. 421 y 422) que «en esas condiciones, teniendo en cuenta todo lo anterior, lo declarado en cualquier interrogatorio policial no puede ser recogido como vestigio a considerar durante el juicio oral, sino que con frecuencia inducirá a error a los juzgadores que, directa o indirectamente, deseen atribuirle una superior credibilidad a la declaración obtenida en ese interrogatorio. Por consiguiente, la mejor garantía de regularidad del proceso será su definitiva desaparición».

1.5 Declaración prestada en instrucción no ratificada en juicio oral

Es una garantía esencial del derecho de defensa que las verdaderas pruebas se practiquen en el juicio oral dando cumplimiento a los principios de inmediación, contradicción, publicidad y concentración. Pero el tribunal del enjuiciamiento puede otorgar valor probatorio a las declaraciones del investigado prestadas en la instrucción a presencia judicial frente a las declaraciones realizadas en el juicio oral, cuando no sean ratificadas o sean contradichas por el acusado, siempre que las declaraciones de instrucción hayan sido prestadas con las debidas garantías y dichas afirmaciones contradictorias o retractaciones hayan sido introducidas en el juicio oral a través del interrogatorio del acusado por el procedimiento de contradicción del art. 714 de la LECrim que puede ser aplicado también a las declaraciones del acusado. El declarante debe ser preguntado sobre las razones de su divergencia y el tribunal valorará la mayor o menor verosimilitud de las versiones contrapuestas, a la vista del resultado de otras pruebas y de las razones invocadas para justificar la contradicción o retractación.

Afirma en este sentido la STS de 27/05/2021 [*Tol 8454601*] que:

> «Esta Sala ha admitido el valor probatorio de las declaraciones prestadas en instrucción, siempre que lo hubieran sido a presencia judicial, de forma inobjetable, e incorporadas al juicio oral en condiciones de contradicción (entre otras muchas SSTS 1238/2009, de 11 de

diciembre; 354/2014, de 9 de mayo o 315/2020, de 15 de junio). De modo que, aunque la declaración judicial sumarial no haya sido ratificada en el plenario, su introducción a través del mecanismo y garantías descritas permite tener motivadamente en cuenta el contenido de la sumarialmente prestada».

1.6 Declaración del investigado que previamente declaró como testigo

En algunas ocasiones, la condición de investigado o de testigo no aparecen perfectamente delimitadas y diferenciadas desde el comienzo del proceso penal. Puede ocurrir que una persona declare en un procedimiento judicial como testigo, por tanto, sin asistencia letrada, con obligación de contestar a todas las preguntas que se le formulen, bajo juramento o promesa de decir la verdad, y con apercibimiento de incurrir en delito de falso testimonio si no lo hace. Posteriormente puede resultar investigada e inculpada en el mismo procedimiento en el que ya ha declarado como testigo. En su nueva condición, tiene derecho a ser asistida de abogado, a guardar silencio, a no declarar si no quiere, a no contestar a alguna o algunas de las preguntas que se le formulen. Pero como ya prestó declaración como testigo sin tales derechos y garantías, ¿qué valor puede darse a esta declaración testifical?

El valor de la declaración testifical de la persona que terminó siendo investigada e inculpada en el procedimiento, dependerá de la posición que adopte el propio declarante, esto es, si la ratifica o no. Si depuso como testigo y posteriormente declara como investigado con asistencia letrada, y no ratifica su declaración testifical anterior, la declaración inicial como testigo es irregular, y no podrá ser tenida en cuenta por el tribunal al enjuiciar los hechos, pero en ningún caso acarreará la nulidad de todo el procedimiento. Si oído como testigo, y después en calidad de investigado, asistido de letrado e informado de sus derechos, ratifica íntegramente su anterior declaración testifical, la misma gozará de plena validez.

1.7 Declaraciones contradictorias, sin credibilidad o no convincentes del investigado

El investigado tiene derecho a no declarar, a no declarar contra sí mismo y a no confesarse culpable. En el caso de que preste declaración, la falta de credibilidad de sus declaraciones exculpatorias, las explicaciones no convincentes, contradictorias, incoherentes o incluso la falta a la verdad de estas no constituyen prueba de cargo de su culpabilidad.

El art. 405 LECrim establece que, si el procesado entra en contradicción con sus declaraciones primeras o retractare sus confesiones anteriores, deberá ser interrogado sobre el móvil de sus contradicciones y sobre las causas de su retractación. La jurisprudencia ha admitido la aplicación del art. 714 LECrim cuando existe contradicción entre las declaraciones prestadas en instrucción y las prestadas en el juicio oral por el acusado. El tribunal puede tener en cuenta unas u otras, total o parcialmente en función de la valoración conjunta de la prueba, pero si se trata de declaraciones prestadas en instrucción a presencia judicial, deben haber sido incorporadas al juicio oral en condiciones de ser sometidas a contradicción.

Cuestión distinta es que, existiendo prueba de cargo indiciaria de su culpabilidad, suficiente para desvirtuar la presunción de inocencia, la ausencia de una explicación razonable por su parte, o la escasa verosimilitud de sus afirmaciones no permita tomarlas en consideración como una explicación alternativa y razonable que desvirtúe la fuerza de convicción de la prueba de cargo. En este sentido, la STS 15/01/2019 [*Tol 6998655*]):

> «La falta de credibilidad de sus declaraciones exculpatorias no constituye una prueba de cargo de su culpabilidad, pues también tiene el derecho constitucional a no declarar contra sí mismo. Cuestión distinta es que, existiendo prueba de cargo indiciaria de su culpabilidad, suficiente en sí misma para desvirtuar la presunción de inocencia, la escasa verosimilitud de sus afirmaciones no permita tomarlas en consideración como una explicación alternativa y razonable que desvirtúe la fuerza de convicción de la prueba de cargo».

2. LOS REQUISITOS QUE DEBE REUNIR LA PRIMERA CITACIÓN JUDICIAL

Los actos de comunicación de los órganos judiciales con las partes no son meros trámites, antes, al contrario, tienen mucha trascendencia dado que se da noticia de las actuaciones procesales al interesado, hace posible su comparecencia en el proceso y, en definitiva, la defensa de sus derechos e intereses. La citación en la medida que hace posible la personación del interesado y la defensa contradictoria representa una exigencia ineludible para que las garantías constitucionales del proceso resulten aseguradas por el órgano judicial (STS de 02/06/2015 [*Tol 5175381*]).

En este sentido, la STS de 04/11/2021 [*Tol 8643090*], se remite a lo señalado en la STC 72/1996 [*Tol 83006*]:

> «En efecto, en múltiples ocasiones el Tribunal Constitucional ha afirmado que el derecho a la tutela judicial supone no solamente el derecho de acceso al proceso y a los recursos legalmente establecidos, sino también el adecuado ejercicio del derecho de audiencia y defensa para que las partes puedan hacer sus derechos e intereses. El principio de contradicción

en cualquiera de las instancias procesales constituye una exigencia ineludible vinculada al derecho a un proceso con todas las garantías, para cuya observancia adquiere singular relevancia el deber de los órganos judiciales de posibilitar la actuación de las partes a través de los actos de comunicación establecidos en la Ley, de modo que sólo la incomparecencia en el proceso o en el recurso debida a la voluntad expresa o tácita de la parte o a su negligencia podría justificar una resolución inaudita parte. Por ello la citación, en la medida que hace posible la comparecencia del interesado y la defensa contradictoria, representa una exigencia ineludible para que las garantías constitucionales del proceso resulten aseguradas por el órgano judicial».

Una incorrecta o defectuosa constitución de la relación jurídica procesal puede ser causa de indefensión lesiva del derecho a la tutela judicial efectiva. Por esta razón corresponde a los órganos judiciales velar por la correcta constitución de la relación. Pero no todo defecto o irregularidad en su establecimiento tiene relevancia constitucional sino solo aquella que provoque indefensión en la parte que la haya sufrido, lo que sucederá si la resolución judicial se dicta inaudita parte por causas que no le sean imputables a la parte. Sólo la incomparecencia debida a la voluntad expresa o tácita, o a su pasividad, a su desinterés, a su negligencia, error técnico o impericia puede justificar una resolución inaudita parte.

Por medio de una citación se convoca a una parte o a un tercero para que comparezca ante el órgano judicial a un acto concreto y en una fecha determinada. El contenido de la cédula de citación y de la cédula de emplazamiento viene establecido en el art. 175 LECrim.

En la cédula de citación se consignarán los siguientes extremos: a) el juez, tribunal o letrado de la Administración de Justicia que la hubiere dictado, la fecha y el número de las diligencias o causa en la que se dicta; b) los nombres y apellidos de los que se citan, y su dirección; c) el objeto de la citación y la condición en la que es citado; d) el lugar el día y la hora en que deba concurrir el citado y e) la obligación, si la hubiere, de concurrir al primer llamamiento, bajo multa de 200 a 5.000 €, y al segundo, con apercibimiento de incurrir en delito de obstrucción a la justicia. Si el citado que no comparece es el investigado o acusado, el juez o tribunal podrá acordar su detención. La cédula de emplazamiento contendrá además de los requisitos 1 a 3, el plazo dentro del cual debe comparecer, el lugar, y el juez o tribunal ante quien deba hacerlo, y la prevención de que, si no comparece, le pararan los perjuicios a que hubiere lugar en derecho.

Aun cuando el art. 172 LECrim permite la citación a través de un pariente, familiar o criado, o a través de un vecino próximo, el art. 182 LECrim exceptúa esta regla cuando las citaciones deban hacerse a los mismos interesados en persona por disposición expresa de la Ley, así como las citaciones que tengan por objeto la comparecencia obligatoria de éstos.

La citación tiene que practicarse en forma legal, cumpliendo los requisitos procesales para que sea conocida por el interesado y a su vez el órgano judicial tenga la certeza o seguridad de la recepción de dicha citación por su destinatario. Se practican bajo la dirección del letrado de la Administración de Justicia con las formalidades establecidas en el Capítulo V, Título V, Libro I de la Ley de Enjuiciamiento Civil.

Podrán hacerse por correo certificado o por cualquier medio tecnológico que permita acreditar su contenido y la recepción de la misma por el interesado.

3. LA COMUNICACIÓN DE LA IMPUTACIÓN: MOMENTO Y CONTENIDO

El sujeto pasivo de la causa debe ser llamado al proceso desde la admisión de la denuncia o querella, así como desde que exista cualquier actuación procesal de la que resulte la imputación de un delito contra persona determinada.

El investigado no puede quedar al margen de la instrucción en la que están presentes el Ministerio Fiscal y las acusaciones, pues no cabe investigar de espaldas al sujeto pasivo del proceso. En la instrucción, el investigado también ostenta el derecho a la defensa y también rige el principio de igualdad y de contradicción.

El órgano judicial encargado de la instrucción tiene el deber de informar al investigado de la causa abierta en su contra, y debe hacerlo siempre en la fase de instrucción. Desde el momento en que aparezca implicada una persona determinada como responsable del hecho delictivo investigado la llamará al procedimiento dándole traslado de la denuncia o querella y su admisión a trámite, o citándole para declarar como investigado por los cargos que hayan aparecido en su contra en el procedimiento. Desde este momento el investigado debe ser asistido de letrado y puede acceder al procedimiento ejerciendo su derecho de defensa (art. 118.5 LECrim).

En el procedimiento ordinario, la persona a quien se impute un acto punible deberá ser citada para ser oída (art. 486 LECrim). En el procedimiento abreviado, en la primera comparecencia el juez informará al investigado de la forma más comprensible de los hechos que se le atribuyen. Puede hacerlo mediante una exposición sucinta pero que sea suficiente para permitir el ejercicio del derecho de defensa. Así mismo cuando se produzca algún cambio relevante en el objeto de la investigación y de los hechos imputados, el investigado también será informado con prontitud. El LAJ le informará de sus derechos (art. 775 LECrim). En el procedimiento para las causas ante el tribunal del jurado, incoado el procedimiento (art. 25 LOTJ), el juez encargado de la instrucción lo podrá inmediatamente en conocimiento de los investigados. Si el citado no comparece ni alega causa legítima que se lo impida, la orden de comparecencia podrá convertirse en orden de detención (art. 487 LECrim).

La audiencia del investigado tiene un sentido garantista pues su objeto es instruir al sujeto de la existencia del procedimiento, del hecho punible que se le imputa y de los derechos que le asisten para que pueda ejercitar eficazmente su derecho de defensa. En todo caso, debe tratarse de un hecho punible concreto, específico e individualizado, pues no cabe incoar un proceso penal para averiguar delitos en general. En este sentido la STS de 24/11/2021 [*Tol 8674720*]:

> «La *inquisitio generalis* no tiene legitimidad constitucional aun cuando se realice con metas de prevención delictiva. La reacción de la maquinaria del Estado frente a posibles hechos delictivos no debe ser pretexto para una actuación irreflexiva y desproporcionada, pues solo cabe seguir un proceso penal, incluso desde su fase inicial de investigación, cuando existan indicios de la comisión de una infracción penal, sin que quepa su utilización en ausencia de tales indicios. [...] La "inquisición general" es "incompatible, ciertamente, con los principios que inspiran el proceso penal en un Estado de Derecho como el que consagra la Constitución Española"».

En una consolidada doctrina, el Tribunal Constitucional sostiene (STC 19/2000 [*Tol 22439*]) que la imputación no debe retrasarse más allá de lo estrictamente necesario, pues, estando ligado el nacimiento del derecho de defensa a la existencia de la imputación (art. 118 LECrim) se ha de ocasionar la frustración de aquel derecho fundamental si en la instrucción se retrasa arbitrariamente su puesta en conocimiento, razón por la cual dicha actuación procesal habrá de estimarse contraria al artículo 24 de la Constitución.

Por otro lado, no puede clausurarse la fase de instrucción, salvo en el caso que concluya con el sobreseimiento y archivo, sin haberse puesto en conocimiento del investigado el hecho delictivo objeto de la instrucción, y sin haberle tomado declaración en los términos del art. 775 LECrim.

La vigencia del derecho constitucional de defensa conlleva una triple exigencia (SSTC 135/1989 [*Tol 81585*], 186/1990 [*Tol 81858*] y 128/1993 [*Tol 82151*], citadas en la STS de 29/10/2018 [*Tol 6940703*]). Así:

a) *Nadie puede ser acusado sin haber sido declarado judicialmente investigado,* con anterioridad, pues no caben las acusaciones sorpresivas abriendo juicio oral contra una persona que no haya tenido la oportunidad de participar en la fase de instrucción. Las partes acusadoras no pueden dirigir la acusación contra cualquier ciudadano si éste no ha sido previamente imputado en el procedimiento por el órgano judicial. Debe haber una correlación entre acusación y acto de imputación. La instrucción judicial ha de tener por función determinar la legitimación pasiva en el proceso penal (art. 299 LECrim).

b) *Nadie puede ser acusado sin haber sido oído* en instrucción con anterioridad a la conclusión de las diligencias previas que no pueden clausurarse —salvo que se adopte una resolución de archivo o de sobreseimiento— sin haberse puesto en conocimiento del investigado el hecho punible objeto de las diligencias previas, haberle ilustrado de sus derechos y, de modo especial, de la designación de abogado defensor y, frente a la imputación contra él existente, haberle dado la oportunidad de declarar y exculparse (arts. 779.1.4 y 775 LECrim).

c) *No debe recibirse declaración testifical a la persona frente a la que existan indicios de haber participado en el hecho punible ya que la imputación no debe retrasarse más allá de lo necesario*, y dado que el derecho de defensa está vinculado a la imputación, si se retrasa indebidamente la imputación, se impediría el derecho de defensa, por lo que dicha actuación procesal sería contraria al art. 24 CE.

Reiterada doctrina del Tribunal Europeo de Derechos Humanos impone la exigencia de que el investigado no declare como testigo desde el momento en que resulte sospechoso de haber participado en el hecho punible, por cuanto el testigo está obligado penalmente a comparecer y a decir verdad, en tanto que el investigado no solo no tiene obligación de decir verdad, sino que puede callar total o parcialmente o incluso mentir, en virtud de los derechos a no declarar contra sí mismo y a no confesarse culpable, recogidos y reconocidos en el art. 24.2 de la Constitución (STEDH de 25/02/1993, asunto Funke v. France [*Tol 123775*]; SSTC 135/1989 [*Tol 81585*]; 29/1995 [*Tol 82768*]; 197/1995 [*Tol 82934*]; 129/1996 [*Tol 83062*]; 149/1997 [*Tol 80772*]; 153/1997 [*Tol 80776*]; 49/1998 [*Tol 80907*] y 115/1998 [*Tol 80972*]).

Cuando se impute un hecho punible a un diputado o senador, se procederá del mismo modo (art. 118 *bis* LECrim), los cuales podrán ejercer su derecho de defensa en los términos establecido en el art. 118 LECrim, dado que la prerrogativa de la inmunidad de los parlamentarios y la necesaria obtención del suplicatorio para proceder contra ellos (art. 71.2 y 3 CE) no puede limitar su derecho de defensa que debe poder ejercer en las mismas condiciones que los demás ciudadanos.

4. GARANTÍAS DURANTE LA DECLARACIÓN DEL INVESTIGADO

El investigado tiene los derechos constitucionales que se le reconocen en el art. 24 de la Constitución: a obtener la tutela judicial efectiva, al juez ordinario predeterminado por la Ley, a la defensa y a la asistencia de letrado, a ser informado de la acusación formulada, a un proceso público sin dilaciones indebidas y con todas las garantías, a utilizar los medios de prueba pertinentes para su defensa, a no declarar contra sí mismo, a no confesarse culpables y a la presunción de inocencia.

La declaración del investigado debe practicarse dando cumplimiento a una serie de garantías para que la misma tenga validez. El art. 118 LECrim recoge *los derechos de los investigados*. Así:

* Antes de su declaración, en la primera comparecencia que realice, será informado de los hechos que se le atribuyen. La información deberá ser suficientemente detallada para permitir el ejercicio efectivo del derecho de defensa. Esta información se facilitará en un lenguaje comprensible y que resulte accesible. Así mismo, debe ser informado de cualquier cambio sustancial y relevante en los hechos imputados.

* El investigado deberá estar asistido de letrado preceptivamente y en el caso de que no lo haya designado libre y voluntariamente, el órgano judicial debe haberlo nombrado del turno de oficio. La asistencia letrada es necesaria desde la detención o desde que de las actuaciones resulte la imputación de un delito. Todas las comunicaciones entre el investigado o encausado y su abogado tendrán carácter confidencial.
* Tiene derecho a solicitar asistencia jurídica gratuita.
* Previamente a comenzar la declaración, el investigado debe haber sido informado de los derechos que le asisten en su condición de investigado. Debe haber sido informado especialmente del derecho a guardar silencio y a no prestar declaración si no desea hacerlo, a no contestar alguna o algunas de las preguntas que se le formulen, a no declarar contra sí mismo y a no confesarse culpable.
* Tiene derecho a comunicarse y entrevistarse reservadamente con su abogado, incluso antes de que se le reciba declaración por la policía, el Ministerio Fiscal o la autoridad judicial, sin perjuicio de lo dispuesto en el art. 527. 1 c) LECrim. Todas las comunicaciones entre el investigado y el letrado tendrán carácter confidencial.

* Con la debida antelación al día de la declaración, el letrado que asuma la defensa debe haber podido examinar las actuaciones procesales a fin de preparar debidamente la declaración que proceda.
* Tiene derecho a actuar en el proceso penal para ejercer el derecho de defensa de acuerdo con lo dispuesto en la Ley.
* Si el investigado no habla o no entiende el castellano o la lengua oficial en la que se desarrolle la actuación tendrá derecho a la traducción e interpretación gratuitas (arts. 123 y 127 LECrim).

En el *desarrollo de la declaración* podrá permitirse al investigado que consulte apuntes o notas. Sus respuestas serán orales, aunque excepcionalmente puede permitirse una contestación escrita. Puede dictar por sí mismo su declaración que podrá ser grabada. Si la declaración se prolongara por un tiempo excesivo, provocando el cansancio del investigado, se podrá acordar la suspensión de la diligencia, concediendo al investigado el tiempo necesario para descansar, tras lo cual se reanudará la misma. Las preguntas serán directas, no pueden hacerse preguntas capciosas o sugestivas, ni tampoco puede emplearse coacción o amenaza.

Se practicarán cuantas declaraciones se consideren convenientes por el juez, bien de oficio o a instancia de las partes acusadoras. También el investigado podrá solicitar prestar declaración cuantas veces quisiere, y el juez la recibirá inmediatamente si tuviere relación con la causa.

Concluida la instrucción, no podrá seguir el procedimiento sin que se haya tomado declaración al investigado pues nadie puede ser acusado sin haber sido oído previamente.

En el caso de que el investigado esté *detenido o preso*, además de los derechos de todo investigado antes expuestos, le amparan los derechos reconocidos en el art. 520 p. 2 LECrim de los que deberá ser informado por escrito, en un lenguaje sencillo y accesible, en una lengua que comprenda y de forma inmediata. También deberá ser informado de los hechos que se le atribuyan y de las razones motivadoras de su privación de libertad. Los derechos que le asisten, especialmente son:

* Derecho a guardar silencio no declarando si no quiere, a no contestar alguna o algunas de las preguntas que se le formulen o a manifestar que solo declarará ante el juez.
* Derecho a no declarar contra sí mismo y a no confesarse culpable.
* Derecho a designar un abogado de su confianza, salvo en los supuestos de detención o prisión incomunicadas (art. 527.1.a) LECrim) y a ser

asistido por él sin demora injustificada. En el caso de que no sea posible de inmediato la asistencia de letrado, debido a la lejanía geográfica, se facilitará al detenido comunicación telefónica o por videoconferencia, salvo que dicha comunicación sea imposible.

* Derecho a entrevistarse reservadamente con su letrado, incluso antes de que se le reciba declaración por la policía, sin perjuicio de lo dispuesto en el art. 527 LECrim.
* Derecho a acceder a los elementos de las actuaciones que sean esenciales para impugnar la legalidad de la detención o privación de libertad.
* Derecho a que se ponga en conocimiento de un familiar o de la persona que desee, la detención y el lugar de custodia en que se halle en cada momento, sin demora injustificada.
* Derecho a comunicarse telefónicamente con un tercero de su elección, sin demora injustificada, y en presencia de un funcionario de policía o, en su caso, del funcionario que designen el juez o el fiscal, salvo lo dispuesto en el art. 527 LECrim para los casos de incomunicación.
* Derecho a ser reconocido por el médico forense o su sustituto legal o cualquier otro dependiente del Estado o de otras administraciones públicas.
* Derecho a solicitar asistencia jurídica gratuita.
* Derecho a ser informado del plazo máximo legal de duración de la detención hasta la puesta a disposición de la autoridad judicial. La detención preventiva solo puede durar el tiempo estrictamente necesario para llevar a cabo las averiguaciones precisas para el esclarecimiento de los hechos. En todo caso, en el plazo máximo de setenta y dos horas el detenido deberá ser puesto en libertad o a disposición de la autoridad judicial.
* Será informado del procedimiento por medio del cual puede impugnar la legalidad de su detención. Esto es, el procedimiento de *habeas corpus*, regulado por LO 6/1984.

En el caso de que el *detenido fuera extranjero*, tendrá además los derechos reconocidos en el art. 520.2 e), g), h) y penúltimo párrafo del citado apartado segundo y en el art. 520.3 LECrim. Concretamente:

* A que la detención y el lugar de custodia se comunique a la oficina consular de su país.

* A ser visitado por las autoridades consulares de su país, a comunicarse y mantener correspondencia con ellas. Si tiene dos o más nacionalidades, podrá elegir entre una de ellas.
* Cuando se trate de extranjero que no comprenda o no hable el castellano o la lengua oficial de la actuación de que se trate, tiene derecho a ser asistido gratuitamente por un intérprete.
* Se le informará de sus derechos por medio de un intérprete, tan pronto como sea posible. Deberá entregársele la declaración escrita de derechos en una lengua que comprenda.

En el caso de *personas con discapacidad auditiva, con dificultades de lenguaje*, tienen derecho a ser asistidas gratuitamente por un intérprete (art. 520.2.h) LECrim).

En otros casos, la información se facilitará en un lenguaje que sea comprensible y accesible para el destinatario adaptando la información a la *edad, grado de madurez, discapacidad y cualquier otra circunstancia personal* de la que pueda derivar una limitación de la capacidad para entender el alcance de la información que se le facilita (último párrafo del apartado 1 del art. 118 y art. 520.2 *bis* LECrim).

La Ley Orgánica reguladora de la Responsabilidad Penal de los Menores recoge una serie de garantías en aquellos casos en que es *la persona menor de edad* quien se ve llamada al proceso especial (arts. 17, 22, 24 y 26 LORPM). Estos derechos son:

* A ser informado de los derechos que le asisten por el juez, fiscal o la policía.
* A designar abogado o a que le sea designado de oficio y a entrevistarse reservadamente con él, incluso antes de prestar declaración.
* A ser oído por el juez antes de adoptar cualquier resolución que le concierna personalmente.
* A la asistencia afectiva y psicológica en el cualquier estado del procedimiento, con la presencia de quien el menor indique, si el juez lo autoriza.
* A la asistencia de los servicios de equipo técnico del órgano judicial.
* A la presencia e intervención del menor durante la fase de investigación, lo que impide instrucciones secretas, salvo que se acordase excepcionalmente.

Por otro lado, cuando alguna de las partes solicitara la declaración del menor, deberá ser acordada, salvo que la instrucción hubiese concluido.

La detención de un menor deberá llevarse a cabo de la forma que menos perjudique sus intereses. La declaración del menor detenido se llevará a cabo en presencia de su letrado y de quienes ejerzan su patria potestad, guarda o tutela, salvo que se acordase lo contrario. En defecto de los anteriores, estará presente el Ministerio Fiscal, representado por sujeto distinto del instructor del expediente. Tendrá derecho el menor detenido a entrevistarse reservadamente con su letrado con anterioridad y tras prestar declaración.

5. LA DECLARACIÓN DEL INVESTIGADO A PETICIÓN PROPIA

El investigado puede interesar su declaración cuantas veces quisiera, así lo establece el art. 400 LECrim para el procedimiento ordinario. En el procedimiento abreviado, el art. 775 LECrim impone la primera declaración al investigado, pero no otras a su voluntad, aunque tampoco las prohíbe ni las limita. Sin embargo, no hay inconveniente alguno en la aplicación del art. 400 LECrim también al procedimiento abreviado.

Dice el precepto citado que el procesado podrá declarar cuantas veces quisiera, y el juez le recibirá inmediatamente la declaración si tuviere relación con la causa. El juez, por tanto, resolverá al respecto, pudiendo admitir la declaración solicitada por el investigado o, por el contrario, decidir que no ha lugar a esa nueva declaración considerando que la misma no es necesaria o no tiene interés para la causa.

Contra la decisión de no acceder a la declaración puede interponerse recurso.

6. EL RÉGIMEN DE LA DECLARACIÓN DE LOS COINVESTIGADOS

A la declaración de los coimputados se la denomina testimonio impropio. Ha sido un tema muy estudiado por la dogmática científica italiana bajo la denominación de *chiamata di correo* o testimonio del coimputado.

Si en un procedimiento penal existen varios acusados y alguno de ellos reconoce los hechos delictivos o acusa o incrimina a alguno de los coacusados, su declaración puede ser tenida en cuenta por el tribunal como prueba de cargo válida para enervar la presunción de inocencia pues son declaraciones prestadas por quien ha tenido conocimiento extraprocesal de los hechos imputados, sin que su participación suponga necesariamente la invalidez de su testimonio. Sin embargo, tanto el Tribunal Constitucional como el Tribunal

Supremo han venido destacando la especial cautela que debe presidir la valoración de tales declaraciones a causa de la posición que el acusado ocupa en el proceso, en el que no comparece en calidad de testigo, obligado a decir verdad, no presta juramento o promesa ni está conminado con la pena del falso testimonio, sino por el contrario, lo hace como acusado por lo que está asistido del derecho a no declarar contra sí mismo y a no reconocerse culpable, y exento en cuanto tal de cualquier responsabilidad que pudiera derivarse de su relato mendaz.

La jurisprudencia ha establecido unas pautas de valoración de la credibilidad del testimonio del coimputado muy rigurosas que se centran en la comprobación de inexistencia de móviles espurios que pudieran privar de credibilidad a tales declaraciones y la concurrencia de otros elementos que permitan corroborar mínimamente la versión que se sostiene, así se recogen en la STS de 10/02/2023 [*Tol 9416297*] y en el ATS de 11/04/2024 [*Tol 9982215*]).

Las pautas objetivas de valoración de la credibilidad de la declaración del coimputado son:

* La declaración incriminatoria de un coimputado es prueba legítima desde la perspectiva constitucional.
* La declaración incriminatoria de un coimputado es prueba insuficiente, como prueba única, y no constituye por sí sola actividad probatoria de cargo bastante para enervar la presunción de inocencia.
* Será prueba de cargo suficiente cuando el contenido de la declaración quede mínimamente corroborado.
* Se considera corroboración mínima la existencia de hechos, datos o circunstancias externos que avalen de manera genérica la veracidad de la declaración y la intervención en el hecho concernido.
* La valoración de la existencia de corroboración ha de hacerse caso por caso.
* La declaración de un coimputado no se corrobora con la de otro coimputado.
* La veracidad debe proyectarse no sobre cualquier extremo del relato sometido a análisis, sino sobre un punto de la declaración que esté específica y directamente relacionado con los hechos delictivos.

Por ello la declaración incriminatoria de un coimputado carece de consistencia plena como prueba de cargo cuando, siendo única, no resulta mínimamente corroborada (STS de 01/06/2016 [*Tol 5747896*]). La existencia de la corroboración es lo que permite valorar esa declaración como prueba de cargo. La veracidad objetiva de la declaración del coimputado ha de estar avalada por algún dato externo a la versión del coimputado que la corrobore en relación con la participación del otro coimputado. La corroboración objetiva debe aparecer no en cualquiera de sus extremos —por ejemplo, la efectiva producción del hecho punible— sino en relación con aquellos que trata concretamente de justificar —como la participación del otro coacusado—, en este sentido la STS de 10/02/2023 [*Tol 9416297*] anteriormente referida.

Así mismo, debe tomarse en consideración la ausencia de móviles espurios que induzca a deducir que el coimputado ha efectuado la incriminación a otro acusado guiado por móviles de odio, resentimiento, venganza, soborno, obediencia a tercera persona, o bien buscando su propia exculpación acusando a otro. Se trata de valorar si concurre alguna tacha en el testimonio del coacusado que pueda afectar a la credibilidad del mismo y para ello deben concurrir las circunstancias siguientes: a) que no exista en la causa motivo alguno que conduzca a deducir, aunque fuera indiciariamente, que el coimputado ha prestado su declaración guiado por móviles de odio personal, obediencia a una tercera persona, o a través de una sedicente promesa de trato personal más favorable, etc. b) que la declaración inculpatoria no se haya prestado con ánimo de auto exculpación; c) que existan corroboraciones, esto es, que esté avalada por algún dato o circunstancia externa (STS de 19/10/2022 [*Tol 9274660*]).

Aunque la circunstancia de que de la delación se deriven beneficios como la reducción de la pena o un trato de favor debe ser tenida en cuenta al valorar la credibilidad y fiabilidad del testimonio, no lleva ineludiblemente a negar valor probatorio a la declaración del coimputado. En este sentido, la STS de 01/12/2015 [*Tol 5624763*]) señala que:

> «Como recuerda la STS 145/2015 de 12 de marzo (RJ 2015, 1129), existe toda una tradición doctrinal que contempla con recelo el otorgamiento de beneficios por la delación. Ahora bien, no es extraña a esa política nuestra legislación: admitida por la ley esa mecánica, el intérprete no puede sustraerse a ella por la vía indirecta del ámbito procesal. Varios artículos del Código Penal (RCL 1995, 3170 y RCL 1996, 777) de los que el 376 es un paradigma, así como la interpretación jurisprudencial de la atenuante analógica en relación con la confesión acreditan que en nuestro derecho está admitida e incluso alentada en algunas parcelas esa forma de acreditamiento. El hecho de que se deriven beneficios de la delación ha de ser sopesado, pero no lleva ineludiblemente a negar valor probatorio a la declaración del coimputado. El Tribunal Constitucional ha afirmado que el testimonio obtenido mediante promesa de reducción de pena no comporta una desnaturalización que suponga en sí misma la lesión de derecho fundamental alguno (Autos 1/1989 de 13 de enero (RTC 1989, 1 AUTO) o 899/1985 de 13 de diciembre (RTC 1985, 899 AUTO)».

7. EL RECONOCIMIENTO DE LOS HECHOS POR EL INVESTIGADO: EFECTOS

La confesión del acusado en el antiguo proceso penal inquisitorial era la prueba reina, asociada a la tortura. Tal medio de prueba conllevó, como se ha dicho, muchos *horrores y errores*, siendo vista como sospechosa de irregularidades. Superado afortunadamente este régimen del pasado, la confesión perdió todo privilegio. Se produce un cambio sustancial reconociéndose constitucionalmente al investigado el derecho a no prestar declaración si no lo desea, y a no declarar contra sí mismo. El contenido de su declaración en el proceso penal es libre y voluntario.

Cuando se produce un reconocimiento de hechos por el investigado que pueden resultar incriminatorios para él, debe procederse con respeto de todas las garantías constitucionales y procesales previstas en la ley. Esto es, ese reconocimiento tendrá validez siempre que se efectúe: a) previa información de sus derechos constitucionales, y entre ellos, el derecho a guardar silencio o a no declarar contra sí mismo y a no confesarse culpable; b) estando asistido de letrado en el momento de su declaración; c) que se trate de una declaración voluntaria, sin ningún tipo de coacción o compulsión ilegítima, que la lleva a cabo por la libre decisión del acusado; d) y que se realice ante la autoridad judicial.

Tenemos que referirnos a tres conceptos que guardan relación entre sí para abordar con claridad este tema: el reconocimiento de los hechos por el investigado, la conformidad y la confesión.

7.1 Reconocimiento de los hechos y conformidad

El investigado puede prestar declaración reconociendo expresamente los hechos objeto de las diligencias judiciales contenidas en el escrito de acusación del Ministerio Fiscal y dar su conformidad ante el juez de guardia. Si concurren los requisitos establecidos en el art. 801 LECrim —1) que no se hubiera personado acusación particular y el Ministerio Fiscal hubiere solicitado la apertura del juicio oral, y hubiera sido acordada por el juez de guardia; 2) que los hechos hayan sido calificados como delito castigado con pena de hasta tres años de prisión, con pena de multa o con otra pena de distinta naturaleza cuya duración no exceda de diez años y 3) que la pena solicitada o la suma de las penas solicitadas por el fiscal no supere, reducida en un tercio, los dos años de prisión— el juez de guardia dictará sentencia imponiendo la pena solicitada reducida en un tercio, aun cuando suponga la imposición de una pena inferior al límite mínimo previsto en el CP. Si el fiscal y las partes expresaran su decisión de no recurrir, el juez declarará oralmente la firmeza de la sentencia y, en su caso, resolverá lo procedente sobre la suspensión de la misma. Si hubiera acusación particular, el acusado podrá prestar su conformidad con la más grave de las acusaciones (art. 801.5 LECrim)

El reconocimiento de los hechos puede llevarse a cabo antes de dictarse el auto de transformación en procedimiento abreviado, como establece el art. 779.1. 5ª LECrim. En estos casos, si el investigado, asistido de su abogado y en presencia judicial reconoce los hechos, continuarán las actuaciones por los trámites previstos en los arts. 800 y 801 LECrim del juicio rápido. También en este caso se dictará sentencia de conformidad.

En la fase intermedia, al formular el escrito de conclusiones provisionales, el acusado debe pronunciarse respecto de los hechos contenidos en los escritos de las acusaciones. En este momento procesal, la defensa manifestará si está o no conforme con cada una de las conclusiones formuladas por el MF y el resto de las acusaciones (art. 652 LECrim). Esto es, debe pronunciarse sobre las conclusiones relativas a los hechos punibles, a la participación que en ellos haya tenido el acusado, a los hechos constitutivos de circunstancias modificativas de la responsabilidad penal, entre otras conclusiones. Si el acusado no reconoce los hechos, y evacúa su escrito de defensa en disconformidad con los de las acusaciones, sigue adelante el procedimiento penal, y se procederá al enjuiciamiento, celebrando el correspondiente juicio oral. Pero en el caso de que el acusado reconozca los hechos contenidos en el escrito de acusación del Ministerio Fiscal y demás acusaciones, podrá manifestar su conformidad absoluta con la calificación y la pena más grave que se le pida, debiendo el letrado facilitar por escrito a su defendido información sobre el acuerdo alcanzado, así como expresar si considera necesaria la continuación del juicio. Si el letrado no conceptúa necesaria la continuación del juicio y, el tribunal entendiere que la calificación aceptada es correcta y la pena es procedente según dicha calificación, dictará sentencia de conformidad. Dicha conformidad también puede prestarse con un nuevo escrito de calificación que conjuntamente presenten las partes acusadoras y acusada junto a su letrado. El tribunal oirá en todo caso al acusado acerca de si su conformidad ha sido prestada libremente y con conocimiento de sus consecuencias. En el caso de que el tribunal considere incorrecta la calificación o improcedente la pena solicitada, requerirá las modificaciones correspondientes, y solo cuando se lleven a cabo dictará sentencia de conformidad. En otro caso, ordenará la celebración del juicio.

En el procedimiento ordinario, en la fase del juicio oral, el presidente del tribunal pregunta al acusado o acusados si fueren varios, sobre su conformidad sobre los hechos, concretamente «si se confiesa reo del delito, según la calificación más grave y civilmente responsable por la cantidad mayor que se hubiere fijado» (arts. 688 y 689 LECrim). Si el acusado lo niega, el juicio se celebra. Si la respuesta es afirmativa, y el letrado no considera necesaria la continuación del juicio, se procederá a dictar sentencia de conformidad.

En el caso de que se acepte la responsabilidad penal pero no la responsabilidad civil, o aceptando esta, no se conformare con la cantidad fijada en la calificación, el juicio continuará exclusivamente para la determinación de esta (art. 655.4 LECrim). Si fueren varios los acusados en una misma causa, y alguno de ellos no se confiesa autor del delito que se le haya atribuido en los escritos de calificación, o el letrado defensor considera necesaria la celebración del juicio, se procederá a su celebración (art. 697 LECrim). En el caso de que el tercero responsable civil no compareciera o no se conformara, el juicio continuará para resolver el extremo relativo a la responsabilidad civil (art. 700 LECrim).

En el procedimiento abreviado, al celebrarse la audiencia preliminar, las partes también podrán exponer lo que estimen oportuno acerca de la posibilidad de una conformidad del acusado o acusados, y si prospera podrá dictarse sentencia de conformidad (art. 785 LECrim). Y antes de iniciarse la práctica de la prueba, en el juicio oral, la defensa, con la conformidad del acusado presente, podrá pedir al tribunal que proceda a dictar sentencia de conformidad con el escrito de acusación que contenga pena de mayor gravedad, o con el que se presentara en ese acto, que no podrá referirse a hecho distinto, ni contener calificación más grave que la del escrito de acusación anterior, en los términos que recoge el art. 787 *ter* LECrim.

7.2 La confesión de los hechos

El art. 406 LECrim se refiere a la confesión del procesado. Respecto al valor de la confesión o reconocimiento de los hechos encontramos distintas posiciones jurisprudenciales. Por una parte, se sostiene que «la obtenida con las debidas garantías legales, constituye prueba idónea y suficiente para estimar enervada la presunción de inocencia» (STS de 17/06/2014 [*Tol 4434786*], con cita de la STS de 05/07/2017 [*Tol 6206375*]).

Sin embargo, existen numerosas sentencias en las que el TS exige practicar otras pruebas distintas de la confesión que corrobore la veracidad de la misma, pues la mera confesión del procesado no dispensará al juez de instrucción de practicar todas las diligencias necesarias para adquirir el convencimiento de la verdad de la confesión y de la existencia del delito.

En algunas sentencias se destaca que si la ley impone al juez el deber de verificar la existencia del delito confesado para adquirir la convicción respecto de la verdad de la confesión es porque sólo la confesión no es prueba de la existencia del delito. El art. 406 LECrim exige distinguir entre la prueba de la existencia del delito y la prueba de la autoría. La existencia del delito no puede ser probada exclusivamente por la confesión. La autoría, puede ser probada mediante la confesión. Por tanto, la confesión no será idónea para probar la existencia del delito que no conste por otros medios de prueba. Y acreditado el cuerpo del delito, el reconocimiento de los hechos por el acusado puede ser prueba suficiente de la autoría.

Existe un criterio jurisprudencial más exigente y restrictivo, pues cuando la confesión es la única prueba de cargo, despierta recelos justificados y es una prueba rigurosamente bajo sospecha, toda vez que es excepcional el reconocimiento del delito de forma voluntaria del que se van a seguir consecuencias negativas para el que lo reconoce. Por ello se exige la concurrencia de elementos de corroboración de la versión confesada. El art. 406 LECrim establece que la confesión del procesado no dispensará al juez encargado de la instrucción de practicar todas las diligencias necesarias a fin de adquirir el convencimiento de la verdad de la confesión, y, con este objeto, el juez interrogará al procesado confeso para que explique todas las circunstancias del delito y cuanto pueda contribuir a comprobar su confesión (STS de 07/10/2014 [*Tol 4521801*]). Por todo ello, se considera aconsejable una mayor actividad investigadora del juez y del fiscal para apreciar los elementos fácticos y periféricos que contribuyan a la valoración de la veracidad de la confesión.

Las declaraciones autoinculpatorias recogidas en los atestados policiales cuando se produce la retractación del deponente ante la autoridad judicial, no tienen valor probatorio alguno. Las declaraciones prestadas ante la policía no pueden ser consideradas ni pruebas anticipadas ni preconstituidas porque no se han efectuado ante la autoridad judicial, que es quien asegura la eventual eficacia probatoria. Dicha declaración que forma parte del atestado tiene únicamente valor de denuncia (art. 297 LECrim). El atestado se erige en objeto de prueba y no en medio de prueba, y los hechos que en él se afirman por funcionarios, testigos o imputados han de ser introducidos en el juicio oral a través de auténticos medios probatorios. No puede confundirse la acreditación de la existencia de un acto —declaración ante la policía— con la veracidad y refrendo de su contenido que alcance carácter o condición de prueba por sí sola.

Así lo señala la STC 165/2014 [*Tol 4530966*]:

> «Las declaraciones obrantes en los atestados policiales no tienen valor probatorio de cargo. Singularmente, ni las declaraciones autoincriminatorias ni las heteroinculpatorias prestadas ante la policía pueden ser consideradas exponentes de prueba anticipada o de prueba pre-

constituida. Y no sólo porque su reproducción en el juicio oral no se revele en la mayor parte de los casos imposible o difícil sino, fundamentalmente, porque no se efectuaron en presencia de la autoridad judicial, que es la autoridad que, por estar institucionalmente dotada de independencia e imparcialidad, asegura la fidelidad del testimonio y su eventual eficacia probatoria. De ese modo, no puede confundirse la acreditación de la existencia de un acto (declaración ante la policía) con una veracidad y refrendo de sus contenidos que alcance carácter o condición de prueba por sí sola (STC 53/2013)».

Para que la confesión ante la policía se convierta en prueba, no basta con que se tenga por reproducida en el juicio oral, sino que es preciso que esa misma confesión sea reiterada y ratificada ante el órgano judicial.

7.3 La confesión como atenuante

Si el autor del hecho delictivo confiesa a las autoridades la comisión de un hecho punible o su participación en el mismo, este reconocimiento le puede reportar una rebaja de la pena al beneficiarse de la circunstancia atenuante de confesión prevista en el art. 21.4 CP, pudiendo incluso ser apreciada como atenuante analógica de confesión tardía del art. 21.7 CP. Esta atenuación encuentra su justificación en razones de política criminal, en cuanto al Estado le interesa que la investigación de los delitos se vea facilitada, se ahorren esfuerzos y se facilite la instrucción y el enjuiciamiento, superada ya la anterior configuración como premio al arrepentimiento del culpable.

Para que produzca el efecto de atenuación la confesión debe cumplir los siguientes requisitos: a) que el sujeto confiese a las autoridades la comisión de un hecho delictivo o su participación en los mismos; b) que la confesión sea veraz en lo sustancial; c) que la confesión se produzca antes de conocer que el procedimiento —incluyendo las diligencias policiales— se dirige contra él. No se aprecia la atenuante cuando se trate de confesiones parciales o inexactas, o "ante la evidencia ya descubierta o que está a punto de descubrirse". En la STS de 11/05/2023 [*Tol 9572782*], con cita de la STS de 26/02/2004 [*Tol 365479*], se argumenta que:

«Solamente se ha reconocido valor atenuatorio a la confesión o al reconocimiento de los hechos cuando viene acompañado de una aportación relevante que contribuye de modo decisivo a la restauración del orden jurídico alterado por el delito, entendiendo por tal aquella que permita un esclarecimiento de lo sucedido mediante la comunicación a la autoridad de aspectos de importancia aún no conocidos y que no resultaran de descubrimiento inevitable y que, además, se ajuste a la realidad de los hechos según resulte de la valoración de la prueba realizada por el Tribunal».

La atenuante analógica de confesión tardía es aplicable cuando no concurra el elemento cronológico exigido, esto es, a aquélla que se produce después del inicio de las investigaciones, pero sí es necesario que aparezca una actuación colaboradora del investigado especialmente relevante a efectos de la investigación o que facilite de forma singular el desenlace de una investigación ya iniciada, que favorezca de forma eficaz el esclarecimiento de los hechos y de los responsables, denegándose cuando los datos aportados sean conocidos o evidentes para la investigación (SSTS de 05/05/2020 [*Tol 7909210*]; de 11/05/2023 [*Tol 9572782*]; ATS de 21/03/2024 [*Tol 9975666*]).

7.4 La confesión y la prueba prohibida

Resulta de interés analizar la validez probatoria de aquella confesión que se ha producido como consecuencia de una diligencia de investigación que posteriormente ha sido declarada nula.

Así en la STS de 05/12/2018 [*Tol 6958074*]:

> «Se afirma la desconexión de la confesión del acusado con las pruebas irregulares e ilícitas, normalmente las intervenciones telefónicas y las entradas y registro, toda vez que el haz de garantías que rodea a la declaración del imputado, entre ellas el derecho a no declarar, la asistencia Letrada, etc., la salvaguardan de la vulneración anterior de otro derecho constitucional, precisamente por la naturaleza reconstructiva de la prueba en el proceso penal cuya función es reconstruir un hecho ya acaecido anteriormente para lo que ha de apartarse, obviamente, las pruebas obtenidas de forma ilícita, contrarias al carácter formalizado del proceso penal, y las derivadas de ellas».

La LOPJ en su artículo 10 señala que «no surtirán efecto las pruebas obtenidas, directa o indirectamente, violentando los derechos y libertades fundamentales», precepto claramente influenciado por la teoría norteamericana del *fruto del árbol envenenado*.

A pesar de que nuestro ordenamiento establece la invalidez de las pruebas obtenidas directa o indirectamente a raíz de la vulneración de derechos fundamentales, la jurisprudencia ha acotado la nulidad a aquellas pruebas obtenidas de forma directa, violentando tales derechos y libertades; decantándose por la *teoría directa* y la conocida como *teoría de la conexión de la antijuridicidad*.

La STC 66/2009 [*Tol 1468758*] señaló que para valorar la ruptura o no del nexo entre la prueba inicial y la prueba derivada y así, determinar la validez de esta última, habrá que realizar «*un juicio de experiencia acerca del grado de conexión que determina la pertinencia o la impertinencia de la prueba cuestionada*».

En relación con la confesión voluntaria a consecuencia de una prueba declarada nula, el Tribunal Constitucional ha señalado su autonomía jurídica y, por ende, la plena validez probatoria de la confesión, siempre que haya quedado garantizada la libertad de decisión del declarante. Así, la STS de 05/12/2018 [*Tol 6958074*], con cita a la STC 161/1999 [*Tol 81208*]:

> «Por ello, la libre decisión del acusado de declarar sobre los hechos que se le imputan permite, desde una perspectiva interna, dar por rota, jurídicamente, cualquier conexión causal con el inicial acto ilícito. A su vez, desde una perspectiva externa, esta separación entre el acto ilícito y la voluntaria declaración por efecto de la libre decisión del acusado, atenúa, hasta su desaparición, las necesidades de tutela del derecho fundamental material que justificarían su exclusión probatoria, ya que la admisión voluntaria de los hechos no puede ser considerada un aprovechamiento de la lesión del derecho fundamental. Las necesidades de tutela quedan, pues, suficientemente satisfechas con la exclusión probatoria ya declarada».

Por último, añadir que para que se trate de una confesión con validez probatoria, exige el Tribunal Supremo que la confesión, además de ser *voluntaria*, sea *informada*. Tal y como se afirma en la STS de 15/09/2022 [*Tol 9229652*]:

> «La libertad de decisión de los acusados para declarar sobre los hechos que se les imputen, permite romper "cualquier conexión causal" con el acto ilícito, siempre que el afectado aborde su confesión: plenamente informado de sus derechos procesales; goce de la efectiva asistencia letrada; tenga un adecuado conocimiento de la causa y de las vicisitudes constitucionales que le afectan; y siempre que se aprecie además una cierta desconexión temporal entre la fuente ilegítima y el reconocimiento, de modo que quede garantizada la voluntariedad y espontaneidad de la confesión».

Así, tratándose de una confesión voluntaria e informada, podrá ser declarada prueba válida con independencia de la prueba nula por vulneración de derechos fundamentales.

BIBLIOGRAFÍA

- ARAGONESES MARTÍNEZ, *Derecho Procesal Penal*, 7ª edición, Editorial Universitaria Ramón Areces, 2004.
- ASENCIO GALLEGO, *El derecho al silencio como manifestación del derecho de defensa*, Tirant lo Blanch, 2017.
- ASENCIO MELLADO, *Derecho Procesal Penal*, 3ª edición, Tirant lo Blanch, 2024.
- CRESPO BARQUERO, «La igualdad de armas y la asimetría acusación-defensa en un proceso penal basado en la presunción de inocencia (Referencia al anteproyecto de Ley de Enjuiciamiento Criminal de 2011 y la propuesta de Código Procesal Penal de 2013)», *Teoría & Derecho. Revista de Pensamiento jurídico*, 2014.
- DÍAZ PITA, *El coimputado*, Tirant lo Blanch, 2000.
- FLORES PRADA, *El valor probatorio de las declaraciones de los coimputados*, Tecnos, 1999.
- GUTIÉRREZ SANZ, *La declaración del sospechoso y del detenido en la fase preprocesal del proceso penal*, Tirant lo Blanch, 2019.
- GÓMEZ COLOMER y PLANCHADELL GARGALLO, *La prueba tomo II la prueba en el proceso penal*, Tirant lo Blanch, 2017.
- LOZANO EIROA, *La Declaración de los coimputados*, Aranzadi, Aranzadi, 2013.
- MARTÍNEZ JIMÉNEZ, *Derecho Procesal Penal*, 4º edición, Tecnos, 2021.
- MORENO CATENA/CORTÉS, *Derecho Procesal Penal*, 11ª edición, Tirant lo Blanch, 2023.
- NIEVA FENOLL, *Derecho Procesal III (Proceso Penal)*, 3ª edición, Tirant lo Blanch, 2024.

Capítulo 24

La declaración testifical y el careo

Sonia Nuez Rivera
Magistrada
Letrada del CGPJ

1. EL TESTIGO Y LA PRUEBA TESTIFICAL: CONCEPTO Y RAZÓN DE CONOCIMIENTO DEL TESTIGO

1.1 Concepto

Según la primera acepción de la Real Academia Española, testigo es la «persona que da testimonio de algo, o lo atestigua». Se alude con ello al significado de testigo en su vertiente instrumental o finalista, no como una adjetivación de la persona, sino como la instrumentalización de quien ha tenido conocimiento de un hecho y lo exterioriza, erigiéndose en instrumento de prueba. En su acepción segunda, el término testigo designa a la "persona que presencia o adquiere directo y verdadero conocimiento de algo", adoptando una definición restringida del término, con la alusión a un suceso al que una persona ha asistido.

Su fundamento legal se encuentra en el Capítulo V (de las declaraciones de los testigos) del Título V (de la comprobación del delito y averiguación del delincuente) del Libro II (del sumario) de la Ley de Enjuiciamiento Criminal. Las declaraciones de los testigos vienen reguladas en los arts. 410 a 450 LECrim.

Asimismo, el Capítulo VI recoge la regulación del careo de los testigos y procesados y comprende los arts. 451 a 455 LECrim.

Concretamente, el art. 410 LECrim establece la obligación de toda persona de comparecer y declarar como testigo. El art. 707 reproduce esta obligación para el acto del juicio oral en términos semejantes.

La jurisprudencia ha aludido al concepto de testigo desde la siguiente acepción: «"Testigo", se considera por la doctrina a la persona física que, sin ser parte en el proceso, es llamada a declarar, según su experiencia personal, acerca de la existencia y naturaleza de unos hechos conocidos con anterioridad al proceso, por haberlos presenciado —testigo presencial— o por haber tenido noticia de ellos por otros medios —testigo referencial—». (STS 14/03/2006 [*Tol 867040*]).

La STS 30/04/2013 [*Tol 3706392*], define al testigo como la persona «física ajena al proceso y traída a él para que preste declaración sobre hechos pasados y relaciones para la averiguación y constancia de un delito, sus circunstancias y participación. Así las declaraciones testificales tanto en fase de investigación como cuando son verdadera prueba, no son sino el examen de una persona ajena al proceso que presta su declaración de conocimiento, en sentido más propio, refiere lo que ha percibido y proporciona al órgano jurisdiccional datos sobre acontecimientos relevantes para la investigación en un momento y para formar una convicción definitiva en el acto del juicio oral».

Por su parte, la prueba testifical es un medio probatorio de carácter personal. En esencia, es aquel medio de prueba a través del cual una persona física ajena al proceso interviene en el mismo para verificar o atestiguar un hecho o un suceso, con la finalidad de confirmar o fundamentar los hechos propuestos por una de las partes —acusación o defensa— o formar en el juez una convicción acerca de los mismos.

1.2 Razón de conocimiento del testigo

El testimonio puede ser directo o de referencia, según si la persona ha presenciado —visual o auditivamente— el suceso cuando se produjo o ha conocido el hecho a través de otras personas que se lo han revelado. El art. 710 LECrim se refiere a la testifical de referencia como un medio de prueba de quien conoce los hechos relativos al objeto del proceso por habérselos revelado una tercera persona.

La STS de 12/01/2017 [*Tol 5937302*] caracteriza muy bien ambas testificales. En esencia, dice que:

«testigo es solo el que, al haber presenciado o conocido por sí mismo un acontecimiento, está en condiciones de aportar datos de él, como fuente primaria. Por tanto, actúa como directo conocedor de algo, sobre lo que depone en primera persona. En contraposición, «el testigo de referencia es, en cambio, una fuente mediata de posible conocimiento, que declara, no sobre el hecho procesalmente relevante, sino sobre la —una— versión del mismo que alguien podría haberle suministrado. Así, en rigor, su testimonio no versará de manera directa sobre el hecho principal (el de la imputación) y ni siquiera sobre un hecho secundario de esta, sino sobre otro ajeno a los de la causa, que, además, es un hecho declarativo».

La admisibilidad del testimonio de referencia se condiciona al cumplimiento de los requisitos previstos en los arts. 710 y 813 LECrim. La condición necesaria para erigirse como elemento de prueba es que el testigo de referencia identifique el origen de la noticia o su fuente de conocimiento e indique la identidad de la persona que se la hubiera comunicado. Se excluyen los testigos de referencia en las causas por injuria o calumnia vertidas de palabra.

La jurisprudencia mantiene la tesis de que la prueba testifical de referencia no puede sustituir a la testifical directa y que por sí sola carece de virtualidad para enervar la presunción de inocencia. Ahora bien, como señala la STS de 10/06/2014 [*Tol 4388289*], «la testifical de referencia sí puede formar parte del acervo probatorio en contra del reo, siempre que no sea la única prueba de cargo sobre el hecho enjuiciado y siempre con independencia de la posibilidad o no de que el testigo directo puede deponer o no en el juicio oral».

Sobre el valor probatorio de la testifical de referencia, la sentencia citada señala que:

«la declaración de los testigos de referencia por sí sola únicamente puede aportar algún tipo de ciencia en cuanto a lo que estos testigos observaron personalmente, pero carece de aptitud para acreditar que lo manifestado por la testigo, sea realmente veraz, por lo que en base al solo testimonio referencial no podría reconstruirse válidamente el hecho histórico, si este constituyera la única prueba de cargo de la conducta criminal».

En efecto, como apunta la Sala,

«una cuestión es la prueba referencial sobre el hecho punible, carente de virtualidad acreditativa cuando no se dan los presupuestos constitucionales para su aprovechamiento —imposibilidad real y efectiva de obtener la declaración del testigo directo y principal—, y otra muy diferente es la prueba indirecta que permite la construcción de inferencias fácticas razonables, lógicas y conclusivas, sin necesidad de acudir a la fuente de referencia. Solución que fue recogida en la STS. 12.7.2007, en la que de forma clara se identifica el espacio de operatividad reconstructiva de la prueba indirecta respecto a la prueba referencial».

Pero la prueba testifical directa también requiere de una adecuada valoración probatoria. Ya se trate del testimonio de referencia o del testimonio directo, el juzgador no presencia nunca por sí mismo los hechos enjuiciados ni asiste personalmente al suceso y, por tanto, solo puede acceder al conocimiento de los hechos a través de la prueba de terceros o de la construcción de inferencias fácticas. Por ello, el juzgador también debe contrarrestar las numerosas variables que pueden influir en la fiabilidad y validez de un testimonio directo. La exactitud de la memoria, que reinterpreta constantemente lo sucedido, la edad, el nivel de conciencia del individuo, la atención o las condiciones perceptivas en el momento del suceso, los sesgos cognitivos, la implicación en el suceso o el tiempo transcurrido, son algunos de los múltiples factores de codificación a los que, desde la aproximación de la psicología del testimonio, debe prestarse especial atención para valorar lo que nos cuenta un testigo.

En el ámbito jurídico-procesal, la prueba testifical sigue siendo una de las pruebas más practicadas y más decisivas en los procedimientos penales. Lo es también para aquellos delitos que se cometen en ámbitos de estricta privacidad. Y, en efecto, una de las grandes dificultades que presenta la prueba testifical consiste en valorar la fiabilidad del testimonio, teniendo en cuenta la interacción entre el conocimiento verdadero que una persona adquiere de algo con la forma en que exterioriza ese testimonio. Y es que la exactitud del testimonio depende esencialmente de la memoria de la persona que testifica, de su capacidad de retención, de cómo exterioriza el contenido de su recuerdo o de la capacidad de recuperación del mismo, es decir, del grado de correspondencia entre su recuerdo y su relato.

Por ello, precisamente, la valoración de la veracidad del testimonio no puede descansar sobre criterios de corte subjetivo, desprovistos de cualquier control jurídico externo, cuya finalidad sea el convencimiento personal del juzgador. Desde una concepción objetiva de la prueba, se impone superar la concepción subjetivista del testimonio, esto es, la apreciación única de quién está atestiguando y cómo está atestiguando. En este modelo, lo relevante será analizar la calidad y fiabilidad del testimonio desde un plano objetivo, es decir, la calidad y ciencia de la información y el conocimiento que ofrece el testigo, que comprende lo que el testigo afirma haber presenciado, pero también lo que tiene de verdad ese testimonio.

Dice MAZZONI (p. 18) que «la fiabilidad del testimonio depende de la exactitud del recuerdo», de manera que cuanto más exacto sea el recuerdo, más fiable será el testimonio. Y la exactitud del recuerdo viene inevitablemente condicionada por otros muchos factores de los que hemos enumerado antes. Así las cosas, se antoja una tarea difícil para el juzgador apreciar la existencia de un testimonio exacto y fiable.

2. LA CAPACIDAD PARA PRESTAR TESTIMONIO

El art. 410 LECrim establece que «todas las personas residentes en territorio español tendrán la obligación de concurrir al llamamiento judicial para declarar cuanto supieren sobre lo que les fuere preguntado, a menos que se encuentren impedidos y siempre que la citación se realice con las formalidades legales».

El art. 417 LECrim enumera quiénes no pueden ser obligados a declarar en calidad de testigos. Por su parte, el art. 449 ter LECrim, que se introduce por LO 8/2021, en cumplimiento de las previsiones establecidas en el art. 26 del EVD, regula las cautelas que deben adoptarse cuando se reciba declaración a un testigo menor de catorce años o a una persona con discapacidad necesitada de especial protección. El art. 707 LECrim contiene las cautelas necesarias para la declaración en juicio oral de las personas menores de edad y de las personas con discapacidad necesitadas de especial protección. Igualmente, el art. 703 *bis* LECrim establece el régimen jurídico en relación con la prueba testifical preconstituida de conformidad con lo dispuesto en el art. 449 *ter* LECrim referido al juicio oral.

A pesar de tales especificidades, no existe en nuestro proceso penal una regulación expresa de las incapacidades legales o impedimentos para prestar testimonio. Solo se exige que la persona que va a declarar como testigo esté en condiciones objetivas de transmitir al juez la información o el conocimiento que disponga sobre los hechos punibles. 1035

Así lo declara la STS 18/05/2016 [*Tol 5733408*]:

> «En la normativa procesal penal española, a diferencia de la civil, cabe destacar varias notas: a) No se establece un sistema de incapacidades legales ni de tachas del testigo. (El art. 417.3º de la Ley de Enjuiciamiento criminal se limita a enunciar que "no podrán ser obligados a declarar como testigos", lo que es algo distinto)».

El anteproyecto de Ley de Enjuiciamiento Criminal de 2020 regula las exenciones generales a la obligación de comparecer y declarar en el art. 659, que establece que «quedan excluidos del cumplimiento de los deberes señalados en el art. anterior los que por razón de su edad, enfermedad o discapacidad no puedan prestar declaración».

Sobre la declaración testifical de los menores, la Resolución 2005/20 del Consejo Económico y Social de Naciones Unidas, que establece directrices sobre la justicia en asuntos concernientes a los niños víctimas y testigos de delitos, establece que «La edad no deberá ser obstáculo para que el niño ejerza su derecho a participar plenamente en el proceso de justicia. Todo niño deberá ser tratado como testigo capaz, a reserva de su examen, y su testimonio no se considerará carente de validez o de credibilidad sólo en razón de su edad, siempre que por su edad y madurez pueda prestar testimonio de forma inteligible y creíble, con o sin el uso de ayudas de comunicación u otro tipo de asistencia».

La edad, por sí sola, no debe ser obstáculo para prestar una declaración testifical. La Circular 3/2009 FGE, sobre protección de los menores víctimas y testigos, establece como parámetro orientativo una edad límite para el testimonio de menores, que sitúa entorno a los tres años de edad. Apunta la Circular que los niños entre los dos y tres años y los seis y siete presentan limitaciones claras como testigos. Sin embargo, la capacidad para ser testigo es muy amplia y la decisión sobre su capacidad para testificar debe limitarse a la posibilidad que tiene la persona de aportar información al proceso.

En este sentido, dice la STS de 18/05/2016 [*Tol 5733408*], que «en el proceso penal —también por lo general y excepto determinados tipos delictivos— basta para apreciar la prueba con la estimación de la capacidad informativa del testigo en base a simples percepciones sensoriales». Según la STS de 06/04/1992 [*Tol 399463*], «testigo es "toda persona física dotada de capacidad de percepción y de dar razón de tal percepción (...) en tanto que narra los hechos y no formula valoraciones sobre ellos"».

Esto es igualmente aplicable al testigo con capacidad judicialmente modificada o testigo con discapacidad necesitado de especial protección. Dice la sentencia referida que, en el proceso penal, a diferencia del proceso civil, el testimonio de la persona con discapacidad «no aparece rebajado en su capacidad probatoria bajo una incapacidad natural para declarar (art. 1246 CC)». Ello es así porque, igual que sucede con los niños y niñas, estas personas perciben y pueden narrar los hechos que han presenciado, pudiendo transmitir vivencias y percepciones sensoriales que puedan integrar el cuadro probatorio.

Ahora bien, toda vez que la edad o la situación de discapacidad puede condicionar la declaración testifical, debe facilitarse los apoyos necesarios adecuados a sus circunstancias personales para prestar declaración. A estos efectos, el art. 109 LECrim contempla el deber de hacer las adaptaciones y ajustes necesarios en los procesos en los que intervengan personas con discapacidad en relación con la comunicación, la comprensión y la interacción con el entorno, para garantizar la participación de las personas con discapacidad en los procedimientos judiciales en condiciones de igualdad, en cumplimiento de lo dispuesto en el art. 13 de la Convención sobre los Derechos de las Personas con Discapacidad.

En concreto, cuando la persona menor o con discapacidad deba prestar declaración testifical, además de solicitarse y procurarse los apoyos necesarios para ello, deberá practicarse el interrogatorio de la forma más adecuada a sus circunstancias personales y a su nivel cognitivo, asegurando que la persona afectada comprende la situación y lo que se le pregunta y evitándole situaciones de indefensión o de sufrimiento.

Por ello adquiere relevancia el tratamiento procesal específico que la LECrim da a estos testigos, para evitar insuficiencias procesales.

El anteproyecto de Ley de Enjuiciamiento Criminal de 2020 regula en el art. 470 la declaración testifical de la persona con discapacidad, que deberá prestarse representada o asistida por la institución de apoyo correspondiente. El interrogatorio se realizará a la mayor brevedad y se acomodará a las especiales necesidades de quien declare. A tal efecto, dice, se procederá como sigue:

> «a) Si existen razones fundadas que lo justifiquen, se realizarán las comprobaciones necesarias para evaluar la capacidad de la persona para testificar y determinar los ajustes que es necesario realizar para posibilitar que preste declaración. A tal efecto, se podrá recabar el dictamen de peritos. b) Se acordará que la declaración se tome con ayuda de un perito experto en psicología del testimonio con experiencia en esta clase de pericia, a quien previamente se exigirá que preste juramento o promesa. c) Al testigo no se le recibirá juramento o promesa ni se le apercibirá de incurrir en responsabilidad penal, si carece de las condiciones adecuadas para comprender su sentido y significado».

Cuestión distinta será la valoración probatoria de su testimonio, es decir, la credibilidad subjetiva sobre la información transmitida, que también tiene que ver con la capacidad física y psíquica para percibir, aspectos estos a los que me referiré más adelante.

3. RÉGIMEN ESPECIAL RELATIVO AL DEBER DE DECLARAR O DE COMPARECER, O A LA FORMA DE PRESTAR TESTIMONIO DE DETERMINADAS PERSONAS

El estatuto jurídico de los testigos exentos de comparecer y de declarar o de comparecer, pero no de declarar, o de hacerlo por escrito, se contiene en los arts. 411 a 415 y 702 y 703 LECrim.

El art. 412.2.1 LECrim exime de la obligación de concurrir al llamamiento judicial, pero no de la obligación de declarar al presidente y demás miembros del Gobierno, entre otras personas, y le faculta a informar por escrito de los hechos de los que hubiera tenido conocimiento por razón de su cargo. Y el art.

703 dispone que se dará lectura de ese informe escrito en el juicio oral inmediatamente antes de proceder al examen de los demás testigos.

Recientemente, en el mes de julio de 2024, se produjo un hecho de notoria trascendencia procesal en la prueba testifical. Se trata de la práctica de la declaración testifical del presidente del gobierno y, específicamente, del rechazo por la autoridad judicial de la petición de su representación procesal de realizar la prueba testifical por escrito al amparo de su estatuto jurídico.

Esta comparecencia, que se produjo finalmente en el despacho oficial y domicilio del testigo, ha suscitado un debate en torno a las especificidades de la prestación de testimonio por determinadas personas que tienen reconocido un régimen especial en la ley procesal.

En el caso expuesto, la autoridad judicial acuerda practicar la diligencia de prueba testifical en el despacho oficial o domicilio del presidente del gobierno y acuerda la videograbación de la diligencia, conforme a lo establecido el apartado tercero del art. 412, es decir, distingue *ex ante* el carácter con el que debe prestar la declaración el testigo. Señala el apartado tercero del art. 412 que «si fuera conveniente recibir declaración a alguna de las personas a las que se refiere el apartado 2 anterior sobre cuestiones de las que no haya tenido conocimiento por razón de su cargo, se tomará la misma en su domicilio o despacho oficial».

Lo trascendente aquí es la determinación de la fuente de conocimiento de los hechos de la persona que va a prestar declaración. Hay que tener en cuenta que el ámbito sobre el que va a versar el interrogatorio del testigo no es algo desconocido, puesto que la prueba se acuerda con la finalidad de valoración del juzgador de los hechos objeto de investigación para el establecimiento de la verdad, quedando acotado el ámbito del interrogatorio al ámbito de los hechos investigados. Así, si se trata de hechos de los que se ha conocido por razón del cargo podrá informar por escrito sin necesidad de concurrir al llamamiento del juez; por el contrario, si se trata de cuestiones de las que el testigo no ha tenido conocimiento por razón de su cargo, declarará verbalmente en su propio domicilio o despacho oficial.

El fundamento de esta especificidad procesal no es otro que evitar que estas personas se vean perturbadas en el adecuado ejercicio de sus cargos por razón de la posición que ocupan en la estructura del Estado. Parte de la doctrina cuestiona la necesidad de preservar o no lo que se ha considerado como una prerrogativa o privilegio procesal, en la medida en que no declarar o no comparecer al llamamiento judicial podría llegar a comprometer el derecho de defensa de las partes o el principio de contradicción en el proceso, pero lo cierto es que regulado como está en la legislación vigente y mantenido en el anteproyecto de Ley de Enjuiciamiento Criminal de 2020 (art. 659.4.1), obliga a explicitar las razones de la determinación de la fuente de conocimiento de los hechos, pues es lo que va a determinar el modo en que se le va a recibir declaración a la persona afectada.

4. EL DEBER DE COMPARECER Y DECLARAR: EXENCIONES A LA OBLIGACIÓN DE DECLARAR POR RAZÓN DE PARENTESCO

La Ley Orgánica 8/2021, de protección integral a la infancia y la adolescencia frente a la violencia, ha modificado el art. 416 LECrim, referente a las dispensas de la obligación de declarar de los parientes del procesado, y ha introducido algunas excepciones a estas dispensas.

Conforme a la actual redacción el art. dispone que

> «Están dispensados de la obligación de declarar: 1. Los parientes del procesado en líneas directa ascendente y descendente, su cónyuge o persona unida por relación de hecho análoga a la matrimonial, sus hermanos consanguíneos o uterinos y los colaterales consanguíneos hasta el segundo grado civil. El Juez instructor advertirá al testigo que se halle comprendido en el párrafo anterior que no tiene obligación de declarar en contra del procesado; pero que puede hacer las manifestaciones que considere oportunas, y el Letrado de la Administración de Justicia consignará la contestación que diere a esta advertencia. Lo dispuesto en el apartado anterior no será de aplicación en los siguientes casos: 1º Cuando el testigo tenga atribuida la representación legal o guarda de hecho de la víctima menor de edad o con discapacidad necesitada de especial protección. 2º Cuando se trate de un delito grave, el testigo sea mayor de edad y la víctima sea una persona menor de edad o una persona con discapacidad necesitada de especial protección. 3º Cuando por razón de su edad o discapacidad del testigo no pueda comprender el sentido de la dispensa. A tal efecto, el Juez oirá previamente a la persona afectada, pudiendo recabar el auxilio de peritos para resolver. 4º Cuando el testigo esté o haya estado personado en el procedimiento como acusación particular. 5º Cuando el testigo haya acepado declarar durante el procedimiento después de haber sido debidamente informado de su derecho a no hacerlo».

El art. 418 LECrim añade que «Ningún testigo podrá ser obligado a declarar acerca de una pregunta cuya contestación pueda perjudicar material o moralmente y de una manera directa e importante, ya a la persona, ya a la fortuna de alguno de los parientes a que se refiere el art. 416».

La dispensa también se recoge en el art. 707 LECrim para el plenario, al establecer que «Todos los testigos están obligados a declarar lo que supieren sobre lo que les fuere preguntado, con excepción de las personas expresadas en los arts. 416, 417 y 418 LECrim, en sus respectivos casos».

La jurisprudencia ha configurado la dispensa a declarar como un derecho del testigo, que no se corresponde con derecho alguno del acusado (STS de

10/07/2020 [*Tol 8030719*]), y también ha proclamado que «el art. 416 LECrim supone el desarrollo en el ámbito del proceso penal de un derecho de rango constitucional dimanante del haz de garantías del art. 24 CE. Es un derecho procesal atribuido a quien no es parte procesal: un derecho de un tercero a no declarar».

En cuanto al fundamento de la dispensa, la jurisprudencia, entre otras, en la STS de 23/06/2016 [*Tol 5762765*], se afirma que:

> «la razón de acogerse a la dispensa queda plenamente justificada tanto por los vínculos de solidaridad entre el testigo y el acusado, lo que resulta acorde con la protección de las relaciones familiares que dispensa el art. 39 de la Constitución, así como en el derecho a proteger la intimidad del ámbito familiar. En definitiva, el secreto familiar tiene su fundamento en los vínculos de solidaridad que existen entre los integrantes del vínculo familiar dentro de los límites recogidos en dicho art. 416 LECrim».

La limitación de espacio obliga a considerar solo algunas de las principales cuestiones que surgen en la práctica diaria en juzgados y tribunales.

4.1 Regulación de la dispensa de las víctimas que se constituyen en acusación particular

Uno de los temas recurrentes y más debatidos, por la especial trascendencia que tiene en la protección de las víctimas de violencia de género y doméstica, es la regulación de la dispensa de las víctimas que se constituyen en acusación particular. El Observatorio de Violencia Doméstica y de Género del Consejo General del Poder Judicial cifra en 19.500 mujeres las que se han acogido al derecho de la dispensa de la obligación de declarar como testigo en el año 2023 (informe anual 2023). Según los datos del Consejo General del Poder Judicial para la anualidad de 2023, de cada 100 mujeres víctimas, 10 se han acogido a la dispensa de la obligación de declarar como testigo, aumentado el recurso a la dispensa en un 15,38% respecto del año 2022.

La sentencia del Pleno del Tribunal Supremo de 10/07/2020 [*Tol 8030719*], modificó el Acuerdo del Pleno de 23/01/2018, en el sentido de establecer que «las víctimas, una vez constituidas en acusación particular, no recuperan el derecho a la dispensa de declarar contra su pareja o determinados familiares —art. 416 de la Ley de Enjuiciamiento Criminal— si renuncian a ejercer dicha posición procesal». Esta interpretación se incorporó a la redacción dada al art. 416 por la LO 8/2021, que en su ordinal cuarto establece la excepción a la dispensa cuando el testigo esté o haya estado personado en el procedimiento como acusación particular.

La sentencia, que cuenta con tres votos particulares, cuya lectura ayuda a entender la interpretación de la Sala y contribuye al debate, justifica su posicionamiento en varios razonamientos.

En primer lugar, la Sala explica que la dispensa es incompatible con la posición procesal de quien, siendo víctima del delito cometido frente a una mujer, o frente a sus hijos por parte de la persona que se encuentra en el círculo del art. 416 LECrim, activa con su denuncia el proceso penal. En tal caso, la activación de la dispensa de declarar equivaldría a vaciar de contenido la significación de la denuncia inicial, lo que resulta especialmente trascendente en los casos de violencia de género.

En segundo lugar, la Sala razona que cuando la persona denunciante se constituye en acusación particular, decae la facultad de dispensa, por tanto, al abandonar tal posición procesal, su estatuto tiene que ser el mismo y no puede recobrar un derecho al que había renunciado.

En tercer lugar, porque una vez superada la exención de la obligación de denunciar del art. 261.1 LECrim, e iniciado el proceso por la contribución procesal de la propia parte denunciante, la dispensa de la obligación de colaborar con la justicia carece de fundamento. Como razona la Sala, no tiene sentido dispensar de la obligación de declarar a la mujer que ha denunciado precisamente a su agresor por hechos delictivos cometidos contra ella o, en su caso, contra los hijos, con fundamento en un vínculo de solidaridad familiar.

Asimismo, se entiende que de esta forma se evita la posible coacción del testigo víctima para que se acoja a la dispensa al prestar testimonio en juicio oral. Además, se evita que la víctima pueda tener uno u otro estatus sucesivamente a expensas de su voluntad. Y, por último, recuerda la Sala que las excepciones deben interpretarse restrictivamente.

En definitiva, sostiene la Sala que:

> «una adecuada protección de la víctima justifica nuestra decisión, en tanto que la dispensa tiene su fundamento en la resolución del conflicto por parte del testigo pariente. Una vez que este testigo ha resuelto tal conflicto, primero denunciando y después constituyéndose en acusación particular, ha mostrado sobradamente su renuncia a la dispensa que le ofrece la ley. Si después deja de ostentar tal posición procesal no debe recobrar un derecho al que ha renunciado, porque tal mecanismo carece de cualquier fundamento, y lo único que alimenta es su coacción, como desgraciadamente sucede en la realidad, siendo este un hecho de general conocimiento. Tampoco es posible convertir delitos de naturaleza pública en delitos estrictamente privados, no siendo este ni el fundamento ni la finalidad de la dispensa que se regula en el art. 416 de la Ley de Enjuiciamiento Criminal, que de aquel modo los desnaturaliza».

De hecho, esta es la interpretación que se acoge en el anteproyecto de Ley Orgánica de Enjuiciamiento Criminal de 2020, que en el apartado segundo del art. 660 excepciona de la dispensa por razón de parentesco el caso del testigo que esté o haya estado personado en el procedimiento como acusación particular. Si bien el anteproyecto extiende la excepción incluso al testigo que haya aceptado declarar durante el procedimiento después de haber sido debidamente informado de su derecho a no hacerlo.

Por otra parte, el apartado tercero del art. 660 del anteproyecto añade al régimen jurídico de la dispensa la garantía de realizar las comprobaciones necesarias para asegurarse de que concurren los supuestos que amparan la dispensa y que la decisión ha sido libremente adoptada, sin coacción o amenaza, sin que las informaciones obtenidas puedan tener valor probatorio a efectos del juicio.

Cabe advertir aquí, en consonancia con lo expuesto en uno de los votos particulares de la STS de 10/07/2020 [*Tol 8030719*], de la conveniencia de informar al testigo sobre los efectos que la renuncia a la dispensa va a proyectar sobre el procedimiento, es decir, informar al testigo de que una vez que renuncie a la dispensa, no va a recobrar el derecho en ulteriores fases procesales.

Por último, apuntar que mucho antes, la jurisprudencia ya se había pronunciado sobre la inaplicabilidad del art. 416.1 LECrim a los denunciantes espontáneos que acuden a la policía en busca de protección. Así, por ejemplo, en STS de 25/06/2015 [*Tol 5206795*], la Sala declara que:

> «cuando la propia víctima formaliza una denuncia en forma espontánea y para obtener protección personal, no le es aplicable el art. 416.1 LECrim, que contiene una causa de justificación para aquellos que nieguen su testimonio respecto de hechos que se imputan a personas con las que está vinculados parentalmente, pero de cuyos hechos no son víctimas. Dicho de otra manera: el art. 416.1 establece un derecho renunciable en beneficio de los testigos, pero no de los denunciantes espontáneos respecto de hechos que los han perjudicado y que acuden a la policía en busca de protección».

El Tribunal Constitucional, en STC 94/2020 [*Tol 1995104*], valora la espontánea actividad procesal de la víctima como «reveladora de su intención y voluntad de primar el deber de veracidad como testigo al vínculo de solidaridad familiar que le unía al acusado» y acepta una renuncia implícita o tácita a la dispensa de prestar declaración.

4.2 Momento en que debe apreciarse el parentesco determinante de la dispensa y su alcance

Otra de las cuestiones que plantea el art. 416 LECrim es el momento en que debe apreciarse la existencia de la relación de parentesco determinante de la dispensa y si la dispensa del deber de declarar alcanza también la disolución del matrimonio o del vínculo de análoga afectividad.

Sobre esta última cuestión, decía la STS de 26/03/2009 [*Tol 1486845*] que:

> «[...] por lo que respecta al momento en que debe darse ese vínculo de origen de la exoneración de la obligación de declarar, se ha reconocido especial trascendencia a las circunstancias del caso, y al fundamento que en las mismas justifica la aplicación del art. 416.1 LECrim. Si, conforme a aquéllas, la solidaridad es el único fundamento, nada obsta la exigencia de colaboración mediante la prestación del testimonio si, al tiempo de reclamársela, no existe el vínculo que la justifica. Pero la ruptura de la afectividad subsiguiente al cese de la convivencia no puede impedir que el llamado como testigo se acoja a la exención si la declaración compromete la intimidad familiar bajo la cual ocurrieron los hechos objeto de enjuiciamiento».

Las dudas se despejaron en el acuerdo del pleno no jurisdiccional de la Sala Segunda de 24/04/2013, que estableció que:

> «La exención de la obligación de declarar prevista en el art. 416.1 LECrim alcanza a las personas que están o hayan estado unidas por alguno de los vínculos a que se refiere el precepto. Se exceptúan: a) La declaración por hechos ocurridos con posterioridad a la disolución del matrimonio o cese definitivo de la situación análoga de afecto; b) Supuestos en que el testigo esté personado como acusación en el proceso».

En la misma línea, el anteproyecto de Ley de Enjuiciamiento Criminal de 2020 recoge de forma expresa en el apartado primero del art. 660 la extensión de la dispensa de la obligación de declarar al cónyuge del acusado o persona unida por relación de hecho análoga a la matrimonial, «aun cuando se haya extinguido el vínculo conyugal o haya cesado la convivencia efectiva».

Sin embargo, el texto proyectado no introduce en la regulación jurídica de la exención la matización del acuerdo de Pleno de 2013, según el cual se exceptúa de la dispensa «la declaración por hechos ocurridos con posterioridad a la disolución del matrimonio o cese definitivo de la situación análoga de afecto».

En este sentido se pronuncia la STS de 07/06/2016 [*Tol 5748545*], en cuanto considera no beneficiada por la dispensa a la madre de la víctima y exmujer del acusado, porque los hechos enjuiciados se habrían producido cuando el vínculo matrimonial ya no existía.

La jurisprudencia de la Sala Segunda ha matizado que el momento que debe tomarse en consideración para valorar si procede o no la dispensa de la obligación de declarar es el momento de prestar la declaración testifical, que es cuando cobra sentido la existencia de un vínculo de solidaridad familiar entre el acusado y el testigo y es cuando este puede ser dispensado de su obligación de colaborar con la justicia (art. 118 CE). Ciertamente, la dispensa se proyecta sobre los hechos objeto de enjuiciamiento, pero se ejerce en el momento en que se presta la declaración testifical.

4.3 Efectos del incumplimiento del deber de informar sobre la dispensa

En cuanto a los efectos que cabe deducir del incumplimiento del deber de advertir al testigo que se encuentra en una de las situaciones que plantea el art. 416.1 LECrim, la jurisprudencia ha razonado en STS de 10/05/2007 [*Tol 1075991*], que

> «Para renunciar un derecho debe informarse que se dispone del mismo. Nadie puede renunciar a algo que desconozca. De este modo, aunque la presencia espontánea pudiera entrañar una renuncia al mismo, [...] es lo cierto que requiere que tal renuncia "resulte concluyentemente expresada", y que "la expresión concluyente de la renuncia, cabe agregar, se debe apreciar especialmente en los casos en los que se trate de un hecho punible del que el testigo haya sido víctima", lo que no es el caso evidentemente».

Las declaraciones realizadas sin la advertencia previa de la facultad de acogerse a la dispensa de la obligación de declarar del testigo deben considerarse nulas, por no haberse observado todas las garantías exigidas por la ley, y no pueden utilizarse como prueba.

En este sentido, la STS 25/05/2020 [*Tol 7968771*], recuerda que

> «Nuestra jurisprudencia ya ha expresado que la omisión del derecho a obtener la dispensa de declarar como testigo (bien porque no se reconozca el derecho que se ejercite, bien porque no se informe de la facultad de ejercerlo), no lleva a la nulidad del juicio sino a la nulidad de la declaración concernida (SSTS 304/2013, de 26 de abril y 854/2013, de 30 de octubre, entre otras). Hemos proclamado también que la omisión del derecho supone la imposibilidad de utilizar la declaración de instrucción como prueba de cargo».

También puede ocurrir lo contrario, es decir, que se informe al testigo de la posibilidad que tiene de acogerse a la dispensa cuando, sin embargo, no se encuentra en ninguna de las situaciones que prevé el art. 416 LECrim. En estos casos, la consecuencia de un uso indebido del derecho a no declarar en quien no concurren las circunstancias que activan la dispensa, puede conllevar la nulidad de la actuación procesal y la retroacción de las actuaciones, salvo que fuera posible volver a tomar la declaración testifical con los apercibimientos legales oportunos.

Por otra parte, en cuanto al alcance de la advertencia sobre las declaraciones efectuadas ante la policía en fase pre procesal, la STS de 10/05/2007 [*Tol 1075991*], estable que «el incumplimiento del deber de advertir al testigo que se encuentra en la situación que prevé el art. 416.1º LECrim no solo alcanza al Juez. La finalidad de la Ley es claramente defensiva y, por lo tanto, carecería de todo sentido que se excluyera a la Policía de las obligaciones que se imponen expresamente al Juez de Instrucción. Tal procedimiento dejaría prácticamente hueca la advertencia del 2º párrafo del art. 416.1º LECrim, pues permitiría utilizar como fundamento para la obtención de la prueba de cargo una declaración policial, pero impediría hacerlo con una declaración prestada ante el Juez de Instrucción. Es evidente, por tanto, que la garantía judicial solo tendrá efectividad si se extiende a toda la prueba obtenida por la policía, dado que ésta actúa siempre por delegación o representación del juez».

Así, la STS de 12/04/2021 [*Tol 8403311*], excluye la validez como prueba de cargo al testimonio prestado en comisaría porque en la declaración no se advirtió a la testigo de la dispensa que le habría permitido no incriminar a la persona con la que se hallaba vinculada sentimentalmente, sin perjuicio de la validez de las pruebas desconectadas jurídicamente de dicha declaración.

4.4 Utilización de declaraciones anteriores

Respecto de la declaración testifical anterior de quien se acoge a la dispensa en el juicio oral, el acuerdo del pleno no jurisdiccional de la Sala Segunda del Tribunal Supremo de 23 de enero de 2018 estableció que

«El acogimiento, en el momento del juicio oral, a la dispensa del deber de declarar establecida en el art. 416 LECrim, impide rescatar o valorar anteriores declaraciones del familiar-testigo aunque se hubieran efectuado con contradicción o se hubiesen efectuado con el carácter de prueba preconstituida».

Así lo expresa la STS de 25/05/2020 [*Tol 2729571*], que declara que

«no es admisible la utilización de declaraciones sumariales prestadas por quien posteriormente hace uso, en el acto del Juicio oral, de la dispensa que la Ley le otorga según las previsiones de los arts. 416.1 y 707 de la Ley de Enjuiciamiento Criminal, ni por la vía del art. 714 (necesidad de aclaración de contradicciones) ni del 730 (imposibilidad de reproducción de la prueba) de ese mismo cuerpo legal, ya que no se dan los presupuestos legales (existencia de contradicciones o imposibilidad de práctica), de carácter excepcional e interpretación restrictiva, que justifiquen nada menos que el privar al acusado de la realización de las diligencias que le incriminan en presencia del propio Juzgador, con estricto cumplimiento de las garantías del procedimiento. Ya que, de llegarse a la conclusión contraria, es decir, a la de afirmar la posibilidad de acudir al material sumarial para sustentar el pronunciamiento condenatorio, estaríamos negando a la Defensa, paradójicamente como consecuencia de una decisión adoptada por quien, en principio, abriga el deseo de no incriminar al acusado, la posibilidad del interrogatorio, contradictorio y a presencia del Tribunal, de un testigo esencial y, por ende, impidiéndole disponer de opción tan básica, para las garantías del enjuiciamiento, como la de intentar evidenciar ante los Juzgadores, por medio de sus preguntas, los posibles datos que pudieran desacreditar la credibilidad de la versión ofrecida en la denuncia».

La STS de 18/06/2021 [*Tol 8498643*], aclara que acogerse a la dispensa legal imposibilita tomar en consideración, como prueba de cargo, lo anteriormente expresado, pero no impide que puedan tenerse en cuenta otras pruebas incriminatorias, lícitamente obtenidas y valoradas con racionalidad, como lo reproducido por la víctima ante los testigos de referencia. Dice la resolución que no puede eliminarse del cuadro probatorio lo escuchado de quien se acoge a su derecho a la dispensa por los testigos que deponen en el juicio oral. Se fundamenta tal decisión en que no se trata de una prueba ilícita, sino de la utilización del derecho a la dispensa por parte de la denunciante, que el ordenamiento jurídico, previamente a la LO 8/2021, le concedía.

4.5 Excepciones a la dispensa

La LO 8/2021 introduce en el art. 416 LECrim una serie de excepciones a la dispensa para el caso de víctimas menores de edad o de personas con discapacidad, atendiendo al interés superior de protección de las víctimas más vulnerables.

Si nos detenemos en el tercer numeral, que se refiere a aquellos casos en que el testigo no pueda comprender el sentido de la dispensa por razón de su edad o discapacidad, se plantea un importante problema valorativo. Continúa diciendo el art. que, a tal efecto, «el Juez oirá previamente a la persona afectada, pudiendo recabar el auxilio de peritos para resolver». Así, en el caso de testigos menores de edad, el ejercicio del derecho a la dispensa dependerá del grado de discernimiento o madurez que se aprecie en el menor para adoptar la decisión en cada caso concreto, sin que pueda establecerse o presumirse una presunción de madurez a partir de una determinada edad.

La reforma recoge el criterio jurisprudencial de la Sala. La STS de 17/12/2018 [*Tol 6976757*], reconocía que

> «tal advertencia es necesaria cuando los menores tengan la suficiente madurez. Aspecto éste que puede depender de numerosas circunstancias que deben ser valoradas expresamente por el Tribunal. Cuando carecen de la necesaria madurez, la decisión corresponde al progenitor no privado de la patria potestad y que sea ajeno a los hechos objeto del proceso».

Como la edad no recibe un tratamiento uniforme en nuestro ordenamiento jurídico ni puede establecerse una presunción de madurez a partir de una determinada edad, la jurisprudencia ha impuesto un ejercicio necesario de ponderación sobre el nivel de madurez del menor, para determinar cuándo es suficiente para acogerse al ejercicio de la dispensa legal.

Desde la casuística, la STS de 28/10/2014 [*Tol 4568859*], consideró que:

«el menor, dada su baja edad, no podía acogerse a ese derecho o facultad por sí mismo: un niño, ni con cuatro ni con siete (folio 206), ni con ocho (folio 289), ni con once años (acto del juicio oral), goza de la madurez emocional necesaria para captar el alcance del conflicto que justifica esa previsión; ni, por tanto, de la capacidad para dilucidar si debe acogerse o no a ella. No hay que esperar a la mayoría de edad para estar en condiciones de usar de esa habilitación. Pero sí ha de contarse con la indispensable madurez según un juicio ponderativo que deberá efectuar el Juzgador. (...) Esas condiciones de madurez probablemente pueden presumirse de manera indubitada a partir de una edad (quizás los dieciséis años, sin pretender con esto fijar fronteras claras y precisas) (i); ha de confiarse a un juicio casuístico en otra franja de edad (ii); y, por fin, ha de negarse rotundamente por debajo de otra (¿doce años?: algunas normas toman ese momento como referente significativo: vid, por todos, art. 770 LEC) (iii)».

La STS de 28/03/2017 [*Tol 6027027*], subraya que: «en cualquier caso, siempre será necesario un ejercicio de ponderación sobre el nivel de madurez del concernido». Esta sentencia analiza precisamente un caso en el que la víctima tenía 15 años en el momento en que se denunciaron los hechos y la personación como acusación particular la decidió su progenitora, como representante legal de la menor, lo cual supuso que decayera su derecho a acogerse a la dispensa. En el momento de celebrarse el juicio oral, a la víctima y testigo le quedaban escasamente nueve meses para alcanzar la mayoría de edad. Preguntada por el tribunal sobre su opinión al respecto, la menor «respondió, firme y categóricamente, que no quería actuar contra su padre ni declarar en el juicio». En este caso, el tribunal tuvo en consideración esa voluntad inequívoca de no ejercitar acciones penales una vez alcanzada suficiente madurez para tener a la acusación particular por apartada del proceso, a pesar de la discrepancia existente con su representación legal.

En STS de 25/05/2020 [*Tol 7968771*], se hace una recopilación interesante de la cuestión relativa a la dispensa de las personas menores de edad. En primer lugar, se recuerda que «la dispensa no siempre exige de un ejercicio expreso de su titular, pues la actitud procesal del testigo puede ser indubitadamente reveladora de su decisión de primar el deber de colaborar eficazmente con el proceso sobre el vínculo de solidaridad y familiaridad que le una con el acusado».

A continuación, y respecto de la valoración del grado de madurez para el ejercicio de tal facultad, la sentencia declara que

«Esa ponderación judicial del nivel de desarrollo emocional e intelectual del menor, así como de su capacidad por contrapesar los intereses en juego, cuando se trata de edades en las que estas cualidades del testigo pueden resultar controvertidas, impone al tribunal, no introspeccionar su conformidad o adhesión con la opción del menor, sino valorar la calidad de su opción, esto es, que la facultad se ejerce en las condiciones de libertad, de información, y de conocimiento con las que esencialmente se regiría el posicionamiento de una persona con plena capacidad de obrar».

Sobre los elementos valorativos, la Sala hace una enumeración de diferentes parámetros que facilitan la ponderación sobre si la persona menor se encuentra en condiciones de acogerse a la dispensa, en caso de que se encuentre en una franja de edad en la que surjan dudas. No cabe duda, dice la STS de 28/03/2017 [*Tol 6027027*], que cuando se trate de un menor de 17 años, cuya capacidad no está judicialmente modificada, y que haya entendido el alcance de la advertencia y sus consecuencias. Así, el la Sala recoge los siguientes parámetros:

> «Que el testigo sea la víctima de los hechos que se enjuician o que, por el contrario, sea un mero observador de lo que aconteció, es un elemento que condiciona el reconocimiento de su facultad de optar; como lo es también la naturaleza pública o privada de la acción penal establecida para la persecución de los hechos; la gravedad del delito investigado; su repercusión punitiva; la gravedad del daño irrogado a la víctima; la naturaleza del vínculo del testigo con el procesado; la repercusión que su declaración pueda tener en su relaciones familiares futuras; o la repercusión psíquica con la que los hechos pueden sacudir el futuro del menor. Tampoco es irrelevante que el testigo pueda conocer la repercusión procesal de su posicionamiento en función de la existencia o ausencia de otros elementos probatorios; o que se ejerza la facultad de no declarar en la fase procesal de investigación y con ocasión de delitos cuyo plazo de prescripción empezará a computarse cuando el testigo-víctima alcance la mayoría de edad (art. 132.1 prf. 2), o por el contrario su decisión vaya a materializarse en el acto del plenario, lo que trascenderá inevitablemente a una decisión definitiva sobre los hechos sometidos a proceso».

Si se determina que el menor no puede comprender el sentido de la dispensa a los efectos del art. 416.1. 3º LECrim, debe entenderse, según el tenor literal del precepto, que no es de aplicación la exención de la obligación de declarar en contra del procesado, por tanto, la consecuencia es que el menor tendrá que declarar. Pueden plantearse dudas cuando el menor alcanza la madurez durante el procedimiento y/o quiere acogerse a la dispensa en fases procesales posteriores. En ese caso, debe permitirse que el menor ejerza la facultad legal, sin que se pueda rescatar o valorar anteriores declaraciones, siguiendo el criterio del Acuerdo del Pleno de 23/01/2018.

5. LA DECLARACIÓN DEL TESTIGO

5.1 El testimonio de la víctima del delito

Una de las cuestiones más debatidas desde el razonamiento probatorio es el alcance de la valoración de la declaración de la víctima como prueba de cargo suficiente para satisfacer las exigencias que impone la presunción constitucional de inocencia. Esta cuestión adquiere especial relevancia en los procesos seguidos por delitos de violencia de género, en los que la víctima del delito es a la vez testigo de los hechos y en los que se suele contar con un escaso cuadro probatorio que se determina, esencialmente, por informaciones testificales, al tratarse de delitos cometidos en el ámbito de la privacidad de la pareja. Generalmente, en estos delitos, la declaración de la víctima conforma el único elemento probatorio directo sobre los hechos y de ella dependerá, en gran medida, la condena o la absolución de la persona acusada.

La víctima de un delito tiene aptitud para prestar declaración testifical en el proceso penal, a pesar de no ser propiamente un testigo, como se puede deducir del concepto referenciado en el primer epígrafe de este capítulo, pues la víctima, a diferencia del testigo, puede formar parte del proceso penal en tanto ejerza la acusación particular o ejercite su facultad resarcitoria como perjudicada. En todo caso, la víctima no es una persona que sea ajena al hecho objeto del proceso, que es una de las notas que conceptualizan a la persona del testigo. En este sentido se ha pronunciado la jurisprudencia del Tribunal Supremo en SSTS de 27/10/2015 [*Tol 5542753*] o de 26/03/2012 [*Tol 2509228*]. Y ello otorga a la víctima testigo un estatus específico, que no cualificado, que ha tratado de perfilar la jurisprudencia desde el entendimiento de la obviedad de que no es lo mismo ser una persona ajena a los hechos delictivos que ser víctima de los mismos.

Igualmente, tiene dicho la jurisprudencia que la declaración de la víctima es prueba directa y no prueba indiciaria y ha sido admitida como prueba de cargo hábil para desvirtuar la presunción de inocencia tanto por el Tribunal Supremo como por el Tribunal Constitucional.

Así, la STS de 17/06/2014 [*Tol 4468143*], recuerda «la posibilidad de que una prueba testifical, aunque sea única y aunque emane de la víctima, desactive la presunción de inocencia». Y, además, razona que: «El viejo axioma *testis unus testis nullus* ha sido felizmente abandonado en el moderno proceso penal. No se deriva de ello ni una relajación del rigor con que debe examinarse la prueba, ni una debilitación del in dubio. (...) La palabra de un solo testigo, sin ninguna otra prueba adicional, puede ser suficiente en abstracto para alcanzar la convicción subjetiva. Ahora bien, la exigencia de una fundamentación objetivamente racional de la sentencia hace imposible fundar una condena sobre la base de la mera "creencia" en la palabra del testigo", a modo de un acto de fe ciego. (...) Se exige una valoración de la prueba especialmente profunda, respecto de la credibilidad. Cuando una condena se basa, en lo esencial, en una declaración testimonial ha de redoblarse el esfuerzo de motivación fáctica cuyas exigencias se acrecientan».

En efecto, que el testimonio único de la víctima sea hábil para legitimar por sí solo una condena, no significa que con esa declaración pueda quedar automáticamente desvirtuada la presunción constitucional de inocencia. La declaración de la víctima no puede convertirse de forma automática en prueba de cargo, debiendo someterse a la valoración del tribunal. La STS de 08/05/2018 [*Tol 6609925*], incide en la necesidad de la exigencia de una fundamentación objetivamente racional y de una valoración especialmente profunda de la credibilidad más allá de la capacidad convictiva o convicción subjetiva que pueda alcanzar el receptor de la prueba con la declaración del testigo. Es precisamente esta una exigencia de la concepción racional del fenómeno probatorio.

Sobre este modelo de valoración racional, que orilla a la concepción subjetivista de la valoración probatoria, se introdujo el triple test que caracteriza la declaración de la víctima testigo y que guía la labor ponderativa de esta prueba: la «ausencia de incredibilidad subjetiva», la «verosimilitud de las manifestaciones de la víctima» y la «persistencia en la incriminación» (entre otras, STS de 11/12/2009 [*Tol 1773331*]).

La ausencia de incredibilidad subjetiva alude a la credibilidad subjetiva de la víctima y se ha asociado, en primer lugar, al análisis de las circunstancias psicofísicas del testigo, en cuanto pueden afectar a su capacidad de narración o debilitar su testimonio y, en segundo lugar, al análisis de las relaciones que pudieran existir con el sujeto activo y que pueden converger en la existencia de móviles espurios de enemistad o de resentimiento anteriores a la comisión de los hechos delictivos. La jurisprudencia también ha señalado otros ítems, como el «contexto psico-socio-cultural en el que se desenvuelve» el testigo (STS de 28/06/2023 [*Tol 9636037*]).

La verosimilitud de las manifestaciones de la víctima es un parámetro que alude a la credibilidad objetiva e implica una doble vertiente: la referente a la lógica de la declaración prestada, a su coherencia interna o a su compatibilidad con lo que desde la experiencia resulta posible y la que se sustenta en la existencia de ciertas corroboraciones periféricas de carácter objetivo o de las causas que impiden dicha corroboración. El Tribunal Supremo ha declarado en STS de 21/01/2015 [*Tol 4708690*], que «corroborar implica vivificar, dar mayor fuerza a una verdadera prueba de cargo», de tal forma que los elementos de corroboración solo tienen sentido como dato de refuerzo de la declaración de la víctima, pero no pueden sustituir a la declaración en el proceso de valoración de la prueba.

Finalmente, el parámetro de la persistencia en la voluntad incriminatoria, que ha sido perfilado jurisprudencialmente, se traduce en una «ausencia de modificaciones en las sucesivas declaraciones presentadas por la víctima sin contradecirse ni desdecirse» (STS de 23/09/2004 [*Tol 506999*]), en una concreción en la declaración prestada sin generalidades o ambigüedades y en la coherencia interna y externa del relato, así como la ausencia de contradicciones o de «factores de implausibilidad objetiva de lo narrado».

Sobre este particular, la Sala ha aclarado que se refiere a una persistencia material en la incriminación y que no debe valorarse como «un aspecto meramente formal de repetición de un disco o lección aprendida, sino en su constancia sustancial de las diversas declaraciones» (STS de 18/06/1998 [*Tol 3956544*]).

También ha explicado la Sala, entre otras, en STS de 21/03/2011 [*Tol 2091495*], entre otras, que:

> «la persistencia no exige repetición mimética, idéntica o literal de lo mismo sino ausencia de contradicciones en lo sustancial y relevante: no son faltas de persistencia el cambio del orden en las afirmaciones, ni las sucesivas ampliaciones cuando no se afecta la coherencia y significación sustancial de lo narrado. Tampoco lo es la modificación del vocabulario ni de las formas expresivas cuando con unas u otras se sigue diciendo lo mismo; ni los cambios en lo anecdótico o en lo secundario, cuando solo implican falta de certeza en lo accesorio pero no en lo principal, que es lo que por su impacto psicológico permanece en la mente de la víctima, salvo en los casos en que los cambios narrativos de lo secundario evidencian tendencia a la fabulación imaginativa, valorable en el ámbito de la credibilidad subjetiva».

Y en cuanto a las contradicciones, la STS de 28/06/2023 [*Tol 9636037*], insiste en que:

> «las contradicciones que afectan seriamente a la calidad reconstructiva de la información aportada por un testigo son las sustanciales —como exige, por ejemplo, el art. 714 LECrim para activar el incidente de introducción de manifestaciones testificales previas—. Y estas son las que se producen cuando el testigo incluye en su relato hechos fenomenológicamente incompatibles entre sí que obligue a concluir que alguno de aquellos, en relación de mutua exclusión, no se ajusta a la realidad».

La jurisprudencia aclara que, cuando concurra esta tríada de indicadores examinados, no significa que haya que otorgarse validez automática al testimonio de la víctima como prueba de cargo suficiente. Los ítems mencionados no constituyen requisitos de validez ni parámetros cumulativos, que hayan de concurrir de forma simultánea y predeterminen el contenido valorativo de la testifical, sino que son orientaciones y pautas que guían la valoración de la prueba. Tampoco la ausencia de alguno de estos parámetros se erige en regla negativa de exclusión probatoria.

Lo decisivo es poder ofrecer en la fundamentación una explicación razonada y racional sobre la valoración que se realiza de la fiabilidad de la información que proporciona el testigo en su declaración. La información que proporciona un testigo no puede valorarse desde la percepción subjetiva o intuitivista del juzgador, entre otros motivos, porque carece de solidez epistémica. Dice la SAP Tarragona de 13/06/2017 [*Tol 6433307*], que:

> «La atribución de valor probatorio reconstructivo a la información testifical no debe venir determinada solo por lo creíble que resulte el testigo sino por lo fiable que resulte aquella. Es precisamente el concepto de fiabilidad de la información, como calidad epistémica, el que utiliza el Tribunal Europeo de Derechos Humanos —vid. STEDH, caso Al-Khawaja y Tahery c. Reino Unido, de 15 de diciembre de 2011— para identificar el estándar de suficiencia de la información aportada por el testigo fuera del proceso y en condiciones no contradictorias para enervar la presunción de inocencia».

Sobre los elementos externos de corroboración la Sala tiene establecido lo siguiente (por todas, STS de 21/06/2016 [*Tol 5763053*]):

> «La declaración de la víctima ha de estar rodeada de corroboraciones periféricas de carácter objetivo obrantes en el proceso; lo que significa que el propio hecho de la existencia del delito esté apoyado en algún dato añadido a la pura manifestación subjetiva de la víctima (Sentencias de 5 de junio de 1992; 11 de octubre de 1995; 17 de abril y 13 de mayo de 1996; y 29 de diciembre de 1997)».

En suma y en resumen, para la Sala a) el testimonio de la víctima es una prueba hábil para enervar el derecho constitucional a la presunción de inocencia del acusado; b) los criterios de ausencia de incredibilidad subjetiva, la verosimilitud y la persistencia en la voluntad incriminatoria, así como la existencia, en la medida de lo posible, de corroboraciones al testimonio, son criterios que la Sala suministra a quien enjuicia para ayudar en el análisis racional de la convicción, pero no son exigencias ni reglas predeterminadas de valoración de la prueba; c) cuando la prueba del hecho enjuiciado dependa esencialmente del testimonio de la víctima, la información probatoria aportada debe someterse a un test de verosimilitud subjetiva y de fiabilidad objetiva. En este sentido, junto al análisis de la coherencia del relato, las corroboraciones periféricas prestan fiabilidad a la información que aporta la narración del testigo; d) el juzgador debe fundamentar la racionalidad del proceso de convicción, sin limitarse a realizar un juicio valorativo personal sobre la credibilidad o incredibilidad del testigo, superando un modelo subjetivista y reduccionista de valoración probatoria.

5.2 Valoración probatoria del testimonio único de la víctima

Desde la doctrina se ha analizado si el testimonio único de la víctima que carece de corroboración externa resulta suficiente para desvirtuar la presunción de inocencia y fundar una condena. También se ha debatido con rigor y profusión sobre el valor que puede aportar la perspectiva de género en la consecución de un testimonio corroborado en distintos momentos y con diferentes fuentes de prueba, contribuyendo a evitar situaciones de insuficiencia probatoria, en particular, en el contexto de la violencia de género, que presenta mayor dificultad valorativa porque se produce en el ámbito relacional de la pareja o ex pareja.

RAMÍREZ ORTIZ sostiene que el testimonio único de la víctima no corroborado, por sí mismo, no es prueba suficiente para acreditar la hipótesis acusadora y la perspectiva de género no puede suplir esa insuficiencia probatoria. Sin embargo, afirma que suelen existir numerosos elementos indiciarios con valor corroborador que pueden acumularse a la declaración del testigo y que pueden identificarse en fase preprocesal con ayuda de la perspectiva de género. Igualmente, la perspectiva de género tiene especial relevancia para evaluar la atendibilidad de la declaración de la víctima y ayuda a dotar de sentido al cuadro probatorio. Por ello, propone indagar en los datos relevantes que ofrece la declaración del testigo que afirma ser víctima en la investigación, para incorporar material externo corroborador a la causa, que pueda completar la insuficiencia acreditativa derivada del testimonio único.

Por su parte, FUENTES SORIANO, que parte también de la consideración de que el testimonio único de la víctima no corroborado resulta insuficiente, entiende que los elementos que corroboran el testimonio único deben analizarse desde un entendimiento de la perspectiva de género que actúe de forma constante en todas las actuaciones judiciales. Desde este planteamiento y bajo la premisa de que la corroboración es la confirmación de otra prueba, en este caso del testimonio único de la víctima como prueba de cargo, defiende que la corroboración debe provenir de datos o indicios periféricos a dicho testimonio y no debe alcanzar al relato de hechos nuclear ni a elementos del tipo del hecho delictivo, ya que ello supondría, en todo caso, la exigencia de fuentes de prueba adicionales al testimonio único de la víctima, lo que en sí mismo resultaría contradictorio.

En consecuencia, según FUENTES SORIANO, el proceso de valoración de la prueba entendido con perspectiva de género puede aminorar los casos de testimonios únicos no corroborados, bien sea ayudando a tener por corroborado dicho testimonio o bien teniendo por probados los hechos a pesar de que falte el testimonio de la víctima.

Sobre el criterio de atribución de especial relevancia probatoria al testimonio de la víctima, el Tribunal Supremo ha dictado alguna sentencia últimamente en la que se atribuye a la víctima la condición de testigo cualificado, al haber presenciado y sufrido el hecho en primera persona, lo que le situaría, según la Sala, en una mejor condición para conocer lo ocurrido, sin que ello implique atribuir al testimonio una suerte de presunción de veracidad. En este sentido, la STS de 24/05/2018 [*Tol 6630740*] o la STS de 13/06/2018 [*Tol 6639816*], declaran que:

> «en estos casos, la víctima se encuentra procesalmente en la situación de testigo, pero a diferencia del resto de testigos, es víctima y ello debería tener un cierto reflejo diferenciador desde el punto de vista de los medios de prueba, ya que la introducción de la posición de la víctima en la categoría de mero testigo desnaturaliza la verdadera posición en el proceso penal de la víctima, que no es tan solo quien "ha visto" un hecho y puede testificar sobre él, sino que lo es quien es el sujeto pasivo del delito y en su categorización probatoria está en un grado mayor que el mero testigo ajeno y externo al hecho, como mero perceptor visual de lo que ha ocurrido».

Y, por ello, sigue diciendo,

> «la versión que puede ofrecer del episodio vivido es de gran relevancia, pero no como mero testigo visual, sino como un testigo privilegiado, cuya declaración es valorada por el Tribunal bajo los principios ya expuestos en orden a apreciar su credibilidad, persistencia y verosimilitud de la versión que ofrece en las distintas fases en las que ha expuesto cómo ocurrieron unos hechos que, en casos como el que aquí consta en los hechos probados, se le quedan grabados a la víctima en su visualización de una escena de una gravedad tal, en la que la víctima es consciente de que la verdadera intención del agresor, que es su pareja, o ex pareja, ha tomado la decisión de acabar con su vida».

Sin embargo, desde la propia jurisprudencia de la Sala Segunda se ha refutado la posible existencia de un estatus privilegiado o aventajado de la víctima o que pueda atribuirse un mayor valor convictivo al testimonio. Así, la STS de 20/01/2015 [*Tol 4699211*] ya refería que este:

> «es un modo de razonar que no puede admitirse, primero por la elemental razón de que un sistema de enjuiciamiento fundado en la libre convicción del juzgador a partir del racional examen del cuadro probatorio es rigurosamente incompatible con la existencia de pruebas privilegiadas, como las que constelaron el proceso penal del *ancien régime*. En segundo término, porque en el "nadie" llamado a sufrir las consecuencias de que ciertos actos delictivos acontezcan en la clandestinidad, hay que incluir, en primerísimo término, al imputado, cuyo derecho a la presunción de inocencia no puede padecer por semejante causa. Y, en fin, porque en la vigente disciplina constitucional del proceso, la única forma legítima de evitar la impunidad pasa por despejar probatoriamente cualquier duda razonable acerca de la identidad del autor del delito».

5.3 Declaraciones testificales de personas previamente investigadas o de personas investigadas en otros procesos

Algunas cuestiones relevantes en la práctica de la prueba testifical, cuyo examen resulta aquí de especial interés, se plantean cuando se llama a testificar a personas que han resultado previamente investigadas, haya prosperado o no el juicio de acusación contra ellas, o bien, cuando se llama a testificar a personas que están investigadas en otro proceso y que prestan declaración sobre otros hechos atribuidos a terceras personas.

Respecto al valor de las declaraciones incriminatorias de los coimputados cuando es prueba única, y su incidencia en la presunción de inocencia, la jurisprudencia constitucional ha recogido ciertas reglas valorativas, que la STC 233/2002 [*Tol 224806*], concreta del modo siguiente:

> «a) la declaración incriminatoria de un coimputado es prueba legítima desde la perspectiva constitucional; b) la declaración incriminatoria de un coimputado es prueba insuficiente y no constituye por sí misma actividad probatoria de cargo mínima para enervar la presunción de inocencia; c) la aptitud como prueba de cargo mínima de la declaración incriminatoria de un imputado se adquiere a partir de que su contenido quede mínimamente corroborado; d) se considera corroboración mínima la existencia de hechos, datos o circunstancias externas que avalen de manera genérica la veracidad de la declaración; y d) la valoración de la existencia de corroboración mínima ha de realizarse caso por caso».

La STC 68/2001 [*Tol 81439*], añade que, cuando la condena se funde únicamente en las declaraciones de más de un coimputado, también se exige una mínima corroboración del contenido de esas declaraciones, mediante hechos, datos periféricos o circunstancias externas a las mismas, pues la declaración de un coimputado no constituye corroboración mínima, a los efectos de la declaración de otro coimputado (STC 72/2001 [*Tol 81443*]). 1055

Sobre el estatus del coimputado en el momento de prestar declaración existe un acuerdo plenario de la Sala de 16 /12/2008 que tiene establecido que «la persona que ha sido juzgada por unos hechos y con posterioridad acude al juicio de otro imputado para declarar sobre esos mismos hechos, declara en el plenario como testigo y, por tanto, su testimonio debe ser valorado en términos racionales para determinar su credibilidad».

La STS de 07/01/2009 [*Tol 1441116*], analiza conforme a ese acuerdo las declaraciones efectuadas en el plenario en la condición de testigo de quien ya había sido condenado como autor de esos hechos. Y en base a esas declaraciones mantiene la condena por ser una prueba suficiente desde las exigencias derivadas de la presunción de inocencia, valorado el testimonio desde la calidad de la fuente de información y desde la credibilidad que ofrece el informante.

El acuerdo de Pleno de 16/12/2008, según STS de 21/04/2023 [*Tol 9549207*], es aplicable tanto «en los supuestos en que la persona que es llamada nuevamente a un procedimiento haya sido enjuiciada previamente, como en aquellos supuestos en que el procedimiento haya concluido antes de llegar a la fase de juicio oral».

En dicha sentencia, la Sala declara que «el llamamiento como testigo de quien resultó previamente investigado y no justificó la apertura del juicio oral contra él, tampoco comporta un quebranto del derecho a un proceso con todas las garantías». Ahora bien, que esa persona sea llamada a declarar en condición de testigo con juramento o promesa de decir verdad, no obsta a que el tribunal deba analizar con especial rigor la verosimilitud de su declaración, precisando de una corroboración referencial periférica para erigirse en prueba de cargo suficiente.

En el mismo sentido, la STS 31/03/2009 [*Tol 1499116*], establece al respecto que:

> «quien comparece a declarar ante el Tribunal, habiendo sido ya condenado por su participación en los mismos hechos objeto de enjuiciamiento, lo hace en calidad de testigo (Pleno no Jurisdiccional de 16 de diciembre de 2008) aunque es evidente que su declaración puede y debe verse con cautela y que conserva todos sus derechos respecto a aquello que pudiera afectarle».

Sobre este particular, el art. 662 del anteproyecto de Ley de Enjuiciamiento Criminal de 2020 regula la declaración del testigo encausado o ya enjuiciado en los siguientes términos: «A quienes ya hayan sido juzgados o se encuentren sometidos a un procedimiento penal por los mismos hechos o por otros conexos se les instruirá, al declarar como testigos, conforme a lo establecido en el art. 674 de esta ley para la declaración del acusado y se les permitirá estar asistidos por su abogado al prestar declaración».

En cuanto a las declaraciones prestadas por un investigado en otro procedimiento, sobre hechos que se atribuyen a terceras personas y que le son ajenos, la STS de 03/03/1999 [*Tol 5152609*], aborda este supuesto. En este caso, la sala de instancia basa su convicción en las declaraciones prestadas como imputados en otro proceso sustanciado por otro delito y traídas al proceso como testimonio de particulares. En el curso de su interrogatorio como imputados —ahora investigados—, las personas referidas declararon sobre otros hechos ajenos sobre los que no estaban imputados, incriminando a los acusados del proceso objeto de recurso. De esas declaraciones se dedujo testimonio y se remitió al Juzgado de Instrucción, donde prestaron nueva declaración como testigos, con las advertencias legales en caso de faltar a la verdad. En las declaraciones testificales sumariales, las personas indicadas se desdijeron de las manifestaciones realizadas en el primer proceso, en el que intervenían como imputados. La sala razona que no pueden valorarse las iniciales declaraciones realizadas en el primer proceso como declaraciones de coimputados, ya que las personas en cuestión no estaban imputadas por los delitos por los que se acusa en el proceso posterior. Deben valorarse como declaraciones de testigos, indirectos o de referencia, condicionando su valoración probatoria a las exigencias y garantías que regulan la práctica de esta prueba.

Un supuesto particular concurre en la SAP Madrid de 04/06/2024 [*Tol 10081686*]. Se da aquí la circunstancia de que se propone la intervención en calidad testigo de una persona que en su momento tuvo la condición de investigado y fue condenado como autor de un delito de encubrimiento respecto del delito enjuiciado, por «haber participado en los actos necesarios para eliminar vestigios del local, trasladar y ocultar los cadáveres».

Por último, resulta interesante traer aquí una reflexión de RAMÍREZ ORTIZ (p. 216) con ocasión de la exigencia de una mayor exigencia corroborativa de las declaraciones de los coacusados frente a las declaraciones testificales:

> «Sin embargo, no encuentro razones de peso que justifiquen un distinto tratamiento probatorio, pues el hecho de que el testigo venga obligado a decir la verdad no significa que sea veraz. Del mismo modo, ni todos los acusados declaran impulsados por un móvil espurio, ni en todos los testigos están ausentes esos móviles. Y unos y otros están expuestos a sus prejuicios culturales, a la mentira, el olvido y la sugestión. Cuestión distinta es qué deba entenderse por circunstancias corroboradoras».

5.4 Declaración separada de testigos en varias sesiones

Sobre la incomunicación de los testigos, el art. 704 LECrim estable que «Los testigos que hayan de declarar en el juicio oral permanecerán, hasta que sean llamados a prestar sus declaraciones, en un local a propósito, sin comunicación con los que ya hubiesen declarado ni con otra persona».

Este artículo ha quedado desfasado en su aplicación literal y no tiene encaje en la realidad judicial actual, en la que no son pocos los juicios de larga duración y en los que están citados numerosos testigos para declarar en varias sesiones. La extensión de la publicidad de los actos de juicio, vistas y otras actuaciones, que se ha acrecentado con las medidas de eficiencia digital y procesal introducidas por el RDL 6/2023, incide en la pérdida de fundamento de esta forma de proceder. Hay que tener en cuenta que el art. 66.1 de esta norma posibilita la retransmisión pública de los actos de juicio y vistas que se celebren con participación telemática de todos los intervinientes. Por otra parte, los medios de comunicación ofrecen amplios resúmenes e imágenes de las sesiones celebradas e incluso retransmiten algún juicio, por su especial singularidad, como ocurrió con el juicio del "procés" (causa especial 20907/2017), que se prolongó durante cuatro meses, y se retransmitió en su integridad, *en streaming* y en directo, desde la página web del Consejo General del Poder Judicial.

Ya en STS de 16/07/2001 [*Tol 2510971*], se apuntaba que hay casos en que no es posible cumplir con la letra de la norma y que, en estos casos, hay que procurar, en la medida de lo posible, que declaren en una misma sesión quienes hayan de testificar sobre una misma materia.

Este desajuste de la norma con la praxis judicial se analiza en la STS de 28/10/2020 [*Tol 8188559*], que explica que:

> «Resulta evidente que la redacción decimonónica del art. 704 LECrim debe acomodarse a la realidad actual en donde muchos juicios tienen una duración de varios días, y en donde es perfectamente posible, por el cumplimiento del principio de publicidad, que algunos testigos que declaren otros días puedan conocer lo que antes se ha podido exponer, ya que la prohibición ex art. 704 LECrim es, obviamente, para la sesión única, y para la que se va celebrando cada uno de los días, pero resulta imposible acometerlo de uno a otro día respecto de los que van declarando y los que quedan por declarar, ya que la publicidad del juicio oral y la inexistencia de incomunicación al resto de testigos que declaren otros días hace verdaderamente ineficaz este contenido del precepto, que es meramente ilusorio en causas con varios días de señalamiento, como decimos».

Dice la sentencia que la incomunicación de los testigos, que no es equiparable a la incomunicación de los miembros del jurado, debe concentrarse en cada una de las sesiones del juicio para evitar influencias ajenas a quienes están llamados a declarar o condicionamientos por lo que han oído declarar a otro testigo. Asimismo, explica la Sala que la subsanación de estos déficits derivados de la organización del juicio oral y que imposibilitan la incomunicación de todos los testigos llamados a prestar declaración en las diferentes sesiones programadas, se produce en la valoración probatoria, siendo un elemento más a valorar por el juzgador.

Sobre la ruptura de la regla de la incomunicación o su infracción legal hay mucha jurisprudencia. La STS de 23/12/2013 [*Tol 4074827*], resume la doctrina de la Sala al respecto:

> «Esta disposición ha sido interpretada por la jurisprudencia entendiendo que establece obligaciones de actuar de una determinada forma, dirigidas más bien, a los Tribunales, en el ámbito de actuación de las facultades de dirección del juicio oral, orientadas a garantizar la veracidad de los testimonios, evitando acuerdos, reacciones a otras declaraciones y demás posibilidades que podrían afectar negativamente a las declaraciones de los testigos, pero que su incumplimiento, si bien puede alertar a los órganos jurisdiccionales en la valoración de las pruebas practicadas a su presencia, no suponen una sanción de nulidad».

La STS de 09/10/2012 [*Tol 2673666*], matizaba que «la consecuencia de la infracción de este precepto dependerá de la influencia que la comunicación haya podido tener en cada caso sobre los testigos con que se haya comunicado (STS 146/2001, de 6 de febrero)». Además, añadía que «si se tenían dudas de la imparcialidad de los testigos debió allí mismo y en ese momento formularse tacha contra ellos».

En este sentido, la STS de 18/02/2002 [*Tol 4920760*], entendió que la comunicación previa entre dos testigos que pertenecían al cuerpo de la Guardia Civil, que habían seguido prestando servicios en la institución y, además, habían participado conjuntamente en la investigación y en la elaboración del atestado, ya habría tenido lugar. Por tanto, razona la Sala que la incomunicación de ambos testigos y su declaración en una única sesión del juicio no hubiera tenido ningún efecto. Y concluye que: «La regla establecida en el art. 704 LECrim no exige que necesariamente se deba cumplir el aislamiento cuando la comunicación de los testigos entre sí ya ha tenido lugar antes del juicio».

Sobre la comunicación previa antes de declarar, pone de relieve la STS de 09/07/1999 [*Tol 5134263*], que no se puede pretender que los testigos no se comuniquen entre ellos antes de la celebración de un juicio. Añade la STS de 23/07/2019 [*Tol 7434112*], que la incomunicación alude al momento posterior a la declaración testifical, pero no al de antes.

En resumen, la jurisprudencia tiene dicho que la incomunicación no es condición de validez de la prueba testifical, pero sí condiciona su credibilidad. En este sentido, apunta la STS de 10/02/2005 [*Tol 614350*], que:

> «La tesis de supeditar la validez de la prueba testifical a la incomunicación tendría la absurda consecuencia de provocar una insólita y generalizada retención/detención de los testigos, incluso durante varios días, y, precisamente por orden del Tribunal sentenciador. Es difícil imaginar un escenario más absurdo y sin lógica ni sentido».

Sobre los efectos que produce la suspensión de las sesiones del juicio oral en la regla de incomunicación de los testigos, habla la STS de 06/04/2017 [*Tol 6038182*], que advierte, primero, de que las garantías o irregularidades procesales nunca son intrascendentes, pero explica luego, que sería ilógico y contrario a la legalidad que esta infracción normativa en concreto llevase aparejada la nulidad, pues no es una garantía esencial o imprescindible.

Por último, el anteproyecto de Ley de Enjuiciamiento Criminal de 2020 recoge la prohibición de comunicar en el art. 688, que establece que «los testigos citados a declarar en el juicio oral permanecerán, hasta el momento de su llamada a estrados, en un lugar que impida que comuniquen con los que ya hubiesen prestado declaración o con terceras personas».

5.5 Declaración del testigo por videoconferencia

Sobre la declaración del testigo por videoconferencia, el art. 258 *bis* LECrim, introducido por RDL 6/2023, contempla la realización preferente de las actuaciones procesales mediante presencia telemática, siempre que las oficinas judiciales o fiscales tengan a su disposición los medios técnicos necesarios para ello y que la autoridad judicial no acuerde otra cosa, atendiendo a las circunstancias que concurran.

Esta regla preferencial se ve modulada por las especialidades previstas en los arts. 325, 731 *bis* y 306, de conformidad con lo dispuesto en los arts. 229.3 y 230 LOPJ.

En fase de instrucción, el art. 325 LECrim autoriza a realizar la declaración del testigo por videoconferencia en aquellos casos en que sea gravosa o perjudicial su comparecencia personal o cuando así lo aconsejen razones de utilidad, seguridad o de orden público. Lo mismo dispone el art. 731 *bis* en la regulación del juicio oral. Y el art. 306 prevé la posibilidad de actuación del representante del Ministerio Fiscal por «videoconferencia u otro sistema similar que permita la comunicación bidireccional y simultánea de la imagen y el sonido», siempre y cuando existan los medios técnicos precisos para ello.

El art. 229.3 LOPJ establece la prevención de que el uso de la videoconferencia deberá asegurar, en todo caso, la «posibilidad de contradicción de las partes y la salvaguarda del derecho de defensa». Por otra parte, el art. 230 LOPJ contempla la utilización obligatoria de los medios técnicos, electrónicos, informáticos y telemáticos por parte de juzgados, tribunales y fiscalías en el desarrollo de su actividad y ejercicio. También regula este precepto la obligatoriedad de las instrucciones relativas a la utilización de las nuevas tecnologías que el CGPJ o la FGE dirija a jueces, magistrados o fiscales. Supletoriamente, serán de aplicación las previsiones del art. 137 *bis* LEC.

En todo caso, el apartado tercero del art. 258 *bis* LECrim garantiza la realización de forma telemática de las declaraciones o interrogatorios de los testigos cuando sean víctimas de violencia de género, de violencia sexual, de trata de seres humanos o cuando sean víctimas menores de edad o con discapacidad, así como cuando el testigo comparezca en su condición de autoridad o funcionario público desde un punto de acceso seguro.

Respecto de los menores de edad y personas con discapacidad, esta garantía se alinea con lo dispuesto en el art. 707 LECrim, conforme a la redacción dada por LO 8/2021, que establece prevenciones para evitar su confrontación visual con la persona inculpada y reducir los perjuicios que puedan derivarse de la práctica de la diligencia.

Únicamente irrumpe como excepción a esta regla general aquellos casos en que se estime necesaria la presencia física del testigo, que deberán acordarse motivadamente, en atención a las circunstancias concurrentes.

En la casuística judicial, tradicionalmente se ha autorizado el uso de videoconferencia por razón de la distancia de la residencia del testigo respecto de la sede judicial, o en casos de baja médica, de edad avanzada o de imposibilidad del traslado a la sede judicial por otras circunstancias análogas. Sin embargo, tras la reforma operada por RDL 6/2023, el criterio preferente será el de la realización telemática de las actuaciones procesales.

Sobre la aparente contradicción entre el art. 258 *bis* y el art. 731 *bis* LECrim, ORTEGA LORENTE (p. 19) propone conciliar ambos preceptos. El art. 258 *bis* introduce una regla general de preferencia de la vía telemática, mientras que el art. 731 *bis* regula la declaración telemática o por videoconferencia como excepción cuando concurran razones de utilidad, seguridad o de orden público o la comparecencia resulte gravosa o perjudicial o cuando se trate de un menor.

ORTEGA LORENTE entiende que no hay una incompatibilidad insalvable entre ambos preceptos y que cabe considerar posible la presencialidad, a salvo de la concurrencia de alguno de los supuestos del art. 731 *bis* o del art. 258 *bis* apartado tercero, que irrumpen como excepción y que justifican la declaración por videoconferencia. Refiere, conforme a esta interpretación, que únicamente habría que justificar la citación para la comparecencia presencial de esos testigos a que se refiere el art. 258 *bis* apartado tercero.

En todo caso, resulta esencial que se comunique al interesado la forma en que se va a realizar la actuación procesal, a fin de evitar desplazamientos innecesarios y un funcionamiento anómalo de la Administración de Justicia.

Sobre el uso de la videoconferencia, la STS de 27/06/2019 [*Tol 7355325*], establece que:

> «El uso de la videoconferencia permite la total conexión en los puntos de origen y destino como si estuvieran presentes en el mismo lugar, con lo que se da cumplimiento a la premisa de que se celebre la actuación judicial en unidad de acto. No se vulnera ningún principio procesal al poder dirigir las partes a los testigos las preguntas que sean declaradas pertinentes con contradicción y sin que pueda existir indefensión ni vulneración de la tutela judicial efectiva».

Sobre las declaraciones testificales practicadas por videoconferencia, la Sala ha mantenido que la videoconferencia «no es una posibilidad facultativa o discrecional a disposición del juez o tribunal, sino un medio exigible ante el Tribunal y constitucionalmente digno de protección» (STS de 27/06/2019 [*Tol 7355325*]). Además, incide la doctrina en que la utilización de estos medios técnicos no lesiona los principios del proceso penal de inmediación, publicidad, oralidad, concentración y unidad de acto y de contradicción.

Así, por ejemplo, la STS de 17/05/2023 [*Tol 9575980*], declara que no existe merma del derecho de defensa por el hecho de que en la declaración no se vea visualmente a la víctima y solo se la escuche. Dice la sentencia que la defensa no puede alegar desconocimiento de su identidad porque la persona que presta la declaración testifical está debidamente identificada.

6. RÉGIMEN ESPECIAL APLICABLE A LOS MENORES, A LAS PERSONAS CON DISCAPACIDAD Y A LAS PERSONAS ESPECIALMENTE VULNERABLES

El art. 449 *ter* LECrim, introducido por LO 8/2021, establece el carácter obligatorio de la prueba preconstituida para las personas menores de catorce años o personas con discapacidad necesitadas de especial protección que intervengan como testigos en determinados delitos graves que el art. enumera.

En este sentido, la STS de 22/02/2022 [*Tol 8820386*], apunta que

> «El art. 449 *ter* de la LECRIM establece la obligación de la preconstitución probatoria de cualquier testimonio emitido por un menor impúber, siempre, eso sí, con la garantía de que su práctica sea contradictoria, evite la confrontación visual con el investigado y se desarrolle con el apoyo técnico antes expresado. Se añade que en esos supuestos de preconstitución probatoria de testimonios de menores de 14 años, la declaración del testigo en el juicio oral debe ser excepcional, exigiéndose para ello que una de las partes lo peticione expresamente y que el órgano judicial, en resolución motivada, considere necesaria la declaración (art. 703 *bis* LECRIM) y concluya que puede causar indefensión para alguna de las partes que la actuación probatoria se desarrolle exclusivamente a partir de la prueba testifical preconstituida [...] en cuanto al resto de testimonios de menores de edad, es decir, las declaraciones de menores que cuenten entre los 14 y los 18 años, el testigo está obligado a declarar en el juicio oral, si bien evitando la confrontación visual con el inculpado, reconociéndose por ello la posibilidad de que los testigos puedan ser oídos sin estar presentes en la Sala mediante la utilización de tecnologías de la comunicación accesible. Todo ello, sin perjuicio de que el Tribunal apruebe por razones fundadas la sustitución de esta declaración en el plenario, por la reproducción de la grabación audiovisual del testimonio recogido como prueba preconstituida durante la instrucción (arts. 703 *bis* y 730.2 LECRIM)».

Con esta regulación se introducen una serie de medidas tuitivas que persiguen evitar la revictimización de personas especialmente vulnerables y procurar que el lapso temporal entre la declaración en sede de instrucción y el juicio incida en la calidad de la información proporcionada. La STS de 07/11/2024 [*Tol 10285420*], explica que la finalidad prioritaria de la reforma es

> «evitar la victimización secundaria que causa la reiteración de las mismas (declaraciones de los menores); el legislador, con buen criterio y en línea con los principios y directrices del marco normativo internacional, introduce las medidas necesarias para que el menor solo tenga que declarar una vez, en un entorno "amistoso" y ante profesionales con formación

específica al efecto. Las medidas de protección que se establecen son de aplicación tanto al sumario ordinario, para el que se regulan detalladamente (arts. 499 ter, 703 *bis* y 707 LECR), como para el abreviado (arts. 777.3 y 778 LECR)».

Se establecen, además, las garantías necesarias para que la prueba preconstituida pueda incorporarse al juicio oral (art. 499 *bis*, en relación con el art. 730.2 LECrim), pudiendo reproducirse en la vista la grabación audiovisual, sin que sea necesaria la presencia del testigo.

El art. 703 *bis* LECrim establece que «En los supuestos previstos en el art. 449 ter, la autoridad judicial solo podrá acordar la intervención del testigo en el acto del juicio, con carácter excepcional, cuando sea interesada por alguna de las partes y considerada necesaria en resolución motivada, asegurando que la grabación audiovisual cuenta con los apoyos de accesibilidad cuando el testigo sea una persona con discapacidad. En todo caso, la autoridad judicial encargada del enjuiciamiento, a instancia de parte, podrá acordar su intervención en la vista cuando la prueba preconstituida no reúna todos los requisitos previstos en el art. 449 *bis* y cause indefensión a alguna de las partes».

Sobre este particular, la STS de 06/06/2024 [*Tol 10106297*], establece que:

«la presencia de un menor de edad víctima, como en el presente caso, de un delito contra la indemnidad sexual exigirá del Tribunal un examen ponderativo del impacto que esa presencia en el plenario puede acarrear a su formación integral. El llamamiento judicial a declarar como testigo no puede asumir como efecto inevitable asociado a su práctica la victimización secundaria del menor de catorce años, la que conduce a la constante evocación de un doloroso recuerdo que, a buen seguro, tendrá efectos perjudiciales para su formación integral».

Asimismo, la reforma faculta al juez a acordar que la audiencia del menor de catorce años se practique a través de equipos psicosociales. En este caso, las partes deberán trasladar a la autoridad judicial las preguntas que estimen oportunas. El juez facilitará a las personas expertas las preguntas previo control de su pertinencia y utilidad, y podrá recabar del perito un informe dando cuenta del desarrollo y resultado de la audiencia del menor.

El RDL 6/2023, establece también cautelas para la adecuada tutela de los derechos de personas menores y personas con discapacidad. Primero, permite la realización de adaptaciones y ajustes del procedimiento en los procesos penales en que intervengan personas con discapacidad. Estos ajustes, que son aplicables también a los testigos y víctimas del delito, vienen referidos al ámbito de la comunicación, la comprensión y la interacción con el entorno. Segundo, se garantiza que las declaraciones testificales se realicen de forma telemática en caso de víctimas menores de edad o con discapacidad, salvo que el juez estime necesaria la presencia física mediante resolución motivada,

Asimismo, la LO 1/2025, de medidas en materia de eficiencia del Servicio Público de Justicia, ha introducido algunas prevenciones en la protección de menores, como la tramitación preferente de los procesos penales en los que esté involucrado como víctima una persona menor de edad, evitando la victimización secundaria derivada de la pendencia del proceso.

También ha modificado el art. 23.4 de la LO 5/2000, reguladora de la Responsabilidad Penal del Menor, para incorporar la prueba preconstituida en la jurisdicción de menores para la declaración de la víctima o de un testigo especialmente vulnerable, teniendo tal consideración toda persona menor de catorce años o persona con discapacidad necesitada de especial protección.

Finalmente, el anteproyecto de Ley de Enjuiciamiento Criminal de 2020 recoge en los arts. 469 y 470 respectivamente el régimen jurídico de las declaraciones testificales de la persona menor de edad y de la persona con discapacidad.

7. EL CAREO: CONCEPTO Y FINALIDAD

La LECrim regula en los arts. 451 a 455 la diligencia de investigación del careo de los testigos y procesados, prevista para cuando se aprecie discordancia entre sí o entre testigos y procesados acerca de algún hecho o de alguna circunstancia relevante para el sumario, estableciendo, como regla general, que no tenga lugar más que entre dos personas a la vez.

El art. 455 LECrim contempla el careo de testigos únicamente para los casos en que no exista otro medio para comprobar la existencia del delito o la culpabilidad de los procesados y solo prevé la intervención de los menores de edad en casos imprescindibles y previo informe pericial que acredite que la diligencia no va a ser perjudicial para el menor.

También se contempla el careo como prueba en el acto del juicio oral (713 y 729.1 LECrim). Este último art. permite que el careo se acuerde por el presidente de oficio o a instancia de cualquiera de las partes. Llama la atención que la diligencia se acuerde por el presidente y no por el tribunal, a quien compete la admisión y denegación, así como la práctica de las pruebas. Ello podría obedecer a la propia naturaleza del careo, que como veremos, no es propiamente una diligencia de prueba y, por ello, su practica estaría incardinada entre las funciones de dirección del debate que ostenta el presidente.

Según la RAE, el careo es la acción de carear, esto es, «tomar declaración a una persona en presencia de otra, o a dos personas a la vez, con el fin de desentrañar la verdad de unos hechos sobre los que han dado versiones contradictorias».

Sobre la naturaleza y función del careo, la STS de 13/07/1998 [*Tol 5133559*], señala que el careo «consiste en enfrentar a los testigos entre sí, a los testigos con los imputados o a las propias coimputadas cuando sus manifestaciones son contradictorias o antitéticas y con la voluntad o excitación judicial de que se pongan de acuerdo en sus contradicciones».

Añade esta sentencia que pocas veces se consigue ese acuerdo y que el careo puede conducir a enfrentamientos dialécticos entre los intervinientes en el mismo. Desde la psicología del testimonio, además, se le considera una institución insegura, pues se entiende que se opone a la lógica de una declaración tranquila y sosegada, incluso exenta de coacción, que está expuesta a un riesgo elevado de subjetividad en su valoración y que se enfrenta al riesgo de erigirse en la razón decisoria. De ahí la escasa utilidad de la diligencia, cuya práctica resulta discutible y una tarea delicada para el órgano judicial.

La STS de 04/12/1992 [*Tol 398409*], perfila su naturaleza probatoria y declara que

> «la diligencia de careo no constituye un medio autónomo de prueba sino una fórmula incidental que se utilizará, según criterio del Tribunal, cuando se estime necesaria para contrastar el contenido de las declaraciones de diferentes testigos con objeto de comprobar la mayor o menor firmeza, consistencia y fiabilidad de alguno de los testimonios contrapuestos. Se trata de una diligencia meramente potestativa que se tiene que ponderar en cada caso, contemplando el riesgo de producir consecuencias contrarias a las buscadas. Su práctica se defiere al prudente arbitrio del presidente del Tribunal por lo que la decisión no puede ser revisada en casación como ha señalado reiteradamente la doctrina de esta Sala».

En consecuencia, según tiene declarado la jurisprudencia, el careo no es propiamente un medio probatorio, sino un instrumento complementario para verificar y contrastar la eficacia probatoria y fiabilidad de otros medios de carácter personal.

Dos son las notas que caracterizan al careo: la primera, su carácter potestativo, puesto que se deja al arbitrio del órgano judicial acordar o denegar la práctica de la diligencia; y la segunda, su naturaleza subsidiaria, ya que solo puede acordarse la diligencia cuando no existan otros medios probatorios para acreditar la existencia el delito o la culpabilidad de los procesados.

Sobre el carácter potestativo del careo, recuerda la STS de 18/09/2008 [*Tol 1378488*], lo siguiente:

> «la admisión o rechazo de la diligencia de careo entra dentro de las facultades arbitrales del Tribunal sentenciador, que como señala la STS 1646/2000, 30 de octubre, "es quien sabe las dudas que puede tener, bien para la continuación y dirección que debe seguir la instrucción,

> bien para la resolución en sentencia de las cuestiones relevantes en cada caso. El Juzgado o Tribunal es quien conoce el contenido de las otras diligencias practicadas y sabe si puede tener alguna duda importante que el careo pudiera resolver". Todo lo cual explica, conforme razona la STS 615/2006, 29 de mayo, que el Tribunal Constitucional haya declarado que la denegación de una diligencia de careo no vulnera el art. 24.2 de la Constitución (v. STC 55/1984, 7 de mayo); afirmándose, además, que la contradicción propia del plenario suple con ventaja la eventual práctica de la diligencia cuestionada (SSTS núm. 512/2005, de 22 de abril Y 1063/2004, 29 de septiembre)».

Consecuencia de ello, según viene reiterando la Sala, es que la denegación del careo no puede ser sometida a control de casación.

Y respecto de su naturaleza subsidiaria, la STS de 23/11/2015 [*Tol 5632762*] recuerda que:

> «de acuerdo con lo establecido por el art. 455 LECrim el careo no se practicará, "sino cuando no fuere conocido otro modo de comprobar la existencia del delito o la culpabilidad de alguno de los procesados". Esta condición negativa de la práctica del careo que introduce la ley responde, ante todo, al dudoso carácter probatorio del careo en el proceso penal moderno, y debe ser, por ello, estrictamente interpretada en cada caso».

La Sala ha puntualizado que la subsidiariedad es doble porque la necesidad del careo «depende del resultado global de la demás diligencias o pruebas y porque aparece como un medio de depurar otras declaraciones anteriores de imputados o testigos para dilucidar sus contradicciones» (STS de 06/05/2010 [*Tol 1879196*]).

Respecto de la práctica del careo, el art. 452 LECrim establece que la diligencia debe verificarse a presencia del juez y el LAJ, que dará fe de lo que ocurre en el acto, así como de las «preguntas, contestaciones y reconvenciones» que formulen los careados (art. 453 LECrim). Tras recordar a los testigos el juramento o promesa y las penas del falso testimonio, se les preguntará si se ratifican en sus declaraciones o si tienen alguna variación que hacer. A continuación, el juez manifestará las contradicciones que resulten de las declaraciones de los testigos o de testigo y procesado, y se les invitará a que se pongan de acuerdo entre sí.

Por su parte, el art. 454 LECrim en sede de instrucción y el art. 713 LECrim en sede de juicio oral, disponen que el juez o presidente, respectivamente no permitirán que medien insultos ni amenazas.

El art. 455 LECrim establece que no se realizarán careos con testigos que sean menores de edad, a menos que el Juez lo estime imprescindible y no lesivo para los menores, recabando previamente informe pericial

En cuanto a su virtualidad probatoria, la jurisprudencia conviene en que la diligencia sumarial debe ser reproducida en el acto del juicio oral, en el entendido de que, si los testigos no comparecen al acto, el careo carece de eficacia como prueba testifical.

La STS de 26/09/1991 [*Tol 2421880*], que se hace eco de la jurisprudencia constitucional, analiza un caso de imposibilidad de comparecencia al acto del juicio oral de los testigos que residen en el extranjero. En este caso, la sentencia precisa que los careos de testigos prestadas con las debidas garantías de contradicción en periodo sumarial y en presencia del juez, pueden llevarse al juicio como prueba preconstituida, en tanto que se trata de una prueba documentada, debiéndose solicitar la lectura o reproducción de la diligencia en juicio oral.

Por último, cabe resaltar la posición de desigualdad que ostentan los intervinientes en caso de que el careo se realice entre acusado y testigo, pues el acusado no tiene obligación de declarar y en ningún caso podrá ser perseguido por su declaración, mientras que al testigo se le recuerda el juramento o promesa y las penas que conlleva el delito de falso testimonio. Así el acusado, en cualquier caso, puede acogerse a su derecho de no declarar y frustrar, en la práctica, la diligencia de careo.

BIBLIOGRAFÍA

- BONILLA, J., *La participación en el proceso penal de la víctima menor de edad. El ejercicio de la dispensa de la obligación de declarar*, Teorder, 2023.
- Circular FGE 3/2009, de 10 de noviembre, sobre protección de los menores víctimas y testigos.
- DE DIEGO DÍEZ, *El proceso penal. Medios de investigación: régimen jurídico de las declaraciones testificales*, Tirant lo Blanch, 2000.
- DE DIEGO DÍEZ, *El proceso penal. Medios de investigación: el careo*, Tirant lo Blanch, 2000.
- DE PAULA RAMOS, *La prueba testifical*, Marcial Pons, 2019.
- ESCOBAR JIMÉNEZ / DEL MORAL GARCÍA. *El juicio oral en el proceso penal*, 3ª Edición. Editorial Comares, 2021.
- FUENTES SORIANO, O. «La perspectiva de género en el proceso penal. ¿Refutación? De algunas conjeturas sostenidas», en el trabajo de Ramírez Ortiz «el testimonio único de la víctima en el proceso penal desde la perspectiva de género», *Quaestio facti*, 2020
- LÓPEZ GARCÍA-NIETO, *Dispensa de la obligación de declarar en casos de violencia de género*, Sepin, 2023.
- MANZANERO PUEBLA, *Memoria de testigos*, Pirámide, 2010.
- MAZZONI GIULIANA. *¿Se puede creer a un testigo? El testimonio y las trampas de la memoria*, Trotta, 2010.

- Observatorio contra la Violencia Doméstica y de Género. CGPJ. La violencia sobre la mujer en la estadística judicial - Anual 2023.
- RAMÍREZ ORTIZ, «El testimonio único de la víctima en el proceso penal desde la perspectiva de género», *Quaestio facti*, 2020.
- RAMÍREZ ORTIZ, «El testimonio único de la víctima en el proceso penal desde la perspectiva de género (2). Respuesta a los comentarios publicados en Quaestio facti», Quaestio facti, 1/2020, 2021.
- REY HUIDOBRO, «La prueba de testigos. Última jurisprudencia. La prueba en el proceso penal», CEJ. 2019.
- REY HUIDOBRO, «Las dispensas de la obligación de declarar contenidas en el art. 416 de la LECrim., tras la reforma introducida por la Ley Orgánica 8/2021, de 4 de junio, de protección integral a la infancia y la adolescencia frente a la violencia», *La Ley*, 2024.
- RIVES SEVA, *La prueba en el proceso penal. Doctrina de la Sala Segunda del Tribunal Supremo*, Thomson Reuters Aranzadi, 2021.

Capítulo 25

Inspección ocular, reconstrucción de los hechos y cuerpo del delito

Sonia Nuez Rivera
Magistrada
Letrada del CGPJ

1. INSPECCIÓN OCULAR

1.1 Concepto y regulación

La inspección ocular es una diligencia de investigación que aparece regulada en el Capítulo I del Título V (de la comprobación del delito y averiguación del delincuente) del Libro II (del sumario) LECrim. Concretamente, su regulación se recoge en los arts. 326 a 333 como diligencia de investigación y en el art. 727 como medio de prueba.

Como medio de investigación, la actividad desarrollada en la diligencia de inspección ocular se dirige a obtener toda la información necesaria para el descubrimiento de la verdad y la fijación de los hechos objeto del proceso penal.

En este sentido, podemos definir la inspección ocular como un acto de investigación consistente en la comprobación o examen personal y directo del juez del lugar de comisión del delito, así como de los objetos, elementos o vestigios o de las personas que allí se encuentren y demás circunstancias relevantes que pudieran estar relacionadas con su comisión. Entre sus fines, se encuentra lograr la identificación de la autoría del hecho delictivo, obtener y conservar cuantas pruebas, huellas, vestigios o restos biológicos pudiesen hallarse en el lugar inspeccionado y escuchar a cuantas personas hubieren presenciado los hechos o pudieran facilitar información útil para la investigación.

Pese a que la ley procesal alude al término "inspección ocular", lo cierto es que, más allá de lo que se perciba solo con la vista, la diligencia consiste en una apreciación personal y directa de todas las circunstancias que se puedan percibir en el lugar donde se realiza el reconocimiento y que contribuyan a aclarar las circunstancias de la perpetración del delito (LAGO MONTEJO, p. 95).

En el sentido expresado se pronuncia la STS 24/06/1991 [*Tol 2423679*], cuando alude a «la llamada defectuosamente inspección ocular, porque todos los sentidos pueden utilizarse para establecer los datos que interesen en cada uno de los supuestos, cuya más acertada denominación de reconocimiento judicial hace suya la Ley de Enjuiciamiento Civil» y declara que la misma:

> «[...] consiste en el reconocimiento sensorial y directo del órgano judicial en los lugares u objetos vinculados al hecho punible (distancias, estado del lugar donde el delito se llevó a cabo, descomposición de un cadáver, ruidos, rugosidad de un objeto, etc.) Pero el presupuesto de este medio de prueba es que preexistan, en el momento de llevarse a cabo, vestigios o restos de la perpetración del delito, así, por ejemplo, huellas de personas, de animales, de vehículos..., los que normalmente no se mantienen cuando se realiza el juicio oral».

De este modo, lo esencial de la inspección ocular es el examen del lugar donde se desarrolle la labor judicial de reconocimiento, lo que conlleva necesariamente una cierta inmediatez en la respuesta para evitar la alteración de los indicios que pudieran hallarse e implica una observación precisa y minuciosa de la escena del delito y de los objetos y demás elementos relacionados con el mismo (LAGO MONTEJO, p. 102).

En este sentido, el art. 326 LECrim dispone que cuando el delito que se investigue haya dejado vestigios o pruebas materiales de su comisión, el juez de instrucción[1] ordenará que se recojan y conserven, si fuere posible, debiendo

[1] En adelante, y para mayor claridad y sencillez en la redacción, salvo que merezca mayor concreción en el texto que se introduzca su referencia, nos referiremos al «*juez*

describirse todo aquello que pueda estar relacionado con la existencia y naturaleza del hecho delictivo.

A tal fin, deberá hacerse constar la descripción del lugar de comisión del delito, el sitio y estado de los objetos o elementos que se encuentren, los accidentes del terreno o situación de las habitaciones y todos los demás detalles que puedan utilizarse, tanto para la acusación como para la defensa.

El anteproyecto de Ley de Enjuiciamiento Criminal de 2020 (ALECRIM 2020) recoge como actuaciones principales de la inspección ocular: a) el examen del lugar del delito, b) la recogida de los vestigios y rastros materiales de la infracción y, c) la descripción del lugar del delito y de los objetos que en él se encuentren (art. 436 LECrim).

La diligencia de inspección ocular está a cargo del juez competente para la instrucción (que será, conforme a la LO 1/2025, el juez adscrito a la Sección Única, a la Sección de Instrucción o a las Secciones de Violencia contra la Mujer o contra la Infancia y la Adolescencia del correspondiente Tribunal de Instancia), aunque la ley faculta a la Policía Judicial para recoger todos los efectos, instrumentos o pruebas del delito que pudieran peligrar, y ponerlos a disposición de la autoridad judicial (art. 282 LECrim). El RD 769/1987, sobre regulación de la Policía Judicial, también atribuye a las unidades de Policía Judicial adscritas a los jueces del orden jurisdiccional penal y a los jueces en funciones de guardia la posibilidad de realizar inspecciones oculares (art. 28).

En definitiva, la inspección ocular es una actuación judicial, que puede atribuirse —y ello resulta potestativo— a las unidades de la Policía Judicial a pre-

instructor» como a cualquiera de los jueces con competencia funcional en materia de investigación judicial de delitos, en el bien entendido que con esta denominación nos referimos al juez unipersonal integrado en la Sección que corresponda del Tribunal de Instancia competente (o, en su caso, al juez de la Sección de Instrucción del Tribunal Central de Instancia, cuando de la Audiencia Nacional hablamos) —*v.gr.* Sección de Instrucción o de la Sección Única de Civil y de Instrucción, Sección de Violencia sobre la Mujer, o Sección de Violencia contra la Infancia y Adolescencia—, o al juez correspondiente del TS o TSJ al que se le atribuya dicha competencia funcional cuando la competencia objetiva venga encomendada a dichos tribunales por razón de aforamiento del investigado. Asimismo, dicha referencia al «*juez instructor*» contempla también la posibilidad de que, en los casos determinados en el art. 84.6 LOPJ, se nombre a dos jueces, conforme a un turno preestablecido y público, para que, junto con el juez a quien le hubiere sido turnado el asunto inicialmente, se encarguen de la instrucción de un determinado proceso penal. En el capítulo 5 de esta obra puede consultarse una explicación completa del nuevo modelo orgánico de los Tribunales de Instancia que introduce la LO 1/2025.

vención o en supuestos de riesgo de destrucción o de desaparición de los efectos, vestigios y pruebas materiales del delito.

Como señala la STS 20/10/2010 [*Tol 976683*], la normativa procesal contenida en los arts. 326 y siguientes se refiere a la inspección practicada por la autoridad judicial, que es diferente de aquella inspección ocular que practique la Policía Judicial en el ejercicio de las facultades previstas en los arts. 282 y siguientes LECrim.

La ley procesal contempla tres escenarios distintos en la práctica de esta diligencia investigativa.

a) Si en la inspección ocular se encuentran huellas o vestigios en el lugar inspeccionado cuyo análisis pueda contribuir al esclarecimiento de los hechos investigados, el juez competente para la instrucción adoptará o mandará a la Policía Judicial o al médico forense adoptar las medidas necesarias para su recogida, custodia y examen, en condiciones que garanticen su autenticidad.

b) Si, por el contrario, no han quedado huellas o vestigios del delito, dispone el art. 330 LECrim que el juez competente para la instrucción averiguará y hará constar si las pruebas han desaparecido de forma natural, causal o intencionadamente y las causas de su desaparición.

c) Finalmente, recoge el art. 331 LECrim que, si el delito es de los que no dejan huellas de su comisión, deberá hacerse constar por declaraciones de testigos u otros medios de comprobación, la ejecución del delito y sus circunstancias, así como la preexistencia de la cosa, en caso de que el delito tenga por objeto la sustracción de la misma.

Por otra parte, la diligencia puede complementarse con la declaración de las personas que hayan sido halladas en el lugar del delito o de otras que se encuentren en un sitio próximo, con el interrogatorio de la persona investigada o acusada que asista a la diligencia y que podrá realizar las observaciones que estime pertinentes, o con la declaración de testigos o de expertos forenses, que pueden intervenir en la inspección a petición de la autoridad judicial.

Señala el art. 333 LECrim a tal efecto, que el Letrado de la Administración de Justicia (LAJ) pondrá en conocimiento de la persona investigada o acusada la práctica de la diligencia con la anticipación que permita su índole y que la diligencia no se suspenderá por la falta de comparecencia de la persona investigada o de su defensor. Igual derecho asiste a quien se halle privado de libertad en razón de estas diligencias.

Asimismo, el LAJ deberá adoptar las medidas necesarias para asegurar la asistencia letrada de la persona investigada o acusada en la inspección ocular. Apunta PÉREZ MARÍN que la ausencia de la persona investigada en la diligencia no parece que sea causa para denegar la presencia de su asistencia letrada, como mayor garantía de su derecho de defensa.

El ALECRIM de 2020 regula la inspección ocular en los arts. 436 a 443 LECrim. De su regulación destaca que la diligencia se lleva a cabo por la Policía Judicial, con el auxilio de técnicos especialistas en la obtención, tratamiento y análisis de huellas y vestigios. Si bien, el fiscal —que en el modelo procesal propuesto dirige el procedimiento de investigación—, puede constituirse en el lugar objeto de inspección a los efectos de dirigir las actuaciones de la Policía Judicial.

1.2 Práctica de la diligencia en juicio oral

En cuanto al desarrollo de la diligencia que no se haya practicado en el sumario, el art. 727 LECrim dispone que, si el lugar que deba ser inspeccionado se hallase en la capital, se constituirá en él el tribunal con las partes, y si el lugar estuviere en localidad distinta, se constituirá en ella con las partes la persona del tribunal que el presidente designe.

La STS de 25/06/2001 [*Tol 4925266*], recuerda la excepcionalidad de la práctica de la prueba de inspección ocular en el juicio oral, cuando dispone que:

> «[...] es conocida la doctrina de esta sala que habla del carácter excepcional de esta prueba de inspección ocular en el juicio oral, pues choca con los mencionados principios (concentración y publicidad), de modo tal que sólo debe practicarse cuando las partes no dispongan de ninguna otra prueba para llevar al juicio los datos que se pretendan (sentencias 26.3.91, 24.6.92 y 6.7.92, entre otras muchas)».

A continuación, declara que «desde luego, es imprescindible, para que pueda admitirse esta prueba para el juicio oral, que se precise por qué razón concreta tiene que ir el tribunal al lugar de los hechos, que se diga qué circunstancia es la que tiene que percibir allí el tribunal que pueda justificar el traslado fuera de la sala donde el juicio se ha de desarrollar».

En el mismo sentido, declara la STS de 25/06/1990 [*Tol 38565*], que «la ordenación de la inspección ocular, o reconocimiento judicial, se contempla en la Ley de Enjuiciamiento Criminal en fase de investigación sumarial (arts. 325 y ss.) y en el plenario (art. 727) y naturalmente, su práctica o no en este segundo momento dependerá de que el tribunal disponga de elementos suficientes para formar un juicio y conforme a ello, que resulte necesario o inútil, debiéndose indicar que, en general, resulta inútil una vez concluso el sumario y transcurridos varios meses, pues no cabe ya recoger huellas o vestigios que puedan poner de relieve la forma de comisión, por vía de hipótesis, de los hechos objeto de acusación STS de 2 de enero de 1984».

El ALECRIM de 2020 regula la práctica del reconocimiento fuera de la sede del tribunal en los arts. 679 a 681.

1.3 La documentación de la inspección ocular

Señala el art. 332 LECrim que la diligencia de inspección ocular deberá constar por escrito y el acta deberá extenderse en el mismo acto investigativo, debiéndose firmar por el juez de instrucción, el LAJ, el fiscal, si asistiere al acto, y las demás personas que se hallaren presentes.

En concreto, el acta deberá recoger todas las circunstancias a las que alude el art. 326 LECrim. Esto es: a) una descripción del lugar donde se desarrolla la labor judicial de reconocimiento, con indicación de las particularidades geográficas o ambientales y demás detalles espaciales que puedan resultar de utilidad para la investigación; b) todas las circunstancias que pudieran estar relacionadas con la existencia y naturaleza del hecho delictivo y que pudieran contribuir a aclarar la forma de perpetración del delito; c) el desarrollo de la diligencia y las condiciones en las que se practica, como, por ejemplo, las personas que se hallen presentes y las que entren o salgan de la escena del delito, los cambios que se produzcan en los efectos del delito, los incidentes que se hayan producido, la hora de llegada al lugar de los hechos, etc.; d) la determinación de los objetos o elementos que se encuentren, la descripción de su estado, el lugar o posición en la que se encuentren y la conservación que se disponga sobre ellos y; e) las declaraciones o alegaciones que realicen o las opiniones que viertan las personas investigadas, los testigos, los letrados o las personas que asistan a la diligencia así como los detalles que perciba el juez encargado de la instrucción que esté al frente de la diligencia.

Por otra parte, para el mejor fin de la diligencia, la ley posibilita levantar un plano del lugar suficientemente detallado, la toma de fotografías de las personas que hubiesen sido objeto del delito o de los instrumentos o efectos del delito que se hubieran encontrado. Naturalmente, en consonancia con la realidad social actual, todo ello podrá realizarse por los medios que ofrecen las nuevas tecnologías. En este sentido, la STS de 24/05/2003 [*Tol 286128*], declara que:

> «[...] la diligencia de inspección ocular, regulada en el art. 326 a 333 de la Ley de Enjuiciamiento Criminal, tiene una función simplemente constatadora del escenario del delito que,

puede estar complementada, no sólo por planos como decía el texto original, sino también por apoyos fotográficos, videográficos e incluso sonoros. Ahora bien, no por ello ha perdido su carácter de instrumento de investigación que se traslada al plenario y cuya valoración, se ha de realizar por el órgano juzgador, en función de la totalidad de los elementos probatorios de que ha dispuesto».

Finalmente, el art. 328 LECrim recuerda que en caso de que el delito investigado sea un robo u otro que implique fractura, escalamiento o violencia, deberá describirse los vestigios que se hallaren y deberá consultarse a un experto forense sobre la forma, instrumentos, medios o tiempo de la ejecución del delito.

1.4 Algunas consideraciones sobre la práctica de la inspección ocular

A pesar de que la Ley procesal no regula una metodología de actuación para la realización de la diligencia de inspección del lugar de los hechos, lo cierto es que en la práctica judicial resulta esencial, cuanto menos, adoptar unas precauciones necesarias para preservar la seguridad y salud de quienes intervienen en ella y asegurar el buen fin de la diligencia, protegiendo el escenario del delito y los vestigios o pruebas materiales que allí se hallen ante eventuales riesgos de manipulación, de contaminación o de desaparición.

1.4.1 Salud y seguridad en el lugar del delito

La cuestión más importante que debe tenerse en cuenta al acceder al lugar del delito y que debe considerarse como prioritaria e indispensable antes de realizarse cualquier actuación judicial consiste en la protección de la integridad de las personas que van a acceder al lugar del reconocimiento.

El lugar donde vaya a desarrollarse la labor judicial de inspección ocular puede estar expuesto a riesgos considerables que pueden afectar a la salud o seguridad de las personas. Como señala el manual de UNODC (p. 6), dichos riesgos pueden obedecer a causas muy diversas y no todos son perceptibles de forma inmediata, sino que pueden surgir durante el desarrollo de la diligencia, debiendo extremarse las precauciones para reducir al mínimo cualquier peligro inherente a la inspección.

Algunos de esos riesgos pueden deberse a la existencia en el lugar del delito de productos químicos o explosivos, materiales biológicos, estructuras poco seguras, un entorno inseguro, armas de fuego, objetos punzantes, riesgos radiológicos o nucleares, etc.

Por ello, antes de iniciar una inspección ocular, resulta imprescindible suprimir cualquier riesgo para la salud y seguridad de las personas con la intervención o ayuda de agentes técnicos especializados que puedan garantizar la protección necesaria a todo el personal que asista a la diligencia.

A estos fines, es esencial realizar una buena aproximación y una evaluación inicial inteligente del lugar del suceso, lo que comprende un análisis de la situación, de la naturaleza del incidente, de los riesgos que puedan existir, de la posible existencia de materiales peligrosos, de la asistencia técnica o sanitaria especializada que pueda ser necesaria, de la magnitud del suceso y cualesquiera otras circunstancias que permitan obtener la mayor cantidad de datos e información posible para una buena organización y planificación de la labor de inspección que se va a desarrollar *in situ*.

1.4.2 Preservación del lugar del delito y de las pruebas

Otra de las cuestiones de más relevancia que deben priorizarse para el buen fin de la diligencia de inspección ocular y, en definitiva, para el buen fin de la investigación, consiste en asegurar la zona del lugar del delito.

La preservación del lugar de los hechos debe realizarse tan pronto como se conozca el suceso, debiéndose aislar y asegurar la zona, para preservarla de cualquier tipo de contaminación externa, al tiempo de poner el incidente de forma inmediata en conocimiento de las autoridades judiciales competentes.

Esta medida tiene por finalidad preservar los elementos, rastros, vestigios u otros objetos que puedan hallarse en el lugar del delito y que puedan ser útiles para el esclarecimiento de los hechos investigados, minimizando el riesgo de manipulación o contaminación, que pueda comprometer la fiabilidad o la integridad física de los mismos. Así, en la medida de lo posible, no debe cambiarse ni alterarse nada, salvo lo que resulte indispensable para prestar ayuda a las víctimas o para garantizar la seguridad de las personas, en cuyo caso deberá procurarse minimizar la afectación a las pruebas o evidencias que existan en el lugar de los hechos.

Ello no significa que únicamente lo que haya sido previamente precintado pueda proporcionar vestigios de interés para la investigación, pero resulta conveniente adoptar las prevenciones necesarias para garantizar la autenticidad de las muestras aprehendidas.

Además, delimitar y acordonar la zona del delito resulta imprescindible para preservar la seguridad y salud de las personas. Para ello, deberá impedirse el acceso al personal ajeno a las labores de investigación, para evitar que puedan alterar elementos, rastros, huellas o pruebas que se hallen en el lugar de los hechos. Igualmente, deberá desalojarse de inmediato a personas extrañas y deberá hacerse constar en el acta extendida a tal efecto o en el atestado policial la presencia de personas ajenas en el lugar de los hechos antes de que se procediera a acordonar o a perimetrar la zona con algún tipo de barrera física (UNODC p. 12).

1.4.3 Traslado de las muestras para análisis científico

Respecto de este particular, la STS de 18/07/2014 [*Tol 4463010*], ha analizado un supuesto en el que se alegaba el incumplimiento de la Orden del Ministerio de Justicia 1291/2010, sobre la remisión de muestras que hayan de ser objeto de análisis por el Instituto de Medicina Legal y Ciencias Forenses. La Sala declara que la prueba del recorrido de las piezas de convicción y de su mismidad es una cuestión de orden fáctico, y no determina la nulidad o validez de los actos de prueba, que no pueden hacerse depender del cumplimiento de una orden ministerial.

Asimismo, la Sala señala que es indudable que «la gestión de esas muestras no puede quedar abandonada a la iniciativa individual de cada una de las unidades orgánicas de policía» y la observancia de la norma reglamentaria contribuirá a encauzar correctamente los análisis y a despejar dudas sobre la conservación de la cadena de custodia. De esta forma, se deben extremar las cautelas para concluir la integridad de las muestras y el mantenimiento de la cadena de custodia. Añade, sin embargo, que la infracción de sus previsiones no puede conducir de forma irremediable a la nulidad probatoria, quedando su valoración en el ámbito de la fiabilidad de la prueba.

1.5 Valor probatorio

En cuanto a su valor probatorio, la jurisprudencia sostiene que la inspección ocular que se realiza por el órgano judicial tendrá el valor de prueba preconstituida, siempre que se practique con las formalidades legales, se introduzca en el juicio oral mediante lectura del acta de la diligencia conforme a lo dispuesto en el art. 730 LECrim y se garantice la contradicción a través de la presencia de la persona investigada y de su asistencia letrada.

En este sentido, se pronuncia la STS de 25/06/2001 [*Tol 4925266*]:

> «No cabe decir que esta prueba debe practicarse durante la instrucción. Lo normal es que se lleve a cabo en el sumario o en las diligencias previas como prueba preconstituida con validez para el juicio oral por haberse practicado con intervención de las partes, precisa-

mente porque de ordinario lo que se pretende es precisar datos que el tiempo puede borrar. Pero esto no impide que pueda ser necesario para el juicio examinar el lugar de los hechos por existir alguna circunstancia relevante que no haya desaparecido. Pero en estos casos la parte que propone esta prueba debe decir con precisión cuál es el dato concreto que tiene que ser apreciado por el Tribunal, para que pueda resolverse sobre su necesidad. Aunque siempre debe tenerse en cuenta que la práctica de una inspección ocular, que ha de hacerse fuera de la sala donde se celebra el juicio, lleva consigo una ruptura de la concentración y publicidad de las sesiones y unos trastornos por la necesaria constitución de todos (Tribunal, partes, incluso testigos pidió el recurrente en este caso) en un lugar diferente».

Del mismo modo, la STC 25/09/1989 [*Tol 81598*], niega que la diligencia de inspección ocular pueda tener efectos de prueba preconstituida si falta toda posibilidad de contradicción, debiendo en tal caso considerarse como un mero acto de investigación, insuficiente para fundar una sentencia de condena.

Respecto de la denegación de su práctica, normalmente se producirá por la inutilidad de la diligencia debido al transcurso del tiempo o por la existencia de otras pruebas de las que se pueda obtener información suficiente que haga innecesaria su práctica.

Así, la STS de 25/10/2012 [*Tol 2687343*], consideró bien denegada su práctica porque la inspección ocular se había solicitado por la defensa cuatro años y medio después, entendiéndose que la diligencia devenía innecesaria porque el tribunal contaba con abundante prueba testifical sobre el lugar y las circunstancias en las que fueron intervenidos los documentos que se pretendían inspeccionar.

La STS de 12/07/2017 [*Tol 6209557*], analiza un caso en que se denegó la práctica de la prueba por contar con numerosas pruebas testificales, periciales y documentales con las que hacerse una idea de las características del lugar donde ocurrieron los hechos.

En otras ocasiones, la Sala ha analizado supuestos en que se ha denegado la prueba por la imposibilidad material de realizarla en el juicio oral, al haberse destruido el objeto con anterioridad (STS de 17/07/2008 [*Tol 1341448*]).

Finalmente, debe señalarse que la inspección ocular que se practica por la Policía Judicial no tiene valor de prueba preconstituida, sino que se integra y forma parte del atestado como medio de investigación, y tendrá la consideración de denuncia conforme a lo dispuesto en el art. 297 LECrim. En efecto, en este caso se trata de una actuación indirecta de la que el órgano judicial solo tiene conocimiento a través del soporte documental o videográfico en el que se haya recogido.

Respecto de este particular, la STS 16/11/1994 [*Tol 5124647*], señala que:

> «En relación con las irregularidades denunciadas en torno a la diligencia de inspección ocular debemos hacer las siguientes acotaciones. En primer lugar, las actuaciones practicadas por los funcionarios policiales no tienen el carácter y naturaleza de una diligencia netamente judicial cuya delegación no es posible, por lo que nos encontramos ante una actuación policial complementaria del atestado y, por tanto, con su mismo valor probatorio. El dictamen pericial fue acordado directamente por el juez de instrucción y el resultado que arrojó su práctica fue sometida a debate contradictorio en el momento solemne del juicio oral, con todas las garantías derivadas de la publicidad, oralidad, contradicción e inmediación».

Igualmente, en el sentido expuesto, la Sala Segunda ha entendido que la validez de la diligencia de inspección ocular practicada por la Policía Judicial exige la declaración en el juicio oral de los agentes que intervinieron.

No obstante, y de forma excepcional, la jurisprudencia ha admitido que el acta policial de la inspección ocular pueda tener valor de prueba preconstituida cuando la Policía Judicial haya actuado por razones de estricta urgencia o necesidad. En este caso, se ha entendido que el acta policial, introducida en el juicio oral mediante su lectura o reproducción como indica el art. 730 LECrim, puede actuar como prueba de cargo (STS de 10/10/2005 [*Tol 725658*]).

2. LA RECONSTRUCCIÓN DE LOS HECHOS: RECONSTRUCCIÓN FÍSICA Y RECONSTRUCCIÓN POR MEDIOS TECNOLÓGICOS

Refiere la STS de 24/06/1992 [*Tol 5104242*], que «la «reconstrucción de los hechos», que no aparece recogida con tal denominación expresa entre los medios de investigación y prueba del proceso penal, en esencia, no es otra cosa que una «inspección ocular» complementada con una prueba testifical, y su realización práctica debe regularse sustancialmente por las normas legalmente previstas para la «inspección ocular» (arts. 326 y ss. y art. 727 LECrim)».

En este mismo sentido, la STS de 05/05/2010 [*Tol 1847447*], apunta que se trata de una diligencia de prueba no regulada en la LECrim, que tiene una naturaleza mixta entre la inspección ocular y la testifical y la declaración de la persona investigada.

A pesar de no contar con regulación expresa, la jurisprudencia ha ido conformando un sólido cuerpo de doctrina sobre la diligencia de reconstrucción de hechos, como una actividad típica del proceso de investigación y admitida en la práctica forense, que garantiza un conocimiento directo e inmediato del juez sobre las circunstancias del hecho investigado.

Así, la reconstrucción de hechos consiste en la representación de los hechos objeto de investigación en el propio lugar en el que han sucedido, teniendo en cuenta las declaraciones de quienes hayan intervenido en los mismos, y procurando que las condiciones espaciales y temporales sean lo más semejante posible a las circunstancias existentes en el momento en que se produjeron los hechos.

La principal finalidad de esta diligencia es reproducir, de la forma más ajustada a la realidad, lo que realmente haya podido suceder, conocer las circunstancias en que tuvo lugar el suceso y constatar cuál ha podido ser la secuencia de los hechos y si la misma es compatible con los datos que se aportan al proceso o responde a una lógica de verosimilitud.

En cuanto a la forma de practicar la reconstrucción de hechos ordenada por el órgano judicial, la misma requerirá de la presencia de la persona investigada y de su asistencia letrada, En este sentido, apunta PÉREZ MARÍN que la diligencia de reconstrucción de hechos tiene una naturaleza mixta porque reúne características de la inspección ocular y del interrogatorio de la persona investigada. Esa naturaleza mixta implicaría que la presencia de la persona investigada sea imprescindible, junto con su asistencia letrada, en cumplimiento de la garantía constitucional del derecho de defensa. Sin embargo, como se verá, el anteproyecto de Ley de Enjuiciamiento Criminal de 2020 apunta en otro sentido.

Como sucede en la inspección ocular, la jurisprudencia ha denegado la práctica de la reconstrucción de los hechos por innecesaria, cuando se cuente con pruebas suficientes para formar su convicción. En esos términos se pronuncia la STS de 05/05/2010 [*Tol 1847447*]: «prueba de inspección ocular de reconstitución de hechos que puede denegarse si el tribunal dispone de elementos suficientes para formar su juicio cognitivo, al resultar innecesaria y superflua y dichos elementos aparecen inconclusos de las pruebas practicadas».

Por otra parte, la jurisprudencia ha entendido que la reconstrucción de hechos puede ser acordada como diligencia de investigación o como prueba, que se practica con carácter complementario o aclaratorio, para la fijación de los hechos a partir de los datos obtenidos, y que no puede constituir prueba de cargo o de descargo por sí sola. Asimismo, señala la jurisprudencia que su plasmación gráfica y escrita no puede suplantar el análisis y valoración de los hechos en el juicio oral.

Por otra parte, el TS ha recordado el carácter excepcional de la reconstrucción de hechos cuando se acuerda como prueba en el juicio oral, ya que contravine los principios de concentración y publicidad que informan el proceso penal en esta fase. En consecuencia, advierte la sentencia antes mencionada, que:

> «aun cuando esté prevista en el art. 727 LECrim como una prueba admisible en el juicio oral, lo cierto es que solo se le debe practicar cuando las partes no dispongan de ninguna otra forma de llevar al convencimiento del tribunal los hechos relevantes del objeto del proceso. Solo en tales situaciones cabría el sacrificio de los principios de concentración y publicidad que son considerablemente afectados por una prueba que se debe producir fuera de la Sala del juicio (SSTC. 11.5.88, y STS. 24.6.92). Solo se debe practicar en la fase contradictoria, cuando las partes no dispongan de ninguna otra forma de llevar al convencimiento del tribunal los hechos del proceso».

En cuanto a su práctica, la reconstrucción de hechos generalmente se lleva a cabo de forma física, con la presencia de la autoridad judicial, que dirigirá la diligencia, y de la persona investigada, que deberá contar con asistencia letrada. El acto se realiza normalmente al inicio de la investigación, con la colaboración de la Policía Judicial, lo que permitirá facilitar la secuencia de los hechos y resultará de gran ayuda a la labor investigativa.

Sin embargo, frente a la reconstrucción tradicional, la jurisprudencia ha admitido que la diligencia pueda beneficiarse de los instrumentos de la tecnología informática y audiovisual actual, que permiten elaborar representaciones prácticamente idénticas a la secuencia de hechos a partir de los datos obtenidos, simulando espacios, lugares, posiciones, dinámicas, etc., que faciliten la comprensión del suceso o el escenario del delito.

En este sentido se pronuncia la STS de 05/05/2010 [*Tol 1847447*], cuando declara que la reconstrucción de hechos «es una diligencia compleja que se puede beneficiar de los modernos instrumentos de reproducción audiovisual, por lo que, las previsiones iniciales han quedado desbordadas por las meras tecnologías, incluso de simuladoras que nos pueden dar una realidad virtual del escenario del crimen».

De este modo, «aunque debieran estar presente los protagonistas y sobre todo el procesado, lo cierto es que con las modernas técnicas es posible reconstruir el lugar en el momento del juicio oral e interrogar a los protagonistas sobre su posición en el terreno y la percepción de lo acontecido».

Matiza la sentencia que, sin embargo, «la prueba no reproduce el hecho, ya que éste se ha instalado definitivamente en el pasado, sino que nos permite percibir el entorno e imaginarnos, con mayor o menor ajuste a la realidad, cuál ha podido ser la secuencia de los hechos».

Y concluye que, en todo caso, la incidencia de esta diligencia debe valorarse en cada caso concreto, conjuntamente con los demás elementos probatorios.

PÉREZ MARÍN identifica dos posibles variaciones de la tradicional reconstrucción física de los hechos. En primer lugar, cabría la posibilidad de representar o reproducir los hechos en estrados en la fase de prueba del juicio oral, junto con la declaración del acusado bajo el principio de contradicción, inmediación y publicidad. Otra opción consistiría en realizar una inspección ocular en fase sumarial y reproducirla en el acto del juicio oral, sometiendo al acusado en ese momento a interrogatorio.

Aunque no se trata de reconstrucciones en sentido propio, lo cierto es que estas variaciones arrojarían ventajas frente a la reconstrucción tradicional, en el sentido de que la declaración del acusado en juicio oral con respeto a los principios de contradicción, inmediación y publicidad podría ser considerada como prueba de cargo o de descargo.

Por último, en cuanto a la reconstrucción realizada en presencia de la persona investigada, pero sin intervención letrada, la jurisprudencia ha considerado que la misma es nula, por infracción del derecho constitucional a la defensa y a la asistencia letrada que garantizan el art. 520 LECrim.

El ALECRIM de 2020 regula expresamente la reconstrucción de hechos entre los medios de investigación relativos al cuerpo del delito, en los arts. 460 y 461 LECrim. De su regulación destaca que la diligencia debe ser acordada y dirigida por el fiscal, que podrá delegar su práctica en la Policía Judicial. Asimismo, la intervención de la persona investigada es potestativa y se prevé expresamente la continuación de la diligencia aun cuando la persona investigada o su asistencia letrada, citadas en debida forma, no concurran a su práctica.

3. EL CUERPO DEL DELITO: CONCEPTO Y CONTENIDOS

Bajo la denominación "cuerpo del delito" se comprende, en sentido estricto, todas las cosas o personas que constituyen el objeto del delito, es decir, sobre las que este recae. En sentido más amplio, el cuerpo del delito se identifica con todos elementos materiales que sirven de prueba o indicio del delito, tanto los instrumentos o medios que se hayan utilizado para su comisión —instrumentos o piezas de ejecución del delito—, como los efectos relacionados con el mismo, o las huellas o los vestigios de su perpetración —piezas de convicción—.

La LECrim ordena la recogida de las armas, instrumentos o efectos de cualquier clase que puedan tener relación con el delito (art. 334), la descripción de estos y de la persona o cosa objeto del delito, es decir, del cuerpo del delito en sentido estricto (arts. 334 y 335), la posibilidad de su reconocimiento (art. 336), y la retención, conservación o envío al organismo adecuado para su depósito (art. 338).

La STS 14/10/2011 [*Tol 2264800*], perfila el concepto como sigue:

> «Debemos recordar que por cuerpo del delito se entiende la persona o cosa objeto del mismo. Por instrumento del delito todas aquellos objetos, armas y efectos de cualquier clase de los que hace uso el delincuente para la realización del acto punible. Por piezas de convicción se entienden todos los objetos, huellas y vestigios que pueden servir de prueba de la culpabilidad de alguna persona en relación con el delito perpetrado, es decir, todos aquellos objetos inanimados que pueden servir para atestiguar la realización de un hecho y que se hayan incorporado a la causa, bien uniéndolos materialmente a los autos, bien conversándolos a disposición del tribunal, siendo su presencia preceptiva —art. 688 LECrim-».

La LECrim regula en el Capítulo dedicado al cuerpo del delito (arts. 334 a 367) una serie de diligencias encaminadas a acreditar la realidad de los hechos delictivos y el descubrimiento de los responsables, así como a adoptar medidas para la recogida y conservación de los elementos materiales que puedan estar relacionados con el delito, al efecto de servir de prueba en el acto del juicio oral.

Se comprenden aquí actos de investigación de diversa índole. Así, en el articulado, se pueden identificar diligencias relativas al cuerpo del delito en sentido estricto, esto es, a las personas o cosas objeto del delito; diligencias por causa de muerte violenta o sospechosa de criminalidad, diligencias de levantamiento e identificación de cadáver; la autopsia del cadáver en caso de muerte violenta o sospechosa de criminalidad; diligencias en casos de envenenamiento, heridas o cualquier otra lesión; diligencias por causa de muerte cuando esta sobreviniere por consecuencia de algún accidente ocurrido en las vías férreas; diligencias de información pericial de análisis químico; obtención de documentos públicos objeto del delito; diligencias para hacer constar la preexistencia de cosas robadas, hurtadas o estafadas o diligencias de obtención de muestras biológicas de ADN.

El art. 366 LECrim recoge la preferencia de las diligencias reguladas en el capítulo referente al cuerpo del delito y en el relativo a la inspección ocular, respecto de las demás diligencias que se practiquen en el sumario. Asimismo, dispone que estas diligencias no se suspenderán salvo para asegurar la persona del presunto culpable o para prestar auxilio a las personas agraviadas por el delito.

A continuación, el art. 367 LECrim cierra el Capítulo II proscribiendo que se formulen reclamaciones o tercerías que tengan por objeto la devolución de los efectos que constituyan el cuerpo del delito. Finalmente, la ley procesal regula en el Capítulo II *bis* la destrucción y realización anticipada de los efectos judiciales, de los arts. 367 *bis* a *septies*.

Hemos visto cómo la ley procesal regula entre las diligencias relativas al cuerpo del delito, actos de investigación muy variados. El ALECRIM 2020 comprende bajo la clásica denominación de "cuerpo del delito" la inspección ocular, la cadena de custodia, la destrucción y realización anticipada de efectos, la autopsia, la exhumación de un cadáver y la reconstrucción de hechos. Sin embargo, nuestra LECrim regula actos de investigación de lo más diverso, que se encaminan, todos ellos, a la conservación de los elementos materiales del delito. De algunos de estos actos nos ocuparemos en lo que sigue.

3.1 Diligencias de descripción del estado de la persona o cosa objeto del delito

El art. 335 LECrim establece que cuando el objeto del delito sea una persona o una cosa, el juez de instrucción describirá de forma detallada su estado y circunstancias, especialmente aquellas que tengan relación con el hecho punible. Así, la ley atribuye la descripción del estado y circunstancias de la persona o cosa objeto del delito al juez encargado de la instrucción, a diferencia de lo que ocurre con la descripción de las armas, instrumentos o efectos relacionados con el delito, cuya tarea se atribuye *ex* art. 334 LECrim al LAJ.

Para poder apreciar mejor la relación de los lugares, armas, instrumentos y efectos con el delito, el art. 336 permite a la autoridad judicial ordenar su reconocimiento por peritos, debiéndose hacer constar por diligencia el reconocimiento y el informe pericial que se emita.

Por otra parte, la Ley permite que la persona investigada esté presente en la diligencia, con asistencia letrada, en los términos expresados en el art. 333 LECrim, pudiendo hacer en el acto las observaciones que estime pertinentes, que se consignarán por diligencia si no fuesen aceptadas.

En este sentido, la STS de 05/10/1996 [*Tol 5134963*], recuerda que «la Ley de Enjuiciamiento Criminal exige, con carácter general, la presencia del interesado en las diligencias de inspección ocular y en las que se recogen bajo la rúbrica del cuerpo del delito y es innegable que su presencia cumple funciones garantistas en cuanto que propicia la contradicción y favorece las posibilidades de defensa».

Asimismo, señala el art. 337 LECrim que, inmediatamente después de la descripción, serán examinadas aquellas personas que pudieran declarar acerca del modo y forma de la comisión del delito, de las eventuales alteraciones que se observen en las cosas o personas objeto del delito y de su estado inmediatamente anterior.

3.2 Diligencias de levantamiento e identificación de cadáver

En caso de producirse una muerte violenta o sospechosa de criminalidad, es decir, aquella muerte que no se considera natural o que, aun siéndolo, pudiera generar dudas sobre su criminalidad, debe procederse al levantamiento de cadáver y a la autopsia del mismo.

Por tanto, el levantamiento de cadáver es una diligencia judicial, si bien la ley permite al juez de instrucción autorizar al médico forense para que asista en su lugar al levantamiento de cadáver, debiendo, en este caso, adjuntar a las actuaciones un informe con la descripción detallada del estado, identidad y circunstancias del fallecido, además de consignarse cuantas otras circunstancias tengan relación con el hecho punible (art. 778.6 LECrim).

Desde la perspectiva médico forense el levantamiento de cadáver tiene por finalidad la observación y descripción de la persona fallecida y sus circunstancias, el examen externo del cadáver, la determinación del momento de la data de la muerte y el establecimiento del mecanismo causante de la misma.

Junto con el levantamiento de cadáver, el art. 340 LECrim ordena la identificación de la persona fallecida, por medio de testigos que, a la vista de la misma, den razón satisfactoria de su conocimiento. En caso de que no haya testigos de conocimiento, la ley contempla una serie de actuaciones, que deben interpretarse conforme a la realidad actual.

Conviene apuntar aquí que, además de los métodos indiciarios o de presunción, que pueden incluir la recopilación de objetos personales, ropa, calzado, etc., para identificar a las personas fallecidas, existen técnicas de identificación que obedecen a estándares científicos, y que resultan especialmente útiles en sucesos con víctimas múltiples, pues de su correcta identificación se derivarán múltiples consecuencias humanitarias, sociales y legales (CABÚS *et al.*). Conforme a los protocolos de Interpol, la identificación sólo se confirmaría en caso de que existiera una coincidencia del 100% entre los datos ante mortem, es decir, aquellos datos que se solicitan y obtienen de los familiares —incluidos los datos biométricos que se puedan obtener de ellos—, y los datos post mortem, es decir, los datos biométricos que se obtengan de los restos humanos examinados, en lo referente a huellas dactilares, perfiles de ADN o datos odontológicos, que son los tres procedimientos de identificación aceptados científicamente.

Por otra parte, el juez encargado de la instrucción deberá ordenar la recogida de todos los efectos personales que portaba el cadáver y se hubieren encontrado en el lugar de los hechos, a fin de que puedan servir oportunamente para complementar la identificación.

3.3 La autopsia del cadáver en caso de muerte violenta o sospechosa de criminalidad

Con carácter general, en casos de muerte violenta o sospechosa de criminalidad, debe procederse a la autopsia del cadáver, aun cuando por la inspección exterior pueda presumirse la causa de la muerte (art. 343 LECrim). La ley procesal precisa que se debe describir exactamente la operación que se realice, informar sobre el origen del fallecimiento y sus circunstancias.

Como excepción, el art. 778.4 LECrim permite omitir la práctica de la autopsia cuando por el médico forense o por el facultativo designado se dictamine cumplidamente la causa y las circunstancias relevantes de la muerte, sin necesidad de aquélla.

En el sentido expresado, se ha pronunciado la STS de 14/09/1990 [*Tol 2391533*], al declarar que «en términos absolutos, ni cabe afirmar que nunca puede dictaminarse con total certeza la causa de un determinado resultado lesivo, ni tampoco que, para ello, tratándose de resultados mortales, sea necesaria siempre la práctica de la autopsia del cadáver».

A continuación, añade que «no siempre la autopsia permite acreditar, en forma clara e inequívoca, la causa de la muerte de una persona [...] es preciso reconocer que la causa de la muerte de las personas unas veces puede determinarse en forma clara e indubitada y otras no; y que, en el primer supuesto, ello puede ser mediante pruebas directas e indirectas, con el correspondiente diverso grado de certidumbre, en cada caso».

En cuanto a la práctica de la autopsia, la ley remite al art. 353 LECrim, que regula las circunstancias de lugar de su realización.

Respecto de la intervención del médico forense o el facultativo que se designe, se ha planteado si al tratarse de una pericia, la autopsia debe practicarse por dos peritos, como impone el art. 459 LECrim. Sin embargo, la jurisprudencia ha entendido de aplicación preferencial el art. 348 LECrim, y ha declarado que es suficiente que la autopsia se realice por un solo médico, salvo que el juez estime necesaria la cooperación de uno o más facultativos, por iniciativa propia o por sugerencia del propio médico forense (STS de 11/10/1994 [*Tol 5102110*]).

4. HALLAZGO, IDENTIFICACIÓN Y RECOGIDA DE LOS EFECTOS DEL DELITO

Dispone el art. 334 LECrim que el juez de instrucción ordenará recoger, en los primeros momentos, las armas, instrumentos o efectos de cualquier clase que puedan tener relación con el delito. Estos instrumentos o piezas de ejecución del delito pueden encontrarse en el lugar de su comisión, en sus inmediaciones, en poder del reo o en otra parte conocida.

Por otra parte, el art. 282 LECrim establece una habilitación legal que permite a la Policía Judicial recoger todos los efectos, instrumentos o pruebas del delito de cuya desaparición hubiese peligro, en contextos donde no queden afectados derechos fundamentales, y ponerlos a disposición de la autoridad judicial (art. 282 LECrim). En el mismo sentido, el art. 11.1 de la LO 2/1986, de Fuerzas y Cuerpos de Seguridad.

Por otra parte, en el ámbito de las diligencias previas de procedimiento abreviado, el art. el art. 777 LECrim faculta al juez encargado de la instrucción a ordenar a la Policía Judicial las diligencias de investigación necesarias encaminadas a determinar la naturaleza y circunstancias del hecho. Ello supone que no sea necesaria la intervención directa e inmediata del juez en la recogida de los efectos e instrumentos del delito que pueda resultar de los actos investigativos que se deleguen en la Policía Judicial. En este sentido se pronuncia la STS de 19/06/1995 [*Tol 405179*] y la STS de 10/10/1997 [*Tol 408181*].

En resumen, la recogida de los efectos materiales del delito debe producirse, con carácter general, con la inmediación formal del juez encargado de la instrucción, salvo que se autorice su recogida a la Policía Judicial, que actuará bajo la dependencia de la autoridad judicial que conozca del asunto.

La actividad de recogida de evidencias debe diligenciarse con las formalidades que se prevén en el art. 332 LECrim. Así, en cuanto a su documentación, el art. 334 LECrim encomienda al LAJ que extienda diligencia expresiva del lugar, tiempo y ocasión en que se encontraren los efectos o instrumentos del delito, describiéndolos minuciosamente y consignando las circunstancias de su hallazgo. En la actualidad, se puede recurrir a las nuevas tecnologías para obtener una mejor descripción de los mismos. En estos casos, el LAJ deberá velar por la seguridad y certeza de los datos que se obtengan, cualesquiera que sean los soportes en los que se conserven.

Respecto de la persona afectada por la incautación, la Ley 4/2015, del Estatuto de la Víctima del Delito (EVD), introdujo un nuevo párrafo tercero al art. 334 LECrim y modificó el art. 284 LECrim al objeto de permitir a la persona afectada recurrir en cualquier momento la medida ante el juez encargado de la instrucción. El recurso se entenderá interpuesto con la simple expresión de disconformidad en el momento de la incautación.

No señala la ley procesal nada acerca del plazo y forma de la resolución del recurso. Tampoco expresa si la resolución denegatoria es recurrible. En todo caso, entiende la doctrina que, antes de resolver, el juez debe dar audiencia a las demás partes, especialmente, a la representación del Ministerio Fiscal.

También introduce el EVD un nuevo párrafo cuarto al art. 334 LECrim que regula la inmediata restitución a la víctima de los efectos incautados que le pertenezcan, salvo que excepcionalmente deban ser conservados como medio de prueba o para la práctica de otras diligencias. En este caso, la restitución deberá producirse lo antes posible. Conviene señalar que la adquisición de los efectos e instrumentos del delito cumple fines probatorios y de conservación y, por ello, deben quedar a disposición de la autoridad judicial.

Ahora bien, la ley permite la restitución a la víctima de los efectos que deban ser conservados como medio de prueba, cuando su conservación pueda garantizarse imponiendo a su propietario el deber de mantenerlos a disposición judicial.

Sobre la forma de recogida de los efectos materiales del delito, dispone el art. 338 LECrim que los instrumentos, armas y efectos a los que se refiere el art. 334 se recogerán de tal forma que se garantice su integridad. Y añade que el juez acordará su retención, conservación o envío al organismo adecuado para su depósito.

En cuanto al cuerpo del delito en sentido estricto, la LECrim no regula su recogida o su incautación. Dispone el art. 335 LECrim que el juez encargado de la instrucción describirá detalladamente el estado y circunstancias de la persona o cosa objeto del delito, especialmente aquellas que tengan relación con el hecho punible.

Por último, el art. 339 LECrim permite al juez ordenar los informes periciales que estime convenientes sobre los medios utilizados para la desaparición del cuerpo del delito o sobre las pruebas de cualquiera clase que en su defecto se hubiesen recogido.

5. LA CONSERVACIÓN DEL CUERPO DEL DELITO: LA CADENA DE CUSTODIA

La STS de 09/01/2023 [*Tol 9339783*], define la llamada "cadena de custodia" como el «conjunto de actos que tienen por objeto la recogida, el traslado y la conservación de los indicios o de los vestigios obtenidos en el curso de una investigación criminal, actos que deben cumplimentar una serie de requisitos con el fin de asegurar la autenticidad, inalterabilidad o indemnidad de las fuentes de prueba».

Algunos de los efectos materiales del delito que se incorporen al proceso penal como consecuencia de la diligencia de inspección ocular o de aquellos actos investigativos que se integran en la regulación relativa al cuerpo del delito, pueden servir en su día a fines probatorios, y ser útiles al efecto de formar la convicción del juzgador. Por ello, resulta esencial que se disponga lo necesario para una adecuada recogida y depósito de las piezas de convicción, que deberán conservarse durante todo el proceso a disposición de la autoridad judicial.

Se explica muy bien en la STS de 24/11/2023 [*Tol 9799738*], que analiza varias cuestiones de nulidad probatoria por ausencia o quebranto de la cadena de custodia:

> «105. Atribuir valor probatorio para fundar la condena a un elemento de prueba del que no se sabe o existen dudas razonables sobre cómo, dónde y por quién se encontró o de que haya podido sufrir algún tipo de deterioro o de contaminación que altere su genuinidad de manera significativa, resultaría una operación demasiado arriesgada, poniendo en tensión los derechos de la persona acusada a un proceso con todas las garantías y a la presunción de inocencia. (...).
>
> 106. Ello se traduce en que la parte que pretenda utilizar probatoriamente evidencias obtenidas en los primeros momentos de la investigación, en muchas ocasiones sin la personal intervención de juez, deba aportar aquellas informaciones que permitan acreditar su adecuada recogida, custodia y trazabilidad. Entre otras, las relativas a los lugares donde se localizaron y personas que intervinieron; espacios donde fueron depositadas o almacenadas; tiempo transcurrido; traslados efectuados; métodos de análisis empleados, etc.».

La LECrim no regula la forma de acreditar la adecuada recogida, conservación y trazabilidad de las piezas de convicción. Solo recoge el art. 338 que «los instrumentos, armas y efectos a que se refiere el art. 334 se recogerán de tal forma que se garantice su integridad y el juez acordará su retención, conservación o envío al organismo adecuado para su depósito».

A este fin se constituyen los depósitos judiciales a que se refiere el RD 2783/1976, sobre conservación y destino de piezas de convicción y la Orden de 14 de julio de 1983, sobre conservación y destino de piezas de convicción de los depósitos judiciales, para conservar, de modo unificado, los objetos intervenidos en causas criminales y los efectos del delito de todos los Juzgados.

El ALECRIM 2020 contiene una regulación pormenorizada de la cadena de custodia, inspirada en la regulación del anteproyecto de 2011, que comienza con la regulación de la obtención de la fuente de prueba. A continuación, se recoge el procedimiento para la gestión y custodia de muestras de los datos, que deberá establecerse reglamentariamente y que, en todo caso, deberá quedar expresamente documentado para asegurar la integridad de la muestra a lo largo del procedimiento. Por último, se regulan los efectos de la cadena de custodia.

La jurisprudencia de la Sala Segunda ha declarado en la misma STS de 24/11/2023 [*Tol 9799738*], que la cadena de custodia no puede identificarse exclusivamente con fórmulas documentales protocolizadas de trazabilidad de las evidencias, sino que se admiten otros mecanismos probatorios para acreditar la genuinidad e integridad de las mismas, particularmente aquellos medios de naturaleza personal que permitan llegar a la conclusión de que las fuentes de prueba recogidas durante el proceso se corresponden con las evidencias probatorias que se introducen en el juicio.

En consecuencia, la Sala ha sostenido que la cadena de custodia no es presupuesto de validez, sino de fiabilidad de la evidencia como elemento de prueba. Lo único que garantiza la cadena de custodia es la integridad e indemnidad de las muestras desde la recogida hasta su análisis. Así, la comisión de un eventual error o el quebrantamiento de la cadena de custodia no conlleva la nulidad o inutilizabilidad de las evidencias, sino que deberá valorarse por el tribunal en orden a la determinación de la fiabilidad de las mismas. En esta línea, la STS 31/03/2020 [*Tol 7989199*] declara que «cuando se rompe la cadena de custodia no nos adentramos en el campo de la ilicitud o inutilizabilidad probatoria, sino en el de la menor fiabilidad —menoscabada o incluso aniquilada— por no haberse respetado algunas garantías. Son dos planos distintos».

Por ello, la Sala Segunda mantiene un criterio restrictivo sobre las cuestiones de quiebra de la cadena de custodia, analizando las objeciones de genuinidad o integridad por las posibles irregularidades que se puedan producir en la conservación, custodia o tratamiento de las evidencias, sin entrar, en estos casos, en el campo de la ilicitud. La quiebra de la cadena de custodia no supone por sí sola la vulneración de un derecho fundamental que pueda dar lugar a la apreciación de prueba ilícita del art. 11.1 LOPJ. Solo puede prescindirse de la evidencia cuando «se identifican razones que, en términos epistémicos, susciten dudas razonables sobre su autenticidad, integridad o genuinidad. Lo que obliga a reivindicar la idea-fuerte de que los defectos en el método empleado para acreditar dichas condiciones de la evidencia no comportan, por sí, vulneración de garantías constitucionales. Los déficits de acreditación afectan a la fiabilidad de la evidencia como elemento de prueba y, por tanto, a su valoración. No, insistimos, a la validez de la propia evidencia obtenida en el curso del proceso» (STS de 24/11/2023 [*Tol 9799738*]).

Además, la Sala parte del criterio general de la presunción de licitud de la prueba obtenida, que se extrapola también a la cadena de custodia. Así, la STS de 23/06/2011 [*Tol 2168264*] declara que «existe la presunción de que lo recabado por el juez, el perito o la policía se corresponde con lo presentado el día del juicio como prueba, salvo que exista una sospecha razonable de que hubiese habido algún tipo de posible manipulación».

La STS de 24/11/2023 [*Tol 9799738*], alude a la jurisprudencia del TEDH (STEDH de 26/09/2023, caso Yüksel Yalçinkaya c. Turquía [*Tol 9710457*]), respecto de la presunción de actuación de buena fe en la obtención de evidencias por parte de las autoridades públicas de los Estados contratantes del Convenio. Ello conlleva «la necesidad de identificar algún dato o razón mínimamente consistente que permita cuestionar dicha presunción».

Sobre la ruptura de la cadena de custodia, los motivos más alegados suelen aludir a cuestiones de naturaleza fáctica que, como tales, se encuentran sujetas a las reglas generales de valoración probatoria. A continuación, analizaré algunas de las objeciones frecuentemente formuladas sobre supuestas irregularidades en la cadena de custodia.

5.1 Falta de documentación de la cadena de custodia

Lo deseable, como regula el ALECRIM 2020 en el art. 446.3, es que todas las personas o instituciones que intervengan en la gestión y custodia de las muestras documenten la intervención que hayan tenido en la cadena de custodia, garantizando, dice la exposición de motivos de la norma proyectada «que el tracto de la muestra pueda ser perfectamente reconstruido sin solución de continuidad».

Así lo expresa la STS de 11/12/2012 [*Tol 3011298*], cuando afirma que «es exigible también hoy asegurar y documentar la regularidad de la cadena para garantizar la autenticidad de la fuente de prueba».

Pero no siempre sucede así y, en ocasiones, existen déficits de documentación de la cadena de custodia. Sin embargo, la deficiente documentación no supone por sí sola una ruptura de la cadena de custodia. La jurisprudencia exige que se genere una duda razonable en el tribunal de la falta de correspondencia entre lo recogido y lo que posteriormente se analizó. Sobre este particular, la STS de 20/03/2013 [*Tol 3706670*], dispone lo siguiente:

> «Sin necesidad de tan específicas disposiciones a nivel legal, es exigible también con la legalidad procesal vigente asegurar y documentar la regularidad de la cadena para garantizar la autenticidad e inalterabilidad de la fuente de prueba. Cuando se comprueban deficiencias en la secuencia que despiertan dudas razonables, habrá que prescindir de esa de prueba, no

porque el incumplimiento de alguno de esos medios legales de garantía la convierta en nula, sino porque su autenticidad queda cuestionada. No se pueden confundir los dos planos. Irregularidad en los protocolos establecidos como garantía para la cadena de custodia no equivale a nulidad. Habrá que valorar si esa irregularidad (no mención de alguno de los datos que es obligado consignar; ausencia de documentación exacta de alguno de los pasos...) es idónea para despertar dudas sobre la autenticidad o indemnidad de la fuente de prueba».

Es exactamente el mismo alcance que se recoge en el art. 447 del ALECRIM 2020 sobre el quebrantamiento de la cadena de custodia, que determina que la quiebra deberá ser valorada por el tribunal a los efectos de determinar la fiabilidad de la fuente de prueba. Es decir, no es una cuestión de nulidad o de inutilizabilidad probatoria, sino de fiabilidad. En este sentido, la jurisprudencia ha reiterado que la cadena de custodia tiene una naturaleza meramente instrumental.

5.2 Transcurso de tiempo entre la obtención de las evidencias y su remisión para análisis

Otra de las objeciones planteadas con profusión sobre la cadena de custodia, es el transcurso del tiempo desde la recogida de muestras hasta el traslado de las evidencias para su análisis científico.

Sobre este particular, la STS de 08/04/2014 [*Tol 4270166*], analiza un caso en que la sustancia quedó depositada en dependencias policías y se produjo un retraso en la entrega de la muestra al laboratorio. En este caso, la Sala entiende que el retraso en la entrega no implica por sí mismo la ruptura de la cadena de custodia, sino que exige una prueba de la manipulación efectiva de la muestra. Y añade que, aunque se admitiera la comisión de ciertos defectos formales en el proceso de custodia, ello no constituye por sí solo un indicio racional y suficiente para sospechar de una posible manipulación de la muestra.

Tampoco aprecia la Sala ruptura en la cadena de custodia por el transcurso de dos semanas desde a diligencia policial de remisión de las sustancias al laboratorio para su análisis hasta su entrega en dependencias de sanidad. En este caso, argumenta la STS de 19/07/2017 [*Tol 6213692*], que «no se está ante una demora notablemente llamativa ni de una dilación en el tiempo que permita en modo alguno cuestionar la identidad, autenticidad e inalterabilidad de la sustancia estupefaciente».

El ALECRIM de 2020 ordena dejar constancia, en todo caso, del tiempo que la muestra haya estado en poder de cada persona o depositada en un determinado lugar.

5.3 Los efectos se han depositado en un lugar no adecuado

El art. 338 LECrim dispone que, una vez garantizada su integridad, los efectos a los que alude el art. 334 LECrim se depositarán en el organismo adecuado para su conservación, bajo la custodia del órgano judicial competente.

La STS de 05/02/2014 [*Tol 4115758*], analiza un supuesto en que se formula una objeción por la posible ruptura de la cadena de custodia al ignorarse si la droga intervenida se depositó en unas u otras dependencias policiales. La Sala concluye que no se produce la ruptura de la cadena de custodia de la sustancia intervenida, al ser coincidente la sustancia que se describe en el atestado con la que se entrega y analiza por el laboratorio. Y ello con independencia de que la sustancia fuera depositada por razones de seguridad en unas u otras dependencias policiales.

La STS de 18/12/2013 [*Tol 4101914*], resuelve un caso en el que se alega una quiebra en la cadena de custodia por haberse depositado las sustancias en un lugar del área de sanidad no establecido a ese efecto, utilizado los funcionarios la expresión "depósito precario y provisional". La Sala confirma que la expresión alude a la interinidad del lugar y ello no comporta que se haya producido una indebida conservación del alijo ni que esa ubicación implique mayor facilidad de contaminación, sustitución o confusión de las sustancias.

5.4 Quienes intervienen en la cadena de custodia no declaran en juicio

Sobre esta cuestión, la STS de 23/06/2011 [*Tol 2168264*], establece que:

> «Es cierto que al juicio oral no comparecieron los agentes que específicamente la llevaron a cabo, pero apuntar por ello a la simple posibilidad de manipulación para entender que la cadena de custodia se ha roto no parece aceptable, ya que debe exigirse la prueba de la manipulación efectiva, y en este caso en el factum se recoge expresamente que una vez el camión con el contenedor llegó a la nave, se procedió a la rotura del precinto y a la descarga de su contenido, tal como declaró uno de los agentes que estaba en la nave en el momento de iniciarse materialmente la descarga».

En la misma línea, la STS 20/07/2011 [*Tol 2197532*], declara que:

> «Respecto de la incomparecencia en el plenario de los agentes que custodiaron la droga en dependencias policiales depositada en una caja fuerte cerrada con llave, hemos señalado en STS. 629/2011 de 23.6 que apuntar por ello a la simple posibilidad de manipulación para entender que la cadena de custodia se ha roto no parece aceptable, ya que debe exigirse la prueba de la manipulación efectiva».

5.5 No existe coincidencia entre los efectos ocupados y los analizados

En la STS de 20/03/2013 [*Tol 3706670*], se objeta que la sustancia no fue precintada y ello impide saber si las sustancias analizadas fueron las mismas que las que se recogieron en su día o medió algún tipo de manipulación o sustitución. Sin embargo, la Sala entiende que esas hipótesis carecen de lógica y fundamento en términos de probabilidad y, en todo caso, los datos aportados no desvanecen la fiabilidad de la prueba. En este sentido, apunta la sentencia que «las supuestas "deficiencias" en la cadena de custodia que señala el recurrente ni incrementan la posibilidad de que haya acaecido alguna de esas manipulaciones, ni disminuyen las posibilidades de descubrirlas, ni desde luego convierte en algo plausible lo que por nadie es pensable».

En caso de que, efectivamente, existan diferencias en la descripción de los efectos intervenidos, será necesaria la declaración testifical de cuantas personas intervinieron en la gestión y custodia de las muestras para aclarar las divergencias que se susciten.

Ahora bien, la STS de 11/06/2012 [*Tol 2581372*], analiza un caso en el que existen divergencias entre la descripción consignada al remitir la sustancia al

laboratorio y la establecida en la recepción. En este caso, la Sala admite que las divergencias apreciadas en la muestra generan dudas sobre la posibilidad de sustitución o confusión. Pero solo lo aprecia respecto de una de las sustancias intervenidas, no afectando al resto de muestras en las que sí que existiría coincidencia.

5.6 Errores que no afectan a la cadena de custodia

La STS de 06/04/2016 [*Tol 5688428*], aborda la disparidad de algunos datos en las actas que evidenciarían desajuste en el peso. Dice la sentencia que «la cadena de custodia no es una especie de liturgia formalizada en la que cualquier falla abocaría a la pérdida de toda eficacia». Pese a las discrepancias en relación con el peso exacto de la cocaína, no se alberga la mínima duda sobre la identidad de la sustancia estupefaciente, dando convincente explicación sobre las divergencias.

En STS 22/06/2016 [*Tol 5768631*], se analiza un caso en el que consta un dato erróneo en la fecha de aprehensión de la droga, que la Sala entiende totalmente salvable por la coincidencia de todos los elementos morfológicos, fechas y datos consignados en el informe pericial sobre la sustancia intervenida.

La STS 16/11/2016 [*Tol 5883360*], analiza un supuesto en que no coinciden los números de los agentes que aparecen en el atestado como portadores de la droga con el del agente que depuso en el plenario, además de haber una diferencia mínima en el número de cápsulas recibidas en el Instituto Nacional de Toxicología con el número de cápsulas reseñadas en el oficio de remisión. En este caso, la Sala entiende que las quejas carecen de entidad, pues la divergencia numérica es de solo una unidad, lo que puede deberse perfectamente a un error aritmético en el punto de remisión o de destino. Lo mismo debe decirse del error de transcripción del atestado o de la omisión del número del funcionario que traslada personalmente la droga al laboratorio oficial.

La STS de 03/03/2020 [*Tol 7857991*], examina un caso en el que se aportó a la causa un acta de aprehensión que no correspondía con el procedimiento. La Sala desestima el motivo porque entiende que el error fue salvado mediante la aportación posterior del documento correcto por el Ministerio Fiscal, que no ofrecía duda de que su correspondencia con la sustancia aprehendida.

5.7 Genuinidad de la información digital

Sobre el estándar de acreditación de la genuinidad de la información digital que se obtiene en procesos de comunicación, la Sala ha advertido de la necesidad de abordar con cautela la aportación de registros o archivos de comunicaciones al proceso, para evitar la posibilidad de manipulación.

La STS de 24/11/2023 [*Tol 9799738*], se expresa en los siguientes términos:

«Pero, de la afirmada necesidad de aplicar estándares de acreditación exigentes de la autenticidad, no cabe decantar una suerte de fórmula de acreditación tasada o reducida en exclusiva a prueba pericial. Como hemos puntualizado con posteridad, el tribunal puede basarse en otros elementos de prueba que permitan adverar esa comunicación y descartar cualquier duda sobre la integridad y genuinidad de lo comunicado —vid. la más reciente, STS 777/2022, de 22 de septiembre, en la que se invoca la STS 375/2018, de 19 de junio en la que ya se modula la doctrina anterior—.

115. De tal modo, si uno de los interlocutores niega ser el autor de los mensajes vertidos en un sistema de comunicación telemática, ello obligará a descartar cualquier duda razonable acerca del origen de esas informaciones. Pero dicho resultado puede obtenerse ya sea mediante un dictamen pericial de autenticidad o por otros elementos de prueba, debidamente valorados por el órgano decisor, que pongan de manifiesto, más allá de cualquier duda razonable, el origen y la autoría de esos contenidos.».

5.8 Recogida, conservación y custodia de muestras biológicas en delitos sexuales

Por último, debe hacerse referencia al art. 48 de la Ley 10/2022 de garantía integral de la libertad sexual, que regula la recogida de muestras biológicas de la víctima y otras evidencias, incluidas imágenes, que puedan contribuir al esclarecimiento de los hechos.

Señala el art. que la recogida de muestras biológicas se realizará previo consentimiento informado y que no estará condicionada a la presentación de denuncia o al ejercicio de la acción penal.

Asimismo, dispone el art. que las muestras biológicas y evidencias que se recojan por el centro sanitario se remitirán al Instituto de Medicina Legal, de forma inmediata y garantizando la cadena de custodia. Además, se prevé la especialización del personal del Cuerpo Nacional de Médicos Forenses para que intervengan en los casos de violencias sexuales. Con ello se pretende asegurar la calidad de la intervención y evitar la victimización secundaria, especialmente en casos de víctimas menores de edad.

6. EL RECONOCIMIENTO E IDENTIFICACIÓN DE PERSONAS Y PIEZAS DE CONVICCIÓN EN EL JUICIO ORAL

6.1 Reconocimiento e identificación de personas

El reconocimiento de personas es uno de los medios regulados en el art. 368 y siguientes LECrim para determinar la identidad del delincuente. Si bien esta diligencia de reconocimiento judicial es propia de la fase sumarial y resulta inidónea y atípica en la fase de juicio oral, la jurisprudencia ha entendido que es posible y procesalmente correcto que el interrogatorio de los testigos presenciales pueda extenderse al reconocimiento del acusado como autor material del delito directamente en el plenario, a presencia del tribunal, sin que ello suponga la consideración de nueva prueba a los efectos del art. 728 LECrim.

Sobre este particular, la STS de 29/06/2016 [*Tol 5775197*], declara que:

> «Ciertamente la identificación efectuada en el Plenario por parte de la víctima, es prueba válida y valorable por el Tribunal en atención a la credibilidad que le merezca y por tanto sin que existan elementos que puedan inducir a error. En tal sentido SSTS 610/1996 y 148/2000, entre otras».

Obviamente, este acto de identificación es distinto del reconocimiento judicial y cuenta con otro tratamiento procesal. Dice la STS de 22/01/1993 [*Tol 5106566*], que «es indudable también (sentencia de 21 de enero de 1991) que durante el juicio oral se llega también a la identificación in situ del acusado allí presente, aunque en ese caso se trate realmente de un acto procesal atípico distinto del que minuciosamente se regula en los arts. 369 y 370 de la norma procedimental».

Como reitera la STS 20/12/2019 [*Tol 7690985*],

> «"[...] siendo la verdadera identificación con valor probatorio la que se realice en sede judicial conforme a lo prevenido en los arts. 368 y siguientes de la Ley de Enjuiciamiento Criminal, ello no impide su innecesariedad como señala la Sentencia de 22 de mayo de 2001 cuando en el momento cumbre del proceso el testigo reconoce al acusado con toda rotundidad. En ese caso la verdadera prueba queda integrada —como aquí sucede— con la declaración hecha en el juicio oral, con todas las garantías de la inmediación y la contradicción, siendo entonces irrelevante tanto la ausencia de rueda identificativa como la posible inobservancia de sus condiciones legales puesto que la identificación en el juicio oral viene a integrar por sí misma una verdadera y autónoma prueba de cargo valorable por el Tribunal como testifical (...)"».

También el Tribunal Constitucional ha admitido la identificación del testigo en el acto del juicio oral. Señala la jurisprudencia que un reconocimiento judicial dudoso en la fase sumarial puede subsanarse mediante un reconocimiento inequívoco en el plenario. De igual forma, cuando en la fase de instrucción la identificación resulta positiva, pero en el plenario se suscitan dudas sobre la identidad de la persona reconocida, la identificación dependerá de la valoración del órgano judicial, atendiendo a la credibilidad y fiabilidad del testimonio de quien realiza la identificación, pudiendo acogerse aquella que le ofrezca mayor verosimilitud. Así, la STS de 02/10/2001 [*Tol 66668*], señala al respecto que:

> «la verdadera prueba queda integrada —como aquí sucede— con la declaración hecha en el juicio oral, con todas las garantías de la inmediación y la contradicción, siendo entonces irrelevante tanto la ausencia de rueda identificativa como la posible inobservancia de sus condiciones legales puesto que la identificación en el juicio oral viene a integrar por sí misma una verdadera y autónoma prueba de cargo valorable por el tribunal como testifical».

6.2 Reconocimiento de piezas de convicción

Sobre la presencia de las piezas de convicción al inicio de las sesiones del juicio oral, el art. 688 LECrim dispone que el LAJ velará porque se encuentren en el local del Tribunal el día señalado para dar principio a las sesiones. Adicionalmente, el art. 712 LECrim faculta a las partes para pedir que el testigo reconozca los instrumentos o efectos del delito o cualquiera otra pieza de convicción. En principio, su presencia es imperativa.

En este sentido, la STS de 1/02/1983 [*Tol 2310902*], indica que:

> «Su presencia al inicio de las sesiones del juicio oral —véase art. 688 antecitado, es absolutamente preceptiva aun cuando las partes no lo soliciten como medio de prueba, y, la "ratio legis" del art. mencionado, no es otra que la utilidad que puede reportar la exposición pública de las piezas de convicción para su examen por el Tribunal, por las partes, por los testigos —véase art. 712—, por los peritos o por los acusados, constituyendo, en definitiva, acredi-

tamiento real, inmediato y directo, unas veces, y prueba complementaria de la testifical, de la pericial o del interrogatorio de los procesados, cuando se exhiban, a unos u otros, para la mejor evacuación y comprensión de sus dichos, dictámenes o declaraciones».

Otras sentencias, sin embargo, han considerado que la ausencia de piezas de convicción al comienzo de las sesiones del juicio oral, no puede constituir por sí sola una vulneración con alcance constitucional, sino más bien una irregularidad, siempre que no haya causado indefensión o haya impedido el reconocimiento y ello haya podido influir en el resultado del juicio.

La STS de 28/06/1990 [*Tol 2415892*], justifica su ausencia cuando la Sala, sin previa petición de parte, haya omitido la presencia de las piezas de convicción por las dificultades de disponer de ellas puntualmente o porque su estado de conservación no permita arrojar datos útiles para formar la convicción. Y la STS de 03/05/1996 [*Tol 5135501*], declara que el extravío de las piezas de convicción carece de trascendencia procedimental, si no se causa indefensión a las partes y que su ausencia no tiene por qué afectar a la tutela judicial efectiva o al derecho que proscribe la indefensión.

Sobre este particular, la STS de 16/11/1994 [*Tol 5102077*] declara que:

«La incidencia de las piezas de convicción sobre las posibilidades de defensa de la parte acusada deben ser valoradas por ésta en el momento de evacuar el trámite de calificación, ya que la parte interesada recibe no sólo la causa, sino que se le advierte que puede examinar las piezas de convicción, decidiendo en este momento si tiene interés en que sean objeto de un especial examen en las sesiones del juicio oral. Sólo en el caso de que se pronuncie de manera positiva sobre este extremo puede posteriormente alegar indefensión en el caso de que no se acceda a lo solicitado».

La STS de 26/02/2016 [*Tol 5664450*], analiza un caso en el que no se pudo contar en el acto del juicio oral con los botes o envases de crema en los que se contenía la droga, porque fueron recortados y troceados para poder acceder a la misma. La Sala entiende que no hay razón para dudar de la regularidad de la cadena de custodia de la droga intervenida, al contar con las declaraciones de los funcionarios policiales que intervinieron la sustancia, los que la remitieron al Instituto Nacional de Toxicología y los técnicos que dictaminaron sobre su peso, naturaleza y riqueza, además de las fotografías de los envases recibidos y posteriormente destruidos.

En todo caso, la jurisprudencia mantiene la conveniencia de que las piezas de convicción estén presentes al comienzo de las sesiones del juicio oral, aunque no lo hayan solicitado expresamente las partes, para un mejor desarrollo del juicio. Si bien, como se ha apuntado, su ausencia, por sí misma, no supone un quebrantamiento de forma ni vulnera, por sí sola, ningún derecho fundamental.

7. LA DESTRUCCIÓN DEL CUERPO DEL DELITO

Sobre el tratamiento de los efectos judiciales, la LECrim establece que los instrumentos, armas y efectos a que se refiere el art. 334 se recogerán garantizando su integridad y la autoridad judicial acordará su retención, conservación o envío al organismo adecuado para su depósito. Sin embargo, también se faculta a decretar la destrucción de los efectos judiciales cuando resulte necesario por su propia naturaleza o así lo exija el peligro real o potencial que comporte su almacenamiento. La destrucción de los efectos debe adoptarse previa audiencia al Ministerio Fiscal y del propietario, si fuere conocido, o de la persona en cuyo poder fueron hallados.

Sobre la audiencia prevista en el art. 367 *ter* LECrim, la STS de 30/04/2013 [*Tol 3887052*], dispone que se trata de una «"garantía" procesal en el más amplio sentido de la expresión». La ausencia de la audiencia legalmente prevista no es una irregularidad invalidante, máxime si no se arguye indefensión efectiva.

En el caso de las drogas tóxicas, estupefacientes y sustancias psicotrópicas, se confiere la facultad de destrucción a la autoridad administrativa que asuma su custodia, previa comunicación al juez encargado de la instrucción, una vez realizados los informes analíticos pertinentes y conservando muestras suficientes para garantizar ulteriores comprobaciones o investigaciones. Todo ello, sin perjuicio de que la autoridad judicial pueda acordar, mediante resolución motivada, la conservación íntegra de dichas sustancias.

En todo caso, el LAJ extenderá la oportuna diligencia, y en caso de que se haya procedido a la destrucción, deberá quedar constancia en autos de la naturaleza, cantidad, calidad, peso y medida, así como del valor de los efectos destruidos. Todo ello será también aplicable a los efectos intervenidos en la comisión de delitos contra la propiedad intelectual e industrial, una vez que los efectos hayan sido examinados pericialmente.

Sobre la denegación de prueba pericial sobre las muestras de droga, por la destrucción por error de las muestras de uno de los alijos intervenidos, la STS de 12/11/2013 [*Tol 4030137*], apunta que

> «la cuestión (...) no debe examinarse desde la perspectiva de la denegación injustificada de una prueba pertinente, sino desde la valoración de las consecuencias que la imposibilidad de su práctica pudiera tener en relación a la condena del hoy recurrente, pues sólo cuando la estrategia de la defensa con potencialidad transformadora de la decisión final, carezca de la información necesaria a partir del informe ya realizado, debería entenderse imprescindible la práctica del nuevo informe».

Sobre la destrucción de plantas intervenidas y denegación de la prueba de pesaje, la STS de 19/02/2019 [*Tol 7083450*], desestima el motivo porque, en el supuesto concreto, el contra análisis estaba garantizado con las muestras reservadas en el laboratorio y porque el resultado que habría arrojado el pesaje hubiera carecido de virtualidad para la causa, bien por el crecimiento de las plantas, bien por su deshidratación o putrefacción, según el estado de las mismas.

El ALECRIM de 2020 dedica un Capítulo a la destrucción y realización anticipada de efectos y, dentro de la ejecución penal, regula un Título sobre la destrucción de efectos y muestras y borrado de datos. Establece la norma proyectada que una vez incoada la ejecutoria, el LAJ acordará lo necesario para la destrucción, entrega o devolución de los efectos a las personas, entidades o instituciones que haya dispuesto la sentencia. También acordará el tribunal la inmediata destrucción de las drogas tóxicas, estupefacientes o sustancias psicotrópicas que no hubieran sido destruidas con anterioridad por resolución motivada, o de las muestras que se hubieren conservado, y de cualquier otra sustancia tóxica, explosivo o efectos intervenidos de naturaleza peligrosa. También se acordará la destrucción de los efectos intervenidos en delitos contra la propiedad intelectual o industrial y la destrucción o inutilización de armas.

A propósito de la destrucción de armas, la STS de 25/04/2012 [*Tol 2535546*], analiza un supuesto de imposibilidad de la presencia en el acto del juicio oral de las armas intervenidas como piezas de convicción, por la irregular decisión de haberse acordado su destrucción antes de la vista con autorización judicial. En este caso, las armas de fuego cortas destruidas fueron previamente analizadas por la policía científica, que emitió los informes acreditativos de su correcto funcionamiento. La Sala concluye que hubo una vulneración de la legalidad ordinaria, pues la destrucción se acordó contraviniendo lo dispuesto en el art. 688 LECrim, que exige la presencia de las piezas de convicción al inicio de las sesiones del juicio oral, pero que tal omisión no supuso, en el caso, una indefensión con lesión de derechos de alcance constitucional y no tuvo más alcance que la infracción de la legalidad ordinaria.

Por último, conviene apuntar que el art. 40 del RD 948/2015, por el que se regula la Oficina de Recuperación y Gestión de Activos (ORGA), prevé, como una de las competencias de la Oficina, la destrucción de bienes de lícito comercio cuando sea acordada judicialmente.

8. LA INTERVENCIÓN DE LOS EFECTOS DEL DELITO: LA OFICINA DE GESTIÓN Y RECUPERACIÓN DE ACTIVOS

El art. 367 quáter LECrim permite, en determinadas circunstancias, realizar los efectos judiciales de lícito comercio, sin esperar al pronunciamiento o firmeza del fallo, aplicando el producto de la realización a los gastos y responsabilidades civiles del procedimiento.

Según la norma, pueden realizarse los efectos judiciales cuando a) sean perecederos; b) su propietario haga expreso abandono de ellos; c) los gastos de conservación y depósito sean superiores al valor del objeto en sí; d) su conservación pueda resultar peligrosa para la salud o seguridad pública, o pueda dar lugar a una disminución importante de su valor, o pueda afectar gravemente a su uso y funcionamiento habituales; e) se trate de efectos que, sin sufrir deterioro material, se deprecien sustancialmente por el transcurso del tiempo y; f) debidamente requerido el propietario sobre el destino del efecto judicial, no haga manifestación alguna.

La Ley establece excepciones para evitar que se realicen los efectos y se produzca la pérdida de bienes cuando puedan resultar necesarios para la causa. En este sentido, la norma dispone que no podrán realizarse los efectos cuando constituyan piezas de convicción que deban quedar a expensas del procedimiento, cuando esté pendiente algún recurso contra el embargo o decomiso o cuando la medida pueda resultar desproporcionada, exigiéndose un juicio de proporcionalidad para privar del bien a su titular. 1101

La decisión de realización de los efectos judiciales corresponde al juez, que podrá adoptar la medida de oficio, a instancia del Ministerio Fiscal, de las partes o de la ORGA. En todo caso, deberá darse audiencia a la parte interesada y al Ministerio Fiscal, si no hubiera sido él mismo el promotor de la diligencia.

Las vías de realización están tasadas en el art. 367 quinquies LECrim, y comprenden a) la entrega a entidades sin ánimo de lucro o a las administraciones públicas; b) la realización por medio de persona o entidad especializada; c) la subasta pública. El precepto también regula la aplicación de las cantidades obtenidas por la realización de los bienes.

Por otra parte, el art. 367 *septies* LECrim permite al juez o tribunal, de oficio, a instancia del Ministerio Fiscal o de la propia ORGA, encomendar la localización, conservación y la administración de los efectos, bienes, instrumentos y ganancias procedentes de actividades delictivas cometidas en el marco de una organización criminal a la ORGA, que se configura como un órgano de naturaleza administrativa adscrito orgánicamente al Ministerio de Justicia, pero con dependencia funcional de jueces, tribunales y fiscales en el ámbito de sus respectivas competencias.

Igualmente, el art. 367 *sexies* LECrim regula la utilización provisional de los efectos judiciales decomisados cautelarmente de lícito comercio y que sean no perecederos. El criterio a valorar consiste en que su utilización permita a la Administración un aprovechamiento mayor de su valor que con la realización anticipada o que los efectos sean especialmente idóneos para la prestación de un servicio público.

Además, corresponde a la ORGA resolver, conforme a las previsiones legales y reglamentarias, sobre la adjudicación del uso de los efectos embargados cautelarmente y sobre las medidas de conservación que deban adoptarse. La ORGA deberá informar al juez o tribunal, y a la representación del Ministerio Fiscal, de lo que hubiera acordado.

En el ejercicio de sus funciones, la ORGA debe coordinarse con las Fuerzas y Cuerpos de Seguridad y podrá recabar la colaboración de otras entidades públicas o privadas, que vienen obligadas a prestarla según su normativa específica.

La disposición adicional sexta LECrim determina el régimen de los recursos económicos que se encomienden a la ORGA y distingue entre aquellos que se les asigne con anterioridad a que se dicte resolución judicial firme de decomiso y los que se obtienen tras esta. En este último caso, la cantidad obtenida se aplicará en la forma que establece el art. 367 quinquies LECrim.

Entre los fines u objetivos prioritarios de los recursos obtenidos por la ORGA destacan los fines de carácter social y los de interés público. Estos fines aparecen recogidos en el apartado tercero de la Disposición adicional sexta y en el art. 2 del RD 948/2015, siendo esencialmente los siguientes: a) el apoyo a programas de atención a víctimas del delito, con especial atención a víctimas de terrorismo, de violencia de género, trata de seres humanos, delitos violentos y contra la libertad sexual, a víctimas con discapacidad necesitadas de especial protección y víctimas menores de edad; b) la dotación e impulso de Oficinas de Asistencia a las Victimas; c) el apoyo a los programas sociales orientados a la prevención del delito y tratamiento del delincuente; d) la intensificación y mejora de actuaciones de prevención, investigación y represión de delitos; e) la cooperación internacional en la lucha contra las formas graves de criminalidad y f) las que puedan determinarse reglamentariamente.

La ORGA procederá, igualmente, a la localización de bienes o derechos a instancia del Ministerio Fiscal y en el marco de sus diligencias de investigación, en la ejecución de comisiones rogatorias internacionales, en la investigación patrimonial en el procedimiento de decomiso autónomo, o en cualesquiera otras actuaciones previstas en las leyes penales o procesales.

Por otra parte, una función esencial de la ORGA, poco utilizada por desconocida, consiste en el asesoramiento técnico en materia de ejecución de embargos y decomisos a los juzgados, tribunales y fiscalías que lo soliciten (art. 3 RD 948/2015). Ello resulta especialmente útil para evitar actuaciones antieconómicas y para garantizar el máximo reporte económico con el cumplimiento de todas las garantías procesales.

El ALECRIM de 2020 regula la intervención de la ORGA especialmente en el ámbito del decomiso, entre las medidas para garantizar su efectividad, en el ámbito del decomiso autónomo y en la ejecución de los decomisos acordados en sentencia. También se refiere a la Oficina en la regulación de la destrucción y realización anticipada de los efectos o en la consideración de los funcionarios de la ORGA como Policía Judicial, aceptando, así, —dice la exposición de motivos— «la noción de Policía Judicial *genérica* que se ha consolidado en la práctica y que ha permitido la actuación puntual de unidades especializadas».

BIBLIOGRAFÍA

– ÁLVAREZ ALARCÓN, *Abogacía y Proceso Penal*, Tirant lo Blanch, 2021.
– CABÚS, et al. «Intervención forense en el accidente de autobús con 13 víctimas mortales en Freginals, Tarragona, España. Gestión de un suceso con víctimas múltiples en accidente de tráfico de Freginals», en *Revista Española de Medicina Legal*, 2023.
– BERDUGO GÓMEZ DE LA TORRE/RODRÍGUEZ GARCÍA/FABIÁN CAPARROS, *Recuperación de activos y decomiso. Reflexiones desde los sistemas penales iberoamericanos*, Tirant lo Blanch, 2017.
– DE DIEGO DÍEZ, *El proceso penal* (Moreno Catena dir.), Tirant lo Blanch, 2000.
– DE VICENTE MARTÍNEZ, *Vademécum de Derecho Penal*, 7ª edición revisada, ampliada y actualizada con las reformas penales de 2022 y 2023. Tirant lo Blanch, 2024.
– DEL MORAL GARCÍA/ESCOBAR JIMÉNEZ, *El juicio oral en el proceso penal*, Comares, 2021.
– LAGO MONTEJO, *La práctica de la Investigación Criminal: Inspección Técnico Ocular (ITO)*, Editorial Reus, 2017.
– *Manual de los «Criterios para la práctica de diligencias por la Policía Judicial», aprobados por la Comisión Nacional de Policía Judicial*.
– PÉREZ MARÍN, *La diligencia de inspección ocular y la reconstrucción de hechos en el proceso penal: algunas notas sobre la regulación actual y un acercamiento al anteproyecto de Ley para un nuevo proceso penal*. (RI §413010).
– *La escena del delito y las pruebas materiales. Sensibilización del personal no forense sobre su importancia*, Oficina de las Naciones Unidas contra la Droga y el Delito, 2009.
– RIVES SEVA, *La prueba en el proceso penal. Doctrina de la Sala Segunda del Tribunal Supremo*, Thomson Reuters Aranzadi, 2021.
– SUÁREZ RAMÍREZ BERNAL, *Guía de análisis forense post-explosión para explosivos de baja potencia*, 2014.

Capítulo 26

La pericia. El agente encubierto. La circulación vigilada de sustancias

Javier Abella López
Magistrado
Profesor de Derecho Procesal
Universidad Carlos III de Madrid

1. LA PERICIA

1.1 Concepto y finalidad de la pericia

Dispone el art. 456 LECrim que si el juez responsable de la investigación penal —ya sea, por ejemplo, el juez de la sección de instrucción o de la sección única o, en su caso, de la sección de Violencia sobre la Mujer o de la sección de Violencia contra la Infancia y Adolescencia, del Tribunal de Instancia competente (LO 1/2025)[1]— precisara durante la instrucción conocimientos

[1] En adelante, y para mayor claridad y sencillez en la redacción, salvo que merezca mayor concreción en el texto que se introduzca su referencia, nos referiremos al «*juez instructor*» como a cualquiera de los jueces con competencia funcional en materia de investigación judicial de delitos, en el bien entendido que con esta denominación nos referimos al juez unipersonal integrado en la Sección que corresponda del Tribunal de Instancia competente (o, en su caso, al juez de la Sección de Instrucción del Tribunal

científicos o artísticos sobre hechos o circunstancias relevantes, designará un perito en el ámbito del procedimiento abreviado (conforme dispone el art. 778.1 LECrim) o dos peritos en el ámbito del procedimiento ordinario (conforme dispone el art. 459 LECrim). También hará esta designación cuando deban tasarse cosas o daños.

Al respecto, de la dicotomía entre la exigencia de dos peritos en el procedimiento ordinario y un perito en el procedimiento abreviado, y como ya expusimos en capítulo 20 de esta obra, al hablar del principio de unidad del ordenamiento jurídico, y al analizar los estándares de garantías procesales que se debe exigir a todo procedimiento, la emisión de un informe pericial por un solo perito dentro del procedimiento ordinario, a pesar de lo dispuesto en el art. 459 LECrim, viene entendiéndose como prueba válida, siendo difícilmente justificable pretender la validez de dicho informe en un procedimiento —el abreviado— y que no lo fuera en otro —el ordinario—, sin perjuicio de que la emisión del informe por un solo perito pueda afectar a la valoración, pero no parece admisible que afecte a su validez.

Y así, resulta ilustrativa la STS de 15/02/2024 [*Tol 9900752*], sobre la pericial con un solo perito llevada a cabo en el procedimiento ordinario: «Frente a las consideraciones que realiza la recurrente, reiterada doctrina de esta Sala señala, con carácter general, que la práctica de la pericia en el sumario por un solo perito, cuando el art. 459 LECrim exige dos, no es causa de nulidad, y ello porque la exigencia de dos peritos solo constituye un refuerzo garantista que no impide valorar con las cautelas precisas el informe hecho por uno solo (sentencias 935/2006, 2 de octubre, 151/2007, de 28 de febrero, 364/2007, de 25 de abril, 704/2009, de 29 de junio, etc.). La propia Ley de Enjuiciamiento Criminal permite el informe por un solo perito en el art. 788.2 y, por el principio de unidad del ordenamiento jurídico y de estándar de garantías entre los distintos procesos, no puede aceptarse que, siendo posible este actuar en el procedimiento abreviado, sea contrario a derecho en el sumario».

Central de Instancia, cuando de la Audiencia Nacional hablamos) —*v.gr.* Sección de Instrucción o de la Sección Única de Civil y de Instrucción, Sección de Violencia sobre la Mujer, o Sección de Violencia contra la Infancia y Adolescencia—, o al juez correspondiente del TS o TSJ al que se le atribuya dicha competencia funcional cuando la competencia objetiva venga encomendada a dichos tribunales por razón de aforamiento del investigado. Asimismo, dicha referencia al «*juez instructor*» contempla también la posibilidad de que, en los casos determinados en el art. 84.6 LOPJ, se nombre a dos jueces, conforme a un turno preestablecido y público, para que, junto con el juez a quien le hubiere sido turnado el asunto inicialmente, se encarguen de la instrucción de un determinado proceso penal. En el capítulo 5 de esta obra puede consultarse una explicación completa del nuevo modelo orgánico de los Tribunales de Instancia que introduce la LO 1/2025.

El perito no tiene por finalidad, a diferencia de un testigo, aportar hechos, sino emitir un "juicio sobre hechos" de los que ha sido informado previamente. Cabe en este punto destacar que conforme al indicado art. 456, el perito sería aquel experto con "*conocimientos científicos o artísticos*"; ahora bien, si acudimos al art. 335.1 LEC, cuya aplicación supletoria puede sostenerse al amparo del art. 4 LEC, esta condición de experto para hacer "juicios sobre hechos" puede ampliarse a aquellos con "*conocimientos científicos, artísticos, técnicos o prácticos*".

Un ejemplo especialmente ilustrativo, ya en la fase inicial de la investigación judicial, sobre ese "juicio sobre hechos", nos lo ofrece el art. 328 LECrim, cuando señala que, en la inspección ocular, el juez instructor deberá describir los vestigios que haya dejado y "*consultará el parecer de peritos sobre la manera, instrumentos, medios o tiempo de la ejecución del delito*".

Al respecto de esta finalidad de la prueba pericial, la STS de 24/02/2021 [*Tol 8337514*], vino a razonar «...es preciso recordar que la finalidad de la prueba pericial es la de contribuir a la reconstrucción de un hecho, objeto del enjuiciamiento, suministrando al juez para que su convicción tenga en cuenta unos conocimientos específicos que le ayuden a conformar la declaración fáctica sobre lo ocurrido. Del art. 456 de la Ley Procesal Penal resulta plausible entender que la pericia es precisa para una adecuada valoración del hecho judicial y que la misma debe proporcionar la necesaria certeza sobre el hecho o una circunstancia relevante a la subsunción».

Desde dicha finalidad, podemos establecer que, vinculado al concepto mismo de la prueba pericial, se encuentra la existencia de especiales conocimientos científicos, técnicos, artísticos o prácticos por parte del que emite un informe de esta naturaleza, en tal modo que no sería necesaria dicha pericia cuando, para una correcta apreciación de los hechos o sus circunstancias, no son precisos conocimientos singulares, pudiendo ser apreciados por cualquier persona por sí sola, sin conocimiento especializado alguno.

Al respecto, y para determinar dónde está el límite mínimo de conocimiento "técnico" —más allá de la distinción entre peritos con título oficial y peritos sin dicho título, que hace el art. 457 LECrim, y de la preferencia que la ley hace de los primeros conforme el art. 458 del mismo texto— para que podamos hablar de prueba pericial, resulta ciertamente ilustrativa la STS de 24/02/2021 [*Tol 8337514*], que acabamos de referir, la cual nos recuerda que pueden hacerse dos distinciones en función de la «mayor o menor carga científica» de quien emite un informe pericial:

1. Prueba científica dura, para los que son precisos conocimientos técnicos específicos y científicos, absolutamente relevantes para la conformación de una conclusión.

2. Prueba científica suave en la intensidad de los conocimientos, como son las que tienen un sustrato humanístico o propio de disciplinas sociales, aun cuando contengan elementos cada vez más sofisticados, en las cuales su comprensión aparece combinada con criterios de sentido común, de manera que la combinación de la ciencia y del sentido común permiten su valoración.

Es con relación a esta última calificación, y como veremos, en la que se puede justificar razonablemente la llamada "*pericial de inteligencia*".

1.2 La naturaleza de la pericia en la instrucción

En una primera aproximación, podemos calificar la prueba pericial como una prueba de naturaleza personal, en tal modo que debe ser introducida en el acervo probatorio a través de la declaración del perito o peritos que hayan elaborado el mismo, más allá de lo que se dirá sobre las periciales emitidas por organismos oficiales.

Así lo recuerda el ATS de 10/10/2024 [*Tol 10263581*], cuando razona que «Las pruebas periciales no son auténticos documentos, sino pruebas personales consistentes en la emisión de informes sobre cuestiones técnicas, de mayor o menor complejidad, emitidos por personas con especiales conocimientos en la materia, sean o no titulados oficiales. Como tales pruebas quedan sujetas a la valoración conjunta de todo el material probatorio conforme a lo previsto en el artículo 741 de la LECrim, y además cuando, como es habitual, los peritos comparecen en el juicio oral, el Tribunal dispone de las ventajas de la inmediación para completar el contenido básico del dictamen con las precisiones que hagan los peritos ante las preguntas y repreguntas que las partes les dirijan (artículo 724 de la LECrim)».

Y esta consideración no se modifica, porque, por parte de Tribunal Supremo, se haya tratado la prueba pericial como documento "a efectos casacionales" —y, por tanto, incluibles en artículo 849.2º LECrim—; pues este esfuerzo del Tribunal Supremo por abrir la puerta a la revisión casacional en determinados casos en los que la prueba pericial se configura como prueba única con relación a determinados hechos o circunstancias, tratándolo como "documento", no puede extrapolarse al "*procedimiento probatorio*"; por tanto, como prueba personal, requiere de inmediación por parte del órgano judicial llamado a valorarla como tal; al contrario de lo que ocurre con la prueba documental, la prueba pericial está sometida a inmediación y a libre valoración.

Ciertamente, puede calificarse como una variante, con evidentes diferencias, de la prueba personal por antonomasia, como es la declaración testifical, pues, como ya apuntábamos, el testimonio del perito no lo es sobre sobre hechos, sino sobre juicios con relación a los mismos, a partir de sus conocimientos científicos, artísticos o técnicos de más o menos alta cualificación científica.

El perito, en dicha condición, no tiene conocimiento directo, con carácter general, sobre los hechos, a diferencia del testigo, que sí tiene dicho conocimiento directo.

Esta significativa diferencia pudiera haber provocado en el legislador, aunque no fuera la razón única —pues también asoma la idea de un reconocido carácter imparcial y objetivo, así como la singular cualificación técnica—, el tratamiento, en el ámbito del procedimiento abreviado —conforme a su artículo 788.3 LECrim—, como prueba documental a los informes emitidos por laboratorios oficiales sobre la naturaleza, cantidad y pureza de sustancias estupefacientes, siempre que se haya realizado conforme a los protocolos científicos aprobados por las correspondientes normas.

No obstante, me temo que la razón de dicha regulación tuvo más que ver con el puro pragmatismo y la evitación de suspensiones de juicios, ante la imposibilidad de acudir a todos y cada uno de los juicios en los que se incorporan sus informes, animado por la corriente abierta por la doctrina del Tribunal Supremo, permitiendo darles valor probatorio a determinados informes periciales sin necesidad de que los mismos comparecieran en juicio.

Así, el Tribunal Supremo, como veremos más adelante, ha venido admitiendo la posibilidad de valorar informes emitidos por laboratorios u organismos oficiales, sin necesidad de ser ratificados en juicio por sus autores.

Por último, y como cierre del presente apartado, pensemos en la figura del testigo perito, regulado en nuestra LEC —art. 370.4—, cuando, quien como testigo ha percibido determinados hechos de manera directa y además posee conocimientos técnicos con relación a algunos aspectos de los hechos "observados". Piénsese en un médico traumatólogo que observa una agresión entre dos personas, y existen dudas sobre el nexo causal entre la acción y alguno de los resultados lesivos. Dicho testigo podría ser preguntado por lo que vio y, además, y por sus conocimientos científicos: por ejemplo, con relación a si un concreto impacto pudo producir una fractura en los términos que se recogen en determinado informe médico posterior que, incluso, pudiera suponer calificar los hechos como un tipo agravado del delito de lesiones.

Sobre la condición de testigo perito en el ámbito del proceso penal se ha pronunciado nuestro Tribunal Supremo; así la STS de 15/11/2023 [*Tol 9787655*] y con relación al funcionario de Hacienda que ha llevado a cabo una investigación tributaria; en dicha resolución se decía: «Por ello, la mera condición de funcionario de Hacienda no puede quedar sin valor o contenido por esta posición ad extra en la Agencia Tributaria y que luego comparece ad intra en el proceso penal cuando ha llevado a cabo una investigación y que, más tarde, pueden acudir al juicio oral en su condición de testigos-peritos, porque pueden ser interrogados por lo que han visto cuando intervienen in situ, y por sus conclusiones a raíz de sus conocimientos en materia tributaria. [...]. Pero no puede cuestionarse sin más la utilización por el tribunal del informe técnico expuesto en el plenario y su valoración como prueba para el dictado de la condena como delito contra la Hacienda Pública. Por ello, no es solo prueba testifical, sino testifical-pericial, o pericial. No son meros testigos que cuentan lo que ven, sino que completan lo que ven con lo que saben como expertos de la Agencia Tributaria en la materia sometida a enjuiciamiento».

1.3 El procedimiento de pericia

El procedimiento de pericia surge desde el momento en que se acuerda determinada pericia y no solo con ocasión de la comparecencia de los peritos al acto del juicio oral, sometidos a interrogatorio contradictorio, con la inmediación del órgano enjuiciador —y más allá de que dicho interrogatorio puede versar, también, sobre las oportunas explicaciones sobre el procedimiento seguido para elaborar el informe pericial—.

Hecha esta distinción, tenemos que el procedimiento de pericia puede englobarse en dos fases; si bien, cada una de estas fases está integrada por concretos actos que pueden ser individualizados. Estas dos fases generales son:

1. La realización del conjunto de operaciones periciales, que irá desde la designación, pasando por la aceptación y reconocimiento del objeto de pericial, hasta la realización del informe pericial.
2. La de ratificación y aclaración de conclusiones ante el juez y las partes, bajo el principio de contradicción como expresión del derecho de defensa.

1.3.1 La designación y aceptación de los peritos

Tomemos como punto de partida, y al amparo del art. 462 LECrim, que nadie puede, sin justa causa —la norma nos habla de quien "estuviese legítimamente impedido"—, negarse a acudir al llamamiento del juez para desempeñar un servicio pericial.

Aquí cabe preguntarse cómo se pondera esta obligación con el derecho a percibir los honorarios correspondientes por parte del perito con relación al trabajo encomendado; pues bien, partamos de que se trata de una obligación impuesta por imperativo legal y no de un acuerdo de voluntades o consentimiento libremente emitido por parte del perito, asimilable a una relación contractual, con obligaciones recíprocas —con aplicación de los arts. 1261 y siguientes del CC— pues dicho "encargo" surge del cumplimiento de la obligación establecida en el referido art. 462, puesto en relación con el art. 456, ambos de la LECrim.

Así las cosas, no parece posible supeditar la realización de la pericial a una pretendida «provisión de fondos» con cargo a los futuros honorarios, sin perjuicio de que, conforme dispone el art. 485 LECrim, se le deban facilitar al perito, por la administración pública correspondiente, los medios materiales necesarios para practicar la diligencia encomendada —a salvo de lo dispuesto en el art. 362 LECrim—, lo que no impide el cobro de honorarios en su día, bien con cargo al condenado en costas, al amparo de los arts. 241.3º y 242 de la LECrim, o con cargo de la administración pública que asuma la competencia sobre medios materiales y personales en materia de Justicia, como así debemos entenderlo de la lectura del art. 465 LECrim.

Al respecto resulta ilustrativa la STSJ de Madrid, Sala de lo Contencioso, Secc. 8ª, de 20/12/2018 [*Tol 7106624*], que vino a razonar: «En relación a esta materia, reclamación de pago de las periciales efectuadas por llamamiento judicial, hay que tener en cuenta que la actuación pericial realizada por orden judicial se enmarca dentro del deber de colaboración que para todas las personas y entidades públicas y privadas establece el artículo 17.1 de la Ley Orgánica del Poder Judicial y el artículo 118 de la Constitución Española, disponiendo el primero de los preceptos citados que dicha colaboración ha de prestarse "sin perjuicio del resarcimiento de los gastos y del abono de las remuneraciones debidas que procedan conforme a la Ley". En el caso que nos ocupa, la fuente de la obligación de afrontar esos gastos se encuentra en el citado artículo 465 de la Ley de Enjuiciamiento Criminal, correspondiendo su abono a la Comunidad Autónoma demandada en los supuestos en que no es de aplicación el artículo 242 de dicha Ley. Y ello en tanto en cuanto es el organismo público obligado a proporcionar los medios necesarios para la práctica de la actividad jurisdiccional por virtud del traspaso de funciones contenido en el Real Decreto 966/2006, de 1 de septiembre, sobre traspaso de funciones de la Administración del Estado a la Comunidad Autónoma del Principado de Asturias, en materia de provisión de medios materiales y económicos para el funcionamiento de la Administración de Justicia". Igual criterio es seguido por la STSJ Canarias (sede Santa Cruz) Sala de lo Contencioso-Administrativo de 15 abril 2014. En conclusión, la obligación de la Administración demandada emana directamente de las competencias por ésta asumidas, que, a su vez, derivan del ordenamiento jurídico».

Todo lo anterior al margen de las periciales incorporadas en autos por aportación de cualquiera de las partes procesales —por ejemplo, pericial médica aportada por la acusación particular—, cuya relación en estos casos debe definirse como contractual, en la que rigen los arts. 1261 y concordantes del Código Civil.

En resumen, cuando el informe pericial es recabado por orden del juez, el perito deberá llevarlo a cabo, salvo excusa fundada, siendo que, de no acudir al llamamiento del juez o negándose a prestar el informe, incurrirá en las responsabilidades señaladas para los testigos en el artículo 420 LECrim.

Tras acudir al llamamiento, podrá darse inicio al procedimiento pericial, que comenzará con el juramento de los peritos —art. 474 LECrim—, momento en el que, por parte del juez, se concretará el objeto del informe —art. 475 LECrim—.

1.3.2 La posible falta de imparcialidad de los peritos designados por el juez o de los propuestos a instancia de parte

Recordemos que el perito juramenta, al amparo del art. 474 LECrim, que procederá «bien y fielmente en sus operaciones y de no proponerse otro fin más que el de descubrir y declarar la verdad»; esto es, asume, entre otras cuestiones —también se compromete a llevar a cabo de manera "profesional" su pericial—, la obligación de ser imparcial.

Es bajo estas exigencias que ha de llevar a cabo los trabajos con el fin de elaborar el informe pericial, en el que se expresarán las circunstancias de la persona o cosa sometido a la pericia, las operaciones practicadas y las conclusiones, todo ello de la interpretación conjunta de los arts. 478 a 480, de la LECrim.

1112 Pero antes de esto, antes de empezar la «diligencia pericial» —art. 469 LECrim—, y cuando el informe pericial no pueda reproducirse en el juicio oral, el perito o peritos podrán ser recusados —art. 467 LECrim—.

En lo que respecta a la exigencia temporal concretada en «antes de empezar la diligencia pericial», la misma solo es exigible si la identificación del concreto perito nombrado es comunicada por el órgano judicial a las partes, tal y como establece el art. 466 LECrim. De no ser así, la posibilidad de recusación, aun practicada la diligencia pericial, surge cuando se haya tenido conocimiento del perito nombrado al efecto, siempre que conste esa falta de atención por el órgano judicial en dicha puesta en conocimiento y la no concurrencia de actuación de «ignorancia deliberada» en la toma de conocimiento de concreto perito designado. De admitirse la recusación —y su posterior estimación—, una vez elaborado el informe pericial, la consecuencia debería ser equivalente a la establecida en el último párrafo del art. 470 LECrim.

Con relación a la exigencia de irreproducibilidad de la pericial, tiene dicho el TC —entre otras, STC 190/2006 [*Tol 956915*]— que la posible parcialidad del perito —y que ha de servir de base para plantear la recusación del mismo— adquiere relevancia constitucional en los supuestos en que dicha pericial asuma las características de prueba preconstituida, es decir, que sea irreproducible en juicio, ya que, de poder reproducirse, el órgano enjuiciador, bajo el principio de inmediación y la posibilidad de contradicción, podrá sopesar, en su caso, la influencia que en el desarrollo de la prueba pudiera tener un eventual interés del perito con el hecho y con las partes. Esa es la razón por la que podemos justificar que la recusación solo es posible para los casos en que la pericial no pueda reproducirse en juicio.

Ciertamente, con carácter general la prueba pericial no será reproducible en juicio; no obstante, algunos ejemplos podemos encontrar de prueba pericial reproducible en juicio; por ejemplo, cuando la pericial versa sobre documentos, que vienen siendo considerados como imperecederos, los mismos pueden ser nuevamente examinados en el acto del juicio oral y, por tanto, considerarse la pericia como reproducible en juicio —sin que pueda equipararse una mayor o menor dificultad en dicha «reproducción en juicio» a la imposibilidad de hacerlo—.

Así lo razonaba la STS de 9/10/2003 [*Tol 316526*]: «En nuestro caso, dada la naturaleza del objeto de la pericia, no se ciega la repetibilidad de las operaciones periciales, ya que los documentos contables existen y se mantienen en las mismas condiciones, de forma inmutable, desde un principio. Una prueba de la naturaleza de la practicada podría realizarse en la actualidad perfectamente. El objeto de la diligencia pericial es el mismo (aspecto objetivo), aunque los criterios, métodos utilizados o conclusiones objetivas, pudieran ser distintas (aspecto subjetivo), si fueren otros los peritos designados».

La recusación podrá fundarse en el parentesco con cualquiera de las partes, el interés directo o indirecto con la causa y su amistad íntima o enemistad manifiesta —art. 468 LECrim—. En el caso de que efectivamente se plantee dicha recusación, y tras oír, en su caso, a los testigos propuestos al respecto y analizada la documental que también pudiera proponerse, el juez la resolverá; de admitir la recusación, nombrará otro perito, y de desestimarse se limitará a ordenar continuar la diligencia —arts. 469 y 470 LECrim—.

No obstante, no necesariamente debe combatirse a través de la recusación la posible parcialidad del perito llamado a elaborar un informe pericial que, por su naturaleza, no es susceptible de ser reproducible en el juicio oral, sino que, como veremos, es posible combatir dicha parcialidad a través de la intervención en la práctica de la pericia, mediante un perito nombrado de parte conforme permite el 471 LECrim —intervención que analizaremos en el siguiente apartado—, o bien compareciendo a la práctica de la pericia con el fin de poder hacer alegaciones frente a la misma (arts. 476 y 480, de la LECrim). Ambos cauces permiten la posibilidad de someter a contradicción la propia práctica de la pericia, asimilándolo, en cuanto al sometimiento, en el acto del juicio oral, a contradicción de las periciales que pueden reproducirse en el mismo —cuyos peritos no pueden ser recusados—.

Al respecto de lo que acabamos de sostener, resulta ilustrativa la STS de 9/10/2003 [*Tol 316526*] que exponía: «La aplicación del párrafo 1º o 2º del art. 467 LECrim debe entenderse, desde una óptica hermenéutica acorde con el respeto al derecho de defensa, en el sentido de que la imposibilidad de reproducción debe hacer referencia a aquellos supuestos en que la materia u objeto de la pericia, que ha de ser examinada o reconocida por los expertos, posea o no carácter perdurable, de modo que no desaparezca o se altere de forma sustancial hasta el punto de no poder ser tratada u observada con posterioridad en las mismas condiciones iniciales, únicas susceptibles de garantizar un dictamen correcto o adecuado, esto es, objetivo y fiable. Cuando la materia u objeto de la pericia puede desaparecer o transformarse de forma esencial la ley permite la intervención de las partes, al modo de una prueba anticipada, precisamente porque las operaciones de análisis o exámenes no podrán reiterarse, lo que podría originar un supuesto de preconstitución probatoria. En estos casos resulta lógico que los peritos sean rigurosamente imparciales, admitiéndose la recusación de los mismos. También en estos supuestos las partes procesales pueden nombrar un perito de su elección (art. 471 p. 1º LECrim) y, por último, cabe también la intervención del querellante y procesado, con sus representantes (art. 471 y 476 LECrim)».

1.3.3 La práctica del reconocimiento pericial y la intervención de las partes

Continuando con lo apuntado en el apartado anterior, efectivamente, cuando el informe pericial se constituye en ineludible prueba preconstituida por naturaleza —esto es, cuando no exista la posibilidad de practicar nuevamente la pericia en juicio oral—, las partes procesales podrán intervenir en la realización de la diligencia pericial por dos vías:

* Bien, designando un perito que participe en la pericia —arts. 471 a 473, ambos de la LECrim—.
* Bien, pudiendo estar presentes durante las operaciones periciales, haciendo las observaciones que estimen oportunas (arts. 476 y 480, ambos de la LECrim).

Cabe preguntarse qué se debe entender como «acto pericial» al que en ambos cauces se menciona que puede intervenir el perito designado de parte, o las propias partes con sus defensas letradas para hacer observaciones.

Pues bien, el «acto pericial» debe alcanzar a todas las operaciones o reconocimientos necesarios para llevar a cabo la pericia, sin que la misma pueda, y nos referimos a la intervención de las partes o sus peritos, circunscribirse al acto pericial que se lleve a cabo ante el juez —que se establece en el art. 477 LECrim—, si bien, y en cuanto a la intervención de las partes para hacer las oportunas observaciones al amparo del art. 480 LECrim, en determinados casos sí que pudiera circunscribirse al acto de emisión del informe pericial ante el juez. Piénsese en informes periciales contables o informáticos en los que las concretas operaciones del perito se deben llevar a cabo en sucesivas sesiones y prolongadas en el tiempo, en el que sí resulta razonable la intervención del perito designado de parte, pues su intervención lo será de carácter *científico, artístico, técnico o práctico*, en similares términos que perito designado por el juez, pero no así la intervención de la parte, que lo será para llevar a cabo las observaciones que tuviera por oportuno, lo que parece colmarse con su presencia en el momento de la actuación, y asimilable a la misma, del juez conforme al art. 483 LECrim, en cuyo momento podrá la parte poner de manifiesto las observaciones que le permite el referido art. 480.

Al respecto, resulta ilustrativa la STS de 9/10/2003 [*Tol 316526*]: «Respecto al sentido y alcance de la expresión "acto pericial", es obvio que debe referirse tanto a las operaciones y reconocimientos previos a la emisión del informe, como a la emisión del informe mismo. Sin embargo, los términos en que nuestro texto legal se expresa, exigiendo que el acto pericial lo presida el juez (art. 477 LECrim), se acomoda más a las hipótesis en que las operaciones o análisis previos se llevan a cabo en actuaciones procesales instantáneas o no dilatadas en el tiempo. No cabría pensar que, durante los más de dos años que los peritos estuvieron trabajando con la abundantísima documentación contable, el Juez instructor estuviera permanentemente presidiendo la diligencia. Es por ello que, en ciertos supuestos, no debe descartarse que el acto pericial (cuando es meticuloso y complicado el estudio del objeto de la prueba) se entienda referido a la emisión del informe ante el Instructor, en cuyo momento las partes pueden hacer las objeciones, consideraciones o preguntas que tengan por conveniente, que pueden extenderse a las operaciones previas, métodos o criterios utilizados en la elaboración del consiguiente informe».

Por otro lado, y como ya apuntábamos en el apartado 1.3.2, la razón de estos mecanismos de intervención de las partes, bien por sí mismas, bien designando un perito por su cuenta, es asegurar la contradicción en la práctica misma, también cuando dicha pericial se constituye en prueba preconstituida por naturaleza, en tal modo que no solo se pueda someter a contradicción la prueba pericial mediante intervención del perito que lo elaboró, sino su propia elaboración, equiparándolo a las diligencias periciales que sí son susceptibles de ser reproducidas en juicio.

Al respecto, resulta ilustrativa la STS 9/06/2014 [*Tol 4395391*], que vino a razonar: «La posibilidad de una pericia contradictoria en la instrucción no es una extravagancia legal. De hecho, los arts. 471 y 477 de la LECrim, ofrecen cobertura histórica a esa doble presencia. La consolidación de una práctica que ha proyectado el desuso sobre esa previsión legal no debería actuar como coartada para justificar, siempre y en todo caso, la ausencia de un perito de parte que pueda sumarse a la valoración técnica ofrecida por el facultativo comisionado por el Juzgado, ya sea complementando sus conclusiones, ya matizándolas, ya discrepando abiertamente de ellas. El propio TEDH ha recordado la relevancia del principio de contradicción, incluso en la fase de investigación, en aquellas ocasiones en las que el dictamen pericial elaborado durante la instrucción, haya desplegado luego una influencia decisiva en la apreciación probatoria llevada a cabo por el Tribunal, llegando a estimar violación del derecho a un proceso justo la privación de la posibilidad de contradecir el informe de los expertos (cfr. S. 18 marzo 1997, Case of Mantovanelli v France). Son perfectamente imaginables casos en los que, por razón de la naturaleza del delito que está siendo investigado, el contenido de ese informe pericial llega a convertirse en el acto de investigación más importante durante la fase inicial del proceso, hasta el punto de condicionar de forma decisiva la viabilidad de la acusación. Y al imputado no le es indiferente, desde luego, uno u otro desenlace de la fase intermedia del proceso. De ahí la importancia de que el contenido de aquellos preceptos, lejos de aparecer como una rémora histórica, se someta a una lectura constitucional que haga de ellos lo que verdaderamente son, un instrumento al servicio del principio de contradicción y de los derechos de defensa y a un proceso con todas las garantías. Prescindir de las posibilidades que ofrecen los arts. 466, 471 y 476 de la LECrim conduce, además, a un indeseado efecto que, en no pocas ocasiones, ralentiza la tramitación ordinaria de la causa, con el consiguiente menoscabo del derecho a un proceso sin dilaciones indebidas. Y es que en muchos casos la discrepancia del acusado respecto de las conclusiones periciales sólo puede hacerse valer con dictámenes periciales que se solicitan en el escrito de conclusiones provisionales, cuando la investigación ya ha concluido. Su admisión conlleva la práctica de actos genuinos de investigación por el órgano decisorio, incluso con carácter previo a la toma de contacto con el resto del material probatorio ofrecido por las partes. Y su rechazo injustificado puede erosionar el derecho a la prueba, limitando las posibilidades de contradicción del acusado».

1.3.4 La ratificación del dictamen

Como ya se ha dejado dicho en el anterior apartado, y tras la realización de las operaciones o reconocimientos que, más allá de la literalidad del art. 477 LECrim, no se llevarán a cabo, con carácter general, ante el juez instructor, los peritos comparecerán ante el juez y las partes, quienes podrán solicitarles las aclaraciones que consideren oportunas (art. 483 LECrim) y en caso de discordia entre los peritos —y si estos fueran número par—, el juez nombrará un tercero para que realice de nuevo la pericia o, si no fuera posible "repetir" la pericia, este último tendrá como destino de su intervención deliberar sobre las conclusiones del informe emitido por los peritos en discordia (art. 484 LECrim); en este último caso, el tercer perito, por tanto, no emite, en sentido estricto, un informe pericial, sino una opinión pericial sobre las conclusiones alcanzadas por los otros peritos.

Este examen de peritos de manera conjunta también lo encontramos en el ámbito del juicio oral, tal y como dispone el art. 724 LECrim, que establece que «*Los peritos que no hayan sido recusados serán examinados juntos cuando deban declarar sobre unos mismos hechos, y contestarán a las preguntas y repreguntas que las partes les dirijan*».

1.4 La pericial realizada por laboratorios oficiales: especial referencia a las periciales realizadas sobre estupefacientes

Como ya apuntamos con ocasión de analizar la naturaleza jurídica de la prueba pericial, tanto el legislador como el Tribunal Supremo, en su interpretación de la prueba pericial y su introducción en el acervo probatorio, cuando se trata de informes emitidos por organismos o laboratorios oficiales, de indudable carácter objetivo e imparcial, y de indiscutible cualificación, matiza la naturaleza de la misma como prueba personal, reconduciendo su acceso como prueba documental, asimilando su tratamiento al que se hace de la prueba pericial en el proceso civil, en el que para ser valorada como prueba no es necesaria la ratificación del informe pericial por el autor del mismo, sin perjuicio de que las partes soliciten su intervención en el acto del juicio (347 LEC).

Así, el Tribunal Supremo ha abierto la puerta a la innecesaridad de la ratificación de informes periciales emitidos por laboratorio u organismo oficial que constan debidamente documentados, todo siempre que por ninguna de las partes se hayan impugnado los mismos, en cuyo caso seguirá siendo necesaria la intervención del perito en juicio, sometido al oportuno debate contradictorio.

La STS 14/03/2024 [*Tol 9954689*], vino a señalar que: «Si bien, respecto de determinadas pericias (como en el caso del art. 788.2 LECrim, en la actualidad 788.3), desde el Pleno no jurisdiccional de esta Sala Segunda de 21 de mayo de 1999, ratificado en acuerdo posterior de 23 de febrero de 2001, permite la valoración probatoria de los informes periciales realizados por laboratorios oficiales, sin necesidad de ratificación en juicio, siempre que no hayan sido impugnados. El citado acuerdo era del siguiente tenor literal: "Siempre que exista impugnación manifestada por la defensa se practicará en el juicio oral rechazando la propuesta que mantiene que, si la impugnación no se refiere al contenido de la pericial, sino que se refiere a presupuestos objetivos de validez que se constata que concurrieron, no sería causa de impugnación". Dicho criterio expresado en el citado Acuerdo ha sido aplicado en numerosas sentencias como la STS 652/2001, de 16 de abril o la citada en la resolución recurrida, 848/2022, de 27 de octubre que declaran la validez y eficacia de los informes científicos realizados por los especialistas de los Laboratorios oficiales del Estado que, caracterizados por la condición de funcionarios públicos, sin interés en el caso concreto, con altos niveles de especialización técnica y adscritos a organismos dotados de los costosos y sofisticados medios propios de las modernas técnicas de análisis, viene concediéndoseles unas notas de objetividad, imparcialidad e independencia que les otorga "prima facie" eficacia probatoria sin contradicción procesal, a no ser que las partes hubiesen manifestado su disconformidad con el resultado de la pericia o la competencia o imparcialidad profesional de los peritos, es decir, que el Informe Pericial haya sido impugnado de uno u otro modo, en cuyo caso será precisa la comparecencia de los peritos al Juicio Oral para ratificar, aclarar o complementar su dictamen, sometiéndose así la prueba a la contradicción de las partes, para que, sólo entonces, el Tribunal pueda otorgar validez y eficacia a la misma y servirse de ella para formar su convicción»

En todo caso, la única previsión legislativa al respecto la encontramos en el art. 788.3 LECrim, en el que expresamente se señala, ciertamente para el procedimiento abreviado —pero pudiendo defenderse como extensible al resto de procedimientos desde el principio de unidad del ordenamiento jurídico— que «tendrán carácter de prueba documental los informes emitidos por laboratorios oficiales sobre la naturaleza, cantidad y pureza de sustancias estupefacientes cuando en ellos conste que se han realizado siguiendo los protocolos científicos aprobados por las correspondientes normas».

1.5 La pericia de inteligencia

Partamos, en primer lugar, para construir el análisis sobre la llamada pericia de inteligencia —de entenderse como tal, y de fijar dichos informes emitidos por Policía Judicial especializada en concretas operaciones de investigación de delitos, como periciales basadas en conocimientos prácticos—, que la misma, en palabras de la STS de 24/02/2021 [*Tol 8337514*], podría calificarse como prueba científica suave en la intensidad de los conocimientos, como son las que tienen un sustrato humanístico o propio de disciplinas sociales, aun cuando contengan elementos cada vez más sofisticados, en las cuales su comprensión aparece combinada con criterios de sentido común, de manera que la combinación de la ciencia y del sentido común, permiten su valoración.

Hecha esta salvedad, resulta interesante traer a colación las reflexiones del voto particular de la STS de 25/10/2011 [*Tol 2286987*], como razonamiento crítico a la consideración de este tipo de informes como periciales de inteligencia, que habrá de servir para establecer cuándo podemos estar ante una pericia de las llamadas de inteligencia:

1. Tomando como punto de partida que la prueba pericial es llevada a cabo, y con el fin de auxiliar al juez para interpretar hechos o circunstancias, por expertos con competencias técnicas, científicas o artísticas, que trasciende del campo de las máximas de experiencia de uso común, puede ser discutible que las aportaciones policiales a partir de datos como los obtenidos mediante vigilancias, seguimientos, interceptaciones y otras actuaciones típicas del quehacer policial estándar, superen el ámbito de los propios del común saber empírico.

   Por eso, el agente policial que, haciendo uso de ellos, investiga un cierto sector de la criminalidad, podrá saber más del mismo que el juez, pero el suyo no es un conocimiento de clase distinta del que este obtiene normalmente a través de las pruebas testificales y pone a contribución para aplicar la presunción de inocencia como regla de juicio o para comprobar si ha sido correctamente aplicada. Así, ese posible plus de información no hace de esta un saber cualitativamente diverso de aquel con el que los jueces y tribunales operan, en general, en materia de hechos.
2. Es discutible que sea suficiente para ser considerada una pericial que la misma se construya basada en conocimientos prácticos, a modo de perito práctico, pues esto pudiera ser, señala dicho voto particular, por ejemplo, el agricultor experimentado, que, a partir de los vestigios disponibles, valore para el juez si los daños causados en un sembrado son

atribuibles a la acción de las ovejas o a la de los conejos silvestres del coto de caza colindante.

Ciertamente, dicho voto particular reconoce cierto valor pericial, en casos de absoluta especialización, en la investigación de singulares delitos, por ejemplo, los relacionados con el terrorismo, cuyos agentes están altamente especializados, pero aun en estos casos el valor de su aportación lo está en el campo de la investigación y no en su aportación como prueba pericial en el acto del juicio oral.

Hasta aquí, extractado, las reflexiones de dicho voto particular. Y es realmente a partir esta última idea del *perito práctico* expuesto en el apartado anterior, desde la que se viene a aceptar el valor de pericia de los informes llamados de inteligencia, por mor del art. 456 LECrim, puesto en relación con el art. 335.1 LEC, de aplicación supletoria, conforme al art. 4 del mismo precepto, que extiende la prueba pericial, no solo a expertos con "conocimientos científicos o artísticos", sino a los expertos con "conocimientos técnicos o prácticos", pero sin perder de vista una especial exigencia y justificación de estos conocimientos altamente especializados en determinados y singulares ámbitos delictivos.

Así lo destaca la STS 283/2018, de 13 de junio, que vino a razonar: «Con carácter previo dada la expresa referencia que la sentencia recurrida efectúa a los informes periciales de inteligencia, habrá que precisar, completando la doctrina jurisprudencial que se cita transcribiendo la sentencia de esta Sala de 11 enero 2017, que, sobre estos dictámenes emitidos por miembros de las fuerzas de Seguridad, abundan los precedentes de esta Sala relacionados con el valor probatorio de esa clase de informes (vid SSTS 870/2012 de 5 diciembre, 134/2016 del 24 febrero). No existe en nuestro derecho la figura del "consejero técnico", propia de otros sistemas procesales de nuestro entorno. No resulta fácil, desde luego, calificar como prueba pericial, sin otros matices, las explicaciones ofrecidas por los agentes de policía acerca de la forma de actuar de determinadas organizaciones o bandas criminales. Lo cierto es, sin embargo, que la reforma de la centenaria Ley de Enjuiciamiento Civil ensanchó el espacio funcional reservado al perito. Ya no se trata de suplir las carencias del Juez o Fiscal mediante un dictamen relacionado con los "conocimientos científicos o artísticos" (art. 456 LECrim). Lo que el art. 335.1 de la Ley de Enjuiciamiento Civil autoriza —con incuestionable valor supletorio— se extiende, no sólo a los "conocimientos científicos o artísticos", sino a los "conocimientos técnicos o prácticos"»

2. EL AGENTE ENCUBIERTO (FÍSICO E INFORMÁTICO) EN LA INSTRUCCIÓN

Exterioriza la investigación mediante agente encubierto, con especial claridad, la tensión que surge en toda diligencia de investigación, entre el *ius puniendi* del Estado y los derechos fundamentales del sometido al proceso penal como sujeto pasivo; se exige con ella —realmente con toda diligencia, pero aquí, como decimos, con singular intensidad—, una interpretación especialmente restrictiva de los requisitos que el legislador establece para su adopción —filtro de proporcionalidad reglada—, cumplidos los cuales deberá observarse, con especial rigor, además, el principio de proporcionalidad en sentido estricto, teniendo en cuenta que esta diligencia puede llegar a afectar, como veremos, a la intimidad en todas sus vertientes, tanto en el ámbito del secreto de las comunicaciones, como en el de la inviolabilidad del domicilio, como en el derecho a la autodeterminación informativa —y derecho a la identidad virtual cuando de agente encubierto informático se trata—.

A pesar de ello, esta figura encuentra su regulación única y exclusivamente en el art. 282 *bis* LECrim. Dicho precepto fue introducido por la LO 5/1999 y modificado por la LO 13/2015, la cual introdujo de manera expresa una regulación del agente encubierto informático, así como la posibilidad de obtener imágenes de los encuentros con los investigados, y conversaciones con los mismos. A este artículo debemos acudir —no hay otro— para analizar el desarrollo normativo de la figura del agente encubierto.

Así, LO 5/1999, por la que se introduce la «habilitación legal» de figura del «agente encubierto» —si bien la expresa figura del «agente encubierto informativo» llegaría con la LO 13/2015—, vino a señalar en su Exposición de Motivos que con la investigación penal a través del agente encubierto «se posibilita el otorgamiento y la utilización de una identidad supuesta a funcionarios de la Policía Judicial, que puede mantenerse en el eventual proceso judicial posterior, con lo que se completa el régimen de protección que preveía la Ley Orgánica 19/1994, de 23 de diciembre, respecto a peritos y testigos de causas criminales. Asimismo, se delimita a estos efectos el concepto de «delincuencia organizada», determinando las figuras delictivas que comprende. Finalmente, se faculta al agente encubierto para utilizar, bajo estricto control judicial y fiscal, medios complementarios de investigación».

Dicha regulación habilitante pudiera entenderse insuficiente y que hubiese merecido una mayor regulación. Piénsese que en algunos países de nuestro entorno existe incluso una ley específica que desarrolla esta figura como método de investigación de delitos —así, por ejemplo, en Portugal tenemos la Ley 101/2001, de 25 de agosto, de Régimen Jurídico de Acciones Encubiertas para fines de Prevención e investigación Criminal—.

Sería deseable, entre otras otros aspectos, y que debe dejarse apuntado, una más específica regulación sobre el tratamiento y control de las autorizaciones llevadas a cabo por el Ministerio Fiscal, un tratamiento del secreto de la pieza de investigación, y cauces para asegurar el anonimato del agente encubierto.

2.1 Concepto y naturaleza

En una primera aproximación, y conforme establece el art. 282 *bis* LECrim, podemos definir al agente encubierto como aquel miembro de la policía judicial que se integra "formalmente" en una organización criminal —exigencia que decae, como se dirá, cuando de agente encubierto informático se trata, y al que hace referencia el art. 282 *bis* 6— con el fin, y esa será su labor, de conseguir información de las actividades delictivas que se desarrollan en dicha organización, tratando de acceder a elementos que incriminen a los responsables y demás integrantes de la misma, y tratando de definir la participación de cada uno de ellos.

En palabras de GASCÓN INCHAUSTI, pp. 189, el agente encubierto se configura como una suerte de engaño y en el abuso de confianza por parte del Estado frente a sus ciudadanos y, además la decisión del Estado, con ocasión de la investigación mediante agente encubierto, de tolerancia frente a la comisión de delitos, pues el agente no solo no impide la comisión del delito y la reiteración delictiva, sino que, incluso, participa de dicha actividad delictiva que investiga

En esta primera aproximación, podemos dejar fijados los requisitos básicos, tanto en su vertiente subjetiva, como objetiva, en tal modo que la figura del agente encubierto, que ha de ser autorizada por el juez instructor o el Ministerio Fiscal —cuando de agente encubierto físico se trata y dando cuenta al juez—, requiere:

* En cuanto al requisito subjetivo: El agente debe ser un funcionario de policía judicial —en ningún caso un particular—, y lo será de manera voluntaria. No se puede obligar a ser agente encubierto. Al funcionario de policía judicial que actúe como agente encubierto se le proveerá de una identidad supuesta, con la que podrá actuar en el tráfico jurídico y social.
* En cuanto al requisito objetivo: Solo cabe el agente encubierto en investigaciones de actividades relativas a unos concretos delitos —concreción que, ciertamente, se atempera cuando de agente encubierto informático se trata, pues incluye, entre otros, los delitos cometidos a través de instrumentos informáticos o de cualquier otra tecnología de la información o la comunicación o servicio de comunicación, o delitos dolosos cuya pena máxima sea al menos tres años de prisión—, y que, en el caso del agente encubierto físico, lo será, además y de manera necesaria, en el ámbito de la «delincuencia organizada».

Con relación al agente encubierto físico, es el art. art. 282 *bis*.4 LECrim, el que establece un elenco de delitos, a modo de numerus clausus y siempre cometidos por delincuencia organizada, añadiéndose, cuando de agente encubierto informático se trate, y ya sin la exigencia de que se lleven a cabo por delincuencia organizada, los descritos en el art. 588 *ter* a LECrim, esto es, «delitos cometidos a través de instrumentos informáticos o de cualquier otra tecnología de la información o la comunicación o servicio de comunicación» y 579.1 LECrim, esto es, delitos dolosos cuya pena máxima sea igual o superior a tres años de prisión, los cometidos en el seno de un grupo u organización criminal —aquí no es una *conditio sine qua non* para la adopción de esta medida de investigación, sino uno de las actividades delictivas que se pueden investigar mediante el agente encubierto—, y los delitos de terrorismo.

Las exigencias que se establecen para acordar la investigación de delitos a través de la figura del agente encubierto deben ser observadas con máximo rigor, pues, como nos recuerda uno de los votos particulares —Campos Moreno— de la STC 87/2024 [*Tol 10273363*], dicha actuación del agente encubierto se constituye en «la utilización del engaño a efectos de obtener una información que, normalmente, la persona engañada no revelaría a terceros». En tal modo dicha diligencia afecta de manera grave al derecho fundamental a la intimidad, que no es fácil imaginar cómo no es posible afectar gravemente a la intimidad de una persona con la que lograr una confianza a través del engaño —actuación propia del agente encubierto— que permita que revele aspectos de su vida en muchos casos en el ámbito de la propia confidencia a quien crees miembro de tu entorno de confianza —y que ha sido ganada desde el engaño—, lo que, además, debe ser puesto en relación, en cuanto a que dichas confidencias o actuaciones llevadas a cabo en presencia de dicho agente por razón de confianza, se convierten en actos de autoincriminación frente al mismo.

Es esta potencialidad de grave afectación a la intimidad de una persona por la que se puede razonar que dicha figura está destinada a las actividades delictivas potencialmente más graves y de difícil erradicación, como es el crimen organizado o determinados delitos especialmente execrables cometidos a través de instrumentos informáticos o de cualquier otra tecnología de la información o la comunicación o servicio de comunicación —en cuyo caso, se justifica en determinados casos la vía del agente encubierto informático—.

Así la STEDH de 30/10/2014, asunto Nosko y Nefedov c. Russia, § 49 [*Tol 4531226*], nos recuerda, como causa justificativa de tal injerencia sobre la intimidad como es el agente encubierto, en «el aumento de la delincuencia organizada y las dificultades a las que se enfrentan los órganos encargados de hacer cumplir la ley para detectar e investigar delitos han justificado la adopción de medidas adecuadas. Ha subrayado que la policía se ve cada vez más obligada a recurrir a agentes infiltrados, informadores y prácticas encubiertas, en particular para luchar contra la delincuencia organizada y la corrupción».

En cuanto a la responsabilidad penal, se establece la exención del agente encubierto siempre que sus actuaciones sean «consecuencia necesaria» de dicha diligencia de investigación y guarden la «debida proporcionalidad» entre el éxito de la investigación y la actuación delictiva permitida o perpetrada, y sin que puede la misma ser una provocación al delito, en tal modo que mute su condición de agente encubierto en un agente provocador del delito, conforme analizaremos en el siguiente epígrafe.

Distinto a la figura del agente encubierto es lo que viene calificándose como "agente provocador", que sería aquel agente de Policía Judicial que llega a instigar o propiciar la comisión del delito con las peticiones que formula a los investigados.

Esta actuación excede de la actividad del agente encubierto y se trata de una figura proscrita en nuestro sistema penal; recuerda así el Tribunal Supremo que la provocación de la infracción criminal por un agente de la autoridad es un medio de prueba incompatible con los principios generales que garantizan la legalidad del proceso, con la interdicción de la arbitrariedad y con la dignidad de la persona.

Expresamente el art. 282 *bis*.5 LECrim, al excluir la responsabilidad penal de las actuaciones del agente encubierto llevadas a cabo como consecuencia necesaria del desarrollo de su investigación, establece como una de las excepciones —la otra es la exigencia de debida proporcionalidad— que su actuación «no constituyan una provocación al delito», lo que nos deja como consecuencia que, para el caso de que el agente encubierto provoque el delito, no estará exento de la responsabilidad criminal que le pudiera corresponder por dicha provocación.

La doctrina, a modo de teoría del delito provocado, y como nos recuerda, entre otros, el ATS de 17/10/2024 [*Tol 10285285*], estructura dicho delito incitado por el agente provocador sobre la base de tres elementos esenciales:

* *Elemento objetivo*, que se configura como los actos llevados a cabo por el agente provocador frente a la persona o personas provocadas, constituidos en actos de incitación que tienen como fin obtener del provocado la "respuesta delictiva".
* *Elemento subjetivo*, constituyéndose en la intención de castigar del incitado, y para ello se le provoca la comisión de un hecho delictivo.
* *Elemento precautorio* o medidas de neutralización del resultado, siendo que el agente provocador, previamente a su provocación, ha puesto en marcha los mecanismos necesarios para evitar el resultado, impidiendo el resultado o puesta en peligro del bien jurídico protegido.

Esta actuación se aparta sustancialmente de la actuación del agente encubierto, partiendo de que ya existía un ánimo delictivo de los autores del delito —sin que podamos confundir propensión o vocación delictiva con el ánimo de cometer el delito que debe ser preexistente a la intervención del agente de policía judicial y no como consecuencia de su intervención—, limitándose la actuación del agente a una actividad investigadora —no instigadora del delito—, siendo la actuación del agente consecuencia de la conducta de los investigados y no la actuación de los investigados consecuencia de la conducta del agente.

Así, la STS de 16/01/2025 [*Tol 10362812*] señala: «...la provocación delictiva es una inducción engañosa, que supone generar en otro el propósito de delinquir; lo que no se da cuando este, es decir, el sujeto investigado es el dueño de la iniciativa criminal, al haber tomado por su cuenta la decisión de llevar a cabo una acción penalmente antijurídica. [...] la figura del agente encubierto se distingue porque el que actúa como tal no crea las condiciones materiales del delito ni induce a ejecutarlo, sino que, sabiendo por un medio legítimo que está en curso de realización y podría llegar a cometerse, actuando con autorización judicial al efecto, se infiltra en el grupo criminal, mimetizándose dentro del mismo con alguna contribución accesoria, no determinante, para neutralizarlo y propiciar la detención de sus componentes».

En similar sentido, la STS de 26/11/2018 [*Tol 6940627*] vino a razonar que: «El agente se limita a comprobar la actuación del sujeto, recogiendo pruebas de delitos ya cometidos o que se están cometiendo, como apuntan las Sentencias de esta Sala del Tribunal Supremo de 13 de junio de 2003 y 5 de octubre de 2004, e incluso a realizar algunas actividades de colaboración con el investigado, como añade la sentencia de esta sala de 12 de junio de 2002, que previamente habrá esperado o buscado terceros para la coejecución o agotamiento del delito, habiéndose ofrecido el agente infiltrado, adoptando para ello una apariencia de persona normal o simulando ser delincuente, como recoge la sentencia de esta Sala de septiembre de 1993».

2.2 El agente encubierto informático

La LO 13/2015 trata de dar respuesta a los avances de la actividad delictiva por medios tecnológicos y el desarrollo del delito mismo en el mundo virtual, introduciendo, dentro de la figura del agente encubierto, la del agente encubierto informático, en busca de una investigación eficaz de actuaciones delictivas que utilizan entornos virtuales opacos para eludir la acción penal.

Así, la LO 13/2015, señala en su Preámbulo como justificación de la regulación específica del agente encubierto informático «para actuar en canales cerrados de comunicación (puesto que en los canales abiertos, por su propia naturaleza, no es necesaria) y que a su vez, requerirá una autorización especial (sea en la misma resolución judicial, con motivación separada y suficiente, sea en otra distinta) para intercambiar o enviar archivos ilícitos por razón de su contenido en el curso de una investigación».

Podemos definir al agente encubierto informático como aquel agente policial, con previa autorización judicial —aquí queda excluida la posibilidad de la autorización por el Ministerio Fiscal, que sí es posible cuando se trata de un agente encubierto "físico"—, que actúa bajo identidad supuesta en canales cerrados de comunicación —chats o similares— para el esclarecimiento de los delitos contemplados en el art. 282 *bis* 4 LECrim o delitos del art. 579.1 LECrim, al que se remite el art. 588 *ter* a) del mismo texto —delitos dolosos con pena con límite máximo de, al menos, tres años de prisión, cometidos por un grupo u organización criminal, o de terrorismo—, o delitos cometidos a través de instrumentos informáticos o de cualquier otra tecnología de la información o la comunicación o servicio de comunicación (art. 588 *ter* a), al que se remite expresamente el art. 282 *bis* 4, ambos de la LECrim).

Dicho agente encubierto informático, en su labor investigadora, y con autorización específica para ello, podrá intercambiar o enviar archivos ilícitos por su contenido y analizar los resultados de los algoritmos obtenidos.

Sobre esta cuestión, y si a la pornografía infantil nos referimos, algunas dudas se pueden plantear sobre los archivos a enviar o intercambiar por el agente encubierto. Así, puede hacerse uso de imágenes que ya existían en la red e incautadas por la policía anteriormente, con menores reales, o bien se puede sostener que lo que se remita son imágenes creadas informáticamente por la policía judicial; la solución que parece más adecuada es la segunda, por más que pudiera constituir una actividad con relieve penal y que estuviese "enriqueciendo" la red con más material de este tipo, pues el uso del material de pornografía infantil ya incautado y en el que participan menores reales incidiría de manera grave e inasumible en un estado de derecho a la propia imagen e intimidad del menor "protagonista" de dicho material.

Las razones por la que la actuación del agente encubierto informático requiere autorización judicial, de manera didáctica es explicada por la STS de 11/04/2018 [*Tol 6586812*], en la que, para dar respuesta a esa pregunta, partía de que dicha autorización no responde a una ineludible exigencia constitucional y sí al plano de la legalidad, lo que se constata desde la idea de que no toda actividad policial en la red requiere autorización judicial —piénsese en el ciberpatrullaje al que nos referiremos, y cuya legitimación sin dicha autorización se desprende de la lectura, por ejemplo, del art. art. 588 *ter* k) de la LECrim—.

El esencial derecho en riesgo con dicha diligencia de investigación es el derecho a la autodeterminación informativa del art. 18.4 CE, con relación al cual no necesariamente es exigible la habilitación judicial, como no lo son, por ejemplo, las *simulaciones policiales investigadoras* de limitado alcance temporal —piénsese, como nos recuerda la referida STS de 11/04/2018 [*Tol 6586812*], que se remite a la STS de 6/11/2013 [*Tol 4015367*], cuando un agente, sin identificarse, se acerca a comprar droga a quien parece estar vendiéndola en una vía pública— o cuando se actúa en canales abiertos para todo el mundo dentro la red; solo será la comunicación en canales cerrados mediante engaño y ocultando su identidad, y de manera más o menos continuada, en la que la afectación de este derecho, por su intensidad, justifique la necesidad de dicha autorización judicial.

Eso sí, estas comunicaciones no suponen un quebranto del fundamental derecho al secreto de las comunicaciones, al ser uno de los partícipes de la comunicación el agente encubierto informático. Y tampoco tiene especial incidencia actuar con una identidad supuesta, pues en el mundo virtual es lo natural actuar usando un Nick y lo infrecuente utilizar tus datos personales de identificación —el pseudónimo es la regla—.

Así, la esencial razón de la exigencia de autorización judicial es la intensidad de la afectación, una vez que la actividad del agente encubierto informático lo es mediante engaño —que surge de los poderes públicos del Estado—, incidiendo con dicho engaño en la autodeterminación informativa o el derecho a la identidad virtual, recabando datos y elementos incriminatorios en un entorno al que no sería invitado —canales cerrados— sin la previa existencia de engaño que proviene de un poder público cuya actuación no puede estar al margen del control judicial en evitación de actuaciones arbitrarias del Estado; junto con esto, surge, asimismo, la necesidad de que el agente encubierto, en su actuación —esencialmente el intercambio de archivos dentro de la red, que constituiría un ilícito penal—, esté dotado de inmunidad, y que justifique su no intervención inmediata —lo que sería obligado como agente de la autoridad— frente a la actividad llevada a cabo por el investigado.

Debe distinguirse la actuación del agente encubierto informático de la actividad preventiva de «ciberpatrullaje», que podemos encontrar amparada normativamente, aun de manera indirecta, en el art. 588 *ter* k) de la LECrim, cuando regula la posibilidad de obtener autorización judicial para la identificación de la titularidad —y localización del equipo informático utilizado— de las direcciones IP´s obtenidas en «funciones de prevención y descubrimiento de los delitos cometidos en internet».

Dicho precepto, puesto en relación con el art. 282 *bis* 6 LECrim, determina normativamente que los agentes de policía, sin autorización judicial, podrán actuar dentro de «canales abiertos» —o, si se prefiere, espacios públicos del mundo virtual— rastreando —ciberpatrullando— en la red de internet, en labores preventivas de delito y descubrimiento de los mismos, siendo cuando, descubriendo un posible ilícito en la red, necesiten autorización judicial para localizar desde donde se ha accedido a la red y quien es el titular del servicio de acceso a internet, requiriendo, eso sí, cuando necesiten, además, actuar en «canales cerrados», autorización judicial para hacerlo bajo la figura de agente encubierto informático.

Esta actuación de ciberpatrullaje en el espacio público virtual podemos tratar de asimilarlo, en cierta manera —con los matices y prevenciones frente a las legítimas expectativas de privacidad que pudieran tener algunos de estos espacios públicos virtuales— a las medidas de prevención de delitos que se llevan a cabo en el espacio público físico. El límite podemos tratar de encontrarlo, aun tratándose de un espacio público, en las características que el mismo genera en la persona que hace uso del mismo, un legitima expectativa de privacidad o, si se prefiere, esperar que su actuación no esté a la vista de todos o de cualquiera.

Por tanto, los canales abiertos en el mundo virtual por sus características no pueden generar legítimas expectativas de privacidad, siendo que quien «transita» por dicho mundo virtual asume el riesgo de poder ser observado por cualquiera, no porque exista un especial seguimiento de sus movimientos, sino que dichos movimientos pueden ser percibidos por terceros observadores —también quién vigila el mundo virtual público en labores de prevención—.

Así la STS de 11/04/2018 [*Tol 6586812*], vino a razonar: «El derecho comparado muestra modalidades muy diversas de regulación. Doctrinalmente, se diferencia entre lo que se conoce como ciber patrulleo (el agente realiza exploraciones o indagaciones por canales abiertos de comunicación) y el estricto agente encubierto online que opera en canales cerrados. Solo en este segundo caso la legislación reformada en 2015 requiere autorización judicial, lo que no inexorablemente habría de proyectarse a casos como el ahora examinado en que no estamos ante una infiltración policial en la red, sino ante el uso por la policía del canal creado por quien ha sido detenido, valiéndose de su nickname. Precisamente estas valoraciones llevan a la acusación particular en su dictamen de forma atinada a evocar la jurisprudencia sobre ciber agentes, recaída antes de su plasmación legal en la legislación (reforma de 2015). Venía siendo admitida esa figura por el TS. Paradigmáticas son las SSTS 767/2007, de 3 de octubre; o 752/2010, de 14 de julio.[...] En relación con la vulneración del derecho al secreto de las comunicaciones, no aporta dato alguno fuera de identificarla con la captación de los mensajes y contactos realizados por el mismo a través de internet, olvidando que el acceso a la información así producida puede efectuarla cualquier usuario, no precisándose autorización judicial para conseguir lo que es público cuando el propio usuario de la red ha introducido dicha información en la misma (ver STS 739/2008 y las citadas en la misma)"».

No obstante, cabe hacer una última reflexión sobre posibles vigilancias continuadas en el tiempo, y no meras labores de prevención, que pueden desarrollarse en «espacios abiertos» —físicos o virtuales— respecto de personas relacionadas con un delito. Debe traerse a colación el texto articulado del Anteproyecto de LECrim de 2020, que distingue entre «vigilancias ordinarias» y «vigilancias sistemáticas», definiendo como vigilancia sistemática, en su artículo 395, aquel seguimiento «durante más de treinta y seis horas ininterrumpidamente o durante más de cinco días consecutivos o durante más de cinco días no consecutivos repartidos en el período de un mes»; para este seguimiento continuado en el tiempo —que pudiera ser trasladable al seguimiento virtual—, viene a exigirse, en el ALECrim 2020, autorización judicial, pudiendo entenderse que dicho seguimiento, aun en lugares públicos —entendemos que también trasladable a los lugares virtuales abiertos— incide con mayor intensidad en el derecho a la intimidad de una persona, en su vertiente de autodeterminación.

2.3 Procedimiento para acordar y practicar esta diligencia policial

2.3.1 Ámbito de aplicación

En cuanto al ámbito de aplicación, debemos distinguir si estamos ante un agente encubierto físico o agente encubierto informático.

En el caso del agente encubierto físico, la investigación de hechos delictivos mediante dicha figura se circunscribe única y exclusivamente a las *"investigaciones que afecten a actividades propias de la delincuencia organizada"* y que lo sea para determinados delitos.

Así, el art. 282 *bis*.4 LECrim define la delincuencia organizada, a los efectos de poder acudir a la figura del agente encubierto para su investigación, como "la asociación de tres o más personas para realizar, de forma permanente o reiterada" determinados delitos que se enumeran en el precepto a modo de *numerus clausus*.

En sentido similar, en cuanto a la definición de delincuencia organizada —si bien el precepto habla de «organización criminal»—, el art. 570 *bis* II CP señala que será aquella agrupación formada por más de dos personas con carácter estable o por tiempo indefinido, que de manera concertada y coordinada se repartan diversas tareas o funciones con el fin de cometer delitos.

Ahora bien, la constatación de la exigencia de delincuencia organizada debe llevarse a cabo *ex ante*, moviéndose la misma en el ámbito de la probabilidad, superando la mera posibilidad, pero sin exigir la alta probabilidad, ni mucho menos la certeza; si, avanzada la investigación, se determinara que no existía una delincuencia organizada en los términos exigidos por el art. 282 *bis* 4 LECrim, esto no habrá de suponer la nulidad de la investigación, ni de los resultados obtenidos a través de la figura del agente encubierto —por más que la conclusión de que no existe delincuencia organizada implique el cese inmediato de su actuación—, si en el análisis llevado a cabo previo a acordar la investigación mediante agente encubierto se podía sostener, desde el juicio de probabilidad, que se estaba ante este tipo de delincuencia —eso sí, sin olvidar, que la verificación de este requisito debe ser llevado a cabo sin interpretaciones amplias del concepto de delincuencia organizada—.

Así, GUZMÁN FLUJA, en su obra «El agente encubierto y las garantías del proceso penal» (2006, p. 201), advierte con claridad sobre los límites de su uso en el contexto de la lucha contra la criminalidad organizada y que dicha exigencia debe ser especialmente rigurosa; así señala que: «El concepto de criminalidad organizada, no puede ser amplio, no puede suponer una puerta abierta... por la cual se permita el recurso al empleo de la infiltración policial para la investigación de cualquier delito...».

Al respecto, resulta interesante la STS de 10/06/2021 [*Tol 8473532*] que vino a razonar: «La certeza de la existencia de la organización o delincuencia organizada no puede asegurarse, o exigirse la prueba de su "certeza" y "seguridad", sino la probabilidad de su existencia, extiendo datos plenamente referenciados de que la presencia de la delincuencia organizada daba lugar a la adopción de la medida. El parámetro a tener en cuenta debe ser, pues, la existencia del bastanteo de los indicios derivados de la previa investigación policial. Y en este caso consta debidamente reseñada esta suficiencia de los indicios, tal cual se lleva a cabo la investigación y los movimientos detectados. Uno de los objetivos de la investigación será justamente identificar otras personas implicadas (lo que puede lograrse o no); y/o confirmar que en efecto los indicios de que se está ante una estructura organizada se confirman. Pero obviamente cuando se investiga por contarse con datos indicativos de esa realidad, que necesitados de confirmación pues son provisionales, pueden utilizarse los métodos previstos en las leyes para esas pesquisas que, por resultar más dificultosas, requieren medios especiales (entre ellos, el uso de agentes encubiertos). Lo exigible es que exista base indiciaria valorada en un juicio ex ante de esa realidad, y ello existía, por cuanto no se trata de exigir una constatación objetiva de que la organización existía como prueba ex ante de la petición del uso de la vía del art. 282 *bis* LECRIM; sino de datos de base suficiente, y estos existían como se constata en la sentencia».

Ahora bien, no solo debe existir, superando el juicio de probabilidad, una delincuencia organizada, sino que la misma debe estar destinada a cometer alguno o algunos de los delitos siguientes: tráfico de órganos, secuestro de personas, trata de seres humanos, relativos a la prostitución y corrupción de menores, contra el patrimonio, propiedad intelectual e industrial, derechos de los trabajadores, derechos de los ciudadanos extranjeros, tráfico de flora o fauna amenazada, tráfico de material nuclear y radiactivo, salud pública, falsificación de moneda y tarjetas, tráfico y depósito de armas, terrorismo, y contra el patrimonio histórico (art. 282 *bis* 4, letras a) a o) LECrim).

Lo hasta aquí expuesto lo es, recordemos, con relación al «*agente encubierto físico*».

Centrándonos en el «*agente encubierto informático*», la exigencia de delincuencia organizada desaparece, y solo se concreta en determinados delitos, que son los referidos en el apartado anterior y, además, y como ya exponíamos, delitos dolosos con pena máxima de, al menos, tres años de prisión, cometidos por un grupo u organización criminal, o de terrorismo y delitos cometidos a través de instrumentos informáticos o de cualquier otra tecnología de la información o la comunicación o servicio de comunicación —todo ello conforme al art. 588 *ter* a LECrim, al que se remite expresamente el ya mencionado art. 282 *bis* 4 del mismo texto legal—.

2.3.2 Procedimiento de autorización

La autorización, que deberá ser concedida por el juez —o, en su caso, y como se dirá en el siguiente epígrafe, por el Ministerio Fiscal cuando hablamos de agente encubierto físico—, lo será por resolución motivada, que deberá justificar la necesidad de dicha diligencia, desde el juicio de ponderación, para la averiguación y comprobación de los delitos y descubrimiento de los delincuentes cuando se trate de investigaciones que afecten necesariamente

a actividades de delincuencia organizada —si de agente encubierto físico se trata— y con relación a concretos delitos —los del art. 282 *bis* 4 en el caso del agente encubierto físico, y del 282 *bis* 4, 579.1 y 588 *ter* a, todos ellos de la LECrim, en el caso del agente encubierto informático—.

Dicha autorización lo será bajo identidad supuesta, que le facilitará el Ministerio del Interior por plazo de seis meses prorrogables por periodos de igual duración, identidad que deberá constar en un registro; autorización que alcanzará para poder adquirir y transportar los objetos, efectos e instrumentos del delito, así como diferir la incautación de los mismos.

Este plazo, que está referido a la identidad supuesta, viene, en la práctica judicial, a tomarse como plazo para la autorización de la diligencia misma que, en realidad, no tiene plazo, más allá de los de instrucción y sus prórrogas, y siempre justificando, desde juicios de ponderación y necesidad, el mantenimiento de este tipo de diligencia de investigación que, además, vendrá unido en la mayoría de las ocasiones, si no en todas, al secreto de las actuaciones; todo ello, sin dejar de tener en cuenta que una eventual no prórroga de la identidad supuesta hará cesar de manera automática la diligencia de investigación, por más que esté autorizada.

Asimismo, y lo que resulta de vital importancia para entender el alcance de dicha identidad supuesta, el art. 282 *bis* LECrim determina que dicha entidad encubierta debe permitir al agente «participar en el tráfico jurídico y social bajo tal identidad», de tal forma que pueda realizar operaciones mercantiles, financieras y comerciales, pudiendo, por ejemplo, constituir sociedades, abrir locales o establecimientos, así como otras actividades necesarias para la investigación.

La participación del miembro de la policía como agente encubierto tiene carácter voluntario, voluntariedad que al menos debe contar en el procedimiento administrativo tramitado por el Ministerio del Interior, sin que parezca necesario que la misma sea exteriorizada ante el juez o Ministerio Fiscal que autorice dicha diligencia de investigación.

Recordemos, finalmente, que la información obtenida, que *«deberá aportarse al proceso en su integridad y se valorará en conciencia por el órgano judicial competente»*, integra en lo esencial una diligencia de investigación, si bien, en algún caso, aun con la debida cautela, puede ser traída como prueba al proceso judicial, en cuyo caso el agente encubierto podrá declarar en juicio bajo su identidad supuesta, pues bajo dicha identidad es como ha sido conocido por los delincuentes.

Con respecto a dicha información, debe hacerse a la mayor brevedad posible, conforme establece el art. 282 *bis* LECrim. Al respecto, en la resolución habilitante se indicarán los plazos máximos en que deberá facilitarse periódicamente la información, y sin perjuicio de que el agente encubierto informe, atendiendo a dicha obligación, cuantas veces entienda necesario con antelación a finalizar cada uno de dichos plazos. Toda la información que se vaya facilitando se unirá a la pieza separada que se abra para la tramitación de la investigación mediante agente encubierto.

2.3.3 *Competencia del Ministerio Fiscal para autorizar el agente encubierto físico*

Establece el art. 282 *bis* 1 LECrim que, junto al juez, también el Ministerio Fiscal podrá autorizar la diligencia de investigación mediante agente encubierto; si bien esta posibilidad no se incluye cuando de agente encubierto informático se trate, pues el art. 282 *bis* 6 LECrim establece que dicha figura podrá ser acordada exclusivamente mediante autorización del juez, este distinto tratamiento podemos justificarlo en que el grado de riesgo de afectación de un derecho fundamental es mayor, en este caso el derecho de autodeterminación informativa y el derecho al entorno virtual que podemos encontrar en el art. 18.4 CE —recordemos, por ejemplo, que la autorización por parte del Ministerio Fiscal con relación al agente encubierto físico no incluye la posibilidad de grabar conversación e imágenes, que ya solo puede ser por parte del juez, conforme el art. 286 *bis* 7 LECrim, pudiendo entenderse que ante dicha autorización, como ocurre con el agente encubierto informático, se intensifica el riesgo de afectación de un derecho fundamental, en tal modo que no admite excepción de la necesidad de autorización, que debe ser por el juez—.

Al respecto, la STC 87/2024 [*Tol 10273363*] señaló: «la habilitación del agente encubierto no alcanza per se al derecho a la intimidad del investigado tal y como hemos venido configurando su contenido (SSTC 207/1996, de 16 de diciembre, FJ 3; 186/2000, FJ 5; 196/2004, FJ 2; 206/2007, FJ 4, y 159/2009, de 29 de junio, FJ 3). En efecto, la intimidad, la inviolabilidad domiciliaria o el secreto de las comunicaciones pueden verse afectados por la concreta actuación del agente infiltrado o encubierto, pero no por el solo hecho de autorizar su actuación o habilitación como tal. De modo que la infiltración o la habilitación del agente encubierto por sí mismas no limitan el derecho fundamental a la intimidad. Esa es la razón por la que el art. 282 *bis* LECrim atribuye al Ministerio Fiscal, quien estatutariamente no puede adoptar "medidas cautelares o limitativas de derechos" (art. 5.2 EOMF), [...]».

Concretado lo anterior, esta inicial autorización por parte del Ministerio Fiscal debe entenderse en el marco de sus diligencias preliminares de investigación —por lo que no podrá haber causa judicial abierta, incompatible con la investigación por parte del ministerio público—, permitiendo la norma que entre las diligencias de investigación de que puede valerse el Ministerio Fiscal, lo sea la del agente encubierto físico —si bien, como ya hemos mencionado, sin posibilidad de autorizar grabación de conversaciones e imágenes del art. 282 *bis* 7 LECrim—.

En todo caso, la autorización por parte del Ministerio Fiscal, como la del juez, deberá ser por resolución motivada —en este caso, mediante Decreto, conforme se desprende, entre otros, del art. 10 del RD 305/2022—, desde el juicio de ponderación —o, en palabras del art. 282 *bis* LECrim, «teniendo en cuenta su necesidad a los fines de la investigación»—, y siempre ponderando la afectación de los derechos fundamentales en el caso concreto, en tal modo que pudiera ser necesario acudir desde el inicio a la autorización judicial —por ejemplo, que la actividad del agente encubierto esté llamada a desarrollarse en el domicilio del investigado; piénsese que dicho agente encubierto va a trabajar como personal de servicio de hogar—.

Interesante resulta lo expuesto por la Circular FGE 2/2022, que, sobre la autorización del agente encubierto como diligencia a acordar por el Ministerio Fiscal, expuso: «Del tenor literal del art. 282 *bis* LECrim se infiere que el Ministerio Fiscal podrá, mediante resolución motivada, autorizar a funcionarios de la Policía Judicial para actuar como agentes encubiertos, dando cuenta inmediata al órgano judicial. La STS 171/2019, de 28 de marzo, indica que «el precepto establece la posibilidad de elegir entre el juez de instrucción y el Ministerio Fiscal para obtener la autorización por parte de los funcionarios de la Policía Judicial del agente encubierto; de ello se desprende, por un lado, que las autoridades policiales pueden elegir y, por otro, que si la autorización es necesaria y además ha de ser fundada, y teniendo en cuenta su necesidad a los fines de la investigación, es que ello ya implica una afectación de la intimidad, en sentido estricto» (vid. SSTS 503/2021, de 10 de junio). Esta autorización podrá practicarse por el Ministerio Fiscal en el seno de unas diligencias de investigación. No obstante, debe tenerse presente que cuando las pesquisas del agente encubierto puedan afectar a derechos fundamentales será necesario recabar previa autorización judicial. [...], en el caso de que en el curso de una investigación fiscal se estime necesario la utilización de un «agente encubierto informático», los fiscales deberán interesarlo de forma motivada al órgano judicial, de conformidad con lo dispuesto en el art. 588 *bis*.b) LECrim y con arreglo a las prescripciones de la Circular de la FGE núm. 1/2019, sobre disposiciones comunes y medidas de aseguramiento de las diligencias de investigación tecnológicas en la Ley de Enjuiciamiento Criminal, adjuntando, en su caso, el oficio de la unidad investigadora de la Policía Judicial, solicitando la incoación de diligencias previas y la declaración de secreto de las actuaciones y acordando el archivo de las correspondientes diligencias de investigación con remisión de lo actuado».

Ahora bien, el art. 282 *bis* 1 LECrim exige que dicha autorización por parte del Ministerio Fiscal lo es «*dando cuenta inmediata al Juez*». Algunas dudas suscita dicha previsión; así, puede plantearse que el Ministerio Fiscal, tras dicha autorización dentro de sus diligencias preliminares, debe "judicializar" inmediatamente la investigación, en tal modo que la misma ya debe ser seguida por el juez, debiendo presentar el Ministerio Fiscal denuncia o querella ante el juez instructor competente, que deberá conocer, ya dentro de la instrucción judicial, sobre los resultados que vaya obteniendo el agente encubierto y decidiendo también sobre si dicha diligencia de investigación debe continuar.

No ha sido esa la conclusión a la que ha llegado el Tribunal Constitucional, que ha sostenido que dicha dación inmediata de cuenta lo es a la finalización de las diligencias de investigación preliminar del Ministerio Fiscal, tras el dictado de algunas de las resoluciones a las que hace referencia el art. 5.3 EOMF, bien por finalizada la instrucción, bien por agotamiento de los plazos a los que hace referencia el art. 5.2 EOMF.

Este planteamiento suscita algunos interrogantes; así, esta tesis nos deja una reflexión cuando, por ejemplo, se dicta el archivo por parte del Ministerio Fiscal por entender que los hechos no son delito o no existen indicios de su comisión ¿En qué forma se debe dar esa dación de cuenta al juez? ¿Se deberá comunicar el archivo de la causa y que lo ha sido tras la investigación, entre otras diligencias de investigación, mediante agente encubierto físico? No parece la posición adoptada por el TC plenamente respetuosa con esa exigencia de dación de cuenta inmediata al juez de la autorización de investigación mediante agente encubierto y que solo conozca de dicha diligencia finalizada la investigación e, incluso, si el Ministerio Fiscal decide archivar la causa, ni tras la finalización de la referida investigación.

Sobre la interpretación del alcance de la exigencia de la dación al juez por el Fiscal, resulta interesante la STC 87/2024 [*Tol 10273363*]: «Este tribunal considera que debe efectuarse una interpretación sistemática y finalista de la exigencia de comunicación inmediata al juez acorde tanto con las normas que regulan la investigación preprocesal del Ministerio Fiscal como con el espíritu y finalidad del art. 282 *bis* LECrim que atribuye al fiscal la realización de investigaciones valiéndose de la figura del agente encubierto. La norma no puede ser interpretada en su literalidad por las razones que se expresan a continuación: No debe pasarse por alto que la policía judicial no solo depende de los jueces y tribunales, sino que en sus funciones de averiguación del delito y descubrimiento y aseguramiento del delincuente también está sometida al Ministerio Fiscal (art. 126 CE). En el desarrollo del indicado precepto, en el marco de la actividad extraprocesal que desarrolla la Fiscalía para el esclarecimiento de los hechos que aparezcan en los atestados de los que conozca, el Ministerio Fiscal puede llevar a cabo u ordenar —sin supervisión inmediata de los jueces y tribunales— aquellas diligencias para las que esté legitimado según la Ley de enjuiciamiento criminal (apartados segundo y tercero del art. 5 EOMF), salvo que sean limitativas de derechos fundamentales. A tal fin, el Ministerio Fiscal incoará diligencias preprocesales que cuando alcancen la finalidad pretendida por su incoación y en todo caso transcurrido el plazo de duración legalmente previsto (art. 5.2 EOMF) deberán ser comunicadas sin demora, de modo inmediato, al órgano judicial. Ese es el momento al que debe referirse la exigencia legal "dando cuenta inmediata al juez" y no al instante de dictarse el decreto de habilitación del agente encubierto. En caso contrario, de interpretarse que el precepto exige la inmediata dación de cuenta al juez del decreto inicial perdería sentido la propia previsión legal que habilita al fiscal a servirse de agentes encubiertos para la investigación de determinados delitos. En efecto, debe recordarse que la mera comunicación al juez de la existencia de hechos constitutivos de delito determinaría la apertura de diligencias previas por el órgano judicial (art. 774 LECrim) y, por imperativo del art. 773.2 LECrim, el cese de las diligencias preprocesales incoadas por el Ministerio Fiscal. Por tanto, la proyección de la exigencia de dación de cuenta inmediata al momento de concluirse las diligencias preprocesales es coherente con: (i) la ausencia de previsión normativa de un procedimiento en el que el juez pueda controlar o revocar la habilitación otorgada por el fiscal; (ii) el espíritu y finalidad del art. 282 *bis* LECrim que posibilita al fiscal la realización de investigaciones valiéndose de agentes encubiertos; (iii) con los derechos del investigado que, en el momento en que se judicialicen las diligencias (art. 5.3 EOMF) podrá cuestionar ante el juez competente la regularidad de la habilitación; (iv) y, finalmente, con la circunstancia —que más adelante examinaremos— de que la mera habilitación del agente encubierto no afecta a derecho fundamental alguno y cuanto tales derechos puedan verse afectados por su actuación, entonces sí interviene el órgano judicial mediante la autorización judicial en los términos que establezca la Constitución y la ley (art. 282 *bis*.3 LECrim)».

Otra duda, y aquí se dibuja un verdadero escollo, surge cuando se entienda que la pieza de investigación de agente encubierto debe ser secreta —lo que parece de ordinario que será así, en la búsqueda del buen fin de la investigación, fin que expresamente recoge el art. 302 b) LECrim—, siendo que el secreto solo puede ser acordado por el juez, como ya recordábamos en el capítulo 20 de esta obra; pues bien, autorizada la investigación mediante agente encubierto, si entiende que procede el secreto, el Ministerio Fiscal no tendrá otra opción que judicializar la investigación, presentando denuncia o querella ante el juez competente y solicitar al mismo que acuerde el secreto de las actuaciones.

No cabe en la investigación de adultos, como sí en el procedimiento penal de menores, conforme al art. 24 LORPM, una suerte de petición al juez, a modo de juez garantías, de declaración de secreto, y una vez acordado por el mismo, el Ministerio Fiscal pudiera seguir instruyendo sus diligencias preliminares al paraguas del secreto acordado judicialmente.

Recordemos que, con carácter general, el Ministerio Fiscal debe dar "entrada al investigado" dentro de sus diligencias preliminares, no siendo posible llevar a cabo las mismas a espaldas del investigado claramente determinado, en tal modo que, si la puesta en conocimiento de dicha investigación por parte del mismo pudiera frustrarla, deben judicializarse las actuaciones solicitando al juez la declaración de secreto.

2.3.4 Control de la identidad real del agente encubierto

De la lectura del art. 282 *bis* 1 LECrim, y de las adecuadas cautelas que se exigen para preservar la identidad real del agente encubierto, parece lo adecuado que la investigación mediante tal se tramite, siguiendo con lo expuesto por CONDE-PUMPIDO GARCÍA y otros (pp. 4), en dos piezas separadas que pudieran identificarse, una, como «Pieza reservada de identidad del agente», y otra, como «Pieza separada de investigación mediante agente encubierto».

En una primera, la que identificamos como «Pieza reservada de identidad del agente», será una pieza separada y reservada en la que se dictará la resolución motivada por la que se acuerde y justifique la decisión de llevar a cabo la diligencia de investigación mediante agente encubierto y en la que, conforme dispone el art. 282 *bis* 1.II LECrim, «deberá consignar el nombre verdadero del agente y la identidad supuesta con la que actuará en el caso concreto»; esta pieza nunca dejará de ser reservada, aun levantándose el secreto de las actuaciones que pudiera haberse acordado y aun finalizada la investigación mediante agente encubierto, sin que se ponga en conocimiento de ninguna de las partes procesales y que solo conocerá, dentro del proceso penal, el órgano que lo autorizó o el que conozca posteriormente de la causa —piénsese en el caso de que fuera acordada por el Ministerio Fiscal en sus diligencias preliminares y finalmente presente denuncia o querella ante el juez instructor, o, finalizada la instrucción judicial, se remita la causa a enjuiciamiento; en todos estos casos, al órgano que conozca del procedimiento deberá ser remitida la pieza reservada de identidad del agente—.

En la segunda, que denominamos «Pieza separada de investigación», se recogerá la resolución motivada por la que se ha acordado la diligencia de investigación mediante agente encubierto, pero sin recoger su identidad real y solo con la identidad ficticia; en esta pieza se recogerá la información facilitada por el agente encubierto que, conforme dispone el art. 282 *bis*.III LECrim, lo será a la mayor brevedad posible y *"«deberá aportarse al proceso en su integridad»*.

Esta segunda pieza no es secreta por naturaleza o disposición legal —como sí ocurre en la pieza, por ejemplo, de investigación tecnológica, al amparo del art. 588 *bis* d LECrim—, por lo que, para evitar la puesta en conocimiento de las partes, y en cumplimiento del art. 118.1 LECrim, si la causa principal no está declarada secreta —lo que parece altamente improbable, pues comprometería el buen fin de la investigación—, deberá dictarse resolución por la que se declare secreta la pieza; una vez alzado el secreto, las partes deberán tener pleno acceso a su contenido —nada sobre la identidad real del agente encubierto, que solo estará en la pieza reservada de identidad—.

Maticemos que la declaración de secreto de la pieza separada de investigación puede alzarse en un momento posterior al secreto que pudiera haberse declarado en los autos principales, bien entendido, eso sí, que si la pieza no hubiese sido declarada secreta, el acceso se producirá desde el momento en que se alce el secreto en la causa principal.

2.3.5 Los contactos previos a la autorización

No requieren autorización judicial los contactos previos de la policía judicial —bien del propio agente llamado a infiltrarse, bien por otro u otros agentes encargados de la investigación—; suele de ordinario ser así que, existiendo una labor previa de investigación de la policía judicial, surge la necesidad de continuarla mediante un agente infiltrado; y en dicha investigación previa a la actuación del agente encubierto, se pueden producir contactos entre miembros de la policía que no revelan su condición, y los investigados o «allegados», como primera toma de contacto, recabando datos de en qué modo y forma debe introducirse el agente encubierto —por ejemplo, determinar por qué tipo de persona hacerse pasar, qué datos debe tener la «persona simulada» por el agente encubierto, profesión, antecedentes personales...—.

Ninguna de estas actuaciones previas invalida por sí misma la posterior diligencia de investigación mediante agente encubierto, si bien la actuación de la policía judicial no estará protegida por el manto de la impunidad de determinados actos delictivos que pudiera permitir o llevar a cabo el agente de policía judicial que inicia dichos contactos previos; ahora bien, dichos contactos previos del miembro de la policía, sin revelar su identidad, no pueden convertirse en una actuación propia del agente encubierto, pero sin control del juez —o del Ministerio Fiscal en su caso— de la posible arbitrariedad del Estado en la investigación policial "mediante engaño".

Al respecto de la validez de los contactos previos al inicio de la actuación del agente encubierto, resulta ilustrativa la STS de 18/12/2024 [*Tol 10334515*] —recopilando numerosas sentencias anteriores en la misma línea—, que vino a señalar: «Carecería de sentido, con el fin de sostener la validez de la diligencia de prueba, la exigencia de que la autorización del agente encubierto se produzca a ciegas, con exclusión de cualquier contacto previo entre la persona que va a infiltrarse en la organización y quienes aparecen como miembros sospechosos de una red delictiva. Es contrario a elementales máximas de experiencia concebir la infiltración en un grupo criminal como la respuesta a una invitación formal a un tercero que, de forma inesperada, curiosea entre los preparativos de una gran operación delictiva. [...]. Con ello, ese contacto previo no excluye la validez de la petición policial de autorización posterior, y, por consecuencia, no se invalida el proceder de la actuación policial del agente encubierto que no viene viciada por el encuentro previo, sino que sirve de base para la adopción de la medida en la misma posición que la exigente y suficiente investigación previa policial como paso previo a instar por oficio la medida de injerencia en el secreto de las comunicaciones mediante el dictado del auto de intervención telefónica. [...] La primera objeción no es atendible porque, de seguirse a la letra, haría ilegítima, incluso imposible, cualquier actuación de las que permite el art. 282 *bis* Lecrim. En efecto, pues el precepto habla de investigaciones relativas a la delincuencia organizada, esto es, de indagaciones policiales, obviamente ya en marcha, generadoras de una información de cierta calidad y, por eso, apta para hacer pertinente y dotar de fundamento el recurso a la medida que se considera; que, es obvio, por su carácter extraordinario, solo podría adoptarse a la vista de datos de evidente consistencia. Por lo demás, las actividades criminales de que se trata, por su particular envergadura y complejidad, tienen ritmos y tiempos que pueden dilatarse a lo largo de meses, como habría sido el caso; que demandan un seguimiento previo, al objeto de contrastar los datos obtenidos y con el fin de evitar actuaciones precipitadas».

3. EL ARREPENTIDO Y EL CONFIDENTE

Para la investigación de determinados delitos —especialmente los cometidos en el seno de organizaciones o grupos criminales—, se viene acudiendo a figuras que vienen identificándose como la del arrepentido y la del confidente.

El arrepentido puede definirse como aquel delincuente que, a cambio de una disminución de pena —que tiene carácter potestativo—, abandona la actividad delictiva y colabora con la administración de justicia aportando información relevante para la investigación de un delito y sus posibles responsables. El CP la prevé en dos supuestos:

* Para los delitos relacionados con el tráfico de drogas (art. 376 CP): «En los casos previstos en los artículos 361 a 372, los jueces o tribunales, razonándolo en la sentencia, podrán imponer la pena inferior en uno o dos grados a la señalada por la ley para el delito de que se trate, siempre que el sujeto haya abandonado voluntariamente sus actividades delictivas y haya colaborado activamente con las autoridades o sus agentes

bien para impedir la producción del delito, bien para obtener pruebas decisivas para la identificación o captura de otros responsables o para impedir la actuación o el desarrollo de las organizaciones o asociaciones a las que haya pertenecido o con las que haya colaborado».

* Para los delitos de terrorismo (art. 579 *bis* 3 CP): «En los delitos previstos en este Capítulo, los jueces y tribunales, razonándolo en sentencia, podrán imponer la pena inferior en uno o dos grados a la señalada para el delito de que se trate, cuando el sujeto haya abandonado voluntariamente sus actividades delictivas, se presente a las autoridades confesando los hechos en que haya participado y colabore activamente con éstas para impedir la producción del delito, o coadyuve eficazmente a la obtención de pruebas decisivas para la identificación o captura de otros responsables o para impedir la actuación o el desarrollo de organizaciones, grupos u otros elementos terroristas a los que haya pertenecido o con los que haya colaborado».

Con relación a otros delitos, no existe disposición legal; si bien, pudiera llegarse a dicha reducción de pena por una efectiva colaboración, y mediante el acuerdo con el Ministerio Fiscal, por la vía de las atenuantes de confesión o arrepentimiento espontáneo (art. 21.4 CP), reparación del daño (art. 21.5 CP) o cualquier otra circunstancia análoga a éstas (art. 21.7 CP).

En cuanto al confidente, sin duda se configura como un método eficaz y necesario en cierto tipo de delitos —especialmente los llevados a cabo dentro del crimen organizado—, siendo el mismo una persona especialmente vinculada a la delincuencia habitual que proporciona a la policía información relevante para la persecución de un delito.

A diferencia del arrepentido, su conducta colaborativa no responde a ningún deseo de abandonar la actividad delictiva, si es que participa en ella, sino que su colaboración responde a otras motivaciones —recompensa, permisividad policial en relación con determinadas actividades de dudosa legalidad...—.

Ahora bien, y como ya hemos tenido ocasión de exponer en previos trabajos (ABELLA LÓPEZ, pp. 74), el problema surge cuando dichas confidencias policiales pretenden, no sólo ser un mecanismo eficiente dentro de la investigación policial para la obtención de indicios de criminalidad, o incluso pruebas contra determinada persona, sino que dicha declaración confidencial se convierte en el indicio directo o incluso en material probatorio, no solo para incoar un proceso penal, sino, incluso, para sostener la adopción de diligencias de investigación restrictivas de derecho fundamentales —por ejemplo, autorización de entradas y registros, intervención de las comunicaciones...—.

Pues bien, ni una cosa ni la otra es posible. No podría dar lugar a la incoación de un proceso penal so pena de introducir en el mismo la validez de la denuncia anónima; argumento que se hace extensible, con mayor razón, cuando de diligencias de investigación restrictivas de derechos fundamentales se trata, pues sería tanto como pretender, no solo abrir una causa penal con una denuncia anónima, sino, incluso, que la misma se entendiera como indicio suficiente para autorizar; piénsese, por ejemplo, una intervención de las comunicaciones del investigado "acusado por un anónimo".

Solo sería posible aceptar la eficacia de la información del confidente para abrir una causa penal o, incluso, acordar una diligencia de investigación con restricción del núcleo duro de los derechos fundamentales, si la misma es introducida en el proceso penal mediante plena identificación del confidente que permita su declaración testifical.

En resumen, el confidente puede ser utilizado en la investigación preliminar previa a la incoación de la causa judicial, con el fin de recabar indicios que permitan, eso sí, ser aportados como elementos de cargo a tener en cuenta para abrir una investigación judicial. El confidente puede servir para orientar la investigación policial o del Ministerio Fiscal, pero no para justificar la apertura de un proceso penal, ni pueden los datos ofrecidos por el confidente ser traídos al proceso a través, por ejemplo, del testigo de referencia que pudiera ser el policía que declare sobre el contenido de la información que le ha facilitado el confidente, salvo que dicho confidente deje de permanecer bajo el manto del anonimato.

Al respecto, ilustrativo resulta la STS de 25/02/2021 [*Tol 8339585*], que vino a exponer: «El bagaje de datos indiciarios objetivables que contenía el oficio inicial era altamente sugestivo: informaciones confidenciales reiteradas y además con datos muy concretos, que fueron confirmadas por las vigilancias llevadas a cabo por agentes policiales. Se constataron contactos entre los señalados, así como encuentros sugestivos de constituir actos de transmisión de estupefacientes. El cuadro indiciario era suficiente para que no pueda reputarse contraria a la Constitución la medida acordada por el Juez. Unas informaciones confidenciales, por sí solas carecen de idoneidad para justificar una intervención telefónica si se blinda el anonimato del informante frente al órgano judicial (STS 661/2013, de 15 de julio). La imposibilidad de contrastar o ponderar judicialmente la solidez de la información o la credibilidad de la fuente convertirían al Juez en un mero convalidador de la estimación policial. Carecería de capacidad para llevar a cabo, como exige una medida de esta naturaleza, una valoración propia y autónoma edificada sobre datos objetivos. Pero esas denuncias anónimas sí pueden servir de detonante para una investigación policial. Si a raíz de ella se obtienen datos que dotan de credibilidad a esas informaciones, pues son coherentes con lo relatado, y cobran una explicación lógica desde la hipótesis suministrada confidencialmente; no cabe hacer tabla rasa de las noticias anónimas como si no existiesen. Cuando lo que han transmitido parece confirmarse a través de la obtención de otros datos habrá que valorar aquéllas y éstos. No puede orillarse que la investigación no se inicia por intuiciones policiales sino por informaciones proporcionadas por quien aportaba, además, detalles concretos y nombres como se infiere del oficio inicial. La credibilidad de esas informaciones recibidas se ve reforzada y apuntalada por la comprobación de que, en efecto, algunos signos externos sugerían implicación en la actividad de tráfico de drogas y refrendaban la forma de actuación descrita por el confidente. No estamos ante una desnuda información anónima. Fue seguida de una laboriosa tarea policial de depuración. Informaciones previas y pesquisas policiales posteriores para comprobar aquellas son dos vectores que confluyen y se complementan recíprocamente. Cuando las informaciones vienen acompañadas de otros datos corroboradores, o ellas mismas son las que funcionan como elemento corroborador de otros y, por supuesto, sin necesidad de desvelar la identidad del informador, unas noticias confidenciales pueden coadyuvar a conformar el soporte indiciario necesario para una intervención de las comunicaciones (SSTS 27/2004, de 13 de enero o 77/2007, de 7 de febrero). La STS 834/2009, de 29 de julio aclara en ese sentido que la policía no tiene que revelar la fuente inicial de investigación cuando se trata de un confidente, pero que en ese caso esa no puede ser la única base para una medida restrictiva de derechos, de lo que se infiere que sí puede ser el desencadenante de la investigación y además un dato complementario de una base indiciaria plural. La STS 248/2012, de 12 de abril insiste en esas apreciaciones: "Esta Sala se pronunció ya en una inicial sentencia de 26 de septiembre de 1997 (núm. 1149/97), acerca de la prohibición de utilización de informaciones procedentes de confidentes anónimos como prueba de cargo o como indicio directo y único para adoptar medidas restrictivas de derechos fundamentales, estableciendo una doctrina que ha sido muy reiterada a partir de aquella fecha (por ejemplo, entre las resoluciones más recientes, STS 210/2012, de 8 de marzo), y que por ello conviene recordar en su formulación original».

4. LA CIRCULACIÓN Y ENTREGA VIGILADA

Establece el 263 *bis* LECrim una norma habilitante, en cuya virtud el Juez instructor, el Ministerio Fiscal, o la Policía judicial pueden autorizar la "circulación o entrega vigilada" de drogas tóxicas, estupefacientes, sustancias psicotrópicas, sus equipos, materiales, bienes y ganancias, u otras sustancias prohibidas, así como bienes de origen ilícito y especies animales y vegetales protegidas, en el curso de una investigación penal.

Lo que se pretende con esta medida de circulación y entrega vigilada es permitir que una serie de bienes, que en principio debían ser de inmediato intervenidos y detenido quienquiera que los tuviera en su poder (*remesas ilícitas o sospechosas*), circulen por territorio español o salgan o entren en él sin interceptación (*sin interferencia obstativa*) por parte de la autoridad o sus agentes, pero teniéndolos bajo control (*bajo su vigilancia*), con el fin de descubrir o identificar a las personas involucradas en la comisión de algún delito relativo a dichas drogas, sustancias, equipos, materiales, bienes y ganancias, así como también prestar auxilio a autoridades extranjeras con esos mismos fines.

Desde un punto de vista procesal, la medida comporta exclusivamente la exención de la policía de su deber de denunciar la comisión de delitos y de impedir su comisión, y del adecuado control judicial de la pretensión de no intervenir inmediatamente sustancias ilícitas y dejarlas circular sin el pleno control sobre las mismas, que solo se logra con su intervención o aprehensión.

Así lo definía ya la STS de 27/11/2008 [*Tol 1413524*]: «El régimen jurídico de la circulación y entrada vigilada de droga, previsto en el art. 263 *bis* de la LECrim, somete a autorización judicial la procedencia de una medida de investigación de esas características por la conveniencia de no sustraer al control jurisdiccional la práctica de diligencias policiales, tan útiles para los fines del sumario como potencialmente arriesgadas, por lo que entrañan de momentánea pérdida de control de piezas de convicción y remesas ilícitas de drogas y sustancias tóxicas. El hecho de que esta decisión pueda ser adoptada, no sólo por el Juez de instrucción, sino por el Ministerio Fiscal y por los Jefes de las unidades orgánicas de policía judicial —centrales o de ámbito policial— y por sus mandos superiores, refleja bien a las claras que no son la intimidad del imputado ni el derecho al secreto de las comunicaciones —a excepción, claro es, de los casos a los que se refiere el art. 263 *bis*)—, los que tratan de preservarse con la requerida autorización judicial».

Para adoptar esta medida, y como expresamente se señala en el apartado primero del art. 263 *bis*, "*se tendrá en cuenta su necesidad a los fines de investigación en relación con la importancia del delito y con las posibilidades de vigilancia*", es decir, habrá de estarse al principio de necesidad, excepcionalidad y proporcionalidad, estableciendo el mencionado precepto lo que podemos calificar como "*objetivización del principio de proporcionalidad*" al establecer, como condición *sine qua non*, que lo sea para unos concretos delitos, y solo a partir de que así sea, analizar los principios ya referidos aplicados a las circunstancias concretas del caso. 1141

Los sujetos autorizados para acordar esta medida son, por tanto, conforme a los dispuesto en el art. 263 *bis* LECrim:

* *Juez instructor competente*. Aquí debe matizarse que, cuando el precepto habla de "juez competente", no se refiere a la competencia para la definitiva investigación judicial, sino la competencia para autorizar dicha circulación o entrega vigilada, que lo será el juez del lugar donde se encuentre la sustancia en el momento en que se haya producido la sospecha policial de que la remesa en cuestión contenga referidas sustancias.

  Hablamos de una competencia exclusivamente referida a la autorización inicial, desconectada de la competencia para conocer de la investigación judicial, al amparo del art. 15 LECrim, lo que justifica que la medida pueda ser acordada, no solamente por el juez de instrucción, sino también por el Ministerio Fiscal, incluso por los Jefes de la Unidades Orgánicas de Policía Judicial.

  La competencia para conocer de la causa la marca —así parece entenderlo el TS—, y a tenor del art. 15.1 LECrim, el lugar de recepción final de la sustancia ilícita, que se producirá, por ejemplo, con la apertura y análisis correspondiente, por los trámites previstos en el art. 579 LECrim. Todo ello sin dejar de tenerse en cuenta que, siendo el delito de tráfico de drogas de actividad y no de resultado, el mismo se comete en cualquiera de los territorios por los que circule dicha sustancia.

Ilustrativo, al respecto, resulta el ATS de 7/07/2022 [*Tol 9140699*], que vino a razonar: «Es cierto que el delito de tráfico de drogas, en cuanto delito de actividad y no de resultado, culmina su consumación desde que el envío sale de su origen, cometiéndose el delito en cualquier territorio por el que transite la droga, pero el empleo de una técnica de investigación como es la entrega vigilada no puede convertirse en argumento que altere las normas de competencia cuando, como ocurre en el presente caso, además de considerarse que el delito se está cometiendo igualmente en la localidad de Miranda de Ebro, concurren otros criterios también determinantes de la competencia cuales son los previstos en el art. 15.2º y 3º LECriminal: la detención del destinatario del paquete y el registro de su domicilio son factores que no pueden ser obviados a la hora de establecer la decisión final sobre la competencia. No puede atribuirse la competencia al partido judicial donde radica el aeropuerto donde la droga va por "tránsito", sino donde se recibe la droga y a donde va dirigida en cuanto lugar de recepción. La competencia no lo es al lugar donde llega inicialmente la droga por tránsito aeroportuario, sino el de destino del paquete de la droga, salvo que la recoja el interesado en el aeropuerto y sea sorprendido allí».

* *Ministerio Fiscal*. El Ministerio Fiscal solo puede acordar esta medida si no existe una previa investigación judicial al respecto, por resultar ambas incompatibles. A falta de investigación judicial ya iniciada, el Ministerio Fiscal sí podrá autorizar, mediante resolución motivada en los términos exigidos por el art. 263 *bis*, la "entrega vigilada" regulada en dicho precepto (lo que implica que la resolución deberá llevar forma de Decreto), actuación que debe implicar la apertura por éste de diligencias preliminares de investigación, no necesariamente por la vía del 773.2 LECrim, específico del procedimiento abreviado, sino al amparo de la competencia general en materia de investigación penal que le ofrece el art. 5 del EOMF, en cuyo apartado segundo dispone que "*para el esclarecimiento de los hechos denunciados o que aparezcan en los atestados de los que conozca, puede llevar a cabo u ordenar aquellas diligencias para las que esté legitimado según la Ley de Enjuiciamiento Criminal*".

Al respecto, ilustrativa resulta la STS de 10/01/2002 [*Tol 4976708*], que vino a señalar: «En relación a la incompetencia territorial del Fiscal Antidroga de Alicante, con independencia de tratarse de cuestión nueva que por ello ya debería ser desestimada, no existe tal incompetencia en la medida que su actuación fue previa al proceso penal, como lo evidencia la apertura de la investigación en el 6/98 de 13 de enero de 1998 —Las Diligencias Previas aperturadas en el Juzgado de Instrucción nº 16 de los de Valencia, lo fueron por auto de 16 de enero—, y en Alicante, porque así consta en el oficio de 12 de enero, que se le dirigió al Sr. Fiscal por la Sección de Estupefacientes. Este dato, unido a la naturaleza pre-procesal de la investigación acordada iniciada en el ejercicio de sus funciones, a la naturaleza de cuerpo único regido por principios de unidad de actuación —art. 2 de su Estatuto Orgánico—, y que en definitiva la encuesta judicial fue dirigida e instruida por el Juzgado competente de Valencia, quien solicitó y recibió la investigación abierta por el Ministerio Fiscal —folios 289 y ss.— constituyen las argumentaciones que justifican el rechazo de la denuncia».

* *Jefes de las Unidades Orgánicas de Policía Judicial, provinciales o centrales, y sus mandos superiores*. Si es la policía la que lo autoriza, deberá dar cuenta inmediata al Ministerio Fiscal, y si hay abierta una causa penal, al Juez instructor competente. Nuevamente, esta medida, como se exige tanto para el Juez de Instrucción como para el Ministerio Fiscal, deberá acordarse de manera motivada, sin perjuicio del posterior control judicial de dicha motivación justificativa de la diligencia autorizada por la Policía Judicial.

4.1 Apertura del paquete postal y la autorización judicial

Dentro del procedimiento de circulación y entrega vigilada, las autoridades pueden limitarse a controlar el envío, sin intervención alguna; o actuar sobre el mismo, no solo procediendo a su apertura, sino incluso sustituyendo la sustancia que en él se encuentre por otra inocua.

Analicemos, en primer término, cuándo la apertura del paquete necesita la autorización judicial, lo que será aplicable también para el caso de acceso para sustituir lo que se encuentra en su interior.

Recordemos que el art. 263 *bis* LECrim, en su apartado cuarto, dispone que «La interceptación y apertura de envíos postales sospechosos de contener estupefacientes y, en su caso, la posterior sustitución de la droga que hubiese en su interior se llevarán a cabo respetando en todo momento las garantías judiciales establecidas en el ordenamiento jurídico, con excepción de lo previsto en el artículo 584 de la presente Ley».

Antes de entrar en el análisis del referido precepto, cabe detenerse en la regulación que de la detención y apertura de envíos postales hace la LECrim, y en concreto, lo dispuesto en el art. 579, que establece: «1. El juez podrá acordar la detención de la correspondencia privada, postal y telegráfica, incluidos faxes, burofaxes y giros, que el investigado remita o reciba, así como su apertura o examen, [...] 4. No se requerirá autorización judicial en los siguientes casos: a) Envíos postales que, por sus propias características externas, no sean usualmente utilizados para contener correspondencia individual sino para servir al transporte y tráfico de mercancías o en cuyo exterior se haga constar su contenido. (...)».

Este último precepto distingue entre "correspondencia postal" y "envíos postales", siendo este último aquel que, por sus propias características, no es usualmente utilizado para contener correspondencia individual, por ejemplo, por sus características externas (peso, dimensiones...), envío que, al no estar llamado a contener correspondencia individual, la policía judicial, dentro de sus competencias y en ejercicio de las funciones que tiene encomendada, podrá proceder a la apertura del paquete que, de las diligencias de investigación practicadas, y de los indicios obtenidos —por ejemplo, haber sido el paquete "marcado" por perro detector de drogas—, pudiera contener sustancias estupefacientes que justificara su apertura, accediendo a su contenido sin necesidad de previa autorización judicial, conforme dispone el parcialmente transcrito anteriormente art. 579.4 LECrim, sin que entre en juego el derecho fundamental al secreto de las comunicaciones del art. 18.3 CE.

Como ya señalaba la STC 281/2006 [*Tol 1001088*] «la comunicación es un proceso de transmisión de mensajes entre personas determinadas. Por tanto, el derecho al secreto de las comunicaciones postales sólo protege el intercambio de objetos a través de los cuales se transmiten mensajes mediante signos lingüísticos, de modo que la comunicación postal es desde la perspectiva constitucional equivalente a la correspondencia».

1144 Desde esta perspectiva, para el caso de que se trate, no de correspondencia postal, sino de un envío postal sin características propias de la correspondencia, su apertura no requerirá autorización judicial, a salvo de la autorización para la circulación y entrega vigilada del paquete, y la correspondiente cadena de custodia de las sustancias o efectos intervenidos con ocasión de dicha apertura.

Al respecto, resulta ilustrativo el ATS de 23/05/2019 [*Tol 7262758*] que vino a exponer: «Tampoco la alegada ausencia de una solicitud de apertura o de autorización judicial puede tener favorable acogida. La actuación de los agentes de Aduanas y de Policía Nacional estuvo plenamente justificada y amparada por las características del contenedor interceptado, procediendo recordar que, como tenemos declarado en, entre otras muchas, la STS 788/2014, de 26 de noviembre, según el Acuerdo del Pleno no jurisdiccional de esta Sala de 4 de abril de 1995 queda excluido de la protección del secreto de la correspondencia los envíos que se remitieran abiertos y aquéllos que se enviaran en régimen de "etiqueta verde", la cual suponía la existencia de una expresa declaración del remitente acerca de su contenido lo que excluiría la posibilidad de que contuviera mensajes u otro tipo de correspondencia. Y que tal excepción ha sido ampliada por la jurisprudencia del Tribunal Constitucional (STC nº 281/2006 de 9 de octubre) seguido de otras muchas de esta Sala. En éstas se distingue entre correspondencia y envío postal de objetos y mercancías, mereciendo una interpretación restrictiva la consideración de correspondencia a cualquier objeto. Incluso sin necesidad de declarar contenido cuando por las características externas del envío o paquete (peso, volumen, etc.) es propio de un intercambio de mercancías, la protección del art. 18.3 CE debe decaer [(SSTS de 30 de marzo de 2004 (nº 404), 9 de diciembre de 2008 (nº 848), 4 de noviembre de 2009 (nº 1047) y 11 de mayo de 2011 (nº 648), y desde luego el apoyo decisivo lo encuentra en la sentencia del TC de 9 de octubre de 2006 (nº 281)]. De hecho, la referida doctrina jurisprudencial ha encontrado pleno respaldo legislativo en tanto la nueva redacción del artículo 579.4.a de la Ley de Enjuiciamiento Criminal, tras la reforma operada por la Ley Orgánica 13/2015, de 5 de octubre, establece expresamente que no precisará de autorización judicial la apertura de envíos postales que, por sus propias características externas, no sean usualmente utilizados para contener correspondencia individual sino para servir al transporte y tráfico de mercancías o en cuyo exterior se haga constar su contenido. En el caso examinado, el contenedor, por sus solas características, no reunía las condiciones necesarias para ser considerado como susceptible de contener comunicación alguna amparada por los derechos constitucionales que se invocan. La cuestión es que en nuestro caso no se comunicaba, sino que se transportaban mercancía y esas mercancías estaban integradas por sustancias estupefacientes, como pudieron detectar las autoridades y funcionarios aduaneros en cumplimiento de la legalidad administrativa, así pues, no existía secreto alguno que salvaguardar. En fin, ninguna vulneración de derechos fundamentales cabe estimar existente en relación con la práctica de la referida diligencia de apertura puesto que excluido su carácter epistolar —como apuntábamos en nuestra STS 1233/2004, de 3 de noviembre—, ello comporta igualmente que no resulte de aplicación el régimen de garantías previsto para los envíos postales».

Recordemos que los artículos 579 y siguientes (también el art. 584 expresamente mencionado en el art. 263 *bis*) determina la necesidad de autorización judicial, presencia del "interesado", y un elenco de garantías referidos a la correspondencia, y no a cualesquiera envíos postales, pues es la correspondencia la que está protegida por el secreto de las comunicaciones del art. 18.3 CE, y no envíos que no constituyen "comunicación".

Sobre esta interpretación tanto del artículo 263 *bis*, como el 279 y siguientes, todos de la LECrim, se hace eco la STS de 6/02/2020 [*Tol 7746633*] febrero, que vino a recordar: «3. En igual sentido la STS 397/2018, 11 de septiembre, que recuerda que la apertura de paquetes postales, "no está sujeta al estricto régimen de la intervención de correspondencia; no hay un proceso de comunicación y, por tanto, no entra en juego el art. 18.3 CE cuando se contemplan envíos de paquetes postales destinados a albergar no correspondencia (mensajes), sino objetos o mercancías. No es una innovación de la legislación de 2015, sino mero acogimiento expreso por el derecho positivo de pautas ya fijadas por la jurisprudencia».

4.2 Acceso a su contenido y su sustitución

Analicemos ahora el acceso al contenido y su sustitución. En cuanto a la expresa sustitución, que implica o equivale a la apertura del paquete y acceso íntegro a su contenido, nos remitimos a lo expuesto en el epígrafe anterior, en el que solo requerirá autorización judicial si se trata de "correspondencia" postal y no un "envío" postal sin condiciones de contener correspondencia.

Lo que trataremos en el presente epígrafe es, requiriendo autorización judicial para su apertura, ¿es posible algún tipo de injerencia en el referido paquete, constituido en correspondencia postal, sin autorización judicial?

Pues bien, el análisis a los meros efectos de comprobar si realmente contiene sustancias prohibidas no vulnera el derecho al secreto de las comunicaciones y, por tanto, aun tratándose de correspondencia, el examen a través de perros detectores de sustancias prohibidas, análisis a través de rayos X, o incluso el punzamiento para analizar la sustancia que contiene, no lo vulnera, pues estas maniobra indagatorias no son idóneas, ni siquiera en abstracto, para conocer el contenido del mensaje que el paquete pudiera albergar, sin que sea posible imaginar el más mínimo riesgo para el secreto de la comunicación, que es lo que protege el art. 18.3. CE, no pudiendo equipararse dicho acto con la apertura del paquete.

En definitiva, ni siquiera la técnica más invasiva frente a la integridad interna del paquete, esto es, la técnica del punzamiento, constituye, por su propia mecánica, incidencia alguna en el derecho fundamental al secreto de las comunicaciones, técnica de mera indagación policial que ni trata, ni puede acceder a la comunicación.

Al respecto, ya señalaba el ATS de 3/03/2000 [*Tol 3487007*] lo siguiente: «En ese sentido, una visión por rayos X del contenido del paquete transportado no afecta al secreto de las comunicaciones, puesto que ningún contenido de expresión resulta es puesto en peligro de revelación, y es una medida proporcionada, en tanto que previamente un perro adiestrado había detectado la existencia de la droga».

BIBLIOGRAFÍA

- ABELLA LÓPEZ, *El derecho a conocer la identidad del acusador en el proceso penal*, Revista La Ley Penal, nº 108. Mayo-junio 2014.
- ARMENTA DEU, *Lecciones de Derecho Procesal Penal*, Marcial Pons, 2023.
- ARNÁIZ SERRANO / LÓPEZ JIMÉNEZ (directoras). *Esquemas de Derecho Procesal Penal*. Tirant lo Blanch. 5ª Edición, 2019.
- BANACLOCHE / ZARZALEJOS, *Aspectos fundamentales de Derecho Procesal Penal*, La Ley, 2023.
- CONDE-PUMPIDO GARCÍA, DELGADO MARTÍN, GÓMEZ RODRÍGUEZ, ROLDÁN LÓPEZ (Relatores), *Marco jurídico de actuación del agente encubierto. Conclusiones de las Jornadas sobre el Marco Jurídico de Actuación del Agente Encubierto. Madrid, 29 de mayo de 2015*, CGPJ, Colección: Conclusiones de Seminarios nº volumen 15, 2015.
- ESCOBAR JIMÉNEZ / DEL MORAL GARCÍA (Coord.), *El juicio oral en el proceso penal*, Comares. 3ª Edición, 2021.
- GASCÓN INCHAUSTI, *Derecho Procesal Penal materiales para el estudio.* Edición digital, ISBN 978-84-09-14502-7. 2025.
- GIMENRO SENDRA / CONDE-PUMPIDO / GARBERÍ LLOBREGAT, *Los procesos penales. Comentarios a la Ley de Enjuiciamiento Criminal con formularios y jurisprudencia*, Editorial Bosch, 2000.
- GUZMÁN FLUJA, *El agente encubierto y las garantías del proceso penal*, VV.AA., La prueba en el Espacio Europeo de libertad, seguridad y justicia penal, Navarra, 2006.
- LAFONT NICUESA, *El agente policial encubierto.* Tirant lo Blanch, 2022.
- MONTIEL OLMO, *El procedimiento para el enjuiciamiento rápido de determinados delitos. Sentencia de conformidad y ejecución.* CGPJ, Cuadernos Digitales de Formación CGPJ, volumen 6/2012. Madrid, 2012.
- MORENO CATENA / CORTÉS DOMÍNGUEZ, *Derecho Procesal Penal*, Tirant lo Blanch, 2024.
- PIQUÉ VIDAL / RIFÁ SOLER / VALLS GOMBAU / SAURA LLUVIÁ, *El proceso penal práctico*, La Ley-Actualidad. 3ª Ed., 1997.

Sección IV

Actos de investigación limitativos de derechos fundamentales

Capítulo 27

Actos de investigación limitativos de derechos fundamentales: presupuestos

Ignacio Rodríguez Fernández
Fiscal
Fiscalía de la Audiencia Provincial de Madrid
Letrado del Tribunal Constitucional
Doctor en Derecho

1. INTRODUCCIÓN

1.1 El principio libertad-restricción

En el capítulo 1 nos ocupamos de los contenidos directamente aplicables que caracterizan a los derechos fundamentales sustantivos que están especialmente concernidos en el proceso penal. Señalamos allí los diversos mandatos de abstención —zonas de inmunidad— en los que se sustancia la protección constitucional directa de la integridad personal (apartado 3), la libertad física o deambulatoria (apartado 4), la intimidad (apartado 5.1), el domicilio (apartado 5.2) y el secreto de las comunicaciones (apartado 5.3).

Advertimos entonces, sin embargo, que —salvo en casos excepcionales en los que la Constitución enuncia inequívocamente reglas prohibitivas absolutas (como ocurre con la prohibición de tortura del art. 15 o la interdicción de una detención gubernativa superior a 72 horas del art. 17.2)— estamos ante *zonas de inmunidad relativa*, que admiten la injerencia excepcional del poder público para la protección o promoción de otros bienes jurídicos.

La Constitución delega en el legislador (art. 53.1 CE) la concreción de los distintos supuestos en los que los derechos fundamentales deben ceder ante la imperiosa necesidad de proteger los bienes jurídicos que resultan imprescindibles para el mantenimiento de una convivencia pacífica o para el correcto desarrollo de la vida social y política. Incluso aquellos intereses colectivos que son enunciados en la propia Constitución como *directrices* materiales vinculantes para la acción de los poderes públicos —los llamados *principios rectores de la política social y económica* del capítulo III del título I— necesitan, para gozar de un contenido jurídico exigible, de la mediación del legislador democrático (art. 53.3 CE).

La menor densidad normativa que la Constitución confiere a estos bienes jurídicos determina, en definitiva, que solo puedan incidir en el ámbito material garantizado por un derecho fundamental a través de una concreta norma legal. Pueden constituir, por tanto, el fundamento legítimo de normas de restricción de los derechos fundamentales, pero no tienen, por sí mismos, ninguna eficacia limitativa directa de las facultades de autodeterminación otorgadas por los arts. 14 a 38 CE.

Es así como la Constitución española convierte el principio clásico *libertad—restricción* en una realidad normativa: los derechos fundamentales del capítulo II del título I ofrecen a los ciudadanos una protección jurídica directa mientras que solo *ex post* y con sujeción a ciertos requisitos —entre los que destaca la justificación de la necesidad de la injerencia— pueden establecerse supuestos legales en los que esa protección originaria cede ante la preeminencia de otros bienes o intereses. Esto es precisamente lo que ocurre con algunos de los actos de investigación que pueden practicarse en el proceso penal.

1.2 La competencia para restringir derechos fundamentales en el ámbito del proceso penal

El interés público en la investigación y esclarecimiento de los delitos es uno de los bienes jurídicos que pueden justificar la restricción legislativa de la *posición originaria* de libertad o inmunidad establecida por los arts. 14 a 38 CE. La concreción normativa de las distintas hipótesis restrictivas corresponde, en este caso, a las Cortes Generales, pues, de acuerdo con del art. 149.1.6ª CE, la legislación penal y procesal es una competencia exclusiva del Estado.

El legislador estatal suele establecer dos tipos de restricciones de derechos fundamentales en el ámbito del proceso penal: a) medidas cautelares necesarias para asegurar el buen fin del proceso o para evitar la comisión de nuevos delitos —que pueden incidir, según su naturaleza, en la libertad personal o en el derecho de propiedad— y b) actos de investigación encaminados a esclarecer las circunstancias del hecho delictivo o dirigidos a averiguar la identidad de su autor —que pueden conllevar, por su parte, la intromisión en la incolumidad corporal, el domicilio, el secreto de las comunicaciones o la intimidad personal—.

El objeto del presente capítulo es el estudio de los presupuestos constitucionales que rigen la adopción de los actos de investigación criminal restrictivos de derechos fundamentales. Nos interesan tanto los requisitos que afectan al legislador —pues, como se verá, la competencia legislativa para restringir dichos derechos está constitucionalmente sometida a diversas condiciones formales y materiales— como los que inciden en la actividad interpretativa de las autoridades que intervienen en el proceso penal.

La operación de restricción será objeto, en primer lugar, de un examen global a los efectos de separar conceptualmente sus distintos estadios interpretativos y sus respectivos elementos. Distinguiremos, en particular, entre el juicio de delimitación del derecho fundamental concernido y el juicio que determina la legitimidad de su restricción. Tal división se ajusta a la metodología propia de las llamadas *teorías externas* (ALEXY, p. 240), que es la que mejor se adapta a los actos de investigación del proceso penal.

Examinaremos, después, de manera singularizada, los tres requisitos comunes de los actos de investigación restrictivos de derechos fundamentales, pues tales actos: a) han de perseguir una *finalidad constitucionalmente legítima* —lo que en el proceso penal va ligado al cumplimiento del llamado *principio de especialidad*—; b) han de contar con una *habilitación legal específica* —con exigencias cualificadas de previsibilidad o seguridad jurídica— y c) han de someterse al *principio de proporcionalidad* —como mandato de minimización de la injerencia que se materializa a través tres subprincipios: idoneidad, necesidad y proporcionalidad en sentido estricto—.

Trataremos, por último, la *garantía judicial preventiva*, como requisito eventual que no viene requerido para todos los actos de investigación penal restrictivos de derechos fundamentales.

2. LAS RESTRICCIONES DE DERECHOS FUNDAMENTALES EN EL PROCESO PENAL EN GENERAL

2.1 Concepto de restricción

En palabras de la STC 136/2024 [*Tol 10283718*], «lo propio de la restricción es reducir el ámbito material de protección del derecho (fundamental) en ciertos supuestos concretos en los que deben prevalecer otros bienes jurídicos».

La restricción supone, por tanto, que hay un *ámbito material de protección* que resulta directamente aplicable a raíz del propio texto constitucional (arts. 14 a 38 CE) —efecto característico de la garantía de *vinculación inmediata* o *aplicabilidad directa* contenida en el art. 53.1 CE— que se ve parcialmente *reducido* mediante la expresa previsión legislativa de un supuesto de hecho concreto en el que deben prevaler otros intereses o bienes jurídicos dignos de ser tutelados.

Existen, por tanto, dos estadios interpretativos diferenciados —la afectación del derecho y el enjuiciamiento de su restricción— de los que nos ocuparemos a continuación.

2.2 La afectación del ámbito material del derecho fundamental: el juicio de delimitación

2.2.1 Delimitación del derecho concernido

Un acto de investigación realizado en un proceso penal solo puede ser calificado como *restrictivo* de derechos fundamentales si *afecta* al ámbito material de protección proporcionado por los arts. 14 a 38 CE (STC 136/2024 [*Tol*

10283718]). Para saber si existe tal *afectación* hay que determinar cuál es la esfera de protección constitucionalmente conferida y si esta concurre en el supuesto de hecho abordado.

La operación normativa que determina si, en un caso concreto, concurre esa protección constitucional recibe la denominación de *juicio de delimitación*. Consiste en hallar o *concretizar* el ámbito de protección del derecho fundamental que resulta de la Constitución misma, haciendo abstracción de cualquier modificación o alteración que haya sido posteriormente introducida por la autoridad competente (RODRÍGUEZ FERNÁNDEZ, 2022 (a), p. 226; QUADRA-SALCEDO JANINI, p. 31).

Tal operación de delimitación se compone de dos juicios sucesivos, uno de subsunción y otro de ponderación.

2.2.2 Subsunción en la norma de derecho fundamental

La *delimitación* se efectúa, en primer lugar, a través de un *juicio de subsunción* —como juicio de *disyunción* o de *sí o no*— en una concreta norma de derecho fundamental. Debe dilucidarse aquí si el concreto supuesto de hecho que se afronta encaja en la formulación normativa de la integridad personal, la intimidad, la inviolabilidad del domicilio o el secreto de las comunicaciones —por citar los ejemplos más comunes en el ámbito procesal penal—. Las normas de derecho fundamental se plasman, sin embargo, en el texto constitucional, mediante enunciados sintéticos y lapidarios, por lo que dicha subsunción no siempre resulta sencilla.

Como señalamos en el capítulo 1, la doctrina del TC ofrece distintos *tests* o criterios interpretativos que sirven para resolver los problemas ligados a la formulación normativa abierta que caracteriza a las normas de derecho fundamental.

Para dilucidar, por ejemplo, si una actuación del poder público afecta al derecho a la integridad personal, en su dimensión de incolumidad corporal, se utiliza un criterio de *foto fija*: si el cuerpo de la persona se ha visto de algún modo modificado, aunque solo sea en su apariencia externa, hay afectación de la integridad personal. De no ser así, la medida adoptada no restringe dicho derecho fundamental (véase el capítulo 1, apartado 3.2.1). Para determinar si esa misma actuación afecta, en cambio, a la intimidad corporal debe examinarse si recae sobre zonas del cuerpo que tienen atribuida una naturaleza reservada o íntima de acuerdo con las pautas culturales compartidas sobre el recato o el pudor (capítulo 1, apartado 5.1.3).

Por su parte, la entrada en un determinado recinto afecta al derecho a la inviolabilidad domiciliaria si dicho lugar está destinado de forma real y efectiva al desarrollo de la intimidad personal y si reúne, además, unas mínimas condiciones externas que permitan inferir la voluntad de su titular de excluir a los terceros (capítulo 1, apartado 5.2.1).

En todos estos casos, la doctrina del TC aporta las pautas generales que sirven como *criterios-puente* para realizar el correspondiente juicio de subsunción —*sí o no*— de un acto de investigación en un concreto enunciado normativo del capítulo II del título I CE (RODRÍGUEZ FERNÁNDEZ, 2022 (a), pp. 232-237).

2.2.3 Supuestos expresamente excluidos de la subsunción

La subsunción en la norma de derecho fundamental no resulta posible allí donde la Constitución excluye expresamente el supuesto de hecho afrontado. Ejemplos clásicos son la exclusión expresa de las reuniones armadas de la protección conferida por el derecho de reunión (art. 21.1 CE) y la de los grupos paramilitares en relación con el derecho de asociación (art. 22.5 CE). La comisión de un delito flagrante —cuya concurrencia depende de las notas de *evidencia* y *urgencia* que fueron analizadas en el apartado 5.2.4 del capítulo 1— constituye, asimismo, un supuesto de hecho expresamente excluido de la protección constitucional de la inviolabilidad domiciliaria (art. 18.2 CE).

La doctrina constitucional se refiere, a veces, a estos supuestos excluidos como *límites expresos o inmediatos* a los derechos fundamentales, si bien, en puridad, no puede hablarse propiamente de un límite allí donde la propia norma de derecho fundamental es la que determina originariamente su alcance.

2.2.4 Conflicto horizontal entre derechos fundamentales

El juicio de subsunción no siempre agota toda la actividad hermenéutica requerida para la delimitación del derecho fundamental en juego. En la medida en que todos los derechos fundamentales gozan de vinculación inmediata o aplicabilidad directa (art. 53.1 CE), pueden plantearse situaciones de interferencia entre ellos.

La Constitución hace, a veces, referencia expresa a situaciones de interferencia o limitación recíproca entre distintos derechos fundamentales. El art. 20.4 CE señala, por ejemplo, que los derechos al honor, a la intimidad y a la propia imagen constituyen límites del derecho fundamental a la libertad de expresión. Pero, aun a falta de mención específica, es claro que los derechos fundamentales se limitan, en general, los unos a los otros y que, por mucho que el legislador pueda establecer ponderaciones *a hoc* para determinadas situaciones de conflicto, son, en realidad, los jueces —y en última instancia el Tribunal Constitucional— los que deben realizar una labor delimitadora de su respectivo alcance en cada situación de interferencia.

En el proceso penal, la determinación del ámbito material del derecho fundamental afectado por un concreto acto de investigación no suele depender, en principio, de la previa resolución de una situación de conflicto horizontal con otro derecho fundamental sustantivo. Pero esa posibilidad, por excepcional que sea, no puede descartarse sin más.

En el capítulo 1, apartado 5.2.4, ya se puso de manifiesto que la entrada en un domicilio constitucionalmente protegido por parte de agentes de policía que desarrollan una investigación penal puede generar una situación de conflicto horizontal entre las pretensiones contradictorias de los distintos moradores. Uno de ellos puede prestar consentimiento a la entrada de la fuerza policial al tiempo que otro, ejerciendo su propio derecho fundamental sobre el domicilio común, puede oponerse a ella. Si el consentimiento prestado por uno de los moradores resulta válido, la entrada de la policía en el recinto domiciliario no constituye una restricción del derecho fundamental del art. 18.2 CE. Si ese consentimiento no puede considerarse suficiente, dicha entrada ha de reputarse, por el contrario, como una intromisión o restricción.

Este caso pone de relieve que, también en el proceso penal, la delimitación del ámbito material del derecho fundamental puede requerir, en algunas ocasiones, la previa resolución interpretativa de una situación de conflicto o interferencia entre derechos fundamentales de libertad, de modo que solo una vez resuelta esta puede determinarse si el acto investigador realizado tiene naturaleza restrictiva.

2.2.5 Resolución del conflicto mediante un juicio de ponderación

Abundando en el ejemplo citado, resulta interesante advertir que las SSTC 22/2003 [*Tol 239218*] y 209/2007 [*Tol 1155260*] renuncian a enunciar un test o criterio fijo con el que resolver todos los supuestos de conflicto horizontal entre titulares de un domicilio compartido. Esto es así porque las situaciones de interferencia o conflicto entre derechos fundamentales sustantivos no pueden resolverse mediante un juicio de subsunción. El intérprete debe dilucidar cuál es la posición vital, entre las varias que se encuentran en pugna, que merece, en las circunstancias del caso concreto, una tutela prevalente de acuerdo con la escala constitucional de valores, lo que exige un *juicio de ponderación* —como juicio de *optimización* o de *más o menos*—.

En su relación horizontal, los derechos fundamentales —al tener el mismo rango normativo por efecto del art. 53.1 CE— pierden, en definitiva, su dimensión general de reglas y se convierten en bienes jurídicos que necesitan ser ponderados en su proyección común sobre el particular contexto que se afronta (RODRÍGUEZ FERNÁNDEZ, 2022 (a), pp. 257-259).

Así, el conflicto horizontal entre los distintos comoradores del mismo domicilio se acaba resolviendo, en las citadas SSTC 22/2003 [*Tol 239218*] y 209/2007 [*Tol 1155260*], dando prevalencia a la facultad de oposición del conviviente al que la pretensión de intromisión del poder público afecta de forma más intensa en su esfera personal. El TC reconoce, al tiempo, que donde esa diferencia cualitativa no resulta perceptible, la autorización de un solo morador puede ser suficiente para autorizar la entrada policial, dada la confianza recíproca que debe regir en las relaciones entre convivientes —sin descartar, no obstante, que la concreta situación de convivencia pueda responder a parámetros distintos—.

Con la realización de estos dos juicios —de *subsunción* (en la norma de derecho fundamental) y de *ponderación* (cuando concurre un conflicto horizontal entre derechos fundamentales sustantivos)— queda configurado, en definitiva, el ámbito material de protección del derecho fundamental. Comienza entonces el segundo paso interpretativo, tendente a determinar si la injerencia del poder público en ese ámbito cumple los requisitos necesarios (*juicio de restricción*).

2.3 La restricción del derecho fundamental (I): la coactividad de la injerencia

2.3.1 Carácter coactivo de la restricción

Un acto de investigación que afecta al ámbito material protegido por una norma de derecho fundamental solo tiene carácter restrictivo si resulta obligatorio. Según señala el TC, la nota de la *obligatoriedad* es la que determina que «las facultades de autodeterminación características» de los derechos del capítulo II del título I queden «potencialmente excluidas, lo que supone que el alcance material de estos derechos fundamentales resulta legalmente restringido o limitado» (STC 136/2024 [*Tol 10283718*]).

Hay que distinguir, sin embargo, la coactividad del acto indagatorio en el texto de la ley habilitante y su efectiva coactividad en el caso concreto —que depende de la válida prestación de consentimiento—.

2.3.2 Coactividad legal

Como señala la STC 136/2024 [*Tol 10283718*], el legislador suele expresar la naturaleza obligatoria de una medida utilizando términos lingüísticos que indican que su aplicación no está supeditada a la prestación de consentimiento. La enunciación o formulación de la injerencia en términos imperativos lleva consigo, con carácter general, la posibilidad de ejecución forzosa, si bien, como señala la propia STC 136/2024 [*Tol 10283718*], el legislador también puede optar por «el uso de la coacción jurídica (a través de un régimen sancionador)».

Los supuestos más problemáticos son, en realidad, los de «intervención fáctica» (BERNAL PULIDO, pp. 672-673), en los que el legislador elude utilizar la coacción jurídica o física, pero dificulta o disuade de algún modo relevante el ejercicio del derecho fundamental —por ejemplo, a través de cargas impositivas o excluyendo la obtención de determinadas ventajas—. Este tipo de intervenciones del poder público tienen especial interés en la actualidad, pero operan en ámbitos —por ejemplo, el de la vacunación incentivada— que se encuentran fuera del marco propio del proceso penal.

2.3.3 Prestación de consentimiento

El carácter restrictivo del acto de investigación queda excluido, en su aplicación al caso concreto, si se practica con el consentimiento del titular del derecho fundamental.

La válida prestación de consentimiento queda, normalmente, condicionada por las características del derecho fundamental concernido. En el capítulo 1 ya señalamos cómo el TC ha aceptado la posibilidad de inferir el consentimiento, en las intromisiones en la intimidad, de *hechos concluyentes* (apartado 5.1.2) al tiempo que ha excluido, con carácter general, que la falta de oposición a la entrada en un domicilio pueda considerarse una forma de *consentimiento tácito*, salvo en ciertos contextos particulares (apartado 5.2.4).

La validez del consentimiento puede requerir, en algunos supuestos, el cumplimiento de un deber cualificado de información. Así ocurre en las intervenciones corporales graves, que son las «susceptibles de poner en peligro la salud» (STC 207/1996 [*Tol 2480638*]), en las que el consentimiento solo puede considerarse válido si se ha proporcionado una información suficiente de los riesgos que la medida conlleva.

El modo de prestación del consentimiento es especialmente importante en los casos en los que la legitimidad de la restricción está supeditada a la obtención de una autorización judicial. En ellos, el titular del derecho fundamental ha de poder percibir de forma inequívoca que, en ausencia de resolución judicial habilitante, la actuación del poder público solo puede materializarse con su aquiescencia. No puede considerarse, por tanto, que el consentimiento ha sido válidamente prestado cuando, en las circunstancias concurrentes, el titular del derecho fundamental no ha podido percibir con claridad que la realización de la injerencia dependía de su voluntad concorde, en particular si la presencia y el comportamiento de los agentes de la autoridad le ha inducido a creer que estaba obligado a colaborar con ellos.

2.4 La restricción del derecho fundamental (II): la legitimidad de la injerencia

2.4.1 Restricción y vulneración

Una vez que un acto de investigación ha sido catalogado como limitativo de derechos fundamentales —en cuanto afecta al ámbito material del derecho y ha sido aplicado sin mediar consentimiento— ha de determinarse si cumple con los requisitos que lo convierten en una injerencia legítima. El cumplimiento de tales requisitos separa conceptualmente la *restricción* —legítima— del derecho fundamental de su *vulneración*.

Ha de distinguirse aquí el régimen general de garantías establecido por la Constitución para todo tipo de restricciones y su concreta plasmación en el ámbito de los actos de investigación del proceso penal.

2.4.2 Régimen general de las restricciones

El TC considera que el elenco de requisitos necesarios para la restricción de los derechos fundamentales está sintéticamente expresado en «el régimen de garantías previsto en el art. 53.1 CE», que exige «la sumisión a reserva de ley (...) y el respeto al contenido esencial» (STC 136/2024 [*Tol 10283718*]).

El art. 53.1 CE enuncia, según el TC, dos tipos de garantías: a) en el plano formal, «la reserva de ley y la necesaria certidumbre en la definición del supuesto de hecho y de sus consecuencias limitativas», y b) en el plano material, «la aplicación del juicio de proporcionalidad, como técnica de 'restricción de las restricciones' o "límite de los límites" (...), que asegura que la limitación establecida no vaya más allá de lo necesario» (STC 136/2024 [*Tol 10283718*]).

La cláusula de respeto al *contenido esencial* es la que determina —vid. *infra* apartado 5.1.1—, que las restricciones de los derechos fundamentales de los arts. 14 a 38 CE queden sometidas a un juicio de *proporcionalidad en sentido amplio*. Se exceptúan dos supuestos: a) el derecho de propiedad del art. 33 CE, que queda sujeto a un escrutinio de mera *idoneidad*, *adecuación* o *razonabilidad* y b) el derecho de libertad de empresa del art. 38 CE, al que se aplica la proporcionalidad en sentido amplio cuando del *acceso* a la actividad económica se trata y la mera razonabilidad o adecuación cuando se analizan restricciones relativas al *ejercicio* de la actividad. Sobre ello volveremos después (*vid. infra* apartado 5.1.3).

2.4.3 Plasmación en el ámbito del proceso penal

El régimen general de garantías del art. 53.1 CE es aplicable a los actos de investigación del proceso penal. El TC alude, en este caso, al cumplimiento de una triple exigencia: a) la consecución de una *finalidad constitucionalmente legítima*; b) la existencia de *habilitación legal específica* y c) la sujeción al *principio de proporcionalidad*.

Tal sistemática es tributaria de la jurisprudencia del TEDH, que viene exigiendo inveteradamente que las medidas restrictivas de los derechos comprendidos en el Convenio de Roma estén *previstas en la ley*, sean *necesarias en una sociedad democrática* y persigan la consecución de *fines legítimos* (por todas, SSTEDH de 7/12/1976, caso *Handyside c. Reino Unido*, también conocido como caso del «pequeño libro rojo del colegio», [*Tol 573845*] y de 26/04/1979, caso *The Sunday Times c. Reino Unido* [*Tol 148640*]).

En relación con los actos de investigación del proceso penal, el TC comenzó a utilizar este triple test, de modo realmente sistemático, en su doctrina sobre las intervenciones corporales (SSTC 7/1994 [*Tol 82417*] y 207/1996 [*Tol 2480638*]). Lo extendió después a los actos de investigación que afectan al secreto de las comunicaciones (SSTC 58/1998 [*Tol 64223*] y 49/1999 [*Tol 81121*]) y a los que conciernen al derecho a la intimidad personal (por todas, SSTC 70/2002 [*Tol 258605*]; 89/2006 [*Tol 870469*] y 23/2014 [*Tol 4129146*]).

La proyección general que estos tres requisitos sobre cualquier acto de investigación penal restrictivo de derechos fundamentales —salvo que afecte a la propiedad privada o al ejercicio de una actividad económica— es, en la actualidad, indiscutible.

A los tres requisitos generales se añade, en algunos supuestos, la exigencia de autorización judicial previa. Pero esta garantía tiene intensidad distinta según que sea exigida expresamente en la Constitución —garantía judicial *absoluta*— o que se haya inferido interpretativamente de ella —garantía judicial *relativa*; *vid. infra*. apartado 6.2.2—.

Nos ocuparemos, a continuación, de forma más detenida, de cada uno de estos requisitos.

3. EL FIN PÚBLICO LEGÍTIMO

3.1 La investigación del delito como fin público legítimo

3.1.1 El fin público legítimo en general

El primer requisito necesario para que un acto de investigación restrictivo de derechos fundamentales pueda ser considerado constitucional es que persiga una finalidad legítima.

La finalidad de una ley restrictiva puede considerarse, en general, legítima si no es incompatible con el texto constitucional. No se requiere que la Carta Magna enuncie positivamente —de forma explícita o implícita— el bien jurídico que la ley de restricción pretende salvaguardar (BERNAL PULIDO, p. 696). Esto se debe a que las cláusulas de *Estado social* y *Estado democrático* (art. 1.1 CE) proyectan sobre la actividad diaria de los poderes públicos una pluralidad de fines legítimos que no pueden ser constitucionalmente predeterminados y dependen del contexto político y social concreto. También obedece a la particular posición que ocupa el legislador en el ordenamiento constitucional, pues es un «principio básico para la interpretación constitucional que el legislador no ejecuta la Constitución, sino que crea Derecho con libertad dentro del marco que ésta ofrece» (STC 209/1987 [*Tol 79989*]). Selecciona libremente, por ello, sus propios fines, siempre que no estén constitucionalmente prohibidos.

Hay división de opiniones en la doctrina sobre la ubicación sistemática que ha de darse a este requisito. Hay quienes consideran que la determinación de la concurrencia del fin legítimo es previa al examen de la proporcionalidad (GONZÁLEZ-CUÉLLAR SERRANO, p. 196; QUADRA-SALCEDO JANINI, p. 50). Otros estiman que estamos, más bien, ante el primer eslabón del subprincipio de idoneidad (BERNAL PULIDO, pp. 692-693). El TC ha optado, como ya se ha visto, por separar conceptualmente el análisis de la concurrencia del fin legítimo de la aplicación del principio de proporcionalidad (por todas, STC 140/2016 [*Tol 5783526*]). A la sistemática del TC nos ajustamos ahora.

Lo importante, en todo caso, es que la evaluación de la constitucionalidad de la norma restrictiva no tiene por qué atenerse al fin formalmente invocado por el legislador. La finalidad real de la ley de restricción debe inferirse, más bien, de su propio contenido normativo, que puede revelar, por ejemplo, que un precepto formalmente sancionador persigue en realidad, un fin puramente recaudatorio (por todas, STC 276/2000 [*Tol 81713*]).

Lo mismo debe hacerse al evaluar la aplicación de la norma restrictiva al caso concreto, de suerte que no puede considerarse constitucional la restricción consumada en *desviación de poder*. Dicha desviación se produce, en el proceso penal, cuando la policía judicial, el fiscal o el juez instructor[1] realizan el acto de restricción con una finalidad real distinta del esclarecimiento del hecho delictivo —*v.gr.*, para obtener informaciones que puedan dañar la reputación de una persona determinada o para intimidar o presionar a esta a efectos de obtener su colaboración—.

Como señala GONZÁLEZ-CUÉLLAR SERRANO (p. 204), la garantía de persecución de un fin legítimo supone la proscripción de los actos de injerencia realizados «en desviación de poder». De ahí que uno de los elementos más importantes del juicio de proporcionalidad sea, como se verá —*vid. infra* apartado 5.3.3—, la aportación de una base indiciaria que acredite la utilidad, en el caso concreto, del acto de investigación restrictivo a los efectos de obtener un mayor esclarecimiento del hecho investigado —subprincipio de idoneidad—.

1 En adelante, y para mayor claridad y sencillez en la redacción, salvo que merezca mayor concreción en el texto que se introduzca su referencia, nos referiremos al «*juez instructor o juez de instrucción*» como a cualquiera de los jueces con competencia funcional en materia de investigación judicial de delitos, en el bien entendido de que con esta denominación nos referimos al juez unipersonal integrado en la Sección que corresponda del Tribunal de Instancia competente (o, en su caso, al juez de la Sección de Instrucción del Tribunal Central de Instancia, cuando de la Audiencia Nacional hablamos) —*v.gr.* Sección de Instrucción o de la Sección Única de Civil y de Instrucción, Sección de Violencia sobre la Mujer, o Sección de Violencia contra la Infancia y Adolescencia ...—, o al juez correspondiente del TS o TSJ al que se le atribuya dicha competencia funcional cuando la competencia objetiva venga determinada a dichos tribunales por razón de aforamiento del investigado. Asimismo, dicha referencia al «*juez instructor*» lo es también teniendo en cuenta la posibilidad de que, en los casos determinados en el art. 84.6 LOPJ, se nombre a dos jueces, conforme a un turno preestablecido y público, para que, junto con el juez a quien le hubiere sido turnado el asunto inicialmente, se encarguen de la instrucción de un determinado proceso penal. En el capítulo 5 de esta obra puede consultarse una explicación completa del nuevo modelo orgánico de los Tribunales de Instancia que introduce la LO 1/2025.

3.1.2 La investigación del delito como fin constitucionalmente legítimo

El TC considera que «la determinación de hechos relevantes para el proceso penal» es un fin público legítimo para la restricción de derechos fundamentales (por todas, SSTC 25/2005 [*Tol 776003*] y 206/2007 [*Tol 1155257*]) y que es un deber del legislador habilitar potestades e instrumentos jurídicos que sean adecuados para que las fuerzas y cuerpos de seguridad cumplan su función de averiguación del delito (STC 92/2023 [*Tol 9714096*]).

Así se infiere, en realidad, de la propia Constitución. El texto constitucional, al regular la inviolabilidad domiciliaria, contempla expresamente la comisión de un *delito flagrante* como excepción a la prohibición general de entrada (art. 18.2 CE), lo que indica la legitimidad de la injerencia con fines de investigación penal. Asimismo, la exigencia de «resolución judicial», tanto en la inviolabilidad del domicilio como en el secreto de las comunicaciones, presenta una conexión intuitiva con el proceso penal.

Esto ha llevado al TC a estimar que los arts. 18.2 CE (STC 22/1984 [*Tol 79311*]) y 18.3 CE (STC 49/1999 [*Tol 81121*]) contienen por sí mismos una habilitación general para restringir —en los supuestos de delitos graves— la

protección del domicilio y las comunicaciones, aunque ha señalado que esa habilitación constitucional genérica no puede operar sin una ulterior definición legislativa de los diversos requisitos legitimadores de la injerencia —elemento de *calidad de la ley* al que luego nos referiremos—.

La consideración general de la investigación de un delito como finalidad legítima para la restricción de derechos fundamentales no obsta para que el TC aprecie que determinados actos de restricción solo resultan admisibles cuando se investigan delitos *graves* (*v.gr.*, STC 239/2006 [*Tol 971508*]). Sin embargo, la exigencia de un cierto umbral de *gravedad* pertenece ya al juicio de proporcionalidad, en particular a la *proporcionalidad en sentido estricto*.

En efecto, las actuaciones con especial potencial invasivo, como una intervención telefónica o una vigilancia acústica, solo pueden ser proporcionadas —esto es, solo pueden dar lugar a mayores ventajas que perjuicios— cuando se refieren a delitos de cierta gravedad. Dicha gravedad no se mide necesariamente en consideración de la penalidad legalmente establecida (por todas, STC 49/1999 [*Tol 81121*]). Han de valorarse otros elementos, entre ellos la imposibilidad de investigar un determinado tipo de infracciones a través de otra clase de diligencias. Todo ello pone de manifiesto que estamos ante una ponderación de beneficios y sacrificios que excede la sola evaluación de la legitimidad del fin.

3.2 Las investigaciones prospectivas y el principio de especialidad

3.2.1 Reserva de restricción para las investigaciones penales reactivas

Para que la finalidad de indagación de hechos delictivos concurra en un caso concreto ha de tener un sustento objetivo suficiente, sin que pueda ser apreciada discrecionalmente. A este elemento —ligado a la proscripción constitucional de procesos penales puramente prospectivos— se refiere la LECrim en vigor, a propósito de las diligencias de investigación tecnológica, dándole la denominación de *principio de especialidad*.

Según señala el art. 588 *bis* a) LECrim —redactado por la LO 13/2015— el principio de especialidad «exige que una medida esté relacionada con la investigación de un delito concreto» sin que puedan «autorizarse medidas de investigación tecnológica que tengan por objeto prevenir o descubrir delitos o despejar sospechas sin base objetiva».

Hay que tener en cuenta que la policía practica habitualmente lo que en la doctrina norteamericana se denomina *proactive investigations*, esto es, investigaciones que persiguen la anticipación de la acción investigadora del Estado frente a actividades criminales previsibles o futuras, tarea que exige una fuerte implicación en labores de *información* o *inteligencia* (LAFAVE/ISRAEL/KING/KERR, p. 7). También es habitual que las diversas policías administrativas encuentren indicios de delito en el ejercicio de sus funciones inspectoras. Pero estas actuaciones preventivas no dan lugar a la incoación de un proceso penal hasta tanto no se produce el hallazgo de ciertos elementos objetivos. Hasta ese momento, no pueden, por concepto, justificar la adopción de medidas restrictivas de derechos fundamentales. 1165

Las injerencias prospectivas o preventivas en derechos fundamentales, encaminadas a descubrir la eventual comisión de un delito sin que este haya quedado previamente individualizado y objetivado, no son constitucionalmente posibles; solo cabe su adopción en el seno de investigaciones que reaccionan ante la comisión pasada o actual, debidamente objetivada, de una infracción punible —*reactive investigations*—. El principio de especialidad no se circunscribe, por tanto, al ámbito de la «investigación tecnológica», como podría deducirse del art. 588 *bis* a) LECrim, sino que se trata de una exigencia aplicable a todo tipo de diligencias restrictivas de derechos fundamentales.

Por mucho que la barrera de punibilidad de las infracciones penales graves se adelante e incluya, en los delitos especialmente graves, la sola realización de actos preparatorios, la restricción de derechos fundamentales nunca es admisible en el proceso penal si no se sustenta en elementos objetivos que indiquen la efectiva comisión de un comportamiento tipificado como delito. En el caso particular de la realización de actos preparatorios punibles deben aportarse, por tanto, elementos objetivos suficientes para inferir que dichos actos de «conspiración» o «proposición» para delinquir (art. 17 CP) se están ya materializando.

3.2.2 Restricción de derechos en las investigaciones prospectivas de seguridad

Lo dicho no significa, sin embargo, que no existan en nuestro ordenamiento otro tipo de investigaciones preventivas que sí pueden dar lugar a actos de restricción de derechos fundamentales, solo que estas otras investigaciones deben estar amparadas en una finalidad constitucional legítima distinta al esclarecimiento de hechos constitutivos de delito.

Así ocurre, en particular, en el ámbito de las *investigaciones de seguridad sobre personas o entidades*, contempladas en el art. 5.5 de la Ley 11/2002, reguladora del Centro Nacional de Inteligencia. Tales investigaciones son las dirigidas a «prevenir, detectar y posibilitar la neutralización de aquellas actividades de servicios extranjeros, grupos o personas que pongan en riesgo, amenacen o atenten contra el ordenamiento constitucional, los derechos y libertades de los ciudadanos españoles, la soberanía, integridad y seguridad del Estado, la estabilidad de sus instituciones, los intereses económicos nacionales y el bienestar de la población» [art. 4, b) de la Ley 11/2002].

En el curso de estas *investigaciones de seguridad*, la LO 2/2002, reguladora del control judicial previo del Centro Nacional de Inteligencia, prevé la posibilidad de que el «Secretario de Estado Director» de dicho centro solicite al juez «la adopción de medidas que afecten a la inviolabilidad del domicilio y al secreto de las comunicaciones, siempre que tales medidas resulten necesarias para el cumplimiento de las funciones asignadas al Centro» (art. único, apartado 1). El fin legítimo de la restricción ya no es, en este caso, la averiguación de un delito sino la necesidad de anticipar y prevenir peligros de extraordinaria relevancia para los intereses más esenciales del Estado.

4. LA HABILITACIÓN LEGAL ESPECÍFICA

4.1 La reserva de ley en la restricción de derechos fundamentales

4.1.1 Función clásica y significado actual

La reserva de ley fue la única protección jurídica efectiva de la que dispusieron los derechos fundamentales de libertad en el modelo de Estado constitucional que predominó en Europa en el siglo XIX. Como explicaba Otto MAYER, el poder ejecutivo tenía, en dicho sistema, legitimación constitucional para actuar autónomamente en beneficio del interés general, pero había casos en los que la ley era requerida por la propia Constitución como «condición indispensable de la actividad del Estado». La sujeción a reserva de ley operaba «solo para ciertos objetos particularmente importantes», entre los que figuraba, en lugar destacado, el listado de derechos fundamentales de libertad enunciado en la Constitución. El efecto técnico de la previsión constitucional de unos derechos fundamentales era, por consiguiente, la prohibición de «los actos de violencia que pudieran restringirlos sin estar autorizados por una ley» (MAYER, pp. 98-99).

Se articulaba un modelo de *monarquía constitucional* donde el aparato del Estado estaba encarnado por el monarca y su administración —con su propia legitimación de origen— mientras que el Parlamento representaba, como contrapeso, a la sociedad civil y actuaba, tal y como explicaba Carl SCHMITT (p. 147), como el auténtico *defensor de la Constitución* frente al poder ejecutivo del rey. El sistema de *reservas de ley* facilitaba, por tanto, que el Parlamento pudiera proteger el régimen constitucional de libertades frente a eventuales excesos del Estado-monarquía. Si la actuación del poder ejecutivo se ceñía al ámbito de injerencia establecido por el Parlamento se respetaba, por concepto, la Constitución. El contenido normativo de los derechos fundamentales quedaba, con ello, enteramente en manos del legislador, que era su único custodio y protector.

En el ordenamiento constitucional vigente, la reserva de ley sigue siendo una pieza clave del sistema de restricción de derechos fundamentales, muy especialmente en el ámbito del proceso penal. Pero el legislador ya no cumple el papel de *defensor de la Constitución*. El Parlamento es uno de los órganos del *poder constituido* y también queda sometido a las normas constitucionales. Carece de poder de disposición sobre los derechos fundamentales. La experiencia política de la primera mitad del siglo XX demuestra que el Parlamento puede convertirse en un instrumento de la mayoría política con el que aniquilar a las minorías. El sistema de derechos fundamentales se articula en las constituciones europeas posteriores a 1945 como un mecanismo constitucional de protección de quienes optan por apartarse de los patrones y modelos de vida socialmente compartidos o aceptados. Los derechos fundamentales tienen, por ello, un carácter eminentemente *contramayoritario* y han de quedar salvaguardados incluso frente al ejercicio del principio democrático por parte del poder legislativo.

Por estas razones, la reserva de ley para la restricción de derechos fundamentales es, en la actualidad, una habilitación normativa condicionada. El poder legislativo debe respetar, al definir los diversos supuestos de restricción de los derechos de los arts. 14 a 38 CE, el *contenido esencial* de estos (art. 53.1 CE), lo que significa, como se verá, que ha de reducir la injerencia al mínimo necesario, salvaguardando el máximo grado de autonomía individual. Las restricciones establecidas por la ley pueden, por tanto, ser inconstitucionales si resultan desproporcionadas, por mucho que hayan sido establecidas por los representantes de los ciudadanos.

La función de control de constitucionalidad de las leyes —también en el supuesto concreto de vulneración del art. 53.1 CE— corresponde, en realidad, al órgano más característico de nuestro vigente sistema constitucional, encargado de defender la Constitución frente al legislador mismo: el Tribunal Constitucional. La ley tiene, eso sí, una «posición privilegiada» en el sistema de fuentes (por todas, STC 93/2024 [*Tol 10273360*]) que determina que, hasta tanto no sea declarada inconstitucional por el TC, resulta vinculante para todos los poderes públicos, incluidos los órganos del Poder Judicial (art. 117.1 CE), sin perjuicio de que estos puedan plantear la cuestión de inconstitucionalidad por la vía del art. 165 CE en relación con los arts. 35 a 37 LOTC.

4.1.2 Dimensión técnica constitucional

Sentado que la reserva de ley no implica una actividad legislativa libérrima de desarrollo de la Constitución, como en los modelos constitucionales decimonónicos, puede decirse que, en nuestra Constitución vigente, cumple una triple función: técnica, política y de garantía

La *vertiente técnica* de la reserva de ley ya ha sido apuntada en la introducción de este capítulo y está relacionada con la particular estructura aplicativa que caracteriza, en la Constitución de 1978, a las normas de derecho fundamental, con su efecto distintivo de *vinculación inmediata* o *aplicabilidad directa* (resultante del art. 53.1 CE). Esta garantía supone que los poderes públicos quedan sometidos, en su relación con los ciudadanos y sin necesidad de *interpositio legislatoris*, a ciertos mandatos de abstención y órdenes de cooperación derivados de los arts. 14 a 38 CE. Los bienes jurídicos, en particular los colectivos, necesitan, en cambio, para ser aplicados en detrimento de un derecho fundamental, la mediación de legislador, lo que vale incluso para aquellos intereses públicos que tienen especial rango constitucional y que están expresamente contemplados en la Carta Magna como directrices materiales vinculantes —principios rectores— de la actividad de los poderes públicos (como resulta del art. 53.3 CE).

Si los bienes jurídicos colectivos —como el interés público en la persecución de los delitos— fuesen utilizados directamente por las autoridades del Estado y sus agentes como límites materiales de los derechos fundamentales —esto es, si esas autoridades pudieran ponderar discrecionalmente en qué situaciones han de dar prevalencia a los intereses colectivos dignos de tutela sobre las posiciones originarias de libertad garantizadas constitucionalmente—, se produciría una equiparación ilegítima de normas constitucionales de densidad normativa muy diversa, pues tanto las normas de derecho fundamental como las que enuncian bienes jurídicos —sea implícita (normas competenciales) o explícitamente (principios rectores)— resultarían directamente aplicables. Se consumaría, con ello, una degradación normativa de las disposiciones de derecho fundamental, que perderían su característica distintiva y serían asimilables a cualquier otro bien jurídico legítimo. Ha de ser, por ello, el legislador el que defina los distintos supuestos de hecho de restricción de los derechos fundamentales, dando densidad normativa a lo que en la Constitución se contempla como mera habilitación para restringir, carente de contenido inmediato.

Esta vertiente técnica no constituye, en todo caso, un mero formalismo. Lo que con ella se asegura es una dinámica jurídica —*libertad-restricción*— que parte de la premisa de que la dignidad de persona (art. 10.1 CE) confiere efecto normativo directo a las decisiones que los individuos adoptan en sus esferas vitales más esenciales, al tiempo que somete toda injerencia del poder público en dichos ámbitos de autonomía a un escrutinio jurídico formal y material —a través, justamente, de los requisitos que la Constitución impone a toda restricción de los derechos fundamentales—.

4.1.3 Dimensión política en el sistema de democracia parlamentaria

La *vertiente política* de la reserva de ley para la restricción de los derechos fundamentales está vinculada a la opción constitucional de establecer un régimen de *democracia parlamentaria*. Se trata, en palabras del TC, de que los derechos fundamentales de los ciudadanos reconocidos en el capítulo II del título I CE «no se vean afectados por ninguna injerencia estatal no autorizada por sus representantes» (por todas, STC 99/2021 [*Tol 8451614*]). No obstante, el ligamen de la reserva de ley con el sistema político parlamentario también ha ido evolucionando con los cambios de modelo constitucional.

Como explicaba Ignacio DE OTTO (pp. 151-157), la dimensión política de la reserva de ley en materia de derechos fundamentales estuvo vinculada, en un principio, al modelo de *monarquía constitucional*, en el que la Administración Pública dependía directamente del rey y carecía, por ello, de toda legitimación democrática. Los representantes de la sociedad civil debían definir los supuestos de hecho en los que la actividad ejecutiva del monarca podía afectar a sus derechos individuales —lo que, en el caso particular del Imperio Alemán, modelo político del llamado *principio monárquico*, se materializaba a través de una reserva general de ley para toda intervención en la libertad y la propiedad—.

En el modelo constitucional vigente, España se configura, en cambio, como una *monarquía parlamentaria* en la que el Gobierno recibe la confianza del Parlamento y goza, por tanto, de una legitimación democrática propia. El fundamento político clásico de la reserva de ley pervive, por ello, de un modo más atenuado —pues estamos ante una cuestión de grado de representación más que de ausencia de esta— y a él se suma una razón adicional: la consideración, en el texto constitucional, de que el procedimiento parlamentario es el único idóneo para alumbrar decisiones políticas legítimas en las cuestiones que son más relevantes para el desarrollo de la Constitución.

La Constitución realza la dignidad de la deliberación parlamentaria como expresión, en régimen de publicidad, del pluralismo político de la sociedad española (STC 42/2014 [*Tol 4143402*]). La definición de los supuestos de hecho en los que cabe la injerencia del poder público en las esferas vitales más esenciales de los ciudadanos constituye una de las cuestiones que requieren, en la visión del Constituyente, una deliberación política pública y plural. De ahí que los decretos—leyes, como disposiciones normativas con fuerza de ley dictadas por el Gobierno, en las que el papel del Parlamento es de mero asentimiento o convalidación, no puedan afectar, por mandato constitucional, a los derechos fundamentales (art. 86.1 CE).

En el caso particular de los derechos de la sección 1ª del capítulo II del título I (por todas, STC 116/1999 [*Tol 13003*]), el constituyente opta incluso por implantar un modelo de «democracia de acuerdo basada en mayorías cualificadas o reforzadas» (por todas, SSTC 124/2003 [*Tol 285454*] y 31/2018 [*Tol 8485296*]), de tal suerte que la ley de restricción de un derecho comprendido en los arts. 14 a 29 CE ha de ser aprobada, modificada o derogada con «mayoría absoluta del Congreso, en una votación final sobre el conjunto del proyecto» (art. 81.1 CE).

Según una doctrina constitucional consolidada, solo al legislador orgánico del art. 81.1 CE corresponde, por tanto, determinar los supuestos de restricción de los derechos comprendidos en los arts. 14 a 29 CE, pues, según razona la STC 136/2024 [*Tol 10283718*], «la labor primordial del legislador orgánico es, justamente, determinar las medidas de restricción o injerencia que pueden acordarse», lo que comprende la «la determinación del supuesto de hecho y su consecuencia limitativa».

Al legislador ordinario compete, en cambio, aprobar, modificar o derogar las restricciones que operan para el resto de los derechos fundamentales del capítulo II del título I CE (sección 2ª), así como las «normas de organización y procedimiento» que sirven para ejecutar cualquier derecho fundamental del capítulo II (por todas, STC 136/2024 [*Tol 10283718*]).

4.1.4 Dimensión de garantía vinculada a la seguridad jurídica

El TC destaca que «la reserva de ley no es una mera forma», pues demanda también ciertas «exigencias respecto al contenido de la ley» (STC 99/2021 [*Tol 8451614*]). Tal contenido ha de ser lo bastante preciso como para proteger «la expectativa razonablemente fundada del ciudadano en (conocer) cuál ha de ser la actuación del poder en aplicación del derecho» (STC 36/1991 [*Tol 80450*]). La injerencia en el derecho fundamental ha de ser, por tanto, suficientemente previsible para el ciudadano.

El TC considera que, en un sistema jurídico, como el español, en el que los jueces no están vinculados al precedente y solo quedan sometidos al «imperio de la ley» (art. 117.1 CE), la reserva de ley «constituye el único modo efectivo de garantizar las exigencias de seguridad jurídica en el ámbito de los derechos fundamentales y las libertades públicas» (por todas, SSTC 49/1999 [*Tol 81121*]; 99/2021 [*Tol 8451614*] y 92/2023 [*Tol 9714096*]).

La *vertiente de garantía* de la reserva de ley supone, por ello, que el contenido de la norma legal que restringe un derecho fundamental ha de cumplir una exigencia cualificada de certidumbre o seguridad jurídica. Aun cuando la seguridad jurídica es un principio constitucional que se aplica a toda la actividad de los poderes públicos (art. 9.3 CE), adquiere una especial fuerza vinculante en lo que a la restricción legislativa de los derechos fundamentales se refiere, de modo que el legislador ha de hacer «el máximo esfuerzo posible» para hacerla efectiva (STC 62/1982 [*Tol 79035*]).

Por tal razón, «la ley que autorice injerencias en los derechos fundamentales debe indicar con claridad el alcance de la discrecionalidad conferida a las autoridades competentes, así como la manera de su ejercicio» (SSTC 49/1999 [*Tol 81121*] y 92/2023 [*Tol 9714096*]). En suma, «la ley debe definir las modalidades y extensión del ejercicio del poder otorgado con la suficiente claridad para aportar al individuo una protección adecuada frente a la arbitrariedad» (STC 169/2001 [*Tol 12996*]).

Aunque las resoluciones del TC suelen destacar la función protectora del ciudadano que cumple esta vertiente de la reserva de ley, resulta evidente que la determinación precisa del contenido de la restricción también desempeña una función instrumental en relación con la efectividad de la vertiente técnica y política de la reserva. Si el Parlamento pudiera limitarse a aprobar una autorización genérica para intervenir en las zonas de inmunidad de los arts. 14 a 38 CE, operaría, de facto, una *deslegalización* que dejaría sin efecto la especial protección normativa de los derechos fundamentales y convertiría, al tiempo, el debate parlamentario de los representantes de los ciudadanos en un mero formalismo. La decisión de injerencia sería, en realidad, puramente discrecional.

Esta vertiente de garantía es, en todo caso, la que más nos interesa ahora, en cuanto supone, como ha señalado el TC, que la habilitación legal para restringir un derecho fundamental ha de ser *específica* y no puede consistir en la mera autorización genérica. La ley de restricción ha de cumplir un cierto estándar de *calidad* en la definición del supuesto de hecho y en la determinación de sus consecuencias restrictivas. De ese estándar de calidad, en relación específica con el proceso penal, nos ocupamos a continuación, tanto en lo que se refiere a su tutela frente al legislador —a cargo del TC— como en lo relativo a los límites de la interpretación judicial.

4.2 La calidad de la ley de restricción y su tutela por el Tribunal Constitucional

4.2.1 La calidad de la ley de restricción

Para el TC, «la norma de restricción o limitación de un derecho fundamental» ha de ser «suficientemente precisa y previsible en cuanto su aplicación y duración», de modo que «la insuficiente predeterminación *ex ante*» constituye «un defecto inmanente de la redacción legal del precepto» que afecta «a la calidad de la ley, esto es, a la accesibilidad y previsibilidad del alcance de la norma» (SSTC 184/2003 [*Tol 528614*]; 261/2015 [*Tol 5628412*]; 25/2022 [*Tol 8871429*]; 42/2022 [*Tol 8909224*] y 136/2024 [*Tol 10283718*]).

El TC sigue aquí al TEDH cuando afirma que «las restricciones de derechos incluidos en el Convenio, para ser consideradas legítimas, deben estar previstas en una norma que cumpla las exigencias del principio de calidad de la ley, accesible para sus destinatarios y lo suficientemente precisa para hacer previsibles sus consecuencias (SSTEDH de 26/04/1979, caso *Sunday Times* (núm. 1) c. Reino Unido [*Tol 148640*] y, más recientemente, de 15/10/ 2015, caso *Kudrevićius y otros c. Lituania* [*Tol 6403943*])» (STC 136/2024 [*Tol 10283718*]).

Para que la restricción sea suficientemente previsible para el ciudadano, tanto en su supuesto de hecho como en sus consecuencias, «la ley ha de expresar todos y cada uno de los presupuestos y condiciones de la intervención» (por todas, STC 37/1989 [*Tol 80249*]). No obstante, el TC ha admitido que, en las intromisiones de menor intensidad, resulta admisible «una relativa relajación de las exigencias de taxatividad de la norma» (STC 34/2010 [*Tol 1917628*]).

4.2.2 Dos formas de tutelar la calidad de la ley en la doctrina del TC

Nos interesa ahora señalar cómo el TC, con criterio discutible, ha proyectado consecuencias distintas, al resolver recursos de amparo, sobre los casos de regulación legal manifiestamente insuficiente de los requisitos de la injerencia y los de completa ausencia de requisitos. Podemos tomar, como ejemplo, la distinta tutela del secreto de las comunicaciones del art. 18.3 CE otorgada en las SSTC 49/1999 [*Tol 81121*] y 145/2014 [*Tol 4529675*]:

* La insuficiente *calidad* de la ley habilitante de las intervenciones telefónicas fue apreciada por la STC 49/1999 [*Tol 81121*], que recogió la doctrina de la STEDH de 30 de julio de 1998, caso *Valenzuela Contreras c. España* [*Tol 216240*]. La sentencia *Valenzuela* consideró que, en materia de secreto de las comunicaciones, la exigencia de calidad de la ley «implica que el Derecho interno debe usar términos suficientemente claros para indicar a todos de manera suficiente en qué circunstancias y en qué condiciones se habilita a los poderes públicos a tomar tales medidas». Especificó que era necesaria la previsión legal de los siguientes extremos:

> «la definición de las categorías de personas susceptibles de ser sometidas a escucha judicial; la naturaleza de las infracciones susceptibles de poder dar lugar a ella; la fijación de un límite a la duración de la ejecución de la medida; el procedimiento de transcripción de las conversaciones interceptadas; las precauciones a observar, para comunicar, intactas y completas, las grabaciones realizadas a los fines de control eventual por el Juez y por la defensa; las circunstancias en las cuales puede o debe procederse a borrar o destruir las cintas, especialmente en caso de sobreseimiento o puesta en libertad».

La STC 49/1999 [*Tol 81121*] apreció que regulación legal de las intervenciones telefónicas entonces vigente «ni definía las categorías de personas susceptibles de ser sometidas a escucha, ni fijaba límite a la duración de la medida, ni determinaba las condiciones que hubieran de reunir las transcripciones de las conversaciones interceptadas, ni las relativas a la utilización de las mismas». El TC optó, no obstante, por considerar que la insuficiente calidad de ley habilitante no implicaba, necesariamente, la vulneración del derecho fundamental sustantivo en el caso concreto. Si la resolución judicial autorizativa había cumplido con las exigencias propias del juicio de proporcionalidad, había suplido las insuficiencias de la ley y había sido correctamente motivada podía descartarse la lesión del derecho fundamental del art. 18.3 CE. Hasta tanto llegase la necesaria reforma legislativa de la regulación de las intervenciones telefónicas, la doctrina del TC habría de servir de referencia para suplir los defectos de calidad de la ley en vigor. Es notorio que la opción del TC de no considerar vulnerado el ar. 18.3 CE como consecuencia de la insuficiente calidad de la norma legal habilitante provocó que el legislador careciera de incentivos para modificar la norma vigente y permaneciera inactivo durante décadas.

* La STC 145/2014 [*Tol 4529675*], relativa a la instalación de un micrófono en el interior de un calabozo, con la consiguiente interceptación de conversaciones orales mantenidas por un detenido en dependencias policiales, consideró, por su parte, que la regulación de la LECrim no establecía ninguna concreción de los requisitos necesarios para la vigilancia acústica de conversaciones orales presenciales —sobre la inclusión de estas en el derecho del art. 18.3 CE, véase el capítulo 1, apartado 5.3.3—. El TC optó, en esta resolución, por considerar vulnerado el derecho fundamental al secreto de las comunicaciones, sin necesidad de analizar la proporcionalidad de la medida, en la consideración de que «los avales mínimos que se han venido reclamando cuando de calidad de la ley hablamos (en concreto de su previsibilidad), quiebran en mayor medida si ni siquiera se ha procedido a la intervención del legislador» (STC 145/2014 [*Tol 4529675*]).

El TC estimó, también en este supuesto, que existía un problema de calidad de la ley —y no de ausencia de toda cobertura legal— al partir de la premisa, antes explicada, de que la Constitución incluye en su artículo 18.3 una habilitación genérica para injerir en el secreto de las comunicaciones que el legislador debe completar después, para que sea operativa, con la regulación de los requisitos correspondientes. En este caso, el legislador no había establecido requisito alguno, por lo que la ausencia de calidad de ley habría llegado a su grado máximo y no podría suplirse en la resolución judicial. La decisión del TC de estimar este recurso amparo por la falta de calidad de la ley provocó, ahora sí, la inmediata reacción del legislador, que, por fin, introdujo una regulación completa de las diligencias de investigación de naturaleza tecnológica, dotada de la suficiente calidad, a través de la LO 13/2015.

4.2.3 Evaluación de la doctrina del Tribunal Constitucional sobre los efectos de la falta de calidad de la ley de restricción

La diferente tutela jurídica por parte del TC de los dos supuestos expuestos no parece dogmáticamente convincente. La insuficiente calidad de la ley habilitante significa que la injerencia carece de la necesaria nota de previsibilidad para el ciudadano y que, por lo tanto, la autoridad que acuerda la medida —en el caso del proceso penal, el juez instructor— determina discrecionalmente su ámbito de aplicación y su duración, sin contar con la imprescindible habilitación del legislador. Esto implica, en buena lógica, la vulneración del derecho fundamental por ausencia de un requisito esencial de la restricción.

Esta fue la posición defendida por el voto particular del magistrado Cruz Villalón a la STC 49/1999 [*Tol 81121*], en el que defendió que la vulneración del derecho al secreto de las comunicaciones «la produce ya la sola deficiencia de ley, sin que sea necesario, para confirmar dicha vulneración, el examen y valoración que se hace en la Sentencia de la actuación judicial». No compartía el magistrado «la idea de una especie de vulneración calificada de "autónoma e independiente de cualquier otra" del derecho fundamental determinada por las carencias en la calidad de la ley que, sin embargo, pueden ser, por así decir, posteriormente "neutralizadas" por medio de una actuación judicial particularmente respetuosa del derecho fundamental en cuestión».

Ciertamente, en la STC 49/1999 [*Tol 81121*] el Tribunal se enfrentaba al *abismo* que suponía reconocer que todas las diligencias de intervención telefónica acordadas en ese momento debían considerarse nulas por vulneración del art. 18.3 CE. Pero, para modular los efectos prácticos generados con la vulneración del derecho fundamental, habría podido acudir a otro tipo de solución interpretativa.

Una opción prudente habría sido utilizar la *cuestión interna* de inconstitucionalidad (art. 55.2 LOTC) y declarar la inconstitucionalidad —con nulidad diferida— de la regulación legal de las intervenciones telefónicas, estableciendo, acto seguido, ciertos efectos prospectivos, en particular el otorgamiento de un plazo razonable —*v.gr.*, un año— para que el legislador supliera la insuficiencia de la ley habilitante con una regulación completa. Durante ese plazo, la doctrina del TC habría podido suplir —solo temporalmente— la insuficiencia de la habilitación legal. Los recursos de amparo que hubiesen sido abordados en dicho período podrían haber sido resueltos con una tutela puramente declarativa de la vulneración, sin apreciar la nulidad de la intervención telefónica, en los casos en los que la resolución judicial habilitante hubiera sido conforme con el principio de proporcionalidad —y hubiese cubierto de facto la insuficiencia del texto normativo—. Cumplido el plazo conferido al legislador, si este no hubiera realizado la correspondiente reforma, la única solución admisible habría sido la nulidad, a partir de ese momento, de la regulación legal y, con ella, de las intervenciones telefónicas realizadas en lo sucesivo —hasta la correspondiente intervención normativa del legislador—.

De ese modo, el TC habría dado una solución prudente a la vulneración del derecho fundamental sin descargar indebidamente al legislador de sus responsabilidades. Es comprensible, en este punto, que el TEDH considerase que la doctrina del TC podía suplir la inactividad del legislador —ya que el tribunal de Estrasburgo no tiene por qué velar por el adecuado respeto al sistema de fuentes previsto en la Constitución de cada Estado signatario del Convenio— pero no lo es tanto que el TC aceptase una situación de permanente vulneración de la reserva constitucional de ley para la restricción de derechos fundamentales.

En todo caso, la diferente reacción del legislador ante las SSTC 49/1999 [*Tol 81121*] y 145/2014 [*Tol 4529675*] debería hacer reflexionar sobre si el TC y los jueces en general deben actuar como salvavidas de un legislador que, según ha demostrado la práctica, solo cumple sus responsabilidades cuando se ve obligado a ello.

4.3 Límites a la interpretación judicial de la habilitación legal

En el plano de la aplicación judicial, la dimensión de la reserva de ley como garantía de *previsibilidad* o *certeza* del ciudadano lleva consigo la prohibición de toda interpretación que desnaturalice el espacio de injerencia que ha sido determinado por el legislador. El ámbito expresamente delimitado por la ley habilitante no puede ser objeto de ampliación interpretativa y queda prohibida toda suerte de interpretación analógica (SSTC 49/1999 [*Tol 81121*] y 92/2023 [*Tol 9714096*]).

En la doctrina del TC pueden identificarse dos líneas de actuación distintas —una más otra ortodoxa y otra más laxa— al verificar el cumplimiento, por parte de los órganos de la jurisdicción penal, de este mandato interpretativo:

* El TC ha rechazado, a veces, de modo ortodoxo, interpretaciones judiciales que desbordaban el ámbito de cobertura establecido por el legislador. Como ejemplos relevantes, pueden citarse los dos siguientes:

a) La STC 207/1996 [*Tol 83136*] consideró que los arts. 311 y 339 LECrim —en la redacción vigente en ese momento— no habilitaban para la toma de muestras de cabello y pelo axilar a efectos de realizar el correspondiente análisis de consumo de sustancias estupefacientes. Según señaló la citada resolución, tales preceptos «no prestan a esta concreta medida restrictiva de los derechos a la intimidad y a la integridad física la cobertura legal requerida por nuestra doctrina para todo acto limitativo de los derechos fundamentales». En relación con el art. 339 LECrim, el TC señaló, en particular, que «al amparo de este precepto, la autoridad judicial podrá acordar, entre muchos otros de distinta índole, el análisis pericial de cualesquiera elementos del cuerpo humano —tales como sangre, semen, uñas, cabellos, piel, etc.— que hayan sido previamente aprehendidos en alguno de los lugares previstos en la norma, pero no encontrará en esta el respaldo legal necesario para ordenar la extracción coactiva de dichos elementos de la persona del imputado».

b) Un caso más reciente es el de las videovigilancias en los garajes de comunidades de propietarios. Como se vio en el capítulo 1 (apartado 5.1.2), el TC ha interpretado que dichos garajes, al ser lugares cerrados de propiedad privada en los que los terceros quedan excluidos, gozan de una expectativa razonable de privacidad y están protegidos por el derecho a la intimidad (art. 18.1 CE). La intromisión en esos espacios requiere, por ello, una clara habilitación legal, que cumpla con los requisitos de certidumbre o certeza. La STC 92/2023 [*Tol 9714096*] considera que esa habilitación legal no puede encontrarse en el actual art. 588 *quinques* a) LECrim, que autoriza a la policía judicial a «obtener y grabar por cualquier medio técnico imágenes de la persona investigada cuando se encuentre en un lugar o espacio público, si ello fuera necesario para facilitar su identificación, para localizar los instrumentos o efectos del delito u obtener datos relevantes para el esclarecimiento de los hechos» (apartado 1).

En el caso planteado, la aplicación de dicho precepto había sido avalada por los órganos judiciales, en el proceso *a quo*, a través de una ilegítima interpretación extensiva de la referencia legal a un «lugar o espacio público» como equivalente a cualquier lugar o espacio no constitutivo de domicilio. Consideró, por ello, el TC que la videograbación policial efectuada en el garaje de la comunidad de propietarios no tenía la necesaria cobertura legal en el citado precepto de la LECrim, por lo que declaró la vulneración del derecho fundamental a la intimidad (art. 18.1 CE).

* En otras ocasiones, el TC ha sido mucho más flexible con la interpretación judicial efectuada por los órganos del Poder Judicial y ha avalado injerencias en derechos fundamentales que difícilmente podían considerarse amparadas en una habilitación legal *específica*. Así:

  a) Las normas generales que autorizan a la Policía Judicial a recoger todos los efectos, instrumentos y pruebas del delito de cuya desaparición hubiere peligro poniéndolos a disposición de la autoridad judicial (arts. 282 LECrim y 11.1 LOFCS) han sido consideradas por el TC como una habilitación legal *específica* para que la policía judicial pueda examinar por sí misma los efectos íntimos que obran en poder de la persona investigada en el momento de su detención (STC 70/2002 [*Tol 258605*]).

  b) El antes citado art. 339 LECrim, que autoriza al instructor a recabar informes periciales sobre el «cuerpo del delito» —y que el TC ya había considerado que solo habilita para tomar muestras en los lugares comprendidos en dicho concepto— fue considerado, en cambio, en la STC 25/2005 [*Tol 776003*] como una cobertura suficiente para incorporar al proceso penal los análisis de sangre realizados en dependencias hospitalarias a la persona investigada con finalidades puramente terapéuticas —que están protegidos por la *intimidad médica*, como se explicó en el capítulo 1, apartado 5.1.3—. La magistrada Casas Bahamonde, en el voto particular discrepante que formula en esta sentencia, sostiene, de modo convincente, que ni el art. 339 ni el art. 336 LECrim «suponen, por su carácter genérico, la 'previsión legal específica' necesaria 'para las medidas que supongan la injerencia en los derechos a la intimidad y a la integridad física».

1178

  c) Recientemente, el TC ha avalado (STC 99/2021 [*Tol 8451614*]) que las vigilancias acústicas de conversaciones orales de la persona investigada puedan tener carácter permanente, pese a que el art. 588 *quater* b) señala que solo pueden autorizarse para «uno o varios encuentros concretos del investigado con otras personas y sobre cuya previsibilidad haya indicios puestos de manifiesto por la investigación». Para la citada resolución, la dicción gramatical de este precepto indica que el «objeto de la intervención» puede «quedar constituido por un conjunto de encuentros», lo que determinaría, según razona, que no existe «una obligación de conectar y desconectar los micrófonos entre estos, ni de dictar resoluciones judiciales adicionales». En suma, pese a que el precepto legal deja claro que la vigilancia acústica, por su extraordinario potencial invasivo de la privacidad, solo puede ser autorizada para encuentros concretos, el TC estima que la «forma gramatical plural» utilizada por el art. 588 *quater* b) —«uno o varios encuentros concretos»— permite una vigilancia acústica permanente de un lugar determinado —en el caso resuelto, dos vehículos—.

5. EL PRINCIPIO DE PROPORCIONALIDAD

5.1 Fundamento constitucional

5.1.1 Principio de proporcionalidad y contenido esencial

Las constituciones europeas posteriores a la II Guerra Mundial —incluida la Constitución española de 1978— rompen con la tradición continental consistente en identificar la protección constitucional de los derechos fundamentales con la sumisión del poder público al principio de legalidad. Se reconoce en ellas que los derechos fundamentales gozan de una eficacia positiva directa y se les dota, además, de un particular grado de resistencia frente al legislador. Ambas características —eficacia positiva directa y especial capacidad de resistencia frente al legislador— se encuentran recogidas, junto a la clásica reserva de ley, en el art. 53.1 CE, que las plasma como garantías de *vinculación inmediata* —ya explicada— y de respeto al *contenido esencial*.

El concepto de *contenido esencial* —tomado de la Constitución alemana y actualmente incorporado al derecho público de la Unión Europea en la Carta de Derechos Fundamentales— es el que condensa, en particular, la capacidad de los derechos de los arts. 14 a 38 CE de resistir o condicionar materialmente toda intervención restrictiva del legislador. Tal garantía opera, sin embargo, de forma diversa según que afecte a una zona de inmunidad absoluta o a una zona de inmunidad relativa.

Donde la Constitución enuncia *reglas prohibitivas absolutas*, como la prohibición de tortura del art. 15 CE o la interdicción de detención gubernativa superior a 72 horas del art. 17.2 CE, el legislador solo puede respetar el *contenido esencial* de los derechos fundamentales concernidos —integridad moral y libertad deambulatoria en los ejemplos citados— ajustándose estrictamente a ellas. La aplicación de estas reglas absolutas consiste siempre en un juicio de subsunción que resulta intangible para el legislador.

Como se explicó en el capítulo 1 (apartado 3.1.3), por muy importantes que sean los fines públicos que el legislador pretenda salvaguardar, nunca puede autorizar un acto que presenta las notas objetivas —umbral mínimo de padecimiento— y subjetivas —finalidad de humillar o doblegar la voluntad de la víctima— que caracterizan la tortura, el trato inhumano o el trato degradante. Al tiempo, si el legislador establece una privación de libertad gubernativa de carácter penal o que, más generalmente, tiene la finalidad cautelar de asegurar el cumplimiento de una sanción, no puede asignar a aquella —salvo suspensión individual del derecho fundamental, conforme al art. 55.2 CE— un plazo superior a 72 horas —véase capítulo 1, apartado 4.5.4—.

En ambos supuestos —y en cualquier otro en el que se enuncie de manera expresa una regla prohibitiva absoluta—, la norma de derecho fundamental establece una barrera que no puede ser alzada por el legislador democrático, por muy poderosos que sean los argumentos que este invoque. La Constitución ha querido que el derecho fundamental no resulte, en estos concretos extremos, *derrotable* por ningún otro bien jurídico.

Donde la Constitución configura un derecho fundamental como *zona de inmunidad relativa* —como ocurre en los casos en los que se limita a utilizar una fórmula sintética o lapidaria—, la capacidad de resistencia normativa frente al legislador opera de forma distinta, concretada —ahora sí— en un juicio de ponderación.

La *esencia* de los derechos fundamentales es, en estos casos, preservar el mayor grado posible de autodeterminación individual, pues estamos ante esferas vitales que la Constitución considera inherentes a la dignidad humana e imprescindibles para el libre desarrollo de la personalidad (art. 10.1 CE). La Constitución admite que el alto grado de autodeterminación que, de modo directo, confiere al individuo en los arts. 14 a 38 CE puede ceder excepcionalmente ante exigencias ineludibles de la vida en comunidad. Admite la posibilidad de que los derechos fundamentales resulten *derrotados* por la perentoria necesidad —solo apreciable por el legislador— de atender otros bienes o intereses. Pero, a través de la cláusula de *contenido esencial*, exige que las facultades decisorias que los derechos fundamentales amparan se vean restringidas en el menor grado posible, pues solo así puede decirse que la ley de restricción respeta la *esencia* de aquellos como ámbitos de libre desarrollo de la personalidad.

El principio de *proporcionalidad en sentido amplio* queda, así, convertido en la técnica constitucional de «restricción de las restricciones», que salvaguarda los derechos fundamentales como esferas de libre desarrollo de la personalidad, minimizando la restricción legislativa de la autonomía individual (RODRÍGUEZ FERNÁNDEZ, 2022 [b], pp. 145-147).

La realidad práctica ha llevado al TC a reconocer implícitamente la unidad conceptual de la garantía de contenido esencial y el juicio de proporcionalidad. En décadas de jurisprudencia constitucional no ha sido posible establecer qué contenidos concretos de cada derecho fundamental quedan exonerados de antemano de toda injerencia del legislador —más allá de las ya aludidas reglas prohibitivas absolutas—. El TC solo ha podido proteger materialmente el contenido —esencial— de los derechos fundamentales a través del principio de proporcionalidad (QUADRA-SALCEDO JANINI, p. 49).

La STC 136/2024 [*Tol 10283718*], aun sin referirse expresamente a la cláusula de contenido esencial, reconoce abiertamente esta realidad cuando afirma que todo intento de delimitar *a priori* y en abstracto qué zonas de los derechos fundamentales quedan excluidas de una posible restricción legislativa constituye una «una abstracta e inservible jurisprudencia de conceptos», pues, tal y como se pudo comprobar en las «situaciones de crisis sanitaria», las «restricciones de altísima intensidad» en los derechos fundamentales son posibles si la gravedad de las circunstancias concurrentes así lo requieren.

Señala, por ello, la citada sentencia que «lo que la Constitución exige al legislador en cuanto a la restricción de derechos fundamentales no es, en definitiva, que se ciña a un determinado círculo abstracto de injerencia, sino que minimice esta, circunscribiéndola a lo estrictamente necesario según las exigencias del contexto». Esto es justamente lo que el *principio de proporcionalidad*, en cuanto «garantía material», pretende salvaguardar. En él se sustancia, por tanto, en la realidad práctica, la garantía de *contenido esencial* de las zonas de inmunidad relativa.

Todo ello indica, en definitiva, que la cláusula de contenido esencial no consiste en una sustracción normativa *a priori* de ciertos contenidos a la capacidad de injerencia del legislador —lo que sería una operación más propia de la metafísica que del derecho—, sino en un *mandato constitucional de protección de los contenidos* asignados por la Constitución a cada derecho fundamental que implica la utilización del principio de proporcionalidad —en sentido amplio— como canon material de control de constitucionalidad de las leyes de restricción.

En este sentido, las normas que enuncian derechos fundamentales en la Constitución española (arts. 14 a 38 CE) no se configuran, como a veces se dice siguiendo la terminología de ALEXY (pp. 239-297), como *principios* o *mandatos de optimización*, pues tienen, por efecto de la garantía de *vinculación inmediata* art. 53.1 CE, un contenido protector que es directamente aplicable de acuerdo con un juicio de subsunción —*vid. supra* apartado 2.2.1—. Es la norma del propio art. 53.1 CE que habilita al legislador para restringir esos derechos —en atención a la posible preeminencia de otros bienes jurídicos en determinados supuestos— la que está sometida a un *principio* o *mandato de minimización* de la injerencia —derivado de la cláusula de *contenido esencial*—.

5.1.2 Modos de materializar la proporcionalidad

En el ámbito del proceso penal, el legislador puede plasmar el mandato constitucional de minimización de la injerencia de dos modos distintos:

* En casos excepcionales opta por establecer reglas restrictivas que condensan un juicio de proporcionalidad completo. La consecuencia jurídica restrictiva opera, en esos supuestos, *ope legis* y solo es necesario que el poder público competente constate la concurrencia de su presupuesto de hecho. Un ejemplo de ello es el art. 384 *bis* LECrim, conforme al cual: «firme un auto de procesamiento y decretada la prisión provisional por delito cometido por persona integrada o relacionada con bandas armadas o individuos terroristas o rebeldes, el procesado que estuviere ostentando función o cargo público quedará automáticamente suspendido en el ejercicio del mismo mientras dure la situación de prisión». Como resume la STC 97/2020 [*Tol 8062076*], la restricción del derecho fundamental del art. 23.2 CE surge, en este caso, directamente de la ley, «sin dejar margen alguno en su aplicación a los 'órganos destinatarios de la norma', más allá de la verificación de la concurrencia de sus presupuestos procesales». Es la propia ley, por tanto, la que contiene, el juicio de proporcionalidad en su integridad. En el art. 384 *bis* LECrim, según señala la STC 11/2020 [*Tol 7753485*], «la exigencia de proporcionalidad se cumple en la configuración legal de los supuestos ante los que nace la restricción» y ello debido a «la excepcional amenaza que esta actividad criminal conlleva para nuestro Estado democrático de Derecho» (STC 71/1994 [*Tol 82479*]).
* Lo habitual en el proceso penal es, sin embargo, que la ley de restricción solo determine el supuesto de hecho, los requisitos habilitantes y los márgenes máximos de injerencia. El legislador encomienda, entonces, a la autoridad competente la apreciación, en cada caso, de la idoneidad, la necesidad y la proporcionalidad en sentido estricto de la medida restrictiva.

El mandato dirigido por el legislador a la Policía Judicial, al fiscal o al juez instructor, según los casos, para que se ajuste al principio de proporcionalidad puede ser expreso o puede deducirse implícitamente de la configuración normativa abierta de la norma de restricción. Y es que la única interpretación conforme con la Constitución que admite una ley que confiere cierto margen de apreciación para restringir un derecho fundamental es considerar que contiene un mandato implícito de minimización de la injerencia. El legislador debe haber cumplido, en todo caso, las exigencias constitucionales de previsibilidad —dando *calidad* suficiente a la ley de restricción—, de suerte que la actuación *concretizadora* de la autoridad competente cuente siempre con auténtica habilitación legal —y no sea puramente discrecional—.

La configuración legislativa de los actos de investigación restrictivos de derechos fundamentales se ajusta a este modelo de colaboración entre el legislador y el aplicador. El art. 588 *bis* a) LECrim vigente contiene, de hecho, un mandato expreso de sujeción al principio de proporcionalidad que, aunque se circunscribe formalmente al ámbito de las diligencias de investigación tecnológica, hay que entender aplicable a todo acto de investigación con incidencia restrictiva en derechos fundamentales, exceptuando, como se expondrá a continuación, aquellos actos que afectan a los derechos fundamentales del capítulo II del título I que tienen carácter estrictamente económico.

5.1.3 Exclusión de los actos de investigación que afectan a derechos fundamentales económicos

Para la restricción de los derechos fundamentales económicos, como la propiedad y la libertad de empresa, no rige el principio de proporcionalidad en sentido amplio sino solo su primer subprincipio de adecuación o razonabilidad. Así lo ha reconocido el TC, tanto para la libertad de empresa, cuando de la limitación del *ejercicio* de una actividad económica se trata (a partir de la STC 53/2014 [*Tol 4236033*]), como para el derecho de propiedad (SSTC 16/2018 [*Tol 6537959*]; 32/2018 [*Tol 8485295*] y 112/2021 [*Tol 8451515*]).

Las razones de la exclusión de la proporcionalidad en los derechos fundamentales económicos son varias: a) su menor inherencia a la dignidad humana; b) la necesidad permanente y cotidiana de los poderes públicos de intervenir en el ámbito de la propiedad privada para realizar las funciones ordinarias de un Estado social (RODRÍGUEZ FERNÁNDEZ, 2018, pp. 389-391), y c) la neutralidad económica de la Constitución —de acuerdo con la cláusula de Estado democrático—, que permite desarrollar políticas públicas muy diversas —que responden a diferentes postulados ideológicos— para la mejora de la condiciones de vida de los ciudadanos (QUADRA-SALCEDO JANINI, pp. 79-82).

El canon atenuado de restricción de los derechos económicos resulta, igualmente, de la letra de la propia Constitución. Significativamente, art. 33 CE prevé que la expropiación forzosa —como modalidad estandarizada de injerencia en la propiedad privada— puede operar con la sola concurrencia de una causa de utilidad pública (art. 33.3 CE), sin necesidad de acreditar alternativas menos restrictivas ni de justificar la proporcionalidad en sentido estricto. La idoneidad de la intromisión en la propiedad para alcanzar un fin público legítimo es, por tanto, suficiente para justificar materialmente la restricción de este derecho fundamental. La *función social* que singulariza al derecho de propiedad (art. 33.2 CE) se traduce, en definitiva, en una mayor facilidad de injerencia del poder público en la *posición originaria* que corresponde a este derecho, que es la de libre uso y disfrute (RODRÍGUEZ FERNÁNDEZ, 2018, pp. 389-391). Este canon atenuado ha de proyectarse sobre la libertad de empresa, en cuanto el art. 38 CE regula, en realidad, una manifestación especial del libre uso, disfrute y disposición de bienes privados.

En el ámbito del proceso penal, los actos de investigación que exigen la injerencia en derechos fundamentales no suelen versar sobre derechos de contenido económico. La actuación coactiva sobre estos derechos se canaliza normalmente a través de medidas cautelares reales. No puede ignorarse, sin embargo, que hay actos de investigación ordinarios que pueden afectar, en el caso concreto, al libre disfrute de bienes de propiedad privada o al ejercicio de libertades económicas. En tales casos, las medidas investigadoras previstas en la ley ya contemplan la posibilidad de injerencia de la actividad investigadora penal en este tipo de derechos. La necesidad de *esclarecer del delito* —que en el momento de realizarse las primeras diligencias concurre normalmente con la de *proteger de la seguridad ciudadana* (RODRÍGUEZ FERNÁNDEZ, 2024, pp. 1406-1407)— es uno de esos fines públicos que requieren, de manera cotidiana y sin especiales trabas, la limitación de este tipo de derechos. El fundamento no es, en este caso, la neutralidad económica de la Constitución —pues en el proceso penal no se aplican políticas económicas— pero sí la especial ductilidad constitucional de las libertades económicas a efectos de facilitar la consecución de las necesidades colectivas.

Así, la diligencia de inspección ocular que es idónea *ex ante* para el hallazgo de fuentes de prueba puede conllevar, en el caso concreto, una restricción legítima de la libertad de empresa si su realización exige, por ejemplo, el cierre temporal de un establecimiento comercial. La norma que regula la inspección ocular constituye una habilitación legal suficiente a estos efectos y en la regulación vigente de las potestades de la policía está ya contemplado el eventual efecto limitativo del derecho del art. 38 CE incluso para el ejercicio de funciones de seguridad ciudadana (arts. 18 y 21 de la LO 4/2015 de Protección de la Seguridad Ciudadana). Igualmente, la práctica de diligencias de investigación útiles para el esclarecimiento de los hechos puede exigir la intervención de efectos de propiedad privada —como ordenadores, teléfonos o vehículos—, tal y como expresamente recoge el art. 334 LECrim. Este precepto se refiere a la *incautación* de estos bienes y habilita al titular afectado, aunque se trate de un tercero ajeno al proceso, para presentar recurso contra tal decisión. Nuevamente, la diligencia investigadora prevista por la ley lleva ya consigo la cobertura necesaria para la restricción del derecho de propiedad, como derecho fundamental sujeto a mero escrutinio de idoneidad.

Ahora bien, la realización de la diligencia que implica cierto grado de restricción de los derechos de contenido patrimonial o económico ha de realizarse con la mayor celeridad posible y la limitación ha de cesar tan pronto como la práctica de la diligencia haya concluido, de acuerdo con el propio parámetro de idoneidad. Por ello, los bienes intervenidos, salvo que hayan de ser utilizados como prueba en el juicio oral o deban ser objeto de decomiso o de alguna actividad cautelar real, han de ser restituidos sin dilación —«tan pronto como resulte posible», según señala el art. 334 LECrim—. Por la misma razón, un local que está siendo inspeccionado en búsqueda de fuentes de prueba ha de poder reabrirse tan pronto como la diligencia que exigía su cierre haya concluido. Y con la misma lógica, el art. 588 sexties c) LECrim exige que se evite la incautación de los soportes físicos en un registro de un dispositivo de almacenamiento masivo de datos, cuando «pueda causar un grave perjuicio a su titular o propietario y sea posible la obtención de una copia de ellos en condiciones que garanticen la autenticidad e integridad de los datos».

5.2 El subprincipio de idoneidad

5.2.1 La división técnica de la proporcionalidad en tres subprincipios

La estructura tripartita del principio de proporcionalidad es una elaboración doctrinal alemana —que el *Bundesverfassungsgericht* comenzó a aplicar en el célebre caso *Apotheken Urteil* (BVerfG 7, 377)— que se halla plenamente incorporada, en la actualidad, a la cultura jurídica europea, gracias, sobre todo, a su recepción en la jurisprudencia del TEDH y del TJUE (por todos, NIETO, p. 136).

El TC español, tras vacilaciones iniciales, terminó también por sumarse a este proceso colectivo de recepción de la estructura tripartita del juicio proporcionalidad en sentido amplio. En el ámbito de los actos de investigación penal, fue la STC 207/1996 [*Tol 83136*] la que comenzó a aplicar dicho principio con verdadera solvencia técnica, separando metódicamente los razonamientos propios de los subprincipios de idoneidad, necesidad y proporcionalidad en sentido estricto.

Como sintetiza la STC 199/2013 [*Tol 4052770*], ha de comprobarse si la medida investigadora «es susceptible de conseguir el objetivo propuesto —juicio de idoneidad—; si, además, es necesaria, en el sentido de que no exista otra medida más moderada para la consecución de tal propósito con igual eficacia —juicio de necesidad—; y, finalmente, si la misma es ponderada o equilibrada, por derivarse de ella más beneficios o ventajas para el interés general que perjuicios sobre otros bienes o valores en conflicto —juicio de proporcionalidad en sentido estricto—».

En todo caso, hay que advertir que, en la realidad práctica, el juicio de proporcionalidad en sentido amplio tiene, en buena medida, una estructura real menos pautada de lo que sugiere está división metodológica formal. Los tres subprincipios que lo componen presentan amplias zonas de interferencia. Lo importante, a la hora de la verdad, es contrastar las conclusiones que inicialmente se alcanzan, a través de una interpretación conjunta o global menos rígida, con los diversos criterios que derivan de los tres subprincipios citados, pues solo de ese modo puede verificarse que realmente se ha cumplido el objetivo constitucional de minimizar la injerencia.

5.2.2 El subprincipio de idoneidad como criterio empírico

El primer paso del escrutinio de proporcionalidad consiste en determinar si la medida puede considerarse racionalmente útil para alcanzar su fin constitucional legítimo. Tal *utilidad* se determina con parámetros fácticos o empíricos, esto es, en atención a la contribución causal que razonablemente puede esperarse de ella (BERNAL PULIDO, p. 731; GONZÁLEZ-CUÉLLAR SERRANO, pp. 199-200).

El principio de idoneidad consiste, así, en un *escrutinio débil*, una primera barrera de control que se limita a comprobar si la medida de injerencia contribuye positivamente a alcanzar el fin público perseguido, sin que permita valorar siquiera si es la más eficaz a tales efectos (BERNAL PULIDO, pp. 725-726). No se trata de decidir si la medida es *la más útil* entre las disponibles, solo de determinar *si es útil*. En caso de respuesta positiva, el acto se somete a los juicios, más intensos, de necesidad y proporcionalidad en sentido estricto.

En lo que al proceso penal se refiere basta, por tanto, para que la medida pueda considerarse idónea, con que sea causalmente *adecuada* para producir algún avance cualitativo en la investigación del hecho delictivo.

5.2.3 La base indiciaria determinante de la utilidad

La apreciación de la *utilidad* de la medida requiere, eso sí, un apoyo fáctico o indiciario suficiente (GONZÁLEZ-CUÉLLAR SERRANO, p. 200). Este elemento suele ser explicitado en la propia regulación legal —aunque no siempre ocurre así—. Como ejemplos relevantes pueden citarse los siguientes preceptos:

a) El art. 546 LECrim exige, para que pueda practicarse la entrada y registro en un domicilio, que haya «indicios de encontrarse allí el procesado o efectos o instrumentos del delito, o libros, papeles u otros objetos que puedan servir para su descubrimiento y comprobación».

b) El art. 579 LECrim, relativo a la detención de correspondencia privada requiere, por su parte, «indicios de obtener por estos medios el descubrimiento o la comprobación del algún hecho o circunstancia relevante para la causa».

c) Asimismo, el art. 588 *quater* b) LECrim dispone que la captación y grabación de comunicaciones orales mediante dispositivos electrónicos solo puede acordarse cuando puede «racionalmente preverse que la utilización de los dispositivos aportará datos esenciales y de relevancia probatoria para el esclarecimiento de los hechos y la identificación de su autor». En este último caso hay que advertir, sin embargo, que la referencia legal a la obtención de datos *esenciales* expresa tanto el *juicio de idoneidad* (indicios que revelan la utilidad de la medida a efectos criminales) como una ponderación de beneficios y ventajas propia de la *proporcionalidad en sentido estricto*. Como se verá, las injerencias de especial contenido invasivo requieren, para ser proporcionadas, una particular base indiciaria, así como la probabilidad de obtener un resultado especialmente relevante. Es, por ello, el grado cualificado de gravamen de las vigilancias acústicas el que determina que el art. 588 *quater* b) LECrim considere que la práctica de esta medida solo está justificada si hay indicios del posible hallazgo de datos que puedan considerarse *esenciales*.

5.2.4 *La utilidad como criterio de delimitación objetiva, subjetiva y temporal*

El art. 588 *bis* a) LECrim señala que el subprincipio de idoneidad sirve «para definir el ámbito objetivo y subjetivo y la duración de la medida en virtud de su utilidad» (apartado 2). La realidad es, sin embargo, que, haciendo uso este subprincipio, solo puede establecerse un límite máximo de injerencia —que excluye únicamente lo que empíricamente es inidóneo o inútil—.

Ciertamente, el ámbito de aplicación —objetivo y subjetivo— del acto de investigación no puede extenderse nunca a personas u objetos que nada pueden aportar en relación con el esclarecimiento del hecho. Del mismo modo, una medida restrictiva tampoco puede mantenerse en el tiempo cuando ya no puede proporcionar ningún resultado positivo. Pero esos límites máximos determinados por el criterio empírico de la utilidad pueden ser reducidos siguiendo los criterios valorativos que aporta el *subprincipio de proporcionalidad en sentido estricto*. Así, tanto el ámbito objetivo y subjetivo de la medida como su duración inicial y sus prórrogas dependen también de una ponderación global de beneficios y sacrificios.

Por ejemplo, un registro de un dispositivo de almacenamiento masivo de información, con el consiguiente volcado de mensajes o correos electrónicos de la persona investigada, puede ser razonablemente útil para esclarecer los hechos en un marco temporal relativamente amplio —pues el afectado puede haber mantenido conversaciones sobre el hecho delictivo antes y después de la comisión del delito—. No obstante, el importante sacrificio de intimidad personal —de la persona investigada y de terceros— que la medida comporta puede requerir que el objeto de la diligencia se acote a los momentos inmediatamente anteriores y posteriores a la comisión de la infracción penal. La *utilidad* aporta aquí un límite máximo que la *ponderación* de beneficios y sacrificios exige reducir.

La necesidad de optimizar la esfera de inmunidad del derecho afectado por la medida sirve, por tanto, para definir el alcance definitivo de la restricción en el caso concreto, reduciendo, de resultar esto viable, el límite máximo exclusivamente determinado por el criterio de la utilidad.

5.3 El subprincipio de necesidad

5.3.1 El doble juicio de comparación

Si el juicio de utilidad empírica tiene un sustento objetivo suficiente, lo normal será que el subprincipio de idoneidad se cumpla con cierta facilidad. Aceptada la utilidad de la medida elegida, comienza la tarea interpretativa más ardua, tendente a minimizar el contenido de injerencia, lo que puede llevar a descartar la procedencia del acto de investigación, bien porque el juicio de necesidad revela que hay otras diligencias igualmente eficaces que son menos restrictivas, bien porque el juicio de proporcionalidad en sentido estricto pone de manifiesto que su práctica conlleva más sacrificios que beneficios.

En lo que al subprincipio de *necesidad* se refiere, este se materializa a través de una doble comparación (BERNAL PULIDO, p. 742):

a) Hay, primero, una *comparación empírica de idoneidad o utilidad*. El acto de investigación debe contrastarse con el resto de los legalmente disponibles a efectos de dilucidar si existe algún otro que proporciona al menos el mismo grado de satisfacción del fin perseguido —esto es, al menos el mismo grado de *idoneidad* o utilidad empírica—.

b) Hay después una *comparación valorativa*. Si, en efecto, existe otro acto que pueda reputarse igualmente idóneo, ha de determinarse si produce un menor gravamen o sacrificio en la esfera del derecho fundamental. Esta segunda comparación implica que el criterio de *proporcionalidad en sentido estricto* tiene que utilizarse aquí de forma anticipada a efectos de medir los beneficios y las cargas asociados a cada uno de los actos de investigación disponibles que son, en el plano empírico, igualmente idóneos.

Si el resultado de ambas comparaciones es que hay un acto de investigación alternativo igualmente idóneo y menos restrictivo, no se cumple con el subprincipio de necesidad. La utilización del acto de investigación vulneraría, por ello, el derecho fundamental concernido.

Esta doble comparación está claramente recogida en el apartado 2, letra a), del art. 588 *bis* a) LECrim cuando señala que, en virtud del principio de necesidad, un acto de investigación restrictivo de derechos fundamentales solo puede acordarse «cuando no estén a disposición de la investigación, en atención a sus características, otras medidas menos gravosas para los derechos fundamentales del investigado o encausado e igualmente útiles para el esclarecimiento del hecho».

5.3.2 *Ponderación global de la igual idoneidad de la medida alternativa*

A lo que acaba de exponerse debe hacerse, no obstante, una matización importante. La evaluación de la *igual idoneidad* de los actos de investigación disponibles no siempre puede realizarse de modo puramente empírico, considerando de forma aislada su idoneidad causal para proporcionar una determinada fuente de prueba o un concreto dato relevante. Muchas veces, tal idoneidad solo puede medirse valorativamente, esto es, tomando en consideración las ventajas y desventajas globales que los actos de indagación posibles presentan en un contexto investigador complejo.

Piénsese en un caso en el que la realización del acto de investigación más restrictivo de derechos permite la identificación o localización más rápida del posible autor delito en un contexto de riesgo de sustracción a la acción de la justicia o de destrucción de fuentes de prueba. En tal supuesto puede llegar a considerarse que el acto de investigación alternativo menos restrictivo —que puede conducir a esa misma identificación con mayor dilación— no es igualmente idóneo por mucho que la utilidad de ambos, medida desde el punto de vista exclusivo de su capacidad para obtener una información determinada, sea idéntica. La idoneidad, en este supuesto, no solo se determina, por tanto, por referencia a la *utilidad* que la medida indagatoria ofrece a los efectos de esclarecer el hecho delictivo; también resulta relevante la necesidad de prevenir riesgos que pueden frustrar el buen fin del proceso.

A este tipo de supuestos complejos parece referirse el legislador en la letra b) del apartado 2 del art. 588 *bis* LECrim al establecer que la *necesidad* también puede apreciarse «cuando el descubrimiento o la comprobación del hecho investigado, la determinación de su autor o autores, la averiguación de su paradero, o la localización de los efectos del delito se vea gravemente dificultada sin el recurso a esta medida».

En el fondo, en este tipo de casos estamos ante la necesidad de realizar conjuntamente valoraciones que pertenecen tanto al juicio de necesidad como al de proporcionalidad en sentido estricto, pues la decisión sobre la inexistencia de medio alternativo menos restrictivo depende de una ponderación global de los beneficios y sacrificios que aporta cada medida disponible. Esto indica, nuevamente, que la división tripartita del juicio de proporcionalidad es menos rígida de lo que, en principio, puede parecer.

5.4 El subprincipio de ponderación o proporcionalidad en sentido estricto

5.4.1 La ponderación de beneficios y sacrificios

El ya citado art. 588 *bis* a) LECrim define —apartado 5, inciso primero— el subprincipio de proporcionalidad en sentido estricto del siguiente modo: «las medidas de investigación reguladas en este capítulo solo se reputarán proporcionadas cuando, tomadas en consideración todas las circunstancias del caso, el sacrificio de los derechos e intereses afectados no sea superior al beneficio que de su adopción resulte para el interés público y de terceros».

Aunque no faltan las teorías que pretenden objetivar esta ponderación de beneficios y sacrificios con fórmulas matemáticas, el modo más realista de asegurar la aplicación fiable del subprincipio de proporcionalidad en sentido estricto es, probablemente, la correcta identificación de los elementos que deben ser tomados en consideración en el supuesto de hecho afrontado.

El legislador procesal penal acierta, en este punto, al complementar la definición general del referido subprincipio con la referencia expresa a ciertos criterios de valoración particularmente relevantes. El segundo inciso del art. 588 *bis* a), apartado 5 LECrim cita, en particular, como elementos de «valoración del interés público» los siguientes: «la gravedad del hecho, su trascendencia social o el ámbito tecnológico de producción, la intensidad de los indicios existentes y la relevancia del resultado perseguido con la restricción del derecho».

Estamos ante criterios de ponderación diversos, que conviene analizar separadamente.

5.4.2 *El interés de persecución penal*

La referencia a la «gravedad del hecho» y a su «trascendencia social» condensa lo que se ha definido, con inspiración en la doctrina alemana, como el *interés de persecución penal* (GONZÁLEZ-CUÉLLAR SERRANO, p. 209).

Ciertamente, el interés que el proceso penal persigue es siempre la realización del *ius puniendi*, pero este objetivo general tiene una proyección valorativa variable:

a) Una primera manera de medir la intensidad del interés de persecución penal es atender a la *penalidad* señalada a la infracción punible investigada, que el legislador establece, precisamente, atendiendo a la *gravedad del hecho*. En todo caso, lo normal es que el legislador contemple, expresamente, los delitos que justifican la adopción de actos de investigación especialmente gravosos [*v.gr.*, arts. 579.1, 588 *ter* a), 588 *quater* b) LECrim].

b) Otro modo, complementario, de medir el interés de persecución penal es examinar el *bien jurídico protegido* por la norma sustantiva aplicable. Con la traducción del interés protegido por el delito investigado al lenguaje propio de los valores se facilita la comparación axiológica de la infracción punible con el derecho fundamental que está del otro lado concernido. Y es que una de las características de los *valores* es su *polaridad* y la posibilidad de establecer *jerarquías* entre ellos para aplicarlas a diversos objetos o acciones, lo que facilita elegir entre varias opciones disponibles. Y ello porque un *bien* no es más que la cosa u objeto "más el valor que se ha incorporado" (FRONDIZI, pp. 15-21).

c) Finalmente, también puede ser relevante la trascendencia social del tipo de criminalidad investigada, pues el interés de persecución penal es especialmente intenso en contextos que desafían de forma particularmente apremiante la capacidad de respuesta del Estado, como ocurre con los casos de corrupción política o de delincuencia organizada.

Estos criterios de medición del *interés de persecución penal* se utilizan con cierta frecuencia en la doctrina del TC. Las restricciones particularmente intensas de derechos fundamentales, como las intervenciones telefónicas, quedan reservadas, en dicha doctrina, a las «infracciones punibles graves» (por todas, SSTC 49/1999 [*Tol 81121*]; 82/2002 [*Tol 258617*] y 239/2006 [*Tol 971508*]), pero la valoración de la *gravedad* de la infracción no depende solo de la pena señalada al delito sino también de otros factores como, precisamente, el bien jurídico protegido o la relevancia social de los hechos (STC 82/2002 [*Tol 258617*]).

5.4.3 La disponibilidad de medios alternativos

La referencia legal al «ámbito tecnológico» como elemento de graduación de la proporcionalidad en sentido estricto, si bien puede entenderse relacionada con el marco concreto de regulación del art. 588 *bis* a) LECrim —que es, como ya se ha dicho, el de las diligencias de investigación tecnológica—, contiene, en realidad, un factor de ponderación de extraordinaria importancia ligado a la *disponibilidad de medios alternativos*.

Hay, en efecto, determinados tipos de infracción que solo pueden ser esclarecidos con un número limitado de diligencias indagatorias, de suerte que esa escasez de medios trasciende el juicio de necesidad y se integra también en el de proporcionalidad en sentido estricto.

Si antes señalábamos, a propósito de la letra b) del apartado 2 del art. 588 *bis* a) LECrim, que hay situaciones en las que la necesidad de la medida no puede determinarse sin una ponderación paralela de las ventajas e inconvenientes que genera —esto es, sin recurrir a la vez al juicio de proporcionalidad en sentido estricto—, lo contrario también ocurre: hay situaciones en las que la ausencia de medio alternativo de indagación determina, por sí misma, la consiguiente proporcionalidad en sentido estricto del acto de investigación.

Esto es lo que sucede, particularmente, con los crímenes cometidos a través de medios tecnológicos que, con carácter general, solo pueden esclarecerse mediante diligencias de investigación de naturaleza igualmente tecnológica. De ahí, por ejemplo, que el art. 588 *ter* a) LECrim, al regular la interceptación de comunicaciones telefónicas y telemáticas prevea, como alternativa al parámetro general de la gravedad de la infracción, la posibilidad de adoptar esta diligencia para los «delitos cometidos a través de instrumentos informáticos o de cualquier otra tecnología de la información o la comunicación o servicio de comunicación».

De ahí también que el art. 588 *ter* k) LECrim habilite, una vez que la policía judicial ha obtenido un número IP, para requerir, con autorización judicial, la «cesión de los datos que permitan la identificación y localización del terminal o del dispositivo de conectividad y la identificación del sospechoso» en relación con cualesquiera «delitos cometidos en internet», sin establecer ningún listón de gravedad.

5.4.4 *El criterio del rendimiento*

El art. art. 588 *bis* a) LECrim también contempla, para ponderar el interés público de la medida, la utilización del *criterio del rendimiento* (GONZÁLEZ-CUÉLLAR SERRANO, p. 213), pues exige atender a la «relevancia del resultado» que puede esperarse del acto de restricción.

Cuanto más útil de cara al esclarecimiento del hecho sea el resultado previsible de la medida, mayores serán sus ventajas en el juicio de ponderación. Y lo mismo puede decirse en relación con la probabilidad de éxito de la diligencia: si las posibilidades empíricas de obtener el resultado a través de ese acto de investigación son escasas y el gravamen que ocasiona es, sin embargo, alto, la proporcionalidad de la medida queda en entredicho.

5.4.5 *La intensidad de los indicios*

Finalmente, el legislador también sitúa la «intensidad de los indicios existentes» como elemento integrante del juicio de proporcionalidad en sentido estricto. Cuanto mayor sea el grado de gravamen que la medida de injerencia conlleve tanto mayor habrá de ser la consiguiente exigencia de una base indiciaria sólida para acordarla.

Esa exigencia indiciaria tiene una doble proyección: a) es necesaria una especial acreditación de la idoneidad de la medida para producir el resultado buscado, evitando injerencias particularmente gravosas si la posibilidad de éxito no es alta —acreditando, en definitiva, la concurrencia del *criterio del rendimiento*—; b) es también necesaria una mayor solidez del juicio de imputación de la infracción, esto es, de los elementos que hacen verosímil —o probable— la atribución provisional de la comisión del delito al titular del derecho fundamental afectado, de suerte que un gravamen especialmente intenso solo puede imponerse si concurren auténticos *indicios racionales de criminalidad* —como también ocurre con otras restricciones de derechos fundamentales del proceso penal, como las medidas cautelares personales—.

Con ello, los indicios de criminalidad operan, en realidad, en las diligencias de investigación restrictivas de derechos, en tres planos sucesivos:

a) Siempre es necesaria una base indiciaria que objetive e individualice la realidad de la infracción punible investigada, pues sin este elemento —exigido por el *principio de especialidad*— no puede decirse que concurra el fin legítimo de la restricción.

b) Son necesarios, además, indicios que revelen la utilidad causal de la medida, en el caso concreto, para producir —empíricamente— un mayor esclarecimiento de los hechos —por efecto del *principio de idoneidad*—.

c) Finalmente, hay un grado especialmente cualificado de indicios que han de concurrir cuando la medida produce un gravamen particularmente intenso en los derechos fundamentales —en virtud del *principio de proporcionalidad en sentido estricto*—.

5.4.6 La valoración de los sacrificios

Aunque nada diga al respecto el art. 588 *bis* a) LECrim, es claro que, del otro lado de la ponderación —que es el de los "sacrificios"—, debe valorarse la propia importancia axiológica del derecho fundamental afectado y la intensidad o grado de gravamen que se impone a este.

En el capítulo 1 ya se expusieron las diferencias cualitativas que, en la doctrina del Tribunal Constitucional, tiene, por ejemplo, la injerencia en la incolumidad corporal según que produzca —o no— un riesgo para la salud (apartado 3.2.3); también se dio cuenta de la menor entidad que tienen las injerencias en la intimidad económica en comparación con otros ámbitos protegidos del derecho del art. 18.1 CE (apartado 5.1.4); se explicó, igualmente, cómo el TC ha considerado que es menos gravosa para la libertad de las comunicaciones la obtención de datos de tráfico de llamadas que la interceptación del propio contenido de la comunicación, lo que tiene el consiguiente reflejo en el nivel de exigencia del juicio de restricción (apartado 5.3.2). Nos remitimos, por tanto, al análisis de los distintos derechos fundamentales concernidos en el proceso penal que se realiza en dicho capítulo.

También han de evaluarse perjuicios ajenos a la esfera estricta del derecho fundamental restringido, siempre que sean relevantes. Por ejemplo, retrasar una medida de injerencia de cierto impacto mediático —como una entrada y registro— para no interferir en un proceso electoral resulta adecuado, si no hay merma de su utilidad, para maximizar la presunción de inocencia —como regla de tratamiento— del candidato afectado, evitándole un perjuicio innecesario. Daños evaluables también pueden ser los que se generan a terceros, que, en la medida de lo posible, han de quedar indemnes. Tampoco cabe descartar la evaluación de un posible perjuicio para el interés público —cuando, por ejemplo, la realización de la medida investigadora, como una entrada y registro, puede dañar el éxito otra investigación en curso—.

Cuando la minimización de los daños no puede efectuarse anticipadamente, debe materializarse, en todo caso, en momentos posteriores, por ejemplo, mediante el expurgo de los datos íntimos —del investigado o de terceros— que han sido obtenidos con la diligencia indagatoria y que son ajenos a la investigación criminal [por ejemplo, art. 588 *ter* i) LECrim].

5.4.7 La delimitación del alcance la medida

Finalmente, la evaluación de la proporcionalidad en sentido estricto influye también en la delimitación del ámbito objetivo y subjetivo de la medida, así como en la determinación de su límite temporal y de sus formas de ejecución. Cuanto más invasiva sea la medida, más acotado habrá de ser su alcance material y subjetivo, más limitada su duración y más exigente la forma de ejecución y control.

Como ya se explicó, el parámetro exclusivo para determinar estos elementos no puede ser la "utilidad" del acto investigador —como podría deducirse del art. 588 *bis* a), apartado 3—. El alcance de la injerencia es parte de la ponderación de beneficios y sacrificios del juicio de proporcionalidad en sentido estricto.

En esta delimitación del alcance de la medida deben incluirse también los medios que pueden servir para minimizar los perjuicios para terceros, que en algunas diligencias de investigación están expresamente contemplados en la ley [art. 588 *bis* h) LECrim].

6. LA GARANTÍA JUDICIAL PREVENTIVA

6.1 Significado constitucional: control judicial *ex ante* y *ex post*

6.1.1 La autorización judicial como mecanismo preventivo

La intervención preventiva del juez constituye, en ciertos casos, uno de los requisitos necesarios para que pueda realizarse el acto de restricción de derechos fundamentales.

La actuación de la autoridad judicial se produce, en ese tipo de supuestos, en defensa preventiva del derecho fundamental afectado. Se exige, en casos tasados y cualificados, que el control judicial se produzca no solo *ex post*, en el momento de decidir sobre la exclusión de los materiales investigadores inválidamente obtenidos, sino también *ex ante*, a los fines de evitar que llegue a materializarse un gravamen indebido o desproporcionado en la esfera de los derechos fundamentales de la persona investigada.

Para el TC, la garantía judicial constituye, en efecto, un «mecanismo de orden preventivo, destinado a proteger el derecho, y no como en otras intervenciones judiciales previstas en la Constitución a reparar su violación cuando se produzca» (SSTC 160/1991 [*Tol 80572*] y 136/2000 [*Tol 258668*]). En palabras de la STC 139/2004 [*Tol 492237*] «en estos supuestos la intervención judicial no tiene como finalidad reparar una supuesta lesión de un derecho o interés legítimo, como ocurre en otros, sino que constituye una garantía y, como tal, está destinada a prevenir la vulneración del derecho». Consiste, por ello, en un «acto de comprobación donde se ponderan las circunstancias concurrentes y los intereses en conflicto, público y privado, para decidir en definitiva si merece el sacrificio de este, con la limitación consiguiente del derecho fundamental» (SSTC 50/1995 [*Tol 82888*] y 136/2000 [*Tol 258668*]).

Al verificarse *ex ante* el control judicial del acto de restricción, es claro, como dicen las resoluciones citadas, que no estamos ante un medio de reparación de una vulneración de un derecho fundamental —esto es, ante una tutela jurisdiccional frente a una intromisión— sino ante una garantía que funciona como *mecanismo preventivo* o *acto de comprobación* con el que trata de evitarse que el gravamen en la esfera protegida por el derecho afectado llegue a consumarse salvo que concurran los requisitos necesarios. De ahí que, en la doctrina alemana, se considere que no estamos ante una actividad jurisdiccional propiamente dicha sino ante una «función de asistencia entre autoridades» exigida por la Constitución con fines de garantía (ROXIN/SCHÜNEMANN, p. 140). Algo que en nuestro orden constitucional encaja con la posibilidad de atribuir a la autoridad judicial funciones que van más allá de la que estrictamente consiste en *juzgar* siempre que tengan como denominador común la *garantía de derechos* (art. 117.4 CE).

6.1.2 *Falta de vinculación para el control judicial* ex post

Es importante advertir que la autorización judicial previa —donde resulta requerida— no otorga, por sí misma, validez constitucional a la intromisión consumada.

Las fuentes de prueba obtenidas con el acto de investigación judicialmente autorizado deben someterse a control jurisdiccional posterior para determinar si realmente se cumplían, al realizarse el acto de injerencia, los requisitos necesarios. Es entonces cuando se dilucida si las fuentes de prueba han sido válidamente obtenidas y pueden acceder al acervo probatorio. Se manifiesta, en esto, la diferente calidad de la intervención del juez cuando actúa preventivamente *en garantía de un derecho* (art. 117.4 CE) —como supuesto en el que la verificación del juez es un requisito más para la legitimidad del acto de injerencia— y cuando verdaderamente ejerce la función jurisdiccional consistente en *juzgar* (art. 117.1 CE).

En definitiva, la autorización judicial no predetermina la validez del acto, sino que es uno más de los requisitos de *admisibilidad/exclusión* que condicionan esa validez —y, con ella, el acceso al acervo probatorio de las fuentes de prueba obtenidas—.

6.1.3 Ausencia de motivación y lesión del derecho fundamental sustantivo

La naturaleza de *mecanismo preventivo* de la garantía judicial previa determina que la motivación de la resolución judicial juegue un papel especialmente importante, pues a través de ella se exterioriza el cumplimiento de los diversos requisitos de injerencia que deben ser verificados y, muy particularmente, la sujeción a los tres subprincipios que componen el juicio de proporcionalidad en sentido amplio.

Como señala el TC la resolución judicial «debe expresar con detalle el juicio de proporcionalidad entre la limitación que se impone al derecho fundamental restringido y su límite, argumentado la idoneidad de la medida, su necesidad y el debido equilibrio entre el sacrificio sufrido por el derecho fundamental limitado y la ventaja que se obtendrá del mismo» (por todas, STC 136/2000 [*Tol 258668*]). No obstante, es posible la remisión parcial a los detalles consignados en el oficio policial (por todas, SSTC 49/1999 [*Tol 82888*] y 139/1999 [*Tol 81191*]).

Como ya se explicó en el capítulo 1 (apartado 2.4) la ausencia de motivación «ocasiona por sí sola, en estos casos, la vulneración del propio derecho fundamental sustantivo» (por todas, STC 25/2005 [*Tol 776003*]), lo que no debe confundirse con otros supuestos en los que el incumplimiento de una exigencia reforzada de motivación va ligado exclusivamente a la vulneración del art. 24.1 CE.

6.2 Garantía judicial absoluta y relativa

6.2.1 La garantía judicial absoluta

La garantía judicial viene, en ciertos casos, requerida expresamente por la Constitución (*garantía judicial absoluta*) mientras que en otros ha sido inferida por el TC como regla general que admite excepciones (*garantía judicial relativa*).

Supuestos de garantía judicial previa *absoluta*, previstos en la Constitución y con claro influjo en los procesos penales son: a) la entrada y registro en domicilio salvo en caso de delito flagrante (art. 18.2 CE); b) la injerencia en el secreto de las comunicaciones (art. 18.3 CE) y c) el secuestro de publicaciones, grabaciones y otros medios de información (art. 20.5 CE). De ellos, solo los dos primeros están relacionados con la práctica de actos de investigación, ya que el secuestro de publicaciones se articula, en el proceso penal, como medida cautelar (art. 823 *bis* LECrim).

Como se puso de manifiesto en el capítulo 1 (apartados 5.2.3 y 5.3.2), la exigencia de resolución judicial previa en los supuestos de los arts. 18.2 y 18.3 CE está relacionada con la técnica constitucional utilizada para proteger la *privacidad*, que es, en esos casos, el *secreto formal*. Se opta por la intangibilidad o impenetrabilidad por parte de terceros —incluido el poder público— de ciertos recintos o de determinados canales de comunicación. Esa intangibilidad o impenetrabilidad no sería tal si quedara al albur del propio poder público, por lo que la técnica del secreto formal conlleva, por concepto, la figura de un *custodio* o *guardián*, de un tercero imparcial que ha de ser el único capacitado para levantar el secreto, verificando que concurren los requisitos necesarios para ello.

El hecho de que la Constitución fije aquí una regla prohibitiva absoluta indica, tal y como se explicó previamente (*vid. supra* apartad. 5.1.1), que estamos ante una exigencia que resulta intangible para el legislador y que se integra, con ello, en el *contenido esencial* de estos derechos fundamentales. En otras palabras, por muy importantes que sean los fines públicos que el legislador pueda llegar a invocar, no puede crear supuestos de restricción de la inviolabilidad del domicilio y del secreto de las comunicaciones en los que prescinda del requisito de la resolución judicial.

Es por esta razón, por ejemplo, que los supuestos excluidos de resolución judicial previstos en el art. 579.4 LECrim para la intervención de envíos postales coinciden con los que la doctrina del TC ha considerado que no están comprendidos en las comunicaciones constitucionalmente protegidas en el art. 18.3 CE (véase capítulo 1, apartado 5.3.1). El legislador respeta aquí la regla prohibitiva absoluta, pues se limita a aclarar que existen algunos supuestos que no son subsumibles en ella (con amparo en la propia doctrina constitucional).

Algo parecido ocurre con la entrada y registro domiciliaria sin resolución judicial en los supuestos de *delito flagrante*. Aunque esta excepción a la garantía judicial viene expresamente contemplada en el art. 18.2 CE con un contenido que no necesita *interpositio legislatoris*, el TC admite la posibilidad de que el legislador introduzca definiciones específicas de la flagrancia relativas a infracciones determinadas, en cuanto esa intervención normativa puede aportar un mayor grado de seguridad jurídica al ciudadano y al aplicador de la norma. Pero, al actuar de este modo, el legislador ha de atenerse estrictamente a las notas constitucionales inherentes a la flagrancia, que son la *evidencia* de la comisión del delito y la *urgencia* de la intervención (véase capítulo 1, apartado 5.2.4).

6.2.2 La garantía judicial relativa

Al margen de los supuestos expresamente previstos en la Constitución, el Tribunal Constitucional ha considerado que existen otros actos de investigación restrictivos de derechos fundamentales en los que la autorización previa del juez es constitucionalmente necesaria, si bien, en este caso, ha estimado que estamos ante una garantía *relativa*, pues admite excepciones.

Aunque son muchos los derechos fundamentales que pueden verse afectados, en el proceso penal, por medidas cautelares —derechos de participación en asuntos públicos, asociación, manifestación...—, no ocurre lo mismo con las diligencias de contenido investigador, ámbito donde la funcionalidad de la garantía judicial relativa se ciñe, prácticamente, a las injerencias en la *integridad personal* (art. 15 CE), en su dimensión de incolumidad corporal, y en el *derecho de intimidad* (art. 18.1 CE).

En relación con estos derechos, fue la STC 207/1996 [*Tol 83136*] la que fijó el alcance de la garantía judicial previa. Conforme a una doctrina reiterada, que fue iniciada por la citada resolución, la autorización judicial es la regla general, pero puede prescindirse de ella si concurren —cumulativamente— estos tres elementos: a) que exista habilitación legal expresa —a la policía judicial o al Ministerio Fiscal, según los casos—; b) que se refiera a una intromisión que pueda calificarse como leve; c) que se trate de un supuesto de urgencia (véase capítulo 1, apartado 3.2.3).

En el supuesto particular del derecho a la intimidad, la exigibilidad de estos tres requisitos para eximir de la garantía judicial previa ha quedado algo relativizada en la doctrina posterior del TC. En primer lugar, como ya se estudió, hay ámbitos específicos de intimidad donde el TC ha admitido una potestad de injerencia autónoma de la administración, como es el caso de la intimidad económica. En otros, como la intimidad postal, ha aceptado la posible injerencia gubernativa sin necesidad de que concurra el requisito de la urgencia (capítulo 1, apartado 5.1.4).

Asimismo, el TC ha tendido a flexibilizar la exigencia de autorización judicial previa por la vía interpretativa, bien siendo deferente con la policía judicial en la valoración de la *urgencia*, bien estimando que la injerencia en la intimidad es, salvo en casos cualificados, de carácter leve. Por ejemplo, en la STC 173/2011 [*Tol 2288705*], se realiza una valoración muy devaluada de la urgencia o necesidad de acceso policial inmediato —prescindiendo de autorización judicial— al ordenador personal de la persona investigada, pues este se deduce genéricamente de la necesidad de «evitar la eventualidad de que mediante una conexión a distancia desde otra ubicación se procediese al borrado de los ficheros ilícitos de ese ordenador o que pudiera tener en la 'nube' de Internet» —sin que, en el caso, hubiera ningún indicio de que ese riesgo realmente existiese—.

Los criterios de apreciación del TC indican, en realidad, que la *garantía judicial relativa* forma parte del juicio de proporcionalidad, en particular de la *proporcionalidad en sentido estricto*. Y es que —fuera de los casos de garantía judicial absoluta— es la intensidad de la injerencia la que determina, en última instancia, que una diligencia restrictiva solo pueda ser realizada —con fines de investigación criminal— si cuenta con la previa verificación imparcial de un juez de garantías.

Es aconsejable, por ello, que el legislador se mueva aquí con prudencia y exija el requisito de autorización judicial para las intromisiones en derechos fundamentales del proceso penal que tengan una eficacia restrictiva especialmente intensa.

6.2.3 El problema de la imparcialidad objetiva

De lo expuesto se desprende que el ingrediente de garantía que aporta la intervención preventiva del juez es la verificación externa e independiente —*independent screening*— de los requisitos de la injerencia, cuya concurrencia en el caso concreto no quiere dejarse en manos de un poder público que está, obviamente, interesado en servirse de la restricción para alcanzar sus fines.

Por desgracia, uno de los defectos característicos del vigente sistema de instrucción es la degradación de la imparcialidad objetiva de la autoridad judicial llamada a intervenir, con fines tuitivos, en la realización de ese tipo de actividad garantizadora de derechos. El juez instructor es, a un tiempo, agente impulsor de la investigación y protector de los derechos fundamentales de la persona investigada. Cuando decide sobre la autorización de injerencia, se convierte en juez y parte. En palabras del VIVES ANTÓN (p. 992) «resulta ser una figura doble: "escudo" y "espada"», pues «la misma persona que dirige la investigación es la encargada de enjuiciar su conformidad a derecho». La garantía judicial preventiva de los derechos fundamentales está, por tal razón, notablemente devaluada en el sistema legal vigente.

BIBLIOGRAFÍA

- ALEXY, *Teoría de los derechos fundamentales*, Centro de Estudios Políticos y Constitucionales, 2017.
- BERNAL PULIDO, *El principio de proporcionalidad y los derechos fundamentales*, Centro de Estudios Políticos y Constitucionales, 2007.
- DE OTTO Y PARDO, *Derecho Constitucional. Sistema de Fuentes*, Ariel, 1987.
- FRONDIZI, *¿Qué son los valores?*, Fondo de Cultura Económica, 2008.
- GONZÁLEZ-CUÉLLAR SERRANO, "El principio de proporcionalidad en el Derecho procesal español", en *Cuadernos de derecho público*, Nº 5, 1998, pp. 191-218.
- LAFAVE/ISRAEL/KING/KERR, *Criminal Procedure*, Thompson Reuters, 2009.
- MAYER, *Derecho administrativo alemán*, Ediciones de Palma, 1982.
- NIETO MARTÍN, «El principio de proporcionalidad», en Principios generales del Derecho Penal en la Unión Europea, Agencia Estatal Boletín Oficial del Estado, Madrid, 2020.
- QUADRA-SALCEDO JANINI, *Los derechos fundamentales económicos en el Estado social*, Marcial Pons, 2022.
- RODRÍGUEZ FERNÁNDEZ, «Estado social de derecho y daño sacrificial», en *P.A. Persona e Amministrazione Ricerche Giuridiche sull'Amministrazione e l'Economia*, núm. 2, 2018, pp. 377-406
- RODRÍGUEZ FERNÁNDEZ, *Las restricciones sacrificiales de los derechos fundamentales*, Marcial Pons, 2022 (a).
- RODRÍGUEZ FERNÁNDEZ, «La delimitación y características de las restricciones sacrificiales de los derechos fundamentales», en *Revista española de derecho constitucional*, Año nº 42, Nº 126, 2022, pp. 119-152 (b).
- RODRÍGUEZ FERNÁNDEZ, "Art. 769", en MAGRO SERVET (coord.), *Todas las preguntas y respuestas de la Ley de Enjuiciamiento Criminal*, La Ley, 2024.
- ROXIN, C. y SCHÜNEMANN, B., *Derecho Procesal Penal*, Ediciones Didot, 2019.
- SCHMITT, *El defensor de la Constitución*, Tecnos, 2019.
- VIVES ANTÓN, *Fundamentos del sistema penal*, Tirant lo Blanch, 2011.

Capítulo 28

Entrada y registro en lugar cerrado

Emilio de Llera Suárez-Bárcena
Fiscal
Doctor en Derecho

1. LA ENTRADA EN LUGAR CERRADO

1.1 Regulación y concepto de entrada en lugar cerrado

La entrada y registro en lugar cerrado es una diligencia de investigación penal instrumental y restrictiva de derechos fundamentales, regulada en los arts. 545 a 572 LECrim. El régimen jurídico de la entrada y registro no ha variado sustancialmente respecto de la redacción original de la LECrim, salvo la adición por Ley 37/2011 de un nuevo párrafo 4º al art. 544 que regula el domicilio de la persona jurídica, la nueva redacción del art. 553 por LO 4/1988, la previsión de la presencia del LAJ durante el registro en el art. 569 IV, la declaración de inconstitucionalidad del art. 557 y la modernización de la estructura normativa, que tras la LO 13/2015, se contiene en el Título VIII del Libro II, ahora rubricado como "De las medidas de investigación limitativas de los derechos reconocidos en el artículo 18 de la Constitución" y que comprende dos Capítulos: el primero "De la entrada y registro en lugar cerrado" (arts. 545 a 572) y el segundo "Del registro de libros y papeles" (arts. 573 a 578).

Supone esta medida instrumental, excepcional en todo caso (STS de 8/02/2017 [*Tol 5963458*]) el efectivo acceso a un *lugar cerrado* con la finalidad de registrarlo, aunque ésta no sea la única que pueda justificarla. Por otro lado, la configuración de la entrada como una medida instrumental obliga a determinar cuál es el derecho que por la misma resulta afectado, lo que en cierta manera puede depender de la naturaleza del lugar en que la entrada se produzca. Normalmente se trata de injerencias en los derechos consagrados en el art. 18 CE y, en suma, inciden en el derecho a la vida privada, pero la entrada y ulterior registro «suponen limitaciones o intromisiones en los derechos consagrados en el art. 18.1 CE —derecho a la intimidad— y eventualmente, cuando se trata de entrada en un domicilio en el art. 18.2 CE —derecho a la inviolabilidad del domicilio—. También puede verse implicado el derecho al secreto profesional, consagrado en el art. 20.1 CE, cuando la entrada y registro se produzca, por ejemplo, en el despacho profesional de un abogado o de un médico».(DE LLERA, 2024, p. 256).

Tampoco debe desdeñarse que el derecho afectado por la entrada sea en alguna ocasión el de propiedad, como declaró en el el supuesto de la autorización judicial para la entrada en un kiosko situado en la vía pública (ATC 198/1991).

1.2 Los posibles fines de la entrada en lugar cerrado

La diligencia de entrada no es realmente una diligencia de investigación, sino una medida meramente instrumental, prevista en función de la eficacia de muy distintas intervenciones o actuaciones policiales y judiciales de distinta naturaleza. Podemos distinguir las siguientes finalidades de la entrada: a) entrada motivada por motivos asistenciales, b) entrada administrativa, y c) entrada motivada por actos de investigación criminal (DE LLERA, 2024, p. 25).

1.2.1 La entrada justificada por motivos asistenciales

La LOCFS impone a los miembros de las Fuerzas y Cuerpos de Seguridad el deber de «auxiliar y proteger a las personas y asegurar la conservación y custodia de los bienes que se encuentren en situación de peligro por cualquier causa» [art. 11.1.f)]. Para posibilitar el cumplimiento de dicha misión policial, el art. 21.3 LOPSC dispone que «Será causa legítima suficiente para la entrada en domicilio la necesidad de evitar daños inminentes y graves a las personas y a las cosas, en supuestos de catástrofe, calamidad, ruina inminente, u otros semejantes de extrema y urgente necesidad. En tales supuestos, y para la entrada en edificios ocupados por organismos oficiales o entidades públicas, no será preciso el consentimiento de la autoridad o funcionario que los tuviere a su cargo» (STS de 13/06/2018 [*Tol 6645386*]).

Desde luego el CP castiga como delito el allanamiento de morada, y en general la entrada ilegítima en un domicilio u otro lugar cerrado tanto si se comete por particulares (arts. 202 y 203 CP) como si se comete por autoridades o funcionarios (arts. 204 y 534 CP). Pero cuando el acceso a dichos lugares se realiza con alguna de las finalidades previstas como legítimas por la Ley, como las antes enunciadas, la entrada en los mencionados lugares deja de ser delictiva, considerándose la conducta amparada por una *causa de legitimación*, como la de cumplimiento de un deber (art. 20.7º CP). Además las reiteradas referencias a la *necesidad* ponen de manifiesto que tales entradas, que en principio pudieran considerarse formalmente ilegítimas, se hallan también amparadas por la circunstancia eximente, *excluyente de la culpabilidad* del agente, de obrar impulsado por un estado de necesidad para evitar un mal, a que se refiere el art. 20.5º CP

1.2.2 La entrada administrativa

Es frecuente que la Administración pública, a la hora de ejecutar determinados actos administrativos —como la ocupación de un inmueble cerrado en el curso de un expediente de expropiación forzosa o la intervención o precinto de máquinas o instrumentos prohibidos o carentes de la necesaria autorización administrativa—, necesite acceder a domicilios y otros lugares cerrados, sin el consentimiento de sus titulares. En estos supuestos la decisión o acto administrativo de cuya ejecución se trata no basta sin más para acceder legítimamente a lugares cerrados (STC 22/1984 [*Tol 79311*]). Tal acceso ha de estar autorizado por un órgano jurisdiccional, los jueces adscritos a la Sección de lo Contencioso-Administrativo del correspondiente Tribunal de Instancia, a los que de acuerdo con el art. 91.2 LOPJ les corresponde «autorizar, mediante auto, la entrada en los domicilios y en los restantes edificios o lugares cuyo acceso requiera el consentimiento del titular, cuando ello proceda para la ejecución forzosa de actos de la Administración».

La STS (Sala Tercera) resume la doctrina jurisprudencial relativa a la entrada y registro en materia administrativa en la STS de 14/10/2022 [*Tol 9274528*], en los siguientes términos:

> «1) No cabe la autorización de entrada con fines prospectivos, estadísticos o indefinidos, para ver qué se encuentra, como aquí sucede, esto es, para el hallazgo de datos que se ignoran, sin identificar con precisión qué concreta información se pretende obtener. No proceden las entradas para averiguar qué es lo que tiene el comprobado. Esos fines prospectivos no superan la fase de conocimiento que alcanzaría el nivel de presunción, cuando los datos tomados en consideraciones en las resoluciones judiciales provienen de fuentes no publicadas, no transparentes o no contrastadas, lo que les priva de fiabilidad.
>
> 2) Es preciso que el auto judicial motive y justifique —esto es, formal y materialmente— la necesidad, adecuación y proporcionalidad de la medida de entrada, sometiendo a contraste la información facilitada por la Administración, que debe ser puesta en tela de juicio, en su apariencia y credibilidad, sin que quepan aceptaciones automáticas, infundadas o acríticas de los datos ofrecidos. Sólo es admisible una autorización, por auto, tras el análisis comparativo de tales requisitos, uno a uno.
>
> 3) No pueden servir de base, para autorizar la entrada, los datos o informaciones generales o indefinidos procedentes de estadísticas, cálculos o, en general, de la comparación de la situación supuesta del titular del domicilio con la de otros indeterminados contribuyentes o grupos de estos, o con la media de sectores de actividad en todo el territorio nacional, sin especificación o segmentación detallada alguna que avale la seriedad de tales fuentes.
>
> 4) Tal análisis, de hacerse excepcionalmente, debe atender a todas las circunstancias concurrentes y, muy en particular, a que de tales indicios, vestigios o datos generales y relativos —verificado su origen, seriedad y la situación concreta del interesado respecto a ellos— sea rigurosamente necesaria la entrada en el domicilio protegido, lo que exige valorar la existencia de otros factores circunstanciales y, en particular, la conducta previa del titular en respuesta a actuaciones o requerimientos de información efectuados por la Administración».

1.2.3 La entrada motivada por actos de investigación criminal

La realización de actos procesales propios de la investigación oficial constituye la razón de ser o causa más frecuente de la entrada en domicilios y lugares cerrados, precisamente con el fin de registrarlos, es decir, de inspeccionar el escenario del delito y recoger las pruebas de su perpetración, e incluso para detener a los presuntos culpables.

La Ley generalmente suele otorgar la facultad de acceder a un lugar cerrado con fines de investigación penal sólo a la autoridad judicial (art. 18.2 CE), pero excepcionalmente faculta para ello de forma directa a la Policía Judicial e incluso, en ocasiones, a los particulares.

Los supuestos en que el ordenamiento autoriza directamente a la Policía Judicial para entrar en lugares cerrados han de estar previstos *expresamente* por la Ley, la cual ha de interpretarse de forma *estricta*, ya que atribuye potestades limitativas de los derechos fundamentales consagrados en el art. 18.1 y 2 CE que no permiten extensiones a otros supuestos análogos. Además, en los casos en que la Policía Judicial accede a un lugar cerrado siguiendo órdenes de la Autoridad Judicial la diligencia no sólo estará sujeta a los requisitos establecidos por la Ley, sino además a las especificaciones contenidas en la orden judicial de entrada —como, por ejemplo, si ésta sólo ha de tener lugar la entrada de día o también de noche— (art. 546 LECrim).

Sintéticamente, cabe decir que el artículo 18.2 de la Constitución establece la inviolabilidad del domicilio y restringe la entrada en él a los casos de consentimiento del titular, delito flagrante y resolución judicial que lo autorice (ATS de 20/03/2025 [*Tol 10483243*]).

2. OBJETO: LUGAR CERRADO

2.1 El concepto jurídico de lugar cerrado

Por *lugar cerrado* debe entenderse en general todo espacio que por legítima decisión de su titular queda reservado a sí mismo y excluido, por tanto, al libre acceso de la generalidad de las personas que él no autorice.

El concepto jurídico de lugar cerrado no coincide con el concepto material.

* El lugar cerrado es un *espacio determinado*, pero no ha de ser necesariamente un inmueble, sino que la doctrina y la jurisprudencia han venido a atribuir tal condición a los vehículos-roulots, embarcaciones deportivas, etc. en determinadas condiciones.
* Además para atribuirle a un espacio la condición de lugar cerrado *no es necesario que se encuentre materialmente cubierto en su totalidad*, de modo que impida la percepción sensorial desde fuera, ni que se ha-

lle provisto de medidas de seguridad —como cerraduras o candados—, pues lo relevante para adquirir la categoría de lugar cerrado es la voluntad del titular de preservarlo del acceso de los demás sin su consentimiento, voluntad que, sin embargo, debe revelarse aunque sólo sea por signos externos.

* La *voluntad de exclusión* de los demás del titular del lugar cerrado debe ser *legítima*, es decir, debe derivar de un derecho bastante sobre el espacio físico que le sirva de título para tal exclusión o siquiera de una situación de hecho amparada por el ordenamiento. No es necesario, por tanto, que dicho título sea de dominio sino cualquiera que otorgue tal facultad, como los títulos derivados de arrendamiento o de usufructo, o incluso de una mera situación de detentación material o de precario.
* En principio, es igualmente *irrelevante la finalidad concreta a que dicho lugar se destine o la actividad* que en el mismo se desarrolle —el ejercicio de una profesión o la práctica de cualquier deporte o actividad de recreo— a efectos de considerarlo lugar cerrado.

Lo que en definitiva determina la condición de lugar cerrado es la voluntad de exclusión de su titular basada en un derecho bastante para ello y su vinculación a la esfera jurídica de dicho titular. Lo que ocurre es que el ejercicio de la facultad de exclusión del titular puede ir dirigida a distintas finalidades, ya sea el ejercicio del derecho a su intimidad personal y familiar esencial, como sucede en el caso de que el lugar cerrado constituya propiamente un domicilio, el ejercicio de una profesión o industria, una actividad de recreo o incluso el simple almacenamiento de mercancías u objetos de otra clase. Precisamente la vinculación de la facultad de exclusión al ejercicio de esos otros derechos es lo que determinará la naturaleza o clase de lugar cerrado de que se trate y, en consecuencia, la clase de protección más o menos rigurosa que reciba por parte del ordenamiento jurídico.

2.2 Clases de lugar cerrado

La LECrim contiene una regulación muy detallada y casuística de los distintos lugares cerrados para someter a un distinto régimen jurídico la entrada y registro en cada uno de ellos. Sin embargo tal regulación resulta incompleta y, por tanto, ha de integrarse con otras disposiciones. Además debe contemplarse hoy desde una perspectiva constitucional, razón por la que ha sido reinterpretada por la doctrina del TC.

Con los anteriores presupuestos, pueden agruparse los lugares cerrados en tres categorías fundamentales por quedar la entrada y registro de los mismos sujetos a distintos regímenes jurídicos. Así deben agruparse en las siguientes clases o categorías a) Lugares cerrados que constituyen el domicilio de un particular y lugares asimilados a domicilios; b) Lugares cerrados especialmente protegidos por razones de Derecho Público Interno o de Derecho Internacional y c) c) Lugares cerrados públicos, que en definitiva son todos los demás (art. 547.3 LECrim).

3. LA ENTRADA EN LUGARES CERRADOS QUE CONSTITUYEN EL DOMICILIO DE UN PARTICULAR Y LUGARES ASIMILADOS A DOMICILIOS

3.1 El concepto constitucional de domicilio

El art. 18.2 CE consagra la inviolabilidad del domicilio pero no ofrece una definición del mismo. Para formular un concepto incluido en la definición de un derecho fundamental —como es el de domicilio empleado por el art. 18.2 CE— la doctrina del TC ha atendido a los precedentes legislativos y a la tradición jurídica, así como a los intereses objeto de protección, empleando ambos parámetros como criterios interpretativos. Así la STC 341/1993 [*Tol 82362*] que interpreta el art. 18.2 CE, alude al «arraigo en la cultura jurídica en la que la CE se inscribe».

Desde este punto de vista, observando la regulación contenida en el Código Civil (art. 40), en el Código Penal de 1973 (arts. 490 a 492) y en la LECrim (arts. 545 y ss.) el concepto constitucional de domicilio sería equivalente (SEMPERE, p. 427) al de *lugar cerrado, reservado primordialmente a morada o casa habitación de su titular*. En este mismo sentido el art. 554.2º LECrim define el domicilio como *el edificio o lugar cerrado, o la parte de él destinada principalmente a la habitación de cualquier español o extranjero residente en España y de su familia*.

Este mismo concepto de domicilio en sentido estricto, como equivalente a morada, se encuentra presente en la doctrina del TC así como en la jurisprudencia del TS. Pero además, atendiendo al fundamento de la protección constitucional del domicilio, ambos Tribunales han ampliado el concepto tradicional de domicilio (STS de 18/11/2005 [*Tol 781375*]). En efecto, el TC ha considerado que la inviolabilidad del domicilio halla su fundamento en la necesidad de proteger la *vida privada*; de manera que, aun considerando el derecho a la inviolabilidad del domicilio como una garantía autónoma y distinta del derecho a la intimidad y de los restantes derechos consagrados en el art.

18 CE, entiende que su razón de ser se halla en la protección de una parcela de la vida privada.

«La inviolabilidad de domicilio y de la correspondencia que son algunas de esas libertades tradicionales tienen como finalidad principal el respeto a un ámbito de vida privada personal y familiar, que debe quedar excluido del conocimiento ajeno y de las intromisiones de los demás, salvo autorización del interesado» (STC 110/1984 [*Tol 79399*]).

Del mismo modo, la STC 22/1984 [*Tol 79311*], concibe la protección constitucional del domicilio como un mecanismo de carácter instrumental dirigido a garantizar los ámbitos en que se desarrolla la vida privada de la persona, ofreciendo un concepto de domicilio que reconoce más amplio que el propio del Derecho civil y el administrativo. En palabras de la STC 50/1995 [*Tol 82790*] se trata del «espacio donde el individuo vive sin estar sujeto necesariamente a los usos y convenciones sociales, haciéndolo con la libertad más espontánea (STC 82/1984) y, por ello, su protección tiene un carácter instrumental para la defensa del ámbito en el cual se desarrolla la vida privada. Existe, pues, un nexo indisoluble de tal sacralidad de la sede existencial de la persona, que veda toda intromisión y, en concreto, la entrada y el registro en ella y de ella, con el derecho a la intimidad, por lo demás contenido en el mismo precepto que el otro (art. 18.1 y 2 CE)».

También la jurisprudencia de la Sala de lo Penal del TS parte de tales presupuestos, si bien conectando el derecho a la inviolabilidad del domicilio con el derecho a al libre desarrollo de la personalidad proclamado en el art. 10.1 CE (STS de 4/03/1997 [*Tol 408215*]). En este mismo sentido afirma PAREJO ALFONSO (p. 21) con referencia al art. 18 CE que, en cuanto éste supone la atribución al ciudadano, es decir, al individuo, a la persona, de un determinado y cualificado poder jurídico de disposición sobre el espacio acotado por el propio precepto, su contenido «forma parte indudablemente, pues, de los derechos inviolables que, conforme al art. 10.1 CE, son inherentes a la dignidad de la persona y, por ello, indispensables para el libre desarrollo de la personalidad de ésta, formando parte en consecuencia, del fundamento del orden político y de la paz social».

Como se ve, la jurisprudencia de la Sala de lo Penal del TS, asumiendo la indicada posición doctrinal, ha llegado a considerar que la protección constitucional del domicilio tiene carácter instrumental de defensa no ya de la vida privada, sino del *desarrollo de la personalidad* aludido en el art. 10.1 CE (STS de 14/06/1995 [*Tol 405059*]).

La legislación ordinaria no ha concretado de una manera expresa el concepto constitucional de domicilio, como ámbito de intimidad protegible. Sin embargo, el art. 87.2 LOPJ demuestra que el ámbito de intimidad que corresponde al derecho fundamental es más amplio que el de habitación o morada. Esta disposición reconoce la existencia de «domicilios» y de otros «edificios o lugares de acceso dependiente del consentimiento del titular», es decir, que no constituyen morada en sentido estricto. Es claro, por lo tanto, que el establecimiento de un ámbito de intimidad constitucionalmente protegible no está vinculado a la habitación en sí misma, sino al libre desarrollo de la personalidad y, consecuentemente, no necesita estar físicamente vinculado al ámbito espacial en el que el ciudadano habita con cierta permanencia.

En conclusión, el concepto de domicilio del art. 18.2 CE, a los efectos que aquí interesan, es pues un concepto funcional, centrado en la idea de *lugar en el que se ejerce el derecho a la vida privada personal y familiar de forma más intensa* o al *derecho al libre desarrollo de la personalidad*, y, por tanto, no es coincidente con los conceptos de domicilio propios del Derecho civil ni del Derecho administrativo, ni tampoco necesariamente coincidente con los de *morada* y de *casa habitada* empleados por el Código Penal (sobre el concepto de domicilio y la jurisprudencia sobre el mismo del TS y TC, *vid.* ampliamente la STS de 18/10/2006 [*Tol 1006861*]).

Debe notarse, no obstante, que el Código Penal de 1995 castiga bajo el epígrafe «*Del allanamiento de morada, domicilio de personas jurídicas y establecimientos abiertos al público*» (arts. 202 a 204), una serie de conductas de allanamiento no sólo de domicilios de personas físicas, sino también de personas jurídicas e incluso de despachos profesionales, oficinas y establecimientos mercantiles y locales abiertos al público cuando se hallan cerrados. La equiparación penal del domicilio con todos estos otros lugares cerrados viene a coincidir con la extensión jurisprudencial del concepto constitucional de domicilio a todo lugar en el que se desarrolle la vida privada (STS de 30/04/2002 [*Tol 4920731*]).

Conviene tener presente, sobre todo con relación a los lugares abiertos al público, que pueden gozar de la condición constitucional de domicilios sólo cuando se hallan cerrados al público, pues la doctrina científica pone de manifiesto como una nota del concepto constitucional de domicilio la exigencia de su actualidad temporal en cuanto al desarrollo de la vida privada. Así dice GONZÁLEZ-TREVIJANO (p. 153) que una de las características del concepto constitucional de domicilio es la necesidad de «la actualidad de su disfrute, lo que no se debe confundir con la exigencia de una presencia, *in loco*, del sujeto titular del derecho. De esta suerte quedarían bajo su amparo (el del art. 18.2 CE) los domicilios en los que no se resida actualmente o de residencia transitoria, —indicando entre ellos la residencia de fin de semana o de verano— pero no así los que efectivamente no se habiten, aun estando absolutamente destinados para ello, como, por ejemplo, los domicilios definitivamente abandonados, o aún no ocupados».

En este mismo sentido la jurisprudencia ha considerado domicilios a las *segundas viviendas y viviendas de temporada* aun cuando en el momento del registro no se hallen efectivamente habitadas por ninguna persona. Según señala la STS de 15/02/1997 [*Tol 5140622*]: «por domicilio puede entenderse desde la vivienda habitual o esporádica —lo que se ha dado en llamar segunda vivienda—, pasando por una habitación con puerta independiente y sólo dotada de un televisor y una caja para sentarse, o una simple chabola habitada, hasta llegar a una tienda de campaña, una roulotte o una habitación de hotel (SSTS 26 junio y 17 septiembre 1993 y 18 febrero, 23 mayo, 15 octubre y 15 diciembre 1994)». En este sentido, el domicilio, como lugar cerrado constitucionalmente protegido, puede ser cualquier habitáculo; incluso una construcción provisionalísima y perecedera, con independencia de su estructura y de los materiales de que se componga, deben considerarse domicilio a los efectos de la entrada en los mismos con tal de que sea susceptible de albergar la vida privada de una o varias personas, con independencia del título jurídico que ostente su titular o titulares sobre el mismo.

Debe tenerse presente que, desde antiguo el TC, ha declarado que el derecho a la inviolabilidad domiciliaria corresponde no sólo a las personas físicas sino *también a las personas jurídicas*, como pone también de manifiesto la referencia al mismo en el art. 554, 4º LECrim (STC 137/1985 [*Tol 79527*]). Ya adelantamos que el legislador, recogiendo esta doctrina jurisprudencial, introdujo a través de la Ley 37/2011 un nuevo párrafo (4º) en el art. 544 LECrim, en el que se dispone que «Se reputan domicilio para los efectos de los artículos anteriores: [...] Tratándose de personas jurídicas imputadas, el espacio físico que constituya el centro de dirección de las mismas, ya se trate de su domicilio social o de un establecimiento dependiente, o aquellos otros lugares en que se custodien documentos u otros soportes de su vida diaria que queden reservados al conocimiento de terceros».

La STS de 4/02/2022 [*Tol 8803822*] recoge la doctrina juriusprudencial en esta materia, reiterando que la protección constitucional del domicilio se extiende también a aquellos espacios físicos indispensables para que puedan desarrollar su actividad sin intromisiones ajenas, «por constituir el centro de dirección de la sociedad o de un establecimiento dependiente de la misma o servir a la custodia de los documentos u otros soportes de la vida diaria de la sociedad o de su establecimiento que quedan reservados al conocimiento de terceros».

«[...] cabe entender que el núcleo esencial del domicilio constitucionalmente protegido es el domicilio en cuanto morada de las personas físicas y reducto último de su intimidad personal y familiar. Si bien existen otros ámbitos que gozan de una intensidad menor de protección, como ocurre en el caso de las personas jurídicas, precisamente por faltar esa estrecha vinculación con un ámbito de intimidad en su sentido originario; esto es, el referido a la vida personal y familiar, sólo predicable de las personas físicas. De suerte que, en atención a la naturaleza y la especificidad de los fines de los entes aquí considerados, ha de entenderse que en este ámbito la protección constitucional del domicilio de las personas jurídicas y, en lo que aquí importa, de las sociedades mercantiles, sólo se extiende a los espacios físicos que son indispensables para que puedan desarrollar su actividad sin intromisiones ajenas, por constituir el centro de dirección de la sociedad o de un establecimiento dependiente de la misma o servir a la custodia de los documentos u otros soportes de la vida diaria de la sociedad o de su establecimiento que quedan reservados al conocimiento de terceros."Y conforme explican las SSTC 206/2007, de 24 de septiembre y 70/2009, de 23 de marzo, la afectación del derecho a la intimidad personal (art. 18.1 CE), "en cuanto derivación de la dignidad de la persona (art. 10.1 CE), implica la existencia de un ámbito propio y reservado frente a la acción y el conocimiento de los demás, necesario, según las pautas de nuestra cultura, para mantener una calidad mínima de la vida humana (SSTC 207/1996, de 16 de diciembre, FJ 3; 98/2000, de 10 de abril, FJ 5; 156/2001, de 2 de julio, FJ 4; 70/2002, de 3 de abril, FJ 10; 27/2003, de 30 de junio, FJ 7; 196/2004, de 15 de noviembre, FJ 2, entre otras). El art. 18.1 CE confiere a la persona el poder jurídico de imponer a terceros el deber de abstenerse de toda intromisión en la esfera íntima y la prohibición de hacer uso de lo así conocido (por todas, STC 196/2004, de 15 de noviembre, FJ 2 y las allí citadas).

[...]

Examinando el supuesto de autos, a la vista de la doctrina constitucional expuesta, nos encontramos, como se ha indicado, con que el recurrente accedió a la zona de despachos privados, en concreto al despacho privado de la Sra. Nuria contra la voluntad de ésta. Esta circunstancia era conocida por el mismo pues así se lo indicó la secretaria del Despacho Sra. Sofía. Es indiferente que el despacho de abogados se encontrara o no abierto al público, pues en todo caso esa apertura no se hacía extensiva a las zonas privadas donde se ubicaba el despacho personal de la Sra. Nuria. Es evidente que tal despacho personal ni constituía ni podía ser equiparado al domicilio de una persona física, que es el lugar cerrado donde la misma desenvuelve su vida íntima y satisface su derecho a disponer de un ámbito en el que su privacidad no sea invadida ni perturbada por persona alguna. Ahora bien, se trataba de un recinto cerrado en el que la perjudicada y otros compañeros desarrollaban su actividad profesional. El despacho personal era de acceso claramente restringido, solo accesible obviamente a compañeros o empleados con los que mantuviese una relación de confianza o terceros previamente autorizados. El derecho fundamental a la intimidad del que era acreedora la Sra. Nuria y el hecho de que el despacho personal lógicamente servía a la custodia de los expedientes de clientes que contienen datos sensibles que deben ser preservados, confería a aquella "el poder jurídico" de imponer a terceros el deber de abstenerse de entrar en su interior sin su permiso. En nuestro caso, tal derecho le facultaba a excluir la entrada en su despacho del Sr. Luciano, como así se lo hizo saber a través de su secretaria. Por ello la invasión injustificada de tal espacio por parte de aquel, entrando en dependencias de acceso restringido, puso en riesgo efectivo el bien jurídico protegido por el tipo penal previsto en el art. 203.1 CP, esto es la intimidad de la Sra. Nuria. Consecuentemente con ello debe considerarse su conducta penalmente relevante».

Sobre la diferencia entre los espacios de titularidad de una persona jurídica que constituyen domicilio y los que tienen la condición de meros espacios cerrados *vid*. STS de 22/02/2022 [*Tol 8830662*]. También ha señalado el TS el diferente alcance de la exigencia de autorización judicial y de la intensidad del derecho a la inviolabilidad del domicilio cuando se trata de domicilio de personas físicas y de entidades mercantiles. En este sentido precisa la STS de 3/05/2018 [*Tol 6594627*] que:

«[...] tampoco es ocioso puntualizar que el alcance de la exigencia de autorización judicial y la intensidad del derecho a la inviolabilidad del domicilio no son los mismos cuando hablamos del domicilio de una mercantil que cuando nos situamos en el domicilio de personas físicas (como revela claramente el art. 554.4 LECrim actual que solo exige autorización judicial en el caso de que la persona jurídica pueda llegar a ser sujeto de una sanción penal). Las SSTC 69/1999, de 26 de abril ó 54/2015, de 16 de marzo lo ponen de manifiesto. En el plano de la jurisprudencia penal, la STS 202/2007, de 20 de marzo abunda en esa cuestión evocando el parágrafo 26 de la STEDH de 16 de abril de 2002».

Precisamente con relación a la protección de los espacios cerrados de los que son titulares personas jurídicas, la LO 9/2021 reguladora de la persecución de los delitos contra los intereses financieros de la UE por la Fiscalía Europea, ha introducido en el art. 47 una previsión que no concuerda con la doctrina constitucional expuesta, ni con el tenor del art. 544.4º LECrim.

«Art. 47 Entrada y registro en domicilio de la persona jurídica

1. Las normas establecidas en la Ley de Enjuiciamiento Criminal para la entrada y registro en lugar cerrado son también aplicables a la entrada y registro en el domicilio de las personas jurídicas.

A tal efecto, se entiende por domicilio de la persona jurídica el lugar cerrado en el que se desarrollan las actividades de dirección o donde se custodian, en cualquier soporte, los datos y las informaciones relativas a su actividad, organización y funcionamiento excluidas del conocimiento de terceros.

2. El consentimiento para la entrada y registro en el domicilio de una persona jurídica podrá ser otorgado por su representante legal, apoderado o administrador de hecho o de derecho. No obstante, fuera de los casos de flagrancia, precisará siempre autorización judicial la entrada y el registro de los siguientes lugares y espacios:

a) Las dependencias de las personas y entidades jurídico-públicas.

b) La sede de partidos políticos, sindicatos y medios de comunicación, así como los despachos u oficinas donde se desarrollen actividades respecto a las cuales se reconozca el secreto profesional.

Si hubiera de registrarse el despacho profesional de un abogado, procurador o notario se notificará la resolución al Decano del Colegio concernido o a quien estatutariamente le sustituya, para que pueda asistir a la diligencia de registro.

c) La apertura y registro de cajas de seguridad que se hallen en entidades bancarias u otras instalaciones específicamente dedicadas a su custodia».

Como apunta MORENO CATENA (2024, pp. 300 y 301), el régimen aplicable que dispone la LO 9/2021 para la entrada y registro en los domicilios de las personas jurídicas mo se equipara a la entrada en domicilio de las personas físicas sino al acceso a lugares cerrados. «Por lo tanto, al menos en lo que se refiere a estos procedimientos, para la entrada y registro en el domicilio de las personas jurídicas no será necesaria autorización judicial, con las únicas excepciones (art. 47.2 LO 9/2021), en las que se precisará siempre de esa autorización, de los siguientes lugares: i) las dependencias de las personas y entidades jurídico-públicas; (ii) la sede de partidos políticos, sindicatos y medios de comunicación; (iii) los despachos u oficinas en donde se desarrollen actividades amparadas por el secreto profesional, así como (iv) la apertura y registro de cajas de seguridad en entidades bancarias o instalaciones dedicadas a su custodia».

En otro orden de cosas, conviene recordar que la idea de que el domicilio se define mediante una situación de hecho de desarrollo de la vida privada en un habitáculo determinado, sin que sea necesario que se halle amparado por determinada relación jurídica ha sido afirmada por la jurisprudencia del TS (STS de 30/04/1996 [*Tol 406956*]). El que la protección del domicilio es ajena al derecho real que el titular ostente sobre el espacio físico que lo constituye ha sido igualmente remarcado por el Alto Tribunal (STS de 30/061997 [*Tol 407283*]).

También por su incapacidad para albergar la vida privada se ha negado el carácter de domicilio a un edificio abandonado o semiderruido (SSTS de 27/09/1995 [*Tol 73467*] y de 15/02/1997 [*Tol 407497*]). Sin embargo, ha sido considerado domicilio una vivienda o piso aún deshabitado que fue alquilado para guardar precisamente drogas (STS de 19 de enero de 1995 [*Tol 403166*]).

Por otro lado, el lugar o edificio que constituya un domicilio es físicamente indivisible en lo que se refiere a sus distintas partes espaciales, salas o habitaciones, pues todas y cada una de las dependencias de una casa forman parte del domicilio con tal de que estén *unidas entre sí en comunicación interior y destinadas* al servicio constante y exclusivo de los que la habitan (SSTS de 14/06/1958 [*Tol 4351638*] y de 28/10/1980 [*Tol 2307081*]). En este sentido el TS ha considerado que un garaje de una vivienda carece de la condición de domicilio cuando no se halla en comunicación interior con la vivienda y en consecuencia no alberga el núcleo de su intimidad personal y familiar (STS de 10/10/1996 [*Tol 405985*] y de 1/12/2016 [*Tol 5908485*]). La misma consideración que los garajes tienen otros lugares accesorios de las viviendas como son los cuartos trasteros, dada su independencia respecto del domicilio (STS de 21/12/1992 [*Tol 400696*] y de 1/12/2016 [*Tol 5908485*]). Sin embargo, y como ha expuesto reiteradamente el TC, aun no siendo considerados estrictamente como domicilios, los garajes de viviendas o comunidades de vecinos, en cuanto lugares cerrados, privados y dotados de acceso restringido frente a terceros, generan en los titulares una razonable expectativa de intimidad (STC 92/2023 [*Tol 9714096*]):

> «De acuerdo con la doctrina constitucional ha de entenderse, como ya se ha adelantado, que el derecho fundamental concernido en este caso es el derecho fundamental a la intimidad personal, pues la Guardia Urbana de Barcelona se sirvió en su investigación de unas imágenes obtenidas sin el conocimiento del recurrente mediante una cámara instalada en un lugar en el que aquel mantenía una legítima expectativa de privacidad, como es el garaje de una comunidad de vecinos. Sin necesidad de entrar a dilucidar si ese garaje tiene la condición de *domicilio* a los efectos del art. 18.2 CE, pues el derecho a la *inviolabilidad del domicilio* no se invoca en el presente recurso de amparo, es notorio que, conforme al referido criterio de expectativa razonable de privacidad, ese espacio pertenece al ámbito de la intimidad protegida por el art. 18.1 CE, pues se trata de un lugar cerrado que es, además, una propiedad privada de acceso restringido (a los titulares de las plazas de aparcamiento y a terceros a los que aquellos permitan la entrada) y por tanto es patente que se trata de un lugar en el que el recurrente tenía una expectativa razonable de no ser escuchado u observado subrepticiamente por terceras personas. En definitiva, ha de concluirse que es el derecho a la intimidad personal el que resulta afectado en el presente caso por el hecho de haber instalado los agentes de la Guardia Urbana de Barcelona, en el curso de una investigación sobre un delito de tráfico de estupefacientes, un sistema de captación de imágenes dentro de un garaje de una comunidad de vecinos».

1216 Tampoco se ha considerado parte del domicilio protegido constitucionalmente a los *zaguanes* o portales de las viviendas, ni los habitáculos que puedan existir construidos dentro de un zaguán (STS de 26/02/1993 [*Tol 5124589*]).

También carecen de la consideración de domicilio los *elementos comunes de un edificio de pisos o viviendas*; concretamente el TS ha negado que gocen de la protección constitucional del art. 18.2 CE los ascensores de un bloque de pisos (STS de 30/04/1996 [*Tol 406956*]).

No deben ser considerados domicilios los vehículos —turismos— puesto que el *interior de un automóvil* no ofrece las condiciones mínimas para que en él se desarrolle la vida íntima personal y familiar, sin que pueda en consecuencia otorgársele la condición de morada (STS de 7/07/2021 [*Tol 8514316*])

No tienen tampoco la consideración de domicilio a efectos de la protección que dispensa el art. 18.2 CE las *viviendas desocupadas* —distintas sustancialmente de las segundas viviendas que se ocupan por periodos—, que no constituyen morada durante el tiempo en el que se encuentran desocupadas, como sucede con los inmuebles sobre los que ha concluido el contrato de arrendamiento y no han vuelto a ser objeto de alquiler ni uso por su propietario (STS de 14 de marzo de 2018 [*Tol 6558418*])

Finalmente, hay que recordar que la STC 10/2002 [*Tol 123266*] declaró inconstitucional el art. 557 LECrim en cuanto no reconocía la condición de domicilio a las dependencias de «tabernas, casa de comidas posadas y fondas» en las que se alojaran, encontraran o residieran temporal o accidentalmente las personas, salvo en las que habitaren «los taberneros, hosteleros, posaderos y fondistas y sus familias, en la parte del edificio a este servicio destinada».

«Precisado en estos términos el concepto constitucional de domicilio, se ha de otorgar la razón al órgano judicial cuestionante en cuanto a que las habitaciones de los hoteles pueden constituir domicilio de sus huéspedes, ya que, en principio, son lugares idóneos, por sus propias características, para que en las mismas se desarrolle la vida privada de aquéllos habida cuenta de que el destino usual de las habitaciones de los hoteles es realizar actividades enmarcables genéricamente en la vida privada. Ello, no obstante, no significa que las habitaciones de los hoteles no puedan ser utilizadas también para realizar otro tipo de actividades de carácter profesional, mercantil o de otra naturaleza, en cuyo caso no se considerarán domicilio de quien las usa a tales fines. En el caso origen del proceso penal pendiente, no existen dudas de que los periodistas se hospedaban en las habitaciones del hotel que fueron registradas, de modo que constituían en ese momento su domicilio en cuanto en ellas desarrollaban su vida privada. Desde esta perspectiva, ni la accidentalidad, temporalidad, o ausencia de habitualidad del uso de la habitación del hotel, ni las limitaciones al disfrute de las mismas que derivan del contrato de hospedaje, pueden constituir obstáculos a su consideración como domicilio de los clientes del hotel mientras han contratado con éste su alojamiento en ellas. Siendo las habitaciones de los hoteles espacios aptos para el desarrollo o desenvolvimiento de la vida privada, siempre que en ellos se desarrolle, constituyen ámbitos sobre los que se proyecta la tutela que la Constitución garantiza en su art. 18.2: su inviolabilidad y la interdicción de las entradas o registros sin autorización judicial o consentimiento de su titular, fuera de los casos de flagrante delito. La consideración de las habitaciones de los hoteles como domicilio de quienes se alojan en ellas a efectos de la protección que el art. 18.2 CE establece para el domicilio coincide, por lo demás, con la jurisprudencia de la Sala de lo Penal del Tribunal Supremo (por todas, SSTS de 3 de julio 1992, RJ 1992\6017; 10 de julio 1992, RJ 1992\6378; 5 de octubre 1992, RJ 1992\7737; 17 de marzo de 1993, RJ 1993\2330; 15 de febrero de 1995, RJ 1995\865; 2 de octubre de 1995, RJ 1995\7588, 21 de noviembre de 1997, RJ 1997\7995; 24 de enero de 1998, RJ 1998\88; 16 de mayo de 2000, RJ 2000\4960) y la jurisprudencia de otros países (Stoner v. California, 376 U.S. 483).

[...]

La incompatibilidad del art. 557 LECrim con el derecho reconocido en el art. 18.2 CE se produce sólo en la medida en que impide con carácter absoluto que dichos establecimientos o una parte de los mismos, específicamente sus habitaciones respecto de sus huéspedes, sean consideradas domicilio, esto es, espacios en los que los huéspedes de los hoteles despliegan su privacidad. Como hemos afirmado, el art. 18.2 CE garantiza la interdicción de la entrada y registro en el domicilio, estableciendo que, en ausencia de consentimiento de su titular y de flagrante delito, sólo es constitucionalmente legítima la entrada y registro efectuada con resolución judicial autorizante. Dicha exigencia de autorización judicial constituye un requisito de orden preventivo para la protección del derecho (por todas, SSTC 160/1991, de 18 de julio, FJ 8; 126/1995, de 25 de julio, FJ 2; 171/1999, de 27 de septiembre, FJ 10) que no puede ser excepcionado, puesto que las excepciones constitucionales a la interdicción de entrada y registro tienen carácter taxativo (SSTC 22/1984, de 17 de febrero, FJ 3; 136/2000, de 29 de mayo, FJ 3). Por consiguiente, ninguna justificación puede tener, desde la perspectiva constitucional, la exclusión de la autorización judicial de espacios que han de considerarse, de conformidad con el art. 18.2 CE, domicilio de una persona física.

10. En atención a todo ello se ha de concluir que el art. 557 LECrim es contrario al art. 18.2 CE por cuanto que excluye expresamente la posibilidad de que las habitaciones de los huéspedes de los hoteles puedan considerarse su domicilio a los efectos de que la entrada

y registro en las mismas requieran autorización judicial. La cuestión a precisar ahora es si, como sostiene el Fiscal General del Estado, la protección del derecho a la inviolabilidad del domicilio se satisface con una declaración de inconstitucionalidad parcial del precepto o exige la declaración de la inconstitucionalidad de toda la disposición. Si suprimimos las expresiones señaladas por el Fiscal General del Estado, el tenor literal del precepto rezaría: "Las tabernas, casas de comidas, posadas y fondas no se reputarán como domicilio de los que se encuentren... en ellas...; y lo serán... de los taberneros, hosteleros, posaderos y fondistas que se hallen a su frente y habiten allí con sus familias en la parte del edificio a este servicio destinada"» (STC 10/2002 [*Tol 123266*]).

3.2 Lugares asimilados al domicilio

El TS ha asimilado a la morada —domicilio en sentido estricto— en primer lugar, cualquier espacio que sirva de morada aun temporal o accidentalmente, y cualquiera que sea su conformación física y, en segundo lugar, todo habitáculo en que su titular ejercite cualquier actividad eminentemente personal o ejerza un derecho de la personalidad. En el primer sentido indicado, la jurisprudencia del TS ha equiparado al domicilio habitual las posibles moradas temporales e incluso accidentales mientras estén ocupadas por sus moradores.

3.2.1 Las habitaciones de hoteles, posadas y fondas

Respecto de ellas dispone el art. 557 LECrim que «las tabernas, casas de comidas, posadas y fondas no se reputarán como domicilio de los que se encuentren o residan en ellas accidental o temporalmente; y lo serán tan sólo de los taberneros, hosteleros, posaderos y fondistas que se hallen a su frente y habiten allí con sus familias en la parte del edificio a este servicio destinada». Sin embargo la jurisprudencia estima que el art. 557 LECrim es contrario al art. 18.2 CE, atribuyéndoles el carácter de domicilios. Y así lo ha declarado el TC que estima derogado el indicado precepto por la misma Constitución (STC 10/2002 [*Tol 123266*]).

El TS sólo les atribuye tal condición de domicilio mientras se hallen adscritas a un concreto morador, o sea mientras la ocupe o la tenga asignada (STS de 4/04/1995 [*Tol 5011635*]). Y entiende el TS que cesa la protección constitucional del domicilio cuando la habitación ha sido desocupada o abandonada por el morador (STS de 7/07/1995 [*Tol 5155581*]).

3.2.2 Las roulottes o autocaravanas y las tiendas de campaña

Respecto de las autocaravanas y roulottes, como pone de relieve LUZÓN CUESTA (p. 8), la jurisprudencia atribuye la condición de domicilio solamente a la parte de ellas destinadas a habitación o vivienda (SSTS de 18/10/1996 [*Tol 5136322*] y de 23/01/1997 [*Tol 5128027*]).

La protección se les otorga por el TS con independencia de que se hallen aparcadas o acampadas o que se hallen en tránsito o movimiento (STS de 20/09/1994 [*Tol 402474*]). Sin embargo, el TS ha negado la condición de domicilio a los habitáculos con que puedan contar los camiones de largo recorrido para descanso de sus conductores (STS de 20/09/1994 [*Tol 402474*]). La STS de 10/02/1994 [*Tol 5108074*] aporta una relación sintética de los espacios que tienen la consideración de domicilio y de los que deben excluirse de tal condición:

> «[...] Esta Sala, al estudiar la validez y posible eficacia jurídicas de las diligencias de «entrada y registro», haciendo una interpretación ajustada en todo a lo que ha de considerarse domicilio, cuya inviolabilidad ha consagrado nuestra CE, ha extendido este concepto a las habitaciones que en una pensión, residencia u hotel ocupa una familia o una persona, y a los lugares cerrados donde se vive, por modesta y sencilla que sea la morada, incluidas, por supuesto, las chabolas y viviendas de análoga significación, y por ello ha puesto siempre el acento en la idea de vivienda fija, transitoria u ocasional, en concordancia con las precisiones constitucional o penal (S. 26-6-93). Con carácter general, se estima que no integran el concepto de vivienda los locales comerciales o de esparcimiento, tales como bares, tabernas, pubs, restaurantes, tiendas, locales de exposición, almacenes, etc. (S. 16-9-93). En el mismo sentido, se han considerado excluidos de la protección constitucional del art. 18.2 CE los vehículos de motor. Así la inviolabilidad del domicilio no se verifica en cuanto cosa sometida al poder dominical o de uso de su titular, sino en cuanto soporte básico del derecho fundamental a la intimidad personal y familiar. Contrariamente, un automóvil es un simple objeto de investigación y la actuación policial sobre él en nada afecta a la esfera de la persona y sólo está sujeta a las exigencias procesales de regularidad establecidas en la legislación ordinaria». En idéntico sentido, se han pronunciado las SS 19-7 y 13-10-93. A la vista de cuanto queda dicho, es evidente que el motivo no puede prosperar. La cabina de un camión no puede tener la protección constitucional dispensada al domicilio, con independencia de que en ella haya podido dormir ocasionalmente el acusado, cosa que igualmente puede hacerse —y de hecho se hace— en otro tipo de vehículos, como los automóviles de turismo».

Por su parte ha atribuido la jurisprudencia de forma expresa la condición de domicilios a las tiendas de campaña, las chabolas y lugares semejantes (SSTS de 20/11/1995 [*Tol 405007*], de 30/04/1996 [*Tol 406934*] y de 15/02/1997 [*Tol 5140622*]).

Como regla general, cabe excluir de la consideración de domicilio a los almacenes (STS de 17/10/2005 [*Tol 738258*]), los garajes no anejos a la vivienda (STS de 1/03/2004 [*Tol 408749*]), los trasteros (STS de 9/05/2006 [*Tol 935017*]), las naves industriales (STS de 10/11/2015 [*Tol 5578418*]), los edificios ruinosos que no pueden considerarse aptos para la morada (STS de 27/09/1995 [*Tol 73467*]), los pisos deshabitados que no constituyen morada, más allá de una ocasional ocupación (STS de 26/06/1993 [*Tol 73467*]), los aseos en establecimientos públicos (STS de 16/01/2002 [*Tol 4976819*]), los reservados para prácticas sexuales de los establecimientos abiertos al público (STS de 16/04/2004 [*Tol 420793*]), los espacios públicos de las oficinas de farmacia o dependencias sanitarias (STS de 3/09/2002 [*Tol 4923064*]), o las zonas de libre acceso de los bares o sus cocinas (STS de 11/02/2000 [*Tol 4923796*]), las taquillas de un cuartel (STS 9/06/2000 [*Tol 273184*]), o las partes de un barco no acondicionadas para servir como morada de pasajeros o tripulantes (STS de 9/10/1998 [*Tol 5133557*]); sobre la selección de jurisprudencia en este punto *vid*. URIARTE/FARTO (pp. 415 y ss.).

Sí tienen en cambio la consideración de domicilio los *camarotes* de un barco —excluyendo de tal cualidad las cubiertas, la sala de máquinas o la bodega, o las embarcaciones de pequeñas dimensiones con reducidos espacios interiores— (SSTS de 18/10/2006 [*Tol 1006861*], de 22/07/2020 [*Tol 8037176*] y de 11/02/2009 [*Tol 1459580*]), los espacios de despachos de abogados y de las consultas médicas en los que se conservan datos personales de trabajadores, clientes o pacientes protegidos por el derecho a la intimidad personal (SSTS de 5/12/2012 [*Tol 2721873*] y de 14/10/2020 [*Tol 8147989*]), las celdas de las prisiones, con ciertos matices (STS de 24/11/1995 [*Tol 5155384*]) o el jardín circundante a un chalé (STS de 4/11/2002 [*Tol 4976642*]).

3.2.3 Los despachos profesionales no abiertos al público

En el segundo sentido indicado, la jurisprudencia de la Sala de lo Penal del TS, haciéndose eco de la doctrina sentada por el TEDH en la materia, ha extendido la protección del domicilio a otros lugares cerrados al público en general en los que se desarrollan ciertas actividades relacionadas con los derechos de la personalidad. Así el TS ha extendido la condición de domicilio a los despachos profesionales de los particulares no abiertos al público, sobre la base de entender que la protección dispensada al derecho al trabajo constituye un instrumento más de protección del derecho al libre desarrollo de la personalidad consagrado en el art. 10.1 CE.

En efecto el TEDH ha extendido las garantías propias del domicilio a los despachos profesionales por albergar actividades estrechamente relacionadas con la vida privada profesional de las personas (STEDH de 16 de diciembre de 1992 (Asunto Niemietz c/ Alemania). Desde los postulados del Tribunal de Estrasburgo, la jurisprudencia de la Sala Penal del TS ha extendido la protección domiciliaria a los despachos profesionales no abiertos al público en general. En este sentido señala la STS de 14 de abril de 1994 [*Tol 5155023*]:

«[...] Este Tribunal no viene declarando que los locales abiertos al público, como pueden ser los de esparcimiento o comerciales (bares, tabernas, pubs, restaurantes, tiendas, locales de exposición, almacenes, etc.), están tutelados por la inviolabilidad que a los domicilios otorga el art. 18.2 CE, sino todo lo contrario, los considera excluidos de tal tutela (SS 10-5, 5-6, 9 y 19-7, 16-9, 22-10 y 9-12-93, por citar sólo algunas de las más recientes) en cuanto, de un lado, el art. 547.2 y 3 LECrim, así lo regula y, de otro, se trata de locales por naturaleza abiertos al acceso de cualquiera y en cuyo acceso libre por las gentes se basa el destino, lucro y utilidad de los mismos («abiertos al público»), por lo que no se pueden incorporar a ellos las rigurosas limitaciones que el Ordenamiento Jurídico establece para los lugares donde se vive y se ejercita la intimidad personal que el art. 18 tutela, teniendo sólo estos últimos, en consecuencia, la especial protección constitucional y penal que deriva de su inviolabilidad. Cierto que algunos locales de negocios o despachos profesionales, en los que la actividad del titular se desarrolla sin admitir libremente el acceso a terceros, pueden formar parte de su ámbito de privacidad e intimidad, extendiéndose a ellos el concepto de domicilio (así, S. 11-10-93). Pero no cabe confundir, como ha hecho la Sala de instancia, el ámbito negocial privado con aquél que se abra al público para obtener un lucro de los asistentes al mismo. Por lo que el acceso policial al local de autos fue lícito y el registro en él practicado fue válido y con los efectos de toda diligencia policial que se realiza en base de investigación preprocesal o atestado (arts. 297, párrs. 1º y 2º, y 717 LECrim, y doctrina de las SS 8-7 y 27-11-93)».

Por la misma razón se ha negado la condición de domicilio a un despacho u oficina a la que tenía acceso el público aunque en ella realizase su actividad profesional el sujeto afectado (STS de 6/07/1995 [*Tol 405145*]).

3.3 Los presupuestos para la entrada en domicilios y lugares asimilados

El art. 18.2 CE, tras afirmar que el domicilio es inviolable, dispone que «ninguna entrada o registro podrá hacerse en él sin consentimiento del titular o resolución judicial, salvo en caso de flagrante delito», por tanto los títulos que legitiman para la entrada lícita en un domicilio son esos tres: el consentimiento del titular, una situación de flagrante delito y la resolución judicial. No obstante aún pueden resultar lícitas otras entradas en un domicilio cuanto la misma tiene finalidades distintas de las de la investigación penal.

3.3.1 El consentimiento del titular

El consentimiento del titular no constituye propiamente una limitación legal del derecho a la inviolabilidad del domicilio sino más bien una posibilidad de renuncia puntual al mismo ante una concreta petición de acceso. Así parece resultar del art. 545 LECrim al determinar que «nadie podrá entrar en el domicilio de un español o extranjero residente en España sin su consentimiento, excepto en los casos y en la forma expresamente previstos en las leyes». Como se afirma en la STS de 7/03/1997 [*Tol 5137060*]:

«La autorización o el consentimiento voluntario constituye una de las causas justificadoras de la intromisión en el domicilio ajeno, de acuerdo con lo establecido en el art. 18.2 CE en relación con los arts. 545 LECrim, 12 Declaración Universal de Derechos Humanos de 10 dic. 1948, 8 Convenio de Roma 4 nov. 1950 (protección de los derechos humanos y de las libertades fundamentales) y 17 Pacto Internacional de Derechos Civiles y Políticos de 19 dic. 1966. Se entenderá que presta su consentimiento aquel que, requerido por quien hubiere de efectuar la entrada y registro, ejecuta por su parte los actos necesarios que de él dependan para que el mismo pueda tener efecto, sin entonces poder invocar la inviolabilidad que la CE ampara (art. 551 LECrim). El consentimiento o la conformidad implica un estado de ánimo concreto en virtud del cual la persona interesada, ante la situación también concreta que las circunstancias le presentan, accede al registro porque soporta, permite, tolera y otorga, inequívocamente, que ese acto tenga lugar. Se trata, en suma, de una aprobación, una aquiescencia, un asentimiento, una licencia o una venia que soslaya cualquier otra exigencia procedimental (TS 2ª SS 12 Sepág. 1994, 24 ene. 1995 y 17 ene. 1997)».

A) Momento en que debe producirse el consentimiento

Parece no haber duda acerca de que el consentimiento ha de ser previo o coetáneo a la entrada, pues así se debe deducir «del art. 18.2 CE y del art. 550 LECrim, en el que se exige que preceda siempre el consentimiento del interesado» (SEMPERE, p. 435).

B) Forma expresa o tácita del consentimiento

En cuanto a la forma se discute si el consentimiento ha de ser expreso o son bastantes las formas tácitas de otorgamiento.

En primer lugar es de observar que ni el art. 545 LECrim ni el art. 18.2 CE contienen referencia alguna a la necesidad de que sea expreso, además de que el art. 551 prevé la modalidad del consentimiento tácito: «se entenderá que presta su consentimiento aquel que, requerido por quien hubiere de efectuar la entrada y el registro para que los permita, ejecuta por su parte los actos necesarios que de él dependan para que puedan tener efecto, sin invocar la inviolabilidad que reconoce al domicilio el artículo 6 de la Constitución del Estado» —lógicamente hoy deberá entenderse hecha la referencia al art. 18.2 CE—.

En el mismo sentido la doctrina ha mantenido la validez de las formas tácitas y, por tanto, la no oposición del art. 551 LECrim citado con el art. 18.2 CE, atendiendo a una interpretación histórica de este último. Así se arguye en primer lugar que los textos constitucionales históricos de nuestro país nunca exigieron la forma expresa y, sobre todo, que la historia parlamentaria del texto vigente en el art. 18.2 revela la eficacia de las formas tácitas, pues como dice GONZÁLEZ-TREVIJANO (p. 170), «la necesidad de disfrutar de semejante consentimiento expreso, recogido inicialmente en el informe de la Ponencia (BOCG de 17 de abril de 1978) y en el dictamen de la Comisión (BOCG 1 de julio de 1978) no se mantuvo luego en la Comisión del Senado (BOCG de 6 de octubre de 1978), ni se estableció tampoco, finalmente, en el texto definitivamente aprobado».

Ahora bien, la inexigibilidad del consentimiento expreso no equivale a la posibilidad de acceso al domicilio por la Policía ante un comportamiento meramente pasivo del morador o residente. No puede admitirse, como sucedió en el supuesto de la STS de 11/11/2020 [*Tol 8201943*]*8*, que la policía pueda acceder a un domicilio ante la simple conducta pasiva del morador de la vivienda. Como expone la citada STS:

> «[...] la STS nº 1053/2013, de 30 de setiembre, según la cual el artículo 551 de la LECrim, "autoriza incluso una forma de consentimiento tácito —de obligada interpretación restrictiva—, cuando establece que se entenderá que presta su consentimiento aquel que, requerido por quien hubiere de efectuar la entrada y registro para que lo permita, ejecuta por su parte los actos necesarios que de él dependan para que puedan tener efecto, sin invocar la inviolabilidad que reconoce al domicilio el precepto constitucional". En el caso, no existen elementos que permitan concluir que la madre del perjudicado prestó su consentimiento a la entrada de los agentes pues no necesitaba ayuda ni había requerido su presencia, ni se declara probado que los invitara a entrar o que de alguna otra forma les hiciera saber que podían hacerlo. Se limitó a no hacer nada cuando entraron por su propia voluntad. Niega, por otro lado, que concurra el elemento subjetivo, es decir, el conocimiento de la ausencia de consentimiento. Sin embargo, no se recoge así en la sentencia, lo cual debe considerarse una conclusión razonable, pues los agentes policiales saben, por su formación, que, para entrar en el domicilio de un ciudadano, en ausencia de autorización judicial o delito flagrante, necesitan su consentimiento. No se trata de que no puedan entrar cuando el ciudadano lo prohíba, sino que no pueden hacerlo si no se les autoriza».

C) La prueba de la existencia de consentimiento

Aceptada la validez de las formas tácitas de otorgamiento pueden plantearse otros problemas con relación a la prueba del mismo en condiciones de validez, pues como dice LUZÓN CUESTA (p. 18), los problemas surgen a la hora de acreditar la existencia de consentimiento y exención de vicios en su prestación.

La doctrina es, a este respecto, sumamente escrupulosa, advirtiendo que en este campo no cabe «la utilización de la presunción de consentimiento a partir de actos más o menos equívocos del titular del domicilio, pues aquí, por definición, no existe consentimiento, sino simple prueba de presunciones de hombre» (SEMPERE, p. 435). Del mismo parecer es la jurisprudencia de la Sala de lo Penal del TS (STS de 7/03/1997 [*Tol 5137060*]).

Sin embargo el TS ha entendido inequívoca la existencia de consentimiento tácito en los supuestos de autocaravanas y vehículos similares cuando sus titulares pasan controles fronterizos, o se encuentran en recintos aduaneros, por entender que implica el sometimiento a dichos controles de forma voluntaria (STS de 18 de octubre de 1996 [*Tol 5136322*]). A este respecto el art. 16 de la LO 12/1995, de represión del Contrabando, dispone que «en los recintos aduaneros, los servicios de aduanas podrán efectuar el reconocimiento y registro de cualquier vehículo, caravana, paquete o bulto».

D) Las condiciones de validez de prestación del consentimiento

La jurisprudencia parte de la validez del consentimiento prestado por persona capaz, salvo que se deba a error, violencia o intimidación (STS de 18/02/1994 [*Tol 5108249*]). Por ello exige además que la alegación de causa invalidante del consentimiento resulte acreditada, negando valor a la simple alegación de error sobre la existencia del derecho a la inviolabilidad domiciliaria. En palabras de la STS de 3/10/1996 [*Tol 5140113*]:

> «Los arts. 18.2 CE y 545 LECrim claramente establecen la posibilidad de practicar registros en los domicilios particulares si lo consiente su titular. Esto es lo que ha sucedido en el caso; nada consta acreditado en la causa que permita sostener que el acusado prestó su conformidad para la práctica de tal diligencia coaccionado en alguna forma. Por lo demás, la parte recurrente no ha intentado siquiera acreditar que el acusado prestase su consentimiento al margen de su capacidad de libre arbitrio. En cualquier caso, es preciso añadir que la CE no exige un especial nivel de formación intelectual para considerar válido el consentimiento del titular de la vivienda; es más, en la cultura popular, está fuertemente arraigada la idea de que para acceder al domicilio de las personas es preciso el consentimiento del interesado o la previa autorización judicial. En último término, no pasa de constituir una simple manifestación de parte —carente de prueba— la afirmación de que el acusado desconocía que podía oponerse al registro».

En cuanto al consentimiento prestado como consecuencia de violencia o intimidación resulta difícilmente pensable, ya que en tal caso la entrada constituiría normalmente un delito de allanamiento de morada. Por ello —como dice LUZÓN (p. 21)— la cuestión únicamente se suscita con relación al consentimiento que pueda prestar una persona detenida. En estos supuestos el TS ha oscilado entre las siguientes pociones: a) estimar viciado todo consentimiento prestado por el detenido (STS de 29/09/1989 [*Tol 459261*]) y b) considerar viciado el consentimiento prestado por el detenido sin presencia de abogado (STS de 27/01/1992 [*Tol 400640*]) exigiendo en casos el TS que se produzca un efectivo y previo asesoramiento del abogado al detenido titular del domicilio para que el consentimiento que preste resulte válido, y c) atribuir al juez penal en cada caso la valoración de las condiciones en que se prestó (STS de 13/06/1992 [*Tol 5136093*]).

No obstante, se ha afirmado que, en la medida en que se puede prestar a abusos la práctica consistente en recabar el consentimiento del titular del domicilio cuando éste se halla detenido, debe exigirse además «la constancia de que se ha informado al titular previa, expresa y completamente de los derechos que le asisten (aplicando analógicamente, en la medida en que resulte necesario, lo dispuesto en el art. 520.2 LECrim (SEMPERE, p. 435).

E) La eficacia de la revocación del consentimiento

La doctrina ha afirmado que «el consentimiento prestado para la entrada puede ser revocado en cualquier momento, forzando a la suspensión del registro y abandono del domicilio por las Fuerzas de Seguridad, so pena de incurrir en responsabilidad» (SEMPERE, p. 436). Ante un consentimiento inicialmente prestado, cabe plantearse la posibilidad de revocación en dos situaciones distintas: a) cuando el consentimiento inicial incurrió en algún vicio de la voluntad, esto es, si no fue libre, voluntario, informado y consciente, en cuyo caso pocas dudas cabe acerca de su revocabilidad en cualquier momento, de la necesidad de paralizar el registro cuando sea revocado el consentimiento, y de la nulidad de lo hallado en el curso del registro, sin que un eventual auto judicial posterior pueda validar las fuentes de prueba obtenidas a partir de una entrada y registro habilitada a partir de un consentimiento viciado; b) más compleja es la respuesta en caso de que el consentimiento inicial fuera plenamente válido, pero la persona que consintió decida revocarlo durante la práctica del registro. En este segundo caso, entendemos que el consentimiento prestado es revocable pues forma parte del ámbito de la plena libertad del morador a disponer del derecho a la inviolabilidad del domicilio en el que resida, de tal manera que puede autorizar el acceso y registro a toda la vivienda o a parte de ella, condicionando el acceso como considere oportuno, sin que el consentimiento inicial suponga necesariamente una suerte de autorización en blanco, plena y absoluta, a la Policía Judicial competente para la práctica de la diligencia. En la medida en que el consentimiento supone una autolimitación o disposición voluntaria de un derecho fundamental, debe tener el titular derecho a marcar los límites de actuación de los poderes públicos, *en cualquier momento*, en cuanto a los espacios, alcance y duración. Queda por aclarar que, habiendo sido prestado el consentimiento de forma libre y consciente, la revocación no debe producir efectos retroactivos, de manera que las actuaciones de la Policía Judicial hasta el momento de la revocación deben ser consideradas plenamente válidas.

Para la STS de 03/05/2018 [*Tol 6594627*], «Si se produce la *revocación del consentimiento* del obligado tributario para la permanencia en los lugares en los que se estén desarrollando las actuaciones, los funcionarios de inspección, antes de la finalización de estas, podrán adoptar las medidas cautelares reguladas en el artículo 146 de la Ley 58/2003, de 17 de diciembre, General Tributaria"».

En parecidos términos se pronuncia la SAP de León, de 15/05/2020 [*Tol 7975875*]:

> «En ocasiones la Agencia Tributaria puede acudir, para vencer esa falta de consentimiento, a apercibir que puede adoptar ciertas medidas cautelares como el precintado o incautación de servidores y equipos informáticos, y que la negativa puede entenderse como una forma de resistencia a la actuación inspectora. Sin embargo, la negativa o la revocación del consentimiento es el ejercicio de un derecho fundamental, y, por ello, no puede calificarse como excusa o resistencia a la actuación inspectora ni imponerse sanción. También nuestra Sala Segunda del Tribunal Supremo, ha señalado que dicho consentimiento debe estar absolutamente desprovisto de toda mácula que enturbie el exacto conocimiento de lo que se hace y la libérrima voluntad de hacerlo, debiendo estar también exento de todo elemento susceptible de provocar o constituir error, violencia, intimidación o engaño, por lo que el interesado debe ser enterado de que puede negarse a autorizar la entrada y registro que se le requiere (SSTS, entre otras, de 1 de abril de 1996, 4 de marzo de 1999 y 18 de febrero de 2005)».

F) Sujeto que, como titular del derecho a la inviolabilidad domiciliaria, puede consentir la entrada

En los supuestos de titularidad individual del domicilio no se plantean problemas. La cuestión surge en los supuestos de titularidad compartida o de plurititularidad.

a) En el *ámbito familiar* el principio de igualdad de los cónyuges consagrado en el art. 66 CC, o de las parejas de hecho consagrado en cualquier caso entre ambos por el art. 14 CE, obliga a afirmar que a ambos corresponde el derecho a la inviolabilidad domiciliaria sobre los elementos comunes del domicilio, bastando la oposición de uno de ellos a la entrada para impedir la validez del consentimiento prestado por el otro, por aplicación de la doctrina penal sobre el delito de allanamiento. Sin embargo, cuando existan habitaciones propias de uno solo de ellos, únicamente a él corresponderá el derecho y, por tanto, la prestación de consentimiento válido.

Como recuerda BANACLOCHE (p. 221), la STC 22/2003 [*Tol 239218*] «dio un cambio importante a la doctrina existente hasta ese momento, al sostener que el titular relevante no era tanto el del domicilio, sino el del derecho a la intimidad del afectado». Junto a ello, se afirma que en caso de convivencia de varias personas en el mismo domicilio, cualquiera de ellas, en principio, puede prestar el consentimiento para el acceso de terceros, salvo que el comorador se halle respecto del titular de la inviolabilidad domiciliaria en situación de contraposición o conflicto de intereses.

> «[...] nuestra jurisprudencia establece entre la inviolabilidad domiciliaria y el derecho a la intimidad. Desde la STC 22/1984, de 17 de febrero, FJ 2, hemos afirmado que la protección constitucional del domicilio es "una protección de carácter instrumental, que defiende los ámbitos en que se desarrolla la vida privada de la persona".
>
> [...]
>
> la convivencia presupone una relación de confianza recíproca, que implica la aceptación de que aquél con quien se convive pueda llevar a cabo actuaciones respecto del domicilio común, del que es cotitular, que deben asumir todos cuantos habitan en él y que en modo alguno determinan la lesión del derecho a la inviolabilidad del domicilio. En definitiva, esa convivencia determinará de suyo ciertas modulaciones o limitaciones respecto de las posibilidades de actuación frente a terceros en el domicilio que se comparte, derivadas precisamente de la existencia de una pluralidad de derechos sobre él. Tales limitaciones son recíprocas y podrán dar lugar a situaciones de conflicto entre los derechos de los cónyuges, cuyos criterios de resolución no es necesario identificar en el presente proceso de amparo
>
> [...]
>
> Como regla general puede afirmarse, pues, que en una situación de convivencia normal, en la cual se actúa conforme a las premisas en que se basa la relación, y en ausencia de conflicto, cada uno de los cónyuges o miembros de una pareja de hecho está legitimado para prestar el consentimiento respecto de la entrada de un tercero en el domicilio, sin que sea necesario recabar el del otro, pues la convivencia implica la aceptación de entradas consentidas por otros convivientes. A esa situación normal parece responder el texto expreso de la Constitución española. En efecto, el artículo 18.2 CE, tras proclamar que el domicilio es inviolable, declara que "ninguna entrada o registro podrá hacerse en él sin el consentimiento del titular o autorización judicial", excepto en los casos de flagrante delito. De modo que, aunque la inviolabilidad domiciliaria, como derecho, corresponde individualmente a cada uno de los que moran en el domicilio, la titularidad para autorizar la entrada o registro se atribuye, en principio, a cualquiera de los titulares del domicilio, por lo que pueden producirse situaciones paradójicas, en las que la titularidad para autorizar la entrada y registro pueda enervar la funcionalidad del derecho a la inviolabilidad domiciliaria para tutelar la vida privada del titular del derecho.
>
> 8. Sin embargo, el consentimiento del titular del domicilio, al que la Constitución se refiere, no puede prestarse válidamente por quien se halla, respecto al titular de la inviolabilidad domiciliaria, en determinadas situaciones de contraposición de intereses que enerven la garantía que dicha inviolabilidad representa.
>
> Del sentido de garantía del art. 18.2 CE se infiere inmediatamente que la autorización de entrada y registro respecto del domicilio de un imputado no puede quedar librada a la voluntad o a los intereses de quienes se hallan del lado de las partes acusadoras, pues, si así fuese, no habría, en realidad, garantía alguna, máxime en casos como el presente, en que hallándose separados los cónyuges, el registro tuvo lugar en la habitación del marido».

La STS de 17/07/2020 [*Tol 8020640*] analiza con detalle la validez del consentimiento del interesado como presupuesto que permite la entrada y registro en domicilio sin orden judicial. Partiendo de una exposición sistemática de la jurisprudencia del TS y del TC acerca del consentimiento en los casos de varios comoradores en el mismo domicilio, afirma que «la presencia que exige la LECrim es la del titular del derecho a la intimidad afectado por la diligencia de entrada y registro, que podrá coincidir o no con el titular o propietario de la vivienda. Siendo suficiente, cuando sean varios los moradores del domicilio afectado, con la presencia de uno de ellos, siempre que no exista conflicto de intereses con los demás».

> «[...] la jurisprudencia ha entendido en numerosas ocasiones que el interesado al que se refiere el artículo 569 de la LECrim es el titular del derecho a la intimidad afectado por la ejecución de la diligencia de entrada y registro. Y que, en caso de ser varios los moradores del mismo domicilio, es suficiente la presencia de uno de ellos siempre que no existan intereses contrapuestos con los de los demás moradores. Así se desprende de la STC 22/2003, aunque se tratara en ese caso de la validez del consentimiento prestado por uno de ellos.
>
> En este sentido, en la STS nº 154/2008, de 8 de abril, se decía que el artículo 569 de la LECrim "... dispone que el registro se hará a presencia del interesado. Desde el punto de vista del derecho a la intimidad, del que el derecho a la inviolabilidad del domicilio es una expresión, el interesado es el titular de aquél, pues es precisamente la persona cuya intimidad se ve afectada. Es a este interesado a quien se refiere el precepto exigiendo su presencia como condición de validez de la diligencia. Al mismo que se refiere el artículo 550 como la persona que deberá prestar el consentimiento, pues resultaría insostenible que pudiera practicarse válidamente el registro de un domicilio con el consentimiento del imputado no morador de aquel; o el artículo 552, en cuanto el registro debe hacerse procurando no importunar ni perjudicar al interesado; o el artículo 570, en cuanto es el interesado quien debe ser requerido para que permita la continuación del registro durante la noche. Así lo han entendido algunas sentencias, como la STS núm. 1108/2005, de 22 de septiembre, citada por la STS núm. 1009/2006, de 18 de octubre". En consecuencia, la presencia que exige la LECrim es la del titular del derecho a la intimidad afectado por la diligencia de entrada y registro, que podrá coincidir o no con el titular o propietario de la vivienda. Siendo suficiente, cuando sean varios los moradores del domicilio afectado, con la presencia de uno de ellos, siempre que no exista conflicto de intereses con los demás"."
>
> El consentimiento está claro en este caso y no es viciado ni colaborador en su práctica por la moradora.
>
> En este caso podemos concluir:
>
> a.– Que hubo consentimiento a la diligencia de entrada y registro por uno de los moradores.
>
> b.– Quien autoriza la entrada es la pareja del recurrente que residía en el inmueble.
>
> c.– Pese a alguna diferencia que pudiera existir entre ellos no se acredita ánimo alguno tendencial a perjudicarle.
>
> d.– La diligencia se lleva a cabo a instancia de los agentes.
>
> e.– Existe acreditada la debida información.
>
> f.– No se acredita conflicto de intereses.
>
> g.– Está presente ella en la diligencia que es quien estaba al momento de la solicitud y prestación del consentimiento.
>
> h.– Se aprehenden los objetos que constan en los hechos probados» (STS de 17/07/2020 [*Tol 8020640*]).

En el mismo sentido y con extensa y detallada recopilación de la doctrina sentada por el TC y por el TS acerca del consentimiento para el acceso al lugar cerrado en la práctica de la diligencia de entrada y registro, se afirma nuevamente en la STS de 13/02/2025 [*Tol 10419404*] «la presencia que exige la LECrim es la del titular del derecho a la intimidad afectado por la diligencia de entrada y registro, que podrá coincidir o no con el titular o propietario de la vivienda. Siendo suficiente, cuando sean varios los moradores del domicilio afectado, con la presencia de uno de ellos, siempre que no exista conflicto de intereses con los demás»

b) Otro tanto puede decirse respecto del *domicilio compartido* por dos o más personas aunque no se hallen vinculadas por parentesco ni otra relación familiar o parafamiliar. En todos estos supuestos se entiende aplicable el aforismo de que el que prohíbe la entrada es de mejor derecho que el que la permite «*melior est conditio prohibentis*».

c) Respecto de los *hijos menores* que convivan con sus padres, o de los que se hallen en establecimientos de enseñanza la doctrina se inclina, «sin que se pueda establecer una regla fija al respecto, pues dependerá en gran parte de las peculiaridades propias de cada supuesto —edad de los interesados, intensidad de la oposición, lugar concreto de la casa a que nos refiramos—, a establecer el derecho de exclusión frente a terceros a ambos cónyuges y al director del colegio» (GONZÁLEZ-TREVIJANO, p. 122).

3.3.2 Los supuestos de delito flagrante

El acceso a un domicilio y a los lugares asimilados al mismo en supuestos de flagrancia delictiva se halla contemplado igualmente en el art. 18.2 CE, y desarrollando ese supuesto el art. 553 LECrim. El problema que plantea el precepto citado es que sólo existe en nuestro Derecho positivo vigente una definición legal de delito flagrante en las normas militares. Ni la LECrim, que utiliza la categoría de delito flagrante a distintos efectos, ni ninguna otra norma vigente definen el delito flagrante; salvo el art. 398 de la LO 2/1989, procesal militar, donde se dispone, siguiendo el precepto derogado de la LECrim, que:

> «A los efectos de este título se consideran delitos fragantes los que estuvieren cometiendo o se acaban de cometer cuando el delincuente o los delincuentes fuesen sorprendidos. Se entenderá sorprendido en el acto de ejecutar el delito no sólo al delincuente que sea después de cometerlo, si la persecución durare o no se suspendiera mientras el delincuente no se ponga fuera del alcance de los que le persiguen o, aunque se pusiere de momento, quedara dentro de la zona de dicha persecución y se presentare o aprehendiere en las cuarenta y ocho horas siguientes al delito y existan pruebas notorias de haberlo ejecutado».

La LECrim, desde su redacción original, ofrecía un concepto de delito flagrante a fin de establecer un procedimiento acelerado para el enjuiciamiento de tal tipo de delitos en su art. 779, que desapareció tras la modificación del precepto por la LO 7/1988. Establecía el desaparecido precepto que:

«Se considerará delito flagrante el que se estuviere cometiendo o se acabara de cometer cuando el delincuente o delincuentes sean sorprendidos. Se entenderá sorprendido en el acto no sólo el delincuente que fuera cogido en el momento de estar cometiendo el delito, sino el detenido o perseguido inmediatamente después de cometerlo, si la persecución durare o no se suspendiere mientras el delincuente no se ponga fuera del inmediato alcance de los que le persiguen. También se considera delincuente «in fraganti» aquel a quien se sorprendiere inmediatamente después de cometido el delito con efectos o instrumentos que infundan la sospecha vehemente de su participación en él».

Como señala LUZÓN (p. 22), el TS se ha valido de este concepto como referente para definir el delito flagrante aun reconociendo su carácter de concepto funcional, en cuanto establecido con la finalidad de aplicar al enjuiciamiento de los delitos flagrantes el que denominaba procedimiento de urgencia (SSTS de 29/03/1990 [*Tol 2403200*] y de 20/07/1993 [*Tol 403443*]). La STS de 29/03/1990 [*Tol 2403200*], establece tres requisitos para configurar el concepto de flagrancia:

«El concepto de delito flagrante, a los efectos del artículo 18.2 de la Constitución Española y del correlativo 553 de la Ley de Enjuiciamiento Criminal, queda delimitado por los tres requisitos siguientes:

1º Inmediatez temporal, es decir, que se está cometiendo un delito o que haya sido cometido instantes antes.

2º Inmediatez personal consistente en que el delincuente se encuentre allí en ese momento en situación tal con relación al objeto o a los instrumentos del delito que ello ofrezca una prueba de su participación en el hecho.

3º Necesidad urgente, de tal modo que la Policía, por las circunstancias concurrentes en el caso concreto, se vea impelida a intervenir inmediatamente con el doble fin de poner término a la situación existente impidiendo en todo lo posible la propagación del mal que la infracción penal acarrea, y de conseguir la detención del autor de los hechos, necesidad que no existirá cuando la naturaleza de los hechos permita acudir a la Autoridad judicial para obtener el mandamiento correspondiente».

Para la STC 94/1996 [*Tol 83028*]:

«Hemos de reiterar ahora de nuevo que la entrada y registro policial en un domicilio sin previa autorización judicial y sin que medie el consentimiento expreso de su titular únicamente es admisible desde el punto de vista constitucional (art. 18.2 CE), cuando dicha injerencia se produzca ante el conocimiento o percepción evidente de que en dicho domicilio se está cometiendo un delito, y siempre que la intervención policial resulte urgente para impedir su consumación, detener a la persona supuestamente responsable del mismo, proteger a la víctima o, por último, para evitar la desaparición de los efectos o instrumentos del delito».

En suma y como afirma SEMPERE (p. 438), «la flagrancia se identifica con la «evidencia directa», en el sentido de que no haya de realizarse a partir de ella juicio especulativo o valorativo alguno (ello correspondería al juez) para llegar a la conclusión de que se está cometiendo en delito». En la misma línea STS de 20/01/2022 [*Tol 8764872*])

3.3.3 La resolución judicial

El tercer supuesto de legitimación para la limitación del derecho a la inviolabilidad del domicilio lo constituye, según el art. 18.2 CE, la resolución judicial que es además el más frecuente en la realidad práctica (art. 550 LECrim). Los principales problemas que suscita este supuesto son los relativos a la competencia para dictar tal resolución, cual es el procedimiento en el que puede recaer, y por último, las condiciones formales y de fondo o contenido de tal resolución.

A) El juez competente para dictar la resolución habilitante de la entrada en domicilios y lugares asimilados

Del juego de los arts. 545 y 550 LECrim cabe deducir sin dificultad que la competencia para dictar la resolución judicial habilitante de la entrada corresponde al juez instructor[1] de la causa en el momento en que haya de acordarse,

[1] En adelante, y para mayor claridad y sencillez en la redacción, salvo que merezca mayor concreción en el texto que se introduzca su referencia, nos referiremos al «*juez instructor*» como a cualquiera de los jueces con competencia funcional en materia de investigación judicial de delitos, en el bien entendido que con esta denominación nos referimos al juez unipersonal integrado en la Sección que corresponda del Tribunal de Instancia competente (o, en su caso, al juez de la Sección de Instrucción del Tribunal Central de Instancia, cuando de la Audiencia Nacional hablamos) —*v.gr.* Sección de Instrucción o de la Sección Única de Civil y de Instrucción, Sección de Violencia sobre la Mujer, o Sección de Violencia contra la Infancia y Adolescencia—, o al juez correspondiente del TS o TSJ al que se le atribuya dicha competencia funcional cuando la competencia objetiva venga encomendada a dichos tribunales por razón de aforamiento del investigado. Asimismo, dicha referencia al «*juez instructor*» contempla también la posibilidad de que, en los casos determinados en el art. 84.6 LOPJ, se nombre a dos jueces, conforme a un turno preestablecido y público, para que, junto con el juez a quien le hubiere sido turnado el asunto inicialmente, se encarguen de la instrucción de un determinado proceso penal. En el capítulo 5 de esta obra puede consultarse una explicación completa del nuevo modelo orgánico de los Tribunales de Instancia que introduce la LO 1/2025.

aunque, como consecuencia de ulteriores averiguaciones, se ponga de manifiesto que corresponde a otro juez. Como pone de relieve LUZÓN (p. 28) «puede resultar que finalmente se determine que es otro el Juez competente para conocer de la causa, habiendo declarado la Sala segunda que no se vulnera el derecho fundamental al Juez predeterminado si el órgano jurisdiccional actuante es el correcto en ese momento procesal, sin perjuicio de que las actuaciones por éste realizadas tengan su final destino en otro Tribunal. Y alegándose que el auto fue dictado por un Juez y que el competente territorialmente era otro, se considera que tal motivo «está carente de consistencia suasoria si se tiene en cuenta la norma contenida en el párrafo segundo del art. 22 de la LECrim, que establece el principio de conservación de las diligencias necesarias para la comprobación del delito y, en general, las de reconocida urgencia» (*vid.*, en este sentido STS de 18 de julio de 1996 [*Tol 406714*]).

B) Clase de procedimiento en el que puede recaer la resolución habilitante de la entrada. Las diligencias indeterminadas

En principio cualquier actuación de las que constituyen el contenido de la instrucción judicial debe practicarse en el seno de una causa abierta, aún en fase de instrucción, es decir, unas diligencias previas, un sumario o una instrucción complementaria si se trata del procedimiento ante el tribunal del jurado. De otra suerte tales actuaciones quedarían al margen del cauce legal que garantiza la intervención de los interesados.

El problema que esta cuestión suscita consiste en la práctica, cada vez más en desuso, de los jueces instructores de incoar unas diligencias indeterminadas en cuyo curso se adoptan las medidas, que sólo en el caso de producir luego un resultado positivo determinan la incoación de uno de los antes mencionados procedimientos de instrucción judicial. Pues bien, respecto de la validez de las resoluciones que acuerdan la entrada y registro dictadas en diligencias indeterminadas la jurisprudencia del TS y el TC ha vacilado entre considerarlas eficaces o nulas.

El empleo de las diligencias indeterminadas para albergar actos de instrucción ha sido reiteradamente combatida por la doctrina de la Fiscalía en distintas circulares e instrucciones, por impedir la intervención en ellas del Fiscal y de las partes en general. Consulta nº 106 de 1988 (Memoria de 1899), Consulta de 7 de octubre de 1924 (Memoria de 1925), Consulta de 11 de junio de 1963 y Circular de 4 de marzo de 1969.

El TC ha admitido la validez de unas diligencias indeterminadas para adoptar la decisión de entrada en domicilios con la finalidad de ejecutar actos administrativos, por entender que en tales casos, los del antiguo art. 87.2 LOPJ (ahora 91.2), no existe propiamente un proceso sino meros procedimientos judiciales. Lo que *a contrario sensu* obligaría a entender que cuando la resolución recae en el curso de actos instructorios debiera dictarse en el curso de alguna de las modalidades previstas legalmente para el proceso instructorio: unas diligencias previas, un sumario o una instrucción complementaria (SSTC 50/1995 [*Tol 82790*] y 211/1992 [*Tol 81991*])

Sin embargo el TS, reconociendo esa práctica anómala de los Juzgados consistente en incoar diligencias indeterminadas y acordar en su seno la resolución sobre la entrada, ha dado validez al referido cauce para la misma. (STS de 5/05/1995 [*Tol 5103709*]), e igualmente las SSTS de 16/12/1996 [*Tol 5134926*] y de 18/09/1997 [*Tol 408496*]).

C) El acceso al domicilio por el agente encubierto. Resolución judicial habilitante

En el caso del agente encubierto, el TC ha diferenciado, en primer término, la habilitación para su actuación que puede conceder el Ministerio Fiscal y la autorización que expide el juez instructor en forma de auto. Como es bien sabido, la habilitación del Ministerio Fiscal no permite la práctica de actuaciones por el agente encubierto que comprometan derechos fundamentales, quedando sometida al control judicial cuando finalicen las diligencias preprocesales de investigación (STC 87/2024 [*Tol 10273363*])

Junto a ello, recuerda el TC la necesidad de que el auto judicial que autorice la investigación de un delito a través del agente encubierto contenga las autorizaciones singulares que permitan la afectación de derechos fundamentales —intervención de comunicaciones, acceso a domicilios, colocación de dispositivos de seguimiento y localización, etc.— en el curso de su actuación. Expone, en este sentido, la citada STC 87/2024 [*Tol 10273363*] que:

> «En segundo lugar, la concreta actuación de investigación del agente encubierto puede afectar a derechos fundamentales cuya injerencia exija constitucional o legalmente autorización judicial, en cuyo caso deberá solicitar del órgano judicial competente tales autorizaciones singulares no siendo posible por tanto que sea el Ministerio Fiscal quien las autorice (arts. 282 *bis*.3 LECrim y 5.2 EOMF). Tal sería el caso de la injerencia en la garantía de la *inviolabilidad del domicilio* (art. 18.2 CE) y del secreto de las comunicaciones (art. 18.3 CE) y, en ciertas ocasiones, del derecho a la intimidad (art. 18.1 CE). Así, en relación con este último, específicamente el precepto contempla la exigencia de autorización judicial para actuar bajo identidad supuesta en comunicaciones mantenidas en canales cerrados de comunicación con el fin de esclarecer alguno de los delitos a los que se refiere el apartado 4 del art. 282 *bis* LECrim o cualquier delito de los previstos en el artículo 588 *ter* a) LECrim (art. 282 *bis*.6 LECrim). También, como se ha indicado en el fundamento jurídico 2 B), se precisará

dicha autorización judicial en los supuestos contemplados en los arts. 579 y 588 *bis* a) a 588 *septies* c) LECrim».

3.4 Condiciones formales y de fondo de tal resolución

3.4.1 Necesidad de forma escrita y nulidad de las resoluciones verbales

Se ha suscitado si la resolución judicial que autoriza la entrada en un domicilio ha de ser escrita o caben las formas verbales. No obstante tanto la doctrina como la jurisprudencia han exigido la forma escrita, única que permite la motivación, la valoración de la concurrencia de los presupuestos y su notificación al interesado en forma que permita su constancia.

En este sentido afirma LUZÓN que «obvio resulta que la resolución judicial a que se refiere el art. 18 de la CE, cuya forma de auto viene determinada por el art. 558 de la LECrim, en modo alguno puede suplirse por una autorización verbal, y después del pormenorizado análisis del mismo, impertinente parecería considerar siquiera la cuestión, lo que, no obstante, haremos, al haberse suscitado en ocasiones en recursos de casación. Así, en supuesto en que la Policía alegaba haber solicitado y obtenido verbalmente del Juzgado tal autorización, aparte de no existir constancia en las diligencias judiciales, la Sala segunda terminantemente afirma que «la autorización o mandamiento para entrar en un domicilio nunca se puede conceder verbalmente por el órgano judicial» y, en consecuencia, considera que se ha vulnerado el derecho fundamental a la inviolabilidad del domicilio» (STS de 25/11/1996 [*Tol 5134961*]).

En el mismo sentido se declaró nula la prueba obtenida en el registro subsiguiente a la entrada, pese a que el juez la ordenó *personalmente de forma verbal* y en el lugar donde la entrada había de producirse (STS de 24/03/1994 [*Tol 5107646*]).

Sobre los requisitos que ha de reunir el auto que autoriza la entrada y registro se extiende la STS de 30/01/2002 [*Tol 4927928*], señalando que:

> «La normativa y la doctrina constitucional y jurisprudencial sobre las condiciones de la autorización judicial del registro domiciliario pueden resumirse del siguiente modo: a) El art. 18.2 de la CE permite la entrada en el domicilio de un particular sin su consentimiento, con autorización judicial.
>
> b) Las normas de la LECrim exigen que la autorización judicial se plasme en auto motivado, (art. 550 y 558 de la LECrim.) y que se funde en la existencia de indicios, de que en el domicilio se halle el responsable del delito, o efectos o instrumentos de éste, o libros, papeles u otros objetos que puedan servir para su descubrimiento o comprobación, según previene el art. 546 de la citada Ley.
>
> c) La doctrina constitucional y jurisprudencial exige para la procedencia de la autorización judicial de registro que concurran sospechas fundadas en datos objetivos de la comisión de

un delito, y de que en el domicilio a registrar pueda hallarse el autor de la infracción criminal o efectos, instrumentos o pruebas de la misma resultando necesaria por ello la diligencia de registro para la averiguación y constancia de datos creditativos de los hechos delictivos, habiendo entendido el Tribunal Constitucional y esta Sala, que resulta proporcionado el registro cuando el delito a investigar sea de tráfico de drogas, dado el gran daño a la salud de los ciudadanos que tal tipo de infracciones origina, y las secuelas que acarrean; y también han entendido la doctrina constitucional y la jurisprudencia que los autos autorizando los registros domiciliarios han de ser motivados, lo que es una exigencia de tutela judicial efectiva, que se cumple con la expresión de los elementos individualizadores del caso y las líneas generales del razonamiento, pudiendo entenderse también motivada la resolución, si se reproducen los términos del oficio policial de solicitud de autorización, o el auto se remite al mismo, si de las afirmaciones de la petición se deduce que concurrieron las sospechas fundadas en datos objetivos de la realización de una actividad delictiva (STC de 14.5.87, 14 y 122/91, 159/92, 175/92, 209/93 y 341/93 de 18.10) y (STS. 1785/94 de 22.3, 67/95 de 4.3, 22.5, 27.6 y 20.11.95, 6/96 de 26.1, 261/96 de 22.3, 440/96 de 20.5, 958/96 de 3.12, 1017/96 de 7.2.97, 295/97 de 28.2 y 597/98 de 23.4, 1159/99 de 14.7, y senencia de 10.12.2001)».

3.4.2 Necesidad de motivación suficiente

A) Aplicabilidad de la exigencia de motivación de las sentencias al auto de entrada

Aunque el art. 18.2 CE se refiera genéricamente a una *resolución judicial*, en cuanto limitadora de un derecho fundamental, es evidente que ha de ser fundada. Además la propia LECrim exige que revista la forma de *auto*. Así resulta tanto de lo que dispone el art. 550 LECrim, como del art. 558 LECrim. 1235

Con relación a la motivación la doctrina del TC exige *que sea la bastante como para conjurar todo peligro de arbitrariedad*, de manera que los justiciables puedan controlar que el sentido de la decisión responde a criterios de interpretación jurídica.

«No se trata de exigir a los órganos judiciales una argumentación extensa que vaya respondiendo punto por punto a cada una de las alegaciones de las partes, ni impedir la fundamentación concisa o escueta que, en cada caso, estimen suficientes quienes ejercen la potestad jurisdiccional; se trata de que la tutela judicial efectiva exige,... que la respuesta se anude con los extremos sometidos por las partes a debate». El art. 24 CE —continúa argumentando aquella STC 75/1988— «impone a los órganos judiciales la obligación de dictar una resolución fundada en Derecho que no puede considerarse cumplida con la mera emisión de una declaración de voluntad en un sentido o en otro, sino que, el deber de motivación que la Constitución y la Ley exigen, impone que la decisión judicial está precedida de la argumentación que la fundamente... la exigencia de motivación suficiente... es sobre todo una garantía esencial del justiciable mediante la cual... se puede comprobar que la solución dada es consecuencia de una exégesis racional del ordenamiento y no el fruto de la arbitrariedad» (STC 199/1991 [*Tol 81886*]).

En el mismo sentido, las SSTC 150/1988 [*Tol 79999*], 36/1989 [*Tol 80248*], 191/1989 [*Tol 81762*] y 70/1990 [*Tol 80362*], entre otras, han establecido la doctrina de que «para que tal requisito de motivación pueda considerarse cumplido, es necesario que lleve a cabo la doble finalidad de exteriorizar, de un lado, el fundamento de la decisión adoptada, haciendo explícito que éste responde a una determinada interpretación del Derecho, y de permitir, de otro, su eventual control jurisdiccional mediante el efectivo ejercicio de los derechos».

Además el TC considera la motivación como una exigencia integrante del derecho a la tutela judicial efectiva consagrado en el art. 24.1 CE que es de aplicación no sólo a las sentencias sino a los autos, —lo que abre la vía del recurso de amparo— (STC 122/1991 [*Tol 80536*]).

B) Motivación por referencia al atestado policial o a la solicitud de entrada y el empleo de impresos

Aunque durante tiempo el TS, partiendo de la idea de que la motivación no ha de concebirse como un requisito formal, aceptaba la validez de los autos de entrada y registro motivados de forma escueta, o por remisión al atestado de la Policía Judicial si este es detallado, e incluso cuando el auto empleaba impresos o formularios (STS de 18/04/1997 [*Tol 5140546*]), la moderna jurisprudencia ha profundizado en las exigencias de la motivación, como dirección judicial concreta de la actividad policial durante el registro, y también como refuerzo de las garantías que posibilitan el control de la necesidad, idoneidad y proporcionalidad de la decisión judicial. En este sentido recuerda MORENO CATENA (2024, p. 301) que el auto deberá concretar lo que se busca —sin que proceda la entrada para ver qué se encuentra— y deberá asimismo «precisar los indicios de que el investigado se encuentra en el lugar, o de que allí se pueden encontrar los instrumentos o efectos del delito, o libros, papeles u otros objetos que pueden servir para el descubrimiento o comprobación del delito (art. 546 LECrim), *motivación* que no debe hacerse por simple remisión a la solicitud policial, sino expresar los concretos extremos de la comunicación de la Policía que conducen a la orden judicial de que se practique la diligencia» (vid., en este sentido STS de 14/05/2015 [*Tol 5166504*]; de 31/10/2012 [*Tol 2687925*]: «Esta sala, en coincidencia con diversa jurisprudencia de amparo, ha declarado en multitud de ocasiones (por todas STS 320/2004, de 17 de marzo y las que en ella se citan) que "los autos que autorizan intervenciones telefónicas pueden ser integrados con el contenido de los respectivos oficios policiales en que éstas se solicitan, de forma que es suficiente la motivación por referencia a los mismos", cuando el auto así integrado contiene los elementos necesarios para hacer posible el ulterior control de necesidad y proporcionalidad de la intervención. Si bien es cierto que, como también se ha dicho, "lo deseable es que la expresión de los indicios objetivos que justifiquen la intervención quede exteriorizada directamente en la resolución"».

La necesidad de contraste razonable entre los indicios que conducen a acordar la procedencia del auto de entrada y registro pone de manifiesto la inconsistencia de la mera información proporcionada por confidentes policiales como fundamento habilitante para acordar la medida (SSTS de 8/06/2016 [*Tol 5745114*] y de 11 de mayo de 2016 [*Tol 5733377*]).

C) Proporcionalidad: gravedad del delito perseguido e intensidad de los indicios que motivan la entrada

La doctrina suele resaltar que la motivación es exigida en cuanto sirve para constatar la necesidad del sacrificio del derecho consagrado en el art. 18.2 CE (GIMENO, p. 444). En este sentido afirma GONZÁLEZ-CUÉLLAR (p. 24) que «no es, sin embargo, la autorización judicial previa el único requisito que la Constitución impone a la restricción del derecho a la inviolabilidad del domicilio, sometida además a las exigencias del principio de prohibición de exceso o proporcionalidad en sentido amplio, cuyo fundamento constitucional se encuentra, básicamente, en la consideración de la libertad como valor superior del ordenamiento jurídico, en el principio del Estado de Derecho, en la prohibición de arbitrariedad en la actuación de los poderes públicos y en el contenido esencial de los derechos fundamentales. De dicho principio constitucional se deriva la necesidad de que sean respetados los principios de idoneidad, necesidad y proporcionalidad en sentido estricto. En términos generales, una medida es idónea cuando es útil para satisfacer la finalidad perseguida, necesaria, si tal finalidad no puede alcanzarse mediante la adopción de medidas menos gravosas, y proporcionada en tanto que el interés que trata de salvaguardarse mediante su ejecución sea preponderante en relación con los derechos e interés particulares afectados. Diversos preceptos de la LECrim, relativos a la entrada y registro en lugar cerrado, encuentran un claro fundamento en el principio constitucional de prohibición de exceso. Entre ellos, los arts. 546 y 573, que reclaman la existencia de indicios que permitan pronosticar la utilidad de la injerencia con el fin de capturar al sospechoso o recoger fuentes de prueba, el art. 550, que, al establecer el requisito de la motivación del auto que la autorice, impone la necesidad de efectuar una ponderación de los intereses en conflicto, y el art. 552».

La motivación en el auto de entrada y registro funciona más como un mecanismo de orden preventivo destinado a proteger el derecho, y no —como en otras intervenciones judiciales previstas en la Constitución— a reparar su violación cuando se produzca (STC 160/1991 [*Tol 80572*]).

El requisito de la proporcionalidad implica una ponderación entre el derecho a la inviolabilidad del domicilio, de un lado, y la gravedad de la infracción perseguida así como de los indicios de lograrse la misma mediante la entrada en domicilio, de otro. Son criterios para medir la proporcionalidad de la medida los siguientes:

- Necesidad de que se trate de un *delito grave*. La jurisprudencia del TS estima que la medida solamente se justifica para la investigación de delitos graves, para cuya calificación atiende a la gravedad de la pena asignada al delito de que se trate por la ley penal material (STS de 24/02/1996 [*Tol 5135497*]).
- Grado de *intensidad de los indicios que motivan la entrada*. La gravedad del delito investigado no justifica por sí sola la entrada en cualquier domicilio; es además necesario que dicha entrada augure razonablemente la consecución de los fines de la instrucción, lo que implica una valoración sobre su idoneidad y necesidad. Como dice el TS ha de atenderse a criterios de policía científica y de criminalística para valorar este dato (STS de 22/03/1994 [*Tol 5012969*]), sin que baste con la mera *intuición* u *olfato policial*, sino que son precisos ciertos indicios razonables basados en la investigación que se haya llevado a cabo (STS de 31/12/1996 [*Tol 5140064*]).

3.5 Contenido indispensable del auto

Ordena el art. 558 LECrim que en el auto que acuerde la entrada y registro «el Juez expresará en él concretamente el edificio o lugar cerrado en que haya de verificarse, si tendrá lugar tan sólo de día y la Autoridad o funcionario que los haya de practicar».

En cuanto a la identificación del lugar en que ha de entrarse a registrar se exige que sea inequívoca en el auto, permitiendo con carácter general que se haga por cualquier medio (STS de 3/10/1996 [*Tol 5140113*]), resultando irrelevante el error o la deficiencia en el nombre del titular de la vivienda a registrar (STS de 11/03/1996 [*Tol 406911*]). Sin embargo cuando las inexactitudes del auto de entrada y registro son tales que impiden identificar el lugar a que se refiere la resolución, provoca la nulidad de la diligencia (STS de 12/07/1996 [*Tol 406375*]).

En cuanto al momento de la entrada el art. 550 LECrim sujeta la posibilidad de acordarla y practicarla de noche a que *«la urgencia lo hiciere necesa-*

rio», lo que implica —en nuestra opinión— la necesidad de que cuando se trate de la entrada nocturna tal urgente necesidad se refleje en el auto. Cuando el auto que acuerda la entrada y registro no precisa nada en cuando al momento de practicar la diligencia, ha de entenderse que se practicará de día (STS de 14/03/2014 [*Tol 4183966*])

Por último, como se ha dicho, el art. 558 LECrim exige que se haga en el auto la designación de la autoridad o agente que haya de practicar la entrada. Ello es lógico por cuanto el art. 563 LECrim prevé la posibilidad de que el juez instructor delegue la práctica de la diligencia al juez de otra circunscripción territorial o a funcionarios de Policía Judicial.

Comentando este precepto, señala LUZÓN (p. 265), que «a la vista de tal artículo, en el auto en que se acuerde la entrada y registro deberá hacerse constar si el instructor asume su realización o si hace uso de la facultad de delegación, debiendo recordarse que inexistente actualmente la categoría de Juez municipal, ningún obstáculo existe para la delegación en el juez de paz, y cabe también, por lo que al último párrafo de este artículo se refiere, que el Juez instructor haga uso de la facultad prevista en el art. 323 de la Ley procesal, disponiéndolo así en aquel auto, «en obsequio a la rapidez del procedimiento, toda vez que se trata de una diligencia de carácter urgente, cuya demora puede ocasionar perjuicios quizás irreparables a la acción de la justicia», como destacara Aguilera de Paz».

4. LUGARES CERRADOS ESPECIALMENTE PROTEGIDOS POR RAZONES DE DERECHO PÚBLICO INTERNO O DE DERECHO INTERNACIONAL

4.1 Lugares cerrados protegidos por el Derecho público interno

Las reglas especiales fundadas en razones de Derecho Público interno constituyen, como en otras ocasiones —por ejemplo en materia de detención— garantías reforzadas por razón de la importancia de las funciones encomendadas a ciertas personas, y no simples privilegios personales, por lo que no pugnan con el principio de igualdad consagrado en el art. 14 CE.

4.1.1 Los Palacios Reales

La LECrim ha equiparado formalmente los Palacios Reales al domicilio en el art. 554. Sin embargo no sujeta luego a los mismos al régimen de acceso propio del domicilio, sino que restringe las condiciones de entrada a la concesión de real licencia del Monarca.

Tratándose de la entrada en el Palacio en que se halle residiendo el Monarca dispone el art. 555 LECrim: «para registrar en el Palacio en que se halle residiendo el Monarca, solicitará el Juez real licencia, por conducto del Mayordomo Mayor de Su Majestad». Actualmente la norma puede encontrar su sentido en la configuración constitucional de la Corona más que en la inviolabilidad de la persona del Rey, debiendo entenderse la referencia al Mayordomo Mayor de Su Majestad como hecha o dirigida en la actualidad al Jefe de la Casa del Rey. Para la entrada en los demás Sitios Reales se exige el mismo requisito de la autorización o consentimiento real.

4.1.2 Las Sedes de las Cámaras Legislativas

El mismo régimen de inmunidad se prescribe para las sedes o edificios parlamentarios (art. 548 LECrim). A la tradicional restricción del acceso a las Cámaras, cuya entrada ilegítima ha encontrado respuesta en las leyes penales, se añade la disposición contenida en el art. 548 LECrim y la refe-

rencia marco del art. 66 CE. Parece incuestionable que la misma disposición es aplicable a la entrada en los órganos legislativos de las Comunidades Autónomas.

4.2 Lugares cerrados protegidos por el Derecho Internacional

Las reglas especiales derivadas de razones de Derecho Internacional se fundan en la consideración de territorio extranjero que tienen tales lugares para los Tratados y demás normas internacionales. Por eso, las disposiciones contenidas en la LECrim han de entenderse derogadas hoy por dichos Tratados.

4.2.1 Lugares cerrados dependientes de la Iglesia Católica

Hoy los lugares de culto y archivos de la Iglesia Católica, como las Embajadas, son inviolables y necesitan igual autorización de la autoridad eclesiástica. Así resulta de lo dispuesto en el art. 1.5 y 6 de los Acuerdos Jurídicos entre la Santa Sede y el Estado Español de 3 de enero de 1979, ratificados por Instrumento de 4 de diciembre del mismo año, precepto que ha de entenderse deroga el art. 549 LECrim Dice el art. 1. 5 y 6 citado:

«Los lugares de culto tienen garantizada su inviolabilidad con arreglo a las leyes. No podrán ser demolidos sin ser previamente privados de su carácter sagrado. En caso de su expropiación forzosa, será antes oída la autoridad eclesiástica competente. 6. El Estado respeta y protege la inviolabilidad de los archivos, registros y demás documentos pertenecientes a la conferencia episcopal española, a las curias episcopales, a las curias de los superiores mayores de las órdenes y congregaciones religiosas, a las parroquias y a otras instituciones y entidades eclesiásticas».

4.2.2 Embajadas y edificios destinados a habitación u oficina de los representantes diplomáticos

Los arts. 559 y 560 LECrim prevén la entrada en la sede de las de naciones extranjeras acreditadas cerca del Gobierno de España, sometiéndolos a la necesidad de autorización del embajador o representante diplomático correspondiente. Sin embargo la materia se halla expresamente prevista en los arts. 22, 24 y 30 del Convenio de Viena de Relaciones Diplomáticas, de 18 de abril de 1961 y arts. 31 y 33 de la Convención de Viena de 24 de abril de 1963.

El Convenio de Viena de Relaciones Diplomáticas, de 18 de abril de 1961, atribuye absoluta inviolabilidad a las sedes de las misiones diplomáticas así como de la residencia de los Agentes diplomáticos acreditados en España en sus arts. 22 y 30.1

Dispone el mencionado art. 22:

«1. Los locales de la misión son inviolables. Los Agentes del Estado receptor no podrán penetrar en ellos sin consentimiento del Jefe de la misión. 2. El Estado receptor tiene la obligación especial de adoptar todas las medidas adecuadas para proteger los locales de la misión contra toda intrusión o daño y evitar que se turbe la tranquilidad de la misión o se atente contra su dignidad. 3. Los locales de la misión, su mobiliario y demás bienes situados en ellos, así como los medios de transporte de la misión no podrán ser objeto de ningún registro requisa embargo o medida de ejecución».

Y el art. 30 por su parte que:

«1. La residencia particular del Agente diplomático goza de la misma inviolabilidad y protección que los locales de la misión. 2. Sus documentos, su correspondencia y, salvo lo dispuesto en el párrafo 3º del art. 31, sus bienes, gozarán igualmente de inviolabilidad».

La disposición contenida en el art. 30 se ve reforzada por la contenida en el art. 31.1 del Convenio que establece la exclusión de los agentes diplomáticos de la jurisdicción penal española: «el Agente diplomático gozará de inmunidad de la jurisdicción penal del Estado receptor».

4.2.3 *Edificios destinados a habitación y a oficina de los representantes consulares de naciones extranjeras*

La LECrim dispone que para la entrada tanto en las oficinas consulares como en la residencia de los cónsules se exige simplemente un «previo recado de atención» (art. 562 LECrim). Sin embargo, el citado precepto debe entenderse modificado por los arts. 31 y 33 de la citada Convención de Viena de 24 de abril de 1963. Ello supone la necesidad de distinguir el régimen de entrada en las oficinas consulares y en los lugares que constituyan residencia de los cónsules.

Por lo que hace a las *oficinas consulares* gozan de la misma inmunidad que las misiones diplomáticas. Así dispone el art. 31 (*Inviolabilidad de los locales consulares)* de la Convención que:

> «1. Los locales consulares gozarán de la inviolabilidad que les concede este artículo.
> 2. Las autoridades del Estado receptor no podrán penetrar en la parte de los locales consulares que se utilice exclusivamente para el trabajo de la oficina consular, salvo con el consentimiento del Jefe de la oficina consular, o de una persona que designe, o del Jefe de la misión diplomática del Estado que envía. Sin embargo, el consentimiento del Jefe de oficina consular se presumirá en caso de incendio, o de otra calamidad que requiera la adopción inmediata de medidas de protección.
> 3. Con sujeción a las disposiciones del párrafo 2 de este artículo, el Estado receptor tendrá la obligación especial de adoptar todas las medidas apropiadas para proteger los locales consulares, con arreglo a las disposiciones de los párrafos anteriores, contra toda intrusión o daño y para evitar que se perturbe la tranquilidad de la oficina consular o se atente contra su dignidad.
> 4. Los locales consulares, sus muebles, los bienes de la oficina consular y sus medios de transporte, no podrán ser objeto de ninguna requisa, por razones de defensa nacional o de utilidad pública. Si para estos bienes fuera necesaria la expropiación, se tomaran las medidas posibles para evitar que se perturbe el ejercicio de las funciones consulares y se pagara al Estado que envía una compensación inmediata, adecuada y efectiva».

Por su parte el art. 33 establece que «Los archivos y documentos consulares son siempre inviolables donde quiera que se encuentren».

Respecto de los lugares que constituyan la residencia de los cónsules o las habitaciones de los mismos, tienen la consideración de domicilios a los efectos de su entrada y registro.

4.2.4 *Los buques extranjeros tanto mercantes como de guerra*

Como primera consideración, conviene precisar el concepto de buque mercante, diferenciándolo de los barcos de recreo. El buque mercante se define en el Diccionario panhispánico del español jurídico (DPEJ) como «el buque propiedad de particulares y destinado al transporte comercial de pasajeros o de mercancías, así como cualquier buque de Estado destinado a fines comerciales». A los fines de acordar y practicar una entrada y registro, la jurisprudencia explica la diferencia con embarcaciones de recreo señalando que «En el presente caso, la embarcación en concreto era un velero con motor. No se trataba de un buque mercante, entendiendo como tal aquél que tiene por objeto principal la conducción de personas y mercancías. Un velero es más bien una embarcación de ocio o recreo, por lo que no era necesaria esa autorización a la que alude la defensa» (STS de 11/12/2008 [*Tol 1643488*]).

El art. 561, la LECrim parece equiparar la condición de los buques mercantes extranjeros con la de los españoles, es decir, considerarlos también como domicilios, si bien cuando el buque es extranjero la falta de consentimiento del titular debe ser suplida, no por la resolución del juez español, sino por la del cónsul del país al que el buque pertenezca.

En cuanto a los buques de guerra, en cuanto manifestaciones de la soberanía de otro Estado, exigen lógicamente de una concesión de las autoridades representativas, sea el Comandante del buque o, en su defecto, el Embajador. No obstante, tratándose de la investigación de delitos de delitos de tráfico de drogas o estupefacientes, la Convención de las Naciones Unidas de 20 de diciembre de 1988, contra el tráfico ilícito de estupefacientes y sustancias psicotrópicas, ratificada por Instrumento de 30 de julio de 1990, prevé en su art. 17 un trámite de agilización para obtener las correspondientes autorizaciones a fin de entrar en buques extranjeros.

Por aplicación de la Convención el TS ha considerado válida la entrada y registro de un buque que presumiblemente portaba droga, tras su abordaje en aguas internacionales, sin intervención de autoridad judicial española y, por tanto, sin necesidad de autorización judicial (STS de 24/07/2014 [*Tol 4464087*]).

De otro lado debe notarse que el TS ha entendido que la entrada en buques extranjeros sin autorización judicial no implica violación del art. 18.2 CE, por cuanto el art. 561 no es una norma de desarrollo del precepto constitucional de modo que su infracción no produce efectos sobre el derecho a la inviolabilidad del domicilio.

5. LOS DEMÁS LUGARES CERRADOS: LUGARES PÚBLICOS. (ART. 547.3 LECRIM)

Lugares cerrados públicos son para la LECrim todos los demás, distintos de los hasta ahora tratados, según resulta del art. 547.3º *a contrario sensu:*

«Cualesquiera otros edificios o lugares cerrados que no constituyeren domicilio de un particular con arreglo a lo dispuesto en el artículo 554». En éstos, el régimen de las condiciones para la entrada es menos rigurosa que cuando se trata cualquiera de los anteriores, como pone de manifiesto el art. 546 LECrim:

> «El Juez o Tribunal que conociere de la causa podrá decretar la entrada y registro, de día o de noche, en todos los edificios y lugares públicos, sea cualquiera el territorio en que radiquen, cuando hubiere indicios de encontrarse allí el procesado o efectos o instrumentos del delito, o libros, papeles u otros objetos que puedan servir para su descubrimiento y comprobación».

La doctrina tradicionalmente suele resaltar que los requisitos exigidos en el art. 546 LECrim para la entrada en los lugares públicos son menos rigurosos que los prevenidos en el art. 550 para la entrada en lugares cerrados que constituyan domicilios o asimilados a los mismos. En este sentido pueden calificarse de emblemáticos los términos en que se manifiesta AGUILERA DE PAZ (pp. 296 a 299): «la ley ha establecido una distinción importante entre lugares públicos y domicilios particulares, la cual tiene su origen y fundamento en las distintas consecuencias que puede tener la ilegítima entrada en dichos lugares en uno y otro caso, porque fácilmente se comprende que no tiene igual

transcendencia é importancia la transgresión del derecho en todos ellos, sino que por el contrario, puede ser distinto el concepto que merezca el hecho, según sea la clase del lugar en que se penetre; pues como el mero buen sentido indica, no son tan graves, por regla general, las consecuencias de la entrada indebida en los edificios o lugares públicos, aunque estén cerrados, que en los que constituyen el domicilio o la morada de un particular, ni puede atribuirse la misma gravedad a la violación en dichos casos del principio constitucional, sancionado también por la ley de Enjuiciamiento que examinamos en su art. 545, toda vez que, como dice el Sr. Fábrega, no es el lugar cerrado lo que declara inviolable la Constitución sino el domicilio, y por eso es de tanto interés esa distinción que la ley procesal establece. [...] Hecha esta distinción, fácilmente se comprende que menos dificultad debe ofrecerse para decretar la entrada y registro en un lugar público que en un domicilio particular, y por eso la ley, su art. 546, faculta á los jueces y tribunales para dictar este acuerdo con mayor amplitud en el primero de ambos casos, como resulta de la mera comparación de su precepto con el del art. 550, pues si bien en éste se autoriza también a las mismas autoridades judiciales para ordenar la entrada y registro del lugar destinado á morada del presunto culpable o de cualquier otro particular, los términos de dicha autorización son mucho más limitados y restringidos.

En efecto, con arreglo al art. 546 LECrim, el juez o tribunal que conociere de una causa puede decretar la entrada y registro en todos los edificios y lugares públicos, cuando hubiere indicios de encontrar allí el procesado, o efectos o instrumentos del delito, o libros y papeles ú otros objetos que puedan servir para el descubrimiento y comprobación del hecho punible o para la depuración de las personas responsables del mismo, pudiendo, sin limitación alguna, acordarse que dicha diligencia se lleve á efecto á la hora que se considere más conveniente, lo mismo de día que de noche, y á la hora de ésta que se estime más oportuna o precisa. Y, por el contrario, cuando se trata del domicilio de un particular, nacional o extranjero, la ley impone determinadas restricciones derivadas del respeto que esa cualidad requiere, haciendo que los jueces deban proceder con mayor cautela al ordenar la práctica de la diligencia indicada, la cual habrá de practicarse ordinariamente de día, porque, como veremos al ocuparnos del art. 550 LECrim, la entrada y reconocimiento de los lugares que tienen dicho carácter sólo debe llevarse á efecto de noche en aquellos casos en que razones de urgencia lo hicieren necesario.

Además, en los edificios y lugares públicos no siempre es necesario el previo consentimiento o la autorización para la práctica de dicha diligencia, pues en algunos casos basta el mero aviso por parte de la autoridad judicial que la decreta, mientras que para tener lugar en los domicilios particulares es siempre requisito indispensable el consentimiento del interesado, según se previene en el párrafo 1º del art. 6º de la Constitución vigente (la de 1876), y á falta de dicho consentimiento, habrá de recaer auto motivado que debe ser notificado inmediatamente á la persona interesada, o lo más tarde á las veinticuatro horas de haberse dictado». 1245

Conforme a la indicada interpretación, el juez instructor puede, sin necesidad de motivar su decisión, acordar sin más la entrada en estos lugares cuando concurran los presupuestos generales de toda entrada, es decir, la existencia de indicios de encontrarse en tales lugares el imputado o efectos o instrumentos del delito que puedan servir a los fines de la investigación. Además, también sin necesidad de justificación especial, puede hacerlo tanto de día como de noche.

Consecuente con esta interpretación, la jurisprudencia entiende que el juez instructor puede en cualquier momento acceder a los lugares cerrados que no constituyan domicilio sin necesidad de sujetarse a las limitaciones que impone la LECrim para el domicilio (SSTS de 15/10/1994 [*Tol 5102297*] y de 2/03/1994 [*Tol 5107600*]).

Por otro lado, aunque en principio —como resulta de la LECrim— la decisión que acuerde la entrada en estos lugares corresponde al juez instructor, sin embargo, la jurisprudencia ha extendido la habilitación para acordar la entrada y registro en estos lugares a la Policía Judicial en casos de urgencia, reservándola al juez únicamente cuando las circunstancias del caso permitan a la policía acudir a aquel para que la acuerde (STS de 7/12/1996 [*Tol 6467*]).

Con todo, la referencia a «la entrada en los domicilios y en los restantes edificios o lugares cuyo acceso requiera el consentimiento de su titular» contenida en el art. 91.2 LOPJ, ha suscitado ciertas dudas a cerca de su alcance o extensión.

La doctrina se inclina por estimar que la equiparación encuentra su fundamento en que en los lugares de acceso dependiente del titular, a que se refiere el precepto, concurren las mismas circunstancias que motivan la protección constitucional del domicilio, es decir, la vinculación de estos lugares con lo que hay en ellos de emanación de la persona y de la esfera privada de la misma. De esta manera dice SEMPERE (p. 429) que la expresión utilizada en la LOPJ cabría restringirla a «aquellos supuestos en que la ley exija, expresa e inequívocamente, tal consentimiento. Tal solución se ajusta también al hecho de que los titulares de los lugares que no constituyan domicilio tienen el poder de exclusión y la tutela interdictal frente a terceros, tanto particulares como administraciones».

En la misma línea el TS suele distinguir entre domicilio y lugar cerrado de propiedad privada en el que se ejercen los derechos que constituyen manifestaciones de la vida privada, de una parte, y el resto de lugares cerrados de propiedad privada desvinculados de la privacidad, de otro, otorgando el estatuto de protección constitucional sólo a los primeros y admitiendo sin embargo la entrada en los lugares de propiedad privada sin tales presupuestos.

En el mismo sentido ha reducido de forma expresa a lugares vinculados con la vida privada los aludidos en el antiguo art. 87.2 LOPJ, (hoy art. 91.2), como dependientes del consentimiento del titular.

Sin embargo —como señala SEMPERE (p. 430)— el TC, aunque no de forma clara y terminante, por lo menos a efectos de la determinación del ámbito de aplicación del antiguo art. 87.2 LOPJ, en cuanto éste alude no sólo al domicilio sino a los *lugares cuyo acceso depende de la voluntad del titular*, parece en ocasiones equiparar el domicilio a los lugares cerrados de propiedad privada, exigiendo para todos ellos indistintamente resolución judicial motivada (STC 76/1992 [*Tol 80688*]).

Entre los espacios cerrados distintos del domicilio, y no sujetos por tanto al régimen constitucional estricto de la inviolabilidad domiciliaria previsto en el art. 18.2 CE figuran, entre otros, los locales comerciales. Estos espacios, según explica la jurisprudencia, tienen la condición de "lugares públicos", y quedan consiguientemente sujetos a las normas que protegen los derechos a la intimidad, la libertad de actuación o la propiedad, lo que tienen relevantes consecuencias también sobre los efectos de las infracciones, vicios o irregularidades que se puedan producir durante el registro, y que no producirán de ordinario la nulidad de actuaciones. En este sentido señala la STS de 20/01/2022 [*Tol 8764872*] que:

> «[...] los locales comerciales —entre ellos los bares y restaurantes—, entran dentro de la definición extensiva de "lugares públicos" del art. 547.3º LECrim, pero quedan fuera de la tutela del art. 18.2 CE, que protege el derecho del individuo a disponer de un núcleo de absoluta reserva en la santidad del domicilio u hogar donde se desarrolla su existencia y actividad humana. Señala que, por ello, estos lugares están tutelados por las normas que protegen la libertad de actuación o la propiedad, pero no les son aplicables las reglas procesales previstas para los registros domiciliarios.
>
> Excluido por tanto el carácter de domicilio del establecimiento en el que se practicó el registro donde fue incautada la sustancia estupefaciente, estima el Ministerio Fiscal que el mismo no gozaba de las normas de protección establecidas en la Constitución y en la Ley Procesal Penal, y, por ello, aunque pudiera apreciarse alguna irregularidad en la actuación de los agentes de la Guardia Civil, la misma nunca podría dar lugar a la nulidad prevista en el art. 11.1 LOPJ al no haber existido violación de derechos fundamentales».

6. EL REGISTRO

Mientras la diligencia de entrada es una medida instrumental adoptada en función de la necesidad de llevar a cabo el registro, éste constituye la verdadera *diligencia de investigación* y, a veces, de *diligencias de verdadera preconstitución de prueba*.

Como pone de relieve DE LLERA (p. 264) «la diligencia de registro consiste en realidad una conjunción de otras dos diligencias medios de investigación: la de cuerpo del delito (arts. 334 a 336) o sea, de recogida y aseguramiento de instrumentos y efectos del delito (art. 574), y la de inspección ocular o reconocimiento judicial (arts. 326 y 333)».

6.1 Comunicación al interesado del auto de entrada y registro: Irrecurribilidad del auto

La LECrim regula minuciosamente la materia relativa a la notificación de la resolución judicial que acuerda la entrada en lugar cerrado, estableciendo quién es el destinatario de la notificación según el tipo de lugar de que se trate y distinguiendo una vez más entre lugares cerrados públicos (arts. 564 y 565) y el domicilio (art. 566).

Sin embargo, la notificación del auto, aun cumpliendo otros fines, no va dirigida a permitir al interesado recurso de clase alguna contra el mismo. En efecto, como señala LUZÓN (p. 40), «tal notificación tiene, aparte de la doble finalidad de que el receptor de la misma conozca el acuerdo de registro y las razones del mismo, la de que sepa que tiene que soportarlo, sin que quepa oposición, ni física, en cuanto el art. 568 prevé que se realice «empleando para ello, si fuera necesario, el auxilio de la fuerza», ni jurídica, ya que el auto no es susceptible de recurso. Y hacemos esta afirmación, pese a los términos del art. 217, que dispone que «el recurso de reforma podrá interponerse contra todos los autos del juez de instrucción».

En efecto, ya AGUILERA DE PAZ aclaraba que «a pesar de la amplitud de los términos en que se halla redactada dicha disposición, no puede entenderse ésta en un sentido tan absoluto como estos términos indican, pues la regla general en ellos establecida tiene sus legales excepciones, porque a salvo han de quedar todos aquellos casos en que la ley expresamente prohíba dicho recurso [...] o en que también de una manera expresa señale otro distinto». Por lo que al auto estudiado se refiere, una aplicación literal del art. 217 conduciría al absurdo, pues, al no producirse la suspensión de la ejecución, en cuanto no

se prevé la posibilidad de apelación en ambos efectos, la inutilidad del recurso sería patente; y, en modo alguno cabría, por otra parte, pensar, pues iría contra la razón de ser del registro, que el mismo quedara en suspenso durante los tres días siguientes a su notificación (art. 211 LECrim), más los dos días de que goza el juez para su resolución (art. 222), y, en este sentido, ha declarado la Sala Segunda que «la notificación no realizada no disminuye la posibilidad de defensa del recurrente porque la decisión que autoriza la entrada y registro no es recurrible con efecto suspensivo» y que «la propia naturaleza perentoria de la diligencia no se aviene con las reglas establecidas para la normal tramitación de los recursos, que de otro lado tampoco están expresamente previstos en la norma procedimental».

Y añade LUZÓN (p. 41) que «si bien la notificación de la resolución judicial es necesaria para que el interesado pueda asistir personalmente a la diligencia de registro de su domicilio, o bien designar a un representante suyo, tal notificación, declara la Sala segunda, no tiene el carácter formal de un acto procesal que confiere legitimidad a la entrada en el domicilio, por lo que su incumplimiento no implica una vulneración de principios procesales que invaliden la prueba obtenida, como si la entrada hubiera carecido de autorización judicial, recordando que precisamente el TC ha establecido que el acto invalidante de la prueba debe provenir de las vulneraciones de derechos fundamentales y no de los incumplimientos de normas ordinarias cuya finalidad primera no es la protección de éstos, sino la información a los afectados de la legalidad del procedimiento» (*vid.*, en este sentido SSTS de 27/12/1989 [*Tol 2376052*] y de 29/11/1996 [*Tol 5135043*]).

6.2 Sujetos que han de concurrir al registro

6.2.1 *El juez o funcionario policial en quien delegue*

El juez competente para acordar la entrada lo es también para practicar el registro; no obstante podrá delegar la práctica del registro a la Policía Judicial (art. 563.1 LECrim). A este efecto debe tenerse en cuenta que la delegación judicial sólo puede efectuarse en miembros de la Policía Judicial, tanto genérica como específica o especializada (STS de 22/11/2001 [*Tol 1032209*]), mas no en otros funcionarios que no forman parte de la Policía Judicial, como los Agentes del Servicio de Vigilancia Aduanera o funcionarios de otro tipo.

No obstante, cuando el lugar a registrar se halle fuera de la circunscripción territorial del juez competente para acordar la entrada y registro, éste deberá en principio acudir al auxilio judicial (art. 563.2 LECrim). Pero el forzoso expediente de acudir al auxilio judicial ordenado en la norma indicada parece sólo aplicable al supuesto de que el registro se practique en el curso de un procedi-
miento ordinario por delito, ya que si se trata de un procedimiento abreviado el juez podrá acudir directamente a la Policía Judicial sin necesidad de solicitar el auxilio del juez del territorio en que se halle el lugar o sitio a registrar, conforme a lo previsto en el art. 784.1 LECrim.

6.2.2 *El Letrado de la Administración de Justicia: el acta de registro y su valor probatorio*

La presencia del LAJ en la diligencia de registro se refiere exclusivamente al practicado por orden judicial, y no, por tanto, al registro que llevare a cabo la Policía Judicial mediando el consentimiento del titular o en los supuestos en que puede realizarlo de propia autoridad (STS de 14/12/1992 [*Tol 5018728*]).

La exigencia del LAJ en el registro ordenado por el juez se conecta con el levantamiento de un acta de la diligencia y de su resultado conforme a lo establecido en el art. 572 LECrim. La diligencia de registro así practicada tiene en principio naturaleza de prueba preconstituida. Sin embargo la presencia del LAJ en el registro ha sufrido ciertas vicisitudes derivadas de las sucesivas modificaciones del art. 569.4 LECrim, que han incidido en el valor probatorio otorgado al registro cuando se realiza sin la presencia del mismo:

a) La redacción original del art. 569.4 exigía la presencia del LAJ al registro.

b) Luego la Ley 10/1992, de Medidas Urgentes de Reforma Procesal, autorizó al juez a que acordase que el LAJ fuera sustituido por otro funcionario, normalmente de la Policía Judicial.

c) Por último, la Ley 22/1995, mediante la que se garantiza la presencia judicial en los registros domiciliarios, que reformó el art. 569.4 LECrim, volvió a exigir la presencia inexcusable del LAJ en el registro.

Entre los años 1992 y 1995 cabía la posibilidad de que las funciones de LAJ en la diligencia fueran desempeñadas por un funcionario de Policía Judicial o de otro cuerpo cuando el juez delegaba en la policía la práctica de la diligencia, lo que ha planteado no pocos problemas a la hora de enjuiciar hechos en los que el registro se había practicado conforme a la legislación anterior, es decir, sin asistencia del LAJ. Pero, como pone de relieve LUZÓN (p. 272) «en relación con la exigida presencia de Secretario (salvo el paréntesis de 1992 a 1995), el problema surge en las diligencias de entrada y registro practicadas por la policía previo mandamiento judicial en que fue práctica habitual la falta de Secretario Judicial».

Ya con anterioridad a la reforma de 1992, el TC entendió que la inasistencia del LAJ al registro no constituía vulneración alguna del derecho fundamental consagrado en el art. 18.2 CE, por cuanto éste no exige de forma expresa la presencia del LAJ al registro (ATC 349/1988).

La jurisprudencia de la Sala de lo Penal del TS, sobre la base de negar con carácter general valor de prueba preconstituida al acta del registro si no la alzaba el LAJ conforme establece el art. 572 LECrim, mantuvo distintas posiciones sobre el valor probatorio de la diligencia de registro.

a) En ciertas ocasiones, pese a mantener la ineficacia del acta como prueba preconstituida, admitió sin embargo que el resultado del registro pudiera probarse por otros medios, como la ocupación de los efectos e instrumentos del delito, la propia confesión o reconocimiento del hecho por los acusados o por declaraciones testificales de las personas que concurrieron al registro, incluida, a veces, la declaración testifical de los agentes de policía que lo hubieran llevado a cabo (SSTS de 24/09/1990 [*Tol 5108495*], de 16/10/1990 [*Tol 2379687*], de 23/10/1991 [*Tol 2433138*]). Incluso, haciéndose eco de otras resoluciones del TC, admitió la validez de la declaración testifical en el acto del juicio oral de los funcionarios policiales que realizaron el registro. La doctrina sentada por el TS en este sentido queda resumida en la STS de 13/03/1992 [*Tol 399447*], que viene a entender nula el acta y válido el registro.

«La primera consecuencia que se deriva de tales normas es la de afirmar que la Ley exige la presencia del LAJ, o de la persona que legalmente le sustituye, en tal clase de actuaciones judiciales. La segunda es que su ausencia impide que el documento que ha de redactarse en dicha diligencia pueda ser considerado como lo habría sido si el LAJ hubiera actuado en la misma como tal, un documento autenticado por la fe pública judicial de un funcionario que en el ejercicio de su cargo ostenta el carácter de autoridad (art. 281.1 LOPJ). Y éste es precisamente el efecto que la ausencia de LAJ comporta en esta clase de diligencias: el acta levantada en la misma no constituye la prueba documental que como preconstituida podría tener eficacia en el acto del juicio oral, no vale como medio para acreditar la realidad de lo ocurrido en su desarrollo, ni, por tanto, por lo que respecta al caso que nos ocupa, puede servir para acreditar el hecho del hallazgo de la droga tóxica. Ahora bien, la invalidación de este medio concreto de prueba que no se produce, como ya se ha dicho, por violación de un derecho constitucional, lo que llevaría consigo la ineficacia plena del acto de entrada y registro conforme a lo dispuesto en el referido art. 11.1 LOPJ y con la consiguiente imposibilidad de acreditar ese acto radicalmente nulo por otros procedimientos probatorios. La infracción constitucional, para impedir que, en definitiva, pueda producir algún efecto el acto desconocedor del derecho fundamental, a fin de conseguir el necesario efecto disuasorio para sus autores, lo que no ocurre en otros supuestos como el que ahora nos ocupa, en los cuales la invalidez se refiere a un medio de prueba concreto y no al acto del registro en sí mismo, cuyo resultado puede acreditarse por otros medios».

b) En otras ocasiones sin embargo no sólo se negó valor probatorio al acta, sino a la declaración testifical de los funcionarios policiales que intervinieron en el registro. Así la STS de 16/12/ 1991 [*Tol 2420134*] estimó ilícita toda la actividad probatoria derivada del registro practicado sin la presencia del LAJ, y por ello nula la declaración testifical en juicio de los policías intervinientes en el registro.

«La ausencia del fedatario judicial en la diligencia supone una corruptela contraria a la Ley y debe proscribirse en absoluto. Por tanto, el Secretario Judicial o, en su defecto, el Oficial habilitado, deberá concurrir a la entrada y registro en el domicilio particular, pues los preceptos dictados por la Ley procesal penal presentan la finalidad de garantizar los derechos de los ciudadanos, no debiendo olvidarse que se trata de una diligencia procesal de la instrucción penal —no policial— y acordada precisamente por el Juzgado o Tribunal competente, a quien se permite delegar su asistencia a dicha práctica, lo que no ocurre con el Secretario. La irregularidad de la diligencia de entrada y registro por la ausencia en la misma del funcionario encargado de la fe judicial se traduce en su operatividad probatoria no sólo en la pérdida del valor documental público de dicha acta —art. 596 párrs. 3 y 7 LEC—, sino en la total falta de virtualidad a efectos probatorios en cuanto se relate en ella, porque tal acto resulta nulo por falta de los requisitos legales y determinante de indefensión y cuanto se derive de tal diligencia se convierte en nulo, como explicitó la S 31 oct. 1991 de esta Sala. A ello debe añadirse, además, que por prueba legítimamente obtenida no debe entenderse tan sólo aquella que se acomode a las exigencias constitucionales de no atentar, directa o indirectamente, contra los derechos fundamentales, sino también aquella que cumple las concretas garantías que para su práctica establece la legalidad procesal ordinaria, como se viene declarando en SS 12 may., 23 jun. y 12 sep. 1986 y 24 feb. 1990».

Según el TC, tampoco el tribunal penal está obligado a valorar como pruebas de cargo la ocupación de efectos en el curso del registro practicado sin asistencia de LAJ, ni las declaraciones de acusados o de testigos que asistieran al registro, pudiendo considerarlas nulas, aunque no contrarias al derecho a la inviolabilidad del domicilio ex art. 18.2 CE ni a la tutela judicial efectiva del art. 24 CE (STC 309/1994 [*Tol 344514*]).

En suma, como dice LUZÓN (p. 277), teniendo en cuenta la anterior doctrina de la Sala segunda, se dictó la antes citada Ley 22/1995, modificando el párrafo cuarto del art. 569 de la LECrim. Exigiéndose, pues, la presencia del LAJ, con la posibilidad de sustitución en la forma prevista en la LOPJ, la cuestión queda en los términos antes examinados, debiendo atender a la jurisprudencia que en relación con la regulación anterior a 1992 se ha ido formando.

En dicho año fue abriéndose paso la posición, ya mencionada, en que reconociendo que la falta de LAJ supone una irregularidad procesal, afirman que no constituye vulneración constitucional, de modo que, careciendo el acta del registro del valor de prueba preconstituida, al no incorporar la fe pública, ello no obsta a que su resultado pueda ser acreditado por la declaración en el juicio de los interesados y de los testigos asistentes, sobre lo que vieron y oyeron, aunque no de los policías que lo efectuaron. Tal doctrina puede considerarse consolidada en el año 1993, en que, con frecuente cita de la STS de 31/03/1992 [*Tol 400424*], unas veces se califica el registro de nulo, otras de inválido y otras de irregular, y se mantiene en los años siguientes.

En definitiva, el tema se resuelve partiendo de la idea fundamental de que «existiendo mandamiento judicial, ya no se da vulneración del art. 18 de la CE., de modo que el tema entra dentro del campo de la legislación ordinaria a cuya luz debe contemplarse la ausencia del Secretario Judicial» y «que ya se entienda que dicha ausencia de Secretario Judicial produce la nulidad de la diligencia o una simple irregularidad procesal, las consecuencias de tal defecto procesal sólo afectan a las declaraciones en el juicio oral de los agentes policiales que practicaron la diligencia, pero no a las demás pruebas ajenas a dicha "contaminación", como son las declaraciones de inculpados y testigos, ocupación de la droga con el consiguiente análisis de la misma, así como la aprehensión de útiles y efectos que bien sirvan para la preparación de las papelinas que contengan el estupefaciente, ya acrediten que sirvieron para ambas finalidades, ya, en fin, otras circunstancias que en cada caso pueden revelar la real existencia de tráfico».

La doctrina expuesta es la que se contiene, con vocación aclaratoria y recopilatoria, en la STS de 18/07/2014 [*Tol 4463010*], conforme a la cual:

«[...] la jurisprudencia de esta Sala ha proclamado de forma reiterada que el efecto de la ausencia del Secretario no se proyecta sobre la validez constitucional de la medida de injerencia. En efecto, la doctrina del Tribunal Constitucional —SSTC 290/1994, 133/1995, 228/1997, 94/1999 y 239/1999— viene manteniendo de forma constante que el único requisito necesario y suficiente por sí solo para dotar de licitud constitucional a la entrada y registro de un domicilio, fuera del consentimiento expreso de quien lo ocupa o la flagrancia delictiva, es la existencia de una resolución judicial que con antelación lo mande o autorice, de suerte que, una vez obtenido el mandamiento judicial, la forma en que la entrada y el registro se practiquen, las incidencias que en su curso se puedan producir y los defectos en que se incurra, se inscriben y generan efectos sólo en el plano de la legalidad ordinaria. [...] A este plano corresponde la asistencia del Secretario Judicial cuya ausencia por tanto —en toda la diligencia o en una parte de la misma— no afecta al derecho a la inviolabilidad del domicilio ni a la tutela judicial del mismo, aunque sí afecta a la eficacia de la prueba preconstituida por la diligencia. [...] En definitiva, tiene declarado el Tribunal Constitucional y ha sido reiteradamente recogido en sentencias de esta Sala que la ausencia de Secretario Judicial en la diligencia de entrada y registro no afecta al derecho fundamental a la inviolabilidad del domicilio cuando ha precedido la correspondiente resolución que lo autoriza (cfr. SSTS 378//2014, 7 de mayo y 381/2010, 27 de abril). Cuestión distinta es la trascendencia que en el orden procesal puede tener la ausencia del Secretario Judicial en tal diligencia. Y es asimismo reiterada la jurisprudencia de esta Sala que proclama que el registro efectuado sin intervención del Secretario Judicial es procesalmente nulo, careciendo de operatividad y total falta de virtualidad a efectos probatorios, si bien ello no empece a que merced a otros medios de prueba se evidencie la existencia real de los efectos que se dicen intervenidos y hallados en el domicilio registrado. La misma conclusión ha de afirmarse respecto de la queja referida a la falta de presencia del interesado en el momento del registro. Que Teofilo se mantuviera a cierta distancia del foco en el que se contenían los restos de la hoguera —actitud que según el agente NUM006 fue en todo momento voluntaria, pese a las indicaciones y consejos en sentido contrario que aquél le daba—, no afecta a la licitud de la prueba. Su eficacia probatoria no puede hacerse depender, claro es, del interés que el imputado tenga en seguir de cerca o mantenerse a distancia del desarrollo de la diligencia».

6.2.3 El interesado, su representante y los testigos

Dispone también el art. 569 LECrim que «El registro se hará a presencia del interesado, o de la persona que legítimamente le represente. Si aquél no fuere habido o no quisiere concurrir ni nombrar representante, se practicará a presencia de un individuo de su familia, mayor de edad. Si no le hubiere, se hará a presencia de dos testigos, vecinos del mismo pueblo» (*v.gr.* en presencia de la madre del investigado STS 21/11/2018 [*Tol 6931446*]).

El auto de entrada y registro habrá de notificarse precisamente al interesado, conforme establece el art. 566 LECrim «Si la entrada y registro se hubieren de hacer en el domicilio de un particular, se notificará el auto a éste; y, si no fuere habido a la primera diligencia en busca, a su encargado. Si no fuere tampoco habido el encargado, se hará la notificación a cualquiera otra persona mayor de edad que se hallare en el domicilio, prefiriendo para esto a los individuos de la familia del interesado. Si no se halla a nadie, se hará constar por diligencia, que se extenderá con asistencia de dos vecinos, los cuales deberán firmarla».

Por interesado a este efecto no puede entenderse sino aquel al que la diligencia pueda perjudicar, es decir, el investigado en los términos del art. 118 LECrim, aunque se trate de persona distinta del titular del domicilio. Como señala la STS de 26/09/2006 [*Tol 1002362*]:

> «Por "interesado" ha de entenderse, no tanto el titular en clave civil del domicilio, sino más bien debe estimarse por tal a la persona concreta objeto de la pesquisa judicial y a la que se le pueden derivar perjuicios según el resultado del registro, pudiendo existir varios interesados en este sentido sin que sea exigible la notificación a todos, esto es imposible o convertiría en vacua la diligencia —por ejemplo si están en sitios diferentes—, SSTS 1537/99 de 27 de octubre, 431/2002 de 11 de marzo, 79/2001 de 30 de enero ó 947/2001 de 18 de marzo».

En otros casos, sin embargo, la jurisprudencia ha entendido que el interesado al que se refiere el art. 569 LECrim no es el investigado sino el morador o moradores de la vivienda, esto es, los titulares del derecho a la intimidad afectado por la diligencia de entrada y registro STS de 10/02/2022 [*Tol 8807368*]. Distingue la citada sentencia entre el interesado —morador— y el investigado

—parte pasiva en el proceso—. Aunque de ordinario coincidan cuando se practica una diligencia de entrada y registro, no siempre será así, de tal manera que cuando la entrada y registro se practica en una vivienda en la que el residente habitual es persona distinta del investigado, el "interesado" ex art. 569 LECrim, esto es, quien debe estar presente, es el morador.

No obstante, cuando la citada sentencia explica los fundamentos de la presencia del interesado durante la diligencia de registro, parece confundirse por momentos lo que justifica la presencia del morador y lo que justifica la presencia del investigado.

> «El fundamento de la exigencia de la presencia del interesado, o de su representante, en la entrada y registro domiciliario ordenada por la autoridad judicial en un proceso penal, radica en primer lugar en que esta diligencia afecta a un derecho personal, de naturaleza constitucional, que es el derecho a la intimidad personal, ya que el domicilio constitucionalmente protegido, en cuanto morada o habitación de la persona, entraña una estrecha vinculación con su ámbito de intimidad, pues lo que se protege no es sólo un espacio físico sino también lo que en él hay de emanación de una persona física y de su esfera privada (STC 188/2013, de 4 de noviembre, en relación con el art. 18 2º CE y el art. 8 CEDH)". "Y, en segundo lugar, afecta al derecho a un proceso con todas las garantías, porque el resultado de dicha diligencia constituirá prueba de cargo en el juicio contra el imputado cuyo domicilio se ha acordado registrar, lo que aconseja que en la práctica del registro se garantice la contradicción para asegurar la validez del registro como prueba preconstituida (STS 261/2000, de 14 de marzo y STC 141/2009, de 15 de junio)"».

La exigencia de la presencia del interesado tiene, como señala la sentencia citada, un doble fundamento: el derecho a la intimidad del morador y el derecho a un proceso con todas las garantías. Sin embargo, da a entender la sentencia que este segundo derecho solo entra en juego, a efectos de establecer la presencia durante el registro, cuando el residente es el investigado. En este sentido, cabe argumentar que la presencia del investigado, sea o no el morador, trata de garantizar que el registro se desarrolle con todas las garantías de imparcialidad y profesionalidad de los miembros de la Policía Judicial que practiquen la diligencia de tal manera que no alteren, añadan, oculten o distraigan efectos relevantes para la investigación en términos de descargo. Esta presencia puede concebirse como una garantía añadida a la del propio LAJ y al deber de objetividad que debe presidir la actuación de la Policía Judicial. Cuando el interesado observara irregularidades en la práctica del registro deberá solicitar que se consignen en el acta que levantará el LAJ. Nada obsta a que, junto al interesado, se encuentre durante el registro la persona o personas que conviven con él en la vivienda, que en tal caso tendrán la consideración de testigos, a no ser que resulten investigados en la causa (STS de 24/12/2012 [*Tol 3008347*]).

La presencia del interesado sólo puede ser suplida por la de su representante legítimo que, como resulta del segundo párrafo del citado precepto que alude que no quisiere «*nombrar representante*», lo es el designado por el interesado, o por la de los testigos cuando no fuere habido y no quisiere concurrir ni nombrar representante. El problema que se suscita es el relativo a si cuando aquél se halla detenido con anterioridad al registro es necesario conducirlo al lugar del registro.

La jurisprudencia de la Sala de lo Penal del TS con carácter general ha considerado radicalmente nula la diligencia cuando así no se hace, por estimar que producen indefensión material (SSTS de 3/12/1996 [*Tol 5140096*] y de 4/12/1996 [*Tol 406410*]). No siempre se muestra tan radical la jurisprudencia en cuanto al efecto del registro practicado en ausencia del interesdo. Hay que examinar las causas de la ausencia, las circunstancias en que se practicó el registro y las garantías que lo rodearon. En este sentido la STS de 23/12/2005 [*Tol 816728*] señala que «esta Sala ha declarado también sobre esta materia que "ciertamente el art. 569 LECrim establece esta condición de la diligencia (la presencia del interesado en la entrada y registro). Pero, de la omisión no se deriva necesariamente la prohibición de valoración de la prueba, si la diligencia fue supervisada por el Secretario Judicial y con la ausencia del interesado no se frustró ninguna defensa que éste pudiera haber ejercido"» En el mismo sentido, STS de 20/01/2005 [*Tol 556644*]).

No obstante, lo dicho antes sobre el representante legítimo, que conforme al texto del art. 569 LECrim parece indudable que ha de tratarse de un representante voluntario y por tanto designado expresamente por el interesado, el TS ha considerado válido el registro, pese a la ausencia del interesado —no invitado a presenciarlo ni a nombrar representante— si éste tuvo lugar con la presencia de personas de su familia.

El TS también consideró válido el registro sin asistencia del interesado detenido en los supuestos en que se ha declarado previamente el secreto de la instrucción para el mismo (STS de 8/03/1994 [*Tol 145972*]).

Para el TC, el registro practicado en ausencia del interesado carece del valor de la prueba preconstituida, lo que no impide que los resultados del registro puedan incorporarse al proceso a través de otras vías, como las declaraciones testificales de los agentes que intervinieron en el mismo (STC 219/2006 [*Tol 964400*]):

> «Por lo que se refiere a los efectos que la denunciada ausencia puede tener respecto de la eficacia probatoria de lo hallado en el registro, hemos afirmado que aunque ciertas irregularidades procesales en la ejecución de un registro, como la preceptiva presencia del interesado, puedan determinar la falta de valor probatorio como prueba preconstituida o anticipada de las actas que documentan las diligencias policiales, al imposibilitarse la garantía de contradicción, ello no impide que el resultado de la diligencia pueda ser incorporado al proceso por vías distintas a la propia acta, especialmente a través de las declaraciones de los policías realizadas en el juicio oral con todas las garantías, incluida la de contradicción (SSTC 303/1993, de 25 de octubre, FJ 5; 171/1999, de 27 de septiembre, FJ 12; 259/2005, de 24 de octubre, FJ 6)».

Por último, recordemos que es reiterada la doctrina jurisprudencial conforme a la cual no es necesaria la presencia del letrado defensor del investigado no detenido durante la práctica de la diligencia de entrada y registro en domicilio (STS de 10/02/2022 [*Tol 8807368*]).

6.2.4 La asistencia al registro del investigado detenido y del abogado defensor

Con relación a la asistencia del investigado detenido a la diligencia de entrada y registro, el TS señala que su presencia es preceptiva, salvo caso de fuerza mayor (*v.gr.* por encontrarse hospitalizado, STS de 12/04/2011 [*Tol 2125290*]). En caso de ausencia del investigado detenido no justificada por dicha causa, la diligencia ha de considerarse nula. La ausencia en la práctica de la diligencia de entrada y registro del investigado detenido no puede quedar subsanada por la declaración testifical de los miembros de la Policía Judicial que participaron en el registro, siendo nula de pleno derecho. En este sentido afirma la STS de 12/07/2017 [*Tol 6209633*] que:

> «Esta Sala ha dictado una doctrina muy clara sobre los supuestos de nulidad de las diligencias de entrada y registro en los casos en que el afectado por el registro se encuentre detenido. En primer lugar concurre una causa de nulidad en el supuesto de que la diligencia de entrada y registro se practique sin la presencia del interesado, encontrándose este detenido y por tanto a disposición policial. En segundo lugar concurre otra causa de nulidad si la diligencia se practica sin autorización judicial, legitimada únicamente por la autorización del interesado detenido, y dicha autorización no se ha prestado con asistencia de letrado. Pero no concurre causa de nulidad si la diligencia se practica con autorización judicial, siempre que esté presente el interesado, aun cuando no asista a la misma el letrado del detenido (STS 187/2014, de 10 de marzo). La presencia del interesado en el registro es una exigencia del principio de contradicción (que está ínsito en el derecho de defensa), que solo puede excluirse cuando no resulte posible hacer efectiva su asistencia. Dado que estando el interesado detenido, y por tanto a disposición policial, no concurre razón alguna que, en principio, imposibilite su asistencia, esta Sala considera que en estos casos la diligencia es nula por no haberse garantizado en su práctica la efectiva contradicción (STS 1241/2000, de 6 de julio), por lo que se ha vulnerado su derecho de defensa.
>
> [...]
>
> Aunque los funcionarios de policía comparecieron en el plenario, hemos dicho (STS 1940/2002, de 21 de noviembre), que no puede subsanar la presencia de tales funcionarios una diligencia que es nula, pues que con tal limitación se busca evitar que aquellas fuentes y medios de conocimiento a los que la ley cierra las puertas de la sala de audiencias, puedan ser introducidos en ésta por la ventana.
>
> Dicho de otro modo: si admitiéramos que aunque no esté presente el detenido morador de la vivienda, en el registro practicado en tal vivienda, pudiera hacerse valer tal registro mediante la comparecencia como testigos de los funcionarios policiales que asistieron a la misma, estaríamos vaciando de facto nuestra doctrina, ya muy reiterada, de que son nulas las diligencias de entrada y registro en supuestos en que el afectado por tal registro se encuentre detenido, y no concurra a la diligencia, debiendo ser conducido a tal efecto por la fuerza policial actuante. En el caso, como ya hemos dicho, se infringe el derecho de contradicción, por lo que queda, en consecuencia, vulnerado el derecho fundamental de defensa, que se proclama en el art. 24.2 de nuestra Carta Magna».

Respecto de la presencia del abogado del investigado detenido durante la práctica del registro, nada dice expresamente el art. 569 LECrim, que sí señala como preceptiva la presencia del interesado y del LAJ. Tampoco el art. 118.2 II LECrim, al indicar las diligencias de investigación en las que debe estar presente el abogado defensor del investigado hace referencia a la entrada y registro y sí, en cambio «al reconocimiento, careos y reconstrucción de hechos». Aunque entendamos que la presencia del abogado defensor del investigado, esté o no detenido, debería ser preceptiva en la diligencia de registro, porque permitiría un control directo del letrado de la práctica de la diligencia, una asistencia directa al investigado durante su desarrollo, y una mejor fundamentación de la impugnación en caso de que procediera, es lo cierto que la LECrim no la exige.

En este sentido el TS (STS de 10/03/2014 [*Tol 4220954*]) sostiene que la presencia del abogado del interesado detenido o preso no es necesaria sobre la base de observar que ni el art. 17 CE ni los Tratados internacionales declarativos de derechos fundamentales lo exigen así, y que la LECrim exige la asistencia de abogado del inculpado sólo para su declaración y para el reconocimiento en rueda que pudiera realizarse.

«[...] son innumerables las resoluciones de esta Sala que afirman la innecesariedad de que la diligencia procesal de entrada y registro judicialmente autorizada se lleve a cabo con asistencia de Letrado, a tenor de lo dispuesto en el art. 520 Lecrim, que únicamente exige esta asistencia letrada del detenido para las diligencias de identificación y de declaración, no para los registros domiciliarios. La reciente STS 1078 /2011, de 24 de octubre, reitera que la presencia del Letrado del detenido en el registro no es exigible por no existir obligación legal para tal presencia, citando como precedente las SSTS 697/2003 y 1134/2009. La STS de 17 de abril de 2.002 razona que la presencia de un Letrado en la entrada y registro no es una exigencia derivada de la Ley Procesal Penal, que no regula ese derecho pues no hay norma alguna que establezca esta asistencia en los registros domiciliarios (SSTS. 1133/2001, 314/2002, 697/2003, 429/2004, 922/2005), ni es una exigencia constitucional en la medida que los derechos fundamentales en juego aparecen protegidos con la disciplina de garantía que para la diligencia previene la Ley Procesal Penal. El art. 520 Lecrim que regula la asistencia letrada al detenido, exige la asistencia de Letrado en las diligencias de carácter personal, como reconocimiento de identidad y declaraciones de aquél, pero sin referencia alguna a la entrada y registro. La justificación última de esta doctrina jurisprudencial se encuentra en la urgencia de la medida, dado que la eficacia de una entrada y registro descansa en que el sujeto de la misma la ignore hasta el mismo momento de su práctica, y por ello el art. 566 Lecrim previene la notificación del auto al interesado en dicho momento. La urgencia puede impedir la designación y comparecencia del letrado con tiempo suficiente para asistir a la diligencia, debiéndose evitar la posible desaparición de las pruebas, vestigios y efectos del delito por parte de personas afines al detenido, que es factible que se produzca desde que conozcan su detención. Por ello se estima que la autorización judicial tutela suficientemente el derecho a la inviolabilidad domiciliaria, el carácter judicial de la diligencia y la presencia del secretario judicial tutelan la legalidad de su práctica y garantizan la fiabilidad del contenido del acta y la presencia del interesado asegura la contradicción, sin que resulte imprescindible la presencia letrada en la diligencia para garantizar los derechos fundamentales del detenido, y concretamente el derecho a un proceso con todas las garantías» (STS de 10/03/2014 [*Tol 4220954*]).

6.3 La práctica del registro

La LECrim prevé una serie de medidas encaminadas a asegurar la eficacia de la diligencia de registro en su art. 567 «Desde el momento en que el Juez acuerde la entrada y registro en cualquier edificio o lugar cerrado, adoptará las medidas de vigilancia convenientes para evitar la fuga del procesado o la sustracción de los instrumentos, efectos del delito, libros, papeles o cualesquiera otras cosas que hayan de ser objeto del registro». Conforme al art. 569.5 LECrim «La resistencia del interesado, la de su representante, de los individuos de la familia y de los testigos a presenciar el registro, producirá la responsabilidad declarada en el Código penal a los reos del delito de desobediencia grave a la Autoridad, sin perjuicio de que la diligencia se practique».

Sin embargo la práctica de la diligencia se sujeta al principio de mínima lesividad, como revela la disposición contenida en el art. 552 LECrim: «Al practicar los registros deberán evitarse las inspecciones inútiles, procurando no perjudicar ni importunar al interesado más de lo necesario, y se adoptarán todo género de precauciones para no comprometer su reputación, respetando sus secretos si no interesaren a la instrucción».

Aun teniendo siempre presentes los principios de proporcionalidad y mínima lesividad, debe recordarse que, salvo que el auto que acuerda la entrada y registro establezca alguna limitación espacial de forma específica, la autorización alcanzará, como regla general, todas las dependencias del espacio cerrado (STS de 15/02/2013 [*Tol 3248661*]).

De otro lado, el registro deberá practicarse en unidad de acto, suspendiéndose sólo en cuanto sea necesario (art. 570 LECrim) sin que quepa suspenderlo salvo cuando no fuera posible continuarlo, adoptando durante la suspensión las medidas de vigilancia previstas en el art. 567 (art. 571 LECrim).

Un problema especial plantean los denominados *hallazgos casuales*, es decir, los supuestos en que el registro tiene lugar para la comprobación o investigación de un delito determinado, y en el curso del registro se descubre otro nuevo, distinto del que lo motivó. La STS de 8/01/2009 [*Tol 1438894*] (en el mismo sentido, y entre otras muchas, SSTS de 4/10/2018 [*Tol 6823113*] o de 7/07/2021 [*Tol 8513744*]) recoge una doctrina consolidad progresivamente en la jurisprudencia del TS y del TC, en la que mantienen una posición favorable a la licitud de la investiación de aquellas otras conductas delictivas que nacen de los hallazgos acaecidos en un registro judicialmente autorizado.

> «La jurisprudencia hace tiempo que tiene resuelta la cuestión. Como señala la STS de 28-4-1995, nº 578/1995, "no cabe comparar el caso con el de la autorización para intervenir las comunicaciones telefónicas a efectos de aplicarle las condiciones extrapoladas de la jurisprudencia de esta Sala para casos de escuchas y grabaciones telefónicas. Pero es más, una vez que la Policía entró en el piso legalmente, aunque admitiéramos la tesis rigorista de que no podía investigar otra presunta actividad delictiva que la que figuraba en el mandamiento, ello no quiere decir que tuviera que vendarse los ojos para no percibir el posible cuerpo o efecto de otro delito que allí se le pusiera de manifiesto, así cuando buscando los agentes se encontraron ante un delito flagrante, como hubieran podido hallar a sensu contrario armas u objetos robados habiendo entrado con un mandamiento para investigar tenencia de droga. No se puede exigir a la Policía que suspenda la entrada cuando se da esta circunstancia para solicitar un nuevo mandamiento, que automáticamente le sería concedido, exponiéndose a la fuga del responsable o a la destrucción o desaparición del cuerpo del delito o de sus pruebas objetivas". La STS de 22-11-2001, nº 2228/2001 declara que es evidente que el

principio de proporcionalidad se respeta en cuanto que las pruebas encontradas se refieren a un delito grave que justificaría autónomamente la concesión de una autorización habilitante para invadir el domicilio de la persona o personas sospechosas. La STS de 3-7-2003, nº 981/2003, reiterando el criterio de la de 7-6-97 señaló que si en la práctica del registro aparecen objetos constitutivos de un cuerpo de posible delito distinto a aquel para cuya investigación se extendió el mandamiento habilitante, tal descubrimiento se instala en la nota de flagrancia por lo que producida tal situación la inmediata recogida de las mismas no es sino consecuencia de la norma general contenida en el art. 286 de la Ley Procesal. En igual sentido, la STS 1149/1997, de 26 de septiembre que, referida a un encuentro casual de efectos constitutivos de un delito distinto del que fue objeto de la injerencia, admite su validez siempre que se observen los requisitos de proporcionalidad y que la autorización y práctica se ajusten a los requisitos y exigencias legales y constitucionales. Otras sentencias de esta Sala asumen el criterio que ahora se reproduce. Así, la STS de 18-2-1994 afirma que: "si las pruebas casualmente halladas hubieran podido ser obtenidas mediante el procedimiento en el que se encontró, nada impide que tales pruebas puedan ser valoradas"; y la STS 465/1998, de 30 de marzo, indica que: "se ha impuesto en la doctrina de esta Sala una posición favorable a la licitud de la investigación de aquellas otras conductas delictivas que nacen de los hallazgos acaecidos en un registro judicialmente autorizado".
Por su parte, en la jurisprudencia del Tribunal Constitucional se recoge un idéntico tratamiento con relación al hallazgo casual. Así, la STC 41/1998, de 24 de febrero, afirma que: "...el que se estén investigando unos hechos delictivos no impide la persecución de cualesquiera otros distintos que sean descubiertos por casualidad al investigar aquéllas, pues los funcionarios de policía tienen el deber de poner en conocimiento de la autoridad penal competente los delitos de que tuviera conocimiento, practicando incluso las diligencias de prevención...". 3. Es evidente que el principio de proporcionalidad se respeta en el caso presente en cuanto que las pruebas encontradas se refieren a un delito grave (tenencia ilícita de armas) que justificaría autónomamente la concesión de una autorización habilitante para invadir el domicilio de la persona o personas sospechosas, aunque esté castigado con pena sensiblemente inferior a la del delito contra la salud pública de sustancia que causa grave daño a la salud y cantidad de notoria importancia. Por otro lado, no podemos olvidar que existe una resolución judicial que autoriza la entrada, con lo que se cubren los presupuestos constitucionales inexcusables para legitimar una intromisión en el domicilio ajeno y también se observa, que se han cumplido las previsiones legales en su práctica, habiendo asistido además a la diligencia el Secretario Judicial con lo que quedan salvadas las previsiones de la ley procesal, en cuanto a los requisitos formales necesarios para su validez, habiéndose dado cuenta prontamente al Juez Instructor de lo hallado, poniendo a su disposición todo lo aprehendido» (STS de 8/01/2009 [*Tol 1438894*]).

Una doctrina que, como es sabido, ha consolidado el legislador en el art. 579 *bis* LECrim, introducido por la LO 13/2015, el cual, aun referido a los hallazgos casuales obtenidos en el curso de una intervención de las comunicaciones, resulta aplicable en su previsión fundamental, a las fuentes de prueba obtenidas durante la práctica de una diligencia de entrada y registro en lugar cerrado.

Artículo 579 bis. Utilización de la información obtenida en un procedimiento distinto y descubrimientos casuales.
1. El resultado de la detención y apertura de la correspondencia escrita y telegráfica podrá ser utilizado como medio de investigación o prueba en otro proceso penal.

2. A tal efecto, se procederá a la deducción de testimonio de los particulares necesarios para acreditar la legitimidad de la injerencia. Se incluirán entre los antecedentes indispensables, en todo caso, la solicitud inicial para la adopción, la resolución judicial que la acuerda y todas las peticiones y resoluciones judiciales de prórroga recaídas en el procedimiento de origen.
3. La continuación de esta medida para la investigación del delito casualmente descubierto requiere autorización del juez competente, para la cual, éste comprobará la diligencia de la actuación, evaluando el marco en el que se produjo el hallazgo casual y la imposibilidad de haber solicitado la medida que lo incluyera en su momento. Asimismo se informará si las diligencias continúan declaradas secretas, a los efectos de que tal declaración sea respetada en el otro proceso penal, comunicando el momento en el que dicho secreto se alce.

7. EL REGISTRO DE LIBROS Y PAPELES

La LECrim dedica al registro de libros y papeles ciertas disposiciones contenidas en los arts. 573 a 578; «en estos seis artículos —dice AGUILERA DE PAZ (pp. 341 y 342)— se establecen las reglas a que ha de ajustarse el registro de los libros y papeles de contabilidad de cualquier ciudadano español o extranjero residente en España, cuya diligencia no es menos importante y transcendente para la instrucción del sumario que la de registro del domicilio, pues si merece respeto la inviolabilidad de éste hasta el punto de ser elevada a uno de los principios constitucionales sancionados por todos los pueblos cultos en su código fundamental del Estado, mayor consideración, si cabe, requiere el secreto de los libros y papeles propios de su contabilidad o de la profesión y negocios a que se dedique. Por eso nuestra Constitución vigente establece también en el párrafo 2º de su art. 6º la inviolabilidad de este secreto como uno de los derechos individuales y como eficaz garantía de que no ha de ser violado ni menoscabado».

Sin embargo la Constitución actual no contiene ninguna referencia a tal derecho fundamental específico, que queda absorbido genéricamente en el derecho a la vida privada, por lo que ningún sentido tiene ya su previsión específica en la LECrim, salvo en lo que se refiere a los libros y papeles de los profesionales obligados por el secreto conforme al art. 24.2, párrafo 2º CE, o en razones de seguridad para el buen funcionamiento de determinados registro y protocolos públicos, con lo que hoy el registros de libros y papeles viene a configurarse como un registro con ciertas especialidades de las que nos vamos a ocupar.

7.1 Disposiciones de carácter general

Haciéndose eco de la referencia de AGUILERA DE PAZ a la *mayor consideración* que merecen los libros comerciales o profesionales, suele afirmar la doctrina que el registro e intervención de los mismos exige un presupuesto añadido sobre los propios del registro en general; así afirma ORTELLS RAMOS (p. 160) que «formula el art. 573 una disposición más restrictiva que la relativa a la entrada y registro en general: no bastan cualesquiera indicios, sino que son necesarios *indicios cualificados* de éxito del acto. La limitación de este tratamiento a los libros y papeles de contabilidad, no puede mantenerse a la vista del artículo 18.1 CE: debe extenderse a todos los documentos pertenecientes a la vida privada de las personas».

En efecto el art. 573 LECrim dispone que: «No se ordenará el registro de los libros y papeles de contabilidad del procesado o de otra persona sino cuando hubiere indicios graves de que de esta diligencia resultará el descubrimiento o la comprobación de algún hecho o circunstancia importante de la causa».

La LECrim en realidad describe dos operaciones distintas: a) el examen de los libros y documentos y b) su intervención. Con relación al registro e intervención de libros y documentos, nada dice la LECrim expresamente sobre la posibilidad de que el juez pueda delegar en la Policía Judicial para llevarlo a cabo conforme a lo dispuesto en el art. 563. La respuesta es dudosa, pues de un lado la LECrim no regula el registro de libros y papeles separadamente del registro en general de lugares cerrados; sin embargo mientras el art. 576 remite específicamente a otros preceptos dictados para éste —cabalmente los arts. 552 y 569— falta una remisión en iguales términos al art. 563 LECrim.

No obstante, caso de aceptarse que el juez pueda delegar la ejecución de la diligencia de registro de papeles en la Policía Judicial, apunta ORTELLS (p. 160) que «si el registro no lo practica el juez, sino la Policía Judicial por orden del mismo, *el auto ha de disponer expresamente que pueda extenderse a libros y documentos privados* (porque ha de haber valorado específicamente la procedencia de referirlo a esos objetos [...]. Además, por analogía con la distribución de funciones entre juez y policía en la intervención de correspondencia postal, *la policía debería limitarse al secuestro de los documentos, sin poder examinarlos, al menos con detalle*, como puede tener lugar en el curso de un registro».

7.1.1 El examen de los libros y documentos

Respecto del examen de los libros y documentos el art. 575 LECrim impone a todos el deber de exhibir los que tengan en su poder. En cuanto a la práctica de la diligencia dispone expresamente el art. 576 LECrim que «será aplicable al registro de papeles y efectos lo establecido en los artículos 552 y 569», es decir, se sujetará al principio de mínima lesividad y se llevará a cabo en presencia del LAJ y del interesado o de su representante legítimo y en su defecto de dos testigos en los términos antes analizados con relación al registro domiciliario. También prevé la LECrim en su art. 577 que el examen se pueda practicar con el auxilio de peritos, que a tal efecto designe el juez.

7.1.2 La intervención de los libros y documentos

La intervención de los libros y documentos se halla autorizada por el art. 574 LECrim, conforme al cual «El Juez recogerá los instrumentos y efectos del delito, y podrá recoger también los libros, papeles o cualesquiera otras cosas que se hubiesen encontrado, si esto fuere necesario para el resultado del sumario. Los libros y papeles que se recojan serán foliados, sellados y rubricados en todas sus hojas por el Juez, por el Secretario Judicial, por el interesado o los que hagan sus veces, y por las demás personas que hayan asistido al registro».

7.2 Registro e intervención de protocolos notariales y libros de registros públicos

Contiene el art. 578 LECrim, al respecto, una disposición especial: «Si el libro que haya de ser objeto del registro fuere el protocolo de un Notario, se procederá con arreglo a lo dispuesto en la Ley del Notariado. Si se tratare de un libro del Registro de la Propiedad, se estará a lo ordenado en la Ley Hipotecaria. Si se tratare de un libro del Registro Civil o Mercantil, se estará a lo que se disponga en la Ley y Reglamentos relativos a estos servicios».

7.2.1 Exhibición e intervención de documentos custodiados por los notarios

A fin de proteger la indemnidad de los protocolos notariales, dispone el art. 32 de la Ley de 28 mayo 1862, del Notariado, que:

> «Ni la escritura matriz ni el libro protocolo podrán ser extraídos del edificio en que se custodien, ni aún por decreto judicial u orden superior, salvo para su traslación al archivo correspondiente y en los casos de fuerza mayor. Podrá, sin embargo, ser desglosada del protocolo la escritura matriz contra la cual aparezcan indicios notorios bastantes para considerarla cuerpo de un delito, precediendo al efecto providencia del Juzgado que conozca de él, y dejando en todo caso testimonio literal de aquélla, con intervención del Ministerio Fiscal. Los Notarios no permitirán tampoco sacar de su archivo ningún documento que se halle bajo su custodia por razón de su oficio, ni dejarán examinarlo en todo ni en parte, como tampoco el protocolo, no precediendo decreto judicial, sino a las partes interesadas con derecho adquirido, sus herederos o causahabientes, En los casos, sin embargo, determinados por las leyes

y en virtud de mandamiento judicial, pondrán de manifiesto en sus archivos el protocolo o protocolos, a fin de extender en su virtud las diligencias que se hallen acordadas».

Por tanto la exhibición de cualesquiera documentos custodiados por los Notarios exigirá resolución judicial que podrá igualmente ordenar la expedición de una copia autorizada de los mismos, y que deberá, en nuestra opinión, revestir desde luego la forma de auto. Cuando se ordene la expedición de copia autorizada la ejecución del auto se realizará mediante el oportuno mandamiento al Notario autorizante.

En cuanto a la intervención, sólo podrá realizarse respecto de una escritura matriz *contra la cual aparezcan indicios notorios bastantes para considerarla cuerpo de un delito*, mediante su desglose del protocolo. Por tanto, sólo podrá intervenirse parte del protocolo notarial, no todo el, desglosandose del mismo la matriz que interese a la causa.

Pese a la dicción del precepto, debe entenderse que procederá cuando, tras la exhibición de la escritura, se constaten por el juez indicios racionalmente bastantes para estimar que constituye cuerpo del delito que motiva la instrucción de la causa, con lo que prácticamente se ciñe a los supuestos de falsedades, aunque tampoco deba pensarse que sea el único supuesto posible, y, desde luego, siempre que tal intervención sea indispensable.

La expresión *cuerpo del delito* debe entenderse en sentido tan amplio como el utilizado por la doctrina científica, es decir, comprensivo de objeto material del delito, instrumento del mismo o soporte de los vestigios de su comisión.

7.2.2 Los Libros del Registro de la Propiedad

Se hallan especialmente protegidos por la Ley Hipotecaria, que en su art. 241 autoriza únicamente la exhibición de los mismos, mas no su intervención judicial «Los libros del Registro no se sacarán por ningún motivo de la oficina del Registrador; todas las diligencias judiciales o extrajudiciales que exijan la presentación de dichos libros se practicarán precisamente en la misma oficina».

7.2.3 Los Libros del Registro Mercantil

Se hallan igualmente protegidos dada la remisión que el art. 80 de su Reglamento, aprobado por Real Decreto 1.784/1996, de 19 julio, hace al Reglamento para la ejecución de la Ley Hipotecaria.

7.2.4 Los Libros del Registro Civil

La antigua Ley del Registro Civil de 8 de junio de 1957 destinaba ciertas disposiciones a la protección de los Libros del Registro, como el art. 31y el art. 101 de su Reglamento, aprobado por Decreto de 14 de noviembre de 1958. Sin embargo, tras la Ley 20/2011 éste deja de estar formado por Libros custodiados en las respectivas Oficinas del Registro Civil distribuidas por todo el territorio nacional y se sustituye por una base de datos informatizada única y accesible por medios electrónicos. Por tanto, ya no cabe el examen ni la utilización de libros que puedan ser objeto de registro alguno.

7.3 Registro e intervención de archivos profesionales y otros amparados por el secreto

Se suscita la cuestión acerca de si cabe el registro de documentos profesionales de sujetos amparados por el derecho al secreto profesional, a los que el ordenamiento jurídico exonera del deber de declarar y denunciar, o por el contrario resultaría siempre o en alguna ocasión ilícito el registro; esta cuestión resulta especialmente relevante cuando se trata del registro del *despacho profesional de un abogado*.

El art. 24, último párrafo CE establece que «la ley regulará los casos en que, por razón de parentesco o de secreto profesional, no se estará obligado a declarar sobre hechos presuntamente delictivos». Y en desarrollo del precepto constitucional la LECrim contiene dos preceptos relativos a los mismos.

En primer lugar el art. 263.1 LECrim libera a los profesionales que asuman la postulación del inculpado del deber de denunciar los hechos que conozcan por su relación con el mismo. En segundo término el art. 416.2 LECrim exonera del deber de declarar al abogado del inculpado.

De una parte es innegable que no existe en la LECrim una prescripción semejante que exonere igualmente a los profesionales respecto del deber de exhibir los documentos requeridos en el curso de un registro, deber que impone a todos con carácter general el art. 575 LECrim, por lo que, a falta de la misma, no puede afirmarse que la ley prohíba el registro de los documentos profesionales del que pueda derivarse la ilicitud del registro.

Sin embargo, un análisis del fundamento del secreto profesional previsto en el art. 24.2, último párrafo CE y sus conexiones con el derecho de defensa y el derecho a no autoincriminarse consagrados en el mismo precepto constitucional, podrían avalar la posición contraria, especialmente en el caso de que el registro lo sea de despachos profesionales de abogados.

Siguiendo a MORENO CATENA (1980, p. 125) puede decirse que «la expresión *secreto profesional* viene referida a los secretos conocidos en el ejercicio de su actividad por quienes hoy se llaman profesionales liberales... La noción de secreto profesional está integrada sola y exclusivamente por secretos privados referidos bien a la intimidad, bien al patrimonio de quien acude al profesional, que son confiados a éste o conocidos por él por una necesidad o cuasi necesidad en orden a la resolución de aquello que cada uno precisa; por razón de la necesidad en la revelación engendra en el depositario la obligación de no revelar estos secretos; esta obligación, como dice BATLLE SALES, se establece «en la consciencia de que el hombre en cierto modo sufre una disminución de su libertad al tener que buscar en otro hombre el remedio o la solución a su problema que por su especial naturaleza implica el descubrimiento, más o menos profundamente, de su propia intimidad personal».

Pero el secreto profesional, entiende la doctrina, no constituye propiamente un derecho fundamental, sino una mera habilitación constitucional al legislador ordinario para establecer supuestos de exención al deber de declarar; así dice DÍEZ-PICAZO GIMÉNEZ (p. 120) que «el párrafo final del artículo 24.2 CE no proclama *per se* derecho alguno ni contiene un mandato al legislador. No proclama per se derecho alguno, porque del mero enunciado, dado su tenor literal, no cabe deducir en qué casos debe existir una exención del deber de declarar; ni siquiera cabe deducir que el legislador esté obligado a configurar ciertos supuestos como exenciones del deber de declarar. Tampoco, pese al término imperativo «regulará», cabe entender que este párrafo contenga propiamente un mandato al legislador, porque resulta difícil concebir que del mismo se deriva una obligación del legislador de regular esta materia ni un contenido mínimo de la misma, es decir, resulta forzado postular que la ley deba necesariamente contemplar supuestos de exención del deber de declarar por razón de parentesco o de secreto profesional. El párrafo final del artículo 24.2 CE ha de entenderse, por tanto, como una mera habilitación al legislador para establecer supuestos de exención del deber de declarar».

No obstante, la referencia al efecto aún reflejo que el derecho al secreto profesional del abogado produce sobre su cliente, alude claramente —a nuestro juicio— a las conexiones existentes entre el derecho al secreto profesional del abogado defensor del imputado con los derechos fundamentales de éste a la defensa y a no declarar contra sí mismo en cuanto alcance a las revelaciones que el inculpado haya confiado al profesional, especialmente en cuanto consten documentalmente en la carpeta o expediente del asunto que el abogado custodie en su despacho, pues como dice MORENO CATENA (1980, p. 128) «...el secreto profesional no viene a proteger otra cosa que el secreto del cliente confiado al profesional».

En cualquier caso, así como el titular del derecho de defensa es el imputado, al titular del secreto, o del derecho al secreto, es el abogado a quien el defendido se ha confiado (STC 183/1994 [*Tol 82588*]).

Desde esta perspectiva, por tanto, el registro del despacho profesional de un abogado, así como el examen e intervención, en su caso, de libros y papeles podría conculcar los mencionados derechos a la defensa y a no autoincriminarse del cliente inculpado, lo que implicaría que un registro tal pugnaría con el contenido de los mencionados derechos fundamentales, convirtiendo en ilícita la prueba así obtenida. Dicho de otra forma, el secreto profesional del abogado, aun cuando en principio se refiera por la LECrim exclusivamente a la declaración testifical, se extendería a sus libros y papeles en cuanto éstos constituyan formas escritas de secretos revelados por el cliente imputado en un proceso penal.

El TS (STS de 20/10/2021 [*Tol 8634674*]) ha abordado la cuestión, partiendo de la jurisprudencia del TEDH y del TJUE, conforme a la cual, la protección reforzada de que debe gozar la relación abogado-cliente no comporta la imposibilidad de limitar este derecho, lo que exigirá una resolución judicial especialmente motivada y que contenga el correspondiente juicio de proporcionalidad.

> «[...] el TEDH proclama que esta protección debe entenderse reforzada cuando viene referida a la comunicación entre los abogados y sus clientes, por la función fundamental de defensa de los justiciables que desempeñan aquellos en una sociedad democrática y por la relación de confianza que debe existir entre abogado-cliente para poder alcanzar ese objetivo de forma efectiva (*Michaud c. France*, Sentencia de 6 de diciembre de 2012, entre otras). En todo caso, esta protección reforzada no comporta una imposibilidad de limitación del derecho. En su sentencia *Versini-Campinchi e Crasnianski c. Francia* (STEDH de 16 de junio de 2016), el Tribunal Europeo de Derechos Humanos proclamó que no existe violación del artículo 8 del CEDH cuando la injerencia sea proporcional al fin legítimo perseguido de defensa del orden público, lo que es observable cuando existen indicios fundados de que el abogado ha podido cometer él mismo una actuación delictiva y se confirme por la autoridad judicial que la observación no lesiona el derecho de defensa del cliente. En el mismo sentido, el Tribunal de Justicia de las Comunidades Europeas, en su sentencia de Gran Sala de 14 de septiembre de 2010, señaló que "la confidencialidad de las comunicaciones entre los abogados y sus clientes debe ser objeto de protección a nivel comunitario", si bien supeditó tal beneficio a dos requisitos: "...por una parte, debe tratarse de correspondencia vinculada al ejercicio de los derechos de la defensa del cliente, y, por otra parte, debe tratarse de abogados independientes, es decir, no vinculados a su cliente mediante una relación laboral"».

Sobre esta base, la sentencia citada añade, en clave interna, que «Respecto de las posibilidades legales de limitación del derecho, el propio Tribunal Constitucional (TC) y el Tribunal Europeo de Derechos Humanos (TEDH) han proclamado que los aspectos precisos para dotar de plena efectividad a los derechos de defensa y asistencia letrada no son absolutos e ilimitables, estando sometida cualquier limitación a un juicio de proporcionalidad y necesidad que lo legitime constitucionalmente».

Con relación a la entrada y registro en un despacho de abogados, y a la extensión del registro a la actividad general del despacho, precisa la sentencia citada que:

> «Las razones que se han expuesto en el fundamento anterior como justificativas de la intervención de las comunicaciones, sustentaron la decisión judicial de acordar los registros que aquí se combaten. Más aún en este supuesto, puesto que precisamente la observación de las comunicaciones electrónicas completó la investigación respecto a algunas de las sospechas que se cernían sobre el equipo de letrados y añadió la posibilidad (a partir del envío de unos archivos que se evaluaron como continentes de una doble contabilidad), de que la cooperación de la firma en eventuales delitos contra la Hacienda Pública supuestamente perpetrados por sus clientes, pudiera estar acompañada de una defraudación en la que los profesionales actuaban como autores directos. De otro lado, la necesidad de investigar el conjunto de hechos en los que el equipo de letrados podía haber intervenido, justificaba el ensanchamiento del registro a la actividad general del despacho, sin perjuicio de que únicamente accedieran a la causa aquellos documentos que tenían relevancia para el objeto de la investigación (art. 574 LECRIM)».

Por último, téngase en cuenta que la LO 5/2024, del derecho de defensa, protege no solo el secreto de las comunicaciones entre abogado y cliente, sino también las comunicaciones entre los profesionales de la abogacía relacionadas con las causas o procedimientos en los que intervengan. Con relación a la entrada y registro de los despachos profesionales de los abogados, la protección del secreto extendido a las comunicaciones entre abogados debe prevalecer salvo que la intervención de los documentos y soportes en los que figuren dichas comunicaciones hayan sido intervenidos con base en la correspondiente autorización judicial motivada.

> Artículo 16. Garantía de confidencialidad de las comunicaciones y secreto profesional.
> 1. Todas las comunicaciones mantenidas entre un profesional de la abogacía y su cliente tienen carácter confidencial y sólo podrán ser intervenidas en los casos y con los requisitos expresamente recogidos en la ley.
> 2. Las comunicaciones mantenidas exclusivamente entre los defensores de las partes con ocasión de un litigio o procedimiento, cualquiera que sea el momento en el que tengan lugar o su finalidad, incluso en fase extrajudicial, son confidenciales y no podrán hacerse valer en juicio ni tendrán valor probatorio, excepto en los casos en los que se hayan obtenido de acuerdo con lo previsto en la Ley de Enjuiciamiento Criminal u otras leyes de aplicación o en que su aportación o revelación haya sido autorizada conforme a la regulación profesional vigente.
> 3. No se admitirán los documentos, cualquiera que sea su soporte, que contravengan la anterior prohibición, salvo que expresamente sea aceptada su aportación por los profesionales de la abogacía concernidos o las referidas comunicaciones se hayan realizado con la advertencia expresa y explícita de poder ser utilizadas en juicio.
> 4. Excepto en los casos que expresamente recojan las leyes, la entrevista entre el profesional de la abogacía y su cliente defendido tendrá carácter confidencial.

5. El secreto profesional incluirá las siguientes manifestaciones:
a) La inviolabilidad y el secreto de todos los documentos y comunicaciones del profesional de la abogacía, que estén relacionados con el ejercicio de sus deberes de defensa.
b) La dispensa de prestar declaración ante cualquier autoridad, instancia o jurisdicción sobre hechos, documentos o informaciones de los que tuvieran conocimiento como consecuencia de su desempeño profesional, con las excepciones legales que puedan establecerse.
c) La protección del secreto profesional en la entrada y registro de los despachos profesionales respecto de clientes ajenos a la investigación judicial.

Con referencia al *registro de archivos médicos*, aun en una consulta o clínica privada, el TC ha estimado que el derecho-deber de secreto profesional vincula al médico con su paciente, pero no puede enervar la licitud, y por tanto la validez, de un registro de este tipo ordenado por el juez instructor conforme a las previsiones de la LECrim (STC 37/1989 [*Tol 9735976*]).

BIBLIOGRAFÍA

- AGUILERA DE PAZ, *Comentarios a la Ley de Enjuiciamiento Criminal*, Reus, 1924.
- BANACLOCHE/ZARZALEJOS, *Aspectos fundamentales del Derecho procesal penal*, La Ley, 2025.
- BATLLE SALES, *El derecho a la intimidad privada y su regulación*, Marfil, 1972.
- DE LA OLIVA-ARAGONESES-HINOJOSA-MUERZA-TOMÉ, *Derecho Procesal Penal*, Editorial Ramón Areces, 1993.
- DÍEZ-PICAZO GIMÉNEZ, IGNACIO, *Comentarios a la Constitución Española de 1978*, dirigidos por Oscar Alzaga, t. III, Edersa, 1996.
- MORENO/CORTÉS, *Derecho Procesal Penal*, Tirant lo Blanch, 2024.
- GÓMEZ DE LIAÑO, *El proceso penal*, Forum, 1989.
- GÓMEZ ORBANEJA-HERCE QUEMADA, *Derecho Procesal Penal*, 10ª ed., Tecnos, 1987.
- GONZÁLEZ-CUÉLLAR SERRANO, «Entrada y registro en el domicilio», en *La restricción de los derechos fundamentales de la persona en el proceso penal*, Cuadernos de Derecho Judicial, nº XXIX, CGPJ, Madrid, 1993.
- GONZÁLEZ TREVIJANO, *La inviolabilidad del domicilio*, Tecnos, 1992.
- LUZÓN CUESTA, «Entrada y registro en domicilios y lugares cerrados», en *Estudios Jurídicos del Ministerio Fiscal*, VI, Madrid, 1997.
- LLERA SUÁREZ-BÁRCENA, *Derecho Procesal Penal (Manual para Criminológos y Policías)*, 3ª Edición, Tirant lo Blanch, 2024.
- MONTERO-ORTELLS-MONTÓN-GÓMEZ COLOMER, *Derecho Jurisdiccional III. Proceso Penal*, Tirant lo Blanch, 1997.
- MORENO CATENA, *El secreto en la prueba de testigos del proceso penal*, Montecorvo, 1980.
- PAREJO ALFONSO, «El contenido esencial de los derechos fundamentales en la jurisprudencia constitucional; a propósito de la sentencia del Tribunal Constitucional de 8 de abril de 1981», *Revista española de Derecho Constitucional*, nº 3 (septiembre-diciembre 1981).
- RAMOS MÉNDEZ, *El proceso penal. Tercera lectura constitucinal*, Bosch, 1993.
- SEMPERE RODRÍGUEZ, *Comentarios a las Leyes Políticas* (dirigidos por Óscar Alzaga), Tomo II, ed. Revista de Derecho Privado, 1984.
- URIARTE/FARTO, *El proceso penal español: jurisprudencia sistematizada*, La Ley, 2018 2024 (hemos consultado e incorporado parte de la completa selección de jurisprudencia que contiene la obra citada).
- ZAMARRA, *Comentarios a la Ley de Enjuiciamiento Criminal (arts. 552 a 574)*, (López Barja de Quiroga dir.), t. II, Tirant lo Blanch, 2024 (además del contenido doctrinal, hemos consultado e incorporado parte de la completa selección de jurisprudencia que contiene la obra citada).

Capítulo 29

Registro de documentos y dispositivos electrónicos de almacenamiento masivo de información. Acceso a datos contenidos en archivos y ficheros digitalizados

María Jesús Fraile Martín
Letrada de la Administración de Justicia
Secretaria de Gobierno de la Audiencia Nacional

1. REGISTRO DE DOCUMENTOS EN FORMATO FÍSICO O ANALÓGICO

1.1 Diligencia limitativa del art. 18 CE

Nuestro sistema procesal penal establece que, en la fase de instrucción del proceso penal, con el propósito de la investigación de los hechos, se puede acordar la práctica de diligencias de investigación. Estas diligencias investigativas pueden no afectar a los derechos fundamentales, como son las declaraciones de investigados, de testigos, de la víctima o la prueba pericial. Sin embargo, la LECrim prevé también la práctica de diligencias de investigación que sí que son limitativas de derechos fundamentales, como son las actuaciones directas sobre la persona del sospechoso o investigado, la entrada y registro, y las medidas de investigación tecnológicas.

Las diligencias de investigación no limitativas de derechos fundamentales son objeto de estudio en otros capítulos de este libro a los cuales nos remitimos. En este capítulo analizaremos algunas de las diligencias de investigación limitativas de derechos fundamentales, en concreto las referentes al registro de documentos en formato físico o analógico y al registro de dispositivos de almacenamiento masivo (arts. 573 a 578 y 588 *bis* y *sexies* de la LECrim).

Dentro de las diligencias que nuestro sistema procesal penal prevé que pueden practicarse en la fase de instrucción, el juez de la Sección de Instrucción o de la Sección Única del correspondiente Tribunal de Instancia, de conformidad con la estructura orgánica prevista en la LO 1/2025[1] puede acordar la práctica del registro de documentos en formato físico o analógico, como son los libros, papeles, imágenes, cámaras, en tanto que estos soportes pueden contener datos de gran utilidad para la investigación de los hechos.

No obstante, debemos tener en cuenta que el registro de estos dispositivos y efectos puede afectar a la intimidad de su titular, protegida por el art. 18 de la CE, y debiendo por lo tanto estar autorizada judicialmente la práctica del registro sobre los mismos, práctica que autoriza la invasión del derecho fundamental a la intimidad, y que, en todo caso, esta intromisión está sujeta a los requisitos propios del principio de proporcionalidad. La proporcionalidad, que lo será entre la medida que se solicita, el derecho fundamental afectado, el éxito posible de la medida y el carácter residual de la misma, esto es, que no sea posible obtener los elementos de prueba de una manera menos gravosa.

[1] En adelante, y para mayor claridad y sencillez en la redacción, salvo que merezca mayor concreción en el texto que se introduzca su referencia, nos referiremos al «*juez instructor*» como a cualquiera de los jueces con competencia funcional en materia de investigación judicial de delitos, en el bien entendido que con esta denominación nos referimos al juez unipersonal integrado en la Sección que corresponda del Tribunal de Instancia competente (o, en su caso, al juez de la Sección de Instrucción del Tribunal Central de Instancia, cuando de la Audiencia Nacional hablamos) —*v.gr.* Sección de Instrucción o de la Sección Única de Civil y de Instrucción, Sección de Violencia sobre la Mujer, o Sección de Violencia contra la Infancia y Adolescencia ...—, o al juez correspondiente del TS o TSJ al que se le atribuya dicha competencia funcional cuando la competencia objetiva venga determinada a dichos tribunales por razón de aforamiento del investigado. Asimismo, dicha referencia al «*juez instructor*» lo es también teniendo en cuenta la posibilidad de que, en los casos determinados en el art. 84.6 LOPJ, se nombre a dos jueces, conforme a un turno preestablecido y público, para que, junto con el juez a quien le hubiere sido turnado el asunto inicialmente, se encarguen de la instrucción de un determinado proceso penal. En el capítulo 5 de esta obra puede consultarse una explicación completa del nuevo modelo orgánico de los Tribunales de Instancia que introduce la LO 1/2025.

La LECrim, regula en el Libro II, Título VIII, las medidas de investigación limitativas de los derechos reconocidos en el art. 18 de la CE. Recordamos que el citado precepto constitucional establece en su apartado 1 que «se garantiza el derecho al honor, a la intimidad personal y familiar y a la propia imagen», y en su apartado 2 dice que, «El domicilio es inviolable, ninguna entrada y registro podrá hacerse en él sin el consentimiento del titular o resolución judicial, salvo en el caso de flagrante delito».

La entrada y registro es una diligencia de investigación en la que se pondera el derecho fundamental protegido, la inviolabilidad del domicilio del art. 18.2 de la CE, y el registro de los documentos que se hallaren en el domicilio afectando a la intimidad de su titular en cuanto derecho fundamental regulado en el art. 18.1 de la CE.

Veremos a continuación la diligencia de entrada y registro, el registro de los documentos, su autorización judicial como requisito previo para su ejecución y la forma de llevarlo a cabo desde una perspectiva práctica, sin poder obviar los elementos jurisprudenciales relevantes sobre la materia.

1.2 Entrada y registro. Registro de documentos

1.2.1 Diligencia de entrada y registro

El registro de los documentos se lleva a cabo como consecuencia de una diligencia de entrada y registro. Establece el art. 574.1 de la LECrim que «El juez acordará recoger los instrumentos y efectos del delito y también los libros, papeles o cualesquiera otras cosas que hubieran encontrado si eso fuere necesario para el resultado del sumario». El auto que acuerde la entrada y registro acordará que se recojan los documentos que se hallen en el domicilio afectado del delito que se investiga y como elementos de prueba del delito que se está investigando.

No exige la ley una autorización judicial distinta de la que acuerde la diligencia de entrada y registro para proceder al registro y recogida de documentos. La recogida de los efectos y documentos necesarios estará autorizada en el propio auto de entrada y registro, que establecerá como parte de la diligencia el posible registro de documentos que será bastante para habilitar su registro e incautación en su caso.

Sin perjuicio de que la diligencia de entrada y registro ha sido objeto de estudio en el capítulo 28 de esta obra, debemos hacer una sucinta y concreta referencia a la autorización de la diligencia y a su práctica en cuanto que el registro de libros y documentos nos remite a los art. 552 a 569 de la LECrim.

La entrada y registro deberá ser acordada por autorización judicial, salvo que nos encontremos con algunos de los siguientes supuestos, en los que no será necesario el auto judicial: en caso de consentimiento del titular, o en caso de flagrante delito (art. 553 de la LECrim). En defecto de estos casos, para la entrada y registro en un domicilio será necesaria la autorización judicial por medio de un auto. La entrada en un domicilio o lugar cerrado, sin autorización judicial, sin consentimiento del titular o fuera de los supuestos de flagrante delito previstos en el art. 553 de la LECRIM, es constitutivo de delito conforme los artículos 202 a 204 del CP

El auto del juez instructor que acuerde la diligencia de entrada y registro deberá indicar que la diligencia de investigación se dirige a la investigación de los delitos, que no se acuerda de manera arbitraria, deberá estar motivado, dictado en el marco de un proceso penal abierto. El auto judicial que acuerda la práctica de la diligencia ha de contener necesariamente los criterios jurídicos que justifican esa decisión y, que por tanto, acreditan que se ha acordado con la finalidad de investigar el hecho, indicar las razones que justifican la intromisión en el derecho fundamental, cuál es la finalidad y los límites que lo justifican, así como el amparo normativo.

Así mismo, la resolución judicial deberá haber valorado la proporcionalidad de la medida solicitada. Si es posible obtener el mismo resultado a través de una diligencia de investigación menos lesiva, no se acordará la que sea limitativa de derechos fundamentales, y sí la que sea menos gravosa para el investigado o imputado.

En este sentido, señala la STS de 23/09/2010 [*Tol 1953637*] que:

> «Una cuestión diferente es la concerniente a la motivación del auto que ordena la entrada y registro. En diversos precedentes de esta Sala hemos señalado que la motivación del auto que dispone una medida de instrucción que la ley autoriza a tomar sin conocimiento del afectado y que, como tal, no puede ser recurrida, no necesita hacer constar especiales razonamientos que informen a dicho afectado de las razones que debería combatir ante el tribunal de alzada si tuviera a su disposición un recurso. La legitimidad del auto en cuestión, por lo tanto, depende de si la medida adoptada por el Juez de Instrucción era o no necesaria, a la luz de la información con la que el Juez contaba en el momento de la decisión. En este sentido en lo que se refiere a la valoración de estos datos como indicios suficientes debe exigirse que consten los que el órgano judicial ha tenido en cuanto como apoyo para considerar razonable y fundada la sospecha acerca de la comisión de un delito y de la participación en él del sospechoso, pero no es necesario que se alcance el nivel de los indicios racionales de criminalidad, propios de la adopción del procesamiento. Es de tener en cuenta, que en el momento inicial del procedimiento en el que ordinariamente se acuerda la entrada y registro no resulta exigible una justificación fáctica exhaustiva, pues se trata de una medida adoptada, precisamente, para profundizar en una investigación no acabada, por lo que únicamente pueden conocerse unos iniciales elementos indiciarios. Pero sin duda han de ser superadas las meras hipótesis subjetivas o la simple plasmación de la suposición de la

existencia de un delito o de la intervención en él de una determinada persona, pues en este caso la invasión de la esfera de intimidad protegida por un derecho fundamental dependería exclusivamente del deseo del investigador, sin exigencia de justificación objetiva de ninguna clase, lo que no es tolerable en un sistema de derechos y libertades efectivos».

Analizada la motivación de la resolución judicial que acuerda la entrada y registro en lugar cerrado, debemos conocer el concepto de domicilio, como lugar cuyo acceso autoriza la resolución judicial, establece a este respecto el art. 554.2º de la LECrim que domicilio es, «el edificio o lugar cerrado, o la parte de él destinada principalmente a la habitación de cualquier español o extranjero residente en España y de su familia». Pero no solo tienen domicilio las personas físicas, sino también las personas jurídicas, el art. 554. 4 de la LECrim reputa domicilio de las personas jurídicas, considerando que es, «el espacio físico que constituya el centro de dirección de estas, ya se trate de su domicilio social o de un establecimiento dependiente, o aquellos otros lugares en que se custodien documentos u otros soportes de su vida diaria que quedan reservados al conocimiento de terceros».

Sobre el concepto de domicilio, sobre la protección del derecho fundamental y sus limitaciones se ha pronunciado el TC y TS, recogiendo la STC 50/1995 [*Tol 82790*] con gran claridad los extremos indicados:

«El domicilio. lugar de residencia habitual. según definición legal (art. 40 CC). acota el espacio donde el individuo vive sin estar sujeto necesariamente a 'los usos y convenciones sociales. haciéndolo con la libertad más espontánea (STC 82/1984) y. por ello. su protección tiene un carácter instrumental para la defensa del ámbito en el cual se desarrolla la vida privada. Existe. pues. un nexo indisoluble de tal sacralidad de la sede existencial de la persona. que veda toda intromisión y. en concreto. la entrada y el registro en ella y de ella. con el derecho a la intimidad. por lo' demás contenido en el mismo precepto que el otro (art. 18.1 Y 2 CE). Sin embargo. este derecho fundamental no es absoluto y limita con los demás derechos y los derechos de los demás (SSTC 15/1993 y 170/1994) y. por ello su protección constitucional puede ceder en determinadas circunstancias como son el consentimiento del titular. estar cometiéndase un delito flagrante y la autorización judicial. a guisa de garantía».

La diligencia de entrada es requisito indispensable sin el que no se puede llevar a cabo la diligencia de registro, siendo una diligencia seguida de la otra, separadas pero vinculadas necesariamente. Sobre la práctica en la ejecución de la diligencia de entrada y registro, en cuanto que el registro de los documentos, nos remite a ella, lo estudiaremos en el apartado siguiente.

1.2.2 Práctica de la diligencia de entrada y registro

La diligencia de entrada y registro que haya sido autorizada judicialmente, su práctica está regulada en los arts. 552 y siguientes de la LECrim. Veremos a continuación los elementos esenciales de la práctica de la diligencia de entrada y registro, que previa solicitud, haya sido acordada por auto del juez competente. Una vez obtenida la preceptiva autorización judicial, serán adoptadas por la policía judicial o unidades delegadas las medidas de vigilancia necesarias para evitar la destrucción de los efectos o la fuga del procesado que se encuentren, conforme establece el art. 567 de la LECrim.

La diligencia será practicada en el día y hora que se hayan acordado en el auto judicial, que establece una franja de horas para su práctica. El auto judicial será notificado al titular del domicilio, o persona autorizada que en él se encuentre conforme, lo establecido en el art. 565 de la LECrim. Si llegada la hora final que se fijaba en el auto, la diligencia no hubiera terminado, la solicitud de prórroga será solicitada al juez y deberá ser acordada por medio de auto.

La entrada y registro deberá ser practicada por el propio juez, o por encomienda suya, por la Policía Judicial, que es lo habitual en la práctica. La diligencia de entrada y registro se practicará siempre en presencia del Letrado de la Administración de Justicia, art. 569 de la LECrim, que levantará acta de la diligencia desde el inicio hasta el final de esta, deberá estar presente durante toda la diligencia, además, el interesado o persona que por él le represente, conforme el art. 569 de la LECrim. Sin embargo, no está regulada la obligatoriedad de la asistencia del Letrado en la práctica de la diligencia, por lo que su ausencia durante su práctica no la invalida, como nos dicen RIFÁ SOLER y RICHARD GONZÁLEZ (p. 758).

En el caso de que el interesado estuviere detenido deberá estar presente en la práctica de la diligencia, en este sentido se ha manifestado la doctrina jurisprudencial, como vemos en la siguiente resolución.

STS de 23/09/2010 [*Tol 1953637*]

«Ciertamente la jurisprudencia es uniforme en exigir la presencia del interesado —persona investigada— en la realización del registro en aquellos casos en los que se halle detenido y aun en el supuesto en que sea distinta del titular del domicilio o este se halle presente o rehúse su presencia en la diligencia. Tal presencia, si es posible, viene reclamada por las exigencias contradictorias de que debe de rodearse toda diligencia de prueba y más por las características de los registros domiciliarios en los que la ausencia de contradicción en el acto del mismo en que se lleva a cabo no puede cumplirse por la actividad contradictoria que posibilita el debate del juicio oral. Por tanto, de encontrarse detenido el interesado, su presencia en el registro es obligada, no siendo de aplicación las excepciones establecidas en los párrafos 2 y 3 del art. 569 LECrim. (SSTS. 833/97 de 20.6, 40/99 de 19.1, 163/2000 de 11.2, 1944/2002 de 9.4.2003)».

Respecto la forma concreta de llevar a cabo la diligencia, no hay una regulación específica sobre la forma única de ejecutar la diligencia. La dirección de la diligencia la tiene la Policía Judicial que deberá ejecutar el auto en sus propios términos, en cuanto a las fechas y horas, lugar de ejecución y notificación. A partir de esto, la seguridad de la entrada y registro marcará la pauta de la actuación, con el aseguramiento de los efectos para evitar su destrucción, y en su caso, con la práctica de las detenciones que se hubieran acordado.

Sin embargo, sí que encontramos en la ley una referencia concreta en el art. 552 de la LECrim, que nos dice que, «Al practicar los registros deberán evitarse las inspecciones inútiles, procurando no perjudicar ni importunar al interesado más de lo necesario, y se adoptarán todo género de precauciones para no comprometer su reputación, respetando sus secretos si no interesaren a la instrucción» que es por lo tanto aplicable al registro de los documentos que veremos en concreto en el apartado siguiente.

1.2.3 Registro de documentos

Respecto el registro de documentos, encontramos la regulación en el art. 574 de la LECrim, cuando nos dice que, "El Juez ordenará recoger los instrumentos y efectos del delito y también los libros, papeles o cualesquiera otras cosas que se hubiesen encontrado, si esto fuere necesario para el resultado del sumario".

Es aplicable al registro de documentos, la norma general prevista en el art. 552 de la LECrim de no realizar inspecciones inútiles. Encontramos una norma concreta respecto del registro de los documentos el art. 574 de la LECrim, que establece que «los libros y papeles que se recojan serán foliados, sellados y rubricados en todas sus hojas por el Secretario Judicial bajo su responsabilidad». Aparte de este precepto, la LECrim, nos remite expresamente a los arts. 552 y 569 que hemos analizado en el apartado anterior, si bien encontramos las siguientes normas específicas:

En el caso de libros de contabilidad, el art. 573 de la LECrim establece que «No se ordenará el registro de los libros y papeles de contabilidad del procesado o de otra persona sino cuando hubiere indicios graves de que de esta diligencia resultará el descubrimiento o la comprobación de algún hecho o circunstancia importante de la causa».

En el caso de que se trate de libros notariales, registros de la propiedad o registro civil, establece el art. 578 de la LECrim que «Si el libro que haya de ser objeto del registro fuere el protocolo de un Notario, se procederá con arreglo a lo dispuesto en la Ley del Notariado. Si se tratare de un libro del Registro de la Propiedad, se estará a lo ordenado en la Ley Hipotecaria. Si se tratare de un libro del Registro Civil o Mercantil, se estará a lo que se disponga en la Ley y Reglamentos relativos a estos servicios».

Especial referencia debemos hacer al registro que se practique en un despacho profesional, en el que en aras a velar por el secreto profesional de la documentación que allí se encuentre, la autoridad judicial deberá avisar al Decano del Colegio de Abogados para que se persone en el despacho y asista a la práctica de la diligencia.

Establece el art. 32.2. del Estatuto General de la Abogacía, que «En el caso de que el Decano de un Colegio, o quien estatutariamente le sustituya, fuere requerido en virtud de norma legal o avisado por la autoridad judicial, o en su caso gubernativa, competente para la práctica de un registro en el despacho profesional de un abogado, deberá personarse en dicho despacho y asistir a las diligencias que en el mismo se practiquen velando por la salvaguarda del secreto profesional». A este propósito *vid*. STS de 20/10/2021 [*Tol 8634674*].

> «Respecto a los despachos profesionales de abogados la línea jurisprudencial más común es la de considerar que como para los domicilios donde se desarrolla el principal espacio de intimidad de un individuo, se precisa de autorización judicial para su registro, dada la naturaleza de la actividad que en ellos se desarrolla y la eventualidad de que se busquen datos o efectos reservados que puedan afectar a la intimidad y ámbito privado de la persona, de los que el abogado se convierte en custodio en la medida en que el artículo 5.1 del Código Deontológico de la Abogacía Española dispone que: "la confianza y confidencialidad en las relaciones entre cliente y abogado, ínsita en el derecho de aquél a su intimidad y a no declarar en su contra, así como en derechos fundamentales de terceros, impone al abogado el deber y le confiere el derecho de guardar secreto respecto de todos los hechos o noticias que conozca por razón de cualquiera de las modalidades de su actuación profesional, sin que pueda ser obligado a declarar sobre los mismos".
> Añade esta resolución que, la necesidad de investigar el conjunto de hechos en los que el equipo de letrados podía haber intervenido, justificaba el ensanchamiento del registro a la actividad general del despacho, sin perjuicio de que únicamente accedieran a la causa aquellos documentos que tenían relevancia para el objeto de la investigación (art. 574 LECRIM)».

2. REGISTRO DE DISPOSITIVOS ELECTRÓNICOS O DIGITALES QUE PERMITEN EL ALMACENAMIENTO MASIVO DE INFORMACIÓN: ÁMBITO DE APLICACIÓN

2.1 Medidas de investigación tecnológica (LO 13/2015)

La LO 13/2015 modifica la LECrim para el fortalecimiento de las garantías procesales y la regulación de las medidas de investigación tecnológica, que tiene por objetivo trasponer la Directiva 2013/48/UE del Parlamento Europeo y del Consejo, de 22 de octubre de 2013, sobre el derecho a la asistencia de letrado en los procesos penales y en los procedimientos relativos a la orden de detención europea, y sobre el derecho a que se informe a un tercero en el momento de la privación de libertad y a comunicarse con terceros y con autoridades consulares durante la privación de libertad. Además, esta reforma de la LECrim responde a la reclamación tanto por parte de la doctrina como por parte de la jurisprudencia de un tratamiento unitario de estas medidas, por su delicada afectación a los derechos fundamentales de secreto de las comunicaciones y de la intimidad.

Adicionalmente, la LO 13/2015 pretende suplir el vacío normativo del registro de dispositivos informáticos de almacenamiento masivo y el registro remoto de equipos informáticos. Respecto del primero de ellos, como sigue diciendo la exposición de motivos, la reforma descarta cualquier duda acerca de que esos instrumentos de comunicación y, en su caso, almacenamiento de información son algo más que simples piezas de convicción, el legislador ha dado un tratamiento unitario a los derechos fundamentales, al secreto de comunicaciones, intimidad y protección de datos al regular conjuntamente el registro de sistemas de almacenamiento masivo, y al considerar tales a un gran número de dispositivos

Por lo que afecta al registro remoto —diligencia ya presente en buena parte de las legislaciones europeas—, el intenso grado de injerencia que implica su adopción justifica que incluso se refuerce el ámbito objetivo de la medida. La LECrim introduce un nuevo capítulo en el que regula estas medidas en el Libro II, en los arts. 588 *bis* a) a 588 *octies*.

Según señala la STS de 23/10/2018 [*Tol 6917487*] «El Legislador con buen criterio ha optado por otorgar un tratamiento unitario a los datos contenidos en los ordenadores y teléfonos móviles, reveladores del perfil personal del investigado, configurando ese derecho constitucional de nueva generación, el derecho a la protección del propio entorno virtual».

En relación con los derechos fundamentales que se veían afectados por el acceso a estos dispositivos, secreto de las comunicaciones, derecho a la intimidad, inviolabilidad del domicilio, la doctrina antes de la reforma de la LECrim ya venía haciendo referencia a un derecho virtual, o de nueva generación, que venía siendo doctrina jurisprudencial del TS antes de la reforma del 2015 y que ha sido mantenida como vemos en la ya referida STS de 23/10/2018 [*Tol 6917487*].

2.2 Dispositivos de almacenamiento masivo. Ámbito de aplicación

2.2.1 Dispositivos de almacenamiento masivo

Hasta la reforma llevada a cabo por la LO 13/2015 de la LECrim no se preveía de una manera expresa y unitaria la posibilidad de practicar un registro en dispositivos de almacenamiento masivo de información. Tras la indicada reforma de la LECrim se regula en los artículos 588 *sexies* a) a 588 *sexies* c), una medida que consiste en el acceso y examen del contenido de los dispositivos de almacenamiento masivo de información, el motivo de esta regulación de manera unitaria es la evolución de las nuevas tecnologías en nuestra sociedad, y por ende en las actividades delictivas, los dispositivos almacenan una ingente cantidad de información que se acumula en ellos y que tienen un alto interés para las investigaciones de muchos hechos delictivos.

Respecto los efectos que son objeto de esta medida, el art. 588 sexis a) 1 relaciona en este precepto que, "cuando con ocasión de la práctica de un registro domiciliario sea previsible la aprehensión de ordenadores, instrumentos de comunicación telefónica o telemática o dispositivos de almacenamiento masivo de información digital o el acceso a repositorios telemáticos de datos"

Se trata como nos dice LÓPEZ BARAJAS PEREA «de un concepto amplio que no solo incluye los dispositivos de almacenamiento masivo de la información en sentido estricto, entendiendo por tales aquellos cuya función es, precisamente, la de guardar o registrar información del usuario, sino que abarca todos aquellos instrumentos que incluyen entre sus funcionalidades la de servir de soporte para el almacenamiento de datos».

Así pues, podemos decir que la legislación diferencia dos modalidades. En primer lugar, el acceso a los datos directamente contenidos en el soporte físico incautado y, por otro lado, la incautación de datos existentes en otros sistemas de almacenamiento de la información que son accesibles desde los soportes físicos incautados.

Para determinar cuáles son los dispositivos afectados por esta medida, nos dice LÓPEZ BARAJAS PEREA que debemos tener en cuenta las características propias de la información digital, en concreto su deslocalización y su volatilidad. El interés es la información almacenada en los dispositivos, el dispositivo en sí mismo tiene menor importancia, en ocasiones si, y en otras es el mero soporte, es el instrumento donde se almacena la información, pero también puede ser información almacenada en la nube, o *cloud*.

El art. 588 *sexies* a) de la LECrim, enumera inicialmente estos dispositivos, serán los ordenadores, instrumentos de comunicaciones telefónica o telemática o dispositivos de almacenamiento masivo. La regulación legal autorizará a registrar, además, cualquier dispositivo de almacenamiento masivo de información que forme parte de otro instrumento más complejo con capacidad de almacenar, como pueden ser tabletas, cámaras fotográficas, GPS, electrodomésticos de uso cotidiano que permiten grabar y almacenar información, soportes de almacenamiento de datos como CD o DVD's, discos duros externos e internos que son los alojados en el ordenador, memorias USB o tarjetas de memoria. En cuanto a los dispositivos de comunicación telemática o telefónica, serán los teléfonos y aquellos del tipo de los enrutadores o rúteres.

La información, los datos de forma masiva pueden estar alojados en la nube o *iCloud*. El *iCloud computing, —Dropbox, Facebook, iCloud...—*, es un modelo de prestación de servicios desarrollado por las empresas vinculadas a internet que ofertan el almacenado de datos en servidores alojados en internet. El usuario podrá acceder a estos servidores desde los dispositivos físicos vinculados a los mismos, cualquiera que sea el lugar donde se encuentren, habitualmente a cambio de una contraprestación económica por parte de los usuarios, como nos dice FERNÁNDEZ RODRÍGUEZ.

2.2.2 Dispositivos de almacenamiento alojados fuera del territorio nacional

La cuestión problemática que plantea este servicio es la jurisdicción territorial cuando los servidores de estos sistemas se encuentran alojados fuera de nuestro territorio nacional, cuando los sistemas informáticos no están ubicados en el territorio español, el acceso a su contenido plantea dos problemas fundamentales. El primero, consiste en determinar si nuestro juez instructor podría autorizar un registro extraterritorial, dado que la Ley española no lo prohíbe expresamente, o si debería acudir, necesariamente, a los instrumentos de cooperación judicial internacional para respetar el principio de soberanía del Estado afectado como nos dice LÓPEZ BARAJAS PEREA.

El Convenio sobre la Ciberdelincuencia hecho en Budapest el 23 de noviembre de 2001 entiende que un sistema informático, no es solo el dispositivo aislado en cuestión sino también el conjunto de dispositivos interconectados o relacionados entre sí, que permiten, en ejecución de un programa, el tratamiento automatizado de datos.

Esta norma internacional, permite ampliar, con ciertas limitaciones, el registro a otros sistemas informáticos cuando existan motivos para pensar que los datos buscados se hallan allí almacenados.

Como requisitos, exige que los sistemas se encuentren en el territorio español y que los datos sean lícitamente accesibles a través del sistema inicial o estén disponibles para éste. No se permite, sin embargo, el acceso transfronterizo a los datos almacenados, salvo que se trate de datos de libre acceso al público, o concurra el consentimiento lícito y voluntario de la persona legalmente autorizada para divulgarlos a través de ese sistema informático

Por lo que, fuera de los supuestos en los que los sistemas se encuentren en territorio español y que los datos sean accesibles a través del sistema inicial, habría que acudir a la cooperación judicial internacional. Los mecanismos de cooperación jurídica internacional han evolucionado y siguen haciéndolo, en aras a garantizar la agilidad debida para la investigación, conservación de datos, y el éxito de las investigaciones a través de la Orden Europea de Investigación en el ámbito de la Unión europea y de los convenios bilaterales y multilaterales vigentes entre los países requirente y requerido.

Se siguen desarrollando nuevos instrumentos legales en esta materia dentro de la UE como son el Reglamento de órdenes de producción y de preservación. También se ha publicado el Segundo protocolo adicional al Convenio sobre la Ciberdelincuencia relativo a la cooperación reforzada y la revelación de pruebas electrónicas de 28.02.2023, firmado por España, que establece en su art. 9 vías de cooperación reforzada entre autoridades a efectos de la revelación de datos informativos almacenados.

Es esta una situación de evolución constante en la que los mecanismos de preservación, acceso y cooperación deben ser ágiles y eficaces para poder ser eficientes en la lucha contra la criminalidad organizada en sus formas más graves de delincuencia.

2.2.3 *Ámbito objetivo*

Respecto el ámbito objetivo de la medida de registro y acceso a los dispositivos de almacenamiento masivo, no establece la LECrim ninguna limitación respecto la gravedad o cantidad de delitos objeto de investigación para su adopción. Las medidas deben ser acordadas por el juez, como veremos en el apartado siguiente, teniendo en cuenta las exigencias derivadas de los principios de necesidad, excepcionalidad y proporcionalidad que operan, con carácter general, como presupuestos de legitimidad de la medida de injerencia que debe quedar justificada en la resolución judicial habilitante. El único requisito es que la investigación supere el juicio ponderativo de proporcionalidad y los principios generales previstos en el art. 588 *bis* de la LECrim.

La intervención de los dispositivos en el marco de la investigación de hechos delictivos tiene por objeto su examen, y en su caso, la incorporación de aquella información que pueda ser de interés para el proceso penal. En el presente estudio analizaremos los requisitos y garantías de la regulación para el acceso a los datos contenidos en estos dispositivos a efectos de una investigación criminal y la forma de llevarlo a cabo.

3. AUTORIZACIÓN Y RÉGIMEN JURÍDICO APLICABLE AL REGISTRO DE DISPOSITIVOS ELECTRÓNICOS O DIGITALES DE ALMACENAMIENTO MASIVO DE LA INFORMACIÓN

Tras la reforma de la LECrim por la LO 13/2015, se introduce la necesidad de autorización judicial para la injerencia en los dispositivos, intervención de las comunicaciones y demás medidas reguladas en el capítulo IV de dicho texto legal.

La exposición de motivos de la indicada LO justifica la regulación establecida en el nuevo Capítulo VIII, y manifiesta sobre el acceso a los dispositivos y la rigurosidad de los presupuestos que, «descarta cualquier duda acerca de que esos instrumentos de comunicación y, en su caso, almacenamiento de información son algo más que simples piezas de convicción. De ahí la exigente regulación respecto del acceso a su contenido».

El art. 588 *bis* a) de la LECrim, establece que, «durante la instrucción de las causas se podrá acordar alguna de las medidas de investigación reguladas en el presente capítulo siempre que medie autorización judicial».

Además, establece que, «siempre que medie autorización judicial dictada con plena sujeción a los principios de especialidad, idoneidad, excepcionalidad, necesidad y proporcionalidad de la medida».

Establece la LECrim la autorización judicial como requisito previo para las medidas de investigación. La cuestión sobre la forma de la resolución judicial ha sido abordada por la jurisprudencia constitucional (STC 123/2002 [*Tol 258655*]) señalando la jurisprudencia que:

> "... sin ningún género de dudas una providencia no es, por su propia estructura, contenido y función, la forma idónea que ha de adoptar una resolución judicial que autoriza la limitación de un derecho fundamental, y, ciertamente, lo deseable, desde la perspectiva de la protección del derecho fundamental, es que la resolución judicial exprese por sí misma todos los elementos necesarios para considerar fundamentada la medida limitativa del derecho fundamental (STC 299/2000, de 11 Dic, FJ 4). Sin embargo, hemos admitido que una resolución judicial puede considerarse motivada si, integrada con la solicitud de la autoridad a la que se remite, «contiene todos los elementos necesarios para considerar satisfechas las exigencias para poder llevar a cabo con posterioridad la ponderación de la restricción de los derechos fundamentales que la proporcionalidad de la medida conlleva» (SSTC 200/1997,

de 24 Nov., FJ 4; 166/1999, de 27 Sep., FJ 7; 126/2000, de 16 May., FJ 7; y 299/2000, de 11 Dic., FJ 4)."

La autorización judicial, además deberá ser motivada como bien nos indica la STSJ de Madrid de 01/10/2024 [*Tol 10293676*]:

> «Por ejemplo, recuerda la *STS 566/2024, de 6 de junio* que: "La motivación por remisión no es una técnica jurisdiccional modélica, pues la autorización judicial debería ser autosuficiente (STS *núm. 636/2012, de 13 de julio*). Pero la doctrina constitucional admite que la resolución judicial pueda considerarse suficientemente motivada sí, integrada con la solicitud policial, a la que se remite, o con el informe o dictamen del Ministerio Fiscal en el que solicita la intervención (STS *núm. 248/2012, de 12 de abril*), contiene todos los elementos necesarios para llevar a cabo el juicio de proporcionalidad (doctrina jurisprudencial ya citada, por todas *STC 72/2010, de 18 de octubre*). Resultando en ocasiones redundante que el Juzgado se dedique a copiar y reproducir literalmente la totalidad de lo narrado extensamente en el oficio o dictamen policial que obra unida a las mismas actuaciones, siendo más coherente que extraiga del mismo los indicios especialmente relevantes (STS *núm. 722/2012, de 2 de octubre*)". Insistimos: por mucho que se haya relativizado la exhaustividad de la motivación de las resoluciones a las que venimos refiriéndonos con base en la técnica de la remisión, lo que no puede considerarse suficiente es la lacónica y abstracta invocación del oficio policial».

1284 Respecto los principios rectores anunciados por la Ley en los que tiene que sujetarse la autorización judicial, es escaso y conciso el desarrollo legal al respecto, por lo que veremos a continuación además, lo que tanto la doctrina como la jurisprudencia indican al respecto cuando la LECrim se refiere a estos principios.

Principio de especialidad. «El principio de especialidad exige que una medida esté relacionada con la investigación de un delito concreto. No podrán autorizarse medidas de investigación tecnológica que tengan por objeto prevenir o descubrir delitos o despejar sospechas sin base objetiva» art. 588 *bis* a) 2. Ya hemos visto desde el inicio que las medidas de investigación tienen por objeto la investigación de los hechos delictivos conforme el art. 229 de la LECrim, esta concreción de la investigación con la medida es lo que también afirma la jurisprudencia del TC y TS como vemos en la siguiente resolución que recoge la jurisprudencia de ambos órganos (STS de 24/11/2021-*Tol 8 674 720*):

> «La *inquisitio generalis* no tiene legitimidad constitucional aun cuando se realice con metas de prevención delictiva. La reacción de la maquinaria del Estado frente a posibles hechos delictivos no debe ser pretexto para una actuación irreflexiva y desproporcionada, pues solo cabe seguir un proceso penal, incluso desde su fase inicial de investigación, cuando existan indicios de la comisión de una infracción penal, sin que quepa su utilización en ausencia de tales indicios. Como señala la doctrina, un Estado Constitucional repudia la *inquisitio generalis* o la búsqueda a toda costa de algún tipo de responsabilidad de una persona, ya que genera persecuciones indeterminadas, pesquisas arbitrarias y no sujetas a control jurídico alguno. Existe la proscripción de investigaciones o práctica de pruebas ajenas a lo que es

materia de investigación. En este sentido, el Tribunal Constitucional ha declarado en varias ocasiones (SS 32/1994, de 31 de enero; 63/1996, de 16 de abril; 41/1998, de 24 de febrero y 87/2001, de 2 de abril; 126/2001, de 4 de junio), que un proceso penal instrumentado para la "*inquisitio generalis*" no es compatible con nuestra Constitución. En la STC 87/2001, de 2 de abril señala que la "inquisición general" es "incompatible, ciertamente, con los principios que inspiran el proceso penal en un Estado de Derecho como el que consagra la Constitución Española".

Sobre este particular también ha tenido ocasión de pronunciarse esta Sala en sentencia núm. 521/2015, de 13 de octubre, en la que con cita y remisión expresa a la sentencia núm. STS 228/2013, de 22 de marzo, señala que "La investigación directa de los hechos con una función que es en parte inquisitiva y en parte acusatoria —dirigida frente a una determinada persona— es la que pueda considerarse integrante de una actividad instructora. Para ello la *simple notitia criminis* es suficiente para que se ponga en marcha la investigación judicial del delito (SSTC. 169/90, 32/94). La finalidad a que ha de tender toda instrucción criminal es la de averiguar y hacer constar la perpetración de los delitos con todas las circunstancias que puedan influir en la calificación y la culpabilidad de los delincuentes, asegurando sus personas y las responsabilidades pecuniarias de los mismos (art. 299 LECrim.)...».

Principio de idoneidad, a este respecto expone el art. art. 588 *bis* a) 3 de la LECrim, que, «servirá para definir el ámbito objetivo y subjetivo y la duración de la medida en virtud de su utilidad». Tras esta sucinta indicación de la LECrim, nos dice SÁNCHEZ MEDRANO (p. 87) que, «la idoneidad será en este caso la utilidad de la medida para la investigación del delito, y sirve de límite para evitar medidas intrusivas que sirvan a fines distintos al de la investigación del delito por el que se siguen diligencias y para evitar que se sacrifiquen derechos fundamentales del investigado y de terceras personas cuando ello no vaya a reportar beneficio alguno a la investigación».

SAN de 26/07/2024 [*Tol 10148615*]:

«El análisis, sin embargo, de las actuaciones revela que las intervenciones telefónicas adoptadas en estas actuaciones se realizaron con base a indicios suficientes de la posible comisión de hechos delictivos, cumpliendo así los requisitos exigidos jurisprudencialmente, entre otras muchas, en la sentencia del Tribunal Supremo de 21 de febrero de 2027: Para que sea constitucionalmente legítima una injerencia en el derecho al secreto de las comunicaciones, el Juez ha de verificar la presencia de unos indicios constatables por un tercero que rebasen el dintel de las meras sospechas y gocen de cierta potencialidad acreditativa, que sin llegar a constituir prueba represente mucho más que una conjetura más o menos fundada. No bastan meras afirmaciones apodícticas de sospecha. El órgano judicial ha de valorar no sólo la gravedad y naturaleza de los delitos que se pretende indagar; y la necesidad de la invasión de un derecho fundamental para esa investigación. Es imprescindible que efectúe un juicio ponderativo sobre el nivel calificativo de los indicios que avalan las sospechas... No se trata de exigir una información exhaustiva de la policía, sino de comprobar si las informaciones que proporcionan representan "objetivamente" un sustrato que racionalmente hace pensar en la probable comisión de un delito, en la implicación en él de las personas cuyo derecho fundamental va a ser afectado y en la idoneidad de una intervención de las comunicaciones para esclarecerlo... En principio el Instructor ha de fiarse lógicamente de los datos objetivos que le transmite la policía. Es absurdo pensar que ha de comprobar todas y cada una de las afirmaciones que se le facilitan. Si la policía afirma que una persona tiene antecedentes policiales por un determinado delito, no es necesario que lo corrobore con un certificado; si afirma que ha realizado vigilancias y ha observado determinada secuencia, tampoco hay que dudar de la veracidad de esos datos objetivos; ni exigir su plasmación en un acta; si el oficio policial indica que han observado que varias personas se acercaban a otra breves momentos e intercambiaban algo, no es necesario antes de decidir sobre la autorización solicitada ni tomar declaración bajo juramento a los testigos, ni a los que contactaban, ni a los agentes que hicieron las vigilancias».

Principio de excepcionalidad. Este principio supone que la autorización judicial deberá tener en cuenta que no hay otras medidas menos gravosas para ser adoptadas para los derechos fundamentales del investigado o encausado, e igualmente útiles para la investigación de los hechos delictivos como nos dice el art. 588 *bis* 4 a) de la LECrim. La ponderación en la práctica de este principio por parte del juez parte, como nos dice SÁNCHEZ MEDRANO (p. 87), que, «en los oficios policiales en los que se solicitan este tipo de medidas se exponen qué otro tipo de medidas han sido utilizadas (o tratado de ser utilizadas) y el motivo por el que estas ya no pueden ser empleadas y debe recurrirse a estos otros medios más intrusivos».

Principio de necesidad. El principio de necesidad supone que, «cuando el descubrimiento o la comprobación del hecho investigado, la determinación de su autor o autores, la averiguación de su paradero, o la localización de los efectos del delito se vea gravemente dificultada sin el recurso a esta medida». La necesidad debe ser ponderada con los derechos fundamentales que afecta la medida que se va a autorizar, como señala la STS de 23/01/2019 [*Tol 7011995*].

«Sea como fuere, lo cierto es que tanto desde la perspectiva del derecho de exclusión del propio entorno virtual, como de las garantías constitucionales exigidas para el sacrificio de los derechos a la inviolabilidad de las comunicaciones y a la intimidad, la intervención de un ordenador para acceder a su contenido exige un acto jurisdiccional habilitante. Y esa autorización no está incluida en la resolución judicial previa para acceder al domicilio en el que aquellos dispositivos se encuentran instalados. De ahí que, ya sea en la misma resolución, ya en otra formalmente diferenciada, el órgano jurisdiccional ha de exteriorizar en su razonamiento que ha tomado en consideración la necesidad de sacrificar, además del domicilio como sede física en el que se ejercen los derechos individuales más elementales, aquellos otros derechos que convergen en el momento de la utilización de las nuevas tecnologías».

Principio de proporcionalidad. Respecto este principio, establece el art. 588 *bis* a) 5 de la LECrim que, «las medidas de investigación reguladas en este capítulo solo se reputarán proporcionadas cuando, tomadas en consideración todas las circunstancias del caso, el sacrificio de los derechos e intereses afectados no sea superior al beneficio que de su adopción resulte para el interés público y de terceros. Para la ponderación de los intereses en conflicto, la valoración del interés público se basará en la gravedad del hecho, su trascendencia social o el ámbito tecnológico de producción, la intensidad de los indicios existentes y la relevancia del resultado perseguido con la restricción del derecho».

Sobre la proporcionalidad como elemento de ponderación que debe ser analizado y principio rector de la resolución judicial, nos referimos a la siguiente sentencia del TC (STC 55/1996 [*Tol 82989*]).

> «Esta apelación genérica al principio de proporcionalidad exige alguna precisión en orden a fijar el objeto exacto y los términos precisos en los que debe desarrollarse el presente proceso constitucional. En primer lugar, debe advertirse que el principio de proporcionalidad no constituye en nuestro ordenamiento constitucional un canon de constitucionalidad autónomo cuya alegación pueda producirse de forma aislada respecto de otros preceptos constitucionales. Es, si quiere decirse así. un principio que cabe inferir de determinados preceptos constitucionales —y en particular de los aquí invocados y, como tal, opera esencialmente como un criterio de interpretación. que permite enjuiciar las posibles vulneraciones de concretas normas constitucionales. Dicho con otras palabras, desde la perspectiva del control de constitucionalidad que nos es propio, no puede invocarse de forma autónoma y aislada el principio de proporcionalidad, ni cabe analizar en abstracto si una actuación de un poder público resulta desproporcionada o no. Si se aduce la existencia de desproporción, debe alegarse primero y enjuiciarse después en qué medida ésta afecta al contenido de los preceptos constitucionales invocados: sólo cuando la desproporción suponga vulneración de estos preceptos cabrá declarar la inconstitucionalidad».

La resolución judicial habilitante será siempre necesaria para la ejecución de la medida, será necesario valorar en ella el alcance del registro, la naturaleza de los datos a los que se accederá y el grado en el que se ven afectados los derechos del investigado, teniendo en cuenta los principios rectores del art. 588 *bis* a) de la LECrim. Se acordará de oficio por el juez instructor, a instancia del Ministerio Fiscal o de la Policía Judicial, será siempre oído el Ministerio Fiscal en caso de que no haya sido por él solicitada, y la resolución se dictará en el plazo de 24 horas desde su solicitud, art. 588 *bis* b) y c) de la LECrim.

La determinación del alcance de la medida, lo establece el propio art. 588 *sexies* c de la LECrim, cuando dice que, «La resolución del juez de instrucción mediante la que se autorice el acceso a la información contenida en los dispositivos a que se refiere la presente sección, fijará los términos y el alcance del registro y podrá autorizar la realización de copias de los datos informáticos. Fijará también las condiciones necesarias para asegurar la integridad de los datos y las garantías de su preservación para hacer posible, en su caso, la práctica de un dictamen pericial».

El alcance de la autorización judicial, la forma de acceso a los dispositivos y la seguridad de los datos serán objeto de estudio en el apartado siguiente.

4. EL ACCESO A DATOS CONTENIDOS EN ARCHIVOS Y FICHEROS DIGITALIZADOS

4.1 Acceso a los datos. Forma y autorización

Ya hemos visto que el acceso a los dispositivos de almacenamiento masivo de datos debe ser autorizado por medio de una resolución judicial motivada por parte del juez instructor, atendiendo a los principios rectores de especialidad, idoneidad, excepcionalidad, necesidad y proporcionalidad de la medida.

El acceso a los datos puede llevarse a cabo con ocasión de una entrada y registro, o fuera de ella, por razones de urgencia o con el consentimiento del interesado, viendo a continuación cada uno de los supuestos.

4.1.1 Acceso a datos con ocasión de una entrada y registro

A este respecto establece el Art. 588 *sexies* a) 1 de la LECrim que, «cuando con ocasión de la práctica de un registro domiciliario sea previsible la aprehensión de ordenadores, instrumentos de comunicación telefónica o telemática o dispositivos de almacenamiento masivo de información digital o el acceso a repositorios telemáticos de datos, la resolución del juez de instrucción habrá de extender su razonamiento a la justificación, en su caso, de las razones que legitiman el acceso de los agentes facultados a la información contenida en tales dispositivos».

El acceso a los dispositivos informáticos de la persona investigada por unos hechos delictivos, puede ser acordada en la misma resolución judicial que acuerda la diligencia de entrada y registro. El auto que acuerda la entrada y registro debe, en este caso, autorizar de manera expresa y motivada que se autoriza el acceso a los dispositivos informáticos que se hallen en el domicilio, no es bastante una autorización general a la práctica de la diligencia de entrada y registro que conlleve al registro de los dispositivos, debe realizarse una autorización expresa y motivada para el acceso a los dispositivos en la resolución judicial.

Se pretende con ello una regulación más garantista, donde a través de una resolución judicial se otorgue la máxima protección posible al conjunto de derechos que pueden verse afectados en el uso de este tipo de dispositivos, de manera que por la entidad de los derechos que pueden verse afectados la resolución judicial debe indicar expresamente que se autoriza el registro de los dispositivos.

Continua la LECrim, añadiendo que, «la simple incautación de cualquiera de los dispositivos a los que se refiere el apartado anterior, practicada durante el transcurso de la diligencia de registro domiciliario, no legitima el acceso a su contenido» [art. 588 *sexies* a) 2 de la LECrim].

Respecto de este supuesto que pudiera darse en la práctica de la diligencia de entrada y registro por el que se encontraron efectos informáticos de almacenamiento masivo, y no hay una autorización expresa en el auto que acuerda la entrada y registro para su acceso, el art. 588 *sexies* a) 2 de la LECrim establece, que la mera incautación no permite el acceso a los dispositivos, si bien faculta que pueda ser solicitado ese acceso con posterioridad al juez. La Ley permite la incautación, pero no el acceso en el momento de la entrada y registro, permitiendo que la autorización de acceso a los dispositivos pueda ser solicitada, y en su caso, concedida con posterioridad a su incautación. Esta medida va a permitir que se incauten y se custodien los dispositivos hasta que se resuelva por el juez.

4.1.2 Acceso a datos fuera de una entrada y registro

La ley no sólo prevé el acceso e incautación de los efectos en el marco de una diligencia de entrada y registro, sino también la previsión de que se incauten efectos informativos fuera de un registro domiciliario, en este caso es igualmente necesaria una autorización judicial para el acceso a los efectos que han sido incautados.

Vemos que el art. 588 *sexies* b) de la LECrim establece que, «La exigencia prevista en el apartado 1 del artículo anterior será también aplicable a aquellos casos en los que los ordenadores, instrumentos de comunicación o dispositivos de almacenamiento masivo de datos, o el acceso a repositorios telemáticos de datos, sean aprehendidos con independencia de un registro domiciliario. En tales casos, los agentes pondrán en conocimiento del juez la incautación de tales efectos. Si éste considera indispensable el acceso a la información albergada en su contenido, otorgará la correspondiente autorización».

Sobre la valoración del juez a la necesidad de acceder a los datos, debemos tener en cuenta como nos dice SÁNCHEZ MEDRANO (p. 92) que, «El hecho de que el legislador haya impuesto al juez la labor de valorar qué posible contenido puede albergar los dispositivos y solamente autorizar los registros indispensables supone una garantía más para el investigado, pues de este modo se ayuda a minimizar la intensidad de la injerencia».

4.1.3 Acceso a datos en caso de urgencia, sin autorización previa

El art. 588 *sexies* c) de la LECrim, estable de que, «En los casos de urgencia en que se aprecie un interés constitucional legítimo que haga imprescindible la medida prevista en los apartados anteriores de este artículo, la Policía Judicial podrá llevar a cabo el examen directo de los datos contenidos en el dispositivo incautado, comunicándolo inmediatamente, y en todo caso dentro del plazo máximo de veinticuatro horas, por escrito motivado al juez competente, haciendo constar las razones que justificaron la adopción de la medida, la actuación realizada, la forma en que se ha efectuado y su resultado. El juez competente, también de forma motivada, revocará o confirmará tal actuación en un plazo máximo de 72 horas desde que fue ordenada la medida».

Es este supuesto excepcional el que prevé y permite a la Policía Judicial el acceso a los datos sin previa autorización judicial, la situación de hecho que debe darse es que haya un interés constitucional legítimo que haga imprescindible esta medida. Y al igual que otros supuestos como el art. 533 de la LECrim, la ley establece la necesaria comunicación al juez instructor en el plazo de 24 horas desde que se ha llevado a cabo la medida, y la resolución judicial que podrá validar la medida adoptada por la Policía Judicial o revocarla, teniendo un plazo de 72 horas para resolver sobre la petición.

No parece que haya una regulación tasada sobre qué debe considerarse como situaciones de urgencia, ni a juicio de algunos autores parece que sea necesario delimitar los supuestos en los que debemos encontrarnos para que se dé esta situación.

La cuestión que se plantea es para el caso de que haya una revocación del registro que se ha llevado a cabo, en este caso la prueba no será considerada como tal y no podrá ser incorporada a las actuaciones, ni los datos que de ella se recogen, esto a juicio de SÁNCHEZ MEDRANO (p. 94) «no hace sino garantizar que, en el caso de que la urgente necesidad se utilice de forma fraudulenta, ésta vulneración de derechos fundamentales no podrá tener efectos procesales perjudiciales para el investigado».

4.1.4 Acceso a los datos con el consentimiento del interesado

La normativa introducida por el legislador en la reforma de la LECrim del año 2015 establece una regla general que parte de la necesidad de recabar autorización judicial para realizar el registro y acceso a los dispositivos informáticos, establece el supuesto excepcional de los accesos directos por razones de urgencia, dando cuenta posterior al juez y sometido a ratificación, a ello debe sumarse la posibilidad de que sea el propio investigado quien consienta la medida, con expresa mención a las condiciones de validez del consentimiento

Así vemos que el art. 588 *sexies* c) 5 de la LECrim establece que, «Las autoridades y agentes encargados de la investigación podrán ordenar a cualquier persona que conozca el funcionamiento del sistema informático o las medidas aplicadas para proteger los datos informáticos contenidos en el mismo que facilite la información que resulte necesaria, siempre que de ello no derive una carga desproporcionada para el afectado, bajo apercibimiento de incurrir en delito de desobediencia».

La excepción a esta regla que introduce la LECrim, rige para el investigado o encausado, para las personas que están dispensadas de la obligación de declarar por razón de parentesco y para aquellas que, de conformidad con el art. 416.2 de la LECrim, no pueden declarar en virtud del secreto profesional.

La prestación de consentimiento para acceder a los dispositivos ha sido de una manera muy clara detallado en la siguiente resolución que se expone, establecido que el consentimiento deber ser consciente y libre, verbal o por escrito, expreso o tácito, realizado por el titular de los dispositivos. No siendo necesario la presencia del abogado, sí que se aprecia como un elemento que dota de mayor garantía al acto que se presta, siendo sin duda necesaria la presencia del LAJ como garante del consentimiento prestado si se presta en el marco de la diligencia de entrada y registro (STS de 04/12/2015-*Tol 5 595. 901*).

«El alcance del consentimiento del interesado, cuando de lo que se trata es de aceptar voluntariamente una relación de los mecanismos de exclusión que cada uno de nosotros define frente a terceros y los poderes públicos, ha sido también abordado por la jurisprudencia constitucional. En la ya mencionada STC 173/2011, 7 de noviembre, se recuerda que "... el consentimiento eficaz del sujeto particular permitirá la inmisión en su derecho a la intimidad, pues corresponde a cada persona acotar el ámbito de intimidad personal y familiar que reserva al conocimiento ajeno (SSTC 83/2002, de 22 de abril, FJ 5; 196/2006, de 3 de julio, FJ 5), aunque este consentimiento puede ser revocado en cualquier momento (STC 159/2009, de 29 de junio, FJ 3). Ahora bien, se vulnerará el derecho a la intimidad personal cuando la penetración en el ámbito propio y reservado del sujeto «aún autorizada, subvierta los términos y el alcance para el que se otorgó el consentimiento, quebrando la conexión entre la información personal que se recaba y el objetivo tolerado para el que fue recogida» (SSTC 196/2004, de 15 de noviembre, FJ 2; 206/2007, de 24 de septiembre, FJ 5; 70/2009, de 23 de marzo, FJ 2). En lo relativo a la forma de prestación del consentimiento, hemos manifestado que este no precisa ser expreso, admitiéndose también un consentimiento tácito. Así, en la STC 196/2004, de 15 de noviembre, en que se analizaba si un reconocimiento médico realizado a un trabajador había afectado a su intimidad personal, reconocimos no sólo la eficacia del consentimiento prestado verbalmente, sino además la del derivado de la realización de actos concluyentes que expresen dicha voluntad (FJ 9). También llegamos a esta conclusión en las SSTC 22/1984, de 17 de febrero y 209/2007, de 24 de septiembre, en supuestos referentes al derecho a la inviolabilidad del domicilio del art. 18.2 CE, manifestando en la primera que este consentimiento no necesita ser «expreso» (FJ 3) y en la segunda que, salvo casos excepcionales, la mera falta de oposición a la intromisión domiciliar no podrá entenderse como un consentimiento tácito (FJ 5)».

4.1.5 Acceso a datos en otro sistema informático. Ampliación del registro

Para el registro de los datos, la LECrim como hemos visto hasta ahora establece como requisito que los datos sean lícitamente accesibles por medio del sistema inicial o estén disponibles para éste. Esta situación se da, cuando sea posible acceder al ordenador o dispositivo y a los contenidos externos en la nube sin necesidad de utilizar las claves y contraseñas del usuario. También nos encontramos en esta situación cuando se contiene en el acceso a los dispositivos por parte del investigado, quien proporciona voluntariamente las claves y contraseñas que permiten el acceso al dispositivo y en su caso a la nube, o éstas se han obtenido en el curso de la investigación previa, o se ha extraído del análisis técnico del ordenador o dispositivo incautado

En el caso de que los datos no estén accesibles, y sí lo estén en otro sistema, se podrá acceder a los mismos si ya se hubiera acordado en la resolución judicial habitante, o en caso de que no se haya autorizado expresamente, se podría solicitar lo que la Ley denomina la ampliación del registro, que exige una autorización judicial a través del auto que lo acuerde.

Así lo establece el art. 588 *sexies* c) de la LECrim, al disponer que «Cuando quienes lleven a cabo el registro o tengan acceso al sistema de información o a una parte de este conforme a lo dispuesto en este capítulo, tengan razones fundadas para considerar que los datos buscados están almacenados en otro sistema informático o en una parte de él, podrán ampliar el registro, siempre que los datos sean lícitamente accesibles por medio del sistema inicial o estén disponibles para este. Esta ampliación del registro deberá ser autorizada por el juez, salvo que ya lo hubiera sido en la autorización inicial» (STS de 19/04/2017 [*Tol 6057576*]).

«Frente a lo que sucede respecto del contenido material de otros derechos, el derecho a la intimidad, o si se quiere, el espacio de exclusión que frente a otros protege el derecho al entorno virtual, es susceptible de ampliación o reducción por el propio titular. Quien incorpora fotografías o documentos digitales a un dispositivo de almacenamiento masivo compartido por varios, es consciente de que la frontera que define los límites entre lo íntimo y lo susceptible de conocimiento por terceros, se difumina de forma inevitable. Desde luego son imaginables usos compartidos de dispositivos de esa naturaleza en los que se impongan reglas de autolimitación que salvaguarden el espacio de intimidad de cada uno de los usuarios».

4.2 Alcance, términos y garantía de los datos

4.2.1 *Alcance del registro e incautación*

El art. 588 *sexies* c) 1 de la LECrim establece en su primera parte que, «La resolución del juez de instrucción mediante la que se autorice el acceso a la información contenida en los dispositivos a que se refiere la presente sección, fijará los términos y el alcance del registro».

En este sentido hemos visto hasta ahora en el estudio de este capítulo como la regulación del art. 588 *sexies* de la LECrim regula separadamente el acceso a dispositivos incautados con ocasión del registro domiciliario, de los incautados fuera de una entrada y registro, además de regular el acceso a datos de sistemas informáticos distintos pero accesibles desde el que está siendo objeto de registro físico y la convalidación de los registros en caso de urgencia. No hay en la ley la previsión de una autorización tipo para los registros, sino que cada caso tendrá unas exigencias específicas según el tipo de que se trate, que son las que determinarán el alcance y los términos del registro.

Ahora bien, incluye el mencionado precepto una segunda parte al imponer al juez en la resolución judicial la obligación de, «fijar los términos y alcance del registro, así como fijar las condiciones necesarias para asegurar la integridad de los datos y garantizar la eventual práctica de un informe pericial» (Art. 588 *sexies* c) 1 de la LECrim). Añadiendo en el art. 588 *sexies* c) 2 de la LECrim que, «Salvo que constituyan el objeto o instrumento del delito o existan otras razones que lo justifiquen, se evitará la incautación de los soportes físicos que contengan los datos o archivos informáticos, cuando ello pueda causar un grave perjuicio a su titular o propietario y sea posible la obtención de una copia de ellos en condiciones que garanticen la autenticidad e integridad de los datos».

El problema de la evitación de la incautación en la práctica es que para decidir si procede o no incautar determinados efectos, esto es, para averiguar la conexión de la información contenida en los dispositivos, con el hecho delictivo objeto de la investigación, suele resultar indispensable su intervención y su ulterior examen, tal y como nos dice LÓPEZ BARAJAS-PEREA. Veremos más adelante, en el desarrollo de este capítulo, como llevarlo a cabo.

4.2.2 *Garantía de los datos*

Además de lo que establece el art. 588 *sexies* c) 2 de la LECrim, nada más nos dice la ley respecto de la forma de obtener los datos de los dispositivos, tan solo la indicación de que deberá hacerse una copia de su contenido en condiciones que garanticen la autenticidad e integridad de los mismos. De este artículo por lo tanto se obtiene la primera pauta general de actuación sobre los datos almacenados, esto es la realización de copias para con ellos realizar los informes que se necesiten para la investigación, y no trabajar en la medida de lo posible sobre los datos almacenamos en los propios dispositivos directamente, realizando copias que garanticen la exactitud de los datos.

Respecto la forma de llevar a cabo la obtención de los datos en términos que tengan validez para el procedimiento, ante la ausencia de detalle en la LECrim sobre el proceso, encontramos en la doctrina y la jurisprudencia proposiciones sobre formas de practicar la diligencia de una manera adecuada.

Según señala FERNÁNDEZ-GALLARDO (pp. 40-41), nos muestra que en el auto del Juez deberá indicarse, además de los términos y alcance del registro, la forma de garantizar los datos que se intervienen, establece que el juez «habrá de concretar, entre otros extremos, si se autoriza la realización de un clonado o volcado, que consiste en la realización de una "copia espejo" o bit a bit de la información original. O bien la realización de una copia lógica, es decir, una copia selectiva de ciertas carpetas o ficheros, indicando que será aconsejable su clasificación por titularidad y clase de dato, lo que no parece tarea fácil si no se cuenta con la colaboración del sujeto pasivo de la medida y los dispositivos son de uso compartido».

En el caso de realización de un clonado o copia espejo, la imagen obtenida con la copia será idéntica a la original, incluyendo los archivos que hayan podido ser borrados del soporte de almacenamiento.

En el caso de la realización de la copia lógica, como nos dice SÁNCHEZ MEDRANO (p. 91), quienes participen en el proceso de selección de datos deberán ser muy escrupulosos con el cumplimiento de la obligación de indagar tanto sobre las circunstancias adversas como sobre las favorables al investigado, pues en caso de que la selección únicamente se preocupe de recabar material de cargo, el material de descargo no gozará de la garantía de autenticidad de que sí tendrá el que habrá de sustentar una eventual acusación. Haciendo hincapié en lo altamente recomendable que se revela aquí la presencia del LAJ durante el proceso de selección de los archivos y carpetas a copiar.

Técnicamente la autenticidad de la copia objeto de volcado se consigue contrastando el resumen digital recogido sobre la prueba original, basado en algoritmos hash. Si coinciden, el material original y el del volcado son idénticos. Usando las definiciones que aporta DELGADO MARTÍN sobre los conceptos volcado y hash nos ayuda a un mejor entendimiento:

* El volcado o clonado consiste en la realización de una copia espejo o bit a bit de la información original en el mismo lugar en el que se encuentra el dispositivo o en una diligencia posterior.
* El hash es una función basada en un algoritmo que permite afirmar que los datos que se encontraban en el dispositivo en el momento de su ocupación no han sido objeto de manipulación posterior.

Sobre la garantía de autenticidad del volcado y la huella *hash*, vemos las siguientes resoluciones que extraemos a continuación, y la propia jurisprudencia del TS, a través de sentencias como la STS de 28/10/2009 [*Tol 1747831*] o la SAP de Córdoba de 13/12/2019 [*Tol 8000001*]:

«Efectúa, además, algunas consideraciones preliminares, entre la que la más descollante consiste en recordar que el hash (que define como algoritmo matemático que a partir de un archivo digital es capaz de generar un código alfanumérico único e inequívoco que representa toda la información que se le ha dado y tiene como características que es irreversible y único) "es la única garantía que asegura la autenticidad y mantenimiento de la cadena de custodia sobre las evidencias».

Por lo que se refiere al código *hash* la STSJ de Andalucía, de 01/12/2024 [*Tol 10326567*] señala que:

«entiende equivocadamente la parte que cada dispositivo debía contar con uno propio que debió ser consignado para evitar manipulaciones, pero en realidad con dicha expresión se hace referencia a una cadena alfanumérica que se obtiene aplicando una fórmula matemática al contenido del dispositivo, de modo que, si se repite el procedimiento de forma idéntica, se obtendrá el mismo resultado, lo que garantiza que la evidencia no ha sido alterada».

Sobre la forma de llevar a cabo la operación técnica del volcado, es aconsejable, nos dice FERNÁNDEZ GALLARDO que en el momento de realizar el copiado se efectúen dos copias, una para su análisis y otra para su custodia por el LAJ.

En el caso de que la copia se haga durante la práctica de la diligencia de entrada y registro estará presente en la misma el LAJ (art. 569 LECrim), así como del interesado, y en su caso, su abogado. Una situación que puede darse en la práctica durante la práctica de la diligencia de entrada y registro, es que el copiado de la información no pueda llevarse a cabo debido al volumen de información que hay que copiar, y debido al tiempo de duración previsto para llevarlo a cabo. En estos casos, deberá realizarse el precinto del dispositivo y garantizar su custodia hasta que se lleve a cabo el posterior volcado y copiado de su contenido, todo ello en presencia del LAJ.

En la práctica de esta diligencia de volcado posterior a la diligencia de entrada y registro, parece cuestión superada la no necesaria presencia del LAJ por parte de la jurisprudencia, siendo cuestión más controvertida la necesaria presencia del interesado y de su abogado, si bien parece que el tener la posibilidad de estar en la diligencia es la teoría más compartida, siendo cumplida a través de la notificación de la fecha en que se va a llevar a cabo la diligencia.

Respecto de la no necesaria presencia del LAJ para la validez del volcado realizado posteriormente, se pronuncian varias sentencias, entre las que destacamos la doctrina recogida en la STS de 05/11/2020-*Tol 8 209 414*

> «En este sentido, conforme señalábamos en las sentencias núm. 480/2009, de 22 de mayo y 256/2008, de 14 de mayo, la presencia del Letrado de la Administración de Justicia en esta clase de actuaciones es "(...) de facto tan inútil —y, por tanto, innecesaria— como la que pudiera darse en el desarrollo de cualquier otra de las muchas imaginables en cuya técnica el fedatario judicial no fuera experto". En este sentido, en la sentencia núm. 7208/1999, de 15 de noviembre decíamos que "lo que no se puede pretender es que el fedatario público esté presente durante todo el proceso, extremadamente complejo e incomprensible para un profano, que supone el análisis y desentrañamiento de los datos incorporados a un sistema informático. Ninguna garantía podría añadirse con la presencia del funcionario judicial al que no se le puede exigir que permanezca inmovilizado durante la extracción y ordenación de los datos, identificando su origen y procedencia". En el mismo sentido se pronuncian las sentencias más recientes núm. 116/2017, de 23 de febrero; 187/2015, de 14 de abril; 342/2013, 17 de julio; 480/2009, 22 de mayo y 256/2008, 14 de mayo».

De los datos obtenidos del volcado del dispositivo intervenido, se realizará un informe policial, que se incorporará al proceso en un documento, soporte papel, al que podrán acompañarse todos los datos en soporte digital de los documentos electrónicos que el perito considere necesarios.

Como nos dice FERNÁNDEZ —GALLARDO (p. 40), «La relevancia de la fijación obligatoria de las condiciones que aseguren la integridad de los datos volcados se pretende asegurar que no existe alteración ni manipulación de las fuentes de prueba. Estas garantías legales no son más que emanaciones concretas del derecho a un proceso con las garantías debidas, así como del propio derecho fundamental a la defensa, y es que, la verdadera cuestión a dilucidar aquí es la del valor atribuible, desde la perspectiva de su autenticidad, a la prueba electrónica».

Cuestión que se plantea es la posible afectación de los datos obtenidos con el derecho a la intimidad que puedan dar lugar al expurgo de estos datos del procedimiento, de tal manera que no se incorporen al mismo, y por tanto las partes no tengan conocimiento de la información que contiene.

No se regula expresamente el expurgo en la LECrim, para el caso de intervención de los datos, y realización de copias de los ordenadores personales y teléfonos móviles del investigado. Autores como SÁNCHEZ MEDRANO consideran que, como medida ante la omisión de la regulación de la ley, el juez de instrucción, al fijar los términos y el alcance del registro y las condiciones necesarias para asegurar la integridad de los datos y las garantías de su preservación, puede diseñar un trámite para el expurgo de la información contenida en los dispositivos. Considera que en el caso de elaboración de copias lógicas quizá no sea necesaria esta cautela, pero en el de las copias idénticas sí, pues no debería permitirse que todas las partes obtengan una copia íntegra de los dispositivos del investigado.

Habrá datos que no sólo afecten al derecho a la protección de datos, art. 18.4 CE, o al derecho a la intimidad, art. 18.1 CE, sino al derecho al secreto de las comunicaciones, art. 18.3 CE, por ejemplo, cuando en la bandeja de entrada del servidor de correo electrónico del ordenador haya correos no abiertos. Teniendo en cuenta que el secreto de las comunicaciones protege la comunicación aun no finalizada, en definitiva, habrá de ponderarse la afección de lo que viene a definirse como *entorno virtual* desde un tratamiento unitario de ese "derecho al entorno virtual", siempre valorando el grado de afección de la intromisión en dicho entorno como nos indican las STC 115/2013 [*Tol 3752363*] y STC 70/2002 [*Tol 258605*].

BIBLIOGRAFÍA

- BUENO DE MATA, *Las diligencias de investigación penal en la cuarta revolución industrial*, Aranzadi, 2019.
- BUENO DE MATA, *Prueba electrónica y proceso 2.0*, Tirant lo Blanch, 2014.
- DELGADO, *Diario La Ley*, nº 6, Sección Ciberderecho, 11 de abril de 2017, Editorial Wolters Kluwer.
- FERNANDEZ GALLARDO, «Registro de dispositivos de almacenamiento masivo de información», *Dereito*, Vol. 25, (Xullo-Decembro), 2016
- FERNÁNDEZ RODRÍGUEZ, *Diario La Ley*, nº 9433, Sección Tribuna, 11 de junio de 2019, Wolters Kluwer.
- LÓPEZ-BARAJAS PEREA, *La nueva reforma procesal penal. Derechos fundamentales e innovaciones tecnológicas*, 2019
- MORENO CATENA/CORTÉS, *Derecho Procesal Penal*, Tirant lo Blanch, 2021.
- PÉREZ ASENJO, «Registro físico y remoto de dispositivos de almacenamiento masivo y sistemas informáticos. Cuestiones procesales y prácticas. Taller de Instrucción», CGPJ, 2018.
- SÁNCHEZ MEDRANO, «El registro de dispositivos de almacenamiento masivo de información», *Revista Derecho y Proceso*, nº 1, junio 2022.

Capítulo 30

La intervención de comunicaciones

Diego Alberto Gutiérrez Azanza
Fiscal
Letrado del Gabinete Técnico del Tribunal Supremo (Sala Segunda)

1. MEDIDAS LIMITATIVAS DE LA PRIVACIDAD, EL SECRETO DE LAS COMUNICACIONES Y LA PROTECCIÓN DE DATOS DE CARÁCTER PERSONAL ASOCIADAS A ELLAS. INTRODUCCIÓN

La LECrim parte de la concepción de que la instrucción judicial tiene por objeto realizar las actuaciones que se encaminan a acreditar la comisión de un delito, con todas las circunstancias que lo rodean y puedan influir en la calificación o en la culpabilidad de sus autores, así como el aseguramiento de estas personas y de sus responsabilidades pecuniarias (art. 299 LECrim). Con el desarrollo tecnológico de los siglos XX y XXI, los medios de comunicación tradicionales —postales y telegráficos— han sido superados por una panoplia de formas de comunicación telemática que, a la postre, ofrecen unas posibilidades de contacto casi permanente entre las personas. Estas formas de comunicación han propiciado nuevas formas de comisión delictiva, aunque, también —y por lo que atañe a este estudio— nuevas formas de investigación que permiten a las autoridades inmiscuirse en lo que las personas investigadas hablan, mensajean, intercambian o almacenan. De esta manera, estos mecanismos investigatorios se alzan como una opción propicia para lograr los fines de la instrucción a los que se ha hecho referencia.

No obstante, como señala BARJA DE QUIROGA (2019, pp. 2.046-2.047), debe prescindirse de que la averiguación de la verdad material es el fin último o, al menos, el fin exclusivo del proceso penal. Los parámetros constitucionales impiden que la realidad de lo ocurrido pueda averiguarse a cualquier precio. El Estado de Derecho y el respeto a los derechos fundamentales deben ser el parámetro a tener en cuenta a la hora de investigar un hecho delictivo, lo que, en ocasiones, conllevará que, pese a disponer de un potentísimo medio de investigación —como puede ser la constatación de lo comunicado por el investigado— debe renunciarse a él.

La LECrim, desde la reforma operada por la Ley Orgánica 13/2015, contiene una regulación de las medidas destinadas a la averiguación del contenido de lo comunicado por las personas investigadas. Dentro del Título VIII —De las medidas de investigación limitativas de los derechos reconocidos en el artículo 18 de la Constitución— del Libro II —Del sumario—, se regula un Capítulo III —De la detención y apertura de la correspondencia escrita y telegráfica, artículos 579 a 588—. A continuación, la LECrim regula un Capítulo IV, de disposiciones comunes, un Capítulo V destinado específicamente a la interceptación de comunicaciones telefónicas y telemáticas, y un Capítulo VI que regula la captación y grabación de comunicaciones orales. Se regulan, dentro del mismo Título, otras medidas de investigación que son objeto de estudio en otros capítulos de este tratado.

En el presente capítulo, en primer lugar, se hará una reflexión acerca de los derechos fundamentales que, con carácter general, se ven afectados por las medidas de investigación previstas en el Título VIII de la LECrim. A continuación, siguiendo un criterio sistemático, se realizará un estudio diferenciado de la obtención de:

* *Comunicaciones telegráficas y postales*, obtenidas mediante su detención y apertura.
* *Comunicaciones telefónicas y telemáticas*, obtenidas mediante su interceptación. Como parte de ello, se estudiará la interceptación del contenido de la comunicación, la obtención de datos de tráfico para su incorporación al proceso datos necesarios para la identificación; y la obtención de datos necesarios para la identificación de los usuarios.

* *Comunicaciones orales* obtenidas mediante la utilización de dispositivos electrónicos.

2. DERECHOS FUNDAMENTALES AFECTADOS

En el devenir del proceso comunicativo pueden intervenir varios derechos fundamentales que gozan de diferente protección constitucional. El artículo 18 de la CE, en su apartado primero, protege la intimidad personal y familiar, y la propia imagen —además del derecho al honor—; en su apartado segundo, la inviolabilidad del domicilio; en su apartado tercero, el secreto de las comunicaciones, donde hace mención de las postales, telegráficas y telefónicas y precisa "salvo resolución judicial"; y en su apartado 4 se establece la necesidad de limitar la informática por ley para garantizar los derechos indicados en el apartado 1º, lo que ha sido entendido como la consagración del derecho a la protección de datos o a la autodeterminación informativa.

Cuando se acuerda una medida de investigación de las previstas en los artículos 579 y siguientes de la LECrim surge la duda de qué derecho fundamental resulta afectado. Se trata de una cuestión poliédrica, objeto de debate en la doctrina, y en la que parece difícil adoptar soluciones apriorísticas, sin perjuicio de que tratará de ofrecerse un criterio general.

A este respecto, GIMENO SENDRA señalaba que «La intervención de las comunicaciones consiste en la restricción del derecho fundamental contenido en el art. 18.3 Constitución Española (CE) efectuada por una resolución judicial motivada, en cuya virtud se autoriza a la policía judicial a entrar en un procedimiento de comunicación o base datos personal, con el objeto de conocer y, en su caso, recabar y custodiar una noticia, pensamiento o imagen penalmente relevante para su reproducción en un juicio oral incoado por la comisión de un delito grave». Para el autor citado, todas las intervenciones de comunicaciones postales, telegráficas o telefónicas afectaban al secreto de las comunicaciones previsto en el artículo 18.3 CE, aunque tal derecho se relacione estrechamente con el derecho a la intimidad protegido en el artículo 18.1 CE. Señalaba que el bien constitucionalmente protegido es el derecho de los titulares a mantener el carácter reservado de una información privada, sin que un tercero pueda intervenir en el proceso comunicativo y conocer la idea, pensamiento o noticia transmitida por el medio.

No obstante, BARJA DE QUIROGA (2019, pp. 2047-2074) evidencia la influencia que el CEDH y la doctrina del TEDH han tenido en esta materia y advierte que, en realidad, el CEDH no contiene una previsión relativa al secreto de las comunicaciones. Este concepto, en la doctrina del TEDH, desde antiguo, se ha construido sobre la base del respeto a la vida privada y familiar (art. 8) y ha considerado que las escuchas telefónicas suponen una intromisión en la vida privada del individuo. De esta manera, conceptos como intimidad, esfera privada, *privacy*, también se han empleado para la delimitación de la protección del derecho al secreto de las comunicaciones. En la STEDH de 21/02/1975, caso *Golder* c. Reino Unido [*Tol 10085192*], el TEDH declaró que el derecho al respeto de la correspondencia queda dentro del ámbito de aplicación del respeto a la vida privada y familiar; en la STEDH de 6/09/1978, caso *Klass* [*Tol 10085193*] se declaró que las conversaciones telefónicas quedan dentro de la noción de vida privada y, también, de "correspondencia"; en la STEDH de 2/08/1979, caso *Malone* [*Tol 10085197*], se indicó que la interceptación de una conversación telefónica suponía una injerencia de la autoridad pública en el ejercicio de la vida privada y del derecho a la correspondencia; y en las SSTEDH de 24/04/1990, caso *Huvig* [*Tol 10085199*] y de 24/04/1990, caso *Kruslin* [*Tol 10085200*], siguiendo con esta doctrina, ya se ponía de relieve que:

> «Las escuchas y los demás procedimientos para interceptar las conversaciones telefónicas son un grave ataque a la vida privada y a la correspondencia. Por consiguiente, deben fundarse en una «ley» de singular precisión. Es indispensable que las normas que las regulan sean claras y detalladas, tanto más cuanto que los procedimientos técnicos utilizables se perfeccionan continuamente».

La distinción entre la afectación del derecho al secreto de las comunicaciones o del derecho a la intimidad no es sencilla, como puede observarse ¿Es el secreto de las comunicaciones una manifestación del derecho a la intimidad? ¿Cabe otorgarles la misma protección? Hay quien distingue como, CARRILLO (2016, pp. 48-52), en función del contenido de lo comunicado. Entiende que la interceptación de una comunicación —correo electrónico—, sin las debidas garantías, puede vulnerar tanto el derecho al secreto de las comunicaciones del art. 18.3 CE, como la privacidad. Explica que la lesión del secreto de las comunicaciones se muestra evidente, mientras que la lesión de la intimidad solo se producirá cuando la comunicación interceptada tenga, como contenido, algo que incida sobre un ámbito de la vida privada que sea inaccesible a los demás, salvo solicitud del interesado.

Así, con razón, señalaba RIVES (2010, pp. 25 y ss.) que el secreto de las comunicaciones y el derecho a la intimidad se encuentran íntimamente relacionados. De hecho, con cita de resoluciones del Tribunal Constitucional, apunta el autor citado que la tutela del secreto de las comunicaciones tiene, como finalidad principal —aunque no única— la salvaguarda de la intimidad y el respeto a la vida privada.

Pese a ello, el secreto de las comunicaciones trasciende la necesidad del respeto a la intimidad, y abarca en su amparo cualquier información transmitida, aunque no afecte a la esfera íntima personal. Por ello, aun estando relacionados, ambos pueden distinguirse y, así, el régimen de protección constitucional —y legal— es diferente entre ellos. Puede afirmarse que el secreto de las comunicaciones goza de mayor protección. La doctrina del TC en este punto puede sintetizarse de la siguiente manera (STC 99/2021 [*Tol 8451614*]):

* El *concepto jurídico de lo secreto*, visto desde tal perspectiva, tiene un carácter formal y abstracto en consecuencia, ya que «se predica de lo comunicado, sea cual sea su contenido y pertenezca o no la comunicación misma al ámbito de lo personal, lo íntimo o lo reservado». En definitiva, se pretende garantizar la "impenetrabilidad de la comunicación" por terceros con eficacia *erga omnes*, tanto para los ciudadanos de a pie (lo que la doctrina alemana denomina *Drittwirkung*) como para los agentes de los poderes públicos.

* El *secreto de las comunicaciones puede conculcarse* tanto por la interceptación en sentido estricto —que suponga aprehensión física del soporte del mensaje, con conocimiento o no del mismo, o captación, de otra forma, del proceso de comunicación—, como por el simple conocimiento antijurídico de lo comunicado —apertura de la correspondencia ajena guardada por su destinatario, por ejemplo—. Puede también decirse que el concepto de "secreto", que aparece en el artículo 18.3 CE, no cubre solo el contenido de la comunicación, sino también, en su caso, otros aspectos de la misma, como, por ejemplo, la identidad subjetiva de los interlocutores, o de los corresponsales.

* La *intervención de las comunicaciones requiere siempre resolución judicial*. Sin embargo, no existe una reserva absoluta de previa resolución judicial en las injerencias en el derecho a la intimidad personal, de tal manera que, con respeto a las exigencias del principio de proporcionalidad y con habilitación legal, se ha admitido que la policía judicial pueda llevar a cabo injerencias leves en la intimidad de las personas.

GARCIMARTÍN (2018, pp. 22-24) sostiene que no es sencillo, antes de adoptar una de estas medidas de investigación, conocer qué derechos fundamentales pueden verse afectados. Indica que la LO 13/2015 consideró que todas estas medidas de investigación, como elemento común, contenían una afectación a la intimidad del investigado y considera que, si algo las caracteriza, es la posibilidad de afectar simultáneamente a varios de derechos fundamentales. Pone de relieve que, hasta que no se conoce el resultado de la diligencia practicada o el contenido del dispositivo intervenido, no se podrá saber el derecho afectado. También estima que, pese a la ubicación sistemática de las medidas de investigación, algunas de las que se prevén no vulneran el derecho a la intimidad o, incluso, no vulneran ningún derecho fundamental —a este respecto, cita la captación de imágenes en lugares públicos o de IPs en Internet—.

Por otra parte, ni tan siquiera el concepto de "comunicación" a los efectos de la protección que brinda la LECrim es unívoco. De hecho, CASANOVA (2016) evidencia que parte de la doctrina se inclina por entender que el artículo 18.3 CE protege todo tipo de comunicación, con independencia de que se emplee algún tipo de medio técnico; otra parte de la doctrina entiende que el secreto de las comunicaciones solo ampara la comunicación en la que interviene algún tipo de medio técnico —siquiera sea la escritura—, de manera que las comunicaciones orales quedan protegidas no en virtud del artículo 18.3 CE, sino en virtud del derecho a la intimidad consagrado en el art. 18.1 CE. Así, por ejemplo, RICHARD (2017, pp. 51 y ss.) sostiene que la regulación de la LECrim se debería haber referido exclusivamente a medios de comunicación electrónicos, por la naturaleza, objeto y técnicas de ejecución de las medidas que se contemplan. RUBIO (2015), por su parte, critica la falta de precisión del texto legal y rechaza que las comunicaciones a que hace referencia la LECrim sean, en propiedad, electrónicas o telemáticas, desde el punto de vista técnico de la informática.

Prescindiendo de debates doctrinales, lo cierto es que la protección que tienen el derecho a la intimidad, a la protección de datos de carácter personal, y al secreto de las comunicaciones, no es la misma. Cuando de lo que se trata es de una comunicación que está en curso, es indudable que el derecho fundamental protegido es el secreto de las comunicaciones (art. 18.3 CE) y la injerencia requiere, en todo caso, autorización judicial. Cuando la conversación ha finalizado, su registro como dato o los vestigios digitales que ha podido dejar quedarían más bien protegidos por la intimidad, la privacidad o la autodeterminación informativa (STS de 16/06/2014 [*Tol 4438005*]), aunque deba tomarse esta solución con cautelas.

De hecho, puede sostenerse que, desde hace algún tiempo, se ha venido creando una suerte de "derecho al entorno digital". CADENA (2018), a este respecto, señala que existe un derecho a la exclusión del propio entorno virtual, que es garantía del respeto de los derechos a la inviolabilidad de las comunicaciones y a la intimidad. Este "derecho al entorno virtual" se daría en relación con los datos que se almacenan en dispositivos como los teléfonos inteligentes *smartphone* o los ordenadores, que contienen datos personales, imágenes, conversaciones, datos relativos a estas últimas, etc., y en que tienen incidencia tanto la intimidad, la propia imagen, la protección de datos de carácter personal y el secreto de las comunicaciones. Se trataría de un derecho "de nueva generación". Así se ha pronunciado el Tribunal Supremo, entre otras, en la STS de 23/10/2018 [*Tol 6917487*], en la que se afirma que:

> «Algunos precedentes alientan la aparición de un derecho vinculado a los mencionados [intimidad, secreto de las comunicaciones, autodeterminación informativa] pero con cierta vocación de emanciparse para cobrar autonomía e identidad propias. Partiendo de la plurifuncionalidad de los datos que se almacenan en cualquier ordenador y otros dispositivos asimilables por su capacidad de acumular información vinculada a una persona (smartphone) se conviene en la necesidad de un tratamiento unitario a partir de la proclamación de un derecho al entorno digital. Sería un derecho de nueva generación que serviría para alumbrar y justificar distintos escalones de protección jurisdiccional [...] La necesidad de esta autorización judicial (subsidiaria del consentimiento: si el afectado accede de forma libre, no hay cuestión) obedece a la consideración de estos instrumentos como esferas de almacenamiento de una serie compleja y densa de datos que afectan de modo muy variado a la intimidad del investigado (comunicaciones tuteladas por el art. 18 3º CE; contactos, fotografías, archivos personales, tuteladas por el art. 18 1º CE; datos personales y de geolocalización, que pueden cobijarse en el derecho a la protección de datos, art. 18 4º CE). La contemplación disgregada de cada una de esas realidades con regímenes de protección diferenciados resultaría ineficaz. Permitido, por ejemplo, el acceso directo de los agentes policiales a estos instrumentos para investigar datos únicamente protegidos por el derecho a la intimidad (v.gr. los contactos incluidos en la agenda), no se podría acceder o consultar también otros datos tutelados por el derecho a la inviolabilidad de las comunicaciones albergados en el mismo dispositivo. El Legislador con buen criterio ha optado por otorgar un tratamiento unitario a los datos contenidos en los ordenadores y teléfonos móviles, reveladores del perfil personal del investigado, configurando ese derecho constitucional de nueva generación, el derecho a la protección del propio entorno virtual».

Más aún, existen medidas de investigación tecnológicas, como la utilización de dispositivos electrónicos para la captación y grabación de comunicaciones [arts. 588 *quater* a) —*quater* e) LECrim] que, como se verá, no solo pueden afectar al secreto de las comunicaciones y a la intimidad, sino a otros derechos protegidos en el artículo 18 CE, como la inviolabilidad del domicilio —pues estos dispositivos se pueden instalar en el interior de un domicilio, como prevé la propia LECrim—, así como a otros derechos fundamentales, como el derecho a no declarar contra uno mismo o a no confesarse culpable (art. 24.2 CE), ya que los dispositivos pueden captar conversaciones en que se reconozca la comisión del delito o, incluso, la comisión del delito en sí misma.

3. INTERVENCIÓN DE COMUNICACIONES POSTALES Y TELEGRÁFICAS

3.1 Ámbito de aplicación

La intervención de esta clase de comunicaciones se regula en los artículos 579 a 588 de la LECrim, que hacen referencia a «correspondencia privada, postal o telegráfica, incluidos faxes, burofaxes y giros» según el art. 579 LECrim, que fue modificado por la LO 13/2015, entre otras cuestiones para incluir los faxes, los burofaxes y los giros postales. Estas comunicaciones pueden ser tanto enviadas, como recibidas por la persona investigada. Para su detención y apertura se requiere autorización judicial por auto. Como excepción, en determinados casos —razones de urgencia, en investigaciones relativas a bandas armadas o elementos terroristas—, se permite la apertura por orden del Ministro del Interior o del Secretario de Estado de Seguridad, con posterior ratificación o revocación de la resolución adoptada por parte del juez competente (art. 579.3 LECrim).

El propio texto legal (art. 579.4 LECrim) prevé que determinados envíos no requieren autorización judicial para su examen mediante apertura:

* Envíos postales que, por sus propias características externas, no sean usualmente utilizados para contener correspondencia individual sino para servir al transporte y tráfico de mercancías o en cuyo exterior se haga constar su contenido.
* Aquellas otras formas de envío de la correspondencia bajo el formato legal de comunicación abierta, en las que resulte obligatoria una declaración externa de contenido o que incorporen la indicación expresa de que se autoriza su inspección.
* Cuando la inspección se lleve a cabo de acuerdo con la normativa aduanera o proceda con arreglo a las normas postales que regulan una determinada clase de envío.

Puede seguirse a ZAMARRA (2023, pp. 2.032-2.076) en el análisis de los supuestos problemáticos relativos al ámbito de aplicación, resueltos por la jurisprudencia. Así, en acuerdos del Pleno no jurisdiccional de la Sala Segunda del Tribunal Supremo, de 4/04/1995 y de 17/01/1996, se acordó:

> 1. Bajo la *protección del derecho a la intimidad* se encuentran no sólo las cartas —correspondencia epistolar— sino todo género de correspondencia postal, entre ella los paquetes postales, al poder ser portadores de mensajes personales de índole confidencial.
> 2. La *detención y registro de la correspondencia* queda bajo la salvaguardia de la autoridad judicial, por lo que la diligencia de apertura de correspondencia desprovista de las garantías que la legitiman deviene nula.

3. El reconocimiento de los envíos postales puede ejecutarse de oficio y sin formalidades especiales sobre objetos abiertos y sobre cuantos ostenten etiqueta verde.
4. El artículo 263 *bis* Ley de Enjuiciamiento Criminal no es aplicable a los casos de *paquetes postales*, en los que siempre consta quién es el destinatario y basta vigilar con las debidas precauciones el curso postal del envío para llegar a dicho destinatario.
5. El *sistema de entrega vigilada* previsto en el artículo 263 *bis* de la Ley de Enjuiciamiento Criminal, no permite excepcionar lo dispuesto en el artículo 584 de dicha Ley y realizar apertura de paquetes postales sin etiqueta verde prescindiendo de la presencia del interesado.

Pese a lo dicho, tanto el TS como el TC han mantenido que no todos los paquetes postales quedan amparados por la protección constitucional que dispensa el artículo 18.3 CE, como tampoco el transporte de mercancías.

Así, en cuanto a supuestos dudosos:

* Los paquetes postales deben ser considerados como *correspondencia postal*, en la medida en que pueden ser portadores de mensajes personales confidenciales (STS de 19/04/2000 [*Tol 4923607*]).
* Se *excluyen de su consideración, como paquetes postales*, supuestos tales como las maletas, bolsos de viaje, mochilas y similares (SSTS de 10/02/2011 [*Tol 2041500*]; de 24/02/2014 [*Tol 4133928*]; de 6/04/2016 [*Tol 5699322*]. Cfr. también STC de 9/10/2006 [*Tol 1001088*]). No quedan amparados por el secreto de las comunicaciones, pues su objeto no es la comunicación, en el sentido constitucional del término.
* *No queda amparado* por el artículo 18.3 CE *el objeto físico*, el continente o el soporte de la comunicación —sobre, cinta, paquete, carta—. Solo se protegen de forma indirecta (STS de 10/02/2011 [*Tol 2041500*]).
* Los *paquetes con etiqueta verde* (o etiqueta C 1), los que contengan las *declaraciones de aduana* C 2 y CP 3 (según se ha determinado en las actas de la Unión Postal Universal sucesivamente aprobadas) y los que, en general, contengan una *declaración en la que se hace constar su contenido*, en su exterior, son susceptibles de examen por parte de los empleados encargados del control de su contenido (v.gr. en aduanas) sin necesidad de autorización judicial. Esta clase de declaraciones implican la aceptación de la posibilidad de que el paquete sea abierto a fin de comprobar su contenido (STS de 19/02/2002 [*Tol 4923906*]), de 3/06/2016 [*Tol 5750974*]).
* La *entrega vigilada de sustancias*, medida instructora prevista en el art. 263 *bis* LECrim puede tener incidencia en esta materia, cuando la transmisión de la droga se realiza a través de un envío postal. Deben distinguirse ambas figuras, por cuanto la figura de la entrega vigilada abarca, en principio, cualquier forma de transmisión de la droga —no necesariamente por vía postal—. Solo cuando la entrega se realiza por correspondencia postal puede coincidir el ámbito de la detención y entrega de correspondencia y la entrega vigilada del 263 *bis* LECrim. En estos supuestos, si de lo que se trata es de un paquete, maleta, bolsa de viaje, correspondencia con etiqueta verde, etc., regirá lo anteriormente dicho —no se considerará correspondencia a los efectos de su protección constitucional— por lo que podrá procederse a su apertura sin necesidad de resolución judicial. Cosa distinta es que, si se autoriza su entrega vigilada, una vez se conozca su contenido, en virtud del artículo 263 *bis* LECrim, no será preciso cumplir con lo previsto en el artículo 584 LECrim —no será precisa la citación del "interesado" para la apertura y registro, ni tendrá derecho a presenciar su apertura— (vid. por todas STS de 6/02/2020 [*Tol 7746633*]).

3.2 Procedimiento y resolución

El artículo 579 LECrim permite la detención y apertura de correspondencia únicamente en la investigación de determinados delitos: delitos dolosos castigados con pena de prisión que pueda alcanzar tres o más años; delitos cometidos en el seno de una organización o grupo criminal; o delitos de terrorismo.

Tal y como evidencia ZAMARRA (2023, pp. 2.033-2.034), esta medida de investigación debe tender a la averiguación constatación de un delito concreto. No son admisibles las investigaciones prospectivas o predelictuales —las que puedan tener por objeto una necesidad genérica de prevenir o descubrir delitos o despejar sospechas— (por todas, SSTC de 18/09/2002 [*Tol 205001*]; y de 27/04/2010 [*Tol 1841558*]).

La diligencia debe acordarse mediante auto motivado, salvo en los supuestos de ratificación posterior en los casos en que se acuerde por el Ministro del Interior o por el Secretario de Estado de Seguridad (art. 579.3 LECrim) en los supuestos permitidos por la Ley.

Existe una previsión, en el artículo 579 *bis* LECrim para los "hallazgos casuales" con ocasión de la práctica de esta diligencia. Al existir una previsión que se remite a ella dentro de las disposiciones comunes (art. 588 *bis* i LECrim) de las medidas de investigación tecnológicas limitativas de derechos fundamentales, se hace remisión al siguiente apartado de este Capítulo.

Los requisitos "procedimentales" para la práctica de la diligencia se recogen en los artículos 580 a 588 de la LECrim y pueden sistematizarse en la siguiente forma (*vid.*, por todas, STS de 6/06/2005 [*Tol 738255*]):

a) Necesidad de que la diligencia se acuerde por auto motivado. En él, se harán constar los extremos previstos en el artículo 583 LECrim —determinación de la correspondencia—. Al margen de lo anterior, aun con falta de previsión legal específica, se deberá justificar la limitación de los derechos fundamentales afectados, partiendo del canon reforzado de motivación que se requiere para esta clase de diligencias, en función de la especialidad, idoneidad, excepcionalidad, necesidad y proporcionalidad que sí se prevén en el artículo 588 *bis* a de la LECrim y que se estudiarán en este capítulo.

b) La correspondencia intervenida debe remitirse inmediatamente al juez instructor[1]. Nada obsta para que, después de abierta, el Juez instructor

[1] En adelante, y para mayor claridad y sencillez en la redacción, salvo que merezca mayor concreción en el texto que se introduzca su referencia, nos referiremos al «*juez*

remita la correspondencia a la Policía judicial para que continúe la investigación (STS de 16/06/2004 [*Tol 483619*]).

c) La apertura se realiza por el Juez instructor y a presencia del interesado o de la persona que designe. Si estuviese rebelde o no hiciese uso de este derecho, la diligencia será válida. Tampoco será necesario que esté presente cuando se trata de supuestos de apertura de paquetes postales o de envíos que no puedan ser considerados correspondencia, según lo ya explicado. Debe distinguirse la apertura de la correspondencia de actividades previas de averiguación parcial del contenido, como pueden ser el uso de rayos X (vid. STS de 27/12/1999 [*Tol 5134088*]) o el uso de técnicas de punción (cfr. STS, de 25/02/2014 [*Tol 4133928*]).

4. DISPOSICIONES COMUNES A MEDIDAS DE INVESTIGACIÓN "TECNOLÓGICAS" LIMITATIVAS DE DERECHOS FUNDAMENTALES

4.1 La necesidad de regulación y la sistematización de las disposiciones comunes

El Legislador, consciente de la parquedad de la regulación de la LECrim sobre las medidas "tecnológicas" de investigación que pudieran limitar derechos fundamentales, promulgó la Ley Orgánica 13/2015, de modificación de la Ley de Enjuiciamiento Criminal para el fortalecimiento de las garantías procesales y la regulación de las medidas de investigación tecnológica. Las medidas

instructor» como a cualquiera de los jueces con competencia funcional en materia de investigación judicial de delitos, en el bien entendido de que con esta denominación nos referimos al juez unipersonal integrado en la Sección que corresponda del Tribunal de Instancia competente (o, en su caso, al juez de la Sección de Instrucción del Tribunal Central de Instancia, cuando de la Audiencia Nacional hablamos) —*v.gr.* Sección de Instrucción o de la Sección Única de Civil y de Instrucción, Sección de Violencia sobre la Mujer, o Sección de Violencia contra la Infancia y Adolescencia ...—, o al juez correspondiente del TS o TSJ al que se le atribuya dicha competencia funcional cuando la competencia objetiva venga determinada a dichos tribunales por razón de aforamiento del investigado. Asimismo, dicha referencia al «*juez instructor*» lo es también teniendo en cuenta la posibilidad de que, en los casos determinados en el art. 84.6 LOPJ, se nombre a dos jueces, conforme a un turno preestablecido y público, para que, junto con el juez a quien le hubiere sido turnado el asunto inicialmente, se encarguen de la instrucción de un determinado proceso penal. En el capítulo 5 de esta obra puede consultarse una explicación completa del nuevo modelo orgánico de los Tribunales de Instancia que introduce la LO 1/2025.

concretas se regulan en los Capítulos V a VII del Título VIII del Libro II de la Ley de Enjuiciamiento Criminal y se establecen unas disposiciones comunes en el Capítulo IV. La exposición de motivos de la Ley Orgánica hacía referencia a una «inaplazable regulación de esta materia» a que se venía a dar respuesta.

A este respecto, la doctrina criticaba la falta de previsión legal acerca de la posibilidad de adoptar medidas limitativas de derechos fundamentales. Por ejemplo, BARJA DE QUIROGA (2019, pp. 2.149-2.167) entendía que la regulación previa a la reforma ponía en duda la existencia de un marco suficientemente protector de los derechos fundamentales cuando se adoptaban intervenciones telefónicas. Evidenciaba las condenas del TEDH a España en los asuntos Valenzuela Contreras (STEDH de 30/07/1998 [*Tol 216240*]), y Prado Bugallo (STEDH de 18/02/2003 [*Tol 9090089*]), que habían señalado las carencias de la LECrim a la hora de adoptar esta clase de medidas limitativas de derechos fundamentales, que, también, tuvieron reflejo en la doctrina del Tribunal Constitucional, pues asumió estos postulados desde la STC 184/2003 [*Tol 528614*]; vid. también la STC 253/2006 [*Tol 994497*]).

Pues bien, la LO 13/2015 vino a suplir las deficiencias de la legislación española en la adopción de medidas limitativas de derechos fundamentales. De hecho, el propio TS se ha mostrado "esperanzado" a este respecto, pues entiende que la regulación «hará desaparecer la incertidumbre normativa hasta ahora reinante» (STS de 10/05/2016 [*Tol 5733495*]). Se introdujeron una serie de disposiciones comunes a estas medidas limitativas de derechos fundamentales, que abarcan desde el artículo 588 *bis* a), al artículo 588 *bis* k) y sistematizarse, siguiendo a ENCINAR (2023, pp. 2.077-2.120), en las siguientes reglas:

* Los principios rectores, que se recogen en el artículo 588 *bis* a LECrim.
* La solicitud de autorización judicial, prevista en el artículo 588 *bis* b) LECrim.
* El contenido de la resolución judicial, regulado en el artículo 588 *bis* c) LECrim.
* El secreto en la adopción de la medida, del artículo 588 *bis* d).
* La duración, solicitud de prórroga y control de la medida, previstos en los artículos 588 *bis* e), f), y g) de la LECrim.
* La afectación de derechos de terceras personas, prevista en el artículo 588 *bis* h) LECrim.
* La utilización de la información obtenida en procedimientos distintos y el descubrimiento casual, previstas en el artículo 588 *bis* i) LECrim.

* El cese de la medida, regulado en el artículo 588 *bis* j) de la LECrim.

Por interés y limitaciones propias de la obra, se hará un estudio de algunas de estas cuestiones, aun cuando, en apartados específicos, pueda traerse a colación alguna consideración que les sea atinente.

4.2 Principios rectores

Los principios rectores en la práctica de esta clase de diligencias son los de especialidad, idoneidad, excepcionalidad, necesidad y proporcionalidad. Una correcta comprensión de estos principios resulta fundamental, pues, como se verá, el juez instructor que acuerde una medida limitativa de derechos fundamentales, debe analizar su cumplimiento y, además, debe justificarlo en la resolución —auto— que dicte para acordar la medida. No en vano, pueden considerarse auténticos presupuestos de legitimación de la adopción de la medida, reglas básicas para su adopción. En palabras del Tribunal Supremo (por todas, STS de 27/10/2022 [*Tol 9284249*]) la injerencia en los derechos fundamentales tiene que realizarse con fundamento en «buenas razones justificativas que patenticen la concurrencia de [estos] presupuestos» [SSTEDH de 10/3/2009, caso *Bykov* c. Rusia [*Tol 2633113*]; de 2/6/2009, caso *Szuluk* c. Reino Unido, [*Tol 9072943*]; de 2/9/2010 *Uzun* c. Alemania [*Tol 2647243*]; de 30/6/2009, caso *Viorel Burzo* c. Rumanía [*Tol 2649488*]; de 21/01/2010, caso *Xavier da Silveira* c. Francia [*Tol 9070931*]; de 29/7/2010, caso *Mengesha Kimfe* c. Suiza [*Tol 2637633*]; y SSTC 136/2006 [*Tol 922658*]), 66/2009 [*Tol 1468758*]), 128/2011 [*Tol 2216186*]), 145/2014 [*Tol 4529675*])].

Para GARCIMARTÍN (2018, pp. 29-44) no son más que el resultado de la cristalización de la jurisprudencia de los tribunales —sobre todo el Constitucional y el Supremo— a este respecto. Es muy clarificadora de lo que significan estos principios la Circular 1/2019 de la FGE sobre disposiciones comunes y medidas de aseguramiento de las diligencias de investigación tecnológicas en la Ley de Enjuiciamiento Criminal.

4.2.1 Principio de especialidad

En los términos de la propia Ley (art. 588 *bis* a 2 LECrim), el principio de especialidad «exige que una medida esté relacionada con la investigación de un delito concreto. No podrán autorizarse medidas de investigación tecnológica que tengan por objeto prevenir o descubrir delitos o despejar sospechas sin base objetiva». Para GARCIMARTÍN (pp. 32-34) este principio conlleva que no se pueda adoptar la medida con fines preventivos o prospectivos. La Circular

1/2019, haciéndose eco de la STS de 18/04/2017 [*Tol 6067346*], recuerda que «los poderes públicos no pueden inmiscuirse en la intimidad de los sospechosos, interceptando sus comunicaciones, con el exclusivo propósito u objeto de indagar a ciegas su conducta, por lo que la decisión jurisdiccional de intervención de las comunicaciones telefónicas tiene que estar siempre relacionada con la investigación de un delito concreto al menos en el plano indiciario». Al margen de estas consideraciones hay quien, como BUENO (pp. 31-35), pone de relieve la dificultad de acreditar un principio como éste cuando de lo que se trata es de investigar conductas que se cometen en el ciberespacio, pues las situaciones objetivas pueden ir variando y cristalizando a lo largo del procedimiento.

4.2.2 Principio de idoneidad

Lo cierto es que la LECrim [art. 588 *bis* a) 2] no indica en qué consiste el principio de idoneidad y se limita a decir que sirve «para definir el ámbito objetivo y subjetivo y la duración de la medida en virtud de su utilidad». BUENO (pp. 35-36) recuerda la anterior redacción del artículo 579 de la LECrim y entiende que, son medidas idóneas las que permiten el descubrimiento o la comprobación de algún hecho importante para la causa; al margen de que no comparta la concepción finalista de este principio. En similares términos se pronuncia la Circular 1/2019 FGE.

En esta misma línea se ha pronunciado la jurisprudencia, y considera que la medida es idónea cuando es adecuada a la investigación (STS de 9/04/2024 [*Tol 9987594*]) o a los fines de la instrucción (STS de 15/02/2017 [*Tol 5973006*]). En todo caso, de lo que se trata, como pone de relieve la Circular 1/2019, es de que la resolución judicial que acuerde la medida valore expresamente su aptitud para la obtención del resultado probatorio que se pretende.

4.2.3 Principios de excepcionalidad y necesidad

El principio de necesidad sí viene expresamente indicado en el art. 8.2 CEDH y también en el art. 52.1 CDFUE. Sin embargo, la LECrim trata estos principios conjuntamente y sin hacer distinción entre ellos. Por eso su estudio, ordinariamente, suele ser de conjunto y, además, en relación con el principio de proporcionalidad, que se analizará a continuación. De hecho, hay autores como CABEZUDO (p. 545) que parten de un concepto *lato* de proporcionalidad —en el mismo sentido, BUENO (p. 36)— que engloba tanto la idoneidad, como la excepcionalidad y la necesidad (en este sentido vid. SSTC 173/2011

[*Tol 2288705*] y 115/2013 [*Tol 3752363*]). Otros, como GARCIMARTÍN (p. 36) entienden que la excepcionalidad y necesidad deberían haberse englobado en un solo principio y señalan, que, en realidad, la Ley no establece una distinción entre ellos.

Sin perjuicio de lo anterior, sí hay autores, como ENCINAR (p. 2.081) que los distinguen. Entiende que la excepcionalidad supone que no hay a disposición de la investigación medidas menos gravosas para el investigado e igualmente útiles para el esclarecimiento del hecho —lo que coincide con la dicción del art. 588 *bis* a 4, párrafo a)—. Por otra parte, el principio de necesidad se correspondería con lo indicado en el párrafo siguiente, es decir, que «el descubrimiento o la comprobación del hecho investigado, la determinación de su autor o autores, la averiguación de su paradero, o la localización de los efectos del delito, se vea gravemente dificultada sin el recurso a esta medida».

La Circular 1/2019, sin entrar en este tipo de cuestiones doctrinales, sí advierte del profundo vínculo entre excepcionalidad y necesidad, por el sacrificio de derechos fundamentales que supone el recurso a estas medidas de investigación.

4.2.4 Principio de proporcionalidad

Es el principio que se recoge en el artículo 588 *bis* a 5 de la LECrim —para CABEZUDO (p. 545) se trata de proporcionalidad en sentido estricto— y supone la resolución del conflicto entre la necesidad de tutela de los derechos fundamentales de las personas que se ven afectadas por la medida y la necesidad de adoptar esa medida a los fines de la investigación delictual. En este sentido, para GONZÁLEZ-CUÉLLAR (p. 225) se trata de determinar, según las circunstancias del caso, si el sacrificio de los intereses individuales que comporta la injerencia guarda una relación razonable o proporcionada con el interés estatal que se trata de salvaguardar. Así, si el sacrificio es excesivo, la medida resulta inadmisible, aunque pudiera satisfacer el resto de los principios generales expuestos. En términos similares, NARVÁEZ (p. 137) señala que el principio de proporcionalidad ha de entenderse en el sentido de que el juez instructor debe ponderar los intereses en conflicto; por una parte, está el ejercicio del *ius puniendi* por parte del Estado, por otra, la tutela del derecho fundamental individual afectado. En ocasiones, señala el autor citado, el interés público debe ceder ante el individual, no puede conseguirse la eficacia de la investigación por cualquier medio.

Por un lado, debe valorarse la gravedad de la infracción. A estos efectos, debe recordarse la STC 299/2000 [*Tol 81725*], en la que se señala que «[...] la infracción punible no puede estar determinada únicamente por la calificación de la pena legalmente prevista, aunque indudablemente es un factor que debe de ser considerado, sino que también deben tenerse en cuenta otros factores, como los bienes jurídicos protegidos y la relevancia social de aquélla».

El TJUE ha señalado que debe valorarse la infracción en relación con la limitación del derecho fundamental, y que, aun cuando la injerencia en el derecho no es especialmente grave, la medida puede estar justificada por el simple objetivo de prevenir, investigar, descubrir y perseguir infracciones no especialmente graves (STJUE de 2/10/2018 [*Tol 6814533*]).

En este sentido la jurisprudencia ha valorado, a efetos de proporcionalidad, la trascendencia social del hecho (SSTS de 2/3/2021 [*Tol 8372167*] y de 9/6/2016 [*Tol 5755966*]) y el ámbito tecnológico de producción (STC 104/2006 [*Tol 870484*]).

4.3 Los "hallazgos casuales" y su utilización en otra causa

Para los supuestos de «descubrimiento casual» en la detención y apertura de la correspondencia se contiene una previsión específica en el artículo 579 *bis* de la LECrim y otra en el artículo 588 *bis* i LECrim, que se remite a la primera. Se trata de supuestos en que se descubre otro ilícito penal cuando se está realizando una detención y apertura de correspondencia, o se está llevando a cabo una diligencia "tecnológica" limitativa de derechos fundamentales. Este descubrimiento debe tenerse como *notitia criminis* para la investigación en otro procedimiento (STS de 27/9/2011 [*Tol 2248846*]).

Como presupuestos de validad, de su posible utilización en otro procedimiento se requiere:

a) Autorización del juez competente, que evalúa las circunstancias en que se ha producido el hallazgo casual.

b) La emisión de testimonio de los particulares necesarios, que serán, al menos, los siguientes: i) la solicitud inicial —oficio— para que se acuerde de la medida; ii) la resolución judicial —auto— que la acuerde; y iii) las posibles resoluciones de prórroga de la medida. A este respecto, debe tenerse en cuenta el Acuerdo del Pleno no jurisdiccional de la Sala Segunda del TS, de 26/05/2009 y la jurisprudencia que lo desarrolla (*vid.*, entre otras, STS de 17/09/2020 [*Tol 8095011*]), recordando que la impugnación, por falta de incorporación de los testimonios, debe hacerse en tiempo hábil —hasta el trámite de cuestiones previas del juicio oral—, para que surta efectos:

«En los procesos incoados a raíz de la deducción de testimonios de una causa principal, la simple alegación de que el acto jurisdiccional limitativo del derecho al secreto de las comunicaciones es nulo, porque no hay constancia legítima de las resoluciones antecedentes, no debe implicar sin más la nulidad.
En tales casos, cuando la validez de un medio probatorio dependa de la legitimidad de la obtención de fuentes de prueba en otro procedimiento, si el interesado impugna en la instancia la legitimidad de aquel medio de prueba, la parte que lo propuso deberá justificar de forma contradictoria la legitimidad cuestionada.
Pero, si, conocido el origen de un medio de prueba propuesto en un procedimiento, no se promueve dicho debate, no podrá suscitarse en ulteriores instancias la cuestión de la falta de constancia en ese procedimiento de las circunstancias concurrentes en otro relativas al modo de obtención de las fuentes de aquella prueba».

En palabras de la STS de 9/04/2024 [*Tol 9987594*]:

«El Acuerdo de Pleno No Jurisdiccional de esta Sala Segunda del Tribunal Supremo de 26 de mayo de 2009 [...] venía a ofrecer criterios-guía generales sobre cómo tratar la interacción de medios injerentes que se producen en un proceso penal, pero que producen efectos reflejos en otro proceso cuando no constan en este, porque no se han aportado, las resoluciones habilitantes de las injerencias que operan en el primer proceso —lo que ha venido finalmente a regularse, por la reforma de 2015, en los artículos 579 *bis* y 588 *bis* i, ambos, LECrim—.
Dicho Acuerdo partía de un principio general: de la simple alegación de la no constancia de las resoluciones antecedentes no se deriva sin más la nulidad de las injerencias ordenadas en el nuevo proceso. No hay, por tanto, una regla de exclusión o de irrelevancia probatoria que se base en la nulidad presunta de actuaciones jurisdiccionales producidos fuera del proceso del que conoce un tribunal, aunque produzca efectos reflejos en este. Si bien ello no comporta que no pueda, y que no se deba, efectuar un control jurisdiccional sobre la legitimidad de las fuentes de prueba injerentes primarias de las que se derivan los presupuestos que justifican la injerencia secundaria. Pero para ello, para que se active el control, la parte interesada debe impugnar en un momento procesal adecuado la legitimidad de aquel medio de prueba del que pueden hacerse depender la validez de los derivados. Si lo hace, la parte que propuso las evidencias obtenidas del medio probatorio cuya legitimidad constitucional se cuestiona deberá justificar de forma contradictoria su adecuación, pretendiendo o aportando testimonio de las resoluciones y de los elementos sustanciales que permitan el referido control —SSTS 777/2009, 14 de junio; 414/2021, de 13 de mayo; 769/2022, de 15 de septiembre; 246/2023, de 31 de marzo—.
La fórmula pivota sobre una idea esencial, ya perfilada por el Tribunal Constitucional en su sentencia 136/2006 —y con consecuencias más ponderadas en la STC 68/2005— y por el Tribunal Europeo de Derechos Humanos —vid SSTEDH, caso Lambert c. Francia de 24, de agosto de 1998 y caso Matheron c. Francia, de 29 de marzo de 2005—: cuando se trata de injerencias que han sido adoptadas en otra causa, de la que se ha desgajado la que es objeto de enjuiciamiento, si bien no existe una presunción de ilegalidad de lo actuado en otro proceso, ni el principio «in dubio pro reo» autoriza a cuestionar o sospechar de la ilicitud de lo allí actuado, sí que es preciso traer al enjuiciamiento los presupuestos de actuación que habilitan las diligencias subsiguientes acordadas en estos procesos, para que no exista duda acerca de la licitud de las mismas, y para hacer posible el control jurisdiccional y su fiscalización por aquellos cuyos derechos fundamentales se ven perjudicados.
Por tanto, además del presupuesto procesal, la regla de control reclama un presupuesto material: entre la injerencia originaria y la derivada debe darse una relación causal o de imputación en el sentido de que mediante la primera se produce el descubrimiento casual

de los indicios que apuntan a la comisión de un delito distinto que justifica, precisamente, la apertura de una nueva investigación. Y en esa lógica de consecuencias necesarias es del todo conforme a las exigencias de protección del derecho fundamental que se constate los presupuestos de legitimidad de la injerencia fuente por el juez que debe decidir nuevas injerencias causal y jurídicamente vinculadas a esta».

5. INTERCEPTACIÓN DE COMUNICACIONES TELEFÓNICAS Y TELEMÁTICAS

5.1 Concepto. Problemas terminológicos

BARJA DE QUIROGA (pp. 2100-2106) pone de relieve que, hasta la reforma de la LECrim introducida por la LO 13/2015, existía confusión terminológica en la parca regulación que, a estos efectos, establecía el artículo 579 LECrim, pues mientras, por un lado, el apartado 2 empleaba el término "intervención de las comunicaciones", el apartado 3 hacía referencia a "observación de las comunicaciones". El apartado 2 —intervención— hacía referencia únicamente a las comunicaciones telefónicas y el apartado 3 —observación— se refería, además, a las postales y telegráficas. Es cierto, sin embargo, que la jurisprudencia venía empleando ambos términos como sinónimos, cuando de lo que se trataba era de lo acceder a las conversaciones telefónicas de una o varias personas para esclarecer la comisión de un delito y su autoría.

No obstante, la reforma de la LO 13/2015 ha venido a simplificar la terminología, pues emplea una única categoría: "la interceptación de las comunicaciones telefónicas y telemáticas" en el Capítulo V del Título XVIII del Libro II de la LECrim [arts. 588 *ter* a) - 588 *ter* m)]. A pesar de ello, podría decirse que no todas las medidas que se contienen en ese Capítulo son, propiamente, interceptación de comunicaciones, pues se contienen también previsiones acerca de la incorporación de datos electrónicos asociados a los procesos comunicativos [sección 2ª, art. 588 *ter* j)], así como la posibilidad de acceder a datos necesarios para identificar al usuario un medio comunicativo [sección 3ª, arts. 588 *ter* k) - 588 *ter* m)].

Por eso, no faltan voces críticas que ponen de relieve la conveniencia de deslindar o aclarar los conceptos que se contienen en este Capítulo. Hay quien considera positivo que se haya introducido un deslinde entre la comunicación telefónica y la telemática (MARCHENA y GONZÁLEZ-CUÉLLAR, p. 200) porque se permite una mayor facilidad para deslindar la fuente de la que procede la información. Por el contrario, hay quien entiende que se trata de una redundancia innecesaria por cuanto la comunicación telefónica es solo una clase de comunicación telemática (SANCHÍS, p. 2.878). Por otra parte, existen esfuerzos para ofrecer un concepto integrador; en este sentido, CABEZUDO (p. 548) define la "ciberintervención" como la captación, en tiempo real, del contenido de las comunicaciones que se realizan a través de tecnologías de la información y de la comunicación, así como de los datos de tráfico anejos. Por ello, bajo esta medida se comprenden tanto las comunicaciones telefónicas —fijas y móviles— como el correo electrónico, o cualquier otro tipo de comunicaciones a través de Internet —como foros o chats cerrados—.

No obstante CABEZUDO (p. 549) evidencia que existen datos asociados a procesos comunicativos a través de las TICs cuya obtención se puede realizar por la Policía, sin necesidad de acudir a la policía judicial [*vid.* arts. 588 *ter* k), 588 *ter* l), respectivamente]. Se trata de supuestos en que, o bien no se ven afectados derechos del interesado porque no se aporta información que pudiera llevar a su identificación —como la captación, mediante barridos o escaneos, de los códigos IMSI o IMEI— o porque no existe expectativa de privacidad razonable, como la obtención de las direcciones IP conseguidas de un medio público o proporcionada por el perjudicado por el delito.

En general, trataremos aquí la interceptación de comunicaciones como un único concepto, como una forma de acceso y averiguación del contenido de un acto comunicativo que tiene lugar a través de un medio comunicativo a distancia —teléfono, internet, correo electrónico, etc.—. No obstante, para su estudio se ha preferido tratar, por un lado, la interceptación del contenido de las comunicaciones y, separadamente, el acceso a los datos de tráfico y el acceso a datos para identificación.

A estos efectos, téngase en cuenta que las Fuerzas y Cuerpos de Seguridad emplean el sistema SITEL —Sistema integrado de Interceptación de Telecomunicaciones— que permite la interceptación de la mayoría de las comunicaciones de este tipo sobre cuya legalidad, fiabilidad e imposibilidad de manipulación se ha pronunciado en numerosas ocasiones la Sala de lo Penal del Tribunal Supremo (por todas, STS de 27/07/2012 [*Tol 2660466*]).

Finalmente, y antes de proceder al estudio de las cuestiones, se pone de relieve la utilidad que ofrece la Circular 2/2019, de 6 de marzo de la FGE, sobre interceptación de comunicaciones telefónicas y telemáticas, que trata pormenorizadamente estas cuestiones.

5.2 Interceptación del contenido de las comunicaciones

5.2.1 Cuestiones generales y ámbito de aplicación

Como se ha indicado, el Capítulo V del Título XVIII del Libro II de la LECrim contiene disposiciones que son aplicables a la interceptación de comunicaciones telemáticas y telefónicas. Se divide en una Sección de disposiciones generales [arts. 588 *ter* a) - 588 *ter* i)], otra dedicada a la incorporación de datos de tráfico asociados al proceso comunicativo [art. 588 *ter* j)]; y una sección final relativa al acceso a los datos necesarios para la identificación de usuarios, terminales y dispositivos de conectividad [arts. 588 *ter* k) - 588 *ter* m)]. La primera duda que surge es si las disposiciones generales son aplicables únicamente a las intervenciones del contenido de conversaciones, o, por el contrario, deben aplicarse en su totalidad a la obtención de datos o al acceso a los datos necesarios para identificación. Muy particularmente, la duda que se plantea es si se precisa una autorización judicial para estas medidas de investigación de la sección 2ª y 3ª. Por cuestiones metodológicas, se estudiará, en primer lugar, la interceptación del contenido de las comunicaciones y, a continuación, el recurso a estas medidas de obtención de datos y de identificación.

Así, la interceptación de comunicaciones [art. 588 *ter* b)] se extiende tanto a las comunicaciones que se realizan por vía telefónica, como las que se puedan realizar a través de datos informáticos, por medio de un ordenador o de dispositivos como los teléfonos inteligentes o tabletas —que no dejan de ser una computadora de pequeñas dimensiones—. Resulta indiferente que la persona afectada por la medida sea el titular de la línea o equipo, o que lo sea un tercero (STS de 1/07/2021 [*Tol 8513606*]) cuando exista un uso instrumental, una colaboración por su parte o un beneficio [art. 588 *ter* c)]; y se prevé la posibilidad de interceptar las comunicaciones de una persona respecto de la que se prevea un riesgo grave para su vida o integridad. De hecho, la jurisprudencia de la Sala Segunda del Tribunal Supremo ha relativizado la necesidad de identificación del titular del medio de comunicación o de quien lo usa, y ha entendido que la previa identificación de esas personas no es imprescindible para definir el alcance subjetivo de la medida (STS 19/03/2014 [*Tol 4184183*]), que los errores en la identidad del usuario pueden no ser relevantes (SSTS de 29/01/2015 [*Tol 4720861*] y de 10/07/2015 [*Tol 5219211*]), y que puede identificarse al afectado por medio de apodos (STS de 8/05/2013 [*Tol 3853892*]).

Los delitos que pueden investigarse con el recurso a esta medida de investigación son, en principio, los previstos en el artículo 579.1 LECrim: a) delitos castigados con tres o más años de prisión; b) delitos cometidos por grupos u organizaciones criminales, c) delitos de terrorismo, y d), delitos cometidos a través de instrumentos informáticos o tecnologías o servicios de la información o comunicación [art. 588 *ter* a)]. Téngase en cuenta que, previamente a la redacción de la LECrim dada por la LO 13/2015, se preveía la posibilidad de acordar esta medida para "delitos graves". Aunque la cuestión ha sido solucionada por la dicción de los artículos 588 *ter* a) y 579.1, debe recordase que el Tribunal Supremo ha señalado que el concepto de gravedad del delito, para acordar una medida de este tipo, no se identifica con el previsto en el artículo 33 del CP, ni con el límite penológico de nueve años previsto para la tramitación de la causa como sumario ordinario (por todas, STS de 8/11/2018 [*Tol 7046725*]).

5.2.2 *Procedimiento*

Desde un punto de vista práctico, puede acudirse a la doctrina de la Sala de lo Penal del Tribunal Supremo para señalar los presupuestos habilitantes que permiten la adopción de una medida de intervención de las comunicaciones (SSTS de 8/05/2018 [*Tol 6624704*]), de 16/02/2023 [*Tol 9416049*] y de 10/04/2024 [*Tol 9975543*]).

En primer lugar, puede hablarse de los requisitos que debe reunir el oficio policial o *solicitud de adopción de la medida por parte de la Policía Judicial* (art. 588 *bis* b LECrim).

a) El oficio policial que interese la medida debe contener una suficiente descripción de las actividades operativas. No sirven las solicitudes que se realicen como mera prospección o con informaciones no concretadas o especificadas. Tampoco puede exigirse un "acto de fe" en la investigación que da origen a la solicitud policial, se requiere una explicación razonable de los agentes que han llevado a cabo la investigación, que explique su suficiencia.

b) Sin embargo, no puede exigirse que el oficio policial reúna una "auténtica prueba de cargo". En ese caso, la medida de investigación sería innecesaria. Sí tienen que explicar las razones objetivas, no subjetivas, que puedan sustentar la petición. No se pueden basar en meras sospechas; deben existir indicios de cierta relevancia.

c) El oficio policial debe hace constar la necesidad de que se adopte la medida de intervención. Deben haberse agotado las posibilidades de investigación sin haber acudido a la medida. No obstante, el enfoque debe ser objetivo: no puede exigirse un criterio de agotamiento absoluto de la investigación; la defensa no puede cuestionar, desde un punto de vista hipotético, otras medidas de investigación que podrían haberse adoptado. Lo que se exige es que la investigación requiera "un paso más".

d) El contenido del oficio policial debe ser el siguiente: a) la descripción del hecho la identidad del investigado o del afectado —si fueran conocidos—; b) los indicios de criminalidad que resultan de la investigación previa y la exposición detallada de las razones que justifiquen la necesidad de acuerdo con los principios rectores del artículo 588 *bis* a LECrim; c) los datos de los medios de comunicación empleados que permitan la ejecución de la medida y el sujeto obligado que la llevará a cabo —si se conociese—; d) la extensión de la medida con especificación de su contenido; e) la unidad investigadora de la Policía Judicial que se hará cargo de la intervención; f) la forma de ejecución de la medida; g) la duración de la medida que se solicita; h) los datos que han facilitado los confidentes —si existiesen—, sin que, aisladamente, la información de los confidentes permita por sí sola la adopción de la medida.

A continuación, se produce una segunda *fase de control judicial* de lo solicitado por la Policía que investiga los hechos. Esta tarea conlleva [art. 588 *bis* c) LECrim]:

a) El control, por parte del juez instructor, del contenido del oficio policial. Debe controlar la suficiencia de los datos aportados, su concreción y detalle.

b) Seguidamente, de estimar que debe autorizar la medida —en un plazo máximo de 24 horas, que puede interrumpirse si se solicita más información—, debe realizar un juicio motivado que desemboque en el dictado de una resolución judicial motivada —auto—.

c) El análisis del juez instructor debe versar sobre lo siguiente: a) que los hechos revistan la apariencia de un delito grave, entendiéndose por tal, los previstos en el artículo 579.1 LECrim —castigado con tres o más años de prisión, grupos u organizaciones criminales y terrorismo—, o de un delito cometido a través de instrumentos informáticos o tecnologías o servicios de la información o comunicación [art. 588 *ter* a LECrim)]; b) que se justifiquen los indicios de que se ha cometido esa conducta, sin que ello suponga valorar el resultado de una actividad probatoria, sino expresar las razones fundadas sobre la comisión del delito y la participación en él; c) los principios, antes expresados, recogidos en el artículo 588 *bis* a LECrim, de especialidad, idoneidad, excepcionalidad, necesidad y proporcionalidad.

d) Tras el análisis, debe emitirse el auto, con el siguiente contenido [art. 588 *bis* c 3 LECrim)]: a) hecho punible, calificación jurídica y expresión de indicios racionales de criminalidad; b) identidad de los investigados o afectados —si fuesen conocidos—; c) extensión de la medida, con expresión de su alcance; d) motivación específica acerca del cumplimiento de los principios de especialidad, idoneidad, excepcionalidad, necesidad y proporcionalidad, con indicación de la finalidad que se persigue; e) unidad investigadora de la Policía Judicial que se haga cargo de la intervención; f) duración de la medida; g) forma y periodicidad del control judicial; h) sujeto obligado que lleve a cabo la medida —generalmente será un prestador de servicios de telecomunicaciones o de servicios de sociedad de la información—, con específica mención de su deber de colaboración recogido en el art. 588 *ter* e) LECrim.

e) Esta forma de proceder puede ser excepcionada en los supuestos previstos en el art. 588 *ter* d) 3 LECrim, que permite un control judicial de la medida no *ex ante*, sino *ex post*: a) en situaciones de urgencia, y b) para la averiguación de delitos relacionados con bandas armadas o elementos terroristas. En estos supuestos, si existen razones fundadas y la medida es imprescindible, puede acordarla el Ministro del Interior o el Secretario de Estado de Seguridad. Se somete a control judicial mediante la comunicación inmediata al juez competente, que debe confirmar o revocar la actuación en un plazo global de 72 horas desde que se acordó la medida. Téngase en cuenta que este régimen particular obedece a las consecuencias de la posibilidad de suspensión de ciertos derechos (art. 55.2 CE) para personas determinadas en relación con investigaciones para bandas armadas y elementos terroristas (STC 71/1994 [*Tol 82479*]). El TEDH [STEDH de 12/01/2016, caso *Szabó y Vissy* c. Hungría, [*Tol 9053236*] ha indicado la conformidad de una normativa que permite la interceptación de comunicaciones por autoridad gubernativa en el marco de la lucha contra el terrorismo, por razones de urgencia y con posterior control judicial.

Por lo demás, en materia de régimen de intervención de las comunicaciones debe tenerse en cuenta:

a) Que la LECrim establece un específico deber de colaboración en los prestadores de servicios de telecomunicaciones, de la sociedad de la información, de acceso a redes de comunicaciones o de cualquier persona que pueda facilitar las comunicaciones [art. 588 *ter* e) LECrim]. Recuérdese que es la Ley 34/2002, de servicios de la sociedad de la información y de comercio electrónico, la que regula el régimen de los prestadores de esta clase de servicios. Ténganse también en cuenta la regulación de los servicios de telecomunicaciones y de la prestación de servicios de comunicaciones electrónicas que establece la Ley 11/2022, General de Telecomunicaciones, así como el Real Decreto 424/2005, por el que se aprueba el Reglamento sobre las condiciones para la prestación de servicios de comunicaciones electrónicas, el servicio universal y la protección de los usuarios.

b) Que el artículo 588 *ter* g) de la LECrim prevé una duración máxima —inicial— de la medida de 3 meses, prorrogables por iguales períodos hasta un máximo de 18.

c) Que se establece una obligación de control periódico [art. 588 *ter* f) LECrim] para que la autoridad judicial pueda valorar el resultado de la intervención acordada y, en su caso, decidir la prórroga [art. 588 *ter* h) LECrim] de la interceptación.

d) Que la solicitud y las actuaciones relativas a la medida conllevan, *per se*, su sustanciación en una pieza separada y secreta, que no requiere la declaración de expreso secreto de las actuaciones [art. 588 *bis* d) LECrim].

e) Que conclusa la medida [art. 588 *ter* i) LECrim], se alzará el secreto —salvo que la causa continuase en ese estado por algún otro motivo—, se debe facilitar a las partes copia de las grabaciones y transcripciones, salvo lo que pudiera afectar a la vida íntima —y, además, debe añadirse, no tenga que ver con el delito investigado—. Finalizado el procedimiento por resolución firme, se debe proceder a la destrucción de lo registrado en los términos del artículo 588 *bis* k) LECrim.

5.3 Incorporación de datos electrónicos de tráfico o asociados

5.3.1 Concepto de datos electrónicos de tráfico o asociados

Para comenzar el estudio, debe ofrecerse un concepto de qué son los datos de tráfico o datos asociados a los procesos comunicativos. La propia LECrim —art. 588 *ter* b) 2 *in fine* ofrece el siguiente concepto: «se entenderá por datos electrónicos de tráfico o asociados todos aquellos que se generan como consecuencia de la conducción de la comunicación a través de una red de comunicaciones electrónicas, de su puesta a disposición del usuario, así como de la prestación de un servicio de la sociedad de la información o comunicación telemática de naturaleza análoga». Parece que la pretensión de la LECrim es ofrecer una única categoría de datos, pese a que menciona tanto "datos de tráfico", como "datos asociados". A estos efectos, la Circular 2/2019 de la FGE recuerda que el Convenio sobre la Ciberdelincuencia, hecho en Budapest el 23/11/ 2001 (arts. 1 y 18.3) sí ofrece una distinción, aunque entiende que, dentro de la categoría global de datos, se incluyen todos los referidos en el artículo 3 de la Ley 25/2007, de conservación de datos relativos a las comunicaciones electrónicas y a las redes públicas de comunicaciones. El estudio se hará, en consecuencia, teniendo en cuenta una única categoría de datos, a la que ENCINAR (p. 2.176) denomina "metadatos".

Como pone de relieve la Circular 2/2019, figuran algunos esenciales para hacer posible técnicamente la comunicación, como el número de abonado, la dirección IP —protocolo de Internet—, el IMSI —identidad internacional del abonado móvil—, el IMEI —identidad internacional del equipo móvil—, la DSL —línea digital de abonado—, entre otros. Igualmente figuran otros datos técnicos, como son los referidos a la geolocalización de los equipos que intervienen en la comunicación o a las vicisitudes técnicas que se hayan podido producir durante la comunicación —como la causa de su finalización—, así como los datos necesarios para la facturación del servicio de comunicación, entre los que se incluyen la identificación del titular del servicio, su domicilio, número de cuenta, dirección de correo electrónico, hora de comienzo y fin de la comunicación, etc. Además, se incluyen, como datos que se generan independientemente del establecimiento de una comunicación concreta, todos aquellos que se producen de manera automática y casi permanente como consecuencia de la comunicación entre los teléfonos móviles y los puntos de conexión a red o estaciones BTS —*Base Transceiver Station*— o los que generan los sistemas de conexión *wifi* entre dispositivos y redes.

5.3.2 Necesidad de autorización judicial para su incorporación

La dicción del actual de los artículos 588 *ter* b) 2 y 588 *ter* j) LECrim permite sostener, sin género de dudas, que es necesaria autorización judicial para incorporar a la instrucción esta clase de datos. No obstante, no conviene olvidar que, previamente a la reforma de la LECrim dada por LO 13/2015, no existía tal previsión legal. A ello, se suma que la afectación del derecho al secreto de las comunicaciones —o del derecho a la intimidad— es menor cuando lo que se incorpora al procedimiento son solo datos asociados a la comunicación, y no el contenido de tal comunicación.

La jurisprudencia venía sosteniendo, ya desde hace años, que la incorporación de esta clase de datos debía hacerse mediante resolución judicial motivada. Así se pronunció el Tribunal Constitucional, acudiendo a la doctrina del

TEDH en el caso *Malone* (STEDH de 2/08/1984 [*Tol 168782*]), fundamentalmente en la STC 123/2002 [*Tol 258655*]:

> «[...] el concepto de secreto de la comunicación cubre no sólo el contenido de la comunicación, sino también la identidad subjetiva de los interlocutores. [...] el derecho fundamental al secreto de las comunicaciones del art. 18.3 CE consagra la libertad de las comunicaciones, implícitamente, y, de modo expreso, su secreto, estableciendo en este último sentido la interdicción de la interceptación o del conocimiento antijurídicos de las comunicaciones ajenas. [...] el derecho puede conculcarse tanto por la interceptación en sentido estricto [...] como por el simple conocimiento antijurídico de lo comunicado [...] y puede también decirse que el concepto de "secreto", que aparece en el artículo 18.3, no cubre sólo el contenido de la comunicación, sino también, en su caso, otros aspectos de la misma, como, por ejemplo, la identidad subjetiva de los interlocutores o de los corresponsales. [...]
> [...] el Tribunal Europeo de Derechos Humanos en el caso Malone (§ 84) reconoció que el sistema del recuento es por naturaleza distinto a la interceptación de las comunicaciones [...] también dejó afirmado que la utilización de los datos obtenidos por el recuento puede plantear problemas en relación con el art. 8 CEDH.
> [...] [el derecho al secreto de las comunicaciones] garantiza a los interlocutores o comunicantes la confidencialidad de la comunicación telefónica que comprende el secreto de la existencia de la comunicación misma y el contenido de lo comunicado, así como la confidencialidad de las circunstancias o datos externos de la conexión telefónica: su momento, duración y destino; y ello con independencia del carácter público o privado de la red de transmisión de la comunicación y del medio de transmisión —eléctrico, electromagnético u óptico etc...— de la misma. [...] La entrega de los listados por las compañías telefónicas a la policía sin consentimiento del titular del teléfono requiere resolución judicial, pues la forma de obtención de los datos que figuran en los citados listados supone una interferencia en el proceso de comunicación que está comprendida en el derecho al secreto de las comunicaciones telefónicas del art. 18.3 CE».

Previamente, y en este sentido, la Sala de lo Penal del TS ya había adoptado el Acuerdo del Pleno no jurisdiccional de 23/02/2010, sobre necesidad de autorización judicial para la cesión de datos de las operadoras de comunicaciones:

> «Es necesaria la autorización judicial para que los operadores que prestan servicios de comunicaciones electrónicas o de redes públicas de comunicación cedan los datos generados o tratados con tal motivo. Por lo cual, el Ministerio Fiscal precisará de tal autorización para obtener de los operadores los datos conservados que se especifican en el art. 3 de la Ley 25/2007, de 18 de octubre.»

Esta línea jurisprudencial se mantiene actualmente tras la reforma dada por la LO 13/2015. El TS apunta, además, que en el acceso a esta información existe no solo una afectación del derecho al secreto de las comunicaciones, sino también del derecho a la intimidad y del derecho a la protección de datos.

La STS de 16/11/2017 [*Tol 6436647*] advertía que la incorporación de estos datos tiene más que ver con la protección de la intimidad en su vertiente de protección de datos de carácter personal: «la jurisprudencia más reciente ha venido operando con un criterio más restrictivo a la hora de definir el contenido material del derecho proclamado en el art. 18.3 de la CE, hasta el punto de situar la información ofrecida por esos datos asociados en el entorno que sería más propio del derecho a la intimidad, en su dimensión de derecho a la protección de datos (arts. 18.1 y 18.4 de la CE)».

Sin embargo, en sentencias más recientes, se incide de manera relevante en el derecho al secreto de las comunicaciones (cfr. STS de 15/03/2021 [*Tol 8882350*]):

> «[...] los datos relativos a la existencia, al contenido y a las circunstancias externas del proceso estricto de la comunicación, forman parte del derecho al secreto de las comunicaciones y que su difusión sin consentimiento de los titulares de los teléfonos empleados o sin autorización judicial, comporta una vulneración de este derecho. [...] Dichos datos configuran el proceso de comunicación en su vertiente externa y son confidenciales, es decir, reservados del conocimiento público y general, además de pertenecientes a la propia esfera privada de los comunicantes. El destino, el momento y la duración de una comunicación telefónica, o de una comunicación a la que se accede mediante las señales telefónicas, constituyen datos que configuran externamente un hecho que, además de carácter privado, puede asimismo poseer un carácter íntimo».

5.3.3 Procedimiento

En general, puede afirmarse que el procedimiento para la obtención e incorporación los datos asociados y de los datos de tráfico de las comunicaciones será exactamente el mismo que el previsto para la incorporación del contenido de las comunicaciones. Determinadas previsiones no serán aplicables por la naturaleza de los datos. Así, la medida no tendrá en sí misma una duración —pues los datos están ya registrados—, ni será preciso un control periódico de la medida ni su prórroga, como tampoco lo será facilitar copias de grabaciones a las partes.

No obstante, GARCIMARTÍN (p. 86-87) pone de relieve que el art. 588 *ter* d LECrim, exige incorporar a la solicitud policial la «indicación de la forma o tipo de comunicaciones a las que afecta». De esta manera, la solicitud —y la concesión— de la medida debe circunscribirse a una forma de comunicación y no hacerse de forma indiscriminada. Así, para la autora, si lo que se solicita es una interceptación del contenido de comunicaciones, no puede entenderse que, también, se ha solicitado la obtención de los datos asociados o de tráfico de esas comunicaciones.

Puede también apuntarse una reflexión en torno a la menor afectación de esta medida en cuanto a los derechos fundamentales concernidos. Es evidente, y así se ha expuesto por la jurisprudencia mencionada, que la afectación del derecho al secreto de las comunicaciones y del derecho a la intimidad es menor cuando se obtienen datos asociados o datos de tráfico de una comunicación, que cuando lo que se obtiene es el contenido de la comunicación. Aun cuando la obtención de los datos debe pasar por una resolución judicial motivada, es defendible que el juicio sobre los presupuestos para la adopción de la medida —especialidad, idoneidad, excepcionalidad, necesidad y proporcionalidad— debe tener en cuenta que esta medida es menos gravosa para los derechos fundamentales. Como señala la STC 26/2006 [*Tol 817646*]):

> «[...] aunque el acceso y registro de los datos que figuran en los listados constituye una forma de afectación del objeto de protección del derecho al secreto de las comunicaciones, no puede desconocerse la menor intensidad de la injerencia en el citado derecho fundamental que esta forma de afectación representa en relación con la que materializan las escuchas telefónicas, siendo este dato especialmente significativo en orden a la ponderación de su proporcionalidad».

En ocasiones, el Tribunal Supremo ha refrendado la incorporación de datos autorizada por medio de providencia y no de auto, sobre la base del alcance de la medida y de la motivación de la resolución discutida (SSTS de 14/04/2015 [*Tol 4986080*]); de 4/12/2015 [*Tol 6053571*]; de 23/01/2018 [*Tol 7011995*]); y de 12/01/2022 [*Tol 9391060*]).

5.3.4 El problema de la vigencia de la Ley 25/2007 y del almacenamiento masivo de datos

Los datos electrónicos de tráfico o asociados deben conservarse por los operadores de servicios que prestan servicios de comunicaciones. Se trata de datos que han quedado registrados con objeto de la comunicación realizada, que están a disposición de esa clase de operadores, y cuya incorporación al proceso requiere autorización judicial —art. 588 *ter* j) LECrim—. Esta clase de operadores goza de habilitación legal para conservar esos datos, según lo dispuesto en la Ley 25/2007.

El problema se presenta porque la Ley 25/2007 se dictó en desarrollo de la Directiva 2006/24/CE del Parlamento Europeo y del Consejo de 15 de marzo de 2006 sobre la conservación de datos generados o tratados en relación con la prestación de servicios de comunicaciones electrónicas de acceso público o de redes públicas de comunicaciones y por la que se modifica la Directiva 2002/58/CE. La Ley contiene un extenso catálogo de datos que pueden conservarse durante un plazo de doce meses desde que se ha producido la comunicación, y la obligación de su cesión cuando existe autorización judicial.

Debe indicarse que, en el caso *Digital Rights Ireland* y otros, la STJUE de 8/04/2014 [*Tol 9914950*] entendió que la obligación de conservación de datos que se recogía en la Directiva era una injerencia los derechos fundamentales de prácticamente toda la población europea. Señaló que los datos que debían conservarse permitían establecer conclusiones muy precisas sobre la vida privada de las personas y que esa obligación de conservación y su acceso por las autoridades eran una injerencia en los derechos de los artículos 7, 8 y 11 de la CDFUE. Puso de relieve que el período de conservación —mínimo de seis meses, máximo de dos años— no se justificaba con base en criterios objetivos para garantizar que ese límite temporal fuera el estrictamente necesario. Por estas razones —y algunas más— el TJUE declaró que la Directiva 2006/24/CE es «inválida». Volvió en consecuencia a "revivir" la Directiva 2002/58/CE, relativa al tratamiento de los datos personales y a la protección de la intimidad en el sector de las comunicaciones electrónicas.

Se plantea en consecuencia, qué ocurre con el régimen de conservación y cesión de datos que se establece en la Ley 25/2007 ¿Conserva su vigencia la Ley?

Con posterioridad a 2014, el TJUE ha ido dictando una serie de sentencias, sobre esta materia, que deben tenerse en cuenta:

a) La STJUE de 21/12/2016 [*Tol 9742621*], se pronunció sobre el artículo 15.1 de la Directiva 2002/58, a la que había sustituido la Directiva 2006/24/CE. En esta sentencia, el TJUE indicó, entre otras cuestiones, que la normativa nacional que establezca una conservación indiferenciada y generalizada de datos de tráfico y localización es contraria al derecho de la Unión, aun cuando la finalidad sea luchar contra la delincuencia.

b) La STJUE de 6/10/2020 [*Tol 8103183*], indicó que la Directiva 2002/58 permitía que las autoridades nacionales obligaran a los proveedores de servicios a transmitir datos de tráfico y de localización a los servicios de inteligencia para proteger la seguridad nacional. De otro lado, indicó que era contrario al Derecho de la Unión que esta transmisión fuera generalizada e indiferenciada.

c) La STJUE de 6/10/2020 [*Tol 9749480*], reiteró que no pueden establecerse medidas legislativas que ordenen una conservación generalizada e indiferenciada de datos de tráfico y localización con carácter preventivo. No obstante, señaló que, en situaciones de amenazas graves para la seguridad nacional, podría legislarse para requerir a los prestadores de servicios esta clase de conservación, con determinadas garantías. También afirmó el TJUE que, para la protección de la seguridad nacional o lucha contra la delincuencia grave y prevención de amenazas graves contra la seguridad pública, podría legislarse para una conservación selectiva de datos de tráfico y de localización, de direcciones IP o datos relativos a la identidad civil, a su recopilación o análisis en tiempo real, también con garantías.

d) La STJUE de 2/03/2021 [*Tol 8898095*], reitera que no se admiten conservaciones generalizas e indiscriminadas de datos, aunque puede realizarse una conservación con garantías, selectiva y para la lucha contra la delincuencia grave y las amenazas graves contra la seguridad pública.

Al margen de las consideraciones doctrinales que puedan realizarse, lo cierto es que el legislador nacional ha considerado que la Ley 25/2007 sigue siendo válida, por cuanto la Ley 9/2014, General de Telecomunicaciones modificó varios preceptos de la Ley 25/2007 —entre otros, los relativos a la cesión de datos— y establecía, en su artículo 42, una remisión a la Ley 25/2007. También fue modificada por la Ley 3/2018e, de Protección de Datos Personales y garantía de los derechos digitales y, asimismo, con remisión a la Ley 25/2007. Esta remisión se mantiene en la actual Ley 11/2022, General de Telecomunicaciones (arts. 61 y 66.4) pese al dictado de las resoluciones del TJUE.

El Tribunal Supremo, (por todas, STS de 18/01/2024 [*Tol 9852290*]) entiende que la Ley 25/2007 permanece vigente por las "estrictas garantías" previstas para el tratamiento de los datos y cesión a la autoridad judicial que se prevén, tanto en la propia ley, como en la LECrim.

5.4 Acceso a los datos necesarios para identificación de usuarios, terminales o dispositivos de conectividad

5.4.1 Identificación mediante números IP, IMSI o IMEI

El IP —*Internet Protocol*— es un número que se asigna por un ISP —*Internet Service Provider*— a un equipo —*router, modem*, etc.— cuando accede a internet o servicios relacionados con ella. Como tal, es un dato público y no identifica al usuario, sino al equipo que accede a internet. La LECrim (art. 588 *ter* k) permite su obtención por la Policía Judicial. Es frecuente su averiguación en tareas de «ciberpatrullaje» o descubrimiento de delitos en la red. Tanto la Circular 2/2019, como la jurisprudencia del TS (vid. por todas, STS de 4/03/2021 [*Tol 8352319*]) consideran legítima su obtención por afectar de manera poco relevante a los derechos fundamentales protegidos en el artículo 18 CE.

El IMSI —*International Mobile Subscriber Identity*— es un código que pertenece al operador de servicios y está grabado en la tarjeta SIM de los equipos que tienen conexión a un servicio de telecomunicación; sin embargo, no está vinculado a la SIM, sino a la línea. El IMEI es un código que identifica al terminal —aparato— que se conecta a los servicios de comunicación, un número de serie único y propio del terminal. El artículo 588 *ter* l) LECrim permite a la Policía Judicial identificar estos números cuando se conectan a un repetidor, mediante técnicas "de barrido" o escaneado. Igualmente, la Circular 2/2019 y la Sala Segunda del TS (por todas, STS de 8/11/2018 [*Tol 7046725*]) han puesto de relieve que no es necesaria autorización judicial para la obtención de esta clase de números.

Cuestión distinta es que, cuando la Policía pretende obtener los IP, o los IMSI o IMEI, como datos almacenados por los prestadores de servicios, deban solicitar autorización judicial conforme al art. 588 *ter* j) LECrim.

5.4.2 Acceso a los datos de identificación del usuario

El artículo 588 *ter* m prevé la posibilidad de que, una vez obtenido un número de teléfono o un número de identificación de un medio de comunicación —entre los que pueden situarse los números IP, IMSI e IMEI o los números de teléfono—, sea la propia Policía Judicial o el Ministerio Fiscal quien se dirija al prestador de servicios para que informe sobre la titularidad de ese medio de comunicación. También permite, en sentido inverso, pedir a un prestador de servicios que informe sobre los números de teléfono o datos de identificación de un titular determinado —*v.gr.* las líneas de teléfono que tiene contratadas una persona determinada—.

Esta facultad de acudir a la identificación del titular de un número sin autorización judicial ha sido avalada por la Circular 2/2019 de la FGE y por la jurisprudencia de la Sala Segunda del TS (SSTS de 7/7/2017 [*Tol 6210834*]; de 22/12/2020 [*Tol 8261730*]; y de 23/7/2021 [*Tol 8592812*]).

No obstante, estas posibilidades han sido criticadas por la doctrina (ENCINAR, pp. 2.220-2.223) por ser contrarias a la ya mencionada jurisprudencia del TJUE, y a la doctrina del TEDH (STEDH de 24/04/2018, caso *Bendedik* c. Eslovenia [*Tol 6578074*]).

6. LA INTERVENCIÓN DE COMUNICACIONES ORALES DIRECTAS

6.1 Concepto y necesidad de la regulación de su intervención

El Capítulo VI del Título VIII del Libro II de la LECrim [arts. 588 *quater* a) - 588 *quater* e)] regula la captación y grabación de comunicaciones orales mediante la utilización de dispositivos electrónicos. Una primera cuestión que se plantea es qué debe considerarse "comunicación oral directa". No podrá entenderse como tal simplemente una conversación o un intercambio de información simultáneo entre dos o más personas, pues ello englobaría a las conversaciones telefónicas o telemáticas. El concepto no puede residir en la simultaneidad, sino que debe atender a la ausencia de medios técnicos empleados para la comunicación. CASTILLEJO (pp. 133 y 134) acude a pronunciamientos jurisprudenciales al respecto y considera que se trata de comunicaciones realizadas «de forma verbal y con la inmediación física de los intervinientes, sin que medie ninguna clase de medio en el proceso de comunicación».

La Circular 3/2019 de la FGE sobre captación y grabación de comunicaciones orales mediante la utilización de dispositivos electrónicos, puede resultar un instrumento de enorme interés para el estudio de esta clase de medida limitativa de derechos fundamentales (RODRÍGUEZ, o BUENO, pp. 93-123). La Circular 3/2019 concibe esta medida como la «técnica de investigación consistente en grabar a través de micrófonos ambientales».

Hay autores (GARCIMARTÍN, pp. 101-102) que incluso entienden que la referencia a "comunicaciones" que se hace en la regulación legal de la medida no es apropiada, pues en ocasiones pueden ser más relevante los sonidos ambientales en que se desarrolla una conversación, que la conversación misma.

Dejando de lado otras disquisiciones doctrinales, lo cierto es que la medida regula la colocación de instrumentos aptos para la grabación de conversaciones que mantienen dos o más personas. Parece que, además, se refiere únicamente a grabación de sonido, aunque, en realidad no es así —pese a que la Circular 3/2019 se refiere inicialmente a "micrófonos"—, por cuanto los artículos 588 *quater* a) y 588 *quater* e) LECrim hacen referencia también a la grabación de imágenes. Además, es perfectamente comprensible que, vista la evolución de los dispositivos tecnológicos de grabación, la posibilidad de grabar, al mismo tiempo, sonido e imagen resulte algo habitual.

Como en otras medidas de investigación tecnológicas, los derechos fundamentales afectados son varios. Hay quien cuestiona si las conversaciones directas están realmente amparadas por el secreto de las comunicaciones (CASTILLEJO, pp. 133 y 134), aunque no se entrará en este debate, por más que pudiera resultar interesante. Desde un punto de vista práctico, en este caso, puede afirmarse que están involucrados el derecho a la intimidad personal y familiar, el derecho al secreto de las comunicaciones, el derecho a la propia imagen —si es que hubiera grabación de imágenes—, e incluso pudiera verse afectada la inviolabilidad domiciliaria —piénsese en la colocación de un dispositivo de grabación en un domicilio, lo que prevé la propia LECrim—. También pueden verse afectados otros derechos, como el derecho a no declarar contra uno mismo o el derecho a no confesarse culpable del art. 24.2 CE, por cuanto, con la grabación, se puede obtener una "confesión" de la comisión de un delito por parte de quien lo comete, o, incluso, se puede registrar la comisión misma del delito. Especialmente polémico resulta el uso de esta clase de intervenciones cuando se emplean con personas que están detenidas o presas (ENCINAR, pp. 2.224-2.227, y 2.232-2.234).

Por otra parte, conviene recordar que estamos ante una medida no regulada expresamente en la LECrim hasta la reforma dada por la LO 13/2015, de manera que, en la práctica, este tipo de intervenciones se realizaba al amparo del antiguo artículo 579 LECrim, con autorización judicial y ponderación de la proporcionalidad de la medida —entiéndase proporcionalidad en sentido amplio, comprensiva de todos los presupuestos—.

Pese a la exigencia de autorización judicial o la realización de un juicio de ponderación de la especialidad, idoneidad, excepcionalidad, necesidad y proporcionalidad, lo cierto es que la práctica de este tipo de medidas de investigación adolecía de una regulación legal que sustentara su adopción. Así lo hizo ver la STC 145/2014 [*Tol 4529675*], que declaró la nulidad de una prueba de grabación por falta de una disposición legal que desarrollara el contenido de derechos fundamentales en este sentido; una línea jurisprudencial, además, que no era nueva (vid. SSTC 49/1999 [*Tol 81121*]), y 169/2001 [*Tol 12996*]). Esta interpretación del Tribunal Constitucional evidenciaba la necesidad de desarrollo de una previsión normativa —con rango de Ley Orgánica, además— que llegó con la modificación de la LECrim dada por la LO 13/2015.

6.2 Requisitos para su adopción

6.2.1 Requisitos relativos al delito investigado y al lugar de instalación

La LECrim [art. 588 *quater* b)] solo permite la adopción de este tipo de medidas de investigación para la averiguación de delitos dolosos con pena de prisión de tres años o superior; delitos cometidos en el seno de una organización o grupo criminal; y delitos de terrorismo. Se trata de los mismos delitos a que se refiere el artículo 579 LECrim.

El lugar donde pueden instalarse los dispositivos es, en resumen, cualquiera. El art. 588 *quater* a) LECrim prevé la colocación en la vía pública, en espacios abiertos, en domicilios o en lugares cerrados; es decir, en la práctica, cualquier lugar.

6.2.2 *Presupuestos para la ponderación de intereses en juego*

Como toda medida de investigación tecnológica, está sujeta a los principios rectores para su adopción de especialidad, idoneidad, excepcionalidad, necesidad y proporcionalidad del artículo 588 *bis* a LECrim.

El artículo 588 *quater* b), en su apartado 2 b) contiene una previsión que no deja de ser una reiteración del principio de idoneidad, entendido como adecuación de la medida a la investigación, pues indica, como requisito: «que pueda racionalmente preverse que la utilización de los dispositivos aportará datos esenciales y de relevancia probatoria para el esclarecimiento de los hechos y la identificación de su autor».

Más interesante resulta la aclaración que introduce el artículo 588 *quater* a), en su apartado 2, pues además de permitir expresamente que se coloquen los dispositivos en domicilios, obliga a una ponderación expresa cuando el dispositivo se coloca, dentro de domicilios, o en "espacios destinados al ejercicio de la privacidad"; y el art. 588 *quater* c), a que la resolución indique, expresamente, el lugar de colocación. Es decir, el análisis de los presupuestos de especialidad, idoneidad, excepcionalidad, necesidad y proporcionalidad debe tener especialmente en cuenta el lugar donde se instala el dispositivo. No será lo mismo colocarlo en la vía pública, en un lugar de paso, que hacerlo, por ejemplo, en los vestuarios de una instalación deportiva, o en la vivienda de la persona investigada. Se establece una obligación de motivación —que lo será tanto de la solicitud, como de la resolución judicial— en función de la afectación de derechos fundamentales por el lugar de colocación del dispositivo. En este sentido el Tribunal Supremo (STS de 3/12/2020 [*Tol 8267873*]) ha destacado la dificultad de la tarea de ponderación de la afectación de los derechos fundamentales en juego en función de lugar donde se coloca el dispositivo y ha llamado la atención sobre la inexistencia, a priori, de lugares en que no se puedan colocar—de hecho menciona que, en otros ordenamientos, se han establecido listados de lugares en que está prohibido colocar esos aparatos—.

6.2.3 *El problema del plazo de vigencia de la medida*

Al respecto de esta medida de investigación se plantea la interesante cuestión de una ausencia de previsión específica acerca de la vigencia temporal de la medida. La LECrim, al contrario que en la intervención de comunicaciones telemáticas, no ha previsto un plazo de duración de la medida. Únicamente, el artículo 588 *quater* b), en el apartado primero, señala que la medida debe estar vinculada a "uno o varios encuentros del investigado con otras personas". En la misma línea, el artículo 588 *ter* indica que la autorización judicial debe hacer referencia, en concreto, a tales encuentros.

El TC y el TS no han mantenido una postura completamente idéntica a este respecto. Así, el TS (SSTS de 3/12/2020 [*Tol 8267873*] y de 28/12/2020 [*Tol 8262265*]) parte de la idea de que no pueden fijarse límites temporales para la realización de esta medida, en aplicación analógica de lo previsto para la interceptación de las comunicaciones telefónicas y telemáticas. Según su entender, el plazo no es otro que el derivado de la naturaleza excepcional de esta clase de medidas, que solo adquiere significación cuando se pone en relación con encuentros determinados y previsibles.

Al contrario, el Tribunal Constitucional (STC 99/2021 [*Tol 8451614*]) sí ha admitido la fijación de un plazo para el desarrollo de esta medida de investigación, pues entiende que el legislador ha indicado que puede emplearse para uno o para varios encuentros concretos, de lo que se deduce que no tiene por qué ir unida, inexorablemente, a un solo encuentro. Por ello, excepcionalmente, la medida puede quedar definida con un alcance temporal determinado. La duración de los encuentros y el lapso temporal entre ellos será lo que determine el límite temporal de la medida de investigación.

BIBLIOGRAFÍA

- BARJA DE QUIROGA, *Tratado de Derecho Procesal Penal (Tomo II)*. 7ª edición, Aranzadi, 2019.
- BUENO DE MATA, *Las diligencias de investigación penal en la cuarta revolución industrial*, Aranzadi, 2019.
- CABEZUDO RODRÍGUEZ, «Algunas reflexiones acerca de la reglamentación de las nuevas medidas de investigación tecnológica en la Ley Orgánica 13/2015, de 5 de octubre, de modificación de la Ley de Enjuiciamiento Criminal», en *Nuevos horizontes del derecho procesal, libro homenaje al profesor Ernesto Pedraz Penalva* (Jimeno Bulnes/Pérez Gil, coords.), JM Bosch Editor, 2016.
- CADENA SERRANO, «El Derecho al Entorno Digital», en *Diario La Ley*, Nº 9307, Sección Comentarios de jurisprudencia, 27 de noviembre de 2018. Disponible en web: <https://laleydigital.laleynext.es>
- CASANOVA MARTÍ, «La captación y grabación de comunicaciones orales mediante la utilización de dispositivos electrónicos», en *Diario La Ley*, Nº 8674, Sección Doctrina, 4 de enero de 2016. Disponible en web: <https://laleydigital.laleynext.es>
- CARRILLO LÓPEZ, «Los ámbitos del derecho a la intimidad en la sociedad de la comunicación», en VVAA. *El derecho a la privacidad en un nuevo entorno tecnológico*, Centro de Estudios Políticos y Constitucionales, 2016.
- CASTILLEJO MANZANARES, *Medidas limitativas de derechos fundamentales. En especial las tecnológicas*, Aranzadi, 2021.
- ENCINAR DEL POZO, «Comentarios a los artículos 579 a 588», en *Comentarios a la Ley de Enjuiciamiento Criminal. Tomo II* (Barja de Quiroga (dir.), Tirant lo Blanch, 2023.
- GARCIMARTÍN MONTERO, *Los Medios de Investigación Tecnológicos en el Proceso Penal*, Aranzadi, 2018.
- GIMENO SENDRA, «La intervención de las comunicaciones», en *Diario La Ley*. Nº 7192, Sección Doctrina, 9 de junio de 2009, Año XXX. Disponible en web: <https://laleydigital.laleynext.es>
- GONZÁLEZ-CUÉLLAR SERRANO, *Proporcionalidad y derechos fundamentales en el proceso penal*, Colex, 1990.
- NARVÁEZ RODRÍGUEZ, «Escuchas telefónicas: alcance constitucional y procesal», en *Revista del Ministerio Fiscal*. nº 1, 1995.
- RICHARD GONZÁLEZ, *Investigación y prueba mediante medidas de intervención de las comunicaciones, dispositivos electrónicos y grabación de imagen y sonido*, La Ley, 2017.
- RIVES SEVA, *La intervención de las comunicaciones en el proceso penal*, Bosch, 2010.
- RODRÍGUEZ LAINZ «Veintiocho discrepancias y refutaciones a las Circulares de la Fiscalía General del Estado de 6 de marzo de 2019 sobre diligencias de investigación tecnológica. *Diario La Ley*. Nº 9416, Sección Doctrina, 16 de mayo de 2019.
- RUBIO ALAMILLO, «La informática en la reforma de la Ley de Enjuiciamiento Criminal, en *Diario La Ley*. Nº 8662, Sección Tribuna, 10 de diciembre de 2015. Disponible en web: <https://laleydigital.laleynext.es>
- SANCHÍS CRESPO, «Interceptación de las comunicaciones telefónicas y telemáticas como instrumento de la investigación penal», en *Derecho, Justicia, Universidad: liber amicorum de Andrés de la Oliva Santos* (Díez-Picazo/Vegas Torres (coords.), Editorial Universitaria Ramón Areces, 2016.

– ZAMARRA ÁLVAREZ, «Comentarios a los artículos 579 a 588», en *Comentarios a la Ley de Enjuiciamiento Criminal. Tomo II* (Barja de Quiroga dir.), Tirant lo Blanch, 2023.

Capítulo 31

Monitorización remota de sistemas y equipos informáticos

Sonia Nuez Rivera
Magistrada
Letrada del CGPJ

SUMARIO: **1. EL DERECHO AL ENTORNO VIRTUAL. 2. CONCEPTO, OBJETO Y ÁMBITO DE APLICACIÓN DE LA MEDIDA. 2.1 Concepto y caracteres. 2.2 Objeto. 2.3 Ámbito objetivo. 2.4 Ámbito subjetivo. 3. LA AUTORIZACIÓN JUDICIAL COMO PRESUPUESTO HABILITANTE. 3.1 Resolución judicial habilitante. 3.2 Presupuestos de legitimidad. 3.3 Contenido de la resolución judicial.** *3.3.1 Casuística sobre la autorización judicial.* A) No consta el informe preceptivo del Ministerio Fiscal. B) La motivación del auto por remisión al oficio policial. C) El auto no se notificó al Ministerio Fiscal. D) La autorización judicial se concedió por providencia. E) Motivación insuficiente. **3.4 Procedimiento de adopción de la medida. 4. DEBER DE COLABORACIÓN Y SECRETO. 5. ÁMBITO TERRITORIAL DEL REGISTRO REMOTO.**

1. EL DERECHO AL ENTORNO VIRTUAL

La LO 13/2015, de modificación de la Ley de Enjuiciamiento Criminal para el fortalecimiento de las garantías procesales y la regulación de las medidas de investigación tecnológica, regula el registro de dispositivos informáticos de almacenamiento masivo de información y los registros remotos sobre equipos informáticos, colmando una ausencia normativa en el marco jurídico habilitante para la práctica de estas diligencias de investigación que afectan de forma intensa a derechos fundamentales de los usuarios de los dispositivos.

De hecho, son varios los derechos fundamentales que se ven afectados en el registro de sistemas y equipos informáticos. Tradicionalmente, la jurisprudencia ha apuntado que, en esencia, en esta diligencia de investigación se ven afectados el derecho a la intimidad personal del art. 18.1 CE y el derecho al secreto de las comunicaciones del art. 18.3 CE, si se revelan datos que forman parte de procesos comunicativos, sin olvidar el derecho a la protección de datos del art. 18.4 CE.

Sobre el ámbito de la protección dispensada, que se ha discutido con profusión, la Circular 1/2013, de la FGE ha apuntado que lo determinante para la delimitación del contenido de los derechos fundamentales recogidos en los arts. 18.1 y 18.3 CE es el carácter de la información a la que se accede.

La Circular 5/2019 de la FGE, sobre el registro de dispositivos y equipos informáticos, al analizar el derecho fundamental afectado, recuerda el diferente grado de exigencia o salvaguarda que ambos derechos fundamentales requieren desde una perspectiva constitucional para su limitación. De conformidad con el art. 18.2 CE, la intervención de las comunicaciones requiere de autorización judicial, a diferencia del derecho a la intimidad del art. 18.1 CE, que no precisa de esa misma garantía. Ello ha generado en la casuística problemas o dudas en la determinación de la naturaleza del contenido de los dispositivos registrados o que puedan ser hallados en un registro, que pueden contener a la vez datos personales, técnicos, profesionales, fotografías, servicios de correo electrónico, programas de gestión de mensajería instantánea, datos sensibles de salud, ideología, orientación sexual, creencias religiosas, o incluso datos de geolocalización.

Desde una perspectiva constitucional, la STC 173/2011 [*Tol 2288705*], recuerda la importancia de la necesidad de protección de los datos personales contenidos en un ordenador frente a la intromisión de terceros o de los poderes públicos. La sentencia reseña lo siguiente:

> «si no hay duda de que los datos personales relativos a una persona individualmente considerados, a que se ha hecho referencia anteriormente, están dentro del ámbito de la intimidad constitucionalmente protegido, menos aún pueda haberla de que el cúmulo de la información que se almacena por su titular en un ordenador personal, entre otros datos sobre su vida privada y profesional (en forma de documentos, carpetas, fotografías, vídeos, etc.) —por lo que sus funciones podrían equipararse a los de una agenda electrónica—, no sólo forma parte de este mismo ámbito, sino que además a través de su observación por los demás pueden descubrirse aspectos de la esfera más íntima del ser humano. Es evidente que cuando su titular navega por Internet, participa en foros de conversación o redes sociales, descarga archivos o documentos, realiza operaciones de comercio electrónico, forma parte de grupos de noticias, entre otras posibilidades, está revelando datos acerca de su personalidad, que pueden afectar al núcleo más profundo de su intimidad por referirse a ideologías, creencias religiosas, aficiones personales, información sobre la salud, orientaciones sexuales, etc. Quizás, estos datos que se reflejan en un ordenador personal puedan tacharse de irrelevantes o livianos si se consideran aisladamente, pero si se analizan en su conjunto, una vez convenientemente entremezclados, no cabe duda que configuran todos ellos un perfil altamente descriptivo de la personalidad de su titular, que es preciso proteger frente a la intromisión de terceros o de los poderes públicos, por cuanto atañen, en definitiva, a la misma peculiaridad o individualidad de la persona».

A continuación, advierte de los derechos fundamentales que pueden verse afectados:

> «A esto debe añadirse que el ordenador es un instrumento útil para la emisión o recepción de correos electrónicos, pudiendo quedar afectado en tal caso, no sólo el derecho al secreto de las comunicaciones del art. 18.3 CE (por cuanto es indudable que la utilización de este procedimiento supone un acto de comunicación), sino también el derecho a la intimidad personal (art. 18.1 CE), en la medida en que estos correos o email, escritos o ya leídos por su

destinatario, quedan almacenados en la memoria del terminal informático utilizado. Por ello deviene necesario establecer una serie de garantías frente a los riesgos que existen para los derechos y libertades públicas, en particular la intimidad personal, a causa del uso indebido de la informática, así como de las nuevas tecnologías de la información "».

Como refiere la STS de 23/10/2018 [*Tol 6917487*], estos instrumentos y dispositivos son «esferas de almacenamiento de una serie compleja y densa de datos que afectan de modo muy variado a la intimidad del investigado (comunicaciones tuteladas por el art. 18 3º CE; contactos, fotografías, archivos personales, tuteladas por el art. 18 1º CE; datos personales y de geolocalización, que pueden cobijarse en el derecho a la protección de datos, art. 18 4º CE)».

Para superar este problema de multiplicidad de datos y de posibles derechos afectados, la jurisprudencia del Tribunal Supremo ha aludido al concepto del "derecho al propio entorno virtual", que contempla la multifuncionalidad de los datos que pueden almacenarse en un dispositivo. Así, la STS de 17/04/2013 [*Tol 3707623*], que menciona expresamente el derecho al entorno virtual, señala que la ponderación de las razones que justifican la limitación de los derechos fundamentales de los usuarios será más adecuada si los datos se contemplan de forma unitaria. En el entorno virtual se integraría «toda la información en formato electrónico que, a través del uso de las nuevas tecnologías, ya sea de forma consciente o inconsciente, con voluntariedad o sin ella, va generando el usuario, hasta el punto de dejar un rastro susceptible de seguimiento por los poderes públicos».

Así las cosas, la nueva regulación legal recoge esa visión integral del entorno digital como referencia y parámetro de la protección jurisdiccional que se dispensa frente a los actos de injerencia de los poderes públicos.

Concluye la Sala que, sea como fuere, lo cierto es que «la intervención de un ordenador para acceder a su contenido exige un acto jurisdiccional habilitante». Y ello con independencia de que esté afectado el derecho a la intimidad o el derecho al secreto de las comunicaciones, puesto que el registro va a limitar el entorno virtual de la persona investigada. Y es, precisamente, en la motivación de la resolución judicial habilitante donde deberá descenderse al análisis y a la ponderación concreta de los derechos controvertidos en la adopción de la medida.

2. CONCEPTO, OBJETO Y ÁMBITO DE APLICACIÓN DE LA MEDIDA

2.1 Concepto y caracteres

El Capítulo IX, del Título VIII, del Libro II del Código Penal recoge el régimen de registro remoto sobre equipos informáticos en los arts. 588 *septies* a, b y c, que regulan, respectivamente, los presupuestos, el deber de colaboración y la duración de esta medida de investigación tecnológica.

El registro remoto consiste en la entrada subrepticia en el entorno virtual de la persona investigada, eludiendo las barreras de protección del equipo o dispositivo informático del usuario a través de la instalación de un software específico (*spyware*) o del uso de datos de identificación y códigos, para acceder y examinar el contenido de un ordenador u otro dispositivo de almacenamiento masivo y obtener datos de interés para la investigación. Se trata, por tanto, de una entrada de forma remota y telemática, sin contacto físico directo, y sin conocimiento de su titular o usuario, es decir, de una entrada oculta y a distancia, mediante resolución judicial habilitante para ello.

El registro remoto sobre equipos informáticos supone una injerencia en el entorno virtual de la persona investigada, sin que tenga conocimiento de ello, lo que supone una intromisión especialmente intensa o invasiva. Primero, porque, como se ha apuntado más arriba, son muchos los derechos que pueden verse afectados con la adopción de la medida —derecho a la intimidad y propia imagen, a la inviolabilidad de las comunicaciones, a la protección de datos personales—. En este sentido, la STS de 17/04/2013 [*Tol 3707623*] apunta que «En el ordenador coexisten, es cierto, datos técnicos y datos personales susceptibles de protección constitucional en el ámbito del derecho a la intimidad y la protección de datos (art. 18.4 de la CE). Pero su contenido también puede albergar —de hecho, normalmente albergará— información esencialmente ligada al derecho a la inviolabilidad de las comunicaciones».

Y, segundo, por el carácter dinámico del registro, porque durante el tiempo que esté vigente la medida no solo se accede al contenido existente en el ordenador o dispositivo objeto de la investigación, sino que también se tiene acceso al flujo de datos de interés para la investigación que se van añadiendo o borrando en tiempo real, sin que su usuario lo advierta. Dice la Circular 5/2019 FGE que «es como si se llevara a cabo un registro diario durante todo el tiempo que dura la medida», ya que se prolonga en el tiempo la medida de injerencia en el contenido del dispositivo.

Precisamente, estos caracteres son los que diferencian los registros remotos de los registros directos, que son registros estáticos, es decir, posibilitan que se acceda a su contenido en un momento determinado, y se llevan a cabo con el conocimiento de la persona investigada.

Además, la gravedad de la intromisión en los derechos fundamentales de la persona investigada, agravada por las circunstancias de acceso clandestino y por el carácter dinámico del registro, determinan la necesidad de unas garantías reforzadas y de unas exigencias particularizadas en la regulación de los registros remotos de equipos informáticos.

2.2 Objeto

En cuanto al objeto sobre el que recae la medida de investigación, el art. 588 *septies* a) LECrim alude al contenido de «un ordenador, dispositivo electrónico, sistema informático, instrumento de almacenamiento masivo de datos informáticos o base de datos».

Con carácter general, el registro remoto comprende la utilización de "datos de identificación y códigos" o bien en la instalación de un software. La primera posibilidad consiste en utilizar las contraseñas de la persona investigada para acceder a algún repositorio de datos concreto para obtener la información necesaria para la investigación, como la cuenta de correo electrónico o la cuenta de almacenamiento de datos en la nube. La principal dificultad del uso de datos de identificación y códigos consiste en la obtención de los mismos, lo cual requerirá de una investigación policial previa o de la colaboración obligada de los proveedores de servicios de internet que almacenen dichos datos.

La segunda opción que prevé el legislador es la instalación de un programa espía en el ordenador de la persona investigada, lo cual supone, sin duda, una injerencia de mayor intensidad en el entono virtual de la persona investigada. La gran complicación de este técnica es la instalación del programa en el ordenador de la persona investigada o el acceso al equipo informático para instalar el programa malicioso tipo espía (*spyware*). Así, esta modalidad puede requerir de otras técnicas que aprovechan las vulnerabilidades del sistema para obtener el control del equipo informático y ejecutar los programas espía o bien de actuaciones policiales adicionales, como pudiera ser la entrada en el lugar donde se encuentra el equipo informático para manipular directamente el sistema.

En resumen, la medida de registro remoto está condicionada a una actividad investigadora previa y puede realizarse mediante distintas opciones técnicas. Si bien, la técnica de acceso que se utilice deberá indicarse expresamente en la resolución judicial.

En cuanto a la titularidad del equipo informático que se somete al registro remoto, con carácter general, el art. 588 *bis* h) LECrim, de aplicación común a todas las medidas de investigación tecnológica, permite la adopción de medidas de investigación aun cuando afecten a terceras personas, en los casos y con las condiciones que se regulan en las disposiciones específicas de cada medida.

Sin embargo, nada dice la norma sobre si el ordenador o dispositivo objeto de registro debe de ser el de la persona investigada o el registro remoto puede afectar al ordenador o dispositivos de terceras personas. Sobre este particular BACHMAIER (p. 12) propone como interpretación más razonable que se apliquen por analogía a los registros remotos las normas sobre la interceptación de comunicaciones telemáticas, porque el registro remoto utiliza procesos de comunicación electrónica como vía de acceso al contenido de los equipos y sistemas informáticos, aunque el proceso comunicativo no sea propiamente el fin de la medida y esta interceptación en concreto no afecte al secreto de las comunicaciones.

Y en este sentido, el art. 588 *ter* c) LECrim, permite la intervención judicial de las comunicaciones emitidas desde terminales o medios de comunicación telemática de terceras personas siempre que exista constancia de que el sujeto investigado se sirve de aquellas para transmitir o recibir información, o el titular colabore con la persona investigada en sus fines ilícitos o se beneficie de su actividad.

Apunta BACHMAIER (p. 12), que lo importante a los efectos de autorizar el registro remoto del ordenador de una tercera persona ajena a la investigación, a su juicio, es que existan indicios para entender que en el equipo existe información que resulta relevante para el esclarecimiento de los hechos objeto de investigación, al margen de la concurrencia de las circunstancias mencionadas en el art. 588 *ter* c) LECrim.

Cuestión distinta es que, en la práctica, la información obtenida del registro remoto pueda afectar a terceras personas que sean ajenas a la investigación, como se analizará al estudiar el ámbito subjetivo de la medida.

2.3 Ámbito objetivo

En cuanto al ámbito objetivo de aplicación de la medida, el art. 588 *septies* a) LECrim enumera los delitos cuya investigación permite acordar la realización de registros remotos y los concreta en los siguiente: «a) delitos cometidos en el seno de organizaciones criminales; b) delitos de terrorismo; c) delitos cometidos contra menores o personas con capacidad modificada judicialmente; d) delitos contra la Constitución, de traición y relativos a la defensa nacional y e) delitos cometidos a través de instrumentos informáticos o de cualquier otra tecnología de la información o la telecomunicación o servicio de comunicación».

La limitación de la medida a la investigación de determinados delitos se explica bien en la exposición de motivos de la LO 13/2015, cuando apunta que «el intenso grado de injerencia que implica su adopción justifica que incluso se refuerce el ámbito objetivo de la medida, para lo que se han acotado con un listado *numerus clausus* los delitos que la pueden habilitar, y a que se limite la duración temporal, habiéndose optado por una duración de un mes prorrogable como máximo por iguales periodos de tiempo hasta los tres meses».

Así, señala DELGADO MARTÍN (p. 20), que algunos de estos delitos pueden llevar aparejadas penas graves, como los referentes a terrorismo o los cometidos en el seno de grupos u organizaciones criminales. Otros, sin embargo, pueden ser delitos graves o menos graves, en el caso de los delitos cometidos contra personas menores o con capacidad modificada judicialmente o en el caso de los delitos cometidos a través de instrumentos informáticos o de cualquier otra tecnología de la información o la telecomunicación. En estos últimos casos, deberá igualmente comprobarse el cumplimiento de los requisitos que justifican la adopción de la medida de injerencia.

Por parte de la doctrina, como corolario del debate apuntado antes, se plantea el alcance del registro remoto en función de si la medida comprende únicamente el acceso a los datos contenidos en el ordenador o incluye también la interceptación de las comunicaciones en tiempo real.

La Circular 5/2019 FGE interpreta que el carácter dinámico del registro remoto permite la interceptación de las comunicaciones en tiempo real y su seguimiento durante el tiempo que dura la medida. Ello hace del registro remoto sobre equipos informáticos una medida híbrida entre el registro de dispositivos de almacenamiento masivo de información y la interceptación de comunicaciones telemáticas.

Dice BACHMAIER (p. 14), que la distinción sobre el alcance de la medida es relevante por cuanto la autorización para la interceptación de las telecomunicaciones solo puede concederse para la investigación de los delitos a que se refiere el art. 579.1 LECrim, esto es: a) los delitos dolosos castigados con pena con límite máximo de, al menos, tres años de prisión; b) delitos cometidos en el seno de un grupo u organización criminal y; c) delitos de terrorismo, o bien para la investigación de delitos cometidos a través de instrumentos informáticos o de cualquier otra tecnología de la información o la comunicación o servicio de comunicación. Por su parte, la diligencia de investigación de registro remoto solo puede autorizarse para la investigación de los delitos comprendidos en el apartado primero del art. 588 *septies* a).

Entonces, estarían excluidos de la diligencia de registro remoto los delitos dolosos castigados con pena máxima de, al menos, tres años de prisión, es decir, se excluirían algunos delitos graves como los delitos de homicidio o delitos contra la libertad sexual, salvo que se tratara de delitos cometidos a través de instrumentos informáticos o de los cometidos contra personas menores o con capacidad judicialmente modificada. En estos últimos casos, la ley no delimita la gravedad delictiva para acordar la medida, aunque sí exige el cumplimiento de los requisitos de gravedad del delito, necesidad y proporcionalidad de la medida de injerencia para su adopción.

Por otra parte, se da la paradoja de que en los delitos cometidos contra personas menores o con capacidad modificada judicialmente, solo podría autorizarse la medida de interceptación de las comunicaciones siempre que el delito lleve aparejado dicho límite mínimo, pero podría autorizarse el registro remoto con independencia del límite penológico del delito. Entonces, resulta cuanto menos cuestionable que el registro remoto incluya la interceptación de las comunicaciones en tiempo real.

Aunque, como apunta BACHMAIER (p. 14), el debate pierde intensidad si se tiene en consideración que los correos electrónicos almacenados, se hayan abierto y leído o no, pasan a formar parte del acervo del contenido del dispositivo y serían accesibles a través de la medida de registro remoto.

Sobre este particular, la Circular 5/2019 FGE, adopta la siguiente conclusión:

«Cuando las técnicas que prevé la Ley para el registro remoto de equipos informáticos sean utilizadas únicamente para la interceptación de comunicaciones telemáticas, sin acceder al resto de los datos que pudieren existir en un sistema informático, serán de aplicación las previsiones de la LECrim establecidas para la interceptación de comunicaciones telemáticas. Por el contrario, serán aplicables las disposiciones previstas para el registro remoto cuando la medida de investigación autorice el acceso a los datos, independientemente de que también se acceda a las comunicaciones telemáticas».

En cualquier caso, con independencia de que el registro remoto de equipos informáticos permita interceptar en tiempo real las comunicaciones telemáticas de la persona investigada o solo permita acceder a las que se hallan almacenadas en el ordenador, —lo que, en mi opinión, deberá expresarse en el alcance de la medida del auto habilitante—, el legislador ha querido circunscribir esta diligencia de investigación telemática específicamente, mediante una lista cerrada, a un elenco de delitos por razón de su especial gravedad o complejidad en la investigación, de las personas que resultan afectadas por ellos o de los medios empleados para su comisión, en atención al ámbito digital en el que se producen.

Por último, el ALECRIM de 2020 mantiene en esencia esta regulación en los arts. 429 y siguientes, con escasas modificaciones y una reordenación sistemática de las previsiones. En el modelo proyectado, eso sí, se prevé que sea el juez de garantías quien autorice y supervise la práctica de esta medida, a petición razonada del representante del Ministerio Fiscal, que es la persona que dirigirá la investigación.

2.4 Ámbito subjetivo

Como apuntaba antes, en la realización del registro remoto pueden verse afectados derechos fundamentales de terceras personas ajenas al proceso de investigación, bien porque se trate de un ordenador o dispositivo de uso compartido en el entorno familiar o laboral, por ejemplo, o bien de un "botnet" o "red zombie" desde la cual actúan los responsables (GONZÁLEZ PULIDO). INCIBE define el "botnet" como «un conjunto de ordenadores, denominados bots, infectados con un tipo de malware que son controlados remotamente por un atacante y que pueden ser utilizados de manera conjunta para realizar actividades maliciosas».

En estos casos, puede darse la circunstancia de que en el transcurso del registro remoto de un equipo informático o dispositivo se encuentren datos de personas que no tienen relación con los hechos delictivos y que no tengan relevancia para la investigación, o bien se encuentren datos relativos al secreto profesional o datos de la persona investigada que, simplemente, no tengan relación con los hechos investigados.

A diferencia de lo que ocurre para la interceptación de comunicaciones telefónicas y telemáticas [art. 588 *ter* i) LECrim], en el registro remoto de equipos informáticos no se regula ningún trámite o incidente que permita excluir o limitar la información que resulte irrelevante o innecesaria para la causa, por afectar a la vida íntima de la persona investigada o a derechos fundamentales de terceras personas, cuya incorporación no resulte proporcional al interés de la investigación.

Así, en la regulación de la medida de interceptación de las comunicaciones telefónicas y telemáticas, la Ley permite excluir los datos relativos a la vida íntima de las personas, y entregar a las partes únicamente la grabación y transcripción del contenido que no se refiera a ellas. En este caso, las partes pueden solicitar la inclusión de las comunicaciones que entiendan que deben incorporarse por su relevancia, debiendo el juez decidir, en cada caso, sobre su exclusión o incorporación a la causa [art. 588 *ter* i) LECrim].

Sobre este particular, la norma también contempla la notificación de la injerencia a las personas intervinientes en las comunicaciones interceptadas y la información a esas personas, salvo que sea imposible o exija un esfuerzo desproporcionado, de las concretas comunicaciones en las que hayan participado que resulten afectadas.

En mi opinión, esa tarea de expurgo de los datos referidos a aspectos de la vida íntima de las personas, que no estén relacionados con los hechos objeto de investigación o que sean irrelevantes a esos fines, debe realizarse en la medida investigativa de registro remoto antes de poner los datos obtenidos a disposición de las partes. E igual esfuerzo deberá hacerse para incorporar los datos relevantes para la investigación (ARRABAL PLATERO).

En este mismo sentido, propone SÁNCHEZ MEDRANO (p. 101), que los jueces de instrucción arbitren mecanismos de expurgo para que a la pieza principal únicamente acceda la información relevante para la causa, aprovechando que las medidas de investigación tecnológica se tramitan en pieza separada. La labor judicial de escrutinio, en mi opinión, deberá expresar los datos que se excluyen de las copias que se entregan a las partes y el fundamento de su exclusión, como sucede en la medida e interceptación de las comunicaciones, permitiendo la revisión de las copias por las partes, quienes podrán solicitar la inclusión en la causa de información relevante que haya sido excluida o, por el contrario, la exclusión de otra información que no aporte nada al proceso y pueda afectar a la vida íntima.

Así las cosas, hubiera sido conveniente que la regulación incorporara un incidente o trámite de expurgo, para evitar que las partes pudieran acceder al contenido íntegro de las copias obtenidas en el registro remoto, identificándose la información relevante que debiera tener acceso a la causa y protegiendo específicamente aquella que afecte a derechos fundamentales de particulares y no tenga relación con los hechos objeto de investigación.

3. LA AUTORIZACIÓN JUDICIAL COMO PRESUPUESTO HABILITANTE

3.1 Resolución judicial habilitante

La necesidad de autorización judicial para la realización del registro remoto de equipos informáticos se contempla específicamente en el art. 588 *septies* a), apartado segundo, pero también se deriva de las disposiciones comunes que el legislador recoge para las medidas de investigación tecnológica en el art. 588 *bis* a) y c) LECrim, que aluden expresamente a la necesidad de autorización judicial para su adopción.

Por tanto, la resolución judicial habilitante, cuya necesidad se justifica por la afectación a derechos de máximo rango axiológico (MARCHENA, p. 387), deberá ajustarse a los requisitos previstos en el art. 588 *bis* c) LECrim derivados de los principios de excepcionalidad, idoneidad, necesidad y proporcionalidad, a los que luego aludiré.

A diferencia del registro de dispositivos de almacenamiento masivo de información, en el registro remoto no se prevé ninguna excepción a la habilitación judicial previa. En el primer caso, la autorización judicial habilitante puede ceder ante dos supuestos: en caso de consentimiento del registro por el afectado o en los casos de urgencia, cuando se aprecie un interés constitucional legítimo, como regula el art. 588 *sexies* c) LECrim, apartado cuarto, sin perjuicio de que, en estos últimos casos, se exija confirmación o revocación de la actuación por el juez competente en el plazo de 72 horas desde la adopción de la medida.

También en el marco de la interceptación de las comunicaciones, el art. 588 *ter* d) LECrim, en su apartado tercero, prevé que en casos de urgencia, en el marco de la investigación de delitos relacionados con la actuación de bandas armadas o elementos terroristas, pueda ordenar la medida el Ministerio del Interior o, en su defecto, el Secretario de Estado de Seguridad, con la inmediata comunicación a la autoridad judicial, que deberá confirmar o revocar la actuación.

En el marco de los registros remotos, sin embargo, no se ha previsto la posibilidad de actuación urgente, siendo necesaria autorización judicial en todo caso. Incluso en el supuesto de requerirse una ampliación del registro, en caso de que existan razones para creer que los datos que se están buscando están almacenados en otro sistema informático, el art. 588 *septies* a) LECrim exige autorización judicial para la ampliación de los términos del registro.

3.2 Presupuestos de legitimidad

La autorización judicial deberá sujetarse a los principios que exige el art. 588 *bis* a) LECrim para todas las medidas de investigación telemática: especialidad, idoneidad, excepcionalidad, necesidad y proporcionalidad en sentido estricto.

El principio de especialidad exige que la medida se adopte en relación con la investigación de un delito concreto, impidiendo la utilización de las medidas de investigación tecnológica con fines prospectivos, para descubrir delitos en general o para despejar sospechas que no tienen base objetiva. En este sentido, la STC 11/09/2006 [*Tol 994497*], señala lo siguiente:

> «Así pues, también se deben exteriorizar en la resolución judicial, entre otras circunstancias, los datos o hechos objetivos que puedan considerarse indicios de la existencia del delito y la conexión de la persona o personas investigadas con el mismo, indicios que son algo más que simples sospechas, pero también algo menos que los indicios racionales que se exigen para el procesamiento. Esto es, sospechas fundadas en alguna clase de dato objetivo».

El principio de idoneidad sirve «para definir el ámbito objetivo y subjetivo y la duración de la medida en virtud de su utilidad» [art. 588 *bis* a), apartado tercero, LECrim]. Así, la idoneidad se refiere al juicio de adecuación entre la medida de investigación acordada y el fin perseguido, en este caso, la obtención de datos y pruebas del registro remoto.

En cuanto al juicio de necesidad y excepcionalidad de la medida, el art. 588 *bis* a), apartado cuarto, alude a dos circunstancias concretas: que no sea posible la adopción de otras medidas menos gravosas para los derechos fundamentales y que la comprobación de los hechos investigados se vea gravemente dificultada sin el recurso a esta medida.

En este sentido, deberá justificarse a qué dispositivos y a qué datos concretos resulta necesario el acceso a los fines de la investigación, delimitando la naturaleza de los datos que pueden ser registrados. Además, hay que tener en cuenta que el registro remoto se lleva a cabo sin conocimiento del interesado y, por tanto, se trata de una medida más intrusiva que el registro directo. Por consiguiente, la medida de registro remoto solo podrá acordarse en caso de no ser posible el registro mediato o físico del equipo informático, o en caso de ser necesario llevar a cabo el registro sin que tenga conocimiento del mismo la persona investigada.

En definitiva, dice la STS de 13/05/2002 [*Tol 4921346*], que se trata de una medida «a la que sólo cabe acudir si es realmente imprescindible tanto desde la perspectiva de la probable utilidad como de la cualidad de insustituible, porque si no es probable que se obtengan datos esenciales, o si estos se pueden lograr por otros medios menos gravosos, el principio de proporcionalidad vetaría la intervención».

En cuanto al juicio de proporcionalidad en sentido estricto, el apartado quinto del art. 588 *bis* a) LECrim indica que «las medidas de investigación reguladas en este capítulo solo se reputarán proporcionadas cuando, tomadas en consideración todas las circunstancias del caso, el sacrificio de los derechos e intereses afectados no sea superior al beneficio que de su adopción resulte para el interés público y de terceros. Para la ponderación de los intereses en conflicto, la valoración del interés público se basará en la gravedad del hecho, su trascendencia social o el ámbito tecnológico de producción, la intensidad de los indicios existentes y la relevancia del resultado perseguido con la restricción del derecho».

Se trata de hacer un juicio de ponderación entre el interés público de la persecución del delito frente a la lesión de los derechos fundamentales de la persona investigada. Desde esta perspectiva, el legislador señala expresamente los criterios que deben tomarse en consideración para la valoración del interés público.

En primer lugar, en cuanto a la gravedad del hecho que se investiga, hay que tener en cuenta el ámbito de aplicación de la medida, pues como se ha visto, los registros remotos solo pueden acordarse respecto de determinados delitos. En este sentido, como apunta la Circular 5/2019 FGE, los delitos que no están incluidos en la previsión legal no alcanzarán la gravedad suficiente para justificar la adopción de la medida. Pero ello no significa que la investigación de cualquiera de los delitos incluidos en el ámbito de aplicación de la medida de registro remoto garantice por sí misma el principio de proporcionalidad. En todo caso, será necesario expresar el juicio de ponderación que se realice entre la injerencia en los derechos fundamentales de la persona investigada y la gravedad de los hechos punibles. Esa ponderación resulta más fácil cuando se trata de delitos de terrorismo, de criminalidad organizada o en los delitos cometidos contra personas menores o con capacidad judicialmente modificada. La mayor duda en la aplicación del principio de proporcionalidad se plantea en aquellos delitos cometidos a través de instrumentos informáticos que no se consideran graves.

Precisamente, otro de los criterios de ponderación del interés público consiste en el ámbito tecnológico de producción del delito. Parece lógico que el legislador prevea la utilización de medios tecnológicos para la investigación de delitos cometidos en el entorno digital o a través de sistemas informáticos, como prevención para evitar la impunidad generalizada de los delitos informáticos. De hecho, es precisamente esa la razón por la que estos delitos se incluyen en el ámbito objetivo de aplicación de los registros remotos. Pero ello no justifica que, en los casos del uso de instrumentos informáticos para la comisión de un delito, el juez esté exento de verificar el juicio de proporcionalidad de la medida de registro remoto, más aún cuando el delito investigado no se considere grave.

Por último, el principio de proporcionalidad deberá examinarse tanto para el momento de adoptarse la medida como para el momento de su ejecución.

3.3 Contenido de la resolución judicial

Además de los requisitos genéricos que exige el art. 588 *bis* c) LECrim para la resolución judicial habilitante, dice el art. 588 *septies* a) LECrim, apartado segundo, que el registro remoto debe autorizarse mediante resolución judicial que especifique: a) los ordenadores, dispositivos electrónicos, sistemas informáticos o parte de los mismos, medios informáticos de almacenamiento de datos o bases de datos, datos u otros contenidos digitales objeto de la medida; b) el alcance de la misma, la forma en la que se procederá al acceso y aprehensión de los datos o archivos informáticos relevantes para la causa y el software mediante el que se ejecutará el control de la información; c) los agentes autorizados para la ejecución de la medida; d) la autorización, en su caso, para la realización y conservación de copias de los datos informáticos y; e) las medidas precisas para la preservación de la integridad de los datos almacenados, así como para la inaccesibilidad o supresión de dichos datos del sistema informático al que se ha tenido acceso.

En consecuencia, la autorización judicial deberá contener la mención del dispositivo o sistema concreto al que se extenderá el registro remoto. Pero también deberá necesariamente especificarse su alcance, es decir, la clase o naturaleza de los datos que deben obtenerse al realizar el registro y su utilidad a los fines de la investigación. Ya se ha apuntado que precisar el tipo de datos que deben incautarse resulta aquí importante para la determinación del ámbito objetivo de la medida, pues no supone una injerencia de la misma intensidad el registro de datos almacenados en un dispositivo, aunque provengan de comunicaciones ya realizadas, que el acceso a las telecomunicaciones en tiempo real.

En la autorización judicial deberá precisarse, además, el método o técnica de acceso que se va a utilizar para la práctica del registro remoto. Primero, porque que no existe un programa concreto y predeterminado con el que se pueda realizar el registro monitorizado y, segundo, porque el legislador prevé su realización a través de distintas vías o mecanismos, a saber, la utilización de datos de identificación y códigos o la instalación de un software. En este último caso, deberá concretarse el tipo de software que se va a instalar en el terminal y el alcance del mismo, dada la gran variedad de programas maliciosos o técnicas que existen para acceder a los equipos informáticos. Pero no solo. En ocasiones, como se ha analizado, resulta imprescindible autorizar actuaciones judiciales previas para la instalación de estos programas, como la entrada en el domicilio donde se encuentre el equipo informático de la persona investigada o el uso de otros programas para obtener el control del equipo informático y habilitar un posterior acceso. También será especialmente importante especificar cómo va a ser el proceso de incautación de datos.

En este sentido, apunta BACHMAIER (p. 28), que cuando se accede al ordenador mediante "spyware", en la práctica, se suele realizar un clonado del contenido del dispositivo, debido a que los datos electrónicos son volátiles y será necesario preservarlos para la investigación. Cabe plantearse si esa clonación de todo el contenido de un dispositivo puede conculcar el principio de proporcionalidad, teniendo en cuenta que un ordenador almacena una cantidad inabarcable de información sobre la vida de una persona. En todo caso, si se procediera a la clonación del equipo informático, ello supondría que posteriormente debería realizarse la tarea de filtración de los datos concretos que están amparados por la resolución judicial habilitante, salvo que se utilice un software específico para realizar el filtrado directamente al tiempo de la clonación. El escrutinio de los datos que sean relevantes para la causa de aquellos otros múltiples que pueden almacenarse en un equipo informático es esencial para salvaguardar la proporcionalidad de la medida. 1351

Ello conduce a plantearse la cuestión de quién debe llevar a cabo esa filtración de los datos relevantes que el juez de la Sección de Instrucción o de la Sección Única del correspondiente Tribunal de Instancia, de conformidad con la estructura orgánica prevista en la LO 1/2025[1], haya autorizado a incautar. Como apunta BACHMAIER (p. 31), en sede de interceptación de las telecomunicaciones, la jurisprudencia ha sido estricta al considerar que todo el material interceptado debe entregarse al juez de instrucción, para un debido cumplimiento del control judicial de la medida, sin que la policía pueda seleccionar el material relevante para la causa, salvo las conversaciones que afectan al núcleo del derecho a la intimidad.

Sin embargo, no parece viable ni práctico que pueda asimilarse el régimen de interceptación de las telecomunicaciones al registro remoto. La cantidad

[1] En adelante, y para mayor claridad y sencillez en la redacción, denominaremos a los jueces unipersonales con arreglo a su función —v.gr. juez de instrucción, juez de lo penal, juez de violencia sobre la mujer, juez central de instrucción...— en el bien entendido de que con esta denominación nos referimos al juez unipersonal integrado en la Sección que corresponda del Tribunal de Instancia competente (TI o TCI). En el capítulo 5 de esta obra puede consultarse una explicación completa del nuevo modelo orgánico de los Tribunales de Instancia que introduce la LO 1/2025.

de información almacenada en un ordenador y la complejidad de la ubicación o del estudio de los datos que contiene un equipo informático o un dispositivo hace inviable que sea el juez de instrucción —no formado, por lo demás, en esa concreta materia—, quien controle esa ingente cantidad de datos sensibles puestos a su disposición. BACHMAIER (p. 32) propone que sea una autoridad independiente designada por el juez de instrucción quien realice el filtrado de los datos incautados en el clonado y excluya aquellos no amparados por la resolución judicial habilitante. También propone la posibilidad de restringir la utilización de los datos descubiertos como prueba de otros delitos.

En mi opinión, la incautación indiscriminada y masiva de datos obtenidos con el clonado íntegro del equipo informático supone una injerencia gravemente invasora del entorno virtual de la persona investigada y compromete de forma especialmente grave su ámbito de privacidad. Existe, además, la posibilidad de afectación a la privacidad de terceras personas ajenas a los hechos delictivos. Por ello, deben buscarse mecanismos efectivos para discriminar los datos relevantes amparados por la autorización judicial de aquellos que no guardan relación con la investigación. A tal efecto, se puede acordar delimitar la búsqueda a determinados archivos o acordar la realización de copias selectivas de archivos o ficheros, o bien se puede utilizar software específico que seleccione la información al tiempo del clonado, dependiendo de la ubicación de los datos a los que queramos acceder. Y ese esfuerzo de precisión en la discriminación de la naturaleza de los datos debe realizarse en la resolución judicial habilitante.

En todo caso, si se acuerda una medida tan gravosa como la del clonado íntegro, por ser imprescindible para los fines de la investigación o para la preservación de la integridad y autenticidad de los datos obtenidos, también debería trazarse alguna suerte de trámite para expurgar aquellos datos que no guarden relación con la investigación y proceder a la destrucción o eliminación de los mismos. De igual forma, la resolución judicial deberá expresar quién y cómo va a hacerse el expurgo, pues el control de los datos extraídos y su revisión o escrutinio debe delimitarse con carácter previo a la práctica del registro. De lo contrario, esta medida podría infringir el principio de proporcionalidad en relación con los objetivos legítimos que persigue la investigación penal y permitiría realizar una investigación general e indiscriminada sobre la persona investigada.

Por otra parte, deberá especificarse en la resolución judicial quienes van a ser los agentes encargados de ejecutar la medida de forma operativa, es decir, las unidades de la policía judicial encargadas de materializar la medida. Del mismo modo, en el auto que autorice la medida se tiene que precisar si los agentes autorizados deben realizar y conservar copias de los datos informáticos obtenidos y, en su caso, como se apuntaba antes, si se debe llevar a cabo el filtrado de los datos relevantes del contenido clonado.

Sobre la realización de copias, dice la Circular 5/2019 FGE, que deberá promoverse la intervención del letrado de la Administración de Justicia en el volcado de los datos, y que se precintará el soporte que almacene los datos, para garantizar su integridad e identidad. Si bien el Tribunal Supremo ha excluido «que la práctica de las operaciones de volcado exija como presupuesto de validez la intervención del secretario judicial» (STS de 17/04/2013 [*Tol 3707623*]).

Por último, la regulación establece expresamente que la resolución judicial especificará las medidas precisas para la preservación de la integridad de los datos almacenados, normalmente mediante la intervención de peritos informáticos, así como para la inaccesibilidad o supresión de dichos datos del sistema informático al que se ha tenido acceso. El legislador deja un amplio margen para la ejecución de la medida y no concreta cómo deben conservarse los datos obtenidos ni cuándo y cómo se suprimirán o se harán inaccesibles.

3.4 Casuística sobre la autorización judicial

3.4.1 No consta el informe preceptivo del Ministerio Fiscal

El art. 588 *bis* c) LECrim exige la audiencia al Ministerio Fiscal para la autorización o denegación de las medidas de investigación tecnológicas. Esta exigencia solo cede cuando sea la propia representación del Ministerio Fiscal quien inste la diligencia de investigación, de conformidad con lo dispuesto en el art. 588 *bis* b) LECrim (STS de 18/04/2017 [*Tol 6067346*]).

La Circular 1/2019 FGE señala que la omisión del informe previo, por sí sola, no pasará de ser una irregularidad procesal, pero deberá subsanarse con la mayor celeridad posible mediante la notificación del auto. MARCHENA (p. 255) apunta a que la ausencia del informe del Ministerio Fiscal puede suponer una debilitación de los mecanismos de control de la medida de injerencia, pero en ningún caso, puede afectar a la validez de la diligencia de investigación, pues ello supondría integrar ese informe en el contenido material del derecho del art. 18.3 CE.

3.4.2 La motivación del auto por remisión al oficio policial

El TS ha admitido la motivación por remisión a la solicitud policial o del Ministerio Fiscal, en el marco de las intervenciones telefónicas. Así, la STS de

05/04/2018 [*Tol 6568327*], establece que «nuestra jurisprudencia ha admitido la motivación por remisión, de modo que la resolución judicial puede considerarse suficientemente motivada si, integrada con la solicitud policial, a la que puede remitirse, contiene todos los elementos necesarios para llevar a cabo el juicio de proporcionalidad (por todas, SSTC 167/2002, de 18 de septiembre; 184/2003, de 23 de octubre; 259/2005, de 24 de octubre; 136/2006, de 8 de mayo)».

La STS de 09/04/2024 [*Tol 6568327*] señala que lo esencial consiste en determinar si la motivación por remisión ha impedido conocer las razones de la decisión e invoca la doctrina contenida en la sentencia del TJUE de 16/02/2023 [*Tol 9398335*], donde se analiza la compatibilidad entre el deber de motivación y los mecanismos de heterointegración de la resolución judicial que acuerda la injerencia mediante la remisión a la información contenida en el oficio policial. Apunta la sentencia que, «si una lectura cruzada de la solicitud y de la posterior autorización no permite comprender, fácil y unívocamente, los motivos por los que se concedió la autorización, no cabría entonces sino constatar el incumplimiento de la obligación de motivación que resulta del art. 15, apartado 1, de la Directiva 2002/58, a la luz del art. 47, párrafo segundo, de la Carta».

La STEDH de 11/01/2022, caso Ekimdzhiev y otros c. Bulgaria [*Tol 875374*] también apunta a que «la falta de motivación individualizada no puede llevar automáticamente a la conclusión de que los jueces que concedieron la autorización no examinaron correctamente la solicitud».

3.4.3 El auto no se notificó al Ministerio Fiscal

La jurisprudencia no recoge como motivo de nulidad que no se produzca la notificación formal de la resolución judicial habilitante a la representación del Ministerio Fiscal. Tampoco esta circunstancia supone la existencia de una falta de control judicial. En este sentido, la jurisprudencia constitucional ha ratificado la validez de las actuaciones en ausencia de notificación formal al Ministerio Fiscal. Sobre este particular, la STS de 01/12/2016 [*Tol 5908485*] dice que: «no puede sostenerse la ausencia de control judicial de la injerencia por el solo hecho de que se haya omitido la notificación del auto autorizante al Ministerio Fiscal. El art. 18.3 CE subordina la medida a la existencia de "resolución judicial" que la autorice y en línea de principio ello parece suficiente para alcanzar la garantía constitucional. La notificación al Ministerio Fiscal puede ser un "plus" de garantía procesal pero no tiene en rigor rango de exigencia constitucional».

3.4.4 *La autorización judicial se concedió por providencia*

La necesidad de que la resolución habilitante de la medida de investigación tecnológica adopte forma de auto viene impuesta por el art. 141 LECrim. Sobre la autorización judicial adoptada por providencia, la STS (Sección 1ª), 23/01/2019 [*Tol 7011995*], establece que,

> «La segunda resolución revistió forma de providencia y no de auto, lo que aun suponiendo un déficit, carece del efecto anulatorio que quiere atribuírsele. Así lo ha considerado esta Sala (entre otras STS 786/2015 de 4 de diciembre o 523/2017 de 7 de julio) y el Tribunal Constitucional (STC 123/2002 de 20 de mayo), aunque de manera excepcional, cuando se trata de injerencias de menor intensidad (no olvidemos que en este caso la medida no afectó al núcleo duro del derecho), e integrada con la solicitud a la que se remite, si ésta contiene los elementos necesarios para poder llevar a cabo con posterioridad la ponderación de la limitación del derecho fundamental. Pues en definitiva, la exigencia de resolución judicial a efectos de limitar un derecho fundamental tiene carácter material, y lo relevante en última instancia es que medie autorización judicial que permita calibrar la proporcionalidad y el control judicial de la medida».

3.4.5 *Motivación insuficiente*

Sobre el requisito de la motivación que exige el art. 588 *bis* c) LECrim, la STS Sección 1ª, 17/02/2020 [*Tol 7790026*] establece que: 1355

> «Para que sea constitucionalmente legítima una injerencia en el derecho al secreto de las comunicaciones el Juez ha de verificar la presencia de indicios constatables por un tercero que rebasen el dintel de las meras sospechas y gocen de cierta potencialidad acreditativa. Sin llegar a constituir prueba han de representar algo más que una conjetura. No bastan meras afirmaciones apodícticas de sospecha. El órgano judicial ha de valorar no sólo la gravedad y naturaleza de los delitos que se pretende indagar; y la necesidad de la invasión de un derecho fundamental para esa investigación. Es imprescindible que efectúe un juicio ponderativo sobre el nivel cualificativo de los indicios que avalan las sospechas».

Por su parte, la STS de 09/04/2024 [*Tol 6568327*], afirma que:

> «Dicha justificación debe permitir observar, con suficiente claridad, que la decisión se adoptó teniendo en cuenta la existencia de indicios y no de meras suposiciones o conjeturas —SSTC 54/1996, 184/2003—. Dicha exigencia troncal, de cuyo cumplimento pende la propia validez del acto investigativo, impone al Juez, como se destaca, entre otras muchas, en la STS de 16 de diciembre de 2011, no un acto de fe respecto a lo que la policía le comunica sino un juicio crítico sobre la calidad de dichos datos, de dichas informaciones».

3.5 Procedimiento de adopción de la medida

La medida de registro remoto puede acordarse de oficio, por la autoridad judicial competente para la instrucción de la causa [art. 588 *bis* b) y c) LECrim].

También puede acordarse a instancia del Ministerio Fiscal o de la policía judicial. Sin embargo, la complejidad técnica de la medida de registro remoto y la necesaria labor de investigación previa supone, en la práctica, que la medida normalmente se solicite a iniciativa policial.

El art. 311 LECrim permite a las partes acusadoras proponer al juez la adopción de cualesquiera medidas de investigación, a pesar de que la Ley no les otorga específicamente legitimación para solicitar una medida de investigación tecnológica. En ese caso, según refiere la Circular 1/2019 FGE, solo cabría la adopción de oficio por el juez si este llega a asumir la propuesta, si bien no se les notificaría la resolución judicial habilitante en tanto no se alce el secreto de la pieza separada que se incoe para no frustrar la eficacia de la medida.

En el ALECRIM de 2020 se prevé que la medida de registro remoto la autorice el juez de garantías a petición razonada del Ministerio Fiscal (art. 429), lo que resulta conceptualmente más adecuado que el modelo actual en el que el juez que dirige la instrucción es a la vez la persona encargada de garantizar que las medidas de investigación cumplen con la legalidad constitucional.

En cuanto a la forma de sustanciación, el art. 588 *bis* d) prevé que las medidas de investigación tecnológica se adopten y tramiten en pieza separada y secreta, sin necesidad de que se acuerde expresamente el secreto de la causa. Sobre la falta de declaración del secreto de las diligencias, la STS de 18/12/2008 [*Tol 1432528*], es clara al respecto:

> «Por otra parte, la ausencia de una declaración de secreto de las diligencias en la que se acuerda la intervención telefónica carece de la trascendencia que pretende dársele: la decisión de proceder a unas intervenciones telefónicas lleva implícita la declaración de secreto de las actuaciones por definición y por elementales exigencias de la lógica. Que esa decisión no se haya exteriorizado es una irregularidad que no determina ni indefensión ni causa de nulidad (Sentencia TS 1468/2001, de 18 de julio), y como se expresa en la Sentencia de esta Sala 402/2008, de 30 de junio, se trata de un vicio de procedimiento sin relevancia constitucional, ya que no existió indefensión material alguna para las personas afectadas (art. 24.1)».

En cualquier caso, debe tenerse en cuenta que, a raíz de la reforma operada en el art. 324 LECrim por la Ley 2/2020, el secreto de las actuaciones no interrumpe el cómputo de los plazos de la investigación judicial, dato significativo a tener en cuenta para poder planificar una investigación efectiva.

Respecto del factor temporal, la diligencia de registro remoto deberá practicarse sin dilación, conforme a lo que establece el art. 287 LECrim.

En cuanto a la duración de las medidas de investigación tecnológica, el apartado primero del art. 588 *bis* e) LECrim dispone, con carácter general, que estas medidas tendrán la duración que se especifique para cada una de ellas y no podrán exceder del tiempo imprescindible para el esclarecimiento de los hechos.

En este sentido, respecto de la medida de registro remoto de equipos informáticos, el legislador ha previsto una duración particularmente reducida en comparación con otras diligencias de investigación tecnológica, lo cual se explica por el intenso grado de injerencia de la misma en los derechos fundamentales de la persona investigada. Así, el art. 588 *septies* c) LECrim señala que la medida tendrá una duración máxima de un mes, prorrogable por iguales periodos de tiempo hasta un máximo de tres meses.

Ambas referencias deben considerarse como límites máximos y la fijación tanto del plazo inicial de duración como del plazo la prórroga debe venir determinada y justificada en los respectivos autos habilitantes, conforme a los requisitos exigidos para su autorización: idoneidad, necesidad y proporcionalidad.

Asimismo, el apartado [f] del art. 588 *bis* c) LECrim exige que la resolución judicial concrete la forma y la periodicidad con la que el solicitante informará al juez sobre los resultados de la medida. Ese control judicial resulta fundamental para la licitud de la medida y enlaza con la exigencia de control judicial del art. 588 *bis* g) LECrim.

Por último, respecto del inicio del cómputo del plazo de la medida de registro remoto, la Circular 5/2019 FGE analiza las dificultades que conlleva la fijación del dies a quo, habida cuenta de la necesidad de una actividad policial previa para el acceso al sistema informático de la persona investigada y por la dificultad técnica que conlleva la monitorización. En este sentido, BACHMAIER (p. 18) se pregunta qué ocurriría si la persona investigada no encendiera el ordenador en el plazo máximo fijado para la medida de registro remoto o no abriera los programas que permiten entrar en el sistema mediante el programa espía. Con todo, y a pesar de los inconvenientes apuntados, concluye la Circular que los plazos deberán computarse desde la fecha de la resolución judicial habilitante.

En mi opinión, la complejidad en la ejecución del registro remoto y el silencio del legislador sobre la fecha del cómputo del plazo —a diferencia de lo que ocurre en la interceptación de las comunicaciones [art. 588 *ter* g) LECrim] y en la utilización de dispositivos técnicos de captación de la imagen, de seguimiento y de localización [art. 588 quinquies c) LECrim], nos debe llevar a una flexibilización en la interpretación del inicio del cómputo del plazo. De lo contrario, la medida pudiera quedar vacía de contenido.

Finalmente, en cuanto al cese de la medida, el art. 588 *bis* j) LECrim establece que el juez acordará el cese de las medidas de investigación tecnológica cuando desaparezcan las circunstancias que justificaron su adopción o resulte evidente que a través de las mismas no se están obteniendo los resultados pretendidos y, en todo caso, cuando haya transcurrido el plazo para el que hubieran sido autorizadas. En el caso de los registros remotos, el cese conlleva, en su caso, la desinstalación de los programas espía utilizados para el acceso a los equipos informáticos.

4. DEBER DE COLABORACIÓN Y SECRETO

El art. 588 *septies* b) LECrim regula de forma amplia la colaboración de terceros en la diligencia de investigación de registro remoto de equipos informáticos.

En efecto, el art. 588 *sexies* c) apartado quinto, en el marco de la regulación del registro de dispositivos de almacenamiento masivo de información, incluye el deber genérico de colaboración consistente en facilitar la información necesaria de quienes conozcan el funcionamiento del sistema informático o las medidas aplicadas para proteger los datos informáticos contenidos en el

mismo. Además, recoge las excepciones de ese deber de las personas investigadas y encausadas y de las personas que están dispensadas de la obligación de declarar por razón de parentesco y de aquellas que, de conformidad con el art. 416.2 LECrim, no pueden declarar en virtud del secreto profesional.

Este mismo deber se recoge para los registros remotos en el apartado segundo del art. 588 *septies* b) LECrim, si bien este art., a diferencia del anterior, no recoge expresamente la excepción de colaboración cuando se derive una carga desproporcionada para la persona afectada. La intención del legislador, según apunta la Circular 5/2019 FGE, ha sido reducir al máximo las excepciones al deber de colaboración en la diligencia de registros remotos, pues en el informe del Consejo de Estado al anteproyecto ya se realizó una advertencia de la omisión que el legislador no ha tomado finalmente en consideración.

En la regulación de los registros remotos de equipos informáticos, se amplía el deber de colaboración a otros sujetos y con otro objeto. Así, el apartado primero del art. 588 *septies* b) LECrim establece el deber de colaboración de los prestadores de servicios y personas señaladas en el art. 588 *ter* e) LECrim y de los titulares o responsables del sistema informático o base de datos objeto del registro para la práctica de la medida y el acceso al sistema.

Asimismo, se prevé el deber de facilitar la asistencia necesaria para que los datos e información recogidos puedan ser objeto de examen y visualización. Este deber de colaboración exige un comportamiento activo para facilitar el acceso al sistema o la práctica de la diligencia de investigación y responde a la mayor complejidad y a la excepcionalidad y clandestinidad con la que se lleva a cabo la práctica del registro remoto.

Precisamente, el hecho de que la diligencia se realice sin consentimiento del titular o usuario, implica que los sujetos que deban prestar colaboración tengan la obligación de guardar secreto acerca de las actividades requeridas por las autoridades [588 *septies* b) 3) LECrim].

Por último, el apartado cuarto establece que los sujetos requeridos para prestar colaboración están sujetos a la responsabilidad regulada en el apartado 3 del art. 588 *ter* e), esto es, en caso de que incumplieran los deberes de colaboración exigidos, podrán incurrir en delito de desobediencia. Al deber de colaboración alude de forma expresa el ATS de 30/10/2024 [*Tol 10255688*].

5. ÁMBITO TERRITORIAL DEL REGISTRO REMOTO

En el registro remoto de equipos informáticos se plantea un debate importante referente al ámbito de aplicación territorial de la medida de investigación tecnológica.

En el registro directo o físico de equipos informáticos se tiene la certeza de que el ordenador que se va a registrar se encuentra físicamente en territorio nacional, aunque los datos a los que se pretenda acceder desde el equipo registrado estén ubicados o almacenados fuera del territorio donde se ejerce la jurisdicción. Sin embargo, en la monitorización remota de equipos y sistemas informáticos puede ocurrir eso mismo, es decir, que los datos electrónicos estén ubicados fuera del territorio nacional, pero también puede suceder que los propios dispositivos o equipos informáticos que alojen dichos datos se encuentren fuera de las fronteras nacionales.

Según la Circular 5/2019 FGE, en estos casos, para autorizar el registro remoto deberá exigirse un vínculo territorial con España. Es decir, se podrá autorizar el acceso cuando el equipo o sistema informático se encuentre en España, aunque se acceda a datos almacenados en el extranjero, pero no podrá autorizarse un registro remoto de un equipo situado fuera del territorio nacional, salvo que se acuda a la cooperación judicial internacional en materia penal.

Sucede, sin embargo, que la exigencia de un elemento vinculado con la territorialidad limita mucho las posibilidades del registro remoto. La movilidad de los dispositivos y la transnacionalidad de los datos electrónicos, que pueden estar almacenados en servidores externos, aconseja, como apunta BACHMAIER (p. 27), una regulación del proceso transnacional y, en especial, de las normas relativas a la prueba transnacional.

El Convenio sobre la Ciberdelincuencia —conocido como Convenio de Budapest—, siguiendo la Recomendación núm. R (95) 13 del Consejo de Europa sobre los problemas del derecho procesal penal en relación con la tecnología de la información, incluye la posibilidad del uso transfronterizo del registro remoto, adaptando las medidas procesales al nuevo entorno tecnológico. Así, el art. 32 del Convenio permite el acceso transfronterizo a datos almacenados cuando se encuentren en una fuente abierta, sin necesidad de autorización del otro Estado parte. En caso de que los datos no se encuentren a disposición del público, el art. 31 regula la asistencia mutua para registrar o acceder a datos almacenados por un sistema informático situado en el territorio de la parte requerida.

Con todo, es patente la insuficiencia de la normativa actual relativa a la obtención transfronteriza de información electrónica, a pesar de las iniciativas impulsadas en el ámbito de la Unión Europea. En este sentido, cabe destacar la Propuesta del *European Law Institute* (ELI), de mayo de 2023, sobre la regulación de la admisibilidad mutua de prueba y prueba electrónica en los procesos penales dentro de la Unión Europea, que aspira a servir de base a una futura iniciativa legislativa sobre la admisibilidad de pruebas transfronterizas en el proceso penal, que establezca unas normas mínimas entre Estados miembros.

La propuesta de Directiva incluye, a tales efectos, una definición de *lex loci*, que se corresponde con el lugar donde se encuentran las pruebas electrónicas, incluso si el acceso a las mismas se realizó de forma remota. Sin embargo, añade, que en caso de desconocerse dónde se ubican las pruebas electrónicas, porque están almacenadas en una nube, por ejemplo, se entenderá que la *lex loci* se corresponde con lugar en el que se concedió el acceso a los datos electrónicos.

Pero el reconocimiento mutuo no equivale a una admisibilidad automática de las pruebas obtenidas, sino que es preciso un control o comprobación previos. En este sentido, la propuesta también incluye una serie de garantías para asegurar la integridad, autenticidad y exhaustividad de las pruebas electrónicas obtenidas en otro Estado miembro.

Se aspira, con ello, a obtener una normativa común en la obtención de pruebas electrónicas, de utilización cada vez más frecuente en los procesos penales, habida cuenta del eminente carácter transfronterizo de los datos electrónicos y de la facilidad y alta probabilidad de la ejecución extraterritorial de los registros remotos.

BIBLIOGRAFÍA

- ARRABAL PLATERO, «La incorporación al proceso de las evidencias obtenidas de equipos informáticos y de dispositivos de almacenamiento masivo de información. El expurgo del contenido irrelevante», *Revista Aranzadi de derecho y nuevas tecnologías*. núm. 56, 2021.
- BACHMAIER WINTER, «Registro remoto de equipos informáticos y principio de proporcionalidad en la Ley Orgánica 13/2015», *Boletín del Ministerio de Justicia*, 2017.
- Circular 1/2019, de 6 de marzo, de la Fiscal General del Estado, sobre disposiciones comunes y medidas de aseguramiento de las diligencias de investigación tecnológicas en la Ley de Enjuiciamiento Criminal.
- Circular 5/2019, de 6 de marzo, de la Fiscal General del Estado, sobre sobre registro de dispositivos y equipos informáticos.
- DELGADO MARTÍN, «*¿Cómo afrontar la complejidad de la prueba digital?, Derecho Digital e Innovación. Digital Law and Innovation Review*, núm. 2, Wolters Kluwer, 2019.
- DELGADO MARTÍN, «Investigación del entorno virtual: el registro de dispositivos digitales tras la reforma por la LO 13/2015», *Diario La Ley*, núm. 8693, 2016.
- DELGADO MARTÍN. «Investigación del entorno virtual: el registro de dispositivos digitales tras la reforma por LO 13/2015», *Diario La Ley*, núm. 8693, Sección Doctrina, 2016.
- *Proposal for a Directive of the European Parliament and the Council on Mutual Admissibility of Evidence and Electronic Evidence in Criminal Proceedings*, ELI, 2023.
- ESCOBAR JIMÉNEZ/DEL MORAL GARCÍA. *El juicio oral en el proceso penal*, 3ª edición, Comares, 2021.
- GONZÁLEZ PULIDO. *El registro remoto como diligencia de investigación tecnológica de la ciberdelincuencia*, Aranzadi, 2023.
- MARCHENA GÓMEZ/GONZÁLEZ-CUÉLLAR SERRANO, *La reforma de la Ley de Enjuiciamiento Criminal en 2015*, Castillo de Luna, 2015.
- MARTÍNEZ SANTOS, «Admisibilidad mutua de prueba penal transfronteriza en la Unión Europea: la propuesta de Directiva del European Law Institute», *Revista General de Derecho Procesal* núm. 61, 2023.
- RIVES SEVA, *La prueba en el proceso penal. Doctrina de la Sala Segunda del Tribunal Supremo*, Aranzadi, 2021.
- SÁNCHEZ MEDRANO, «El registro de dispositivos de almacenamiento masivo de información», *en Revista de Derecho y proceso*, núm. 1, 2022.

Capítulo 32

Uso de dispositivos para la grabación, seguimiento y localización de personas

Sonia Nuez Rivera
Magistrada
Letrada del CGPJ

1. LA GRABACIÓN DE IMÁGENES POR LA POLICÍA JUDICIAL EN EL MARCO DE LA INSTRUCCIÓN JUDICIAL

1.1 Legitimidad de la medida

La STS 06/05/1993 [*Tol 401160*], admite la legitimidad de la grabación de imágenes en la investigación de hechos delictivos por la Policía Judicial cuando sucedan en espacios o vías públicas. Para llevar a cabo las labores de vigilancia u observación de lugares o personas relacionadas con los hechos delictivos que se están investigando y que se desarrollan en la vía pública, se pueden utilizar toda clase de medios que permitan constatar esos hechos delictivos. En este sentido, apunta la Sala que «no están descartados los sistemas mecánicos de grabación de imágenes y su utilización debe realizarse dentro de los márgenes marcados por el respeto a la intimidad y a la inviolabilidad del domicilio».

El derecho fundamental afectado por la grabación de imágenes es el derecho a la intimidad del art. 18 CE. Pero el derecho a la intimidad no es ilimitado o absoluto, pudiendo ceder ante otros intereses constitucionalmente protegidos. Así, la jurisprudencia ha mantenido, con carácter general, que este tipo de grabaciones en espacios públicos no afecta ni invade el derecho fundamental a la intimidad. La propia Ley Orgánica 1/1982, recoge en el apartado primero del art. 8 que «no se reputará, con carácter general, intromisiones ilegítimas las actuaciones autorizadas o acordadas por la Autoridad competente de acuerdo con la ley». Por su parte, la Ley 4/1997, por la que se regula la utilización de videocámaras por las Fuerzas y Cuerpos de Seguridad en lugares públicos, abiertos o cerrados, a fin de contribuir a asegurar la convivencia ciudadana, la erradicación de la violencia y la utilización pacífica de las vías y espacios públicos, así como de prevenir la comisión de delitos, faltas e infracciones relacionados con la seguridad pública (art. 1.1), dispone en el apartado primero del art. 2 que «la captación, reproducción y tratamiento de imágenes y sonidos, en los términos previstos en esta Ley, así como las actividades preparatorias, no se considerarán intromisiones ilegítimas en el derecho al honor, a la intimidad personal y familiar y a la propia imagen, a los efectos de lo establecido en el art. 2.2 de la Ley Orgánica 1/1982».

En el sentido expuesto, la sentencia arriba citada afirma que «los dere-

chos establecidos por la Ley Orgánica de 5 de mayo de 1982, reguladora de la protección civil del derecho al honor, a la intimidad personal y familiar y a la propia imagen, no pueden considerarse absolutamente ilimitados. Imperativos de interés público pueden hacer que por Ley se autoricen expresamente determinadas entradas en el ámbito de la intimidad que podrán ser reputadas legítimas».

Por tanto, la jurisprudencia entiende legítima la actividad de filmación de imágenes relacionadas con hechos presuntamente delictivos o con fines genéricos de prevención, que sucedan en espacios o vías públicas.

Sobre esta cuestión, la STS 06/05/1993 [*Tol 401160*], insiste en que «no existe obstáculo para que las labores de investigación se extiendan a la captación de la imagen de las personas sospechosas de manera velada y subrepticia en los momentos en que se supone fundadamente que está cometiendo un hecho delictivo. Del mismo modo que nada se opone a que los funcionarios de policía hagan labores de seguimiento y observación de personas sospechosas, sin tomar ninguna otra medida restrictiva de derechos, mediante la percepción visual y directa de las acciones que realiza en la vía pública o en cualquier otro espacio abierto. No existe inconveniente para que pueda transferir esas percepciones a un instrumento mecánico de grabación de imágenes que complemente y tome constancia de lo que sucede ante la presencia de los agentes de la autoridad».

Respecto del espacio donde pueden obtenerse las imágenes, matiza la citada sentencia lo siguiente:

> «La captación de imágenes se encuentra autorizada por la ley en el curso de una investigación criminal siempre que se limiten a la grabación de lo que ocurre en espacios públicos fuera del recinto inviolable del domicilio donde tiene lugar el ejercicio de la intimidad. Por ello cuando el emplazamiento de aparatos de filmación o de escucha invada el espacio restringido reservado para la intimidad de las personas sólo puede ser acordado en virtud de mandamiento judicial que constituye un instrumento habilitante para la intromisión en un derecho fundamental. No estarían autorizados, sin el oportuno placet judicial, aquellos medios de captación de la imagen o del sonido que filmaran escenas en el interior del domicilio prevaliéndose de los adelantos y posibilidades técnicos de estos aparatos grabadores, aun cuando la captación tuviera lugar desde emplazamientos alejados del recinto domiciliario».

Así las cosas, cabe distinguir las captaciones y grabaciones de imágenes realizadas por las Fuerzas y Cuerpos de Seguridad con fines genéricos de prevención y de seguridad ciudadana en lugares públicos, que se regulan en la LO 4/1997, de aquellas realizadas con fines de investigación criminal, que se insertan en el ámbito de aplicación del art. 588 quinquies LECrim, y que son las que se van a analizar en este texto.

Ello sin perjuicio de dejar aquí apuntado que la jurisprudencia también se ha ocupado mediante una extensa casuística de la validez de las grabaciones obtenidas por particulares, de las grabaciones elaboradas por medios de comunicación social, de las grabaciones obtenidas extraprocesalmente o de aquellas obtenidas por sistemas de vigilancia del tráfico, así como de las realizadas por empresas privadas de acuerdo con la Ley 5/2014, de Seguridad Privada. 1365

1.2 Regulación legal

El material que se obtiene de la filmación videográfica en las condiciones de legitimidad antes mencionadas constituye uno de los medios de prueba en el proceso penal más claros y directos de los hechos enjuiciados, siempre que tenga acceso al proceso con todas las garantías y se reproduzca en las sesiones de juicio oral.

Todo el acervo jurisprudencial relativo a la captación de imágenes mediante dispositivos técnicos ha sido incorporado en la LECrim mediante la LO 13/2015. El art. 588 quinquies a) LECrim regula ahora la captación de imágenes en lugares o espacios públicos, colmando el vacío normativo que existía respecto de los actos de investigación consistentes en la utilización de dispositivos técnicos de captación de la imagen, que limitan los derechos fundamentales de la persona investigada. Así, tras la reforma operada por la LO 13/2015, el precepto establece que «la Policía Judicial podrá obtener y grabar por cualquier medio técnico imágenes de la persona investigada cuando se encuentre en un lugar o espacio público, si ello fuera necesario para facilitar su identificación, para localizar los instrumentos o efectos del delito u obtener datos relevantes para el esclarecimiento de los hechos».

En cuanto al ámbito de aplicación, el precepto alude a la grabación de imágenes o de hechos con fines de investigación criminal, como se desprende de las finalidades a las que expresamente se refiere —facilitar la identificación de la persona investigada, localizar instrumentos o efectos del delito u obtener datos para el esclarecimiento de los hechos—.

Así, la diligencia investigativa se limita a las actuaciones a las que alude el art. 299 LECrim, es decir, aquellas encaminadas a preparar el juicio y averiguar y hacer constar la perpetración de los delitos y la culpabilidad del delincuente, debiendo rechazarse aquellas actuaciones de investigación predelictual o de prospección.

Parece que el legislador orilla de la regulación procesal la grabación de imágenes con fines meramente preventivos o de seguridad, de los que se ocupa de forma preferencial la LO 4/1997. Si bien, hay que precisar que el art. 2.3 del Real Decreto 596/1999, por el que se aprueba el Reglamento de desarrollo y ejecución de la Ley Orgánica 4/1997, remite a la regulación de la LECrim las captaciones de imágenes y sonidos mediante videocámaras que realicen en el ejercicio de sus funciones las unidades de Policía Judicial. En el mismo sentido, el art. 7 de la Disposición Adicional única del Reglamento también remite a las normas del proceso penal para el caso de que la utilización de las videocámaras se realice por las unidades de Policía Judicial en sentido estricto.

En otro orden de cosas, respecto del contenido de la medida, el art. 588 quinquies a) LECrim autoriza a captar imágenes, es decir, a percibir la imagen o visionarla en tiempo real y a grabarlas, es decir, a almacenar la imagen para perpetuarla, de manera que se pueda reproducir. Nada dice el precepto acerca de la grabación del sonido, debiendo entender que resulta aplicable a estos efectos la regulación contenida en los arts. 588 *quater* a) y siguientes.

Por otra parte, el precepto alude de forma genérica a los medios técnicos para la obtención o grabación de imágenes, dejando abierta la posibilidad de utilización de cualquier otra tecnología que se puedan desarrollar en el futuro.

Asimismo, la posibilidad de obtener o grabar imágenes se restringe a los lugares o espacios públicos. Cuando la captación de imágenes tenga lugar en domicilios o lugares privados o que generen una razonable expectativa de privacidad, es preceptiva la autorización judicial en resolución motivada, ya que los mismos gozan de la protección constitucional que les dispensa el art.

18.2 CE. De ahí, se deriva una amplia casuística jurisprudencial que analiza si determinados espacios intermedios están afectados por la protección constitucional de la inviolabilidad del domicilio y si, por ello, requieren de autorización judicial para vencer el obstáculo existente para salvaguardar la intimidad. Luego me detendré en el análisis de alguno de esos supuestos.

Sobre esta regulación, el anteproyecto de Ley de Enjuiciamiento Criminal de 2020 (en adelante ALECRIM 2020) proyecta expresamente en el art. 397 la necesidad de autorización judicial previa para captar y grabar las actividades desarrolladas en el interior de domicilios o en lugares cerrados destinados a la realización de actos de carácter íntimo, aunque las mismas puedan ser divisadas desde el exterior.

Respecto de las terceras personas que puedan verse afectadas por la medida, el apartado segundo del art. 588 quinquies a) se refiere a la legitimidad de la grabación aun cuando la medida pueda suponer una injerencia en la intimidad o el derecho a la propia imagen de terceras personas no relacionadas con la investigación, por la existencia de un interés general que prevalece. Para ello, el legislador exige la concurrencia de dos requisitos. En primer lugar, se alude a la necesidad de la medida, es decir, a que su ausencia suponga una reducción de forma relevante de la utilidad de la vigilancia. En segundo lugar, se exige una conexión o relación, desde un plano indiciario, de dichas personas con los hechos objeto de investigación o con la persona investigada.

Por último, es preciso distinguir la captación o grabación de imágenes en espacios o vías públicos de aquella obtención de imágenes que tiene lugar como complemento de la escucha o grabación de comunicaciones orales directas interceptadas [art. 588 *quater* a) apartado tercero] y de la que tiene lugar en domicilios o espacios privados, pues estas requieren de autorización judicial.

Asimismo, en aquellas investigaciones que se llevan a cabo mediante agente encubierto, el apartado séptimo del art. 282 *bis* LECrim permite al juez competente autorizar la obtención de imágenes y la grabación de las conversaciones que puedan mantenerse en los encuentros previstos entre el agente y la persona investigada, aun cuando se desarrollen en el interior de un domicilio.

1.3 Supuestos dudosos de captación de imágenes sin necesidad de autorización judicial

Sobre la posibilidad de captar imágenes de la persona investigada sin la necesidad de autorización judicial en espacios o vías públicas, la STS 21/05/1994 [*Tol 5154154*], reitera que:

«no existe impedimento alguno para que las labores de investigación, practicadas por los agentes policiales, en cumplimiento del mandato contenido en el art. 282 de la Ordenanza Procesal Penal, se extiendan a la captación de imágenes de personas sospechosas de manera velada o subrepticia en los momentos en que se está fundadamente cometiendo el hecho ilícito, ya que ningún derecho queda vulnerado si la filmación se realiza en las vías públicas o espacios abiertos al público. 3º), que dicha labor de captación de imágenes por medios de reproducción mecánica, que en el supuesto indicado no afecta a ninguno de los derechos establecidos en la Ley Orgánica de 5 de mayo de 1982, no necesita autorización judicial, la que es preceptiva y debe concederse por el órgano judicial en resolución motivada y proporcional al hecho investigar, cuando se trate de domicilios o lugares considerados como tales, pues a ellos no puede ni debe llegar la investigación policial, que debe limitarse a los exteriores».

Como se ha apuntado, la diligencia de investigación consistente en la captación u obtención de imágenes en espacios públicos, esto es, la que no es simultaneada con la grabación de conversaciones orales, se atribuye directamente a la Policía Judicial, sin necesidad de autorización judicial previa.

Según refiere el preámbulo de la Ley 13/2015, esta habilitación se produce en la medida en que la grabación de la imagen en espacios públicos no conlleva ninguna afectación a los derechos fundamentales del art. 18 CE. Al menos, en lo que concierne a la grabación que se realiza con la finalidad que expresa el art. 588 quinquies a), es decir, la que se genera para la investigación de comportamientos delictivos. Distinto tratamiento merecen aquellas grabaciones que se realizan fuera de las facultades investigadoras de la Policía Judicial o las realizadas con fines meramente preventivos y de seguridad.

En este sentido, la STS de 18/04/2017 [*Tol 6067346*], declara que «lo relevante es discernir cuando se trata de un espacio reservado a la autorización judicial, domicilio o lugar cerrado, o cuando por propia iniciativa los agentes pueden captar las imágenes cuestionadas por tratarse de "lugares o espacios públicos", pues en estos, incluyendo con carácter general todos aquellos ajenos a la protección constitucional dispensada por el art. 18.2 de la Constitución Española (en adelante, CE) a la inviolabilidad domiciliaria o por el art. 18.1 a la intimidad, podrá ser decidida por propia iniciativa por los agentes de policía».

Dice la Circular 4/2019, de la Fiscalía General del Estado, que el criterio determinante de la afectación o no a un derecho fundamental es el espacio o lugar donde se encuentre la persona que vaya a ser grabada, no el sitio donde se coloque el dispositivo para la captación de la imagen.

Por consiguiente, resulta fundamental para la aplicación de esta medida de investigación tecnológica a iniciativa de la propia Policía Judicial que la persona investigada se encuentre en un lugar o espacio púbico. Sobre la determinación de la naturaleza pública o privada de determinados espacios existe una extensa casuística, donde lo relevante de la naturaleza privada será la expectativa razonable de privacidad del individuo y la posibilidad de ejercicio del derecho a la intimidad, que implica, en palabras del Tribunal Constitucional «la existencia de un ámbito propio y reservado frente a la acción y conocimiento de los demás, necesario según las pautas de nuestra cultura para mantener una calidad mínima de la vida humana» (STC 231/1988 [*Tol 80078*]).

En contraposición, un espacio público será aquel donde la persona no pueda ejercer el derecho a la intimidad, al no existir ningún obstáculo para su salvaguarda, de tal forma que no sea posible excluir lo que sucede del conocimiento ajeno.

Existen, sin embargo, espacios intermedios que han generado dudas en la doctrina jurisprudencial. Veamos algunos ejemplos:

1.3.1 Grabación realizada a través de la ventana de una vivienda

En este caso, la STS de 15/04/1997 [*Tol 407472*], declara al respecto que no es necesaria autorización judicial para la observación realizada a través de la ventana de una vivienda en la que no existe obstáculo para salvaguardar la intimidad.

«En lo concerniente a si la observación realizada a través de una ventana requiere autorización judicial, la Sala estima que la respuesta también debe ser negativa. En efecto, en principio, la autorización judicial siempre será necesaria cuando sea imprescindible vencer un obstáculo que haya sido predispuesto para salvaguardar la intimidad. Cuando, por el contrario, tal obstáculo no existe, como en el caso de una ventana que permite ver la vida que se desarrolla en el interior de un domicilio no es necesaria una autorización judicial para ver lo que el titular de la vivienda no quiere ocultar a los demás».

1.3.2 Grabación realizada sobre el patio de una vivienda

La STS de 18/02/1999 [*Tol 2866*], analiza un caso de observación desde el exterior de una vivienda de un patio perceptible y expuesto al público con carácter permanente y concluye que no existe una infracción del derecho a la privacidad o intimidad.

«Pero cuando esos lugares o espacios físicos se encuentran expuestos por su propia estructura a la intromisión ajena, de tal manera que se hace inviable su calificación como recintos adecuados para resguardar la intimidad de sus usuarios; cuando el mismo interesado permite el intrusismo de cualquier agente exterior en esos espacios, indefensos por la omisión o desidia propia al no haberse establecido obstáculo o impedimento a la injerencia ajena, el Ordenamiento jurídico no puede atribuir la condición de privativos o íntimos a aquellos lugares que, por su propia naturaleza, no son susceptibles de ello. En el caso presente se trata de un patio perceptible directamente desde el exterior, según la sentencia recurrida, y que, aun teniendo la consideración funcional de domicilio, está expuesto al público con carácter permanente, precisa. En estas circunstancias, y de acuerdo con lo anteriormente significado, no podemos compartir el juicio del Tribunal a quo de que se haya producido una vulneración del derecho a la inviolabilidad del domicilio de la acusada ni de la intimidad o privacidad de la misma. Los agentes de Policía que visualizaron directamente el repetido patio y observaron a quienes se encontraban en él procedentes de la calle, no hacían más que lo que cualquiera podía hacer; contemplaban y miraban lo que cualquiera podía mirar y observar ante la ausencia de obstáculos que perturbaran, impidieran o —simplemente— dificultaran la curiosidad de los demás. Por ello no ha tenido lugar ninguna infracción a la privacidad o a la intimidad y, por ello, la prueba obtenida a partir de esas observaciones es perfectamente lícita y válida desde la perspectiva constitucional».

1.3.3 Grabación del interior de un domicilio mediante prismáticos

La STS de 20/04/2016 [*Tol 5699240*], analiza la incidencia en el derecho a la inviolabilidad domiciliaria en un supuesto de observación por agentes de la policía del interior de un domicilio mediante prismáticos.

«Podría entenderse que su empleo, a la hora de ponderar el grado de injerencia que permite en el recinto domiciliario, quedaría abarcado en la previsión analógica del apartado 2 del art. 1 de la LO 4/1997, 4 de agosto. En él se dispone que "las referencias contenidas en esta Ley a videocámaras, cámaras fijas y cámaras móviles se entenderán hechas a cualquier medio técnico análogo y, en general, a cualquier sistema que permita las grabaciones previstas en esta Ley". Sin embargo, para someter la utilización de prismáticos a los principios informadores del citado texto legal —que no son otros que principios de rango constitucional— no parece necesario resolver si la locución "medios técnicos análogos" es lo suficientemente flexible como para incluir en ella los prismáticos. Y es que el art. 6.5, bajo el epígrafe "principios de utilización de las videocámaras", establece lo siguiente: "no se podrán utilizar videocámaras para tomar imágenes ni sonidos del interior de las viviendas, ni de sus vestíbulos, salvo consentimiento del titular o autorización judicial (...), ni de los lugares incluidos en el art. 1 de esta Ley cuando se afecte de forma directa y grave a la intimidad de las personas, así como tampoco para grabar conversaciones de naturaleza estrictamente privada. Las imágenes y sonidos obtenidos accidentalmente en estos casos deberán ser destruidas inmediatamente, por quien tenga la responsabilidad de su custodia". En definitiva, existió una intromisión en el contenido material del derecho a la inviolabilidad del domicilio, injerencia que tiñe de nulidad la observación que los agentes llevaron a cabo (...)».

Se explica en el resumen de la sentencia que «la protección constitucional de la inviolabilidad del domicilio, cuando los agentes utilizan instrumentos ópticos que convierten la lejanía en proximidad, no puede ser neutralizada con el argumento de que el propio morador no ha colocado obstáculos que impidan la visión exterior».

1.3.4 Captación de imágenes en el interior de aseos públicos

La STS de 07/07/1998 [*Tol 5133895*], exige autorización judicial para la captación de imágenes en aseos públicos.

> «La invasión ilegítima en la intimidad que los aseos públicos representan invalida la legitimidad de la prueba aquí obtenida. Dejando de lado la posibilidad de un delito flagrante que en este caso difícilmente puede admitirse, no cabe duda que esa intimidad solo se puede perturbar con la debida autorización judicial por estimarse que los lavabos, baños o aseos de los establecimientos públicos, son una prolongación de la privacidad que a toda persona corresponde en lo que es su domicilio».

Si bien, la STS de 05/05/1997 [*Tol 407174*], distingue entre la parte estrictamente privada de los servicios higiénicos, de la parte consistente en la zona común de lavabos, que excluye cualquier aspecto de secreto o reserva del usuario. En el mismo sentido se pronuncia la STS de 28/01/2014 [*Tol 4119169*], cuando declara que no se precisa autorización judicial para la grabación de imágenes en las zonas comunes de los servicios higiénicos de un parque público.

1.3.5 Grabación de imágenes en dependencias policiales

La STS de 05/06/2013 [*Tol 3773902*], analiza la validez de la grabación videográfica que se realiza en dependencias policiales, indicando que la prueba en cuestión:

> «es una grabación realizada con teléfono móvil, en unas dependencias públicas como lo son la sala de atestados de las dependencias de la Policía Municipal de Alcorcón, con acceso por lo tanto por parte del público, y que se efectúa no en relación con una actividad privada del acusado sino cuando el mismo se encuentra en desempeño de su actividad como agentes de la Policía Local, responsable del turno de noche y por lo tanto en el ejercicio también de una función pública. La sentencia argumenta, a nuestro juicio con solidez sobre la legitimidad de la grabación al ser realizada en un lugar —espacio público con acceso restringido— en el cual en el que no se desarrollan actividades propias de la intimidad de las personas (...)».

1.3.6 Imágenes obtenidas por las cámaras de seguridad de un establecimiento

La STS de 03/02/2014 [*Tol 4142558*], analiza un supuesto de utilización de las grabaciones de las cámaras de seguridad de un establecimiento comercial sin autorización judicial y concluye que es innecesaria la autorización judicial para la obtención de material fotográfico y videográfico en el ámbito público y sin intromisión indebida en el ámbito personal o familiar.

El art. 403 del anteproyecto de Ley de Enjuiciamiento Criminal recoge expresamente la regulación de la utilización de las grabaciones obtenidas por medios técnicos de videovigilancia, y establece que «no podrán ser utilizadas las grabaciones obtenidas mediante dispositivos de grabación de la imagen por los servicios de vigilancia de instalaciones públicas y privadas cuando su instalación y uso no se encuentren autorizados conforme a la ley».

1.3.7 Imágenes obtenidas de una videocámara instalada en una empresa privada

En igual sentido, la STS de 26/02/2014 [*Tol 4153325*], entiende que la utilización de las imágenes grabadas por una cámara instalada por una empresa privada, por razones de seguridad, en una nave cercana a la carretera, no supone una intromisión o injerencia del derecho a la intimidad. Matiza esta sentencia que

«Por lo demás y aunque no pueda descartarse que en casos singulares se desarrollen actividades privadas en una vía pública, esta Sala STS 1220/2011 de 11.11, tiene declarado que cuando la grabación videográfica afecta sólo a "espacios abiertos y de uso público" no precisa la autorización judicial, según una reiterada doctrina jurisprudencial. Así ATS de 11.1.2007 que precisa que los supuestos en los que es preceptiva dicha autorización judicial son aquellos en los que se proceda clandestina o subrepticiamente a captar imágenes de personas sospechosas en los lugares que deben calificarse de privados por desarrollar en ellos tales sospechosos su vida íntima, (STS núm. 1733/2002). Nada obsta a que un establecimiento privado decida dotar sus instalaciones con mecanismos de captación de imágenes, en su propia seguridad y en prevención de sucesos, siempre que las videocámaras se encuentren en zonas comunes, excluyendo aquellos espacios en que se desarrolla la intimidad (aseos), (SSTS. 1547/2002 de 27.9, 387/2001 de 13.3, 1631/2001 de 19.9, 188/99 de 15.2 que se remite a las SSTS. 6.5.93, 7.2, 6.4 y 21.5.94, 18.12.95, 27.2.96, 5.5.97, 968/2008 de 17.7».

1.3.8 Captación de imágenes en el garaje de una comunidad de vecinos

La STC 11/09/2023 [*Tol 9714096*], analiza un supuesto de captación de imágenes en el interior de un garaje privado llevada a cabo sin autorización judicial.

«Sin necesidad de entrar a dilucidar si ese garaje tiene la condición de domicilio a los efectos del art. 18.2 CE, pues el derecho a la inviolabilidad del domicilio no se invoca en el presente recurso de amparo, es notorio que, conforme al referido criterio de expectativa razonable de privacidad, ese espacio pertenece al ámbito de la intimidad protegida por el art. 18.1 CE, pues se trata de un lugar cerrado que es, además, una propiedad privada de acceso restringido (a los titulares de las plazas de aparcamiento y a terceros a los que aquellos permitan la entrada) y por tanto es patente que se trata de un lugar en el que el recurrente tenía una expectativa razonable de no ser escuchado u observado subrepticiamente por terceras personas».

1.4 Principios rectores de la medida

La potestad de la Policía Judicial de captar imágenes en lugares o espacios públicos sin necesidad de autorización judicial conlleva necesariamente realizar una aproximación diferente a las disposiciones comunes reguladas en el art. 588 *bis* LECrim para todas las medidas de investigación tecnológica.

Ciertamente, el art. 588 *bis* a) alude a los principios de especialidad, idoneidad, excepcionalidad, necesidad y proporcionalidad de la medida, pero los aúna o sujeta a la autorización judicial previa, necesaria para la práctica de todas las diligencias de investigación que afecten en mayor o menor medida a los derechos reconocidos en el art. 18 CE.

Sin embargo, la captación de la imagen en espacios públicos no exige habilitación legal previa. El art. 588 *bis* a) LECrim únicamente requiere la ponderación —por la Policía Judicial— de dos presupuestos que aluden a la necesidad o utilidad de la medida. En primer lugar, se exige que la medida sea necesaria para facilitar la identificación de la persona investigada, para localizar los instrumentos o efectos del delito o para obtener datos relevantes para el esclarecimiento de los hechos. En segundo lugar, en caso de afectación a terceras personas distintas del investigado, la medida se condiciona, rebajando el estándar del principio de necesidad, a que de otro modo se reduzca de forma relevante la utilidad de la vigilancia o existan indicios fundados de la relación de dichas personas con el investigado y los hechos objeto de la investigación.

Así, la grabación o captación de imágenes en espacios públicos por la Policía Judicial tiene que estar justificada por la investigación de un hecho delictivo concreto, lo que se traduce en la efectiva observancia de un juicio de idoneidad o de adecuación entre la medida de investigación y el fin perseguido y de la satisfacción de los principios de necesidad y de proporcionalidad. Todo ello deberá recogerse en el atestado policial para poder llevar a cabo el control adecuado de la licitud de la medida, en cumplimiento del deber de motivación de los principios rectores del art. 588 *bis* a) LECrim.

En cuanto a la duración de la medida, el art. 588 *bis* e) remite a la duración que se especifique para cada medida de investigación tecnológica, sin que se pueda exceder del tiempo imprescindible para el esclarecimiento de los hechos. Pero en el caso de la captación de imágenes en espacios públicos, el art. 588 quinquies a) no hace alusión alguna a la duración de la medida. En mi opinión, la duración de la medida deberá adecuarse a un juicio de proporcionalidad con respecto a los fines investigativos a los que se orienta.

La Circular 4/2019, FGE, sí entiende aplicables a la medida de utilización de dispositivos técnicos de captación de la imagen las disposiciones relativas al secreto (art. 588 *bis* d), control de la medida (art. 588 *bis* g), utilización de la información obtenida en procedimientos distintos y descubrimientos casuales (art. 588 *bis* i) y destrucción de registros (art. 588 *bis* k).

En cuanto al control judicial, la doctrina distingue entre la captación puntual de una imagen y la medida de captación continuada en el tiempo. En el primer caso, el control judicial se produce una vez se ponga fin a la medida. En el segundo caso, la Policía Judicial deberá informar al juez deberá informar al juez instructor, del desarrollo y resultados de la medida investigativa y la autoridad judicial determinará, en su caso, la periodicidad y forma del control de la misma.

En cualquier caso, la jurisprudencia considera necesario activar medidas de control judicial efectivo para garantizar la legitimidad y la autenticidad del material videográfico, con una inmediata puesta a disposición de la autoridad judicial del original de la grabación.

1.5 La incorporación al proceso penal de la videograbación

La STS de 17/07/1998 [*Tol 5130901*], recoge las garantías esenciales para la debida incorporación de las imágenes captadas al proceso penal. Así, se establecen, con carácter general, cuatro medidas de control judicial: el control de la legitimidad de la grabación, la celeridad en la entrega de las grabaciones y su puesta a disposición judicial, la aportación de los soportes originales y la aportación íntegra del material obtenido. Señala la Sala que:

> «La incorporación a los autos de la filmación videográfica, deberá efectuarse bajo el control de la autoridad judicial, enunciado éste que engloba las siguientes garantías:
> 1º) Control judicial de la legitimidad de la filmación, que implica el que el juez instructor supervise que la captación de las imágenes, se efectuó con el debido respeto a la intimidad personal y a la inviolabilidad domiciliaria, pues si la filmación merece un juicio desfavorable notoriamente a la luz de los citados derechos fundamentales, debería negarse la incorporación a los autos de la filmación ex art. 11 de la Ley Orgánica del Poder Judicial.
> 2º) Comunicación y puesta a disposición judicial del material videográfico, en términos relativamente breves, por cuanto que la aportación mientras más rápida sea, constituye una garantía en favor de su autenticidad, por cuanto que ella, va en detrimento de su posible manipulación.
> 3º) Aportación de los soportes originales a los que se incorporan a las imágenes captadas.
> 4º) Aportación íntegra de lo filmado, a fin de posibilitar la selección judicial de las imágenes relevantes para la causa».

La jurisprudencia conviene en el indudable valor probatorio de las imágenes grabadas, una vez superado el filtro de legitimidad y de autenticidad, siempre y cuando el material videográfico sea reproducido en el juicio oral.

Respecto del control de autenticidad, este resulta necesario para evitar cualquier riesgo de una eventual alteración, manipulación o montaje del material videográfico, para lo cual resulta indispensable la inmediata entrega a la autoridad judicial de todo el material que se haya obtenido en su soporte original. La jurisprudencia ha entendido que el transcurso del tiempo en la puesta a disposición judicial del material videográfico no priva a las grabaciones de valor probatorio, aunque lo cierto es que la inmediata entrega disminuye la posibilidad de manipulación del material obtenido.

En este sentido, la STS de 12/01/2017 [*Tol 5939255*], declara que para acreditar la autenticidad de la grabación videográfica realizada por una persona resulta imprescindible confrontar la grabación con el testimonio en el acto del juicio oral de la persona que obtuvo la imagen y tuvo una percepción directa de la escena, para someter sus manifestaciones a contradicción procesal.

En caso de que las imágenes no sean captadas por una persona y se obtengan, por ejemplo, de cámaras de seguridad previamente instaladas, deberá reforzarse el control judicial y la verificación de la autenticidad del material videográfico, al decaer ese elemento externo de corroboración constituido por el testimonio de quien capta la imagen, que pueda complementar o confirmar la grabación. Aunque en este caso, superados los controles procedentes de legitimidad y autenticidad, la grabación videográfica no hecha por una persona, sino automáticamente, ha sido considerada por la jurisprudencia como prueba de cargo apta para enervar la presunción de inocencia, al tratarse de un medio técnico que recoge las imágenes de la participación de la persona acusada en el hecho que se enjuicia (STS de 15/09/1999 [*Tol 5128093*]).

En caso de que resulte controvertida la autenticidad del material obtenido, el juez instructor puede acudir a exámenes técnicos periciales que garanticen la autenticidad del material o la ausencia de alteraciones o manipulaciones relevantes.

Respecto de la valoración probatoria, la STS de 11/02/1994 [*Tol 5014468*], recuerda el carácter documental de la grabación videográfica. Su eficacia, por tanto, queda subordinada a la visualización de la grabación en el acto del juicio oral, para cumplir con los principios procesales de contradicción, igualdad, inmediación y publicidad.

En este sentido, la STS de 27/03/2017 [*Tol 6010231*], apunta que el reportaje fotográfico es un mero soporte documental que está vinculado a la prueba personal. Por ello, en este caso, la Sala entiende que la falta de integridad de la prueba documental no afecta a la validez como prueba de cargo de las testificales que se practicaron en el sumario.

En efecto, la jurisprudencia ha entendido que la prueba videográfica tiene un carácter complementario respecto del testimonio de la persona que capta la imagen, y que tiene una percepción directa y personal de la escena.

En este sentido, la STS 17/03/2006 [*Tol 866127*], confirma la validez de las grabaciones videográficas con finalidad corroboradora de lo que pudieron ver los agentes policiales y revela que la declaración testifical de los agentes forma la convicción judicial sobre la realidad de lo que el videograma refleja, siendo este siempre secundario para enervar el derecho a la presunción de inocencia.

Por lo demás, señala la jurisprudencia que la prueba debe ser valorada libremente por el Tribunal, de conformidad con lo establecido en el art. 741 LECrim, en valoración conjunta de todo el cuadro probatorio.

Respecto de las imágenes captadas sin intervención humana, la STS de 15/09/1999 [*Tol 5128093*], sitúa la grabación de imágenes más cerca de la prueba directa que de la consideración de prueba indiciaria, en cuanto que, «no cuestionada su autenticidad, la filmación se revela como una suerte de "testimonio mecánico y objetivo" de un suceso, con entidad probatoria similar —o incluso, superior, al quedar excluida la subjetividad, el error o la mendacidad del testimonio personal— a la del testigo humano».

En resumen, la STS de 08/02/1997 [*Tol 5140577*], declara que la reproducción de la imagen por medios mecánicos no es un medio de prueba propiamente dicho sino que requiere, como supuesto documental, un plus de credibilidad que puede operar «a) como objeto de prueba en cuanto pericialmente se estime que la imagen o la voz corresponden de modo efectivo a la persona, y b) como tal documento, cuando su reproducción de un hecho pasado (...) sea adverada por distintos medios probatorios, cual el testifical».

En este sentido se pronuncia también la STS de 21/05/2014 [*Tol 4365076*], que distingue según exista o no personal técnico que haya grabado la imagen:

> «A estos fines, más allá de los posibles exámenes técnicos, es imprescindible, cuando ello es posible, la confrontación de la grabación con el testimonio en el acto del juicio oral del operador que la obtuvo y fue testigo directo de la misma escena que filmó (STS 1154/2010, de 12 de enero de 2011). Sin embargo "... Este último requisito no será exigible, naturalmente, en el caso de que la cinta videográfica no haya sido filmada por una persona, sino por las cámaras de seguridad de las entidades que, por prescripción legal, o por iniciativa propia, disponen de esos medios técnicos que graban de manera automática las incidencias

que suceden en su campo de acción" (STS 485/2013, STS 67/2014, de 28 de enero o STS 124/2014 de 3 de febrero). Y éste es el supuesto que nos ocupa».

2. LA UTILIZACIÓN DE DISPOSITIVOS O MEDIOS TÉCNICOS DE SEGUIMIENTO Y LOCALIZACIÓN

2.1 Precedentes

Con anterioridad a la reforma operada por LO 13/2015 no existía ninguna disposición específica en la Ley de Enjuiciamiento Criminal que regulara los dispositivos de seguimiento adheridos a objetos de uso de la persona investigada para facilitar sus coordenadas espacio-temporales. Ni siquiera se contaba con precedentes jurisprudenciales claros sobre la actuación en tales casos. La jurisprudencia consideraba que la afectación a la intimidad tenía que graduarse teniendo en cuenta las circunstancias concurrentes en cada caso y ajustándose a los principios de especialidad, necesidad, idoneidad y proporcionalidad en sentido estricto.

En este sentido, la STS de 07/07/2016 [*Tol 5784659*], hace un repaso sugerente sobre algunos precedentes jurisprudenciales previos a la reforma. La primera sentencia, dice, se remonta a la STS de 22/07/2004 [*Tol 495666*]. Aquí se plantea la licitud de la utilización de un sistema de balizamiento colocado por parte de Vigilancia Aduanera. Sin embargo, la Sala no llega a pronunciarse sobre tal pretensión porque no se ha tenido en cuenta dicha circunstancia para llegar al resultado probatorio.

A continuación, se cita la STS de 22/06/2007 [*Tol 1113050*]. Se denuncia aquí la vulneración del derecho fundamental a la intimidad por haberse colocado una baliza de seguimiento sin autorización judicial. La Sala considera su colocación como una diligencia de investigación ordinaria, que no afecta al ámbito de la intimidad constitucionalmente protegido y que no precisa de autorización judicial.

En el mismo sentido se pronuncia la STS de 11/07/2008 [*Tol 1373176*], respecto de un caso de colocación de una baliza de seguimiento y localización de una embarcación, donde se avala —si bien desde el enfoque de la inviolabilidad domiciliaria— la utilización de este tipo de dispositivos sin autorización judicial.

La STS 05/11/2013 [*Tol 4008105*], también desestima el motivo alegado sobre la violación del derecho a la intimidad, y declara que:

> «El uso de radiotransmisores (balizas de seguimiento GPS), para la localización de embarcaciones en alta mar por la policía no vulnera el derecho fundamental al secreto de las comunicaciones o supone una injerencia excesiva sobre el derecho fundamental a la intimidad a los efectos de exigir un control jurisdiccional previo y una ponderación sobre dicha afectación constitucional. Para esta Sala Segunda Tribunal Supremo la ausencia de relevancia constitucional se deriva de que se trata de "diligencias de investigación legitimas desde la función constitucional que tiene la Policía Judicial, sin que en su colocación se interfiera en su derecho fundamental que requeriría la intervención judicial" (SSTS 22.6.2007, 11.7.2008, 19.12.2008), e incluso la sentencia TEDH citada en el recurso, caso UZUN c. Alemania de 2.9.2010, en un caso de intervención de una cabina telefónica habitualmente usada por un supuesto terrorista, si bien consideró que tal vigilancia a través del sistema GPS, y procesamiento de los datos obtenidos constituía una injerencia en la vida privada, art. 8 Convenio, también precisó que la vigilancia GPS, por su propia naturaleza debe distinguirse de otros métodos de seguimiento acústico o visual que, por regla general son más susceptibles de interferir en el derecho de la persona al respeto de su vida privada, porque revelan unas informaciones sobre la conducta de una persona, sus operaciones o sus sentimientos"».

En otros procedimientos judiciales, sin embargo, la Sala ha analizado supuestos en que la aplicación de la baliza de geolocalización contaba con autorización judicial habilitante. Así, por ejemplo, la STS de 10/07/2014 [*Tol 4433277*], apunta que «la baliza estaba autorizada por el juez, se practicó en un dispositivo de audio que se incorporó en soporte a un ordenador que fue presentado en el Juzgado y respecto del cual la secretaria judicial extendió acta de copia del mismo a un disco externo».

Una vez realizada esta recopilación, la STS de 07/072016 [*Tol 5784659*], analiza un caso en el que la Policía Judicial decidió colocar una baliza o dispositivo GPS en el vehículo que utilizaba de forma habitual la persona investigada sin autorización judicial, en el transcurso de la investigación de una denuncia por la desaparición de dos personas, ante la sospecha de que la persona investigada podía tener relación con tal desaparición. La Sala examina aquí la existencia o no de una injerencia en el derecho fundamental de la intimidad de la persona sujeta a investigación por el hecho de la colocación de esta baliza en el vehículo que solía utilizar.

La Sala confirma las consideraciones expuestas en la sentencia recurrida, que entendió que en el supuesto analizado no se había vulnerado el derecho a la intimidad con la intensidad suficiente para haber requerido de previa autorización judicial. Para ello se valoraba la proporcionalidad de la medida en relación con los hechos que se estaban investigando, la idoneidad y necesidad de la medida y la escasa duración de la injerencia.

2.2 Regulación legal y derechos afectados

Ante esta situación de anomia y la existencia de una disparidad de precedentes jurisprudenciales, la reforma operada por LO 13/2015 introdujo en el Capítulo VII del Título VIII la regulación de la utilización de dispositivos técnicos de seguimiento y localización en los arts. 588 quinquies b) y c) LECrim. Con ello, el legislador ha resuelto el debate existente y ha optado por exigir, con carácter general, autorización judicial para la utilización del acceso a datos de geolocalización. Si bien, en determinados supuestos en que concurran razones de urgencia, se ha previsto una vía alternativa de convalidación de la colocación de los dispositivos por iniciativa de la Policía Judicial, dando cuenta a la mayor brevedad a la autoridad judicial, que deberá ratificar la medida o acordar su cese inmediato en el plazo máximo de 24 horas. En este último supuesto de cese de la medida, la información que se obtenga no tendrá efectos en el proceso.

Así las cosas, a partir de la entrada en vigor de la reforma, se pone fin a la controversia y se confirma la necesidad de autorización judicial para la utilización de dispositivos o medios técnicos de seguimiento y localización cuando resulte afectado el derecho a la intimidad.

En este sentido, la STS de 13/05/2020 [*Tol 7931050*], apunta que:

> «Sea como fuere, que la utilización de dispositivos de localización y seguimiento tiene una incidencia directa en el círculo de exclusión que cada ciudadano define frente a terceros y frente a los poderes públicos está ya fuera de cualquier duda. La afectación de la intimidad es incuestionable, más allá de que, conforme a la jurisprudencia constitucional y de esta Sala, existan actos de injerencia que, sin estar expresamente reservados a la autorización judicial, pueden ser plenamente válidos al perseguir un fin constitucionalmente legítimo en una sociedad democrática. La entrada en vigor de la LO 13/2015 descarta cualquier duda acerca de la voluntad legislativa de blindar ese espacio de intimidad y subordinar la legitimidad del acto de intromisión a la previa autorización judicial».

La Sala razona que la determinación de la ubicación espacio-temporal de la persona sospechosa en el marco de la investigación penal, puede suponer una injerencia de menor intensidad en la intimidad de la persona. Sin embargo, la utilización de un GPS arrojará la obtención de datos personales de tal amalgama que pudieran afectar al núcleo duro de la intimidad, precipitando una radiografía ideológica o religiosa de la persona investigada. La Sala entiende que no puede relativizarse la potencial eficacia invasora que la utilización de dispositivos de geolocalización produce en la esfera de la intimidad de la persona investigada. Y esa potencialidad invasora es precisamente la que justifica la concesión de una protección similar a la de otras medidas de investigación tecnológica, mediante la exigencia de autorización judicial.

Tras la aprobación de la reforma procesal, el Tribunal Supremo ha sido constate y uniforme en la interpretación de esta cuestión. La STS de 21/10/2020 [*Tol 8174527*], matiza que «estas exigencias legales son plenamente aplicables a las investigaciones policiales que se desarrollen en territorio español, sea por agentes policiales españoles o sea por agentes extranjeros en los casos en que las normas sobre cooperación policial internacional lo permitan. Cuando los dispositivos se hayan instalado en otro país y se continúe la intervención en territorio español, debe ponerse en conocimiento de la autoridad judicial, en la forma y a los efectos previstos en las normas de cooperación internacional».

En definitiva, la recopilación sistemática de datos de posicionamiento afecta indudablemente al derecho a la intimidad, cuando exista una expectativa razonable de privacidad (art. 18.1 CE). Pero también afecta al derecho a la protección de datos personales de la persona investigada (art. 18.4 CE). Como apunta la Circular 4/2019 FGE, no aparece, sin embargo, comprometido, el derecho al secreto de las comunicaciones (art. 18.3 CE).

Por otro lado, el precepto alude a «dispositivos o medios técnicos de seguimiento y localización». Así, los datos se pueden obtener mediante distintos mecanismos, siendo habitual acudir al término de balizas, que comprende diferentes modalidades tecnológicas. OUBIÑA BARBOLLA (p. 76) identifica dos sistemas de localización. Primero, hace referencia a los dispositivos técnicos basados en algún sistema de posicionamiento global que se colocarían en un vehículo u objeto que lleve consigo la persona investigada. En segundo lugar, se refiere a los medios que permitan obtener los datos electrónicos de localización basados en la comunicación de GSM que pudiera generar un dispositivo de telefonía móvil. Otros autores también aluden a modalidades que se basan en módulos de satélite independientes, las que se basan en radiofrecuencia, o los dispositivos de descarga de localización (MARCHENA p. 361).

Partiendo de la distinción genérica que propone OUBIÑA, los dispositivos GPS serían controlados por la Policía Judicial, que es quien recibe y controle los datos de posicionamiento, mientras que en los medios de localización GSM los datos los controlan las compañías de telecomunicaciones, a quienes el art. 588 quinquies b) impone un específico deber de colaboración.

En la resolución judicial habilitante debe especificarse el dispositivo o medio técnico que se va a utilizar (art. 588 quinquies b. 2). Pero no solo. También debe concretarse el lugar donde va a colocarse el dispositivo técnico para el seguimiento, pues el objeto o persona donde se coloque el dispositivo va a incidir decisivamente en la afección al derecho a la intimidad de la persona investigada.

En cuanto a la solicitud de la medida, aunque el art. 588 quinquies b) LECrim no se pronuncia sobre quienes pueden solicitar el acto de injerencia, se considera aplicable la previsión genérica del art. 588 *bis* b), que permite la adopción de oficio por el juez, a instancia del representante del Ministerio Fiscal o de la Policía Judicial.

Por último, conviene dejar apuntado que la jurisprudencia ha distinguido los supuestos en que la medida de injerencia recae sobre objetos de aquellos supuestos en los que se aplica sobre personas, entendiendo que el derecho a la intimidad solo se verá afectado cuando la medida de seguimiento para la localización incide sobre personas.

El ALECRIM 2020 regula en un mismo Título las observaciones y vigilancias policiales, que actualmente carecen de referencia legal en el ordenamiento procesal, y la localización, seguimiento y captación de imágenes. En la norma proyectada se regulan dos modalidades de vigilancias: las ordinarias y las sistemáticas. Respecto de estas últimas, que son aquellas que duran más de treinta y seis horas ininterrumpidas o más de cinco días, consecutivos o no, dentro del plazo de un mes, y las que se materializan a través de medios técnicos de localización y seguimiento o de captación de imágenes, solo pueden dirigirse contra la persona investigada y solo pueden realizarse con autorización judicial previa, salvo en casos de urgencia, que deberán ser ratificados posteriormente. Todas estas medidas tendrán una duración máxima de tres meses desde la fecha de la autorización, pudiendo autorizar prórrogas sucesivas hasta los dieciocho meses.

Por lo demás, el anteproyecto recoge una regulación muy completa que alcanza al contenido de la solicitud en los supuestos en que se requiera autorización judicial, el secreto, la duración de la medida, la utilización posterior de las grabaciones, la impugnación de estas en caso de que existan indicios objetivos de manipulación, las personas a las que debe notificarse la medida, la cancelación de datos, la utilización de grabaciones obtenidas por servicios de vigilancia y la destrucción de las grabaciones. En sede de ejecución, también se regula el borrado de grabaciones, obtenidos a través de dispositivos técnicos o de localización personal u otros medios de investigación tecnológica.

2.3 Principios rectores

El art. 588 quinquies b) LECrim condiciona la autorización de la medida de utilización de dispositivos o medios técnicos de seguimiento y localización a la concurrencia de acreditadas razones de necesidad y de proporcionalidad.

Tanto la doctrina (MARCHENA p. 366) como la jurisprudencia, subrayan que la nueva regulación no menciona explícitamente la exigencia de un juicio específico de proporcionalidad. A diferencia de lo que ocurre en otras medidas de investigación tecnológica, en las que se delimita el ámbito delictual de aplicación o se establecen límites penológicos mínimos para la autorización de la medida, el legislador no ha incluido en el art. 588 quinquies b) ningún parámetro explícito de ponderación jurisdiccional de la gravedad del delito investigado.

Ello, sin embargo, no implica que no deban valorarse la concurrencia de los principios que dotan de legitimidad al acto jurisdiccional de injerencia, recogidos en el art. 588 *bis* a), que son indispensables para la validez de cualquier medida de investigación tecnológica.

Por lo tanto, para adoptar la decisión judicial habilitante, se deberá atender a los principios de necesidad y proporcionalidad que expresamente recoge el precepto, pero también deberán concurrir los principios de idoneidad, especialidad y excepcionalidad de la medida, como presupuestos necesarios para la validez constitucional del acto de injerencia.

Recoge la Circular 4/2019 FGE, que la menor afección del derecho a la intimidad de la persona investigada que conlleva la medida de utilización de instrumentos técnicos de geolocalización debe tenerse en cuenta para llevar a cabo un adecuado juicio de proporcionalidad. En este sentido, en el juicio de ponderación que exige el principio de proporcionalidad, se apunta a la posibilidad de rebajar las exigencias de gravedad del hecho delictivo, llegando incluso a afirmarse en el informe del CGPJ al Anteproyecto de la LO 13/2015 que «el solo hecho de la intervención judicial es por sí mismo una garantía que satisface las exigencias constitucionales. No es preciso, por tanto, reservar la medida a un determinado catálogo de delitos, siendo suficiente su adopción con arreglo a parámetros de proporcionalidad, controlables desde la motivación de la resolución que la acuerde».

Pero también deberá valorarse, especialmente, la duración de la medida, que influye de forma decisiva en la afectación a la expectativa razonable de privacidad de la persona investigada. Por tanto, en el juicio de proporcionalidad deberá tomarse en consideración la intromisión que una medida prolongada en el tiempo puede generar en el derecho a la intimidad de la persona investigada.

2.4 Deber de colaboración

Para facilitar la ejecución de esta medida investigativa, el art. 588 quinquies b) regula en el apartado tercero el deber de asistencia y colaboración de los prestadores de servicios de telecomunicaciones, de acceso a una red de telecomunicaciones o de servicios de la sociedad de la información o de cualquier otra persona que contribuya a facilitar las comunicaciones, con el fin de facilitar el cumplimiento de los autos por los que se ordene el seguimiento, bajo apercibimiento de incurrir en delito de desobediencia.

Como se ha apuntado antes, los datos de localización GSM que pudiera generar el dispositivo de telefonía móvil de la persona investigada, están en poder de las compañías de telecomunicaciones. En estos casos, por tanto, el oficio judicial se dirigirá a las compañías de telecomunicaciones, a quienes se impone este deber específico de colaboración y asistencia.

Matiza la Circular 4/2019 FGE, que esta colaboración podría exigirse también a personas no relacionadas con el proceso de comunicación como, por ejemplo, a los fabricantes de vehículos, que pudieran facilitar la colocación de instrumentos técnicos de geolocalización o incluso permitir el acceso al vehículo para la colocación del dispositivo.

Tal colaboración puede prestarse a requerimiento de la autoridad judicial, de la representación del Ministerio Fiscal o de la Policía Judicial. Y la falta de colaboración exigida para facilitar la práctica de la diligencia de investigación puede generar responsabilidad penal, pudiendo incurrir en un delito de desobediencia, para lo cual será necesario que se efectúen los apercibimientos legales oportunos.

2.5 Supuestos de urgencia

El apartado cuarto del art. 588 quinquies b) regula una excepción a la regla general de autorización judicial previa para la utilización de medios o dispositivos técnicos de seguimiento y localización. En realidad, lo que se hace es excepcionar el control judicial ex ante de la medida, porque la garantía judicial —en este caso, mediante un control judicial *ex post*— sigue siendo indispensable para la validez de la diligencia de investigación.

De este modo, el precepto posibilita que la Policía Judicial coloque a iniciativa propia el dispositivo o medio técnico de seguimiento, dando cuenta a la autoridad judicial a la mayor brevedad posible, y condicionándose su validez probatoria a un control judicial posterior o de carácter aplazado sobre el cumplimiento de los principios rectores habilitantes de la medida.

Para poder llevar a cabo esta injerencia, deberán concurrir dos presupuestos: primero, que existan razones de urgencia y, segundo, que esa situación de urgencia haga razonablemente temer que de no colocarse inmediatamente el dispositivo o medio técnico de seguimiento y localización se frustrará la investigación. Es decir, se requiere una situación de urgencia y de necesidad de adopción de la medida, lo que deberá justificarse en el oficio policial que se presente posteriormente ante la autoridad judicial.

En cuanto al control judicial de la medida, el precepto señala que la autoridad judicial deberá ratificar la medida o acordar su inmediato cese en el plazo máximo de 24 horas. Es decir, en el plazo de 24 horas desde la comunicación de la adopción de la medida por los agentes, el juez de instrucción deberá convalidar o revocar la diligencia de investigación. En este último supuesto, la información obtenida a partir del dispositivo colocado carecerá de efectos en el proceso.

Señala OUBIÑA (p. 84) que la ausencia de delimitación de un ámbito objetivo o delictual —el legislador no define los parámetros cuantitativos o cualitativos de gravedad del delito para la aplicación de la medida—, el supuesto carácter excepcional de esta diligencia y la autoridad no jurisdiccional que puede acordarla, explicarían el acortamiento de los plazos del control judicial de esta medida, en comparación con otras diligencias de investigación en los que el control judicial posterior puede producirse en un plazo más amplio de 72 horas.

Asimismo, la jurisprudencia entiende que «la valoración de la urgencia y necesidad de la intervención policial ha de realizarse *ex ante*, y es susceptible de control judicial *ex post*, al igual que el respeto del principio de proporcionalidad. La constatación ex post de la falta del presupuesto habilitante o del respeto al principio de proporcionalidad implicaría la vulneración del derecho fundamental y tendría efectos procesales en cuanto a la ilicitud de la prueba en su caso obtenida, por haberlo sido con vulneración de derechos fundamentales» (STC 70/2002 [*Tol 258605*]).

Respecto del contenido del control judicial posterior, el juez de instrucción deberá valorar la legalidad de la actuación de la Policía Judicial y la acreditación de los presupuestos mencionados, de urgencia y de necesidad, así como el cumplimiento de los plazos establecidos. Si no concurren dichos requisitos, el juez podrá no ratificar la medida, privando de validez a los datos que se hayan obtenido con anterioridad, si bien, como apunta la Circular 4/2019 FGE, en ese caso, nada obsta a que el juez pueda autorizar la medida para lo sucesivo, incorporando al procedimiento los datos que se generen a partir de la autorización judicial.

2.6 Duración de la medida y control judicial

El art. 588 quinquies c) somete la medida a un límite temporal máximo de tres meses, que podrá prorrogarse excepcionalmente hasta un máximo de duración de dieciocho meses.

Señala MARCHENA (p. 368) y reproduce la jurisprudencia en STS 07/04/2021 [*Tol 8420649*] que «la utilización de la locución "duración máxima" y el vocablo "excepcionalmente" es una llamada de atención a la importante afectación de la intimidad que estas medidas de geolocalización pueden traer consigo. Una duración prorrogada, de carácter máximo de 18 meses solo puede justificarse a la vista de la gravedad del hecho investigado y de la utilidad de la medida. Y por supuesto, solo es legítima a partir de una resolución judicial motivada que explique, a la vista de los principios de proporcionalidad, excepcionalidad y necesidad, la justificación del sacrificio del derecho a la intimidad».

Según dice la Circular 4/2019 FGE, el mantenimiento de la medida durante un largo periodo de tiempo, supone un aumento de la intromisión en la intimidad de la persona investigada, y ello debe ser adecuadamente ponderado en el juicio de proporcionalidad de la resolución judicial habilitante.

Por otra parte, la solicitud de prórroga debe ajustarse a los requisitos del art. 588 *bis* f): deberá dirigirse por el Ministerio Fiscal o la Policía Judicial al juez competente con la antelación suficiente a la expiración del plazo y deberá incluir un informe detallado del resultado de la medida y las razones que justifiquen la continuación de la misma.

En cuanto al cómputo del tiempo de la medida, el precepto señala como fecha inicial la de la resolución que autorice la diligencia investigativa y no la fecha de la colocación efectiva del instrumento técnico de geolocalización. Respecto de la prórroga, el apartado tercero del art. 588 *bis* f) establece que su cómputo se iniciará desde la fecha de expiración del plazo de la medida acordada.

Finalmente, en cuanto al control judicial de la medida de injerencia, la resolución judicial que autorice la diligencia deberá concretar la forma y la periodicidad con la que el solicitante informará al juez sobre los resultados de la medida [art. 588 *bis* c) apartado 3]. Sobre este particular, apunta MARCHENA (p. 369), que «solo un control judicial próximo, efectivo, que analice periódicamente las razones para el mantenimiento o la cesación de la medida, cumple con las exigencias impuestas por los principios que legitiman la restricción de la privacidad que es inherente a la medida».

2.7 Custodia y eliminación de la información

El régimen de custodia de los archivos que contienen los datos de geolocalización obtenidos se contiene en los apartados 2 y 3 del art. 588 quinquies c) LECrim.

La norma prevé que la Policía Judicial entregue al juez los soportes originales o las copias electrónicas auténticas que contengan la información recogida cuando éste se lo solicite. En todo caso, los archivos deberán entregarse al juez de instrucción al término o conclusión de las investigaciones.

El art. 588 quinquies c) recoge, en su apartado tercero, la necesidad de que la información obtenida a través de los dispositivos técnicos de seguimiento y localización sea debidamente custodiada para evitar su alteración o utilización indebida.

El anteproyecto de Ley de Enjuiciamiento Criminal de 2020 regula la custodia de la información obtenida en el art. 400. La norma recoge la necesidad de su debida custodia y añade a la regulación la facilitación de una copia debidamente autenticada al Ministerio Fiscal o a las partes que pretendan hacer uso de las informaciones obtenidas como prueba en el juicio oral. Asimismo, la norma proyectada limita las impugnaciones a aquellas que se basen en la existencia de indicios objetivos de manipulación. Así, en caso de que los motivos de sospecha resulten suficientes, podrá realizarse una comprobación pericial sobre el funcionamiento del sistema o su posible manipulación.

En cuanto a la destrucción de los registros, hay que remitirse al art. 588 *bis* k) LECrim, que señala que al término del procedimiento se ordenará el borrado y eliminación de los registros originales mediante resolución firme, conservándose una copia bajo custodia del letrado de la Administración de Justicia. Transcurridos cinco años desde que la pena se haya ejecutado, o cuando el delito o la pena hayan prescrito o se haya decretado el sobreseimiento libre o bien haya recaído sentencia absolutoria firme respecto del investigado, se acordará la destrucción de las copias que se hubieren conservado, salvo que el tribunal considere necesario su mantenimiento.

Por último, la ley encomienda a la Policía Judicial llevar a efecto la destrucción de los datos o el borrado de las grabaciones, bajo petición del tribunal. Aunque la ley no lo menciona expresamente, se entiende que la Policía Judicial deberá comunicar al tribunal el cumplimiento de lo acordado antes de procederse al archivo de la ejecutoria.

El ALECRIM 2020 regula la destrucción de las grabaciones en el Título dedicado a las observaciones y vigilancias físicas y utilización de dispositivos de seguimiento, localización y captación de la imagen. En concreto, el art. 404 prevé la destrucción de los soportes que incorporen los datos relativos a los seguimientos cuando «a) el proceso finalice por sentencia absolutoria o auto de sobreseimiento firme o b) transcurridos cinco años desde que la pena se haya ejecutado o el delito o la pena hayan prescrito, cuando se hubiera dictado sentencia condenatoria». Todo ello a salvo de que se haya autorizado su utilización en otros procedimientos, de conformidad con las previsiones contenidas en el apartado tercero del art. 400.

El Título VIII del Libro IX, que está dedicado a la ejecución penal, también regula la destrucción de efectos y muestras y el borrado de datos. En las disposiciones comunes precisa que «no se ejecutará ninguna decisión que implique la destrucción de bienes, borrado de datos o entrega o devolución de efectos a persona distinta de quien los tenga en custodia hasta que la resolución que la adopte sea firme». Asimismo, el borrado de grabaciones se regula de forma pormenorizada en el art. 982, que incluye, además del borrado de los datos personales obtenidos a través de dispositivos técnicos o de localización personal u otros medios de investigación tecnológica, el borrado de los datos almacenados en sistemas electrónicos o informáticos policiales o judiciales, que se hayan incorporado por solicitud a entidades, instituciones u organismos públicos o privados en el proceso de investigación del delito.

BIBLIOGRAFÍA

- *Circular 4/2019, de 6 de marzo, de la Fiscal General del Estado, sobre utilización de dispositivos técnicos de captación de la imagen, de seguimiento y de localización.*
- DÍAZ MARTÍNEZ, *La captación de imágenes en lugares públicos sin autorización judicial. La expectativa razonable de encontrarse al resguardo de la observación ajena como criterio clave*, Ius et Scientia, 2023.
- ESCOBAR JIMÉNEZ y DEL MORAL GARCÍA, *El juicio oral en el proceso penal*, 3ª Edición, Comares, 2021.
- GÓMEZ SOLER, *La nueva reforma procesal penal. Derechos fundamentales e innovaciones tecnológicas* (López Barajas/Díaz Martínez dirs.), Tirant lo Blanch, 2018.
- MARCHENA GÓMEZ / GONZÁLEZ-CUELLAR SERRANO, *La reforma de la Ley de Enjuiciamiento Criminal en 2015*, Castillo de Luna, 2015.
- OUBIÑA BARBOLLA, «Claves y desafíos de la investigación penal mediante GPS en el sur de Europa», en *El proceso penal ante una nueva realidad tecnológica europea*, Aranzadi, 2023.
- PÉREZ GIL, «Medidas de investigación tecnológica en el proceso penal español: privacidad vs. eficacia en la persecución», en *Informatica giurudica e informática forense al servicio della società della conoscenza*, Aracne, 2018.
- RIVES SEVA. *La prueba en el proceso penal. Doctrina de la Sala Segunda del Tribunal Supremo*, Thomson Reuters Aranzadi, 2021.

Capítulo 33
Intervenciones corporales

Sonia Nuez Rivera
Magistrada
Letrada del CGPJ

1. INSPECCIONES E INTERVENCIONES CORPORALES: CONCEPTO, CARACTERES Y CLASIFICACIÓN

1.1 Concepto

La ausencia de una regulación normativa específica en nuestro ordenamiento jurídico sobre las intervenciones corporales, supone un inconveniente para la concreción de una conceptualización doctrinal sobre las mismas.

Según GONZÁLEZ-CUÉLLAR (p. 290), «por intervenciones corporales cabe entender, dentro del proceso, las medidas de investigación que se realizan sobre el cuerpo de las personas, sin necesidad de obtener su consentimiento, y por medio de la coacción directa si es preciso, con el fin de descubrir circunstancias fácticas que sean de interés para el proceso, en relación con las condiciones o el estado físico o psíquico del sujeto, o con el fin de encontrar objetos escondidos en él. Requisitos ineludibles para su admisibilidad son que no revistan peligro para la salud y que sean practicadas por un médico de acuerdo con la *lex artis*».

En un sentido amplio, la STS de 30/10/2008 [*Tol 1401652*], señala que «por intervenciones corporales se entienden todos aquellos actos de investigación de conductas delictivas que afectan al cuerpo de las personas sobre las que se realizan y cuyo objetivo inmediato puede ser bien diverso, como comprobar una identificación, la ingestión de bebidas o sustancias o conocer si se ocultan elementos que puedan servir para la prueba de un delito».

En esta línea, añade la Sala que las intervenciones corporales comprenden «cualquier tipo de intervención en el cuerpo humano sin contar con el consentimiento de la persona afectada, siempre que pueda realizarse sin riesgo para su salud o integridad física, y que respondan a razones de gravedad y proporcionalidad. Entre estas intervenciones se suelen mencionar los análisis de sangre, cacheos policiales, expiración del aire en test de alcoholemia, reconocimientos médicos, registros anales o vaginales, recogidas de muestras, como puede ser para obtener el ADN o la adicción a drogas, etc.».

Desde la perspectiva constitucional, la STC 207/1996 [*Tol 83136*], estableció importantes criterios de delimitación conceptual entre las inspecciones e intervenciones corporales, según el derecho fundamental predominantemente afectado.

Así, las inspecciones o registros corporales son aquellas que consisten en reconocimientos externos y en las que no resulta, en principio, afectado el derecho a la integridad física, por cuanto no supone generalmente una injerencia física en el cuerpo de la persona afectada. En estos casos, sin embargo, puede verse afectado el derecho a la intimidad corporal del art. 18.1 CE, si la intervención recae sobre una parte íntima del cuerpo.

Desde esta conceptualización más restringida, las intervenciones corporales consisten en la extracción del cuerpo de la persona de determinados elementos externos o internos para su sometimiento a informe pericial, con la finalidad de averiguar determinadas circunstancias sobre el hecho punible. En este caso, se ve afectado el derecho a la integridad física (art. 15 CE), en tanto implican una lesión o menoscabo del cuerpo humano.

El anteproyecto de Ley de Enjuiciamiento Criminal de 2020 (en adelante ALECRIM 2020), sigue la estela del anteproyecto de Ley de Enjuiciamiento Criminal de 2011 y de la propuesta de Código Procesal Penal de 2013, al establecer el régimen jurídico de las inspecciones e intervenciones corporales. Respecto de las primeras, según se afirma en la exposición de motivos, se trata de reconocimientos externos que no suponen propiamente una injerencia física en el cuerpo de la persona afectada y que pueden ser efectuados por una autoridad o agente.

Por contra, las intervenciones corporales consistirían en la «extracción de sustancias o elementos o en la toma de muestras del cuerpo humano». Sobre ellas, dice específicamente el art. 326 que, «con el fin de adquirir o asegurar fuentes de prueba, en la investigación de un delito podrán llevarse a cabo intervenciones en el cuerpo de una persona que consistan en la extracción de sustancias o elementos o en la toma de muestras biológicas para realizar los análisis oportunos».

Parece, entonces, que el elemento definitorio de la inspección corporal será «la extracción de sustancias o elementos o la toma de muestras biológicas» del cuerpo de una persona para realizar su análisis, con la finalidad de obtener y asegurar fuentes de prueba. Pero lo cierto que otros autores exigen algo más. Así, MATALLÍN EVANGELIO (p. 30) concibe la intervención corporal desde una concepción gramatical, definiéndola como aquella injerencia en el cuerpo de una persona que, con la finalidad de investigación de los hechos delictivos o de la determinación de la participación en los mismos, limita los derechos fundamentales del individuo.

Según se adopte una concepción más amplia o restringida de las intervenciones corporales o las injerencias revelen afectaciones de mayor o menor gravedad, tendrán cabida unas u otras medidas. Así, por ejemplo, en relación con la obtención de saliva, señala la STS de 04/06/2003 [*Tol 4926574*], que «en una primera aproximación, podría ser calificada de "intervención", si bien es cierto que no afecta en absoluto a la integridad física, no comporta gravamen alguno y, ni siquiera, incomodidad al concernido. Así, tanto por el modo de su realización como por la incidencia práctica en el afectado sería más bien asimilable a las "inspecciones y registros corporales", siempre que —dado que no incide en "partes íntimas del cuerpo"— lo hiciera de manera estimable en la privacidad».

1.2 Caracteres

MATALLÍN EVANGELIO (pp. 16 y ss.) resume muy bien las notas características de las intervenciones corporales comúnmente aceptadas por la doctrina, que pueden concretarse como sigue.

Primero, se trata de medidas o diligencias de investigación, que se practican en el curso de la investigación judicial y se dirigen al esclarecimiento de los hechos delictivos y de la persona o personas responsables de los mismos. Esta delimitación dejaría al margen aquellas injerencias en las que no se persiga un fin de investigación, sino la preservación de la vida, como es el caso del suministro forzoso de alimentos o la transfusión de sangre.

Seguidamente, se trata de una medida de carácter heterogéneo. Dentro del concepto amplio de intervenciones corporales pueden acogerse actuaciones de muy diversa índole y con distinto contenido invasivo. Así, por ejemplo, el corte de cabello, el análisis de sangre, la obtención de saliva, exploraciones o reconocimientos médicos, el análisis de ADN, exploraciones radiológicas o radiográficas, la extracción de orina, un examen de médula, análisis de la cavidad rectal o vaginal. O bien las inspecciones corporales, como la exploración corporal superficial o los cacheos, entre otras tantas que pueden afectar con diferente intensidad a la salud de las personas. Esta disparidad de medidas, que además, inciden en un amplio espectro de derechos fundamentales, dificulta que puedan configurarse bajo un régimen común uniforme.

Ello no obsta a que el ALECRIM 2020, como ya hiciera el anteproyecto de Ley de Enjuiciamiento Criminal de 2011 y la propuesta de Código Procesal Penal de 2013, haya acometido esa tarea, y regule en un Capítulo específico las inspecciones e intervenciones corporales a que puede ser sometida la persona investigada dentro de la rúbrica relativa a los «medios de investigación relativos a la persona investigada» (arts. 324 y ss.). La norma proyectada diferencia, en primer lugar, las inspecciones corporales de las intervenciones corporales y, dentro de estas últimas, distingue las intervenciones corporales leves de las graves, que somete a un distinto tratamiento jurídico. Asimismo,

la regulación contempla la posibilidad de la ejecución coactiva o forzosa de la inspección o intervención corporal sobre las personas investigadas, acudiendo para ello a la decisión de la autoridad judicial conforme al correspondiente juicio de necesidad y proporcionalidad.

En tercer lugar, se caracterizan porque su objeto es el cuerpo vivo de la persona, es decir, la diligencia se realiza sobre la materialidad del ser humano vivo, lo que excluye, por tanto, las actuaciones que se realizan sobre cadáveres.

Asimismo, las intervenciones corporales suponen una restricción de derechos fundamentales de la persona sobre la que recae la medida, bien porque afecten con diferente intensidad a derechos fundamentales materiales, como el derecho a la integridad física y moral, el derecho a la intimidad o a la libertad ambulatoria, o bien porque afecten a derechos fundamentales de incidencia procesal, como el derecho a no declarar contra sí mismo y a no confesarse culpable o a la presunción de inocencia.

A continuación, MATALLÍN EVANGELIO (p. 19) recuerda la ausencia de regulación legal de las intervenciones corporales en la Ley de Enjuiciamiento Criminal —a salvo, claro está, de lo previsto para la obtención de muestras biológicas indispensables para la determinación del perfil de ADN de la persona sospechosa y la ejecución forzosa de la recogida de muestras genéticas—. A diferencia de lo que ocurre en derecho comparado, donde los ordenamientos del entorno jurídico y cultural más próximo regulan de forma detallada las diligencias de investigación corporal del inculpado o la recogida y obtención de vestigios biológicos (RIVES SEVA, pp. 867 y ss.), en nuestro ordenamiento jurídico hay una carencia regulativa sobre la materia, a pesar de la importancia que tienen estas medidas investigativas, de la evidente afectación de derechos fundamentales y del grado de intensidad que la injerencia puede alcanzar en algunos supuestos.

Por otra parte, estas medidas de investigación requieren, por lo general, de autorización judicial necesariamente motivada. Sobre este particular, la STC 16/12/1996 [*Tol 83136*] ya apuntaba que

> «A diferencia de lo que ocurre con otras medidas restrictivas de derechos fundamentales que pueden ser adoptadas en el curso del proceso penal (entradas y registros en domicilio —art. 18.2 CE—, intervención de las comunicaciones —art. 18.3 CE, etc.), no existe en la Constitución en relación con las inspecciones e intervenciones corporales, en cuanto afectantes a los derechos a la intimidad (art. 18.1 CE) y a la integridad física (art. 18.2 CE), reserva absoluta alguna de resolución judicial, con lo que se plantea el problema relativo a si sólo pueden ser autorizadas, al igual que aquellas otras, por los Jueces y Tribunales, esto es, mediante resolución judicial. (...) Esta misma exigencia de monopolio jurisdiccional en la limitación de los derechos fundamentales resulta, pues, aplicable a aquellas diligencias que supongan una intervención corporal, sin excluir, ello no obstante (debido precisamente a esa falta de reserva constitucional en favor del Juez), que la Ley pueda autorizar a la policía judicial para disponer, por acreditadas razones de urgencia y necesidad, la práctica de actos que comporten una simple inspección o reconocimiento o, incluso, una intervención corporal leve, siempre y cuando se observen en su práctica los requisitos dimanantes de los principios de proporcionalidad y razonabilidad».

Ello nos sitúa en el requisito de la proporcionalidad de la medida. Cualquier medida restrictiva de derechos fundamentales, incluidas aquellas que suponen una injerencia en los derechos a la integridad física y a la intimidad, viene condicionada por la estricta observancia del principio de proporcionalidad, que precisa de un juicio de idoneidad, de necesidad y de proporcionalidad en sentido estricto.

Por último, la práctica de la diligencia de intervención corporal debe realizarse por personal médico o sanitario cualificado, conforme a la *lex artis*, o por el médico forense o incluso por personal cualificado de la policía judicial, según el método de intervención que se requiera, debiéndose rechazar aquellas intervenciones que comporten riesgo para la vida o salud de la persona afectada.

A grandes rasgos, estos son los requisitos generalmente aceptados por la doctrina. Sin embargo, también existen notas sustancialmente divergentes.

En primer lugar, como se ha apuntado, se plantea un problema de orden conceptual sobre las diligencias de investigación que deben incluirse en las intervenciones corporales. En segundo lugar, existe controversia sobre la existencia o no de cobertura legal que habilite las intervenciones corporales en la LECrim. Tampoco hay consenso en la doctrina acerca de cuáles son los derechos fundamentales que pueden verse restringidos por las inspecciones e intervenciones corporales o sobre si la jurisprudencia puede suplir la falta de previsión legislativa en la adopción de medidas que limiten derechos y libertades fundamentales. Por último, destaca, por ser especialmente controvertida, la cuestión de si es posible el empleo de la fuerza o la ejecución coactiva para la realización de actos de intervención corporal diferentes de aquellos que se practiquen con el fin de obtener muestras de ADN. Dicho en otras palabras, si puede llevarse a cabo cualquier intervención corporal sin el consentimiento de la persona afectada y con la resistencia o negativa de la misma a la práctica de la prueba. De todas estas cuestiones me ocuparé en los siguientes epígrafes.

1.3 Clasificación de las intervenciones corporales

Como se ha apuntado más arriba, la STC 207/1996 [*Tol 83136*], distingue dos clases de intervenciones corporales, atendiendo, primero, al derecho fundamental que resulte afectado y, después, a la intensidad de la afectación que sufren los derechos de la persona sometida a la medida investigativa:

> «(...) dentro de las diligencias practicables en el curso de un proceso penal como actos de investigación o medios de prueba (en su caso, anticipada) recayentes sobre el cuerpo del imputado o de terceros, resulta posible distinguir dos clases, según el derecho fundamental predominantemente afectado al acordar su práctica y en su realización:
> a) En una primera clase de actuaciones, las denominadas inspecciones y registros corporales, esto es, en aquellas que consisten en cualquier género de reconocimiento del cuerpo humano, bien sea para la determinación del imputado (diligencias de reconocimiento en rueda, exámenes dactiloscópicos o antropomórficos, etc.) o de circunstancias relativas a la comisión del hecho punible (electrocardiogramas, exámenes ginecológicos, etc.) o para el descubrimiento del objeto del delito (inspecciones anales o vaginales, etc.), en principio no resulta afectado el derecho a la integridad física, al no producirse, por lo general, lesión o menoscabo del cuerpo, pero sí puede verse afectado el derecho fundamental a la intimidad corporal (art. 18.1 CE) si recaen sobre partes íntimas del cuerpo, como fue el caso examinado en la STC 37/1989 (examen ginecológico), o inciden en la privacidad.
> b) Por contra, en la segunda clase de actuaciones, las calificadas por la doctrina como intervenciones corporales, esto es, en las consistentes en la extracción del cuerpo de determinados elementos externos o internos para ser sometidos a informe pericial (análisis de sangre, orina, pelos, uñas, biopsias, etc.) o en su exposición a radiaciones (rayos X, TAC, resonancias magnéticas, etc.), con objeto también de averiguar determinadas circunstancias relativas a la comisión del hecho punible o a la participación en él del imputado, el derecho que se verá por regla general afectado es el derecho a la integridad física (art. 15 CE), en tanto implican una lesión o menoscabo del cuerpo, siquiera sea de su apariencia externa. Y atendiendo al grado de sacrificio que impongan de este derecho, las intervenciones corporales podrán ser calificadas como leves o graves: leves, cuando, a la vista de todas las circunstancias concu-

rrentes, no sean, objetivamente consideradas, susceptibles de poner en peligro el derecho a la salud ni de ocasionar sufrimientos a la persona afectada, como por lo general ocurrirá en el caso de la extracción de elementos externos del cuerpo (como el pelo o uñas) o incluso de algunos internos (como los análisis de sangre), y graves, en caso contrario (por ejemplo, las punciones lumbares, extracción de líquido cefalorraquídeo, etc.)».

Siguiendo esta línea, se ha recogido el régimen de las inspecciones e intervenciones corporales en el ALECRIM 2020.

La norma proyectada deslinda la regulación de las intervenciones corporales leves de las graves. Se reputan leves aquellas intervenciones que no exijan acceder a zonas corporales íntimas de la persona investigada ni causar mayor dolor o sufrimiento más allá de la molestia superficial que implica la toma de la muestra. Así, por ejemplo, se califican como tales las intervenciones corporales dirigidas a obtener cabello, uñas o saliva. Cuando la persona afectada preste consentimiento a su realización, estas intervenciones corporales leves pueden practicarse por el médico forense o por personal facultativo cualificado de la policía judicial, debiendo alcanzar el consentimiento tanto al procedimiento de obtención de muestras como al uso que haya de hacerse de la información obtenida a partir de estas.

De otro lado, las intervenciones graves son aquellas que pueden tener por objeto la extracción de muestras o elementos de zonas íntimas o del interior del cuerpo y, en todo caso, aquellas que requieran anestesia o sedación. Estas intervenciones quedan sujetas a un régimen normativo más exigente, requiriéndose la autorización judicial, aun cuando hayan sido consentidas. Se exceptúa del régimen de autorización judicial la venopunción o punción digital que pueden practicarse con la sola autorización del fiscal, al tratarse de intervenciones o injerencias asimilables a las leves.

Solo podrá ordenarse una intervención corporal grave para la investigación de delitos graves, siempre que la intervención no comporte un riesgo cierto y directo para la vida o salud de la persona afectada.

Asimismo, las intervenciones corporales graves deben practicarse por personal médico o sanitario cualificado en la clínica médico forense o en el centro sanitario adecuado.

En las disposiciones generales, el ALECRIM 2020 afirma la obligación de la persona encausada de someterse a las inspecciones, intervenciones corporales y demás actos de investigación necesarios para la determinación del hecho punible y su participación en el mismo, en la forma legalmente prevista. En consecuencia, el art. 329 prevé la ejecución coactiva, de acuerdo con el pertinente juicio de necesidad, fijando las medidas coercitivas que pueden emplearse a estos efectos.

Por último, la norma proyectada regula también las inspecciones o intervenciones corporales realizadas sobre personas no investigadas, si su ejecución resulta indispensable para la comprobación de los hechos.

2. LAS INTERVENCIONES CORPORALES: REGULACIÓN, PRESUPUESTOS Y DERECHOS FUNDAMENTALES AFECTADOS

2.1 Regulación legal

Sobre la falta de regulación expresa de las intervenciones corporales se ha hecho eco la jurisprudencia en varias ocasiones. Así, la STS de 04/06/2003 [*Tol 4926574*] ya advertía que

> «de forma ciertamente incomprensible, por injustificada, el legislador español, a estas alturas, sigue manteniendo, sustancialmente huérfana de regulación específica la práctica de actuaciones sobre el cuerpo humano, a pesar de la notable importancia que, desde hace tiempo, han cobrado en el desarrollo de la investigación criminal de determinados delitos, siempre graves, y de su posible incidencia en los derechos fundamentales de los afectados. El legislador, al eludir de este modo su responsabilidad, no obstante las reiteradas advertencias del Tribunal Europeo de Derechos Humanos, se convierte en factor de inseguridad jurídica y delega, de facto, en los jueces competencias que desbordan la función jurisdiccional, incrementando su discrecionalidad más allá de lo aceptable».

Esta falta de previsión legislativa ha generado un abundante debate doctrinal y jurisprudencial sobre la existencia de cobertura legal para su práctica.

En la jurisprudencia constitucional se han identificado varios preceptos de la Ley de Enjuiciamiento Criminal que prestan fundamento legal a la resolución judicial habilitante de las medidas de intervención corporal. Así, la STC 37/1989 [*Tol 80249*] estimó suficiente habilitación legal la contenida en los arts. 399 y 478 LECrim, respecto de una exploración ginecológica, matizando lo siguiente:

> «habilitaciones legislativas éstas que no darían base legítima, por su carácter genérico e indeterminado a una actuación policial, pero que sí pueden prestar fundamento a la resolución judicial, aquí exigible, que disponga la afectación, cuando ello sea imprescindible, del ámbito de intimidad corporal del imputado o procesado».

Sin embargo, la STC 207/1996 [*Tol 83136*], estimó que los preceptos en que se fundaban las resoluciones que acordaban la intervención corporal (art. 339 en relación con el art. 311 LECrim), no prestaban la cobertura legal requerida por nuestra doctrina para la adopción de una medida restrictiva del derecho a la intimidad y a la integridad física tal como la diligencia de corte de cabello.

De un lado, el art. 311 no regula las intervenciones corporales. De otro, el art. 339 LECrim solo autoriza al juez instructor, a ordenar la realización de informes periciales del cuerpo del delito, es decir, de las «armas, instrumentos o efectos de cualquiera clase que puedan tener relación con el delito y se hallen en el lugar en que éste se cometió, o en sus inmediaciones, o en poder del reo, o en otra parte conocida». En consecuencia, el precepto autoriza al análisis pericial de los elementos previamente aprehendidos, pero no a la extracción coactiva de dichos elementos directamente del cuerpo de la persona investigada.

MATALLÍN EVANGELIO (p. 76) sostiene que la falta declarada de cobertura legal en este caso concreto no obsta a la búsqueda de otras normas que presten apoyo legal a la práctica de intervenciones corporales concretas.

En esta línea, se expresa la STC 25/2005 [*Tol 776003*], al reconocer habilitación legislativa a los arts. 339 y 334 LECrim para el análisis pericial de elementos del cuerpo humano previamente aprendidos en alguno de los lugares previstos en la norma. En este caso, el Tribunal declara que la decisión judicial de interesar del hospital la remisión de los resultados de la analítica para el análisis pericial sobre la tasa de alcohol en sangre resulta idónea, necesaria y proporcionada para alcanzar el fin constitucionalmente legítimo perseguido con la medida. Si bien, en el caso, concreto la resolución no se atuvo a las exigencias de motivación y ponderación exigidas.

En este contexto, la LO 15/2003 reforma la Ley de Enjuiciamiento Criminal al objeto de regular de forma expresa la debida recogida, custodia y examen de huellas y vestigios cuyo análisis pueda contribuir al esclarecimiento de los hechos investigados, así como la obtención de muestras biológicas de la persona sospechosa para la determinación del perfil de ADN. A tal fin, el art. 363 LECrim permite al juez de instrucción, mediante resolución judicial motivada, decidir la práctica de los actos de inspección, reconocimiento o intervención corporal que resulten adecuados a los principios de proporcionalidad y razonabilidad. Además, se incluye una disposición adicional tercera en la LECrim que compele al Gobierno a regular mediante real decreto la Comisión nacional sobre el uso forense del ADN, estableciendo su estructura, composición, organización y funcionamiento.

Esta regulación proporcionó una cobertura legal parcial a la práctica de esta injerencia corporal específica, pues no resolvió la controversia acerca de la posibilidad o no de su ejecución coactiva ni previó las consecuencias de la negativa a realizarla (RIVES SEVA p. 872). Tampoco reguló el ámbito de aplicación objetiva de la medida, ni se determinó el destino, la conservación o la destrucción de las muestras biológicas obtenidas directamente de la persona investigada, de la víctima o de terceras personas.

Posteriormente, se aprobó la LO 10/2007, reguladora de la base de datos policial sobre identificadores obtenidos a partir del ADN. La disposición adicional tercera regula la toma de muestras y fluidos de la persona sospechosa, detenida o investigada, así como del lugar del delito, para la investigación de delitos graves y, en todo caso, del amplio elenco de delitos que se enumeran en el art. 3.1 a) de esa Ley. La toma de muestras requerirá, en todo caso, autorización judicial mediante auto motivado, de acuerdo con lo establecido en la LECrim.

Finalmente, por LO 13/2015 se introdujo el art. 520.6 c) LECrim, que permite imponer la ejecución forzosa de la diligencia de recogida de muestras mediante frotis bucal al detenido que se opusiera a su práctica.

Dejando a salvo las medidas de intervención corporal para la obtención de muestras biológicas del sospechoso para la determinación del perfil de ADN, en la doctrina se plantea la cuestión de si las habilitaciones antedichas superan el cumplimiento de las exigencias de reserva de ley orgánica que conlleva toda medida restrictiva de derechos fundamentales.

La jurisprudencia constitucional abordó la cuestión en STC 49/1999 [*Tol 81121*], en un supuesto de intervención de las comunicaciones telefónicas. El Tribunal señaló que toda injerencia en el ámbito de los derechos fundamentales precisa de una habilitación legal. La reserva de ley cumple dos funciones: de una parte, asegura que no haya ninguna injerencia estatal en los derechos fundamentales que no esté autorizada; y de otra, garantiza las exigencias de seguridad jurídica en el ámbito de los derechos fundamentales. Pero, además, la reserva de ley exige una doble perspectiva de análisis. Primero, desde la exigencia de que una norma legal habilite la injerencia y, segundo, desde la exigencia de certeza que requiere cualquier injerencia en un derecho fundamental, que incluye la determinación de los presupuestos, alcance y condiciones de la intervención.

MATALLÍN EVANGELIO (p. 83) sostiene que desde ese último prisma puede afirmarse la falta de calidad de la normativa que da cobertura legal a las intervenciones corporales, pues no satisfacen las exigencias de los requerimientos de certeza del principio de seguridad jurídica. Si bien, estima que ello no implica la ilegitimidad de la actuación de los órganos jurisdiccionales que hayan autorizado la práctica de la medida de intervención corporal de conformidad con las exigencias del principio de proporcionalidad (p. 91), esto es, habiendo superado el juicio de idoneidad, de necesidad y de proporcionalidad en sentido estricto.

En esta misma línea se pronuncia la STC 49/1999 [*Tol 81121*] respecto de la intervención de las comunicaciones telefónicas, cuando señala que

> «En efecto: si, pese a la inexistencia de una ley que satisficiera las genéricas exigencias constitucionales de seguridad jurídica, los órganos judiciales, a los que el art. 18.3 de la Constitución se remite, hubieran actuado en el marco de la investigación de una infracción grave, para la que de modo patente hubiera sido necesaria, adecuada y proporcionada la intervención telefónica y la hubiesen acordado respecto de personas presuntamente implicadas en el mismo, respetando, además, las exigencias constitucionales dimanantes del principio de proporcionalidad, no cabría entender que el Juez hubiese vulnerado, por la sola ausencia de dicha ley, el derecho al secreto de las comunicaciones telefónicas».

Por su parte, DUART ALBIOL (p. 204) advierte de que el recurso a la jurisprudencia no parece una solución apropiada para satisfacer el requisito de la calidad de la ley en materia de derechos fundamentales, «toda vez que convierte al juez en legislador», aunque reconoce que el TEDH admite el suplemento jurisdiccional ante leyes insuficientes o indefinidas.

2.2 Presupuestos de legitimidad constitucional

La STC 207/1996 [*Tol 83136*], enumera los requisitos de legitimidad de las medidas de intervención corporal, los cuales pueden resumirse en los siguientes:

> «(...) que la medida limitativa del derecho fundamental esté prevista por la Ley, que sea adoptada mediante resolución judicial especialmente motivada, y que sea idónea, necesaria y proporcionada en relación con un fin constitucionalmente legítimo. A todos ellos hay que sumar otros derivados de la afectación a la integridad física, como son que la práctica de la intervención sea encomendada a personal médico o sanitario, la exigencia de que en ningún caso suponga un riesgo para la salud y de que a través de ella no se ocasione un trato inhumano o degradante (STC 7/1994, fundamento jurídico 3.)».

Respecto de los requisitos derivados de las exigencias del principio de proporcionalidad en el ámbito de las intervenciones corporales, el tribunal declara que

> «para que una intervención corporal en la persona del imputado en contra de su voluntad satisfaga las exigencias del principio de proporcionalidad será preciso: a) que sea idónea (apta, adecuada) para alcanzar el fin constitucionalmente legítimo perseguido con ella (art. 18 CEDH), esto es, que sirva objetivamente para determinar los hechos que constituyen el objeto del proceso penal; b) que sea necesaria o imprescindible para ello, esto es, que no existan otras medidas menos gravosas que, sin imponer sacrificio alguno de los derechos fundamentales a la integridad física y a la intimidad, o con un menor grado de sacrificio, sean igualmente aptas para conseguir dicho fin, y c) que, aun siendo idónea y necesaria,

el sacrificio que imponga de tales derechos no resulte desmedido en comparación con la gravedad de los hechos y de las sospechas existentes».

Recuerda el tribunal que también se ha apuntado a la necesidad de «ponderar razonadamente, de una parte, la gravedad de la intromisión que la actuación prevista comporta y, de la otra, la imprescindibilidad de tal intromisión para asegurar la defensa del interés público que se pretende defender mediante el ejercicio del *ius puniendi* (STC 37/1989, fundamento jurídico 8.)».

Para GONZÁLEZ-CUELLAR (p. 309), la intervención corporal será idónea cuando resulte apta desde el punto de vista cualitativo y cuantitativo para alcanzar el fin previsto, en este caso, la investigación de las circunstancias relativas a las personas que sean relevantes para el proceso o el descubrimiento de objetos escondidos en el cuerpo.

La necesidad de la medida exige, según STC 207/1996 [*Tol 83136*], «que no existan otras medidas menos gravosas que, sin imponer sacrificio alguno de los derechos fundamentales a la integridad física y a la intimidad, o con un menor grado de sacrificio, sean igualmente aptas para conseguir dicho fin».

Por último, declara el TC en la referida sentencia que el juicio de proporcionalidad en sentido estricto se supera cuando la medida sea ponderada o equilibrada, «por derivarse de ella más beneficios o ventajas para el interés general que perjuicios sobre otros bienes o valores en conflicto».

2.3 Derechos afectados

2.3.1 Derecho a la dignidad

Aunque la dignidad no sea en puridad un derecho fundamental, la jurisprudencia se ha pronunciado en numerosas ocasiones sobre la necesidad de que las intervenciones corporales se lleven a cabo con respeto a la dignidad de la persona, «sin que pueda en ningún caso constituir, en sí misma o por la forma de realizarla, un trato inhumano o degradante, aspectos éstos sobre los que pesa una prohibición absoluta» (STC 207/1996 [*Tol 83136*]).

Sobre la afectación del derecho a la dignidad, la STC 7/1994-*Tol-82.417*, ha declarado que la verificación de un examen hematológico por parte de un profesional de la medicina en circunstancias adecuadas, no es contraria a la dignidad de la persona.

La STC 37/1989 [*Tol 80249*], consideró que no atentaba a la dignidad humana ni suponía un trato degradante la verificación del examen ginecológico de una mujer por parte de un profesional de la medicina, aunque la intimidad quedara intensamente afectada o comprometida. En este caso, el tribunal considera que el empleo de fuerza física convertiría la diligencia en degradante e incompatible con la prohibición del art. 15 CE.

La STC 57/1994 [*Tol 82465*], ha declarado que la dignidad ha de permanecer inalterada, constituyendo «un "*mínimum*" invulnerable que todo estatuto jurídico debe asegurar, de modo que la que se impongan en el disfrute de derechos individuales no conlleven un menosprecio para la estima que, en cuanto ser humano, merece la persona».

Sí se han considerado contrarias a la dignidad humana o al derecho a no sufrir tratos inhumanos o degradantes, los supuestos de narcoanálisis o "suero de la verdad", que «significan un ataque al conjunto psicofísico de la persona» (STS de 26/11/1991 [*Tol 459768*]).

Por su parte, el Tribunal Supremo ha considerado como trato humillante y degradante obligar a una persona a desnudarse y a hacer flexiones para comprobar que porta drogas (STS de 11/05/1996 [*Tol 5135389*]).

2.3.2 Derecho a la integridad física

Las intervenciones corporales suponen, por su propia naturaleza, intromisiones o injerencias físicas en el cuerpo de una persona, de diferente intensidad y con distinta afectación de los derechos fundamentales, especialmente del derecho a la integridad física y moral.

Sobre el derecho a la integridad física y moral, la STC 120/1990 [*Tol 119205*], declara que el art. 15 CE «garantiza el derecho a la integridad física y moral, mediante el cual se protege la inviolabilidad de la persona, no sólo contra ataques dirigidos a lesionar su cuerpo o espíritu, sino también contra toda clase de intervención en esos bienes que carezca del consentimiento de su titular».

Sobre la afectación del derecho a la integridad física en el ámbito de las intervenciones corporales, la STC 16/12/1996 [*Tol 83136*], declara que

> «su ámbito constitucionalmente protegido no se reduce exclusivamente a aquellos casos en que exista un riesgo o daño para la salud, pues dicho derecho resulta afectado por "toda clase de intervención (en el cuerpo) que carezca del consentimiento de su titular". Resulta de ello, por tanto, que mediante el derecho a la integridad física lo que se protege es el derecho de la persona a la incolumidad corporal, esto es, su derecho a no sufrir lesión o menoscabo en su cuerpo o en su apariencia externa sin su consentimiento. El hecho de que la intervención coactiva en el cuerpo pueda suponer un malestar (esto es, producir sensaciones de dolor o sufrimiento) o un riesgo o daño para la salud supone un plus de afectación, mas no es una condición sine qua non para entender que existe una intromisión en el derecho fundamental a la integridad física».

La STC 207/1996 [*Tol 83136*], distingue las inspecciones y registros corporales en las que no resulta afectado el derecho a la integridad física, al no producirse lesión o menoscabo del cuerpo, aunque se vea afectado el derecho fundamental a la intimidad corporal, de las intervenciones corporales propiamente dichas, en las que se ve afectado el derecho a la integridad física, porque implica una lesión o menoscabo del cuerpo. Y atendiendo al grado de sacrificio que impongan del derecho a la integridad física, las intervenciones corporales podrán ser leves o graves, según el peligro que entrañen para el derecho a la salud o de los sufrimientos que ocasionen a la persona afectada.

Añade el tribunal que en ningún caso podrá acordarse la práctica de una intervención corporal que pueda suponer un riesgo o quebranto para la salud del obligado a soportarla.

El Tribunal Supremo ha declarado que no hay vulneración del derecho a la integridad física en las exploraciones radiológicas, aunque pueda haber una afectación mínima del derecho (STS de 23/09/2008 [*Tol 1393333*]). Tampoco vulnera el derecho a la integridad física la realización de la prueba de alcoholemia mediante la utilización de aparatos de detección alcohólica del aire expirado (STC 103/1985 [*Tol 79518*]). Si bien, para algunos autores, esta prueba no supone una intervención corporal.

Dice esta última sentencia que «como el Ministerio Fiscal sostiene —con apoyo en la Decisión de 13 de diciembre de 1979 de la Comisión Europea de Derechos Humanos— ni aun el examen de sangre constituye una injerencia prohibida por el art. 15, por lo menos la investigación mediante aparatos de detección alcohólica del aire expirado». Caso distinto sería la ejecución forzosa de un examen de sangre.

Por último, apuntar que MORENO CATENA (p. 5) califica de ilícita, desde una perspectiva constitucional, la adopción coercitiva de medidas de intervención corporal que atenten contra el derecho a la integridad física o moral de la persona para la investigación de hechos presuntamente delictivos, al entender que el derecho a la integridad personal prima sobre la investigación penal.

2.3.3 Derecho a la libertad

El derecho a la libertad también resulta afectado por la realización de cualquier medida de inspección o intervención corporal, en cuanto la libertad de movimiento queda limitada mientras se realiza la diligencia.

Sobre la incidencia en el derecho a la libertad personal de la realización de la prueba de alcoholemia, la STC 107/1985-*Tol-79.522*, ha declarado que la verificación de la misma no vulnera el art. 17.3 CE, ya que no configura el supuesto de detención contemplado en el precepto constitucional. Añade el tribunal que «solo, en definitiva, a partir de la apreciación del resultado positivo del examen pericial practicado puede hablarse, en rigor, de detención».

La STC 22/1988 [*Tol 80133*], declara que «en efecto, no es posible equiparar la privación de libertad a que se refiere el art. 17 CE en sus diversos apartados, con la presencia física de una persona en las dependencias policiales para la práctica de una diligencia —en este caso la prueba de alcoholemia—, por el tiempo estrictamente necesario para llevarla a efecto».

Si bien, la STC 98/1986 [*Tol 79644*], matizaba que «debe considerarse como detención cualquier situación en que la persona se vea impedida u obstaculizada para autodeterminar, por obra de su voluntad, una conducta lícita, de suerte que la detención no es una decisión que se adopte en el curso de un procedimiento, sino una pura situación fáctica, sin que puedan encontrarse zonas intermedias entre detención y libertad y que siendo admisible teóricamente la detención pueda producirse en el curso de una situación voluntariamente iniciada por la persona».

Así las cosas, resulta evidente que la realización de dichas actuaciones restringe, aun de forma instrumental, la libertad ambulatoria de la persona afectada, lo que unido a la falta de previsión legislativa genérica de las intervenciones corporales, ha llevado a distintos autores a proponer una regulación legal para la detención de una persona con el fin de someterla a una intervención corporal. A estos precisos efectos, el ALECRIM 2020 opta por regular, junto a la clásica modalidad de detención preventiva, otra forma distinta y más leve de privación cautelar de libertad para la realización de actuaciones procesales que requieran de la presencia inexcusable de la persona afectada (arts. 196 y 197).

2.3.4 Derecho a la intimidad

Sobre la afectación del derecho a la intimidad se pronuncia ampliamente la STC 207/1996 [*Tol 83136*], que alude a la doble vertiente del derecho a la intimidad, a saber, como derecho a la intimidad corporal y, desde una perspectiva más amplia, como derecho a la intimidad personal.

Respecto del primero, el tribunal declara que la intimidad corporal forma parte del derecho a la intimidad personal que garantiza el art. 18.1 CE, pero el ámbito constitucionalmente protegido no se corresponde con la realidad física del del cuerpo humano. En este sentido, no pueden entenderse como intromisiones forzadas en la intimidad aquellas que no constituyan «violación del pudor o del recato de la persona».

De acuerdo con esta doctrina, declara el tribunal que «una intervención corporal consistente en la extracción de algunos cabellos de diversas partes de la cabeza y del pelo de las axilas, por la parte externa del cuerpo afectada y la forma en que está prevista su ejecución —a realizar por el médico forense—, no entra dentro del ámbito constitucionalmente protegido del derecho a la intimidad corporal, ni, por lo tanto, puede llegar a vulnerarlo».

En cambio, desde la vertiente del derecho a la intimidad personal, sí que supone una afectación de derecho fundamental a la intimidad, entendida como «la existencia de un ámbito propio y reservado frente a la acción y el conocimiento de los demás, necesario, según las pautas de nuestra cultura, para mantener una calidad mínima de la vida humana, y referido preferentemente a la esfera, estrictamente personal, de la vida privada o de lo íntimo».

Así, el tribunal constata que las intervenciones corporales pueden conllevar una intromisión en el ámbito constitucionalmente protegido del derecho a la intimidad personal, por razón de su finalidad, esto es, porque pueda obtenerse una información referente a la esfera de la vida privada que el sujeto no quiera desvelar.

En esta línea se pronuncia la STC 135/2014 [*Tol 4517088*], respecto de un supuesto de frotis bucal realizado por la policía, entendiendo que la misma supone una injerencia en el derecho a la privacidad.

Igualmente, la STC 25/2005 [*Tol 776003*], analiza un supuesto en el que se alega violación del derecho a la intimidad del recurrente (art. 18.1 CE) desde la doble vertiente de la intimidad corporal y personal, por una prueba de extracción sanguínea, cuya analítica fue incorporada a la causa penal. El tribunal declara que no se lesiona el derecho a la intimidad corporal por haberse practicado la extracción en un ámbito curativo, con una finalidad terapéutica o instrumental desde la perspectiva médico-asistencial. Ahora bien, la STC 206/2007 [*Tol 1155257*], aprecia vulneración del art. 18.1 CE en un caso donde la policía solicita al centro sanitario que realice una analítica de las muestras de sangre extraídas por razones terapéuticas, con el fin de determinar la tasa de alcohol en sangre o de otras sustancias estupefacientes, psicotrópicas, estimulantes o análogas. El tribunal estima que se ha invadido la esfera privada del recurrente sin su consentimiento ni autorización judicial, al no haberse acreditado la urgente necesidad de la intervención policial sin mandato judicial previo ni la proporcionalidad de la misma.

Por su parte, la STC 206/2007-*Tol-1.155.257*, declara que se vulnera el derecho a la intimidad personal cuando «la penetración en el ámbito propio y reservado del sujeto no sea acorde con la Ley, no sea eficazmente consentida o, aun autorizada, subvierta los términos y el alcance para el que se otorgó el consentimiento, quebrando la conexión entre la información personal que se recaba y el objetivo tolerado para el que fue recogida».

Por último, conviene apuntar que la doctrina ha propuesto la existencia de una suerte de intimidad genética, por cuanto la LO 10/2007 contiene una salvaguarda importante para eliminar toda vulneración del derecho a la intimidad, en la medida en que solo pueden inscribirse en la base de datos los perfiles no codificantes, es decir, los que únicamente revelan la identidad y el sexo.

2.3.5 Derecho a no declarar contra sí mismo y a no confesarse culpable

Sobre la inexistencia de contradicción constitucional de la prueba de alcoholemia con el derecho a no declarar, la STC 02/10/1997 [*Tol 80785*] ya advertía que:

> «El deber de someterse al control de alcoholemia no puede considerarse contrario al derecho a no declarar, y a declarar contra sí mismo y a no confesarse culpable, pues no se obliga al detectado a emitir una declaración que exteriorice un contenido, admitiendo su culpabilidad, sino a tolerar que se le haga objeto de una especial modalidad de pericia, exigiéndole una colaboración no equiparable a la declaración comprendida en el ámbito de los derechos proclamados en los arts. 17.3 y 24.2 CE [...] «las pruebas para la comprobación de la conducción bajo la influencia del alcohol o de drogas tóxicas, estupefacientes o sustancias psicotrópicas, y, entre ellas, las de espiración de aire a través de un alcoholímetro, no constituyen en rigor una declaración o testimonio, por lo que no pueden suponer vulneración alguna de los derechos a no declarar, a no declarar contra uno mismo y a no confesarse culpable.»

Por su parte, la STC 07/10/1985 [*Tol 79522*], señalaba que la realización de una prueba de alcoholemia no «entraña exigencia alguna de declaración autoincriminatoria del afectado, y sí sólo la verificación de una pericia técnica de resultado incierto».

ÁLVAREZ DE NEYRA KAPPLER (p. 125) considera aplicable esta doctrina a las pruebas de análisis de ADN. Así lo afirma también la STS de 22/02/2010 [*Tol 2076048*]:

> «La prueba de ADN (...) no implica, desde luego, una exigencia de autoincriminación. En palabras del TC, "... las pruebas de detección discutidas —se está refiriendo a las pruebas de precisión alcoholométrica—, ya consistan en la expiración de aire, ya en la extracción de sangre, en el análisis de orina o en un examen médico, no constituyen actuaciones encaminadas a obtener del sujeto el reconocimiento de determinados hechos o su interpretación o valoración de los mismos, sino simples pericias de resultado incierto que, con independencia de que su mecánica concreta no requiera solo un comportamiento exclusivamente

pasivo, no pueden catalogarse como obligaciones de autoincriminarse, es decir, como aportaciones o contribuciones del sujeto que sostengan o puedan sostener directamente"(STC 161/1997, 2 de octubre)».

3. RÉGIMEN JURÍDICO RELATIVO A LA INTERVENCIÓN DE MUESTRAS CORPORALES DEL SUJETO

3.1 Recogida de muestras. Especial referencia a la toma de muestras para la obtención de ADN

El régimen jurídico de la toma de muestras se encuentra en el art. 326 LECrim, que regula la recogida de muestras en el lugar del delito y la conservación de los vestigios o pruebas materiales que pueda haber dejado el hecho que se investiga.

El apartado tercero del art. 326 autoriza específicamente la toma de muestras biológicas, en condiciones que se garantice su autenticidad. La competencia para la recogida de muestras se atribuye al juez instructor, con la excepción prevista en el art. 282 LECrim, que contempla la recogida de los efectos, instrumentos o pruebas del delito por la policía judicial en caso de peligro de desaparición o pérdida.

Sobre el espacio convergente de actuación o intervención de ambos, la STS de 14/02/2006 [*Tol 846380*], explicaba que

«Ésa ha sido la decisión de la Sala 2ª, del Pleno no jurisdiccional que tuvo lugar el 31 de enero del corriente año que estableció: "La Policía Judicial puede recoger restos genéticos o muestras biológicas abandonadas por el sospechoso sin necesidad de autorización judicial". 5. Conforme a tal doctrina resulta que en la recogida de muestras sin necesidad de intervención corporal para la práctica de análisis sobre ADN, conforme al art. 326 LECrim, la competencia la tendrá tanto el juez como la policía, dada su obligación común de investigar y descubrir delitos y delincuentes. Las medidas de garantía para la autenticidad de la diligencia deberán adoptarlas, según el orden preferencial siguiente: —el juez de instrucción en los casos normales— en supuestos de peligro de desaparición de la prueba también la policía judicial en atención a la remisión que el art. 326 hace al 282».

Esta interpretación jurisprudencial fue recogida en la disposición adicional tercera de la LO 10/2007, que faculta a la policía judicial a la toma de muestras y fluidos del sospechoso, detenido o imputado, así como del lugar del delito para la investigación de los delitos que enumera el art. 3.1 a).

Por otra parte, el art. 363 LECrim regula la obtención de muestras biológicas del sospechoso para la determinación de su perfil de ADN y posterior cotejo con los restos o vestigios que puedan encontrarse en el lugar del delito o en el cuerpo de la víctima. Para la toma de muestras biológicas sobre el cuerpo del sospechoso, el consentimiento actúa como fuente de legitimación de la injerencia que supone la intervención. A falta de consentimiento, se requerirá de autorización judicial para la toma de muestras biológicas del sospechoso.

En efecto, dice la STS de 20/12/2019 [*Tol 7690985*], que

«la obtención de muestras sobre el cuerpo del sospechoso constituye una intervención corporal, que limita derechos fundamentales del afectado y no puede realizarse sin su consentimiento. Caso de que no se conceda el consentimiento deberá ser el Juez de Instrucción el que valore la necesidad y proporcionalidad de la injerencia, adoptando su decisión mediante auto motivado. Pero si las muestras se toman de restos biológicos abandonados no es precisa autorización judicial».

Sobre el régimen jurídico de la toma de muestras para la obtención de ADN, la STS de 07/07/2010 [*Tol 1918847*], declara lo siguiente:

«De acuerdo con su contenido, resultará indispensable distinguir varios supuestos claramente diferenciados:
a) En primer lugar, cuando se trate de la recogida de huellas, vestigios o restos biológicos abandonados en el lugar del delito, la Policía Judicial, por propia iniciativa, podrá recoger tales signos, describiéndolos y adoptando las prevenciones necesarias para su conservación y puesta a disposición judicial. A la misma conclusión habrá de llegarse respecto de las muestras que pudiendo pertenecer a la víctima se hallaren localizadas en objetos personales del acusado.
b) Cuando, por el contrario, se trate de muestras y fluidos cuya obtención requiera un acto de intervención corporal y, por tanto, la colaboración del imputado, el consentimiento de éste actuará como verdadera fuente de legitimación de la injerencia estatal que representa la toma de tales muestras. En estos casos, si el imputado se hallare detenido, ese consentimiento precisará la asistencia letrada. Esta garantía no será exigible, aun detenido, cuando la toma de muestras se obtenga, no a partir de un acto de intervención que reclame el consentimiento del afectado, sino valiéndose de restos o excrecencias abandonadas por el propio imputado.
c) en aquellas ocasiones en que la policía no cuente con la colaboración del acusado o éste niegue su consentimiento para la práctica de los actos de inspección, reconocimiento o intervención corporal que resulten precisos para la obtención de las muestras, será indispensable la autorización judicial (...)»

La jurisprudencia también se ha ocupado del valor de las muestras obtenidas sin respetar el régimen jurídico de recogida. Así, la STS de 25/06/2001 [*Tol 103253*], analiza un caso en el que se alegaba la nulidad de la inspección ocular por haberse realizado por la policía cuando no concurrían razones de urgencia. La Sala entiende que esa actuación irregular no es causa de nulidad de la prueba si no se ha producido una vulneración de derecho fundamental. Señala la sentencia que

«La policía judicial está, no sólo autorizada, sino obligada, a actuar en su misión de averiguar el delito y descubrir y asegurar a los delincuentes [art. 126 CE, arts. 282 y ss. LECr.

y art. 11.1 g) de la LO 1/1986, sobre Cuerpos y Fuerzas de Seguridad]. Y en tales funciones está facultada para efectuar registros e inspecciones oculares sin autorización judicial cuando no hay relación alguna con los derechos fundamentales de las personas. Otra cosa es la eficacia procesal de estas actuaciones que ordinariamente sólo sirven como medio de investigación y no como prueba de cargo apta para fundamentar una sentencia penal condenatoria. Sólo puede tener este último valor cuando acceden al juicio oral a través de las correspondientes declaraciones testificales de los funcionarios policiales que actuaron en el atestado correspondiente, que es lo que ocurrió en el caso presente, en el cual en el plenario testificaron varios guardias civiles, entre ellos dos que actuaron en esa diligencia de inspección ocular donde se produjo la recogida de las muestras luego analizadas por el Instituto de Toxicología que realizó las mencionadas pruebas de ADN, lo que también tuvo acceso al juicio oral a través de las manifestaciones de los peritos que las realizaron. Se requieren razones de urgencia y necesidad para la actuación de la policía en inspecciones oculares sólo para que las diligencias correspondientes puedan tener valor como prueba de cargo preconstituida, conforme a la doctrina del TC expuesta en su sentencia 303/1993. No hay razón alguna para considerar nula esa inspección ocular realizada por la Guardia Civil sin autorización judicial».

Para lograr el mayor grado de fiabilidad de la fuente de prueba será preciso que se pueda acreditar la cadena de custodia, asegurando la identidad de la muestra y garantizando una adecuada conservación y custodia de la misma. Cualquier irregularidad en la cadena de custodia deberá valorarse por el tribunal a efectos de fiabilidad de la prueba, pero no determinará la nulidad de forma automática. En relación con las garantías de custodia, la STS de 09/07/2012 [*Tol 2596115*], recuerda que «es a través de la cadena de custodia como se satisface la garantía de lo que se ha denominado «la mismidad de la prueba» (STS 1190/2009, de 3 diciembre)».

El art. 334 del ALECRIM 2020 sujeta la recogida y obtención de vestigios biológicos para su análisis genético, a una serie de reglas, para asegurar la autenticidad e integridad de las muestras:

«2. En todo caso, la recogida de vestigios biológicos para su análisis genético se sujetará a las siguientes reglas: a) Será efectuada por personal facultativo con formación especializada y equipo técnico adecuado. b) Todas las personas que intervengan en la práctica de la diligencia se identificarán en el atestado. c) Se extenderá un acta identificando el objeto y el lugar donde se encuentran los vestigios, el tipo de material biológico al que pertenecen y la fecha y hora de la recogida. d) Se indicarán las condiciones de almacenaje, los precintos y las medidas de seguridad que se hayan tomado para asegurar la autenticidad del material biológico. e) Se dejará constancia de la traza seguida por la muestra, así como de la identidad de todas las personas que hayan estado en contacto con ella. f) Se dejará constancia del protocolo de actuación seguido para evitar la contaminación de la muestra».

3.2 El consentimiento en la recogida de muestras

En cuanto al consentimiento en la recogida de muestras, la disposición adicional tercera de la LO 10/2007 establece la necesidad de autorización judicial mediante auto motivado para la toma de muestras que requieran de inspecciones, reconocimientos o intervenciones corporales, sin consentimiento del afectado.

Sobre la exigencia del consentimiento para obtener la muestra, la STS de 03/11/2016 [*Tol 5871287*], tras reproducir la disposición adicional tercera de la LO 10/2007, señala que

> «No obstante no se requerirá el consentimiento, ni la autorización judicial previa, cuando se trate de la recogida de huellas, vestigios o restos biológicos abandonados en el lugar del delito. La Policía Judicial, por propia iniciativa, podrá recoger tales signos, describiéndolos y adoptando las prevenciones necesarias para su conservación y puesta a disposición judicial. A la misma conclusión habrá de llegarse respecto de las muestras que, pudiendo pertenecer a la víctima, se hallaren localizadas en objetos personales del acusado o valiéndose de restos o excrecencias abandonadas por el propio imputado. Tal excepción a esa exigencia rige incluso si el imputado se encontrare detenido. La cuestión debatida se centra pues en la concurrencia de consentimiento para obtener muestras en tejidos indubitadamente del acusado. En particular porque éste se encontraba en ese momento en situación de detenido. Por lo demás con ocasión de la tramitación de una causa diversa de aquella de la que procede este recurso».

Sobre la prestación de consentimiento, añade la Sala que:

> «El consentimiento, que hace innecesaria una resolución judicial habilitante, ha de prestarse en lo cognitivo de manera informada suficientemente y de libertad en lo volitivo. A tales efectos las condiciones en que se otorga el consentimiento por el imputado adquiere especial relevancia la situación de detenido en que se encuentre».

En el mismo sentido, la STC 135/2014 [*Tol 4517088*] ya precisaba que:

> «Hemos afirmado que para que el consentimiento pueda calificarse de eficaz debe ser libre y voluntario (STC 211/1996, de 7 de marzo), y además, como precondición de validez, para que el consentimiento pueda ser considerado como libre y voluntario, debe tratarse de un consentimiento informado (STC 37/2011, de 28 de marzo, FJ 5)».

Por otra parte, sobre la validez del consentimiento recabado por la policía, la STS de 28/06/2010 [*Tol 1900127*], analiza un caso en el que se alega la nulidad en la obtención de muestras de ADN por haberse realizado directamente y de manera autónoma por la policía durante la detención. La Sala apunta, en primer término, la irregularidad de la actuación, que se practicó por la policía cuando no concurrían razones de urgencia. Tras ello, señala que la diligencia de obtención de saliva es una actuación mínimamente invasiva, que requiere del afectado una colaboración de menor intensidad que incluso la requerida por la prueba de alcoholemia. Así las cosas, la Sala concluye que:

> «lo que consta documentado ilustra de manera suficiente acerca de una actitud conscientemente colaboradora del afectado. Y, en fin, aunque, tiene razón el Fiscal, la existencia de un auto del juzgado ordenando la toma de muestras (...) para la determinación de su ADN, dictado cuatro días más tarde, no podría retroactuar transformando a posteriori el proceder policial en judicial, también lo es que, por lo razonado, sirvió para dotar de cobertura judicial a la realización del análisis, y, en fin, el coeficiente de irregularidad constatable no puede tener el alcance que pretende el recurrente, a tenor del grado de afectación de los derechos fundamentales en juego».

Sobre el momento procesal para impugnar la ausencia de consentimiento, la STS de 03/12/2015 [*Tol 5587707*], analiza un supuesto en que la alegación de nulidad sobre la muestra indubitada se produce en fase intermedia, sin haberse dicho nada durante la instrucción. En este caso, la Sala señala que:

> «la conveniencia de que la falta de consentimiento, en su caso, conste de forma nítida, firme e innegable. (...) De ahí que cobre especial importancia que la negativa del investigado o condenado a prestarse voluntariamente a esa diligencia, se exteriorice de tal forma que no admita interpretaciones sobrevenidas —cuando ya es inviable el contraste— basadas en la falta de aceptación de lo que, sin embargo, resultó finalmente aceptado. Sobre todo, si lo fue ante Letrado que, en el legítimo ejercicio del derecho de asistencia letrada, no consideró oportuno reflejar una protesta formal en el acta mediante el que se documentó esa diligencia de investigación. Y eso es precisamente lo que sucedió en el presente caso. De ahí que la estrategia defensiva basada en la aportación extemporánea de una confusa acta de toma de muestras, ya en fase intermedia de un proceso ordinario, cuando el juicio oral había sido abierto por la Audiencia Provincial, no puede ser admitida por esta Sala como demostrativa de una vulneración del derecho fundamental a la intimidad».

La STS de 29/10/2014 [*Tol 4561613*], resuelve una alegación de ilicitud por falta de consentimiento de la intervención que se formula de forma tardía, en el último tramo del proceso. En este caso, la Sala se plantea cómo deben analizarse las dudas sobre la constitucionalidad de los medios a través de los cuales se han obtenido las pruebas. Y acuerda que «salvo prueba en contrario, hay que suponer que los jueces, policías, autoridades y funcionarios en general adecuan su actuación a lo dispuesto en las leyes y en la Constitución. Cuando se alega lo contrario es preciso probarlo o al menos demostrar que la ilicitud es más probable que la hipótesis contraria. Igual parámetro ha de regir respecto de "ilicitudes" o violaciones de derechos fundamentales achacables a particulares o, como en ese caso, a funcionarios de la Sanidad Pública».

Sobre este presupuesto, y teniendo en cuenta que hasta el momento del juicio oral la recurrente manifestó escuetamente que no se recabó su consentimiento, la Sala afirma la valorabilidad de la prueba, entendiendo que no basta el alegato o manifestación interesada de la parte para desactivar una prueba.

3.3 La exigencia de asistencia letrada

Sobre la exigencia de asistencia letrada, si bien antes de la reforma de 2015 la ley no exigía de forma expresa asistencia letrada, aunque ello fuera la solución más acorde con el derecho de defensa, el art. 520.6 c) LECrim confirma la necesidad de asistencia letrada para que el detenido consienta válidamente la realización del frotis bucal. Así se desprende también de las previsiones del art. 767 LECrim. En este sentido, se pronuncia la Sala en STS de 03/11/2016 [*Tol 5871287*]:

> «Esta situación implica un refuerzo en la imposición del consentimiento del investigado que ya fue objeto de consideración en el Pleno no jurisdiccional de esta Sala de fecha 24.9.2014 que afirmó: la toma biológica de muestras para la práctica de la prueba de ADN con el consentimiento del imputado, necesita la asistencia de Letrado, cuando el imputado se encuentre detenido y, en su defecto, autorización judicial. [...] Entre otras SSTS posteriores cabe citar la reciente STS 794/2015 de 3 de diciembre que afirmó: conviene insistir en la exigencia de asistencia letrada para la obtención de las muestras de saliva u otros fluidos del imputado detenido, cuando éstos sean necesarios para la definición de su perfil genético. Ello no es sino consecuencia del significado constitucional de los derechos de defensa y a un proceso con todas las garantías (arts. 17.3 y 24. 2 CE). Así se desprende, además, de lo previsto en el art. 767 de la LECrim. Y cabe añadir otras previsiones legales al mismo efecto. Singularmente el art. 520 de la misma».

Sobre los efectos de la infracción de la asistencia letrada, la STS de 25/10/2011 [*Tol 2277461*], señala lo siguiente:

> «No es objeto de este recurso determinar las consecuencias de la infracción del derecho de asistencia letrada respecto de los perfiles genéticos que hayan podido incorporarse a la base de datos. El examen de los efectos que esa quiebra podría acarrear, desde el punto de vista probatorio, sólo podrá ser el resultado de la ponderación del caso concreto y de las circunstancias que lo individualicen».

La jurisprudencia se ha ocupado también de los efectos de la ausencia de letrado respecto de la recogida de muestras de perfiles genéticos que ya estén incorporadas en la base de datos. Sobre este particular, el Acuerdo del Pleno no Jurisdiccional de la Sala Segunda de fecha 24/09/2014 se pronunció en el siguiente sentido:

> «Sin embargo es válido el contraste de muestras obtenidas en la causa objeto de enjuiciamiento con los datos obrantes en la base de datos policial procedentes de una causa distinta, aunque en la prestación del consentimiento no conste la asistencia de letrado, cuando el acusado no ha cuestionado la licitud y validez de esos datos en fase de instrucción.»

Sobre la razón de ser de la imposición de tal preclusión para admitir la denuncia de ilicitud, la STS de 03/11/2016 [*Tol 5871287*], apunta que:

«La razón de dicha exigencia —se dice en la STS. 734/2014 de 11.11 dictada como consecuencia de dicho acuerdo plenario—, es doble. En efecto, por un lado guarda relación con el deber de buena fe o lealtad procesal consagrada en el art. 11.1º LOPJ, que priva de legitimidad a las tácticas dirigidas a impedir el desarrollo del principio de contradicción, que debería regir de forma incondicionada en relación con la totalidad de las pretensiones parciales. Y, por otro, mira a hacer posible, en caso de negativa del requerido a prestar el consentimiento de la Disposición adicional tercera de la Ley orgánica 10/2007, el recurso a la autorización judicial para la toma de muestras, previsto en la misma».

En el supuesto analizado, la Sala rechaza la alegación de preclusión de la impugnación de la licitud de la fuente de prueba obtenida sin asistencia letrada para su contraste con la muestra dubitada incorporada en la base de datos oficial. Razona la Sala que, cuando se realizó la impugnación, el sumario se encontraba en el trámite que el art. 627 LECrim denomina instrucción, a tiempo de revocarse la conclusión de la fase de investigación o sumarial, por lo que concluye que sí se cuestionó la licitud y validez de esos datos en momento procesal hábil.

El ALECRIM 2020 recoge una serie de garantías e información a cumplimentar en la toma de muestras (art. 337):

«1. Toda persona que haya de facilitar muestras biológicas para la realización de un análisis genético encaminado a obtener los marcadores de ADN, antes de prestar el consentimiento, será informada de manera comprensible sobre: a) la forma en que se obtendrá la muestra, b) el fin que se persigue con su obtención, c) los análisis que habrán de realizarse sobre ella, d) los datos e informaciones que se pretenden obtener mediante el análisis y e) los derechos que le asisten en relación con el tratamiento y la cancelación de dichos datos e informaciones.
2. Si la persona afectada se encontrase detenida, la información referida en el apartado anterior deberá proporcionarse de forma verbal y escrita y el consentimiento solo será válido si quien lo presta cuenta en dicho momento con asistencia letrada.
3. Los menores de edad, mayores de catorce años, y las personas con la capacidad de obrar modificada judicialmente podrán prestar consentimiento cuando por sus condiciones personales y de madurez puedan comprender el significado y la finalidad de la diligencia. En todo caso, en el momento de prestarlo estarán asistidos por su representante legal. Siempre que se trate de menores de catorce años y de personas que no comprendan el alcance y el significado de la diligencia, será preciso el consentimiento de su representante legal.».

3.4 La ejecución coactiva de las medidas de intervención corporal

La admisibilidad o no de la coacción para la práctica de intervenciones corporales cuando la persona afectada se niega a colaborar en la ejecución de la medida ha sido objeto de un amplio debate doctrinal.

El ALECRIM 2020 recoge la ejecución coactiva en el art. 329, que afirma la obligación de la persona investigada de soportar la práctica de una inspección o intervención corporal, si ha sido ordenada en la forma legalmente prevista. Ante la negativa de la persona investigada a la realización de la diligencia, el juez de garantías puede imponer su cumplimiento forzoso, de acuerdo con el pertinente juicio de necesidad y de gravedad del hecho investigado. En la resolución deberá determinarse las medidas coercitivas que se podrán emplear para realizar la diligencia.

Dice la exposición de motivos del anteproyecto que «se da, así, una solución legislativa expresa al problema de la imposición coactiva de la intervención corporal, acudiendo para ello a la decisión de la autoridad judicial, ajena en el nuevo modelo a los intereses del investigador, y al correspondiente juicio de proporcionalidad. Será el juez, por tanto, el que se pronuncie sobre la necesidad y los límites de las posibles medidas coercitivas».

También el anteproyecto de Ley de Enjuiciamiento Criminal de 2011 y la propuesta de Código Procesal Penal de 2013 regulaban el cumplimiento forzoso de las intervenciones corporales en ausencia de consentimiento de la persona investigada o sospechosa.

En la legislación procesal actual, se regula solo en dos preceptos la posibilidad de emplear medios coactivos en la obtención de muestras indubitadas de ADN. En primer lugar, la reforma operada por LO 13/2015, de 5 de octubre, introduce una norma con rango orgánico, el art. 520.6 c) LECrim, según el cual, en caso de negativa del detenido a la recogida de muestras mediante frotis bucal, se habilita al juez instructor a imponer la ejecución forzosa de la diligencia, utilizando las medidas coactivas mínimas indispensables, que deberán ser proporcionadas a las circunstancias del caso y respetuosas con la dignidad de la persona afectada.

Por otra parte, el art. 129 *bis* CP, introducido por LO 1/2015 y, por tanto, anterior en el tiempo a la regulación del art. 520.6 c) LECrim, recogió la posibilidad de imponer a los condenados por determinados delitos, la ejecución forzosa de la toma de muestras biológicas para la realización de análisis para la obtención de identificadores de ADN e inscripción de los mismos en la base de datos policial.

Antes de sendas reformas, la falta de una previsión legal expresa había dado lugar a una respuesta dispar en la doctrina y en la jurisprudencia, debiendo acudir a la casuística planteada en los tribunales.

MORENO VERDEJO (cuestión 66) sostenía que ni los arts. 326 y 363, ni la disposición adicional tercera de la LO 10/2007, podían entenderse como una previsión legal expresa autorizante del uso de la fuera para la toma de muestras en ausencia de consentimiento del sospechoso. Por ello, debía evitarse la coacción en caso de negativa de la persona afectada a entregar la muestra. Además, consideraba que debía advertírsele de que la muestra podría ser obtenida por algún modo indirecto o de forma subrepticia.

En el mismo sentido, DUART ALBIOL (p. 267) apuntaba que, en ausencia de previsión legal expresa, no cabía la ejecución forzosa de la medida de intervención corporal y resultaba insostenible recurrir a la fuerza para la ejecución de la diligencia, en caso de negativa del sujeto o de que el mismo se resistiera a su práctica. En esta línea se pronunció la STS de 07/07/2010 [*Tol 1918847*]:

> «En aquellas ocasiones en que la policía no cuente con la colaboración del acusado o éste niegue su consentimiento para la práctica de los actos de inspección, reconocimiento o intervención corporal que resulten precisos para la obtención de las muestras, será indispensable la autorización judicial. Esta resolución habilitante no podrá legitimar la práctica de actos violentos o de compulsión personal, sometida a una reserva legal explícita —hoy por hoy, inexistente— que legitime la intervención, sin que pueda entenderse que la cláusula abierta prevista en el art. 549.1.c) de la LOPJ, colma la exigencia constitucional impuesta para el sacrificio de los derechos afectados».

La STS de 04/02/2003 [*Tol 4921026*], dispone lo siguiente:

> «Según la opinión mayoritaria de la doctrina, avalada por decisiones del Tribunal Constitucional (STC 29 de noviembre de 1984 y 19 de febrero de 1992) no es admisible la utilización de fuerza física o cualquier otra actitud compulsiva o coactiva sobre la persona, para que ésta se preste a la práctica de la prueba, decidida por la autoridad judicial, debiendo respetarse la autonomía de la decisión por parte del afectado».

Tras las reformas de 2015, se admite la ejecución forzosa de la diligencia de toma de muestras genéticas para el análisis de ADN mediante el recurso a las medidas coactivas mínimas indispensables, que deberán ser sometidas a un juicio de proporcionalidad —idoneidad, necesidad y proporcionalidad en sentido estricto— y deberán respetar la dignidad del sujeto afectado.

Sobre este particular, dice la STS de 19/01/2017 [*Tol 5950065*], que:

> «La lectura del renovado art. 520. 6º de la Lecrim permite afirmar que el legislador ha considerado oportuno, en línea también con la jurisprudencia constitucional, someter a un juicio de proporcionalidad amparado en la garantía jurisdiccional, el sometimiento del investigado a los actos mínimos e indispensables de compulsión personal para la obtención de las muestras salivales que permitan la identificación genética. El mismo criterio ha inspirado la toma de muestras del ya condenado, en los términos previstos en el art. 129 *bis* del CP».

Sin embargo, a pesar de las reformas introducidas, lo cierto es que siguen planteándose muchas cuestiones acerca de la ejecución coactiva de las medidas de intervención corporal. En primer lugar, los preceptos aludidos solo autorizan el uso de la fuerza para la recogida de muestras biológicas de ADN, no pudiendo amparar la habilitación de otras intervenciones corporales.

Asimismo, el art. 520.6 c) LECrim hace referencia expresa a la técnica del frotis bucal, lo que plantea la duda de si pudiera admitirse el recurso a otro medio distinto para el mismo fin. Sobre esta cuestión, RIVES SEVA (p. 876) apunta que el medio empleado no puede condicionar el uso de la fuerza siempre cuando respete el límite del recurso a las medidas coactivas mínimas indispensables, proporcionadas y respetuosas con la dignidad.

En este sentido, señala FRIEYRO ELÍCEGUI (p. 58) que existen otras intervenciones que pueden considerarse mínimamente invasivas y podrían satisfacer igualmente los requisitos de legalidad, judicialidad y proporcionalidad de la injerencia.

Por otra parte, una interpretación restrictiva de ambos preceptos impediría extender el uso coactivo más allá de los detenidos policiales (art. 520.6 c LECrim) o condenados (art. 129 *bis* CP) que se opusieren a la toma de muestras. RIVES SEVA (p. 876) apunta que también parece posible la utilización de medios coactivos en supuestos en que la persona sospechosa o investigada no se encuentre detenida, siempre que se acuerde judicialmente la toma de muestras en ausencia de consentimiento del sujeto. Sobre esta cuestión, señala ACÓN ORTEGO que carece de sentido tal restricción porque la necesidad de la diligencia estaría más justificada en caso de personas sujetas a investigación, que es cuando concurren mayores indicios de criminalidad y existen mayores elementos para decretar la práctica de la diligencia.

Por último, la doctrina sugiere la incoherencia de que el art. 129 *bis* CP restrinja su ámbito material a los condenados por un determinado elenco de delitos, mientras que el art. 520.6 c) LECrim no establece ninguna limitación material cuando se trata de detenidos. Aunque parece que el art. 129 *bis* CP pudiera tener más bien una aplicación residual en la práctica, puesto que el número de casos en que se dicte sentencia condenatoria en ese listado de delitos sin haberse practicado como diligencia investigativa la prueba de ADN puede no resultar significativo.

3.5 Impugnación del perfil genético y evidencia probatoria

Sobre la impugnación del perfil genético, la STS de 10/10/2013 [*Tol 3988468*], afirma que el investigado puede rechazar de forma expresa la conclusión que arroje la prueba pericial sobre su propia identificación genética, cuando la misma se haya logrado a través del contraste con los datos contenidos en el fichero de ADN creado por LO 10/2007. Dice la sentencia que

> «La posibilidad de que entre el perfil genético que obra en el archivo y los datos personales de identificación exista algún error, es una de las causas imaginables —no la única— de

impugnación. Sin embargo, ese desacuerdo, para prosperar, deberá expresarse y hacerse valer en momento procesal hábil. No se trata de enfatizar el significado del principio de preclusión que, en el fondo, no es sino un criterio de ordenación de los actos procesales y, por tanto, de inferior rango axiológico frente a otros valores y principios que convergen en el proceso penal. Lo que se persigue es recordar que la destrucción de la presunción iuris tantum que acompaña a la información genética que ofrece esa base de datos —así lo autorizan la fiabilidad científica de las técnicas de obtención de los perfiles genéticos a partir de muestras ADN y el régimen jurídico de su acceso, rectificación y cancelación, autorizado por la LO 10/2007, 8 de octubre—, sólo podrá ser posible mediante la práctica de otras pruebas de contraste que, por su propia naturaleza, sólo resultarán idóneas durante la instrucción».

Efectivamente, se parte de la certeza de que los perfiles contenidos en la base de datos identificadores obtenidos a partir de ADN son prueba indubitada. Pero ello no impide que pueda impugnarse su contenido o la conclusión pericial y que pueda solicitarse la práctica de pruebas complementarias de contraste en sede de instrucción, exigiendo, por ejemplo, la obtención de nueva muestra indubitada. También puede rebatirse la licitud del acceso del dato genético a la base o registro.

Así lo expresa la STS de 07/04/2016 [*Tol 5687772*], que establece las siguientes conclusiones:

«En primer lugar, se parte de la presunción de legalidad y veracidad de los resultados que constan en la base de datos de ADN con relación a su utilización en otras causas. Ahora bien esa presunción de veracidad es "iuris tantum", de forma que "... el imputado puede acreditar en el procedimiento la ilicitud del acceso de esa reseña genética indubitada a la indicada Base de datos.

En segundo lugar, y con base a lo expuesto anteriormente, la identificación entre la muestra de la base de datos y la obtenida en otra nueva causa diferente "es suficiente para la investigación inicial, y puede ser suficiente también como prueba de cargo bastante en el juicio". Esto sucederá en tanto que ·... el acusado se niegue a practicar otra prueba en el proceso enjuiciado o cuando no cuestione la toma de muestras realizada en otra anterior, ni el resultado incriminatorio del contraste realizado entre los vestigios hallados en la causa enjuiciada y las muestras precedentes de la causa anterior".

En tercer y último lugar, resulta evidente la necesidad de garantizar el derecho del imputado a la prueba en una doble faceta: la primera para cuestionar e impugnar la prueba obtenida de contrario, en este caso el resultado de la muestra de ADN obrante en la base de datos policial y procedente de una causa anterior. La impugnación puede dirigirse frente al modo y la forma en la que se obtuvo como el resultado mismo de la prueba. La segunda para solicitar la práctica de prueba en el procedimiento judicial en el que está siendo enjuiciado, en el tiempo y la forma previstos en la Ley ofreciendo, en este caso, una muestra de ADN por parte del imputado —ello es así, como se destaca por algún autor, porque la impugnación formal de la muestra de ADN obrante en la base de datos puede ser del todo insuficiente sin la correlativa solicitud de prueba de ADN por parte del imputado—. Criterio este que prevaleció en el segundo punto del Pleno no jurisdiccional de esta Sala de fecha 24.9.2014 "Sin embargo es válido el contraste de muestras obtenidas en la causa objeto de enjuiciamiento con los datos obrantes en la base de datos policial procedentes de una causa distinta, aunque en la prestación del consentimiento no conste la asistencia de letrado, cuando el acusado no ha cuestionado la licitud y validez de esos datos en fase de instrucción».

Sobre la evidencia probatoria de las muestras, la STS de 03/12/2015 [*Tol 5587707*], declara que:

«La evidencia probatoria que proporcionan las muestras mediante las que se obtiene el ADN tiene una dimensión cualitativa, no cuantitativa. Su fiabilidad no depende de la multiplicación de muestras biológicas sobre las que recae la pericia, sino de los términos en que aquéllas han sido obtenidas, custodiadas y, por supuesto, analizadas, extremos que habrán de quedar debidamente acreditados en el acto del juicio oral».

La STS de 23/10/2020 [*Tol 8171842*], trata un supuesto en el que se impugna la falta de constancia de la forma y de las garantías de obtención de las muestras genéticas que han servido para ser comparadas con las obrantes en una causa archivada anteriormente y que es la que se enjuicia. En concreto, se objeta que no conste la forma y las eventuales garantías —consentimiento, información de derechos, presencia de abogado, auto motivado acordando la obtención de material genético (arts. 24.2 y 17 CE)—, que se hayan tomado para la obtención de las muestras. A este propósito la Sala indica que:

«Ello no implica, que cuando la muestra indubitada de donde se obtiene el perfil genético inscrito en la base de datos de ADN, tiene su procedencia en diverso proceso, sin constancia del concreto modo y forma empleados, la identificación del acusado por la coincidencia del ADN con el obtenido del vestigio en el escenario del delito ahora enjuiciado, la prueba de esa identificación así incorporada, devenga inexorablemente nula e inválida (...) Por ello cuando la validez de un medio probatorio dependa de la legitimidad de la obtención de fuentes de prueba en otro procedimiento, si el interesado impugna en la instancia la legitimidad, compete a la acusación su acreditación. Pero si conocido el origen de un medio de prueba propuesto en un procedimiento, no se promueve dicho debate, no podrá suscitarse en ulteriores instancias la cuestión de la falta de constancia en ese procedimiento de las circunstancias concurrentes en otro relativas al modo de obtención de las fuentes de aquella prueba».

Finalmente, sobre la prueba de contraste, la STS de 25/10/2011 [*Tol 2277461*], indica que la misma es suficiente para la investigación inicial:

«En efecto, la metodología del análisis del ADN, a partir de la creación de la base de datos policial sobre identificadores genéticos, puede entenderse perfectamente ajustada a las exigencias impuestas por su propio significado científico, cuando el perfil genético de contraste se consigue a partir de los datos y ficheros que obran en ese registro, sin necesidad de someter la conclusión así obtenida a un segundo test de fiabilidad, actuando después sobre las muestras de saliva del procesado. Es obvio que ningún obstáculo puede afirmarse a la práctica convergente de ambos contrastes, pero también lo es que la identificación genética que obra en la base de datos, puesta en relación con los restos biológicos dubitados, normalmente hallados en el lugar de los hechos, permite ya una conclusión sobre esa coincidencia genética que luego habrá de ser objeto de valoración judicial».

3.6 Toma de muestras de forma subrepticia

Sobre la obtención subrepticia de la muestra, la STS de 14/10/2005 [*Tol 765946*], valida la toma derivada de un acto voluntario de expulsión de materia orgánica realizada por el sujeto objeto de investigación sin intervención corporal y sin que resulte exigible la autorización judicial. Dice la sentencia que

> «La toma de muestras para el control, se lleva a cabo por razones de puro azar y a la vista de un suceso totalmente imprevisible. Los restos de saliva escupidos se convierten así en un objeto procedente del cuerpo del sospechoso, pero obtenido de forma totalmente inesperada. El único problema que pudiera suscitarse es el relativo a la demostración de que la muestra había sido producida por el acusado, circunstancia que en absoluto se discute por el propio recurrente, que sólo denuncia la ausencia de intervención judicial».

Así lo recogió la decisión del Pleno no jurisdiccional de la Sala Segunda de 31 de enero de 2006, que estableció que «la policía judicial puede recoger restos genéticos o muestras biológicas abandonadas por el sospechoso sin necesidad de autorización judicial».

Recuerda la STS de 25/10/2011 [*Tol 2277461*], que en estos casos no se precisa el consentimiento del sujeto afectado, ni aun cuando esté detenido:

«Esta garantía no será exigible, aun detenido, cuando la toma de muestras se obtenga, no a partir de un acto de intervención que reclame el consentimiento del afectado, sino valiéndose de restos o excrecencias abandonadas por el propio imputado».

Este tipo de medio investigativo plantea dos dificultades significativas. Primero, la necesidad de garantizar plenamente la cadena de custodia de la muestra, evitando posibles contaminaciones. Segundo, que la muestra genética acceda a la base de datos policial de ADN sin consentimiento ni conocimiento de la persona afectada, con la afectación de derechos que ello supone.

ACÓN ORTEGO apuesta por un reforzamiento de las garantías en la toma de muestras biológicas de forma subrepticia, para evitar que se ponga en duda todo el procedimiento de investigación. Además, sostiene que la incorporación de la previsión normativa que autoriza el empleo de medios coactivos para la obtención de muestras de ADN apunta hacia la necesidad de una revisión de la doctrina constitucional sobre esta materia.

4. COMISIÓN NACIONAL SOBRE USO FORENSE DEL ADN

La LO 15/2003 añadió una disposición adicional tercera a la LECrim que establecía la necesidad de una reglamentación sobre la Comisión nacional sobre el uso forense del ADN (en adelante, CNUFADN). La LO 10/2007, reguladora de la base de datos policial sobre identificadores obtenidos a partir del ADN, encomendó a la CNUFADN la función de acreditación de laboratorios que realicen análisis de ADN para identificación genética. Ante tal previsión, finalmente, el Real Decreto 1977/2008, de 28 de noviembre, reguló la estructura, composición, organización y funcionamiento de la CNUFADN, que se constituyó por primera vez en reunión plenaria el 27 marzo de 2009 (GÓMEZ COLOMER).

Las funciones de la CNUFADN se recogen en el art. 3, debiendo destacar, sin ánimo exhaustivo, las relativas a la acreditación de los laboratorios; el establecimiento de criterios de coordinación entre los mismos, así como el estudio de todos aquellos aspectos científicos y técnicos, organizativos, éticos y legales que garanticen el buen funcionamiento de los laboratorios que integran la base de datos nacional de perfiles de ADN; la elaboración y aprobación de protocolos técnicos oficiales sobre la obtención, conservación y análisis de las muestras, la determinación de las condiciones de seguridad y la formulación de las propuestas que se estimen necesarias para la eficacia de la investigación y persecución de delitos y la identificación de cadáveres.

Uno de los cometidos de la CNUFADN, de interés práctico para este estudio, es la previsión de los procedimientos para documentar la toma de muestras. A este efecto, la Comisión recomienda que la toma de muestras se documente en un formulario donde consten al menos los datos de identificación de la persona, identificación y tipo de muestra y la cadena de custodia.

En relación con los estándares científicos de toma de muestras, según la Guía para el uso forense del ADN (p. 24), «la Comisión Nacional del Uso Forense del ADN recomienda ajustarse a los estándares científicos de la toma de muestras (tanto de muestras de referencia indubitadas, como de vestigios biológicos y restos cadavéricos dubitados) para garantizar: (1) las medidas de protección y preservación de las muestras, (2) el procedimiento para la identificación de las mismas y (3) el mantenimiento de la cadena de custodia, que aseguren la integridad y autenticidad de estas».

Entre las recomendaciones de la CNUFADN, en lo que aquí interesa, también encontramos las relativas al establecimiento de formularios específicos de toma de muestras. En caso de toma de muestras a investigados y detenidos, el formulario deberá recoger: la naturaleza de los perfiles de ADN, el uso y la cesión de los perfiles de ADN, los laboratorios capacitados para realizar los análisis, la conservación de las muestras y los derechos de cancelación, rectificación y acceso a los datos (p. 26).

Asimismo, para la identificación genética de víctimas en sucesos o catástrofes con víctimas múltiples, se ha establecido un formulario para la toma de muestras de referencia de ADN de familiares de las personas fallecidas, que resulta fundamental para la identificación.

Por último, la CNUFADN ha desarrollado una propuesta normativa sobre la necesidad de una regulación detallada de los distintos aspectos de la prueba de ADN en la nueva ley procesal. En este sentido, el ALECRIM 2020 contiene una regulación muy completa sobre las investigaciones mediante marcadores de ADN, que comprende la recogida y obtención de vestigios biológicos, la toma de muestras a la persona investigada y a personas no investigadas, las garantías e información que deben observarse en la obtención de muestras, los análisis de los perfiles de ADN, así como el contenido del informe y el valor probatorio de la diligencia.

5. LA BASE POLICIAL DE DATOS SOBRE EL ADN DE INVESTIGADOS Y CONDENADOS

La regulación jurídica de las bases policiales de datos de ADN se contiene, esencialmente, en la Ley Orgánica 10/2007, de 8 de octubre, reguladora de las bases de datos policial sobe identificadores obtenidos a partir de ADN.

La creación de bases de datos de perfiles de ADN permite realizar confrontaciones y contrastes más amplios, posibilitando que los perfiles genéticos puedan ser utilizados en una investigación concreta o en otras investigaciones distintas o futuras que se sigan por alguno de los delitos que permite la inscripción de los perfiles de ADN en las bases de datos.

La STS de 03/11/2016 [*Tol 5871287*], lo identifica bien:

> «Hay una diferencia cualitativa entre lo que es la obtención del perfil genético para compararlo en una investigación concreta con el atribuible al autor desconocido (uno contra otro), y lo que es la conservación del mismo introduciéndolo en la aludida base de datos. Aquí se requiere, para que los justiciables dispongan de unas garantías suficientes contra el riesgo de abuso y arbitrariedad (STEDH 2008\104 (Gran Sala), de 4 diciembre de 2008 (Caso S. y Marper contra Reino Unido) unos protocolos respecto de la duración, el almacenamiento, la utilización, el acceso de terceras personas, los procedimientos destinados a preservar la integridad y confidencialidad de los datos y los procedimientos de destrucción de los mismos».

El objeto de la LO 10/2007 es crear una base de datos policial en la que se integran «los ficheros de las Fuerzas y Cuerpos de Seguridad del Estado en los que se almacenan los datos identificativos obtenidos a partir de los análisis de ADN que se hayan realizado en el marco de una investigación criminal, o en los procedimientos de identificación de cadáveres o de averiguación de personas desaparecidas».

En este sentido, el art. 3 de la LO 10/2007 posibilita el registro de perfiles de ADN obtenidos del análisis de muestras biológicas del «sospechoso, detenido o imputado», cuando se trate de delitos de especial gravedad y, en todo caso, de delitos que afecten a «la vida, la libertad, la indemnidad o la libertad sexual, la integridad de las personas, el patrimonio siempre que fuesen realizados con fuerza en las cosas, o violencia o intimidación en las personas, así como en los casos de la delincuencia organizada».

La Ley autoriza solo a inscribir aquellos datos «identificadores obtenidos a partir del ADN en el marco de una investigación criminal que proporcionen, exclusivamente, información genética reveladora de la identidad de la persona y de su sexo» (art. 4), es decir, el perfil genético no codificante. En ningún caso podrá inscribirse cualquier otro dato revelador de otra característica genética.

Sobre la intensidad de la información genética a obtener y registrar en la base de datos policial regulada en la LO 10/2007, la STS de 03/11/2016 [*Tol 5871287*], indica que

> «la referencia al principio de proporcionalidad del art. 363.2 de la Ley de Enjuiciamiento Criminal —reformado en el año 2003— permite inferir que la información a obtener mediante el ADN ha de ser la exclusivamente destinada a la identificación, es decir, la denominada "huella genética" que puede corresponderse con el análisis de unos marcadores neutrales (STS 777/2013 de 7 de octubre)».

La Sentencia de 16/03/2018 [*Tol 6548155*], aborda las líneas básicas de la normativa aplicable:

> «(...) la Ley Orgánica 10/2007, de 8 de octubre, reguladora de la base de datos policial sobre identificadores obtenidos a partir del ADN, establece en su Art. 3. 1. que se inscribirán en la base de datos policial de identificadores obtenidos a partir del ADN los siguientes datos: 1) Los datos identificativos extraídos a partir del ADN de muestras o fluidos que, en el marco de una investigación criminal, hubieran sido hallados u obtenidos a partir del análisis de las muestras biológicas del sospechoso, detenido o imputado, cuando se trate de delitos graves y, en todo caso, los que afecten a la vida, la libertad, la indemnidad o la libertad sexual... La inscripción en la base de datos policial de los identificadores obtenidos a partir del ADN a que se refiere este apartado, no precisará el consentimiento del afectado, el cual será informado por escrito de todos los derechos que le asisten respecto a la inclusión en dicha base, quedando constancia de ello en el procedimiento. 2) Igualmente, podrán inscribirse los datos identificativos obtenidos a partir del ADN, cuando el afectado hubiera prestado expresamente su consentimiento.
>
> Asimismo, añade la Disposición Adicional Tercera, que "para la investigación de los delitos enumerados en la letra a) del apartado 1 del art. 3, la policía judicial procederá a la toma de muestras y fluidos del sospechoso, detenido o imputado, así como del lugar del delito. La toma de muestras que requieran inspecciones, reconocimientos o intervenciones corpora-

les, sin consentimiento del afectado, requerirá en todo caso autorización judicial mediante auto motivado, de acuerdo con lo establecido en la Ley de Enjuiciamiento Criminal».

En relación con su regulación jurídica, el voto particular de la STS de 03/11/2016 [*Tol 5871287*], aporta algunas reflexiones interesantes sobre la materia. En primer lugar, cuestiona la asimetría del régimen de acceso a la base de datos policial de determinadas personas sospechosas, detenidas o investigadas, todavía no condenadas, con las más rígidas previsiones del art. 129 *bis* CP.

También se pregunta sobre las razones por las que un detenido o sospechoso pueda mostrarse favorable a que su ADN acceda a la base de datos policial, a pesar de contar con asistencia letrada. La inclusión puede generar muchas consecuencias negativas cuando, lo cierto es que el acceso a la base de datos no requiere de autorización judicial, ni siquiera de consentimiento —o aun conocimiento— de la persona afectada.

Sobre la importancia de la incorporación de las muestras a la base de datos, la STS de 19/01/2017 [*Tol 5950065*], indica que

«Resulta evidente la importancia de que la toma de muestras de saliva u otros fluidos para obtener el perfil genético de cualquier imputado o procesado, se realice con respeto a las garantías impuestas por la intensa injerencia que un acto de esa naturaleza conlleva. Y su inmediata consecuencia, esto es, la incorporación al registro creado por la LO 10/2007, 8 de octubre, no es cuestión menor».

En este sentido, ACÓN ORTEGO señala que la autorización judicial para la toma de muestras de ADN, en caso de exista oposición del detenido, debiera también poder extenderse al análisis de la muestra, al contraste o comparación con las muestras halladas en el lugar del delito y a la incorporación a las bases de datos policial de ADN para su comparativa con vestigios de otros hechos delictivos. En tal caso, la motivación judicial deberá tener en cuenta toda la operativa que se desarrolla en la prueba de ADN que, efectivamente, podría afectar de un modo más intenso a los derechos fundamentales de intimidad, defensa o autodeterminación informativa que la sola injerencia para la toma de muestras.

En este sentido, el ALECRIM 2020, en sede de intervenciones corporales leves, requiere que el consentimiento verse tanto sobre el procedimiento de obtención de las muestras como sobre el uso que haya de hacerse de la información obtenida a partir de estas (art. 327).

BIBLIOGRAFÍA

- ACÓN ORTEGO, *La obtención coactiva de la muestra genética para la investigación criminal en España*, Via Iuris, 2020.
- ÁLVAREZ BUJÁN «El ALECRIM 2020 y las pruebas de ADN en España», *Revista CEFLegal*, 247-248, 63-98, 2021.
- ÁLVAREZ DE NEYRA KAPPLER, «La prueba de ADN en el proceso penal», Comares, 2008.
- DUART ALBIOL, *Inspecciones, registros e intervenciones corporales en el proceso penal*, Bosch, 2014.
- ESCOBAR JIMÉNEZ / DEL MORAL GARCÍA. *El juicio oral en el proceso penal*, 3ª Edición, Comares, 2021.
- FERNÁNDEZ ACEBO, *Las intervenciones corporales en el ordenamiento jurídico español*, Aranzadi, 2014.
- FRIEYRO ELÍCEGUI, *La prueba de ADN e intervenciones corporales en la investigación penal*, Wolters Kluwer, 2019.
- GÓMEZ COLOMER, *La prueba de ADN en el proceso penal*, Tirant lo Blanch, 2014.
- GONZÁLEZ-CUÉLLAR SERRANO, *Proporcionalidad y derechos fundamentales en el proceso penal*, Colex, 1990.
- *Guía para el uso forense del ADN*. Comisión Nacional para el uso forense del ADN. Ministerio de Justicia. 2019.
- MARCHENA GÓMEZ / GONZÁLEZ-CUÉLLAR SERRANO, *La reforma de la Ley de Enjuiciamiento Criminal en 2015*, Castillo de Luna, 2015.
- MATALLÍN EVANGELIO, *Intervenciones corporales ilícitas: tutela penal*, Tirant lo Blanch, Valencia, 2008.
- MORENO CATENA, «Garantía de los derechos fundamentales en la investigación penal», *Revista del Poder Judicial, número especial II, Justicia Penal*, 1988.
- MORENO VERDEJO, y otros, «113 cuestiones básicas sobre la prueba en el proceso penal», *Cuadernos digitales de formación*, vol. 31, 2013.
- RIVES SEVA, *La prueba en el proceso penal. Doctrina de la Sala Segunda del Tribunal Supremo*, Thomson Reuters Aranzadi, 2021.